Hintzen/Wolf
Zwangsvollstreckung,
Zwangsversteigerung
und Zwangsverwaltung

Zwangsvollstreckung, Zwangsversteigerung und Zwangsverwaltung

Handbuch

von

Prof. Dipl.-Rpfl. *Udo Hintzen*
FH für Verwaltung und Rechtspflege Berlin
– FB Rechtspflege –

und

Hans-Joachim Wolf
Richter am Oberlandesgericht

2006
VERLAG ERNST UND WERNER GIESEKING – BIELEFELD

Zitiervorschlag:
[Bearbeiter], in: Hintzen/Wolf, Zwangsvollstreckung, -versteigerung, -verwaltung, Rdn.

Bibliografische Information der Deutschen Nationalbibliothek

Die Deutsche Nationalbibliothek verzeichnet diese Publikation in der Deutschen Nationalbibliografie; detaillierte bibliografische Daten sind im Internet über http://dnb.d-nb.de abrufbar.

2006

© Verlag Ernst und Werner Gieseking GmbH, Bielefeld

Dieses Werk ist urheberrechtlich geschützt. Jede Verwertung, insbesondere die auch nur auszugsweise Vervielfältigung auf fotomechanischem oder elektronischem Wege, die Aufnahme in Datenbanken oder die Einstellung in Onlinedienste, ist nur insoweit zulässig, als sie das Urheberrechtsgesetz ausdrücklich gestattet, ansonsten nur und ausschließlich mit vorheriger Zustimmung des Verlages.
Alle Rechte bleiben vorbehalten.
Lektorat: Dr. iur. utr. Klaus Schleicher
Druck: Wilhelm & Adam, Heusenstamm
Herstellung: Katja Bellmann

ISBN-10: 3-7694-0990-6
ISBN-13: 978-3-7694-0990-1

Vorwort

Das Handbuch zur gesamten Zwangsvollstreckung füllt eine Lücke zwischen den vorhandenen Kommentaren und Erläuterungswerken zur allgemeinen Zwangsvollstreckung, Zwangsversteigerung, Auseinandersetzungsversteigerung und Zwangsverwaltung. Es macht die Bedeutung der Vollstreckung für das anwaltliche Mandat deutlich und zeigt auch die mit ihr verbundenen Haftungsprobleme und Kostenregelungen auf, die in der Praxis gelegentlich nicht richtig gesehen werden. Das Werk richtet sich jedoch nicht nur an Rechtsanwälte und deren Mitarbeiter, Gläubiger und Schuldner, Vollstreckungsabteilungen von Gemeinden, Behörden und Firmen, sondern auch an all die Mitarbeiter in der Kreditwirtschaft, also bei Banken, Sparkassen, Versicherungen und Verbänden, die sich täglich oder auch nur gelegentlich mit der schwierigen Materie der Forderungsversteigerung, Zwangsverwaltung oder auch Teilungsversteigerung befassen. Nicht zuletzt sollen die Ausführungen auch Richtern, Rechtspflegern und Gerichtsvollziehern und schließlich auch den Studierenden an den Universitäten und Fachhochschulen für Rechtspflege bei ihrer täglichen Arbeit bzw. im Studium Hilfestellung geben.

Das Handbuch entstand auf der Grundlage der beiden bisher im Verlag C. H. Beck (letztmals 1999) erschienenen Werke „Hintzen, Handbuch der Immobiliarvollstreckung" und „Hintzen/Wolf, Handbuch der Mobiliarvollstreckung", stellt aber gleichwohl eine Neubearbeitung beider Rechtsgebiete dar, wobei die Gewichtung in der Darstellung der einzelnen Vollstreckungsmöglichkeiten in etwa beibehalten wurde. Besonderen Wert bekommt das Handbuch durch die Zusammenfassung von Zwangsvollstreckung, Zwangsversteigerung und Zwangsverwaltung in nur einem – handlichen – Band allein deshalb, weil dadurch Überschneidungen in Bereichen, die sowohl die Mobiliar- als auch die Immobiliarvollstreckung betreffen, vermieden werden konnten.

Gesetzgebung, Rechtspraxis, Schrifttum und Rechtsprechung – und hier insbesondere Rechtsbeschwerdeentscheidungen des BGH – sind bis einschließlich Mai 2006 – teilweise darüber hinaus – eingearbeitet.

Mit ihrem Gesetzentwurf vom 9.3.2006 für ein Gesetz zur Änderung des WEG und anderer Gesetze (BT-Drucks. 16/887) beabsichtigt die Bundesregierung u.a. die Stellung der Wohnungseigentümergemeinschaft gegenüber Kreditinstituten zu stärken. Zu diesem Zweck sollen die §§ 10, 45, 52 und 156 ZVG gewichtige Änderungen erfahren. Bei Drucklegung dieses Buches befindet sich der Entwurf noch im Gesetzgebungsverfahren. Zuletzt fand am 18.9.2006 eine Anhörung vor dem Rechtsausschuss des Deutschen

Bundestages statt. In diesem Stadium erschien es uns nicht angezeigt, den Entwurf nach seinem gegenwärtigen Stand durchgängig einzuarbeiten. Wir haben uns deshalb darauf beschränkt, im Anhang aus dem Gesetzentwurf die das ZVG betreffenden Vorschriften nebst der amtl. Begründung mitzuteilen. Auf ein weiteres Gesetzesvorhaben der Bundesregierung soll an dieser Stelle nur hingewiesen werden. Es handelt sich um das 2. Justizmodernisierungsgesetz. Der Gesetzentwurf der Bundesregierung vom 11.8.2006 befindet sich bei Drucklegung (erst) im Bundesrat (BR-Drucks. 550/06).

Weil der Großteil der Bevölkerung nicht über Grundeigentum verfügt, ist die Mobiliarzwangsvollstreckung immer noch von außerordentlicher Bedeutung. Das Handbuch vermittelt hier die für eine wirksame und effiziente Vollstreckung notwendigen Kenntnisse durch detaillierte Darstellung der zahlreichen, nicht immer übersichtlichen Vorschriften des Vollstreckungsrechts, einschließlich ihrer Verknüpfung mit dem übrigen Prozessrecht und dem materiellen Recht.

Nach Ausführungen zum anwaltlichen Vollstreckungsmandat werden zunächst die allgemeinen Verfahrensvoraussetzungen in gebotener Kürze behandelt. Ausführlicher gehen wir dabei auf das in der Praxis häufig vorkommende Problem der Notwendigkeit einer Forderungsaufstellung bei einer Teil- bzw. Restforderungsvollstreckung ein. Es folgt die Darstellung der allgemeinen und besonderen Voraussetzungen der Zwangsvollstreckung, wobei wir besonderes Gewicht auf die relevanten Bereiche der notwendigen Bestimmtheit von Titeln und der qualifizierten Klauseln legen. Weiter geht es mit der Gerichtsvollziehervollstreckung, dem Verfahrens zur Abgabe der eidesstattlichen Versicherung, dem komplexen Gebiet der Forderungspfändung und der Vollstreckung wegen Herausgabe, Duldung, Unterlassung sowie der Abgabe von Willenserklärungen. Sodann werden die Rechtsbehelfe im Zwangsvollstreckungsverfahren eingehend behandelt. Wegen des sachlichen Zusammenhangs widmen wir der Klage gem. § 826 BGB auf Unterlassung der Zwangsvollstreckung und Herausgabe des Titels einen besonderen Abschnitt.

Da die Komplexität des Immobiliarzwangsvollstreckungsrechts umfassende Kenntnis des Sachenrechts und des materiellen wie formellen Grundbuchrechts voraussetzt, haben wir dem Grundbuch, der Bedeutung der dinglichen Rechte und Verfügungsbeschränkungen am Grundstück, insbesondere den für die Versteigerung wichtigen Bewertungsfragen der dinglichen Rechte und schließlich dem für die Befriedigungsreihenfolge in der Zwangsversteigerung oder -verwaltung unerlässlichen Rangverhältnis der Rechte mit Zinsen und anderen Nebenleistungen am Grundstück ein eigenes Kapitel gewidmet.

Der dann folgende Abschnitt gehört der Zwangssicherungshypothek im Grundbuch und in der Zwangsversteigerung. Auch hier bereitet die Verknüpfung zwischen Zwangsvollstreckung, Sachenrecht und Grundbuch die meisten Probleme – die eigene tägliche Praxis zeigt das ebenso wie die als Referent bei vielen Seminaren gemachten Erfahrungen.

Vorwort

In den Abschnitten Zwangsversteigerung, Auseinandersetzungsversteigerung und Zwangsverwaltung liegen die Schwerpunkte bei der richtigen Durchsetzung eigener oder fremder Ansprüche, der Informationsgewinnung und der Auswertung des Grundbuchs sowie bei den Vorüberlegungen zu den einzelnen Verfahrensstationen, insbesondere zum Versteigerungs- und Verteilungstermin und zu den Aufgaben des Zwangsverwalters. Auf die seit Inkrafttreten der Insolvenzordnung besonderen Vorschriften wird ausführlich eingegangen.

Die für den Praktiker stets bedeutsamen Kostenfragen in der Mobiliar- und Immobiliarvollstreckung erläutern wir im vorletzten Abschnitt des Handbuchs, der letzte hält zahlreiche Muster für Anträge in allen Verfahren, für Beschlüsse und für Verfügungen vor, wie sie beispielsweise in der Praxis verwendet werden.

Im Anhang ist die sehr umfangreiche bundeseinheitliche Geschäftsanweisung für Gerichtsvollzieher (GVGA) auszugsweise abgedruckt, weil sie für die Praxis eine wertvolle Hilfe bei der Um- und Durchsetzung bzw. bei der Abwehr der jeweiligen Rechte in der gesamten Gerichtsvollziehervollstreckung ist und im Text häufig auf sie Bezug genommen wird. Abgedruckt ist aus dem gleichen Grund auch die Zwangsverwalterverordnung (ZwVwV). Manchmal kommt es auch nur auf die richtige Adresse an: Hier hilft die Übersicht über die Verbindungsstellen nach dem Zusatzabkommen zum NATO-Truppenstatut und die Kontaktstellen, über die Zustellungen an und Ladungen von Angehörigen der jeweilige Streitkräfte erfolgen können.

Anregungen und Hinweise nehmen wir stets gern entgegen.

Berlin/Bonn, im September 2006

Udo Hintzen
Hans-Joachim Wolf

Inhaltsübersicht

Inhaltsverzeichnis XV
Abkürzungsverzeichnis LXIII
Literaturverzeichnis LXXI

		Rdn.	Seite
1. Abschnitt **Bedeutung und Vorbereitung der** **Zwangsvollstreckung** *(Hintzen/Wolf)*		1.1	1
A.	Bedeutung und Funktion der Zwangsvollstreckung ...	1.1	1
B.	Anwaltliche Tätigkeit im Rahmen der Zwangsvollstreckung	1.15	7
2. Abschnitt **Allgemeine Verfahrensvoraussetzungen** *(Wolf)*		2.1	25
I.	Allgemeines	2.1	25
II.	Antrag	2.3	25
III.	Forderungsaufstellung bei Teil-Vollstreckung	2.6	27
IV.	Deutsche Gerichtsbarkeit	2.17	33
V.	Rechtsweg	2.18	33
VI.	Zuständigkeit der Vollstreckungsorgane	2.19	33
VII.	Parteifähigkeit/Prozessfähigkeit	2.22	34
VIII.	Prozessführungsbefugnis	2.26	36
IX.	Rechtsschutzinteresse	2.27	36
3. Abschnitt **Voraussetzungen der Zwangsvoll-** **streckung** *(Wolf/Hintzen)*		3.1	37
A.	Allgemeine Vollstreckungsvoraussetzungen	3.3	37
B.	Besondere Voraussetzungen der Zwangsvollstreckung	3.286	113

IX

Inhaltsübersicht

	Rdn.	Seite

4. Abschnitt
Vollstreckung durch den Gerichtsvollzieher *(Wolf/Hintzen)* .... 4.1 — 157

- I. Zuständigkeit des Gerichtsvollziehers .... 4.1 — 157
- II. Vollstreckungsantrag .... 4.5 — 158
- III. Durchsuchung .... 4.25 — 163
- IV. Vollstreckung zu unüblichen Zeiten .... 4.76 — 179
- V. Gegenstand der Pfändung .... 4.93 — 184
- VI. Gewahrsam .... 4.106 — 187
- VII. Pfändungsverbote und -beschränkungen .... 4.137 — 196
- VIII. Pfändung .... 4.186 — 211
- IX. Wirkungen der Pfändung .... 4.216 — 221
- X. Rang des Pfändungspfandrechts .... 4.236 — 228
- XI. Verwertung, §§ 814–824, 827 ZPO .... 4.241 — 230
- XII. Besondere Vollstreckungsanträge .... 4.272 — 237

5. Abschnitt
Verfahren zur Abgabe der eidesstattlichen Versicherung *(Hintzen)* .... 5.1 — 251

- I. Einleitung .... 5.1 — 251
- II. Verfahrensziel .... 5.5 — 252
- III. Verfahren .... 5.6 — 252
- IV. Haftbefehl .... 5.64 — 275
- V. Schuldnerverzeichnis .... 5.85 — 280
- VI. Wiederholte eidesstattliche Versicherung .... 5.90 — 282

6. Abschnitt
Pfändung von Forderungen und Rechten *(Hintzen)* ..... 6.1 — 287

- A. Geldforderung .... 6.1 — 287
- B. Arbeitseinkommen, §§ 850 ff. ZPO .... 6.83 — 317
- C. Sozialleistungsansprüche .... 6.216 — 366
- D. Pfändung des Girokontos .... 6.243 — 373
- E. Zwangsvollstreckung in Herausgabeansprüche, §§ 846 ff. ZPO .... 6.270 — 381
- F. Zwangsvollstreckung in andere Forderungen und Vermögensrechte, §§ 857 ff. ZPO .... 6.284 — 385

Inhaltsübersicht

		Rdn.	Seite
7.	**Abschnitt** **Vollstreckung wegen Herausgabe, Duldung, Unterlassung sowie der Abgabe von Willenserklärungen** (§§ 883–898 ZPO) *(Wolf)*	7.1	425
	A. Herausgabe/Leistung beweglicher Sachen, §§ 883–884 ZPO	7.3	425
	B. Herausgabe unbeweglicher Sachen, § 885 ZPO	7.24	431
	C. Vertretbare Handlungen, § 887 ZPO	7.45	441
	D. Unvertretbare Handlungen, § 888 ZPO	7.75	451
	E. Unterlassung/Duldung, § 890 ZPO	7.102	462
	F. Abgabe einer Willenserklärung, §§ 894–898 ZPO	7.194	486
8.	**Abschnitt** **Rechtsbehelfe** *(Wolf)*	8.1	503
	A. Vollstreckungserinnerung, § 766 ZPO	8.1	503
	B. Sofortige Beschwerde/befristete Erinnerung, § 11 RPflG	8.66	522
	C. Sofortige Beschwerde, § 793 ZPO	8.88	526
	D. Vollstreckungsabwehrklage, § 767 ZPO	8.111	532
	E. Einstweilige Anordnungen, § 769 ZPO	8.190	560
	F. Drittwiderspruchsklage, § 771 ZPO	8.212	566
	G. Drittwiderspruchsklage, § 772 ZPO	8.279	584
	H. Drittwiderspruchsklage des Nacherben, § 773 ZPO	8.301	590
	I. Drittwiderspruchsklage des in Gütergemeinschaft lebenden Ehegatten, § 774 ZPO	8.310	591
	J. Vorzugsklage, § 805 ZPO	8.316	592
	K. Allgemeine Härteklausel, § 765a ZPO	8.340	598
	L. Klage auf Unterlassung der Zwangsvollstreckung gemäß § 826 BGB	8.373	615
9.	**Abschnitt** **Grundstück und Grundbuch** *(Hintzen)*	9.1	623
	I. Bestandsverzeichnis	9.1	623
	II. Abteilung I des Grundbuches	9.31	631
	III. Abteilung II des Grundbuches	9.46	634
	IV. Abteilung III des Grundbuches	9.194	671

Inhaltsübersicht

	Rdn.	Seite
10. Abschnitt		
Zwangssicherungshypothek *(Hintzen)*	10.1	697
I. Allgemeines	10.1	697
II. Die Zwangssicherungshypothek in der Zwangsversteigerung	10.165	740
11. Abschnitt		
Zwangsversteigerung *(Hintzen)*	11.1	749
I. Allgemeine	11.1	749
II. Gegenstand der Zwangsversteigerung	11.37	760
III. Verfahrensgliederung/-grundsätze	11.56	765
IV. Anordnungsverfahren	11.161	789
V. Beschlagnahme des Grundstückes	11.253	808
VI. Einstweilige Einstellung des Verfahrens	11.323	824
VII. Vor dem Termin	11.427	849
VIII. Der Versteigerungstermin	11.646	909
IX. Der Zuschlagsbeschluss	11.844	962
X. Erlösverteilung	11.885	971
12. Abschnitt		
Auseinandersetzungsversteigerung *(Hintzen)*	12.1	1021
I. Grundlagen	12.1	1021
II. Anordnungsverfahren	12.118	1045
III. Einstweilige Einstellung des Verfahrens	12.171	1055
IV. Vor dem Termin	12.212	1066
V. Der Versteigerungstermin	12.255	1079
VI. Verteilungsverfahren	12.291	1087
13. Abschnitt		
Zwangsverwaltung *(Hintzen)*	13.1	1093
I. Zielsetzung	13.1	1093
II. Regelungsgrundlage	13.5	1094
III. Vorüberlegungen	13.7	1095
IV. Verfahrensgrundsätze	13.32	1101
V. Anordnungsverfahren	13.78	1111
VI. Einstweilige Einstellung	13.151	1129
VII. Zwangsverwalter	13.168	1132

Inhaltsübersicht

	Rdn.	Seite
14. Abschnitt		
Kosten der Zwangsvollstreckung *(Wolf)*	14.1	1201
A. Mobiliarvollstreckung	14.1	1201
B. Immobiliarvollstreckung	14.66	1220
C. Kosten der Zwangsvollstreckung, § 788 ZPO	14.133	1235
15. Abschnitt		
Muster *(Hintzen/Wolf)*		1241
Anhang		1321
Stichwortverzeichnis		1433

Inhaltsverzeichnis

	Rdn.	Seite
1. Abschnitt **Bedeutung und Vorbereitung** **der Zwangsvollstreckung** *(Hintzen/Wolf)*	1.1	1
A. Bedeutung und Funktion der Zwangsvollstreckung	1.1	1
I. Bedeutung der Zwangsvollstreckung	1.1	1
II. Funktion der Zwangsvollstreckung	1.4	2
1. Abgrenzung Erkenntnisverfahren und Zwangsvollstreckung	1.4	2
2. Beteiligte in der Zwangsvollstreckung	1.6	2
3. Grundrechtskollision und Vollstreckungsverhältnis	1.7	3
4. Arten der Zwangsvollstreckung	1.10	4
a) Einteilung nach Titelinhalt und möglichem Vollstreckungsobjekt	1.10	4
b) Einzel- und Gesamtvollstreckung	1.12	4
c) Übersicht über die Vollstreckungsarten, Vollstreckungsorgane und Rechtsbehelfe	1.14	5
B. Anwaltliche Tätigkeit im Rahmen der Zwangsvollstreckung	1.15	7
I. Das Vollstreckungsmandat	1.15	7
1. Umfang des Mandats	1.15	7
2. Honorar	1.19	8
3. Kosten der Zwangsvollstreckung/Rechtsschutzversicherung/Prozesskostenhilfe	1.20	8
4. Die Haftung des Rechtsanwalts im Rahmen der Zwangsvollstreckung	1.27	10
II. Prüfung der Zwangsvollstreckungsvoraussetzungen und -möglichkeiten	1.28	11
1. Prüfung des Titels auf Geeignetheit für die Zwangsvollstreckung	1.28	11
2. Zahlungsaufforderung oder sofort Zwangsvollstreckung?	1.30	12
3. Abwägung der verschiedenen Vollstreckungsmöglichkeiten und Möglichkeiten zur Beschleunigung	1.31	12

Inhaltsverzeichnis

	Rdn.	Seite
[Forts. 1. Abschnitt *(Hintzen/Wolf)*]		
a) Mobiliar- oder Immobiliarvollstreckung	1.31	12
b) Beschleunigung des Zwangsvollstreckungsverfahrens	1.38	14
III. Ermittlung der Vermögensverhältnisse des Schuldners	1.45	16
1. Anlegung von Checklisten (Vermögen des Schuldners/Informationsmöglichkeiten)	1.45	16
2. Anschriftenermittlung	1.46	16
3. Anfragen bei Behörden	1.57	17
4. Anfragen bei Gericht	1.59	18
5. Schufa und Schuldnerkartei	1.66	20
6. Detektei/Auskunftei	1.68	21
7. Fragerecht und -pflicht des Gerichtsvollziehers (§ 806a ZPO)	1.69	21
8. Checkliste „Schuldner"	1.71	22
9. Checkliste „Informationen"	1.72	24
2. Abschnitt		
Allgemeine Verfahrensvoraussetzungen *(Wolf)*	2.1	25
I. Allgemeines	2.1	25
II. Antrag	2.3	25
III. Forderungsaufstellung bei Teil-Vollstreckung	2.6	27
1. Keine Teilzahlungen	2.7	27
2. Teilzahlungen sind erfolgt	2.9	29
a) Es sind keine früheren Zwangsvollstreckungskosten angefallen	2.11	30
b) Es sind frühere Zwangsvollstreckungskosten angefallen	2.12	30
3. Inhalt der Forderungsaufstellung	2.16	32
IV. Deutsche Gerichtsbarkeit	2.17	33
V. Rechtsweg	2.18	33
VI. Zuständigkeit der Vollstreckungsorgane	2.19	33
VII. Parteifähigkeit/Prozessfähigkeit	2.22	34
VIII. Prozessführungsbefugnis	2.26	36
IX. Rechtsschutzinteresse	2.27	36
3. Abschnitt		
Voraussetzungen der Zwangsvollstreckung *(Wolf/Hintzen)*	3.1	37
A. Allgemeine Vollstreckungsvoraussetzungen *(Wolf)*	3.3	37
I. Titel	3.3	37
1. Vollstreckungsfähigkeit	3.5	39
2. Bestimmtheit	3.6	40

Inhaltsverzeichnis

		Rdn.	Seite
[Forts. 3. Abschnitt *(Wolf/Hintzen)*]			
a) Grundsätze		3.6	40
b) Geldforderung		3.16	42
c) Herausgabeanspruch		3.19	45
d) Handlung/Duldung/Unterlassung		3.23	46
e) Arbeitsrecht		3.29	48
f) Verschiedenes		3.30	48
3. Parteibezeichnung		3.34	50
4. Wirksamkeit		3.50	54
II. Vollstreckungsklausel		3.51	55
1. Zweck der Klausel		3.51	55
2. Antrag		3.60	57
3. Zuständigkeit		3.62	58
4. § 724 ZPO – einfache Klausel		3.74	61
5. § 726 ZPO – titelergänzende Klausel		3.77	62
a) Voraussetzungen		3.77	62
b) Beweislast des Gläubigers im Einzelnen		3.80	63
aa) Grundsatz		3.80	63
bb) Ausnahmen		3.81	64
cc) Offenkundige/zugestandene Tatsachen		3.85	65
dd) Kalendertag/Wartefristen		3.91	67
c) Nachweis		3.92	67
d) Leistung Zug um Zug		3.96	68
e) Beispiele einer Klausel		3.102	70
6. § 727 ff. ZPO – titelumschreibende Klausel		3.103	70
a) Zweck und Voraussetzungen		3.103	70
b) Rechtsnachfolge auf Gläubigerseite im Einzelnen		3.110	72
aa) Abtretung		3.110	72
bb) Eigentums- und Vermögensgemeinschaft nach §§ 13 bis 16 FGB-DDR		3.111	72
cc) Erbfall		3.112	72
dd) Gesetzlicher Forderungsübergang		3.116	73
ee) Insolvenz		3.117	73
ff) Partei kraft Amtes		3.121	74
gg) Pfändungspfandgläubiger gem. § 829 Abs. 3, § 857 Abs. 1 ZPO		3.122	74
hh) Prozessstandschafter		3.124	75
ii) Testamentsvollstrecker		3.129	76
jj) Umwandlung		3.131	76
c) Rechtsnachfolge auf Schuldnerseite im Einzelnen		3.132	76

XVII

Inhaltsverzeichnis

		Rdn.	Seite
[Forts. 3. Abschnitt *(Wolf/Hintzen)*]			
aa) Besitz		3.132	76
bb) Eigentümer/Inhaber		3.137	78
cc) Erbfall		3.138	78
(1) Gesamtrechtsnachfolge vor Rechtshängigkeit		3.138	78
(2) Gesamtrechtsnachfolge nach Rechtshängigkeit, aber vor Erlass des Titels		3.141	79
(3) Titel gegen den Erblasser; die Zwangsvollstreckung hat bereits begonnen		3.142	79
(4) Titel gegen den Erblasser; die Erbschaft ist noch nicht angenommen		3.143	79
(5) Titel gegen den Erblasser; die Erbschaft ist angenommen bzw. die Ausschlagungsfrist ist abgelaufen		3.144	80
(6) Titel gegen den Vorerben		3.149	80
dd) Erbschaftskauf		3.150	81
ee) Firmenfortführung		3.151	81
ff) Insolvenz		3.156	83
(1) Titel gegen den Gemeinschuldner		3.158	83
(2) Titel gegen den Insolvenzverwalter		3.161	84
gg) Kanzleiabwickler		3.163	84
hh) Partei kraft Amtes		3.164	85
ii) Schuldübernahme		3.165	85
jj) Testamentsvollstrecker		3.167	85
kk) Umwandlung		3.171	86
ll) Vermögensübernahme		3.173	86
d) Keine Rechtsnachfolge		3.174	86
e) Nachweis		3.176	87
f) Beispiel einer Klausel		3.192	91
7. § 733 ZPO – weitere vollstreckbare Ausfertigung		3.193	92
8. Rechtsbehelfe im Rahmen der Klauselerteilung		3.208	95
a) Rechtsbehelfe des Gläubigers		3.208	95
aa) Verweigerung der Klausel durch den Urkundsbeamten der Geschäftsstelle		3.208	95
bb) Verweigerung der Klausel durch den Rechtspfleger		3.212	96
cc) Verweigerung der Klausel zu einer notariellen Urkunde		3.216	97

Inhaltsverzeichnis

	Rdn.	Seite
[Forts. 3. Abschnitt *(Wolf/Hintzen)*]		
dd) Klage auf Erteilung der Vollstreckungsklausel gem. § 731 ZPO	3.221	98
b) Rechtsbehelfe des Schuldners	3.230	100
aa) Klauselerinnerung, § 732 ZPO	3.230	100
bb) Klauselgegenklage, § 768 ZPO	3.248	104
III. Zustellung	3.267	108
1. Zweck	3.267	108
2. Zeitpunkt	3.268	108
3. Zustellungsart	3.272	109
4. Zustellungsadressat	3.275	110
5. Zustellungsempfänger	3.278	111
6. Gegenstand der Zustellung	3.279	111
7. Nachweis	3.285	113
B. Besondere Voraussetzungen der Zwangsvollstreckung	3.286	113
I. § 751 Abs. 1 ZPO – Eintritt eines Kalendertages	3.287	114
II. §§ 751 Abs. 2, 752 ZPO – Sicherheitsleistung	3.293	115
1. Art und Höhe der Sicherheitsleistung	3.293	115
2. Hinterlegung	3.297	117
3. Bürgschaft	3.299	117
4. Nachweis der Sicherheitsleistung bei Bürgschaft	3.307	119
5. Entbehrlichkeit des Nachweises	3.313	121
III. § 720a ZPO – Sicherungsvollstreckung	3.314	122
1. Titel	3.316	122
2. Wartefrist, § 750 Abs. 3 ZPO	3.318	123
3. Vollstreckungsmaßnahmen	3.319	123
4. Sicherheitsleistung des Schuldners, § 720a Abs. 3 ZPO	3.321	124
IV. §§ 756, 765 ZPO – Zug um Zug zu bewirkende Leistung des Gläubigers	3.324	125
1. Zug-um-Zug-Leistung	3.324	125
2. Zweck	3.327	126
3. Annahmeverzug des Schuldners (Gläubigerverzug)	3.331	127
a) Tatsächliches Angebot	3.331	127
b) Geschuldete Leistung des Gläubigers	3.332	127
c) Wörtliches Angebot	3.339	129
4. Folge des Annahmeverzugs	3.342	131
5. Nachweis der Befriedigung oder des Annahmeverzugs	3.343	131
6. Rechtsbehelfe	3.352	133
a) Rechtsbehelfe des Gläubigers	3.352	133
b) Rechtsbehelfe des Schuldners	3.355	134
7. § 765 ZPO	3.357	134

Inhaltsverzeichnis

	Rdn.	Seite
[Forts. 3. Abschnitt *(Wolf/Hintzen)*]		
V. Wartefristen	3.363	136
1. § 750 Abs. 3 ZPO	3.364	136
2. § 798 ZPO	3.365	136
3. Rechtsbehelfe	3.367	137
VI. Vollstreckungshindernisse *(Hintzen)*	3.368	137
1. Arten	3.368	137
2. § 775 ZPO	3.370	137
3. § 775 Nr. 1 ZPO – Vollstreckungshindernde Entscheidung	3.371	137
4. § 775 Nr. 2 ZPO – Einstweilige Einstellung der Zwangsvollstreckung bzw. Vollstreckung nur gegen Sicherheitsleistung	3.377	139
5. § 775 Nr. 3 ZPO – Nachweis der Sicherheitsleistung oder Hinterlegung	3.380	140
6. § 775 Nr. 4 ZPO – Befriedigung/Stundung	3.384	140
7. § 775 Nr. 5 ZPO – Bankbeleg	3.389	142
8. § 776 ZPO – Aufhebung von Vollstreckungsmaßregeln	3.395	143
9. Insolvenz	3.399	144
a) Eröffnungsverfahren	3.399	144
aa) Sicherungsmaßnahmen	3.399	144
bb) Wirksamwerden der Sicherungsmaßnahmen	3.400	145
cc) Wirkung d. Sicherungsmaßnahmen	3.402	145
dd) Absonderungsberechtigte	3.404	146
ee) Ausnahmen	3.405	146
ff) Zuständigkeit für Einwendungen	3.406	146
b) Insolvenzeröffnung	3.411	148
aa) Wirkung und Umfang	3.411	148
bb) Vollstreckungsverbot	3.413	148
cc) Rückschlagsperre	3.414	149
dd) Masseverbindlichkeiten	3.416	149
ee) Sozialplanforderungen	3.417	150
ff) Masseunzulänglichkeit	3.418	150
gg) Arbeitseinkommen	3.419	150
hh) Unterhalts- und Deliktsgläubiger	3.420	151
10. § 778 ZPO – Zwangsvollstreckung vor Erbschaftsannahme	3.421	151
11. Vollziehungsfristen gem. § 929 Abs. 2 u.3 ZPO	3.425	152
12. Vollstreckungsvereinbarungen	3.429	154
a) Vollstreckungsbeschränkende Abreden	3.430	154
b) Vollstreckungserweiternde Abreden	3.431	154
c) Geltendmachung der Abreden	3.432	155

Inhaltsverzeichnis

	Rdn.	Seite
4. Abschnitt **Vollstreckung durch den Gerichtsvollzieher** *(Wolf/Hintzen)*	4.1	157
I. Zuständigkeit des Gerichtsvollziehers *(Wolf)*	4.1	157
II. Vollstreckungsantrag	4.5	158
III. Durchsuchung	4.25	163
1. Art der Räume	4.26	163
2. Räume des Schuldners	4.29	164
3. Durchsuchung	4.32	165
4. Entbehrlichkeit der Anordnung	4.36	166
a) Einwilligung	4.36	166
b) Gefahr im Verzug	4.40	167
c) Ermessensentscheidung	4.42	168
d) Räumung	4.43	168
e) Haftbefehl	4.44	169
f) Konkludente Anordnungen	4.45	170
5. Verfahren	4.52	171
a) Antrag	4.53	171
b) Zuständigkeit	4.58	173
c) Rechtsschutzinteresse	4.59	173
d) Verhältnismäßigkeit	4.61	174
e) Rechtliches Gehör	4.62	175
f) Entscheidung	4.63	175
g) Vorzeigen/Zustellung/Rechtsbehelfe	4.65	176
6. Öffnung von Haustüren etc., § 758 Abs. 2 ZPO	4.68	178
7. Widerstand des Schuldners, § 758 Abs. 3 ZPO	4.70	178
8. Anwesenheit des Gläubigers	4.71	178
9. Kosten	4.72	179
IV. Vollstreckung zu unüblichen Zeiten	4.76	179
1. Voraussetzungen	4.76	179
2. Entscheidung	4.87	182
3. Rechtsbehelfe	4.90	183
4. Kosten	4.92	184
V. Gegenstand der Pfändung	4.93	184
1. Grundlage: Geldforderung	4.93	184
2. Gegenstand	4.97	185
VI. Gewahrsam	4.106	187
1. Tatsächliche Sachherrschaft	4.106	187
2. Alleingewahrsam	4.109	187
a) Mieter	4.110	188
b) Büro-, Betriebs- und Geschäftsräume	4.111	188
c) Prozessunfähige Personen	4.112	188

Inhaltsverzeichnis

	Rdn.	Seite

[Forts. 4. Abschnitt *(Wolf/Hintzen)*]
- d) Juristische Personen/OHG/KG/ Partnerschaftsgesellschaft .... 4.114 — 189
- e) Verwalter fremden Vermögens .... 4.117 — 190
- f) Eheleute/eingetragene Lebenspartner .. 4.118 — 190
- 3. Eigentumslage .... 4.123 — 192
- 4. Gewahrsam Dritter .... 4.125 — 192
- 5. Gewahrsam des Vollstreckungsgläubigers 4.135 — 195
- 6. Rechtsbehelfe .... 4.136 — 195
- VII. Pfändungsverbote und -beschränkungen .... 4.137 — 196
  - 1. Sinn und Zweck .... 4.137 — 196
  - 2. Prüfung der Pfändbarkeit .... 4.138 — 196
  - 3. Nachträgliche Pfändbarkeit .... 4.139 — 196
  - 4. Nachträgliche Unpfändbarkeit .... 4.142 — 197
  - 5. Eigentumslage .... 4.143 — 198
  - 6. Verzicht auf Pfändungsschutz .... 4.145 — 198
  - 7. Folge verbotswidriger Pfändung .... 4.146 — 199
  - 8. Übermaßverbot, § 803 Abs. 1 S. 2 ZPO ...... 4.148 — 199
  - 9. Verbot nutzloser Pfändungen, § 803 Abs. 2 ZPO .... 4.150 — 199
  - 10. § 811 Abs. 1 Nr. 1 ZPO – Sachen des persönlichen Gebrauchs/Haushalts .... 4.151 — 200
  - 11. § 811 Abs. 1 Nr. 2 ZPO – Vorräte bzw. entsprechender Geldbetrag .... 4.155 — 201
  - 12. § 811 Abs. 1 Nr. 3 ZPO – Kleintiere etc. .... 4.156 — 202
  - 13. § 811 Abs. 1 Nr. 4 ZPO .... 4.157 — 202
  - 14. § 811 Abs. 1 Nr. 4a ZPO .... 4.159 — 202
  - 15. § 811 Abs. 1 Nr. 5 ZPO – Gegenstände persönlicher Arbeit .... 4.160 — 202
  - 16. § 811 Abs. 1 Nr. 6 ZPO .... 4.166 — 206
  - 17. § 811 Abs. 1 Nr. 7 ZPO .... 4.167 — 206
  - 18. § 811 Abs. 1 Nr. 8 ZPO .... 4.168 — 206
  - 19. § 811 Abs. 1 Nr. 9 ZPO .... 4.169 — 206
  - 20. § 811 Abs. 1 Nr. 10–13 ZPO .... 4.170 — 207
  - 21. § 811 Abs. 2 ZPO – Pfändung bei Eigentumsvorbehalt .... 4.172 — 207
  - 22. § 811a Abs. 3 ZPO .... 4.178 — 209
  - 23. § 811c ZPO .... 4.179 — 209
  - 24. § 811d ZPO – Vorwegpfändung .... 4.180 — 210
  - 25. § 812 ZPO .... 4.181 — 210
  - 26. § 851b Abs. 1 S. 2 ZPO .... 4.182 — 210
  - 27. Erbschaftsnutzungen .... 4.183 — 211
  - 28. Weitere Pfändungsbeschränkungen .... 4.184 — 211
- VIII. Pfändung .... 4.186 — 211
  - 1. Aufforderung zur Leistung .... 4.186 — 211

Inhaltsverzeichnis

	Rdn.	Seite
[Forts. 4. Abschnitt *(Wolf/Hintzen)*]		
2. Inbesitznahme, § 808 Abs. 1 ZPO	4.187	212
3. Pfandzeichen etc., § 808 Abs. 2 S. 2 ZPO	4.192	213
4. Mehrere Aufträge	4.196	214
5. Besitzverhältnisse	4.198	214
6. Hilfspfändung	4.200	215
7. Informationspflichten des Gerichtsvollziehers	4.202	215
8. Vollstreckungsprotokoll	4.207	217
9. Anschlusspfändung	4.213	219
IX. Wirkungen der Pfändung	4.216	221
1. Beschlagnahme	4.216	221
2. Verstrickung	4.217	221
3. Pfändungspfandrecht	4.224	223
a) Rechtsnatur	4.226	224
aa) Privatrechtliche Theorie	4.227	224
bb) Öffentlich-rechtliche Theorie	4.228	225
cc) Gemischte privat- und öffentlich-rechtliche Theorie	4.229	225
b) Untergang des Pfändungspfandrechts	4.231	226
X. Rang des Pfändungspfandrechts	4.236	228
1. Rangfolge der Pfandrechte	4.236	228
2. Auswirkungen von Mängeln der Zwangsvollstreckung auf die Rangfolge	4.239	229
XI. Verwertung, §§ 814–824, 827 ZPO	4.241	230
1. Versteigerung	4.243	231
2. Geld	4.245	231
3. Wertpapiere	4.255	233
4. Gold- und Silberwaren	4.256	234
5. Grundstücksfrüchte	4.257	234
6. Öffentliche Versteigerung	4.258	234
XII. Besondere Vollstreckungsanträge *(Hintzen)*	4.272	237
1. Austauschpfändung, § 811a ZPO	4.272	237
a) Voraussetzungen	4.272	237
b) Verfahren	4.274	239
c) Rechtsbehelfe	4.280	241
2. Vorläufige Austauschpfändung, § 811b ZPO	4.281	241
3. Aussetzung der Verwertung, §§ 813a, b ZPO	4.282	242
a) Zeitweilige Aussetzung durch den Gerichtsvollzieher	4.282	242
b) Zeitweilige Aussetzung durch das Vollstreckungsgericht	4.290	244
aa) Voraussetzungen des Verwertungsaufschubes	4.290	244

Inhaltsverzeichnis

	Rdn.	Seite
[Forts. 4. Abschnitt *(Wolf/Hintzen)*]		
bb) Entscheidungserhebliche Tatsachen	4.294	245
cc) Verfahrensablauf	4.296	245
dd) Beschluss	4.297	246
4. Anderweitige Verwertung, § 825 ZPO	4.299	247
a) Regelungszweck	4.299	247
b) Verfahrensvoraussetzung	4.302	247
c) Verwertungsmöglichkeiten	4.304	248
d) Entscheidung	4.308	250
5. Abschnitt **Verfahren zur Abgabe der eidesstattlichen Versicherung** *(Hintzen)*	5.1	251
I. Einleitung	5.1	251
II. Verfahrensziel	5.5	252
III. Verfahren	5.6	252
1. Übersicht	5.6	252
2. Antragstellung	5.11	253
a) Antrag und Antragsinhalt	5.11	253
b) Ratenzahlungsangebot	5.20	255
c) Zusatzfragen im Antrag	5.21	256
3. Zuständigkeit	5.24	257
4. Nachbesserungsverfahren	5.27	258
5. Sicherungsvollstreckung	5.30	259
6. Rechtsschutzinteresse	5.32	260
7. Nachweis der Unpfändbarkeit	5.35	261
a) Unpfändbarkeitsbescheinigung	5.35	261
b) Wohnung/Geschäftslokal	5.38	262
c) Aussichtslose Vollstreckung	5.39	263
d) Zutrittsverweigerung zur Wohnung	5.40	263
e) Nichtanwesenheit des Schuldners	5.41	264
8. Termin	5.42	264
a) Ladung zum Termin	5.42	264
b) Vorladung des Schuldners oder des gesetzlichen Vertreters	5.44	265
c) Terminsdurchführung	5.51	267
d) Inhalt des Vermögensverzeichnisses	5.52	267
e) Widerspruch	5.54	271
f) Vertagung	5.58	273
9. Nachbesserung	5.60	273
IV. Haftbefehl	5.64	275
1. Verfahren	5.64	275
a) Regelungstatbestand	5.64	275
b) Erlass des Haftbefehls	5.65	275

Inhaltsverzeichnis

	Rdn.	Seite
[Forts. 5. Abschnitt *(Hintzen)*]		
2. Verhaftung	5.73	277
3. Aussetzung des Haftbefehls	5.82	279
4. Befristung des Haftbefehls	5.84	280
V. Schuldnerverzeichnis	5.85	280
1. Eintragung in die Schuldnerkartei	5.85	280
2. Einsicht in die Schuldnerkartei	5.87	281
3. Löschung der Eintragung	5.88	281
VI. Wiederholte eidesstattliche Versicherung	5.90	282
1. Verfahrensvoraussetzungen	5.90	282
a) Antrag/Auftrag	5.90	282
b) Vermögenserwerb	5.92	282
c) Auflösung des Arbeitsverhältnisses	5.96	284
d) Unpfändbarkeitsbescheinigung	5.100	285
2. Terminsablauf	5.101	286
6. Abschnitt		
Pfändung von Forderungen und Rechten *(Hintzen)*	6.1	287
A. Geldforderung	6.1	287
I. Einleitung	6.1	287
1. Pfändbarkeit	6.1	287
2. Unpfändbare Ansprüche	6.3	287
3. Hypothekenhaftungsverband	6.8	289
4. Beschränkt pfändbare Ansprüche	6.10	290
5. Zugehörigkeit zum Schuldnervermögen	6.11	290
II. Antrag	6.13	291
1. Antragsvoraussetzungen	6.13	291
2. Antragsinhalt und Anspruchsbezeichnung	6.17	292
III. Gesamtforderung	6.20	294
1. Forderungsaufstellung	6.20	294
2. Überpfändung	6.23	295
3. Gesamtschuldner	6.24	295
IV. Vollstreckungsunterlagen	6.25	296
1. Vollstreckbarer Titel	6.25	296
2. Zustellung	6.26	296
3. Weitere Vollstreckungsvoraussetzungen	6.27	296
4. Vollstreckungskosten	6.29	297
V. Der Pfändungsbeschluss	6.34	299
1. Zuständigkeit	6.34	299
2. Beschluss	6.41	301
3. Wirkung des Pfändungsbeschlusses	6.48	303
4. Gläubigerrechte	6.50	304
5. Schuldnerrechte	6.51	304
VI. Der Überweisungsbeschluss	6.52	304

Inhaltsverzeichnis

	Rdn.	Seite
[Forts. 6. Abschnitt *(Hintzen)*]		
1. Überweisungsart	6.52	304
2. Gläubigerrechte nach Überweisung	6.56	305
3. Herausgaberecht	6.58	306
4. Auskunftsanspruch	6.63	309
5. Eidesstattliche Versicherung	6.64	309
6. Schuldnerrechte	6.66	310
VII. Der Drittschuldner	6.68	311
1. Vertrauensschutz	6.68	311
2. Einwendungen des Drittschuldners	6.69	312
3. Drittschuldnerauskunft	6.70	312
4. Keine Auskunftsklage	6.74	314
5. Kosten	6.76	314
VIII. Vorpfändung	6.78	315
B. Arbeitseinkommen, §§ 850 ff. ZPO	6.83	317
I. Einleitung	6.83	317
II. Dauerpfändung	6.88	320
1. Einheitliches Arbeitsverhältnis	6.88	320
2. Abgetretenes Arbeitseinkommen	6.92	321
III. Vermögenswirksame Leistungen/Arbeitnehmersparzulage	6.94	321
IV. Unpfändbare Bezüge	6.96	322
V. Bedingt pfändbare Bezüge	6.99	323
1. Rentenansprüche	6.99	323
2. Unterhaltsrente/Taschengeld	6.102	324
3. Einkünfte aus Stiftung, Fürsorge, Altenteil	6.106	326
4. Unterstützungsansprüche aus öffentlichen Kassen	6.109	327
5. Todesfallversicherung	6.110	327
6. Pfändungsvoraussetzungen	6.112	328
VI. Pfändungsfreigrenzen	6.114	329
1. Allgemein	6.114	329
2. Unterhaltsberechtigte Personen	6.115	329
3. Berechnung durch den Drittschuldner	6.123	331
VII. Nichtberücksichtigung eines Unterhaltsberechtigten	6.125	332
1. Eigenes Einkommen	6.125	332
2. Höhe des eigenen Einkommens	6.127	334
3. Antragsinhalt	6.135	338
4. Beschluss	6.138	339
5. Wirkung des Beschlusses	6.140	339
VIII. Zusammenrechnung mehrerer Arbeitseinkommen	6.142	340
1. Voraussetzungen	6.142	340
2. Antrag	6.148	342
3. Verfahren	6.150	342

Inhaltsverzeichnis

	Rdn.	Seite
[Forts. 6. Abschnitt *(Hintzen)*]		
4. Beschluss	6.151	343
5. Wirkung des Beschlusses	6.156	344
IX. Pfändungsbetrag bei Vollstreckung eines Unterhaltsgläubigers	6.157	344
1. Bevorrechtigte Forderungen	6.157	344
2. Notwendiger Unterhaltsbedarf	6.165	347
a) § 850d Abs. 2 Buchst. a	6.167	348
b) § 850d Abs. 2 Buchst. b	6.168	349
c) § 850d Abs. 2 Buchst. c	6.169	349
d) § 850d Abs. 2 Buchst. d	6.170	349
3. Verfahren	6.173	350
4. Vorratspfändung	6.177	351
5. Zusammentreffen mit nichtbevorrechtigter Pfändung	6.179	352
a) Rangverhältnisse bei mehreren Pfändungen	6.179	352
b) Verrechnungsantrag	6.180	353
c) Verfahren	6.182	353
d) Wirkung	6.184	354
X. Änderung des unpfändbaren Betrages	6.185	354
1. Erhöhung des unpfändbaren Betrages	6.185	354
2. Herabsetzung des unpfändbaren Betrages (Deliktsansprüche)	6.195	358
3. Herabsetzung des unpfändbaren Betrages (hohes Einkommen)	6.199	360
XI. Änderung der Unpfändbarkeitsvoraussetzungen	6.201	360
XII. Verschleiertes Arbeitseinkommen	6.203	361
1. Lohnschiebungsvertrag	6.203	361
2. Lohnverschleierung	6.207	362
XIII. Sonstige Vergütungen, § 850i ZPO	6.214	364
C. Sozialleistungsansprüche	6.216	366
I. Pfändbare Ansprüche	6.216	366
1. Einmalige Leistungen	6.217	366
2. Laufende Leistungen	6.219	366
II. Kindergeld	6.222	368
III. Erziehungsgeld	6.228	369
IV. Mutterschaftsgeld	6.229	369
V. Wohngeld	6.230	369
VI. Mehraufwand für Körper- und Gesundheitsschäden	6.231	370
VII. Künftige Sozialgeldleistungsansprüche	6.232	370
VIII. Zusammenrechnung von Arbeitseinkommen mit Sozialgeldleistungen	6.235	371
IX. Kontenpfändung – Sozialgeldleistung	6.238	372

Inhaltsverzeichnis

	Rdn.	Seite
[Forts. 6. Abschnitt *(Hintzen)*]		
D. Pfändung des Girokontos	6.243	373
I. Kontokorren	6.243	373
1. Pfändungswirkung	6.243	373
2. Tagessaldo	6.247	374
3. Weitere Ansprüche	6.248	375
II. Überziehungskredit/Dispositionskredit	6.249	375
III. Gemeinschaftskonten	6.253	377
IV. Pfändungsverfahren	6.256	377
1. Antragsinhalt	6.256	377
2. Zustellung	6.258	378
3. Wirkung	6.259	378
V. Pfändungsschutz für Bankguthaben	6.260	379
1. Antrag	6.260	379
2. Verfahren	6.265	380
3. Entscheidung	6.267	381
E. Zwangsvollstreckung in Herausgabeansprüche, §§ 846 ff. ZPO	6.270	381
I. Ansprüche auf bewegliche Sachen	6.270	381
1. Pfändungsanspruch	6.270	381
2. Verfahren	6.273	382
3. Durchführung	6.275	383
II. Ansprüche auf unbewegliche Sachen	6.278	384
1. Pfändungsanspruch	6.278	384
2. Verfahren	6.279	384
3. Sicherungshypothek	6.282	385
F. Zwangsvollstreckung in andere Forderungen und Vermögensrechte, §§ 857 ff. ZPO	6.284	385
I. Pfändung	6.284	385
II. Verwertung	6.285	386
III. Beispiele	6.286	386
1. Anfechtungsrecht	6.286	386
2. Anwartschaftsrecht (bewegliche Sachen)	6.287	387
3. Anwartschaftsrecht (unbewegliche Gegenstände)	6.290	387
4. Arzneimittelzulassung	6.294	389
5. Auflassungsvormerkung	6.295	389
6. Ausschlagung	6.296	389
7. Bausparvertrag	6.297	389
8. Dauerwohnrecht	6.298	390
9. Dienstbarkeit	6.299	390
10. Eigentumsverschaffungsanspruch	6.302	391
11. Eigentümergrundschuld	6.309	393
a) Offene Eigentümergrundschuld	6.309	393
b) Vorläufige Eigentümergrundschuld	6.313	393

Inhaltsverzeichnis

	Rdn.	Seite
[Forts. 6. Abschnitt *(Hintzen)*]		
c) Künftige Eigentümergrundschuld	6.316	394
d) Nachweise	6.318	395
e) Teilpfändung	6.319	395
12. Erbbaurecht	6.322	396
13. Erbbauzins	6.323	396
14. Erbengemeinschaft	6.325	397
15. Erfinderrecht	6.333	399
16. Gebrauchsmuster	6.334	399
17. Genossenschaftsanteil	6.335	400
18. Geschmacksmuster	6.336	400
19. Gesellschaftsanteil (GmbH)	6.337	400
20. Gesellschaftsanteil	6.339	401
21. Grundschuld	6.345	403
22. Gütergemeinschaft	6.351	404
23. Hypothek	6.353	405
a) Pfändung	6.353	405
b) Hypothekenbrief	6.355	405
c) Zustellung an Drittschuldner	6.361	407
d) Zinsen	6.363	408
e) Verwertung	6.364	408
f) Grundbucheintragung	6.366	409
g) Verwertung durch Zwangsversteigerung	6.367	409
24. Insolvenzgeld	6.368	409
25. Internet-Domain	6.369	410
26. Leasingansprüche	6.372	411
27. Lebensversicherung	6.373	411
28. Marke	6.375	411
29. Meistgebot in der Zwangsversteigerung	6.376	412
30. Miet- und Pachtforderung	6.377	412
31. Milchkontingent	6.378	413
32. Miteigentumsanteil	6.379	413
a) Bewegliche Sache	6.379	413
b) Unbewegliche Sache	6.381	413
33. Nießbrauch	6.385	414
34. Patent	6.388	415
35. Pfändungspfandrecht	6.389	415
36. Pflichtteilsanspruch	6.390	415
37. Rangvorbehalt	6.393	416
38. Reallast	6.394	416
39. Rückauflassungsanspruch	6.397	417
40. Rückgewährsanspruch	6.398	417
a) Pfändung	6.398	417
b) Überweisung	6.402	419

XXIX

Inhaltsverzeichnis

	Rdn.	Seite
[Forts. 6. Abschnitt *(Hintzen)*]		
c) Wirkung der Erfüllung des Rückgewährsanspruches	6.403	419
41. Schlusserbenstellung	6.406	420
42. Sondernutzungsrecht	6.407	420
43. Steuererstattungsanspruch	6.408	420
44. Urheberrecht	6.411	421
45. Unselbstständige Rechte	6.412	421
46. Vorkaufsrecht	6.413	421
47. Warenzeichen	6.415	422
48. Wechsel	6.416	422
49. Wohnungsrecht	6.417	422
50. Zugewinnausgleich	6.418	423
51. Zwangsversteigerungserlös	6.419	423
52. Zwangsverwaltungserlös	6.421	423
7. Abschnitt **Vollstreckung wegen Herausgabe, Duldung, Unterlassung sowie der Abgabe von Willenserklärungen (§§ 883–898 ZPO)** *(Wolf)*	7.1	425
A. Herausgabe/Leistung beweglicher Sachen, §§ 883–884 ZPO	7.3	425
I. Herausgabe	7.3	425
1. Ziel	7.3	425
2. Titel	7.4	426
3. Antrag	7.10	428
4. Gewahrsam des Schuldners	7.11	428
5. Durchführung	7.13	429
II. Leistung	7.16	430
III. Rechtsbehelfe	7.23	431
B. Herausgabe unbeweglicher Sachen, § 885 ZPO	7.24	431
I. Herausgabe	7.24	431
II. Gewahrsamsinhaber	7.27	432
III. Weitere Voraussetzungen	7.29	435
IV. Durchführung	7.32	436
V. Kosten	7.41	439
VI. Rechtsbehelfe	7.44	440
C. Vertretbare Handlungen, § 887 ZPO	7.45	441
I. Art und Weise	7.45	441
II. Vertretbare Handlungen	7.46	441
III. Antrag und Rechtsschutzinteresse	7.50	444
IV. Bestimmtheit des Antrags	7.52	445
V. Zuständigkeit	7.55	446
VI. Stellungnahme des Schuldners	7.56	446

Inhaltsverzeichnis

	Rdn.	Seite
[Forts. 7. Abschnitt *(Wolf)*]		
VII. Beweis	7.59	447
VIII. Entscheidung	7.61	447
IX. Kostenvorschuss, § 887 Abs. 2 ZPO	7.65	448
X. Rechtsbehelfe	7.72	450
D. Unvertretbare Handlungen, § 888 ZPO	7.75	451
I. Art und Weise	7.75	451
II. Unvertretbare Handlungen	7.76	451
III. Antrag	7.82	456
IV. Weitere Verfahrensvoraussetzungen	7.83	457
V. Beweis	7.84	457
VI. Entscheidung	7.85	457
VII. Vollstreckung	7.92	460
VIII. Rechtsbehelfe im Rahmen der Vollstreckung ...	7.96	460
E. Unterlassung/Duldung, § 890 ZPO	7.102	462
I. Unterlassung...	7.103	462
II. Duldung	7.106	462
III. Antrag	7.107	463
IV. Zuständigkeit	7.109	463
V. Androhung	7.110	464
1. Vollstreckungsfähiger Titel	7.114	465
2. Sonstige Voraussetzungen der Zwangs-		
vollstreckung	7.116	466
3. Adressat der Androhung	7.120	467
4. Zustellung	7.122	467
VI. Zuwiderhandlung	7.123	467
1. Noch wirksamer Titel	7.124	467
a) Zustellung des Titels/Klausel	7.125	468
b) Androhung im Urteil/Beschluss	7.126	468
c) Androhung durch gesonderten Beschluss	7.135	470
2. Verschulden	7.136	470
VII. Festsetzung	7.142	473
1. Allgemein	7.142	473
2. Adressat der Festsetzung	7.143	473
3. Auswirkungen der Änderung des Titels		
nach Zuwiderhandlung	7.146	474
4. Rechtsschutzinteresse	7.158	477
5. Verjährung	7.159	478
6. Rechtliches Gehör des Schuldners	7.160	478
VIII. Beweis	7.162	479
IX. Entscheidung des Gerichts	7.166	480
1. Ordnungsgeld	7.168	480
2. Ordnungshaft	7.171	481
X. Bestellung einer Sicherheit, § 890 Abs. 3 ZPO..	7.173	482
XI. Kostenentscheidung	7.178	482

Inhaltsverzeichnis

	Rdn.	Seite
[Forts. 7. Abschnitt *(Wolf)*]		
XII. Zustellung der gerichtlichen Entscheidung	7.179	483
XIII. Rechtsbehelfe	7.180	483
XIV. Vollstreckung der Ordnungsmittel	7.184	484
1. Ordnungsgeld	7.185	484
2. Ordnungshaft	7.186	485
3. Vollstreckungsverjährung	7.188	485
4. Sonderproblem: Fortfall des Vollstreckungstitels	7.189	485
F. Abgabe einer Willenserklärung, §§ 894–898 ZPO	7.194	486
I. Willenserklärung	7.195	487
1. Beispiele	7.197	487
2. Inhalt der Willenserklärung	7.200	489
II. Formell rechtskräftiger Titel	7.204	490
III. Zeitpunkt des Fiktionseintritts	7.216	492
IV. Wirkung der Fiktion	7.218	493
1. Geschäftsfähigkeit/vormundschafts-, familiengerichtliche Genehmigung	7.219	493
2. Erklärungen/Handlungen Dritter	7.220	494
3. Form	7.221	494
4. Zugang	7.222	494
V. Abhängigkeit der Willenserklärung von einer Gegenleistung, § 894 Abs. 1 S. 2 ZPO	7.226	496
VI. § 895 ZPO	7.232	497
VII. § 896 ZPO	7.244	499
VIII. § 897 ZPO	7.245	499
IX. § 898 ZPO	7.248	500
X. Rechtsbehelfe	7.253	501
8. Abschnitt		
Rechtsbehelfe *(Wolf)*	8.1	503
A. Vollstreckungserinnerung, § 766 ZPO	8.1	503
I. Ziel und Wesen	8.1	503
II. Statthaftigkeit	8.6	504
III. Antrag/Form/Frist	8.29	510
IV. Zuständigkeit	8.32	511
V. Erinnerungsbefugnis/Beschwer	8.39	512
1. Gläubiger	8.40	512
2. Schuldner	8.43	513
3. Drittschuldner	8.45	514
4. Sonstige Dritte	8.47	515
VI. Rechtsschutzinteresse	8.49	516
VII. Begründetheit	8.55	518
VIII. Entscheidung	8.57	519

Inhaltsverzeichnis

	Rdn.	Seite
[Forts. 8. Abschnitt *(Wolf)*]		
IX. Rechtsbehelfe	8.63	521
X. Einstweiliger Rechtsschutz	8.64	521
B. Sofortige Beschwerde/befristete Erinnerung, § 11 RPflG	8.66	522
I. Grundzüge	8.66	522
II. Sofortige Beschwerde, § 11 Abs. 1 RPflG	8.67	522
III. Befristete Erinnerung, § 11 Abs. 2 RPflG	8.70	523
1. Statthaftigkeit	8.70	523
2. Antrag/Form/Frist	8.71	523
3. Zuständigkeit	8.74	524
4. Erinnerungsbefugnis/Beschwer	8.77	524
5. Rechtsschutzinteresse	8.78	524
6. Begründetheit	8.79	525
7. Entscheidung	8.81	525
8. Rechtsbehelfe	8.86	525
9. Einstweiliger Rechtsschutz	8.87	526
C. Sofortige Beschwerde, § 793 ZPO	8.88	526
I. Statthaftigkeit	8.88	526
1. Entscheidung	8.89	526
2. Ohne mündliche Verhandlung	8.90	526
3. Im Zwangsvollstreckungsverfahren	8.91	527
II. Verfahren	8.92	527
III. Antrag/Form/Frist	8.93	528
IV. Zuständigkeit	8.95	528
V. Beschwerdebefugnis	8.96	529
VI. Rechtsschutzinteresse	8.99	529
VII. Begründetheit	8.100	530
VIII. Weiteres Verfahren	8.103	530
IX. Entscheidung	8.104	531
X. Einstweiliger Rechtsschutz	8.107	531
D. Vollstreckungsabwehrklage, § 767 ZPO	8.111	532
I. Ziel und Wesen	8.111	532
II. Zulässigkeit	8.121	536
1. Statthaftigkeit	8.121	536
2. Klageantrag	8.137	539
3. Zuständigkeit	8.141	540
4. Rechtsschutzinteresse	8.148	542
III. Begründetheit	8.153	545
1. Sachbefugnis	8.154	545
2. Materiell-rechtliche Einwendungen gegen den titulierten Anspruch	8.156	546
3. Präklusion gemäß § 767 Abs. 2 ZPO	8.159	550
a) Maßgeblicher Zeitpunkt für die Präklusion	8.161	551

Inhaltsverzeichnis

	Rdn.	Seite
[Forts. 8. Abschnitt *(Wolf)*]		
aa) Urteil	8.162	551
bb) Prozessvergleich (§ 794 Abs. 1 Nr. 1 ZPO)	8.163	552
cc) Kostenfestsetzungsbeschluss (§ 794 Abs. 1 Nr. 2 ZPO)	8.164	553
dd) Beschluss im vereinfachten Verfahren über den Unterhalt Minderjähriger (§ 794 Abs. 1 Nr. 2a ZPO) ..	8.165	553
ee) Beschlüsse gemäß § 794 Abs. 1 Nr. 3 ZPO	8.166	553
ff) Beschlüsse gemäß § 794 Abs. 1 Nr. 3a ZPO	8.167	553
gg) Vollstreckungsbescheid (§ 794 Abs. 1 Nr. 4 ZPO)	8.168	554
hh) Vollstreckbar erklärter Schiedsspruch, schiedsrichterlicher Vergleich und gerichtlich vollstreckbar erklärter Anwaltsvergleich (§ 794 Abs. 1 Nr. 4a und 4b – 1. Fall, §§ 796b, 1053, 1054, 1060 f. ZPO)	8.169	554
ii) Notariell vollstreckbar erklärter Anwaltsvergleich gem. § 796c ZPO (§ 794 Abs. 1 Nr. 4 b 2. Fall ZPO) ...	8.170	554
jj) Vollstreckbare Urkunden (§ 794 Abs. 1 Nr. 5 ZPO)	8.171	554
kk) Vergütungsfestsetzungsbeschluss gemäß § 11 RVG, § 19 BRAGO	8.172	554
ll) Eintragung in die Insolvenz-/Konkurstabelle (§ 178 Abs. 3 InsO/ § 145 Abs. 2 KO) bzw. nachfolgende Feststellungsklagen, §§ 179, 184 InsO	8.173	554
mm) Europäischer Vollstreckungstitel gem. § 1082 ZPO	8.174	555
b) „Entstehung"	8.175	555
4. Präklusion gemäß § 767 Abs. 3 ZPO	8.181	557
5. Beweis	8.184	558
IV. Urteil und Urteilswirkungen...............................	8.185	559
V. Einstweiliger Rechtsschutz	8.189	560
E. Einstweilige Anordnungen, § 769 ZPO	8.190	560
I. Antrag..	8.191	560
II. Zuständigkeit	8.192	561
III. Rechtsschutzinteresse	8.195	562

Inhaltsverzeichnis

	Rdn.	Seite
[Forts. 8. Abschnitt *(Wolf)*]		
IV. Darlegung und Glaubhaftmachung	8.196	562
V. Entscheidung	8.199	562
VI. Weiterer Anwendungsbereich	8.204	564
VII. Abänderung/Rechtsbehelfe	8.205	564
1. Entscheidungen des Prozessgerichts	8.207	564
2. Entscheidungen des Vollstreckungsgerichts	8.209	565
a) Entscheidungen des Rechtspflegers	8.209	565
b) Entscheidungen des Richters	8.210	565
3. Kostenentscheidung	8.211	566
F. Drittwiderspruchsklage, § 771 ZPO	8.212	566
I. Ziel und Wesen	8.212	566
II. Zulässigkeit	8.219	567
1. Statthaftigkeit	8.219	567
2. Klageantrag	8.221	568
3. Zuständigkeit	8.225	568
4. Rechtsschutzinteresse	8.227	569
III. Begründetheit	8.238	571
1. Sachbefugnis	8.238	571
2. Die Veräußerung hindernde Rechte	8.241	572
a) Anfechtungsrecht	8.243	573
b) Anwartschaftsrecht	8.244	573
c) Besitz	8.245	574
d) Eigentum	8.246	574
e) Eigentumsvorbehalt	8.247	575
f) Herausgabeanspruch	8.248	575
g) Hypothek/Grundschuld	8.249	575
h) Inhaberschaft	8.250	576
i) Leasing	8.251	576
j) Nießbrauch	8.252	576
k) Pfandrechte	8.253	577
l) Sicherungsabtretung/Sicherungsübereignung (eigennützige Treuhand)	8.254	577
m) Sondervermögen	8.255	578
n) Treuhand (uneigennützige/fremdnützige Treuhand)	8.256	578
o) Veräußerungsverbot	8.257	579
p) Verschaffungsanspruch	8.258	580
q) Vorbehaltskäufer	8.259	580
r) Vorbehaltsverkäufer	8.260	580
s) Zurückbehaltungsrecht	8.261	580
3. Gegenrechte des Beklagten	8.262	580
4. Beweis	8.267	581
IV. Urteil und Urteilswirkungen	8.270	582
V. Einstweiliger Rechtsschutz	8.278	584

Inhaltsverzeichnis

	Rdn.	Seite
[Forts. 8. Abschnitt *(Wolf)*]		
G. Drittwiderspruchsklage, § 772 ZPO	8.279	584
I. Ziel und Wesen	8.279	584
II. Zulässigkeit	8.288	587
III. Begründetheit	8.291	587
IV. Urteil und Urteilswirkungen	8.298	589
V. Einstweiliger Rechtsschutz	8.300	589
H. Drittwiderspruchsklage des Nacherben, 773 ZPO	8.301	590
I. Zulässigkeit	8.301	590
II. Begründetheit	8.304	590
III. Urteil und Urteilswirkungen	8.307	591
IV. Einstweiliger Rechtsschutz	8.309	591
I. Drittwiderspruchsklage des in Gütergemeinschaft lebenden Ehegatten, § 774 ZPO	8.310	591
I. Zulässigkeit	8.310	591
II. Begründetheit	8.311	592
III. Einstweiliger Rechtsschutz	8.315	592
J. Vorzugsklage, § 805 ZPO	8.316	592
I. Ziel und Wesen	8.316	592
II. Zulässigkeit	8.319	593
1. Statthaftigkeit	8.319	593
2. Klageantrag	8.320	593
3. Zuständigkeit	8.323	594
4. Rechtsschutzinteresse	8.325	594
III. Begründetheit	8.328	595
1. Sachbefugnis	8.328	595
2. Pfand- oder Vorzugsrecht	8.329	595
3. Gegenrechte des Beklagten	8.335	597
4. Beweis	8.336	597
IV. Urteil und Urteilswirkungen	8.337	597
V. Einstweiliger Rechtsschutz	8.339	598
K. Allgemeine Härteklausel, § 765a ZPO	8.340	598
I. Ziel und Wesen	8.340	598
II. Statthaftigkeit	8.342	599
III. Antrag/Form/Frist	8.344	600
IV. Zuständigkeit	8.349	602
V. Rechtsschutzinteresse	8.350	602
VI. Begründetheit	8.352	603
1. Sittenwidrige Härte	8.353	603
2. Schutzbedürfnis des Gläubigers	8.357	604
3. Grundsätzliche Erwägungen	8.358	604
4. Beispiele aus der Rechtsprechung	8.359	605
a) Räumungsschutz	8.359	605
b) Zwangsversteigerung	8.362	610

Inhaltsverzeichnis

	Rdn.	Seite
[Forts. 8. Abschnitt *(Wolf)*]		
c) Kontenpfändung	8.363	610
d) Sonstige Fälle	8.364	611
VII. Weiteres Verfahren	8.365	613
VIII. Rechtsbehelf	8.369	614
IX. Einstweiliger Rechtsschutz	8.370	614
L. Klage auf Unterlassung der Zwangsvollstreckung gemäß § 826 BGB	8.373	615
I. Ziel und Wesen	8.373	615
II. Statthaftigkeit	8.374	615
III. Klageantrag	8.375	616
IV. Zuständigkeit	8.377	617
V. Begründetheit	8.378	617
VI. Insbesondere: gewerbliche Konsumentenkredite	8.380	619
1. Unrichtigkeit des Vollstreckungstitels	8.381	619
2. Kenntnis des Gläubigers von der Unrichtigkeit	8.385	620
3. Besondere Umstände	8.386	620
VII. Beweis	8.391	622
VIII. Entscheidung	8.392	622
IX. Einstweiliger Rechtsschutz	8.393	622
9. Abschnitt		
Grundstück und Grundbuch *(Hintzen)*	9.1	623
I. Bestandsverzeichnis	9.1	623
1. Grundstücke	9.1	623
2. Miteigentumsanteile	9.7	624
3. Vermerk beim herrschenden Grundstück	9.8	625
4. Grundstücksgleiche Rechte	9.11	626
a) Erbbaurecht	9.11	626
b) Eigentümererbbaurecht – Gesamterbbaurecht – Untererbbaurecht	9.18	627
5. Wohnungs- und Teileigentum	9.22	628
a) Hausgeld	9.25	629
b) Wohnungs- bzw Teileigentumserbbaurecht	9.29	630
c) Sondernutzungsrechte	9.30	630
II. Abteilung I des Grundbuches	9.31	631
1. Eigentümer nach Bruchteilen	9.32	631
2. Erbengemeinschaft	9.34	632
3. Gesellschaft bürgerlichen Rechts	9.36	632
4. Gütergemeinschaft	9.40	633
5. Eigentums- und Vermögensgemeinschaft	9.42	633
III. Abteilung II des Grundbuches	9.46	634
1. Inhalt und Bedeutung	9.46	634

Inhaltsverzeichnis

	Rdn.	Seite
[Forts. 9. Abschnitt *(Hintzen)*]		
2. Grunddienstbarkeit	9.52	635
a) Inhalt	9.52	635
b) Bestehen bleibendes Rechts	9.55	636
c) Erlöschendes Rechts	9.57	636
3. Beschränkte persönliche Dienstbarkeit	9.58	637
a) Inhalt	9.58	637
b) Bestehen bleibendes Recht	9.60	637
c) Erlöschendes Recht	9.63	638
4. Mitbenutzungsrechte im Beitrittsgebiet	9.65	638
5. Nießbrauch	9.67	639
a) Inhalt	9.67	639
b) Bestehen bleibendes Recht	9.68	639
c) Erlöschendes Recht	9.70	640
6. Reallast	9.72	640
a) Inhalt	9.72	640
b) Bestehen bleibendes Recht	9.77	641
c) Erlöschendes Recht	9.79	642
d) Vollstreckung aus der Reallast	9.82	643
7. Altenteil	9.85	643
a) Inhalt	9.85	643
b) Bestehen bleibendes oder erlöschendes Recht	9.86	644
c) Keine landesrechtlichen Regelungen	9.88	644
d) Landesrechtliche Besonderheiten	9.91	645
8. Vorkaufsrecht	9.98	646
a) Inhalt	9.98	646
b) Bestehen bleibendes Rechtes	9.101	647
c) Erlöschendes Rechtes	9.102	647
d) Besonderheit im Beitrittsgebiet	9.103	648
9. Erbbaurecht	9.107	648
a) Inhalt	9.107	648
b) Erbbaurecht am Grundstück	9.108	649
c) Erbbaugrundbuch	9.110	649
d) Rechtsänderung zum Inhalt des Erbbaurechtes	9.112	650
e) Bestehen bleibende Erbbauzinsreallast	9.116	651
f) Besonderheiten im Beitrittsgebiet	9.119	651
10. Dauerwohn-/Dauernutzungsrecht	9.121	652
a) Inhalt	9.121	652
b) Bestehen bleibendes Recht	9.122	652
c) Erlöschendes Recht	9.123	652
11. Vormerkung	9.126	653
a) Inhalt	9.126	653
b) Vormerkung für dingliche Rechte	9.127	653

Inhaltsverzeichnis

	Rdn.	Seite

[Forts. 9. Abschnitt *(Hintzen)*]

	Rdn.	Seite
c) Wiederkaufsrecht/Ankaufsrecht	9.128	653
d) Bestehen bleibende Vormerkung	9.129	654
e) Erlöschende Vormerkung	9.130	654
12. Auflassungsvormerkung	9.131	654
a) Inhalt	9.131	654
b) Bestehen bleibende Vormerkung	9.132	655
c) Erlöschende Vormerkung	9.133	655
d) Auflassungsvormerkung und Vollstreckung	9.135	656
13. Vereinbarung nach § 1010 BGB	9.137	656
a) Inhalt	9.137	656
b) Bestehen bleibende Vereinbarung	9.138	657
c) Erlöschende Vereinbarung	9.140	657
14. Bodenschutzlastvermerk	9.141	657
15. Verfügungsbeschränkungen	9.147	659
a) Baugesetzbuch	9.148	659
b) Bundesversorgungsgesetz	9.152	659
c) Unfallversicherung	9.154	660
d) Erbbaurecht	9.156	660
e) Wohnungseigentum	9.157	661
f) Reichsheimstätte	9.158	661
g) Insolvenz	9.159	661
aa) Nach der Insolvenzeröffnung	9.159	661
bb) Insolvenzeröffnungsverfahren	9.162	662
h) Pfändungsvermerk/Nachlassanteil	9.169	664
i) Testamentsvollstreckung	9.170	665
j) Nachlassverwaltung	9.171	665
k) Vor- und Nacherbfolge	9.172	665
l) Einstweilige Verfügung	9.175	666
m) Zwangsversteigerungsvermerk, Zwangsverwaltungsvermerk	9.177	666
n) Rechtshängigkeitsvermerk	9.179	666
o) Vermögensbeschlagnahme	9.180	667
p) Rückübertragungsanspruch nach dem Vermögensgesetz	9.181	667
16. Eigentum und Eigentumsnutzung im Beitrittsgebiet	9.183	668
a) 1. Möglichkeit	9.184	668
b) 2. Möglichkeit	9.186	668
c) 3. Möglichkeit	9.187	669
d) 4. Möglichkeit	9.188	669
IV. Abteilung III des Grundbuches	9.194	671
1. Inhalt und Bedeutung	9.194	671
2. Eigentümergrundschuld	9.200	672

Inhaltsverzeichnis

	Rdn.	Seite
[Forts. 9. Abschnitt *(Hintzen)*]		
3. Rückgewährsansprüche	9.207	674
4. Besonderheiten im Beitrittsgebiet	9.213	675
a) Hypothek	9.213	675
b) Aufbauhypothek	9.214	675
c) Umstellung wertbeständiger Rechte	9.218	676
5. Rangverhältnisse der Grundstücksrechte	9.219	676
a) Gesetzliche Rangfolge	9.221	677
b) Rangrücktritt	9.226	678
c) Zwischenrecht § 880 Abs. 5 BGB	9.227	678
aa) Rangdarstellung	9.227	678
bb) Zwangsversteigerung	9.228	679
cc) Rangdarstellung	9.229	680
dd) Zwangsversteigerung	9.230	680
d) Berücksichtigung von Kosten und Zinsen	9.231	680
aa) Kosten	9.231	680
bb) Zinsen	9.235	681
e) Mehrere Rechte im Rangtausch	9.243	683
f) Rangfolge zwischen Abt. II und Abt. III mit Zwischenrecht	9.248	684
aa) Rangdarstellung	9.248	684
bb) Zwangsversteigerung	9.249	685
g) Gleichrang und Rangtausch	9.251	686
aa) Rangdarstellung	9.251	686
bb) Zwangsversteigerung	9.252	686
cc) Rangdarstellung	9.254	687
dd) Zwangsversteigerung	9.255	688
h) Zurücktreten aus Gleichrang	9.256	689
aa) Rangdarstellung	9.256	689
bb) Zwangsversteigerung	9.257	689
cc) Rangdarstellung	9.259	690
dd) Zwangsversteigerung	9.260	690
i) Gesetzliche Rangverschiebung	9.261	691
6. Rangvorbehalt	9.264	692
a) Zweck	9.266	693
b) Rangfolge	9.267	693
c) Zwischenrechte	9.270	693
d) Zwangsversteigerung	9.272	694
e) Weitere relative Rangverhältnisse	9.273	695
10. Abschnitt		
Zwangssicherungshypothek *(Hintzen)*	10.1	697
I. Allgemeines	10.1	697
1. Einführung	10.1	697

Inhaltsverzeichnis

	Rdn.	Seite

[Forts. 10. Abschnitt *(Hintzen)*]

	Rdn.	Seite
2. Belastungsgegenstand	10.4	698
a) Grundstücke, grundstücksgleiche Rechte	10.4	698
b) Neue Bundesländer	10.6	699
3. Funktion des Grundbuchgerichtes	10.7	700
4. Vollstreckungsantrag	10.8	700
5. Antragsrücknahme	10.14	702
6. Allgemeine Zwangsvollstreckungsvoraussetzungen	10.17	703
a) Vollstreckungstitel	10.17	703
aa) Geldbetrag in ausländischer Währung	10.25	705
bb) Zinsen im Vollstreckungstitel	10.27	705
cc) Neue Bundesländer	10.29	706
b) Klausel	10.33	708
c) Zustellung	10.35	708
7. Besondere Zwangsvollstreckungsvoraussetzungen	10.40	709
a) Kalendertag	10.40	709
b) Sicherheitsleistung	10.44	710
c) Zug-um-Zug-Leistung	10.46	711
d) Wartefristen	10.52	712
8. Mindestgrenze (über 750,– €)	10.55	712
9. Verteilungserklärung	10.62	714
a) Fehlende Verteilungserklärung	10.70	716
b) Unzulässige Doppelsicherung	10.72	717
c) Nachträgliche Verteilung	10.81	719
10. Grundbuchrechtliche Eintragungsvoraussetzungen	10.82	719
a) Voreintragung, § 39 GBO	10.82	719
b) Gläubiger-Gemeinschaftsverhältnis, § 47 GBO	10.89	721
11. Vollstreckungsbeschränkung	10.98	725
a) Verbot der Eintragung	10.98	725
b) Erwerb durch den Eigentümer	10.99	725
c) Deutsche Gerichtsbarkeit	10.105	727
12. Verfügungsbeschränkungen	10.106	727
13. Rangvorbehalt	10.124	731
14. Kosten	10.126	732
15. Unzulässigkeit, Anfechtbarkeit, Heilung	10.129	732
16. Rechtsbehelf	10.136	734
17. Sicherungshypothek für den Bauhandwerker	10.141	735
18. Arresthypothek	10.145	736
a) Grundlagen	10.145	736
b) Vollziehung im Grundbuch	10.152	737

Inhaltsverzeichnis

	Rdn.	Seite
[Forts. 10. Abschnitt *(Hintzen)*]		
II. Die Zwangssicherungshypothek in der Zwangsversteigerung	10.165	740
1. Dingliche Sicherung	10.165	740
2. Konsequenzen aus der Eintragung im Grundbuch	10.166	740
3. Vollstreckungsrang des betreibenden Gläubigers	10.170	741
4. Ansprüche ohne Anmeldung	10.176	742
5. Anzumeldende Ansprüche	10.179	743
6. Sicherungsvollstreckung	10.182	743
7. Erlösverteilung	10.185	744
a) Die Zwangshypothek bleibt bestehen	10.185	744
b) Die Zwangshypothek erlischt	10.190	745
c) Zuteilung auf nichtige oder fehlerhafte Zwangshypothek	10.191	746
8. Arresthypothek in der Zwangsversteigerung	10.195	746
11. Abschnitt		
Zwangsversteigerung *(Hintzen)*	11.1	749
I. Allgemeines	11.1	749
1. Zielsetzung	11.1	749
2. Auswirkungen des Verfassungsrechts	11.3	750
a) Grundsatz der Verhältnismäßigkeit – Übermaßverbot	11.3	750
b) Gleichheitsgrundsatz	11.4	750
c) Eigentumsgarantie	11.7	751
d) Rechtsstaatsprinzip	11.10	752
3. Informationsbeschaffung	11.11	752
4. Auswertung des Grundbuchs	11.16	753
a) Bestandsverzeichnis	11.16	753
b) Abteilung I	11.19	755
c) Abteilung II	11.23	756
d) Abteilung III	11.28	758
e) Erfolgsaussichten	11.31	759
II. Gegenstand der Zwangsversteigerung	11.37	760
1. Grundstücke	11.37	760
2. Bruchteil eines Grundstückes	11.41	761
3. Grundstücksgleiche Rechte	11.44	761
4. Wohnungs- und Teileigentum	11.47	762
5. Weitere Gegenstände	11.55	765
III. Verfahrensgliederung/-grundsätze	11.56	765
1. Verfahrensgliederung	11.56	765
2. Verfahrensgrundsätze	11.57	765

Inhaltsverzeichnis

	Rdn.	Seite
[Forts. 11. Abschnitt *(Hintzen)*]		
a) Beteiligtenverfahren/Amtsverfahren ...	11.57	765
aa) Beteiligte von Amts wegen	11.60	766
bb) Beteiligte aufgrund Anmeldung	11.65	767
b) Gesamtverfahren/Einzelverfahren	11.72	768
c) Rangklassen	11.78	769
aa) Verfahrenskosten (Rangklasse 0) ...	11.81	770
bb) Rangklasse 1	11.84	770
cc) Rangklasse 1a (Feststellungskosten)	11.88	773
dd) Rangklasse 2	11.91	773
ee) Rangklasse 3	11.97	774
ff) Rangklasse 3/4	11.104	776
gg) Rangklasse 4	11.105	776
hh) Rangklasse 5	11.118	778
ii) Rangklasse 6	11.123	779
jj) Rangklasse 7	11.124	779
kk) Rangklasse 8	11.125	780
ll) Nachgesetzte Ansprüche (Rangklasse 9)	11.126	780
mm) Relatives Rangverhältnis der Klassen 4, 5 und 6	11.127	780
nn) Laufende und rückständige Leistungen	11.132	782
oo) Zeitpunkt des Versteigerungsantrages	11.140	784
pp) Rangordnung gleicher Rechte untereinander	11.144	785
d) Deckungs- und Übernahmegrundsatz	11.150	786
IV. Anordnungsverfahren	11.161	789
1. Antragsinhalt..	11.161	789
2. Zeitpunkt des Antrages...	11.168	790
3. Dinglicher oder persönlicher Titel	11.171	791
4. Urkundennachweis..	11.182	793
5. Prüfung des Versteigerungsgerichts	11.185	794
a) Allgemeine Verfahrensvoraussetzungen	11.186	794
aa) Zuständigkeit	11.187	794
bb) Partei- und Prozessfähigkeit	11.189	794
cc) Rechtsschutzbedürfnis	11.191	795
b) Zwangsvollstreckungsvoraussetzungen	11.201	798
aa) Vollstreckungstitel	11.202	798
bb) Klausel	11.204	799
cc) Zustellung	11.206	799
dd) Besondere Vollstreckungsvoraussetzungen	11.209	800
6. Forderungsanspruch	11.210	800

XLIII

Inhaltsverzeichnis

	Rdn.	Seite
[Forts. 11. Abschnitt *(Hintzen)*]		
7. Antragsmangel	11.217	801
8. Der Versteigerung entgegenstehende Rechte bzw. Hindernisse	11.220	802
9. Anordnungsbeschluss	11.228	803
10. Zwangsversteigerungsvermerk im Grundbuch	11.234	804
11. Rechtsmittel	11.238	805
12. Beitritt zum Verfahren	11.241	805
a) Zulassung des Beitritts	11.241	805
b) Wirkung des Beitritts	11.244	806
c) Zeitpunkt des Beitritts	11.248	807
d) Überlegungen des persönlichen Gläubigers	11.249	807
V. Beschlagnahme des Grundstückes	11.253	808
1. Beginn und Ende der Beschlagnahme	11.253	808
2. Verwaltung und Benutzung durch den Schuldner	11.257	809
3. Materielle Wirkung der Beschlagnahme	11.262	810
4. Formelle Wirkung der Beschlagnahme	11.276	813
5. Umfang der Beschlagnahme	11.278	814
6. Zubehör in der Zwangsversteigerung	11.283	815
a) Zubehöreigenschaft	11.283	815
b) Besonderheit neue Bundesländer	11.289	816
7. Exkurs	11.294	817
a) Haftungsverband	11.294	817
b) Behandlung des Zubehörs im Verfahren	11.299	819
c) Zubehör unter Eigentumsvorbehalt	11.305	820
d) Rechtzeitige Anmeldung	11.309	821
e) Keine rechtzeitige Freigabe von Zubehör	11.315	822
VI. Einstweilige Einstellung des Verfahrens	11.323	824
1. Einstellungsgründe nach der ZPO	11.323	824
2. Belehrung des Schuldners	11.327	824
3. Einstellungsantrag des Schuldners	11.330	825
a) Fristgerechte Antragstellung	11.330	825
b) Einstellungsgründe	11.331	825
c) Dauer der einstweiligen Einstellung	11.340	827
4. Einstellungsantrag des Gläubigers	11.342	827
5. Einstellungsantrag durch den Schuldner und Gläubiger	11.348	829
6. Verfahrensfortsetzung	11.351	829
a) Belehrung	11.351	829
b) Fortsetzungsantrag	11.352	829
7. Erneuter Einstellungsantrag des Schuldners	11.355	830
a) Ausschluss der dritten Einstellung	11.355	830

Inhaltsverzeichnis

	Rdn.	Seite
[Forts. 11. Abschnitt *(Hintzen)*]		
b) Ausschluss der sittenwidrigen Härte nach § 765a ZPO	11.360	831
8. Erneuter Einstellungsantrag des Gläubigers	11.363	832
9. Erneuter Fortsetzungsantrag	11.369	834
10. Sittenwidrige Härte, § 765a ZPO	11.370	834
11. Einstellungsantrag des Insolvenzverwalters	11.380	837
a) Neuregelung	11.380	837
b) Einstellungsrecht des Insolvenzverwalters	11.385	838
aa) Vor dem Berichtstermin	11.387	839
bb) Betriebsfortführung oder Betriebsveräußerung	11.388	839
cc) Gefährdung des Insolvenzplans	11.389	840
dd) Erschwerung der Verwertung	11.390	840
c) Berücksichtigung der Gläubigerinteressen	11.391	840
d) Zinsausgleichszahlung	11.392	840
e) Wertverlustausgleich	11.401	843
f) Fortsetzung des Verfahrens	11.406	844
g) Eigenverwaltung	11.410	845
h) Einstellung im Eröffnungsverfahren	11.412	845
aa) Antrag des vorläufigen Insolvenzverwalters	11.412	845
bb) Einstellungsgrund	11.413	846
cc) Zinsausgleichszahlung	11.415	846
dd) Wertverlustausgleich	11.417	847
ee) Fortsetzung des Verfahrens	11.418	847
ff) Fristen	11.419	847
12. Rechtsbehelfe	11.421	848
VII. Vor dem Termin	11.427	849
1. Festsetzung des Verkehrswertes	11.427	849
a) Sachverständiger	11.429	850
b) Teilnahme an der Besichtigung	11.432	851
c) Wertermittlung	11.435	851
d) Wertfestsetzung	11.438	852
e) Wertanpassung	11.444	854
f) Haftung	11.448	855
2. Bedeutung des Wertes für Gericht und Beteiligte	11.450.	856
3. Rechtsmittel	11.454	857
4. Mieter und Pächter	11.460	859
a) Kündigungsrecht des Erstehers	11.460	859
b) Ausschluss des Kündigungsrechts	11.465	860
c) Mieterbelehrung	11.469	861

Inhaltsverzeichnis

	Rdn.	Seite
[Forts. 11. Abschnitt *(Hintzen)*]		
5. Terminsbestimmung	11.474	861
a) Inhalt der Terminsbestimmung	11.476	862
b) Bekanntmachung des Termins	11.481	864
6. Terminsbenachrichtigung	11.490	865
7. Teilnahme am Versteigerungstermin	11.494	866
8. Überlegungen des Gläubigers	11.496	867
a) Anmeldung	11.496	867
b) Gebote in der Versteigerung	11.505	869
aa) Gebote	11.505	869
bb) Vollmachtsnachweis	11.511	871
cc) Bietabsprache – Ausbietungsgarantie	11.520	873
c) Kündigung von Grundpfandrechten	11.524	874
d) Antrag auf Verfahrensverbindung	11.526	875
aa) Voraussetzung	11.526	875
bb) Gesamtausgebot – Einzelausgebot	11.531	876
9. Überlegungen des Schuldners	11.539	878
a) Schuldübernahme	11.539	878
b) Kündigung von Grundpfandrechten	11.546	879
10. Abweichende Versteigerungsbedingungen	11.549	879
a) Abweichungsverlangen	11.549	879
b) Abweichungsmöglichkeiten	11.553	880
c) Zeitpunkt des Abweichungsverlangens	11.557	883
d) Auswirkungen im Verfahren	11.560	883
e) Zuschlagserteilung	11.567	884
11. Ablösung des Gläubigers	11.571	885
a) Ablösungsrecht	11.571	885
b) Ablösungsberechtigter	11.579	888
c) Ablösungsbetrag	11.580	889
d) Zahlung an den Gläubiger	11.582	889
e) Auswirkungen im Verfahren	11.588	891
f) Zahlung an das Gericht	11.591	891
12. Geringstes Gebot	11.593	892
a) Einzelgrundstück	11.593	892
b) Exkurs – Insolvenzversteigerung	11.602	895
aa) Verwertungsrecht des Insolvenzverwalters	11.602	895
bb) Bevorrechtigte Rangklasse	11.604	896
cc) Geringstes Gebot	11.606	897
dd) Abweichendes geringstes Gebot nach Antrag eines Grundpfandrechtsgläubigers	11.608	897
ee) Weiteres geringstes Gebot aus der Rangklasse 1a	11.609	898
ff) Kritik	11.612	899

Inhaltsverzeichnis

	Rdn.	Seite
[Forts. 11. Abschnitt *(Hintzen)*]		
13. Geringstes Gebot bei mehreren Grundstücken – Anträge nach §§ 63, 64 ZVG	11.615	899
a) Verfahrensverbindung	11.615	899
b) Verteilung der Gesamtrechte und Anträge gem. §§ 63, 64 ZVG	11.623	902
aa) Gesamt- und Einzelausgebote	11.623	902
bb) Verteilung der Gesamtrechte	11.626	903
cc) Abgabe von Geboten	11.630	905
c) Zuschlagsentscheidung	11.636	907
aa) Ende des Termins	11.636	907
bb) Vergleich der Meistgebote	11.637	907
cc) Teileinstellung	11.639	908
dd) Zuschlagsversagungsgründe	11.644	909
VIII. Der Versteigerungstermin	11.646	909
1. Verfahren	11.647	910
a) Ort und Zeit der Versteigerung	11.647	910
b) Verlegung des Termins	11.648	910
c) Unterbrechung des Termins	11.649	910
d) Mehrere Termine gleichzeitig	11.650	911
2. Bekanntmachungen im Termin	11.653	912
3. Bietzeit	11.658	913
a) Aufforderung zur Gebotsabgabe	11.658	913
b) Gebote	11.660	914
c) Gebote für Dritte	11.667	916
aa) Gebote für den Bieter selbst	11.668	917
bb) Offene Vertretungsmacht	11.672	917
cc) Verdeckte Vertretungsmacht	11.674	918
4. Sicherheitsleistung	11.675	918
a) Verlangen nach Sicherheit	11.675	918
b) Sicherheit leisten	11.677	919
c) Höhe der Sicherheitsleistung	11.680	919
d) Art der Sicherheitsleistung	11.682	920
5. Ablehnung wegen Befangenheit	11.697	923
6. Hinweis- und Belehrungspflicht	11.701	924
7. Zuschlagsverhandlung	11.721	930
a) Schluss der Versteigerung	11.721	930
b) Verkündungstermin	11.723	931
8. Zuschlagserteilung	11.725	931
a) Gerichtliche Prüfung	11.725	931
b) Meistgebot	11.728	932
c) Pfändung des Meistgebots	11.734	933
d) Abtretung des Meistgebots	11.735	933
e) Verdeckte Bietvollmacht	11.739	934
f) Insolvenzverfahren	11.743	935

Inhaltsverzeichnis

	Rdn.	Seite
[Forts. 11. Abschnitt *(Hintzen)*]		
aa) Abweichendes geringstes Gebot	11.743	935
bb) Zuschlagserteilung bei Doppelausgebot	11.745	935
g) Umsatzsteuer	11.746	936
h) Bekanntmachung des Zuschlags	11.748	937
9. Zuschlagsversagung auf Antrag	11.751	938
a) Ergebnislose Versteigerung	11.751	938
b) Antrag des Schuldners	11.756	938
aa) Einstweilige Einstellung	11.756	938
bb) Vollstreckungsschutz	11.757	939
cc) Verschleuderung des Grundstücks	11.759	939
dd) Verfahrensfortsetzung	11.762	940
c) Antrag nach § 74a ZVG ($^7/_{10}$-Grenze)	11.763	941
aa) Antragsvoraussetzungen	11.763	941
bb) Neuer Termin von Amts wegen	11.769	942
cc) Einmaligkeit des Antrages	11.770	942
dd) Mehrere Antragsberechtigte	11.772	943
10. Zuschlagsversagung von Amts wegen	11.774	943
a) Versagung nach § 83 ZVG	11.774	943
aa) Gründe im Einzelnen	11.774	943
bb) Wirkung der Zuschlagsversagung	11.777	945
b) Zahlung im Termin, § 75 ZVG	11.780	945
aa) Verfahren	11.780	945
bb) Fortsetzung des Verfahrens	11.783	946
c) Ablösung des bestrangig betreibenden Gläubigers	11.787	946
aa) Verfahren	11.787	946
bb) Fortsetzung des Verfahrens	11.791	947
d) Einstellungsbewilligung nach § 30 ZVG	11.793	948
aa) Verfahren	11.793	948
bb) Fortsetzung des Verfahrens	11.796	948
11. Meistgebot unter 50 % des Verkehrswertes	11.797	948
a) Versagung des Zuschlags	11.797	948
b) Fortsetzung des Verfahrens	11.801	949
c) Erteilung des Zuschlags bei Meistgebot unter 50 %	11.802	949
aa) Meistbietender	11.802	949
bb) Ausfallbetrag	11.805	950
cc) Zwischenberechtigter	11.810	951
d) Befriedigungsfiktion	11.815	953
e) Abtretung der Rechte aus dem Meistgebot	11.822	955
12. Rechtsbehelf	11.828	957
a) Entscheidungen vor dem Zuschlag	11.828	957

Inhaltsverzeichnis

			Rdn.	Seite
[Forts. 11. Abschnitt *(Hintzen)*]				
	b)	Erteilung oder Versagung des Zuschlages	11.829	957
	c)	Frist	11.835	959
	d)	Gründe	11.838	960
	e)	Abhilfemöglichkeit, Vorlage	11.840	960
	f)	Rechtsbeschwerde	11.842	961
IX. Der Zuschlagsbeschluss			11.844	962
1. Wirkung des Zuschlages			11.844	962
	a)	Eigentumsübergang	11.844	962
	b)	Zubehör	11.849	963
	c)	Dingliche Rechte	11.850	963
	d)	Miet- und Pachtverträge	11.857	964
	e)	Gefahrübergang	11.858	964
	f)	Öffentliche Lasten	11.861	965
	g)	Öffentliche Baulast	11.865	966
	h)	Hausgeldrückstände	11.866	967
	i)	Steuern	11.867	967
		aa) Grunderwerbsteuer	11.867	967
		bb) Umsatzsteuer	11.870	967
	j)	Verfahrenskosten	11.871	967
	k)	Meistgebot	11.872	968
2. Räumungstitel			11.874	968
X. Erlösverteilung			11.885	971
1. Bestimmung des Verteilungstermins			11.885	971
2. Teilnahme am Verteilungstermin			11.888	972
3. Berücksichtigung der Ansprüche			11.890	972
4. Minderanmeldung			11.894	973
5. Teilungsmasse			11.896	974
	a)	Meistgebot	11.896	974
	b)	Zinsen	11.897	974
	c)	Erlös aus abgesonderter Verwertung	11.900	974
	d)	Zuzahlungsbetrag	11.901	975
6. Verringerung der Teilungsmasse			11.903	975
	a)	Liegenbelassen eines Rechtes	11.903	975
	b)	Wirkung auf die Teilungsmasse	11.907	977
	c)	Materiell-rechtliche Wirkung	11.911	979
7. Bestehen bleibende Rechte			11.917	980
8. Schuldenmasse			11.920	981
9. Rechte der Abt. II im Grundbuch			11.923	981
	a)	Einmaliger Ersatzbetrag	11.923	981
	b)	Geldrente	11.928	982
10. Grundpfandrechte			11.933	982
	a)	Hypothek	11.933	982
	b)	Höchstbetragshypothek	11.937	983
	c)	Zwangssicherungshypothek	11.939	983

Inhaltsverzeichnis

	Rdn.	Seite
[Forts. 11. Abschnitt *(Hintzen)*]		
d) Arresthypothek	11.943	984
e) Grundschuld	11.944	984
aa) Sicherungsgrundschuld	11.945	985
bb) Zinsen der Grundschuld	11.946	985
cc) Kapital der Grundschuld	11.953	986
dd) Rückgewährsanspruch	11.956	987
ee) Abtretung des Rückgewährsanspruchs	11.966	989
ff) Pfändung des Rückgewährsanspruchs	11.968	989
f) Eigentümergrundschuld	11.978	992
11. Löschungsanspruch/Löschungsvormerkung	11.981	992
a) Anmeldung des Anspruchs	11.981	992
b) Gesetzlicher Inhalt des Grundpfandrechtes	11.982	992
c) Grundpfandrecht bleibt bestehen	11.984	993
d) Grundpfandrecht erlischt	11.985	993
12. Bedingter Anspruch	11.993	997
a) Auflösende Bedingung	11.993	997
b) Aufschiebende Bedingung	11.995	997
13. Unbekannter Berechtigter	11.996	997
14. Zuzahlungsbetrag	11.998	998
15. Teilungsplan	11.1001	998
16. Verteilung des Erlöses beim Gesamtausgebot, § 112 ZVG	11.1003	1001
a) Voraussetzungen	11.1003	1001
b) Berechnung	11.1006	1002
c) Fehlbetrag	11.1008	1003
17. Verteilung des Erlöses nach § 122 ZVG	11.1010	1005
a) Verfahren	11.1010	1005
b) Wahlrecht des Gläubigers	11.1011	1005
c) Nichtzahlung des Meistgebotes	11.1013	1006
18. Verhandlung im Verteilungstermin	11.1014	1006
a) Verhandlung	11.1014	1006
b) Beschwerde	11.1015	1006
c) Widerspruch	11.1018	1007
19. Planausführung	11.1026	1009
20. Nichtzahlung des Versteigerungserlöses	11.1029	1010
a) Forderungsübertragung	11.1029	1010
b) Sicherungshypothek	11.1031	1010
aa) Entstehung	11.1031	1010
bb) Rangverlust	11.1036	1012
21. Außergerichtliche Befriedigung	11.1039	1012
22. Grundbuchersuchen	11.1041	1013
23. Wiederversteigerung	11.1046	1014

Inhaltsverzeichnis

	Rdn.	Seite
[Forts. 11. Abschnitt *(Hintzen)*]		
a) Wahlrecht des Gläubigers	11.1046	1014
b) Antragsvoraussetzungen	11.1047	1014
c) Neues Verfahren	11.1051	1015
24. Anhang: Sterbetafel 2002/2004	11.1055	1015

12. Abschnitt
Auseinandersetzungsversteigerung *(Hintzen)* 12.1 1021

    I. Grundlagen 12.1 1021
       1. Zielsetzung 12.1 1021
       2. Auswertung des Grundbuches 12.6 1022
          a) Bewertung der dinglichen Rechte 12.6 1022
          b) Verfügungsbeschränkungen 12.8 1023
       3. Gegenstand der Auseinandersetzungs-
          versteigerung 12.16 1024
          a) Grundstücke 12.16 1024
          b) Grundstücksbruchteile 12.17 1024
          c) Wohnungs- und Teileigentum 12.18 1025
          d) Erbbaurecht 12.21 1025
       4. Rechtsgemeinschaften am Grundstück 12.23 1026
          a) Bruchteilsgemeinschaft 12.23 1026
          b) Erbengemeinschaft 12.26 1027
          c) Gesellschaft bürgerlichen Rechts 12.29 1027
          d) Personengesellschaft nach Handelsrecht 12.31 1028
          e) Partnerschaftsgesellschaft 12.32 1028
          f) Gütergemeinschaft 12.34 1028
          g) Fortgesetzte Gütergemeinschaft 12.37 1029
          h) Eheliche Vermögensgemeinschaft 12.39 1029
          i) Pfändungsmöglichkeiten 12.42 1030
       5. Verfahrensgliederung 12.44 1030
       6. Verfahrensgrundsätze 12.45 1030
          a) Beteiligtenverfahren/Amtsverfahren 12.45 1030
             aa) Beteiligte von Amts wegen 12.49 1031
             bb) Beteiligte aufgrund Anmeldung 12.51 1031
          b) Gesamtverfahren/Einzelverfahren 12.52 1031
          c) Rangklassen 12.55 1032
             aa) Rangklasse 1 bis 9 .... 12.55 1032
             bb) Rechtzeitige Anmeldung 12.57 1032
             cc) Laufende und rückständige Zinsen 12.58 1033
             dd) Rangordnung gleicher Rechte
                  untereinander 12.60 1033
          d) Deckungs- und Übernahmegrundsatz 12.64 1034
             aa) Deckungsgrundsatz 12.64 1034
             bb) Übernahmegrundsatz 12.67 1034

Inhaltsverzeichnis

	Rdn.	Seite

[Forts. 12. Abschnitt *(Hintzen)*]
- 7. Besonderheiten ..... 12.73 — 1035
  - a) Altenteil ..... 12.73 — 1035
  - b) Ausschluss der Aufhebung der Gemeinschaft ..... 12.77 — 1036
    - aa) Bruchteilsgemeinschaft ..... 12.77 — 1036
    - bb) Erbengemeinschaft ..... 12.82 — 1037
    - cc) Berücksichtigung im Verfahren ..... 12.87 — 1037
  - c) Einschränkung des Bieterkreises ..... 12.89 — 1038
  - d) Nacherbenrecht ..... 12.90 — 1038
  - e) Nießbrauch ..... 12.92 — 1039
  - f) Erbbauzinsreallast ..... 12.96 — 1040
  - g) Schuldübernahme ..... 12.97 — 1040
  - h) Vorkaufsrecht ..... 12.98 — 1040
  - i) Zubehör ..... 12.103 — 1041
  - j) Güterrechtliche Zustimmung (Ehegatte) ..... 12.105 — 1042
    - aa) Ehegattenzustimmung ..... 12.105 — 1042
    - bb) Zeitliche Beschränkung ..... 12.108 — 1042
    - cc) Gerichtliche Prüfung ..... 12.109 — 1043
    - dd) Erbengemeinschaft/Gesellschaft bürgerlichen Rechts ..... 12.110 — 1043
    - ee) Zustimmungserfordernis nach Pfändung ..... 12.112 — 1044
  - k) Rückübertragungsanspruch nach dem Vermögensgesetz ..... 12.115 — 1045
- II. Anordnungsverfahren ..... 12.118 — 1045
  - 1. Antrag ..... 12.118 — 1045
  - 2. Großes und kleines Antragsrecht ..... 12.132 — 1048
  - 3. Anordnungsverfahren ..... 12.134 — 1049
    - a) Rechtliches Gehör ..... 12.134 — 1049
    - b) Anordnungsbeschluss ..... 12.135 — 1049
  - 4. Zwangsversteigerungsvermerk im Grundbuch ..... 12.141 — 1050
  - 5. Rechtsmittel ..... 12.145 — 1050
  - 6. Beitritt ..... 12.146 — 1050
  - 7. Auseinandersetzungsversteigerung – Forderungsversteigerung nebeneinander ..... 12.152 — 1051
  - 8. Beschlagnahme ..... 12.162 — 1054
    - a) Zeitpunkt ..... 12.162 — 1054
    - b) Formelle Wirkung ..... 12.163 — 1054
    - c) Materielle Wirkung ..... 12.164 — 1054
- III. Einstweilige Einstellung des Verfahrens ..... 12.171 — 1055
  - 1. Einstellungsgründe nach der ZPO ..... 12.171 — 1055
  - 2. Einstellungsgründe aus der Forderungsversteigerung ..... 12.172 — 1056

Inhaltsverzeichnis

	Rdn.	Seite
[Forts. 12. Abschnitt *(Hintzen)*]		
3. Einstellungsgründe aus der Auseinandersetzungsversteigerung	12.176	1057
a) Einstellungsantrag des Antragsgegners	12.176	1057
b) Belehrung des Antragsgegners	12.181	1058
c) Einstellungsgründe	12.184	1058
d) Dauer der einstweiligen Einstellung	12.187	1059
e) Einstellungsantrag des Antragstellers	12.188	1059
f) Fortsetzungsantrag und Belehrung	12.192	1059
g) Erneute Einstellung	12.194	1060
4. Schutz eines Kindes	12.196	1060
a) Zeitlicher Umfang	12.196	1060
b) Antragstellung	12.198	1061
c) Einstellungsgründe	12.202	1061
5. Vollstreckungsschutz, § 765a ZPO	12.205	1063
6. Rechtsbehelfe	12.211	1065
IV. Vor dem Termin	12.212	1066
1. Festsetzung des Verkehrswertes	12.212	1066
2. Mieter/Pächter	12.215	1066
3. Terminsbestimmung	12.216	1066
4. Geringstes Gebot	12.222	1067
a) Grundlagen	12.222	1067
b) Gesamthandsgemeinschaft	12.228	1069
c) Bruchteilsgemeinschaft	12.231	1070
d) Ausgleichsbetrag	12.234	1072
e) Ausgleichsbetrag bei unterschiedlichen Miteigentumsanteilen	12.240	1074
f) Verfahrensblockade	12.243	1076
aa) Unterschiedliche Belastung	12.243	1076
bb) Lösungsmöglichkeiten	12.247	1077
g) Ausgleichsbetrag in der Erlösverteilung	12.253	1078
V. Der Versteigerungstermin	12.255	1079
1. Terminsablauf	12.255	1079
2. Einschränkung des Bieterkreises	12.256	1079
3. Sicherheitsleistung	12.257	1079
4. Gebote	12.262	1080
5. Zuschlagsverhandlung	12.267	1082
6. Ergebnisloses Verfahren	12.269	1083
7. Zuschlagsversagung	12.271	1083
a) Sittenwidrige Härte	12.271	1083
b) 50 %-Grenze	12.273	1083
c) 70 %-Grenze	12.275	1084
d) Einstweilige Einstellung	12.277	1084
8. Zuschlagserteilung	12.281	1085
a) Wirkung des Zuschlages	12.281	1085

Inhaltsverzeichnis

	Rdn.	Seite
[Forts. 12. Abschnitt *(Hintzen)*]		
b) Räumungstitel	12.289	1087
VI. Verteilungsverfahren	12.291	1087
1. Erlösverteilung	12.291	1087
2. Wiederversteigerung	12.302	1090
3. Grundbuchersuchen	12.304	1091
13. Abschnitt		
Zwangsverwaltung *(Hintzen)*	13.1	1093
I. Zielsetzung	13.1	1093
II. Regelungsgrundlage	13.5	1094
III. Vorüberlegungen	13.7	1095
1. Auswertung des Grundbuches	13.7	1095
a) Verfügungsbeschränkungen	13.8	1095
b) Insolvenz	13.9	1095
c) Nacherbschaft	13.15	1096
d) Erbbaurecht	13.16	1096
e) Wohnungseigentum	13.17	1097
aa) Veräußerungszustimmung	13.17	1097
bb) Wohnrecht des Schuldners	13.18	1097
cc) Hausgeld	13.19	1097
f) Bruchteilseigentum	13.21	1098
g) Nießbrauch	13.22	1098
h) Altenteil	13.26	1099
i) Wohnungsrecht	13.27	1100
j) Eigentümergrundschuld	13.29	1100
2. Gegenstand der Zwangsverwaltung	13.30	1100
IV. Verfahrensgrundsätze	13.32	1101
1. Beteiligtenverfahren/Amtsverfahren	13.32	1101
2. Gesamtverfahren/Einzelverfahren	13.35	1101
3. Rangklassen	13.37	1102
a) Grundsatz	13.37	1102
b) Ausgaben der Verwaltung	13.38	1102
c) Rangklasse 1	13.44	1105
d) Rangklasse 1a	13.47	1105
e) Rangklasse 2	13.48	1106
f) Rangklasse 3	13.51	1106
g) Rangklasse 3/4	13.57	1107
h) Rangklasse 4	13.58	1107
aa) Grundstücksrechte	13.58	1107
bb) Zinsen	13.61	1108
cc) Berücksichtigung im Verfahren	13.65	1108
dd) Kosten	13.68	1109
i) Rangklasse 5	13.69	1109

Inhaltsverzeichnis

	Rdn.	Seite
[Forts. 13. Abschnitt *(Hintzen)*]		
j) Relatives Rangverhältnis der Klassen 4, 5 und 6	13.73	1109
k) Laufende Leistungen	13.76	1110
l) Ausländische Währung	13.77	1110
V. Anordnungsverfahren	13.78	1111
1. Antrag	13.78	1111
a) Antragsinhalt	13.78	1111
b) Rechtsschutzbedürfnis	13.80	1111
c) Prozesskostenhilfe	13.83	1112
d) Eigenbesitz des Schuldners	13.85	1113
2. Anordnungsbeschluss	13.90	1114
a) Erlass und Wirkung	13.90	1114
b) Mehrere Anträge	13.97	1115
c) Verbindung	13.98	1115
3. Benachrichtigung und Zwangsverwaltungsvermerk im Grundbuch	13.101	1116
4. Beitritt zum Verfahren	13.105	1117
5. Beschlagnahme	13.108	1117
a) Wirksamwerden der Beschlagnahme	13.108	1117
b) Wirkung der Beschlagnahme	13.111	1118
aa) Materielle Wirkung	13.111	1118
bb) Formelle Wirkung	13.113	1118
c) Umfang der Beschlagnahme	13.115	1119
d) Eigenkapitalersetzende Gebrauchsüberlassung	13.117	1120
e) Wohnrecht des Schuldners	13.122	1122
f) Unterhalt	13.129	1124
g) Mietpfändung und Zwangsverwaltung	13.134	1125
aa) Rückständige und laufende Miete	13.134	1125
bb) Vorausverfügung	13.140	1126
cc) Pfändung eines persönlichen Gläubigers	13.144	1127
dd) Pfändung eines dinglichen Gläubigers	13.146	1128
ee) Pfändung mehrerer Gläubiger	13.147	1128
ff) Zahlungsverbot	13.150	1129
VI. Einstweilige Einstellung	13.151	1129
1. Einstellungsgründe nach der ZPO	13.151	1129
2. Einstellungsgründe nach dem ZVG	13.153	1130
a) Einstellung von Amts wegen	13.153	1130
b) Einstellung auf Antrag des Schuldners	13.154	1130
c) Einstellung auf Antrag des Gläubigers	13.155	1130
3. Einstellung durch den Insolvenzverwalter	13.160	1131
VII. Zwangsverwalter	13.168	1132

Inhaltsverzeichnis

	Rdn.	Seite
[Forts. 13. Abschnitt *(Hintzen)*]		
1. Fremdverwalter	13.168	1132
a) Qualifikation	13.168	1132
b) Bestellung des Verwalters	13.175	1134
c) Rechtsbehelf	13.181	1136
d) Institutsverwalter	13.183	1137
e) Eigenverwalter	13.189	1139
f) Gerichtliche Aufsicht	13.191	1139
2. Aufgaben	13.193	1140
a) Übersicht	13.193	1140
b) Inbesitznahme des Grundstücks	13.196	1141
c) Aufgaben im Einzelnen (alphabetisch)	13.204	1143
aa) Abrechnung der Betriebskosten	13.204	1143
bb) Ausgaben der Verwaltung	13.207	1144
cc) Auskunft	13.209	1144
dd) Bauvorhaben	13.211	1145
ee) Betriebsfortführung	13.213	1145
ff) Buchführung/Rechnungslegung	13.217	1147
gg) Grundstücksbesichtigung	13.222	1148
hh) Grundstücksnutzung	13.223	1148
ii) Haftung	13.225	1148
jj) Masseverwaltung	13.228	1149
kk) Miete oder Pacht	13.230	1150
ll) Mietkaution	13.238	1152
mm) Prozessführung	13.243	1154
nn) Umgestaltung des Gebäudes	13.250	1156
oo) Umsatzsteuer	13.252	1157
pp) Versicherungen	13.254	1157
qq) Versicherungsforderung	13.259	1159
rr) Versorgungsverträge	13.260	1159
ss) Vorausverfügung	13.261	1159
tt) Vorschuss	13.263	1161
uu) WE-Verwaltung	13.265	1161
vv) Zubehör	13.267	1161
ww) Zustimmungsvorbehalte	13.271	1162
3. Verteilung der Nutzungen	13.274	1163
4. Anmeldungen zum Verteilungstermin	13.278	1164
5. Verteilungstermin	13.283	1165
6. Teilungsplan	13.285	1165
a) Zahlungsanweisung	13.285	1165
b) Kapitalzahlung	13.288	1166
c) Beispiel eines Teilungsplans	13.290	1166
7. Rechtsbehelf	13.293	1168
a) Beschwerde	13.293	1168
b) Widerspruch	13.296	1169

Inhaltsverzeichnis

	Rdn.	Seite
[Forts. 13. Abschnitt *(Hintzen)*]		
8. Ausführung des Teilungsplans	13.300	1170
9. Aufhebung der Zwangsverwaltung	13.303	1170
a) Aufhebungsgründe	13.303	1170
b) Rechtliche Wirkung	13.307	1172
c) Zuschlagserteilung in der Zwangsversteigerung	13.312	1174
d) Antragsrücknahme	13.315	1174
e) Rückgriff gegen den Gläubiger	13.318	1175
10. Zwangsversteigerung/Zwangsverwaltung	13.319	1176
a) Nebeneinander beider Verfahren	13.319	1176
b) Überleitung in die Zwangsverwaltung	13.320	1176
c) Beschlagnahmedatum	13.322	1177
d) Zinszahlungen	13.324	1177
11. Vergütung	13.328	1179
a) Überblick	13.328	1179
b) Regelvergütung, § 18 ZwVwV	13.339	1181
c) Zuschlag	13.347	1184
d) Stundensatzvergütung, § 19 ZwVwV	13.348	1184
e) Mindestvergütung	13.362	1188
f) Auslagen	13.366	1189
g) Gläubigerhaftung	13.368	1189
h) Festsetzung und Rechtsbehelf	13.369	1189
i) Anhang: Einteilung der Standardtätigkeiten eines Zwangsverwaltungsverfahrens in Zeitblöcke	13.378	1191
14. Abschnitt **Kosten der Zwangsvollstreckung** *(Wolf)*	14.1	1201
A. Mobiliarvollstreckung	14.1	1201
I. Gerichtskosten GKG	14.1	1201
1. Vollstreckungsverfahren	14.5	1202
2. Beschwerden	14.10	1204
3. Rechtsbeschwerden	14.14	1205
4. Klagen der Zwangsvollstreckung	14.16	1205
II. Gerichtsvollzieherkosten (GvKostG)	14.17	1205
III. Rechtsanwaltsgebühren RVG	14.33	1212
1. Anwendungsbereich	14.33	1212
2. Grundsätzliches	14.35	1213
3. Der gebührenrechtliche Begriff der Zwangsvollstreckung	14.37	1213
4. Tätigkeiten in der Zwangsvollstreckung	14.39	1214
5. Besonderheiten für den bereits im Erkenntnisverfahren tätigen Rechtsanwalt	14.45	1215

Inhaltsverzeichnis

	Rdn.	Seite
[Forts. 14. Abschnitt *(Wolf)*]		
6. Gebühren	14.47	1216
a) Verfahrensgebühr, VV 3309	14.47	1216
b) Terminsgebühr, VV 3310	14.48	1216
c) Einigungsgebühr, VV 1000, 1003	14.49	1217
d) Mehrere Auftraggeber/mehrere Schuldner	14.58	1218
e) Rechtsbehelfe	14.60	1219
7. Gegenstandswert	14.63	1219
B. Immobiliarvollstreckung	14.66	1220
I. Gerichtsgebühren	14.66	1220
1. Zwangssicherungshypothek	14.66	1220
2. Zwangsversteigerung	14.69	1221
3. Zwangsverwaltung	14.79	1223
4. Beschwerden im Rahmen der Zwangsversteigerung und Zwangsverwaltung	14.86	1225
5. Rechtsbeschwerden im Rahmen der Zwangsversteigerung und Zwangsverwaltung	14.88	1225
II. Rechtsanwaltsgebühren RVG	14.90	1226
1. Zwangsversteigerung	14.90	1226
a) Anwendungsbereich	14.90	1226
b) Gebühren	14.94	1227
aa) Verfahrensgebühr im Zwangsversteigerungsverfahren, VV 3311 Anm. Nr. 1	14.95	1227
bb) Verfahrensgebühr im Verteilungsverfahren, VV 3311 Anm. Nr. 2	14.97	1228
cc) Terminsgebühr, VV 3312	14.98	1228
dd) Versteigerung mehrerer Grundstücke	14.101	1228
ee) Mehrere Auftraggeber, VV 1008	14.104	1229
ff) Derselbe Auftraggeber in unterschiedlicher Eigenschaft	14.107	1230
gg) Beitreibung der Kosten, § 10 Abs. 2 ZVG	14.112	1231
hh) Rechtsbehelfe	14.113	1231
c) Gegenstandswert	14.114	1231
aa) Vertretung des Gläubigers oder eines anderen nach § 9 Nr. 1 und 2 ZVG Beteiligten	14.115	1231
bb) Vertretung eines anderen Beteiligten, insbesondere des Schuldners	14.117	1232
cc) Vertretung eines Bieters, der nicht Beteiligter ist	14.118	1232
2. Zwangsverwaltung	14.119	1232

Inhaltsverzeichnis

	Rdn.	Seite
[Forts. 14. Abschnitt *(Wolf)*]		
a) Anwendungsbereich	14.119	1232
b) Gebühren	14.121	1233
aa) Vertretung des Antragstellers im Verfahren über den Antrag auf Anordnung der Zwangsverwaltung oder auf Zulassung des Beitritts, VV 3311 Anm. Nr. 3	14.121	1233
bb) Vertretung des Antragsteller bzw. beigetretenen Gläubigers im weiteren Verfahren einschließlich des Verteilungsverfahrens, VV 3311 Anm. Nr. 4	14.123	1234
cc) Vertretung sonstiger Beteiligter, VV 3311 Anm. Nr. 5	14.124	1234
dd) Tätigkeit im Verfahren über Anträge auf einstweilige Einstellung oder Beschränkung der Zwangsvollstreckung und einstweilige Einstellung des Verfahrens, VV 3311 Anm. Nr. 6 1. Hs.	14.125	1234
ee) Verhandlungen zwischen Gläubiger und Schuldner mit dem Ziel der Aufhebung des Verfahrens, VV 3311 Anm. Nr. 6 2. Hs.	14.126	1234
ff) Rechtsbehelfe	14.127	1234
gg) Mehrere Auftraggeber/derselbe Auftraggeber in unterschiedlicher Eigenschaft	14.128	1234
c) Gegenstandswert	14.129	1235
C. Kosten der Zwangsvollstreckung, § 788 ZPO	14.133	1235
I. Kostentragungspflicht	14.133	1235
II. Notwendigkeit der Kosten	14.134	1235
III. Beitreibung der Kosten	14.138	1238
1. Ohne Festsetzung	14.138	1238
2. Festsetzung der Kosten	14.139	1238
IV. Rechtsbehelfe	14.142	1239
1. Beitreibung der Kosten gem. § 788 Abs. 1 ZPO	14.143	1239
a) Gerichtsvollzieher	14.143	1239
b) Vollstreckungsgericht	14.144	1239
2. Festgesetzte Kosten gem. § 788 Abs. 2 ZPO	14.146	1239

Inhaltsverzeichnis

	Rdn.	Seite
15. Abschnitt		
Muster *(Hintzen/Wolf)*		1241
Vollstreckungsauftrag an den Gerichtsvollzieher, §§ 753, 754 ZPO – nur Sachpfändungsauftrag –	15.1	1243
Antrag auf Erlass der Durchsuchungsanordnung, §§ 758, 758a ZPO	15.2	1245
Antrag auf Genehmigung der Zwangsvollstreckung zur Nachtzeit sowie an Sonn- und Feiertagen, § 758a Abs. 4 ZPO	15.3	1246
Austauschpfändung, § 811a ZPO	15.4	1247
Antrag auf Verwertungsaufschub, § 813b ZPO	15.5	1248
Antrag auf anderweitige Verwertung, § 825 Abs. 1 ZPO	15.6	1249
Antrag auf anderweitige Verwertung, § 825 Abs. 2 ZPO	15.7	1250
Eidesstattliche Versicherung, §§ 807, 900 ZPO	15.8	1251
Auftrag zur Verhaftung des Schuldners, §§ 753, 909 ZPO	15.9	1253
Antrag auf Löschung der Eintragung im Schuldnerverzeichnis, §§ 915, 915a ZPO	15.10	1254
Pfändungs- und Überweisungsbeschluss in Arbeitsinkommen, § 850c ZPO in Taschengeldanspruch, § 850b ZPO	15.11	1255
Vorpfändungsbenachrichtigung, § 845 ZPO	15.12	1258
Pfändungs- und Überweisungsbeschluss in Arbeitseinkommen wegen Unterhaltsansprüchen, § 850d ZPO	15.13	1259
Antrag nach § 850c Abs. 4 ZPO – Nichtberücksichtigung von Unterhaltsberechtigten –	15.14	1262
Antrag nach § 850e Nr. 2 ZPO – Zusammenrechnung mehrerer Einkünfte –	15.15	1263
Antrag nach § 850e Nr. 4 ZPO – Verrechnungsantrag bei Pfändung oder Abtretung nach §§ 850c und 850d ZPO –	15.16	1264
Lohnpfändungsschutz, § 850f Abs. 1 ZPO	15.17	1265
Pfändungserweiterung bei Forderung aus unerlaubter Handlung, § 850f Abs. 2 ZPO	15.18	1266
Pfändungserweiterung bei hohem Einkommen, § 850f Abs. 3 ZPO	15.19	1267
Kontenschutzantrag, § 850k ZPO	15.20	1268
Antrag auf Pfändung und Überweisung einer Hypothek oder Grundschuld, § 830 ZPO	15.21	1269

Inhaltsverzeichnis

	Rdn.	Seite
[Forts. 15. Abschnitt *(Hintzen/Wolf)*]		
Pfändung der Rückgewährsansprüche bei Grundschulden, § 857 ZPO	15.22	1271
Anwartschaftsrecht bei Eigentumsvorbehaltskauf, § 857 ZPO	15.23	1273
Eigentumsverschaffungsanspruch aus Grundstückskaufvertrag, §§ 846, 848 ZPO	15.24	1275
Klage, § 826 BGB	15.25	1277
Antrag auf Vollstreckungsschutz, § 765a ZPO mit einstweiliger Anordnung, §§ 765a Abs. 1 S. 2, 732 Abs. 2 ZPO	15.26	1278
Sofortige Beschwerde gegen Entscheidungen des Rechtspflegers/Richters, § 11 Abs. 1 RPflG/ § 793 ZPO	15.27	1279
Vollstreckungserinnerung gegen Zwangsvollstreckungsmaßnahmen, § 766 Abs. 1 ZPO mit einstweiliger Anordnung, §§ 766 Abs. 1 Satz 2, 732 Abs. 2 ZPO	15.28	1280
Vollstreckungsabwehrklage, § 767 ZPO mit einstweiliger Anordnung, § 769 Abs. 1 ZPO	15.29	1282
Drittwiderspruchsklage, § 771 ZPO mit einstweiliger Anordnung, §§ 771 Abs. 3, 769 Abs. 1 ZPO	15.30	1283
Drittwiderspruchsklage/Veräußerungsverbot, § 772 ZPO mit einstweiliger Anordnung, § 769 Abs. 1 ZPO	15.31	1284
Vorzugsklage, § 805 ZPO mit einstweiliger Anordnung, §§ 805 Abs. 4, 769 Abs. 1 ZPO	15.32	1285
Antrag auf Ersatzvornahme, § 887 ZPO	15.33	1286
Antrag auf Festsetzung eines Zwangsgeldes, § 888 ZPO	15.34	1287
Antrag auf Androhung von Ordnungsmitteln, § 890 ZPO	15.35	1288
Antrag auf Festsetzung eines Ordnungsmittels, § 890 ZPO	15.36	1289
Zwangssicherungshypothek – Eintragungsantrag im Grundbuch..	15.37	1290
Zwangsversteigerung – Antrag auf Anordnung des Verfahrens...	15.38	1291
Zwangsversteigerung – Anordnungsbeschluss	15.39	1292
Zwangsversteigerung – Belehrung über die Möglichkeit der einstweiligen Einstellung gem. § 30a ZVG	15.40	1294
Zwangsversteigerung – Beschlussalternativen im Rahmen des Einstellungsverfahrens..................	15.41	1295
Zwangsversteigerung – Mieterbelehrung	15.42	1297

Inhaltsverzeichnis

	Rdn.	Seite
[Forts. 15. Abschnitt *(Hintzen/Wolf)*]		
Zwangsversteigerung – Terminsbestimmung................	15.43	1299
Zwangsversteigerung – Mitteilung an Verfahrensbeteiligte..	15.44	1301
Zwangsversteigerung – Protokoll über Versteigerungstermin	15.45	1303
Zwangsversteigerung – Zuschlagsbeschluss..................	15.46	1311
Auseinandersetzung-(Teilungs-)Versteigerung – Antrag auf Anordnung des Verfahrens.......................	15.47	1313
Auseinandersetzung-(Teilungs-)Versteigerung – Anordnungsbeschluss	15.48	1314
Auseinandersetzung-(Teilungs-)Versteigerung – Belehrung über die Möglichkeit der einstweiligen Einstellung gemäß § 180 Abs. 3 ZVG.........................	15.49	1315
Auseinandersetzung-(Teilungs-)Versteigerung – Belehrung über die Möglichkeit der einstweiligen Einstellung gem. § 180 Abs. 2 ZVG...........................	15.50	1316
Zwangsverwaltung – Antrag auf Anordnung des Verfahrens	15.51	1317
Zwangsverwaltung – Anordnungsbeschluss................	15.52	1318
Anhang...		1321
Übersicht über die Verbindungsstellen nach den Artikeln 19, 32 und 37 des Zusatzabkommens zum NATO-Truppenstatut sowie über Kontaktstellen		1323
Geschäftsanweisung für Gerichtsvollzieher (GVGA) – Auszug –		1337
Zwangsverwalterverordnung (ZwVwV)		1419
Entwurf eines Gesetzes zur Änderung des Wohnungseigentumsgesetzes und anderer Gesetze BT-Drucks. 16/887 vom 9.3.2006 – Auszug–		1426
Stichwortverzeichnis..		1433

Abkürzungsverzeichnis

A

a.A.	anderer Ansicht
a.a.O.	am angeführten Ort
abl.	ablehnend
Abs.	Absatz
Abt.	Abteilung
AbzG	Abzahlungsgesetz
AcP	Archiv für die civilistische Praxis (Band und Seite)
a.E.	am Ende
a.F.	alte Fassung
AFG	Arbeitsförderungsgesetz
AG	Amtsgericht
AGBG	Gesetz zur Regelung des Rechts der Allgemeinen Geschäftsbedingungen
AGS	Anwaltsgebühren-Spezial (Jahr und Seite)
AktG	Aktiengesetz
allg.M.	allgemeine Meinung
Alt.	Alternative
a.M.	anderer Meinung
AnfG	Anfechtungsgesetz
Anh.	Anhang
Anm.	Anmerkung
AnwBl.	Anwaltsblatt (Jahr und Seite)
AnwK-BGB/*Bearbeiter*	Anwaltkommentar zum BGB
AnwK-RVG/*Bearbeiter*	Anwaltkommentar zum RVG
AO	Abgabenordnung
ArbG	Arbeitsgericht
ArbGG	Arbeitsgerichtsgesetz
arg.	argumentum
Art.	Artikel
Aufl.	Auflage
AV	Allgemeine Verfügung
AZ	Aktenzeichen

Abkürzungsverzeichnis

B

BAföG	Bundesausbildungsförderungsgesetz
BAG-AP	Arbeitsrechtliche Praxis. Nachschlagewerk des Bundesarbeitsgerichts
BAnz.	Bundesanzeiger
BauGB	Baugesetzbuch
Baumbach/*Bearbeiter*	Baumbach/Lauterbach/Albers/Hartmann, ZPO
BayObLG	Bayerisches Oberstes Landesgericht
BayObLGZ	Amtliche Sammlung des Bayerischen Obersten Landesgerichts in Zivilsachen (Band und Seite)
BayVerwBl	Bayerische Verwaltungsblätter (Jahr und Seite)
BB	Betriebs-Berater (Jahr und Seite)
Bd.	Band
Beck-RS	Beck-Rechtsprechung (Jahr und Nummer)
BErzGG	Bundeserziehungsgeldgesetz
bestr.	bestritten
betr.	betreffend
BetrVG	Betriebsverfassungsgesetz
BeurkG	Beurkundungsgesetz
BFH	Bundesfinanzhof
BGB	Bürgerliches Gesetzbuch
BGB-RGRK/*Bearbeiter*	BGB-RGRK, Kommentar
BGBl I / II	Bundesgesetzblatt Teil I / Teil II
BGH	Bundesgerichtshof
BGHZ	Entscheidungssammlung des BGH in Zivilsachen
BKleinGG	Bundeskleingartengesetz
Bl.	Blatt
BlGBW	Blätter für Grundstücks-, Bau- und Wohnungsrecht (Jahr und Seite)
BodSchG	Bundes-Bodenschutzgesetz
BPatG	Bundespatentgericht
BR-Drucks.	Bundesratsdrucksache
BRAGO	Bundesgebührenordnung für Rechtsanwälte
BSHG	Bundessozialhilfegesetz
Bsp.	Beispiel
BT-Drucks.	Bundestagsdrucksache
BtG	Betreuungsgesetz
Buchst.	Buchstabe
BVerfG	Bundesverfassungsgericht
BVerfGG	Bundesverfassungsgerichtsgesetz
BVerwG	Bundesverwaltungsgericht
bzw.	beziehungsweise

Abkürzungsverzeichnis

D

DAVorm	Der Amtsvormund (Jahr und Seite)
DB	Der Betrieb (Jahr und Seite)
DGVZ	Deutsche Gerichtsvollzieher-Zeitschrift (Jahr und Seite)
DNotZ	Deutsche Notarzeitschrift (Jahr und Seite)
DR-Nr.	Dienstregister
DtZ	Deutsch-Deutsche Rechts-Zeitschrift (Jahr und Seite)
DÜG	Diskontsatz-Überleitungs-Gesetz
DWW	Deutsche Wohnungswirtschaft (Jahr und Seite)
DZWIR	Deutsche Zeitschrift für Wirtschafts- und Insolvenzrecht

E

EAEG	Einlagensicherungs- und Anlegerentschädigungsgesetz
EFG	Eigentumsfristengesetz
EGBGB	Einführungsgesetz zum BGB
EGGVG	Einführungsgesetz zum GVG
EGInsO	Einführungsgesetz zur Insolvenzordnung
EGStGB	Einführungsgesetz zum StGB
EGZVG	Einführungsgesetz zum ZVG
ErbbauVO	Verordnung über das Erbbaurecht
Erman/*Bearbeiter*	Erman, BGB, Kommentar
EStG	Einkommensteuergesetz
e.V.	eingetragener Verein
EWiR	Entscheidungen zum Wirtschaftsrecht (Jahr und Seite)
EuroEG	Euro-Einführungsgesetz
EuVTVO	Verordnung (EG) Nr. 805/2004 des Europäischen Parlaments und des Rates vom 21.4.2004 zur Einführung eines europäischen Vollstreckungstitels für unbestrittene Forderungen

F

FamRZ	Zeitschrift für das gesamte Familienrecht (Jahr und Seite)
f.	folgend
ff.	folgende
FGG	Gesetz über die Angelegenheiten der freiwilligen Gerichtsbarkeit
FKPG	Gesetz zur Umsetzung des Föderalen Konsolidierungsprogramms
FlurbG	Flurbereinigungsgesetz
Fn.	Fußnote
FuR	Familie und Recht (Jahr und Seite)

G

GBA	Grundbuch(amt)gericht
GBBerG	Grundbuchbereinigungsgesetz

Abkürzungsverzeichnis

GBl.	Gesetzblatt
GBO	Grundbuchordnung
GBV	Grundbuchverfügung
gem.	gemäß
GesO	Gesamtvollstreckungsordnung
GG	Grundgesetz
ggf.	gegebenenfalls
GKG	Gerichtskostengesetz
GmbHG	Gesetz über die Gesellschaft mit beschränkter Haftung
GrdStVG	Grundstücksverkehrsgesetz
Gruchot	Beiträge zur Erläuterung des Deutschen Rechts, begr. von Gruchot
GRUR	Gewerblicher Rechtsschutz und Urheberrecht (Jahr und Seite)
GVG	Gerichtsverfassungsgesetz
GVGA	Geschäftsanweisung für Gerichtsvollzieher
GVO	Gerichtsvollzieherordnung

H

HaftpflG	Haftpflichtgesetz
HausratsVO	Hausratsverordnung
HausTWG	Gesetz über den Widerruf von Haustürgeschäften und ähnlichen Geschäften
HGB	Handelsgesetzbuch
HinterlO	Hinterlegungsordnung
h.M.	herrschende Meinung
HRR	Höchstrichterliche Rechtsprechung (Entscheidungssammlung)
HK-*Bearbeiter*	Heidelberger Kommentar zur Insolvenzordnung
HK-ZPO/ *Bearbeiter*	Saenger, ZPO, Kommentar
HöfeO	HöfeO
Hs.	Halbsatz
H/W/F/H	Haarmeyer/Wutzke/Förster/Hintzen, Zwangsverwaltung, Kommentar
H/W/F/H	Haarmeyer/Wutzke/Förster/Hintzen, Handbuch zur Zwangsverwaltung
HWiG	Gesetz über den Widerruf von Haustürgeschäften und ähnlichen Geschäften

I

InsO	Insolvenzordnung
InsVV	Insolvenzrechtliche Vergütungsordnung
InVo	Insolvenz & Vollstreckung (Jahr und Seite)
InVorG	Investitionsvorranggesetz
i.d.F.	in der Fassung

Abkürzungsverzeichnis

i.d.R.   in der Regel
i.S.v.   im Sinne von
i.V.m.   in Verbindung mit

J

JBeitrO   Justizbeitreibungsordnung
jew.   jeweils
JMBl. NW   Justizministerialblatt Nordrhein-Westfalen (Jahr und Seite)
JR   Juristische Rundschau (Jahr und Seite)
JurBüro   Das Juristische Büro (Jahr und Seite)
JZ   Juristenzeitung (Jahr und Seite)

K

Kap.   Kapitel
KG   Kammergericht in Berlin
KGJ   Jahrbuch für Entscheidungen des Kammergerichts (Band und Seite)
KJHG   Kinder- und Jugendhilfegesetz
KKZ   Kommunal Kassenzeitschrift (Jahr und Seite)
KO   Konkursordnung
KostO   Kostenordnung
krit.   kritisch
KTS   Zeitschrift für das Konkurs-, Treuhand- und Schiedsgerichtswesen (Jahr und Seite)

L

LS.   Leitsatz
LAG   Landesarbeitsgericht
lfd. Nr.   laufende Nummer
LG   Landgericht
LM   Nachschlagewerk des BGH in Zivilsachen (herausgegeben von Lindenmaier und Möhring)

M

m. Anm.   mit Anmerkung
m. abl. Anm.   mit ablehnender Anmerkung
M.E.   Meines Erachtens
MDR   Monatsschrift für Deutsches Recht (Jahr und Seite)
MittBayNot   Mitteilungen des Bayerischen Notarvereins (Jahr und Seite)
Mittlg.   Mitteilungen
MittRhNotK   (jetzt RNOTZ) Mitteilungen der Rheinischen Notarkammer (Jahr und Seite)

Abkürzungsverzeichnis

MMR	Multi Media & Recht (Jahr und Seite)
MünchKomm/*Bearbeiter* BGB	Münchener Kommentar zum Bürgerlichen Gesetzbuch
MünchKomm/*Bearbeiter* InsO	MünchenerKommentar zur Insolvenzordnung
MünchKomm/*Bearbeiter* ZPO	Münchener Kommentar zur Zivilprozessordnung
MuSchG	Mutterschutzgesetz
Musielak/*Bearbeiter*	Musielak, ZPO, Kommentar
m.w.N.	mit weiteren Nachweisen

N

NdsRpfl	Niedersächsische Rechtspflege (Jahr und Seite)
n.F.	neue Fassung
NJOZ	Neue Juristische Online-Zeitschrift (Jahr und Nr.)
NJW	Neue Juristische Wochenschrift (Jahr und Seite)
NJWE-MietR	NJW-Entscheidungsdienst Miet- und Wohnungsrecht
NJWE-WettbR	NJW-Entscheidungsdienst Wettbewerbsrecht
NJW-RR	NJW Rechtsprechungs-Report (Jahr und Seite)
Nr.	Nummer
NuR	Natur und Recht (Jahr und Seite)
NZA-RR	NZA-Rechtsprechung-Report Arbeitsrecht
NZG	Neue Zeitschrift für Gesellschaftsrecht (Jahr und Seite)
NZI	Neue Zeitschrift für das Insolvenzrecht

O

o.Ä.	oder Ähnliches
OHG	Offene Handelsgesellschaft
OLG	Oberlandesgericht
OLGE	s. OLGRspr.
OLGRspr.	Rechtsprechung der OLGe in Zivilsachen
OLGZ	Entscheidungen der OLGe in Zivilsachen (Jahr und Seite)

P

PaPkG	Preisangaben- und Preisklauselgesetz
Palandt/B*earbeiter*	Palandt, BGB, Kommentar
PartG	Partnerschaftsgesellschaft
PartGG	Partnerschaftsgesellschaftsgesetz
PKH	Prozesskostenhilfe
pp.	fort folgende
Prot.	Protokoll
PStG	Personenstandsgesetz
PsychKG	Gesetz über Hilfen und Schutzmaßnahmen bei psychischen Krankheiten

Abkürzungsverzeichnis

R

RG	Reichsgericht
RGZ	Entscheidungssammlung des Reichsgerichts in Zivilsachen (Band und Seite)
RHeimStG	Reichsheimstättengesetz
Rdn.	Randnummer
Rpfleger	Der Deutsche Rechtspfleger (Jahr und Seite)
RPflG	Rechtspflegergesetz
RpflJB	Rechtspfleger-Jahrbuch (Jahr und Seite)
RVG	Rechtsanwaltsvergütungsgesetz
RVGreport	Zeitschrift zur Reform des Gebührenrechts (Jahr und Seite)
Rz.	Randziffer

S

S.	Seite oder Satz
s.	siehe
SachenRÄndG	Sachenrechtsänderungsgesetz
SchlHA	Schleswig-Holsteinische Anzeigen (Jahr und Seite)
SchuldRÄndG	Schuldrechtsänderungsgesetz
Schuschke/*Bearbeiter*	Schuschke/Walker, Zwangsvollstreckung
SGB	Sozialgesetzbuch
sog.	so genannte
Sp.	Spalte
Staudinger/*Bearbeiter*	Staudinger, BGB (Jahr, z.B. 2003)
StGB	Strafgesetzbuch
Stöber, Rdn.	Stöber, Forderungspfändung
Stöber, § … Rdn.	Stöber, ZVG
StJ/*Bearbeiter*	Stein/Jonas
str.	streitig
st. Rspr.	ständige Rechtsprechung
StVG	Straßenverkehrsgesetz
StVollzG	Strafvollzugsgesetz

T

Thomas/Putzo/*Bearbeiter*	Thomas/Putzo, ZPO

U

u.a.	unter anderem
UdG	Urkundsbeamter der Geschäftsstelle
UKlaG	Gesetz über Unterlassungsklagen bei Verbraucherrechts- und anderen Verstößen

Abkürzungsverzeichnis

V

v. A. w.	von Amts wegen
VerbrKrG	Verbrauerkreditgesetz
VerglO	Vergleichsordnung
VermBG	Vermögensbildungsgesetz
VersR	Versicherungsrecht (Jahr und Seite)
VGH	Verwaltungsgerichtshof
vgl.	vergleiche
VglO	Vergleichsordnung
VO	Verordnung
v.u.g.	vorgelesen und genehmigt
VuR	Verbraucher und Recht (Jahr und Seite)
VwGO	Verwaltungsgerichtsordnung
VwZG	Verwaltungszustellungsgesetz

W

WEG	Wohnungseigentumsgesetz
WE-Gemeinschaft	Wohnungseigentümergemeinschaft
WGG	Wohngeldgesetz
Wieczorek/*Bearbeiter*	Wieczorek, ZPO
WM	Wertpapiermitteilungen (Jahr und Seite)
WRP	Wettbewerb in Recht und Praxis (Jahr und Seite)
WUB	Wirtschafts- und Bankrecht (Jahr und Seite)
WuM	Wohnungswirtschaft und Mietrecht (Jahr und Seite)

Z

z.B.	zum Beispiel
ZfIR	Zeitschrift für Immobilienrecht (Jahr und Seite)
ZInsO	Zeitschrift für das gesamte Insolvenzrecht (Jahr und Seite)
ZIP	Zeitschrift für Wirtschaftsrecht und Insolvenzpraxis (Jahr und Seite)
ZMR	Zeitschrift für Miet- und Raumrecht (Jahr und Seite)
Zöller/*Bearbeiter*	Zöller
ZPO	Zivilprozessordnung
ZUM	Zeitschrift für Urheber- und Medienrecht/Film und Recht (Jahr und Seite)
ZWE	Zeitschrift für Wohnungseigentum (Jahr und Seite)
ZwVwV	Zwangsverwalterverordnung
ZVG	Gesetz über die Zwangsversteigerung und Zwangsverwaltung
ZZP	Zeitschrift für Zivilprozess (Jahr und Seite)
zzt.	zurzeit

Literaturverzeichnis

Allolio/Hintzen/Metzen	Insolvenzrecht, Lehrbuch, 4. Aufl., 2004
Arnold/Meyer-Stolte/Herrmann/ Hansens/Rellermeyer	Rechtspflegergesetz, Kommentar, 6. Aufl., 2002; zitiert: *Arnold/Meyer-Stolte*
Bärmann/Pick	Wohnungseigentumsgesetz, 17. Aufl., 2006
Bassenge/Herbst/Roth	Gesetz über die Angelegenheiten der Freiwilligen Gerichtsbarkeit/Rechtspflegergesetz, Kommentar, 10. Aufl., 2004
Bauer/von Oefele	GBO, 2. Aufl., 2006
Baumbach/Lauterbach/Albers/ Hartmann	Kommentar zur ZPO, 64. Aufl., 2006; zitiert: Baumbach/*Bearbeiter*
Baur/Stürner	Zwangsvollstreckungs-, Konkurs- und Vergleichsrecht, Lehrbuch, 12. Aufl., 1995
Beck/Depré	Praxis der Insolvenz, 2003
BGB-RGRK	Das Bürgerliche Gesetzbuch mit besonderer Berücksichtigung der Rechtsprechung des Reichsgerichts und des Bundesgerichtshofes, Kommentar, herausgegeben von den Mitgliedern des BGH, 12. Aufl., 1981; zitiert: BGB-RGRK/*Bearbeiter*
Beck'sches Rechtsanwaltshandbuch	8. Aufl., 2004
Böhringer	Besonderheiten des Liegenschaftsrechts in den neuen Bundesländern, 1994
Böttcher	ZVG, Kommentar, 4. Aufl., 2005
Böttcher	Zwangsvollstreckung im Grundbuch, 2. Aufl., 2002
Boewer	Handbuch der Lohnpfändung, 2004
Braun/Uhlenbruck	Unternehmensinsolvenz, 1998
Brox/Walker	Zwangsvollstreckungsrecht, 7. Aufl., 2003
Büchmann	Der Schutz des Schuldners vor Verschleuderung im Zwangsversteigerungsverfahren, 1977
Clemente	Recht der Sicherungsgrundschuld, 3. Aufl., 1999

Literaturverzeichnis

Dallmayer/Eickmann	Rechtspflegergesetz, Kommentar, 1996
Dassler/Schiffhauer/Gerhardt/ Muth	Zwangsversteigerungsrecht, 12. Aufl., 1991 (zitiert: Dassler/*Bearbeiter*)
Dauner-Lieb/Heidel/Ring	Anwaltkommentar zum BGB, 1. Aufl., 2002 f. (zitiert: AnwK-BGB/*Bearbeiter*)
Demharter	Grundbuchordnung, 25. Aufl., 2005
Depré/Mayer	Die Praxis der Zwangsverwaltung, 3. Aufl., 2005
Depré/Bachmann	Die Praxis der Lohnpfändung, 6. Aufl., 2005
Diepold/Hintzen	Musteranträge Pfändung und Überweisung, 8. Aufl., 2006
Eickmann	Zwangsversteigerungs- und Zwangsverwaltungsrecht, Kurzlehrbuch, 2. Aufl., 2003
Eickmann	Sachenrechtsbereinigung, Stand 8/2005
Erman	Handkommentar zum Bürgerlichen Gesetzbuch, 11. Aufl., 2004
Gebauer/Schneider	RVG, 2. Aufl., 2004
Gerold/Schmidt	RVG, 16. Aufl., 2004
Glotzbach/Mayer	Immobiliarvollstreckung aus der Sicht der kommunalen Vollstreckungsbehörden, 3. Aufl., 2002
Göttlich/Mümmler/Rehberg/ Xanke	RVG, 2. Aufl., 2006
Haarmeyer/Wutzke/Förster	Handbuch zur Insolvenzordnung, 3. Aufl., 2001
Haarmeyer/Wutzke/Förster/ Hintzen	Zwangsverwaltung, Kommentar, 3. Aufl., 2004
Haarmeyer/Wutzke/Förster/ Hintzen	Handbuch zur Zwangsverwaltung, 2. Aufl., 2004
Hamme	Die Teilungsversteigerung, 3. Aufl., 2006
Hartmann	Kostengesetze, 36. Aufl., 2006
Hartung/Römermann/Schons	RVG, 2. Aufl., 2006
Hahn	Die gesammten Materialien zur Civilprozeßordnung und dem Einführungsgesetz zu derselben vom 30. Januar 1877, 1. Abtheilung, 1880
Häsemeyer	Insolvenzrecht, 3. Aufl., 2003
Henckel/Gerhardt	Insolvenzordnung, Großkommentar, ab 2004
Hintzen	Zwangsversteigerung von Immobilien, 1. Aufl., 2002
Hintzen	Lohnpfändung, 24. Aufl., 2005
Hintzen	Forderungspfändung, 2. Aufl., 2003

Literaturverzeichnis

Hintzen	Vollstreckung durch den Gerichtsvollzieher, 2. Aufl., 2003
Hintzen	Pfändung und Vollstreckung im Grundbuch, 2. Aufl., 2003
HK-InsO	Heidelberger Kommentar zur Insolvenzordnung, 4. Aufl., 2006
Ingenstau	Erbbaurechtsverordnung, 8. Aufl., 2000
Jaeger-Henckel	Konkursordnung, Großkommentar, 9. Aufl., 1977/1980
Jauernig	Zwangsvollstreckung- und Konkursrecht, Studienbuch, 21. Aufl., 1999
Jaspersen	Hilfsvollstreckung in Urkunden, 1997
Keller	Grundstücke in Vollstreckung und Insolvenz, 1998
Keller	Die eidesstattliche Versicherung, 1998
Kilger/Karsten Schmidt	Insolvenzgesetze, Kommentar, 17. Aufl., 1997
Kölner Schrift zu Insolvenzordnung	2. Aufl., 2000
Korintenberg/Wenz	Zwangsversteigerungsgesetz, 6. Aufl., 1934
Kröll	Rechte und Belastungen bei der Verkehrswertermittlung von Grundstücken, 2001
Kropholler	Europäisches Zivilprozessrecht, 8. Aufl.; 2005
Kübler/Prütting	Insolvenzordnung, Kommentar, Loseblatt, Stand 3/2006
Kuntze/Ertl/Herrmann/Eickmann	Grundbuchrecht, 5. Aufl., 1999 (zitiert: K/E/H/E/*Autor*)
Meikel	Grundbuchrecht, 9. Aufl., 2004 (zitiert: Meikel/*Bearbeiter*)
Meyer	Gerichtskostengesetz, 7. Aufl., 2005
Mohrbutter/Drischler/Radtke/ Tiedemann	Zwangsversteigerungsgesetz, 6. Aufl., Bd. 1 1986, Bd. 2 1989
Münchener Kommentar zum Bürgerlichen Gesetzbuch	4. Aufl., ab 2001 zitiert: MünchKomm/ *Bearbeiter* BGB
Münchener Kommentar zur Zivilprozeßordnung,	2. Aufl., 2000; zitiert: MünchKomm/ *Bearbeiter* ZPO
Münchener Kommentar zur Insolvenzordnung,	1. Aufl., 2001; zitiert: MünchKomm/ *Bearbeiter* InsO
Musielak	Zivilprozessordnung, Kommentar, 4. Aufl., 2005
Muth	Zwangsversteigerungspraxis, 1989

Literaturverzeichnis

Nerlich/Römermann	InsO, Loseblatt Stand: 9/2005
Niedenführ/Schulze	WEG, 7. Aufl., 2004
Palandt	Kurzkommentar zum BGB, 65. Aufl., 2006; zitiert: Palandt/*Bearbeiter*
Riedel, Ernst	Die Zweite Zwangsvollstreckungsnovelle, 1998
Riedel/Sußbauer	BRAGO, 8. Aufl., 2000, und RVG, 9. Aufl., 2005
Rosenberg/Gaul/Schilken	Zwangsvollstreckungsrecht, 11. Aufl., 1997
Rosenberg/Schwab/Gottwald	Zivilprozessrecht, 16. Aufl., 2004
Saenger	ZPO, Kommentar, 1. Aufl., 2006 (zitiert: HK-ZPO/*Bearbeiter*)
Schneider/Herget	Streitwert, Kommentar, 11. Aufl., 1996
Schneider/Wolf	Anwaltkommentar zum RVG, 3. Aufl., 2006 (zitiert: AnwK-RVG/*Bearbeiter*)
Schöner/Stöber	Grundbuchrecht, 13. Aufl., 2004
Schröder/Bergschneider	Familienvermögensrecht, 1. Aufl., 2004
Schuschke/Walker	Vollstreckung und Vorläufiger Rechtsschutz, Kommentar zum Achten Buch der ZPO, Bd. I §§ 704–915 ZPO, 3. Aufl., 2002, Bd. II §§ 916–914 ZPO, 3. Aufl., 2004
Sichtermann/Hennings	Bedeutung und Behandlung der Eintragungen in der Abt. II des Grundbuches, 11. Aufl., 1988
Smid	Insolvenzordnung, 2. Aufl., 2001
Soergel	Bürgerliches Gesetzbuch, 12. Aufl., 1989 ff.; zitiert: Soergel/*Bearbeiter*
Staub	Großkommentar zum HGB, 4. Aufl., 1983; zitiert: Staub/*Bearbeiter*
Staudinger	Kommentar zum Bürgerlichen Gesetzbuch, 13. Bearbeitung; zitiert: Staudinger/*Bearbeiter*
Steiner	Zwangsversteigerungsrecht, 9. Aufl., Bd. 1 1984, Bd. 2 1986
Sternel	Mietrecht, 3. Aufl., 1988
Stein/Jonas	Kommentar zur ZPO, 21. Aufl., 1993; 22. Aufl., ab 2002, zitiert: StJ/*Bearbeiter*
Stöber	Forderungspfändung, 14. Aufl., 2005
Stöber	Zwangsversteigerungsgesetz, Kommentar, 18. Aufl., 2006
Stöber	ZVG-Handbuch der Rechtspraxis, 7. Aufl., 1999
Stöber	Grundbuchverfahren und Grundstückssachenrecht, 2. Aufl., 1998

Literaturverzeichnis

Storz	Praxis des Zwangsversteigerungsverfahrens, 9. Aufl., 2004
Storz	Praxis der Teilungsversteigerung, 3. Aufl., 2005
Thomas/Putzo	Kommentar zur ZPO, 27. Aufl., 2005
Uhlenbruck	Insolvenzordnung, 12. Aufl., 2002
Vossen	Die aussichtslose Immobiliarvollstreckung, 1998
Weis	Zwangsversteigerungsrecht für Banken, 2. Aufl., 2003
Weitnauer	Wohnungseigentumsgesetz, 9. Aufl., 2005
Wieczorek	ZPO, Kommentar, bearbeitet von Rössler und Schütze, 2. Aufl., 1975–1988, 3. Aufl., ab 1994
Wimmer	Frankfurter Kommentar zur InsO, 4. Aufl., 2006 (zitiert: FK-InsO/*Bearbeiter*)
Zimmermann	ZPO, Kommentar, 7. Aufl., 2006
Zöller	Kommentar zur ZPO, 25. Aufl., 2005; zitiert: Zöller/*Bearbeiter*

Soweit andere als die vorstehend angegebenen Werke und insbesondere Auflagen verwendet wurden, ist dies jeweils „an Ort und Stelle" mitgeteilt.

1. Abschnitt
Bedeutung und Vorbereitung der Zwangsvollstreckung

Kapitel A
Bedeutung und Funktion der Zwangsvollstreckung

I. Bedeutung der Zwangsvollstreckung

Recht haben und Recht bekommen sind zweierlei – dieses Sprichwort kennt fast jeder. Weniger bekannt ist, dass es mit dem Recht-bekommen-Haben in vielen Fällen nicht getan ist, weil der „Verlierer" sich nicht an die titulierte Verpflichtung hält. Gefragt ist also nicht nur juristisches Können auf dem Weg zum Prozesserfolg, sondern mindestens ebenso viel das juristische Können, diesen Erfolg in die Tat umzusetzen. Einen wirklich zufriedenen Gläubiger gibt es erst dann, wenn er sein Recht tatsächlich bekommen hat, nicht bereits, wenn er es lediglich zuerkannt bekommen hat.   1.1

Trotzdem führt die Zwangsvollstreckung, die in heutigen Zeiten notwendiger ist als je zuvor, eher ein **Schattendasein.** Im Studium läuft sie nebenher, in der praktischen Ausbildung hat man kaum damit zu tun; Examensklausuren haben oft nur einen vollstreckungsrechtlichen Einstieg, um sich alsbald wieder dem materiellen Recht zuzuwenden. Im mündlichen Examen werden – wenn überhaupt – nur die wesentlichen Grundzüge abgefragt. Das führt dazu, dass trotz 2. Staatsexamens die meisten Volljuristen kaum Kenntnisse von der Zwangsvollstreckung haben, jedenfalls kaum über die vertieften und praxisrelevanten Kenntnisse verfügen, die für eine erfolgreiche Zwangsvollstreckung häufig unumgänglich sind. Das gilt sowohl für Rechtsanwälte, Rechtsbeistände, sonstige mit der Zwangsvollstreckung befasste Personen bei Kommunen, Banken, Inkassoinstituten, aber auch für Richter. Rechtspfleger sind – in den ihnen zugeordneten Bereichen – insoweit wesentlich besser ausgebildet. Was ihnen gelegentlich fehlt, ist die Einordnung ihrer speziellen Materie in einen größeren Zusammenhang, in dem sie oft steht und aus dem sich Lösungen für manches Problem finden lassen. Hieraus erklärt sich beispielsweise, dass im Bereich der Abnahme der eidesstattlichen Versicherung (nach altem Recht) die Frage nach dem Einkommen des Ehegatten mit den unterschiedlichsten Begründungen abgelehnt wurde, obwohl man von demselben Gläubiger im Rahmen des Antrags auf Nichtberücksichtigung des Ehegatten im Rahmen der Pfändungsfreigrenzen genaue Angaben verlangte, wie viel denn der an-   1.2

1.3 dere Ehegatte verdiente. Gleiches gilt für die Gerichtsvollzieher. Woher, wenn nicht vom Schuldner, sollte denn diese Kenntnis kommen?

1.3 Eine erfolgreiche Zwangsvollstreckung setzt daher nicht nur das notwendige **Grundwissen,** sondern auch vertiefte **Kenntnisse** und **Tipps** aus der Praxis voraus, damit die Zwangsvollstreckung nicht schon an dem „Gewusst-Wie" scheitert; allerdings: Wo vom Tatsächlichen her keine Möglichkeit zur Durchsetzung des Titels besteht, nützen auch alle rechtlichen Kenntnisse nichts. Das aber ist nicht so häufig der Fall, wie viele Gläubiger meinen oder wie man aufgrund zahlreicher erfolgloser Zwangsvollstreckungsmaßnahmen meinen könnte.

II. Funktion der Zwangsvollstreckung

1. Abgrenzung Erkenntnisverfahren und Zwangsvollstreckung

1.4 Während das zivilprozessuale Erkenntnisverfahren dazu dient, zu **klären,** ob dem Kläger der geltend gemachte Anspruch gegen den Beklagten dem Grunde und der Höhe nach zusteht und ggfs. den Beklagten entsprechend zu verurteilen, dient das Zwangsvollstreckungsverfahren dazu, das so erstrittene Recht **durchzusetzen.**

> **Definition:**
> *Zwangsvollstreckung ist das staatliche Verfahren zur zwangsweisen Durchsetzung oder Sicherung von Leistungs- oder Haftungsansprüchen mithilfe staatlicher Gewalt.*

1.5 Zwangsvollstreckung setzt also eine titulierte **Leistungspflicht** voraus, sodass sie bei bloßen Feststellungs- und Gestaltungsurteilen, z.B. Scheidungsurteil, Vaterschaftsfeststellung, Feststellung einer wirksamen Anfechtung, ausscheidet. Trotzdem sind auch solche Urteile – mit Ausnahme der Urteile in Ehe- und Kindschaftssachen, § 704 Abs. 2 ZPO – vollstreckbar in weiterem Sinne und werden für vorläufig vollstreckbar erklärt, weil eine solche Entscheidung notwendige Grundlage für die Festsetzung der zu erstattenden Kosten ist (vgl. §§ 103 Abs. 1, 704 Abs. 1 ZPO).

2. Beteiligte in der Zwangsvollstreckung

1.6 Im Erkenntnisverfahren werden die Beteiligten mit Kläger, Beklagtem, Antragsteller und Antragsgegner bezeichnet. In der Zwangsvollstreckung sind Verfahrensbeteiligte Gläubiger, Schuldner, Drittschuldner und das jeweilige Vollstreckungsorgan.

- **Gläubiger** ist die Person, die aus dem Vollstreckungstitel oder der Klausel als Anspruchsberechtigte erkennbar ist und für die die Zwangsvollstreckung stattfindet;

- **Schuldner** ist die Person, gegen die der Vollstreckungstitel erwirkt bzw. die Klausel erteilt worden ist und gegen die die Zwangsvollstreckung stattfindet;
- **Drittschuldner** ist die Person, die dem Schuldner etwas schuldet, also der Schuldner des Schuldners [z.B. Schuldner (= Arbeitnehmer) Drittschuldner (= dessen Arbeitgeber)];
- **Dritte** sind Personen, die sich am Verfahren durch einen Antrag beteiligen oder deren Rechte durch die Vollstreckung berührt werden;
- **Vollstreckungsorgan** ist das Gericht oder die Person, die die staatliche Gewalt zur Durchsetzung der Gläubigerrechte ausüben darf (z.B. Prozessgericht des ersten Rechtszuges, Vollstreckungsgericht, Grundbuchamt, Gerichtsvollzieher).

3. Grundrechtskollision und Vollstreckungsverhältnis

Der titulierte Anspruch des Gläubigers unterfällt der Eigentumsgarantie des Art. 14 GG. Wird das Vollstreckungsorgan auf Antrag des Gläubigers tätig, so greift dieses mit der Ausübung staatlicher Zwangsgewalt in die **grundrechtlich geschützten Rechte** des Schuldners ein (z.B. das Recht der Unverletzlichkeit der Wohnung gem. Art. 13 Abs. 2 GG oder die Eigentumsgarantie nach Art. 14 GG). Dieses muss er aber im Rahmen des gesetzlich geregelten Zwangsvollstreckungsverfahrens grundsätzlich hinnehmen. Im Einzelfall, insbesondere, wenn die Vollstreckung eine unerträgliche Härte für den Schuldner bedeuten würde oder der Grundsatz der Verhältnismäßigkeit offensichtlich nicht mehr gewahrt ist (z.B. bei drohender Suizidgefahr im Falle der Räumung des Schuldners aus seiner Wohnung), muss das Grundrecht des Gläubigers hinter dem des Schuldners zurücktreten.

Durch den Vollstreckungseingriff wird zwischen Gläubiger und Schuldner ein **gesetzliches Schuldverhältnis** begründet, das für beide Parteien Pflichten zur Wahrung der Interessen des anderen begründet, deren Verletzung zu Schadensersatzansprüchen führen kann.[1] So ist der Gläubiger beispielsweise verpflichtet, eine gepfändete Kapital-Lebensversicherung nicht kurz vor Ablauf der Fälligkeit zu kündigen, weil dann nur der Rückkaufswert ausgezahlt wird; auf der anderen Seite ist der Schuldner aufgrund der Pfändung seines Steuererstattungsanspruchs verpflichtet, beim Finanzamt einen Antrag auf Einkommensteuererstattung zu stellen, wenn dies unter Berücksichtigung der damit verbundenen Kosten zu einem Überschuss führen wird.

Auch wenn die Zwangsvollstreckung stets nur auf Antrag des Gläubigers stattfindet, ist das **Verhältnis zwischen Vollstreckungsorgan und Gläubi-**

---

[1] BGH, Rpfleger 2004, 228 = InVo 2004, 147; BGH, NJW 1985, 3080; Zöller/*Stöber*, vor § 704 Rdn. 12a.

ger hingegen öffentlich-rechtlicher Natur, kein privatrechtliches. Das Vollstreckungsorgan ist bei der Durchführung an Gesetz und Recht, also vor allem die Vollstreckungsnormen gebunden und kann insoweit weitgehend selbstständig und weisungsfrei handeln.

4. Arten der Zwangsvollstreckung

a) Einteilung nach Titelinhalt und möglichem Vollstreckungsobjekt

1.10 Das 8. Buch der ZPO ist, was die verschiedenen Arten der Zwangsvollstreckung angeht, von einer klaren Systematik geprägt, deren Kenntnis die praktische Arbeit erheblich erleichtert.

Der Gesetzgeber unterscheidet:

- nach der Art des Titels und
- nach der Art des Vollstreckungsobjekts.

1.11 Aufgrund des Inhalts des Titels ergibt sich, welche Zugriffsmöglichkeit zur Durchsetzung des jeweiligen Anspruchs in Betracht kommt. Das 8. Buch der ZPO kennt fünf verschiedene Titelarten:

- Zahlungstitel (§§ 803–882a ZPO)
- Herausgabetitel (§§ 883–886 ZPO)
- Handlungstitel (§§ 887–889 ZPO)
- Duldungs-/Unterlassungstitel (§§ 890–891 ZPO)
- Titel auf Abgabe einer Willenserklärung (§§ 894, 895 ZPO)

Dies wird mit dem Schlagwort „*wegen ... in*" gekennzeichnet.

Durch diese Unterscheidung werden zugleich die funktionelle Zuständigkeit der verschiedenen Vollstreckungsorgane und der jeweils statthafte Rechtsbehelf festgelegt.

> **Merke:**
> Jede Vollstreckungsart hat ihre eigenen Regeln zur Durchsetzung des Anspruchs und ihr eigenes Vollstreckungsorgan = Numerus clausus der Vollstreckungsarten.[2]

b) Einzel- und Gesamtvollstreckung

1.12 Zwangsvollstreckung nach dem 8. Buch der ZPO ist immer **Einzelzwangsvollstreckung**. Die Zwangsvollstreckung findet immer nur für den jeweiligen Gläubiger in einen einzelnen Vermögensgegenstand statt. Jede Vollstreckungsart (z.B. Sachpfändung, Forderungspfändung, Zwangsversteigerung) hat ihr eigenes Vollstreckungsorgan.

---

2 *Gaul*, Rpfleger 1971, 9.

1.13 Im Gegensatz hierzu ist das Insolvenzverfahren, das seit dem 1.1.1999 das Konkurs-, Vergleichs- und Gesamtvollstreckungsrecht abgelöst hat, eine **Gesamtvollstreckung**. Im Insolvenzverfahren wird für alle Gläubiger das gesamte Vermögen, welches der Schuldner im Zeitpunkt der Eröffnung des Verfahrens besitzt und später hinzuerwirbt, beschlagnahmt und gleichmäßig verteilt.

c) Übersicht über die Vollstreckungsarten, Vollstreckungsorgane und Rechtsbehelfe

1.14 Zwangsvollstreckung
wegen Geldforderung (= aus Zahlungstitel) (§§ 803–882a ZPO)
in das **bewegliche** Vermögen, §§ 803–863 ZPO, durch Vollstreckung

in körperliche Sachen, §§ 803–827 ZPO	in Forderungen und sonstige Vermögensrechte, §§ 828–856 ZPO und §§ 857–863 ZPO, und zwar:		
	Geldforderungen, §§ 828 ff. ZPO	Ansprüche auf Herausgabe und Leistung von Sachen, §§ 846–849 ZPO	sonstige Vermögensrechte, §§ 857–863 ZPO

Vollstreckungsorgan
Bei der Zwangsvollstreckung

in körperliche Sachen, §§ 803–827 ZPO	in Forderungen und sonstige Vermögensrechte, §§ 828–856 ZPO und §§ 857–863 ZPO, und zwar:
Gerichtsvollzieher, §§ 154 GVG, 753 ZPO	Vollstreckungsgericht Rechtspfleger, § 20 Nr. 17 RPflG

Rechtsbehelf

Vollstreckungserinnerung, § 766 ZPO	Vollstreckungserinnerung, § 766 ZPO, oder sofortige Beschwerde, § 11 Abs. 1 RPflG i.V.m. § 793 ZPO

Zwangsvollstreckung

wegen Geldforderung (= aus Zahlungstitel) (§§ 803–882a ZPO) in das **unbewegliche** Vermögen, §§ 864–871 ZPO i.V.m. §§ 1 ff. ZVG, durch:

Eintragung einer Zwangssicherungs-hypothek, §§ 866, 867 ZPO	Zwangsversteigerung, §§ 1 ff. ZVG	Zwangsverwaltung, §§ 146–161 ZVG

Vollstreckungsorgan

Grundbuchamt Rechtspfleger, § 3 Nr. 1h RPflG	Vollstreckungsgericht Rechtspfleger, § 3 Nr. 1i RPflG

Rechtsbehelf

Beschwerde, § 11 Abs. 1 RPflG i.V.m. § 71 GBO	Vollstreckungserinnerung, § 766 ZPO, oder sofortige Beschwerde, § 11 Abs. 1 RPflG i.V.m. § 793 ZPO und §§ 95 ff. ZVG

Zwangsvollstreckung
aus Titeln betreffend Ansprüche auf:

Herausgabe und Leistung von Sachen (§§ 883–886 ZPO), und zwar von:		Erwirkung einer Handlung (§§ 887, 888 ZPO), und zwar wegen einer:		Duldung oder Unter-lassung (§ 890 ZPO)	Abgabe einer Willenserklärung (§§ 894, 895 ZPO)
beweglichen Sachen, §§ 883, 884, 897 ZPO	unbeweg-lichen Sachen, § 885 ZPO	vertretbaren Handlungen, § 887 ZPO	unvertret-baren Hand-lungen, § 888 ZPO	----	----

Vollstreckungsorgan

Gerichtsvollzieher	Prozessgericht I. Instanz	keine Zwangs-vollstreckung (Fiktion)

Rechtsbehelf/Rechtsmittel

Vollstreckungserinne-rung, § 766 ZPO	Sofortige Beschwerde, § 793 ZPO	----

Kapitel B
Anwaltliche Tätigkeit im Rahmen der Zwangsvollstreckung

I. Das Vollstreckungsmandat

1. Umfang des Mandats

Vielfach wird der Anwalt bereits im Erkenntnisverfahren für den Mandanten tätig geworden sein und zugleich auch eine Vollmacht für das Zwangsvollstreckungsverfahren erhalten haben. Um spätere Komplikationen z.b. wegen des Umfangs oder der entstehenden Kosten vorzubeugen, sollte jedoch möglichst frühzeitig *schriftlich* festgehalten werden, dass der Anwalt den Mandanten über die Möglichkeiten der Vollstreckung beraten hat und welchen konkreten **Umfang das Vollstreckungsmandat** hat. Zwischen dem umfassenden Mandat – Vollstreckung bis die geschuldete Leistung erbracht ist oder die Erfolglosigkeit feststeht – und der Beauftragung zunächst nur zu einer Einzelmaßnahme – z.b. lediglich Zahlungsaufforderung mit Androhung der Zwangsvollstreckung, nur Pfändung des Arbeitseinkommens – gibt es einen weiten Bereich. 1.15

In jedem Fall sollte der Anwalt dafür sorgen, dass er möglichst **umgehend Kenntnis von der gerichtlichen Entscheidung** erhält, indem der Verkündungstermin wahrgenommen oder jedenfalls telefonisch auf der Geschäftsstelle des Gerichts nachgefragt wird, um im Erfolgsfall beschleunigte Möglichkeiten[3] der Zwangsvollstreckung (z.B. abgekürzte Ausfertigung, Parteizustellung durch den Gerichtsvollzieher, Vorpfändung, Sicherungsvollstreckung) in Betracht zu ziehen. Wer auf die von Amts wegen erfolgende Zustellung des Titels wartet, verschenkt wertvolle Zeit für eine frühe Zwangsvollstreckung. Je nach Sachlage lässt sich ein Zeitverlust nicht wieder gutmachen (Pfändung durch einen anderen Gläubiger, Insolvenz des Schuldners), was dann wiederum Fragen nach der Haftung des Anwalts aufwirft. 1.16

Bei einem **neuen Mandanten** sollte zunächst prüft werden, ob früher nicht bereits der Gegner vertreten worden ist (Kollisionsprüfung; vgl. § 356 StGB), wobei auch an eine Namensänderung gedacht werden muss. Sodann wird sich der Rechtsanwalt den Vollstreckungstitel vorlegen lassen und den Mandanten in dem oben dargelegten Sinn beraten. 1.17

Zwingender Inhalt des Gesprächs muss es sein, ob und was der Mandant über die Person des Schuldners und seine Vermögensverhältnisse weiß. Diese **Informationen** sind für eine erfolgreiche Durchführung der Zwangsvollstreckung von besonderem Interesse. Dabei können auch Kleinigkeiten ausschlaggebend sein: Der allein stehende Schuldner ist Monteur, verlässt seine Wohnung von Montag- bis Freitagmorgen gegen 07:00 Uhr und kehrt abends nicht vor 18:00 Uhr nach Hause zurück, sodass ein Pfändungsver- 1.18

---

[3] S. dazu Rdn. 1.38 ff.

such des Gerichtsvollziehers in der Wohnung in diesem Zeitraum keinen Erfolg verspricht. Vgl. zu interessanten Informationen und Informationsmöglichkeiten Rdn. 1.45 ff. sowie die Checkliste im Anhang 1.71 f.

2. Honorar

1.19 Die für den Anwalt möglicherweise anfallenden Gebühren ergeben sich aus dem Vergütungsverzeichnis (VV) zum RVG, insbesondere den Nr. 3309, 3310, 3311, 3312, 3500. Zu den Einzelheiten vgl. Rdn. 14.33 ff.

Es besteht aber auch die Möglichkeit einer Vergütungsvereinbarung nach § 4 RVG.

3. Kosten der Zwangsvollstreckung/ Rechtsschutzversicherung/Prozesskostenhilfe

1.20 Zwar ist der Schuldner verpflichtet, dem Gläubiger die **notwendigen Vollstreckungskosten** zu erstatten; diese können zugleich mit dem Anspruch beigetrieben, aber auch gesondert festgesetzt werden, § 788 Abs. 1 ZPO. Mit der Festsetzung ist der Anspruch zu verzinsen, §§ 788, 103, 104 ZPO. Der Gläubiger als Antragsteller/Auftraggeber haftet aber sowohl den mit der Vollstreckung beauftragten Vollstreckungsorganen als auch seinem Anwalt gegenüber selbst für die Kosten, muss diese also letztlich tragen, wenn sie nicht beim Schuldner beigetrieben werden können. Grundsätzlich sind auch entsprechende Vorschüsse zu zahlen. Hierauf muss der Anwalt seinen Mandanten **hinweisen,** ebenso darauf, dass es mit der Erstattung bestimmter Kosten Schwierigkeiten geben kann, weil die Frage der Notwendigkeit dieser Kosten in der Rechtsprechung umstritten ist (z.B. anwaltliche Kosten beim Vollstreckungsvergleich; Kosten einer oder mehrerer Vorpfändungen; zu frühe Beauftragung des Anwalts mit der Zwangsvollstreckung[4]).

1.21 Ist der Mandant rechtsschutzversichert, ist zu beachten, dass nach den allgemeinen Bedingungen für die **Rechtsschutzversicherung** regelmäßig nur eine Kostenübernahme für drei Vollstreckungsversuche besteht (vgl. § 5 Abs. 3 lit. b ARB).

1.22 Unter den Voraussetzungen des § 114 ZPO kann dem Gläubiger wie dem Schuldner **Prozesskostenhilfe** auch für die Zwangsvollstreckung bewilligt werden. Wird Prozesskostenhilfe bewilligt, umfasst diese für die Vollstreckung in bewegliches Vermögen gem. § 119 Abs. 2 ZPO alle Vollstreckungshandlungen im Bezirk des Vollstreckungsgerichts („eingeschränkte Pauschalbewilligung"). Funktionell ist grundsätzlich der Rechtspfleger zuständig (§ 20 Nr. 5 RPflG), es sei denn, die Vollstreckung erfordert eine richterliche Handlung, wie z.B. der Erlass eines Haftbefehls.

---

[4] Vgl. dazu *Weinert,* Rpfleger 2005, 1 sowie AnwK-RVG/*Wolf,* VV 3309–3310 Rdn. 105.

Zuständig sind im Einzelnen für 1.23

- die **Pfändung einer Sache** und ihrer Verwertung einschließlich des Verfahrens auf Abgabe der **eidesstattlichen Versicherung** der Rechtspfleger des Vollstreckungsgerichts, in dessen Bezirk die Pfändung stattfinden soll, § 764 Abs. 2 ZPO;
- die Pfändung einer **Forderung** der Rechtspfleger des Vollstreckungsgerichts, bei dem der Schuldner seinen allgemeinen Wohnsitz hat, ansonsten das Amtsgericht, bei dem nach § 23 ZPO Klage gegen den Schuldner erhoben werden kann, § 828 ZPO;
- bei einem **Arrest- und Pfändungsbeschluss** (§ 930 Abs. 1 S. 3 ZPO) das Arrestgericht (Richter), wobei diese Bewilligung auch die Beiordnung eines Rechtsanwalts beinhaltet, soweit nicht ausdrücklich etwas anderes angeordnet wird, § 48 Abs. 2 RVG;
- für die Vollstreckung von **Handlungen, Duldungen oder Unterlassungen** das Prozessgericht des ersten Rechtszuges (Richter), §§ 887, 888, 890 ZPO;
- für die Eintragung einer **Zwangshypothek** der Rechtspfleger des Grundbuchamtes, § 3 Nr. 1h RPflG;
- für das **Zwangsversteigerungs- und Zwangsverwaltungsverfahren** der Rechtspfleger des Amtsgerichts, in dessen Bezirk das Grundstück gelegen ist, § 3 Nr. 1i RPflG, § 1 Abs. 1 ZVG.

Die Bewilligung von Prozesskostenhilfe beinhaltet nicht ohne weiteres die Beiordnung eines Rechtsanwalts. Für welche Art der Zwangsvollstreckung eine **Beiordnung** eines Rechtsanwalts erfolgen kann, ist insbesondere im Hinblick auf die gem. § 121 ZPO notwendige Erforderlichkeit umstritten.[5] Diese Frage kann – anders als die Bewilligung von Prozesskostenhilfe an sich – nicht pauschal beantwortet werden, sondern richtet sich einerseits nach den persönlichen Fähigkeiten und Kenntnissen des Gläubigers und andererseits nach der beabsichtigten Vollstreckungshandlung (Sachpfändung, Abgabe der eidesstattlichen Versicherung, Gehaltspfändungen etc.).[6] 1.24

So wird die Beiordnung eines Rechtsanwalts für die Beauftragung des Gerichtsvollziehers mit der Mobiliarzwangsvollstreckung in der Regel nicht als erforderlich angesehen, weil sie auch für eine rechtsunkundige Person ohne weiteres möglich sei bzw. die Rechtsantragsstelle um Hilfe gebeten werden könne.[7] Wird wegen Unterhaltsansprüchen vollstreckt, ist für die 1.25

---

5   Vgl. BGH, Rpfleger 2003, 591 = NJW 2003, 3136 = InVo 2004, 27; *Fischer*, Rpfleger 2004, 190.
6   BGH, Rpfleger 2003, 591 = InVo 2004, 27; LG Rostock, Rpfleger 2003, 304 = InVo 2003, 419.
7   BGH, FamRZ 2003, 1921 = ZVI 2003, 592; LG Rostock, JurBüro 2003, 385; LG Trier, Rpfleger 2002, 160.

Pfändungen von Arbeitseinkommen nach § 850d ZPO dem Gläubiger grundsätzlich ein Anwalt beizuordnen, nicht jedoch für die Sachpfändung und das Verfahren auf Abgabe der eidesstattlichen Versicherung.[8] Für das Verfahren der erweiterten Pfändung von Arbeitslohn oder Lohnersatzleistungen wird hingegen eine Beiordnung bejaht.[9]

1.26 Für die **Zwangsversteigerung** kann dem *Gläubiger* regelmäßig Prozesskostenhilfe unter Beiordnung eines Rechtsanwalts bewilligt werden. Der Antrag ist grundsätzlich weder mutwillig noch sittenwidrig.[10] Die notwendige Erfolgsaussicht für eine vom *Schuldner* beantragte Prozesskostenhilfe im Zwangsversteigerungsverfahren lässt sich nur beurteilen, wenn der Schuldner darlegt, gegen welche vollstreckungsgerichtliche Maßnahme er sich im Einzelnen wenden oder wie er sich sonst konkret am Verfahren beteiligen möchte. Daher kommt – im Gegensatz zur Zwangsvollstreckung in das bewegliche Vermögen – eine pauschale Bewilligung von Prozesskostenhilfe für die Immobiliarvollstreckung insgesamt nach wohl **h.M.**[11] nicht in Betracht (arg. e. § 119 Abs. 2 ZPO), sondern kann nur für einzelne Verfahrensabschnitte und Verfahrensziele gewährt werden.

4. Die Haftung des Rechtsanwalts im Rahmen der Zwangsvollstreckung

1.27 Für eine schuldhafte Verletzung der Sorgfaltspflichten im Rahmen seiner Tätigkeit in der Zwangsvollstreckung muss der Rechtsanwalt – wie auch sonst – haften, wenn dadurch dem Mandanten ein Schaden entstanden ist. Überlässt er – wie nicht selten – die Zwangsvollstreckung weitgehend einem seiner Angestellten, muss er diese sorgfältig auswählen und überwachen. Sein Haftungsrisiko ist dabei umso größer, je weniger er selbst mit den Einzelheiten der Zwangsvollstreckung vertraut ist, weil dann eine effektive Überwachung nicht möglich ist. Aus der Vielzahl veröffentlichter Entscheidungen seien hierzu nur beispielhaft einige Fälle angeführt:

- der Vollstreckungstitel weist Fehler auf, sodass eine Vollstreckung sich verzögert oder unmöglich ist (z.B. fehlt im Tenor der Ausspruch über die vorläufige Vollstreckbarkeit; es ist unklar, an wen die Zahlung zu erfolgen hat; die Leistung ist zu unbestimmt);[12]
- Fristversäumung bei der Vollziehung eines Arrestes/einer einstweiligen Verfügung, § 929 Abs. 2 und 3 ZPO;[13]

---

8   BGH, Rpfleger 2003, 591 = InVo 2004, 27 = FamRZ 2003, 1547; LG Deggendorf, JurBüro 2002, 662.
9   BGH, FamRZ 2004, 789.
10 LG Frankenthal, Rpfleger 2002, 219.
11 BGH, Rpfleger 2004, 174 = NJW-RR 2004, 787 = KTS 2004, 460 = WM 2003, 2432 = InVo 2004, 207; Musielak/*Fischer*, § 119 Rdn. 8, jew. m.w.N.
12 Vgl. hierzu Rdn. 3.6 ff.
13 S. dazu Rdn. 3.425 ff.

- Nichteinhaltung der Frist im Rahmen der Vorpfändung;[14]
- fehlende Information des Mandanten darüber, dass die Sicherungsvollstreckung nicht insolvenzfest ist;[15]
- uneingeschränkte Erledigungserklärung im Rahmen der Unterlassungsvollstreckung, obwohl Zwangsvollstreckungsmaßnahmen bereits erfolgt waren;[16]
- Erhebung der Räumungsklage nur gegen den Ehegatten, der den Mietvertrag abgeschlossen hat, obwohl beide Ehegatten in der Wohnung leben;[17]
- Nichtbeachtung der §§ 111c und 111g StPO mit ihren vollstreckungsrechtlichen Auswirkungen – Zulassungsbeschluss hinsichtlich der Zwangsvollstreckung in durch die Staatsanwaltschaft beschlagnahmte Sachen – trotz entsprechender Anhaltspunkte;[18]
- Stellung eines Antrages nach § 765a ZPO, obwohl der Schuldner bereits nach anderen Bestimmungen ausreichend geschützt ist oder geschützt werden kann;[19]
- Nichtdurchführung der Immobiliarvollstreckung, obwohl der Rechtsanwalt durch einen vom Mandanten übersandten Grundbuchauszug von einem hälftigen Eigentumsanteil des Schuldners an einem Grundstück erfahren hat.[20]

II. Prüfung der Zwangsvollstreckungsvoraussetzungen und -möglichkeiten

1. Prüfung des Titels auf Geeignetheit für die Zwangsvollstreckung

Auch wenn der Prozess gewonnen wurde, sollte der Vollstreckungstitel daraufhin überprüft werden, ob er formell den Anforderungen für eine Zwangsvollstreckung entspricht,[21] also u.a.:

- sind die Parteien jeweils richtig bezeichnet;
- ist der Tenor vollständig (Ausspruch zur Hauptsache, zu den Zinsen – Höhe und Anfangsdatum –, vorläufige Vollstreckbarkeit, Kostenausspruch);

---

14 OLG Hamm, InVo 1998, 229 = MDR 1998, 50.
15 BGH, InVo 2000, 337 = MDR 2000, 1279 = NJW 2001, 673.
16 S. Rdn. 7.151.
17 OLG Koblenz, JurBüro 2003, 44 = MDR 2003, 600 = VersR 2003, 461 sowie Rdn. 7.27.
18 OLG Hamm, InVo 2000, 133 = NJW-RR 2000, 1008.
19 OLG Schleswig, OLGR Schleswig 2004, 212 = MDR 2004, 907; s. dazu auch Rdn. 8.340 ff.
20 OLG Celle, InVo 2006, 120 = OLGR Celle 2005, 643.
21 Vgl. dazu im Einzelnen Rdn. 3.6 ff.

1.29–1.31 Bedeutung u. Vorbereitung der Zwangsvollstreckung

- ist der Tenor ausreichend bestimmt;
- befindet sich bei einem Prozessvergleich das „v.u.g" unter dem Vergleichstext?

1.29 Finden sich ein oder mehrere Fehler, muss geprüft werden, ob diese noch beseitigt werden können, z.B. durch einen Antrag nach § 319 ZPO, § 321 ZPO (2-Wochen-Frist!) oder § 716 ZPO (2-Wochen-Frist!), ggfs. auch durch einen Rechtsbehelf oder Protokollergänzung.

2. Zahlungsaufforderung oder sofort Zwangsvollstreckung?

1.30 Da die Beauftragung eines Vollstreckungsorgans mit Kosten verbunden ist, sollte überlegt werden, ob der Schuldner nicht erst durch ein anwaltliches Schreiben zur Erfüllung der titulierten Verpflichtung angehalten werden soll; wird dieses mit der Androhung der Zwangsvollstreckung verbunden, entsteht für den Rechtsanwalt bereits dadurch die Vollstreckungsgebühr nach RVG VV 3309, die, wenn sie nicht zu früh erfolgt, auch erstattungsfähig ist.[22] Ob eine vorherige Aufforderung sinnvoll ist, kann nur aufgrund der konkreten Umstände des Einzelfalles entschieden werden. Dabei muss der Gläubiger bedenken, dass auch bei fristgerechter Zahlung des Schuldners im Rahmen des bargeldlosen Zahlungsverkehrs einige Tage vergehen, bis der Betrag auf seinem Konto gutgeschrieben ist, er daher noch eine angemessene Zeit zuwarten muss, innerhalb derer die fristgemäße Leistung des Schuldners erwartet werden kann.[23]

3. Abwägung der verschiedenen Vollstreckungsmöglichkeiten und Möglichkeiten zur Beschleunigung

a) Mobiliar- oder Immobiliarvollstreckung

1.31 Sofern der Gläubiger über keine Informationen nennenswerter Vermögensgegenstände des Schuldners verfügt, bleibt ihm regelmäßig zu Beginn der Zwangsvollstreckung nur die Beauftragung des **Gerichtsvollziehers** mit der Sachpfändung. Nach § 900 Abs. 2 ZPO kann der Gläubiger den Gerichtsvollzieher sowohl mit der Sachpfändung (isoliert) als auch zugleich mit der Abnahme der eidesstattlichen Versicherung beauftragen (kombiniert). Der Gläubiger sollte den Gerichtsvollzieher im Zusammenhang mit dem Auftrag zur Mobiliarvollstreckung in jedem Falle ausdrücklich beauftragen, eine Vorpfändungsverfügung selbstständig zu fertigen (§ 845 ZPO), sobald der Gerichtsvollzieher von pfändbaren Forderungs- oder Vermögensrechten erfährt.

---

22 Vgl. AnwK-RVG/*Wolf*, VV 3309–3310 Rdn. 105.
23 OLG Karlsruhe, JurBüro 1990, 260.

1.32 Spätestens mit der Beauftragung des Gerichtsvollziehers entsteht für den Anwalt des Gläubigers die Vollstreckungsgebühr nach RVG VV 3309; für den Gerichtsvollzieher fallen Kosten nach dem Gesetz über Kosten der Gerichtsvollzieher (GvKostG) an. Die Kosten des Gerichtsvollziehers werden üblicherweise von diesem bei Beendigung des Auftrages per Nachnahme eingezogen.

1.33 Hat der Gläubiger Kenntnis von einem verwertbaren Forderungsrecht des Schuldners gegen einen Dritten, muss er einen **Pfändungs- und Überweisungsbeschluss** erwirken. Der Gläubiger kann dabei gem. § 829 Abs. 1 ZPO in einem Pfändungsbeschluss **gegen mehrere Drittschuldner** gleichzeitig vorgehen. Dieses Vorgehen reduziert die Gerichts- und Anwaltsgebühren, jedoch nicht die Gerichtsvollzieherkosten, die durch die Zustellung bei dem jeweiligen Drittschuldner gesondert entstehen. Diese kostengünstige Möglichkeit hat allerdings auch den Nachteil, dass die Zustellungen an den zweiten und die weiteren Drittschuldner möglicherweise erst relativ spät erfolgen.

1.34 Der Gläubiger sollte dann beantragen, dass er zum einen die Zustellung des Pfändungsbeschlusses selbst vornimmt und zum anderen sollte er **mehrere Ausfertigungen** des Pfändungsbeschlusses vom Gericht anfordern. Danach kann dann der Zustellungsauftrag an den oder die Gerichtsvollzieher für die mehreren Drittschuldner jeweils gesondert erfolgen.

1.35 Für die Vollstreckung in **Immobilien** bleiben dem Gläubiger drei Möglichkeiten: die Zwangsversteigerung, die Zwangsverwaltung und die Eintragung einer Zwangssicherungshypothek auf dem Grundbesitz des Schuldners, § 866 ZPO. Alle drei Möglichkeiten können wahlweise einzeln oder gleichzeitig nebeneinander ausgeführt werden. Die Einleitung eines **Zwangsverwaltungsverfahrens** kommt naturgemäß nur dann in Betracht, wenn es sich um ein vermietetes oder verpachtetes Objekt des Schuldners handelt. Die Einleitung des Zwangsverwaltungsverfahrens löst zunächst eine Gebühr von 50,– € aus. Die Zwangsverwaltung ist jedoch für einen persönlichen Gläubiger regelmäßig wenig sinnvoll, da der persönliche Gläubiger in der Rangklasse 5 des § 10 ZVG berücksichtigt wird. Die Erfahrung der Praxis zeigt, dass in dieser Rangklasse mit einer Befriedigung regelmäßig nicht zu rechnen ist.

1.36 Die Beantragung der **Zwangsversteigerung** löst ebenfalls zunächst eine Gebühr von 50,– € aus. Es ist jedoch zu beachten, dass die Zwangsversteigerung weitere Kosten auslöst, insbesondere die Kosten des Gutachters zur Bewertung des Grundbesitzes. Diese Kosten belaufen sich regelmäßig auf weit mehr als 1.500,– €. Sofern der Antrag später zurückgenommen wird oder das Zwangsversteigerungsverfahren ergebnislos verläuft, wird der Gläubiger als Antragsteller mit diesen Kosten belastet. Darüber hinaus ist auch hier festzustellen, dass der persönliche Gläubiger nur in der Rangklasse 5 des § 10 ZVG berücksichtigt wird. In dieser Rangklasse wird auch in der Zwangsversteigerung eine Zuteilung regelmäßig nicht mehr erfolgen.

1.37 Die Eintragung der **Zwangssicherungshypothek** im Wege der Zwangsvollstreckung auf dem Grundbesitz des Schuldners ist keine Verwertung, sondern zunächst nur eine Maßnahme zur Sicherung der titulierten Forderung. Für die Eintragung der Hypothek im Grundbuch entsteht bei Gericht eine volle Gebühr nach dem Kapitalwert der einzutragenden Sicherungshypothek, § 62 KostO. Die Eintragung der Sicherungshypothek empfiehlt sich immer dann, wenn die Erfolgsaussichten einer Zwangsversteigerung bzw. Zwangsverwaltung noch nicht abgeschätzt werden können. Weiterhin sichert die Eintragung der Hypothek den Gläubiger vor der Entfernung wertvollen Zubehörs von dem Grundbesitz des Schuldners (Hypothekenhaftungsverband). Nach Eintragung der Sicherungshypothek ist der Schuldner zwar nicht gehindert, seinen Grundbesitz zu veräußern, jedoch wird ein Käufer das Grundstück belastet mit der Sicherungshypothek regelmäßig nicht erwerben wollen. In diesem Falle kann der Gläubiger die Sicherungshypothek als Druckmittel zur Zahlung benutzen.

b) Beschleunigung des Zwangsvollstreckungsverfahrens

1.38 Es gilt, den anderen Gläubigern zuvorzukommen, zumal das **Prioritätsprinzip** des § 804 ZPO auch beinhaltet, dass der nachrangige Gläubiger erst dann zum Zuge kommt, wenn der vorrangige voll befriedigt worden ist. Die Zwangsvollstreckung aus einem Urteil setzt in aller Regel gem. § 750 Abs. 1 S. 1 ZPO voraus, dass vor der Vollstreckung oder spätestens gleichzeitig mit deren Beginn dem Vollstreckungsschuldner der Titel zugestellt werden muss. Um schnell vollstrecken zu können, kann nach § 317 Abs. 2 S. 2 ZPO auf **Antrag** einer Partei dieser eine so genannte **abgekürzte Ausfertigung** des Urteils erteilt werden, die nur aus dem Rubrum und dem Tenor besteht. Diese abgekürzte Ausfertigung kann dann nach § 750 Abs. 1 S. 2 ZPO im **Parteibetrieb** dem Schuldner **zugestellt** werden, was für die Durchführung der Zwangsvollstreckung aus dem Urteil ausreicht.

1.39 Die **Zustellung** kann durch den Gerichtsvollzieher am Wohnsitz des Schuldners erfolgen. Gem. § 194 ZPO können Zustellungen durch den Gerichtsvollzieher aber auch *durch die Post mit Zustellungsurkunde* (nicht: Einschreiben mit Rückschein) erfolgen. Auf diese Weise ist es möglich, einen Gerichtsvollzieher in dem Bezirk, in dem der Auftraggeber wohnt, zu beauftragen, eine Zustellung in einem anderen Ort durch die Post durchzuführen; insoweit ist man nicht auf den Gerichtsvollzieher am Wohnort des Schuldners angewiesen. Für die Zustellung einer Vorpfändungsbenachrichtigung gem. § 845 ZPO ist sogar jeder Gerichtsvollzieher zuständig (§ 22 GVO).

1.40 Der Gläubiger hat grundsätzlich die freie Wahl, welche der Vollstreckungsmöglichkeiten er wahrnimmt. Dazu gehört auch, ob er nicht mehrere Vollstreckungsaufträge gleichzeitig erteilt. Soweit möglich, dürfte die gleichzeitige Durchführung mehrerer Vollstreckungsmaßnahmen („**Simultanvollstreckung**") sinnvoll sein. Um eine solche Simultanvollstreckung (z.B. Gerichtsvollziehervollstreckung und Pfändung des Arbeitseinkommens oder an mehreren Orten gleichzeitig) durchführen zu können, benötigt der Gläubiger mehrere vollstreckbare Ausfertigungen des Vollstreckungstitels, die er gem. § 733 ZPO erhalten kann.[24]

Nicht immer ist der Gläubiger sofort in der Lage, eine im Urteil gem. § 709 ZPO angeordnete Sicherheitsleistung zu erbringen und damit die Vollstreckungsvoraussetzung des § 751 Abs. 2 ZPO zu schaffen. Um dennoch keine Zeit zu verlieren, kann er bei einem Urteil, das gem. § 709 ZPO nur gegen Sicherheitsleistung vorläufig vollstreckbar ist und auf Leistung von Geld lautet, gem. § 720a ZPO die **Sicherungsvollstreckung** durchführen. Dies bedeutet, dass der Gläubiger, soweit die übrigen Voraussetzungen der Zwangsvollstreckung vorliegen, die Zwangsvollstreckung insoweit betreiben kann, als 1.41

- bewegliche Sachen, Forderungen und sonstige Rechte gepfändet werden (also keine Verwertung oder Überweisung!);
- eine Sicherungshypothek im Grundbuch eingetragen wird;
- nach inzwischen wohl **h.M.**[25] Antrag auf Abgabe der eidesstattlichen Versicherung gestellt werden kann.[26]

Eine erhebliche Beschleunigung verspricht auch die Zustellung einer **Vorpfändungsbenachrichtigung** gem. § 845 ZPO, wenn auch in der Praxis die Einhaltung der Frist des § 845 Abs. 2 ZPO für die nachfolgende normale Pfändung Probleme bereiten kann.[27] Bereits hierdurch entsteht für den Rechtsanwalt die Vollstreckungsgebühr. Die nachfolgende Pfändung bildet jedoch mit der Vorpfändungsbenachrichtigung eine Angelegenheit, sodass die Gebühr nicht neu entsteht. 1.42

Hat ein Gläubiger einen Zahlungsanspruch (Arrestanspruch) gegen einen Schuldner und bestehen begründete Anhaltspunkte dafür, dass der Schuldner dabei ist, die künftig drohende Zwangsvollstreckung durch Vereitelungshandlungen zu beeinträchtigen (Arrestgrund), so kann ein sehr wirksamer und schneller Vollstreckungszugriff dadurch herbeigeführt werden, dass vom Gläubiger beim Arrestgericht (§§ 919, 943 ZPO) der Erlass eines **Arrestbefehls** beantragt wird (§§ 916 ff. ZPO). Arrestgrund und Arrestanspruch sind glaubhaft zu machen, § 294 ZPO. In der Praxis wird ein Arrestgrund allerdings eher eingeschränkt bejaht. 1.43

Recht effektiv und auch beschleunigend ist insbesondere die nach **§ 930 Abs. 1 S. 3 ZPO** bestehende Möglichkeit, die Vollziehung des Arrestbefehls in Forderungen und sonstige Vermögensrechte mit dem Antrag auf Erlass des Arrestbefehls durch einen Antrag auf Erlass eines Pfändungsbeschlusses zu verbinden. Der Pfändungsbeschluss wird dann vom Arrestgericht als Vollstreckungsgericht erlassen. 1.44

---

24 Einzelheiten dazu Rdn. 3.193 ff.
25 Vgl. BGH, Rpfleger 2006, 328 = InVo 2006, 327; OLG Frankfurt, InVo 1996, 306.
26 Vgl. auch Rdn. 3.319.
27 Einzelheiten Rdn. 6.80.

III. Ermittlung der Vermögensverhältnisse des Schuldners

1. Anlegung von Checklisten
(Vermögen des Schuldners/Informationsmöglichkeiten)

1.45 Bereits zu Beginn des Mandats sollte der Gläubiger bzw. Rechtsanwalt eine Liste über die wirtschaftlichen Verhältnisse des Schuldners und seines Vermögens anlegen. Als Hilfestellung hierzu dienen die erstellten Checklisten (s. Anhang Rdn. 1.71 f.).

2. Anschriftenermittlung

1.46 Nicht selten scheitert in der Praxis eine Zustellung bzw. der Vollstreckungsauftrag daran, dass der Schuldner „angeblich" unbekannt oder unbekannt verzogen sei. Sowohl der Postbote als auch der Gerichtsvollzieher sollten zunächst *wiederholt* zur Zustellung aufgefordert werden mit der jeweiligen Bitte, auch bei **Hausnachbarn** nachzufragen, ob der Schuldner tatsächlich verzogen ist. Mancher Schuldner entfernt lediglich sein Namensschild an der Wohnung oder dem Briefkasten. Stets sollte daneben ausdrücklich auf die Möglichkeit einer **Ersatzzustellung** hingewiesen werden. Selbst ein **Rücksendestempel** ist gegebenenfalls sorgfältig zu prüfen, soweit er nicht die bloße Angabe des Briefzentrums enthält, weil es durchaus Schuldner gibt, die diesen Stempel fälschen; hier sollte im Zweifel bei dem zuständigen Postamt nachgefragt werden.

1.47 Wohnt der **Gläubiger** in der Nähe des Schuldners, kann er auch **selbst** im geeigneten Einzelfall vor Ort bei Nachbarn des Schuldners oder in den umliegenden Geschäften nachfragen, wobei man sich nicht unbedingt als Gläubiger zu erkennen geben muss. Erfolg hat auch schon eine **Anzeige** „Schuldner ... gesucht ..." in der örtlichen Tagespresse gebracht, wobei allerdings deren rechtliche Zulässigkeit nicht ganz unumstritten ist.

1.48 Eine andere Möglichkeit ist die Anfrage beim **Einwohnermeldeamt,** wohin der Schuldner sich abgemeldet hat. Je nach Sachlage sollte auch eine „*erweiterte Meldeauskunft*" beantragt werden, weil es sein kann, dass der Schuldner infolge Heirat, Scheidung oder Adoption seinen Namen geändert hat.[28]

1.49 Eine Nachfrage wert ist auch das für den bisherigen Wohnsitz des Schuldners zuständige **Postamt,** weil immerhin die Möglichkeit besteht, dass der Schuldner einen Postnachsendeauftrag erteilt hat. Es sollte zudem gefragt werden, ob der Schuldner dort noch ein Postfach unterhält. Aufgrund der Neufassung der Postdienste-Datenschutzverordnung (PDSV) darf allerdings die Anschrift nicht mehr bekannt gegeben werden, soweit in die Weitergabe nicht eingewilligt worden ist (§ 7 Abs. 1 und 2 PDSV). Eine weiterhin richtige Anschrift darf auch ohne Zustimmung des Betroffenen bestätigt werden (§ 7 Abs. 5 PDSV).

---

28 Vgl. LG Braunschweig, Rpfleger 1995, 306.

1.50 Hat der Schuldner einen Gewerbebetrieb, kann man sich beim **Gewerbeamt** nach den Geschäftsräumen erkundigen.

1.51 Nicht selten hat der Schuldner die Abmeldung beim Einwohnermeldeamt nur zum Schein vorgenommen. Zunächst könnte hier anhand des **Telefonbuchs** (bzw. im Internet, über die Auskunft oder über CD-ROM, sogar mit Angabe der Adresse über die Telefonnummer möglich – *Inverssuche*) festgestellt werden, ob dort noch eine Eintragung vorliegt; gegebenenfalls sollte ein Testanruf erfolgen.

1.52 Nachgefragt werden kann ferner beim **Vermieter** oder beim **Wohnungseigentumsverwalter,** zumal nicht selten noch Nebenkosten abzurechnen sind.

1.53 Weitere Möglichkeiten, die neue Anschrift zu ermitteln, sind Anfragen bei Dritten, wie z.B. dem **Arbeitgeber**, dem **Arbeitsamt**, dem **Sozialamt** oder der **Krankenversicherung**. Ist dem Gläubiger das Kfz-Kennzeichen des schuldnerischen Pkw bekannt, kann auch eine Anfrage bei der **Zulassungsstelle** oder dem **Zentralruf der Autoversicherer** zur Anschriftenermittlung führen.

1.54 Bei **entlassenen Strafgefangenen** teilen die Vollzugsanstalten aufgrund der Änderung des § 180 Abs. 5 S. 1 StVollzG auch bei Nachweis eines berechtigten Interesses die Entlassungsanschrift nicht mehr mit.

1.55 Nicht auszuschließen ist auch, dass der Schuldner eine **E-Mail-Adresse** hat oder sonst im Internet unter seinem Namen surft; unter Zuhilfenahme einschlägiger Software können ggfs. weitere Einzelheiten in Erfahrung gebracht werden.

1.56 **Auf Folgendes muss allerdings hingewiesen werden:**

Zur Auskunft verpflichtet sind viele dieser Adressaten nicht, teilweise sind sie dazu nicht einmal berechtigt. Die Praxis zeigt jedoch, dass in vielen Fällen gleichwohl Auskünfte erteilt werden.

3. Anfragen bei Behörden

1.57 Sowohl zur Feststellung der Anschrift des Schuldners als auch hinsichtlich möglicher Vermögenswerte empfiehlt sich eine Nachfrage bei der für den Wohnort des Schuldners zuständigen **Industrie- und Handelskammer,** der **Handwerkskammer** oder dem **Gewerbeamt**. Durchaus viel versprechend kann hierbei insbesondere die Nachfrage bei der Industrie- und Handelskammer sein, da diese als Körperschaft des öffentlichen Rechts kraft Gesetzes den Auftrag hat, die Interessen der Gewerbetreibenden in ihrem Bezirk wahrzunehmen. Diese Institutionen sind ferner verpflichtet, die Registergerichte bei der Verhütung unrichtiger Eintragungen, bei der Berichtigung und Vervollständigung des Handelsregisters sowie beim Einschreiten gegen unzulässigen Firmengebrauch zu unterstützen, § 126 FGG. In diesem Rahmen sind sie auch berechtigt, Anträge bei den Registergerichten zu stellen, um ein Amtsverfahren einzuleiten. Das gilt gleichermaßen auch für die Handwerkskammern; auch diese sind Personalkörperschaften des öffentlichen Rechts und vertreten somit die Interessen des Handwerks als Berufsstand. Insbesondere führen die Kammern die so genannte *Handwerksrolle*, ein Verzeichnis, in das alle selbstständigen Handwerker des Bezirkes mit den von ihnen betriebenen Handwerken eingetragen werden. Betreibt der Schuldner ein Gewerbe, besteht zumindest die Pflicht, dieses Gewerbe der zuständigen Behörde anzuzeigen. Die Anzeigepflicht beginnt mit der Aufnahme des Betriebes, der Verlegung des Betriebes oder des Wechsels des Gegenstandes.

1.58   Das **Bundeszentralregister** in Bonn bzw. Berlin erteilt an Private keine Auskünfte; Gleiches gilt für die **Kfz-Zulassungsstelle** wie das **Kraftfahrtbundesamt** in Flensburg, soweit es sich nicht um Ansprüche im Zusammenhang mit der Teilnahme am Straßenverkehr handelt. Keine Auskünfte an Private erteilt grundsätzlich auch das **Ausländerzentralregister beim Bundesverwaltungsamt.** Alle diese Register stehen nur den Behörden bzw. den Betroffenen offen. Für das Ausländerzentralregister gilt insoweit eine *Ausnahme*, als unter bestimmten Voraussetzungen dort immerhin in Erfahrung gebracht werden kann, welche Ausländerbehörde für den ausländischen Schuldner zuständig ist.

4. Anfragen bei Gericht

1.59   Eine weitere Möglichkeit, Anschrift oder Vermögenswerte des Schuldners in Erfahrung zu bringen, sind Anfragen insbesondere beim Handelsregister, Insolvenzgericht oder Grundbuchgericht.

1.60   Beim **Handelsregister** kann der Gläubiger zunächst das *Registerblatt* einsehen bzw. sich eine Abschrift hiervon erteilen lassen. Aus dem Registerblatt kann er entnehmen: die Firma, d.h. den Firmennamen, den Sitz, den Firmengegenstand, die Höhe des Stammkapitals, die vertretungsberechtigten Personen (Gesellschafter, Geschäftsführer, Prokuristen) und das Datum des Gesellschaftsvertrages bzw. des Beginns der Firma. Ist der Schuldner eine **GmbH,** sollte sich der Gläubiger mit dem Registerblatt nicht zufrieden geben, sondern zusätzlich die *Registerakten* einsehen, und zwar sowohl die Registerakte selbst als auch die *Beiakten*. Interessant sind insbesondere die Beiakten, weil sich darin die gesamten dem Register eingereichten anmeldepflichtigen Erklärungen befinden. Dabei handelt es sich insbesondere um den Gründungsvertrag und um die Änderungsverträge, z.B. zum Wechsel der Gesellschafter, zur Kapitalerhöhung bzw. -herabsetzung usw. In einer weiteren Beiakte führt das Registergericht die *Jahresabschlüsse*, insbesondere Bilanzen, Gewinn-und-Verlust-Rechnungen. Seit dem Jahr 2000 unterliegt auch die GmbH & Co. KG der Bilanzierungspflicht und muss ihren Jahresabschluss offen legen.[29]

---

29   BGBl 2000 I 154.

1.61 Ist über das Vermögen des Schuldners das **Insolvenzverfahren** eröffnet worden, kann der Insolvenzgläubiger keine Einzelzwangsvollstreckungsmaßnahmen mehr ergreifen, §§ 89, 88, 114 InsO. In diesem Falle empfiehlt es sich, sich mit dem Insolvenzverwalter in Verbindung zu setzen, ob eine Anmeldung zur Insolvenztabelle Erfolg verspricht bzw. wann das Insolvenzverfahren zum Abschluss gebracht wird. In der Praxis werden die meisten Insolvenzanträge mangels Masse abgewiesen.

1.62 **Die Abweisung mangels Masse bedeutet jedoch nicht, dass der Schuldner damit vermögenslos ist.** Sie besagt nur, dass nicht genügend verwertbare Vermögensgegenstände vorhanden sind, um ein Insolvenzverfahren überhaupt durchführen zu können. Der Schuldner kann daher durchaus über verwertbare Vermögensgegenstände verfügen und insbesondere können sich noch Forderungsansprüche ergeben, die der Gläubiger pfänden kann. Grund dafür ist, dass bei der Antragsabweisung mangels Masse Forderungen nicht als Vermögenswert berücksichtigt werden, sofern deren Realisierung nicht sicher ist. Diese verwertbaren Vermögensgegenstände ergeben sich in der Insolvenzakte entweder aus dem *Vermögensverzeichnis* des Schuldners, welches dieser bei der Antragstellung eingereicht hat, oder dem *Bericht* des vorläufigen Insolvenzverwalters bzw. des Sequesters, der im Insolvenzeröffnungsverfahren bestellt wurde, evtl. auch aus einem *Gutachten*. Ob die Akten überhaupt und wenn ja auch sämtliche Teile – ggf. einschließlich evtl. erstatteter Gutachten – im Hinblick auf § 4 InsO, § 299 ZPO von Gläubigern des Insolvenzschuldners eingesehen werden können, ist allerdings in Rechtsprechung und Literatur streitig. Ein rechtliches Interesse an der Akteneinsicht ergibt sich auch nach Abweisung des Antrags auf Insolvenzeröffnung mangels Masse aus der – glaubhaft zu machenden – Stellung als Gläubiger des Insolvenzschuldners, unabhängig davon, ob der Anspruch tituliert ist oder nicht. Dieses rechtliche Interesse entfällt nicht dadurch, dass der Gläubiger Akteneinsicht (auch) begehrt, um festzustellen, ob ihm Durchgriffs- oder Schadensersatzansprüche gegen Dritte, insbesondere Geschäftsführer oder Gesellschafter der Insolvenzschuldnerin, zustehen. Bei der zu treffenden Ermessensentscheidung ist allerdings auf ein Geheimhaltungsinteresse des Insolvenzschuldners, soweit es berechtigt ist, Rücksicht zu nehmen.[30]

---

30 So jetzt ausdrücklich BGH, ZIP 2006, 1154; BGH, ZIP 1998, 961 = ZInsO 1998, 92; OLG Frankfurt, ZVI 2006, 30 = ZInsO 2005, 1327; OLG Celle, NJW 2004, 863; OLG Hamm, ZIP 2004, 283; OLG Hamburg, NJW-RR 2002, 408; OLG Braunschweig, Rpfleger 1997, 229; demgegenüber noch nur mit Einschränkungen, z.B. nur nach Zustimmung von Gläubiger, Schuldner und Verwalter: LG Magdeburg, Rpfleger 1996, 364; AG Potsdam, Rpfleger 1998, 37; Brandenb. OLG, InVo 1998, 69 und InVo 2002, 20 = ZIP 2001, 1922; OLG Köln, InVo 1998, 126 = NJW-RR 1998, 407 (nicht im Falle des § 6 GmbHG); OLG Düsseldorf, InVo 2000, 123: nicht für Gutachten; *Haarmeyer/Seibt*, Rpfleger 1996, 221; *Haarmeyer*, InVo 1997, 253; vgl. insgesamt dazu *Pape*, ZIP 2004, 598.

1.63 Auch beim **Grundbuchgericht** kann der Gläubiger aufgrund seines titulierten Anspruches nachfragen, ob der Schuldner dort über *Grundbesitz* (Alleineigentum oder Miteigentum an einem Grundstück, einem Wohnungseigentum oder einem Erbbaurecht) verfügt. Jedes Grundbuchgericht verfügt über eine *Eigentümerkartei,* aus der zunächst nur die Angabe entnommen werden kann, dass der Schuldner dort über Grundbesitz verfügt. Erst danach sollte der Gläubiger eine Abschrift des Grundbuchs beantragen oder aber das Grundbuch selbst einsehen. Aus dem Grundbuch selbst kann der Gläubiger nur die Angaben über den Grundbesitz, die persönlichen Angaben des Eigentümers und den Umfang der Belastungen des Grundbesitzes entnehmen.

1.64 Nähere Informationen ergeben sich nur aus der **Grundbuchakte** selbst. Hierin liegen sämtliche Anträge nebst den dazugehörigen notariellen Urkunden, aus denen sich vielfach Anhaltspunkte zum Wert des Grundstückes, zu Bedingungen oder Befristungen eingetragener Rechte, und bei den Grundpfandrechten zur Sicherungsabrede, Zins- und Kündigungsbestimmung usw. ergeben.

1.65 Aufgrund seines titulierten Anspruches hat der Gläubiger auch das gem. § 12 GBO notwendige *berechtigte Interesse an der Einsicht*. Dies gilt auch für die Grundbuchakte, vgl. § 46 GBV. Dazu hat der Gläubiger den Titel vorzulegen, es kann aber auch schon der begründete Vortrag ausreichen.[31]

5. Schufa und Schuldnerkartei

1.66 Informationen aus der zentralen Auskunftskartei der Schutzgemeinschaft für die allgemeine Kreditsicherung (**Schufa**) kann der Gläubiger normalerweise nicht erlangen. Diese Informationen werden üblicherweise nur an die angeschlossenen Mitglieder erteilt, z.B. Kreditinstitute und Versicherungen. Sofern der Gläubiger jedoch selbst über einen guten Kontakt zu seiner Hausbank verfügt, könnte auf diesem Wege unter Umständen eine Information zugänglich gemacht werden.[32]

1.67 In jedem Falle empfiehlt sich eine Anfrage bei der **Schuldnerkartei,** die beim Vollstreckungsgericht des Wohnsitzes des Schuldners geführt wird. In der Schuldnerkartei wird der Schuldner eingetragen, wenn er die eidesstattliche Versicherung abgegeben hat oder wenn gegen ihn ein Haftbefehl erlassen wurde. Auch die Eintragung einer eidesstattlichen Versicherung, abgegeben vor dem Finanzamt, wird in der Schuldnerkartei des Vollstreckungsgerichtes eingetragen.

---

31 OLG Hamm, Rpfleger 1986, 128 = NJW-RR 1986, 824.
32 Näheres dazu bei *Bach*, DGVZ 1992, 49 sowie *Kamlah*, MMR 1999, 395.

6. Detektei/Auskunftei

Verschweigt der Schuldner Anschrift und Arbeitsstelle, kann der Gläubiger auch eine **Detektei** oder zumindest eine **Auskunftei** in Anspruch nehmen. Die hierfür entstandenen Kosten können als notwendige Kosten der Zwangsvollstreckung anerkannt werden, wenn andere Möglichkeiten erfolglos oder nicht Erfolg versprechend waren.[33]

1.68

7. Fragerecht und -pflicht des Gerichtsvollziehers (§ 806a ZPO)

Hat der Gläubiger den Gerichtsvollzieher mit der Zwangsvollstreckung beauftragt, und konnte eine Pfändung nicht bewirkt werden oder wird eine bewirkte Pfändung voraussichtlich nicht zur vollständigen Befriedigung des Gläubigers ausreichen, so muss der Gerichtsvollzieher anlässlich der Zwangsvollstreckung den Schuldner dazu befragen, ob der Schuldner Geldforderungen gegen Dritte hat. Wird der Schuldner nicht angetroffen, kann er die zum Hausstand des Schuldners gehörenden erwachsenen Personen nach dem Arbeitgeber des Schuldners befragen. Das Ergebnis der Befragung teilt der Gerichtsvollzieher dem Gläubiger mit, § 806a ZPO; einige Bundesländer haben insoweit eigene Anlagen zum Protokoll.

1.69

Der Gerichtsvollzieher ist nicht verpflichtet, eine Auskunft des Einwohnermeldeamtes einzuholen, wohl aber „unschwierige" Ermittlungen anzustellen, also an Ort und Stelle bei Nachbarn oder dem Hausmeister wegen der neuen Adresse nachzufragen.[34]

1.70

---

33 Vgl. OLG Schleswig, MDR 2006, 174; OLG Koblenz, JurBüro 2002, 318; LG Braunschweig, 2002, 322; OLG Karlsruhe, FamRZ 1999, 174 und MDR 1996, 1078; OLG Köln, Rpfleger 1994, 38, OLG Nürnberg, VersR 1992, 892; LG Bonn, ZMR 1990, 346.
34 AG/LG Hannover, JurBüro 2005, 606, 607, m.w.N.

1.71   Bedeutung u. Vorbereitung der Zwangsvollstreckung

1.71   **8. Checkliste „Schuldner"**

- Vollständiger Vor- und Nach**name**, Geburtsname (ggfs. Namenswechsel)
- Geburtsdatum und Ort (für Rente, Krankenversicherung etc.)

- vollständige **Adresse** (mit Angabe der Etage etc. wg. Durchsuchung)
- Zweitwohnung
- Ferienwohnung
- Gartenhaus/Garage
- Campingwagen (Standplatz)
- Freund/Lebenspartner/Lebensabschnittsgefährte (Aufenthalt dort; Sachen dort)
- Strom-/Wasserversorgungsunternehmen (Adresse für Zustellung; Beitragsrückerstattung)
- Vermieter/WEG-Verwalter (Kaution; neue Adresse)

- **Familienstand**: ledig, fester Lebenspartner (ggfs. zu diesem gezogen), verheiratet, Kinder, eingetragener Lebenspartner;
- Todesfall in der Familie; wohlhabende Verwandte (Erbfall, Pflichtteil)
- Steuerklasse
- arbeitet der Ehegatte? Einkommen des Ehegatten
- Kinder in der Ausbildung/Studium; eigenes Einkommen bzw. Vermögen

- **Beruf** (erlernter; ausgeübter; soweit möglich: Stellung in der Firma; Arbeitszeit; Lohn; Deputate – Wohnung, Kfz, Naturalien)
- Arbeitgeber mit Adresse
- Nebenjob (offiziell; Schwarzarbeit; Tätigkeiten für Verwandte, Bekannte)
- früher selbst Inhaber eines Geschäfts? Wer ist jetzt Inhaber? (Anfechtung)
- Rentenversicherung einschl. Betriebsrente und Zusatzversorgung öffentlicher Dienst
- Krankenversicherung (Krankengeld)
- Arbeitslosengeld/Arbeitslosenhilfe/Sozialhilfe; welches ist die zuständige Behörde?
- laufende Sozialleistungen (Wohngeld, Renten u.a.; zuständige Behörde)
- unterstützt jemand den Schuldner durch Geld- oder/und Sachleistungen?
- Hobbys (Sammler von Münzen, Briefmarken, Antiquitäten etc., Pferd, Gemälde, Eisenbahn)

- Vereinszugehörigkeit (ggfs. neuer Wohnort)
- Gesundheitszustand (neue Eidesstattliche Versicherung vor Ablauf von 3 Jahren: hätte Schuldner Arbeit finden können?)
- feste Gewohnheiten (z.B. jeden 1. Mittwoch Stammtisch: Taschenpfändung, Zustellung; Montagearbeiter, nur am Wochenende zu Hause)

- **Grundeigentum** (Grundstück, Haus, Wohnungseigentum, Miteigentum, Bruchteilseigentum, Erbbaurecht, Erbengemeinschaft – Grundstücksbezeichnung, Grundbuchamt)

- Offene Forderungen gegen andere Personen
- Pkw (amtl. Kennzeichen), Boot, Flugzeug, Schiff
- Miet-/Pachteinkünfte
- Bankverbindungen (Giro-, Spar- und Festgeldkonten; Schließfach)
- Nutzung von Konten Dritter
- Nutzung von Dritteigentum (Leihe, Leasing, Eigentumsvorbehalt, Sicherungseigentum)
- Lebensversicherung einschl. unwiderruflicher Bezugsberechtigung in Lebensversicherung anderer
- Wertpapiere: Aktien, Fondsanteile, Sparbriefe, Schuldverschreibungen, Rentenbriefe; Wertpapierdepots etc.
- bekannte Wertsachen [Auto, Briefmarken, Fisch (Koi), Flugzeug, Kunstgegenstände, Münzen, Pferd, Schiff, Schmuck etc.]
- Firmenbeteiligungen
- zuständiges Finanzamt (Pfändung Steuererstattungsanspruch)
- Internet-Domain
- E-Mail-Adresse
- sonstige Versicherungen (Beitragsrückerstattung)

- **Insolvenz** beantragt/eröffnet? (Internet)

- Eidesstattliche Versicherung – ist sie bereits abgegeben worden (wann, wo, DR-Nr.)?
- Zwangsvollstreckung anderer Gläubiger
- Übertragung von Schuldnervermögen auf andere (was an wen sowie wann und auf welche Weise, z.B. Schenkung, Abtretung)

9. Checkliste „Informationen"

... zum Vermögen

- Mandant
- Schuldner
- Vergleichsgespräche mit dem Schuldner oder gegnerischem Anwalt
- vorgerichtliche Korrespondenz auswerten (Bankverbindungen, Handelsregister, Aufträge, Geschäftsbeziehungen)
- Schuldnerverzeichnis
- Handelsregister
- Partnerschaftsregister (PartGG)
- Grundbuchamt
- Gewerberegister
- IHK/Handwerkskammer
- Sozialbehörde
- Nachlassgericht/Erben
- Insolvenzakten/Insolvenzverwalter
- eigene Bank/Schufa
- Auskunfteien, Detekteien
- Nachbarn, Freunde, Geschäftsleute am Ort, Wohnungsverwalter, Vermieter, getrennt lebende oder geschiedene Ehegatten
- Auswertung von Anzeigen in Zeitungen (Schuldner bietet seine Leistungen an)
- Anzeige in Zeitung
- Mithilfe Mandant (Nachbarn, Geschäfte in der Nähe, etc.)
- etwaige sonstige bekannte Informationsquellen

... zum Aufenthalt

- Mandant
- Einwohnermeldeamt
- Postanfrage
- Auskunfteien, Detekteien, Datenbanken (CD-ROM, Adress- und Branchenverzeichnis, Internet etc.)
- Auskunft Ausländerzentralregister
- Kfz-Zulassungsstelle
- Nachbarn, Freunde, Geschäftsleute am Ort, Wohnungsverwalter, Vermieter, getrennt lebende oder geschiedene Ehegatten
- über eine der sonstigen oben genannten Stellen; auch wenn diese z.T. gar keine Auskunft erteilen dürfen, sollten Sie nachfragen, weil die Praxis zeigt, dass trotzdem Auskünfte erteilt werden

2. Abschnitt
Allgemeine Verfahrensvoraussetzungen

I. Allgemeines

Eine Zwangsvollstreckung darf nur beginnen bzw. fortgesetzt werden, wenn bestimmte Voraussetzungen erfüllt sind. Dazu zählen zunächst die allgemeinen Verfahrensvoraussetzungen, die im Wesentlichen mit den allgemeinen Prozessvoraussetzungen identisch sind, weiter die allgemeinen und besonderen Voraussetzungen der Zwangsvollstreckung. Schließlich dürfen keine Vollstreckungshindernisse bestehen. Diese Voraussetzungen sind von Amts wegen zu prüfen. Eine ohne sie erfolgte Zwangsvollstreckung ist fehlerhaft, d.h., entsprechende Zwangsvollstreckungsmaßnahmen sind anfechtbar bzw. bei besonders schwerem Mangel nichtig. 2.1

Das 8. Buch der ZPO – Zwangsvollstreckung – ist in der Weise aufgebaut, dass Ausgangspunkt der im Titel dokumentierte Vollstreckungsanspruch ist und sodann nach dem Vollstreckungsobjekt differenziert wird (Schlagwort: „wegen … in"). Bei der Zwangsvollstreckung wegen Geldforderungen in bewegliches Vermögen des Schuldners wird weiter unterschieden nach 2.2

- körperlichen Sachen (§§ 808–827 ZPO),
- Forderungen (§§ 828–856 ZPO) und
- sonstigen Vermögensrechten (§§ 857–863 ZPO).

Die Zwangsvollstreckung wegen sonstiger Ansprüche gliedert sich in solche auf Erwirkung der

- Herausgabe von Sachen (§§ 883–886 ZPO),
- Vornahme einer vertretbaren oder unvertretbaren Handlung oder Unterlassung/Duldung (§§ 887–893 ZPO),
- Abgabe von Willenserklärungen (§§ 894–898 ZPO).

II. Antrag

Die Zwangsvollstreckung erfolgt stets nur auf Antrag des Gläubigers. Der Antrag ist an das zuständige Vollstreckungsorgan zu richten. Vollstreckungsorgane sind 2.3

- der Gerichtsvollzieher,

- das Vollstreckungsgericht,
- das Prozessgericht des ersten Rechtszuges,
- das Grundbuchamt.

Der Antrag muss folgende Angaben enthalten:
- Vollstreckungstitel;
- Bezeichnung des Gläubigers sowie des Schuldners, ggf. des Drittschuldners, mit genauer Anschrift; das Vollstreckungsorgan ist zur Ermittlung nicht verpflichtet;
- die zu vollstreckende Forderung nach Hauptsache, Zinsen, Prozess- und Zwangsvollstreckungskosten;
- wenn nur ein Teil der Forderung vollstreckt werden soll: die genaue Angabe der Art der Forderung sowie des Betrages, der vollstreckt werden soll;
- bei nicht körperlichen Gegenständen: der Gegenstand der Pfändung;
- ggf. Anregungen bzw. Anweisungen an das Vollstreckungsorgan.

2.4 Bei den Anträgen an das Vollstreckungsgericht besteht kein Anwaltszwang (§§ 79, 78 ZPO). Soweit das Prozessgericht des ersten Rechtszuges als Vollstreckungsorgan tätig werden soll, besteht Anwaltszwang nur im Rahmen des § 78 Abs. 1 u. 2 ZPO, und zwar auch, wenn eine einstweilige Verfügung Grundlage der Zwangsvollstreckung ist[1]. Ist eine Vertretung durch Anwälte nicht geboten, kann sich der Gläubiger durch einen Bevollmächtigten vertreten lassen; es gelten dann die §§ 80 ff. ZPO, insbesondere auch § 88 Abs. 2 ZPO (Prüfung der Vollmacht von Amts wegen, es sei denn, es tritt ein Rechtsanwalt auf). Soweit der Vertreter des Gläubigers im Titel als Prozessbevollmächtigter aufgeführt ist, genügt dies als Nachweis der Vollmacht (vgl. auch § 62 Nr. 2 GVGA). Ein erforderlicher Nachweis der Bevollmächtigung ist durch Vorlage des Originals der Urkunde zu führen[2].

Weitere Einzelheiten zum Antrag an den Gerichtsvollzieher vgl. Rdn. 4.5 ff., an das Vollstreckungsgericht Rdn. 6.13 ff. sowie die Musteranträge im Anhang.

2.5 Dem Antrag sind der Vollstreckungstitel in einfacher (soweit keine Vollstreckungsklausel notwendig ist) oder vollstreckbarer Ausfertigung sowie die sonstigen für den Beginn der Zwangsvollstreckung notwendigen Urkunden (vgl. §§ 750 Abs. 2, 751, 756, 765 ZPO) beizufügen.

---

1 **H.M.:** vgl. OLG Düsseldorf, JurBüro 1987, 942; Zöller/*Stöber*, § 753 Rdn. 7.
2 BGH, NJW 1994, 2298.

Tipp: Wird ein Pfändungs- und Überweisungsbeschluss beantragt, empfiehlt es sich, diesen so zu formulieren, dass das Vollstreckungsorgan den Antrag als Tenor übernehmen kann. Dies kann auch durch Verweisung und entsprechende Ausfüllung der vom Gericht verwendeten Formulare geschehen.

Der Antrag muss die Forderungen, wegen derer vollstreckt werden soll, nach Art, Höhe und Schuldtitel genau bezeichnen. In Betracht kommen

- Hauptforderung,
- Nebenforderungen (z.B. titulierte Kosten, Zinsen),
- Prozesskosten,
- Zinsen auf die Prozesskosten,
- Kosten der Zwangsvollstreckung.

Bei Titeln auf wiederkehrende Leistungen wie Unterhalt ist hinsichtlich der Hauptsumme die Angabe der Gesamtsumme sowie des Berechnungszeitraums ausreichend[3].

III. Forderungsaufstellung bei Teil-Vollstreckung

Der Gläubiger ist berechtigt, auch **nur einen Teil der titulierten Forderung** vollstrecken zu lassen (vgl. § 752 ZPO)[4]. Streitig ist, ob der Gläubiger in diesem Fall stets eine Aufstellung über seine Gesamtforderung vorlegen muss, also auch dann, wenn Teilzahlungen weder vorgetragen noch aus dem Titel ersichtlich sind.

1. Keine Teilzahlungen

Sind **Teilzahlungen weder vorgetragen noch aus dem Titel ersichtlich**, muss der Gläubiger nach zutreffender Auffassung keine Gesamtabrechnung vorlegen[5]. Eine derartige Verpflichtung des Gläubigers wird demgegenüber mit dem Argument bejaht, der Schuldner habe das Recht, auch bei einer Teil-Vollstreckung die gesamte noch offene Forderung zu begleichen. Das setze aber für ihn und das die vollständige Zahlung überprüfende Vollstreckungsorgan voraus, dass der Schuldner die Höhe dieser Gesamtforderung kenne. Diese Kenntnis könne er nur über eine solche Gesamtaufstellung erhalten[6]. Im Falle fehlender Zahlungen trifft das jedoch nicht zu, weil sich die

---

3   Zöller/*Stöber*, § 753 Rdn. 7; Musielak/*Lackmann*, § 753 Rdn. 10.
4   So schon bisher **h.M.:** LG Amberg, DGVZ 1992, 157; Thomas/*Putzo*, § 753 Rdn. 11; MünchKomm/*Heßler* ZPO, § 753 Rdn. 26 m.w.N.
5   Musielak/*Lackmann*, § 753 Rdn. 10, 11.
6   LG Aachen, JurBüro 1984, 297; LG Darmstadt, DGVZ 1984, 88; LG München, DGVZ 1978, 170; Thomas/*Putzo*, § 753 Rdn. 12; Baumbach/*Hartmann*, § 754 Rdn. 4.

Gesamthöhe der offenen Forderung aus dem Titel ergibt. Eine Ausnahme besteht hier nur für etwaige Vollstreckungskosten, soweit diese nicht – in der Praxis weitgehend unüblich – gesondert festgesetzt worden sind. Dies nötigt aber nicht zur Vorlage einer Aufstellung der Gesamtforderungen. Denn wenn der Schuldner dem Gerichtsvollzieher den gesamten sich aus dem Titel ergebenden Restbetrag anbietet, wird dieser die Zahlungen auf dem Titel quittieren und kann mangels Kenntnis sonstiger Forderungen des Gläubigers den Titel gem. § 757 ZPO an den Schuldner herausgeben; selbst wenn das nicht geschieht, kann der Schuldner zuwarten, bis der Gläubiger wegen des Restbetrages vollstreckt, weil dann eine Überprüfung erfolgt (s.u.). Der Schuldner kann aber auch Vollstreckungserinnerung gem. § 766 ZPO einlegen wegen der nicht erfolgten Herausgabe des Titels, wobei dann im Erinnerungsverfahren der Gläubiger etwaige Vollstreckungskosten angeben muss, andernfalls die Erinnerung begründet ist und der Titel vom Gerichtsvollzieher an den Schuldner herausgegeben wird.

2.8 Etwas anderes könnte sich nur ergeben, wenn der Gläubiger im **Vollstreckungsauftrag** ohne Nennung eines Betrages angibt, es seien auch noch **frühere Vollstreckungskosten** angefallen. In diesem Fall genügt es aber, wenn der Gläubiger diesen Betrag auf Nachfrage hin angibt. Der Schuldner kann sich dann überlegen, ob er diese Kosten auch noch zahlen will. Falls nicht, erhält er zwar nicht den Titel vom Gerichtsvollzieher; er kann aber, wenn er die Kosten insgesamt oder in einer bestimmten Höhe bestreitet, Vollstreckungsabwehrklage erheben. Hält er nur die Höhe für unrichtig, ohne den Betrag genau beziffern zu können, kann er zuwarten, bis der Gläubiger die Restforderung vollstrecken lässt. Eine nähere Spezifizierung derartiger Vollstreckungskosten und damit verbunden die Möglichkeit, deren Berechtigung zu überprüfen (§ 788 Abs. 1 ZPO betr. nur notwendige Kosten), ist zu diesem Zeitpunkt noch nicht notwendig. Denn wegen dieser Vollstreckungskosten wird jetzt noch nicht vollstreckt. Geschieht dies später als Restforderung, besteht nach zutreffender Ansicht eine solche Überprüfungsmöglichkeit selbst in den Fällen, in denen der Gläubiger die Teilzahlung auf die Vollstreckungskosten verrechnet und daher nur wegen der – angeblich noch bestehenden – restlichen Hauptforderung vollstreckt (vgl. hierzu sowie zur entsprechenden Problematik der Überprüfbarkeit derartiger Kosten bei der Vollstreckung **wegen Teilforderungen mit unstreitiger Teilzahlung** des Schuldners unten Rdn. 2.12 f.).

Das Vollstreckungsorgan ist aber im Hinblick auf die rein theoretische Möglichkeit, dass der Gläubiger tatsächlich geleistete Zahlungen nicht angegeben hat, weder berechtigt noch verpflichtet, derartige Angaben zu verlangen[7]. Ansonsten müsste es dies auch dann verlangen, wenn der Gläubiger die Gesamtforderung vollstrecken lässt, weil hier theoretisch dieselbe Ge-

---

[7] So auch LG Amberg, DGVZ 1992, 157; LG Frankfurt/Main, DGVZ 1988, 95; LG Kaiserslautern, DGVZ 1982, 157; wohl auch *Schneider*, DGVZ 1982, 149 f.

fahr besteht. Vielmehr ist es allein Sache des Schuldners, Zahlungen gem. § 767 ZPO geltend zu machen.

Die Richtigkeit der hier vertretenen Auffassung zeigt sich auch daran, dass der Gerichtsvollzieher die Vollstreckung fortsetzen muss, wenn der Schuldner ihm Belege über angebliche Zahlungen auf die titulierte Forderung gem. § 775 Nr. 4 oder 5 ZPO vorlegt, der Gläubiger aber diese bestreitet[8].

2. Teilzahlungen sind erfolgt

Sind nach **Angaben des Gläubigers Teilzahlungen** des Schuldners erfolgt, muss der Gläubiger – der Schuldner hat kein Tilgungsbestimmungsrecht im Rahmen der Zwangsvollstreckung[9] – diese jedenfalls der Summe nach angeben. Nach zutreffender Ansicht muss er zudem angeben, auf welche der titulierten Forderungen er diese Zahlungen verrechnet hat und welche Restforderung sich insoweit ergibt. Denn anderenfalls fehlt es an der notwendigen Bestimmtheit und Bestimmbarkeit der zu vollstreckenden Forderung und damit auch des Umfangs des Pfändungspfandrechts[10]. Insoweit ist nach wie vor kontrovers, ob der Gläubiger nicht mehr darlegen muss, nämlich eine **Gesamtberechnung der Forderungen** unter genauer Angabe der Höhe sowie der Daten der einzelnen Teilzahlungen sowie deren Verrechnung gem. §§ 367, 497 BGB.

2.9

Für eine solche Gesamtberechnung wird wiederum als Argument angeführt, dass ansonsten ein zahlungswilliger Schuldner die restliche Gesamtforderung mangels Kenntnis nicht voll bezahlen sowie der Gerichtsvollzieher die Vollständigkeit der Zahlung nicht überprüfen könne. Der Gerichtsvollzieher müsse zudem einen Überblick haben, ob mit der Teilforderung nicht Beträge beigetrieben werden sollen, die sich weder aus dem Titel noch als notwendige Zwangsvollstreckungskosten aus § 788 ZPO rechtfertigen[11].

2.10

Dem wird entgegengehalten, den Vollstreckungsorganen stehe keine materielle Prüfungskompetenz zu. Der Schuldner wisse selbst, welche Forderungen noch offen stünden und könne sich gegen eine unberechtigte Vollstreckung gem. § 767 ZPO wehren[12].

---

8 Vgl. Zöller/*Stöber*, § 775 Rdn. 12; HK-ZPO/*Kindl,* § 753 Rdn. 12.
9 BGH, NJW 1999, 1704.
10 LG Berlin, Rpfleger 1992, 30; *Stöber*, Rdn. 466 m.w.N.; **a.A.** LG Bochum, Rpfleger 1966, 146; LG Essen, Rpfleger 1967, 113 = JurBüro 1966, 970; LG Wuppertal, JurBüro 1954, 187; danach soll die Angabe der Gesamtforderung und der Summe der Teilzahlungen genügen.
11 OLG Stuttgart, JurBüro 1987, 1813; LG Aachen, JurBüro 1984, 297; LG Berlin, Rpfleger 1992, 30; LG Darmstadt, DGVZ 1984, 88; LG Lübeck, DGVZ 1992, 158; LG München, DGVZ 1978, 170.
12 LG Stendal, JurBüro 2000, 491; LG Hanau, DGVZ 1993, 112; LG Ravensburg, DGVZ 1988, 44; LG Stuttgart, DGVZ 1993, 156; *Schuschke*, § 753 Rdn. 4; MünchKomm/*Heßler* ZPO, § 753 Rdn. 27; Zöller/*Stöber*, § 753 Rdn. 7; *Stöber,* Rdn. 464; Rosenberg/Gaul/*Schilken*, § 26 II 1b; *Behr*, NJW 1992, 2738, 2739; alle m.w.N.

Hierbei sollte jedoch danach differenziert werden, ob bisher – also vom konkreten Vollstreckungsauftrag abgesehen – Kosten der Zwangsvollstreckung angefallen sind oder nicht:

2.11 a) Es sind keine früheren Zwangsvollstreckungskosten angefallen

Hauptforderung und Zinsen ergeben sich der Höhe nach aus dem Titel, wobei die Zinsen – wenn vom Gläubiger nicht anders angegeben – bis zum Tag der Vollstreckung berechnet werden.

Die Höhe der Gesamtforderung des Gläubigers ist daher leicht zu errechnen. Soll nur eine Teilforderung vollstreckt werden, so ist unter Berücksichtigung der angegebenen Teilzahlungen des Schuldners ebenso klar feststellbar, ob in dieser Höhe noch ein vollstreckbarer Titel besteht. Einer Gesamtabrechnung bedarf es daher insoweit nicht. Hinsichtlich der Zinsen kann allerdings fraglich sein, ob der Gläubiger diese gem. §§ 366, 367 BGB bzw. § 497 Abs. 3 BGB zutreffend berechnet und damit die Zahlungen des Schuldners richtig verrechnet hat. Dies hängt wiederum von der Höhe der einzelnen Zahlungen sowie deren Zeitpunkt ab. Daraus kann jedoch deswegen keine Verpflichtung zur Vorlage einer Gesamtabrechnung mit den entsprechenden Angaben hergeleitet werden, weil sich die Höhe der zu vollstreckenden Forderung aus dem Titel ergibt, diese unter Abzug der Teilzahlungen schlüssig dargelegt ist und die Vollstreckungsorgane also gerade nicht „sehenden Auges Unrecht tun". Bei dieser Sachlage ist es nicht Aufgabe der Vollstreckungsorgane, von Amts wegen über das Fortbestehen des titulierten Anspruchs zu befinden. Wenn materielle Einwendungen gegen den vollstreckbaren Anspruch bestehen, muss der Schuldner diese vor dem Prozessgericht mit der Vollstreckungsabwehrklage gem. § 767 ZPO verfolgen[13].

2.12 b) Es sind frühere Zwangsvollstreckungskosten angefallen

Vollstreckt der Gläubiger (auch) wegen solcher Kosten, muss er diese im Einzelnen darlegen, damit der Umfang des Pfändungspfandrechts sich eindeutig ergibt[14] und das Vollstreckungsorgan der ihm nach **allg.M.**[15] gem. § 788 ZPO obliegenden Überprüfungspflicht nachkommen kann.

2.13 Hat der Gläubiger hingegen Teilzahlungen des Schuldners **intern** auf von ihm angesetzte Kosten der Zwangsvollstreckung **verrechnet** und sind diese damit nach seiner Auffassung erfüllt, so vollstreckt er nur wegen der restlichen Hauptforderung (ggfs. zuzüglich Zinsen), nicht aber wegen der Kosten.

---

13 Vgl. auch LG Münster, DGVZ 1994, 10; StJ/*Münzberg*, § 754 Rdn. 5.
14 Vgl. BGH, Rpfleger 2003, 595 = InVo 2003, 488 = DGVZ 2003, 187 = JurBüro 2003, 546.
15 Vgl. LG Aurich, DGVZ 2004, 15; Zöller/*Stöber*, § 788 Rdn. 15.

Für diesen Fall wird die Möglichkeit für das Vollstreckungsorgan, die Kosten der Zwangsvollstreckung zu überprüfen, teilweise verneint. Zur Begründung wird angeführt, dass die Überprüfung der vom Gläubiger gem. §§ 367, 497 BGB vorgenommenen Verrechnung eine Prüfung materieller Art eines durch den Titel vollstreckbar ausgewiesenen Anspruchs sei. Eine derartige Überprüfung verstoße aber gegen den prozessualen Grundsatz, dass nur dem Prozessgericht im Rahmen einer Vollstreckungsabwehrklage des Schuldners gem. § 767 ZPO die Überprüfung materieller Einwendungen gegen den vollstreckbaren Anspruch zustehe, nicht aber dem Vollstreckungsorgan[16]. Dem wird entgegengehalten, der Gläubiger dürfe sich nicht über eine außerprozessuale Verrechnung der Überprüfung nicht titulierter Kosten entziehen, zumal sich dies bei einem unberechtigten Ansatz und Verrechnung solcher Kosten auf den noch zu vollstreckenden Zins- und Hauptanspruch auswirke[17].

Der letztgenannten Auffassung ist zuzustimmen. Der Grundsatz, dass den Vollstreckungsorganen keine Überprüfung des titulierten Anspruchs hinsichtlich seiner Berechtigung oder gegen ihn bestehender materieller Einwendungen zusteht, widerspricht dem nicht. Nicht genügend beachtet wird nämlich, dass Kosten der Zwangsvollstreckung – soweit sie nicht ausnahmsweise gem. §§ 103 f. ZPO festgesetzt wurden – gerade **nicht** im Titel ausgewiesen sind, der Titel daher nur über § 788 ZPO Grundlage für die Vollstreckung derartiger – notwendiger, § 91 ZPO – Kosten ist. Gerade weil sich das Vollstreckungsorgan an den im Titel ausgewiesenen Anspruch halten muss, ist aus seiner Sicht bei vom Gläubiger selbst angegebenen Teilzahlungen des Schuldners dieser Anspruch erloschen. Das stellt sich nur dann anders dar, wenn der Gläubiger seine Verrechnung auf von ihm angesetzte Kosten der Zwangsvollstreckung nachvollziehbar darlegt. Erst dann ergibt sich aus dem eigenen Vorbringen des Gläubigers, dass der im Titel ausgewiesene Anspruch noch in Höhe des Vollstreckungsauftrags besteht. Nur bei einem derart „schlüssigen" Vorbringen des Gläubigers besteht aber ein Vollstreckungsanspruch des Gläubigers gegen den Staat. Denn das Vollstreckungsorgan darf aus seiner Sicht rechtswidrige Vollstreckungsmaßnahmen nicht vornehmen. Diese Situation ist daher auch nicht zu vergleichen mit derjenigen, bei der der Schuldner Zahlungen behauptet und Nachweise vorlegt, der Gläubiger diese aber bestreitet und auf Fortsetzung der Vollstre-

---

16   LG Rottweil, DGVZ 1995, 169; LG Hanau, DGVZ 1993, 112; LG Stuttgart, DGVZ 1993, 156; AG Reinbek, DGVZ 2003, 14; Zöller/*Stöber*, § 753 Rdn. 7; *Stöber*, Rdn. 464; StJ/*Münzberg*, § 754 Rdn. 1a; HK-ZPO/*Kindl*, § 753 Rdn. 6; Rosenberg/Gaul/*Schilken*, § 26 II 1 b; *Lorenz*, DGVZ 1997, 138; – alle m.w.N.
17   Vgl. OLG Köln, DGVZ 1983, 9; OLG Stuttgart, JurBüro 1987, 1813; LG Gießen, Rpfleger 1985, 245; LG Siegen, DGVZ 1991, 27; AG Coesfeld, DGVZ 2003, 29; AG Bad Hersfeld, DGVZ 1998, 93; AG Itzehoe, DGVZ 1997, 95; AG Berlin-Schöneberg, JurBüro 1991, 1265; MünchKomm/*Heßler* ZPO, § 753 Rdn. 28; *Kessel*, DGVZ 2004, 179, 181; *Schneider*, DGVZ 1982, 149 sowie die Nachweise bei *Stöber*, Rdn. 464 Fn. 7; vgl. auch § 130 Nr. 3 GVGA.

ckung besteht. Denn in einem solchen Fall ist das Vorbringen des Gläubigers in sich nachvollziehbar.

Die Darlegung der Zwangsvollstreckungskosten ist daher Angabe anspruchsbegründender Tatsachen[18]. Deren Überprüfung durch das Vollstreckungsorgan ist zwar auch materielle Prüfung des – nicht titulierten – Erstattungsanspruchs, insoweit aber nicht anders als bei gesonderter Festsetzung der Kosten nach § 788 ZPO. Dort wird aber ein derartiges materielles Prüfungsrecht der Vollstreckungsorgane allgemein bejaht[19].

2.15 Die Notwendigkeit der Darlegung von Kosten der Zwangsvollstreckung ist aber nicht gleichbedeutend mit der Notwendigkeit der Vorlage einer Gesamtabrechnung, also auch der Verrechnung der Zinsen etc. Die Gesamtabrechnung ist in derartigen Fällen aber mehr als sinnvoll und dringend **anzuraten,** weil der Gläubiger ansonsten Gefahr läuft, dass sein Vollstreckungsauftrag nicht bzw. nicht voll durchgeführt wird. Setzt nämlich das Vollstreckungsorgan Kosten der Zwangsvollstreckung als nicht notwendig ab, so wird sich dies auf den Zinsanspruch bzw. auch auf die Hauptforderung auswirken, ggfs. auch auf weitere – eigentlich berechtigte – Vollstreckungskosten, weil sich deren Geschäftswert geändert haben kann. Dann würde die vom Gläubiger vorgenommene Verrechnung offensichtlich unrichtig, sodass eine Vollstreckung in der gewünschten Höhe unterbliebe. Eine andere Berechnung der Restforderung ist dem Vollstreckungsorgan dann aber mangels Kenntnis der einzelnen Zahlungsbeträge und der Zeitpunkte nicht oder nur teilweise möglich, sodass es eine Vollstreckung auch nur teilweise oder gar nicht durchführen wird.

Im Übrigen erstaunt es, dass die Frage der Gesamtabrechnung immer wieder Gegenstand von Entscheidungen ist. Denn der Gläubiger muss doch – erteilt er den Vollstreckungsauftrag nicht ins Blaue hinein – für sich selbst stets eine solche Gesamtabrechnung erstellen. Dies ist bei dem heutigen Stand der Computertechnik auch bei komplexen Forderungen und zahlreichen Zahlungen auf einfache und auch für Dritte leicht nachvollziehbare Weise möglich.

3. Inhalt der Forderungsaufstellung

2.16 Wird eine **Forderungsaufstellung** vorgelegt, muss das Vollstreckungsorgan diese daraufhin **überprüfen,** ob die Angaben in sich schlüssig sind[20]. Diese Aufstellung muss ohne Zuhilfenahme von Codes oder Schlüsselzahlen, also im Klartext lesbar und leicht verständlich sein[21].

---

18 OLG Stuttgart, JurBüro 1987, 1814; AG Coesfeld, DGVZ 2003, 29.
19 Vgl. Zöller/*Stöber*, § 788 Rdn. 15.
20 LG Stendal, JurBüro 2000, 491; *Stöber*, Rdn. 464, 465; *Braun/Raab/Gautin*, DGVZ 1992, 6.
21 **H.M.:** LG Kaiserslautern, Rpfleger 1993, 29; LG Paderborn, JurBüro 1988, 249; LG Tübingen, DGVZ 1990, 43; *Stöber*, Rdn. 465.

IV. Deutsche Gerichtsbarkeit

Sie ist bei allen im Inland zu vollstreckenden inländischen sowie ausländischen Titeln gegeben, soweit nicht die §§ 18–20 GVG[22] entgegenstehen, also insbesondere die Vorschriften des NATO-Truppen-Statuts betreffend Angehörige der in der Bundesrepublik Deutschland stationierten Streitkräfte[23].

2.17

V. Rechtsweg

Für die Vollstreckung aus Titeln der ZPO findet die Zivilprozessordnung Anwendung;[24] ferner in den Fällen, in denen die Vorschriften der ZPO für entsprechend anwendbar erklärt sind, z.B. §§ 178 Abs. 3, 201 Abs. 2 InsO; §§ 145 Abs. 2, 164 Abs. 2 KO; § 167 VwGO[25]. Unanwendbar ist demnach die ZPO, soweit Gesetze eigenständige Regelungen über die Vollstreckung enthalten, wie z.B. die Verwaltungsverfahrensgesetze oder auch § 249 ff. AO.

2.18

VI. Zuständigkeit der Vollstreckungsorgane

Diese ist in dreifacher Weise von Bedeutung: Hinsichtlich der **sachlichen** wie der **örtlichen** Zuständigkeit stellt § 802 ZPO eine gegenüber den allgemeinen Vorschriften über die Zuständigkeit (vgl. §§ 1 ff., 12 ff. ZPO, 23, 27, 71 GVG) vorgehende, spezielle Regelung dar. Soweit davon abgesehen in den §§ 704–945 ZPO nur die örtliche Zuständigkeit geregelt ist (wie z.B. in den §§ 722 Abs. 2, 771 Abs. 1, 796 Abs. 3, 805 Abs. 2 ZPO), gelten im Übrigen die allgemeinen Vorschriften.

2.19

Ob ein Verstoß gegen die durch § 802 ZPO geregelte ausschließliche Zuständigkeit nur zur Anfechtbarkeit oder aber zur Nichtigkeit der Vollstreckungsmaßnahme führt, ist für die sachliche Zuständigkeit streitig[26]. Ein Verstoß gegen die örtliche Zuständigkeit führt jedenfalls nur zur Anfechtbarkeit[27].

2.20

---

22 Vgl. BGH, Rpfleger 2003, 518 = WM 2003, 1388 = InVo 2003, 402 betr. ein diplomatischen Zwecken dienenden Grundstücks sowie BGH, Rpfleger 2006, 133 = WM 2006, 41 betr. Umsatzsteuerrückerstattungsansprüche, die der Aufrechterhaltung der Funktion der diplomatischen Missionen dienen.
23 Hierzu eingehend Diepold/*Hintzen*, Anm. zu Mustern 21–23; *Stöber*, Rdn. 38 ff.
24 Dies gilt auch für notarielle Urkunden, in denen sich der Schuldner der sofortigen Zwangsvollstreckung in der Form des § 794 Abs. 1 Nr. 5 ZPO unterworfen hat, wenn die Unterwerfung einen Anspruch betrifft, der öffentlich-rechtlicher Natur ist, BGH Beschl. v. 20.10.2005 – I ZB 3/05 = Rpfleger 2006, 139.
25 Vgl. auch Zöller/*Gummer*, § 13 GVG Rdn. 54 f.
26 Vgl. StJ/*Münzberg*, vor § 704 Rdn. 70, 71; Zöller/*Stöber*, vor § 704 Rdn. 34; offen gelassen in BGH, NJW 1993, 736.
27 Vgl. StJ/*Münzberg*, vor § 704 Rdn. 72; Zöller/*Stöber*, vor § 704 Rdn. 34.

2.21 § 802 ZPO gilt aber auch entsprechend für die in der ZPO nicht geregelte **funktionelle** Zuständigkeit;[28] also die Frage, ob der Gerichtsvollzieher/ Rechtspfleger/Richter oder welche Abteilung des Amtsgerichts (Zivil-/ Vollstreckungs-/Familien-Abteilung) tätig werden soll. Nichtigkeit tritt bei funktioneller Unzuständigkeit ein, soweit das Vollstreckungsorgan von Gesetzes wegen mit derartigen Zwangsvollstreckungsmaßnahmen überhaupt nicht befasst ist: Forderungspfändung durch den Gerichtsvollzieher; Sachpfändung durch das Vollstreckungsgericht; der Rechtspfleger wird statt des Richters in den Fällen der §§ 887 ff. ZPO tätig (vgl. § 8 Nr. 4 RPflG); voll wirksam hingegen sind derartige Maßnahmen, wenn der Richter statt des Rechtspflegers tätig wird, § 8 Abs. 1 RPflG; ansonsten ist der vom unzuständigen Vollstreckungsorgan vorgenommene Vollstreckungsakt wirksam, aber anfechtbar.

Zur Frage der Zuständigkeit im Einzelfall vgl. die Ausführung in den jeweiligen Kapiteln betreffend die konkreten Vollstreckungsmaßnahmen.

VII. Parteifähigkeit/Prozessfähigkeit

2.22 Die **Parteifähigkeit** muss wie im Erkenntnisverfahren auch für das Zwangsvollstreckungsverfahren beim Gläubiger und Schuldner gegeben sein (§ 50 ZPO; § 124 HGB für die OHG; §§ 161 Abs. 2, 124 Abs. 1 HGB für die KG; § 7 Abs. 2 PartGG[29]).

2.23 Der Gläubiger muss ferner stets **prozessfähig** bzw. ein prozessunfähiger Gläubiger ordnungsgemäß vertreten sein, §§ 51–53 ZPO. Ob dies auch für den Schuldner gilt, ist streitig. Nach wohl **h.M.**[30] muss auch der Schuldner grundsätzlich stets prozessfähig oder gesetzlich vertreten sein, wobei allerdings überwiegend der erste rangwahrende Zugriff gleichwohl zulässig sein soll. Die ordnungsgemäße Vertretung eines Prozessunfähigen sichert dessen Grundrecht auf rechtliches Gehör[31]. Nach anderer Auffassung muss eine Prozessfähigkeit des Schuldners nur dann vorliegen, wenn er aktiv im Verfahren mitwirkt bzw. mitwirken muss oder eine Handlung ihm gegenüber vorzunehmen ist (z.B. bei einer Zustellung gem. §§ 829 Abs. 2, 857 Abs. 2 ZPO, der Einlegung von Rechtsbehelfen, bei der eidesstattlichen Versicherung gem. §§ 807, 883 Abs. 2 ZPO, der Vollstreckung gem. §§ 887–890 ZPO)[32].

---

28 BayObLGZ 1991, 280.
29 Einzelheiten bei Zöller/*Vollkommer*, § 50 Rdn. 10 ff.
30 So OLG Stuttgart, Rpfleger 1996, 36; Zöller/*Stöber*, vor § 704 Rdn. 16, der aber Ausnahmen für die bloße Pfändung macht; Brox/*Walker*, Rdn. 25; StJ/*Münzberg*, vor § 704 Rdn. 80; HK-ZPO/*Kindl*, vor §§ 704–945 Rdn. 17, jew. m.w.N.
31 BGH, FamRZ 2005, 200, 201 für die Zwangsversteigerung.
32 So OLG Frankfurt, Rpfleger 1974, 441; Baumbach/*Hartmann*, Grundzüge § 704 Rdn. 40 m.w.N.

Bei erwachsenen natürlichen Personen ist von der Geschäfts- und Prozessfähigkeit auszugehen. Zu einer Überprüfung der Prozessfähigkeit besteht daher nur bei Geltendmachung durch einen Beteiligten oder bei besonderen Umständen Anlass[33]. Dies gilt umso mehr, wenn ein Titel in Form eines Urteils erging, weil das Prozessgericht diese Frage – wenn auch nur konkludent – erörtert und bejaht hat. Eine echte Bindungswirkung der Vollstreckungsorgane an die Auffassung des Prozessgerichts wird man aber entgegen der wohl herrschenden Meinung verneinen müssen. Zwar ist auch bei ausdrücklicher Bejahung der Prozessfähigkeit im Hauptverfahren die Nichtigkeitsklage gem. § 579 Nr. 4 ZPO gegeben. Dies ist allerdings ebenso wie die Rechtskraft, die nur zwischen den Parteien besteht, kein Argument für die Bejahung einer Bindung des Vollstreckungsorgans. Die **Prüfung der Prozessfähigkeit durch das Vollstreckungsorgan** ist nicht vergleichbar mit der – unzulässigen – Überprüfung der Richtigkeit der zu vollstreckenden Entscheidung, stellt also keinen Verstoß gegen den Grundsatz der Formalisierung der Zwangsvollstreckung dar. Denn das Vollstreckungsorgan prüft nicht, ob das Prozessgericht für den maßgeblichen Zeitpunkt der letzten mündlichen Verhandlung zu Recht die Prozessfähigkeit bejaht hat, sondern ob diese jetzt, bei Vornahme der Zwangsvollstreckungsmaßnahme besteht[34].

2.24

Wenig praktikabel ist die Ansicht, das Vollstreckungsorgan sei dann in seiner Beurteilung frei, wenn die Prozessunfähigkeit auf nach Schluss der letzten mündlichen Verhandlung eingetretenen neuen Umständen beruhe[35]. Wie will das Vollstreckungsorgan feststellen, ob der im Zeitpunkt der Vollstreckung geisteskranke Schuldner erst nach Schluss der letzten mündlichen Verhandlung in diesen Zustand geraten ist, insbesondere wenn das Urteil nichts zur Frage der Prozessfähigkeit enthält? Bei der Vollstreckung anderer Vollstreckungstitel als Urteile muss das Vollstreckungsorgan die Prozessfähigkeit stets prüfen. Auch dies zeigt die Inkonsequenz der herrschenden Meinung. Denn die Prüfung der Prozessfähigkeit hat in allen gerichtlichen Verfahren von Amts wegen zu erfolgen (vgl. § 56 ZPO); auch der Notar hat eine entsprechende Verpflichtung (§ 11 BeurkG). Dementsprechend müsste dann aber eine Bindungswirkung auch für die Titel gem. § 794 ZPO sowie bei Beschlüssen im Arrest- und einstweiligen Verfügungsverfahren bestehen.

Ist dem Vollstreckungsorgan die Prozessunfähigkeit **bekannt,** muss es die weitere Vollstreckung vorläufig einstellen (§ 56 ZPO analog). Hat es berechtigterweise erhebliche Zweifel, muss es diesen von Amts wegen nachgehen. Die objektive **Beweislast** für eine Prozessunfähigkeit trägt letztlich derjenige, der aus der behaupteten Prozessfähigkeit Rechte für sich

2.25

---

33 OLG Frankfurt, a.a.O.; StJ/*Münzberg*, vor § 704 Rdn. 78, 80.
34 So im Ergebnis jetzt auch StJ/*Münzberg*, vor § 704 Rdn. 78 im Gegensatz zur 20. Aufl.; s. auch AG Ehingen, DGVZ 1995, 190.
35 So Brox/*Walker*, Rdn. 26.

herleitet[36]. Die gegen eine prozessunfähige Person erfolgten Zwangsvollstreckungsmaßnahmen sind nicht nichtig, sondern lediglich **anfechtbar.** Entsprechendes ergibt sich für Personen, die unter **Betreuung** stehen[37].

VIII. Prozessführungsbefugnis

2.26 Die Prozessführungsbefugnis muss ebenso wie im Erkenntnisverfahren auch im Zwangsvollstreckungsverfahren gegeben sein[38]. Eine isolierte Vollstreckungsstandschaft (Ermächtigung eines Dritten nur zur Vollstreckung im eigenen Namen ohne eine entsprechende materiell-rechtliche Einzugsermächtigung) ist unzulässig[39]. Davon zu unterscheiden ist der Fall, dass z.B. der Insolvenzverwalter in zulässiger Prozessstandschaft geklagt hat und nunmehr als Prozessstandschafter auch vollstreckt.

IX. Rechtsschutzinteresse

2.27 Das für die Vollstreckung notwendige Rechtsschutzinteresse folgt für den Gläubiger in der Regel aus der Existenz des Titels. Es besteht auch für die Beitreibung von Kleinstbeträgen (**Bagatellforderungen;** bis etwa 3 Euro). Ein Rechtsmissbrauch kann darin nur in Extremfällen gesehen werden, zumal es einen unauflösbaren Widerspruch bedeuten würde, dem Gläubiger den Rechtsweg zur Erlangung des Titels unter Aufbringung entsprechender, in diesen Fällen die eigentliche Forderung meist weit übersteigenden Kosten zu eröffnen, ihm die Durchsetzung dieses Titels dann aber zu versagen. Wenn überhaupt, so wäre das Rechtsschutzinteresse für ein entsprechendes Erkenntnisverfahren zu verneinen. Jedenfalls kann ein Rechtsschutzinteresse dann nicht verneint werden, wenn der Gläubiger den Schuldner vor der Vollstreckung vergeblich zur Zahlung aufgefordert hat[40].

Zu verneinen ist das Rechtsschutzinteresse, falls die Unpfändbarkeit einer zu pfändenden Forderung, deren Nichtexistenz oder eine wirksame Abtretung an einen Dritten (Ausnahme: Arbeitseinkommen, vgl. Rdn. 6.92) unstreitig und offenkundig ist; ferner in Fällen, in denen die Zwangsvollstreckung nicht als Druckmittel zur Erfüllung des zu vollstreckenden Anspruchs, sondern zur Verfolgung vollstreckungsfremder Ziele eingesetzt wird[41].

---

36 Zöller/*Vollkommer,* § 50 Rdn. 9 m.w.N.
37 *Grönke/Jäger,* Auswirkungen des Betreuungsrechts auf Verträge und Zwangsvollstreckung, ZVI 2005, 290, 295 f.
38 Vgl. hierzu Zöller/*Vollkommer,* Rdn. 42 f. vor § 50 ZPO.
39 BGH, NJW-RR 1992, 61; NJW 1993, 1396, 1398/1399; InVo 2004, 196; OLG Köln, InVo 2002, 467; Zöller/*Stöber,* § 727 Rdn. 13; *Schuschke,* § 727 Rdn. 26; Baumbach/*Hartmann,* Einf. vor §§ 727–729 Rdn. 3; **a.A.** OLG Dresden, NJW-RR 1996, 444; Thomas/*Putzo,* § 727 Rdn. 3.
40 **H.M.:** LG Bochum, Rpfleger 1994, 117; LG Düsseldorf, JurBüro 1997, 324; vgl. zum Streitstand Zöller/*Stöber,* § 753 Rdn. 8; vgl. auch Rdn. 6.22.
41 Vgl. BGH, InVo 2005, 361 bei erkennbar aussichtsloser Vollstreckung.

3. Abschnitt
Voraussetzungen der Zwangsvollstreckung

Mit der Erlangung eines Titels ist der Gläubiger seinem Ziel der Befriedigung seines Anspruchs schon wesentlich näher gekommen. Soweit der Schuldner der ausgeurteilten Verpflichtung nicht nachkommt, kann der Gläubiger deren Erfüllung erzwingen. Da ihm Selbsthilfe zur Durchsetzung des Titels verwehrt ist, er sich vielmehr dazu des staatlichen Vollstreckungsverfahrens bedienen muss, hat er andererseits auch einen Anspruch gegen den Staat, dass dieser bei Erfüllung der gesetzlich geregelten Voraussetzungen das Vollstreckungsverfahren durchführt (**Vollstreckungsanspruch**). Der davon zu unterscheidende **vollstreckbare Anspruch** (titulierter Anspruch) ist also mithilfe des Vollstreckungsanspruches (Gläubiger gegen den Staat) durchsetzbar.   3.1

Die gesetzlich geregelten Voraussetzungen der Zwangsvollstreckung werden üblicherweise eingeteilt in   3.2

- **allgemeine Voraussetzungen der Zwangsvollstreckung,** nämlich
  - Titel
  - Klausel
  - Zustellung,
- **besondere Voraussetzungen der Zwangsvollstreckung**
  z.B. §§ 751 Abs. 1 und 2; 756; 765; 798 ZPO,
- **Nichtvorliegen von Vollstreckungshindernissen**
  z.B. § 775 ZPO, § 89 InsO.

Kapitel A
Allgemeine Vollstreckungsvoraussetzungen

I. Titel

Ohne einen Titel, aus dem sich der vollstreckbare Anspruch ergibt, ist keine Zwangsvollstreckung denkbar. Er ist unerlässliche Voraussetzung jeder Zwangsvollstreckung. Eine Vollstreckungsmaßnahme ohne Titel ist daher nichtig[1]. Aber auch wenn der äußeren Form nach ein Titel existiert, ist   3.3

---
1 **Allg.M.,** vgl. BGH, NJW 1993, 735, 736.

3.4 Voraussetzungen der Zwangsvollstreckung

eine Vollstreckungsmaßnahme dann nichtig, wenn der Titel seiner Art nach als Grundlage für bestimmte Vollstreckungsmaßnahmen allgemein und nicht nur im Einzelfall ausscheidet[2].

3.4 **Vollstreckungstitel** sind öffentliche Urkunden, die kraft Gesetzes zur Zwangsvollstreckung berechtigen. Titel sind u.a.[3]:

- **inländische Endurteile** (§§ 704, 300 ZPO), auch Teilurteile (§ 301 ZPO), Verzichts-, Anerkenntnis- und Versäumnisurteile (§§ 306, 307, 330, 331 ZPO), Vorbehaltsurteile (§§ 302 Abs. 3, 599 Abs. 3 ZPO), die formell rechtskräftig oder für vorläufig vollstreckbar erklärt sind. Die erstinstanzlichen Urteile der Amts- bzw. Landgerichte sowie die Berufungsurteile der Oberlandesgerichte werden rechtskräftig mit Ablauf der Rechtsmittelfrist (§ 705 ZPO). Mit der Verkündung sind hingegen rechtskräftig die Berufungsurteile des Landgerichts sowie die Revisionsurteile des BGH (§ 542 Abs. 1 ZPO); ferner die Urteile der Oberlandesgerichte in Arrest- und einstweiligen Verfügungsverfahren (§ 542 Abs. 2 ZPO). Die mit Wirkung vom 1.1.2005 geänderte Anhörungsrüge gem. § 321a ZPO ist kein Rechtsmittel, führt daher nicht zu einer Hinausschiebung der Rechtskraft[4]. Urteile werden zudem sofort rechtskräftig bei beiderseits wirksam erklärtem Rechtsmittelverzicht (vgl. §§ 515, 565 ZPO). Die vorläufige Vollstreckbarkeit bestimmt sich nach den §§ 708, 709 ZPO. Nicht zu den i.S.d. § 704 ZPO vollstreckbaren Urteilen gehören stattgebende Zwischenurteile gem. den §§ 280, 303 ZPO sowie Grundurteile (§ 304 ZPO);
- **ausländische Urteile** gem. §§ 722, 723 ZPO[5] sowie § 1082 ZPO (**europäischer Vollstreckungstitel**);
- die in **§ 794 ZPO** aufgeführten Titel; auch ein im Arrestverfahren geschlossener Prozessvergleich ist ein gem. § 794 Abs. 1 Nr. 1 ZPO wirksamer Vollstreckungstitel;[6] ebenso wie der durch gerichtlichen Beschluss gem. § 278 Abs. 6 S. 2 ZPO festgestellte Vergleich, der durch die Annahme eines vom Gericht unterbreiteten Vergleichsvorschlags zustande kommt;
- landesrechtliche Vollstreckungstitel gem. **§ 801 ZPO**;[7]
- **Arrest und einstweilige Verfügung** (§§ 922, 928, 929; 935, 940, 936 ZPO);
- **Eröffnungsbeschluss** im Insolvenzverfahren als Herausgabetitel gegen den Schuldner, § 148 InsO;

---

2 BGH, a.a.O.: Arrestbefehl als Grundlage für einen Überweisungsbeschluss.
3 Vgl. im Übrigen die ausführliche Darstellung bei *Schuschke*, Rdn. 2 vor §§ 704–707.
4 BT-Drucks. 15/3706 S. 14 und 17.
5 Vgl. Thomas/Putzo/*Hüßtege*, Anhang nach § 723 ZPO.
6 BGH, NJW-RR 1991, 1021.
7 Vgl. dazu MünchKomm/*Wolfsteiner* ZPO, § 801 Rdn. 4.

- vollstreckbare Ausfertigung eines **Auszugs aus der** Insolvenztabelle, § 178 Abs. 3, § 201 Abs. 2 InsO;
- ein angenommener **Schuldenbereinigungsplan,** § 308 Abs. 1 S. 2 InsO;
- ein rechtskräftig bestätigter Zwangsvergleich, § 194 KO;
- ein bestätigter Vergleich mit Auszug aus dem berichtigten Gläubigerverzeichnis, § 80 VerglO;
- der **Zuschlagsbeschluss** gem. §§ 93, 132 ZVG;
- Entscheidungen und Vergleiche der **Arbeitsgerichte,** §§ 62, 85 ArbGG und arbeitsrechtlicher Schiedsgerichte, § 109 ArbGG;
- Entscheidungen in **Wohnungseigentumssachen,** § 45 Abs. 3 WEG;
- **vollstreckbare Urkunden des Jugendamtes** gem. § 60 Abs. 1 SGB VIII (= KJHG);
- Entscheidungen in **Adhäsionsverfahren** über Schadenersatzansprüche des Verletzten oder seiner Erben gem. §§ 406, 406b StPO;
- rechtskräftige Entscheidungen, gerichtliche Vergleiche und einstweilige Anordnungen gem. § 53a FGG betreffend **Ausgleichsforderungen** des Zugewinns;
- rechtskräftige Entscheidungen und gerichtliche Vergleiche betreffend den **Versorgungsausgleich** gem. § 53g FGG;
- rechtskräftige Entscheidungen, gerichtliche Vergleiche und einstweilige Anordnungen gem. § 16 Abs. 3 **HausratsVO.**

1. Vollstreckungsfähigkeit

Der Titel muss einen vollstreckungsfähigen Inhalt haben, also auf Leistung lauten. Daher scheiden klageabweisende Urteile, Feststellungsurteile sowie Gestaltungsurteile aus, weil sie in diesem engeren Sinne nicht vollstreckbar sind[8]. Soweit sie andererseits Grundlage für weiteres staatliches Handeln sind, kommt ihnen eine Vollstreckbarkeit in weiterem Sinne zu (z.B. für die Kostenfestsetzung gem. §§ 103 ff. ZPO, Aufhebung von Zwangsvollstreckungsmaßnahmen gem. § 776 ZPO, Eintragung in ein Register, z.B. bei der Auflösung einer GmbH). Aus diesem Grunde sind derartige Urteile für vorläufig vollstreckbar zu erklären (vgl. §§ 708, 709 ZPO; Ausnahme: z.B. § 704 Abs. 2 ZPO).

---

8   Zu den Ausnahmen in Fällen der §§ 767, 771 ZPO vgl. MünchKomm/*Krüger* ZPO, § 704 Rdn. 7.

3.6–3.9   Voraussetzungen der Zwangsvollstreckung

2. Bestimmtheit

a) Grundsätze

3.6 Der Titel legt **Inhalt und Umfang der Zwangsvollstreckung** fest. Er muss die Parteien sowie den zu vollstreckenden Anspruch inhaltlich so bestimmt bezeichnen, dass es den Vollstreckungsorganen möglich ist, die Vollstreckung allein aufgrund des Titels, also **ohne Zuhilfenahme anderer Urkunden** wie z.B. Gutachten oder Gerichtsakten durchzuführen. Es genügt daher nicht, dass Urkunden, Skizzen, Gutachten o.Ä. lediglich zu den Gerichtsakten genommen worden sind. Sie müssen vielmehr Bestandteil des Vollstreckungstitels sein, d.h. in ihm wörtlich aufgenommen oder diesem als Anlage beigefügt werden[9]. Nur in Ausnahmefällen können diese Anforderungen im Hinblick auf die Gewährung eines wirksamen Rechtsschutzes oder zur Vermeidung eines unangemessenen Aufwands gelockert werden, etwa bei Entscheidungen, durch die eine Verurteilung zur Unterlassung ausgesprochen wird, weil der Gegenstand, auf den sich eine Verurteilung zur Unterlassung bezieht, häufig nicht mit Worten umschrieben werden kann[10].

3.7 **Tipp:** Wird in einem Vergleich zur Konkretisierung auf Unterlagen Bezug genommen, müssen diese als Anlage zum Vergleich genommen werden, so z.B. die Teile des Sachverständigengutachtens, in denen die vom Auftragnehmer vorzunehmenden Mängelbeseitigungen beschrieben sind.

3.8 Dieses Bestimmtheitserfordernis gilt auch für die Zug um Zug zu erbringende Leistung. Die **Zug-um-Zug**-Einschränkung muss so bestimmt sein, dass sie ihrerseits zum Gegenstand einer Leistungsklage gemacht werden könnte[11]. Fehlt es an der notwendigen Bestimmtheit der Zug um Zug zu erbringenden Gegenleistung, kann auch die Hauptleistung nicht vollstreckt werden[12].

3.9 Soweit Unklarheiten des Titels bestehen, hat das Vollstreckungsorgan den Titel nach allgemeinen Grundsätzen auszulegen. Bei einem Prozessvergleich ist im Rahmen der Vollstreckung für die **Auslegung** in erster Linie nicht der übereinstimmende Wille der Beteiligten maßgebend, der den In-

---

9   LG Traunstein, Rpfleger 2004, 366; LAG Köln, MDR 2003, 778; Zöller/*Stöber*, § 704 Rdn. 4.
10 BGH, NJW 2000, 2207 = MDR 2000, 896 für einen Sonderfall: Gebot, die bühnenmäßige Aufführung eines Werkes zu unterlassen, obwohl es zur Konkretisierung seines Inhalts auf einen zu den Akten gerichteten Videomitschnitt der konkret beanstandeten Aufführung Bezug nahm, der mit der Urschrift der Entscheidung nicht körperlich verbunden war.
11 BGH, Rpfleger 1993, 206 = NJW 1993, 324; NJW 1994, 586, 587 = MDR 1994, 1242; KG, InVo 1998, 160; LG Heidelberg, CR 2004, 890; LG Koblenz, DGVZ 2005, 76.
12 BGH, NJW 1993, 3206, 3207.

halt eines privatrechtlichen Vertrages bestimmt und für diesen selbst dann maßgebend bleibt, wenn die Erklärungen der Vertragspartner objektiv eine andere Bedeutung haben sollten. Vielmehr ist maßgeblich darauf abzustellen, wie das hierzu berufene Vollstreckungsorgan, vor allem also das Vollstreckungsgericht oder auch ein Beschwerdegericht, den Inhalt der zu erzwingenden Leistung verständigerweise versteht und festlegt[13].

Beispiel: 3.10

Der Beklagte verpflichtete sich in einem Prozessvergleich „ab August 2002 an die Klägerin einen Unterhaltsbetrag von 280,- € über den von ihm freiwillig bezahlten Betrag von 500,- € hinaus zu bezahlen".
Das bedeutet vollstreckungsrechtlich, dass nur der „Spitzenbetrag" von 280,- €, der über den freiwillig bezahlten Betrag von 500,- € hinausgeht, tituliert ist[14]. Bei der Auslegung können Tatbestand und Entscheidungsgründe herangezogen werden. Umstände außerhalb des Titels dürfen hingegen nur berücksichtigt werden, soweit es sich dabei um gesetzliche Vorschriften oder allgemein zugängliche Daten – z.B. den Basiszinssatz – handelt[15].

Lassen sich Unklarheiten nicht durch Auslegung beseitigen, ist der Titel 3.11
für die Zwangsvollstreckung nicht geeignet. Der Gläubiger kann in diesem Fall erneut auf – jetzt hinreichend bestimmte (§ 253 Abs. 2 Nr. 2 ZPO) – Leistung klagen oder nach seiner Wahl **Klage auf Feststellung des Urteilsinhalts** erheben. Die Rechtskraft des ersten Urteils steht einer derartigen Klage nicht entgegen[16].

Tipp: Da das vorherige Leistungsurteil keine Bindungswirkung entfaltet, im 3.12
neuen Prozess daher auch eine Klageabweisung nicht ausgeschlossen ist, empfiehlt sich die Erhebung einer Feststellungsklage.

Die Vollstreckung aus einem zu unbestimmten Titel führt nicht zu einer 3.13
Schadensersatzpflichtung des Gläubigers gem. § 717 Abs. 2 ZPO[17]. Andererseits wird man eine Haftung des Anwalts wegen der Unmöglichkeit der Vollstreckung bejahen müssen.

In der Praxis kommt ein unbestimmter und damit nicht vollstreckungs- 3.14
fähiger Titel nach wie vor nicht selten vor. Dies mag daran liegen, dass Anwälte wie Richter im Rahmen des Erkenntnisverfahrens noch nicht an die evtl. notwendig werdende Zwangsvollstreckung denken und ihnen häufig

---

13 BGH, Rpfleger 1993, 454 = NJW 1993, 1995, 1996 = FamRZ 1993, 945; OLG Frankfurt, InVo 2005, 63.
14 Vgl. BGH a.a.O.
15 H.M., vgl. BGH, BGHR ZPO § 313 Bestimmtheit 1 unter Festhaltung an NJW 1986, 1440; OLG Köln, Rpfleger 1992, 527.
16 H.M., vgl. MünchKomm/*Krüger* ZPO, § 704 Rdn. 8 m.w.N.
17 BGH, InVo 1999, 353 = NJW-RR 1999, 1223 = MDR 1999, 1087.

3.15–3.17 Voraussetzungen der Zwangsvollstreckung

der Blick für die Erfordernisse im Rahmen der Zwangsvollstreckung fehlt. Für die Partei stellt es jedenfalls keinen Trost dar, dass spätestens dem Gericht die unzureichende, weil ungenaue, Abfassung von Antrag und damit meist übereinstimmendem Tenor hätte auffallen müssen. Eines der Hauptaugenmerke des Rechtsanwalts muss es daher sein, nicht nur einen Titel zu erlangen, sondern einen solchen, der auch vollstreckungsfähig ist. Denn wie nötig eine präzise Fassung des Antrags/Tenors ist, stellt sich oftmals erst in der Zwangsvollstreckung heraus – und dann ist es jedoch (meist) zu spät.

3.15 **Tipp:** Der **Antrag** ist so präzise wie irgend möglich zu fassen, damit dieser als Tenor des Urteils übernommen werden und in der Form sodann geeignete Grundlage der Zwangsvollstreckung sein kann.

Werden **Zinsen** ab Rechtshängigkeit geltend gemacht, sollte der Antrag in der Klageschrift „Zinsen ab Zustellung der Klage" bei der Antragstellung in der letzten mündlichen Verhandlung durch das – mittlerweile bekannte – Zustellungsdatum ersetzt werden. Ergibt sich nämlich das Zustellungsdatum nicht an anderer Stelle im Urteil, wäre der Zinsanspruch nicht vollstreckbar.

Ferner sollte nie vergessen werden anzugeben, **an wen** die Zahlung erfolgen soll. Das muss nicht zwingend der Kläger sein, sondern kann z.B. bei einer Klage in gewillkürter Prozessstandschaft auch ein Dritter sein, woran eine Auslegung dann scheitern kann.

b) Geldforderung

3.16 Ein auf Geldzahlung lautender Titel muss daher den Zahlungsanspruch betragsmäßig festlegen, hinsichtlich der Zinsen muss die Höhe sowie ein Anfangsdatum bzw. ein Zeitraum angeben werden. Dies gilt gleichermaßen im Fall einer Zug-um-Zug-Verurteilung für die Gegenleistung[18]. Dabei genügt es, wenn die Berechnung mithilfe offenkundiger, insbesondere aus dem Bundesgesetzblatt oder dem Grundbuch ersichtlicher Umstände möglich ist[19].

3.17 **Zulässig** ist die Titulierung:

- „Prozentpunkte über dem **Basiszinssatz**";[20]
- Urteile auf Zahlung des **Bruttolohns**;[21]
- „jeweiliger **Zinssatz** des Kommunalabgabengesetzes";[22]

---

18 BGH, NJW 1994, 586, 587.
19 BGH, Rpfleger 1995, 366 = NJW 1995, 1162; BGH, NJW 1997, 2887 = InVo 1997, 333; BGH, Rpfleger 2000, 399 = InVo 2000, 280 = NJW-RR 2000, 1358; InVo 2004, 241 = NJW-RR 2004, 472.
20 BAG, MDR 2003, 273; zum Unterschied zwischen Prozentpunkte und Prozent über dem Basiszinssatz vgl. *Hartmann*, NJW 2004, 1358.
21 H.M., BAG, NJW 1985, 646; LG Mainz, Rpfleger 1998, 530; LG Karlsruhe, InVo 2004, 334.
22 OLG Zweibrücken, InVo 1999, 283 = OLGR 1998, 315.

- 18 % Zinsen „vom Tage der Eintragung der Grundschuld im Grundbuch", weil es sich bei Daten im Grundbuch um offenkundige – hier: allgemein zugängliche, leicht ermittelbare – Daten handelt;[23]
- mit **Wertsicherungsklauseln**, die leicht und zuverlässig feststellbar sind wie die des Statistischen Bundesamtes;[24] ist die Wertsicherungsklausel nicht ohne weiteres feststellbar, steht dies einer Bestimmtheit des Vollstreckungstitels dann und soweit nicht entgegen, als ein fester Betrag ausgeurteilt ist und wegen nicht mehr als dieses festen Betrages vollstreckt wird;[25]
- bei **dynamisierten Unterhaltstiteln** i.S.v. § 1612a BGB genügt die Angabe des Prozentsatzes des jeweiligen Regelbetrages und des Abzugs des Kindergeldanteils mit der Angabe, für ein wieviertes Kind es sich handelt; die Höhe des anzurechnenden Kindergeldes muss angesichts der Änderung des § 647 Abs. 1 S. 2 Nr. 1c ZPO nicht betragsmäßig angegeben werden, vielmehr genügt die Bezugnahme auf die jeweilige gesetzliche Höhe („Auf den Unterhalt ist das jeweilige hälftige Kindergeld für ein ... Kind anzurechnen, soweit dieses zusammen mit dem Unterhalt 135 % des Regelbetrags übersteigt")[26]. Sicherheitshalber sollte auch angegeben werden, ob sich der Regelbetrag nach § 1 oder § 2 Regelbetragverordnung richtet.[27]
- von unbestimmten **Leistungspflichten in ausländischen Urteilen**, wenn sich die Kriterien ihrer Bestimmung aus den ausländischen Vorschriften oder ähnlichen im Inland gleichermaßen zugänglichen und feststellbaren Umständen ergeben, weil dann die notwendige Konkretisierung im Vollstreckbarkeitsverfahren durch das deutsche Gericht nachgeholt werden kann[28].

---

23 BGH, Rpfleger 2000, 399 = InVo 2000, 280 = NJW-RR 2000, 1358; InVo 2004, 241 = NJW-RR 2004, 472.
24 BGH, InVo 2005, 192 = FamRZ 2005, 437 = DGVZ 2005, 26 = JurBüro 2005, 324 = NJW-RR 2005, 366 = ZVI 2005, 73; BGH, Rpfleger 2004, 296 = InVo 2004, 327 = FamRZ 2004, 531.
25 BGH, Rpfleger 2006, 140 = InVo 2006, 108 = FamRZ 2006, 202.
26 OLG Karlsruhe, InVo 2005, 155; OLG Jena, FamRZ 2005, 916; OLG Koblenz, FamRZ 2002, 1215; OLG Bremen, OLGR Bremen 2000, 197; OLG Düsseldorf, [1. ZS] Rpfleger 2002, 264 = FamRZ 2002, 1046 und [3. ZS] JAmt 2001, 550; Palandt/*Diederichsen*, § 1612a BGB Rdn. 12; a.A. OLG Naumburg, Neue Justiz 2004, 38 und NJOZ 2004, 579.
27 Dies ist mit OLG Jena, InVo 2000, 357 eigentlich nicht notwendig, weil es sich aus dem Wohnort des Gläubigers ergibt, der regelmäßig im Titel angeführt ist. Schuldet der Verpflichtete Unterhalt nach § 2 RegelbetragVO, richtet sich auch die Anrechnung von Kindergeld nach den Werten der RegelbetragVO Ost, BGH, NJW 2005, 1495 = FamRZ 2005, 611.
28 BGH, FamRZ 1986, 45 = NJW 1986, 1440 = MDR 1986, 660 – indexierter schweizer Unterhaltstitel; OLG Köln, InVo 2000, 289 – indexierter israelischer Unterhaltstitel; OLG Köln, InVo 2002, 522 – gerichtliche Zinsen nach belgischem Recht; OLG Zweibrücken, InVo 2005, 108 – gesetzliche Zinsen und MwSt nach italienischem Recht; OLG Zweibrücken, InVo 2004, 250 verneint bei unbezifferter Kostengrundentscheidung in französischem Urteil sowie OLG Köln, InVo 2005, 250 = NJW-RR 2005, 932 bei Unklarheit über die anzuwendende Rechtsordnung.

3.18 **Unzulässig** hingegen:

- die Angabe von Bruchteilen oder Prozentsätzen unbestimmter Ansprüche [„ein Drittel des Nettogehalts des Schuldners"; „… DM, jedoch nur in Höhe der Kommanditeinlage (60.000,– DM), soweit diese Einlage noch nicht geleistet ist";[29] „… den vereinbarten Pachtzins zu zahlen", wenn sich dessen Höhe nicht aus dem Titel ergibt[30]];
- Zahlung eines Kaufpreises in Höhe von 50 % des durchschnittlichen Jahresumsatzes der letzten vier Jahre zzgl. des anteiligen Gewinns aus dem laufenden Jahr, wenn die entsprechenden Jahresabschlüsse nicht als Anlage zum Gegenstand der notariellen Urkunde gemacht wurden;[31]
- Angabe einer bestimmten Summe abzüglich einer unbestimmten Größe („3.000,– DM abzüglich des jeweiligen staatlichen Kindergeldes"[32]);
- Angabe eines bestimmten Betrages **„abzüglich bereits bezahlter Beträge"**, ohne dass diese beziffert werden[33];

Tipp: Gleichwohl kann ein vollstreckungsfähiger Vergleich auch bei – im Vergleichszeitpunkt nicht seltener – Unkenntnis der Parteien über die genaue Höhe bereits erbrachter Zahlungen dadurch geschlossen werden, dass in einer Ziffer des Vergleichs der zu zahlende Unterhalt betragsmäßig festgelegt wird, und in einer gesonderten Ziffer festgehalten wird, dass sich dieser Betrag ohne Berücksichtigung etwaig bereits erbrachter Zahlungen des Unterhaltsschuldners/bereits vollstreckter Beträge errechnet, mit der Folge, dass dem Unterhaltsschuldner insoweit die Geltendmachung der Erfüllung, ggf. im Wege der Vollstreckungsgegenklage gem. § 767 ZPO, offen bleibt.

- die Auflassung Zug um Zug gegen Zahlung eines Taxwertes, der vereinbarungsgemäß erst noch durch ein Schiedsgutachten zu ermitteln ist;[34]
- **Zinsen** ab Fälligkeit, wobei diese erst durch die Benachrichtigung der Parteien seitens des Notars eintrat[35].
- Zinsen ohne Angabe eines Datums für den Zinsbeginn, es sei denn, dieses wird umschrieben und ist aus allgemein zugänglichen Quellen

---

29 OLG Köln, InVo 1998, 234.
30 OLG Koblenz, InVo 2002, 508 = NJW-RR 2002, 1509.
31 BGH, InVo 2004, 241 = NJW-RR 2004, 472 = MDR 2004, 658.
32 OLG Düsseldorf, VersR 1993, 883.
33 BGH, FamRZ 2006, 261 = InVo 2006, 199 in Bestätigung von OLG Zweibrücken, [6. ZS] InVo 2002, 508 = MDR 2002, 541; OLG Zweibrücken, [5. ZS] InVo 2003, 241 = FamRZ 2003, 692; a.A. OLG Zweibrücken, [2. ZS] InVo 2003, 328 = FamRZ 2003, 691.
34 BGH, Rpfleger 1993, 206; NJW 1994, 586, 587.
35 OLG Frankfurt, InVo 1998, 235.

zu entnehmen (z.B. „ab Eintragung der Grundschuld im Grundbuch";[36] die Gerichtsakte ist keine solche Quelle, weil sie nicht allgemein zugänglich ist, vgl. § 299 ZPO).
- Eintragung einer Zwangshypothek aufgrund einer notariellen Urkunde, in der sich der Schuldner lediglich hinsichtlich eines Höchstbetrages der Zwangsvollstreckung unterworfen hat[37].

c) Herausgabeanspruch

Bei einem Anspruch auf Herausgabe eines bestimmten Gegenstandes ist dieser so genau wie möglich zu bezeichnen. Etwas anderes kann allenfalls gelten, wenn zwischen den Parteien Einigkeit darüber besteht, was herauszugeben ist[38]. Bei Kraftfahrzeugen ist daher die Angabe der Fahrgestellnummer, auch des Typs und des Baujahrs des Fahrzeugs notwendig. Das amtliche Kennzeichen allein, zumal leicht demontierbar, wird nur ausnahmsweise genügen.

Beispiel:

Ein VW Golf, Baujahr 1992, soll herausgegeben werden. Die Vollstreckung wird kein Problem darstellen, wenn der Schuldner nur ein Fahrzeug dieses Typs besitzt. Hat er aber zwei Fahrzeuge des gleichen Typs und Baujahrs, oder befindet sich sein Auto im Zeitpunkt der Pfändung bei einem Dritten, der ebenfalls ein Fahrzeug dieses Typs und Baujahrs hat, könnte der Gerichtsvollzieher keines von beiden Fahrzeugen pfänden. Völlig klar wird das Problem, wenn der Schuldner Kraftfahrzeughändler ist. Als individualisierendes Merkmal ist daher stets die Fahrgestellnummer anzugeben.

Entsprechendes gilt für die Herausgabe eines „Teppichs, ca. 2 x 3 Meter, gemustert". Findet der Gerichtsvollzieher mehr als einen gemusterten Teppich in dieser Größe in der Wohnung des Schuldners vor, wird er zu Recht eine Pfändung ablehnen.

Tipp: Soweit möglich, sollten vor oder während des Erkenntnisverfahrens die streitigen Gegenstände **fotografiert** und diese Fotos dann dem Antrag beigefügt sowie zum Bestandteil des Urteils gemacht werden. Soweit über die §§ 319–321 ZPO im Nachhinein überhaupt noch eine Präzisierung des Titels nachgeholt werden kann (was mindestens voraussetzt, dass der Teppich in einem der Schriftsätze näher beschrieben worden war), kostet dies Zeit und verringert die Aussichten auf eine erfolgreiche Zwangsvollstreckung erheblich.

---

36 BGH, Rpfleger 1995, 366 = NJW 1995, 1162; BGH, Rpfleger 2000, 399 = InVo 2000, 280 = NJW-RR 2000, 1358; InVo 2004, 241 = NJW-RR 2004, 472.
37 LG Saarbrücken, Rpfleger 2003, 416.
38 KG, NJW-RR 1998, 425 = InVo 1998, 160 „Zahnarztpraxis".

3.22 Dies gilt grundsätzlich auch bei **Sachgesamtheiten**[39]. Bei **Massenartikeln** wird eine genaue Bezeichnung oftmals nur schwer möglich sein, so bei herauszugebendem **Hausrat**[40]. Die Rechtsprechung ist insoweit zu Recht großzügiger und lässt eine möglichst genaue Angabe ausreichen. Probleme gibt es zunehmend im **Computerbereich:** Bei einem Titel auf Rückgabe/Herausgabe eines Computerprogramms muss klargestellt sein, ob damit die Herausgabe der Originaldisketten und/oder der Sicherungsdisketten und/oder unberechtigt gezogener weiterer Disketten und/oder die Löschung der Daten auf den Disketten und/oder der Festplatte gemeint ist[41]. Dabei muss im Titel die Software ausreichend inhaltlich beschrieben sein, eine bloße Programmbezeichnung genügt nicht[42]. Für die Auflassung eines **Grundstücks** oder von **Wohnungseigentum** ist dieses Grundstück nach seiner Grundbuchstelle zu bezeichnen (z.B. „das im Grundbuch von Rodert, Amtsgerichtsbezirk Euskirchen, Bd. 374 Bl. 1346 eingetragene Grundstück lfd. Nr. 11, Flur 13, Flurstück 1527"; vgl. § 28 GBO[43]). Eine **Räumung** ist unzulässig, wenn im Wohnungszuweisungsverfahren nach der HausratsVO im Titel die Aufforderung an den anderen Ehegatten fehlt, die Wohnung – binnen bestimmter Frist – zu räumen[44]. Ausreichend bestimmt ist hingegen die Verpflichtung, „das Grundstück ... zu räumen, befreit von sämtlichen oberirdischen Aufbauten und unterirdischen Anlagen", weil dies das Vollstreckungsorgan vor Ort leicht feststellen kann. Die Beschreibung oder Aufzählung der Gebäude und Anlagen wäre nur erforderlich, wenn keine vollständige Beseitigung geschuldet wäre[45]. Das zu räumende Objekt muss genau bezeichnet werden [„die im Erdgeschoss des Objektes (Adresse) gelegene Wohnung, bestehend aus 4 Zimmern, 1 Küche, 1 Bad, 1 Gäste-WC, Flur, nebst dazu gehörendem Kellerraum"], wobei alle herauszugebenden Räumlichkeiten (Haupt- und Nebenräume) und Flächen (auch Außenflächen) anzugeben sind[46].

d) Handlung/Duldung/Unterlassung

3.23 Urteile auf Vornahme einer Handlung, auf Duldung oder Unterlassung müssen den Inhalt der vorzunehmenden, zu duldenden bzw. zu unterlassenden Handlung nach Art und Umfang so konkret beschreiben, dass diese auch für einen Dritten ohne weiteres erkennbar ist. Bei **Werkleistungen** ist

---

39 Vgl. KG, NJW-RR 1998, 424 „Zahnarztpraxis".
40 OLG Köln, FamRZ 2001, 174.
41 Vgl. KG, Rpfleger 1994, 309 = NJW-RR 1994, 959; OLG Koblenz, InVo 2001, 106; LG Heidelberg, CR 2004, 890.
42 LG Landau, DGVZ 1995, 87 betr. Software für Anlagensteuerung.
43 Vgl. auch BGH, NJW 1994, 1347, 1348.
44 OLG Stuttgart, InVo 2002, 297 = FamRZ 2002, 559.
45 OLG Düsseldorf, InVo 2003, 205 = MDR 2002, 1394.
46 Zur Auslegung eines Räumungstitels vgl. AG Siegburg/LG Bonn, DGVZ 1998, 142.

der „Soll-Zustand" zu präzisieren, ohne dass im Titel die genaue Vorgehensweise beschrieben werden müsste. Die Erfüllung dieser Pflicht muss ggf. durch Einschaltung eines Sachverständigen festgestellt werden[47].

Beispiel: 3.24

Der Beklagte wird verurteilt, die Putzschäden im Hause des Klägers in Euskirchen, Münstereifeler Straße 23, I. Etage, in den nach Norden gelegenen drei Räumen bis zum 31. Juli 2006 sach- und fachgerecht zu beseitigen.

Unzureichend hingegen die Tenorierung „… im Hausanwesen … ein Bad 3.25 mit WC zur ausschließlichen Nutzung des Klägers in benutzbarem Zustand einzurichten", weil die Einrichtung des Bades unklar ist (mit/ohne Badewanne, Dusche, Waschbecken, Wand- und/oder Bodenfliesen?[48]). Dementsprechend reicht es ebenfalls nicht aus, wenn die zu vollstreckende Leistung von der durch einen Dritten noch vorzunehmenden Konkretisierung abhängig gemacht wird[49]. Zu unbestimmt auch die Formulierung, „sämtliche Mitwirkungshandlungen zu erbringen, die erforderlich sind, damit eine Entlassung des Klägers aus gegenüber der Volksbank eingegangenen Bürgschaften erfolgen kann"[50]. Zu Recht großzügiger ist die Rechtsprechung bei **einstweiligen Verfügungen,** mit denen dem Mieter untersagt wird, dem Vermieterpfandrecht unterliegende Gegenstände aus den gemieteten Räumen zu schaffen[51]. Ein **Freistellungsanspruch** ist nicht hinreichend bestimmt, wenn in dem Titel (Tenor, Tatbestand, Entscheidungsgründe) offen gelassen wird, ob und in welchem Umfang der Anspruch überhaupt besteht, von dem freigestellt werden soll,[52] oder wenn die Höhe und die Bezeichnung des Anspruchs nicht eindeutig sind[53].

Bei der Verurteilung zur Erteilung einer **Auskunft** muss der Gegenstand 3.26 der Auskunft bestimmt bezeichnet werden[54]. Betrifft diese die Einkommens- und Vermögensverhältnisse, muss nicht nur der Zeitraum, für den die Auskunft begehrt wird, angegeben werden, sondern soweit wie möglich auch die Einkommensarten[55].

---

47 OLG Celle, MDR 2001, 686.
48 Vgl. OLG Saarbrücken, JurBüro 1993, 27 sowie allgemein zur Bestimmtheit im Baurecht *Wolf,* InVo 1996, 30 ff.
49 Schiedsgutachten – OLG Stuttgart, OLGR 1998, 361.
50 OLG Frankfurt, InVo 2005, 63.
51 OLG Stuttgart, NJW-RR 1997, 521.
52 **H.M.,** vgl. BGH, NJW 1991, 634, 635; OLG Stuttgart, JurBüro 1998, 324; KG, MDR 1999, 118 – Gewährleistungsansprüche.
53 BGH, NJW 1980, 1450; Saarl. OLG, InVo 1999, 360 = FamRZ 1999, 110; OLG Stuttgart, InVo 2000, 174; OLG Köln, InVo 2002, 245; OLG Naumburg, InVo 2004, 201 (geänderte Kontonummer).
54 OLG Frankfurt, InVo 2003, 445.
55 OLG Saarbrücken, OLGR Saarbrücken 2001, 498; OLG Naumburg, OLGR Naumburg 2002, 301.

3.27 **Belege** müssen im Einzelnen bezeichnet werden, der Anspruch auf Vorlage von Verträgen beinhaltet daher nicht die Vorlage von Auftrags- und Lieferscheinen[56].

3.28 Bei Klagen auf Beseitigung von **Störungen/Immissionen** genügt hingegen die Angabe des Ergebnisses, weil die Wahl des Mittels zur Erreichung des geschuldeten Erfolges in der Regel dem Schuldner verbleiben soll[57] [z.B.: „ab 22.00 Uhr den Ausschank von Speisen und Getränken auf der Terrasse des Hauses … zu unterlassen und geeignete Maßnahmen zu treffen, dass in allen Räumen der Wohnung des Klägers im 1. Stock des Nachbarhauses Münstereifeler Straße 23 in Euskirchen ab 22.00 Uhr keine höheren Luft-/Trittschallwerte als … db (A)auftreten"]. An der erforderlichen Bestimmtheit fehlt es aber, wenn die Verpflichtung, das Abrutschen von losem Steinmaterial zu verhindern, nur insoweit bestehen soll, als der Steinschlag den von benachbarten bewaldeten Grundstücken übersteigt[58].

e) Arbeitsrecht

3.29 Zu unbestimmt ist die Verpflichtung zur **Abrechnung** mit dem Inhalt, „sämtliche Baustellen und Aufträge, an denen der Kläger mitgewirkt hat, nachvollziehbar hinsichtlich des Gewinns abzurechnen[59]. Gleiches gilt für die Pflicht, das Arbeitsverhältnis „ordnungsgemäß abzurechnen"[60]. Die Erteilung eines **Zeugnisses** „auf der Basis eines Zwischenzeugnisses" ist nicht vollstreckbar, wenn der Inhalt des Zwischenzeugnisses weder im Vergleichstext wiedergegeben noch dem Vergleich als Anlage beigefügt worden ist[61]. Entsprechendes gilt für ein Urteil, in dem hinsichtlich des Inhalts des Zeugnisses lediglich auf eine Anlage zur Klageschrift Bezug genommen wird[62].

f) Verschiedenes

3.30 Bei einer **Zug-um-Zug-Verurteilung** und der ebenso zu vollstreckenden Verurteilung zur **Leistung nach Erfüllung der Gegenleistung** (§ 322 Abs. 2 BGB) muss entweder die vom Gläubiger zu erbringende Leistung durch den Gerichtsvollzieher dem Schuldner tatsächlich angeboten werden oder der Annahmeverzug des Schuldners bezüglich dieser Gegenleistung durch öffentliche oder öffentlich beglaubigte Urkunden nachgewiesen werden, damit die Zwangsvollstreckung durchgeführt werden kann (§§ 756,

---

56 OLG Jena, InVo 2002, 66.
57 BGH, NJW 1993, 1656 = FamRZ 1993, 939 =MDR 1993, 541; OLG Jena, InVo 2001, 341.
58 BGH, InVo 1997, 267.
59 LAG Düsseldorf, InVo 2004, 157.
60 BAG, NZA 2001, 1157.
61 Hess. LAG, NZA-RR 2004, 382.
62 LAG Köln, MDR 2003, 778.

765 ZPO). Dieser Nachweis ist am einfachsten dadurch zu führen, dass im Tenor des Urteils der Annahmeverzug festgestellt wird. Dann steht der Annahmeverzug für das Zwangsvollstreckungsverfahren fest[63]. Zwar kann auch durch Auslegung des Titels (Tatbestand, Entscheidungsgründe) der Annahmeverzug festgestellt und nachgewiesen werden, doch führt dies zu vermeidbaren Verzögerungen und birgt stets die Gefahr, dass das Vollstreckungsorgan, das insoweit in seiner Prüfung frei ist, zu dem Ergebnis gelangt, der Nachweis sei mit den im Tatbestand/Entscheidungsgründen enthaltenen Ausführungen nicht geführt[64].

Tipp: Nicht nur aus haftungsrechtlichen Gründen sollte der Anwalt daher, wenn Annahmeverzug vorliegt, stets neben dem Hauptantrag einen unechten Hilfsantrag auf Feststellung des Annahmeverzugs stellen. Damit sind keine bzw. nur geringe Mehrkosten verbunden, die die späteren möglichen Schwierigkeiten bei der Vollstreckung allemal aufwiegen[65].

3.31

Entsprechendes gilt bei **Klagen wegen vorsätzlich begangener unerlaubter Handlung.** Auch hier kann und sollte ein unechter Hilfsantrag auf Feststellung, dass der Beklagte aus vorsätzlich begangener unerlaubter Handlung haftet, gestellt werden. Nur so ist nach der Rechtsprechung des BGH sichergestellt, dass der Gläubiger bei der Vollstreckung die erweiterten Vollstreckungsmöglichkeiten des § 850f Abs. 2 ZPO nutzen kann[66].

3.32

Bei einer **Teilklage** muss erkennbar sein, welcher Teil des Gesamtanspruchs Gegenstand der Klage sein soll. Ist das nicht so, lässt sich dem Urteil nicht entnehmen, über welche der Einzelforderungen oder welche Teilbeträge das Gericht entschieden hat. Ein solches Urteil ist deshalb der materiellen Rechtskraft nicht fähig. Es ist aber weder ein Nichturteil noch ein nichtiges Urteil, also wirksam und auch vollstreckungsfähig, weil der Tenor – für sich genommen – klar und widerspruchsfrei ist und die Zwangsvollstreckung materielle Rechtskraft nicht voraussetzt. Der Schuldner kann sich gegen ein solches wirkungsgemindertes Urteil im Wege der prozessualen Gestaltungsklage analog § 767 Abs. 1 ZPO wehren[67].

3.33

---

63 Vgl. OLG Köln, JurBüro 1989, 870, 873.
64 Vgl. OLG Köln, JurBüro 1989, 870, 873.
65 Vgl. BGH, NJW-RR 1989, 826 = MDR 1989, 732 = WM 1989, 802: Streitwert für Feststellung des Annahmeverzuges ist ein „Erinnerungswert"; offen geblieben ist dabei, ob er wertmäßig nicht völlig außer Betracht bleiben kann; vgl. hierzu auch *Schneider,* Streitwert Rdn. 1713a.
66 Vgl. zu einer solchen nachträglichen Feststellungsklage BGH, NJW 1990, 834; BGH, Rpfleger 2003, 91 = InVo 2003, 70 = NJW 2003, 515 = JurBüro 2003, 436 und BGH, Rpfleger 2005, 370 = InVo 2005, 326 = NJW 2005, 1663 = FamRZ 2005, 974 = JurBüro 2005, 437 = MDR 2005, 1014 = ZVI 2005, 253; s. zu dieser Problematik auch Rdn. 6.195 f.
67 BGH, NJW 1994, 460 = MDR 1994, 1040 = ZIP 1994, 67.

3. Parteibezeichnung

3.34 Der Titel muss neben dem vollstreckungsfähigen und bestimmten Inhalt ferner die **Parteien** (Gläubiger/Schuldner/ggf. Dritte), für und gegen die die Zwangsvollstreckung stattfindet, so hinreichend bestimmt bezeichnen, dass keine Zweifel an deren Identität aufkommen[68]. Bei unrichtiger Parteibezeichnung ist Partei diejenige Person, die erkennbar durch die Parteibezeichnung betroffen werden soll. Wer dies ist, ist im Wege der Auslegung zu ermitteln[69]. Ggf. kann der Titel im Wege des § 319 ZPO berichtigt werden, wenn die Identität der Partei dabei gewahrt bleibt[70]. Bei einer Behörde oder juristischen Person bedarf es nicht der Angabe einer natürlichen Person, durch die die Behörde oder juristische Person vertreten wird[71]. Andererseits genügt die Bezeichnung einer Partei nur als Niederlassung nicht, weil der Rechtsträger nicht erkennbar ist[72].

3.35 Die Parteien müssen **im Original** namentlich bezeichnet sein; eine **Verweisung** in der Urschrift auf bestimmte Seiten der Gerichtsakte („in pp., einrücken wie Bl. x d.A.") genügt nicht[73]. Ein solcher Titel ist fehlerhaft, aber nicht nichtig.

3.36 Sind auf Gläubiger- und/oder Schuldnerseite **mehrere Personen** beteiligt, muss sich aus dem Titel ihr Beteiligungs- bzw. Haftungsverhältnis ergeben.

Insoweit kommen in Betracht:

- Teilgläubiger/Teilschuldner (§ 420 BGB);
- Gesamtgläubiger (§ 428 BGB)/Gesamtschuldner (§ 421 BGB);
- Mitgläubiger (Gesamthandsgläubiger, z.B. eine Erbengemeinschaft; einfache Forderungsgemeinschaft, z.B. ein Mietzinsanspruch mehrerer Eigentümer; einfache gemeinschaftliche Berechtigung, z.B. der Besitzer und der Eigentümer werden durch dieselbe unerlaubte Handlung geschädigt; § 432 BGB);[74]

---

68 Vgl. § 750 Abs. 1 ZPO; BGH, NJW 1977, 1686; zum Ausnahmefall eines Titels gegen eine unbekannte Person: LG Berlin, NJW-RR 1998, 713.
69 **H.M.,** vgl. BGH, InVo 2004, 152 = NJW 2004, 506; BGH, NJW-RR 1995, 764, 765; OLG Naumburg, NJW-RR 1998, 357; Brand. OLG, OLGR 1996, 113 zur OHG; VGH Mannheim, NJW 1998, 3291.
70 OLG Düsseldorf, OLGR 1995, 203.
71 BGH, ZVI 2004, 239; BGH, Rpfleger 1997, 266; Zöller/*Greger*, § 253 Rdn. 8; vgl. auch § 170 Abs. 2 ZPO.
72 OLG Düsseldorf, InVo 1998, 24.
73 BGH, Rpfleger 2003, 598 = InVo 2004, 26 =NJW 2003, 3136 = MDR 2003, 1316 = FamRZ 2003, 1742 = JurBüro 2003, 608; OLG Köln, InVo 2001, 286 = WM 2002, 1244; OLG Köln, Rpfleger 2000, 409 = InVo 2001, 13 = MDR 2000, 1274 und Rpfleger 2002, 277 = InVo 2002, 226; OLG Karlsruhe, InVo 2000, 208 = MDR 1999, 1403 = NJW-RR 2001, 67.
74 Vgl. Einzelheiten bei Palandt/*Heinrichs*, § 432 BGB Rdn. 1–7.

- gemeinschaftliche Schuld (Gesamthand; gemeinschaftliche Schuld im eigentlichen Sinne, z.B. gemeinschaftliche Verpflichtung mehrerer Musiker zu einer Orchesterveranstaltung[75]); beachte auch § 431 BGB.

Von den Fällen der Rechtsnachfolge abgesehen, die sich aus einer entsprechenden Vollstreckungsklausel ergeben muss (§§ 727 f. ZPO), enthalten die §§ 735–749 ZPO Sonderregelungen hinsichtlich der Zwangsvollstreckung in bestimmte Vermögensmassen (Sondervermögen), die nicht nur der im Titel aufgeführten Person zustehen. 3.37

Zur Zwangsvollstreckung in das Vermögen eines **nicht rechtsfähigen Vereins** (passiv legitimiert gem. § 50 Abs. 2 ZPO) genügt ein gegen den Verein ergangenes Urteil bzw. anderer Titel, §§ 735, 795 ZPO. Zum Vereinsvermögen gehören auch die Mitgliedsbeiträge. Vollstreckungsmaßnahmen richten sich gegen die Vereinsorgane, nicht gegen das einzelne Vereinsmitglied; dieses ist Dritter und insoweit durch die Vorschriften der ZPO geschützt (z.B. §§ 766, 809; 771 ZPO). 3.38

Für die Zwangsvollstreckung auch in das Privatvermögen der Mitglieder ist ein Titel gegen alle Mitglieder des Vereins erforderlich. Aus einem solchen Titel kann andererseits – gem. § 736 ZPO – auch in das Vereinsvermögen vollstreckt werden.

Zur Zwangsvollstreckung in das **Gesellschaftsvermögen einer Gesellschaft bürgerlichen Rechts** (§ 705 BGB) ist entweder ein gegen die Gesellschaft als solche (s.u.) oder ein gem. § 736 ZPO gegen alle namentlich bezeichneten Gesellschafter ergangener Titel erforderlich[76]. Es muss nicht ein einziger Titel gegen alle Gesellschafter vorliegen, sondern es genügen mehrere, von der Art her auch unterschiedliche Titel (Vergleich/Urteil/Vollstreckungsbescheid), wenn nur bei Beginn der Zwangsvollstreckung gegen jeden Gesellschafter ein inhaltsgleicher Titel vorliegt. Vollstreckt werden kann sowohl in das gesamte Gesellschaftsvermögen wie auch in das Privatvermögen jedes einzelnen Gesellschafters. Hingegen kann aus einem auf einen einzelnen Gesellschafter lautenden Titel nur in dessen Privatvermögen (einschl. des Gesellschaftsanteils, § 859 Abs. 1 S. 1 ZPO), nicht aber in das Gesellschaftsvermögen vollstreckt werden. Eine dennoch erfolgte Pfändung ist nicht nichtig, sondern nur anfechtbar[77]. 3.39

Nach der neuen Rechtsprechung des BGH[78] ist eine **Außen-BGB-Gesellschaft rechtsfähig,** sodass in das Gesellschaftsvermögen auch aufgrund eines gegen die BGB-Gesellschaft als solche gerichteten Titels vollstreckt werden kann. Aufgrund eines Titels gegen die BGB-Gesellschaft kann allerdings nicht in das Vermögen eines einzelnen Gesellschafters vollstreckt 3.40

---

75 Vgl. Palandt/*Grüneberg*, Überblick vor § 420 BGB Rdn. 9.
76 BGH, Rpfleger 2004, 718 = InVo 2005, 115 = NJW 2004, 3632 = MDR 2005, 113.
77 Vgl. BGH, WM 1977, 840.
78 Rpfleger 2001, 246 = NJW 2001, 1056 = InVo 2001, 171 = JurBüro 2001, 319 = ZIP 2001, 330 = MDR 2001, 459.

werden. Liegt ein Titel gegen die Gesellschaft als solche vor und tritt ein **neuer Gesellschafter** in die Gesellschaft ein, ist zur Vollstreckung in das Gesellschaftsvermögen kein neuer Titel gegen den neuen Gesellschafter notwendig. Nach einer neueren Entscheidung des BGH[79] haftet der in eine GbR neu eintretende Gesellschafter für bereits bestehende Verbindlichkeiten (Altverbindlichkeiten) der Gesellschaft auch persönlich, d.h. mit seinem Privatvermögen. Offen ist dabei lediglich, ob dies im Hinblick auf § 8 Abs. 2 PartGG auch für Verbindlichkeiten aus beruflichen Haftungsfällen gilt. Diese Haftung kann allerdings aus Gründen des Vertrauensschutzes auf Beitritte beschränkt sein, die erst nach der Veröffentlichung dieser Entscheidung des BGH im April 2003 erfolgt sind. Ob der Vertrauensschutz des Beitretenden Vorrang vor der materiellen Rechtslage hat, richtet sich danach, ob er bei seinem Beitritt Kenntnis vom Vorhandensein von Altverbindlichkeiten hatte oder auch bei nur geringer Aufmerksamkeit hätte erlangen können[80].

3.41 **Tipp:** Will der Gläubiger sich die Möglichkeit offen lassen, aufgrund des Titels sowohl in das Gesellschaftsvermögen als auch in das Vermögen jedes einzelnen Gesellschafters vollstrecken zu können, kann er im Wege der subjektiven Klagehäufung sowohl gegen alle Gesellschafter als auch gegen die BGB-Gesellschaft den Prozess führen; dies ist allerdings mit Mehrkosten verbunden.

3.42 Soll in das Gesellschaftsvermögen einer **OHG, KG oder PartG** vollstreckt werden, ist gem. §§ 124 Abs. 2, 161 Abs. 2 HGB, § 7 Abs. 2 PartGG hierzu ein Titel gegen die Gesellschaft als solche notwendig. Ein Titel gegen alle Gesellschafter genügt nicht, § 736 ZPO findet keine Anwendung. Aus einem Titel gegen die OHG/KG/PartG kann nach der ausdrücklichen Regelung des § 129 Abs. 4 HGB, § 8 Abs. 1 PartGG nicht in das Privatvermögen eines Gesellschafters vollstreckt werden, obschon er für die Schulden der Gesellschaft auch persönlich haftet, § 128 HGB, § 8 Abs. 1 S. 1 PartGG. Wird bei einer Personengesellschaft zusätzlich eine oder mehrere Personen als Inhaber angegeben, so ist allein maßgeblich der Name der Gesellschaft, nur diese wird Prozesspartei[81].

3.43 Auch eine **Wohnungseigentumsgemeinschaft** ist rechtsfähig, soweit sie bei der Verwaltung des gemeinschaftlichen Eigentums am Rechtsverkehr teilnimmt[82].

---

79 Urt. v. 7.4.2003 = Rpfleger 2003, 442 = NJW 2003, 1803.
80 BGH, v. 12.12.2005 NJW 2006, 765 = ZIP 2006, 82 in Klarstellung zum Urt. v. 7.4.2003 = Rpfleger 2003, 442 = NJW 2003, 1803.
81 BGH, NJW 1999, 1871.
82 BGH, Rpfleger 2005, 521 = InVo 2005, 407 = NJW 2005, 2061 = DGVZ 2005, 153 = MDR 2005, 1156.

Zur Zwangsvollstreckung in den **ungeteilten Nachlass,** der den Miterben als Gesamthandsvermögen zusteht (§ 2032 Abs. 1 BGB), ist ein Titel gegen alle Erben erforderlich; auch hier muss es nicht notwendig ein einheitlicher Titel sein (s. Rdn. 3.39), wenn nur die Erben für den vollstreckbaren Anspruch dem Gläubiger (nicht nur einem Nachlassgläubiger) aus demselben Rechtsgrund als Gesamtschuldner haften[83].   3.44

Ein schon **gegen den Erblasser ergangener Titel** kann gem. § 727 ZPO gegen die Miterben umgeschrieben werden. Hatte die Zwangsvollstreckung zur Zeit des Todes des Schuldners bereits begonnen, wird sie ohne weiteres in seinen Nachlass fortgesetzt (§ 779 Abs. 1 ZPO).   3.45

Liegt nur ein **Titel gegen einen Miterben** vor, kann nicht in das Gesamthandsvermögen der Miterbengemeinschaft, sondern nur in das Privatvermögen des Miterben vollstreckt werden, zu dem auch der Anteil des Miterben an dem Nachlass gehört (§ 859 Abs. 2 ZPO).   3.46

Zur Zwangsvollstreckung in die **Insolvenzmasse** ist ein gegen den Insolvenzverwalter ergangener oder umgeschriebener Titel erforderlich. Wegen § 89 Abs. 1 InsO kommt dies nur bei Absonderungs-, Aussonderungsrechten sowie Masseschulden in Betracht (§§ 47, 50, 53, 55, 166 InsO). Vgl. zu den Einzelheiten Rdn. 3.117 ff.   3.47

Ein **Kaufmann** kann unter seiner Firma klagen bzw. verklagt werden (§ 17 Abs. 2 HGB). Firma ist der Name, unter dem der Kaufmann seine Geschäfte betreibt und seine Unterschrift abgibt (§ 17 Abs. 1 HGB). Bisher war dies stets der Name einer natürlichen Person. Seit dem 27.6.1998 können auch andere Bezeichnungen gewählt werden („Flower Power Shop"), jedoch mit dem Zusatz „eingetragene Kauffrau" bzw. „eingetragener Kaufmann", vgl. § 18 HGB. Der Kläger muss sich daher nicht darum kümmern, welche Person dies tatsächlich ist. Prozesspartei ist derjenige, der bei Eintritt der Rechtshängigkeit Inhaber der Firma ist. Zulässig ist es daher, eine Frau, die ein Handelsgeschäft erworben hat und unter der bisherigen, auf einen männlichen Inhaber hinweisenden Firma fortführt, unter diesem Namen mit dem Zusatz „Herrn" zu verklagen[84]. Ist neben der Firma eine Person als Inhaber namentlich bezeichnet, richtet sich der Titel gegen die namentlich bezeichnete Person, weil der Angabe des bürgerlichen Namens die maßgebliche Kennzeichnungskraft zukommt; diese Person wird auch dann Partei, wenn ihr in Wahrheit die Firma nicht gehört[85].   3.48

Tipp: Im Hinblick auf zu erwartende Schwierigkeiten bei der Vollstreckung (Identität der Parteien) empfiehlt es sich dringend, bereits im Titel die Person des Inhabers zusätzlich anzugeben[86]. Zwar genügt   3.49

---

83 BGHZ 53, 110 = NJW 1970, 473.
84 BGH, NJW 1990, 908; OLG Köln, InVo 1996, 98.
85 BGH, NJW 1999, 1871.
86 Vgl. auch Staub/*Hüffer,* § 17 HGB Rdn. 48.

auch für die Zwangsvollstreckung die firmenmäßige Angabe, jedoch wird sich die Person des Inhabers im Zeitpunkt der – maßgeblichen – Rechtshängigkeit jedenfalls bei entsprechendem Bestreiten durch den Firmeninhaber bei der Vollstreckung nur aufgrund eines Handelsregisterauszugs ergeben. Bei nicht zu behebenden Zweifeln ist gem. § 727 ZPO analog ein Antrag auf Erteilung eines entsprechenden Klarstellungsvermerkes möglich. Der Sitz einer Firma gehört zu den grundsätzlich notwendigen Angaben im Titel[87].

4. Wirksamkeit

3.50 Schließlich muss der Titel, aus dem vollstreckt wird, im Zeitpunkt der Vollstreckung **noch wirksam** sein, er darf z.B. nicht durch eine spätere Entscheidung überhaupt oder hinsichtlich der Vollstreckbarkeit abgeändert oder aufgehoben worden sein (z.B. durch abänderndes Berufungsurteil oder späteren Prozessvergleich)[88]. So stellt ein Arrestbefehl bzw. eine einstweilige Verfügung nach fruchtlosem Ablauf der Vollziehungsfrist (§ 929 Abs. 2 und 3 ZPO) keine geeignete Grundlage für Zwangsvollstreckungsmaßnahmen mehr dar: Bereits erfolgte Vollstreckungshandlungen sind nichtig, nicht nur anfechtbar. Weitere Vollstreckungshandlungen dürfen nicht mehr vorgenommen werden[89]. Die Vollstreckbarkeit eines gerichtlichen Vergleichs wird nicht dadurch beseitigt, dass eine Partei den Rechtsstreit mit der Behauptung fortsetzt, der Vergleich sei aus materiellen Gründen unwirksam[90]. Ist bei einer Teilklage nicht erkennbar, welcher Teil des Gesamtanspruchs Gegenstand der Klage sein soll, so lässt sich dem Urteil nicht entnehmen, über welche der Einzelforderungen oder welche Teilbeträge das Gericht entschieden hat. Ein solches Urteil ist weder ein Nichturteil noch ein nichtiges Urteil. Es ist zwar deshalb der materiellen Rechtskraft nicht fähig, jedoch wirksam und vollstreckungsfähig, weil der Tenor – für sich genommen – klar und widerspruchsfrei ist und die Zwangsvollstreckung materielle Rechtskraft nicht voraussetzt. Der Schuldner kann sich gegen ein solches wirkungsgemindertes Urteil im Wege der prozessualen Gestaltungsklage analog § 767 Abs. 1 ZPO wehren[91].

---

87 Vgl. LG Saarbrücken, DGVZ 1997, 183.
88 Vgl. Rdn. 3.371 ff. zu § 775 ZPO – Vollstreckungshindernisse.
89 Vgl. BGH, NJW 1991, 496.
90 OLG Frankfurt, NJW-RR 1995, 703.
91 BGH, NJW 1994, 460 = MDR 1994, 1040 = ZIP 1994, 67.

II. Vollstreckungsklausel

1. Zweck der Klausel

Die vollstreckbare Ausfertigung ist das amtliche Zeugnis des Bestehens sowie der Vollstreckungsreife des Titels. Damit werden die Vollstreckungsorgane von der Verpflichtung entbunden, diese Tatsachen bei Beginn der Zwangsvollstreckung jeweils selbst nachzuprüfen. Ihre Überprüfung erstreckt sich daher nur noch darauf, ob der Titel bzw. die Klausel vorhanden[92] und nicht nichtig sind und ob die sonstigen Vollstreckungsvoraussetzungen vorliegen; die Prüfung betrifft grundsätzlich nicht die Rechtmäßigkeit oder die Richtigkeit des Titels bzw. der Klauselerteilung **(Grundsatz der Formalisierung der Zwangsvollstreckung**[93]**)**. Eine sachlich-rechtliche Prüfung kommt ausnahmsweise in Betracht, wenn durch öffentliche oder öffentlich-beglaubigte Urkunden nachgewiesen oder offenkundig ist, dass der materiell-rechtliche Anspruch nicht (mehr) besteht[94] oder der Vollstreckungstitel keinen vollstreckbaren Inhalt hat[95]. Neben dieser Arbeitserleichterung für die Vollstreckungsorgane dient die Vollstreckungsklausel auch dem Schuldnerschutz, vgl. §§ 754, 757; 733, 734, 795 ZPO.

3.51

Die Vollstreckungsklausel bestimmt Gegenstand und Umfang der Vollstreckung sowie die Personen, für und gegen die vollstreckt werden kann (Vollstreckungsgläubiger/Vollstreckungsschuldner). Bei **Gesamtgläubigern**, **Gesamthandsgläubigern** bzw. **Gesamtschuldnern** sowie **gemeinschaftlicher Schuld** ist nach wohl h.M.[96] grundsätzlich nur eine vollstreckbare Ausfertigung zu erteilen, weitere nur gem. § 733 ZPO. Dies ist für die genannten Gläubiger zutreffend und wird wohl überwiegend auch für **Mitgläubiger** (§ 432 BGB) vertreten[97].

3.52

Hinsichtlich der Schuldnerseite weist demgegenüber *Wolfsteiner*[98] zutreffend darauf hin, dass das Gesetz für diese Auffassung keine Grundlage bietet und der Gläubiger durchaus Interesse daran haben kann, die Vollstreckungsklausel nur gegen einen von mehreren **Gesamtschuldnern** erteilt zu

3.53

---

92 Nicht nur, ob sie dem Gläubiger irgendwann einmal erteilt worden ist, OLG Köln, InVo 2000, 350 = JurBüro 2001, 493 = NJW-RR 2000, 1580.
93 Vgl. auch OLG Frankfurt, FamRZ 1994, 453; NJW-RR 1995, 703 = InVo 1996, 80; *Jaspersen*, Rpfleger 1995, 4 sowie Sauer/*Meiendresch*, Rpfleger 1997, 289 m.w.N. auch zur a.A.
94 BayObLG, InVo 1998, 51; OLG Frankfurt, InVo 1997, 302 und OLGR 1999, 27; Musielak/*Lackmann*, § 732 Rdn. 5, § 797 Rdn. 4; MünchKomm/*Wolfsteiner* ZPO, § 794 Rdn. 264, § 797 Rdn. 21; zurückhaltend Zöller/*Stöber*, § 797 Rdn. 5b.
95 Zöller/*Stöber*, § 724 Rdn. 14; HK-ZPO/*Kindl*, § 724 Rdn. 1.
96 Thomas/*Putzo*, § 724 Rdn. 11, 12; Baumbach/*Hartmann*, § 724 Rdn. 9; Zöller/ *Stöber*, § 724 Rdn. 12.
97 BGH, Rpfleger 1995, 366 = NJW 1995, 1163; Zöller/*Stöber*, § 724 Rdn. 3a; offen Thomas/*Putzo*, § 724 Rdn. 12: **a.A.** KG InVo 2001, 62 = NJW-RR 2000, 1409; OLG Köln, Rpfleger 1990, 82; MünchKomm/*Wolfsteiner* ZPO, § 724 Rdn. 21.
98 MünchKomm ZPO, § 724 Rdn. 21.

bekommen. Eine Umgehung des § 733 ZPO und des damit verbundenen Schuldnerschutzes kann dadurch verhindert werden, dass die Erteilung einer Klausel gegen nur einen der Gesamtschuldner auf der Urschrift des Titels vermerkt wird (vgl. § 734 ZPO). Bei Teilgläubigern bzw. **Teilschuldnern** sind so viele vollstreckbare Ausfertigungen zu erteilen, wie Gläubiger bzw. Schuldner vorhanden sind.

3.54 Die Klausel kann auch **nur für einen Teil des titulierten Anspruchs** erteilt werden. Das ist besonders dann geboten, wenn der Schuldner einen Teil der Forderung bereits vor Klauselerteilung gezahlt hat. Denn würde der Gläubiger in einem solchen Fall eine Klausel für den vollen Titel beantragen, müsste er mit einer Vollstreckungsabwehrklage des Schuldners rechnen[99].

3.55 Für **Dritte**, die nicht Rechtsnachfolger der im Titel aufgeführten Parteien sind, kann eine Vollstreckungsklausel nicht erteilt werden, weil eine *isolierte* Vollstreckungsstandschaft nicht zulässig ist[100]. Dies gilt auch, soweit der Dritte durch den Titel begünstigt wird. So kann dem Dritten, der ein eigenes Forderungsrecht gem. § 328 BGB aufgrund eines Prozessvergleichs erworben hat, nur dann eine Klausel erteilt werden, wenn er dem Prozessvergleich beigetreten war[101].

3.56 Die Vollstreckungsklausel ist grundsätzlich **zwingende Voraussetzung für den Beginn der Zwangsvollstreckung** (§ 724 Abs. 1 ZPO). Dies gilt auch für den Anwaltsvergleich[102].

3.57 **Ausnahmen** bestehen in folgenden Fällen:

- Vollstreckungsbescheide (ebenso bei Urteilen, die lediglich einen Vollstreckungsbescheid aufrechterhalten[103]),
- Arrestbefehle,
- einstweiligen Verfügungen;

hierfür ist eine Klausel nur erforderlich, soweit die Zwangsvollstreckung für bzw. gegen eine andere als die im Titel bezeichnete Person betrieben wird (§§ 796 Abs. 1, 929 Abs. 1, 936 ZPO). Ein Vergleich, der in einem einstweiligen Verfügungsverfahren geschlossen wird, bedarf allerdings der Vollstreckungsklausel[104].

3.58 Eine Klausel ist ferner nicht erforderlich bei:

- einem Kostenfestsetzungsbeschluss, der auf ein Urteil, vollstreckbaren Beschluss oder gerichtlichen Vergleich gesetzt wird (§§ 795a, 105 Abs. 1 ZPO);

---

99 Vgl. BGH, NJW 1992, 2148.
100 BGH, NJW 1985, 809; NJW-RR 1992, 61.
101 KG, NJW 1973, 2032; OLG Frankfurt, InVo 2003, 238; *Schuschke,* vor §§ 724–734 Rdn. 6; Zöller/*Stöber,* § 794 Rdn. 6, jew. m.w.N.
102 OLG Köln, InVo 1997, 50.
103 LG Koblenz, NJW-RR 1998, 1026; *Schuschke,* vor §§ 724–734 Rdn. 4.
104 LAG Düsseldorf, MDR 1997, 659.

- der Vorpfändung, § 845 Abs. 1 S. 3 ZPO;
- einem Haftbefehl, § 908 ZPO;
- einem Pfändungsbeschluss gem. § 830 Abs. 1 S. 3 ZPO;
- einem Überweisungsbeschluss gem. § 836 Abs. 3 S. 2 ZPO als Titel für die Wegnahme des Hypothekenbriefes bzw. der Urkunden, die die gepfändete und überwiesene Forderung betreffen (Hilfspfändung);
- einem Sicherungsbeschluss auf Herausgabe von Gegenständen des Schuldners gem. § 21 InsO in entsprechender Anwendung des § 929 Abs. 1 ZPO[105].

Die Erteilung der Vollstreckungsklausel selbst ist noch **keine Zwangsvollstreckung,** bereitet sie vielmehr nur vor. Die Einstellung der Zwangsvollstreckung (z.B. gem. §§ 707, 769 ZPO) hindert die Erteilung der Vollstreckungsklausel daher nicht. Für das **Insolvenzverfahren** ist **streitig,** ob § 89 InsO der Erteilung der Klausel entgegensteht[106].

2. Antrag

Die Klausel wird erteilt aufgrund eines formlosen, schriftlichen oder mündlich zu Protokoll der Geschäftsstelle erklärten **Antrags,** der keinem Anwaltszwang unterliegt (§ 78 Abs. 5 ZPO, § 13 RPflG). Antragsberechtigt ist die zur Vollstreckung befugte Partei, d.h. grundsätzlich die Partei, die das Urteil erstritten oder den Titel erwirkt hat bzw. deren Rechtsnachfolger[107]. Lautet der Titel (z.B. eine Urkunde des Jugendamtes, in der sich der Schuldner zur Zahlung des Unterhalts an das minderjährige Kind verpflichtet) auf den Namen des Kindes, so kann die Mutter im Falle des § 1629 Abs. 3 BGB diesen Titel in entsprechender Anwendung von § 727 ZPO auf sich umschreiben lassen[108]. Ein Prozessstandschafter bleibt vollstreckungsbefugt und damit antragsberechtigt, solange dem materiellen Anspruchsinhaber keine Klausel erteilt worden ist. Dies gilt auch im Falle der Geltendmachung des Kindesunterhalts durch einen Elternteil gegen den anderen gem. § 1629 Abs. 3 BGB;[109] und zwar auch nach rechtskräftiger Scheidung bzw. Volljährigkeit des Kindes[110].

---

105 AG Duisburg, ZVI 2004, 622.
106 Verneinend: OLG Braunschweig, Rpfleger 1978, 220; *Fischer,* ZInsO 2005, 69, 70; MünchKomm/*Wolfsteiner* ZPO, § 724 Rdn. 37 betr. Klausel gegen Gemeinschuldner; Zöller/*Stöber,* § 724 Rdn. 5; StJ/*Münzberg,* § 724 Rdn. 10; Baumbach/ *Hartmann,* § 724 Rdn. 11; MünchKomm/*Breuer* InsO, § 89 Rdn. 30.
107 BGH, NJW 1984, 806.
108 Vgl. LG Koblenz, FamRZ 1995, 490.
109 BGH, NJW 1991, 839, 840.
110 OLG Hamburg, (1. FamS) FamRZ 1984, 927; OLG Nürnberg, FamRZ 1987, 1172; *Hochgräber,* FamRZ 1996, 272; **a.A.** OLG Hamburg, (3. FamS) FamRZ 1985, 624; *Schuschke,* § 724 Rdn. 3; Zöller/*Stöber,* § 724 Rdn. 3; Rosenberg/Gaul/ *Schilken,* § 10 IV 2a; nach OLG Frankfurt, FamRZ 1994, 453 darf die Klauselerteilung nur bei zweifelsfreiem Wegfall der Vertretungsmacht – z.B. bei Volljährigkeit – verweigert werden.

3.61 Bei Rücknahme des Antrags ist die Vorschrift des § 269 Abs. 3 ZPO entsprechend anwendbar[111].

3. Zuständigkeit

3.62 **Sachlich/örtlich** ausschließlich (§ 802 ZPO) zuständig für die Erteilung der vollstreckbaren Ausfertigung eines **Urteils** ist das Gericht des ersten Rechtszuges, also das Gericht des Ausgangsverfahrens, in dem der Vollstreckungstitel geschaffen wurde, unabhängig davon, ob das Prozessgericht des ersten Rechtszuges für die Streitsache zuständig war. Solange der Rechtsstreit beim Rechtsmittelgericht anhängig ist, wird die Klausel von diesem erteilt (§ 724 Abs. 2 ZPO).

3.63 Bei **Vollstreckungsbescheiden** ist gem. §§ 796 Abs. 1 und 3, 795, 724 Abs. 2 ZPO für die Erteilung der Klausel das Mahngericht, das den Vollstreckungsbescheid erlassen hat, zuständig. Dies gilt auch bei der Konzentration der Mahnverfahren auf ein zentrales Mahngericht gem. § 689 Abs. 3 ZPO[112]. Für die Erteilung der (zweiten) vollstreckbaren Ausfertigung eines Vollstreckungsbescheids gem. § 733 ZPO ist nach Abschluss des **streitigen** Verfahrens das Amtsgericht – Mahngericht – als Gericht des ersten Rechtszugs und nicht das Prozessgericht zuständig[113].

3.64 Bei **gerichtlichen Urkunden** (§ 794 Abs. 1 Nr. 5 ZPO) ist der Urkundsbeamte der Geschäftsstelle bzw. der Rechtspfleger des Gerichts für die Erteilung der Klausel zuständig (§ 797 Abs. 1 ZPO); bei **notariellen Urkunden** bzw. bei durch den Notar gem. § 796c ZPO für vollstreckbar erklärten **Anwaltsvergleichen** ist zuständig der sie verwahrende Notar (§ 797 Abs. 2 S. 1, Abs. 6 ZPO), bei behördlicher Verwahrung die sie verwahrende Behörde (§ 797 Abs. 2 S. 2, Abs. 6 ZPO); für die Entscheidung über eine weitere vollstreckbare Ausfertigung gem. § 733 ZPO ist der Rechtspfleger des Amtsgerichts zuständig, in dessen Bezirk der Notar/die Behörde ihren Amtssitz hat. Auf Anweisung des Rechtspflegers wird sie dann vom Notar bzw. der Behörde erteilt. Für **Gütestellenvergleiche** (§ 794 Abs. 1 Nr. 1 ZPO) wird die Vollstreckungsklausel von dem Urkundsbeamten der Geschäftsstelle desjenigen Amtsgerichts erteilt, in dessen Bezirk die Gütestelle ihren Sitz hat, vgl. § 797a ZPO. Zuständig für die Klauselerteilung zu einem **Auszug aus der Insolvenztabelle** ist das Insolvenzgericht (§§ 2, 4, 201 Abs. 2 InsO). Die Klausel kann gem. § 201 Abs. 2 S. 3 InsO erst nach Aufhebung des Insolvenzverfahrens beantragt werden; das hindert allerdings nicht, schon während der Wohlverhaltensperiode eine Klausel zu erteilen, zumal die mindestens theoretische Möglichkeit besteht, dass die

---

111 OLG Hamm, InVo 1997, 303.
112 BGH, Rpfleger 1994, 72 = NJW 1993, 3141; OLG Hamm, Rpfleger 1994, 30; LG Koblenz, Rpfleger 2000, 537 – auch dann, wenn eine erfolgreiche Klauselklage nach § 731 ZPO vorausgegangen war; **a.A.** OLG Koblenz, Rpfleger 1994, 307.
113 OLG Stuttgart, InVo 2005, 31.

Restschuldbefreiung versagt werden könnte und diese für angemeldete Forderungen aus vorsätzlich begangener unerlaubter Handlungen sowieso nicht gilt (vgl. § 302 Nr. 1 InsO)[114].

Die **funktionelle Zuständigkeit** für die Erteilung der Klausel hängt von der Art der Klausel ab: 3.65

Für die *einfache* Klausel ist der Urkundsbeamte der Geschäftsstelle des erstinstanzlichen Gerichts bzw. des höheren Gerichts, bei dem der Rechtsstreit anhängig ist, zuständig (§§ 724 Abs. 2, 795 ZPO). Bei einer titelergänzenden bzw. titelumschreibenden (qualifizierten) Klausel ist der Rechtspfleger des entsprechenden Gerichts zuständig (§ 20 Nr. 12 RPflG), und zwar auch dann, wenn eine erfolgreiche Klauselklage nach § 731 ZPO vorausgegangen war[115].

Lange Zeit war **streitig,** wer für die Erteilung einer Klausel bei einem **Vergleich auf Widerruf** zuständig ist. Der BGH[116] hat sich der bis dahin wohl überwiegenden Rechtsprechung[117] angeschlossen, wonach hierfür der Rechtspfleger zuständig ist. Für die Erteilung einer Klausel aus dem **Zuschlagsbeschluss gem.** § 93 ZVG gegen den Besitzer des Grundstücks ist der Rechtspfleger zuständig, weil der materiell-rechtliche Einwand gem. § 93 Abs. 1 S. 2 ZVG – Einwand eines durch den Zuschlag nicht erloschenen Besitzrechts[118] – bereits im Klauselerteilungsverfahren zu prüfen ist[119]. 3.66

Wird eine qualifizierte Klausel durch den Urkundsbeamten der Geschäftsstelle statt durch den Rechtspfleger erteilt, so ist die Klausel **unwirksam**[120]. Der Mangel kann jedoch auch noch im Beschwerdeverfahren durch Neuerteilung der Klausel geheilt werden[121]. 3.67

Der Urkundsbeamte der Geschäftsstelle bzw. der Rechtspfleger **prüft** zunächst seine funktionelle Zuständigkeit, ob also ein Fall einer einfachen (§ 724 ZPO), einer titelergänzenden (§ 726 ZPO) oder titelumschreibenden 3.68

---

114 LG Göttingen, ZVI 2005, 554 = ZInsO 2005, 1113.
115 LG Koblenz, Rpfleger 2000, 537.
116 BGH, Beschl. v. 4.10.2005 – VII ZB 40/05, Rpfleger 2006, 87 = InVo 2006, 60.
117 BAG, Rpfleger 2004, 298 = InVo 2004, 112 = NJW 2004, 701; OLG Köln, InVo 2005, 471; OLG Saarbrücken, Rpfleger 2004, 642 = InVo 2005, 24 = NJW 2004, 2908; **a.A.** OLG Stuttgart, NJW 2005, 909.
118 Hierzu muss der Besitzer eines solchen Grundstücks zumindest Anhaltspunkte dartun, die ein Besitzrecht zum Zeitpunkt der Zuschlagserteilung nahe legen, BGH, Rpfleger 2004, 368 = InVo 2004, 294.
119 OLG Hamm, Rpfleger 1989, 165; LG Darmstadt, DGVZ 1996, 72; *Stöber,* ZVG, § 93 Rdn. 2.3.
120 BAG, Rpfleger 2004, 298 = InVo 2004, 112 = DGVZ 2004, 90 = NJW 2004, 701; OLG München, JurBüro 2001,438; KG, InVo 2000, 65; OLG Hamm, NJW-RR 1987, 957 und InVo 2001, 29; LG Detmold, Rpfleger 1996, 19; Zöller/*Stöber,* § 726 Rdn. 7; Baumbach/*Hartmann,* § 726 Rdn. 3; Thomas/*Putzo,* § 724 Rdn. 5; **a.A.** OLG Zweibrücken, Rpfleger 2003, 599 = InVo 2003, 480 = FamRZ 2003, 1942 = JurBüro 2003, 492; *Schuschke,* § 725 Rdn. 18; StJ/*Münzberg,* § 726 Rdn. 22.
121 OLG Zweibrücken, InVo 2004, 115.

(§§ 727 f. ZPO) Klausel vorliegt, und sodann im Rahmen seiner Prüfungskompetenz[122] vor Erteilung der Klausel anhand der ihm vorliegenden Unterlagen, ob:

- ein **äußerlich (noch) wirksamer Titel** vorliegt
  z.B. notwendige Unterschriften des erkennenden Richters vorhanden sind; bei einem Prozessvergleich der Vermerk „v.u.g." auf der Ausfertigung vorhanden ist; das Urteil ordnungsgemäß verkündet wurde, §§ 310 ff. ZPO; der Ausfertigungsvermerk erst nach der Verkündung des Urteils angebracht wurde;[123] ein Vorbehaltsurteil nicht im Nachverfahren aufgehoben wurde, §§ 302, 600 ZPO; ein Versäumnisurteil nach Einspruch bzw. ein Urteil erster Instanz in der Berufungsinstanz nicht aufgehoben oder durch Prozessvergleich gegenstandslos geworden ist; eine Klagerücknahme erfolgt ist;
- der Titel einen **vollstreckungsfähigen Inhalt** hat,
  also genügend bestimmt ist[124]. An diesem Erfordernis fehlt es grundsätzlich bei Feststellungsklagen, klageabweisenden Urteilen sowie Gestaltungsklagen. Diese werden nur vollstreckbar ausgefertigt, wenn der Kostenfestsetzungsbeschluss auf das Urteil gesetzt wird, §§ 105, 795a ZPO;
- das **Urteil** für **vorläufig vollstreckbar** erklärt oder **rechtskräftig** ist, § 704 Abs. 1 ZPO;
- bereits eine vollstreckbare Ausfertigung erteilt wurde und die Voraussetzungen für die Erteilung einer **weiteren vollstreckbaren Ausfertigung** gem. § 733 ZPO vorliegen.

3.69 Fehlt es an einem der vorgenannten Erfordernisse, wird der Antrag zurückgewiesen. Zu Rechtsbehelfen im Klauselerteilungsverfahren vgl. unten Rdn. 3.208 ff.

3.70 **Nicht** geprüft wird:

- die Zustellung des Urteils,
- die Erbringung einer Sicherheitsleistung;
- ob eine im Titel aufgeführte datumsmäßige Fälligkeit eingetreten ist;
- ob Vollstreckungshindernisse vorhanden sind.

Denn all dies sind keine Voraussetzungen der Klauselerteilung, sondern von den übrigen Vollstreckungsorganen im Rahmen der Durchführung der Zwangsvollstreckung selbstständig zu prüfende Voraussetzungen der Zwangsvollstreckung.

---

122 Vgl. dazu Rdn. 3.51.
123 BGH, NJW-RR 1993, 956.
124 Vgl. hierzu Rdn. 3.6 ff.

Das alles gilt auch für den **Notar**, wenn er gem. § 797 Abs. 2 ZPO statt des Urkundsbeamten der Geschäftsstelle die Klausel erteilt. Er muss daher in Fällen, in denen ein Vertreter für den Schuldner die Unterwerfungserklärung abgegeben hat, nur prüfen, ob die Erteilung und der Umfang der *Vollmacht* in öffentlicher oder öffentlich beglaubigter Urkunde zu Protokoll nachgewiesen sind. Eine weiter gehende Prüfungsbefugnis besteht grundsätzlich nicht, sodass keine Prüfung der prozessualen Vollmacht auf Nichtigkeit erfolgt[125]. Zu beachten hat der Notar allerdings, dass der Anspruch des Gläubigers auf Erteilung einer vollstreckbaren Ausfertigung erlischt, wenn die Ermächtigung zur Erteilung der vollstreckbaren Ausfertigung widerrufen wird, bevor dem Gläubiger eine einfache Ausfertigung erteilt worden ist[126].

3.71

Eine **Anhörung des Schuldners** erfolgt bei Erteilung der einfachen Klausel nicht (vgl. § 730 ZPO). Dessen Anspruch auf rechtliches Gehör gem. Art. 103 Abs. 1 GG wird durch § 732 ZPO ausreichend gewahrt. In den Fällen der qualifizierten Klauseln gem. § 726 Abs. 1, §§ 727–729 ZPO und §§ 738, 742, 744, 745 ZPO sowie vor Erteilung einer weiteren vollstreckbaren Ausfertigung gem. § 733 ZPO steht es grundsätzlich im pflichtgemäßen Ermessen des Gerichts, ob der Schuldner angehört wird (vgl. § 730 ZPO „kann"). Der Rechtspfleger kann im Rahmen der Ermessensausübung jedoch verpflichtet sein, den Schuldner und den bisherigen Gläubiger anzuhören, um dem Antragsteller den Nachweis durch öffentliche bzw. öffentlich beglaubigte Urkunden zu ersparen, wenn der Antragsteller substanziiert darlegt, dass und aus welchen nachvollziehbaren Gründen zu erwarten ist, der Schuldner werde die Rechtsnachfolge zugestehen und der bisherige Gläubiger der Klauselerteilung zustimmen[127].

3.72

Zum Schutz des Schuldners vor unkontrollierter Mehrfacherteilung einer vollstreckbaren Ausfertigung ist gem. §§ 734, 795 ZPO vor ihrer Aushändigung auf der Urschrift des Titels zu vermerken, für welche Partei und zu welcher Zeit die Ausfertigung erteilt worden ist.

3.73

4. § 724 ZPO – einfache Klausel

Sie ist zu erteilen, wenn kein Fall des § 726 ZPO bzw. der §§ 727 ff. ZPO vorliegt. Der **Inhalt** der Vollstreckungsklausel ergibt sich aus § 725 ZPO. Dessen Wortlaut ist zwar nicht zwingend einzuhalten, jedoch muss der Text

3.74

---

125 BGH, Rpfleger 2005, 33 = InVo 2005, 22; BayObLG, InVo 2000, 101; Schuschke/*Walker*, § 797 Rdn. 5, § 794 Rdn. 47, § 726 ZPO Rdn. 5; Zöller/*Stöber*, § 794 Rdn. 31a; MünchKomm/*Wolfsteiner* ZPO, § 794 Rdn. 265.
126 BayObLG, InVo 2003, 483; OLG Düsseldorf, InVo 2002, 28.
127 BGH, Rpfleger 2005, 611 = InVo 2005, 503; OLG Stuttgart, Rpfleger 2005, 207 = InVo 2005, 240; vgl. auch Baumbach/*Hartmann*, § 730 Rdn. 1; Thomas/*Putzo*, § 730 Rdn. 1; eingehend: Zöller/*Stöber*, § 730 Rdn. 1; Schuschke, § 730 Rdn. 1, 2; MünchKomm/*Wolfsteiner* ZPO, § 730 Rdn. 4.

3.75–3.77 Voraussetzungen der Zwangsvollstreckung

3.75 inhaltlich dem des § 725 ZPO entsprechen. Zur Fassung in den Fällen der qualifizierten Klausel vgl. Rdn. 3.102, 3.192.

Die Klausel wird auf eine Ausfertigung des Titels gesetzt (§§ 724, 795 ZPO), und zwar grundsätzlich an deren Ende. Eine Ausfertigung im prozessualen Sinn ist „eine in gesetzlich bestimmter Form gefertigte Abschrift, die dem Zweck dient, die bei den Akten verbleibende Urschrift nach außen zu vertreten"[128].

Die Ausfertigung enthält üblicherweise die (nicht notwendige) Überschrift „Ausfertigung", den Ausfertigungsvermerk (z.B. „für den Gleichlaut der Ausfertigung der Urschrift" oder „ausgefertigt"), zwingend die Unterschrift des Urkundsbeamten der Geschäftsstelle/des Rechtspflegers mit dem Zusatz „als Urkundsbeamter der Geschäftsstelle" bzw. „Rechtspfleger" sowie das Dienstsiegel oder den Dienststempel sowie zweckmäßigerweise Ort und Datum der Erteilung.

3.76 Die Klausel wird zu dem **Titel** erteilt, der den zu vollstreckenden Anspruch enthält. Bei einer wesentlichen Änderung des erstinstanzlichen Urteils durch das Berufungsgericht ist eine vollstreckbare Ausfertigung des Berufungsurteils erforderlich, gegebenenfalls in einer Zusammenfassung mit dem erstinstanzlichen Urteil[129].

5. § 726 ZPO – titelergänzende Klausel

a) Voraussetzungen

3.77 Im Rahmen der Erteilung der qualifizierten Klauseln muss der funktionell zuständige Rechtspfleger prüfen, ob die dafür erforderlichen besonderen Voraussetzungen erfüllt sind. § 726 ZPO, der über § 795 ZPO auch auf andere Titel als Urteile anwendbar ist, setzt *kumulativ* voraus, dass

- die Vollstreckung aus dem Titel nach seinem Inhalt vom **Eintritt einer Tatsache abhängig** ist; das wird in der Regel eine zukünftige, ungewisse Tatsache i.S.e. echten Bedingung gem. § 158 BGB sein, kann aber auch eine vergangene oder gegenwärtige Tatsache sein, soweit für den Titel – wie bei einem Vergleich – die Vorschrift des § 767 Abs. 2 ZPO nicht gilt;[130]

- diese Tatsache **eine andere als die der Erbringung einer Sicherheitsleistung** durch den Gläubiger sein muss, weil die Erbringung der Sicherheit vom Vollstreckungsorgan gem. § 751 Abs. 2 ZPO vor Beginn der Zwangsvollstreckung selbst zu prüfen ist;[131]

---

128   BGH, NJW 1981, 2345, 2346.
129   BGH, InVo 1998, 104; OLG München, NJW 1956, 996; weitere Einzelheiten Zöller/*Stöber*, § 725 Rdn. 4.
130   OLG Köln, InVo 2000, 102 = OLGR Köln 2000, 160: Einreichung von Unterlagen.
131   Vgl. im Übrigen MünchKomm/*Wolfsteiner* ZPO, § 726 Rdn. 18, 19.

- diese Tatsache **eine andere als eine kalendermäßige Befristung oder der Ablauf einer gesetzlichen Wartefrist** ist, weil dies vom Vollstreckungsorgan gem. § 751 Abs. 1 ZPO bzw. § 798 ZPO vor Beginn der Zwangsvollstreckung selbst zu prüfen ist;
- der **Gläubiger diese andere Tatsache zu beweisen hat**;
- und der **Beweis durch öffentliche oder öffentlich beglaubigte Urkunden geführt wird**; Letzteres ist entbehrlich, wenn die Tatsache offenkundig ist (§ 291 ZPO) oder zugestanden wird (§ 288 ZPO).

Beispiele für eine derart aufschiebend bedingte oder befristete Vollstreckbarkeit sind: 3.78

- die Rechtskraft einer bestimmten anderen Entscheidung (z.B. Unterhalt für den Fall der Ehescheidung,[132] Leistungsurteil im Falle des § 14 AnfG[133]);
- eine Vorleistung des Gläubigers (z.B. Mängelbeseitigung);
- die Erteilung einer Genehmigung des Ergänzungspflegers, Betreuers, Vormundschaftsgerichts oder einer Behörde (z.B. rechtsbeständige Baugenehmigung[134]);
- die Räumung einer Wohnung, sobald der Schuldner „mit der Miete in Rückstand gerät"[135] oder eine angemessene Ersatzwohnung gefunden bzw. vom Gläubiger angeboten bekommen hat;
- die Kündigung des titulierten Anspruchs;
- Wegfall einer Darlehensbelastung;[136]
- die Wirksamkeit des Prozessvergleichs, falls nicht binnen einer bestimmten Frist ein Widerruf bei Gericht eingeht.

Nicht unter § 726 ZPO fallen z.B. eine Verpflichtung zum Abschluss eines **Vorvertrages**[137] oder zur treuhänderischen **Hinterlegung** eines Geldbetrages nach Räumung[138]. 3.79

b) Beweislast des Gläubigers im Einzelnen

aa) Grundsatz

Ob die Beweislast für den Eintritt der Tatsache dem Gläubiger obliegt, ergibt sich aus dem Inhalt des Titels bzw. den allgemeinen Beweislastregeln. 3.80

---

132 KG, InVo 2001, 63.
133 OLG Koblenz, Rpfleger 2005, 37 = InVo 2005, 157.
134 OLG Frankfurt, InVo 1998, 53.
135 AG Rastatt, Rpfleger 1997, 75.
136 Vgl. OLG Köln, InVo 1997, 50.
137 OLG Köln, InVo 2004, 414.
138 LG Arnsberg, DGVZ 2002, 123.

Die *Grundregel* ist:

„Wer ein Recht geltend macht, hat die tatsächlichen Voraussetzungen der rechtsbegründenden und rechtserhaltenden Tatbestandsmerkmale zu beweisen. Wer demgegenüber das Bestehen eines Rechts leugnet, trägt die Beweislast für die tatsächlichen Voraussetzungen der rechtshindernden, rechtshemmenden und rechtsvernichtenden Tatbestandsmerkmale"[139].

bb) Ausnahmen

3.81   Sie können sich ergeben aus **gesetzlichen Beweislastregeln** oder den von der Rechtsprechung entwickelten Abweichungen (z.B. wegen eines Regel-Ausnahme-Verhältnisses, wegen der Zugehörigkeit der beweisbedürftigen Tatsache zu dem Gefahrenbereich einer Partei oder wegen typischer Beweisnot[140]) oder aufgrund von **Parteivereinbarungen** über die Beweislast;[141] zur Unterscheidung Letzterer von Vollstreckungsvereinbarungen über den gem. § 726 ZPO notwendigen Nachweis *s. unten* Rdn. 3.95. Diese Regeln gelten auch für **negative Tatsachen,** also diejenigen, die nach der jeweiligen Norm mit zu den Anspruchsvoraussetzungen gehören (vgl. z.B. in § 812 Abs. 1 S. 1 BGB „ohne rechtlichen Grund"). Besonderen Beweisschwierigkeiten kann durch entsprechende Anforderungen an die Darlegungslast begegnet werden.[142]

3.82   Daher muss der Schuldner als für ihn günstige Tatsache die rechtsvernichtende Einwendung der Erfüllung beweisen. Entsprechend ergibt sich auch die Beweislast des Schuldners bei so genannten **Verfallklauseln.** Wichtig ist dabei, das Wort *Rückstand* zu verwenden, nicht Verzug, weil Letzterer – anders als der Rückstand – ein Verschulden voraussetzt.

> **Beispiel:**
>
> Der Beklagte verpflichtet sich, zum Ausgleich der Klageforderung an den Kläger 5.000,– € zu zahlen. Der Betrag ist in monatlichen Raten von 500,– € zu zahlen, fällig jeweils am 3. Werktag eines jeden Monats, erstmals am 3.8.2005. Kommt der Beklagte mit einer Rate ganz oder teilweise in Rückstand, so wird der gesamte dann noch offen stehende Betrag sofort fällig.

Bei derartigen Verfallklauseln obliegt dem Schuldner der Nachweis der rechtzeitigen Zahlung, damit der Restbetrag nicht sofort fällig geworden ist[143]. Der Schuldner kann sich ggf. mit der Vollstreckungsabwehrklage gem. § 767 ZPO gegen eine unberechtigte Vollstreckung zur Wehr setzen.

---

139 BGH, NJW 1986, 2426, 2427; BGH, NJW 1999, 352; Zöller/*Greger,* vor § 284 Rdn. 17a ff.
140 Vgl. Thomas/*Putzo,* vor § 284 Rdn. 24–37.
141 Vgl. hierzu OLG Köln, InVo 2000, 102 = OLGR Köln 2000, 160; *Schneider,* MDR 1997, 1091; Zöller/*Greger,* vor § 284 Rdn. 23.
142 Einzelheiten bei Zöller/*Greger,* vor § 284 Rdn. 24 m.w.N.
143 H.M.: BGH DNotZ 1965, 544; OLG Frankfurt, OLGR 1993, 42; MünchKomm/ *Wolfsteiner* ZPO, § 726 Rdn. 15; vgl. auch *Münzberg,* Rpfleger 1997, 413.

3.83 Oftmals sind Gläubiger im Wege eines Vergleichs bereit, auf einen Teil ihrer berechtigten Forderung zu verzichten, wenn der Schuldner einen bestimmten Betrag kurzfristig zahlt. Als Druckmittel wird für den Fall der nicht rechtzeitigen Zahlung sodann eine höhere Summe tituliert. Hier empfiehlt sich die sog. **Erlassklausel:**

„Zum Ausgleich der in diesem Rechtsstreit geltend gemachten Ansprüche des Klägers verpflichtet sich der Beklagte, an den Kläger 20.000,- € zu zahlen. Zahlt der Beklagte bis zum ... (Datum) 15.000,- € an den Kläger, wird ihm hiermit die diesen Betrag übersteigende Forderung des Klägers erlassen; der Beklagte nimmt diesen Erlass an."

Auch hier liegt kein Fall des § 726 ZPO vor, weil die rechtzeitige Zahlung Voraussetzung für den Erlass und damit eine für den Beklagten günstige Tatsache ist, die er daher beweisen muss.

3.84 Anders hingegen im Fall der so genannten **Wiederauflebensklausel:**

„Zum Ausgleich der in diesem Rechtsstreit geltend gemachten Ansprüche des Klägers verpflichtet sich der Beklagte, bis zum ... (Datum) an den Kläger 15.000,- € zu zahlen. Für den Fall nicht fristgemäßer Zahlung verpflichtet sich der Beklagte, an den Kläger 20.000,- € zu zahlen."

Die höhere Forderung des Klägers soll in diesem Fall erst wieder neu entstehen; dies ist eine für den Kläger günstige und daher von ihm zu beweisende Tatsache.

cc) **Offenkundige/zugestandene Tatsachen**

3.85 **Keines Beweises** bedürfen Tatsachen, die offenkundig, also allgemeinkundig oder gerichtskundig sind (§ 291 ZPO). **Allgemeinkundig** ist eine Tatsache, die zumindest am Gerichtsort allgemein oder auch nur einer begrenzten Anzahl verständiger Menschen bekannt ist oder von ihnen ohne besondere Fachkunde – auch durch Information aus allgemein zugänglichen zuverlässigen Quellen – wahrgenommen werden könnte;[144] dazu gehören z.B. der Bundesanzeiger[145], Bundesgesetzblatt[146], Indizes des Statistischen Bundesamtes[147], Fachzeitschriften[148], Veröffentlichungen gem. § 1 S. 1 InsIntBekV im Internet[149]. Nicht hierzu gehören Prozessakten, weil diese nicht allgemein, sondern gem. § 299 ZPO nur eingeschränkt einsehbar sind.

---

144 BGH, Rpfleger 2005, 611 = InVo 2005, 506; BGHSt 6, 292, 293; Baumbach/*Hartmann*, § 291 Rdn. 4.
145 BGH, Rpfleger 2004, 29 = InVo 2004, 327 = FamRZ 2004, 531; BGH, InVo 2005, 192.
146 BGH, InVo 2005, 192.
147 BGH, Rpfleger 2004, 29 = InVo 2004, 327 = FamRZ 2004, 531; BGH, InVo 2005, 192.
148 BGH, Rpfleger 2004, 29 = InVo 2004, 327 = FamRZ 2004, 531.
149 BGH, Rpfleger 2005, 610 = InVo 2005, 504.

3.86 **Gerichtskundig** ist eine Tatsache dann, wenn sie dem zur Entscheidung berufenen Organ (Richter, Rechtspfleger) aufgrund eigener amtlicher Tätigkeit in diesem oder einem anderen Verfahren zuverlässig bekannt geworden und noch bekannt ist. Es genügt daher keinesfalls, dass die Tatsache lediglich in Gerichtsakten enthalten ist (aktenkundig), ohne dass dem zur Entscheidung berufenen Organ dies bekannt ist. **Streitig** ist hingegen, ob derartige aktenkundige Tatsachen auch gerichtskundig werden, wenn z.B. der erkennende Richter die Kenntnis dieser in einem anderen Verfahren von einem anderen Richter gewonnenen Tatsachen erst durch Lesen der ihm vorliegenden Akte erwirbt[150].

3.87 Entsprechendes wird für **Eintragungen in Register** vertreten[151]. Daher bestehe keine Erkundigungspflicht für das zur Entscheidung berufene Organ hinsichtlich solcher Tatsachen, die ihm nicht amtlich bekannt seien. Das Organ könne daher die Vorlage eines beglaubigten Auszugs aus dem Register verlangen[152]. Jedenfalls im Klauselerteilungsverfahren bestehen Bedenken gegen diese Ansicht insoweit, als ein jedermann zugänglicher Registereintrag (z.B. Handelsregister, Grundbuch) zwar nicht gerichtskundig im Sinne der vorgenannten engen Definition ist, wohl aber allgemeinkundig. Denn jedermann – also auch das Gericht – kann sich entsprechende Kenntnis verschaffen,[153] was angesichts der inzwischen elektronisch geführten Grundbücher bzw. Handelsregister auch schnell durchzuführen ist.

3.88 **Tipp:** Im Hinblick auf die häufig anzutreffende Praxis der Gerichte, die Vorlage eines beglaubigten Registerauszuges oder doch wenigstens die Bezugnahme auf das Register zu verlangen, ist es zwecks Vermeidung von Verzögerungen bei der Verfahrensabwicklung jedoch ratsam, diesem Verlangen nachzukommen und jedenfalls auf das Register Bezug zu nehmen.

3.89 Umstritten war bislang die Frage, ob im Rahmen des Klauselerteilungsverfahrens die Vorschriften über das **Geständnis** (§§ 288 f. ZPO) anwendbar sind und damit diese Tatsachen keines Beweises bedürfen. Die schon bisher **h.M.**[154]

---

150 Bejahend: BGHSt 6, 292, 294; Rosenberg/Schwab/*Gottwald*, § 114 I 3b; Thomas/*Putzo*, § 291 Rdn. 2; Hess.VGH, JurBüro 2001, 588; **a.A.** OLG Jena, InVo 2002, 422; Baumbach/*Hartmann*, § 291 Rdn. 5 m.w.N.; StJ/*Leipold*, § 291 Rdn. 5; MünchKomm/*Prütting* ZPO, § 291 Rdn. 9; Zöller/*Greger*, § 291 Rdn. 1.
151 MünchKomm/*Prütting* ZPO, § 291 Rdn. 10 sowie die in Fn. 139 Genannten a.a.O.
152 MünchKomm/*Wolfsteiner* ZPO, § 726 Rdn. 49.
153 Vgl. BGH, InVo 2005, 193 betr. Grundbuch.
154 **H.M.**, vgl. BGH, Rpfleger 2005, 611 = InVo 2005, 503; OLG Stuttgart, Rpfleger 2005, 207 = InVo 2005, 240; OLG Saarbrücken, Rpfleger 1991, 161 = JurBüro 1991, 726 m.w.N. sowie zustimmender Anmerkung von *Mümmler;* Baumbach/*Hartmann*, § 726 Rdn. 5; MünchKomm/*Wolfsteiner* ZPO, § 726 Rdn. 50; *Münzberg*, NJW 1992, 201 ff.; *Schuschke*, §§ 726 Rdn. 11, 727 Rdn. 28; Thomas/*Putzo*, §§ 726 Rdn. 6, 727 Rdn. 7; Zöller/*Stöber*, §§ 726 Rdn. 6, 727 Rdn. 20; **a.A.** OLG Hamburg, InVo 1998, 105; OLG Oldenburg, Rpfleger 1992, 490.

bejaht dies vor allem aus Gründen der Praktikabilität, weil anderenfalls der Gläubiger Klage auf Erteilung der Klausel gem. § 731 ZPO erheben würde, in dessen Rahmen §§ 288 f. ZPO unstreitig Anwendung finden.

Ebenfalls heftig umstritten war, ob die **Geständnisfiktion des § 138 Abs. 3 ZPO** im Klauselverfahren Anwendung finden kann. Vor allem aus Gründen der Prozessökonomie wurde die Anwendbarkeit des § 138 Abs. 3 ZPO bejaht[155]. Nunmehr hat der BGH[156] – wie schon vorgehend das OLG Stuttgart[157] – zutreffend eine Anwendbarkeit des § 138 Abs. 3 ZPO im Klauselerteilungsverfahren abgelehnt, weil das Klauselerteilungsverfahren kein kontradiktorisches, also kein Streitverfahren ist, der Schuldner sich nicht äußern muss und § 138 Abs. 3 ZPO nur den Fall des unvollständigen, nicht aber des gänzlich fehlenden Parteivortrages betrifft[158].

3.90

dd) Kalendertag/Wartefristen

Keines Beweises im Klauselerteilungsverfahren, weil vom Vollstreckungsorgan selbstständig und leicht zu überprüfen, bedarf die Tatsache, dass die Geltendmachung des Anspruchs von dem Eintritt eines **Kalendertages** abhängig ist (§ 751 Abs. 1 ZPO). Entsprechendes gilt für die Einhaltung der Wartefrist gem. § 798 ZPO[159].

3.91

c) Nachweis

Der vom Gläubiger zu erbringende Beweis muss durch **öffentliche Urkunden** (§§ 415, 417, 418 ZPO) oder **öffentlich beglaubigte Urkunden** (§ 129 BGB, §§ 39, 40 BeurkG) erbracht werden. Der Nachweis erfolgt durch Vorlegung des Originals, einer Ausfertigung oder einer beglaubigten Abschrift der Urkunde (§ 420 ZPO) bzw. durch Bezugnahme auf Urkunden in Akten, die dem Klauselerteilungsorgan bereits vorliegen; ein Vorlegungsantrag gem. § 432 ZPO genügt insoweit nicht[160]. Kann der direkte Nachweis der in § 726 genannten Voraussetzungen nicht durch die erforder-

3.92

---

155 Vgl. OLG Bamberg, MDR 1999, 56; OLG Köln, (20. ZS) InVo 1997, 161; OLG Köln, (12. ZS) InVo 1996, 134; OLG Hamm, (29. Senat) Rpfleger 1991, 161 = JurBüro 1990, 1350; OLG Köln, (2. ZS) Rpfleger 1990, 264 = MDR 1990, 452 und OLGR Köln 1995, 12; OLG Koblenz, InVo 1998, 160; OLG Koblenz, Rpfleger 1990, 518 = JurBüro 1990, 1675; Baumbach/*Hartmann*, § 726 Rdn. 5 unklar, anders zu § 727 Rdn. 31.
156 Rpfleger 2005, 611 = InVo 2005, 503.
157 Rpfleger 2005, 207 = InVo 2005, 240.
158 So auch schon OLG Hamburg, InVo 1998, 105; OLG Köln, (19. ZS) MDR 1995, 94 und MDR 1993, 381 = JurBüro 1994, 310; *Schuschke*, § 726 Rdn. 11 und § 727 Rdn. 31; Thomas/*Putzo*, § 726 Rdn. 6.
159 Brox/*Walker*, Rdn. 111.
160 Baumbach/*Hartmann*, § 726 Rdn. 5; MünchKomm/*Wolfsteiner* ZPO, § 726 Rdn. 42; Thomas/*Putzo*, § 726 Rdn. 5; Zöller/*Stöber*, § 726 Rdn. 6.

lichen Urkunden erbracht werden, bleibt dem Gläubiger nur die Klauselklage gem. § 731 ZPO; andere Beweismittel (wie z.B. die Beiziehung und Einsichtnahme in Akten des Bauamtes, Vernehmung von Zeugen) scheiden aus[161].

3.93　　Eine Erleichterung für die Beschaffung der Urkunden durch den Gläubiger stellt **§ 792 ZPO** dar, wonach er anstelle des Schuldners die Erteilung entsprechender Urkunden verlangen kann, wie z.B. eines Erbscheins (siehe insoweit auch § 85 FGG und – im Hinblick auf § 2356 Abs. 1 BGB – § 61 Abs. 1 S. 3 PStG), einer notariellen Erwerbsurkunde, eines Registerauszugs, die dem Schuldner auf Antrag von einer Behörde, einem Beamten oder einem Notar zu erteilen sind.

3.94　　Bei einer **Kündigung** oder sonstigen **Willenserklärung** muss allein der Zugang dieser Erklärung in der Form des § 726 Abs. 1 ZPO nachgewiesen werden, die Willenserklärung selbst bedarf dieser Form nicht. Für die Willenserklärung reicht daher bloße Schriftform aus[162].

3.95　　Gläubiger und Schuldner können eine **Beweiserleichterung** vereinbaren, z.B., dass statt eines Beweises Glaubhaftmachung oder statt der öffentlichen Urkunde eine Privaturkunde ausreicht[163]. Möglich ist auch, den Gläubiger ganz von der Nachweispflicht zu befreien. Der Verzicht auf den Nachweis der Fälligkeit wegen künftig fällig werdender Kaufpreisraten für ein noch zu errichtendes Haus in einer notariellen Urkunde mit Unterwerfung unter die sofortige Zwangsvollstreckung im Rahmen allgemeiner Geschäftsbedingungen ist gem. § 309 Nr. 12a BGB jedoch unwirksam[164]. Die entsprechende Unterwerfungserklärung in einem Bauträgervertrag ist zudem wegen Verstoßes gegen §§ 3, 12 MaBV i.V.m. § 134 BGB nichtig[165]. Zulässig ist hingegen eine Bestimmung in einem Bauträgervertrag, wonach die privatschriftliche Fertigstellungsbescheinigung eines vereidigten Sachverständigen nach § 641a BGB als Nachweis für die Fälligkeit ausreicht[166].

d) Leistung Zug um Zug

3.96　　Ist der Titel nur **Zug um Zug** gegen eine vom Gläubiger an den Schuldner zu bewirkende Leistung vollstreckbar, so ist dies zwar eine Tatsache, deren Erfüllung an sich vom Gläubiger zu beweisen ist. Dieser Beweis ist aber nach der ausdrücklichen Regelung in § 726 Abs. 2 ZPO nur erforderlich, wenn die dem **Schuldner** obliegende Leistung in der Abgabe einer Willens-

---

161　OLG Köln, InVo 2000, 102.
162　**H.M.**, vgl. Thomas/*Putzo*, § 726 Rdn. 5.
163　Vgl. BGH, Beschl. v. 4.10.2005 – VII ZB 54/05, Rpfleger 2006, 27 = InVo 2006, 24; OLG Köln, InVo 2000, 102 = OLGR Köln 2000, 160; OLG Stuttgart, NJW-RR 1986, 549; Zöller/*Stöber*, § 726 Rdn. 17.
164　BGH, NJW 2002, 138 = MDR 2002, 27 = InVo 2002, 108; Palandt/*Heinrichs*, § 309 BGB Rdn. 100.
165　BGH, NJW 1999, 51 = InVo 1999, 48.
166　LG Schwerin, NJW-RR 2005, 747 = NZM 2005, 382.

erklärung besteht. Der Grund hierfür ergibt sich aus § 894 Abs. 1 S. 2 ZPO. Ist nämlich der Schuldner zur Abgabe einer Willenserklärung verurteilt, so tritt die Fiktion der Abgabe der Willenserklärung erst ein, wenn nach den Vorschriften der §§ 726, 730 ZPO eine vollstreckbare Ausfertigung des rechtskräftigen Urteils erteilt worden ist[167]. Auch in diesem Fall kann eine Klausel nur dem Vollstreckungsgläubiger, nicht aber dem Vollstreckungsschuldner erteilt werden, weil ein auf Leistung Zug um Zug gegen eine Leistung des Gläubigers zu vollstreckender Titel nur für den Gläubiger einen Vollstreckungstitel darstellt[168].

Sowohl die abzugebende Willenserklärung wie die Zug um Zug zu erbringende Gegenleistung muss **ausreichend bestimmt** sein[169]. Ist die Gegenleistung ein Zahlungsanspruch, muss dieser daher bereits im Titel beziffert sein[170].

3.97

Kein Fall des § 726 Abs. 1 ZPO, sondern von § 726 Abs. 2 ZPO und damit der Erteilung der Klausel nach § 724 ZPO ohne Nachweis, ist gegeben, wenn der Schuldner sich in einem **Vergleich** (§ 794 Abs. 1 Nr. 1 ZPO) **zur Abgabe einer Willenserklärung** Zug um Zug gegen eine Leistung des Gläubigers verpflichtet hat. Denn § 894 ZPO findet auf Vergleiche nach **h.M.** keine Anwendung[171]. Die Vollstreckung der Verpflichtung des Schuldners erfolgt in diesen Fällen gem. § 888 ZPO[172]. Der Gläubiger kann aber wegen des unsicheren Erfolges einer Vollstreckung gem. § 888 ZPO auch Klage auf Abgabe der Willenserklärung erheben.[173]

3.98

Liegt zwar eine Zug-um-Zug-Verurteilung vor, besteht die vom Schuldner zu erbringende Leistung aber nicht in einer Willenserklärung, sondern einer **anderen Leistung,** z.B. einer Geldzahlung, so findet § 726 Abs. 1 ZPO keine Anwendung. Die Vollstreckungsklausel ist gem. § 724 ZPO zu erteilen. Ansonsten müsste der Gläubiger praktisch vorleisten, um vollstrecken zu können. In diesen Fällen hat das Vollstreckungsorgan bei Beginn der Zwangsvollstreckung dem Schuldner daher die Gegenleistung des Gläubigers anzubieten, soweit nicht der Nachweis der schon erfolgten Befriedigung des Schuldners oder dessen Annahmeverzug durch öffentliche oder öffentlich beglaubigte Urkunden geführt wird und eine Abschrift dieser Urkunden bereits zugestellt ist oder gleichzeitig zugestellt wird (§§ 756, 765 ZPO), oder der Nachweis ausnahmsweise entbehrlich ist. Entsprechendes gilt bei einer Verurteilung zur **Leistung nach Erfüllung der Gegenleistung** gem. § 322 Abs. 2 BGB[174].

3.99

---

167 Vgl. im Einzelnen Rdn. 7.226 ff.
168 BGH, NJW 1992, 1172; OLG Frankfurt, OLGR Frankfurt 1994, 227.
169 Vgl. im Einzelnen Rdn. 3.6 ff.
170 BGH, NJW 1994, 586, 587.
171 BGH, NJW 1986, 2704, 2705.
172 **H.M.:** OLG Koblenz, Rpfleger 1997, 445; OLG Frankfurt, Rpfleger 1980, 291, 292; Thomas/*Putzo*, § 894 Rdn. 3.
173 BGH, NJW 1986, 2704, 2706; Thomas/*Putzo*, § 894 Rdn. 3.
174 OLG Köln, DGVZ 1989, 151 = JurBüro 1989, 870; Zöller/*Stöber*, § 726 Rdn. 8a.

3.100–3.104   Voraussetzungen der Zwangsvollstreckung

3.100 Hat nach dem maßgeblichen Inhalt des Vollstreckungstitels die Leistung des Schuldners nur Zug um Zug gegen Aushändigung bestimmter **Urkunden** (z.B. Quittung, Wechsel, Scheck) zu erfolgen, stellt dies keinen Fall von § 726 Abs. 2 ZPO dar. Denn es handelt sich dabei nicht um die Befriedigung eines selbstständigen Gegenanspruchs, sondern um die Ausgestaltung des gem. § 368 BGB bestehenden Rechts auf Quittung[175].

3.101 Besteht nicht die Leistung des Schuldners, sondern die des **Gläubigers** in der Abgabe einer **Willenserklärung**, findet nicht § 726 ZPO, sondern § 724 ZPO Anwendung[176].

3.102 e)   Beispiele einer Klausel

§ 726 Abs. 1 ZPO
„Vorstehende Ausfertigung wird dem ... zum Zwecke der Zwangsvollstreckung erteilt. Der Zugang der Kündigung des titulierten Anspruchs (Darlehen vom 21.4.2001) ist durch Postzustellungsurkunde vom 28.5.2005 nachgewiesen."

§ 726 Abs. 2 ZPO
„Vorstehende Ausfertigung wird dem ... zum Zwecke der Zwangsvollstreckung erteilt. Der Annahmeverzug des Schuldners ist durch Protokoll des Gerichtsvollziehers ... (DR ...) nachgewiesen."

6. § 727 ff. ZPO – titelumschreibende Klausel

a)   Zweck und Voraussetzungen

3.103 Eine andere qualifizierte Klausel („titelübertragende" oder auch „titelumschreibende") ist zu erteilen, wenn im Wege der Rechtsnachfolge der Gläubiger oder/und Schuldner gewechselt hat. Denn gem. § 750 Abs. 1 ZPO müssen die Personen, für und gegen die die Zwangsvollstreckung durchgeführt werden soll, im Titel oder in der ihm beigefügten Klausel namentlich bezeichnet sein (**„Parteiidentität"**). § 727 ZPO findet auch auf vorläufig vollstreckbare Titel Anwendung[177]. Im Klauselerteilungsverfahren ist – wie im Erkenntnisverfahren – ein Parteiwechsel möglich[178].

3.104 Die Rechtsnachfolge kann auf verschiedene **Art und Weise** zustande gekommen sein (Gesetz, Vertrag, Hoheitsakt), als Gesamtrechtsnachfolge (Erbfall) oder Einzel-/Sonderrechtsnachfolge (z.B. Abtretung), in das volle Recht erfolgen oder nur in einen Teil davon (gemindertes Recht: Pfandgläubiger).

---

175   OLG Frankfurt, Rpfleger 1979, 144; Baumbach/*Hartmann*, § 726 Rdn. 10 m.w.N.; im Einzelnen **streitig**; vgl. auch Rdn. 3.325 zu § 756 ZPO.
176   LG Hamburg, Rpfleger 2004, 159.
177   BGH, InVo 2002, 61 = MDR 2001, 1190 = NJW-RR 2001, 1362.
178   OLG Dresden, Rpfleger 2003, 673 = InVo 2004, 116.

3.105 Zweck der Regelung ist es, einen neuen Rechtsstreit über denselben prozessualen Anspruch zu vermeiden. Soweit § 727 ZPO Anwendung findet, fehlt einer Klage wegen des titulierten Anspruchs grundsätzlich das Rechtsschutzbedürfnis. Anderes gilt jedoch, wenn bei einem Prozessvergleich oder einer notariellen Urkunde der Gläubiger mit einer Vollstreckungsabwehrklage gem. § 767 ZPO rechnen muss[179] oder der Gläubiger nur Klage auf Erteilung der Vollstreckungsklausel gem. § 731 ZPO erheben könnte[180].

3.106 Dabei muss, wie sich aus der Verweisung in § 727 Abs. 1 ZPO auf § 325 ZPO ergibt, die Rechtsnachfolge bei im Klagewege erstrittenen Titeln stets **nach Rechtshängigkeit** des Anspruchs (§ 253 Abs. 1, § 261 Abs. 1 und 2, § 696 Abs. 3, § 700 Abs. 2, §§ 920, 936 ZPO) eingetreten sein. Dies gilt auch im Rahmen des Rechtsübergangs auf einen Träger der öffentlichen Hand wegen Sozialleistungen, z.B. gem. §§ 93, 94 SGB XII (früher §§ 90, 91 BSHG), § 7 UVG, § 37 BAföG[181]. Bei Vollstreckungstiteln, denen keine Rechtshängigkeit vorausgegangen ist (z.B. vollstreckbare Urkunde gem. § 794 Abs. 1 Nr. 5 ZPO) oder einem Prozessvergleich gem. § 794 Abs. 1 Nr. 1 ZPO (jedenfalls dann, wenn der vollstreckbare Anspruch nicht Gegenstand des Rechtsstreits war) muss die Rechtsnachfolge nach dem insoweit maßgeblichen Zeitpunkt der Errichtung des Titels stattgefunden haben[182].

3.107 Infolge der rückwirkenden Fiktion der Rechtshängigkeit auf die Zustellung des **Mahnbescheids** gem. §§ 696 Abs. 3, 700 Abs. 2 ZPO liegt Rechtsnachfolge daher auch vor, wenn nach Zustellung des Mahnbescheids Rechtsnachfolge i.S.v. § 325 ZPO eingetreten ist. Die **streitige** Frage, ob in diesen Fällen bei einer Einzelrechtsnachfolge unter Lebenden § 265 ZPO anwendbar ist und ein Vollstreckungsbescheid erlassen werden durfte[183] oder der Rechtsnachfolger einen neuen Mahnbescheid hätte beantragen müssen,[184] ist für die Klauselerteilung ohne Bedeutung. Denn ein dennoch erlassener Vollstreckungsbescheid ist jedenfalls nicht nichtig und daher bis zu seiner evtl. Aufhebung als wirksam zugrunde zu legen. Entsprechendes gilt, wenn in Unkenntnis des nach Zustellung des Mahnbescheids eingetretenen Todes einer Partei bei dadurch eingetretener Unterbrechung gem. § 239 ZPO (vgl. aber § 246 ZPO) noch ein Vollstreckungsbescheid ergeht.

---

179 BGH, NJW 1957, 1111, 1112.
180 BGH, ZIP 1987, 1262.
181 OLG Düsseldorf, InVo 1998, 26; *Schuschke*, § 727 Rdn. 11.
182 BGH, NJW 1993, 1396, 1397/98; Zöller/*Stöber*, § 727 Rdn. 19.
183 So LG Göttingen, Rpfleger 1954, 377; Musielak/*Voit*, § 688 Rdn. 5; StJ/*Schlosser*, § 699 Rdn. 7.
184 So MünchKomm/*Holch* ZPO, vor § 688 Rdn. 42; Rosenberg/Schwab/*Gottwald*, § 165 II 6; Thomas/Putzo/*Hüßtege*, vor § 688 Rdn. 3, 6; Zöller/*Vollkommer*, vor § 688 Rdn. 8 – weil der Vollstreckungsbescheid ansonsten entgegen § 699 Abs. 1 S. 1 ZPO nicht „auf der Grundlage des Mahnbescheids" ergehe; dazu tendierend OLG Celle, NJW-RR 1998, 207.

Der Titel ist zwar gegenüber den Parteien unwirksam, aber nicht nichtig, sondern nur anfechtbar (§ 249 Abs. 2 ZPO).

3.108 **Rechtsnachfolger** ist also jeder, der nach Rechtshängigkeit des geltend gemachten Anspruchs oder der streitbefangenen Sache bzw. nach Errichtung des Titels eine Rechtsstellung erlangt hat, durch die ihm statt des Klägers/Beklagten die Sachlegitimation zukäme, wenn jetzt Klage erhoben würde[185].

3.109 Wird die Zwangsvollstreckung auf Vollstreckungsabwehrklage hin uneingeschränkt für unzulässig erklärt, kann auch dem Rechtsnachfolger keine Klausel erteilt werden[186].

b) Rechtsnachfolge auf Gläubigerseite im Einzelnen

aa) Abtretung

3.110 Der Neugläubiger (**Zessionar**) ist Rechtsnachfolger infolge Abtretung gem. § 398 BGB[187].

bb) Eigentums- und Vermögensgemeinschaft nach §§ 13 bis 16 FGB-DDR

3.111 Wenn die Fortgeltung dieses Güterstandes wirksam bis zum 3.10.1992 gewählt wurde, ist er gem. Art. 234 § 4 Abs. 2 EGBGB weiterhin anwendbar. Gem. § 744a ZPO gelten hierfür die Vorschriften der §§ 740 bis 744, 774 und 860 ZPO entsprechend, somit im Falle der beendeten Gütergemeinschaft gem. § 744 ZPO auch § 727 ZPO.

cc) Erbfall

3.112 Der **Erbe** (§ 1922 BGB) ist Rechtsnachfolger, auch vor Annahme der Erbschaft (§ 1942 BGB), jedoch ist vor Annahme der Erbschaft ein Nachweis der Erbenstellung nicht möglich.

3.113 Bei **Miterben** gem. §§ 2032, 2039 BGB kann die Klauselerteilung nur an alle Erben gemeinsam erfolgen, an einen einzelnen Miterben lediglich mit dem Inhalt, dass Leistung nur an alle Erben gemeinschaftlich erfolgen kann.

3.114 Der **Nacherbe** ist nicht Erbe des Vorerben, sondern Erbe desselben Erblassers, den der Vorerbe beerbt hat. Ein zugunsten des Erblassers ergangenes Urteil kann daher nach Eintritt des Nacherbfalls gem. § 727 ZPO auf den Nacherben umgeschrieben werden. Hat der Vorerbe ein ihm günstiges Urteil erwirkt, findet nicht § 727 ZPO, sondern **§ 728 ZPO** Anwendung, weil der Nacherbe kein Rechtsnachfolger des Vorerben, sondern des Erb-

---

185 RGZ 102, 179; 109, 48; Rosenberg/Schwab/*Gottwald*, § 102 II 3.
186 OLG Frankfurt, FamRZ 1998, 967.
187 Zum Problem des Zedenten als einzigem Komplementär einer KG vgl. KG, InVo 1998, 159.

lassers ist. Danach wirkt das in einem Rechtsstreit zwischen dem Vorerben und einem Dritten wegen einer Nachlassverbindlichkeit (§ 1967 BGB) bzw. wegen eines Nachlassgegenstandes ergangene Urteil, wenn es vor Eintritt der Nacherbfolge rechtskräftig wird, für den Nacherben (§ 326 Abs. 1 ZPO).

Da der **Vorerbe** Erbe des Erblassers ist, kann der Titel auf ihn gem. § 727 ZPO umgeschrieben werden. 3.115

dd) **Gesetzlicher Forderungsübergang**, z.B. in den Fällen 3.116

- § 268 Abs. 3 BGB (ablösungsberechtigter Dritter),
- § 426 Abs. 2 BGB (befriedigender Gesamtschuldner[188]),
- § 774 Abs. 1 S. 1 BGB (Bürge),
- § 1143 Abs. 1 BGB (befriedigender Eigentümer),
- § 1150 BGB (ablösungsberechtigter Dritter),
- § 1225 BGB (befriedigender Verpfänder),
- § 1607 Abs. 2 S. 2, § 1615b BGB (Unterhalt leistender Verwandter),
- § 67 VVG (Versicherer),
- § 94 SGB XII (Übergang auf den Sozialhilfeträger; nach **h.M.** ist hier eine Rechtsnachfolgeklausel für zukünftige Ansprüche nicht möglich[189]),
- § 7 Unterhaltsvorschussgesetz (UVG) nach Übergang des Anspruchs auf Unterhalt in Höhe der Unterhaltsleistungen,
- § 37 BAföG,
- § 187 SGB III (früher § 141m AFG),
- Rechtsübergang von der Deutschen Bundespost auf die Deutsche Telekom AG[190].

ee) **Insolvenz**

Eine Rechtsnachfolge im eigentlichen Sinne findet nicht statt, weil der Schuldner auch nach der Insolvenzeröffnung Inhaber/Eigentümer der Gegenstände bleibt. Der Übergang der Verwaltungs- und Verfügungsbefugnis vom Schuldner auf den Insolvenzverwalter gem. § 80 InsO rechtfertigt jedoch die analoge Anwendung des § 727 ZPO[191]. Ein *zugunsten des Insolvenzschuldners* ergangener Titel kann daher auf den Insolvenzverwalter umgeschrieben werden, sofern der titulierte Anspruch der Ver- 3.117

---

188 Vgl. OLG Schleswig, OLGR 1999, 42; MünchKomm/*Wolfsteiner* ZPO, § 727 Rdn. 19, auch zur **a.A.**
189 Vgl. Zöller/*Stöber*, § 727 Rdn. 8; *Schuschke*, § 727 Rdn. 11.
190 Vgl. LG Wuppertal, DGVZ 1995, 118; *Schmittmann*, DGVZ 1995, 49.
191 **H.M.**, vgl. BGH, Rpfleger 2005, 610 = InVo 2005, 501; BGH, Beschl. v. 14.4.2005 – V ZB 25/05, InVo 2006, 109; Thomas/*Putzo*, § 727 Rdn. 3.

waltungs- und Verfügungsbefugnis des Insolvenzverwalters (§§ 80, 35 InsO) unterliegt.

3.118 Entsprechendes gilt im Insolvenzeröffnungsverfahren für den „starken" vorläufigen Insolvenzverwalter bzw. den vorläufigen Treuhänder im Verbraucherinsolvenzverfahren, auf den gem. §§ 21 Abs. 2 Nr. 1 und 2, 22 InsO bzw. i.V.m. § 306 Abs. 2 InsO die Verwaltungs- und Verfügungsbefugnis übergegangen ist.[192]

3.119 Ist *zugunsten des Insolvenzverwalters* während des Insolvenzverfahrens ein Vollstreckungstitel ergangen und ihm die Klausel erteilt worden, ist eine Umschreibung des Titels auf den Schuldner notwendig, kommt aber nur bei Freigabe des Gegenstandes durch den Verwalter oder erst nach Beendigung des Verfahrens in Betracht,[193] jedenfalls dann, wenn eine Nachtragsverteilung gem. § 203 InsO ausscheidet[194].

3.120 Ein bloßer *Verwalterwechsel* erfordert in Anwendung des Rechtsgedankens des § 80 Abs. 2 S. 2 InsO ebenfalls keine Klauselumschreibung[195].

ff) **Partei kraft Amtes**

3.121 Hierzu gehören Insolvenz-, Nachlass- und Zwangsverwalter. Auf sie findet § 727 ZPO entsprechende Anwendung. Somit kann jemand aus einem Titel, den er in seiner früheren Eigenschaft als Konkursverwalter erwirkt hat, nur vollstrecken, wenn der Titel auf ihn als nunmehrigen Rechtsträger (z.B. früheren Gesellschafter, echten Treuhänder) umgeschrieben worden ist[196]. Ein auf den Schuldner lautender Titel ist demnach auf den Zwangsverwalter umzuschreiben, soweit der titulierte Anspruch die Zwangsverwaltungsmasse betrifft;[197] umgekehrt ist ein vom Zwangsverwalter erwirkter Titel nach Aufhebung der Zwangsverwaltung auf den Eigentümer umzuschreiben[198].

gg) **Pfändungspfandgläubiger** gem. § 829 Abs. 3, § 857 Abs. 1 ZPO

3.122 Er ist wie ein Rechtsnachfolger zu behandeln, unabhängig davon, ob die Forderung an Erfüllungs statt mit der Folge des Forderungsübergangs gem.

---

192 LG Cottbus, Rpfleger 2000, 465; **a.A.** LG Halle, Rpfleger 2002, 89 mit abl. Anm. *Alff.*
193 BGH, Rpfleger 1992, 489 = NJW 1992, 2159–2160; *Schuschke,* § 728 Rdn. 9.
194 MünchKomm/*Wolfsteiner* ZPO, § 727 Rdn. 18.
195 So auch im Ergebnis LG Essen, NJW-RR 1992, 576; *Schuschke,* § 727 Rdn. 3; Musielak/*Lackmann,* § 727 Rdn. 11; **a.A.** Zöller/*Stöber,* § 727 Rdn. 18; HK-ZPO/*Kindl,* § 727 Rdn. 6; differenzierend StJ/*Münzberg,* § 727 Rdn. 30.
196 BGH, NJW 1992, 2159; zu weiteren Einzelheiten vgl. Zöller/*Stöber,* § 727 Rdn. 18; Brox/*Walker,* Rdn. 127; MünchKomm/*Wolfsteiner* ZPO, § 727 Rdn. 25; siehe auch Rdn. 3.156.
197 BGH, NJW 1986, 3207.
198 OLG Düsseldorf, OLGZ 1977, 250.

§ 835 Abs. 2 ZPO oder nur zur Einziehung (§§ 835 Abs. 1 1. Alternative, 836 Abs. 1 ZPO – so genannte Rechtsnachfolge in das „gemindertes Recht") überwiesen worden ist[199]. Die Klausel ist nicht auf die Höhe der zu vollstreckenden Forderung des Gläubigers gegen den Schuldner zu beschränken, weil die gepfändete Forderung auch dann voll von der Pfändung erfasst wird, wenn sie höher ist als die titulierte Forderung[200].

Entsprechende Anwendung findet § 727 ZPO auf den an der Drittschuldnerklage gem. § 856 ZPO nicht beteiligten Pfändungspfandgläubiger, unabhängig davon, ob er schon im Zeitpunkt der Rechtshängigkeit der Drittschuldnerklage Pfändungspfandgläubiger des Schuldners war[201].   3.123

hh) Prozessstandschafter

Er bleibt vollstreckungsbefugt, solange dem materiellen Anspruchsinhaber keine Klausel erteilt worden ist. Dies gilt auch bei Geltendmachung von Kindesunterhalt durch einen Elternteil als Prozessstandschafter gem. § 1629 Abs. 3 BGB,[202] und zwar auch nach rechtskräftiger Scheidung bzw. Volljährigkeit des Kindes[203].   3.124

Tritt die Prozessstandschaft erst aufgrund der Abtretung des bereits rechtshängigen Anspruchs ein, so bleibt der Titelgläubiger aktiv legitimiert, die Forderung im Wege der Zwangsvollstreckung durchzusetzen, wenn er materiell-rechtlich aufgrund einer Einziehungsermächtigung befugt ist, Leistung an sich zu verlangen[204].   3.125

Dem materiell berechtigten Unterhaltsgläubiger ist nach Beendigung der Prozessstandschaft eine Rechtsnachfolgeklausel zu erteilen[205].   3.126

Dem neuen Gläubiger steht ein Recht auf Erteilung der Klausel gem. § 727 ZPO jedenfalls dann zu, wenn der Altgläubiger nicht seinerseits eine vollstreckbare Ausfertigung beansprucht, die Gefahr einer Doppelvollstreckung für den Schuldner somit nicht besteht[206].   3.127

---

199   **H.M.**: BGH, NJW 1983, 886; OLG Jena, Rpfleger 2000, 76 = InVo 2000, 207; Zöller/*Stöber*, § 727 Rdn. 9.
200   Sächs. LAG, JurBüro 1996, 105; vgl. auch BGH, NJW 1986, 978. Zur Problematik einer Rechtsnachfolgeklausel bei einem Bruttolohnurteil vgl. LAG Düsseldorf, Rpfleger 1997, 119.
201   OLG Saarbrücken, NJW-RR 1990, 1472.
202   BGH, NJW 1991, 839, 840.
203   OLG Hamburg, (1. FamS) FamRZ 1984, 927; OLG Nürnberg, FamRZ 1987, 1172; *Hochgräber*, FamRZ 1996, 272; **a.A.** OLG Hamburg, (3. FamS) FamRZ 1985, 624; *Schuschke*, § 724 Rdn. 3; Zöller/*Stöber*, § 724 Rdn. 3; Rosenberg/Gaul/ *Schilken*, § 10 IV 2a; nach OLG Frankfurt, FamRZ 1994, 453 darf die Klauselerteilung nur bei zweifelsfreiem Wegfall der Vertretungsmacht – z.B. bei Volljährigkeit – verweigert werden.
204   BGH, NJW 1993, 1396, 1398; OLG Köln, OLGR Köln 1993, 291.
205   OLG Karlsruhe, InVo 2005, 29 = FamRZ 2004, 1796 betr. § 7 Abs. 4 UVG; OLG Hamm, InVo 2001, 257 = FamRZ 2000, 1590 betr. rechtskräftigen Abschluss des Scheidungsverfahrens.
206   BGH, NJW 1984, 806.

3.128 Keine Rechtsnachfolge liegt vor, wenn der Titelgläubiger einen Dritten lediglich ermächtigt, den titulierten Anspruch im eigenen Namen zu vollstrecken (**isolierte Vollstreckungsstandschaft**)[207].

ii) Testamentsvollstrecker

3.129 Ist *ein Urteil für oder gegen den Erblasser* ergangen, finden gem. § **749 ZPO** die §§ 727, 730–732 ZPO entsprechende Anwendung. Die Umschreibung auf den Testamentsvollstrecker ist bei einer Vollstreckung durch ihn im Hinblick auf § 2212 BGB notwendig, soweit der titulierte Anspruch der Verwaltung des Testamentsvollstreckers unterliegt.

3.130 Ist ein Urteil in einem *Rechtsstreit zwischen dem Testamentsvollstrecker und einem Dritten* über ein der Verwaltung des Testamentsvollstreckers unterliegendes Recht (§ 2212 BGB) ergangen, wirkt dieses Urteil für und gegen den Erben (§ 327 Abs. 1 ZPO). Die vollstreckbare Ausfertigung für den Erben wird gem. § **728 Abs. 2 ZPO** erteilt, sobald die Testamentsvollstreckung beendet ist.

jj) Umwandlung

3.131 Die Gesamtrechtsnachfolge durch Umwandlung von Unternehmen findet als Verschmelzung durch Aufnahme (§§ 2, 4 ff., 20 UmwG) oder Neugründung (§§ 2, 20, 36 UmwG), durch Vermögensübertragung (§ 174 UmwG) oder durch Sonderrechtsnachfolge bei Spaltung (§§ 123, 131 UmwG) statt. Nicht hierzu gehört der bloße Wechsel der Rechtsform (§ 190 UmwG), weil der Rechtsträger weiter besteht (§ 202 UmwG).

c) Rechtsnachfolge auf Schuldnerseite im Einzelnen

aa) Besitz

3.132 Der **Besitzer der im Streit befangenen Sache** ist Rechtsnachfolger. Mit **Sachen** sind dabei nicht nur körperliche Sachen i.S.v. § 90 BGB, sondern auch Rechte gemeint. Streitbefangen ist eine solche Sache, wenn an ihr ein dingliches Recht geltend gemacht oder der obligatorische Klageanspruch aus dem dinglichen Recht als solchem hergeleitet wird (z.B. gem. §§ 556, 571, 604, 861, 865 BGB), nicht aber bei schlichten Verschaffungsansprüchen wie z.B. gem. § 433 Abs. 1 BGB[208].

---

[207] BGH, NJW 1985, 809; NJW-RR 1992, 61; NJW 1993, 1396, 1399; Zöller/*Stöber*, § 727 Rdn. 13; *Schuschke*, § 727 Rdn. 27; Baumbach/*Hartmann*, Einf. vor §§ 727–729 Rdn. 3; **a.A.** OLG Dresden, NJW-RR 1996, 444; Thomas/*Putzo*, § 727 Rdn. 3.

[208] Vgl. Thomas/*Putzo*, § 265 Rdn. 3 u. 4; Zöller/*Greger*, § 265 Rdn. 3 u. 4; Rosenberg/Schwab/*Gottwald*, § 102 II 1; MünchKomm/*Lüke* ZPO, § 265 Rdn. 27; teilweise **a.A.** MünchKomm/*Wolfsteiner* ZPO, § 727 Rdn. 37–40.

Dies gilt für den **unmittelbaren Eigenbesitzer**,[209] den **unmittelbaren Fremdbesitzer** (z.B. Mieter, Entleiher, Pächter, Dieb) wie auch den **mittelbaren Besitzer** (z.B. Vermieter, Verleiher). Hingegen gelten die §§ 325, 727 ZPO nicht für den Besitzdiener (§ 855 BGB), da auf diesen § 808 ZPO Anwendung findet. Der Schuldner gilt als Gewahrsamsinhaber, sodass ohne eine Klauselumschreibung vollstreckt werden kann. Gegen den Untermieter und mitbesitzende Angehörige, soweit sie aus eigenem Recht mitbesitzen, ist ein eigener Vollstreckungstitel notwendig[210]. § 727 ZPO ist entsprechend anzuwenden auf die Umschreibung eines **Zuschlagsbeschlusses** gem. § 93 ZVG auf einen besitzenden Dritten. Beruft sich dieser auf ein Mietrecht, darf die Klausel gem. § 93 Abs. 1 S. 2 ZVG nicht erteilt werden[211]. 3.133

Ein eigener Vollstreckungstitel ist auch dann notwendig, wenn der **Angehörige** sein Besitzrecht von demjenigen ableitet, gegen den der Titel erlassen wurde[212]. Entsprechendes gilt für die **nichteheliche Lebensgemeinschaft**[213]. 3.134

Soweit nach der Mindermeinung kein gesonderter Titel für erforderlich gehalten wird, ist ferner **streitig**, ob der Mitbesitzer jedenfalls in der Klausel bezeichnet sein muss[214]. In Konsequenz dessen wird für den Fall, dass der Schuldner als alleinige Mietvertragspartei nach Rechtshängigkeit des Räumungsanspruchs aus der Wohnung auszieht, die Umschreibung des Titels gem. § 727 ZPO bzw. analog auf den in der Wohnung verbleibenden nunmehrigen alleinigen Besitzer bejaht[215]. 3.135

Nach **allg.M.** wird der Schuldner im Klauselerteilungsverfahren nicht mit dem Einwand gehört, er sei **in gutem Glauben hinsichtlich der fehlenden Rechtshängigkeit der Klage** gewesen. Dieses Argument kann der 3.136

---

209 BGH, NJW 1981, 1517.
210 BGH, Rpfleger 2003, 596 = InVo 2004, 33 = NJW-RR 2003, 1450; BGH, NJW 1986, 2438, 2440; Thomas/*Putzo*, § 885 Rdn. 4a, 4b; vgl. im Einzelnen Rdn. 7.27 ff.
211 OLG Celle, Urt. v. 1.2.2003 – 16 U 180/02 = juris Nr.: KORE417552003; OLG Hamburg, WuM 1996, 41; LG Darmstadt, DGVZ 1998, 72; a.A. AG Westerburg, DGVZ 2005, 46 mit zutreffend abl. Anm. von *Seip*.
212 **H.M.**, BGH, Rpfleger 2003, 596 = InVo 2004, 33 = NJW-RR 2003, 1450; BGH, Rpfleger 2004, 640 = InVo 2004, 504 = NJW 2004, 3041; BGH, IXa ZB 51/04 FamRZ 2005, 269; OLG Frankfurt, InVo 2004, 163; LG Heilbronn, 1 T 35/04 Rpfleger 2004, 431; Thomas/*Putzo*, § 885 Rdn. 4a; Zöller/*Stöber*, § 885 Rdn. 6 ff.; a.A. *Pauly*, ZMR 2005, 337; *Schuschke*, NZM 2005, 10; *Schuschke*, § 885 Rdn. 9; OLG Düsseldorf, InVo 1998, 262; OLG Köln, InVo 1997, 163; KG, DGVZ 1994, 25; OLG Hamburg, NJW 1992, 3308; LG Mannheim, AG Dortmund, DGVZ 1996, 77; LG Oldenburg, DGVZ 1991, 139; LG Berlin, ZMR 1992, 396; LG Hamburg, NJW-RR 1993, 146.
213 KG, DGVZ 1994, 25 = MDR 1994, 162; LG Kiel, DGVZ 1992, 42, Zöller/*Stöber*, § 885 Rdn. 10; Einzelheiten hierzu vgl. Rdn. 7.27 ff.
214 Bejahend: OLG Hamm, Rpfleger 1989, 165; LG Lübeck, DGVZ 1990, 91; verneinend: OLG Karlsruhe, WuM 1992, 493; LG Detmold, Rpfleger 1987, 323; LG Krefeld, Rpfleger 1987, 259.
215 LG Mannheim, NJW 1962, 815; Zöller/*Stöber*, § 727 Rdn. 17; *Schuschke*, § 727 Rdn. 23.

Schuldner jedoch vorbringen mit der Klauselerinnerung gem. § 732 ZPO bzw. der Klauselgegenklage gem. § 768 ZPO[216]. Die Beweislast im Rahmen der Klauselgegenklage für die Bösgläubigkeit des Schuldners obliegt dem Gläubiger[217]. Nach BGH[218] kann der Schuldner, sofern er die Sache gutgläubig i.S.d. § 325 Abs. 2 ZPO erworben hat, sein Eigentum durch eine neue Klage gem. § 985 BGB geltend machen, auch wenn er die Rechtsbehelfe nach §§ 732, 768 ZPO nicht wahrgenommen hat. Die Möglichkeit eines gutgläubigen titelfreien Erwerbs ist gem. § 325 Abs. 3 S. 1 ZPO ausgeschlossen bei dinglichen Titeln betreffend eine eingetragene Reallast, Hypothek, Grund- oder Rentenschuld. In Ausnahme hierzu wirkt ein solcher Titel gegen den Ersteher des Grundstücks in der Zwangsversteigerung jedoch dann, wenn die Rechtshängigkeit spätestens im Versteigerungstermin vor der Aufforderung zur Abgabe von Geboten angemeldet worden ist (§ 325 Abs. 3 S. 2 ZPO).

bb) Eigentümer/Inhaber

Der neue Eigentümer/Inhaber des streitbefangenen Gegenstandes ist Rechtsnachfolger; dies gilt auch für den bloßen Bucheigentümer nach Eintragung[219] sowie den wahren Eigentümer nach Grundbuchberichtigung[220]. Diejenigen, die ein Grundstück in der Zwangsversteigerung erwerben, rücken nicht automatisch in die Störereigenschaft der Voreigentümer ein[221].

cc) Erbfall

(1) Gesamtrechtsnachfolge vor Rechtshängigkeit

§ 727 ZPO findet keine Anwendung. Wenn bei **Miterben** in den Nachlass vollstreckt werden soll, ist entweder eine Gesamthandsklage gegen die Erbengemeinschaft als solche zu erheben oder eine Gesamtschuldnerklage[222] gegen jeden einzelnen Miterben (§ 747 ZPO). Dabei reicht es aus, wenn die mehreren Titel von unterschiedlicher Art sind (Urteil, Vollstreckungsbescheid, notarielle Urkunde), wenn nur insgesamt gegen alle Miterben ein Titel vorliegt. Da Miterben als Gesamtschuldner haften (§§ 1967, 2058 BGB), kann der Gläubiger aufgrund eines Titels gegen einen Miterben wegen Nachlassverbindlichkeiten gegen diesen persönlich in dessen ge-

---

216 Thomas/*Putzo*, § 727 Rdn. 15; Zöller/*Stöber*, § 727 Rdn. 26; nach a.A. nur mit der Vollstreckungs- bzw. Klauselgegenklage gem. § 767 ZPO: *Schuschke*, § 727 Rdn. 27; MünchKomm/*Wolfsteiner* ZPO, § 727 Rdn. 45.
217 Allg.M., vgl. auch § 932 Abs. 1 S. 1, § 892 Abs. 1 S. 1 BGB.
218 BGHZ 4, 283.
219 RGZ 82, 35, 38.
220 OLG Hamm, Rpfleger 1999, 187 = InVo 1999, 187 = NJW 1999, 1038; LG Rostock, NJW-RR 2001, 1024 = JurBüro 2001, 384.
221 OLG Frankfurt, InVo 2004, 28.
222 Vgl. Palandt/*Edenhofer*, § 2059 BGB Rdn. 4.

samtes Vermögen vollstrecken, wozu auch dessen Anteil am Gesamthandsvermögen gehört.

Dem Erben steht allerdings ein **Verweigerungsrecht** gem. §§ 2059 Abs. 1, 2060, 2061 BGB zu, das gem. § 780 Abs. 1 ZPO vorbehalten werden muss. Es genügt dabei die Geltendmachung dieser Einrede. Ein besonderer Antrag ist nicht notwendig[223]. § 780 Abs. 1 ZPO findet auch auf Prozessvergleiche Anwendung[224]. 3.139

Vollstreckt der Gläubiger in das Eigenvermögen (nicht den Nachlass) des Miterben, steht diesem Klage gem. §§ 781, 785, 767 ZPO zu. Vollstreckt der Gläubiger ohne einen Titel gegen alle Miterben in den Nachlass, steht allen Miterben die Vollstreckungserinnerung gem. § 766 ZPO zu; der Miterbe, gegen den kein Titel vorliegt, kann auch Drittwiderspruchsklage gem. § 771 ZPO erheben. 3.140

(2) Gesamtrechtsnachfolge nach Rechtshängigkeit, aber vor Erlass des Titels

Das gem. §§ 239, 246 ZPO ggf. unterbrochene Erkenntnisverfahren wird nach Aufnahme gegen den/die Erben fortgesetzt. Der Titel ergeht daher gegen den/die Erben, sodass es einer Umschreibung gem. § 727 ZPO nicht bedarf. Sollte ein Urteil in Unkenntnis des Todes der Partei noch gegen sie lauten, ist der Titel entsprechend § 727 ZPO auf den Erben umzuschreiben. 3.141

(3) Titel gegen den Erblasser; die Zwangsvollstreckung hat bereits begonnen

Gem. § 779 ZPO erfolgt keine Umschreibung des Titels gem. § 727 ZPO auf den Erben, vielmehr wird die Zwangsvollstreckung, nicht nur die einzelne Zwangsvollstreckungsmaßnahme, in den Nachlass fortgesetzt (Ausnahme nur im Falle der §§ 887–890 ZPO). 3.142

(4) Titel gegen den Erblasser; die Erbschaft ist noch nicht angenommen

Gemäß **§ 239 Abs. 5 ZPO** ist der Erbe vor Annahme der Erbschaft zur Fortsetzung des evtl. noch nicht rechtskräftig entschiedenen Rechtsstreits nicht verpflichtet; vgl. aber § 246 ZPO bei einer Vertretung durch Rechtsanwälte. Nach **§ 778 Abs. 1 ZPO** ist eine Zwangsvollstreckung in das Eigenvermögen des (Mit-)Erben unzulässig; bei Verstoß: § 766 ZPO bzw. § 771 ZPO. Zwangsvollstreckung in den Nachlass ist möglich (§ 778 Abs. 1 ZPO); da aber die Klauselerteilung gegen den Erben erst nach der Annahme der Erbschaft möglich ist (vgl. §§ 1942, 1944, 3.143

---

223 BGH, NJW 1993, 1851, 1853.
224 BGH, NJW 1991, 2839.

1958 BGB),[225] kann die Zwangsvollstreckung nur in der Weise erfolgen, dass auf Antrag des Gläubigers gem. § 1961 BGB ein Nachlasspfleger bestellt wird oder wenn ein Testamentsvollstrecker bzw. Nachlassverwalter vorhanden ist, gegen ihn die Klausel erteilt (§ 727 ZPO analog bzw. § 749 ZPO[226]) und dann in den Nachlass vollstreckt wird.

(5) Titel gegen den Erblasser; die Erbschaft ist angenommen bzw. die Ausschlagungsfrist abgelaufen

3.144 Gegen den **Alleinerben** ist der Titel gem. § 727 ZPO umzuschreiben. Das gilt auch für *Unterhaltsansprüche* gegen den Erblasser gegen den gem. § 1586b BGB haftenden Erben[227].

3.145 Der gegen den Erben ergangene Unterhaltstitel kann nach dem Tode des Erben auch direkt auf den Erben des Erben (Erbeserben) umgeschrieben werden[228].

3.146 Bei **Miterben** ist eine Vollstreckungsklausel gegen alle Miterben notwendig zwecks Vollstreckung in den ungeteilten Nachlass (§§ 727, 747 ZPO); soll nur gegen einen einzelnen Miterben vollstreckt werden, genügt eine auf ihn gem. § 727 ZPO lautende Klausel zur Vollstreckung in sein gesamtes Vermögen, wozu auch sein Anteil am Nachlass gehört (§ 2033 Abs. 1 BGB, § 859 Abs. 2 ZPO)[229]. Die Haftungsbeschränkung des Erben kann gem. §§ 781, 785, 767 ZPO durch den jeweiligen Miterben geltend gemacht werden.

3.147 Der **Vorerbe** ist Erbe des Erblassers, sodass der Titel auf ihn gem. § 727 ZPO umgeschrieben werden kann. Die Zwangsvollstreckung in den Nachlass ist nur nach Maßgabe des § 2115 BGB zulässig; bei einem Verstoß hiergegen steht dem Nacherben die Widerspruchsklage gem. § 773 ZPO zu.

3.148 Der **Nacherbe** ist nicht Erbe des Vorerben, sondern Erbe desselben Erblassers, den der Vorerbe beerbt hat. Ein gegen den Erblasser ergangenes Urteil kann daher nach Eintritt des Nacherbfalls gem. § 727 ZPO auf den Nacherben umgeschrieben werden.

(6) Titel gegen den Vorerben

3.149 Bei einem Urteil gegen den Vorerben findet nicht § 727 ZPO, sondern **§ 728 ZPO** Anwendung, weil der Nacherbe kein Rechtsnachfolger des Vor-

---

225 Wohl **h.M.,** vgl. *Schuschke,* § 727 Rdn. 20; Zöller/*Stöber,* § 727 Rdn. 14; **a.A.** MünchKomm/*Wolfsteiner* ZPO, § 727 Rdn. 25.
226 Vgl. LG Stuttgart, Justiz 1994, 87.
227 BGH, InVo 2005, 26 = FamRZ 2004, 1546 = MDR 2005, 95; KG, FamRZ 2005, 1759; OLG Frankfurt, InVo 2003, 239 = FF 2003, 68.
228 OLG Koblenz, InVo 2004, 238 = FamRZ 2004, 557.
229 BayObLG, NJW 1970, 1801; LG Leipzig, InVo 2004, 114 = JurBüro 2003, 657; Zöller/*Stöber,* § 727 Rdn. 14.

erben, sondern des Erblassers ist. Danach wirkt das in einem Rechtsstreit zwischen dem Vorerben und einem Dritten wegen einer Nachlassverbindlichkeit (§ 1967 BGB) bzw. wegen eines Nachlassgegenstandes ergangene Urteil, wenn es vor Eintritt der Nacherbfolge rechtskräftig wird, nur **für den Nacherben** (§ 326 Abs. 1 ZPO). Das dem Vorerben ungünstige Urteil wirkt also **nicht gegen** den Nacherben, sodass insoweit keine Umschreibung gegen den Nacherben möglich ist. Nur soweit der Vorerbe berechtigt ist, über der Nacherbfolge unterliegende Gegenstände ohne Zustimmung des Nacherben zu verfügen (§§ 2112, 2136 BGB), wirkt das Urteil gem. § 326 Abs. 2 ZPO **auch gegen** den Nacherben. Allein in diesem Fall ist also eine Umschreibung gem. § 728 ZPO auf den Nacherben möglich. Ist die Nacherbfolge im Falle des § 326 Abs. 1 und 2 ZPO vor Rechtskraft eingetreten, finden die §§ 242, 239 ZPO Anwendung. Vgl. auch im Übrigen § 863 ZPO.

dd) Erbschaftskauf

Bei einem Erbschaftskauf handelt es sich um einen Kaufvertrag, durch den der Erbe die gesamte angefallene Erbschaft an einen Dritten verkauft, §§ 2371 ff. BGB. Eine Rechtsnachfolge des Käufers liegt nicht vor, weil der Erbe als Verkäufer weiterhin neben dem Käufer als Gesamtschuldner haftet, § 2382 BGB. Daher bedurfte es der Sonderregel des analog anwendbaren § 729 Abs. 1 ZPO, der abweichend von § 727 ZPO (Rechtshängigkeit) verlangt, dass das Erbe nach rechtskräftiger Feststellung[230] der Schuld übernommen wurde. In der Klausel ist die Gesamtschuldnerschaft von Veräußerer und Übernehmer anzugeben. Eine Beschränkung der Haftung des Käufers auf die Erbschaft ist bei der Erteilung der Vollstreckungsklausel nicht zu beachten, sondern muss vom Übernehmer gem. §§ 786, 781, 785, 767 ZPO mit der Vollstreckungsabwehrklage geltend gemacht werden; § 767 Abs. 2 ZPO findet insoweit keine Anwendung[231].

3.150

ee) Firmenfortführung

Führt jemand ein unter Lebenden erworbenes Handelsgeschäft unter der bisherigen Firma fort, haftet er für alle im Betriebe des Geschäfts begründeten Verbindlichkeiten des früheren Inhabers, **§ 25 HGB**, es sei denn, eine abweichende Vereinbarung ist im Handelsregister eingetragen und bekannt gemacht oder von dem Veräußerer oder dem Erwerber dem Dritten mitgeteilt worden, § 25 Abs. 2 HGB. Der bisherige Geschäftsinhaber haftet daneben gesamtschuldnerisch. Ein Fall der Rechtsnachfolge

3.151

---

230 Zur Anwendbarkeit des § 729 ZPO auf nicht der Rechtskraft fähige Titel vgl. MünchKomm/*Wolfsteiner* ZPO, § 729 Rdn. 4.
231 BGH, NJW 1987, 2863.

gem. § 727 ZPO liegt daher nicht vor. Deshalb bedurfte es der gesonderten Regelung in § **729 Abs. 2 ZPO,** die abweichend von § 727 ZPO verlangt, dass das Handelsgeschäft erst *nach rechtskräftiger Feststellung*[232] der Schuld übernommen wurde. Entsprechend anwendbar ist § 729 Abs. 2 ZPO auf die Gesellschaft, wenn jemand als persönlich haftender Gesellschafter oder als Kommanditist in das Geschäft eines Einzelkaufmanns eintritt, § **28 HGB**[233].

3.152   In der Klausel ist die **Gesamtschuldnerschaft** von Veräußerer und Erwerber bzw. früherem Geschäftsinhaber und Gesellschaft **anzugeben.** Eine im Handelsregister eingetragene **Haftungsbeschränkung** gem. § 25 Abs. 2, § 28 Abs. 2 HGB führt zur Nichterteilung der Klausel, weil die Eintragung zur Offenkundigkeit der Nichthaftung führt[234].

3.153   **Streitig** ist weiterhin, ob § 729 Abs. 2 ZPO analog anwendbar ist auf

- Haftung des Erben bei Firmenfortführung, § 27 HGB;[235]
- den in ein Geschäft eines Einzelkaufmanns Eintretenden im Hinblick auf § 128 HGB;[236]
- den in eine bestehende OHG Eintretenden, § 130 HGB;[237]
- auf den in eine GbR Eintretenden, der für deren Verbindlichkeiten nach der Rechtsprechung des BGH haftet[238].

3.154   Der *Nachweis* der Rechtsnachfolge in den Fällen der §§ 25, 28 HGB ist praktisch nur bei Eintragung in das Handelsregister durch einen Auszug aus dem Handelsregister gem. § 9 HGB möglich[239]. Ansonsten bleibt dem Gläubiger nur die Klage auf Erteilung der Vollstreckungsklausel gem. § 731 ZPO.

---

232   Zur Anwendbarkeit des § 729 ZPO auf nicht der Rechtskraft fähige Titel vgl. MünchKomm/*Wolfsteiner* ZPO, § 729 Rdn. 4.
233   Zöller/*Stöber*, § 727 Rdn. 13; Thomas/*Putzo*, § 729 Rdn. 3; HK-ZPO/*Kindl*, § 729 Rdn. 3; offen gelassen von BGH, Rpfleger 1974, 260; Analogie generell ablehnend OLG Köln, NJW-RR 1994, 1118.
234   Vgl. *Schuschke*, § 729 Rdn. 3; MünchKomm/*Wolfsteiner* ZPO, § 729 Rdn. 8.
235   Zöller/*Stöber*, § 727 Rdn. 13; HK-ZPO/*Kindl*, § 729 Rdn. 3; Analogie generell ablehnend OLG Köln, NJW-RR 1994, 1118.
236   HK-ZPO/*Kindl*, § 729 Rdn. 3; *Deckenbrock/Dötsch*, Rpfleger 2003, 644; StJ/*Münzberg*, § 729 Rdn. 8; Analogie generell ablehnend OLG Köln, NJW-RR 1994, 1118.
237   HK-ZPO/*Kindl*, § 729 Rdn. 3; MünchKomm/*Wolfsteiner* ZPO, § 729 Rdn. 11; Musielak/*Lackmann*, § 729 Rdn. 1; **a.A.** *Deckenbrock/Dötsch*, Rpfleger 2003, 644; Analogie generell ablehnend OLG Köln, NJW-RR 1994, 1118.
238   Ja: HK-ZPO/*Kindl*, § 729 Rdn. 3; Musielak/*Lackmann*, § 729 Rdn. 1; Wieczorek/Schütze/*Paulus*, § 727 Rdn. 39; **a.A.** *Deckenbrock/Dötsch*, Rpfleger 2003, 644; Analogie generell ablehnend OLG Köln, NJW-RR 1994, 1118.
239   Vgl. MünchKomm/*Wolfsteiner* ZPO, § 729 Rdn. 8; OLG Schleswig, InVo 2000, 208 = OLGR Schleswig 2000, 109, das zusätzlich noch den Nachweis der Fortführung des wesentlichen Bestandes des bisherigen Unternehmens durch die Mittel des § 727 ZPO verlangt.

Textbeispiel: 3.155

„Vorstehende Ausfertigung wird dem … zum Zwecke der Zwangsvollstreckung erteilt.
Das Handelsgeschäft des Schuldners wird durch (Name) … fortgeführt. Dies ist durch eine beglaubigte Handelsregisterblattabschrift nachgewiesen. Der Schuldner sowie der die Firma Fortführende haften als Gesamtschuldner."

ff) Insolvenz

Eine Rechtsnachfolge im eigentlichen Sinne findet nicht statt, weil der Schuldner auch nach der Insolvenzeröffnung Inhaber/Eigentümer der Gegenstände bleibt. Der Übergang der Verwaltungs- und Verfügungsbefugnis vom Schuldner auf den Insolvenzverwalter gem. § 80 InsO rechtfertigt jedoch die analoge Anwendung des § 727 ZPO[240]. Entsprechendes gilt im Insolvenzeröffnungsverfahren für den „starken" vorläufigen Insolvenzverwalter bzw. den vorläufigen Treuhänder im Verbraucherinsolvenzverfahren, auf den gem. §§ 21 Abs. 2 Nr. 1 und 2, 22 InsO bzw. i.V.m. § 306 Abs. 2 InsO die Verwaltungs- und Verfügungsbefugnis übergegangen ist (vgl. Rdn. 3.118). 3.156

Ein bloßer Verwalterwechsel erfordert in Anwendung des Rechtsgedankens des § 80 Abs. 2 S. 2 InsO keine Klauselumschreibung[241]. 3.157

(1) Titel gegen den Gemeinschuldner

War gegen den Schuldner bereits eine Klausel erteilt und die Vollstreckung begonnen worden, ist nach einer neuen Rechtsprechung des BGH[242] eine Umschreibung des Titels auf den Insolvenzverwalter nicht mehr notwendig, wie sich aus dem in § 80 Abs. 2 S. 2 InsO zum Ausdruck kommenden Rechtsgedanken ergebe. 3.158

War noch keine Klausel gegen den Schuldner erteilt, verneint die wohl h.M. für bloße Insolvenzgläubiger (§ 38 InsO) im Hinblick auf das für diese während der Dauer des Insolvenzverfahrens bestehende Verbot der Einzelzwangsvollstreckung nach § 89 InsO in das Vermögen des Gemeinschuldners die Möglichkeit einer Umschreibung des Titels auf den Insolvenzverwalter, weil derartige Forderungen der Insolvenzgläubiger gem. §§ 174 f. InsO zur Tabelle anzumelden sind[243]. Zur Frage, ob nicht schon 3.159

---

240 H.M., vgl. BGH, Beschl. v. 14.4.2005 – V ZB 25/05, InVo 2006, 109; *Thomas/Putzo,* § 727 Rdn. 3.
241 So auch im Ergebnis LG Essen, NJW-RR 1992, 576; *Schuschke,* § 727 Rdn. 3; Musielak/*Lackmann,* § 727 Rdn. 11; **a.A.** Zöller/*Stöber,* § 727 Rdn. 18; HK-ZPO/*Kindl,* § 727 Rdn. 6; differenzierend StJ/*Münzberg,* § 727 Rdn. 30.
242 BGH, Rpfleger 2006, 423 = WM 2005, 1324 = InVo 2006, 109; BGH, Beschl. v. 24.11.2005 – V ZB 84/05, InVo 2006, 111 und erneut Rpfleger 2006, 423.
243 Vgl. OLG München, Rpfleger 2000, 76; *Kesseler,* ZInsO 2005, 918, 919; *Schuschke,* § 728 Rdn. 9; Zöller/*Stöber,* § 727 Rdn. 18; HK-ZPO/*Kindl,* § 727 Rdn. 6; kritisch hierzu MünchKomm/*Wolfsteiner* ZPO, § 727 Rdn. 26; **a.A.** MünchKomm/*Breuer* InsO, § 89 Rdn. 30.

die Erteilung der Klausel eine Maßnahme der Zwangsvollstreckung darstellt vgl. oben Rdn. 3.59. Im Hinblick auf § 178 Abs. 3, § 201 Abs. 2 InsO ist ferner **streitig**, ob nach Insolvenzbeendigung, soweit nicht die Vorschriften über die Restschuldbefreiung (§§ 286–303 InsO) eingreifen, zur Zwangsvollstreckung gegen den Schuldner nur für den Auszug aus der Tabelle oder auch noch für den ursprünglichen Titel eine Klausel erteilt werden kann, soweit diese hinsichtlich der Person, der Art und der Höhe des Anspruchs identisch sind.[244]

3.160 Betrifft der titulierte Anspruch ein Aussonderungsrecht (§ 47 InsO, z.B. Eigentum) oder Absonderungsrecht (§ 49 f. InsO, z.B. aus einer eingetragenen Hypothek, rechtsgeschäftliches Pfandrecht oder Pfändungspfandrecht) kann die Klausel gegen den Insolvenzverwalter erteilt werden.

(2) Titel gegen den Insolvenzverwalter

3.161 Ist *gegen den Insolvenzverwalter bereits eine Klausel erteilt und die Vollstreckung begonnen* worden, bedarf es bei Freigabe des Gegenstandes durch den Verwalter oder Einstellung des Insolvenzverfahrens mangels Masse nach BGH[245] im Hinblick auf § 80 Abs. 2 S. 2 InsO keiner erneuten Umschreibung der Klausel; Entsprechendes dürfte dann für die Beendigung des Insolvenzverfahrens gelten.

3.162 War *gegen den Insolvenzverwalter noch keine Klausel erteilt* worden, ist eine Umschreibung des Titels auf den Schuldner notwendig, kommt aber nur bei Freigabe des Gegenstandes durch den Verwalter, Einstellung des Insolvenzverfahrens mangels Masse oder Beendigung des Verfahrens in Betracht,[246] jedenfalls dann, wenn eine Nachtragsverteilung gem. § 203 InsO ausscheidet,[247] und zwar unbeschadet der Tatsache, dass der Schuldner für Masseverbindlichkeiten nicht bzw. nur mit der übernommenen Insolvenzmasse haftet. Bei einer Vollstreckung in die insoweit nicht haftende Vermögensmasse bleibt dem Schuldner nur die Erhebung der Vollstreckungsabwehrklage entsprechend §§ 786, 781, 785 ZPO[248].

gg) Kanzleiabwickler

3.163 Der Kanzleiabwickler ist hinsichtlich der von ihm verwalteten Rechtsanwaltsanderkonten Rechtsnachfolger i.S.d. § 727 ZPO, sodass der Titel auf ihn gem. § 748a ZPO analog umgeschrieben werden kann[249].

---

244 Vgl. Zöller/*Stöber*, § 727 Rdn. 18; Rosenberg/Gaul/*Schilken*, § 10 VI 2a; Haarmeyer/Wutzke/*Förster*, Kap. 7 Rdn. 78, 79; MünchKomm/*Wolfsteiner* ZPO, § 727 Rdn. 27.
245 BGH, Rpfleger 2006, 423 = WM 2005, 1324 = InVo 2006, 109; BGH, Beschl. v. 24.11.2005 – V ZB 84/05, InVo 2006, 111 und erneut Rpfleger 2006, 423.
246 BGH, Rpfleger 1992, 489 = NJW 1992, 2159–2160; LAG Düsseldorf, ZInsO 2005, 1283 = ZIP 2005, 2176; *Schuschke*, § 728 Rdn. 9.
247 MünchKomm/*Wolfsteiner* ZPO, § 727 Rdn. 18.
248 MünchKomm/*Wolfsteiner* ZPO, § 727 Rdn. 26 m.w.N.
249 OLG Karlsruhe, InVo 2005, 103 = NJW-RR 2005, 293 = MDR 2005, 117.

hh) Partei kraft Amtes

Bei einer Partei kraft Amtes gelten die Ausführungen zur Rechtsnachfolge auf der Gläubigerseite entsprechend (vgl. oben Rdn. 3.121). Demnach kann ein auf den Schuldner lautender Titel nur dann auf den Zwangsverwalter umgeschrieben werden, wenn der Anspruch unter die Zwangsverwaltung fällt.[250] Dies ist bei einer Rückbauverpflichtung nicht der Fall[251].   3.164

ii) Schuldübernahme

Bei der **befreienden (privativen)** Schuldübernahme (§ 414 BGB) liegt keine Rechtsnachfolge, sondern lediglich eine Schuldnachfolge vor (sehr **str.**)[252].   3.165

Die rechtsgeschäftliche[253] kumulative Schuldübernahme **bzw. der** Schuldbeitritt stellen **keine Rechtsnachfolge** dar[254].   3.166

jj) Testamentsvollstrecker

Ist ein *Urteil für oder gegen den Erblasser* ergangen, finden gem. § 749 ZPO die §§ 727, 730–732 ZPO entsprechende Anwendung. Die Umschreibung auf den Testamentsvollstrecker ist bei der Vollstreckung gegen ihn wegen § 748 ZPO notwendig. Danach ist bei Testamentsvollstreckung ein Titel gegen den Testamentsvollstrecker notwendig, wenn und soweit in den seiner Verfügung unterliegenden Nachlass bzw. Nachlassgegenstände vollstreckt werden soll. Soweit einzelne Nachlassgegenstände nicht der Verwaltung des Testamentsvollstreckers unterliegen, ist die Klausel gegen den Erben gem. § 727 ZPO zu erteilen.   3.167

Bei einer Zwangsvollstreckung wegen *Pflichtteilsansprüchen* ist ein Titel gegen den Erben und den Testamentsvollstrecker erforderlich, § 748 Abs. 3 ZPO.   3.168

---

250 Vgl. LG Gießen, InVo 1999, 94; *Stöber*, § 152 ZVG Anm. 11.7.
251 LG Gießen, a.a.O.
252 BGHZ 61, 140 = NJW 1973, 1700; Thomas/*Putzo*, § 727 Rdn. 13; Musielak/*Lackmann*, § 727 Rdn. 6; HK-ZPO/*Saenger*, § 325 Rdn. 12; hingegen sind für eine Anwendung des § 727 ZPO: Baumbach/*Hartmann*, § 727 Rdn. 4; Zöller/*Stöber*, § 727 Rdn. 16; Zöller/*Vollkommer*, § 325 Rdn. 24, 25; *Schuschke*, § 727 Rdn. 21; MünchKomm/*Wolfsteiner* ZPO, § 727 Rdn. 29, HK-ZPO/*Kindl*, § 727 Rdn. 5.
253 Hinsichtlich des *gesetzlichen* Schuldbeitritts vgl. die Sondervorschrift des § 729 ZPO, dazu Rdn. 3.151.
254 Thomas/*Putzo*, § 727 Rdn. 13; Baumbach/*Hartmann*, § 727 Rdn. 16; Zöller/*Stöber*, § 727 Rdn. 16; Zöller/*Vollkommer*, § 325 Rdn. 26; *Schuschke*, § 727 Rdn. 25; BGH, Rpfleger 1974, 260 betreffend die Mithaftung der eintretenden Gesellschaft gem. § 28 HGB; BGH, NJW-RR 1989, 1055, 1056 betr. §§ 25, 28 HGB; wohl a.A. MünchKomm/*Wolfsteiner* ZPO, § 727 Rdn. 30 bis 35; anders hingegen für den Fall des Betriebsübergangs gem. § 613a BGB: BAG, MDR 1991, 648.

3.169–3.174   Voraussetzungen der Zwangsvollstreckung

3.169   Hatte die Vollstreckung bereits *vor dem Erbfall begonnen*, findet § 779 ZPO Anwendung, sodass keine Klauselumschreibung erforderlich ist.

3.170   Ist ein *Urteil* in einem *Rechtsstreit zwischen dem Testamentsvollstrecker und einem Dritten* über ein der Verwaltung des Testamentsvollstreckers unterliegendes Recht (§ 2212 BGB) ergangen, wirkt dieses Urteil **für und gegen** den Erben (§ 327 Abs. 1 ZPO). Die vollstreckbare Ausfertigung für und gegen den Erben wird gem. § 728 Abs. 2 ZPO erteilt. Entsprechendes gilt, wenn der Rechtsstreit Nachlassverbindlichkeiten (§ 1967 BGB) betraf, soweit dem Testamentsvollstrecker insoweit ein Prozessführungsrecht zustand (vgl. § 2213 BGB).

kk) Umwandlung

3.171   Die Gesamtrechtsnachfolge durch Umwandlung von Unternehmen findet als Verschmelzung durch Aufnahme (§§ 2, 4 ff., 20 UmwG) oder Neugründung (§§ 2, 20, 36 UmwG[255]), durch Vermögensübertragung (§ 174 UmwG) oder durch Sonderrechtsnachfolge bei Spaltung (§§ 123, 131 UmwG) statt. Nicht hierzu gehört der bloße Wechsel der Rechtsform (§ 190 UmwG), weil der Rechtsträger weiter besteht (§ 202 UmwG).

3.172   Ob bei einer **Umwandlung einer BGB-Gesellschaft in eine OHG/KG** bzw. umgekehrt Rechtsnachfolge vorliegt, ist **streitig**[256].

ll) Vermögensübernahme

3.173   Nach Aufhebung der die rechtsgeschäftliche Übernahme des Aktivvermögens betreffenden Vorschrift des § **419 BGB** durch Art. 33 Nr. 16 EGInsO mit Wirkung ab 1.1.1999 hat § 729 Abs. 1 ZPO, der eine entsprechende Anwendung des § 727 ZPO vorsieht, seinen unmittelbaren Anwendungsbereich verloren. Entsprechend anwendbar ist § 729 Abs. 1 ZPO für den Erbschaftskauf (§ 2382 BGB, zu Einzelheiten s. Rdn. 3.150). Keine entsprechende Anwendung findet § 729 Abs. 1 ZPO auf die Übernahme eines zur Insolvenzmasse gehörenden Unternehmens bzw. den Erwerb eines sonstigen, nahezu das gesamte Vermögen ausmachenden Gegenstandes.[257]

d) Keine Rechtsnachfolge

3.174   Rechtsnachfolge fehlt, weil trotz einer Veränderung sich die Identität der Rechtsperson nicht geändert hat:

---

255   OLG Frankfurt, InVo 2001, 29 = BB 2000, 1000 = OLGR Frankfurt 2001, 167.
256   Einzelheiten bei MünchKomm/*Wolfsteiner* ZPO, § 727 Rdn. 28, 32 m.w.N.
257   BGH, NJW 1988, 1912.

- bloße Namensänderung, z.B. infolge Heirat[258], Firmenänderung[259].
- Umwandlung der DG Bank in eine AG, weil es ein identitätswahrender Rechtsformwechsel war[260].
- Wechsel in der gesetzlichen Vertretung[261].
- Wechsel in der Person des Insolvenzverwalters[262].
- Wechsel der Zuordnung einer titulierten Forderung zum Geschäftsbetrieb einer bestimmten Zweigniederlassung, weil es sich bei einer Zweigniederlassung lediglich um einen organisatorisch von dem Unternehmen abhängigen Unternehmensteil ohne eigene Rechtspersönlichkeit handelt[263].
- der neue Verwalter einer Wohnungseigentümergemeinschaft, der aus einem Titel vollstrecken will, den der alte Verwalter im eigenen Namen erstritten hatte[264].

In diesen Fällen erfolgt daher keine Umschreibung des Titels, sondern es genügt ein entsprechender klarstellender Vermerk bzw. die Vorlage einer Urkunde, aus der sich die Änderung ergibt, z.B. Handelsregisterauszug[265].

e) Nachweis

Die Rechtsnachfolge bzw. das Besitzverhältnis bezüglich der streitbefangenen Sache ist vom Gläubiger insoweit nachzuweisen, als keine Offenkundigkeit besteht und ihm die Beweislast obliegt. Der Nachweis ist durch **öffentliche oder öffentlich beglaubigte Urkunden** zu erbringen und bezieht sich auf all diejenigen Tatsachen, aus denen sich die Rechtsnachfolge bzw. der Besitz der streitbefangenen Sache ergibt. Insoweit kann auf die Ausführungen Rdn. 3.92 ff. zu § 726 ZPO Bezug genommen werden. Dies können daher auch mehrere Tatsachen sein. Nicht notwendig ist, dass die öffentliche oder öffentlich beglaubigte Urkunde dem entscheidenden Organ genau im Zeitpunkt der Klauselerteilung bzw. -umschreibung noch gegenständlich vorliegen muss. Vielmehr genügt es, wenn sich aus der gesamten Aktenlage und den Umständen des Falles ergibt, dass die formgerecht die Rechtsnachfolge beweisende Urkunde einem

---

258 LG Hannover, JurBüro 2005, 275; LG Koblenz, InVo 2004, 29 = FamRZ 2003, 1483; Zöller/*Stöber*, § 727 Rdn. 31.
259 LG Frankenthal, DGVZ 1997, 75; Thomas/*Putzo*, § 727 Rdn. 4.
260 BGH, Rpfleger 2004, 362 = InVo 2004, 381 = MDR 2004, 640.
261 KG, NJW 1973, 2032.
262 LG Essen, NJW-RR 1992, 576; *Schuschke*, § 727 Rdn. 3; Musielak/*Lackmann*, § 727 Rdn. 11; **a.A.** Zöller/*Stöber*, § 727 Rdn. 18; HK-ZPO/*Kindl*, § 727 Rdn. 6; differenzierend StJ/*Münzberg*, § 727 Rdn. 30.
263 OLG Hamm, Rpfleger 2001, 190 = InVo 2001, 140.
264 LG Darmstadt, NJW-RR 1996, 398; *Schuschke*, § 727 Rdn. 18; Baumbach/*Hartmann*, § 727 Rdn. 21; offen gelassen von BayObLG, InVo 2000, 250; verneinend OLG Düsseldorf, InVo 1997, 301 = NJW-RR 1997, 1035.
265 **H.M.:** LG Frankenthal, DGVZ 1997, 75; Thomas/*Putzo*, § 727 Rdn. 4.

Rechtspfleger vorgelegen hat, der zur Entscheidung über die Erteilung der Vollstreckungsklausel zuständig ist.[266]

3.177 Bei einem Gesamtschuldnerregress gem. § 426 BGB muss daher in dieser Form auch das Fehlen einer von der anteiligen Haftung abweichenden Regelung nachgewiesen werden, weil die bloße Erfüllung der Gesamtschuld nichts über das Innenverhältnis der Gesamtschuldner aussagt[267]. Eine Offenkundigkeit liegt nicht schon dann vor, wenn die Abtretung der Klageforderung im Prozess unstreitig war[268]. Ist der Titel bereits einmal umgeschrieben worden, so ist im Rahmen der Prüfung der **weiteren (zweiten) Rechtsnachfolge** auch die erste Rechtsnachfolge erneut zu prüfen; es besteht keine Bindung an eine früher erfolgte unrichtige Umschreibung[269].

3.178 Die **Gesamtrechtsnachfolge** kann am einfachsten durch eine entsprechende amtliche Bescheinigung (Erbschein, § 2353 BGB; Testamentsvollstreckerzeugnis, § 2368 BGB) geführt werden. Eine öffentlich beglaubigte Abschrift genügt nicht, weil sie keinen Beweis darüber erbringt, dass der Rechtsnachfolger auch jetzt noch den Erbschein innehat, dieser also nicht zwischenzeitlich eingezogen worden ist[270]. Gem. § 435 ZPO kann das Gericht jedoch die Vorlage des Originals verlangen (zum Beweisantritt bei Urkunden in den Händen einer öffentlichen Behörde vgl. § 432 ZPO). Auch genügt die öffentlich beurkundete Verfügung von Todes wegen i.V.m. der Niederschrift über die Eröffnung (vgl. §§ 35, 61 Abs. 1 S. 2 GBO)[271].

3.179 **Eintragungen in öffentliche Register** (z.B. Handelsregister, Güterrechtsregister) gelten als offenkundig, sodass die darin enthaltenen Eintragungen über eine Rechtsnachfolge keines Beweises bedürfen, ggf. vielmehr ein entsprechender Hinweis des Gläubigers darauf genügt[272].

3.180 Soweit der Gläubiger zum Nachweis einer **Urkunde** bedarf, die dem Schuldner von einer Behörde, einem Beamten oder einem Notar zu erteilen ist (z.B. Erbschein, Testamentsvollstreckerzeugnis, notarielle Erwerbsurkunde), kann er anstelle des Schuldners die Erteilung für diesen und eine Ausfertigung für sich verlangen (**§ 792 ZPO**). Dafür muss der Gläubiger die für den Schuldner erforderlichen Erklärungen abgeben und den Vollstre-

---

266 OLG Jena, InVo 2002, 422.
267 OLG Karlsruhe, InVo 2002, 420 = OLGR Karlsruhe 2002, 202; OLG Schleswig, InVo 1999, 186 = OLG Schleswig 1999, 42; Musielak/*Lackmann*, § 727 Rdn. 8.
268 OLG Celle, MDR 1995, 1262.
269 KG, InVo 1997, 138 = FamRZ 1997, 508.
270 LG Stuttgart, InVo 2005, 30; AG/LG Aachen, Rpfleger 1990, 520; MünchKomm/*Wolfsteiner* ZPO, § 727 Rdn. 54; StJ/*Münzberg*, § 727 Rdn. 41; so auch für eine länger zurückliegende beglaubigte Kopie OLG Frankfurt, InVo 2005, 28; in diesem Sinne auch BGH, Rpfleger 2005, 610 = InVo 2005, 501 zum Fortbestand der Stellung eines Insolvenzverwalters; a.A. LG Mannheim, Rpfleger 1973, 64; Zöller/*Stöber*, § 727 Rdn. 20; HK-ZPO/*Kindl*, § 727 Rdn. 11, § 726 Rdn. 4; *Schuschke*, § 727 Rdn. 30; Thomas/*Putzo*, § 727 Rdn. 7, § 726 Rdn. 5.
271 MünchKomm/*Wolfsteiner* ZPO, § 727 Rdn. 54 m.w.N.
272 Im Einzelnen **streitig**, vgl. Rdn. 3.87 f.

ckungstitel vorlegen; die Vorlage einer vollstreckbaren Ausfertigung ist nicht notwendig. Soweit der Gläubiger auf einfacherem Weg (z.B. gem. § 1563 BGB, § 34, 85 FGG, § 12 Abs. 2 GBO, § 9 Abs. 2 HGB) die entsprechende Urkunde erhalten kann, fehlt für einen Antrag gem. § 792 ZPO das Rechtsschutzbedürfnis[273].

Bei der **Einzelrechtsnachfolge durch Forderungsabtretung** genügt die Vorlage der Abtretungserklärung des Altgläubigers durch den Neugläubiger; der Nachweis des Zugangs dieser Erklärung und der Annahmeerklärung seitens des Neugläubigers sowie der Zugang von dessen Annahmeerklärung beim Altgläubiger ist nicht notwendig, sondern ergibt sich schlüssig aus dem Verhalten des (Neu-)Gläubigers, wenn er die Erteilung der Vollstreckungsklausel beantragt (vgl. § 151 S. 1 BGB)[274]. Es genügt ferner eine öffentlich beglaubigte Urkunde des bisherigen Gläubigers über die Abtretung (§ 403 BGB). 3.181

Die Problematik des Nachweises der Rechtsnachfolge im Falle des gesetzlichen Forderungsübergangs (z.B. gem. § 67 VVG auf die Versicherung) kann **nicht durch eine entsprechende Anwendung des § 138 Abs. 3 ZPO** gelöst werden. Diese seit langem **streitige** Frage hat der BGH[275] nunmehr so entschieden, und zudem ausgeführt, dass der Nachweis der Rechtsnachfolge auf der Gläubigerseite durch öffentliche oder öffentlich beglaubigte Urkunden nur dann entbehrlich ist, wenn der Schuldner die Rechtsnachfolge zugesteht, § 288 ZPO, *und* der bisherige Gläubiger der Erteilung der Vollstreckungsklausel an den Rechtsnachfolger zustimmt. Der Rechtspfleger kann im Rahmen der Ermessensausübung des § 730 ZPO verpflichtet sein, den Schuldner und den bisherigen Gläubiger anzuhören, wenn der Antragsteller substanziiert darlegt, dass und aus welchen nachvollziehbaren Gründen zu erwarten ist, der Schuldner werde die Rechtsnachfolge zugestehen und der bisherige Gläubiger der Klauselerteilung zustimmen. 3.182

Der Nachweis der Rechtsnachfolge gem. §§ 93, 94 SGB XII (früher §§ 91, 92 BSHG) auf den Sozialhilfeträger setzt *kumulativ* die Vorlage folgender Urkunden voraus: 3.183

- **Original/Zweitschrift der Überleitungsanzeige** gem. § 93 SGB XII; diese entfällt für **Unterhaltsansprüche** nach bürgerlichem Recht, weil gem. § 94 Abs. 1 SGB XII ein gesetzlicher Forderungsübergang stattfindet;
- **Zustellungsurkunde** betr. die Überleitungsanzeige; falls diese nicht zugestellt (§ 3 VwZG), sondern nur per Einschreiben (§ 4 VwZG) ver-

---

273 Zöller/*Stöber*, § 792 Rdn. 1; Thomas/*Putzo*, § 792 Rdn. 6; HK-ZPO/*Kindl*, § 792 Rdn. 5.
274 BGH, NJW 1976, 567, 568; Zöller/*Stöber*, § 727 ZPO Rdn. 20.
275 BGH, Rpfleger 2005, 611 = InVo 2005, 503. Ebenso OLG Stuttgart, Rpfleger 2005, 207 = InVo 2005, 240; HK-ZPO/*Kindl*, § 726 Rdn. 4, alle m.w.N.

sandt wurde, ist **streitig,** ob der Posteinlieferungsschein als Nachweis genügt;[276]
- **Aufstellung der auszahlenden Stelle** (z.B. Stadtkasse) über Art (bar, Überweisung), Höhe und Empfänger der von ihr tatsächlich erbrachten, nicht lediglich bewilligten Hilfe, verbunden mit einer dienstlichen Versicherung über deren Richtigkeit sowie der Unterschrift des Verfassers[277].

3.184 *Nicht ausreichend* daher: Vorlage allein der Berechnung des Sozialhilfebedarfs bzw. des Bewilligungsbescheides, weil nicht ersichtlich ist, ob auch geleistet wurde;[278] Quittung des Leistungsempfängers über Höhe und Dauer der erhaltenen Hilfe, weil dies keine öffentliche oder öffentlich beglaubigte Urkunde ist[279].

3.185 Ein Nachweis der Bedarfsanzeige (§ 94 Abs. 4 S. 1 SGB XII) ist nicht notwendig, weil diese nicht Voraussetzung für den Rechtsübergang, sondern nur für die Inanspruchnahme ab dem Beginn der Hilfe ist[280]. Ebenso muss nach überwiegender Meinung die Beachtung der sozialhilferechtlichen Schutzvorschriften nicht urkundlich nachgewiesen werden, weil es sich dabei um vom Schuldner mit der Vollstreckungsabwehrklage (§ 767 ZPO) geltend zu machende Ausschlussgründe handele[281]. Dafür spricht die nunmehr etwas geänderte Gesetzesfassung in § 94 Abs. 3 SGB XII.

3.186 Bei Leistungen der Länder nach dem **Unterhaltsvorschussgesetz** (UVG) erfolgt der Nachweis durch

- Vorlage des Bewilligungsbescheides

und

- des Nachweises der zahlenden Stelle über Art (bar, Überweisung), Höhe und Empfänger der erfolgten Unterhaltsleistungen[282].

---

276 Bejahend: OLG Stuttgart, FamRZ 1981, 696; *Schuschke,* § 727 Rdn. 30; Zöller/*Stöber,* § 727 Rdn. 22; a.A. KG, Rpfleger 1974, 119.
277 OLG Karlsruhe, InVo 2004, 238 = FamRZ 2004, 556; OLG Hamburg, InVo 1998, 105 = FamRZ 1997, 1489; OLG Zweibrücken, InVo 1998, 25 = JurBüro 1997, 326; OLG Bamberg, JurBüro 1983, 141 = FamRZ 1983, 204; OLG Stuttgart, Rpfleger 1986, 438 = NJW-RR 1986, 1504 = FamRZ 1987, 81; *Schuschke,* § 727 Rdn. 29 m.w.N.; MünchKomm/*Wolfsteiner* ZPO, § 727 Rdn. 56; Thomas/*Putzo,* § 726 Rdn. 5; vgl. auch BGH, NJW 1992, 1624, 1625 = FamRZ 1992, 797, 799.
278 OLG Hamburg, InVo 1998, 105 = FamRZ 1997, 1489.
279 OLG Koblenz, FamRZ 1987, 83; OLG Stuttgart, Rpfleger 1986, 438 = NJW-RR 1986, 1504 = FamRZ 1987, 81; *Schuschke,* § 727 Rdn. 30; Zöller/*Stöber,* § 727 Rdn. 21 m.w.N.
280 Vgl. OLG Stuttgart, Rpfleger 1986, 438 = NJW-RR 1986, 1504 = FamRZ 1987, 81.
281 OLG Karlsruhe, [5. ZS] InVo 2004, 238 = FamRZ 2004, 556; OLG Köln, InVo 1997, 159; OLG Zweibrücken, InVo 1998, 25; *Künkel,* FamRZ 1994, 540, 549; StJ/*Münzberg,* § 727 Rdn. 43; Zöller/*Stöber,* § 727 Rdn. 22; HK-ZPO/*Kindl,* § 727 Rdn. 4; a.A. OLG Stuttgart, Rpfleger 2001, 251 = InVo 2001, 257; OLG Karlsruhe, [20. ZS] InVo 2000, 352; *Brudermüller,* FamRZ 1995, 1033, 1036.
282 OLG Düsseldorf, FamRZ 1997, 826; OLG Hamburg, FamRZ 1982, 425; Zöller/*Stöber,* § 727 Rdn. 21.

Entsprechendes gilt für Unterhaltsansprüche, die gem. § 37 Abs. 1 BAföG auf das Land übergegangen sind, wobei aber zusätzlich nachzuweisen ist, in welcher Höhe das Einkommen und das Vermögen der Eltern auf den Bedarf des Auszubildenden nach dem BAföG anzurechnen sind[283]. 3.187

Der Nachweis des gesetzlichen Übergangs des Anspruchs auf Arbeitsentgelt auf die Bundesanstalt für Arbeit gem. § 187 SGB III (früher: § 141m AFG) mit Stellung des Antrags auf **Insolvenzgeld** wird geführt durch die Vorlage des Bewilligungsbescheides (Original/Zweitschrift, §§ 29, 30 SGB X) und des Originals des Antrags auf Insolvenzgeld[284]. 3.188

Bei einer **Firmenfortführung** ist der *Nachweis* der Rechtsnachfolge in den Fällen der §§ 25, 28 HGB praktisch nur bei Eintragung in das Handelsregister durch einen Auszug aus dem Handelsregister gem. § 9 HGB möglich,[285] wobei zusätzlich noch der Nachweis der Fortführung des wesentlichen Bestandes des bisherigen Unternehmens durch die Mittel des § 727 ZPO verlangt wird[286]. Ansonsten bleibt dem Gläubiger nur die Klage auf Erteilung der Vollstreckungsklausel gem. § 731 ZPO. 3.189

Bei einem Rechtsübergang auf den **Insolvenzverwalter** muss dieser nicht nur die Bestellung, sondern den Fortbestand seiner Berechtigung als Rechtsnachfolger i.S.d. § 727 Abs. 1 ZPO durch öffentliche oder öffentlich beglaubigte Urkunden nachweisen; daher genügt eine Internet-Bekanntmachung gem. § 1 S. 1 InsIntBekV nicht, weil darin eine Entlassung des Insolvenzverwalters nicht bekannt gemacht würde[287]. 3.190

Ist ein **Nießbrauch an einer Erbschaft** durch Vermächtnis erfolgt, muss die dingliche Nießbrauchsbestellung an den jeweiligen Nachlassgegenständen nachgewiesen werden, weil das Vermächtnis gem. § 2174 BGB nur einen schuldrechtlichen Anspruch hierauf begründet[288]. 3.191

f) Beispiel einer Klausel 3.192

„Vorstehende Ausfertigung wird dem ... als Rechtsnachfolger des Klägers zum Zwecke der Zwangsvollstreckung erteilt. Die Rechtsnachfolge ist nachgewiesen durch Erbschein des Amtsgerichts ... vom ... (AZ: VI .../...)."

---

283 OLG Stuttgart, FamRZ 1995, 489; OLG Köln, FamRZ 1994, 52; *Schuschke*, § 727 Rdn. 31.
284 LAG München, KTS 1989, 452; OLG Schleswig, SchlHA 1990, 72; Zöller/*Stöber*, § 727 Rdn. 20; Rosenberg/Gaul/*Schilken*, § 16 V 3; nach LAG Düsseldorf, Rpfleger 2005, 456 = InVo 2005, 502 sowie LAG Nürnberg, NZA 1994, 1056 bedarf es eines öffentlich beglaubigten Antrags des Arbeitnehmers nicht; a.A. LAG Düsseldorf, JurBüro 1989, 1018, 1019; Vorlage des Antrags ist in der Form des § 727 ZPO notwendig, aber weder der Originalantrag noch dessen beglaubigte Kopie seien eine öffentliche Urkunde i.S.v. § 129 BGB.
285 Vgl. MünchKomm/*Wolfsteiner* ZPO, § 729 Rdn. 8.
286 OLG Schleswig, InVo 2000, 208 = OLGR Schleswig 2000, 109.
287 BGH, Rpfleger 2005, 610 = InVo 2005, 501.
288 OLG Zweibrücken, Rpfleger 2005, 612 = InVo 2005, 365.

3.193–3.195   Voraussetzungen der Zwangsvollstreckung

7. § 733 ZPO – weitere vollstreckbare Ausfertigung

3.193   Die Vorschrift enthält zum Schutz des Schuldners vor wiederholter Zwangsvollstreckung eine gesonderte Regelung für den Fall, dass wegen desselben vollstreckbaren Anspruchs eine neue – weitere – vollstreckbare Ausfertigung des Titels gegen den Schuldner oder seinen Rechtsnachfolger erteilt werden soll und die erste Ausfertigung nicht zurückgegeben wird. Hierzu ist ein besonderes schutzwürdiges Interesse des Gläubigers notwendig, das darzulegen und glaubhaft zu machen ist.

3.194   Beispiele:[289]

- Verlust der 1. Ausfertigung,[290]
- Vollstreckung gegen denselben Schuldner an mehreren Orten bzw. durch andere Vollstreckungsorgane zur selben Zeit,
- Vollstreckung gegen mehrere Gesamtschuldner an mehreren Orten bzw. durch andere Vollstreckungsorgane zur selben Zeit (Gerichtsvollzieher: Sachpfändung; Vollstreckungsgericht: Pfändungsbeschluss),[291]
- nur teilweiser Übergang des titulierten Anspruchs auf den Zessionar (die Erteilung der weiteren vollstreckbaren Ausfertigung für den Zessionar ist auf der Ausfertigung des Zedenten zu vermerken[292]),
- **streitig** für den Fall, dass der Prozessbevollmächtigte des Gläubigers an der vollstreckbaren Ausfertigung ein Zurückbehaltungsrecht geltend macht[293].

3.195   Sowohl Rechtsprechung[294] wie Literatur[295] stellen im Hinblick auf den Schutz des Schuldners vor doppelter Vollstreckung nicht selten besondere Anforderungen bei der Erteilung einer **weiteren vollstreckbaren Ausfertigung für den Rechtsnachfolger** des Gläubigers. Richtigerweise kann das

---

289   Weitere Beispiele vgl. Rosenberg/Gaul/*Schilken*, § 16 VI 1; Zöller/*Stöber*, § 733 Rdn. 4–10.
290   OLG Rostock, OLGR Rostock 2001, 485; vgl. zum Umfang der Nachweispflicht OLG Celle, OLGR 1995, 216; OLG Düsseldorf, FamRZ 1994, 1271; AG Unna/LG Dortmund, Rpfleger 1994, 308; nach OLG Schleswig, InVo 2000, 353 soll bei vorsätzlicher Vernichtung des Titels eine Vermutung für eine Erledigung der Forderung sprechen, sodass der Gläubiger im Einzelnen darlegen müsse, dass und warum er sich geirrt habe.
291   OLG Karlsruhe, InVo 2000, 353; HK-ZPO/*Kindl*, § 733 Rdn. 3.
292   OLG Köln, Rpfleger 1994, 172.
293   Kein Fall von § 733: OLG Saarbrücken, AnwBl. 1981, 161; Zöller/*Stöber*, § 733 Rdn. 9; *Schuschke*, § 733 Rdn. 9; bejahend für den Fall des titulierten Notunterhalts OLG Hamm, FamRZ 1998, 640; befürwortend: OLG Schleswig, OLGR 1999, 53; OLG Stuttgart, Rpfleger 1995, 220; Thomas/*Putzo*, § 733 Rdn. 5; StJ/*Münzberg*, § 733 Rdn. 3; HK-ZPO/*Kindl*, § 733 Rdn. 3.
294   OLG München, Rpfleger 2005, 457 = InVo 2005, 509 mit abl. Anm. *Wolf*; OLG Jena, InVo 2000, 207; OLG Frankfurt, NJW-RR 1988, 512; a.A. OLG Stuttgart, NJW-RR 1990, 126; OLG Hamm, JurBüro 1992, 269.
295   Zöller/*Stöber*, § 733 Rdn. 10; Thomas/*Putzo*, § 733 Rdn. 6; a.A. *Schuschke*, § 733 Rdn. 6, der nur die Darlegung verlangt, dass der Rechtsnachfolger nicht im Besitz des Titels sei.

nur dann gelten, wenn die Gefahr einer Doppelvollstreckung konkret gegeben ist, was der Schuldner darzulegen hätte, und der Schuldner nicht durch Hinterlegung dieser Gefahr begegnen kann.

Hat der Schuldner eine Zahlungsverpflichtung mit Unterwerfung unter die sofortige Zwangsvollstreckung notariell beurkunden lassen und den Notar ermächtigt, dem Gläubiger eine vollstreckbare Ausfertigung zu erteilen, kann er diese **Ermächtigung** nicht mehr widerrufen, sobald der Gläubiger eine Ausfertigung der Urkunde erhalten hat. Ein solcher Widerruf steht daher der Erteilung einer weiteren vollstreckbaren Ausfertigung nicht entgegen[296].   3.196

Kein Fall des § 733 ZPO liegt vor, wenn   3.197

- nur für einen Teil des titulierten Anspruchs eine Klausel erteilt war und nun für den weiteren Teil die Klausel beantragt wird;
- mehrere Gläubiger einen Anspruch auf einen bestimmten Teil der Leistung haben, soweit jeder Gläubiger für seinen Teil eine vollstreckbare Ausfertigung erhält;
- mehrere Schuldner jeweils nur mit einem bestimmten Anteil haften und eine Klausel nur hinsichtlich ihres eigenen Haftungsanteils erteilt werden soll.

Diese Besonderheiten sind bei der Abfassung des Klauseltextes zu berücksichtigen.

Wird die **erste Ausfertigung zurückgegeben,** gelten für die Erteilung der neuen Ausfertigung die normalen Zuständigkeitsregeln. Die Erteilung der weiteren Ausfertigung obliegt hingegen stets gem. § 20 Nr. 12, 13 RPflG dem Rechtspfleger des gem. § 724 Abs. 2 ZPO zuständigen Gerichts. Bei notariellen Urkunden erteilt der Rechtspfleger des gem. § 797 Abs. 1 bzw. Abs. 2 ZPO zuständigen Gerichts selbst die weitere Ausfertigung oder er weist den Notar an, diese zu erteilen (vgl. § 20 Nr. 13 RPflG).   3.198

Dem Schuldner ist bis auf die Fälle überwiegender entgegenstehender Interessen des Gläubigers (z.B. besondere Dringlichkeit) grundsätzlich vor der Erteilung der Klausel **rechtliches Gehör** zu gewähren. Damit kann er jedoch keine Einwendungen vorbringen, die sich gegen den vollstreckbaren Anspruch selbst richten; diese kann er nur mit der Vollstreckungsgegenklage gem. § 767 ZPO geltend machen[297].   3.199

Die Erteilung der weiteren vollstreckbaren Ausfertigung ist auf dem Titel zu vermerken (§ 734 ZPO), der Gegner von der Erteilung in Kenntnis zusetzen (§ 733 Abs. 2 ZPO). Gemäß § 733 Abs. 3 ZPO ist die weitere Ausfertigung ausdrücklich als solche zu bezeichnen, und zwar   3.200

---

296 BayObLG, InVo 2003, 483 = DNotZ 2003, 847.
297 OLG Karlsruhe, InVo 2005, 32.

- entweder in der Überschrift als „Zweite (usw.) Ausfertigung"
- oder im Text, z.B. „vorstehende zweite (usw.) Ausfertigung wird dem … erteilt".

3.201 **Funktionell zuständig** für die Erteilung der weiteren vollstreckbaren Ausfertigung ist grundsätzlich der *Rechtspfleger* gem. § 20 Nr. 12 RPflG, doch ist landesrechtlich eine Übertragung auf den Urkundsbeamten der Geschäftsstelle möglich, § 36b Abs. 1 Nr. 3 RPflG. **Sachlich** zuständig ist das *Amtsgericht* als Prozessgericht, nicht hingegen das Vollstreckungsgericht. Für die Erteilung der (zweiten) vollstreckbaren Ausfertigung eines *Vollstreckungsbescheids* ist nach Abschluss des **streitigen** Verfahrens das AG – Mahngericht – als Gericht des ersten Rechtszugs und nicht das Prozessgericht zuständig[298].

3.202 Die weitere vollstreckbare Ausfertigung zu einer *notariellen Urkunde* i.S.v. § 794 Abs. 1 Nr. 5 ZPO oder zu einem durch den Notar gem. § 796c ZPO für vollstreckbar erklärten *Anwaltsvergleich* erteilt der Notar, allerdings nur, wenn er dazu vom Rechtspfleger des Amtsgerichts ermächtigt worden ist, § 797 Abs. 3 ZPO. Will der Notar die Klausel erteilen, kann nur er, nicht auch der Gläubiger, den entsprechenden Ermächtigungsantrag an das Gericht stellen[299].

Rechtsbehelfe:

3.203 Bei Zurückweisung des Antrags durch den Rechtspfleger des AG/LG steht dem *Gläubiger* – ausgenommen bei vollstreckbaren Urkunden i.S.v. § 794 Abs. 1 Nr. 5 ZPO – die sofortige Beschwerde (§ 11 Abs. 1 RPflG, § 567 ff. ZPO) zu. Der Rechtspfleger kann ihr abhelfen (§ 572 ZPO), ansonsten entscheidet das Beschwerdegericht, also nicht das Gericht, dem der Rechtspfleger angehört. Wurde die Klausel vom Rechtspfleger des OLG erteilt, steht dem Gläubiger die befristete Erinnerung gem. § 11 Abs. 2 RPflG offen. Hat der Urkundsbeamte der Geschäftsstelle entschieden, kann befristete Erinnerung gem. § 573 ZPO eingelegt werden.

3.204 Sowohl gegen die Weigerung des Notars, eine weitere vollstreckbare Ausfertigung bei *vollstreckbaren Urkunden* i.S.v. § 794 Abs. 1 Nr. 5 ZPO oder bei durch den Notar gem. § 796c ZPO für vollstreckbar erklärten *Anwaltsvergleichen* zu erteilen, als auch gegen die Entscheidungen des Rechtspflegers, durch die dieser die Ermächtigung des Notars zur Erteilung einer weiteren vollstreckbaren Ausfertigung für die vollstreckbare Urkunde ablehnt, ist die Beschwerde gem. § 54 BeurkG gegeben[300].

---

298 OLG Stuttgart, InVo 2005, 31 = BeckRS 2004, 07961.
299 BayObLG, Rpfleger 2000, 74 = BayObLGZ 1999, 343; Zöller/*Stöber*, § 797 Rdn. 7.
300 BayObLG, Rpfleger 2000, 74 = BayObLGZ 1999, 74.

Der *Schuldner* kann gegen die Erteilung der Klausel, gleich ob sie der Urkundsbeamte der Geschäftsstelle oder der Rechtspfleger erteilt hat, Erinnerung gem. § 732 ZPO einlegen. Hilft der Rechtspfleger der Erinnerung nicht ab, entscheidet der Abteilungsrichter[301]. Erst gegen dessen Entscheidung ist die sofortige Beschwerde gegeben.   3.205

Wird die weitere vollstreckbare Ausfertigung zu einer *notariellen Urkunde* oder zu einem durch den Notar gem. § 796c ZPO für vollstreckbar erklärten *Anwaltsvergleich* begehrt, ist auch dafür der Rechtspfleger zuständig, § 797 Abs. 3 ZPO. Gegen dessen Entscheidung, die den Notar ermächtigt, die vollstreckbare Ausfertigung zu erteilen, steht dem Schuldner kein Rechtsmittel zu; unbenommen ist ihm, nach Erteilung der Klausel dagegen Erinnerung gem. § 732 ZPO zu erheben[302].   3.206

Tipp: Da der Gläubiger meistens nicht weiß, ob eine bestimmte Art der Vollstreckung zum Erfolg führen wird, und es zum anderen geboten ist, möglichst frühzeitig zum Erfolg zu kommen, sollte der Anwalt die Beantragung einer weiteren vollstreckbaren Ausfertigung überlegen, zumal eine solche in der Praxis eher die Ausnahme darstellt. Unter diesen Gesichtspunkten ist das Vorgehen auch kostenrechtlich (§ 788 ZPO) nicht zu beanstanden,[303] erhält der Anwalt für das Verfahren auf Erteilung einer weiteren vollstreckbaren Ausfertigung neben der allgemeinen Verfahrensgebühr für die Vollstreckung nach VV 3309 doch eine zusätzliche 0,3-Verfahrensgebühr nach VV 3309, weil es sich dabei um eine besondere Angelegenheit handelt, § 18 Nr. 7 RVG.   3.207

8. Rechtsbehelfe im Rahmen der Klauselerteilung

a) Rechtsbehelfe des Gläubigers

aa) Verweigerung der Klausel durch den Urkundsbeamten der Geschäftsstelle

Hat der Urkundsbeamte der Geschäftsstelle (UdG) die Erteilung einer einfachen Klausel verweigert, steht dem Gläubiger dagegen die **Erinnerung gem. § 573 Abs. 1 ZPO** offen. Die Erinnerung muss durch Einreichung einer Beschwerdeschrift oder mündlich zu Protokoll der Geschäftsstelle eingelegt werden (§ 573 Abs. 1 S. 2 ZPO). Diese muss die Bezeichnung der angefochtenen Entscheidung sowie die Erklärung enthalten, dass Beschwerde/Erinnerung gegen diese Entscheidung eingelegt   3.208

---

301 H.M., vgl. OLG Naumburg, InVo 2003, 330 = FamRZ 2003, 695; HK-ZPO/*Kindl*, § 733 Rdn. 5.
302 LG Rostock, InVo 2003, 484; LG Berlin, MDR 1999, 703.
303 Vgl. AnwK-RVG/*Wolf*, § 18 Rdn. 70.

wird. Hierfür besteht kein Anwaltszwang (§§ 78 Abs. 5, 79 ZPO). Die Erinnerung ist binnen einer Notfrist von zwei Wochen einzulegen. Diese beginnt mit der Zustellung der Entscheidung, spätestens mit dem Ablauf von fünf Monaten nach Verkündung des Beschlusses, § 573 Abs. 1 S. 3, 569 S. 1 und 2 ZPO.

3.209 **Zuständig** ist sachlich und örtlich dasjenige Gericht, dem der UdG angehört (§ 573 Abs. 1 S. 1 i.V.m. § 724 Abs. 2 ZPO), funktionell der Richter. Das kann gem. § 573 Abs. 3 ZPO auch das OLG oder der BGH sein. Der UdG ist gem. §§ 573 Abs. 1 S. 3, 572 Abs. 1 ZPO zur Abhilfe befugt.

3.210 Die Erinnerung ist **begründet**, wenn im Zeitpunkt der Entscheidung über die Erinnerung die Voraussetzungen für die Erteilung der Klausel vorliegen (§§ 573 Abs. 1 S. 3, 572 ZPO). Das Gericht weist dann den UdG an, dem Gläubiger die Klausel zu erteilen. Anderenfalls weist es die Erinnerung zurück.

3.211 Gegen die Erinnerungsentscheidung des erstinstanzlichen Gerichts (AG/LG) ist die **sofortige Beschwerde** gegeben (§ 573 Abs. 2, § 567 f. ZPO). Gegen Entscheidungen des LG als Berufungs- oder Beschwerdegericht sowie des Oberlandesgerichts ist die Rechtsbeschwerde eröffnet, wenn sie zugelassen worden ist, § 574 Abs. 1 S. 1 Nr. 2 ZPO.

bb) Verweigerung der Klausel durch den Rechtspfleger

3.212 Gem. § 11 Abs. 1 RPflG ist gegen die Verweigerung der Erteilung einer qualifizierten Klausel dasjenige Rechtsmittel gegeben, das nach den allgemeinen Vorschriften zulässig ist, also grundsätzlich die **sofortige Beschwerde** gem. § 567 ZPO. Die Erinnerung kann schriftlich oder zu Protokoll der Geschäftsstelle eingelegt werden (§ 569 Abs. 2 und 3 ZPO). Anwaltszwang besteht hierfür nicht (§§ 78 Abs. 5, 79 ZPO, § 13 RPflG). Sie ist binnen einer **Notfrist** von zwei Wochen einzulegen. Diese beginnt mit der Zustellung der Entscheidung, spätestens mit dem Ablauf von fünf Monaten nach Verkündung des Beschlusses, § 11 Abs. 1 RPflG i.V.m. § 569 S. 1 und 2 ZPO. Der Rechtspfleger kann **abhelfen**; hilft er nicht ab, legt er die Beschwerde unverzüglich dem Beschwerdegericht vor (§ 572 Abs. 1 ZPO). Das Gleiche gilt, wenn nicht der eigentlich zuständige Urkundsbeamte der Geschäftsstelle, sondern der Rechtspfleger den Antrag auf Erteilung der Vollstreckungsklausel zurückgewiesen hat[304].

3.213 Die Beschwerde ist **begründet**, wenn im Zeitpunkt der Entscheidung über die Beschwerde die Voraussetzungen für die Erteilung der Klausel vorliegen (§ 572 ZPO). Das Gericht wird dann den Rechtspfleger anweisen, die Klausel zu erteilen. Anderenfalls weist es die Beschwerde zurück.

---

304 OLG Köln, InVo 2004, 414 = OLGR Köln 2004, 260.

Ist die **Klausel vom Rechtspfleger des Landgerichts als Berufungsgericht, des Oberlandesgerichts oder des Bundesgerichtshofs verweigert** worden, steht dem Gläubiger als Rechtsbehelf dagegen die *befristete Erinnerung* gem. § 11 Abs. 2 RPflG zu; hilft der Rechtspfleger ihr nicht ab, entscheidet der Richter dieses Gerichts darüber. 3.214

Gegen die Entscheidung des LG als Beschwerdegericht sowie des Oberlandesgerichts ist die **Rechtsbeschwerde** eröffnet, wenn sie zugelassen worden ist, § 574 Abs. 1 S. 1 Nr. 2 ZPO. 3.215

cc) **Verweigerung der Klausel zu einer notariellen Urkunde**

Verweigert der Notar die Erteilung einer von ihm gemäß § 797 Abs. 2 S. 1, Abs. 6 ZPO zu erteilenden einfachen oder qualifizierten Klausel, steht dem Gläubiger hiergegen die Beschwerde gemäß § 54 BeurkG i.V.m. §§ 20 ff. FGG zu. Das Gleiche gilt, wenn der Rechtspfleger des Amtsgerichts die Erteilung einer weiteren vollstreckbaren Ausfertigung einer notariellen Urkunde verweigert. 3.216

Zuständig ist die Zivilkammer des Landgerichts, in dessen Bezirk der Notar seinen Amtssitz hat, § 54 Abs. 2 S. 2 BeurkG. Die Einlegung erfolgt **schriftlich oder zu Protokoll der Geschäftsstelle** des Beschwerdegerichts, § 21 Abs. 2 FGG. Anwaltszwang besteht daher nicht. Die Beschwerde ist unbefristet. 3.217

Die Beschwerde ist **begründet**, wenn im Zeitpunkt der Entscheidung über die Beschwerde die Voraussetzungen zur Erteilung der beantragten Klausel noch bzw. erstmals vorliegen (§ 23 FGG)[305]. Das Gericht wird den Notar anweisen, die beantragte Klausel zu erteilen oder andernfalls die Beschwerde zurückweisen. Eine Kostenentscheidung zulasten des Notars scheidet aus, weil er erstinstanzliches Entscheidungsorgan und nicht Beteiligter des Beschwerdeverfahrens ist[306]. 3.218

Hat das Landgericht die Beschwerde des Gläubigers zurückgewiesen, kann der *Gläubiger* dagegen **weitere Beschwerde** gem. § 54 Abs. 2 BeurkG, §§ 27 ff. FGG einlegen[307]. Dem *Schuldner* steht gegen die Entscheidung des Landgerichts, mit der der Notar angewiesen wird, die Klausel zu erteilen, kein Rechtsbehelf zu, und zwar selbst dann nicht, wenn der Notar die Anweisung noch nicht vollzogen hat[308]. 3.219

Wird die weitere Beschwerde nicht zu Protokoll der Geschäftsstelle eingelegt (§ 21 Abs. 2 FGG), sondern durch Einreichung einer Beschwerdeschrift, muss diese durch einen Rechtsanwalt unterzeichnet sein, § 29 Abs. 1 S. 2, Abs. 4 FGG. 3.220

---

305 Vgl. BayObLG, OLGR 1995, 80.
306 OLG Düsseldorf, FGPrax 1995, 210; OLG Köln, NJW-RR 1994, 756 = WM 1993, 2137, 2139.
307 OLG Frankfurt, Rpfleger 1981, 314; OLG Köln, NJW-RR 1994, 756 = WM 1993, 2137, 2138.
308 OLG Hamm, NJW-RR 1999, 861; OLG Frankfurt, InVo 1998, 52.

3.221–3.225   Voraussetzungen der Zwangsvollstreckung

dd) Klage auf Erteilung der Vollstreckungsklausel gemäß § 731 ZPO

3.221   **Ziel und Wesen** der Klauselklage ist es, dem Gläubiger, der den ihm in den Fällen der qualifizierten Klausel gemäß §§ 726 Abs. 1, 727–729, 738, 742, 744, 744a, 745 Abs. 2, 749 ZPO obliegenden Nachweis nicht durch öffentliche oder öffentlich beglaubigte Urkunden führen kann, gleichwohl zu einer Klausel zu verhelfen. Diese Klage ist nach **h.M.**[309] eine Feststellungsklage; sie kann auch als Widerklage erhoben werden. Unbenommen bleibt dem Rechtsnachfolger, statt einer Klage gem. § 731 ZPO eine neue Klage gegen den Schuldner zu erheben[310].

3.222   Der **Klageantrag** geht dahin,

> „dem Kläger zu dem (näher zu bezeichnenden) Titel die Vollstreckungsklausel zum Zwecke der Zwangsvollstreckung gegen den Beklagten zu erteilen".

3.223   Beklagter ist derjenige, gegen den die Klausel erteilt werden soll, also der Titelschuldner, Rechtsnachfolger etc.

3.224   **Zuständig** für die Klage ist das Prozessgericht des ersten Rechtszuges (§ 731 ZPO), bei Vollstreckungsbescheiden das für eine Entscheidung im Streitverfahren zuständige Gericht (§ 796 Abs. 3, §§ 690 Abs. 1 Nr. 5, 692 Abs. 1 Nr. 1 und 6, 696 Abs. 1 S. 4, Abs. 5 ZPO), bei vollstreckbaren Urkunden und Anwalts- sowie Gütestellenvergleichen das Gericht des allgemeinen Gerichtsstandes des Schuldners, hilfsweise das gemäß § 23 ZPO zuständige Gericht (§ 797 Abs. 5 und 6, § 797a Abs. 3 ZPO). Bei einer *vollstreckbaren Urkunde* gegen den jeweiligen Eigentümer ist jedoch das Gericht des ersten Rechtszuges, in dessen Bezirk das Grundstück gelegen ist, zuständig (§ 800 Abs. 3 ZPO). Die vorgenannten Zuständigkeiten sind ausschließlich (§ 802 ZPO). Wird die Klausel für einen *Auszug aus der Tabelle* (§ 201 Abs. 2 InsO) begehrt, so ist das Amtsgericht, bei dem das Insolvenzverfahren anhängig ist, zuständig, und, wenn der Streitgegenstand zur Zuständigkeit des Amtsgerichts nicht gehört, das Landgericht ausschließlich, zu dessen Bezirk das Insolvenzgericht gehört (§ 202 InsO).

3.225   Das notwendige **Rechtsschutzinteresse** fehlt, wenn der Gläubiger die erforderliche Beweisurkunde leicht beschaffen kann[311]. Andererseits muss der Gläubiger beim Fehlen entsprechender Urkunden nicht zunächst gleichwohl einen Antrag stellen, weil der Nachweis durch ein Geständnis

---

309 Vgl. Zöller/*Stöber*, § 731 Rdn. 4; HK-ZPO/*Kindl*, § 731 Rdn. 1; offen gelassen, weil im Ergebnis unerheblich MünchKomm/*Wolfsteiner* ZPO, § 731 Rdn. 4; nach **a.A.** prozessuale Gestaltungsklage: *Schuschke*, § 731 Rdn. 2; StJ/*Münzberg*, § 731 Rdn. 8.
310 BGH, NJW 1987, 2863; LG Berlin, JurBüro 1995, 219.
311 **H.M.**, vgl. VGH Mannheim, NJW 2003, 1203 = ZEV 2003, 472: Klage trotz Möglichkeit eines Erbscheins über § 792 ZPO möglich; HK-ZPO/*Kindl*, § 731 Rdn. 5 m.w.N.

des Schuldners entfallen könnte[312]. Dem steht zum einen der Wortlaut des § 731 ZPO entgegen, zum anderen sind die Fälle eines dermaßen entbehrlichen Nachweises[313] in der Praxis die absolute Ausnahme. Fehlen dem Gläubiger die zum Nachweis erforderlichen Urkunden, ist es ebenfalls unzumutbar, von ihm nach Ablehnung der Klauselerteilung auch noch zu verlangen, dass er das Beschwerdeverfahren (§ 11 Abs. 1 RPflG, § 567 ZPO) bis zur Nichtabhilfeentscheidung des Rechtspflegers durchführen muss[314].

3.226 Die Sachbefugnis steht auf Klägerseite derjenigen zu, für den die vollstreckbare Ausfertigung erteilt werden soll, auf Beklagtenseite dem Schuldner bzw. seinem Rechtsnachfolger. Die Klage ist **begründet**, wenn im Zeitpunkt der letzten mündlichen Verhandlung in der Tatsacheninstanz (vgl. § 296a ZPO) die materiellen Voraussetzungen für die Erteilung der Klausel vorliegen.

3.227 Im Prozess sind alle **Beweismittel** der ZPO zulässig. Der Urkundenprozess ist unstatthaft. Die Vorschriften über das Geständnis, das Anerkenntnis sowie ein Nichtbestreiten gemäß § 138 Abs. 3 ZPO finden Anwendung. Der Beklagte kann sich mit Einwendungen gegen die Zulässigkeit der Klausel an sich, gegen das Vorliegen der für die Erteilung notwendigen Voraussetzungen gemäß §§ 726 ff. ZPO, aber auch mit materiell-rechtlichen Einwendungen gegen den titulierten Anspruch wehren, soweit Letztere nicht gemäß § 767 Abs. 2 bzw. 3 ZPO präkludiert sind. Ferner kann der Beklagte den Vorbehalt der beschränkten Haftung gemäß §§ 780, 786, 785 ZPO geltend machen.

3.228 Aufgrund des rechtskräftigen oder vorläufig vollstreckbaren **stattgebenden Urteils** wird die Klausel zu dem Titel erteilt, und zwar durch den Rechtspfleger, weil es eine qualifizierte Klausel bleibt und sich auch nach dem Urteil neue Einwendungen ergeben können[315]. Das stattgebende Urteil führt dazu, dass der Schuldner mit allen Einwendungen gemäß §§ 732, 768 ZPO sowie den gemäß § 767 ZPO geltend zu machenden materiellrechtlichen Einwendungen gegen den titulierten Anspruch, die bis zum Schluss der letzten mündlichen Tatsachenverhandlung entstanden waren, ausgeschlossen ist.

---

312 Zöller/*Stöber*, § 731 Rdn. 2; MünchKomm/*Wolfsteiner* ZPO, § 731 Rdn. 15; HK-ZPO/*Kindl*, § 731 Rdn. 5; Brox/*Walker*, Rdn. 133; **a.A.** *Schuschke*, § 731 Rdn. 6; Thomas/*Putzo*, § 731 Rdn. 6.
313 Zu den engen Voraussetzungen jetzt BGH, Rpfleger 2005, 611 = InVo 2005, 503.
314 Zöller/*Stöber*, § 731 Rdn. 2; MünchKomm/*Wolfsteiner* ZPO, § 731 Rdn. 15; HK-ZPO/*Kindl*, § 731 Rdn. 5; Baumbach/*Hartmann*, § 731 Rdn. 2; StJ/*Münzberg*, § 731 Rdn. 4; differenzierend *Schuschke*, § 731 Rdn. 6.
315 So LG Stuttgart, Rpfleger 2000, 537; Baumbach/*Hartmann*, § 731 Rdn. 1; MünchKomm/*Wolfsteiner* ZPO, § 726 Rdn. 22; StJ/*Münzberg*, § 731 Rdn. 16; *Schuschke*, § 731 Rdn. 9; Musielak/*Lackmann*, § 731 Rdn. 8; nach **a.A.** durch den Urkundsbeamten der Geschäftsstelle: *Napierala*, Rpfleger 1989, 493; Thomas/*Putzo*, § 731 Rdn. 9; Zöller/*Stöber*, § 731 Rdn. 6

3.229 Aufgrund der Rechtskraft des **klageabweisenden Urteils** ist der Kläger bei einer neuen Klage gemäß § 731 ZPO mit allen Tatsachen ausgeschlossen, die bis zum Schluss der mündlichen Verhandlung der ersten Klauselerteilungsklage geltend gemacht werden konnten[316].

b) Rechtsbehelfe des Schuldners

aa) Klauselerinnerung, § 732 ZPO

3.230 Mit der Erinnerung nach § 732 ZPO kann der Schuldner nur Einwendungen gegen die Erteilung der Vollstreckungsklausel vorbringen, und zwar sowohl gegen die einfache wie die qualifizierte Klausel. Derartige Einwendungen können darauf beruhen, dass *formelle Fehler im Klauselerteilungsverfahren gemacht wurden und/oder dass materielle Voraussetzungen, die für die Erteilung einer qualifizierten Klausel gem. §§ 726 ff. ZPO erforderlich sind*, nicht vorgelegen haben; zu den Einzelheiten s. weiter unten. Das unterscheidet die Klauselerinnerung gemäß § 732 ZPO von der Klauselgegenklage gemäß § 768 ZPO. Mit Letzterer kann nur das Fehlen der materiellen Voraussetzungen für die Erteilung der qualifizierten Klauseln gerügt werden. § 732 ZPO schließt als Spezialnorm den Rechtsbehelf gemäß § 11 RPflG aus[317].

3.231 Der Unterschied zur *Vollstreckungsgegenklage gemäß § 767 ZPO* besteht darin, dass mit Letzterer nur materiell-rechtliche Einwendungen (z.B. Erfüllung, Verjährung) gegen den **titulierten Anspruch selbst** geltend gemacht werden können.

3.232 Mit der *Vollstreckungsgegenklage analog § 767 ZPO* kann ebenfalls geltend gemacht werden, es bestehe kein ordnungsgemäßer Titel, z.B. weil die Unterwerfungserklärung auf eine unwirksame Vollmacht zurückzuführen sei. Insoweit hat der Schuldner die Wahl, ob er nach § 732 ZPO vorgeht oder nach § 767 ZPO analog[318].

3.233 Es ist jedoch mit der Verfassung nicht vereinbar, wenn einem Rechtsinhaber die Durchsetzung seines Rechts in allen in Betracht kommenden Verfahrensarten jeweils ohne sachliche Prüfung mit der Begründung verwehrt wird, die Voraussetzungen für die Geltendmachung des Begehrens in dieser Verfahrensart lägen nicht vor[319].

3.234 **Ziel** der Klauselerinnerung ist es, die Zwangsvollstreckung aus der Klausel ganz oder teilweise für unzulässig zu erklären.

3.235 Als **formelle Fehler** bei der Erteilung einer Vollstreckungsklausel kommen z.B. in Betracht:

---

316 H.M., vgl. Zöller/*Stöber*, § 731 Rdn. 6.
317 H.M., vgl. OLG Naumburg, FamRZ 2003, 695; OLG Hamburg, FamRZ 1998, 1447; OLG Stuttgart, Rpfleger 1997, 521; Zöller/*Stöber*, § 732 Rdn. 4.
318 BGH, Rpfleger 2005, 33 = InVo 2005, 22 = FamRZ 2004, 1714; zu Einzelheiten s. Rdn. 8.114, 8.116.
319 BVerfG, InVo 1997, 212.

- ein unzuständiges Organ hat die Klausel erteilt (beachte aber § 8 Abs. 1 und 5 RPflG);
- ein wirksamer bzw. vollstreckbarer Titel liegt nicht vor (z.b. ungenaue Parteibezeichnung[320]; unbestimmter Tenor; der Prozessvergleich wurde wirksam widerrufen oder nicht wirksam protokolliert;[321] Urteil ist weder rechtskräftig noch für vorläufig vollstreckbar erklärt, oder das Urteil ist wegen abändernder bzw. aufhebender Entscheidung außer Kraft; das Urteil ist mangels Verkündung bzw. Zustellung nicht existent[322]);
- die Unterwerfungserklärung in der notariellen Urkunde ist unwirksam, weil die dafür erforderliche Vollmacht nicht wirksam ist[323]. Dabei ist aber zu beachten, dass sich die Prüfungspflicht des Notars darauf beschränkt, ob ein formell wirksamer Titel mit vollstreckungsfähigem Inhalt vorliegt, und – wenn ein Vertreter für den Schuldner die Unterwerfungserklärung abgegeben hat – ob Erteilung und Umfang der Vollmacht in öffentlicher oder öffentlich beglaubigter Urkunde zu Protokoll des Notars nachgewiesen sind. Nicht anwendbar ist § 732 ZPO daher für die Fälle, in denen sich die Unwirksamkeit der Vollmacht erst aus der Ungültigkeit anderer, mit ihr in Zusammenhang stehender Vereinbarungen ergeben soll, z.B. aufgrund der Unwirksamkeit des Geschäftsbesorgungsvertrags wegen Verstoßes gegen das Rechtsberatungsgesetz;[324]
- der bei der qualifizierten Klausel erforderliche Nachweis z.B. für eine Rechtsnachfolge ist nicht in der notwendigen Form der öffentlichen oder öffentlich beglaubigten Urkunde erbracht worden;
- für die Erteilung einer weiteren vollstreckbaren Ausfertigung fehlt das Rechtsschutzbedürfnis.

Materiell-rechtliche Einwendungen gegen die Erteilung der Vollstreckungsklausel können z.B. sein:

- die gemäß § 726 ZPO notwendige Tatsache ist nicht eingetreten (z.B. ist eine notwendige Kündigung nicht erfolgt);
- im Fall des § 727 ZPO liegt keine wirksame Rechtsnachfolge vor, weil der Abtretungsvertrag nichtig war oder weil der titulierte Anspruch eine Masseschuld und keine Insolvenzforderung war;[325]
- die Rechtsnachfolge war schon vor Rechtshängigkeit eingetreten;
- der Rechtsnachfolger ist nicht der gesetzliche Erbe, sondern ein Dritter aufgrund eines nachträglich gefundenen Testaments.

---

320 BGH, InVo 2004, 239 = NJW-RR 2004, 1135.
321 BGHZ 15, 190.
322 BGH, NJW 2002, 1728, 1729 = MDR 2002, 599.
323 BGH, Rpfleger 2005, 33 = InVo 2005, 22 = FamRZ 2004, 1714 = NJW-RR 2004, 1718.
324 BGH, Rpfleger 2005, 33 = InVo 2005, 22 = FamRZ 2004, 1714 = NJW-RR 2004, 1718; BGH, Beschl. v. 5.7.2005 – VII ZB 27/05, Rpfleger 2005, 612 = InVo 2006, 23 und Beschl. v. 4.10.2005 – VII ZB 54/05 = InVo 2006, 24.
325 KG, InVo 2002, 478 = NZI 2002, 606 = AnwBl. 2002, 666.

3.237–3.240   Voraussetzungen der Zwangsvollstreckung

3.237 Notwendig ist ein **Antrag des Schuldners,** der schriftlich oder zu Protokoll der Geschäftsstelle gestellt werden kann. Anwaltszwang besteht nicht (§§ 78 Abs. 5, 79 ZPO). Er ist an keine Frist gebunden. Der Antrag geht dahin,

> „die Zwangsvollstreckung aus der am ... (Datum) für den Gläubiger erteilten vollstreckbaren Ausfertigung des ... (Angabe des Vollstreckungstitels) – ganz oder teilweise (mit entsprechender, genauer Angabe) für unzulässig zu erklären".

3.238 Örtlich und sachlich ausschließlich **zuständig** zur Entscheidung über die Erinnerung ist das Gericht, von dessen Geschäftsstelle die Vollstreckungsklausel erteilt wurde (§§ 732 Abs. 1, 795, 802 ZPO; bei notariellen Urkunden und Anwaltsvergleichen: § 797 Abs. 3 und 6 ZPO; bei Gütestellenvergleichen: § 797a Abs. 1, Abs. 4 S. 3 ZPO). Der Urkundsbeamte der Geschäftsstelle bzw. Rechtspfleger kann der Erinnerung abhelfen (§ 11 Abs. 2 S. 1 RPflG bzw. §§ 572, 573 ZPO analog)[326]. Es entscheidet ansonsten stets der Richter des angegangenen Gerichts; eine Vorlage an das nächsthöhere Gericht scheidet daher aus[327].

3.239 Das notwendige **Rechtsschutzinteresse** besteht ab der Klauselerteilung bis zur Beendigung[328] der Zwangsvollstreckung. Die Rechtshängigkeit einer Vollstreckungsabwehrklage gem. § 767 ZPO schließt die gleichzeitige Erinnerung gem. § 732 ZPO wegen der unterschiedlichen Rechtsschutzziele nicht aus[329]. Soweit sowohl die Klauselerinnerung gem. § 732 ZPO als auch die Klauselgegenklage gemäß § 768 ZPO anwendbar sind, hat der Schuldner die freie Wahl zwischen beiden (vgl. Text des § 768 ZPO a.E.). Hingegen schließt die Rechtskraft eines stattgebenden Urteils gemäß § 731 ZPO bzw. eines abweisenden Urteils gemäß § 768 ZPO die Geltendmachung derselben Einwendungen im Rahmen des § 732 ZPO aus.

3.240 Die Klauselerinnerung ist **begründet**, wenn die gegen die Klausel vorgebrachten formellen oder materiellen Einwendungen im Zeitpunkt der Entscheidung noch bestehen, die Klausel also jetzt nicht mehr erteilt werden könnte[330]. Es kann daher sein, dass ein Fehler nach Erteilung der Klausel

---

326   Vgl. OLG Koblenz, InVo 2002, 510 = FamRZ 2003, 108 = JurBüro 2002, 550; OLG Naumburg, FamRZ 2003, 695; LAG Düsseldorf, Rpfleger 1997, 119; OLG Stuttgart, Rpfleger 1997, 521; HK-ZPO/*Kindl*, § 732 Rdn. 5; Zöller/*Stöber*, § 732 Rdn. 14; Thomas/*Putzo*, § 732 Rdn. 1; differenzierend: MünchKomm/*Wolfsteiner* ZPO, § 732 Rdn. 8 – ein Grund für eine unterschiedliche Handhabung im Verhältnis zur Vollstreckungserinnerung gemäß § 766 ZPO ist jedoch nicht ersichtlich.
327   H.M.: OLG Frankfurt, InVo 2002, 421; HK-ZPO/*Kindl*, § 732 Rdn. 5 m.w.N.
328   Zum Begriff der Beendigung vgl. Rdn. 8.150.
329   BGH, NJW 1985, 809; BGH, Rpfleger 2005, 33 = InVo 2005, 22.
330   **H.M.:** OLG Köln, InVo 2003, 240; KG, NJW-RR 1987, 3 = OLGZ 1986, 464, 468; Baumbach/*Hartmann*, § 732 Rdn. 4; Brox/*Walker*, Rdn. 140; Thomas/*Putzo*, § 732 Rdn. 7; Zöller/*Stöber*, § 732 Rdn. 15; **a.A.** MünchKomm/*Wolfsteiner* ZPO, § 732 Rdn. 1.

zwischenzeitlich[331] geheilt wurde (z.b. wurde der entsprechende Nachweis nachträglich geführt; das nicht für vorläufig vollstreckbar erklärte Urteil ist nunmehr rechtskräftig), oder auch eine ursprünglich zu Recht erteilte Klausel nunmehr fehlerhaft ist (der Abtretungsvertrag ist inzwischen mit Wirkung ex tunc angefochten worden, § 142 BGB). Eine Überprüfung findet jedoch nur dahingehend statt, ob der notwendige Nachweis in der vorgeschriebenen Form erfolgte und sich aus diesen Urkunden der erforderliche Beweis (Bedingungseintritt, Rechtsnachfolge) ergibt. Lässt sich die Richtigkeit der Einwendungen des Schuldners auf diese Weise nicht beweisen, bleibt ihm nur die Klage gemäß § 768 ZPO, bei der es keine Beweismittelbeschränkung gibt[332].

Die **Entscheidung** ergeht stets durch zu begründenden Beschluss. Eine mündliche Verhandlung ist möglich, aber nicht notwendig, § 732 Abs. 1 S. 2 ZPO. Vor einer stattgebenden Entscheidung ist dem Gegner **rechtliches Gehör** zu gewähren. 3.241

Der **Tenor** kann lauten auf 3.242

- Zurückweisung oder
- Unzulässigerklärung der Zwangsvollstreckung (ganz oder teilweise) aus der am … (Datum) für den Gläubiger erteilten vollstreckbaren Ausfertigung des … (Angabe des Vollstreckungstitels).

Die **Kostenentscheidung** ergibt sich aus § 91 Abs. 1 bzw. § 97 Abs. 1 ZPO analog. Die stattgebende Entscheidung stellt gemäß § 775 Nr. 1 ZPO ein Vollstreckungshindernis dar, das gemäß § 776 S. 1 ZPO zur Aufhebung der entsprechenden Vollstreckungsmaßnahmen führt. 3.243

Gegen die auf die Erinnerung ergehende Entscheidung gibt es folgende Rechtsbehelfe:

Hilft der Rechtspfleger der Erinnerung ab, steht dem Gläubiger gegen diese Entscheidung der Rechtsbehelf des § 11 Abs. 1 RPflG (sofortige Beschwerde gem. § 567 ZPO) zu; hilft der Urkundsbeamte der Geschäftsstelle ab, kann der Gläubiger dagegen gem. § 573 ZPO Erinnerung einlegen. 3.244

Gegen die stattgebende/zurückweisende Entscheidung des Richters findet gem. § 567 ZPO bzw. § 573 Abs. 2 ZPO die sofortige Beschwerde statt[333]. Unter den Voraussetzungen des § 574 Abs. 1 Nr. 2 ZPO ist hiergegen die Rechtsbeschwerde möglich. 3.245

---

331 Eine Heilung des Mangels ist auch noch im Beschwerdeverfahren möglich, OLG Zweibrücken, InVo 2003, 115.
332 Zöller/*Stöber*, § 732 Rdn. 12; *Schuschke*, § 732 Rdn. 2; MünchKomm/*Wolfsteiner* ZPO, § 732 Rdn. 1 u. 2.
333 H.M.: Zöller/*Stöber*, § 732 Rdn. 16.

3.246–3.249   Voraussetzungen der Zwangsvollstreckung

3.246   Da die Einlegung der Erinnerung keine aufschiebende Wirkung hat, kann das Gericht (Urkundsbeamter der Geschäftsstelle/Rechtspfleger/Richter) vor der Entscheidung auf Antrag oder von Amts wegen eine **einstweilige Anordnung** erlassen, insbesondere anordnen, dass die Zwangsvollstreckung gegen oder ohne Sicherheitsleistung einstweilen einzustellen oder nur gegen Sicherheitsleistung fortzusetzen sei. Eine Aufhebung von Vollstreckungsmaßnahmen im Rahmen einer einstweiligen Anordnung ist nach h.M.[334] unzulässig.

3.247   **Rechtsbehelf** gegen den Erlass einer einstweiligen Anordnung durch den Urkundsbeamten der Geschäftsstelle ist die Erinnerung gemäß § 573 ZPO, gegen die des Rechtspflegers ist die befristete Erinnerung gemäß § 11 Abs. 2 RPflG gegeben, weil, wenn der Richter die einstweilige Anordnung erlassen hätte, dagegen analog § 707 Abs. 2 S. 2 ZPO kein Rechtsbehelf zulässig ist. Der Rechtspfleger kann der Erinnerung abhelfen, § 11 Abs. 2 S. 2 RPflG. Hilft er nicht ab, entscheidet der Richter des § 28 RPflG, also nicht die Beschwerdeinstanz[335].

bb) Klauselgegenklage, § 768 ZPO

3.248   Während mit der Klauselerinnerung gemäß § 732 ZPO sowohl formelle wie materielle Einwendungen hinsichtlich der erteilten Klausel geltend gemacht werden können, ist **Ziel und Wesen** der Klauselgegenklage beschränkt. Mit ihr kann der Schuldner sich nur

- gegen die Erteilung einer qualifizierten Klausel gemäß §§ 726 ff. ZPO wenden

und

- nur geltend machen, dass deren materielle Voraussetzungen[336] nicht vorliegen.

3.249   Einwendungen formeller Art (dazu gehört auch das Fehlen eines wirksamen Vollstreckungstitels[337]) können ausschließlich mit der Klauselerinnerung geltend gemacht werden[338]. Andererseits stehen – anders als bei § 732 ZPO – hier alle Beweismittel der ZPO zum Nachweis der materiellen

---

334 Verneinend: OLG Hamburg, MDR 1958, 44; *Schuschke,* § 732 Rdn. 15; Baumbach/*Hartmann,* § 732 Rdn. 9; Zöller/*Stöber,* § 732 Rdn. 17; HK-ZPO/*Kindl,* § 732 Rdn. 7; bejahend: MünchKomm/*Wolfsteiner* ZPO, § 732 Rdn. 16.
335 Vgl. hierzu OLG Köln, InVo 1999, 396 = NJW-RR 2001, 69 = JurBüro 2000, 48; OLG Stuttgart, Rpfleger 1994, 220; Zöller/*Stöber,* § 732 Rdn. 17 sowie die ausführliche Darstellung zu dem identischen Problem des Rechtsmittels gegen eine einstweilige Anordnung gemäß § 769 ZPO Rdn. 8.207.
336 S. dazu Rdn. 3.77 ff. und 3.103 ff.
337 OLG Frankfurt, InVo 1998, 235; vgl. auch Rdn. 3.235.
338 RGZ 50, 365, 366; BGHZ 22, 54, 65; OLG Koblenz, NJW 1992, 378; MünchKomm/*Karsten Schmidt* ZPO, § 768 Rdn. 2; HK-ZPO/*Kindl,* § 768 Rdn. 1.

Voraussetzungen zur Verfügung. Soweit sich die Anwendungsbereiche der §§ 732, 768 ZPO decken, kann der Schuldner den Rechtsbehelf frei wählen, auch beide nebeneinander geltend machen[339]. Die Zurückweisung der Klauselerinnerung schließt eine Klage gem. § 768 ZPO nicht aus[340]. Anders jedoch im umgekehrten Fall: Ein rechtskräftiges Urteil gemäß § 768 ZPO schließt die Geltendmachung derselben Einwendungen im Rahmen von § 732 ZPO aus.

Ziel der Klauselgegenklage ist die Unzulässigerklärung der Zwangsvollstreckung aus der erteilten Klausel. Sie ist wie die Vollstreckungsabwehrklage gemäß § 767 ZPO eine **Gestaltungsklage,** unterscheidet sich von ihr aber dadurch, dass mit der Vollstreckungsabwehrklage die Vernichtung der Vollstreckbarkeit des titulierten Anspruchs verfolgt wird. Hat der Schuldner statt einer Klauselgegenklage eine Vollstreckungsabwehrklage erhoben, kann er im Wege der Klageänderung zur Klauselgegenklage übergehen[341]. 3.250

Gegen vollstreckbare Ausfertigungen, die sich ein **Notar für Kostenrechnungen** erteilt hat, ist nur der Rechtsbehelf des § 156 KostO, nicht aber die Vollstreckungsgegenklage gegeben[342]. 3.251

Der **Klageantrag** geht dahin, 3.252

„die Zwangsvollstreckung gegen den Kläger auf Grund der zu dem ... (genaue Angabe des Vollstreckungstitels) erteilten Klausel ganz oder teilweise (mit entsprechender, genauer Angabe) für unzulässig zu erklären".

Die **Zuständigkeit** entspricht durch die Verweisung auf § 767 Abs. 1 ZPO der der Vollstreckungsabwehrklage. Sachlich und örtlich ausschließlich (§ 802 ZPO) zuständig ist bei *gerichtlichen Entscheidungen und Prozessvergleichen* das Prozessgericht des ersten Rechtszuges, also das Gericht des Ausgangsverfahrens, in dem der Vollstreckungstitel geschaffen und die Klausel erteilt worden ist. Betrifft der Titel eine Familiensache, dann ist auch die Klauselgegenklage eine Familiensache[343]. Ohne Bedeutung ist in diesem Zusammenhang, ob das Prozessgericht des ersten Rechtszuges für die Streitsache zuständig war. 3.253

Bei einem *Vollstreckungsbescheid* (§ 794 Abs. 1 Nr. 4 ZPO) ist gem. § 796 Abs. 3 ZPO das Gericht sachlich und örtlich ausschließlich zuständig, das für eine Entscheidung im Streitverfahren entsprechend §§ 690 Abs. 1 Nr. 5, 692 Abs. 1 Nr. 1 und 6, 696 Abs. 1 S. 4, Abs. 5 ZPO zuständig gewesen wäre; vgl. im Einzelnen dazu Rdn. 8.142 zu § 767 ZPO. 3.254

---

339 OLG Frankfurt, InVo 1998, 235; Rosenberg/Gaul/*Schilken*, § 17 III 3.
340 **H.M.:** RGZ 50, 373, 374.
341 OLG Köln, NJW 1997, 1450 = InVo 1997, 50.
342 OLG Düsseldorf, InVo 2003, 206 = FamRZ 2002, 1580; OLG Oldenburg, OLGR Oldenburg 1997, 120.
343 Vgl. BGH, NJW 1980, 1393.

3.255 Bei – gerichtlichen und notariellen – *vollstreckbaren Urkunden* gem. § 794 Abs. 1 Nr. 5 ZPO ist sachlich – je nach Streitwert – das AG/LG und örtlich das Gericht des allgemeinen Gerichtsstandes des Schuldners (§§ 12 ff. ZPO) und, wenn es an einem solchen fehlt, das Gericht des § 23 ZPO zuständig (§ 797 Abs. 5 ZPO). Soweit der besondere Gerichtsstand des § 800 Abs. 3 ZPO gegeben ist – Zwangsvollstreckung aus Urkunden wegen eines dinglichen oder persönlichen Anspruchs gegen den jeweiligen Eigentümer eines Grundstücks –, ist jedoch ausschließlich das Gericht zuständig, in dessen Bezirk das Grundstück gelegen ist (§ 24 ZPO). Ist die Klausel für einen Auszug aus der Tabelle (§ 201 Abs. 2 InsO) erteilt worden, so ist das Amtsgericht zuständig, bei dem das Insolvenzverfahren anhängig ist, und, wenn der Streitgegenstand zur Zuständigkeit des Amtsgerichts nicht gehört, das Landgericht ausschließlich, zu dessen Bezirk das Insolvenzgericht gehört (§ 202 InsO).

3.256 Ein **Rechtsschutzinteresse** besteht ab Erteilung der Klausel bis zur Beendigung[344] der Zwangsvollstreckung. Ist die Zwangsvollstreckung aus derselben Klausel gem. § 732 ZPO rechtskräftig für unzulässig erklärt worden, fehlt für eine Klauselgegenklage gem. § 768 ZPO das Rechtsschutzinteresse. Da die Klauselgegenklage das prozessuale Gegenstück zur Klage auf Erteilung der Vollstreckungsklausel gemäß § 731 ZPO darstellt, ist eine Klauselgegenklage gem. § 768 ZPO ausgeschlossen, soweit dieselben Einwendungen im Rahmen einer Klage gem. § 731 ZPO bereits rechtskräftig zurückgewiesen worden sind.

3.257 **Sachbefugt** ist auf Klägerseite derjenige, gegen den die Klausel erteilt wurde, auf Beklagtenseite der Vollstreckungsgläubiger, für den die vollstreckbare Ausfertigung erteilt wurde.

3.258 Die Klage ist **begründet**, wenn im Zeitpunkt der letzten mündlichen Verhandlung in der Tatsacheninstanz (vgl. § 296a ZPO) die materiellen Voraussetzungen für die Erteilung der Klausel nicht (mehr) vorliegen; eine etwaige Heilung eines Mangels ist daher zu berücksichtigen[345].

3.259 **Streitig** ist, ob die **Beweislast** unabhängig von der Parteirolle demjenigen obliegt, der auch im Klauselverfahren die Beweislast zu tragen hat, also dem Gläubiger/Rechtsnachfolger[346] oder dem Vollstreckungsschuldner als Kläger[347].

---

344 Zum Begriff vgl. Rdn. 8.150.
345 **Allg.M.**, vgl. Zöller/*Herget*, § 768 Rdn. 2; MünchKomm/*Schmidt* ZPO, § 768 Rdn. 9; HK-ZPO/*Kindl*, § 768 Rdn. 3.
346 So zutreffend OLG Köln, NJW-RR 1994, 893; OLG Koblenz, NJW 1992, 378, 379; Zöller/*Herget*, § 768 Rdn. 2; HK-ZPO/*Kindl*, § 768 Rdn. 3; StJ/*Münzberg*, § 768 Rdn. 7; *Schuschke*, § 768 Rdn. 5; zur Beweislast im Klauselverfahren vgl. Fn. 3.80 ff.
347 So RGZ 82, 35, 37; Baumbach/*Hartmann*, § 768 Rdn. 2; MünchKomm/*Schmidt* ZPO, § 768 Rdn. 10; Thomas/*Putzo*, § 768 Rdn. 9; Rosenberg/Gaul/*Schilken*, § 17 III 3c.

3.260 Die für die letztgenannte Auffassung angeführten Gründe überzeugen nicht. Die Parteirolle kann hier ebenso wenig wie sonst als Argument für die Beweislast herangezogen werden. Maßgebend ist vielmehr das materielle Recht. Daher trägt bei der negativen Feststellungsklage nach **h.M.** entsprechend den allgemeinen Beweislastgrundsätzen der Beklagte die Beweislast für den behaupteten materiellen Anspruch[348]. Auch das andere Argument, das Gesetz verweise den Schuldner, soweit die formellen Voraussetzungen der Klauselerteilung erfüllt seien, auf den Klageweg und kehre dadurch die Beweislast um, ist nicht zwingend. Das Klageverfahren ist deswegen notwendig, weil einerseits im Klauselerinnerungsverfahren die Erhebung von Gegenbeweisen nicht möglich ist, andererseits dem Schuldner nicht jede Möglichkeit abgeschnitten werden darf, sich gegen das Vorliegen der als nachgewiesen angesehenen besonderen Voraussetzungen der qualifizierten Klausel zu wehren. Hinzu kommt, dass für eine generelle Beweislastumkehr umso weniger Raum ist, als der Schuldner häufig vor Erteilung der Klausel gar nicht gehört wurde (vgl. § 730 ZPO).

3.261 Einigkeit besteht hingegen insoweit, als die **Gutgläubigkeit** im Fall des § 325 Abs. 2 ZPO im Hinblick auf die materiell-rechtlichen Regelungen der §§ 932, 892 BGB der Beklagte als Vollstreckungsgläubiger widerlegen muss.

3.262 Mit der Klage müssen alle **bis zum Schluss der mündlichen Verhandlung entstandenen materiellen Einwendungen** gegen die Erteilung der qualifizierten Klausel vorgebracht werden; bei einer weiteren Klauselgegenklage sind sie ausgeschlossen (§ 768 Abs. 1 ZPO mit § 767 Abs. 3 ZPO). Eine zeitliche Begrenzung entsprechend der Regelung des § 767 Abs. 2 ZPO gibt es bei der Klauselgegenklage hingegen nicht.

3.263 Das **stattgebende Urteil bewirkt** ein von Amts wegen zu beachtendes Vollstreckungshindernis, das zur Aufhebung bereits getroffener Vollstreckungsmaßnahmen führt (§§ 775 Nr. 1, 776 S. 1 ZPO). Ein Anspruch auf Rückgabe der Klausel besteht nicht.

3.264 Die **Kostenentscheidung** erfolgt gemäß §§ 91 ff. ZPO. Der **Streitwert** bemisst sich nach § 3 ZPO und richtet sich nach dem Interesse des Klägers an der Unzulässigerklärung der Zwangsvollstreckung[349]. In dem Urteil können gemäß § 770 ZPO einstweilige Anordnungen erlassen oder bereits erlassene aufgehoben, abgeändert oder bestätigt werden.

3.265 Hat der Schuldner als gutgläubiger Erwerber einer Sache (§ 325 Abs. 2 ZPO) versäumt, gegen die auf ihn gemäß § 727 ZPO umgeschriebene Klausel nach § 732 ZPO oder § 768 ZPO vorzugehen, kann er sein gutgläubig erworbenes Eigentum noch mit einer Klage gemäß § 985 BGB gegenüber dem Vollstreckungsgegner geltend machen[350].

---

348 Vgl. BGH, NJW 1993, 1716; BGH, NJW 1994, 1353, 1354.
349 OLG Köln, MDR 1980, 852; Zöller/*Herget*, § 3 Rdn. 16 „Vollstreckungsklausel".
350 BGHZ 4, 283.

3.266–3.269   Voraussetzungen der Zwangsvollstreckung

3.266   Einstweiliger Rechtsschutz kann vor Entscheidung zur Hauptsache über eine einstweilige Anordnung gemäß § 769 ZPO erlangt werden; vgl. hierzu im Einzelnen Rdn. 8.190 ff.

III. Zustellung

1. Zweck

3.267   Die Zustellung des Vollstreckungstitels erfüllt in der Zwangsvollstreckung einen doppelten Zweck: Zum einen wird dem Zustellungsadressaten die Möglichkeit gegeben, vom Inhalt der Entscheidung Kenntnis zu nehmen und zu überlegen, ob und wie er reagieren wird. Zum anderen wird durch die förmliche Beurkundung der Zustellung (§§ 182, 193 ZPO) die Möglichkeit der Kenntnisnahme bewiesen.

2. Zeitpunkt

3.268   Die Zwangsvollstreckung ist grundsätzlich nur dann zulässig, wenn **spätestens bei ihrem Beginn** der zu vollstreckende Titel dem Schuldner zugestellt ist bzw. zugestellt wird (§ 750 Abs. 1 ZPO). Dabei muss dem Vollstreckungsorgan der Titel in Urschrift oder als vollstreckbare Ausfertigung vorgelegt werden, während für die Zustellung an den Schuldner eine beglaubigte Abschrift dieser Urkunde genügt[351].

3.269   In **Ausnahme** von diesem Grundsatz kann mit der Vollziehung eines **Arrestes** und einer **einstweiligen Verfügung** auch schon vor Zustellung dieser Titel begonnen werden (§ 929 Abs. 3 S. 1 ZPO). Die Zustellung muss jedoch innerhalb einer Woche nach Beginn der Vollziehung und innerhalb der Monatsfrist des § 929 Abs. 2 ZPO nachgeholt werden; ansonsten ist sie ohne Wirkung, d.h. unwirksam (§ 929 Abs. 3 S. 2 ZPO). Soweit der Arrestbefehl bzw. die einstweilige Verfügung als Urteil ergangen ist und deswegen der Titel von Amts wegen an den Antragsgegner bereits zugestellt wurde, genügt dies zur Wahrung der Vollziehungsfrist des § 929 Abs. 2, 3 ZPO nicht, es ist – auch bei einer Leistungsverfügung – zusätzlich mindestens noch die Zustellung im Parteibetrieb erforderlich[352]. Die Frist beginnt bei einem Urteil mit der Verkündung bzw. der Zustellung gem. § 310 Abs. 3 ZPO des Arrestbefehls/der einstweiligen Verfügung, bei einem Beschluss durch die von Amts wegen erfolgende Zustellung oder formlose Aushändigung einer Ausfertigung des Beschlusses an den Gläubiger. Sie wird gewahrt schon durch

---

351   BayObLG, Rpfleger 2005, 250 = InVo 2005, 319; LG Saarbrücken, DGVZ 2004, 93; Zöller/*Stöber*, § 192 Rdn. 5.
352   **H.M.**, vgl. BGH, NJW 1993, 1076; Zöller/*Vollkommer*, § 929 Rdn. 12; **a.A.** OLG Stuttgart, OLGZ 1994, 364.

Allg. Vollstreckungsvoraussetzungen (Zustellung) 3.270–3.274

den rechtzeitigen Eingang des Antrags beim zuständigen Vollstreckungsorgan (§ 932 Abs. 3 ZPO bzw. analog[353]).

Bei der **Vorpfändung** bedarf es für die vom Gläubiger veranlasste Zustellung einer von ihm gefertigten schriftlichen Benachrichtigung an den Drittschuldner und den Schuldner, dass die Pfändung bevorstehe, keiner vorherigen Zustellung des Schuldtitels (§ 845 Abs. 1 S. 3 ZPO). **3.270**

Dass der Schuldner bei oder nach Beginn der Zwangsvollstreckung auf die Zustellung der gem. § 750 Abs. 1 und 2 ZPO erforderlichen Urkunden verzichten kann, ist unstreitig; **streitig** ist hingegen, ob der Schuldner auch schon vor Beginn der Zwangsvollstreckung einen solchen **Verzicht** erklären kann. Die wohl **h.M.** verneint dies[354]. **3.271**

3. Zustellungsart

Die Zustellung von **Urteilen** (§ 317 ZPO) und **Beschlüssen** (§ 329 ZPO) findet **grundsätzlich von Amts wegen** statt (§§ 166 Abs. 2, 191 ZPO). Ein **Vollstreckungsbefehl** hingegen kann sowohl von Amts wegen als auch durch die Partei wirksam zugestellt werden, § 699 Abs. 4 S. 1–3 ZPO. Im **Arrest-** bzw. **einstweiligen Verfügungsverfahren** ist danach zu unterscheiden, ob die Entscheidung als Urteil oder als Beschluss erging. Ein Urteil ist beiden Parteien von Amts wegen zuzustellen (§ 317 Abs. 1 ZPO; beachte aber Rdn. 3.269, ein Beschluss dem Antragsteller von Amts wegen, dem Antragsgegner im Parteibetrieb (§§ 922 Abs. 2, 936 ZPO). Eine insoweit fehlerhafte Zustellung ist unwirksam, kann jedoch grundsätzlich gem. § 189 ZPO geheilt werden, wenn feststeht, dass das zuzustellende Schriftstück den richtigen Adressaten erreicht hat.[355] **3.272**

Für den Beginn der Zwangsvollstreckung genügt jedoch gem. § 750 Abs. 1 S. 2 ZPO eine Zustellung im Parteibetrieb (§§ 166 ff. ZPO), wobei es insofern der Zustellung von Tatbestand und Entscheidungsgründen (abgekürzte Ausfertigung, § 317 Abs. 2 S. 2 Hs. 1 ZPO) nicht bedarf. Auf diese Weise wird dem Gläubiger ermöglicht, möglichst umgehend vollstrecken zu können. **3.273**

Tipp: Örtlich zuständig für eine Zustellung im Parteibetrieb ist zum einen der Gerichtsvollzieher am Wohnsitz des Schuldners. Es gilt aber zu beachten, dass Zustellungen durch den Gerichtsvollzieher auch **3.274**

---

353 Vgl. BGH, InVo 2001, 186 = NJW 2001, 1134: es genügt zur Fristwahrung der Einwurf in den Nachtbriefkasten; BGH, NJW 1991, 496, 497; OLG Celle, InVo 1997, 23: Eingang bei der Gerichtsvollzieherverteilerstelle genügt.
354 RGZ 83, 336, 339; HK-ZPO/*Kindl*, § 750 Rdn. 13; Thomas/*Putzo*, § 750 Rdn. 1; MünchKomm/*Heßler* ZPO, § 750 Rdn. 91; eingehend *Schilken*, DGVZ 1997, 81 f m.w.N.; a.A., weil § 750 ZPO allein dem Schuldnerschutz diene: Brox/*Walker*, Rdn. 155; Schuschke/*Walker*, § 750 Rdn. 36; Zöller/*Stöber*, § 750 Rdn. 22.
355 Vgl. OLG Köln, InVo 1997, 48.

durch die Post erfolgen können, §§ 193, 194 ZPO. Insbesondere in Fällen, in denen der am Wohnsitz des Schuldners zuständige Gerichtsvollzieher überlastet ist, kann mit einer Zustellung durch die Post auch derjenige Gerichtsvollzieher beauftragt werden, in dessen Bezirk der Gläubiger wohnt bzw. dessen Prozessbevollmächtigter seinen Kanzleisitz hat. Für die Zustellung einer Vorpfändungsbenachrichtigung gem. § 845 ZPO durch die Post ist sogar jeder Gerichtsvollzieher zuständig (§ 22 GVO).

4. Zustellungsadressat

3.275   Die Person, der zugestellt werden soll (Zustellungsadressat, § 182 Nr. 2 ZPO) ist die **Partei** selbst, bei einer prozessunfähigen Partei (§ 52 ZPO) deren **gesetzlicher Vertreter** (§ 170 ZPO). Unschädlich ist es, wenn der gesetzliche Vertreter eines Minderjährigen, einer gesetzlichen Körperschaft oder einer juristischen Person im Titel nicht aufgeführt ist[356]. Die Zustellung des Gläubigers an sich selbst als Vertreter des Schuldners ist entsprechend § 178 Abs. 2 ZPO nicht möglich,[357] wohl aber eine Ersatzzustellung an den Schuldner für den Drittschuldner[358]. Wurde die Partei im Prozess durch einen **Prozessbevollmächtigten** vertreten, ist zwingend an diesen zuzustellen (§§ 172 Abs. 1 und 2 ZPO). In Anwaltsprozessen (§ 78 ZPO) muss die Zustellung auch nach Niederlegung des Mandats solange an den bisherigen Prozessbevollmächtigten erfolgen, bis sich ein neuer Prozessbevollmächtigter bestellt hat (§ 87 Abs. 1 Hs. 2 ZPO[359]). Dies gilt jedoch nicht, d.h. allein die Anzeige des Erlöschens des Mandats gem. § 87 Abs. 1 Hs. 1 ZPO genügt, in selbstständigen Nebenverfahren, in denen die Partei selbst handeln kann, wie z.B. grundsätzlich im Rahmen der Zwangsvollstreckung[360]. Daher kann der Gläubiger im Anwaltsprozess das Urteil zum Zwecke der Zwangsvollstreckung an den Schuldner selbst zustellen lassen, wenn dessen Prozessbevollmächtigter das Mandat niedergelegt hat. Auch nach Niederlegung des Mandats hat der Prozessbevollmächtigte die Pflicht, den Mandanten von der gem. §§ 87 Abs. 1 Hs. 2, 172 ZPO an ihn wirksamen Zustellung zu unterrichten[361].

3.276   Bei **mehreren Schuldnern** ist zu unterscheiden, ob sie Teil-, Gesamt- oder Gemeinschaftsschuldner sind[362]. Maßgebend ist der Titel. Bei Teil-

---

356   Vgl. BGH, NJW 1997, 1584; AG Hannover, InVo 1997, 139; Zöller/*Stöber*, § 750 Rdn. 13, 14.
357   OLG Celle, NJW-RR 2000, 485; KG, Rpfleger 1978, 105.
358   LG Bonn, DGVZ 1998, 12; Zöller/*Stöber*, § 829 Rdn. 14; **a.A.** OLG Celle, DGVZ 2003, 8; OLG Köln, DGVZ 2002, 42.
359   Vgl. OLG Frankfurt, OLGR 1996, 249; LG Rostock, InVo 2003, 360.
360   **H.M.:** LG Trier, Rpfleger 1988, 29; Zöller/*Vollkommer*, § 87 Rdn. 3; **a.A.** Münch-Komm/*v. Mettenheim* ZPO, § 87 Rdn. 8.
361   BGH, NJW 1980, 999; Thomas/Putzo/*Hüßtege*, § 87 Rdn. 8.
362   Vgl. dazu Palandt/*Grüneberg*, Überblick vor § 420 BGB Rdn. 1 ff.

und Gesamtschuldnern muss an denjenigen zugestellt werden, gegen den vollstreckt wird; bei Gemeinschaftsschuldnern (z.B. Gesamthand) und unteilbarer Leistung (§ 431 BGB) ist Zustellung an alle notwendig, bevor mit der Zwangsvollstreckung begonnen werden kann[363].

Wegen der Zustellung an **Soldaten** in Truppenunterkünften vgl. Erlass über Zustellungen etc. in der Bundeswehr[364]. Zustellungen an Mitglieder der **NATO-Streitkräfte** sind über die jeweiligen Verbindungsstellen[365] vorzunehmen. Die Zustellung an **Strafgefangene** und in Sicherungsverwahrung Untergebrachte erfolgt üblicherweise über einen Justizbediensteten, wozu auch Beamte der Justizvollzugsanstalt gehören,[366] in der der Adressat einsitzt, vgl. § 168 Abs. 1 ZPO. 3.277

5. Zustellungsempfänger

Die Person, der tatsächlich zugestellt worden ist (Zustellungsempfänger), § 182 Nr. 2 ZPO, kann, muss aber nicht mit dem Zustellungsadressaten identisch sein, vgl. § 178 ZPO. Die Zustellungsurkunde erbringt zwar keinen Beweis dafür, dass der Zustellungsempfänger unter der Zustellungsanschrift eine Wohnung hat, besitzt hierfür aber Indizwirkung[367]. 3.278

6. Gegenstand der Zustellung

Dies ist im Rahmen von § **750 Abs. 1 ZPO** allein der **Titel**, also ohne die Vollstreckungsklausel. Im Falle eines Vergleichsabschlusses im schriftlichen Verfahren nach § 278 Abs. 6 ZPO ist der Vergleich ein Vollstreckungstitel nach § 794 Abs. 1 Nr. 1 ZPO. Voraussetzung für die Zulässigkeit ist nach LG Ingolstadt[368] aber nicht, dass der Vergleich zugestellt wird, vielmehr reiche die von Amts wegen erforderliche Zustellung des Feststellungsbeschlusses nach § 278 Abs. 6 S. 2 ZPO aus. 3.279

Tipp: Gem. § 750 Abs. 1 S. 2 ZPO genügt eine Zustellung durch den Gläubiger, d.h., der Gläubiger beauftragt einen Gerichtsvollzieher mit der Zustellung des Titels. Handelt es sich dabei um ein Urteil, so 3.280

---

363 Vgl. Zöller/*Stöber,* § 747 Rdn. 5 für den ungeteilten Nachlass; s. auch BGH, Rpfleger 1998, 435 = InVo 1998, 321 betr. Gesamthandsgemeinschaft; bei einer Gesellschaft bürgerlichen Rechts genügt die Zustellung an den geschäftsführenden Gesellschafter.
364 Abgedruckt im Schlussanhang II bei Baumbach/*Hartmann* sowie bei Zöller/*Stöber,* Rdn. 7 vor § 166.
365 S. Anhang.
366 BT-Drucks. 14/4554 S. 16 zu § 168.
367 Vgl. BVerfG, NJW 1992, 224; BerlVerfGH, NStZ-RR 2001, 337; BGH, NJW 1992, 1963.
368 Rpfleger 2005, 456.

muss nicht das komplette Urteil zugestellt werden, vielmehr genügt eine „abgekürzte Ausfertigung", also ohne Tatbestand und Entscheidungsgründe. Diese kann der Gläubiger – nur – auf ausdrücklichen Antrag erhalten, § 317 Abs. 2 S. 2 ZPO. Die Zwangsvollstreckung kann damit nicht unerheblich beschleunigt werden!

3.281 Der Zustellung auch der **Vollstreckungsklausel** bedarf es gem. § 750 **Abs. 2 ZPO** in den dort einzeln aufgeführten Fällen der titelergänzenden bzw. titelübertragenden Klauseln. Wurde eine solche Klausel aufgrund öffentlicher oder öffentlich beglaubigter Urkunden erteilt, ist auch eine vollständige beglaubigte Abschrift dieser Urkunden vor oder spätestens bei Beginn der Zwangsvollstreckung mit zuzustellen. Bei einer Titelumschreibung gem. § 727 ZPO aufgrund einer öffentlich beglaubigten Urkunde muss die zuzustellende Abschrift den notariellen Beglaubigungsvermerk gem. § 40 BeurkG wiedergeben[369]. Ist die Titelumschreibung aufgrund der Vorlage des Originals erfolgt, muss das Original dem Gerichtsvollzieher übergeben werden, der allerdings dem Schuldner nur eine beglaubigte Abschrift davon zustellt[370].

3.282 Üblicherweise werden diese Urkunden schon in der Vollstreckungsklausel angegeben. Dies macht eine Zustellung dieser Urkunden aber nur dann entbehrlich, wenn ihr Inhalt vollständig in der Klausel wiedergegeben wird; die Angabe ihres wesentlichen Inhalts oder gar eine bloße Bezugnahme genügt nicht[371]. Denn nur dann wird der Zweck des § 750 Abs. 2 ZPO erfüllt, dass nämlich der Schuldner „die Rechtmäßigkeit der Erteilung der Vollstreckungsklausel und des Beginns der Zwangsvollstreckung sofort prüfen" kann[372]. Die Zustellung dieser Urkunden entfällt im Übrigen dann, wenn die qualifizierte Klausel aufgrund Offenkundigkeit oder Zugeständnisses des Schuldners erteilt wurde und dies in der Klausel vermerkt ist; sie entfällt ferner in den Fällen der §§ 799, 800 Abs. 2 ZPO. Wurde die Unterwerfung unter die sofortige Zwangsvollstreckung gem. § 794 Abs. 1 Nr. 5 ZPO durch einen Vertreter erklärt, bedarf es nicht der Zustellung der zugrunde liegenden Vollmachtsurkunde[373].

3.283 Gem. **§ 750 Abs. 3 ZPO** muss bei einer **Sicherungsvollstreckung** gem. § 720a ZPO das Urteil 2 Wochen vor Beginn der Zwangsvollstreckung zugestellt werden. Dies gilt für die Vollstreckungsklausel nur dann, wenn ein

---

369 OLG Hamm, Rpfleger 1994, 173.
370 LG Saarbrücken, DGVZ 2004, 93; Zöller/*Stöber*, § 750 Rdn. 20.
371 **H.M.**, vgl. LG Bonn, Rpfleger 1998, 34; Baumbach/*Hartmann*, § 750 Rdn. 12; MünchKomm/*Heßler* ZPO, § 750 Rdn. 73; Thomas/*Putzo*, § 750 Rdn. 17; Zöller/*Stöber*, § 750 Rdn. 20.
372 *Hahn*, Begründung zu §§ 620–622 Entwurf ZPO S. 439.
373 OLG Zweibrücken, InVo 1999, 185 = OLGR Zweibrücken 1999, 20; OLG Köln, MDR 1969, 150; LG Freiburg, Rpfleger 2005, 100; StJ/*Münzberg*, § 797 Rdn. 14; Zöller/*Stöber*, § 794 Rdn. 31a, m.w.N. auch zur **a.A.**

Fall des § 750 Abs. 2 ZPO vorliegt;[374] entgegen der bislang wohl **h.M.**[375] muss also eine einfache Klausel auch im Rahmen der Sicherungsvollstreckung nicht zugestellt werden.

Spätestens bei Beginn der Zwangsvollstreckung sind ferner zuzustellen der Nachweis der erfolgten **Sicherheitsleistung** (§ 751 Abs. 2 ZPO) sowie der Befriedigung oder des Annahmeverzugs des Schuldners bei einer Vollstreckung **Zug um Zug** gegen Leistung des Gläubigers (§§ 756, 765 ZPO).

3.284

7. Nachweis

Der Nachweis der Zustellung kann durch alle Beweismittel erbracht werden[376]. Bei der Zustellung von Amts wegen gelangt die Zustellungsurkunde in die Akte (§ 182 Abs. 3 ZPO) bzw. wird in dieser vermerkt (§ 184 Abs. 2 ZPO). Auf Antrag bescheinigt die Geschäftsstelle den Zeitpunkt der Zustellung (§ 169 Abs. 1 ZPO), was grundsätzlich als Nachweis der Zustellung genügt[377]. Erfolgte die Zustellung im Parteibetrieb, kann der Nachweis durch die Zustellungsurkunde des Gerichtsvollziehers bzw. des Postbediensteten (§§ 182 ZPO) oder durch das Empfangsbekenntnis des Anwalts (§ 195 Abs. 2 ZPO) erbracht werden. Entgegen der Rechtslage vor dem Zustellungsreformgesetz 2001 ist eine Zustellung gegen Empfangsbekenntnis auch dann wirksam, wenn der Zustellungsadressat das von ihm unterschriebene und an das Gericht zurückgelangte Empfangsbekenntnis nicht mit einer Datumsangabe versehen hat[378].

3.285

Kapitel B
Besondere Voraussetzungen der Zwangsvollstreckung

Über die allgemeinen Voraussetzungen der Zwangsvollstreckung hinaus müssen zum Teil weitere, besondere Voraussetzungen erfüllt sein, damit das Vollstreckungsorgan mit der Zwangsvollstreckung beginnen darf. Dies ist der Fall, wenn die Zwangsvollstreckung von dem Eintritt einer im Titel bestimmten Tatsache abhängt. In den im § 726 ZPO aufgeführten Fällen führt dies dazu, dass der Eintritt dieser Bedingung nachgewiesen sein muss, bevor die Vollstreckungsklausel erteilt wird. In einfacheren Fällen wird die Klausel

3.286

---

374 BGH, Rpfleger 2005, 547 = InVo 2005, 504 = DGVZ 2005, 138 = MDR 2005, 1433.
375 KG, Rpfleger 1998, 359; Zöller/*Stöber*, § 720a Rdn. 4 m.w.N.
376 OLG Frankfurt, Rpfleger 1978, 134.
377 LG Neubrandenburg, Rpfleger 2005, 37; LG Dortmund, InVo 2002, 199; vgl. aber OLG Köln, InVo 1996, 246 mit Hinweis darauf, dass dies bei einer Rüge des Schuldners nicht genügt, sondern der Gläubiger dann die ordnungsgemäße Zustellung durch Vorlage der Zustellungsurkunde bzw. einer aus der Akte des Erkenntnisverfahrens davon erteilten Abschrift nachweisen muss.
378 BGH, FamRZ 2005, 1552 = MDR 2005, 1427 = NJW 2005, 3216.

3.287–3.290 Voraussetzungen der Zwangsvollstreckung

ohne weiteres erteilt, dafür erfolgt die Prüfung, ob nicht zu früh vollstreckt wird, durch das Vollstreckungsorgan selbst. Derartige Fälle sind:

- Eintritt eines bestimmten Kalendertages, § 751 Abs. 1 ZPO;
- der Nachweis der Sicherheitsleistung durch den Gläubiger, §§ 751 Abs. 2, 752 ZPO;
- eine Zug um Zug zu bewirkende Leistung des Gläubigers, §§ 756, 765 ZPO;
- der Ablauf von Wartefristen, §§ 721, 750 Abs. 3, 798 ZPO.

I. § 751 Abs. 1 ZPO – Eintritt eines Kalendertages

3.287 Soweit die Geltendmachung eines Anspruchs von dem Eintritt eines Kalendertages abhängt, darf die Zwangsvollstreckung grundsätzlich (siehe Rdn. 3.292) nur beginnen, wenn der Kalendertag abgelaufen ist, § 751 Abs. 1 ZPO. Hauptanwendungsfälle sind Titel auf künftige Leistungen (§§ 257 ff. ZPO), gerichtliche Entscheidungen über die Gewährung von Räumungsfristen bei Wohnraum, wenn Vollstreckungstitel ein Urteil (§ 721 ZPO) oder ein Prozessvergleich (§ 794a Abs. 1 Nr. 1 ZPO) ist, sowie Urteile gem. § 510b ZPO auf Herausgabe, Fristsetzung und Entschädigung.

3.288 Beispiele:

- Der Beklagte wird verurteilt, ab September 2005 an den Kläger einen monatlichen Mietzins in Höhe von 500,– €, fällig jeweils am 15. eines jeden Monats, zu zahlen.
- Dem Beklagten wird eine Räumungsfrist bis zum 31.8.2005 gewährt.

3.289 Die Vollstreckung des Zahlungsanspruchs darf in dem vorgenannten Beispiel daher erst am 16. des jeweiligen Monats bzw. die Zwangsräumung erst am 1. September 2005 beginnen. Der Kalendertag muss **bestimmt** oder grundsätzlich nur mithilfe des Kalenders **bestimmbar** sein (z.B.: Angabe eines bestimmten Datums, oder „Ende Oktober 2006", „8 Tage nach Pfingsten 2006"). Eine bloße **Berechenbarkeit** (2 Wochen nach Kündigung; 1 Monat nach Anmietung einer Ersatzwohnung) genügt hingegen nicht. Im zuletzt genannten Fall ist daher die Erteilung einer qualifizierten Klausel gem. § 726 ZPO notwendig.

3.290 Eine Ausnahme macht ein Teil der Literatur[379] insoweit, als sich der Kalendertag nach dem Zustellungsdatum des Vollstreckungstitels berechnen lässt („eine Woche nach Zustellung des Vollstreckungstitels"), weil das Voll-

---

[379] Schuschke/*Walker*, § 751 Rdn. 2; Musielak/*Lackmann*, § 751 Rdn. 3; **a.A.** MünchKomm/*Heßler* ZPO, § 751 Rdn. 13; Zöller/*Stöber*, § 751 Rdn. 2; Baumbach/*Hartmann*, § 751 Rdn. 3.

streckungsorgan die Zustellung des Titels sowieso selbst nachprüfen bzw. ihm nachgewiesen werden müsse.

Endet der Kalendertag auf einen **Sonntag, Samstag oder allgemeinen Feiertag,** darf die Zwangsvollstreckung erst an dem Tag beginnen, der auf den nächsten Werktag folgt; § 193 BGB ist hier entsprechend anzuwenden[380].

3.291

Beispiel:

Fristende ist Samstag, 19.8.2006; Zwangsvollstreckungsbeginn: Dienstag, 22.8.2006. Im Übrigen ist § 758a Abs. 4 ZPO (Vollstreckung an Sonn- und Feiertagen) zu beachten.

Eine Ausnahme von § 751 Abs. 1 ZPO gilt in den Fällen der **Vorratspfändung gem. § 850d Abs. 3 ZPO.** Insoweit kann wegen Unterhaltsforderungen bzw. Renten aufgrund einer Körperverletzung zugleich neben der Pfändung fälliger Ansprüche auch wegen erst künftig fällig werdender derartiger Ansprüche in künftig fällig werdendes Arbeitseinkommen gepfändet werden (Einzelheiten vgl. Rdn. 6.177). § 751 ZPO steht nicht so genannten Dauer- bzw. Vorauspfändungen anderer Ansprüche wegen künftig fällig werdender Unterhaltsansprüche entgegen, weil die Wirksamkeit der Pfändung erst am Fälligkeitstage eintritt und Wirksamkeit und Rang zwischenzeitlicher normaler Pfändungen dadurch nicht berührt werden[381] (vgl. hierzu Rdn. 6.177 f.).

3.292

II. §§ 751 Abs. 2, 752 ZPO – Sicherheitsleistung

1. Art und Höhe der Sicherheitsleistung

Hängt die Vollstreckung von einer dem Gläubiger obliegenden Sicherheitsleistung ab, so darf mit der Zwangsvollstreckung nur begonnen (§§ 707 S. 1, 709 S. 1, 711, 712 Abs. 2 S. 2 ZPO) oder sie fortgesetzt (§§ 707 S. 1, 709 S. 2, 769 Abs. 1, 771 Abs. 3 ZPO) werden, wenn die Sicherheitsleistung durch eine öffentliche oder öffentlich beglaubigte Urkunde (§§ 415, 418 ZPO) nachgewiesen **und** eine Abschrift dieser Urkunde bereits zugestellt ist oder gleichzeitig mit dem Beginn der Zwangsvollstreckung zugestellt wird. In welcher Art oder Höhe die Sicherheit zu leisten ist, ergibt sich aus der Entscheidung des Gerichts (§ 108 Abs. 1 S. 1 ZPO). Falls dieses die **Art** nicht bestimmt hat, ist maßgebend eine etwaige Parteivereinbarung; liegt eine

3.293

---

380 MünchKomm/*Heßler* ZPO, § 751 Rdn. 13; HK-ZPO/*Kindl*, § 751 Rdn. 3; Baumbach/*Hartmann*, § 751 Rdn. 4; Schuschke/*Walker*, § 751 Rdn. 4.; **a.A.** Zöller/*Stöber*, § 751 Rdn. 2.
381 BGH, Rpfleger 2004, 169 = InVo 2004, 193 = MDR 2004, 413; Baumbach/*Hartmann*, § 751 Rdn. 4; MünchKomm/*Heßler* ZPO, § 751 Rdn. 7; HK-ZPO/*Kemper*, § 850d Rdn. 24; Zöller/*Stöber*, § 850d Rdn. 27; Schuschke/*Walker*, § 751 Rdn. 6, jeweils m.w.N.

solche nicht vor, ist die Sicherheitsleistung durch die schriftliche, unwiderrufliche, unbedingte und unbefristete Bürgschaft eines im Inland zum Geschäftsbetrieb befugten Kreditinstituts oder durch Hinterlegung von Geld oder geeigneten Wertpapieren zu bewirken, die nach § 234 Abs. 1 und 3 BGB zur Sicherheitsleistung geeignet sind (§ 108 Abs. 1 S. 2 ZPO). Die Vorschriften des § 234 Abs. 2 und des § 235 BGB sind entsprechend anzuwenden. Das Vollstreckungsorgan überprüft die Sicherheitsleistung nur darauf, ob sie hinsichtlich ihrer Art, des Hinterlegungsortes, der Höhe sowie ggf. des als Bürgen bezeichneten Kreditinstituts der Anordnung entspricht, nicht aber auch darauf, ob ein materiell-rechtlich wirksamer Bürgschaftsvertrag zustande gekommen ist (vgl. Rdn. 3.307).

3.294 Die **Höhe** der Sicherheitsleistung ist so zu bemessen, dass dem Vollstreckungsschuldner bei einer ungerechtfertigten Vollstreckung kein Nachteil entsteht, sein Schadensersatzanspruch gem. § 717 Abs. 2 ZPO also abgesichert ist. Soweit ein Urteil *wegen einer Geldforderung* zu vollstrecken ist, kann das in der Weise geschehen, dass ein bestimmter Geldbetrag angegeben wird; es genügt aber auch, die Höhe der Sicherheitsleistung in einem bestimmten Verhältnis zur Höhe des jeweils zu vollstreckenden Betrages anzugeben, § 709 S. 2 ZPO. Von Bedeutung ist dies im Rahmen einer **Teil-Vollstreckung**. Hat das Gericht nämlich gem. § 709 S. 2 nur einen einzigen Sicherheitsbetrag festgesetzt, müsste der Gläubiger grundsätzlich die volle Sicherheit leisten, auch wenn er nur einen geringen Teilbetrag vollstrecken wollte. Insoweit greift jedoch § 752 ZPO ein. Danach bemisst sich die Höhe der Sicherheitsleistung bei einer Vollstreckung gem. § 751 Abs. 2 ZPO nach dem Verhältnis des Teilbetrages zum Gesamtbetrag.

3.295 Beispiel:

Will der Gläubiger aus einem Titel über 10.000,– €, der gegen Sicherheitsleistung von 12.000,– € vorläufig vollstreckbar ist, in Höhe eines Teilbetrages von 3.000,– € vollstrecken, muss er eine Sicherheit in Höhe von 30 % aus 12.000,– € = 3.600,– € leisten; nichts anderes gilt, wenn er zuvor bereits in Höhe von 5.000,– € vollstreckt hatte[382].
Oder als Formel (§ 83 Nr. 2 GVGA):

$$\frac{\text{Gesamtsicherheitsleistung x zu vollstreckender Teilbetrag}}{\text{Titulierter Betrag der zu vollstreckenden Forderung}}$$

Entsprechend braucht in den Fällen des § 709 ZPO auch der Schuldner zur Abwendung der Zwangsvollstreckung gem. § 712 Abs. 1 S. 1 ZPO nur diese Teil-Sicherheit zu leisten („defensive Abwendungsbefugnis"); in den Fällen der Abwendungsbefugnis nach §§ 708 Nr. 4–11, § 711 S. 1 ZPO („offensive Abwehrbefugnis") muss der Schuldner hingegen die volle Sicherheit leisten.

---

[382] Zu Einzelheiten der Berechnung bei mehrfacher Teil-Vollstreckung s. *Steder*, InVo 2000, 85; *Rehbein*, Rpfleger 2000, 55.

Besondere Voraussetzungen (§§ 751 II, 752)   3.296–3.299

Tipp: Da der Schuldner nicht weiß, ob und in welcher Höhe der Gläubiger eine Teil-Vollstreckung durchführt, kann er, wenn er die Vollstreckung in jedem Fall verhindern will, dies durch Stellung einer Höchstbetragsbürgschaft mit variabler Inanspruchnahme erreichen.   3.296

2. Hinterlegung

Das Verfahren der Hinterlegung richtet sich nach der Hinterlegungsordnung. Der Nachweis kann durch einen mit Unterschrift und Dienstsiegel versehenen Buchungs- und Kassenvermerk auf der Durchschrift der Annahmeverfügung oder durch gesonderte Bescheinigung der Hinterlegungsstelle (Amtsgericht, § 1 Abs. 2 HinterlO) erfolgen. Ein Postschein, der die Absendung an die Hinterlegungsstelle bescheinigt oder ein Beleg einer Bank/Sparkasse über die Entgegennahme bzw. Durchführung einer Überweisung genügen nicht, weil diese nur die Absendung an die Hinterlegungsstelle bestätigen (vgl. auch § 83 Nr. 5 GVGA).   3.297

Die Urkunden, durch die der Nachweis der Erbringung der geforderten Sicherheitsleistung erbracht wird, sind dem Vollstreckungsschuldner in Abschrift bereits vor Beginn der Vollstreckung zuzustellen, spätestens jedoch gleichzeitig mit dem Beginn der Vollstreckung. Die Zustellung erfolgt im Parteibetrieb. Wird der Schuldner durch einen Prozessbevollmächtigten, insbesondere einen Anwalt vertreten, ist an diesen zuzustellen, § 172 Abs. 1 und 2 ZPO.   3.298

3. Bürgschaft

In der Praxis ist die Sicherheitsleistung durch Bürgschaft die Regel. § 751 Abs. 2 ZPO betrifft nur die Form des Nachweises der erbrachten Sicherheitsleistung. Das Zustandekommen des Bürgschaftsvertrages richtet sich hingegen nach materiellem Recht. Da die Sicherheitsleistung einen eventuellen Schadenersatzanspruch des Vollstreckungsschuldners (§ 717 ZPO) absichern soll, muss der Bürgschaftsvertrag zwischen dem Vollstreckungsschuldner und der Bank zustande kommen und der Bürge **tauglich** sein (vgl. auch § 239 Abs. 1 BGB). Während Einlagen bei einem deutschen Kreditinstitut durch Sicherungseinrichtungen abgedeckt sind,[383] kann die Tauglichkeit einer ausländischen Bank fraglich sein[384]. Nach OLG Koblenz[385] ist es nicht zu beanstanden, dass nur Banken in EU-Staaten als taugliche Bürgen für eine Sicherheitsleistung angesehen werden. Auf das Kriterium der Zugehörigkeit zu einem System der *Einlagensicherung* wurde   3.299

---

383 Vgl. *Beuthien/Jöstingmeier,* NJW 1994, 2071.
384 Vgl. OLG Hamburg, NJW 1995, 2859 – schwedische Bank; OLG Düsseldorf, ZIP 1995, 1167 mit Anm. *Pape,* NJW 1996, 887, 896 – französische Bank; vgl. auch Musielak/*Foerste,* § 108 Rdn. 7; Zöller/*Herget,* § 108 Rdn. 7.
385 RiW 1995, 775.

verzichtet. Die von einer Bank übernommenen Bürgschaften müssen durch ihr Eigenkapital gesichert sein. Die Kreditinstitute sind verpflichtet, im Interesse der Erfüllung ihrer Verpflichtungen gegenüber ihren Gläubigern angemessene haftende Eigenmittel zu bilden (§ 2 EAEG). Diese Verpflichtung wird durch die Bundesanstalt für Finanzdienstleistungsaufsicht bzw. durch die Aufsichtsbehörden der anderen Staaten des Europäischen Wirtschaftsraums überwacht. Die jeweiligen Einlagensicherungssysteme der Kreditinstitute dienen dagegen ausschließlich der Absicherung der Einlagen ihrer Kunden und bieten in Bezug auf übernommene Bankbürgschaften keine Rückversicherung.

3.300 Die Bürgschaftserklärung muss **schriftlich, selbstschuldnerisch** (§§ 773 Abs. 1, 774 BGB), unwiderruflich, **unbedingt** und **unbefristet** sein (§ 108 ZPO, § 239 Abs. 2 BGB). Bürgschaften der Banken als Vollkaufleute (§ 1 HGB) sind per Gesetz selbstschuldnerisch (§§ 349, 350 HGB). Eine Ausfallbürgschaft genügt daher nicht.

3.301 **Zulässig** ist hingegen die auflösende Bedingung, dass die *Bürgschaft erlischt, wenn das Original der Bürgschaftserklärung an die Bank zurückgelangt*, soweit sichergestellt ist, dass dieses Erlöschen ohne oder gegen den Willen des Vollstreckungsschuldners nicht vor Veranlassung der Sicherheitsleistung eintritt (hier: Zustellung der Bürgschaftserklärung an den Vollstreckungsschuldner[386]). Ebenfalls zulässig, weil den Schuldner nicht beeinträchtigend, ist ein Vorbehalt der Bank, sich jederzeit von der Bürgschaft *durch Barhinterlegung des betreffenden Betrages zu befreien*[387].

3.302 **Unzulässig** ist es aber, die Haftung der Bank von der Vorlage einer das Ersturteil aufhebenden oder abändernden *rechtskräftigen* Entscheidung abhängig zu machen[388]. Ebenfalls unzulässig ist die Klausel, die Bürgschaft solle mit dem Wegfall des Anlasses der Sicherheitsleistung erlöschen, denn sie kann nicht nur deklaratorisch wirken[389].

3.303 Nimmt der Vollstreckungsschuldner das übermittelte Angebot des Bürgen nicht freiwillig an, kann er dadurch den Beginn der Zwangsvollstreckung nicht vereiteln. Nach **h.M.** wird seine Annahmeerklärung durch die gesetzliche Zulassung der Bürgschaft als Sicherheitsleistung ersetzt (Theorie des **Zwangsvertrages**)[390]. Der Zugang der Annahmeerklärung bei der Bank

---

386 Vgl. BGH, MDR 1971, 388; OLG München, MDR 1979, 1029; Zöller/*Herget*, § 108 Rdn. 9.
387 OLG Koblenz, (14. ZS) Rpfleger 1995, 32; Zöller/*Herget*, § 108 Rdn. 9; a.A. OLG Koblenz, (10. ZS) Rpfleger 1997, 445 – mangels ausdrücklicher Vereinbarung; LG Berlin, DGVZ 1991, 9; Baumbach/*Hartmann*, § 108 Rdn. 18; Musielak/*Foerste*, § 108 Rdn. 9.
388 OLG Bamberg, NJW 1975, 1664.
389 AG Köln, DGVZ 1983, 60; Musielak/*Foerste*, § 108 Rdn. 9; Zöller/*Herget*, § 108 Rdn. 9; a.A. OLG Nürnberg, MDR 1986, 241; LG Mainz, MDR 2000, 229.
390 Vgl. BayObLG, Rpfleger 1976, 67; Zöller/*Herget*, § 108 Rdn. 10; HK-ZPO/*Wöstmann*, § 108 Rdn. 7.

ist gem. § 151 S. 1 BGB nicht erforderlich. Die Erklärung des Bürgen bedarf der gesetzlichen Schriftform (§§ 766, 126 Abs. 1 BGB). Die Bürgschaftserklärung eines Nichtkaufmanns durch Telefax genügt daher nicht der Schriftform, weil das Original der Bürgschaftserklärung beim Bürgen verbleibt und damit keine „Erteilung" (Entäußerung gegenüber dem Gläubiger, indem die schriftliche Erklärung diesem zur Verfügung gestellt wird) vorliegt[391]. Eine öffentliche Beglaubigung der Unterschrift des Bürgen bzw. ein Nachweis der Vertretungsbefugnis des Unterzeichners durch öffentliche oder öffentlich beglaubigte Urkunden ist nur notwendig, wenn dies vom Gericht ausdrücklich so angeordnet wurde[392].

Nach a.A. ist für den Beginn der Zwangsvollstreckung kein Bürgschaftsvertrag, sondern nur die Zustellung der Bürgschaftserklärung an den Schuldner notwendig[393].

3.304

Die Bürgschaftserklärung einer Bank muss im Rahmen des § 751 Abs. 2 ZPO **schriftlich** erfolgen. Zwar ist die Bank Vollkaufmann und von daher ihre Bürgschaftserklärung auch formlos gültig (§§ 343, 350 HGB), doch kann der für § 751 Abs. 2 ZPO notwendige Nachweis des Zugangs der Bürgschaftserklärung nur geführt werden, wenn sie schriftlich vorliegt.

3.305

Durfte die Sicherheitsleistung durch Bankbürgschaft erfolgen, gehören die angefallenen Bürgschaftskosten grundsätzlich zu den Kosten der Zwangsvollstreckung (§ 788 ZPO)[394]. Dies gilt allerdings nur hinsichtlich der Kosten desjenigen Kreditinstituts, das in der Entscheidung als Bürge benannt ist[395].

3.306

4. Nachweis der Sicherheitsleistung bei Bürgschaft

Hinsichtlich des Nachweises der Sicherheitsleistung durch **Bürgschaft** ergeben sich einige Besonderheiten, weil § 751 Abs. 2 ZPO aus historischen Gründen nur im Hinblick auf die Sicherheitsleistung durch Hinterlegung bei einem von Vollstreckungsgläubiger und Schuldner unabhängigen Dritten (Amtsgericht) verfasst ist, nicht jedoch auf die Erbringung der Sicherheitsleistung gegenüber dem Vollstreckungsschuldner[396]. Die entstandene Lücke wird nach h.M. durch eine entsprechende Anwendung des für Zug-um-Zug-Leistungen geltenden § 756 ZPO geschlossen.

3.307

---

391 BGH, NJW 1993, 1126 f.
392 H.M., vgl. OLG Koblenz, Rpfleger 1993, 355, 356 = ZIP 1993, 297; Zöller/*Herget*, § 108 Rdn. 8; Thomas/*Putzo*, § 751 Rdn. 6; MünchKomm/*Heßler* ZPO, § 751 Rdn. 26.
393 MünchKomm/*Heßler* ZPO, § 751 Rdn. 21 Fn. 20; wohl auch BGH, NJW 1967, 823.
394 Vgl. OLG Koblenz, Rpfleger 2004, 509; OLG Düsseldorf, InVo 1998, 202; KG, InVo 1998, 203; OLG Hamburg, MDR 1997, 788; Zöller/*Stöber*, § 788 Rdn. 5 m.w.N.
395 AG Berlin-Spandau, DGVZ 1996, 189.
396 Vgl. hierzu Brox/*Walker*, Rdn. 169.

3.308–3.310   Voraussetzungen der Zwangsvollstreckung

3.308   Erforderlich ist daher nur, dass der Gerichtsvollzieher die schriftliche Bürgschaftserklärung dem Vollstreckungsschuldner vor oder zu Beginn der Zwangsvollstreckung übergibt (freiwillige Annahme) oder zustellt. Ob das **Original** der Bürgschaftserklärung, eine **Ausfertigung** oder lediglich eine **beglaubigte Abschrift** davon übergeben/zugestellt werden muss, hängt vom Inhalt der Bürgschaftserklärung bzw. der Anordnung des Gerichts ab:

- Wurde die Bürgschaftserklärung mit der zulässigen Bedingung versehen, dass die Bürgschaft mit der Rückgabe der Bürgschaftserklärung an die Bank durch irgendjemanden erlischt, muss das Original der Bürgschaftserklärung zugestellt werden. Denn nur so kann ein Erlöschen der Bürgschaft gegen den Willen des Schuldners verhindert werden[397].
- Hat das Gericht eine besondere Beurkundungsform angeordnet, muss das Original bzw. eine Ausfertigung der Bürgschaftserklärung übergeben werden.
- Wurde die Hinterlegung der Bürgschaftserklärung in Urschrift angeordnet, muss neben der dem Vollstreckungsorgan nachzuweisenden Hinterlegung dem Vollstreckungsschuldner dieser Hinterlegungsnachweis und eine beglaubigte Abschrift der Bürgschaftserklärung zugestellt werden.
- In den übrigen Fällen genügt die Übergabe/Zustellung einer beglaubigten Abschrift der Bürgschaftserklärung (vgl. auch § 77 Nr. 3 GVGA).

3.309   Die Übergabe/Zustellung kann sowohl **an den Schuldner als auch dessen Prozessbevollmächtigten** erfolgen, weil diese Zustellung gem. § 81 ZPO von der Prozessvollmacht erfasst wird. Andererseits muss sie jedoch nicht zwingend an den Prozessbevollmächtigten erfolgen. Denn § 172 ZPO findet keine Anwendung, weil die Zustellung der Bürgschaftserklärung keine Prozesshandlung, sondern die Zustellung einer privatrechtlichen Willenserklärung zum Zwecke des Wirksamwerdens gem. § 132 Abs. 1 BGB darstellt[398].

3.310   Ist Vollstreckungsorgan der Gerichtsvollzieher, der die Bürgschaftserklärung zustellt, so entfällt die Nachweispflicht des § 751 Abs. 2 ZPO, weil das Vollstreckungsorgan selbst bei der Leistung der Sicherheit mitwirkt und es ansonsten sich selbst diesen Nachweis erbringen müsste[399]. Wird die Zwangsvollstreckung durch ein anderes Vollstreckungsorgan als den Gerichtsvollzieher durchgeführt oder ist der Bürgschaftsvertrag bereits vor Beginn der Zwangsvollstreckung zustande gekommen, muss dem Vollstreckungsorgan vor Beginn der Zwangsvollstreckung der Zugang der Bürg-

---
397   H.M., vgl. OLG Hamm, OLGR 1993, 93; LG Berlin, DGVZ 1973, 117; *Kotzur*, DGVZ 1990, 65, 67; Schuschke/*Walker*, § 751 Rdn. 10.
398   H.M., vgl. LG Bochum, Rpfleger 1985, 33; MünchKomm/*Heßler* ZPO, § 751 Rdn. 27, jeweils m.w.N.
399   H.M., vgl. MünchKomm/*Heßler* ZPO, § 751 Rdn. 28; Zöller/*Stöber*, § 751 Rdn. 6.

schaftserklärung beim Schuldner durch öffentliche oder öffentlich beglaubigte Urkunden nachgewiesen werden, regelmäßig also durch Vorlage der Zustellungsurkunde.

Entgegen dem Wortlaut des § 751 Abs. 2 ZPO entfällt ferner die **Zustellung einer beglaubigten Abschrift der Zustellungsurkunde** an den Schuldner, weil ihm der Zugang durch die Zustellung der Bürgschaftserklärung bekannt ist und daher die Zustellung einer entsprechenden Nachweisurkunde eine unnötige Förmelei wäre[400]. Dies gilt nach **h.M.** auch für den Fall, dass der Schuldner durch einen Prozessbevollmächtigten vertreten war. Insoweit bestehen aber Bedenken. Erfolgte nämlich die Zustellung der Bürgschaftserklärung durch den Gerichtsvollzieher wirksam an den Schuldner selbst und nicht an dessen Prozessbevollmächtigten, so müsste Letzterem gem. § 172 ZPO die mit der Bürgschaftserklärung verbundene Zustellungsurkunde des Gerichtsvollziehers zugestellt werden, weil diese Zustellung – anders als die der Bürgschaftserklärung – eine Prozesshandlung darstellt[401]. Dies soll jedoch nach **h.M.** überflüssig sein[402].

3.311

Streitig ist, ob die Zustellung der Bürgschaftserklärung auch gem. § 195 ZPO **von Anwalt zu Anwalt** erfolgen kann[403] oder ob § 132 BGB (Zustellung durch den Gerichtsvollzieher bzw. öffentliche Zustellung) eine abschließende Regelung enthält[404].

3.312

5. Entbehrlichkeit des Nachweises

Eine Nachweispflicht entfällt, weil auch die Notwendigkeit der Erbringung einer Sicherheitsleistung nicht besteht bzw. entfallen ist, wenn

3.313

- die Entscheidung rechtskräftig geworden und dies vom Urkundsbeamten der Geschäftsstelle auf dem Titel vermerkt worden ist;
- eine auch nur vorläufig vollstreckbare Entscheidung des Berufungsgerichts ergangen ist, durch die die Berufung des Schuldners zurückgewiesen oder verworfen worden ist (vgl. § 708 Nr. 10 ZPO);[405]

---

400 H.M., vgl. MünchKomm/*Heßler* ZPO, § 751 Rdn. 27; Zöller/*Stöber*, § 751 Rdn. 6, jeweils m.w.N.
401 So im Ergebnis Thomas/*Putzo*, § 751 ZPO Rdn. 6, 7; *Jakobs*, DGVZ 1973, 107, 116.
402 OLG Koblenz, JurBüro 2001, 213; OLG Düsseldorf, MDR 1978, 489; OLG Hamm, MDR 1975, 763; OLG Koblenz, Rpfleger 1993, 356 = ZIP 1993, 297; LG Bochum, Rpfleger 1985, 33; Thomas/*Putzo*, a.a.O.; MünchKomm/*Heßler* ZPO, § 751 Rdn. 28.
403 So die wohl überwiegende Meinung: BGH, NJW 1979, 417, 418; OLG Koblenz, Rpfleger 1993, 356 und JurBüro 2001, 213; LG Saarbrücken, juris Nr: KORE425402004; LG Augsburg, Rpfleger 1998, 166; Baumbach/*Hartmann*, § 108 Rdn. 15; Thomas/*Putzo*, § 751 Rdn. 6; Schuschke/*Walker*, § 751 Rdn. 10; Zöller/*Herget*, § 108 Rdn. 11; MünchKomm/*Heßler* ZPO, § 751 Rdn. 28 m.w.N.
404 So BGH, WM 1986, 1419, 1420; BGHZ 67, 271, 277 = NJW 1977, 194, 195; BVerwG, NJW 1981, 2712; Palandt/*Heinrichs*, § 132 BGB Rdn. 2; StJ/*Leipold*, § 108 Rdn. 26.
405 Zöller/*Herget*, § 751 Rdn. 7.

3.314–3.316   Voraussetzungen der Zwangsvollstreckung

- eine Entscheidung des Gerichts vorgelegt wird, wonach gem. §§ 537, 558, 718 ZPO die vorläufige Vollstreckbarkeit ohne Sicherheitsleistung angeordnet worden ist;
- eine Sicherungsvollstreckung gem. §§ 720a, 795 S. 2 ZPO erfolgt.

Die entsprechenden Entscheidungen sind dem Vollstreckungsorgan zu unterbreiten (vgl. hierzu insgesamt auch § 83 Nr. 6 GVGA).

III. § 720a ZPO – Sicherungsvollstreckung

3.314   Die Sicherungsvollstreckung stellt eine Ausnahme von § 751 Abs. 2 ZPO dar. Sie dient den Interessen des Gläubigers, weil er schon vor der Erbringung der Sicherheitsleistung Gegenstände pfänden lassen und sich somit im Hinblick auf eine spätere Verwertung, auch hinsichtlich des Ranges (§ 804 Abs. 3 ZPO), sichern lassen kann. Sie berücksichtigt aber insoweit auch den Schutz des Schuldners, als eben nur gepfändet, nicht aber auch verwertet werden darf, solange der Gläubiger die erforderliche Sicherheitsleistung nicht erbracht hat.

3.315   Darüber hinaus kann das Berufungsgericht in **entsprechender Anwendung von §§ 707 Abs. 1 und 719 ZPO** anordnen, dass die Sicherungsvollstreckung nach § 720a ZPO nur gegen eine Sicherheitsleistung begonnen oder fortgesetzt werden darf, wenn der beklagte Schuldner glaubhaft macht, dass er zur Sicherheitsleistung nicht in der Lage ist, und die Vollstreckung zu einem nicht zu ersetzenden Nachteil für ihn führen würde, was dann der Fall ist, wenn bereits die Sicherungsvollstreckung die konkrete Insolvenzgefahr des Schuldners heraufbeschwört[406].

1. Titel

3.316   § 720a ZPO setzt zunächst grundsätzlich ein **Urteil** voraus, das auf Zahlung von Geld lautet und nur gegen Sicherheitsleistung des Gläubigers vorläufig vollstreckbar ist (§§ 709, 712 Abs. 2 S. 2 ZPO) bzw. auf die Vollstreckung nach § 720a ZPO beschränkt ist (§ 712 Abs. 1 S. 2 2. Alternative ZPO). Die Vorschrift des § 720a ZPO findet gem. § 795 S. 2 ZPO ebenfalls Anwendung auf den **Kostenfestsetzungsbeschluss** (auch wenn ein klageabweisendes Urteil zugrunde liegt[407]). Auf **Arrestbefehle,** deren Vollziehung nur gegen Sicherheitsleistung zulässig ist (gleich ob sie als Urteil oder Beschluss ergehen), ist § 720a ZPO weder direkt noch analog anwendbar. Denn dies würde Sinn und Zweck der Anordnung der Sicherheitsleistung widersprechen: Die Vollziehung eines Arrestbefehls ist stets nur im Wege

---

406   KG, KGReport Berlin 2005, 201; OLG Köln, OLGReport Köln 1994, 153 = ZIP 1994, 1053.
407   OLG Köln, InVo 1996, 222.

der Pfändung, nicht aber auch der Verwertung zulässig. Soll die Pfändung aber kraft ausdrücklicher Anordnung nur gegen vorherige Sicherheitsleistung möglich sein, würde über die Anwendung des § 720a ZPO diese ausdrücklich anders lautende Anordnung hinfällig[408].

Darüber hinaus müssen aber auch die sonstigen allgemeinen und besonderen Voraussetzungen für die Zwangsvollstreckung vorliegen (Titel, Klausel, Zustellung des Titels, Ablauf des Kalendertages etc.), und es dürfen keine Vollstreckungshindernisse bestehen.

3.317

2. Wartefrist, § 750 Abs. 3 ZPO

Gem. § 750 Abs. 3 ZPO ist im Falle des § 720a ZPO eine Wartefrist von 2 Wochen seit Zustellung des Urteils und der Vollstreckungsklausel einzuhalten. Den bisherigen Streit darüber, ob dies nur für die qualifizierte Klausel (§§ 750 Abs. 2, 726 ff. ZPO)[409] oder auch für die einfache Klausel[410] gilt, hat der BGH[411] nunmehr dahingehend entschieden, dass es auch im Rahmen der Sicherungsvollstreckung der Zustellung der Vollstreckungsklausel nur in den Fällen des § 750 Abs. 2 ZPO bedarf.

3.318

3. Vollstreckungsmaßnahmen

Als zulässige Maßnahmen der Sicherungsvollstreckung kommen in Betracht:

3.319

bei **beweglichem Vermögen:**

- Pfändung körperlicher Sachen, § 808 ZPO;
- Pfändung (nicht Überweisung) von Forderungen (§§ 828 ff. ZPO) oder anderen Vermögensrechten (§§ 857 ff. ZPO);
- Vorpfändung (§ 845 ZPO)[412].

bei **unbeweglichem Vermögen:**

- Eintragung einer Sicherungshypothek (§§ 866, 867, 870a ZPO).

---

408 Vgl. OLG München, NJW-RR 1988, 1466.
409 LG Frankfurt/Main, Rpfleger 1982, 296; LG Münster, JurBüro 1986, 939; StJ/*Münzberg*, § 750 Rdn. 5; Schuschke/*Walker*, § 720a Rdn. 3.
410 OLG Bremen, InVo 1997, 19; OLG Düsseldorf, InVo 1997, 166; OLG Hamm, Rpfleger 1989, 378; OLG Karlsruhe, Rpfleger 1991, 51 = MDR 1991, 161 = DGVZ 1990, 186; KG, MDR 1988, 504; OLG Stuttgart, MDR 1990, 61 = NJW-RR 1989, 1535; Baumbach/*Hartmann*, § 750 Rdn. 23; MünchKomm/*Krüger* ZPO, § 720a Rdn. 3; Thomas/*Putzo*, § 720a Rdn. 4; Zöller/*Stöber*, § 720a Rdn. 4.
411 Rpfleger 2005, 547 = InVo 2005, 504 = MDR 2005, 1433.
412 BGHZ 93, 71, 74 = NJW 1985, 863.

3.320–3.323   Voraussetzungen der Zwangsvollstreckung

Bei fruchtloser oder aussichtsloser Pfändung (§ 807 ZPO) kann über § 720a ZPO ferner ein Antrag auf **eidesstattliche Versicherung** gestellt werden[413].

3.320   Eine Verwertung (Versteigerung, Überweisung bzw. Gläubigerbefriedigung) ist nur zulässig, wenn das Urteil rechtskräftig bzw. ohne Sicherheitsleistung vorläufig vollstreckbar geworden ist oder der Gläubiger die erforderliche Sicherheit geleistet hat (§ 720a Abs. 1 S. 2 ZPO); ansonsten ist die Verwertung ausgeschlossen bzw. nach Maßgabe des § 720a Abs. 2 i.V.m. § 930 Abs. 2 und 3 ZPO beschränkt.

4. Sicherheitsleistung des Schuldners, § 720a Abs. 3 ZPO

3.321   Der Schuldner kann von Gesetzes wegen, also ohne entsprechenden Ausspruch im Urteil,[414] zur Abwendung der Sicherungsvollstreckung Sicherheit *in Höhe des Hauptanspruchs* (auch beim Kostenfestsetzungsbeschluss ohne Zinsen und weitere Kosten) leisten. Für die **Art der Sicherheitsleistung** gilt § 108 ZPO, sie kann daher unter den dort genannten Voraussetzungen auch durch Bankbürgschaft erfolgen. Die Höhe der Sicherheitsleistung ist zwar auf die Höhe der Hauptforderung begrenzt, gleichwohl **haftet** sie in dieser Höhe nicht nur für den Hauptanspruch, sondern auch für Zinsen und Kosten[415].

3.322   Ist die Sicherheit erbracht worden, stellt dies ein Vollstreckungshindernis gem. § 775 Nr. 3 ZPO dar. Legt der Schuldner dem Gerichtsvollzieher eine Bürgschaftserklärung vor und beauftragt ihn, diese dem Gläubiger gem. §§ 130, 132 BGB zuzustellen, darf gem. § 775 Nr. 3 ZPO analog nicht weiter vollstreckt werden, weil es nunmehr nur noch in der Hand des Gerichtsvollziehers liegt, die Bürgschaftserklärung durch Zustellung wirksam werden zu lassen[416]. Bereits ergangene Vollstreckungsmaßnahmen sind aufzuheben (§ 776 S. 1 ZPO). Ein Verstoß kann vom Schuldner mit der Vollstreckungserinnerung gem. § 766 ZPO geltend gemacht werden.

3.323   **Leistet der Gläubiger** – gleich ob vor oder nach Sicherheitsleistung des Schuldners[417] – **seinerseits Sicherheit,** ist für eine Abwendungsbefugnis des Schuldners gem. § 720a Abs. 3 ZPO kein Raum; der Gläubiger ist dann – bis auf die Fälle des § 712 Abs. 1 S. 2 ZPO – nicht mehr gehindert, die Zwangsvollstreckung einschließlich Verwertung und Erlösauskehr durchzuführen.

---

413   H.M., vgl. BGH, Rpfleger 2006, 328 = InVo 2006, 327 = DGVZ 2006, 69; OLG Frankfurt, Rpfleger 1996, 468 = InVo 1996, 306; LG Stuttgart, DGVZ 2003, 91; Musielak/*Lackmann*, § 720a Rdn. 4.
414   OLG Karlsruhe, Rpfleger 2000, 555.
415   OLG Jena, InVo 2003, 159 = NJW-RR 2002, 1506; Zöller/*Stöber*, § 720a Rdn. 10; Thomas/*Putzo*, § 720a Rdn. 10; **a.A.** HK-ZPO/*Kindl*, § 720a Rdn. 4.
416   Vgl. LG Hagen, DGVZ 1976, 31.
417   **Allg.M.**, vgl. *Schuschke*, § 720a Rdn. 8 m.w.N.

Besondere Voraussetzungen (§§ 756, 765)   3.324–3.326

Eine bereits erbrachte Sicherheitsleistung des Schuldners ist, weil die Veranlassung dafür weggefallen ist, an diesen zurückzugeben (§ 109 ZPO)[418].

IV. §§ 756, 765 ZPO –
Zug um Zug zu bewirkende Leistung des Gläubigers

1. Zug-um-Zug-Leistung

Die §§ 756, 765 ZPO finden nur Anwendung, wenn sich aus dem Vollstreckungstitel die Zug-um-Zug-Leistung ergibt und es sich um eine **echte Zug-um-Zug-Leistung** handelt (z.B. §§ 273, 274; 320–322; 348; 501, 503, 356, 357, 348 BGB)[419]. Dabei muss sich die Abhängigkeit des zu vollstreckenden Anspruchs von einer Zug um Zug zu bewirkenden Gegenleistung des Gläubigers aus dem zugrunde liegenden Schuldtitel selbst eindeutig ergeben und nicht erst aus weiteren Unterlagen[420]. 3.324

Kein Fall des § 756 ZPO liegt daher vor, wenn der Schuldner zur Zahlung gegen Aushändigung eines Wechsels, Schecks oder sonstiger den Gläubiger legitimierenden Urkunden verurteilt worden ist (wie z.B. §§ 410, 808 Abs. 2, 1167, 1192 BGB, § 364 Abs. 3 HGB). Dies gilt selbst dann, wenn das Urteil auf Zug um Zug lauten sollte; denn bei diesen Ansprüchen des Schuldners handelt es sich nicht um selbstständige Gegenansprüche und damit keine echte Zug-um-Zug-Leistung, sondern um eine besondere Ausgestaltung des Rechts auf Quittung[421]. **Streitig** ist, ob dies auch für § 1144 BGB gilt oder insoweit ein selbstständiger Anspruch und damit eine echte Zug-um-Zug-Verurteilung vorliegt[422]. 3.325

Der Gläubiger muss allerdings dem Vollstreckungsorgan die Urkunde vor der Vollstreckung aushändigen (§ 62 Nr. 3 Abs. 2 GVGA), weil der Schuldner nur gegen Aushändigung der Urkunde zu leisten braucht[423]. 3.326

---

418 H.M., vgl. OLG München, Rpfleger 1991, 67 = JurBüro 1991, 594, 595 = OLGZ 1991, 75; Zöller/*Stöber*, § 720a Rdn. 10; MünchKomm/*Krüger* ZPO, § 720a Rdn. 5; Thomas/*Putzo*, § 720a Rdn. 11; HK-ZPO/*Kindl*, § 720a Rdn. 4.
419 OLG Naumburg, OLGR Naumburg 2004, 413: verneint für den Fall einer Verurteilung zur Wertermittlung durch Gutachten Zug um Zug gegen Kostenerstattung.
420 KG, Rpfleger 2000, 556 = InVo 2001, 78 = MDR 2000, 1213.
421 Vgl. Zöller/*Stöber*, § 756 Rdn. 4 m.w.N.
422 Für Letzteres: RGZ 55, 227; wohl auch BGH, NJW 1991, 1953; OLG Köln, Rpfleger 1983, 470; MünchKomm/*Eickmann* BGB, § 1144 Rdn. 1, 29; AnwK-BGB/*Zimmer*, § 1144 Rdn. 15; Palandt/*Bassenge*, § 1144 BGB Rdn. 2; a.A. OLG Hamm, DGVZ 1979, 122; Zöller/*Stöber*, § 756 Rdn. 4; die für die Gegenmeinung zitierte Entscheidung RGZ 56, 303 betrifft hingegen nicht § 1144 BGB, sondern § 410 BGB.
423 H.M., vgl. OLG Frankfurt, OLGZ 1981, 261 = JurBüro 1981, 938; MünchKomm/*Heßler* ZPO, § 756 Rdn. 9 m.w.N.

2. Zweck

3.327 Die bis auf das Anbieten der Sicherheitsleistung einander entsprechenden Vorschriften der §§ 756, 765 ZPO ergänzen die Regelung des § 726 ZPO. Danach wird bis auf die Ausnahme des § 726 Abs. 2 ZPO die Vollstreckungsklausel unbeschadet der Tatsache erteilt, dass nach dem Inhalt des Vollstreckungstitels die Vollstreckung des Gläubigers nur Zug um Zug gegen eine vom Gläubiger an den Schuldner zu erbringende Leistung zulässig ist. Entsprechendes gilt für den Fall der Leistung nach Empfang der Gegenleistung (§ 322 Abs. 2 BGB)[424].

3.328 Die zum Schutz des Schuldners notwendige Prüfung, ob diese Leistung des Gläubigers bei Beginn der Zwangsvollstreckung schon erbracht ist oder sich der Schuldner im Verzug der Annahme dieser Leistung befindet, obliegt daher dem zuständigen Vollstreckungsorgan: bei § 756 ZPO dem Gerichtsvollzieher, bei § 765 ZPO dem Vollstreckungsgericht, Prozessgericht bzw. Grundbuchamt.

3.329 **Beispiel:**

Der Beklagte wird verurteilt, an den Kläger 27.500,- € zu zahlen, Zug um Zug gegen Übergabe und Übereignung des PKW Marke VW Golf, karminrot, Fahrgestell-Nr. 73NYK8974593ZZZ.

3.330 Im Beispielsfall darf eine Zwangsvollstreckung nur stattfinden, wenn – **alternativ** –

a) der Schuldner die ihm vom Gerichtsvollzieher grundsätzlich *tatsächlich* und in der *rechten Art und Weise* angebotene Leistung nicht annimmt;

b) der Schuldner die ihm vom Gerichtsvollzieher grundsätzlich *tatsächlich* und in der *rechten Art und Weise* angebotene Leistung annehmen will, er aber seine Leistung nicht vollständig (also titulierte Forderung einschl. der Zwangsvollstreckungskosten gem. § 788 ZPO) oder nur bedingt oder unter Vorbehalt[425] erbringen kann oder will und sich dadurch in Annahmeverzug (§§ 294–299 BGB) befindet;

c) der Schuldner hinsichtlich der ihm gebührenden Leistung des Gläubigers bereits *befriedigt* ist **oder** sich schon in *Annahmeverzug* befindet **und** der *Beweis* einer dieser Tatsachen durch öffentliche oder öffentlich beglaubigte Urkunden geführt wird, die dem Schuldner bereits zugestellt worden sind, oder gleichzeitig mit der Vollstreckung zugestellt werden.

---

424 Vgl. OLG Köln, JurBüro 1989, 870, 873; OLG Karlsruhe, MDR 1975, 938.
425 Vgl. BGH, ZIP 1994, 1839.

Besondere Voraussetzungen (§§ 756, 765)   3.331, 3.332

3. Annahmeverzug des Schuldners (Gläubigerverzug)

a) Tatsächliches Angebot

Es müssen die Voraussetzungen der §§ 294–299 BGB vorliegen. Notwendig ist daher, auch wenn nur ein Teil der titulierten Forderung vollstreckt werden soll, bei Bring- bzw. Schickschulden grundsätzlich ein **tatsächliches Angebot (§ 294 BGB)** des Gerichtsvollziehers. Es muss also dem Vollstreckungsschuldner selbst oder einem zum Empfang Berechtigten (z.B. Prokurist) die **richtige Leistung** („so, wie sie zu bewirken ist") **zur rechten Zeit** am **rechten Ort** (Wohnung oder Geschäftslokal des Schuldners, soweit nicht im Titel ein bestimmter Leistungsort angegeben ist), **vollständig** (§ 266 BGB; auch wenn der Titel nur teilweise vollstreckt wird) **in der rechten Weise** angeboten werden, also so, dass der Schuldner „nichts als zuzugreifen und die angebotene Leistung anzunehmen" braucht[426]. Besteht die Gegenleistung in einem PKW, so ist – falls sich aus dem Titel nichts anderes ergibt – auch der dazugehörige Kfz-Brief mit anzubieten[427]. Das Vorliegen dieser Voraussetzungen hat das Vollstreckungsorgan in eigener Verantwortung zu prüfen[428].

3.331

b) Geschuldete Leistung des Gläubigers

Ob die angebotene Leistung die Richtige ist, kann in mehrfacher Hinsicht zweifelhaft sein. Zum einen muss die Gegenleistung im Titel so genau **bestimmt** bzw. der Titel aus sich heraus[429] durch Auslegung bestimmbar sein, dass sie ihrerseits zum Gegenstand einer Leistungsklage gemacht werden könnte[430]. Würde der Beklagte beispielsweise verurteilt,

3.332

> „an den Kläger 5.000,- € zu zahlen, Zug um Zug gegen Herausgabe eines Damenmantels, Innenfutter Natur-Zobel mit Zobelkragen, beinseidener, kittfarbener Oberstoff, Sonderanfertigung für den Beklagten, Innenfutter Uli Richter, Modell Giorgio Avolio, Mailand",

so fehlt es an der erforderlichen Bestimmtheit. Zwar kann der Gerichtsvollzieher feststellen, ob der angebotene Mantel ein solcher des geschuldeten Modells und Materials sowie von entsprechender Farbe ist. Ob die Maße des Mantels mit denen, die der Sonderanfertigung zugrunde liegen sollen, übereinstimmen, kann er jedoch mangels Angabe der Größe nicht feststellen, zumal es im entschiedenen Fall[431] ein Damenmantel war, der für den

---

426 BGHZ 90, 354, 359 = NJW 1984, 1679, 1680.
427 AG Mannheim, DGVZ 1971, 79; Zöller/*Stöber*, § 756 Rdn. 6.
428 H.M., vgl. BGH, MDR 1977, 133.
429 OLG Köln, Rpfleger 1992, 527 m.w.N.
430 Allg.M., vgl. BGH, Rpfleger 1993, 206; LG Koblenz, DGVZ 2005, 76; s. dazu im Einzelnen auch Rdn. 3.6 ff. sowie Zöller/*Stöber*, § 756 Rdn. 3.
431 OLG Frankfurt, Rpfleger 1979, 432.

3.333–3.336   Voraussetzungen der Zwangsvollstreckung

Beklagten hergestellt wurde. Da die Zug-um-Zug-Leistung nicht vollstreckbar ist, kann eine Vollstreckung aus dem Titel überhaupt nicht, also auch nicht wegen der Hauptleistung stattfinden[432].

3.333   Ebenfalls zu unbestimmt ist die Titulierung, der Beklagte werde zur Auflassung eines konkret bezeichneten Grundstücks

„Zug um Zug gegen Zahlung des im Vertrag vom (genaue Bezeichnung) vorgeschriebenen Taxwertverfahrens festzustellenden Erwerbspreises"

verurteilt, weil selbst nach Durchführung des Taxwertverfahrens sich die Höhe der Zug-um-Zug-Leistung nicht aus dem Titel ergibt[433]. Nicht genügend bestimmt ist ferner ein auf „Herausgabe der EDV-Programme Kabelmietabrechnung gemäß Vertrag vom …" lautendes Urteil. Denn dabei bleibt offen, was konkret geschuldet ist: Rückgabe der (Original-)Disketten, ggf. einschließlich der Sicherungsdisketten; zusätzlich/stattdessen Löschung der Daten auf den Disketten und/oder der Festplatte?[434].

3.334   Wird als Zug-um-Zug-Leistung die „Übertragung des Eigentums an der Tankstellenkasse …" geschuldet, ist dies mangels gegenteiliger Anhaltspunkte regelmäßig dahin auszulegen, dass als Angebot der Gegenleistung i.S.v. § 756 ZPO nur ein solches zur Übereignung und Übergabe der Sache (§ 929 S. 1 BGB), nicht aber auch eines zur Abtretung des Herausgabeanspruchs genügt[435].

3.335   Zum anderen können sich Zweifel dahin ergeben, ob die angebotene Leistung mit der im Titel bestimmt bezeichneten **identisch** ist.

Bei einer nur der **Gattung** nach bestimmten Sache muss die angebotene Sache gemäß § 243 BGB, § 360 HGB von mittlerer Art und Güte sein. Ob dies der Fall ist, muss der Gerichtsvollzieher gegebenenfalls unter Hinzuziehung eines Sachverständigen klären. Ist sie es nicht, darf nicht vollstreckt werden.

3.336   Wird eine individuell bezeichnete Sache geschuldet (**Stückschuld**), muss der Gerichtsvollzieher prüfen, ob die angebotene mit der geschuldeten Sache identisch ist. Liegt Identität vor, kommt es zunächst darauf an, ob sich aus dem Titel etwas über den Zustand der Sache (z.B. Mangelfreiheit, Verkehrstüchtigkeit) ergibt. Falls ja, muss der Gerichtsvollzieher die Sache auch daraufhin – ggf. mithilfe eines Sachverständigen – überprüfen. Ist das nicht der Fall, hat der Gerichtsvollzieher die Mangelfreiheit der Sache nicht zu

---

432   BGH, NJW 1993, 3206, 3207.
433   BGH, Rpfleger 1993, 206.
434   KG, NJW-RR 1994, 959; vgl. zur EDV im Übrigen auch OLG Naumburg, NJW-RR 1995, 1149; LG Heidelberg, CR 2004, 890; LG Koblenz, DGVZ 2000, 117; LG Landau, DGVZ 1995, 87.
435   OLG Köln, Rpfleger 1992, 527, 528.

prüfen[436]. Dem Schuldner bleibt insoweit nur, seine Rechte durch die entsprechenden Rechtsbehelfe geltend zu machen[437].

Der in den §§ 756, 765 ZPO angeführte **Begriff des Annahmeverzuges** ist dem materiellen Recht zu entnehmen. Materiell-rechtlich liegt ein Fehler/Mangel nur vor, wenn der tatsächliche Zustand der Sache von dem Zustand abweicht, den die Parteien bei Abschluss des Vertrages gemeinsam vorausgesetzt haben, und diese Abweichung den Wert der Sache oder ihre Eignung zum vertraglich vorausgesetzten oder gewöhnlichen Gebrauch herabsetzt oder beseitigt (vgl. auch. §§ 434, 633 Abs. 2 BGB). Da der Gerichtsvollzieher diese Kriterien nur selten vor Ort wird überprüfen können (anders z.B. bei geschuldetem Neuwagen und angebotenem Schrottfahrzeug), muss er zunächst vollstrecken und den Schuldner wegen der Geltendmachung von Mängelbeseitigungsansprüchen auf § 767 ZPO verweisen.

3.337

Besteht die vom Gläubiger zu erbringende Leistung hingegen in einer **Nachbesserung** (insbesondere bei Baumängeln), muss der Gerichtsvollzieher die Ordnungsgemäßheit der Nachbesserung überprüfen und – soweit erforderlich – dazu einen Sachverständigen hinzuziehen[438].

3.338

c) **Wörtliches Angebot**

Ein wörtliches Angebot des Gläubigers genügt nur in den folgenden Fällen, wobei der Gläubiger dem Gerichtsvollzieher insbesondere auch im Hinblick auf die Neufassung des § 756 Abs. 2 ZPO ausdrücklich einen solchen Auftrag erteilen sollte,[439] auch wenn in der Beauftragung zur Vollstreckung ein konkludenter Auftrag zu einem wörtlichen Angebot und die Erklärung seiner Leistungsbereitschaft gesehen werden kann[440].

3.339

Zum einen gem. **§ 295 BGB**, wenn

3.340

- der Schuldner bereits vor dem Angebot des Gläubigers und vor der Vollstreckung erklärt hat, dass er die Leistung nicht annehmen werde oder seine Leistung nicht erbringen könne oder werde[441]. Das Vorlie-

---

436 Vgl. BGH, MDR 2005, 1311= InVo 2006, 36; OLG Koblenz, InVo 2001, 106; LG Koblenz, DGVZ 2003, 40; *Fichtner*, DGVZ 2004, 1, 8; Zöller/*Stöber*, § 756 Rdn. 7; HK-ZPO/*Kindl*, § 756 Rdn. 5; Thomas/*Putzo*, § 756 Rdn. 8; Schuschke/*Walker*, § 756 Rdn. 7; a.Ä. LG Bonn, DGVZ 1983, 187; MünchKomm/*Heßler* ZPO, § 756 Rdn. 34.
437 Vgl. dazu unten Rdn. 3.355 f.
438 **H.M.**, vgl. BGH, NJW 1973, 1792; OLG Celle, InVo 2000, 56 = NJW-RR 2000, 828; OLG Hamm, DGVZ 1995, 182; OLG Köln, JurBüro 1986, 1581 = MDR 1986, 1033; *Fichtner*, DGVZ 2004, 1, 6; Zöller/*Stöber*, § 756 Rdn. 7; HK-ZPO/*Kindl*, § 756 Rdn. 5; Thomas/*Putzo*, § 756 Rdn. 6; Schuschke/*Walker*, § 756 Rdn. 10; a.A. LG Hamburg, DGVZ 1984, 10; *Stojek*, MDR 1977, 456, 458.
439 Vgl. *Gilleßen/Coenen*, DGVZ 1998, 167; Zöller/*Stöber*, § 756 Rdn. 14; Musielak/*Lackmann*, § 756 Rdn. 8; Baumbach/*Hartmann*, § 756 Rdn. 8, jew. m.w.N.
440 LG Augsburg, DGVZ 1995, 8; Thomas/*Putzo*, § 756 Rdn. 12; HK-ZPO/*Kindl*, § 756 Rdn. 7.
441 Vgl. BGH, Rpfleger 1997, 221 = NJW 1997, 581.

3.341   Voraussetzungen der Zwangsvollstreckung

gen dieser Voraussetzung muss dem Gerichtsvollzieher aber durch öffentliche oder öffentlich beglaubigte Urkunden nachgewiesen[442] werden, was in der Praxis eher selten möglich sein wird.
Teilt der Gläubiger dem Gerichtsvollzieher die Annahmeverweigerung des Schuldners formlos mit, so reicht es aus, wenn der Gerichtsvollzieher sich zum Schuldner begibt und dessen nochmals erklärte Ablehnung protokolliert. Dieses Protokoll ist dann der Nachweis, dass ein wörtliches Angebot genügt. Anschließend muss der Gerichtsvollzieher dem Schuldner das wörtliche Angebot unterbreiten. **Streitig** ist, ob der Gerichtsvollzieher die behauptete und für den Annahmeverzug notwendige Leistungsbereitschaft des Gläubigers nachprüfen muss[443].

- oder – **alternativ** –
  zur Bewirkung der Leistung eine Handlung des Schuldners erforderlich ist (z.B. Holschuld;[444] Abnahme beim Werklieferungsvertrag gem. § 640 BGB; Abruf; Wahlrecht gem. § 262 BGB). Im Hinblick auf § 299 BGB (vorübergehende Annahmeverhinderung) sollte der Gerichtsvollzieher dem Schuldner eine Frist zur Vornahme der Handlung setzen. Die vom Schuldner zu erbringende Leistung muss sich – ggf. durch Auslegung – aus dem Titel (Tenor, Tatbestand oder Entscheidungsgründe) ergeben[445].

3.341   Zum anderen genügt es nach dem neuen **§ 756 Abs. 2 ZPO,** dass der Schuldner auf ein wörtliches Angebot des Gerichtsvollziehers – also bei der Vollstreckung – erklärt, dass er die Leistung nicht annehmen werde. Mit dieser Regelung sollen dem Gläubiger unter Umständen anfallende hohe Transportkosten erspart bleiben, sie ist aber weder nach dem Gesetzeswortlaut noch im Hinblick auf die Entstehungsgeschichte auf diesen Anwendungsbereich beschränkt[446]. Die Regelung läuft leer, wenn der Schuldner nicht anwesend ist oder auf das Angebot des Gerichtsvollziehers schweigt. Hiermit muss aber gerechnet werden, will sich der Schuldner nicht selbst die Möglichkeit abschneiden, die Gegenleistung bei einem tatsächlichen Angebot zu prüfen und ggf. dagegen vorzugehen,[447] insbesondere bei der Zug um Zug zu erbringenden Mängelbeseitigung in Bausachen. Erklärt sich der

---

442   S. dazu Rdn. 3.347 f.
443   Nein: Zöller/*Stöber,* § 756 Rdn. 12; StJ/*Münzberg,* § 756 Rdn. 10b; vgl. auch § 297, wonach den Vollstreckungsschuldner als Gläubiger der Gegenleistung die Darlegungs- und Beweislast für ein Leistungsunvermögen des Vollstreckungsgläubigers trifft; ja: KG, NJW-RR 1998, 427 = InVo 1998, 163; OLG Oldenburg, DGVZ 1991, 172; Musielak/*Lackmann,* § 756 Rdn. 8.
444   LG Kleve, DGVZ 2005, 95.
445   Vgl. OLG Schleswig, DGVZ 1992, 56, 57; LG Berlin, DGVZ 1993, 28; Zöller/*Stöber,* § 756 Rdn. 7 m.w.N., auch zur **a.A.,** z.B. MünchKomm/*Heßler* ZPO, § 756 Rdn. 33: für einfach gelagerte Fälle könne der Gerichtsvollzieher den Leistungsort auch nach materiell-rechtlichen Vorschriften selbst bestimmen.
446   So aber *Gilleßen/Coenen,* DGVZ 1998, 166.
447   So auch die Begründung der Änderung in BT-Drucks. 13/341 S. 15.

Schuldner nicht, so wird es von den konkreten Umständen des Falles abhängen, ob die durch das zunächst wörtliche Angebot verursachten Kosten zu den notwendigen Kosten des Rechtsstreits i.S.v. § 788 ZPO gehören. Die Transportkosten gehören nur dann zu den notwendigen Kosten der Zwangsvollstreckung, soweit der Gläubiger diese nicht nach materiellem Recht selbst tragen muss[448].

4. Folge des Annahmeverzugs

3.342 Befindet sich der Schuldner aufgrund eines solchen tatsächlichen oder wörtlichen Angebots in Annahmeverzug, wird die Zwangsvollstreckung nunmehr nur noch ohne Erbringung der Gegenleistung betrieben (vgl. §§ 274 Abs. 2, 322 Abs. 3 BGB). Erbringt der Gläubiger die Gegenleistung nicht mehr freiwillig, muss der Schuldner gegen den Gläubiger auf entsprechende Leistung klagen. Denn der auf Leistung Zug um Zug lautende Titel stellt nur für den Gläubiger, nicht aber auch für den Schuldner einen Vollstreckungstitel dar[449].

5. Nachweis der Befriedigung oder des Annahmeverzugs

3.343 Der Nachweis der Befriedigung bzw. des Annahmeverzugs muss grundsätzlich durch **öffentliche oder öffentlich beglaubigte Urkunden** (§§ 415 ff. ZPO) geführt und eine Abschrift dieser Urkunde dem Schuldner spätestens bei Beginn der Zwangsvollstreckung zugestellt werden. Das Vorliegen dieser Voraussetzungen hat das Vollstreckungsorgan in eigener Verantwortung zu prüfen.

3.344 Eine **Befriedigung** des Schuldners lässt sich z.B. durch notariell beurkundetes Empfangsbekenntnis (Quittung) nachweisen; auf eine solche Quittung hat der Gläubiger einen Anspruch (§ 368 BGB; die Kosten einer solchen Quittung trägt der Schuldner, § 369 BGB). Ein Nachweis der Befriedigung ist unnötig, wenn der Schuldner gegenüber dem Gerichtsvollzieher zugesteht, die Gegenleistung erhalten zu haben (entsprechend § 288 ZPO)[450].

3.345 Eine **privatschriftliche Quittung** des Schuldners genügt nicht. Jedoch sollte der Gläubiger in derartigen Fällen den Antrag stellen, der Gerichtsvollzieher möge sich zum Schuldner begeben und diesen unter Vorlage der privatschriftlichen Quittung befragen, ob er die Leistung des Gläubigers – wie quittiert – tatsächlich erhalten habe. Bestätigt der Schuldner dies gegenüber dem Gerichtsvollzieher, so protokolliert dieser die Erklärung des Schuldners. Damit ist nunmehr der Nachweis der Befriedigung des Schuld-

---

448 LG Köln, JurBüro 1998, 552; Schuschke/*Walker*, § 756 Rdn. 7.
449 BGH, NJW 1992, 1172, 1173; OLG Frankfurt, OLGR 1994, 227; LG Koblenz, DGVZ 1998, 58.
450 LG Düsseldorf, DGVZ 1991, 39; Zöller/*Stöber*, § 756 Rdn. 9 m.w.N.

ners erbracht bzw. unnötig geworden (§§ 288, 291 ZPO). Einer Zustellung dieser Urkunde an den Schuldner bedarf es dann nicht mehr.

3.346 Die Befriedigungswirkung durch **Aufrechnung** des Gläubigers als Erfüllungsersatz dürfte in der notwendigen Form nicht nachzuweisen sein. Denn es genügt nicht die auf Antrag des Gläubigers erfolgte Zustellung der Aufrechnungserklärung des Gläubigers durch den Gerichtsvollzieher, sondern es müssen auch die weiteren Voraussetzungen der Aufrechnung (§ 387 BGB: Aufrechnungslage, insbesondere Vollwirksamkeit und Fälligkeit der Gegenforderung) in der notwendigen Form nachgewiesen werden[451]. Wohl zulässig ist aber die Aufrechnung mit einer Gegenforderung aus einem in derselben Sache ergangenen Kostenfestsetzungsbeschluss, wenn dieser sowie die Aufrechnungserklärung des Gläubigers dem Schuldner vom Gerichtsvollzieher zugestellt werden. In diesem Fall sind die Voraussetzungen der Aufrechnung als offenkundig (§ 291 ZPO) und damit keines Beweises bedürftig anzusehen[452].

3.347 Der **Annahmeverzug** lässt sich z.B.[453] durch ein Protokoll des Gerichtsvollziehers über ein früheres tatsächliches Angebot (§ 762 ZPO; auch eines anderen Gerichtsvollziehers[454]) oder auch durch den Tenor eines Urteils führen[455]. Da es ohne Bedeutung ist, ob der Annahmeverzug vor oder nach dem Erlass des zu vollstreckenden Urteils eingetreten ist, kann er auch durch das auf die Leistung lautende Urteil selbst nachgewiesen werden[456]. Nach wohl h.M. reicht es aus, wenn sich der Annahmeverzug aus dem Tatbestand oder den Entscheidungsgründen des Urteils ergibt[457]. In diesem Fall ist das Vollstreckungsorgan an die Ausführungen im Tatbestand bzw. in den Entscheidungsgründen des Urteils aber nicht gebunden, sondern diese unterliegen der freien Beweiswürdigung[458]. Nicht genügt hingegen, dass sich aus dem Tatbestand lediglich der Klageantrag auf Leistung Zug um Zug sowie der Klageabweisungsantrag des Schuldners ergeben[459].

3.348 **Tipp:** Zur Vermeidung von Schwierigkeiten empfiehlt es sich daher, stets bereits im Erkenntnisverfahren neben dem Hauptantrag einen unechten Hilfsantrag auf Feststellung des Annahmeverzugs zu stellen.

---

451 LG Hildesheim, NJW 1959, 537; StJ/*Münzberg*, § 756 Rdn. 3.
452 Vgl. AG Oldenburg, DGVZ 1968, 174 f.
453 Weitere Einzelheiten bei MünchKomm/*Heßler* ZPO, § 756 Rdn. 47–49.
454 OLG Köln, MDR 1991, 260 = NJW-RR 1991, 383 m.w.N.
455 Vgl. zum entsprechenden Fall des Nachweises betr. die Voraussetzungen des § 850f Abs. 2 ZPO: BGH, NJW 1990, 834.
456 **Allg.M.,** vgl. Zöller/*Stöber*, § 756 Rdn. 9 m.w.N.
457 BGH, NJW 1982, 1048, 1049; NJW 2002, 1262; OLG Köln, JurBüro 1989, 870, 873 = DGVZ 1989, 151; NJW-RR 1991, 383 = MDR 1991, 260; Zöller/*Stöber*, § 756 Rdn. 9; MünchKomm/*Heßler* ZPO, § 756 Rdn. 47 m.w.N., auch zur Gegenmeinung.
458 OLG Köln, JurBüro 1989, 873, 874.
459 **H.M.,** vgl. KG, NJW 1972, 2052; Zöller/*Stöber*, § 756 Rdn. 9; MünchKomm/*Heßler* ZPO, § 756 Rdn. 47, jeweils m.w.N.

Das dafür notwendige Rechtsschutzinteresse ergibt sich aus der Regelung des § 756 ZPO[460]. Das verursacht keine bzw. nahezu keine zusätzlichen Kosten, weil diesem Antrag kein zusätzlicher Wert zukommt bzw. nur die geringste Wertstufe zugrunde zu legen ist[461].

Wird die **Auflassung als Gegenleistung** geschuldet, kann der Gläubiger den Annahmeverzug des Schuldners am besten dadurch nachweisen, dass er mit einem Notar einen Termin vereinbart, der Notar diesen bestätigt, und der Gläubiger diese schriftliche Bestätigung dem Schuldner unter Wahrung einer angemessenen Frist durch einen Gerichtsvollzieher zustellen lässt, verbunden mit der Aufforderung, den Termin wahrzunehmen. Der Schuldner gerät dann in Annahmeverzug, wenn er den Notartermin einseitig nicht wahrnimmt, er im Termin zwar anwesend ist, aber seine Mitwirkung an der Auflassung verweigert, oder wenn er vor Annahme der Auflassung die von ihm geschuldete Zahlung tatsächlich nicht anbietet. Das entsprechende Protokoll des Notars ist dann die Beweisurkunde i.S.v. §§ 756, 765 ZPO. Dieses muss dann noch vor oder bei Beginn der Vollstreckung an den Schuldner zugestellt werden[462].   3.349

Kann die **Übereignung** einer Sache vom Urteilsinhalt her auch durch Abtretung des Herausgabeanspruchs gegen einen Dritten möglich sein (§ 931 BGB), muss durch öffentliche oder öffentlich beglaubigte Urkunden nachgewiesen werden, dass der Herausgabeanspruch gegen den Dritten besteht und dieser Besitzer der Sache ist[463]. Anders hingegen, wenn vom Urteilsinhalt her nur die Abgabe der **Abtretungserklärung** als Gegenleistung zu erbringen ist; dann ist ein Nachweis des Bestehens der abgetretenen Forderung nicht notwendig[464].   3.350

Die Nachweisurkunden müssen in beglaubigter Abschrift spätestens bei Beginn der Zwangsvollstreckung **zugestellt** werden; war der Schuldner durch einen Prozessbevollmächtigten vertreten, muss an diesen zugestellt werden, § 172 ZPO.   3.351

6. Rechtsbehelfe

a) Rechtsbehelfe des Gläubigers

Lehnt der Gerichtsvollzieher die Durchführung der Zwangsvollstreckung ab, weil seiner Auffassung nach die Gegenleistung nicht hinreichend   3.352

---

460 OLG Hamm, OLGR 1994, 241.
461 BGH, MDR 1989, 732; KG, MDR 2005, 898; OLG Hamburg, OLGR Hamburg 2000, 455.
462 Vgl. BGH, Rpfleger 1992, 207; LG Arnsberg, DGVZ 2002, 170; *Hintzen*, Rpfleger 1992, 208; *Alff*, Rpfleger 2004, 160.
463 OLG Köln, Rpfleger 1992, 527, 528.
464 OLG Hamm, JurBüro 1955, 487; OLG Köln, MDR 1991, 260 = NJW-RR 1991, 383; MünchKomm/*Heßler* ZPO, § 756 Rdn. 14.

3.353–3.357   Voraussetzungen der Zwangsvollstreckung

bestimmt ist oder nicht ordnungsgemäß oder ein Annahmeverzug nicht ausreichend bzw. formgerecht nachgewiesen sei, steht dem Gläubiger die Erinnerung gem. § 766 Abs. 2 ZPO zu. Gegen die Entscheidung des Richters ist sofortige Beschwerde gem. § 793 ZPO möglich.

3.353   Das Nachprüfungsrecht des Vollstreckungsgerichts beschränkt sich nicht darauf, dass der Gerichtsvollzieher die Grenzen seines Ermessens nicht überschritten hat[465].

3.354   Soweit Zweifel über die Bestimmtheit der im Titel angeführten Gegenleistung verbleiben, kann der Gläubiger Klage auf Feststellung erheben, dass die von ihm angebotene Leistung mit der titulierten Gegenleistung identisch ist[466].

b)   Rechtsbehelfe des Schuldners

3.355   Ihm steht die Vollstreckungserinnerung gem. § 766 Abs. 1 ZPO offen, wenn er z.B. geltend macht: Die Gegenleistung sei nicht in einer den Annahmeverzug begründenden Weise angeboten worden; die den Annahmeverzug nachweisenden Urkunden seien ihm nicht bzw. nicht ordnungsgemäß zugestellt worden; diese seien nicht formgerecht; aus ihnen ergebe sich der Annahmeverzug nicht; der Gläubiger sei bei einem wörtlichen Angebot nicht leistungsbereit gewesen. Gegen die Entscheidung des Richters kann er dann sofortige Beschwerde gem. § 793 ZPO erheben.

3.356   Die Mangelhaftigkeit der Leistung einer Stückschuld ist gem. § 767 ZPO[467] geltend zu machen. Gleiches gilt für den Einwand der nachträglichen Unmöglichkeit der Gegenleistung sowie für Gewährleistungsrechte, Wandelung, Rücktritt oder Anfechtung[468].

7. § 765 ZPO

3.357   Eine dem § 756 ZPO inhaltlich entsprechende Regelung trifft § 765 ZPO, der für das Vollstreckungsgericht und – entsprechend – auf das Prozessgericht sowie das Grundbuchamt Anwendung findet[469]. Insoweit kann

---

465   Zöller/*Stöber*, § 756 Rdn. 16; Rosenberg/Gaul/*Schilken*, § 16 V 1 b cc; MünchKomm/*Heßler* ZPO, § 756 Rdn. 54 m.w.N.; HK-ZPO/*Kindl*, § 756 Rdn. 5, a.A. LG Hannover, DGVZ 1984, 152.
466   BGH, MDR 1977, 133; OLG Köln, InVo 1999, 152: LG Landau, DGVZ 1995, 87; Schuschke/*Walker*, § 756 Rdn. 7; MünchKomm/*Heßler* ZPO, § 756 Rdn. 55 m.w.N.
467   BGH, MDR 2005, 1311 = InVo 2006, 36; OLG Stuttgart, DGVZ 1991, 8; LG Hamburg, DGVZ 1984, 10; Zöller/*Stöber*, § 756 Rdn. 16; nach a.A. gem. § 766 ZPO: KG, NJW-RR 1989, 638 m.w.N.; MünchKomm/*Heßler* ZPO, § 756 Rdn. 57; Schuschke/*Walker*, § 756 Rdn. 17.
468   KG NJW-RR 1989, 638; LG Berlin NJW-RR 1989, 639 m.w.N.; Schuschke/*Walker*, § 756 Rdn. 17; MünchKomm/*Heßler* ZPO, § 756 Rdn. 59, 60 m.w.N.
469   Vgl. OLG Köln, InVo 1997, 188 – Angebot einer Rückübertragung eines Gesellschaftsanteils; Zöller/*Stöber*, § 765 Rdn. 2 m.w.N.; zum notwendigen Angebot einer Auflassung eines Grundstücks als Gegenleistung vgl. BGH, Rpfleger 1992, 207 sowie OLG Köln, InVo 1997, 79.

Besondere Voraussetzungen (§§ 756, 765)   3.358–3.362

grundsätzlich auf die obigen Ausführungen Bezug genommen werden, jedoch mit einer Ausnahme: Da diese Vollstreckungsorgane – anders als der Gerichtsvollzieher – die Gegenleistung nicht anbieten, muss ihnen gegenüber durch **öffentliche oder öffentlich beglaubigte Urkunden nachgewiesen** werden, dass der Schuldner befriedigt ist oder er sich in Annahmeverzug befindet, **und** dass eine Abschrift dieser Urkunden zugestellt ist, damit die Zwangsvollstreckung beginnen kann.

Ausnahmsweise bedarf es der Zustellung dieser Urkunden gem. § 765 ZPO dann nicht, wenn der Gerichtsvollzieher bereits die Zwangsvollstreckung gem. § 756 Abs. 1 ZPO begonnen oder er eine Vollstreckungsmaßnahme nach § 756 Abs. 2 ZPO durchgeführt hatte und der Beweis hierfür durch das Gerichtsvollzieherprotokoll geführt wird. Denn der Gerichtsvollzieher durfte gem. § 756 ZPO die Zwangsvollstreckung seinerseits nur beginnen, wenn ihm nachgewiesen worden war, dass die Gegenleistung des Gläubigers erbracht bzw. Annahmeverzug des Schuldners bereits eingetreten war oder durch sein Anbieten der Gegenleistung eintrat. Das dies nachweisende Gerichtsvollzieherprotokoll (öffentliche Urkunde i.S.d. § 418 ZPO, vgl. §§ 762, 763 ZPO; § 84 Nr. 2 Abs. 3 GVGA) muss dem Schuldner nicht zugestellt werden[470].   3.358

Das Vollstreckungsgericht muss **prüfen,** ob der Gerichtsvollzieher im Rahmen des § 756 ZPO und nicht etwa nur zu bloßen Feststellungen der Befriedigung des Gläubigers oder des Annahmeverzugs tätig geworden ist. Ferner muss es, ohne an die rechtliche Beurteilung des Gerichtsvollziehers gebunden zu sein, die Beweiskraft der Urkunde daraufhin überprüfen, ob sich unter Zugrundelegung der tatsächlichen Angaben auch in rechtlicher Hinsicht die notwendige Befriedigung des Schuldners bzw. dessen Annahmeverzug ergibt[471].   3.359

Wird der Antrag zurückgewiesen, steht dem **Gläubiger** als **Rechtsbehelf** gegen eine entsprechende Entscheidung des Vollstreckungsgerichts (Rechtspfleger gem. § 20 Nr. 17 RPflG) die sofortige Beschwerde gem. § 11 RPflG, § 793 ZPO, gegen eine entsprechende Entscheidung des Grundbuchamts die einfache Beschwerde (Erinnerung) gem. § 71 GBO (§ 11 Abs. 1 RPflG) zu.   3.360

Als **Rechtsbehelfe** des **Schuldners** kommen die Vollstreckungserinnerung gem. § 766 ZPO bzw. sofortige Beschwerde gem. § 11 RPflG, § 793 ZPO in Betracht, je nachdem ob dem Schuldner vorher rechtliches Gehör gewährt wurde (s. hierzu die Einzelheiten Rdn. 8.9 ff.).   3.361

Im Übrigen gelten die obigen[472] Ausführungen zum richtigen Rechtsbehelf im Rahmen des § 756 ZPO entsprechend.   3.362

---

470   OLG Koblenz, Rpfleger 1997, 445; OLG Köln, Rpfleger 1986, 393 = NJW-RR 1986, 863; Zöller/*Stöber*, § 765 Rdn. 5.
471   Vgl. OLG Frankfurt, EWiR 2003, 733 betr. Angebot zur Mängelbeseitigung; KG, NJW-RR 1994, 959; OLG Köln, NJW-RR 1991, 383; LG Hamburg, Rpfleger 2004, 159; HK-ZPO/*Kindl*, § 765 Rdn. 2.
472   S. Rdn. 3.352 ff.

V. Wartefristen

3.363 Grundsätzlich kann aus einem – soweit erforderlich mit der Vollstreckungsklausel versehenen – Titel sofort nach dessen Zustellung vollstreckt werden (§ 750 Abs. 1 ZPO). Zum Schutze des Schuldners gibt es hiervon ausnahmsweise Wartefristen (vgl. auch § 78 GVGA).

1. § 750 Abs. 3 ZPO

3.364 Bei der Sicherungsvollstreckung gem. §§ 720a, 795 S. 2 ZPO[473] müssen der Titel und – nur in den Fällen des § 750 Abs. 2 ZPO[474] – auch die Klausel mindestens zwei Wochen vor Beginn der Zwangsvollstreckung dem Schuldner zugestellt worden sein (vgl. aber § 224 ZPO). Der Schuldner soll in dieser Zeit überlegen können, ob er von seiner Abwendungsbefugnis gem. § 720a Abs. 3 ZPO Gebrauch machen will. § 750 Abs. 3 ZPO findet keine Anwendung bei der Vorpfändung gem. § 845 ZPO[475]. Die **Frist beginnt** mit der Zustellung des Titels – ggf. nebst Klausel – im Parteibetrieb (§ 750 Abs. 1 S. 2 Hs. 1 ZPO) bzw. von Amts wegen (§ 317 Abs. 1, § 329 Abs. 3 ZPO[476]). Maßgeblich ist der Zeitpunkt, in dem die *letzte* der zustellungsbedürftigen Urkunden erstmals zugestellt wurde. War der Schuldner durch einen Prozessbevollmächtigten vertreten, ist der Zeitpunkt der Zustellung an Letzteren maßgebend (§ 172 ZPO). Die **Fristberechnung** erfolgt gem. § 222 ZPO mit §§ 187 Abs. 1, 188 Abs. 2 1. Alternative BGB.

2. § 798 ZPO

3.365 Die Vollstreckung aus **Kostenfestsetzungsbeschlüssen,** die nicht auf das Urteil gesetzt sind (§§ 794 Abs. 1 Nr. 2, 104, 105 ZPO), aus Beschlüssen, die in einem vereinfachten Verfahren über den **Unterhalt Minderjähriger** den Unterhalt festsetzen, einen Unterhaltstitel abändern oder den Antrag zurückweisen (§§ 794 Abs. 1 Nr. 2a, 648, 649, 655 ZPO), aus für vollstreckbar erklärten **Anwaltsvergleichen** (§ 794 Abs. 1 Nr. 4b, §§ 796b, c ZPO) sowie vollstreckbaren Urkunden (§ 794 Abs. 1 Nr. 5 ZPO) darf die Zwangsvollstreckung nur beginnen, wenn der Titel mindestens zwei Wochen vor Beginn der Zwangsvollstreckung zugestellt worden ist. Dadurch soll dem Schuldner Gelegenheit gegeben werden, durch freiwillige Zahlungen die Zwangsvollstreckung zu verhindern. § 798 ZPO gilt für jede Art der Zwangsvollstreckung mit Ausnahme der Vorpfändung gem. § 845 ZPO[477].

3.366 Hinsichtlich der Zustellung und der Fristberechnung vgl. Rdn. 3.364.

---

473 S. dazu Rdn. 3.314 ff.
474 BGH, Rpfleger 2005, 547 = InVo 2005, 504 = MDR 2005, 1433.
475 H.M.: KG, MDR 1981, 412; Zöller/*Stöber,* § 845 Rdn. 2 m.w.N.
476 Schuschke/*Walker,* § 750 Rdn. 31.
477 H.M., vgl. BGH, NJW 1982, 1150; Zöller/*Stöber,* § 845 Rdn. 2.

Besondere Voraussetzungen (Hindernisse) 3.367–3.371

3. Rechtsbehelfe

Bei Verstoß gegen eine der vorgenannten Wartefristen steht dem Schuldner die Vollstreckungserinnerung gem. § 766 ZPO zu. Mit Fristablauf entsteht ein wirksames Pfändungspfandrecht, auch wenn zwischenzeitlich Vollstreckungserinnerung eingelegt wurde[478].   3.367

VI. Vollstreckungshindernisse

1. Arten

Vollstreckungshindernisse können insoweit vorliegen, als die Zwangsvollstreckung generell (**Einstellung** der Zwangsvollstreckung) oder aber eine einzelne Vollstreckungsmaßnahme (**Beschränkung der Zwangsvollstreckung**) erst gar nicht begonnen oder aber nicht fortgesetzt werden darf. Häufig sind sie die Folge eines entsprechenden Antrags des Schuldners. In der ZPO sind sie in § 775 ZPO erschöpfend geregelt. Weitere ergeben sich aus §§ 21, 22, 88, 89, 90, 114, 123 Abs. 3, 210, 294 InsO. Ferner werden hierzu teilweise auch noch gerechnet: die Zwangsvollstreckung gegen den Erben vor Annahme der Erbschaft (§ 778 ZPO); der Ablauf der Vollziehungsfrist gem. § 929 Abs. 2 u. 3 ZPO; **Vollstreckungsvereinbarungen**. Die (eventuelle) Aufhebung erfolgter Vollstreckungsmaßnahmen richtet sich nach § 776 ZPO.   3.368

Die Vollstreckungsorgane haben ihnen bekannt gewordene Vollstreckungshindernisse von Amts wegen zu beachten[479]. Eines Antrags des Schuldners auf Einstellung oder Beschränkung der Zwangsvollstreckung bedarf es daher insoweit nicht. Andererseits haben die Vollstreckungsorgane keine Verpflichtung, von Amts wegen die Existenz etwaiger Vollstreckungshindernisse zu ermitteln.   3.369

2. § 775 ZPO

Die Vorschrift des § 775 ZPO gilt – mit Ausnahme des § 894 ZPO – bei jeder Art der Zwangsvollstreckung, gleich aus welchem Titel vollstreckt wird. Eine Sonderregelung für die Hypothek ergibt sich aus § 868 ZPO.   3.370

3. § 775 Nr. 1 ZPO – Vollstreckungshindernde Entscheidung

Dem Vollstreckungsorgan ist in – nicht notwendig vollstreckbarer – Ausfertigung oder Urschrift ein rechtskräftiges oder vorläufig vollstreckbares   3.371

---

478 RGZ 125, 286, 288; OLG Hamm, NJW 1974, 1516; *Schuschke*, § 798 Rdn. 4.
479 *Zöller/Stöber*, § 775 Rdn. 9.

3.372–3.374 Voraussetzungen der Zwangsvollstreckung

Urteil oder ein – stets vollstreckbarer – **Beschluss** (nicht ein Prozessvergleich nach vorausgegangenem Urteil, dafür §§ 732, 767 ZPO; nicht ein Beschluss gem. § 269 Abs. 3 S. 3 ZPO nach Klagerücknahme) vorzulegen, aus der sich ergibt,

3.372
- **die Aufhebung des Vollstreckungstitels (1. Fall)**
Beispiele: Einspruch gegen Versäumnisurteil (§ 343 S. 2 ZPO); Berufungsurteil; Urteil auf Abänderung[480] (§ 323 ZPO); Feststellung der Nichtigkeit eines Urteils; Urteil im Nachverfahren (§§ 302 Abs. 4, 600 Abs. 2 ZPO; Arrest/Einstweilige Verfügung (§§ 923, 925–928, 936 ZPO). Wird die Hauptsache übereinstimmend und uneingeschränkt für erledigt erklärt, entfällt ein im Verfahren erlassener, noch nicht rechtskräftig gewordener Unterlassungstitel, der Titel kann danach auch dann keine Grundlage für Vollstreckungsmaßnahmen mehr sein, wenn die Zuwiderhandlung gegen das ausgesprochene Unterlassungsgebot zuvor begangen worden ist.[481] Einem Insolvenzgläubiger ist es verwehrt, über den Betrag hinaus, dem er im Schuldenbereinigungsplan zugestimmt hat, die Zwangsvollstreckung zu betreiben; mit Annahme des Schuldenbereinigungsplans verzichtet der Gläubiger auf Forderungen, die über die festgelegten Beträge hinausgehen.[482] Wird ein Urteil dahin abgeändert („aufgehoben"), dass sich die Urteilssumme erhöht (1.000,- € Unterhalt pro Monat statt bisher 800,- €), liegt hinsichtlich des in der abändernden Entscheidung aufgehenden Betrages (hier: 800,- €) keine Aufhebung i.S.d. § 775 Nr. 1 vor.[483]

3.373
- **Aufhebung der vorläufigen Vollstreckbarkeit des Titels (2. Fall)**
in den Fällen der §§ 718, 717 ZPO. Nicht hierzu gehört die Abänderung des Urteils allein hinsichtlich der Sicherheitsleistung, z.B. dahin, dass das Urteil jetzt nur gegen Sicherheitsleistung oder in anderer Höhe oder einer anderen Art der Sicherheitsleistung vorläufig vollstreckbar ist.

3.374
- **Unzulässigerklärungen der Zwangsvollstreckung (3. Fall)**,
z.B. gem. §§ 732, 766, 767, 768, 770–774, 785 ff. ZPO. Ist die Entscheidung, die die Zwangsvollstreckung für unzulässig erklärt, nur gegen Sicherheitsleistung vorläufig vollstreckbar, muss dem Vollstreckungsorgan die Erbringung der angeordneten Sicherheit nachgewiesen werden.[484]

---

480 Während des Abänderungsverfahrens ist die Vollstreckung aus dem früheren Unterhaltstitel so lange zulässig, bis dieses rechtskräftig abgeschlossen ist, OLG Celle, NJW-RR 2002, 799.
481 BGH, NJW 2004, 506 = WM 2004, 341.
482 LG Trier, NZI 2002, 565.
483 OLG Karlsruhe, FamRZ 1988, 859; Zöller/Stöber, § 775 Rdn. 4a.
484 LG Bonn, MDR 1983, 850.

- **Einstellung der Zwangsvollstreckung (4. Fall),**   3.375
  z.B. gem. §§ 732 Abs. 1, 765a, 766 ZPO. Hier handelt es sich im Gegensatz zu Nr. 2 des § 775 ZPO stets um eine *endgültige* Einstellung der Zwangsvollstreckung.

  Die Aufhebung der Vollstreckungsmaßregeln erfolgt gem. § 776 S. 1 ZPO.   3.376

4. § 775 Nr. 2 ZPO – Einstweilige Einstellung der Zwangsvollstreckung bzw. Vollstreckung nur gegen Sicherheitsleistung

Dem Vollstreckungsorgan ist in – nicht notwendig vollstreckbarer – Ausfertigung die gerichtliche Entscheidung (nur Urteil oder Beschluss) vorzulegen, aus der sich ergibt: 3.377

- **Einstweilige Einstellung der Zwangsvollstreckung,**   3.378
  z.B. gem. §§ 104 Abs. 3 S. 2, 107 Abs. 3, 570 Abs. 2 u. 3, 575 Abs. 5, 707 Abs. 1 S. 1 1. Altern., 719, 732 Abs. 2, 765a Abs. 1 S. 2, 766 Abs. 1 S. 2, 769, 770, 771 Abs. 3, 813b Abs. 1 S. 2, 924 Abs. 3 S. 2 ZPO. Zu Sicherungsmaßnahmen im Insolvenzverfahren s. Rdn. 3.399. Die entsprechende Entscheidung muss – anders als bei § 775 Nr. 1, vgl. Gesetzestext – nur erlassen, nicht auch vollstreckbar sein. Erlassen ist eine Entscheidung, wenn sie aus dem internen Geschäftsgang des Gerichts zum Zwecke der Beförderung weggegeben worden ist, z.B. Übergabe an die Post bzw. den Gerichtswachtmeister.[485] Ist die Einstellung nur gegen Sicherheitsleistung des Schuldners erfolgt, muss deren Erbringung dem Vollstreckungsorgan nachgewiesen werden. Einer Zustellung dieses Nachweises an den Gläubiger bedarf es nicht, weil kein Fall des § 751 Abs. 2 ZPO vorliegt.[486]

- **Fortsetzung der Zwangsvollstreckung nur durch Sicherheitsleistung des Gläubigers,**   3.379
  z.B. gem. §§ 707 Abs. 1 S. 1 2. Altern., 709 S. 2, 719 Abs. 1, 732 Abs. 2, 769, 770, 771 Abs. 3 ZPO. Die Zwangsvollstreckung darf dann nur fortgesetzt werden, wenn der Gläubiger dem Vollstreckungsorgan durch eine öffentliche oder öffentlich beglaubigte Urkunde die Erbringung der Sicherheitsleistung nachweist und eine Abschrift dieser Urkunde dem Schuldner zugestellt worden ist oder gleichzeitig zugestellt wird (§ 751 Abs. 2 ZPO).

Getroffene Vollstreckungsmaßnahmen bleiben einstweilen bestehen, es sei denn, ihre Aufhebung sei durch die Entscheidung ausdrücklich angeordnet worden (§ 776 S. 2 Hs. 2 ZPO).

---

485 BFH, NJW 1991, 1975; OLG Düsseldorf, NJW-RR 2002, 427; LG Halle, ZVI 2005, 39.
486 Vgl. Rosenberg/Gaul/*Schilken*, § 45 I. 3.

5. § 775 Nr. 3 ZPO – Nachweis der Sicherheitsleistung oder Hinterlegung

3.380   Fälle der Sicherheitsleistung zur Abwendung der Vollstreckung: §§ 711, 712 Abs. 1, 720a Abs. 3 ZPO. Der Nachweis muss durch eine öffentliche Urkunde i.S.v. § 415 ZPO erbracht werden, z.b. die Bescheinigung der Hinterlegungsstelle; eine öffentlich beglaubigte Urkunde genügt nicht. Bei der Sicherheitsleistung durch Bankbürgschaft muss dem Vollstreckungsorgan durch öffentliche Urkunden nachgewiesen werden, dass das Original oder eine beglaubigte Abschrift der Bürgschaftserklärung dem Gläubiger bereits zugestellt wurde (Zustellungsurkunde, § 182 ZPO; auch Empfangsbekenntnis gem. §§ 174, 195 ZPO[487]). Ausreichend ist aber auch, dass der Schuldner dem Gerichtsvollzieher das Original der Bürgschaftserklärung übergibt, verbunden mit dem Auftrag, die Bürgschaftsurkunde bzw. dessen beglaubigte Abschrift dem Gläubiger zuzustellen.[488]

3.381   Hat der Schuldner zu einem Zeitpunkt gegen ein gem. § 890 ZPO vollstreckbares Verbot verstoßen, in dem er die ihm im Urteil zur Abwendung der Vollstreckung gem. § 711 ZPO nachgelassene Sicherheitsleistung erbracht hat, und hat der Gläubiger zu diesem Zeitpunkt seinerseits noch keine Sicherheit geleistet (durch die die Sicherheitsleistung des Schuldners hinfällig würde), so kann die Zuwiderhandlung nicht mit Ordnungsmitteln geahndet werden; denn gem. § 775 Nr. 3 ZPO lag infolge der Sicherheitsleistung zu diesem Zeitpunkt kein vollstreckbarer Titel mehr vor.[489]

3.382   Soweit die Sicherheitsleistung nicht zur Abwendung der Zwangsvollstreckung, sondern als Voraussetzung für eine einstweilige Einstellung der Zwangsvollstreckung erfolgt, liegt kein Fall von § 775 Nr. 3 ZPO, sondern ein solcher des § 775 Nr. 2 ZPO vor.[490]

3.383   Die Aufhebung von Vollstreckungsmaßregeln erfolgt gem. § 776 S. 1 ZPO.

6. § 775 Nr. 4 ZPO – Befriedigung/Stundung

3.384   Der **Nachweis** der vollständigen Befriedigung des Gläubigers – Hauptforderung einschließlich Nebenforderungen und Kosten – bzw. Stundung muss unmittelbar durch eine öffentliche Urkunde (§ 415 ZPO) oder durch das Original einer vom Gläubiger ausgestellten Privaturkunde (§ 416 ZPO) erbracht werden; die Privaturkunde muss vom Gläubiger am Schluss des Textes[491] unterschrieben (Schreibmaschine bzw. Faksimilestempel genügen also nicht) oder mittels notariell beglaubigten Handzeichens unterzeichnet

---

487   OLG München, OLGZ 1965, 292.
488   LG Hagen, DGVZ 1976, 31.
489   OLG Frankfurt, NJW-RR 1990, 124.
490   LG Berlin, Rpfleger 1971, 322.
491   Vgl. BGH, NJW 1991, 487

worden sein. Aussteller der Urkunde kann der Gläubiger, aber auch ein in dessen Vertretung handelnder Dritter sein, der mit „i.V." oder sogar mit dem Namen des Gläubigers unterschreibt.

Ist nach dem Inhalt des Titels oder aufgrund gesetzlicher Vorschrift an einen Dritten zu leisten (z.B. bei Verurteilung des Arbeitgebers zur Zahlung von Bruttolohn hinsichtlich der Abzüge für Steuern und Sozialversicherungsbeiträge) oder ist die Forderung kraft Gesetzes auf einen Dritten übergegangen [z.B. gem. § 268 Abs. 3, § 426 Abs. 1 S. 2, § 774 BGB; §§ 93, 94 SGB XII (früher §§ 90, 91 BSHG)] und dem Vollstreckungsorgan dies nachgewiesen, so genügt eine entsprechende Privaturkunde des **Dritten**.[492] Das Vollstreckungsorgan hat die **Echtheit** der Urkunde von Amts wegen zu prüfen und sich bei Zweifeln beim Gläubiger (telefonisch) zu vergewissern. Lassen sich Zweifel nicht zugunsten des Schuldners beseitigen, muss weiter vollstreckt werden.   3.385

Die **Befriedigung** des Gläubigers kann durch Erfüllung oder Erfüllungssurrogate (z.B. Leistung an Erfüllungs statt, Erlass, Aufrechnung – soweit vom Gläubiger anerkannt, ansonsten: § 767 ZPO für den Schuldner) erfolgen. Hierzu zählt auch der Fall, dass die titulierte Forderung des Gläubigers gegen den Schuldner von Letzterem aufgrund eines Titels gegen den Gläubiger gepfändet und ihm zur Einziehung überwiesen wurde;[493] ferner der Verzicht des Gläubigers auf die Vollstreckung im Rahmen einer Vollstreckungsvereinbarung.[494] Ist die Befriedigung des Gläubigers **nur teilweise** erfolgt oder nur teilweise nachgewiesen, wird die Zwangsvollstreckung nur in entsprechender Höhe beschränkt. Bei der Stundung ist zu beachten, dass der Zeitraum der Stundung im Zeitpunkt der Vornahme der Vollstreckungshandlung noch nicht abgelaufen sein darf.   3.386

Nicht unter § 775 Nr. 4 ZPO fallen materiell-rechtliche Einwendungen anderer Art wie Rücktritt gem. § 503 Abs. 2 BGB (früher § 13 VerbrKrG), Wandelung, Anfechtung, Übergang des Anspruchs auf einen Dritten.[495] **Maßgeblicher Zeitpunkt** für die Befriedigung bzw. Stundung ist der Erlass des Urteils (Verkündung gem. § 310 Abs. 1 ZPO, Verkündungsersatz durch Zustellung gem. § 310 Abs. 3 ZPO), bei einem Vollstreckungsbescheid die Zustellung des Mahnbescheides.[496] Bei Beschlüssen ist maßgeblich deren Existentwerden, ansonsten die Errichtung des Vollstreckungstitels.   3.387

---

492   LG Berlin, DGVZ 1993, 27; LG Braunschweig, DGVZ 1982, 42; MünchKomm/*Schmidt* ZPO, § 775 Rdn. 18; Zöller/*Stöber*, § 775 Rdn. 7.
493   RGZ 33, 290; Zöller/*Stöber*, § 775 Rdn. 7 m.w.N.
494   OLG Frankfurt, JurBüro 1991, 1554, 1555.
495   **H.M.:** OLG Frankfurt DGVZ 1993, 91; LG Münster, MDR 1964, 603; Baumbach/*Hartmann*, § 775 Rdn. 13; MünchKomm/*Schmidt* ZPO, § 775 Rdn. 19; Zöller/*Stöber*, § 775 Rdn. 7; **a.A.** LG Köln, MDR 1963, 688.
496   LG Kiel, DGVZ 1983, 24; LG Stuttgart, DGVZ 1953, 56; MünchKomm/*Schmidt* ZPO, § 775 Rdn. 20 Fn. 76; Thomas/*Putzo*, § 775 Rdn. 14; nach **a.A.** die Zustellung des Vollstreckungsbescheides, weil nur Letzterer einen Vollstreckungstitel darstelle: Zöller/*Stöber*, § 775 Rdn. 7; StJ/*Münzberg*, § 775 Rdn. 19; *Zimmermann*, § 775 Rdn. 10; Musielak/*Lackmann*, § 775 Rdn. 9.

3.388 Getroffene **Vollstreckungsmaßregeln** bleiben einstweilen bestehen, § 776 S. 2 Hs. 1 ZPO. Widerspricht der Gläubiger der Einstellung, muss das Vollstreckungsorgan trotz Vorlage der Urkunden weiter vollstrecken; dem Schuldner bleiben nur §§ 767, 769 ZPO.[497]

7. § 775 Nr. 5 ZPO – Bankbeleg

3.389 Die Einstellung hat zu erfolgen, wenn der Einzahlungs- oder Überweisungsnachweis einer Bank (auch Postbank) oder Sparkasse vorgelegt wird, aus dem sich ergibt, dass nach Erlass des Urteils (vgl. hierzu Rdn. 3.387 zu § 775 Nr. 4) der zur Befriedigung des Gläubigers erforderliche Betrag (Hauptsache + Nebenforderung + Kosten) zur Auszahlung an den Gläubiger oder auf dessen Konto eingezahlt oder überwiesen worden ist. Wird nur ein Teilbetrag eingezahlt, wird die Zwangsvollstreckung, auf die Restforderung beschränkt, fortgesetzt. Es ist das Original oder eine Ausfertigung des entsprechenden Belegs über die Leistung an den Gläubiger vorzulegen. Nicht genügen hingegen: der Nachweis über die Absendung eines Wertbriefes oder Schecks; Kontoauszug mit erfolgter Abbuchung; Durchschrift des Überweisungsauftrags (und zwar auch dann nicht, wenn er mit einem Eingangsstempel der Bank versehen ist[498]).

3.390 Auch wenn konkret die Worte „nach Erlass des Urteils" fehlen, können keine Belege anerkannt werden, die Zahlungen vor Erlass des Urteils nachweisen. Einwendungen, die bereits vorher entstanden sind, sind präkludiert, arg. § 767 ZPO oder § 775 Nr. 4 ZPO.

3.391 Erfasst werden jedoch Zahlungen des Schuldners nach Zustellung des Mahnbescheids, jedoch vor Erlass des Vollstreckungsbescheids. Die Gutschrift auf das Konto des Gläubigers erfolgt häufig erst nach Erlass des Vollstreckungsbescheids.[499]

3.392 Getroffene Vollstreckungsmaßregeln bleiben einstweilen bestehen, § 776 S. 2 Hs. 1 ZPO. Zum Widerspruch des Gläubigers vgl. Rdn. 3.388 zu § 775 Nr. 4 ZPO.

3.393 **Folge der Einstellung bzw. Beschränkung der Zwangsvollstreckung** ist, dass die Zwangsvollstreckung erst gar nicht beginnen oder nicht fortgesetzt werden darf. Abhängig vom Stand des Vollstreckungsverfahrens kann also ein **Nichtstun** des Vollstreckungsorgans genügen (z.B. keine Verwertung der gepfändeten Sache; die Zustellung eines erlassenen Pfändungs- und Überweisungsbeschlusses unterbleibt). Wurden künftige Vollstreckungsmaßnahmen bereits veranlasst, sind entsprechende **Gegenmaßnahmen** zu ergreifen (z.B. Aufhebung eines Versteigerungstermins oder der Haftanordnung).

---

[497] **H.M.:** OLG Hamm, Rpfleger 1973, 324 sowie Rpfleger 1979, 431, 432 m.w.N. = MDR 1973, 857.
[498] LG Düsseldorf, DGVZ 1990, 140.
[499] BT-Drucks. 13/341 S. 56; Zöller/*Stöber*, § 775 Rdn. 8.

Besondere Voraussetzungen (Hindernisse) 3.394, 3.395

Bei der **Pfändung von Forderungen und sonstigen Rechten** gem. 3.394
§§ 828 ff. ZPO ändert die Einstellung der Zwangsvollstreckung nichts daran, dass der Drittschuldner nach wie vor nicht an den Schuldner leisten darf (§ 829 Abs. 1 S. 1 ZPO – Arrestatorium), andererseits darf der Drittschuldner nun nicht mehr an den Gläubiger zahlen.[500] Diese Rechtsfolge sollte dem Drittschuldner zusammen mit dem Einstellungsbeschluss durch Zustellung mitgeteilt werden, da der Drittschuldner bei einer in Kenntnis der Einstellung erfolgten Zahlung an den Gläubiger nicht von seiner Leistungspflicht frei wird. Um einem Insolvenzrisiko des Drittschuldners zu begegnen, empfiehlt sich zudem, ein Antrag auf Anordnung zu stellen, dass der Drittschuldner die fällige Leistung für Gläubiger und Schuldner zu hinterlegen (§ 1281 BGB analog) oder an Gläubiger und Schuldner gemeinsam zu leisten habe.[501] Nach erfolgter Einstellung bzw. Beschränkung darf die **Zwangsvollstreckung nur dann fortgesetzt werden,** wenn das Vollstreckungshindernis nicht mehr besteht. Das ist in § 775 Nr. 1 u. 2 ZPO der Fall bei Fristablauf gem. §§ 769 Abs. 2 S. 2, 815 Abs. 2 S. 2 ZPO (Fortsetzung von Amts wegen) sowie bei einer die Unzulässigerklärung bzw. einstweilige Einstellung der Zwangsvollstreckung aufhebenden Entscheidung; in den Fällen des § 775 Nr. 3 ZPO beim Nachweis der Rechtskraft oder einer die Fortsetzung der Zwangsvollstreckung erlaubenden, vom Gläubiger erbrachten (vgl. § 751 Abs. 2 ZPO) Sicherheitsleistung (Fortsetzung nur auf Antrag des Gläubigers). In den Fällen des § 775 Nr. 4 u. 5 ZPO ist die Zwangsvollstreckung fortzusetzen, wenn der Gläubiger dies unter Bestreiten der behaupteten Befriedigung/Stundung verlangt oder der Stundungszeitraum abgelaufen ist. Dem Schuldner bleibt dann nur, seine materiellrechtlichen Einwendungen der Befriedigung/Stundung mit der Vollstreckungsabwehrklage gem. § 767 ZPO geltend zu machen und ggf. eine einstweilige Einstellung gem. § 769 ZPO zu erreichen.[502] Ein **Verstoß gegen § 775 ZPO** führt nur zur Anfechtbarkeit, nicht zu Unwirksamkeit der Vollstreckungsmaßnahmen. Rechtsbehelfe: § 766 ZPO bei Vollstreckungsmaßnahmen, § 11 Abs. 1 RPflG/§ 793 ZPO bei Entscheidungen (zur Unterscheidung vgl. 8.10).

8. § 776 ZPO – Aufhebung von Vollstreckungsmaßregeln

Die Vorschrift regelt die Folgen von Vollstreckungsmaßnahmen, die bei 3.395
Einstellung bzw. Beschränkung der Zwangsvollstreckung bereits erfolgt
waren. Diese sind von dem jeweils zuständigen Vollstreckungsorgan in den
Fällen des § 775 Nr. 1 u. 3 ZPO aufzuheben. Erst dadurch wird die Verstri-

---

500 RGZ 128, 81, 83; MünchKomm/*Schmidt* ZPO, § 775 Rdn. 27; StJ/*Münzberg*, § 775 Rdn. 34.
501 Vgl. KG, OLGRspr. 35, 122; LG Berlin, Rpfleger 1973, 63; StJ/*Münzberg*, § 775 Rdn. 34.
502 LG Frankfurt/Main, DGVZ 1989, 42 m.w.N.

ckung des Pfandgegenstandes beseitigt (z.B. Entfernung des Pfandsiegels durch den Gerichtsvollzieher oder den Schuldner, soweit dieser dazu ermächtigt wurde, vgl. § 171 GVGA; Vollstreckungsgericht hebt durch zuzustellenden Beschluss den Pfändungs- und Überweisungsbeschluss oder den Haftbefehl auf; Aufhebung des Zwangsgeldbeschlusses durch das Prozessgericht, § 888 ZPO).

3.396 Wird die der **Aufhebung** zugrunde liegende Entscheidung bzw. der Aufhebungsbeschluss seinerseits **aufgehoben**, lebt die Zwangsvollstreckungsmaßnahme nicht wieder auf.[503] Dadurch kann, soweit keine Anordnung gem. § 570 Abs. 2 ZPO erfolgte oder ein Fall des § 765a Abs. 5 ZPO vorliegt, ein Rangverlust eintreten, weil dem Gläubiger nur eine erneute Vollstreckung bleibt.

3.397 Eine Aufhebung von Vollstreckungsmaßnahmen erfolgt ferner dann, wenn der **Gläubiger** den Vollstreckungsauftrag **zurücknimmt**, einen Pfandgegenstand **freigibt**, einen Antrag gem. §§ 887 ff. ZPO zurücknimmt oder die Aufhebung des Pfändungs- und Überweisungsbeschlusses beantragt.

3.398 Da in den Fällen des § 775 Nr. 2 ZPO (soweit nicht ausnahmsweise in der Entscheidung die Aufhebung der Vollstreckungsmaßnahme angeordnet wurde) sowie des § 775 Nr. 4 u. 5 ZPO die Zwangsvollstreckung lediglich eingestellt wird, die bisherigen Vollstreckungsmaßnahmen also bestehen bleiben, kann der Schuldner deren Aufhebung nur durch entsprechenden Antrag des Gläubigers oder durch Klage gem. § 767 ZPO und Nachweis der entsprechenden Entscheidung gem. §§ 775 Nr. 1, 776 S. 1 ZPO erreichen.

9. Insolvenz

a) Eröffnungsverfahren

aa) Sicherungsmaßnahmen

3.399 Nach Zulassung des Insolvenzantrages kann das Insolvenzgericht u.a. folgende Sicherungsmaßnahmen erlassen:

- Bestellung eines **vorläufigen Insolvenzverwalters**, § 21 Abs. 2 Nr. 1 InsO (gerichtliche Bestimmung der jeweiligen Pflichten des Verwalters, § 22 Abs. 2 InsO),
- Erlass eines **allgemeinen Verfügungsverbots**, § 21 Abs. 2 Nr. 2 InsO,
- Anordnung eines Zustimmungsvorbehalts, § 21 Abs. 2 Nr. 2 InsO,
- **Untersagung** oder einstweilige Einstellung der **Mobiliarzwangsvollstreckung (Vollstreckungsverbot)**, § 21 Abs. 2 Nr. 3 InsO.

---

[503] Allg.M., vgl. BGH, InVo 2003, 158 und NJW 1976, 1453; OLG Stuttgart, Rpfleger 1961, 21; Rosenberg/Gaul/*Schilken*, § 45 II. 4.

bb) Wirksamwerden der Sicherungsmaßnahmen

Die Bestellung des **vorläufigen Insolvenzverwalters** wird wirksam, sobald dieser sein Amt angenommen hat.

3.400

Aus dem Regelungsverbund der §§ 21 bis 24 InsO i.V.m. § 27 InsO und den §§ 81, 82 InsO ergibt sich, dass zum Wirksamwerden des Verfügungs- und/oder Vollstreckungsverbots nicht mehr der Zeitpunkt der Zustellung an den Schuldner maßgebend ist, sondern der **Zeitpunkt des Erlasses des allgemeinen Verfügungs-/Vollstreckungsverbots** durch das Insolvenzgericht in analoger Anwendung der Regelungen für den Eröffnungsbeschluss.[504] Der Beschluss, durch den das allgemeine Verfügungs-/Vollstreckungsverbot erlassen wird, sollte daher **Tag und Stunde des Erlasses** angeben; falls das nicht geschehen ist, gilt § 27 Abs. 3 InsO analog. Entscheidender Zeitpunkt für die Wirksamkeit des allgemeinen Verfügungs-/Vollstreckungsverbots ist dann die **Mittagsstunde** des Tages, an dem das Verbot erlassen worden ist.

3.401

cc) Wirkung der Sicherungsmaßnahmen

Die gleichzeitige Bestellung eines vorläufigen Insolvenzverwalters und die Anordnung eines allgemeinen Verfügungsverbots bewirken, dass die gesamte Verwaltungs- und Verfügungsbefugnis auf den vorläufigen Insolvenzverwalter übergeht, § 22 Abs. 1 S. 1 InsO (sog. „starker" Verwalter). Aber anders als das im Rahmen der Sequestration erlassene relative Veräußerungsverbot, § 106 KO, das zwar Pfändungsmaßnahmen im Wege der Zwangsvollstreckung zulässt, Verwertungsmaßnahmen aber ausschließt, wirkt sich das allgemeine Verfügungsverbot auf die Zwangsvollstreckung nicht aus.[505] Da der Gesetzgeber nach neuem Recht eine enumerative Aufzählung der einzelnen Möglichkeiten zur Sicherung der Masse im Eröffnungsverfahren vorgenommen hat, und sehr deutlich die Begriffe „Verfügungsverbot" und „Vollstreckungsverbot" unterscheidet, kann mit dem Verfügungsverbot nicht auch zugleich ein Vollstreckungsverbot gemeint sein. Wenn also das Insolvenzgericht in der Eröffnungsphase kein Vollstreckungsverbot anordnet, sind Maßnahmen der Zwangsvollstreckung zunächst wirksam.

3.402

Die gerichtlich verfügte **Untersagung bzw. Einstellung der Zwangsvollstreckung** ist ein Vollstreckungshindernis. Dieses Vollstreckungsverbot umfasst nicht nur das bei seinem Erlass bereits vorhandene Vermögen, sondern auch diejenigen Vermögenswerte, die der Schuldner nachträglich, aber vor der Eröffnung des Insolvenzverfahrens erworben hat. Die Untersagung

3.403

---

504 Vgl. BGH zum Verfügungsverbot im Konkursverfahren: NZI 2001, 203; ZIP 1996, 1909; 1995, 40; Rpfleger 1997, 123; so auch Braun/*Uhlenbruck*, S. 263 Fn. 124 m.w.N.; HK-InsO/*Kirchhof*, § 21 Rdn. 28 m.w.N.
505 *Hintzen*, ZInsO 1998, 176 gegen *Helwich*, MDR 1998, 516, 520.

der Zwangsvollstreckung bedeutet, dass Vollstreckungsmaßnahmen nicht mehr zulässig sind, eine nach Wirksamwerden des Verbots erlassene Vollstreckungsmaßnahme ist aufzuheben. **Ausgenommen** hiervon sind Maßnahmen in das **unbewegliche Vermögen**, § 21 Abs. 2 Nr. 3 a.E. InsO (also Anordnung der Zwangsversteigerung, Zwangsverwaltung oder Eintragung einer Zwangssicherungshypothek im Grundbuch). Eine Vollstreckungsmaßnahme, die bereits vorher erlassen wurde, aber noch nicht beendet ist, wird einstweilen eingestellt.

dd) Absonderungsberechtigte

3.404 Nach § 21 Abs. 2 Nr. 3 InsO ist das Zwangsvollstreckungsverbot jedoch nicht auf Gegenstände, die zur zukünftigen Insolvenzmasse gehören, beschränkt. Auch die Sicherungspflicht des § 22 Abs. 1 Nr. 1 InsO bezieht sich nicht auf die Masse, sondern auf das Schuldnervermögen. Bereits aus der Gesetzesbegründung ist zu erkennen, dass der Masseschutz als Grund für die Neuregelung der Untersagung von Zwangsvollstreckungsmaßnahmen nach § 21 Abs. 2 Nr. 3 InsO diente. Das angeordnete Vollstreckungsverbot erfasst daher auch bewegliche Sachen, an denen ein **Absonderungsrecht** besteht[506]. Im Hinblick auf das Verwertungsrecht nach § 166 Abs. 1 InsO ist die Zwangsvollstreckung in sicherungsübereignete Gegenstände unzulässig, sofern diese sich im Besitz des Verwalters befinden.

ee) Ausnahmen

3.405 Das Zwangsvollstreckungsverbot während der Dauer des Insolvenzverfahrens umfasst nicht die Zwangsräumung von angemietetem Wohnraum, eine beantragte Zwangsräumung der Wohnung des Schuldners ist vom Gerichtsvollzieher durchzuführen.[507] Nicht erfasst wird auch die Vollstreckung von Unterlassungsansprüchen.[508]

ff) Zuständigkeit für Einwendungen

3.406 Welches Gericht über **Einwendungen** gegen eingeleitete Vollstreckungsmaßnahmen, § 766 ZPO, entscheidet, ist umstritten. Nach der Neuregelung in § 89 Abs. 3 InsO entscheidet **nach** Insolvenzeröffnung das **Insolvenzgericht**[509] (und nicht mehr das Vollstreckungsgericht[510]). Weiter fraglich ist dann, ob der **Vollstreckungsrechtspfleger** einer **Erinnerung**, z.B. gegen einen Pfändungs- und Überweisungsbeschluss, **abhelfen** könnte.

---

506 Vgl. *Uhlenbruck*, § 21 Rdn. 28.
507 AG Offenbach, DGVZ 2005, 14.
508 KG, NJW-RR 2000, 1075 = NZI 2000, 228 = InVo 2000, 245.
509 AG Göttingen, Rpfleger 2001, 45 = NZI 2000, 493; AG Duisburg, ZInsO 2005, 105.
510 So aber AG Köln, NJW-RR 1999, 1351 = NZI 1999, 381.

Grundsätzlich entscheidet über eine Vollstreckungserinnerung gem. §§ 766 Abs. 1, 764 ZPO, § 20 Nr. 17 S. 2 RPflG der Richter des Vollstreckungsgerichts. Vor dessen Entscheidung über den Rechtsbehelf steht dem Vollstreckungsrechtspfleger gem. § 572 Abs. 1 S. 1 ZPO analog eine Abhilfebefugnis zu. Bei einer Erinnerung gegen die Zwangsvollstreckung durch den Gerichtsvollzieher ist eine Abhilfeprüfung nicht vorgesehen. Wenn und soweit die Erinnerung zulässig und begründet ist, hilft ihr der Rechtspfleger durch Aufhebung bzw. Abänderung des angefochtenen Beschlusses ab, ansonsten legt er sie dem Richter der Vollstreckungsabteilung zur Entscheidung vor. (Gegen dessen Entscheidung ist dann die sofortige Beschwerde zum Landgericht gem. §§ 793, 567 Abs. 1 Nr. 1 ZPO statthaft. Gegen die Beschwerdeentscheidung des Landgerichts ist schließlich unter den Voraussetzungen der §§ 574 ff. ZPO; 133 GVG die Rechtsbeschwerde zum Bundesgerichtshof gegeben[511].) Werden gegen die Zulässigkeit einer Zwangsvollstreckung **insolvenzrechtliche Einwendungen** nach § 89 Abs. 1 und 2 InsO erhoben, **entscheidet** hierüber nicht das Vollstreckungsgericht, sondern gem. § 89 Abs. 3 InsO das Insolvenzgericht. Dies lässt aber die Abhilfeprüfung nicht entfallen, diese muss jedoch der Rechtspfleger beim Vollstreckungsgericht übernehmen. Hilft er nicht ab, geht die Sache zum Insolvenzgericht zurück.

3.407

Daraus ergibt sich, dass der Gesetzgeber grundsätzlich am **Erinnerungsverfahren gem. § 766 ZPO** festhalten und lediglich die Entscheidungskompetenz vom Vollstreckungsgericht gem. §§ 766 Abs. 1 S. 1, 764 ZPO auf das Insolvenzgericht gem. § 89 Abs. 3 InsO verlagern wollte. Folgerichtig sieht die Insolvenzordnung gegen die Entscheidung des Insolvenzgerichts nach § 89 Abs. 3 InsO nicht das nur bei ausdrücklicher gesetzlicher Regelung zulässige Rechtsmittel der sofortigen Beschwerde zum Landgericht gem. § 6 InsO mit anschließender Rechtsbeschwerde gem. § 7 InsO zum BGH vor. Das Erinnerungs- und Beschwerdeverfahren richtet sich daher – von der Erstentscheidung des Insolvenzgerichts gem. § 89 Abs. 3 InsO (analog) abgesehen – nach den allgemeinen Regeln der §§ 766, 793 ZPO[512].

3.408

Auch im Insolvenzeröffnungsverfahren ist daher für die Entscheidung bereits das Insolvenzgericht zuständig; kommt eine Abhilfeprüfung in Betracht, hat diese stets derjenige bei dem Gericht vorzunehmen, der die Maßnahme bzw. Entscheidung getroffen hat[513].

3.409

Das Gericht (sowohl Vollstreckungsgericht vor der Abhilfeentscheidung als auch Insolvenzgericht) kann vor einer Entscheidung eine einstweilige

3.410

---

511 BGH, Rpfleger 2004, 436 = NZI 2004, 278 = BB 2004, 853 = DZWir 2004, 208 = MDR 2004, 766 = WM 2004, 834 = ZIP 2004, 732 = InVo 2004, 511 = ZVI 2004, 197.
512 BGH, Rpfleger 2004, 436 = NZI 2004, 278 = BB 2004, 853 = DZWir 2004, 208 = MDR 2004, 766 = WM 2004, 834 = ZIP 2004, 732 = InVo 2004, 511 = ZVI 2004, 197.
513 So auch OLG Köln, Rpfleger 2002, 277 = NZI 2002, 158 = ZIP 2002, 443 = InVo 2002, 226.

Anordnung erlassen, insbesondere die Zwangsvollstreckung gegen oder ohne Sicherheitsleistung einstweilen einstellen oder nur gegen Sicherheitsleistung fortsetzen.

b) Insolvenzeröffnung

aa) Wirkung und Umfang

3.411 Die Eröffnung des Insolvenzverfahrens bewirkt die Beschlagnahme des Vermögens des Insolvenzschuldners, § 80 InsO. Wirksam wird die Eröffnung nach § 27 Abs. 2 Nr. 3, Abs. 3 InsO mit dem im Eröffnungsbeschluss genannten Zeitpunkt bzw. der Mittagsstunde. Sobald der Eröffnungsbeschluss aufgehört hat, eine gerichtsinterne Angelegenheit zu sein, treten die insolvenzrechtlichen Folgen der Verfahrenseröffnung bereits mit dem im Beschluss genannten Zeitpunkt seiner Unterzeichnung ein, also mit Rückwirkung[514]. Der **Umfang der Beschlagnahme** wird bestimmt durch §§ 35, 36 InsO. Gegenstand des Insolvenzverfahrens ist damit grundsätzlich das gesamte Vermögen des Insolvenzschuldners, das ihm bei Verfahrenseröffnung gehört und das er während des Verfahrens erwirbt, sog. **Neuerwerb**. Nicht zur Masse gehören unpfändbare Gegenstände gem. §§ 811, 850 ff., 851, 857 ZPO. Ausgenommen sind weiter gem. § 36 Abs. 2 InsO die Geschäftsbücher des Insolvenzschuldners sowie die in § 811 Abs. 1 Nr. 4 und 9 ZPO genannten Sachen sowie in aller Regel der gewöhnliche Hausrat, § 36 Abs. 3 InsO.

3.412 Mit der Beschlagnahme verliert der Schuldner das Recht, das zur Insolvenzmasse gehörende Vermögen zu verwalten und über es zu verfügen sowie zu prozessieren, §§ 80 ff. InsO. Das Verwaltungs- und Verfügungsrecht geht auf den Insolvenzverwalter über, § 80 Abs. 1 InsO.

bb) Vollstreckungsverbot

3.413 Das **Vollstreckungsverbot** nach § 89 Abs. 1 InsO entspricht im Regelungskern dem früheren § 14 Abs. 1 KO mit folgenden Abweichungen:

- Erfasst wird nach § 89 Abs. 1 InsO nicht nur das zur Insolvenzmasse gehörige, sondern auch das sonstige Vermögen des Schuldners (Neuerwerb, vgl. bereits § 35 InsO);
- das Vollstreckungsverbot gilt auch für die nunmehr in das Verfahren einbezogenen **nachrangigen** Insolvenzgläubiger gem. § 39 InsO;
- die Unterscheidung zwischen Arresten und Einzelzwangsvollstreckungen (§ 14 Abs. 1 KO) sowie der Eintragung einer Vormerkung aufgrund einer einstweiligen Verfügung (§ 14 Abs. 2 KO) ist aufgegeben; alle diese Maßnahmen werden vom Begriff der „Zwangsvollstreckung" gemäß § 89 Abs. 1 InsO umfasst.

---

514 LG Halle, DZWir 2004, 345 = ZVI 2005, 39; LG Karlsruhe, NJW-RR 2002, 1627 = NZI 2002, 608.

cc) Rückschlagsperre

3.414 Aufgrund der durch § 88 InsO bestehenden sog. **Rückschlagsperre** werden Sicherungen, die ein Insolvenzgläubiger im **letzten Monat** bzw. bei Verbrauchern in den letzten drei Monaten, § 312 Abs. 1 Satz 3 InsO, **vor** dem **Antrag auf Eröffnung** des Insolvenzverfahrens oder nach diesem Antrag (Fristberechnung § 139 InsO) durch Zwangsvollstreckung an dem zur Insolvenzmasse gehörenden Vermögen des Schuldners erlangt, mit der Eröffnung des Verfahrens unwirksam. Erlangt ist eine Sicherung, sobald die rechtliche Wirkung eintritt, z.B. der Pfändungsbeschluss mit Zustellung an den Drittschuldner, § 829 Abs. 3 ZPO, die Zwangssicherungshypothek mit der Grundbucheintragung und nicht bereits mit dem Eingang eines beanstandungsfreien Eintragungsantrags beim Grundbuchamt,[515] ebenso die Vormerkung aufgrund einstweiliger Verfügung erst mit ihrer Eintragung in das Grundbuch[516]. Eine **rechtsgeschäftlich** bestellte Sicherung wird durch § 88 InsO nicht erfasst. Eine innerhalb der Sperrfrist aus der Sicherung tatsächlich erlangte Befriedigung bleibt von § 88 InsO gleichfalls unberührt; u.U. unterliegt ein Rechtserwerb insoweit aber der Insolvenzanfechtung gem. §§ 129 ff. InsO.

3.415 Unwirksam ist auch ein **vorläufiges Zahlungsverbot** nach § 845 ZPO, welches nach Insolvenzeröffnung zugestellt wird. Unwirksam ist weiter der Pfändungs- und Überweisungsbeschluss, der zwar innerhalb der Monatsfrist nach § 845 Abs. 2 ZPO erlassen, aber erst nach Insolvenzeröffnung zugestellt wird. Die Vorpfändung bewirkt insoweit keine Rückwirkung.[517] Weiter unwirksam ist auch die Forderungspfändung innerhalb der Rückschlagsperre nach § 88 InsO vor dem Antrag auf Eröffnung des Insolvenzverfahrens. Hieran ändert auch die vor der Sperrfrist wirksam gewordene Vorpfändung nichts.[518]

dd) Masseverbindlichkeiten

3.416 Nach § 53 InsO sind die Kosten des Verfahrens und die sonstigen Masseverbindlichkeiten, § 55 InsO, vorweg aus der Masse zu berichtigen. Nach § 90 Abs. 1 InsO gilt für die **Dauer von sechs Monaten** ab Verfahrenseröffnung ein Vollstreckungsverbot wegen Masseverbindlichkeiten (§§ 53 ff. InsO), die nicht durch eine Rechtshandlung des Insolvenzverwalters begründet worden sind. Nach § 90 Abs. 2 InsO sind vom Vollstreckungsschutz solche Masseansprüche **ausgenommen,** die der Insolvenzverwalter selbst ausgelöst hat:

---

515 LG Bonn, ZIP 2004, 1374; LG Nürnberg-Fürth, Rpfleger 2001, 410.
516 LG Berlin, ZIP 2001, 2293; LG Meiningen, ZIP 2000, 416 = ZfIR 2000, 373.
517 BGH, Rpfleger 2006, 427; Musielak/*Becker*, § 845 Rdn. 9; Zöller/*Stöber*, § 845 Rdn. 5 m.w.N.; **a.A.** *Meyer-Rehm*, NJW 1993, 3041.
518 Vgl. zur ähnlich gelagerten Situation nach §§ 28, 87 VerglO; Kilger/*Karsten Schmidt*, § 28 VerglO Anm. 4a m. Hinweis auf RGZ 151, 265 ff.

- durch Ausübung des Wahlrechts bei gegenseitigen Verträgen (§ 90 Abs. 2 Nr. 1, § 103 Abs. 1 InsO);
- durch Versäumung des erstmöglichen Kündigungstermins bei Dauerschuldverhältnissen (§ 90 Abs. 2 Nr. 2, § 109 Abs. 1 InsO);
- durch Inanspruchnahme von Gegenleistungen für die Insolvenzmasse aus einem solchen Dauerschuldverhältnis (§ 90 Abs. 2 Nr. 3 InsO).

ee) Sozialplanforderungen

3.417 Sozialplanforderungen sind Masseforderungen, § 123 Abs. 2 Satz 1 InsO. Während im Konkursrecht wegen Masseverbindlichkeiten vollstreckt werden kann, versagt § 123 Abs. 3 Satz 2 InsO ausdrücklich die Zwangsvollstreckung in die Masse. Damit soll der Masse nicht mehr entzogen werden, als den Arbeitnehmern im Rahmen der **absoluten**, § 123 Abs. 1 InsO, und der **relativen**, § 123 Abs. 2 Satz 1 InsO, Obergrenze zustehen.

ff) Masseunzulänglichkeit

3.418 Eine Einstellung bei Masseunzulänglichkeit erfolgt, wenn zwar die Verfahrenskosten gedeckt sind, die Insolvenzmasse jedoch nicht ausreicht, um die fälligen sonstigen Masseverbindlichkeiten zu erfüllen, §§ 208–211 InsO. Nach der Anzeige der Masseunzulänglichkeit und nach der Befriedigung der Massegläubiger in der Rangfolge des § 209 InsO erfolgt die Einstellung gem. § 211 Abs. 1 InsO. Sobald der Insolvenzverwalter die Masseunzulänglichkeit angezeigt hat, besteht wegen einer **Masseverbindlichkeit** i.S.d. § 209 Abs. 1 Nr. 3 InsO (Altmasseverbindlichkeit) ein Vollstreckungsverbot, § 210 InsO. Ausgenommen von diesem Verbot sind die „**Neumasseverbindlichkeiten**" i.S.d. § 209 Abs. 1 Nr. 2 InsO, denn wenn diese Gläubiger die ihnen zustehenden Vollstreckungsmöglichkeiten verlieren würden, wäre von dieser für eine Fortführung des Unternehmens wichtigen Gruppe kaum jemand bereit, mit dem Verwalter nach Eröffnung des Verfahrens Verträge abzuschließen.

gg) Arbeitseinkommen

3.419 Ist der Schuldner eine natürliche Person, kann er nach Abschluss des Insolvenzverfahrens bzw. des vereinfachten Insolvenzverfahrens Befreiung von seinen restlichen Verbindlichkeiten erlangen, §§ 286 ff., 314 Abs. 3 InsO. Die Erfolgsaussicht auf **Restschuldbefreiung** hängt entscheidend von der Schuldentilgung aus den an den Treuhänder abgetretenen Einkünften des Schuldners ab, § 287 Abs. 2 InsO. Die InsO sieht daher eine Reihe besonderer, dem Erhalt dieser Befriedigungsmasse dienenden Schutzvorschriften vor:

- vom Schuldner bereits vor Eröffnung des Insolvenzverfahrens getroffene **Vorausabtretungen** und **Verpfändungen** künftiger Lohnansprüche sind nur für die Dauer von 2 Jahren nach dem Ende des

zur Zeit der Eröffnung laufenden Kalendermonats wirksam, § 114 Abs. 1 InsO;
- während der 6-jährigen Laufzeit der Lohnabtretungserklärung, die bereits mit der Insolvenzeröffnung beginnt, § 287 Abs. 2 S. 1 InsO, sind **Vereinbarungen** unwirksam, die diese Abtretung ausschließen oder einschränken und damit ihre Realisierung vereiteln oder beeinträchtigen (§ 287 Abs. 3 InsO);
- **Zwangsvollstreckungen** in künftige Bezüge vor Verfahrenseröffnung erfassen nur die Bezüge für den zur Zeit der Eröffnung laufenden bzw. folgenden Kalendermonat, § 114 Abs. 3 InsO (je nachdem, ob die Insolvenzeröffnung bis zum 15. des Monats oder nach dem 15. erfolgt). Darüber hinaus gilt die **Rückschlagsperre** gem. § 88 bzw. §§ 312, 88 InsO auch für diese Pfändungen – mit entsprechender Ausnahme für die privilegierten Unterhalts- und Deliktsgläubiger (vgl. Rdn. 6.157 ff. und 6.195 ff.) gem. § 114 Abs. 3 S. 3, § 89 Abs. 2 S. 2 InsO, §§ 850d, 850f Abs. 2 ZPO;
- Zwangsvollstreckungen in künftige Bezüge des Schuldners sind während der Dauer des Insolvenzverfahrens nicht nur für Insolvenzgläubiger **verboten,** § 89 Abs. 1 InsO, sondern auch für Nicht-Insolvenzgläubiger **(Neu-Gläubiger),** mit Ausnahme der privilegierten Unterhalts- und Deliktsgläubiger, § 89 Abs. 2 InsO (Rdn. 6.157 ff. und 6.195 ff.);
- **Einzelzwangsvollstreckungen** sind nach Aufhebung des Insolvenzverfahrens **für die Dauer der Wohlverhaltensperiode** im Restschuldbefreiungsverfahren verboten für alle Insolvenzgläubiger (§ 294 InsO). Das Verbot gilt nicht für „Neugläubiger" oder absonderungsberechtigte Gläubiger. Es dürfen weiterhin den Insolvenzgläubigern keine Sondervorteile verschafft werden (weder aus Zwangsvollstreckungen noch aus bevorzugenden Vereinbarungen).

hh) Unterhalts- und Deliktsgläubiger

Von den Vollstreckungsverboten in Arbeitseinkommen oder sonstige an dessen Stelle tretende laufende Bezüge ausgenommen ist die Zwangsvollstreckung durch **Unterhalts- und Deliktsgläubiger** in den Teil der Bezüge, der nach den §§ 850d, 850f Abs. 2 ZPO für diese (privilegierten) Gläubiger erweitert pfändbar ist und nicht zur Insolvenzmasse gehört, sog. Vorrechtsbereich (vgl. Rdn. 6.180) § 89 Abs. 2 S. 2, § 114 Abs. 3 S. 3 a.E. InsO.

10. § 778 ZPO – Zwangsvollstreckung vor Erbschaftsannahme

Die Zwangsvollstreckung eines Nachlassgläubigers darf vor Annahme der Erbschaft nur in den Nachlass, nicht aber in das Eigenvermögen des Erben erfolgen, § 778 Abs. 1 ZPO. Zur Klauselerteilung für diesen Fall vgl. Rdn. 3.138 ff.

3.422–3.426   Voraussetzungen der Zwangsvollstreckung

3.422   Rechtsbehelfe bei einem Verstoß: § 766 ZPO für den Erben und den persönlichen Gläubiger des Erben; § 771 ZPO für den Erben. Hatte die Zwangsvollstreckung zur Zeit des Todes des Erblassers bereits begonnen, wird sie ohne Umschreibung des Titels in den Nachlass fortgesetzt (§ 779 ZPO).

3.423   Ein persönlicher Gläubiger des Erben darf vor Annahme der Erbschaft nur in das Eigenvermögen des Erben, nicht aber in den Nachlass vollstrecken, § 778 Abs. 2 ZPO.

3.424   Rechtsbehelf bei Verstoß: § 766 ZPO für den Erben und den Nachlassgläubiger, Nachlasspfleger, Nachlassverwalter sowie Testamentsvollstrecker; § 771 ZPO für den Erben, ggf. für den Nachlasspfleger, Nachlassverwalter bzw. Testamentsvollstrecker.

11. Vollziehungsfristen gem. § 929 Abs. 2 u. 3 ZPO

3.425   Die Vollziehung eines Arrestbefehls bzw. einer einstweiligen Verfügung ist unstatthaft, wenn seit ihrer Verkündung oder der amtswegigen Zustellung an den Antragsteller ein Monat verstrichen ist (§§ 929 Abs. 2, 936 ZPO). Eine vor der Zustellung des Arrestbefehls/der einstweiligen Verfügung an den Schuldner vorgenommene Vollziehung ist ohne Wirkung, wenn die Zustellung nicht innerhalb einer Woche nach der Vollziehung (§ 929 Abs. 3 S. 2 ZPO) und vor Ablauf der für diese in § 929 Abs. 2 bestimmten Monatsfrist erfolgt. Zweck der Vorschrift ist die Verhinderung der Vollstreckung nach einem bestimmten Zeitablauf, weil damit die Gefahr der Veränderung der für den Erlass der Entscheidung maßgeblichen Umstände größer geworden ist.

3.426   Wird allerdings eine einstweilige Verfügung oder ein Arrest auf Widerspruch hin durch Urteil bestätigt, so wird vereinzelt gefordert, dass auch ohne wesentliche Änderungen mit Verkündung des Urteils stets eine neue Frist zur Vollziehung zu laufen beginnt.[519] Überwiegend wird eine erneute Zustellung nur dann gefordert, wenn das Urteil eine wesentliche Änderung der ersten Entscheidung enthält, nur in diesem Fall ist die insoweit bestätigte einstweilige Verfügung bzw. der Arrest erneut innerhalb der Monatsfrist nach § 929 Abs. 2 ZPO zu vollziehen.[520] Nach BGH[521] liegt bei Überschreiten der Vollziehungsfrist des § 929 Abs. 2 ZPO aber kein Vollstreckungshindernis im eigentlichen Sinne vor, sondern es fehlt an dem für die Zwangsvollstreckung notwendigen Titel, weil der Arrest/die einstweilige Verfügung mit Ablauf der Vollziehungsfrist gegenstandslos geworden ist.[522]

---

519 OLG Zweibrücken, Rpfleger 2003, 36.
520 OLG Karlsruhe, NJOZ 2003, 1675; OLG Hamm, Rpfleger 1995, 467 m. Anm. *Wolf*; LG Münster, Rpfleger 1997, 75, welches einfach nur darauf abstellt, dass das Urteil die einstweilige Verfügung bestätigt; Musielak/*Huber*, § 929 Rdn. 5.
521 NJW 1991, 496 f.
522 BGH, NJW 1991, 497 unter Ziffer 1 b) bb) [1].

Besondere Voraussetzungen (Hindernisse) 3.427, 3.428

Die Vollziehungsfrist ist gem. § 932 Abs. 3 ZPO bzw. in analoger Anwendung gewahrt, wenn der Vollstreckungsauftrag innerhalb der Frist beim zuständigen Vollstreckungsorgan eingeht.[523] Die Vollziehungsfrist wird immer nur hinsichtlich der innerhalb der Frist beantragten bestimmten Vollstreckungsmaßnahme gewahrt. Für neue Vollstreckungsmaßnahmen, die erst nach Ablauf der Frist beantragt werden, stellt der Arrestbefehl keine Grundlage mehr dar.[524] Bei **vertretbaren Handlungen** (§ 887 ZPO) ist zur Wahrung der Vollziehungsfrist des § 929 ZPO neben der Zustellung des Titels zumindest ein rechtzeitiger Vollstreckungsantrag beim zuständigen Vollstreckungsorgan auf Vornahme von Vollstreckungshandlungen erforderlich.[525] Bei einstweiligen Verfügungen auf **Unterlassung** ist zu unterscheiden: Ergeht sie durch Beschluss, so genügt zur Wahrung der Vollziehungsfrist des § 929 Abs. 2 ZPO die Zustellung des Beschlusses im Parteibetrieb. Denn unmittelbare Vollstreckung des Unterlassungsgebots ist nicht möglich, sondern nur mittelbare über Ordnungsgeld bzw. Ordnungshaft, vgl. § 890 ZPO. Bei einer entsprechenden Verfügung in Form eines Urteils reicht nach **h.M.** die amtswegige Zustellung des Urteils als Vollziehung nicht aus. Notwendig ist vielmehr die (nochmalige) **Zustellung** der einstweiligen Verfügung **im Parteibetrieb** oder eine andere, ähnlich formalisierte oder urkundlich belegte, jedenfalls leicht feststellbare Maßnahme des Antragstellers. Erst dadurch wird deutlich, dass der Antragsteller von dem Titel Gebrauch machen will. Daher reichen auch bloße (fernmündliche) Erklärungen nicht aus.[526] Ein Berufungsurteil mit einem neu gefassten Unterlassungsgebot, das ein reines Minus gegenüber der eine Beschlussverfügung bestätigenden erstinstanzlichen Entscheidung darstellt, bedarf keiner neuen Vollziehung.[527] Eine einstweilige Verfügung mit dem Inhalt eines Veräußerungsverbots wird, wenn dieses durch Beschluss angeordnet wird, mit der Zustellung des Beschlusses im Parteibetrieb gem. § 922 Abs. 2 ZPO an den Antragsgegner wirksam; erst damit entsteht die Verfügungsbeschränkung.[528] Bei der Grundbucheintragung eines Veräußerungsverbots handelt es sich nicht um die Vollziehung der einstweiligen Verfügung im eigentlichen Sinne des § 929 Abs. 3 ZPO.

Soll ein Arrest durch die Eintragung einer Sicherungshypothek vollzogen werden, ist die Frist zur Arrestvollziehung in das Grundbuch auch dann gewahrt, wenn der Eintragungsantrag fristgemäß bei dem Amtsgericht, zu dem das für die Eintragung zuständige Grundbuchamt gehört, eingeht; 3.428

---

523   BGH, NJW 1991, 496, 497; OLG Hamm, FamRZ 1994, 1540, Beauftragung des Gerichtsvollziehers.
524   BGH, NJW 1991, 496, 497; *Pohlmann*, WM 1994, 1277, 1278 m.w.N. auch zur a.A.
525   OLG Hamm, NJW-RR 1993, 959, 960.
526   BGH, NJW 1993, 1076, 1079; *Pohlmann*, WM 1994, 1277, 1282; a.A. OLG Stuttgart, OLGZ 1994, 364.
527   OLG Köln, NJOZ 2002, 2002 = InVo 2002, 471.
528   BayObLG, Rpfleger 2004, 93 = FGPrax 2003, 251 = NotBZ 2003, 426 = ZfIR 2004, 106 = ZNotP 2004, 24 = RNotZ 2003, 612.

3.429–3.431   Voraussetzungen der Zwangsvollstreckung

nicht erforderlich ist, dass er innerhalb der Vollziehungsfrist dem zuständigen Mitarbeiter des Grundbuchamts vorgelegt wird.[529] Die Vorschriften in § 13 Abs. 2 und 3 GBO regeln nur die funktionelle Empfangszuständigkeit des Grundbuchamts im Verfahren der freiwilligen Gerichtsbarkeit; die sachliche Zuständigkeit des Amtsgerichts – Grundbuchamt – im Vollstreckungsverfahren leitet sich allein aus § 1 Abs. 1 S. 1 GBO her.

12. Vollstreckungsvereinbarungen

3.429   Vollstreckungsvereinbarungen sind Verträge zwischen Vollstreckungsgläubiger und Vollstreckungsschuldner über die Voraussetzungen und Grenzen der durchzuführenden Zwangsvollstreckung. Davon zu unterscheiden sind Abreden über den vollstreckbaren Anspruch (z.b. Stundung, Erlass der Forderung). Da das Verfahrensrecht zum öffentlichen Recht gehört, sind davon abweichende privatrechtliche Vereinbarungen nur in bestimmten Grenzen zulässig.

a)   Vollstreckungsbeschränkende Abreden

3.430   Vollstreckungsbeschränkende Abreden sind sowohl in zeitlicher wie gegenständlicher Hinsicht zulässig (Vollstreckungsgläubiger = „Herr des Verfahrens"). Möglich daher: Es soll nicht vor einem bestimmten Termin, nicht vor Rechtskraft des Urteils, nicht in einen bestimmten Gegenstand oder nur in bestimmte Gegenstände vollstreckt werden; Gläubiger verzichtet auf Antragstellung zur Abgabe der eidesstattlichen Versicherung. Zulässig daher auch die stärkste Form der Beschränkung, der teilweise oder vollständige Verzicht des Gläubigers auf die Vollstreckung aus dem Titel,[530] soweit dieser erst nach Existenz des Titels erfolgt. **Streitig** ist, ob auch ein vorheriger Verzicht möglich ist.[531]

b)   Vollstreckungserweiternde Abreden

3.431   Vollstreckungserweiternde Abreden würden zu einer Erweiterung bzw. Erleichterung der Vollstreckungsbefugnis des Gläubigers und damit zu einer Schlechterstellung des Schuldners führen (z.B. Vollstreckung ohne Titel, ohne Klausel; in unpfändbare Gegenstände; Verzicht auf Vollstreckungsschutz gem. § 765a ZPO). Derartige Vereinbarungen sind nichtig, so-

---

529   BGH, Rpfleger 2001, 294 mit. Anm. *Alff* = NJW 2001, 1134 = KTS 2001, 313 = MDR 2001, 714 = VersR 2002, 462 = WM 2001, 534 = ZIP 2001, 763 = InVo 2001, 186 = NotBZ 2001, 144 = ZfIR 2001, 241; die frühere Rechtsauffassung ist damit überholt.
530   BGH, MDR 1991, 668 = NJW 1991, 2295.
531   Verneinend: BGH, NJW 1968, 700; Baur/*Stürner*, Rdn. 10.8, weil dies über die Dispositionsfreiheit des Gläubigers hinausgehe; a.A. Brox/*Walker*, Rdn. 202, weil ein materiell-rechtlicher Verzicht möglich sei.

weit das Gesetz sie nicht ausnahmsweise zulässt (wie z.B. in §§ 816 Abs. 1, 825, 876 S. 3 ZPO[532]).

c) Geltendmachung der Abreden

Problematisch ist, wie derart zulässige Vollstreckungsvereinbarungen **geltend gemacht** werden können. Ist auf eine Vollstreckung aus dem Titel ganz oder teilweise verzichtet worden, kann insoweit Klauselerinnerung gem. § 732 ZPO erhoben werden.[533] Im Übrigen kommt eine analoge Anwendung von § 766 ZPO in Betracht[534] oder von § 767 ZPO.[535]

3.432

Vorzuziehen ist die praktikable Lösung, dass das Vollstreckungsorgan die vom Schuldner vorgelegte Vollstreckungsvereinbarung entsprechend § 775 Nr. 4 ZPO zu beachten hat und dem Schuldner grundsätzlich die Vollstreckungserinnerung gem. § 766 ZPO analog zusteht, hingegen nur § 767 ZPO zur Anwendung kommt, wenn Streit über die Existenz oder den Inhalt der Vollstreckungsvereinbarung besteht.[536] Allein die Auslegungsbedürftigkeit einer Vollstreckungsvereinbarung kann nicht zu ihrer Nichtberücksichtigung führen, soweit das Vollstreckungsorgan die Auslegung leicht vornehmen kann. Hier bietet sich eine Parallele zur Zug-um-Zug-Leistung gem. § 756 ZPO (a.F.) an, bei der der Gerichtsvollzieher die Identität der titulierten mit der tatsächlich angebotenen Gegenleistung sowie deren Freiheit von groben Mängeln auch in eigener Verantwortung feststellen muss.

3.433

---

532 Vgl. insges. hierzu Brox/*Walker,* Rdn. 204; Zöller/*Stöber,* Rdn. 24 f. vor § 704; Rosenberg/Gaul/*Schilken,* § 33 IV. 1).
533 Vgl. OLG Düsseldorf, Rpfleger 1987, 254 zu dem Fall, dass sich die Vollstreckung ausschließende Vereinbarung aus dem Titel selbst ergibt.
534 OLG Frankfurt, OLGZ 1981, 112; OLG Karlsruhe, NJW 1974, 2242; Baur/*Stürner,* Rdn. 10.9; analog deshalb, weil eine Verletzung gesetzlicher Vorschriften nicht vorliegt.
535 BGH, NJW 1991, 2295; Rosenberg/Gaul/*Schilken,* § 33 VI; analog, weil die Vereinbarung nicht den vollstreckbaren **Anspruch** betrifft, sondern nur ein Vollstreckungshindernis darstellt; differenzierend nach dem Inhalt der Vereinbarung: LG Münster, Rpfleger 1988, 321.
536 Vgl. Brox/*Walker,* Rdn. 204.

4. Abschnitt
Vollstreckung durch den Gerichtsvollzieher

I. Zuständigkeit des Gerichtsvollziehers

Der Gerichtsvollzieher ist im Bereich der Mobiliarzwangsvollstreckung **funktionell** zuständig für die Vollstreckung wegen Geldforderungen in bewegliche körperliche Sachen durch Pfändung und Verwertung (§§ 808 ff. ZPO), für die Pfändung und Verwertung in noch nicht vom Boden getrennte Früchte eines Grundstücks (§§ 810, 813 Abs. 3, 824 ZPO), für die Pfändung und teilweise auch die Verwertung von in Wertpapieren verbrieften Forderungen und Beteiligungsrechten (§§ 821–823, 808; 831, 808 ZPO); ferner ist er u.a. zuständig für die Herausgabevollstreckung gem. §§ 883 f. ZPO (vgl. dazu Rdn. 7.3 ff.), bei der Überwindung von Widerstand des Schuldners gem. § 892 ZPO im Rahmen einer Vollstreckung gem. §§ 887, 890 ZPO; für die Abnahme der eidesstattlichen Versicherung und die Vollstreckung der Haft in den Fällen der §§ 888, 889, 899–914 ZPO. Im Übrigen ist der Gerichtsvollzieher stets dann das zuständige Vollstreckungsorgan, wenn das Gesetz nichts anderes bestimmt (§ 753 ZPO).

4.1

Ein **Verstoß gegen die funktionelle Zuständigkeit** führt grundsätzlich zur Nichtigkeit der Pfändung (z.B. der Gerichtsvollzieher erlässt statt des Vollstreckungsgerichts einen Pfändungs- und Überweisungsbeschluss oder setzt statt des Prozessgerichts ein Zwangsgeld fest). **Streitig** ist, ob dies auch bei der Pfändung von Grundstückszubehör gilt, das gem. § 865 Abs. 2 S. 1 ZPO der Zwangsvollstreckung in das unbewegliche Vermögen unterfällt, sodass hierfür der Rechtspfleger des Zwangsversteigerungsgerichtes gem. § 3 Nr. 1i RPflG und nicht der Gerichtsvollzieher zuständig ist[1]. Demgegenüber ist nach anderer Auffassung im Hinblick auf die grundsätzliche Zuständigkeit des Gerichtsvollziehers für die Pfändung beweglicher Sachen und der für ihn bestehenden Schwierigkeit, die Zubehöreigenschaft sowie die Frage der Enthaftung zu beurteilen, die Pfändung wirksam, aber mit der Vollstreckungserinnerung gem. § 766 ZPO anfechtbar[2].

4.2

---

1 Für Nichtigkeit: RGZ 135, 197, 206; OLG München, MDR 1957, 428; Zöller/*Stöber*, § 865 Rdn. 11; Folge: Es entsteht kein Pfändungspfandrecht.
2 Baumbach/*Hartmann*, § 865 Rdn. 14; Thomas/*Putzo*, § 865 Rdn. 5; HK-ZPO/*Kindl*, § 865 Rdn. 6; Musielak/*Becker*, § 865 Rdn. 10; Rosenberg/Gaul/*Schilken*, § 24 II 2; StJ/*Münzberg*, § 865 Rdn. 36; MünchKomm/*Eickmann* ZPO, § 865 Rdn. 61; Folge: Die Entstehung eines Pfändungspfandrechts hängt von der angewandten Theorie ab, vgl. hierzu Rdn. 4.226 ff.

4.3 Die **örtliche Zuständigkeit** des Gerichtsvollziehers ergibt sich aus § 154 GVG, § 20 GVO; er kann daher innerhalb des ihm vom dienstaufsichtsführenden Richter des Amtsgerichts zugewiesenen Bezirks tätig werden. Ein Verstoß hiergegen führt lediglich zur Anfechtbarkeit der Vollstreckungsmaßnahme gem. § 766 ZPO (s. auch § 20 Abs. 2 GVO).

4.4 Die Zwangsvollstreckung durch Sachpfändung spielt auch heute noch eine nicht unbedeutende Rolle[3]. Zudem kann der Gerichtsvollzieher über eine Sachpfändung wertvolle Informationen über anderes pfändbares und verwertbares Vermögen des Schuldners durch diesen selbst oder anlässlich einer Vollstreckung (§ 806a ZPO) erlangen, aber auch die Voraussetzungen einer eidesstattlichen Versicherung gem. 807 ZPO herbeiführen, für deren Abnahme er seit dem 1.1.1999 ebenfalls zuständig ist.

II. Vollstreckungsantrag

4.5 Der Gerichtsvollzieher wird nur auf **Antrag** des Gläubigers tätig. Soweit das Gesetz in § 753 ZPO vom Auftrag spricht, beruht das auf der inzwischen überholten Vorstellung, dass der Gerichtsvollzieher als Vertreter des Gläubigers tätig wird (Mandatstheorie). Soweit in § 900 Abs. 1 ZPO n.F. dennoch das Wort Auftrag verwendet wird, handelt es sich dabei lediglich um einen der vielen Missgriffe des Gesetzgebers im Rahmen der 2. Zwangsvollstreckungsnovelle.

4.6 Er ist vielmehr ein selbstständiges Organ der Rechtspflege, der aufgrund eines öffentlich-rechtlichen Rechtsverhältnisses zwischen ihm und dem Gläubiger tätig wird (Amtstheorie)[4]. Der Gerichtsvollzieher ist Beamter und handelt grundsätzlich hoheitlich, selbstständig und in eigener Verantwortung. Er unterliegt der Dienstaufsicht, aber nicht der Leitung des aufsichtsführenden Richters des Amtsgerichts, bei dem er beschäftigt ist (§§ 2, 58 Nr. 1 GVO). Seine Tätigkeit als Organ der Zwangsvollstreckung kann im Wege der Vollstreckungserinnerung durch das Vollstreckungsgericht nachgeprüft werden, §§ 766, 764 ZPO. Die Vorschriften der GVGA (bundeseinheitliche Geschäftsanweisung für Gerichtsvollzieher) hat er als Erläuterungen der gesetzlichen Bestimmungen zu beachten, ist jedoch an sie letztlich nicht gebunden. Eine Bindung an Weisungen des Gläubigers besteht nur insoweit, als diese nicht gegen das Gesetz oder die GVGA verstoßen (§ 58 Nr. 2 GVGA);[5] weitere Einzelheiten vgl. Rdn. 4.12 ff.

4.7 Der Antrag an den Gerichtsvollzieher bedarf keiner **Form**, kann also schriftlich, mündlich oder auch in elektronischer Form erteilt werden (§ 754 ZPO); er kann direkt oder durch Vermittlung der Geschäftsstelle (§ 753 Abs. 2 ZPO) an den zuständigen Gerichtsvollzieher oder an die Ge-

---

3 Vgl. *Seip*, NJW 1994, 352.
4 Vgl. BGHZ 93, 287, 298 = NJW 1985, 1714; Brox/*Walker*, Rdn. 12 m.w.N.
5 Zöller/*Stöber*, § 753 Rdn. 4.

Vollstreckungsantrag 4.8–4.11

richtsvollzieherverteilungsstelle bei den Vollstreckungsgerichten mit der Bitte um Weiterleitung an den zuständigen Gerichtsvollzieher gerichtet werden (§§ 33–39 GVO).

Tipp: Die zügigste Verfahrensweise ist die direkte Beauftragung des Gerichtsvollziehers; den zuständigen Gerichtsvollzieher kann man bei der Gerichtsvollzieherverteilungsstelle des Amtsgerichts erfragen; diese ist zur Auskunft verpflichtet, § 33 Nr. 3 S. 2 GVO. Rückfragen können dadurch wesentlich leichter erledigt werden. Um sicherzugehen, dass der zuständige Gerichtsvollzieher nicht in Urlaub oder krank ist, empfiehlt es sich – jedenfalls in dringenden Fällen – vorher bei ihm anzurufen. 4.8

Wird der Antrag bei Gericht gestellt, ist er schriftlich einzureichen und vom Antragsteller bzw. dessen Vertreter eigenhändig zu unterschreiben; ein Faksimilestempel genügt nicht[6]. Er kann auch zu Protokoll der Geschäftsstelle erklärt werden und sollte auch im letzteren Fall vom Antragsteller bzw. dessen Vertreter unterschrieben werden (§ 153 GVG, § 24 Abs. 2 Nr. 3 RPflG)[7]. 4.9

Der Gläubiger kann sich bei der Auftragserteilung durch Bevollmächtigte vertreten lassen; es gelten die §§ 80 ff. ZPO entsprechend, insbesondere auch § 88 Abs. 2 ZPO (Prüfung der **Vollmacht** von Amts wegen, soweit nicht ein Anwalt tätig wird). Die Unterschrift des Angestellten des Prozessbevollmächtigten genügt ohne Vorlage einer auf ihn lautenden Vollmacht des Prozessbevollmächtigten nicht[8]. Die Legitimation gesetzlicher Vertreter ist auf der Grundlage des vorgetragenen Sachverhalts von Amts wegen zu prüfen, § 56 ZPO. Ist der Vertreter im Titel als Prozessbevollmächtigter bzw. gesetzlicher Vertreter aufgeführt, genügt dies als Nachweis (vgl. § 62 Nr. 2 GVGA). Ein erforderlicher Nachweis der Bevollmächtigung ist durch Vorlage des Originals der Urkunde zu führen[9]. 4.10

Der Antrag muss folgende Angaben enthalten (weitere Einzelheiten vgl. das Muster im Anhang): 4.11

- Vollstreckungstitel;
- Bezeichnung von Gläubiger und Schuldner mit genauer Anschrift; der Gerichtsvollzieher ist zur Ermittlung der Anschrift nicht verpflichtet, muss andererseits aber leicht mögliche Erkundigungen vornehmen;[10]

---

6   LG Ingolstadt, JurBüro 1995, 51; LG Coburg, DGVZ 1994, 62; MünchKomm/*Heßler* ZPO, § 754 Rdn. 5.
7   Eingehend dazu *Stöber*, Rdn. 469.
8   AG Seligenstadt, DGVZ 1995, 12.
9   BGH, NJW 1994, 2298.
10 LG Lübeck, DGVZ 1997, 140; AG/LG Hannover, JurBüro 2005, 606.

4.12–4.14   Vollstreckung durch den Gerichtsvollzieher

- die zu vollstreckende Forderung (Hauptsache, Zinsen, Prozess- und Zwangsvollstreckungskosten);
- wenn nur ein Teil der Forderung vollstreckt werden soll: die genaue Angabe der Art der Forderung sowie des Betrages, der vollstreckt werden soll; zur Problematik der Notwendigkeit einer genauen Aufstellung der Forderungen, insbesondere bei der Vollstreckung von Rest- bzw. Teilforderungen (vgl. Rdn. 2.6).

4.12 Dabei sollte der Auftrag stets klar Inhalt und Umfang des vom Gläubiger Gewollten zum Ausdruck bringen[11]. **Weisungen** und Hinweise an den Gerichtsvollzieher sowie **weitergehende Anträge** sind – möglichst auf der ersten Seite und in nicht zu übersehbarer Weise! – ggf. aufzunehmen (z.B.: Zustellung des Titels; Sicherungsvollstreckung, § 720a ZPO; Zustellung der Bürgschaftserklärung bei Leistung Zug um Zug, § 756 ZPO; Vorpfändung, § 845 ZPO; Stellung des ggf. notwendigen Antrags gem. § 758a Abs. 1, 4 ZPO; Hilfspfändung gem. § 836 Abs. 3 ZPO, § 156 GVGA; Drittschuldnererklärung, § 840 Abs. 2 und 3 ZPO; Anschlusspfändung gem. § 826 ZPO, § 167 Abs. 5 GVGA; Vollstreckung gegen vermögenslose Schuldner gem. § 63 Nr. 2 GVGA; Bewilligung der Entgegennahme von Teilzahlungen bei Pfändungen, aber auch nach erfolgloser Pfändung, vgl. hierzu § 806b ZPO;[12] Antrag auf Abschrift des Pfändungsprotokolls, § 760 ZPO; bei einer Antragstellung durch Rechtsanwälte die Beifügung einer Geldempfangsvollmacht, § 62 Nr. 2 Abs. 2 GVGA (wenn auch deren Notwendigkeit umstritten ist[13]).

4.13 Zudem ist dem Antrag stets eine einfache (soweit eine Vollstreckungsklausel z.B. gem. §§ 796 Abs. 1, 929 Abs. 1 ZPO nicht notwendig ist), ansonsten eine **vollstreckbare Ausfertigung** des Titels sowie die sonstigen für den Beginn der Zwangsvollstreckung **notwendigen Urkunden** (vgl. §§ 750 Abs. 2, 751 Abs. 2, 756 ZPO) beizufügen. Die bloße Vorlage einer beglaubigten Abschrift der vollstreckbaren Ausfertigung genügt nicht[14].

4.14 Der Gläubiger als „Herr des Verfahrens" kann dem Gerichtsvollzieher **Weisungen** erteilen, soweit diese nicht gegen gesetzliche Vorschriften oder die GVGA verstoßen (vgl. § 58 Nr. 2 GVGA), z.B. kann der Gläubiger bestimmen, dass bestimmte Gegenstände von der Pfändung ausgeschlossen sind, nicht vor einem bestimmten Zeitpunkt mit der Vollstreckung begonnen werden darf, die Vollstreckung vorläufig nicht weiter betrieben werden soll („Ruhen"), eine erfolgte Pfändung aufzuheben ist („Freigabe"). Ferner kann er die rechtzeitige Benachrichtigung von dem Zeitpunkt der Vollstreckung verlangen, wenn er oder sein Vertreter die Zuziehung zur Zwangsvollstreckung wünscht[15]. Auf ausdrückliche Anweisung des Gläubigers

---

11 Vgl. LG Augsburg, DGVZ 1995, 154.
12 *Seip*, NJW 1994, 352, 353.
13 AG Spaichingen, DGVZ 1996, 175.
14 BayObLG, InVo 2005, 319.
15 KG, DGVZ 1983, 72; LG Münster, NJW-RR 1991, 140; § 62 Nr. 5 GVGA.

sind auch Gegenstände, die offensichtlich zum Vermögen eines Dritten gehören, zu pfänden (§ 119 Nr. 2 S. 2 GVGA). Dies erklärt sich daraus, dass Dritte u.U. der Zwangsvollstreckung in ihr Eigentum nicht gem. § 771 ZPO widersprechen können, weil der Vollstreckungsgläubiger ein besseres Recht hat (vgl. dazu Rdn. 8.265).

Da **vollstreckungsbeschränkende Vereinbarungen** auch mit dem Inhalt zulässig sind, dass nur in einen oder mehrere bestimmte Gegenstände vollstreckt werden darf, muss auch eine dementsprechende Anweisung des Gläubigers an den Gerichtsvollzieher möglich sein; aber auch ohne eine solche Vereinbarung ist eine derartige Anweisung zulässig[16]. **4.15**

Zur Frage, welchen Inhalt das vom Gerichtsvollzieher anzufertigende **Protokoll** haben muss, vgl. Rdn. 4.207 ff. **4.16**

Hingegen entscheidet der Gerichtsvollzieher nach eigenem pflichtgemäßem Ermessen über die **Reihenfolge** der durchzuführenden Vollstreckungsmaßnahmen aufgrund der sich aus den jeweils konkreten Umständen des Einzelfalles ergebenden Dringlichkeit. Ergibt sich diese nicht bereits aus der Art der Vollstreckungshandlung (Arrest, einstweilige Verfügung, Vorpfändung gem. § 845 ZPO, Zustellung zur Wahrung von Notfristen), hat der Gläubiger für sein Verlangen nach eiliger Ausführung den maßgebenden Grund für die besondere Beschleunigung erkennen zu lassen (§ 6 S. 5 GVGA). Zwar sind alle Aufträge schnell und nachdrücklich durchzuführen (§§ 6, 64 GVGA), doch kann es angebracht sein, einen Pfändungsauftrag umgehend auszuführen, um den Rang des Pfandrechts zu sichern. Erfolgt die erste Vollstreckungshandlung nicht innerhalb eines Monats nach Antragseingang, so ist der Grund der Verzögerung aktenkundig zu machen (§ 64 Abs. 2 GVGA). **4.17**

Zum Rechtsschutzinteresse bei **Bagatellforderung** vgl. Rdn. 2.27. **4.18**

Ist ein auf **Zug-um-Zug-Leistung lautender Titel** (§ 756 ZPO) zu vollstrecken und kann der Gläubiger die Befriedigung des Schuldners lediglich durch eine – nicht ausreichende – privatschriftliche Quittung des Schuldners belegen, so sollte der Gläubiger den Antrag stellen, dass der Gerichtsvollzieher sich zum Schuldner begibt und diesen unter Vorlage der privatschriftlichen Quittung befragt, ob er die Leistung des Gläubigers – wie quittiert – tatsächlich erhalten hat. Wenn der Schuldner dies dann bestätigt, so nimmt der Gerichtsvollzieher diese Erklärung des Schuldners zu Protokoll, sodass damit der erforderliche Nachweis der Befriedigung des Schuldners erbracht bzw. unnötig ist (§§ 288, 291 ZPO). Einer Zustellung des Protokolls an den Schuldner bedarf es in diesem Fall nicht mehr. Im Übrigen vgl. die Ausführungen zur Zug-um-Zug-Leistung in Rdn. 3.345 f. **4.19**

---

16 Schuschke/*Walker*, vor §§ 753–763 Rdn. 5; MünchKomm/*Heßler* ZPO, § 754 Rdn. 24 m.w.N.; Thomas/*Putzo*, § 753 Rdn. 15; Zöller/*Stöber*, § 753 Rdn. 4; **a.A.** LG Berlin, MDR 1977, 146 – generell seien nur Anregungen zulässig.

4.20 Der Gläubiger sollte den Gerichtsvollzieher auch im Hinblick auf § 806a ZPO bitten, den Schuldner insbesondere zu **befragen nach**

- Namen und Anschrift seines **Arbeitgebers** (falls der Schuldner nicht angetroffen wird: hierzu die in seinen Hausstand gehörigen Personen zu befragen),
- **Forderungen des Schuldners gegen Dritte,** insbes. der Angabe der Stammnummer bei Bezug von Arbeitslosengeld bzw. der Renten- oder Versicherungsnummer bei Bezug von Renten, Pensionen oder Versicherungsleistungen.

4.21 Empfehlenswert ist ferner der Antrag an den Gerichtsvollzieher, für den Gläubiger **Anträge gem.** § 758a ZPO auf richterliche Durchsuchungsanordnung sowie § 758a Abs. 4 ZPO auf Vollstreckung in Wohnräume zur Nachtzeit sowie an Sonn- und Feiertagen zu stellen (zur Frage der rechtlichen Zulässigkeit eines solches Auftrages vgl. Rdn. 4.56).

4.22 Ein ausdrücklicher Antrag an den Gerichtsvollzieher ist notwendig, wenn er die zur **Vorpfändung** notwendige Benachrichtigung über die bevorstehende Pfändung nebst Aufforderungen an Drittschuldner und Schuldner nicht nur zustellen, sondern auch selbst anfertigen soll (§ 845 Abs. 1 S. 2 ZPO). Ob der Gerichtsvollzieher auch hierbei hoheitlich handelt, ist **streitig**[17]. Im Hinblick auf eine zügige Durchführung empfiehlt es sich, eines der im Handel erhältlichen Vorpfändungsformulare so weit wie möglich auszufüllen und dem Antrag an den Gerichtsvollzieher beizufügen.

4.23 Sind die allgemeinen und besonderen Voraussetzungen der Zwangsvollstreckung gegeben und liegt auch kein Vollstreckungshindernis vor, muss der Gerichtsvollzieher die Zwangsvollstreckung schnell und nachdrücklich bis zu ihrem Ende durchführen. Der Gerichtsvollzieher kann unter den Voraussetzungen des § 813a ZPO, das Vollstreckungsgericht gem. § 813b ZPO einen **Verwertungsaufschub** anordnen (vgl. Näheres dazu Rdn. 4.282 ff.). Wenn der Gläubiger dies nicht will, sollte er in dem Antrag an den Gerichtsvollzieher Entsprechendes von vornherein mitteilen. **Keinesfalls** ist der Gerichtsvollzieher berechtigt, im Hinblick auf vom Schuldner angebotene oder angekündigte Ratenzahlungen sogar **von der Pfändung abzusehen**. Da dies in der Praxis aber immer wieder geschieht, empfiehlt sich ein entsprechender Hinweis in dem Antragsschreiben an den Gerichtsvollzieher, falls der Gläubiger mit einer entsprechenden Verfahrensweise nicht einverstanden ist oder im Einzelfall vorher gefragt werden will.

4.24 In der Praxis kommt es auch immer wieder vor, dass der Schuldner dem Gerichtsvollzieher eine angebliche, in Wahrheit aber **gefälschte Quittung** des Gläubigers über eine vereinbarte Stundung oder erhaltene Zahlungen vorlegt, um so unter Darlegung eines Vollstreckungshindernisses (§ 775 Nr. 4 ZPO) einer sofortigen Zwangsvollstreckung zu entgehen. Um eine

---

17 Vgl. Zöller/*Stöber*, § 845 Rdn. 4 m.w.N.

dadurch hervorgerufene Verzögerung der Zwangsvollstreckung zu verhindern, sollte der Gläubiger in dem Antragsschreiben an den Gerichtsvollzieher angeben, dass bis zum Zeitpunkt der Erteilung des Auftrags an den Gerichtsvollzieher keine Urkunden über Zahlungen oder Stundungen vom Gläubiger ausgestellt worden sind und daher bei gegenteiliger Darstellung durch den Schuldner die Vollstreckung weiter durchgeführt werden soll.

III. Durchsuchung

Seit der Entscheidung des BVerfG[18] entspricht es der **h.M.**, dass der Gerichtsvollzieher entgegen dem Wortlaut des § 758 Abs. 1 ZPO einen richterlichen Durchsuchungsbeschluss benötigt, um die Wohnung des Schuldners nach pfändbaren Sachen zu durchsuchen, falls der Schuldner sich nicht freiwillig damit einverstanden erklärt oder Gefahr im Verzug vorliegt. In dem durch die 2. Zwangsvollstreckungsnovelle neu eingeführten § 758a ZPO hat der Gesetzgeber hierzu die gesetzliche Regelung getroffen.

4.25

1. Art der Räume

Nach der Rechtsprechung des BVerfG umfasst der Schutz des Art. 13 GG nicht nur Wohnräume, sondern auch Arbeits-, Betriebs- und Geschäftsräume[19]. Daher ist für eine Durchsuchung auch derartiger Räume einschließlich der Nebenräume und Zugänge (Abstellräume, Dachboden, Flure, Garage, Garten, Hof, Keller, Stall), ferner auch bei Wohnwagen, Wohnbooten, Gast- und Hotelzimmern ein richterlicher Durchsuchungsbeschluss notwendig[20]. Dies gilt auch für allgemein zugängliche Räume wie Warenhäuser, Gaststätten, Ausstellungsräume etc.[21] Nicht zu den entsprechenden Räumen zählen jedoch Autos oder ein kurzzeitig betriebener Marktstand[22].

4.26

Die Diskussion, ob zu den Räumen auch andere als Wohnräume gehören, ist durch die 2. Zwangsvollstreckungsnovelle nicht geklärt, vielmehr sogar neu entfacht worden, weil in § 758a Abs. 1 ZPO nur die „Wohnung" aufgeführt ist. Daraus kann aber nicht hergeleitet werden, der Gesetzgeber habe damit die Streitfrage dahin entschieden, dass nur hinsichtlich von Wohnun-

4.27

---

18 NJW 1979, 1539.
19 BVerfG, NJW 1971, 2299.
20 **H.M.:** BFH, NJW 1989, 855 = DGVZ 1989, 169, 170; OLG Hamburg, NJW 1984, 2898; LG Düsseldorf, MDR 1981, 679; Zöller/*Stöber*, § 758a Rdn. 4; MünchKomm/*Heßler* ZPO, § 758 Rdn. 4–7 m.w.N.; HK-ZPO/*Kindl*, § 758a Rdn. 3; Schuschke/*Walker*, § 758 Rdn. 5; Musielak/*Lackmann*, § 758a Rdn. 3; **a.A.** Thomas/*Putzo*, § 758a Rdn. 7.
21 Zöller/*Stöber*, § 758a Rdn. 12; MünchKomm/*Heßler* ZPO, § 758a Rdn. 4, 7, jeweils m.w.N.
22 AG Hamburg, DGVZ 1981, 63.

gen eine Durchsuchungsanordnung notwendig sei[23]. Dies dürfte seine Ursache vielmehr darin haben, dass auch in § 758 ZPO nur die „Wohnung" aufgeführt ist, also die Formulierung schlicht übernommen worden ist. Für eine Einbeziehung auch der o.a. sonstigen Räume spricht der zwecks Anpassung an den übrigen Gesetzentwurf[24] gleichzeitig mitgeänderte § 287 Abs. 4 AO, wonach für „Wohn- und Geschäftsräume" eine Durchsuchungsanordnung notwendig ist. Wenn es des Weiteren in der Gesetzesbegründung zu § 758a ZPO[25] heißt, zur Frage der Einbeziehung von Geschäftsräumen hätten sich in der Rechtsprechung bereits Grundsätze herausgebildet, auf die man zurückgreifen könne, der Gesetzesentwurf beschränke sich daher „auf die Klarstellung der vom BVerfG bindend festgestellten Rechtslage", so ergibt sich daraus mit der notwendigen Klarheit, dass auch hinsichtlich von Geschäftsräumen eine Durchsuchungsanordnung notwendig ist. Ansonsten ergäbe sich auch die merkwürdige Konsequenz, dass bei der Vollstreckung von Steuerforderungen gem. § 287 Abs. 4 AO eine Durchsuchungsanordnung notwendig ist, bei der – evtl. gleichzeitigen – Vollstreckung zugunsten eines Privatgläubigers nach der ZPO jedoch nicht.

4.28 Da sich der Durchsuchungsbeschluss auf konkret bezeichnete Räume beziehen muss, ist bei einem **Wohnungswechsel** des Schuldners ein neuer Durchsuchungsbeschluss notwendig[26].

2. Räume des Schuldners

4.29 Bei den zu durchsuchenden **Räumen** muss es sich um solche **des Schuldners** handeln. Wohnt der Schuldner mit anderen Personen zusammen (z.B. Familie, Wohngemeinschaft, Untermiete), so genügt eine Anordnung nur gegen ihn, um alle von ihm mitbenutzten Räume durchsuchen zu dürfen. Ferner darf der Gerichtsvollzieher ausschließlich von einem Dritten bewohnte Räume betreten und sie „durchschreiten", die den notwendigen Zugang zu den Räumen des Schuldners (z.B. Durchgangszimmer) bilden. Die damit verbundenen Beeinträchtigungen müssen die Mitbewohner hinnehmen; unbillige Härten gegenüber den Mitgewahrsamsinhabern – z.B. bei schwerer, akuter Erkrankung oder ernsthafter Gesundheitsgefährdung, § 107 Nr. 10 GVGA – sind dabei zu vermeiden. Dies entsprach schon bisher der h.M.[27] und ist nunmehr in § 758a Abs. 3 ZPO ausdrücklich so geregelt.

---

23 So auch *Schultes*, DGVZ 1998, 177, 183; *Goebel*, DGVZ 1998, 162; *Schilken*, InVo 1998, 305; a.A. *Behr*, 2. ZwVNov SH JurBüro 1998, S. 15.
24 So die Begründung in BT-Drucks. 13/341 Nr. 13, S. 59.
25 BT-Drucks. 13/341 S. 15 zu Nr. 6 I.
26 **Allg.M.**, vgl. LG Köln, DGVZ 1985, 91; MünchKomm/*Heßler* ZPO, § 758a Rdn. 68; *Schuschke/Walker*, § 758a Rdn. 34; *Zöller/Stöber*, § 758a Rdn. 30.
27 Vgl. *Zöller/Stöber*, § 758a Rdn. 34; *Thomas/Putzo*, § 758a Rdn. 20 f.; *Baumbach/Hartmann*, § 758a Rdn. 15, 16; MünchKomm/*Heßler* ZPO, § 758a Rdn. 10 f.

Diese Regelung ist auch in den Fällen verfassungsgemäß, in denen der Dritte der Durchsuchung widerspricht[28].

Nach wie vor unzulässig ist es hingegen, Räume aufgrund eines gegen den Schuldner gerichteten Durchsuchungsbeschlusses zu durchsuchen, die im **Alleingewahrsam eines mitbewohnenden Dritten** stehen, soweit dieser damit nicht einverstanden ist. Dies ergibt sich aus Art. 13 GG und auch aus § 758a Abs. 3 ZPO, der ausschließlich den Fall von Mitgewahrsam Dritter betrifft[29]. 4.30

Auf den Schutz des Art. 13 GG können sich nicht nur natürliche, sondern auch **juristische Personen** sowie Personenvereinigungen des Privatrechts berufen[30]. 4.31

3. Durchsuchung

Durchsuchen bedeutet ziel- und zweckgerichtetes Suchen staatlicher Organe, um Sachen des Schuldners oder Personen in den Räumen aufzuspüren, die der Inhaber der Wohnung von sich aus nicht herausgeben oder nicht offen legen will[31]. 4.32

Daher stellt das bloße Betreten oder Durchschreiten einer Wohnung keine Durchsuchung dar. Hingegen wird man die Notwendigkeit einer richterlichen Anordnung auch dann bejahen müssen, wenn der Gerichtsvollzieher positiv weiß, dass in einer Wohnung eine bestimmte Sache vorhanden ist, die er pfänden will. Zwar ist dann ein zielgerichtetes Suchen nicht erforderlich, aber der Schuldner will die Sache nicht freiwillig herausgeben und Art. 13 GG gibt ihm das Recht, in seinen Wohnräumen „in Ruhe gelassen zu werden"[32]. 4.33

Soll für **mehrere Gläubiger** oder für denselben Gläubiger wegen **mehrerer Vollstreckungsaufträge** durchsucht und gepfändet werden, deckt die für die Vollstreckung eines bestimmten Titels erteilte richterliche Anordnung die Durchsuchung und Pfändung für die übrigen Vollstreckungsmaß- 4.34

---

28   Schuschke/*Walker*, § 758a Rdn. 25, 26; MünchKomm/*Heßler* ZPO, § 758a Rdn. 12 f.; Zöller/*Stöber*, § 758a Rdn. 34; a.A. *Wesser*, NJW 2002, 2138, 2144; Musielak/*Lackmann*, § 758a Rdn. 6; HK-ZPO/*Kindl*, § 758a Rdn. 3; Thomas/*Putzo*, § 758a Rdn. 8.
29   Vgl. Rosenberg/Gaul/*Schilken*, § 26 IV 3h; Baumbach/*Hartmann*, § 758a Rdn. 15; Thomas/*Putzo*, § 758a Rdn. 21; teilweise a.A. MünchKomm/*Heßler* ZPO, § 758a Rdn. 19 für in solchen Räumen offen liegende Sachen im Alleingewahrsam des Schuldners (woran soll man die erkennen?) sowie eine Taschenpfändung des sich in den Räumen aufhaltenden Schuldners, z.B. einer Gaststätte, nicht aber in Privaträumen Dritter.
30   H.M., vgl. BVerfG, NJW 1971, 2299; 1976, 1735; Zöller/*Stöber*, § 758a Rdn. 7.
31   BVerfG, NJW 1979, 1539; 1987, 2499; Zöller/*Stöber*, § 758a Rdn. 2.
32   BVerfG, NJW 1979, 1539; MünchKomm/*Heßler*, ZPO, § 758a Rdn. 29 m.w.N. Schuschke/*Walker*, § 758a Rdn. 10; a.A. BFH DGVZ 1989, 169 = NJW 1989, 855; Rosenberg/Gaul/*Schilken*, § 26 IV 3b; HK-ZPO/*Kindl*, § 758a Rdn. 2.

nahmen nur dann mit ab, wenn sich dadurch keine zusätzlichen, weitergehenden Maßnahmen (Durchsuchung anderer Räume und Behältnisse und dadurch zwangsläufig bedingtes längeres Verweilen des Gerichtsvollziehers) ergeben[33]. Ansonsten bedarf es einer gesonderten richterlichen Durchsuchungsanordnung.

4.35 Die vorstehenden Grundsätze gelten auch für eine **Taschenpfändung**, wenn diese in den Räumen des Schuldners durchgeführt werden soll[34].

4. Entbehrlichkeit der Anordnung

Eine richterliche Durchsuchungsanordnung ist entbehrlich:

a) Einwilligung

4.36 Wenn der Schuldner oder einer seiner erwachsenen Familienangehörigen oder sonstigen Hausgenossen oder Bevollmächtigte in die Durchsuchung ohne richterliche Anordnung einwilligen (§ 758a Abs. 1 ZPO). Für die Rechtswirksamkeit dieser Erklärung bedarf es eines entsprechenden Bewusstseins des Schuldners, d.h., er muss wissen, dass er das Recht hat, eine richterliche Anordnung für die beabsichtigte Durchsuchung zu verlangen.

4.37 Der Gerichtsvollzieher wird dies daher durch eine entsprechende Rückfrage an den Schuldner abklären und ihn ggf. darauf, aber auch auf die Folgen einer Weigerung (Durchsuchungsbeschluss, weitere Kosten, Abgabe der eidesstattlichen Versicherung gem. § 807 Abs. 1 Nr. 3 ZPO[35]) hinweisen[36]. Die erteilte Einwilligung gilt – vorbehaltlich eines Widerrufs (vgl. Rdn. 4.39) – für das gesamte Vollstreckungsverfahren, also auch für das spätere Abholen gepfändeter, aber zunächst beim Schuldner verbliebener Sachen.

4.38 Keine wirksame Einwilligung stellt die Erklärung des Schuldners in einer notariellen Urkunde dar, dass er sich der Durchsuchung unterwerfe[37]. Eine derartige Erklärung in allgemeinen Geschäftsbedingungen ist wegen Ver-

---

33 BVerfG, NJW 1987, 2499; Schuschke/*Walker*, § 758a Rdn. 35; Zöller/*Stöber*, § 758a Rdn. 8; MünchKomm/*Heßler* ZPO, § 758a Rdn. 69; Baumbach/*Hartmann*, § 758a Rdn. 10, jeweils m.w.N.; so auch § 107 Nr. 8 Abs. 3 GVGA.
34 OLG Köln, NJW 1980, 1531; Zöller/*Stöber*, § 758a Rdn. 5; Schuschke/*Walker*, § 758a Rdn. 7; Baumbach/*Hartmann*, § 758a Rdn. 5.
35 Wenn der Schuldner persönlich, sein gesetzlicher Vertreter oder sein dazu Bevollmächtigter die Weigerung erklärt hat; Weigerung durch Dritte reicht grundsätzlich nicht aus, so zutreffend die **h.M.**, vgl. LG Essen, DGVZ 2002, 92; Thomas/*Putzo*, § 807 Rdn. 12; Zöller/*Stöber*, § 807 Rdn. 18a; **a.A.** LG Köln, DGVZ 2001, 44.
36 Zöller/*Stöber*, § 758a Rdn. 10; Schuschke/*Walker*, § 758a Rdn. 16; Rosenberg/Gaul/*Schilken*, § 26 IV 3d; Musielak/*Lackmann*, § 758a Rdn. 4; MünchKomm/*Heßler* ZPO, § 758a Rdn. 33, alle m.w.N.; unklar: Thomas/*Putzo*, § 758 Rdn. 2; Baumbach/*Hartmann*, § 758a Rdn. 10; **a.A.** *Bischof*, ZIP 1983, 522; vgl. auch § 107 Nr. 2 GVGA.
37 Mitteilung der Bundesnotarkammer DNotZ 1981, 347.

stoßes gegen § 307 BGB unwirksam. Das **Zugänglichmachen von Geschäftsräumen** für die Allgemeinheit stellt keine Einwilligung zur Durchsuchung dar, weil Ziel eines solchen Zugänglichmachens der Verkauf von Waren bzw. Erbringung von Dienstleistungen, nicht aber die Durchsuchung und Pfändung von Sachen ist[38].

Eine erteilte Einwilligung kann jederzeit vom Schuldner, seinen Familienangehörigen oder sonstigen Hausgenossen **widerrufen** werden mit der Folge, dass eine weitere Durchsuchung unzulässig ist und nunmehr eine richterliche Anordnung erwirkt werden muss. Gepfändete, aber im Gewahrsam des Schuldners verbliebene Sachen können daher ohne richterliche Anordnung dann nicht mehr abgeholt werden[39]. Bei einem Widerruf der Einwilligung kann jedoch nunmehr „Gefahr im Verzug" vorliegen.

4.39

b) **Gefahr im Verzug**

Diese liegt nur dann vor, wenn die vorherige Einholung der richterlichen Anordnung den Erfolg der Durchsuchung gefährden würde; der Begriff ist eng auszulegen[40]. Die bloße Weigerung des Schuldners, die Zwangsvollstreckung in seinen Wohnräumen zu dulden und die damit verbundene abstrakte Gefahr, der Schuldner könne die Zwangsvollstreckung vereiteln, begründet für sich allein eine solche Gefahr nicht (so auch der vom BVerfG entschiedene Fall). Denn zum einen würde so die Ausnahme zur Regel gemacht, zum anderen wäre eine richterliche Anordnung dann niemals notwendig, weil diese ja nur gerade für den Fall erforderlich ist, dass der Schuldner nicht freiwillig die Durchsuchung gestattet[41]. Gefahr im Verzug muss mit Tatsachen begründet werden, die auf den Einzelfall bezogen sind. Reine Spekulationen, hypothetische Erwägungen oder lediglich auf berufliche Alltagserfahrung gestützte, fallunabhängige Vermutungen reichen nicht aus.

4.40

Eine derartige Ausnahme kommt in Betracht bei Vollstreckung eines Arrestbefehls oder einer einstweiligen Verfügung, soweit diese wegen der Eilbedürftigkeit im Beschlusswege ergangen sind;[42] ferner bei konkreten Verdachtsmomenten für eine Vollstreckungsvereitelung oder bevorstehender

4.41

---

38   LG Düsseldorf, DGVZ 1981, 115; LG Wuppertal, DGVZ 1980, 11; Zöller/*Stöber,* § 758a Rdn. 12; MünchKomm/*Heßler* ZPO, § 758a Rdn. 32, jeweils m.w.N.; HK-ZPO/*Kindl,* § 758a Rdn. 7; **a.A.** BFH, NJW 1989, 855 = DGVZ 1989, 169, weil keine Durchsuchung vorliege; Thomas/*Putzo,* § 758a Rdn. 7.
39   AG Koblenz, DGVZ 1997, 188; *Bischof,* ZIP 1983, 522, 526; Zöller/*Stöber,* § 758a Rdn. 13; Rosenberg/Gaul/*Schilken,* § 26 IV 3d; MünchKomm/*Heßler* ZPO, § 758a Rdn. 22 m.w.N.; Schuschke/*Walker,* § 758a Rdn. 14; **a.A.** AG Wiesbaden, DGVZ 1980, 28; Baumbach/*Hartmann,* § 758a Rdn. 9 – grundsätzlich unwiderruflich.
40   BVerfG, NJW 1979, 1539, 1540; BVerfG, Rpfleger 2001, 264 = InVo 2001, 205 = NJW 2001, 1121; § 107 Nr. 4 GVGA.
41   Zutreffend *van den Hövel,* NJW 1993, 2031; *Seip,* NJW 1994, 354; Zöller/*Stöber,* § 758a Rdn. 32 gegen *Behr,* NJW 1992, 2126.
42   **Streitig;** vgl. MünchKomm/*Heßler* ZPO, § 758a Rdn. 37–40; Zöller/*Stöber,* § 758a Rdn. 32, Schuschke/*Walker,* § 758a Rdn. 4, jeweils m.w.N.

4.42, 4.43   Vollstreckung durch den Gerichtsvollzieher

Ausreise des Schuldners ins Ausland[43]. Im Hinblick auf die Änderung des § 917 Abs. 2 ZPO – kein Arrestgrund der Auslandsvollstreckung bei Verbürgung der Gegenseitigkeit, also insbesondere nicht im Anwendungsbereich des EuGVVO – wird man dies wohl auch bei der Auslegung des Merkmals Gefahr im Verzug berücksichtigen müssen, sodass insoweit eine Auslandsvollstreckung bei Verbürgung der Gegenseitigkeit keine Gefahr im Verzug darstellt. Gefahr im Verzug soll auch bei einem bevorstehenden Umzug und bekannter neuer Adresse des Schuldners gegeben sein[44]. Dies ist jedoch abzulehnen, weil ein entsprechender Beschluss für die alte und/oder neue Wohnung erwirkt werden kann[45]. Anderes könnte nur gelten, wenn der Schuldner mehrfach in kurzer Zeit umzöge, um so die Zwangsvollstreckung zu vereiteln.

c)   Ermessensentscheidung

4.42   Ob eine richterliche Anordnung wegen Einwilligung oder Gefahr im Verzug nicht notwendig ist, entscheidet der Gerichtsvollzieher nach pflichtgemäßer Prüfung der konkreten Tatsachen. Die entsprechenden Tatsachen sind im Protokoll des Gerichtsvollziehers von diesem zu vermerken[46]. Die Entscheidung des Gerichtsvollziehers unterliegt der unbeschränkten richterlichen Kontrolle,[47] wobei § 766 ZPO der richtige Rechtsbehelf ist. Hat der Gerichtsvollzieher zutreffend Gefahr im Verzug bejaht, bedarf es einer nachträglichen richterlichen Bestätigung nicht[48]. Ist zu Unrecht eine Einwilligung oder Gefahr im Verzug angenommen worden, ist die Pfändung zwar wirksam, aber anfechtbar. Die Anfechtung führt zur Aufhebung der Pfändung und damit zum Rangverlust des Gläubigers, selbst wenn zwischenzeitlich ein Durchsuchungsbeschluss erlassen worden ist. Ansonsten würde dem Schutzzweck des Art. 13 GG nicht ausreichend genügt, der eine präventive richterliche Kontrolle verlangt[49].

d)   Räumung

4.43   Schon bislang wurde die Auffassung vertreten, dass ein vom Richter erlassener Räumungstitel die Anordnung beinhalte, Räume des Schuldners betreten und ihn zwangsweise aus dem Besitz setzen zu können[50]. Ob dies

---

43   LG Bamberg, DGVZ 1989, 153; LG Kaiserslautern, DGVZ 1986, 62.
44   OLG Karlsruhe, DGVZ 1992, 41.
45   Im Ergebnis so auch Zöller/*Stöber,* § 758a Rdn. 32.
46   BVerfG, Rpfleger 2001, 264 = InVo 2001, 205 = NJW 2001, 1121.
47   BVerfG a.a.O.
48   Zöller/*Stöber,* § 758a Rdn. 32; MünchKomm/*Heßler* ZPO, § 758a Rdn. 40.
49   BVerfG, NJW 1979, 1539, 1541; MünchKomm/*Heßler* ZPO, § 758a Rdn. 75; Musielak/*Lackmann,* § 758a Rdn. 11, 24; HK-ZPO/*Kindl,* § 758a Rdn. 13; wohl auch Schuschke/*Walker,* § 758a Rdn. 40; **a.A.** Zöller/*Stöber,* § 758a Rdn. 40.
50   **H.M.,** vgl. OLG Düsseldorf, NJW 1980, 458; Zöller/*Stöber* (20. Aufl.) § 758 a.F. Rdn. 10 m.w.N.; vgl. auch § 107 Nr. 8 Abs. 2 GVGA.

auch für einen auf Räumung lautenden Prozessvergleich, einen Insolvenzeröffnungsbeschluss oder einen vom Rechtspfleger erlassenen Zuschlagsbeschluss gem. § 93 ZVG galt, war **streitig**[51]. Durch § 758a Abs. 2 ZPO ist nunmehr gesetzlich geregelt, dass jeder, also auch der nichtrichterliche, auf Räumung oder Herausgabe von Räumen lautende Titel (z.B. die vollstreckbare notarielle Urkunde soweit es nicht Wohnraum betrifft, § 794 Abs. 1 Nr. 5 ZPO; vgl. auch § 885 ZPO) ohne Durchsuchungsbeschluss vollstreckt werden kann. Da diese Änderung auf der Grundlage erfolgte, dass die Räumung keine Durchsuchung nach der o.a. Definition darstelle, gibt es auch keine Probleme mit nichtrichterlichen Räumungstiteln. Diese Regelung ist somit verfassungsgemäß[52]. Soll die Räumung allerdings zu unüblichen Zeiten erfolgen, ist für Wohnräume eine gesonderte richterliche Anordnung gem. § 758a Abs. 4 ZPO erforderlich[53]. Betritt der Gerichtsvollzieher anlässlich der Räumung die Wohnung des Schuldners, kann er bei der Gelegenheit auch die Wohnung zum Zwecke der Pfändung – auch für andere Gläubiger – durchsuchen, ohne dass er dafür einer richterlichen Durchsuchungsanordnung bedarf[54].

e) Haftbefehl

Schon bisher beinhalteten nach **h.M.** ein Haftbefehl (§§ 901, 909, 933 ZPO) sowie ein Vorführungsbefehl (§§ 372a, 380 Abs. 2, 613 Abs. 2, 640 Abs. 1 ZPO; § 21 Abs. 3 InsO) zugleich die Anordnung der Durchsuchung der Räume des Schuldners zum Zwecke seiner Verhaftung oder Vorführung[55]. Dies ist nun durch § 758a Abs. 2 ZPO für den Haftbefehl ausdrücklich so gesetzlich geregelt; man wird ihn aber auf Vorführungsbefehle entsprechend anwenden können[56]. Für Räume Dritter bedarf es bei deren Weigerung nach wie vor einer richterlichen Durchsuchungsanordnung, wobei **streitig** ist, ob dafür überhaupt eine Rechtsgrundlage vorhan-

---

51 Vgl. OLG Bremen, Rpfleger 1994, 77; Zöller/*Stöber*, (20. Aufl.) § 758 a.F. Rdn. 10 und § 885 Rdn. 10 einerseits und AG/LG Ansbach, DGVZ 1996, 174; AG Ellwangen, DGVZ 1996, 126; MünchKomm/*Arnold* ZPO, (1. Aufl.) § 758 Rdn. 60 andererseits.
52 Vgl. *Schilken*, InVo 1998, 304 f.
53 Vgl. BGH, Rpfleger 2004, 715 = InVo 2004, 502 = NJW-RR 2005, 146; *Fischer/Weinert*, DGVZ 2005, 33, 35; *Schultes*, DGVZ 1998, 177, 187; Thomas/*Putzo*, § 758a Rdn. 25, 31; HK-ZPO/*Kindl*, § 758a Rdn. 14; **a.A.** Zöller/*Stöber*, § 758a Rdn. 35.
54 Zöller/*Stöber*, § 758a Rdn. 9; Thomas/*Putzo,* § 758a Rdn. 6; HK-ZPO/*Kindl*, § 758a Rdn. 9; eingeschränkt auf mit der Räumung zusammenhängende Geldforderungen: MünchKomm/*Heßler* ZPO, § 758a Rdn. 41; nach Baumbach/*Hartmann*, § 758a Rdn. 8 ist für die andere Vollstreckung stets ein Durchsuchungsbeschluss notwendig.
55 Vgl. LG Berlin, NJW 1980, 457; Zöller/*Stöber*, (20. Aufl.) § 758 a.F. Rdn. 10 m.w.N.; **a.A.** LG Saarbrücken, NJW 1979, 2571.
56 So auch MünchKomm/*Heßler* ZPO, § 758a Rdn. 43.

den ist[57]. Nach wie vor berechtigt der Haftbefehl aber nicht auch zur gleichzeitigen Durchsuchung zwecks Pfändung[58].

f) Konkludente Anordnungen

4.45 Ein Titel auf Zahlung von Geld enthält keinesfalls gleichzeitig eine Durchsuchungsanordnung, weil bei seinem Erlass die Notwendigkeit der Durchsuchung der Wohnung des Schuldners noch offen ist[59].

4.46 Entsprechendes gilt für die **Herausgabe beweglicher Sachen.** Auch hier ist eine gesonderte richterliche Anordnung notwendig, weil sich die herauszugebende Sache im Zeitpunkt der Zwangsvollstreckung grundsätzlich nicht zwingend in der Wohnung des Schuldners befinden muss,[60] z.B. trifft der Gerichtsvollzieher den Schuldner auf der Straße, dieser trägt die herauszugebende Uhr am Arm; das herauszugebende Gemälde befindet sich in der Wohnung eines Dritten. Dementsprechend hat der Gesetzgeber für diese Fallgestaltung bewusst keine Ausnahme gemacht[61]. Keine Ausnahme besteht insoweit auch für den einen Herausgabetitel darstellenden Insolvenzeröffnungsbeschluss (§148 InsO). Die gegenteilige, in der Begründung des Gesetzesentwurfs seinerzeit geäußerte Auffassung[62] ist durch die im Zuge der 2. Zwangsvollstreckungsnovelle erfolgte Änderung des § 758a ZPO, der den Bereich der Herausgabetitel bewusst nicht erfasst, überholt[63].

4.47 Lautet der **richterliche Titel auf Gewährung von Zutritt zur Wohnung** für den Gläubiger oder von ihm beauftragte Dritte zwecks Vornahme von Handlungen (z.B. Ablesen oder Sperrung des Stromzählers; Duldung von Malerarbeiten in der Wohnung) oder **auf Duldung der Wegnahme** unveränderbar dort vorhandener bestimmter Sachen (Ausbau eines schuldnerfremden Gaszählers), so fehlt es schon an einer Durchsuchung im engeren Sinne, jedenfalls schließt der Titel die Anordnung gem. Art. 13 GG ein[64]. Denn Art. 13 GG verlangt lediglich eine präventive richterliche Kontrolle,

---

57 Vgl. Zöller/*Stöber*, § 758a Rdn. 5; MünchKomm/*Heßler* ZPO, § 758a Rdn. 25, jeweils m.w.N.
58 LG Münster, DGVZ 1980, 57; MünchKomm/*Heßler* ZPO, § 758a Rdn. 44; Musielak/*Lackmann*, § 758a Rdn. 2; vgl. auch BT-Drucks. 13/341 S. 17: „Eingriff zum Zweck des Aufspürens der Person".
59 BVerfG, NJW 1979, 1539, 1540.
60 H.M., vgl. LG Berlin, DGVZ 1992, 11; Zöller/*Stöber*, § 758a Rdn. 6 m.w.N.; Thomas/*Putzo*, § 758a Rdn. 6; Schuschke/*Walker*, § 758a Rdn. 23.
61 Vgl. Begründung zu § 758a, BT-Drucks. 13/341 S. 17; *Goebel*, DGVZ 1998, 161, 164.
62 BT-Drucks. 12/2443 S. 170 zu § 167 REInsO.
63 Das wird nicht genügend beachtet von: Kübler/Prütting/*Holzer*, § 148 Rdn. 18; *Haarmeyer/Wutzke/Förster*, Kap. 5 Rdn. 86; *Uhlenbruck*, § 148 Rdn. 20; *Smid*, § 148 Rdn. 1; MünchKomm/*Füchsl/Weishäuptl* InsO, § 148 Rdn. 68; wie hier: *Häsemeyer*, Rdn. 13.04.
64 OLG Köln, NJW-RR 1988, 832; LG Potsdam, LG Dessau, DGVZ 2006, 59; LG Berlin, DGVZ 1991, 155; *Schilken*, InVo 1998, 306; MünchKomm/*Heßler* ZPO, § 758a Rdn. 47; Thomas/*Putzo*, § 758a Rdn. 6; Musielak/*Lackmann*, § 758a Rdn. 2; Baumbach/*Hartmann*, § 758a Rdn. 14; **a.A.** Zöller/*Stöber*, § 758a Rdn. 6.

die aufgrund der Besonderheiten in derartigen Fällen mit stattgefunden hat; dem steht nicht das Argument einer evtl. Unzuständigkeit des erkennenden Gerichts zu dem nach § 758a Abs. 1 ZPO zuständigen Gericht entgegen,[65] weil § 758a ZPO nur die Fälle einer gesonderten Durchsuchungsanordnung betrifft.

Hat sich der Schuldner zur Gewährung von Zutritt zur Wohnung oder der Duldung der Wegnahme unverrückbarer Sachen in der Wohnung in einem **Prozess- oder Anwaltsvergleich** verpflichtet, liegt darin zugleich die Einwilligung zum Betreten der Wohnung. Von dieser fortbestehenden Einwilligung darf der Gerichtsvollzieher so lange ausgehen, bis der Schuldner diese ausdrücklich widerruft und dem Betreten der Wohnung widerspricht, erst dann bedarf es eines gesonderten Durchsuchungsbeschlusses. 4.48

Zur Durchsetzung der **Herausgabeanordnung eines Kindes** bedarf es ebenfalls einer gesonderten Durchsuchungsanordnung[66]. 4.49

Bei einer **Anschlusspfändung** gem. § 826 ZPO genügt die in das Protokoll aufzunehmende Erklärung des Gerichtsvollziehers, dass er die konkret bezeichnete Sache für seinen neuen Auftraggeber (anderen Gläubiger) oder für einen bisherigen Gläubiger erneut (wegen einer anderen Forderung) pfände. Da sich die Pfändung somit anders als bei einer Anschlusspfändung gem. § 808 ZPO außerhalb der Wohnung des Schuldners vollzieht, ist keine Durchsuchungsanordnung notwendig. 4.50

Ein **Beschluss gem. § 758a Abs. 4 ZPO** (Vollstreckung zur Nachtzeit sowie an Sonn- und Feiertagen) enthält als solcher nicht zugleich auch eine Anordnung gem. § 758a Abs. 1 und 2 ZPO[67]. 4.51

5. Verfahren

Das Verfahren zur Erwirkung einer richterlichen Anordnung ist nunmehr – teilweise – in § 758a ZPO geregelt; im Übrigen finden die Vorschriften des 8. Buches der ZPO entsprechende Anwendung[68]. 4.52

a) Antrag

Auch wenn das Gesetz dies nicht ausdrücklich anspricht, ist stets ein entsprechender Antrag notwendig. In diesem sind **anzuführen**: 4.53

---

65 So aber Zöller/*Stöber*, § 758a Rdn. 6.
66 BVerfG, FamRZ 2000, 413.
67 BGH, Rpfleger 2004, 715 = InVo 2004, 502 = NJW-RR 2005, 146; Schuschke/*Walker,* § 758a Rdn. 46; MünchKomm/*Heßler* ZPO, § 758a Rdn. 77; HK-ZPO/*Kindl,* § 758a Rdn. 14; Thomas/*Putzo,* § 758a Rdn. 25, 31; **a.A.** Zöller/*Stöber,* § 758a Rdn. 35; *Bischof,* ZIP 1983, 522, 524 unter Berufung auf BVerfGE 16, 239, 241, von der aber das BVerfG in BVerfGE 51, 97 = NJW 1979, 1539, 1540 abgerückt ist.
68 Zöller/*Stöber,* § 758a Rdn. 23.

- die genaue Bezeichnung des Vollstreckungsauftrags (Gläubiger, Schuldner, Titel);
- Nachweis der Erfüllung der allgemeinen und besonderen Voraussetzungen der Zwangsvollstreckung (z.b. Ablauf einer Wartefrist), soweit diese nicht durch den Gerichtsvollzieher bei der Vollstreckung vor Ort noch erfüllt werden können (wie z.b. die Zustellung des Titels[69]) oder derzeit noch nicht erfüllt sein müssen (wie z.b. die nachfolgende Zustellung des Titels bei Vollziehung einer einstweiligen Verfügung gem. § 929 Abs. 3 S. 1 ZPO[70]);
- Angabe der Höhe des zu vollstreckenden Anspruchs;[71]
- genaue Angabe der zu durchsuchenden Räume des Schuldners;[72]
- Angabe der bisherigen vergeblichen Zutrittsversuche bzw. von Gründen, die gegen eine vorherige Anhörung des Schuldners sprechen.

4.54 Die entsprechenden Unterlagen sowie die für die Prüfung des Gerichts maßgeblichen Tatsachen (u.a. Protokoll des Gerichtsvollziehers über einen vergeblichen Vollstreckungsversuch) sind dem Antrag beizufügen[73].

4.55 Von der Ermächtigung gem. § 758a Abs. 6 ZPO, Formulare für den Antrag auf Erlass einer richterlichen Durchsuchungsanordnung einzuführen, hat das Bundesministerium der Justiz bislang noch keinen Gebrauch gemacht[74]. Sobald dies geschieht, besteht ein Benutzungszwang hierfür, § 758a Abs. 6 S. 2 ZPO.

4.56 Die **Stellung des Antrags** ist Sache des Gläubigers (vgl. § 107 Nr. 3 GVGA)[75]. **Streitig** ist, ob der Gerichtsvollzieher den Antrag für den Gläubiger stellen kann. Während einige dies dann zulassen, wenn der Gerichtsvollzieher hierzu vom Gläubiger beauftragt wird,[76] bejahen andere dieses Recht auch ohne einen besonderen Auftrag[77]. Die Gegenmei-

---

69 A.A. LG Düsseldorf, DGVZ 1998, 157.
70 So zu Recht differenzierend StJ/*Münzberg*, § 758 Rdn. 15 m.w.N.
71 OLG Köln, InVo 1996, 102 im Hinblick auf die Rechtsprechung des BVerfG, NJW 1987, 2499, wonach für mitvollstreckende Gläubiger ohne eigenen Durchsuchungsbeschluss die Durchsuchung räumlich und zeitlich begrenzt ist.
72 OLG Köln, InVo 1996, 102.
73 H.M., vgl. OLG Köln, InVo 1999, 125 – Steuerbescheide; OLG Köln, InVo 1996, 102; OLG Oldenburg, DGVZ 1991, 172; LG Wiesbaden, NJW-RR 1998, 1289 – Leistungsbescheid des Finanzamtes; LG Coburg, DGVZ 1997, 169; LG Hamburg, AG Luckenwalde, Rpfleger 1997, 173 – Leistungsbescheid des Hauptzollamtes; LG Aschaffenburg, DGVZ 1985, 115; LG Berlin, DGVZ 1988, 74; LG Darmstadt, DGVZ 1989, 120; Zöller/*Stöber*, § 758a Rdn. 24; MünchKomm/*Heßler* ZPO, § 758a Rdn. 53, jeweils m.w.N.
74 Vgl. hierzu *Fischer/Weinert*, DGVZ 2005, 33 f.
75 MünchKomm/*Heßler* ZPO, § 758a Rdn. 49; Thomas/*Putzo*, § 758a Rdn. 15.
76 AG Wiesbaden, DGVZ 1995, 29; Zöller/*Stöber*, § 758a Rdn. 23; Schuschke/*Walker*, § 758a Rdn. 27; HK-ZPO/*Kindl*, § 758a Rdn. 5; offen gelassen von: LG Bamberg, DGVZ 1989, 152; LG Koblenz, DGVZ 1981, 24; LG Aschaffenburg, DGVZ 1995, 185.
77 *Zimmermann*, § 758 Rdn. 7; *Schneider*, NJW 1980, 2377.

nung[78] verneint ein Antragstellungsrecht des Gerichtsvollziehers auch im Falle einer ausdrücklichen Beauftragung durch den Gläubiger, weil der Gerichtsvollzieher nicht Vertreter des Gläubigers, sondern unparteiisches Organ der Rechtspflege sei. Weitgehend einig ist man sich hingegen, dass der Gerichtsvollzieher nicht verpflichtet ist, den Antrag zu stellen[79].

Tipp: Die vorstehende Problematik lässt sich weitgehend vermeiden, wenn der Gläubiger einen solchen Antrag bereits vorgefertigt und selbst unterschrieben dem normalen Vollstreckungsauftrag beifügt, verbunden mit der Bitte, den Antrag auf Durchsuchungsanordnung nebst Anlage (Gerichtsvollzieherprotokoll) an das Vollstreckungsgericht weiterzuleiten. In dem Antrag sollte er Bezug nehmen auf das als Anlage beigefügte Protokoll des Gerichtsvollziehers, aus dem sich die notwendigen Daten sowie das Rechtsschutzinteresse (Weigerung bzw. mehrfaches Nichtantreffen des Schuldners) ergeben. Da der Gerichtsvollzieher dann nur noch Bote der Erklärung des Gläubigers ist, dürften gegen diese Verfahrensweise die geltend gemachten Bedenken nicht bestehen. Einer entsprechenden Bitte wird der Gerichtsvollzieher üblicherweise nachkommen, auch wenn er dies nicht muss.

4.57

b) Zuständigkeit

Zuständig für die Entscheidung ist der Richter des Amtsgerichts, in dessen Bezirk die Durchsuchung stattfinden soll (§ 758a Abs. 1 S. 1 ZPO). Dieser handelt nicht als Vollstreckungsgericht, die örtliche Zuständigkeit muss auch nicht stets mit der des Vollstreckungsgerichts (§ 764 ZPO) identisch sein.

4.58

c) Rechtsschutzinteresse

Für die Anordnung der Durchsuchung muss ein Rechtsschutzinteresse bestehen. Es besteht nicht, wenn der Schuldner mit der Durchsuchung einverstanden ist. Daher muss zunächst festgestellt werden, ob dies der Fall ist, sodass grundsätzlich mindestens ein Vollstreckungsversuch stattgefunden haben muss. Nur wenn ausnahmsweise aufgrund konkreter Umstände feststeht, dass der Schuldner die Einwilligung verweigern wird, bedarf es

4.59

---

78 AG Obernburg, DGVZ 1995, 159; LG Hannover, DGVZ 1983, 154; AG Langenfeld, DGVZ 1981, 14; AG Düsseldorf, DGVZ 1981, 90; AG München, DGVZ 1981, 189; MünchKomm/*Heßler* ZPO, § 758a Rdn. 49; Musielak/*Lackmann*, § 758a Rdn. 11; Thomas/*Putzo*, § 758a Rdn. 15; siehe auch § 107 Nr. 3 GVGA.
79 LG Aschaffenburg, DGVZ 1995, 185; LG Bamberg, DGVZ 1989, 152; LG Koblenz, DGVZ 1981, 24; Schuschke/*Walker*, § 758a ZPO Rdn. 27; **a.A.** Zöller/*Stöber*, § 758a Rdn. 23.

dieses Vollstreckungsversuchs nicht[80]. Die bloße Mitteilung des Gerichtsvollziehers, der Schuldner habe bisher niemals einen Zutritt gestattet, genügt daher nicht[81]. Verweigert der Schuldner, eine mit ihm in häuslicher Gemeinschaft lebende Person oder ein Vertreter des Schuldners die Einwilligung, ist ein Rechtsschutzbedürfnis gegeben. Nicht haltbar ist es, ein Rechtsschutzbedürfnis auch dann noch zu bejahen, wenn seit der Weigerung des Schuldners 10 Monate vergangen sind[82]. Denn nach der Rechtsprechung des BVerfG[83] verliert sogar ein erlassener Durchsuchungsbeschluss seine rechtfertigende Kraft spätestens nach Ablauf eines halben Jahres, weil sich die zugrunde liegenden Verhältnisse inzwischen geändert haben können.

4.60　Im Einzelnen **streitig** ist die Frage, ob ein Rechtsschutzbedürfnis zu bejahen ist, wenn der **Schuldner** bei dem Vollstreckungsversuch **nicht angetroffen** wurde. Nach wohl **h.M.** muss der Gerichtsvollzieher mindestens zweimal den Schuldner nicht in seiner Wohnung angetroffen haben, davon mindestens einmal zu einer Zeit, in der man sich gewöhnlich in der Wohnung aufzuhalten pflegt;[84] oder der Gerichtsvollzieher muss beim ersten Mal eine schriftliche Nachricht hinterlassen haben, mit der Aufforderung, sich mit ihm wegen eines Termins in Verbindung zu setzen, ansonsten mit einer richterlichen Durchsuchungsanordnung und gewaltsamer Öffnung gerechnet werden müsse[85].

d) Verhältnismäßigkeit

4.61　Die Durchsuchung ist nur dann anzuordnen, wenn die Anordnung dem Grundsatz der Verhältnismäßigkeit entspricht. Dieser ist nicht gewahrt bei ernsthafter Erkrankung des Schuldners (auch Suizidgefahr[86]) oder einer in seinem Haushalt lebenden Person, soweit diese die Wohnung während der Vollstreckung krankheitsbedingt nicht verlassen kann[87]. Unverhältnismäßigkeit ist ferner gegeben, wenn aufgrund *konkreter* Anknüpfungstatsachen davon auszugehen ist, dass in der zu durchsuchenden Wohnung keine

---

80　LG Darmstadt, JurBüro 1980, 775; Zöller/*Stöber,* § 758a Rdn. 20; MünchKomm/*Heßler* ZPO, § 758a Rdn. 50, jeweils m.w.N.
81　LG Köln, JurBüro 1988, 537.
82　So auch LG Wiesbaden, JurBüro 1997, 215.
83　NJW 1997, 2165.
84　OLG Bremen, DGVZ 1989, 40 = NJW-RR 1989, 1407; LG Berlin, JurBüro 1997, 609; LG Cottbus, ZMR 1994, 263; LG Berlin, DGVZ 1988, 74; LG Köln, DGVZ 1993, 190; vgl. weitere Einzelheiten und Nachweise bei Zöller/*Stöber,* § 758a Rdn. 20 sowie Schuschke/*Walker,* § 758a Rdn. 30; MünchKomm/*Heßler* ZPO, § 758a Rdn. 50; *Barz,* DGVZ 1993, 177 f.; *Däumichen* DGVZ 1994, 41.
85　OLG Köln, Rpfleger 1995, 167; OLG Celle, Rpfleger 1987, 73; MünchKomm/*Heßler* ZPO, § 758a Rdn. 50.
86　LG Hannover, Rpfleger 1995, 471.
87　LG Hannover, NJW-RR 1986, 288 und DGVZ 1984, 116; MünchKomm/*Heßler* ZPO, § 758a Rdn. 57.

verwertbaren Sachen vorhanden sind[88]. Andererseits kann der Gläubiger nicht generell auf andere Möglichkeiten der Zwangsvollstreckung (Forderungspfändung; Vollstreckung in Immobilien; Pfändung von Sachen des Schuldners bei Dritten) verwiesen werden, bei denen eine Durchsuchung nicht erforderlich ist. Allein der Umstand, dass es sich bei der zu vollstreckenden Forderung um eine Bagatellforderung handelt, macht die Durchsuchung nicht ohne weiteres unverhältnismäßig; das könnte ansonsten zu einer Nichtbeitreibbarkeit von geringen Forderungen führen, was wiederum gegen Art. 14 GG und Art 19 Abs. 4 GG verstoßen würde. Maßgebend sind auch hier vielmehr die Umstände des konkreten Einzelfalles[89].

e) **Rechtliches Gehör**

Vor der Entscheidung über den Antrag ist dem Schuldner rechtliches Gehör zu gewähren, es sei denn, dadurch würde der Erfolg der Vollstreckung gefährdet[90]. Ob eine derartige Gefährdung vorliegt, ist aufgrund der konkreten Umstände des Einzelfalles, aber auch unter Berücksichtigung allgemeiner Erfahrungssätze vom Gericht nach pflichtgemäßem Ermessen zu entscheiden[91]. Es ist daher eine rein tatsächliche Frage, ob in der Praxis diese Gefährdung nahezu regelmäßig besteht[92].

f) **Entscheidung**

Die Entscheidung ergeht durch zu begründenden Beschluss. In ihm sind der Vollstreckungsauftrag nach Gläubiger, Schuldner und Titel sowie die zu durchsuchende Wohnung des Schuldners genau zu bezeichnen[93]. Das Gericht prüft von sich aus, ob sämtliche Voraussetzungen für den Erlass vorliegen (allgemeine und besondere Voraussetzungen der Zwangsvollstreckung, Rechtsschutzbedürfnis, Verhältnismäßigkeit), nicht jedoch die inhaltliche Richtigkeit des Titels[94]. Anders als bei der Durchsuchung gemäß § 102 StPO sind hier Angaben zum Zweck der Durchsuchung und der zulässigen Maßnahmen nicht erforderlich, weil sich dies unmittelbar

---

88 BVerfG, NJW 1981, 2111, 2112; vgl. im Einzelnen Zöller/*Stöber,* § 758a Rdn. 17.
89 Vgl. BVerfG, NJW 1979, 1539, 1540; LG Düsseldorf, NJW 1980, 1171; Schuschke/*Walker,* § 758a Rdn. 31; Zöller/*Stöber,* § 758a Rdn. 21; MünchKomm/*Heßler* ZPO, § 758a Rdn. 58 m.w.N.; **a.A.** LG Hannover, NJW-RR 1986, 1256.
90 **H.M.:** BVerfG, NJW 1981, 2112; LG Braunschweig, NdsRpfl 1997, 307; LG Coburg, DGVZ 1997, 169; Zöller/*Stöber,* § 758a Rdn. 25.
91 BVerfG, a.a.O.; OLG Hamm, OLGR Hamm 2001, 317 = NJOZ 2002, 1721; LG Bamberg, DGVZ 1989, 152; Zöller/*Stöber,* § 758 Rdn. 25; MünchKomm/*Heßler* ZPO, § 758a Rdn. 55; Baumbach/*Hartmann,* § 758a Rdn. 7, 12; HK-ZPO/*Kindl,* § 758a Rdn. 5; nach Thomas/*Putzo,* § 758a Rdn. 16 in der Regel nicht; **a.A.** LG Hannover, DGVZ 1986, 62.
92 BVerfG, a.a.O.; Letzteres bejahend LG Berlin, DGVZ 1993, 173.
93 OLG Köln, OLGZ 1993, 375; InVo 1996, 102.
94 **Allg.M.**, vgl. BVerfG, NJW 1979, 1539.

4.64, 4.65   Vollstreckung durch den Gerichtsvollzieher

aus § 758a ZPO ergibt. Die Anordnung kann und muss – aus Gründen der Verhältnismäßigkeit – zeitlich begrenzt werden, längstens auf 6 Monate[95]. Eine Entscheidung gem. § 758a Abs. 4 ZPO oder eine Anweisung des Gerichts an den Gerichtsvollzieher gem. § 766 Abs. 2 ZPO, die Zwangsvollstreckung durchzuführen, beinhaltet eine Anordnung gem. § 758a ZPO nicht[96].

4.64   Die Durchsuchungsanordnung ist erst mit der Erledigung des Vollstreckungsauftrags verbraucht, nicht bereits mit vergeblichen Versuchen des Gerichtsvollziehers, in die Wohnung zu gelangen[97]. Sie schließt die Berechtigung des Gerichtsvollziehers zur Abholung von zunächst im Gewahrsam des Schuldners belassenen Sachen ein[98]. Ist die Durchsuchungsanordnung zeitlich befristet, also nicht auf eine einmalige Durchsuchung beschränkt, und kann der Vollstreckungsauftrag nicht vollständig erfolgreich durchgeführt werden (kein Vorfinden pfändbarer Sachen oder die Pfändung erreicht wertmäßig nicht die zu vollstreckende Forderung), deckt die erlassene Durchsuchungsanordnung auch eine **erneute Durchsuchung** innerhalb der Gültigkeitsdauer mit ab, wenn Anlass zu der Vermutung besteht, dass nunmehr pfändbare Sachen vorgefunden werden[99]. Dies ist für die Praxis auch insoweit relevant, als Gerichtsvollzieher zunehmend dazu übergehen, ihren Besuch schriftlich oder telefonisch anzukündigen; in solchen Fällen kann davon ausgegangen werden, dass pfändbare Gegenstände bei der ersten Durchsuchung nicht aufgefunden werden.

g) Vorzeigen/Zustellung/Rechtsbehelfe

4.65   Die Durchsuchungsanordnung ist dem Schuldner gem. § 758a Abs. 5 ZPO bei der Zwangsvollstreckung vorzuzeigen, woraus sich ergibt, dass sie vor Beginn der Durchsuchung nicht auch förmlich zugestellt sein muss. Richtigerweise ist ihm entsprechend § 909 Abs. 1 S. 2 ZPO auf Verlangen eine Abschrift davon zu übergeben. Soweit es dazu in der Begründung des Gesetzentwurfs[100] heißt, eine Übergabe des Beschlusses sei anders als bei der Verhaftung nicht vorgesehen, weil die Vollstreckungshandlung mit der Durchsuchung bereits beendet und die Situation damit im Hinblick auf mögliche Rechtsbehelfe anders als bei der Verhaftung sei, dürfte dies jeden-

---

95   Vgl. BVerfG, NJW 1997, 2165; Thomas/*Putzo*, § 758a Rdn. 18; großzügiger („soll", „kann", „empfiehlt sich"): Zöller/*Stöber*, § 758a Rdn. 27; Musielak/*Lackmann*, § 758a Rdn. 14; HK-ZPO/*Kindl*, § 758a Rdn. 6.
96   BGH, Rpfleger 2004, 715 = InVo 2004, 502 = NJW-RR 2005, 146; Zöller/*Stöber*, § 758a Rdn. 27, 35; s. dazu auch Rdn. 4.45 ff.
97   Zöller/*Stöber*, § 758a Rdn. 30; MünchKomm/*Heßler* ZPO, § 758a Rdn. 65, jeweils m.w.N. und Einzelheiten.
98   AG Koblenz, DGVZ 1997, 188; Zöller/*Stöber*, a.a.O.; MünchKomm/*Heßler* ZPO, § 758a Rdn. 66.
99   MünchKomm/*Heßler* ZPO, § 758a Rdn. 65; HK-ZPO/*Kindl*, § 758a Rdn. 6; **a.A.** Musielak/*Lackmann*, § 758a Rdn. 15; Zöller/*Stöber*, § 758a Rdn. 30.
100 BT-Drucks. 13/341 S. 18.

falls im Hinblick auf das Urteil des BVerfG[101] nicht mehr zutreffen. In dieser Entscheidung hat das BVerfG in Abweichung seiner früheren Rechtsprechung[102] ausgeführt, dass die Beschwerde gegen eine richterliche Durchsuchungsanordnung nicht allein deswegen, weil sie vollzogen ist und die Maßnahme sich damit erledigt hat, unter dem Gesichtspunkt prozessualer Überholung als unzulässig verworfen werden dürfe. Dementsprechend wird nunmehr eine gerichtliche Überprüfung einer Durchsuchungsanordnung zutreffend auch dann bejaht, wenn der Beschluss nicht wegen weiterer zu befürchtender Pfändungen oder Durchsuchungen mehr fortwirkt, soweit der Schuldner vor Erlass des Beschlusses nicht angehört worden war[103].

Ob die Entscheidung dem Gläubiger und Schuldner überhaupt nur formlos mitzuteilen oder förmlich zuzustellen ist, hängt davon ab, welcher Rechtsbehelf gegen die Versagung oder Erteilung der Anordnung dem Beschwerten zusteht (vgl. § 329 Abs. 2 S. 1 ZPO einerseits bzw. § 329 Abs. 2 S. 2, Abs. 3 ZPO andererseits). Dies wiederum richtet sich danach, ob der Beschwerte zuvor Gelegenheit zum rechtlichen Gehör hatte oder nicht[104]. Nach richtiger Ansicht[105] steht daher dem Gläubiger bei Zurückweisung des Antrags sowie dem Schuldner bei Erlass der Anordnung und ihm gewährten rechtlichen Gehörs die sofortige Beschwerde gemäß § 793 ZPO zu (wenn der unzuständige Rechtspfleger die Entscheidung erlassen hat über § 11 Abs. 1 RPflG); in diesen Fällen ist die Entscheidung daher zuzustellen. Einem Dritten sowie dem nicht angehörten Schuldner steht die Vollstreckungserinnerung gemäß § 766 ZPO[106] zu; insoweit genügt eine formlose Mitteilung.

4.66

Gegen Durchsuchungen ohne richterliche Anordnung steht dem Schuldner und ggf. dem Dritten der Rechtsbehelf des § 766 Abs. 1 ZPO zu; gegen die Ablehnung des Vollstreckungsauftrags kann der Gläubiger gem. § 766 Abs. 2 ZPO vorgehen.

4.67

---

101 NJW 1997, 2163.
102 NJW 1979, 154.
103 OLG Hamm, OLGR Hamm 2001, 317 = NJOZ 2002, 1721; MünchKomm/*Heßler* ZPO, § 758a Rdn. 71; Musielak/*Lackmann*, § 758a Rdn. 16; HK-ZPO/*Kindl*, § 758a Rdn. 12; Schuschke/*Walker*, § 758a Rdn. 40.
104 Vgl. zu den Einzelheiten Rdn. 8.9 und 8.23.
105 So auch MünchKomm/*Heßler* ZPO, § 758a Rdn. 70, 71; Musielak/*Lackmann*, § 758a Rdn. 16; HK-ZPO/*Kindl*, § 758a Rdn. 12; Schuschke/*Walker*, § 758a Rdn. 38; Zöller/*Stöber*, § 758a Rdn. 36, der allerdings unzutreffend dem Schuldner nie einen Rechtsbehelf zubilligt.
106 KG, Rpfleger 1986, 142 = NJW 1986, 1180; LG Karlsruhe, NJW-RR 1986, 550; nach a.A. ist für den Schuldner stets die sofortige Beschwerde gegeben: OLG Hamm, OLGR Hamm 2001, 317 = NJOZ 2002, 1721; MünchKomm/*Heßler* ZPO, § 758a Rdn. 71; Musielak/*Lackmann*, § 758a Rdn. 16; HK-ZPO/*Kindl*, § 758a Rdn. 12; Schuschke/*Walker*, § 758a Rdn. 38.

6. Öffnung von Haustüren etc., § 758 Abs. 2 ZPO

4.68 Ist eine Durchsuchungsanordnung nicht notwendig oder erteilt, ist der Gerichtsvollzieher auch befugt, verschlossene Haustüren, Zimmertüren und Behältnisse (das ist ein zur Verwahrung und Sicherung geeigneter und dienender Raum, der seinerseits nicht dazu bestimmt ist, von Menschen betreten zu werden, wie z.b. ein Beutel, Kassetten, Koffer, Sack, Schrank, Taschen, Truhen, Umschlag[107]) **öffnen zu lassen, § 758 Abs. 2 ZPO.** Zuvor muss er den Schuldner oder in dessen Abwesenheit eine zu dessen Familie gehörige oder bei ihm beschäftigte erwachsene Person, die er in der Wohnung oder in den Räumen antrifft, auffordern, die Türen und Behältnisse zu öffnen (§ 131 Nr. 1 GVGA). Einer gewaltsamen Öffnung der Wohnung soll in der Regel eine schriftliche Ankündigung unter Hinweis auf § 758a ZPO und § 288 StGB, die Durchsuchungsanordnung sowie eine Zahlungsaufforderung[108] vorausgehen (§ 107 Nr. 7 GVGA).

4.69 Bei der Öffnung ist darauf zu achten, dass diese sachgerecht geschieht und der Schaden das nach Lage der Dinge unvermeidbare Maß nicht überschreitet[109]. Nur soweit der Gerichtsvollzieher nicht entsprechend vorgeht, steht dem Schuldner ein **Schadensersatzanspruch** gem. § 839 BGB i.V.m. Art. 34 GG zu. Für geschädigte Dritte kommt ein Schadensersatzanspruch gegen den Schuldner oder den Staat gemäß §§ 904, 1004 BGB oder aus Aufopferung in Betracht[110].

7. Widerstand des Schuldners, § 758 Abs. 3 ZPO

4.70 Leistet der Schuldner oder ein ihn unterstützender Dritter (nicht im Falle der §§ 809, 886 ZPO) Widerstand bei einer erlaubten Durchsuchung, darf der Gerichtsvollzieher selbst Gewalt anwenden oder sich der Unterstützung der Polizei bedienen, § 758 Abs. 3 ZPO. Es ist gemäß § 759 ZPO zu verfahren, § 108 GVGA. Die Gewaltanwendung ist auf das sachangemessene Maß zu beschränken; dazu kann auch das Anlegen von Handschellen während der Dauer der Vollstreckung gehören[111].

8. Anwesenheit des Gläubigers

4.71 Der Gläubiger oder sein bevollmächtigter Vertreter kann verlangen, bei der Vollstreckung anwesend zu sein. Dann hat der Gerichtsvollzieher sie rechtzeitig vom Zeitpunkt der Vollstreckung zu benachrichtigen (§ 62

---

107 Vgl. OLG Köln, NJW 1980, 1531 = OLGZ 1980, 352; MünchKomm/*Heßler* ZPO, § 758 Rdn. 3.
108 Vgl. AG Neuwied, DGVZ 1998, 78.
109 BGH, NJW 1957, 544 LS. = ZZP 70 (1957), 251.
110 Vgl. StJ/*Münzberg*, § 758 Rdn. 8 Fn. 27; Schuschke/*Walker*, § 758 Rdn. 16.
111 LG Ulm, DGVZ 1994, 73.

Nr. 5 GVGA). Nach wohl h.M.[112] steht dem Gläubiger ein solches Anwesenheitsrecht bei der Vollstreckung gegen den Willen des Schuldners aber nur aufgrund einer ausdrücklichen richterlichen Ermächtigung zu, die wiederum nur aus triftigen Gründen erteilt werden darf, z.B. Ausbau einer herauszugebenden Sache, auch im Hinblick auf eine Austauschpfändung oder andere Verwertungsart gem. § 825 ZPO. Soweit diesbezüglich auch die Notwendigkeit der Identifizierung einer wegzunehmenden Sache als Grund angeführt wird, wird dabei übersehen, dass es in solchen Fällen regelmäßig schon an der für eine Vollstreckung zwingend notwendigen ausreichenden Bestimmtheit des Vollstreckungstitels mangeln wird, sodass eine Zwangsvollstreckung überhaupt ausscheidet, also auch eine Durchsuchung.

9. Kosten

Für die Durchsuchung fallen beim **Gerichtsvollzieher** keine besonderen Gebühren an, sie sind mit den Gebühren für die Pfändung, Wegnahme oder Verhaftung abgegolten, § 3 Abs. 1 GvKostG mit KV Nr. 205, 220, 221, 270; Auslagen für das Öffnen und die Zuziehung von Personen sind gem. KV Nr. 704 zum GvKostG in voller Höhe zu erstatten. Wird der Gerichtsvollzieher zu unüblichen Zeiten (§ 758a Abs. 4 ZPO) tätig, werden die Gebühren doppelt erhoben, § 11 GvKostG. 4.72

Gerichtsgebühren fallen für einen Durchsuchungsbeschluss nicht an. 4.73

Der **Anwalt** erhält für seine Tätigkeit im Zusammenhang mit einer Durchsuchungsanordnung keine gesonderte Gebühr, soweit für ihn bereits eine Vollstreckungsgebühr nach VV 3309 zum RVG angefallen ist, vgl. § 18 Nr. 3 i.V.m. § 19 Abs. 2 Nr. 1 RVG. Wird er erstmals für seinen Auftraggeber in der Zwangsvollstreckung tätig, fällt eine Gebühr nach VV 3309 zum RVG an. 4.74

Die im Zusammenhang mit einem Durchsuchungsbeschluss anfallenden Kosten sind solche der Zwangsvollstreckung i.S.v. § 788 ZPO. 4.75

IV. Vollstreckung zu unüblichen Zeiten

1. Voraussetzungen

Während bis zum 31.12.1998 gem. § 761 a.F. ZPO eine Vollstreckung zur Nachtzeit sowie an Sonntagen und allgemeinen Feiertagen stets einer ausdrücklichen entsprechenden Erlaubnis bedurfte, ist aufgrund der durch die 2. Zwangsvollstreckungsnovelle in § 758a Abs. 4 ZPO getroffenen Neure- 4.76

---

[112] Vgl. LG Köln, DGVZ 1997, 152; LG Stuttgart, DGVZ 1991, 188; AG Reinbek, DGVZ 2005, 44; Schuschke/*Walker*, § 758 Rdn. 12; Zöller/*Stöber*, § 758 Rdn. 8; MünchKomm/*Heßler* ZPO, § 758a Rdn. 25 f.; HK-ZPO/*Kindl*, § 758 Rdn. 6; jew. m.w.N.; generell großzügiger Baumbach/*Hartmann*, § 758 Rdn. 14 sowie Musielak/*Lackmann*, § 758a Rdn. 10.

gelung nunmehr zwischen Wohnungen und sonstigen Räumen zu unterscheiden. Ob sich der **Wohnungsbegriff** insoweit mit dem des § 758a Abs. 1 ZPO (Durchsuchung) deckt, lässt sich der Begründung der Änderung nicht entnehmen[113]. Sinn macht die Neuregelung, die ja zu einer Vereinfachung und Beschleunigung führen soll, nur, wenn es hinsichtlich der Geschäftsräume keiner richterlichen Entscheidung bedarf[114]. Dafür sprechen auch die im Rahmen der Sachverständigenanhörung vor dem Rechtsausschuss des Bundestages gemachten Ausführungen. Dort ist mehrfach als Beispiel eines nicht notwendigen richterlichen Beschlusses die Vollstreckung zur Nachtzeit z.B. in Gaststätten genannt worden[115]. Diese Differenzierung begegnet keinen verfassungsrechtlichen Bedenken, weil bei einer Vollstreckung zur Nachtzeit in Geschäftsräumen zwar keine richterliche Erlaubnis nach § 758a Abs. 4 ZPO, wohl aber ein richterlicher Durchsuchungsbeschluss nach § 758a Abs. 1 ZPO erforderlich ist[116].

4.77 Soll ein **Haftbefehl** zu unüblicher Zeit in Wohnräumen vollstreckt werden, bedarf es dazu einer richterlichen Anordnung, weil § 758a Abs. 4 ZPO nicht auf § 758a Abs. 2 ZPO Bezug nimmt[117].

4.78 Die **Entscheidung** über eine Vollstreckung zu den ungewöhnlichen Zeiten in anderen als Wohnräumen trifft der Gerichtsvollzieher aufgrund der Abwägung von Gläubiger- und Schuldnerinteressen nach eigenem Ermessen. Er hat also insbesondere die Notwendigkeit, die Verhältnismäßigkeit sowie das Vorliegen einer für den Gerichtsvollzieher offensichtlich erkennbaren oder vom Schuldner/Mitgewahrsamsinhaber geltend gemachten unbilligen Härte zu prüfen. Wie bisher auch kommen als Härtefälle z.B. eine ernsthafte Erkrankung, die Vollstreckung in der Hochzeitsnacht[118] oder die Räumung eines Altenheimes zur Nachtzeit[119] in Betracht.

4.79 Die **Nachtzeit** umfasst die Stunden von 21.00–6.00 Uhr (§ 758a Abs. 4 S. 2 ZPO). Welches allgemeine **Feiertage** sind, richtet sich nach Landes-[120]

---

113 Bericht des Rechtsausschusses, BT-Drucks. 13/9088.
114 So zutreffend *Funke*, NJW 1998, 1030; *Münzberg*, DGVZ 1999, 177; HK-ZPO/*Kindl*, § 758a Rdn. 14; StJ/*Münzberg*, § 758a Rdn. 35; **a.A.** Zöller/*Stöber*, § 758a Rdn. 35; Schuschke/*Walker*, § 758a Rdn.46; Thomas/*Putzo*, § 758a Rdn. 25; Musielak/*Lackmann*, § 758a Rdn. 18; *Goebel*, DGVZ 1998, 165; *Hornung*, Rpfleger 1998, 387.
115 Vgl. Protokoll der 68. Sitzung des Rechtsausschusses am 9.12.1996, S. 26/27.
116 *Funke*, NJW 1998, 1030; Schuschke/*Walker*, § 758a Rdn. 46; MünchKomm/*Heßler* ZPO, § 758a Rdn. 77; HK-ZPO/*Kindl*, § 758a Rdn. 14; Thomas/*Putzo*, § 758a Rdn. 25, 31; vgl. auch BGH, Rpfleger 2004, 715 = InVo 2004, 502 = NJW-RR 2005, 146; **a.A.** Zöller/*Stöber*, § 758a Rdn. 35; *Bischof*, ZIP 1983, 522, 524 unter Berufung auf BVerfGE 16, 239, 241, von der aber das BVerfG in BVerfGE 51, 97 = NJW 1979, 1539, 1540 abgerückt ist.
117 BGH, Rpfleger 2004, 715 = InVo 2004, 502 = NJW-RR 2005, 146; Schuschke/*Walker*, § 758a Rdn. 46; MünchKomm/*Heßler* ZPO, § 758a Rdn.77; HK-ZPO/*Kindl*, § 758a Rdn. 14; Thomas/*Putzo*, § 758a Rdn. 25, 31; **a.A.** Zöller/*Stöber*, § 758a Rdn. 35.
118 AG München, DGVZ 1985, 62.
119 AG Groß-Gerau, Rpfleger 1993, 407.
120 Vgl. zum Landesrecht: Baumbach/*Hartmann*, § 758a Rdn. 17.

bzw. Bundesrecht (Neujahr, Karfreitag, Ostermontag, Himmelfahrt, Tag der Arbeit – 1. Mai, Pfingstmontag, Tag der Deutschen Einheit – 3. Oktober; Rosenmontag ist auch im Rheinland kein Feiertag[121]). Auf einen arbeitsfreien Samstag/Sonnabend findet § 758a Abs. 4 ZPO keine Anwendung.

Der **Antrag** ist vom Gläubiger zu stellen, § 65 Nr. 2 Abs. 2 GVGA. Ob der Gerichtsvollzieher ohne oder mit ausdrücklichem Auftrag für den Gläubiger diesen Antrag stellen darf, ist ebenso umstritten wie im Rahmen der Beantragung der Durchsuchungsanordnung; insoweit wird auf die dortigen Ausführungen und Nachweise[122] verwiesen. Im Antrag ist die konkrete Vollstreckungsmaßnahme (Pfändung generell oder bestimmter Sachen, Räumung, Herausgabe) sowie die Zeit der Vollstreckung (nachts, sonntags, feiertags) anzugeben, ferner – wenn gewünscht – die ausdrückliche Angabe, dass die Erlaubnis für die **mehrmalige** (Angabe der Anzahl) **Vornahme** von Vollstreckungsmaßnahmen erteilt werden soll, weil sie ansonsten grundsätzlich nur für eine einmalige Vollstreckung erteilt wird[123].   4.80

Zuständig ist der Richter des Amtsgerichts, in dessen Bezirk die Vollstreckungshandlung vorgenommen werden soll[124]. Eine vom Rechtspfleger erteilte Erlaubnis ist unwirksam ((§ 8 Abs. 4 S. 1 RPflG).   4.81

Der Antrag ist nur dann Erfolg versprechend, wenn die **Notwendigkeit** der Vollstreckung zu ungewöhnlicher Zeit **dargelegt** und nötigenfalls **glaubhaft gemacht** wird. Ein solcher Fall ist gegeben, wenn die Vollstreckung ansonsten besonders schwierig wäre, insbesondere also nur zu den unüblichen Zeiten Erfolg verspricht oder die Erfolgsaussicht zu diesen Zeiten doch wesentlich größer ist;[125] also z.B. eine Kassenpfändung bei Abend- oder Feiertagsveranstaltungen, bei einem Nachtclub. Soweit nicht offensichtlich nur eine Vollstreckung zu den ungewöhnlichen Zeiten Erfolg verspricht, gehört dazu auch, dass eine Vollstreckung zur normalen Zeit erfolglos versucht worden ist[126]. Wurde der Schuldner nicht in seiner Wohnung angetroffen, ist es grundsätzlich notwendig, aber auch ausreichend, dass der Schuldner zweimal nicht angetroffen wurde, davon mindestens einmal zu einer Zeit, in der man sich üblicherweise in der Wohnung aufzuhalten pflegt[127].   4.82

---

121 Vgl. BGH, NJW 1982, 184, 185; BFH, NJW 1997, 416.
122 S. Rdn. 4.53 ff.
123 Vgl. OLG Stuttgart, NJW 1970, 1329, 1330.
124 **H.M.**, vgl. BVerfG, NJW 1979, 1539, 1540 unter C I 3c; BGH, Rpfleger 2004, 715 = InVo 2004, 502 = NJW-RR 2005, 146; Musielak/*Lackmann*, § 758a Rdn. 21; Baumbach/*Hartmann*, § 758a Rdn. 21.
125 OLG Stuttgart, NJW 1970, 1329; LG Berlin, Rpfleger 1981, 444; AG Gladbeck, MDR 1990, 1123.
126 Vgl. BT-Drucks. 13/9088 S. 23.
127 Vgl. auch Zöller/*Stöber*, § 758a Rdn. 35; Musielak/*Lackmann*, § 758a Rdn. 19, jeweils m.w.N.

4.83 Das notwendige **Rechtsschutzbedürfnis** ist dann nicht gegeben, wenn die Vollstreckung von vornherein keine Aussicht auf Erfolg verspricht[128].

4.84 Die Vollstreckung zur Nachtzeit sowie an Sonn- und Feiertagen muss zudem dem Grundsatz der **Verhältnismäßigkeit** entsprechen; sie darf daher auch bei Berücksichtigung der legitimen Interessen des Gläubigers für den Schuldner nicht unzumutbar sein (z.b. nicht an einem hohen kirchlichen Feiertag oder Silvester;[129] Bagatellforderung[130]).

4.85 Notwendig für die Erteilung der Erlaubnis ist lediglich ein **Vollstreckungstitel**, die übrigen allgemeinen und besonderen Voraussetzungen der Zwangsvollstreckung müssen zwar erfüllbar, aber noch nicht erfüllt sein, denn die Erlaubnis ist noch keine Zwangsvollstreckung, sondern lediglich Vorbereitung derselben[131]. Insoweit hat sich durch die Neufassung nichts geändert.

4.86 Der Schuldner ist grundsätzlich vorher **anzuhören**; hiervon kann jedoch bei besonderer Dringlichkeit oder Gefährdung des Vollstreckungserfolges abgesehen werden[132]. Hingegen ist eine Ankündigung der Vollstreckung zur unüblichen Zeit in anderen als Wohnräumen durch den Gerichtsvollzieher auch im Hinblick auf Art. 19 Abs. 4 GG nicht notwendig[133]. Das ihm zustehende rechtliche Gehör muss der Gerichtsvollzieher dem Schuldner vor Durchführung der Vollstreckung gewähren. Nicht notwendig dazu gehört es, dass der Schuldner nunmehr auch noch ausreichend Gelegenheit haben müsste, dagegen einen Rechtsbehelf einzulegen. Insoweit ist die Situation nicht anders als im Falle der Sachpfändung. Auch hier verlangt Art. 19 Abs. 4 GG nicht, dass der Schuldner vor Durchführung der Pfändungsmaßnahme, die aus Gründen der Effektivität dem Schuldner gerade nicht vorher mitgeteilt werden sollte, Gelegenheit zur Einlegung eines Rechtsbehelfs haben müsste.

2. Entscheidung

4.87 Die Entscheidung ergeht durch Beschluss. In ihm ist die erlaubte Zwangsvollstreckungsmaßnahme, die Zeit (Nachtzeit, Sonn- bzw. Feiertag), eine zeitliche Befristung der Erlaubnis[134] sowie die Anzahl von Vollstreckungsmaßnahmen anzugeben, wenn die Erlaubnis nicht – wie norma-

---

128 LG Berlin, NJW 1957, 798; LG Frankfurt/Main, DGVZ 1980, 23, 26; LG Köln, MDR 1971, 588; LG Trier, DGVZ 1981, 13.
129 AG Groß-Gerau, DGVZ 1984, 29.
130 LG Berlin, DGVZ 1971, 61.
131 LG Marburg, DGVZ 1982, 30; wohl auch HK-ZPO/*Kindl*, § 758a Rdn. 14, weil dort nicht auf dessen Rdn. 4 verwiesen wird; Zöller/*Stöber*, (20. Aufl.) § 761 a.F. Rdn. 5, nicht angesprochen bei § 758a Abs. 4 ZPO; *Wieser*, Rpfleger 1988, 296; **a.A.** Schuschke/*Walker*, § 758a Rdn. 48; Musielak/*Lackmann*, § 758a Rdn. 18; MünchKomm/*Heßler* ZPO, § 758a Rdn. 78.
132 Vgl. *Hornung*, Rpfleger 1998, 387; Musielak/*Lackmann*, § 758a Rdn. 20.
133 **A.A.** *Goebel*, DGVZ 1998, 165.
134 OLG Stuttgart, NJW 1970, 1329, 1330; Musielak/*Lackmann*, § 758a Rdn. 22.

lerweise – nur für eine einmalige Vollstreckungshandlung (nicht bloßen Vollstreckungsversuch) Gültigkeit haben soll.

Die Entscheidung beinhaltet keine Durchsuchungsanordnung[135]. Sie wird dem Gläubiger ausgehändigt, dem Schuldner wird sie nicht zugestellt, sondern bei Beginn der Zwangsvollstreckung **vorgezeigt** (§ 758a Abs. 5 ZPO analog; die dortige Nichterwähnung des Abs. 4 ist ein Versehen des Gesetzgebers[136]); dies ist im Protokoll vom Gerichtsvollzieher zu vermerken (§ 65 Nr. 2 Abs. 2 GVGA).   4.88

Der Gerichtsvollzieher kann **Vollstreckungsanträge anderer Gläubiger,** die keine entsprechende Erlaubnis erwirkt haben, mitvollstrecken, soweit dadurch der Schuldner nicht in größerem Ausmaß in seiner Nacht- bzw. Sonn- oder Feiertagsruhe gestört wird[137] (entsprechend § 758a ZPO, vgl. Rdn. 4.34).   4.89

3. Rechtsbehelfe

Nach zutreffender Ansicht steht dem Gläubiger bei Zurückweisung des Antrags sowie dem Schuldner bei Erteilung der Erlaubnis und ihm gewährten rechtlichen Gehör als **Rechtsbehelf** die sofortige Beschwerde gemäß § 793 ZPO zu; ohne vorherige Gewährung rechtlichen Gehörs kann der Schuldner Vollstreckungserinnerung gemäß § 766 ZPO erheben (zu den Einzelheiten vgl. oben Rdn. 4.66 f. sowie auch Rdn. 8.9 und 8.23).   4.90

Eine **ohne Erlaubnis erfolgte Vollstreckung** ist wirksam, jedoch vom Schuldner mit der Vollstreckungserinnerung gem. § 766 ZPO anfechtbar[138]. **Streitig** ist, ob in dem Zeitpunkt, in dem der Gerichtsvollzieher auch ohne die Erlaubnis gem. § 758a Abs. 4 ZPO hätte pfänden können, Heilung der fehlerhaften Pfändung eintritt[139]. Zutreffend ist die Gegenansicht[140] mit dem Argument, dies werde der Bedeutung des § 758a Abs. 4, § 761 ZPO a.F. nicht gerecht. Im Übrigen liefe die auch von der Gegenansicht bejahte grundsätzliche Anfechtbarkeit der Vollstreckungsmaßnahme leer, weil bei Einlegung der Erinnerung der zeitliche Schutzraum des § 758a Abs. 4 ZPO   4.91

---

135 BGH, Rpfleger 2004, 715 = InVo 2004, 502 = NJW-RR 2005, 146; *Hornung*, Rpfleger 1998, 387; Schuschke/*Walker*, § 758a Rdn. 46; MünchKomm/*Heßler* ZPO, § 758a Rdn. 77; HK-ZPO/*Kindl*, § 758a Rdn. 14; Thomas/*Putzo*, § 758a Rdn. 25, 31; a.A. Zöller/*Stöber*, § 758a Rdn. 35.
136 So auch Thomas/*Putzo*, § 758a Rdn. 33; *Hornung*, Rpfleger 1998, 387; MünchKomm/*Heßler* ZPO, § 758a Rdn. 78, 64; a.A. Baumbach/*Hartmann*, § 758a Rdn. 22.
137 MünchKomm/*Heßler* ZPO, § 758a Rdn. 78; HK-ZPO/*Kindl*, § 758a Rdn. 14; **a.A.** Musielak/*Lackmann*, § 758a Rdn. 22; LG Augsburg, Rpfleger 1986, 267 = NJW 1986, 2769; wiederum a.A. *Münzberg*, Rpfleger 1987, 485, der uneingeschränkt eine Vollstreckung auch für andere Gläubiger bejaht.
138 H.M., vgl. Musielak/*Lackmann*, § 758a Rdn. 24; MünchKomm/*Heßler* ZPO, § 758a Rdn. 78 m.w.N.; a.A. StJ/*Münzberg*, § 761 a.F. Rdn. 3.
139 *Noack*, DGVZ 1980, 33, 36.
140 Musielak/*Lackmann*, § 758a Rdn. 24; Zöller/*Stöber*, § 758a Rdn. 42.

üblicherweise bereits abgelaufen ist. Ordnungsgemäß pfändende Gläubiger hätten daher dann das Nachsehen; z.B. wenn an dem auf den Sonn- bzw. Feiertag folgenden Werktag morgens 6.00 Uhr ein wirksames Pfandrecht entstünde, weil in dieser logischen Sekunde der Gerichtsvollzieher für einen anderen Gläubiger noch nicht wirksam gepfändet haben kann. Wird die richterliche Erlaubnis im Beschwerdeverfahren noch erwirkt, so entsteht erst zu dem Zeitpunkt des Wirksamwerdens dieser Erlaubnis ein wirksames Pfandrecht, also nicht rückwirkend. Hatte zwischenzeitlich ein anderer Gläubiger wirksam gepfändet, geht dessen Pfändung im Rang vor[141]. Abzulehnen daher LG Augsburg,[142] wonach eine nicht rechtmäßige Pfändung dennoch zu einem Gleichrang mit rechtmäßigen Pfändungen führen soll.

4. Kosten

4.92 Wegen der **Kosten** vgl. die Erläuterungen zu § 758a Abs. 1 bis 3 ZPO Rdn. 4.72 f.

V. Gegenstand der Pfändung

1. Grundlage: Geldforderung

4.93 Grundlage der Zwangsvollstreckung durch Pfändung beweglicher Sachen ist eine **Geldforderung.** Das ist eine auf Zahlung einer bestimmten Geldsumme gerichtete Forderung. Hierzu zählen auch uneigentliche (unechte) Geldsortenschulden (Wertschulden, Valutaschulden §§ 244, 245 BGB: Der Titel lautet auf 3.000,– US-Dollar). Ist die Schuld im Inland zu zahlen, so kann im Zweifel Zahlung in Euro als inländischer Währung erfolgen. Maßgebend für die Umrechnung ist der Kurswert zur Zeit der Zwangsvollstreckung. Die Vollstreckung eigentlicher (echter) Geldsortenschulden (Zahlung muss in nicht mehr im Umlauf befindlichen Münzen oder in ausländischer Währung erfolgen; erkennbar durch Formulierungen wie z.B. „1.500,– US-Dollar effektiv" oder „in US-Dollar" bzw. durch Auslegung zu ermitteln[143]) erfolgt hingegen gem. §§ 883 f. BGB.

4.94 Für noch auf DM lautende Titel muss das Zwangsvollstreckungsorgan selbstständig die Umrechnung in Euro vornehmen; umgekehrt kann nicht verlangt werden, dass bei einem auf Euro lautenden Pfändungsantrag, dem (auch) vor dem 31.12.2001 datierende, noch auf DM lautende „Rechtsinstrumente" (Titel, Kostenrechnungen etc.) zugrunde liegen, eine noch in DM lautende Aufstellung beizufügen ist[144].

---

141 Zöller/*Stöber*, § 758a Rdn. 42; Musielak/*Lackmann*, § 758a Rdn. 24; HK-ZPO/*Kindl*, § 758a Rdn. 13, 14.
142 Rpfleger 1986, 267 = NJW 1986, 2769.
143 Vgl. LG Frankfurt/Main, NJW 1956, 65.
144 BGH, InVo 2003, 488.

Geldforderungen i.S.d. §§ 803 ff. ZPO sind ferner 4.95

- **Haftungs- und Duldungsansprüche für Geldleistungen** (z.B. aus Hypotheken, Grundschulden, §§ 1147, 1192 BGB; § 7 AnfG; §§ 129 ff. InsO; Pfandrecht, § 1277 BGB);
- Titel auf Leistung von **Geld an einen Dritten** oder an den Kläger und den Dritten;
- Titel auf **Hinterlegung einer bestimmten Geldsumme** zugunsten des Gläubigers oder/und eines Dritten.

Titel auf **Befreiung von einer Verbindlichkeit** werden hingegen gem. § 887 ZPO vollstreckt (vgl. Rdn. 7.49). 4.96

2. Gegenstand

Gegenstand der Pfändung durch den Gerichtsvollzieher sind **bewegliche körperliche Sachen**, § 808 Abs. 1 ZPO. Der Begriff der Sache ergibt sich aus dem bürgerlichen Recht (§§ 90 ff. BGB), jedoch enthält die ZPO hinsichtlich der Vollstreckbarkeit einige Besonderheiten. 4.97

So können **wesentliche Bestandteile** zwar nicht Gegenstand besonderer Rechte sein (§ 93 BGB), doch können vom Boden noch nicht getrennte, periodisch zu erntende **Früchte,** wie Obst, Getreide, obwohl diese gem. § 94 BGB wesentliche Bestandteile des Grundstücks sind, im Wege der Mobiliarzwangsvollstreckung gepfändet werden, solange nicht ihre Beschlagnahme gem. §§ 20, 21 Abs. 1, 148 ZVG erfolgt ist (**§ 810 Abs. 1 S. 1 ZPO**). Da die Beschlagnahme gem. § 21 Abs. 3 ZVG sich nicht auf den Fruchtgenuss des Pächters (§ 956 BGB) erstreckt, können Gläubiger des Pächters trotz Beschlagnahme des Grundstücks in Früchte vollstrecken. Die Vollstreckung darf nicht früher als einen Monat vor der gewöhnlichen Reifezeit erfolgen (§ 810 Abs. 1 S. 2 ZPO). Vgl. aber auch § 810 Abs. 2 ZPO zur Widerspruchsklage des Realgläubigers. 4.98

Andererseits kann **Zubehör eines Grundstücks** (§§ 97, 98 BGB), soweit es im Eigentum des Grundstückseigentümers steht, gar nicht im Wege der Mobiliarzwangsvollstreckung gepfändet werden (§ 865 Abs. 2 S. 1 ZPO). **Streitig** ist, ob eine dagegen verstoßende Pfändung zu deren Nichtigkeit[145] oder nur zur Anfechtbarkeit führt[146]. Wird Zubehör dennoch gepfändet, steht dem Schuldner, jedem dinglichen Gläubiger sowie dem Zwangsverwalter als 4.99

---

[145] So RGZ 135, 197, 206; OLG München, MDR 1957, 428; Zöller/*Stöber,* § 865 Rdn. 11; unklar Baumbach/*Hartmann,* § 865 Rdn. 13 bzw. 14.

[146] So Rosenberg/Gaul/*Schilken,* § 24 II 2; Schuschke/*Walker,* Rdn. 5; MünchKomm/*Eickmann* ZPO, § 865 Rdn. 61; StJ/*Münzberg,* § 865 Rdn. 36; Thomas/*Putzo,* § 865 Rdn. 5; HK-ZPO/*Kindl,* § 865 Rdn. 5 – weil der Gerichtsvollzieher grundsätzlich für die Pfändung beweglicher Sachen zuständig und es für ihn schwierig sei, die Zubehöreigenschaft sowie die Frage der Enthaftung zu beurteilen.

4.100–4.104 Vollstreckung durch den Gerichtsvollzieher

Rechtsbehelf die Vollstreckungserinnerung gem. § 766 ZPO zu. Zur Klagemöglichkeit gem. § 771 ZPO in diesem Fall vgl. Rdn. 8.249.

4.100 Andere zum **Hypothekenhaftungsverband gehörende Gegenstände** (§§ 1120 ff. BGB, u.a. getrennte Erzeugnisse und sonstige Bestandteile) dürfen im Wege der Mobiliarzwangsvollstreckung nur bis zum Zeitpunkt der gem. §§ 20, 22, 146, 148 ZVG erfolgten Beschlagnahme gepfändet werden.

4.101 **Scheinbestandteile** (§ 95 BGB, z.B. ein Behelfsheim, vom Mieter errichtete Garage oder Lagerschuppen,[147] Grabstein[148]) unterliegen der Mobiliarzwangsvollstreckung[149].

4.102 **Wertpapiere** (das sind solche Papiere, bei denen die Geltendmachung des Rechts von der Innehabung der Urkunde abhängig ist) werden stets gem. § 808 ZPO gepfändet (vgl. §§ 154, 175 GVGA). Die Pfändung erfasst auch das in der Urkunde verbriefte Recht. Nicht zu diesen Wertpapieren gehören Legitimationspapiere und die Hypotheken-, Grundschuld- oder Rentenschuldbriefe, soweit sie nicht auf den Inhaber lauten; diese werden gem. §§ 830, 857 Abs. 6 ZPO durch das Vollstreckungsgericht gepfändet. Insoweit kommt aber eine Hilfspfändung des Briefes gem. § 830 Abs. 1 S. 2 ZPO in Betracht. Hinsichtlich der Verwertung der Wertpapiere ist jedoch zwischen Inhaber- bzw. Namenspapieren (§§ 814, 821 ff. ZPO) und Orderpapieren (§§ 831, 835 ZPO) zu unterscheiden[150].

4.103 Hingegen muss bei **Legitimationspapieren,** die nicht Träger des Rechts sind, sondern nur zur Erleichterung des Nachweises der Berechtigung oder zum Beweise dienen (z.B. Sparbuch, § 808 BGB; Schuldschein, § 371 BGB; Garderobenschein, Versicherungsschein, Depotschein) das entsprechende Recht (z.B. die Forderung des Gläubigers gegen die Sparkasse) gepfändet werden. Da sich das Pfandrecht gem. § 952 Abs. 1 S. 2, Abs. 2 BGB auch auf die Schuldurkunde erstreckt, kommt hinsichtlich dieser Papiere eine **Hilfspfändung** in Betracht (§§ 836 Abs. 3 S. 3, 883, 886 ZPO[151]). Gemäß § 156 GVGA ist sogar schon vor der Pfändung der Forderung eine vorläufige Inbesitznahme durch den Gerichtsvollzieher möglich. Dies gilt seit dem 1.1.1998 als Folge der Privatisierung der Deutschen Bundespost auch für das Post(bank)sparbuch[152].

4.104 Bei Pfändung von **Kraftfahrzeugen** gilt § 952 Abs. 1 S. 2 BGB entsprechend, daher hat der Gerichtsvollzieher den Kfz-Schein und -Brief im Wege der Hilfspfändung in Besitz zu nehmen (§§ 159, 160 GVGA). Diese sind nur zusammen mit dem Kfz pfändbar[153].

---

147 LG Stuttgart, InVo 2004, 73 = DGVZ 2003, 153.
148 BGH, Beschl. v. 20.12.2005 – VII ZB 48/05, Rpfleger 2006, 208 = MDR 2006, 534; OLG Köln, OLGZ 1993, 113 = JurBüro 1991, 1703 = DGVZ 1992, 116.
149 Vgl. im Einzelnen *Kerres*, DGVZ 1990, 55 und DGVZ 1992, 53.
150 Vgl. insgesamt dazu *Kunst*, InVo 2004, 3 ff.; *Viertelhausen*, DGVZ 2000, 129 ff.
151 KG JurBüro 1994, 502.
152 Vgl. *Röder*, DGVZ 1998, 86 f.
153 KG, JurBüro 1994, 502.

Zur Pfändung von **Computern** und **Software** vgl. Musielak/*Becker*, 4.105
§ 808 Rdn. 24; Baumbach/*Hartmann*, Grundz. vor § 704 Rdn. 68 „Computer" und Rdn. 102 „Software"; *Weimann*, Rpfleger 1996, 12 f.

VI. Gewahrsam

1. Tatsächliche Sachherrschaft

Die Zwangsvollstreckung durch Pfändung körperlicher Sachen ist nur 4.106
zulässig, soweit diese sich im **Gewahrsam** des Schuldners (§ 808 ZPO), des
Gläubigers oder eines herausgabebereiten Dritten (§ 809 ZPO) befinden.
Gewahrsam i.S.d. §§ 808, 809 ZPO bedeutet äußerlich erkennbare, tatsächliche Sachherrschaft. Der Begriff ähnelt damit dem des Besitzes i.S.d. BGB,
ist jedoch enger, weil mittelbare Besitzer (§ 868 BGB), bloße Erbenbesitzer
(§ 857 BGB: Besitz ohne Sachherrschaft[154]) nicht darunterfallen.

Keinen Gewahrsam haben ferner Besitzdiener (§ 855 BGB) als solche, weil 4.107
sie aufgrund eines sozialen Abhängigkeitsverhältnisses für den Besitzherrn in
dessen Haushalt bzw. Erwerbsgeschäft quasi als Werkzeug die tatsächliche
Sachherrschaft ausüben; alleiniger Gewahrsamsinhaber ist daher der Besitzherr. Beispiele für Besitzdiener (vgl. auch § 118 Nr. 3 GVGA): Hausangestellte, Gewerbegehilfen, Kellner, Kraftdroschkenfahrer, Gepäckträger.

Tatsächliche Sachherrschaft besteht an Sachen in der eigenen Wohnung 4.108
oder sonstigen abgeschlossenen Räumen oder Behältnissen, über die man allein die tatsächliche Gewalt ausübt (z.B. Gewerberäume, Lagerhallen,
Schränke, Kassetten, Büros). Aber auch an Sachen auf frei zugänglichen
Grundstücken sowie in Räumen Dritter kann Gewahrsam bestehen[155].
Ausschlaggebend ist letztlich die Verkehrsauffassung aufgrund zusammenfassender Wertung der gesamten Umstände, insbesondere des äußeren
Erscheinungsbildes. Anhand dieser Kriterien hat der Gerichtsvollzieher im
konkreten Fall zu prüfen, ob und für wen Gewahrsam an den zu pfändenden Sachen besteht.

2. Alleingewahrsam

Für eine Pfändung gem. § 808 ZPO ist Alleingewahrsam des Schuldners 4.109
notwendig; Mitbesitz i.S.d. § 866 BGB genügt daher nicht. Ob dieser Alleingewahrsam vorliegt, kann insbesondere bei Miete, gesetzlicher Vertretung,
Vollstreckung in besondere Vermögensmassen sowie gegen Eheleute zweifelhaft sein. Hierauf wird daher im Folgenden kurz eingegangen.

---

154 **H.M.:** Schuschke/*Walker*, § 808 Rdn. 1; Palandt/*Bassenge*, § 857 Rdn. 1; **a.A.**
MünchKomm/*Schilken* ZPO, § 808 Rdn. 5.
155 Vgl. OLG Düsseldorf, NJW-RR 1997, 998 = InVo 1997, 74 zum Kfz; *App*, DAR
2000, 294; Zöller/*Stöber*, § 808 Rdn. 5 f.

4.110–4.112   Vollstreckung durch den Gerichtsvollzieher

a) Mieter

4.110   Der Mieter hat Alleingewahrsam an seinen in der Wohnung befindlichen Sachen, aber auch an den darin verbliebenen mitvermieteten Sachen des Vermieters. Ein bloßes Betretungsrecht des Vermieters ändert hieran nichts[156]. **Streitig** ist, ob dies auch für Hotelzimmer gilt[157] oder insoweit Mitgewahrsam von Mieter und Vermieter besteht[158]. Bewohnen mehrere eine Wohnung gemeinsam, so haben sie an den offensichtlich ihrem persönlichen Gebrauch dienenden sowie den unter ihrem Alleinverschluss stehenden Sachen Alleingewahrsam, an den übrigen Gegenständen Mitgewahrsam. Dies gilt auch im Verhältnis der Familienangehörigen zueinander sowie zum Haushaltsvorstand, z.B. Eltern[159]. Soweit Räume (z.B. in einer Wohngemeinschaft) ausschließlich einem Mitbewohner zur Nutzung zugewiesen sind, hat dieser an den darin befindlichen Sachen grundsätzlich Alleingewahrsam. Dies gilt auch für nichteheliche Lebensgemeinschaften, weil insoweit § 739 BGB keine Anwendung findet[160].

b) Büro-, Betriebs- und Geschäftsräume

4.111   Bei Büro-, Betriebs- und Geschäftsräumen stehen grundsätzlich alle zum Betrieb gehörenden Sachen im Alleingewahrsam des Inhabers[161]. An den Gegenständen im Schließfach hat der Kunde Alleingewahrsam. Am Schließfach selbst haben Bank und Kunde Mitgewahrsam, weil beide Schlüssel notwendig sind, um den Safe zu öffnen. Weigert sich die Bank das Fach aufzuschließen, muss der Gläubiger den Anspruch des Schuldners gegen die Bank auf Mitwirkung bei der Öffnung des Safes pfänden und sich überweisen lassen[162]. Ferner hat ein Gastwirt Alleingewahrsam an dem Automaten in seiner Gaststätte, der Automatenbetreiber Alleingewahrsam am Inhalt des Automaten, wenn er allein den Schlüssel zum Automaten hat[163].

c) Prozessunfähige Personen

4.112   Prozessunfähige Personen müssen als Partei im Prozess durch ihre gesetzlichen Vertreter vertreten werden (§§ 51, 52 ZPO). Dementsprechend

---

156   **H.M.:** Baumbach/*Hartmann*, § 808 Rdn. 16; MünchKomm/*Schilken* ZPO, § 808 Rdn. 8; Zöller/*Stöber*, § 808 Rdn. 6.
157   So MünchKomm/*Schilken* ZPO, a.a.O.
158   So Zöller/*Stöber*, a.a.O.; Baumbach/*Hartmann*, a.a.O.
159   Vgl. BGHZ 12, 380, 399 = NJW 1954, 918, 920; MünchKomm/*Schilken* ZPO, § 808 Rdn. 8.
160   **H.M.:** OLG Köln, NJW 1989, 1737; LG Frankfurt/Main, NJW 1986, 729; MünchKomm/*Schilken* ZPO, § 808 Rdn. 10 m.w.N.; **a.A.** MünchKomm/*Heßler* ZPO, § 739 Rdn. 19; Thomas/*Putzo*, § 739 Rdn. 7; *Thran*, NJW 1995, 1458.
161   **H.M.:** *Noack*, JurBüro 1978, 971, 974; MünchKomm/*Schilken* ZPO, § 808 Rdn. 9 m.w.N.
162   **H.M.:** LG Berlin, DR 1940, 1639.
163   OLG Oldenburg/LG Aurich, MDR 1990, 932 = DGVZ 90, 136; AG Wiesloch, DGVZ 2002, 61; **a.A.** OLG Hamm, ZMR 1991, 385 – Mitgewahrsam.

kommt es in der Zwangsvollstreckung auch auf den Gewahrsam ihrer gesetzlichen Vertreter an. Sachen, die der gesetzliche Vertreter des Schuldners für diesen in Gewahrsam hat, sind wie solche im Gewahrsam des Schuldners zu behandeln[164] (vgl. auch § 118 Nr. 1 Abs. 2 S. 4 GVGA).

Die Eltern oder ein Elternteil des Minderjährigen oder geschäftsunfähigen Kindes (§ 1629 BGB), der Betreuer des Geschäftsunfähigen (§ 1902 BGB), der Vormund (§ 1793 BGB), der Pfleger (§§ 1909, 1911, 1915, 1793 BGB) als gesetzliche Vertreter natürlicher Personen sind daher nicht Dritte bezüglich der in ihrem Gewahrsam stehenden Sachen des Schuldners (Minderjährigen, Geschäftsunfähigen, Betreuten, Mündels, Pfleglings) und können einer Pfändung somit nicht gem. § 809 ZPO widersprechen. Hingegen ist gem. § 809 ZPO zu verfahren, wenn sie Gewahrsam an schuldnereigenen Sachen erkennbar als eigenen und nicht für den Schuldner ausüben; ebenso bei schuldnerfremden Sachen. Insoweit kommt es dann auf ihre Herausgabebereitschaft an[165]. 4.113

d) Juristische Personen/OHG/KG/Partnerschaftsgesellschaft

Entsprechendes gilt für die vertretungsberechtigten Organe juristischer Personen sowie geschäftsführende Gesellschafter von Personenhandelsgesellschaften (OHG/KG). Die juristische Person sowie die OHG/KG/Partnerschaftsgesellschaft haben Gewahrsam an den zu ihrem Vermögen gehörenden Sachen, der aber für sie durch ihr Organ bzw. geschäftsführenden Gesellschafter ausgeübt wird. Insoweit haben Letztere keinen eigenen Gewahrsam, sind daher auch nicht Dritte i.S.v. § 809 ZPO[166]. Abgrenzungsschwierigkeiten hinsichtlich etwa behaupteten Eigengewahrsams sind vom Gerichtsvollzieher dahin zu lösen, dass er nach den äußeren Umständen unter Berücksichtigung der Lebensauffassung entscheidet[167]. 4.114

So hat die GmbH Gewahrsam am Gesellschaftsvermögen auch dann, wenn es sich in der Wohnung des Geschäftsführers befindet;[168] die GmbH als persönlich haftende Gesellschafterin der GmbH & Co. KG an deren Gesellschaftsvermögen, das sich in ihren Geschäftsräumen befindet, auch wenn die KG ihren Sitz in einem anderen Ort hat[169]. Ist jemand Organ mehrerer juristischer Personen, ist zur Verhinderung von Rechtsmissbrauch besonders sorgfältig zu prüfen, ob tatsächlich Mitgewahrsam der anderen juristischen Person an Sachen des Schuldners besteht. Dies ist bei gemeinschaftlicher Nutzung von Gegenständen in denselben Räumen nicht von 4.115

---

164 **H.M.:** LG Mannheim, DB 1983, 1481 = DGVZ 1983, 118.
165 LG Berlin, DGVZ 1972, 114.
166 BGH, NJW 1957, 1877 für die GmbH; BGH, JZ 1968, 69 für die OHG; Zöller/*Stöber*, § 808 Rdn. 12 mit weiteren Einzelheiten und Nachweisen.
167 **H.M.:** Zöller/*Stöber*, § 808 Rdn. 12; MünchKomm/*Schilken* ZPO, § 808 Rdn. 10; Brox/*Walker*, Rdn. 242.
168 LG Mannheim, DGVZ 1983, 118 = DB 1983, 1481.
169 LG Düsseldorf, JurBüro 1987, 1425.

4.116–4.119   Vollstreckung durch den Gerichtsvollzieher

vornherein ausgeschlossen, sodass ggf. § 809 ZPO Anwendung finden kann[170].

4.116   **Streitig** ist, ob der Gewahrsam von **Kommanditisten** am Gesellschaftsvermögen der KG als Organbesitz,[171] als Besitzdiener[172] oder gar nicht[173] zuzurechnen ist.

e)   Verwalter fremden Vermögens

4.117   Richtet sich die Zwangsvollstreckung gegen den Schuldner in seiner Eigenschaft als Verwalter fremden Vermögens (Testamentsvollstrecker, Insolvenzverwalter, Konkursverwalter, Zwangsverwalter) muss der Gerichtsvollzieher nicht nur den Gewahrsam des Schuldners, sondern darüber hinaus auch noch prüfen, ob die im Gewahrsam des Schuldners befindlichen Sachen zu dem Vermögen gehören, das für die titulierte Forderung haftet[174] (vgl. auch § 118 Nr. 4 GVGA).

f)   Eheleute/eingetragene Lebenspartner

4.118   Bei Eheleuten, gleich in welchem Güterstand sie leben (Ausnahme für das Gesamtgut gem. § 1416 BGB: §§ 740–745 ZPO), sowie eingetragenen Lebenspartnern wird gem. § 739 ZPO zugunsten des Gläubigers eines Ehepartners/eingetragenen Lebenspartners unwiderlegbar vermutet,[175] dass dieser schuldende Partner Alleingewahrsam an den beweglichen Sachen hat, soweit auf diesen die Eigentumsvermutung des § 1362 BGB/§ 8 LPartG Anwendung findet. Gemäß § 1362 Abs. 1 S. 1 BGB/§ 8 Abs. 1 S. 1 LPartG wird zugunsten der Gläubiger des Mannes bzw. der Frau widerleglich vermutet, dass die im Besitz eines Ehegatten oder beider Ehegatten befindlichen beweglichen Sachen oder mit Blankoindossament versehenen Inhaber- und Orderpapiere dem Schuldner gehören. Andererseits wird die Vermutung nicht durch die Vorlage eines Gütertrennungsvertrages widerlegt[176].

4.119   Die Eigentumsvermutung gilt **nicht,** wenn die Ehegatten erkennbar nicht nur vorübergehend getrennt leben, und sich die Sache im Besitz des Ehegatten befindet, der nicht Schuldner ist (§ 1362 Abs. 1 S. 2 BGB, § 8 Abs. 1 S. 2 LPartG). Ein Getrenntleben setzt nach § 1567 Abs. 1 BGB voraus, dass zwischen den Eheleuten keine häusliche Gemeinschaft mehr besteht und ein

---

170   Vgl. Brox/*Walker*, Rdn. 243; MünchKomm/*Schilken* ZPO, § 808 Rdn. 10 gegen OLG Frankfurt, MDR 1969, 676; vgl. auch zu entsprechenden Problemfällen LG Berlin, DGVZ 1998, 28; AG Hamburg, DGVZ 1995, 11.
171   KG, NJW 1977, 1160; Zöller/*Stöber*, § 808 Rdn. 12; *Zimmermann*, § 808 Rdn. 2.
172   Brox/*Walker*, Rdn. 245; StJ/*Münzberg*, § 808 Rdn. 16 Fn. 125; MünchKomm/*Schilken* ZPO, § 808 Rdn. 10.
173   Baumbach/*Hartmann*, § 808 Rdn. 13.
174   **H.M.:** Zöller/*Stöber*, § 808 Rdn. 4.
175   **H.M.:** LG München II, JurBüro 1989, 1311.
176   **H.M.,** vgl. LG München II, JurBüro 1989, 1311; Rosenberg/Gaul/*Schilken*, § 20 II 6.

Ehegatte sie erkennbar nicht herstellen will, weil er die eheliche Lebensgemeinschaft ablehnt. Insbesondere in den Fällen, in denen Ehegatten innerhalb der ehelichen Wohnung getrennt leben, ist eine entsprechende Feststellung selbst im Scheidungsprozess nicht immer einfach zu treffen, umso weniger für den Gerichtsvollzieher vor Ort[177]. Eine längere Strafhaft bedeutet kein solches Getrenntleben[178]. Die Eigentumsvermutung gilt ferner nicht bei Sachen, die ausschließlich zum persönlichen Gebrauch eines Ehegatten/Lebenspartners bestimmt sind (wie z.B. Kleidungsstücke, Schmuck, soweit er nicht als reine Vermögensanlage anzusehen ist,[179] Arbeitsgeräte, und zwar unabhängig davon, wer sie erworben hat). Bei Erwerbsgeschäften, die getrennt vom Haushalt und erkennbar allein nur von einem Ehegatten/Lebenspartner betrieben werden, findet § 1362 Abs. 1 S. 1 BGB ebenfalls keine Anwendung[180].

§ 739 ZPO gilt ebenso nicht bei Gewahrsam **anderer Angehöriger** als Ehegatten oder eingetragenem Lebenspartner (z.B. Kind), ferner nicht für die nichteheliche Lebensgemeinschaft oder sonstige Wohngemeinschaften[181]. Da somit Eheleute/eingetragene Lebenspartner in der Zwangsvollstreckung schlechter gestellt sind, wird § 739 ZPO nach verbreiteter Auffassung für verfassungswidrig gehalten[182].   4.120

Wird dieselbe bewegliche Sache **sowohl für Gläubiger des einen Partners wie auch für den des anderen Partners gepfändet,** so gilt § 739 ZPO für beide Pfändungen. Die Vermutungen heben sich also nicht gegenseitig auf. Der Rang der Pfändungen richtet sich nach § 804 Abs. 3 ZPO[183].   4.121

Im Anwendungsbereich des § 739 ZPO findet § 809 ZPO für den anderen Ehegatten/eingetragenen Lebenspartner keine Anwendung, sodass nach zutreffender Ansicht die Vermutung des § 1362 BGB nicht im Rahmen der Vollstreckungserinnerung widerlegt werden kann[184]. Der nicht schuldende Partner kann sein Eigentumsrecht daher allein gem. § 771 ZPO geltend machen (zu Einzelheiten siehe Rdn. 8.269). Der **Rechtsbehelf** der Vollstreckungserinnerung gem. § 766 ZPO steht dem Gläubiger zu, wenn sich der Gerichtsvollzieher weigert, Sachen zu pfänden; sie findet ferner An-   4.122

---

177 Vgl. dazu OLG Bremen, NJW-RR 2001, 3; OLG Düsseldorf, Rpfleger 1995, 119 = NJW-RR 1995, 963; AG Berlin-Wedding, DGVZ 1998, 127; AG Homburg, DGVZ 1996, 15.
178 OLG Düsseldorf, a.a.O.
179 AG Duisburg, ZVI 2004, 622.
180 **H.M.,** vgl. Zöller/*Stöber,* § 739 Rdn. 6.
181 **H.M.:** OLG Köln, NJW 1989, 1737; LG Frankfurt/Main, NJW 1986, 729; AG Weilburg, DGVZ 2004, 30 = ZVI 2005, 597; MünchKomm/*Schilken* ZPO, § 808 Rdn. 10 m.w.N.; **a.A.** MünchKomm/*Heßler* ZPO, § 739 Rdn. 19; Thomas/*Putzo,* § 739 Rdn. 7; *Thran,* NJW 1995, 1458.
182 Vgl. Thomas/*Putzo,* § 739 Rdn. 1; Rosenberg/Gaul/*Schilken,* § 20 II 1; **a.A.** *Kilian,* JurBüro 1996, 67, jew. m.w.N.
183 **H.M.:** Brox/*Walker,* Rdn. 240; Zöller/*Stöber,* § 739 Rdn. 12.
184 OLG Celle, InVo 2000, 57; Baumbach/*Hartmann,* § 739 Rdn. 4; *Kilian,* JurBüro 1996, 67, 70 m.w.N., auch zur Gegenansicht.

wendung für den anderen Partner sowie dessen Gläubiger, wenn und soweit § 1362 BGB, § 739 ZPO keine Anwendung finden, also auch insoweit, als geltend gemacht wird, dass die Vermutungsgrundlage des § 739 ZPO nicht besteht (z.B. Getrenntleben der Eheleute/eingetragenen Lebenspartner, persönliche Gegenstände[185]).

3. Eigentumslage

4.123 Auf die Eigentumslage kommt es bei der Pfändung grundsätzlich nicht an, sondern auf den Gewahrsam des Schuldners (entsprechend dem Rechtsgedanken des § 1006 BGB). Etwas anderes gilt nur, wenn für den Gerichtsvollzieher nach Lage der Dinge vernünftigerweise kein Zweifel daran besteht, dass die im Gewahrsam des Schuldners bzw. des Dritten befindliche Sache nicht zu dem haftenden Vermögen des Schuldners gehört (vgl. auch § 119 Nr. 2, 3 GVGA).

Beispiele:

Dem Handwerker zur Reparatur, dem Frachtführer zum Transport, dem Pfandleiher zum Pfand gegebene Sachen; Klagewechsel in den Akten eines Rechtsanwalts, auch für mit dem Stempel einer Bibliothek versehene Bücher („Eigentum der Universität Bonn"). Das im Handelsverkehr häufig nur leihweise überlassene wertvolle Leergut, wenn sich hierfür Hinweise aus Angeboten, Rechnungen, Stempeln, Schildern („unverkäuflich", „Eigentum des ...") ergeben, wie z.B. bei Eisen-, Stahl-, Blei- und Korbflaschen; Kupfer- und Aluminiumkannen sowie Metallfässern bei Lieferungen von Erzeugnissen der chemischen Industrie; Fässer, Glas- und Korbflaschen sowie Flaschenkästen bei Lieferung von Flüssigkeiten; für wertvollere Kisten und Säcke bei Lieferungen sonstiger Art. Dasselbe gilt für Paletten, insbesondere mit eingefrästem Firmenzeichen.

4.124 Eine in diesen Fällen vom Gerichtsvollzieher dennoch ausgebrachte Pfändung schuldnerfremder Sachen, insbesondere soweit der Gläubiger dies ausdrücklich gem. § 119 Nr. 2, 3 GVGA verlangt, führt zwar zu einer Verstrickung, kann aber Amtshaftungsansprüche gem. § 839 BGB, Art. 14 GG zur Folge haben[186]. Ebenfalls nur eine Verstrickung, jedoch kein Pfändungspfandrecht entsteht bei der zulässigerweise erfolgten Pfändung gläubigereigener Sachen (z.B. bei Eigentumsvorbehalt).

4. Gewahrsam Dritter

4.125 Die Pfändung einer im **Allein- oder Mitgewahrsam** des Gläubigers oder eines zur Herausgabe bereiten Dritten stehenden beweglichen Sache erfolgt gem. **§ 809 ZPO**, der wiederum auf die §§ 808, 803, 804 ZPO verweist. Der Gewahrsam muss zur Zeit der Pfändung bestehen. **Dritter** ist jede Person,

---

185 Vgl. Baumbach/*Hartmann*, § 739 Rdn. 8; Zöller/*Stöber*, § 739 Rdn. 9.
186 Vgl. LG Aschaffenburg, DGVZ 1995, 57; LG Köln, DGVZ 1998, 189.

die weder Gläubiger noch Schuldner ist und eigenen persönlichen Gewahrsam hat, also nicht: gesetzliche Vertreter, Organe oder Besitzdiener (vgl. Rdn. 4.106 f.). Auch der Gerichtsvollzieher kann Dritter sein[187].

Steht die zu pfändende Sache im Allein- oder Mitgewahrsam eines Dritten, so entfällt die an den Alleingewahrsam des Schuldners geknüpfte Vermutung, der Schuldner sei auch Eigentümer dieser Sache. **Streitig** ist, ob der Gerichtsvollzieher daher bei der Pfändung gem. § 809 ZPO auch **prüfen** muss, ob die zu pfändende Sache im Eigentum des Schuldners steht[188] oder es dennoch bei der bloßen Gewahrsamsprüfung bleibt[189]. Dabei sollte klar gesehen werden, dass die Prüfungsmöglichkeiten des Gerichtsvollziehers sehr beschränkt sind und er für tief greifende materiell-rechtliche Prüfungen weder ausgebildet ist noch die Zeit dafür hat. Er wird sich daher auf die Prüfung beschränken können, ob sich ihm Eigentum Dritter aufdrängt. **4.126**

Erhält jemand nach der Pfändung Gewahrsam an der Sache, so ist **streitig**, ob der Gerichtsvollzieher diesem auch ohne entsprechenden Titel unter Anwendung von Zwang die Sache wieder abnehmen darf[190]. Richtigerweise ist ein solches „**Verfolgungsrecht**" des Gerichtsvollziehers zu verneinen,[191] weil für Zwangsmaßnahmen gegen Dritte ein Titel erforderlich ist und die erfolgte Verstrickung mangels entsprechender gesetzlicher Regelung keine solche Ermächtigung enthält. Zwar ist zutreffend, dass – was als Argument häufiger angeführt wird – Arglist auch in der Zwangsvollstreckung untersagt ist. Das kann aber – wie im materiellen Recht – nicht zur Selbsthilfe führen, sondern nur dazu, das fortbestehende Pfändungspfandrecht durch Klage oder einstweilige Verfügung geltend zu machen, mit dem Ziel, die Sache an den Gerichtsvollzieher zwecks Durchführung der Verwertung herauszugeben. **4.127**

Pfändung bei Dritten ist gem. § 809 2. Alt. ZPO nur zulässig, wenn der Dritte **zur Herausgabe zum Zwecke der Pfändung und Verwertung bereit** ist. Ob der Dritte dazu bereit ist, hat der Gerichtsvollzieher durch Befragen des Dritten festzustellen[192]. Dabei ist die Frage so zu stellen, dass der Dritte das erforderliche Bewusstsein hat, eine echte Wahl zwischen Ablehnung oder Zustimmung zu treffen. Der Dritte muss daher darüber informiert werden, dass ihm diese Alternative zur Verfügung steht. **4.128**

---

187 **H.M.**, vgl. zu den einzelnen Fallgestaltungen eingehend Brox/*Walker*, Rdn. 250–252; einschränkend MünchKomm/*Schilken* ZPO, § 809 Rdn. 5 mit Übersicht über den Meinungsstand.
188 So Baumbach/*Hartmann*, § 809 Rdn. 2; Brox/*Walker*, Rdn. 260; MünchKomm/ *Schilken* ZPO, § 809 Rdn. 4 a.E.; StJ/*Münzberg*, § 809 Rdn. 4; Schuschke/*Walker*, § 809 Rdn. 6.
189 Zöller/*Stöber*, § 809 Rdn. 7.
190 LG Saarbrücken, DGVZ 1975, 170; Baumbach/*Hartmann*, § 809 Rdn. 8 – in sich widersprüchlich.
191 BGH, Rpfleger 2004, 170 = InVo 2004, 199 = NJW-RR 2004, 352; LG Bochum, DGVZ 1990, 73; Zöller/*Stöber*, § 809 Rdn. 3; Schuschke/*Walker*, § 808 Rdn. 14; StJ/*Münzberg*, § 808 Rdn. 6; Thomas/*Putzo*, § 809 Rdn. 4, 8; MünchKomm/ *Schilken* ZPO, § 808 Rdn. 24a m.w.N.
192 **H.M.**, vgl. BGH, a.a.O.; Zöller/*Stöber*, § 809 Rdn. 6.

4.129–4.134   Vollstreckung durch den Gerichtsvollzieher

4.129   Die Bereitschaft zur Herausgabe kann ausdrücklich oder konkludent **erklärt** werden und bedeutet das Einverständnis des Dritten mit der Pfändung und der Verwertung. Sie ist Prozesshandlung und kann ggf. auch noch nach der Pfändung erklärt werden, z.B. im Pfändungsprotokoll, das die entsprechende Erklärung enthalten soll[193] (vgl. auch § 137 GVGA).

4.130   Ob diese Zustimmung **unter einer Bedingung** erklärt werden kann, ist **streitig**. Während die Zulässigkeit sachbezogener Bedingungen wie vorzugsweise Befriedigung vorrangiger Pfand- oder Vorzugsrechte bejaht wird,[194] halten andere dies nur bei Annahme der Bedingung durch alle Beteiligten für zulässig[195] (so auch § 118 Nr. 2 Abs. 3 GVGA) oder generell für unzulässig[196].

4.131   Sie kann bei der Vollstreckung für mehrere Gläubiger auch nur **zugunsten bestimmter Gläubiger** erteilt werden[197]. Für eine **Anschlusspfändung** gem. § 826 ZPO ist eine erneute bzw. fortbestehende Herausgabebereitschaft notwendig[198].

4.132   Eine erklärte Zustimmung ist – wie grundsätzlich alle Prozesshandlungen – **unwiderruflich**,[199] nach a.A. ist sie bis zur Pfändung widerruflich[200] (so auch § 118 Nr. 2 Abs. 3 GVGA).

4.133   Mit der Erklärung der Herausgabebereitschaft **verliert** der Dritte sein auf den Besitz gestütztes Klagerecht gem. § 771 ZPO[201]. Entsprechendes gilt hinsichtlich des Eigentums, wenn der Dritte Eigentümer der Sache war; anderes gilt nur dann, wenn er sich über die Eigentumslage an der gepfändeten Sache irrte[202]. Dem Dritten bleibt jedoch die Klagebefugnis gem. § 805 ZPO[203].

4.134   Ist der Dritte **nicht herausgabebereit,** darf der Gerichtsvollzieher nicht pfänden. Dem Gläubiger bleibt dann nur, den Leistungs- bzw. Herausgabeanspruch des Schuldners gegen den Dritten gem. §§ 829, 846, 847 ZPO

---

193 H.M., vgl. Zöller/*Stöber*, § 809 Rdn. 6 m.w.N.
194 MünchKomm/*Schilken* ZPO, § 809 Rdn. 8.
195 Zöller/*Stöber*, § 809 Rdn. 6; Musielak/*Becker*, § 809 Rdn. 4; StJ/*Münzberg*, § 809 Rdn. 9.
196 LG Düsseldorf, DGVZ 1961, 121; Thomas/*Putzo*, § 809 Rdn. 3; Baumbach/*Hartmann*, § 809 Rdn. 6; HK-ZPO/*Kemper*, § 809 Rdn. 6.
197 MünchKomm/*Schilken* ZPO, § 809 Rdn. 9; Thomas/*Putzo*, § 809 Rdn. 3; Musielak/*Becker*, § 809 Rdn. 4; Zöller/*Stöber*, § 809 Rdn. 6; **a.A.** Baumbach/*Hartmann*, § 809 Rdn. 6.
198 Baumbach/*Hartmann*, § 809 Rdn. 5; Thomas/*Putzo*, § 809 Rdn. 3; Schuschke/*Walker*, § 809 Rdn. 3.
199 Zöller/*Stöber*, § 809 Rdn. 6; MünchKomm/*Schilken* ZPO, § 809 Rdn. 7.
200 Baumbach/*Hartmann*, § 809 Rdn. 7; Thomas/*Putzo*, § 809 Rdn. 3; Schuschke/*Walker*, § 809 Rdn. 3.
201 BGH, MDR 1978, 401 = LM Nr. 2 zu § 809 ZPO = JZ 1978, 200; Zöller/*Stöber*, § 809 Rdn. 8.
202 BGH, a.a.O.; Zöller/*Stöber*, a.a.O.; Baumbach/*Hartmann*, § 809 Rdn. 6; Thomas/*Putzo*, § 809 Rdn. 5; Brox/*Walker*, Rdn. 255; **a.A.** stets § 771 ZPO hinsichtlich Eigentums auch ohne Irrtum: MünchKomm/*Schilken* ZPO, § 809 Rdn. 12.
203 H.M., vgl. BGH, a.a.O.

pfänden und sich zur Einziehung überweisen zu lassen, einen entsprechenden Herausgabetitel zu erwirken, diesen zu vollstrecken und anschließend die Sache pfänden zu lassen. Nach zutreffender Ansicht[204] gilt dies auch für die Fälle, in denen dem Schuldner gegen den Dritten unstreitig ein Herausgabeanspruch zusteht oder der Schuldner dem Dritten Gewahrsam nur zu dem Zweck verschafft hat, die Zwangsvollstreckung zu vereiteln (oftmals ungenau als **Scheingewahrsam** bezeichnet). Denn die Prüfung materiellen Rechts obliegt, wie auch sonst im Zwangsvollstreckungsverfahren, nicht dem Gerichtsvollzieher, sondern dem erkennenden Gericht. § 809 ZPO bietet für eine anderweitige Handhabe keine Rechtsgrundlage, weil er nicht danach unterscheidet, zu welchem Zweck der Gewahrsam des Dritten begründet wurde. Auch sonst fehlt es an einer Norm, die die Zwangsvollstreckung gegen den Dritten ohne entsprechenden Titel erlauben würde. Der Gerichtsvollzieher hat insoweit nicht mehr Rechte in der Zwangsvollstreckung, als der Gläubiger sie nach materiellem Recht hätte. Der Gläubiger selbst muss aber die Hilfe der Gerichte in Anspruch nehmen und darf grundsätzlich nicht zur Selbsthilfe greifen.

5. Gewahrsam des Vollstreckungsgläubigers

Befindet sich die Sache im Gewahrsam des Vollstreckungsgläubigers, so braucht dieser nicht zur Herausgabe bereit zu sein, darf der Zwangsvollstreckung andererseits aber auch nicht widersprechen[205]. 4.135

6. Rechtsbehelfe

Ein Verstoß gegen § 809 ZPO führt zur Anfechtbarkeit der Pfändung durch den Dritten gem. § 766 Abs. 1 ZPO; ggf. besteht auch eine Klagemöglichkeit gem. § 771 ZPO (vgl. dazu Rdn. 8.217). Pfändet der Gerichtsvollzieher die im Gewahrsam des Gläubigers oder des herausgabebereiten Dritten befindliche Sache nicht, steht dem Gläubiger der Rechtsbehelf des § 766 Abs. 2 ZPO offen. Dem Schuldner steht bei Verstoß gegen § 809 ZPO kein Rechtsbehelf zu, weil diese Vorschrift nur den Dritten schützt. 4.136

---

204 BGH, Rpfleger 2004, 170 = InVo 2004, 199 = NJW-RR 2004, 352; LG Oldenburg, DGVZ 1984, 92; LG Bochum, DGVZ 1990, 73; Schuschke/*Walker*, § 809 Rdn. 3; StJ/*Münzberg*, § 809 Rdn. 4a; Musielak/*Becker*, § 809 Rdn. 5; Thomas/*Putzo*, § 809 Rdn. 4; Brox/*Walker*, Rdn. 254 mit Einschränkungen; MünchKomm/*Schilken* ZPO, § 808 Rdn. 6; Rosenberg/Gaul/*Schilken*, § 51 I 3; a.A. Zöller/*Stöber*, § 809 Rdn. 5 (differenzierend); Baumbach/*Hartmann*, § 809 Rdn. 2, 8.
205 **H.M.:** Zöller/*Stöber*, § 809 Rdn. 6; MünchKomm/*Schilken* ZPO, § 809 Rdn. 4; Thomas/*Putzo*, § 809 Rdn. 3; StJ/*Münzberg*, § 809 Rdn. 1.

VII. Pfändungsverbote und -beschränkungen

1. Sinn und Zweck

4.137 Den berechtigten Interessen des Gläubigers an möglichst effektiver Zwangsvollstreckung (Art. 14, 19 Abs. 4 GG) steht das ebenfalls grundgesetzlich geschützte Recht des Schuldners (Art. 1, 2, 20, 28 GG) auf Führung eines menschenwürdigen Lebens entgegen. Eine **Kahlpfändung** des Schuldners liegt zudem auch nicht im öffentlichen Interesse, da der Schuldner (und seine Familie) ansonsten der Sozialhilfe anheim fallen würden. Für einen gerechten Ausgleich der widerstreitenden Interessen sollen die §§ 811 ff. ZPO sorgen, die für alle Zwangsvollstreckungen wegen Geldforderungen in körperliche Sachen Anwendung finden, also auch bei Anschlusspfändungen, bei Arrest und auf Geldzahlung lautenden einstweiligen Verfügungen; bei Pfändungen von Herausgabeansprüchen gelten sie entsprechend (§ 847 Abs. 2 ZPO), nicht jedoch bei der Zwangsvollstreckung auf Herausgabe von Sachen (§§ 883 f. ZPO). Andererseits hindert die Unpfändbarkeit den Schuldner nicht an rechtsgeschäftlichen Verfügungen wie der Verpfändung oder Sicherungsübereignung eines Gegenstandes an den Gläubiger.

2. Prüfung der Pfändbarkeit

4.138 Der Gerichtsvollzieher hat **von Amts wegen** selbstständig zu prüfen und zu entscheiden, welche Sachen des Schuldners von der Pfändung auszuschließen sind. Ergeben sich Zweifel, ob eine Sache pfändbar ist, so pfändet er sie, sofern sonstige Pfandstücke nicht in ausreichendem Maße vorhanden sind (vgl. auch § 120 Nr. 1 GVGA). Diese Prüfung hat er bei jeder Pfändung erneut vorzunehmen, weil ausschlaggebend für die Pfändbarkeit grundsätzlich der **Zeitpunkt der Pfändung** ist. Änderungen der Sachlage nach diesem Zeitpunkt können sich jedoch auswirken und mit der Vollstreckungserinnerung gem. § 766 ZPO geltend gemacht werden. Dabei trifft die **Beweislast** für die Unpfändbarkeit den Schuldner[206]. Hier sollte jedoch wie nachfolgend ausgeführt differenziert werden.

3. Nachträgliche Pfändbarkeit

4.139 Wird die unpfändbare Sache nachträglich pfändbar, z.B. erwirbt der Schuldner nach der Pfändung des Schwarz-Weiß-Fernsehers ein Farbfernsehgerät, tritt Heilung des anfechtbaren Pfändungsaktes im Zeitpunkt der Pfändbarkeit (ex nunc) ein. Im Rahmen einer eingelegten Vollstreckungserinnerung ist dies gem. § 571 Abs. 2 ZPO analog mit der Folge zu berück-

---

206 **H.M.**, vgl. BFH, KKZ 2000, 38; Zöller/*Stöber*, § 811 Rdn. 41.

sichtigen, dass eine vom Schuldner wegen der seinerzeitigen Unpfändbarkeit zu Recht eingelegte Erinnerung nunmehr unbegründet ist.

Tipp: Zur Vermeidung kostenrechtlicher Nachteile in solchen Fällen sollte der Schuldner die eingelegte Vollstreckungserinnerung in der Hauptsache für erledigt erklären. 4.140

Hatte der Gerichtsvollzieher sich wegen der Unpfändbarkeit der Sache geweigert zu pfänden, ist er auf die Erinnerung des Gläubigers hin anzuweisen, die Pfändung in diese Sache durchzuführen, falls er in Kenntnis der veränderten Umstände nunmehr nicht doch freiwillig pfändet. 4.141

4. Nachträgliche Unpfändbarkeit

Wird die pfändbare Sache nach der Pfändung unpfändbar, soll dies nach wohl **h.M.**[207] keinen Einfluss auf die Rechtmäßigkeit der Pfändung haben und demnach auch nicht mit der Erinnerung geltend gemacht werden können. Dies steht jedoch in Widerspruch zu dem in § 811 ZPO geregelten Vorrang des existenziellen Rechts des Schuldners vor dem legitimen Recht des Gläubigers sowie zu dem Grundsatz, dass im Erinnerungsverfahren auch neue Tatsachen geltend gemacht werden können und daher maßgebend die Sach- und Rechtslage im Zeitpunkt der Entscheidung über die Erinnerung ist (§ 571 Abs. 2 ZPO analog). Dem von der **h.M.** zur Begründung angeführten Argument, es könne nicht angehen, dass der Schuldner nachträglich die Unpfändbarkeit herbeiführe und dadurch das rechtmäßig erworbene Pfandrecht des Gläubigers beseitige, kann auf andere Weise Rechnung getragen werden. Die zur Unpfändbarkeit führenden Umstände müssen daraufhin überprüft werden, ob sie vom Schuldner mittelbar oder unmittelbar herbeigeführt wurden oder ob sie auf davon unabhängigem Verhalten Dritter bzw. Zufall beruhen. Die Beweislast dafür, dass die eingetretene Unpfändbarkeit nicht – gleichgültig ob rechtsmissbräuchlich oder nicht – durch den Schuldner verursacht wurde, obliegt dabei dem Schuldner[208]. Der Schuldner kann daher beispielsweise mit der Erinnerung geltend machen, dass der Zweitfernseher nach der Pfändung des anderen Fernsehers funktionsuntüchtig geworden, der Zweit-Pkw durch Dritte entwendet worden sei. 4.142

---

207 KG, NJW 1952, 751; LG Bochum, DGVZ 1980, 37; Thomas/*Putzo*, § 811 Rdn. 3; Baumbach/*Hartmann*, § 811 Rdn. 13; Zöller/*Stöber*, § 811 Rdn. 9.
208 So auch im Ergebnis LG Stuttgart, DGVZ 2005, 42; Schuschke/*Walker*, § 811 Rdn. 9; StJ/*Münzberg*, § 811 Rdn. 17; Musielak/*Becker*, § 811 Rdn. 7; MünchKomm/*Schilken* ZPO, § 811 Rdn. 14; Rosenberg/Gaul/*Schilken*, § 52 III 3b.

5. Eigentumslage

4.143 Für die Frage der Pfändbarkeit kommt es nicht darauf an, wer **Eigentümer** der Sache ist. Dies gilt auch, wenn die Sache im Eigentum des Gläubigers steht (z.B. aufgrund von Eigentumsvorbehalt) und dieser einen unstreitigen Herausgabeanspruch gegen den Schuldner hat[209].

4.144 Dies ergibt sich zum einen aus dem Wortlaut des § 811 ZPO, der nicht auf die Eigentumslage an den Sachen abstellt, sowie dessen Schutzfunktion[210]. Zum anderen hat nicht das Vollstreckungsorgan, sondern das erkennende Gericht über materiell-rechtliche Ansprüche und Rechte zu entscheiden. Es geht nicht an, einerseits den Schuldner oder Dritte darauf zu verweisen, materielles Recht im Erkenntnisverfahren geltend zu machen (§§ 767, 771 ZPO), andererseits derartige materiell-rechtliche Einwendungen des Gläubigers jedoch im Vollstreckungsverfahren zu berücksichtigen. Dies gilt auch, wenn die Einwendungen „offensichtlich" sind oder „klar zutage treten"[211]. Sollte die Rechtslage so klar sein, wird der Gläubiger über eine Herausgabeklage bzw. eine einstweilige Verfügung ausreichenden Rechtsschutz erreichen können, zumal § 811 ZPO bei der Herausgabevollstreckung keine Anwendung findet. Diese Streitfrage hat sich auch nicht generell durch die Neuregelung in § 811 Abs. 2 ZPO erledigt,[212] weil sie enge Voraussetzungen hat (s. Rdn. 4.172 f.) und z.B. auf Sicherungseigentum keine Anwendung findet[213].

6. Verzicht auf Pfändungsschutz

4.145 Da § 811 ZPO nicht nur dem Schutz des Schuldners, sondern auch öffentlichen, insbesondere sozialpolitischen Interessen dient, ist ein Verzicht des Schuldners weder vor der Pfändung noch bei oder nach ihr möglich[214]. Dem Schuldner bleibt es allerdings unbenommen, evtl. Verstöße nicht zu rügen.

---

209 **H.M.:** OLG Hamm, WM 1984, 671 = MDR 1984, 855 = OLGZ 1984, 368; OLG Köln, Rpfleger 1969, 439; LG Heilbronn, DGVZ 1993, 12; LG Rottweil, DGVZ 1993, 57; Thomas/*Putzo*, § 811 Rdn. 4; Zöller/*Stöber*, § 811 Rdn. 7; StJ/*Münzberg*, § 811 Rdn. 15; Schuschke/*Walker*, § 811 Rdn. 3; MünchKomm/*Schilken* ZPO, § 811 Rdn. 11, jeweils m.w.N.; **a.A.** OLG München, MDR 1971, 580; LG Köln, DGVZ 1999, 42; Baumbach/*Hartmann*, § 811 Rdn. 6.
210 S. dazu Rdn. 4.137.
211 Vgl. OLG München, MDR 1971, 580; AG Offenbach, NJW 1987, 387 = DGVZ 1986, 158.
212 **A.A.** LG Köln, DGVZ 1999, 42; Baumbach/*Hartmann*, § 811 Rdn. 6.
213 **H.M.**, vgl. BT-Drucks. 13/341 S. 25; Schuschke/*Walker*, § 811 Rdn. 3.
214 **Allg.M.** für den Verzicht vor der Pfändung, vgl. RGZ 72, 181, 183; Brox/*Walker*, Rdn. 302 m.w.N.; im Übrigen wohl **h.M.**, vgl. OLG Bamberg, MDR 1981, 50; BayObLG, NJW 1950, 697; Zöller/*Stöber*, § 811 Rdn. 10; Thomas/*Putzo*, § 811 Rdn. 5; StJ/*Münzberg*, § 811 Rdn. 9; Musielak/*Becker*, § 811 Rdn. 8, 9; Brox/*Walker*, Rdn. 303, 304 mit eingehender Begründung; offen: KG, NJW 1960, 682; **a.A.** MünchKomm/*Schilken* ZPO, § 811 Rdn. 9 für Verzicht bei oder nach Pfändung; Baumbach/*Hartmann*, § 811 Rdn. 4, 5, soweit kein völliger Verzicht vorliegt.

7. Folge verbotswidriger Pfändung

Ein Verstoß gegen § 811 ZPO führt für den Schuldner und geschützte Dritte wie z.B. Familienangehörige nur zur **Anfechtbarkeit** der Pfändung im Wege der Vollstreckungserinnerung gem. § 766 ZPO (allg.M.). Da sich die Unpfändbarkeit am Erlös fortsetzt, kann die Erinnerung bis zur Auskehr des Erlöses an den Gläubiger geltend gemacht werden[215]. Der Gerichtsvollzieher darf bei erkanntem Verstoß die Pfändung nicht selbst aufheben; er sollte aber den Gläubiger sowie den Schuldner auf den Verstoß hinweisen und über sachgemäße Verfahrensweisen belehren (Freigabe durch den Gläubiger, Erinnerung durch den Schuldner). Die Unpfändbarkeit ist im Streitfall vom Schuldner zu beweisen. 4.146

Weigert sich der Gerichtsvollzieher, bestimmte Sachen zu pfänden, steht dem Gläubiger die Vollstreckungserinnerung gem. § 766 Abs. 2 ZPO zu, wobei der Gläubiger die Pfändbarkeit zu beweisen hat. 4.147

8. Übermaßverbot, § 803 Abs. 1 S. 2 ZPO

§ 803 Abs. 1 S. 2 ZPO enthält das allgemeine **Verbot der Überpfändung:** Es darf nicht mehr gepfändet werden, als zur Befriedigung des Gläubigers und zur Deckung der Kosten der Zwangsvollstreckung erforderlich ist. Der Gerichtsvollzieher schätzt daher vor der Pfändung den voraussichtlichen Erlös der jeweiligen Pfandstücke, rechnet die Beträge zusammen und vergleicht sie mit der Summe der zu vollstreckenden Forderungen des Gläubigers (Hauptsache, Zinsen und Kosten). Im Hinblick auf die mit der Schätzung verbundenen Unsicherheiten hinsichtlich des voraussichtlichen Erlöses ist ein großzügiger Maßstab angebracht[216]. Vorrangige Pfändungen sowie Rechte Dritter sind dabei zu berücksichtigen. Ist nur eine einzige pfändbare Sache vorhanden, findet § 803 Abs. 1 S. 2 ZPO keine Anwendung[217]. Erkennt das Vollstreckungsorgan, dass der Erlös der gepfändeten Gegenstände die zu vollstreckende Forderung nicht decken wird, muss von Amts wegen eine Nachpfändung erfolgen[218] (vgl. auch § 132 Nr. 9 GVGA). 4.148

Zum Übermaßverbot bei Fordcrungen vgl. Rdn. 6.23. 4.149

9. Verbot nutzloser Pfändungen, § 803 Abs. 2 ZPO

Verboten sind zudem gem. § 803 Abs. 2 ZPO nutzlose Pfändungen, wenn also nach der Schätzung des Vollstreckungsorgans die Verwertung der 4.150

---

215 Allg.M.: vgl. Zöller/*Stöber*, § 811 Rdn. 38, 41.
216 Vgl. LG Wiesbaden, DGVZ 1997, 89.
217 **Allg.M.:** vgl. OLG Celle, DGVZ 1951, 137; AG Neubrandenburg, DGVZ 2005, 14; Schuschke/*Walker*, § 803 Rdn. 2.
218 **Allg.M.:** OLG Karlsruhe, MDR 1979, 237; Zöller/*Stöber*, § 803 Rdn. 8.

Pfandgegenstände keinen Überschuss über die Kosten der Zwangsvollstreckung erwarten lässt. Dies gilt z.B. bei der Pfändung von Kfz-Kennzeichen, die als solche keinen Wert für den Gläubiger darstellen, sondern allenfalls als Druckmittel gegen den Schuldner dienen können[219]. Auf die Anschlusspfändung gem. § 826 ZPO findet § 803 Abs. 2 ZPO nur Anwendung, wenn sie auch als Erstpfändung nutzlos wäre, weil sie dann selbst gegen § 803 Abs. 2 ZPO verstieße[220]. Das Verbot kann entfallen, wenn der Gläubiger den Eigenerwerb des Pfandstückes zu einem die Zwangsvollstreckungskosten übersteigenden Erlös zusichert[221]. Bei einem Verstoß gegen § 803 Abs. 2 ZPO steht dem Schuldner, nicht jedoch Dritten, weil der Schutz der Vorschrift nur dem Schuldner dient, die Vollstreckungserinnerung gem. § 766 ZPO zu[222].

10. § 811 Abs. 1 Nr. 1 ZPO – Sachen des persönlichen Gebrauchs/Haushalts

4.151   Die Vorschrift betrifft Sachen des persönlichen Gebrauchs und Haushaltsgegenstände, deren der Schuldner zu seiner Berufstätigkeit sowie einer seiner Verschuldung angemessenen, bescheidenen Lebens- und Haushaltsführung bedarf. Zum Haushalt des Schuldners gehören auch die im gemeinsamen Haushalt lebenden und auf den Schuldner wirtschaftlich angewiesenen[223] Personen, wie Angehörige, Pflegekinder, Lebensgefährte, Hausangestellte. Auf eine Unterhaltspflicht des Schuldners kommt es dabei nicht an. Über die Merkmale „angemessen" sowie „bescheiden" können zum einen die wechselnden allgemeinen Lebensauffassungen sowie der wachsende Lebensstandard berücksichtigt werden, zum anderen aber auch die konkreten Lebensumstände des Schuldners (z.B. Beruf, Familienstand, städtischer oder ländlicher Wohnort, Alter, Gesundheitszustand). **Bescheiden** bedeutet, dass sich der Schuldner nicht auf seinen bisherigen Lebensstandard als Besitzstand berufen kann, sondern Einschränkungen seiner Lebensqualität hinnehmen muss. Andererseits darf er nicht auf den Stand äußerster Dürftigkeit und völliger Ärmlichkeit herabgedrückt werden[224]. Die Merkmale **„persönlicher Gebrauch"** bzw. **„Haushaltsgegenstände"** lassen sich nicht streng voneinander trennen. Die Rechtsprechung hat unter Berücksichtigung vorgenannter Grundsätze zu einer kaum noch überschau-

---

219   AG Neubrandenburg, DGVZ 2005, 14; AG Bad Sobernheim, DGVZ 1998, 173.
220   **H.M.:** LG Marburg, Rpfleger 1984, 406; *Brehm*, DGVZ 1985, 65; Schuschke/*Walker*, § 803 Rdn. 7, jew. m.w.N.
221   LG Köln, DGVZ 1988, 60; LG Ravensburg, DGVZ 2001, 85.
222   Baumbach/*Hartmann*, § 803 Rdn. 11; AG Halle/Saale, JurBüro 2005, 382.
223   OLG Schleswig, SchlHA 1952, 12; Zöller/*Stöber*, § 811 Rdn. 12; Musielak/*Becker*, § 811 Rdn. 11; Thomas/*Putzo*, § 811 Rdn. 7; Baumbach/*Hartmann*, § 811 Rdn. 15; Insoweit **a.A.** MünchKomm/*Schilken* ZPO, § 811 Rdn. 19.
224   **Allg.M.:** RGZ 72, 181, 183; LG Heilbronn, DGVZ 1993, 12; Zöller/*Stöber*, § 811 Rdn. 13.

baren Kasuistik geführt, die wegen der jeweils maßgeblichen Umstände des Einzelfalles nicht ohne weiteres auf andere Fälle übertragen werden kann[225].

Unpfändbar **sind beispielsweise:** 4.152
Kleidungsstücke in angemessener Anzahl; Wäsche einschl. ausreichender Menge zum Wechseln; notwendige Anzahl von Betten; einzige Armband- oder Taschenuhr[226] (ggf. Austauschpfändung); Haus- und Küchengeräte wie Bügeleisen, Fahrrad (ggf. Austauschpfändung), Fernsehgerät (gleich ob schwarzweiß oder farbig, auch wenn Radiogerät vorhanden ist;[227] aber: Austauschpfändung eines Farb- gegen Schwarz-Weiß-Fernsehers[228] sowie hochwertigerer Geräte gegen einfachere); Radio; Küchenherd; Backofen; Kühlschrank; Möbel wie Tische, Stühle, Schränke, Regale, Sofa, Sessel;[229] Waschmaschine[230].

Pfändbar **hingegen regelmäßig:** 4.153
Anrufbeantworter bei Privatleuten;[231] Fotoapparat; Gefriertruhe; Geschirrspüler; Kaffeemühle; Nähmaschine; Stereoanlage, soweit Radio vorhanden, CD-Player;[232] Videorecorder[233]. Beachte aber: § 812 ZPO (s. Rdn. 4.181).

Unpfändbar sind zudem gem. § 811 Nr. 1 2. Hs. ZPO Gartenhäuser, 4.154
Wohnlauben u.ä. zu Wohnzwecken dienende Einrichtungen (wie Wohnboot, Wohnwagen, Behelfsheim), die nicht der Zwangsvollstreckung in das unbewegliche Vermögen unterliegen (§§ 864, 865 ZPO), soweit der Schuldner oder seine Familie ihrer zur ständigen Unterkunft bedürfen.

11. § 811 Abs. 1 Nr. 2 ZPO – Vorräte bzw. entsprechender Geldbetrag

Unpfändbar sind die für den Schuldner und in seinem Haushalt lebenden 4.155
und helfenden Personen auf vier Wochen erforderlichen Vorräte an Nahrungs-, Feuerungs- und Beleuchtungsmitteln. Sind diese nicht vorhanden, ist dem Schuldner der zur Beschaffung notwendige Geldbetrag zu belassen, falls nicht die Beschaffung auf andere Weise gesichert ist, wie z.B. durch kurzfristig anstehende Lohnzahlung[234]. Dann ist nur der bis zur alsbaldigen Zahlung notwendige Geldbetrag zu belassen.

---

225 Vgl. *Wolf/Hintzen*, Pfändbare Gegenstände von A–Z, 2. Aufl. 2003.
226 OLG München, DGVZ 1983, 140 = OLGZ 1983, 325.
227 BFH, NJW 1990, 1871 = JurBüro 1990, 1358 = DGVZ 1990, 118; OLG Stuttgart, NJW 1987, 196 = DGVZ 1986, 152 = JurBüro 1987, 460; LG Augsburg, DGVZ 1993, 55; LG Hannover, KKZ 1990, 135, 136 = DGVZ 1990, 60; AG Essen, DGVZ 1998, 94; **a.A.** LG Gera, DGVZ 2001, 9 – soweit Radio vorhanden.
228 OLG Stuttgart, a.a.O.; LG Berlin, DGVZ 1991, 91, fraglich ob heute noch so.
229 Vgl. FG Brandenburg, JurBüro 1998, 664; AG Itzehoe, DGVZ 1998, 63.
230 LG Berlin, NJW-RR 1992, 1038; BVerwG, NJW 1999, 664; **a.A.** bei einem Einpersonenhaushalt: LG Konstanz, DGVZ 1992, 25.
231 LG Berlin, NJW-RR 1992, 1038.
232 VGH Mannheim, NJW 1995, 2804.
233 LG Hannover, DGVZ 1990, 60; AG Essen, DGVZ 1998, 30.
234 Vgl. FG Berlin, EFG 2003, 900.

4.156–4.160   Vollstreckung durch den Gerichtsvollzieher

12. § 811 Abs. 1 Nr. 3 ZPO – Kleintiere etc.

4.156   Kleintiere sind z.B. Kaninchen, Enten, Hühner, Gänse[235]. Anders als in § 811 Abs. 1 Nr. 2 ZPO zählen auch Gewerbegehilfen zum Haushalt. Die Vorschrift gilt auch für Nichtlandwirte.

13. § 811 Abs. 1 Nr. 4 ZPO

4.157   Die Vorschrift betrifft eine haupt- wie nebenberufliche Tätigkeit in der Landwirtschaft. Hierzu zählen der Acker-, Garten-, Gemüse-, Obst-, Wiesen- und Weiden- sowie Weinbau; ferner Baumschulen, Fischzucht,[236] Tabakanbau, Forstwirtschaft, Imkerei. Nicht dazu gehören rein gewerbliche Betriebe wie Pelztierfarm, Legehennenhaltung, Vieh- und Pferdezucht, wenn und soweit sie nicht im Wesentlichen durch Ausnutzung von Grund und Boden betrieben werden[237].

4.158   Was an landwirtschaftlichen Geräten, Vieh sowie landwirtschaftlichen Erzeugnissen **notwendig** ist, richtet sich nach objektiven Gesichtspunkten. Zum Verkauf bereitgestellte landwirtschaftliche Erzeugnisse sichern den Unterhalt des Schuldners nicht unmittelbar, sondern nur über ihren Erlös, fallen daher nicht unter § 811 Nr. 4 ZPO[238]. Zu beachten ist, dass vorgenannte Sachen, soweit sie Grundstückszubehör (§ 98 Nr. 2 BGB) darstellen, gem. § 865 ZPO, § 1120 BGB unpfändbar sind. Trotz Unpfändbarkeit gehören diese Gegenstände aber zur Insolvenzmasse, § 36 Abs. 2 Nr. 2 InsO, § 1 Abs. 2 KO. Zu sonstigen Tieren vgl. noch § 811c ZPO.

14. § 811 Abs. 1 Nr. 4a ZPO

4.159   Für Arbeitnehmer in landwirtschaftlichen Betrieben bleiben gem. § 811 Nr. 4a ZPO die ihnen als Vergütung geleisteten **Naturalien** unpfändbar, soweit der Schuldner selbst und seine Familie ihrer als Unterhalt bedarf. Welche Tätigkeit der Arbeitnehmer ausübt, ist ohne Belang (z.B. Elektriker). Die Naturalien müssen weder aus dem landwirtschaftlichen Betrieb gewonnen worden noch überhaupt landwirtschaftliche Erzeugnisse sein (der Knecht des Obstbauern erhält Kohle als Deputat).

15. § 811 Abs. 1 Nr. 5 ZPO – Gegenstände persönlicher Arbeit

4.160   Den Schutz des Erwerbers aus persönlichen Leistungen regelt § 811 Abs. 1 Nr. 5 ZPO. Die zur weiteren Erbringung der persönlichen Arbeits-

---

235   S. dazu *Dietz*, Tiere als Pfandobjekt, DGVZ 2001, 81.
236   Vgl. *Röder*, DGVZ 1995, 38.
237   Vgl. LG Koblenz, DGVZ 1997, 89; MünchKomm/*Schilken* ZPO, § 811 Rdn. 24; Zöller/*Stöber*, § 811 Rdn. 19 f., jeweils m.w.N.
238   LG Kleve, DGVZ 1980, 38.

leistung des Schuldners erforderlichen Gegenstände dürfen nicht gepfändet werden. Da die Vorschrift der Sicherung des Lebensunterhalts des Schuldners und seiner Familie dient, sind derartige Gegenstände auch dann unpfändbar, wenn nur der mitarbeitende Familienangehörige diese zu seiner persönlichen Arbeitsleistung benötigt und damit insoweit zur Sicherung des Familieneinkommens beiträgt[239].

Unter § 811 Abs. 1 Nr. 5 ZPO fallen nur solche Personen, die aus ihrer **persönlichen** Arbeitsleistung ihren Erwerb ziehen. Auf juristische Personen ist die Vorschrift daher grundsätzlich nicht anwendbar[240]. Bei der OHG/KG ist entscheidend, ob bei allen Gesellschaftern – wohl mit Ausnahme der Kommanditisten – der Schwerpunkt ihrer Tätigkeit in der persönlichen Arbeitsleistung liegt;[241] Entsprechendes gilt für die BGB-Gesellschaft[242]. Hier wie bei selbstständig tätigen Personen (z.B. Kaufleuten, Handwerkern, Rechtsanwälten, Ärzten, Künstlern) steht der Einsatz von Mitarbeitern oder Maschinen der Anwendung des § 811 Abs. 1 Nr. 5 ZPO nicht in jedem Falle entgegen. Zwingend notwendig ist jedoch, dass der Erwerb *überwiegend* auf der persönlichen Arbeitsleistung und nicht der etwaiger Mitarbeiter oder dem Einsatz von sachlichen Betriebsmitteln (Maschinen) bzw. Kapital („kapitalistische Arbeitsweise") beruht[243]. Arbeitnehmer gehören daher stets zum geschützten Personenkreis. Unerheblich ist, ob die Tätigkeit haupt- oder nebenberuflich ausgeübt wird[244]. Auch die Vorbereitung zu einer beruflichen Erwerbstätigkeit wird geschützt, wenn alsbaldige Einnahmen erwartet werden können. Daher werden Auszubildende, Gesellen, Schüler, Studenten von § 811 Nr. 5 ZPO erfasst. Andererseits steht die nur vorübergehende Nichtausübung der Erwerbstätigkeit der Unpfändbarkeit nicht entgegen[245].

Dementsprechend gehören **Fuhr- und Taxiunternehmer** zu den geschützten Personen, wenn sie selbst transportieren oder fahren, aber nicht mehr bei 3 bis 4 Mitarbeitern[246]. Bei einer **Videothek** sowie einer **Kfz-Vermietung**

---

239 OLG Hamm, MDR 1984, 855 = DGVZ 1984, 138; LG Siegen, NJW-RR 1986, 224; Zöller/*Stöber*, § 811 Rdn. 24; Schuschke/*Walker*, § 811 Rdn. 31; Musielak/ *Becker*, § 811 Rdn. 17; MünchKomm/*Schilken* ZPO, § 811 Rdn. 28, jeweils m.w.N.; **a.A.** OLG Stuttgart, DGVZ 1963, 152; LG Augsburg, Rpfleger 2003, 203 = InVo 2003, 292 = FamRZ 2003, 697 = JurBüro 2003, 10; Baumbach/*Hartmann*, § 811 Rdn. 41; HK-ZPO/*Kemper*, § 811 Rdn. 23.
240 **H.M.**, vgl. AG Düsseldorf, DGVZ 1991, 175; anders nur für den Alleingesellschafter-Geschäftsführer einer GmbH, der die anfallenden Arbeiten selbst erbringt: Schuschke/*Walker*, § 811 Rdn. 25; StJ/*Münzberg*, § 811 Rdn. 43.
241 **H.M.:** OLG Oldenburg, NJW 1964, 505; Zöller/*Stöber*, § 811 Rdn. 26; MünchKomm/*Schilken* ZPO, § 811 Rdn. 28; Brox/*Walker*, Rdn. 284; **a.A.** Thomas/ *Putzo*, § 811 Rdn. 18.
242 Musielak/*Becker*, § 811 Rdn. 18; Schuschke/*Walker*, § 811 Rdn. 25.
243 **H.M.**, vgl. LG Frankfurt/Main, NJW-RR 1988, 1471; Zöller/*Stöber*, § 811 Rdn. 24a, 25; MünchKomm/*Schilken* ZPO, § 811 Rdn. 27; Musielak/*Becker*, § 811 Rdn. 17, 18, jeweils m.w.N.
244 **H.M.:** FG Köln, DGVZ 2001, 10; Zöller/*Stöber*, § 811 Rdn. 26.
245 LG Wiesbaden, DGVZ 1997, 59; Baumbach/*Hartmann*, § 811 Rdn. 34 m.w.N.
246 OLG Hamburg, DGVZ 1984, 57; AG Gießen, DGVZ 1997, 189.

steht der Einsatz von Betriebsmitteln und nicht die persönliche Arbeitsleistung im Vordergrund,[247] wie überhaupt bei größeren **Warenumsätzen**;[248] anders ggf. bei mitverkaufenden Inhabern von „**Tante-Emma-Läden**",[249] bei selbst kochenden oder bedienenden **Gastwirten**[250] oder bei selbst backenden **Bäckern**[251]. Demgegenüber sind **Sonnenbänke** pfändbar, weil bei dem Betrieb eines Sonnenstudios der Einsatz von Sachwerten überwiegt[252].

4.163 Neben dem Merkmal der persönlichen Arbeitsleistung ist *zusätzliche* Voraussetzung für eine Unpfändbarkeit, dass der Gegenstand für die weitere Erwerbstätigkeit auch **erforderlich** ist. Das sind nicht nur die unentbehrlichen Sachen, sondern all diejenigen, die nach wirtschaftlichen und betrieblichen Gesichtspunkten erforderlich sind, damit die bisherige Erwerbstätigkeit fortgesetzt werden kann[253]. Dies trifft daher vor allem auf technische Arbeitsmittel (Maschinen, Werkzeuge, Bürogeräte), Mittel zur geistigen Arbeit (Bücher) sowie Materialvorräte zu. Die Rechtsprechung hierzu ist stets auf den Einzelfall bezogen und von daher nur mit Einschränkungen auf andere Fälle übertragbar. Zudem ist insbesondere bei älteren Entscheidungen die fortschreitende technische und wirtschaftliche Entwicklung zu berücksichtigen[254].

4.164 Beispiele für Unpfändbarkeit:

- **Anrufbeantworter** eines Immobilienmaklers;[255]
- **Computer**, soweit man ihn persönlich zum Beruf,[256] Studium (der Betriebswirtschaft[257]) oder Gewerbe[258] benötigt;
- **Diktiergerät** eines Rechtsanwalts,[259] ebenso bei einem Notar, Steuerberater;
- **Fotokopiergerät** eines Architekten,[260] Rechtsanwalts,[261] Steuerberaters, Notars, Immobilienmaklers;
- **Hochdruckreiniger** in Kfz-Werkstatt;[262]

---

247 LG Augsburg, DGVZ 1989, 138; LG Frankfurt/Main NJW-RR 1988, 1471.
248 LG Cottbus, InVo 2002, 428 = JurBüro 2002, 547; AG Plön, InVo 2002, 342 = JurBüro 2002, 607.
249 LG Lübeck, DGVZ 2002, 185; AG Köln, DGVZ 1992, 47.
250 AG Karlsruhe, DGVZ 1989, 141.
251 OLG Frankfurt, InVo 2001, 220 = OLGR Frankfurt 2001, 27.
252 LG Oldenburg, DGVZ 1993, 12; weitere Beispiele bei *Wolf/Hintzen*, Pfändbare Gegenstände von A–Z, 2. Aufl. 2003; Baumbach/*Hartmann*, § 811 Rdn. 36 ff.
253 **Allg.M.:** LG Mannheim, BB 1974, 1458; LG Augsburg, DGVZ 1997, 27; Zöller/*Stöber*, § 811 Rdn. 27.
254 Vgl. StJ/*Münzberg*, § 811 Rdn. 51 mit Beispielen.
255 LG Düsseldorf, DGVZ 1986, 44.
256 LG Frankfurt/Main, DGVZ 1994, 28; AG Bersenbrück, DGVZ 1990, 78.
257 AG Essen, DGVZ 1998, 94; **a.A.** AG Kiel, JurBüro 2004, 334 bei Jurastudent.
258 LG Heilbronn, MDR 1994, 405 = DGVZ 1994, 55; LG Hildesheim, DGVZ 1990, 30.
259 LG Mannheim, MDR 1966, 516.
260 LG Frankfurt/Main, DGVZ 1990, 58.
261 **A.A.** AG/LG Berlin, DGVZ 1985, 142.
262 LG Bochum, DGVZ 1982, 43.

Pfändungsverbote und -beschränkungen   4.165

- **Pkw**, wenn der Arbeitsplatz mit öffentlichen Verkehrsmitteln in angemessener Zeit nicht zu erreichen ist,[263] oder damit Transporte für sich,[264] für andere[265] oder Patienten- oder Kundenbesuche[266] ausgeführt werden;
- **Praxiseinrichtung** eines Arztes mit einem Zeitwert von ca. 4.300,– €;[267]
- **Schreibmaschine** eines Schriftstellers oder Gewerbetreibenden;[268]
- **Warenvorräte** geringen Ausmaßes;[269]
- **Wechselgeld** in einer Gaststätte, Einzelhandelsgeschäft (ca. 50,– €).

Pfändbar hingegen grundsätzlich: 4.165

- **Anrufbeantworter** eines Polizeibeamten;[270]
- **Computer**, soweit für das Examen benötigt,[271] soweit der persönliche Arbeitseinsatz zurücktritt[272] oder ein weiterer Computer für die Berufsausübung zur Verfügung steht;[273]
- **Videokassetten** eines Videoverleihs;[274]
- **Warenvorräte** eines Vollkaufmanns;[275]
- **Wählautomat** eines Immobilienmaklers[276].

---

263 FG Hessen, DGVZ 1996, 120; OLG Hamm, DGVZ 1984, 138; LG Rottweil, DGVZ 1993, 57; LG Stuttgart, DGVZ 1986, 78; LG Heidelberg, DGVZ 1994, 9.
264 Gastwirt: AG Mönchengladbach, DGVZ 1977, 95 – anders wenn nur ganz geringfügige Umsätze erzielt werden für den Zweitwagen, AG Osterode, DGVZ 2003, 28; Gärtner: OLG Schleswig, DGVZ 1978, 9, 11; nicht bei ganz geringfügigen Gelegenheitsarbeiten mit Einkünften von max. 300,– € im Jahr, AG Mannheim, DGVZ 2003, 124 = ZVI 2005, 598; ebenfalls nicht für die bloße Teilnahme an Trainingsmaßnahmen des Arbeitsamtes, die aufgrund ihres Charakters nicht zur unmittelbaren Fortsetzung einer Tätigkeit i.S.v. § 811 Abs. 1 Nr. 5 ZPO geeignet ist, AG Dülmen, MDR 2001, 772.
265 Lohnfahrten: AG Karlsruhe, DGVZ 1989, 141.
266 Arzt; Handelsvertreter: LG Braunschweig, MDR 1970, 338; verneint für einen Hautarzt: FG Bremen, DGVZ 1994, 14; Immobilienmakler: LG Koblenz, Jur-Büro 1989, 1470, Zöller/*Stöber,* § 811 Rdn. 28 m.w.N.
267 AG Köln, NJW-RR 2003, 987 = ZVI 2003, 418.
268 Vgl. Zöller/*Stöber,* § 811 Rdn. 28.
269 OLG Frankfurt, DGVZ 1960, 125; *Winterstein,* DGVZ 1985, 87 m.w.N.
270 LG Berlin, NJW-RR 1992, 1039.
271 AG Kiel, JurBüro 2004, 334 betr. Hausarbeiten eines Jurastudenten; AG Heidelberg, DGVZ 1989, 15; a.A. *Paulus,* DGVZ 1990, 151, 152.
272 LG Koblenz, JurBüro 1992, 264: Versicherungsagent; LG Frankfurt/Main, DGVZ 1990, 58: Architekt zur Buchführung; AG Steinfurt, DGVZ 1990, 62: Buchhaltungscomputer einer GmbH.
273 LG Frankfurt/Main, DGVZ 1994, 28.
274 LG Augsburg, NJW-RR 1989, 1536; LG Frankfurt/Main, NJW-RR 1988, 1471.
275 LG Cottbus, InVo 2002, 342 = JurBüro 2002, 607; LG Saarbrücken, DGVZ 1994, 30; AG Gießen, DGVZ 1998, 30 – Schmuck; LG Göttingen, DGVZ 1994, 89 – Bekleidung.
276 LG Düsseldorf, DGVZ 1986, 44.

Zu weiteren Beispielen vgl. *Wolf/Hintzen*, a.a.O.; Baumbach/*Hartmann*, § 811 Rdn. 39 ff.; Zöller/*Stöber*, § 811 Rdn. 27 ff.; MünchKomm/*Schilken* ZPO, § 811 Rdn. 41 ff.

16. § 811 Abs. 1 Nr. 6 ZPO

4.166 Führen **Witwen/Witwer** oder minderjährige Erben die Erwerbstätigkeit der in § 811 Abs. 1 Nr. 5 ZPO bezeichneten Personen durch einen Stellvertreter fort, erstreckt sich gem. § 811 Abs. 1 Nr. 6 ZPO die Schutzwirkung des § 811 Abs. 1 Nr. 5 ZPO auch auf sie.

17. § 811 Abs. 1 Nr. 7 ZPO

4.167 Die Regelung des § 811 Abs. 1 Nr. 7 ZPO stellt lediglich eine Konkretisierung des § 811 Abs. 1 Nr. 5 ZPO dar und bestimmt ausdrücklich, dass **Dienstkleidungs- und Dienstausrüstungsgegenstände** der im öffentlichen Dienst Beschäftigten sowie zum Beruf erforderlichen Gegenstände der dort genannten Berufsgruppen unpfändbar sind. Entsprechend anwendbar ist die Vorschrift auf Richter und Patentanwälte. Eine eigenständige Bedeutung kommt ihr aber insoweit zu, als eine Austauschpfändung gem. § 811a ZPO hier nicht möglich ist.

18. § 811 Abs. 1 Nr. 8 ZPO

4.168 § 811 Abs. 1 Nr. 8 ZPO schützt den Schuldner bei **Barauszahlung seines Arbeitseinkommens** in bestimmter Höhe. Er ergänzt den Pfändungsschutz von Arbeitseinkommen gem. §§ 850 ff. ZPO und entspricht der Vorschrift des § 850k ZPO, die ansonsten inhaltsgleich den Schutz des auf ein Konto des Schuldners überwiesenen Arbeitseinkommens regelt. Die Höhe richtet sich nach den Umständen des Einzelfalles[277]. Zu Auszahlungen von Bargeld für Sozialleistungen vgl. § 55 SGB I.

19. § 811 Abs. 1 Nr. 9 ZPO

4.169 Eine eigene Regelung für **Apotheken** enthält § 811 Abs. 1 Nr. 9 ZPO. Anders als in § 811 Abs. 1 Nr. 5 ZPO müssen die Geräte, Gefäße und Waren nicht nur erforderlich, sondern unentbehrlich sein.[278] Trotz Unpfändbarkeit gehören diese Gegenstände zur Insolvenzmasse, § 36 Abs. 2 Nr. 2 InsO.

---

[277] AG Wiesbaden, DGVZ 1997, 59. S. auch *Hofmann*, Konto- und Bargeldpfändung, Rpfleger 2001, 113.
[278] Vgl. im Einzelnen *Kotzur*, DGVZ 1989, 165 f.

20. § 811 Abs. 1 Nr. 10–13 ZPO

Die in § 811 Abs. 1 Nr. 10–13 ZPO aufgeführten **Gegenstände** gehören zur **persönlichen Lebenssphäre,** an denen der Schuldner ein besonderes Interesse hat. Eine Austauschpfändung kommt bei keinem der Gegenstände in Betracht, also auch nicht bei einer Schmuckausgabe der Bibel[279]. Bei § 811 Abs. 1 Nr. 11 ZPO ist **streitig**, ob Verlobungsringe sowie Familienfotos ebenfalls unpfändbar sind[280]. Geschäftsbücher gehören trotz Unpfändbarkeit gem. § 36 Abs. 1 Nr. 1 InsO zur Insolvenzmasse. Ob ein Pkw eines körperlich Behinderten unter § 811 Abs. 1 Nr. 12 ZPO fällt, hängt von den Umständen des Einzelfalles ab[281]. Bei außergewöhnlich Gehbehinderten ist er unpfändbar, auch wenn diese nicht berufstätig sind[282]. Nach OLG Köln[283] soll dann aber analog § 811a ZPO eine Austauschpfändung möglich sein[284].

4.170

Ob zu den Bestattungsgegenständen des § 811 Abs. 1 Nr. 13 ZPO auch Grabsteine zu rechnen sind, war bislang sehr **streitig**, wobei noch danach differenziert wurde, ob der Steinmetz selber vollstreckt[285]. Der BGH[286] hat dies nunmehr dahin entschieden, dass Grabsteine nicht unter § 811 Abs. 1 Nr. 13 ZPO fallen. Offen ist auch nach der Entscheidung des BGH, ob die Pietät der Pfändung entgegenstehen kann. Dies ist jedenfalls nicht der Fall, eine Pfändung daher zulässig, wenn Gläubiger der Hersteller des Grabsteines ist, dieser unter Eigentumsvorbehalt geliefert wurde und wegen des Zahlungsanspruchs des Steinmetzen vollstreckt wird[287].

4.171

21. § 811 Abs. 2 ZPO – Pfändung bei Eigentumsvorbehalt

Nach dieser mit Wirkung vom 1.1.1999 neu geschaffenen Vorschrift wird die Vollstreckungsmöglichkeit des Vorbehaltsverkäufers verbessert, der nach h.M.[288] bislang wegen einer Geldforderung nicht in sein Vorbehaltseigentum vollstrecken durfte, soweit dies zu den unpfändbaren Gegenständen

4.172

---

279 AG Bremen, DGVZ 1984, 157.
280 Vgl. Zöller/*Stöber*, § 811 Rdn. 35.
281 Schuschke/*Walker*, § 811 Rdn. 44 m.w.N.; generell verneinend AG Neuwied, DGVZ 1998, 31.
282 BGH, Rpfleger 2004, 428 = InVo 2004, 285 = DGVZ 2004, 71 = FamRZ 2004, 870 = JurBüro 2004, 444.
283 Rpfleger 1986, 57 = NJW-RR 1986, 488 = DGVZ 1986, 13, ebenso *Schneider*, MDR 1986, 726; Thomas/*Putzo*, § 811a Rdn. 1.
284 So auch Thomas/*Putzo*, § 811a Rdn. 1; zutreffend **a.A.** Zöller/*Stöber*, § 811a Rdn. 2; Schuschke/*Walker*, § 811a Rdn. 1; Baumbach/*Hartmann*, § 811a Rdn. 1; MünchKomm/*Schilken* ZPO, § 811a Rdn. 2.
285 Verneinend: LG Braunschweig, NJW-RR 2001, 715; OLG Köln, DGVZ 1992, 116 m.w.N.; **a.A.** LG Kassel, DGVZ 2004, 41; LG München I, DGVZ 2003, 122; zusammenfassend *Dillenburger/Pauly*, DGVZ 1994, 180; Zöller/*Stöber*, § 811 Rdn. 37.
286 Beschl. v. 20.12.2005 – VII ZB 48/05 = Rpfleger 2006, 208 = MDR 2006, 534.
287 BGH, a.a.O.
288 Vgl. Rdn. 4.143.

gehörte. Sie findet Anwendung nur auf die gem. § 811 Abs. 1 Nr. 1, 4, 5, 6 und 7 ZPO unpfändbaren Sachen. Eine entsprechende Anwendung auf die anderen Tatbestände des § 811 ZPO, z.B. auf § 811 Abs. 1 Nr. 9 ZPO, scheidet aus[289].

4.173 Mit **Eigentumsvorbehalt** ist der einfache Eigentumsvorbehalt des § 449 BGB gemeint, der den „weitergegebenen" (einfachen) Eigentumsvorbehalt (der Verkäufer selbst hat die Sache unter Eigentumsvorbehalt erworben) einschließt. Nicht geschützt wird sowohl der „erweiterte" Eigentumsvorbehalt, durch den noch andere als die Kaufpreisforderung oder gar Forderungen anderer Gläubiger gesichert werden sollen (wie z.B. beim Kontokorrent- und Konzernvorbehalt), als auch der „verlängerte" Eigentumsvorbehalt (wenn nach erfolgter Weiterveräußerung, Verbindung, Vermischung oder Verarbeitung die neue Sache an die Stelle der verkauften Sache getreten ist[290]). Nicht privilegiert ist auch der Sicherungseigentümer, der in seine eigene Sache vollstrecken will[291]. Hingegen gehört zum privilegierten Kreis der Lieferant des Verkäufers, an den dieser die Kaufpreisforderung abgetreten hat[292].

4.174 Die Pfändbarkeit beschränkt sich auf die „gesicherte Geldforderung aus ihrem Verkauf", also die **Kaufpreisforderung** gem. § 433 Abs. 2 BGB. Dazu wird man aber auch Nebenforderungen wie Versandkosten rechnen können, ebenso die im Hinblick auf die Durchsetzung der Kaufpreisforderung angefallenen Prozess- und Vollstreckungskosten[293].

4.175 Die Vereinbarung des Eigentumsvorbehalts hat der Gläubiger **nachzuweisen,** nicht nur glaubhaft zu machen. Der Nachweis kann nach dem Gesetzeswortlaut nur durch Urkunden erfolgen, doch wird man ein Geständnis des Schuldners auch als ausreichend ansehen müssen[294]. Zwar kommt als Urkunde insbesondere der Vollstreckungstitel in Betracht, soweit er nicht wie z.B. im Falle des Versäumnisurteils oder des Vollstreckungsbescheids ohne Tatbestand und Entscheidungsgründe ergeht. Dieser wird aber auch im Übrigen häufig keine Ausführungen zum Eigentumsvorbehalt enthalten, weil es darauf für den Zahlungsanspruch nicht ankommt, gem. § 313 ZPO aber nur die wesentlichen Gesichtspunkte in das Urteil aufgenommen werden müssen. Auch bei der Vollstreckung aufgrund einer abgekürzten Ausfertigung (§ 317 Abs. 2 S. 2 ZPO) scheidet der Vollstreckungstitel als Nachweis aus. Dann kommt als Nachweis noch die Kaufvertragsurkunde in Betracht, wobei das Original bzw. eine beglaubigte Kopie vorzulegen ist.

---

289 Vgl. BT-Drucks. 13/341 S. 26.
290 Vgl. BT-Drucks. 13/341 S. 24 f.; *Münzberg,* DGVZ 1998, 81, 82/83.
291 So ausdrücklich die Begründung, vgl. BT-Drucks. 13/341 S. 25; Zöller/*Stöber,* § 811 Rdn. 40.
292 BT-Drucks. 13/341 S. 24.
293 *Münzberg,* DGVZ 1998, 81, 83; Musielak/*Becker,* § 811 Rdn. 29; Zöller/*Stöber,* § 811 Rdn. 39, der zusätzlich auch Zinsen miteinbezieht.
294 So zutreffend *Münzberg,* DGVZ 1998, 81, 84; Zöller/*Stöber,* § 811 Rdn. 39; Musielak/*Becker,* § 811 Rdn. 30; **a.A.** Thomas/*Putzo,* § 811 Rdn. 41.

Die Nachweispflicht des Gläubigers beschränkt sich aber nicht nur auf den Eigentumsvorbehalt. Er muss ferner nachweisen, dass es sich bei der Forderung, die vollstreckt werden soll, gerade um die Kaufpreisforderung handelt. Schließlich bedarf es auch noch eines Nachweises, dass die konkrete Sache, die gepfändet werden soll, mit der Sache identisch ist, hinsichtlich derer der Eigentumsvorbehalt besteht. Dies wird relevant, wenn der Schuldner eine gleichartige andere Sache besitzt und beide unpfändbar sind[295].

Tipp: Zur Vermeidung von Schwierigkeiten beim Nachweis der vorgenannten Tatsachen sollte der Vorbehaltsverkäufer, soweit möglich, in die Kaufvertragsurkunde individualisierende Kennzeichen (z.B. eine konkrete Gerätenummer, die er ggf. selbst erst anbringt) der verkauften Sache aufnehmen und dafür Sorge tragen, dass diese in den Tenor des Urteils bzw. sonst im Vollstreckungstitel aufgenommen werden, und beantragen, dass der Grund der Zahlungsverpflichtung des Schuldners – Kaufpreis für die näher bezeichnete, unter Eigentumsvorbehalt verkaufte Sache – in den Tenor des Vollstreckungstitels aufgenommen wird.   4.176

Im Hinblick auf die dargestellten Nachweisprobleme wird man ein Rechtsschutzbedürfnis für eine entsprechende Aufnahme/Tenorierung nicht verneinen können.

Eine Pfändung nach § 811 Abs. 2 ZPO scheidet aber aus, soweit die Pfändung wegen § 803 Abs. 2 ZPO oder § 812 ZPO unzulässig ist[296].   4.177

22. § 811a Abs. 3 ZPO

Gemäß § 811a Abs. 3 ZPO ist der bei einer Austauschpfändung gem. § 811a Abs. 1 S. 1, 2. und 3. Alt. ZPO dem Schuldner überlassene **Geldbetrag für die Beschaffung eines Ersatzstückes** für den gepfändeten Gegenstand unpfändbar. Ebenso gem. § 811 Abs. 1 Nr. 1, 5 und 6 ZPO das Ersatzstück selbst bzw. der Anspruch auf Leistung des Ersatzstückes oder eines entsprechenden Geldbetrages[297].   4.178

23. § 811c ZPO

Tiere, die im häuslichen Bereich (in räumlicher Nähe zum Schuldner wie Wohnung, Haus, Garten) und nicht zu Erwerbszwecken gehalten werden,   4.179

---

295 Vgl. *Münzberg*, DGVZ 1998, 81, 85.
296 *Seip*, DGVZ 1998, 4; *Münzberg*, DGVZ 1998, 81, 86; Zöller/*Stöber*, § 811 Rdn. 39; **a.A.** AG Bad Neuenahr, DGVZ 2004, 159.
297 StJ/*Münzberg*, § 811a ZPO Rdn. 30.

sind gem. § 811c ZPO ebenfalls grundsätzlich unpfändbar. Eine Ausnahme kann bei Abwägung von Gläubiger- und Schuldnerinteressen sowie der Belange des Tierschutzes auf Antrag des Gläubigers erfolgen, wenn die Unpfändbarkeit für den Gläubiger wegen des hohen Wertes des Tieres (mindestens 250,– €, z.B. für Rassekatzen bzw. -hunde oder Zuchtfische wie ein Koi) eine Härte bedeuten würde (verneint bei einem 20-jährigen Pferd, das das „Gnadenbrot" erhält[298]). Zuständig ist das Vollstreckungsgericht, funktionell der Rechtspfleger, § 20 Nr. 17 RPflG[299].

24. § 811d ZPO – Vorwegpfändung

4.180 Alle gem. § 811a ZPO unpfändbaren Gegenstände können im Wege der Vorwegpfändung gem. § 811d ZPO gepfändet werden, wenn nur zu erwarten ist, dass sie demnächst – spätestens binnen Jahresfrist, § 811d Abs. 2 ZPO – pfändbar werden (z.B. wegen beruflicher Veränderung). Die Sache ist im Gewahrsam des Schuldners zu belassen, die Pfändung daher gem. § 808 Abs. 2 S. 2 ZPO kenntlich zu machen. Die Fortsetzung der Zwangsvollstreckung (Wegnahme, Verwertung) darf nur erfolgen, wenn die Sache pfändbar geworden ist. Tritt dies nicht binnen eines Jahres ein, ist die Pfändung durch den Gerichtsvollzieher von Amts wegen aufzuheben.

25. § 812 ZPO

4.181 Soweit beim Schuldner in Gebrauch befindliche **Gegenstände des Hausrats** (z.B. Einrichtungsgegenstände, Kleider, Wäsche – also nicht gewerblich genutzte Gegenstände) nicht schon gem. § 811 Abs. 1 Nr. 1 ZPO unpfändbar sind, sollen, d.h. dürfen sie gem. § 812 ZPO nicht gepfändet werden, wenn ohne weiteres ersichtlich ist, dass diese vom Schuldner gebraucht werden und durch ihre Verwertung nur ein Erlös erzielt werden würde, der zu dem Wert, den die Sache für den Schuldner ausmacht, außer allem Verhältnis steht, also offensichtlich unverhältnismäßig ist; dies gilt auch dann, wenn ein Überschuss über die Kosten des Verfahrens erzielt würde, weil ansonsten bereits § 803 Abs. 2 ZPO eingreift.

26. § 851b Abs. 1 S. 2 ZPO

4.182 Die Pfändung von **Barmitteln und Guthaben aus Miet- und Pachtzinsforderungen**[300] soll unterbleiben, wenn offenkundig ist, dass diese Mittel für den Schuldner notwendig sind zur laufenden Unterhaltung des Grund-

---

298 AG Paderborn, DGVZ 1996, 44; *Dietz*, DGVZ 2003, 81.
299 Zu Einzelheiten vgl. *Lorz*, MDR 1990, 1057, 1060.
300 Nicht aus Untervermietung, es sei denn, der Untermietzins würde direkt an den Hauptvermieter gezahlt, Musielak/*Becker*, § 851b Rdn. 2.

stückes (wie Grundstücksgebühren, Versicherungsprämien, Energiekosten), für notwendige Instandsetzungsarbeiten oder zur Befriedigung von Ansprüchen, die bei einer Zwangsvollstreckung in das Grundstück gem. § 10 ZVG dem Anspruch des Gläubigers vorgehen würden.

27. Erbschaftsnutzungen

Zur Pfändungsbeschränkung bei diesen vgl. § 863 ZPO. 4.183

28. Weitere Pfändungsbeschränkungen

Sonstige Pfändungsbeschränkungen finden sich in mehreren Sondergesetzen, vgl. z.B. § 126 GVGA betreffend Pfändung von Gegenständen, deren Veräußerung unzulässig ist oder die dem Washingtoner Artenschutzübereinkommen unterliegen. Siehe im Übrigen auch u.a. die Anmerkung zu § 811 ZPO in: *Schönfelder*, Deutsche Gesetze sowie bei Baumbach/*Hartmann*, § 811 Rdn. 54 und StJ/*Münzberg*, § 811 Rdn. 74 ff. – allerdings ist das bei beiden noch genannte KabelpfandG bereits mit Wirkung vom 1.1.1995 ebenso aufgehoben worden wie § 23 Gesetz über das Postwesen (PostG) mit Wirkung vom 1.1.1998[301]. 4.184

Zur Unpfändbarkeit von Grundstückszubehör sowie der Erzeugnisse und sonstigen Bestandteile im Rahmen der Mobiliarzwangsvollstreckung vgl. § 865 ZPO und Rdn. 4.99. 4.185

VIII. Pfändung

1. Aufforderung zur Leistung

Vor der Pfändung hat der Gerichtsvollzieher den Schuldner zur freiwilligen Leistung aufzufordern. Dies ergibt sich aus § 105 Nr. 2 GVGA sowie dem Grundsatz der Verhältnismäßigkeit staatlichen Handelns. Kommt der Schuldner der Aufforderung nach, hat der Gerichtsvollzieher Leistungen, auch Teilleistungen anzunehmen und deren Empfang zu bescheinigen. Bei vollständiger Begleichung der zu vollstreckenden Forderung (titulierte Forderung nebst aller Nebenleistungen und Kosten) übergibt der Gerichtsvollzieher dem Schuldner nach deren Empfang die vollstreckbare Ausfertigung des Titels sowie eine Quittung. Teilleistungen vermerkt er auf dem Titel und händigt dem Schuldner eine entsprechende Quittung aus (§ 757 Abs. 1 ZPO). Ansonsten muss er wegen der restlichen Forderung die Zwangsvollstreckung durchführen; eine Teilleistung des Schuldners berechtigt ohne vorheriges Einverständnis des Gläubigers den Gerichtsvollzieher 4.186

---

301 Vgl. BGBl 1994 I 2325.

2. Inbesitznahme, § 808 Abs. 1 ZPO

4.187 Die Pfändung beweglicher Sachen wird dadurch bewirkt, dass der Gerichtsvollzieher sie in Besitz nimmt (§ 808 Abs. 1 ZPO). Diese Inbesitznahme setzt Erlangung der tatsächlichen Sachherrschaft des Gerichtsvollziehers unter Ausschluss der Verfügungsgewalt des Schuldners voraus[302]. Sie kann auf zweierlei Weise geschehen: entweder durch Wegschaffung der Sachen aus dem Gewahrsam des Schuldners/Dritten in den des Gerichtsvollziehers oder durch Kenntlichmachung der Pfändung unter Belassung der Sache beim Schuldner/Dritten.

4.188 **Geld,** Kostbarkeiten und Wertpapiere hat der Gerichtsvollzieher grundsätzlich wegzunehmen. Geld (inländische oder ausländische Münzen und Banknoten in gültiger Währung) ist bis zur Übereignung an den Gläubiger (§ 815 Abs. 1 ZPO) ebenso an geeignetem Ort zu verwahren (Banksafe, Pfandkammer, ggf. Einzahlung auf ein Sonderkonto des Gerichtsvollziehers) wie die übrigen Gegenstände bis zu ihrer Verwertung. Etwaige Speditions- oder Lagerverträge schließt der Gerichtsvollzieher regelmäßig nicht hoheitlich, sondern als privatrechtliches Geschäft und insoweit als bevollmächtigter Vertreter des Justizfiskus ab[303].

4.189 **Kostbarkeiten** sind Sachen, deren Wert im Verhältnis zu ihrem Umfang oder Gewicht besonders groß ist (z.B. Sachen aus Gold, Platin, Münzen, Briefmarken, Schmuckstücke, Kunstwerke, Teppiche; Stollenschrank[304]). Zu **Wertpapieren** vgl. Rdn. 4.102.

4.190 Auch **übrige Sachen** sind **wegzuschaffen,** wenn deren Belassen im Gewahrsam des Schuldners oder des Dritten die Befriedigung des Gläubigers **gefährdet** (z.B. Verdacht des Verbrauchs oder der Veräußerung, Ungeeignetheit der Räume zur Aufbewahrung, § 808 Abs. 2 S. 1 ZPO; grundsätzlich wird dies bejaht bei der Pfändung von Kraftfahrzeugen[305]). Die Notwendigkeit der Wegschaffung kann sich auch noch nachträglich ergeben. Das Vorliegen einer Gefährdung hat der Gerichtsvollzieher nach eigenverantwortlicher Prüfung zu beurteilen. Eine fehlerhafte Bewertung durch den Gerichtsvollzieher führt nicht zur Unwirksamkeit der Pfändung[306].

---

302 RGZ 118, 276.
303 BGH, Rpfleger 1999, 498 = InVo 1999, 314 = NJW 1999, 2597 = MDR 1999, 1220 = DGVZ 1999, 167 in Fortführung von BGHZ 89, 82 = DGVZ 1984, 38 = MDR 1984, 383; Zöller/*Stöber,* § 808 Rdn. 17; Thomas/*Putzo,* § 808 Rdn. 14a.
304 MünchKomm/*Schilken* ZPO, § 808 Rdn. 17; OLG Köln, InVo 1998, 260.
305 Vgl. Zöller/*Stöber,* § 808 Rdn. 21, Musielak/*Becker,* § 808 Rdn. 16, jew. m.w.N.; s. auch § 157 Nr. 1 GVGA.
306 LG Darmstadt, DGVZ 1999, 92.

Mit Zustimmung des Gläubigers oder wenn die Wegschaffung mit besonderen Gefahren oder Schwierigkeiten verbunden ist (z.B. bei wertvollen Kunstsammlungen, kostbarem Porzellan), kann der Gerichtsvollzieher auch Geld, Kostbarkeiten oder Wertpapiere beim Schuldner **belassen**[307]. 4.191

3. Pfandzeichen etc., § 808 Abs. 2 S. 2 ZPO

Andere Sachen hat der Gerichtsvollzieher im Gewahrsam des Schuldners/Dritten zu belassen, muss dann jedoch die Pfändung **deutlich kenntlich machen**. Dies kann nach Wahl des Gerichtsvollziehers durch Anbringung eines Pfandsiegels oder auf sonstige Weise geschehen (§ 808 Abs. 2 S. 2 ZPO). Ein Verstoß hiergegen macht die Pfändung nichtig, sodass insoweit äußerste Sorgfalt vom Gerichtsvollzieher verlangt wird. Im Zweifel ist eher Mehr als Weniger angebracht. Das Pfandzeichen muss haltbar angebracht und bei verkehrsüblicher Sorgfalt von Dritten zu bemerken sein, ohne dass es sofort ins Auge fallen müsste[308]. Bei einem Zweit-Fernseher muss – und darf – das Pfandsiegel daher nicht auf dem Bildschirm angebracht werden, es genügt die Anbringung an der Seite des Gerätes. Die Anbringung des Pfandsiegels im Inneren des Pfandstückes (Möbel, Kassette) oder das Ankleben des Siegels an Vieh genügt daher keinesfalls, aber auch schon nicht auf der Rückseite von Bildern, Teppichen, Möbeln[309]. 4.192

Aufgrund der Beschaffenheit der Pfandsachen wird sich nicht immer ein Pfandzeichen anbringen lassen (z.B. Früchte auf dem Halm; Fische im Teich[310]), zum anderen wird bei einer Mehrzahl von Pfandstücken oder Teilen von Warenlagern die Anbringung von einzelnen Siegeln unpraktisch sein. In diesen Fällen erfolgt die Kenntlichmachung üblicherweise durch eine **Pfandanzeige** oder **Pfandtafel**. Sie muss an der Stelle, an der sich die Pfandsachen befinden, so angebracht sein, dass jedermann bei Anwendung verkehrsüblicher Sorgfalt von ihr Kenntnis nehmen kann. In ihr sind die gepfändeten Sachen im Einzelnen aufzuführen. Sollen alle in einem Raum/Behältnis befindlichen Sachen gepfändet werden, so genügt die – mit jederzeit widerruflicher Zustimmung des Schuldners – vorgenommene Versiegelung aller Türen des Raumes/Behältnisses, wenn der Gerichtsvollzieher sämtliche Schlüssel zu dem Raum/Behältnis in Besitz hat. 4.193

Die **Beschädigung** oder Beseitigung sowie das Abfallen oder Unkenntlichwerden von **Pfandzeichen** nach durchgeführter Pfändung hat auf die Wirksamkeit der Pfändung keinen Einfluss[311]. Der Gerichtsvollzieher hat 4.194

---

307 Vgl. Zöller/*Stöber,* § 811 Rdn. 16; MünchKomm/*Schilken* ZPO, § 811 Rdn. 20.
308 **Allg.M.:** vgl. AG Göttingen, DGVZ 1972, 32; Zöller/*Stöber,* § 808 Rdn. 19; Baumbach/*Hartmann,* § 808 Rdn. 22; StJ/*Münzberg,* § 808 Rdn. 29 mit zahlreichen Nachweisen.
309 Musielak/*Becker,* § 808 Rdn. 17.
310 Dazu *Röder,* DGVZ 1995, 38.
311 **Allg M.:** vgl. LG Darmstadt, DGVZ 1999, 92; Zöller/*Stöber,* § 808 Rdn. 23.

sie jedoch zu erneuern, sobald er davon erfährt, auch um gutgläubigen lastenfreien Erwerb der Pfandstücke durch Dritte zu verhindern.

4.195 Die Zulässigkeit der **weiteren Nutzung** von im Gewahrsam des Schuldners belassenen Gebrauchsgegenständen hängt von den Umständen des Einzelfalles ab[312].

4. Mehrere Aufträge

4.196 Erfolgt eine Pfändung derselben Sache aufgrund **mehrerer Aufträge** verschiedener Gläubiger **gegenüber demselben Schuldner,** wird die Pfändung nur einmal kenntlich gemacht; in dem einheitlichen Pfändungsprotokoll sind sämtliche Gläubiger und deren Schuldtitel zu bezeichnen und ist ferner zu vermerken, dass die Pfändung gleichzeitig für alle als bewirkt gilt (§ 168 Nr. 3 GVGA). Der zeitlich unterschiedliche Eingang der Anträge beim Gerichtsvollzieher ist dabei ohne Bedeutung[313] (es fehlt insoweit an einer den §§ 873 BGB, 13 GBO entsprechenden Bestimmung; vgl. auch § 168 Nr. 1 GVGA).

4.197 Wird die Pfändung derselben Sache aufgrund **mehrerer Aufträge gegenüber verschiedenen Schuldnern (Doppelpfändung;** möglich bei der Zwangsvollstreckung gegen Eheleute, § 739 ZPO) vorgenommen, liegt kein Fall einer Anschlusspfändung vor (siehe dazu Rdn. 4.213 f.). Es sind vielmehr zwei selbstständige Pfändungen vorzunehmen und zwei Pfändungsprotokolle zu erstellen. Die Kenntlichmachung der Pfändung kann einheitlich erfolgen[314].

5. Besitzverhältnisse

4.198 Durch die Inbesitznahme ändern sich die Besitzverhältnisse am Pfandgegenstand[315]. Nimmt der Gerichtsvollzieher die Pfandsache weg, wird er unmittelbarer Fremdbesitzer; er vermittelt dem Gläubiger mittelbaren Fremdbesitz erster Stufe[316] und dem Schuldner mittelbaren Eigenbesitz zweiter Stufe. Belässt der Gerichtsvollzieher die Pfandsache im Gewahrsam des Schuldners, so ist der Schuldner unmittelbarer Fremdbesitzer und vermittelt als mittelbarer Eigenbesitzer dritter Stufe dem Gerichtsvollzieher mittelbaren Fremdbesitz erster Stufe und dem Gläubiger solchen zweiter Stufe[317].

---

312 Vgl. hierzu Zöller/*Stöber*, § 808 Rdn. 21.
313 **H.M.:** LG München, DGVZ 1985, 45; Zöller/*Stöber*, § 808 Rdn. 25; **a.A.** MünchKomm/*Schilken* ZPO, § 808 Rdn. 31.
314 Zöller/*Stöber*, § 808 Rdn. 26.
315 Vgl. eingehend MünchKomm/*Schilken* ZPO, § 808 Rdn. 28.
316 RGZ 126, 21, 25.
317 RGZ 94, 341, 342.

Der Schuldner kann jedoch dem Gerichtsvollzieher gegenüber keine Besitzschutzansprüche geltend machen, wenn dieser die Sachen bei ihm abholt, um die Verwertung durchzuführen oder zur Vermeidung der Gläubigergefährdung zu sichern[318]. Veräußert der Schuldner die bei ihm belassene Pfandsache, liegt kein Abhandenkommen i.S.d. § 935 BGB vor; gutgläubiger lastenfreier Erwerb der Pfandsache durch Dritte ist daher gem. §§ 936, 135 Abs. 2, 136 BGB möglich.

6. Hilfspfändung

Eine Hilfspfändung liegt vor, wenn der Gerichtsvollzieher Urkunden in Besitz nimmt, die eine Forderung beweisen oder deren Inhaber für die Entgegennahme der Leistung legitimieren, ohne dass das Papier selbst Träger des Rechtes ist (vgl. Rdn. 4.103). Gesetzlich geregelt in **§ 830** Abs. 1 S. 2 ZPO für den Hypothekenbrief und in **§ 836** Abs. 3 S. 2 ZPO (z.B. für Schuldscheine, Versicherungspolicen, Lohnsteuerkarte, Mietvertrag, Sparbuch[319]). Vollstreckungstitel ist insoweit der Pfändungs- (und Überweisungs-)Beschluss, der keiner Klausel bedarf, jedoch vor der gem. § 883 ZPO durchzuführenden Zwangsvollstreckung an den Schuldner zuzustellen ist.

Derartige Papiere kann der Gerichtsvollzieher jedoch auch **ohne entsprechenden Beschluss** vorläufig in Besitz nehmen, um so die Forderungspfändung zu sichern. Grundlage hierfür ist **§ 156 GVGA** bzw. § 836 Abs. 3 S. 2 ZPO analog[320] (vgl. zum Kfz-Brief auch § 952 Abs. 1 S. 2 BGB). Der Gerichtsvollzieher hat dem Gläubiger die vorläufige Wegnahme unverzüglich unter Angabe der gesicherten Forderung mitzuteilen. Legt der Gläubiger nicht innerhalb eines Monats dem Gerichtsvollzieher den Pfändungsbeschluss über die Forderung vor oder weist ihm mindestens den rechtzeitigen Pfändungsantrag nach, sind die Papiere dem Schuldner zurückzugeben.

7. Informationspflichten des Gerichtsvollziehers

Der Gerichtsvollzieher hat den **Schuldner** von der Pfändung **in Kenntnis zu setzen** (§ 808 Abs. 3 ZPO; vgl. im Einzelnen § 132 Nr. 5 GVGA). Ein Verstoß hiergegen beeinträchtigt die Wirkungen der Pfändung nicht, da **§ 808 Abs. 3 ZPO** nach **allg.M.** lediglich eine Ordnungsvorschrift ist. Dem Schuldner ist, wenn die Vollstreckung in seiner Abwesenheit stattgefunden hat, auch ohne Anforderung eine Abschrift des Pfändungsprotokolls zu erteilen; ansonsten erfolgt die Erteilung an ihn sowie den Gläubiger nur auf entsprechendes Verlangen (§ 135 Nr. 5 GVGA).

---

318 Brox/*Walker,* Rdn. 360.
319 Wegen weiterer Einzelheiten s. Rdn. 6.58 f.
320 Zöller/*Stöber,* § 808 Rdn. 28; Musielak/*Becker,* § 808 Rdn. 2; *Jaspersen,* S. 108 f.

4.203–4.206   Vollstreckung durch den Gerichtsvollzieher

4.203   Der Gerichtsvollzieher muss aber unabhängig von der Protokollübersendung den **Gläubiger** von Amts wegen kostenlos über den Ausgang des Verfahrens **informieren.** Dazu genügt eine kurze Mitteilung über den Erfolg oder die Erfolglosigkeit seiner Amtshandlung, die aber erkennen lassen muss, aus welchem Grund der Vollstreckungsversuch ohne Erfolg geblieben ist (z.B. Nichtantreffen des Schuldners, kein Vorfinden pfändbarer Habe, ergebnislose Durchsuchung, Vollstreckung nur zur Unzeit möglich). Diese Informationen benötigt der Gläubiger, um beurteilen zu können, welche Möglichkeiten bestehen, seine Forderung doch noch durchsetzen zu können. Erst damit kann er entscheiden, welche Maßnahme – z.B. Anschriftenermittlung, Antrag auf Durchsuchungsanordnung oder auf Vollstreckung zur Unzeit, Antrag auf Abgabe der eidesstattlichen Versicherung – erforderlich und von ihm entsprechend zu veranlassen ist. Weiter gehende Informationen erhält der Gläubiger hingegen nur durch Akteneinsicht (§ 760 ZPO) oder durch – gem. § 36 Abs. 1 Nr. 1 GvKostG kostenpflichtige – Protokollübersendung[321].

4.204   Konnte eine Pfändung nicht bewirkt werden oder wird eine bewirkte Pfändung voraussichtlich nicht zur vollständigen Befriedigung des Gläubigers führen, so hat der Gerichtsvollzieher, wenn er anlässlich der Zwangsvollstreckung durch Befragung des Schuldners oder durch Einsicht in Schriftstücke **Kenntnis von Geldforderungen** des Schuldners gegen Dritte erlangt, dies unter Angabe von Namen und Anschriften der Drittschuldner sowie des Grundes der Forderungen und der für diese bestehenden Sicherheiten dem Gläubiger mitzuteilen (**§ 806a Abs. 1 ZPO**)[322]. Entsprechendes gilt, wenn derartige Kenntnisse offenkundig oder dem Gerichtsvollzieher aus einer vorhergehenden Vollstreckung bekannt sind[323].

4.205   Der Gerichtsvollzieher muss ferner, wenn der Schuldner in der Wohnung nicht angetroffen wird, die zum Hausstand des Schuldners gehörenden erwachsenen Personen nach dem Arbeitgeber des Schuldners befragen. Diese sind zur Auskunft nicht verpflichtet und zuvor vom Gerichtsvollzieher auf die Freiwilligkeit ihrer Angaben hinzuweisen. Entsprechende Erkenntnisse teilt der Gerichtsvollzieher dem Gläubiger mit (**§ 806a Abs. 2 ZPO**). Der Gläubiger sollte daher den Gerichtsvollzieher in dem Auftragsschreiben auf § 806a ZPO hinweisen (vgl. Rdn. 4.20).

4.206   Diese Vorschrift ist jedoch nicht als Informationsbeschaffungsmaßnahme für den Gläubiger zu verstehen. Die Befragung des Schuldners bzw. der Hausangehörigen kann nur im Rahmen eines Zwangsvollstreckungsauftrages erfolgen *("anlässlich"),* in keinem Falle ist es zulässig, den Gerichtsvollzieher ausschließlich mit der Befragung des Schuldners zu beauftragen. Es handelt sich hierbei nur um ein *Nebenrecht* anlässlich einer konkreten

---

321   BGH, Rpfleger 2004, 364 = InVo 2004, 284 = NJW-RR 2004, 788.
322   Vgl. im Einzelnen *Krauthausen,* DGVZ 1995, 68 f.
323   AG Bad Iburg, DGVZ 1995, 173.

Zwangsvollstreckungsmaßnahme, sodass Fragen nach sonstigem Vermögen des Schuldners davon nicht gedeckt sein dürften, auch wenn Zweck der Einführung dieser Vorschrift war, die Zahl der eidesstattlichen Versicherungen zu reduzieren.

8. Vollstreckungsprotokoll

Der Gerichtsvollzieher hat über jede Vollstreckungshandlung ein Protokoll aufzunehmen, dessen Inhalt sich nach den **§§ 762, 763 ZPO** richtet; vgl. auch §§ 110, 135 GVGA. Bei Pfändungen derselben Sache aufgrund mehrerer Titel desselben Gläubigers oder mehrerer Gläubiger gegen denselben Schuldner wird nur ein Protokoll errichtet. Das Protokoll ist öffentliche Urkunde gem. §§ 415, 418 ZPO; es dient nur zu Beweiszwecken. Ein Verstoß gegen die Protokollierungspflichten hat – mit Ausnahme bei der Anschlusspfändung – keine Auswirkung auf die Wirksamkeit der Pfändung. Führt die Vollstreckung nicht zu einer vollständigen Befriedigung des Gläubigers, wird § 762 Abs. 2 Nr. 2 ZPO nach **allg.M.** dahin interpretiert, dass das Protokoll jedenfalls die allgemeine Erklärung des Gerichtsvollziehers enthalten muss, der Schuldner habe keine oder nur solche Sachen im Besitz, die der Pfändung nicht unterworfen seien, oder von deren Verwertung ein Überschuss über die Kosten der Zwangsvollstreckung nicht zu erwarten sei.

4.207

Unstreitig ist ferner, dass der Gerichtsvollzieher **kein vollständiges Inventarverzeichnis** mit detaillierter Beschreibung der einzelnen Gegenstände anfertigen muss[324]. Kontrovers beantwortet wird hingegen die Frage, ob der Gerichtsvollzieher dann, **wenn der Gläubiger es ausdrücklich verlangt,** im Protokoll die vorgefundenen, aber nicht gepfändeten Sachen ihrer Art, Beschaffenheit und ihrem Wert nach so zu bezeichnen hat, dass sich daraus für den Gläubiger ein Anhalt für die Beurteilung ergeben kann, ob ihre Pfändung mit Recht unterlassen worden ist bzw. ob eine Austauschpfändung in Betracht kommt.

4.208

Nach einer Auffassung sind die **an sich pfändbaren Sachen** – Sachen, deren Pfändung nach § 803 Abs. 2 ZPO zu unterbleiben hat oder die gem. § 812 ZPO nicht gepfändet werden sollen – im Einzelnen aufzuführen; ansonsten genüge die Bezeichnung der Gegenstände nach Art und Zahl[325] (vgl. auch § 135 Nr. 6 GVGA in der bis 31.10.1994 geltenden Fassung).

4.209

---

324 **Allg.M.:** OLG Oldenburg, JurBüro 1989, 261; LG Lübeck, DGVZ 2002, 185; LG Traunstein, Rpfleger 1988, 199.
325 OLG Bremen, JurBüro 1989, 263 = NJW-RR 1989, 1407; OLG Oldenburg, JurBüro 1989, 261; LG Göttingen, DGVZ 1994, 89; LG Bochum, JurBüro 1994, 308; LG Duisburg, JurBüro 1990, 1049; LG Lübeck, JurBüro 1990, 1369; LG Saarbrücken, DGVZ 1994, 30; wohl auch Baumbach/*Hartmann*, § 762 Rdn. 8; offen Schuschke/*Walker*, § 762 Rdn. 6; **a.A.** LG Bonn, DGVZ 1993, 41 = JurBüro 1994, 311 mit abl. Anm. *Mümmler;* LG Münster, DGVZ 1984, 46; AG Frankfurt/Main, DGVZ 1990, 77; *Midderhoff*, DGVZ 1983, 4.

4.210, 4.211   Vollstreckung durch den Gerichtsvollzieher

4.210   Insbesondere hinsichtlich der gem. § 811 Abs. 1 ZPO **unpfändbaren Sachen** wird dies nur einschränkend bejaht[326] oder vollkommen verneint,[327] wobei wohl die Sorge über eine Überlastung der Gerichtsvollzieher der – insoweit nicht offen gelegte – Grund sein dürfte. Nach der seit dem 1.11.1994 geltenden Neufassung des § 135 Nr. 6 GVGA genügt bei einer auch nur teilweise fruchtlosen Pfändung im Protokoll der allgemeine Hinweis, dass eine Pfändung unterblieben ist, weil der Schuldner nur Sachen besitzt, die nicht gepfändet werden dürfen oder nicht gepfändet werden sollen oder von deren Verwertung ein Überschuss über die Kosten der Zwangsvollstreckung nicht zu erwarten ist. Abweichend hiervon sind im Protokoll u.a. zu verzeichnen: Sachen, deren Pfändung vom Gläubiger ausdrücklich beantragt war (lit. a); Art, Beschaffenheit und Wert der Sachen, wenn eine Austauschpfändung in Betracht kommt (lit. b). Bezüglich Letzterer ergibt sich also jedenfalls eine Pflicht zur Protokollierung.

4.211   **Richtigerweise** hat der Gerichtsvollzieher in dem Protokoll trotz des anders lautenden Wortlauts des § 135 Nr. 6 GVGA die vorgefundenen, an sich pfändbaren sowie auch die seiner Auffassung nach unpfändbaren Gegenstände so nach Art, Beschaffenheit und Wert zu bezeichnen, dass der Gläubiger nachvollziehen kann, ob die Pfändung zu Recht unterlassen worden ist bzw. ob eine Austauschpfändung in Betracht kommt[328]. So sieht selbst Abschnitt 49 Abs. 2 der Allgemeinen Anweisung für die Vollziehungsbeamten der Finanzämter (Vollziehungsanweisung)[329] ausdrücklich vor, dass im Falle einer fruchtlosen Pfändung die vorgefundenen unpfändbaren Sachen von besonderem Wert zu bezeichnen sind. Nur bei einer Protokollierung der an sich pfändbaren sowie der nach Auffassung des Gerichtsvollziehers unpfändbaren Gegenstände nach Art, Beschaffenheit und Wert ist der durch Art. 19 Abs. 4 GG garantierte **effektive Rechtsschutz** gewahrt. Denn ansonsten kann der Gläubiger mangels Kenntnis der vorhandenen, aber nicht gepfändeten Sachen weder prüfen, ob die Verwertung der an sich pfändbaren Gegenstände einen Überschuss über die Kosten der Zwangsvollstreckung erwarten lässt (§ 803 Abs. 2 ZPO), noch, ob die Verwertung zu einem Erlös führen wird, der zu dem Wert außer Verhältnis steht (§ 812 ZPO). Des Weiteren kann er ansonsten nicht prüfen, ob die vorgefundenen, aber weder gepfändeten noch im Protokoll verzeichneten Ge-

---

326   So OLG Bremen, JurBüro 1989, 263; LG Mainz, DGVZ 2004, 74; AG Rosenheim, DGVZ 2003, 125; AG Altötting, DGVZ 2000, 79; AG Westerburg, DGVZ 1992, 124; MünchKomm/*Heßler* ZPO, § 762 Rdn. 13; Musielak/*Lackmann*, § 762 Rdn. 5; HK-ZPO/*Kindl*, § 762 Rdn. 3.
327   Zöller/*Stöber*, § 762 Rdn. 3a; LG Lübeck, DGVZ 2002, 185; LG Detmold, DGVZ 1994, 119; AG Altötting, DGVZ 1997, 91; AG Reinbek, DGVZ 1997, 61; AG Hanau, DGVZ 1995, 77; Thomas/*Putzo*, § 762 Rdn. 2.
328   LG Cottbus, InVo 2002, 428 = JurBüro 2002, 547; LG Göttingen, DGVZ 1994, 89; StJ/*Münzberg*, § 762 Rdn. 4.
329   Vom 29.4.1980 (BStBl I S. 194), zuletzt geändert durch Allg. VerwVorschrift v. 11.12.2001 (BStBl I S. 984).

genstände wirklich zu den unpfändbaren Sachen nach § 811 ZPO gehören bzw. ob insoweit eine Austauschpfändung zutreffend nicht in Betracht kommt, weil der zu erwartende Erlös aus der Verwertung der unpfändbaren Sache nicht den Wert der vom Gläubiger zu stellenden Ersatzsache übersteigt. Dass die Gerichtsvollzieher bei ihrer Bewertung nicht immer richtig handeln, ergibt sich aus der Vielzahl entsprechender Entscheidungen. Eine Überprüfung muss daher möglich sein. Fehlt die Angabe dieser Gegenstände aber im Protokoll, ist die gem. Art. 19 Abs. 4 GG garantierte Möglichkeit einer richterlichen Überprüfung des Handelns des Gerichtsvollziehers über § 766 ZPO insoweit nicht möglich, weil ihr mangels entsprechender tatsächlicher Feststellungen der Boden entzogen wird.

Zuzugeben ist, dass damit eine Mehrbelastung der Gerichtsvollzieher verbunden ist. Denn die Praxis zeigt, dass die Protokolle vielfach schon kaum lesbar sind, sich jedenfalls regelmäßig mit dem Hinweis begnügen, der Schuldner sei amtsbekannt „gesetzlich eingerichtet" bzw. Pfändbares sei nicht vorhanden. Das Argument der Mehrbelastung muss allerdings gegenüber dem verfassungsrechtlich geschützten Recht des Gläubigers aus Art. 19 Abs. 4 GG sowie seinem Recht auf eine effektive Zwangsvollstreckung zurücktreten.

Fehl geht dabei der Hinweis, der Gläubiger könne sich ja durch die Anwesenheit bei der Vollstreckung die genaue Kenntnis von unpfändbaren Sachen verschaffen[330]. Dies ist zum einen wenig praktikabel, wenn Gläubiger und Schuldner nicht am selben Ort wohnen; zum anderen kann der Gläubiger nicht vorher wissen, welche Angaben der Gerichtsvollzieher im Protokoll machen wird, und ob er an deren Richtigkeit Zweifel haben kann. Überdies setzt die Teilnahme des Gläubigers an der Vollstreckungshandlung nach **allg. M.** voraus, dass der Schuldner der Anwesenheit des Gläubigers nicht widerspricht – oder in dem richterlichen Durchsuchungsbeschluss ausdrücklich die Anwesenheit des Gläubigers gestattet wird; Letzteres kommt aber – wenn überhaupt – nur in besonderen Ausnahmefällen in Betracht[331].

9. Anschlusspfändung

Ist eine Sache bereits gepfändet worden und soll sie für eine andere Forderung desselben Gläubigers oder für einen anderen Gläubiger nochmals gepfändet werden, so kann dies als weitere Erstpfändung gem. § 808 ZPO oder als Anschlusspfändung in der einfacheren Form des § 826 ZPO geschehen. Eine Pfändung derselben Sache im Rahmen der Zwangsvollstreckung gegen einen anderen Schuldner (Doppelpfändung; möglich im Rahmen des § 739 ZPO) kann nicht als Anschlusspfändung, sondern nur als Erstpfändung durchgeführt werden[332].

---

330 So aber LG Bonn, DGVZ 1993, 41, 43 = JurBüro 1994, 311, 312; AG Reinbek, DGVZ 1997, 61.
331 Vgl. hierzu Rdn. 4.71.
332 **H.M.:** Thomas/*Putzo*, § 826 Rdn. 1.

4.214, 4.215   Vollstreckung durch den Gerichtsvollzieher

4.214   Die Anschlusspfändung gem. § 826 ZPO setzt voraus:

- Die Pfändung richtet sich **gegen denselben Schuldner** wie die Erstpfändung[333].
- Eine wirksame und zur Zeit der Anschlusspfändung noch bestehende **Verstrickung** der Sache durch die Erstpfändung;[334] nicht notwendig ist, dass die Erstpfändung durch denselben Gerichtsvollzieher stattgefunden hat (§ 826 Abs. 2 ZPO). Bestehen an der Wirksamkeit der Erstpfändung Zweifel, soll der Gerichtsvollzieher die Pfändung in der Form der Erstpfändung vornehmen (§ 167 Nr. 4 GVGA). Die spätere Aufhebung der Erstpfändung hat auf die Anschlusspfändung keine Auswirkungen.
- Die allgemeinen Voraussetzungen der Zwangsvollstreckung müssen im Zeitpunkt der Anschlusspfändung vorliegen. **§ 803 Abs. 2 ZPO** findet nur dann Anwendung, wenn die Anschlusspfändung auch in Form einer Erstpfändung nutzlos wäre. Dabei können die Kosten der Vollstreckung der Erstpfändung im Hinblick auf die Frage der Nutzlosigkeit nicht in Ansatz gebracht werden, weil der Bestand der Erstpfändung ungewiss ist.
- Wurde die Sache gem. **§ 809 ZPO** gepfändet, muss der Dritte auch im Zeitpunkt der Anschlusspfändung noch herausgabebereit sein, und zwar auch dann, wenn der Gerichtsvollzieher die Sache aus dem Gewahrsam des Dritten weggeschafft hatte[335]. Auch ein Übererlös kann bis zur Auskehr gem. § 826 ZPO gepfändet werden[336].
- Die **Erklärung des Gerichtsvollziehers zu Protokoll** (§ 762 ZPO), dass er die schon gepfändeten Sachen für seinen Auftraggeber gleichfalls pfände. Dabei ist der Zeitpunkt, zu der diese Erklärung abgegeben wird, im Hinblick auf den Rang gem. § 804 Abs. 3 ZPO genau zu bezeichnen.

4.215   Ein Verstoß gegen die vorgenannten Voraussetzungen macht die Pfändung nichtig. Wegen der weiteren vom Gerichtsvollzieher zu beachtenden Einzelheiten vgl. § 167 GVGA.

Ein Verstoß gegen die Verpflichtung, dem anderen Gerichtsvollzieher, der die erste Pfändung bewirkt hat, eine Abschrift des Protokolls zuzustellen (**§ 826 Abs. 2 ZPO**) bzw. den Schuldner von den weiteren Pfändungen in Kenntnis zu setzen (**§ 826 Abs. 3 ZPO**) beeinträchtigen hingegen die Wirksamkeit der Pfändung nicht[337].

---

333   **H.M.:** OLG Hamm, DGVZ 1963, 1, 4; Thomas/*Putzo,* § 826 Rdn. 1.
334   Zöller/*Stöber,* § 826 Rdn. 3.
335   OLG Düsseldorf, OLGZ 1973, 52; Zöller/*Stöber,* § 826 Rdn. 3; Schuschke/*Walker,* § 826 Rdn. 5; Thomas/*Putzo,* § 826 Rdn. 2; Musielak/*Becker,* § 826 Rdn. 4; Münch-Komm/*Schilken* ZPO, § 826 Rdn. 4; **a.A.** Baumbach/*Hartmann,* § 826 Rdn. 4.
336   LG Berlin, DGVZ 1983, 93.
337   RGZ 13, 345.

IX. Wirkungen der Pfändung

1. Beschlagnahme

Die im Rahmen einer Zwangsvollstreckung wegen Geldforderung in das bewegliche Vermögen durchgeführte Pfändung (§ 803 ZPO) stellt eine hoheitliche Beschlagnahme eines Pfandstückes dar, die die Befriedigung des Gläubigers durch Verwertung oder jedenfalls – wie beim Arrest – deren Sicherung zum Ziel hat. Sie entspricht damit der Beschlagnahme im Rahmen der Immobiliarzwangsvollstreckung gem. §§ 20, 146 ZVG. Die Wirkungen dieser Pfändungen sind in der ZPO nur unvollkommen geregelt. Die Pfändung führt bei ordnungsgemäßem Ablauf zu einer Verstrickung, einem Pfändungspfandrecht (§ 804 Abs. 1 ZPO) sowie zu Änderungen in den Besitzverhältnissen[338].

4.216

2. Verstrickung

Verstrickung bedeutet Begründung einer staatlichen Verfügungsmacht und daraus folgendem **Veräußerungsverbot** für den Schuldner[339]. Entgegenstehende Verfügungen des Schuldners sind den Pfändungspfandgläubigern gegenüber relativ unwirksam, §§ 135, 136 BGB. Die Verstrickung genießt strafrechtlichen Schutz gem. § 136 StGB (Verstrickungsbruch). Sie entsteht unabhängig davon, ob dem Gläubiger materiell-rechtlich eine Forderung gegen den Beklagten zusteht und ist Grundlage aller nachfolgenden Vollstreckungsmaßnahmen, insbesondere auch der Verwertung.

4.217

Die Verstrickung entsteht durch jede, auch anfechtbare Pfändung, wenn diese nicht nichtig ist. Eine – seltene – nichtige Vollstreckungsmaßnahme liegt nur vor bei einem offenkundigen und besonders schweren Fehler[340].

4.218

Nichtigkeit ist u.a. in folgenden Fällen bejaht worden:

- Fehlen eines vollstreckbaren Titels[341].
- Bei einem aufgrund eines Arrestes ergangenen Überweisungsbeschluss[342].
- Fehlende Zustellung bei einem Versäumnisurteil im schriftlichen Vorverfahren, weil die Zustellung hier Verkündungsersatz ist[343].

---

338 S. dazu Rdn. 4.198.
339 **H.M.:** Zöller/*Stöber*, § 804 Rdn. 1; Schuschke/*Walker*, vor §§ 803, 804 Rdn. 1, 3; nach Rosenberg/Gaul/*Schilken*, § 50 III 1a bb stellt das Verfügungsverbot eine selbstständige Folge der Pfändung dar.
340 **H.M.:** BGH, NJW 1993, 735, 736 m.w.N.
341 BGHZ 70, 313, 317, insoweit in NJW 1978, 943 nicht abgedruckt.
342 BGH, NJW 1993, 735.
343 BGH, MDR 1996, 678.

- Pfändung durch ein funktionell unzuständiges Vollstreckungsorgan (Gerichtsvollzieher pfändet eine Forderung; **streitig** allerdings bei einer gegen § 865 Abs. 2 ZPO verstoßenden Pfändung, vgl. Rdn. 4.2).
- Fehlende Inbesitznahme/Kenntlichmachung der Pfändung gem. § 808 ZPO.
- Fehlende Zustellung des Pfändungsbeschlusses an den Drittschuldner gem. § 829 Abs. 3, § 846, § 857 Abs. 1 ZPO.
- Zu ungenaue Bezeichnung des Schuldners[344].
- Keine Protokollierung der Anschlusspfändung gem. § 826 ZPO.
- Der Vollstreckungsschuldner unterliegt nicht der deutschen Gerichtsbarkeit.

4.219 Eine **Heilung** der Pfändung nach Wegfall des Mangels ist nur durch Neuvornahme mit Wirkung ex nunc möglich[345].

4.220 Verstöße allein gegen **Ordnungsvorschriften** (wie z.B. § 758a Abs. 5, §§ 762, 763, 808 Abs. 2 u. 3 ZPO) bleiben ohne Auswirkungen auf die Entstehung des Pfandrechts[346].

4.221 In den übrigen Fällen bleibt es bei einer bloßen **Anfechtbarkeit** einer Pfändung, u.a.[347] in folgenden Fällen:
- Pfändungs- und Überweisungsbeschluss betreffen das Kontoguthaben einer BGB-Gesellschaft, wenn ein Titel nur gegen einen der Gesellschafter vorlag[348].
- Die Vollstreckungsklausel fehlte.
- Die Zustellung des Titels war nicht erfolgt.
- Eine besondere Voraussetzung der Zwangsvollstreckung fehlte, z.B. die Sicherheitsleistung.
- Ein Vollstreckungshindernis gem. § 775 ZPO lag vor.
- Es wurden unpfändbare Sachen (§ 811 ZPO) gepfändet.
- Die gepfändete Sache stand nicht im Eigentum des Schuldners.
- Die Pfändung erfolgte trotz fehlender Herausgabebereitschaft des Dritten, also unter Verstoß gegen § 809 ZPO.

4.222 Die **Beendigung der Verstrickung** tritt ein durch:
- Verwertung des Pfandgegenstandes (Zuschlag und Ablieferung der versteigerten Sache an den Ersteigerer; jedoch setzen sich Verstrickung und Pfändungspfandrecht am Erlös fort).

---

344 OLG Stuttgart, WM 1993, 2020.
345 MünchKomm/*Schilken* ZPO, § 803 Rdn. 31; Schuschke/*Walker*, vor §§ 803, 804 Rdn. 7 m.w.N.
346 Brox/*Walker*, Rdn. 383; MünchKomm/*Schilken* ZPO, § 804 Rdn. 13.
347 Zu weiteren Beispielen vgl. Brox/*Walker*, Rdn. 363.
348 BGH, WM 1977, 840.

Wirkungen der Pfändung 4.223, 4.224

- Aufhebung der Pfändung durch das zuständige Vollstreckungsorgan (Entstrickung). Bei beweglichen Sachen entweder durch den Gerichtsvollzieher selbst (beispielsweise durch Abnahme des Pfandsiegels), oder mit Zustimmung des Gerichtsvollziehers durch den Schuldner bzw. Dritte. Dabei kommt es nicht darauf an, ob dies seitens des Gerichtsvollziehers zu Recht geschieht (also in den Fällen der §§ 775, 776 ZPO aufgrund einer Anordnung des Vollstreckungsgerichts, oder auf Freigabeerklärung des Gläubigers hin) oder zu Unrecht (eigenmächtiges Handeln des Gerichtsvollziehers nach erkannter fehlerhafter Pfändung ohne gerichtliche Entscheidung gem. § 766 ZPO). **Streitig** ist, ob allein die Freigabeerklärung des Gläubigers zur Entstrickung beweglicher Sachen führt[349] oder es dazu der Zustimmung des Gerichtsvollziehers bedarf.[350] Ebenfalls bestritten ist, ob der gem. § 135 Abs. 2, §§ 136, 936 BGB mögliche gutgläubige Erwerb der beweglichen Sache ohne weiteres Handeln des Vollstreckungsorgans zur Beendigung der Verstrickung führt[351].
- Erlöschen des Rechts; Untergang der Sache; Verbindung oder Verarbeitung gem. §§ 946, 951 BGB; bei Versäumung der Vollziehungsfrist gem. § 929 Abs. 2 ZPO[352] sowie § 929 Abs. 3 S. 2 ZPO;[353] dem Schuldner zugestellte Freigabeerklärung des Gläubigers bei der Forderungspfändung.

Nicht zur Beendigung der Verstrickung führen hingegen das Abfallen oder die Beseitigung des Pfandzeichens durch Unbefugte, der unfreiwillige Besitzverlust des Gerichtsvollziehers an der gepfändeten Sache oder die Aufhebung des Vollstreckungstitels.

3. Pfändungspfandrecht

Gemäß § 804 ZPO erwirbt der Gläubiger durch die Pfändung ein Pfandrecht an dem gepfändeten Gegenstand (so genanntes **Pfändungspfandrecht**). Dieses gewährt dem Gläubiger im Verhältnis zu anderen Gläubigern dieselben Rechte wie ein durch Vertrag erworbenes Pfandrecht (**§ 804 Abs. 2 Hs. 1 ZPO**). Es setzt sich nach dem Grundsatz der dinglichen Surrogation insbesondere am Erlös fort (entsprechend § 1247 S. 2 BGB).

---

349 So in Analogie zu § 843 ZPO: BGH, KTS 1959, 156; *Zimmermann*, § 803 Rdn. 6.
350 So OLG Oldenburg, JR 1954, 33; Rosenberg/Gaul/*Schilken*, § 50 III 1e bb; MünchKomm/*Schilken* ZPO, § 803 Rdn. 35; Schuschke/*Walker*, vor §§ 803, 804 Rdn. 8; Musielak/*Becker*, § 803 Rdn. 11.
351 So Zöller/*Stöber*, § 804 Rdn. 13; Baumbach/*Hartmann*, § 804 Rdn. 5; Thomas/ Putzo, § 803 Rdn. 11; Brox/*Walker*, § 804 Rdn. 370; StJ/*Münzberg*, § 804 Rdn. 43; **a.A.** LG Köln, MDR 1965, 213; Rosenberg/Gaul/*Schilken*, § 50 III 1e cc, 2 b; MünchKomm/*Schilken* ZPO, § 803 Rdn. 37.
352 BGH, NJW 1991, 497.
353 StJ/*Münzberg*, § 804 Rdn. 43; MünchKomm/*Schilken* ZPO, § 803 Rdn. 36 m.w.N.

Das vertragliche Pfandrecht (§§ 1204 ff. BGB an beweglichen Sachen, §§ 1273 ff. BGB an Rechten) ist gem. § 1227 BGB bzw. analog § 1227 BGB[354] gegen Beeinträchtigungen in der gleichen Weise geschützt wie das Eigentum. Zum strafrechtlichen Schutz vgl. § 289 StGB (Pfandkehr).

4.225 Dem Pfändungspfandrechtsgläubiger stehen u.a. folgende **Rechte** zu:

- Herausgabeanspruch gem. § 985 BGB, als mittelbarem Besitzer aber nur auf Herausgabe an den Gerichtsvollzieher, § 986 Abs. 1 S. 2 BGB;
- Schadensersatzansprüche gem. §§ 989 ff. BGB;
- Beseitigungs- und Unterlassungsansprüche gem. §§ 1004, 1005 BGB;
- Ansprüche auf Schadensersatz gem. § 823 BGB wegen Verletzung des Pfändungspfandrechts;
- Besitzschutzansprüche gem. §§ 859, 861, 862 BGB stehen dem Pfändungspfandrechtsgläubiger bereits aufgrund der Verstrickung zu.

Das bis zum Zeitpunkt der Insolvenzeröffnung erworbene Pfändungspfandrecht an einem zur Insolvenzmasse gehörenden Gegenstand des Schuldners führt gem. § 50 Abs. 1 InsO i.V.m. § 88 InsO nur dann zu einem Absonderungsrecht, wenn das Pfändungspfandrecht früher als im letzten Monat – im vereinfachten Insolvenzverfahren auf Antrag des Schuldners gem. § 312 Abs. 1 S. 2 InsO drei Monate – vor dem Antrag auf Eröffnung des Insolvenzverfahrens erworben worden ist („Rückschlagsperre").

a) Rechtsnatur

4.226 In diesem Zusammenhang sowie bei der Frage der Rangordnung mehrerer Pfandrechtsgläubiger ist die Rechtsnatur des Pfändungspfandrechts von Bedeutung. Dazu werden drei Theorien vertreten.

aa) Privatrechtliche Theorie

4.227 Die bis zum Beginn der 1930er-Jahre herrschende privatrechtliche Theorie[355] sah auf der Grundlage der Zwangsvollstreckung als privatrechtlichem Handeln das Pfändungspfandrecht als dritte Art eines privatrechtlichen Pfandrechts an (neben dem rechtsgeschäftlichen und gesetzlichen Pfandrecht). Entstehung, Wirkung und Untergang des Pfandrechts sollten sich daher grundsätzlich nach dem BGB bestimmen. Da die Zwangsvollstreckung heutzutage zutreffend als hoheitliches Handeln charakterisiert wird, ist die Grundlage der privatrechtlichen Theorie entfallen. Sie wird demzufolge so gut wie gar nicht mehr vertreten[356].

---

354 Vgl. Brox/*Walker*, Rdn. 386.
355 RGZ 60, 70, 73; aufgegeben in RGZ 153, 257 ff.
356 Anders noch: *Marotzke*, NJW 1978, 133, 136.

bb) Öffentlich-rechtliche Theorie

Demgegenüber richten sich Entstehung, Wirkung und Untergang des Pfändungspfandrechts nach der öffentlich-rechtlichen Theorie[357] allein nach öffentlich-rechtlichen Bestimmungen, also der ZPO. Mit jeder wirksamen (nicht nichtigen) Pfändung entstehe Verstrickung und Pfändungspfandrecht. Das fehlende Eigentum des Schuldners an der Pfandsache oder die nach materiellem Recht fehlende, aber titulierte Forderung hindere die Entstehung eines Pfändungspfandrechts nicht, weil es auf das materielle Recht nicht ankomme. Nur wenn die Verstrickung entfalle, gehe auch das Pfändungspfandrecht unter. Von dieser Verwertungsbefugnis des Gläubigers und dessen Recht, den Erlös zu „bekommen", sei aber das Recht zu trennen, den Erlös auch „behalten" zu dürfen. Letzteres richte sich nach materiellem Recht. Bei der Pfändung und Verwertung schuldnerfremder Sachen oder wenn die zu vollstreckende Forderung nach materiellem Recht nicht bestehe, müsse der Gläubiger den Erlös an den wahren Berechtigten herausgeben. Das Pfändungspfandrecht bilde keine Rechtsgrundlage dafür, den Erlös behalten zu dürfen[358].

4.228

Hierbei zeigt sich der unlösbare Widerspruch der öffentlich-rechtlichen Theorie, weil ein wirksames Pfandrecht, das nur zur Verwertung und zum Erhalt, nicht aber auch zum Behaltendürfen des Erlöses und damit zur Befriedigung des Gläubigers führt, praktisch funktionslos ist und daher keinen Sinn macht[359].

cc) Gemischte privat- und öffentlich-rechtliche Theorie

Diesen Widerspruch vermeidet die gemischte privat- und öffentlich-rechtliche Theorie[360]. Sie sieht im Pfändungspfandrecht eine dritte Art des privatrechtlichen Pfandrechts (insoweit übereinstimmend mit der privatrechtlichen Theorie), die Grundlage für die Verwertung der Pfandsache aber in der wirksamen Verstrickung (insoweit übereinstimmend mit der öffentlich-rechtlichen Theorie) und bejaht – mit gewissen Einschränkungen – die Anwendung der materiell-rechtlichen Pfandrechtsvorschriften des BGB auf das Pfändungspfandrecht.

4.229

---

357 *Lüke*, JZ 1955, 484; Zöller/*Stöber*, § 804 Rdn. 2 f.; Baumbach/*Hartmann*, Übersicht vor § 803 Rdn. 8; Thomas/*Putzo*, § 804 Rdn. 8; weitere Nachweise bei Münch-Komm/*Schilken* ZPO, § 804 Rdn. 5 Fn. 7; offen: BGH, NJW 1992, 2570 m.w.N.
358 BGH, NJW 1992, 2570, 2572; **a.A.** Baumbach/*Hartmann*, § 819 Rdn. 5, wonach – nur – der Schuldner dem Eigentümer Ersatz leisten soll; *Schünemann*, JZ 1985, 49; zutreffend abgelehnt in BGH, NJW 1992, 2570, 2572.
359 Zur weiteren Kritik im Einzelnen vgl. Brox/*Walker*, Rdn. 392; MünchKomm/*Schilken* ZPO, § 804 Rdn. 11.
360 RGZ 156, 395, 398; BGHZ 23, 299; BGH, NJW 1971, 1938, 1941; OLG Saarbrücken, InVo 2005, 66; Baur/*Stürner*, Rdn. 27.10; Musielak/*Becker*, § 804 Rdn. 2; Brox/*Walker*, Rdn. 393; MünchKomm/*Schilken* ZPO, § 804 Rdn. 6 m.w.N.; offen: BGH, NJW 1992, 2573 m.w.N.

4.230 Danach **setzt ein Pfändungspfandrecht voraus**:
- Eine wirksame Verstrickung (statt Einigung und Übergabe beim rechtsgeschäftlichen Pfandrecht). Danach bleiben Verstöße allein gegen Ordnungsvorschriften (wie z.B. § 758a Abs. 5, §§ 762, 763, 808 Abs. 2 u. 3 ZPO) ohne Auswirkungen auf die Entstehung des Pfandrechts[361].
- Die Existenz der zu vollstreckenden Forderung oder doch wenigstens deren rechtskräftige Titulierung[362].
- Eigentum des Schuldners an der gepfändeten Sache. Ist ein Dritter Eigentümer, entsteht kein schwebend wirksames Pfandrecht[363]. Bei der Pfändung gläubigereigener Sachen entsteht daher nur eine Verstrickung,[364] aber kein Pfändungspfandrecht[365].

b) Untergang des Pfändungspfandrechts

4.231 Der Untergang des Pfändungspfandrechts erfolgt durch:
- Beendigung der Verstrickung;
- Entfallen einer wesentlichen Verfahrensvoraussetzung, soweit dies gem. § 776 ZPO zur Aufhebung der Zwangsvollstreckung führen kann (z.B. bei Aufhebung des Vollstreckungstitels, und zwar entsprechend § 868 ZPO[366]);
- Erlöschen des materiell-rechtlichen Pfandrechts, z.B. durch Verzicht (Freigabe) des Gläubigers auf das Pfandrecht (§ 1255 BGB); Entfernung des Pfandsiegels mit Zustimmung des Gläubigers durch den Schuldner entsprechend § 1253 BGB;[367] Untergang der Forderung (§ 1252 BGB);
- gutgläubiger Erwerb der Pfandsache durch Dritte gem. §§ 936, 135, 136 BGB[368].

4.232 Die öffentlich-rechtliche sowie die gemischte Theorie stimmen darin überein, dass ein **gutgläubiger Erwerb eines Pfändungspfandrechts** aus-

---

361 Brox/*Walker*, Rdn. 383; MünchKomm/*Schilken* ZPO, § 804 Rdn. 13; Schuschke/*Walker*, vor §§ 803, 804 Rdn. 14.
362 Brox/*Walker*, Rdn. 383.
363 BGH, NJW 1992, 2570, 2573.
364 BGHZ 97, 59 = NJW 1963, 763.
365 MünchKomm/*Schilken* ZPO, § 804 Rdn. 16; Musielak/*Becker*, § 804 Rdn. 7; Brox/*Walker*, Rdn. 383.
366 So RGZ 121, 349, 351; BGH, KTS 1959, 156; OLG Hamm, JMBlNW 1955, 175; Baur/*Stürner*, Rdn. 27.14; **a.A.** MünchKomm/*Schilken* ZPO, § 804 Rdn. 20; Rosenberg/Gaul/*Schilken*, § 50 III 3c aa; offen: Brox/*Walker*, Rdn. 385.
367 RGZ 57, 323, 326.
368 Musielak/*Becker*, § 804 Rdn. 12; Rosenberg/Gaul/*Schilken*, § 50 III 3c cc; Brox/*Walker*, Rdn. 385.

scheidet, weil es sich dabei um ein Pfandrecht kraft Hoheitsaktes handelt und nicht um ein rechtsgeschäftliches Pfandrecht, bei dem allein ein gutgläubiger Erwerb möglich ist. Sie führen auch überwiegend zu übereinstimmenden Ergebnissen, so beim Schutz des Pfändungspfandrechts, bezüglich der Verstrickung als Grundlage für die Verwertung sowie bei der Frage des Behaltendürfens des Vollstreckungserlöses, wenn die Zwangsvollstreckung trotz Nicht(mehr)bestehens der materiell-rechtlichen Forderung durchgeführt oder eine schuldnerfremde Sache verwertet wurde. Daher erwirbt nach beiden Theorien der Ersteher in der Zwangsversteigerung, soweit diese durch den Gerichtsvollzieher und nicht durch Privatpersonen (z.B. privaten, öffentlich bestellten Auktionatoren im Wege des § 825 ZPO) vorgenommen wird, kraft staatlichen Hoheitsaktes und damit unabhängig von seinem guten oder bösen Glauben Eigentum, auch wenn z.B. der Schuldner nicht Eigentümer der Pfandsache war, vorausgesetzt die Verstrickung war wirksam[369].

Mag auch die Häufigkeit der übereinstimmenden Resultate überwiegen, so führen die Theorien doch in zwei wesentlichen Fragen zu völlig **anderen Ergebnissen.** Von daher trifft die gelegentlich anzutreffende Aussage nicht zu, der Theorienstreit habe keine oder nur geringe praktische Konsequenzen[370].

Dies ist zum einen in der **Insolvenz** des Schuldners der Fall. Die Insolvenzgesetze gewähren dem Gläubiger nur dann ein Absonderungsrecht, wenn das Pfändungspfandrecht bis zur Insolvenzeröffnung wirksam entstanden ist. Nach der öffentlich-rechtlichen Theorie setzt dies lediglich eine nicht nichtige Verstrickung voraus. Nach der gemischten Theorie müssen hingegen bis auf bloße Ordnungsvorschriften die Verfahrensvorschriften eingehalten worden sein, die Forderung muss bestehen oder rechtskräftig tituliert, der Pfandgegenstand Eigentum des Schuldners sein. Hier wie auch sonst ist eine Heilung etwaiger Mängel zwar möglich (z.B. die fehlende Sicherheit wird geleistet; das Vollstreckungshindernis Stundung entfällt), wirkt jedoch grundsätzlich nur ab dem Zeitpunkt des Wegfalls (ex nunc), nicht aber rückwirkend[371]. Ebenso führt der nach der Pfändung erfolgte Eigentumserwerb des Schuldners am Pfandgegenstand gem. § 185 Abs. 2 S. 1 Fall 2 u. 3 BGB nur zu einer Heilung ex nunc[372]. Ein nach Insolvenzeröffnung erfolgter Wegfall des Mangels führt daher grundsätzlich nicht mehr zu einem Absonderungsrecht. Eine Ausnahme wird hingegen für den Fall der Pfändung einer schuldnerfremden Sache gemacht. Hier kann der Dritte seine nachträgliche Zustimmung (Genehmigung) erteilen, die gem. § 185 Abs. 2 S. 1 Fall 1, Abs. 1 BGB zu einer rückwirkenden Heilung des Mangels führt[373].

---

369 BGH, NJW 1992, 2570.
370 So Thomas/*Putzo*, § 804 Rdn. 3; Zöller/*Stöber*, § 804 Rdn. 2; Brox/*Walker*, Rdn. 386.
371 **H.M.:** RGZ 125, 286, 288; Baur/*Stürner*, Rdn. 27.17; Brox/*Walker*, Rdn. 389; MünchKomm/*Schilken* ZPO, § 804 Rdn. 17 m.w.N.
372 Brox/*Walker*, Rdn. 389.
373 Wohl **h.M.:** MünchKomm/*Schilken* ZPO, § 804 Rdn. 17 m.w.N. in Fn. 51; Baur/*Stürner*, Rdn. 27.17; Schuschke/*Walker*, § 804 Rdn. 17; offen: StJ/*Münzberg*, § 804 Rdn. 15.

4.235 Auswirkungen des Theorienstreits ergeben sich zum anderen im Hinblick auf den **Rang** des Pfändungspfandrechts, da es insoweit auf seinen Entstehungszeitpunkt ankommt. Vgl. dazu nachfolgend Rdn. 4.236 ff.

X. Rang des Pfändungspfandrechts

1. Rangfolge der Pfandrechte

4.236 Der Rang des Pfändungspfandrechts ergibt sich aus § 804 Abs. 2 Hs. 2, Abs. 3 ZPO. Danach entscheidet grundsätzlich die zeitliche Reihenfolge des Entstehens des Pfand- bzw. Vorzugsrechts über seinen Rang (Prioritäts- oder Präventionsprinzip[374]), und zwar im Verhältnis mehrerer Pfändungspfandrechtsgläubiger zueinander wie auch im Verhältnis der Pfändungspfandrechtsgläubiger zu vertraglichen und gesetzlichen Pfandrechtsgläubigern sowie Inhabern von Vorzugsrechten gem. §§ 50, 51 InsO, soweit sie überhaupt unter Berücksichtigung von §§ 88, 110, 114 InsO Bestand haben.

4.237 Im Einzelnen ergibt sich folgende Reihenfolge:

Stets Rang vor dem Pfändungspfandrecht haben gutgläubig erworbene Faustpfandrechte (§ 1208 BGB, § 366 Abs. 2 HGB).

Gleichen Rang haben diejenigen Pfändungspfandrechte, für die derselbe Pfandgegenstand gleichzeitig gepfändet wurde.

Das **zeitlich früher entstandene Pfandrecht** geht allen später entstandenen Pfändungspfandrechten/vertraglichen Pfandrechten/gesetzlichen Pfandrechten/Vorzugsrechten gem. § 51 Nr. 2, 3 InsO vor (§ 804 Abs. 2 Hs. 1, Abs. 3 ZPO). Ausnahme: Pfändung aufgrund dinglichen Titels (§§ 879 ff. BGB; vgl. Rdn. 6.9).

Stets **Rang nach dem Pfändungspfandrecht** haben die dem Faustpfandrecht gem. § 51 Nr. 2, 3 InsO nicht gleichgestellten Vorzugsrechte (z.B. § 273 BGB); dem Faustpfandrecht nicht gleichgestellte Pfandrechte sind nicht ersichtlich.

Steht dem **Gläubiger** wegen derselben Forderung an dem Pfandrechtsgegenstand bereits ein **älteres** vertragliches oder gesetzliches **Pfandrecht** zu, so entsteht durch die Pfändung für ihn zusätzlich ein Pfändungspfandrecht[375]. Dies soll nach wohl **h.M.**[376] abweichend von § 804 Abs. 3 ZPO den besseren Rang des älteren Pfandrechts erhalten.

4.238 Bei der **Pfändung durch Unterhaltsgläubiger** ist hinsichtlich des Rangverhältnisses dieser Gläubiger untereinander – im Verhältnis zu Dritten gilt stets § 804 Abs. 3 ZPO – die Regelung des § 850d Abs. 2 ZPO zu beachten.

---

374 BGH, NJW 1969, 1347; NJW 1985, 863, 864.
375 OLG Frankfurt, Rpfleger 1974, 430; StJ/*Münzberg*, § 804 Rdn. 8.
376 Thomas/*Putzo*, § 804 Rdn. 12; Schuschke/*Walker*, § 804 Rdn. 2; StJ/*Münzberg*, § 804 Rdn. 39; Musielak/*Becker*, § 804 Rdn. 15; **a.A.** MünchKomm/*Schilken* ZPO, § 804 Rdn. 29.

Diese Bestimmung geht als lex specialis insoweit dem § 804 Abs. 3 ZPO vor, als die Rangfolge des § 850d Abs. 2 ZPO – nur – im Vorrechtsbereich des § 850d ZPO, nicht jedoch auch im Bereich des § 850c ZPO, die des § 804 Abs. 3 ZPO durchbricht[377]. Der besser gestellte Unterhaltsgläubiger verdrängt insoweit den nachrangigen Unterhaltsgläubiger, auch wenn seine Pfändung später wirksam geworden ist als die des nachrangigen Unterhaltsgläubigers.

2. Auswirkungen von Mängeln der Zwangsvollstreckung auf die Rangfolge

Der **Zeitpunkt der Entstehung des Pfändungspfandrechts** ergibt sich aus den jeweiligen Pfandrechtstheorien (s. Rdn. 4.226 ff.). 4.239

Obschon nach der *öffentlich-rechtlichen Theorie* jede Verstrickung zu einem Pfändungspfandrecht führt, kennt sie im Hinblick auf den Rang der Pfändungspfandgläubiger zueinander dennoch eine Heilung: Wurden bei der Pfändung nur formelle Vorschriften verletzt, auf die der Gläubiger keinen Einfluss hat (z.B. Zustellung), so bestimmt sich der Rang nach dem Zeitpunkt der Verstrickung (Heilung mit Wirkung ex tunc).

Beispiel:

Gläubiger G1 pfändet ein Bild am 10.1., Gläubiger G2 pfändet dasselbe Bild bei gleichzeitiger Zustellung des Titels am 20.1. Gläubiger G1 lässt den Titel am 30.1. zustellen.

Folge: Gläubiger G1 hat ein rangbesseres Pfandrecht als Gläubiger G2.

Bei der Verletzung sonstiger Vorschriften sowie in Fällen, in denen nach Art und Inhalt des Titels die Pfändung noch nicht hätte erfolgen dürfen (z.B. § 751 Abs. 1, §§ 756, 798 ZPO, Pfändung vor notwendiger Klauselerteilung bzw. Umschreibung) tritt Heilung erst mit dem Wegfall des Mangels ein (ex nunc[378]).

Beispiel:

Gläubiger G1 pfändet ohne die erforderliche Vollstreckungsklausel am 15.1. ein Bild. Gläubiger G2 lässt am 18.1. eine fehlerfreie Pfändung durchführen. Gläubiger G1 erhält die Klausel am 20.1.

Folge: Das Pfandrecht des Gläubigers G2 geht dem des Gläubigers G1 vor.

---

[377] LG Aurich, Rpfleger 1990, 307 = NJW-RR 1990, 844; *Stöber*, Rdn. 1271 ff.; Baumbach/*Hartmann*, § 850d Rdn. 6; Musielak/*Becker*, § 850d Rdn. 21; StJ/*Brehm*, § 850d Rdn. 36, 37; MünchKomm/*Smid* ZPO, § 850d Rdn. 18; **a.A.** – Durchbrechung auch im Bereich des § 850c ZPO: LG Bamberg, MDR 1986, 245; LG Mannheim, NJW 1970, 56; *Henze*, Rpfleger 1980, 458.

[378] Vgl. Zöller/*Stöber*, § 878 Rdn. 11; StJ/*Münzberg*, vor § 704 Rdn. 139, § 750 Rdn. 11–13, § 878 Rdn. 14; vgl. auch Brox/*Walker*, Rdn. 390.

4.240 Nach der *gemischten privat- und öffentlich-rechtlichen Theorie* führt die Heilung des Mangels grundsätzlich dazu, dass das Pfändungspfandrecht erst zum Zeitpunkt des Wegfalls des Fehlers entsteht (ex nunc[379]). Ausnahmsweise führt die Heilung rückwirkend zum Zeitpunkt der Verstrickung zur Entstehung des Pfändungspfandrechts, wenn bei Pfändung schuldnerfremder Sachen der Eigentümer der Pfändung zustimmt (§ 185 Abs. 2 S. 1 Fall 1, § 184 Abs. 1 BGB)[380]. Entsprechend § 184 Abs. 2 BGB beeinträchtigt diese Genehmigung jedoch nicht den Rang von Pfandrechten, die Gläubiger des genehmigenden Eigentümers an der Pfandsache erworben haben[381].

Beispiel:

Gläubiger A des Schuldners pfändet am 20.5. ein im Eigentum des X stehendes Bild. Gläubiger B des Eigentümers des Bildes X pfändet das Bild am 25.5. Der Eigentümer des Bildes X genehmigt die Pfändung seitens des Gläubigers A am 28.5.

Folge: Gläubiger B des Eigentümers X hat einen besseren Rang als der Gläubiger A des Schuldners.

Da das Pfändungspfandrecht sich am Vollstreckungserlös fortsetzt (dingliche Surrogation entsprechend § 1247 BGB[382]), ist der Erlös entsprechend dem Rang des Pfandrechts an die Gläubiger auszukehren, sodass der Rangschlechtere erst zum Zuge kommt, wenn alle Rangbesseren voll befriedigt wurden. Ist der Rang streitig, kann der Besserrangige nach § 805 ZPO bzw. § 878 ZPO vorgehen. Bei einem Gleichrang der Pfandrechte ist der Erlös zwischen den Gläubigern im Verhältnis ihrer Forderung zueinander aufzuteilen, soweit er nicht zur vollständigen Befriedigung aller ausreicht.

Beispiel:

Erlös 9.000,– €. Forderung des Gläubigers A beträgt 10.000,– €, die des Gläubigers B 5.000,– €. Der Gläubiger A erhält dementsprechend 6.000,– € aus dem Erlös, Gläubiger B 3.000,– €.

XI. Verwertung, §§ 814–824, 827 ZPO

4.241 Zahlt der Schuldner auch nach Pfändung nicht, wird die Pfandsache – ausgenommen die Fälle der Sicherungsvollstreckung gemäß § 720a ZPO sowie der Vollziehung eines Arrestes in bewegliches Vermögen gemäß § 930 ZPO – verwertet.

---

379 RGZ 60, 70, 73; Schuschke/*Walker*, vor §§ 803, 804 Rdn. 16, 17.
380 Wohl **h.M.:** Baur/*Stürner*, Rdn. 27.17; MünchKomm/*Schilken* ZPO, § 804 Rdn. 17; Schuschke/*Walker*, vor §§ 803, 804 Rdn. 14; offen: StJ/*Münzberg*, § 804 Rdn. 15.
381 MünchKomm/*Schilken* ZPO, a.a.O.; Baur/*Stürner*, a.a.O.; Schuschke/*Walker*, vor §§ 803, 804 Rdn. 17.
382 Vgl. BGH, NJW 1969, 1347.

Die Durchführung der **Verwertung** kann **vorübergehend ausgesetzt** 4.242
werden, entweder durch den Gerichtsvollzieher gem. § 813a ZPO oder auf
Antrag des Gläubigers bzw. des Schuldners hin durch das Vollstreckungsgericht, § 813b ZPO. Einzelheiten zu § 813a ZPO und § 813b ZPO vgl.
Rdn. 4.282 ff.

1. Versteigerung

Die Verwertung geschieht in der Regel durch **Versteigerung** (§ 814 ZPO; 4.243
vgl. auch §§ 141 ff. GVGA). Sie darf nur erfolgen, wenn die allgemeinen und
besonderen Voraussetzungen der Zwangsvollstreckung gegeben sind, eine
wirksame Verstrickung (noch) vorliegt und keine Vollstreckungshindernisse bestehen.

Zuständig ist stets der Gerichtsvollzieher. Wurde dieselbe Sache auf- 4.244
grund einer Vollstreckung gegen denselben Schuldner für mehrere Gläubiger
gepfändet, ist derjenige Gerichtsvollzieher zuständig, der die erste Pfändung
bewirkt hat (§ 827 Abs. 1 ZPO). Der Gerichtsvollzieher wird dabei hoheitlich und nicht als Vertreter/Beauftragter des Gläubigers tätig[383]. Je nach Art
des Pfandgegenstandes kommt (auch) eine andere Verwertungsweise in Betracht, sodass im Folgenden entsprechend differenziert werden soll.

2. Geld

Gepfändetes Geld ist nach Abzug der Kosten der Zwangsvollstreckung 4.245
(arg. § 817 Abs. 4 ZPO) vom Gerichtsvollzieher dem Gläubiger abzuliefern,
§ 815 Abs. 1 ZPO. Geld sind gültige deutsche Zahlungsmittel; ferner solche
gültigen deutschen Wertzeichen, die vom Gerichtsvollzieher ohne gerichtliche Anordnung in Geld umgewechselt werden können, wie etwa Briefmarken, Stempel-, Kosten- oder Versicherungsmarken[384]. Ausländische Zahlungsmittel sind gemäß § 821 ZPO vom Gerichtsvollzieher zum Tageskurs
freihändig in inländische Währung umzutauschen. Ausnahme: Der Titel
lautet auf ausländische Währung.

Ablieferung bedeutet Übereignung kraft staatlichen Hoheitsaktes[385]. 4.246
Die §§ 929–936 BGB finden somit keine Anwendung. Der Gläubiger wird
daher auch dann Eigentümer des Geldes, wenn dieses nicht dem Schuldner
gehörte. Die Ablieferung kann in der Weise erfolgen, dass das Geld dem
Gläubiger direkt übergeben wird, aber auch durch Überweisung auf ein
Konto des Gläubigers, durch Verrechnungsscheck oder Postanweisung. Für

---

383 **H.M.**, vgl. BGH, NJW 1992, 2571.
384 **Allg.M.**, vgl. Zöller/*Stöber*, § 815 Rdn. 1.
385 **Allg.M.:** StJ/*Münzberg*, § 815 Rdn. 15; Zöller/*Stöber*, § 815 Rdn. 1; Thomas/
Putzo, § 815 Rdn. 3; Baumbach/*Hartmann*, § 815 Rdn. 4; Schuschke/*Walker*,
§ 815 Rdn. 2; **a.A.** MünchKomm/*Schilken* ZPO, § 815 Rdn. 4: öffentlich-rechtlicher Vertrag.

eine Empfangnahme durch einen Bevollmächtigten ist eine besondere Geldempfangsvollmacht erforderlich, die im Original vorzulegen ist; die Prozessvollmacht genügt insoweit nur für die Prozesskosten (§ 81 ZPO)[386].

4.247 Ausnahmsweise ist gepfändetes Geld jedoch zu **hinterlegen.** Dies ist der Fall, wenn dem Gerichtsvollzieher durch einen Dritten oder den Schuldner gemäß § 294 ZPO glaubhaft gemacht wird, dass an dem gepfändeten Geld ein die Veräußerung hinderndes Recht eines Dritten besteht (§ 771 ZPO, z.B. Eigentum; Näheres zu den Rechten und dem Begriff des Dritten vgl. Rdn. 8.238). Entsprechendes gilt bei der Geltendmachung von Pfand- oder Vorzugsrechten gemäß § 805 ZPO sowie bei Klagen gemäß §§ 781, 785, 786 ZPO. Grund hierfür ist, dass mit der Ablieferung des Geldes an den Gläubiger die Zwangsvollstreckung beendet ist, entsprechende Klagen daher unzulässig wären.

4.248 Die Hinterlegung erfolgt gemäß §§ 5 ff. HinterlO, im Hinblick auf § 815 Abs. 2 S. 2 ZPO unter dem Vorbehalt der Rücknahme. Denn wird nicht innerhalb von zwei Wochen seit dem Tage der Pfändung dem Gerichtsvollzieher die Entscheidung des zuständigen Prozessgerichts über die Einstellung der Zwangsvollstreckung vorgelegt, ist die Vollstreckung fortzusetzen. Der Gerichtsvollzieher lässt sich dann das Geld von der Hinterlegungsstelle auszahlen und liefert es dem Gläubiger ab. Wird zwar verfristet, aber noch vor Ablieferung des Geldes an den Gläubiger dem Gerichtsvollzieher der Einstellungsbeschluss vorgelegt, bleibt das Geld hinterlegt bzw. wird wieder neu hinterlegt[387].

4.249 Hinterlegung erfolgt auch im Falle eines gemäß § 711 S. 1, § 712 Abs. 1 S. 2 ZPO nur gegen Sicherheitsleistung des Gläubigers vorläufig vollstreckbaren Urteils, soweit der Gläubiger die Sicherheit noch nicht geleistet hat; ferner bei der Sicherungsvollstreckung (§ 720a ZPO), der Arrestvollziehung (§ 930 Abs. 2 ZPO) sowie der Mehrfachpfändung (§ 827 Abs. 2 und 3 ZPO).

4.250 Gemäß **§ 815 Abs. 3 ZPO** gilt die Wegnahme des Geldes durch den Gerichtsvollzieher als Zahlung seitens des Schuldners, sofern nicht Hinterlegung zu erfolgen hat. Diese Bestimmung enthält lediglich eine **Gefahrtragungsregelung.** Sie besagt, dass der Schuldner nicht nochmals an den Gläubiger zahlen muss, selbst wenn dieser nicht Eigentümer des Geldes wird, z.B. weil der Gerichtsvollzieher das Geld verliert, es ihm gestohlen oder von ihm unterschlagen wird. Der Titel ist in Höhe der fingierten Zahlung endgültig verbraucht. Dies ist auf dem Titel zu vermerken, im Übrigen ist gemäß § 757 ZPO zu verfahren[388].

---

[386] LG Ingolstadt, JurBüro 1995, 51; AG Warburg, DGVZ 2001, 142; AG Spaichingen, DGVZ 1996, 175; LG Bielefeld, DGVZ 1993, 28; Zöller/*Stöber*, § 815 Rdn. 1; vgl. auch § 62 Nr. 2 Abs. 2 GVGA.
[387] Zöller/*Stöber*, § 815 Rdn. 4; MünchKomm/*Schilken* ZPO, § 815 Rdn. 8.
[388] Baur/*Stürner*, Rdn. 29.9; MünchKomm/*Schilken* ZPO, § 815 Rdn. 10, m.w.N.; Schuschke/*Walker*, § 815 Rdn. 9; Musielak/*Becker*, § 815 Rdn. 4; a.A. Thomas/*Putzo*, § 815 Rdn. 10; Zöller/*Stöber*, § 815 Rdn. 2, nach denen eine fingierte Erfüllung vorliegt; offen: BGH, Rpfleger 1999, 286 = InVo 1999, 148.

§ 815 Abs. 3 ZPO gilt nicht bei der **Wegnahme schuldnerfremden Geldes**, weil der Schuldner nur vor nochmaliger Leistung aus seinem Vermögen geschützt werden soll, bei erneuter Zwangsvollstreckung aber kein nochmaliger, sondern ein erstmaliger Zugriff auf das Vermögen des Schuldners erfolgt[389]. Soweit in einem solchen Fall der Titel an den Schuldner herausgegeben oder eine Zahlung auf ihm vermerkt wurde, kann der Gläubiger sich zwecks Fortsetzung der Zwangsvollstreckung eine weitere vollstreckbare Ausfertigung gemäß § 733 ZPO erteilen lassen.

4.251

Der **Eigentumserwerb** am Geld seitens des Gläubigers erfolgt erst mit Ablieferung an ihn durch den Gerichtsvollzieher kraft staatlichen Hoheitsaktes. Erst damit ist die Zwangsvollstreckung beendet, sodass bis dahin eine Anschlusspfändung gemäß § 826 ZPO ebenso möglich ist wie die Erhebung von Klagen gemäß §§ 767, 771, 805 ZPO. Auch der Erfüllungserfolg tritt gemäß § 362 BGB erst zu diesem Zeitpunkt ein, soweit das Geld Eigentum des Schuldners war[390].

4.252

Auf **freiwillige Zahlungen des Schuldners** ist § 815 Abs. 3 ZPO entsprechend anzuwenden, weil diese im Hinblick auf die Zahlungsaufforderung des Gerichtsvollziehers zur Zahlung (vgl. § 105 GVGA) und der ansonsten durchzuführenden Zwangsvollstreckung erfolgen. Es wäre daher nicht gerechtfertigt, dem sich vernünftig verhaltenden, weil „freiwillig" zahlenden Schuldner die Gefahr des Erreichens des Leistungserfolges aufzubürden und ihn damit schlechter zu stellen als bei Anwendung von Zwangsmaßnahmen[391].

4.253

Der Gläubiger erwirbt auch bei freiwilliger Zahlung Eigentum erst mit Ablieferung des Geldes durch den Gerichtsvollzieher[392].

4.254

3. Wertpapiere

Wertpapiere, die einen Börsen- oder Marktpreis haben, sind gemäß § 821 ZPO vom Gerichtsvollzieher zum Tageskurs freihändig zu verkaufen und, soweit sie keinen solchen haben, nach den allgemeinen Bestimmungen zu versteigern. Zu den Einzelheiten des Verfahrens vgl. §§ 147–149,

4.255

---

389 MünchKomm/*Schilken* ZPO, § 815 Rdn. 10; StJ/*Münzberg*, § 815 Rdn. 16; Brox/*Walker*, Rdn. 421; Thomas/*Putzo*, § 815 Rdn. 10; Musielak/*Lackmann*, § 815 Rdn. 4; **a.A.** Baumbach/*Hartmann*, § 815 Rdn. 8.
390 Schuschke/*Walker*, § 815 Rdn. 10; MünchKomm/*Schilken* ZPO, § 815 Rdn. 10 m.w.N.
391 RGZ 90, 193, 197; Musielak/*Lackmann*, § 815 Rdn. 5; Brox/*Walker*, Rdn. 314; Thomas/*Putzo*, § 815 Rdn. 5; MünchKomm/*Schilken* ZPO, § 815 Rdn. 14; Schuschke/*Walker*, § 815 Rdn. 11; **a.A.** AG Bad Homburg, DGVZ 1991, 121; Zöller/*Stöber*, § 755 Rdn. 4; StJ/*Münzberg*, § 815 Rdn. 23; Baumbach/*Hartmann*, § 815 Rdn. 10.
392 So im Ergebnis mit zum Teil abweichenden Begründungen: Musielak/*Lackmann*, § 815 Rdn. 5; Zöller/*Stöber*, § 755 Rdn. 4; Brox/*Walker*, Rdn. 313; Baumbach/*Hartmann*, § 815 Rdn. 10; MünchKomm/*Schilken* ZPO, § 815 Rdn. 14; **a.A.** OLG Frankfurt, NJW 1963, 773; StJ/*Münzberg*, § 815 Rdn. 23; Thomas/*Putzo*, § 815 Rdn. 5.

155 GVGA. Zu derartigen Papieren gehören: Inhaberpapiere („das Recht aus dem Papier folgt dem Recht am Papier") wie Aktien, Inhaberschuldverschreibungen, Investmentanteile, Immobilienzertifikate, Inhaberschecks. Die Übereignung erfolgt gemäß §§ 929 f. BGB. Ferner Namenspapiere wie Namensaktien, die auch durch Indossament übertragen werden (siehe auch § 822 ZPO). Nicht zu diesen Wertpapieren gehören hingegen: Wechsel, Schecks, auf Order lautende Papiere gemäß § 363 HGB. Zur Verwertung gemäß §§ 835 ff. ZPO vgl. Rdn. 6.52 ff. Schließlich gehören hierzu nicht Legitimationspapiere wie Sparbücher, Pfandscheine, Hypotheken-, Grund- und Rentenschuldbriefe, für die die §§ 830, 837 ZPO gelten.

4. Gold- und Silberwaren

4.256   Gold- und Silberwaren sind grundsätzlich zu versteigern. Wird aber in der Versteigerung ein den Zuschlag gestattendes Angebot (nicht unter dem Mindestgebot des § 817a Abs. 1 ZPO und nicht unter dem Gold- oder Silberwert, § 817a Abs. 3 S. 1 ZPO) nicht abgegeben, kann der Gerichtsvollzieher sie freihändig verkaufen. Der Preis darf auch bei freihändigem Verkauf die Hälfte der vorgenannten Mindestbeträge nicht unterschreiten (§ 817a Abs. 3 S. 2 ZPO).

5. Grundstücksfrüchte

4.257   Vgl. hierzu § 824 ZPO und § 153 GVGA.

6. Öffentliche Versteigerung

4.258   Soweit die vorstehenden Besonderheiten nicht eingreifen und keine Anordnung einer anderen Verwertungsart gemäß § 825 ZPO (vgl. hierzu Rdn. 4.299) getroffen wurde, werden die gepfändeten Sachen durch **öffentliche Versteigerung** verwertet (§ 814 ZPO). Öffentlich bedeutet, dass während der Dauer der Versteigerung jedermann Zutritt zu gewähren ist, soweit dies unter Berücksichtigung der Raumverhältnisse unter Aufrechterhaltung der öffentlichen Ordnung möglich ist[393]. Die Einzelheiten der Versteigerung ergeben sich aus §§ 816 ff. ZPO; weitere Einzelheiten enthalten die §§ 142–146 GVGA. Die Versteigerung stellt sich – kurz skizziert – wie folgt dar:[394]

4.259   Die Versteigerung erfolgt ohne besonderen Antrag des Gläubigers **von Amts wegen.** Der **Zeitpunkt** darf nicht vor Ablauf einer Woche seit dem Tage der Pfändung liegen, sofern nicht der Gläubiger und der Schuldner über eine frühere Versteigerung sich einigen oder diese erforderlich ist, um die Gefahr einer beträchtlichen Wertverringerung der zu versteigernden Sache abzuwenden oder um unverhältnismäßige Kosten einer längeren Aufbewahrung

---

[393] **Allg.M.,** vgl. MünchKomm/*Schilken* ZPO, § 814 Rdn. 7.
[394] Zu Einzelheiten vgl. Brox/*Walker*, Rdn. 395 ff.

zu vermeiden (**§ 816 Abs. 1 ZPO;** z.B. bei verderblichen Waren). Sie soll nicht später als einen Monat nach der Pfändung erfolgen (§ 142 Nr. 3 GVGA).

Versteigerungsort ist die Gemeinde, in der die Pfändung geschehen ist, oder ein anderer Ort im Bezirk des Vollstreckungsgerichts, sofern nicht Gläubiger und Schuldner sich über einen dritten Ort einigen (§ 816 Abs. 2 ZPO). In der Wohnung des Schuldners darf die Versteigerung im Hinblick auf Art. 13 GG nur mit dessen Zustimmung erfolgen[395]. Zeit und Ort der Versteigerung sind öffentlich bekannt zu machen, unter allgemeiner Bekanntgabe der zu versteigernden Sachen (z.B. Zeitungsannonce, Aushang). Sämtliche beteiligten Gläubiger sowie der Schuldner sind von dem Termin zu benachrichtigen (§ 142 Nr. 4 GVGA).

4.260

Vor Beginn des **Termins** stellt der Gerichtsvollzieher die zu versteigernden Sachen zum Verkauf und zur Besichtigung für Kauflustige bereit (§ 144 Nr. 1 GVGA). Sodann erfolgt die Eröffnung des Termins mit der Bekanntgabe der Versteigerungsbedingungen und der Aufforderung zum Bieten. Dabei sind der gewöhnliche Verkaufswert und das Mindestgebot bekannt zu geben (**§ 817a Abs. 1 S. 2 ZPO,** § 145 GVGA). Der **gewöhnliche Verkaufswert** ist der Preis, der unter Berücksichtigung von Ort, Zeit und wirtschaftlichen Umständen üblicherweise erzielt werden kann (§ 813 Abs. 1 ZPO). **Mindestgebot** ist das Gebot, das mindestens die Hälfte des gewöhnlichen Verkaufswertes erreicht (**§ 817a Abs. 1 S. 1 ZPO**). Mitbieten darf jeder außer dem Gerichtsvollzieher und dessen Angehörigen und Gehilfen (§§ 450, 451 BGB, § 141 Nr. 12 GVGA); somit auch der Gläubiger sowie der Schuldner (§ 816 Abs. 4 ZPO mit § 1239 BGB).

4.261

Ein **Gebot** erlischt, wenn ein höheres Gebot abgegeben wird (**Übergebot,** § 817 Abs. 1 Hs. 2 ZPO, § 156 S. 2 BGB). Das höchste Gebot ist das **Meistgebot.** Erreicht dieses das Mindestgebot nicht, erlischt es (§ 817 Abs. 1 ZPO, § 156 S. 2 BGB), und es wird kein Zuschlag erteilt, es sei denn, alle beteiligten Gläubiger und der Schuldner wären damit einverstanden oder es lägen die besonderen Umstände des § 816 Abs. 1 ZPO vor (vgl. auch § 145 Nr. 2c GVGA).

4.262

Wird kein Zuschlag erteilt, bleibt das Pfandrecht des Gläubigers bestehen. Er kann jederzeit einen neuen Versteigerungstermin oder eine anderweitige Verwertung gemäß § 825 ZPO beantragen (§ 817a Abs. 2 ZPO). Wird das Mindestgebot erreicht, soll ein dreimaliger Aufruf erfolgen, bevor der **Zuschlag** dem Meistbietenden erteilt wird (§ 817 Abs. 1 ZPO). **Streitig** ist, ob durch den Zuschlag ein kaufähnlicher öffentlich-rechtlicher Vertrag zwischen dem Meistbietenden und dem Staat zustande kommt[396] oder es sich dabei um einen Hoheitsakt handelt[397].

4.263

---

395 OLG Hamm, NJW 1985, 75.
396 So OLG München, DGVZ 1980, 123; Thomas/*Putzo*, § 817 Rdn. 2; Baumbach/*Hartmann*, § 817 Rdn. 5; Baur/*Stürner*, Rdn. 29.6; MünchKomm/*Schilken* ZPO, § 817 Rdn. 3; Schuschke/*Walker*, § 817 Rdn. 6.
397 Zöller/*Stöber*, § 817 Rdn. 7; StJ/*Münzberg*, § 817 Rdn. 20; offen: Rosenberg/Gaul/*Schilken*, § 53 III 1a.

4.264–4.269 Vollstreckung durch den Gerichtsvollzieher

4.264 Dieser Meinungsstreit hat so gut wie keine praktischen Auswirkungen[398]. Der Meistbietende kann seinen Übereignungsanspruch nicht durch Leistungsklage, sondern nur über § 766 ZPO durchsetzen. Der Staat hat keinen Erfüllungsanspruch (§ 817 Abs. 3 ZPO; es besteht lediglich eine Ausfallhaftung des Meistbietenden). Gewährleistungsansprüche stehen dem Erwerber nicht zu (§ 806 ZPO).

4.265 Die **Eigentumsübertragung** auf den Erwerber erfolgt mit der Ablieferung der zugeschlagenen Sache kraft Hoheitsaktes. Der Erwerber erhält damit originäres Eigentum, und zwar unabhängig davon, ob die zugeschlagene Sache im Eigentum des Schuldners stand oder die titulierte Forderung bestand. Auf einen bösen oder guten Glauben des Erwerbers kommt es daher nicht an[399]. Notwendige Voraussetzung ist jedoch eine nicht nichtige Verstrickung, die Öffentlichkeit der Versteigerung sowie Barzahlung durch den Erwerber[400]. Ablieferung bedeutet Verschaffung des unmittelbaren Besitzes. Die Übertragung des mittelbaren Besitzes genügt nur ausnahmsweise, so z.B. bei schwer transportierbaren oder außerhalb des Versteigerungsortes eingelagerten Sachen[401].

4.266 Die Ablieferung der zugeschlagenen Sache darf nur gegen **Barzahlung** geschehen (§ 817 Abs. 2 ZPO), soweit nicht die Ausnahme des § 817 Abs. 4 ZPO vorliegt. Hiervon abweichende Zahlungsweisen sind nur mit Zustimmung von Gläubiger und Schuldner oder auf Anordnung des Vollstreckungsgerichts gemäß § 825 ZPO zulässig. Ein aufgrund der Scheckkarte garantierter Scheck genügt nicht[402].

4.267 Bei **Nichtzahlung** durch den Meistbietenden wird die Sache anderweit versteigert (§ 817 Abs. 3 ZPO). Erhält der **Gläubiger den Zuschlag,** so muss er nur dann volle Barzahlung leisten, wenn dem Schuldner nachgelassen war, die Vollstreckung durch Sicherheitsleistung oder Hinterlegung abzuwenden. Ansonsten muss er lediglich die Kosten der Zwangsvollstreckung sowie den zu seiner Befriedigung nicht zu verwendenden Betrag (Übererlös) in bar entrichten (§ 817 Abs. 4 S. 1 ZPO).

4.268 Bei einer **Mehrheit von Pfandsachen** wird die Versteigerung eingestellt, sobald der Erlös zur Befriedigung des Gläubigers und zur Deckung der Zwangsvollstreckungskosten ausreicht (§ 818 ZPO).

4.269 Die Empfangnahme des **Erlöses** durch den Gerichtsvollzieher gilt als Zahlung des Schuldners, soweit nicht dem Schuldner nachgelassen ist, Vollstreckung durch Sicherheitsleistung oder Hinterlegung abzuwenden, **§ 819 ZPO.** Insoweit besteht eine inhaltsgleiche Regelung der Gefahr-

---

398 Vgl. im Einzelnen Brox/*Walker,* Rdn. 407 f.
399 **H.M.:** BGH, NJW 1992, 2571; Zöller/*Stöber,* § 817 Rdn. 8; Brox/*Walker,* Rdn. 411 m.w.N.
400 **H.M.:** Brox/*Walker,* Rdn. 412 ff.
401 Vgl. OLG Köln, DGVZ 1996, 29 = JurBüro 1996, 603; StJ/*Münzberg,* § 817 Rdn. 22; Zöller/*Stöber,* § 817 Rdn. 8; großzügiger: Rosenberg/Gaul/*Schilken,* § 53 III 1b m.w.N.
402 Schuschke/*Walker,* § 817 Rdn. 8.

tragung wie bei der Geldwegnahme, § 815 Abs. 3 ZPO (vgl. Rdn. 4.250 f.). Der Eigentümer der Pfandsache ist gem. § 1247 S. 2 BGB analog auch Eigentümer des Erlöses; entsprechend besteht das Pfandrecht am Erlös fort (dingliche Surrogation). Aus dem Erlös entnimmt der Gerichtsvollzieher die Vollstreckungskosten (§ 169 Nr. 2 GVGA). Den restlichen Erlös liefert er in Höhe des zur vollständigen Befriedigung des Gläubigers notwendigen Betrages an diesen ab. Einen etwaigen Übererlös erhält der Schuldner bzw. Eigentümer der Pfandsache. Bei mehreren Gläubigern erfolgt die Auskehr des Erlöses nach dem Rang der Pfandrechte (§ 804 Abs. 2 und 3 ZPO, vgl. Rdn. 4.236 ff.).

Der Gläubiger erwirbt mit der Auskehr des Erlöses originäres Eigentum an dem Geld kraft staatlichen Hoheitsaktes (entsprechend der Ablieferung gepfändeten Bargeldes, vgl. Rdn. 4.252). Hingegen erfolgt bei Auszahlung des Übererlöses an den Schuldner/Eigentümer nur eine Besitzübertragung. Die fortbestehenden Eigentumsrechte an dem Erlös bleiben unberührt[403]. 4.270

Zu **Ausgleichsansprüchen** wegen Nichtexistenz der titulierten Forderung und Verwertung schuldnerfremder Sachen vgl. Rdn. 8.120, 8.275[404]. 4.271

XII. Besondere Vollstreckungsanträge

1. Austauschpfändung, § 811a ZPO

a)   Voraussetzungen

Aus dem vom Gerichtsvollzieher gefertigten Pfändungsprotokoll (§ 762 ZPO), der eidesstattlichen Versicherung des Schuldners (§ 807 ZPO) oder einer entsprechenden Benachrichtigung des Gerichtsvollziehers (§ 811b Abs. 3 ZPO) kann der Gläubiger davon erfahren, dass der Schuldner über Gegenstände verfügt, die an sich unpfändbar sind i.S.d. § 811 Abs. 1 Nr. 1, 5 und 6 ZPO. In diesem Fall sollte der Gläubiger prüfen, ob nicht eine Austauschpfändung gem. § 811a ZPO in Betracht kommt und ggf. einen entsprechenden Antrag stellen. 4.272

Der Austauschpfändung unterliegen nur die in § 811 Abs. 1 Nr. 1, 5 und 6 ZPO aufgeführten Gegenstände, eine entsprechende Anwendung auf weitere unpfändbare Gegenstände ist unzulässig.[405] In analoger Anwendung kann die Austauschpfändung auch bei Unpfändbarkeit eines **Personenkraftwagens** nach § 811 Abs. 1 Nr. 12 ZPO bejaht werden. Das OLG Köln[406] rechnet einen Pkw zu den typischen Gegenständen, die einer Aus- 4.273

---

403   Brox/*Walker*, Rdn. 455.
404   Vgl. hierzu auch MünchKomm/*Schilken* ZPO, § 804 Rdn. 31–39; Brox/*Walker*, Rdn. 456–475; Thomas/*Putzo*, § 819 Rdn. 4 ff.
405   Rosenberg/Gaul/*Schilken*, § 52 IV; Brox/*Walker*, Rdn. 289; Zöller/*Stöber*, § 811a Rdn. 2; MünchKomm/*Schilken* ZPO, § 811a Rdn. 2.
406   Rpfleger 1986, 57.

tauschpfändung zugänglich sein müssen, die Unpfändbarkeit eines Pkw nach § 811 Abs. 1 Nr. 5 ZPO ist ebenfalls auf den Fall des § 811 Abs. 1 Nr. 12 ZPO anzuwenden.[407] Nach der Entscheidung des BGH[408] vom 19.3.2004 unterliegt der Pkw eines „außergewöhnlich gehbehinderten" Schuldners im Regelfall nicht der Pfändung, selbst wenn der Schuldner nicht erwerbstätig ist. Bei der erforderlichen Abwägung mit dem durch Art. 14 Abs. 1 GG geschützten Befriedigungsrecht des Gläubigers in der Zwangsvollstreckung überwiegt das Schutzinteresse des Schuldners aus sozialen Gründen. Einem außergewöhnlich gehbehinderten Menschen gibt erst die Benutzung eines Kraftfahrzeugs die Chance, die infolge seiner Gehbehinderung vorhandenen Nachteile auszugleichen oder zu verringern und angemessen am Leben in der Gesellschaft teilzunehmen. Zwar hat der BGH auf die Entscheidung des OLG Köln verwiesen, aber keine Aussage dazu getroffen, ob eine Austauschpfändung auch in den Fällen von § 811 Abs. 1 Nr. 12 ZPO ausgeschlossen ist. Die Entscheidung des OLG Köln ist somit nicht unanwendbar geworden und im Einzelfall weiterhin relevant. Nicht pfändbar ist der Pkw, wenn er für den Weg zur Arbeit ständig benutzt wird und öffentliche Verkehrsmittel nicht zur Verfügung stehen.[409] Bei **Computeranlagen** handelt es sich regelmäßig um Gegenstände von durchweg hohem Wert, eine Austauschpfändung kann daher immer in Betracht kommen, wenn die Computeranlage unpfändbar ist. Hierbei ist von entscheidender Bedeutung, ob der Schuldner unter Berücksichtigung der Brancheneigenart, der Konkurrenz und der technischen Entwicklung auf den Computer angewiesen ist.[410] Diese Argumente werden auch auf andere **bürotechnische Arbeitsmittel** zutreffen, wie z.B. Anrufbeantworter,[411] Fotokopiergerät,[412] Faxgerät,[413] Fernschreibegerät.[414] Im Privathaushalt hat die Austauschpfändung eines **Farbfernsehgerätes** durch eine Entscheidung des BFH[415] zu einer kontroversen Diskussion geführt.[416] Der BFH erklärte den Farbfernseher für unpfändbar, auch wenn der Schuldner zusätzlich noch über ein Rundfunkgerät verfügt.[417] Hiervon bleibt jedoch die Austauschpfän-

---

407 So auch AG Bersenbrück, DGVZ 1992, 140 und AG Neuwied, DGVZ 1998, 31.
408 BGH, Rpfleger 2004, 428 = NJW-RR 2004, 789 = DGVZ 2004, 71 = FamRZ 2004, 870 = JurBüro 2004, 444 = MDR 2004, 833 = WM 2004, 935 = ZfS 2004, 406 = InVo 2004, 285 = ZVI 2004, 237.
409 LG Rottweil, DGVZ 1993, 57; AG Waldbröhl, DGVZ 1998, 158.
410 Vgl. LG Frankfurt/Main, DGVZ 1990, 58; LG Hildesheim, DGVZ 1990, 137; LG Heilbronn, Rpfleger 1994, 370 = MDR 1994, 405.
411 LG Düsseldorf, DGVZ 1986, 44.
412 AG Berlin-Schöneberg, DGVZ 1985, 142.
413 FG Saarland, DGVZ 1995, 171.
414 Vgl. hierzu auch die Übersicht bei *Hintzen*, Forderungspfändung, Rdn. 234–238.
415 DGVZ 1990, 118 = JurBüro 1990, 1358.
416 Vgl. *Urban*, DGVZ 1990, 103.
417 So bereits LG Frankfurt/Main, KKZ 1988, 188; LG Detmold und LG Hannover, KKZ 1990, 135, 136; OLG Stuttgart, DGVZ 1986, 152 = JurBüro 1987, 460; LG Augsburg, DGVZ 1993, 55; **a.A.** LG Wiesbaden, DGVZ 1991, 157 = JurBüro 1992, 59.

dung unberührt.[418] Dem Schuldner muss nur ein Schwarzweißgerät als Austauschobjekt zur Verfügung gestellt werden.[419] Eine Austauschpfändung dürfte weiterhin in Betracht kommen bei: Fotoausrüstung, Gefriertruhe, Geschirrspülmaschine, Hifi-Anlage,[420] Hochdruckreiniger,[421] Kraftfahrzeugen,[422] Gartengeräten wie z.B. Rasenmäher, wertvollen Möbelstücken, Musikinstrumenten,[423] wertvollen Teppichen,[424] elektrischen Schreibmaschinen, Wäscheschleuder, Wäschetrockner etc.[425]

b) Verfahren

Über die Zulässigkeit der Austauschpfändung entscheidet das Vollstreckungsgericht auf Antrag des Gläubigers durch Beschluss. Vor der Entscheidung ist dem Schuldner grundsätzlich rechtliches Gehör zu gewähren.[426] Hiervon kann allenfalls dann abgesehen werden, wenn der Vollstreckungserfolg gefährdet wird.[427] Entscheidungserheblich ist die Tatsache, dass der Vollstreckungserlös den Wert des Ersatzstückes erheblich übersteigt, § 811a Abs. 2 S. 2 ZPO.[428] Der voraussichtliche Versteigerungserlös muss den Wert des Ersatzstückes wesentlich übersteigen, damit der Gläubiger auch eine nennenswerte Befriedigung verzeichnen kann.[429]

4.274

Der Antrag muss die Ersatzleistung für die zu pfändende Sache bezeichnen. Die **Ersatzleistung** kann gem. § 811a Abs. 1 ZPO auf drei verschiedene Weisen erbracht werden:

4.275

- Der Gläubiger überlässt dem Schuldner ein Ersatzstück, das dem geschützten Verwendungszweck genügen muss.

Ob das Ersatzstück dem gem. § 811 Abs. 1 Nr. 1, 5, 6 ZPO jeweils geschützten Verwendungszweck entspricht, ist durch einen Vergleich der Gebrauchsvorteile der unpfändbaren Sache mit der des Ersatzstückes (auch hinsichtlich der Haltbarkeit und Güte) festzustellen. *Überlassung* bedeutet Eigentumsübertragung gem. § 929 BGB. Verweigert der Schuldner seine erforderliche Mitwirkung, genügt entsprechend

---

418 So bereits LG Gießen, NJW 1979, 769.
419 Vgl. LG Berlin, DGVZ 1991, 91: Schätzwert des Farbfernsehers von 500,– DM.
420 Vgl. LG Hannover, JurBüro 1989, 1469.
421 Vgl. LG Bochum, DGVZ 1982, 43.
422 Vgl. hierzu OLG Köln, Rpfleger 1986, 57 = DGVZ 1986, 13 und LG Oldenburg, DGVZ 1991, 119 zu LKW mit Anhänger; unpfändbar LG Stuttgart, DGVZ 2005, 42, damit aber Prüfung der Austauschpfändung möglich.
423 AG Essen, DGVZ 1998, 30.
424 Vgl. KG, DGVZ 1976, 105.
425 Vgl. *Wolf/Hintzen*, Pfändbare Gegenstände von A–Z, 2. Aufl.
426 MünchKomm/*Schilken* ZPO, § 811a Rdn. 10.
427 Zöller/*Stöber*, § 811a Rdn. 8.
428 Vgl. hierzu LG Mainz, NJW-RR 1988, 1150; LG Düsseldorf, DGVZ 1995, 43 abgelehnt, bei einem Erlös von nur 150,– DM, wobei hiervon noch die Kosten für die Ersatzbeschaffung abzuziehen waren.
429 Musielak/*Becker*, § 811a Rdn. 6.

4.276 Vollstreckung durch den Gerichtsvollzieher

§ 756 ZPO das ordnungsgemäße Angebot des Gläubigers.[430] Dem Schuldner stehen gegen den Gläubiger Gewährleistungsrechte gem. §§ 434 ff., 437 BGB zu, mit Ausnahme von Wandlung und Rücktritt.[431]

- Stattdessen wahlweise:

  Der Gläubiger überlässt dem Schuldner den zur Beschaffung eines solchen Ersatzstückes erforderlichen Geldbetrag.

  Dies setzt voraus, dass ein derartiges Ersatzstück überhaupt beschaffbar ist. Die Höhe des Geldbetrages richtet sich nach den zeitlichen und örtlichen Gegebenheiten; daher sind Sonderangebote, Rabatte, aber auch Transportkosten mit zu berücksichtigen.

- **Ausnahmsweise**:

  Nur wenn dem Gläubiger die rechtzeitige Ersatzbeschaffung nicht möglich oder nicht zuzumuten ist, kann die Sache zunächst gepfändet und verwertet werden, erst dann erhält der Schuldner aus dem Verwertungserlös den zur Ersatzbeschaffung erforderlichen Geldbetrag. Dies kann z.B. bei wirtschaftlicher Notlage des Gläubigers gegeben sein.

4.276 Der Gläubiger muss angeben, welche der drei Alternativen durchgeführt werden soll. Da das Vollstreckungsgericht an diesen Antrag entsprechend § 308 ZPO gebunden ist,[432] andererseits das Gericht die Austauschpfändung aber auch in der Weise zulassen kann, dass der Gläubiger zwischen den vom Gericht genau konkretisierten Alternativen der Ersatzleistung wählen darf,[433] sollte der Gläubiger einen dahingehenden Antrag stellen. Ohne einen entsprechenden Antrag dürfte ein Verstoß gegen § 308 ZPO vorliegen, weil das Gericht nicht nur nicht mehr, sondern auch nichts anderes als beantragt zusprechen darf. Die Überlassung eines Geldbetrages für die Beschaffung eines Ersatzstückes stellt aber ein aliud zur Überlassung eines Ersatzstückes dar und kein minus.[434] Notwendig ist ferner die genaue Bezeichnung des Ersatzstückes, jedenfalls der Gattung nach, sowie von dessen Wert; im Übrigen ist die Angabe des erforderlichen Geldbetrages nicht notwendig.[435] Sie ist i.S.e. Begrenzung auch nicht empfehlenswert, weil das Gericht über diesen Höchstbetrag nicht hinausgehen dürfte und daher den An-

---

430 **Allg.M.**, StJ/*Münzberg*, § 811a Rdn. 26.
431 **Allg.M.**, vgl. eingehend StJ/*Münzberg*, § 811a Rdn. 28; Zöller/*Stöber*, § 811a Rdn. 11; Thomas/*Putzo*, § 811a Rdn. 7: Rücktritt ist nur zwecks Wiedererlangung des Geldes möglich; MünchKomm/*Schilken* ZPO, § 811a Rdn. 5.
432 Zöller/*Stöber*, § 811a Rdn. 8; Baumbach/*Hartmann*, § 811a Rdn. 7; *Zimmermann*, § 811a Rdn. 2.
433 Zöller/*Stöber*, § 811a Rdn. 9; Baumbach/*Hartmann*, § 811a Rdn. 8; MünchKomm/*Schilken* ZPO, § 811a Rdn. 11; StJ/*Münzberg*, § 811a Rdn. 13.
434 So wohl auch Zöller/*Stöber*, § 811a Rdn. 8, 9; unklar insoweit Baumbach/*Hartmann*, § 811a Rdn. 7.
435 Zöller/*Stöber*, § 811a Rdn. 7; a.A. Baumbach/*Hartmann*, § 811a Rdn. 7.

trag abweisen müsste, wenn es einen – wenn auch nur relativ geringen – höheren Betrag für angemessen hält. Überschreitet hingegen der vom Gericht angesetzte Betrag die nicht bindend oder gar nicht geäußerten Vorstellungen des Gläubigers, bleibt es ihm unbenommen, die Austauschpfändung nicht durchführen zu lassen. Bei der letztgenannten Möglichkeit muss der Gläubiger zudem darlegen, warum ihm die rechtzeitige Beschaffung des Ersatzstückes nicht möglich oder nicht zuzumuten ist.

Dem Gläubiger obliegt die Darlegung und ggf. der **Beweis** aller vorgenannten Voraussetzungen der Austauschpfändung. Glaubhaftmachung genügt insoweit nicht.   4.277

Mit der Existenz des Beschlusses, nicht erst mit dessen Zustellung oder gar Rechtskraft, wird die Sache **pfändbar.** Der Gläubiger muss den Gerichtsvollzieher mit der weiteren Vollstreckung beauftragen. Die Wegnahme darf aber erst erfolgen, wenn der Schuldner spätestens gleichzeitig das Ersatzstück oder den erforderlichen Geldbetrag erhalten hat. **Ausnahme:** Der Geldbetrag für die Ersatzbeschaffung soll erst aus dem Vollstreckungserlös dem Schuldner überlassen werden. Dann muss zuvor Pfändung, Wegnahme und Verwertung stattgefunden haben. Zum Schutz des Schuldners ist nach § 811a Abs. 4 ZPO in diesem Fall die Wegnahme erst nach Rechtskraft des Zulassungsbeschlusses zulässig.   4.278

Der dem Schuldner überlassene Geldbetrag ist **unpfändbar,** § 811a Abs. 3 ZPO; ebenso das Ersatzstück oder der Anspruch des Schuldners auf Leistung eines Ersatzstückes bzw. des entsprechenden Geldbetrages.[436]   4.279

c) Rechtsbehelfe

Bei Abweisung des Antrags sowie bei Zulassung der Austauschpfändung nach Anhörung des Schuldners kann sofortige Beschwerde gem. § 11 Abs. 1 RPflG i.V.m. § 793 ZPO eingelegt werden; hingegen ist die Vollstreckungserinnerung gem. § 766 ZPO der richtige Rechtsbehelf, wenn die Austauschpfändung ohne Anhörung des Schuldners zugelassen wurde und Verfahrensverstöße gerügt werden.[437]   4.280

2. Vorläufige Austauschpfändung, § 811b ZPO

Hat der Gläubiger den Gerichtsvollzieher mit der Sachpfändung beauftragt, kann dieser bereits selbstständig eine vorläufige Austauschpfändung vornehmen, wenn zu erwarten ist, dass der Vollstreckungserlös den Wert des Ersatzstückes erheblich übersteigen wird, § 811b Abs. 1 ZPO.[438] Der   4.281

---

436 StJ/*Münzberg*, § 811a Rdn. 30.
437 MünchKomm/*Schilken* ZPO, § 811a Rdn. 15; Musielak/*Becker*, § 811a Rdn. 11; vgl. im Einzelnen Rdn. 8.10 ff.
438 Vgl. hierzu LG Berlin, DGVZ 1991, 91; LG Düsseldorf, DGVZ 1995, 43.

Gerichtsvollzieher pfändet hierbei zunächst den unpfändbaren Gegenstand, belässt ihn jedoch im Gewahrsam des Schuldners. Über die Pfändung informiert er unverzüglich den Gläubiger, damit dieser binnen einer Frist von **zwei Wochen** einen **Antrag** auf Zulassung der Austauschpfändung bei dem Vollstreckungsgericht stellen kann. Wird der Antrag nicht rechtzeitig gestellt oder dieser rechtskräftig zurückgewiesen, ist die Pfändung wieder aufzuheben, § 811b Abs. 2 ZPO. Erst nach Zulassung der Austauschpfändung durch das Vollstreckungsgericht ist der gepfändete unpfändbare Gegenstand dem Schuldner wegzunehmen unter gleichzeitiger Übergabe eines entsprechenden Ersatzstückes oder des zu seiner Beschaffung erforderlichen Geldbetrages, § 811b Abs. 4 ZPO. Bei der zur Verfügungstellung des erforderlichen Geldbetrages zur Ersatzbeschaffung darf die Wegnahme des gepfändeten Gegenstandes erst nach Rechtskraft des Zulassungsbeschlusses erfolgen, § 811b Abs. 4 S. 2, § 811a Abs. 4 ZPO.

3. Aussetzung der Verwertung, §§ 813a, b ZPO

a) Zeitweilige Aussetzung durch den Gerichtsvollzieher

4.282   In der Vollstreckungspraxis der Gerichte haben Verfahren nach § 813a ZPO a.F. keine große Bedeutung erlangt.[439] Üblicherweise stellen Schuldner Vollstreckungsschutzanträge erst unmittelbar vor der Verwertung, sodass bereits aus diesen Gründen einem Antrag wegen Nichteinhaltung der 2-Wochen-Frist, § 813a Abs. 2 ZPO a.F., nicht stattgegeben werden konnte. Das Verfahren vor dem Vollstreckungsgericht war zu aufwändig und auch zu schwerfällig. Der Gesetzgeber hat daher durch die 2. Zwangsvollstreckungsnovelle eine zeitweilige Aussetzung der Verwertung gegen Teilzahlungen durch den Gerichtsvollzieher geschaffen, die im Interesse des Gläubigers und des Schuldners eine sachgerechte Lösung anbietet, § 813a ZPO (in der seit dem 1.1.1999 geltenden Fassung).[440]

4.283   Der Gerichtsvollzieher hat jedoch keine Entscheidungsbefugnis über die Aussetzung der Verwertung wie das Vollstreckungsgericht. Bei der zeitweiligen Aussetzung der Verwertung handelt es sich zunächst nur um einen modifizierten **Antrag des Gläubigers**, die Sachpfändung vorübergehend gegen Ratenzahlung auszusetzen, oder der Gläubiger lehnt eine ratenweise Tilgung von vornherein ab. Die Regelungen des gerichtlich angeordneten Verwertungsaufschubes aus § 813b ZPO sind weitgehend in § 813a ZPO übertragen worden (vgl. Erläuterungen Rdn. 4.290).

4.284   Nach der gesetzlichen Neuregelung kann der Gläubiger in seinem Vollstreckungsantrag erklären, dass er mit einer Ratenzahlung grundsätzlich einverstanden ist. Sofern der Gläubiger im Antrag keine Aussage zu einer

---

439 *Hornung,* Rpfleger 1998, 381, 394; *Hintzen,* ZAP 1998, 549 ff.; *Behr,* 2. ZwVNov. SH JurBüro 1998.
440 Der bisherige § 813a ZPO wurde zu § 813b ZPO.

Ratenzahlung trifft, kann der Gerichtsvollzieher den Aufschub der Verwertung von sich aus vornehmen, muss aber den Gläubiger unverzüglich unterrichten, § 813a Abs. 2 S. 1 ZPO. In diesem Fall kann der Gläubiger der Ratenzahlung widersprechen, der Verwertungsaufschub ist unverzüglich abzubrechen, § 813a Abs. 2 S. 2, 3 ZPO. Dem Schuldner bleibt dann die Möglichkeit, einen gerichtlich angeordneten Verwertungsaufschub nach § 813b ZPO zu erwirken.

4.285 Sofern der Gläubiger dem Verwertungsaufschub von Beginn an widerspricht, kommt eine Verwertungsaussetzung durch den Gerichtsvollzieher nicht in Betracht. Dies gilt gleichermaßen, wenn der Schuldner mit einer Zahlung ganz oder teilweise in Verzug kommt. In diesem Fall ist der Verwertungsaufschub abzubrechen, § 813a Abs. 2 S. 4 ZPO.

4.286 Ein Verwertungsaufschub kommt im Übrigen dann nicht in Betracht, wenn die Sachpfändung beim Schuldner ergebnislos verlaufen ist, d.h., wenn der Gerichtsvollzieher beim Schuldner keine pfändbaren Sachen vorgefunden hat. In diesem Fall bleibt es bei einer möglichen Ratenzahlung nach § 806b ZPO.

4.287 Der Antrag des Schuldners auf zeitweilige Aussetzung der Verwertung gegenüber dem Gerichtsvollzieher ist an keine Frist gebunden. Die Bitte um Ratenzahlung kann bei der Sachpfändung selbst geäußert werden. Es ist auch keine Mindestrate oder sofortige Barzahlung erforderlich.[441] Ebenfalls kommt es bei der Aussetzung der Verwertung nicht auf die Persönlichkeit des Schuldners und seine wirtschaftlichen Verhältnisse an, wie dies in § 813b Abs. 1 ZPO gefordert wird. Die Kosten des Verfahrens und die Gläubigerforderung müssen binnen 12 Monaten durch die Ratenzahlungen des Schuldners gedeckt werden, ob dies durch monatliche Zahlungen oder zeitlich festgelegte Einmalzahlungen erfolgt, ist ohne Belang.[442]

4.288 Damit der Schuldner seinen Ratenzahlungen pünktlich nachkommt, wurde festgelegt, dass der Gerichtsvollzieher den Versteigerungstermin auf einen Zeitpunkt nach dem nächsten Zahlungstermin legen kann. Er kann weiterhin diesen Versteigerungstermin jeweils nach jeder Teilzahlung weiter verschieben. Diese Druckmittel sollen den Schuldner nachhaltig zu regelmäßigen Teilzahlungen anhalten.

4.289 Sofern der Gläubiger einer Ratenzahlung zugestimmt oder einer vom Gerichtsvollzieher vorgenommen Ratenzahlung nicht widersprochen hat, bleibt es so lange bei der Verwertungsaussetzung, wie der Schuldner seinen Teilzahlungen pünktlich nachkommt. Ein Widerruf der Aussetzung durch den Gläubiger ist in diesem Falle nicht möglich, § 813a Abs. 2 S. 3, 4 ZPO. Hierdurch soll das Vertrauen des Schuldners geschützt werden, durch pünktliche Zahlung der Raten die Verwertung zu verhindern.[443]

---

441 *Zimmermann,* § 813a Rdn. 3; Thomas/*Putzo,* § 813a n.F. Rdn. 6.
442 Thomas/*Putzo,* § 813a n.F. Rdn. 6.
443 *Hornung,* Rpfleger 1998, 381, 395; *Zimmermann,* § 813a Rdn. 7.

b) Zeitweilige Aussetzung durch das Vollstreckungsgericht
aa) Voraussetzungen des Verwertungsaufschubes

4.290 Auf Antrag des Schuldners kann das Vollstreckungsgericht die Verwertung gepfändeter Sachen unter Anordnung von Zahlungsfristen zeitweilig aussetzen, wenn dies nach der Persönlichkeit und den wirtschaftlichen Verhältnissen des Schuldners sowie nach der Art der Schuld angemessen erscheint und nicht überwiegende Belange des Gläubigers entgegenstehen, § 813b Abs. 1 ZPO.[444] Es muss sich somit um eine Sachpfändung wegen einer Geldforderung durch den Gerichtsvollzieher handeln, §§ 808 ff. ZPO. Hat der Gerichtsvollzieher Geld gepfändet, ist die Vorschrift nicht anzuwenden, das Geld ist direkt an den Gläubiger abzuführen, § 815 Abs. 1 ZPO, es sei denn, es handelt sich um Münzen.[445]

4.291 Vollstreckt der Gläubiger im Wege der Sicherungsvollstreckung, § 720a Abs. 1 Nr. 1a ZPO, oder im Wege der Arrestpfändung, § 930 Abs. 1 S. 1 ZPO, findet eine Verwertung der gepfändeten Sachen nicht statt, eine Aussetzung derselben ist somit ausgeschlossen. Weiterhin ist die Vorschrift unanwendbar im Falle der Forderungspfändung, der Pfändung in andere Vermögensrechte, bei der Zwangsvollstreckung zur Erwirkung oder Herausgabe bestimmter beweglicher Sachen, der Zwangsvollstreckung zur Erwirkung von Handlungen oder Unterlassungen oder auch der Zwangsvollstreckung auf Herausgabe oder Leistung körperlicher Sachen.[446]

4.292 Kraft Gesetzes ausgeschlossen ist der Verwertungsaufschub in Wechselsachen, § 813b Abs. 6 ZPO. Ob dies auch in einer Schecksache ausgeschlossen ist, wird **streitig** beantwortet.[447] Im Rahmen eines Verfahrens zur Abgabe der eidesstattlichen Versicherung ist § 813b ZPO ebenfalls nicht anzuwenden (**h.M.**). Eine Ausnahme bildet nur die Herausgabe beweglicher Sachen gemäß § 847 Abs. 2 ZPO, da insoweit die Vorschriften über die Verwertung gepfändeter Sachen anzuwenden sind.

4.293 Die Pfändung der beweglichen Sache muss bereits durch den Gerichtsvollzieher erfolgt sein, eine bevorstehende Pfändung alleine berechtigt den Schuldner nicht zu einem Aussetzungsantrag. Zum Schutz des Gläubigers soll zunächst das Pfandrecht begründet werden. Auch die Anordnung nach § 813b ZPO hebt das Pfandrecht nicht auf, die Verstrickung und der Pfändungsrang bleiben erhalten. Durch den Verwertungsaufschub soll dem Schuldner die Möglichkeit eingeräumt werden, durch freiwillige Zahlung

---

444 Vgl. hierzu *Vultejus*, DGVZ 1991, 21; *Puppe*, DGVZ 1991, 89; *Eich* und *Lübbig*, DGVZ 1991, 33; zum neuen Recht vgl. *Hornung*, Rpfleger 1998, 381, 394; *Hintzen*, ZAP 1998, 549 ff.; *Behr*, 2. ZwVNov. SH JurBüro 1998.
445 OLG Köln, JurBüro 1991, 1406.
446 Zöller/*Stöber*, § 813b Rdn. 2.
447 Bejahend: Musielak/*Becker*, § 813b Rdn. 3; Thomas/*Putzo*, § 813b Rdn. 1; MünchKomm/*Schilken* ZPO, § 813b Rdn. 8; verneinend: Zöller/*Stöber*, § 813b Rdn. 10; *Schuschke*, § 813b Rdn. 2.

innerhalb eines begrenzten Zeitraumes die Verwertung des gepfändeten Gegenstandes abzuwenden.

bb) Entscheidungserhebliche Tatsachen

Zunächst muss der Schuldner seiner Person und seinen wirtschaftlichen Verhältnissen nach **schutzwürdig** sein, um einem entsprechenden Antrag stattgeben zu können. Unredliche, böswillige und unzuverlässige Schuldner genießen keinen Vollstreckungsschutz.[448] Diese Gründe in der Person des Schuldners hat der Gläubiger vorzutragen oder sie ergeben sich bereits aus dem Verhalten im Rahmen der bisherigen Zwangsvollstreckung oder auch aus der Zeit des Rechtsstreites zur Erlangung des Vollstreckungstitels. Im Hinblick auf die wirtschaftlichen Verhältnisse des Schuldners darf dieser nicht in der Lage sein, die titulierte Forderung auf einmal auszugleichen, andererseits aber in so hohen Raten, dass die Schuld spätestens in einem Jahr getilgt ist, § 813b Abs. 4 ZPO.

4.294

Ein weiteres entscheidungserhebliches Kriterium ist die **Art der geschuldeten Leistung.** Handelt es sich um eine Forderung, die keinen Verwertungsaufschub duldet, muss ein entsprechender Aussetzungsantrag des Schuldners abgelehnt werden.[449] Abzulehnen ist der Antrag des Schuldners dann, wenn überwiegende schutzwürdige Interessen des Gläubigers entgegenstehen. Wenn der Gläubiger somit auf den Erlös aus der Pfandverwertung dringend angewiesen ist, oder wenn durch den bisherigen Forderungsausfall die Existenz des Gläubigers gefährdet ist, müssen die Belange des Schuldners zurücktreten. Hierbei ist aber auch die Dauer der Verwertungsaussetzung zu beachten. Macht der Schuldner glaubhaft, dass er die Forderung binnen zwei oder drei Monaten ausgleichen kann, muss eine solche Frist auch dem Gläubiger zugemutet werden können.

4.295

cc) Verfahrensablauf

Das Vollstreckungsgericht, in dessen Bezirk das Vollstreckungsverfahren stattgefunden hat, entscheidet auf einen entsprechenden **Antrag** des Schuldners hin. Der Antrag muss binnen zwei Wochen nach der Pfändung oder binnen zwei Wochen nach Ende des vorläufigen Verwertungsaufschubes durch den Gerichtsvollzieher, § 813a ZPO, vom Schuldner gestellt werden, § 813b Abs. 2 S. 2 ZPO. Einen verspäteten Antrag muss das Vollstreckungsgericht aber dann zulassen, wenn es zur Überzeugung gelangt, dass der Schuldner den Antrag nicht in der Absicht der Verschleppung oder aus grober Nachlässigkeit verspätet gestellt hat, § 813b Abs. 2 S. 1 ZPO. Der Schuldner kann im Antrag bereits **konkrete Ratenzahlungen** anbieten

4.296

---

448 Zöller/*Stöber,* § 813b Rdn. 5, 6; Thomas/*Putzo,* § 813b Rdn. 3.
449 Z.B. eine Unterhaltsforderung, Zöller/*Stöber,* § 813b Rdn. 8; Thomas/*Putzo,* § 813b Rdn. 3.

oder die Frist für den maximalen Verwertungsaufschub benennen. Insgesamt darf die Verwertung nicht länger als ein Jahr nach der Pfändung ausgesetzt werden. Dies gilt selbst dann, wenn die Anordnungen des Gerichts mehrfach ergehen, z.B. zunächst nur auf drei Monate, danach nochmals drei Monate usw., § 813b Abs. 4 ZPO. Die Jahresfrist ist eine Ausschlussfrist, die das Vollstreckungsgericht in jedem Falle zu beachten hat, eine Verlängerung ist nur mit Zustimmung des Gläubigers möglich.[450] Die Angaben zur Begründung des Antrages hat der Schuldner glaubhaft zu machen, § 294 ZPO. Widerspricht der Gläubiger dem Antrag des Schuldners, muss auch er seine entsprechenden Gründe glaubhaft vortragen.

dd) Beschluss

4.297   Die Entscheidung über den Antrag des Schuldners trifft das Vollstreckungsgericht durch Beschluss. Zur gütlichen Abwicklung der Verfahrens kann das Vollstreckungsgericht eine mündliche Verhandlung anordnen, § 813b Abs. 5 S. 3 ZPO. Vor der Entscheidung ist dem Gläubiger rechtliches Gehör zu gewähren, § 813b Abs. 5 S. 1 ZPO. Sofern die Anhörung des Gläubigers zu erheblichen Verzögerungen führt, ist das Vollstreckungsgericht gehalten, die Verwertung des gepfändeten Gegenstandes durch den Gerichtsvollzieher zunächst einstweilen einzustellen, § 732 Abs. 2, § 813b Abs. 1 S. 2 ZPO. Das Vollstreckungsgericht ist bei seiner Entscheidung an den Antrag des Schuldners gebunden. Hat dieser jedoch keine weiteren Angaben getroffen, hat das Vollstreckungsgericht die Höhe der Raten und den Zeitpunkt des Verwertungsaufschubes selbstständig festzulegen. Das Gericht kann in zeitlichen Abständen mehrfach beschließen, insgesamt darf jedoch die Jahresfrist nicht überschritten werden, § 813b Abs. 4 ZPO.

4.298   Ob das Vollstreckungsgericht in dem Beschluss eine sog. „Verfallklausel" aufnehmen darf, wird **streitig** beantwortet. Hiernach treten die Wirkungen des Verwertungsaufschubes außer Kraft, wenn der Schuldner den Zahlungsauflagen nicht fristgerecht nachkommt.[451] Hiergegen wird argumentiert, dass der Gerichtsvollzieher bei der nachfolgenden Vollstreckung nicht prüfen kann und braucht, ob der Schuldner seinen Zahlungspflichten fristgerecht nachgekommen ist.[452] Diese Argumentation überzeugt jedoch nicht, da auch bei der sonstigen Vollstreckung der Gerichtsvollzieher auf Antrag des Gläubigers diese in jedem Falle fortsetzen muss, selbst wenn der Schuldner die Zahlung behauptet. Mit diesen Einwendungen ist der Schuldner auf die Vollstreckungsgegenklage zu verweisen.

---

450 Zöller/*Stöber*, § 813b Rdn. 14, MünchKomm/*Schilken* ZPO, § 813b Rdn. 15; **a.A.** OLG Celle, NJW 1954, 723 auch bei freiwilliger Gewährung einer Fristverlängerung ist das Gericht an die Jahresfrist gebunden.
451 Zöller/*Stöber*, § 813b Rdn. 14.
452 Baumbach/*Hartmann*, § 813b Rdn. 6; Thomas/*Putzo*, § 813b Rdn. 10.

4. Anderweitige Verwertung, § 825 ZPO

a) Regelungszweck

Der Zweck des § 825 ZPO besteht darin, abweichend von der gesetzlich vorgegebenen Versteigerung nach §§ 814 ff. ZPO eine andere Art der Verwertung zu ermöglichen, um ein besseres Ergebnis zugunsten des Gläubigers und auch des Schuldners zu erzielen. Nach der seit dem 1.1.1999 geltenden Neuregelung ist nunmehr der Gerichtsvollzieher befugt, die gepfändete Sache in anderer Weise oder an einem anderen Ort zu verwerten. Der Gerichtsvollzieher ist somit in der Lage, zugleich vor Ort zu handeln. Die Einschaltung eines aufwändigen Beschlussverfahrens vor dem Vollstreckungsgericht entfällt. Da der Gerichtsvollzieher hierbei nichts anderes zu prüfen hat, als die allgemeinen und besonderen Zwangsvollstreckungsvoraussetzungen und die Überprüfung der von ihm wirksam vorgenommenen Sachpfändung, stellen diese Anordnungen keine Entscheidung dar, sondern gehören vielmehr zum Bereich des selbstständigen Handelns des Gerichtsvollziehers.

4.299

Nach wie vor dem Vollstreckungsgericht vorbehalten bleibt die Anordnung, dass die Versteigerung einer gepfändeten Sache durch eine **andere Person** vorgenommen werden soll. Die Anordnung des Vollstreckungsgerichts ist hier nicht nur wegen möglicher Interessenkonflikte, sondern schon deshalb geboten, weil diese Personen (z.B. Makler, Auktionatoren, Banken) keine Vollstreckungsorgane sind und richtiger Auffassung nach bei der Verwertung nicht kraft Amtsbefugnis hoheitlich, sondern aufgrund öffentlich-rechtlichen Auftrags privatrechtlich handeln. Das Gericht kann keine Privatperson zur Übernahme dieser Tätigkeit zwingen; daher kann diese Person auch Bedingungen stellen, die das Gericht abwägen muss.

4.300

Durch die in § 825 Abs. 1 S. 2 ZPO eingebaute Frist von zwei Wochen ist sichergestellt, dass dem Antragsgegner ausreichend Zeit verbleibt, die beabsichtigte Anordnung des Gerichtsvollziehers mit der Erinnerung nach § 766 Abs. 1 ZPO anzugreifen.

4.301

b) Verfahrensvoraussetzung

Im Anschluss an die Pfändung durch den Gerichtsvollzieher findet die Verwertung der gepfändeten Gegenstände statt, §§ 814 ff. ZPO. Hierzu bedarf es keines weiteren Antrages des Gläubigers. Gepfändetes Geld wird verwertet, indem es an den Gläubiger direkt ausgehändigt wird, § 815 Abs. 1 ZPO. Im Übrigen werden gepfändete Gegenstände durch den Gerichtsvollzieher öffentlich versteigert, § 814 ZPO. Die Vorschrift § 825 ZPO bietet dem Gläubiger darüber hinaus die Möglichkeit, weitere Anträge hinsichtlich der Verwertungsart gepfändeter Gegenstände zu stellen, um damit die Höhe des Erlöses unter Umständen nachhaltig zu verbessern.

4.302

Voraussetzung für einen entsprechenden Antrag ist die Tatsache der wirksamen Pfändung, die Zwangsvollstreckungsvoraussetzungen müssen

4.303

vorliegen und der Pfandgegenstand muss wirksam verstrickt sein. Es darf sich bei dem gepfändeten Gegenstand nicht um eine unpfändbare Sache gemäß § 811 ZPO handeln. Weiterhin muss ein höherer Erlös durch die beantragte andere Verwertungsart zu erzielen sein. Hierbei ist ein vorheriger Versteigerungsversuch durch den Gerichtsvollzieher nicht zwingend erforderlich, kann aber geboten sein.[453]

c) Verwertungsmöglichkeiten

4.304   Die Versteigerung kann durch den Gerichtsvollzieher an einem anderen Tag und an einem anderen Ort als dem der Pfändung erfolgen, z.B. wird ein Kunstgegenstand eher in einer Großstadt als auf dem Lande versteigert werden können. Die Versteigerung oder der freihändige Verkauf kann auch eine andere Person als der Gerichtsvollzieher vornehmen, z.B. der Kunstgegenstand durch einen Kunsthändler oder einen Auktionator. Hat die Versteigerung zu keinem Ergebnis geführt oder wird sie glaubhaft auch zu keinem Ergebnis führen, kann auch der freihändige Verkauf durch den Gerichtsvollzieher oder eine andere Person angeordnet werden. Der Eigentumserwerb vollzieht sich hierbei nach bürgerlich-rechtlichen Grundsätzen. Die betreffende Person wird nicht hoheitlich, sondern privatrechtlich tätig.[454] Gehört die Pfandsache nicht dem Schuldner und ist der Ersteher insoweit bösgläubig, kann er das Eigentum nicht allein durch das Vertrauen auf die Wirksamkeit der Verstrickung und der Versteigerungsanordnung erwerben.[455] Möglich ist auch die Zwangsüberweisung des gepfändeten Gegenstandes an den Gläubiger zu dem von ihm angebotenen Preis. Der Preis muss allerdings angemessen sein, andernfalls der Antrag abzulehnen ist.[456] Das Eigentum erlangt der Gläubiger, sobald der Gerichtsvollzieher ihm die Sache übereignet. Der Gläubiger ist von der Zahlung des Preises befreit, soweit der Erlös auf die Vollstreckungskosten und seine Forderung verrechnet wird, § 817 Abs. 4 ZPO. Die Frage der Verwertung durch Begründung von Nutzungsverhältnissen wird **streitig** beantwortet[457]. Hierdurch soll eine Verwertungsgrundlage geschaffen werden, in Einzelfällen eine Gläubigerbefriedigung dadurch zu erreichen, dass einem Dritten auf Antrag zwangsweise zulasten des Schuldners und unter Festsetzung eines auszukehrenden oder nach § 817 Abs. 4 ZPO zu verrechnenden Nutzungsentgeltes ein Nutzrecht eingeräumt wird, wenn die Pfandsache einer Regelverwertung oder einer abweichenden Substanzverwertung (§ 825 ZPO) nicht zur Verfügung steht und sich zur Mit- oder Drittnutzung eignet. Diese Vorgehensweise ermöglicht auf der einen Seite die Aufrechterhaltung des Pfändungsschutzes zugunsten des Schuldners, da dieser z.B. im Rahmen seines

---

453   LG Berlin, Rpfleger 1973, 34.
454   Rosenberg/Gaul/*Schilken*, § 53 III. 3.
455   BGH, Rpfleger 1993, 75 = NJW 1992, 2570.
456   LG Essen, DGVZ 1996, 120.
457   Hierzu *Freels*, Rpfleger 1998, 265 m.w.N.

Erwerbsinteresses i.S.v. § 811 Abs. 1 Nr. 5 ZPO weiterhin zur Nutzung berechtigt ist, andererseits lässt dies aber auch eine Nutzbarmachung der nicht von diesem Interesse erfassten Zeiträume zugunsten des Gläubigers zu. In diesen Zeiträumen kann der Schuldner dritten Personen die Nutzung gestatten und kehrt das gezogene Entgelt an den Gläubiger aus.

Hat der Schuldner von dem Gläubiger einen **Gegenstand unter Eigentumsvorbehalt** gekauft und gerät er dann mit der vereinbarten Ratenzahlung in Rückstand, stellt sich für den Gläubiger die Frage des Rechtsschutzinteresses, wenn er wegen der titulierten Restforderung in den unter Eigentumsvorbehalt gekauften Gegenstand vollstreckt und beantragt, den Gegenstand zum Mindestgebot gemäß § 817a Abs. 1 ZPO auf ihn zu übertragen. Unstreitig ist jedoch, dass dem Gläubiger, der grundsätzlich noch Eigentümer des gepfändeten Gegenstandes ist, das Rechtsschutzinteresse für einen Antrag nach § 825 ZPO nicht abgesprochen werden kann, da er durch die Eigentumszuweisung originäres Eigentum erhält, unbelastet von möglichen Rechten Dritter, insbesondere das Anwartschaftsrecht des Schuldners an der Sache selbst erlischt.[458] **Streitig** werden hingegen die Fragen beantwortet, die sich aus § 503 BGB (vor der Schuldrechtsmodernisierung § 13 VerbrKrG – für Verträge nach dem 1.1.1991) bzw. aus den §§ 1, 3, 5 AbzG (für Verträge vor dem 1.1.1991) ergeben: Führt die Zwangsvollstreckung in die Kaufsache zur Rücktrittsfiktion und falls ja, in welchem Zeitpunkt tritt sie ein? Eine weitere Frage ist die, ob diese Rücktrittswirkungen vom nunmehr zuständigen Gerichtsvollzieher von Amts wegen zu berücksichtigen sind. Nach heute **h.M.** führt die Verwertung des aufgrund des Kaufpreistitels gepfändeten Gegenstandes zur Rücktrittsfiktion nach § 503 Abs. 2 S. 4 BGB (vormals § 13 Abs. 3 VerbrKrG bzw. § 5 AbzG), und zwar gleichgültig, wer die Sache erwirbt, der Gläubiger oder ein Dritter und ob die Verwertung nach §§ 814 ff. ZPO oder § 825 ZPO erfolgt.[459]

Ebenso uneinheitlich wird die Frage nach dem Zeitpunkt des Eintritts der Rücktrittsfiktion beantwortet. Hierzu werden die Auffassungen vertreten: bereits mit der Pfändung, mit Anberaumung des Versteigerungstermins, mit der Antragstellung nach § 825 ZPO oder erst durch den Verwertungsakt selbst, also nach der Versteigerung oder nach der Verwertung gemäß § 825 ZPO. Der **Zeitpunkt** ist insbesondere im Hinblick auf die Vollstreckungsgegenklage des Käufers gemäß § 767 ZPO von Bedeutung.[460] Entschieden ist bisher lediglich, dass die Pfändung als vorbereitende Maßnahme die Rücktrittsfiktion noch nicht auslöst und andererseits nach Abschluss der Verwertung die titulierte Forderung erloschen und deshalb die Vollstreckungsgegenklage begründet ist.[461] Der Nachteil bei den ersten drei

---

458 Vgl. *Noack*, MDR 1969, 181.
459 BGHZ 55, 59 = NJW 1971, 191, MünchKomm/*Schilken* ZPO, § 825 Rdn. 12 m.w.N.; Brox/*Walker*, Rdn. 438.
460 Vgl. Schuschke/*Walker*, § 825 Anhang Rdn. 6; Brox/*Walker*, Rdn. 440.
461 BGHZ 55, 59.

4.307	Möglichkeiten liegt darin, dass nicht sicher ist, ob es überhaupt zur endgültigen Verwertung und Besitzwegnahme kommt. Näher liegt es daher, der letzteren Auffassung den Vorzug zu geben, dass die Rücktrittsfiktion erst durch den Verwertungsakt selbst eintritt.

4.307 Der Gesetzeszweck des § 503 Abs. 2 S. 4 BGB (vormals § 13 Abs. 1 VerbrKrG bzw. § 3 AbzG) erfordert jedoch, dass die Zug-um-Zug-Einrede schon vor Eintritt der Rücktrittswirkung geltend gemacht wird. Diese Einwendung ist jedoch materiell-rechtlicher Natur und muss vom Schuldner im Wege der Vollstreckungsgegenklage geltend gemacht werden, § 767 ZPO.[462] Daher ist diese Klage bereits ab der Pfändung zulässig.[463] Mit diesen Einwendungen kann der Schuldner im formalisierten Zwangsvollstreckungsverfahren nicht gehört werden. Der Gerichtsvollzieher wird einem Antrag somit auch ohne diese Prüfung stattgeben.[464]

d) Entscheidung

4.308 Soweit der **Gerichtsvollzieher** zuständig ist, muss er den Antragsgegner vor der anderweitigen Verwertung mit einer Frist von zwei Wochen unterrichten. Diese Unterrichtung ist zuzustellen. Hierdurch soll dem Antragsgegner ausreichend Zeit gegeben werden, gegen die beabsichtigte Verwertung des Gerichtsvollziehers Erinnerung nach § 766 ZPO einzulegen. Das Vollstreckungsgericht kann in Eilfällen die Verwertung einstweilen aussetzen, § 766 Abs. 1 S. 2, § 732 Abs. 2 ZPO. Bei der Anordnung eines freihändigen Verkaufes ist als Mindestpreis die Hälfte des gewöhnlichen Verkehrswertes vorzusehen, § 817a Abs. 3 ZPO. Ist die Übereignung des gepfändeten Gegenstandes an eine bestimmte Person, auch den Gläubiger selbst, beabsichtigt, erfolgt der Eigentumsübergang erst mit der Übergabe des Gegenstandes durch den Gerichtsvollzieher an den Erwerber.

4.309 Das **Vollstreckungsgericht** entscheidet in den Fällen des § 825 Abs. 2 ZPO auf Antrag des Gläubigers oder des Schuldners durch Beschluss. Dem jeweiligen Vollstreckungsgegner ist stets vor der Entscheidung rechtliches Gehör zu gewähren. Die Verwertung selbst erfolgt dann durch die anderweitig bestimmte Person.

---

462 Zöller/*Stöber*, § 825 Rdn. 14.
463 Vgl. Schuschke/*Walker*, § 825 Anhang Rdn. 6; ohne konkrete Angabe: Brox/*Walker*, Rdn. 441.
464 OLG Frankfurt, NJW 1954, 1083; OLG München, MDR 1969, 60; Zöller/*Stöber*, § 825 Rdn. 14; **a.A.** LG Bielefeld, NJW 1970, 337.

5. Abschnitt
Verfahren zur Abgabe der eidesstattlichen Versicherung

I. Einleitung

Im 8. Buch der ZPO sind nach Inkrafttreten der 2. Zwangsvollstreckungsnovelle am 1.1.1999 drei Verfahren zur Abgabe der eidesstattlichen Versicherung des Schuldners geregelt. Ist der Schuldner verpflichtet, bestimmte bewegliche Sachen an den Gläubiger herauszugeben, so sind diese grundsätzlich durch den Gerichtsvollzieher wegzunehmen und dem Gläubiger zu übergeben, § 883 Abs. 1 ZPO. Wird nun die herauszugebende Sache bei dem Schuldner nicht vorgefunden, ist dieser verpflichtet, zu Protokoll an Eides statt zu versichern, dass er die Sache nicht besitze, und auch nicht wisse, wo sich diese befinde, § 883 Abs. 2 ZPO. Erscheint der Schuldner im Termin zur Abgabe der eidesstattlichen Versicherung nicht oder verweigert er die Abgabe, wird auf Antrag des Gläubigers Haftbefehl elassen, die §§ 899 bis 913 ZPO sind auch auf dieses Verfahren entsprechend anzuwenden, soweit sie nicht auf § 807 ZPO zugeschnitten sind.[1] Relevant wird dieses Verfahren insbesondere nach der Forderungspfändung, wenn der Schuldner Legitimationsurkunden herausgeben muss, z.B. Sparbuch, Versicherungsschein, Hypothekenbrief (Näheres vgl. Rdn. 6.58 ff.). 5.1

Seit dem 1.1.1999 ist der Schuldner verpflichtet, nach der Pfändung und Überweisung einer Forderung oder eines sonstigen pfändbaren Anspruches seiner **Auskunftspflicht** nach § 836 Abs. 3 ZPO notfalls durch Abgabe einer eidesstattlichen Versicherung nachzukommen. Erscheint der Schuldner im Termin zur Abgabe der eidesstattlichen Versicherung nicht oder verweigert er die Abgabe, wird auf Antrag des Gläubigers Haftbefehl erlassen. Auch hier sind, wie bei § 883 Abs. 2 ZPO, die §§ 899 bis 913 ZPO entsprechend anzuwenden, soweit sie nicht auf § 807 ZPO zugeschnitten sind (Näheres vgl. Rdn. 6.64 ff.). 5.2

Die dritte Variante der eidesstattlichen Versicherung ist in den §§ 899 ff. ZPO geregelt. Hierauf soll im Nachfolgenden näher eingegangen werden. 5.3

Mit den Änderungen aufgrund der 2. Zwangsvollstreckungsnovelle wollte der Gesetzgeber im Bereich des Verfahrens der eidesstattlichen Versicherung das Verfahren straffen, um so den Gläubigern eine schnellere 5.4

---
1 Thomas/*Putzo*, § 883 Rdn. 9.

Realisierung ihrer Forderungen zu ermöglichen.[2] Da der seit dem 1.1.1999 zuständige Gerichtsvollzieher jedoch nicht „Teil des Vollstreckungsgerichts" ist, sondern ein selbstständiges Organ der Gerichtsverfassung und Rechtspflege, trat ab dem 1.1.1999 kein Wechsel in der funktionellen, sondern in der **sachlichen Zuständigkeit** ein.[3]

II. Verfahrensziel

5.5   Hat die Pfändung zu einer vollständigen Befriedigung des Gläubigers nicht geführt oder macht dieser glaubhaft, dass er durch die Pfändung seine Befriedigung nicht vollständig erlangen könne, oder liegen die weiteren Gründe nach § 807 Abs. 1 S. 1 Nr. 3 und 4 ZPO vor, so ist der Schuldner auf Antrag verpflichtet, ein Verzeichnis seines Vermögens vorzulegen und für seine Forderungen den Grund und die Beweismittel zu bezeichnen, § 807 Abs. 1 S. 1 Hs. 1 ZPO. Zweck der eidesstattlichen Versicherung ist demnach, dem Gläubiger weitere Informationen über pfändbare Vermögensgegenstände des Schuldners zu verschaffen, um seine titulierte Forderung zu realisieren. Aus dem vorzulegenden Vermögensverzeichnis sollen sich die bisher nicht bekannten Vermögensgegenstände und auch mögliche pfändbare Forderungsansprüche ergeben. Wie die Praxis immer wieder zeigt, bietet allein die Antragstellung dem Gläubiger oftmals die Chance, die titulierte Forderung zumindest ratenweise einzufordern, da viele Schuldner die negativen Folgen nach der Abgabe der eidesstattlichen Versicherung mit der zwangsweisen Eintragung in der Schuldnerkartei und damit unmittelbar folgend die Eintragung in der SCHUFA (Schutzgemeinschaft für allgemeine Kreditsicherung) scheuen.

III. Verfahren

1. Übersicht

5.6   Mit der Neufassung des § 900 ZPO wird abweichend vom Entwurf des Bundesrates das gesamte Verfahren der Abnahme der eidesstattlichen Versicherung nunmehr von Anfang an durch den Gerichtsvollzieher geregelt. § 900 Abs. 1 ZPO betrifft den Fall, dass der Gerichtsvollzieher lediglich mit der Abnahme der eidesstattlichen Versicherung, nicht aber mit der Sachpfändung beauftragt ist (isolierter Auftrag).

5.7   Ist der Gerichtsvollzieher mit der Sachpfändung und zugleich mit der Abnahme der eidesstattlichen Versicherung beauftragt, § 900 Abs. 2 ZPO

---

2   Vgl. *Hornung,* Rpfleger 1998, 381 m.w.N.
3   Vgl. Thomas/*Putzo,* vor § 704 Rdn. 5, 6, oder Zöller/*Stöber,* § 753 Rdn. 2, die klarstellen, dass der Gerichtsvollzieher nicht dem Gericht angegliedert ist; so auch *Müller,* DGVZ 1998, 130, 131; **a.A.** wohl Rosenberg/Gaul/*Schilken,* § 24 II. 2.

(kombinierter Auftrag), kann er, wenn die Voraussetzungen des § 807 Abs. 1 ZPO vorliegen, unmittelbar im Anschluss an den ergebnislosen Pfändungsversuch die eidesstattliche Versicherung dem Schuldner abnehmen. Bei Widerspruch des Schuldners oder des Gläubigers, z.B. weil dieser bei der Abnahme der eidesstattlichen Versicherung anwesend sein möchte, muss der Gerichtsvollzieher einen Termin zur Abnahme der eidesstattlichen Versicherung bestimmen.

Die Regelung in § 900 Abs. 3 ZPO soll dem Schuldner die Möglichkeit einräumen, die Forderung des Gläubigers ratenweise zu tilgen und die Abnahme der eidesstattlichen Versicherung mit den damit verbundenen Folgen zunächst abzuwenden.

5.8

§ 900 Abs. 4 ZPO regelt dann das Verfahren bei Widerspruch des Schuldners und Abs. 5 verpflichtet den Gerichtsvollzieher, die abgenommene eidesstattliche Versicherung unverzüglich dem Vollstreckungsgericht und dem Gläubiger mitzuteilen.

5.9

Diese Regelungen sind auch auf die Verfahren zur Abgabe der eidesstattlichen Versicherung nach § 883 Abs. 2 ZPO bzw. § 836 Abs. 3 ZPO entsprechend anzuwenden, allerdings nicht § 900 Abs. 2, 3 ZPO.

5.10

2. Antragstellung

a) Antrag und Antragsinhalt

Wie bei allen Verfahren in der Zwangsvollstreckung an den Gerichtsvollzieher muss auch hier der Gläubiger einen Auftrag (= Antrag) stellen, der dem Auftrag nach § 753 ZPO entspricht, § 900 Abs. 1 S. 1 ZPO. Der Gläubiger ist aber nicht verpflichtet, Abschriften des Auftrags und der Forderungsaufstellung zur Verfügung zu stellen.[4] Stellen mehrere Gläubiger gleichzeitig den Antrag, kann der Schuldner wählen, in welchem Verfahren er die eidesstattliche Versicherung abgibt.[5]

5.11

Erscheint der Schuldner im Termin nicht oder verweigert er die Abgabe der eidesstattlichen Versicherung ohne Grund, wird auf Antrag die **Haft** angeordnet, § 901 ZPO. Auch diesen Antrag sollte der Gläubiger bereits vorweg formulieren.

5.12

Wird die Vollstreckungsforderung des antragstellenden Gläubigers durch einen anderen Gläubiger gepfändet und diesem zur Einziehung überwiesen, geht das Antragsrecht nach § 900 Abs. 1 ZPO verloren und auf den neuen Gläubiger über.[6]

5.13

---

4 LG Hamburg, DGVZ 2005, 77.
5 Musielak/*Voit*, § 900 Rdn. 15 m.w.N.
6 LG Augsburg, Rpfleger 1997, 120.

5.14 Gemäß § 56 Abs. 1 ZPO hat das Gericht einen Mangel der Legitimation eines gesetzlichen Vertreters und der erforderlichen Ermächtigung zur Prozessführung von Amts wegen zu berücksichtigen. Diese Vorschrift gilt unabhängig davon, ob es sich bei der Partei, welche vertreten wird, um eine Privatperson, eine juristische Person oder eine Körperschaft des öffentlichen Rechts oder Behörde handelt. Stellt die **Sparkasse** einen Antrag, ist das Vollstreckungsorgan berechtigt, den Nachweis einer ordnungsgemäßen Vollmacht für die Personen zu verlangen, welche den Antrag für die Gläubigerin unterzeichnet haben.[7] Ob die einem **Inkassounternehmen** erteilte Erlaubnis zum außergerichtlichen Einzug von Forderungen auch zur Erteilung eines Auftrages zur Abnahme der eidesstattlichen Versicherung berechtigt, wird überwiegend bejaht.[8]

5.15 Nicht eindeutig ist jedoch die Frage geklärt, ob der Gläubiger den Auftrag zur Abnahme der eidesstattlichen Versicherung direkt bei dem zuständigen Gerichtsvollzieher einreichen kann oder bei der **Gerichtsvollzieherverteilerstelle** des zuständigen Amtsgerichtes. Es werden wohl beide Möglichkeiten zulässig sein.

5.16 Nach der Rechtslage (bis zum 31.12.1998) musste vor Abgabe der eidesstattlichen Versicherung geprüft werden, ob gegen den Schuldner bereits im Schuldnerverzeichnis eine Eintragung darüber bestand, dass er innerhalb der letzten drei Jahre eine eidesstattliche Versicherung abgegeben hatte oder dass gegen ihn die Haft angeordnet war. Im ersten Fall konnte dem Antrag des Gläubigers nur unter den besonderen Voraussetzungen des § 903 ZPO stattgegeben werden; im zweiten Fall konnte das Verfahren auf besonderen Antrag des Gläubigers fortgesetzt werden. Die letztere Möglichkeit war allerdings mehr theoretischer Natur, in der Praxis verlangten alle Gläubiger durchweg die Fortsetzung des Verfahrens, trotz Vorliegen weiterer Haftbefehle.

5.17 In der jetzigen Fassung des § 900 Abs. 1, 2 ZPO ist jede vorherige Einsichtnahme in das Schuldnerverzeichnis vor Abgabe der eidesstattlichen Versicherung gestrichen worden. Dies entbindet den Gerichtsvollzieher aber nicht von einer vorherigen Einsicht in das Schuldnerverzeichnis. Der Gerichtsvollzieher kann nach entsprechender Beauftragung den Schuldner nicht sofort zur Abgabe der eidesstattlichen Versicherung auffordern, sondern erst wenn feststeht, dass keine hindernde Eintragung i.S.v. § 903 ZPO vorliegt.[9] Das Problem dürfte jedoch regelmäßig einfach zu lösen sein, sofern der Gläubiger im Antrag klarstellt, dass er bei Vorliegen einer bereits

---

[7] LG Nürnberg-Fürth, Rpfleger 2002, 632.
[8] In diesem Sinne Zöller/*Stöber*, § 900 Rdn. 3 m.w.N.; LG Bremen, DGVZ 2001, 62 = JurBüro 2001, 272 = MDR 2001, 351 = InVo 2001, 142; nein: LG Köln, DGVZ 2002, 153 = MDR 2002, 1215.
[9] Zöller/*Stöber*, § 900 Rdn. 5; Baumbach/*Hartmann*, § 900 Rdn. 8; *Steder*, Rpfleger 1998, 409, 413; **a.A.** Musielak/*Voit*, § 900 Rdn. 8.

abgegebenen eidesstattlichen Versicherung hiervon eine Ablichtung verlangt. Dann muss zunächst die Einsicht in die Schuldnerkartei erfolgen.

Für die Vornahme einer Mobiliarzwangsvollstreckung ist die Beiordnung eines Rechtsanwalts im Rahmen der **Prozesskostenhilfe** in der Regel nicht erforderlich. Die Stellung des diesbezüglichen Vollstreckungsauftrages an den Gerichtsvollzieher ist auch für eine rechtsunkundige Person ohne weiteres möglich.[10]   5.18

Der Gerichtsvollzieher ist (nach mittlerweile **h.M.**) nicht verpflichtet, i.S.v. § 807 Abs. 1 Nr. 4 ZPO vorzugehen, wenn ihm mit dem Pfändungsauftrag nicht zugleich der Auftrag zur Abnahme der eidesstattlichen Versicherung erteilt ist.[11]   5.19

b) Ratenzahlungsangebot

In einer Vielzahl von Fällen bietet der Schuldner im Termin Ratenzahlung an, um damit die Eintragung in der Schuldnerkartei zu verhindern. Unabhängig von der Regelung in Abs. 3, die Forderung binnen 6 bzw. 8 Monaten zu tilgen, was vielen Schuldnern nach ihrer finanziellen Situation in dieser kurzen Zeit nicht möglich ist, sind auch mit Einverständnis des Gläubigers Ratenzahlungen über einen längeren Zeitraum zulässig. Stellt der Gläubiger das Verfahren wegen eines Ratenzahlungsangebots ruhend, dann liegt darin keine Rücknahme des gestellten Antrags. Zahlt der Schuldner die Raten allerdings nicht, muss der Gläubiger erneut einen Termin zur Abgabe der eidesstattlichen Versicherung beantragen. Ein Haftbefehl darf noch nicht ergehen, da es sich ausdrücklich nicht um die gesetzlich geregelte Vertagungsmöglichkeit nach § 900 Abs. 3 ZPO handelt.[12] Auch wenn eine mehrmalige Verlegung des Termins mit Einverständnis des Gläubigers, nachdem der Schuldner Zahlungen auf die Forderung geleistet hat, nicht unbedingt rechtsmissbräuchlich sein muss,[13] besteht doch die Gefahr, dass ein weiterer Terminsantrag abgelehnt wird, weil dem Gläubiger vorgeworfen wird, das Verfahren lediglich als Druckmittel zur Realisierung seiner Forderung gegen den Schuldner zu benutzen.[14] Der Gläubiger sollte daher im Antrag entweder angeben, dass er nur mit einer Vertagung des Termins einverstanden ist, oder im zweiten Termin jede weitere Ratenzahlung ablehnen.   5.20

---

10 LG Trier, Rpfleger 2002,160.
11 LG Verden, DGVZ 2001, 118; LG Kempten, DGVZ 2001, 118; LG Münster, Rpfleger 2001, 253 = DGVZ 2001, 76.
12 Vgl. hierzu LG Hannover, JurBüro 1987, 1426; LG Paderborn, Rpfleger 1993, 254; **a.A.** LG Hannover, ZVI 2003, 398: Stellt der Schuldner nach einiger Zeit die Ratenzahlung ein, dann kann der Gläubiger einen Haftbefehl erneut beantragen, ohne einen neuen erfolglosen Zwangsvollstreckungsversuch zu unternehmen. Das gilt auch, wenn der erneute Haftbefehlsantrag 11 Monate nach dem erfolglosen Vollstreckungsversuch gestellt wird.
13 LG Detmold, Rpfleger 1991, 212.
14 LG Nürnberg-Fürth, Rpfleger 1985, 309.

c) Zusatzfragen im Antrag

5.21 Der Schuldner ist zu einer umfassenden Vermögensoffenbarung verpflichtet. Der Gläubiger kann daher bereits im Antrag – oder im Termin – zusätzliche Fragen formulieren, die dem Schuldner vorzuhalten sind. Der Schuldner muss durch umfassende Angaben im Vermögensverzeichnis dem Gläubiger seine wirtschaftlichen Verhältnisse offen legen.

5.22 Nicht richtig sein dürfte die Auffassung, das Vollstreckungsorgan müsse einem weiteren Auskunftsverlangen des Gläubigers über die bereits in dem amtlichen Vordruck für das Vermögensverzeichnis enthaltenen Fragen nur nachkommen, wenn konkrete Anhaltspunkte für pfändbare Forderungen bestehen.[15] Der amtliche Vordruck ist in keinem Falle abschließend. Was der Schuldner offenbaren muss, ergibt sich nicht aus einem verwendeten Vordruck, sondern aus § 807 ZPO.[16] Dem Vollstreckungsorgan ist jedoch das Recht einzuräumen, Fragen **abzulehnen**, wenn diese nicht zu den dem Schuldner obliegenden Auskunftspflichten gehören.[17] Lehnt der Gerichtsvollzieher einige oder sämtliche Zusatzfragen des Gläubigers ab, stellt sich ebenso wie nach altem Recht die Frage des **Rechtsmittels** hiergegen. Da es sich bei der Ablehnung dieser Fragen nicht um die Zurückweisung eines Verfahrensantrages handelt, denn dieser ist auf Terminsbestimmung gerichtet und wird nicht abgewiesen, war bei einer Entscheidung des Vollstreckungsgerichts ein Rechtsmittel nicht gegeben.[18] Im Termin entschied das Vollstreckungsgericht, ob das Vermögensverzeichnis vollständig ist und konnte hierzu gegebenenfalls auf die Fragen des Gläubigers zurückgreifen, soweit das Verzeichnis berechtigte Fragen nicht enthielt.

5.23 Die Weigerung des Gerichtsvollziehers, dem Schuldner bestimmte Fragen zu stellen, kann der Gläubiger vorab nicht mit der Erinnerung gem. § 766 Abs. 2 ZPO angreifen. Der Gerichtsvollzieher sollte allerdings – ebenso wie das Vollstreckungsgericht nach altem Recht – einzelne Fragen nicht förmlich ablehnen, sondern zunächst den Termin bestimmen. Im Termin entscheidet er dann, ob das Vermögensverzeichnis vollständig ist und greift hierzu auf die Fragen des Gläubigers zurück, soweit das Verzeichnis berechtigte Fragen nicht enthält.[19] Hält der Gläubiger die Angaben des Schuldners

---

15 So LG Augsburg, Rpfleger 1993, 454.
16 LG Göttingen, Rpfleger 1994, 368 = JurBüro 1994, 194; LG Mannheim, JurBüro 1994, 501; LG Freiburg, JurBüro 1994, 407; LG München, JurBüro 1994, 407; LG Hamburg, JurBüro 1996, 325.
17 *Stöber*, Rpfleger 1994, 321 ff.; *Hintzen*, Rpfleger 1994, 368 in Anm. zu LG Göttingen; LG Berlin, Rpfleger 1995, 75 und 1996, 34; LG Tübingen, Rpfleger 1995, 221; LG Heilbronn, Rpfleger 1996, 34; LG Konstanz, JurBüro 1996, 330; LG Mainz, Rpfleger 1996, 208; LG Dortmund, Rpfleger 1998, 34; zu weitgehend *Spring*, NJW 1994, 1108.
18 Vgl. *Hintzen*, Rpfleger 1994, 368, so auch LG Arnsberg, Rpfleger 1997, 206; Zöller/*Stöber*, § 900 Rdn. 28.
19 Vgl. Zöller/*Stöber*, § 900 Rdn. 28, 29.

für unvollständig, ist hierüber in einem Nachbesserungsverfahren zu entscheiden.

3. Zuständigkeit

Die Regelung in § 899 Abs. 1 ZPO stellt zunächst die Zuständigkeit des Gerichtsvollziehers fest und zwar in allen Fällen der Abnahme der eidesstattlichen Versicherung nach §§ 807, 836 und 883 ZPO. Zuständig ist somit der Gerichtsvollzieher, in dessen Bezirk der Schuldner zum Zeitpunkt der Auftragserteilung durch den Gläubiger seinen Wohnsitz oder in Ermangelung eines solchen seinen Aufenthaltsort hat. Hierbei ist auf den Zeitpunkt der Antragstellung abzustellen.[20] Ein **Wohnsitzwechsel** des Schuldners nach diesem Zeitpunkt hat auf die einmal begründete Zuständigkeit keinen Einfluss, § 261 Abs. 3 Nr. 2 ZPO.[21] Der Wohnsitz wird nicht schon dadurch aufgegeben, dass sich der Schuldner beim Einwohnermeldeamt abmeldet. Die Abmeldung ist nur ein Beweisanzeichen.[22] Bei einer juristischen Person ist für die örtliche Zuständigkeit deren Sitz maßgebend, nicht der Wohnsitz des organschaftlichen Vertreters. Bei der GmbH ist dies gem. § 17 Abs. 1 ZPO der Ort des Geschäftssitzes. Unabhängig davon, ob und wo die Verwaltung der GmbH geführt wird, ist dies der durch Satzung bzw. Gesellschaftsvertrag bestimmte Sitz. Zur Abnahme der eidesstattlichen Versicherung einer GmbH ist daher der Gerichtsvollzieher zuständig, in dessen Ort die GmbH ihren Sitz hat. Wohnt der Geschäftsführer der GmbH an einem anderen Ort, ist der dortige Gerichtsvollzieher im Wege der Rechtshilfe zur Abnahme der eidesstattlichen Versicherung zu beauftragen. Hat der Geschäftsführer gekündigt und sein Amt niedergelegt, ist er dennoch zur Abgabe der eidesstattlichen Versicherung verpflichtet, wenn die GmbH keinen neuen Geschäftsführer bestellt hat.[23]

5.24

Die Regelung in § 899 Abs. 2 ZPO ist jedoch verunglückt. Sofern hiernach das **„angegangene Gericht"** unzuständig sein sollte, muss es die Sache auf Antrag des Gläubigers an das zuständige Gericht abgeben. Der Begriff „Gericht" stammt noch aus dem ursprünglichen Gesetzentwurf, als das Verfahren zur Abgabe der eidesstattlichen Versicherung erst nach Erlass des Haftbefehls auf den Gerichtsvollzieher übertragen werden sollte. Nach der Gesetzesänderung wurde dann jedoch das gesamte Verfahren zur Abgabe der eidesstattlichen Versicherung auf den Gerichtsvollzieher übertragen; eine Korrektur der Formulierung von Gericht (= Rechtspfleger) auf den Gerichtsvollzieher erfolgte nicht. Mit dem Wort „Gericht" kann daher nur

5.25

---

20 OLG Stuttgart, Rpfleger 1977, 220; BayObLG, Rpfleger 1994, 471.
21 Schuschke/*Walker*, § 899 Rdn. 3.
22 LG Mönchengladbach, Rpfleger 2002, 529.
23 LG Bochum, Rpfleger 2001, 442.

der Gerichtsvollzieher gemeint sein.[24] Es empfiehlt sich, einen pauschalen **Verweisungsantrag** bereits bei der Antragstellung zu berücksichtigen und aufzunehmen.

5.26 Der Gerichtsvollzieher, an den das Verfahren verwiesen wurde, ist aber wiederum erst dann zuständig, wenn feststeht, dass der Schuldner dort auch tatsächlich seinen Wohnsitz hat. Sollte der Schuldner seinen Wohnsitz erst im Laufe des Verfahrens in einen anderen Bezirk verlegen, bleibt die einmal begründete Zuständigkeit erhalten. Der Gerichtsvollzieher am neuen Wohnsitz des Schuldners ist dann im Wege der Rechtshilfe in Anspruch zu nehmen.[25] Die Zuständigkeitsregelung gilt auch **international**.[26] Es genügt zur Zuständigkeitsbegründung einer ausländischen Gesellschaft, wenn diese im Inland eine Zweigniederlassung führt, § 21 ZPO, oder wenn ein inländischer Aufenthaltsort in Betracht kommt, § 16 ZPO.[27]

4. Nachbesserungsverfahren

5.27 Auch die Vermögensverzeichnisse, die durch den Gerichtsvollzieher aufgenommen werden, werden sicherlich teilweise unvollständig sein und können ergänzt werden.[28] Kann z.B. dem Vermögensverzeichnis nicht entnommen werden, wovon der Schuldner überhaupt lebt, liegt ein lückenhaftes oder unklares Vermögensverzeichnis vor.[29] Zur Angabe der Wohnungsgröße, zum Vermieter, zu einer Mietkaution, zur Bankverbindung, zu Bezugsrechten im Rahmen von Lebensversicherungen[30], zur fehlenden Sozialversicherungsnummer[31], zur Angabe des vollständigen Namens und Anschrift des Lebensgefährten/Ehegatten, Höhe deren Nettoeinkommens, Krankengeld, Name, Anschrift und eigenes Einkommen des Sohnes, Rentenversicherungsnummer[32].

---

24 Zöller/*Stöber,* § 899 Rdn. 3: der Gerichtsvollzieher handelt insoweit für das Amtsgericht; *Steder,* Rpfleger 1998, 409, 412 interpretiert den Begriff „Gericht" mit Gerichtsvollzieherverteilerstelle und kommt ebenfalls zum selben Ergebnis; nicht richtig daher Thomas/*Putzo,* § 899 Rdn. 4a; Musielak/*Voit,* § 899 Rdn. 5; *Zimmermann,* § 899 Rdn. 3, die nicht auf den Fehler des Gesetzgebers eingehen; *Hornung,* Rpfleger 1998, 381, 405, der meint, der Gesetzgeber hätte dies bewusst so gewollt.
25 MünchKomm/*Eickmann* ZPO, § 899 Rdn. 11.
26 Vgl. *Heß,* Rpfleger 1996, 89; *Riecke,* DGVZ 2003, 33.
27 LG Zwickau, Rpfleger 1995, 371, welches jedoch einschränkend darauf abstellt, dass weiterhin im Staat des Gesellschaftssitzes die Anerkennung und Vollstreckung des deutschen Titels nicht gesichert ist. Hierbei wird jedoch verkannt, dass die meisten Staaten ein Verfahren zur Abgabe der eidesstattlichen Versicherung nicht kennen.
28 Generell BGH, Rpfleger 2004, 575 = NJW 2004, 2979 = DGVZ 2004, 136 = FamRZ 2004, 1369 = JurBüro 2004, 556 = MDR 2004, 1141 = WM 2004, 1593 = InVo 2004, 421 = ZVI 2004, 516; *Sturm,* JurBüro 2004, 62; *Seip,* JurBüro 2004, 465 zur gebührenrechtlichen Behandlung des unbegründeten Auftrags zur Nachbesserung.
29 LG Verden, JurBüro 2005, 163.
30 Vgl. LG Bielefeld, JurBüro 2005, 164.
31 Vgl. LG Kassel, DGVZ 2004, 185.
32 Vgl. AG Unna, JurBüro 2004, 102.

5.28 Hierzu ist der Schuldner in einem Nachbesserungsverfahren erneut vorzuladen. Zuständig ist hierfür der Gerichtsvollzieher, der die eidesstattliche Versicherung bereits abgenommen hat. Bei der Nachbesserung oder Ergänzung handelt es sich um die Fortsetzung des einmal durchgeführten Verfahrens. Deshalb dürfen auch keine weiteren Gebühren oder ein Auslagenvorschuss angefordert werden.[33] Es ist auch keine neue Unpfändbarkeitsbescheinigung vorzulegen.[34]

5.29 Hat der Schuldner seinen Wohnsitz nicht mehr im Bezirk des Erst-Gerichtsvollziehers, dann ist das neue Wohnsitzgericht im Wege der Rechtshilfe zu bemühen. Diese Grundsätze gelten auch dann, wenn die Ergänzung des Vermögensverzeichnisses durch einen anderen Gläubiger beantragt wird, welcher das ursprüngliche Verfahren nicht beantragt hatte.[35] Die einmal abgegebene eidesstattliche Versicherung wirkt für und gegen alle Gläubiger des Schuldners, sie alle haben das Recht, sich Abschriften aus dem vorliegenden Vermögensverzeichnis erstellen zu lassen. Ein neues Verfahren kann nur im Hinblick auf § 903 ZPO eingeleitet werden.

5. Sicherungsvollstreckung

5.30 Aus einem nur gegen Sicherheit vorläufig vollstreckbaren Urteil darf der Gläubiger grundsätzlich ohne Nachweis der Sicherheitsleistung nicht vollstrecken, § 751 Abs. 2 ZPO. Im Rahmen der Sicherungsvollstreckung ist ihm jedoch gestattet, bewegliches Vermögen zu pfänden oder im Wege der Zwangsvollstreckung in das unbewegliche Vermögen einer Sicherungshypothek eintragen zu lassen, § 720a Abs. 1 S. 1 ZPO. Die Sicherheitsleistung durch den Gläubiger dient dem Schuldner als Schadensersatz, § 717 Abs. 2 ZPO, für den Fall, dass das für vorläufig vollstreckbar erklärte Urteil im Nachhinein aufgehoben wird. Demzufolge ist dem Gläubiger gestattet, die Vollstreckung durch Pfändung oder Sicherung zu bewirken, eine Verwertung ist jedoch ausgeschlossen (Einzelheiten vgl. Rdn. 3.319 ff.).

5.31 Da das Verfahren zur Abgabe der eidesstattlichen Versicherung keine Verwertung darstellt, wird die Abnahme auch im Rahmen der Sicherungsvollstreckung ohne Nachweis der Erbringung der Sicherheitsleistung für zulässig erachtet.[36]

---

33 LG Frankenthal, Rpfleger 1984, 194; LG Münster, JurBüro 1988, 1091.
34 LG Verden, JurBüro 2005, 163.
35 MünchKomm/*Eickmann* ZPO, § 903 Rdn. 20; Zöller/*Stöber*, § 903 Rdn. 16.
36 LG Stuttgart, DGVZ 2003, 91; OLG Düsseldorf, InVo 1997, 166; OLG Frankfurt, Rpfleger 1996, 468; OLG Hamm, MDR 1982, 416; KG, Rpfleger 1989, 291; OLG München und OLG Koblenz, Rpfleger 1991, 66; Zöller/*Stöber*, § 720a Rdn. 7; kritisch hierzu *Dressel*, Rpfleger 1991, 43: im Hinblick auf die mögliche Ersatzpflicht des Gläubigers, wenn das Urteil in der Rechtsmittelinstanz aufgehoben wird.

6. Rechtsschutzinteresse

5.32 Für jeden Vollstreckungsantrag des Gläubigers muss ein Rechtsschutzinteresse bestehen, so auch für das Verfahren zur Abgabe der eidesstattlichen Versicherung. Nach § 95 AO eidesstattlich versicherte Angaben des Schuldners zu seinem Vermögen stehen der Verpflichtung zur Abgabe einer eidesstattlichen Versicherung nach § 807 ZPO nicht entgegen.[37] Grundsätzlich ist das Rechtsschutzinteresse zu unterstellen, so lange der Vollstreckungstitel noch in der Welt ist und die titulierte Forderung noch nicht vollständig beglichen ist. Dies gilt auch, wenn die Forderung nur noch eine geringe Restforderung umfasst.[38] Speziell für das Verfahren zur Abgabe der eidesstattlichen Versicherung ist der Antrag jedoch als unzulässig abzulehnen, wenn der Gerichtsvollzieher Kenntnis davon hat, dass der Schuldner noch verwertbares Vermögen besitzt, in welches der Gläubiger bisher nicht vollstreckt hat. Allerdings ist der Gläubiger nicht gehindert den Antrag zu stellen, wenn es sich bei dem Vermögensanspruch des Schuldners um eine Forderung nach den SGB handelt.[39] Hat der Gläubiger allerdings eine Forderung gepfändet und sich zur Einziehung überweisen lassen, so kann er verpflichtet sein, nachzuweisen, dass eine alsbaldige Befriedigung nicht zu erwarten ist.[40]

5.33 **Abzulehnen** ist der Antrag allerdings dann, wenn der Gläubiger schon zuverlässig weiß, dass der Schuldner keine pfändbare Habe besitzt.[41] Zwar kann der Gläubiger die Kenntnis über die Vermögensverhältnisse des Schuldners z.B. bereits aus einem Prozesskostenhilfeverfahren aus dem vorangegangenen Erkenntnisverfahren erlangt haben oder der Schuldner überreicht dem Gläubiger ein Vermögensverzeichnis, welches er bereits vor einem Notar abgegeben oder seinem Anwalt gegenüber anwaltlich versichert hat, jedoch kann der Schuldner mit diesen Hinweisen der Abgabe der eidesstattlichen Versicherung nicht widersprechen.[42] Unzutreffend ist insofern die Auffassung des LG Itzehoe,[43] das die Erzwingung der eidesstattlichen Versicherung in diesem Falle für rechtsmissbräuchlich angesehen hat. Der Gläubiger hat grundsätzlich einen Anspruch auf ein vollständiges Vermögensverzeichnis, welches der Schuldner vor dem Gerichtsvollzieher abgege-

---

37 BGH, Rpfleger 2004, 577 = NJW 2004, 2905 = DGVZ 2004, 153 = FamRZ 2004, 1555 = JurBüro 2004, 620 = MDR 2004, 1258 = WM 2004, 1482 = InVo 2004, 420 = ZVI 2004, 515.
38 LG Düsseldorf, JurBüro 1997, 324.
39 LG Kassel, JurBüro 1993, 26.
40 In diese Richtung LG Darmstadt, DGVZ 2005, 27: Das Rechtsschutzbedürfnis kann fehlen, wenn der Gläubiger auf einfacherem Weg, vorliegend durch Pfändung des Arbeitslohnes, Befriedigung erlangen kann; LG Heilbronn, JurBüro 1993, 437; LG Koblenz, Rpfleger 1998, 211.
41 LG Köln, JurBüro 1987, 1423.
42 LG Verden, Rpfleger 1986, 186.
43 Rpfleger 1985, 153.

ben und an Eides statt versichert hat. Der Schuldner muss sein gesamtes Vermögen offenbaren, mit der negativen Folge der Eintragung in das Schuldnerverzeichnis.⁴⁴

Eine einstweilige Einstellung oder Untersagung von Zwangsvollstreckungsmaßnahmen im Insolvenzeröffnungsverfahren nach § 21 Abs. 2 Nr. 3 InsO hindert die Erzwingung der eidesstattlichen Versicherung des Schuldners gem. § 807 ZPO nicht.⁴⁵ Das Verfahren zur Abgabe der eidesstattlichen Versicherung stellt keine mit den guten Sitten unvereinbare Härte i.S.v. § 765a ZPO dar, wenn dadurch möglicherweise die Sanierungsbemühungen des Schuldners vereitelt werden.⁴⁶ Anders aber, wenn es dem Schuldner durch ein Verfahren auf Abgabe der eidesstattlichen Versicherung und die damit verbundene Eintragung ins Schuldnerverzeichnis unmöglich wird, finanzielle Mittel zur Bedienung eines Schuldenbereinigungsplanes aufzubringen.⁴⁷

5.34

7. Nachweis der Unpfändbarkeit

a) Unpfändbarkeitsbescheinigung

Nach § 900 Abs. 1 ZPO kann der Gläubiger den Gerichtsvollzieher lediglich mit der Abnahme der eidesstattlichen Versicherung, nicht aber mit der Sachpfändung beauftragen. Nach § 900 Abs. 2 ZPO kann der Gläubiger den Gerichtsvollzieher mit der Sachpfändung und zugleich mit der Abnahme der eidesstattlichen Versicherung beauftragen. In beiden Fällen müssen die Voraussetzungen des § 807 Abs. 1 ZPO vorliegen.

5.35

In dem Antrag nach § 900 Abs. 1 ZPO muss der Gläubiger den Nachweis führen, dass die bisherige Pfändung nicht zu einer vollständigen Befriedigung geführt hat, oder er macht glaubhaft, dass er durch die Pfändung seine Befriedigung nicht vollständig erlangen wird, § 807 Abs. 1 S. 1 ZPO. Diesen Nachweis führt der Gläubiger regelmäßig durch die Unpfändbarkeitsbescheinigung (auch genannt Fruchtlosigkeitsbescheinigung). In dem kombinierten Antrag nach § 900 Abs. 2 ZPO stellt der Gerichtsvollzieher die Unpfändbarkeit direkt in der Wohnung bzw. den Geschäftsräumen des Schuldners fest und fordert ihn zur Abgabe der eidesstattlichen Versicherung auf.

5.36

---

44 Vgl. hierzu LG Detmold, Rpfleger 1987, 165; LG Berlin, Rpfleger 1992, 168 m. Anm. *Hintzen*.
45 LG Würzburg, NJW-RR 2000, 781 = NZI 1999, 504 = InVo 2000, 106; AG Güstrow, JurBüro 2004, 213; AG Hainichen, JurBüro 2002, 605; AG Rostock, Rpfleger 2000, 182 = NJW-RR 2000, 716 = NZI 2000, 142 = DGVZ 2000, 76 = JurBüro 2000, 214; **a.A.:** LG Darmstadt, NJW-RR 2003, 1493 = NZI 2003, 609; AG Wilhelmshaven, NZI 2001, 436; *Viertelhausen*, DGVZ 2001, 36.
46 LG Dresden, DGVZ 2003, 57.
47 AG Waiblingen, JurBüro 2002, 48.

5.37 Für den Nachweis der Unpfändbarkeit i.S.v. § 807 Abs. 1 Nr. 1 ZPO kann sich der Gläubiger jedes Beweismittels bedienen. Hierzu dient in erster Linie die Vorlage der **Unpfändbarkeitsbescheinigung**. Der Gläubiger muss somit bereits vorher den Gerichtsvollzieher mit der Sachpfändung beauftragt haben. Die durch den Gerichtsvollzieher ausgestellte Unpfändbarkeitsbescheinigung darf aber nicht zu alt sein. Auch wenn es keine festen **Zeitgrenzen** gibt, werden in der Praxis als obere Grenze durchweg sechs Monate bis ein Jahr angenommen, wobei allerdings auch die Umstände des Einzelfalles eine andere Beurteilung rechtfertigen können.[48] Anstelle dieser Unpfändbarkeitsbescheinigung ist auch eine allgemein gehaltene Bescheinigung des Gerichtsvollziehers ausreichend, in dem er erklärt, dass er bei dem Schuldner keine pfändbare Habe vorgefunden hat oder dass die in letzter Zeit bei dem Schuldner durchgeführten Vollstreckungsversuche fruchtlos ausgefallen sind. Bestreitet jedoch der Schuldner diesen Sachverhalt und verlangt die konkrete Bezeichnung der einzelnen fruchtlosen Vollstreckungsversuche, ist dieser vereinfachte Gerichtsvollziehernachweis nicht ausreichend und ein vollständiges Pfändungsprotokoll vorzulegen.[49]

b) Wohnung/Geschäftslokal

5.38 Die Unpfändbarkeitsbescheinigung muss sich grundsätzlich auf die Wohnung des Schuldners beziehen. Hat der Schuldner mehrere Wohnungen, genügt der Pfändungsversuch in der Wohnung, die dem Schuldner als Hauptwohnsitz dient.[50] Es genügt die Bestätigung des Gerichtsvollziehers, dass der Schuldner an seinem ersten Wohnsitz nicht anzutreffen ist und sich auch dort nicht aufhält.[51] Betreibt der Schuldner eine Einzelfirma, ist die Unpfändbarkeitsbescheinigung sowohl bezüglich der Wohnung als auch des Geschäftslokals erforderlich.[52] Ist dem Gläubiger jedoch nur eine Anschrift bekannt, genügt die Vollstreckung an diesem Ort. Handelt es sich bei dem Schuldner um eine juristische Person, tritt an die Stelle der Wohnung

---

48 LG Stuttgart, Rpfleger 1959, 193 = ca. 4 Monate; LG Hagen, MDR 1975, 497 = 1 Jahr; LG Kiel, MDR 1977, 586 = 1 Jahr; LG Frankenthal, MDR 1987, 65 = 6 Monate; LG Berlin, ZVI 2003, 72: Eine Fruchtlosigkeitsbescheinigung aus den letzten 6 Monaten zuvor begründet grundsätzlich den Nachweis für die Dauer des Verfahrens, unabhängig von zeitlichen Verzögerungen, die auf einer langen Bearbeitungszeit des Gerichtsvollziehers beruhen; LG Hamburg, DGVZ 2002, 124: Der Auftrag kann nicht auf eine mehr als 12 Monate alte Unpfändbarkeitsbescheinigung und auch nicht darauf gestützt werden, dass der Schuldner bei mehr als 12 Monaten zurückliegenden Vollstreckungsversuchen in einer anderen Vollstreckungssache nicht angetroffen wurde.
49 OLG Köln, DGVZ 1990, 22.
50 OLG Frankfurt, JurBüro 1977, 857.
51 LG Oldenburg, JurBüro 1992, 570.
52 Vgl. OLG Köln, Rpfleger 1975, 441.

das Geschäftslokal, bei mehreren reicht die Vollstreckung in einem Geschäftslokal aus.

c) Aussichtslose Vollstreckung

Im Einzelfall kann auch bereits eine hohe Titelforderung zur Glaubhaftmachung der Aussichtslosigkeit eines Sachpfändungsversuches ausreichen, da eine vollständige Befriedigung der Gläubigerforderung durch eine Sachpfändung regelmäßig ausgeschlossen ist.[53] Eine weitere Möglichkeit für den Gläubiger zur Glaubhaftmachung der Voraussetzungen der Unpfändbarkeit, § 807 Abs. 1 Nr. 2 ZPO, ist der Hinweis auf bereits vorliegende Haftbefehle gegen den Schuldner aus anderen Verfahren, §§ 901, 915 Abs. 1 S. 1 ZPO. Liegt bereits ein Haftbefehl in anderer Sache vor, muss dort der Nachweis der Unpfändbarkeit vom Gericht als ausreichend akzeptiert worden sein. Auch diese Handhabung ist in der Rechtsprechung streitig, wird von einigen Gerichten abgelehnt,[54] von vielen Gerichten jedoch als Nachweis grundsätzlich akzeptiert,[55] wobei die Gerichte verlangen, dass diese bereits vorliegenden Haftbefehle in anderer Sache zeitlichen Beschränkungen unterliegen.[56] Verweist der Gläubiger auf einen Haftbefehl in einem Verfahren zur wiederholten Abgabe der eidesstattlichen Versicherung nach § 903 ZPO und liegt in dieser Akte keine Unpfändbarkeitsbescheinigung vor, so ist der Nachweis als nicht geführt anzusehen.[57]

d) Zutrittsverweigerung zur Wohnung

Die Regelung in § 807 Abs. 1 Nr. 3 ZPO lässt die Weigerung des Schuldners zur Durchsuchung der Wohnung als Nachweis genügen. Die bisher sehr streitige Frage, ob das Protokoll des Gerichtsvollziehers genügt, aus

---

53 AG Heilbronn, JurBüro 1996, 211 – Forderung über 42.000,– DM; LG Arnsberg, JurBüro 1996, 441, zusätzlich lagen hier noch weitere Haftbefehle gegen den Schuldner vor.
54 So LG Oldenburg, JurBüro 2004, 157; LG Kassel, Rpfleger 2004, 55 = DGVZ 2003, 190 = JurBüro 2004, 44 = InVo 2004, 119; AG Waiblingen, DGVZ 2003, 125; LG Berlin, Rpfleger 1984, 361.
55 AG Bremen, JurBüro 2004, 157; LG Frankenthal, Rpfleger 1984, 472; LG Oldenburg, JurBüro 1995, 442; KG, JurBüro 1998, 42; auch Thomas/*Putzo*, § 807 Rdn. 10.
56 OLG Oldenburg, InVo 1999, 155; LG Kassel, JurBüro 1987, 457 = Haftbefehl ca. 11 Monate alt und Rpfleger 1995, 512 = Haftbefehl ca. 9 Monate alt; LG Hannover, JurBüro 1987, 457; LG Bochum, JurBüro 1990, 128 und LG Braunschweig, Rpfleger 1998, 77 = Haftbefehl ca. 6 Monate alt; LG Aachen, JurBüro 1990, 261; LG Konstanz, JurBüro 1990, 17; LG Limburg, JurBüro 1990, 1052; LG Paderborn, JurBüro 1997, 440 = Haftbefehl aus jüngerer Zeit; LG Moosbach, JurBüro 1990, 489 = Haftbefehl ohne zeitliche Beschränkung, sofern dieser in der Schuldnerkartei noch nicht gelöscht ist; so auch MünchKomm/*Eickmann* ZPO, § 807 Rdn. 16 m.w.N.
57 Vgl. *Hintzen* in Anm. zu LG Heilbronn, Rpfleger 1993, 356.

dem sich ergibt, dass der Schuldner den Zutritt zu seiner Wohnung verweigert[58], dürfte damit erledigt sein.

e) Nichtanwesenheit des Schuldners

5.41 Die weitere Regelung in § 807 Abs. 1 Nr. 4 ZPO, die Unpfändbarkeit dadurch nachzuweisen, dass der Schuldner wiederholt nicht angetroffen wurde, stützt sich auf die Tatsache, dass dies bereits ausreichte, eine Durchsuchungsanordnung nach § 758 ZPO zu erlassen. Um dem Schuldner die Abwendung der eidesstattlichen Versicherung zu ermöglichen, muss ihm der Gerichtsvollzieher die Vollstreckung allerdings einmal vorher angekündigt haben. Dabei muss zwischen der Ankündigung und dem Tag des Vollstreckungsversuchs eine Frist von mindestens zwei Wochen liegen, damit auch ein Schuldner, der sich nur am Wochenende in seiner Wohnung aufhält, erreicht werden kann.[59]

8. Termin

a) Ladung zum Termin

5.42 Wurde der Gerichtsvollzieher nur mit der Abgabe der eidesstattlichen Versicherung beauftragt, § 900 Abs. 1 ZPO, oder widersprechen der Schuldner oder der Gläubiger einer sofortigen Abgabe der eidesstattlichen Versicherung in der Wohnung bzw. den Geschäftsräumen des Schuldners in den Fällen des § 900 Abs. 2 S. 2 ZPO, dann hat der Gerichtsvollzieher einen Termin zur Abgabe der eidesstattlichen Versicherung zu bestimmen. Hierzu ist der Schuldner persönlich mit Zustellungsurkunde zu laden, auch wenn er einen Prozessbevollmächtigten bestellt hat, § 900 Abs. 1 S. 1, 2 und Abs. 2 S. 5 ZPO. Dem Gläubiger selbst bzw. seinem Prozessbevollmächtigten wird die Terminsbestimmung formlos mitgeteilt. Seine Anwesenheit im Termin ist nicht erforderlich.

5.43 Dem geänderten Wortlaut des § 900 Abs. 1 S. 2 und 3 ZPO entsprechend (vgl. Art. 8 Nr. 1 EGInsOÄndG vom 19.12.1998, BGBl I 3836) ist die Terminsladung dem Schuldner durch den Gerichtsvollzieher zuzustellen. Es handelt sich nicht um eine Zustellung von Amts wegen, für die die Ge-

---

58 So LG Dortmund, Rpfleger 1987, 165; LG Paderborn, JurBüro 1989, 273; LG Traunstein, Rpfleger 1989, 115; LG Aschaffenburg, FamRZ 1991, 74; LG Ansbach, Rpfleger 1992, 119; LG Duisburg, DGVZ 1995, 152; **a.A.** LG Bonn, Rpfleger 1987, 424; LG Frankenthal, Rpfleger 1989, 247; LG Köln, Rpfleger 1989, 467; LG Frankfurt/Main, Rpfleger 1989, 468; LG Düsseldorf, DGVZ 1990, 26; LG Kassel, JurBüro 1991, 605; LG Hannover, DGVZ 1991, 189; LG Essen, DGVZ 1991, 189; LG Oldenburg, DGVZ 1992, 13; LG Berlin, DGVZ 1994, 89; auch MünchKomm/*Eickmann* ZPO, § 807 Rdn. 17 m.w.N.
59 Vgl. OLG Köln, Rpfleger 1995, 167; OLG Celle, Rpfleger 1987, 73.

schäftsstelle des Amtsgerichts zuständig wäre.[60] Dies wurde bereits vorher abgelehnt.[61]

b) Vorladung des Schuldners oder des gesetzlichen Vertreters

Zur Abgabe der eidesstattlichen Versicherung ist stets der Schuldner persönlich verpflichtet. Die Ladung zum Termin ist dem Schuldner selbst zuzustellen, auch wenn dieser durch einen Prozessbevollmächtigten vertreten wird, selbst eine Mitteilung an diesen ist nicht erforderlich, § 900 Abs. 1 S. 3 ZPO. Der Gläubiger hat den Schuldner mit ladungsfähiger Anschrift im Antrag zu bezeichnen. Dem Gläubiger selbst bzw. seinem Prozessbevollmächtigten wird die Terminsbestimmung formlos mitgeteilt. Seine Anwesenheit im Termin ist nicht erforderlich, § 900 Abs. 1 S. 3 ZPO. Die Praxis zeigt, dass der Gläubiger selbst im Termin nur ausnahmsweise erscheint. Eine Terminsteilnahme würde für den Gläubiger jedoch die Möglichkeit eröffnen, von seinem Fragerecht gezielt Gebrauch zu machen oder aber direkt in konkrete Absprachen über Rückzahlungsmodalitäten mit dem Schuldner einzutreten.

5.44

Ist der Schuldner selbst nicht prozessfähig, ist der **gesetzliche Vertreter** zur Abgabe der eidesstattlichen Versicherung verpflichtet (z.B. die Eltern für den minderjährigen Schuldner, der Betreuer oder der Pfleger),[62] allerdings soll es im Ermessen des Gerichtsvollziehers liegen zu entscheiden, ob die Abgabe der eidesstattlichen Versicherung durch einen Vertreter ausreicht und welcher Vertreter zu diesem Zweck zu laden ist.[63]

5.45

Reicht der Schuldner ein **Attest** ein, aus dem hervorgeht, dass er krankheitsbedingt nicht zum Termin erscheinen kann, ist je nach Krankheitsbild entweder ein amtsärztliches Attest vorzulegen oder der Gerichtsvollzieher muss die eidesstattliche Versicherung dem Schuldner in dessen Wohnung abnehmen.[64] Der Schuldner hat durch Vorlage eines ärztlichen Zeugnisses konkret und nachvollziehbar zu begründen, warum sein Erscheinen zum Termin nicht möglich war.[65] Die Verpflichtung zur Abgabe der eidesstattlichen Versicherung ist nicht gegeben, wenn der Schuldner seine Abwesenheit beim Vollstreckungstermin gem. § 807 Abs. 1 Nr. 4 ZPO nachträglich entschuldigt und ein Hinweis auf die Notwendigkeit, den Grund glaubhaft zu machen, unterblieben ist.[66] Auch die Vorlage einer Arbeitsunfähigkeitsbe-

5.46

---

60 Vgl. zur bisherigen gesetzlichen Formulierung *Steder*, Rpfleger 1998, 409, 415.
61 Thomas/*Putzo*, § 900 Rdn. 12; Baumbach/*Hartmann*, § 900 Rdn. 15; *Schilken*, DGVZ 1998, 129, 130.
62 Vgl. hierzu LG Frankfurt/Main, Rpfleger 1988, 528.
63 AG Wilhelmshaven, DGVZ 2005, 13.
64 OLG Köln, Rpfleger 1995, 220; Zöller/*Stöber*, § 227 Rdn. 6, § 219 Rdn. 1.
65 LG Saarbrücken, DGVZ 2004, 29.
66 LG Stuttgart, DGVZ 2001, 120.

scheinigung allein reicht nicht aus, um die Unfähigkeit zur Abgabe der eidesstattlichen Versicherung glaubhaft zu machen.[67]

5.47 Werden juristische Personen oder Personenvereinigungen kraft Gesetzes oder nach der Satzung bzw. dem Gesellschaftsvertrag durch mehrere Personen gesetzlich vertreten, sind nicht **alle Vertretungsberechtigten** vorzuladen, es genügt die Vorladung eines gesetzlichen Vertreters, der über die Vermögensverhältnisse hinreichend Auskunft geben kann.[68] Auch der frühere **Liquidator** einer KG bleibt nach deren Auflösung und Löschung im Handelsregister weiter zur Abgabe der eidesstattlichen Versicherung verpflichtet.[69]

5.48 Für die GmbH muss der **Geschäftsführer**, der im Zeitpunkt des Termins zur Abgabe der eidesstattlichen Versicherung dieses Amt innehat, vorgeladen werden.[70] Die von dem Verfahrensbevollmächtigten der Schuldnerin in Abwesenheit ihres Geschäftsführers für diesen abgegebene Erklärung, dass die Durchsuchung der Geschäftsräume verweigert werde, muss die Schuldnerin gegen sich gelten lassen, sodass die Verpflichtung zur Abgabe der eidesstattlichen Versicherung durch deren Geschäftsführer gegeben und dieser vom Gerichtsvollzieher zur Abgabe derselben zu laden ist.[71] Erfolgt die Abberufung des Geschäftsführers nach Zustellung der Ladung zum Termin, und ist ein neuer Geschäftsführer noch nicht bestellt, bleibt der bisherige Geschäftsführer zur Abgabe verpflichtet.[72] Die Niederlegung des geschäftsführenden Amtes oder die Abberufung nur mit dem Ziel, sich der Verpflichtung zur Abgabe der eidesstattlichen Versicherung zu entziehen, entbindet den bisherigen Geschäftsführer nicht von der Erscheinungspflicht zum Termin. Bei den Gründen für die Annahme einer treuwidrigen Amtsniederlegung ist immer auf die Umstände des Einzelfalles abzustellen.[73] Ist der Schuldner eine GmbH und Co. KG und ist über das Vermögen der GmbH das **Insolvenzverfahren** eröffnet worden, ist die KG selbst aufgelöst. Die eidesstattliche Versicherung über das Vermögen der KG ist nunmehr von den Liquidatoren abzugeben, wobei an die Stelle des Geschäftsführers der Komplementär-GmbH der Insolvenzverwalter tritt.[74] Ist die Eröffnung des Insolvenzver-

---

67 LG Stuttgart, DGVZ 2004, 44.
68 LG Frankfurt/Main, Rpfleger 1993, 502; Thomas/*Putzo*, § 807 Rdn. 17; Münch-Komm/*Eickmann* ZPO, § 807 Rdn. 33; a.A. Zöller/*Stöber*, § 807 Rdn. 10.
69 LG Saarbrücken, JurBüro 1988, 1242.
70 OLG Hamm, Rpfleger 1985, 121; LG Bochum, DGVZ 2002, 22; LG Nürnberg-Fürth, DGVZ 1996, 139; OLG Bamberg, DGVZ 1998, 75; **a.A.** LG Saarbrücken, DGVZ 2004, 75, ein im Handelsregister eingetragener, aber durch Gesellschafterbeschluss abberufener Geschäftsführer einer GmbH ist nicht mehr verpflichtet, die eidesstattliche Versicherung für die Gesellschaft abzugeben.
71 LG Aachen, DGVZ 2001, 61.
72 OLG Hamm, Rpfleger 1985, 121.
73 Vgl. hierzu OLG Köln, Rpfleger 1983, 361 zur Amtsniederlegung eines Liquidators der GmbH.
74 OLG Frankfurt, Rpfleger 1988, 110.

fahrens über das Vermögen der GmbH selbst mangels eine die Verfahrenskosten deckenden Masse abgelehnt worden, ist die GmbH kraft Gesetzes aufgelöst, die Verpflichtung zur Abgabe der eidesstattlichen Versicherung trifft nunmehr den **ehemaligen Geschäftsführer**.[75]

Bereits zum Konkursantragsverfahren wurde vertreten, wenn dort ein allgemeines **Veräußerungsverbot** nach § 106 KO erlassen wurde, ist das Verfahren zur Abgabe der eidesstattlichen Versicherung zulässig und durchführbar.[76] Dies gilt nunmehr auch für das Insolvenzeröffnungsverfahren, sofern das Insolvenzgericht einen vorläufigen Insolvenzverwalter bestellt und ein allgemeines Verfügungsverbot erlassen hat, nicht jedoch wenn ein Vollstreckungsverbot ausgesprochen wurde, §§ 21, 22 InsO (vgl. Rdn. 3.402 ff.). Im Insolvenzeröffnungsverfahren ist dann der vorläufige Insolvenzverwalter zur Abgabe verpflichtet, sofern die Verwaltungs- und Verfügungsbefugnis auf ihn übergegangen ist, §§ 21, 22 InsO. Allerdings muss ggf. vorher der Vollstreckungstitel gegen den vorläufigen Insolvenzverwalter umgeschrieben werden, §§ 748, 749, 727 ZPO analog.

5.49

Die Terminsbestimmung des Gerichtsvollziehers gemäß § 900 Abs. 1 ZPO ist als solche nicht anfechtbar.[77] Für Einwendungen steht das besondere Verfahren des § 900 Abs. 4 ZPO zur Verfügung.[78]

5.50

c)   Terminsdurchführung

Ist der Schuldner im Termin erschienen, § 900 Abs. 1 ZPO, und legt das ausgefüllte Vermögensverzeichnis vor, ist dieses durch den Gerichtsvollzieher auf Vollständigkeit zu überprüfen. Der Schuldner hat dann zu Protokoll an Eides statt zu versichern, dass er die von ihm verlangten Angaben nach bestem Wissen und Gewissen vollständig und richtig gemacht hat, § 807 Abs. 2 ZPO. Dies gilt gleichermaßen für den Fall, dass der Gerichtsvollzieher nach der erfolglosen Sachpfändung dem Schuldner direkt die eidesstattliche Versicherung abnimmt, § 900 Abs. 2 ZPO. Der Schuldner hat sein gesamtes Vermögen anzugeben, damit dem Gläubiger die Möglichkeit eingeräumt wird, zu prüfen, ob er weitere Zwangsvollstreckungsmaßnahmen einleiten kann.

5.51

d)   Inhalt des Vermögensverzeichnisses

Der Schuldner hat insbesondere **anzugeben:**

5.52

---

[75]   LG Düsseldorf, JurBüro 1987, 458; LG Zweibrücken, Rpfleger 1996, 209; **a.A.** jedoch abzulehnen OLG Stuttgart, Rpfleger 1994, 424 m. abl. Anm. *Schmidt*, Rpfleger 1995, 168 = NJW-RR 1994, 1064.
[76]   LG Frankfurt/Main, Rpfleger 1988, 111; LG Detmold, Rpfleger 1989, 300; LG Hannover, Rpfleger 1997, 490.
[77]   LG Stuttgart, DGVZ 2003, 91.
[78]   OLG Zweibrücken, Rpfleger 2001, 441 = DGVZ 2001, 117 = JurBüro 2001, 493 = InVo 2001, 259.

- **abgetretene Forderungen,** deren Höhe und den Zessionar;[79]
- **Arbeitgeber** oder **Drittschuldner** mit genauer Anschrift;[80]
- **arbeitslos** oder **krank**, Angabe der Agentur für Arbeit bzw. die Krankenkasse und möglichst die Dauer der Arbeitslosigkeit oder Krankheit vermerken;[81]
- **Auftraggeber,** für die der Schuldner in den letzten 12 Monaten tätig gewesen ist, wenn er selbstständig tätig ist.[82]
- **Drittschuldner,** vollständige Angaben (Rechtsform oder Inhaber der Einzelfirma).[83]
- **Firmenfahrzeug,** der Schuldner hat anzugeben, ob er ein **Firmenfahrzeug** des Arbeitgebers für private Fahrten nutzt. Eine solche Nutzung kann einen geldwerten Vorteil darstellen, der dem Einkommen des Schuldners hinzuzurechnen ist.[84]
- **Forderungen gegen Dritte,** Angabe, aus welchem Grund gegenüber einzelnen Schuldnern der Forderungseinzug nicht durchgeführt worden ist und ob und welche Maßnahmen im Einzelnen überhaupt ergriffen wurden.[85]
- **Gelegenheitsarbeiten,** alle Arbeiten angeben, die er in der letzten Zeit oder in den letzten zwölf Monaten geleistet hat, unter Angabe des durchschnittlichen Arbeitslohnes;[86]
- selbstständiger **Handelsvertreter,** Angabe einer monatlichen Fixprovision, da es sich um Arbeitseinkommen nach § 850 Abs. 2 ZPO handeln kann.[87]

---

[79] LG Koblenz, JurBüro 1992, 570; LG Memmingen, JurBüro 1994, 407.
[80] LG Stade, Rpfleger 1984, 324; LG Berlin, JurBüro 1995, 331.
[81] OLG Hamm, Rpfleger 1979, 114.
[82] LG Bielefeld, JurBüro 2004, 103; LG Gera, JurBüro 2003, 658; OLG München, DGVZ 2002, 73.
[83] LG Hamburg, JurBüro 2004, 334.
[84] LG Landsberg, DGVZ 2003, 154.
[85] LG Frankfurt/Oder, JurBüro 2004, 216.
[86] LG Wiesbaden, JurBüro 2004, 103; LG Frankfurt/Main, Rpfleger 1988, 111; LG München, Rpfleger 1989, 33; OLG Köln, JurBüro 1994, 408; LG München II, JurBüro 1998, 433.
[87] BayObLG, NJW 2003, 2181, gibt er deshalb diesen Anspruch nach Höhe und Drittschuldnerbezeichnung zutreffend in dem amtlichen Formblatt zur Abgabe der eidesstattlichen Versicherung unter der Rubrik „Arbeitseinkommen" an, ist er nicht verpflichtet, diesen Anspruch erneut bei der Frage nach „Ansprüchen aus selbstständiger Erwerbstätigkeit" aufzuführen, auch wenn er den genauen Grund des Anspruchs (Fixprovision aus selbstständiger Tätigkeit) nicht näher dargelegt hat. Die Vollstreckungsmöglichkeit des Gläubigers wird dadurch nicht beeinträchtigt, da es für dessen Pfändungsantrag genügt, die Forderung als „Arbeitseinkommen" zu bezeichnen. Mit dieser Bezeichnung ist alles gepfändet, was die ZPO nach den §§ 850 ff. ZPO unter Arbeitseinkommen versteht.

- **Hausmann** in einer Lebensgemeinschaft, wirtschaftliche Verhältnisse seiner Lebensgefährtin anzugeben;[88]
- **Konto, verdeckt, welches** nicht auf seinen Namen läuft;[89]
- **Lebensversicherung,** möglichst mit Angabe der Versicherungsnummer und Angaben zur Bezugsberechtigung;[90]
- **Mietkaution.**[91]
- **Nichtberücksichtigung** eines **Unterhaltsberechtigten,** der Schuldner ist verpflichtet, auch Angaben über das Einkommen seines Ehegatten oder seiner Kinder zu machen, damit der Gläubiger prüfen kann, ob ein Antrag nach § 850c Abs. 4 ZPO in Betracht kommt.[92]
- **Rechtsanwalt** muss seine Honorarforderungen unter Angabe der Namen der Mandanten offenbaren.[93]
- **Renten,** Angabe des Rententrägers und der Rentennummer einschließlich Art und Höhe der Rente;[94] auch **künftiger Rentenansprüche.**
- **Schwarzarbeit.**[95]
- **Selbstständig,** offen stehende Forderungsansprüche nach Art und Höhe und Auftraggeber.[96] Der **Arzt** muss seine offen stehenden Honorarforderungen angeben, die ärztliche Schweigepflicht steht dem nicht entgegen;[97] zum **Immobilienmakler;**[98] zum **Steuerberater.**[99]
- **Steuererstattungsanspruch.**[100]

---

88   LG Münster, Rpfleger 1994, 33; **a.A.** LG Memmingen, Rpfleger 1997, 175 = JurBüro 1997, 214.
89   AG Stuttgart, JurBüro 2005, 49 = InVo 2005, 108.
90   LG Duisburg, NJW 1955, 717.
91   LG Oldenburg, JurBüro 1995, 662; LG Ravensburg, JurBüro 1996, 492; LG München II, JurBüro 1998, 433.
92   BGH, Rpfleger 2004, 575 = NJW 2004, 2979 = DGVZ 2004, 136 = FamRZ 2004, 1369 = JurBüro 2004, 556 = MDR 2004, 1141 = WM 2004, 1593 = InVo 2004, 421 = ZVI 2004, 516; LG Meiningen, DGVZ 2002, 156 = InVo 2003, 413; LG Oldenburg, JurBüro 1996, 328; LG Ravensburg, JurBüro 1996, 492.
93   LG Leipzig, JurBüro 2004, 501.
94   LG Lübeck, JurBüro 1989, 550; LG Oldenburg, Rpfleger 1983, 163.
95   LG Hamburg, JurBüro 1996, 331; **a.A.** LG Saarbrücken, DGVZ 1998, 77.
96   Vgl. hierzu LG Lübeck, Rpfleger 1989, 32; LG Hagen, JurBüro 1989, 876; LG Münster, MDR 1990, 61; LG Kiel, JurBüro 1991, 1408; LG Osnabrück, JurBüro 1996, 328; LG Münster, Rpfleger 1997, 71.
97   LG Würzburg, JurBüro 1996, 662.
98   LG Berlin, Rpfleger 1997, 73.
99   LG Kassel, Rpfleger 1997, 121.
100 LG Passau, JurBüro 1996, 329.

- **Taschengeld,** die Schuldnerin hat Angaben zum vollständigen Namen, zur vollständigen Anschrift und zu den Einkommensverhältnissen des zur Taschengeldgewährung verpflichteten Ehegatten zu machen.[101]
- **Unterhaltsleistungen,** erhält der Schuldner von seinem Ehepartner oder Dritten Unterhaltsleistungen, so sind diese Personen genau zu bezeichnen, ebenso wie die Art und Höhe der Leistungen.[102]
- **Verschleiertes Einkommen,** der Schuldner hat Art und Umfang seiner Tätigkeit sowie seine tägliche und wöchentliche Arbeitszeit anzugeben, wenn er im Vermögensverzeichnis ein auffallend geringes monatliches Einkommen angegeben hat und hierdurch der Verdacht aufkommt, dass der Schuldner Einkommen verschleiert.[103]
- **Wertsachen, Forderungen** nach Art und Höhe unter Angabe des Drittschuldners;[104]
- **Zuwendungen Dritter,** bestehen Anhaltspunkte dafür, dass vom Schuldner angegebene Zuwendungen Dritter als Gegenleistung für Dienstleistungen (hier: Versorgungsleistungen) vorliegen, muss der Schuldner die gesamten Umstände seiner Tätigkeit nach Art und Umfang sowie die empfangenen Zuwendungen angeben, damit der Gläubiger prüfen kann, ob es sich dabei um verschleiertes Arbeitseinkommen handelt.[105]

5.53   Angegeben werden müssen auch **Veräußerungen** (entgeltlich oder unentgeltlich) an Verwandte und sonstige nahe stehende Personen (§ 138 InsO) des Schuldners innerhalb bestimmter Fristen gem. § 807 Abs. 2 ZPO.[106] Diese Rechtshandlungen sind **anfechtbar** nach dem Anfechtungsgesetz. Für den Gläubiger muss der Anfechtungsgrund erkennbar sein, um die Er-

---

101 BGH, Rpfleger 2004, 575 = NJW 2004, 2452 = DGVZ 2004, 135 = FamRZ 2004, 1279 = JurBüro 2004, 494 = MDR 2004, 1259 = WM 2004, 1591 = InVo 2004, 423 = ZVI 2004, 390; LG Dessau, JurBüro 2002, 161; LG Osnabrück, Rpfleger 1992, 259 m. Anm. *Hintzen*; LG Heilbronn, Rpfleger 1992, 400; LG Stade, JurBüro 1993, 31; LG Ellwangen, JurBüro 1993, 173; OLG Köln, Rpfleger 1994, 32; LG Konstanz, JurBüro 1996, 492; LG Heilbronn, Rpfleger 1996, 415; LG Saarbrücken, JurBüro 1997, 325; **a.A.** LG Bremen, Rpfleger 1993, 119; LG Bonn, Rpfleger 1993, 30; LG Augsburg, Rpfleger 1994, 424.
102 LG Berlin, Rpfleger 1995, 370; LG Augsburg, JurBüro 1995, 442; LG Münster, JurBüro 1995, 328; LG Köln, JurBüro 1996, 50; LG Lübeck, JurBüro 1997, 440; LG Landau, JurBüro 1998, 211 zum Getrenntlebensunterhalt; LG Freiburg, JurBüro 1998, 272.
103 LG Stuttgart, DGVZ 2003, 154 = JurBüro 2004, 105; LG Regensburg, DGVZ 2003, 92; AG Bremen, JurBüro 2004, 674; LG Osnabrück, JurBüro 1996, 327; LG Münster, JurBüro 1996, 662; LG Hannover, Rpfleger 1998, 33 = DGVZ 1997, 152; LG München I, JurBüro 1997, 660.
104 LG München, Rpfleger 1988, 491.
105 LG Karlsruhe, InVo 2002, 247.
106 LG Flensburg, Rpfleger 1995, 424 = DGVZ 1995, 119.

folgsaussicht einer evtl. Klage prüfen zu können.[107] Ersichtlich sein müssen die entgeltlichen Veräußerungen des Schuldners aus den letzten beiden Jahren vor dem Termin zur Abgabe der eidesstattlichen Versicherung an eine nahe stehende Person nach § 138 InsO und die unentgeltlichen Veräußerungen des Schuldners aus den letzten vier Jahren, soweit es sich nicht um gebräuchliche Gelegenheitsgeschenke von geringem Wert handelt, § 807 Abs. 2 ZPO.

e) Widerspruch

Der Schuldner kann die Verpflichtung zur Abgabe der eidesstattlichen Versicherung bestreiten, § 900 Abs. 4 S. 1 ZPO. Der Widerspruch muss mündlich im Termin gegenüber dem Gerichtsvollzieher erklärt werden, ein schriftlicher Widerspruch vor dem Termin ist unzulässig.[108] Rügt der Schuldner schriftlich die Vollstreckungsvoraussetzungen, so liegt hierin kein Widerspruch, sondern eine Erinnerung nach § 766 Abs. 1 ZPO.[109] Der Erlass eines Haftbefehls ist daher trotz schriftlichen Widerspruchs des Schuldners zulässig, wenn er im Termin zur Abgabe der eidesstattlichen Versicherung nicht erscheint, weil der Widerspruch – soll er beachtlich sein – im Termin erhoben werden muss.[110] Der Verpflichtung zur Abgabe der eidesstattlichen Versicherung kann nicht mit der Begründung widersprochen werden, der Schuldner sei aufgrund der Insolvenz Dritter nicht in der Lage, zuverlässige Auskünfte über sein Vermögen zu geben.[111] Ist ein Haftbefehl gem. § 901 ZPO erlassen, ist für ein Widerspruchsverfahren nach § 900 Abs. 4 ZPO kein Raum mehr.[112]

5.54

Über den Widerspruch entscheidet das Vollstreckungsgericht durch Beschluss, § 900 Abs. 4 S. 1 ZPO. Der Gerichtsvollzieher hat seine Akten unverzüglich dem Vollstreckungsgericht vorzulegen.[113] Dem Gläubiger ist vorher rechtliches Gehör zu gewähren. Bei Anwesenheit im Termin kann der Gläubiger direkt zum Vorbringen des Schuldners Stellung nehmen, der Beschluss kann dann sofort verkündet und wirksam werden. Der Beschluss ist den Parteien zuzustellen. Grundsätzlich kann erst nach Rechtskraft der Entscheidung durch den Gerichtsvollzieher erneut Termin zur Abgabe der eidesstattlichen Versicherung anberaumt werden, § 900 Abs. 4 S. 2 ZPO. Hiervon gibt es folgende Ausnahmen:

5.55

---

107 LG Kiel, JurBüro 1996, 328; LG Stade, JurBüro 1997, 325; vgl. Zöller/*Stöber*, § 807 Rdn. 35.
108 *Zimmermann*, § 900 n.F. Rdn. 9; Thomas/*Putzo*, § 900 n.F. Rdn. 30b; Zöller/*Stöber*, § 900 Rdn. 22.
109 OVG Münster, DGVZ 2002, 168; zum alten Recht OLG Hamm, Rpfleger 1983, 362.
110 LG Mönchengladbach, Rpfleger 2002, 529.
111 LG Rostock, Rpfleger 2003,93 = JurBüro 2003, 105 = InVo 2003, 202.
112 LG Rostock, Rpfleger 2003, 203.
113 Zöller/*Stöber*, § 900 Rdn. 22a.

- Der frühere Widerspruch wurde bereits rechtskräftig verworfen, die Gründe sind hierbei unerheblich;
- der Widerspruch stützt sich auf Gründe, die bereits vor der ersten oder zweiten Vertagung nach § 900 Abs. 3 vorgelegen haben;
- der Schuldner erhebt Einwendungen gegen den titulierten Anspruch, die in der Zwangsvollstreckung grundsätzlich nicht geprüft werden können, hier ist der Schuldner auf die Vollstreckungsabwehrklage zu verweisen, § 767 ZPO.

Verweigert der Schuldner dann die Abgabe, ergeht Haftbefehl.[114]

5.56 Eine Beschleunigung des Verfahrens ist mit dieser Vorgehensweise jedoch nicht verbunden. Erhebt der Schuldner im Termin vor dem Gerichtsvollzieher Widerspruch, muss der Gerichtsvollzieher diesen ohne weitere Prüfung dem Vollstreckungsgericht mit allen Unterlagen vorlegen. Dies muss er selbst dann tun, wenn er den Widerspruch für begründet hält. Eine Abhilfemöglichkeit ist nicht vorgesehen.[115] Das Vollstreckungsgericht hört vor der Entscheidung über den Widerspruch den Gläubiger an, sendet dann nach der Entscheidung sämtliche Unterlagen wieder an den Gerichtsvollzieher, der nach Rechtskraft des Beschlusses einen erneuten Termin bestimmt. Erhebt der Schuldner nunmehr mit derselben Begründung wie vorher nochmals Widerspruch, werden die Unterlagen erneut an das Vollstreckungsgericht abgegeben; erneut muss der Gläubiger zu dem Vortrag des Schuldners gehört und dann erst kann die Entscheidung getroffen werden. Die Anordnung der sofortigen Abgabe der eidesstattlichen Versicherung vor Eintritt der Rechtskraft kann aus praktischen Gründen nicht erfolgen, da hierfür nicht das Vollstreckungsgericht, sondern der Gerichtsvollzieher zuständig ist. Der Gesamtvorgang muss daher zunächst an diesen zurückgegeben werden.

5.57 Es besteht weiterhin die Gefahr, dass der Schuldner, der mit seinem Widerspruch nicht durchdringt, dann die **Erinnerung** nach § 766 Abs. 1 ZPO ergreift. Hierfür ist der Richter funktionell zuständig. Sowohl mit dem Widerspruch nach § 900 Abs. 4 ZPO als auch mit der Erinnerung nach § 766 Abs. 1 ZPO kann der Schuldner den formalen Ablauf des Verfahrens des Gerichtsvollziehers rügen. Damit wären zwei verschiedene Entscheidungsorgane berufen, die auch unterschiedlicher Auffassung sein könnten. Nach Rechtskraft der Zurückweisung des Widerspruchs muss somit das Rechtsschutzinteresse für eine Erinnerung verneint werden, diese ist unzulässig.

---

114 LG Berlin, Rpfleger 1991, 467 m. Anm. *Jelinsky,* Rpfleger 1992, 74.
115 Zöller/*Stöber,* § 900 Rdn. 22a; widersprüchlich Thomas/*Putzo,* § 900 Rdn. 30b, die einerseits Vorlage ohne Prüfung verlangen, dann aber dem Gerichtsvollzieher die Befugnis einräumen, bei Vollstreckungsmängeln den Termin zu vertagen.

f) Vertagung

Der Termin zur Abgabe der eidesstattlichen Versicherung kann bis zu sechs Monate vertagt werden, wenn der Schuldner im Termin glaubhaft macht, dass er die Forderung des Gläubigers binnen sechs Monaten bezahlen kann, § 900 Abs. 3 S. 1 ZPO. Diese Vertagung setzt aber das Einverständnis des Gläubigers voraus, § 900 Abs. 3 S. 1 ZPO. Die Teilbeträge zieht der Gerichtsvollzieher für den Gläubiger ein. Weist der Schuldner in dem Vertagungstermin nach, dass er die Forderung des Gläubigers bereits zu ¾ gezahlt hat, und das restliche Viertel innerhalb der nächsten 2 Monate begleichen kann, kann erneut eine Vertagung um weitere 2 Monate erfolgen. In dem dann anberaumten – nunmehr dritten – Termin kommt eine weitere Vertagung nicht mehr in Betracht.

5.58

Von dieser gesetzlich geregelten Möglichkeit wurde und wird in der Praxis nur äußerst selten Gebrauch gemacht, überwiegend bietet der Schuldner **Ratenzahlungen** an, die insgesamt weit über den gesetzlich geregelten Vertagungszeitraum hinausgehen. Ist der Gläubiger mit der Ratenzahlung einverstanden, zahlt der Schuldner aber im Laufe der Zeit die Raten nicht, darf nicht sofort Haftbefehl erlassen werden, stattdessen muss ein erneuter Termin bestimmt werden.[116]

5.59

9. Nachbesserung

Zur Nachbesserung bzw. Ergänzung des vorgelegten Vermögensverzeichnisses ist der Schuldner verpflichtet, wenn dieses **unvollständig**, **lückenhaft** oder **ungenau** ist.[117] Dies gilt auch, wenn die Angaben nachweislich falsch sind.[118] Hierzu kann der Schuldner in einem Nachbesserungsverfahren erneut vorgeladen werden (vgl. Rdn. 5.27). Den Nachbesserungsantrag kann nicht nur der Gläubiger stellen, der den Schuldner erstmals hat vorladen lassen, sondern auch jeder andere **Drittgläubiger**.[119] Zwar muss der Gläubiger wiederum sämtliche Vollstreckungsunterlagen einreichen, der Vorlage einer Unpfändbarkeitsbescheinigung bedarf es jedoch nicht.[120] Für die Nachbesserung ist der Gerichtsvollzieher zuständig, der für die Erstversicherung zuständig war oder gewesen wäre, sofern im letzteren Fall das Ursprungsverfahren vor der Finanzbehörde stattgefunden hat.[121]

5.60

---

116 LG Hannover, JurBüro 1987, 1426; LG Paderborn, Rpfleger 1993, 254.
117 Hierzu BGH, Rpfleger 2004, 575 = NJW 2004, 2979 = DGVZ 2004, 136 = FamRZ 2004, 1369 = JurBüro 2004, 556 = MDR 2004, 1141 = WM 2004, 1593 = InVo 2004, 421 = ZVI 2004, 516; KG, MDR 1990, 1124.
118 LG Koblenz, JurBüro 1998, 212; **streitig**.
119 LG Frankenthal, Rpfleger 1984, 194; OLG Frankfurt, MDR 1976, 320; a.A. LG Berlin, JurBüro 1991, 286, die jedoch abzulehnen ist.
120 **A.A.** wenn ein Drittgläubiger den Antrag stellt LG Kiel, JurBüro 1997, 271.
121 LG Stuttgart, DGVZ 2003, 58 = JurBüro 2002, 495 = InVo 2003, 80.

5.61 Der Schuldner muss die nachzubessernden Angaben auf Vollständigkeit und Richtigkeit an Eides statt versichern, verweigert er die Abgabe oder erscheint im Termin nicht, ergeht Haftbefehl.

5.62 Nachzubessern ist das Vermögensverzeichnis z.B.:

- wenn ein **Geschäftsmann** versichert, es befänden sich „diverse Büromöbel in der Wohnung";[122]
- die **Einkommensangabe** „ca. 1.000,– DM monatliche Rente von der S.-Kasse" ist zu wenig;[123]
- die Angabe „600,– DM brutto" ohne Angabe des Zeitraums, genügt nicht;[124]
- neben dem Netto-Betrag des Lohns ist auch der Brutto-Betrag anzugeben;[125]
- bei **konkretem Verdacht** des Verschweigens. Ein solcher Verdacht kann sich auch aus einer allgemeinen Lebenserfahrung ergeben. Bei einem Schuldner ohne mietfreie Unterkunft besteht bei einem monatlichen Einkommen i.H.v. 322,– € der konkrete Verdacht anderweitiger Einkünfte (der Schuldner ist 47 Jahre alt und gelernter Einzelhandelskaufmann, er arbeitet als Aushilfskraft, ist geschieden und kann zurzeit für seine beiden minderjährigen ehelichen Kinder wegen zu geringen Einkommens keinen Unterhalt zahlen). Falls der Schuldner, wovon im Normalfalle auszugehen ist, für seine Wohnung Miete zahlen muss, ist es aufgrund der Lebenserfahrung unmöglich, dass der Schuldner mit einem Einkommen in Höhe von 322,– € seinen Lebensunterhalt bestreiten kann;[126]
- bei der Angabe **selbstständig**, aber ohne Aufträge und ohne Außenstände; wovon bestreitet der Schuldner seinen Lebensunterhalt;[127]
- bei der Angabe er werde von **Bekannten** unterhalten, ohne anzugeben, von wem und zu welchen Zeitpunkten Zuwendungen erfolgen;[128]
- bei einem Einkommen von ca. 450,– DM im Monat entspricht es der allgemeinen Lebenserfahrung, dass es nicht möglich ist, seinen gesamten Lebensunterhalt zu bestreiten;[129]
- bei der Angabe, er arbeite in einem Restaurant für monatlich 1.200,– DM netto. Er hat die objektiven Grundlagen seines Arbeitsverhältnisses mitzuteilen, insbesondere die tatsächlich von ihm geleistete Arbeit nach Art und Umfang.[130]

---

122 LG Oldenburg, Rpfleger 1983, 163.
123 LG Oldenburg, Rpfleger 1983, 163.
124 LG Lübeck, Rpfleger 1986, 99.
125 LG Köln, Rpfleger 1988, 322.
126 LG Münster, Rpfleger 2002, 631.
127 LG Chemnitz, DGVZ 2002, 154.
128 LG Frankfurt/Main, Rpfleger 2002, 273.
129 LG Deggendorf, JurBüro 2003, 159 = InVo 2003, 296.
130 LG Chemnitz, DGVZ 2002, 156 = JurBüro 2002, 383 = InVo 2002, 516.

- bei der Angabe, er werde von seiner **Lebensgefährtin** unterhalten. Hier sind der Name und die Anschrift der Lebensgefährtin zu offenbaren und ferner, ob er für die Unterstützung irgendwelche Gegenleistungen erbringt.[131]

Zu den notwendigen Angaben im Vermögensverzeichnis vgl. vorstehend Rdn. 5.52. 5.63

IV. Haftbefehl

1. Verfahren

a)   Regelungstatbestand

Die gesetzliche Regelung bis zum 31.12.1998 unterschied zwischen der Anordnung der Haft, § 901 ZPO, und dem Haftbefehl, § 908 ZPO. Der Haftbefehl erging zugleich mit der Haftanordnung und war dem Gläubiger in Urschrift auszuhändigen. Der Haftbefehl war dabei nur das gerichtliche Zeugnis, aufgrund dessen die im Beschluss angeordnete Haft vollzogen werden konnte. Diese Unterscheidung zwischen Haftanordnung und Haftbefehl wurde beseitigt. Im Interesse der Rechtsklarheit wird ausschließlich der Begriff Haftbefehl verwendet. 5.64

b)   Erlass des Haftbefehls

Ist der Schuldner im ersten oder weiteren Termin zur Abgabe der eidesstattlichen Versicherung nicht erschienen oder verweigert er grundlos die Abgabe, hat das Vollstreckungsgericht auf Antrag Haftbefehl zur Erzwingung der Abgabe anzuordnen, § 901 ZPO. Der Haftbefehl verletzt nicht den Grundsatz der Verhältnismäßigkeit und ist demnach auch mit dem Grundrecht der Freiheit der Person vereinbar.[132] Anstatt des vom Gläubiger beantragten Haftbefehls durch Zwischenentscheidung einen Vorführungsbefehl zu erlassen, um den Schuldner wegen seines Ausbleibens im Termin zur Abgabe der eidesstattlichen Versicherung anzuhören, ist in jedem Fall wegen greifbarer Gesetzwidrigkeit unzulässig.[133] 5.65

Der Antrag auf Erlass des **Haftbefehls** kann nach dem Termin, aber auch bereits im Antrag auf Abgabe der eidesstattlichen Versicherung gestellt werden. 5.66

Im Zeitpunkt des Erlasses des Haftbefehls muss die Pflicht zur Abgabe der eidesstattlichen Versicherung noch bestehen.[134] Der für den Erlass des 5.67

---

131   LG Verden, JurBüro 2002, 158.
132   BVerfG, Rpfleger 1983, 80 = NJW 1983, 559.
133   LG Paderborn, Rpfleger 2005, 208 mit Anm. *E. Schneider.*
134   OLG Zweibrücken, NJW-RR 1988, 696.

Haftbefehls zuständige Richter des Vollstreckungsgerichtes prüft neben den allgemeinen und besonderen Zwangsvollstreckungsvoraussetzungen das Nichterscheinen oder die Verweigerung der eidesstattlichen Versicherung durch den Schuldner und die Tatsache der ordnungsgemäßen Ladung des Schuldners zum Termin. Liegen diese Voraussetzungen vor und ist die Haft zulässig (Ausnahme: §§ 904, 905 ZPO), ist der Haftbefehl zu erlassen. Unzulässig ist der Haftbefehl nach einer bereits vollstreckten sechsmonatigen Haft, selbst wenn der Antrag durch einen anderen Gläubiger gestellt wird, § 914 Abs. 1 ZPO. Etwas anderes gilt nur dann, wenn glaubhaft gemacht wird, dass der Schuldner später Vermögen erworben hat oder dass sein bisher bestehendes Arbeitsverhältnis aufgelöst wurde oder seit Beendigung der Haft 3 Jahre verstrichen sind, § 914 Abs. 1, 2 ZPO. Der pauschale Einwand, die Voraussetzungen des § 807 ZPO lägen nicht vor, steht einer grundlosen Weigerung zur Abgabe der eidesstattlichen Versicherung gleich, sodass Haftbefehl zu erlassen ist.[135]

5.68 Im Streit ist, ob der Umfang der Überprüfung der Vollstreckungsvoraussetzungen bei einem Ersuchen nach § 284 AO eingeschränkt ist. Auch bei der Entscheidung über den Erlass eines Haftbefehls auf Antrag des **Finanzamts** ist der Richter des Vollstreckungsgerichts zur eigenständigen Überprüfung der Vollstreckungsvoraussetzungen berechtigt und verpflichtet.[136] Anders wird argumentiert, der Richter hat grundsätzlich nur zu prüfen, ob ein ordnungsgemäßes Ersuchen vorliegt, der Grundsatz der Verhältnismäßigkeit gewahrt ist und ob Säumnis im Termin zur Abgabe der eidesstattlichen Versicherung vor dem Finanzamt vorgelegen hat[137].

5.69 Erklärt der Schuldner im Termin zur Abgabe der eidesstattlichen Versicherung über seine Einkommens- und Vermögensverhältnisse, dass er **Widerspruch** einlege, begründet er dies aber nicht, ist dies tatsächlich eine grundlose Weigerung, die eidesstattliche Versicherung abzugeben, sodass nach § 901 ZPO Haftbefehl zu erlassen ist.[138] Ist der Schuldner im Termin zur Abgabe der eidesstattlichen Versicherung trotz Ladung nicht erschienen und deshalb ein Haftbefehl gegen ihn erlassen, so führen weder die nachträgliche Bereitschaft des Schuldners, **Teilzahlungen** zu leisten, noch tatsächlich erfolgte Teilzahlungen zu einer Aufhebung des Haftbefehls.[139]

5.70 Der Haftbefehl bedarf keiner Klausel. Er muss neben der Parteienbezeichnung den Haftgrund angeben, insbesondere die Tatsache, ob die eidesstattliche Versicherung nach §§ 807, 883 Abs. 2 oder § 903 ZPO abzugeben ist. Weiterhin ist der Vollstreckungstitel zu bezeichnen.[140] Der Haftbefehl wird **wirkungslos**, wenn der Schuldner auf Antrag des Gläubigers aus der

---
135 OLG Frankfurt, DGVZ 2004, 92.
136 LG Braunschweig, Rpfleger 2001, 506; ebenso LG Stendal, DGVZ 2003, 188.
137 LG Detmold, Rpfleger 2001, 507.
138 LG Rostock, JurBüro 2003, 106.
139 LG Frankfurt/Main, DGVZ 2003, 41.
140 **Streitig:** vgl. Zöller/*Stöber*, § 901 Rdn. 8 m.w.N. auch zur **a.A.**

Haft entlassen wird, § 911 ZPO. Gleiches gilt, wenn der Schuldner 6 Monate in Haft war, § 913 ZPO.

Die durch Beschluss ergangene Haftanordnung nach altem Recht musste grundsätzlich von Amts wegen dem Schuldner zugestellt werden, § 329 Abs. 3 ZPO, um so die Beschwerdefrist in Lauf zu setzen. Bei dem einheitlichen neuen Begriff Haftbefehl wird ausdrücklich geregelt, dass eine **Zustellung** des Haftbefehls nicht erforderlich ist, § 901 S. 3 ZPO. Erst bei der Verhaftung hat der Gerichtsvollzieher dem Schuldner den Haftbefehl in beglaubigter Abschrift zu übergeben, § 909 Abs. 1 S. 2 ZPO. 5.71

Bei dem Haftbefehl handelt es sich nicht um eine Vollstreckungsmaßnahme, die mit der **Erinnerung** nach § 766 angreifbar ist, sondern um eine Entscheidung, anfechtbar mit der sofortigen Beschwerde.[141] Einwendungen gegen die Forderung selbst können im Rahmen der sofortigen Beschwerde nicht geltend gemacht werden.[142] 5.72

2. Verhaftung

Die Regelung in § 902 Abs. 1 ZPO wird sicherlich nur noch ganz selten eintreten. Sollte jedoch einmal der Schuldner verhaftet werden, kann er selbstverständlich jederzeit verlangen, dass ihm die eidesstattliche Versicherung sofort abgenommen wird. Zuständig ist der Gerichtsvollzieher, in dessen Bezirk der Haftort liegt. Erscheint der Schuldner auf Vorladung freiwillig im Geschäftszimmer des Gerichtsvollziehers, darf von dem Haftbefehl nur Gebrauch gemacht werden, wenn der erschienene Schuldner wieder geht und keine Bereitschaft zeigt, die eidesstattliche Versicherung abzugeben.[143] 5.73

Die Verhaftung des Schuldners erfolgt durch den Gerichtsvollzieher. Hierbei muss der Haftbefehl dem Schuldner vorgezeigt und auf Begehren eine Abschrift erteilt werden, § 909 Abs. 1 ZPO. Der Gerichtsvollzieher hat den Schuldner überall dort zu verhaften, wo dieser sich befindet. In der Wohnung eines Dritten darf der Gerichtsvollzieher nunmehr auch ohne entsprechende **Durchsuchungsanordnung** eindringen, § 758a Abs. 2 ZPO. 5.74

Der **Geschäftsführer** einer GmbH bleibt auch nach seiner Abberufung zur Abgabe der eidesstattlichen Versicherung verpflichtet, die Abberufung stellt keinen Grund für die Aufhebung des Haftbefehls dar.[144] Auch wenn die GmbH während des Verfahrens wegen Vermögenslosigkeit von Amts wegen gelöscht wird, bleibt der Haftbefehl gegen den bisherigen Geschäftsführer bestehen.[145] Jedoch setzt der Haftbefehl voraus, dass der gesetzliche 5.75

---

141 Zöller/*Stöber*, § 901 Rdn. 13.
142 LG Göttingen, JurBüro 2003, 658.
143 AG Hildesheim, DGVZ 2005, 30.
144 OLG Stuttgart, Rpfleger 1984, 107; LG Nürnberg-Fürth, DGVZ 1994, 172; **a.A.** LG Bremen, DGVZ 1990, 139.
145 LG Siegen, Rpfleger 1987, 380; KG, NJW-RR 1991, 933.

Vertreter einer juristischen Person persönlich zum Termin geladen worden ist; die ergebnislose Ladung eines früheren gesetzlichen Vertreters macht diese Ladung nicht entbehrlich.[146]

5.76 Streitig wird die Frage beantwortet, ob ein Verhaftungsauftrag durch den Gläubiger mit der Bedingung zulässig ist, dass der Gerichtsvollzieher von der Verhaftung absehen soll, wenn der Schuldner einen bestimmten **Teilbetrag** der titulierten Forderung **zahlt**. Durch eine entsprechende Teilleistung des Schuldners wird der Haftbefehl grundsätzlich nicht verbraucht.[147] Eine andere Auffassung sieht in diesem Verfahren ein unzulässiges Druckmittel zur ratenweisen Beitreibung der titulierten Forderung und lehnt dies unter Missbrauchsgesichtspunkten ab.[148]

5.77 Liegen **mehrere Haftbefehle** gegen den Schuldner vor, und gibt der Schuldner in einem Verfahren die eidesstattliche Versicherung ab, sind die übrigen Haftbefehle nicht automatisch verbraucht. Der Gerichtsvollzieher ist gehalten, die weitere Vollstreckung aus diesen Haftbefehlen einstweilen einzustellen, §§ 775, 776 ZPO analog. Der Haftbefehl selbst verliert seine Vollstreckbarkeit erst nach förmlicher Aufhebung im Rechtsmittelwege oder über § 765a ZPO.[149]

5.78 Ist die Gesundheit des Schuldners gefährdet, kann die Haft nicht vollzogen werden, § 906 ZPO.[150] Die Entscheidung über die **Haftfähigkeit** trifft der Gerichtsvollzieher nach eigenem Ermessen. Die Beweislast obliegt allerdings dem Schuldner, regelmäßig muss er ein ärztliches Attest vorlegen, aus dem die Haftunfähigkeit erkennbar ist. Besteht jedoch der Verdacht, dass der Arzt dem Schuldner auf Wunsch sog. Gefälligkeitsatteste ausstellt, hat der Schuldner auf Verlangen ein Attest mit ausführlicher Begründung des Krankheitszustandes, des Krankheitsverlaufs und des Untersuchungsergebnisses vorzulegen.[151] Bestreitet der Gläubiger die Angaben des Schuldners, muss gegebenenfalls ein amtsärztliches Zeugnis vorgelegt werden. In Ausnahmefällen ist die eidesstattliche Versicherung auch im Krankenhaus zu leisten.[152] Der Gerichtsvollzieher hat die Feststellungen über die Haftunfähigkeit schriftlich niederzulegen und dem Gläubiger mitzuteilen.[153]

5.79 Gegen die Weigerung des Gerichtsvollziehers, den Schuldner zu verhaften, muss der Gläubiger im Wege der Erinnerung vorgehen, § 766 ZPO.[154]

---

146 KG, Rpfleger 1996, 253 mit zust. Anm. *Gleußner*.
147 LG Stade, JurBüro 1988, 927; LG Aurich, NJW-RR 1988, 1469.
148 LG Bonn, JurBüro 1988, 926; LG Bielefeld, DGVZ 1988, 14; LG Lübeck, JurBüro 1989, 1312.
149 Als Generalvorschrift des Schuldnerschutzes, vgl. Zöller/*Stöber*, § 901 Rdn. 12.
150 OLG Düsseldorf, DGVZ 1996, 27.
151 OLG Köln, Rpfleger 1995, 220; LG Berlin, Rpfleger 1998, 167.
152 OLG Jena, Rpfleger 1997, 446.
153 LG Hannover, DGVZ 1990, 59.
154 Zöller/*Stöber*, § 766 Rdn. 14.

Grundsätzlich hat der Gläubiger das Recht, bei Abgabe der eidesstattlichen Versicherung anwesend zu sein. In der bisherigen Praxis kam es jedoch so gut wie nie vor, dass ein Gläubiger dem Termin zur Abgabe der eidesstattlichen Versicherung beigewohnt hat. Erst recht kam dies überhaupt nicht vor, wenn der Gerichtsvollzieher mit einem Haftbefehl den Schuldner beim Amtsgericht vorgeführt hat. Aus diesem Grunde muss der Gläubiger nunmehr im Antrag ausdrücklich erklären, ob er an einer **Teilnahme** zur Abgabe der eidesstattlichen Versicherung interessiert ist oder nicht, § 902 Abs. 1 S. 3 ZPO. Sofern der Gläubiger im Antrag bereits seinen Wunsch zur Teilnahme ausgedrückt hat, wird er jedoch häufig durch die kumulative Voraussetzung „und die Versicherung gleichwohl ohne Verzug abgenommen werden kann" von der Teilnahme praktisch wieder ausgeschlossen. Der Begriff „ohne Verzug" bedeutet sicherlich nicht, dass der Gerichtsvollzieher mehrere Stunden bis zur Ankunft des Gläubigers abwarten muss.[155] Nach einer Entscheidung des LG Oldenburg ist einem bereits verhafteten Schuldner nicht zuzumuten, länger als zwei Stunden auf den Gläubigervertreter zu warten, damit diesem Gelegenheit gegeben wird, gezielte Fragen an den Schuldner zu stellen. Im Einzelfall ist auch eine Wartezeit von höchstens einer Stunde denkbar.[156] Die Teilnahme wird somit nur Gläubigern ermöglicht, die am Ort der Verhaftung des Schuldners wohnen bzw. ihren Sitz haben.

5.80

Nach Abgabe der eidesstattlichen Versicherung ist der Schuldner aus der Haft zu entlassen und der Gläubiger hiervon in Kenntnis zu setzen, § 902 Abs. 2 ZPO. Den somit verbrauchten Haftbefehl sendet der Gerichtsvollzieher an das zuständige Vollstreckungsgericht.

5.81

3. Aussetzung des Haftbefehls

Die Vergangenheit hat gezeigt, dass Vermögensverzeichnisse vielfach unvollständig, lückenhaft und ungenau sind. Der Gläubiger musste dann ein Ergänzungs- oder Nachbesserungsverfahren einleiten. Nach § 902 Abs. 3 ZPO kann der Gerichtsvollzieher die Bestimmung eines neuen Termins und die Aussetzung des Haftbefehls bis zu diesem Termin anberaumen.

5.82

Hierzu wird – etwas unverständlich – auf § 900 Abs. 1 Satz 2–4 ZPO verwiesen. Dies bedeutet, dass eine kurzfristige Vertagung um Stunden oder 1–2 Tage nicht möglich ist. Der Schuldner muss erneut förmlich zu dem Vertagungstermin geladen werden; der Gläubiger ist formlos zu laden. Um die Zeitverzögerung so gering wie möglich zu halten, sollte der Gläubiger im Antrag bereits darauf hinweisen, dass er selbst an einer erneuten Terminsteilnahme nicht interessiert ist. In diesem Fall kann der Schuldner be-

5.83

---

155 Zöller/*Stöber*, § 902 Rdn. 5; **a.A.** Thomas/*Putzo*, § 902 n.F. Rdn. 5, er muss mehrere Stunden warten.
156 LG Oldenburg, DGVZ 2003, 156 = InVo 2004, 121.

4. Befristung des Haftbefehls

5.84 Nach der Regelung in § 909 Abs. 2 ZPO ist nunmehr[157] die Frist für die Vollziehung des Haftbefehls auf **drei Jahre** festgelegt. Hierzu reicht es aus, wenn der Gläubiger innerhalb der Frist den Auftrag erteilt.[158] Die Vollziehungsfrist passt zwar zu § 914 Abs. 2 ZPO oder § 915 Abs. 2 ZPO, nicht aber zu § 915a ZPO. Es wäre sinnvoller gewesen, die Frist anzugleichen und zu bestimmen, dass die Vollziehung des Haftbefehls unstatthaft ist, wenn seit *dem Ende des Jahres,* an dem der Haftbefehl erlassen wurde, drei Jahre verstrichen sind. Mit Ablauf der Frist ist der Haftbefehl verbraucht, einer förmlichen Aufhebung bedarf es nicht.[159]

V. Schuldnerverzeichnis

1. Eintragung in die Schuldnerkartei

5.85 Hat der Schuldner die eidesstattliche Versicherung abgegeben oder ist gegen ihn ein Haftbefehl erlassen worden, ist er in das Schuldnerverzeichnis einzutragen, § 915 Abs. 1 S. 1 ZPO. Dies gilt auch für Personen, die die eidesstattliche Versicherung nach § 284 AO abgegeben haben, § 915 Abs. 1 S. 2 ZPO. Ebenfalls einzutragen ist die von dem Schuldner abgeleistete Haftdauer von 6 Monaten. Das Gericht hat auch die Schuldner einzutragen, bei denen der Insolvenzeröffnungsantrag mangels Masse abgewiesen wurde, § 26 Abs. 2 InsO (vgl. hierzu insgesamt § 1 Abs. 1, 2 SchuVVO). Nach § 1 SchuVVO werden in das Schuldnerverzeichnis eingetragen die Bezeichnung des Schuldners wie in dem Titel, der dem Vollstreckungsverfahren zugrunde liegt, das Geburtsdatum, soweit bekannt, das Datum der Abgabe der eidesstattlichen Versicherung, das Datum der Anordnung der Haft gemäß § 901 ZPO und die Vollstreckung der Haft gemäß § 915 Abs. 1 Satz 3 ZPO. Weiterhin das Aktenzeichen der Vollstreckungssache, die Bezeichnung des Vollstreckungsgerichts oder der Vollstreckungsbehörde. Eintragungen nach § 26 Abs. 2 InsO erfolgen mit Bezeichnung des Schuldners wie in dem Beschluss, durch den der Antrag auf Eröffnung des Insolvenzverfahrens nach § 26 Abs. 1 InsO abgewiesen wurde, des Datums dieses Beschlusses,

---

157 Bisher sah das Gesetz eine zeitliche Grenze für die Vollziehung des Haftbefehls nicht vor. Dennoch wurde immer wieder für eine zeitliche Begrenzung des Haftbefehls argumentiert; vgl. LG Detmold, Rpfleger 1987, 74 = 9 Jahre; AG Ansbach, DGVZ 1990, 125 = 8 Jahre.
158 BGH, Rpfleger 2006, 269.
159 **A.A.** Thomas/*Putzo,* § 901 Rdn. 11, Aufhebung von Amts wegen durch den Rechtspfleger.

der Bezeichnung des Gerichts, das diesen Beschluss erlassen hat, und des Aktenzeichens des Insolvenzverfahrens. Vertreter des Schuldners werden nicht in das Schuldnerverzeichnis eingetragen.[160]

Nach der Regelung in § 899 ZPO ist der Gerichtsvollzieher für Anträge auf Abnahme der eidesstattlichen Versicherung zuständig, in dessen Bezirk der Schuldner bei der Auftragserteilung wohnt. Die Regelung in Abs. 2 von § 915 ZPO erfasst den Fall, dass der Schuldner zwischen Antragstellung und eidesstattlicher Versicherung seinen Wohnsitz gewechselt hat. Der zuständige Gerichtsvollzieher ersucht in diesem Fall den Gerichtsvollzieher am neuen Wohnsitz im Wege der Rechtshilfe, dem Schuldner die eidesstattliche Versicherung abzunehmen. Dieses Gericht als neues Wohnsitzgericht benötigt die Eintragung in der Schuldnerkartei, um so die Gläubigeranfragen korrekt beantworten zu können.

5.86

2. Einsicht in die Schuldnerkartei

Die Schuldnerkartei wird von dem Vollstreckungsgericht geführt[161] und nicht von der Justizverwaltung. Auskünfte aus dem Schuldnerverzeichnis werden erteilt, wenn dargelegt wird, dass diese z.B. für Zwecke der Zwangsvollstreckung verwendet werden (weitere Zwecke vgl. § 915 Abs. 3 ZPO: wirtschaftliche Zuverlässigkeit, Gewährung öffentlicher Leistungen, wirtschaftliche Nachteile zu vermeiden, Verfolgung von Straftaten). Die Erteilung von Abschriften oder Auszügen an Gläubiger erfordert regelmäßig die Vorlage eines Vollstreckungstitels.[162] Die Entscheidung des Präsidenten des Landgerichts über die Bewilligung des Bezugs von Abdrucken aus dem Schuldnerverzeichnis ist als gebundene Entscheidung ausgestaltet. Liegen die Voraussetzungen vor, so ist die Bewilligung zu erteilen.[163]

5.87

3. Löschung der Eintragung

Die Eintragung des Schuldners wird auf seinen eigenen Antrag hin nach Ablauf von drei Jahren zum Schluss des Kalenderjahres nach der Eintragung gelöscht, § 915a Abs. 1 S. 1 ZPO. Die Einfügung von Satz 2 in § 915a Abs. 1 ZPO ab dem 1.1.1999 ist lediglich eine Folgeregelung zu § 915 Abs. 2 ZPO, die Löschung muss auch bei dem weiteren Gericht erfolgen, welches die eidesstattliche Versicherung vermerkt hat. Die Löschungsfrist bei Eintragungen nach § 26 Abs. 2 InsO beträgt fünf Jahre.

5.88

Weist der Schuldner nach, dass er die titulierte Forderung an den Gläubiger beglichen hat, erfolgt ebenfalls Löschung, § 915a Abs. 2 Nr. 1 ZPO. Eine

5.89

---

160 LG Frankenthal, Rpfleger 1987, 380.
161 OLG Oldenburg, Rpfleger 1978, 267.
162 LG Frankfurt, Rpfleger 1987, 424.
163 Brandenbg. OLG, Rpfleger 2003, 201.

bewilligte Stundung des Anspruches steht jedoch einer Befriedigung des Gläubigers nicht gleich, die Eintragung ist nicht zu löschen.[164] Wird die Haftanordnung aufgehoben, der Titel aufgehoben oder die Zwangsvollstreckung im Wege der Vollstreckungsgegenklage für unzulässig erklärt, ist ebenfalls die Löschung vorzunehmen, § 915 Abs. 2 Nr. 2 ZPO.

VI. Wiederholte eidesstattliche Versicherung

1. Verfahrensvoraussetzungen

a) Antrag/Auftrag

5.90   Hat der Schuldner die eidesstattliche Versicherung abgegeben, ist er in den nächsten drei Jahren zur erneuten Abgabe nur in den nach § 903 ZPO gegebenen Fällen verpflichtet. Entweder macht der Gläubiger glaubhaft, dass der Schuldner später Vermögen erworben hat oder dass er ein bisher bestehendes Arbeitsverhältnis aufgelöst hat. Hat der Schuldner im ersten Vermögensverzeichnis unwahre Angaben gemacht, so steht dem Gläubiger in analoger Anwendung nach § 903 ZPO ein Anspruch auf Wiederholung der eidesstattlichen Versicherung zu, z.B. Angabe eines Arbeitsverhältnisses, welches tatsächlich nicht mehr bestanden hat.[165] Die Drei-Jahres-Frist gilt gegenüber allen Gläubigern und ist – wie früher durch das Vollstreckungsgericht – von Amts wegen zu beachten.

5.91   Der Gläubiger muss verfahrensrechtlich wiederum einen **Antrag** bzw. Auftrag beim Gerichtsvollzieher stellen und die Vollstreckungsunterlagen beifügen. Zuständig ist der Gerichtsvollzieher, in dessen Bezirk der Schuldner nunmehr wohnhaft ist bzw. seinen Sitz oder Aufenthaltsort hat.

b) Vermögenserwerb

5.92   Als besondere Voraussetzung muss der Gläubiger den späteren Erwerb von Vermögen glaubhaft machen. Verweist der Gläubiger darauf, dass der Schuldner seinen selbstständigen Gewerbebetrieb fortführt, ist hierdurch nicht glaubhaft gemacht, dass pfändbares Vermögen erworben wurde.[166] Nicht ausreichend ist auch die behauptete Tatsache, dass der Schuldner als Ausländer wiederholt Reisen in seine Heimat unternimmt und somit offensichtlich über Vermögen verfügen muss.[167]

5.93   **Selbstständige** sind nicht kraft der von ihnen ausgeübten Tätigkeit vom Schutzbereich des § 903 ZPO generell ausgenommen mit der Folge, dass sie

---

164   LG Tübingen, Rpfleger 1986, 24.
165   OLG Köln, Rpfleger 1975, 180.
166   LG Köln, DGVZ 2004, 172; LG Düsseldorf, JurBüro 1987, 466.
167   LG Köln, JurBüro 1987, 1812.

alle 6 Monate eine erneute Offenbarungsversicherung abgeben müssten. Der Ausnahmetatbestand „Erwerb neuen Vermögens" setzt die glaubhaft gemachte Wahrscheinlichkeit voraus, dass der Schuldner vor Ablauf der 3-Jahres-Frist pfändbares Vermögen erworben hat. Nach der Lebenserfahrung fallen in einem kleinen, in der Wohnung geführten Schreibbüro in der Regel keine Honorarforderungen in pfändungsfähiger und pfändungsgeeigneter Form an, sondern gleichsam Bargeschäfte, mithilfe derer der Schuldner „von der Hand in den Mund" lebt. Ein solch geringfügiger Umschlag an Vermögen genügt anerkanntermaßen nicht, den Erwerb von pfändbarem Vermögen als glaubhaft gemacht anzusehen.[168] Bei einem Selbstständigen genügt zum Nachweis des Vermögenserwerbs auch nicht der Hinweis, dass der Schuldner seine bisherige Tätigkeit fortsetzt. Selbst der eigene Hinweis des Schuldners, dass er in absehbarer Zeit mit einer Verbesserung seiner wirtschaftlichen Lage rechne, lässt ebenfalls keine Rückschlüsse auf einen konkreten Vermögenserwerb zu.[169] Bei einem Selbstständigen mit regelmäßigen Auftraggebern ist jedoch davon auszugehen, dass er weitere Auftraggeber hinzuerhält, sodass die Vermutung für einen späteren Vermögenserwerb glaubhaft ist.[170] Gleiches gilt, wenn der Schuldner fortlaufend in kurzen Abständen Teilzahlungen auf die titulierte Forderung leistet.[171]

Ob ein selbstständiger Schuldner, der seine einzige **Bankverbindung** auflöst, zur erneuten Abgabe der eidesstattlichen Versicherung verpflichtet ist, ist streitig. Zwar stellt eine Kontoverbindung als solche keine Erwerbsquelle dar, sodass allein aus der (neuen) Bankverbindung nicht auf neu erworbenes Vermögen geschlossen werden kann. Bei einem Selbstständigen kann aber davon ausgegangen werden, dass er zwischenzeitlich neues Vermögen erworben hat, weil er allein von seiner selbstständigen Tätigkeit lebt.[172] **5.94**

Der Umzug in eine neue Wohnung kann durchaus einen neuen Vermögenserwerb begründen, denn durch den Umzug ist nicht auszuschließen, dass der Schuldner bei seinem neuen Vermieter eine Mietkaution hinterlegen musste, die einen pfändbaren Vermögensgegenstand darstellt.[173] **5.95**

---

168 OLG Stuttgart, Rpfleger 2001, 441 = DGVZ 2001, 116 = JurBüro 2001, 434 = InVo 2001, 260.
169 OLG Frankfurt, Rpfleger 2002, 466 = JurBüro 2002, 442 = InVo 2002, 517.
170 LG Koblenz, JurBüro 1997, 272.
171 LG Düsseldorf, JurBüro 1987, 467.
172 Ja: LG Wuppertal, DGVZ 2004, 186; LG Göttingen, Rpfleger 2003, 255 = DGVZ 2003, 41 = JurBüro 2003, 216 = InVo 2003, 331; LG Münster, Rpfleger 1999, 230; nein: LG Bochum, DGVZ 2002, 76; LG Kassel, Rpfleger 1997, 74.
173 LG Kassel, Rpfleger 2005, 39 = InVo 2005, 202 = JurBüro 2005, 101; **a.A.** LG Frankfurt/Main, DGVZ 2004, 44.

c) Auflösung des Arbeitsverhältnisses

5.96 Die Auflösung eines bestehenden Arbeitsverhältnisses ist durch den Gläubiger glaubhaft zu machen. Unter dem Begriff Arbeitsverhältnis ist jede Einkommens- bzw. Erwerbsmöglichkeit zu verstehen. Die Vorschrift ist somit auch dann anzuwenden, wenn der Schuldner als Selbstständiger seinen Gewerbebetrieb aufgibt oder verliert.[174] Es genügt auch, wenn der Gläubiger nachweist, dass der Schuldner von bisher zwei selbstständigen Erwerbsquellen eine aufgegeben hat.[175] Bei Verlust einer Witwenpension oder Sozialrente sind ebenfalls die Voraussetzungen erfüllt.[176] Auch der Wegfall von Arbeitslosengeld verpflichtet den Schuldner zur wiederholten eidesstattlichen Versicherung.[177] Kann durch ein Schreiben der Agentur für Arbeit glaubhaft gemacht werden, dass der Schuldner nach Ablauf des Bewilligungszeitraumes keinen Antrag auf Fortzahlung des Arbeitslosengeldes gestellt hat, liegen die Antragsvoraussetzungen vor.[178] Auch die Aufgabe einer **Nebentätigkeit** verpflichtet den Schuldner nach § 903 ZPO zur wiederholten Abgabe der eidesstattlichen Versicherung.[179]

5.97 Die Tatsache, dass eine im Vermögensverzeichnis angegebene selbstständige Tätigkeit nie gewerberechtlich angemeldet wurde, lässt jedoch nicht die Vermutung zu, dass diese Tätigkeit aufgegeben wurde.[180] Keine Verpflichtung begründet auch die nachträgliche Verehelichung des Schuldners.[181]

5.98 Die erneute Verpflichtung des Schuldners zur Abgabe der eidesstattlichen Versicherung lässt sich nicht allein daraus ableiten, der Schuldner habe nach der Lebenserfahrung zwischenzeitlich wieder Arbeit gefunden, weil er sich in einem **leistungsfähigen Alter** befinde.[182] Der Hinweis auf die allgemeine Arbeitsmarktlage bei hoher Arbeitslosigkeit reicht ebenfalls alleine nicht aus.[183] Nur aus den Umständen des Einzelfalles kann sich ergeben, insbesondere unter Berücksichtigung des Alters, des Berufes und der Arbeitsfähigkeit des Schuldners, die Tatsache, dass ein arbeitswilliger Schuldner wieder einen Arbeitsplatz hat finden können. Es genügt, wenn der Gläubiger glaubhaft macht, dass der arbeitslose Schuldner nunmehr mit hoher Wahrscheinlichkeit wieder einen Arbeitsplatz hat finden müssen.[184]

---

174 LG Hamburg, Rpfleger 1984, 363; OLG Bamberg, JurBüro 1988, 1422; LG Darmstadt, JurBüro 1996, 274; LG Frankfurt/Oder, Rpfleger 1998, 167; LG Augsburg, JurBüro 1998, 325.
175 OLG Frankfurt, Rpfleger 1990, 174.
176 OLG Hamm, Rpfleger 1983, 322.
177 LG Hechingen, Rpfleger 1992, 208; LG Berlin, Rpfleger 1997, 221.
178 LG Hannover, MDR 1993, 801.
179 LG Schweinfurt, DGVZ 2002, 155.
180 LG Stuttgart, DGVZ 2005, 75.
181 AG Emmendingen, DGVZ 2005, 45.
182 LG Stuttgart, DGVZ 2002, 93.
183 LG Koblenz, Rpfleger 1998, 120.
184 LG Chemnitz, Rpfleger 1995, 512; LG Nürnberg-Fürth, Rpfleger 1996, 416 m. Anm. *Zimmermann*.

Hierbei kann nach den Einzelumständen eine Frist von 6 Monaten oder auch bis zu 2 Jahren nach der Arbeitslosigkeit genügen.[185]

Beispiele: 5.99

- Wenn nach der Lebenserfahrung aufgrund der konkreten Umstände des Einzelfalls eine Änderung der vermögensrechtlichen relevanten Verhältnisse des Schuldners zu erwarten ist (arbeitsloser **45-jähriger Kfz-Mechaniker**, Unterhaltspflicht gegenüber einem Kind, 1½ Jahre nach der letzten Abgabe der eidesstattlichen Versicherung[186] oder **48-jähriger** Schuldner gibt an, er beziehe keinerlei Einkommen und werde von seiner Verlobten unterstützt[187]);
- Hat eine **48-jährige** Schuldnerin – gelernte Kauffrau – angegeben, arbeitslos zu sein, keine Sozialhilfe zu beantragen, sondern von Zuwendungen von Freunden zu leben, so ist nach Ablauf von fast 2 Jahren davon auszugehen, dass die Schuldnerin zwischenzeitlich wieder eine neue Arbeit gefunden bzw. andere Erwerbsquellen aufgetan hat.[188]
- Hat der **42-jährige** Schuldner zuletzt Arbeitslosengeld und Wohngeld – weit unter den Pfändungsfreigrenzen des § 850c ZPO – erhalten und sind seit der letzten Abgabe der eidesstattlichen Versicherung mehr als 2 Jahre vergangen, können die Voraussetzungen für eine wiederholte Abgabe der eidesstattlichen Versicherung gem. § 903 ZPO vorliegen. Es ist unwahrscheinlich, dass der Schuldner sich mit einem derartig geringen Einkommen über einen so langen Zeitraum begnügt hat; vielmehr ist anzunehmen, dass der Schuldner sich neue Einkommensquellen – wenn auch in Form von Gelegenheitsarbeiten – erschlossen hat.[189]
- Bei einem 33-jährigen arbeitslosen Schuldner.[190]

d) Unpfändbarkeitsbescheinigung

Für Verfahren nach § 903 ZPO ist seit dem 1.1.1999 der Nachweis der Unpfändbarkeit i.S.v. § 807 Abs. 1 ZPO nicht mehr zu führen, § 903 S. 2 ZPO. Diese Regelung ist eine pragmatische Lösung, die dem Schuldner auch zuzumuten ist. Sollte der Schuldner innerhalb der drei Jahre nach Abgabe der ersten eidesstattlichen Versicherung erneut Vermögen erworben haben, vermag er ohne weiteres die Forderung des Gläubigers zu zahlen. Sofern der Gläubiger den Schuldner zur wiederholten Abgabe der eidesstattlichen Versicherung vorladen lässt, kann der Schuldner den Einwand der Zahlungsfähigkeit auch durch Widerspruch geltend machen, § 900 Abs. 4 ZPO.

5.100

---

185 Vgl. z.B. LG Hannover, JurBüro 1987, 942; LG Frankenthal, Rpfleger 1985, 450; OLG Karlsruhe, Rpfleger 1992, 208; LG Hechingen, Rpfleger 1992, 208; LG Dresden, JurBüro 1998, 214.
186 LG Hechingen, JurBüro 2002, 383.
187 LG Köln, JurBüro 2001, 659.
188 LG Landshut, JurBüro 2002, 271.
189 LG Bremen, JurBüro 2002, 210.
190 LG Ingolstadt, JurBüro 2004, 336.

2. Terminsablauf

5.101 Das Verfahren zur wiederholten Abgabe der eidesstattlichen Versicherung ist ein neues selbstständiges Verfahren. Eine pauschale Bezugnahme auf ein bereits vorliegendes Vermögensverzeichnis genügt den Anforderungen des § 903 ZPO nicht. Es ist ein neues Vermögensverzeichnis aufzustellen und dessen Vollständigkeit und Richtigkeit an Eides statt zu versichern.[191] Soweit sich zu den bereits vorliegenden Angaben keine Änderungen ergeben haben, kann hierauf verwiesen werden.[192] Erklärt der Schuldner, dass er innerhalb der letzten 3 Jahre die eidesstattliche Versicherung über seine Einkommens- und Vermögensverhältnisse abgegeben habe, findet sich aber ein entsprechender Eintrag in dem Schuldnerverzeichnis des jetzt zuständigen Vollstreckungsgerichtes nicht, so trifft den Schuldner eine Mitwirkungspflicht dahingehend, ihm mögliche Nachweise der Unrichtigkeit oder Unvollständigkeit des Schuldnerverzeichnisses zu führen. Dem Schuldner ist zuzumuten, einen Auszug aus dem Schuldnerverzeichnis auch eines anderen Gerichtes, bei dem die von ihm behauptete Offenbarungsversicherung eingetragen ist, vorzulegen.[193] Der Terminsablauf gestaltet sich weitgehend wie in § 900 ZPO geregelt. Erscheint der Schuldner in dem anberaumten Termin nicht, oder verweigert er die wiederholte Abgabe der eidesstattlichen Versicherung, ist auf Antrag des Gläubigers **Haftbefehl** zu erlassen, § 901 ZPO.

5.102 Nicht anwendbar ist § 900 Abs. 3 ZPO. Eine **Vertagung** des Termins zur wiederholten Abgabe der eidesstattlichen Versicherung im Hinblick auf eine angebotene Ratenzahlung zur Tilgung der Gläubigerforderung kommt nicht in Betracht.

---

191 LG Waldshut-Tiengen, JurBüro 2003, 547.
192 Zöller/*Stöber*, § 903 Rdn. 13.
193 LG Rostock, JurBüro 2002, 663 = InVo 2003, 201.

6. Abschnitt
Pfändung von Forderungen und Rechten

Kapitel A
Geldforderung

I. Einleitung

1. Pfändbarkeit

Aufgrund eines Zahlungstitels kann der Gläubiger die Zwangsvollstre- 6.1
ckung grundsätzlich in das gesamte Vermögen des Schuldners betreiben.
Hierbei spielt in der Praxis neben der Vollstreckung durch den Gerichtsvollzieher die Forderungspfändung die dominierende Rolle. Der Gläubiger
vollstreckt hierbei in eine Forderung, die dem Schuldner „angeblich" gegen
einen Dritten, den Drittschuldner, zusteht § 829 Abs. 1 ZPO.

Jede **Forderung**, die auf Zahlung in Geld gerichtet ist, kann grundsätzlich 6.2
gepfändet werden, ob sie nun **bedingt, betagt, zeitbestimmt** oder von einer
Gegenleistung abhängig ist[1]. Auch eine **zukünftige** Forderung kann gepfändet werden, sofern diese hinreichend bestimmbar ist. Zur Zeit der Pfändung
muss allerdings zwischen dem Schuldner und Drittschuldner eine Rechtsbeziehung bestehen, und damit eine rechtliche Grundlage vorhanden sein, die
die Bestimmung der Forderung entsprechend ihrer Art und dem Drittschuldner nach ermöglicht.[2] Unerheblich ist hierbei die Tatsache, in welcher Höhe
die Forderung letztendlich entstehen wird, es genügt eine Rechtsgrundlage
für die Möglichkeit der Entstehung der zukünftigen Forderung.

2. Unpfändbare Ansprüche

Nicht der Pfändung in eine Geldforderung unterliegt die Vollstreckung 6.3
in eine Geldstückschuld oder eine Geldsortenschuld. Hierbei muss der
Schuldner ganz bestimmte Geldstücke herausgeben, die Vollstreckung er-

---
1   BGH, NJW-RR 2001, 957.
2   BGH, Rpfleger 2003, 305 = NJW 2003, 1457 = BB 2003, 585 = DGVZ 2003, 118
    = FamRZ 2003, 1010 = JurBüro 2003, 438 = KTS 2003, 398 = MDR 2003, 525 =
    WM 2003, 548 = InVo 2003, 192 = ZVI 2003, 110 zum künftigen Rentenanspruch;
    BGH, Rpfleger 2002, 272 = NJW 2002, 755 = KTS 2002, 323 = MDR 2002, 477 =
    WM 2002, 279 = ZIP 2002, 226 = InVo 2002, 149; BGH, NJW 1955, 544; BGH,
    NJW 1982, 2193.

6.4–6.6   Pfändung von Forderungen und Rechten

folgt gemäß § 846 ZPO oder § 883 ZPO (vgl. Rdn. 6.270 ff.). Die Pfändung indossabler Wertpapiere, § 831 ZPO, obliegt der Sachpfändung durch den Gerichtsvollzieher. Das von einem Kellner üblicherweise vereinnahmte „Trinkgeld" ist ebenfalls nicht im Wege der Forderungspfändung gegenüber dem Gastwirt pfändbar.[3]

6.4   **Ausgenommen** von der Pfändung sind auch solche Forderungen, die generell nicht übertragbar sind, § 851 Abs. 1 ZPO. Eine nach § 399 BGB nicht übertragbare Forderung kann jedoch gepfändet und zur Einziehung überwiesen werden, sofern der geschuldete Gegenstand selbst der Pfändung unterworfen ist, § 851 Abs. 2 ZPO. Zweck dieser Vorschrift ist, dass der Schuldner nicht durch einfache Absprachen mit dem Dritten eine Forderung der Pfändung entziehen soll. Allerdings ist § 851 Abs. 2 ZPO teleologisch dahin zu reduzieren, dass ein Abtretungsverbot, welches sich aus § 399 1. Alt. BGB ergibt, nicht unter den Anwendungsbereich dieser Norm fällt, sondern lediglich ein vertraglich vereinbartes Abtretungsverbot nach § 399 2. Alt. BGB. Somit ist z.B. die Leistung einer Sicherheit nach § 116a StPO, die dem Zweck dient, die Anwesenheit des Beschuldigten für die Dauer des Strafverfahrens zu gewährleisten, dem Abtretungsverbot nach § 399 1. Alt. BGB unterfallen und nicht pfändbar.[4]

6.5   **Generell unpfändbar** sind höchstpersönliche Ansprüche des Schuldners, wie z.B. die Inanspruchnahme eines Überziehungskredites auf dem Girokonto (vgl. hierzu Rdn. 6.249), der Anspruch des Schuldners gegenüber seinem Ehegatten auf Mitwirkung zur gemeinsamen Steuerveranlagung und Unterzeichnung der Steuererklärung (hierzu Rdn. 6.408 ff.).[5]

6.6   Ebenfalls unpfändbar sind Ansprüche, die nicht der deutschen Gerichtsbarkeit unterliegen, z.B. Umsatzsteuererstattungsansprüche[6] oder Überflugrechte[7] eines ausländischen Staates. Für unpfändbar gehalten wird die Versicherungsforderung wegen eines Brandes im Haushalt, soweit sie sich auf Reparatur- und Reinigungsarbeiten bezieht und soweit sie die Differenz zwischen Neuwert und Zeitwert umfasst.[8] Der § 2 Abs. 2 S. 4 BetrAVG unterfallende Teil einer betrieblichen Altersversorgung (Lebensversicherung in Form einer Direktversicherung) ist unpfändbar.[9] Das **Rentenantragsrecht** ist nicht pfändbar. Es kommt nicht entscheidend darauf an, ob im Pfändungs- und Überweisungsbeschluss das Rentenantragsrecht ausdrücklich gepfändet worden ist oder ob lediglich die Einziehung der Rente dem Vollstreckungsgläubiger überwiesen worden ist. Durch die Pfändung des Rentenanspruchs erwirbt der Pfändungsgläubiger nicht zugleich das Recht,

---

3   OLG Stuttgart, Rpfleger 2001, 608.
4   LG München I, NJOZ 2003, 2473.
5   LG Hechingen, FamRZ 1990, 1127.
6   BGH, Rpfleger 2006, 133.
7   BGH, Rpfleger 2006, 135.
8   LG Detmold, Rpfleger 1988, 154.
9   OLG Köln, InVo 2003, 198.

den Antrag auf Durchführung des Rentenverfahrens für den Schuldner oder im eigenen Namen zu stellen. Der Pfändungsgläubiger kann den Schuldner nur durch gerichtliche Entscheidung zur Abgabe der eigenen öffentlich-rechtlichen Willenserklärung (Rentenantragstellung) verurteilen lassen mit der Folge, dass mit Rechtskraft des Urteils die Erklärung als abgegeben gilt (§ 894 Abs. 1 ZPO).[10] Das in der Teilungserklärung begründete Recht der teilenden Eigentümerin, **Sondernutzungsrechte** an Kfz-Stellplätzen durch Zuweisung an einzelne Miteigentümer zu begründen, unterliegt nicht der Pfändung.[11]

Zum Arbeitsentgelt eines Strafgefangenen, zum Eigengeld , §§ 43, 47, 52 StVollzG, und zum Hausgeld vgl. Rdn. 6.86 ff.

3. Hypothekenhaftungsverband

Forderungen, auf die sich bei Grundstücken die Hypothek erstreckt (Hypothekenhaftungsverband, §§ 1120 ff. BGB), können nur gepfändet werden, solange nicht ihre Beschlagnahme im Wege der Zwangsvollstreckung in das unbewegliche Vermögen erfolgt ist, § 865 Abs. 2 S. 2 ZPO. Zu diesen dem **Hypothekenhaftungsverband** unterliegenden Forderungen gehören Miet- und Pachtzinsforderungen, §§ 1123–1125 BGB, Rechte auf wiederkehrende Leistungen, z.B. die Reallast bzw. die Erbbauzinsreallast, § 1126 BGB, und Versicherungsforderungen §§ 1127–1130 BGB. Wird die Zwangsversteigerung des Grundstückes angeordnet, umfasst die Beschlagnahme zwar nicht Miet- und Pachtzinsforderungen, § 21 Abs. 2 ZVG, bei der Anordnung der Zwangsverwaltung werden die zuvor genannten Forderungen jedoch allesamt beschlagnahmt, §§ 148 Abs. 1 S. 1, 21 Abs. 2 ZVG.

Gleichermaßen werden diese Forderungen beschlagnahmt, wenn der Gläubiger des Grundstückseigentümers diese zum Hypothekenhaftungsverband gehörenden Forderungen aufgrund eines dinglichen Titels pfändet, § 1147 BGB.[12] Hat bereits ein Gläubiger aufgrund eines persönlichen Titels eine solche Forderung gepfändet, durchbricht der nachträglich pfändende Gläubiger aufgrund des Duldungstitels das Pfändungspfandrecht des persönlichen Gläubigers. Es gilt hier nicht mehr das Prioritätsprinzip, § 804 Abs. 3 ZPO, sondern es gilt das Rangverhältnis der dinglichen Gläubiger im Grundbuch in Verbindung mit dem Rangverhältnis nach dem Zwangsversteigerungsgesetz, § 879 BGB, § 10 ZVG. Erst wenn die Zwangsversteigerung oder Zwangsverwaltung des Grundstückes beendet ist, oder die Forderung enthaftet wurde, §§ 1123, 1124, 1126, 1127, 1129 BGB, kann diese wieder gepfändet werden, §§ 828 ff. ZPO (vgl. hierzu Rdn. 11.294 ff.).

---
10 SG Frankfurt, NJW-RR 2002, 1213.
11 OLG Stuttgart, Rpfleger 2002, 576 = NZM 2002, 884 = InVo 2002, 431.
12 MünchKomm/*Eickmann* BGB, § 1123 Rdn. 22.

4. Beschränkt pfändbare Ansprüche

6.10 Beschränkt pfändbar sind der **Pflichtteilsanspruch**, der **Zugewinnausgleichsanspruch** und eine **Schenkungsrückforderung**, § 852 ZPO. Diese Ansprüche können nur gepfändet werden, wenn sie durch Vertrag anerkannt wurden oder rechtshängig geworden sind. Nach einer Entscheidung des BGH[13] kann der Pflichtteilsanspruch bereits vor vertraglicher Anerkennung oder Rechtshängigkeit als in seiner zwangsweisen Verwertbarkeit aufschiebend bedingter Anspruch gepfändet werden. Hierbei erwirbt der Pfändungsgläubiger bei Eintritt der Verwertungsvoraussetzungen das Pfandrecht, dessen Rang sich nach dem Zeitpunkt der Pfändung richtet.[14]

5. Zugehörigkeit zum Schuldnervermögen

6.11 Die übertragbare bzw. abtretbare Forderung muss dem Schuldner gegen den Drittschuldner zustehen.[15] Da das Vollstreckungsgericht den Tatbestand der **Zugehörigkeit zum Schuldnervermögen** nicht prüfen kann, reicht der schlüssige Vortrag des Gläubigers aus, dass die Forderung des Schuldners gegen den Drittschuldner bestehe[16]. Gepfändet wird nur die angebliche Forderung des Schuldners. Sofern die Forderung bei Wirksamwerden der Pfändung dem Schuldner tatsächlich nicht zusteht, ist die Pfändung ins Leere gegangen.[17] Hat das Gericht Kenntnis davon, dass die zu pfändende Forderung nicht besteht, ist die Pfändung abzulehnen.[18] Bloße Zweifel am Bestehen der Forderung genügen jedoch nicht.[19] Pfändet der Gläubiger in eine Forderung, die **mehreren Schuldnern** gemeinsam gehört, ist die Pfändung nur zulässig, wenn die Schuldner Teilgläubiger, § 420 BGB, oder Gesamtgläubiger, § 428 BGB, sind. Steht die Forderung dem Schuldner jedoch in Bruchteils- oder Gesamthandsgemeinschaft zu, kann der Gläubiger die Vollstreckung nur betreiben, wenn er einen Titel gegen alle Forderungsinhaber hat, ansonsten unterliegt der Pfändung nur der schuldnerische Anteil an der Gemeinschaft bzw. der Auseinandersetzungsanspruch (z.B. der Anteil des schuldnerischen Miterben an einem einzelnen Nachlassgegenstand ist nicht pfändbar, pfändbar ist nur der Nachlassanteil des Schuldners mit allen Rechten und Pflichten, § 2033 Abs. 2 BGB, § 859 Abs. 2 ZPO).

6.12 Der Gläubiger kann auch eine Forderung pfänden, die dem Schuldner gegen den Gläubiger selbst zusteht.[20] Die Pfändung kann nicht mit der

---

13 Rpfleger 1994, 73 = NJW 1993, 2876.
14 Hierzu *Kuchinke*, NJW 1994, 1769; Musielak/*Becker*, § 852 Rdn. 3.
15 MünchKomm/*Smid* ZPO, § 829 Rdn. 6 m.w.N.
16 LG Düsseldorf, JurBüro 2004, 215.
17 Vgl. LG Münster, Rpfleger 1991, 379; zur Ausnahme beim Arbeitseinkommen vgl. Rdn. 6.92.
18 OLG Hamm, Rpfleger 1956, 197, *Stöber*, Rdn. 488.
19 LG Köln, JurBüro 1986, 781.
20 Zöller/*Stöber*, § 829 Rdn. 2.

Begründung abgelehnt werden, dass dem Gläubiger die Möglichkeit der Aufrechnung zustehe, da diese möglicherweise durch Vereinbarung ausgeschlossen ist. Weiterhin benötigt der Gläubiger oftmals einen Titel zur Herausgabevollstreckung notwendiger Urkunden, die er mit dem Pfändungsbeschluss erhält, § 836 Abs. 3 S. 3 ZPO.

II. Antrag

1. Antragsvoraussetzungen

Wie alle anderen Vollstreckungsmaßnahmen auch wird der Pfändungsbeschluss nur auf **Antrag** des Gläubigers erlassen. Dem Antrag sind die gesamten Vollstreckungsunterlagen einschließlich der Belege über die bisherigen Vollstreckungskosten beizufügen. Zur sachlichen und örtlichen Zuständigkeit vgl. Rdn. 6.35 ff. 6.13

In Verfahren ohne Anwaltszwang ist nach § 121 Abs. 2 ZPO u.a. ein Rechtsanwalt beizuordnen, wenn die Partei dies beantragt und die Vertretung durch einen Rechtsanwalt erforderlich erscheint, d.h. wenn Umfang, Schwierigkeit und Bedeutung der Sache Anlass zu der Befürchtung geben, der Hilfsbedürftige werde nach seinen persönlichen Fähigkeiten nicht in der Lage sein, seine Rechte sachgemäß wahrzunehmen und die notwendigen Maßnahmen in mündlicher oder schriftlicher Form zu veranlassen. Danach hängt die Notwendigkeit der Beiordnung eines Rechtsanwalt einerseits von der Schwierigkeit der im konkreten Fall zu bewältigenden Rechtsmaterie und andererseits von den persönlichen Fähigkeiten und Kenntnissen gerade des Antragstellers ab. Für die Lohnpfändung darf dem Gläubiger die Beiordnung eines Rechtsanwalts nicht ohne Prüfung des Einzelfalls versagt werden.[21] 6.14

Vor der Pfändung einer Geldforderung hat das Vollstreckungsgericht die Zulässigkeit der Zwangsvollstreckung zu überprüfen, also die für alle Vollstreckungsarten geltenden Vorschriften und die für die Forderungspfändung besonders aufgestellten Bedingungen. Ansonsten obliegt dem Vollstreckungsgericht lediglich eine Schlüssigkeitsprüfung. Es muss feststellen, ob sich aus dem Vorbringen des Gläubigers ergibt, dass eine Forderung des Schuldners gegen den Drittschuldner bestehen kann, die nicht unpfändbar ist. Es wird lediglich die angebliche Forderung des Schuldners gegen den Drittschuldner gepfändet. Die Berücksichtigung der Angaben in dem Vermögensverzeichnis des Schuldners als offenkundig würde dazu führen, dass dessen Angaben zum Bestehen oder zur Pfändbarkeit einer Forderung entgegen der gesetzlichen Regelung verwendet würden. Das **Rechtsschutzbedürfnis** für einen Pfändungs- und Überweisungsbeschluss kann nicht mit Rücksicht auf eine gerichtsbekannte eidesstattliche Versicherung des Schuldners und das ihr 6.15

---

[21] BGH, Rpfleger 2003, 591 = NJW 2003, 3136 = FamRZ 2003, 1547 = JurBüro 2004, 42 = MDR 2003, 1245 = WM 2004, 441 = InVo 2004, 27 = ZVI 2003, 457.

zugrunde liegende Vermögensverzeichnis verneint werden.[22] Zur Pfändung von Arbeitseinkommen oder Forderungen mit Lohnersatzfunktionen ist das Rechtsschutzbedürfnis zu bejahen, auch wenn im Zeitpunkt der Antragstellung die Pfändungsfreigrenze nicht überschritten wird.[23]

6.16 Etwas anderes gilt dann, wenn dem Vollstreckungsgericht positiv bekannt ist, dass die zu pfändende Forderung tatsächlich nicht besteht oder unpfändbar ist,[24] oder wenn aus dem Antrag erkennbar ist, dass die zu pfändende Forderung nicht zum Schuldnervermögen gehört.[25] Als unzulässig wird auch eine so genannte „**Ausforschungspfändung**" angesehen, wenn der Gläubiger z.B. sämtliche Bankenvertretungen am Wohnsitzgericht des Schuldners als Drittschuldner aufführt, um so über die Drittschuldnererklärung in Erfahrung zu bringen, über welche Guthaben bei welcher Bank der Schuldner tatsächlich verfügt.[26] Auch die Pfändung des Anspruches des Schuldners gegenüber fünf Notaren auf Auszahlung derzeitiger und künftiger auf Notaranderkonto hinterlegter Maklerprovision wurde abgelehnt,[27] da das Entstehen der Ansprüche noch völlig im Ungewissen liegt, und es sich bei den zu pfändenden Forderungen eher um „Hoffnungen und Erwartungen" handele, als um eine zukünftige oder konkrete Forderung mit gesicherter Rechtsgrundlage.[28] Dazu hat der BGH entschieden, dass bei *nicht* gewerblichen Schuldnern die Pfändung von Ansprüchen gegenüber **bis zu drei örtlichen Banken keine Ausforschungspfändung** darstellt. Daraus kann man entnehmen, dass bei *gewerblichen* Schuldnern die Pfändung gegenüber mehr als drei Kreditinstituten zulässig ist, ohne dass eine Ausforschungspfändung vorliegt.[29]

2. Antragsinhalt und Anspruchsbezeichnung

6.17 Der Gläubiger hat im Antrag anzugeben: die genaue Bezeichnung des **Gläubigers**, des **Schuldners**, den **Vollstreckungstitel**, und die **zu pfändende Forderung**. Letztere muss nach dem Vortrag des Gläubigers bestehen oder künftig entstehen, dem Schuldner gegen den Drittschuldner zustehen, hinreichend individualisiert und pfändbar sein. Ob die Forderung tatsächlich dem Schuldner gegen den Drittschuldner zusteht, prüft das Vollstreckungsgericht nicht.

---

22 BGH, Rpfleger 2003,595 = NJW-RR 2003, 1650 = FamRZ 2003, 1652 = MDR 2003, 1378 = WM 2003, 1875 = InVo 2003, 487 = ZVI 2003, 458.
23 LG Ellwangen, DGVZ 2003, 90.
24 LG Aurich, DGVZ 2003, 90 = JurBüro 2002, 661.
25 OLG Köln, ZIP 1980, 578; OLG Frankfurt, Rpfleger 1978, 229.
26 LG Hannover, ZIP 1985, 60; OLG München, WM 1990, 1591.
27 OLG Köln, Rpfleger 1987, 28.
28 Vgl. hierzu auch MünchKomm/*Smid* ZPO, § 829 Rdn. 10.
29 BGH, Rpfleger 2004, 572 = NJW 2004, 2096 = FamRZ 2004, 872 = JurBüro 2004, 391 = KTS 2004, 399 = MDR 2004, 834 = WM 2004, 934 = InVo 2004, 370 = ZVI 2004, 284.

Die **exakte Bezeichnung** der zu pfändenden Forderung ist jedoch unerlässlich. Zweifel an der Identität der zu pfändenden Forderung dürfen nicht bestehen. Das Rechtsverhältnis, aus dem die Forderung stammt, muss so angegeben sein, dass die Forderung für den allgemeinen Rechtsverkehr nach der Person des Schuldners wie der des Drittschuldners zu erkennen ist, und von anderen Forderungen jederzeit unterscheidbar ist.[30] Da der Gläubiger regelmäßig die Verhältnisse des Schuldners nur oberflächlich kennt, schaden Ungenauigkeiten bei der Bezeichnung der zu pfändenden Forderung nicht, wenn sie nicht Anlass zu Zweifeln geben, welche Forderung tatsächlich gemeint ist.[31] Zu unbestimmt sind z.B. folgende Bezeichnungen: „Forderungen aus Lieferungen und Leistungen – Bohrarbeiten –"[32] oder „alle Ansprüche des Schuldners auf Rückgewähr von Sicherheiten"[33] oder „Ansprüche auf Geldleistungen gemäß §§ 19 und 25 SGB, soweit sie gemäß § 54 SGB pfändbar sind"[34] oder „der Anspruch auf Steuerrückerstattung"[35] oder „Forderungen aus Bankverbindungen"[36] oder „Anspruch auf Zahlungen jeglicher Art aus der laufenden Geschäftsverbindung"[37] oder „Forderungen aus Lieferungen und sonstigen Leistungen", sofern es sich tatsächlich um Zahlungsansprüche für Entwicklung und Pflege von Computersoftware handelt.[38] Ebenso der Anspruch „Schadensersatz wegen Schlechterfüllung des Bankvertrages"[39] oder „Pfändung des Wertpapierdepots".[40] Wird nur der Anspruch des Bankkunden auf Zahlung und Leistung aus laufender Geschäftsverbindung aus Sparguthaben und aus Geldkonten zu Wertpapierkonten gepfändet, sind die Ansprüche aus Festgeldkonten nicht erfasst.[41] Genügend ist jedoch die Angabe bei der Pfändung gegenüber einem Rechtsanwalt als Drittschuldner mit „Ansprüchen aus Verwahrung, Verwaltung, Geschäftsbesorgung und Mandatsverhältnis".[42] Werden Umsatzsteuervergütungsansprüche ohne Angabe des letzten Zeitraums gepfändet, so kann dies jedoch dahin ausgelegt werden, dass alle bis zum Erlass des Pfändung bereits entstandenen Ansprüche gepfändet werden.[43]

Aufgrund der Regelung ab dem 1.1.1999 wurde in § 829 Abs. 1 S. 3 ZPO neu eingefügt, dass nunmehr auch die Pfändung mehrerer Forderungen ge-

---

30 BGH, NJW 1983, 863 und 886.
31 BGH, NJW 1980, 584.
32 BGH, NJW 1983, 886.
33 OLG Koblenz, Rpfleger 1988, 72; LG Aachen, Rpfleger 1990, 215 und 1991, 326.
34 KG, Rpfleger 1982, 74; LG Berlin, Rpfleger 1984, 426.
35 Ohne konkrete Angabe des Steuerjahres OLG Stuttgart, MDR 1979, 324.
36 OLG Frankfurt, WM 1980, 1377.
37 OLG Stuttgart, ZIP 1994, 222.
38 OLG Karlsruhe, NJW 1998, 549.
39 OLG Karlsruhe, InVo 2000, 355, 357.
40 BGH, InVo 2000, 387, 389.
41 OLG Karlsruhe, NJW-RR 1998, 990; **a.A.** OLG Köln, InVo 1999, 256.
42 LG Berlin, Rpfleger 1993, 168.
43 BFH, Rpfleger 2001, 603 = DStRE 2001, 1369 = GmbHR 2001, 927 = InVo 2002, 151.

gen **verschiedene Drittschuldner** durch **einheitlichen Beschluss** ausgesprochen werden kann, sofern dies für Zwecke der Zwangsvollstreckung geboten erscheint. Es war bis zur Neuregelung völlig unbestritten, dass die Pfändung von mehreren Forderungen gegen verschiedene Drittschuldner in einem Pfändungsbeschluss zusammengefasst werden konnte.[44] Da der Pfändungsbeschluss die Drittschuldner namentlich zu bezeichnen hat, führt diese Handhabung dazu, dass jeder Drittschuldner mit Zustellung des Pfändungsbeschlusses Kenntnis von den weiteren betroffenen Drittschuldnern erhält. Diese dargestellte Situation wirft nach Auffassung des Gesetzgebers Probleme des Datenschutzes auf. Der Gesetzgeber geht davon aus, dass das Recht auf informationelle Selbstbestimmung berührt ist, wenn der Drittschuldner dem Pfändungsbeschluss entnehmen kann, welche weiteren Drittschuldner aus welchem Grund von dem Schuldner in Anspruch genommen werden können. Allerdings ist diese Kenntnis bei der Zusammenrechnung mehrerer Einkunftsarten nach § 850e Nr. 2 oder Nr. 2a ZPO schon immer unvermeidlich. Bei der Neuregelung handelt es sich nur um eine Sollvorschrift. Damit wird deutlich, dass es sich hierbei nicht um ein zwingendes Gebot handelt, sondern das Gericht unter Berücksichtigung des Rechts auf informationelle Selbstbestimmung im Einzelfall hiervon auch abweichen kann, wenn keine besonderen schutzwürdigen Belange von Drittschuldnern dies erfordern. Für den Gläubiger könnte es sich empfehlen, direkt im Antrag auf die Notwendigkeit des einheitlichen Beschlusses hinzuweisen.

III. Gesamtforderung

1. Forderungsaufstellung

6.20   Im Antrag hat der Gläubiger die zu vollstreckende Forderung nach Grund und Höhe einschließlich der festgesetzten Kosten nebst den bisher entstandenen Vollstreckungskosten anzugeben. Ein nach dem 31.12.2001 gestellter Pfändungsantrag, der in „Rechtsinstrumenten" enthaltene Deutsche-Mark-Beträge in Euro angibt, darf wegen der Währungsangabe nicht als unübersichtlich und nicht nachvollziehbar zurückgewiesen werden.[45] Aus währungsrechtlichen Gründen besteht auch kein Bedürfnis, in DM ausgewiesene Vollstreckungskosten in Euro umzurechnen. Es ist ausreichend, wenn der sich aus den in der Forderungsaufstellung in Deutsche Mark ausgewiesene Posten ergebende Saldo per 31.12.2001 in Euro umgestellt wird.[46]

---

[44] Vgl. Zöller/*Stöber*, 20. Auflage, § 829 Rdn. 6a m.w.N.; jetzt in der 25. Aufl. Rdn. 6a: einheitlicher Beschluss als Regelfall.
[45] BGH, Rpfleger 2003, 595 = NJW-RR 2003, 1437 = DGVZ 2003, 187 = FamRZ 2003, 1551 = JurBüro 2003, 546 = KTS 2003, 654 = MDR 2003, 1315 = WM 2003, 1784 = InVo 2003, 488 = ZVI 2003, 461.
[46] LG Flensburg, Rpfleger 2002, 320.

Hat der Schuldner im Vorfeld des beantragten Pfändungsbeschlusses **6.21**
bereits **Teilzahlungen** geleistet, muss der Gläubiger diese zunächst auf
die Zinsen, dann auf die Kosten und den Hauptanspruch verrechnen,
§ 367 BGB (bei Verbraucherdarlehensverträgen ist § 497 Abs. 3 BGB zu beachten: Kosten-Hauptanspruch-Zinsen). Nach Verrechnung hat der Gläubiger die Wahl, den Antrag auf Erlass des Pfändungsbeschlusses nur noch
wegen der **Resthauptforderung** oder aber wegen eines **Teilbetrages** zu beantragen. In beiden Fällen wird die Frage **streitig** beantwortet, ob der Gläubiger eine spezifizierte Forderungsaufstellung mit Angabe der vom Schuldner geleisteten Zahlungen und der Verrechnungsmodalität anzugeben hat
oder nicht (vgl. hierzu im Einzelnen Rdn. 2.6 ff.).

Macht der Gläubiger im Antrag nur noch eine ganz geringe Restforde- **6.22**
rung geltend, kann diesem nur dann nicht entsprochen werden, wenn es sich
um einen **Bagatellbetrag** handelt und Rechtsmissbrauch nicht auszuschließen ist. Grundsätzlich kann dem Gläubiger nicht das Recht abgesprochen
werden, auch Kleinstbeträge mithilfe staatlicher Vollstreckungsorgane beizutreiben. Dies gilt insbesondere dann, wenn der Gläubiger vor der Vollstreckung den Schuldner bereits mehrfach erfolglos zur Zahlung aufgefordert hat.[47]

2. Überpfändung

Pfändet der Gläubiger eine Forderung des Schuldners gegen den Dritt- **6.23**
schuldner, die der Höhe nach über der zu vollstreckenden Forderung liegt,
handelt es sich hierbei nicht um einen Verstoß gegen das **Verbot der Überpfändung,** § 803 Abs. 1 S. 2 ZPO. Das Gericht kann die Aussicht, inwieweit
die zu vollstreckende Forderung tatsächlich realisiert wird, nicht überprüfen.
Hierzu fehlt jeglicher Maßstab für den wirtschaftlichen Wert der Forderung.
Da weiterhin nur die angebliche Forderung gepfändet wird, ist nicht einmal
sicher, ob dem Schuldner die Forderung gegen den Drittschuldner auch tatsächlich zusteht. Eine Überpfändung liegt daher nur dann vor, wenn der tatsächliche Wert der gepfändeten Forderung bei Erlass des Beschlusses bereits
feststeht. Bei Pfändung einer zukünftigen Forderung entfällt dieses
Merkmal überhaupt, da die Pfändung mit dem Risiko der Nichtentstehung
oder des Wegfalls der gepfändeten Forderung behaftet ist.[48]

3. Gesamtschuldner

Vollstreckt der Gläubiger gegen mehrere Schuldner als **Gesamtschuld-** **6.24**
ner, kann er von jedem Schuldner die volle Leistung verlangen, und auch

---

47 LG Wuppertal, NJW 1980, 297; OLG Düsseldorf, NJW 1980, 1171; AG Karlsruhe, NJW-RR 1986, 1256; LG Hannover, DGVZ 1991, 190; **a.A.** *Schneider,* DGVZ 1983, 132.
48 BGH, DB 1982, 2684.

gegenüber jedem Schuldner in voller Höhe pfänden. Insgesamt darf der Gläubiger die Leistung nur einmal fordern. Den Einwand der vollen Befriedigung der Forderung muss der einzelne Gesamtschuldner im Wege der Vollstreckungsgegenklage geltend machen, § 767 ZPO.[49] Beruft sich der Schuldner auf das Verbot der Überpfändung, muss er diese im Wege der Erinnerung erheben, § 766 ZPO.[50]

IV. Vollstreckungsunterlagen

1. Vollstreckbarer Titel

6.25 Vor Erlass des Pfändungsbeschlusses prüft das Vollstreckungsgericht neben den allgemeinen Verfahrensvoraussetzungen die allgemeinen und besonderen Voraussetzungen der Zwangsvollstreckung, insbesondere Titel, Klausel, Zustellung (vgl. hierzu Rdn. 3.3 ff.). Der Gläubiger hat daher mit dem Antrag den vollstreckbaren **Zahlungstitel** vorzulegen, welcher grundsätzlich mit der Vollstreckungsklausel versehen sein muss (Ausnahme z.B.: Vollstreckungsbescheid, einstweilige Verfügung, §§ 796 Abs. 1, 929 Abs. 1 ZPO; vgl. Rdn. 3.57). Ob die Klausel zu Recht erteilt worden ist, prüft das Vollstreckungsgericht nicht, es sei denn, die Klausel wäre unwirksam, z.B. wegen Überschreiten der funktionellen Zuständigkeit.[51]

2. Zustellung

6.26 Ferner muss der Vollstreckungstitel wirksam zugestellt sein. Erfolgt die **Zustellung** des Titels von Amts wegen, erteilt die Geschäftsstelle hierüber eine Bescheinigung, § 169 ZPO, im Falle der Zustellung durch die Partei erfolgt der Nachweis durch die Zustellungsurkunde, § 182 ZPO, des Gerichtsvollziehers oder der Post. Ist der Schuldner durch einen Anwalt vertreten, genügt auch dessen Empfangsbekenntnis, § 174 ZPO. Vgl. im Übrigen zur Zustellung Rdn. 3.267 ff.

3. Weitere Vollstreckungsvoraussetzungen

6.27 Weiterhin müssen vor Erlass des Pfändungsbeschlusses die besonderen Voraussetzungen der Zwangsvollstreckung nachgewiesen sein, z.B. Ablauf des Kalendertages, § 751 Abs. 1 ZPO, Zug-um-Zug-Leistung, § 765 ZPO,

---

[49] LG Stuttgart, Rpfleger 1983, 161; vgl. Rdn. 1108 f., 1132.
[50] BGH, NJW 1975, 738; vgl. Rdn. 8.156 ff.
[51] Zöller/*Stöber*, § 726 Rdn. 7 m.w.N.; Rosenberg/Gaul/*Schilken*, § 18 I.1 m.w.N.; OLG Hamm, JurBüro 1987, 1255; OLG Hamm, Rpfleger 1989, 466; OLG Frankfurt, MDR 1991, 162; AG Rastatt, Rpfleger 1997, 75; **a.A.** OLG Zweibrücken, Rpfleger 1997, 369 und erneut Rpfleger 2003, 599 = FamRZ 2003, 1942 = JurBüro 2003, 492 = InVo 2003, 480.

Ablauf der Wartefristen, § 798 ZPO, und es dürfen keine Vollstreckungshindernisse entgegenstehen, z.B. §§ 775, 776 ZPO, §§ 21, 22, 88, 89, 90, 114 Abs. 3, 123, 210, 294 InsO (vgl. hierzu Rdn. 3.370 ff.).

Hängt die Vollstreckung von einer dem Gläubiger obliegenden **Sicherheitsleistung** ab, und beantragt der Gläubiger zugleich den Pfändungs- und den Überweisungsbeschluss zu erlassen, muss er zunächst die ordnungsgemäße Sicherheitsleistung durch öffentliche oder öffentlich beglaubigte Urkunden nachweisen, § 751 Abs. 2 ZPO. Ohne Nachweis der Sicherheitsleistung kann der Gläubiger jedoch im Wege der „**Sicherungsvollstreckung**" zunächst nur die Pfändung bewirken, § 720a Abs. 1a ZPO. In diesem Fall muss jedoch das Urteil und die Vollstreckungsklausel, allerdings nur die qualifizierte Klausel – vgl. Rdn. 3.318 – bereits zwei Wochen vor Erlass des Pfändungsbeschlusses dem Schuldner zugestellt sein, § 750 Abs. 3 ZPO.[52] In den Fällen des § 708 Nr. 4 bis 11 ZPO hat das Gericht bei Erlass des Urteils auszusprechen, dass der Schuldner die Vollstreckung durch **Sicherheitsleistung oder Hinterlegung** abwenden darf, wenn nicht der Gläubiger vor der Vollstreckung selbst Sicherheit leistet, § 711 ZPO. Beantragt der Gläubiger aufgrund eines solchen Urteils zugleich mit dem Pfändungsbeschluss den Überweisungsbeschluss, so darf einerseits die Überweisung der gepfändeten Forderung nur zur Einziehung erfolgen und andererseits nur mit der Wirkung, dass der Drittschuldner den pfändbaren Betrag zu hinterlegen hat, § 839 ZPO. Mit Hinterlegung des Betrages wird der Drittschuldner frei. Da der Gläubiger jedoch hierbei keinen direkten Zugriff auf die Forderung erhält, wird er in der Praxis regelmäßig die Rechtskraft des Urteils abwarten.

4. Vollstreckungskosten

Beantragt der Gläubiger den Pfändungsbeschluss nicht nur wegen des titulierten Forderungsbetrages, der festgesetzten Kosten, sondern auch wegen der Kosten der bisher entstandenen anderen Vollstreckungsmaßnahmen, muss er dem Antrag eine vollständige Übersicht über die **bisher entstandenen Vollstreckungskosten** einschließlich der Nachweise beifügen[53] (im Einzelnen Rdn. 2.6 ff.). Maschinell ausgedruckte Forderungsaufstellungen

---

52 BGH, Rpfleger 2005, 547 = WM 2005, 1995 = InVo 2005, 504 = MDR 2005, 1433 = DGVZ 2005, 138; *überholt* somit: SchlHOLG, NJW-RR 1988, 700; KG, Rpfleger 1988, 359; OLG Hamm, Rpfleger 1989, 378; OLG Stuttgart, NJW-RR 1989, 1535; OLG Karlsruhe, DGVZ 1990, 186; HansOLG Bremen, InVo 1997, 19; OLG Düsseldorf, DGVZ 1997, 42; KG, JurBüro 1988, 790; LG Düsseldorf, JurBüro 1998, 436; Zöller/*Stöber*, § 720a Rdn. 4; Thomas/*Putzo*, § 750 Rdn. 18 und § 720a Rdn. 4; Musielak/*Lackmann*, § 720a Rdn. 2 und § 750 Rdn. 23; Baumbach/*Hartmann*, § 750 Rdn. 23; MünchKomm/*Heßler* ZPO, § 750 Rdn. 89; MünchKomm/*Krüger* ZPO, § 720a Rdn. 3; *Fahlbusch*, Rpfleger 1979, 94; *Seip*, Rpfleger 1983, 56.
53 LG Paderborn, Rpfleger 1987, 318; LG Bad Kreuznach, DGVZ 1991, 117; LG Berlin, Rpfleger 1992, 30.

können nur dann als ausreichend und nachvollziehbar angesehen werden, wenn die Einzelpositionen im Klartext dargestellt sind. Eine Berechnung mit einer Vielzahl von Schlüsselzahlen und Abkürzungen muss das Vollstreckungsgericht nicht akzeptieren.[54]

6.30 Im zivilprozessualen Erkenntnisverfahren gilt der Grundsatz, dass mehrere als Gesamtschuldner verurteilte Beklagte auch hinsichtlich der Kosten gesamtschuldnerisch haften, § 100 Abs. 4 ZPO. Dieser Grundsatz ist auch auf das Vollstreckungsverfahren übertragen, § 788 Abs. 1 S. 3 ZPO.[55] Die Rechtfertigung dieser **gesamtschuldnerischen Haftung** liegt darin begründet, dass jeder Schuldner die Pflicht hat, unverzüglich die titulierte Forderung zu erfüllen. Wenn der Gläubiger gegen einen von mehreren gleichrangig haftenden Schuldnern erfolglos vollstreckt, fallen diese aus Gläubigersicht gesehenen nutzlosen Kosten auch den übrigen Kostenschuldnern zur Last. Wären die weiteren Vollstreckungsschuldner ihrer Pflicht nachgekommen und hätten die Forderung gezahlt, dann wären dem Gläubiger die Kosten der fruchtlosen Zwangsvollstreckung erspart geblieben.

6.31 Grundsätzlich kann der Gläubiger die notwendigen Kosten der Zwangsvollstreckung mit dem titulierten Anspruch zugleich mit beitreiben, § 788 Abs. 1 S. 1 ZPO. Dem Gläubiger steht aber ebenfalls das Recht zu, die bisher entstandenen Vollstreckungskosten gem. §§ 103 ff. ZPO gesondert festsetzen zu lassen. Damit entfällt für den Gläubiger der Aufwand, bei jedem Vollstreckungsversuch die bisher entstandenen Kosten nachzuweisen und auf Notwendigkeit durch das jeweilige Vollstreckungsorgan nachprüfen zu lassen. Die Regelung ab dem 1.1.1999[56] stellt fest, dass entweder das Vollstreckungsgericht zum Zeitpunkt der Antragstellung einer Vollstreckungshandlung oder das Vollstreckungsgericht der letzten Vollstreckungshandlung für die **Festsetzung** zuständig ist. Selbst wenn die letzte Vollstreckungshandlung geraume Zeit zurückliegt, kann der Gläubiger anhand einer chronologischen Reihenfolge der Vollstreckungsunterlagen jederzeit nachweisen, in welchem Bezirk er die letzte Vollstreckungshand-

---

54 LG Tübingen, DGVZ 1990, 43.
55 LG Stuttgart, JurBüro 2004, 337.
56 OLG Dresden, JurBüro 2005, 50; OLG Koblenz, Rpfleger 2004, 509 = MDR 2004, 835; OLG Hamm, Rpfleger 2002, 541 = JurBüro 2002, 588; OLG München, Rpfleger 2001, 567 = NJW-RR 2002, 431 = FamRZ 2002, 408 = JurBüro 2001, 590; OLG Koblenz, JurBüro 2002, 199; OLG Karlsruhe, Rpfleger 2001, 309 = JurBüro 2001, 371 = InVo 2002, 79; KG, Rpfleger 2000, 556 = DGVZ 2000, 150 = JurBüro 2000, 666 = MDR 2000, 1213 = InVo 2001, 78. **Streitig** war in der Vergangenheit, wer für die Festsetzung der Kosten zuständig war. Überwiegend wurde die Auffassung vertreten, dass das Prozessgericht des ersten Rechtszuges für die Festsetzung berufen war BGH, NJW 1982, 2070 und NJW 1984, 1968 und NJW 1986, 2438; OLG Koblenz, Rpfleger 1983, 85; LG Berlin, Rpfleger 1986, 67; OLG Stuttgart, Rpfleger 1986, 403; BayObLG, MDR 1989, 918; OLG München, Rpfleger 1990, 37; **a.A.** LG Frankenthal, Rpfleger 1985, 506; OLG München, Rpfleger 1986, 403.

lung hat durchführen lassen. Auch für die vereinfachte Festsetzung der Vergütung anwaltlicher Tätigkeit im Vollstreckungsverfahren gegen den eigenen Mandanten ist das Vollstreckungsgericht zuständig.[57]

Da in den Fällen der §§ 887–890 ZPO das Prozessgericht für den Erlass der Vollstreckungshandlung zuständig ist, wird auch diesem Gericht die Zuständigkeit für die Festsetzung der dadurch entstandenen Vollstreckungskosten zugewiesen.[58] 6.32

Nach Art. 3 der **Überleitungsvorschriften** zur 2. Zwangsvollstreckungsnovelle gilt die Neuregelung nur für Vollstreckungskosten, die nach dem 1.1.1999 entstanden sind. 6.33

V. Der Pfändungsbeschluss

1. Zuständigkeit

Funktionell zuständig für den Erlass des Pfändungsbeschlusses und auch des Überweisungsbeschlusses ist der Rechtspfleger des Vollstreckungsgerichts, § 20 Nr. 17 RPflG. 6.34

Sachlich zuständig ist das Amtsgericht als Vollstreckungsgericht, §§ 828, 764 ZPO. Das Amtsgericht ist auch zuständig für die Vollstreckung aus einem arbeitsgerichtlichen Titel, § 62 ArbGG. Für die Vollstreckung aus einem verwaltungsgerichtlichen Vergütungsfestsetzungsbeschluss ist ebenso wie im Übrigen das Verwaltungsgericht selbst Vollstreckungsgericht, § 167 VwGO[59]. Für die Vollstreckung aus einem familiengerichtlichen Titel gilt ebenfalls nichts anderes.[60] Für die Pfändung aufgrund eines Arrestbefehls oder -urteils ist das Arrestgericht als Vollstreckungsgericht zuständig, § 930 Abs. 1 S. 3 ZPO. 6.35

Örtlich zuständig ist das Amtsgericht, bei dem der Schuldner im Inland seinen allgemeinen Gerichtsstand hat, somit das Gericht am Wohnort des Schuldners; ein Soldat hat seinen Wohnsitz hierbei am Standort, § 9 BGB. Hat der Schuldner im Inland keinen Wohnsitz, ist das Amtsgericht zuständig, in dessen Bezirk sich Vermögen des Schuldners befindet, § 828 Abs. 2, § 23 ZPO. Die Zuständigkeit des Vollstreckungsgerichts ist hierbei ausschließlich, § 802 ZPO. Keine Anwendung kann daher § 10 ZPO finden.[61] 6.36

---

57 BGH, Rpfleger 2005, 322 = NJW 2005, 1273 = FamRZ 2005, 883 = JurBüro 2005, 421 = MDR 2005, 832 = InVo 2005, 292.
58 Thomas/*Putzo*, § 788 Rdn. 16; KG, MDR 2001, 533 LS. = WRP 2001, 286.
59 OVG NRW, Rpfleger 2004, 320; OVG NRW, NJW 1984, 2484; OVG NRW, NJW 1980, 2373 und NJW 1986, 1190; **a.A.** OVG NRW, NJW 2001, 3141 und NJW 1987, 396; OVG Lüneburg, NJW 1984, 2484; vgl. auch Zöller/*Stöber*, § 899 Rdn. 1 m.w.N.
60 BGH, NJW 1979, 1048.
61 OLG München, JurBüro 1991, 989.

6.37 Ist das angegangene Vollstreckungsgericht nicht zuständig, gibt es die Sache auf Antrag des Gläubigers an das zuständige Gericht ab, die Abgabe ist nicht bindend, § 828 Abs. 3 ZPO. Die Einfügung des Abs. 3 aufgrund der 2. Zwangsvollstreckungsnovelle soll das bindende **Verweisungsverfahren** nach § 281 ZPO ersetzen. Eine Abgabe des Verfahrens nach Anhörung des Schuldners verbot sich schon im Hinblick auf § 834 ZPO. Eine Abgabe des Antrags an das zuständige Gericht ohne Anhörung des Schuldners beeinträchtigt diesen nicht, da der Gläubiger in diesem Stadium noch alleiniger Herr des Verfahrens ist. Durch eine nicht bindende Abgabe verbleibt dem Schuldner immer die Erinnerungsmöglichkeit nach § 766 ZPO. Der Gläubiger kann einen solchen pauschalen Verweisungsantrag bereits direkt in seinem Antrag auf Erlass des Pfändungs- und Überweisungsbeschlusses formulieren.

6.38 Entzieht sich der Schuldner der Vollstreckung, indem er sich ohne Angabe eines neuen Wohnsitzes abmeldet, ist die Zuständigkeit des Vollstreckungsgerichts nach dem letzten Wohnsitz des Schuldners zu bestimmen.[62]

6.39 Bei einem **Verstoß** gegen die **funktionelle Zuständigkeit** ist die Pfändung grundsätzlich nichtig.[63] Bei Verstoß gegen die sachliche oder örtliche Zuständigkeit ist die Pfändung zwar wirksam, aber anfechtbar.[64]

6.40 Sind **mehrere Gerichte** zuständig, hat der Gläubiger ein Wahlrecht, § 35 ZPO. Befindet sich der Schuldner in der **Haftanstalt,** ist zu unterscheiden, ob er dort in Untersuchungshaft einsitzt oder eine kürzere Freiheitsstrafe verbüßt, in diesem Fall bleibt das Wohnsitzgericht zuständig; verbüßt der Schuldner jedoch eine längere Strafhaft, gibt er regelmäßig seinen Lebensmittelpunkt auf.[65] Vollstreckt der Gläubiger gegen **mehrere Schuldner,** denen die zu pfändende Forderung gemeinschaftlich zusteht, ist auf Antrag des Gläubigers ein für alle Schuldner zuständiges Amtsgericht durch das nächsthöhere Gericht zu bestimmen, § 36 Nr. 3 ZPO.[66] Der Gläubiger kann jedoch auch getrennte Vollstreckungsverfahren gegen jeden Schuldner in dessen Bezirk durchführen lassen, die Pfändung wird dann erst mit der Zustellung des letzten Pfändungsbeschlusses wirksam. Wechselt der Schuldner nach Erlass des Pfändungsbeschlusses seinen Wohnsitz, wird hiervon die einmal begründete örtliche Zuständigkeit nicht berührt. Die einmal begründete Zuständigkeit bleibt für alle weiteren Einzelmaßnahmen im Rahmen desselben Verfahrens erhalten, insbesondere für die

---

62 LG Hamburg, Rpfleger 2002, 467 mit Anm. *Schmidt;* LG Halle, Rpfleger 2002, 467.
63 Musielak/*Becker,* § 828 Rdn. 5; Thomas/*Putzo,* § 828 Rdn. 5; *Zimmermann,* § 828 Rdn. 4; differenziert MünchKomm/*Smid* ZPO, § 828 Rdn. 10: nur anfechtbar, wenn ein Richter ihn erlassen hat.
64 Thomas/*Putzo,* § 828 Rdn. 5; *Zimmermann,* § 828 Rdn. 4; Brox/*Walker,* Rdn. 504; *Schuschke,* § 828 Rdn. 10.
65 OLG Düsseldorf, MDR 1969, 143; allgemein hierzu BGH, NJW-RR 1997, 1161; BGH, NJW-RR 1995, 507.
66 BayObLG, Rpfleger 1983, 288.

Entscheidung über einen Rechtsbehelf oder im Rahmen der Arbeitseinkommenspfändung für Entscheidungen über Anträge gemäß § 850c Abs. 4, § 850e Nr. 2, 2a, 4 oder § 850f ZPO[67] und für Abänderungen gemäß § 850g ZPO.[68]

2. Beschluss

Vor Erlass des Pfändungsbeschlusses ist der Schuldner grundsätzlich nicht zu hören, § 834 ZPO. Er soll im Vorfeld der Vollstreckung die Pfändung nicht vereiteln.[69] Das grundgesetzlich geschützte Recht auf Gewährung rechtlichen Gehörs wird hierdurch nicht verletzt.

6.41

Ausnahme hiervon: bei der Pfändung von bedingt pfändbaren Ansprüchen, § 850b ZPO.

6.42

Obwohl in den meisten Fällen auf Antrag des Gläubigers neben dem Pfändungsbeschluss auch gleichzeitig der Überweisungsbeschluss erlassen wird, ist zwischen beiden Beschlüssen streng zu unterscheiden. Der Pfändungsbeschluss enthält das an den Drittschuldner gerichtete Verbot, keine Zahlungen mehr an den Schuldner zu leisten, § 829 Abs. 1 S. 1 ZPO (**Arrestatorium**). Fehlt dieses Verbot, ist der Pfändungsbeschluss unwirksam.[70] Weiterhin wird dem Schuldner verboten, die gepfändete Forderung einzuziehen, § 829 Abs. 1 S. 2 ZPO (**Inhibitorium**). Fehlt dieses Verbot, ist der Pfändungsbeschluss trotzdem wirksam.[71]

6.43

Wird dem Antrag des Gläubigers stattgegeben, erhält er hierüber vom Vollstreckungsgericht eine formlose Mitteilung, andernfalls ist ein Zurückweisungsbeschluss dem Gläubiger zuzustellen, § 329 Abs. 3 ZPO. Die **Zustellung** des Pfändungsbeschlusses an den Drittschuldner hat der Gläubiger im Parteibetrieb zu veranlassen. Hierbei kann er sich der Vermittlung der Geschäftsstelle bedienen, § 829 Abs. 2 ZPO. Beantragt der Gläubiger, die Zustellung selbst vornehmen zu lassen, erhält er eine Ausfertigung des Pfändungsbeschlusses, mit der er dann den Gerichtsvollzieher zum Zwecke der Zustellung beauftragen kann. Empfehlenswert ist dies dann, wenn der Gläubiger gleichzeitig eine Hilfspfändung auf Urkundenherausgabe vornehmen lassen will, § 836 Abs. 3 S. 3 ZPO.

6.44

Die **Zustellung an den Drittschuldner** ist Wirksamkeitsvoraussetzung für die Pfändung, § 829 Abs. 3 ZPO. Eine öffentliche Zustellung an den Drittschuldner ist daher nicht möglich, § 185 ZPO (**streitig,** ab der Neuregelung der Zustellungsvorschriften seit dem 1.7.2002[72]). Auch wenn Gläu-

6.45

---

67 OLG München, Rpfleger 1985, 154.
68 BGH, Rpfleger 1990, 308.
69 OLG Köln, MDR 1988, 683.
70 *Stöber,* Rdn. 505.
71 *Stöber,* Rdn. 506.
72 *Zöller/Stöber,* § 829 Rdn. 14.

biger und Drittschuldner identisch sind, ist eine Zustellung an den Drittschuldner erforderlich, der Gläubiger muss dann an sich selbst zustellen.[73] Sind Gesamthänder als Drittschuldner benannt, z.B. bei einer Erbengemeinschaft, wird die Pfändung erst mit der Zustellung an den letzten Gesamthänder wirksam.[74]

6.46 Hat der Drittschuldner seinen **Wohnsitz** bzw. **Sitz im Ausland,** wird eine Zustellung regelmäßig erfolglos bleiben. Es obliegt dem ausländischen Staat nach freiem Ermessen zu entscheiden, ob er die Pfändung in seinem Hoheitsgebiet wirksam werden lässt oder nicht.[75] In der Praxis wird diese Mitwirkung regelmäßig verweigert. Der Pfändungsbeschluss darf jedoch nicht verweigert werden, weil die Zustellung nicht erfolgen kann.[76] Das Vollstreckungsgericht muss auf Antrag des Gläubigers den Pfändungsbeschluss erlassen und auch das erforderliche Ersuchen zum Zwecke der Zustellung im Ausland erlassen, §§ 183 ZPO. Falls sich der ausländische Drittschuldner nicht freiwillig der Vollstreckung unterwirft, ist der Gläubiger regelmäßig darauf angewiesen, gegen den Schuldner einen im Ausland wirksamen Vollstreckungstitel zu erwirken, um dann nach den dortigen Vorschriften vollstrecken zu können.[77] Die **Zustellung** des Pfändungsbeschlusses **an den Schuldner** nimmt der Gerichtsvollzieher von Amts wegen vor, § 829 Abs. 2 S. 2 ZPO. Die Zustellung kann auch im Wege der Ersatz-

---

73 Thomas/*Putzo,* § 829 Rdn. 24.
74 BGH, NJW 1998, 2904.
75 Hierzu OLG Köln, NJOZ 2004, 788 = IPRax 2004, 251; Schuschke/*Walker,* § 829 Rdn. 22.
76 MünchKomm/*Smid* ZPO, § 829 Rdn. 77.
77 Vgl. hierzu *Schack,* Rpfleger 1980, 175; Entscheidungen eines ausländischen Gerichts, welche diesen Voraussetzungen genügen, sind jedoch nur dann Vollstreckungstitel, wenn die Zulässigkeit der Zwangsvollstreckung auf Klage des Gläubigers durch ein Vollstreckungsurteil eines inländischen Gerichts ausgesprochen ist (§§ 722, 723 ZPO). Mit einigen Staaten bestehen (mehrseitige) Übereinkommen oder (zweiseitige) Abkommen, die anstelle eines Vollstreckungsurteils eine Vollstreckbarerklärung durch Beschluss genügen lassen. Am 21.4.2004 wurde die Verordnung (EG) Nr. 805/2004 des Europäischen Parlaments und des Rates zur Einführung eines Europäischen Vollstreckungstitels für unbestrittene Forderungen (Abl. EU Nr. L 143 S. 15) erlassen. Die neue EG-Vollstreckungstitel-Verordnung gilt seit dem 21.10.2005 (neben der nach wie vor geltenden EuGVV) in den Mitgliedstaaten der Europäischen Union (außer Dänemark). Die Verordnung erfasst vorerst nur Titel über Geldforderungen, die vom Schuldner anerkannt oder nicht bestritten worden sind. Sie werden auf Antrag des Gläubigers in dem Staat, in dem er seinen Titel erlangt hat, auf einem vereinheitlichten Formblatt als Europäische Vollstreckungstitel bestätigt. Der notwendige Schuldnerschutz wird ebenfalls in diesem Staat und nicht wie bisher im Vollstreckungsstaat geleistet. Die Bundesregierung hat am 18.8.2005 das Gesetz zur Durchführung der Verordnung (EG) Nr. 805/2004 über einen Europäischen Vollstreckungstitel für unbestrittene Forderungen (EG-Vollstreckungstitel-Durchführungsgesetz) erlassen (BGBl I 2477; hierzu ausführlich *Wagner,* NJW 2005, 1157; *Rellermeyer,* Rpfleger 2005, 389). Hiernach wird u.a. § 791 ZPO (Zwangsvollstreckung im Ausland) aufgehoben und nach § 1078 ZPO ein weiterer 4. Abschnitt mit den §§ 1079 bis 1086 ZPO eingeführt.

zustellung an den Drittschuldner erfolgen.[78] Die Zustellung eines Pfändungs- und Überweisungsbeschlusses, durch den Gehaltsansprüche eines Arbeitnehmers gegen seinen Arbeitgeber gepfändet werden sollen, ist jedoch unwirksam, wenn der Gerichtsvollzieher das dem Arbeitgeber als Drittschuldner zuzustellende Schriftstück dem im Geschäftslokal anwesenden Arbeitnehmer als Gewerbegehilfen aushändigt.[79]

Mit Zustellung des Beschlusses entsteht für den Schuldner die Verpflichtung, sich jeder Verfügung über die Forderung zu enthalten, § 829 Abs. 1 S. 2 ZPO. Hat der Schuldner seinen Wohnsitz bzw. Sitz im Ausland, erfolgt die Zustellung durch Aufgabe zur Post. Ist der Aufenthaltsort des Schuldners gänzlich unbekannt, kann die Zustellung auch ganz unterbleiben, § 829 Abs. 2 S. 2 ZPO. 6.47

3. Wirkung des Pfändungsbeschlusses

Durch die Zustellung des Pfändungsbeschlusses an den Drittschuldner entsteht die **öffentlich-rechtliche Verstrickung.** Gleichzeitig entsteht für den Gläubiger in Höhe der Forderung, wegen der die Pfändung beantragt wurde, ein **Pfändungspfandrecht,** § 804 Abs. 1 ZPO. Besteht die gepfändete „angebliche" Forderung des Schuldners gegen den Drittschuldner nicht oder steht sie einem anderen als dem Schuldner zu, geht die Pfändung ins Leere[80] (zum Arbeitseinkommen vgl. Rdn. 6.92). Dann entstehen weder Verstrickung noch Pfändungspfandrecht.[81] Das Pfändungspfandrecht gewährt dem Gläubiger die gleichen Rechte wie ein rechtsgeschäftlich bestelltes Pfandrecht, § 804 Abs. 2 ZPO, §§ 1273 ff. BGB (vgl. hierzu Rdn. 4.216 ff.). 6.48

Mit Zustellung des Beschlusses an den Schuldner entsteht für diesen ein **relatives Veräußerungsverbot,** §§ 135, 136 BGB. Ein gutgläubiger Erwerb Dritter ist ausgeschlossen, da es einen gutgläubigen Forderungserwerb nicht gibt.[82] Das Pfändungspfandrecht gibt dem Gläubiger noch nicht das Recht, die gepfändete Forderung einzuziehen. Voraussetzung hierfür ist der Überweisungsbeschluss, § 835 ZPO. Die Bedeutung des Pfändungspfandrechtes liegt in der rangwahrenden Wirkung, § 804 Abs. 3 ZPO. Auch hier gilt das Prioritätsprinzip, die Reihenfolge der Pfändung ist ausschlaggebend für die Befriedigungsreihenfolge. In der Zustellungsurkunde des Pfändungsbeschlusses ist daher die Zustellung nach Stunde und Minute anzugeben (§ 173 Nr. 1 GVGA). 6.49

---

78 LG Siegen, JurBüro 1995, 161.
79 OLG Celle, DGVZ 2003, 8 = NdsRpfl 2002, 142 = InVo 2002, 468; OLG Köln, DGVZ 2002, 42 = InVo 2002, 111.
80 BGH, Rpfleger 2002, 272 = NJW 2002, 755 = KTS 2002, 323 = MDR 2002, 477 = WM 2002, 279 = ZIP 2002, 226 = InVo 2002, 149.
81 Brox/*Walker*, Rdn. 615, 616.
82 Vgl. MünchKomm/*Mayer-Maly* BGB, § 135 Rdn. 49 auch zur Gegenmeinung.

4. Gläubigerrechte

6.50 Nach wirksamer Pfändung darf der Gläubiger alle Handlungen vornehmen, die zur Erhaltung seines Pfändungspfandrechtes erforderlich sind. Er kann insbesondere gegen den Drittschuldner auf Feststellung des Bestehens der Forderung klagen, einen Arrest ausbringen, einen Wechsel zu Protest geben oder die Forderung zum Insolvenzverfahren anmelden.[83] Er darf aber keine Handlungen vornehmen, die zur Realisierung der Forderung beitragen. Ihm ist insbesondere untersagt, die gepfändete Forderung einzuziehen, gegenüber der Forderung aufzurechnen oder diese abzutreten (hierzu benötigt er noch den Überweisungsbeschluss). Beabsichtigt der Gläubiger die Forderung einzuklagen, muss er dem Schuldner den Streit verkünden, § 841 ZPO.

5. Schuldnerrechte

6.51 Für den Schuldner besteht aufgrund des Pfändungspfandrechtes ein relatives Veräußerungsverbot, §§ 135, 136 BGB. Hiervon unberührt bleibt jedoch sein Rechtsverhältnis mit dem Drittschuldner. Der Schuldner kann daher ohne Rücksicht auf das Pfändungspfandrecht z.B. einen Arrest gegen den Drittschuldner ausbringen oder seine Forderung gegen den Drittschuldner im Insolvenzverfahren anmelden. Er ist ebenfalls berechtigt, einen Mietvertrag oder sein Arbeitsverhältnis zu kündigen, auch wenn hiervon die gepfändete Forderung direkt betroffen wird. Er kann auch seine höchstpersönlichen Rechte ausüben, z.B. eine Erbschaft ausschlagen.[84]

VI. Der Überweisungsbeschluss

1. Überweisungsart

6.52 Die Überweisung der gepfändeten Forderung dient der Verwertung. Sie setzt eine wirksame Pfändung voraus und die Vollstreckungsvoraussetzungen müssen gegeben sein. Ein auf einen Arrest gestützter Überweisungsbeschluss ist nichtig,[85] er zeigt auch gegenüber dem Drittschuldner keine Wirkung. Die Überweisung wird durch Beschluss ausgesprochen und wird wirksam mit Zustellung an den Drittschuldner, §§ 835 Abs. 3, 829 Abs. 3 ZPO. Die Zustellung erfolgt im Parteibetrieb. Der Gläubiger hat die Wahl zwischen der Überweisung zur Einziehung und der Überweisung an Zahlungs statt, § 835 Abs. 1 ZPO.

6.53 Bei der Überweisung an **Zahlungs statt** geht die Forderung auf den Gläubiger mit der Wirkung über, dass er, soweit die Forderung besteht,

---

83 LG Berlin, MDR 1989, 76.
84 Zöller/*Stöber*, § 829 Rdn. 18; vgl. auch BGH, NJW 1993, 2876, 2877.
85 BGH, Rpfleger 1993, 292 = NJW 1993, 735.

wegen seines Anspruches gegen den Schuldner als befriedigt gilt, § 835 Abs. 2 ZPO. Hierbei handelt es sich somit um einen erzwungenen Forderungsübergang, der Gläubiger verliert seine eigene titulierte Forderung gegen den Schuldner und erwirbt gleichzeitig die Forderung des Schuldners gegen den Drittschuldner als Gläubiger. Allerdings tritt diese Wirkung nur ein, wenn die überwiesene Forderung auch tatsächlich besteht und der Drittschuldner gegen die Forderung keine Einwendungen oder Einreden geltend machen kann. Ist der Drittschuldner hingegen zahlungsunfähig und die Forderung aus diesem Grunde nicht realisierbar, bleibt es beim Erlöschen der eigenen Vollstreckungsforderung.[86]

In nahezu allen Fällen wird daher in der Praxis die Überweisung zur Einziehung durch den Gläubiger vorgezogen. Mit der **Überweisung zur Einziehung** erhält der Gläubiger das Recht, die überwiesene Forderung des Schuldners gegen den Drittschuldner im eigenen Namen einzuziehen, § 836 Abs. 1 ZPO. Die titulierte Forderung bleibt somit zunächst erhalten und der Gläubiger ist weiterhin berechtigt, die überwiesene Forderung im eigenen Namen zu realisieren.

Vor Erlass des Überweisungsbeschlusses ist der Schuldner ebenso wie vor der Pfändung nicht zu hören, § 834 ZPO. Auch wenn vereinzelt die Auffassung vertreten wird, das Gesetz regele mit § 834 ZPO nur die anhörungslose Pfändung, nicht aber die Überweisung,[87] dürfte es sich hierbei um eine eher theoretische Frage handeln, da in der Praxis die Pfändung und die Überweisung nahezu immer in einem Beschluss erlassen werden.

2. Gläubigerrechte nach Überweisung

Mit dem Überweisungsbeschluss darf der Gläubiger alle Handlungen im eigenen Namen vornehmen, die die Verwertung der gepfändeten Forderung bezwecken. Er darf insbesondere die Forderung kündigen und sie im eigenen Namen einklagen.[88] Liegt bereits über die gepfändete Forderung zwischen Schuldner und Drittschuldner ein vollstreckbarer Titel vor, kann der Gläubiger sich diesen auf seinen Namen umschreiben lassen, § 727 ZPO (vgl. hierzu Rdn. 3.122). Erst nach Umschreibung des Titels ist die Pfändung des Erstattungsanspruches im Kostenfestsetzungsverfahren zu beachten. Ferner ist der Gläubiger berechtigt, mit einer eigenen Forderung aufzurechnen, die er gegenüber dem Drittschuldner hat.[89] Ist die Forderung des Schuldners gegen den Drittschuldner von mehreren Gläubigern gepfändet und überwiesen worden, ist jeder Gläubiger berechtigt, gegen den Drittschuldner Klage auf Hinterlegung des geschuldeten Betrages zu erheben, § 856 ZPO.

---

86 Zöller/*Stöber*, § 835 Rdn. 8.
87 So *Münzberg*, Rpfleger 1982, 329.
88 BGH, NJW 1982, 173.
89 BGH, NJW 1978, 1914.

6.57 Aus der Überweisung kann der Gläubiger aber nicht nur Rechte herleiten, er hat auch **Pflichten** gegenüber dem Schuldner zu erfüllen. Eine Verzögerung der Einziehung kann zu Schadensersatzansprüchen des Schuldners führen, § 842 ZPO. Ebenso darf der Gläubiger keine Handlungen vornehmen, die die Rechtsstellung des Schuldners gegenüber dem Drittschuldner verschlechtern würde, insbesondere mit dem Drittschuldner Stundung vereinbaren, einen Vergleich abschließen oder die Forderung an einen Dritten abtreten.[90]

3. Herausgaberecht

6.58 Nach Überweisung der gepfändeten Forderung ist der Schuldner dem Gläubiger gegenüber verpflichtet, die über die Forderung vorhandenen **Urkunden** herauszugeben, § 836 Abs. 3 S. 1 ZPO. Vollstreckungstitel hierfür ist der zugestellte Pfändungs- und Überweisungsbeschluss. Die herauszugebenden Urkunden sind für den Gerichtsvollzieher in dem Beschluss genau zu bezeichnen.[91] Der Pfändungs- und Überweisungsbeschluss selbst bedarf keiner eigenen Klausel, die erforderliche Zustellung ist bereits gemäß § 829 Abs. 2 S. 2 ZPO erfolgt. Der Schuldner ist verpflichtet, sämtliche Urkunden herauszugeben, die über die Forderung vorhanden sind und die der Gläubiger zur Realisierung und einer eventuellen Drittschuldnerklage benötigt, z.B. den **Versicherungsschein**,[92] einen Rentenbescheid[93], vorrangige Pfändungsbeschlüsse[94], den Leistungsbescheid des Arbeitsamtes (jetzt Agentur für Arbeit)[95], das **Sparbuch**, den Mietvertrag, Quittungen usw.

6.59 Dem Schuldner kann nachgelassen werden, die Herausgabe des Originals durch die Hingabe beglaubigter Abschriften zu ersetzen.[96] Ist nur der Drittschuldner im Besitz des einzigen Originals der Abtretungserklärung, kann der Gläubiger den Anspruch des Schuldners gegen den Drittschuldner auf Einsichtnahme in die Urkunde pfänden.[97]

6.60 Keine Urkunden i.S.v. § 836 Abs. 3 ZPO sind **EC-Karten,** weil der Gläubiger sie weder zum Beweis noch zur Durchsetzung seiner Forderung benötigt.[98] EC-Karten werden weder zum Beweis der Forderung benötigt,

---

90 Zöller/*Stöber,* § 836 Rdn. 4.
91 OLG Frankfurt, Rpfleger 1977, 221.
92 LG Darmstadt, DGVZ 1991, 9.
93 LG Stuttgart, InVo 2002, 514; LG Leipzig, Rpfleger 2005, 96.
94 LG Mühlhausen, JurBüro 2004, 449; LG Frankfurt/Main, InVo 2002, 516; **a.A.** LG Münster, Rpfleger 2002, 321 mit Anm. *Hintzen* = InVo 2002, 342.
95 LG Regensburg, Rpfleger 2002, 468; LG Essen, JurBüro 2001, 153; abzulehnen **a.A.** LG Hannover, Rpfleger 1986,143.
96 LG Stuttgart, InVo 2002, 514.
97 LG Detmold, Rpfleger 2001, 608.
98 BGH, Rpfleger 2003, 308 = InVo 2003, 242 = NJW 2003, 1256 = BB 2003, 655 = DGVZ 2003, 120 = JurBüro 2003, 440 = KTS 2003, 465 = MDR 2003, 595 = WM 2003, 625 = ZIP 2003, 523.

noch ist der Gläubiger auf ihre Vorlage angewiesen, um die Forderung beim Drittschuldner geltend machen zu können.

Sehr **strittig** hat sich die Frage der Herausgabe der Lohnsteuerkarte entwickelt. Hatte der Gläubiger den Anspruch auf den Lohnsteuerjahresausgleich gepfändet, musste der Schuldner die **Lohnsteuerkarte** zur Vorlage beim Finanzamt an den Gläubiger herausgeben; es wurde die Meinung vertreten, dass die geänderten Lohnsteuerrichtlinien 1996 in Abschnitt 149 Abs. 7 hieran nichts geändert hatten.[99] Da der Steuererstattungsanspruch gem. § 46 Abs. 1 AO pfändbar ist, wurde überwiegend die Auffassung vertreten, der Gläubiger könne nach Überweisung des gepfändeten Rechts gem. § 836 Abs. 3 ZPO für den Schuldner den Antrag auf Steuererstattung stellen. Dabei reiche es aus, wenn der Prozessbevollmächtigte des Gläubigers statt des Schuldners den Antrag stelle.[100] Dann jedoch entschied der BFH[101], dass allein der Schuldner den Antrag auf Veranlagung zur Einkommensteuer stellen könne, weil dies sein höchstpersönliches Recht sei. Der BFH verweist den Gläubiger darauf, den Schuldner ggf. mit zivilrechtlichen Mitteln zu zwingen, den Antrag zu stellen. Die Kritik[102] hieran wies darauf hin, dass es weder eine materiell-rechtliche Anspruchsgrundlage noch eine dafür passende Vorschrift in der ZPO gebe. Als Folge daraus wurde dann vertreten, dass der Pfändungsgläubiger keinen Anspruch gem. § 836 Abs. 3 ZPO auf Herausgabe der Lohnsteuerkarte habe, weil er diese für die Rechtsverfolgung gegenüber dem Drittschuldner nicht benötige.[103] Aufgrund einer danach ergangenen Entscheidung des BGH[104] ist jedoch zu differenzieren: Wer einen Anspruch auf Erstattung von Einkommensteuern gepfändet und zur Einziehung überwiesen erhalten hat, kann den Hilfsanspruch auf Abgabe der Steuererklärung aus diesem Titel grundsätzlich durch Haftantrag gegen den Schuldner gem. § 888 ZPO vollstrecken; dafür fehlt das Rechtsschutzbedürfnis, solange für den Schuldner die allgemeine

---

99 MünchKomm/*Smid* ZPO, § 836 Rdn. 13; LG Göttingen und LG Osnabrück, Rpfleger 1994, 372; LG Kassel, DGVZ 1994, 115; LG Berlin, NJW 1994, 3303; LG Dortmund, Rpfleger 1994, 511 m. Anm. *Christ/Riedel*, Rpfleger 1995, 32; LG Stuttgart, Rpfleger 1995, 264; LG Koblenz, Rpfleger 1995, 307 und 1997, 223; LG Zweibrücken, JurBüro 1995, 437; LG Augsburg, JurBüro 1995, 437; LG Köln, DGVZ 1996, 13; LG Marburg, Rpfleger 1996, 36; LG Münster, Rpfleger 1996, 36; LG Aachen, JurBüro 1996, 665; LG Heilbronn, LG Dortmund, LG Koblenz, LG Bochum, LG Karlsruhe, LG Berlin, alle Rpfleger 1997, 224; LG Stuttgart, LG Trier und LG Essen, alle Rpfleger 1997, 316; **a.A.** LG Koblenz, DGVZ 1994, 57 (überholt); LG Marburg, Rpfleger 1994, 512; LG Krefeld, MDR 1995, 414; differenzierend: Zöller/*Stöber*, § 836 Rdn. 13.
100 BFH, NJW 1992, 2176.
101 Urt. v. 18.8.1998 – VII R 114/97 = Rpfleger 1999, 339 LS. = InVo 1999, 213; erneut InVo 2000, 277.
102 *Riedel*, Rpfleger 1999, 339; *Schmidt*, JurBüro 1999, 403; *Urban*, DGVZ 1999, 104.
103 LG Potsdam, Rpfleger 2002, 530; LG Münster, Rpfleger 2002, 632.
104 Rpfleger 2004, 228 = InVo 2004, 147 = NJW 2004, 954 = DGVZ 2004, 57 = FamRZ 2004, 532 = JurBüro 2004, 209 = MDR 2004, 535 = WM 2004, 394 = ZIP 2004, 528 = ZVI 2004, 84.

Frist zur Erklärungsabgabe (§ 149 Abs. 2 AO) oder eine allgemein gewährte Fristverlängerung (§ 109 AO) noch läuft; die Haftanordnung ist gem. § 803 Abs. 2 ZPO nur verhältnismäßig, wenn unter Berücksichtigung des Aufwandes für die Erstellung der Einkommensteuererklärung ein Festsetzungsüberschuss und ein positives Ergebnis im Erhebungsverfahren (§ 218 Abs. 2 AO) zu erwarten ist; die zu dieser Beurteilung notwendigen Auskünfte kann der Gläubiger über § 836 Abs. 3 ZPO vom Schuldner erhalten; zuständig ist das Vollstreckungsgericht, das den Pfändungs- und Überweisungsbeschluss erlassen hat; führt dies nicht zum Erfolg, weil der Schuldner sich der Haft entzieht oder trotz Haft die Erklärung nicht abgibt, oder fehlt im Hinblick auf die Abgabe- und Einspruchsfristen nach der AO die Zeit für eine Vollstreckung nach § 888 ZPO, muss die Antragsbefugnis des Pfändungsgläubigers wiederaufleben. Dieses Wiederaufleben ist durch einen deklaratorischen Beschluss gem. § 887 Abs. 1 ZPO durch das Vollstreckungsgericht festzustellen; erst wenn diese Voraussetzungen erfüllt sind, kann das Vollstreckungsgericht die Herausgabe der Lohnsteuerkarte und anderer Besteuerungsunterlagen an den Pfändungspfandgläubiger anordnen, damit dieser sich an dem Verfahren zur Festsetzung der Einkommensteuern des Schuldners, eines eigenen Einspruchs oder einer eigenen Klage gegen den Drittschuldner beteiligen kann.[105] In diesem Fall aber ist die Lohnsteuerkarte doch herauszugeben. Nach der Pfändung des Arbeitseinkommens ist der Schuldner auch verpflichtet, eine **Gehaltsabrechnung** auszuhändigen,[106] zumindest die für die letzten 3 Monate[107] bzw. 6 Monate[108]. Dies gilt auch für Lohnabtretungsvereinbarungen.[109] Ob der Anspruch auf Aushändigung der Lohnabrechnung des Schuldners gegen den Drittschuldner überhaupt gepfändet werden kann, sei es nach § 846 ZPO oder im Wege der Hilfspfändung, ist **streitig**.[110] Findet der Gerichtsvollzieher die heraus-

---

105 Kritisch zu diesem doch umständlichen Weg: *Schmidt,* InVo 2004, 317, *Wolf/Müller,* NJW 2004, 1775; *Viertelhausen,* DGVZ 2004, 161.
106 LG Ravensburg, Rpfleger 1990, 266; OLG Hamm, DGVZ 1994, 188 = JurBüro 1995, 163; LG Berlin, Rpfleger 1993, 294 m. Anm. *Hintzen;* LG Münster, Rpfleger 1994, 472 = DGVZ 1994, 155; LG Hannover, Rpfleger 1994, 221; LG Bochum, DGVZ 1994, 189; LG Verden, DGVZ 1994, 189; LG Paderborn, JurBüro 1995, 382; LG Bielefeld, JurBüro 1995, 384; LG Heidelberg, JurBüro 1995, 383; LG Karlsruhe, JurBüro 1995, 382; LG Augsburg, JurBüro 1996, 386; LG Köln, JurBüro 1996, 439; LG Koblenz, JurBüro 1996, 663; LG Kassel, JurBüro 1997, 216; LG Stuttgart, Rpfleger 1998, 166; **a.A.** OLG Zweibrücken, Rpfleger 1996, 36; sogar der Drittschuldner soll hierzu verpflichtet sein, LG Marburg, Rpfleger 1994, 309; LG Bochum, DGVZ 1994, 189; LG Verden, DGVZ 1994, 189, als zu weitgehend aber abzulehnen, da der Drittschuldner nur im Rahmen des § 840 ZPO zur Auskunft verpflichtet ist.
107 LG Köln, DGVZ 2002, 186.
108 LG Verden, JurBüro 2004, 498.
109 LG Paderborn, JurBüro 2002, 159.
110 Bejahend: OLG Braunschweig, Rpfleger 2005, 150 = InVo 2005, 239; OLG Hamm, DGVZ 1994, 188 = JurBüro 1995, 163; verneinend: OLG Zweibrücken, DGVZ 1995, 148.

zugebenden **Urkunden** bei dem Schuldner nicht vor, kann der Gläubiger beantragen, dass der Schuldner zu Protokoll an **Eides statt versichert**, dass er die Urkunde nicht besitze und auch nicht wisse, wo sich diese befinde, § 883 Abs. 2 ZPO. Mithilfe einer solchen eidesstattlichen Versicherung kann der Gläubiger dann auch ein Aufgebotsverfahren durchführen, um gegebenenfalls die benötigte Urkunde für kraftlos erklären zu lassen, um somit zu erreichen, dass eine Ersatzurkunde erstellt wird.

Befindet sich die herauszugebende Urkunde im Gewahrsam eines Dritten, und ist dieser nicht herausgabebereit, kann der Gläubiger den **Herausgabeanspruch** des Schuldners gegen den Dritten pfänden und sich überweisen lassen, §§ 886, 829, 835 ZPO, er kann aber auch direkt gegen den Dritten auf Herausgabe klagen.[111]

6.62

4. Auskunftsanspruch

Weiterhin hat der Gläubiger ein Recht auf Auskunftserteilung gegenüber dem Schuldner, § 836 Abs. 3 S. 1 ZPO, dieses Recht besteht unabhängig von der Auskunftsverpflichtung des Drittschuldners gem. § 840 ZPO[112]. Kommt der Schuldner dieser Auskunft nicht nach, hatte der Gläubiger bisher nur ein Klagerecht, den Titel musste er dann gemäß § 888 ZPO vollstrecken.[113]

6.63

5. Eidesstattliche Versicherung

Mit der Regelung ab dem 1.1.1999 in § 836 Abs. 3 S. 2 ZPO ist der Schuldner auf Antrag des Gläubigers verpflichtet, die Auskünfte zu Protokoll zu geben und seine **Angaben an Eides statt zu versichern.** Mit dieser Regelung soll erreicht werden, dass dem Gläubiger ein besseres Druckmittel an die Hand gegeben wird, damit der Schuldner seiner Auskunftsverpflichtung nachkommt. Der **Titel** für die eidesstattliche Versicherung ist der zugestellte Pfändungs- und Überweisungsbeschluss. Zuständig für die Abnahme der eidesstattlichen Versicherung ist der Gerichtsvollzieher. Das Verfahren läuft weitgehend nach den Regeln §§ 899, 900 ff. ZPO ab (Auftrag an den Gerichtsvollzieher, Terminsbestimmung, möglicherweise Widerspruch, bei Verweigerung oder Nichterscheinen Erlass des Haftbefehls; nicht zulässig ist Vertagung durch Ratenzahlung und es erfolgt auch keine Eintragung in die Schuldnerkartei).

6.64

Da der Pfändungs- und Überweisungsbeschluss die Grundlage für die Auskunftsverpflichtung ist, der Gläubiger den Titel selbst inhaltlich nicht ausgestalten bzw. konkretisieren darf, sollten sich die gewünschten Aus-

6.65

---

111 Zöller/*Stöber*, § 836 Rdn. 17.
112 OLG Naumburg und LG Leipzig, InVo 2000, 391; LG Stuttgart, InVo 2002, 514.
113 Vgl. Schuschke/*Walker*, § 836 Rdn. 5 m.w.N.

6. Schuldnerrechte

6.66 Auch nach Überweisung der Forderung zur Einziehung an den Gläubiger bleibt der Schuldner Inhaber der gepfändeten Forderung. Er kann somit nach wie vor alle seine Rechte wahrnehmen, soweit nicht die Rechte des Gläubigers beeinträchtigt werden. Er kann insbesondere die Forderung kündigen, er kann die Forderung gegen den Drittschuldner einklagen, mit der Maßgabe, dass an den Vollstreckungsgläubiger zu leisten ist.[115] Eine für den Gläubiger gepfändete und ihm überwiesene Forderung verbleibt im Vermögen des Pfändungsschuldners. Die Überweisung bewirkt lediglich, dass er die Forderung nicht mehr für sich einziehen, also nicht Leistung an sich verlangen kann. Verboten sind dem Schuldner allein Verfügungen zum Nachteil des pfändenden Gläubigers. Rechtshandlungen, die weder den Bestand der Pfandrechte noch den der gepfändeten Forderung beeinträchtigen, sind ihm infolge der bei ihm verbliebenen Berechtigung dagegen gestattet. Aus diesem Grunde darf er auf Leistung an den Pfändungsgläubiger klagen, und zwar aus eigenem Recht. Das Rechtsschutzbedürfnis für eine solche Klage folgt schon aus dem Interesse des Schuldners, von der dem Pfändungsgläubiger gegenüber bestehenden Verbindlichkeit befreit zu werden.[116]

6.67 Liegt über die gepfändete Forderung zwischen Schuldner und Drittschuldner bereits ein Vollstreckungstitel vor, kann der Schuldner auch die Zwangsvollstreckung gegen den Drittschuldner für den Pfändungsgläubiger betreiben. Er muss sich allerdings hierbei auf Maßnahmen der Sicherung der Forderung beschränken, z.B. Pfändung oder Eintragung einer Zwangssicherungshypothek.[117] Neben der Verpflichtung des Schuldners, dem Gläubiger die erforderliche Auskunft zu erteilen und die benötigten Urkunden herauszugeben, § 836 Abs. 3 S. 1, 3 ZPO, darf der Schuldner keine Handlung vornehmen, die gegen das Einziehungsverbot verstößt, z.B. die Forderung gegenüber dem Drittschuldner stunden oder erlassen, die Forderung an einen Dritten abtreten oder mit einer eigenen Forderung aufrechnen, diese Verfügungen wären dem Gläubiger gegenüber relativ unwirksam.[118]

---

114 Vgl. *Behr*, 2. ZwVNov SH 1998 S. 12, 13; ebenso und zum Verfahren: *Hornung*, Rpfleger 1998, 381, 399 ff.; **a.A.** Zöller/*Stöber*, § 836 Rdn. 15, der aber offen lässt, ob der Gläubiger die notwendigen Fragen selbst zusammenstellen kann oder ob der Gerichtsvollzieher diese anhand des gepfändeten Anspruch eigenständig dem Schuldner vorlegt.
115 BGH, NJW 1968, 2059; BGH, Rpfleger 2001, 435 = NJW 2001, 2178 = KTS 2001, 463 = MDR 2001, 1075 = WM 2001, 1075 = ZIP 2001, 1217 = InVo 2001, 326 = ZfIR 2001, 685.
116 RGZ 83, 116, 118 f.; BGHZ 82, 28, 31 = Rpfleger 1982, 73; BGHZ 114, 138, 141.
117 LG Berlin, MDR 1989, 76; Brox/*Walker*, Rdn. 645.
118 Zöller/*Stöber*, § 836 Rdn. 5.

VII. Der Drittschuldner

1. Vertrauensschutz

Der Überweisungsbeschluss gilt zugunsten des Drittschuldners dem Schuldner gegenüber so lange als rechtsbeständig, auch wenn er zu Unrecht erlassen ist, bis er aufgehoben wird und die Aufhebung dem Drittschuldner zur Kenntnis gelangt, § 836 Abs. 2 ZPO.[119] Dies gilt jedoch nicht, wenn der Überweisungsbeschluss nichtig ist, z.B. wenn er auf der Grundlage eines Arrestbefehls erlassen wurde.[120] Bei mehrfacher Pfändung der Forderung zahlt der Drittschuldner mit befreiender Wirkung so lange an den rangbesten Gläubiger, bis ihm die Aufhebung der Pfändung zur Kenntnis gebracht wird. Der nachrangige Gläubiger hat bei Auszahlung des Drittschuldners an den rangbesseren Gläubiger diesem gegenüber lediglich einen Anspruch aus ungerechtfertigter Bereicherung, § 816 Abs. 2 BGB. Zahlt der Drittschuldner trotz Kenntnis der Aufhebung der Pfändung an den rangbesseren Gläubiger, kann er von diesem das Gezahlte zurückverlangen, § 812 Abs. 1 S. 1 BGB.[121] Leistet der Drittschuldner an den Vollstreckungsgläubiger, weil er irrtümlich davon ausgeht, dass die gepfändete und zur Einziehung überwiesene Forderung besteht, kann er den gezahlten Betrag vom Vollstreckungsgläubiger kondizieren.[122] Der BGH betont, dass für den Fall, dass der Drittschuldner bei mehrfacher Forderungspfändung irrtümlich an einen nachrangigen Vollstreckungsgläubiger zahlt und deshalb nochmals an den vorrangigen Gläubiger zahlen muss, der Drittschuldner den an den nachrangigen Gläubiger bezahlten Betrag von diesem zurückverlangen kann und sich nicht an den Vollstreckungsschuldner halten muss. Es kann grundsätzlich nicht angenommen werden, dass der Drittschuldner mit der Zahlung an einen Vollstreckungsgläubiger lediglich den Zweck verfolgt, seine Verbindlichkeit gegenüber dem Vollstreckungsschuldner zu erfüllen. Sein Interesse ist vielmehr in der Regel darauf gerichtet, mit der Zahlung an den Pfändungsgläubiger auch jeder weiteren Inanspruchnahme durch andere Vollstreckungsgläubiger zu entgehen. Er verfolgt deshalb mit der Zahlung auch den Zweck, das jeweilige Einziehungsrecht des Vollstreckungsgläubigers zum Erlöschen zu bringen. Der Drittschuldner leistet jedoch dann nicht mit befreiender Wirkung, wenn die Forderung dem Vollstreckungsschuldner überhaupt nicht zugestanden hat, sondern einem Dritten zusteht, z.B. infolge einer Abtretung.[123]

---

119 Für viele: Rosenberg/Gaul/*Schilken*, § 55 1c.aa m.w.N.
120 BGH, Rpfleger 1993, 292 = NJW 1993, 735 = MDR 1993, 578.
121 **Streitig:** BGH, Rpfleger 1982, 73; Rosenberg/Gaul/*Schilken*, a.a.O.; **a.A.** OLG München, NJW 1978, 1438.
122 BGH, Rpfleger 2002, 574.
123 **Streitig:** BGH, NJW 1988, 495; Rosenberg/Gaul/*Schilken*, a.a.O. m.w.N.

2. Einwendungen des Drittschuldners

6.69 Nach Überweisung der gepfändeten Forderung kann der Drittschuldner dem Gläubiger gegenüber diejenigen Einwendungen entgegenhalten, die bereits vor der Pfändung begründet waren. Er kann sich insbesondere darauf berufen, dass die gepfändete Forderung tatsächlich nicht besteht oder nicht durchsetzbar ist. Weiterhin kann er dem Gläubiger einen bereits wirksamen **Aufrechnungsvertrag** entgegenhalten (z.B. Arbeitgeberdarlehen). Die Aufrechnungsvereinbarung muss jedoch bereits vor Wirksamwerden der Pfändung abgeschlossen sein, ein nach der Pfändung geschlossener Aufrechnungsvertrag ist dem Gläubiger gegenüber unwirksam. Eine wirksame Aufrechnung bewirkt den Nachrang der Pfändung.[124] Ferner kann der Drittschuldner dem Gläubiger auch einen wirksamen **Abtretungsvertrag** entgegenhalten. Hat der Schuldner die gepfändete Forderung bereits wirksam abgetreten, geht die frühere Abtretung der späteren Pfändung vor. Die Pfändung selbst ist ins Leere gegangen, da im Zeitpunkt des Wirksamwerdens der Pfändung der Schuldner nicht Inhaber der Forderung ist.[125] Die Pfändung lebt auch dann nicht wieder auf, wenn die abgetretene Forderung an den Schuldner zurückabgetreten wird[126] (zur Abtretung bei Arbeitseinkommen vgl. Rdn. 6.92). Eine Abtretung ist jedoch dann unwirksam, wenn sie nur zu weiteren Sicherungszwecken erfolgt und dem Schuldner gleichzeitig eine Einziehungsermächtigung zur Inanspruchnahme des abgetretenen Betrages im eigenen Namen erteilt wird, solange der Sicherungsfall nicht eintritt.[127] Wird die Pfändung gegenüber dem Drittschuldner zuerst wirksam und erst danach ein Abtretungsvertrag vorgelegt, der aber bereits zeitlich vor der Pfändung liegt, muss der Drittschuldner ab Kenntnis die zeitlich und rechtlich vorrangige Abtretung beachten.[128]

3. Drittschuldnerauskunft

6.70 Auf Verlangen des Gläubigers hat der Drittschuldner binnen einer **Frist von zwei Wochen,** beginnend mit der Zustellung des Pfändungsbeschlusses, dem Gläubiger zu erklären:

- ob und inwieweit er die Forderung als begründet anerkenne und Zahlung zu leisten bereit ist,
- ob und welche Ansprüche andere Personen an die Forderung stellen,
- ob und wegen welcher Ansprüche die Forderung bereits für andere Gläubiger gepfändet ist, § 840 Abs. 1 ZPO.

---

124 BGH, Rpfleger 1980, 98.
125 BGH, Rpfleger 2002, 272 = NJW 2002, 755 = KTS 2002, 323 = MDR 2002, 477 = WM 2002, 279 = ZIP 2002, 226 = InVo 2002, 149; LG Münster, Rpfleger 1991, 379.
126 So BGH, NJW 1987, 1703.
127 BAG, MDR 1980, 522.
128 BGH, NJW 1958, 457.

Das **Auskunftsverlangen** ist in der Zustellungsurkunde des Pfändungsbeschlusses mit aufzunehmen, § 840 Abs. 2 S. 1 ZPO. Die Auskunft kann innerhalb der Zwei-Wochen-Frist schriftlich erfolgen oder auch direkt bei der Zustellung durch den Gerichtsvollzieher diesem gegenüber in der Zustellungsurkunde aufgenommen werden. In letzterem Falle hat der Drittschuldner die Erklärung zu unterschreiben. Unabhängig von dem Erlass des Überweisungsbeschlusses besteht die Auskunftspflicht mit Wirksamwerden des Pfändungsbeschlusses, somit auch bei einer Pfändung im Wege der **Sicherungsvollstreckung,** § 720a ZPO oder bei der Arrestpfändung. Keine Verpflichtung zur Auskunftserteilung besteht nach Zustellung einer Vorpfändungsverfügung, § 845 ZPO.[129] In einer **freiwilligen Auskunft** ist regelmäßig kein den Abschluss eines schadensersatzbegründeten Auskunftsvertrages zu sehen, es handelt sich vielmehr um eine reine Gefälligkeit ohne jeden rechtsgeschäftlichen Charakter.[130]

6.71

Besteht die gepfändete Forderung tatsächlich nicht oder ist diese nicht durchsetzbar, genügt es, wenn der Drittschuldner dies dem Gläubiger gegenüber erklärt. Andernfalls muss sich der Drittschuldner darüber erklären, dass er die Forderung als begründet anerkenne und zur Zahlung bereit ist. Bei der Pfändung von Arbeitseinkommen muss der Drittschuldner den Bruttolohn, den Nettolohn, die Zahl der Unterhaltspflichtigen und zu berücksichtigenden Personen angeben.[131] Abgelehnt wird dagegen die Verpflichtung des Drittschuldners, wiederholte und ergänzende Erklärungen einer bereits ausreichend erteilten Auskunft zu geben.[132] Weiterhin wird auch die Verpflichtung verneint, laufende Informationen über den Kontostand eines gepfändeten Girokontos abzugeben.[133] M.E. ist der Drittschuldner jedoch zu einer umfassenderen Auskunft verpflichtet, insbesondere zu allen Angaben, die der Gläubiger zur Realisierung seiner Forderung spätestens im Wege der Drittschuldnerklage benötigt.[134] Entschärft wird dieses für den Gläubiger regelmäßig unbefriedigende Ergebnis durch die neue eidesstattliche Versicherung zur Auskunftsverpflichtung durch den Schuldner, § 836 Abs. 3 S. 2 ZPO (Rdn. 6.64 ff.).

6.72

Bei Ansprüchen, die **andere Personen** an die gepfändete Forderung haben, hat der Drittschuldner sämtliche Abtretungen, Vorpfändungen und auch eine eigene Aufrechnungsmöglichkeit anzugeben.[135] Liegen bereits Pfändungen zugunsten vorrangiger Gläubiger vor, müssen diese unter Angabe der Behörde und des Aktenzeichens des Gläubigers mitgeteilt werden. Ebenso erforderlich ist die Angabe, ob es sich bei der Pfändung von Ar-

6.73

---

129 BGH, NJW 1977, 1199.
130 OLG Düsseldorf, VersR 1997, 705.
131 Thomas/*Putzo*, § 840 Rdn. 5, **streitig.**
132 BGHZ 86, 26 = NJW 1983, 687.
133 OLG Köln, ZIP 1981, 964; LG Frankfurt/Main, Rpfleger 1986, 186.
134 *Mümmler*, JurBüro 1986, 333; *Hintzen*, ZAP 1991, 811.
135 LAG Hannover, NJW 1974, 768.

beitseinkommen um eine Pfändung nach § 850c ZPO oder eine Unterhaltspfändung nach § 850d ZPO handelt. Weiterhin ist der Zustellungszeitpunkt der vorrangigen Pfändungen mitzuteilen.

4. Keine Auskunftsklage

6.74　Der Drittschuldner hat kein Recht, die geforderte Auskunft zu verweigern, auch wenn die gepfändete Forderung tatsächlich nicht pfändbar ist oder nicht besteht.[136] Die Verpflichtung besteht bereits dann, wenn ein formell wirksamer Pfändungsbeschluss zugestellt wird.[137]

6.75　Gibt der Drittschuldner die Auskunft nicht oder nicht rechtzeitig ab oder verweigert er diese grundlos, steht dem Gläubiger ein **einklagbarer Auskunftsanspruch** nicht zu.[138] Der Gläubiger wird hier auf den möglichen **Schadensersatzanspruch** nach § 840 Abs. 2 S. 2 ZPO verwiesen. Kommt der Drittschuldner erst im Einziehungsprozess seiner Auskunftsverpflichtung nach oder stellt sich jetzt erst heraus, dass die gepfändete Forderung nicht besteht bzw. durchsetzbar ist, kann der Pfändungsgläubiger die Klage auf Schadensersatz umstellen. Der Drittschuldner ist dann zu verurteilen, die bisher entstandenen Kosten zu erstatten.[139] Führt der Gläubiger auch nach Auskunftserteilung den Prozess wegen des gepfändeten Anspruchs fort, kann dies dazu führen, dass auch wegen der bis dahin entstandenen Prozesskosten ein Schadensersatzanspruch gem. § 840 ZPO ausscheidet.[140] Die Verpflichtung zur Tragung der Prozesskosten trifft den Drittschuldner auch dann, wenn der Rechtsstreit vor dem Arbeitsgericht geführt wurde. Die fehlende Kostenerstattung gemäß § 12a Abs. 1 S. 1 ArbGG steht dem Anspruch auf Erstattung der nutzlos aufgewendeten Anwaltskosten des Gläubigers nicht entgegen.[141] Diese Kosten müssen nunmehr auch als Zwangsvollstreckungskosten festgesetzt werden können, §§ 103, 104 ZPO.[142]

5. Kosten

6.76　Bezüglich der Kosten, die dem Drittschuldner durch die Auskunftsverpflichtung nach der Pfändung entstehen, ist zu unterscheiden zwischen den **Kosten für die Bearbeitung und Beachtung der Pfändung** und den **Kosten für die Auskunftserteilung.** Kosten für die Bearbeitung des Pfändungsbeschlusses, insbesondere anteilige Personalkosten oder Büroauslagen, und

---

136　LG Oldenburg, Rpfleger 1985, 449.
137　OLG Schleswig, NJW-RR 1990, 448.
138　BGH, NJW 1984, 1901, zum Meinungsstreit vgl. MünchKomm/*Smid* ZPO, § 840 Rdn. 18.
139　BGH, NJW 1981, 990; LAG Hamm, NZA-RR 2002, 151.
140　OLG Köln, Rpfleger 2003, 670.
141　BGH, Rpfleger 2006, 204; BAG, NJW 1990, 2643.
142　BGH, Rpfleger 2006, 204; OLG Düsseldorf, Rpfleger 1990, 527; OLG Koblenz, JurBüro 1991, 602; **a.A.** OLG München, JurBüro 1990, 1355; OLG Schleswig, JurBüro 1992, 500.

Kosten für die Überweisung der pfändbaren Beträge an den Gläubiger können mangels einer gesetzlichen Grundlage weder vom Schuldner noch vom Gläubiger erstattet verlangt werden.[143] Hieran dürfte auch die Tatsache nichts ändern, dass bei bestimmten Drittschuldnern wegen der großen Zahl von Pfändungen die Kosten für Personal in der Summierung durchaus ins Gewicht fallen können.[144] Eine Ausnahme kann nur dann gelten, wenn eine entsprechende betriebliche Vereinbarung oder eine persönliche Vereinbarung zwischen Drittschuldner und Schuldner besteht.

Die Frage der Verpflichtung zur Erstattung der Kosten für die Auskunftserteilung ist **streitig.** Nach einer Auffassung hat der Gläubiger dem Drittschuldner diese Kosten zu erstatten, bei schwieriger Sach- und Rechtslage sogar eventuelle Rechtsanwaltskosten.[145] Das BVerwG (a.a.O.) – und nunmehr auch der BGH[146] – weist bei seiner ablehnenden Haltung zu Recht darauf hin, dass jedwede Rechtsbeziehung oder sogar ein auftragsähnliches Vertragsverhältnis zwischen Drittschuldner und Gläubiger fehlt. Die Auskunftserteilung gehört zu den in Begleitung der Erfüllung geschuldeten Obliegenheiten des Drittschuldners nach § 840 ZPO. Dies muss hingenommen werden, da nur so die Abwicklung der Forderungsvollstreckung gewährleistet ist.[147] Da die Verpflichtung des Drittschuldners somit auch im Interesse der Allgemeinheit liegt, ist grundsätzlich eine Kostenerstattung gegen den Gläubiger ausgeschlossen. Eine Ausnahme ist nur dann zu machen, wenn es sich um einen sehr komplizierten Fall handelt, die Drittschuldnerauskunft somit schwierige Rechtsfragen auslöst.

VIII. Vorpfändung

Um den Zeitraum zwischen der Antragstellung auf Erlass des Pfändungsbeschlusses und der Zustellung selbst zu überbrücken, kann der Gläubiger bereits im Vorfeld dem Drittschuldner und dem Schuldner die Benachrichtigung zustellen, dass die Pfändung bevorstehe. Gleichzeitig ist der Drittschuldner aufzufordern, nicht mehr an den Schuldner zu zahlen, und der Schuldner aufzufordern, sich jeder Verfügung über die Forderung,

---

143 Zu nicht erstattbaren Kosten von Kreditinstituten: BGH, Rpfleger 1999, 452 = NJW 1999, 2276 = BB 1999, 1520 = DB 1999, 2259 = DGVZ 1999, 154 = WM 1999, 1271 = ZIP 1999, 1090 = InVo 1999, 389 und erneut Rpfleger 2000, 167 = NJW 2000, 651 = BB 2000, 169 = DB 2000, 515 = MDR 2000, 285 = WM 1999, 2545 = ZIP 2000, 16 = InVo 2000, 168.
144 BVerwG, Rpfleger 1995, 261.
145 LG Bonn, JurBüro 2001, 26; MünchKomm/*Smid* ZPO, § 840 Rdn. 8; Baumbach/*Hartmann*, § 840 Rdn. 13 – allerdings werden Anwaltskosten ausdrücklich von der Erstattung ausgenommen –; **a.A.** AG Münster, JurBüro 1991, 276; BVerwG, Rpfleger 1995, 261 = NVwZ-RR 1994, 698; Zöller/*Stöber*, § 840 Rdn. 11 m.w.N.; *Zimmermann*, § 840 Rdn. 7 unter Hinweis auf BAG, NJW 1985, 1181; Thomas/*Putzo*, § 840 Rdn. 12, der seine in der 19. Aufl. geäußerte Rechtsansicht unter Hinweis auf BVerwG, a.a.O. aufgegeben hat.
146 BGH v. 4.5.2006 = Rpfleger 2006, 480.
147 Schuschke/*Walker*, § 840 Rdn. 5.

insbesondere ihrer Einziehung, zu enthalten, § 845 Abs. 1 S. 1 ZPO. Die Vorpfändung ist eine **private Maßnahme der Zwangsvollstreckung** des Gläubigers ohne Beteiligung des Vollstreckungsgerichts. Damit hat der Gesetzgeber ein Verfahren für einen sehr effektiven und vor allem auch schnellen Zugriff für die Zwangsvollstreckung aus einem Zahlungstitel in Geldforderungen (§§ 829 ff. ZPO), Herausgabe- und Übereignungsansprüche (§ 846 ff. ZPO) sowie in sonstige Vermögensrechte (§§ 857 ff. ZPO), soweit diese Forderungen und Rechte wegen § 865 ZPO nicht der Zwangsvollstreckung in das unbewegliche Vermögen unterliegen, zur Verfügung gestellt. Der Gläubiger oder sein Prozessbevollmächtigter oder der ausdrücklich auch für die Durchführung der Vorpfändung beauftragte Gerichtsvollzieher (§ 845 Abs. 1 S. 2 ZPO) ist zuständig für die Bewirkung der Vorpfändung.

6.79 Die die Vorpfändung durchführende Person hat eine schriftliche Mitteilung anzufertigen, die an die Stelle des Pfändungsbeschlusses tritt. Die Pfändungsmitteilung muss den Vollstreckungstitel und die Forderung bezeichnen, wegen der die Vorpfändung betrieben wird. Des Weiteren muss hinreichend bestimmt diejenige Forderung angegeben sein, in die vollstreckt wird[148]. Die schriftliche Mitteilung hat die Benachrichtigung zu enthalten, dass alsbald die vollstreckungsgerichtliche Pfändung der Forderung bevorsteht. Schließlich ist der Drittschuldner aufzufordern, nicht an den Schuldner zu zahlen (Zahlungsverbot) und der Schuldner aufzufordern, nicht mehr über die Forderung zu verfügen (Verfügungsverbot).

6.80 Die Vorpfändungsbenachrichtigung ist im Parteibetrieb durch den Gerichtsvollzieher zuzustellen.[149] **Voraussetzung** für eine wirksame Vorpfändung sind zunächst das Bestehen eines vollstreckbaren Schuldtitels, ein möglicher Bedingungseintritt nach § 726 Abs. 1 ZPO und der Nachweis im Falle einer Zug-um-Zug-Verurteilung nach § 765 ZPO. **Nicht erforderlich** ist hingegen, dass der Gläubiger bereits im Besitz des Titels ist, der Titel muss auch nicht mit einer Klausel versehen und bereits dem Schuldner zugestellt sein, der Nachweis einer Sicherheitsleistung ist ebenso nicht erforderlich wie der Ablauf der Wartefrist gemäß §§ 750 Abs. 3, 798 ZPO.[150] Wirksam wird die Vorpfändungsbenachrichtigung mit Zustellung an den Drittschuldner, § 845 Abs. 2 S. 1 ZPO. Eine Zustellung an den Schuldner ist nicht erforderlich, jedoch empfehlenswert.[151] Die Vorpfändung hat die **Wirkung** eines Arrestes, § 930 ZPO, sofern die Pfändung innerhalb von 1 Monat bewirkt wird, § 845 Abs. 2 S. 1 ZPO. Die Frist beginnt hierbei mit dem Tage, an dem die Benachrichtigung dem Drittschuldner zugestellt wird, § 845 Abs. 2 S. 2 ZPO. Wird die Pfändung innerhalb dieser Frist dem Dritt-

---

148 BGH, Rpfleger 2001, 504 = NJW 2001, 2976 = BB 2001, 1436 = DGVZ 2002, 58 = KTS 2001, 476 = MDR 2001, 1133 = WM 2001, 1223 = InVo 2001, 377 und erneut Rpfleger 2005, 450 = WM 2005, 1037 = ZIP 2005, 1198.
149 LG Marburg, DGVZ 1983, 121.
150 BGH, NJW 1982, 1002; LG Frankfurt/Main, Rpfleger 1983, 32.
151 KG, ZIP 1981, 322.

schuldner zugestellt, wirkt das Pfändungspfandrecht auf den Zustellungszeitpunkt der Vorpfändungsbenachrichtigung zurück.[152]

Zur Wirkung der Vorpfändung im Falle der zwischenzeitlich erfolgten **Insolvenzeröffnung** vgl. Rdn. 3.415.

6.81

Auch eine **wiederholte Vorpfändung** ist zulässig, insbesondere wenn der Gläubiger die 1-Monats-Frist nicht einhalten kann. Die erneute Vorpfändung verlängert jedoch nicht die Frist der ersten Vorpfändung, vielmehr beginnt die Monatsfrist bei jeder Zustellung neu.[153] Allerdings erfasst die erneute Vorpfändung dasjenige, was der Drittschuldner aufgrund der ersten Vorpfändung noch nicht an den Schuldner geleistet bzw. ausgezahlt hat. Nur wenn zwischenzeitlich für einen anderen Gläubiger eine Pfändung wirksam wird, geht der Vorpfändungsgläubiger leer aus.

6.82

Kapitel B
Arbeitseinkommen, §§ 850 ff. ZPO

I. Einleitung

Pfändet der Gläubiger in das Arbeitseinkommen des Schuldners, kann dieser Anspruch niemals in voller Höhe überwiesen werden. Das Arbeitseinkommen ist regelmäßig die einzige Einnahmequelle des Schuldners, dieses benötigt er zur Bestreitung des Lebensunterhaltes für sich und seine Familie. Damit der Schuldner nicht der Sozialhilfe anheim fällt, ist die Pfändung der Höhe nach eingeschränkt, §§ 850 bis 850h ZPO. Pfändungsschutz bei einmaligem Arbeitseinkommen regelt § 850i ZPO, Pfändungsschutz bei Überweisung auf ein Konto findet sich in § 850k ZPO. Wird der Arbeitslohn dem Schuldner in bar ausgezahlt, ist auch die Sachpfändung beschränkt, § 811 Abs. 1 Nr. 8 ZPO.

6.83

Die Pfändung des in Geld zahlbaren Arbeitseinkommens erfasst die gesamte Vergütung, die dem Schuldner aus einer Arbeits- oder Dienstleistung zustehen, ohne Rücksicht auf ihre Benennungs- oder Berechnungsart, § 850 Abs. 4 ZPO. Der Begriff **Arbeitseinkommen** ist somit weit auszulegen.[154] Beispielhaft nennt das Gesetz in § 850 Abs. 2 ZPO: Dienst- und Versorgungsbezüge der Beamten, Arbeits- und Dienstlöhne, Ruhegelder und ähnliche nach dem einstweiligen oder dauernden Ausscheiden aus dem Dienst- oder Arbeitsverhältnis gewährte fortlaufende Einkünfte, ferner auch Hinterbliebenenbezüge. Ebenfalls unter den Begriff Arbeitseinkommen fallen die in Geld zahlbaren Bezüge, die zum Ausgleich für Wettbewerbsbeschränkungen für die Zeit nach Beendigung des Dienstverhältnisses gewährt werden, oder Renten, die aufgrund von Versicherungsverträgen

6.84

---
152 LG Hildesheim, NJW 1988, 1917.
153 Zöller/*Stöber*, § 845 Rdn. 6.
154 Zum Ausbildungsgeld eines Sanitätsoffizieranwärters VG Gießen, Rpfleger 2006, 90.

gezahlt werden, wenn diese Verträge zur Versorgung des Versicherungsnehmers oder seiner unterhaltsberechtigten Angehörigen eingegangen wurden, § 850 Abs. 3 ZPO. Weiterhin gehört hierzu ein Übergangsgeld, das ein Angestellter beim Ausscheiden aus dem Arbeitsverhältnis erhält.[155] Das **Urlaubsentgelt** ist Arbeitsentgelt, das der Arbeitnehmer für die Zeit des Urlaubs fortzahlt, es ist nach Auffassung des BAG[156] ebenso wie anderes Arbeitsentgelt pfändbar. Das gilt auch für das Entgelt, das der Arbeitgeber bei Beendigung des Arbeitsverhältnisses als Abgeltung nach § 7 Abs. 4 BUrlG zahlt. In dieselbe Richtung geht die Entscheidung des LG Düsseldorf: Auch der gegen die Urlaubs- und Lohnausgleichskasse der Bauwirtschaft gerichtete **Entschädigungsanspruch** für **verfallenen Urlaub** ist der Pfändung unterworfen.[157] Ebenso pfändbar sind Sozialplanabfindungen,[158] der Anspruch eines selbstständigen Handelsvertreters auf monatliche **Fixprovision**, wenn es sich um dessen einzige Tätigkeit handelt,[159] oder auch vom Umsatz abhängige **Lizenzgebühren** als Entgelt für die Nutzung eines persönlich entwickelten „Produkts".[160]

6.85   Zusammengefasst ist somit für den Begriff Arbeitseinkommen entscheidend, dass es sich hierbei um eine fortlaufende Einnahmequelle für Dienstleistungen handelt, die die Existenzgrundlage des Schuldners bildet, weil sie seine Erwerbstätigkeit ganz oder zu einem wesentlichen Teil in Anspruch nimmt.[161]

6.86   Auch das **Arbeitsentgelt eines Strafgefangenen**[162] ist somit als Arbeitseinkommen anzusehen. Für sich alleine betrachtet ist dieses Arbeitsentgelt der Höhe nach nicht pfändbar, jedoch sind die Naturalleistungen, die in der Haftanstalt gewährt werden, mit dem Arbeitsentgelt zusammenzurechnen.[163] Der Strafgefangene selbst hat keinen unmittelbaren Anspruch auf Auszahlung des Arbeitsentgeltes. Soweit das Arbeitsentgelt nicht bereits anderweitig einzusetzen ist (Überbrückungsgeld, Hausgeld, Haftkostenbeitrag), wird es dem Eigengeldkonto gutgeschrieben. Mit Gutschrift der Beträge auf dem Eigengeldkonto des Strafgefangenen ist der Anspruch auf das Arbeitsentgelt erloschen.[164] Das **Eigengeld** eines Strafgefangenen auf sei-

---
155   BAG, NZA 1993, 23.
156   BAG, NZA 2002, 323 = BB 2001, 2378 = DB 2002, 327 = JurBüro 2003, 214 = MDR 2002, 280 = ZIP 2001, 2100 = InVo 2002, 155; ebenso LG Leipzig, JurBüro 2003, 215.
157   LG Düsseldorf, JurBüro 2003, 328.
158   BAG, Rpfleger 1992, 442.
159   BayObLG, NJW 2003, 2181 = NStZ 2003, 665.
160   BGH, Rpfleger 2004, 361 = NJW-RR 2004, 644 = FamRZ 2004, 790 = MDR 2004, 713 = WM 2004, 596 = InVo 2004, 377 = ZVI 2004, 243.
161   BGH, NJW 1981, 2465; BGH, Rpfleger 1986, 144.
162   Hierzu *Stange/Rilinger,* Rpfleger 2002, 610.
163   OLG Frankfurt, Rpfleger 1984, 425; LG Karlsruhe, NJW-RR 1989, 1536; LG Arnsberg, Rpfleger 1991, 520; LG Potsdam, NStZ-RR 1997, 221; vgl. auch *Fluhr,* NStZ 1994, 115; **a.A.** LG Itzehoe, Rpfleger 1991, 521; LG Münster, Rpfleger 1992, 129.
164   OLG Schleswig, Rpfleger 1995, 29.

nem Eigengeldkonto, § 52 StVollzG, ist uneingeschränkt pfändbar; soweit das Eigengeld aus Arbeitsentgelt für eine zugewiesene Beschäftigung gebildet worden ist, finden die Pfändungsfreigrenzen des § 850c ZPO und der Pfändungsschutz gem. § 850k ZPO keine Anwendung.[165] Der Gefangene darf gemäß § 83 Abs. 2 Satz 3 StVollzG über sein Eigengeld grundsätzlich frei verfügen, soweit es nicht als Überbrückungsgeld notwendig ist. Er hat in diesem Umfang aus dem durch die Verwaltung des Gefangenengeldes begründeten öffentlich-rechtlichen Schuldverhältnis gegen den Träger der Justizvollzugsanstalt einen Anspruch auf Auszahlung seines Eigengeldguthabens. Der Anspruch ist als übertragbare Geldforderung pfändbar, mit Ausnahme des gemäß § 51 Abs. 4 S. 2 StVollzG unpfändbaren Teils des Eigengeldes in Höhe des Unterschiedsbetrages zwischen dem gemäß § 51 Abs. 1 StVollzG zu bildenden und dem tatsächlich vorhandenen Überbrückungsgeld. Ein Teil des Arbeitsentgelts wird von der JVA auf ein **Überbrückungsgeldkonto**, § 51 StVollzG, eingezahlt, hierdurch soll eine Rücklage für die ersten vier Wochen nach der Entlassung des Strafgefangenen gebildet werden. Das Überbrückungsgeld ist unpfändbar, § 51 Abs. 4 StVollzG. Auch der Teil, der auf das **Hausgeldkonto** als Taschengeld eingezahlt wird, ist unpfändbar.[166]

Zu den pfändbaren Vergütungen zählen weiterhin die Einkünfte der **Freiberufler**, z.B. Rechtsanwälte, Steuerberater,[167] Notare usw. Trotz einer eventuell vereinbarten Unabtretbarkeit in länderrechtlichen Vorschriften sind Ansprüche gegen das Versorgungswerk für Rechtsanwälte (hier speziell in Baden-Württemberg) in den Grenzen des § 850c ZPO grundsätzlich pfändbar.[168] Auch Ansprüche von Ärzten gegen die Kassenärztliche Vereinigung auf **Abschlagszahlungen** für **ärztliche Leistungen** fallen hierunter, denn solche monatlichen Abschlagszahlungen stellen „fortlaufende Bezüge" im Sinne des § 832 ZPO dar.[169] Dies gilt ebenfalls für den Honoraranspruch gegen Privatpatienten.[170]

6.87

---

165 BGH, Rpfleger 2004, 711 = NJW 2004, 3714 = JurBüro 2004, 671 = MDR 2005, 48 = StV 2004, 558 = WM 2004, 1928 = InVo 2005, 16; BFH NJW 2004, 1344 = DStRE 2004, 421 = JurBüro 2004, 495 = InVo 2004, 328; LG Essen, ZVI 2003, 82; LG Trier, JurBüro 2003, 550; LG Kassel, JurBüro 2003, 217; LG Berlin, Rpfleger 1992, 128; LG Hagen, Rpfleger 1993, 78; OLG Karlsruhe, Rpfleger 1994, 370; OLG Schleswig, Rpfleger 1995, 29; LG Hannover, Rpfleger 1995, 264; Baumbach/*Hartmann*, § 850 Rdn. 7; **a.A.** *Kenter*, Rpfleger 1991, 488.
166 Das Hausgeld eines Strafgefangenen ist unter Berücksichtigung des Pfändungsschutzes aus § 850d Abs. 1 S. 2 ZPO und seiner besonderen Zweckbindung unpfändbar, so LG Münster, MDR 1992, 521; **a.A.** LG Berlin, Rpfleger 1992, 128.
167 Vgl. OLG Stuttgart, Rpfleger 1995, 77.
168 BGH, FamRZ 2005, 438 LS.
169 OLG Nürnberg, MedR 2003, 52 = JurBüro 2002, 603 = InVo 2003, 78.
170 BGH, Rpfleger 2005, 447 = NJW 2005, 1505 = NZI 2005, 263 = MDR 2005, 954 = WM 2005, 850 = ZIP 2005, 722 = ZVI 2005, 200; BGH, Rpfleger 1986, 144.

II. Dauerpfändung

1. Einheitliches Arbeitsverhältnis

6.88 Im Gegensatz zur Pfändung künftiger Forderungen, die nur dann als gepfändet gelten, wenn dies im Pfändungsbeschluss ausdrücklich erwähnt ist, erstreckt sich bei der Pfändung von Arbeitseinkommen das Pfandrecht kraft Gesetzes auf die nach der Pfändung fällig werdenden Beträge, § 832 ZPO. Hierdurch wird bei einem **einheitlichen Arbeitsverhältnis** vermieden, dass der Gläubiger bei jeder Fälligkeit erneut pfänden muss. Selbst die Versetzung in ein anderes Amt, die Übertragung eines neuen Amtes oder eine Gehaltserhöhung setzt bei der Pfändung des Diensteinkommens eines Beamten oder Angestellten im öffentlichen Dienst keine neue Pfändung voraus, § 833 Abs. 1 ZPO. Etwas anderes gilt nur dann, wenn der Schuldner den Dienstherrn wechselt, § 833 Abs. 1 S. 2 ZPO.

6.89 Die Rechtsprechung sieht auch bei den übrigen Arbeitsverhältnissen eine kurzfristige Unterbrechung des Arbeitsverhältnisses als unschädlich an. Selbst eine Kündigung oder Wiedereinstellung bei demselben Arbeitgeber bewirkt keine Unterbrechung des einheitlichen Arbeitsverhältnisses, die ursprünglich bewirkte Pfändung wirkt weiter fort.[171] Auch die Einberufung zur Bundeswehr unterbricht das Arbeitsverhältnis nicht.[172] Ein neues Arbeitsverhältnis ist regelmäßig erst dann anzunehmen, wenn nach Beendigung die Wiedereinstellung mit geänderten Arbeitsbedingungen erfolgt.

6.90 In der Praxis sind häufig saisonbedingte Unterbrechungen anzutreffen, z.B. im Baugewerbe, in Gaststätten- und Ferienbetrieben. Durch die Regelung ab dem 1.1.1999 in § 833 Abs. 2 ZPO wird erreicht, dass bei einer zeitlichen **Unterbrechung bis zu neun Monaten** die **Fortgeltung der Pfändung** gegenüber dem Drittschuldner ausgesprochen wird. Die Neuregelung bezieht sich ausdrücklich nur auf Arbeits- oder Dienstverhältnisse und somit **nicht** auf **Sozialleistungen** mit Lohnersatzfunktion. Nimmt der Schuldner nach bis zu neun Monaten das Arbeitsverhältnis bei seinem früheren Arbeitgeber wieder auf, kommt es nicht darauf an, ob es sich um dieselbe Tätigkeit handelt, die Fortgeltung der Pfändung gilt auch bei einem geänderten Arbeitsverhältnis. Es können sich bei der Fortgeltung der Lohnpfändung Schwierigkeiten dadurch ergeben, dass Bestand und Höhe der Forderung sich geändert haben. Der Drittschuldner wird daher sicherlich das Recht haben, vom Gläubiger eine erneute Forderungsaufstellung zu verlangen.

6.91 Nach der **Überleitungsregelung** Art. 3 Nr. 6 der 2. Zwangsvollstreckungsnovelle bezieht sich die Neuregelung in § 833 Abs. 2 ZPO nicht auf Arbeits- oder Dienstverhältnisse, die vor dem 1.1.1999 beendet waren.

---

171 BAG, NJW 1957, 439.
172 OLG Düsseldorf, DB 1985, 1336.

2. Abgetretenes Arbeitseinkommen

Ist die gepfändete Forderung im Zeitpunkt der Pfändung abgetreten, entfaltet der Pfändungsbeschluss keine rechtliche Wirkung. Selbst die spätere Rückabtretung führt nicht zur Entstehung eines Pfändungspfandrechtes, die Pfändung ist ins Leere gegangen und muss nach Rückzession wiederholt werden (vgl. Rdn. 6.11 ff.). Diese Grundsätze dürften bei der Pfändung von Arbeitseinkommen nicht gelten. Nach Auffassung des BAG[173] genügt für die Pfändung im Hinblick auf § 832 ZPO, dass der Entstehungsgrund bereits gesetzt ist. Bei Pfändung künftiger, fortlaufender Vergütungsansprüche erwächst das Pfandrecht dann, wenn die Forderung zurückabgetreten wird, die zuerst ausgebrachte Pfändung bleibt für die Zukunft wirksam.

6.92

Allerdings stellt das BAG fest, dass das Pfandrecht an der gepfändeten Forderung erst dann entsteht, wenn die Forderung zurückabgetreten wird.[174] Dies hat zunächst nur zur Folge, dass die Pfändung des Arbeitseinkommens trotz vorliegender vorrangiger Abtretung als Pfändung des künftigen in der Person des Schuldners entstehender Forderung wirksam ist. Die Pfändung ist vom Arbeitgeber als Drittschuldner weiterhin zu beachten. Sobald die vorrangige Abtretung erledigt ist, ist die Pfändung zu beachten und pfändbare Lohnanteile an den Pfändungsgläubiger abzuführen.

6.93

III. Vermögenswirksame Leistungen/Arbeitnehmersparzulage

Nach § 13 Abs. 3 des 5. VermBG[175] gilt die Arbeitnehmersparzulage für ab dem 1.1.1994 angelegte vermögenswirksame Leistungen weder als steuerpflichtige Einnahme im Sinne des Einkommensteuergesetzes noch als Einkommen, Verdienst oder Entgelt (Arbeitsentgelt) im Sinne der Sozialversicherung und des Dritten Buches Sozialgesetzbuch; sie gilt arbeitsrechtlich nicht als Bestandteil des Lohns oder Gehalts. Der Anspruch auf Arbeitnehmersparzulage ist nicht übertragbar und damit auch nicht pfändbar[176].

6.94

Vereinbarte vermögenswirksame Leistungen, die der Arbeitgeber zur Vermögensbildung durch den Arbeitnehmer zusätzlich zu dem sonstigen Arbeitseinkommen erbringt, sind ebenso wie die vermögenswirksame Anlage von Teilen des Arbeitseinkommens, also ohne zusätzliche Leistungen des Arbeitgebers, zweckgebunden nach Maßgabe der §§ 2, 10 und 11 des 5. VermBG und gemäß § 2 Abs. 7 des 5. VermBG nicht übertragbar und damit unpfändbar, § 851 ZPO. Daher sind diese Leistungen bei der Berechnung des pfändbaren Arbeitseinkommens von dem Bruttoeinkommen mit abzuziehen. Etwas anderes gilt nur, wenn die Abführung der vermögenswirksa-

6.95

---

173 Rpfleger 1993, 456 = NJW 1993, 2699 = DB 1993, 1245; EWiR 1993, 727 – *Hintzen*.
174 So auch Musielak/*Becker*, § 850 Rdn. 16.
175 BGBl I 1994, 406; zuletzt geändert durch Gesetz v. 29.12.2003, BGBl 2003, 3076.
176 So auch Zöller/*Stöber*, § 851 Rdn. 2; a.A. Baumbach/*Hartmann*, vor § 704 Rdn. 111.

men Leistungen erst nach der Zustellung der Pfändung zwischen Arbeitgeber und Arbeitnehmer vereinbart wird. Dann sind diese Leistungen dem Arbeitseinkommen hinzuzurechnen, da der Schuldner nach der Pfändung keine den Gläubiger beeinträchtigenden Erklärungen mehr abgeben darf.

IV. Unpfändbare Bezüge

6.96 Aus sozialen Gründen, aus Gründen der Arbeitsmotivation oder mit Rücksicht auf ihre Zweckgebundenheit, sind zahlreiche Einkommensarten absolut unpfändbar, § 850a ZPO. **Gänzlich unpfändbar** sind in jedem Falle das **Erziehungsgeld**[177] und die **Studienbeihilfe,** § 850a Nr. 6 ZPO, da diese kinderbezogenen Gelder nicht für die Rückzahlung der Schulden der Eltern herangezogen werden sollen. Weiterhin unpfändbar sind die **Sterbe- und Gnadenbezüge** aus Arbeits- oder Dienstverhältnissen, **Blindenzulagen,** § 850a Nr. 7, Nr. 8 ZPO und Pflegegeld.[178]

6.97 **Heirats- und Geburtsbeihilfen** sind **zweckgebundene Leistungen,** die allerdings dann der Pfändung unterliegen, wenn wegen der aus Anlass der Heirat oder der Geburt entstandenen Forderungen vollstreckt wird, z.B. wegen Entbindungskosten, Kosten für die Säuglingsausstattung, § 850a Nr. 5 ZPO.[179]

6.98 Der Höhe nach **begrenzt unpfändbar** sind die Leistungen für **Mehrarbeitsstunden** (zur Hälfte) und die **Weihnachtsvergütung** (halbes monatliches Einkommen, höchstens 500,– €), § 850a Nr. 1, Nr. 4 ZPO. Überstunden sind hierbei nur die Zeit, die der Arbeitnehmer in seiner Freizeit leistet, nicht z.B. die Sonntags- oder Nachtarbeit. Diese Zeiten fallen unter die normale Arbeitszeit in bestimmten Berufen und hierfür werden Zuschläge gezahlt, die dann zum gewöhnlichen Arbeitseinkommen hinzugerechnet werden. Die unpfändbare Hälfte der Überstundenvergütung errechnet sich aus dem **Bruttoeinkommen** und nicht aus dem Nettoeinkommen.[180] Die Mehrarbeitsvergütung ist zunächst von dem Bruttoeinkommen als unpfändbar abzurechnen, Steuern und Sozialabgaben (vom vollen Einkommen) sind von dem Restarbeitsverdienst abzuziehen, § 850e Nr. 1 ZPO. Gleiches gilt für die betragsmäßig festgelegte unpfändbare Weihnachtsvergütung, § 850a Nr. 4 ZPO. Auch hier steht der gesamte unpfändbare Bruttobetrag dem Schuldner zu, Steuern und Sozialabgaben sind aus dem Restarbeitseinkommen abzuziehen. Im Übrigen kann dahinstehen, ob das Weihnachtsgeld im Monat Dezember oder Januar gezahlt wird, ausschlaggebend ist der Anlass des Weihnachtsfestes.[181] **Ohne Festlegung eines Betragsrahmens** sind unpfändbar das **Urlaubsgeld,** Bezüge aus Anlass

---

177 LG Hagen, Rpfleger 1993, 30; vgl. auch § 54 Abs. 3 Nr. 1 SGB I.
178 BGH, Rpfleger 2006, 24.
179 Zöller/*Stöber,* § 850a Rdn. 12.
180 Zöller/*Stöber,* § 850a Rdn. 2; Thomas/*Putzo,* § 850a Rdn. 1; so auch LAG Berlin, NZA-RR 2000, 657 = InVo 2000, 393.
181 Zöller/*Stöber,* § 850a Rdn. 11.

eines besonderen **Betriebsereignisses, Treuegelder, Aufwandsentschädigungen,**[182] **Auslösungsgelder, Zulagen** für auswärtige Beschäftigung, das Entgelt für selbst gestelltes **Arbeitsmaterial, Gefahrenzulagen** sowie **Schmutz- und Erschwerniszulagen,** § 850a Nr. 2, Nr. 3 ZPO. Diese Beträge sind unpfändbar, soweit sie den Rahmen des Üblichen nicht übersteigen.[183] Ausschlaggebend hierbei sind Vereinbarungen aufgrund von Tarifverträgen oder steuerfrei anerkannte Sätze. Unter den Begriff Urlaubsgeld fällt zwar auch der **Urlaubsabgeltungsanspruch,** also der Betrag, den der Schuldner für einen nicht genommenen Urlaub erhält. Dieser Anspruch ist aber nach Ausscheiden aus dem Arbeitsverhältnis in voller Höhe pfändbar.[184]. Es handelt sich hierbei um einen höchstpersönlichen und zweckgebundenen Anspruch.

V. Bedingt pfändbare Bezüge

1. Rentenansprüche

Grundsätzlich sind die in § 850b Abs. 1 Nr. 1 bis 4 ZPO genannten Renten bzw. Einkünfte unpfändbar. Da diese aber ebenso wie das Arbeitseinkommen dazu bestimmt sind, den Lebensunterhalt des Schuldners und seiner Familie zu sichern, sind sie nach den für das Arbeitseinkommen geltenden Vorschriften pfändbar, wenn der Gläubiger bereits anderweitig erfolglos vollstreckt hat und die Pfändung der Billigkeit entspricht, § 850b Abs. 2 ZPO. Auch wenn der Drittschuldner (z.B. Versicherer) im Gegensatz zu dem Arbeitgeber nicht über die persönlichen Daten des Schuldners zur Berechnung der unpfändbaren Beträge verfügt, schließt dies einen Blankettbeschluss nicht aus.[185]

6.99

Zu den unpfändbaren **Renten,** § 850b Abs. 1 Nr. 1 ZPO, die wegen einer **Verletzung des Körpers** oder der **Gesundheit** zu entrichten sind, zählen z.B. die Ansprüche nach § 618 Abs. 3 BGB (Schadensersatz gegen den Dienstherrn), § 843 BGB (Schadensersatz des Verletzten), Haftpflichtansprüche gemäß § 8 HaftpflG, § 13 StVG. Eine **Berufsunfähigkeitsrente** ist ebenso wie Arbeitseinkommen gem. § 850 Abs. 3 Ziff. b ZPO nur bedingt pfändbar, aber nicht generell unpfändbar.[186] Nicht pfändbar ist der An-

6.100

---

182 Zum Bürgermeister BayVG Ansbach, Rpfleger 2006, 419; zu den Ansprüchen eines Vorstandsmitgliedes eines Anwaltsvereins auf Sitzungsgeld, Aufwandsentschädigung und -erstattung vgl. AG Leipzig, NJW 2004, 375.
183 Zur Aufwandsentschädigung eines Abgeordneten vgl. BezG Frankfurt/Oder, Rpfleger 1993, 457.
184 LG Düsseldorf, JurBüro 2003, 328; LG Leipzig, JurBüro 2003, 215; **a.A.** BAG, NJW 1967, 2376; Schuschke/*Walker*, § 850a Rdn. 3; *Zimmermann,* § 850a Rdn. 3.
185 BGH, Rpfleger 2005, 446 = NJW-RR 2005, 869 = FamRZ 2005, 1083 = JurBüro 2005, 381 = MDR 2005, 1015 = WM 2005, 1185 = InVo 2005, 324 = ZVI 2005, 366; **a.A.** noch *Hülsmann,* NJW 1995, 1521.
186 AG Köln, JurBüro 2002, 326; in diesem Sinne wohl auch OLG Karlsruhe, InVo 2002, 238.

spruch aus einer **Berufsunfähigkeitszusatzversicherung**.[187] Ein **Schmerzensgeldanspruch ist** jedoch uneingeschränkt übertragbar und somit auch **pfändbar**, § 847 BGB.[188] Eine aufgrund einer Stiftungsvereinbarung gezahlte **Invalidenpension** ist unpfändbar und auch nicht gem. § 850b Abs. 1 Nr. 1 bedingt pfändbar, selbst wenn ihr Erlangen durch ein Arbeitsverhältnis bedingt ist.[189]

6.101　Ob der Rentenanspruch auf Vertrag oder auf einer Verfügung von Todes wegen beruht, ist hierbei unerheblich.[190] Zu den Unterhaltsrenten, die auf gesetzlichen Vorschriften beruhen, sowie die wegen Entziehung einer solchen Forderung zu entrichtenden Renten gehört auch der abgetretene Gehaltsanspruch des Unterhaltsverpflichteten an den Unterhaltsberechtigten.[191]

2. Unterhaltsrente/Taschengeld

6.102　Zu den **Unterhaltsrenten** nach § 850b Abs. 1 Nr. 2 ZPO zählen in erster Linie die gesetzlichen Unterhaltsansprüche des Ehegatten, früheren Ehegatten, der Kinder und sonstiger Verwandten. Ob der Unterhaltsspruch auf Vertrag oder gerichtlicher Entscheidung beruht, ist unerheblich, es muss sich nur um einen **gesetzlichen Unterhaltsanspruch** handeln.[192]

6.103　Auch der **Taschengeldanspruch** des jeweiligen Ehepartners ist als Unterhaltsgewährung gemäß §§ 1360, 1360a BGB bedingt pfändbar.[193] Der haushaltführende Ehegatte hat, sofern nicht das Familieneinkommen schon durch den notwendigen Grundbedarf der Familienmitglieder restlos aufgezehrt wird, Anspruch auf Zahlung eines Taschengeldes. Dieser Anspruch ist eine auf gesetzlicher Vorschrift beruhende Unterhaltsrente i.S.d. § 850b Abs. 1 Nr. 2 ZPO. Er ist ein auf Geld gerichteter Zahlungsanspruch, denn er soll den Ehegatten unabhängig von einer Mitsprache des jeweils anderen Ehepartners die Befriedigung solcher persönlicher Bedürfnisse ermögli-

---

187　OLG Oldenburg, MDR 1994, 257; OLG Saarbrücken, VersR 1995, 1227.
188　BGH, NJW 1995, 783; Palandt/*Thomas*, § 823 Rdn. 75 m.w.N.
189　LG Mainz, ZVI 2003, 174.
190　BGH, NJW 1978, 950.
191　LG Mannheim, Rpfleger 1987, 465.
192　BGH, NJW 1997, 1441.
193　BGH, Rpfleger 2004, 503 = NJW 2004, 2450 = FamRZ 2004, 1784 = JurBüro 2004, 669 = MDR 2004, 1144 = WM 2004, 1438 = InVo 2004, 412 = ZVI 2004, 338; hierzu *Balthasar*, FamRZ 2005, 85; BGH, Rpfleger 2004, 575 = NJW 2004, 2452 = DGVZ 2004, 135 = FamRZ 2004, 1279 = JurBüro 2004, 494 = MDR 2004, 1259 = WM 2004, 1591 = InVo 2004, 423 = ZVI 2004, 390; BGH, Rpfleger 1998, 254 = *Hintzen*, EWiR 1998, 527; OLG Nürnberg, Rpfleger 1998, 294; OLG Köln, Rpfleger 1995, 76 = FamRZ 1995, 309; OLG Frankfurt, Rpfleger 1996, 77; OLG Stuttgart, Rpfleger 1997, 447; OLG Celle, FamRZ 1991, 726; OLG Köln, FamRZ 1991, 587 und NJW 1993, 3335; OLG Frankfurt, FamRZ 1991, 727; OLG Hamm, FamRZ 1990, 547; OLG Bamberg, JurBüro 1988, 543; OLG München, JurBüro 1988, 1582; OLG Stuttgart, Rpfleger 1987, 466; *Büttner*, FamRZ 1994, 1433; Zöller/*Stöber*, § 850b Rdn. 18.

chen, die über die regelmäßig in Form des Naturalunterhaltes gewährten (Grund-)Bedürfnisse (wie Nahrung, Wohnung, Kleidung, Körperpflege, medizinische Versorgung, kulturelle Bedürfnisse, Kranken- und Altersvorsorge, Mobilität) hinausgehen. Er ist in seinem Bestehen weder von einem Organisationsakt noch von einer Vereinbarung der Ehegatten abhängig. Ein Taschengeldanspruch steht nicht nur dem erwerbslosen Ehegatten, sondern auch dem zuverdienenden Ehegatten zu.[194]

Für die Beurteilung der Billigkeit sind neben der Höhe der Bezüge, insbesondere der Höhe des dem Schuldner im Falle der Pfändung verbleibenden Betrages, vor allem Art und Umstände der Entstehung der beizutreibenden Forderung von Bedeutung. So kann die Pfändung zur Beitreibung privilegierter Ansprüche i.S.d. §§ 850d, 850f Abs. 2 ZPO der Billigkeit entsprechen.[195] Je nach Lage des Einzelfalles können für die vom Vollstreckungsgericht zu treffende Billigkeitsentscheidung ferner von Bedeutung sein eine besondere Notlage des Gläubigers[196], die wirtschaftliche Situation und der Lebensstil des Schuldners, das Verhalten der Beteiligten bei der Entstehung oder der Beitreibung der Forderung sowie mögliche Belastungen, die für die Ehe des Schuldners aufgrund der Pfändung entstehen könnten. Auch die Höhe der zu vollstreckenden Forderung und die voraussichtliche Dauer der Pfändung können in die Bewertung einfließen.[197] In keinem Fall kann der höchstpersönliche Taschengeldanspruch dem Ehepartner auf Dauer entzogen werden.[198] Bei Zulassung einer solchen Pfändung würde ein über viele Jahre anhaltender Eingriff in die ehelichen Finanzverhältnisse eintreten, bei dem die hiermit für den Schuldner und den Drittschuldner verbundene Belastung in keinem zumutbaren Verhältnis zu dem Nutzen für den Gläubiger steht. Folgerichtig kommt eine Pfändung nicht in Betracht, wenn der Unterhaltsanspruch insgesamt – einschließlich des Anspruchs auf Taschengeld – die Pfändungsgrenzen des § 850c ZPO nicht übersteigt.[199] Dann kommt es weder auf die weiteren, auf Billigkeitserwägungen beruhenden Begrenzungen noch auf weitere Erwägungen, die Pfändbarkeit auf Fälle mit „besonderen Umständen" zu beschränken, an.

---

194 BGH, Rpfleger 1998, 254 = *Hintzen,* EWiR 1998, 527; a.A. *Sauer/Meiendresch,* FamRZ 1994, 1441 ff., die der Auffassung sind, dass sich der haushaltsführende Ehegatte jederzeit durch die Aufnahme einer Nebentätigkeit der Pfändung des Taschengeldanspruchs entziehen kann.
195 Vgl. OLG Hamm, Rpfleger 2002, 161; OLG Schleswig, Rpfleger 2002, 87, 88; für die **Billigkeit** der Pfändung des Taschengeldanspruchs spricht der Umstand, dass der zu vollstreckende Anspruch auf einer vorsätzlich begangenen unerlaubten Handlung des Schuldners beruht, LG Karlsruhe, InVo 2002, 430.
196 Vgl. BGH, Rpfleger 1970, 59 = NJW 1969, 252, 253.
197 Vgl. OLG Stuttgart, FamRZ 1997, 1494, 1495; OLG Köln, FamRZ 1995, 309, 310; LG Köln, Rpfleger 1993, 78; Musielak/*Becker,* § 850b Rdn. 4.
198 OLG München, JurBüro 1988, 1582.
199 OLG Stuttgart, Rpfleger 2001, 557 = FamRZ 2002, 185 = JurBüro 2001, 656 = Die Justiz 2002, 15 = InVo 2002, 36; LG Saarbrücken, JurBüro 2001, 605; LG Kleve, JurBüro 2002, 550.

6.105 Die Höhe des gem. § 850c ZPO pfändbaren Betrages bemisst sich nach dem fiktiven Barunterhaltsanspruch des unterhaltsbedürftigen Ehegatten, der Taschengeldanspruch ist Teil dieses Gesamtanspruchs.[200] Bei der Entscheidung über die Pfändung kann der Unterhaltsanspruch des schuldnerischen Ehepartners einschließlich gewährter Naturalleistungen entsprechend der Düsseldorfer Tabelle mit 3/7 des Nettoeinkommens des Ehegatten angesetzt werden. Übersteigt dieser Betrag zuzüglich eigener Einkünfte des Schuldners die Pfändungsgrenzen, so ist der pauschal mit ca. 5–7 % des Nettoeinkommens des Ehegatten berechnete Anspruch pfändbar.[201] Allerdings verlangt Stöber (a.a.O.), dass die Pfändung als Blankettbeschluss ergeht, die Berechnung des pfändbaren Taschengeldanspruchs obliegt dem Drittschuldner, also dem Ehepartner.[202] Bei Streit über die Höhe des Taschengeldanspruches sind die Familiengerichte zur Entscheidung berufen,[203] an die Entscheidung über die Pfändbarkeit des Anspruches ist das Familiengericht gebunden.[204]

3. Einkünfte aus Stiftung, Fürsorge, Altenteil

6.106 Fortlaufende **Einkünfte**, die der Schuldner aus **Stiftungen** oder aufgrund der **Fürsorge** oder **Freigebigkeit** eines Dritten oder aufgrund eines **Altenteils** bezieht, sind nach § 850b Abs. 1 Nr. 3 ZPO unpfändbar. Unerheblich ist hierbei, dass die Bezüge aufgrund letztwilliger Verfügung oder auf Vertrag beruhen. Auch der Anspruch, welcher der Schuldnerin gegen den Drittschuldner, ihren Ehemann, auf Freistellung von der gegen sie bestehenden titulierten Arztforderung wegen ärztlicher Leistungen bei der Entbindung eines Kindes angeblich zusteht, ist pfändbar.[205]

6.107 Bei einem Altenteil handelt es sich um Nutzungen oder wiederkehrende Leistungen, die der Schuldner als Gegenleistung aus Anlass einer Grundstücksübergabe zur Altersversorgung der Veräußerer zahlen muss.[206]

6.108 Ob die Leistungen aus dem Altenteil im Grundbuch dinglich abgesichert sind oder aufgrund einer schuldrechtlichen Vereinbarung gewährt werden, ist unerheblich.[207] Da das Altenteil jedoch kein eigenständiges Recht ist,

---

200 OLG Hamm, Rpfleger 2002,161 = InVo 2002, 191.
201 OLG Hamm, NJW-RR 1990, 406 = FamRZ 1990, 547; OLG München, Rpfleger 1988, 491 = JurBüro 1988, 1582; OLG Celle, NJW 1991, 1960; LG Stuttgart, JurBüro 1996, 104; vgl. auch Zöller/*Stöber*, § 850b Rdn. 21, der von dem – sofern die Pfändung überhaupt zulässig ist – errechneten Taschengeldanspruch 7/10 für pfändbar und 3/10 für unpfändbar hält.
202 So auch OLG Köln, Rpfleger 1995, 76 = FamRZ 1995, 309.
203 OLG Hamm, Rpfleger 1989, 207.
204 OLG Celle, FamRZ 1986, 196.
205 Rpfleger 2005, 270.
206 BGH, Rpfleger 1994, 347 = NJW 1994, 1158; OLG Hamm, FamRZ 1988, 746 und Rpfleger 1993, 488; OLG Köln, Rpfleger 1992, 431; BayObLG, Rpfleger 1993, 443.
207 BGH, NJW 1970, 282.

sondern eine Zusammensetzung mehrerer Rechte und Vereinbarungen,[208] ist immer zu prüfen, ob die der Vereinbarung zugrunde liegenden Einzelansprüche der Pfändung unterliegen. Der Verkauf eines Grundstückes „auf Rentenbasis" unterliegt nicht der Pfändungsbeschränkung.[209]

4. Unterstützungsansprüche aus öffentlichen Kassen

6.109 Für unpfändbar erklärt das Gesetz weiterhin die Bezüge aus **Witwen-, Waisen-, Hilfs- und Krankenkassen,** die ausschließlich oder zu einem wesentlichen Teil zu Unterstützungszwecken gewährt werden, § 850b Abs. 1 Nr. 4 ZPO. Ob die gezahlten Bezüge zu Unterstützungszwecken tatsächlich benötigt werden, ist ebenso unerheblich wie die Tatsache, ob es sich hierbei um laufende oder einmalige Leistungen handelt.[210] Hierunter fallen auch Ansprüche aus einer **Krankenhaustagegeldversicherung.**[211] Ebenso gehören hierzu die Leistungen aus einer **privaten Zusatzversicherung** für privatärztliche Behandlungen und andere Wahlleistungen, wie z.B. Unterbringung im Zweibettzimmer.[212] Der Pfändungsschutz umfasst jedoch nicht die nach dem Tod des Bezugsberechtigten noch ausstehenden Versicherungsleistungen.[213] Der Anspruch eines Beamten auf Gewährung von **Beihilfe** im Krankheits-, Geburts- und Todesfall ist grundsätzlich nicht pfändbar; die Zeckbestimmung des Anspruches steht der Pfändung dann jedoch nicht entgegen, wenn ein Gläubiger wegen eines Anspruches vollstreckt, für den der Schuldner den Beihilfeanspruch erhält.[214]

5. Todesfallversicherung

6.110 Letztlich unpfändbar sind auch die Ansprüche aus einer Lebensversicherung, die nur auf den Todesfall abgeschlossen wurde, wenn die Versicherungssumme 3.579,– € nicht übersteigt, § 850b Abs. 1 Nr. 4 letzter Hs. ZPO. Jedenfalls verletzt die beschränkte Unpfändbarkeit von Lebensversicherungsverträgen nicht Art. 3 Abs. 1 GG.[215]

6.111 Regelmäßig ist der Versicherungsbetrag zweckgebunden und dient der Deckung eventueller Bestattungskosten. Da dem Pfändungsschutz ausschließlich nur Todesfallversicherungen unterliegen, sind sämtliche ge-

---

208 Allerdings kann auch ein Nießbrauchsrecht oder ein Wohnungsrecht alleine Altenteilscharakter haben, vgl. MünchKomm/*Pecher* BGB, Art. 96 EGBGB Rdn. 22.
209 OLG Hamm, Rpfleger 1969, 397.
210 LG Oldenburg, Rpfleger 1983, 33.
211 LG Lübeck, Rpfleger 1993, 207.
212 LG Hannover, Rpfleger 1995, 511.
213 KG, Rpfleger 1985, 73.
214 LG Münster, Rpfleger 1994, 473.
215 BVerfG, NJW 2004, 2585 = FamRZ 2004, 1542 = WM 2004, 1190.

mischten Versicherungen sowohl auf den Todesfall als auch auf den Erlebensfall pfändbar. Mehrere Versicherungen sind hierbei zusammenzurechnen.[216]

6. Pfändungsvoraussetzungen

6.112 Will der Gläubiger in diese zuvor genannten Bezüge (Nr. 1–5) pfänden, muss er zunächst nachweisen, dass die bisherige Vollstreckung erfolglos war oder auch nicht zum Erfolg führen wird, § 850b Abs. 2 ZPO. Den Nachweis führt er z.B. durch das Gerichtsvollzieherprotokoll über eine erfolglos durchgeführte Sachpfändung, durch Vorlage des Vermögensverzeichnisses nach Abgabe der eidesstattlichen Versicherung, oder auch durch den Zurückweisungsbeschluss eines Zwangsversteigerungsantrages, wenn die Zwangsversteigerung des Grundbesitzes aussichtslos ist.

6.113 Weiterhin muss der Gläubiger als weitere Voraussetzung die Billigkeit der Pfändung vortragen und auch nachweisen. Hierbei sind an den Gläubigervortrag jedoch keine überspannten Anforderungen zu stellen, da ihm die Billigkeitsgründe in der Person des Schuldners überwiegend unbekannt sind.[217] Das Vollstreckungsgericht muss vor seiner Entscheidung den Schuldner hören, § 850b Abs. 3 ZPO. Äußert sich der Schuldner nicht, kann grundsätzlich von der Billigkeit ausgegangen werden.[218] Die Pfändung kann durch Blankettbeschluss entsprechend § 850c Abs. 3 S. 2 ZPO bewirkt werden.[219] Die Gleichstellung mit dem Arbeitseinkommen, die uneingeschränkte Verweisung des § 850b Abs. 2 ZPO auf § 850c ZPO und die vorgeschriebene besondere Verfahrensweise rechtfertigen es, im Pfändungsbeschluss auf die Tabelle des § 850c ZPO zu verweisen, also jedenfalls dann einen Blankettbeschluss zu erlassen, wenn der Schuldner sich im Anhörungsverfahren nicht geäußert hat; denn es ist zuvörderst seine Aufgabe, sich auf die beschränkte Leistungsfähigkeit zu berufen und auf bestehende Unterhaltsverpflichtungen hinzuweisen. Erst wenn der Schuldner sich substanziert erklärt hat, obliegt es dem Gläubiger, die bei der Feststellung des nach der Tabelle zu § 850c ZPO pfändbaren Betrages zu berücksichtigenden Unterhaltsberechtigten zahlenmäßig bestimmt zu bezeichnen.

---

216 Vgl. Zöller/*Stöber*, § 850b Rdn. 10; Schuschke/*Walker*, § 850b Rdn. 17 m.w.N. **streitig.**
217 OLG München, JurBüro 1988, 1582; OLG Hamm, Rpfleger 1989, 207; OLG Köln, Rpfleger 1995, 76 = FamRZ 1995, 309.
218 OLG Hamm, JurBüro 1979, 917; LG Verden, Rpfleger 1986, 100.
219 BGH, Rpfleger 2005, 446 = NJW-RR 2005, 869 = FamRZ 2005, 1083 = JurBüro 2005, 381 = MDR 2005, 1015 = WM 2005, 1185 = InVo 2005, 324 = ZVI 2005, 366.

VI. Pfändungsfreigrenzen

1. Allgemein

Gemäß § 850c Abs. 2a ZPO ändern sich die unpfändbaren Beträge jeweils zum 1. Juli eines jeden zweiten Jahres, erstmalig zum 1.7.2003 (so der Wortlaut des Gesetzes). Eine Änderung zum 1.7.2003 erfolgte jedoch nicht, erst jetzt zum 1.7.2005 (BGBl I 2005, 493).[220] Die Änderung erfolgt entsprechend der im Vergleich zum jeweiligen Vorjahreszeitraum sich ergebenden prozentualen Entwicklung des Grundfreibetrages nach § 32a Abs. 1 Nr. 1 EStG; der Berechnung ist die am 1. Januar des jeweiligen Jahres geltende Fassung des § 32a Abs. 1 Nr. 1 EStG zugrunde zu legen. Das Bundesministerium der Justiz gibt die maßgebenden Beträge rechtzeitig im Bundesgesetzblatt bekannt. Der **Drittschuldner** muss sich über die jeweils geltenden Beträge **rechtzeitig informieren**.

6.114

2. Unterhaltsberechtigte Personen

Da das Arbeitseinkommen dem Schuldner und seiner Familie in erster Linie zur Sicherung des Lebensunterhaltes dient, sind der Höhe nach bestimmte Teile des Arbeitseinkommens absolut unpfändbar, § 850c Abs. 1, 2 ZPO:

6.115

Zunächst ist für den Schuldner ein bestimmter **Grundbetrag** gänzlich unpfändbar. Weitere Grundfreibeträge ergeben sich für den Ehegatten und die Verwandten, denen der Schuldner aufgrund gesetzlicher Verpflichtung Unterhalt gewährt. Die Unterhaltspflicht ergibt sich aus dem BGB. Nach § 1360 BGB sind die **Ehegatten** einander verpflichtet, durch ihre Arbeit und mit ihrem Vermögen die Familie angemessen zu unterhalten. Jeder Ehegatte ist gegenüber dem anderen stets zugleich unterhaltsverpflichtet und unterhaltsberechtigt, und zwar ohne dass für diese gegenseitigen Unterhaltsansprüche Bedürftigkeit bestehen muss. Dies gilt auch für Lebenspartner (§ 5 LPartG i.V.m. §§ 1360a, 1360b BGB). Gemäß § 1361 BGB besteht diese Unterhaltspflicht auch zwischen getrennt lebenden Ehegatten. Eine gleich lautende Regelung gilt für getrennt lebende Lebenspartner nach § 12 LPartG. Die Unterhaltspflicht geschiedener Ehegatten setzt voraus, dass ein Ehegatte bedürftig ist und ihm eine Erwerbstätigkeit nicht zugemutet werden kann oder er nicht in der Lage ist, durch diese Erwerbstätigkeit seinen Unterhalt zu sichern. Eine für den Fall der Aufhebung der Lebenspartnerschaft (§ 15 LPartG) entsprechende Regelung findet sich in § 16 LPartG.

6.116

---

220 **Streitig** geworden war die Frage der Rechtswirksamkeit der Pfändungsfreigrenzenerhöhung: wirksam: LG Heilbronn, Rpfleger 2005, 679; unwirksam: LG Leipzig, Rpfleger 2005, 680; und weiter LG München, Bamberg, Leipzig, Gießen, alle Rpfleger 2006, 87; jetzt aber durch den BGH, Rpfleger 2006, 202 = NJW 2006, 777 als wirksam bestätigt.

6.117 Neben Ehegatten und geschiedenen Ehegatten oder Lebenspartnern und solchen, deren Lebenspartnerschaft aufgehoben ist, sind **Verwandte** in gerader Linie (also nicht z.B. Geschwister) einander unterhaltsverpflichtet. Neben den Verwandten ist auch die nicht verheiratete **Mutter eines Kindes** gegenüber dem Vater dieses Kindes unterhaltsberechtigt. Gemäß § 1615l Abs. 1 BGB besteht dieser Anspruch grundsätzlich für die Dauer von sechs Wochen vor und acht Wochen nach der Geburt des Kindes. Die Unterhaltspflicht kann sich unter bestimmten Voraussetzungen auch auf den Zeitraum von vier Monaten vor und drei Jahren nach der Entbindung erstrecken. Nach § 1615n BGB besteht der Unterhaltsanspruch auch dann, wenn das Kind tot geboren ist oder die Mutter eine Fehlgeburt hatte. **Unterhaltsberechtigt** ist jedoch nur, wer außer Stande ist, sich selbst zu unterhalten (§ 1602 BGB).

6.118 Ist die erste unterhaltsberechtigte Person i.S.d. § 850c Abs. 1 S. 2 ZPO ein Kind, so ist für dieses der erhöhte Freibetrag der ersten Stufe und nicht lediglich der verminderte Freibetrag der zweiten Stufe maßgeblich.[221] Für die Höhe der in Betracht kommenden Freibeträge unterscheidet das Gesetz lediglich zwischen der ersten und den weiteren – bis zu fünf – unterhaltsberechtigten Personen; eine darüber hinausgehende Staffelung der Freibeträge ist nicht vorgesehen. Es kommt für Abs. 1 S. 2 allein auf die Anzahl der Personen an, die vom Schuldner Unterhaltsleistungen erhalten, ohne dass deren konkrete Lebensumstände zu berücksichtigen wären.

6.119 Voraussetzung für die Erhöhung des unpfändbaren Betrages ist die **tatsächliche Gewährung von Unterhalt.**[222] Hierbei ist es unerheblich, in welcher Form der Unterhalt gewährt wird, ob in Form von Natural-, Geld- oder Dienstleistungen.[223] Ebenso sind Höhe und Umfang der Unterhaltsleistungen ohne Belang. Selbst wenn der im Einzelfall vom Schuldner geleistete Unterhaltsbeitrag den durch die Berücksichtigung der Unterhaltspflicht erlangten Freibetrag für diese Person nicht erreicht, hat der Schuldner Anspruch auf den Freibetrag.

6.120 Pfändet der Gläubiger das jeweilige Arbeitseinkommen von Ehepartnern auf der Grundlage eines Vollstreckungstitels gegen die Schuldner als Gesamtschuldner, so ist die gemeinsame Unterhaltspflicht gegenüber einem ehelichen Kind auch bei beiden Schuldnern voll zu berücksichtigen; den jeweiligen Unterhaltsanteil des einen Elternteils bei dem anderen Elternteil als Einkünfte des unterhaltsberechtigten Kindes anzurechnen, dürfte schon aus grundgesetzlich geschützten familienrechtlichen Gesichtspunkten unbillig sein, Art. 6 Abs. 1 GG.[224] Übersteigt das Einkommen den Betrag, bis zu

---

[221] BGH, Rpfleger 2004, 574 = FamRZ 2004, 1281; überholt damit LG Augsburg, Rpfleger 2004, 300.
[222] BAG, NJW 1966, 903 = DB 1966, 409; LG Kassel, JurBüro 2004, 558; LG Chemnitz, JurBüro 2004, 447; Zöller/*Stöber*, § 850c Rdn. 5.
[223] LG Verden, JurBüro 1995, 385; LG Bremen, JurBüro 1998, 211.
[224] LG Bayreuth, MDR 1994, 621; **a.A.** LG Paderborn, JurBüro 1984, 787; *Stöber*, Rdn. 1060a.

dessen Höhe es je nach der Zahl der unterhaltsberechtigten Personen unpfändbar ist, ist auch der darüber hinausgehende **Mehrbetrag** zu einem bestimmten Teil unpfändbar, und zwar in Höhe von $3/10$, wenn der Schuldner keine weiteren unterhaltsberechtigten Personen zu versorgen hat, in Höhe von weiteren $2/10$ für die erste Person, der er Unterhalt gewährt, und je weitere $1/10$ für die zweite bis fünfte unterhaltsberechtigte Person, § 850c Abs. 2 S. 1 ZPO.

Übersteigt das Arbeitseinkommen weiterhin den in § 850c Abs. 2 S. 2 ZPO festgelegten **Höchstbetrag**, ist dieser darüber hinausgehende Betrag in jedem Falle in voller Höhe pfändbar. Im Übrigen kann der pfändbare Betrag direkt aus der amtlichen Lohnpfändungstabelle entnommen werden, auf den im Pfändungsbeschluss hingewiesen wird, § 850c Abs. 3 S. 2 ZPO (Blankettbeschluss).

Bei der Berücksichtigung gesetzlicher Unterhaltsverpflichteter ist es unbeachtlich, wenn im Einzelfall der von dem Schuldner geleistete Unterhaltsbetrag den Freibetrag nach § 850c ZPO nicht erreicht, dennoch muss ihm der pfändungsfreie Grund- bzw. Mehrbetrag gewährt werden.[225] Auch der Ehepartner des Schuldners ist in voller Höhe zu berücksichtigen, selbst wenn dieser berufstätig ist und ein Arbeitseinkommen weit über den gesetzlichen Freibeträgen erzielt. Der Gläubiger muss in diesem Fall einen Antrag auf Nichtberücksichtigung dieser unterhaltsberechtigten Person stellen, § 850c Abs. 4 ZPO (vgl. Rdn. 6.125 ff.). Vollstreckt der Gläubiger gegen beide Ehegatten, die jeweils berufstätig sind, ist der jeweilige Freibetrag eines jeden erwerbstätigen Ehegatten bei der Berechnung des pfändbaren Arbeitseinkommens gegenseitig zu berücksichtigen.[226] Etwas anderes kann nur dann gelten, wenn die Ehegatten beide berufstätig sind, jedoch getrennt leben.[227]

3. Berechnung durch den Drittschuldner

Den pfändbaren Betrag muss der **Drittschuldner** selbst errechnen. Abzustellen ist auf den Zeitpunkt des Wirksamwerdens der Pfändung.[228] Der Drittschuldner hat auch die Feststellung zu treffen, welche unterhaltsberechtigten Personen des Schuldners zu berücksichtigen sind. Hierbei wird er sich zunächst auf die Angaben in der Lohnsteuerkarte berufen. Darüber hinaus muss er aber auch Nachweise anerkennen, die ihm von seinem Arbeitnehmer vorgelegt werden (z.B. Geburtsurkunde, Sterbeurkunde, Heiratsnachweis). Dies gilt gleichermaßen, wenn ihm diese Unterlagen durch den Gläubiger vorgelegt werden. Im Zweifel kann jedoch auch bei Unstim-

---

225 LSG NRW, Rpfleger 1984, 278.
226 BAG, NJW 1966, 903; BAG, NJW 1975, 1296.
227 BAG, FamRZ 1983, 899.
228 *Hintzen*, NJW 1995, 1861 ff.

6.124 Bei der Berechnung des pfändbaren Teils des Arbeitseinkommens hat der Drittschuldner von dem Bruttoeinkommen zunächst die absolut **unpfändbaren Bezüge** gemäß § 850a ZPO – brutto – in Abzug zu bringen. Danach sind die **Steuern** und **Sozialabgaben** abzusetzen, § 850e Nr. 1 ZPO.[229] Beiträge zu einer privaten Krankenversicherung können nur in Höhe der Versicherungsbeitragssätze der gesetzlichen Krankenversicherung berücksichtigt werden.[230] Zu vermögenswirksamen Leistungen vgl. Rdn. 6.94. Von dem so ermittelten **Nettoeinkommen** kann dann der pfändbare Betrag aus der Lohnpfändungstabelle abgelesen werden. Hierbei dürfte regelmäßig die Monatstabelle in Betracht kommen.[231] Hat der Schuldner noch ausstehende **Nachzahlungen** oder ergab sich ein **Lohnrückstand,** der nach Wirksamwerden der Pfändung ausgezahlt wird, sind diese Zahlungen immer für den Abrechnungszeitraum zu berücksichtigen, für den sie hätten gezahlt werden müssen. Zwar erfasst der zugestellte Pfändungs- und Überweisungsbeschluss auch den Nachzahlungsbetrag, den der Drittschuldner dem Schuldner noch nicht ausgezahlt hat, jedoch muss der Drittschuldner für diese Beträge eine rückwirkende fiktive Berechnung für den Monat vornehmen, in dem diese Beträge hätten gezahlt werden müssen. In keinem Fall dürfen diese Beträge dem laufenden Abrechnungszeitraum hinzugerechnet werden.[232]

VII. Nichtberücksichtigung eines Unterhaltsberechtigten

1. Eigenes Einkommen

6.125 Verfügt eine grundsätzlich zu berücksichtigende **unterhaltsberechtigte Person** über **eigenes Einkommen**, kann auf Antrag des Gläubigers das Vollstreckungsgericht bestimmen, dass diese Person ganz oder teilweise bei der Berechnung des unpfändbaren Teils des Arbeitseinkommens unberücksichtigt zu bleiben hat, § 850c Abs. 4 ZPO. Der Drittschuldner ist nicht verpflichtet zu prüfen, ob ein Unterhaltsberechtigter über eigene Einkünfte verfügt oder nicht. Bei **verheirateten Schuldnern** ist regelmäßig davon auszugehen, dass sie gem. § 1360 BGB verpflichtet sind, sich angemessen an den gesamten Kosten des Familienunterhaltes zu beteiligen. Dabei ist bei der Pfändung der Freibetrag für den ebenfalls erwerbstätigen Ehegatten stets zu berücksichtigen. Der Freibetrag für den Ehegatten wird nur ausnahmsweise in Wegfall kommen können.[233]

---

229 *Napierala*, Rpfleger 1992, 49; Musielak/*Becker*, § 850e Rdn. 2, 3.
230 LG Berlin, Rpfleger 1994, 426.
231 Auch bei Krankengeld, BSG, NJW 1993, 811.
232 Stöber, Rdn. 1042; BAG, WM 1987, 769.
233 BAG, NJW 1966, 903 = DB 1966, 409; BAG, Rpfleger 1975, 298 = NJW 1975, 1296; BAGE 42, 54 = FamRZ 1983, 899 = ZIP 1983, 1247.

Der Begriff **eigene Einkünfte** des Unterhaltsberechtigten ist weit gefasst. 6.126
Hierunter sind zunächst einmal Entgelte aus einer eigenen Erwerbstätigkeit zu nennen, also Lohn und Gehalt aus unselbstständiger Tätigkeit, aber auch die Einkünfte aus selbstständiger Berufstätigkeit. Weiterhin gehört hierzu auch jedwede Art von Ausbildungsvergütung, nicht aber das nach dem Sozialhilfegesetz zu zahlende BaföG.[234] Einkünfte sind aber auch Rentenzahlungen, sofern es sich nicht um die Grundrente nach dem Bundesversorgungsgesetz handelt, z.B. Ausgleichsrenten für schwer Kriegsbeschädigte[235] oder die Grundrente eines Kriegsbeschädigten.[236] Diese Ansprüche sollen nur den Mehraufwand abdecken, der dem Leistungsberechtigten durch seinen Gesundheits- oder Körperschaden entstanden ist und seine Erwerbsfähigkeit auch entsprechend mindert bzw. einschränkt. Auch das **Kindergeld** ist nicht als eigenes Einkommen zu berücksichtigen (vgl. § 54 Abs. 5 SGB I). Nicht als Einkommen gewertet werden können auch **Sozialgeldleistungen,** die grundsätzlich unpfändbar sind, z.B. das Erziehungsgeld, § 54 Abs. 3 Nr. 1 SGB I. Ebenfalls gesetzlich unpfändbar ist das Mutterschaftsgeld, § 54 Abs. 3 Nr. 2 SGB I.[237] Arbeitet ein Kind des Schuldners bei seinem Ehepartner, müssen allerdings die entsprechenden Unterhaltsleistungen als eigene Einkünfte gewertet werden.[238] Der Unterhaltsanspruch der **minderjährigen Kinder** gegenüber dem Ehepartner des Schuldners kann als eigenes Einkommen berücksichtigt werden.[239]

---

234 *Stöber*, Rdn. 1060.
235 OLG Celle, Rpfleger 1952, 597.
236 OLG Hamm, Rpfleger 1983, 409.
237 U.A. Musielak/*Becker*, § 850c Rdn. 11.
238 LG Paderborn, JurBüro 1984, 787.
239 LG Frankfurt/Main, Rpfleger 1994, 221; LG Hanau, JurBüro 1998, 550; LG Nürnberg-Fürth, JurBüro 1996, 603 – Schuldner und Ehefrau etwa gleich hohes Einkommen, Unterhaltspflicht der Kinder nur zur Hälfte anerkannt. Nach einer Entscheidung des LG Frankfurt/Main, Rpfleger 1994, 473 kann sich die Unterhaltpflicht eines volljährigen Kindes allein gegen den Ehepartner richten, wenn der Schuldner selbst nur ein geringes Nettoeinkommen (konkret: 1.600,– DM), die Ehefrau hingegen ein wesentlich höheres Einkommen hat (konkret: 7.000,– DM). Nach Ansicht des Gerichts entfällt die Unterhaltspflicht für denjenigen, der bei Berücksichtigung seiner sonstigen Verpflichtungen außer Stande ist, ohne Gefährdung seines eigenen angemessenen Unterhalts den Unterhalt zu gewähren, § 1603 BGB. Anders als bei minderjährigen Kindern muss der unterhaltsverpflichtete Schuldner nicht alle verfügbaren Mittel zum Unterhalt des Unterhaltsberechtigten einsetzen. Nach § 1606 Abs. 3 S. 1 BGB haften gleichrangige Unterhaltsverpflichtete gegenüber Unterhaltsberechtigten anteilig nach ihren Erwerbs- und Vermögensverhältnissen. Aufgrund der gravierenden Unterschiede der Nettoeinkünfte des Schuldners und seiner Ehefrau richtete das LG Frankfurt/Main den Unterhaltsanspruch des Kindes nur gegen die Mutter. Außer den Einkünften in Geld können aber auch Einkünfte aus **Naturalleistungen** und sonstigen Vergünstigungen einen Antrag nach § 850c Abs. 4 ZPO rechtfertigen.

2. Höhe des eigenen Einkommens

6.127 Der Gesetzgeber hat keine Regelung getroffen, ab welcher Einkommenshöhe des Unterhaltsberechtigten dieser bei der Bemessung des Pfändungsfreibetrages nicht bzw. nur teilweise zu berücksichtigen ist. Dementsprechend ist die Rechtsprechung zu dieser Frage sehr uneinheitlich. Aus der amtlichen Begründung[240] ist zu entnehmen, dass beabsichtigt war, einen Unterhaltsberechtigten dann außer Betracht zu lassen, wenn seine Einkünfte höher als die Grundfreibeträge für den allein stehenden Schuldner liegen (derzeit: 985,15 €). Weiter ist aus der Begründung zu entnehmen, dass einerseits die Einkünfte des Unterhaltsberechtigten so hoch sein können, dass dieser gänzlich unberücksichtigt bleiben kann; andererseits können die Einkünfte des Unterhaltsberechtigten so unbedeutend sein, dass ein entsprechender Antrag des Gläubigers abzuweisen ist.[241]

6.128 Der **BGH**[242] hat sich in seiner Grundsatzentscheidung der Auffassung[243] angeschlossen, dass keine schematisierende Betrachtung zulässig ist, maßgeblich sind die jeweiligen Umstände des Einzelfalles und die Interessen der Beteiligten. Maßgebend dafür sei der Wille des Gesetzgebers und der Wortlaut der Vorschrift, wonach das Vollstreckungsgericht seine Entscheidung „nach billigem Ermessen" zu treffen habe. Unter dem Gesichtspunkt der Billigkeit sind alle in Betracht kommenden Umstände des Falles und insbesondere die wirtschaftlichen Lagen des Gläubigers und des Schuldners sowie der von ihm unterhaltenen Angehörigen objektiv gegeneinander abzuwägen. Die auf Antrag des Gläubigers vom Vollstreckungsgericht gemäß § 850 Abs. 4 ZPO zu treffende Bestimmung hat unter Einbeziehung

---

240 BT-Drucks. 8/698.
241 Vgl. LG Saarbrücken, JurBüro 1988, 671 – unter dem Sozialhilfebetrag.
242 BGH, Rpfleger 2005, 201 = NJW-RR 2005, 795 = FamRZ 2005, 438 = JurBüro 2005, 270 = MDR 2005, 774 = WM 2005, 293 = InVo 2005, 233 = ZVI 2005, 194; zur Thematik im Insolvenzverfahren vgl. *Mäusezahl*, ZVI 2005, 165.
243 Früher vgl. Übersicht bei *Hintzen*, Rpfleger 2004, 543: a) die Höhe des zu berücksichtigenden Einkommens wird aus den Beträgen nach dem Bundessozialhilfegesetz und den Freibeträgen, die das Vollstreckungsgericht bei einer Unterhaltspfändung berücksichtigt, festlegt, vgl. *Henze*, Rpfleger 1981, 52 ff.; nach LG Marburg, Rpfleger 1992, 167 erfolgt die Berechnung in der Weise, dass die Differenz zwischen dem eigenen Einkommen des Unterhaltsberechtigten und dem Grundfreibetrag eines Ledigen nach der Lohnpfändungstabelle dem Einkommen des Schuldners hinzugezählt wird. Unbeantwortet bleibt hierbei, in welcher Tabellenstufe der pfändbare Betrag nunmehr abzulesen ist (richtig dürfte dies nur in der Stufe ohne den Unterhaltsberechtigten sein); weitere Möglichkeit war, eine Person gänzlich unberücksichtigt zu lassen, wenn sie über eigene Einkünfte verfügt, die entweder die unterhaltsrechtlichen Leitlinien OLG Frankfurt, Rpfleger 1998, 165; LG Kiel, JurBüro 1995, 384; LG Osnabrück, JurBüro 1996, 217 oder den Grundfreibetrag nach der Lohnpfändungstabelle überschreitet, OLG Oldenburg, Rpfleger 1995, 262; LG Detmold, Rpfleger 1998, 256; LG Konstanz, JurBüro 1996, 666; LG Erfurt, Rpfleger 1996, 469 m. Anm. *Hintzen*; LG Braunschweig, JurBüro 1995, 217; StJ/*Münzberg*, § 850c Rdn. 32.

aller wesentlichen Umstände des Einzelfalles und nicht lediglich nach festen Berechnungsgrößen zu erfolgen. Die Berücksichtigung des Berechtigten, der eigene Einkünfte bezieht, ist absichtlich flexibel gestaltet worden, um einer Ermessensentscheidung genügend Raum zu lassen, den Umständen des Einzelfalles Rechnung zu tragen. Bei der Ermessensausübung ist die Entscheidung unter Abwägung der wirtschaftlichen Lage des Gläubigers und des Schuldners sowie der von ihm unterhaltenen Angehörigen zu treffen. Dabei können Pfändungsfreibeträge und Unterhaltstabellen Gesichtspunkte für die Ausübung des Ermessens geben; eine einseitige Orientierung an bestimmten Berechnungsmodellen scheidet jedoch aus, weil sie dem Sinn des § 850c Abs. 4 ZPO widerspricht.

Das schließt aber nach einer erneuten Entscheidung des BGH[244] nicht aus, sich in diesem Rahmen an bestimmten Berechnungsmodellen zu orientieren. Ermessensfehlerhaft ist es lediglich, dieselbe Berechnungsformel unterschiedslos auf verschiedenartige Fallgestaltungen anzuwenden. An die Überprüfung dürfen keine überspannten Anforderungen gestellt werden, um das Vollstreckungsverfahren nicht unpraktikabel zu machen. Lebt z.B. der Unterhaltsberechtigte mit dem Schuldner in einem Haushalt, ist es nicht gerechtfertigt, sich einseitig am Grundfreibetrag des § 850c Abs. 1 S. 1 ZPO auszurichten. In derartigen Fällen kommt in Betracht, bei der Berechnung des Freibetrages des Unterhaltsberechtigten die nach den sozialrechtlichen Regelungen die Existenzsicherung gewährleistenden Sätze heranzuziehen. Dabei ist allerdings zu berücksichtigen, dass die Regelungen über die Pfändungsfreigrenzen dem Schuldner und seinen Unterhaltsberechtigten nicht nur das Existenzminimum sichern wollen, sondern eine deutlich darüber liegende Teilhabe am Arbeitseinkommen erhalten bleiben muss. Bei einer Orientierung an den sozialrechtlichen Regelungen wird daher im Rahmen der Ermessensausübung ein Zuschlag zu gewähren sein, der regelmäßig in einer Größenordnung von 30–50 % liegen dürfte.

6.129

Der Entscheidung des BGH ist im Grunde zuzustimmen; sie ist in ihren praktischen Auswirkungen allerdings insoweit wenig hilfreich, als weder für den Gläubiger noch für den Schuldner das Ergebnis im konkreten Fall leicht absehbar ist. Für die Entscheidung des Vollstreckungsgerichtes ist daher zunächst die Höhe der eigenen **Einkünfte** des Unterhaltsberechtigten von maßgeblicher Bedeutung. Auch der **Lebensbedarf** ist bei der Entscheidung zu berücksichtigen, der aus dem Arbeitseinkommen des Schuldners zu bestreiten ist. Dabei ist auf den Unterhaltsbedarf, nicht auf den ggf. geringeren Unterhaltsanspruch (z.B. wenn der Tabellensatz aus dem verfügbaren Einkommen nicht gezahlt werden kann), abzustellen. Die Einkünfte des Unterhaltsberechtigten müssen daher geeignet sein, den Lebensbedarf

6.130

---

244 Rpfleger 2005, 371 = NJW-RR 2005, 1239 = FamRZ 2005, 1085 = JurBüro 2005, 438 = MDR 2005, 1013 = WM 2005, 1186 = InVo 2005, 279 = ZVI 2005, 254 und erneut BGH, Rpfleger 2006, 142; so auch LG Ellwangen, Rpfleger 2006, 88.

mit abzudecken, und dürfen nicht anderweitig zweckgebunden oder z.B. zur Bestreitung berufsbedingter Mehraufwendungen benötigt werden. **Kindergeld** und **Erziehungsgeld** gehören nicht zum Einkommen eines Ehepartners. Zum **Einkommen des Kindes** zählen hingegen das Kindergeld, ein Unterhaltsanspruch gegen einen Dritten (auch gegen den anderen Elternteil), Naturalunterhalt durch die Pflegeeltern sowie Leistungen nach dem Unterhaltsvorschussgesetz (UVG).[245] Soweit keine besonderen konkreten Umstände des Falles vorliegen, könnten z.B. – wie bei § 850f Abs. 1 ZPO – die Regelungen des 3. und 11. Kapitels des SGB XII eine Orientierungshilfe sein.

6.131   Beispiele zur vollständigen Nichtberücksichtigung[246]:

- Übersteigt bei kinderlosen Eheleuten das eigene Einkommen des Ehepartners des Schuldners einen monatlichen Betrag von 559,- €, hat dieser in der Regel gem. § 850c Abs. 4 ZPO bei der Berechnung des unpfändbaren Teils des Arbeitseinkommens des Schuldners ganz unberücksichtigt zu bleiben.[247]
- Ein Unterhaltsberechtigter bleibt bei der Berechnung des pfändbaren Betrages vollständig unberücksichtigt, wenn er über höhere eigene Einkünfte als den unpfändbaren Grundfreibetrag nach § 850c Abs.1 ZPO für Alleinstehende (= 930,- € – alt) verfügt.[248]
- Bezieht das unterhaltsberechtigte Kind selbst Einkommen (hier: Leistungen nach dem Unterhaltsvorschussgesetz und Kindergeld), das über den Sozialhilfesätzen liegt, bleibt es bei der Berechnung des pfändbaren Einkommens unberücksichtigt.[249]
- Liegt das eigene Einkommen einer unterhaltsberechtigten Person über den Sozialhilfesätzen, bleibt diese bei der Berechnung des unpfändbaren Einkommens des Schuldners im Rahmen einer Pfändung in dessen Arbeitsentgelt unberücksichtigt.[250]
- Hat die Ehefrau des Schuldners ein eigenes anrechenbares Einkommen von 800,- DM monatlich, so ist sie bei der Bestimmung des pfändbaren Betrages ganz unberücksichtigt zu lassen. Dies insbesondere dann, wenn der Schuldner sich zu der Höhe der eigenen Einkünfte der Ehefrau nicht erklärt hat, was vermuten lässt, dass die Ehefrau tatsächlich noch höhere Einkünfte hat.[251]
- Unterhaltsberechtigte Kinder des Schuldners sind bei der Berechnung des pfandfreien Betrages nach § 850c ZPO unberücksichtigt zu lassen, wenn der Schuldner nicht nachweist, dass er tatsächlich Unterhalt an diese zahlt. Die Vorlage der Geburtsurkunde reicht zum Nachweis der Erfüllung der Unterhaltspflichten nicht aus.[252]

---

245   Zum Unterhaltsanspruch jetzt zweifelnd BGH, Rpfleger 2005, 201 = NJW-RR 2005, 795 = FamRZ 2005, 438 = JurBüro 2005, 270 = MDR 2005, 774 = WM 2005, 293 = InVo 2005, 233 = ZVI 2005, 194.
246   Hierzu auch *van Nahl,* InVo 2004, 262; *Schmidt,* InVo 2004, 215.
247   LG Koblenz, Rpfleger 2003, 450 = JurBüro 2003, 377 = InVo 2003, 411.
248   LG Darmstadt, Rpfleger 2002, 370 = InVo 2002, 470.
249   LG Traunstein, FamRZ 2004, 128 = JurBüro 2003, 548 = InVo 2004, 31.
250   LG Traunstein, JurBüro 2003, 155.
251   LG Leipzig, JurBüro 2002, 97.
252   LG Krefeld, JurBüro 2002, 661.

Beispiele zur teilweisen Nichtberücksichtigung: 6.132

- Bei der Frage der Nichtberücksichtigung eines Unterhaltsberechtigten i.S.v. § 850c Abs. 4 ZPO können starre Berechnungsmodelle keine Berücksichtigung finden, da insoweit eine Ermessensentscheidung ausscheidet. Auch wenn der Ehegatte nur über ein bereinigtes Einkommen von 169,– € verfügt, kommt eine **teilweise Nichtberücksichtigung** in Betracht.[253]
- Hat die Ehefrau des Schuldners eigene Einkünfte, so ist das gemeinsame Kind nur teilweise – nach dem Verhältnis des Einkommens des Schuldners zu dem seiner Ehefrau – bei der Berechnung des pfändbaren Betrages zu berücksichtigen.[254]
- Verfügen der Schuldner und seine Ehefrau über etwa gleich hohe monatliche Einkünfte (hier: jeweils ein Nettoeinkommen ca. 2.000,– DM), so sind die unterhaltsberechtigten – im Haushalt des Schuldners und seiner Ehefrau lebenden Kinder – bei der Berechnung des unpfändbaren Teils des Arbeitseinkommens des Schuldners zu $^{1}/_{2}$ unberücksichtigt zu lassen.[255]
- Kommt ein Schuldner seinen Unterhaltspflichten gegenüber seinen Kindern nur teilweise nach, sind die Kinder bei der Berechnung des pfändbaren Betrages gem. § 850c Abs. 4 ZPO nur teilweise zu berücksichtigen.[256]
- Ein unterhaltsberechtigtes Kind mit eigenem (Unterhalts-)Einkommen von 320,– DM zuzüglich Kindergeld ist bei der Berechnung des pfändbaren Betrages nach § 850c Abs. 4 ZPO teilweise nicht zu berücksichtigen.[257]
- Unterhaltsansprüche von ehelichen Kindern gegen den anderen Elternteil sind grundsätzlich als eigene Einkünfte i.S. von § 850c Abs. 4 ZPO zu berücksichtigen. Verfügt die gleichfalls unterhaltsberechtigte Ehefrau des Schuldners über ein nicht unbedeutendes Nettoeinkommen (hier: 2.700,– DM monatlich), das dem Gläubigerzugriff nicht unterliegt, kann hierdurch die durch die Kinder entstehende Unterhaltslast in erheblichem Umfang abgefangen werden. Die Kinder sind in diesem Fall bei der Berechnung des unpfändbaren Betrages zu $^{1}/_{2}$ unberücksichtigt zu lassen.[258]

Beispiele zur Bemessungsgrenze: 6.133

- Die Frage, ob das Einkommen eines Unterhaltsberechtigten des Schuldners bei der Bestimmung des unpfändbaren Arbeitseinkommens ganz oder teilweise zu berücksichtigen ist, kann nur unter Berücksichtigung der jeweiligen Umstände des Einzelfalles entschieden werden. Dabei ist zunächst von den (früher: sich aus §§ 22, 23 BSHG ergebenden) Regelsätzen zuzüglich eines 20 %igen Zuschlags auszugehen; weitere Zuschläge wegen Berufstätigkeit oder besonderer Aufwendungen können hinzukommen.[259]
- Für ein Kind, das wegen eigener Einkünfte und Nichtberücksichtigung des Ehegatten des Schuldners als erste unterhaltsberechtigte Person nach der Tabelle zu § 850c ZPO bei der Bestimmung des pfandfreien Betrages zu berücksichtigen wäre, ist nur der geringere pfandfreie Betrag nach der zweiten Stufe (195,– € – alt) in Ansatz zu bringen.[260] Steht dem Kind auch ein Unterhaltsan-

---

253 LG Rostock, Rpfleger 2003, 449.
254 LG Konstanz, JurBüro 2003, 326.
255 LG Osnabrück, JurBüro 2002, 440 = InVo 2003, 78.
256 LG Ellwangen, JurBüro 2002, 47 = InVo 2002, 195.
257 LG Stuttgart, JurBüro 2001, 659.
258 LG Nürnberg-Fürth, FamRZ 2002, 557.
259 LG Heilbronn, JurBüro 2003, 660; LG Leipzig, InVo 2003, 409.
260 LG Verden, InVo 2003, 245.

spruch gegen die ebenfalls erwerbstätige Kindesmutter zu, ist der pfandfreie Betrag zu halbieren (auf 97,50 € – alt).[261]

6.134 **Beispiele zur Ablehnung einer Nichtberücksichtigung:**

- Eigene Einkünfte eines Unterhaltsberechtigten im Sinne von § 850c Abs. 4 ZPO können auch Unterhaltsleistungen sein, müssen dann aber von einer dritten Person und nicht vom Schuldner selbst an den Unterhaltsberechtigten gezahlt werden.[262]
- Ein unterhaltsberechtigtes Kind ist bei der Berechnung der pfändbaren Beträge auch dann zu berücksichtigen, wenn der Schuldner Unterhalt nur aufgrund einer Pfändung des Kindes zwangsweise zahlt und die Höhe der Zahlungen nur zur Tilgung rückständigen Unterhalts ausreicht.[263]
- Hat ein Schuldner in dem von ihm im Rahmen eines Verfahrens auf Abgabe der eidesstattlichen Versicherung über seine Einkommens- und Vermögensverhältnisse aufgestellten Vermögensverzeichnis selbst angegeben, dass er keinen Unterhalt für seine zwei Kinder zahle, hat das Vollstreckungsgericht auf Antrag des Gläubigers einen Pfändungs- und Überweisungsbeschluss in das Arbeitseinkommen des Schuldners dahingehend zu ergänzen, dass die Kinder bei der Berechnung des pfandfreien Betrages nicht zu berücksichtigen sind.[264]

3. Antragsinhalt

6.135 Der Gläubiger muss einen entsprechenden Antrag stellen und die Gründe für die Nichtberücksichtigung vortragen.[265] Der Gläubiger kann den Antrag bereits mit dem Antrag auf Erlass des Pfändungs- und Überweisungsbeschlusses stellen. In diesem Falle ist vor der Entscheidung der Schuldner nicht zu hören, § 834 ZPO.[266] Vor Erlass des Pfändungsbeschlusses darf über einen Antrag nach § 850c Abs. 4 ZPO jedoch nicht entschieden werden.[267] Wird der Antrag erst später gestellt (Nachtragsantrag), ist dem Schuldner grundsätzlich rechtliches Gehör zu gewähren.

6.136 **Zuständig** ist immer das Vollstreckungsgericht, welches den ursprünglichen Pfändungsbeschluss zum Arbeitseinkommen des Schuldners erlassen hat (vgl. Rdn. 6.35 ff.).

6.137 Der Gläubiger muss in seinem Antrag die Angaben zur Höhe des Einkommens der unterhaltsberechtigten Person vortragen. Überspannte Anforderungen sind an den Antrag nicht zu stellen. Hierbei reicht es z.B. aus, wenn er erklärt, ein unterhaltsberechtigtes Kind erhalte eine Ausbildungsbeihilfe nach Tarifvertrag.[268] Bestreitet der Schuldner im Antragsverfahren den Vor-

---

261 LG Bremen, JurBüro 2003, 378.
262 LG Konstanz, Rpfleger 2002, 631.
263 LG Münster, Rpfleger 2001, 608 = FamRZ 2002, 409 = InVo 2002, 194.
264 LG Stuttgart, JurBüro 2003, 156.
265 LG Frankfurt/Main, Rpfleger 1988, 74.
266 Zöller/*Stöber*, § 850c Rdn. 13, **a.A.** MünchKomm/*Smid* ZPO, § 850c Rdn. 27, 28.
267 LG Hannover, JurBüro 1992, 265.
268 Vgl. LG Münster, JurBüro 1990, 1363.

trag der Gläubigerin nicht (§ 138 Abs. 3 ZPO), so sind die Angaben der Gläubigerin bezüglich der Höhe des Einkommens des getrennt lebenden Ehegatten als zutreffend zu unterstellen, dem Antrag ist stattzugeben.[269]

4. Beschluss

Trifft das Vollstreckungsgericht die Entscheidung der **gänzlichen Nichtberücksichtigung** einer unterhaltsberechtigten Person, kann dies in einem Blankettbeschluss erfolgen; unter Bezugnahme auf die amtliche Lohnpfändungstabelle kann der pfändbare Betrag dort abgelesen werden.

6.138

Bei einer **teilweisen Nichtberücksichtigung** ist nach § 850c Abs. 4 letzter Hs. ZPO eine Bezugnahme auf die amtliche Lohnpfändungstabelle nicht zulässig. Das Vollstreckungsgericht hat in diesem Fall den unpfändbaren Teil des Arbeitseinkommens des Schuldners selbst zu bestimmen.[270] Diese betragsmäßig geforderte Festlegung bezieht sich allerdings nicht auf den gesamten pfändbaren Betrag, sondern nur auf den Teil, der sich auf die Person bezieht, die nach dem Antrag des Gläubigers teilweise wegfallen soll. Soweit es um die übrigen Unterhaltsberechtigten geht, kann weiterhin auf die Tabelle Bezug genommen werden.[271] Stöber (a.a.O.) verlangt weiterhin, weil eine quotenmäßige Bestimmung über die teilweise Nichtberücksichtigung einer unterhaltsberechtigten Person nicht zulässig sei, dass das Vollstreckungsgericht den konkreten Freibetrag im Beschluss zu bezeichnen habe. Dies ist jedoch nicht zwingend und auch nicht praktikabel. Der Gläubiger muss in diesem Falle exakte Angaben zur Höhe des Einkommens des Unterhaltsberechtigten machen, denn nur so kann das Vollstreckungsgericht selbst wiederum den weiteren Freibetrag betragsmäßig im Beschluss festlegen. Einer **Quotenregelung** (z.B. zu $3/8$ nicht zu berücksichtigen) ist daher der Vorzug zu geben.[272] Mit dieser quotenmäßigen Festlegung wird auch dem schwankenden Einkommen des Schuldners Rechnung getragen.[273]

6.139

5. Wirkung des Beschlusses

Der Beschluss über die Nichtberücksichtigung eines Angehörigen mit eigenem Einkommen wirkt nur für den Pfändungsgläubiger, auf dessen Antrag die Bestimmung getroffen wurde.[274] Weiterhin begründet ein solcher

6.140

---

269 LG Leipzig, JurBüro 2003, 324; in diese Richtung auch LG Detmold, JurBüro 2001, 604.
270 LG Osnabrück, Rpfleger 1989, 248.
271 Zöller/*Stöber*, § 850c Rdn. 17.
272 Vgl. auch StJ/*Münzberg*, § 850c Rdn. 34, unter Bezugnahme auf die Lohnpfändungstabelle ist ein so genannter „Teilblankettbeschluss" zulässig.
273 Vgl. auch OLG Oldenburg, Rpfleger 1995, 262.
274 BAG, Rpfleger 1997, 444 und 1987, 1573 = NJW 1997, 479; LG Mönchengladbach, Rpfleger 2003, 517 = JurBüro 2003, 490; ArbG Bamberg, JurBüro 1990, 264; ArbG Nienburg, JurBüro 1989, 1316.

6.141–6.144   Pfändung von Forderungen und Rechten

Beschluss kein neues Pfandrecht, sondern erweitert nur das bereits bestehende Pfandrecht des Pfändungsgläubigers. Der Beschluss wirkt auf den Zeitpunkt des ersten Pfändungsbeschlusses zurück, ein eigener Pfändungsvorrang wird hierdurch nicht begründet. Jeder weitere Pfändungsgläubiger muss einen eigenen Antrag stellen, um den erhöhten Pfändungsbetrag zu erhalten.

6.141 Bei einer vorrangigen **Gehaltsabtretung** kann § 850c Abs. 4 ZPO keine Anwendung finden, hierüber muss das Gericht beschließen. Der Zessionar einer Gehaltsabtretung kann den Vorteil einer Nichtberücksichtigung somit nur erlangen, wenn er sich einen Titel besorgt, das Arbeitseinkommen pfändet und einen entsprechenden Antrag stellt. Erst mit der Zustellung des dann erwirkten Beschlusses ist er dem Pfändungsgläubiger vorrangig.[275] Ordnet das Vollstreckungsgericht die Nichtberücksichtigung eines Unterhaltsberechtigten an, ist auch der Unterhaltsberechtigte selbst hiergegen beschwerdeberechtigt.[276]

VIII. Zusammenrechnung mehrerer Arbeitseinkommen

1. Voraussetzungen

6.142 Auf Antrag des Gläubigers können zusammengerechnet werden:
- mehrere Arbeitseinkommen (bei mehreren Drittschuldnern),
- Arbeitseinkommen und Ansprüche auf laufende Sozialleistungen,
- Geld- und Naturalleistungen
- sowie – in entsprechender Anwendung – mehrere Ansprüche auf laufende Sozialleistungen.

6.143 Dazu ist nicht notwendig, dass der Gläubiger die zusammenzurechnenden Einkommen allesamt gepfändet hat; dies ist jedoch dringend zu empfehlen (s. Rdn. 6.148).

6.144 **Zuständig** ist das Vollstreckungsgericht, § 850e Nr. 2 ZPO. Bei der **Abtretung** mehrerer Arbeitseinkommen entscheidet über eine Zusammenrechnung nach § 850e Nr. 2 ZPO das Prozess-, nicht das Vollstreckungsgericht.[277] Schon der Wortlaut der Vorschrift spricht dafür, dass nur ein Pfändungsgläubiger einen Antrag nach § 850e Nr. 2 ZPO stellen kann, denn es heißt ausdrücklich, dass mehrere Arbeitseinkommen auf Antrag vom Vollstreckungsgericht *bei der Pfändung* zusammenzurechnen sind. Ob die Regelung des § 850e Nr. 2 ZPO bei der Abtretung von Forderungen

---
275 Vgl. BAG, NJW 1997, 479 zu der ähnlichen Problematik bei der Zusammenrechnung nach § 850e Nr. 2 ZPO.
276 OLG Oldenburg, Rpfleger 1991, 261.
277 BGH, Rpfleger 2004, 170 = NJW-RR 2004, 494 = NZA 2004, 119 = MDR 2004, 323 = WM 2003, 2483 = InVo 2004, 194.

entsprechend anwendbar ist, erscheint dem BGH zweifelhaft zu sein. Aus § 400 BGB ergibt sich, dass Abtretung und Pfändung einer Forderung im Hinblick auf den Schuldnerschutz gleich behandelt werden. § 850e Nr. 2 ZPO dient jedoch nicht wie § 850f ZPO dem Schutz des Schuldners. Durch die Zusammenrechnung der Arbeitseinkommen wird vielmehr der dem Schuldner insgesamt verbleibende unpfändbare Geldbetrag im Interesse des Gläubigers vermindert. Diese Regelung ist danach bei einer Abtretung nicht unabdingbar wie der gesetzliche Pfändungsschutz und unterliegt damit der Vertragsfreiheit der Parteien. Für eine Vertragsauslegung ist das Vollstreckungsgericht jedoch nicht zuständig. Meinungsverschiedenheiten darüber, ob und in welchem Umfang eine der Parteien Rechte aus der Vereinbarung gegen den anderen herleiten kann, sind ein Streitstoff, der typischerweise in den Zuständigkeitsbereich des Prozessgerichts gehört.

Für einen Antrag nach § 850e ZPO ist im eröffneten **Insolvenzverfahren** das Insolvenzgericht, nicht das Vollstreckungsgericht zuständig. Im eröffneten Insolvenzverfahren ist der Insolvenzverwalter zur Antragstellung nach § 850e ZPO befugt.[278]

6.145

Bei der Zusammenrechnung können nur mehrere laufende Einkünfte des Schuldners berücksichtigt werden. Eine Zusammenrechnung des Arbeitseinkommens aus unselbstständiger Tätigkeit mit einer solchen aus selbstständiger Tätigkeit kann nicht erfolgen.[279] Auch das Arbeitseinkommen oder die Rente des Ehepartners des Schuldners kann nicht mit der Pfändung des schuldnerischen Arbeitseinkommens oder Rentenanspruches zusammengerechnet werden.[280] Der Gläubiger muss hier gegebenenfalls einen Antrag auf Nichtberücksichtigung des unterhaltsberechtigten Ehepartners mit eigenen Einkünften stellen, § 850c Abs. 4 ZPO. Ausländische Sozialleistungen können mit dem Arbeitseinkommen ebenfalls nicht zusammengerechnet werden.[281]

6.146

Ausgeschlossen i.S.e. Zusammenrechnung, sowohl nach § 850e Nr. 2a ZPO als auch § 54 Abs. 4 SGB I, sind Ansprüche auf Arbeitseinkommen mit Sozialleistungen oder Ansprüche auf verschiedene Sozialleistungen untereinander, soweit diese der Pfändung nicht unterworfen sind (konkret: Sozialhilfe und Wohngeld sowie Leistungen nach dem Unterhaltsvorschussgesetz, Kindergeld und Bundeserziehungsgeld).[282] Das ist verfassungsrechtlich unbedenklich, weil der Gesetzgeber in § 54 Abs. 4 i.V.m. Abs. 3 SGB I die Unpfändbarkeit im Hinblick auf die Zweckbestimmung der Sozialleistungen erklärt hat.

6.147

---

278 LG Rostock, Rpfleger 2001, 563.
279 LG Hannover, JurBüro 1990, 1059.
280 LG Marburg, Rpfleger 1992, 167.
281 LG Aachen, MDR 1992, 521.
282 BGH, Rpfleger 2005, 451 = NJW-RR 2005, 1010 = FamRZ 2005, 1244 = JurBüro 2005, 495 = WM 2005, 1369.

2. Antrag

6.148 Der **Antrag** des Gläubigers auf Zusammenrechnung mehrerer Arbeitseinkommen setzt nicht voraus, dass er diese auch insgesamt gepfändet hat.[283] In diesem Falle wird das nichtgepfändete Arbeitseinkommen dem gepfändeten als Rechnungsbetrag hinzugerechnet. Die Pfändungsfreibeträge errechnen sich nunmehr aus dem erhöhten zusammengerechneten Betrag, der Schuldner wird so behandelt, als erziele er nur ein gemeinsames Arbeitseinkommen. Diese Vorgehensweise kann jedoch dazu führen, dass der Gläubiger unter Umständen keinen pfändbaren Betrag erzielt. Hat der Gläubiger nur ein relativ geringes Nebeneinkommen des Schuldners gepfändet und beantragt, dieses mit dem wesentlich höheren weiteren Arbeitseinkommen des Schuldners zusammenzurechnen, können die errechneten Freibeträge für den Schuldner und seine unterhaltsberechtigten Personen unter Umständen höher als das geringe Nebeneinkommen sein. Da der Gläubiger das weitere Arbeitseinkommen selbst nicht gepfändet hat, dieses lediglich für die Berechnung herangezogen wurde, kann er hierauf keinen Zugriff nehmen, dies sollte vermieden werden. Der Gläubiger sollte immer sämtliche Einkommen pfänden.

6.149 Der Gläubiger muss vortragen (also keine Ermittlung von Amts wegen):

- Angabe der Einkommen, die zusammengerechnet werden sollen, sowie deren Höhe,
- Angabe zur Wirksamkeit der Pfändung eines der Einkommen,
- Angaben dazu, welches Einkommen die wesentliche Grundlage der Lebenshaltung des Schuldners bildet,
- bei Zusammenrechnung mit nur bedingt pfändbarem Einkommen (vgl. § 850b Abs. 2 ZPO) Argumente für eine Billigkeit von deren Berücksichtigung.

3. Verfahren

6.150 Der Gläubiger kann den **Antrag** auf Zusammenrechnung **gleichzeitig** mit dem Pfändungsantrag oder auch zeitlich später stellen (**Nachtragsantrag**). Im ersteren Falle wird der Schuldner vor der Entscheidung über die Zusammenrechnung nicht gehört, § 834 ZPO. Der Gläubiger muss jedoch die verschiedenen Einkommensarten bezeichnen und auch deren Höhe. Weiterhin sind Angaben zu den persönlichen Verhältnissen des Schuldners, insbesondere der unterhaltsverpflichteten Personen, vorzutragen. Bei einem Nachtragsantrag ist dem Schuldner rechtliches Gehör zu gewähren.[284]

---

283 Schuschke/*Walker*, § 850e Rdn. 7.
284 *Stöber*, Rdn. 1140; **a.A.** LG Frankenthal, Rpfleger 1982, 231.

4. Beschluss

Bei der **Beschlussfassung** über den Antrag muss das Vollstreckungsgericht bestimmen, welchem Arbeitseinkommen der **unpfändbare Grundbetrag** in erster Linie zu entnehmen ist, § 850e Nr. 2 ZPO. Dies ist regelmäßig das Arbeitseinkommen, das die wesentliche Grundlage der Lebenshaltung des Schuldners bildet. Hierbei ist nicht unbedingt das höhere Arbeitseinkommen ausschlaggebend, vielmehr ist auf das für den Schuldner sicherere Einkommen abzustellen. Bei einer Zusammenrechnung von Arbeitseinkommen mit einem Sozialleistungsanspruch ist der Grundfreibetrag in erster Linie der Geldleistung nach dem SGB zu entnehmen.[285] In der Praxis beschließt das Vollstreckungsgericht regelmäßig, dass sich die verschiedenen Drittschuldner nach der Pfändung untereinander in Verbindung zu setzen haben, um gegenseitig die jeweiligen Einkünfte mitzuteilen und dann den pfändbaren Betrag aus dem zusammengerechneten Einkommen zu ermitteln.[286] Solange eines der Arbeitseinkommen über dem unpfändbaren Grundbetrag gemäß § 850c Abs. 1 ZPO liegt, steht fest, welchem Einkommen dieser Betrag zu entnehmen ist. Liegen jedoch die Arbeitseinkommen unterhalb des unpfändbaren Grundbetrages oder sind die Einkommenshöhen sehr unterschiedlich oder schwankend, muss das Vollstreckungsgericht betragsmäßig festlegen, von welchem Einkommen der unpfändbare Grundbetrag jeweils abzuziehen ist.[287]

6.151

Bezieht der Schuldner neben dem Arbeitseinkommen eine **bedingt pfändbare Leistung** gemäß § 850b ZPO, kann einem Antrag auf Zusammenrechnung nur stattgegeben werden, wenn die besonderen Voraussetzungen gemäß § 850b Abs. 2 ZPO, insbesondere **Billigkeitsgründe,** vorliegen. Ob dem Antrag eines Gläubigers auf Zusammenrechnung stattgegeben werden kann, wenn dieser zugleich wegen einer gewöhnlichen Geldforderung und als bevorrechtigter Unterhaltsgläubiger vollstreckt, ist **streitig.**[288] Gegen die Zulässigkeit eines solchen Antrages sprechen jedoch keine überzeugenden Gründe. Da bei der Unterhaltspfändung der dem Schuldner verbleibende Freibetrag ohnehin durch das Vollstreckungsgericht festzulegen ist, kann im Rahmen dieser Entscheidung das weitere Arbeitseinkommen berücksichtigt werden.[289]

6.152

Der Schuldner kann neben seinem in Geld zahlbaren Einkommen auch **Naturalleistungen** als Dienstvergütung erhalten, und zwar entweder vom selben Drittschuldner oder von einem anderen. Derartige Naturalleistungen

6.153

---

285 LG Marburg, Rpfleger 2002, 216.
286 So auch *Schuschke/Walker,* § 850e Rdn. 5; MünchKomm/*Smid* ZPO, § 850e Rdn. 22.
287 LAG Düsseldorf, Rpfleger 1986, 100; *Grunsky,* ZIP 1983, 908; **a.A.** Zöller/*Stöber,* § 850e Rdn. 5.
288 Bejahend: LG Frankfurt/Main, Rpfleger 1983, 449; verneinend: *Hornung,* Rpfleger 1982, 46.
289 Vgl. hierzu mit Beispielen *Mertens,* Rpfleger 1984, 453.

sind als solche nicht pfändbar. Da sie andererseits geldwerte Leistungen darstellen und den Lebensbedarf des Schuldners mindern, kann dem dadurch Rechnung getragen werden, dass sie mit dem in Geld zahlbaren Arbeitseinkommen zusammengerechnet werden. Als **Naturalleistungen** kommen u.a. in Betracht: mietfreie oder mietbegünstigte Dienst-Werkwohnung, Verpflegung, Zurverfügungstellung eines Pkw, Freitrunk, Deputatkohle.

6.154 Die Naturalleistungen werden mit dem Betrag angesetzt, der aus der Sicht des Schuldners dem ortsüblichen Wert derartiger Leistungen entspricht. Maßgebend ist dabei der **Nettowert,** also der Wert nach Abzug von Steuern und Sozialversicherungsbeiträgen. Der Wert wird grundsätzlich **vom Drittschuldner selbstständig ermittelt,** wobei Richtsätze des Sozial- und Steuerrechts herangezogen werden können (z.B. § 17 Abs. 1 S. 1 Nr. 3 SGB IV; § 8 Abs. 2 S. 6 EStG; Sachbezugsverordnung). Bei berechtigten Zweifeln kann eine klarstellende Entscheidung des Vollstreckungsgerichts erfolgen.

6.155 Werden Geld- und Sachleistungen vom selben Drittschuldner gewährt, muss er von sich aus die Zusammenrechnung durchführen. Bei verschiedenen Drittschuldnern bedarf es eines Zusammenrechnungsbeschlusses.

5. Wirkung des Beschlusses

6.156 Die Wirkung setzt erst ein mit der **Zustellung** an den (die) Drittschuldner. Bis dahin kann der Drittschuldner mit befreiender Wirkung an den Schuldner leisten. Im Hinblick darauf wird man die Möglichkeit einer einstweiligen Anordnung gem. § 732 Abs. 2 ZPO analog bejahen müssen. Der Zusammenrechnungsbeschluss gilt nur unter den Verfahrensbeteiligten.[290] Die erweiterte Pfändungsmöglichkeit kommt somit nur dem beantragenden Gläubiger zugute. Der Pfändungsumfang vorrangiger oder nachrangiger Gläubiger wird hiervon nicht berührt.[291] Diese Gläubiger müssen einen eigenen Antrag stellen. Allerdings kann der Beschluss den bereits begründeten Pfändungsrang eines vorrangigen Gläubigers nicht mehr beeinträchtigen, § 804 Abs. 3 ZPO.[292]

IX. Pfändungsbetrag bei Vollstreckung eines Unterhaltsgläubigers

1. Bevorrechtigte Forderungen

6.157 Pfändet ein Gläubiger wegen eines **gesetzlichen Unterhaltsanspruches,** wird das Arbeitseinkommen des Schuldners in wesentlich höherem Maße

---

290 LAG Düsseldorf, Rpfleger 1986, 100.
291 BAG, Rpfleger 1997, 444 = NJW 1997, 479.
292 Schuschke/*Walker,* § 850e Rdn. 7, MünchKomm/*Smid* ZPO, § 850e Rdn. 19.

erfasst, als dies bei der Pfändung einer gewöhnlichen Geldforderung der Fall ist, § 850d Abs. 1 ZPO. Ein gesetzlicher Grundfreibetrag und unpfändbare Mehrbeträge für die unterhaltsverpflichteten Personen des Schuldners ist hier gesetzlich nicht vorgesehen, § 850d Abs. 1 S. 2 ZPO. Den dem Schuldner verbleibenden Freibetrag setzt das Vollstreckungsgericht nach eigenem Ermessen fest. Auch die Pfändungsmöglichkeit auf die absolut unpfändbaren Bezüge gemäß § 850a Nr. 1, 2 und 4 ZPO wird erweitert; unpfändbar sind nur ¼ der für die Leistung von Mehrarbeitsstunden gezahlten Lohnanteile, ½ der Urlaubsvergütung und ¼ des Weihnachtsgeldes, höchstens aber die Hälfte des in Nr. 4 festgelegten Betrages (zzt. 250,– €), § 850d Abs. 1 S. 2 ZPO.

Die Pfändungsprivilegien gelten jedoch **nicht** für einen **vertraglich** begründeten **Unterhaltsanspruch.** Bei altrechtlichen Ansprüchen der Kindesmutter auf Erstattung von Entbindungskosten, die vor dem 1.7.1998 entstanden sind, ist die erweiterte Pfändung des Arbeitseinkommens wegen bevorzugter Unterhaltsansprüche ebenfalls nicht zulässig.[293]   6.158

Auch ein Anspruch aus schuldrechtlichem Versorgungsausgleich fällt nicht unter das Vollstreckungsprivileg.[294] Etwas anderes kann nur dann gelten, wenn es sich um mit der gesetzlichen Unterhaltspflicht identische Ansprüche handelt.[295]   6.159

Bevorrechtigt sind solche Gläubiger, die wegen eines **gesetzlichen Unterhaltsanspruches** pfänden, dazu gehören: 6.160

- die Verwandten in gerader Linie (das sind z.B. Kinder und Eltern),
- der Ehegatte, auch wenn die Ehegatten getrennt leben,
- ein früherer Ehegatte,
- der Lebenspartner, der frühere Lebenspartner,
- ein Elternteil nach §§ 1615l, 1615n BGB.

Nach § 1615l Abs. 1 BGB hat der Vater der Mutter für die Dauer von sechs Wochen vor und acht Wochen nach der Geburt des Kindes Unterhalt zu gewähren. Die Unterhaltspflicht kann sich unter bestimmten Voraussetzungen auch auf den Zeitraum von vier Monaten vor und drei Jahren nach der Entbindung erstrecken. Nach § 1615n BGB besteht der Unterhaltsanspruch auch dann, wenn das Kind tot geboren ist oder die Mutter eine Fehlgeburt hatte.   6.161

Das Pfändungsprivileg gilt für die laufenden Unterhaltsansprüche und die bis zu einem Jahr **rückständigen Ansprüche**, § 850d Abs. 1 S. 4 ZPO. Für Rückstände, die älter als ein Jahr sind, gilt die bevorrechtigte Pfändung nur, wenn sich der Schuldner seiner Zahlungspflicht absichtlich entzogen hat.   6.162

---

293 BGH, Rpfleger 2004, 111 = NJW-RR 2004, 362 = FamRZ 2004, 185 = InVo 2004, 109.
294 BGH, Rpfleger 2005, 676 = WM 2005, 1993 = FamRZ 2005, 1564.
295 BGH, NJW 1960, 572; OLG Frankfurt, Rpfleger 1980, 198; Brox/*Walker*, Rdn. 570.

Dies ist in der Regel dann anzunehmen, wenn der Schuldner trotz Zahlungsfähigkeit keinen Unterhalt leistet.[296] Der Gläubiger muss hier nichts weiter vortragen, die Darlegungs- und Beweislast dafür, dass er sich seiner Zahlungspflicht nicht absichtlich entzogen hat, trägt der Schuldner.[297] Dies ist insbesondere auch deshalb sachgerecht, weil der Gläubiger in der Regel keine Kenntnis von den konkreten Lebensverhältnissen des Schuldners und seiner Leistungsfähigkeit hat und demgemäß ohnehin nur pauschal die Nichtleistung trotz Zahlungsfähigkeit behaupten kann. Dagegen wird der Gläubiger nur in Ausnahmefällen in der Lage sein, substanziiert darzulegen, dass sich der Schuldner absichtlich seiner Zahlungspflicht entzogen hat. Nach Auffassung des BGH hat sich der Schuldner seiner Zahlungspflicht „absichtlich entzogen", wenn er durch ein zweckgerichtetes Verhalten (auch Unterlassen) die zeitnahe Realisierung der Unterhaltsschuld verhindert oder zumindest wesentlich erschwert hat. Dies setzt nicht stets ein aktives Hintertreiben der Unterhaltsschuld voraus, vielmehr liegt ein solches Verhalten schon dann vor, wenn der Schuldner trotz bestehender Zahlungsmöglichkeit die ihm zur Verfügung stehenden Mittel für andere Zwecke als Unterhaltsleistungen verwendet, und so die zeitnahe Realisierung der entstehenden Rückstände zumindest wesentlich erschwert. Gleiches gilt, wenn der Schuldner seiner – gegenüber minderjährigen Kindern gesteigerten – unterhaltsrechtlichen Verpflichtung, seine Arbeitskraft voll einzusetzen trotz bestehender Möglichkeiten, auf diese Weise Einkünfte zu erzielen, nicht nachkommt. Im Einzelfall obliegt dem Unterhaltsschuldner die Pflicht zur Einleitung der Verbraucherinsolvenz, wenn dieses Verfahren zulässig und geeignet ist, den laufenden Unterhalt seiner minderjährigen Kinder dadurch sicherzustellen, dass ihm Vorrang vor sonstigen Verbindlichkeiten eingeräumt wird.[298] Andernfalls sind diese Ansprüche nach § 850c ZPO zu pfänden.

6.163 Auch der **Prozesskostenvorschuss** eines Ehegatten nach § 1360a Abs. 4 BGB ist zu den bevorrechtigten Unterhaltsansprüchen zu zählen.[299] Ebenso genießen das Vorrecht **Prozess- und Zwangsvollstreckungskosten** des Unterhaltsrechtsstreites, da es sich hierbei um „Realisierungskosten" handelt.[300]

---

296 Hierzu *Landmann*, Rpfleger 2005, 75; KG, Rpfleger 1986, 394 = MDR 1986, 767; LG Berlin, Rpfleger 1995, 222.
297 BGH, Rpfleger 2005, 204 = NJW-RR 2005, 718 = FamRZ 2005, 440 = JurBüro 2005, 272 = MDR 2005, 649 = WM 2005, 290 = InVo 2005, 235 = ZVI 2005, 192; LG Konstanz, Rpfleger 2003, 677; *Kabath*, Rpfleger 1991, 292; Thomas/*Putzo*, § 850d Rdn. 11; *Zimmermann*, § 850d Rdn. 3; **a.A.** OLG Köln, Rpfleger 1994, 33 = NJW-RR 1993, 1156.
298 BGH, Rpfleger 2005, 312 = NJW 2005, 1279 = NZI 2005, 342 = FamRZ 2005, 608 = MDR 2005, 812 = InVo 2005, 265 = ZVI 2005, 188.
299 *Stöber*, Rdn. 1084; *Pastor*, FamRZ 1958, 301; Baumbach/*Hartmann*, § 850d Rdn. 3; **a.A.** LG Essen, Rpfleger 1960, 251; LG Essen, MDR 1965, 662; LG Bremen, Rpfleger 1970, 214; *Zimmermann*, § 850d Rdn. 2.
300 Zu § 850f Abs. 2 ZPO vgl. LG Stuttgart, InVo 2005, 281; OLG Hamm, Rpfleger 1977, 109, 110; **a.A.** LG Essen, MDR 1960, 680; LG München, Rpfleger 1965, 278; Zöller/*Stöber*, § 850d Rdn. 3; Baumbach/*Hartmann*, § 850d Rdn. 3.

Das Vorrecht geht auch nicht dadurch verloren, dass der gesetzliche Unterhaltsanspruch kraft Gesetzes auf den **Träger der Sozialhilfe** übergeht, § 94 SGB XII. Hat das Sozialamt anstelle des nicht zahlenden Schuldners Hilfe zum Lebensunterhalt gewährt, geht der Unterhaltsanspruch bis zur Höhe der erbrachten Leistungen auf den Träger der Sozialhilfe über. Das Vorrecht setzt jedoch nicht voraus, dass der Anspruch selbst ausschließlich in der Hand des Unterhaltsgläubigers liegen muss, Sinn der Vorschrift ist auch, dass die Unterhaltsberechtigten nicht der Allgemeinheit zur Last fallen. Demzufolge geht auch der Schutzzweck dieser Vorschrift nicht durch den Übergang des Anspruches auf den Sozialleistungsträger verloren.[301]

6.164

2. Notwendiger Unterhaltsbedarf

Bei der bevorrechtigten Pfändung ist dem Schuldner immer so viel zu belassen, wie er für seinen notwendigen Unterhalt und zur Erfüllung seiner laufenden gesetzlichen Unterhaltspflichten gegenüber den dem Gläubiger vorgehenden Berechtigten oder zur gleichmäßigen Befriedigung der dem Gläubiger gleichstehenden Berechtigten bedarf, § 850d Abs. 1 S. 2 ZPO. Das Vollstreckungsgericht muss den Freibetrag für den Schuldner nach eigenem Ermessen der Höhe nach in dem Beschluss festlegen.[302] Feste Regeln hierfür gibt es nicht. In einer Grundsatzentscheidung aus 2003 führt der BGH[303] aus, dass die dem Schuldner bei der erweiterten Pfändung als notwendiger Unterhalt zu verbleibenden Beträge sich in der Regel an dem notwendigen Lebensunterhalt im Sinne der Abschnitte 2 und 4 des Bundessozialhilfegesetzes (jetzt SGB XII) zu orientieren haben. Der Freibetrag kann nicht nach den Grundsätzen bemessen werden, die im Unterhaltsrecht für den so genannten notwendigen Selbstbehalt gelten, der in der Regel etwas oberhalb der Sozialhilfesätze liegt. Im Rahmen von § 850d Abs. 1 S. 2 ZPO können als Richtsätze für den notwendigen Unterhalt des Vollstreckungsschuldners auch die Unterhaltsrichtlinien der Oberlandesgerichte – z.B. Düsseldorfer Tabelle – nicht herangezogen werden. Denn die Richtlinien sind auf das materielle Unterhaltsrecht bezogen. Mit dem notwendigen Selbstbehalt, der dem Unterhaltspflichtigen in den Mangelfällen des § 1603 Abs. 2 BGB auch seinen minderjährigen Kindern gegenüber verbleiben muss, darf der notwendige Unterhalt des Vollstreckungsschuldners nicht gleichgesetzt werden. Die Verdopplung der festgesetzten Regelsätze für die laufenden Leistungen zum Lebensunterhalt ist ebenfalls ungeeignet. Die

6.165

---

301 BAG, NJW 1971, 2094; OLG Hamm, Rpfleger 1977, 110; LG Aachen, Rpfleger 1983, 360; LG Stuttgart, Rpfleger 1996, 119; LG Erfurt, Rpfleger 1997, 74 = Jur-Büro 1997, 46; Zöller/*Stöber*, § 850d Rdn. 4; **a.A.** LG Hanau, NJW 1965, 767; Baumbach/*Hartmann*, § 850d Rdn. 1; *Bethke*, FamRZ 1991, 397.
302 *Rudolph,* Rpfleger 1996, 490 ff.
303 BGH, Rpfleger 2003, 593 = NJW 2003, 2918 = FamRZ 2003, 1466 = MDR 2004, 53 = InVo 2003, 442 = ZVI 2003, 648.

Höhe der Regelsätze der Sozialhilfe steht in keinem Zusammenhang mit den Aufwendungen des Beziehers für Unterkunft und Heizung. Die Regelsätze lassen damit auch keinen Raum, Unterschiede der ortsüblichen Miethöhen im Regelsatzgebiet zu berücksichtigen. Tatsächlich liegt der doppelte Betrag des Regelsatzes vielfach unter dem konkreten Sozialhilfeanspruch. Die Praxis geht weitgehend nach regionalen Kriterien vor.[304]

6.166 Neben den allgemeinen Lebenshaltungskosten ist jedoch speziell auch das jeweilige **Mietniveau** am Wohnsitz des Schuldners zu berücksichtigen.[305] Bei einem sozialversicherungspflichtigen Arbeitnehmer (z.B. Geschäftsführer) sind auch Kosten für eine angemessene Altersvorsorge zu berücksichtigen; diese Kosten können mit 20 % des aktuellen notwendigen Lebensunterhalts pauschaliert werden.[306] Hat der Schuldner in Kenntnis seiner titulierten Unterhaltsverpflichtung einen wesentlichen Teil seines Arbeitseinkommens abgetreten (z.B. zur Mietzahlung), so kann er bei der Festsetzung des pfändungsfreien Betrages so zu stellen sein, als würde ihm der abgetretene Betrag zur Verfügung stehen.[307] Weiterhin ist dem Schuldner der Betrag freizugeben, den er zur Erfüllung seiner laufenden Unterhaltspflichten gegenüber solchen Unterhaltsberechtigten benötigt, die dem pfändenden Gläubiger vorgehen oder dem Gläubiger gleichstehen. Die Rangfolge regelt § 850d Abs. 2 ZPO. Die Unterhaltsberechtigten werden hier in vier Gruppen unterteilt, wobei die jeweils zuerst genannte Gruppe Vorrang vor den weiteren Gruppen hat. Mehrere gleich nahe Berechtigte in einer Gruppe selbst haben untereinander gleichen Rang.

a) § 850d Abs. 2 Buchst. a

6.167 In die erste Gruppe fallen die minderjährigen unverheirateten Kinder, der Ehegatte, ein früherer Ehegatte und ein Elternteil mit seinem Anspruch nach §§ 1615l, 1615n BGB. Bezüglich des Ehegatten bzw. des früheren Ehegatten gilt jedoch § 1582 BGB. Volljährige unverheiratete Kinder bis zur Vollendung des 21. Lebensjahres, die im Haushalt der Eltern oder eines Elternteils leben und sich in der allgemeinen Schulausbildung befinden, sind trotz ihrer materiellen unterhaltsrechtlichen Gleichstellung mit minderjährigen unverheirateten Kindern mit ihren Ansprüchen nicht im Rang von

---

304 Soweit keine besonderen konkreten Umstände des Falles vorliegen, könnten z.B. die Regelungen des 3. und 11. Kapitels des SGB XII eine Orientierungshilfe sein: Regelsatz Stand 1.1.2005: 345,– € + Zuschlag für Erwerbstätige (§ 82 III SGB XII – 30 %) 103,50 € + Warmmiete, vgl. LG Mönchengladbach, Rpfleger 2006, 270; LG Stuttgart, InVo 2005, 281; früher überwiegend nach den Regelsätzen des BSHG; KG, FamRZ 1994, 1047; OLG Köln, NJW 1992, 2836; KG, NJW-RR 1987, 132; LG Köln, FamRZ 2005, 50.
305 Vgl. z.B. LG Hannover, JurBüro 1988, 130.
306 LG Koblenz, NJOZ 2004, 3134 = FamRZ 2005, 470 = JurBüro 2005, 162 = InVo 2005, 242.
307 LG Saarbrücken, Rpfleger 1986, 309; AG Dortmund, Rpfleger 1995, 222.

Buchst. a ZPO zu berücksichtigen.[308] Das Vollstreckungsgericht kann das **Rangverhältnis** der Berechtigten zueinander jedoch auf Antrag des Schuldners oder eines Berechtigten in anderer Weise **regeln**. Ein solcher Antrag setzt zuerst voraus, dass die Pfändung bereits wirksam geworden ist. Wird der Antrag von einem gleichrangigen Unterhaltsberechtigten gestellt, der zunächst nicht berücksichtigt wurde, ist der Pfändungsbeschluss des zuerst pfändenden Unterhaltsberechtigten zu ändern, jedoch nur im Bereich des Vorrechts nach § 850d ZPO. Im Übrigen hat die zuerst wirksam gewordene Pfändung Vorrang vor der späteren Pfändung, § 804 Abs. 3 ZPO.[309] Die Anordnung des Vollstreckungsgerichtes, dass die Pfändungsbeschlüsse mehrerer Unterhaltsgläubiger mit rückwirkender Wirkung gleichrangig zu behandeln sind, braucht der Schuldner für die Vergangenheit nur insoweit nachzukommen, als er im Zeitpunkt der Kenntniserlangung von diesem Beschluss noch keine Zahlung geleistet hat.[310]

b) § 850d Abs. 2 Buchst. b

In die zweite Gruppe gehören der **Lebenspartner** und ein **früherer Lebenspartner**. 6.168

c) § 850d Abs. 2 Buchst. c

In die dritte Gruppe gehören die übrigen Abkömmlinge, insbesondere 6.169
volljährige Kinder, wobei die Kinder den anderen Abkömmlingen vorgehen.

d) § 850d Abs. 2 Buchst. d

In die vierte Gruppe fallen dann die Verwandten aufsteigender Linie, also 6.170
die Eltern, Großeltern usw., wobei die näheren Grade den entfernteren vorgehen.

Der Freibetrag zur Erfüllung der gesetzlichen Unterhaltspflichten der 6.171
dem Gläubiger vorgehenden Unterhaltsberechtigten ist ziffernmäßig im Pfändungsbeschluss durch das Vollstreckungsgericht festzulegen. Hierbei ist für die Ehefrau ein höherer Freibetrag anzunehmen als für die Kinder. Unterschiede können sich auch dann ergeben, wenn eines der Kinder bereits in der Ausbildung ist oder noch zur Schule geht. Sind der pfändende Gläubiger und die mit dem Schuldner zu berücksichtigenden **Unterhaltsberechtigten gleichrangig,** ist der Pfändungsbetrag gleichmäßig zwischen dem Gläubiger und dem gleichstehenden Unterhaltsberechtigten aufzuteilen. Diese Aufteilung wird im Zweifel nach Kopfteilen erfolgen. Das Vollstre-

---

308 BGH, Rpfleger 2003, 514 = NJW 2003, 2832 = FamRZ 2003, 1176 = KTS 2003, 605 = MDR 2003, 1199 = InVo 2003, 397; LG Duisburg, JurBüro 1998, 551.
309 LG Aurich, FamRZ 1990, 777.
310 BAG, NJW 1991, 1774.

ckungsgericht wird daher in dem Pfändungsbeschluss für den Gläubiger und die übrigen unterhaltsberechtigten Personen eine gleichmäßige Quote festlegen.[311] Ist der Schuldner der Auffassung, dass der Pfändungsfreibetrag unrichtig festgesetzt worden ist, muss er im Wege der Erinnerung hiergegen vorgehen, § 766 ZPO.[312]

6.172 Der dem Schuldner zu verbleibende Teil seines Arbeitseinkommens darf jedoch in keinem Fall den Betrag übersteigen, der sich als Freibetrag aus der amtlichen Lohnpfändungstabelle zu § 850c ZPO entnehmen lässt. Der bevorrechtigte Unterhaltsgläubiger darf sich nicht schlechter stehen als ein normal pfändender Gläubiger, daher sind mindestens die Beträge nach der amtlichen Lohnpfändungstabelle an den Gläubiger abzuführen. Hat der Schuldner in Kenntnis der titulierten Unterhaltsverpflichtung einen wesentlichen Teil seines Arbeitseinkommens an einen Dritten abgetreten, so kann er bei der Festsetzung des pfändungsfreien Betrages so gestellt werden, als würde ihm der abgetretene Betrag noch zur Verfügung stehen.[313]

3. Verfahren

6.173 Das Vorrecht für den Unterhaltsgläubiger wird nur auf Antrag gewährt, andernfalls ergeht der Pfändungsbeschluss nach § 850c ZPO. Vor Erlass des Pfändungsbeschlusses wird der Schuldner nicht gehört, § 834 ZPO. Vollstreckt der Unterhaltsgläubiger auch wegen Rückstände, die älter als ein Jahr sind, genügt der schlüssige Vortrag, dass der Schuldner sich seiner Zahlungspflicht absichtlich entzogen hat (vgl. Rdn. 6.162). Dem Gläubiger ist im Wege der **Prozesskostenhilfe** grundsätzlich ein Anwalt beizuordnen. Die Pauschalbewilligung betrifft nur den Bewilligungsrahmen (§ 119 ZPO), nicht jedoch die Anwaltsbeiordnung (§ 121 ZPO), sodass für die einzelnen Vollstreckungshandlungen (Sachpfändung, Abgabe der eidesstattlichen Versicherung, Gehaltspfändungen) die Voraussetzungen für die Beiordnung eines Rechtsanwalts getrennt zu prüfen sind. Insofern kann eine Beiordnung für eine Gehaltspfändung nach § 850d ZPO erfolgen, für eine Sachpfändung jedoch abgelehnt werden, obwohl der Bewilligungsrahmen nach § 119 Abs. 2 ZPO beides umfasst.[314]

6.174 Wenn sich z.B. aufgrund einer erstmaligen höchstrichterlichen Grundsatzentscheidung teilweise geänderte Maßstäbe für die Berechnung des unpfändbaren Teils des Arbeitseinkommens ergeben, kann in entsprechender Anwendung des § 850g S. 1 ZPO der Betrag neu festgesetzt werden.[315]

---

311 Vgl. OLG Köln, Rpfleger 1994, 33 = NJW-RR 1993, 1156.
312 LAG Saarland, JurBüro 1990, 115.
313 LG Saarbrücken, Rpfleger 1986, 309.
314 BGH, Rpfleger 2006, 207; LG Deggendorf, JurBüro 2002, 662.
315 BGH, Rpfleger 2005, 149 = NJW-RR 2005, 222 = FamRZ 2005, 198 = JurBüro 2005, 161 = MDR 2005, 413 = WM 2005, 139.

6.175 Den Unterhaltsschuldner trifft im Einzelfall eine Obliegenheit zur Einleitung der Verbraucherinsolvenz, wenn dieses Verfahren zulässig und geeignet ist, den laufenden Unterhalt seiner minderjährigen Kinder dadurch sicherzustellen, dass ihm Vorrang vor sonstigen Verbindlichkeiten eingeräumt wird. Das gilt nur dann nicht, wenn der Unterhaltsschuldner Umstände vorträgt und ggf. beweist, die eine solche Obliegenheit im Einzelfall als unzumutbar darstellen.³¹⁶ Zu den Besonderheiten im **Insolvenzverfahren,** insbesondere der Privilegierung der Unterhaltspfändung in Arbeitseinkommen auch im Restschuldbefreiungsverfahren vgl. Rdn. 3.420 ff.

6.176 Der Unterhaltsgläubiger kann ebenso wie der „normale" Pfändungsgläubiger dem Drittschuldner eine Vorpfändung gemäß § 845 ZPO zustellen lassen. Hierbei muss der Gläubiger selber den dem Schuldner zu belastenden pfandfreien Betrag angeben. Sollte das Vollstreckungsgericht in dem anschließenden Pfändungs- und Überweisungsbeschluss die Beträge höher oder niedriger festsetzen, sind nur diese Beträge rückwirkend von dem Drittschuldner zu beachten.

4. Vorratspfändung

6.177 Bei der Vollstreckung wegen eines gesetzlichen Unterhaltsanspruches, aber auch wegen der Rente aus Anlass einer Verletzung des Körpers oder der Gesundheit, kann zugleich mit der Pfändung wegen fälliger Ansprüche auch künftig fällig werdendes Arbeitseinkommen wegen der dann jeweils fällig werdenden Ansprüche gepfändet und überwiesen werden, § 850d Abs. 3 ZPO. Diese so genannte **Vorratspfändung** ist eine Ausnahme zu § 751 Abs. 1 ZPO, wonach die Pfändung grundsätzlich erst nach Fälligkeit des Anspruches zulässig ist. Außer der Voraussetzung eines geltend gemachten Unterhaltsanspruches muss bereits **mindestens eine fällige Leistung** vorliegen, und die Pfändung muss in laufendes Arbeitseinkommen erfolgen.³¹⁷ Gerät der Schuldner nur irrtümlich in Zahlungsrückstand, ist die Pfändung aufzuheben.³¹⁸ Dem Arbeitseinkommen gleich stehen die bedingt pfändbaren Ansprüche gemäß § 850b ZPO oder fortlaufende Sozialgeldleistungen. Ausgeschlossen ist daher die Pfändung in wiederkehrende andere Forderungen oder Rechte,³¹⁹ in Einkünfte eines Selbstständigen, die auf sein Bankkonto überwiesen werden.³²⁰ Zugelassen wird das Privileg jedoch bei Pfändung in Miet- oder Pachtansprüche.³²¹ Diese Pfändung wird richtigerweise jedoch als **„Dauerpfändung"** und nicht als Vorratspfändung

---

316 BGH, Rpfleger 2005, 312 = NJW 2005, 1279 = NZI 2005, 342 = FamRZ 2005, 608 = MDR 2005, 812 = InVo 2005, 265 = ZVI 2005, 188.
317 Vgl. auch OLG Naumburg, DGVZ 1995, 57, im Einzelfall auch zu verneinen.
318 OLG Bamberg, FamRZ 1994, 1540.
319 A.A. LG Düsseldorf, Rpfleger 1985, 119.
320 LG Hannover, JurBüro 1987, 463.
321 LG Saarbrücken, Rpfleger 1973, 373.

bezeichnet. Dies soll auch gelten, wenn nur der künftige Anspruch auf eine einmalige Leistung gepfändet werden soll.³²² Auch die Vorauspfändung von Kontoguthaben für künftig fällig werdende Unterhaltsansprüche ist unter der aufschiebenden Bedingung des Eintritts der Fälligkeit zulässig.³²³ Die Zwangsvollstreckung beginnt i.S.d. § 751 Abs. 1 ZPO bei einer solchen Pfändung erst mit dem *Wirksamwerden* des die Pfändung aussprechenden Beschlusses des Vollstreckungsgerichts, d.h. bei Fälligkeit des titulierten Anspruchs.

6.178   Die zulässige Vorratspfändung bewirkt, dass zwar erst Zahlung zu leisten ist, wenn die jeweiligen Unterhaltsbeträge fällig werden, jedoch entsteht auch für die erst später fällig werdenden Forderungen des Gläubigers von Anfang an ein **einheitlicher Pfändungsrang**. Bei der Dauerpfändung entsteht erst mit jeder neuen Fälligkeit des künftigen Unterhaltsanspruches jeweils ein neuer Pfändungsrang, die Pfändung ist damit aufschiebend bedingt.³²⁴

5. Zusammentreffen mit nichtbevorrechtigter Pfändung

a)   Rangverhältnisse bei mehreren Pfändungen

6.179   Pfändet zunächst ein Gläubiger das Arbeitseinkommen des Schuldners wegen einer gewöhnlichen Geldforderung und wird nachrangig die Pfändung eines Unterhaltsgläubigers wirksam, kann auch diese letztere, bevorrechtigte Pfändung das Pfändungspfandrecht des erstpfändenden Gläubigers nicht mehr verdrängen, § 804 Abs. 3 ZPO. Da jedoch bei der Unterhaltspfändung die dem Schuldner und seiner Familie zu verbleibenden festgelegten Freibeträge wesentlich niedriger sind als die Grundfreibeträge nach der amtlichen Lohnpfändungstabelle, erhält der Unterhaltsgläubiger regelmäßig dennoch eine Zuteilung, da seine Pfändung das Arbeitseinkommen des Schuldners weitaus tiefer erfasst. Wird jedoch umgekehrt zuerst die Pfändung des Unterhaltsgläubigers wirksam und nachrangig die Pfändung des Gläubigers wegen einer normalen Geldforderung, wird der letztere Gläubiger keine Zuteilung erhalten. Um dem Gläubiger wegen seiner gewöhnlichen Geldforderung dennoch eine Befriedigungschance einzuräumen, kann auf Antrag angeordnet werden, dass auf die Unterhaltsansprüche zunächst die gemäß § 850d ZPO der Pfändung in erweitertem Umfang unterliegenden Teile des Arbeitseinkommens zu verrechnen sind, § 850e Abs. 4 ZPO.³²⁵

---

322   OLG Hamm, NJW-RR 1994, 895.
323   BGH, Rpfleger 2004, 169 = NJW 2004, 369 = FamRZ 2004, 183 = MDR 2004, 413 = WM 2003, 2408 = InVo 2004, 193 = WuB H. 3/2004 VI E. § 751 ZPO 1.04 *Hintzen;* ZVI 2003, 646; LG Flensburg, FamRZ 2004, 1224.
324   *Stöber,* Rdn. 691 m.w.N.
325   *Hintzen,* in Anm. zu LG Bochum, Rpfleger 1998, 210.

b) Verrechnungsantrag

Die Verrechnung nach § 850e Nr. 4 ZPO nimmt auf Antrag eines Beteiligten (dies könnte auch der Schuldner oder Drittschuldner sein) das Vollstreckungsgericht vor. Die Forderung des Unterhaltsgläubigers soll zunächst durch die gepfändeten Teile des Arbeitseinkommens getilgt werden, die über die Beträge aus der amtlichen Lohnpfändungstabelle hinaus im Wege der bevorrechtigten Unterhaltspfändung das Arbeitseinkommen des Schuldners im erweiterten Umfange erfassen, sog. Vorrechtsbereich.

6.180

Beispiel:

6.181

Nach der Lohnpfändungstabelle wären pfändbar 90,- €, nach dem bei der Unterhaltsvollstreckung vom Vollstreckungsgericht festgelegten Freibetrag für den Schuldner und seine Familie 300,- €. Pfändet der „normale" Gläubiger zuerst, erhält er die 90,- €, der nachrangig pfändende Unterhaltsgläubiger erhält noch maximal 210,- €.
Bei einer Pfändung in umgekehrter Reihenfolge erhält der zuerst pfändende Unterhaltsgläubiger 300,- € und der nachrangig pfändende normale Gläubiger zunächst nichts.
Beträgt der monatliche Unterhaltsanspruch aber nur 250,- € und wird nach Tilgung der Rückstände nur noch dieser laufende Betrag geschuldet, erhält der nachrangige „normale" Gläubiger immer noch keine Zuteilung, da die 250,- € über dem Lohnpfändungstabellenbereich von 90,- € liegen.
Hier greift jetzt der Verrechnungsantrag: Der Unterhaltsgläubiger wird zunächst in den Vorrechtsbereich (300,- € – 90,- € = 210,- €) verwiesen. Reichen die Beträge nicht, greift er auf den Tabellenbereich zu. Für den „normal" pfändenden Gläubiger verbleiben dann immer noch (300,- € – 250,- € =) 50,- €.
Selbst wenn der Unterhaltsgläubiger nicht die bevorrechtigte Pfändung nach § 850d ZPO beantragt hat, kann der nachrangige Gläubiger einen solchen Verrechnungsantrag stellen. Ebenso erfolgt diese Berechnung, wenn der Schuldner einen Teil seines Arbeitseinkommens wegen einer Unterhaltsforderung abgetreten oder in sonstiger Weise darüber verfügt hat. Nicht antragsberechtigt ist aber ein nachrangiger Abtretungsgläubiger, da der Antrag eine Pfändung voraussetzt.[326]

c) Verfahren

Vor der Entscheidung über einen Verrechnungsantrag hat das Vollstreckungsgericht den Beteiligten rechtliches Gehör zu gewähren. Der Beschluss, welcher den Beteiligten zuzustellen ist, ergeht mit konstitutiver Wirkung. Solange der Beschluss dem Drittschuldner nicht zugestellt wird, leistet dieser nach dem Inhalt der ihm vorliegenden Pfändungsbeschlüsse. Abtretungen und sonstige Verfügungen berücksichtigt er mit befreiender Wirkung gegenüber dem Gläubiger, § 850e Nr. 4 ZPO.[327]

6.182

Der Verrechnungsantrag greift auch, wenn der Gläubiger auf sein Vorrecht verzichtet bzw. dieses nicht in Anspruch nimmt. In diesem Fall muss

6.183

---

326 Schuschke/*Walker*, § 850e Rdn. 14; MünchKomm/*Smid* ZPO, § 850e Rdn. 41.
327 Zöller/*Stöber*, § 850e Rdn. 33.

das Vollstreckungsgericht in seinem Beschluss eine fiktive Berechnung vornehmen. Gleichermaßen gilt der Verrechnungsantrag, wenn der Schuldner sein Arbeitseinkommen an den Unterhaltsgläubiger abgetreten hat.

d) Wirkung

6.184   Der Verrechnungsantrag kommt nur dem beantragenden Gläubiger zugute. Der Pfändungsumfang vorrangiger oder nachrangiger Gläubiger wird hiervon nicht berührt.[328] Diese Gläubiger müssen einen eigenen Antrag stellen. Allerdings kann der Beschluss den bereits begründeten Pfändungsrang eines vorrangigen Gläubigers nicht mehr beeinträchtigen, § 804 Abs. 3 ZPO.[329] Erwirkt der vorrangige Gläubiger selbst einen Beschluss nach § 850e Nr. 4 ZPO, erfasst sein vorrangiges Pfandrecht ab dann auch den erweiterten Pfändungsbereich.

X. Änderung des unpfändbaren Betrages

1. Erhöhung des unpfändbaren Betrages

6.185   Da der Schuldner vor der Pfändung regelmäßig nicht anzuhören ist, § 834 ZPO, können die besonderen Lebensumstände und Bedürfnisse des Schuldners bei Erlass des Pfändungsbeschlusses zunächst nicht berücksichtigt werden. Nach Wirksamwerden der Pfändung kann der Schuldner daher jederzeit einen Antrag stellen, damit der pfändbare Teil seines Arbeitseinkommens eingeschränkt wird,

- wenn er nachweist, dass bei Anwendung der Pfändungsfreigrenzen entsprechend der Anlage zu § 850c ZPO der notwendige Lebensunterhalt im Sinne des Dritten und Elften Kapitels des Zwölften Buches Sozialgesetzbuch oder nach Kapitel 3 Abschnitt 2 des Zweiten Buches Sozialgesetzbuch für sich und für die Personen, denen er Unterhalt zu gewähren hat, nicht gedeckt ist,
- wenn besondere Bedürfnisse aus persönlichen oder beruflichen Gründen vorliegen,
- wenn der besondere Umfang der gesetzlichen Unterhaltspflichten dies erforderlich macht, § 850f Abs. 1 ZPO.

6.186   **Zuständig** ist das Vollstreckungsgericht. Es ist somit nicht zuständig, wenn ein Nichtselbstständiger den pfändbaren Teil seines Arbeitseinkommens an einen Gläubiger abgetreten hat, aus der Abtretung in Anspruch genommen wird und aufgrund besonderer persönlicher Verhältnisse eine

---

328 BAG, NJW 1997, 479.
329 Schuschke/*Walker*, § 850e Rdn. 7; MünchKomm/S*mid* ZPO, § 850e Rdn. 19.

Erhöhung des pfandfreien Betrages erstrebt.[330] Die Belange des Gläubigers müssen bei der Abwägung des Antrages berücksichtigt werden, § 850f Abs. 1 a.E. ZPO[331], und können auch im Einzelfall zu einer anderen Regelung führen.[332] Die Vorschrift gilt auch bei der Vollstreckung von Unterhaltsforderungen.[333]

Mit der **ersten Möglichkeit** wird der Situation der ständig steigenden Lebenshaltungskosten Rechnung getragen. Sofern die Pfändungsfreibeträge nach der amtlichen Lohnpfändungstabelle oder die festgelegten Freibeträge bei einer Unterhaltspfändung[334] unter die Höhe des notwendigen Lebensunterhaltes i.S.d. Dritten und Elften Kapitels des SGB XII oder nach Kapitel 3 Abschnitt 2 des SGB II fallen, muss das Vollstreckungsgericht auf **Antrag** des Schuldners die Pfändungsfreibeträge entsprechend korrigieren.

6.187

Den Nachweis der Höhe der jeweiligen Sozialhilfesätze führt der Schuldner durch eine **Bescheinigung des Sozialleistungsträgers**.[335] Allerdings ist das Vollstreckungsgericht an diese Regelbedarfsbescheinigung nicht gebunden, es muss den notwenigen Lebensunterhalt eigenverantwortlich ermitteln.[336] Bei dem Änderungsantrag aufgrund **hoher Miete,** ist bei der Berechnung der Freibetrag für die Wohnungsmiete an dem Wohngeldrecht zu orientieren;[337] den sozialhilferechtlichen Regelsätzen ist ein **pauschaler Zuschlag** für einmalige Leistungen hinzuzurechnen;[338] ein Mehrbedarf wegen Erwerbsfähigkeit kann mit 25 % bis 30 % zu bemessen sein.[339] Einnahmen wie **Erziehungsgeld** oder **Kindergeld** sind unpfändbar und daher nicht als

6.188

---

330 So aber LG Heilbronn, Rpfleger 2001, 190. Damit stellt sich das LG Heilbronn nicht nur gegen die Kommentarliteratur, die eine Zuständigkeit des Vollstreckungsgerichts im Falle der Lohnabtretung überwiegend ablehnt, sondern auch gegen den BGH, Rpfleger 2003, 516 = NJW-RR 2003, 1367 = KTS 2003, 640 = MDR 2003, 1192 = WM 2003, 1346 = InVo 2003, 444, der am 28.5.2003 entschied: Wird eine Lohnforderung abgetreten und beruft sich der Zedent auf eine Erhöhung der Pfändungsfreigrenze (§ 850f Abs. 1 ZPO), so entscheidet über den Umfang der Abtretung das Prozessgericht, nicht das Vollstreckungsgericht.
331 BGH, NJOZ 2004, 1205 = FamRZ 2004, 621 = InVo 2004, 374 = ZVI 2004, 179.
332 OLG Celle, Rpfleger 1990, 376; zur Anwendbarkeit des § 850f Abs. 1 ZPO auf das Restschuldbefreiungsverfahren vgl. *Möhlen,* Rpfleger 2000, 4.
333 BGH, Rpfleger 2004, 297 = NJW-RR 2004, 506 = MDR 2004, 711 und BGH, NJOZ 2004, 1205 = FamRZ 2004, 621 = InVo 2004, 374 = ZVI 2004, 179.
334 Nach LG Berlin, Rpfleger 1993, 120 soll die vorgenannte Vorschrift bei einer Unterhaltspfändung keine Anwendung finden.
335 BGH, Rpfleger 2004, 297 = NJW-RR 2004, 506 = MDR 2004, 711; OLG Stuttgart, NJW 1987, 758; OLG Köln, Rpfleger 1998, 354.
336 BGH, Rpfleger 2004, 297 = NJW-RR 2004, 506 = MDR 2004, 711; OLG Stuttgart, NJW 1987, 758; LG Stuttgart, Rpfleger 1990, 173 und 1993, 357; LG Köln, JurBüro 1995, 103; LG Arnsberg, JurBüro 1998, 435.
337 LG Berlin, Rpfleger 1996, 76; LG Heidelberg, JurBüro 1998, 45; LG Arnsberg, JurBüro 1998, 435.
338 OLG Köln, Rpfleger 1996, 118 = FamRZ 1996, 811.
339 LG Stuttgart, InVo 2005, 281; AG Stuttgart, Rpfleger 1996, 360.

eigene Einkommen anzurechnen, auch nicht als Einkommen des Ehepartners.[340] Dies gilt auch für Pflegegeld.[341]

6.189 Was dem Schuldner für sich und weitere Personen, denen er Unterhalt zu gewähren hat, als Freibetrag verbleiben muss, bestimmt sich ausschließlich nach den Regelsätzen des Dritten und Elften Kapitels des SGB XII oder nach Kapitel 3 Abschnitt 2 des SGB II[342]. Bei Ermittlung der angemessenen Höhe dieses Betrages besteht keine Bindung an die Empfehlungen des Deutschen Vereins für öffentliche und private Fürsorge.[343] Die Vorschrift soll im Interesse des Schuldners sicherstellen, dass diesem nach Durchführung der Pfändungsmaßnahme das Existenzminimum verbleibt, und im Interesse der Allgemeinheit, die die Mittel für ergänzende Sozialhilfeleistungen aufzubringen hat, verhindern, dass der Gläubiger zu ihren Lasten befriedigt wird. Eine Änderung der dem Schuldner zu verbleibenden Freibeträge darf jedoch nicht dazu führen, dass das ganze Arbeitseinkommen gänzlich unpfändbar wird, ein Rest des pfändbaren Einkommens muss dem Gläubiger immer zugewiesen werden.[344]

6.190 Im Rahmen eines Antrags gem. Abs. 1a ZPO sind nicht nur gesetzliche Unterhaltspflichten zu berücksichtigen, vielmehr besteht auch eine Schutzwürdigkeit gegenüber Personen, denen der Schuldner aus anderen Gründen Unterhalt zu gewähren hat. Unterhalt zu gewähren hat auch der zivilrechtlich verpflichtete Schuldner bzw. derjenige, der sich gegenüber dem Ausländeramt im Interesse der Familienzusammenführung verpflichten musste, den minderjährigen Kindern seiner Ehefrau Unterhalt zu gewähren. Da diese, wie auf den Visa vermerkt ist, ihre Aufenthaltserlaubnis bei Beantragung von Sozialhilfeleistungen verlieren, muss der Schuldner den minderjährigen Kindern seiner Ehefrau Unterhalt gewähren.[345] Für die (nicht eingetragene) **Lebensgefährtin** kann nur dann ein Bedarfsbetrag in Ansatz gebracht werden, wenn der Lebensgefährtin wegen des Einkommens des mit ihr zusammenlebenden Schuldners Sozialhilfe versagt würde.[346]

6.191 Hat der Schuldner seinem Gläubiger die pfändbaren Teile seines Einkommens **abgetreten,** so muss ihm ein Weg zur Verfügung stehen, durch

---

340 Zu Sozialhilfe und Wohngeld sowie Leistungen nach dem Unterhaltsvorschussgesetz, Kindergeld und Bundeserziehungsgeld vgl. BGH, Rpfleger 2005, 451 = NJW-RR 2005, 1010 = FamRZ 2005, 1244 = JurBüro 2005, 495 = WM 2005, 1369; LG Frankfurt/Main, Rpfleger 1996, 298.
341 AG Frankfurt/Main, JurBüro 1998, 273.
342 LG Stuttgart, InVo 2005, 281; zur Sicherung des Existenzminimums im Insolvenzverfahren nach der Neuregelung der Sozialhilfe vgl. *Winter,* ZVI 2004, 322.
343 BGH, Rpfleger 2004, 297 = NJW-RR 2004, 506 = MDR 2004, 711; OLG Stuttgart, NJW 1987, 758; OLG Köln, FamRZ 1989, 996; LG Hannover, Rpfleger 1991, 212.
344 LG Aachen, JurBüro 1990, 121; **a.A.** LG Gießen, Rpfleger 1996, 118 = DGVZ 1996, 10; LG Duisburg, Rpfleger 1998, 355.
345 LG Limburg a.d. Lahn, Rpfleger 2003, 141 = NJW-RR 2003, 365 = FamRZ 2003, 1946 = InVo 2003, 295.
346 LG Darmstadt, InVo 2003, 293 = ZVI 2003, 399.

gerichtliche Entscheidung eine Änderung der pfändungsfreien Beträge zu erreichen. Hierfür ist allerdings nicht das Vollstreckungsgericht zuständig, sondern im Wege der Klage das Zivilgericht.[347]

Ein Pfändungsschutz nach § 850f Abs.1 S.1 ZPO i.V.m. § 850 Abs. 3 ZPO bei Leistungen einer Versicherung (hier: Unfallversicherung) besteht jedoch nicht für selbstständige **Gewerbetreibende** oder ehemals selbstständig Tätige. Einkünfte freiberuflich Tätiger, **Selbstständiger** oder nicht berufstätiger Personen sind kein Arbeitseinkommen im Sinne des § 850 ZPO und diesem auch nicht gleichzustellen.[348] Deshalb verbleibt es für den Personenkreis von freiberuflich Tätigen, Selbstständigen oder nicht berufstätigen Personen bei den allgemeinen Vollstreckungsschutzvorschriften. Einen begrenzten Pfändungsschutz erlangt ein solcher Schuldner nach § 765a ZPO, wenn das Existenzminimum des Schuldners gefährdet ist oder ohne öffentliche Hilfen gefährdet wäre.

6.192

Die **zweite Möglichkeit** führt als Grund besondere Bedürfnisse des Schuldners aus persönlichen Gründen an. Dies sind z.B. zusätzliche Ausgaben wegen einer körperlichen Behinderung[349] oder ein Mehrbedarf für ärztlich verordnete Diätverpflegung.[350] Aus beruflichen Gründen können auch erhöhte Fahrtkosten zum Arbeitsplatz ausschlaggebend sein;[351] Fahrtkosten zur Ausübung des Umgangsrechts führen jedoch nicht zu einer Erhöhung des Pfändungsfreibetrags[352] oder erhöhte Kosten für die Durchführung von Transporten.[353] Die Kosten der Anschaffung und Unterhaltung eines Pkw setzen jedoch voraus, dass das Fahrzeug selbst unpfändbar ist gemäß § 811 Abs. 1 ZPO.[354]

6.193

Die **dritte Möglichkeit** führt als Grund die Zahl der Unterhaltsberechtigten auf. Diese Situation führt immer dann zu einer Änderung des pfändbaren Teils des Arbeitseinkommens, wenn der Schuldner mehr als fünf Personen gegenüber unterhaltsverpflichtet ist, da die amtliche Lohnpfändungstabelle maximal nur fünf Unterhaltsverpflichtete berücksichtigt. Freiwillig übernommene Unterhaltspflichten stellen jedoch keinen Abänderungsgrund dar, es muss sich um gesetzliche Unterhaltspflichten handeln.[355]

6.194

---

347 Vgl. BGH, Rpfleger 2003, 516 = NJW-RR 2003, 1367 = KTS 2003, 640 = MDR 2003, 1192 = WM 2003, 1346 = InVo 2003, 444; OLG Köln, Rpfleger 1998, 354; **a.A.** LG Heilbronn, Rpfleger 2001, 190.
348 LG Frankfurt/Oder, Rpfleger 2002, 322.
349 OLG Zweibrücken, JurBüro 1988, 934.
350 LG Essen, LG Frankenthal, LG Mainz alle Rpfleger 1990, 470.
351 OLG Stuttgart, NZI 2002, 52; OLG Köln, FamRZ 1989, 996.
352 BGH, FPR 2004, 403 = FamRZ 2004, 873.
353 LG Hannover, JurBüro 1992, 265.
354 OLG Zweibrücken, JurBüro 1988, 933.
355 LG Schweinfurt, Rpfleger 1984, 69 = FamRZ 1984, 45.

2. Herabsetzung des unpfändbaren Betrages (Deliktsansprüche)

6.195 Vollstreckt der Gläubiger wegen einer titulierten Forderung aus einer **vorsätzlich begangenen unerlaubten Handlung,** kann er direkt (oder später) mit Erlass des Pfändungsbeschlusses beantragen, dass der dem Schuldner zu verbleibende Freibetrag unabhängig von der Höhe der amtlichen Lohnpfändungstabelle festgelegt wird, § 850f Abs. 2 ZPO. Der Schuldner soll sich wegen eines solchen Deliktsanspruches weit mehr einschränken müssen, als dies bei einer gewöhnlichen Geldforderung der Fall ist. Was dem Schuldner für sich und weitere Personen, denen er Unterhalt zu gewähren hat, als Freibetrag verbleiben muss, bestimmt sich ausschließlich nach den Regelsätzen des Dritten und Elften Kapitels des SGB XII oder nach Kapitel 3 Abschnitt 2 des SGB II.[356] Einnahmen wie **Erziehungsgeld** oder **Kindergeld** sind unpfändbar und daher nicht als eigene Einkommen zu berücksichtigen.[357] Dies gilt auch für Pflegegeld.[358] Voraussetzung für einen solchen **Antrag** des Gläubigers ist eine titulierte Forderung aus vorsätzlich begangener unerlaubter Handlung, grobe Fahrlässigkeit alleine genügt hier nicht. Das Pfändungsprivileg gilt auch für die **Prozesskosten** und die **Kosten der Zwangsvollstreckung,** die im Zusammenhang mit der Titulierung des Anspruches aus der vorsätzlich begangenen unerlaubten Handlung entstanden sind.[359]

6.196 Die vorsätzlich begangene unerlaubte Handlung muss der Gläubiger grundsätzlich nachweisen. Ist in dem zu vollstreckenden Titel keine oder nur eine vertragliche Anspruchsgrundlage genannt, kann der Gläubiger im Vollstreckungsverfahren ohne Zustimmung des Schuldners nicht mehr nachweisen, dass der titulierte Anspruch auch auf einer vorsätzlich begangenen unerlaubten Handlung beruht.[360] Es ist nach Auffassung des BGH nicht Aufgabe des Vollstreckungsgerichts, auch über das Vorliegen eines Anspruchs aus vorsätzlich begangener unerlaubter Handlung zu entscheiden. Bei der Prüfung, ob der Gläubiger aus einem in der Zwangsvollstre-

---

356 LG Stuttgart, InVo 2005, 281; zu früher: LG Hannover, Rpfleger 1991, 212; LG Koblenz, JurBüro 1992, 636; für einen erwerbstätigen Schuldner ohne Unterhaltsverpflichtungen wurde der notwendige Unterhaltsbetrag mit mindestens 1.300,– DM angenommen, im besonderen Einzelfall (Nichtbeachtung von Raten auf eine Geldstrafe, ungewöhnlich geringer Mietzins) sogar mit höchstens 1.050,– DM, vgl. LG Frankenthal, JurBüro 1995, 664; nach LG Bochum, Rpfleger 1997, 395 nur 1.209,– DM.
357 Zu Sozialhilfe und Wohngeld sowie Leistungen nach dem Unterhaltsvorschussgesetz, Kindergeld und Bundeserziehungsgeld vgl. BGH, Rpfleger 2005, 451 = NJW-RR 2005, 1010 = FamRZ 2005, 1244 = JurBüro 2005, 495 = WM 2005, 1369; LG Frankfurt/Main, Rpfleger 1996, 298.
358 AG Frankfurt/Main, JurBüro 1998, 273.
359 LG Stuttgart, InVo 2005, 281; KG Rpfleger 1972, 66; LG Dortmund, Rpfleger 1989, 75; **a.A.** LG Hannover, Rpfleger 1982, 232.
360 BGH, Rpfleger 2003, 91 = NJW 2003, 515 = BB 2002, 2468 = JurBüro 2003, 436 = KTS 2003, 263 = MDR 2003, 290 = VersR 2003, 620 = WM 2002, 2385 = InVo 2003, 70.

ckung nach § 850f Abs. 2 ZPO privilegierten Anspruch vorgeht, ist es an die Auffassung des Prozessgerichts gebunden. Allein das wird der Aufgabenverteilung zwischen Erkenntnis- und Vollstreckungsverfahren gerecht. Entweder ergibt sich somit die Tatsache bereits aus dem **Tenor des Urteils** oder aus den **Entscheidungsgründen.** Der Gläubiger kann demnach nicht mehr auf die **Prozessakten** verweisen.[361]

Durch die Vorlage eines **Vollstreckungsbescheides** kann der Nachweis einer Forderung aus vorsätzlich begangener unerlaubter Handlung für das Vollstreckungsprivileg durch den Gläubiger nicht geführt werden.[362] Mit dieser weiteren Entscheidung setzt der BGH seine Grundsätze aus 2003 zu § 850f Abs. 2 ZPO fort.[363] Das Mahnverfahren, das zum Erlass des Vollstreckungsbescheides geführt hat, kann nur wegen eines Anspruchs, der die Zahlung einer bestimmten Geldsumme zum Gegenstand hat, eingeleitet werden (§ 688 Abs. 1 ZPO). Es ist nicht dazu bestimmt, zur Vorbereitung der privilegierten Vollstreckung den deliktischen Schuldgrund und den für § 850f Abs. 2 ZPO erforderlichen Verschuldensgrad feststellen zu lassen.

6.197

Begehrt der Gläubiger die Herabsetzung der Freibeträge direkt mit dem Antrag auf Erlass des Pfändungsbeschlusses, ist der Schuldner vorher **nicht anzuhören,** § 834 ZPO.[364] Nach anderer Auffassung handelt es sich hierbei jedoch um eine Ermessensentscheidung des Vollstreckungsgerichtes, die nur nach Anhörung der Verfahrensbeteiligten erlassen werden kann, insbesondere auch im Hinblick auf den dem Schuldner mindestens zu belassenen notwendigen Unterhaltsbetrag.[365] Der Beschluss wirkt im Übrigen nur zugunsten des Gläubigers, der ihn erwirkt hat. Weiterhin wird mit einem solchen, den Pfändungsumfang erweiternden Beschluss, nicht das ursprüngliche Pfandrecht gleichermaßen vergrößert, sondern das Prioritätsprinzip

6.198

---

361 So noch LG Darmstadt, Rpfleger 1985, 155.
362 BGH, Rpfleger 2005, 370 = NJW 2005, 1663 = FamRZ 2005, 974 = JurBüro 2005, 437 = MDR 2005, 1014 = WM 2005, 1326 = InVo 2005, 326 = ZVI 2005, 253; hierzu *Gaul*, NJW 2005, 2894; noch weiter – aber abzulehnen – LG Frankenthal, Rpfleger 2006, 29 für Anerkenntnis- und Versäumnisurteil; hierzu *Lehmann*, Rpfleger 2006, 210.
363 Die bis dahin ergangene Rechtsprechung ist somit überholt: zuletzt noch LG Heilbronn, Rpfleger 2005, 98 = InVo 2005, 197; der Gläubiger kann die vorsätzlich begangene unerlaubte Handlung schlüssig vortragen; in keinem Falle genügt es, wenn im Vollstreckungsbescheid der titulierte Anspruch als vorsätzlich begangene unerlaubte Handlung klassifiziert ist; a.A. LG München, JurBüro 2004, 673; LG Augsburg, Rpfleger 1995, 122 = DGVZ 1995, 26; LG Münster, JurBüro 1996, 385; das Vollstreckungsgericht muss selbstständig die Angaben prüfen, so BGH, NJW 1973, 1332; LG Düsseldorf, Rpfleger 1987, 319 = NJW-RR 1987, 758; LG Bonn, Rpfleger 1994, 264; LG Münster, JurBüro 1996, 385; *Büchmann*, NJW 1987, 172, a.A. LG Landshut, Rpfleger 1996, 470; StJ/*Münzberg*, § 850f Rdn. 10; Musielak/*Becker*, § 850f Rdn. 10; sofern der Vortrag des Gläubigers ungenügend ist, muss er gegebenenfalls Feststellungsklage erheben, so BGH, Rpfleger 1990, 248 = NJW 1990, 834 = WM 1989, 583; OLG Oldenburg, NJW-RR 1992, 573.
364 LG Stuttgart, Rpfleger 2005, 38 = InVo 2005, 157; OLG Düsseldorf, NJW 1973, 1133; OLG Koblenz, MDR 1975, 939; LG Bochum, Rpfleger 1997, 395.
365 OLG Hamm, NJW 1973, 1332.

bleibt erhalten, der Beschluss wirkt erst ab Zustellung.[366] Trifft ein Beschluss nach § 850f Abs. 2 ZPO mit einer **Unterhaltspfändung** nach § 850d ZPO zusammen, geht der Unterhaltsgläubiger dem Deliktsgläubiger in dem der Pfändung erweiterten Umfangsbereich immer vor.[367] Zur Stellung als Insolvenzgläubiger und zur Bevorrechtigung im Insolvenzverfahren[368] vgl. Rdn. 3.420 ff.

3. Herabsetzung des unpfändbaren Betrages (hohes Einkommen)

6.199 Verfügt der Schuldner über ein hohes Einkommen, kann der Gläubiger beantragen, dass ein Mehrbetrag über die gesetzlich festgelegten Freibeträge nach § 850c ZPO oder der festgelegte Freibetrag bei einer Unterhaltspfändung für pfändbar erklärt wird, § 850f Abs. 3 ZPO. Der Antrag ist jedoch nur dann zulässig, wenn das Arbeitseinkommen des Schuldners den Betrag von 2.985,– € übersteigt. Da das Einkommen über 3.020,06 € ohnehin der Pfändung in vollem Umfang unterliegt und es sicherlich nur selten einen Schuldner mit einem so hohen Einkommen geben wird, hat diese Vorschrift ihre praktische Bedeutung nahezu gänzlich verloren.

6.200 Die Entscheidung über den **Antrag** des Gläubigers trifft das Vollstreckungsgericht nach freiem Ermessen. Begehrt der Gläubiger den erhöhten Betrag zugleich mit dem Antrag auf Erlass des Pfändungsbeschlusses, muss er die Höhe des Arbeitseinkommens des Schuldners angeben, da der Schuldner vor der Entscheidung grundsätzlich nicht gehört wird, § 834 ZPO.[369] Dem Schuldner ist jedoch mindestens so viel zu belassen, wie sich bei einem Arbeitseinkommen aus der amtlichen Lohnpfändungstabelle, berechnet nach den in § 850f Abs. 3 ZPO genannten Beträgen, ergibt.

XI. Änderung der Unpfändbarkeitsvoraussetzungen

6.201 Nach Wirksamwerden der Pfändung des Arbeitseinkommens können sich die Voraussetzungen für die Bemessung des unpfändbaren Teils jederzeit ändern (z.B. Geburt, Todesfall, Heirat pp.). Diese Änderungen in der persönlichen Sphäre des Schuldners hat grundsätzlich auch der Drittschuldner zu beachten, sofern ihm diese Veränderungen bekannt und nachgewiesen werden. Hat das Vollstreckungsgericht in dem Pfändungsbeschluss die Freibeträge oder den pfändbaren Teil des Arbeitseinkommens ziffernmäßig festgelegt, muss sich der Drittschuldner an diese Feststellungen halten. Der Pfändungsbeschluss ist dann durch das Vollstreckungsgericht, welches den Beschluss erlassen hat, zu korrigieren.[370]

---

366 Schuschke/*Walker*, § 850f Rdn. 12.
367 Schuschke/*Walker*, § 850f Rdn. 12.
368 Hierzu auch *Behr*, Rpfleger 2003, 389.
369 *Stöber*, Rdn. 1195, 1198.
370 BGH, Rpfleger 1990, 308.

Den entsprechenden Antrag kann der Schuldner, der Gläubiger oder auch ein Dritter stellen, der dem Schuldner kraft Gesetzes Unterhalt gewährt, § 850g ZPO. Der abändernde Beschluss ist insbesondere dem Drittschuldner zuzustellen, da dieser so lange mit befreiender Wirkung an den Gläubiger leistet, bis ihm der Änderungsbeschluss bekannt gegeben wurde, § 850g S. 3 ZPO. Eine Änderung der Pfändungsfreigrenzen ist im Übrigen nur dann rückwirkend möglich, wenn der Drittschuldner in der Vergangenheit noch nicht mit befreiender Wirkung geleistet hat.[371] Hat er für zurückliegende Zeiträume bereits an den Schuldner oder einen anderen Gläubiger ausgezahlt, so ist er gegenüber dem Gläubiger nach dieser Vorschrift frei geworden. Liegt für zurückgegangene Zeiträume noch keine Auszahlung vor, so hat der Drittschuldner den erhöhten Betrag an denjenigen Gläubiger auszuzahlen, dessen Pfändungspfandrecht zeitlich vorgeht.[372] Hat das Vollstreckungsgericht die Änderung auf einen rückwirkenden Zeitpunkt festgelegt, hat diese Rückwirkung keinen Einfluss auf bereits durch den Drittschuldner geleistete Zahlungen.[373] Die Aufhebung der Pfändungsfreigrenze hat auf Antrag rückwirkend auf den Zeitpunkt des Todes des Schuldners zu erfolgen. Der Änderungsbeschluss entfaltet nicht schon kraft Gesetzes Rückwirkung.[374]

6.202

XII. Verschleiertes Arbeitseinkommen

1. Lohnschiebungsvertrag

Vereinbart der Schuldner mit dem Drittschuldner/Arbeitgeber, dass die Vergütung für seine Arbeit oder seine Dienste ganz oder teilweise an einen Dritten zu bewirken ist, liegt ein so genannter Lohnschiebungsvertrag vor. Unabhängig davon, ob es sich um laufende oder eine einmalige Vergütung handelt, wird der Lohnanspruch in der Person des Dritten begründet, und damit dem Pfändungszugriff des Gläubigers entzogen. Damit solche Vereinbarungen jedoch nicht zum Nachteil des Gläubigers getroffen werden können[375], umfasst die Pfändung des Vergütungsanspruchs des Schuldners ohne weiteres auch den Anspruch des Drittberechtigten, § 850h Abs. 1 ZPO.[376] Der Pfändungsbeschluss ist daher dem Drittberechtigten ebenso wie dem Schuldner zuzustellen.

6.203

Der Gläubiger kann aber auch direkt den **Anspruch gegen den Drittberechtigten** pfänden. Ein besonderer Vollstreckungstitel gegen den Dritten oder eine eventuelle Klauselumschreibung des bereits vorhandenen Titels ist

6.204

---

371 LG Rostock, JurBüro 2003, 327.
372 LG Mönchengladbach, Rpfleger 2003, 517.
373 OLG Köln, Rpfleger 1988, 419.
374 LG Wuppertal, JurBüro 2002, 95.
375 BGH, NJW 1979, 1601.
376 LG Lübeck, Rpfleger 1986, 100.

nicht erforderlich, da die Pfändung aufgrund des Schuldtitels gegen den Schuldner erfolgt.

6.205 Es genügt, wenn der Gläubiger im Antrag auf Erlass des Pfändungsbeschlusses die Tatsachen schlüssig vorträgt, das Vollstreckungsgericht prüft nicht, ob die Voraussetzungen des § 850h Abs. 1 ZPO vorliegen.[377] Das setzt aber in jedem Falle voraus, dass zwischen dem Schuldner und dem Empfänger der Arbeitsleistung ein Rechtsverhältnis bestehen muss. Vertragliche Verpflichtungen lediglich zwischen dem Schuldner und dem Dritten genügen nicht.[378]

6.206 Der Schuldner wird vor der Pfändung nicht gehört, § 834 ZPO. Wirksam wird die **Pfändung** mit Zustellung an den Drittschuldner, die weiteren Zustellungen an den Drittberechtigten bzw. den Schuldner dienen deren Kenntnisnahme, sind jedoch keine Wirksamkeitsvoraussetzung.[379] Verweigert der Drittberechtigte die Zahlung mit der Begründung, eine Lohnschiebung liege nicht vor, muss er im Wege der Drittwiderspruchsklage vorgehen, § 771 ZPO. Zahlt hingegen der Drittschuldner nicht, muss der Gläubiger Zahlungsklage erheben. Das Prozessgericht (meistens Arbeitsgericht) prüft dann, ob die Voraussetzungen einer Lohnschiebung vorliegen.[380]

2. Lohnverschleierung

6.207 Leistet der Schuldner dem Drittschuldner Arbeiten oder Dienste, für die er kein oder nur ein geringes Entgelt erhält, die aber üblicherweise nach Art und Umfang vergütet werden, wird der tatsächliche Lohn verschleiert. In der Praxis sind solche Arbeits- oder Dienstverhältnisse immer dann anzutreffen, wenn der Ehepartner im Geschäft des anderen Ehegatten mitarbeitet, oder die Kinder arbeiten im Geschäft der Eltern. Auf die Art des Arbeitsverhältnisses kommt es nicht an, es reicht auch eine Teilzeitbeschäftigung aus.[381] Damit der Drittschuldner nach der Pfändung die Zahlung nicht mit der Begründung verweigern kann, ein pfändbarer Betrag liege nicht vor, wird zugunsten des Gläubigers eine **angemessene Vergütung** für die Arbeits- oder Dienstleistung als geschuldet angenommen, § 850h Abs. 2 ZPO.[382]

6.208 Hat der Schuldner vor der Pfändung eine ungünstigere Lohnsteuerklasse in Gläubigerbenachteiligungsabsicht gewählt, so kann er bei der Berechnung des pfändungsfreien Betrags schon im Jahre der Pfändung so behandelt werden, als sei sein Arbeitseinkommen gemäß der günstigeren Lohn-

---

377 Baumbach/*Hartmann*, § 850h Rdn. 4; Zöller/*Stöber*, § 850h Rdn. 2.
378 BAG, ZIP 1996, 1567 = *Hintzen*, EWiR 1996, 909.
379 Zöller/*Stöber*, § 850h Rdn. 2.
380 Schuschke/*Walker*, § 850h Rdn. 5; Zöller/*Stöber*, § 850h Rdn. 2.
381 LAG Hamm, BB 1988, 488; OLG Oldenburg, NdsRpfl 1994, 306 = JurBüro 1995, 104; LG Berlin, Rpfleger 1996, 360; LAG Hamm, JurBüro 1997, 273.
382 BGH, NJW 1979, 1601; OLG Düsseldorf, NJW-RR 1989, 390.

steuerklasse zu versteuern.³⁸³ Wählt der Schuldner nach der Pfändung eine ungünstigere Lohnsteuerklasse oder behält er diese für das folgende Kalenderjahr bei, so gilt dies nach Auffassung des BGH auch ohne Gläubigerbenachteiligungsabsicht schon dann, wenn für diese Wahl objektiv kein sachlich rechtfertigender Grund gegeben ist.

Dagegen muss der Gläubiger eine vor der Pfändung getroffene Wahl der Steuerklasse durch den Schuldner und dessen Ehegatten (für das laufende Jahr) gegen sich gelten lassen.³⁸⁴ Eine Anordnung des Vollstreckungsgerichts, ein Schuldner müsse sich bei der Berechnung des pfändbaren Teils seines Einkommens so behandeln lassen, als werde er nach der Steuerklasse IV besteuert, kann nur ergehen, wenn der Gläubiger unter Angabe konkreter Tatsachen glaubhaft macht, dass der Schuldner nach der Pfändung ohne sachlichen Grund mit Manipulationsabsicht zum Nachteil des Gläubigers die für den Gläubiger ungünstigere Steuerklasse gewählt hat.³⁸⁵ Es ist nicht rechtsmissbräuchlich, wenn der Schuldner ihm zustehende **Steuerfreibeträge** nicht auf der Steuerkarte eintragen lässt. Überzahlte Steuern muss der Gläubiger durch Pfändung eventueller Rückerstattungsansprüche erwirken.³⁸⁶

6.209

Da das Vollstreckungsgericht die Voraussetzungen bei Erlass des Pfändungsbeschlusses nicht prüft³⁸⁷, erfolgt die **Pfändung** regelmäßig in den Grenzen nach § 850c ZPO. Bei der Pfändung eines Unterhaltsgläubigers setzt das Vollstreckungsgericht die Freibeträge für den Schuldner und seine unterhaltsberechtigten Personen im Beschluss fest, § 850d ZPO.

6.210

Welche Vergütungshöhe im Einzelfalle angemessen ist, muss das Prozessgericht im Drittschuldnerprozess feststellen, das Vollstreckungsgericht darf eine solche Festsetzung nicht vornehmen.³⁸⁸ Für Klagen des Gläubigers gegen den Drittschuldner aus verschleiertem Arbeitseinkommen sind die Arbeitsgerichte zuständig, wenn der Schuldner als Arbeitnehmer, zumindest als arbeitnehmerähnliche Person anzusehen ist.³⁸⁹ Bei der Bemessung der Vergütung ist stets der konkrete Einzelfall zu berücksichtigen, insbesondere sind Art und Umfang der Arbeitsleistung, verwandtschaftliche Beziehung und auch die Leistungsfähigkeit des Drittschuldners zu berücksichtigen, § 850h Abs. 2 S. 2 ZPO.³⁹⁰ Dabei ist zugunsten des Drittschuld-

6.211

---

383 BGH, Rpfleger 2006, 25 = FamRZ 2006, 37 = WM 2005, 2324; so bereits LG Koblenz, JurBüro 2002, 324 = InVo 2002, 193; so auch OLG Hamm, NJW-RR 2001, 1663 und LG Stuttgart, JurBüro 2001, 111; hierzu auch *Ernst*, ZVI 2003, 107.
384 OLG Köln, Rpfleger 2000, 223 = JurBüro 2000, 217 = MDR 2000, 1032 = VersR 2002, 336 = WM 2000, 2114 = InVo 2000, 140; OLG Schleswig, InVo 2000, 142; LG Lübeck, InVo 2000, 142.
385 LG Münster, Rpfleger 2003, 254 = InVo 2003, 414.
386 LG Detmold, Rpfleger 2002, 630.
387 Vgl. LG Ellwangen, JurBüro 1997, 274.
388 LG Bremen, JurBüro 2003, 215; LG Frankenthal, Rpfleger 1984, 425.
389 LAG Baden-Württemberg, JurBüro 1997, 327.
390 OLG Düsseldorf, NJW-RR 1989, 390; OLG Hamm, FamRZ 1981, 955; LAG Hamm, ZIP 1993, 610; LAG Hamm, JurBüro 1997, 273; StJ/*Münzberg*, § 850h Rdn. 26–27.

ners zu berücksichtigen, dass ihm der Schuldner einen Teil seiner Arbeitsleistung unentgeltlich zuwenden will, um z.B. Schulden abzuarbeiten. Allerdings darf dies nicht zu einem auffälligen Missverhältnis zur erbrachten Arbeitsleistung stehen. Ein solches **Missverhältnis** besteht in einem Wirtschaftsbetrieb mit niedrigem Lohnniveau bei einer Divergenz zum üblichen Tariflohn von mehr als 30 %.[391] Allerdings obliegt es nicht dem Gläubiger in einem Drittschuldnerprozess, die ausreichende Leistungsfähigkeit nachzuweisen, sondern dem Drittschuldner, seine auf betriebsinternen Umständen beruhende mangelnde Leistungsfähigkeit zur Zahlung eines angemessenen Gehalts wenigstens zu belegen.[392]

6.212   Ob von dem Pfändungsbeschluss auch **Rückstände** des fingierten Arbeitseinkommens erfasst werden, muss zunächst durch Auslegung ermittelt werden, hiervon kann jedoch regelmäßig ausgegangen werden. Ob die Pfändung dieser Rückstände überhaupt zulässig ist, wird **streitig** beantwortet.[393]

6.213   Haben **mehrere Gläubiger** das verschleierte Arbeitseinkommen gepfändet, gilt auch im Rahmen des § 850h Abs. 2 ZPO das Prioritätsprinzip, das Pfandrecht des rangersten Gläubigers geht dem des nachrangigen Gläubigers vor, § 804 Abs. 3 ZPO.[394] Allerdings kommt der nachrangige Gläubiger nicht erst zum Zuge, wenn der vorrangige Gläubiger voll gezahlt ist, sondern bereits dann, wenn unter Berücksichtigung der tatsächlich zu leistenden Beträge der vorrangige Gläubiger rechnerisch befriedigt wäre.

XIII. Sonstige Vergütungen, § 850i ZPO

6.214   Der Pfändungsschutz gemäß §§ 850a–d ZPO wird nur bei laufenden Einkünften des Schuldners gewährt. Für eine **nicht wiederkehrend zahlbare Vergütung** muss der Schuldner einen entsprechenden Antrag stellen, um zu erreichen, dass ihm für einen angemessenen Zeitraum für seinen notwendigen Unterhalt und den seiner unterhaltsverpflichteten Personen ein entsprechender Freibetrag gewährt wird, § 850i Abs. 1 ZPO. Hierunter fällt vor allen Dingen das Einkommen der freiberuflich Tätigen, z.B. Ärzte, Rechtsanwälte, Steuerberater, Wirtschaftsprüfer usw.[395] Ebenso

---

391   LAG Hamm, ZIP 1993, 610.
392   OLG Bremen, InVo 2001, 454; OLG Oldenburg, NdsRpfl 1994, 306 = JurBüro 1995, 104; LAG Düsseldorf, MDR 1994, 1020 „an den Gläubigervortrag sind nur geringe Anforderungen zu stellen".
393   Ja: Baumbach/*Hartmann*, § 850h Rdn. 9; *Zimmermann*, § 850h Rdn. 3; nein: Zöller/*Stöber*, § 850h Rdn. 9 m.w.N.
394   BGH, Rpfleger 1991, 68 = NJW 1991, 495; LAG Hamm, EWiR 1991, 1245; *Grunsky*, JZ 1991, 245; *Münzberg*, EWiR 1991, 309; *Hintzen*, EWiR 1991, 1245; BAG, Rpfleger 1995, 166 = JurBüro 1995, 324.
395   Hierzu allgemein Rpfleger 2003, 458 = NJW 2003, 2167 = NZI 2003, 389 = DB 2003, 1507 = DZWir 2003, 295 = KTS 2003, 488 = MDR 2003, 831 = WM 2003, 980 = InVo 2003, 264 = ZVI 2003, 170; *Foerste/Ising*, ZRP 2005, 129.

fällt hierunter eine einmalige Leistung, die dem Schuldner z.B. dann gewährt wird, wenn er aus dem Arbeitsverhältnis oder aus der Bundeswehr ausscheidet (Abfindung, Karenzentschädigung).[396] Ob die Abfindung aufgrund einer Kündigung oder aus Anlass einer einvernehmlichen Auflösung des Arbeitsverhältnisses resultiert ist, ist unerheblich.[397] Gemäß § 9 WehrsoldG unterfällt auch das Entlassungsgeld dem Regelungsbereich des § 850i Abs. 1 ZPO und ist daher grundsätzlich unbeschränkt pfändbar.[398] Ein nach §§ 9, 10 KüSchG an den Arbeitnehmer zur Wahrung des sozialen Besitzstandes zu zahlender **Abfindungsbetrag** ist mindestens insoweit pfandfrei zu belassen, als das Einkommen des Schuldners nach Beendigung des Arbeitsverhältnisses den Pfändungsfreibetrag gemäß der Tabelle zu § 850c ZPO nicht erreicht, und zwar für die Dauer eines angemessenen Zeitraums.[399] Auch auf Sozialplanabfindungen ist die Vorschrift anzuwenden.[400] Eine 2½ Jahre nach einem Antrag auf Erwerbsunfähigkeitsrente erfolgte Rentennachzahlung ist keine einmalige Geldleistung i.S.d. § 850i ZPO, sondern nach ihrer Anspruchsgrundlage eine wiederkehrende Leistung, die nur mit einem Betrag ausgezahlt wird. Die Rentennachzahlung ist deshalb unpfändbar in Höhe der Summe aller monatlichen Freibeträge.[401]

Bei **Antragstellung** hat der Schuldner seine persönlichen und wirtschaftlichen Verhältnisse darzulegen. Vor der Entscheidung ist dem Gläubiger rechtliches Gehör zu gewähren. Bei der Festlegung der dem Schuldner zu verbleibenden Freibeträge darf in keinem Falle über die Freigrenzen nach § 850c ZPO hinausgegangen werden. Dem Schuldner ist nicht mehr zu belassen, als wenn er ein laufendes Arbeitseinkommen bezieht.[402] Gleiches gilt auch für einen Schuldner, der Lizenzgebühren für ein von ihm entwickeltes Produkt erhält.[403] Der „notwendige Unterhalt" des Schuldners orientiert sich an den Sätzen des § 850d ZPO[404] (s. Rdn. 6.165). Eine Erhöhung des Pfändungsfreibetrages im Hinblick auf die laufenden Kosten der selbstständigen Tätigkeit kommt grundsätzlich auch weder nach § 850f Abs. 1 Buchst. b) noch gestützt auf § 765a ZPO in Betracht.[405] Allerdings kann auch der vor der Antragstellung liegende Unterhaltsbedarf des Schuld-

---

396 LG Mainz, JurBüro 2000, 157; vgl. LG Aachen, Rpfleger 1983, 288.
397 OLG Köln, OLGZ 1990, 236.
398 OLG Dresden, Rpfleger 1999, 283; LG Rostock, Rpfleger 2001, 439.
399 LG Münster, Rpfleger 2002, 578 = InVo 2003, 161.
400 BAG, Rpfleger 1992, 442.
401 LG Bielefeld, ZVI 2005, 138.
402 BGH, Rpfleger 2003, 458 = NJW 2003, 2167 = DB 2003, 1507 = KTS 2003, 488 = MDR 2003, 831 = WM 2003, 980 = InVo 2003, 264 = ZVI 2003, 170; LG Berlin, Rpfleger 1995, 170 will eine Orientierung an den Sozialhilfesätzen.
403 BGH, Rpfleger 2004, 361 = NJW-RR 2004, 644 = FamRZ 2004, 790 = MDR 2004, 713 = WM 2004, 596 = InVo 2004, 377 = ZVI 2004, 243.
404 LG Heilbronn, JurBüro 2003, 157 = InVo 2003, 246; LG Rostock, Rpfleger 2001, 439.
405 LG Halle, Rpfleger 2001, 439.

ners berücksichtigt werden.[406] Ein etwaiger Anspruch auf Sozialhilfe hat jedoch in jedem Falle außer Betracht zu bleiben.[407] Der Beschluss ist allen Beteiligten von Amts wegen zuzustellen.

Kapitel C
Sozialleistungsansprüche

I. Pfändbare Ansprüche

6.216   Die Pfändbarkeit von Sozialleistungsansprüchen ist geregelt in § 54 SGB I. Hiernach können Ansprüche auf **Dienst- und Sachleistungen** nicht gepfändet werden, § 54 Abs. 1 SGB I. Es handelt sich hierbei um zweckgebundene Leistungen, die weder übertragbar noch pfändbar sind (z.B. Arznei- oder Heilmittel).

1. Einmalige Leistungen

6.217   Ansprüche auf **einmalige Geldleistungen** können gepfändet werden, soweit nach den Umständen des Einzelfalles, insbesondere nach den Einkommens- und Vermögensverhältnissen des Schuldners, der Art des beizutreibenden Anspruches sowie der Höhe und der Zweckbestimmung der Geldleistung, die Pfändung der Billigkeit entspricht, § 54 Abs. 2 SGB I. Bei diesen einmaligen Leistungen handelt es sich z.B. um Kapitalabfindungen, Rentenabfindungen oder Bestattungs- und Sterbegelder oder einen Anspruch auf Fahrtkostenersatz. Dem Schuldner muss mindestens für eine angemessene Zeit so viel belassen werden, wie er zum Lebensunterhalt für sich und seine Familie bedarf.

6.218   Das wichtigste Kriterium zur Bejahung der Pfändbarkeit ist die **Zweckbestimmung der Geldleistung.** Im Regelfall wird die Pfändung demzufolge nur dann zulässig sein, wenn durch die Vollstreckungsmaßnahme die gepfändete Leistung gerade ihrer Zweckbestimmung selbst zugeführt wird (z.B. Pfändung von Sterbegeld für die nicht bezahlten Kosten der Bestattung).

2. Laufende Leistungen

6.219   Ansprüche auf laufende Geldleistungen können grundsätzlich wie Arbeitseinkommen gepfändet werden, § 54 Abs. 4 SGB I.[408] Aufgrund der

---

406 OLG Stuttgart, Rpfleger 1985, 159.
407 OLG Köln, MDR 1990, 258.
408 Durch das Gesetz zur Änderung von Vorschriften des Sozialgesetzbuchs über den Schutz der Sozialdaten sowie zur Änderung anderer Vorschriften – Zweites Gesetz zur Änderung des Sozialgesetzbuchs – 2. SGBÄndG – vom 13.6.1994 (BGBl I 1229) wurde die Vorschrift über die Pfändung von Sozialgeldleistungen, § 54 SGB I, außer in den Abs. 1 und 2, entscheidend geändert. Die Änderungen sind am Tage nach der Verkündung, dem 18.6.1994, ohne Übergangsregelung sofort in Kraft getreten.

uneingeschränkten Pfändbarkeit laufender Geldleistungen nach dem SGB ist nicht mehr zu unterscheiden, ob wegen **gesetzlicher Unterhaltsansprüche** vollstreckt wird oder wegen **anderer Forderungen** (vgl. früher § 54 Abs. 3 Nr. 1 SGB I a.F.). Eine besondere Erwähnung dieser früheren Ausnahmevorschrift bedurfte es nach der Generalisierung der Zulässigkeit der Pfändung nicht mehr. Die Pfändung erfolgt entweder in den Grenzen nach § 850c ZPO oder wie bei einer Unterhaltspfändung gemäß § 850d ZPO. Im letzteren Fall muss das Vollstreckungsgericht im Pfändungsbeschluss den Freibetrag für den Schuldner und seine Unterhaltsverpflichteten ziffernmäßig festlegen. Es stellt in keinem Falle eine sittenwidrige Härte dar, wenn der Schuldner wegen der Höhe der Schuld und der Geringfügigkeit seines Einkommens über viele Jahre hinweg, möglicherweise auf immer, mit dem nach § 850c ZPO errechneten unpfändbaren Betrag auskommen muss. Eine Pfändung kann auch nicht aus dem Rechtsgedanken der Restschuldbefreiungsvorschriften für sittenwidrig erklärt werden.[409]

Auch die Pfändung wegen rückständiger Unterhaltsleistungen über ein Jahr hinaus ist zulässig, wenn der Schuldner sich seiner Zahlungspflicht absichtlich entzogen hat, § 850d Abs. 1 S. 4 ZPO. Wegen fälliger Ansprüche können gleichzeitig mit der Pfändung auch die künftig fällig werdenden laufenden Sozialgeldleistungen wegen der dann jeweils fällig werdenden Ansprüche gepfändet werden, § 850d Abs. 3 ZPO (vgl. hierzu vorstehend Rdn. 6.177). Auch Sozialleistungsansprüche nicht erwerbstätiger Schuldner, die nach § 54 Abs. 4 SGB I wie Arbeitseinkommen pfändbar sind, unterliegen den pauschalierten Pfändungsgrenzen des § 850c ZPO ohne Abschläge für Minderbedarf.[410]

6.220

Der Anspruch des Pflegebedürftigen auf **Pflegegeld** ist als Anspruch zum Ausgleich von Körper- und Gesundheitsschäden nicht pfändbar.[411] Wird das Pflegegeld durch einen privaten Pflegeversicherer gezahlt, ist die grundsätzliche Unpfändbarkeit aus § 850b Abs. 1 Nr. 4 ZPO abzuleiten. Nur wenn die Pfändung der Billigkeit entspricht, könnte einem Pfändungsantrag des Gläubigers stattgegeben werden.[412] Wird der Pflegegeldanspruch des Pflegers gepfändet, stellt sich die Frage, ob dieser Anspruch einem Arbeitseinkommen gleichzustellen ist, § 850 Abs. 2 ZPO. Mangels Vertragsverhältnis zwischen Pflegling und Pfleger (Verwandter) geht die Pfändung regelmäßig ins Leere.[413] Anders ist jedoch die Leistung ambulanter Pflegedienste zu bewerten, die diese Aufgaben berufsmäßig ausüben.[414]

6.221

---

409 LG Münster, Rpfleger 2002, 272.
410 BGH, Rpfleger 2004, 232 = NJW-RR 2004, 1439 = FamRZ 2004, 439 = WM 2004, 398 = InVo 2004, 151 = ZVI 2004, 44.
411 AG Frankfurt/Main, JurBüro 1998, 273; *Sauer/Meiendresch*, NJW 1996, 765; Zöller/*Stöber*, § 850i Rdn. 24; Baumbach/*Hartmann*, Grundz. § 704 Rdn. 98.
412 *Sauer/Meiendresch*, NJW 1996, 765.
413 *Sauer/Meiendresch*, NJW 1996, 765.
414 Baumbach/*Hartmann*, § 850 Rdn. 4; *Sauer/Meiendresch*, NJW 1996, 765.

6.222–6.227   Pfändung von Forderungen und Rechten

II. Kindergeld

6.222 Kindergeld kann nur wegen gesetzlicher Unterhaltsansprüche eines Kindes gepfändet werden, das bei der Festsetzung der Geldleistung selbst berücksichtigt wird, sog. „**Zahlkind**" (= Kinder, für die der Leistungsberechtigte tatsächlich Kindergeld erhält) bzw. „**Zählkinder**" (= Kinder, für die der Leistungsberechtigte kein Kindergeld erhält, die jedoch die Ordnungszahl nach dem Lebensalter für die Zahlkinder erhöhen, sog. Zählkindergeldvorteil), § 54 Abs. 5 SGB I.

6.223 Somit können nicht in Kindergeld pfänden diejenigen Kinder, die bei der Kindergeldfestsetzung nicht berücksichtigt werden, z.B. weil sie verheiratet sind oder die Altersgrenze überschritten haben. Aufgrund des höchstpersönlichen Charakters von Kindergeld kann das Pfändungsprivileg auch nicht von einem Dritten, z.B. nach Anspruchsübergang nach § 94 SGB XII, ausgeübt werden.[415]

6.224 Wird die Pfändung durch ein Zahlkind erwirkt und sind lediglich weitere Zahlkinder vorhanden, so bestimmt sich der pfändbare Betrag nach Kopfteilen am gesamten Kindergeldbetrag, § 54 Abs. 5 S. 2 Nr. 1 S. 1 SGB I.[416]

6.225 Beispiel:

Der Schuldner ist verheiratet und hat vier Kinder, für die er an Kindergeld erhält 3 x 154,- € und 1 x 179,- €. Auf jedes Kind entfällt bei anteilig ¼ ein Betrag von 160,25 €. Bis zu diesem Betrag wäre die Pfändung eines Kindes als Gläubiger zulässig.

6.226 Wird die Pfändung durch ein Zahlkind erwirkt und sind sowohl weitere Zahlkinder als auch ein Zählkind vorhanden, ist zunächst der Betrag zu ermitteln, der sich ohne Berücksichtigung des Zählkindes ergeben würde; das Zahlkind kann zunächst den Kopfteilbetrag beanspruchen, § 54 Abs. 5 S. 2 Nr. 1 S. 2 SGB I. Sodann ist der Zählkindervorteil zu ermitteln und gleichmäßig auf alle Kinder zu verteilen, die bei der Festsetzung des Kindergeldes zugunsten des Schuldners zu berücksichtigen sind, § 54 Abs. 5 S. 2 Nr. 2 SGB I. Da jedoch das Kindergeld erst ab dem 4 Kind erhöht gezahlt wird, ist der rechnerische Vorteil mit 25,- € sehr gering. In der Praxis hat diese Pfändung keinerlei Bedeutung mehr.[417]

6.227 Nach dem EStG hat der Steuerpflichtige die Wahl, anstelle des Kindergeldes für jedes Kind einen **Steuerfreibetrag** in Anspruch zu nehmen. Dies führt dann zu einer Erhöhung der Nettobezüge des Schuldners. Der Steuerfreibetrag führt gleichzeitig nach einer Pfändung des Arbeitseinkommens

---

[415] BSG, NVwZ-RR 1998, 566.
[416] LG Mönchengladbach, Rpfleger 2002, 471.
[417] Vgl. hierzu im Einzelnen *Stöber*, Rdn. 1396 ff.

zu einem höheren pfändbaren Betrag und kommt somit jedem Pfändungsgläubiger zugute und nicht mehr dem privilegierten Kind.

III. Erziehungsgeld

Nach der Neuregelung ab dem 18.6.1994 sind das Erziehungsgeld oder ein Anspruch auf vergleichbare Leistungen der Länder grundsätzlich unpfändbar, § 54 Abs. 3 SGB I. Die Unpfändbarkeit besteht auch, wenn wegen gesetzlicher Unterhaltsansprüche vollstreckt wird. Dies ergibt sich bereits aus § 850a Nr. 6 ZPO, da die Pfändung von Sozialgeldleistungen „wie Arbeitseinkommen" erfolgt und hierauf somit auch § 850a ZPO anzuwenden ist.[418]

6.228

IV. Mutterschaftsgeld

Mit Wirkung vom 18.6.1994 wurde in § 54 Abs. 3 Nr. 2 SGB I neu aufgenommen, dass auch Mutterschaftsgeld nach § 13 MuSchG grundsätzlich unpfändbar ist. Das Mutterschaftsgeld wird in den letzten 6 Wochen vor der Entbindung (§ 3 Abs. 2 MuSchG) und bis 8 Wochen, bei Früh- und Mehrlingsgeburten bis zum Ablauf von zwölf Wochen, nach der Entbindung (§ 6 Abs. 1 MuSchG) gezahlt, § 13 Abs. 1 MuSchG. Die Unpfändbarkeit gilt allerdings nicht, soweit das Mutterschaftsgeld aus einer Teilzeitbeschäftigung während der Elternzeit herrührt bis zur Höhe des Erziehungsgeldes nach § 5 Abs. 1 BErzGG, § 54 Abs. 3 Nr. 2 SGB I.[419]

6.229

V. Wohngeld

Nach § 54 Abs. 3 Nr. 2a SGB I ist **Wohngeld** unpfändbar, soweit nicht die Pfändung wegen Ansprüchen erfolgt, die Gegenstand der §§ 5 und 6 des Wohngeldgesetzes sind.[420] Somit kann der Anspruch auf Wohngeld nach dem Wohngeldgesetz nicht mehr uneingeschränkt gepfändet werden, sondern nur noch bei Bejahung der Zweckbestimmung, d.h., die direkte Unmittelbarkeit zwischen Forderung und zu pfändendem Wohngeld muss gegeben sein (pfändbar nur noch wegen Mietzinsansprüchen).[421]

6.230

---

418 Vgl. LG Oldenburg, Rpfleger 1987, 28; LG Frankfurt/Main, Rpfleger 1996, 298; LG Hagen, Rpfleger 1993, 30.
419 Im Einzelnen *Stöber*, Rdn. 1357.
420 Nr. 2a eingefügt durch den am 1.1.2005 in Kraft getretenen Art. 2 Nr. 6, Art. 61 Abs. 1 des Vierten Gesetzes für moderne Dienstleistungen am Arbeitsmarkt vom 24.12.2003, BGBl I 2954.
421 Die bisherige Rechtsprechung ist damit überholt; so noch LG Hannover, Rpfleger 1996, 35; LG Augsburg, Rpfleger 1997, 121.

VI. Mehraufwand für Körper- und Gesundheitsschäden

6.231 Ab dem 18.6.1994 wurde neu ins Gesetz aufgenommen, dass auch Geldleistungen unpfändbar sind, die den durch einen Körper- oder Gesundheitsschaden bedingten Mehraufwand ausgleichen sollen, § 54 Abs. 3 Nr. 3 SGB I. Hiermit sind nicht die Ansprüche gemeint, die bereits nach § 850b Abs. 1 Nr. 1 ZPO unpfändbar bzw. bedingt pfändbar sind (vgl. Rdn. 6.99 ff.). Beispielhaft fallen hierunter Ausgleichsrente nach § 32 BVG[422] oder die Grundrente eines Kriegsbeschädigten nach § 31 BVG.[423] Diese Ansprüche sollen den Mehraufwand abdecken, der dem Schuldner durch einen Gesundheits- oder Körperschaden entstanden ist und seine Erwerbsfähigkeit entsprechend gemindert bzw. eingeschränkt hat.[424]

VII. Künftige Sozialgeldleistungsansprüche

6.232 Bei der Frage, ob auch künftige Sozialgeldleistungsansprüche gepfändet werden können, ist zunächst festzuhalten, dass der Schuldner auf die Sozialleistungen einen Anspruch hat, diese sind abtretbar und daher jederzeit pfändbar, § 53 SGB I. Es gelten die allgemeinen Grundsätze der ZPO über die Pfändbarkeit künftiger Geldansprüche. Danach genügt es, dass deren Rechtsgrund und der Drittschuldner im Zeitpunkt der Pfändung bestimmt sind. Fälligkeit und Auszahlungsreife der sozialen Geldleistung sind ebenso wenig Voraussetzung wie die Erfüllung allgemeiner Wartezeiten durch den Versicherten.[425] Nach der seit dem 18.6.1994 geltenden Rechtslage können Gründe der Billigkeit und des möglichen Eintritts der Sozialhilfebedürftigkeit keine Rolle mehr spielen, da auch künftige Sozialgeldleistungsansprüche nunmehr uneingeschränkt pfändbar sind, sofern die Voraussetzungen für künftige Forderungen vorliegen. Zum **künftigen Rentenanspruch** hat der BGH insoweit eindeutig entschieden.[426]

---

422 Ausgleichsrenten für Schwerkriegsbeschädigte, vgl. OLG Celle, Rpfleger 1952, 597.
423 OLG Hamm, Rpfleger 1983, 409.
424 Vgl. *Stöber*, Rdn. 1359 ff.
425 BGH, Rpfleger 2004, 111 = NJW 2003, 3774 = NZV 2004, 26 = FamRZ 2004, 102 = JurBüro 2004, 100 = MDR 2004, 293 = WM 2003, 2347 = InVo 2004, 57; Zöller/*Stöber*, § 850i Rdn. 27.
426 Vgl. BGH, Rpfleger 2004, 111 = NJW 2003, 3774 = NZV 2004, 26 = FamRZ 2004, 102 = JurBüro 2004, 100 = MDR 2004, 293 = WM 2003, 2347 = InVo 2004, 57; BGH, Rpfleger 2003, 305 = NJW 2003, 1457 = BB 2003, 585 = DGVZ 2003, 118 = FamRZ 2003, 1010 = JurBüro 2003, 438 = KTS 2003, 398 = MDR 2003, 525 = WM 2003, 548 = InVo 2003, 192 = ZVI 2003, 110; LG Paderborn, JurBüro 1995, 270; LG Berlin, Rpfleger 1995, 307; LG Heilbronn, Rpfleger 1995, 510; LG Köln, JurBüro 1996, 51; LG Bremen, Rpfleger 1996, 210; LG Aschaffenburg, JurBüro 1997, 609; LG Bochum, JurBüro 1998, 160; damit überholt die **a.A.** LG Tübingen, JurBüro 1996, 440, ab dem 60. Lebensjahr; LG Tübingen, Rpfleger 1997, 175, erst in Jahrzehnten fällige Rente.

Allerdings können nicht zwei oder **mehrere gleichartige Rentenansprüche** zugleich in einem Beschluss gepfändet werden.[427] 6.233

Die Zulassung der Pfändbarkeit gilt insbesondere im Hinblick auf die gesetzliche Änderung des § 850f Abs. 1 lit. a ZPO.[428] Sofern der Schuldner durch die Pfändung sozialhilfebedürftig wird, muss er beim Vollstreckungsgericht einen Antrag auf Änderung der Pfändungsfreibeträge stellen.[429] 6.234

VIII. Zusammenrechnung von Arbeitseinkommen mit Sozialgeldleistungen

Zusammen mit der Änderung des § 54 SGB I durch das Gesetz zur Änderung von Vorschriften des Sozialgesetzbuchs über den Schutz der Sozialdaten sowie zur Änderung anderer Vorschriften[430] wurde durch Art. 19 auch die Vorschrift des § 850e Nr. 2a ZPO über die Zusammenrechnung von Arbeitseinkommen mit Sozialgeldleistungen geändert. Nunmehr ist auch bei der Zusammenrechnung – wie bei der Pfändung von Sozialgeldleistungen in § 54 SGB I – klargestellt, dass Ansprüche nach dem SGB grundsätzlich der Zusammenrechnung mit Arbeitseinkommen unterliegen, Billigkeitsgesichtspunkte sind nicht mehr entscheidungsrelevant. Der unpfändbare Grundbetrag ist, soweit die Pfändung nicht wegen gesetzlicher Unterhaltsansprüche erfolgt, in erster Linie der laufenden Sozialgeldleistung zu entnehmen, da es sich hierbei um das sichere Einkommen des Schuldners handelt, § 850e Nr. 2a S. 3 ZPO. Sollte der Schuldner nach der Pfändung eventuell sozialhilfebedürftig werden, muss er einen entsprechenden Antrag an das Vollstreckungsgericht nach § 850f Abs. 1 lit. a ZPO stellen. 6.235

Ansprüche auf **Kindergeld** dürfen mit Arbeitseinkommen nur zusammengerechnet werden, soweit wegen gesetzlicher Unterhaltsansprüche eines Kindes gepfändet wird, das bei der Festsetzung des Kindergeldes selbst berücksichtigt wurde, § 850e Nr. 2a Satz 3 ZPO (vgl. Rdn. 6.222 ff.). 6.236

Auch **mehrere Leistungen** nach dem Sozialgesetzbuch können auf Antrag des Gläubigers zusammengerechnet werden. Hierbei müssen nur sämtliche zu pfändenden Sozialgeldleistungen grundsätzlich pfändbar sein. Sowohl § 850e Nr. 2a ZPO als auch § 54 IV SGB I schließen es aus, Ansprüche auf Arbeitseinkommen mit Sozialleistungen oder Ansprüche auf verschiedene Sozialleistungen untereinander zusammenzurechnen, soweit diese der Pfändung nicht unterworfen sind.[431] Weitere Beschränkungen bestehen nicht. 6.237

---

427 LG Berlin, Rpfleger 1997, 267, gegen BfA und LVA; so auch OLG Oldenburg, Rpfleger 1998, 165.
428 Buchst. a eingefügt durch das 6. Gesetz zur Änderung der Pfändungsfreigrenzen vom 1.4.1992 BGBl I 745.
429 So bereits deutlich LG Nürnberg-Fürth, Rpfleger 1993, 207.
430 Zweites Gesetz zur Änderung des Sozialgesetzbuchs – 2. SGBÄndG vom 13.6.1994 (BGBl I 1229).
431 BGH, Rpfleger 2005, 451 = NJW-RR 2005, 1010 = FamRZ 2005, 1244 = JurBüro 2005, 495 = WM 2005, 1369.

IX. Kontenpfändung – Sozialgeldleistung

6.238 Hat der Gläubiger das Konto des Schuldners bei einer Bank gepfändet, und wird hierauf eine laufende Sozialgeldleistung überwiesen, ist dieser Anspruch mit Gutschrift auf dem Konto **7 Tage** lang grundsätzlich **unpfändbar**, § 55 Abs. 1 SGB I. Innerhalb dieser Zeit kann der Schuldner jederzeit über den auf das Konto überwiesenen Anspruch verfügen. Dies gilt auch für **Kindergeld** auf dem Konto.[432] Dies gilt auch dann, wenn es sich um ein gemeinsames Konto der Ehegatten handelt und jeder verfügungsberechtigt ist. Wird die Sozialleistung des Schuldners auf ein Konto des Ehepartners überwiesen, besteht insoweit kein Schutz.[433]

6.239 Allerdings muss der Schuldner dem Geldinstitut gegenüber nachweisen, dass es sich hierbei um eine Sozialleistung handelt. Zahlt die Bank innerhalb der ersten 7 Tage das Guthaben an den Gläubiger aus, ist diese Verfügung dem Schuldner gegenüber unwirksam, § 55 Abs. 3 S. 1 SGB I.

6.240 Nach Ablauf der ersten 7 Tage nach der Gutschrift ist die laufende Sozialgeldleistung insoweit weiterhin nicht der Pfändung unterworfen, als ihr Betrag den unpfändbaren Teil der Leistungen für die Zeit von der Pfändung bis zum nächsten Zahlungstermin entspricht, § 55 Abs. 4 SGB I. Diesen Pfändungsschutz muss die Bank jedoch nicht von sich aus berücksichtigen, der Schuldner ist vielmehr auf den Weg der Erinnerung, § 766 ZPO analog, zu verweisen.[434] Das Vollstreckungsgericht darf beim Erlass eines Pfändungs- und Überweisungsbeschlusses jedenfalls nicht anordnen, dass das Geldinstitut als Drittschuldner den verlängerten Pfändungsschutz gemäß § 55 Abs. 4 SGB I ohne gesonderte gerichtliche Entscheidung zu beachten habe.[435] Auch eine Vorabfreigabe entsprechend § 850k Abs. 2 ZPO kann nur im Wege der einstweiligen Einstellung im Rahmen einer Erinnerung nach § 766 ZPO erreicht werden.[436]

6.241 Hat der Schuldner aus den Sozialgeldleistungen **Rücklagen** gebildet, die auf dem gepfändeten Konto liegen, werden diese grundsätzlich von der Pfändung erfasst. Der Schuldner kann nur einen Antrag stellen, dass ihm für die Zeit von der Pfändung bis zum nächsten Zahlungstermin ein notwendiger Unterhaltsbedarf freigegeben wird.[437] Die Rücklagen unterliegen in voller Höhe der Pfändung, auch wenn sie aus grundsätzlich pfandfreien Rentenbeträgen gebildet wurden.[438] Auch einmalige Erstattungsleistungen

---

432 LG Köln, Rpfleger 2006, 421; AG Pinneberg, Rpfleger 2006, 422.
433 Zöller/*Stöber*, § 850i Rdn. 49.
434 LG Marburg, Rpfleger 2002, 470; LG Krefeld, Rpfleger 2001, 39; OLG Hamm, JurBüro 1990, 1058; Musielak/*Becker*, § 850i Rdn. 29; *Landmann*, Rpfleger 2000, 440.
435 BGH, Rpfleger 2004, 713 = NJW 2004, 3262 = FamRZ 2004, 1715 = MDR 2005, 109 = WM 2004, 1867 = ZIP 2004, 1978 = InVo 2005, 20 = ZVI 2004, 458; LG Koblenz, Rpfleger 1998, 76 = DGVZ 1998, 124 = FamRZ 1998, 691 = JurBüro 1998, 47.
436 LG Krefeld, Rpfleger 2001, 39
437 LG Siegen, JurBüro 1990, 786.
438 LG Landshut, ZVI 2004, 678: Nachzahlung der Arbeitslosenhilfe.

von Krankenkassen, bei denen es sich nicht um Sozialleistungen im Sinne des SGB handelt, sind nicht vor der Pfändung und der Verrechnung mit einem Schuldsaldo geschützt, nachdem sie dem Girokonto des Berechtigten gutgeschrieben worden sind.[439]

Soweit teilweise vertreten wird, dass die Pfändung in ein Girokonto des Schuldners wegen Sittenwidrigkeit in vollem Umfange aufgehoben wird, vermag dies nicht zu überzeugen; auch nicht, wenn z.B. lediglich eine unpfändbare Erwerbsunfähigkeitsrente auf das Konto eingeht.[440] Es kann nicht ausgeschlossen werden, dass künftig auch weitere Zahlungen über das gepfändete Konto abgewickelt werden. Ebenfalls wird vereinzelt argumentiert, dass bei einer drohenden Auflösung des Girovertrages durch die Bank über einen Vollstreckungsschutzantrag nach § 765a ZPO die Pfändung aufgehoben werden kann.[441]

Kapitel D
Pfändung des Girokontos

I. Kontokorrent

1. Pfändungswirkung

Kontokorrent (laufendes Konto, laufende Rechnung) ist die Geschäftsverbindung mit einem Kaufmann der Art, dass die aus der Verbindung entspringenden beiderseitigen Ansprüche und Leistungen nebst Zinsen in Rechnung gestellt und in regelmäßigen Zeitabschnitten durch Verrechnung und Feststellung des für den einen oder anderen Teil sich ergebenden Überschusses ausgeglichen werden, § 355 Abs. 1 HGB. Der **Rechnungsabschluss** geschieht mindestens einmal jährlich, sofern nicht ein anderes vereinbart ist, § 355 Abs. 2 HGB. Der Umfang der Pfändung bestimmt sich nach § 357 HGB. Die einzelnen Forderungen zwischen den Rechnungsabschlüssen sind reine **Rechnungsposten,** sie unterliegen selbst nicht der Pfändung.[442]

Die Pfändung erfasst grundsätzlich nur den Saldo, welcher im Zeitpunkt der Zustellung des Pfändungsbeschlusses durch den Drittschuldner zu er-

---

439 BGH, Rpfleger 1988, 491.
440 LG Koblenz, Rpfleger 2006, 420; LG Rostock, Rpfleger 2003, 37.
441 So OLG Nürnberg, Rpfleger 2001, 361 = InVo 2001, 329: Eine Zwangsvollstreckungsmaßnahme, die bei Ausschöpfung aller Schuldnerrechte erkennbar noch nicht einmal zu einer Teilbefriedigung der Gläubigerin führt (jedenfalls zu keiner nennenswerten) und im Ergebnis ausschließlich schädliche Wirkungen für den Schuldner hat, verfehlt den Sinn des Zwangsvollstreckungsverfahrens; LG Essen, Rpfleger 2002, 162 mit Anm. *Fischer;* LG Mönchengladbach, JurBüro 2005, 499; **a.A.** LG Landshut, ZVI 2004, 678; LG Koblenz, Rpfleger 2005, 150 = InVo 2005, 241.
442 BGH, NJW 1981, 1612.

rechnen ist (**Zustellungssaldo**). Das Konto wird somit buchungstechnisch auf den Zeitpunkt der Zustellung des Pfändungsbeschlusses abgerechnet. Ein eventuelles Guthaben erhält der Gläubiger aber erst im Zeitpunkt des vereinbarten Rechnungsabschlusses ausgezahlt. Allerdings dürfen dem Gläubiger gegenüber **Schuldposten,** die nach der Pfändung entstehen grundsätzlich nicht mehr in Rechnung gestellt werden, § 357 S. 2 HGB. Der Gläubiger muss sich nach der Pfändung nur noch Schuldposten entgegenhalten lassen, wenn die Bank zur Auszahlung verpflichtet ist, z.B. durch Einlösung eines Schecks.[443] Die mit der Kontoführung entstehenden Gebühren und Auslagen (Kontoführungs- und Abschlussgebühren) können ebenfalls noch von dem gepfändeten Konto abgebucht werden. Unter § 357 S. 2 HGB fallen jedoch nicht Zahlungen des Drittschuldners an den Pfändungsschuldner selbst, mit denen nur ein schuldrechtlicher Anspruch dieses Schuldners getilgt werden soll. Erwirbt die kontokorrentführende Bank erst nach der Pfändung des Kontokorrentsaldos durch einen Gläubiger des Bankkunden eine Forderung gegen diesen, so kann sie den „Zustellungssaldo" auch nicht aufgrund ihres AGB-Pfandrechts mit Wirkung gegenüber dem Pfändungsgläubiger um den Betrag der Forderung verringern.[444] Im Übrigen ist es Aufgabe der Bank, dafür Sorge zu tragen, dass keine Geldabhebungen mehr mithilfe einer Geldausgabe-Automatenkarte oder sonstigen Karten vorgenommen werden.[445]

6.245 Die Bank als Drittschuldner darf erst nach einer **Zwei-Wochen-Sperre** ein eventuelles Guthaben an den Gläubiger auszahlen, § 835 Abs. 3 S. 2 ZPO. Hiernach soll dem Schuldner die Möglichkeit eingeräumt werden, innerhalb dieser Frist einen Kontoschutzantrag zu stellen, § 850k ZPO.

6.246 Weiterhin muss der Gläubiger auch den nächsten und alle weiteren **künftigen Aktivsalden** pfänden, die sich bei Abschluss der vereinbarten Abrechnungsperioden ergeben.[446] Die Pfändung dieser künftigen Forderungen muss ausdrücklich beantragt werden.

2. Tagessaldo

6.247 Um das Konto weiter zu blockieren, muss der Gläubiger ausdrücklich den Anspruch auf Auszahlung der sich zwischen den Rechnungsabschlüssen ergebenden Guthaben pfänden **(Tagesguthaben).** Nur so kann vermieden werden, dass der Schuldner weiter über das Konto zuungunsten des Gläubigers verfügt.[447] Bei dem Anspruch auf Auszahlung des Tagesguthabens handelt es sich um eine Geldforderung, die grundsätzlich pfändbar

---

443 BGH, NJW 1985, 863; NJW 1997, 2322.
444 BGH, Rpfleger 1997, 478 = NJW 1997, 2322.
445 NJW 1985, 863 = WM 1985, 78 = ZIP 1985, 150; *Stöber,* Rdn. 161.
446 BGH, NJW 1981, 1611; BGH, NJW 1982, 1150.
447 BGH, NJW 1982, 1150; BGH, NJW 1984, 1919.

ist.⁴⁴⁸ Auch ein eventuelles Tagesguthaben kann erst nach Ablauf einer Zwei-Wochen-Frist an den Gläubiger ausgezahlt werden, § 835 Abs. 3 ZPO.

3. Weitere Ansprüche

Damit ab dem Zeitpunkt der Zustellung des Pfändungsbeschlusses auch tatsächlich alle bei dem Drittschuldner eingehenden Beträge dem Konto gutgeschrieben werden, und um zu verhindern, dass der Schuldner durch Vornahme von Überweisungsaufträgen über das Konto weiter verfügt, sollten auch diese beiden Ansprüche im Wege der Hilfspfändung (**Vornahme von Überweisungsaufträgen und Anspruch auf Gutschrift**) mitgepfändet werden.⁴⁴⁹ Mit dieser umfassenden Pfändung ist sichergestellt, dass der Schuldner in keinem Falle mehr über das Konto zuungunsten des Gläubigers verfügen kann. Selbst wenn das Konto im Debet geführt wird, ist nunmehr sichergestellt, dass nur noch Gutschriften dem Konto zugebucht werden können; in keinem Falle darf der Schuldner das Konto weiter ins Debet führen.⁴⁵⁰

6.248

II. Überziehungskredit/Dispositionskredit

Auch ohne eine konkrete Absprache wird die Bank regelmäßig dulden, dass der Schuldner sein Gehaltskonto bis zu einer bestimmten Höhe **überziehen** kann. Der Schuldner hat hierauf jedoch keinen einklagbaren und damit auch übertragbaren Anspruch. Erst mit der Überziehung des Kontos kommt ein Darlehensvertrag zustande, der dann als Zahlungsanspruch fällig ist.⁴⁵¹ Haben Schuldner und Bank jedoch über eine feste **Kreditzusage** eine Absprache getroffen, kann der Schuldner durch seine einseitige Abrufungserklärung den Kreditbetrag in Anspruch nehmen (**Dispositionskredit**). Wird dieser Kredit zweckgebunden gewährt, ist er nicht pfändbar, § 851 Abs. 1 ZPO.⁴⁵² Die Ansprüche des Bankkunden gegen das Kreditinstitut aus einem solchen Dispositionskredit („offene Kreditlinie") sind, soweit der Kunde den Kredit in Anspruch nimmt, grundsätzlich pfändbar.⁴⁵³ Mit dieser Entscheidung hat der BGH die bisherigen Einwände gegen die Pfändbarkeit als nicht tragfähig abgelehnt. Das Recht eines Schuldners, einen ihm

6.249

---

448 BGH, NJW 1982, 2192; BFH, NJW 1984, 1919.
449 BGH, NJW 1985, 1218; OLG Köln, WM 1983, 1049; BFH, BFH/NV 2003, 882; Zöller/*Stöber*, § 829 Rdn. 33 „Kontokorrent".
450 OLG Köln, WM 1983, 1049.
451 OLG Köln, ZIP 1983, 810; BGH, NJW 1985, 1219.
452 Brox/*Walker*, Rdn. 529.
453 BGH, Rpfleger 2001, 357 = NJW 2001, 1937 = MDR 2001, 1014 = DStR 2001, 1037 = DB 2001, 1085 = DZWir 2002, 153 = VersR 2002, 255 = WM 2001, 898 = ZIP 2001, 825 und *Hintzen*, InVo 2001, 291 = *Hintzen*, InVo 2001, 270; ebenso LG Hannover, NdsRpfl 2002, 120 = InVo 2002, 197; LG Essen, NJW-RR 2002, 553; OLG Schleswig, NJW 1992, 579; *Basslsperger*, Rpfleger 1985, 177.

von der Bank eingeräumten Dispositionskredit abzurufen, ist jedoch als höchstpersönliches Recht unpfändbar.[454] Dem Gläubiger ist es also nicht gestattet, den Dispositionskredit selbst im Namen des Schuldners abzurufen.[455] Nachdem die Pfändung für zulässig angesehen wird, muss der Gläubiger in der Praxis jedoch damit rechnen, dass die Bank nach der Pfändung von ihrem Kündigungsrecht dem Kunden gegenüber Gebrauch macht und die Darlehenszusage widerrufen wird.

6.250 Die mit der Pfändung eines Hauptrechts verbundene Beschlagnahme erstreckt sich ohne weiteres auch auf alle Nebenrechte, die im Falle einer Abtretung des Hauptrechts nach §§ 412, 401 BGB auf den Gläubiger übergehen (hier: Pfändung der Ansprüche aus einem Girovertrag mit Kontokorrentabrede).[456] Zu Letzteren zählt – so der BGH – ihr Anspruch auf Auskunftserteilung und **Rechnungslegung** gemäß §§ 666, 675 BGB, der der Feststellung des Gegenstandes und des Betrages des Hauptanspruches dient.[457]

6.251 In einer weiteren Entscheidung hält der BGH die Vorauspfändung von Kontoguthaben für künftig fällig werdende Unterhaltsansprüche unter der aufschiebenden Bedingung des Eintritts der Fälligkeit für zulässig[458]. Der BGH betont aber, dass die Vorauspfändung keine andauernde Kontensperre bewirkt. Nur in Höhe des gepfändeten Betrags hat sich der Schuldner zwischen dem Eintritt der Pfändungswirkung und der Auskehr des Betrages an den Gläubiger einer Verfügung über das Guthaben zu enthalten, damit der fällige Unterhaltsanspruch befriedigt werden kann. Die Rechte anderer Gläubiger werden nicht beeinträchtigt, weil die Vorauspfändung keine rangwahrende Wirkung hat. Ihre Position ist nicht anders, als wenn die Unterhaltsgläubiger jeweils am Monatsanfang eine neue Pfändung ausbrächten. Die anderen Gläubiger können vor dem auf den Monatsersten folgenden Werktag wegen bereits fälliger Ansprüche das bestehende und künftige Guthaben grundsätzlich insgesamt pfänden; auch soweit der jeweils fällige Unterhaltsbetrag gepfändet ist, können sie in darüber hinausgehende Guthabenbeträge vollstrecken.

6.252 **EC-Karten** sind keine „über die Forderung vorhandenen Urkunden" i.S.d. § 836 Abs. 3 S. 1 ZPO entschied der BGH.[459] EC-Karten werden we-

---

454 OLG Schleswig, NJW 1992, 579; LG Dortmund, NJW 1986, 997; LG Hildesheim, JurBüro 1988, 548; LG Wuppertal, JurBüro 1989, 1318; LG Hannover, Rpfleger 1988, 372; LG Münster, Rpfleger 2002, 632; **a.A.** LG Düsseldorf, JurBüro 1985, 470 und JurBüro 1987, 936.
455 LG Hamburg, NJW 1986, 998.
456 BGH, Rpfleger 2003, 669 = NJW-RR 2003, 1555 = MDR 2004, 114 = WM 2003, 1891 = ZIP 2003, 1771 = InVo 2004, 108 = ZVI 2003, 457; in diesem Sinne auch LG Cottbus, JurBüro 2002, 659 = InVo 2003, 244.
457 So jetzt BGH, Rpfleger 2006, 140.
458 BGH, Rpfleger 2004, 169.
459 Rpfleger 2003, 308 = NJW 2003, 1256 = BB 2003, 655 = DGVZ 2003, 120 = JurBüro 2003, 440 = KTS 2003, 465 = MDR 2003, 595 = WM 2003, 625 = ZIP 2003, 523 = InVo 2003, 242.

der zum Beweis der Forderung benötigt, noch ist der Gläubiger auf ihre Vorlage angewiesen, um die Forderung beim Drittschuldner geltend machen zu können.

III. Gemeinschaftskonten

Vielfach führt der Schuldner sein Gehaltskonto mit seinem Ehepartner zusammen als **Oder-Konto**. Dies bedeutet, dass jeder der Kontoinhaber über das gesamte Guthaben verfügen kann, sie sind insoweit Gesamtgläubiger, § 428 BGB.[460] Dies hat für den Gläubiger den Nachteil, dass der weitere Kontoinhaber neben dem Schuldner jederzeit über das Konto verfügen kann, insbesondere innerhalb der Zwei-Wochen-Frist, § 835 Abs. 3 S. 2 ZPO. Auf der anderen Seite bietet es dem Gläubiger den Vorteil, dass er mit einem Titel gegen jeden der Schuldner in das Kontoguthaben vollstrecken kann. Allerdings muss der Gläubiger den eventuellen **Ausgleichsanspruch** der Konteninhaber untereinander gegen sich gelten lassen,[461] d.h., er kann nur den anteiligen Auszahlungsanspruch verlangen.

6.253

Wird das gemeinsame Konto des Schuldners als **Und-Konto** geführt, können die Kontoinhaber nur gemeinsam hierüber verfügen. Zur Vollstreckung in dieses Konto benötigt der Gläubiger einen Vollstreckungstitel gegen sämtliche Kontoinhaber als Gesamtschuldner.[462]

6.254

Ein **Anderkonto, Sonderkonto, Fremdkonto** oder ein **Sperrkonto** unterliegt grundsätzlich der Pfändung. Da es sich hierbei jedoch um Treuhandkonten oder Konten handelt, die für einen Dritten geführt werden, muss der Gläubiger immer damit rechnen, dass gegen die Pfändung ein Dritter im Wege der Drittwiderspruchsklage vorgehen wird.[463]

6.255

IV. Pfändungsverfahren

1. Antragsinhalt

Der Gläubiger muss im Antrag auf Erlass des Pfändungsbeschlusses den Drittschuldner genau bezeichnen. Ob der Gläubiger berechtigt ist, gleichzeitig gegen mehrere Banken als Drittschuldner zu pfänden, hat der BGH entschieden, dass bei *nicht* gewerblichen Schuldnern die Pfändung von Ansprüchen gegenüber **bis zu drei örtlichen Banken keine Ausforschungspfändung** darstellt. Daraus kann man entnehmen, dass bei *gewerblichen*

6.256

---

460 BGH, NJW 1985, 2688; LG Deggendorf, Rpfleger 2005, 372 = JurBüro 2005, 275; **a.A.** OLG Stuttgart, InVo 1999, 150.
461 OLG Koblenz, NJW-RR 1990, 1385.
462 *Stöber*, Rdn. 340.
463 BGH, NJW 1971, 559; BGH, Rpfleger 1996, 357; vgl. *Stöber*, Rdn. 400–409a und Rdn. 206, 208.

Schuldnern die Pfändung gegenüber mehr als drei Kreditinstituten zulässig ist, ohne dass eine Ausforschungspfändung vorliegt.[464]

6.257 Die Angabe der **Kontonummer** ist nicht erforderlich.[465] Führt der Schuldner bei der Bank **mehrere Konten,** sind alle gepfändet.[466] Allerdings muss der Gläubiger genau angeben, welche Ansprüche er aus dem Kontokorrent- bzw. Girokonto des Schuldners pfänden will.[467] Ob der Anspruch aus **Festgeldkonten** ausdrücklich mitgepfändet werden muss oder ob die Angabe von Spargutshaben alleine genügt, ist **streitig.**[468] Sparkonten, Wertpapierdepots, Kreditzusagen, Bankstahlfächer usw. sind dann nicht mitgepfändet, wenn diese Ansprüche formularmäßig verwendet werden und keine konkrete Grundlage für die Existenz dieser Ansprüche vorgetragen wird.[469]

2. Zustellung

6.258 Die Pfändung wird wirksam mit Zustellung des Beschlusses an die Bank als Drittschuldner, § 829 Abs. 3 ZPO. Ob das Konto des Schuldners selbst bei der Hauptniederlassung oder einer Filiale der Bank geführt wird, ist hierbei unerheblich. Die Bank ist verpflichtet, das gepfändete Konto selbst festzustellen.

3. Wirkung

6.259 Die mit der Pfändung eines Hauptrechts verbundene Beschlagnahme erstreckt sich ohne weiteres auch auf alle Nebenrechte, die im Falle einer Abtretung des Hauptrechts nach §§ 412, 401 BGB auf den Gläubiger übergehen.[470] Die Pfändung erstreckt sich auf die Forderungen des Schuldners aus der Geschäftsverbindung zum Drittschuldner einschließlich aller Nebenansprüche und Nebenrechte. Zu Letzteren zählt bei einer Pfändung der Ansprüche aus einem Girovertrag mit Kontokorrentabrede der Anspruch auf Auskunftserteilung und Rechnungslegung gemäß §§ 666, 675 BGB, der der Feststellung des Gegenstandes und des Betrages des Hauptanspruches dient. Der Anspruch auf Rechnungslegung alleine ist ebenso wenig pfändbar[471] wie der alleinige Auskunftsanspruch.[472]

---

464 BGH, Rpfleger 2004, 572 = NJW 2004, 2096 = FamRZ 2004, 872 = JurBüro 2004, 391 = KTS 2004, 399 = MDR 2004, 834 = WM 2004, 934 = InVo 2004, 370 = ZVI 2004, 284.
465 BGH, NJW 1982, 2193.
466 LG Oldenburg, Rpfleger 1982, 112.
467 LG Oldenburg, JurBüro 1982, 620; OLG Frankfurt, JurBüro 1981, 458.
468 Mitgepfändet OLG Köln, Rpfleger 1999, 403; **a.A.** OLG Karlsruhe, NJW-RR 1998, 990.
469 LG Aurich, Rpfleger 1993, 357 und 1997, 394.
470 Rpfleger 2003, 669 = NJW-RR 2003, 1555 = MDR 2004, 114 = WM 2003, 1891 = ZIP 2003, 1771 = InVo 2004, 108 = ZVI 2003, 457.
471 AG Rendsburg, NJW-RR 1987, 819; LG Aachen, Rpfleger 1991, 326; vgl. auch Zöller/*Stöber*, § 829 Rdn. 33 „Kontokorrent".
472 OLG Karlsruhe, NJW-RR 1998, 990.

V. Pfändungsschutz für Bankguthaben

1. Antrag

Werden das Arbeitseinkommen des Schuldners oder bedingt pfändbare Ansprüche im Sinne von § 850b ZPO auf das Konto überwiesen, verlieren diese Ansprüche den Pfändungsschutz nach §§ 850 ff. ZPO. Nach Buchung dieser Beträge auf das Konto handelt es sich nunmehr um eine normale Geldforderung, die grundsätzlich in vollem Umfang der Pfändung unterliegt, § 829 ZPO. Da der Schuldner diese Beträge jedoch für seinen eigenen notwendigen Unterhalt und zur Bestreitung seiner laufenden gesetzlichen Unterhaltspflichten benötigt, muss die Pfändung teilweise oder ganz aufgehoben werden. Hierzu muss der Schuldner einen Antrag an das Vollstreckungsgericht stellen, § 850k Abs. 1 ZPO.[473]

6.260

Für einmalige Zahlungseingänge gilt § 850k ZPO nicht, hier muss sich der Schuldner über § 765a ZPO helfen.[474] Dies gilt beispielhaft auch für **Mieteinnahmen,** die für den Schuldner Lohnersatzfunktion haben und auf sein Konto überwiesen werden.[475]

6.261

Vielfach tragen Schuldner vor, dass durch die Pfändung die **Kündigung des Kontos** droht, was eine unbillige Härte bedeute, da aufgrund der negativen Schufa-Einträge und Eintragungen im Schuldnerverzeichnis zu erwarten sei, dass sie dann kein neues Girokonto anderswo errichten können. Dies allein ist aber nicht gerechtfertigt, die Pfändung eines Kontos, auf das in erster Linie der unpfändbare Teil des Arbeitseinkommens eingeht, als sittenwidrig anzusehen **(streitig).**[476] Eine Aufhebung ist auch nicht dadurch gerechtfertigt, dass die Bank mit der Kündigung des Kontos gedroht und die Bankkarte eingezogen hat.[477]

6.262

§ 850k ZPO hindert die kontoführende Bank nicht an der kontokorrentmäßigen Verrechnung des auf das Girokonto ihres Kunden überwiesenen pfändungsfreien Arbeitseinkommens.[478] Ein Antrag des Schuldners ist aber auch dann zulässig und begründet, wenn ohne Pfändung der Lohnansprüche des Schuldners nur das Bankkonto gepfändet wird und infolge der Verrechnung durch die Bank sich kein Aktivsaldo auf dem Konto befindet.[479]

6.263

---

473 LG Koblenz, Rpfleger 1998, 76.
474 BGH, NJW 1988, 2670.
475 LG Heilbronn, Rpfleger 2003, 202.
476 LG Traunstein, Rpfleger 2003, 309; LG Frankfurt/Main, Rpfleger 2006, 209; **a.A.** LG Essen, Rpfleger 2002, 162 mit Anm. *Fischer;* LG Berlin, Rpfleger 2006, 329.
477 LG Traunstein, Rpfleger 2003, 309.
478 Rpfleger 2005, 452 = NJW 2005, 1863 = DB 2005, 1622 = FamRZ 2005, 1171 = MDR 2005, 1065 = WM 2005, 1022 = ZIP 2005, 941 = InVo 2005, 328 = WuB H. 8/2005 VI D. § 850k ZPO 1.05 *Bitter* = ZVI 2005, 257; hierzu *Scholz/Löhnig,* NJW 2005, 2432; *Völzmann-Stickelbrock,* ZVI 2005, 337.
479 LG Dortmund, Rpfleger 2001, 558 = NJW-RR 2002, 428.

6.264–6.266   Pfändung von Forderungen und Rechten

6.264   Der Schuldner hat alle Angaben, insbesondere die Gründe für einen vorweg freizugebenden Betrag, als auch insgesamt die Tatsache, dass wiederkehrende Einkünfte nach §§ 850, 850a, 850b ZPO auf das Konto überwiesen werden, nachzuweisen. Darüber hinaus müssen dem Vollstreckungsgericht gegenüber die Familienverhältnisse und auch die wirtschaftlichen Belange glaubhaft gemacht werden, § 850k Abs. 2 S. 3 ZPO. Eine Freigabe kommt für auf das Schuldnerkonto überwiesene Arbeitseinkommen des Ehegatten jedoch nicht in Betracht.[480]

2. Verfahren

6.265   Das Vollstreckungsgericht hat vor einer endgültigen Entscheidung dem Gläubiger rechtliches Gehör zu gewähren. Bis zu einer abschließenden Entscheidung kann die Zwangsvollstreckung einstweilen eingestellt werden, § 850k Abs. 3, § 732 Abs. 2 ZPO.

6.266   Ohne Anhörung des Gläubigers kann darüber hinaus bereits vorab dem Schuldner ein **Freibetrag** gewährt und insoweit die Pfändung aufgehoben werden, als der Schuldner diesen Betrag von dem Zeitpunkt der Pfändung bis zum nächsten Zahlungstermin benötigt. Überweist der Arbeitgeber einen größeren Geldbetrag im Umfang von mehr als einem Monatseinkommen auf das Gehaltskonto des Arbeitnehmers mit der Abrede, dass die Zahlung mit den künftigen Gehaltsansprüchen verrechnet werden soll, so ist das so entstandene Guthaben dem Kontenschutz nach § 850k ZPO nicht von vornherein entzogen. Das Vollstreckungsgericht kann einen Teil dieser Beträge vorab nach § 850k Abs. 2 ZPO vorläufig freigeben. Der freizugebende Betrag kann nach den Grundsätzen bemessen werden, die im Unterhaltsrecht für den notwendigen Selbstbehalt gegenüber minderjährigen Unterhaltsgläubigern entwickelt worden sind. In keinem Falle aber kann darüber hinaus ohne Anhörung des Gläubigers ein weiterer Betrag freigegeben werden.[481] Im Rahmen des Eilverfahrens gemäß § 850k Abs. 2 ZPO dürfen ohne Anhörung des Gläubigers nur Beträge freigegeben werden, deren der Schuldner dringend bedarf, um seinen notwendigen Unterhalt zu bestreiten und seine laufende gesetzliche Unterhaltspflicht gegenüber den dem Gläubiger vorgehenden Berechtigten zu erfüllen. Diese Regelung lehnt sich an § 850d Abs. 1 S. 1 Hs. 2 ZPO an. Dem Schuldner soll nur die Möglichkeit gegeben werden, vorab über einen Teil seines Guthabens verfügen zu können, der ihm auch dann verbleiben müsste, wenn ein Unterhaltsgläubiger pfändet.

---

480   LG Frankfurt/Main, ZVI 2003, 36; LG Karlsruhe ZVI 2003, 135; in diese Richtung auch LG Nürnberg-Fürth, NJW 2002, 973.
481   Zur Haftung des beklagten Landes nach Art. 34 GG, § 839 BGB in diesem Falle vgl. Brandenbg. OLG, Rpfleger 2002, 85.

3. Entscheidung

Hebt das Vollstreckungsgericht die Pfändung ganz oder teilweise auf, hat es dem Schuldner ein Guthaben freizugeben, das dieser für seinen eigenen notwendigen Unterhalt und zur Erfüllung seiner gesetzlichen Unterhaltspflichten bis zum nächsten Zahlungstermin benötigt. Da der Gläubiger aber regelmäßig auch die zukünftigen Ansprüche aus dem Girokonto gepfändet hat, kann der Pfändungsschutz auch für **künftige Geldüberweisungen** zugebilligt werden.[482] Da die Bank als Drittschuldner jedoch nicht über die persönlichen Kenntnisse, wie der Arbeitgeber des Schuldners, verfügt und auch nicht angehalten werden kann, den pfändungsfreien Betrag aus der Lohnpfändungstabelle zu entnehmen, muss das Vollstreckungsgericht in dem Aufhebungsbeschluss jetzt und für die Zukunft den freizugebenden Betrag exakt bezeichnen.

6.267

Einem Pfändungsschutzantrag des Schuldners muss auch dann stattgegeben werden, wenn das gepfändete Konto tatsächlich immer im **Debet** geführt wird. Auch wenn das auf das Konto überwiesene Arbeitseinkommen zunächst dazu verwendet wird, dass Debet auszugleichen, ändert sich an dem Charakter des Arbeitseinkommens, den Lebensunterhalt zu sichern, nichts.[483]

6.268

Ein nach § 850k ZPO freigegebener Betrag ist aber auch dann nicht mehr pfändbar, wenn der Schuldner ihn über den nächsten Überweisungstermin hinaus auf dem Bankkonto belässt.

6.269

Kapitel E
Zwangsvollstreckung in Herausgabeansprüche, §§ 846 ff. ZPO

I. Ansprüche auf bewegliche Sachen

1. Pfändungsanspruch

Hat der Gläubiger den Gerichtsvollzieher mit der Sachpfändung beauftragt, kann dieser die dem Schuldner gehörenden, sich aber nicht in seinem Gewahrsam befindenden Gegenstände nur pfänden, wenn der Dritte zur Herausgabe bereit ist, § 809 ZPO. In diesem Falle muss der Gläubiger den Anspruch auf Herausgabe oder Leistung gegen den Dritten pfänden, § 846 ZPO. Der Dritte ist dem Schuldner zur **Herausgabe des Besitzes** an

6.270

---

482 OLG Hamm, Rpfleger 2001, 506 = InVo 2001, 337 = InVo 2003, 36; LG Oldenburg, Rpfleger 1983, 33; LG Hannover, JurBüro 1986, 1886; LG Bad Kreuznach, Rpfleger 1990, 216; KG, Rpfleger 1992, 307 = JurBüro 1993, 26; LG Augsburg, Rpfleger 1997, 489.
483 LG Freiburg, ZIP 1982, 431.

der Sache verpflichtet, z.B. wenn er diesen Gegenstand gemietet, gepachtet oder ausgeliehen hat. Zur Leistung ist ein Dritter verpflichtet bei Ansprüchen auf Übertragung des Eigentums, z.B. aus einem Kaufvertrag.

6.271 Mit Pfändung des Herausgabe- oder Leistungsanspruches hat der Gläubiger noch kein Recht, auf die Sache selbst Zugriff zu nehmen. Vielmehr ist bei der Pfändung eines solchen Anspruches anzuordnen, dass die **Sache an den Gerichtsvollzieher herauszugeben** ist, § 847 Abs. 1 ZPO. Nur der Gerichtsvollzieher ist befugt, die Sache zu verwerten. Die Verwertung erfolgt dann nach den Vorschriften über die Verwertung gepfändeter Sachen, § 847 Abs. 2 ZPO. Der Gerichtsvollzieher wird daher zunächst einen öffentlichen Versteigerungstermin anberaumen, gegebenenfalls kann aber auch die Sache anderweitig verwertet werden, § 825 ZPO.

6.272 Da ein Gegenstand nur dann verwertet bzw. gepfändet werden kann, wenn er als solcher der Pfändung unterliegt, kann auch der Herausgabe- oder Leistungsanspruch nur gepfändet werden, wenn er nicht auf **unpfändbare Sachen** gemäß §§ 811 ff. ZPO gerichtet ist, auf Gegenstände, die nach § 865 ZPO nur der Zwangsvollstreckung in das unbewegliche Vermögen unterliegen (Zubehör), oder die Sache selbst hat keinen eigenen Vermögenswert (Hypothekenbrief, Sparkassenbuch).[484]

2. Verfahren

6.273 Die Pfändung des Herausgabe- oder Leistungsanspruches in eine bewegliche körperliche Sache erfolgt nach den Vorschriften über die Forderungspfändung, §§ 846, 829 ZPO. Im Pfändungsbeschluss muss die Sache konkret bezeichnet sein, andernfalls die Pfändung unwirksam ist.[485] Es muss verständiger Auslegung unzweifelhaft feststehen, welche Ansprüche Gegenstand der Zwangsvollstreckung sein sollen. Dabei genügt es nicht, dass für die unmittelbar Beteiligten klar ist, worauf sich die Pfändung erstreckt. Auch für Dritte, insbesondere weitere Gläubiger des Schuldners, muss sich aus dem Inhalt des Pfändungsbeschlusses bei sachgerechter Auslegung ermitteln lassen, was genau beschlagnahmt ist.

6.274 Die Pfändung wird somit wirksam durch Zustellung an den Drittschuldner, den nicht zur Herausgabe bereiten Dritten. Beauftragt der Gläubiger nach der Pfändung den Gerichtsvollzieher, die herauszugebende Sache bei dem Dritten wegzunehmen, und ist dieser nicht bereit dazu, kann die Wegnahme nicht zwangsweise erfolgen, gepfändet ist nur der Anspruch, nicht die Sache selbst. Der Gläubiger muss zunächst eine Herausgabeklage gegen den Dritten erheben.[486] Der Herausgabetitel wird dann im Wege der

---

484 Vgl. Zöller/*Stöber*, § 847 Rdn. 1; Baur/*Stürner*, Rdn. 31.10.
485 BGH, Rpfleger 2000, 505 = NJW 2000, 3218 = KTS 2000, 629 = MDR 2000, 1273 = WM 2000, 1861 = InVo 2000, 392.
486 Zöller/*Stöber*, § 847 Rdn. 4; Baur/*Stürner*, Rdn. 31.9 m.w.N. auch zur Gegenmeinung.

Zwangsvollstreckung zur Erwirkung der Herausgabe von Sachen vollstreckt, §§ 883 ff. ZPO. Voraussetzung für diese Klage ist der wirksame Pfändungsbeschluss, nicht die Überweisung zur Einziehung.[487] Demzufolge kann der Gläubiger diese Klage auch bereits bei einer Sicherungsvollstreckung (§ 720a ZPO) oder bei der Arrestvollziehung (§ 930 ZPO) erheben. Der gepfändete Anspruch selbst wird dem Gläubiger nur zur Einziehung überwiesen, nicht an Zahlungs statt, § 849 ZPO, da der Anspruch selbst keinen Nennwert hat.

3. Durchführung

Erfüllt der Drittschuldner den **Herausgabeanspruch,** indem er die Sache an den Gerichtsvollzieher herausgibt, wird der Schuldner Eigentümer der Sache. Gleiches gilt, wenn der Gerichtsvollzieher im Wege der Herausgabevollstreckung aufgrund eines entsprechenden Urteils die Sache zwangsweise wegnimmt. In diesem Moment wandelt sich das Pfandrecht an dem Anspruch auf Herausgabe in ein Pfandrecht an der Sache selbst um. Die Sache selbst braucht nicht mehr gepfändet zu werden.[488] Wird die Sache jedoch durch den Drittschuldner hinterlegt, z.B. bei mehrfacher Pfändung, entsteht kein Pfandrecht an der Sache, da die Hinterlegung nicht an den Gerichtsvollzieher erfolgt ist.[489]

6.275

Übereignet der Dritte in **Erfüllung der schuldrechtlichen Verpflichtung** den Gegenstand an den Gerichtsvollzieher, liegt hierin die Übereignungserklärung, die der Gerichtsvollzieher für den Schuldner annimmt (insoweit als Vertreter des Schuldners).[490] Der Schuldner wird somit Eigentümer der Sache. Das Pfandrecht an dem Leistungsanspruch setzt sich nunmehr an der dem Schuldner zu Eigentum gehörenden Sache fort.

6.276

Haben **mehrere Gläubiger** den Anspruch gepfändet, richtet sich deren Rang nach dem Zeitpunkt des Wirksamwerdens der jeweiligen Pfändung. Da jedoch nur der Anspruch auf Herausgabe oder Leistung der Sache gepfändet ist, diese jedoch selbst nicht, kann auch ein anderer Gläubiger des Schuldners die Sache bei dem Drittschuldner pfänden lassen. Soweit der Drittschuldner zur Herausgabe bereit ist, § 809 ZPO, kann der Gerichtsvollzieher die Pfändung bewirken. Das hier entstandene Pfandrecht hat Rang vor dem Pfandrecht des erstpfändenden Gläubigers auf den Herausgabeanspruch. Allerdings verstößt der nunmehr zur Herausgabe bereite Dritte gegen das gegen ihn ergangene Verfügungsverbot und er ist daher dem pfändenden Anspruchsgläubiger gegenüber schadensersatzpflichtig.[491]

6.277

---

487 Brox/*Walker*, Rdn. 706.
488 BGH, NJW 1979, 373.
489 BGH, NJW 1979, 373.
490 Vgl. Baur/*Stürner*, Rdn. 31.9.
491 *Stöber*, Rdn. 2031.

II. Ansprüche auf unbewegliche Sachen

1. Pfändungsanspruch

6.278 Gegenstand der Pfändung kann auch ein Anspruch sein, der auf **Übereignung eines Grundstückes** oder grundstücksgleichen Rechts (z.B. Erbbaurecht) gerichtet ist, § 848 ZPO. Nach Abschluss des notariellen Kaufvertrages besteht für den Schuldner ein schuldrechtlicher Anspruch auf Auflassung und Eintragung als Eigentümer im Grundbuch.[492] Hat der Gläubiger einen Schuldtitel gegen einen Schuldner, der gemeinsam mit seinem Ehepartner ein **Grundstück zu Bruchteilen** gekauft hat, so soll der Übertragungsanspruch des schuldnerischen Anteils am Grundstück nicht gepfändet werden können, da der Übereignungsanspruch auf eine unteilbare Leistung gerichtet ist; die Pfändung kann nur den Anteil an der gemeinsamen Forderung erfassen.[493] Dem kann nicht gefolgt werden. Es handelt sich bei dem Anspruch auf Erwerb eines ideellen Miteigentumsanteils ebenfalls um eine unbewegliche Sache, da die Zwangsvollstreckung in einen solchen Anteil ausschließlich im Wege der Immobiliarvollstreckung erfolgt, § 864 Abs. 2 ZPO. Die Pfändung erfolgt somit nach § 848 ZPO, die Sicherungshypothek entsteht an dem schuldnerischen Miteigentumsanteil.[494]

2. Verfahren

6.279 Die Pfändung wird wirksam mit Zustellung an den Verkäufer/Drittschuldner, §§ 848, 829 ZPO. Gleichzeitig oder nachträglich hat das Vollstreckungsgericht anzuordnen, dass das Grundstück an einen Sequester herauszugeben ist, § 848 Abs. 1 ZPO. Die Auflassungserklärung in der Form des § 925 BGB hat der Sequester als Vertreter des Schuldners vorzunehmen. Der Sequester oder auch der Verkäufer beantragen dann die Eigentumsumschreibung auf den Schuldner im Grundbuch.

6.280 Sofern der Drittschuldner die Auflassungserklärung nicht freiwillig abgibt, muss der Vollstreckungsgläubiger ihn auf Abgabe dieser Willenserklärung verklagen, § 894 ZPO. Mit Rechtskraft des Urteils wird die Erklärung des Drittschuldners ersetzt.

6.281 Die Vergütung, die der Gläubiger einem nach § 848 Abs. 2 ZPO bestellten Sequester zu erstatten hat, ist durch das Gericht, das den Sequester bestellt hat, festzulegen. Sie bestimmt sich in Anlehnung an § 19 ZwVwV nach dem (Zeit-)Aufwand.[495]

---

492 Vgl. hierzu auch BayObLG, Rpfleger 1993, 13.
493 BayObLG, Rpfleger 1993, 13.
494 Zöller/*Stöber,* § 848 Rdn. 12.
495 BGH, Rpfleger 2005, 549 = NJW-RR 2005, 1283 = ZIP 2005, 1295.

3. Sicherungshypothek

Mit der Eigentumsumschreibung auf den Namen des Schuldners im Grundbuch erlangt der Gläubiger ein Pfandrecht an dem Grundstück in Form einer Sicherungshypothek, § 848 Abs. 2 S. 2 ZPO. Diese Sicherungshypothek für die titulierte Forderung entsteht kraft Gesetzes außerhalb des Grundbuches.[496] Das Grundbuch ist somit bei der Eigentumsumschreibung auf den Schuldner bereits unrichtig geworden. Bei der in § 848 Abs. 2 S. 3 ZPO bezeichneten **Bewilligungserklärung** des Sequesters zur Eintragung der Sicherungshypothek handelt es sich somit nur noch um eine Berichtigungsbewilligung zum Nachweis der Grundbuchunrichtigkeit (§ 22 GBO). Die Sicherungshypothek entsteht auch für einen Anspruch bis 750,– € und als Gesamthypothek an mehreren Grundstücken, § 866 Abs. 3, § 867 Abs. 2 ZPO finden hier keine Anwendung.[497] Den **Antrag auf Eintragung der Sicherungshypothek** hat der Sequester oder aber der Gläubiger selbst zu stellen. Die Sicherungshypothek wird zwar gleichzeitig mit der Eigentumsumschreibung zur Eintragung im Grundbuch bewilligt und beantragt, jedoch hat die Hypothek Rang nach solchen Rechten, die im Grundstückskaufvertrag dem Verkäufer vorbehalten wurden (z.B. Kaufpreisresthypothek). Ob die Hypothek auch Rang nach einem Recht erlangt, welches der Schuldner zum Zwecke der Finanzierung aufgenommen hat, ist **streitig**.[498]

6.282

Die **Verwertung** der Sicherungshypothek erfolgt nach den Vorschriften über die Zwangsversteigerung, § 848 Abs. 3 ZPO. Für die Vollstreckung aus dem Range der Sicherungshypothek benötigt der Gläubiger jedoch einen Duldungstitel (**h.M.**). Die Neuregelung in § 867 Abs. 3 ZPO, dass die Eintragung einer Sicherungshypothek im Wege der Zwangsvollstreckung und der Vermerk der Eintragung auf dem Titel kraft Gesetzes auch den Duldungstitel beinhaltet, kann hier keine Anwendung finden.

6.283

Kapitel F
Zwangsvollstreckung in andere Forderungen und Vermögensrechte, §§ 857 ff. ZPO

I. Pfändung

Außer der Zwangsvollstreckung in das unbewegliche Vermögen (Zwangsversteigerung, Zwangsverwaltung, Zwangssicherungshypothek), der Pfändung in bewegliche Sachen (Gerichtsvollzieher), der Pfändung in Geldfor-

6.284

---

496 Zöller/*Stöber*, § 848 Rdn. 7.
497 Zöller/*Stöber*, § 848 Rdn. 7.
498 LG Fulda, Rpfleger 1988, 252 m. Anm. *Böttcher*; *Kerbusch*, Rpfleger 1988, 475; *Hintzen*, Rpfleger 1989, 439.

derungen (§ 829 ZPO), in Herausgabeansprüche (§§ 846 bis 848 ZPO), kann der Gläubiger auch in andere Vermögensrechte pfänden, § 857 ZPO. Auch hier gilt, dass dieses Vermögensrecht grundsätzlich abtretbar sein muss, § 851 Abs. 1 ZPO, oder bei einem unveräußerlichen Recht zumindest die Ausübung einem anderen überlassen werden kann, § 857 Abs. 3 ZPO. Die **Pfändung** selbst erfolgt nach den Vorschriften über die Forderungspfändung, §§ 829 ff. ZPO. Die Pfändung wird wirksam mit Zustellung an den Drittschuldner. Ist ein solcher nicht vorhanden, wird die Pfändung mit der Zustellung an den Schuldner als bewirkt angesehen; in diesem Falle genügt auch das Gebot an den Schuldner, sich jeder Verfügung über das Recht zu enthalten, § 857 Abs. 2 ZPO. Auch eine **Vorpfändung** ist zulässig, § 845 ZPO. Allerdings ist der Gerichtsvollzieher nicht befugt, diese Vorpfändungsverfügung selbst anzufertigen, § 857 Abs. 7 ZPO.

II. Verwertung

6.285   Die Verwertung der gepfändeten anderen Vermögensrechte erfolgt ebenfalls nach den Vorschriften über die Forderungspfändung. Eine **Überweisung zur Einziehung**, § 835 Abs. 1 ZPO, kommt jedoch nur dann in Betracht, wenn das Recht einen eigenen **Vermögenswert** hat, den der Gläubiger anstelle des Schuldners einziehen kann. Eine **Überweisung an Zahlungs statt** kommt nur in Betracht, wenn das gepfändete Vermögensrecht einen Nennwert hat. Da die Überweisung an Zahlungs statt zur Folge hat, dass die eigene Forderung des Gläubigers gegen den Schuldner erlischt, muss feststellbar sein, in welcher Höhe der Gläubiger als befriedigt anzusehen ist. Ist die Einziehung des Rechtes wegen der Abhängigkeit von einer Gegenleistung oder aus anderen Gründen mit Schwierigkeiten verbunden, kann das Vollstreckungsgericht jederzeit auf Antrag des Gläubigers eine **andere Art der Verwertung** anordnen, § 844 Abs. 1 ZPO. Darüber hinaus besteht die Möglichkeit bei der Pfändung in ein unveräußerliches Recht, dessen Ausübung einem anderen überlassen werden kann, besondere Anordnungen zu treffen, insbesondere die zwangsweise **Verwaltung** anzuordnen, § 857 Abs. 4 ZPO.[499] Ist hingegen die Veräußerung des Rechtes selbst zulässig, kann die Verwertung auch durch Veräußerung angeordnet werden, also durch öffentliche Versteigerung, freihändigen Verkauf oder zur Überweisung an Zahlungs statt zum Schätzwert, § 857 Abs. 5 ZPO.

III. Beispiele

1. Anfechtungsrecht

6.286   Als höchstpersönliches Recht unpfändbar.[500]

---

499   Vgl. LG Lübeck, Rpfleger 1993, 360.
500   Vgl. Zöller/*Stöber*, § 857 Rdn. 3.

2. Anwartschaftsrecht (bewegliche Sachen)

Sowohl das Anwartschaftsrecht des **Vorbehaltskäufers** als auch des **Sicherungsgebers** unterliegt der Pfändung. Vorbehaltskäufer ist der Schuldner dann, wenn er eine gekaufte Sache von dem Verkäufer bereits erhalten hat, das Eigentum jedoch unter der aufschiebenden Bedingung übergeht, dass der Kaufpreis voll gezahlt wird, § 455 BGB. Sicherungsgeber ist der Schuldner dann, wenn er zur Sicherung einer Forderung dem Gläubiger eine bewegliche Sache unter der Bedingung übergeben hat, dass nach Wegfall der gesicherten Forderung das Eigentum an ihn zurückfällt. Hat der Gläubiger das Anwartschaftsrecht des Vorbehaltskäufers gepfändet, kann er anstelle des Schuldners den Restkaufpreis an den Verkäufer zahlen, § 267 Abs. 2 BGB, dies kann der Schuldner auch nicht durch einen Widerspruch verhindern.[501]

6.287

Da das Anwartschaftsrecht selbst keinen verwertbaren Vermögensgegenstand darstellt, muss der Gläubiger auch die bewegliche Sache als solche pfänden. Die Pfändung des Anwartschaftsrechts kommt auch nur dann in Betracht, wenn der Gegenstand selbst verwertbar ist, also nicht im Falle des § 811 ZPO. Unabhängig von dem in der Literatur diskutierten Theorienstreit (Theorie der Rechtspfändung oder Sachpfändung) sollte der Gläubiger immer die **Doppelpfändung**[502] durchführen, also die Pfändung des Anwartschaftsrechtes und die Sachpfändung des Gegenstandes durch den Gerichtsvollzieher.

6.288

Nach Bedingungseintritt, Zahlung der Restkaufpreissumme, fällt das Eigentum an den Schuldner. Hat der Gerichtsvollzieher die Sache gepfändet, kann zwar erst mit Eigentumsübergang das Pfandrecht an der Sache entstehen. Allerdings wirkt dieses Pfandrecht rangmäßig auf den Zeitpunkt des Wirksamwerdens der Pfändung des Anwartschaftsrechtes zurück.[503] Eine spätere Sachpfändung eines anderen Gläubigers hat somit Nachrang zu der zuerst wirksam gewordenen Anwartschaftsrechtspfändung. Diese Ausführungen gelten gleichermaßen für die Pfändung des Anwartschaftsrechtes des Sicherungsgebers.

6.289

3. Anwartschaftsrecht (unbewegliche Gegenstände)

Ist der Schuldner Käufer eines Grundstückes oder grundstücksgleichen Rechts (z.B. Erbbaurecht), und ist die Auflassung zwischen Verkäufer und Käufer bereits erfolgt, wird der Schuldner mit Eintragung im Grundbuch Eigentümer des Grundstückes, §§ 873, 925 BGB. In dem Zeitraum zwischen Erklärung der Auflassung und der Eintragung im Grundbuch steht

6.290

---

501 BGH, NJW 1954, 1325.
502 BGH, MDR 1953, 18; BGH, NJW 1954, 1325; MünchKomm/*Smid* ZPO, § 857 Rdn. 22; Zöller/*Stöber*, § 857 Rdn. 6.
503 StJ/*Münzberg*, § 857 Rdn. 89.

dem Schuldner als Käufer dann ein Anwartschaftsrecht zu, wenn der Antrag auf Eigentumsumschreibung von ihm selbst bereits gestellt wurde oder wenn für ihn eine Auflassungsvormerkung im Grundbuch eingetragen ist.[504] Das Anwartschaftsrecht wird dann bejaht, wenn die Rechtsposition des Käufers so gesichert ist, dass sie einseitig durch den Verkäufer nicht mehr vereitelt werden kann. Verneint wird das Anwartschaftsrecht dann, wenn überhaupt keine Auflassung erklärt ist, wenn der Eigentumsumschreibungsantrag nur durch den Veräußerer gestellt wurde, da dieser es jederzeit in der Hand hat, seinen eigenen Antrag wieder zurückzunehmen, oder aber wenn das Grundbuchgericht den gestellten Umschreibungsantrag zurückgewiesen hat.[505]

6.291 Wirksam wird die Pfändung mit **Zustellung an den Schuldner,** da ein Drittschuldner nicht vorhanden ist, § 857 Abs. 2 ZPO.[506] Insbesondere ist der Verkäufer kein Drittschuldner, da er an dem Eigentumserwerb des Schuldners nicht mehr mitwirken muss, nach Erklärung der Auflassung hat er die Voraussetzungen zur Eigentumsumschreibung erfüllt. Für die Auflassung ist demzufolge auch keine Bestellung eines Sequesters erforderlich (im Gegensatz zur Pfändung des Eigentumsverschaffungsanspruches, vgl. Rdn. 6.302).

6.292 Mit der Eigentumsumschreibung im Grundbuch entsteht kraft Gesetzes für den Gläubiger eine **Sicherungshypothek** in Höhe seiner titulierten Forderung, §§ 857 Abs. 1, 848 Abs. 2 ZPO. Der Vollstreckungsgläubiger kann einerseits selbst den Eigentumsumschreibungsantrag für den Schuldner stellen, er kann sich aber auch dem Antrag des Schuldners anschließen mit der Folge, dass dieser zur Antragsrücknahme nicht mehr berechtigt ist. Gleichzeitig mit der Eigentumsumschreibung ist auf Antrag für den Gläubiger die Sicherungshypothek einzutragen, die bereits außerhalb des Grundbuches entstanden ist, das Grundbuch ist unrichtig, § 848 Abs. 2 S. 2 ZPO. Die Sicherungshypothek wird mit Rang nach Rechten eingetragen, die im Kaufvertrag dem Verkäufer vorbehalten wurden, aber mit Rang vor solchen Rechten, die der Schuldner bereits zur Eintragung bewilligt hat, die aber erst dann eingetragen werden können, wenn er selbst Eigentümer geworden ist.[507]

6.293 Die **Verwertung** der Sicherungshypothek erfolgt nach den Vorschriften über die Zwangsversteigerung, § 848 Abs. 3 ZPO. Für die Vollstreckung aus dem Range der Sicherungshypothek benötigt der Gläubiger jedoch einen Duldungstitel **(h.M.).** Die Neuregelung in § 867 Abs. 3 ZPO, dass die Eintragung einer Sicherungshypothek im Wege der Zwangsvollstreckung und der Vermerk der Eintragung auf dem Titel kraft Gesetzes auch den Duldungstitel beinhaltet, kann hier keine Anwendung finden.

---

504 BGH, Rpfleger 1989, 192; BGH, NJW 1991, 2019; OLG Jena, Rpfleger 1996, 100, 101.
505 BGH, Rpfleger 1989, 166; 1982, 271; Rpfleger 1975, 432.
506 BGH, Rpfleger 1968, 83.
507 OLG Jena, Rpfleger 1996, 100, 101; vgl. *Hintzen,* Rpfleger 1989, 439; s. auch Rdn. 6.306–6.307.

4. Arzneimittelzulassung

Die öffentlich-rechtliche Arzneimittelzulassung ist nicht selbstständig, sondern nur zusammen mit der zivilrechtlichen Befugnis pfändbar, die es gestattet, das Arzneimittel in den Verkehr zu bringen.[508]

6.294

5. Auflassungsvormerkung

Zur Sicherung eines Auflassungsanspruches und zur Eigentumsumschreibung kann aufgrund eines wirksamen Kaufvertrages eine Vormerkung im Grundbuch eingetragen werden. Der Vormerkung kann jedoch auch ein Recht zum Wiederkauf oder Rückkauf des Grundstückes zugrunde liegen, § 456 BGB. Die Vormerkung selbst kann jedoch nicht gepfändet werden, da es sich um ein unselbstständiges Nebenrecht des gesicherten Anspruches handelt, § 401 BGB. Gepfändet werden muss der der Vormerkung zugrunde liegende Anspruch als solcher, die Pfändung kann dann bei der Vormerkung im Grundbuch im Wege der Grundbuchberichtigung vermerkt werden.[509]

6.295

6. Ausschlagung

Das Recht der Ausschlagung nach Anfall der Erbschaft ist als höchstpersönliches Recht unpfändbar.[510]

6.296

7. Bausparvertrag

Der Anspruch auf Auszahlung des Bausparguthabens ist als gewöhnliche Forderung nach §§ 829, 835 ZPO zu pfänden; er unterliegt keiner Zweckbestimmung. Der Anspruch auf Auszahlung des Bauspardarlehens dagegen unterliegt als „Baugeld"[511] der Zweckbindung – nicht nur der Zweckbestimmung – zur Verwendung für Baumaßnahmen und ist außerhalb dieser Zweckbindung nicht übertragbar und nicht pfändbar. Drittschuldner ist die Bausparkasse.

6.297

---

508 BGH, NJW 1990, 2931.
509 Vgl. *Hintzen*, Rpfleger 1989, 439.
510 Vgl. Zöller/*Stöber*, § 857 Rdn. 3.
511 Zum Begriff: BGH, NJW-RR 2000, 1261 = NZBau 2000, 426 = DB 2000, 2525 = MDR 2000, 1243 = WM 2000, 1556; BGH, NJW-RR 1989, 788; OLG Dresden, BauR 2002, 486.

8. Dauerwohnrecht

6.298 Ist der Schuldner Berechtigter eines Dauerwohnrechtes, §§ 31 ff. WEG, hat er das Recht, unter Ausschluss des Eigentümers eine bestimmte Wohnung in dem Gebäude auf dem Grundstück zu bewohnen. Da das Dauerwohnrecht kraft Gesetzes veräußerlich und vererblich ist, § 33 Abs. 1 WEG, kann es jederzeit gepfändet werden. Die Pfändung wird wirksam mit Eintragung im Grundbuch, §§ 857 Abs. 1, 830 ZPO.[512] Sind die dem Dauerwohnrecht zugrunde liegenden Räume vermietet oder verpachtet, kann der Gläubiger nach Überweisung zur Einziehung ein außerordentliches Kündigungsrecht wahrnehmen, § 57a ZVG analog.[513]

9. Dienstbarkeit

6.299 Berechtigter einer Grunddienstbarkeit, § 1018 BGB, ist der jeweilige Eigentümer eines anderen Grundstückes. Das Recht ist damit wesentlicher Bestandteil des herrschenden Grundstückes, § 96 BGB. Es kann von dem herrschenden Grundstück nicht getrennt werden, auch die Ausübung kann einem Dritten nicht überlassen werden, es ist damit nicht übertragbar und auch nicht pfändbar, § 851 Abs. 1 ZPO.

6.300 Die **beschränkte persönliche Dienstbarkeit** hat den gleichen Inhalt wie die Grunddienstbarkeit, der Berechtigte ist jedoch eine natürliche oder juristische Person, § 1090 BGB. Eine besondere Form dieser Dienstbarkeit ist das **Wohnungsrecht**, § 1090 BGB.[514] Ist der Schuldner Inhaber eines solchen Rechtes, ist zunächst festzustellen, ob die **Ausübung der Dienstbarkeit** einem Dritten überlassen werden kann, denn nur dann unterliegt sie der Pfändung, § 1092 Abs. 1 S. 2 BGB[515]. Die Gestattung der Übertragbarkeit muss zur Wirksamkeit im Grundbuch eingetragen werden.[516] Nach anderer Auffassung reicht es bereits aus, wenn die Gestattung rechtsgeschäftlich vereinbart wurde.[517] Die **Pfändung** erfolgt gemäß § 857 Abs. 3 ZPO und wird wirksam mit **Zustellung** an den Grundstückseigentümer als Drittschuldner, § 829 Abs. 3 ZPO.[518] Die wirksame Pfändung kann im Wege der Grundbuchberichtigung bei dem Recht im **Grundbuch** eingetragen werden.[519]

6.301 Da dem Gläubiger nicht das Stammrecht zur Einziehung überwiesen wird, sondern nur die Ausübungsbefugnis, kann er z.B. das gepfändete Wohnungsrecht selbst nutzen oder die Räume vermieten. Das Vollstre-

---

512 Palandt/*Bassenge*, § 31 WEG Rdn. 4; StJ/*Münzberg*, § 857 Rdn. 101.
513 Palandt/*Bassenge*, § 37 WEG Rdn. 4.
514 Hierzu *Rossak*, MittBayNot 2000, 383.
515 AG Köln, InVo 2003, 490 = ZVI 2003, 655.
516 KG, NJW 1968, 1882; OLG Karlsruhe, BB 1989, 942.
517 LG Detmold, Rpfleger 1988, 372.
518 Zum Wohnungsrecht vgl. LG Detmold, Rpfleger 1988, 372.
519 BGH, NJW 1974, 796; LG Bonn, Rpfleger 1979, 349.

ckungsgericht kann auf Antrag auch eine andere Art der Verwertung anordnen, z.B. die Verwaltung.[520]

10. Eigentumsverschaffungsanspruch

Ist die Auflassung noch nicht zwischen Eigentümer und Käufer erklärt, besteht nur der schuldrechtliche Eigentumsverschaffungsanspruch. Die Pfändung dieses Anspruches wird wirksam mit Zustellung an den Eigentümer = Drittschuldner. Realisiert wird die Pfändung gemäß § 848 ZPO. Auf Antrag hat das Vollstreckungsgericht einen **Sequester** zu bestellen. Dieser nimmt als Vertreter des Schuldners die Auflassung entgegen und beantragt regelmäßig danach die Eigentumsumschreibung auf den Schuldner als Käufer im Grundbuch. 6.302

Gleichzeitig mit der Eigentumsumschreibung hat der Sequester für den Gläubiger eine **Sicherungshypothek** in Höhe der titulierten Forderung zu bewilligen. Diese Sicherungshypothek entsteht kraft Gesetzes außerhalb des Grundbuches.[521] Die Eintragung selbst erfolgt im Wege der Grundbuchberichtigung, § 22 GBO. Neben dem Sequester ist aber auch der Pfändungsgläubiger selbst antragsberechtigt zur Eigentumsumschreibung und Eintragung der Sicherungshypothek im Grundbuch.[522] 6.303

Ist die Auflassung zwischen Eigentümer und Schuldner (= Käufer des Grundstückes) bereits erklärt, wird nur noch die Eintragung im Grundbuch geschuldet. Die bloße Tatsache des Vorliegens der Auflassungserklärung begründet jedoch noch nicht ein dingliches Anwartschaftsrecht.[523] Auch wenn der Verkäufer den Antrag auf Eigentumsumschreibung beim Grundbuchgericht bereits gestellt hat, ist das Anwartschaftsrecht zu verneinen.[524] Der Verkäufer kann jederzeit den Antrag wieder zurücknehmen und damit den Eigentumserwerb des Käufers verhindern. In diesem Fall muss der Gläubiger wiederum den Eigentumsverschaffungsanspruch pfänden und den Beschluss dem Eigentümer als Drittschuldner zustellen lassen. Der auch hier auf Antrag zu bestellende Sequester braucht zwar nicht mehr die Auflassung entgegenzunehmen, da diese bereits geklärt ist, er hat jedoch den Umschreibungsantrag unter gleichzeitiger Beantragung der Sicherungshypothek für die titulierte Gläubigerforderung zu stellen. Das Anwartschaftsrecht ist nur dann zu bejahen, wenn die Auflassung zwischen Eigentümer und Käufer erklärt ist und der Käufer (= Schuldner) den Umschreibungsantrag beim Grundbuchgericht selbst eingereicht hat oder wenn die Auflassung zwischen Eigentümer und Käufer erklärt und für den Käufer im Grundbuch eine Auflassungsvormerkung eingetragen ist[525] (vgl. hierzu Rdn. 6.290 ff.). 6.304

---

520 Vgl. LG Lübeck, Rpfleger 1993, 360.
521 Für viele: Zöller/*Stöber*, § 848 Rdn. 7; Brox/*Walker*, Rdn. 713.
522 Meikel/*Böttcher*, § 13 Rdn. 44.
523 BGH, Rpfleger 1982, 271.
524 BGH, Rpfleger 1982, 271; BGH, Rpfleger 1989, 192 = ZIP 1989, 166.
525 BGH, Rpfleger 1989, 192 = ZIP 1989, 166 und NJW 1991, 2019; so auch ThürOLG Jena, Rpfleger 1996, 100.

6.305 **Hinweis:** Ohne genaue Kenntnis der Sachlage, ob die Auflassung bereits erklärt, im Grundbuch eine entsprechende Auflassungsvormerkung eingetragen ist oder nur ein Eigentumsverschaffungsanspruch besteht, sollte der Gläubiger immer beide Ansprüche pfänden. Diese zulässige Doppelpfändung ist sowohl dem Eigentümer als Drittschuldner als auch dem Käufer als Schuldner zuzustellen. Ist für den Schuldner (= Käufer im Grundbuch) eine Auflassungsvormerkung eingetragen, kann die Pfändung bei der Auflassungsvormerkung im Grundbuch vermerkt werden.[526]

6.306 Gleichzeitig mit der Eintragung des Schuldners als Eigentümer des Grundstückes ist die außerhalb des Grundbuches entstandene **Sicherungshypothek** im Wege der Grundbuchberichtigung einzutragen. Unstreitig ist hierbei, dass diese Sicherungshypothek Rang nach den im Kaufvertrag als Gegenleistung zu bestellenden Rechten hat, z.B. Restkaufpreishypothek, Wohnungsrecht, Reallast pp.[527] Diese Rechte sind in dem Vertragsverhältnis als Gegenleistung bestellt, der Käufer erhält nur belastetes Eigentum.[528]

6.307 Der Vorrang gilt jedoch nicht für die so genannten „Finanzierungsgrundschulden". Der Käufer des Grundstückes wird dieses regelmäßig nicht bar bezahlen, sondern muss den Kaufpreis finanzieren. Die für die Finanzierung bestellten Grundschulden sind jedoch regelmäßig keine Gegenleistung für die Übertragung des Grundstückes. Es handelt sich hierbei nicht um im Kaufvertrag dem Eigentümer vorbehaltene Rechte.[529] Sofern somit gleichzeitig bei der Eigentumsumschreibung eine vom Käufer bestellte Grundschuld eingetragen werden soll, erlangt diese Rang nach der bereits außerhalb des Grundbuchs entstandenen Sicherungshypothek für den Vollstreckungsgläubiger.

6.308 Nach Eintragung des Schuldners als Eigentümer im Grundbuch und Eintragung der Sicherungshypothek für die titulierte Forderung des Gläubigers erfolgt die Zwangsvollstreckung in das Grundstück durch Zwangsversteigerung oder Zwangsverwaltung, § 866 ZPO. Der Gläubiger kann wegen seiner Forderung das Verfahren als persönlicher Gläubiger betreiben, § 10 Abs. 1 Nr. 5 ZVG, er kann aber auch die Zwangsversteigerung oder Zwangsverwaltung im Range der Sicherungshypothek betreiben, sofern er einen Duldungstitel erwirkt, § 10 Abs. 1 Nr. 4 ZVG. Nach Änderung des § 867 Abs. 3 ZPO zum 1.1.1999 beinhaltet die eingetragene Zwangssicherungshypothek kraft Gesetzes den Duldungsanspruch, sobald die Eintragung im Grundbuch auf dem Titel vermerkt ist. Dies gilt jedoch nicht für die Sicherungshypothek nach § 848 ZPO (**h.M.**).

---

526 *Münzberg,* Rpfleger 1985, 307.
527 BayObLG, Rpfleger 1972, 182.
528 BGH, Rpfleger 1968, 83.
529 *Kehrbusch,* Rpfleger 1988, 475; *Hintzen,* Rpfleger 1989, 439; **a.A.** *Böttcher,* Rpfleger 1988, 252.

11. Eigentümergrundschuld

a) Offene Eigentümergrundschuld

Eine Grundschuld kann auch für den Eigentümer selbst bestellt werden, § 1196 Abs. 1 BGB. Diese **offene Eigentümergrundschuld** unterliegt der Pfändung gemäß §§ 857 Abs. 6, 830 ZPO. Auch wenn es sich bei der Eigentümergrundschuld um ein drittschuldnerloses Recht handelt, erfolgt die Pfändung nicht nach § 857 Abs. 2 ZPO, sondern nach den Vorschriften über die Hypothekenforderung.[530] Die Pfändung wird somit wirksam mit Pfändungsbeschluss und Übergabe des Briefes an den Gläubiger oder bei einem brieflosen Recht mit der Eintragung der Pfändung im Grundbuch, § 830 Abs. 1 ZPO.

6.309

Die **Überweisung** der Eigentümergrundschuld erfolgt ebenfalls nach den Vorschriften über die Überweisung einer Hypothekenforderung. Wählt der Gläubiger die Überweisung an Zahlungs statt, wird diese wirksam mit Aushändigung des Überweisungsbeschlusses, es sei denn, es handelt sich um ein briefloses Recht, dann ist die Eintragung im Grundbuch zwingend, § 837 Abs. 1 ZPO.

6.310

Mit der **Überweisung an Zahlunsg statt** wird aus der Eigentümergrundschuld ein Fremdrecht für den Pfändungsgläubiger. Er kann dann aus dem Range der Grundschuld die **Zwangsversteigerung** des Grundstückes betreiben, sofern er über einen Duldungstitel verfügt. Den kann er entweder klageweise erstreiten oder, falls bereits eine Unterwerfungserklärung vorliegt, ist die Klausel auf den Gläubiger umzuschreiben, §§ 794 Abs. 1 Nr. 5, 800, 727 ZPO (vgl. Rdn. 3.122).

6.311

Bei der **Überweisung zur Einziehung** gilt zur Wirksamkeit dasselbe wie zuvor bei der Überweisung an Zahlungs statt. Auch hier kann der Pfändungsgläubiger die **Zwangsversteigerung** des Grundstückes betreiben, die Vollstreckungsbeschränkung gemäß § 1197 Abs. 1 ZPO gilt nur gegenüber dem Eigentümer, nicht gegenüber dem Pfändungsgläubiger.[531] Auch die Zinsbeschränkung des Eigentümers gemäß § 1197 Abs. 2 BGB gilt nicht gegenüber dem Pfändungsgläubiger.[532]

6.312

b) Vorläufige Eigentümergrundschuld

Eine vorläufige Eigentümergrundschuld steht dem Grundstückseigentümer so lange zu, wie die Forderung, zu deren Sicherung eine Hypothek bestellt wurde, noch nicht ausgezahlt ist oder bei einer Briefhypothek, bis

6.313

---

530 BGH, Rpfleger 1979, 299 = NJW 1979, 2045; BGH, NJW-RR 1989, 636; *Stöber*, Forderungspfändung Rdn. 1929 m.w.N.; Musielak/*Becker*, § 857 Rdn. 17.
531 BGH, Rpfleger 1988, 181 = NJW 1988, 1026; Brox/*Walker*, Rdn. 744; MünchKomm/*Eickmann* BGB, § 1197 Rdn. 6; Musielak/*Becker*, § 857 Rdn. 17 a.E.
532 MünchKomm/*Eickmann* BGB, § 1197 Rdn. 7; Palandt/*Bassenge*, § 1197 Rdn. 5.

der Brief durch den Eigentümer dem Gläubiger ausgehändigt wurde, §§ 1163 Abs. 1 S. 1, Abs. 2, 1177 Abs. 1 BGB. Die vorläufige Eigentümergrundschuld ist aufschiebend bedingt und wandelt sich in die Fremdhypothek um, sobald die Forderung ausgezahlt und der Brief dem Gläubiger ausgehändigt wurde bzw. bei einer Grundschuld durch Briefaushändigung an den Gläubiger.

6.314   Die **Pfändung** der vorläufigen Eigentümergrundschuld erfolgt nach den Vorschriften über die Hypothekenpfändung, §§ 857 Abs. 6, 830 ZPO. Praktisch ist die Pfändung jedoch regelmäßig zum Scheitern verurteilt. Handelt es sich um ein Buchrecht, muss die Pfändung zur Wirksamkeit im Grundbuch eingetragen werden. Im Grundbuch ist jedoch bereits die Hypothek bzw. die Grundschuld auf den Namen des Gläubigers eingetragen, sodass für die Eintragung der Pfändung die Voreintragung des Schuldners = Eigentümers nicht gegeben ist, § 39 GBO. Die Pfändung des Briefrechtes wird bewirkt durch Übergabe bzw. Wegnahme des Briefes. Ist der im Grundbuch eingetragene Gläubiger bereits im Besitze des Briefes, wird er diesen nicht mehr herausgeben. Bei Auszahlung des Darlehens entsteht die Hypothek rückwirkend als Fremdrecht, § 161 Abs. 1 S. 2 BGB. Das erlangte Pfandrecht wird damit wirkungslos.[533]

6.315   Regelmäßig wird in der Praxis die Briefübergabe zwischen Eigentümer und Gläubiger durch eine Vereinbarung nach § 1117 Abs. 2 BGB ersetzt. Das Fremdrecht entsteht dann mit der Eintragung im Grundbuch und Auszahlung des Darlehens. Die Briefübergabe ist daher zur Entstehung des Rechtes nicht mehr erforderlich. Das Grundbuchgericht, welches den Brief erstellt, ist daher trotz Bestehens der Pfändung verpflichtet, den Brief dem Gläubiger auszuhändigen. Die Pfändung ist nur dann sinnvoll, wenn sichergestellt ist, dass eine Valutierung des Rechtes unterbleibt oder das Recht mangels Briefübergabe nicht als Fremdrecht entstehen wird.

c)   **Künftige Eigentümergrundschuld**

6.316   Eine auf dem Grundstück lastende **Hypothek** wandelt sich nach Rückzahlung der gesicherten Forderung kraft Gesetzes in eine Eigentümergrundschuld um, §§ 1163 Abs. 1 S. 2, 1177 Abs. 1 BGB. Dieses künftige Eigentümerrecht ist als selbstständiger Vermögenswert pfändbar nach den Vorschriften über die Pfändung einer Hypothekenforderung, § 857 Abs. 6 ZPO.[534] Die **Pfändung** wird aber erst wirksam durch Briefübergabe oder Wegnahme und Aushändigung an den Gläubiger, bei einem brieflosen Recht durch Eintragung der Pfändung im Grundbuch, § 830 Abs. 1 ZPO. Der Grundpfandrechtsgläubiger wird jedoch den Brief so lange nicht herausgeben, wie der Sicherungszweck noch besteht. Die Eintragung der Pfändung eines Buch-

---

533   OLG Frankfurt, NJW 1955, 1483; MünchKomm/*Eickmann* BGB, § 1163 Rdn. 68; Musielak/*Becker*, § 857 Rdn. 17.
534   BGH, NJW 1970, 322; *Stöber*, Forderungspfändung, Rdn. 1948.

rechtes kann im Grundbuch nicht eingetragen werden, da die Voreintragung des Schuldners noch nicht gegeben ist, § 39 GBO.[535] Der Gläubiger muss zunächst abwarten, ob das Fremdrecht ganz oder teilweise nicht mehr valutiert ist bzw. zu Sicherungszwecken nicht mehr benötigt wird.

Hat sich die Fremdhypothek in eine Eigentümergrundschuld umgewandelt, kann der Pfändungsgläubiger den **Brief** bei dem Grundstückseigentümer als Schuldner im Wege der Zwangsvollstreckung wegnehmen lassen, § 830 Abs. 1 S. 2 ZPO. Befindet sich der Brief noch im Besitze des Gläubigers oder eines Dritten, kann der Gläubiger den Herausgabeanspruch, § 985 BGB, gegenüber dem Gläubiger oder Dritten pfänden, sich zur Einziehung überweisen lassen und gegebenenfalls klageweise durchsetzen.[536] Handelt es sich bei dem gepfändeten Recht um ein **briefloses Recht,** ist zur Wirksamkeit der Pfändung die Eintragung im Grundbuch zwingend. Diese kann jedoch vorerst noch nicht erfolgen, bis der Nachweis des Entstehens der endgültigen Eigentümergrundschuld geführt wird.[537]

6.317

d) Nachweise

Den **Nachweis des Entstehens einer Eigentümergrundschuld** führt der Gläubiger regelmäßig durch Vorlage einer löschungsfähigen Quittung, aber auch durch eine Verzichtserklärung, § 1168 BGB, oder ein Ausschlussurteil, § 1170 Abs. 2 BGB.[538] Diese Unterlagen können im Wege der Herausgabevollstreckung dem Schuldner weggenommen werden, § 836 Abs. 3 S. 1 ZPO. Sofern der Schuldner angibt, nicht mehr im Besitz dieser Unterlagen zu sein, muss er dieses gegebenenfalls an Eides statt versichern, § 883 Abs. 2 ZPO. Ist der Schuldner nicht im Besitz dieser erforderlichen Urkunden, kann der Pfändungsgläubiger den Herausgabeanspruch und gegebenenfalls den Grundbuchberichtigungsanspruch des Schuldners gegen den Hypothekar pfänden, § 1144 BGB, § 894 BGB, und dann klageweise durchsetzen.

6.318

e) Teilpfändung

Ist nur ein **Teilbetrag** des im Grundbuch eingetragenen Grundpfandrechtes Eigentümergrundschuld geworden und handelt es sich um ein Briefrecht, kann der Pfändungsgläubiger zum Wirksamwerden der Pfändung nicht den gesamten Brief herausverlangen. Ihm steht vielmehr das Recht auf Bildung eines Teilbriefes zu, § 1145 BGB. Im Wege der Hilfspfändung hat er zweckmäßigerweise mitzupfänden:[539]

6.319

- das Recht auf Miteigentum am Brief, §§ 952, 1008 BGB,

---

535   Musielak/*Becker,* § 857 Rdn. 17.
536   *Stöber,* Forderungspfändung, Rdn. 1939.
537   BayObLG, JurBüro 1997, 48.
538   *Stöber,* Forderungspfändung, Rdn. 1945.
539   Vgl. MünchKomm/*Smid* ZPO, § 857 Rdn. 35.

- den Anspruch auf Aufhebung der Gemeinschaft am Brief §§ 749 Abs. 1, 752 BGB,
- den Anspruch auf Vorlage des Briefes beim Grundbuchgericht oder einem Notar zwecks Erstellung des Teilbriefes und nachfolgender Aushändigung an sich, § 1145 Abs. 1 S. 2 BGB,
- und letztlich den Grundbuchberichtigungsanspruch, § 894 BGB.

6.320 Die Pfändung der künftigen Eigentümergrundschuld bei einer im Grundbuch eingetragenen **Fremdgrundschuld** ist wenig aussichtsreich. Da die Grundschuld von einer zu sichernden Forderung nicht abhängig ist, wandelt sie sich nicht kraft Gesetzes mit Erlöschen der ihr zugrunde liegenden Forderung in eine Eigentümergrundschuld um. Der Grundstückseigentümer hat aufgrund der **Sicherungsabrede** nur einen schuldrechtlichen Anspruch auf Rückübertragung, Verzicht oder Aufhebung der Grundschuld (Rückgewährsansprüche). Andererseits kann es durchaus sein, dass der Grundstückseigentümer, welcher von dem persönlichen Schuldner verschieden ist, zur Abwendung der Zwangsversteigerung seines Grundstückes auf die Grundschuld zahlt. In diesem Falle entsteht eine Eigentümergrundschuld, §§ 1142, 1143 BGB analog.[540] Ebenfalls entsteht eine Eigentümergrundschuld, wenn der Grundschuldgläubiger auf sein Recht verzichtet, § 1168 BGB.

6.321 Darüber hinaus kann der Vollstreckungsgläubiger aber auch die **Rückgewährsansprüche** des Eigentümers gegenüber dem Grundschuldgläubiger pfänden und sich zur Einziehung überweisen lassen (vgl. nachfolgend Rdn. 6.398).

12. Erbbaurecht

6.322 Das Erbbaurecht ist das veräußerliche und vererbliche Recht, auf oder unter der Erdoberfläche des belasteten Grundstückes ein Bauwerk zu haben, § 1 Abs. 1 ErbbauVO. Auf das Erbbaurecht finden die Vorschriften über das Grundstück im Wesentlichen Anwendung, § 11 Abs. 1 ErbbauVO. Das Recht unterliegt somit nicht der Rechtspfändung, die Zwangsvollstreckung erfolgt im Wege der Zwangsversteigerung oder Zwangsverwaltung.

13. Erbbauzins

6.323 Regelmäßig vereinbart der Grundstückseigentümer mit dem Erbbauberechtigten, dass dieser ein bestimmtes Entgelt in wiederkehrenden Leistungen (**Erbbauzins**) zu zahlen hat, § 9 Abs. 1 ErbbauVO. Da die zukünftigen Leistungen jedoch nicht von dem Eigentum am Grundstück getrennt wer-

---

540 BGH, ZIP 1986, 900; BGH, Rpfleger 1995, 14 im Falle der Zahlung durch den Konkursverwalter = NJW 1994, 2692.

den können, § 9 Abs. 2 S. 2 ErbbauVO, sind diese nicht übertragbar und auch nicht pfändbar, § 851 Abs. 1 ZPO.

Der Pfändung unterliegen nur **rückständige Erbbauzinsleistungen**, die Pfändung erfolgt nach den Vorschriften über die Reallast, §§ 857 Abs. 6, 830 Abs. 3, 829 Abs. 3 ZPO, die Wirksamkeit tritt ein mit Zustellung an den Erbbauberechtigten als Drittschuldner. Die Pfändung kann im Grundbuch bei dem Recht im Wege der Grundbuchberichtigung vermerkt werden.[541]

6.324

14. Erbengemeinschaft

Hat der Erblasser mehrere Erben hinterlassen, gebührt ihnen der Nachlass gemeinschaftlich, § 2032 Abs. 1 BGB. Keiner der Erben kann alleine über seinen Anteil an einzelnen Nachlassgegenständen, insbesondere das Grundstück, verfügen, § 2033 Abs. 2 BGB. Zur Zwangsvollstreckung in den Nachlass ist, wenn mehrere Erben vorhanden sind, bis zur Teilung ein gegen alle Erben ergangenes Urteil erforderlich, § 747 ZPO. Der einzelne Miterbe kann die Erbengemeinschaft jederzeit verlassen, indem er über seinen Anteil am Nachlass als Inbegriff aller Rechte und Pflichten verfügt, § 2033 Abs. 1 S. 1 BGB.

6.325

Der Anteil des einzelnen Miterben am Nachlass unterliegt der Zwangsvollstreckung durch **Pfändung**, § 859 Abs. 2 ZPO. Die Pfändung umfasst den Auseinandersetzungsanspruch nach § 2042 Abs. 1 BGB, wonach jeder Miterbe grundsätzlich jederzeit die Auseinandersetzung der Erbengemeinschaft verlangen kann. Die Pfändung wird wirksam mit Zustellung an die übrigen Miterben, §§ 859 Abs. 2, 857 Abs. 1, 829 Abs. 3 ZPO.[542] Mit der Zustellung an den letzten Miterben ist die Pfändung bewirkt. Ist ein **Testamentsvollstrecker** bestellt und hat dieser sein Amt angenommen, muss die Zustellung für und gegen alle Miterben an diesen erfolgen. Eine Zustellung an die übrigen Miterben ist rechtlich wirkungslos. Ebenfalls muss die Zustellung an den Verwalter bei angeordneter **Nachlassverwaltung** erfolgen.[543] Hat der Erblasser angeordnet oder haben die Erben gemeinsam vereinbart, dass die **Auseinandersetzung** der Gemeinschaft für immer oder auf Zeit **ausgeschlossen** ist oder von einer Kündigungsfrist abhängig ist, wirkt dies nicht gegenüber dem Pfändungsgläubiger, sofern der der Pfändung zugrunde liegende Schuldtitel rechtskräftig ist, §§ 2042 Abs. 2, 751 S. 2 BGB.

6.326

Mit wirksamer Pfändung tritt der Vollstreckungsgläubiger als dinglicher Mitberechtigter in die Erbengemeinschaft ein. Der schuldnerische Miterbe kann alleine nicht mehr über seinen Erbanteil als solchen verfügen.

6.327

---

541 *Hintzen,* JurBüro 1991, 755, 764.
542 OLG Frankfurt, Rpfleger 1979, 205.
543 Zöller/*Stöber,* § 859 Rdn. 16.

Auch eine Verfügung über einzelne Nachlassgegenstände zusammen mit den übrigen Miterben ist dem Vollstreckungsgläubiger gegenüber unwirksam.[544]

6.328 Die wirksame Pfändung kann darüber hinaus bei einem den Erben gemeinsam gehörenden Grundstück im **Grundbuch** als Änderung der Verfügungsbefugnis eingetragen werden.[545] Der Gläubiger hat hierzu auch ein Antragsrecht, § 13 Abs. 1 GBO. Zum Nachweis ist dem Grundbuchgericht der zugestellte Pfändungsbeschluss vorzulegen. Ist im Grundbuch noch der Erblasser eingetragen, müssen erst die Erben in Erbengemeinschaft voreingetragen werden, § 39 GBO. Zur Herbeiführung der Voreintragung hat der Gläubiger ein eigenes Antragsrecht, er muss nur die Erbfolge nachweisen, § 35 GBO. Ist der Gläubiger nicht im Besitz dieser Urkunden, hat er einen **Urkundenherausgabeanspruch** gemäß § 792 ZPO. Liegt kein notarielles Testament vor, muss der Gläubiger selbst für den Schuldner den entsprechenden Erbscheinsantrag beim Nachlassgericht stellen. Ist die Erteilung des Erbscheines nicht möglich, z.B. wegen fehlender Angaben im Sinne von § 2354 BGB, die der Gläubiger auch selbst nicht herbeiführen kann, bleibt ihm nur die Pfändung des Grundbuchberichtigungsanspruches des Schuldners gegen die Miterben, § 894 BGB. Sofern die Erben bei der Mitwirkung zur Erteilung des Erbscheines nicht bereit sind, muss der Gläubiger gegebenenfalls eine entsprechende Klage beim Prozessgericht einreichen.[546]

6.329 Die Eintragung des Verfügungsverbotes im Grundbuch bewirkt jedoch **keine Grundbuchsperre.** Nach der Eintragung des Pfändungsvermerks können weitere Eintragungen im Grundbuch vollzogen werden. Diese sind dem Pfändungsgläubiger gegenüber jedoch unwirksam.[547]

6.330 Die **Verwertung** des Miterbenanteils erfolgt durch Überweisung zur Einziehung, § 835 Abs. 1 ZPO. Der Pfändungsgläubiger tritt als dinglicher Mitberechtigter anstelle des Schuldners in die Erbengemeinschaft ein. Dem Pfändungsgläubiger steht das gemeinschaftliche Verwaltungsrecht zu, § 2038 Abs. 1 BGB, das Recht auf Auseinandersetzung, § 2042 BGB, und der Anspruch auf den Erlösanteil nach der Auseinandersetzung, § 2047 BGB. Soweit der Gläubiger über den Umfang des Nachlasses informiert werden will, steht ihm auch das Recht auf **Auskunft** und **Rechnungslegung** gegenüber den Miterben zu.[548] Der Gläubiger kann auch die **Auseinandersetzungsversteigerung** hinsichtlich des Grundstückes betreiben. Das Antragsrecht des schuldnerischen Miterben ist ausgeschlossen.[549]

---

544 MünchKomm/*Heldrich* BGB, § 2033 Rdn. 36.
545 **H.M.,** vgl. OLG Frankfurt, Rpfleger 1979, 205; Palandt/*Edenhofer,* § 2033 Rdn. 18.
546 *Stöber,* Forderungspfändung, Rdn. 1686.
547 OLG Hamm, Rpfleger 1961, 201.
548 *Stöber,* Forderungspfändung, Rdn. 1676, 1677.
549 OLG Hamburg, MDR 1958, 45; *Stöber,* § 180 Rdn. 11.10i; **a.A.** OLG Hamm, Rpfleger 1958, 269; LG Wuppertal, Rpfleger 1961, 785; *Böttcher,* § 180 Rdn. 56; zum Verfahren im Einzelnen und zu Besonderheiten bei Vor- und Nacherbfolge vgl. Rdn. 12.90.

Der Schuldner kann nicht mehr alleine über seinen Erbanteil als solchen verfügen oder ihn ändern. Er darf auch nicht mehr über einzelne Nachlassgegenstände zusammen mit den übrigen Miterben verfügen, auch die Auseinandersetzung mit seinen Miterben ist dem Pfändungsgläubiger gegenüber unwirksam.[550] Ausgenommen von dem Verfügungsverbot sind nur **höchstpersönliche Rechte**, z.B. das Recht die Erbschaft auszuschlagen.[551]   6.331

Ist der schuldnerische Miterbe nur **Vorerbe**, kann die Pfändung des Miterbenanteils grundsätzlich ebenfalls erfolgen. Die Pfändung wird wirksam mit Zustellung an die übrigen Miterben. Der eingesetzte Nacherbe ist kein Drittschuldner.[552] Der Gläubiger muss sich jedoch im Klaren sein, dass Verfügungen, die er zusammen mit den übrigen Erben trifft, im Falle des Eintritts der Nacherbfolge den Nacherben insoweit gegenüber unwirksam sind, als sie dessen Recht vereiteln oder beeinträchtigen würden, §§ 2113–2115 BGB.[553]   6.332

15. Erfinderrecht

Eine Vollstreckung in die vermögensrechtlichen Teile des Erfinderrechts ist – entgegen der **h.M.** – auch dann schon zulässig, wenn die Erfindung fertig gestellt und verlautbart ist.[554]   6.333

16. Gebrauchsmuster

Das Recht auf das Gebrauchsmuster, das Anwartschaftsrecht auf das Gebrauchsmuster und das Gebrauchsmuster sind pfändbar (§ 857 ZPO i.V.m. § 22 GebrMG). Wenn der Vollstreckungsgläubiger nicht weiß, ob der Vollstreckungsschuldner das Gebrauchsmuster schon angemeldet hat oder nicht (oder ob es gar schon in das Register die Rolle eingetragen ist[555]), empfiehlt sich eine entsprechende stufenweise Einzelpfändung. Das Pfandrecht am Recht auf das Gebrauchsmuster wandelt sich mit der Anmeldung in ein Pfandrecht am Anwartschaftsrecht auf das Gebrauchsmuster und mit der Eintragung in das Register auf das Gebrauchsmuster selbst um.[556] Die Pfändung geschieht nach § 857 Abs. 2 ZPO; es gibt keinen Drittschuldner, auch nicht das Patentamt.[557]   6.334

---

550 MünchKomm/*Heldrich* BGB, § 2033 Rdn. 36.
551 Brox/*Walker*, Rdn. 786; MünchKomm/*Smid* ZPO, § 859 Rdn. 20.
552 *Stöber*, Forderungspfändung, Rdn. 1705.
553 *Stöber*, Forderungspfändung, Rdn. 1705.
554 *Zimmermann*, GRUR 1999, 121.
555 Der Pfändungsgläubiger hat ohne Zustimmung des Anmelders kein Recht auf Einsicht in die Anmeldungsakte, BPatGE 6, 220 = GRUR 1966, 222.
556 *Stöber*, Forderungspfändung, Rdn. 1721.
557 *Zimmermann*, Immaterialgüterrecht in der Zwangsvollstreckung, 1998, S. 289.

17. Genossenschaftsanteil

6.335 Der **Geschäftsanteil** als solcher ist nicht pfändbar, weil er nur eine Rechengröße darstellt (§ 7 Nr. 1 GenG). Pfändbar ist der Anspruch auf das **Geschäftsguthaben.** Die gesetzliche Regelung in § 66 GenG ist zu beachten: Unter der Voraussetzung, dass innerhalb der letzten 6 Monate eine Zwangsvollstreckung in das private Vermögen des Genossen fruchtlos versucht wurde, kann der Vollstreckungsgläubiger das Guthaben pfänden und sich überweisen lassen, das dem Vollstreckungsschuldner bei der Auseinandersetzung mit der Genossenschaft zukommt. Unter der weiteren Voraussetzung, dass der Titel nicht bloß vorläufig vollstreckbar ist, kann der Vollstreckungsgläubiger das **Kündigungsrecht** des Genossen an dessen Stelle ausüben; der Kündigung muss eine beglaubigte Abschrift des Vollstreckungstitels und der Urkunden über die fruchtlose Zwangsvollstreckung beigefügt sein. Das Kündigungsrecht des Genossen ist in § 65 GenG näher bestimmt: Mit statutgemäßer Frist, die mindestens 3 Monate und höchstens 5 Jahre betragen kann, ist die Kündigung mit der Folge zu erklären, dass der kündigende Genosse (der Vollstreckungsschuldner) aus der Genossenschaft ausscheidet; wird die Genossenschaft vor dem Zeitpunkt, zu welchem die Kündigung wirksam wird, aufgelöst, so scheidet er nicht aus. Gepfändet wird nach § 857 ZPO. **Drittschuldnerin** ist die Genossenschaft, deren Vorstandsmitgliedern (mindestens einem von ihnen, § 25 Abs. 1 S. 3 GenG) der Pfändungs- und Überweisungsbeschluss zuzustellen ist.

18. Geschmacksmuster

6.336 Das im Musterregister eingetragene Geschmacksmuster ist übertragbar, § 29 Abs. 1 GeschmMG, und daher pfändbar.[558] Zu pfänden ist nach § 857 Abs. 2 ZPO durch Zustellung an den Vollstreckungsschuldner, weil es einen **Drittschuldner** nicht geben kann.

19. Gesellschaftsanteil (GmbH)

6.337 Der Anteil eines Gesellschafters an einer GmbH ist übertragbar und damit pfändbar.[559] Er kann aber nicht zur Einziehung überwiesen werden, die Verwertung erfolgt vielmehr nach § 844 ZPO, der Gerichtsvollzieher hat den Geschäftsanteil zu versteigern.[560] Bereitet die Errechnung eines Mindestpreises erhebliche Schwierigkeiten, so kann die beantragte Versteigerung des Geschäftsanteils wegen der Gefahr der Verschleuderung

---

558 Vgl. insgesamt: *Zimmermann*, Immaterialgüterrecht in der Zwangsvollstreckung, 1998, S. 239 ff.
559 *Heuer*, ZIP 1998, 405.
560 Zöller/*Stöber*, § 859 Rdn. 13; *Heuer*, ZIP 1998, 405.

des Schuldnervermögens abgelehnt werden.[561] Die spätere Abtretung eines Geschäftsanteils einer GmbH ändert nach zuvor erfolgter Pfändung nichts an der Versteigerung. Der Gerichtsvollzieher muss zwecks Erstellung eines Mindestgebots von sich aus ein Sachverständigengutachten einholen.[562]

Die Pfändung des Anspruchs einer GmbH auf Rückgewähr von kapitalersetzenden Leistungen in Form einer persönlich abgegebenen Bürgschaft des Drittschuldners (§§ 32a und 32b GmbHG bzw. in analoger Anwendung) ist auch im Wege der Auslegung nicht hinreichend bestimmt und daher unwirksam.[563]

6.338

20. Gesellschaftsanteil

Der Anteil eines Gesellschafters im Rahmen einer Gesellschaft bürgerlichen Rechts ist nicht übertragbar und somit auch grundsätzlich nicht pfändbar, § 719 Abs. 1 BGB, § 851 Abs. 1 ZPO. Ausdrücklich wird jedoch der Anteil eines Gesellschafters an dem Gesellschaftsvermögen der Pfändung unterworfen, § 859 Abs. 1 S. 1 ZPO.[564] Der Anteil an einem einzelnen Gesellschaftsgegenstand unterliegt jedoch nicht der Pfändung, § 859 Abs. 1 S. 2 ZPO.

6.339

Die Pfändung wird wirksam mit Zustellung an die übrigen Gesellschafter als Drittschuldner, §§ 859 Abs. 1, 857 Abs. 1, 829 Abs. 3 ZPO.[565] Zur Wirksamkeit ist jedoch auch die Zustellung an den geschäftsführenden Gesellschafter ausreichend.[566] Mangels ausreichender Kenntnis der Geschäftsführung wird der Gläubiger in der Praxis jedoch immer die Zustellung an alle Gesellschafter vorziehen.

6.340

Die wirksame Pfändung bewirkt jedoch nicht, dass der Gläubiger als dinglicher Mitberechtigter anstelle des Schuldners in die Gesellschaft eintritt. Der Vollstreckungsgläubiger kann weder das Stimmrecht, das Recht Rechnungslegung zu verlangen, den Anspruch auf Gewinnfeststellung und das Recht auf Mitwirkung bei der Geschäftsführung wahrnehmen. Der schuldnerische Mitgesellschafter bleibt weiterhin Gesellschafter mit allen Rechten und Pflichten. Nach der Pfändung steht ihm nur der Anspruch auf den jähr-

6.341

---

561 OLG Düsseldorf, Rpfleger 2000, 400.
562 LG Hannover, DGVZ 1990, 140.
563 OLG Koblenz, InVo 2003, 329.
564 BGHZ 97, 392 = Rpfleger 1986, 308 = ZIP 1986, 776; BGH, Rpfleger 1992, 260 m. Anm. *Hintzen* = ZIP 1992, 109; OLG Hamm, NJW-RR 1987, 723.
565 BGH, NJW 1998, 2904.
566 BGHZ 146, 341 = Rpfleger 2001, 246 = NJW 2001, 1056 (Rechtsfähigkeit der Außengesellschaft); BGH, NJW 1986, 1991 und 1998, 2904; OLG Celle, Rpfleger 2004, 507; OLG Köln, NJW-RR 1994, 1517; MünchKomm/*Smid* ZPO, § 859 Rdn. 6; MünchKomm/*Ulmer* BGB, § 725 Rdn. 10; Musielak/*Becker*, § 859 Rdn. 2; Baumbach/*Hartmann*, § 859 Rdn. 2; Brox/*Walker*, Rdn. 775.

lichen **Gewinnanteil**[567] zu und er hat ein außerordentliches **Kündigungsrecht**, § 725 Abs. 1 BGB. In Abweichung von der Entscheidung des RG[568] kann der Gläubiger auch den Anspruch auf Auseinandersetzung ausüben.[569] Voraussetzung für die Auszahlung eines Gewinnanteils und die Ausübung des Kündigungsrechtes ist die Überweisung zur Einziehung[570] und ein rechtskräftiger Titel, § 725 Abs. 1 BGB. Die Kündigung muss der Gläubiger gegenüber allen Gesellschaftern, also auch dem Schuldner, erklären; sie wird wirksam, sobald sie allen Gesellschaftern bekannt geworden ist.[571]

6.342 Ist im Gesellschaftsvertrag vereinbart, dass nach Kündigung die Gesellschaft fortgeführt wird, scheidet der schuldnerische Gesellschafter nunmehr aus der Gesellschaft aus. Die Gesellschaft ist verpflichtet, dem Schuldner dasjenige auszuzahlen, was er auch bei einer Auseinandersetzung erhalten hätte. Auf diesen Auszahlungsanspruch erstreckt sich das Pfandrecht des Vollstreckungsgläubigers. Sieht der Gesellschaftsvertrag keine besondere Regelung vor, ist die Gesellschaft grundsätzlich zu liquidieren, § 730 BGB. Die Gesellschaft kann die Auflösung verhindern, indem sie den Gläubiger abfindet, § 268 BGB, und gleichzeitig die Fortführung der Gesellschaft beschließt.[572] Der Vollstreckungsgläubiger tritt aber auch im Rahmen der Liquidation nicht an die Stelle des Schuldners, die Auseinandersetzung findet ausschließlich unter den übrigen Gesellschaftern statt. Der Gläubiger kann jedoch den Anspruch auf Auseinandersetzung anstelle des Schuldners ausüben.[573] Der Gläubiger kann aber nicht die zeitliche Abfolge beeinflussen, die Pfändung gibt ihm keinen Anspruch auf Durchführung der Auseinandersetzung.[574]

6.343 Trotz der Pfändung und der Überweisung zur Einziehung sind die Gesellschafter befugt, über Gesellschaftsgegenstände alleine zu verfügen.[575] Die Pfändung kann auch nicht bei dem zum Gesellschaftsvermögen gehörenden Grundstück im **Grundbuch** eingetragen werden, **h.M.**[576] (anders bei einer Verpfändung[577]). Die verneinende Auffassung berücksichtigt je-

---

567 Die Pfändung erfasst auch den Anspruch aus §§ 713, 667 BGB gegen einen Mitgesellschafter, der das Grundstück wegen eines vermeintlichen Beschlusses über eine allein ihm zustehende Gewinnausschüttung – für den Vollstreckungsgläubiger nicht erkennbar – im eigenen Namen vermietet, den Mietzins für sich eingezogen und den Ertrag an die Gesamthand abzuführen hat, so OLG Celle, Rpfleger 2004, 507.
568 RGZ 95, 231.
569 BGH, Rpfleger 1992, 260 m. Anm. *Hintzen*.
570 BGH, Rpfleger 1992, 260; *Stöber*, Forderungspfändung, Rdn. 1566.
571 BGHZ 146, 341 (s. Fn. 566) (Rechtsfähigkeit der Außengesellschaft); BGH, MDR 1993, 431 = NJW 1993, 1002 = WM 1993, 460.
572 *Stöber*, Forderungspfändung, Rdn. 1569.
573 BGH, Rpfleger 1992, 260.
574 MünchKomm/*Ulmer* BGB, § 725 Rdn. 16.
575 OLG Hamm, NJW 1987, 723.
576 **Streitig**, nein: OLG Zweibrücken, Rpfleger 1982, 413; OLG Hamm, NJW-RR 1987, 723; LG Hamburg, JurBüro 1988, 788; **a.A.** *Hintzen*, Rpfleger 1992, 262.
577 OLG Düsseldorf, Rpfleger 2004, 417.

doch zu einseitig die Interessen der Gesellschaft. Die Eintragung der wirksamen Pfändung ist lediglich Verlautbarung der außerhalb des Grundbuches wirksam gewordenen Verfügungsbeschränkung, §§ 135, 136 BGB i.V.m. § 892 Abs. 1 S. 2 BGB. Für den Gläubiger sind der wirtschaftliche Erfolg und die Sicherung der verwertbaren Wirtschaftsgüter von ausschlaggebender Bedeutung. Ohne den Vollstreckungsgläubiger staatlich zu schützen, besteht die Gefahr der Vereitelung des Verwertungszieles durch die Gesellschaft unter Mitwirkung des Schuldners. Diese bereits bei der Eintragung der Pfändung eines Nachlassanteils herangezogene Begründung muss auch hier gleichermaßen zur Anwendung kommen. Die Eintragung der Pfändung muss daher zulässig sein. Nur so kann der Gläubiger gegen benachteiligende Verfügungen der Gesellschafter wirksam geschützt werden.

Das Antragsrecht des Vollstreckungsgläubigers zur Durchführung der **Auseinandersetzungsversteigerung** wird heute überwiegend bejaht, §§ 180 ff. ZVG[578]. Der Auffassung, die dem Pfändungsgläubiger ein Recht zur Antragstellung einräumt, ist in jedem Falle zuzustimmen. Der Vollstreckungsgläubiger muss jedoch glaubhaft vortragen, dass die Auseinandersetzung des Gesellschaftsvermögens von den übrigen Gesellschaftern verweigert oder vorschriftswidrig verzögert wird. Es ist dann Aufgabe der Gesellschafter, diesem Vortrag bei der Anhörung vor der Anordnung der Auseinandersetzungsversteigerung entgegenzutreten. Dem Vollstreckungszugriff des Gläubigers muss eine Realisierungschance eingeräumt werden. Dem Vollstreckungsgläubiger lediglich das Recht zur Kündigung einzuräumen, hilft hier nicht weiter. Das Kündigungsrecht hat immer die Auseinandersetzung zum Ziel, diese ist somit der eigentliche Inhalt der Kündigung.

6.344

21. Grundschuld

Auf die Pfändung einer Grundschuld finden die Vorschriften über die Pfändung einer Hypothekenforderung entsprechende Anwendung, §§ 857 Abs. 6, 830 ZPO. Dies entspricht auch den sachenrechtlichen Vorschriften, da auf die Grundschuld grundsätzlich die Vorschriften über die Hypothek Anwendung finden, soweit diese nicht ausdrücklich eine Forderung voraussetzen, §§ 1191, 1192 Abs. 1 BGB. Auch wenn in der Praxis regelmäßig die Grundschuld zur Sicherung einer bestimmten Geldforderung bestellt wird, ist sie in ihrem rechtlichen Bestand von einer Forderung nicht abhängig (fehlende Akzessorietät). Die Grundschuld ist daher selbstständig zu pfänden und zu verwerten.

6.345

---

[578] Ja: ThürOLG, Rpfleger 2001, 445; LG Hamburg, Rpfleger 2002, 532; LG Konstanz, Rpfleger 1987, 427; LG Lübeck, Rpfleger 1986, 315; *Hintzen* in Anm. zu BGH, Rpfleger 1992, 260; nein: überholt LG Hamburg, Rpfleger 1989, 519; vgl. hierzu insgesamt Rdn. 12.126.

6.346 Handelt es sich um eine **Briefgrundschuld,** wird die Pfändung wirksam mit Erlass des Pfändungsbeschlusses und der Briefübergabe (zur freiwilligen oder zwangsweisen Wegnahme vgl. Rdn. 6.354). Die Pfändung ist somit außerhalb des Grundbuches wirksam geworden, eine Eintragung der Einschränkung der Verfügungsbefugnis über das Recht kann im Wege der Grundbuchberichtigung erfolgen.

6.347 Handelt es sich bei der Grundschuld um ein **briefloses Recht,** ist neben dem Pfändungsbeschluss die Eintragung im Grundbuch bei dem Recht rechtsbegründend, § 830 Abs. 1 S. 3 ZPO. In beiden Fällen empfiehlt sich, wie bei der Hypothek, die **Zustellung** des Pfändungsbeschlusses an den Drittschuldner, damit dieser hiervon Kenntnis erlangt, da ihm gegenüber mit der Zustellung die Pfändung als bewirkt anzusehen ist, sofern diese selbst unmittelbar nachfolgt, § 830 Abs. 2 ZPO.

6.348 Soweit bei der Grundschuld **rückständige Zinsen** mitgepfändet werden, ist jedoch die Zustellung an den Drittschuldner zwingend, da diese wie eine Geldforderung gepfändet werden, §§ 830 Abs. 3, 829 Abs. 3 ZPO. Drittschuldner ist in diesem Falle nur der Grundstückseigentümer, da es auf die persönliche Forderung nicht ankommt.

6.349 Auch die **Überweisung** der gepfändeten Grundschuld vollzieht sich nach den Vorschriften über die Überweisung einer Hypothekenforderung, §§ 836, 837 ZPO. Die Überweisung wird wirksam mit Aushändigung des Überweisungsbeschlusses an den Gläubiger. Nur wenn die Überweisung an Zahlungs statt erfolgt und es sich um ein briefloses Recht handelt, ist die Eintragung der Überweisung im Grundbuch bei dem Recht zwingend, § 837 Abs. 1 S. 2 ZPO. Zum **Einheitsbeschluss** von Pfändung und Überweisung vgl. Rdn. 6.365.

6.350 Nach der Pfändung und der Überweisung zur Einziehung ist der Gläubiger berechtigt, aus dem Range der Grundschuld die **Zwangsversteigerung** des Grundstückes zu betreiben, sofern er über einen Duldungstitel verfügt. Diesen kann er klageweise erstreiten, oder aber er lässt sich die bereits vorhandene vollstreckbare Grundschuldbestellungsurkunde auf seinen Namen umschreiben, §§ 794 Abs. 1 Nr. 5, 800, 727 ZPO (vgl. Rdn. 3.122).

22. Gütergemeinschaft

6.351 Lebt der Schuldner mit seinem Ehepartner in Gütergemeinschaft, ist zur Zwangsvollstreckung ein Urteil gegen beide Ehegatten zur Leistung erforderlich, § 740 Abs. 2 ZPO. Solange aber die Gütergemeinschaft besteht, kann kein Ehegatte über seinen Anteil am Gesamtgut und auch nicht an den einzelnen Gegenständen verfügen. Er ist ebenso nicht berechtigt, Teilung zu verlangen, § 1419 Abs. 1 BGB. Dementsprechend ist auch die Vollstreckung durch Pfändung des Gesamtanteils eines Ehegatten am Gesamtgut und an den einzelnen dazugehörenden Gegenständen unzulässig, § 860 Abs. 1 S. 1 ZPO. Erst nach Beendigung der Gemeinschaft ist der Anteil am Gesamtgut pfändbar, § 860 Abs. 2 ZPO.

Die **Pfändung** tritt ein mit Zustellung an den anderen Ehegatten. Nach **6.352** **Überweisung** des Anspruchs zur Einziehung hat der Pfändungsgläubiger das Recht, den Auseinandersetzungsanspruch des Schuldners durchzusetzen, insbesondere bei einem Grundstück im Wege der Auseinandersetzungsversteigerung. (Zu den Voraussetzungen im Einzelnen und zu Besonderheiten vgl. Abschnitt 12).

23. Hypothek

a) Pfändung

Die Hypothek als solche ist nicht pfändbar, sie ist vielmehr ein Pfandrecht **6.353** am Grundstück, welches eine Geldforderung sichert, § 1113 BGB. Mit der Übertragung der Forderung geht auch die Hypothek kraft Gesetzes auf den neuen Gläubiger über, § 1153 Abs. 1 BGB. Eine Übertragung der Hypothek ohne die Forderung oder die Forderung ohne die Hypothek ist nicht möglich, § 1153 Abs. 2 BGB (Akzessorietät). Zur Abtretung der Forderung, für die eine Hypothek bestellt ist, ist neben der schriftlichen Abtretungserklärung die Übergabe des Hypothekenbriefes erforderlich; sofern für die Hypothek kein Brief erteilt ist, wird die Abtretung erst wirksam mit konstitutiver Eintragung im Grundbuch, §§ 1154 Abs. 1, Abs. 3, 873 BGB. Demzufolge erfordert auch die Zwangsvollstreckung in eine hypothekarisch gesicherte Forderung die Briefübergabe bzw. die Eintragung im Grundbuch, § 830 Abs. 1 ZPO. Eine Zustellung an den Drittschuldner ist nicht erforderlich.[579]

Ist für die gesicherte Forderung eine **Briefhypothek** bestellt worden, be- **6.354** nötigt der Gläubiger neben dem Pfändungsbeschluss die Übergabe des Briefes, § 830 Abs. 1 S. 1 ZPO. Gibt der Schuldner den Brief freiwillig heraus, ist die Pfändung damit wirksam geworden. Ebenfalls wirksam wird die Pfändung, wenn der Gerichtsvollzieher den Brief zwangsweise dem Schuldner wegnimmt, § 830 Abs. 1 S. 2 ZPO. Hierbei handelt es sich um eine Herausgabevollstreckung, § 883 ZPO. Der erforderliche Herausgabetitel ist der Pfändungsbeschluss, der dem Schuldner vorher zugestellt sein muss.[580] Einer Klausel bedarf der Pfändungsbeschluss jedoch nicht. Mit der Wegnahme des Briefes zum Zwecke der Ablieferung an den Gläubiger ist die Pfändung wirksam geworden, § 830 Abs. 1 S. 2 ZPO. In diesem Moment sind Verstrickung und das Pfändungspfandrecht an der Forderung entstanden.

b) Hypothekenbrief

Das Pfandrecht ergreift aber auch den Hypothekenbrief, § 952 Abs. 1 **6.355** S. 2, Abs. 2 BGB.[581] Befindet sich der Brief nicht beim Schuldner und auch nicht bei einem Dritten, muss der Schuldner auf Antrag des Gläubigers an

---

579 Vgl. OLG Köln, Rpfleger 1991, 241 m. Anm. *Hintzen*.
580 BGH, NJW 1979, 2045.
581 OLG Hamm, Rpfleger 1980, 483.

Eides statt versichern, dass er nicht wisse, wo sich der Brief befindet, § 883 Abs. 2 ZPO. Unter Vorlage dieser eidesstattlichen Versicherung kann dann ein entsprechendes **Aufgebotsverfahren,** §§ 1003 ff. ZPO, zum Zwecke der Kraftloserklärung des Briefes eingeleitet werden, ein neuer Brief ist danach zu erteilen.

6.356   Befindet sich der Brief jedoch bei einem Dritten, und ist dieser freiwillig zur Herausgabe bereit, wird die Pfändung damit wirksam. Ist der Dritte nicht bereit, den Brief herauszugeben, muss der Gläubiger den **Herausgabeanspruch** des Schuldners gegen den Dritten pfänden lassen, § 886 ZPO.[582] Vollstreckungstitel für diese Pfändung ist der Pfändungsbeschluss.[583] Mit Überweisung zur Einziehung kann der Gläubiger dann den Herausgabeanspruch des Schuldners gegen den Dritten klageweise geltend machen, §§ 985, 952 BGB.

6.357   Ist die Hypothek bereits im Grundbuch eingetragen, entsteht das Recht als Fremdrecht erst mit der **Aushändigung des Briefes**, § 1117 Abs. 1 BGB. Grundsätzlich hat das Grundbuchgericht den Brief dem Eigentümer auszuhändigen. Der Eigentümer leitet den Brief dann an den Hypothekengläubiger weiter. Mit Aushändigung an den Hypothekengläubiger entsteht das Recht als Fremdrecht. Pfändet der Gläubiger die hypothekarisch gesicherte Forderung vor der Briefaushändigung an den Gläubiger, handelt es sich zunächst um eine ganz normale Forderungspfändung. Wirksam wird diese mit Zustellung an den Drittschuldner, § 829 Abs. 3 ZPO. Wird der Brief danach an den Hypothekengläubiger ausgehändigt, entsteht das Fremdrecht, und das Pfandrecht erstreckt sich nunmehr auch an der Hypothek. Zur Wirksamkeit der Pfändung bedarf es aber noch der Briefübergabe an den Pfändungsgläubiger. Hat der Grundstückseigentümer mit dem Hypothekengläubiger vereinbart, dass dieser berechtigt ist, sich den Brief direkt durch das Grundbuchgericht aushändigen zu lassen, § 1117 Abs. 2 BGB, entsteht die Hypothek bereits mit der Eintragung im Grundbuch, sofern die zu sichernde Forderung auch ausgezahlt ist. Hat das Grundbuchgericht den Brief noch nicht ausgehändigt, kann sich der Pfändungsgläubiger den Herausgabeanspruch auf Aushändigung des Briefes gegenüber dem Grundbuchgericht pfänden und zur Einziehung überweisen lassen. In diesem Falle ist das Grundbuchgericht Dritter im Sinne der Herausgabevollstreckung, § 886 ZPO. Ist das Grundbuchgericht später in den Besitz des Briefes gelangt, weil dieser z.B. zur Erledigung eines gestellten Antrages benötigt wird, und pfändet der Gläubiger nunmehr die hypothekarisch gesicherte Forderung, kann er den Anspruch des Hypothekengläubigers gegen das Grundbuchgericht auf Herausgabe des Briefes pfänden und sich zur Einziehung überweisen lassen (Verwahrungsverhältnis, § 695 BGB).[584]

---

582   **Streitig:** vgl. Zöller/*Stöber*, § 830 Rdn. 6.
583   BGH, NJW 1979, 2045.
584   Vgl. *Stöber*, Rdn. 1825.

Vollstrecken **mehrere Pfändungsgläubiger,** wird der Erstrangige den Brief nicht herausgeben. Zur Wirksamkeit der Pfändung ist jedoch die Einräumung des Mitbesitzes am Brief genügend. Der erstrangige Gläubiger muss auch dem nachrangigen Gläubiger den Mitbesitz einräumen; dies geschieht zweckmäßigerweise durch Aushändigung des Briefes an den Gerichtsvollzieher, der den Brief dann für alle pfändenden Gläubiger treuhänderisch verwahrt.[585]

6.358

Betreibt der Gläubiger nur eine **Teilpfändung** der hypothekarisch gesicherten Forderung, haben der gepfändete und der nichtgepfändete Teil zunächst Gleichrang.[586] Die Briefübergabe scheitert jedoch zunächst daran, dass der Gläubiger der Teilpfändung keinen Anspruch auf den Alleinbesitz des Briefes geltend machen kann. Nunmehr müssen Teilbriefe erstellt werden. Der Pfändungsgläubiger hat einen Anspruch auf Vorlage des Briefes beim Grundbuchgericht zwecks Bildung eines solchen Teilbriefes.[587] Mit Bildung dieser Teilbriefe und Aushändigung an den Pfändungsgläubiger ist die Pfändung dann bewirkt.

6.359

Ist die Forderung durch eine **Buchhypothek** gesichert, muss neben dem Pfändungsbeschluss die Eintragung der Pfändung im Grundbuch bei dem Recht erfolgen, § 830 Abs. 1 S. 3 ZPO. Zur Problematik des „Einheitsbeschlusses" vgl. Rdn. 6.365.

6.360

c) Zustellung an Drittschuldner

Ob es sich bei der Hypothek um ein Briefrecht oder ein Buchrecht handelt, in beiden Fällen ist zur Wirksamkeit der Pfändung die Zustellung an den Drittschuldner nicht erforderlich.[588] Vor Wirksamwerden der Pfändung kann jedoch der Drittschuldner mit befreiender Wirkung an den Hypothekengläubiger leisten. Stellt der Gläubiger den Pfändungsbeschluss jedoch vor Wirksamwerden der Pfändung dem Drittschuldner zu, wird die später eintretende Wirksamkeit der Pfändung dem Drittschuldner gegenüber auf den Zeitpunkt der Zustellung vorverlegt, § 830 Abs. 2 ZPO. Sofern die Hypothek tatsächlich nicht entsteht, vollzieht sich die Pfändung der Forderung nach § 829 ZPO, zur Wirksamkeit ist hier die Zustellung an den Drittschuldner zwingend, § 829 Abs. 3 ZPO. Fallen persönlicher Schuldner und Grundstückseigentümer auseinander, sind zwei Drittschuldner vorhanden, denen gegebenenfalls beiden zugestellt werden muss.

6.361

Während bei einer Buchhypothek die Pfändung mit konstitutiver Wirkung im **Grundbuch** bei dem Recht eingetragen werden muss, kann der

6.362

---

585 Zöller/*Stöber,* § 830 Rdn. 4.
586 OLG Oldenburg, Rpfleger 1970, 100.
587 OLG Oldenburg, Rpfleger 1970, 100.
588 Vgl. auch MünchKomm/*Smid* ZPO, § 830 Rdn. 18 unter Hinweis auf OLG Köln, OLGZ 1991, 154.

d) Zinsen

6.363 Gleichzeitig mit der Forderungspfändung, für die die Hypothek bestellt ist, kann der Gläubiger die **künftigen Zinsen** mitpfänden. Der Anspruch auf **rückständige Zinsen** wird jedoch wie eine gewöhnliche Geldforderung gepfändet und zur Einziehung überwiesen, §§ 830 Abs. 3 S. 1, 837 Abs. 2 S. 1, 829 ZPO, § 1159 BGB. Hier muss die Zustellung an den Drittschuldner zur Wirksamkeit erfolgen.

e) Verwertung

6.364 Die Verwertung der gepfändeten Forderung, für die eine Hypothek besteht, erfolgt durch Überweisung zur Einziehung oder an Zahlungs statt, §§ 836, 837 ZPO. Die **Überweisung** wird wirksam mit Aushändigung des Überweisungsbeschlusses an den Gläubiger, § 837 Abs. 1 S. 2 ZPO. Nur wenn die Überweisung an Zahlungs statt erfolgt und es sich um ein Buchrecht handelt, wird die Überweisung erst mit der Eintragung im Grundbuch bei dem Recht wirksam, § 837 Abs. 1 S. 2 ZPO. Eine Zustellung des Überweisungsbeschlusses an den Drittschuldner ist nur dann erforderlich, wenn auch rückständige Zinsen gepfändet sind, § 837 Abs. 2 ZPO. Die Rechtswirkungen der Überweisung und die damit verbundenen Verwertungsrechte des Gläubigers treten somit völlig losgelöst von einer Zustellung an den Drittschuldner ein.[590]

6.365 Grundsätzlich werden der Pfändungs- und Überweisungsbeschluss gleichzeitig in einem Beschluss erlassen (**Einheitsbeschluss**). Dies ist insbesondere deswegen zulässig, da Voraussetzung für beide Beschlüsse die Zustellung an den Drittschuldner ist. Die Überweisung wird erst dann wirksam, wenn zuvor die Pfändung wirksam wird. Da aber beide Zustellungen aufgrund des einheitlichen Beschlusses im selben Zeitpunkt erfolgen, treten auch die Rechtswirkungen der Überweisung mit der Wirksamkeit der Pfändung durch gleichzeitige Zustellung ein. Der BGH[591] fordert für den Fall der Pfändung hypothekarisch gesicherter Forderungen eine getrennte **primäre Pfändung;** erst nach dessen Wirksamkeit dürfe der Überweisungsbeschluss erlassen werden.[592] Auch wenn die Auffassung des BGH formaljuristisch richtig ist (vgl. Wortlaut § 837 Abs. 1 ZPO „Zur Überweisung

---

[589] Zöller/*Stöber*, § 830 Rdn. 8.
[590] *Stöber*, Rdn. 1840; unrichtig insoweit BGH, Rpfleger 1995, 119 m. Anm. *Riedel* = MDR 1995, 454 m. Anm. *Diepold* = NJW 1994, 3225 der von Zustellung der Überweisung an den Drittschuldner spricht.
[591] Rpfleger 1995, 119 m. Anm. *Riedel* = MDR 1995, 454 m. Anm. *Diepold* = NJW 1994, 3225.
[592] So auch Musielak/*Becker*, § 835 Rdn. 4.

einer **gepfändeten** Forderung, für die eine Hypothek besteht"), zwingt die Entscheidung aber nicht dazu, vom Einheitsbeschluss überhaupt Abstand zu nehmen. Bei hypothekarisch gesicherten Forderungen darf er, bei den übrigen sollte er allerdings nicht mehr in der bisherigen Weise erlassen werden. Pfändungsgläubiger, Vollstreckungsschuldner und vor allem auch der Drittschuldner sollten im oder mit dem Pfändungs- und Überweisungsbeschluss darauf hingewiesen werden, dass die Überweisung die wirksame Pfändung voraussetzt.[593]

f) Grundbucheintragung

Beantragt der Gläubiger die Eintragung der Pfändung im Grundbuch, und ist der Schuldner als Betroffener noch nicht voreingetragen, § 39 GBO, hat er ein **Antragsrecht,** die Grundbuchberichtigung durchzuführen, § 14 GBO. Ist z.B. noch der Erblasser im Grundbuch als Gläubiger des Rechtes eingetragen, hat der Vollstreckungsgläubiger ein Recht auf Aushändigung des Erbscheines oder der zur Grundbuchberichtigung erforderlichen Urkunden, § 792 ZPO. Notfalls muss der Gläubiger den Grundbuchberichtigungsanspruch, § 894 BGB, pfänden und sich zur Einziehung überweisen lassen, um dann seinen Anspruch klageweise durchzusetzen.[594]

6.366

g) Verwertung durch Zwangsversteigerung

Aus dem Range der Hypothek kann der Gläubiger die Zwangsversteigerung des Grundstückes betreiben, sofern er über einen Duldungstitel verfügt. Hat sich der Grundstückseigentümer bei Bestellung der Hypothek bereits der sofortigen Zwangsvollstreckung unterworfen, §§ 794 Abs. 1 Nr. 5, 800 ZPO, kann sich der Pfändungsgläubiger diese vollstreckbare Urkunde auf seinen Namen umschreiben lassen, § 727 ZPO (vgl. Rdn. 3.122).

6.367

24. Insolvenzgeld

Soweit die Ansprüche auf Arbeitsentgelt vor Stellung des Antrags auf Insolvenzgeld gepfändet worden sind, ergreift die Pfändung auch das Insolvenzgeld, sodass deswegen nicht erneut gepfändet und ein Drittschuldner bestimmt werden muss (§ 188 Abs. 2 SGB III). Ist der Antrag auf Insolvenzgeld bereits gestellt, sind aber die Ansprüche auf Arbeitsentgelt in diesem Zeitpunkt noch nicht gepfändet, so kann der Anspruch auf Insolvenzgeld wie der Anspruch auf Arbeitseinkommen gepfändet werden (§ 189 SGB III). Ist im Pfändungszeitpunkt der Antrag noch nicht gestellt, so erfasst die Pfändung den Anspruch erst für die Zeit ab Antragstellung (§ 189 SGB III).

6.368

---

593 Vgl. *Hintzen/Wolf,* Rpfleger 1995, 94, 97; *Riedel* in Anm. zu BGH, Rpfleger 1995, 122.
594 *Stöber,* Rdn. 1513, 1514 und Rdn. 1836.

Bei der Pfändung gilt als Drittschuldner die Agentur für Arbeit, die über den Anspruch auf die Geldleistung entschieden oder zu entscheiden hat (§ 334 SGB III).

25. Internet-Domain

6.369 Eine **Internet-Domain** hat als Zugangsadresse zu einer Homepage gegebenenfalls einen hohen Werbe- und Marktwert. Sie ist veräußerlich, kann gehandelt, vermietet und abgetreten werden und stellt damit ein pfändbares Vermögensrecht nach § 857 ZPO dar.[595] Die derzeitige Ausgestaltung des Vergabesystems für Domainnamen durch die DENIC e.G. steht einer Pfändbarkeit von Domainnamen entgegen. Im Vergleich zu pfändbaren immateriellen Schutzrechten wie etwa Marken- und Patentrechten ist die Pfändbarkeit von Domainnamen weder ausdrücklich gesetzlich geregelt noch existiert ein gesetzlich bestimmtes Prüfungsverfahren, das der Vergabe vorgeschaltet wäre und aus dem sich – wie bei der Vergabe von Marken und Patenten – eine Verselbstständigung dieser Rechte ergeben könnte. Die im Rahmen des Registrierungsverfahrens von der DENIC e.G. zugesagte Übertragbarkeit von Domainnamen bezieht sich allein auf die Mitwirkung der DENIC e.G. bei der formalen Vornahme der Umregistrierung. Eine solche Übertragbarkeit rechtfertigt mangels Aussage über die materiell-rechtliche Zulässigkeit der Übertragung von Nutzungsrechten an der jeweils registrierten Domain nicht die Annahme, Domains seien vom Inhaber der Domain losgelöste und damit pfändbare Rechte.[596]

6.370 Die Verwertung einer gepfändeten Internet-second-Level-Domain nebst aller daraus resultierender Rechte des Schuldners aus der Registrierung der Domain, insbesondere des Konnektierungsanspruchs, kann auch durch Versteigerung des Gerichtsvollziehers im Internet erfolgen. Der Übergang der Rechte tritt nicht mit Zuschlag, sondern mit Erklärung des Gerichtsvollziehers im Sinne des § 818 Abs. 2 ZPO ein.

6.371 Der Zuschlag darf nur mit Zustimmung der DENIC e.G. erfolgen.[597] Die Versteigerung einer Internet-Domain über ein Internet-Auktionshaus ist eine zulässige Verwertungsmöglichkeit. Internet-Domains können gem. § 811 Abs. 1 Nr. 5 ZPO unpfändbar sein, wenn sie als Arbeitsmittel für die Fortsetzung der Erwerbstätigkeit des Schuldners erforderlich sind.[598]

---

595 LG Düsseldorf = JurBüro 2001, 548 = InVo 2002, 116; LG Essen, Rpfleger 2000, 168; vgl. auch *Berger*, Rpfleger 2002, 181; *Hanloser*, Rpfleger 2000, 525; *Kleespies*, GRUR 2002, 764; *Schmittmann*, DGVZ 2001, 177.
596 LG München I, CR 2001, 342 = JurBüro 2001, 323 = InVo 2001, 212.
597 AG Bad Berleburg, Rpfleger 2001, 560.
598 LG Mönchengladbach, Rpfleger 2005, 38 = NJW-RR 2005, 439 = CR 2005, 536 LS. = JurBüro 2005, 47 = MDR 2005, 118 = InVo 2005, 199.

26. Leasingansprüche

Das Nutzungsrecht an einem Leasingobjekt unterliegt der Pfändung, wenn der Leasingnehmer nach den bestehenden Vereinbarungen berechtigt ist, den Gebrauch des Leasingobjekts einem Dritten zu überlassen. Die Pfändung erfolgt im Wege der Rechtspfändung gem. § 857 ZPO.[599]

6.372

27. Lebensversicherung

Der Anspruch auf die Versicherungsleistung ist grundsätzlich als gewöhnliche Geldforderung nach § 829 zu pfänden und nach § 835 zu überweisen. Die Pfändung einer Forderung setzt einen im Zeitpunkt der Pfändung in der Person des Schuldners bestehenden Anspruch gegen den Drittschuldner voraus; ist dies nicht der Fall, ist sie schlechthin nichtig. Das gilt auch, wenn der Anspruch auf Versicherungsleistung im Zeitpunkt der Pfändung zur Sicherheit **abgetreten** war und später zurückabgetreten werden soll.[600] Ebenso deutlich hat dies das OLG Frankfurt bestätigt: Ist die Lebensversicherung im Zeitpunkt des Wirksamwerdens der Pfändung, also mit der Zustellung des Pfändungsbeschlusses an den Drittschuldner, an einen Dritten wirksam abgetreten, ist die Pfändung wirkungslos und gewährt dem vollstreckenden Gläubiger keine Rechte. Dies gilt auch für eine Sicherungsabtretung. Eine aus diesem Grunde nichtige Pfändung erlangt nicht dadurch Wirksamkeit, dass die abgetretene Forderung nach der Pfändung an den Zedenten zurückabgetreten wird.[601]

6.373

Auch bei Einräumung eines unwiderruflichen Bezugsrechts auf den Erlebensfall bei einer Lebensversicherung erwirbt der Bezugsberechtigte die Ansprüche aus dem Versicherungsvertrag grundsätzlich sofort. Nach Auffassung des BGH[602] hat die Beklagte durch die Pfändung und Überweisung kein Recht zur Kündigung des Versicherungsvertrages erlangt. Sie konnte das dem Versicherungsnehmer trotz unwiderruflicher Bezugsrechtseinräumung verbliebene Kündigungsrecht nicht pfänden, da es nicht selbstständig, sondern nur zusammen mit dem Recht auf den Rückkaufswert übertragen und gepfändet werden kann.

6.374

28. Marke

Pfändbar und überweisbar nach § 29 MarkenG.[603] Auch das mögliche Anwartschaftsrecht, das als Folge der Anmeldung des Zeichens, die zum

6.375

---

599 AG Neuwied, DGVZ 1996, 142; hierzu auch *Behr,* JurBüro 1995, 457.
600 BGH, Rpfleger 2002, 272 = NJW 2002, 755 = KTS 2002, 323 = MDR 2002, 477 = VersR 2002, 334 = WM 2002, 279 = ZIP 2002, 226 = InVo 2002, 149.
601 InVo 2002, 114.
602 BGH, Rpfleger 2003, 515 = NJW 2003, 2679.
603 LG Düsseldorf, Rpfleger 1998, 356.

Eintragungsanspruch führt, entstehen könnte, ist pfändbar, vgl. § 31 MarkenG.[604] Gepfändet wird nach § 857 Abs. 1, 2, 5 ZPO durch das Vollstreckungsgericht, § 828 ZPO. Es gibt keinen Drittschuldner; insbesondere kommt das Patentamt nicht als solcher infrage, weil es dem Vollstreckungsschuldner nichts schuldet. Die Pfändung wird wirksam mit Zustellung des Beschlusses an den Vollstreckungsschuldner. Die Wirksamkeit der Pfändung hängt nicht von ihrer Eintragung im Register ab. Dennoch sollte der Vollstreckungsgläubiger diese Eintragung beantragen; denn sie bewirkt, dass das Patentamt einem Antrag des Vollstreckungsschuldners auf Löschung der Marke nicht ohne Zustimmung des Vollstreckungsgläubigers entsprechen (§ 48 Abs. 2 MarkenG) noch die Rücknahme der Anmeldung durch den Vollstreckungsschuldner als wirksam behandeln wird.[605]

29. Meistgebot in der Zwangsversteigerung

6.376   Der Anspruch des Meistbietenden (Erstehers) auf den Zuschlag kann nach § 857 ZPO gepfändet werden. Einen **Drittschuldner** gibt es nicht, weil der Anspruch auf den Zuschlag öffentlich-rechtlicher Natur ist. Die Rechtslage ist ähnlich der, die bei Pfändung des Anwartschaftsrechts nach Erklärung der Auflassung besteht: Der Vollstreckungsgläubiger erlangt infolge der Pfändung mit Erteilung des Zuschlags kraft Gesetzes eine Sicherungshypothek für seine Forderung (vgl. Rdn. 11.734).

30. Miet- und Pachtforderung

6.377   Die Miet- oder Pachtforderung ist als gewöhnliche Geldforderung außerhalb des von § 851b ZPO erfassten Bereichs nach §§ 829, 835 ZPO uneingeschränkt pfändbar.[606] Gesondert ausgewiesene Mietnebenkosten sollen wegen ihres Zweckes unpfändbar sein.[607] Die Pfändung künftiger Mietforderungen ist als **Dauerpfändung/Vorauspfändung** möglich. Wie die Vorratspfändung umfasst diese – jedenfalls bei ausdrücklicher Erwähnung im Beschluss – auch künftige Mieten, jedoch mit der aus § 751 Abs. 1 ZPO folgenden Einschränkung, dass die Pfändung jeder einzelnen Rate erst mit Fälligkeit der Rate wirksam wird, also den Rang nicht wahrt.[608]

---

604 *Stöber,* Rdn. 1651b; entsprechend BGH, NJW 1994, 3099 zum Patent.
605 Vgl. Bescheid d. Präs. d. DPA v. 11.2.1950 in GRUR 1950, 294 zum Warenzeichenrecht.
606 BGH, Rpfleger 2005, 206 = InVo 2005, 237.
607 OLG Celle, InVo 1999, 358 = NJW-RR 2000, 460; Zöller/*Stöber,* § 828 Rdn. 33 „Miete".
608 BGH, Rpfleger 2004, 169 = NJW 2004, 369 = FamRZ 2004, 183 = MDR 2004, 413 = WM 2003, 2408 = InVo 2004, 193 = WuB H. 3/2004 VI E. § 751 ZPO 1.04 *Hintzen;* ZVI 2003, 646; LG Flensburg, FamRZ 2004, 1224.

31. Milchkontingent

Als Anspruch mit öffentlich-rechtlichem Charakter nicht pfändbar.[609]   6.378

32. Miteigentumsanteil

a) Bewegliche Sache

Ist der Schuldner Miteigentümer an einer beweglichen Sache, unterliegt   6.379
dieser Miteigentumsanteil der Pfändung, da es sich um ein selbstständiges Vermögensrecht handelt, welches übertragen werden kann, § 747 Abs. 1 BGB, § 857 Abs. 1 ZPO. Die Pfändung wird wirksam mit Zustellung an den bzw. die übrigen Miteigentümer als Drittschuldner. Der Miteigentumsanteil unterliegt jedoch nur dann der Pfändung, wenn die bewegliche Sache selbst nicht unpfändbar ist, § 811 ZPO. Die Verwertung erfolgt durch Überweisung des Anspruches zur Einziehung, §§ 857 Abs. 1, 835 ZPO.

Selbst wenn die Miteigentümer vereinbart haben, dass die Aufhebung der   6.380
Gemeinschaft für immer oder auf Zeit ausgeschlossen oder von einer Kündigungsfrist abhängig ist, kann der Pfändungsgläubiger ohne Rücksicht hierauf die Aufhebung der Gemeinschaft verlangen, sofern der der Pfändung zugrunde liegende Schuldtitel rechtskräftig ist, § 751 S. 2 BGB. Die Aufhebung der Gemeinschaft erfolgt durch Teilung des Gegenstandes, sofern dieser ohne Wertverlust überhaupt teilbar ist, § 752 S. 1 BGB. Andernfalls muss der Gegenstand verkauft werden, um dann den Erlös zu teilen, § 753 Abs. 1 S. 1 BGB.

b) Unbewegliche Sache

Ist der Schuldner **Miteigentümer eines Grundstücks,** kann der Gläubi-   6.381
ger grundsätzlich in diesen Miteigentumsanteil im Wege der Immobiliarvollstreckung vorgehen, entweder durch Zwangsversteigerung, Zwangsverwaltung oder durch Eintragung einer Zwangssicherungshypothek, § 864 Abs. 2 ZPO.

Der einzelne Miteigentümer einer Bruchteilsgemeinschaft kann jederzeit   6.382
die Aufhebung dieser Gemeinschaft verlangen, § 749 Abs. 1 BGB. Selbst wenn das Recht zur Aufhebung der Gemeinschaft durch Vereinbarung für immer oder auf Zeit ausgeschlossen ist oder von einer Kündigung abhängig gemacht wurde, kann der Gläubiger gleichwohl die Aufhebung verlangen, wenn ein wichtiger Grund vorliegt, § 749 Abs. 2 BGB. Voraussetzung ist jedoch, das der der Pfändung zugrunde liegende **Titel rechtskräftig** ist, § 751 S. 2 BGB. Dieser Aufhebungsanspruch ist zwar grundsätzlich nur mit dem Miteigentumsanteil am Grundstück übertragbar, er kann jedoch einem Dritten zur Ausübung überlassen werden und unterliegt damit der Pfändung ge-

---

609 LG Aurich, Rpfleger 1997, 268; LG Memmingen, Rpfleger 1997, 120.

mäß § 857 Abs. 3 ZPO.[610] Mit dem Aufhebungsanspruch ist gleichzeitig der Anspruch auf Teilung und Auszahlung eines eventuellen Versteigerungserlöses zu pfänden und zu überweisen.[611] Bei der Pfändung ist darauf zu achten, dass neben dem Aufhebungsanspruch auch der Anspruch auf Zustimmung zur Teilung des Erlöses, insbesondere des Erlöses in der Zwangsversteigerung, gleichzeitig in dem Pfändungsbeschluss mit aufgenommen wird.[612]

6.383 Die Pfändung wird wirksam mit Zustellung an die übrigen Grundstücksmiteigentümer als Drittschuldner, §§ 857 Abs. 3, Abs. 1, 829 Abs. 3 ZPO. Die Pfändung ist auch dann möglich, wenn die Miteigentümer die **Aufhebung** der Gemeinschaft zu verlangen für immer oder auf Zeit **ausgeschlossen** oder von einer Kündigungsfrist abhängig gemacht haben, sofern der der Pfändung zugrunde liegende Schuldtitel rechtskräftig ist, § 751 S. 2 BGB.

6.384 Die Pfändung des schuldrechtlichen Aufhebungsanspruches bewirkt kein Pfandrecht an dem Miteigentumsanteil des Schuldners am Grundstück, demzufolge kann die Pfändung auch nicht im **Grundbuch** vermerkt werden.[613] Verwertet wird der Aufhebungsanspruch durch Überweisung zur Einziehung, §§ 857 Abs. 1, 835 Abs. 1 ZPO. Da die Teilung eines Grundstückes in Natur regelmäßig ausgeschlossen ist, erfolgt die **Verwertung** durch Zwangsversteigerung und nachfolgender Teilung des Erlöses, § 753 Abs. 1 S. 1 BGB. Den Antrag auf Anordnung der Auseinandersetzungsversteigerung kann der Gläubiger selbst stellen[614] (vgl. insgesamt GbR Rdn. 6.344).

33. Nießbrauch

6.385 Ein Nießbrauchsrecht ist ein höchstpersönliches Recht und kraft Gesetzes nicht übertragbar, § 1059 S. 1 BGB, und somit auch nicht pfändbar, § 851 Abs. 1 ZPO. Die Ausübung des Nießbrauches kann jedoch einem anderen überlassen werden, § 1059 S. 2 BGB, und unterliegt somit der Pfändung, § 857 Abs. 3 ZPO.[615] Haben Eigentümer und Berechtigter die Überlassung der Ausübung ausgeschlossen, steht dies der Pfändung nicht entgegen.[616] Gepfändet wird das Stammrecht.[617] Die Wirksamkeit tritt ein mit Zustellung an den Eigentümer als Drittschuldner.

6.386 Die Pfändung kann bei dem Recht im Grundbuch im Wege der Grundbuchberichtigung eingetragen werden.[618] Ein Nießbrauch, dessen Pfändung

---

610 BGH, Rpfleger 1984, 283 = NJW 1984, 1968 = ZIP 1984, 489.
611 BGH, Rpfleger 2006, 204; BGH, Rpfleger 1984, 283 = NJW 1984, 1968 = ZIP 1984, 489.
612 BGH, Rpfleger 1984, 283 = NJW 1984, 1968 = ZIP 1984, 489.
613 LG Siegen, Rpfleger 1988, 349.
614 ThürOLG, Rpfleger 2001, 445.
615 OLG Frankfurt, MDR 1990, 922 = NJW-RR 1991, 445; hierzu *Rossak*, MittBayNot 2000, 383.
616 BGH, Rpfleger 1985, 73.
617 BGH, NJW 1974, 796.
618 BayObLG, Rpfleger 1998, 69 = DNotZ 1998, 302 = ZIP 1997, 1852 = InVo 1998, 163 = MittBayNot 1998, 35 = ZfIR 1997, 620; LG Bonn, Rpfleger 1979, 349.

im Grundbuch vermerkt ist, kann nur mit Bewilligung des Pfändungsgläubigers gelöscht werden. Weiß das Grundbuchamt, dass ein Nießbrauch wirksam gepfändet, die Pfändung aber im Grundbuch nicht vermerkt ist, darf es den Nießbrauch allein aufgrund einer Bewilligung des Nießbrauchsberechtigten nicht löschen, es sei denn, die Aufhebungserklärung ist schon vor Wirksamwerden der Pfändung für den Nießbrauchsberechtigten bindend geworden.[619]

Auch wenn die Überweisung des Nießbrauches selbst zur Einziehung erfolgt, kann der Gläubiger nur die Ausübungsbefugnis verwerten. Er kann sämtliche Rechte des Schuldners aus dem Nießbrauch geltend machen, also insbesondere die Nutzungen aus dem Grundstück ziehen. Die Pfändung des Nießbrauchs gibt dem Pfändungsgläubiger jedenfalls keinen Anspruch auf Räumung und Herausgabe des Grundstücks. Der gepfändete Nießbrauch wird vielmehr gemäß § 857 Abs. 4 S. 2 ZPO durch Anordnung einer Verwaltung verwertet, wobei das Verwaltungsverfahren zweckmäßigerweise den Vorschriften des ZVG entsprechend geregelt wird.[620]

34. Patent

Pfändbar ist der Anspruch auf Erteilung und das Recht aus dem **Patent**.[621] Das Pfändungspfandrecht an der durch die Anmeldung begründeten Anwartschaft setzt sich nach Erteilung des Patents an diesem fort.

35. Pfändungspfandrecht

Die Rechtsstellung des Schuldners als Gläubiger eines Pfändungs- und Überweisungsbeschlusses unterliegt nicht der Pfändung. Auch das Einziehungsrecht aus dem bestehenden Pfändungs- und Überweisungsbeschluss ist nicht pfändbar.[622]

36. Pflichtteilsanspruch

Jede Forderung, die auf Zahlung in Geld gerichtet ist, kann grundsätzlich gepfändet werden. Ob die Forderung betagt, bedingt, zeitbestimmt oder von einer Gegenleistung abhängig ist, ist hierbei unerheblich. Der Pflichtteilsanspruch ist eine übertragbare Geldforderung und daher grundsätzlich pfändbar. Allerdings ist der Pflichtteilsanspruch der Pfändung nur dann un-

---

619 BayObLG, Rpfleger 1998, 69 = DNotZ 1998, 302 = ZIP 1997, 1852 = InVo 1998, 163 = MittBayNot 1998, 35 = ZfIR 1997, 620.
620 OLG Düsseldorf, Rpfleger 1997, 315 = InVo 1997, 131 = ZfIR 1997, 410; LG Lübeck, Rpfleger 1993, 360; vgl. *Hintzen,* JurBüro 1991, 755, 757.
621 BGH, Rpfleger 1994, 512 = NJW 1994, 3099; vgl. auch *Zimmermann,* InVo 1999, 3 ff.
622 OLG Nürnberg, JurBüro 2001, 606 = MDR 2001, 1133; LG Leipzig, Rpfleger 2000, 401.

terworfen, wenn er durch Vertrag anerkannt oder rechtshängig geworden ist, § 852 Abs. 1 ZPO. Diese Voraussetzungen musste der Gläubiger bisher bei der Pfändung vortragen. Drittschuldner ist der Erbe bzw. die Erben in Erbengemeinschaft.

6.391   Der BGH[623] hat in einer Entscheidung vertreten, dass ein Pflichtteilsanspruch auch bereits vor vertraglicher Anerkennung oder Rechtshängigkeit entgegen § 852 Abs. 1 ZPO gepfändet werden kann. Der BGH bezeichnet den Anspruch „als in seiner zwangsweisen Verwertbarkeit aufschiebend bedingt". Die Vorverlagerung des Gläubigerpfandrechts beeinträchtigt nicht die Handlungs- und Entscheidungsfreiheit des Schuldners. Bei einer derart eingeschränkten Pfändung erwirbt der Gläubiger bei Eintritt der Verwertungsvoraussetzungen ein vollwertiges Pfandrecht, dessen Rang sich nach dem Zeitpunkt der Pfändung bestimmt. Zunächst darf also nur der Pfändungsbeschluss erlassen werden und kein Überweisungsbeschluss.[624]

6.392   Dennoch bedeutet dies für den Gläubiger eine vollwertige Vollstreckungsmöglichkeit ab dem Zeitpunkt des Erbfalls, jedoch bleibt es nach wie vor dem Schuldner überlassen, ob er seinen Pflichtteilsanspruch gegen die Erben durchsetzen will oder nicht. In seinem Pfändungsantrag muss der Gläubiger zu den Voraussetzungen des § 852 Abs. 1 ZPO allerdings nichts mehr sagen.

37. Rangvorbehalt

6.393   Mit dem Rangvorbehalt behält sich der Eigentümer die Befugnis vor, ein dem Umfang nach bestimmtes Recht mit dem Rang vor einem noch zu bestellenden dinglichen Recht eintragen zu lassen. Der Rangvorbehalt ist jedoch ein höchstpersönliches Recht des Eigentümers, weder übertragbar noch kann die Ausübung einem anderen überlassen werden, und ist somit auch nicht pfändbar.[625]

38. Reallast

6.394   Ist die Reallast zugunsten des jeweiligen Eigentümers eines anderen Grundstückes bestellt worden, gehört sie zum wesentlichen Bestandteil dieses herrschenden Grundstückes, ist somit nicht übertragbar und auch nicht pfändbar, § 1105 Abs. 2 BGB, § 851 Abs. 1 ZPO.

6.395   Steht das Recht dem Schuldner jedoch persönlich zu, kann es von dem Gläubiger gepfändet werden, sofern die Einzelleistungen aus dem Recht selbst übertragbar sind bzw. nicht höchstpersönlich sind (wie z.B. Pflege-

---

623 Rpfleger 1994, 73 = NJW 1993, 2876 = MDR 1994, 203.
624 So *Behr,* JurBüro 1996, 65; **a.A.** Zöller/*Stöber,* § 852 Rdn. 3.
625 BGH, NJW 1954, 954; MünchKomm/*Wacke* BGB, § 881 Rdn. 14; *Stöber,* Forderungspfändung, Rdn. 1733; Meikel/*Böttcher,* § 45 Rdn. 197.

verpflichtung, Beköstigung). Die Pfändung erfolgt nach den Vorschriften über die Zwangsvollstreckung, die für die Hypothek gelten, §§ 857 Abs. 6, 830 ZPO. Zur Wirksamkeit der Pfändung ist daher in Bezug auf **künftige Einzelleistungen** die **Eintragung im Grundbuch** erforderlich, § 830 Abs. 1 S. 3 ZPO. Die Pfändung **rückständiger Einzelleistungen** wird wirksam mit Zustellung an den Eigentümer als Drittschuldner, §§ 830 Abs. 3, 829 Abs. 3 ZPO.

Der Gläubiger hat nach der Pfändung die Wahl der Überweisung zur Einziehung oder an Zahlungs statt. Bei der **Überweisung an Zahlungs statt** ist bei den zukünftigen Einzelleistungen zur Wirksamkeit die Eintragung im Grundbuch erforderlich, § 837 Abs. 1 S. 2 ZPO. Im Übrigen wird die **Überweisung zur Einziehung** wirksam mit Zustellung an den Eigentümer als Drittschuldner, §§ 837 Abs. 2, 835, 829 Abs. 3 ZPO.[626] Wegen der rückständigen Einzelleistungen hat der Gläubiger auch das Recht, im Range der Reallast die Zwangsversteigerung des Grundstückes zu betreiben, hierzu bedarf er jedoch eines Duldungstitels.[627]

6.396

39. Rückauflassungsanspruch

Hat der Schuldner ein Grundstück unentgeltlich übertragen, sich jedoch das Recht vorbehalten, es jederzeit ohne Angabe von Gründen zurückzuverlangen, dann kann ein Gläubiger dieses Recht des Schuldners jedenfalls zusammen mit dem künftigen oder aufschiebend bedingten und durch eine Vormerkung gesicherten **Rückauflassungsanspruch** pfänden und sich zur Einziehung überweisen lassen.[628] Die Pfändbarkeit des Rechts, die Rückübertragung zu verlangen, ist nicht etwa wegen dessen Unveräußerlichkeit ausgeschlossen. Das im vorliegenden Fall vereinbarte Recht des Schuldners, die Rückauflassung zu verlangen, ähnelt dem Wiederkaufsrecht (§ 456 BGB) oder einem Aneignungsrecht. Diese Rechte, bei denen es sich ebenfalls um selbständige Gestaltungsrechte handelt, sind ohne weiteres übertragbar.

6.397

40. Rückgewährsanspruch

a) Pfändung

Regelmäßig sichert die im Grundbuch eingetragene Fremdgrundschuld eine Forderung, die aufgrund der Sicherungsabrede zwischen dem Schuld-

6.398

---

626 Vgl. *Hintzen,* JurBüro 1991, 755, 761, 762.
627 *Stöber,* § 15 Rdn. 9.1.
628 BGH, Rpfleger 2003, 372 = NJW 2003, 1858 = FamRZ 2003, 858 = KTS 2003, 480 = MDR 2003, 776 = WM 2003, 940 = ZIP 2003, 1217 = InVo 2003, 284 = ZfIR 2004, 124 = ZNotP 2003, 218 = ZVI 2003, 280; hierzu *Meyer/Burrer,* NotBZ 2004, 383; *Berringer,* DNotZ 2004, 245.

ner und dem Grundschuldgläubiger vereinbart wurde. Da die Grundschuld somit nur zu Sicherungszwecken bestellt wurde, ist sie dem Grundstückseigentümer zurückzugewähren, wenn der Sicherungszweck weggefallen ist.[629] Der Grundschuldgläubiger kann den Rückgewähranspruch erfüllen durch **Rückübertragung** des Rechtes auf den Eigentümer, § 1154 BGB, durch **Verzicht** auf die Grundschuld, § 1168 BGB, oder durch **Aufhebung** des Rechts, § 875 BGB.

6.399 Der Rückgewähranspruch des Eigentümers ist oftmals an im Range gleichstehende oder nachrangige Rechte abgetreten. Diese Gläubiger verlangen die Abtretung zu weiteren Sicherungszwecken. Falls der Vollstreckungsgläubiger den Rückgewähranspruch des Eigentümers gegen eine erstrangige Grundschuld pfändet, geht diese ins Leere, da dem Eigentümer dieser Anspruch nicht mehr zusteht. Auch im Falle der Rückabtretung des Anspruchs an den Eigentümer lebt das Pfandrecht nicht wieder auf.[630] Da die Abtretung nur zu weiteren Sicherungszwecken erfolgt, hat der Eigentümer gegenüber den gleichstehenden oder nachrangigen Gläubigern einen Anspruch auf Rückabtretung, wenn der abgetretene Rückgewähranspruch nicht mehr benötigt wird.[631] Dieser Anspruch des Eigentümers auf Rückgewähr des abgetretenen Rückgewähranspruches ist pfändbar, §§ 857, 829 ZPO.[632]

6.400 **Beispiel:**

III/1 50.000,– € Grundschuld für A
III/2 40.000,– € Grundschuld für B
III/3 30.000,– € Grundschuld für C
Gepfändet werden müssen:
- der Rückgewähranspruch des Eigentümers gegenüber den Gläubigern III/1, 2, 3;
- der Anspruch auf Rückabtretung des Rückgewähranspruches des Eigentümers gegenüber dem Gläubiger des Rechtes III/2 aus dem abgetretenen Anspruch III/1 an III/2 und gleichermaßen gegenüber dem Gläubiger des Rechtes III/3 aus dem Anspruch III/2 an III/3;
- der Anspruch auf Rückabtretung des abgetretenen Rückgewähranspruches gegenüber dem Gläubiger des Rechtes III/3 aus dem abgetretenen Anspruch von III/1 an III/2.

6.401 Die **Pfändung** erfolgt insgesamt nach den Vorschriften über die Geldforderung, §§ 857 Abs. 1, 829 ZPO. Die Pfändung wird wirksam mit **Zustellung** an den **Drittschuldner,** an die jeweiligen im Grundbuch eingetragenen Grundschuldgläubiger. Die Pfändung bewirkt jedoch kein Recht an

---

629 BGH, Rpfleger 1991, 105 = NJW 1991, 305; BGH, NJW 1977, 247; BGH, ZIP 1982, 1051.
630 BGH, NJW 1971, 1939.
631 MünchKomm/*Eickmann* BGB, § 1191 Rdn. 95.
632 OLG Frankfurt, JurBüro 1984, 109.

der Grundschuld, der Grundschuldgläubiger kann nach wie vor über die Grundschuld verfügen.[633]

b) Überweisung

Die **Verwertung** des gepfändeten Rückgewähranspruches erfolgt nur durch Überweisung zur Einziehung, da ein Nennwert nicht vorhanden ist.[634] Es wird jedoch auch die Auffassung vertreten, dass eine Überweisung an Zahlungs statt zulässig ist.[635] Der Forderung auf Rückgewähr wird in diesem Fall der gleiche Nennwert wie der der Eigentümergrundschuld zugeschrieben. Diese Verwertungsart hat zur Folge, dass bei Rückgewähr keine Eigentümergrundschuld entsteht, sondern direkt ein Fremdrecht für den Vollstreckungsgläubiger. Dieses Recht ist dann folgerichtig auch nicht dem gesetzlichen Löschungsanspruch eines nachrangigen Grundpfandrechtsgläubigers ausgesetzt. Da sich das Pfandrecht an dem schuldrechtlichen Rückgewähranspruch im Wege der dinglichen Surrogation jedoch nur bei Rückgewähr durch Rückabtretung an der Grundschuld fortsetzt[636], ist die Überweisung an Zahlungs statt auch nur in diesem Falle zulässig.

6.402

c) Wirkung der Erfüllung des Rückgewähranspruches

Erfüllt der Gläubiger den Rückgewähranspruch durch **Aufhebung** der Grundschuld, erlischt diese, §§ 875, 1192 BGB. Diese Art der Erfüllung ist für den Pfändungsgläubiger uninteressant, da das Pfandrecht erlischt. Der Gläubiger hat nur dann einen Vorteil davon, wenn er an dem Grundstück des Schuldners für die titulierte Forderung eine Zwangssicherungshypothek hat eintragen lassen, die nunmehr mit Erlöschen der vorrangigen Grundschuld im Range aufrückt.

6.403

Erfüllt der Grundschuldgläubiger den Rückgewähranspruch durch **Rückübertragung** an den Eigentümer, entsteht eine Eigentümergrundschuld, §§ 1192, 1154 BGB. Im Wege der dinglichen Surrogation wandelt sich kraft Gesetzes das Pfandrecht am Rückgewähranspruch in ein Pfandrecht an der Eigentümergrundschuld um, § 1287 BGB analog.[637] Die Abtretungserklärung und der Brief sind daher an den Vollstreckungsgläubiger direkt auszuhändigen. Unter Vorlage des Briefes kann die Pfändung der Eigentümergrundschuld im Grundbuch vermerkt werden. Bei einem Buchrecht bedarf die Wirksamkeit der Pfändung der Eintragung. Mit der Umschreibung der

6.404

---

633 OLG Schleswig, Rpfleger 1997, 267.
634 *Stöber,* Rdn. 1892; MünchKomm/*Eickmann* BGB, § 1191 Rdn. 119.
635 OLG Braunschweig, JurBüro 1969, 439; *Dempewolf,* NJW 1959, 558.
636 Unklar insoweit Musielak/*Becker,* § 857 Rdn. 2.
637 OLG Hamm, ZIP 1983, 806, 807; MünchKomm/*Eickmann* BGB, § 1191 Rdn. 119.

Grundschuld auf den Namen des Eigentümers muss der Gläubiger die Eintragung des Pfändungsvermerkes direkt bewirken. Hat sich der Pfändungsgläubiger den Anspruch an **Zahlungs statt** überweisen lassen, entsteht direkt zu seinen Gunsten ein Fremdrecht. Er kann dann aus diesem Recht die **Zwangsversteigerung** in das Grundstück betreiben, sofern er über einen Duldungstitel verfügt. Diesen erwirkt er entweder klageweise oder, falls sich der Eigentümer bereits vorher der sofortigen Zwangsvollstreckung unterworfen hat, kann er die Schuldurkunde auf seinen Namen umschreiben lassen, § 727 ZPO (vgl. insgesamt Rdn. 3.122).

6.405 Erfüllt der Grundpfandrechtsgläubiger den Rückgewähranspruch durch **Verzicht** auf die Grundschuld, entsteht eine Eigentümergrundschuld, §§ 1168, 1192 BGB. Der Vollstreckungsgläubiger erlangt jedoch kein Pfandrecht an der Eigentümergrundschuld, da eine dingliche Surrogation nicht eintritt.[638] Das Pfandrecht an dem Rückgewähranspruch ist erloschen. An der Eigentümergrundschuld hat der Vollstreckungsgläubiger keinerlei Rechte. Er muss jetzt die Eigentümergrundschuld noch pfänden.

41. Schlusserbenstellung

6.406 Nicht der Pfändung unterliegen tatsächliche, aber rechtlich nicht geschützte Aussichten, z.B. die **Schlusserbenstellung** aufgrund eines Berliner Testamentes, § 2269 BGB.

42. Sondernutzungsrecht

6.407 Das in der Teilungserklärung begründete Recht der teilenden Eigentümerin, Sondernutzungsrechte an Kfz-Stellplätzen durch Zuweisung an einzelne Miteigentümer zu begründen, unterliegt nicht der Pfändung.[639]

43. Steuererstattungsanspruch

6.408 Ein Pfändungs- und Überweisungsbeschluss über nicht näher konkretisierte **Umsatzsteuervergütungsansprüche** ist auch dann hinsichtlich der bei seiner Zustellung bereits entstandenen Ansprüche hinreichend bestimmt, wenn der letzte betroffene Vergütungszeitraum nicht benannt ist. Ein solcher Beschluss ist dahin auszulegen, dass alle bereits entstandenen Vergütungsansprüche betroffen sind.[640]

6.409 Bei der Pfändung und Überweisung von Steuererstattungsansprüchen hat der Gläubiger keinen Anspruch gegen den Schuldner gemäß § 836 Abs. 3 ZPO auf Herausgabe der **Lohnsteuerkarte,** da er diese für seine

---

638 BGH, ZIP 1989, 1174; überholt daher: OLG Celle, JR 1955, 146.
639 OLG Stuttgart, Rpfleger 2002, 5676 = NZM 2002, 884 = ZMR 2003, 56 = BWNotZ 2002, 186 = InVo 2002, 431; *Schuschke,* NZM 1999, 830.
640 BFH, Rpfleger 2001, 603.

Rechtsverfolgung gegen den Drittschuldner nicht benötigt.[641] Etwas differenzierter sieht dies der BGH in einer neueren Entscheidung[642]. Wer einen Anspruch auf Erstattung von Einkommensteuern gepfändet und zur Einziehung überwiesen erhalten hat, kann den Hilfsanspruch auf Abgabe der Steuererklärung aus diesem Titel grundsätzlich durch Haftantrag gegen den Schuldner vollstrecken. Die Herausgabe der Lohnsteuerkarte und anderer Besteuerungsunterlagen des Schuldners an den Vollstreckungsgläubiger darf erst dann angeordnet werden, wenn der Vollstreckungsgläubiger glaubhaft gemacht hat, dass er den Besitz dieser Urkunden aufgrund einer Beteiligung an dem Verfahren zur Festsetzung der Einkommensteuern des Schuldners, eines eigenen Einspruchs oder einer eigenen Klage gegen den Drittschuldner benötigt (vgl. Rdn. 6.61).

Es ist nicht rechtsmissbräuchlich, wenn der Schuldner ihm zustehende **Steuerfreibeträge** nicht auf der Steuerkarte eintragen lässt. Überzahlte Steuern muss der Gläubiger durch Pfändung eventueller Rückerstattungsansprüche erwirken. Es steht nach Auffassung des Beschwerdegerichts einem Schuldner frei, ob er bei der Ausübung der Erwerbstätigkeit den Lohnsteuerabzug auf der Basis der von der Gemeinde ausgestellten Lohnsteuerkarte leistet und so evtl. zu hohe Vorauszahlungen erbringt, die er dann erst bei der Veranlagung zurückerhält oder ob er von der nach § 39a EStG eingeräumten Möglichkeit Gebrauch macht, auf der Lohnsteuerkarte vom Arbeitseinkommen absetzbare Freibeträge eintragen zu lassen.[643] 6.410

44. Urheberrecht

Wird ein nicht übertragbares, ausschließliches Nutzungsrecht an einem Urheberrecht (hier: an einer Yachtkonstruktion) im Wege der Zwangsvollstreckung versteigert, so ist der Zuschlag nur wirksam, wenn der Urheber zugestimmt hat oder zustimmt.[644] 6.411

45. Unselbstständige Rechte

Nicht pfändbar sind **unselbstständige Rechte**, z.B. Gestaltungsrechte (Kündigung) oder akzessorische Rechte (Bürgschaft), § 401 BGB. 6.412

46. Vorkaufsrecht

Steht das Vorkaufsrecht dem jeweiligen Eigentümer eines anderen Grundstückes zu, ist es wesentlicher Bestandteil des herrschenden Grundstückes, somit nicht übertragbar und auch nicht pfändbar, § 1094 Abs. 2 6.413

---

641 LG Potsdam, Rpfleger 2002, 530; LG Münster, Rpfleger 2002, 632.
642 Rpfleger 2004, 228 = NJW 2004, 954 = WM 2004, 394 = ZIP 2004, 528.
643 LG Detmold, Rpfleger 2002, 630.
644 OLG Hamburg, ZUM 1992, 547.

BGB, § 851 Abs. 1 ZPO. Steht das Recht jedoch dem Schuldner persönlich zu, § 1094 Abs. 1 BGB, unterliegt es der Pfändung nur dann, wenn die Übertragbarkeit zwischen Eigentümer und Berechtigtem ausdrücklich vereinbart wurde, §§ 1098 Abs. 1, 473 BGB. Die vereinbarte Übertragbarkeit bedarf zu ihrer Wirksamkeit der Eintragung im Grundbuch.[645]

6.414 Die Pfändung wird wirksam mit Zustellung an den Eigentümer als Drittschuldner, §§ 857 Abs. 1, 829 Abs. 3 ZPO. Die Pfändung kann im **Grundbuch** bei dem Recht im Wege der Grundbuchberichtigung vermerkt werden (vgl. Rdn. 6.386). Bei der **Verwertung** der Pfändung ist zu unterscheiden, ob ein Kaufvertrag bereits vor Wirksamwerden der Pfändung vorliegt oder nachträglich abgeschlossen wird. Im ersteren Falle kann das Vorkaufsrecht durch den Schuldner bereits ausgeübt worden sein. In diesem Falle geht die Pfändung ins Leere. Der Gläubiger muss dann die Ansprüche des Schuldners aus dem Kaufvertrag (Eigentumsverschaffungsanspruch, Anwartschaftsrecht) pfänden. Ist das Vorkaufsrecht noch nicht ausgeübt, oder wird der Kaufvertrag erst nach der Pfändung geschlossen, setzt sich das Pfandrecht des Gläubigers nach Ausübung des Vorkaufsrechtes an den Ansprüchen aus dem Kaufvertrag fort. Die weitere Sicherstellung des Pfandrechtes erfolgt nach § 848 ZPO, für die Auflassung des Grundstückes ist ein Sequester zu bestellen, der für den Schuldner die Erklärung entgegennimmt und gleichzeitig für die titulierte Gläubigerforderung eine Sicherungshypothek an dem Grundstück zur Eintragung bewilligt (vgl. hierzu Rdn. 6.302 ff.).

47. Warenzeichen

6.415 Nach der Änderung des § 8 WZG (§ 47 ErstrGes) kann nunmehr ein Warenzeichen wie jedes andere Vermögensrecht einer Pfändung unterliegen.[646]

48. Wechsel

6.416 Die Pfändung von Forderungen aus Wechseln und anderen indossablen Papieren wird dadurch bewirkt, dass der Gerichtsvollzieher diese Papiere in Besitz nimmt (§ 831 ZPO). Zur Pfändung bedarf es keines Beschlusses des Vollstreckungsgerichts.[647] Mit der Inbesitznahme des Wertpapiers durch den Gerichtsvollzieher sind die darin verbrieften Forderungen aber nur gepfändet. Zur **Verwertung** bedarf es zusätzlich eines Überweisungsbeschlusses des Vollstreckungsgerichts nach § 835 ZPO.

49. Wohnungsrecht

6.417 s. Dienstbarkeit

---

645 OLG Hamm, Rpfleger 1960, 154; Rpfleger 1989, 148.
646 *Repenn*, NJW 1994, 175.
647 RGZ 61, 331.

50. Zugewinnausgleich

Gepfändet und verwertet wird der Anspruch nach §§ 829, 835 ZPO. **Drittschuldner** ist der andere Ehepartner/Lebenspartner. Jedoch bestimmt § 852 Abs. 2 ZPO, dass er – wie der Pflichtteilsanspruch – „der Pfändung nur dann unterworfen ist, wenn er durch Vertrag anerkannt oder rechtshängig geworden ist". Nach der Entscheidung des BGH[648] kann die Pfändung vor Eintritt einer dieser Voraussetzungen bereits erfolgen. Bei Eintritt der Verwertungsvoraussetzungen entsteht ein vollwertiges Pfandrecht mit Rang vom Zeitpunkt der Zustellung des Pfändungsbeschlusses an den Drittschuldner.

6.418

51. Zwangsversteigerungserlös

Die Ansprüche der Berechtigten auf Auszahlung der ihnen zukommenden Teile am Versteigerungserlös sind als Zahlungsanspruch pfändbar. Die Pfändung dieser Ansprüche am Erlös ist aber erst **nach dem Zuschlag** zulässig.[649] Einen Drittschuldner gibt es nach **h.M.** nicht.[650]

6.419

Der Anspruch des Schuldners **auf Auszahlung eines Mehrerlöses** (Übererlöses) ist ebenfalls nach § 857 Abs. 1 ZPO zu pfänden. Auch hier ist die Pfändung erst nach Erteilung des Zuschlags zulässig. Einen Drittschuldner gibt es auch nicht.

6.420

52. Zwangsverwaltungserlös

Die Forderungen gegen den Zwangsverwalter sind als gewöhnliche Geldforderungen nach § 829 ZPO zu pfänden und nach § 835 ZPO zur Einziehung zu überweisen. **Drittschuldner** ist der Zwangsverwalter. Auch Forderungen, die erst bei der Aufhebung des Zwangsverwaltungsverfahrens fällig werden, können schon während der Verfahrensdauer als künftige Forderungen gepfändet werden.[651]

6.421

---

648 NJW 1993, 2876 zum Pflichtteilsanspruch.
649 *Stöber*, Forderungspfändung, Rdn. 1989; *Stöber*, § 114 Anm. 5.20 und die dort Zitierten; *Böttcher*, § 117 Rdn. 14 ff.
650 S. Fn. 649 und Dassler/*Muth*, § 117 Rdn. 19 bis 25.
651 Vgl. BGHZ 120, 131.

7. Abschnitt
Vollstreckung wegen Herausgabe, Duldung, Unterlassung sowie der Abgabe von Willenserklärungen (§§ 883–898 ZPO)

Der 3. Abschnitt des 8. Buches der ZPO befasst sich mit der Zwangsvollstreckung zur Erwirkung 7.1

- der Herausgabe/Leistung beweglicher Sachen, §§ 883–886 ZPO;
- von vertretbaren (§ 887 ZPO) bzw. unvertretbaren (§§ 888, 889 ZPO) Handlungen;
- von Unterlassungen und Duldungen (§ 890 ZPO);
- der Abgabe einer Willenserklärung (§§ 894–898 ZPO).

Unberührt hiervon bleibt gemäß § 893 ZPO das Recht des Gläubigers, 7.2 die Leistung des Interesses aufgrund materiell-rechtlicher Vorschriften (z.B. § 280 ff. BGB) wegen Nichterfüllung des den §§ 883–890 ZPO zugrunde liegenden Anspruchs zu verlangen. Auf § 894 ZPO findet § 893 ZPO – wie schon aus der systematischen Stellung deutlich – keine Anwendung[1]. Sachlich und örtlich ausschließlich zuständig für eine derartige Klage des Gläubigers auf Schadensersatz statt Leistung ist das Prozessgericht des ersten Rechtszuges (§§ 893 Abs. 2, 802 ZPO).

Kapitel A
Herausgabe/Leistung beweglicher Sachen, §§ 883–884 ZPO

I. Herausgabe

1. Ziel

Zweck der Herausgabevollstreckung ist die Befriedigung des Sachleistungsinteresses durch Beschaffung unmittelbaren Fremd- oder Eigenbesitzes des Gläubigers oder eines im Titel bezeichneten Dritten an einer beweglichen körperlichen Sache (Stück- oder Vorratsschuld; für Gattungsschulden gilt § 884 ZPO). Soll der Gläubiger auch Eigentümer oder Inhaber eines sonstigen Rechts (z.B. Pfandrechts) werden, kommen daneben die §§ 894 ff. ZPO zur Anwendung. 7.3

---

1 **H.M.**, vgl. RGZ 76, 409, 412.

2. Titel

7.4 Der – ggf. auszulegende – Titel muss auf Herausgabe, Zurückbringen, Rückgabe oder Übergabe lauten oder diese mit beinhalten (Übereignung), also auf eine körperliche Übergabe gerichtet sein. Dazu gehört auch die Einräumung von Mitbesitz an beweglichen Gegenständen[2]. § 883 ZPO findet entsprechende Anwendung bei Titeln auf Hinterlegung oder Vorlegung bestimmter Sachen zwecks Besichtigung oder Einsichtnahme, z.B. gemäß §§ 809, 810 BGB[3]. Daher fällt unter § 883 ZPO die Vorlage einer Urkunde zwecks **Auskunftserteilung,** soweit sich die Auskunftserteilung allein darauf beschränkt; ist hingegen umfassend zur Auskunft verurteilt worden, die Herausgabe einer Sache daher nur ein, nicht aber einziges Element zu deren Erfüllung, findet § 888 ZPO Anwendung[4].

7.5 Enthält der Titel neben der geschuldeten Herausgabe **weitere** die herauszugebende Sache betreffende **Pflichten** des Schuldners (wie z.B. Aufstellung, Bearbeitung, Beschaffung, Herstellung, Montage, Reparatur, Versendung) ist **streitig,** ob die Vollstreckung nur gemäß §§ 883, 893 ZPO bzw. §§ 884, 893 ZPO zu erfolgen hat, ob ergänzend die §§ 887, 888 ZPO eingreifen oder ob sowohl die §§ 883 ff. ZPO als auch §§ 887 ff. ZPO Anwendung finden[5]. Dieser Streit ist nicht ohne Bedeutung, weil ggf. das funktionell nicht zuständige Vollstreckungsorgan tätig wird, was zu einer rechtswidrigen Vollstreckung führen kann mit der weiteren Folge, dass der Gläubiger die insoweit entstandenen Kosten nicht als notwendige Kosten der Zwangsvollstreckung gem. § 788 ZPO geltend machen kann. So hat der BGH[6] entschieden, dass bei einem Titel, der sowohl auf Herausgabe von Räumen als auch auf Beseitigung von Anlagen, also auf Vornahme einer vertretbaren Handlung lautet, die Zwangsvollstreckung zur Erzwingung der Herausgabe von Räumen allein Sache des Gerichtsvollziehers ist, während sich die Vollstreckung der Beseitigungspflicht nach § 887 ZPO richtet.

7.6 So sind **Arbeitspapiere** gemäß § 883 ZPO herauszugeben, wenn sie vollständig ausgefüllt sind;[7] die auf Ausfüllung einer Arbeitsbescheinigung und deren Herausgabe zielende Verpflichtung ist einheitlich gemäß § 888 ZPO

---

2   OLG Braunschweig, InVo 1997, 133.
3   **H.M.,** vgl. OLG Hamm, NJW 1974, 653; Thomas/*Putzo,* § 883 Rdn. 3; Münch-Komm/*Schilken* ZPO, § 883 Rdn. 6, 7 m.w.N.
4   OLG Karlsruhe, Rpfleger 2000, 311 = InVo 2000, 398; OLG Frankfurt, NJW-RR 1992, 171; OLG Köln, NJW-RR 1988, 1210; 1989, 567; JurBüro 1995, 550; InVo 1996, 78.
5   Vgl. im Einzelnen OLG Zweibrücken, InVo 2000, 398 = JurBüro 2001, 48; Schuschke/*Walker,* § 883 Rdn. 3; MünchKomm/*Schilken* ZPO, § 883 Rdn. 8–10 m.w.N.
6   BGH, Rpfleger 2004, 505 = InVo 2004, 416 = MDR 2004, 1021.
7   LAG Köln, Beschl. v. 3.3.2004 – 10 Ta 6/04 = juris KARE600010993; Hess. LAG, LAGE § 888 ZPO 2002 Nr. 1; LAG SchlH, Beschl. v. 19.7.2001 – 4 Ta 98/01 = juris KARE600003994.

zu vollstrecken[8]. Bei der Verurteilung zur Übergabe eines **Pkw** am Geschäftssitz des Gläubigers erfolgt die Vollstreckung gemäß § 883 ZPO, weil die Verbringung des Pkw vom Wohnsitz des Schuldners an den Geschäftssitz des Gläubigers keine selbstständige Bedeutung hat[9]. Ist der Beklagte neben der **Auskunftserteilung** betr. den Kauferlös eines Pkw zur Vorlage des Kaufvertrages verpflichtet, so handelt es sich bei dem Anspruch auf Vorlage nur um einen unselbstständigen Hilfsanspruch des Auskunftsverlangens, dessen rechtliches Schicksal er teilt[10]. Anders hingegen im Informationserzwingungsverfahren nach § 51b GmbHG hinsichtlich des **Einsichtsrechts** in bestimmte Geschäftsunterlagen, das nach § 883 ZPO zu vollstrecken ist, und des daneben bestehenden Auskunftsanspruchs, der nach § 888 ZPO zu vollstrecken ist[11]. Zutreffend weist das OLG Frankfurt[12] darauf hin, dass bei einer Einsichtnahme in Geschäftsunterlagen richtigerweise danach zu differenzieren ist, welche Handlung oder Unterlassung konkret durchgesetzt werden soll, wobei in der Regel ein Vorgehen nach § 883 ZPO zweckmäßig sein dürfte.

Die Herausgabe muss sich auf eine **bestimmte bewegliche körperliche Sache** (§ 90 BGB) **oder eine Menge bestimmter solcher Sachen** beziehen. Für unbewegliche Sachen gilt § 885 ZPO. **Beweglich** sind auch solche Sachen, die erst durch die Wegnahme beweglich werden. **Bestimmt** ist eine Sache, wenn sie individuell bezeichnet wird (Stückschuld), wobei dies in der gemäß § 253 Abs. 2 Nr. 2 ZPO notwendigen Konkretisierung erfolgen muss. Bezeichnungen wie „Hausrat" oder „Pkw" genügen daher nicht (vgl. Rdn. 3.19 ff.). Etwas anderes gilt im Bereich des § 148 InsO, wonach der Eröffnungsbeschluss einen Herausgabetitel gegen den Schuldner hinsichtlich des zur Insolvenz-/Konkursmasse gehörenden Vermögens darstellt. Der Umfang der Herausgabepflicht ergibt sich aus den §§ 35, 36 InsO und bedarf auch in der vollstreckbaren Ausfertigung keiner genaueren Bezeichnung[13]. Gleiches gilt für den Beschluss über die Anordnung der Zwangsverwaltung zusammen mit der Ermächtigung des Zwangsverwalters zur Besitzergreifung der von der Beschlagnahme erfassten Gegenstände gem. §§ 152, 150 Abs. 2 ZVG[14].

7.7

---

8   LAG SchlH, Beschl. v. 19.7.2001 – 4 Ta 98/01 = juris KARE600003994; Thür. LAG, BB 2001, 943 = juris KARE 600002997; LAG Frankfurt/Main, DB 1981, 534; Schuschke/*Walker*, § 883 Rdn. 3; **a.A.** – § 883 ZPO zuerst – wenn der Schuldner geltend macht, er habe die Papiere übersandt: Hess. LAG, LAGE § 888 ZPO 2002 Nr. 1.
9   OLG Frankfurt, NJW 1983, 1685 = DGVZ 1983, 153; Schuschke/*Walker,* § 883 Rdn. 3; **a.A.** Zöller/*Stöber,* § 883 Rdn. 9; *Schneider*, MDR 1983, 287.
10 BGHR ZPO, § 2 Beschwerdegegenstand 21.
11 OLG Frankfurt, InVo 2003, 445.
12 InVo 2002, 382 = MDR 2002, 478 = NJW-RR 2002, 823.
13 LG Düsseldorf, KTS 1957, 143; Kübler/Prütting/*Holzer,* § 148 Rdn. 15; MünchKomm/*Füchsl/Weissháuptl* InsO, § 148 Rdn. 5.
14 BGH, Rpfleger 2005, 463 = InVo 2005, 374 = NJW-RR 2005, 1032; OLG München, Rpfleger 2002, 373.

7.8 Eine **Menge** bestimmter körperlicher Sachen sind sowohl eine Anzahl von Einzelsachen (z.B. 7 näher bezeichnete Teppiche) als auch Sachgesamtheiten wie z.B. eine Bibliothek; ferner auch beschränkte Gattungsschulden („Vorratsschuld"), z.B. 10 Zentner Kartoffeln der Sorte Grata aus dem beim Schuldner vorhandenen Lagerbestand. Nicht unter § 883 ZPO fällt die Vollstreckung unbeschränkter Gattungsschulden (z.B. 10 Zentner Grata), auf die § 884 ZPO Anwendung findet.

7.9 Ferner fällt nicht unter § 883 ZPO die Herausgabe von **Kindern**; die Vollstreckung erfolgt gemäß § 33 FGG[15].

3. Antrag

7.10 Die Vollstreckung erfolgt auf Antrag (§ 753 ZPO) des Gläubigers durch den Gerichtsvollzieher entsprechend §§ 754–763 ZPO (vgl. auch § 179 GVGA), soweit die allgemeinen und besonderen Vollstreckungsvoraussetzungen vorliegen und keine Vollstreckungshindernisse bestehen. Zum Durchsuchen der Wohnung des Schuldners ist eine gesonderte richterliche Anordnung erforderlich[16] (vgl. im Einzelnen Rdn. 4.46). Ausnahmsweise soll bei einer Verpflichtung zur Urkundenvorlage eine Vollstreckung nach § 888 ZPO durch Zwangsgeldfestsetzung erfolgen können, wenn die herauszugebenden Unterlagen im Vollstreckungstitel zwar nicht hinreichend bestimmt sind, jedenfalls aber der Schuldner ihm entnehmen kann, welche Unterlagen herauszugeben sind[17]. Die Vorschriften über unpfändbare Sachen (§§ 811, 812 ZPO) finden keine Anwendung.

4. Gewahrsam des Schuldners

7.11 Die herauszugebende Sache muss sich im Alleingewahrsam des Schuldners (vgl. hierzu Rdn. 4.109 ff.) oder eines herausgabebereiten Dritten (siehe Rdn. 4.125 ff.) befinden.

7.12 Steht die Sache im **Allein- oder Mitgewahrsam eines Dritten,** der nicht zur Herausgabe bereit ist, findet § **886 ZPO** Anwendung. Der Gläubiger kann den Herausgabeanspruch des Schuldners gegen den Dritten pfänden und sich zur Einziehung überweisen lassen (§§ 829, 835 ZPO). Die §§ 846–848 ZPO gelten nicht unmittelbar, weil sie die Zwangsvollstreckung wegen Geldforderungen betreffen, finden aber entsprechende Anwendung. Weigert sich der Dritte dann immer noch, die Sachen an den Gläubiger herauszugeben, bleibt diesem nur, Klage gegen den Dritten auf

---

15 Jetzt **h.M.**, vgl. BGHZ 88, 113; OLG Köln, FamRZ 1982, 508; ausführlich: *Geißler*, DGVZ 1997, 145 f.; Zöller/*Stöber*, § 883 Rdn. 7; MünchKomm/*Schilken* ZPO, § 883 Rdn. 16; Baumbach/*Hartmann*, § 883 Rdn. 18, 19 – alle m.w.N.
16 **H.M.**, vgl. Zöller/*Stöber*, § 758a Rdn. 6 m.w.N.; Schuschke/*Walker*, § 758a Rdn. 23; Rdn. 1054; Thomas/*Putzo*, § 758a Rdn. 6.
17 KG, InVo 1998, 108.

Herausgabe zu erheben. Ein entsprechendes Urteil wird dann gemäß § 883 ZPO vollstreckt. Soweit bereits ein Herausgabetitel des Schuldners gegen den Dritten vorliegt, kann dieser entsprechend § 727 ZPO umgeschrieben werden.

5. Durchführung

Der Gerichtsvollzieher **nimmt** die Sache dem Schuldner **weg**. Damit hat der Schuldner seine Leistungspflicht erfüllt und die Gefahr des Verlustes der Sache bis zur Übergabe an den Gläubiger trägt Letzterer. Der Gerichtsvollzieher sollte die Sache nach Möglichkeit an Ort und Stelle dem Gläubiger **übergeben**, soweit nicht nur Hinterlegung oder Vorlegung geschuldet ist, ansonsten soll er sie an den Gläubiger versenden (§ 179 Nr. 2 GVGA). Die dadurch entstehenden Kosten sind nur dann notwendige Kosten der Zwangsvollstreckung i.S.v. § 788 ZPO, wenn eine entsprechende Versendungspflicht des Schuldners sich aus dem Titel ergibt[18]. 7.13

Erst mit der **Übergabe** der Sache an den Gläubiger ist die **Zwangsvollstreckung** aus dem Titel **beendet** und dieser verbraucht[19]. Bis dahin kann der Dritte daher Drittwiderspruchsklage gemäß § 771 ZPO erheben. Zur gleichzeitigen Vollstreckung auf Herausgabe gemäß § 883 ZPO und eines Pfändungsauftrages vgl. § 179 Nr. 4 u. 5 GVGA. 7.14

Findet der Gerichtsvollzieher die herauszugebende Sache nicht vor und ist dem Gläubiger der Verbleib der Sache unbekannt, so hat der Schuldner auf Antrag des Gläubigers zu Protokoll an Eides statt zu versichern, dass er die Sache nicht besitze, auch nicht wisse, wo die Sache sich befinde (§ 883 Abs. 2 ZPO). Gemäß § 883 Abs. 3 ZPO kann das „Gericht" eine der Sachlage entsprechende Änderung des Wortlauts der **eidesstattlichen Versicherung** beschließen, z.B. bei entschuldbarer Unkenntnis eines evtl. Besitzes (beispielsweise eines herauszugebenden Buches in einer umfangreichen Bibliothek[20]). Da sich das Verfahren nach §§ 899 ff. ZPO richtet, ist der Gerichtsvollzieher trotz des Wortlauts zuständig, auch wenn § 883 Abs. 2 ZPO nicht entsprechend abgeändert worden ist. Dabei dürfte es sich aber – wie in § 899 Abs. 2 ZPO, in dem ebenfalls und immer noch das „Gericht" angeführt ist – um eine der zahlreichen Unkorrektheiten der 2. Zwangsvollstreckungsnovelle handeln[21]. Die Abnahme der eidesstattli- 7.15

---

18 OLG München, MDR 1997, 882; OLG Koblenz, NJW-RR 1990, 1152; OLG Stuttgart, JurBüro 1981, 943; Zöller/*Stöber*, § 883 Rdn. 11; Schuschke/*Walker*, § 883 Rdn. 12.
19 MünchKomm/*Schilken* ZPO, § 883 Rdn. 22; Schuschke/*Walker*, § 883 Rdn. 14; StJ/*Brehm*, § 883 Rdn. 32; wohl auch Baumbach/*Hartmann*, § 883 Rdn. 10; nach **a.A.** bereits mit der Wegnahme: Zöller/*Stöber*, § 883 Rdn. 10.
20 MünchKomm/*Schilken* ZPO, § 883 Rdn. 27.
21 So auch § 185m Nr. 2 GVGA; Zöller/*Stöber*, § 883 Rdn. 13; Schuschke/*Walker*, § 883 Rdn. 17; *Riedel*, S. 119; **a.A.** HK-ZPO/*Pukall*, § 883 Rdn. 9; Baumbach/ *Hartmann*, § 883 Rdn. 12; Musielak/*Lackmann*, § 883 Rdn. 11.

chen Versicherung erfolgt gemäß § 883 Abs. 4 ZPO entsprechend den §§ 478–480, 483 ZPO. §§ 900 Abs. 2 und 4, 903, 914 ZPO finden keine Anwendung[22].

II. Leistung

7.16 Bezieht sich der Titel nicht auf die Herausgabe einer Menge bestimmter beweglicher körperlicher Sachen, sondern auf **Leistung einer bestimmten Menge vertretbarer Sachen oder Wertpapiere** (unbeschränkte Gattungsschuld), findet nicht § 883 ZPO, sondern § 884 ZPO Anwendung[23]. Dieser verweist auf § 883 Abs. 1 ZPO, sodass § 883 Abs. 2–4 ZPO keine Anwendung finden.

7.17 Leistung bedeutet körperliche Übergabe an den Gläubiger oder die im Titel genannte Person zwecks Besitz- oder Eigentumsübertragung, wobei unerheblich ist, ob der Schuldner bereits im Besitz der Sache ist oder diese zuvor noch anschaffen/herstellen muss (Lieferung), wenn er sie nur im Zeitpunkt der Wegnahme in Besitz hat.

7.18 Beispiel:

Kartoffel-Großhändler K. wurde verurteilt, an den Kläger 10 Zentner Kartoffeln der Sorte Grata, Ernte 2005 zu liefern. Zum Zeitpunkt der Rechtskraft des Urteils war die Sorte bei K. ausverkauft. K. müsste sich die geschuldete Leistung besorgen und dann an den Kläger herausgeben. Unterlässt er dies, geht die Vollstreckung gemäß § 884 ZPO ins Leere, weil K. Kartoffeln nicht im Gewahrsam hat.

7.19 Da § 884 ZPO nur auf § 883 Abs. 1 ZPO verweist, kann der Gläubiger in diesem Falle nicht die Abgabe einer eidesstattlichen Versicherung gemäß § 883 Abs. 2–4 ZPO verlangen. Auch findet § 887 ZPO keine Anwendung (§ 887 Abs. 3 ZPO). Führt auch der Weg über § 886 ZPO nicht zum Erfolg, bleibt dem Gläubiger nur, die geschuldete Sache selbst zu beschaffen und sodann vom Schuldner Leistung des Interesses zu verlangen (Schadensersatz gemäß § 893 ZPO).

7.20 **Vertretbare Sachen** sind solche gemäß § 91 BGB. Auf die Leistung einer bestimmten Menge unvertretbarer Sachen finden nach **allg.M.** weder § 883 ZPO noch § 884 ZPO Anwendung, ferner auch nicht § 887 ZPO (vgl. § 887 Abs. 3 ZPO)[24]. Dem Gläubiger bleibt nur, sein Interesse gemäß § 893 ZPO als Schadensersatz geltend zu machen.

7.21 **Wertpapiere** i.S.d. § 884 ZPO sind nur solche gemäß § 821 ZPO, bei denen also das Recht aus dem Papier dem Recht am Papier folgt[25]. Zum Be-

---

22 Vgl. StJ/*Brehm*, § 883 Rdn. 33.
23 Zur Abgrenzung vgl. OLG Zweibrücken, InVo 2000, 398 = JurBüro 2001, 48.
24 Wohl **h.M.:** RGZ 58, 160; OLG Köln, NJW 1958, 1355; MünchKomm/*Schilken* ZPO, § 884 Rdn. 2 m.w.N.; Baumbach/*Hartmann*, § 884 Rdn. 3.
25 MünchKomm/*Schilken* ZPO, § 884 Rdn. 3; Thomas/*Putzo*, § 884 Rdn. 1; Baumbach/*Hartmann*, § 884 Rdn. 2; Schuschke/*Walker*, § 884 Rdn. 1.

griff Wertpapiere vgl. auch Rdn. 4.102. Die Übertragung/Herausgabe sammelverwahrter bzw. globalverbriefter Aktien erfolgt – nicht anders als bei einer Einzelverbriefung – gem. § 883 ZPO. Solche Wertpapiere befinden sich allerdings nicht beim Schuldner, sondern bei der Depotbank oder einer Wertpapiersammelbank. Ist diese nicht herausgabebereit, findet § 886 ZPO entsprechende Anwendung[26].

Die Wegnahme erfolgt gemäß § 883 ZPO. Entsprechend § 243 Abs. 2 BGB beschränkt sich die Leistungspflicht des Schuldners auf die vom Gerichtsvollzieher weggenommenen Sachen (vgl. auch § 897 ZPO = Rdn. 7.245 f.). **7.22**

III. Rechtsbehelfe

Für Gläubiger, Schuldner sowie Dritte besteht die Möglichkeit der Vollstreckungserinnerung gemäß § 766 ZPO, für Dritte ggf. auch § 771 ZPO. **7.23**

Kapitel B
Herausgabe unbeweglicher Sachen, § 885 ZPO

I. Herausgabe

Lautet der Vollstreckungstitel entweder auf Herausgabe, Rückgabe, Räumung oder Wiedereinräumung des Besitzes bzw. Überlassung einer **unbeweglichen Sache** (Grundstück, Grundstücksteil, Wohnung, Geschäftsraum, Gebäude, Alten- und Pflegeheim,[27] Klinik[28]) oder eines **eingetragenen Schiffs** oder Schiffsbauwerks, erfolgt die Vollstreckung gemäß § 885 ZPO. Dies gilt auch hinsichtlich auf dem Grundstück befindlicher *beweglicher* Sachen[29]. Nicht erfasst werden hiervon jedoch die Beseitigung von **Gebäuden, Anlagen, Anpflanzungen** und des dabei anfallenden Schutts, und zwar selbst dann, wenn der Schuldner nach dem Titel auch zu einer solchen Handlung verpflichtet ist. Derartige Verpflichtungen sind vielmehr gem. § 887 ZPO zu vollstrecken[30]. Ist eine Beseitigung gleichwohl im Rahmen der Herausgabevollstreckung durch den Gerichtsvollzieher – also ohne die dazu erforderliche Ermächtigung des Prozessgerichts des ersten Rechtszuges – erfolgt, gehören die dadurch entstandenen Kosten nicht zu den notwendigen Kosten der Zwangsvollstreckung gem. § 788 ZPO. **7.24**

---

26 BGH, Rpfleger 2004, 714 = InVo 2004, 505 = NJW 2004, 3340.
27 Vgl. dazu BGH, DGVZ 2003, 8 = ZMR 2004, 734.
28 Vgl. dazu BVerfG, NJW 2003, 882 = DGVZ 2002, 118.
29 OLG Jena, OLGR 1998, 303; LG Berlin, InVo 1997, 134.
30 BGH, Rpfleger 2004, 505 = InVo 2004, 416 = MDR 2004, 1021; OLG Frankfurt, InVo 2003, 250 = MDR 2003, 655; OLG Düsseldorf, InVo 2000, 24 = DGVZ 1999, 155; OLG Köln, InVo 2000, 249 = ZWE 2000, 491.

Dem Gläubiger bleibt jedoch unbenommen, in derartigen Fällen gegen den Schuldner Klage auf Erstattung der Kosten zu erheben[31].

7.25 § 885 ZPO ist ferner auf Räumung von Wohnungen in **Wohnwagen, Containern** oder **Schiffen** entsprechend anwendbar[32]. Für nicht eingetragene Schiffe findet § 883 ZPO Anwendung. Die bloße Wohnungszuweisung nach § 15 HausratsVO genügt nicht, notwendig ist vielmehr zusätzlich im Titel die Aufforderung an den anderen Ehegatten, die Wohnung – binnen bestimmter Frist – zu räumen[33].

7.26 Derartige **Titel** können sein: Urteil; Prozessvergleich; Anwaltsvergleich; notarielle Urkunde gem. § 794 Abs. 1 Nr. 5 ZPO hinsichtlich gewerblich genutzter Objekte; Zuschlagsbeschluss gemäß § 93 ZVG;[34] Räumungsbeschluss gemäß § 149 Abs. 2, § 94 Abs. 2 ZVG; Beschluss über die Anordnung der Zwangsverwaltung und zur Ermächtigung der Besitzergreifung des Grundstücks gem. § 150 Abs. 2 ZVG;[35] Insolvenzeröffnungsbeschluss § 148 Abs. 2 InsO;[36] einstweilige Verfügung (bei Räumung von Wohnraum nur wegen verbotener Eigenmacht, § 940a ZPO); Wohnungszuweisungsbeschluss mit Räumungsverpflichtung gem. § 15 HausratsVO; einstweilige Anordnung auf Überlassung der Wohnung zur alleinigen Nutzung nach § 2 GewSchG; Urteil auf Veräußerung des Wohnungseigentums gem. § 19 Abs. 1 S. 2, 3 WEG für den Ersteigerer in der freiwilligen Versteigerung gem. §§ 53 ff. WEG[37]. Ihr Inhalt ist ggf. im Wege der Auslegung zu ermitteln[38].

II. Gewahrsamsinhaber

7.27 Die Herausgabepflicht etc. betrifft den Schuldner als Gewahrsamsinhaber. Ist ein **Dritter** Gewahrsamsinhaber, findet § 886 ZPO Anwendung. Im Rahmen der Räumung von Wohnraum höchst kontrovers ist die Frage, ob aufgrund des nur gegen den Schuldner lautenden Räumungstitels auch

---

31 BGH, Rpfleger 2004, 505 = InVo 2004, 416 = MDR 2004, 1021; Zöller/*Stöber*, § 885 Rdn. 15.
32 LG Kassel, DGVZ 2005, 10; Zöller/*Stöber*, § 885 Rdn. 1.
33 OLG Stuttgart, InVo 2002, 297 = FamRZ 2002, 559; OLG Köln, FamRZ 1983, 1231.
34 Dieser ist Vollstreckungstitel gegen den Besitzer; andere Mit-Besitzer (Ehegatte, Lebenspartner etc.) als der Schuldner müssen zwar nicht im Zuschlagsbeschluss, wohl aber in der Klausel namentlich aufgeführt werden, die entspr. § 725 ZPO erteilt wird, vgl. OLG Celle, juris-Nr. KORE417552003; AG Limburg, DGVZ 2004, 127; *Stöber*, ZVG § 93 Anm. 2.2 und 2.3; *Schuschke*, NZM 2005, 681, 687.
35 BGH, InVo 2005, 374; eine Räumung gegen Mit-Besitzer erfordert aber einen gegen diesen gerichteten Titel, LG Heilbronn, Rpfleger 2005, 154 = InVo 2005, 296; *Stöber*, ZVG-Handbuch Rdn. 640; *Stöber*, ZVG, § 150 Anm. 5.1.
36 Berechtigt nur zur Vollstreckung gegen den Schuldner, nicht gegen andere Mit-Besitzer, LG Trier, ZVI 2005, 434 = NZM 2005, 599 = ZInsO 2005, 780 im Anschluss an BGH, Rpfleger 2004, 640 = InVo 2004, 504 = FamRZ 2004, 1555.
37 Vgl. dazu *Schuschke*, NZM 2005, 681, 687.
38 Vgl. Zöller/*Stöber*, § 885 Rdn. 2.

sonstige sich in den herauszugebenden Wohnräumen befindliche Personen zwangsgeräumt werden können oder ob gegen diese ein gesonderter Titel erforderlich ist[39]. Dabei lassen sich hauptsächlich folgende Fallgruppen bilden:

- Besteht zwischen dem Gläubiger und Drittem aufgrund einer entsprechenden Vereinbarung zwischen ihnen für den Dritten ein **originäres Besitzrecht** (Mitmietvertragspartei), ist gegen den Dritten ein gesonderter Titel erforderlich[40].

- Steht dem Dritten aufgrund **vertraglicher Vereinbarung mit dem Schuldner** ein eigenes Besitzrecht zu (z.B. Untermietvertrag), ist ebenfalls ein gesonderter Titel gegen den Dritten notwendig[41].

- Soweit der Dritte allerdings **Ehegatte oder Familienangehöriger** des Schuldners ist, werden im Hinblick auf einen möglichen Missbrauch hohe Anforderungen an den Nachweis der vertraglichen Vereinbarung zwischen Schuldner und Drittem gestellt und der Dritte im Zweifel auf die Drittwiderspruchsklage gemäß § 771 ZPO verwiesen[42]. Das Missbrauchsproblem stellt sich aber insoweit nicht, als der Ehegatte/Familienangehörige tatsächlichen Mitbesitz hat.

- Hat ein **Dritter** ansonsten **Mitbesitz** an der Wohnung, kann aus einem Räumungstitel gegen den Mieter der Wohnung nicht gegen einen im Titel nicht aufgeführten Dritten vollstreckt werden. Dies trifft in der Praxis häufig zu bei **Ehegatten** und **Lebenspartnern,** von denen nur einer Partei des Mietvertrages ist. Diese seit langem **streitige** Rechtsfrage hat der BGH nunmehr in mehreren Entscheidungen[43] in diesem Sinne zutreffend entschieden. Ausschlaggebend ist dafür, dass nach richtigem Verständnis der Ehe jeder Ehegatte gleichberechtigten Mitbesitz hat und nicht den Weisungen des anderen Ehegatten unterliegt, der den Mietvertrag abgeschlossen hat. Gleiches gilt sicherlich für Partner einer eingetragenen Lebenspartnerschaft, aber

---

39   Vgl. dazu aus neuerer Zeit *Pauly,* ZMR 2005, 337; *Schuschke,* NZM 2005, 681 und NZM 2005, 10; *Ernst,* JurBüro 2004, 407.
40   **H.M.:** OLG Köln, FamRZ 1955, 46; OLG Oldenburg, ZMR 1991, 268 = JurBüro 1991, 1276; Schuschke/*Walker,* § 885 Rdn. 11 m.w.N.
41   **H.M.:** BGH, Rpfleger 2003, 596 = InVo 2004, 33 = MDR 2004, 53; BGH, NZM 1998, 665; OLG Celle, NJW-RR 1988, 913; OLG Hamm, Rpfleger 1989, 165; LG Hamburg, NJW-RR 1991, 1297; LG Köln, DGVZ 1994, 46; Thomas/*Putzo,* § 885 Rdn. 5; **a.A.** KG, NZM 2003, 05.
42   OLG Frankfurt, Rpfleger 1989, 209; LG Berlin, DGVZ 1993, 173.
43   Rpfleger 2004, 640 = InVo 2004, 504 = FamRZ 2004, 1555 sowie FamRZ 2005, 269; ebenso: OLG Frankfurt, InVo 2004, 163 = WuM 2003, 640; OLG Jena, InVo 2002, 158 = WuM 2002, 221; LG Heilbronn, Rpfleger 2004, 431 und Rpfleger 2005, 154 zu § 150 Abs. 2 ZVG = InVo 2005, 296; LG Trier, ZVI 2005, 434 = NZM 2005, 599 = ZInsO 2005, 780 zu § 148 Abs. 2 InsO; Zöller/*Stöber,* § 885 Rdn. 6; Musielak/*Lackmann,* § 885 Rdn. 8; **a.A.** *Pauly,* ZMR 2005, 337; Baumbach/*Hartmann,* § 885 Rdn. 10; kritisch zur BGH-Rechtsprechung *Schuschke,* NZM 2005, 10.

auch für nichteheliche Lebensgemeinschaften[44]. Da solche Personen Mitgewahrsam haben, andererseits gem. § 750 Abs. 1 ZPO die Zwangsvollstreckung nur gegen eine Person begonnen werden kann, die im Titel und in der Vollstreckungsklausel als Vollstreckungsschuldner bezeichnet ist, bedarf es zur Räumung Dritter, die Mitbesitz haben, eines eigenen, gegen diese gerichteten Räumungstitels. Dabei kommt es nicht darauf an, ob diese Dritte ein Recht zum Besitz haben, weil der Gerichtsvollzieher nur den tatsächlichen Besitz, nicht aber das Recht zum Besitz prüfen darf[45]. Es kommt ferner nicht darauf an, ob dem Vermieter die Situation bei Klageerhebung bzw. vor Einleitung des Zwangsvollstreckungsverfahrens bekannt war. Diesem Ergebnis steht auch § 885 Abs. 2 ZPO entgegen, weil er nur das „Wie", nicht aber das „Ob" einer Vollstreckung regelt[46]. Damit haben sich die entgegenstehende, vornehmlich ältere Rechtsprechung und Literatur[47] erledigt.

- Ebenso ist die Vollstreckung gegen den allein in der Wohnung **nach Trennung** der Eheleute verbliebenen Ehegatten des Wohnungsmieters/Räumungsschuldners ausgeschlossen. Es ist ein Räumungstitel gegen den nunmehr allein besitzenden Ehegatten erforderlich[48].
- Minderjährige **Kinder** oder erwachsene Kinder des Schuldners, die mit ihm in der Wohnung leben und von ihm unterhalten werden, ha-

---

44 KG, DGVZ 1994, 25 = MDR 1994, 162; LG Kiel, DGVZ 1992, 42; Zöller/*Stöber*, § 885 Rdn. 10; Baumbach/*Hartmann*, § 885 Rdn. 15; Musielak/*Lackmann*, § 885 Rdn. 10; *Schuschke*, NZM 2005, 681, 686.
45 BGH, a.a.O.; OLG Köln, InVo 1997, 163.
46 BGH, a.a.O.; OLG Düsseldorf, InVo 1998, 262; OLG Köln, InVo 1997, 163; KG, DGVZ 1994, 25 = NJW-RR 1994, 713; OLG Oldenburg, NJW-RR 1994, 715; LG Oldenburg, DGVZ 1998, 10; Zöller/*Stöber*, § 885 Rdn. 6; Musielak/*Lackmann*, § 885 Rdn. 8.
47 Vgl. KG, NZM 2003, 105; OLG Düsseldorf, WuM 1989, 363; OLG Frankfurt, MDR 1969, 852; LG Berlin, InVo 1997, 136 (wenn Vermieter vom späteren Einzug des Mitmieters nicht in Kenntnis gesetzt wurde); LG Heidelberg, DGVZ 1994, 9; LG Köln, DGVZ 1994, 46; LG Baden-Baden/OLG Karlsruhe, WuM 1992, 493; LG Ellwangen, DGVZ 1993, 10; AG Hildesheim, DGVZ 2003, 93; AG Neunkirchen, JurBüro 1998, 661; *Schultes*, DGVZ 1998, 188; Baur/*Stürner*, Rdn. 39.10; Baumbach/*Hartmann*, § 885 Rdn. 6; MünchKomm/*Schilken* ZPO, § 885 Rdn. 10; *Schuschke*, NZM 1998, 58 f.; Schuschke/*Walker*, § 885 Rdn. 14; Thomas/*Putzo*, § 885 Rdn. 4b; zu Lebensgefährten: LG Mönchengladbach, DGVZ 1996, 74; LG Baden-Baden/OLG Karlsruhe, WuM 1992, 493; LG Berlin, DGVZ 1993, 173; LG Darmstadt, DGVZ 1980, 110; LG Lübeck, JurBüro 1992, 196; MünchKomm/*Schilken* ZPO, § 885 Rdn. 12; *Schultes*, DGVZ 1998, 177 f.; *Schuschke*, NZM 1998, 58 f.; Schuschke/*Walker*, § 885 Rdn. 14; Thomas/*Putzo*, § 885 Rdn. 4b.
48 Auch bisher schon **h.M.**: BGH, Rpfleger 2004, 640 = InVo 2004, 504 = FamRZ 2004, 1555 sowie FamRZ 2005, 269; LG Regensburg, WuM 1998, 235; AG Frankfurt/Main, DGVZ 1998, 13; *Schuschke*, NZM 2005, 681, 687; Zöller/*Stöber*, § 885 Rdn. 6, jeweils m.w.N.; **a.A.** LG Berlin, DGVZ 1993, 173; AG Dortmund, DGVZ 1996, 77.

ben nach bislang **h.M.**[49] hingegen grundsätzlich keinen eigenen Gewahrsam, sodass es eines gesonderten Titels gegen sie daher nicht bedürfe. Zu Recht weist *Schuschke*[50] jedoch darauf hin, dass bei Kindern ab etwa 14 Jahren im Hinblick auf § 1626 Abs. 2 BGB sowie erwachsenen Kindern es zweifelhaft sein kann, ob die Kinder wirklich nur von den Eltern abgeleiteten Besitz haben.

- Gleiches gilt für **Hausangestellte, Gäste oder Besucher**[51].

Tipp: Angesichts dieser Rechtslage kann dem Vermieter nur dringend angeraten werden, von der Rechtsprechung des BGH auszugehen und gegen alle Mitbesitzer einen Räumungstitel zu erstreiten, wobei er zugleich die Mitbesitzer auf Zahlung einer Nutzungsentschädigung für die Zeit ab Wirksamkeit der Kündigung des Mietvertrages mit dem Mieter verklagen kann[52].   7.28

III. Weitere Voraussetzungen

Die Vollstreckung setzt des Weiteren einen **Auftrag** des Gläubigers voraus; ferner müssen die allgemeinen und besonderen Voraussetzungen der Zwangsvollstreckung vorliegen. Eine etwaige **Räumungsfrist** (§§ 721, 794a ZPO) muss bei Beginn der Vollstreckung abgelaufen sein. Macht der Schuldner dem Gerichtsvollzieher sowohl das Vorliegen einer sittenwidrigen Härte als auch die Unmöglichkeit der rechtzeitigen Anrufung des Vollstreckungsgerichts glaubhaft, kann der Gerichtsvollzieher die Maßnahmen zur Erwirkung der Herausgabe bis zur Entscheidung des Vollstreckungsgerichts **aussetzen,** allerdings auch in Extremfällen nicht länger als eine Woche (§ 765a Abs. 2 ZPO).   7.29

Einer richterlichen **Durchsuchungsanordnung** bedarf es nach der ausdrücklichen Regelung des § 758a Abs. 2 ZPO für einen Räumungstitel nicht, wobei es auf die Art des Titels (Urteil, Zuschlagsbeschluss, Prozessvergleich, Insolvenzeröffnungsbeschluss u.a.) nicht ankommt. Eine Räumung von Wohnraum zur Unzeit (21–6 Uhr sowie an Sonn- und Feiertagen) erfordert eine gerichtliche Anordnung gem. § 758a Abs. 4 ZPO[53].   7.30

---

49 KG, DGVZ 1994, 25, 26 = MDR 1994, 162; OLG Hamburg, MDR 1991, 453 = NJW-RR 1991, 909 – die dagegen eingelegte Verfassungsbeschwerde wurde nicht zur Entscheidung angenommen, BVerfG, NJW-RR 1991, 1101; LG Lüneburg, NJW-RR 1998, 662 = NZM 1998, 232; LG Hamburg, NJW-RR 1993, 146; AG Augsburg, NZM 2005, 480; Zöller/*Stöber*, § 885 Rdn. 7; Musielak/*Lackmann*, § 885 Rdn. 9.
50 NZM 2005, 10, 11 und 681, 686; ihm folgend AG Lichtenberg, DGVZ 2005, 188.
51 **H.M.:** Zöller/*Stöber*, § 885 Rdn. 9; Schuschke/*Walker*, § 885 Rdn. 14; Münch-Komm/*Schilken* ZPO, § 885 Rdn. 12, jeweils m.w.N.
52 So zutreffend *Schuschke*, NZM 2005, 10, 11.
53 BGH, Rpfleger 2004, 715 = InVo 2004, 502 = NJW-RR 2005, 146; *Fischer/Weinert*, DGVZ 2005, 33, 35; *Schultes*, DGVZ 1998, 177, 187; Thomas/*Putzo*, § 758a Rdn. 25, 31; HK-ZPO/*Kindl*, § 758a Rdn. 14; **a.A.** Zöller/*Stöber*, § 758a Rdn. 35.

7.31 Ist zu erwarten, dass der Schuldner durch die Räumung **obdachlos** wird, hat der Gerichtsvollzieher die zuständige Verwaltungsbehörde hiervon zu unterrichten (§ 181 Nr. 3 GVGA). Kommt es vor vollständiger Durchführung der Räumung aufgrund ordnungsbehördlicher Verfügung zu einer Einweisung des Schuldners in die zu räumende Wohnung, so ist der Vollstreckungstitel auch bei einer „symbolischen" Räumung durch den Gerichtsvollzieher (Entfernung nur einzelner Möbelstücke) nicht verbraucht. Nach Aufhebung oder durch Ablauf der in der Einweisungsverfügung angegebenen Zeitspanne kann der Gläubiger daher aus dem Titel (weiter) vollstrecken[54]. Er kann aber auch gegenüber der einweisenden Behörde einen Folgenbeseitigungsanspruch auf Herausgabe der Wohnung in geräumtem und gesäubertem Zustand geltend machen[55].

IV. Durchführung

7.32 Die Durchführung der Zwangsvollstreckung erfolgt grundsätzlich in der Weise, dass der Gerichtsvollzieher dem Gläubiger und in der Regel auch dem Schuldner Tag und Stunde der beabsichtigten Vollstreckung so **rechtzeitig mitteilt,** dass der Schuldner sich auf die Räumung einstellen und notwendige Maßnahmen hierzu vorbereiten kann (vgl. § 180 Nr. 2 GVGA). Dies ist auch im Hinblick auf § 765a Abs. 3 ZPO erforderlich, wonach der Schuldner einen Vollstreckungsschutzantrag grundsätzlich spätestens zwei Wochen vor dem festgesetzten Räumungstermin stellen muss.

7.33 Die Zwangsvollstreckung wird in der Weise vollzogen, dass der Gerichtsvollzieher den Schuldner und etwaige anwesende Personen, die kein eigenes Besitzrecht haben, falls erforderlich auch mit Gewalt (§ 758 Abs. 3 ZPO), **aus dem Besitz setzt,** soweit diese nicht seiner vorherigen Aufforderung zur freiwilligen Herausgabe nachgekommen sind. Sodann weist er den Gläubiger **in den Besitz ein.** Ist der Gläubiger bei der Vollstreckung nicht anwesend, ergreift der Gerichtsvollzieher Maßnahmen, durch die der Gläubiger in die Lage versetzt wird, die tatsächliche Gewalt über das Grundstück oder die Räume auszuüben (z.B. Übergabe der Schlüssel, Bestellung eines Hüters[56]). Die Herausgabevollstreckung eines brachliegenden Grundstücks erfolgt in der Weise, dass der Gerichtsvollzieher an Ort und Stelle in Gegenwart des Gläubigers oder seines Vertreters erklärt

---

54 **H.M.:** BGHZ 130, 332-341 = MDR 1995, 1014 = NJW 1995, 2918; LG Heilbronn, Rpfleger 1993, 501 = WuM 1993, 364; LG Bonn, ZMR 1990, 346; *Peppersack,* ZMR 2005, 497 f.; Zöller/*Stöber,* § 885 Rdn. 36; Schuschke/*Walker,* § 885 Rdn. 12, 16, jeweils m.w.N.
55 BGHZ 130, 332-341 = MDR 1995, 1014 = NJW 1995, 2918; – zur Frage des Entschädigungsanspruchs des Gläubigers gegen die Ordnungsbehörde für die Zeit der Nutzung durch den eingewiesenen Schuldner vgl. BGH, a.a.O. sowie OLG Köln, NJW 1994, 1012.
56 Vgl. LG Osnabrück, DGVZ 1997, 13.

und zu Protokoll feststellt, dass er den Schuldner aus dem Besitz setzt und den Gläubiger in den Besitz einweist[57].

Die Vollstreckung erstreckt sich grundsätzlich auch auf **Zubehör** der herauszugebenden Sache (§§ 97, 98 BGB). 7.34

Andere bewegliche Sachen (auch wertlose Sachen, Abfall, Müll), die weder mit herauszugeben noch wegen einer gleichzeitig beizutreibenden Forderung oder wegen der Kosten zu pfänden sind, schafft der Gerichtsvollzieher vom Grundstück weg oder entfernt sie aus den Räumen. Dies gilt allerdings nicht für die aufwendige und kostenintensive Entsorgung von immensen Mengen Abfalls, die auf dem herauszugebenden Grundstück lagern[58]. Ein solcher Beseitigungsanspruch ist vielmehr nach § 887 ZPO zu vollstrecken. Macht der Gläubiger ein **Vermieterpfandrecht** an den eingebrachten Sachen des Mieters geltend, muss der Gerichtsvollzieher diese in der Wohnung belassen, wobei er nicht zu prüfen hat, ob ein Pfandrecht – z.B. wegen Unpfändbarkeit der Sache – überhaupt besteht[59]. Der Vermieter kann auch an sämtlichen in den Räumen befindlichen Gegenständen ein Vermieterpfandrecht geltend machen. Auch wenn in einem solchen Fall Streit zwischen den Parteien des Vollstreckungsverfahrens nach § 885 ZPO darüber besteht, ob alle bewegliche Sachen des Schuldners von dem Vermieterpfandrecht erfasst werden, hat der Gerichtsvollzieher nicht eine Räumung der Wohnung nach § 885 Abs. 2 bis 4 ZPO vorzunehmen. Kostenvorschuss für das Wegschaffen, Lagern etc. beweglicher Sachen gem. § 885 Abs. 2–4 ZPO kann daher nicht angefordert werden[60]. Ansonsten übergibt der Gerichtsvollzieher diese Sachen dem Schuldner; bei dessen Abwesenheit einem Bevollmächtigten des Schuldners oder einer zur Familie des Schuldners gehörenden Person, oder er stellt sie ihnen zur Verfügung (**§ 885 Abs. 2 ZPO**). 7.35

Zu diesen anderen Sachen gehören auch **Tiere** (§ 90a BGB)[61]. Kann oder will der Schuldner sie nicht mitnehmen, muss der Gerichtsvollzieher für ihren Verbleib sorgen (Unterbringung im Tierheim oder Stallung etc.). Ist das nicht möglich, muss er dies der Ordnungsbehörde anzeigen[62]. 7.36

---

57 LG Trier, DGVZ 1972, 93.
58 BGH, DGVZ 2005, 71; LG Limburg, DGVZ 2005, 70.
59 AG Königswinter/LG Köln, DGVZ 1997, 75 mit Anm. zum Streitstand; Zöller/*Stöber*, § 885 Rdn. 20.
60 BGH, WuM 2006, 50 = Grundeigentum 2006, 110; s. dazu auch *Schuschke*, NZM 2005, 681, 684 „Berliner Modell". Ähnliche Kostensparmodelle sind das „Frankfurter Modell" sowie die „Hamburger Räumung"; siehe dazu *Schuschke*, NZM 2005, 681, 684 sowie *Riecke*, DGVZ 2005, 81 ff.
61 *Rigol*, MDR 1999, 1363; Zöller/*Stöber*, § 885 Rdn. 19; Thomas/*Putzo*, § 885 Rdn. 13; **a.A.** OLG Karlsruhe, NJW 1997, 1789 = InVo 1997, 136.
62 Ein Einschreiten der Ordnungsbehörde verneint VGH Mannheim, NJW 1997, 1798 im Gegensatz zur Vorinstanz VG Freiburg, NJW 1997, 1796. Vgl. zu der Problematik auch *Rigol*, MDR 1999, 1363; *Schneider*, MDR 1998, 1135; *Ferst*, DGVZ 1997, 177 f.; *Braun*, JZ 1997, 574; *Loritz*, DGVZ 1997, 150 f.; *Geißler*, DGVZ 1995, 145 ff.

7.37 Ist keine dieser Personen anwesend, hat der Gerichtsvollzieher die Sachen auf Kosten des Schuldners in ein Pfandlokal zu schaffen oder anderweitig für die **Verwahrung** zu sorgen (§ 885 Abs. 3 ZPO). Der Gerichtsvollzieher ist nicht verpflichtet, das Räumungsgut in die neue Wohnung des Schuldners transportieren zu lassen, wenn der Schuldner nicht die hierdurch entstehenden Kosten im Voraus bezahlt, auch der Gläubiger nicht bereit ist, diese Kosten zu übernehmen und damit keine höheren Verwahrungskosten erspart werden[63]. Er schließt die notwendigen Verträge mit dem Spediteur bzw. den Lagervertrag nicht im eigenen Namen, sondern regelmäßig als bevollmächtigter Vertreter des Justizfiskus[64]. Die Vorschusspflicht des Gläubigers erstreckt sich auch auf diese Kosten (§ 4 GvKostG i.V.m. KV Nr. 707; § 180 Nr. 5 Abs. 2 GVGA). Die Auswahl des Spediteurs obliegt dem pflichtgemäßen Ermessen des Gerichtsvollziehers, der jedoch verpflichtet ist, den Vollstreckungsauftrag so günstig wie möglich durchzuführen und der die von Dritten in Ansatz gebrachten Kosten auf ihre Angemessenheit prüfen muss[65]. Aus Haftungsgründen ist es in der Regel nicht ermessensfehlerhaft, wenn der Gerichtsvollzieher ein Angebot des Gläubigers ablehnt, die Räumung durch gläubigereigene Kräfte durchführen und/oder das Räumungsgut selbst oder durch ein persönlich oder wirtschaftlich verbundenes Unternehmen einlagern zu lassen[66].

7.38 **Müll** und **wertloses Gerümpel** – nicht aber wertloses Räumungsgut wie alte Möbel, schmutzige Wäsche, persönliche Papiere, dazu § 885 Abs. 4 ZPO (s. Rdn. 7.39) – kann nach vorherigem erfolglosem Hinweis an den Schuldner zur Mülldeponie verbracht werden[67]. Die **Herausgabe des eingelagerten Räumungsgutes** kann der Schuldner grundsätzlich nur gegen Zahlung der entstandenen Transport- und Einlagerungskosten verlangen, und zwar unabhängig davon, ob die Kosten durch einen Vorschuss des Gläubigers gedeckt sind[68]. Ausgenommen hiervon sind unpfändbare Sachen (§ 811 ZPO) und solche, bei denen ein Verwertungserlös nicht zu erwarten ist (§ 803 Abs. 2 ZPO); diese sind auf – formloses – Verlangen des Schuldners jederzeit, also auch noch nach Ablauf der Zwei-Monats-Frist des § 885 Abs. 4 ZPO, an diesen herauszugeben (**§ 885 Abs. 3 S. 2 ZPO**). Insoweit kann der Gerichtsvollzieher kein Zurückbehaltungsrecht geltend machen[69].

---

63 LG Aschaffenburg, DGVZ 1997, 155; Zöller/*Stöber,* § 885 Rdn. 17.
64 **H.M.:** BGH, Rpfleger 1999, 498 = InVo 1999, 314 = NJW 1999, 2597; Zöller/*Stöber,* § 885 Rdn. 17, § 808 Rdn. 17.
65 OLG Hamburg, NZM 2000, 575 = MDR 2000, 602; AG Westerburg/LG Koblenz, DGVZ 1997, 29.
66 LG Köln, DGVZ 2002, 168; AG Lörrach, DGVZ 2005, 109; AG Hamburg-St.Georg, DGVZ 2004, 189 = ZMR 2005, 298; enger: AG Frankfurt/Main, NZM 2004, 359; s. dazu auch *Riecke,* DGVZ 2004, 15 und *Schuschke,* NZM 2005, 681, 684.
67 OLG Zweibrücken, DGVZ 1998, 8 = InVo 1998, 299; LG Leverkusen, DGVZ 1996, 44; LG Karlsruhe, DGVZ 1980, 14; Zöller/*Stöber,* § 885 Rdn. 18.
68 LG Aschaffenburg, DGVZ 1997, 55; Zöller/*Stöber,* § 885 Rdn. 23.
69 BT-Drucks. 13/341 S. 39; *Schultes,* DGVZ 1999, 1, 3 f.

Können sich mehrere Schuldner nicht einigen, an wen von ihnen eingelagerter Hausrat herauszugeben ist, kann die Klärung dieser Frage nicht im Vollstreckungsverfahren erfolgen[70].

Fordert der Schuldner nicht binnen einer Frist von zwei Monaten nach der Räumung das eingelagerte Gut ab, oder fordert er es ab, will oder kann aber die Kosten nicht bezahlen, so **verkauft der Gerichtsvollzieher** die Sachen und hinterlegt den Erlös (**§ 885 Abs. 4 S. 1 Hs. 1 ZPO**). Auf diese Möglichkeit ist der Schuldner bei der Räumung hinzuweisen[71] (§ 180 Nr. 5 Abs. 3 GVGA). Selbst nach Ablauf der Frist kann der Schuldner aber unpfändbare Sachen und solche, bei denen ein Verwertungserlös nicht zu erwarten ist, herausverlangen, ohne dafür Kosten zahlen zu müssen (§ 885 Abs. 4 S. 1 Hs. 2 ZPO). Sachen, die nach der Beurteilung des Gerichtsvollziehers offensichtlich unverwertbar sind, kann er vernichten. Ein vorheriger Verwertungsversuch ist dann nicht erforderlich[72]. Der Gerichtsvollzieher hat aber auch die Möglichkeit, solche Sachen gemeinnützigen Einrichtungen zur Verfügung zu stellen oder sie dem Schuldner zuzusenden, was sich insbesondere bei persönlichen Sachen wie Fotos, Zeugnissen, Familienurkunden sowie dann anbietet, wenn die Kosten der Vernichtung höher sind als die Kosten der Übersendung.

7.39

Mit der Räumung des Schuldners und der Besitzeinweisung des Gläubigers ist der Räumungstitel **verbraucht.** Verschafft sich der Schuldner danach – auch widerrechtlich – erneut Besitz an der Sache, bedarf es zu einer erneuten Räumung eines neuen Titels. Eine **Ausnahme** besteht (nur) für **einstweilige Anordnungen betr. die Benutzung der Ehewohnung** zur alleinigen Nutzung (§§ 620 Nr. 7 und 9, 621g S. 1, 794 Abs. 1 Nr. 3a ZPO, §§ 1361a, 1361b BGB). Aufgrund eines solchen Titels kann der Gläubiger, solange die einstweilige Anordnung Gültigkeit hat, wiederholt die Räumungsvollstreckung betreiben, etwa wenn der Schuldner sich verbotswidrig erneut Zugang zur Wohnung verschafft hat, aber auch wenn der Gläubiger den Schuldner wieder in die Wohnung aufgenommen hat, es danach jedoch zu einem neuen Zerwürfnis kommt. Für den letzteren Fall kann der Schuldner jedoch über eine Abänderung der gerichtlichen Entscheidung gem. § 620b ZPO und § 64b FGG eine erneute Vollstreckung aus dem Titel verhindern.

7.40

V. Kosten

Die mit der Herausgabevollstreckung verbundenen notwendigen Kosten – z.B. die Gerichtsvollzieherkosten, Anwaltskosten, Transport-, Lager- und Verkaufskosten – trägt der Schuldner als Kosten der Zwangsvollstreckung gem. **§ 788 ZPO.**

7.41

---

70 AG Siegburg, DGVZ 1998, 190 – getrennt lebende Eheleute.
71 *Schultes,* DGVZ 1999, 1, 5.
72 BT-Drucks. 13/341 S. 40.

7.42 **Gegenüber dem Gerichtsvollzieher** sind sowohl der Gläubiger wie der Schuldner Kostenschuldner (§ 13 GvKostG). Der Gläubiger haftet für die Verwahrungskosten nur für die in § 885 Abs. 4 ZPO festgelegte Zeit von zwei Monaten, zzgl. einer weiteren angemessenen Frist zur Verwertung oder Vernichtung[73]. Kommt es nicht zu einer Räumung, weil der Schuldner doch noch kurzfristig freiwillig geräumt hat, muss die Ausfallkosten der Gläubiger tragen[74]. Dieser kann sie aber gegenüber dem Schuldner als Kosten der Zwangsvollstreckung geltend machen, wenn der Schuldner den Gläubiger nicht rechtzeitig vom freiwilligen Auszug informiert hat.

Tipp: Gleichwohl sollte der Gläubiger sich 1–3 Tage vor der Räumung vergewissern, ob der Schuldner nicht freiwillig geräumt hat oder gerade dabei ist, um die Kosten gering zu halten. Im Falle freiwilliger Räumung muss er davon sofort den Gerichtsvollzieher unterrichten.

7.43 Der **Anwalt** erhält für seine Tätigkeit im Rahmen der Vollstreckung eine Verfahrenspauschgebühr von 0,3 gem. RVG VV 3309.

VI. Rechtsbehelfe

7.44 Gegen das Verfahren des Gerichtsvollziehers ist für Gläubiger, Schuldner oder Dritte als Rechtsbehelf die **Vollstreckungserinnerung** gemäß § 766 ZPO gegeben. Der Schuldner kann sich jedoch mangels eigener Beschwer nicht dagegen wehren, dass die Räumungsvollstreckung aus dem gegen ihn erlassenen Titel auch gegen seine Lebensgefährtin durchgeführt wird[75]. Das Rechtsschutzinteresse ist bei drohender Räumung bereits vor der ersten Vollstreckungshandlung gegeben[76]. Mit der Einweisung des Gläubigers in den Besitz entfällt das Rechtsschutzbedürfnis jedoch für eine gegen die Räumung gerichtete Vollstreckungserinnerung, weil die Zwangsvollstreckungsmaßnahme „Herausgabe" damit beendet ist, über § 766 ZPO aber keine Rückgängigmachung einer Maßnahme erreicht werden kann, sondern lediglich ihre Unzulässigerklärung[77].

---

73 LG Berlin, Rpfleger 2004, 431 = DGVZ 2004, 140; LG Frankfurt/Main, DGVZ 2002, 76.
74 AG Flensburg, DGVZ 2005, 130; Zöller/*Stöber*, § 885 Rdn. 32 m.w.N.
75 OLG Köln, InVo 1997, 163.
76 BGH, Rpfleger 2005, 207 = InVo 2005, 283 = MDR 2005, 648; MünchKomm/*Schilken* ZPO, § 766 Rdn. 44.
77 BGH, Rpfleger 2005, 207 = InVo 2005, 283 = MDR 2005, 648.

Kapitel C
Vertretbare Handlungen, § 887 ZPO

I. Art und Weise

Die Zwangsvollstreckung zur Erwirkung vertretbarer Handlungen erfolgt durch Ermächtigung des Gläubigers zur Ersatzvornahme der geschuldeten Handlung, ggf. auch durch Verurteilung zur Zahlung eines dazu erforderlichen Kostenvorschusses.

7.45

II. Vertretbare Handlungen

Zu den vertretbaren Handlungen i.S.v. § 887 ZPO zählen **nicht** Herausgabe- und Leistungsansprüche gemäß §§ 883, 884 ZPO (vgl. § 887 Abs. 3 ZPO), ferner nicht die Kindesherausgabe, die gemäß § 33 FGG vollstreckt wird (vgl. Rdn. 7.9). Die Vollstreckung einer Zahlungsverpflichtung ergibt sich aus den §§ 803 ff. ZPO. Erfolgte gemäß § 510b ZPO eine Verurteilung zur Zahlung einer Entschädigung für den Fall der Nichtvornahme einer Handlung, darf die vorzunehmende Handlung nicht gemäß §§ 887, 888 ZPO vollstreckt werden (§ 888a ZPO). Für Unterlassungen gilt § 890 ZPO, die Abgabe von Willenserklärungen ist in §§ 894, 895 ZPO geregelt; nur soweit diese keine Anwendung finden (z.B. Prozessvergleich), kann die Vollstreckung gemäß § 888 ZPO erfolgen.

7.46

Vertretbare Handlungen sind daher nur solche, die bei gleichem wirtschaftlichen Erfolg für den Gläubiger und ohne Änderung der Eigenart der Leistung statt vom Schuldner auch von einem Dritten vorgenommen werden können, wenn diese Drittvornahme aus der Sicht des Schuldners in rechtlich zulässiger Weise erfolgen kann[78]. Nicht entscheidend ist dabei, dass der Schuldner die Leistung kostengünstiger erbringen könnte oder der Leistungserfolg auf verschiedene Art und Weise herbeigeführt werden kann, z.B. bei Beseitigung von Immissionen[79].

7.47

Handelt es sich eigentlich um eine vertretbare Handlung, ist die Ersatzvornahme jedoch von der **Mitwirkung oder Zustimmung eines Dritten** abhängig, soll die notwendige Zustimmung des Dritten bis zum Erlass des Ermächtigungsbeschlusses gemäß § 887 ZPO vorliegen müssen[80]. Es muss jedoch genügen, dass die Zustimmung des Dritten noch nicht verweigert und daher noch möglich ist[81]. Die Situation ist insoweit nicht anders als bei

7.48

---

78 **H.M.**, vgl. OLG Bamberg, MDR 1983, 499; Schuschke/*Walker*, § 887 Rdn. 2 m.w.N.
79 OLG Hamm, MDR 1983, 850; Zöller/*Stöber*, § 887 Rdn. 2; OLG Düsseldorf, NJW-RR 1998, 1768 = InVo 1998, 137 unter Aufgabe von NJW-RR 1988, 63.
80 BayObLG, NJW-RR 1989, 462; OLG Frankfurt, MDR 1983, 141; Zöller/*Stöber*, § 887 Rdn. 7; **A.A.** OLG Düsseldorf, MDR 1991, 260.
81 Vgl. OLG Düsseldorf, MDR 1991, 260.

der Frage des Unvermögens im Erkenntnisverfahren: Eine Verurteilung des Nicht-Eigentümers zur Übereignung erfolgt, wenn ein (Rück-)Erwerb des Eigentums von Dritten durch den Beklagten möglich ist[82]. Das bloße Fehlen einer öffentlich-rechtlichen Genehmigung steht nicht entgegen[83]. Fehlt es hingegen an der notwendigen Zustimmung des Dritten, kommt nicht § 887 ZPO, sondern ggf. § 888 ZPO zur Anwendung[84] (s. dazu auch Rdn. 7.79). Nach verbreiteter Auffassung kommt § 888 ZPO zur Anwendung, wenn es sich bei der geschuldeten Handlung zwar um eine vertretbare handelt, diese jedoch im **Ausland** vorzunehmen und Zwang notwendig ist; Hoheitsrechte des ausländischen Staates werden dadurch nicht tangiert[85].

7.49   Entscheidend für die Frage, wie zu vollstrecken ist, ist nicht die Tenorierung, sondern was in der Sache geschuldet ist;[86] der Titel muss daher ggf. ausgelegt werden[87]. Für die **Abgrenzung** der vertretbaren von der unvertretbaren Handlung sind stets die konkreten Umstände des Einzelfalles maßgebend, sodass die **Beispiele**[88] aus der umfangreichen Kasuistik für eine vertretbare Handlung letztlich nur Indizcharakter haben:

- **Abnahme** (beim Kauf- sowie Werkvertrag[89]);
- **Abrechnung** von Betriebskosten (Heizung) anhand vorliegender Unterlagen;[90]
- **Auseinandersetzungsguthaben**, Ermittlung bei einer Publikumsgesellschaft;[91]
- **Auskunftsanspruch gemäß § 87c Abs. 3 HGB;**[92]
- **Bauarbeiten**: Abbruch, Abriss,[93] Errichtung von Gebäuden;

---

82 BGH, WM 1986, 645, 646.
83 OLG Düsseldorf, InVo 2003, 205 = MDR 2002, 1394 = ZMR 2003, 101; OLG Frankfurt, InVo 1997, 252; OLG Koblenz, InVo 1999, 126; Zöller/*Stöber*, § 887 Rdn. 7.
84 OLG Köln, InVo 2003, 203 = MDR 2003, 114; OLG Naumburg, InVo 2003, 204; BayObLG, NJW-RR 1989, 462; Zöller/*Stöber*, § 888 Rdn. 2.
85 OLG Hamburg, NJOZ 2005, 2956; OLG Köln, InVo 2003, 38 = IPRax 2003, 446; OLG Frankfurt, InVo 2002, 518 und InVo 2001, 183 = RIW 2001, 379; StJ/*Brehm*, § 887 Rdn. 29 und § 888 Rdn. 8; Zöller/*Stöber*, § 888 Rdn. 3 „Buchauszug"; einschränkend OLG Düsseldorf, InVo 2004, 385 = NJOZ 2004, 3377; vgl. auch *Stadler*, IPRax 2003, 430.
86 OLG Saarbrücken, InVo 2001, 182 = MDR 2000, 784; Schuschke/*Walker*, § 887 Rdn. 3.
87 Vgl. daher auch Rdn. 7.4 ff. zu § 883 ZPO sowie Rdn. 7.76 zu § 888 ZPO.
88 Vgl. auch Baumbach/*Hartmann*, § 887 Rdn. 20 ff.; MünchKomm/*Schilken* ZPO, § 887 Rdn. 22; Schuschke/*Walker*, § 887 Rdn. 4 ff.; Zöller/*Stöber*, § 887 Rdn. 2, 3; Musielak/*Lackmann*, § 887 Rdn. 9 ff.
89 OLG Köln, MDR 1975, 586.
90 LG Hannover, WuM 1993, 475.
91 OLG Köln, InVo 2003, 84 = NJW-RR 2003, 33.
92 OLG Hamm, NJW-RR 1994, 489 – bei zusätzlicher rechnergestützter Übersicht aber § 888 ZPO.
93 LG Köln, MDR 1998, 495.

- **Befreiung** von einer Verbindlichkeit, auch wenn diese eine Geldschuld ist;[94]
- **Beseitigung** von Mängeln, soweit dadurch nicht die Eigenart des Werkes verändert wird;[95] von Bauwerken,[96] Störungen (z.B. durch Abfall,[97] Anlagen,[98] Bäume,[99] Immissionen,[100] Werbeanlagen[101]), Immissionen,[102] Fahrzeugen[103]. Je nach Sachlage kann jedoch auch § 888 ZPO Anwendung finden (vgl. § 888 ZPO Rdn. 7.76 Stichwort „Immissionen");
- **Bilanz,** soweit es zu deren Erstellung nicht der Mitwirkung des Schuldners bedarf;[104]
- **Buchauszug,** insbesondere gemäß § 87c Abs. 2 HGB, soweit es dazu nicht der Mitwirkung des Schuldners bedarf;[105]
- **Bürgschaft,** Verpflichtung zur Stellung durch Personen, zu deren Geschäftstätigkeit Bürgschaftserklärungen gehören;[106]
- **Dienstleistungen,** jedenfalls einfacherer Art, soweit nicht besondere persönliche Fähigkeiten und Kenntnisse erforderlich sind oder ein besonderes Vertrauensverhältnis gegeben ist; daher „ja" bei einem Übersetzer, „nein" bei Arzt, Opernsänger, Geschäftsführer;[107]

---

94 **H.M.:** BGH, NJW 1958, 497; OLG Köln, FamRZ 2005, 471 und InVo 2002, 245; OLG Naumburg, InVo 2004, 201; OLG Frankfurt, OLGR 1999, 27; KG, MDR 1999, 119; Saarl. OLG, OLGR 1998, 369; OLG München, InVo 1996, 215; InVo 1998, 359 – Entlassungserklärung; OLG Köln, FamRZ 1994, 1048; MünchKomm/*Schilken* ZPO, § 887 Rdn. 3 m.w.N. – zur notwendigen Bestimmtheit einer Freistellung vgl. Rdn. 3.25.
95 BGH, NJW 1984, 1679; OLG Düsseldorf, NJW-RR 1998, 1768 = InVo 1998, 136; OLG Zweibrücken, JurBüro 1982, 939; *Quadbeck*, MDR 2000, 570; also nicht bei künstlerischen Werken.
96 BGH, Rpfleger 2004, 505 = InVo 2004, 416 = MDR 2004, 1021; OLG Frankfurt, InVo 2003, 250 = MDR 2003, 655.
97 BGH, DGVZ 2005, 71; LG Limburg, DGVZ 2005, 70.
98 OLG Frankfurt, InVo 2003, 250 = MDR 2003, 655; OLG Düsseldorf, InVo 2003, 205 = MDR 2002, 1394 = ZMR 2003, 101.
99 BGH, Rpfleger 2004, 505 = InVo 2004, 416 = MDR 2004, 1021; AG Mönchengladbach, DGVZ 1998, 91.
100 OLG Saarbrücken, InVo 2001, 182 = MDR 2000, 784; Zöller/*Stöber*, § 887 Rdn. 2.
101 LG München I, NJW-RR 2004, 588 = NZM 2004, 279.
102 OLG Köln, NJW-RR 1990, 1087.
103 AG Wuppertal, DGVZ 1998, 159.
104 OLG Frankfurt, OLGR Frankfurt 2003, 190; OLG Köln, NJW-RR 1998, 716 = InVo 1997, 268; OLG Zweibrücken, DGVZ 1998, 9 = JurBüro 1998, 105.
105 OLG Düsseldorf, InVo 2004, 385 und OLG Hamm, InVo 1999, 32: auch bei Sitz des Schuldners im Ausland – insoweit **a.A.** OLG Frankfurt, InVo 2001, 183 und InVo 2002, 518; OLG Köln, InVo 2002, 379; OLG München, InVo 2002, 38 = MDR 2002, 909; OLG Nürnberg, JurBüro 1998, 666 = OLG 1998, 364; OLG Koblenz, NJW-RR 1994, 358 = MDR 1994, 198; Schuschke/*Walker*, § 885 Rdn. 7. Zur Frage, welche Anforderungen erfüllt sein müssen, damit der vorgelegte Buchauszug als Erfüllung angesehen werden kann, vgl. OLG München, InVo 2002, 381 = MDR 2002, 909; OLG Hamm, InVo 2001, 343.
106 OLG Karlsruhe, InVo 2005, 71 (Eltern) und MDR 1991, 454.
107 Vgl. MünchKomm/*Schilken* ZPO, § 887 Rdn. 7; Brox/*Walker*, Rdn. 1066.

- **Einsichtnahme in Geschäftsunterlagen,** wobei allerdings danach zu differenzieren ist, welche konkret Handlung oder Unterlassung dabei jeweils durchgesetzt werden soll;[108]
- **Freistellung** *siehe Befreiung*;
- **handwerkliche** Leistungen, soweit keine besonderen persönlichen Fertigkeiten und Kenntnisse notwendig sind, einschließlich der erforderlichen Vor- und Nacharbeiten;[109]
- **Lohnabrechnungen,** wenn die entsprechenden Unterlagen vorhanden sind;[110]
- **Löschung** eines Grundpfandrechts, wenn der Ablösungsbetrag feststeht und der Gläubiger zur Löschung bereit ist oder dazu gezwungen werden kann;[111]
- **Mängelbeseitigung** *siehe Beseitigung*;
- **Nachbesserung** *siehe Beseitigung*;
- **Nebenkostenabrechnungen,** nur wenn sämtliche Belege und Umrechnungsschlüssel vorhanden sind;[112]
- **Provisionsabrechnung** gemäß § 87c Abs. 1 HGB, soweit keine Besonderheiten vorliegen;[113]
- **Reparaturen;**
- Leistung von **Sicherheiten,**[114] also insbesondere die Stellung einer **Bürgschaft;**[115]
- **Versorgung** mit Wärme und Strom als Anspruch gegen Vermieter;[116]
- **Wertermittlungsanspruch** gemäß § 1379 Abs. 1 BGB betr. Zugewinn[117].

III. Antrag und Rechtsschutzinteresse

7.50   Voraussetzung für die Ersatzvornahme ist neben den allgemeinen und besonderen Voraussetzungen der Zwangsvollstreckung ein Antrag des Gläubigers (vgl. Muster Rdn. 15.33). Er unterliegt gemäß § 78 Abs. 1 und

---

108   OLG Frankfurt, InVo 2002, 382 = MDR 2002, 823.
109   OLG Dresden, InVo 2002, 297 = WuM 2002, 34 (Durchfeuchtungen); OLG Düsseldorf, InVo 2002, 32 (Lärmschutzwall); LG Bochum, NuR 2003, 384 (Baumbeschneidung).
110   LAG Rhld.-Pf., MDR 2006, 55; Hess. LAG, juris-Nr. KARE600004614; LAG Schl-Holstein, juris-Nr. KARE600003994.
111   BGH, NJW 1986, 1676 = MDR 1986, 570; OLG Saarbrücken, MDR 2005, 1253.
112   BGH, 11.5.2006 – I ZB 94/05; LG Wuppertal, InVo 2003, 88 = WuM 2002, 273; LG Berlin, GE 2002, 395; *Schmidt/Gohrke*, WuM 2002, 593.
113   OLG Zweibrücken, InVo 1999, 29 = JurBüro 1998, 327; OLG Köln, NJW-RR 1996, 100.
114   OLG München, OLGR 1996, 163.
115   KG, InVo 1998, 22; OLG Karlsruhe, MDR 1991, 454; OLG Köln, MDR 1989, 169.
116   AG Flensburg, WuM 2004, 32; Baumbach/*Hartmann*, § 887 Rdn. 38, 39.
117   OLG Bamberg, OLGR 1998, 389.

2 ZPO dem **Anwaltszwang,** soweit bei dem Prozessgericht Anwaltszwang besteht, und zwar auch dann, wenn Vollstreckungstitel eine einstweilige Verfügung ist[118].

Hat der Schuldner nach Antragstellung die geschuldete Handlung unstreitig in der richtigen Art und Weise vorgenommen, entfällt das **Rechtsschutzinteresse** für den Antrag auf Ersatzvornahme[119]. Entsprechendes gilt für Mängelbeseitigungsansprüche der Mieter gegen den Vermieter, wenn das Mietverhältnis zwischenzeitlich beendet ist[120].

7.51

Tipp: Da es für die Frage der Erfolgsaussicht der angestrebten Maßnahme auf den Zeitpunkt der Beschlussfassung des Prozessgerichts des ersten Rechtszuges als Vollstreckungsorgan ankommt, muss der Gläubiger auf eine Erfüllung oder den Wegfall seines Anspruchs rechtzeitig reagieren, damit ihm nicht die Kosten auferlegt werden; er sollte daher in derartigen Fällen die Hauptsache für erledigt erklären.

IV. Bestimmtheit des Antrags

Die ersatzweise vorzunehmende **Handlung** muss im Antrag im Einzelnen **genau bezeichnet** werden,[121] auch wenn der Tenor des Titels zulässigerweise nur hinsichtlich des Erfolges bestimmt war, z.B. dahingehend lautete, die erforderlichen Maßnahmen zu treffen, um beeinträchtigende Einwirkungen durch Geräusche und Gerüche auf ein näher bezeichnetes Objekt zu verhindern[122]. Nicht erforderlich ist hingegen die Angabe einzelner Arbeitsschritte oder des Unternehmens, das die Arbeiten durchführen soll[123].

7.52

Eine **Auslegung** des Titels ist möglich und notwendig,[124] jedoch ist die **Umdeutung** eines Antrags gemäß § 887 ZPO in einen solchen nach § 888 ZPO unzulässig, wenn dem Vortrag des Gläubigers dafür keine An-

7.53

---

118 H.M., vgl. OLG Koblenz, JurBüro 2001, 437; OLG Celle, OLGR Celle 1999, 310; OLG Köln, NJW-RR 1996, 100; Musielak/*Lackmann*, § 887 Rdn. 18; Schuschke/*Walker*, § 887 Rdn. 12 m.w.N.; **a.A.** OLG Jena, InVo 1996, 18.
119 LG München I, Rpfleger 2004, 716.
120 BGH, InVo 2005, 285 = WuM 2005, 139.
121 RGZ 60, 121; OLG Hamm, OLGR Hamm 2004, 48 (zum Buchauszug); OLG Bamberg, DGVZ 1999, 135 = NJW-RR 2000, 358; OLG Koblenz, NJW-RR 1998, 1770 = InVo 1998, 259; OLG Frankfurt, JurBüro 1988, 259; OLG Köln, NJW-RR 1990, 1087; Zöller/*Stöber*, § 887 Rdn. 4; Baumbach/*Hartmann*, § 887 Rdn. 12; Thomas/*Putzo*, § 887 Rdn. 5; Schuschke/*Walker*, § 887 Rdn. 12; HK-ZPO/*Pukall*, § 887 Rdn. 4.
122 RGZ 60, 120, 121; OLG Köln, NJW-RR 1990, 1087; MünchKomm/*Schilken* ZPO, § 887 Rdn. 9; **a.A.** OLG Düsseldorf, OLGZ 1976, 376; OLG Hamm, MDR 1984, 591 und 1983, 850; OLG München, NJW-RR 1988, 22; differenzierend StJ/*Brehm*, § 887 Rdn. 37 f.
123 OLG Zweibrücken, MDR 1983, 500; Zöller/*Stöber*, § 887 Rdn. 4.
124 Vgl. BGH, NJW 1993, 1394, 1395.

haltspunkte zu entnehmen sind[125]. Der Anwalt muss daher stets prüfen, ob er nicht einen Haupt- und Hilfsantrag stellen soll[126]. Die **Umstellung** eines Antrags nach § 888 ZPO in einen solchen nach § 887 ZPO ist auch noch im Beschwerderechtszug möglich[127].

7.54 Der Gläubiger muss ferner behaupten, dass der Schuldner die titulierte Handlung nicht vorgenommen hat.

V. Zuständigkeit

7.55 Zuständig für die Entscheidung ist ausschließlich (§ 802 ZPO) das Prozessgericht des ersten Rechtszuges: Amtsgericht, Familiengericht; beim Landgericht: Zivilkammer, Kammer für Handelssachen, ggf. der Einzelrichter gemäß § 348 ZPO;[128] bei WEG-Sachen gemäß § 43 WEG das Amtsgericht;[129] bei eidesstattlichen Versicherungen stets das Gericht der Hauptsache (§§ 937, 943 ZPO), also auch im Falle des § 942 ZPO. Erfolgt die Vollstreckung aus einem Anwaltsvergleich, Schiedsspruch, Schiedsvergleich oder einem ausländischen Schiedsspruch/Urteil, ist das Gericht zuständig, das den Titel für vollstreckbar erklärt hat (§§ 722, 796b, 1053, 1054, 1060, 1061, 1064 ZPO).

VI. Stellungnahme des Schuldners

7.56 Dem Schuldner ist gemäß § 891 S. 2 ZPO rechtliches Gehör zu gewähren[130]. Wendet der Schuldner **Erfüllung** ein, war bislang sehr **streitig,** ob dies grundsätzlich nicht im Verfahren gemäß § 887 ZPO, sondern nur im Klagewege gemäß § 767 ZPO geltend zu machen war[131]. Weitgehend wurde der Erfüllungseinwand im Verfahren gemäß § 887 ZPO berücksichtigt, wenn die Erfüllung offenkundig oder unstreitig oder liquide – etwa gemäß § 775 Nr. 4 und 5 ZPO – beweisbar war[132].

7.57 Der **BGH** hat diese Rechtsfrage nun dahin entschieden, dass der Schuldner die Wahl hat, ob er den **Erfüllungseinwand** im Verfahren nach

---
125 OLG Frankfurt, InVo 1997, 272; OLG Hamm, NJW 1985, 274.
126 Vgl. StJ/*Brehm,* § 887 Rdn. 34.
127 OLG Zweibrücken, InVo 1998, 263.
128 Aber nicht wenn im Erkenntnisverfahren die voll besetzte Kammer entschieden hat, OLG Celle, OLGR Celle 2004, 619.
129 BayObLG, WuM 1992, 163.
130 Zum etwaigen Anwaltszwang vgl. Rdn. 7.108.
131 So u.a. RGZ 27, 382, 385; KG, InVo 2002, 435; OLG Hamm, InVo 1997, 269; Brox/*Walker,* (5. Aufl.) Rdn. 1073; **a.A.** OLG Karlsruhe, InVo 2002, 300 = MDR 2001, 1191; OLG Zweibrücken, InVo 2001, 70; OLG Bamberg, FamRZ 1993, 581; Zöller/*Stöber,* § 887 Rdn. 7; Baumbach/*Hartmann,* § 887 Rdn. 5; StJ/*Brehm,* § 887 Rdn. 25; Rosenberg/Gaul/*Schilken,* § 71 II; wahlweise: MünchKomm/ *Schilken* ZPO, § 887 Rdn. 8.
132 OLG Rostock, InVo 2004, 122; OLG Köln, InVo 2002, 379; OLG Frankfurt, OLGZ 1993, 459

§§ 887 ff. ZPO geltend macht oder in einem gesonderten Verfahren der Vollstreckungsgegenklage[133]. Andererseits kann der Schuldner im Verfahren nach § 887 ZPO nicht geltend machen, die Vornahme der Handlung sei für ihn **unzumutbar** (geworden) oder führe nicht zum Erfolg[134].

Tipp: Dem Schuldner kann nur empfohlen werden, den Erfüllungseinwand bereits im Verfahren nach §§ 887 ff. ZPO zu erheben, weil in diesem Verfahren den Gläubiger die Beweislast der Nichterfüllung trifft, wohingegen im Verfahren der Vollstreckungsabwehrklage gem. § 767 ZPO der Schuldner die Erfüllung beweisen muss. 7.58

VII. Beweis

Die Darlegungs- und Beweislast **für die Erfüllung** trägt der Gläubiger, weil die Nichterfüllung Tatbestandsvoraussetzung für den Erlass des Ermächtigungsbeschlusses ist[135]. Auf einen entsprechenden Vortrag des Gläubigers hin obliegt es dem Schuldner, die behauptete Nichterfüllung detailliert zu bestreiten, also darzulegen, was er zur Erfüllung getan hat. Stellen seine Handlungen – ihre Richtigkeit unterstellt – eine Erfüllung dar, obliegt es dem Gläubiger zu beweisen, dass der Schuldner diese Handlungen nicht vorgenommen hat bzw. diese den Erfüllungserfolg noch nicht herbeigeführt haben oder dies nicht können[136]. Dementsprechend obliegt auch dem Gläubiger die Kostenvorschusspflicht für die Beweiserhebung. 7.59

Ergibt die Beweiserhebung nur ein „**non liquet**", dürfte dies unter Zugrundelegung der Entscheidung des BGH zulasten des Gläubigers gehen;[137] es empfiehlt sich aber für ihn, den Vollstreckungstitel gleichwohl nicht herauszugeben, weil er neue Beweismittel finden könnte und dann erneut einen Antrag nach § 887 ZPO stellen kann[138]. 7.60

VIII. Entscheidung

Das Gericht entscheidet bei freigestellter mündlicher Verhandlung (§ 891 S. 1 ZPO) durch stets zu begründenden **Beschluss.** Es prüft das Vorliegen der vorgenannten Voraussetzungen, ferner, ob der Schuldner seit dem Bestehen des Vollstreckungstitels Gelegenheit zur Vornahme der geschuldeten Handlung hatte und ob die Erfüllung und damit auch die Ersatzvornahme 7.61

---

133 Rpfleger 2005, 93 = InVo 2005, 68 = MDR 2005, 351; BGH, InVo 2005, 285 = WuM 2005, 139.
134 BGH, InVo 2005, 417 = MDR 2005, 1314 = NZM 2005, 678.
135 BGH, Rpfleger 2005, 93 = InVo 2005, 68 = MDR 2005, 351; *Schuschke*, InVo 2005, 396, 397.
136 OLG Köln, InVo 2003, 203 = MDR 2003, 114; *Schuschke*, InVo 2005, 396, 397.
137 **A.A.** *Schuschke*, InVo 2005, 396, 398.
138 *Schuschke*, InVo 2005, 396, 398.

derzeit noch objektiv möglich ist. Zur etwa notwendigen Zustimmung eines Dritten vgl. Rdn. 7.48. Liegen diese Voraussetzungen nicht vor, ist der Antrag zurückzuweisen. Der Beschluss erwächst in formelle und materielle Rechtskraft[139].

7.62 Im Beschluss wird der Gläubiger ermächtigt, die **konkret zu bezeichnende Handlung** auf Kosten des Schuldners (nicht: im Namen des Schuldners als dessen Vertreter) vorzunehmen. Die Anführung einzelner Duldungspflichten im Tenor dient gegebenenfalls der Klarheit, ist aber im Hinblick auf § 892 ZPO nicht notwendig. Die Fertigung eines Buchauszuges auf Kosten des Schuldners kann wegen des Geheimhaltungsbedürfnisses des Gläubigers im Übrigen nur durch einen Wirtschaftsprüfer oder vereidigten Sachverständigen erfolgen[140].

7.63 Beschlüsse nach §§ 887–890 ZPO sind gem. § 891 S. 3 ZPO mit einer **Kostenentscheidung** zu versehen, wobei die §§ 91–93, 95–100, 106, 107 ZPO entsprechend anzuwenden sind. Die Kostenentscheidung betrifft nur das Verfahren selbst. Für Kosten, die aus der zwangsweisen Durchführung der Beschlüsse entstehen, gilt § 788 ZPO (so z.B. für den im Wege der Ersatzvornahme vom Gläubiger an einen Dritten gezahlten Freistellungsbetrag[141]).

7.64 Der stattgebende Beschluss wird dem Schuldner, der abweisende dem Gläubiger von Amts wegen **zugestellt** (§ 329 Abs. 3 ZPO); dem Gläubiger wird der stattgebende Beschluss formlos übersandt (§ 329 Abs. 2 S. 1 ZPO).

IX. Kostenvorschuss, § 887 Abs. 2 ZPO

7.65 Um eine Vorfinanzierung der Ersatzvornahme seitens des Gläubigers und der Beitreibung dieser Kosten gemäß § 788 Abs. 1 ZPO zu vermeiden, empfiehlt es sich und ist in der Praxis auch üblich, gleichzeitig mit dem Antrag auf Ermächtigung zur Ersatzvornahme zusätzlich zu beantragen, den Schuldner zur Zahlung eines die Kosten der Ersatzvornahme voraussichtlich deckenden **Kostenvorschusses** zu „verurteilen" (**§ 887 Abs. 2 ZPO**). Der Antrag kann auch noch nachträglich gestellt werden, wobei allerdings unter besonderen Umständen dieser Anspruch verwirkt sein kann[142]. Soweit ein Kostenvorschuss gemäß § 887 Abs. 2 ZPO verlangt werden kann, fehlt einer Klage auf Kostenvorschuss das Rechtsschutzinteresse[143].

7.66 Der Beschluss, mit dem der Titelgläubiger in bestimmter Weise ermächtigt wird, eine dem Schuldner obliegende vertretbare Handlung auf dessen Kosten vornehmen zu lassen, hindert den Schuldner nicht daran, seine Ver-

---

139 OLG Zweibrücken, InVo 1997, 20 = JurBüro 1996, 443; Thomas/*Putzo*, § 887 Rdn. 10a.
140 OLG Düsseldorf, MDR 2000, 167 = NJW-RR 2000, 1298; OLG Nürnberg, OLGR 1998, 364; OLG Koblenz, NJW-RR 1994, 358.
141 OLG München, MDR 1998, 795 = JurBüro 1998, 437.
142 Vgl. OLG Celle, OLGR 1998, 214.
143 OLG Oldenburg, InVo 1998, 263.

pflichtung in anderer Weise **freiwillig zu erfüllen**[144]. Hat der Schuldner unstreitig erfüllt, entfällt das Rechtsschutzinteresse für den Antrag auf Ersatzvornahme[145]. Die bloße Ankündigung der Erfüllung hindert den Gläubiger nicht gem. § 887 ZPO zu verfahren. Der Gläubiger handelt auch nicht widersprüchlich, wenn er einerseits das Verfahren nach § 887 ZPO betreibt, andererseits aber die vom Schuldner angebotene Erfüllung ablehnt, wenn er berechtigte Zweifel an der Ernstlichkeit des Erfüllungswillens haben darf[146]. Die schlichte Behauptung des Schuldners, in die Wohnung des Gläubigers nicht eingelassen worden zu sein, reicht zur Darlegung einer **Erfüllungsverweigerung** seitens des Gläubigers nicht aus; notwendig ist in solchen vielmehr eine Darlegung, wann, wo und unter welchen Umständen dies geschehen sein soll[147]. Andererseits muss der Gläubiger im Rahmen der geschuldeten Mängelbeseitigungsarbeiten zumutbare Beeinträchtigungen hinnehmen[148]. Ist der Schuldner zur Freistellung von einer Darlehensverbindlichkeit verpflichtet, und zahlt er aufgrund einer Abrede mit der Bank die Darlehensraten vereinbarungsgemäß, kann der Gläubiger nicht im Wege des § 887 Abs. 2 ZPO zur Tilgung des gesamten Restdarlehens in einer Summe ermächtigt und der Befreiungsschuldner nicht zur Zahlung eines Kostenvorschusses in Höhe der Restdarlehenssumme verurteilt werden[149].

Den für die Ersatzvornahme notwendigen **Betrag** sollte der Gläubiger unter Beifügung eines Kostenvoranschlags, Sachverständigengutachtens etc. angeben[150]. Die hierdurch entstehenden weiteren Kosten sind ebenso wie die der Ersatzvornahme selbst solche der Zwangsvollstreckung gemäß § 788 Abs. 1 ZPO[151]. Dabei muss er sich mit den vom Schuldner vorgebrachten Einwendungen auseinander setzen[152]. Das Gericht schätzt die voraussichtlichen notwendigen Kosten, gegebenenfalls nach Einholung eines Sachverständigengutachtens, nach billigem Ermessen durch Beschluss;[153] der Betrag darf jedoch nicht höher als der vom Gläubiger beantragte sein, § 308 Abs. 1 ZPO[154]. Der Kostenvorschussanspruch umfasst bei Gläubigern, die zum Vorsteuerabzug berechtigt sind, nicht die darauf entfallende Mehrwertsteuer[155]. Die Vollstreckung der Kostenvorschusspflicht erfolgt gemäß §§ 803 ff. ZPO; der Kostenvorschussbeschluss ist Vollstreckungstitel gemäß § 794 Abs. 1 Nr. 3 ZPO.

7.67

---

144 BGH, InVo 2005, 285 = WuM 2005, 139 ; BGH, NJW 1995, 3189 = InVo 1996, 17; OLG Nürnberg, OLGR 1998, 364.
145 LG München I, Rpfleger 2004, 716.
146 BGH, InVo 2005, 285 = WuM 2005, 139; OLG Düsseldorf, MDR 1982, 61.
147 OLG Koblenz, InVo 2002, 301 = JurBüro 2002, 272.
148 OLG Schleswig, SchlHA 2002, 287.
149 OLG Köln, FamRZ 2005, 471.
150 Vgl. OLG Köln, InVo 1997, 21 = JurBüro 1997, 159.
151 OLG Frankfurt, MDR 1983, 140.
152 LG München I, Rpfleger 2004, 716.
153 BGH, NJW 1993, 1394, 1395.
154 Zöller/*Stöber*, § 887 Rdn. 10; Schuschke/*Walker,* § 887 Rdn. 20.
155 OLG Hamm, InVo 1997, 269.

7.68   Der Schuldner kann im Hinblick auf Sinn und Zweck des Verfahrens gegen den Anspruch auf Kostenvorschuss jedenfalls nicht mit **streitigen** Gegenforderungen oder bei einem auf Leistung Zug um Zug lautenden Titel nicht mit der dem Gläubiger obliegenden Geldleistung **aufrechnen**[156].

7.69   Erweist sich der Vorschuss als zu niedrig, kann der Gläubiger einen weiteren Vorschuss **nachfordern** (§ 887 Abs. 2 Hs. 2 ZPO), jedoch nicht mehr nach Beendigung der Ersatzvornahme[157]. Die Mehrkosten der Ersatzvornahme können dann nur noch gemäß § 788 Abs. 1 ZPO beigetrieben werden[158].

7.70   Übersteigt der Vorschuss die Kosten der Ersatzvornahme und die dem Gläubiger entstandenen Kosten, ist er an den Schuldner **zurückzuzahlen.** Der Anspruch ist erforderlichenfalls durch Klage geltend zu machen[159].

7.71   Die Kosten der Ersatzvornahme können im Kostenfestsetzungsverfahren in voller Höhe – also unter Einbeziehung eines bereits geleisteten Vorschusses – festgesetzt werden[160].

X. Rechtsbehelfe

7.72   Gegen die **stattgebende** Entscheidung gemäß § 887 Abs. 1 und 2 ZPO steht dem Schuldner, gegen die **ablehnende** dem Gläubiger, die **sofortige Beschwerde** gemäß § 793 ZPO zu. Gegen Beschwerdeentscheidungen der Landgerichte ist die **Rechtsbeschwerde** gegeben, wenn sie vom Landgericht in seiner Entscheidung zugelassen wurde, § 574 Abs. 1 S. 1 Nr. 2 ZPO. Dies gilt seit dem 1.1.2002 auch in Zwangsvollstreckungssachen in Wohnungseigentumsverfahren nach §§ 43 ff. WEG; eine weitere Beschwerde zum OLG gem. § 45 WEG ist nicht mehr zulässig[161]. Die nach Durchführung der Ersatzvornahme gegen den Ermächtigungsbeschluss eingelegte Beschwerde ist unzulässig[162]. **Streitig** ist, ob in Fällen, in denen eine Partei keinen allgemeinen Gerichtsstand in Deutschland hat, die Zuständigkeit der Ober-

---

156   OLG Celle, InVo 2005, 284 = NJW-RR 2005, 1013; OLG Naumburg, InVo 2003, 83 = JurBüro 2002, 551; OLG Düsseldorf, InVo 2002, 32; Zöller/*Stöber*, § 887 Rdn. 10; MünchKomm/*Schilken* ZPO, § 887 Rdn. 17; StJ/*Brehm*, § 887 Rdn. 44; **a.A.** für unbestrittene Gegenforderung OLG Rostock, NZM 2005, 83 = JurBüro 2002, 551; generell **a.A.** Baumbach/*Hartmann*, § 887 Rdn. 18.
157   OLG Hamm, MDR 1972, 615; Schuschke/*Walker*, § 887 Rdn. 21; Baumbach/*Hartmann*, § 887 Rdn. 19, jew. m.w.N.
158   LG Koblenz, MDR 1984, 591; MünchKomm/*Schilken* ZPO, § 887 Rdn. 16 m.w.N.
159   RG, JW 1898, 201; Zöller/*Stöber*, § 887 Rdn. 11.
160   OLG München, InVo 1998, 140; KG, Rpfleger 1994, 31.
161   OLG Hamburg, ZMR 2005, 396; BayObLG, BayObLGR 2004, 281; OLG Frankfurt, InVo 2003, 157; OLG Köln, InVo 2003, 115 = NJW-RR 2002, 1384 und NJOZ 2004, 2063; *Demharter*, NZM 2002, 233, 234; Palandt/*Bassenge*, § 45 WEG Rdn. 8; **a.A.** Thomas/*Putzo*, § 887 Rdn. 15 unter Hinweis auf vor der ZPO-Änderung ergangene Entscheidung.
162   BayObLG, InVo 1999, 58.

landesgerichte gem. § 119 Abs. 1 Nr. 1b GVG gegeben ist[163]. Für das Zwangsversteigerungsverfahren hat dies der BGH[164] verneint. Einwendungen gegen die Höhe des Kostenvorschusses können nicht mit der Vollstreckungsabwehrklage gemäß § 767 ZPO gegen den titulierten Anspruch geltend gemacht werden[165].

Gegen die Maßnahmen des Gerichtsvollziehers ist die **Vollstreckungserinnerung** gemäß § 766 ZPO gegeben. Der Erfüllungseinwand kann stets auch – vgl. Rdn. 7.56 – mit der **Vollstreckungsabwehrklage** gemäß § 767 ZPO geltend gemacht werden[166]. 7.73

Ein Anspruch des Gläubigers auf **Schadensersatz** nach materiellem Recht bleibt unberührt (§ 893 ZPO). 7.74

Kapitel D
Unvertretbare Handlungen, § 888 ZPO

I. Art und Weise

Handlungen, die nicht durch einen Dritten vorgenommen werden können und ausschließlich vom Willen des Schuldners abhängen, werden durch die Beugemittel Zwangsgeld bzw. Zwangshaft vollstreckt. 7.75

II. Unvertretbare Handlungen

Unvertretbare Handlungen sind solche, die – vom maßgeblichen Standpunkt des Gläubigers aus gesehen – ein Dritter überhaupt nicht oder nicht mit dem wirtschaftlich oder rechtlich gleichwertigen Erfolg vornehmen kann oder darf. Zur Abgrenzung hinsichtlich der anderen Vollstreckungsarten des 3. Abschnitts vgl. § 887 ZPO (siehe oben Rdn. 7.46). 7.76

Hierzu gehören **beispielsweise** Verpflichtungen des Schuldners betreffend:

- Entfernung von **Abmahnungen** aus Personalakten;[167]
- Abdruck einer **Annonce**;[168]

---

163 Bejahend: OLG Braunschweig, Rpfleger 2005, 150 = InVo 2005, 239; OLG Köln, InVo 2004, 512; OLG Frankfurt, DGVZ 2004, 92; Thomas/Putzo/*Hüßtege*, § 119 GVG Rdn. 10; HK-ZPO/*Rathmann*, § 119 GVG Rdn. 8; **a.A.** OLG Stuttgart, MDR 2005, 1253; OLG Oldenburg, InVo 2004, 158 = NJW-RR 2004, 499; Zöller/*Gummer*, § 119 GVG Rdn. 15.
164 BGH, Beschl. v. 19.3.2004 – IXa ZB 23/03, BGHReport 2004, 1114.
165 BGH, NJW 1993, 1394.
166 BGH, NJW 1993, 1394, 1395; BGH, Rpfleger 2005, 93 = InVo 2005, 68 = MDR 2005, 351.
167 LAG Frankfurt/Main, NZA 1994, 288.
168 OLG München, NJOZ 2002, 2446.

7.76   Vollstreckung nach §§ 883–898 ZPO

- **Arbeitspapiere**, wenn sie noch erstellt werden müssen;[169]
- **Auskunftserteilung**, soweit diese nicht lediglich in der Vorlage von Urkunden besteht[170] (vgl. § 883 ZPO Rdn. 7.4). Die Verpflichtung zur Auskunftserteilung umfasst nicht die Vorlage von Urkunden, Belegen oder aussagekräftigen Unterlagen[171]. Eine Zwangsvollstreckung kommt aber überhaupt nur dann in Betracht, wenn der Pflichtige die Auskunft verweigert oder wenn die erteilte Auskunft erkennbar unvollständig ist, also erkennen lässt, dass der Schuldner von der Auskunftspflicht erfasste Informationen zurückhält; demgegenüber dient die Abgabe der eidesstattlichen Versicherung dem Interesse des Gläubigers an der Richtigkeit und Vollständigkeit der Auskunft[172]. Der Auskunftspflicht steht nicht entgegen, dass der Schuldner Gefahr läuft, sich in straf-, ordnungswidrigkeits- bzw. datenschutzrechtlicher Hinsicht durch eine wahrheitsgemäße Auskunft selbst zu belasten[173]. Dies gilt auch für Auskünfte getrennt lebender oder geschiedener Ehegatten gem. §§ 1361 Abs. 4 S. 4, 1580, 1587e BGB; hingegen ist das Auskunftsverlangen des Familiengerichts betr. Versorgungsanwartschaften gem. § 11 Abs. 2 VAHRG nur gem. § 33 FGG durchsetzbar[174].

Nach verbreiteter Auffassung kommt § 888 ZPO zur Anwendung, wenn es sich bei der geschuldeten Handlung zwar um eine vertretbare handelt, diese jedoch im **Ausland** vorzunehmen und Zwang notwendig ist; Hoheitsrechte des ausländischen Staates werden dadurch nicht tangiert;[175]

- **Beheizung;**[176]

---

169   Thür. LAG, BB 2001, 943; LAG Schl-Holstein, juris-Nr: KARE600003994; LAG Düsseldorf, JurBüro 1985, 1429; LAG Frankfurt/Main, DB 1981, 534.
170   OLG Frankfurt, InVo 2003, 445; OLG Köln, InVo 2002, 161 = MDR 2002, 294; Brandenburg. OLG, FamRZ 1998, 179 – Nachlass; BayObLG, NJW-RR 1997, 489; OLG Frankfurt, NJW-RR 1992, 171; OLG Köln, NJW-RR 1989, 567.
171   OLG Jena, InVo 2002, 66; OLG Koblenz, InVo 1998, 359; OLG Köln, InVo 1998, 360.
172   BGHR ZPO, § 2 – Beschwerdegegenstand 21; OLG Köln, InVo 2005, 424; OLG Koblenz, FamRZ 2005, 394; OLG Frankfurt, InVo 2002, 518; OLG Hamburg, InVo 2002, 434; OLG Zweibrücken, FuR 2000, 290; KG, InVo 1998, 110.
173   BVerfG, wistra 2004, 383; OLG Hamburg, OLGR Hamburg 2005, 560 = ZUM 2005, 660.
174   OLG Stuttgart, EzFamR aktuell 1999, 370.
175   OLG Hamburg, NJOZ 2005, 2956; OLG Köln, InVo 2003, 38 = IPRax 2003, 446; OLG Frankfurt, InVo 2002, 518 und InVo 2001, 183 = RIW 2001, 379; StJ/*Brehm*, § 887 Rdn. 29 und § 888 Rdn. 8; Zöller/*Stöber*, § 888 Rdn. 3 „Buchauszug"; einschränkend OLG Düsseldorf, InVo 2004, 385 = NJOZ 2004, 3377; vgl. auch *Stadler*, IPRax 2003, 430.
176   OLG Hamm, InVo 1997, 251 – weil der Schuldner in Person leisten musste; OLG Köln, MDR 1995, 95, ggf. auch § 887 ZPO oder § 890 ZPO, vgl. Baumbach/*Hartmann*, § 888 Rdn. 24.

- **Betriebsverpflichtung** eines Ladenlokals;[177]
- **Dienstleistungen** höherer Art (geistige, künstlerische, wissenschaftliche). Sind sie aufgrund eines Dienstvertrages geschuldet, scheitert eine Vollstreckung an § 888 Abs. 3 ZPO;[178]
- Veröffentlichung einer **Gegendarstellung**. Das Presseorgan darf in derselben Nummer (nur) eine Stellungnahme abdrucken, die sich auf tatsächliche Angaben beschränkt. Werden die Grenzen der an sich zulässigen Stellungnahme in derselben Nummer überschritten mit der Folge, dass es sich um eine unzulässige Glossierung handelt, dann ist der titulierte Anspruch nicht erfüllt. Dem Gläubiger steht in diesem Falle ein Anspruch darauf zu, dass die Gegendarstellung erneut veröffentlicht wird;[179]
- Beseitigung einer **Grunddienstbarkeit,** wenn der zur Ablösung notwendige Geldbetrag nicht feststeht;[180]
- **Immissionen,** wenn der Titel nicht auf Unterlassung, sondern auf eine nur durch den Schuldner vorzunehmende Handlung lautet;[181]
- Erstellung der **Jahresabrechnung** durch den – auch inzwischen ausgeschiedenen – WEG-Verwalter;[182]
- **Mitwirkung** bei der Vornahme gemeinschaftlicher Handlungen, z.B. Klageerhebung, Anträge an Behörden, Steuererklärung[183]. Je nach Sachlage kommt aber auch eine Vollstreckung gemäß § 887 ZPO in Betracht;
- Erstellung eines **Nachlassverzeichnisses**;[184]

---

[177] OLG Düsseldorf, NJW-RR 1997, 648 = InVo 1997, 245 – bei nur noch kurz zu erfüllender Verpflichtung kommt § 890 ZPO analog in Betracht; OLG Celle, NJW-RR 1996, 585 = InVo 1996, 301; **a.A.** nur Ersatzanspruch gemäß § 893 ZPO: OLG Naumburg, NJW-RR 1998, 873; s. dazu *Peters/Welkerling,* ZMR 1999, 369.
[178] Zöller/*Stöber,* § 888 Rdn. 18; Baumbach/*Hartmann,* § 888 Rdn. 24, 27; Münch-Komm/*Schilken* ZPO, § 888 Rdn. 10 m.w.N.
[179] OLG München, InVo 2003, 121 = MDR 2003, 53; Brandenb. OLG, NJW-RR 2000, 832.
[180] OLG Stuttgart, MDR 2005, 777.
[181] OLG Köln, VersR 1993, 1242; LG Köln, InVo 2002, 246; MünchKomm/*Schilken* ZPO, § 888 Rdn. 4; Baumbach/*Hartmann,* § 888 Rdn. 43, jew. m.w.N.
[182] BayObLG, InVo 2002, 377 = NJW-RR 2002, 1381; OLG Köln, WuM 1998, 375 = InVo 1999, 29; *Nies,* MDR 1999, 832; **a.A.** OLG Düsseldorf, InVo 2000, 104 = NJW-RR 1999, 1029.
[183] BGH, Rpfleger 2004, 228 = InVo 2004, 147 = FamRZ 2004, 532; BayObLG, NJW-RR 1989, 462; OLG München, NJW-RR 1992, 768; LG Zweibrücken, MDR 1976, 144; Schuschke/*Walker,* § 888 Rdn. 14, 15 m.w.N.; zur Durchsetzung von Steuererstattungsansprüchen vgl. auch *Viertelhausen,* DGVZ 2004, 161; *Schmidt,* InVo 2004, 317.
[184] OLG Schleswig, SchlHA 2004, 345 = BeckRS 2004, 05346; OLG Celle, InVo 2002, 383 = DNotZ 2003, 62; OLG Hamm, JMBl. NW 1977, 67.

- **Provisionsabrechnung,** soweit es um die Mitteilung nach § 87c Abs. 3 HGB geht;[185]
- **Rechnungslegung,** soweit sie nicht nur in der Vorlage von Urkunden besteht bzw. aus vorhandenen Urkunden ohne weiteres erstellt werden kann;[186]
- Erteilung einer **Prozessvollmacht;**[187]
- **Vorlage von Urkunden** als Teil einer umfassenden, auf Auskunft oder Rechnungslegung lautenden Verpflichtung; unter bestimmten Voraussetzungen besteht ein Recht auf Einsichtnahme an einem anderen Ort als dem Aufbewahrungsort;[188]
- **Weiterbeschäftigung;**[189]
- **Widerruf** ehrverletzender oder unwahrer Behauptungen; dieser darf die Erklärung beinhalten, dass der Widerruf in Erfüllung eines gegen den Beklagten ergangenen rechtskräftigen Urteils erfolgt ist;[190]
- **Willenserklärungen** nur, soweit nicht die §§ 894, 895 ZPO Anwendung finden[191] (vgl. Rdn. 7.195, 7.204 f.);
- **Wohnungszuweisung** gemäß § 18a HausratsVO;[192]
- **Zeugniserteilung;**[193] wird das Arbeitsverhältnis erst nach Insolvenzeröffnung beendet, schuldet der Insolvenzverwalter das Arbeitszeugnis.[194]
- **Zutrittsgewährung,** wenn das Objekt üblicherweise verschlossen ist.[195]

---

185 OLG Frankfurt, InVo 2002, 518.
186 BGH, 11.5.2006 – I ZB 94/05 betr. Betriebskosten; OLG Köln, BauR 2001, 1788 und NJW-RR 1992, 633; KG, NJW 1972, 2093; LG Wuppertal, InVo 2003, 88 = WuM 2002, 273; LG Berlin, GE 2002, 395, jew. m.w.N.; *Schmidt/Gohrke,* WuM 2002, 593.
187 BGH, NJW 1995, 463.
188 OLG Köln, NJW-RR 1996, 382 = InVo 1996, 78; OLG Celle, InVo 1997, 273 – Eigentümergemeinschaft.
189 LAG Rhld.-Pf., MDR 2005, 1059; LAG Köln, DB 1988, 660; Zöller/*Stöber,* § 888 Rdn. 3.
190 BVerfG, NJW 1970, 652; BGH, NJW 1962, 1438; OLG Nürnberg, OLGR Nürnberg 2001, 329; OLG Frankfurt, MDR 1998, 986 = InVo 1999, 28; OLG Zweibrücken, NJW 1991, 304 m.w.N.; Baumbach/*Hartmann,* § 887 Rdn. 40; MünchKomm/*Schilken* ZPO, § 888 Rdn. 5 m.w.N.; Schuschke/*Walker,* § 888 Rdn. 2; nach **a.A.** soll § 894 ZPO eine entsprechende Anwendung finden: OLG Frankfurt, NJW 1982, 113; OLG Hamm, NJW-RR 1992, 634 m.w.N.; differenzierend Zöller/*Stöber,* § 888 Rdn. 3, § 894 Rdn. 2; offen: BGH, NJW 1977, 1288.
191 OLG Koblenz, DGVZ 1986, 138.
192 OLG Köln, FamRZ 1983, 1231.
193 BAG, InVo 2005, 182 = MDR 2004, 1425 = NJW 2005, 460; LAG Düsseldorf, JurBüro 2004, 213; LAG Frankfurt/Main, DB 1981, 534; Baumbach/*Hartmann,* § 887 Rdn. 42.
194 BAG, InVo 2005, 182 = MDR 2004, 1425 = NJW 2005, 460.
195 OLG Zweibrücken, JurBüro 2004, 160 = ZMR 2004, 268.

Eine derart unvertretbare Handlung muss zusätzlich **ausschließlich vom** 7.77
Willen des Schuldners abhängen. Dies ist nicht der Fall, wenn die Vornahme
der Handlung objektiv oder subjektiv dauernd **unmöglich** ist, z.B. wegen der
bestandskräftigen Versagung einer erforderlichen Genehmigung[196]. Dies gilt
auch, wenn die Unmöglichkeit auf einem Verschulden des Schuldners beruht.
Dem Gläubiger bleibt dann nur, Schadensersatz gemäß § 893 ZPO geltend zu
machen[197]. Entsprechendes gilt für den Zeitraum einer vorübergehenden Unmöglichkeit,
z.B. Krankheit[198]. Sind für die vorzunehmende Handlung Geldmittel
notwendig, über die der Schuldner nicht verfügt, ist ihm die Handlung
nur dann unmöglich, wenn er die Geldmittel nicht besorgen kann und sie ihm
auch nicht vom Gläubiger zur Verfügung gestellt werden[199]. Die Möglichkeit
der Vornahme der geschuldeten Handlung muss zwar der Gläubiger beweisen,
der Schuldner muss aber zunächst die Gründe für die Unmöglichkeit
substanziiert und nachprüfbar darlegen; daran sind strenge Anforderungen
zu stellen[200]. Der **streitige** Einwand, die Vornahme der geschuldeten Handlung
sei **unzumutbar** (geworden), kann hingegen nicht im Verfahren nach
§ 888 ZPO berücksichtigt werden, sondern muss mit der Vollstreckungsabwehrklage
geltend gemacht werden[201].

Andererseits ist der Schuldner schon im Verfahren nach § 888 ZPO mit 7.78
seinem – auch **streitigen** – Einwand zu hören, er habe die geschuldete
Verpflichtung **erfüllt**[202]. Dem Schuldner kann nur empfohlen werden, den
Erfüllungseinwand bereits im Verfahren nach § 888 ZPO zu erheben, weil in
diesem Verfahren den Gläubiger die Beweislast der Nichterfüllung trifft,
wohingegen im Verfahren der Vollstreckungsabwehrklage gem. § 767 ZPO
der Schuldner die Erfüllung beweisen muss[203]. Ist der Zwangsgeldbeschluss
allerdings bereits unanfechtbar, kann der Einwand der Erfüllung nur noch
mit der Vollstreckungsabwehrklage gem. § 767 ZPO erhoben werden.[204]

Nicht ausschließlich vom Willen des Schuldners hängt die Vornahme der 7.79
Handlung ferner dann ab, wenn die **Mitwirkung Dritter** notwendig ist und
feststeht, dass der Dritte seine Mitwirkung verweigert. Insoweit ist jedoch
gem. § 888 ZPO erzwingbar, dass der Schuldner seine ihm möglichen
Teilleistungen erbringt und er zudem alles ihm Zumutbare und in seiner
Macht Stehende unternimmt, um die Mitwirkung des Dritten zu errei-

---

196 OLG Koblenz, juris-Nr: KORE424672001.
197 **H.M.:** OLG Zweibrücken, OLGZ 1991, 225; Zöller/*Stöber*, § 888 Rdn. 11.
198 Zöller/*Stöber*, § 888 Rdn. 11.
199 MünchKomm/*Schilken* ZPO, § 888 Rdn. 7.
200 OLG Köln, OLGR Köln 2004, 159; KG, NZM 2002, 671 = GE 2002, 664; OLG Jena, InVo 2002, 66; Schuschke/*Walker*, § 888 Rdn. 19.
201 BGH, InVo 2005, 417 = MDR 2005, 1314 zu § 887 ZPO, wobei allerdings die Begründung auch auf § 888 ZPO zutrifft.
202 BGH, Rpfleger 2005, 93 = InVo 2005, 68 = MDR 2005, 351, wodurch die lange Zeit streitige Rechtsfrage nunmehr entschieden ist.
203 BGH, Rpfleger 2005, 93 = InVo 2005, 68 = MDR 2005, 351; *Schuschke,* InVo 2005, 396, 397.
204 OLG Karlsruhe, FuR 2005, 569.

chen²⁰⁵. Zumutbar ist gegebenenfalls auch ein gerichtliches Vorgehen gegen den Dritten, insbesondere wenn eine rechtliche Verpflichtung des Dritten zu der Mitwirkung besteht²⁰⁶.

7.80 Ausdrücklich **ausgeschlossen** ist gemäß **§ 888 Abs. 3 ZPO** die Zwangsvollstreckung zur Eingehung einer Ehe (dies kommt im Hinblick auf § 1297 Abs. 1 BGB nur bei einem ausländischen Titel in Betracht) sowie zur Herstellung des ehelichen Lebens (§ 1353 BGB). Zulässig ist allerdings die Vollstreckung eines Urteils gegen einen Dritten, der in den räumlich-gegenständlichen Bereich der Ehe eingegriffen hat²⁰⁷.

7.81 Ausgeschlossen ist die Zwangsvollstreckung ferner bei unvertretbaren Dienstleistungen, also Handlungen aus Dienstvertrag (§ 611 BGB), Auftrag (§ 662 BGB), Geschäftsbesorgungsvertrag (§ 675 BGB). Über § 888 Abs. 3 ZPO hinaus ist eine Zwangsvollstreckung ferner unzulässig, wenn sie gegen Grundrechte verstoßen würde, so bei der Verpflichtung zur Teilnahme an religiösen Handlungen (Art. 4 GG²⁰⁸), bei dem Abschluss eines Erbvertrages (Testierfreiheit gemäß § 2302 BGB als Ausfluss von Art. 14 GG²⁰⁹), ferner gemäß § 888a ZPO bei einer Verurteilung zur Entschädigung im Falle des § 510b ZPO.

III. Antrag

7.82 Voraussetzung für die Festsetzung der Beugemittel ist ein Antrag des Gläubigers. Dieser unterliegt dem Anwaltszwang, soweit als Prozessgericht das Landgericht oder das Familiengericht zuständig ist (§ 78 Abs. 1 und 2 ZPO²¹⁰). Die vorzunehmende Handlung ist genau zu bezeichnen (es gilt das zu § 887 ZPO Ausgeführte, vgl. Rdn. 7.52). Eine **Auslegung** des Titels ist möglich und notwendig.²¹¹ Der Anwalt muss daher stets prüfen, ob er nicht einen Haupt- und Hilfsantrag stellen soll²¹². Eine Umstellung des Antrags gemäß § 888 ZPO in einen solchen nach § 887 ZPO ist auch noch

---

205 **H.M.:** OLG Schleswig, SchlHA 2005, 305 = NJOZ 2005, 4372 – Änderung im Grundbuch nur mit Zustimmung des Insolvenzverwalters; OLG Stuttgart, OLGR Stuttgart 2005, 64; OLG Naumburg, InVo 2003, 204, OLG Düsseldorf, InVo 2002, 299 = NJW-RR 2002, 1663, OLG Köln, InVo 2003, 203 und NZM 2000, 1018 – Baumaßnahmen in der Wohnung des Mieters; KG, InVo 1998, 110 – Vorlage von Urkunden; OLG Frankfurt, NJW-RR 1997, 567 – Auskunftspflicht eines Sozietätsmitglieds; OLG Frankfurt, NJW-RR 1992, 171; OLG Köln, NJW-RR 1992, 633; Schuschke/*Walker*, § 888 Rdn. 18.
206 OLG Hamburg, ZMR 2003, 863; BayObLG, NJW-RR 1989, 462; MünchKomm/*Schilken* ZPO, § 888 Rdn. 8; Schuschke/*Walker*, § 888 Rdn. 18, jeweils m.w.N.
207 BGH, NJW 1952, 975: Entfernung eines Ehestörers aus der Ehewohnung; Zöller/*Stöber*, § 888 Rdn. 17.
208 OLG Köln, MDR 1973, 768; Schuschke/*Walker*, § 888 Rdn. 47.
209 OLG Frankfurt, Rpfleger 1980, 117.
210 Vgl. OLG Köln, NJW-RR 1995, 644 – Zugewinnprozess.
211 Vgl. BGH, NJW 1993, 1394, 1395.
212 Vgl. StJ/*Brehm*, § 887 Rdn. 34.

im Beschwerdeverfahren möglich[213]. Der Antrag nach § 888 ZPO kann in einen solchen nach § 890 ZPO bzw. umgekehrt umgedeutet werden, wenn dies erkennbar dem Willen des Gläubigers entspricht[214]. Nicht notwendig ist die Angabe des Zwangsmittels oder dessen Höhe[215]. Eine entsprechende Angabe des Gläubigers stellt nur eine Anregung dar.

IV. Weitere Verfahrensvoraussetzungen

Zuständig für die Entscheidung ist ausschließlich (§ 802 ZPO) das Prozessgericht des ersten Rechtszuges: Amtsgericht, Familiengericht; beim Landgericht: Zivilkammer, Kammer für Handelssachen, ggf. der Einzelrichter gemäß § 348 ZPO;[216] bei WEG-Sachen gemäß § 43 WEG das Amtsgericht;[217] bei eidesstattlichen Versicherungen stets das Gericht der Hauptsache (§§ 937, 943 ZPO), also auch im Falle des § 942 ZPO. Erfolgt die Vollstreckung aus einem Anwaltsvergleich, Schiedsspruch, Schiedsvergleich oder einem ausländischen Schiedsspruch/Urteil, ist das Gericht zuständig, das den Titel für vollstreckbar erklärt hat (§§ 722, 796b, 1053, 1054, 1060, 1061, 1064 ZPO). Zur notwendigen Anhörung des Schuldners gemäß § 891 S. 2 ZPO vgl. § 890 ZPO Rdn. 7.161.

7.83

V. Beweis

Die Beweislast für die Voraussetzungen des § 888 ZPO, also auch für das Tatbestandsmerkmal, dass die Handlung ausschließlich vom Willen des Schuldners abhängt, trägt der Gläubiger. Doch obliegt dem Schuldner hinsichtlich der von ihm behaupteten Unmöglichkeit oder fehlenden Mitwirkung Dritter eine substanziierte, nachprüfbare Darlegung; insoweit sind strenge Anforderungen zu stellen[218].

7.84

VI. Entscheidung

Das Gericht entscheidet nach freigestellter mündlicher Verhandlung (§ 891 S. 1 ZPO) durch zu begründenden **Beschluss**. In ihm ist die vor-

7.85

---

213 OLG Zweibrücken, InVo 1998, 263.
214 OLG München, InVo 2003, 121 = MDR 2003, 53; BayObLG, InVo 1999, 321 = NZM 1999, 769; OLG Frankfurt, InVo 1997, 248.
215 H.M.: Hess. LAG, juris-Nr: KARE600009336; OLG Köln, MDR 1982, 589.
216 Aber nicht wenn im Erkenntnisverfahren die voll besetzte Kammer entschieden hat, OLG Celle, OLGR Celle 2004, 619.
217 BayObLG, WuM 1992, 163.
218 OLG Köln, OLGR Köln 2004, 159; OLG Zweibrücken, OLGR Zweibrücken 2003, 347 und NJW-RR 1998, 1767 = JurBüro 1998, 382; KG, NZM 2002, 671 = GE 2002, 664; OLG Jena, InVo 2002, 66; KG, InVo 1998, 110; OLG Hamm, InVo 1998, 54; OLG Celle, NdsRpfl 1994, 163 und InVo 1998, 360; OLG Hamm, NJW-RR 1988, 1087; OLG Köln, NJW-RR 1992, 633; Zöller/*Stöber*, § 888 Rdn. 11; MünchKomm/*Schilken* ZPO, § 888 Rdn. 8; Schuschke/*Walker*, § 888 Rdn. 19.

zunehmende Handlung genau zu bezeichnen (vgl. auch Rdn. 7.62) und eines der beiden Zwangsmittel festzusetzen. Da es sich dabei um Beugemittel und nicht um eine Bestrafung handelt, ist ein Verschulden des Schuldners nicht erforderlich[219]. Eine **Androhung** der Zwangsmittel ist gemäß § 888 Abs. 2 ZPO n.F. **unzulässig**. Zulässig und im Einzelfall auch aus Gründen der Verhältnismäßigkeit angebracht (z.B. bei umfangreicher Rechnungslegung) ist es hingegen, in dem Zwangsmittelbeschluss dem Schuldner eine Frist zur Erfüllung zu setzen[220].

7.86 Die **Wahl** des Zwangsmittels steht im Ermessen des Gerichts, wobei aber aus Gründen der Verhältnismäßigkeit die sofortige Anordnung von Zwangshaft nur in Ausnahmefällen zulässig sein dürfte[221]. Eine gleichzeitige Verhängung von Zwangsgeld und Zwangshaft kommt nur insoweit in Betracht, als ersatzweise für den Fall, dass das Zwangsgeld nicht beigetrieben werden kann, Zwangshaft angeordnet wird.

7.87 Das Mindestmaß des einzelnen **Zwangsgeldes** beträgt 5,– € (Art. 6 Abs. 1 EGStGB), das Höchstmaß 25.000,– €. Es muss in einer bestimmten Höhe festgesetzt werden. Eine Festsetzung für jeden Tag der Nichtbeschäftigung reicht nicht[222]. Mehrere, für dieselbe Pflichtverletzung verhängte Zwangsgelder können zusammengerechnet den Betrag von 25.000,– € überschreiten[223]. Für den Fall der Nichtbeitreibbarkeit muss das Verhältnis der Ersatzhaft zur Höhe des Zwangsgeldes bestimmt werden[224]. Die **Höhe** des Zwangsgeldes richtet sich nach dem Vollstreckungsinteresse des Gläubigers sowie der Intensität der Weigerung des Schuldners.[225] Dieses Interesse entspricht in der Regel dem Wert der Hauptsache,[226] nicht nur einem Bruchteil davon.[227] An die Nichtbeitreibbarkeit eines verhängten Zwangsgeldes sind keine zu strengen Maßstäbe anzulegen. So liegt sie bereits vor, wenn gegen den im Ausland sesshaften Schuldner in Deutschland eine fruchtlose Taschenpfändung durchgeführt wurde.[228]

7.88 Die **Zwangshaft** kann von 1 Tag (Art. 6 Abs. 1 EGStGB) bis zu 6 Monaten (§§ 888 Abs. 1 S. 3, 913 ZPO) betragen. Die genaue Dauer kann, muss aber nicht festgesetzt werden. Ihre Vollstreckung ist nicht unverhältnismä-

---

219 H.M., vgl. Baumbach/*Hartmann,* § 888 Rdn. 16.
220 Vgl. BT-Drucks. 13/341 S. 41; StJ/*Brehm,* § 888 Rdn. 24.
221 Vgl. Baumbach/*Hartmann,* § 888 Rdn. 15; Schuschke/*Walker,* § 888 Rdn. 29 ZPO.
222 LAG Köln, NZA-RR 1996, 108.
223 BGH, Rpfleger 2005, 468, 469.
224 OLG Naumburg, EzFamR aktuell 2002, 42; Zöller/*Stöber,* § 888 Rdn. 9.
225 OLG Köln, AGS 2005, 262 = OLGR Köln 2005, 259; OLG Karlsruhe, InVo 2000, 253 = MDR 2000, 229 = NJW-RR 2000, 1312; MünchKomm/*Schilken* ZPO, § 888 Rdn. 14.
226 OLG Köln, AGS 2005, 262 = OLGR Köln 2005, 259; KG, JurBüro 1973, 150; OLG Nürnberg, Rpfleger 1963, 218; Zöller/*Herget,* § 3 Rdn. 16 „Ordnungs- und Zwangsmittelfestsetzung"; Schuschke/*Walker,* § 888 Rdn. 39.
227 So aber OLG Düsseldorf, JurBüro 1993, 554; StJ/*Roth,* § 3 Rdn. 70 „Zwangsgeld"; Schneider/*Herget,* Rdn. 3511.
228 OLG Köln, InVo 2002, 296 = FamRZ 2002, 895.

ßig, wenn der Schuldner trotz wiederholter Verhängung von Zwangsgeldern seiner Verpflichtung nicht nachgekommen ist.[229]

Zwangsgeld und Zwangshaft können **wiederholt** und in wechselnder Reihenfolge verhängt werden. Die Zwangshaft darf aber insgesamt nicht mehr als 6 Monate betragen (§ 913 ZPO). Für eine erneute Zwangsgeldfestsetzung ist im Allgemeinen aber kein Raum, solange das erste Zwangsgeld nicht gezahlt oder beigetrieben worden bzw. dies versucht worden ist.[230] Haben die Parteien ein früheres Zwangsgeldverfahren nach Auskunftserteilung übereinstimmend in der Hauptsache für erledigt erklärt, kann erneute Auskunft allenfalls dann verlangt werden, wenn der Gläubiger nachweist, dass die früher erteilte Auskunft fehlerhaft oder unvollständig war und er auf die nochmalige Auskunftserteilung angewiesen ist. 7.89

Ist der Schuldner eine **natürliche Person und prozessunfähig,** ist Zwangsgeld und Zwangshaft gegen denjenigen festzusetzen, dessen Willen gebeugt werden soll, also gegebenenfalls neben dem Schuldner zusätzlich gegen dessen gesetzlichen Vertreter,[231] nach **a.A.** kommt Zwangsgeld nur gegen den Schuldner, Zwangshaft jedoch nur gegen den gesetzlichen Vertreter in Betracht.[232] 7.90

Bei **juristischen Personen** sowie **OHG/KG** ist ebenfalls **streitig,** gegen wen das *Zwangsgeld* verhängt werden kann: sowohl gegen die juristische Person als auch gegen deren Organe bzw. für sie handelnde Gesellschafter,[233] Zwangsgeld nur gegen den Schuldner[234] oder nur gegen die Organe[235]. *Zwangshaft* kann nur gegen die Organe bzw. die für eine OHG/KG handelnden Gesellschafter verhängt werden[236].

Beschlüsse nach §§ 887–890 ZPO sind gem. § 891 S. 3 ZPO mit einer **Kostenentscheidung** zu versehen, wobei die §§ 91–93, 95–100, 106, 107 ZPO entsprechend anzuwenden sind. Die Kostenentscheidung betrifft 7.91

---

229 OLG Zweibrücken, JurBüro 2003, 494.
230 OLG Celle, MDR 2005, 768; OLG Naumburg, InVo 2003, 162; OLG Frankfurt, InVo 2002, 436; Brandenburg. OLG, FamRZ 1998, 180; OLG Karlsruhe, FamRZ 1994, 1274.
231 Vgl. OLG Koblenz, FamRZ 2003, 1486; eingehend StJ/*Brehm*, § 888 Rdn. 43 m.w.N.; so auch mit Einschränkungen: Schuschke/*Walker*, § 888 Rdn. 33.
232 OLG Zweibrücken, OLGR Zweibrücken 2003, 347; Baur/*Stürner*, Rdn. 40.18; Thomas/*Putzo*, § 888 Rdn. 16; MünchKomm/*Schilken* ZPO, § 888 Rdn. 12; Baumbach/*Hartmann*, § 888 Rdn. 18; Zöller/*Stöber*, § 888 Rdn. 8; Musielak/ *Lackmann*, § 888 Rdn. 10.
233 StJ/*Brehm*, § 888 Rdn. 43.
234 Baur/*Stürner*, Rdn. 40.18; Thomas/*Putzo*, § 888 Rdn. 16; MünchKomm/*Schilken* ZPO, § 888 Rdn. 12; Baumbach/*Hartmann*, § 888 Rdn. 18; Zöller/*Stöber*, § 888 Rdn. 8.
235 Schuschke/*Walker*, § 888 Rdn. 34.
236 **H.M.:** Baumbach/*Hartmann*, § 888 Rdn. 18; Baur/*Stürner*, Rdn. 40.18; Musielak/ *Lackmann*, § 888 Rdn. 10; MünchKomm/*Schilken* ZPO, § 888 Rdn. 12; Thomas/ *Putzo*, § 888 Rdn. 16; Schuschke/*Walker*, § 888 Rdn. 34; Zöller/*Stöber*, § 888 Rdn. 8; **a.A.** StJ/*Brehm*, § 888 Rdn. 43: bei Einsichtsfähigkeit des Prozessunfähigen auch gegen diesen.

nur das Verfahren selbst. Für Kosten, die aus der zwangsweisen Durchführung der Beschlüsse entstehen, gilt § 788 ZPO. Der stattgebende Beschluss wird dem Schuldner, der abweisende dem Gläubiger von Amts wegen **zugestellt** (§ 329 Abs. 3 ZPO); dem Gläubiger wird der stattgebende Beschluss formlos übersandt (§ 329 Abs. 2 S. 1 ZPO).

VII. Vollstreckung

7.92 Die Vollstreckung des **Zwangsgeldes** erfolgt auf Antrag des Gläubigers zugunsten der Staatskasse gemäß §§ 803 ff. ZPO, nicht nach der JBeitrO[237]. Eine Vollstreckungsklausel ist nicht erforderlich[238]. Verstirbt der Schuldner, kann die Vollstreckung wegen des Zwangsgeldes nicht in den Nachlass fortgesetzt werden, weil eine Beugung des Willens nicht mehr erreicht werden kann; das Verfahren hat sich vielmehr erledigt.[239]

7.93 Die **Zwangshaft** wird auf Antrag des Gläubigers gemäß §§ 904–913 ZPO vollstreckt. Nimmt der Schuldner die Handlung vor, ist die Zwangsvollstreckung sofort einzustellen.

7.94 Hat der Schuldner die ihm obliegende Leistung nach Bestandskraft der Zwangsgeldfestsetzung erfüllt, ist eine weitere Zwangsvollstreckung unzulässig, die Festsetzung ist auch ohne Aufhebung des Beschlusses gegenstandslos[240].

7.95 Zur **Rückzahlung** eines beigetriebenen Zwangsgeldes vgl. Rdn. 7.193. Eine **Vollstreckungsverjährung** besteht gem. Art. 9 EGStGB nur bei der Festsetzung von Ordnungsmitteln, nicht aber auch bei Zwangsgeld.[241]

VIII. Rechtsbehelfe im Rahmen der Vollstreckung

7.96 Gegen die unzulässige **Androhung** von Zwangsmitteln ist die sofortige Beschwerde gemäß § 793 ZPO gegeben[242].

---

[237] BGH, NJW 1983, 1859 = MDR 1983, 739; OLG Stuttgart, FamRZ 1997, 1495; Brandenburg. OLG, OLGR 1995, 213; FG München, EFG 2003, 720; Zöller/*Stöber*, § 888 Rdn. 13; Schuschke/*Walker*, § 888 Rdn. 41; Musielak/*Lackmann*, § 888 Rdn. 15; MünchKomm/*Schilken* ZPO, § 888 Rdn. 17, jeweils m.w.N.; **a.A.** OLG München, NJW 1983, 947 = MDR 1983, 326; LG Koblenz, MDR 1983, 851; Baumbach/*Hartmann*, § 888 Rdn. 18.
[238] LG Kiel, DGVZ 1983, 155; AG Lindau, DGVZ 1997, 44; **a.A.** AG Arnsberg, DGVZ 1994, 79; Zöller/*Stöber*, § 888 Rdn. 13; Musielak/*Lackmann*, § 888 Rdn. 15.
[239] OLG Köln, InVo 2002, 346.
[240] OLG Zweibrücken, InVo 1998, 331 = FamRZ 1998, 384; AG Frankfurt/Main, DGVZ 1996, 188; differenzierend StJ/*Brehm*, § 888 Rdn. 30 f.
[241] BayObLG, InVo 2000, 287 = NZM 2000, 302 = ZMR 2000, 189, StJ/*Brehm*, § 888 Rdn. 34.
[242] LAG Düsseldorf, LAGE § 888 ZPO Nr. 43 = juris-Nr: KARE600001091; BayObLG, NJW-RR 1997, 489; Zöller/*Stöber*, § 888 Rdn. 16; Baumbach/*Hartmann*, § 888 Rdn. 14; Schuschke/*Walker*, § 888 Rdn. 22; StJ/*Brehm*, § 888 Rdn. 48; **a.A.** OLG Bremen, InVo 2000, 399 = NJOZ 2001, 721; Musielak/*Lackmann*, § 888 Rdn. 14: nur für Gläubiger.

Gegen die **Ablehnung der Festsetzung** von Zwangsmitteln sowie 7.97
deren **Festsetzung** ist die sofortige Beschwerde gemäß § 793 ZPO gegeben. Gegen Beschwerdeentscheidungen der Landgerichte ist die Rechtsbeschwerde gegeben, wenn sie vom Landgericht in seiner Entscheidung zugelassen wurde, § 574 Abs. 1 S. 1 Nr. 2 ZPO. Dies gilt seit dem 1.1.2002 auch in Zwangsvollstreckungssachen in Wohnungseigentumsverfahren nach §§ 43 ff. WEG; eine weitere Beschwerde zum OLG gem. § 45 WEG ist nicht mehr zulässig[243]. **Streitig** ist, ob in Fällen, in denen eine Partei keinen allgemeinen Gerichtsstand in Deutschland hat, die Zuständigkeit der Oberlandesgerichte gem. § 119 Abs. 1 Nr. 1b GVG gegeben ist[244]. Für das Zwangsversteigerungsverfahren hat dies der BGH[245] verneint.

Die sofortige Beschwerde gegen einen Zwangsgeldbeschluss gem. 7.98
§ 888 ZPO hat **keine aufschiebende Wirkung.** Die Aussetzung der Vollziehung des Zwangsgeldbeschlusses kommt deshalb nur in Betracht, wenn ein Antrag auf einstweilige Einstellung der Zwangsvollstreckung gestellt wird[246].

Die Beschwerde kann nicht darauf gestützt werden, der Vollstreckungstitel sei materiell-rechtlich unrichtig[247]. 7.99

Gegen **Maßnahmen des Gerichtsvollziehers** ist die Vollstreckungserinnerung gemäß § 766 ZPO statthaft. Der **Erfüllungseinwand** kann stets auch mit der Vollstreckungsabwehrklage gemäß § 767 ZPO geltend gemacht werden[248]. 7.100

Ein Anspruch des Gläubigers auf **Schadensersatz** nach materiellem 7.101
Recht bleibt unberührt (§ 893 ZPO).

---

243 OLG Hamburg, ZMR 2005, 396; BayObLG, BayObLGR 2004, 281; OLG Frankfurt, InVo 2003, 157; OLG Köln, InVo 2003, 115 = NJW-RR 2002, 1384 und NJOZ 2004, 2063; *Demharter*, NZM 2002, 233, 234; Palandt/*Bassenge*, § 45 WEG Rdn. 8; **a.A.** Thomas/*Putzo*, § 887 Rdn. 15 unter Hinweis auf vor der ZPO-Änderung ergangene Entscheidung.
244 Bejahend: OLG Braunschweig, Rpfleger 2005, 150 = InVo 2005, 239; OLG Köln, InVo 2004, 512; OLG Frankfurt, DGVZ 2004, 92; Thomas/Putzo/*Hüßtege*, § 119 GVG Rdn. 10; HK-ZPO/*Rathmann*, § 119 GVG Rdn. 8; **a.A.** OLG Stuttgart, MDR 2005, 1253; OLG Oldenburg, InVo 2004, 158 = NJW-RR 2004, 499; Zöller/*Gummer*, § 119 GVG Rdn. 15.
245 BGH, Beschl. v. 19.3.2004 – IXa ZB 23/03, BGHReport 2004, 1114.
246 OLG Köln, InVo 2003, 115 = NJW-RR 2003, 716 = OLGR Köln 2003, 158 = FamRZ 2005, 223; StJ/*Brehm*, § 888 Rdn. 48; Baumbach/*Hartmann*, § 888 Rdn. 14; Zöller/*Stöber*, § 888 Rdn. 15; Thomas/*Putzo*, § 888 Rdn. 18.
247 OLG Bamberg, NJW-RR 1998, 716.
248 BGH, Rpfleger 2005, 93 = InVo 2005, 68 = MDR 2005, 351; BGH, NJW 1993, 1394, 1395.

Kapitel E
Unterlassung/Duldung, § 890 ZPO

7.102 Verstößt der Schuldner gegen seine Verpflichtung, eine Handlung zu unterlassen oder zu dulden, kann er gemäß § 890 ZPO zu Ordnungsmitteln (Ordnungsgeld/Ordnungshaft) „verurteilt" werden.

I. Unterlassung

7.103 Unterlassung bedeutet ein Verhalten, das einen bestimmten Geschehensablauf nicht beeinflusst, indem man einen gegenwärtigen Zustand nicht beeinträchtigt. So umfasst das Verbot, einen bestimmten Raum nicht zu betreten, auch Einwirkungen in das Innere des Raumes, die vorgenommen werden können, ohne in diesen hineinzugehen;[249] Unterlassung bedeutet aber auch die Beseitigung einer andauernden Beeinträchtigung, wenn allein dadurch dem Unterlassungsgebot Folge geleistet werden kann[250].

7.104 **Beispiel**:

Titel auf Unterlassung, einen Pkw an einer bestimmten Stelle abzustellen. Dies beinhaltet sowohl das **Verbot**, den Pkw zukünftig dort hinzustellen, als auch, falls er derzeit dort schon steht, die **Verpflichtung**, ihn von dort zu entfernen.

7.105 Hauptanwendungsgebiet des § 890 ZPO sind Störungen des Besitzes oder des Eigentums oder sonstiger dinglicher Rechte, von Nachbarrechten, Urheberrechten, Wettbewerbsrechten sowie der Verwendung bestimmter allgemeiner Geschäftsbedingungen (§ 13 UKlaG). Im Einzelfall kann die Abgrenzung zur Vornahme einer Handlung gemäß §§ 887, 888 ZPO schwierig sein[251]. Die Verpflichtung muss im Titel so präzisiert sein, dass sie ihrem Inhalt sowie Umfang nach aus dem Titel selbst unzweideutig entnommen werden kann, wobei der Urteilsinhalt gegebenenfalls durch Auslegung zu ermitteln ist.[252]

II. Duldung

7.106 Duldung ist die Verpflichtung zum Untätigbleiben im Hinblick auf die Vornahme einer Handlung durch einen Dritten.

---

249 OLG Düsseldorf, Rpfleger 1998, 530 = InVo 1998, 361.
250 H.M.: BGH, Rpfleger 2003, 412 = InVo 2003, 447 = MDR 2003, 985; BGH, NJW 1993, 1076, 1077; BayObLG, InVo 1999, 321 = NZM 1999, 769; OLG Köln, OLGZ 1994, 599, jeweils m.w.N.
251 Vgl. OLG Saarbrücken, InVo 2001, 182 = MDR 2000, 784; Zöller/*Stöber*, § 890 Rdn. 3; *Schuschke*, § 890 Rdn. 2 m.w.N.
252 OLG Köln, NJW-RR 2003, 371 = ZMR 2003, 706.

III. Antrag

Die Androhung eines Ordnungsmittels (falls nicht schon im Urteil erfolgt), dessen Festsetzung sowie die Verurteilung des Schuldners zu einer Sicherheitsleistung gemäß § 890 Abs. 3 ZPO erfolgen nur auf entsprechenden **Antrag des Gläubigers** hin, der die Art des Ordnungsmittels oder die Höhe der zu leistenden Sicherheit nicht beinhalten muss (vgl. Muster Rdn. 15.35, 15.36). Auch über die Androhung der Ersatzordnungshaft ist von Amts wegen zu erkennen[253]. Die für die Festsetzung von Art und Höhe der Ordnungsmittel sowie die Höhe der Sicherheitsleistung maßgeblichen Umstände (vgl. Rdn. 7.168 f.) sollten allerdings schon deshalb dargelegt werden, damit das Gericht nicht in Ermangelung weiterer Anhaltspunkte ein nicht angemessenes Ordnungsmittel oder eine zu geringe Sicherheit festsetzt. Bei Prozessunfähigen, juristischen Personen sowie OHG/KG sollte die Androhung gegen den Schuldner selbst *und* gegen den gesetzlichen Vertreter beantragt werden (vgl. Rdn. 7.120). Empfehlenswert ist der Antrag auf Androhung des Höchstrahmens der Ordnungsmittel, weil das Gericht bei der Androhung des Ordnungsmittels nicht über den gestellten Antrag (§ 308 ZPO) und bei der Festsetzung des Ordnungsmittels nicht über das angedrohte Ordnungsmittel hinausgehen darf. Hat der Gläubiger in dem Antrag seine Adresse angegeben, schadet es nicht, wenn er spätere Änderungen der Wohnanschrift nicht mitteilt[254]. Ein Antrag gemäß § 888 ZPO kann bei erkennbarem Willen des Gläubigers in einen solchen nach § 890 ZPO umgedeutet werden,[255] ebenso ein Antrag auf Festsetzung in einen solchen auf – noch fehlende – Androhung.[256] Hat sich die materielle Rechtslage nach Erlass des Titels geändert, so ändert dies grundsätzlich nichts daran, dass er bis zur Beseitigung durch eine Vollstreckungsabwehrklage zu befolgen ist; etwas anderes gilt jedoch in den Fällen des Rechtsmissbrauchs[257].

7.107

Es besteht **Anwaltszwang,** soweit als Prozessgericht das Landgericht oder ein Familiengericht zuständig ist (§ 78 Abs. 1 und 2 ZPO). In dem Antrag sind die nachstehend aufgeführten Voraussetzungen für die Festsetzung von Ordnungsmitteln darzulegen. Werden sie vom Schuldner bestritten, muss der Gläubiger sie beweisen (vgl. Rdn. 7.162 ff.).

7.108

IV. Zuständigkeit

Zuständig für die Entscheidung ist das Prozessgericht des ersten Rechtszuges (vgl. hierzu die entsprechenden Erläuterungen bei Rdn. 7.55 zu § 887 ZPO); dies kann auch das BPatG sein[258]. Hat die vollbesetzte

7.109

---

253 BGH, NJW-RR 1992, 1453, 1454.
254 OLG Koblenz, InVo 1999, 123.
255 BayObLG, InVo 1999, 321 = NZM 1999, 769; OLG Frankfurt, InVo 1997, 248.
256 OLG Köln, InVo 2001, 37.
257 Vgl. KG, InVo 1997, 244.
258 GRUR 1996, 402.

Kammer den Titel erlassen, muss diese – und nicht der Einzelrichter – über Ordnungsmittel entscheiden; dies gilt selbst dann, wenn eine einstweilige Verfügung von der vollbesetzten Kammer erlassen worden war, diese nach Erhebung des Widerspruchs das einstweilige Verfügungsverfahren mit der Hauptsache verbunden und sodann die Hauptsache dem Einzelrichter übertragen hat.[259]

V. Androhung

7.110 Zwingende Voraussetzung für die Festsetzung eines Ordnungsmittels ist eine entsprechende **Androhung** (vgl. § 890 Abs. 2 ZPO)[260]. Auf sie kann der Schuldner nicht verzichten[261]. Sie kann auf entsprechenden Antrag des Klägers/Antragstellers hin bereits in das Urteil aufgenommen werden, nicht jedoch in einen Prozessvergleich, weil es bei diesem an einer *gerichtlichen* Androhung fehlt[262]. Die Strafandrohung im Urteil ist noch keine Zwangsvollstreckung;[263] anders jedoch die gesonderte Androhung (dazu Rdn. 7.116).

7.111 Eine wirksame Androhung setzt die Angabe der **Art** des Ordnungsmittels unter bezifferter Angabe einer – auch rahmenmäßig – bestimmten oder der gesetzlich maximal zulässigen **Höhe** voraus. Unzulässig sind daher Formulierungen wie „gemäß § 890 ZPO" oder „in gesetzlich zulässiger Höhe"[264]. Zulässig hingegen die Fassung „dem Schuldner wird für jeden Fall der Zuwiderhandlung gegen … Ordnungsgeld bis zu 250.000,– € (alternativ: von 5,– € bis 250.000,– €), ersatzweise Ordnungshaft oder Ordnungshaft bis zu 6 Monaten, insgesamt jedoch nicht mehr als 2 Jahre angedroht". Ordnungsgeld und Ordnungshaft dürfen nur alternativ, nicht kumulativ angedroht werden; ein Verstoß hiergegen ist jedoch unschädlich.[265] Die Ersatzordnungshaft ist von Amts wegen anzuordnen[266]. Wurde dies unterlassen, so ist der Beschluss hinsichtlich des Ordnungsgeldes nicht unwirksam, es kann allerdings nur Ordnungsgeld und nicht Ersatzordnungshaft festgesetzt werden[267].

7.112 Ansonsten wird die Androhung auf Antrag des Gläubigers nach Anhörung des Schuldners (§ 891 S. 2 ZPO) durch **gesonderten Beschluss** des Gerichts erlassen. Voraussetzung hierfür ist lediglich ein titulierter Unterlassungsanspruch und die bloße Möglichkeit einer Zuwiderhandlung des Schuldners.

---

259 OLG Koblenz, InVo 2003, 114 = NJW-RR 2002, 1724.
260 BGH, NJW 1993, 1076, 1078.
261 H.M., vgl. Zöller/*Stöber*, § 890 Rdn. 12a.
262 H.M.: OLG Hamm, MDR 1988, 506; OLG München, InVo 1997, 250; Zöller/*Stöber*, § 890 Rdn. 12a m.w.N.
263 H.M.: BGH, NJW 1992, 749, 750; NJW 1979, 217; OLG München, GRUR 1990, 678; *Bork*, WRP 1989, 360, 361; Baumbach/*Hartmann*, § 890 Rdn. 32; Zöller/*Stöber*, § 890 Rdn. 12a.
264 BGH, InVo 2004, 152 = MDR 2004, 591 = NJW 2004, 506 sowie NJW 1995, 3177; OLG Hamm, NJW 1980, 1289; Zöller/*Stöber*, § 890 Rdn. 12b.
265 BGH, InVo 2004, 152 = MDR 2004, 591 = NJW 2004, 506.
266 BGH, NJW-RR 1992, 1454.
267 OLG Hamm, OLGZ 1993, 450 und MDR 1992, 411; StJ/*Brehm*, § 890 Rdn. 15.

Damit ist stets ein Rechtsschutzbedürfnis für die Strafandrohung gegeben. Nicht notwendig ist hingegen, dass der Schuldner bereits gegen die Unterlassungspflicht verstoßen hat oder eine solche Zuwiderhandlung droht[268].

Bei der späteren Festsetzung ist das Gericht an die Art und Höhe des angedrohten Ordnungsmittels gebunden[269]. 7.113

1. Vollstreckungsfähiger Titel

Im Zeitpunkt des Erlasses des Strafandrohungsbeschlusses muss ein auf Unterlassung/Duldung gerichteter – auch vorläufig – vollstreckbarer und vollstreckungsfähiger **Titel** (noch) bestehen. **Vollstreckungsfähig** ist er nur, wenn die entsprechende Verpflichtung für jedermann verständlich und ausreichend konkret bezeichnet ist, wobei aber eine gewisse Verallgemeinerung hingenommen wird, wenn dabei das Charakteristische des festgestellten Verletzungstatbestandes zum Ausdruck kommt;[270] z.B. zulässig das Verbot, Flaschen des C-Parfüms $^1/_{12}$ oz als Zugabe zu gewähren;[271] zulässig eine Verurteilung des Beklagten, seine Hunde so zu halten, dass Hundegebell, Winseln oder Jaulen auf dem Grundstück eines bestimmten Nachbarn nur außerhalb der Zeitspannen von … bis …, und zwar nicht länger als 10 Minuten ununterbrochen und insgesamt 30 Minuten täglich, zu hören ist;[272] unzulässig hingegen das Verbot, Körperpflegemittel in Aufmachungen, die mit handelsüblichen Verkaufseinheiten verwechslungsfähig sind, als Zugabe zu gewähren;[273] ebenso unzulässig ist eine Unterlassungsverpflichtung, Zeitungsanzeigen „ähnlich wie …" zu veröffentlichen[274]. Die bloße Wiedergabe des Textes einer Verbotsnorm genügt somit grundsätzlich nicht[275]. 7.114

Verboten ist nicht nur das so konkret bezeichnete Verhalten, sondern es sind dies auch all diejenigen Verhaltensweisen, die dem inhaltlich entsprechen und daher im Verkehr als gleichwertig angesehen werden, also den Kern des Verbots betreffen (**„Kerntheorie"**[276]). 7.115

---

268   H.M.: RGZ 42, 419, 423; OLG Frankfurt, InVo 2001, 385; BayObLG, InVo 1999, 322 = NZM 1999, 770; VGH Baden-Württemberg, JurBüro 1991, 113, 114, 115 m.w.N.; *Schuschke*, § 890 Rdn. 17.
269   H.M.: StJ/*Brehm*, § 890 Rdn. 15, Baumbach/*Hartmann*, § 890 Rdn. 34, jew. m.w.N.
270   BpatG, GRUR 1996, 402; s. ferner MünchKomm/*Schilken* ZPO, § 890 Rdn. 7; Dunkl/*Baur*, H Rdn. 331, 333 mit zahlreichen Nachweisen.
271   BGH, NJW 1980, 700, 701.
272   OLG Köln, VersR 1993, 1242.
273   BGH, NJW 1980, 700, 701.
274   BGH, NJW 1991, 1114, 1116.
275   LAG Köln, NZA-RR 1998 – § 99 BetrVG, 19; OLG Düsseldorf, Rpfleger 1998, 530 – Wegegrunddienstbarkeit = InVo 1998, 361; OLG Zweibrücken, NJW-RR 1987, 1526.
276   H.M.: BGHZ 5, 189, 193; OLG Stuttgart, WRP 2005, 1191 = BeckRS 2005, 08914; OLG München, GRUR-RR 2004, 63; OLG Schleswig, SchlHA 2004, 24 = BeckRS 2003, 10036; OLG Köln, InVo 1997, 276; OLG Stuttgart, NJWE-WettbR 1997, 208; OLG Frankfurt, NJW-RR 1996, 1071; Baumbach/*Hartmann*, § 890 Rdn. 4; *Schuschke*, § 890 Rdn. 22–24, jeweils m.w.N. und Beispielen.

2. Sonstige Voraussetzungen der Zwangsvollstreckung

7.116 Des Weiteren müssen auch die sonstigen allgemein notwendigen Voraussetzungen der Zwangsvollstreckung für den Erlass des Androhungsbeschlusses gegeben sein, weil die **gesonderte Androhung ein Akt der Zwangsvollstreckung ist**[277]. Daher muss – soweit allgemein notwendig – eine Klausel erteilt und der Titel zugestellt sein; ferner müssen die besonderen Vollstreckungsvoraussetzungen gemäß § 750 Abs. 3 ZPO erfüllt sein[278].

7.117 Ist eine auf Unterlassung lautende **einstweilige Verfügung** als **Urteil** ergangen, genügt für die Zustellung als Zwangsvollstreckungsvoraussetzung eine solche von Amts wegen[279]. Andererseits genügt weder die von Amts wegen vorgenommene Zustellung noch eine mündliche Erklärung des Antragstellers, um die Vollziehungsfrist des § 929 Abs. 2 und 3 ZPO zu wahren. Notwendig ist vielmehr, dass der Gläubiger zu erkennen gibt, von der einstweiligen Verfügung Gebrauch zu machen, sei es durch (zusätzliche) Zustellung der einstweiligen Verfügung im Parteibetrieb oder auf andere Weise, wenn es sich dabei nur um ähnlich formalisierte oder urkundlich belegte, jedenfalls leicht feststellbare Maßnahmen handelt[280] (vgl. Rdn. 3.427).

7.118 Eine **Heilung von Zustellungsmängeln** (Zustellungsvorgang wie -art) ist nach der Neufassung der Zustellungsvorschriften gem. § 189 ZPO nunmehr auch bei einstweiligen Verfügungen, die auf Unterlassung lauten, möglich;[281] die bisherige, mit dem – noch anders lautenden – Wortlaut des § 187 S. 1 ZPO begründete Rechtsprechung[282] ist überholt.

7.119 Wird die Vollziehungsfrist des § 929 Abs. 2 ZPO nicht eingehalten, fehlt es nach BGH[283] an dem für die Zwangsvollstreckung notwendigen Titel, weil der Arrest/die einstweilige Verfügung mit Ablauf der Vollziehungsfrist gegenstandslos geworden ist[284].

---

277 **H.M.:** RGZ 42, 419, 421; BGH, NJW 1979, 217; BayObLG, InVo 1996, 216; OLG München, GRUR 1990, 677, 678; Zöller/*Stöber*, § 890 Rdn. 12a; Baumbach/*Hartmann*, § 890 Rdn. 32; StJ/*Brehm*, § 890 Rdn. 17; MünchKomm/*Schilken* ZPO, § 890 Rdn. 14.
278 **H.M.:** BGH, NJW 1979, 217; Zöller/*Stöber*, § 890 Rdn. 12a.
279 BGH, NJW 1990, 122, 124.
280 BGH, NJW 1993, 1076, 1079; OLG Düsseldorf, InVo 1998, 296 = MDR 1998, 1180; OLG München, MDR 1998, 1243.
281 OLG München, MDR 2005, 1244; OLG Dresden, InVo 2004, 71 = NJW-RR 2003, 1721; *Anders*, WRP 2003, 204; Zöller/*Stöber*, § 929 Rdn. 14; Musielak/*Huber*, § 929 Rdn. 9.
282 Vgl. KG, InVo 1998, 291; OLG Koblenz, InVo 1998, 293; OLG Frankfurt, InVo 1998, 294; OLG München, MDR 1998, 1243; OLG Hamburg, WRP 1993, 822 = OLGZ 1994, 213; OLG Karlsruhe, WRP 1992, 339, jeweils m.w.N.
283 NJW 1991, 496 f.; ebenso Zöller/*Stöber*, § 929 Rdn. 20; Thomas/Putzo/*Reichold*, § 929 Rdn. 5.
284 BGH, NJW 1991, 497 unter Ziffer 1 b) bb) (1).

3. Adressat der Androhung

Adressat der Androhung ist derjenige, dem die Unterlassungspflicht obliegt und dessen Willen gebeugt werden soll. Da in Rechtsprechung und Literatur es **streitig** ist, gegen wen bei **natürlichen, prozessunfähigen Personen, bei juristischen Personen sowie OHG/KG/PartG** Ordnungsmittel festgesetzt und vollstreckt werden können,[285] sollte die Androhung von Ordnungshaft wie Ordnungsgeld gegenüber all denjenigen erfolgen, deren Wille für die Einhaltung der Unterlassungsverpflichtung als verantwortlich in Betracht kommt. Die Verantwortlichkeit muss also für den Fall der Androhung noch nicht feststehen[286]. Sie kann daher gegen den Schuldner *und* seinen gesetzlichen Vertreter erfolgen[287]. Dies sollte in Zweifelsfällen auch deshalb geschehen, weil die Festsetzung eines Ordnungsmittels nur gegen denjenigen erfolgen kann, dem es auch angedroht wurde. Eine namentliche Bezeichnung der gesetzlichen Vertreter ist in der Androhung – anders als bei der Festsetzung – noch nicht erforderlich[288].

7.120

Zu der davon zu unterscheidenden Frage, gegen wen die Ordnungsmittel *festgesetzt* und *vollstreckt* werden können, vgl. nachfolgend Rdn. 7.143 ff.

7.121

4. Zustellung

Der stattgebende Androhungsbeschluss ist dem Schuldner bzw. dem gesetzlichen Vertreter/Organ von Amts wegen zuzustellen, dem Gläubiger formlos mitzuteilen. Der ablehnende Beschluss ist dem Gläubiger von Amts wegen zuzustellen; dem Schuldner bzw. dem gesetzlichen Vertreter/Organ ist er nur dann formlos mitzuteilen, wenn er zuvor angehört wurde (§ 329 Abs. 2 u. 3 ZPO).

7.122

VI. Zuwiderhandlung

Notwendig für die Festsetzung eines Ordnungsmittels ist ferner eine vom Schuldner selbst schuldhaft verursachte Zuwiderhandlung gegen die titulierte Verpflichtung nach erfolgter Androhung.

7.123

1. Noch wirksamer Titel

Im Zeitpunkt der Zuwiderhandlung darf weder der Titel noch seine Vollstreckbarkeit aufgehoben oder die Zwangsvollstreckung eingestellt sein.

7.124

---

285 Vgl. eingehend StJ/*Brehm*, § 888 Rdn. 43 sowie § 890 Rdn. 59 ff. m.w.N.; s. auch Rdn. 7.90.
286 BGH, NJW 1992, 749, 750.
287 OLG Koblenz, InVo 1997, 220 – Vorstandsmitglied einer AG.
288 BGH, NJW 1992, 749, 750; Zöller/*Stöber*, § 890 Rdn. 12.

Denn ansonsten läge kein wirksames Unterlassungsgebot und damit auch die notwendige Androhung nicht mehr vor[289]. Zur Frage, ob die Festsetzung eines Ordnungsmittels noch möglich ist, wenn die Zuwiderhandlung vor Aufhebung des Titels bzw. Einstellung der Zwangsvollstreckung begangen wurde (vgl. Rdn. 7.146 ff.).

a) Zustellung des Titels/Klausel

7.125 Bei der Frage, ob im Zeitpunkt der Zuwiderhandlung neben der Existenz eines wirksamen Titels und einer wirksamen Strafandrohung auch die Zustellung des Titels und – soweit allgemein notwendig – die Erteilung der Vollstreckungsklausel sowie die Zustellung des Androhungsbeschlusses erfolgt sein muss, ist richtigerweise danach zu unterscheiden, ob die Strafandrohung bereits im Titel enthalten war oder durch gesonderten Beschluss erfolgte[290].

b) Androhung im Urteil/Beschluss

7.126 Erfolgte die Strafandrohung bereits im Urteil/Beschluss, so genügt es, dass der Titel vorläufig vollstreckbar ist; er muss nicht rechtskräftig sein. Denn eine Zuwiderhandlung gegen ein Verbot liegt – wie im Strafrecht – bereits dann vor,[291] wenn das Verbot im Zeitpunkt des Verstoßes existent und sanktionsbewehrt ist. Das ist bei einem mit Strafandrohung versehenen Titel bereits dann der Fall, wenn er verkündet ist[292].

7.127 Diese Sachlage ist im Kern identisch mit derjenigen, dass ein Titel ohne Strafandrohung verkündet wurde, die Androhung aber in einem gesonderten Beschluss nachfolgte. Mit der Existenz dieses nachfolgenden Beschlusses (Herausgabe aus dem internen Bereich des Gerichts) liegt i.V.m. dem verkündeten Urteil ein sanktionsbewehrtes Verbot vor. Davon zu unterscheiden ist aber die Frage, ob den Schuldner auch ein Verschulden hinsichtlich des Verstoßes trifft. Ansonsten könnte ein Schuldner, der sich im Hinblick auf die vor Androhung erfolgte Anhörung bei Gericht erkundigt und erfährt, dass der Beschluss erlassen worden ist, bis zur Zustellung des Titels noch Verstöße begehen, ohne Ordnungsmittel befürchten zu müssen. Die **a.A.** ist auch insofern inkonsequent, als der Schuldner sich bereits ab Existenz, also schon vor der Zustellung des Strafandrohungsbeschlusses, mit Rechtsbehelfen gegen diesen wehren kann, vgl. Rdn. 7.180 f.

---

289 **H.M.:** BGH, NJW 1970, 122, 125; KG, InVo 2004, 156 = NJW-RR 2004, 68; Zöller/*Stöber*, § 890 Rdn. 9; StJ/*Brehm*, § 890 Rdn. 27.
290 **H.M.:** *Bork,* WRP 1989, 360, 361; MünchKomm/*Schilken* ZPO, § 890 Rdn. 11, 14; *Schuschke,* § 890 Rdn. 25; StJ/*Brehm*, § 890 Rdn. 20; Zöller/*Stöber*, § 890 Rdn. 4.
291 BayObLG, InVo 2000, 106 = ZMR 1999, 777.
292 **H.M.:** RGZ 20, 385, 387; OLG Bremen, JR 1965, 24; OLG Frankfurt, ZZP 67 (1954), 70; OLG Hamburg, MDR 1965, 70; KG, MDR 1964, 155, 156; Zöller/*Stöber*, § 890 Rdn. 4; MünchKomm/*Schilken* ZPO, § 890 Rdn. 11 m.w.N.; *Bork,* WRP 1989, 360, 362 m.w.N.; Rosenberg/Gaul/*Schilken*, § 73 II 2; **a.A.** OLG München, OLG Rspr. 19 (1909), 32.

Die Zustellung des Titels bzw. der Strafandrohung oder die Erteilung der 7.128
Vollstreckungsklausel muss auch nicht etwa als allgemeine Voraussetzung
für den Beginn der Zwangsvollstreckung vorliegen. Denn die Zuwiderhandlung selbst ist keine Zwangsvollstreckung, sondern Voraussetzung für
eine solche[293].

Hingegen ist eine Zustellung des Titels vor der Zuwiderhandlung dann 7.129
erforderlich, wenn eine **einstweilige Verfügung** (mit oder ohne Strafandrohung) im **Beschlusswege** erlassen wird. Denn hier wird der Titel erst wirksam mit der im Parteibetrieb vorgenommenen Zustellung an den Antragsgegner (vgl. §§ 936, 922 ZPO)[294]. Bei einer als **Urteil ergangenen einstweiligen Verfügung** setzt die Verpflichtung zur Einhaltung des Verbots schon mit der Verkündung ein,[295] nicht erst mit der Zustellung[296] und schon gar nicht erst nach der Vollziehung[297].

Das Gleiche gilt für ein im schriftlichen Vorverfahren erlassenes **Versäumnisurteil** (§ 331 Abs. 3 ZPO), das erst mit der letzten amtswegigen Zustellung wirksam wird (§ 310 Abs. 3 ZPO)[298]. 7.130

Aus den gleichen Gründen muss eine – soweit überhaupt notwendige – 7.131
Vollstreckungsklausel im Zeitpunkt der Zuwiderhandlung noch nicht erteilt sein[299].

Hingegen muss, soweit das Urteil nur gegen **Sicherheitsleistung** vorläufig vollstreckbar ist, diese vor der Zuwiderhandlung geleistet sein (die Kenntnis des Schuldners hiervon betrifft wieder die Frage des Verschuldens), weil erst mit der Erbringung der Sicherheitsleistung oder der Rechtskraft der Titel vollstreckbar und damit sanktionsbewehrt wird[300]. 7.132

Durfte der Schuldner die Zwangsvollstreckung gegen **Sicherheitsleistung abwenden** und hat er die Sicherheit geleistet, so kann eine Zuwider- 7.133

---

293 RGZ 20, 385, 388; OLG Bremen, JR 1965, 24, 25; KG, MDR 1964, 155, 156; *Bork*, WRP 1989, 360, 362.
294 BGH, NJW 1993, 1076, 1077; Zöller/*Stöber*, § 890 Rdn. 4; *Schuschke*, § 890 Rdn. 25; Musielak/*Lackmann*, § 890 Rdn. 6; *Bork*, WRP 1989, 360, 363); MünchKomm/*Schilken* ZPO, § 890 Rdn. 11, der allerdings auch eine amtswegige Zustellung genügen lässt – die dort in Fn. 41 (auch hierfür?) angeführten Zitate bestätigen diese Meinung nicht; die dort als **a.A.** genannte Entscheidung OLG Hamburg, BB 1973, 1189 betraf eine einstweilige Verfügung durch Urteil.
295 StJ/*Brehm*, § 890 Rdn. 21; *Schuschke*, § 890 Rdn. 25; Musielak/*Lackmann*, § 890 Rdn. 6.
296 So aber Baumbach/*Hartmann*, § 890 Rdn. 25.
297 So OLG Bamberg, OLGR 1998, 397.
298 BGH, NJW 1994, 3359; Thomas/*Putzo*, § 310 Rdn. 3.
299 OLG Bremen, JR 1965, 24, 25; OLG Hamburg, NJW-RR 1986, 1501, 1502; KG, MDR 1964, 155, 156; OLG München, GRUR 1990, 683; OLG Stuttgart, MDR 1962, 995; Zöller/*Stöber*, § 890 Rdn. 4; *Schuschke*, § 890 Rdn. 25; MünchKomm/*Schilken* ZPO, § 890 Rdn. 11 m.w.N.; StJ/*Brehm*, § 890 Rdn. 21; **a.A.** Thomas/*Putzo*, § 890 Rdn. 13 mit Rdn. 8, der seine Auffassung unzutreffend als **h.M.** ausgibt.
300 BGH, NJW 1996, 397 = InVo 1996, 132; OLG Zweibrücken, InVo 1998, 332; OLG Frankfurt, NJW-RR 1990, 124; OLG Hamburg, NJW-RR 1986, 1501; MünchKomm/*Schilken* ZPO, § 890 Rdn. 11; *Schuschke*, § 890 Rdn. 25; StJ/*Brehm*, § 890 Rdn. 20; Zöller/*Stöber*, § 890 Rdn. 4; *Bork*, WRP 1989, 360, 361.

handlung des Schuldners nach Leistung der Sicherheit durch ihn, und bevor der Gläubiger seinerseits Sicherheit leistet oder das Urteil rechtskräftig wird, nicht geahndet werden; denn in diesem zeitlichen Intervall lag kein vollstreckbarer Titel mehr vor[301].

7.134 Die **Kenntnis von dem Verbot** oder das Kennenmüssen ist – wie im Strafrecht – nicht für die Zuwiderhandlung, sondern nur im Rahmen des notwendigen Verschuldens von Bedeutung[302].

c) Androhung durch gesonderten Beschluss

7.135 Erfolgte die **Strafandrohung** durch gesonderten Beschluss, so müssen, weil der Androhungsbeschluss den Beginn der Zwangsvollstreckung darstellt (siehe Rdn. 7.116), bereits zu diesem Zeitpunkt die Voraussetzungen der Zwangsvollstreckung wie Titel, Klausel, Zustellung etc. vorliegen. Da andererseits eine Zuwiderhandlung nur ordnungsmittelbewehrt ist, wenn sie **nach Erlass der Strafandrohung** erfolgte, müssen im Falle der nachträglichen Strafandrohung im Zeitpunkt der Zuwiderhandlung zwingend die Zustellung des Titels nebst Klausel sowie die sonstigen Zwangsvollstreckungsvoraussetzungen vorliegen. Hingegen muss die Zustellung des Androhungsbeschlusses im Zeitpunkt der Zuwiderhandlung noch nicht erfolgt sein; es genügt, dass er wirksam geworden ist (Herausgabe aus dem internen Bereich des Gerichts[303]).

Der Grund hierfür ist derselbe, der auch dafür maßgebend ist, dass ein die Strafandrohung enthaltener Titel im Zeitpunkt der Zuwiderhandlung lediglich vorläufig vollstreckbar, aber weder zugestellt noch mit der Vollstreckungsklausel versehen sein muss: Die Zuwiderhandlung ist keine Zwangsvollstreckung, sondern Voraussetzung für diese, wobei es nur im Rahmen des Verschuldens auf die Kenntnis des Schuldners von der Existenz der Androhung ankommt (s.o. Rdn. 7.126, 7.127). Die Festsetzung von Ordnungsmitteln setzt daher wiederum mindestens fahrlässige Unkenntnis der Androhung voraus.

2. Verschulden

7.136 Die so erfolgte Zuwiderhandlung muss, weil Ordnungsmittel **auch Strafcharakter** haben,[304] im Zeitpunkt der Vornahme **schuldhaft** (vorsätz-

---

301 OLG Frankfurt, NJW-RR 1990, 124 = GRUR 1989, 485; Thomas/*Putzo*, § 890 Rdn. 8; StJ/*Brehm*, § 890 Rdn. 20.
302 KG, MDR 1964, 156; Zöller/*Stöber*, § 890 Rdn. 5.
303 Die anders lautende **h.M.** differenziert ohne Begründung insoweit nicht: Baumbach/*Hartmann*, § 890 Rdn. 19; *Schuschke*, § 890 Rdn. 25; Thomas/*Putzo*, § 890 Rdn. 6; StJ/*Brehm*, § 890 Rdn. 21; *Bork*, WRP 1989, 361.
304 Vgl. BVerfG, NJW 1981, 2457; BGH, NJW 1994, 45, 46; OLG Düsseldorf, InVo 2002, 69; OLG Frankfurt, NJW-RR 1990, 639, 640; OLG Hamm, NJW-RR 1990, 1086 unter Aufgabe von MDR 1965, 585 und NJW 1980, 1399; OLG Stuttgart, NJW-RR 1986, 1255; OLG Zweibrücken, NJW-RR 1988, 1280; MünchKomm/*Schilken* ZPO, § 890 Rdn. 21; Zöller/*Stöber*, § 890 Rdn. 5; Musielak/*Lackmann*, § 890 Rdn. 5; **a.Ä.** Baumbach/*Hartmann*, § 890 Rdn. 21; *Schuschke*, § 890 Rdn. 6.

lich oder fahrlässig) erfolgt sein, also in Kenntnis oder fahrlässiger Unkenntnis des Verbots. Eine Zuwiderhandlung nach Verkündung, aber vor Zustellung des Titels mit Strafandrohung, oder nach Verkündung/Zustellung des Titels ohne Strafandrohung und vor Zustellung des Androhungsbeschlusses setzt daher Kenntnis oder fahrlässige Unkenntnis von der Existenz des vollstreckbaren Titels und der Strafandrohung voraus.[305] Die Nichtwahrnehmung eines Verkündungstermins entschuldigt daher nicht, weil sich der Schuldner nach dem Ergebnis hätte erkundigen können und müssen.

Das Verschulden muss beim **Schuldner selbst** liegen, also für juristische Personen bei ihren Organen, für OHG/KG bei den für sie handelnden Gesellschaftern[306]. Die Auffassung des Schuldners, ein noch nicht rechtskräftiges Urteil 1. Instanz bewirke noch nicht die Vollziehbarkeit der einstweiligen Verfügung, ist schuldhaft, soweit diesbezüglich kein anwaltlicher Rat eingeholt wurde.[307] Wer im Hinblick auf eine Abmahnung eine Schutzschrift durch einen Anwalt einreichen lässt, muss für eine Nachricht über den Eingang einer eventuellen einstweiligen Verfügung erreichbar sein oder kontrollieren, ob seinem Rechtsanwalt eine solche zugestellt worden ist.[308]

7.137

Hat der Unterlassungsschuldner vor Erlass des Titels Ursachen gesetzt, die ohne sein weiteres Zutun den missbilligten Erfolg herbeiführen (z.B. Inserieren einer Werbeanzeige mit verbotenem Text), erfüllt er ein gerichtliches Unterlassensgebot nicht schon dann, wenn er nach Zustellung des Vollstreckungstitels die aktive Vornahme der verbotenen Handlung unterlässt. Er hat eine sich abzeichnende Rechtsverletzung durch die Ergreifung aktiver Gegenmaßnahmen zu verhindern.[309] Wird gegen ein namentlich zu bezeichnendes Organ selbst ein Ordnungsmittel festgesetzt, muss dieses selbst schuldhaft gehandelt haben. Dies setzt grundsätzlich voraus, dass die Zuwiderhandlung in den Verantwortungsbereich des Organs fällt[310]. Die Anwendung des § 278 BGB scheidet insoweit aus,[311] ebenso die des § 85 Abs. 2 ZPO[312]. Schuldhaft ist es, wenn der Geschäftsführer einer GmbH die Geschäftsführung GmbH-intern einem „faktischen" Geschäftsführer überlässt und er deswegen von dem Verbot keine Kenntnis erhält.[313]

7.138

---

305 **H.M.,** vgl. OLG Jena, InVo 2002, 68.
306 BGH, NJW 1992, 749, 750; OLG Karlsruhe, NJW-RR 1998, 1571 – zum stellv. Geschäftsführer; Zöller/*Stöber,* § 890 Rdn. 5.
307 OLG Naumburg, GRUR 2005, 1071 = NJOZ 2005, 3673.
308 OLG Frankfurt, NJWE-WettbR 2000, 148.
309 OLG Jena, InVo 2005, 71 = NJOZ 2004, 3205; OLG Zweibrücken, GRUR 2000, 921; OLG Köln, InVo 2000, 70 = BeckRS 1999, 04196.
310 BGH, NJW 1992, 749, 750; OLG Stuttgart, NJWE-WettbR 1997, 59.
311 **H.M.:** BVerfG, NJW 1981, 2457; BGH, NJW 1992, 749, 750; MünchKomm/*Schilken* ZPO, § 890 Rdn. 9; *Schuschke,* § 890 Rdn. 29; Zöller/*Stöber,* § 890 Rdn. 5; Musielak/*Lackmann,* § 890 Rdn. 5; **a.A.** LAG Hamm, MDR 1975, 696; Baumbach/*Hartmann,* § 890 Rdn. 21.
312 OLG Jena, InVo 2002, 68; OLG München, InVo 1996, 330.
313 OLG Jena, InVo 2002, 121 = NJOZ 2002, 1558.

7.139 Das eigene Verschulden des Schuldners kann aber darin liegen, dass er **Dritte** zum Verstoß veranlasst oder der Schuldner nicht alle ihm zumutbaren Maßnahmen im Bereich Auswahl, Organisation und Überwachung ergriffen hat, um Zuwiderhandlungen durch Dritte, auf die er Einfluss hätte nehmen können, zu verhindern[314]. So genügt die bloße mündliche Information der Mitarbeiter über den Inhalt einer Untersagungsverfügung nicht, den Vorwurf einer schuldhaften Zuwiderhandlung gegen einen Untersagungstitel zu entkräften. Neben der (immer) schriftlichen Unterrichtung auch über die Folgen der Nichtbefolgung des gerichtlichen Verbotes gehört auch die Kontrolle der Einhaltung der Anweisung zu den sich aus der Verfügung des Gerichts ergebenden Verpflichtungen.[315]

7.140 **Anwaltliche Beratung** schließt ein Verschulden nur aus, wenn die Beurteilung der Sachlage allein durch einen Anwalt erfolgen konnte[316]. Hat der Anwalt ernsthafte Zweifel an seiner Rechtsposition und teilt diese dem Schuldner mit, darf sich der Schuldner nicht auf den Rat des Anwalts verlassen[317]. Auch die Erwartung des Schuldners, mit einer Verfassungsbeschwerde Erfolg zu haben, führt weder zu einer Minderung noch gar zu einem Ausschluss seines Verschuldens[318]. Hat sich der Schuldner wegen des weiter gehenden Verhaltens bei dem **erkennenden Gericht** erkundigt, schließt dessen Belehrung ein Verschulden selbst dann aus, wenn es nicht der Rechtslage entspricht.[319] Bloße gerichtliche Vergleichsvorschläge sind hingegen grundsätzlich nicht geeignet, einen schuldausschließenden Verbotsirrtum zu begründen.[320]

7.141 Bei mehreren – auch fahrlässigen – Verstößen kann **Fortsetzungszusammenhang** vorliegen,[321] der aber anders als im Strafrecht keinen Gesamtvorsatz voraussetzt[322]. Liegt Fortsetzungszusammenhang vor, wird wegen der mehreren Verstöße nur ein Ordnungsmittel festgesetzt. Eine Unterbre-

---

314 KG, MMR 2005, 460 = DB 2005, 1565 = BeckRS 2005, 03421; OLG Hamburg, NJWE-WettbR 1997 135 = InVo 1997, 278; OLG Frankfurt, InVo 1997, 275 – verneint bei nur gegen eine GmbH gerichtetem Titel hinsichtlich einer anderen GmbH, auch wenn der Geschäftsführer beider GmbH identisch ist; OLG Düsseldorf, WRP 1993, 326; OLG Frankfurt, NJW-RR 1990, 639; OLG Köln, NJW-RR 1986, 1191; OLG München, NJW-RR 1986, 638; Zöller/*Stöber*, § 890 Rdn. 5; *Schuschke*, § 890 Rdn. 29, 30 m.w.N.; MünchKomm/*Schilken* ZPO, § 890 Rdn. 9; Musielak/*Lackmann*, § 890 Rdn. 5.
315 OLG Köln, WRP 2004, 1519.
316 OLG Stuttgart, InVo 2001, 382 = NJOZ 2001, 1222; OLG Frankfurt, NJW-RR 1996, 1071; OLG Hamburg, NJW-RR 1989, 1087; *Schuschke*, § 890 Rdn. 26.
317 OLG Stuttgart, OLGR 1999, 39.
318 BayObLG, NJW-RR 1995, 1040.
319 OLG Jena, InVo 2002, 121 = NJOZ 2002, 1558; OLG Köln, InVo 2001, 34.
320 OLG Zweibrücken, GRUR 2000, 921.
321 **H.M.:** BGH, NJW 1960, 2332; OLG Hamm, GRUR 1991, 708; OLG Stuttgart, NJW-RR 1993, 24; OLG Zweibrücken, GRUR 1990, 307, 308; *Schuschke*, WRP 2000, 1008; Zöller/*Stöber*, § 890 Rdn. 20; *Schuschke*, § 890 Rdn. 26; Baumbach/ *Hartmann*, § 890 Rdn. 9; *Köhler*, WRP 1993, 666 f.; **a.A.** StJ/*Brehm*, § 890 Rdn. 41.
322 BGH, NJW 1993, 721 zur entsprechenden Problematik im Rahmen des § 339 BGB.

chung des Fortsetzungszusammenhangs tritt erst mit der Zustellung des Ordnungsmittelbeschlusses, nicht schon mit der des Antrags ein³²³. Die weitgehende Aufgabe des Instituts des Fortsetzungszusammenhangs im Strafrecht³²⁴ ist für das Zivilrecht wegen ihrer eigenständigen Bedeutung ohne Auswirkung³²⁵.

VII. Festsetzung

1. Allgemein

Im **Zeitpunkt der Festsetzung des Ordnungsmittels** müssen, weil die Festsetzung ein Akt der Zwangsvollstreckung ist, ein noch wirksamer rechtskräftiger oder vorläufig vollstreckbarer Titel sowie die allgemeinen und besonderen Voraussetzungen der Zwangsvollstreckung vorliegen³²⁶. 7.142

2. Adressat der Festsetzung

Der Adressat des Festsetzungsbeschlusses muss mit dem **identisch** sein, dem gegenüber die Strafandrohung erfolgte. Soweit Ordnungsmittel gegen gesetzliche Vertreter, Organe juristischer Personen bzw. für die OHG/KG/PartG handelnde Gesellschafter festgesetzt werden, müssen diese im Festsetzungsbeschluss namentlich bezeichnet werden³²⁷. 7.143

Ist der Schuldner eine **natürliche Person** und **prozessunfähig,** erfolgt die Festsetzung von Ordnungshaft wie Ordnungsgeld gegenüber demjenigen, dessen Wille für die Einhaltung der Unterlassungsverpflichtung als verantwortlich in Betracht kommt. Das können im konkreten Fall je nach der geschuldeten Verpflichtung der Schuldner selbst, der gesetzliche Vertreter oder auch beide sein³²⁸. 7.144

---

323 OLG Schleswig, SchlHA 2004, 103 = BeckRS 2004, 10087; KG, (5. ZS) InVo 1998, 110; (25. ZS) InVo 1998, 161; OLG Frankfurt, JurBüro 1995, 663; Zöller/*Stöber,* § 890 Rdn. 20.
324 BGH, NJW 1994, 1663; 1994, 2368.
325 Vgl. KG, InVo 1998, 166; OLG Koblenz, InVo 1998, 111; OLG Celle, NJW-RR 1996, 902; OLG Frankfurt, JurBüro 1995, 663; Zöller/*Stöber,* § 890 Rdn. 20; **a.A.** OLG Nürnberg, MDR 1998, 1498 = JurBüro 1999, 47.
326 **H.M.:** BGH, NJW 1990, 122, 124; BGH, NJW 1979, 217; Zöller/*Stöber,* § 890 Rdn. 8; StJ/*Brehm,* § 890 Rdn. 37; unklar: Thomas/*Putzo,* § 890 Rdn. 6, 7, 25.
327 BGH, NJW 1992, 749, 750; KG, InVo 1997, 220; Zöller/*Stöber,* § 890 Rdn. 16; *Schuschke,* § 890 Rdn. 40.
328 Vgl. eingehend StJ/*Brehm,* § 888 Rdn. 43 sowie § 890 Rdn. 59 ff. m.w.N.; Musielak/*Lackmann,* § 890 Rdn. 12; nach **a.A.** soll Ordnungs*haft* nur gegen den gesetzlichen Vertreter zulässig sein: Zöller/*Stöber,* § 890 Rdn. 6 und 12; Münch-Komm/*Schilken* ZPO, § 890 Rdn. 10; Thomas/*Putzo,* § 890 Rdn. 36; Baumbach/*Hartmann,* § 890 Rdn. 24; Ordnungs*geld* soll nur dem Schuldner selbst auferlegt werden können: MünchKomm/*Schilken* ZPO, § 890 Rdn. 10 m.w.N.; Baumbach/*Hartmann,* § 890 Rdn. 24.

7.145 Bei **juristischen Personen** sowie **OHG/KG/PartG** kann Ordnungsgeld sowohl gegen diese als auch gegen ihre Organe bzw. für sie handelnde Gesellschafter angedroht und verhängt werden[329]. Ersatzordnungshaft und Ordnungshaft können nur gegen Organe bzw. für die Gesellschaft handelnde Gesellschafter angedroht und verhängt werden[330]. Ist der Geschäftsführer der GmbH nach der Festsetzung ausgeschieden, kann die Ersatzordnungshaft gleichwohl an ihm vollzogen werden. Zwar kommt es auf die Beugung von dessen Wille infolge des Ausscheidens nicht mehr an, aber es bleibt der Strafcharakter der Festsetzung bestehen; ansonsten blieben durch jeweiliges Wechseln der Geschäftsführung derartige Verstöße sanktionslos.[331]

3. Auswirkungen der Änderung des Titels nach Zuwiderhandlung

7.146 Kontrovers beantwortet wird die Frage, ob ein Ordnungsmittel noch festgesetzt werden kann, wenn die Zuwiderhandlung zwar nach Erlass eines wirksamen und vollstreckbaren Titels sowie einer Strafandrohung – und vor Rechtskraft des Ordnungsmittelbeschlusses (vgl. Rdn. 7.189 ff.) – erfolgte, aber zeitlich danach

- der Titel oder seine Vollstreckbarkeit aufgehoben wurde

oder

- die Einstellung der Zwangsvollstreckung erfolgte

oder

- der Titel wegen Fristablaufs entfallen ist

oder

- die Möglichkeit einer Zuwiderhandlung in der Zukunft nicht mehr besteht.

7.147 Die Lösung ergibt sich ohne weiteres, wenn man mit einer Mindermeinung § 890 ZPO nur Beugecharakter beimisst, weil es bei Wegfall des Titels,

---

[329] BGH, NJW 1992, 749, 750; StJ/*Brehm*, § 890 Rdn. 62; Musielak/*Lackmann*, § 890 Rdn. 12; nach **a.A.** Ordnungsgeld nur gegen den Schuldner: Zöller/*Stöber*, § 890 Rdn. 6; *Schuschke*, § 890 Rdn. 40 – gegen den Vertreter nur, wenn er Titelschuldner ist; Baumbach/*Hartmann*, § 890 Rdn. 24; MünchKomm/*Schilken* ZPO, § 890 Rdn. 10; Thomas/*Putzo*, § 890 Rdn. 36.

[330] **H.M.**, vgl. OLG Koblenz, NZG 2002, 622 (GmbH & Co KG); Zöller/*Stöber*, § 890 Rdn. 6 u. 12; *Schuschke*, § 890 Rdn. 40; MünchKomm/*Schilken* ZPO, § 890 Rdn. 10; StJ/*Brehm*, § 890 Rdn. 62, 64; Thomas/*Putzo*, § 890 Rdn. 9; Musielak/ *Lackmann*, § 890 Rdn. 12.

[331] OLG Nürnberg, InVo 2003, 298 = MDR 2003, 293; Zöller/*Stöber*, § 890 Rdn. 16; **a.A.** *Schuschke*, § 890 Rdn. 40.

gleich ob ex tunc oder ex nunc, keinen zukünftig zu beugenden Willen des Schuldners und insoweit existenten Titel mehr gibt[332].

Probleme ergeben sich hingegen, wenn man mit der **h.M.**[333] § 890 ZPO **Beuge- und Strafcharakter** zumisst. 7.148

Bei der Beantwortung der Frage ist vor allem der Grundsatz zu beachten, dass Grundlage einer jeden Zwangsvollstreckung ein (noch) vollstreckbarer Titel ist (§§ 750 Abs. 1, 775 ZPO). Dieser Grundsatz bedeutet, dass im Zeitpunkt der Vornahme einer jeglichen Zwangsvollstreckungsmaßnahme ein (noch) vollstreckbarer Titel vorliegen muss. Dies führt bei einem völligen Wegfall des Titels nach einer Zuwiderhandlung zwingend dazu, dass ein Ordnungsmittel nicht mehr verhängt werden kann[334].

Die **h.M.** hingegen „löst" das Problem, indem sie die Existenz des Titels als Grundlage der Zwangsvollstreckung nicht für den Zeitpunkt der Festsetzung und damit der Zwangsvollstreckung verlangt, sondern genügen lässt, dass im Zeitpunkt der Zuwiderhandlung ein vollstreckbarer Titel bestand und dieser erst danach mit Wirkung ex nunc entfallen ist. Begründet wird dies zum Teil damit, der Unterlassungstitel sei einem Zeitgesetz i.S.v. § 2 Abs. 4 StGB vergleichbar[335]. Dem ist entgegenzuhalten, dass es sich bei § 890 ZPO um keine Kriminalstrafe handelt und eine dem § 2 Abs. 4 StGB entsprechende Regelung in der ZPO gerade nicht besteht[336]. Zudem liegen die Voraussetzungen für eine entsprechende Anwendung nicht vor, weil auch einstweilige Verfügungen (wenn man sie insoweit mit einem Gesetz gleichsetzen will) nicht von vornherein nur für eine bestimmte Zeit bestehen sollen. Sie gelten grundsätzlich unbeschränkt. Die Möglichkeit der Aufhebung (z.B. gemäß §§ 925, 926 Abs. 2, 927 ZPO) ist bei Urteilen im Erkenntnisverfahren dem Grunde nach ebenso gegeben. Dementsprechend versagt das Argument gänzlich bei einer Unterlassungsverpflichtung, die aufgrund eines Urteils im „normalen" Erkenntnisverfahren ergangen ist. 7.149

Eigentlicher Grund für die **h.M.** dürfte der Satz sein „dass nicht sein kann, was nicht sein darf", nämlich eine Zuwiderhandlung ohne Sanktion durch Ordnungsmittel. Diese rein ergebnisorientierte Begründung widerspricht aber nicht nur dem prozessualen Grundsatz „keine Vollstreckung ohne Titel" und damit dem geltenden Prozessrecht, sondern sie ist, worauf 7.150

---

332 So OLG Düsseldorf, NJW-RR 1988, 510; OLG Schleswig, JurBüro 1988, 671; *Schuschke,* § 890 Rdn. 6, 13 m.w.N.; Baumbach/*Hartmann,* § 890 Rdn. 10, 25.
333 Vgl. Thomas/*Putzo,* § 890 Rdn. 15 sowie die in Rdn. 7.136 Genannten.
334 BGH, InVo 2004, 152 = MDR 2004, 591 = NJW 2004, 506; KG, InVo 2004, 156 = NJW-RR 2004, 68; BayObLG, InVo 1997, 274; OLG Düsseldorf, WRP 1990, 423, 424; OLG Düsseldorf, JMBl. NW 1963, 229, 230; OLG Frankfurt, JurBüro 1982, 465, 466; KG, WRP 1980, 696; OLG Schleswig, JurBüro 1988, 671; StJ/ *Brehm,* § 890 Rdn. 27 ff.; *Schuschke,* § 890 Rdn. 13 m.w.N.; Musielak/*Lackmann,* § 890 Rdn. 6; *Münzberg,* WRP 1990, 425 f.; mit Einschränkungen: OLG Stuttgart, NJW-RR 1986, 1255.
335 OLG Frankfurt, OLGZ 1993, 101; JurBüro 1982, 465; NJW 1977, 1204, 1205.
336 Vgl. auch OLG Schleswig, JurBüro 1988, 671.

*Münzberg*³³⁷ wiederholt hingewiesen hat, auch völlig unnötig, weil das von der herrschenden Meinung gewünschte Ergebnis auch im Einklang mit dem Prozessrecht erzielt werden kann. Das setzt allerdings voraus, dass der Gläubiger bzw. die Parteien im Erkenntnisverfahren (!) auf eine neue Prozesssituation (z.B. bei Erledigung der Hauptsache) richtig reagieren. Sie müssen daher in ihre Überlegungen einbeziehen, dass der Schuldner einer titulierten Unterlassungsverpflichtung zuwidergehandelt haben kann und, wenn man sich die Möglichkeit der Festsetzung eines Ordnungsmittels offen halten will, der Titel insoweit bestehen bleiben muss.

7.151 Der Gläubiger kann daher eine **Erledigungserklärung** auf die Zeit nach dem erledigenden Ereignis **beschränken**, z.B. mit dem Inhalt „mit Ausnahme hinsichtlich etwaig begangener Zuwiderhandlungen des Schuldners" oder „für den Zeitraum ab … (Datum) unter Aufrechterhaltung des Titels im Übrigen"³³⁸. Auch eine Formulierung wie „der Rechtsstreit wird in der Hauptsache ab dem (Datum) für erledigt erklärt" wird als noch ausreichend angesehen.³³⁹ Entsprechendes gilt für die Abfassung des Textes in einem Prozessvergleich, aber auch eine entsprechende Tenorierung bei der Aufhebung in Rechtsmittel- oder Einspruchsverfahren oder bei der Einstellung der Zwangsvollstreckung. Auf eine richtige prozessuale Reaktion durch entsprechende Antragstellung hat das Gericht auch gemäß § 139 ZPO hinzuweisen.

7.152 Selbst eine uneingeschränkte Erledigungserklärung kann im Wege der gebotenen Auslegung dazu führen, dass tatsächlich eine zeitlich beschränkte Erledigungserklärung abgegeben worden sein soll.³⁴⁰ Nur wenn auch nicht im Wege einer Auslegung die erforderliche Klarheit des Gewollten – Einschränkung des Titelwegfalls – erzielt werden kann, muss von einem gänzlichen Wegfall des Titels ausgegangen werden³⁴¹.

7.153 Die **Aufhebung des Titels** aufgrund eines Rechtsbehelfs oder Widerspruchs,³⁴² bei Klagerücknahme ohne Einschränkung sowie Nichteinhaltung der Vollziehungsfrist gemäß § 929 Abs. 2 und 3 ZPO führt zum Fortfall des Titels auch mit Rückwirkung und damit zur Unzulässigkeit der späteren Festsetzung von Zwangsmitteln³⁴³.

---

337 A.a.O.
338 Vgl. BGH, InVo 2004, 152 = MDR 2004, 591 = NJW 2004, 506; OLG Stuttgart, WRP 2002, 590; KG, InVo 1999, 91; *Ruess*, NJW 2004, 485; StJ/*Brehm*, § 890 Rdn. 29; *Zöller/Stöber*, § 890 Rdn. 25.
339 OLG Düsseldorf, WRP 1990, 423, 424 mit zustimmender Anmerkung *Münzberg*, WRP 1990, 426.
340 Vgl. dazu BGH, InVo 2004, 152 = MDR 2004, 591 = NJW 2004, 506; Münch-Komm/*Schilken* ZPO, § 890 Rdn. 15.
341 OLG Jena, InVo 2002, 386; OLG Düsseldorf, WRP 1990, 423, 424; OLG Hamm, WRP 1992, 338; OLG Karlsruhe, GRUR 1992, 207; auch OLG Stuttgart, NJW-RR 1986, 1255.
342 Zum Letzteren vgl. OLG Hamburg, InVo 1997, 195 = MDR 1997, 394; OLG Frankfurt, JurBüro 1982, 465.
343 Vgl. Baur/*Stürner*, Rdn. 40.28; MünchKomm/*Schilken* ZPO, § 890 Rdn. 15 m.w.N.; Zöller/*Stöber*, § 890 Rdn. 9a, 25.

Unterlassung/Duldung 7.154–7.158

Auch bei einem **Prozessvergleich** als Unterlassungstitel wird man durch Auslegung ermitteln müssen, ob er ex tunc wirken und damit etwaige Verstöße sanktionslos stellen soll[344]. 7.154

Tipp: Angesichts dieser kontroversen Rechtsprechung und Literatur kann jedem Gläubiger und Rechtsanwalt – Letzterem auch aus haftungsrechtlichen Gründen, weil er stets den sichersten Weg wählen muss – nur empfohlen werden, bereits in dem Verfahren, das zum Wegfall des Titels führt, durch entsprechende eindeutige Erklärung bzw. Antragstellung dafür zu sorgen, dass die Vollstreckbarkeit für frühere Zuwiderhandlungen bestehen bleibt[345]. 7.155

Erschöpft sich das Unterlassungsgebot in einem **einmaligen Verhalten**, ist es **befristet** oder kommt eine zukünftige Zuwiderhandlung aus anderen Gründen nicht in Betracht (Erlöschen des Unterlassungsanspruchs), steht dies einer Festsetzung von Ordnungsmitteln für die während der Geltung des Unterlassungsgebots erfolgte Zuwiderhandlung nicht entgegen, weil der Titel dadurch nicht in Wegfall gekommen ist[346]. 7.156

Ist die **Zwangsvollstreckung einstweilen eingestellt** worden, können vor der Einstellung der Zwangsvollstreckung begangene Zuwiderhandlungen nicht während der Dauer der Einstellung, wohl aber nach deren Beendigung (soweit dann noch ein vollstreckbarer Titel besteht) mit Ordnungsmitteln belegt werden[347]. Hingegen können während der Einstellung begangene Zuwiderhandlungen später nicht mehr geahndet werden[348]. 7.157

4. Rechtsschutzinteresse

Das notwendige Rechtsschutzinteresse des Gläubigers für die Verhängung des Ordnungsmittels ergibt sich grundsätzlich aus dem Titel und der Zuwiderhandlung des Schuldners. Es entfällt in der Regel nicht im Hinblick 7.158

---

[344] OLG Stuttgart, NJW-RR 1986, 1255; Zöller/*Stöber*, § 890 Rdn. 9a; Münch-Komm/*Schilken* ZPO, § 890 Rdn. 15.
[345] Vgl. hierzu *Münzberg*, WRP 1990, 425 f.; StJ/*Brehm*, § 890 Rdn. 29, 30.
[346] BGH, InVo 2004, 152 = MDR 2004, 591 = NJW 2004, 506; OLG Düsseldorf, InVo 2002, 69; OLG Stuttgart, InVo 2001, 382 = NJOZ 2001, 1222; OLG Koblenz, InVo 1999, 123; BayObLG, NJW-RR 1995, 1040; InVo 1997, 274; Zöller/*Stöber*, § 890 Rdn. 10; Baur/*Stürner*, Rdn. 40.28; MünchKomm/*Schilken* ZPO, § 890 Rdn. 15; Thomas/*Putzo*, § 890 Rdn. 10; StJ/*Brehm*, § 890 Rdn. 31 ff. m.w.N.; *Münzberg*, WRP 1990, 425, 426; **a.A.** OLG Köln, JurBüro 1995, 269; OLG Düsseldorf, NJW-RR 1988, 510 sowie DB 1992, 1084; LAG Hamburg, MDR 1990, 365; OLG Hamm, NJW 1980, 1399 = MDR 1979, 679; *Schuschke*, § 890 Rdn. 19.
[347] OLG Düsseldorf, JMBl. NW 1963, 229; Zöller/*Stöber*, § 890 Rdn. 9; *Schuschke*, § 890 Rdn. 25; StJ/*Brehm*, § 890 Rdn. 22.
[348] BGH, NJW 1990, 122, 125; Zöller/*Stöber*, § 890 Rdn. 9; *Schuschke*, § 890 Rdn. 25; StJ/*Brehm*, § 890 Rdn. 22.

auf eine verwirkte **Vertragsstrafe**[349]. Der Gläubiger kann insoweit gleichzeitig beide Wege beschreiten,[350] er muss daher nicht zwischen einem von beiden wählen,[351] zumal der Zweck beider Rechtsinstitute nicht völlig identisch ist. Allerdings wird das Gericht im Hinblick auf den Grundsatz der Verhältnismäßigkeit eine verwirkte Vertragsstrafe bei der Auswahl von Art und Höhe des Ordnungsmittels berücksichtigen müssen[352].

5. Verjährung

7.159   Die Festsetzung eines Ordnungsmittels scheidet aus, wenn die Zuwiderhandlung verjährt ist **(Verfolgungsverjährung,** zur Vollstreckungsverjährung s. Rdn. 7.188). Ein vor Verjährungseintritt erstinstanzlich festgesetztes, jedoch nicht rechtskräftig gewordenes Ordnungsmittel muss daher im Beschwerdeverfahren aufgehoben werden.[353] Gemäß Art. 9 Abs. 1 EGStGB beträgt die Verjährungsfrist 2 Jahre für jede Zuwiderhandlung. Sie beginnt mit der Beendigung der untersagten Handlung und endet mit der – auch noch nicht rechtskräftigen – Festsetzung des Ordnungsmittels, sodass im weiteren Verlauf des Vollstreckungs- bzw. Rechtsmittelverfahrens Verjährung nicht mehr eintreten kann.[354] Der vollstreckbare Unterlassungsanspruch selbst verjährt gemäß § 197 Abs. 1 Nr. 3 BGB in 30 Jahren[355].

6. Rechtliches Gehör des Schuldners

7.160   Bevor der Schuldner zu einem Ordnungsmittel verurteilt wird, ist ihm **rechtliches Gehör** zu gewähren (§ 891 S. 2 ZPO), d.h., zu der vom Gesetz freigestellten mündlichen Verhandlung (§ 891 S. 1 ZPO) ist er zu laden, ansonsten ist ihm – soweit er im Erkenntnisverfahren anwaltlich vertreten

---

349   **H.M.:** BGH, NJW 1998, 1138 = InVo 1998, 157; OLG Köln, InVo 2001, 36 und NJW-RR 1987, 360; OLG München, InVo 1997, 250; OLG Düsseldorf, NJW-RR 1988, 1216; Zöller/*Stöber*, § 890 Rdn. 7 m.w.N.; MünchKomm/*Schilken* ZPO, § 890 Rdn. 17; *Schuschke*, § 890 Rdn. 17; Musielak/*Lackmann*, § 890 Rdn. 9; **a.A.** OLG Hamm, MDR 1985, 242.
350   OLG Düsseldorf, NJW-RR 1988, 1216; OLG Köln, NJW-RR 1987, 360; MünchKomm/*Schilken* ZPO, § 890 Rdn. 17; *Schuschke*, § 890 Rdn. 17; Zöller/*Stöber*, § 890 Rdn. 7; Musielak/*Lackmann*, § 890 Rdn. 9; Thomas/*Putzo*, § 890 Rdn. 10; dazu neigt auch der BGH, NJW 1998, 1138.
351   So aber OLG Köln, NJW 1969, 756; LG Frankenthal, MDR 1992, 362; Baumbach/*Hartmann*, § 890 Rdn. 33.
352   BGH, NJW 1998, 1138 = InVo 1998, 157; OLG Köln, InVo 2001, 36; OLG Düsseldorf, NJW-RR 1988, 1216; OLG Köln, NJW-RR 1986, 1191; *Schuschke*, § 890 Rdn. 37.
353   OLG Frankfurt, OLGR Frankfurt 2004, 15; OLG Düsseldorf, WRP 2002, 464.
354   BGH, InVo 2005, 159 = MDR 2005, 655 = NJW 2005, 509; **a.A.** noch OLG Düsseldorf, WRP 2002, 464.
355   Thomas/*Putzo*, § 890 Rdn. 23; StJ/*Brehm*, § 890 Rdn. 18, 50; unklar insoweit Baumbach/*Hartmann*, § 890 Rdn. 28.

war: seinem Rechtsanwalt, §§ 81, 172 ZPO – eine ausreichende Frist zur Stellungnahme auf den übersandten Gläubigerantrag einzuräumen. Für die mündliche Verhandlung besteht Anwaltszwang gemäß § 78 ZPO wegen der oftmals schwierigen Sach- und Rechtsfragen. Dies gilt auch dann, wenn im Erkenntnisverfahren – wie bei einer im Beschlusswege ergangenen einstweiligen Verfügung vor dem Landgericht, §§ 936, 920 Abs. 3, 78 Abs. 5 ZPO – kein Anwaltszwang bestand[356].

Nichts anderes gilt für die bloße Gewährung rechtlichen Gehörs gemäß § 891 S. 2 ZPO inner- und außerhalb der mündlichen Verhandlung, sodass **privatschriftliche Eingaben** des Schuldners zwar nicht zu berücksichtigen sind[357]. Hierauf muss der Schuldner jedoch hingewiesen und ihm entsprechende Gelegenheit zur Äußerung gegeben werden[358]. 7.161

VIII. Beweis

Die Voraussetzungen für die Androhung bzw. Festsetzung eines Ordnungsmittels müssen mit den Beweismitteln der ZPO bewiesen und nicht nur glaubhaft gemacht werden. Dies gilt auch dann, wenn für die Erlangung des Titels, wie z.B. bei der einstweiligen Verfügung, Glaubhaftmachung genügte.[359] 7.162

Die **Beweislast** im Übrigen entspricht den allgemeinen Grundsätzen und obliegt daher dem Gläubiger[360]. Dies gilt grundsätzlich auch für das Verschulden des Schuldners[361]. 7.163

---

356 H.M.: OLG Düsseldorf, MDR 1987, 506 = JurBüro 1987, 942; OLG Frankfurt, WRP 1979, 129; OLG Hamm, GRUR 1985, 235; OLG Koblenz, GRUR 1985, 573; *Schuschke*, § 890 Rdn. 20; Baumbach/*Hartmann*, § 891 Rdn. 3; StJ/*Brehm*, § 891 Rdn. 1, Thomas/*Putzo*, § 891 Rdn. 3, jeweils m.w.N.

357 OLG Frankfurt, FamRZ 1987, 1293; OLG Hamm, MDR 1985, 242; OLG Koblenz, NJW-RR 1988, 1279; OLG Nürnberg, NJW 1983, 2950; StJ/*Brehm*, § 891 Rdn. 1 u. 2; *Schuschke*, § 890 Rdn. 20; unklar Thomas/*Putzo*, § 891 Rdn. 5; offen, ob privatschriftliche Eingaben bzw. Vorbringen des Schuldners zu berücksichtigen sind: OLG Hamburg, OLGZ 1991, 346; **a.A.** OLG Celle, NdsRpfl 1953, 30; OLG Düsseldorf, DB 1965, 891; OLG Köln, NJW 1959, 634; Zöller/*Stöber*, § 891 Rdn. 1; MünchKomm/*Schilken* ZPO, § 890 Rdn. 19 und § 891 Rdn. 4.

358 OLG Düsseldorf, NJW-RR 1991, 1088; StJ/*Brehm*, § 891 Rdn. 2; *Schuschke*, § 890 Rdn. 20; Musielak/*Lackmann*, § 891 Rdn. 2.

359 **H.M.:** BVerfG, NJW 1991, 3139; KG, FPR 2004, 267; OLG Celle, InVo 2001, 386; Zöller/*Stöber*, § 890 Rdn. 13; Baumbach/*Hartmann*, § 890 Rdn. 20 m.w.N.; **a.A.** OLG Bremen, InVo 2003, 298 = MDR 2003, 233.

360 **Allg.M.:** OLG Zweibrücken, OLGZ 1978, 372; MünchKomm/*Schilken* ZPO, § 890 Rdn. 19 m.w.N.

361 OLG Zweibrücken, GRUR 1986, 839; Zöller/*Stöber*, § 890 Rdn. 13; *Schuschke*, § 890 Rdn. 35; MünchKomm/*Schilken* ZPO, § 890 Rdn. 9 u. 19; nach **a.A.** soll insoweit die Beweislast beim Schuldner liegen: OLG Düsseldorf, WRP 1993, 326 – Darlegungslast des Schuldners hinsichtlich seiner Maßnahmen, dass Dritte nicht gegen ein gerichtliches Verbot verstoßen; OLG Köln, NJW-RR 1986, 1191; InVo 1996, 133 – mehrere Unterlassungsschuldner; StJ/*Brehm*, § 890 Rdn. 39 für Umstände aus dem internen Bereich des Schuldners.

7.164   Anwendung finden jedoch die Regeln über den **Anscheinsbeweis**[362] sowie die **Beweiserleichterung** bis zur Beweislastumkehr[363].

7.165   Die Vorschrift des **§ 138 Abs. 3 ZPO** (Nichtbestreiten) findet jedenfalls dann Anwendung, wenn sichergestellt ist, dass die Aufforderung zur Stellungnahme mit Hinweis auf den Rechtsanwaltszwang den Schuldner auch erreicht hat, z.B. durch förmliche Zustellung[364].

IX. Entscheidung des Gerichts

7.166   Die Entscheidung ergeht auch bei mündlicher Verhandlung stets durch zu begründenden **Beschluss.**

7.167   Das Gericht hat grundsätzlich die **Wahl zwischen den Ordnungsmitteln,** kann also Ordnungsgeld oder alternativ Ordnungshaft festsetzen. Es darf aber kein anderes und kein höheres Ordnungsmittel als angedroht festgesetzt werden. Daher schließt die Androhung nur von Ordnungsgeld die Festsetzung auch von Ersatzordnungshaft aus, bevor nicht ein ergänzender Beschluss ergangen ist[365]. Ferner ist der Grundsatz der Verhältnismäßigkeit zu wahren, sodass bei einem Erstverstoß in der Regel nur Ordnungsgeld verhängt werden kann, es sei denn, dieses reicht im konkreten Fall als Mittel nicht aus[366].

1. Ordnungsgeld

7.168   Die **Höhe** des **Ordnungsgeldes** kann zwischen 5,– € (Art. 6 Abs. 1 EGStGB) und 250.000,– € (§ 890 Abs. 1 S. 2 ZPO) je Zuwiderhandlung betragen. Von Amts wegen zugleich mit anzuordnen ist Ersatzhaft für den Fall, dass das Ordnungsgeld nicht beigetrieben werden kann[367]. Ferner ist anzugeben, wie viele Tage Ersatzhaft dem festgesetzten Ordnungsgeld entsprechen, z.B. „ersatzweise für 100,– € je ein Tag Ordnungshaft". Die Ersatzhaft kann zwischen 1 Tag und 6 Monaten, maximal jedoch aufgrund

---

362   BVerfG, NJW 1991, 3139; OLG Bremen, OLGZ 1979, 368, 370; *Schuschke,* § 890 Rdn. 35; MünchKomm/*Schilken* ZPO, § 890 Rdn. 9; StJ/*Brehm,* § 890 Rdn. 39; Rosenberg/Gaul/*Schilken,* § 73 II 2; **a.A.** KG, GRUR 1991, 707.
363   KG, OLGZ 1993, 340; OLG Zweibrücken, OLGZ 1978, 372; *Schuschke,* § 890 Rdn. 35; MünchKomm/*Schilken* ZPO, § 890 Rdn. 9, StJ/*Brehm,* § 890 Rdn. 39; Rosenberg/Gaul/*Schilken,* § 73 II 2.
364   OLG Düsseldorf, NJW-RR 1991, 1088; AG Aachen, JurBüro 2005, 498 = BeckRS 2005, 13521; StJ/*Brehm,* § 891 Rdn. 2 m.w.N.; *Schuschke,* § 891 Rdn. 3; Musielak/*Lackmann,* § 891 Rdn. 2; Baumbach/*Hartmann,* § 891 Rdn. 4; **a.A.** Zöller/*Stöber,* § 891 Rdn. 1.
365   OLG Düsseldorf, OLGZ 1993, 450 und MDR 1992, 411.
366   *Schuschke,* § 890 Rdn. 36, 39; MünchKomm/*Schilken* ZPO, § 890 Rdn. 20; Brox/*Walker,* Rdn. 1105; **a.A.** Zöller/*Stöber,* § 890 Rdn. 17; Baumbach/*Hartmann,* § 890 Rdn. 18.
367   BGH, NJW-RR 1992, 1454.

desselben Titels zwei Jahre betragen[368]. Eine unterbliebene Anordnung der Ersatzordnungshaft kann nachgeholt werden, wenn das Ordnungsgeld nicht beigetrieben werden kann, Art. 8 EGStGB.

Bei der **Bemessung** der Höhe der Ersatzordnungshaft sind die Grundsätze für die Verhängung von Tagessätzen gemäß § 40 StGB nicht anzuwenden. Sie muss jedoch so bemessen sein, dass für den Schuldner ein spürbarer Druck zur Erfüllung der Unterlassungsverpflichtung besteht[369]. 7.169

In diesem Rahmen richtet sich die Höhe des Ordnungsgeldes nach den konkreten Umständen des Einzelfalles, wobei im Hinblick auf den auch strafähnlichen Charakter des Ordnungsmittels vornehmlich auf den Schuldner und dessen Verhalten abzustellen ist[370]. Maßgeblich sind somit insbesondere: Der Unwertgehalt der Verletzungshandlung, also die Gefährlichkeit ihrer Folgen für den Gläubiger (Art, Intensität und Dauer, entstandener oder drohender Schaden) sowie der Grad des Verschuldens (vorsätzlich/fahrlässig, erstmaliger oder wiederholter Verstoß) und der Vorteil für den Verletzer. Die Verletzung des Titels darf sich für den Schuldner nicht lohnen. Es sind aber auch eine zusätzlich verwirkte Vertragsstrafe sowie die wirtschaftlichen Verhältnisse des Schuldners zu berücksichtigen[371]. Feste Größen wie z.B. Bruchteile des Streitwertes der Hauptsache sind daher abzulehnen[372]. 7.170

2. Ordnungshaft

Die Ordnungshaft kann zwischen 1 Tag und 6 Monaten je Zuwiderhandlung (Art. 6 Abs. 2 S. 1 EGStGB) betragen. Zur Bemessung gelten die o.a. Kriterien entsprechend (vgl. Rdn. 7.170). 7.171

Bei **mehreren Verstößen** gegen dieselbe Unterlassungsverpflichtung kann Ordnungsgeld bzw. Ordnungshaft jeweils bis zum gesetzlichen Höchstmaß festgesetzt werden, Ordnungshaft jedoch insgesamt nicht mehr als 2 Jahre (§ 890 Abs. 1 S. 2 ZPO). Allerdings finden die Grundsätze über den **Fortsetzungszusammenhang** Anwendung (vgl. hierzu Rdn. 7.141); in diesem Fall ist nur ein Ordnungsmittel zu verhängen. 7.172

---

368 H.M.: Zöller/*Stöber*, § 890 Rdn. 19; MünchKomm/*Schilken* ZPO, § 890 Rdn. 22; *Schuschke*, § 890 Rdn. 39; Thomas/*Putzo*, § 890 Rdn. 26; Baumbach/*Hartmann*, § 890 Rdn. 18.
369 H.M.: OLG Frankfurt, JurBüro 1987, 1570: 3 Tage bei 7.500,– DM reichen nicht aus; *Schuschke*, § 890 Rdn. 38.
370 BGH, InVo 2004, 152 = MDR 2004, 591 = NJW 2004, 506; BGH, NJW 1994, 45, 46.
371 Vgl. BGH, InVo 2004, 152 = MDR 2004, 591 = NJW 2004, 506; BGH, NJW 1994, 45, 46; NJW 1998, 1138 = InVo 1998, 157; OLG Köln, MMR 2000, 703; *Schuschke*, § 890 Rdn. 37; *Köhler*, WRP 1993, 666, 672 f.
372 BGH, NJW 1994, 45, 46; *Köhler*, WRP 666, 676; StJ/*Brehm*, § 890 Rdn. 40; *Schuschke*, § 890 Rdn. 37; **a.A.** KG, WRP 1992, 176; OLG Frankfurt, NJW-RR 1990, 639; OLG Hamburg, NJW-RR 1984, 1024.

X. Bestellung einer Sicherheit, § 890 Abs. 3 ZPO

7.173   Hat der Schuldner trotz Strafandrohung der Unterlassungsverpflichtung zuwidergehandelt (was der Gläubiger gegebenenfalls beweisen muss), kann er auf entsprechenden Antrag des Gläubigers hin zur Bestellung einer Sicherheit für einen Schaden des Gläubigers verurteilt werden, der diesem durch zukünftige Zuwiderhandlungen wahrscheinlich entstehen kann. Diese Anordnung kann isoliert, aber auch zusätzlich zur Festsetzung eines Ordnungsmittels erfolgen[373].

7.174   Die **Höhe der Sicherheit** bestimmt das Gericht nach den Umständen des Einzelfalles nach seinem Ermessen.[374] Die vom Gericht festzusetzende bestimmte Zeit für die Sicherheitsleistung richtet sich danach, ab wann der Schuldner gegen die Unterlassungsverpflichtung voraussichtlich nicht mehr verstoßen wird.

7.175   Soweit hinsichtlich der **Art der Sicherheitsleistung** nichts anderes bestimmt ist, erfolgt sie durch Hinterlegung von Geld oder Wertpapieren der in § 234 BGB genannten Art (§ 108 ZPO).

7.176   Die Vollstreckung des Titels (§ 794 Abs. 1 Nr. 3 ZPO) erfolgt gemäß § 887 ZPO, die Geltendmachung des Schadens durch den Gläubiger gegebenenfalls durch Klage (vgl. § 893 Abs. 2 ZPO).

7.177   Beispiel für einen entsprechenden Tenor:

„Der Schuldner wird verurteilt, an den Gläubiger eine auf 12 Monate befristete Sicherheit in Höhe von 8.000,– € für den durch zukünftige Zuwiderhandlungen des Schuldners gegen die im Urteil vom (Angabe des Titels) angeführte Unterlassungsverpflichtung entstehenden Schaden zu leisten."

XI. Kostenentscheidung

7.178   Zur Frage der Kostenentscheidung gemäß § 891 S. 3 ZPO vgl. die entsprechenden Ausführungen zu § 887 – oben Rdn. 7.63. Setzt das Beschwerdegericht das Ordnungsgeld in geringerer Höhe als die erste Instanz fest, ist eine teilweise Belastung des Gläubigers mit den Kosten des Beschwerdeverfahrens nicht gerechtfertigt, sofern der erstinstanzlich festgestellte Verstoß gegen die einstweilige Verfügung sich bestätigt hat und der Gläubiger sich nicht auf einen bestimmten Betrag festgelegt hatte.[375]

---

373   **H.M.:** OLG Frankfurt, Rpfleger 1978, 267 = JurBüro 1978, 771; MünchKomm/*Schilken* ZPO, § 890 Rdn. 25; *Schuschke*, § 890 Rdn. 43; Zöller/*Stöber*, § 890 Rdn. 27.
374   OLG München, InVo 2000, 25.
375   OLG Köln, MMR 2000, 698; *Schuschke*, § 890 Rdn. 52.

XII. Zustellung der gerichtlichen Entscheidung

Der dem Antrag des Gläubigers stattgebende Beschluss ist dem Schuldner bzw. seinem Bevollmächtigten von Amts wegen zuzustellen, dem Gläubiger formlos zu übersenden. Der ablehnende Beschluss ist dem Gläubiger von Amts wegen zuzustellen; dem Schuldner ist er nur dann formlos mitzuteilen, wenn er zuvor angehört wurde (§ 329 Abs. 2 und 3 ZPO). Wurde dem Antrag nur teilweise stattgegeben, ist der Beschluss beiden zuzustellen.

7.179

XIII. Rechtsbehelfe

Gegen die vom Prozessgericht als Vollstreckungsgericht erlassenen Entscheidungen ist die **sofortige Beschwerde** gemäß § 793 ZPO gegeben;[376] Anwaltszwang gemäß § 78 Abs. 1 und 2 ZPO[377].

7.180

Dies gilt für den **Gläubiger** im Fall ganzer oder teilweiser Zurückweisung eines Antrags auf

- Androhung eines Ordnungsmittels durch selbstständigen Beschluss;
- Festsetzung eines Ordnungsmittels;
- Verurteilung zur Sicherheitsleistung.

Der Gläubiger kann mit der sofortigen Beschwerde auch eine Verschärfung oder Erhöhung des Ordnungsmittels erstreben, die Überprüfung einer gesamtschuldnerischen Verhängung von Ordnungsgeld[378] sowie die Einbeziehung weiterer, in erster Instanz noch nicht geltend gemachter Verstöße[379].

Für den **Schuldner** kommt die sofortige Beschwerde in Betracht im Fall

- der Androhung eines Ordnungsmittels durch selbstständigen Beschluss;
- der Festsetzung eines Ordnungsmittels;
- der Verurteilung zur Sicherheitsleistung;
- der Ablehnung der Aufhebung des rechtskräftigen Ordnungsmittelbeschlusses[380].

---

376 Zöller/*Stöber*, § 890 Rdn. 28; *Schuschke,* § 890 Rdn. 49, 50; Baumbach/*Hartmann,* § 890 Rdn. 37; MünchKomm/*Schilken* ZPO, § 890 Rdn. 26; StJ/*Brehm,* § 890 Rdn. 17, 44.
377 Vgl. KG, InVo 1997, 334; *Schuschke,* § 890 Rdn. 51.
378 OLG Zweibrücken, InVo 1998, 331.
379 BayObLG, InVo 1996, 151; *Schuschke,* § 890 Rdn. 49.
380 OLG Hamm, WRP 1990, 423; *Schuschke,* § 890 Rdn. 50; **a.A.** OLG München, MDR 1984, 592 – kein Rechtsmittel.

7.181 Die sofortige Beschwerde hat **keine aufschiebende Wirkung.** Eine Aussetzung der Vollziehung kommt deshalb nur in Betracht, wenn ein Antrag auf einstweilige Einstellung der Zwangsvollstreckung gestellt wird[381].

7.182 Gegen die **Strafandrohung im Titel** ist dasselbe Rechtsmittel eröffnet wie gegen die Entscheidung im Übrigen[382].

7.183 Zur Rechtsbeschwerde vgl. Rdn. 7.72 zu § 887 ZPO.

XIV. Vollstreckung der Ordnungsmittel

7.184 Der Festsetzungsbeschluss ist Vollstreckungstitel gemäß § 794 Abs. 1 Nr. 3 ZPO. Zuständig für die von Amts wegen vorzunehmende **Vollstreckung** ist grundsätzlich der Rechtspfleger des Prozessgerichts gemäß § 31 Abs. 3 RPflG (Ordnungsgeld), § 4 Abs. 2 Nr. 2a RPflG i.V.m. der Strafvollstreckungsordnung (Ordnungshaft[383]).

1. Ordnungsgeld

7.185 Das **Ordnungsgeld** wird zugunsten der Staatskasse nach der Justizbeitreibungsordnung (§ 1 Abs. 1 Nr. 3, § 6 Abs. 2 JBeitrO) von Amts wegen vollstreckt[384]. Über Einwendungen gegen Maßnahmen des Rechtspflegers ist der Rechtsbehelf gegeben, der nach den allgemeinen verfahrensrechtlichen Vorschriften zulässig ist (§§ 31 Abs. 6, 32 RPflG), also grundsätzlich die Vollstreckungserinnerung, § 6 JBeitrO mit § 766 ZPO. Gegen die darauf ergangene Entscheidung des Richters ist die sofortige Beschwerde nach § 793 ZPO gegeben.[385] Der Vorsitzende des erstinstanzlichen Gerichts ist Vollstreckungsbehörde und entscheidet als solche über Zahlungserleichterungen, § 7 Abs. 2 EGStGB. Über Einwendungen gegen dessen Entscheidung entscheidet die Zivilkammer gemäß Art. 7 Abs. 4 EGStGB. Erst gegen deren Entscheidung ist die sofortige Beschwerde gegeben[386].

---

381 OLG Köln, InVo 2003, 115 = NJW-RR 2003, 716 = OLGR Köln 2003, 158 = FamRZ 2005, 223; StJ/*Brehm*, § 888 Rdn. 48; Baumbach/*Hartmann*, § 888 Rdn. 14; Zöller/*Stöber*, § 888 Rdn. 15; Thomas/*Putzo*, § 888 Rdn. 18.

382 BGH, NJW 1992, 749, 750; LAG Hamm, MDR 1977, 699; Baumbach/*Hartmann*, § 890 Rdn. 37; **a.A.** OLG Hamm, NJW-RR 1988, 960 = MDR 1988, 784: sofortige Beschwerde; nach Zöller/*Stöber*, § 890 Rdn. 28, MünchKomm/*Schilken* ZPO, § 890 Rdn. 26 und StJ/*Brehm*, § 890 Rdn. 18 soll die Androhung nur mit der Entscheidung zusammen anfechtbar sein; nach StJ/*Brehm*, § 890 Rdn. 18 steht dem Gläubiger gegen die Versagung der Strafandrohung im Titel wegen § 890 Abs. 2 ZPO kein Rechtsmittel zu.

383 OLG München, MDR 1988, 784 = NJW-RR 1988, 1407.

384 *Schuschke*, § 890 Rdn. 45; MünchKomm/*Schilken* ZPO, § 890 Rdn. 24; Baumbach/*Hartmann*, § 890 Rdn. 31.

385 BayObLG, Rpfleger 2002, 254; Zöller/*Stöber*, § 890 Rdn. 28.

386 OLG Karlsruhe, NJW-RR 1997, 1567; KG, InVo 1997, 334.

2. Ordnungshaft

Ordnungshaft wird nicht gemäß §§ 904 ff. ZPO,[387] sondern von Amts wegen entsprechend der Strafvollstreckungsordnung vollstreckt. Die Kosten der Haft zahlt daher nicht der Gläubiger, sondern der Staat[388]. 7.186

Eine **Begnadigung** ist ausgeschlossen, weil es sich bei der Ordnungshaft um keine Kriminalstrafe handelt und ferner damit ansonsten auf den Vollstreckungsanspruch des Gläubigers gegenüber dem Staat verzichtet würde[389]. 7.187

3. Vollstreckungsverjährung

Die Ordnungsmittel verjähren in zwei Jahren. Die Verjährung beginnt, sobald das Ordnungsmittel vollstreckbar ist. Sie ruht jedoch, solange nach dem Gesetz die Vollstreckung nicht begonnen oder nicht fortgesetzt werden kann, oder die Vollstreckung ausgesetzt ist bzw. eine Zahlungserleichterung bewilligt ist, § 9 Abs. 2 EGStGB. Zur davon zu unterscheidenden Verfolgungsverjährung vgl. Rdn. 7.159. 7.188

4. Sonderproblem: Fortfall des Vollstreckungstitels

Kontrovers beantwortet wird die Frage, ob der Fortfall des Vollstreckungstitels auch **Auswirkungen auf bereits rechtskräftige Ordnungsmittelbeschlüsse** hat, gegebenenfalls sogar auf schon vollstreckte, mit der Folge der Rückzahlung des Ordnungsgeldes. Die Frage ist nicht identisch mit dem Problem, ob beim gänzlichen oder teilweisen Wegfall des Titels nach einer Zuwiderhandlung des Schuldners gegen die Unterlassungsverpflichtung noch Ordnungsmittel festgesetzt werden können, weist aber gewisse Parallelen hierzu auf. 7.189

Der Wegfall des Unterlassungstitels führt für sich allein nicht auch zum Wegfall des Ordnungsmittelbeschlusses[390] (vgl. auch §§ 775, 776 ZPO). Die wohl h.M. bejaht aber die Möglichkeit der Aufhebung des Ordnungsmittelbeschlusses auf entsprechenden Antrag des Schuldners hin, wenn der Un- 7.190

---

387 So aber *Schuschke*, § 890 Rdn. 46; MünchKomm/*Schilken* ZPO, § 890 Rdn. 24; Rosenberg/Gaul/*Schilken*, § 73 II 4.
388 Wohl **h.M.**: Zöller/*Stöber*, § 890 Rdn. 23; StJ/*Brehm*, § 890 Rdn. 44 m.w.N.; Thomas/*Putzo*, § 890 Rdn. 32; Baur/*Stürner*, Rdn. 40.29.
389 OLG Koblenz, WRP 1983, 575; Zöller/*Stöber*, § 890 Rdn. 22; MünchKomm/ *Schilken* ZPO, § 890 Rdn. 24; *Schuschke*, § 890 Rdn. 46; Baumbach/*Hartmann*, § 890 Rdn. 30; differenzierend: StJ/*Brehm*, § 890 Rdn. 49; **a.A.** OLG Frankfurt, OLGZ 1980, 336 = JurBüro 1980, 1100, 1102; wohl auch BGH, NJW-RR 1988, 1530.
390 BGH, NJW-RR 1988, 1530.

7.191   In diesem Zusammenhang kann wiederum von Bedeutung sein, zu welchem Zeitpunkt, aus welchen Gründen und in welchem Umfang der Titel weggefallen ist, insbesondere bei der übereinstimmenden Erledigungserklärung in der Hauptsache[392] (siehe oben Rdn. 7.146 ff. zu der insoweit entsprechenden Problematik).

7.192   Gegen die Ablehnung der Aufhebung des Ordnungsmittelbeschlusses ist der Rechtsbehelf der sofortigen Beschwerde gemäß § 793 ZPO gegeben[393].

7.193   Die **Rückzahlung** des vollstreckten Ordnungsgeldes nach Aufhebung des Ordnungsmittelbeschlusses ist ein verwaltungsmäßiger Vorgang zwischen dem Schuldner und der Staatskasse[394]. Weigert sich die Staatskasse zu zahlen, muss geklagt werden;[395] als Anspruchsgrundlage kommt § 812 Abs. 1 S. 2 BGB[396] oder § 717 Abs. 2 S. 1 bzw. § 945 ZPO analog[397] in Betracht. Nach **a.A.** kann im Beschlussverfahren analog § 776 ZPO Rückzahlung verlangt werden[398].

Kapitel F
Abgabe einer Willenserklärung, §§ 894–898 ZPO

7.194   Besteht die dem Schuldner obliegende Handlung in der Abgabe einer Willenserklärung, wird diese grundsätzlich nicht gemäß §§ 887, 888 ZPO vollstreckt, sondern das Gesetz hat den für den Schuldner schonenderen

---

391   BGH, NJW-RR 1988, 1530; OLG Hamm, MDR 1989, 1001 = OLGZ 1989, 471 = GRUR 1990, 306 = WRP 1990, 423 mit Anmerkung *Münzberg*; OLG Karlsruhe, MDR 1979, 150; Zöller/*Stöber*, § 890 Rdn. 25; *Schuschke*, § 890 Rdn. 47; Münch-Komm/*Schilken* ZPO, § 890 Rdn. 16; StJ/*Brehm*, § 890 Rdn. 46, 47; Musielak/ *Lackmann*, § 890 Rdn. 16; Thomas/*Putzo*, § 890 Rdn. 35; offen: OLG Celle, WRP 1991, 586, 587; OLG Zweibrücken, NJW-RR 1988, 1280; differenzierend OLG Frankfurt, JurBüro 1991, 1554: nur solange entweder der Titel oder die Vollstreckungsmaßnahme noch rechtskräftig oder – im Falle der Bestandskraft – die Beitreibung zu Unrecht erfolgt ist; **a.A.** OLG Celle, NJW 1965, 1868; OLG Frankfurt, JurBüro 1982, 465 und JurBüro 1980, 1100, 1101 = OLGZ 1980, 336 = WRP 1980, 270, 271 sowie OLG Koblenz, WRP 1983, 575: aus Gründen der Rechtskraft und weil §§ 775, 776 ZPO nur bis zur Beendigung der Zwangsvollstreckung Anwendung finden; bei schon erfolgter Zahlung sei die Zwangsvollstreckungsmaßnahme aber schon beendet; Baumbach/*Hartmann*, § 890 Rdn. 30.
392   BGH, InVo 2004, 152 = MDR 2004, 591 = NJW 2004, 506; KG, InVo 2004, 156 = NJW-RR 2004, 68 und InVo 1999, 91; OLG Frankfurt, OLGZ 1994, 603.
393   OLG Hamm, MDR 1989, 1001 = WRP 1990, 423; *Schuschke*, § 890 Rdn. 50; **a.A.** OLG München, MDR 1984, 592 – kein Rechtsmittel.
394   OLG Hamm, MDR 1989, 1001 = WRP 1990, 423; *Schuschke*, § 890 Rdn. 47.
395   *König*, WRP 2002, 404.
396   So BAG, NJW 1990, 2579; wohl auch OLG Hamm, a.a.O.
397   Zöller/*Stöber*, § 890 Rdn. 26.
398   OLG Hamm, WRP 2002, 472; OLG Zweibrücken, InVo 2000, 287; OLG Frankfurt, JurBüro 1991, 1554; Musielak/*Lackmann*, § 890 Rdn. 16.

(weil ohne Zwangsmittel) und für den Gläubiger effektiveren (kein besonderes Zwangsvollstreckungsverfahren notwendig) Weg der **Fiktion** der Abgabe der Willenserklärung gewählt, die frühestens mit der Rechtskraft des Urteils eintritt, § 894 Abs. 1 ZPO. Bei dem Urteil handelt es sich nicht um ein Gestaltungs-, sondern um ein Leistungsurteil; dementsprechend enthält der Tenor auch die Verurteilung zur Abgabe der Willenserklärung. Somit ist die Fiktion der Abgabe Urteils**folge** und damit Zwangsvollstreckung, nicht aber Urteilsinhalt[399]. Soweit § 894 ZPO Anwendung findet, ist eine Zwangsvollstreckung im Übrigen überflüssig und unzulässig.

I. Willenserklärung

§ 894 ZPO betrifft nur **Willenserklärungen.** Dazu gehören Willensäußerungen, die auf Herbeiführung eines bestimmten rechtlichen Erfolges (**rechtsgeschäftliche Erklärung**) oder eines tatsächlichen Erfolges gerichtet sind, soweit die Rechtsfolgen dieser Erklärung dann kraft Gesetzes eintreten (**rechtsgeschäftsähnliche Handlungen** wie Mahnung gemäß § 286 BGB, Fristsetzung gemäß §§ 281, 323 BGB, Aufforderung gemäß § 108 Abs. 2 BGB); ferner auch **verfahrensrechtliche Erklärungen**[400]. 7.195

Insoweit ist es dann unerheblich, ob die Willenserklärung empfangsbedürftig ist (z.B. Angebot), ob sie gegenüber dem Gläubiger, einem Dritten oder einer Behörde abzugeben ist, sie der Zustimmung Dritter oder einer bestimmten Form (z.B. § 925 BGB) bedarf, materieller oder prozessualer Natur (Anerkenntnis, Klagerücknahme) ist, der rechtliche Erfolg im Privatrecht oder öffentlichen Recht (Rücknahme des Strafantrags, Zustimmung zu einer Grenzbebauung) eintritt, er allein durch die Willenserklärung (Eigentumsübertragung gemäß § 929 S. 2 BGB), nur zusammen mit weiteren Willenserklärungen (Zustimmung zu einem Gesellschafterbeschluss) oder erst aufgrund zusätzlicher Handlungen (Übergabe bei einer Eigentumsübertragung gemäß § 929 S. 1 BGB) herbeigeführt wird. 7.196

1. Beispiele[401]

- **Abschluss** eines Rechtsgeschäfts, auch mit Dritten;[402]
- **Abtretungserklärung;**
- **Anerkenntnis;**
- **Annahme** eines Vertragsangebots;[403]

7.197

---

399 H.M.: BGH, NJW-RR 2005, 687; BayObLG, NJW-RR 1989, 1172; Rosenberg/Gaul/*Schilken*, § 72 m.w.N.
400 H.M., vgl. Zöller/*Stöber*, § 894 Rdn. 2; *Schuschke*, § 894 Rdn. 4, jeweils m.w.N.
401 Weitere Beispiele bei Baumbach/*Hartmann*, § 894 Rdn. 6 ff.; StJ/*Brehm*, § 894 Rdn. 6 ff.; Zöller/*Stöber*, § 894 Rdn. 2.
402 BGH, NJW-RR 2005, 666 = NJ 2005, 267 – Kaufvertrag; BGH, NJW 1963, 901; BGH, MDR 2001, 679 = NJW 2001, 1272 unter Festhaltung an BGH, NJW-RR 1994, 317 – Vorvertrag.
403 BGH, NJW 1962, 1812.

7.198   Vollstreckung nach §§ 883–898 ZPO

- Auflassung;[404]
- **Befreiungsantrag** gegenüber einer Behörde;[405]
- **Bewilligung** (§ 19 GBO) betreffend Eintragung/Löschung von Rechten im Grundbuch;[406]
- **Kündigung**;
- **Quittungserteilung**;[407]
- **Rücknahme** von Berufung, Einspruch, Klage, Strafantrag;[408]
- **Stimmabgabe** in Gesellschafterversammlung;[409]
- **Urlaubsgewährung**;[410]
- **Veräußerung** von Wohnungseigentum gemäß § 19 WEG;[411]
- **Wiedereinstellung**, also den Abschluss eines neuen Arbeitsvertrages zu den bisherigen Arbeitsbedingungen unter Anrechnung der bisherigen Betriebszugehörigkeit,[412] auch Zug um Zug gegen Rückzahlung der Abfindung;[413]
- **Zustimmung** zur: Änderung eines Gesellschaftsvertrages;[414] Auszahlung hinterlegter Beträge; Kapitalerhöhung und Übernahme eines weiteren Gesellschaftsanteils;[415] Mieterhöhung;[416] Veräußerung gemäß § 12 WEG;[417] zum Realsplitting;[418] Veräußerung und Belastung beim Erbbaurecht §§ 5, 8 ErbbauVO;[419] Wiederannahme des Geburtsnamens (§ 1355 Abs. 5 S. 2 BGB)[420] oder Wiedereintragung eines gelöschten Nacherbenvermerks;[421] Zustimmung zur gemeinsamen steuerlichen Veranlagung.[422]

7.198   Von § 894 ZPO **nicht** erfasst werden somit **Erklärungen tatsächlicher Art** (wie Auskunfts- oder Zeugniserteilung, eidesstattliche Versicherung); denn hier muss der Wille des Schuldners erst noch formuliert werden, sodass die Vollstreckung nur gemäß § 887 ZPO bzw. § 888 ZPO erfolgen kann. Ferner nicht ein solches Verhalten des Schuldners, das nur unselbstständiger Teil einer von ihm vorzunehmenden Handlung ist, wie eine eigenhändige Unterschriftsleistung[423].

---

404 BGH, Rpfleger 1984, 310; BayObLG, Rpfleger 2005, 488.
405 BGH, NJW 1993, 925.
406 LG Rostock, Rpfleger 2000, 496.
407 StJ/*Brehm*, § 894 Rdn. 9.
408 BGH, NJW 1974, 900.
409 BGH, NJW-RR 1989, 1056.
410 BAG, NJW 1962, 270.
411 KG, Rpfleger 1979, 198.
412 BAG, NJW 1998, 2379, 2380.
413 BAG, NJW 2001, 1297.
414 OLG Bremen, NJW 1972, 1952.
415 BGH, NJW 1987, 189.
416 KG, WuM 1986, 107.
417 BayObLG, Rpfleger 1977, 173.
418 BGH, MDR 1998, 845 – Unterzeichnung der Anlage U kann nicht zusätzlich verlangt werden; BFH, NJW 1989, 1504.
419 OLG Hamm, Rpfleger 1993, 334.
420 LG München I, FamRZ 2000, 1168.
421 OLG Braunschweig, OLGR 1994, 105.
422 OLG Koblenz, FamRZ 2005, 224 = OLGR Koblenz 2005, 763.
423 RGZ 156, 166, 170; Baur/*Stürner*, Rdn. 40.4 und 40.5.

Zur Frage, ob der **Widerruf** unwahrer Behauptungen wegen seiner Personenbezogenheit gemäß § 888 ZPO oder § 894 ZPO zu vollstrecken ist, vgl. § 888 Rdn. 7.76. **7.199**

2. Inhalt der Willenserklärung

Die Willenserklärung muss so **bestimmt und eindeutig** gefasst sein, dass ihre rechtliche Bedeutung feststeht;[424] bei einer Übereignung muss nicht nur der Gegenstand konkret bezeichnet sein, sondern auch die Person, an die übereignet werden soll (zu unbestimmt z.B. die Verurteilung zur Auflassung Zug um Zug gegen Zahlung eines noch zu ermittelnden Taxwertes[425]). Der Inhalt ist gegebenenfalls durch Auslegung zu ermitteln, die auch unter Zuhilfenahme des Tatbestandes und der Entscheidungsgründe erfolgen kann[426]. Sie kann ergeben, dass der unbestimmte Leistungsantrag hilfsweise einen zulässigen Feststellungsantrag enthält[427]. **7.200**

Nach wohl **h.M.**[428] kann ein Titel, dem es auch nach Auslegung an der für § 894 ZPO notwendigen Bestimmtheit fehlt, gemäß §§ 887, 888 ZPO vollstreckt werden. **7.201**

Dem kann nicht zugestimmt werden. Zum einen nicht, weil (vorläufig vollstreckbare) Urteile, die zur Abgabe einer Willenserklärung verurteilen, nicht durch Ausübung von Zwang nach § 888 ZPO vollstreckt werden dürfen[429]. Zum anderen fehlt derartigen Titeln auch die für §§ 887, 888 ZPO notwendige, sich aus dem Titel (Tenor, Tatbestand, Entscheidungsgründe) ergebende Bestimmtheit[430]. Anschauliches Beispiel hierfür ist das stets zitierte Urteil des OLG Braunschweig NJW 1959, 1929: Die Beklagte war zur Abgabe eines Vertragsangebots verurteilt worden, das demjenigen entsprechen sollte, welches die Beklagte im Jahre 1955 mit der V-Film AG abgeschlossen hatte. Der Inhalt des Vertrages zwischen der Beklagten und der V-Film ergab sich weder aus dem Urteil noch war er der Klägerin bekannt. Die vom OLG als Beleg angeführte Stelle bei StJ/*Brehm*, § 894 Anm. I 2 = Rdn. 5 enthält keine Begründung für die dort vertretene Auffassung. Dagegen spricht die Kommentierung bei StJ/*Brehm* selbst in § 888 Rdn. 2 mit Verweis auf § 887 Rdn. 4, wo eine Bestimmbarkeit aus Umständen außerhalb des Titels zutreffend als **7.202**

---

424 Zum Problem der Wahlschuld vgl. StJ/*Brehm*, § 894 Rdn. 32, 33, MünchKomm/*Schilken* ZPO, § 894 Rdn. 7 sowie Baumbach/*Hartmann*, § 894 Rdn. 16, jeweils m.w.N.
425 BGH, NJW 1994, 3221.
426 **H.M.:** BGH, NJW 1972, 2268, 2269; Baumbach/*Hartmann*, § 894 Rdn. 4; *Schuschke*, § 894 Rdn. 3, jeweils mit Beispielen.
427 BGH, NJW 1994, 3221.
428 OLG Braunschweig, NJW 1959, 1929; Baumbach/*Hartmann*, § 894 Rdn. 4; StJ/*Brehm*, § 894 Rdn. 5; Zöller/*Stöber*, § 894 Rdn. 2; Thomas/*Putzo*, § 894 Rdn. 1.
429 RGZ 156, 164, 169.
430 *Schuschke*, § 888 Rdn. 3 und § 894 Rdn. 3; MünchKomm/*Schilken* ZPO, § 894 Rdn. 5; Rosenberg/Gaul/*Schilken*, § 72 I 1; Musielak/*Lackmann*, § 894 Rdn. 6; vgl. auch OLG Koblenz, OLGZ 1976, 409 f.

ungenügend bezeichnet und abgelehnt wird. Eine Konkretisierung des Titels aufgrund außerhalb des Titels liegender Umstände ist in gewissem Umfang lediglich im Vollstreckbarerklärungsverfahren ausländischer Titel möglich,[431] was sich aber nur aus der besonderen Verfahrensart erklärt.

7.203   Unanwendbar ist § 894 ZPO im Falle der Verurteilung zur **Eingehung einer Ehe,** was im Hinblick auf § 1297 BGB nur bei ausländischen Urteilen von Bedeutung sein kann.

II. Formell rechtskräftiger Titel

7.204   § 894 ZPO gilt nur für Titel, die der formellen Rechtskraft (§ 705 ZPO) fähig sind („... sobald ... Rechtskraft erlangt hat"), also für Urteile und Beschlüsse (z.B. des Familiengerichts gemäß § 1383 BGB).

7.205   Bei **ausländischen Urteilen** (vgl. § 723 ZPO) und **Schiedssprüchen** (§ 1054 ZPO) tritt die Wirkung des § 894 ZPO erst mit Rechtskraft der Vollstreckbarkeitserklärung ein (vgl. §§ 722, 723, 1060 ff. ZPO)[432].

7.206   **Prozessvergleiche** (§ 794 Abs. 1 Nr. 1 ZPO) scheiden schon deshalb aus, weil ihnen die formelle Rechtskraft fehlt[433]. Aus **notariellen Urkunden** (§ 794 Abs. 1 Nr. 5 ZPO) sowie **Anwaltsvergleichen** (§ 796a Abs. 2 ZPO) ist kraft Gesetzes eine Zwangsvollstreckung auf Abgabe einer Willenserklärung nicht möglich[434]. Ist in diesen Titeln – ebenso wie bei **Schiedsvergleichen** (§ 1053 ZPO) – die Willenserklärung bereits abgegeben, liegt Erfüllung vor, sodass es keiner Zwangsvollstreckung und damit auch keiner Fiktion mehr bedarf. Enthält ein Prozessvergleich lediglich eine Verpflichtung zur Abgabe einer Willenserklärung, kann diese nur gemäß § 888 ZPO vollstreckt oder wahlweise Leistungsklage auf Abgabe der Willenserklärung erhoben werden[435].

7.207   Ob die Abgabe einer Willenserklärung auch durch **einstweilige Verfügung** erreicht werden kann, ist – abgesehen von den gesetzlich geregelten Fällen der §§ 885, 899 BGB – im Hinblick auf die damit eintretende (jedenfalls zeitweise) Vorwegnahme der Hauptsache zweifelhaft. Die wohl h.M.[436] bejaht sie bei Sekundäransprüchen (Nebenpflichten), bei Hauptsa-

---

431 Vgl. OLG Köln, InVo 2005, 250; OLG Zweibrücken, InVo 2005, 108, jew. m.w.N. Um einen solchen Titel handelt es sich auch bei der gelegentlich zitierten Entscheidung des OLG Karlsruhe, Rpfleger 2005, 95.
432 H.M.: BGH, BB 1961, 264; MünchKomm/*Schilken* ZPO, § 894 Rdn. 9; *Schuschke,* § 894 Rdn. 1; Thomas/*Putzo*, § 894 Rdn. 4; Zöller/*Stöber*, § 894 Rdn. 3; **a.A.** StJ/*Schlosser*, § 1042 Rdn. 2.
433 BGH, NJW 1986, 2704; NJW 1977, 583, 584; *Schuschke,* § 894 Rdn. 1.
434 So zutreffend Schuschke/*Walker*, § 796a Rdn. 6; Musielak/*Lackmann*, § 794 Rdn. 32.
435 **H.M.:** BGH, NJW 1986, 2704, 2706; OLG Koblenz, DGVZ 1986, 138; Zöller/*Stöber*, § 894 Rdn. 3 m.w.N.
436 Baur/*Stürner*, Rdn. 53.28; MünchKomm/*Schilken* ZPO, § 894 Rdn. 8; StJ/*Grunsky*, Rdn. 50 vor § 935; OLG Hamburg, NJW-RR 1991, 382: für eine Kündigung abgelehnt, im Übrigen aber offen gelassen; **a.A.** Baumbach/*Hartmann*, § 940 Rdn. 46.

cheansprüchen jedoch nur, soweit die besonderen Voraussetzungen vorliegen, unter denen auch sonst eine Befriedigungs- oder Leistungsverfügung für zulässig gehalten wird[437].

Die Anwendbarkeit des § 894 ZPO auf derartige einstweilige Verfügungen wird zum Teil völlig pauschal[438] bzw. in sich widersprüchlich behandelt, ohne die notwendigen Differenzierungen vorzunehmen[439]. Einstweilige Verfügungen sind der formellen Rechtskraft nur fähig, soweit sie als Urteil ergehen. Die häufig angeführten Urteile OLG Frankfurt, MDR 1954, 686 und OLG Stuttgart, NJW 1973, 908, in denen die Anwendbarkeit des § 894 ZPO bejaht wurde, betreffen folgerichtig auch nur *Urteils*-Verfügungen, wobei die Willenserklärung mit Eintritt der formellen Rechtskraft als abgegeben gilt. In der Entscheidung OLG Hamm, MDR 1971, 401 wird ebenfalls nur die Rechtskraft eines Verfügungsurteils angesprochen, die Vollstreckung soll aber nach dortiger Auffassung gemäß § 888 ZPO erfolgen. Auch die Entscheidung OLG Köln, InVo 1996, 153 betrifft eine Urteilsverfügung.

7.208

Schuschke[440] bejaht die Zulässigkeit einstweiliger (auch Beschluss-)Verfügungen, soweit sie letztlich auf eine Geldleistung abzielen (z.B. Auszahlung hinterlegten Unterhalts), der Gläubiger auf sie dringend angewiesen ist und deren Nichterlass ansonsten zu einer Verweigerung von Rechtsschutz führen würde. Bei Beschlussverfügungen soll die Fiktionswirkung mit dem Erlass eintreten. Zusätzlich verlangt er im Hinblick auf § 929 Abs. 2 und 3 ZPO die vorherige Zustellung der einstweiligen Verfügung im Parteibetrieb.

7.209

Dessen bedarf es jedoch nicht. Denn die Vollziehungsfrist des § 929 ZPO beginnt für den Gläubiger bei Urteilen mit der Verkündung. Der Beginn dieser Monatsfrist liegt also früher oder maximal zeitgleich mit dem Beginn der Berufungsfrist für den Antragsgegner. Dies bedeutet, dass die Vollziehungsfrist bis zum Ablauf der Berufungsfrist und damit der Rechtskraft des Verfügungsurteils ebenfalls abgelaufen ist. Hat nun der Gläubiger eine einstweilige Verfügung nicht durch Zustellung des Urteils im Parteibetrieb vollziehen lassen, wird die einstweilige Verfügung nicht rechtskräftig, sondern von selbst unwirksam[441].

Schilken,[442] der die o.a. Entscheidungen auch für die Beschlussverfügungen zitiert, sowie *Jauernig*[443] verneinen die Anwendbarkeit von § 894 ZPO bei einstweiligen Verfügungen generell. Soweit es um zu sichernde Neben-

7.210

---

437 OLG Köln, NJW-RR 1997, 59 = InVo 1996, 153; vgl. auch Zöller/*Vollkommer*, § 940 Rdn. 6 ff.
438 Zöller/*Stöber*, § 894 Rdn. 3,
439 Zweifelnd: *Zimmermann*, § 894 Rdn. 4.
440 § 894 Rdn. 6; § 928 Rdn. 13 und § 938 Rdn. 36.
441 BGH, NJW 1991, 496, 497.
442 MünchKomm/*Schilken* ZPO, § 894 Rdn. 8.
443 NJW 1973, 1671, 1673.

pflichten geht, soll die Willenserklärung ihrer Auffassung nach – entsprechend § 895 ZPO – mit der Verkündung bzw. Bekanntgabe der einstweiligen Verfügung, gleich ob als Urteil oder Beschluss ergangen, an den Verfügungsbeklagten als abgegeben gelten.

7.211 *Rosenberg/Gaul/Schilken*[444] bejahen die Zulässigkeit einer einstweiligen Verfügung auf Abgabe einer Willenserklärung sowohl bei Beschluss- wie Urteilsverfügungen, soweit es sich um Nebenpflichten handelt. Die Fiktionswirkung soll mit der Verkündung bzw. dem Erlass eintreten.

7.212 Widersprüchlich die Ausführungen bei *Stein-Jonas*: In Rdn. 4 zu § 894 ZPO (*Brehm*) wird auf Rdn. 15 und 50 vor § 935 ZPO verwiesen. In der Rdn. 15 vor § 935 ZPO (*Grunsky*) wird ebenso wie in Rdn. 12 vor § 916, auf die verwiesen wird, die formelle Rechtskraft von Arrest/einstweiliger Verfügung bejaht, „soweit kein Rechtsmittel mehr zulässig ist". Andererseits wird eine Fiktionswirkung bei einstweiligen Verfügungen auf Abgabe von Willenserklärungen, mit der Nebenpflichten gesichert werden sollen bzw. im Rahmen zulässiger Leistungsverfügungen, bejaht, ohne zwischen Beschluss- und Urteilsverfügung zu unterscheiden, wobei dann – deshalb? – aber die Fiktionswirkung bereits mit dem Erlass der Entscheidung eintreten soll (Rdn. 50 vor § 935).

7.213 Widersprüchlich auch die Kommentierung bei *Musielak*. Während Musielak/*Lackmann* in § 894 Rdn. 7 in Beschlussform ergangenen einstweiligen Verfügungen Rechtskraft zuspricht, wird dies – zutreffend – von Musielak/*Huber*, § 922 Rdn. 11 verneint.

7.214 Die Literaturmeinungen zur Beschlussverfügung vermögen daher nur vom Ergebnis her zu überzeugen. Folgt man ihnen nicht, bleibt dem Gläubiger ebenso wie bei der Verpflichtung zur Abgabe einer Willenserklärung in einem Prozessvergleich nur der sicherlich nicht so effektive und unsichere Weg der Vollstreckung gemäß § 888 ZPO.

7.215 Die Verurteilung des Schuldners muss **unbedingt** und **vorbehaltlos** sein, sodass bei einem Urteil mit Vorbehalt der beschränkten Erbenhaftung gemäß § 780 ZPO nicht § 894 ZPO, sondern § 888 ZPO Anwendung findet[445].

III. Zeitpunkt des Fiktionseintritts

7.216 Die Fiktion der Abgabe der Willenserklärung tritt im Zeitpunkt der formellen Rechtskraft des Titels ein, wenn die Willenserklärung nicht von einer Gegenleistung des Gläubigers abhängig ist (§ 894 Abs. 1 S. 1 ZPO). Hierzu bedarf es weder der Erteilung einer Vollstreckungsklausel noch der Zustellung des Urteils,[446] soweit die Zustellung nicht Verkündungsersatz war (§ 310 Abs. 3 ZPO). Vor diesem Zeitpunkt, nämlich mit seiner vorläufigen

---

444 § 72 I 2, § 76 II 2 e dd.
445 **H.M.**: RGZ 49, 415, 417; Zöller/*Stöber*, § 894 Rdn. 2.
446 BayObLG, NJW 1952, 28.

Vollstreckbarkeit, tritt unter den in § 895 ZPO genannten Voraussetzungen aber schon eine Sicherung des Gläubigers ein (siehe dazu Rdn. 7.232 ff.).

Ist die Willenserklärung von einer **Gegenleistung des Gläubigers abhängig**, tritt gemäß § 894 Abs. 1 S. 2 ZPO die Wirkung erst später, nämlich nach Erteilung einer vollstreckbaren Ausfertigung der rechtskräftigen Entscheidung gemäß §§ 726, 730 ZPO ein (siehe dazu Rdn. 7.226). Dass derartige Urteile dennoch für vorläufig vollstreckbar erklärt werden, wirkt sich nur im Hinblick auf § 895 ZPO, § 16 HGB sowie das Kostenfestsetzungsverfahren (§§ 103 Abs. 1, 704 Abs. 1 ZPO) aus. 7.217

IV. Wirkung der Fiktion

Die Zwangsvollstreckung der Entscheidung erschöpft sich in der Fiktion der **Abgabe der Willenserklärung.** Handlungen, die mit oder aufgrund dieser Willenserklärung anschließend vorgenommen werden, sind daher keine Zwangsvollstreckung mehr, z.B. nicht die Eintragung im Grundbuch oder Register.[447] Somit ist zur Eintragung im Grundbuch auch weder die Vorlage einer vollstreckbaren Ausfertigung des Urteils noch ein Nachweis der sonstigen Zwangsvollstreckungsvoraussetzungen notwendig. Auch findet aus diesem Grunde § 89 InsO keine Anwendung, wohl aber gilt § 91 InsO. Im Mietrecht führt die Rechtskraft des Urteils auf Zustimmung zur Mieterhöhung dazu, dass die erhöhte Miete erst ab der Rechtskraft des Urteils fällig ist. Verzug mit den Erhöhungsbeträgen tritt also weder rückwirkend ein noch automatisch mit der Rechtskraft, sondern bedarf einer Mahnung des Vermieters nach Rechtskraft des Urteils.[448] 7.218

1. Geschäftsfähigkeit/vormundschafts-, familiengerichtliche Genehmigung

Fingiert wird lediglich die Abgabe einer wirksamen Willenserklärung durch den Schuldner. Nach **h.M.** wird das eventuelle Fehlen der Geschäftsfähigkeit des Schuldners[449] oder einer dem Schutz des Schuldners dienenden Wirksamkeitsvoraussetzung wie etwa der vormundschafts- bzw. familiengerichtlichen Genehmigung mit der Entscheidung ersetzt[450]. 7.219

---

447 **H.M.**, vgl. MünchKomm/*Schilken* ZPO, § 894 Rdn. 15.
448 BGH, NJW 2005, 2310 = MDR 2005, 1097.
449 So RG, Gruchot 63, 506; Baur/*Stürner*, Rdn. 41.10; Baumbach/*Hartmann*, § 894 Rdn. 18; MünchKomm/*Schilken* ZPO, § 894 Rdn. 13; Rosenberg/Gaul/*Schilken*, § 72 II 1.
450 BayObLG, MDR 1953, 561; Baur/*Stürner*, Rdn. 41.10; Thomas/*Putzo*, § 894 Rdn. 8; *Zimmermann*, § 894 Rdn. 6; Zöller/*Stöber*, § 894 Rdn. 7; Musielak/*Lackmann*, § 894 Rdn. 11; **a.A.** MünchKomm/*Schilken* ZPO, § 894 Rdn. 13; Rosenberg/Gaul/*Schilken*, § 72 II 1; StJ/*Brehm*, § 894 Rdn. 24.

2. Erklärungen/Handlungen Dritter

7.220 Demgegenüber werden durch § 894 ZPO **nicht** ersetzt die Wirksamkeitsvoraussetzungen der Willenserklärung, soweit dadurch Dritte geschützt werden, wie z.B. die Einwilligung des Ehegatten gemäß §§ 1365, 1369 BGB oder die Genehmigung des Vertretenen gemäß § 177 Abs. 1 BGB;[451] ebenso nicht, wenn die Willenserklärung Teil eines Rechtsgeschäfts ist, das als Ganzes der behördlichen Genehmigung bedarf, wie z.B. bei einer Grundstücksübereignung die Genehmigung gemäß § 2 GrdStVG[452] oder eine Genehmigung gemäß §§ 19, 51, 144 BauGB. Nicht ersetzt werden auch Willenserklärungen des Gläubigers (z.B. die Annahme der fingierten Auflassungserklärung), für die nach **h.M.** zur Wahrung der Form des § 925 BGB erforderlich ist, dass sie nach Fiktion der Willenserklärung und unter Vorlage des rechtskräftigen Urteils vor einer zuständigen Stelle (z.B. Notar) erfolgt;[453] ferner nicht notwendige Eintragungen in das Grundbuch, zur Vollendung des Rechtsgeschäfts notwendige tatsächliche Handlungen wie die Übergabe der Sache gemäß § 929 S. 1 BGB (siehe hierzu § 897 ZPO, Rdn. 7.245), oder die Berechtigung des Erklärenden (siehe hierzu § 898 ZPO, Rdn. 7.248).

3. Form

7.221 Ist die Willenserklärung in einem Urteil, Beschluss, vollstreckbar erklärten Schiedsspruch oder Schiedsvergleich tituliert, wird mit der Rechtskraft der Entscheidung auch die notwendige **Form** – einschließlich der notariellen Beurkundung – ersetzt[454].

4. Zugang

7.222 Da nur die Abgabe der Willenserklärung durch den Schuldner fingiert wird, bedarf es bei empfangsbedürftigen Willenserklärungen zu ihrem Wirksamwerden noch des **Zugangs** an den Empfänger. Dieser wird durch § 894 ZPO nicht fingiert,[455] sondern die Willenserklärung muss dem Adressaten gemäß §§ 130 ff. BGB zugehen[456]. Ist der Gläubiger der Empfänger, soll ihm nach wohl **h.M.**[457] die Willenserklärung zugegangen sein mit Zustellung des Urteils oder sonstiger Kenntnis vom Urteil.

---

451 BayObLG, Rpfleger 1983, 390.
452 BGH, NJW 1982, 881, 883.
453 H.M.: BayObLG, Rpfleger 2005, 488 und 1983, 390; Zöller/*Stöber*, § 894 Rdn. 7.
454 H.M., vgl. MünchKomm/*Schilken* ZPO, § 894 Rdn. 13 m.w.N.
455 H.M., vgl. Thomas/*Putzo*, § 894 Rdn. 8; MünchKomm/*Schilken* ZPO, § 894 Rdn. 14.
456 RGZ 160, 321, 324; Musielak/*Lackmann*, § 894 Rdn. 12.
457 Rosenberg/Gaul/*Schilken*, § 72 II 2; MünchKomm/*Schilken* ZPO, § 894 Rdn. 14; Zöller/*Stöber*, § 894 Rdn. 6; unklar *Schuschke*, § 894 Rdn. 6; **a.A.** – Möglichkeit der Kenntnisnahme genügt, daher mit Verkündung –: Brox/*Walker*, Rdn. 1116; wohl auch *Zimmermann*, § 894 Rdn. 7; grundsätzlich so auch StJ/*Brehm*, § 894 Rdn. 23 mit weiterer Differenzierung; nach Baumbach/*Hartmann*, § 894 Rdn. 14 soll die Empfangsbedürftigkeit für den Gläubiger unerheblich sein, wobei der dabei erfolgte Hinweis auf OLG Hamburg, MDR 1998, 1051 nicht zutrifft.

Dabei wird zu Unrecht auf RGZ 160, 321 f. Bezug genommen. Das RG hatte den Sonderfall zu entscheiden, dass seine – mit der Verkündung rechtskräftige – Entscheidung mit dem dem Gläubiger bereits zugestellten angefochtenen Urteil nicht übereinstimmte, und bei der Urteilsverkündung weder die Parteien noch ihre Vertreter anwesend waren. Es bejahte den Zugang in diesem Fall erst mit der Zustellung des bereits rechtskräftigen (!) Urteils (und verneinte damit inzident den Zugang infolge bloßer Möglichkeit der Kenntnisnahme, RGZ 160, 325). Wie der „Normalfall" – das Urteil wird erst nach Zustellung rechtskräftig – zu entscheiden ist, hat es ausdrücklich offen gelassen. Richtigerweise kann der Zugang der Willenserklärung nicht vor ihrem Existentwerden liegen. Die Willenserklärung existiert aber per Fiktion erst mit der Rechtskraft des Urteils. Wurde das Urteil vor Rechtskraft zugestellt, kann die Willenserklärung somit erst mit der Rechtskraft zugegangen sein. Dazu ist nicht erforderlich, dass das rechtskräftige Urteil dem Gläubiger nochmals zugestellt wird, weil sich im Zeitpunkt der Fiktion „der Wortlaut der späteren Erklärung schon in der Hand des Erklärungsempfängers" befindet[458]. 7.223

Abzulehnen ist die Auffassung, der Zugang trete mit Verkündung ein, weil damit die Möglichkeit der Kenntnisnahme bestehe. Nach der zutreffenden h.M.[459] ist eine Willenserklärung zugegangen, wenn sie so in den Bereich des Empfängers gelangt ist, dass dieser unter normalen Umständen die Möglichkeit der Kenntnisnahme hatte. Allein durch die Verkündung des Urteils ist die Erklärung nicht in den Bereich des Empfängers gelangt (wie etwa Briefkasten, Postfach). Damit bestand für ihn auch keine Möglichkeit, unter normalen Umständen von ihr Kenntnis zu nehmen. Eine Erkundigungspflicht des Empfängers beim Erklärenden sehen §§ 130 ff. BGB nicht vor. Zudem ist es nicht verkehrsüblich, sich bei Gericht nach dem Ergebnis zu erkundigen; das RG verlangte zudem, dass der Gläubiger vom **gesamten** Urteilsinhalt Kenntnis nehmen konnte. Dieser wird aber nicht einmal bei der Verkündung vollständig verlesen (vgl. § 311 Abs. 2 und 3 ZPO). Schließlich ist auch hier zusätzlich ausschlaggebend, dass der Zugang einer Willenserklärung nicht vor deren Abgabe (Fiktionszeitpunkt) liegen kann (s. Rdn. 7.222). 7.224

Ist ein Dritter der Empfänger, muss ihm eine – nur bei § 894 Abs. 1 S. 2 ZPO notwendigerweise vollstreckbare – Ausfertigung oder beglaubigte Abschrift des rechtskräftigen Urteils vorgelegt (nicht zugestellt[460]) werden. 7.225

---

458 RGZ 160, 325.
459 Vgl. BGH, NJW 1983, 929, 930; Palandt/*Heinrichs*, § 130 Rdn. 5.
460 **H.M.,** vgl. Rosenberg/Gaul/*Schilken*, § 72 II 2; Musielak/*Lackmann*, § 894 Rdn. 12.

V. Abhängigkeit der Willenserklärung von einer Gegenleistung, § 894 Abs. 1 S. 2 ZPO

7.226 Ist nach dem Inhalt des Titels die Willenserklärung von einer Gegenleistung abhängig, tritt die Fiktion nicht schon mit der Rechtskraft der Entscheidung, sondern erst ein, wenn dem Gläubiger gemäß §§ 726, 730 ZPO eine vollstreckbare Ausfertigung (§ 724 ZPO) des rechtskräftigen Titels erteilt worden ist. Der Grund dieser Regelung liegt darin, dass anderenfalls die Zug-um-Zug-Wirkung aufgehoben würde, der Schuldner damit vorleisten müsste und nun seinerseits keinerlei Druckmittel mehr hätte, die dem Gläubiger obliegende Leistung zu erhalten. Denn aus dem Zug-um-Zug-Titel kann nur der Gläubiger, nicht aber auch der Schuldner vollstrecken[461].

7.227 **Beispiel:**

Übereignung Zug um Zug gegen Zahlung des Kaufpreises;
Löschung der Auflassungsvormerkung Zug um Zug gegen Zahlung eines Geldbetrages.

7.228 Durch die Bestimmungen des § 894 Abs. 1 S. 2 ZPO wird dies verhindert, weil im Rahmen des Verfahrens auf Erteilung der Vollstreckungsklausel die Erbringung der Gegenleistung geprüft wird und die Klausel gemäß § 726 Abs. 2 ZPO nur erteilt werden darf, wenn der Gläubiger durch öffentliche oder öffentlich beglaubigte Urkunden nachgewiesen hat, dass der Schuldner befriedigt ist oder sich in Annahmeverzug befindet (vgl. hierzu Rdn. 3.77 ff.). Die damit gegebenenfalls verbundene Vorleistung des Gläubigers ist unproblematisch, weil die Erbringung der Leistung des Schuldners durch die Fiktion der Abgabe sichergestellt ist.

7.229 Die Klausel kann vor oder auch erst nach Rechtskraft der Entscheidung erteilt werden; die Fiktionswirkung tritt unabhängig davon immer erst ein, wenn der Titel rechtskräftig ist und die vollstreckbare Ausfertigung erteilt wurde[462]. Erteilung bedeutet Herausgabe der Ausfertigung aus dem internen Bereich des Gerichts[463].

7.230 Musste der Gläubiger auf Erteilung der Vollstreckungsklausel gemäß § 731 ZPO klagen, tritt die Fiktionswirkung gemäß § 894 Abs. 1 S. 2 ZPO mit der Rechtskraft des Urteils gemäß § 731 ZPO ein,[464] weil erst dadurch (Feststellungsklage), aber auch schon damit (und nicht erst mit dem sich daran anschließenden reinen Schreibakt) feststeht, dass die Voraussetzungen für die Klauselerteilung vorliegen.

---

461 **Allg.M.,** vgl. OLG Frankfurt, OLGR 1994, 227.
462 MünchKomm/*Schilken* ZPO, § 894 Rdn. 18; StJ/*Brehm*, § 894 Rdn. 28 f.
463 BFH, NJW 1991, 1975; Baumbach/*Hartmann*, § 894 Rdn. 22.
464 **H.M.:** *Schuschke*, § 894 Rdn. 7; StJ/*Brehm*, § 894 Rdn. 30; MünchKomm/*Schilken* ZPO, § 894 Rdn. 18; Baumbach/*Hartmann*, § 894 Rdn. 22.

Die Regelungen des § 894 ZPO werden ergänzt durch die §§ 895–898 ZPO (vgl. Rdn. 7.232 ff.). 7.231

VI. § 895 ZPO

Auch § 895 ZPO enthält – wie § 894 ZPO – eine Fiktion, allerdings mit nicht so weit reichenden Folgen, dafür unter leichteren Voraussetzungen. 7.232

Er setzt zunächst ein **vorläufig vollstreckbares Urteil** voraus, durch das der Schuldner zur Abgabe einer Willenserklärung verurteilt wird. Vorläufige Vollstreckbarkeit bedeutet nicht, dass die Voraussetzungen für die Zwangsvollstreckung sämtlich gegeben sein müssten, sondern nur, dass die nach dem Tenor notwendigen Vollstreckungsvoraussetzungen vorliegen müssen (§§ 708, 709, 537, 558 ZPO). 7.233

Ist das Urteil nur gegen **Sicherheitsleistung des Gläubigers vorläufig vollstreckbar,** muss diese Sicherheit daher erbracht sein[465]. Wenn der Gläubiger die Sicherheit nicht erbringen will, bleibt ihm die Möglichkeit, die Bewilligung einer Vormerkung oder eines Widerspruchs über eine einstweilige Verfügung zu erreichen. Soweit gestattet (§§ 711, 712 ZPO), kann der Schuldner den Eintritt der Wirkung des § 895 ZPO durch Leistung einer Sicherheit verhindern. 7.234

Andererseits braucht eine **Vollstreckungsklausel** nicht erteilt zu sein[466]. 7.235

Das Urteil muss den Schuldner zur **Abgabe einer Willenserklärung** (siehe dazu Rdn. 7.195 ff.) verurteilen, aufgrund derer eine Eintragung in das Grundbuch bzw. sonstige Register erfolgen soll, bei denen ähnliche Sicherungsmittel wie Vormerkung/Widerspruch eingetragen werden können, z.B. Luftfahrzeugrolle[467]. Auf die Art der Eintragung kommt es dabei nicht an (also beispielsweise Auflassung, Hypothek, Eintragungs- oder Löschungsbewilligung), auch soweit diese zugunsten eines Dritten wirken[468]. Dazu gehört nicht die Verurteilung zur Bewilligung einer Vormerkung[469]. 7.236

Mit der Verkündung des Urteils, im Falle des § 310 Abs. 3 ZPO mit dessen – letzter – Zustellung,[470] bei notwendiger Sicherheitsleistung nach deren Erbringung, tritt die **Fiktionswirkung** ein, dass zugunsten des Gläubigers die Eintragung einer Vormerkung bzw. eines Widerspruchs als bewilligt (§ 19 GBO) gilt. Sie ist daher enger als bei § 894 ZPO, weil sie zu einer bloßen Sicherung des Gläubigers führt. Zur Fiktionswirkung im Übrigen vgl. Rdn. 7.218 ff. 7.237

---

465 **H.M.:** Thomas/*Putzo,* § 895 Rdn. 2; Baumbach/*Hartmann,* § 895 Rdn. 4; MünchKomm/*Schilken* ZPO, § 895 Rdn. 3; *Schuschke,* § 895 Rdn. 2; Zöller/*Stöber,* § 895 Rdn. 1.
466 BGH, Rpfleger 1969, 425.
467 *Schuschke,* § 895 Rdn. 3; StJ/*Brehm,* § 895 Rdn. 2.
468 KG, Rpfleger 1979, 198.
469 BayObLG, Rpfleger 1997, 525 = NJW-RR 1997, 1445; Zöller/*Stöber,* § 895 Rdn. 1; Musielak/*Lackmann,* § 895 Rdn. 1.
470 BGH, Rpfleger 1969, 425; Thomas/*Putzo,* § 895 Rdn. 3.

7.238 Da eine dem § 894 Abs. 1 S. 2 ZPO entsprechende Regelung in § 895 ZPO fehlt, tritt die Fiktionswirkung auch ein, wenn das Urteil nur **Zug um Zug** gegen eine Leistung des Gläubigers vollstreckbar ist. Denn auch in diesem Fall besteht ein Sicherungsbedürfnis des Gläubigers; andererseits erfolgt keine Vorleistung des Schuldners, weil der Gläubiger nur eine Sicherheit erhält[471].

7.239 Ob durch die Fiktion eine Vormerkung oder ein Widerspruch als bewilligt gilt, richtet sich nach dem Inhalt des Urteils: lautet dies auf dingliche Rechtsänderung, so gilt eine **Vormerkung** zur Sicherung des entsprechenden schuldrechtlichen Anspruchs als bewilligt (§ 883 Abs. 1 BGB); wird der Beklagte zur Grundbuchberichtigung verurteilt (§ 894 BGB), ist es ein **Widerspruch** (§ 899 BGB). Lautet das vorläufig vollstreckbare Urteil auf Löschung einer Auflassungsvormerkung, kann der Gläubiger daher nur die Eintragung eines Widerspruchs erreichen[472].

7.240 Die **Eintragung im Grundbuch** selbst erfolgt nur auf Antrag des Gläubigers durch das Grundbuchamt nach den Regeln der GBO, die auch hinsichtlich der Rechtsbehelfe Anwendung findet[473].

7.241 Dem Grundbuchamt ist dazu eine Ausfertigung des Urteils sowie ein Nachweis der Erbringung der gegebenenfalls notwendigen Sicherheitsleistung vorzulegen, weil erst durch Letztere die Fiktionswirkung eintrat. Da nur der Eintritt der Fiktionswirkung Zwangsvollstreckung ist, nicht aber die anschließende Eintragung von Vormerkung oder Widerspruch, müssen die übrigen Zwangsvollstreckungsvoraussetzungen wie Vollstreckungsklausel oder Zustellung des Urteils nicht vorliegen[474]. In der Insolvenz des Schuldners findet daher hinsichtlich der Eintragung nicht § 89 InsO Anwendung, sondern die Vorschrift des § 91 InsO.

7.242 **Wird das Urteil rechtskräftig,** tritt die weiter gehende Fiktionswirkung des § 894 ZPO ein, sodass auf Antrag des Gläubigers nunmehr die entsprechende Eintragung im Grundbuch vorzunehmen ist, gegebenenfalls wenn und soweit die Erfüllung weiterer erforderlicher Voraussetzungen dem Grundbuchamt nachgewiesen ist (wie z.B. Annahmeerklärung des Gläubigers hinsichtlich der Auflassung; Erbringung einer Gegenleistung des Gläubigers, § 894 Abs. 1 S. 2 ZPO).

7.243 Bei einer **Aufhebung des Urteils oder seiner vorläufigen Vollstreckbarkeit** erlöschen Vormerkung und Widerspruch, nicht hingegen bei bloßer Einstellung der Zwangsvollstreckung[475]. Aufgrund eines entsprechenden Nachweises werden diese auf Antrag des Schuldners gelöscht, § 25 S. 2 GBO. Wird die aufhebende Entscheidung ihrerseits wieder aufgeho-

---

471 Brox/*Walker*, Rdn. 1118; StJ/*Brehm*, § 895 Rdn. 7.
472 OLG Koblenz, Rpfleger 1992, 102 = NJW-RR 1992, 846.
473 **H.M.:** KG, ZMR 1979, 218; MünchKomm/*Schilken* ZPO, § 895 Rdn. 6.
474 **H.M.:** BGH, Rpfleger 1969, 425; Zöller/*Stöber*, § 895 Rdn. 1.
475 Baumbach/*Hartmann*, § 895 Rdn. 7; Zöller/*Stöber*, § 895 Rdn. 2.

ben, verbleibt es bei der Löschung, es kann lediglich eine Neueintragung vorgenommen werden.[476]

VII. § 896 ZPO

Soll aufgrund einer Entscheidung gemäß §§ 894, 895 ZPO, die eine Willenserklärung des Schuldners ersetzt, eine Eintragung in das Grundbuch oder sonstige öffentliche Bücher oder Register (z.B. Handelsregister, Bundesschuldenbuch, Genossenschaftsregister, Schiffsregister, Patentrolle) erfolgen, gibt § 896 ZPO dem Gläubiger das Recht, anstelle des Schuldners die Erteilung eines Erbscheins oder sonstiger in § 792 ZPO bezeichneter **Urkunden** zu verlangen, soweit er diese zur Herbeiführung der Eintragung benötigt (vgl. §§ 14, 35, 39, 40 GBO betreffend Voreintragung des Betroffenen = Schuldners). Zur Erlangung derartiger Urkunden ist daher die Anwendung von Zwang gegen den Schuldner unzulässig.

7.244

VIII. § 897 ZPO

Ist der Schuldner zur Übertragung des Eigentums oder zur Bestellung des Rechts an einer beweglichen Sache (Pfandrecht, Nießbrauch) verurteilt worden, ist neben der Einigungserklärung des Schuldners, die durch § 894 ZPO ersetzt werden kann, die Übergabe der Sache erforderlich (§§ 929, 1032, 1205 BGB). Die Verurteilung, der Löschung einer Grundschuld zuzustimmen, beinhaltet auch die Verurteilung zur Herausgabe des Grundschuldbriefes[477]. Die Übergabe dieser Sachen erfolgt, soweit der Schuldner nicht freiwillig leistet, aufgrund eines auch nur vorläufig vollstreckbaren Titels durch den Gerichtsvollzieher gemäß §§ 883, 884, 886 ZPO. Die Übergabe gilt als in dem Moment erfolgt, in dem der Gerichtsvollzieher sie dem Schuldner zum Zwecke der Ablieferung an den Gläubiger wegnimmt, nicht erst mit der Übergabe der Sache durch den Gerichtsvollzieher an den Gläubiger. § 897 ZPO ist eine **Gefahrtragungsregelung**, d.h., der Schuldner wird im Moment der Wegnahme durch den Gerichtsvollzieher frei, gleich ob der Gläubiger die Sache auch wirklich erhält. Dies gilt nach **h.M.**[478] auch bei **freiwilliger Übergabe** durch den Schuldner .

7.245

Beendet ist die Zwangsvollstreckung nach **h.M.**,[479] wenn der letzte Teilakt erfolgt ist, also der Eintritt der Fiktionswirkung, die entsprechende Einigungserklärung des Gläubigers und die Wegnahme durch den Gerichts-

7.246

---

476 **H.M.**, vgl. Baumbach/*Hartmann*, § 895 Rdn. 6; Musielak/*Lackmann*, § 895 Rdn. 4.
477 BayObLG, NJW-RR 1998, 18 = InVo 1998, 56.
478 RGZ 90, 193, 197; MünchKomm/*Schilken* ZPO, § 897 Rdn. 4; Baumbach/*Hartmann*, § 897 Rdn. 3; StJ/*Brehm*, § 897 Rdn. 3; *Schuschke*, § 897 Rdn. 1.
479 StJ/*Brehm*, § 897 Rdn. 8; *Schuschke*, § 897 Rdn. 5; MünchKomm/*Schilken* ZPO, § 897 Rdn. 5.

vollzieher erfolgt sind. Klagen gemäß §§ 767, 771 ZPO sind daher nach dem zuletzt eintretenden Zeitpunkt nicht mehr möglich.

7.247 Entsprechendes gilt bei der Verurteilung zur Bestellung, Abtretung oder Belastung von Grundpfandrechten (**§ 897 Abs. 2 ZPO**) für die Übergabe von Hypotheken-, Grund- und Rentenschuldbriefen, soweit es derer zum Rechtserwerb bedarf (§§ 1117 Abs. 1, 1154, 1192, 1199 BGB; also nicht im Fall des § 1117 Abs. 2 BGB bei noch zu bildendem Grundpfandrechtsbrief).

IX. § 898 ZPO

7.248 Die Fiktion des § 894 ZPO ersetzt zwar die Abgabe einer vom Schuldner abzugebenden Willenserklärung einschließlich deren Wirksamkeitsvoraussetzungen, soweit diese dem Schutz des Schuldners dienen. Dazu gehört aber nicht die **Berechtigung** des Schuldners, sodass der Gläubiger im Falle der Nichtberechtigung des Schuldners ein Recht nicht wirksam erwerben würde, z.B. mangels insoweit wirksamer Einigung kein Eigentum. Die Vorschriften des BGB über den **Erwerb vom Nichtberechtigten** würden nicht eingreifen, weil die über § 894 ZPO fingierte Abgabe der Willenserklärung Zwangsvollstreckung ist, die Gutglaubensvorschriften aber nur auf rechtsgeschäftlichen Erwerb Anwendung finden[480]. Um auch in diesen Fällen einen Erwerb vom Nichtberechtigten zu ermöglichen, bestimmt § 898 ZPO, dass auf einen Erwerb, der sich nach § 894 ZPO bzw. §§ 894, 897 ZPO vollzieht, die Vorschriften des bürgerlichen Rechts zugunsten derjenigen, die Rechte von einem Nichtberechtigten herleiten (§§ 892, 893, 932–936, 1242 BGB, §§ 366, 367 HGB) entsprechend anzuwenden sind.

7.249 Der Erwerb wird demnach wie ein rechtsgeschäftlicher behandelt, sodass auch die Frage der **Gutgläubigkeit** sich nach diesen Vorschriften richtet. Da der Gerichtsvollzieher im Rahmen des § 897 ZPO als Amtsperson handelt, findet § 166 BGB auf ihn keine Anwendung. Es kommt daher nicht auf seine Kenntnis, sondern die des Gläubigers an[481]. Dies gilt auch, wenn der Schuldner der titulierten Verpflichtung freiwillig nachkommt[482].

7.250 Der gute Glaube muss grundsätzlich noch im **Zeitpunkt** der Vollendung des Rechtserwerbs vorliegen[483]: Bei §§ 929 S. 1, 932 BGB also im Zeitpunkt des Wirksamwerdens der fiktiven Willenserklärung (Zugang des rechtskräftigen Urteils, vgl. Rdn. 7.222), der entsprechenden Willenserklärung des Gläubigers bzw. der Wegnahme durch den Gerichtsvollzieher, je nachdem welcher Zeitpunkt später liegt. Bei Rechten an Grundstücken gilt § 892

---

480 BGH, FamRZ 1954, 110, 111.
481 **H.M.:** Baumbach/*Hartmann*, § 898 Rdn. 3.
482 Baumbach/*Hartmann*, § 898 Rdn. 3; MünchKomm/*Schilken* ZPO, § 898 Rdn. 5; Thomas/*Putzo*, § 898 Rdn. 2; Rosenberg/Gaul/*Schilken*, § 72 II 4; differenzierend: StJ/*Brehm*, § 898 Rdn. 4.
483 Palandt/*Bassenge*, § 892 BGB Rdn. 25.

Abs. 2 BGB, der aber nach **h.M.**[484] so zu lesen ist, dass nur noch die Eintragung fehlen darf. Ist z.B. der Schuldner als Nichtberechtigter zur Bestellung einer Hypothek verurteilt und für den Gläubiger entsprechend eine Hypothek im Grundbuch eingetragen worden, war das zu sichernde Darlehen aber noch nicht ausgezahlt, ist nicht der Zeitpunkt der Antragstellung, sondern der spätere der Auszahlung des Darlehens an den Schuldner maßgebend.

Hat der Gläubiger den **Auflassungsantrag schon vor Rechtskraft** der Entscheidung gemäß § 894 ZPO gestellt, ist maßgebend nicht die Antragstellung, sondern der spätere Zeitpunkt, in dem der Gläubiger nach Rechtskraft des Urteils die als abgegeben fingierte Willenserklärung formgerecht angenommen und den rechtskräftigen Titel dem Grundbuchamt vorgelegt hat[485] (vgl. Rdn. 7.222). Im Schrifttum wird insoweit zum Teil ungenau schon auf die Rechtskraft des Urteils abgestellt. 7.251

Auf die gemäß § 895 ZPO erworbene **Vormerkung** findet § 898 ZPO entsprechende Anwendung[486]. 7.252

X. Rechtsbehelfe

Da mit der Fiktionswirkung gemäß **§ 894 Abs. 1 S. 1 ZPO** die Zwangsvollstreckung insoweit auch schon beendet ist, kommen Klagen gemäß §§ 767, 771 ZPO nicht in Betracht[487]. Zum Fall des § 894 Abs. 1 S. 1 mit § 897 vgl. Rdn. 7.256. 7.253

Im Rahmen des **§ 894 Abs. 1 S. 2 ZPO** finden bis zum Eintritt der Fiktionswirkung (Rechtskraft des Urteils und Erteilung der Vollstreckungsklausel) nach wohl **h.M.** die §§ 767, 771 ZPO Anwendung[488]. 7.254

Gegen Eintragungen, die auf der Grundlage des **§ 895 ZPO** erfolgen, ist die Grundbuchbeschwerde gemäß § 71 GBO zulässig. Da die Fiktionswirkung mit der Verkündung eintritt und damit die Zwangsvollstreckung insoweit beendet ist, kommt § 767 ZPO nur gegen Titel gemäß § 894 ZPO in Betracht, solange diese noch nicht rechtskräftig sind bzw. die Zwangsvollstreckung noch nicht beendet ist (vgl. Rdn. 7.253, 7.254). 7.255

Bei einer Verurteilung im Falle des **§ 897 ZPO**, bei dem zum Rechtserwerb des Gläubigers mehrere vom Schuldner vorzunehmende Handlungen notwendig sind, ist die Zwangsvollstreckung erst mit dem letzten Teilakt 7.256

---

484 Vgl. Palandt/*Bassenge*, § 892 BGB Rdn. 25.
485 BayObLG, Rpfleger 1983, 390.
486 *Schuschke*, § 898 Rdn. 2; MünchKomm/*Schilken* ZPO, § 898 Rdn. 2; Thomas/*Putzo*, § 898 Rdn. 1; StJ/*Brehm*, § 898 Rdn. 1; Musielak/*Lackmann*, § 898 Rdn. 1; Rosenberg/Gaul/*Schilken*, § 72 II 4, weil eine Gesetzeslücke vorliegt; **a.A.** RGZ 68, 150, 154; Baumbach/*Hartmann*, § 898 Rdn. 3; wohl auch BGH, NJW 1992, 2570, 2574.
487 Vgl. OLG Hamburg, MDR 1998, 1051.
488 StJ/*Brehm*, § 894 Rdn. 19 und 20.

beendet; bis zu diesem Zeitpunkt sind daher Klagen gemäß §§ 767, 771 ZPO zulässig[489]. Allerdings zählt zu den Teilakten im vorstehenden Sinn nicht die Grundbucheintragung.[490] Denn diese ist keine Maßnahme der Zwangsvollstreckung[491]. Die Verurteilung erfolgt auch nur zur Auflassung, nicht zur Eintragung[492].

7.257 Hinsichtlich der Handlungen des **Gerichtsvollziehers** kann Vollstreckungserinnerung gemäß § 766 ZPO eingelegt werden.

7.258 Im Übrigen können je nach Fallgestaltung Wiedereinsetzung in den vorigen Stand (§§ 233 ff. ZPO) oder eine Wiederaufnahme des Verfahrens (§§ 579, 580 ZPO) in Betracht kommen.

---

[489] *Schuschke,* § 897 Rdn. 5; StJ/*Brehm,* § 897 Rdn. 8.
[490] **A.A.** Brox/*Walker,* Rdn. 1123.
[491] So auch Brox/*Walker,* Rdn. 1120.
[492] Insoweit unklar: MünchKomm/*Schilken* ZPO, § 894 Rdn. 16 sowie Rosenberg/Gaul/*Schilken,* § 72 II 3: Bei Notwendigkeit weiterer Maßnahmen zur Vollendung des Rechtserwerbs ende die Zwangsvollstreckung erst zum entsprechenden Zeitpunkt und solange seien §§ 767, 771 ZPO zulässig.

8. Abschnitt
Rechtsbehelfe

Kapitel A
Vollstreckungserinnerung, § 766 ZPO

I. Ziel und Wesen

Mit der Vollstreckungserinnerung können einzelne Verfahrensmängel der Zwangsvollstreckung, also deren Art und Weise bzw. das Verfahren betreffende Vorschriften (formale Fehler) gerügt werden, die dem Gerichtsvollzieher oder dem Vollstreckungsgericht (Richter/Rechtspfleger) als Vollstreckungsorgan unterlaufen oder die im Rahmen einer Vorpfändung eingetreten sind. Der Erinnerungsführer bezweckt damit, die Zwangsvollstreckung wegen des Verfahrensmangels für unzulässig zu erklären, eine Vollstreckungsmaßnahme aufzuheben bzw. den Gerichtsvollzieher anweisen zu lassen, den Vollstreckungsauftrag zu übernehmen, die Vollstreckungshandlung dem Auftrag gemäß auszuführen oder den Kostenansatz nur in bestimmter Höhe vorzunehmen. 8.1

Das unterscheidet sie von der **Vollstreckungsabwehrklage gemäß § 767 ZPO,** mit der der Schuldner materiell-rechtliche Einwendungen gegen den titulierten Anspruch geltend machen kann. Abzugrenzen ist sie weiter auch von der **Drittwiderspruchsklage gemäß § 771 ZPO,** mit der Einwendungen materiell-rechtlicher Art gegen Zwangsvollstreckungsmaßnahmen in bestimmte Vermögensgegenstände erhoben werden können. Derartige materiell-rechtliche Einwendungen sind außerhalb des Zwangsvollstreckungsverfahrens mit dem gesondert geregelten Verfahren der §§ 767, 771 ZPO geltend zu machen (vgl. dazu Rdn. 8.111 ff., 8.212 ff.). Aus Gründen der Prozesswirtschaftlichkeit wird aber der (materiell-rechtliche) Einwand der Verfügungsbeschränkung gemäß § 1365 Abs. 1 BGB auch im Rahmen des § 766 ZPO zugelassen, soweit er unstreitig ist[1]. Eine ggfs. notwendige **Klarstellung eines Pfändungs- und Überweisungsbeschlusses** durch Ergänzung eines Blankettbeschlusses oder durch konkrete Berechnungskriterien erfolgt nicht im Wege einer Vollstreckungserinnerung, sondern ist vom 8.2

---

1   OLG Frankfurt, FamRZ 1997, 1490 = InVo 1998, 78; LG Lüneburg, FamRZ 1996, 1489; Palandt/*Brudermüller*, § 1365 BGB Rdn. 8.

Rechtspfleger in eigener Zuständigkeit als weitere Maßnahme der Zwangsvollstreckung vorzunehmen.²

8.3 Mit der Erinnerung gegen die Erteilung einer Vollstreckungsklausel (**Klauselerinnerung**) gemäß § 732 ZPO wird hingegen bezweckt, die Zwangsvollstreckung aus der erteilten Klausel für unzulässig zu erklären³. Diese kann damit begründet werden, dass die Klausel überhaupt nicht (kein wirksamer Titel, die Voraussetzungen des § 726 ZPO lagen nicht vor) oder nicht dem die Vollstreckung betreibenden Gläubiger (die Voraussetzungen des § 727 ZPO lagen nicht vor) erteilt werden durfte.

8.4 Demgegenüber kann mit der Vollstreckungserinnerung nur geltend gemacht werden, dass die Klausel als eine der notwendigen Voraussetzungen der Zwangsvollstreckung nicht vorliegt, und zwar entweder überhaupt nicht oder nicht für den die Vollstreckung betreibenden Gläubiger⁴.

8.5 Wegen der unterschiedlichen Zielrichtungen und Voraussetzungen der verschiedenen Rechtsbehelfe sollte der gewollte Rechtsbehelf zutreffend bezeichnet werden. Zwar gebietet das Rechtsstaatsprinzip, Verfahrensrecht so **auszulegen** und anzuwenden, dass den Beteiligten der Zugang zu den in der Verfahrensordnung eingeräumten Rechtsbehelfs- und Rechtsmittelinstanzen nicht in unzumutbarer, aus Sachgründen nicht mehr zu rechtfertigender Weise erschwert wird⁵. Eingaben sind daher in dem Sinne auszulegen, dass der verfahrensmäßig zulässige und optimale Rechtsbehelf eingelegt wird. Wie eine Reihe von obergerichtlichen Entscheiden zeigt, wird diesen Grundsätzen aber nicht stets in ausreichendem Maße Rechnung getragen. In jedem Fall drohen bei einer unklaren Bezeichnung Rückfragen und damit verbunden Verzögerungen, die schon um des effektiven Rechtsschutzes willen vermieden werden sollten.

II. Statthaftigkeit

8.6 Die Vollstreckungserinnerung gegen ein Verhalten des **Gerichtsvollziehers** kommt in Betracht im Hinblick auf durchgeführte Zwangsvollstreckungsmaßnahmen, seine Weigerung, einem Auftrag des Gläubigers entsprechend die Vollstreckung überhaupt oder eine bestimmte Vollstreckungshandlung vorzunehmen, sowie wegen der von ihm in Ansatz gebrachten Kosten. Die Nichterledigung eines Vollstreckungsauftrags kann eine Weigerung darstellen⁶. Dies soll aber auch bei einem 2 Jahre alten Voll-

---

2 BGH, Rpfleger 2006, 202 = InVo 2006, 143.
3 BGH, NJW 1992, 2160, 2161; Zöller/*Stöber*, § 732 Rdn. 15.
4 BGH, JZ 1993, 94, 95 mit Anm. *Münzberg* = NJW 1992, 2159; Zöller/*Stöber*, § 766 Rdn. 15; Baumbach/*Hartmann*, § 766 Rdn. 32 „Vollstreckungsklausel".
5 BVerfG, NJW 1993, 1381.
6 LG Halle, InVo 2004, 341; AG Halle, JurBüro 2004, 504; LG Dessau, JurBüro 1997, 46; AG Rosenheim, DGVZ 1997, 141.

streckungsauftrag noch nicht zu beanstanden sein[7]. Ob dies mit dem Gebot eines effektiven Rechtsschutzes gemäß Art. 19 Abs. 4 GG vereinbar ist, erscheint zweifelhaft.

Wird der Gerichtsvollzieher außerhalb des Zwangsvollstreckungsverfahrens tätig, ist richtiger Rechtsbehelf der § 23 EGGVG (z.B. bei Verweigerung der Versteigerung eines Vermieterpfandrechts,[8] bei Zurückweisung des Antrags des Schuldners, bei einem Zug um Zug zu vollstreckenden Titel die dem Schuldner obliegende Leistung dem Gläubiger anzubieten,[9] oder bei Ablehnung eines Auftrags zur freiwilligen Versteigerung[10]). Einwendungen gegen die Verpflichtung zur Abgabe der eidesstattlichen Versicherung kann der Schuldner nur gem. § 900 Abs. 4 ZPO durch Widerspruch geltend machen, der als spezialgesetzliche Regelung den § 766 ZPO verdrängt.[11] Pfändungsschutz bei nicht wiederkehrend zahlbaren Vergütungen kann der Schuldner nur über § 850i ZPO erreichen, nicht mit der Vollstreckungserinnerung.[12]

Gegen Beschlüsse des **Prozessgerichts** als Vollstreckungsorgan ist stets nur die sofortige Beschwerde gegeben[13]. Entscheidungen des **Grundbuchamts** können nur mit der einfachen Beschwerde gemäß § 71 GBO angegriffen werden[14].

Soweit das Vollstreckungsgericht tätig geworden ist, muss unterschieden werden, ob es sich dabei um eine Vollstreckungs**entscheidung** oder eine Vollstreckungs**maßnahme** (Vollstreckungsakt) handelt. Denn gegen Entscheidungen des Richters bzw. Rechtspflegers, die im Zwangsvollstreckungsverfahren ergehen, ist gemäß § 793 ZPO bzw. über § 11 Abs. 1 RPflG die sofortige Beschwerde gegeben. Der Anwendungsbereich des § 766 ZPO betrifft also nur die Fälle, in denen § 793 ZPO keine Anwendung findet, wenn also keine Entscheidung vorliegt, sondern eine Vollstreckungsmaßnahme (Vollstreckungsakt).

Maßgeblich für die **Unterscheidung zwischen einer Vollstreckungsentscheidung und einer Vollstreckungsmaßnahme** ist nach h.M.[15] nicht der objektive Inhalt des Beschlusses, sondern das Verfahren, wie es zu diesem Beschluss gekommen ist:

---

7   Vgl. LG Dessau, a.a.O.
8   OLG Frankfurt, DGVZ 1998, 121 = JurBüro 1998, 437.
9   LG Koblenz, DGVZ 1998, 58.
10 OLG Köln, InVo 2000, 316 entgegen OLG Frankfurt, DGVZ 1998, 221
11 OVG Münster, DGVZ 2002, 168; OLG Düsseldorf, InVo 2000, 35.
12 OLG Jena InVo 2002, 197.
13 **H.M.,** vgl. MünchKomm/*Schmidt* ZPO, § 766 Rdn. 13.
14 **H.M.,** vgl. OLG Köln, Rpfleger 1996, 189; LG Essen, Rpfleger 2001, 543 = InVo 2001, 387; Zöller/*Stöber,* § 766 Rdn. 4 und § 867 ZPO Rdn. 20; Thomas/*Putzo,* § 766 Rdn. 7.
15 Vgl. OLG Köln, InVo 1999, 396 = JurBüro 2000, 48; KG, NJW-RR 1986, 1000 = OLGZ 1986, 356; Brox/*Walker,* Rdn. 1179, 1181 f. m.w.N.; Musielak/*Lackmann,* § 766 Rdn. 11; HK-ZPO/*Kindl,* § 766 Rdn. 6; **a.A.** OLG Hamm, Rpfleger 1957, 24, 25; *Wieser,* ZZP Bd. 115 (2002), 157.

8.11 Wurde dem **Erinnerungsführer vor Erlass des Beschlusses rechtliches Gehör** gewährt, hat er sich also dazu geäußert bzw. hatte er die Möglichkeit dazu und ist erst nach Ablauf der gesetzten Frist entschieden worden, so liegt eine Vollstreckungs**entscheidung** vor[16].

8.12 Nach **a.A.** liegt eine Entscheidung stets dann vor, wenn überhaupt irgendjemand (z.B. der Schuldner) angehört worden ist, sodass der nicht angehörte Drittschuldner als Erinnerungsführer nur die sofortige Beschwerde erheben könne[17]. Diese Auffassung ist inkonsequent, denn es läge dann immer nur eine Entscheidung vor, weil nach **h.M.** der Gläubiger durch seinen Antrag stets „angehört" worden ist (siehe dazu Rdn. 8.18). Beim Erlass eines Pfändungsbeschlusses nach Anhörung des Schuldners konnten zudem die Argumente des Drittschuldners nicht einbezogen werden. Gerade die Berücksichtigung der Argumente der „anderen Seite" soll aber doch ansonsten maßgebliches Kriterium dafür sein, ob eine Entscheidung vorliegt.

8.13 Wurde dem Erinnerungsführer rechtliches Gehör gewährt, kommt es nicht darauf an, ob dies gesetzlich angeordnet (z.B. § 850b Abs. 3 ZPO), möglich oder unzulässig (§ 834 ZPO) war[18]. Ein und derselbe Beschluss kann daher gleichzeitig Entscheidung und Vollstreckungsmaßnahme sein, mit sich daraus ergebenden unterschiedlichen Rechtsbehelfen.

> **Beispiel:**
> Nachträglicher Antrag des Gläubigers gemäß § 850c Abs. 4 ZPO: Dazu muss der Schuldner angehört werden. Er kann – ebenso wie der Gläubiger, wenn sein Antrag zurückgewiesen wurde – gegen den Beschluss des Rechtspflegers sofortige Beschwerde einlegen, ein beschwerter Dritter (z.B. ein Unterhaltsberechtigter) hiergegen Vollstreckungserinnerung gemäß § 766 ZPO, weil Letzterer nicht angehört wurde.

8.14 Soweit zur Begründung für das Vorliegen einer Entscheidung angeführt wird, das Gericht habe bei seiner Beschlussfassung Argumente des Schuldners berücksichtigt,[19] trifft dieses Argument nicht auf die Fälle zu, in denen von der Möglichkeit zur Äußerung seitens des Schuldners/Dritten kein Gebrauch gemacht wurde[20]. In diesem Fall würde das Vollstreckungsgericht sich im Rahmen der Erinnerung erstmals mit den Argumenten des Schuld-

---

16 Wohl **h.M.** OLG Köln, InVo 1999, 396 = JurBüro 2000, 48; KG, OLGZ 1986, 356 = NJW-RR 1986, 1000; Brox/*Walker*, Rdn. 1179, 1182; MünchKomm/*Schmidt* ZPO, § 766 Rdn. 17; Zöller/*Stöber*, § 766 Rdn. 2; *Stöber*, Rdn. 730 mit ausführlicher und zutreffender Begründung; **a.A.** LG Braunschweig, MDR 1955, 748.
17 OLG Bamberg, NJW 1978, 1389; LG Frankfurt/Main, Rpfleger 1989, 400; LG Bochum, Rpfleger 1984, 278; Musielak/*Lackmann*, § 766 Rdn. 14, soweit der Nichtangehörte und der Angehörte auf einer Seite stehen, wie z.B. Schuldner und Drittschuldner.
18 Vgl. OLG Hamm, MDR 1975, 938; KG, OLGZ 1978, 491; Zöller/*Stöber*, § 766 Rdn. 2; HK-ZPO/*Kindl*, § 766 Rdn. 6.
19 Brox/*Walker*, Rdn. 1182.
20 Vgl. LG Braunschweig, MDR 1955, 748.

ners/Dritten auseinander setzen. Hier ließe sich allenfalls damit argumentieren, dass der Schuldner/Dritte die Möglichkeit zur Äußerung hatte, und er sich nicht durch Nichtwahrnehmung seiner Rechte eine „Instanz erschleichen" dürfe, ihm diese vielmehr verloren gehen müsse.

Abzulehnen ist die Auffassung, wonach nicht nur bei erfolgter Anhörung eine Entscheidung vorliegen soll, sondern auch dann, wenn der Schuldner hätte angehört werden müssen[21]. Dabei wird nicht genügend berücksichtigt, dass gemäß Art. 103 Abs. 1 GG grundsätzlich immer vor Erlass einer beschwerenden Entscheidung dem davon Betroffenen rechtliches Gehör zu gewähren ist und hiervon u.a. nur dann Ausnahmen zugelassen werden, wenn die reale Gefahr besteht, dass durch eine Anhörung der mit der Entscheidung bezweckte Erfolg vereitelt werden könnte (vgl. § 834 ZPO).   8.15

Unpraktikabel ist ferner ein anderes Kriterium, dass nämlich der Erinnerungsführer von der Anhörung eines Dritten erfahren habe oder diese für ihn erkennbar gewesen sei[22]. Zum einen wird dadurch der Anspruch des Erinnerungsführers auf rechtliches Gehör nicht erfüllt, zum anderen stellt sich die Frage, auf welche Weise der Erinnerungsführer diese Kenntnis erlangt haben muss/müsste: Soll er nur überhaupt davon erfahren haben bzw. erfahren haben können, oder bedarf es einer „amtlichen" Kenntnisgabe? Mit Ausnahme einer entsprechenden Information an den Schuldner bzw. Drittschuldner wird dies kaum jemals der Fall sein (Warum sollte das Vollstreckungsgericht die Ehefrau des Schuldners vor der Pfändung einer zukünftigen Rente informieren?). Es stellt sich ferner die Frage, wer die Nichtkenntnis von der Anhörung anderer Personen als der des Erinnerungsführers nachweisen soll. Der Erinnerungsführer, weil dies ein für ihn günstiger Umstand im Rahmen der Zulässigkeit des Rechtsbehelfs ist (§ 766 ZPO: unbefristet, § 793 ZPO: befristet)? Diese Art der Abgrenzung einer Vollstreckungsentscheidung von einer Vollstreckungsmaßnahme schafft mehr Probleme als sie löst.   8.16

Zuzustimmen ist der Auffassung, dass in Fällen, in denen eine gesetzlich gebotene Anhörung des Erinnerungsführers unterblieben ist, diesem ein **Wahlrecht** zwischen der Vollstreckungserinnerung gemäß § 766 ZPO und der sofortigen Beschwerde gemäß § 793 ZPO zusteht, in dem er sich entweder auf die formale Entscheidung (Nichtanhörung – § 766 ZPO) beruft oder auf diejenige, die bei richtiger Anwendung der Verfahrensvorschriften hätte erlassen werden müssen (Anhörung – § 793 ZPO[23]). Dieser Grundsatz der „Meistbegünstigung" findet auch sonst in der ZPO Anwendung[24].   8.17

Soweit ein **Vollstreckungsantrag des Gläubigers oder ein Antrag des Schuldners (z.B. auf Erhöhung des Pfändungsfreibetrages gem. § 850f Abs. 1 ZPO) zurückgewiesen** wurde, ist für die antragstellende Person stets   8.18

---

21 So teilweise StJ/*Münzberg*, § 766 Rdn. 8; Rosenberg/Gaul/*Schilken*, § 37 IV 2.
22 LG Bonn, DB 1979, 94.
23 Vgl. MünchKomm/*Schmidt* ZPO, § 766 Rdn. 17.
24 Vgl. BGH, NJW 1994, 665; Thomas/Putzo/*Reichold*, Rdn. 8–10 vor § 511; Zöller/*Gummer/Heßler*, Rdn. 30 f. vor § 511.

die sofortige Beschwerde gemäß § 793 ZPO und nicht die Vollstreckungserinnerung gemäß § 766 ZPO gegeben[25].

8.19 Die Begründungen hierfür sind unterschiedlich: Die Argumente des Gläubigers seien bereits bei der ablehnenden Entscheidung berücksichtigt worden; es mache keinen Sinn, das Vollstreckungsgericht gegen die ablehnende Entscheidung anzurufen[26]. Zwingend oder überzeugend sind diese Argumente nicht: Es kann neue Tatsachen geben, die geprüft werden müssen; die Situation ist im Übrigen nicht anders als bei der Beschwerde gemäß § 567 ZPO in der Alternative „Zurückweisung des Gesuchs", dort jedoch hat das Untergericht die Möglichkeit der Abhilfe (§ 572 ZPO). Allerdings ist das Beschwerdeverfahren insofern anders als die Vollstreckungserinnerung, als bei Nichtabhilfe durch das Untergericht das Beschwerdegericht entscheidet, bei der Vollstreckungserinnerung aber stets das Vollstreckungsgericht, und erst gegen dessen Entscheidung als weiterer Rechtsbehelf die sofortige Beschwerde gegeben ist.

8.20 In sich konsequent ist hingegen die Begründung, der Gläubiger (Erinnerungsführer) sei durch seine Antragstellung angehört worden, sodass in Bezug auf seine Person – als der einzig möglich beschwerten – auch eine Entscheidung vorliegt und ihm daher als Rechtsbehelf die sofortige Beschwerde zur Verfügung steht.

8.21 Letztlich vermag keine der für die verschiedenen Auffassungen angeführten Begründungen voll zu überzeugen. Da Verfahrensvorschriften kein Selbstzweck sind, gewinnen die Argumente der Klarheit und Praktikabilität an Gewicht. Daher spricht für die h.M. deren klare Lösung, die i.S.d. Rechtssicherheit zu bevorzugen ist: Der Rechtsbehelf der sofortigen Beschwerde steht demjenigen zur Verfügung, dem rechtliches Gehör gewährt wurde; sonstige Personen können ihre Rechte mit der Vollstreckungserinnerung gemäß § 766 ZPO geltend machen.

8.22 Während bereits insoweit wegen der unterschiedlichen Grundauffassungen von Rechtssicherheit im Bereich des § 766 ZPO keine Rede sein kann, wird der Rechtsuchende bei Spezialproblemen weiter dadurch verwirrt, dass die jeweiligen Ausgangspunkte nicht konsequent durchgehalten werden.

8.23 Dies gilt zunächst für Durchsuchungsbeschlüsse gemäß **§ 758a Abs. 1 ZPO:** Bei Ablehnung des Antrags ist für den Gläubiger, bei Erlass des Beschlusses nach Anhörung des Schuldners für diesen nach wohl **h.M.**[27] zutreffend die so-

---

25 **H.M.,** vgl. BGH, ZVI 2004, 625 = ZIP 2004, 1379; OLG Hamm, Rpfleger 1957, 24, 25; KG, MDR 1954, 690; OLG Koblenz, NJW-RR 1986, 679; Brox/*Walker,* Rdn. 1178, 1182; MünchKomm/*Schmidt* ZPO, § 766 Rdn. 15; HK-ZPO/*Kindl,* § 766 Rdn. 6; Musielak/*Lackmann,* § 766 Rdn. 11; Zöller/*Stöber,* § 766 Rdn. 2; Schuschke/*Walker,* § 766 Rdn. 5; **a.A.** LG Koblenz, MDR 1990, 1123; Baumbach/*Hartmann,* § 766 Rdn. 5.
26 Brox/*Walker,* Rdn. 1182.
27 Vgl. OLG Stuttgart, NJW-RR 1987, 759 unter Aufgabe von NJW 1970, 1329; MünchKomm/*Heßler* ZPO, § 758 Rdn. 70 f. m.w.N.

fortige Beschwerde gem. § 793 ZPO gegeben; ansonsten ist es die Erinnerung gemäß § 766 ZPO[28]. Nach **a.A.**[29] soll dagegen auch in den Fällen, in denen der Schuldner nicht angehört wurde, für ihn die sofortige Beschwerde gem. § 793 ZPO zur Anwendung kommen. Die hierfür gegebene Begründung, der Richter handele nicht als Vollstreckungsorgan, ist inkonsequent; dann wäre nämlich der zulässige Rechtsbehelf die sofortige Beschwerde gemäß § 567 ZPO[30]. Wird der Beschluss aber wegen der Nähe zur Zwangsvollstreckung dieser zugerechnet, müssten auch die o.a. Kriterien der Abgrenzung der sofortigen Beschwerde zur Vollstreckungserinnerung gelten; im Rahmen des § 758a Abs. 1 ZPO soll aber der Inhalt der Entscheidung maßgebend sein, nicht das Verfahren, wie sie zustande kam: Das Gericht müsse Belange des Schuldners (insbesondere das Verhältnismäßigkeitsprinzip bzw. Art. 13 GG) mit oder ohne dessen Anhörung bei der Rechtsfindung berücksichtigen, daher liege eine Entscheidung vor[31]. Der Grundsatz der Verhältnismäßigkeit ist aber im Hinblick auf Art. 20 Abs. 3 GG bei jeder Vollstreckungshandlung von Amts wegen zu prüfen.

Eine ähnlich verwirrende Situation bieten Rechtsprechung und Literatur für einen Beschluss betreffend die Vollstreckung zur Nachtzeit sowie an Sonn- und Feiertagen gemäß **§ 758a Abs. 4 ZPO** betr. Wohnräume, weil nur dafür noch der Richter zuständig ist. 8.24

Die sofortige Beschwerde gem. § 567 Abs. 1 Nr. 2 ZPO sei der zutreffende Rechtsbehelf, wenn das Gesuch des Gläubigers zurückgewiesen wird, weil das Gericht nicht als Vollstreckungsgericht tätig werde; dem Schuldner stehe gegen die Anordnung kein Rechtsbehelf zu, weil dieser Fall von § 567 ZPO nicht erfasst werde: Die sofortige Beschwerde sei gesetzlich nicht vorgesehen, andererseits werde kein Gesuch zurückgewiesen.[32] 8.25

Andere[33] halten die Vollstreckungserinnerung gem. § 766 ZPO wegen der Sachnähe zur Zwangsvollstreckung für den richtigen Rechtsbehelf, jedenfalls soweit der Erinnerungsführer nicht angehört worden ist. Hier stellt sich jedoch das zusätzliche Problem, dass über die Vollstreckungserinnerung das Vollstreckungsgericht zu entscheiden hat, der angefochtene Beschluss aber nicht vom Vollstreckungsgericht, sondern von der allgemeinen Abteilung des Amtsgerichts erlassen worden ist. 8.26

---

28 KG, NJW 1986, 1180 = NJW-RR 1986, 1000; Baumbach/*Hartmann*, § 758 Rdn. 30; unklar Thomas/*Putzo*, § 758a Rdn. 24.
29 Vgl. OLG Hamm, NJW 1984, 1972 und NJOZ 2002, 1721; OLG Koblenz, Rpfleger 1985, 496 = MDR 1986, 64; OLG Saarbrücken, Rpfleger 1993, 146; MünchKomm/*Heßler* ZPO, § 758 Rdn. 71; HK-ZPO/*Kindl*, § 758a Rdn. 12.
30 So grundsätzlich konsequent Zöller/*Stöber*, § 758a Rdn. 36, der aber aufgrund des Wortlauts des § 567 ZPO auch diesen ablehnt. Das aber widerspricht bei einem so wichtigen Eingriff Art. 19 Abs. 4 GG.
31 Schuschke/*Walker*, § 758a Rdn. 51 betr. Schuldner/Gläubiger, nicht jedoch Dritte; Musielak/*Lackmann*, § 758a Rdn. 16.
32 Zöller/*Stöber*, § 758a Rdn. 36
33 OLG Stuttgart, OLGZ 1970, 182 = NJW 1970, 1329 (generell); LG Düsseldorf, MDR 1985, 62; LG Karlsruhe, NJW-RR 1986, 550; *Wieser*, Rpfleger 1988, 293, 296; Baumbach/*Hartmann*, § 758a Rdn. 20

8.27 Nach der dritten Meinung[34] ist für Gläubiger bzw. Schuldner stets die sofortige Beschwerde gem. § 793 ZPO gegeben: Hinsichtlich Dritter komme es auf die Anhörung an.

8.28 Nicht anders ist die Situation bei anderen Vorschriften:

- **§ 811a ZPO (Austauschpfändung):**
  Einerseits wird stets die sofortige Beschwerde[35] befürwortet, andererseits zutreffend danach differenziert, ob der Erinnerungsführer Gelegenheit zum rechtlichen Gehör hatte.[36]
- **§ 825 ZPO (andere Verwertungsart), soweit das Vollstreckungsgericht tätig geworden ist:**
  Einerseits wird die sofortige Beschwerde unterschiedslos bejaht,[37] andererseits die Vollstreckungserinnerung bei fehlendem rechtlichem Gehör.[38]
- **§ 844 Abs. 1 ZPO (andere Verwertungsart):**
  Für § 11 Abs. 1 RPflG, § 793 ZPO bei Gewährung rechtlichen Gehörs, im Übrigen § 766 ZPO einerseits[39] und andererseits[40] stets die sofortige Beschwerde.

III. Antrag/Form/Frist

8.29 Die Vollstreckungserinnerung kann schriftlich oder zu Protokoll der Geschäftsstelle des Vollstreckungsgerichts eingelegt werden (§ 569 Abs. 2 und 3 ZPO analog). Sie unterliegt keinem Anwaltszwang (§ 78 Abs. 5 ZPO, § 13 RPflG).

8.30 Ein **Antrag** im eigentlichen Sinn ist nicht erforderlich. Zwingend notwendig ist allerdings die Angabe, für wen der Rechtsbehelf eingelegt wird und gegen welche Vollstreckungsmaßnahme er sich richtet. Eine Begründung ist nach zutreffender Auffassung nicht notwendig, aber dringend anzuraten, damit bei der ansonsten von Amts wegen stattfindenden Gesamt-

---

34 OLG Hamm, MDR 1984, 411 = NJW 1984, 1972; OLG Koblenz, MDR 1986, 64; OLG Köln, Rpfleger 1976, 24; Thomas/*Putzo*, § 758a Rdn. 24; Brox/*Walker*, Rdn. 1184; Musielak/*Lackmann*, § 758a Rdn. 24.
35 Thomas/*Putzo*, § 811a Rdn. 8; Zöller/*Stöber*, § 811a Rdn. 15; HK-ZPO/*Kindl*, § 811a Rdn. 11; Schuschke/*Walker*, § 811a Rdn. 17, der jedoch für nicht angehörte Dritte § 766 ZPO als gegeben ansieht.
36 MünchKomm/*Schilken* ZPO, § 811a Rdn. 15; Musielak/*Becker*, § 811a Rdn. 11, Baumbach/*Hartmann*, § 811a Rdn. 11, § 793 Rdn. 11.
37 KG, NJW 1966, 1885; KG, Rpfleger 1956, 253; Thomas/*Putzo*, § 825 Rdn. 13; Zöller/*Stöber*, § 825 Rdn. 21; StJ/*Münzberg*, § 825 Rdn. 7; Musielak/*Becker*, § 825 Rdn. 7; MünchKomm/*Schilken* ZPO, § 825 Rdn. 17.
38 LG Braunschweig, MDR 1955, 748; Baumbach/*Hartmann*, § 825 Rdn. 28; Brox/*Walker*, Rdn. 446.
39 Baumbach/*Hartmann*, § 844 Rdn. 12, 13; MünchKomm/*Smid* ZPO, § 844 Rdn. 7; Brox/*Walker*, Rdn. 668.
40 OLG Frankfurt, BB 1976, 1147; Thomas/*Putzo*, § 844 Rdn. 5; Zöller/*Stöber*, § 844 Rdn. 5; Musielak/*Becker*, § 844 Rdn. 2.

überprüfung[41] der vom Erinnerungsführer für maßgeblich angesehene Umstand nicht übersehen wird. Das Gericht muss die tatsächlichen wie rechtlichen Ausführungen des Erinnerungsführers zur Kenntnis nehmen; dies ist nicht identisch damit, dass das Gericht in seiner Begründung auf jeden Vortrag eingehen müsste[42]. Der Antrag sollte so genau wie der korrekt abgefasste Tenor formuliert werden (vgl. Muster 15.28).

Eine Frist zur Einlegung der Erinnerung besteht nicht; nach Beendigung der Zwangsvollstreckung fehlt jedoch normalerweise das Rechtsschutzinteresse für eine Erinnerung (vgl. dazu Rdn. 8.49 ff.). **8.31**

IV. Zuständigkeit

Sachlich ausschließlich zuständig ist grundsätzlich das Amtsgericht als Vollstreckungsgericht, §§ 766 Abs. 1, 764 Abs. 1, 802 ZPO. **8.32**

Örtlich ausschließlich zuständig ist grundsätzlich das Amtsgericht, in dessen Bezirk das Vollstreckungsverfahren stattfinden soll bzw. stattgefunden hat (§ 764 Abs. 2 ZPO bzw. § 569 Abs. 1 ZPO analog, § 802 ZPO), sofern nicht das Gesetz ein anderes Amtsgericht bezeichnet (wie in den Fällen der §§ 828 Abs. 2, 848 Abs. 1, 853–855, 858 Abs. 2, 872, 899, 902 ZPO). **8.33**

Abweichend hiervon ist bei Forderungspfändungen als Vollziehung eines Arrestes das gemäß §§ 930 Abs. 1 S. 3, 931 Abs. 3 ZPO für die Pfändung zuständige **Arrestgericht** auch für die Erinnerung gemäß § 766 ausschließlich zuständig,[43] und zwar auch, wenn es sich um das Beschwerdegericht handelt.[44] **8.34**

Ferner ist zur Entscheidung über Verstöße gegen Vollstreckungsverbote nach der InsO (z.B. §§ 21, 88, 89, 114, 294 InsO) ausschließlich das **Insolvenzgericht** zuständig (§ 89 Abs. 3 InsO). Dabei richtet sich der Rechtsmittelzug nach den allgemeinen vollstreckungsrechtlichen Vorschriften, also insoweit nicht nach den Rechtsbehelfen der InsO.[45] **8.35**

Funktionell zuständig für die Entscheidung über die Erinnerung ist der Richter (§ 20 Nr. 17 RPflG). Jedoch steht dem Rechtspfleger, soweit er die Vollstreckungsmaßnahme erlassen hat, eine Abhilfebefugnis zu analog § 572 ZPO[46]. Dies gilt auch, wenn die Entscheidungszuständigkeit nach § 85 Abs. 4 InsO gegeben ist. Hilft der Rechtspfleger nicht ab, entscheidet der Richter des Vollstreckungsgerichts (bzw. Insolvenzgericht). Eine Vorlage an das Rechtsmittelgericht findet nicht statt[47]. Gegen den Beschluss des Richters kann sofortige Beschwerde gemäß § 793 ZPO eingelegt werden. **8.36**

---

41 Vgl. MünchKomm/*Schmidt* ZPO, § 766 Rdn. 41 m.w.N.
42 St. Rspr., vgl. BVerfG, NJW 1994, 1208, 1210.
43 BGH, NJW 1976, 1453; OLG Stuttgart, Rpfleger 1975, 407; Thomas/*Putzo*, § 930 Rdn. 2; Zöller/*Vollkommer*, § 930 Rdn. 3.
44 OLG München, MDR 2004, 1383; **a.A.** StJ/*Grunsky*, § 930 Rdn. 2.
45 BGH, Rpfleger 2004, 436 = InVo 2004, 511 = MDR 2004, 766.
46 **H.M.**, vgl. Zöller/*Stöber*, § 766 Rdn. 24; Baumbach/*Hartmann*, § 766 Rdn. 39.
47 **H.M.**, vgl. OLG Köln, InVo 1999, 396 = JurBüro 2000, 48; OLG Düsseldorf, NJW-RR 1993, 831; Baumbach/*Hartmann*, § 766 Rdn. 41.

8.37 Dem Erinnerungsgegner ist vor einer für ihn nachteiligen Abhilfeentscheidung **rechtliches Gehör** zu gewähren. Eine Ausnahme hiervon ist bei der Erinnerung gegen einen zurückweisenden Gläubigerantrag auf Erlass eines Pfändungs- und Überweisungsbeschlusses im Hinblick auf die Vorschrift des § 834 ZPO gegeben. Hier wird der Schuldner ebenso wie beim sofortigen Erlass des Pfändungsbeschlusses nicht angehört. Hat der Rechtspfleger der Erinnerung abgeholfen, ist dagegen die Vollstreckungserinnerung gemäß § 766 ZPO oder die sofortige Beschwerde gemäß § 11 Abs. 1 RPflG, § 793 ZPO statthaft (oben Rdn. 8.9 ff.).

8.38 Der Gerichtsvollzieher kann im Rahmen des § 766 Abs. 2 ZPO in beschränktem Maße abhelfen, also z.B. auf einen entsprechenden Antrag hin die Vollstreckung (weiter) antragsgemäß durchführen bzw. den Kostenansatz korrigieren. Nicht jedoch kann er von ihm bereits durchgeführte Zwangsvollstreckungsmaßnahmen im Wege der Abhilfe aufheben (vgl. auch §§ 775, 776 ZPO).

V. Erinnerungsbefugnis/Beschwer

8.39 Eine Berechtigung zur Einlegung einer Erinnerung hat nur, wer durch die konkrete Vollstreckungsmaßnahme in seinen eigenen Rechten beeinträchtigt ist. Dies können grundsätzlich sein: der Gläubiger, der Schuldner, der Drittschuldner oder sonstige Dritte.[48]

1. Gläubiger

8.40 Der Gläubiger wird in seinen Rechten beeinträchtigt, u.a. wenn

- das Vollstreckungsorgan seinen Vollstreckungsantrag ganz oder teilweise zurückweist;[49]
- eine Vollstreckungshandlung nicht antragsgemäß durchgeführt wird, z.B. der Gerichtsvollzieher bei einem Wohnungswechsel des Schuldners keine Meldeauskunft einholt;[50]
- sich der Gerichtsvollzieher weigert, eine unvollständige eidesstattliche Versicherung durch den Schuldner nachbessern zu lassen;[51]
- der Gerichtsvollzieher die Verhaftung des Schuldners ablehnt;[52]
- eine Sache gepfändet wird, die der Gläubiger ausdrücklich nicht gepfändet haben wollte;

---

48 Zur Erinnerungsbefugnis bei Testamentsvollstreckung vgl. *Garlichs*, Rpfleger 1999, 60 f.
49 LG Koblenz, InVo 1999, 398.
50 LG Hannover, JurBüro 2005, 274.
51 BGH, Rpfleger 2004, 575 = InVo 2004, 421 = MDR 2004, 1141.
52 LG Rostock, Rpfleger 2003, 203 = JurBüro 2003, 107.

- eine begonnene Zwangsvollstreckung ohne Vorliegen eines Vollstreckungshindernisses eingestellt wird;
- der Gerichtsvollzieher Geld und Kostbarkeiten entgegen § 808 Abs. 1 ZPO nicht in Besitz nimmt,
- das Vollstreckungsorgan Gegenstände zu Unrecht als unpfändbar behandelt;
- der Gerichtsvollzieher die Kosten falsch ansetzt.

Ob vollstreckungsbeschränkende Vereinbarungen (auch) mit § 766 geltend gemacht werden können, ist **streitig**[53]. 8.41

Der Gläubiger kann Erinnerung nicht mit der Begründung einlegen, der Gerichtsvollzieher habe unpfändbare Sachen gepfändet. Denn durch eine solche Pfändung werden nicht Rechte des Gläubigers verletzt. Will er einem möglichen Schadensersatzanspruch entgehen oder einer Erinnerung des Schuldners zuvorkommen, kann er die gepfändete Sache freigeben. 8.42

2. Schuldner

Eine Beeinträchtigung des Schuldners liegt vor, wenn sich die Vollstreckungsmaßnahme gegen ihn richtet. Seine Beschwer kann u.a. darin liegen, dass 8.43

- kein vollstreckungsfähiger Titel vorhanden ist, z.B. weil die Zug-um-Zug-Leistung nicht ausreichend bestimmt ist;[54]
- die Vollstreckungsklausel überhaupt fehlt oder sie nicht für den Vollstreckungsgläubiger erteilt ist;[55]
- das Kind wegen eines Wechsels des Vertretungsverhältnisses (Sorgerechtübergang vom Vater auf die Mutter) nicht mehr ordnungsgemäß vertreten ist;[56]
- die Zustellung des Titels nicht ordnungsgemäß erfolgt ist;
- eine besondere Vollstreckungsvoraussetzung fehlt (§ 750 Abs. 2 ZPO: fehlende Zustellung der notwendigen Urkunden; die Frist des § 750 Abs.

---

53 Vgl. Rdn. 3.432, 3.433 sowie OLG Frankfurt, InVo 2000, 217 und MünchKomm/*Schmidt* ZPO, § 766 Rdn. 33–35 m.w.N.
54 BGH, Rpfleger 1993, 206; OLG Frankfurt, InVo 1998, 235 – Zinsforderung. Zur daneben bestehenden Möglichkeit einer prozessualen Gestaltungsklage analog § 767 ZPO in diesen Fällen vgl. OLG Köln, InVo 1998, 234. Ein Streit über die Auslegung des Titels ist nur im Rahmen einer negativen Feststellungsklage bzw. einer Klage analog § 767 ZPO auszutragen, OLGR Köln, 2005, 381 und OLG Karlsruhe, Rpfleger 2005, 95 = InVo 2005, 155; s. auch Rdn. 8.116, 8.117.
55 BGH, NJW 1992, 2160; OLG Stuttgart, InVo 2001, 256.
56 OLG Koblenz, Rpfleger 2004, 575 = InVo 2004, 421 = FamRZ 2004, 1369: der nicht mehr sorgeberechtigte Vater vollstreckte gegen die nunmehr sorgeberechtigte Mutter aus einem von ihm als seinerzeitigem gesetzlichem Vertreter in Prozessstandschaft erwirkten Titel weiter wegen bis zum Sorgerechtswechsel aufgelaufenen Rückstandes.

3 ZPO ist nicht eingehalten; ein bestimmter Kalendertag ist noch nicht abgelaufen, § 751 Abs. 1 ZPO; eine notwendige Sicherheitsleistung ist nicht erbracht bzw. nicht ordnungsgemäß nachgewiesen, § 751 Abs. 2 ZPO; Verstoß gegen §§ 756, 765 ZPO bei Zug-um-Zug-Leistungen; Verstoß gegen die Wartefrist gemäß § 798 ZPO – nach Ablauf der Frist wird die Pfändung aber auch bei eingelegter Erinnerung fehlerfrei);
- eine Vollstreckung trotz Vorliegens eines Vollstreckungshindernisses, § 775 ZPO, §§ 21, 88, 89 InsO erfolgte;
- ohne die erforderlichen Voraussetzungen ein Vollstreckungshaftbefehl erlassen wurde;[57]
- ein unzuständiges Vollstreckungsorgan tätig wurde;
- eine Überpfändung gemäß § 803 Abs. 1 S. 2 ZPO oder eine nutzlose Pfändung gemäß § 803 Abs. 2 ZPO vorliegt;
- ein Verstoß gegen Unpfändbarkeitsvorschriften, §§ 811, 812, 851, 865 Abs. 2 S. 1 ZPO erfolgt ist;
- Kosten durch den Gerichtsvollzieher unzutreffend angesetzt worden sind;
- der pfändungsfreie Betrag gemäß § 850d ZPO zu gering angesetzt wurde;[58]
- Pfändungsschutz gemäß § 55 SGB I bei Pfändung eines Kontos, auf das laufende Sozialleistungen eingehen, begehrt wird;[59]
- er entgegen § 93 InsO als Gesellschafter einer Gesellschaft ohne Rechtspersönlichkeit persönlich in Anspruch genommen wird.[60]

8.44 Der Schuldner kann hingegen nicht geltend machen, der Dritte sei entgegen § 809 ZPO nicht zur Herausgabe der Sache bereit gewesen, denn diese Vorschrift schützt nur den Dritten. Ferner kann er nicht im Rahmen des § 766 ZPO die Aufrechnung mit Kostenerstattungsansprüchen geltend machen.[61]

3. Drittschuldner

8.45 Der Drittschuldner wird durch das Arrestatorium gemäß § 829 Abs. 1 S. 2 ZPO sowie die Drittschuldnererklärung gemäß § 840 ZPO in *seinen* Rechten u.a. beeinträchtigt,
- wenn eine Verfahrensvoraussetzung für die Zwangsvollstreckung fehlt (Titel, Klausel, Zustellung des Titels etc., vgl. die obigen Beispiele zum Schuldner[62]);

---

57 OLG Oldenburg, InVo 2001, 458.
58 OLG Köln, FamRZ 1992, 845 = MDR 1992, 1001.
59 LG Marburg, Rpfleger 2002, 470; LG Braunschweig, Rpfleger 1998, 297.
60 LG Bad Kreuznach, Rpfleger 2004, 517.
61 OLG Celle, InVo 1999, 398.
62 S. auch Brox/*Walker,* Rdn. 1200; MünchKomm/*Schmidt* ZPO, § 766 Rdn. 27, jeweils m.w.N.

- bei unzureichender Bezeichnung der zu pfändenden Forderung, weil dadurch der Pfändungsbeschluss unwirksam ist;[63]
- bei einem Verstoß gegen die Vorschriften über die Unpfändbarkeit gemäß §§ 850 ff. ZPO;
- bei unzutreffender Festsetzung der Pfändungsfreigrenze gemäß § 850d ZPO.

Keine Beschwer des Drittschuldners ist hingegen gegeben bei einer Zusammenrechnung von Altersrente und unpfändbarem Pflegegeld, wenn in seinen Bereich nur die Altersrente fällt;[64] Gleiches gilt für den Einwand, die Pfändung und Verwertung lasse entgegen § 803 Abs. 2 ZPO keinen die Kosten übersteigenden Erlös erwarten.[65]

8.46

4. Sonstige Dritte

Sonstige Dritte haben eine Erinnerungsbefugnis, soweit Vorschriften verletzt werden, die *(auch) ihrem Schutz* dienen, also u.a.:[66]

8.47

- im Falle des § 739 ZPO z.B. bei Pfändung der persönlichen Gebrauchsgegenstände des nicht schuldenden Ehegatten (vgl. auch § 1362 Abs. 2 BGB und Rdn. 4.118);
- für den nachpfändenden Gläubiger im Hinblick auf den Rang gemäß § 804 Abs. 3 ZPO;[67] sobald die Vorschriften über das Verteilungsverfahren gemäß §§ 872 ff. ZPO Anwendung finden, ist die Erinnerung unzulässig;[68]
- in den Fällen der §§ 810, 865 Abs. 2 ZPO für dingliche Gläubiger;
- bei unpfändbaren Gegenständen gemäß § 811 Abs. 1 Nr. 1, 2, 3, 4, 4a und 12 ZPO für die Haus- und Familienangehörigen, bei § 811 Abs. 1 Nr. 5, 6 und 8 ZPO jedenfalls für den Ehegatten und die Familienangehörigen; Entsprechendes gilt für §§ 850c, 850d, 850f, 850i und 850k ZPO;
- für den Gewahrsamsinhaber bei einer Räumung gemäß § 885 ZPO, soweit er weder im Titel noch in der Klausel aufgeführt ist, aber andererseits aufgeführt sein müsste, z.B. Untermieter (nähere Einzelheiten vgl. Rdn. 7.27). Hingegen ist der Schuldner selbst nicht beschwert, wenn die Vollstreckung gegen die nicht im Titel aufgeführte Lebensgefährtin durchgeführt werden soll;[69]

---

63 BGH, MDR 1978, 135.
64 AG Halle, JurBüro 2005, 273.
65 AG Halle, JurBüro 2005, 382.
66 Zur Erinnerungsbefugnis im Übrigen vgl. auch die Zusammenstellungen bei Baumbach/*Hartmann*, § 766 Rdn. 19 ff.; Brox/*Walker*, Rdn. 1195 ff.; Münch-Komm/*Schmidt* ZPO, § 766 Rdn. 27 f.
67 BGH, NJW-RR 1989, 636.
68 Vgl. OLG Koblenz, ZIP 1983, 745.
69 OLG Köln, InVo 1997, 163 = DGVZ 1997, 119.

- der Drittberechtigte, dessen Forderung als gegen den Drittschuldner gerichteter Anspruch gepfändet worden ist;[70]
- der Insolvenzverwalter und die Insolvenzgläubiger bei einem Verstoß gegen sie schützende Vorschriften (z.B. §§ 89, 90 InsO), soweit also die Insolvenzmasse betroffen ist[71].

8.48 **Streitig** ist, ob der Gerichtsvollzieher erinnerungsbefugt ist[72].

VI. Rechtsschutzinteresse

8.49 Es besteht ab dem **Beginn** der Zwangsvollstreckung, also der ersten gegen den Schuldner gerichteten Handlung des Vollstreckungsorgans. Denn die allgemeinen und besonderen Voraussetzungen der Zwangsvollstreckung müssen erst bei Beginn der Zwangsvollstreckung erfüllt sein. Zudem lässt sich die Unzulässigkeit einer bestimmten Vollstreckungsmaßnahme erst dann konkret und nicht nur hypothetisch prüfen, wenn eine solche bereits vorgenommen wurde[73]. Soweit der Gerichtsvollzieher tätig wird, liegt der Beginn der Vollstreckung grundsätzlich nicht schon in dem an ihn gerichteten Vollstreckungsantrag, sondern erst in dessen Tätigwerden (Pfändung, nicht jedoch in einer Ankündigung der Mobiliarvollstreckung[74]). Ist Vollstreckungsorgan das Vollstreckungsgericht, beginnt die Vollstreckung schon mit der Herausgabe des Pfändungs- und Überweisungsbeschlusses aus dem internen Bereich des Gerichts, nicht erst mit dessen Zustellung[75].

8.50 Soweit man einen Beschluss gemäß § 758a Abs. 1 und 4 ZPO, der die Zwangsvollstreckung nur vorbereiten soll, wegen des engen Zusammenhanges als Zwangsvollstreckungsmaßnahme ansieht und insoweit die Anwendbarkeit des § 766 ZPO statt des § 567 ZPO bejaht (s.o. Rdn. 8.21, 8.23), besteht ab Erlass eines solchen Beschlusses ein Rechtsschutzinteresse. Ferner in solchen Fällen, in denen dem Erinnerungsführer ein **Zuwarten nicht zugemutet** werden kann, weil ein bestimmter Vollstreckungsakt droht und die nachfolgende Erinnerung den erlittenen Nachteil nicht voll ausgleichen würde (z.B. Haftbefehl; Räumung),[76] oder weil wegen zwischenzeitlicher

---

70 OLG Jena, InVo 1996, 304.
71 Vgl. OLG Frankfurt, OLGR 1995, 100; Brox/*Walker*, Rdn. 1208, 1209.
72 Vgl. OLG Düsseldorf, NJW-RR 1993, 1280: grundsätzlich nicht; Baumbach/*Hartmann*, § 766 Rdn. 18; Brox/*Walker*, Rdn. 1210; Zöller/*Stöber*, § 766 Rdn. 37; Musielak/*Lackmann*, § 766 Rdn. 27; MünchKomm/*Schmidt* ZPO, § 766 Rdn. 62; vgl. auch 8.97.
73 **H.M.**, vgl. OLG Köln, JurBüro 1989, 870 m.w.N.
74 KG, KGR 1994, 94.
75 Vgl. BGHZ 25, 60, 63 ff. = NJW 1957, 1480; MünchKomm/*Schmidt* ZPO, § 766 Rdn. 44 m.w.N.; *Stöber*, Rdn. 712.
76 Vgl. BGH, Rpfleger 2005, 207 = InVo 2005, 283 = MDR 2005, 648; KG, OLGR 1994, 94; Baumbach/*Hartmann*, § 766 Rdn. 36; vgl. auch § 180 GVGA.

Beendigung der Zwangsvollstreckungsmaßnahme die Erinnerung unzulässig würde (z.B. durchgeführte Räumung[77]).

Mit Ausnahme der in den nachfolgenden Randnummern beschriebenen Fälle besteht kein Rechtsschutzinteresse mehr für eine Vollstreckungserinnerung nach **Beendigung** der konkret beanstandeten Vollstreckungsmaßnahme. Das ist bei Vollstreckung wegen einer Geldforderung erst nach Auskehr des Erlöses an den Gläubiger der Fall, nicht aber schon mit der Versteigerung der Pfandsache oder der Hinterlegung des Erlöses; bei der Forderungspfändung zur Einziehung erst, wenn der Drittschuldner an den Vollstreckungsgläubiger geleistet hat. Entsprechendes soll auch bei der Überweisung an Erfüllungs statt gemäß § 835 Abs. 1 Alt. 2, Abs. 2 ZPO gelten[78]. **8.51**

Sie kann daher grundsätzlich nach Beendigung der konkret angegriffenen, aber beendeten Zwangsvollstreckungsmaßnahme nicht zu dem Zweck eingelegt werden, festzustellen, ob richtig verfahren wurde oder eine Maßnahme der Zwangsvollstreckung unzulässig war.[79] Der aus dem Verwaltungsrecht bekannte **Fortsetzungsfeststellungsantrag** ist dem Zivilprozess grundsätzlich fremd. Eine Ausnahme kann zwar bei tief greifenden Grundrechtseingriffen in Fällen prozessualer Überholung in Betracht kommen,[80] dürfte aber im Anwendungsbereich der Vollstreckungserinnerung kaum relevant werden, weil bei drohenden tief greifenden Grundrechtseingriffen bereits vor deren Vornahme die Vollstreckungserinnerung zulässig ist einschließlich des vorläufigen Rechtsschutzes.

Soweit der **Gläubiger nicht vollständig befriedigt** ist, die Erinnerung aber nicht im Hinblick auf die Vollstreckung in einen einzelnen Gegenstand (z.B. wegen Unpfändbarkeit) erfolgte, sondern weil eine notwendige Voraussetzung der Zwangsvollstreckung nicht vorlag (z.B. keine Klausel), besteht für die Erinnerung bis zur vollständigen Befriedigung des Gläubigers ein Rechtsschutzinteresse[81]. Bei der **Wegnahmevollstreckung** bzw. **Räumung** (§§ 883, 885 ZPO) ist die Zwangsvollstreckung erst mit der Besitzerlangung des Gläubigers beendet,[82] nicht aber schon mit der Wegnahme/Räumung durch den Gerichtsvollzieher[83]. **8.52**

---

77   OLG Köln, JurBüro 1989, 870.
78   OLG Düsseldorf, Rpfleger 1982, 192 = ZIP 1982, 366; Zöller/*Stöber*, § 835 Rdn. 13; *Schuschke*, § 835 Rdn. 15; *Stöber*, Rdn. 598; **a.A.** LG Düsseldorf, Rpfleger 1982, 329 = JurBüro 1982, 305; MünchKomm/*Smid* ZPO, § 835 Rdn. 26; Musielak/*Becker*, § 835 Rdn. 14; *Münzberg*, Rpfleger 1982, 329.
79   BGH, Rpfleger 2005, 207 = InVo 2005, 283 = MDR 2005, 648; OLG Köln, InVo 2000, 282 = JurBüro 2001, 213.
80   Zum Fortsetzungsfeststellungsinteresse bei erledigten gerichtlichen Anordnungen vgl. BVerfGE 96, 27, 40; 104, 220, 232 ff.; BVerfG, Rpfleger 2004, 437; OLG Hamm, NJOZ 2002, 1721.
81   BGH, Rpfleger 2005, 207 = InVo 2005, 283 = MDR 2005, 648, insoweit ungenau Brox/*Walker*, Rdn. 1191.
82   BGH, Rpfleger 2005, 207 = InVo 2005, 283 = MDR 2005, 648; MünchKomm/ *Schmidt* ZPO, § 766 Rdn. 45; s. auch Rdn. 7.14.
83   So aber Baumbach/*Hartmann*, § 883 Rdn. 8.

8.53 Ein Rechtsschutzinteresse besteht trotz beendeter Zwangsvollstreckungsmaßnahme ferner dann, wenn und soweit **fortdauernde Wirkungen der Zwangsvollstreckung** bestehen, die noch beseitigt werden können,[84] so bei teilweiser Befriedigung des Gläubigers im Hinblick auf die Ablegung der Offenbarungsversicherung; bei anderweitiger ausreichender Sicherung des Gläubigers gemäß § 777 ZPO; hinsichtlich der Unpfändbarkeitsbescheinigung des Gerichtsvollziehers als Grundlage für weitere Zwangsvollstreckungsverfahren;[85] bei erfolgter Räumungsvollstreckung im Hinblick auf Maßnahmen gemäß § 885 Abs. 2–4 ZPO[86]. Auch bei Einwendungen wegen der vom Gerichtsvollzieher in Ansatz gebrachten Kosten der Zwangsvollstreckung (§ 766 Abs. 2 ZPO).[87]

8.54 Ein Rechtsschutzinteresse besteht auch bei **nichtigen Vollstreckungsmaßnahmen,** obwohl sie weder hinsichtlich der Pfändung noch Verstrickung Wirkungen erzeugen. Da aber eine Vollstreckungsmaßnahme existiert, verbindet sich damit grundsätzlich ein Rechtsschein ihrer Wirksamkeit. An der Beseitigung dieses Rechtsscheins besteht ein schutzwürdiges Interesse für den Schuldner bzw. Dritte.

Beispiel:

Überweisungsbeschluss aufgrund eines Arrestes[88].

VII. Begründetheit

8.55 Die Erinnerung ist begründet, wenn das Verhalten des Vollstreckungsorgans mit den gesetzlichen Verfahrensvorschriften nicht in Einklang steht. Ob dies der Fall ist, hängt von der Art des geltend gemachten Verstoßes ab. **Maßgeblicher Zeitpunkt** für die Frage der Begründetheit ist der der Entscheidung über die Erinnerung (§ 572 ZPO analog). Die Sach- und Rechtslage in diesem Zeitpunkt ist maßgebend dafür, ob die Vollstreckungsmaßnahme Bestand haben kann. Es ist daher möglich, dass ein bei Einlegung der Erinnerung vorhandener Verfahrensverstoß infolge Heilung nicht mehr besteht und die Erinnerung somit letztlich unbegründet ist (z.B. wurde die fehlende Sicherheitsleistung noch erbracht; der Kalendertag ist zwischenzeitlich abgelaufen; der unpfändbare Gegenstand wurde pfändbar [Zweitwagen])[89].

---

84 OLG Bamberg, JurBüro 1983, 298.
85 Vgl. LG Düsseldorf, DGVZ 1985, 152; MünchKomm/*Schmidt* ZPO, § 766 Rdn. 45 m.w.N.
86 OLG Köln, InVo 2000, 282 = JurBüro 2001, 213; KG, Rpfleger 1986, 439, 440; offen gelassen von BGH, Rpfleger 2005, 207 = InVo 2005, 283 = MDR 2005, 648.
87 OLG Hamm, InVo 2001, 307.
88 BGH, NJW 1993, 735, 738.
89 **H.M.,** vgl. MünchKomm/*Schmidt* ZPO, § 766 Rdn. 46 m.w.N.

Grundlage der Entscheidung des Gerichts sind dabei die offenkundigen, unstreitigen oder von einer Partei vorgetragenen, mit den strengen Beweismitteln der ZPO **bewiesenen** Tatsachen. Glaubhaftmachung gemäß § 294 ZPO genügt nicht. Eine Ermittlung entsprechender Tatsachen von Amts wegen findet über den Bereich der §§ 141 bis 144 ZPO hinaus nicht statt; wohl aber sind die §§ 273 Abs. 2 Nr. 2, 437 Abs. 2 ZPO entsprechend anzuwenden, z.B. also Einholung einer dienstlichen Stellungnahme des Gerichtsvollziehers.

8.56

VIII. Entscheidung

Sie ergeht stets als mit Gründen versehener **Beschluss;** eine mündliche Verhandlung ist möglich, aber nicht vorgeschrieben (§ 764 Abs. 3 ZPO). Vor einer dem Erinnerungsgegner nachteiligen Entscheidung ist diesem rechtliches Gehör zu gewähren. Im Rubrum der Entscheidung sind der Gläubiger, der Schuldner und, soweit ein Dritter Erinnerungsführer ist, auch dieser aufzuführen (vgl. Muster, Rdn. 15.28).

8.57

Ist die Erinnerung unzulässig oder unbegründet, wird sie **zurückgewiesen.**

8.58

Beispiel:

Die Erinnerung des Schuldners gegen die am ... durch den Gerichtsvollzieher ... (DR ...) in ... (Angabe des Gegenstandes) erfolgte Pfändung wird zurückgewiesen.

Bei zulässiger und **begründeter** Erinnerung kann der Tenor lauten auf

8.59

- **Unzulässigerklärung (insgesamt/teilweise) der Zwangsvollstreckung**

Beispiel:

Die Zwangsvollstreckung in den am ... durch den Gerichtsvollzieher ... (DR ...) gepfändeten Pkw der Marke ..., Fahrgestell-Nr. ... wird für unzulässig erklärt.

- **Aufhebung/Abänderung der Vollstreckungsmaßnahme**

Soweit das Vollstreckungsgericht selbst die beanstandete Maßnahme erlassen hatte, erfolgt zugleich mit der Unzulässigerklärung auch die entsprechende Aufhebung.

Beispiel:

Die Zwangsvollstreckung aus dem Pfändungs- und Überweisungsbeschluss des ... (Angabe des Gerichts) vom ... – Aktenzeichen – wird in Höhe des pfändungsfreien Betrages von € ... für unzulässig erklärt. In dieser Höhe wird der Pfändungs- und Überweisungsbeschluss aufgehoben.

Soweit der Gerichtsvollzieher die beanstandete und für unzulässig erklärte Vollstreckungsmaßnahme durchgeführt hatte, muss er von Amts wegen die Vollstreckungsmaßnahme aufheben (§§ 775 Nr. 1, 776 ZPO). Einer gesonderten Anweisung an ihn bedarf es insoweit nicht.

Mit der *Aufhebung* ist der Rang der Pfändung auf immer verloren.

Tipp: Es ist möglich, die Aufhebung der Zwangsvollstreckungsmaßnahme von der Rechtskraft der Entscheidung über die Erinnerung abhängig zu machen[90]. Darauf sollte der Gläubiger bei einer Erinnerung anderer stets durch entsprechende Antragstellung hinwirken.

Beispiel:

Die Wirksamkeit der Aufhebung der Pfändung wird von der formellen Rechtskraft dieses Beschlusses abhängig gemacht.

- **Anweisung an den Gerichtsvollzieher,** bestimmte Vollstreckungsmaßnahmen – in bestimmter Weise – durchzuführen; den Vollstreckungsantrag nicht aus dem Grund, der zur Begründetheit der Erinnerung führte, zu verweigern; die Kosten in bestimmter Höhe (nicht) anzusetzen.

Beispiel:

Der Gerichtsvollzieher wird angewiesen,
- die vom Gläubiger am … beantragte Pfändung auszuführen;
- die beantragte Pfändung der Herrenkommode … nicht deshalb zu verweigern, weil bei deren Verwertung nur ein außer allem Verhältnis zu ihrem Wert stehender Erlös erzielt werden könne (§ 812 ZPO).

8.60 Die Entscheidung des Vollstreckungsrichters über eine Erinnerung bedarf jedenfalls derzeit noch keiner **Rechtsmittelbelehrung**[91].

8.61 Da der Gerichtsvollzieher kein Beteiligter des Erinnerungsverfahrens ist, können ihm bzw. der Landeskasse keine Kosten auferlegt werden[92]. Im Falle des § 766 Abs. 1 ZPO **erfolgt die Kostenentscheidung** gem. den §§ 91 ff., 97 Abs. 1 ZPO,[93] im Falle des § 766 Abs. 2 ZPO ergeht keine Kostenentscheidung (vgl. § 788 Abs. 1 ZPO), weil der Schuldner nicht der Erinnerungsgegner ist[94].

8.62 Die Entscheidung erwächst in formelle **Rechtskraft,** in materielle Rechtskraft stets auch gegenüber dem Erinnerungsführer sowie gegenüber dem Erinnerungsgegner (Gläubiger/Schuldner), wenn diesem rechtliches

---

90 **H.M.,** vgl. OLG Köln, FamRZ 1992, 845 = MDR 1992, 1001.
91 OLG Jena, InVo 1999, 55.
92 BGH, Rpfleger 2004, 575 = InVo 2004, 421 = MDR 2004, 1141; OLG Hamm, DGVZ 1994, 27; Zöller/*Stöber,* § 766 Rdn. 34.
93 BGH, Rpfleger 1989, 79 = NJW-RR 1989, 125 = MDR 1989, 142; Zöller/*Stöber,* § 766 Rdn. 34.
94 Vgl. LG Augsburg, JurBüro 1998, 495; LG Düsseldorf, JurBüro 1984, 1734; Zöller/*Stöber,* § 766 Rdn. 34; MünchKomm/*Schmidt* ZPO, § 766 Rdn. 61.

Gehör gewährt wurde, ansonsten ihm gegenüber nicht.[95] Eine Rechtskrafterstreckung auf Dritte ist ebenfalls nur zu bejahen, wenn diesen rechtliches Gehör gewährt wurde[96].

IX. Rechtsbehelfe

Gegen die **Abhilfeentscheidung des Rechtspflegers** ist Erinnerung gemäß § 766 ZPO oder die sofortige Beschwerde gemäß § 11 Abs. 1 RPflG, § 793 ZPO möglich, je nachdem ob dem Erinnerungsführer rechtliches Gehör gewährt wurde oder nicht (s.o. Rdn. 8.9 ff.). Gegen **Entscheidungen des Richters** ist die sofortige Beschwerde gemäß § 793 ZPO gegeben. Unter den Voraussetzungen des § 574 Abs. 1 Nr. 2, Abs. 3 ZPO ist gegen die Entscheidung des Beschwerdegerichts die Rechtsbeschwerde möglich. Hinsichtlich der Entscheidung über die Kosten gilt § 567 Abs. 2 ZPO, und zwar auch im Fall des § 766 Abs. 2 Fall 3 ZPO. Lehnt der Gerichtsvollzieher die Zwangsvollstreckung wegen einer seiner Auffassung nach unbegründeten Vollstreckungsgebühr ab, handelt es sich bei dem auf die dagegen eingelegte Erinnerung zurückweisenden Beschluss um eine Entscheidung über Kosten i.S.d. § 567 Abs. 2 ZPO, sodass der dortige Wert des Beschwerdegegenstandes von 200,– € erreicht sein muss.[97]

8.63

X. Einstweiliger Rechtsschutz

Da die Einlegung der Erinnerung keine aufschiebende Wirkung hat, kann gemäß §§ **766 Abs. 1 S. 2, 732 Abs. 2 ZPO** das Vollstreckungsgericht (also der Richter sowie der Rechtspfleger im Rahmen seiner Abhilfebefugnis) nach Einlegung der Erinnerung auf Antrag oder auch von Amts wegen eine einstweilige Anordnung erlassen. Inhalt kann insbesondere sein, dass die Zwangsvollstreckung gegen oder ohne Sicherheitsleistung einstweilen eingestellt oder nur gegen Sicherheitsleistung fortgesetzt werden darf. Die Aufhebung bereits durchgeführter Vollstreckungsmaßnahmen soll unzulässig sein[98].

8.64

Gegen eine richterliche einstweilige Anordnung ist kein Rechtsbehelf gegeben (§ 707 Abs. 2 ZPO analog), gegen eine entsprechende Anordnung des Rechtspflegers die befristete Erinnerung gemäß § 11 Abs. 2 RPflG, der der Rechtspfleger abhelfen kann;[99] ansonsten entscheidet der Richter des Vollstreckungsgerichts abschließend (vgl. im Einzelnen Rdn. 8.70 ff.). Möglich ist ferner eine Aufhebung der einstweiligen Anordnung von Amts wegen oder auf entsprechende Anregung hin.

8.65

---

95 H.M., vgl. Zöller/*Stöber*, § 766 Rdn. 38; MünchKomm/*Schmidt* ZPO, § 766 Rdn. 55.
96 **Streitig**, vgl. zum Meinungsstand MünchKomm/*Schmidt* ZPO, § 766 Rdn. 55; StJ/*Münzberg*, § 766 Rdn. 50; Schuschke/*Walker*, § 766 Rdn. 32.
97 OLG Köln, Rpfleger 1993, 146; LG Saarbrücken, RVGreport 2004, 30.
98 **H.M.**, vgl. *Schuschke*, § 732 Rdn. 16; **a.A.** MünchKomm/*Wolfsteiner* ZPO, § 732 Rdn. 19.
99 Vgl. OLG Köln, InVo 1999, 396 = JurBüro 2000, 48; Thomas/*Putzo*, § 732 Rdn. 11.

Kapitel B
Sofortige Beschwerde/befristete Erinnerung, § 11 RPflG

I. Grundzüge

8.66 Gegen Entscheidungen des Rechtspflegers ist grundsätzlich das Rechtsmittel gegeben, das nach den allgemeinen Vorschriften zulässig ist, § 11 Abs. 1 RPflG. Damit ist das Rechtsmittel gegeben, das bei einer Entscheidung des Richters zulässig wäre. Dies ist im Zwangsvollstreckungsverfahren bei Entscheidungen, die ohne mündliche Verhandlung ergehen, die sofortige Beschwerde gemäß § 793 ZPO, im Immobiliarbereich ggf. auch die Beschwerde gemäß § 71 GBO. Der Ausschluss der Erinnerung gemäß § 11 Abs. 3 RPflG betrifft keine Entscheidungen des Rechtspflegers in der Mobiliarzwangsvollstreckung.

II. Sofortige Beschwerde, § 11 Abs. 1 RPflG

8.67 Die sofortige Beschwerde gemäß § 11 Abs. 1 RPflG, § 793 ZPO ist grundsätzlich statthaft gegen alle Entscheidungen des Rechtspflegers; im Rahmen der Zwangsvollstreckung also, soweit geltend gemacht wird, dass die gesetzlich vorgeschriebenen Voraussetzungen für die durchgeführte Zwangsvollstreckung nicht gegeben seien (z.B. Fehlen des Titels, keine Klausel, unwirksame Zustellung, fehlerhafte Pfändung). Im Bereich der Zwangsvollstreckung ist die sofortige Beschwerde gemäß § 11 Abs. 1 RPflG, § 793 ZPO von der Vollstreckungserinnerung gemäß § 766 ZPO abzugrenzen. Während § 11 Abs. 1 RPflG, § 793 ZPO nur für **Vollstreckungsentscheidungen** des Rechtspflegers Anwendung finden, ist § 766 ZPO der zutreffende Rechtsbehelf gegen **Vollstreckungsmaßnahmen** des Rechtspflegers. Zu den Einzelheiten der Abgrenzung vgl. Rdn. 8.9 ff.

8.68 Für Einwendungen des Schuldners gegen die Erteilung der **Vollstreckungsklausel** ist der besondere Rechtsbehelf der Klauselerinnerung gemäß § 732 ZPO gegeben; insoweit findet § 11 Abs. 1 RPflG keine Anwendung. Wird der Antrag des Gläubigers auf Erteilung der Klausel durch den Rechtspfleger zurückgewiesen, steht ihm gemäß § 11 Abs. 1 RPflG, § 567 ZPO dagegen die sofortige Beschwerde zu (s. Rdn. 3.212).

8.69 Der Rechtspfleger kann der sofortigen Beschwerde abhelfen, § 11 Abs. 1 RPflG, § 572 Abs. 1 ZPO. Zu den **Einzelheiten** der sofortigen Beschwerde s. unten Rdn. 8.88 ff.

III. Befristete Erinnerung, § 11 Abs. 2 RPflG

1. Statthaftigkeit

Die befristete Erinnerung gemäß § 11 Abs. 2 RPflG betrifft nur die Fälle, in denen nach den allgemeinen verfahrensrechtlichen Vorschriften gegen die Entscheidung des Richters kein Rechtsmittel gegeben wäre. Dies sind sowohl Fälle, in denen durch Gesetz die Entscheidung einer Anfechtung entzogen ist (§ 769 Abs. 2 ZPO – Näheres dazu Rdn. 8.209 ff. – oder § 813b Abs. 5 S. 4 ZPO), als auch diejenigen, in denen ein an sich statthafter Rechtsbehelf im Einzelfall nicht gegeben ist, z.B. wegen Nichterreichen des Beschwerdegegenstandes (§ 567 Abs. 2 ZPO). Der Gesetzgeber sah aus verfassungsrechtlichen Erwägungen (Art. 19 Abs. 4 GG) eine Notwendigkeit, dass derartige Entscheidungen einer richterlichen Nachprüfung zugänglich sein müssen. Nicht hierunter fallen aber an sich statthafte Rechtsbehelfe, die im Einzelfall lediglich deshalb unzulässig sind, weil die Form oder die Frist nicht gewahrt ist[100].

8.70

2. Antrag/Form/Frist

Die Erinnerung kann gemäß § 11 Abs. 2 S. 4 RPflG, § 569 Abs. 2 und 3 ZPO **schriftlich** oder zu **Protokoll der Geschäftsstelle** des Gerichts eingelegt werden, das die Entscheidung erlassen hat[101]. Sie unterliegt keinem Anwaltszwang (§§ 78 Abs. 5, 79 ZPO, § 13 RPflG[102]).

8.71

Notwendig ist die Angabe, dass und für wen Erinnerung eingelegt wird, sowie die genaue Angabe der angefochtenen Entscheidung (vgl. Muster, Rdn. 15.27). Ein Antrag im eigentlichen Sinn ist nicht notwendig, die Erinnerung soll aber begründet werden, § 11 Abs. 2 S. 4 RPflG, § 571 Abs. 1 ZPO. Im Übrigen ist eine Begründung stets empfehlenswert, insbesondere wenn der Erinnerungsführer nur Teile der angefochtenen Entscheidung für unzutreffend hält. Davon scharf zu unterscheiden ist, dass das Gericht sich im Rahmen der von Amts wegen erfolgenden Gesamtprüfung auf die von den Parteien vorgetragenen und bewiesenen (nicht nur glaubhaft gemachten) Tatsachen beschränkt, also keine Ermittlung von Amts wegen erfolgt[103]. Wohl gelten aber die §§ 141–144, 273 Abs. 2 Nr. 2, 437 Abs. 2 ZPO entsprechend. Hinsichtlich der Prüfung der Einhaltung von Verfahrensvorschriften besteht kein Verschlechterungsverbot.

8.72

Die Erinnerung ist **fristgebunden** (2 Wochen ab Zustellung: § 11 Abs. 2 S. 1 RPflG, § 569 Abs. 1 ZPO).

8.73

---

100 OLG Nürnberg, MDR 2005, 534 = JurBüro 2005, 366; Arnold/Meyer-Stolte/*Hansens*, § 11 Rdn. 47; **a.A.** *Hartmann*, KostG RVG § 11 Rdn. 85.
101 OLG Celle, NdsRpfl 1994, 119.
102 Zöller/*Gummer*, § 569 Rdn. 11.
103 **H.M.**, vgl. MünchKomm/*Schmidt* ZPO, § 766 Rdn. 41, m.w.N.

3. Zuständigkeit

8.74 Sachlich und örtlich ist im Rahmen der Zwangsvollstreckung grundsätzlich ausschließlich das Amtsgericht als Vollstreckungsgericht zuständig, dessen Rechtspfleger die Entscheidung erlassen hat (§ 764 Abs. 1 u. 2 ZPO bzw. § 572 Abs. 1 ZPO, § 802 ZPO). Soweit aber das Arrestgericht gemäß § 930 Abs. 1 S. 3 ZPO als Vollziehung des Arrestes eine Forderung gepfändet hat, ist dieses Gericht auch ausschließlich für die Erinnerung zuständig[104].

8.75 Der Rechtspfleger kann gemäß § 11 Abs. 2 S. 2 RPflG der Erinnerung stets **abhelfen**, also seine Entscheidung aufheben bzw. abändern, wenn er die Erinnerung für zulässig und begründet erachtet. Anderenfalls legt er sie mit einer begründeten und von ihm unterzeichneten, nicht nur paraphierten Nichtabhilfeentscheidung dem Richter vor (zwingend durch Beschluss,[105] nach a.A.[106] genügt ein Nichtabhilfevermerk). Er hat also keine Befugnis, die Erinnerung zurückzuweisen, weil die Entscheidung über die Erinnerung allein dem Richter zusteht (§ 11 Abs. 2 RPflG).

8.76 Der **Richter** des Gerichts, dem der Rechtspfleger angehört (§ 28 RPflG) entscheidet über die Erinnerung **stets selbst,** es gibt also keine Vorlage ("Durchgriffserinnerung") an die Beschwerdeinstanz mehr.

4. Erinnerungsbefugnis/Beschwer

8.77 Die Erinnerung ist nur zulässig, wenn derjenige, der sie einlegt, durch die angefochtene Entscheidung auch beschwert ist (Erinnerungsbefugnis bzw. Beschwer). Das kann sein der Gläubiger (z.B. wenn sein Antrag ganz oder teilweise zurückgewiesen wurde), der Schuldner (der stets durch die Zwangsvollstreckung beeinträchtigt wird, soweit nicht ausnahmsweise Verfahrensvorschriften verletzt werden, die nur Dritte schützen) sowie Dritte, die in ihren Rechten bzw. ihren rechtlich geschützten Interessen beeinträchtigt sind.

5. Rechtsschutzinteresse

8.78 Es besteht für den Schuldner und Dritte grundsätzlich erst ab Beginn der Zwangsvollstreckung bis zur Beendigung der konkreten Zwangsvollstreckungsmaßregel. Im Fall der ganzen oder teilweisen Zurückweisung des Antrags also bereits mit der Existenz, nicht erst mit der Zustellung dieser Entscheidung.

---

[104] Vgl. BGH, NJW 1976, 1453; Zöller/*Vollkommer,* § 930 Rdn. 3.
[105] OLG München, Rpfleger 1990, 156; Musielak/*Wolst,* § 104 Rdn. 32.
[106] Arnold/Meyer-Stolte/*Hansens,* § 11 Rdn. 65 f.; Dallmeyer/*Eickmann,* § 11 Rdn. 161 f.

6. Begründetheit

Die Erinnerung ist begründet, wenn nach der Sach- und Rechtslage im maßgeblichen Zeitpunkt, also dem der Entscheidung über die Erinnerung, die angefochtene Entscheidung unrichtig ist. Neue Tatsachen sind daher bei der Entscheidung über die Erinnerung zu berücksichtigen, § 11 Abs. 2 S. 4 RPflG, § 571 Abs. 2 ZPO (vgl. oben Rdn. 8.55).

Die Erinnerung ist also unbegründet, wenn in dem maßgeblichen Jetzt-Zeitpunkt dieselbe Entscheidung erneut ergehen müsste. Sie kann daher trotz eines Verfahrensverstoßes letztlich unbegründet sein, wenn der Mangel inzwischen geheilt wurde.

7. Entscheidung

Vor der Entscheidung ist dem Erinnerungsgegner zwingend **rechtliches Gehör** zu gewähren.

Die Entscheidung über die Erinnerung ergeht grundsätzlich durch **Beschluss**, § 11 Abs. 2 S. 4 RPflG, § 572 Abs. 4 ZPO. Möglicher Inhalt der Entscheidung:

Die Erinnerung ist zulässig und begründet:

- Aufhebung der angefochtenen Entscheidung des Rechtspflegers und ggf. Erlass der neuen Entscheidung durch den Richter;
- Aufhebung der angefochtenen Entscheidung des Rechtspflegers und Zurückverweisung an den Rechtspfleger mit der Maßgabe, die beantragte Entscheidung zu erlassen (§ 11 Abs. 2 S. 4 RPflG, § 572 Abs. 3 ZPO). Eine Zurückverweisung ist aber nur ausnahmsweise gerechtfertigt[107]. Eine Rückgabe an den Rechtspfleger gemäß § 5 Abs. 3 RPflG scheidet im Rahmen einer Erinnerung aus, weil dies nur nach einer Vorlage gemäß § 5 Abs. 1 RPflG möglich ist.

Die Erinnerung ist unzulässig/unbegründet:

- Verwerfung/Zurückweisung der Erinnerung durch den Richter.

Hat der Richter **verfahrensfehlerhaft** die Sache dem Beschwerdegericht vorgelegt, so ist die Vorlageentscheidung aufzuheben und die Sache an den Richter zurückzuverweisen[108].

8. Rechtsbehelfe

Die Vorlageentscheidung des Rechtspflegers an den Richter ist unanfechtbar. Ob gegen die Entscheidung des Rechtspflegers, mit der er der Er-

---

107 OLG Karlsruhe, Rpfleger 1993, 484.
108 Vgl. OLG Düsseldorf, Rpfleger 1998, 103; OLG Köln, InVo 1996, 190.

innerung abgeholfen hat, bzw. gegen die stattgebende Entscheidung des Richters ein Rechtsmittel gegeben ist, richtet sich wiederum nach den allgemeinen verfahrensrechtlichen Bestimmungen. Gegen eine zurückweisende oder verwerfende Entscheidung des Richters ist kein Rechtsmittel gegeben.

9. Einstweiliger Rechtsschutz

8.87   Die Erinnerung hat keine aufschiebende Wirkung. Zur Vermeidung wesentlicher Nachteile können sowohl der zur Abhilfe berechtigte Rechtspfleger wie der zur Entscheidung berufene Richter die Vollziehung der angefochtenen Entscheidung aussetzen (§ 11 Abs. 2 S. 4 RPflG, § 570 Abs. 2 und 3 ZPO).

Kapitel C
Sofortige Beschwerde, § 793 ZPO

I. Statthaftigkeit

8.88   Die sofortige Beschwerde gemäß § 793 Abs. 1 ZPO ist statthaft gegen Entscheidungen, die im Zwangsvollstreckungsverfahren ohne mündliche Verhandlung ergehen können. Dies sind Entscheidungen, die durch das Vollstreckungsgericht oder das Prozessgericht als Vollstreckungsorgan ergangen sind. In Betracht kommt hier auch eine Tätigkeit des Rechtspflegers, weil gegen dessen Entscheidungen gem. § 11 Abs. 1 RPflG das Rechtsmittel gegeben ist, das nach den allgemeinen verfahrensrechtlichen Bestimmungen zulässig ist (vgl. Rdn. 8.67).

1. Entscheidung

8.89   Der Begriff der Entscheidung ist hier doppelt einzugrenzen. Üblicherweise versteht man unter Entscheidungen des Gerichts die Urteile, Beschlüsse und Verfügungen. Im Rahmen des § 793 ZPO scheiden derartige Verfügungen wie z.B. Terminsbestimmung, prozessleitende Verfügungen, Anordnung der Beweisaufnahme aus, weil sie nur vorbereitender Natur sind. Mit der sofortigen Beschwerde können ferner nur Vollstreckungs*entscheidungen* angegriffen werden, nicht aber Vollstreckungs*maßnahmen*. Eine Entscheidung liegt vor, wenn der Antrag des Gläubigers zurückgewiesen wurde oder dem Beschwerdeführer vor der Entscheidung rechtliches Gehör gewährt wurde (zu den Einzelheiten vgl. Rdn. 8.9 ff.).

2. Ohne mündliche Verhandlung

8.90   § 793 ZPO findet auf solche Entscheidungen Anwendung, die ohne mündliche Verhandlung ergehen können (z.B. § 764 Abs. 3, § 891 ZPO), gleichgültig, ob eine mündliche Verhandlung tatsächlich stattgefunden hat.

§ 793 ZPO scheidet daher aus in Fällen, in denen eine mündliche Verhandlung zwingend vorgeschrieben ist (z.B. §§ 767, 771, 805 ZPO), weil Urteile, soweit nicht wie in den § 128 Abs. 2 und 3, § 307 S. 2, § 331 Abs. 3 ZPO gesetzlich ausdrücklich ein anderes bestimmt ist, grundsätzlich nur aufgrund einer mündlichen Verhandlung ergehen (vgl. §§ 128 Abs. 1, 310 Abs. 1 ZPO).

3. Im Zwangsvollstreckungsverfahren

Die Zwangsvollstreckung beginnt bei der Pfändung von Forderungen und anderen Vermögensrechten mit der ersten Hinausgabe der Entscheidung aus dem internen Gerichtsbereich (z.B. telefonische Mitteilung über den Erlass; Einlegung des Beschlusses in das Fach des Anwalts; Hinausgabe der Ausfertigung zur Zustellung durch den Urkundsbeamten der Geschäftsstelle;[109] Übergabe der Entscheidung an die Post oder den Gerichtswachtmeister zwecks Beförderung;[110] also nicht erst mit der Zustellung des Beschlusses[111]); bei beweglichen Sachen beginnt sie mit der Pfändung, bei unbeweglichen Sachen mit der Ankündigung der Räumung bzw. Anordnung der Eintragung einer Sicherungshypothek oder der Zwangsverwaltung (§ 867 ZPO; §§ 15, 16, 146 ZVG). Maßnahmen, die zur Vorbereitung einer Zwangsvollstreckung dienen, stellen daher noch keinen Beginn der Zwangsvollstreckung dar: so die Bestimmung der Art und Höhe der Sicherheitsleistung gemäß § 108 ZPO oder das Klauselerteilungsverfahren. Die Anordnung der Wohnungsdurchsuchung gemäß § 758a Abs. 1 ZPO sowie die Erteilung der Erlaubnis für eine Vollstreckung zur Nachtzeit sowie an Sonn- und Feiertagen (§ 758a Abs. 4 ZPO) sollen zwar auch die Zwangsvollstreckung erst ermöglichen, sind daher noch keine Zwangsvollstreckung. Die wohl h.M.[112] gibt dem Gläubiger/Schuldner in diesen Fällen dennoch den Rechtsbehelf des § 793 ZPO, obwohl hier – wie auch sonst – danach zu differenzieren ist, ob ein Antrag zurückgewiesen wurde oder der Beschwerdeführer Gelegenheit zum rechtlichen Gehör hatte, vgl. Rdn. 8.9 ff. sowie Rdn. 4.66.

8.91

II. Verfahren

Auf das Verfahren im Übrigen finden die Vorschriften über die Beschwerde (§§ 567 ff. ZPO, in der Zwangsversteigerung §§ 95 bis 104 ZVG) Anwendung. Wird das Grundbuchamt als Vollstreckungsorgan tätig, geht § 71 GBO dem § 793 ZPO vor.

8.92

---

109 BVerfG, NJW 1993, 51.
110 BFH, NJW 1991, 1975.
111 Vgl. BGHZ 25, 60, 63 ff. = NJW 1957, 1480.
112 Vgl. MünchKomm/*Schmidt* ZPO, § 793 Rdn. 3; Musielak/*Lackmann*, § 758a Rdn. 16; HK-ZPO/*Kindl*, § 758a Rdn. 12; Schuschke/*Walker*, § 758a Rdn. 38; a.A. Zöller/*Stöber*, § 758a Rdn. 36: Beschwerde gemäß § 567 ZPO, allerdings kein Rechtsbehelf für den Schuldner; OLG Stuttgart, OLGZ 1970, 182 = NJW 1970, 1329: Vollstreckungserinnerung gemäß § 766 ZPO.

III. Antrag/Form/Frist

8.93 Notwendig ist eine **Beschwerdeschrift**, § 569 Abs. 2 S. 1 ZPO. Es besteht grundsätzlich Anwaltszwang. Jedoch kann die Einlegung auch durch die Partei selbst schriftlich oder durch Erklärung zu Protokoll der Geschäftsstelle erfolgen, wenn der Rechtsstreit im ersten Rechtszug nicht als Anwaltsprozess zu führen ist oder war, wenn die Beschwerde die Prozesskostenhilfe betrifft oder wenn sie von einem Zeugen oder Sachverständigen erhoben wird, § 569 Abs. 3 ZPO. Zuständig für die Aufnahme ist der Urkundsbeamte der Geschäftsstelle (§ 153 GVG bzw. der Rechtspfleger gemäß § 24 Abs. 2 Nr. 1 RPflG). Notwendig ist die Angabe, dass und für wen Beschwerde eingelegt wird, sowie die genaue Angabe der angefochtenen Entscheidung (vgl. Muster, Rdn. 15.27). Ein Antrag im eigentlichen Sinn ist nicht notwendig, die Beschwerde soll aber begründet werden, § 571 Abs. 1 ZPO; dies empfiehlt sich insbesondere dann, wenn der Beschwerdeführer nur Teile der angefochtenen Entscheidung für unzutreffend hält. Davon scharf zu unterscheiden ist, dass das Gericht sich im Rahmen der von Amts wegen erfolgenden Gesamtprüfung auf die von den Parteien vorgetragenen und bewiesenen (nicht nur glaubhaft gemachten) Tatsachen beschränkt, also keine Ermittlung von Amts wegen erfolgt.[113] Wohl gelten aber die §§ 141–144, 273 Abs. 2 Nr. 2, 437 Abs. 2 ZPO entsprechend. Hinsichtlich der Prüfung der Einhaltung von Verfahrensvorschriften besteht kein Verschlechterungsverbot.

8.94 Die sofortige Beschwerde ist innerhalb einer **Notfrist** von zwei Wochen einzulegen. Die Frist beginnt entweder mit der Verkündung der Entscheidung (vgl. z.B. §§ 336, 952 Abs. 4 ZPO) oder mit ihrer Zustellung, wobei für jede Partei die Fristen getrennt laufen (vgl. § 329 Abs. 3 ZPO). **Streitig** ist, ob die Frist für die Einlegung der sofortigen Beschwerde bei einem Pfändungs- und Überweisungsbeschluss nur durch die Zustellung des Beschlusses an den angehörten Schuldner von Amts wegen gemäß §§ 329 Abs. 3, 270 ZPO zu laufen beginnt[114] oder schon/nur durch die Zustellung im Parteibetrieb gemäß § 829 Abs. 2 S. 2 ZPO[115].

IV. Zuständigkeit

8.95 Die Einlegung der sofortigen Beschwerde erfolgt bei dem Gericht, das die angefochtene Entscheidung erlassen hat, oder bei dem Beschwerdegericht (§ 569 Abs. 1 S. 1 ZPO). Über die Beschwerde entscheidet das im Rechtszug zunächst höhere Gericht (Beschwerdegericht, § 572 ZPO). Der Rechtspfle-

---

113 H.M., vgl. MünchKomm/*Schmidt* ZPO, § 766 Rdn. 41, m.w.N.
114 So OLG Frankfurt, Rpfleger 1993, 57.
115 So OLG Köln, Rpfleger 1991, 360 f. = NJW-RR 1992, 894; LG Düsseldorf, Rpfleger 1990, 376; Thomas/*Putzo*, § 829 Rdn. 25; Musielak/*Becker*, § 829 Rdn. 24; Zöller/*Stöber*, § 829 ZPO Rdn. 31.

ger/Richter, der die angefochtene Entscheidung erlassen hat, kann der sofortigen Beschwerde abhelfen, § 572 Abs. 1 ZPO. Die Nichtabhilfeentscheidung ist jedenfalls dann näher zu begründen, wenn mit der Beschwerde – zulässigerweise, vgl. § 571 Abs. 2 ZPO – neues Vorbringen erfolgt.

V. Beschwerdebefugnis

Zur Beschwerde berechtigt ist derjenige, der durch die angefochtene Entscheidung beschwert ist. Dies kann sein der Gläubiger, der Schuldner, bei der Forderungspfändung auch der Drittschuldner, sowie sonstige Dritte, soweit sie durch die Entscheidung in eigenen Rechten beeinträchtigt werden. Die Beschwerdeberechtigung im angeführten Sinn deckt sich mit dem Begriff der Beschwer, der allerdings gelegentlich zusätzlich zu dem Begriff der Beschwerdebefugnis angeführt und als notwendig angesehen wird. Zu weiteren Einzelheiten vgl. die entsprechenden Ausführungen im Rahmen des § 766 ZPO, Rdn. 8.39 ff. 8.96

Nach wohl **h.M.** steht dem Gerichtsvollzieher keine Beschwerdeberechtigung zu, weil die Entscheidung des Vollstreckungsgerichts für ihn eine Bindungswirkung wie bei einer Entscheidung des Rechtsmittelgerichts (vgl. § 565 Abs. 2 ZPO) habe, jedenfalls soweit es um seine Amtshandlung gehe.[116] Nach **a.A.** steht ihm jedenfalls dann ein Beschwerderecht zu, soweit es um sein Gebührenrecht geht.[117] 8.97

Der **Wert** des Beschwerdegegenstandes ist von Bedeutung im Rahmen der sofortigen Beschwerde gegen Entscheidungen über die Kosten (die frühere Differenzierung zwischen Kostengrundentscheidung und anderen Kostenentscheidungen ist durch das Kostenrechtsmodernisierungsgesetz aufgegeben worden). Gem. § 567 Abs. 2 ZPO ist gegen Entscheidung über die Kosten die sofortige Beschwerde nur zulässig, wenn der Wert des Beschwerdegegenstandes 200,– € übersteigt. 8.98

VI. Rechtsschutzinteresse

Ein Rechtsschutzinteresse ist grundsätzlich gegeben, wenn eine Beschwer vorliegt[118]. Es besteht vom **Beginn** der Zwangsvollstreckung an und endet in der Regel mit der **Beendigung** der angefochtenen Vollstreckungsentscheidung,[119] kann aber auch danach noch gegeben sein. Zu den Einzel- 8.99

---

116 Vgl. OLG Düsseldorf, NJW 1980, 1111 und NJW-RR 1993, 1280; Zöller/*Stöber*, § 793 Rdn. 5; Musielak/*Lackmann*, § 793 Rdn. 4.
117 Vgl. LG Konstanz, DGVZ 2002, 139; LG Nürnberg, DGVZ 1981, 120; Münch-Komm/*Schmidt* ZPO, § 793 Rdn. 7 m.w.N.; Thomas/*Putzo*, § 766 Rdn. 28; Zöller/*Stöber*, § 793 Rdn. 5; Musielak/*Lackmann*, § 793 Rdn. 4; *Geißler*, DGVZ 1990, 105, 109.
118 BGH, WM 1974, 665; Thomas/Putzo/*Reichold*, Rdn. 17 vor § 511 ZPO.
119 BGH, Rpfleger 2005, 207 = InVo 2005, 283 = MDR 2005, 648.

heiten vgl. die entsprechenden Ausführungen im Rahmen des § 766 ZPO, Rdn. 8.39 ff.

VII. Begründetheit

8.100 Die sofortige Beschwerde ist begründet, wenn nach der Sach- und Rechtslage im **maßgeblichen Zeitpunkt,** also dem der Entscheidung über die Beschwerde, die angefochtene Entscheidung unrichtig ist. Neue Tatsachen sind daher bei der Entscheidung zu berücksichtigen, §§ 793, 571 Abs. 2 ZPO; die §§ 513, 529 ZPO gelten also nicht. Das Gericht kann jedoch für das Vorbringen von Angriffs- und Verteidigungsmitteln eine Frist setzen. Werden solche nicht innerhalb der gesetzten Frist vorgebracht, dürfen sie nur zugelassen werden, wenn nach der freien Überzeugung des Gerichts entweder ihre Zulassung die Erledigung des Verfahrens nicht verzögern würde oder wenn die Partei die Verspätung genügend entschuldigt, § 571 Abs. 3 ZPO.[120] Der Entschuldigungsgrund ist auf Verlangen des Gerichts glaubhaft zu machen.

8.101 Die Beschwerde ist demnach unbegründet, wenn in dem maßgeblichen **Jetzt-Zeitpunkt** dieselbe Entscheidung erneut ergehen müsste. Sie kann daher trotz eines ursprünglichen Verfahrensverstoßes letztlich unbegründet sein, weil dieser Mangel zwischenzeitlich behoben wurde. Dies sollte der Rechtsmittelführer stets im Auge behalten und daraus ggf. die prozessualen Konsequenzen ziehen, nämlich die Hauptsache für erledigt erklären, weil seine Beschwerde ansonsten mit der Kostenfolge des § 97 Abs. 1 ZPO zurückgewiesen wird. Ob ein Rechtsmittel für erledigt erklärt werden kann, ist zwar nach wie vor umstritten,[121] jedoch jedenfalls für Fälle nachträglicher Heilung von Mängeln der Zwangsvollstreckung zu bejahen, weil nur auf diese Weise eine angemessene Kostenentscheidung herbeigeführt werden kann.[122]

8.102 Zu den **Grundlagen** der Entscheidung des Gerichts vgl. oben Rdn. 8.56 entsprechend.

VIII. Weiteres Verfahren

8.103
- Gegebenenfalls mündliche Verhandlung, § 128 Abs. 4 ZPO;
- vor dem Beschwerdegericht (LG/OLG) besteht grundsätzlich **Anwaltszwang;** nach § 571 Abs. 4 S. 1 ZPO können sich die Parteien aber nicht nur durch beim Beschwerdegericht, sondern auch durch einen bei irgendeinem Amts- oder Landgericht zugelassenen Anwalt im gesamten Beschwerdeverfahren, also auch in einer mündlichen Verhand-

---

120 Die Anforderungen sind daher die gleichen wie bei § 296 ZPO.
121 Vgl. dazu BGH, NJW-RR 2001, 1007; Zöller/*Vollkommer*, § 91a Rdn. 19 m.w.N.
122 Vgl. auch BGH, MDR 1998, 1114; OLG Frankfurt, MDR 1998, 559.

lung, vertreten lassen. Eine weitere Lockerung des Anwaltszwangs besteht zudem gem. § 571 Abs. 4 S. 2 ZPO insoweit, als in den Fällen, in denen die Beschwerde zu Protokoll der Geschäftsstelle eingelegt werden konnte (s. oben Rdn. 8.93), auch vom Gericht angeforderte schriftliche Erklärungen ebenfalls zu Protokoll der Geschäftsstelle erklärt werden können; in einer mündlichen Verhandlung müssen sich die Parteien jedoch auch in solchen Fällen durch einen Anwalt vertreten lassen.

- Dem Gegner ist gemäß Art. 103 Abs. 1 GG vor einer ihm nachteiligen Entscheidung rechtliches Gehör zu gewähren; daher keine Anhörung, wenn die Beschwerde gegen die Ablehnung des Erlasses eines Pfändungsbeschlusses zurückgewiesen werden soll.[123]

IX. Entscheidung

Die Entscheidung ergeht in Form eines **Beschlusses,** über die Kosten ist gemäß §§ 91 f., 97 Abs. 1 ZPO und nicht gemäß § 788 ZPO zu entscheiden. Eine **Kostenentscheidung** entfällt in einem unselbstständigen Verfahren, wenn auch die angefochtene Entscheidung keine Kostenentscheidung enthielt bzw. enthalten durfte (z.B. eine einstweilige Anordnung im Rahmen der Zwangsvollstreckung). In diesem Fall gehören die Beschwerdekosten zu den Gesamtverfahrenskosten, über die gemäß §§ 91 ff. ZPO anderweitig zu entscheiden ist[124]. 8.104

Der **Inhalt** der Beschwerdeentscheidung kann lauten auf 8.105

- Verwerfung der sofortigen Beschwerde (bei Unzulässigkeit),
- Zurückweisung (bei Unbegründetheit),
- Abänderung der angefochtenen Entscheidung,
- Aufhebung der angefochtenen Entscheidung und Zurückverweisung.

Es gilt das **Verschlechterungsverbot** (Verbot der reformatio in peius, vgl. § 528 ZPO[125]). 8.106

X. Einstweiliger Rechtsschutz

Die sofortige Beschwerde hat im Zwangsvollstreckungsverfahren grundsätzlich keine aufschiebende Wirkung, § 570 Abs. 1 ZPO. Eine Ausnahme besteht jedoch gem. § 900 Abs. 4 ZPO beim Widerspruch gegen die Abgabe der eidesstattlichen Versicherung. Entgegen seinem Wortlaut findet § 570 Abs. 1 ZPO jedoch auf Zwangsmittel- und Ordnungsmittelbeschlüsse gem. 8.107

---

123 Vgl. BVerfGE 7, 95, 99 = NJW 1957, 1395; *Stöber,* Rdn. 734 m.w.N.
124 Zöller/*Gummer,* § 572 Rdn. 47; Thomas/Putzo/*Reichold,* § 572 Rdn. 24.
125 BGH, NJW-RR 2004, 1422 = MDR 2004, 1202; Zöller/*Gummer,* § 572 Rdn. 39 ff.

§ 888, 890 ZPO keine Anwendung.[126] Das Gericht kann jedoch gemäß § 570 Abs. 2 ZPO von Amts wegen oder auf Antrag – bis zur Vorlage der Beschwerde an das Beschwerdegericht das Gericht oder der Vorsitzende, dessen Entscheidung angefochten wird, nach der Vorlage das Beschwerdegericht (§ 570 Abs. 3 ZPO) – durch Beschluss die Aussetzung der Vollziehung der angefochtenen Entscheidung anordnen. Dies kommt z.B. zur Verhinderung wesentlicher Nachteile oder bei zweifelhafter Rechtslage in Betracht.

8.108 Beispiel:[127]
Teilweise Aufhebung einer Pfändung durch Erhöhung des unpfändbaren Betrages gemäß § 850f ZPO. Wird die Vollziehung dieser Entscheidung nicht bis zur Rechtskraft ausgesetzt, ist die Pfändung sofort und endgültig wirksam aufgehoben. Eine dies abändernde Entscheidung des Beschwerdegerichts wirkt nur ex nunc. Die aufgehobene Pfändung wird nicht wieder wirksam. Es bleibt nur die Durchführung einer Neupfändung, wobei die Gefahr eines Rangverlustes besteht (vgl. § 804 Abs. 3 ZPO).

8.109 Darüber hinaus kann das Beschwerdegericht gemäß § 570 Abs. 3 Hs. 1 ZPO weitere Anordnungen erlassen, z.B. die Zwangsvollstreckung gegen Sicherheitsleistung einstellen oder die Fortsetzung nur gegen Sicherheitsleistung gestatten. Ob und welche Maßnahmen gemäß § 570 Abs. 2 und 3 ZPO angeordnet werden, liegt im pflichtgemäßen Ermessen des Gerichts. Es wird eine solche Entscheidung in der Regel erst nach Einreichung der Beschwerdebegründung treffen können.[128] Mit Erlass der Beschwerdeentscheidung werden die vorläufigen Maßnahmen von selbst wirkungslos. Sie können im Übrigen jederzeit von Amts wegen durch das Beschwerdegericht aufgehoben werden.

8.110 Eine Anfechtung der gemäß § 570 Abs. 3 ZPO getroffenen einstweiligen Anordnung des Beschwerdegerichts ist unzulässig[129] (vgl. auch Rdn. 8.206 ff.).

Kapitel D
Vollstreckungsabwehrklage, § 767 ZPO

I. Ziel und Wesen

8.111 Die Vollstreckungsabwehrklage oder auch Vollstreckungsgegenklage ist der richtige Rechtsbehelf, wenn sich der Schuldner nicht gegen Verfahrens-

---

126 OLG Köln, InVo 2003, 115 = FamRZ 2005, 223 = NJW-RR 2004, 716; Thomas/Putzo/*Reichold*, § 570 Rdn. 1; Zöller/*Stöber*, § 888 Rdn. 15; **a.A.** Zöller/*Gummer*, § 570 Rdn. 2; HK-ZPO/*Kayser*, § 570 Rdn. 3.
127 OLG Köln, FamRZ 1992, 845 = MDR 1992, 1001.
128 BGH, Rpfleger 2002, 374 = InVo 2002, 358 = NJW 2002, 1658.
129 OLG Köln, WuM 1993, 473; Zöller/*Gummer*, § 570 Rdn. 5.

verstöße eines Vollstreckungsorgans, sondern mit materiell-rechtlichen Einwendungen gegen den aus dem Vollstreckungstitel ersichtlichen vollstreckbaren Anspruch wenden will. Ziel der Klage ist allein die **Beseitigung der Vollstreckbarkeit** eines titulierten Anspruchs – ganz oder auch nur teilweise, auf Dauer oder auf Zeit – durch Herbeiführung eines Vollstreckungshindernisses gemäß § 775 Nr. 1 ZPO.

Die Vollstreckungsabwehrklage ist eine **prozessuale Gestaltungsklage**, weil mit der stattgebenden Entscheidung die Vollstreckbarkeit des Titels beseitigt wird. Der Streitgegenstand ergibt sich aus dem Antrag und dem geltend gemachten materiell-rechtlichen Einwand, sodass die Einführung neuer Einwendungen während des Rechtsstreits eine Klageänderung darstellt.[130] Der Streitgegenstand ist aber allein die Vernichtung der Vollstreckbarkeit des Titels, nicht jedoch das Bestehen oder Nichtbestehen des titulierten Anspruchs oder die Wirksamkeit des Titels[131]. Daher erwachsen bei stattgebender Entscheidung die erhobenen Einwendungen nicht in materielle Rechtskraft;[132] etwas anderes gilt gem. § 322 Abs. 2 ZPO nur dann, wenn die Einwendung in der Aufrechnung mit einer Gegenforderung bestand.[133]

8.112

Aus diesen Gründen ist es für die Durchsetzung eines effektiven Rechtsschutzes wichtig, die Vollstreckungsabwehrklage von anderen Rechtsbehelfen und Klagen mit anderer Zielrichtung **abzugrenzen:**

8.113

Mit der **Klauselerinnerung nach § 732 ZPO** (vgl. Rdn. 3.230 ff.) können formelle und materielle Einwendungen mit dem Ziel geltend gemacht werden, die Zwangsvollstreckung aus der erteilten Klausel für unzulässig zu erklären.[134] Zu demselben Ziel führt auch die Klauselgegenklage gemäß § 768 ZPO, doch ist diese beschränkt auf materiell-rechtliche Einwendungen gegen qualifizierte Klauseln nach §§ 726 ff. ZPO (vgl. Rdn. 3.248 ff.). Liegen die Voraussetzungen einer Klauselerinnerung nach § 732 ZPO und die einer Vollstreckungsgegenklage analog § 767 ZPO vor, steht dem Schuldner ein Wahlrecht zwischen beiden zu.[135]

8.114

Die **Vollstreckungserinnerung gemäß § 766 ZPO** ist der richtige Rechtsbehelf, wenn Verfahrensverstöße der Vollstreckungsorgane geltend gemacht werden (vgl. Rdn. 8.1 ff.).

8.115

Die **Unwirksamkeit eines Titels** kann wegen des unterschiedlichen Streitgegenstandes neben der Vollstreckungsabwehrklage geltend gemacht werden, und zwar durch Klage auf Feststellung des Nichtbestehens eines

8.116

---

130 BGHZ 45, 231; OLG Köln, InVo 1999, 59; *Schuschke,* § 767 Rdn. 12.
131 Vgl. BGH, NJW-RR 1990, 246, 247; NJW 1992, 2160; InVo 2004, 239 = MDR 2004, 471.
132 Vgl. BGH, NJW-RR 1990, 48, 49.
133 OLG Köln, InVo 2004, 510; *Schuschke,* § 767 Rdn. 41.
134 BGH, InVo 2006, 23; OLG Saarbrücken, NJOZ 2005, 3162; BayObLG, Rpfleger 2004, 692 = InVo 2005, 104 betr. ungenaue Bezeichnung des Gläubigers.
135 BGH, Rpfleger 2005, 33 = InVo 2005, 23 = MDR 2005, 113.

prozessualen Rechtsverhältnisses gemäß § 256 ZPO oder als prozessuale **Gestaltungsklage analog § 767 Abs. 1 ZPO**.[136] Bei Zweifeln an der Wirksamkeit des Titels empfiehlt es sich daher, die Vollstreckungsabwehrklage gem. § 767 ZPO mit einer prozessualen Gestaltungsklage analog § 767 ZPO zu verbinden,[137] oder neben der für aussichtsreicher erachteten Vollstreckungsabwehrklage gemäß § 767 ZPO die prozessuale Gestaltungsklage analog § 767 Abs. 1 ZPO hilfsweise geltend zu machen bzw. umgekehrt[138]. Auch ist eine Umdeutung einer Vollstreckungsgegenklage in eine Gestaltungsklage analog § 767 ZPO möglich.[139] Liegen die Voraussetzungen einer Klauselerinnerung nach § 732 ZPO und die einer Vollstreckungsgegenklage analog § 767 ZPO vor, steht dem Schuldner ein Wahlrecht zwischen beiden zu.[140]

8.117 Soll die **Reichweite des Vollstreckungstitels** (z.B. ob die vollstreckbare Grundschuld auch Kontokorrentforderungen absichert) geklärt werden, ist die negative Feststellungsklage das richtige prozessuale Mittel[141].

8.118 Eine isolierte Klage auf **Herausgabe des Vollstreckungstitels** in analoger Anwendung des § 371 BGB kommt jedenfalls dann in Betracht, wenn das Erlöschen der Titelschuld und die Unzulässigkeit der Zwangsvollstreckung unstreitig sind[142].

8.119 Die **Abänderungsklage gemäß § 323 ZPO** kann sowohl vom Gläubiger als auch vom Schuldner erhoben werden und dient dazu, den Unterhaltstitel selbst – unter Durchbrechung seiner materiellen Rechtskraft – an die „stets wandelbaren wirtschaftlichen Verhältnisse und ihren Einfluss auf den Anspruch"[143] anzupassen. Die Klage nach § 323 ZPO und die Vollstreckungsabwehrklage schließen sich daher für denselben Zeitraum gegenseitig aus. Im Hinblick auf die Einschränkungen in den Absätzen 2 und 3 des § 323 ZPO ist es allerdings teilweise möglich, für den Zeitraum bis zur Klageerhebung die Vollstreckungsabwehrklage zu erheben, für den Zeitraum danach die Abänderungsklage[144]. Dies kann geschehen im Rahmen einer objektiven Klagehäufung gemäß § 260 ZPO; die Klage gemäß § 767 ZPO bzw. § 323 ZPO kann aber auch jeweils hilfsweise erhoben werden[145]. Dies

---

136   Für Letzteres: BGH, NJW 1994, 460 = ZIP 1994, 67; BGH, Rpfleger 2005, 33 = InVo 2005, 23; OLG Köln, InVo 1998, 234; nach OLG Karlsruhe, Rpfleger 2005, 95 = FamRZ 2005, 377 = InVo 2005, 155 auch eine negative Feststellungsklage, das aber eine Klage analog § 767 ZPO dabei nicht erörtert.
137   BGH, InVo 2004, 241 = MDR 2004, 658 und InVo 2004, 62 = MDR 2004, 221.
138   Vgl. BGH, InVo 2004, 241 = NJW-RR 2004, 472 = MDR 2004, 658; Anm. *Wolf* in BGH, LM Nr. 87 zu § 767 ZPO = NJW 1992, 2160.
139   BGH, InVo 2004, 241 = NJW-RR 2004, 472 = MDR 2004, 658; OLG Düsseldorf, InVo 2002, 234 = BauR 2002, 515.
140   BGH, Rpfleger 2005, 33 = InVo 2005, 23 = MDR 2005, 113.
141   BGH, NJW 1997, 2320 = InVo 1998, 20; OLG Köln, OLGR Köln 2005, 381.
142   BGH, NJW 1994, 1161; NJW 1994, 3225; Zöller/*Herget*, § 767 Rdn. 2.
143   Vgl. BGH, NJW-RR 1991, 1156; FamRZ 2005, 101.
144   Vgl. BGH, NJW 1986, 2047 = FamRZ 1987, 259.
145   BGH, FamRZ 1979, 573.

gilt allerdings dann nicht, wenn die geltend gemachte Änderung zugleich Auswirkungen auf den Bedarf des Unterhaltsberechtigten hat, wie im Falle des Rentenbezugs. In diesen Fällen kommt stets nur die Abänderungsklage in Betracht.[146] Die zeitliche Begrenzung des Unterhaltsanspruchs nach §§ 1573 Abs. 5, 1578 Abs. 1 S. 2 BGB kann nicht im Wege der Vollstreckungsgegenklage geltend gemacht werden.[147] Eine Umdeutung einer Abänderungsklage in eine Vollstreckungsabwehrklage bzw. umgekehrt ist möglich,[148] ebenso einer Abänderungsklage in eine prozessuale Gestaltungsklage analog § 767 ZPO.[149] Auf eine entsprechende richtige Antragstellung hat das Gericht gem. § 139 ZPO hinzuweisen.[150]

Nach Beendigung der Zwangsvollstreckung kann Klage auf Leistung des Verwertungserlöses (abzüglich der Vollstreckungskosten[151]) gemäß § 812 BGB gegen den Gläubiger der Zwangsvollstreckung erhoben werden, gegebenenfalls im Wege der Klageänderung (sog. **verlängerte Vollstreckungsabwehrklage**[152]). Eine solche kann auch mit Verjährung begründet werden. § 813 Abs. 1 S. 1 BGB steht dem nicht entgegen, weil sich dieser nur auf freiwillige Leistungen bezieht, also weder für Leistungen im Rahmen der Zwangsvollstreckung gilt noch für solche, die unter dem Druck der Zwangsvollstreckung zu deren Abwendung erfolgt sind[153]. Auch bei der verlängerten Vollstreckungsabwehrklage ist aber die Präklusion des § 767 Abs. 2 ZPO zu beachten[154]. Sie ist nur dann erfolgreich, wenn die ursprüngliche Vollstreckungsabwehrklage begründet war[155]. Der Anwendungsbereich einer Klage gemäß **§ 826 BGB** auf Unterlassung der Zwangsvollstreckung, Herausgabe des Titels und Schadensersatz wegen Missbrauchs eines Urteils oder anderer gerichtlicher Entscheidungen fängt erst dort an, wo andere Möglichkeiten für einen effektiven Rechtsschutz nicht ausreichen. Soweit daher die Vollstreckungsabwehrklage Anwendung findet, ist für eine Klage gemäß § 826 BGB kein Raum (Näheres zu § 826 BGB vgl. unten Rdn. 8.373 ff.).

8.120

---

146 BGH, FamRZ 2005, 1479 = InVo 2005, 457 = MDR 2005, 1293. Soweit der Berechtigte eine Rentennachzahlung erhält, aber für den gleichen Zeitraum ungekürzten Unterhalt bezogen hat, steht dem Verpflichteten ein Erstattungsanspruch gem. § 242 BGB, dessen Höhe sich danach bemisst, inwieweit sich der Unterhaltsanspruch ermäßigt hätte, wenn die Rente schon während des fraglichen Zeitraums gezahlt worden wäre, BGH, a.a.O.
147 BGH, FamRZ 2001, 905.
148 BGH, FamRZ 2005, 1479 = InVo 2005, 457; Brandenb. OLG, FamRZ 2002, 1193 = NJW-RR 2002, 1586.
149 BGH, FamRZ 2006, 261 = NJW 2006, 695.
150 BGH, FamRZ 2006, 261 = NJW 2006, 695.
151 **H.M.:** BGH, Rpfleger 1976, 292 = NJW 1976, 1090, 1092.
152 BGHZ 100, 211 = BGH, NJW 1987, 3266; OLG Braunschweig, InVo 2004, 243 = BauR 2005, 136.
153 BGH, NJW 1993, 3318, 3320.
154 BGHZ 100, 211 = BGH, NJW 1987, 3266.
155 BGH, a.a.O.; OLG Braunschweig, InVo 2004, 243 = BauR 2005, 136; OLG Schleswig, InVo 1998, 165.

II. Zulässigkeit

1. Statthaftigkeit

8.121 Die Vollstreckungsabwehrklage ist an sich **statthaft,** wenn der Kläger **materiell-rechtliche Einwendungen** gegen den titulierten Anspruch vorträgt und ein nach Form und Inhalt zur Zwangsvollstreckung geeigneter Titel vorliegt. An Letzterem fehlt es z.B. bei Gestaltungs- oder Feststellungsklagen, ferner auch bei offensichtlicher Unbestimmtheit und Unbestimmbarkeit des Tenors. Hingegen wird man bei Urteilen, deren Vollstreckbarkeit im Hinblick auf einen vagen Urteilstenor lediglich zweifelhaft ist, wegen dieser Unsicherheit und des durch die bloße Existenz des Urteils erzeugten Rechtsscheins die Möglichkeit einer Vollstreckungsabwehrklage bejahen müssen, soweit materiell-rechtliche Einwendungen gegen den titulierten Anspruch vorgebracht werden; dies auch aus Gründen der „Chancengleichheit", weil für den Gläubiger die Möglichkeit einer Klage auf Feststellung des Titelinhalts besteht[156].

8.122 Bei Urteilen betreffend die Unterlassung von bestimmten Immissionen muss die Art und Weise, wie die Störung beseitigt werden soll, in dem Urteilstenor nicht enthalten sein (vgl. auch Rdn. 3.28).[157]

8.123 Ein vollstreckungsfähiger Titel im vorgenannten Sinn liegt wegen der Formalisierung der Zwangsvollstreckung auch dann vor, wenn der Titel aus materiell-rechtlichen Gründen, z.B. wegen fehlerhafter Beurkundung unwirksam[158] oder nicht der materiellen Rechtskraft fähig und damit wirkungsgemindert ist[159]. Ob die Vollstreckungsfähigkeit des Titels überhaupt noch zu den Zulässigkeitsvoraussetzungen der Vollstreckungsabwehrklage gehört, ist nach wie vor offen.[160]

8.124 § 767 ZPO ist grundsätzlich auf alle aufgeführten Titel anwendbar, mit folgenden **Ausnahmen/Besonderheiten:**

8.125 ▪ **Arrest**
Hier ist neben dem Widerspruch gemäß § 924 ZPO oder der Aufhebungsklage wegen veränderter Umstände gemäß § 927 ZPO kein Raum für die Vollstreckungsabwehrklage.

8.126 ▪ **Einstweilige Anordnungen in Familiensachen (§ 794 Abs. 1 Nr. 3a ZPO)**
Die Möglichkeit, gemäß § 620b ZPO eine Aufhebung bzw. Abänderung einer nach Maßgabe der §§ 127a, 620 S. 1 Nr. 4–9 und § 621f ZPO durch

---

156 Vgl. BGH, NJW 1962, 109, 110; Thomas/*Putzo*, Rdn. 22 vor § 704.
157 BGH, NJW 1993, 1394, 1395; Zöller/*Stöber*, § 887 Rdn. 2.
158 Vgl. BGH, NJW 1992, 2160, 2161, abweichend von BGH, NJW-RR 1987, 1149.
159 BGH, NJW 1994, 460 = ZIP 1994, 67.
160 Vgl. dazu die Zusammenstellung in BGH, InVo 2004, 241= NJW-RR 2004, 472 = MDR 2004, 658.

Beschluss erlassenen einstweiligen Anordnung zu erreichen, schließt eine Vollstreckungsabwehrklage nicht aus[161]. Soweit lediglich nachträglich entstandene Einwendungen gegen den in der einstweiligen Anordnung titulierten Anspruch geltend gemacht werden sollen (etwa geleistete Zahlungen), ist die Erhebung einer Vollstreckungsabwehrklage möglich[162]. Insoweit findet eine Verweisung auf die Erhebung einer negativen Feststellungsklage mit der sich anschließenden Möglichkeit der Herbeiführung eines Beschlusses gemäß § 620f ZPO nicht statt[163]. Ist die einstweilige Anordnung bereits aus einem der in § 620f ZPO angeführten Gründe von selbst außer Kraft getreten, schließt dies Rechtsbehelfe, die diese Wirkung erst herbeiführen sollen (z.B. § 323 ZPO;[164] § 767 ZPO[165]), aus[166]. Da eine einstweilige Anordnung über den Unterhalt eines Ehegatten, soweit er nicht auf die Zeit der Trennung beschränkt ist, über die Rechtskraft der Scheidung hinauswirkt, kann mit der Vollstreckungsabwehrklage nicht geltend gemacht werden, die Ehe sei inzwischen rechtskräftig geschieden, wohl aber nachträgliche rechtshemmende oder rechtsvernichtende Einwendungen[167].

■ **Einstweilige Verfügung (Sicherungs- und Regelungsverfügung)** 8.127
Es gilt das zum Arrest ausgeführte.

Differenzierter wird dies bei der **Leistungsverfügung** gesehen: 8.128
Hier soll die Vollstreckungsabwehrklage neben § 927 ZPO zur Wahl stehen,[168] jedenfalls soweit § 927 ZPO versagt, also in dem Fall rückständiger Leistungen.[169] Soweit gegen die einstweilige Verfügung noch Widerspruch gemäß § 924 ZPO erhoben werden kann, ist eine Klage gemäß § 767 ZPO ausgeschlossen.[170]

■ **Hausratsverfahren** 8.129
§ 767 ZPO ist über § 16 Abs. 3 HausratsVO anwendbar.[171]

---

161 Vgl. Zöller/*Philippi*, § 620 Rdn. 17, 620b Rdn. 4; Thomas/Putzo/*Hüßtege*, § 620 Rdn. 14; wohl a.A. OLG Bremen, FamRZ 2000, 1165; MünchKomm/*Schmidt* ZPO, § 767 Rdn. 31.
162 OLG Zweibrücken, NJW-RR 1997, 1166 = FamRZ 1997, 1227; OLG Hamburg, FamRZ 1996, 810 = InVo 1996, 300.
163 Vgl. BGH, NJW 1983, 1330.
164 BGH, NJW 1983, 1330.
165 OLG Köln, InVo 1999, 120, OLG Düsseldorf, FamRZ 1991, 721.
166 Thomas/*Putzo*, § 620f Rdn. 3; Zöller/*Philippi*, § 620f Rdn. 14.
167 BGH, NJW 1983, 1330; OLG Koblenz, FamRZ 2001, 1625 = InVo 2001, 303; OLG Köln, NJW-RR 1998, 365 = InVo 1998, 23; Zöller/*Philippi*, § 620f Rdn. 3 ZPO.
168 Thomas/Putzo/*Reichold*, § 936 Rdn. 15; StJ/*Grunsky*, § 938 Rdn. 41.
169 Vgl. LG Stuttgart, MDR 1950, 745; MünchKomm/*Schmidt* ZPO, § 767 Rdn. 37; Zöller/*Herget*, § 767 Rdn. 7; Zöller/*Vollkommer*, § 928 Rdn. 8.
170 OLG Koblenz, GRUR 1986, 95; OLG Celle, OLGE 13, 189; Zöller/*Vollkommer*, § 924 Rdn. 1; Musielak/*Huber*, § 924 Rdn. 2.
171 OLG Saarbrücken, InVo 2002, 427.

8.130 ▪ **Justizbeitreibungsverfahren**
Gemäß § 6 Abs. 1 Nr. 1 JBeitrO findet § 767 ZPO keine Anwendung; beachte aber § 8 Abs. 2 JBeitrO.

8.131 ▪ **Kostenordnung**
Einwendungen zur Höhe der vollstreckbaren Ausfertigung einer Notarkostenrechnung können nur gemäß § 156 KostO geltend gemacht werden.[172]

8.132 ▪ **Kostenfestsetzungsbeschluss (§ 794 Abs. 1 Nr. 2 ZPO)**
Auf derartige Beschlüsse findet § 767 ZPO Anwendung,[173] entsprechend im WEG-Verfahren (s. Rdn. 8.135).[174] Mit ihr kann geklärt werden, ob der Ansatz von Umsatzsteuer zu Recht erfolgt ist (vgl. § 104 Abs. 2 S. 3 ZPO);[175] ferner kann geltend gemacht werden, vor Abschluss eines Vergleichs sei eine außergerichtliche, vom Kostenfestsetzungsbeschluss abweichende Vereinbarung über die Kosten getroffen worden.[176]

8.133 ▪ **Steuerliches Vollstreckungsverfahren (AO)**
Hier findet § 767 ZPO keine Anwendung[177].

8.134 ▪ **Vereinfachtes Verfahren über den Unterhalt Minderjähriger (§ 794 Abs. 1 Nr. 2a ZPO)**
Soweit Einwendungen erhoben werden, die im vereinfachten Verfahren über den Unterhalt Minderjähriger gemäß §§ 645 ff. ZPO geltend gemacht werden können, findet § 767 ZPO keine Anwendung, ansonsten (z.B. wegen Erfüllung) schon[178].

8.135 ▪ **WEG-Verfahren**
Soweit der Titel im FGG-Verfahren ergangen ist, findet § 767 ZPO keine Anwendung, vielmehr sind derartige Einwendungen im Rahmen eines Vollstreckungsabwehrantrages im Rahmen des FGG-Verfahrens vor dem WEG-Gericht als Prozessgericht des ersten Rechtszuges geltend zu machen;[179] das gilt auch für einen im WEG-Verfahren ergangenen Kostenfestsetzungsbeschluss, wobei insoweit § 767 Abs. 2 ZPO keine Anwendung findet.[180]

---

172 OLG Düsseldorf, FamRZ 2002, 1580 = InVo 2003, 26; OLG Oldenburg, NJW-RR 1998, 72.
173 BGH, Rpfleger 1995, 27 = NJW 1994, 3292.
174 BayObLG, Rpfleger 2004, 692 = InVo 2005, 104 und InVo 2000, 67 = ZMR 2000, 44.
175 OLG Schleswig, NJW-RR 2004, 356.
176 BVerwG, InVo 2005, 359 = NJW 2005, 1962.
177 BFH/NV 2002, 1547; BFH, NJW-RR 1997, 43.
178 Musielak/*Lackmann*, § 767 Rdn. 4.
179 OLG Düsseldorf, NJW-RR 1997, 1235 = InVo 1997, 243; KG, NJW-RR 1995, 719.
180 BayObLG, Rpfleger 2004, 692 = InVo 2005, 104 und InVo 2000, 67 = ZMR 2000, 44.

■ **Willenserklärungen** 8.136

Infolge der Fiktionswirkung des § 894 ZPO ist die Zwangsvollstreckung mit der Rechtskraft beendet, sodass § 767 ZPO ausscheidet. Das Gebrauchmachen von der fingierten Willenserklärung ist keine Zwangsvollstreckung mehr[181] (s. auch Rdn. 7.218).

2. Klageantrag

Er muss stets darauf gerichtet sein, die Zwangsvollstreckung aus einem 8.137 genau bezeichneten Titel für unzulässig zu erklären; eine Umdeutung ist möglich.[182] Je nach Klagegrund ist der Antrag näher zu präzisieren im Hinblick darauf, ob der titulierte Anspruch

- nicht (mehr) besteht,
- teilweise nicht mehr besteht,
- nicht mehr in der Person des Gläubigers (z.B. infolge Abtretung) bzw. nicht mehr gegen den Titel-Schuldner besteht,
- auf Dauer nicht mehr durchsetzbar ist,
- nur unter bestimmten Voraussetzungen (Zeit, Ereignis, Zug um Zug) vollstreckbar ist.

Die Zwangsvollstreckung soll für unzulässig erklärt werden (vgl. Muster 8.138 Rdn. 15.29):

a) **insgesamt und auf Dauer:**

„... die Zwangsvollstreckung aus dem – genau bezeichneten Titel – für unzulässig zu erklären";

b) **teilweise:**

„... die Zwangsvollstreckung aus dem – genau bezeichneten Titel – in Höhe eines Betrages von ... €/hinsichtlich eines x € übersteigenden Betrages für unzulässig zu erklären"

oder

„... die Zwangsvollstreckung aus dem – genau bezeichneten Titel – wegen der Zinsen/wegen höherer Zinsen als 5 Prozentpunkte über dem Basiszinssatz für unzulässig zu erklären";

c) **auf Zeit:**

„... die Zwangsvollstreckung aus dem – genau bezeichneten Titel – bis zum ... (Datum/Ereignis) für unzulässig zu erklären";

d) nur **hinsichtlich** des die Zwangsvollstreckung konkret betreibenden **Gläubigers** bzw. nur im Hinblick auf den **Schuldner** für unzulässig zu erklären:

---

181 OLG Hamburg, MDR 1998, 1051.
182 Vgl. Brandenb. OLG, InVo 2004, 246.

„die Zwangsvollstreckung aus dem – genau bezeichneten Titel – insoweit für unzulässig erklären, als der seinerzeitige Kläger (Namensangabe) gegen den seinerzeitigen Beklagten und jetzigen Kläger (Namensangabe) die Zwangsvollstreckung betreibt";

„die Zwangsvollstreckung aus dem – genau bezeichneten Titel – hinsichtlich des dortigen Beklagten und jetzigen Klägers für unzulässig zu erklären".

Unrichtig wäre in diesen Fällen ein Antrag, „die ... aus dem ... für unzulässig zu erklären", weil bei einer entsprechenden Tenorierung aus einem solchen Urteil überhaupt nicht mehr vollstreckt werden kann, also auch nicht mehr für und gegen den Rechtsnachfolger nach Klauselerteilung gemäß § 727 ZPO[183].

e) nur **Zug um Zug** gegen eine Leistung des Gläubigers:

„die Zwangsvollstreckung aus dem – genau bezeichneten Titel – nur Zug um Zug gegen ... (genaue Angabe des Gegenanspruchs, z.B. der zu behebenden, im Einzelnen aufgelisteten Mängel) für zulässig zu erklären".

Beispiel:

Ein Bauträger vollstreckt aus einer notariellen Urkunde die letzte Rate des offen stehenden Kaufpreises, der Bauherr wendet Mängel ein.

f) Kombinationen von a) bis e) sind möglich.

8.139 Die zutreffende Fassung des Klageantrages ist auch deshalb wichtig, weil bei einer unzutreffenden Fassung des Klageantrages ein Teil-Unterliegen mit entsprechender Kostenfolge vorliegt; ein in der Praxis gerade bei Zug-um-Zug-Leistung immer wieder auftretender Fall.

8.140 Liegen dem Klageantrag **mehrere Einwendungen** zugrunde, muss der Kläger diese nicht in ein Eventualverhältnis zueinander stellen.

3. Zuständigkeit

8.141 Sachlich und örtlich ausschließlich (§ 802 ZPO) zuständig ist bei inländischen **gerichtlichen Entscheidungen** und **Prozessvergleichen** das Prozessgericht des ersten Rechtszuges, also das Gericht des Ausgangsverfahrens, in dem der Vollstreckungstitel geschaffen worden ist. Betrifft der Titel eine Familiensache, dann ist auch die Vollstreckungsabwehrklage eine Familiensache.[184] Somit ist das Familiengericht nicht zuständig, wenn sich die Vollstreckungsabwehrklage gegen einen Titel richtet, der keine Familiensache betrifft, gegen den aber mit einem familienrechtlichen Anspruch aufgerech-

---

183 Lehrreiches Beispiel dazu: OLG Frankfurt, FamRZ 1998, 967.
184 BGH, NJW 1981, 346; OLG Köln, InVo 1999, 188.

net wird[185]. Ohne Bedeutung ist in diesem Zusammenhang, ob das Prozessgericht des ersten Rechtszuges für die Streitsache zuständig war.

Bei einem inländischen **Vollstreckungsbescheid** (§ 794 Abs. 1 Nr. 4 ZPO) ist gemäß § 796 Abs. 3 ZPO das Gericht sachlich und örtlich ausschließlich zuständig, das für eine Entscheidung im Streitverfahren entsprechend §§ 690 Abs. 1 Nr. 5, 692 Abs. 1 Nr. 6, 696 Abs. 1 S. 4, Abs. 5 ZPO zuständig gewesen wäre. Dies gilt jedoch nur, soweit tatsächlich ein Wahlrecht gemäß § 35 ZPO besteht, also nicht bei einer wirksamen anders lautenden Gerichtsstandsvereinbarung mit Ausschließlichkeitscharakter. In einem solchen Fall ist allein das wirksam vereinbarte Gericht ausschließlich zuständig.[186] Bei mehreren möglichen Gerichtsständen bindet die Wahl des Gläubigers im Mahnantrag den Schuldner als Kläger der Vollstreckungsgegenklage nicht; erst mit der Erhebung der Vollstreckungsgegenklage in einem der mehreren in Betracht kommenden Gerichtsstände ist er an seine Wahl gebunden.[187] An der ausschließlichen Zuständigkeit des gem. § 796 Abs. 3 ZPO zuständigen Gerichts ändert sich nichts, wenn mehrere Vollstreckungsabwehrklagen verbunden werden (Klagenhäufung gem. § 260 ZPO) und dadurch eine Erhöhung des Streitwertes auf mehr als 5.000,– € eintritt.[188] Wendet sich der Kläger mit Einwendungen nur teilweise gegen einen Vollstreckungsbescheid und überschreitet der Wert dieser Einwendungen nicht die Grenze der sachlichen Zuständigkeit des Amtsgerichts (derzeit 5.000,– €), ist das Amtsgericht ausschließlich zuständig, auch wenn der Nominalbetrag des Vollstreckungsbescheids die Wertgrenze übersteigt.[189]

8.142

Bei gerichtlichen und notariellen inländischen **vollstreckbaren Urkunden** gemäß § 794 Abs. 1 Nr. 5 ZPO ist sachlich – je nach Streitwert – das AG/LG, örtlich das Gericht des allgemeinen Gerichtsstands des Schuldners (§§ 12 ff. ZPO) und, wenn es an einem solchen fehlt, das Gericht des § 23 ZPO zuständig (§ 797 Abs. 5 ZPO). Soweit der besondere Gerichtsstand des § 800 Abs. 3 ZPO gegeben ist – Zwangsvollstreckung aus Urkunden wegen eines dinglichen oder persönlichen Anspruchs gegen den jeweiligen Eigentümer eines Grundstücks – ist jedoch ausschließlich das Gericht zuständig, in dessen Bezirk das Grundstück belegen ist (§ 24 ZPO), und zwar auch dann, wenn die Klage zugleich den dinglichen und den persönlichen Anspruch betrifft.[190] Betrifft die Klage nur den persönlichen Anspruch, ist ausschließlich zuständig der allgemeine Gerichtsstand des Schuldners.[191]

8.143

---

185 OLG Hamm, FamRZ 1997, 1493; Zöller/*Herget*, § 767 Rdn. 10; vgl. auch BGH, NJW-RR 1989, 173.
186 BGH, NJW 1993, 2810, 2811.
187 OLG Karlsruhe, InVo 2003, 361 = NJOZ 2003, 1121.
188 OLG Hamm, NJW-RR 2000, 65.
189 OLG Celle, InVo 2002, 465 = NJW-RR 2002, 1079.
190 OLG Köln, InVo 2004, 460 = OLGR Köln 2004, 235; BayObLG, InVo 2002, 466 = NJW-RR 2002, 1295; KG, NJW-RR 1989, 1407; Zöller/*Stöber*, § 800 Rdn. 18.
191 BayObLG, JurBüro 2006, 39; OLG Hamm, WM 2004, 1969; **a.A.** OLG Zweibrücken, ZflR 2003, 1014.

8.144 Für Klagen gegen **Unterhaltstitel minderjähriger Kinder** ist auch nach Einführung des § 642 Abs. 1 ZPO im Jahre 1998 das Gericht des ersten Rechtszugs des Verfahrens, das zu dem angegriffenen Titel geführt hat, ausschließlich zuständig.[192] Ist der Unterhalt minderjähriger Kinder in einer notariellen Urkunde geregelt, richtet sich die Zuständigkeit nach § 795 Abs. 5 ZPO, der § 642 ZPO verdrängt.[193]

8.145 Für Klagen gegen einen **Auszug aus der Tabelle** (§ 201 Abs. 2 InsO) ist das Amtsgericht, bei dem das Insolvenzverfahren anhängig ist oder war, und, wenn der Streitgegenstand zur Zuständigkeit des Amtsgerichts nicht gehört, das Landgericht ausschließlich zuständig, zu dessen Bezirk das Insolvenzgericht gehört (§ 202 InsO).

8.146 Die **Baulandgerichte** sind für die Entscheidung über eine Vollstreckungsabwehrklage nach § 767 ZPO im Vollzug eines Umlegungsplans zuständig.[194]

8.147 Für Klagen gegen einen **europäischen Vollstreckungstitel** ist gem. §§ 1086, 802 ZPO örtlich ausschließlich das Gericht am Wohnsitz des Schuldners im Inland zuständig; hat er im Inland keinen Wohnsitz, ist das Gericht zuständig, in dessen Bezirk die Zwangsvollstreckung stattfinden soll oder stattgefunden hat. Dabei steht der Sitz von Gesellschaften oder juristischen Personen dem Wohnsitz gleich. Die sachliche Zuständigkeit richtet sich nach den §§ 23, 23a, 23b, 71, 96 GVG. Funktionell ist das Prozessgericht des ersten Rechtszuges zuständig, in Unterhaltssachen daher das Familiengericht.

4. Rechtsschutzinteresse

8.148 Es besteht ab der bloßen **Existenz** eines Vollstreckungstitels, denn ab diesem Zeitpunkt droht eine Zwangsvollstreckung. Anderes gilt nur, wenn sich aus den konkreten Umständen des Falles ergibt, dass eine Zwangsvollstreckung mit Sicherheit nicht zu erwarten ist.[195] Nicht notwendig ist daher, dass eine Vollstreckungsklausel bereits erteilt oder auch nur beantragt, oder ein Vollstreckungsauftrag erteilt wurde bzw. die Vollstreckung begonnen hat. Hat der im Titel oder in der Vollstreckungsklausel ausgewiesene Gläubiger die titulierte Forderung auf einen Dritten übertragen, droht die Vollstreckung durch diesen Dritten grundsätzlich nur dann, wenn die materiellen Voraussetzungen vorliegen, unter denen ihm eine Vollstreckungsklausel gemäß §§ 727 f. ZPO erteilt werden könnte[196]. Ein Rechtsschutzinteresse kann aber ausnahmsweise auch dann zu bejahen sein, wenn trotz einer not-

---
192 BGH, FamRZ 2001, 1705 = InVo 2002, 61.
193 OLG Hamm, FamRZ 2003, 696 = InVo 2003, 362.
194 OLG Bamberg, BayVerwBl 2004, 540.
195 **H.M.,** vgl. OLG Koblenz, JurBüro 2004, 451; OLG Köln, FamRZ 2002, 555.
196 BGH, NJW 1993, 1396, 1397.

wendigen, aber bisher unterbliebenen Erteilung der Vollstreckungsklausel für den Rechtsnachfolger – nur – Einwendungen geltend gemacht werden, die den durch den Titel festgestellten Anspruch selbst betreffen[197]. Entsprechendes gilt, wenn in der notariellen Urkunde eine Unterwerfungserklärung des Schuldners zwar fehlt, aber der Schuldner die Mithaftung für die Schulden eines Dritten übernommen hat und sich dieser mit denselben materiell-rechtlichen Einwendungen gegen die sofortige Zwangsvollstreckung wehrt, der er unterworfen ist.[198]

Ist ein Urteil durch **Klagerücknahme** wirkungslos geworden, so fehlt im Hinblick auf die gemäß § 269 Abs. 4 ZPO bestehende Möglichkeit, dies durch Beschluss feststellen zu lassen, der Vollstreckungsabwehrklage gegen diesen Titel das Rechtsschutzinteresse[199]. Andererseits besteht das Rechtsschutzbedürfnis auch dann, wenn der Titel einen offensichtlichen **Schreibfehler** aufweist[200].

Kein Rechtsschutzinteresse besteht mehr, wenn die **Zwangsvollstreckung** in vollem Umfang **beendet** ist, weil dann das Ziel der Vollstreckungsabwehrklage nicht mehr verwirklicht werden kann. Daher ist die Vollstreckungsabwehrklage auch noch nach Verwertung des Pfändungsgegenstandes zulässig, solange nicht der gesamte Erlös verteilt und der Titel an den Schuldner ausgehändigt worden ist. Der bloße Verzicht des Gläubigers auf die Zwangsvollstreckung beseitigt das Rechtsschutzbedürfnis nicht,[201] und zwar selbst dann nicht, wenn nach Teilerfüllung des titulierten Anspruchs durch Scheckzahlung für den Forderungsrest noch ein Titel notwendig ist.[202] Denn im letzten Fall kann der Gläubiger gemäß § 733 ZPO eine auf den offenen Forderungsrest beschränkte weitere vollstreckbare Ausfertigung erwirken und den weiter gehenden ursprünglichen Titel an den Schuldner aushändigen;[203] anderes gilt nur dann, wenn unzweifelhaft eine Zwangsvollstreckung nicht mehr droht, wie es insbesondere bei einem Titel auf **wiederkehrende Leistungen** hinsichtlich der fällig gewordenen, aber schon erbrachten Leistungen der Fall sein kann.[204]

Das Rechtsschutzinteresse für eine Vollstreckungsabwehrklage, nicht aber auch für eine Klage auf Herausgabe des Titels entfällt, wenn der Gläubiger die **Erstausfertigung** einer vollstreckbaren Urkunde dem Notar **unter Verzicht auf die Rücknahme mit der Weisung übergeben** hat, sie dem

---

197 BGH, NJW 1992, 2159, 2160 = JZ 1993, 94 mit Anm. *Münzberg*: Der frühere Konkursverwalter vollstreckte nach Beendigung des Konkursverfahrens auf Grund eines auf ihn als Konkursverwalter lautenden Titels, wobei er und nicht der bisherige Gemeinschuldner als wahrer Rechtsträger in Betracht kam.
198 BGH, NJW-RR 1999, 1080.
199 AG Warburg, NJW-RR 1998, 1221.
200 OLG München, InVo 1998, 164.
201 BGH, NJW 1984, 2826; OLG Köln, InVo 1996, 136.
202 OLG Hamm, WRP 1992, 195.
203 BGH, NJW 1992, 2148.
204 Vgl. BGH, NJW 1984, 2826, 2827; NJW 1993, 2105, 2106.

Schuldner gegen Löschung von Eintragungen im Grundbuch auszuhändigen:[205] Der Notar hatte durch einen entsprechenden Vermerk auf dem Titel sichergestellt, dass dieser nicht versehentlich an den Gläubiger zurückgegeben wurde; für eine weitere vollstreckbare Ausfertigung gemäß § 733 ZPO bestand infolge Rücktritts vom Vertrag kein berechtigtes Interesse mehr.

8.152 Das Rechtsschutzinteresse **fehlt/fällt weg,** wenn:

- bereits eine zulässige **Berufung** eingelegt worden ist, oder nach Erhebung der Vollstreckungsabwehrklage eine zulässige Berufung eingelegt wird, mit der das angefochtene Urteil auch im Hinblick auf materiell-rechtliche Einwendungen der Vollstreckungsabwehrklage überprüft werden soll und dieses Vorbringen im Berufungsverfahren – noch – geltend gemacht werden kann[206] (vgl. aber Rdn. 8.159 zur Präklusion);
- gegen das Versäumnisurteil/den Vollstreckungsbescheid noch Einspruch eingelegt werden kann (vgl. § 767 Abs. 2 ZPO: „… durch Einspruch nicht mehr geltend gemacht werden können"[207]); hat der Schuldner erst in der Einspruchsfrist erfüllt, muss er aber nicht sogleich Vollstreckungsgegenklage erheben. Vollstreckt der Gläubiger nach Ablauf der Einspruchsfrist, ist der Schuldner nach OLG Hamm[208] gleichwohl nicht mit dem Einwand der Erfüllung präkludiert. Jedenfalls steht dem Schuldner der nicht präkludierte Einwand des Rechtsmissbrauchs zu;[209]
- ausschließlich die von Anfang an bestehende oder rückwirkend herbeigeführte **Unwirksamkeit eines gerichtlichen Vergleichs** geltend gemacht werden soll; hierüber muss durch Fortsetzung des alten Prozesses entschieden werden.[210] Hingegen besteht ein Rechtsschutzinteresse, wenn neben der Nichtigkeit hilfsweise der nachträgliche Wegfall der Zahlungspflicht behauptet,[211] oder die Unzulässigkeit der Zwangsvollstreckung auf eine Auslegung des Vergleichs[212] oder den Wegfall der Geschäftsgrundlage[213] gestützt wird;[214]
- Vollstreckungstitel ein **Arrestbefehl** ist im Hinblick auf die Möglichkeit des § 927 ZPO;

---

205 Vgl. BGH, NJW 1994, 1161.
206 OLG Koblenz, OLGR Koblenz, 2006, 313; OLG Hamm, NJOZ 2005, 1561; KG, InVo 1997, 242; Zöller/*Herget*, § 767 Rdn. 4; MünchKomm/*Schmidt* ZPO, § 767 Rdn. 14.
207 Zöller/*Herget*, § 767 Rdn. 18.
208 OLG Hamm, NJW-RR 2000, 659.
209 Zöller/*Herget*, § 767 Rdn. 18.
210 **H.M.,** vgl. MünchKomm/*Schmidt* ZPO, § 767 Rdn. 13.
211 BGH, NJW 1967, 2014.
212 BGH, NJW 1977, 583.
213 BGH, NJW 1966, 1658; BVerwG, NJW 1994, 2306.
214 Vgl. MünchKomm/*Schmidt* ZPO, § 767 Rdn. 13.

- auf die Geltendmachung einer Vollstreckungsabwehrklage aufgrund eines Prozessvergleichs **verzichtet** worden ist;[215]
- der Titel nur auf den **streitigen Spitzenbetrag** eines zu zahlenden Unterhalts lautet („... über den freiwillig gezahlten Betrag von 500,- € hinaus weitere 200,- € an ... zu zahlen") und die erstrebte Herabsetzung der Unterhaltsrente den freiwillig gezahlten Sockelbetrag nicht übersteigt. Denn dann brauchen nur die freiwilligen Zahlungen gekürzt zu werden, wobei Zahlungen mit entsprechender Bestimmung (§ 366 BGB analog) auf den titulierten Betrag anzurechnen sind.[216]

III. Begründetheit

Die Vollstreckungsabwehrklage ist begründet, wenn   8.153

- die Sachbefugnis der Parteien besteht,
- materiell-rechtliche Einwendungen gegen den titulierten Anspruch vorliegen
- und diese Einwendungen nicht präkludiert sind.

1. Sachbefugnis

Hierunter versteht man die **aktive und passive Klagebefugnis,** also die   8.154
Frage, wer richtiger Kläger (aktivlegitimiert) bzw. Beklagter (passivlegitimiert) ist. **Kläger** kann nur der Vollstreckungsschuldner sein. Das ist derjenige, der zur Zeit der Klageerhebung im Vollstreckungstitel als Schuldner bezeichnet ist; also entweder der ursprüngliche Schuldner oder derjenige, auf den der Vollstreckungstitel gemäß §§ 727 ff. ZPO umgeschrieben wurde. Daher scheidet der Drittschuldner als Klagepartei aus[217].

Beklagter ist der Vollstreckungsgläubiger. Das ist derjenige,   8.155

- der im Vollstreckungstitel als ursprünglicher Gläubiger aufgeführt ist bzw. bei Rechtsnachfolge derjenige, dem eine Vollstreckungsklausel erteilt werden könnte, weil dann durch ihn die Zwangsvollstreckung droht;[218]
- für den die Vollstreckungsklausel erteilt worden ist, unabhängig davon, ob dies zu Recht erfolgt ist, weil von ihm die Zwangsvollstreckung droht, solange die Klausel auf ihn lautet;

---

215 BGH, NJW 1982, 2072, 2073.
216 BGH, NJW 1993, 1995, 1996.
217 BAG, NJW 1964, 687.
218 BGH, NJW 1993, 1396.

- der sich als Gläubiger ausgibt und mit Zwangsvollstreckung droht, selbst wenn noch keine auf ihn lautende Vollstreckungsklausel erteilt worden ist.[219]

2. Materiell-rechtliche Einwendungen gegen den titulierten Anspruch

8.156 Diese Einwendungen können bei **Endurteilen** (§ 704 ZPO) sowie der **materiellen Rechtskraft fähigen gerichtlichen Entscheidungen** nur **rechtsvernichtender** oder **rechtshemmender** Art sein. Notwendig ausgeschlossen sind insoweit rechtshindernde Einwendungen, wie z.B. die Geschäftsunfähigkeit, Nichtigkeit wegen Formmangels, Widerrufsrecht gemäß § 1 Abs. 1 HWiG[220] (jetzt: § 312 BGB n.F.), Sittenwidrigkeit[221] oder Verstoß gegen ein gesetzliches Verbot. Denn diese Tatsachen können aufgrund ihrer Art nicht erst nach Schluss der mündlichen Verhandlung (§ 296a ZPO) als dem für § 767 Abs. 2 ZPO maßgeblichem Zeitpunkt entstanden sein, sondern nur vorher. Hingegen können bei der Vollstreckung aus **nicht der materiellen Rechtskraft fähigen Titeln** wie gerichtlichen oder notariellen Urkunden (§ 794 Abs. 1 Nr. 5 ZPO) auch rechtshindernde Einwendungen geltend gemacht werden, weil für diese die zeitliche Beschränkung des § 767 Abs. 2 ZPO nicht gilt (§ 795 Abs. 4 ZPO); bei gerichtlichen Vergleichen ist in diesem Fall das alte Verfahren fortzusetzen[222].

8.157 Als zulässige Einwendungen kommen u.a. in Betracht:

- **Änderung der Rechtsprechung** nur, soweit eine entsprechende Regelung im Gesetz vorgesehen ist (z.B. in § 79 Abs. 2 S. 3, § 95 Abs. 3 S. 3 BVerfGG bei der Nichtigerklärung von Normen; §§ 17, 19 AGBG, jetzt §§ 9, 10 UKlaG), weil ansonsten die Rechtssicherheit beeinträchtigt würde. Auch die Rechtsprechung des BVerfG[223] sowie des BGH[224] zur Bürgenhaftung stellt nach BVerfG[225] eine solche Einwendung dar;
- **Anfechtung** (§§ 119, 123 BGB – siehe hierzu aber auch Rdn. 8.178);
- **Aufrechnung** (§§ 387 ff. BGB, § 1142 Abs. 2 BGB – siehe hierzu aber auch Rdn. 8.176, 8.178), allerdings nicht, wenn der Gläubiger die titu-

---

219 Vgl. BGH, NJW 1992, 2159, der stillschweigend hiervon ausgeht; BayObLG, InVo 2000, 250 = ZMR 2000, 43; Zöller/*Herget*, § 767 Rdn. 9.
220 BGH, NJW 1996, 57 = InVo 1996, 74.
221 BGH, NJW 1982, 2767.
222 BGH, NJW 1977, 583.
223 NJW 1994, 36.
224 NJW 1995, 592.
225 BVerfG, Beschl. v. 6.12.2005 – 1 BvR 1905/02 = InVo 2006, 241 = FamRZ 2006, 253 unter Aufhebung von BGH, InVo 2002, 504 = FamRZ 2002, 1547 = MDR 2002, 1334; anders auch die bisher h.M., vgl. OLG Köln, NJW-RR 2001, 139; OLG Celle, OLGR Celle 2000, 44.

lierte Forderung in einem anderen Rechtsstreit hilfsweise zur Aufrechnung gestellt hat, solange über die zur Aufrechnung gestellte Forderung dort noch nicht entschieden worden ist;[226]
- **Bereicherungseinrede,** § 821 BGB;
- **Erfüllung,** auch bezüglich einer Nachbesserungsforderung.[227] Betreibt der Gläubiger die Zwangsvollstreckung auch hinsichtlich solcher Mängel, die bereits ordnungsgemäß beseitigt worden sind, ist die Zwangsvollstreckung teilweise für unzulässig zu erklären; eines eingeschränkten Antrags bedarf es dazu nicht (aber: Kostenfolge gemäß § 92 ZPO). Die noch nachzubessernden Mängel müssen jedoch so bestimmt bezeichnet werden, dass eine Vollstreckung des fortbestehenden Anspruchs möglich ist.[228] Ebenso in Fällen der Verrechnung von Zahlungen des Schuldners auf nicht titulierte Forderungen.[229] Der Einwand kann sich auch auf das Ende des unbefristet tenorierten Zinsanspruchs wegen Erfüllung der Hauptforderung beziehen;[230]
- **Erlass;**
- **Erlöschen** des Anspruchs auf Trennungsunterhalt infolge Rechtskraft der Scheidung[231] oder aufgrund Restschuldbefreiung (§ 301 InsO), weil kein Fall des § 302 Nr. 1 InsO (vorsätzlich begangene unerlaubte Handlung) vorliegt;[232]
- fehlende **Fälligkeit;** insbesondere bei notariellen Urkunden, die einen Verzicht auf den Nachweis der Fälligkeit enthalten;[233]
- **Rückgewährsverlangen** gem. § 3 **HWiG** (jetzt § 356 BGB), es sei denn, das vorangegangene Leistungsurteil ist rechtskräftig;[234]
- **Nachbesserungsanspruch:** Werden 2 Möglichkeiten der Nachbesserung geschuldet, die 2. Alternative aber nur bei einem Scheitern der 1. Alternative, kann der Schuldner einwenden, dass die bedingte (2.) Alternative, deretwegen der Gläubiger vollstreckt, nicht oder derzeit noch nicht geschuldet wird.[235] **Beispiel:** Nachbesserung von Plattenbelägen durch 1. Ausspachtelung der Risse oder 2., falls dies keine ordnungsgemäße Nachbesserung darstellt, im Wege der Gesamtsanierung durch Neuverlegung;

---

226 OLG Saarbrücken, OLGR Saarbrücken 2005, 323.
227 BGH, NJW 1993, 1394, 1395.
228 BGH, a.a.O.
229 LG Rottweil, DGVZ 1995, 169.
230 KG, KGR Berlin 2001, 84.
231 OLG Köln, InVo 1996, 136.
232 OLG Rostock, ZInsO 2005, 1175; *Fuchs,* NZI 2002, 298, 303.
233 OLG Hamm, NJW-RR 1991, 1151; DNotZ 1993, 244; OLG München, NJW-RR 1992, 125.
234 BGH, NJW 1996, 57 = InVo 1996, 74; OLG Dresden, VuR 2003, 70; vgl. auch *Fischer,* VuR 2004, 322.
235 BGH, NJW 1993, 1394.

- **Mangelhaftigkeit** der vom Gläubiger geschuldeten Sache im Rahmen einer Zug-um-Zug-Vollstreckung gem. § 756 ZPO;[236]
- Geltendmachung der **Masseunzulänglichkeit** durch den Insolvenzverwalter;[237]
- ausgeübtes **Optionsrecht**;[238]
- **Rücktritt** (siehe hierzu aber auch Rdn. 8.178);
- Einhaltung **sozialrechtlicher Schutzvorschriften** bei Rechtsübergang gemäß §§ 90, 91 BSHG, jetzt §§ 93, 94 SGB XII;[239]
- **Stundung**;[240]
- **Treu und Glauben, unzulässige Rechtsausübung,** soweit die Vollstreckung dadurch auf Dauer[241] oder auch nur vorübergehend ausgeschlossen wird; ggf. gegenüber einem Unterhaltstitel, solange der Unterhaltsberechtigte das Umgangsrecht des Unterhaltsverpflichteten vereitelt;[242] die Aufrechnung gegen eine Vergleichsforderung stellt – vorbehaltlich besonderer Umstände – keinen solchen Einwand dar;[243] bei Insolvenz des Gläubigers einer Bürgschaft auf erstes Anfordern und Einwand des Bürgen, der Hauptschuldner habe erfüllt, kann der Bürge nicht auf den Rückforderungsprozess verwiesen werden, weil der insolvente Gläubiger nicht mehr zur Rückerstattung in der Lage ist;[244] bei Erfüllung des Anspruchs in der Einspruchsfrist gegen ein Versäumnisurteil, wenn der Schuldner nicht mit einer gleichwohl weiter erfolgten Zwangsvollstreckung rechnen musste;[245]
- **Vergleich,** auch Prozessvergleich, soweit mehr als das im Vergleich Vereinbarte vollstreckt werden soll;
- **Verjährung**;[246]
- **(Ver-)Pfändung;**
- **Vertragliche Vereinbarung,** die vollstreckbare Urkunde herauszugeben;[247]

---

236 BGH, InVo 2006, 36 = DGVZ 2005, 154.
237 LG Heidelberg, ZIP 2002, 1214.
238 BGHZ 94, 29, 34, 35 = NJW 1985, 2481, 2482.
239 OLG Zweibrücken, FamRZ 1997, 1092 = InVo 1998, 25; OLG Köln, InVo 1997, 159.
240 **Allg.M.,** vgl. OLG Stuttgart, InVo 2001, 65.
241 BGHZ 94, 316, 318 = NJW 1985, 2263; KG, InVo 1997, 244 – Schikane.
242 OLG München, FamRZ 1997, 1160.
243 KG, InVo 1996, 269.
244 Brandenb. OLG, InVo 2002, 289 = WM 2002, 2160.
245 OLG Hamm, NJW-RR 2000, 659; Zöller/*Herget,* § 767 Rdn. 18.
246 BGH, NJW 1993, 1394; der Bürge kann sich auf die Verjährung der Hauptforderung auch dann berufen, wenn die Verjährung erst nach seiner rechtskräftigen Verurteilung eingetreten ist, BGH, NJW 1998, 2972 = InVo 1998, 351; InVo 1999, 52; OLG Hamm, InVo 2005, 469 – Unterhalt; BayObLG, InVo 2000, 287 = ZMR 2000, 189 – Vollstreckungsverjährung.
247 BGH, NJW-RR 2002, 282.

- **Verwirkung;**[248]
- **vollstreckungsbeschränkende Vereinbarung**[249] (str., vgl. Rdn. 3.432);
- isolierte **Vollstreckungsstandschaft;**[250] eine solche liegt nicht vor, wenn die darlehensgebende Bank zwar die Ansprüche auf Rückzahlung des Darlehens abgetreten hat, die Zwangsvollstreckung aber selbst aus der bei ihr gebliebenen Grundschuld vollstreckt.[251] Eine isolierte Vollstreckungsstandschaft ist auch dann nicht gegeben, wenn mit der Vollstreckungsermächtigung an den Zedenten eine materiellrechtliche Einziehungsermächtigung einhergeht, sodass der Zedent – wie im Titel ausgewiesen – Leistung an sich fordern kann;[252]
- **Wandelung;**
- **Wegfall der Aktivlegitimation** des Klägers, z.B. infolge Abtretung, es sei denn, die Abtretung wäre vor dem Schluss der mündlichen Verhandlung in der Tatsacheninstanz des Vorprozesses erfolgt, selbst wenn der Schuldner davon nichts gewusst hat;[253] Übergang des Anspruchs gemäß §§ 90, 91 BSHG, soweit nicht der bisherige Gläubiger materiellrechtlich aufgrund einer Einziehungsermächtigung befugt ist, weiterhin Leistung an sich zu verlangen;[254] § 426 Abs. 2 BGB; § 1143 Abs. 1 BGB; Pfändung und Überweisung gemäß §§ 829, 835 ZPO;[255] Wegfall der gesetzlichen Prozessstandschaft gemäß § 1629 Abs. 3 BGB;[256]
- **Wegfall der Geschäftsgrundlage;**[257]
- **Zurückbehaltungsrecht** gemäß §§ 273, 320 BGB.[258] Hierbei ist allerdings zu beachten, dass ein Zurückbehaltungsrecht die Zwangsvollstreckung nicht unzulässig macht, sondern zu einer Zug-um-Zug-Verurteilung führt, §§ 274, 322 BGB;[259]

---

248 BGH, FamRZ 1991, 1175; BGH, NJW 1993, 1394; OLG Koblenz, FamRZ 2004, 1656; OLG Köln, FamRZ 2001, 1717; OLG Hamm, NJW-RR 1998, 510.
249 BGH, MDR 1991, 668 = NJW 1991, 2295; OLG Frankfurt, InVo 2000, 217; OLG Karlsruhe, MDR 1998, 1433; KG, InVo 1997, 242; OLG Köln, NJW-RR 1995, 576, dazu *Münzberg*, JZ 1996, 313.
250 BGHZ 92, 347 = NJW 1985, 809; NJW-RR 1992, 61; NJW 1993, 1396, 1398.
251 BGH, InVo 2004, 196.
252 OLG Köln, InVo 2002, 467.
253 BGH, InVo 2001, 60 = MDR 2001, 109; OLG Dresden, NJW-RR 1996, 444.
254 OLG Köln, FamRZ 2002, 555; OLG Bremen, OLGR 1998, 429.
255 BAG, NJW 1997, 1868; OLG Frankfurt, DGVZ 1993, 91.
256 OLG Nürnberg, InVo 2003, 31 = FamRZ 2002, 407; OLG Stuttgart, InVo 2001, 256; OLG Hamm, FamRZ 2000, 365; OLG München, FamRZ 1997, 1493, OLG Köln, FamRZ 1995, 308; *Hochgräber*, FamRZ 1996, 272; Zöller/*Herget*, § 767 Rdn. 12; anders der Titel auf das Kind lautet und der ehemalige gesetzliche Vertreter vollstreckt, dann nur § 766 ZPO, so OLG Koblenz, InVo 2006, 64 = FamRZ 2005, 993.
257 BGH, NJW 1966, 1658; BVerwG, NJW 1994, 2306; OLG Frankfurt, NJOZ 2002, 2209 – Scheidung des Ehegattenbürgen; LAG Hessen, NZA 1994, 960.
258 BGH, WM 1981, 199, 201; MünchKomm/*Schmidt* ZPO, § 767 Rdn. 68.
259 BGH, NJW-RR 1997, 1272 = InVo 1998, 74.

Beispiel:

Ein Bauträger vollstreckt aus einer notariellen Urkunde die letzte Rate des offen stehenden Kaufpreises, der Bauherr wendet Mängel ein.

8.158 **Nicht zu den Einwendungen des § 767 ZPO gehören:**

- **Nachträgliche Änderung** des **Verzugszinssatzes**, der in der rechtskräftig titulierten Entscheidung festgelegt wurde;[260]
- **Art und Weise der Zwangsvollstreckung**: § 766 ZPO;
- Einwendungen gegen die **Höhe des Kostenvorschusses** gemäß § 887 Abs. 2 ZPO.[261]
- Fehlen oder Unrichtigkeit der **Klausel**: §§ 732, 768 ZPO;
- Fehlen einer ordnungsgemäßen **gesetzlichen Vertretung**;[262]
- der **Missbrauch gerichtlicher Entscheidungen**, z.B. Vollstreckungsbescheide über sittenwidrige Darlehen. Denn insoweit geht es um die Unrichtigkeit der Entscheidungen bzw. die Sittenwidrigkeit ihrer Ausnutzung und nicht um nachträgliche Einwendungen gegen den titulierten Anspruch selbst;[263]
- **unbestimmte Gläubigerbezeichnung** (insoweit greift § 732 ZPO);[264]
- **Unwirksamkeit** des Titels: Feststellungsklage gemäß § 256 ZPO oder prozessuale Gestaltungsklage analog § 767 ZPO (s. Rdn. 8.116);
- **Widerruf** nach § 1 **HWiG** (jetzt: § 312 BGB);[265]
- **zeitliche Begrenzung des Unterhaltsanspruchs** gem. §§ 1573 Abs. 5, 1578 Abs. 1 S. 2 BGB.[266]

3. Präklusion gemäß § 767 Abs. 2 ZPO

8.159 Liegt eine der zulässigen Einwendungen vor, ist die Klage dennoch unbegründet – und nicht unzulässig, wie man vom Wortlaut des § 767 Abs. 2 ZPO („nur insoweit zulässig ...") her meinen könnte –, wenn diese Einwendung – **kumulativ** –

---

260 BGH, NJW 1987, 3266; für eine Anwendung des § 323 ZPO in diesem Fall: OLG Karlsruhe, NJW 1990, 1738; Zöller/*Vollkommer*, § 323 Rdn. 25; Thomas/*Putzo*, § 323 Rdn. 22.
261 BGH, NJW 1993, 1394.
262 OLG Koblenz, FamRZ 2005, 993 = InVo 2006, 64; OLG Frankfurt, MDR 1997, 194 = InVo 1997, 100.
263 OLG Köln, NJW-RR 1987, 941; MünchKomm/*Schmidt* ZPO, § 767 Rdn. 69; **str.**
264 BGH, InVo 2004, 239 = MDR 2004, 471; BayObLG, InVo 2005, 104.
265 BGH, NJW 1996, 57 = InVo 1996, 74.
266 BGH, FamRZ 2001, 905.

- vor den in § 767 Abs. 2 und 3 ZPO bzw. § 796 Abs. 2 ZPO genannten Zeitpunkten entstanden ist, oder zwar danach, aber durch Einspruch hätte geltend gemacht werden können,
- und in dem Verfahren grundsätzlich hätte geltend gemacht werden können,
- und der Titel der materiellen Rechtskraft fähig ist, weil diese durch § 767 ZPO geschützt werden soll.

Auf die prozessuale Gestaltungsklage analog § 767 ZPO (vgl. dazu Rdn. 8.116) findet § 767 Abs. 2 ZPO keine Anwendung.[267]   8.160

a) **Maßgeblicher Zeitpunkt** für die Präklusion ist demnach bei einem   8.161

aa) **Urteil**

der Zeitpunkt der letzten mündlichen Verhandlung in der Tatsacheninstanz (erste Instanz/Berufungsinstanz). Maßgebend ist insofern die Tatsachenverhandlung, die stattgefunden hat, nicht eine solche, die hätte stattfinden können.   8.162

> **Beispiel:**
> Nach der letzten mündlichen Verhandlung erster Instanz entsteht die Einwendung der Erfüllung infolge Zahlung; es wird keine Berufung eingelegt: die Einwendung ist nicht ausgeschlossen, weil eine mündliche Verhandlung vor dem Berufungsgericht nicht stattgefunden hat.

Ergeht ein Urteil im **schriftlichen Verfahren gemäß § 128** Abs. 2 ZPO, so entspricht dem Schluss der mündlichen Verhandlung der im Beschluss gemäß § 128 Abs. 2 S. 2 ZPO bestimmte Zeitpunkt, bis zu dem Schriftsätze eingereicht werden können. Bei einem Urteil im schriftlichen Verfahren gemäß § 128 Abs. 3 ZPO entspricht dem Schluss der mündlichen Verhandlung der Zeitpunkt, den das Gericht im Anordnungsbeschluss bestimmt.

Endete der Vorprozess durch **Anerkenntnisurteil** im schriftlichen Vorverfahren,[268] entspricht der Eingang des Anerkenntnisschriftsatzes bei Gericht dem gem. § 767 Abs. 2 ZPO maßgeblichen Zeitpunkt.

Bei einer **Entscheidung nach Lage der Akten gemäß § 251a ZPO** entspricht dem Schluss der mündlichen Verhandlung der Tag des versäumten Termins, nicht etwa der Tag der Verkündung.

Bei **Vorbehaltsurteilen** (§§ 302, 599 ZPO) ist entscheidend die letzte mündliche Verhandlung im Nachverfahren, soweit in diesem Verfahren derartige Einwendungen noch zulässig waren.[269]

---

267 BGH, NJW 1994, 460 = ZIP 1994, 67.
268 Brandenb. OLG, InVo 2001, 305 = NJOZ 2002, 204.
269 RGZ 45, 429, 432; BGH, NJW 1993, 668; NJW 1991, 1117.

Für das **Grundurteil** ist maßgebend die letzte Tatsachenverhandlung, in der Einwendungen zum Grund des Anspruchs geltend gemacht werden konnten.[270]

Urteil zur Höhe eines Anspruchs: Maßgebend ist der Zeitpunkt der letzten mündlichen Verhandlung in der Tatsacheninstanz, in der über die Höhe entschieden wurde.

Versäumnisurteil: Maßgebend ist der Zeitpunkt des Ablaufs der Einspruchsfrist[271]. Konnten die Einwendungen innerhalb der Einspruchsfrist, und zwar in der Einspruchsschrift (§ 340 Abs. 3 ZPO) oder auch noch später, weil ein Verstoß gegen § 340 Abs. 3 ZPO nicht zur Unzulässigkeit des Einspruchs führt,[272] geltend gemacht werden, sind diese grundsätzlich gemäß § 767 Abs. 2 ZPO präkludiert. Dies gilt auch für solche Einwendungen, die nicht geltend gemacht wurden, weil die Partei eine Zurückweisung dieses Vorbringens gemäß §§ 296, 530, 531 ZPO – zu Recht oder zu Unrecht – befürchtete. Eine „Flucht in die Vollstreckungsabwehrklage wegen Säumnis" scheidet daher aus. Hat der Schuldner allerdings erst in der Einspruchsfrist erfüllt, muss er nicht sogleich Vollstreckungsgegenklage erheben. Vollstreckt der Gläubiger nach Ablauf der Einspruchsfrist, ist der Schuldner nach OLG Hamm[273] gleichwohl nicht mit dem Einwand der Erfüllung präkludiert. Jedenfalls steht dem Schuldner der nicht präkludierte Einwand des Rechtsmissbrauchs zu.[274]

bb) Prozessvergleich (§ 794 Abs. 1 Nr. 1 ZPO)

8.163 Eine Präklusion gemäß § 767 Abs. 2 ZPO scheidet für inländische Titel aus, weil derartige Titel nicht in materielle Rechtskraft erwachsen.[275] Anders sieht es hingegen beim europäischen Vollstreckungstitel gem. § 1082 ZPO aus, weil § 1086 Abs. 2 ZPO insoweit die Vorschrift des § 767 Abs. 2 ZPO ausdrücklich auch auf gerichtliche Vergleiche erstreckt. Hintergrund dieser Regelung, die dazu führt, dass Gläubiger ausländischer Titel – das kann auch ein Deutscher sein, der einen europäischen Vollstreckungstitel im Ausland erwirkt hat – sich besser stehen als Gläubiger inländischer Titel, ist Art. 24 EuVTVO i.V.m. Art. 21 Abs. 2 EuVTVO. Danach darf die Entscheidung im Vollstreckungsmitgliedstaat in der Sache selbst nicht nachgeprüft werden. Die Regelung des § 1086 Abs. 2 ZPO widerspricht andererseits Art. 20 Abs. 1 S. 2 EuVTVO, wonach der europäische Vollstreckungstitel unter den gleichen Bedingungen vollstreckt wird wie ein

---

270 Musielak/*Lackmann*, § 767 Rdn. 32.
271 H.M., vgl. BGH, NJW 1982, 1812; Musielak/*Lackmann*, § 767 Rdn. 38; Münch-Komm/*Schmidt* ZPO, § 767 Rdn. 15, 76, mit zutreffender Ablehnung der Mindermeinung.
272 BGH, NJW 1979, 1988.
273 OLG Hamm, NJW-RR 2000, 659.
274 Zöller/*Herget*, § 767 Rdn. 18.
275 BGH, NJW 1977, 583, 584.

inländischer Titel.²⁷⁶ Man darf gespannt sein, wie die Rechtsprechung das Problem lösen wird.

cc) Kostenfestsetzungsbeschluss (§ 794 Abs. 1 Nr. 2 ZPO)

Keine Präklusion, weil in diesem Verfahren keine Möglichkeit besteht, materiell-rechtliche Einwendungen geltend zu machen²⁷⁷. Entsprechendes gilt für Vergütungsfestsetzungsbeschlüsse des Konkurs- oder Gesamtvollstreckungsverwalters²⁷⁸ und muss entsprechend für die des Insolvenzverwalters sowie des Treuhänders gem. §§ 8, 16 InsVV i.V.m. § 3 Nr. 2e RPflG gelten.

8.164

dd) Beschluss im vereinfachten Verfahren über den Unterhalt Minderjähriger (§ 794 Abs. 1 Nr. 2a ZPO)

Im vereinfachten Verfahren können nur Einwendungen gemäß §§ 648, 652 ZPO geltend gemacht werden. Insoweit findet § 767 ZPO keine Anwendung. Sonstige materiell-rechtliche Einwendungen sind daher nicht präkludiert.

8.165

Beispiel:

Nachdem der Vater des nichtehelichen Kindes die Vaterschaft anerkannt (§§ 1592 f. BGB) hatte, ist gegen ihn gemäß § 649 ZPO ein Festsetzungsbeschluss zur Zahlung des Unterhalts im vereinfachten Verfahren ergangen. Gegen den Festsetzungsbeschluss könnte der Einwand, er habe das Vaterschaftsanerkenntnis gemäß §§ 1599, 1600 BGB angefochten, nicht erhoben werden (vgl. §§ 648, 652 ZPO). Mit dieser Einwendung wäre er daher auch nicht gemäß § 767 Abs. 2 ZPO präkludiert.

ee) Beschlüsse gemäß § 794 Abs. 1 Nr. 3 ZPO

Dies sind z.B. solche gemäß §§ 91a, 99 Abs. 2, 127, 887, 888 ZPO. Auf sie findet gemäß § 795 ZPO der § 767 Abs. 2 ZPO entsprechende Anwendung, soweit in dem Beschlussverfahren die materiell-rechtliche Einwendung geltend gemacht werden konnte. Da nach BGH²⁷⁹ nunmehr auch im Verfahren der §§ 887, 888 ZPO der Erfüllungseinwand erhoben werden kann, findet eine Präklusion gegen den Ermächtigungsbeschluss nach § 887 Abs. 1 ZPO statt.

8.166

ff) Beschlüsse gemäß § 794 Abs. 1 Nr. 3a ZPO

Soweit hier überhaupt § 767 ZPO zur Anwendung kommt (vgl. oben Rdn. 8.126), gilt auch § 767 Abs. 2 ZPO.

8.167

---

276 Vgl. zu der Problematik *Jennissen*, InVo 2006, 263, 270 sowie *Leible/Lehmann*, NotBZ 2004, 453, 461.
277 **H.M.:** BGH, NJW 1952, 144; MünchKomm/*Schmidt* ZPO, § 767 Rdn. 75 m.w.N.
278 BGH, Rpfleger 1995, 375 = DtZ 1995, 169.
279 Rpfleger 2005, 93 = InVo 2005, 68 = MDR 2005, 351.

gg) Vollstreckungsbescheid (§ 794 Abs. 1 Nr. 4 ZPO)

8.168 Es gilt das zum Versäumnisurteil (Rdn. 8.162 a.E.) ausgeführte, weil er einem vorläufig vollstreckbaren Versäumnisurteil gleichsteht (§ 700 Abs. 1 ZPO) und nach **h.M.** der materiellen Rechtskraft fähig ist. § 796 Abs. 2 ZPO ersetzt nur den Zeitpunkt der letzten mündlichen Verhandlung durch den der Zustellung des Vollstreckungsbescheids[280].

hh) Vollstreckbar erklärter Schiedsspruch, schiedsrichterlicher Vergleich und gerichtlich vollstreckbar erklärter Anwaltsvergleich (§ 794 Abs. 1 Nr. 4a und 4b – 1. Fall, §§ 796b, 1053, 1054, 1060 f. ZPO)

8.169 Einwendungen gegen den zuerkannten Anspruch sind nur insoweit zulässig, als Gründe, auf denen sie beruhen, nach dem Zeitpunkt entstanden sind, in dem sie in dem schiedsrichterlichen Verfahren[281] bzw. im Rahmen der Vollstreckbarerklärung des Anwaltsvergleichs[282] spätestens hätten geltend gemacht werden müssen.

ii) Notariell vollstreckbar erklärter Anwaltsvergleich gemäß § 796c ZPO (§ 794 Abs. 1 Nr. 4 b 2. Fall ZPO)

8.170 Eine Präklusion ist hier durch § 797 Abs. 4 und 6 ZPO ausgeschlossen.

jj) Vollstreckbare Urkunden (§ 794 Abs. 1 Nr. 5 ZPO)

8.171 Eine Präklusion ist durch § 797 Abs. 4 ZPO ausgeschlossen.

kk) Vergütungsfestsetzungsbeschluss gemäß § 11 RVG, § 19 BRAGO

8.172 Da hier der Schuldner der Festsetzung auch mit Hinweis auf materielle Einwendungen widersprechen kann (§ 11 Abs. 5 S. 1 RVG, § 19 Abs. 5 S. 1 BRAGO), findet § 767 Abs. 2 ZPO Anwendung.[283] Maßgeblicher Zeitpunkt ist in sinngemäßer Anwendung des § 767 Abs. 2 ZPO der Zeitpunkt des Erlasses der Entscheidung; unter „Erlass" ist insoweit der Zeitpunkt zu verstehen, bis zu dem der Urkundsbeamte der Geschäftsstelle die Ausfertigung zur Zustellung hinausgibt.[284]

ll) Eintragung in die Insolvenz-/Konkurstabelle (§ 178 Abs. 3 InsO/§ 145 Abs. 2 KO) bzw. nachfolgende Feststellungsklagen, §§ 179, 184 InsO

8.173 Die Eintragung in die Insolvenztabelle steht einem rechtskräftigen Urteil gleich; hinsichtlich der Zwangsvollstreckung finden gemäß § 201

---

280 H.M., vgl. MünchKomm/*Schmidt* ZPO, § 767 Rdn. 76; **a.A.** StJ/*Schlosser*, § 700 Rdn. 10.
281 BGH, NJW 1990, 3210.
282 OLG Köln, InVo 1997, 50; LG Halle, NJW 1999, 3567; Musielak/*Voit*, § 796a Rdn. 10; **a.A.** Thomas/*Putzo*, § 796b Rdn. 4.
283 **H.M.:** BGH, MDR 1976, 914; BGH, NJW 1997, 743 = InVo 1997, 96.
284 BVerfG, NJW 1993, 51.

Abs. 2 InsO/§ 164 Abs. 2 KO die §§ 724–793 ZPO entsprechende Anwendung, somit auch § 767 Abs. 2 ZPO. Maßgeblicher Zeitpunkt ist der Schluss des Prüfungstermins.[285] Ist vom Schuldner Widerspruch gegen die Feststellung zur Tabelle erhoben worden und erhebt der Gläubiger deswegen gegen den Schuldner Klage auf Feststellung zur Tabelle, muss der Schuldner in diesem Verfahren alle Einwendungen erheben, weil er ansonsten damit gem. § 767 Abs. 2 ZPO ausgeschlossen ist.[286]

mm) Europäischer Vollstreckungstitel gem. § 1082 ZPO

Dies sind Titel, die in einem anderen Mitgliedstaat der Europäischen Union nach der Verordnung (EG) Nr. 805/2004 (EuVTVO) als europäischer Vollstreckungstitel bestätigt worden sind. Aus diesen findet die Zwangsvollstreckung im Inland unter den gleichen Bedingungen wie aus einem inländischen Titel statt (Art. 20 Abs. 1 S. 2 EuVTVO), jedoch bedarf der Titel gem. § 1082 ZPO keiner Klausel. Nach der ausdrücklichen Regelung des § 1086 Abs. 1 ZPO[287] findet auf derartige Titel § 767 ZPO Anwendung.

8.174

b) „Entstehung"

Die Einwendung ist entstanden, wenn die sie begründenden Tatsachen bis zum o.a. maßgeblichen Zeitpunkt **objektiv vorhanden** waren, sodass der Schuldner sie von daher hätte in den Prozess einführen und dem Gericht zur Entscheidung unterbreiten, also geltend machen können. Unerheblich ist, warum er die objektiv mögliche Geltendmachung unterlassen hat, also z.B. infolge Unkenntnis dieser Tatsachen.[288] Dies gilt auch für das Arzthaftungsrecht[289] sowie in Bauprozessen, auch wenn der Auftraggeber ein Generalunternehmer[290] ist, und nicht anders gegenüber dem Einwand des Versicherers, die Berufsunfähigkeit sei wiederhergestellt, wenn eine Berufsunfähigkeit bereits im Ausgangsverfahren nicht vorgelegen hat.[291] Insoweit kommt es auch nicht darauf an, ob Einreden (z.B. Verjährung) und Einwendungen (z.B. Verwirkung)[292] geltend gemacht werden. Haben die Parteien

8.175

---

285 BGH, NJW 1987, 1692; ZIP 1991, 456, 457; MünchKomm/*Schumacher* InsO, § 178 Rdn. 79, 80; Kübler/Prütting/*Pape*, § 178 Rdn. 16.
286 OLG Naumburg, OLGR Naumburg 2004, 455.
287 Umstritten ist nach wie vor, ob § 767 ZPO unter den Begriff des Vollstreckungsverfahrens nach Art. 20 Abs. 1 S. 1 EuVTVO fällt und damit zulässig ist; bejahend: *Jennissen*, InVo 2006 263, 270; *Kropholler*, Art. 20 EuVTVO Rdn. 12; *Wagner*, Iprax 2005, 401, 405; Thomas/Putzo/*Hüßtege*, § 1086 Rdn. 1; HK-ZPO/ *Saenger*, § 1086 Rdn. 1; ablehnend *Hess*, IPrax 2004, 493; *Leible/Lehmann*, NotBZ 2004, 453, 461.
288 BGH, NJW 1973, 1328.
289 OLG Köln, VersR 2004, 355.
290 OLG Braunschweig, InVo 2004, 243 = BauR 2005, 136.
291 OLG Karlsruhe, VersR 2005, 775 = OLGR Karlsruhe 2005, 36.
292 Vgl. MünchKomm/*Schmidt* ZPO, § 767 Rdn. 79.

in einem Unterhaltsverfahren übereinstimmend einen grundsätzlichen Unterhaltsverzicht nicht eingeführt, so hindert § 767 Abs. 2 ZPO den Beklagten nicht an der Erhebung einer Vollstreckungsabwehrklage gegenüber der Vollstreckung aus dem Unterhaltsurteil, mit der er geltend machen will, einer der geregelten Ausnahmefälle des Unterhaltsverzichts läge nicht vor[293].

8.176 Es kommt daher grundsätzlich nicht darauf an, ob eine die Rechtslage ändernde Tatsache bis zum maßgeblichen Zeitpunkt hätte geschaffen werden können; dies gilt auch für eine Aufrechnungslage, die seinerzeit noch nicht bestand.[294]

8.177 § 767 Abs. 2 ZPO hindert eine Partei andererseits nicht, Einwendungen, die sich erst während des Revisionsverfahrens ereignet haben und ausnahmsweise im **Revisionsverfahren** geltend gemacht werden konnten, weil sie unstreitig waren und schützenswerte Belange der Gegenpartei nicht entgegenstanden,[295] im Wege der Vollstreckungsabwehrklage geltend zu machen.[296]

8.178 Die h.M. in der Rechtsprechung macht hiervon eine Ausnahme bei **gesetzlichen Gestaltungsrechten;** bei diesen kommt es danach nicht auf die tatsächliche Ausübung des Gestaltungsrechts (wie z.B. Anfechtung, Aufrechnung, Rücktritt, Wandelung) an, sondern auf den Zeitpunkt, in dem das Gestaltungsrecht durch den Vollstreckungsschuldner hätte ausgeübt werden können.[297] Begründet wird dies damit, dass die Freiheit des Berechtigten, ob und wann er sein Gestaltungsrecht ausüben will, nur Nebenfolge, nicht aber Zweck des gesetzlichen Gestaltungsrechts sei.[298] Bei der **Aufrechnung** ist daher maßgebend der Zeitpunkt, in dem sich die Forderungen erstmals aufrechenbar gegenüberstanden, § 387 BGB. Im Konkurs besteht eine solche Aufrechnungslage erst, wenn die Konkursforderung des Gläubigers zur Konkurstabelle festgestellt worden ist.[299] Entsprechendes gilt für die Insolvenz. Gegenüber an sich unpfändbaren Unterhaltsforderungen kann mit einer Schadensersatzforderung wegen vorsätzlich begangener unerlaubter Handlung aufgerechnet werden, die im Rahmen des Unterhaltsverhältnisses begangen wurde, weil das Aufrechnungsverbot des § 394 BGB insoweit nicht entgegensteht. Dem Unterhaltsverpflichteten muss jedoch das Existenzminimum verbleiben; zudem ist die Aufrechnung nur möglich gegenüber fälligen oder maximal in den nächsten sechs Monaten fällig wer-

---

293 OLG Karlsruhe, MDR 1998, 1433.
294 BGH, InVo 2006, 29 = NJW 2005, 2926; OLG Karlsruhe, InVo 2005, 65.
295 BGHZ 53, 128, 130 ff.; WM 1996, 1599, 1601.
296 BGH, NJW 1998, 2972 = InVo 1998, 351.
297 Vgl. BGHZ 34, 274, 279 = NJW 1961, 1067, 1068; NJW 1980, 2527, 2528; InVo 2006, 29 = NJW 2005, 2926; BGH, NJW-RR 2006, 229 = ZMR 2006, 192 – Kündigung; OLG Koblenz, OLGR Koblenz 2001, 455 – Rücktritt; Zöller/*Herget*, § 767 Rdn. 14; **a.A.** Thomas/*Putzo*, § 767 Rdn. 22a.
298 BGH, NJW 1985, 2482.
299 BGH, NJW 1987, 1691, 1692.

denden Unterhaltsansprüchen, weil der Unterhaltsberechtigte auch nur für diesen Zeitraum Vorauszahlungen entgegennehmen müsste.[300] Wurde der Aufrechnungseinwand gemäß § 533 ZPO mangels Sachdienlichkeit im Vorprozess nicht zugelassen, kann die Vollstreckungsabwehrklage nicht mehr auf diesen Aufrechnungseinwand gestützt werden.[301] Soweit aber nicht der Schuldner, sondern ein Dritter gegenüber der Forderung des Gläubigers gegen den Schuldner mit einer eigenen Forderung berechtigterweise aufrechnet (vgl. §§ 268, 1142, 1150 BGB), ist ausnahmsweise maßgebend der Zeitpunkt des Wirksamwerdens der Aufrechnung. Denn der Schuldner selbst kann die Aufrechnung nicht erklären, sondern sich nur auf eine von dem berechtigten Dritten bereits erklärte Aufrechnung berufen.

Dementsprechend ist nach der Rechtsprechung bei einem vertraglich eingeräumten **Optionsrecht**[302] sowie bei einem auf Dauer bestehenden **Leistungsbestimmungsrecht** gemäß § 315 BGB[303] der Zeitpunkt der Gestaltungserklärung maßgebend, weil in diesen Fällen die Freiheit des Berechtigten hinsichtlich des Ob und des Zeitpunkts der Ausübung des Gestaltungsrechts Zweck und nicht nur Nebenfolge dieser Gestaltungsrechte sei.

8.179

Bei der Ausübung des **Widerrufs** (§ 355 BGB, jetzt ein besonders ausgestaltetes Rücktrittsrecht) bei einem **Verbraucherkreditgeschäft** (§ 495 BGB, vormals § 7 VerbrKrG) sowie **Haustürgeschäften** (§ 312 BGB, vormals § 1 HWiG) kommt es nach der Rechtsprechung des BGH[304] und einem Teil der Literatur[305] ebenfalls auf den Zeitpunkt an, zu dem der Widerruf möglich war, nach anderer Ansicht[306] jedoch auf den der Ausübung.

8.180

4. Präklusion gemäß § 767 Abs. 3 ZPO

Bei einer **wiederholten Vollstreckungsabwehrklage** gegen denselben Titel mit anderen materiell-rechtlichen Einwendungen ist die Präklusion gemäß § 767 Abs. 3 ZPO zu beachten, nach der alle Einwendungen ausgeschlossen sind, die bis zum Schluss der letzten mündlichen Tatsachenverhandlung der ersten Vollstreckungsabwehrklage geltend gemacht werden konnten, und zwar auch im Wege des Nachschiebens von Einwendungen.[307] Entsprechendes soll gelten, wenn eine Abänderungsklage gemäß

8.181

---

300 BGH, NJW 1993, 210.
301 BGH, NJW 1994, 2769.
302 BGHZ 94, 29, 32 f. = NJW 1985, 2481.
303 BAG, AP Nr. 2 zu § 767 ZPO Bl. 455.
304 BGH, NJW 1996, 57 = InVo 1996, 74; OLG Hamm, NJW 1993, 140.
305 *Schuschke*, § 767 Rdn. 32.
306 So aber: OLG Karlsruhe, NJW 1990, 2474; OLG Stuttgart, NJW 1994, 1225; Zöller/*Herget*, § 767 Rdn. 14; Musielak/*Lackmann*, § 767 Rdn. 37; MünchKomm/*Schmidt* ZPO, § 767 Rdn. 82; StJ/*Münzberg*, § 767 Rdn. 32 ff.; Thomas/Putzo, § 767 Rdn. 22a.
307 BGH, NJW 1991, 2281.

§ 323 ZPO vorausgegangen ist.[308] Keine Anwendung findet § 767 Abs. 3 ZPO auf eine Gestaltungsklage analog § 767 ZPO, soweit eine Vollstreckungsabwehrklage vorausgegangen ist[309] (vgl. auch Rdn. 8.160).

8.182 § 767 Abs. 3 ZPO findet auch dann Anwendung, wenn der Schuldner ohne eigenes Verschulden mangels Kenntnis nicht in der Lage war, die Einwendung im früheren Vollstreckungsabwehrverfahren geltend zu machen, und auch unabhängig davon, ob im Rahmen der ersten Vollstreckungsabwehrklage die Präklusionsvorschrift des § 767 Abs. 2 ZPO Anwendung fand oder nicht.[310] Zwingende Grundlage für die Ausschlusswirkung ist jedoch eine gerichtliche Entscheidung in der Hauptsache im Rahmen einer Vollstreckungsabwehrklage. § 767 Abs. 3 ZPO findet daher keine Anwendung, wenn die Vollstreckungsabwehrklage zurückgenommen oder gemäß § 91a ZPO der Rechtsstreit in der Hauptsache übereinstimmend für erledigt erklärt worden war.[311]

8.183 In diesem Zusammenhang ist zu beachten, dass nach der Rechtsprechung das Nachschieben neuer Einwendungen als **Klageänderung** angesehen wird, deren Zulassung außerhalb des Bereichs des § 264 ZPO Sachdienlichkeit oder Einwilligung des Beklagten voraussetzt, § 263 ZPO.[312] Es besteht daher die Möglichkeit, dass derartige neue Einwendungen nicht zugelassen werden, andererseits dieselbe Einwendung infolge Präklusion gemäß § 767 Abs. 3 ZPO mit einer neuen Vollstreckungsabwehrklage nicht mehr geltend gemacht werden kann.[313]

5. Beweis

8.184 Auch im Rahmen der Vollstreckungsabwehrklage gelten grundsätzlich die materiellen Beweislastregeln: Derjenige, der ein Recht geltend macht, muss die tatsächlichen Voraussetzungen der rechtsbegründenden und rechtserhaltenden Tatbestandsmerkmale beweisen; wer hingegen ein Recht leugnet, muss die tatsächlichen Voraussetzungen der rechtshindernden, rechtshemmenden und rechtsvernichtenden Tatsachen beweisen.[314] Den Bürgen trifft daher die Beweislast für seine Behauptung, der Hauptschuldner habe die Forderung ganz oder teilweise getilgt;[315] dies gilt selbst hin-

---

308 OLG Hamm, FamRZ 1993, 581.
309 BGH, NJW 1994, 460 = ZIP 1994, 67.
310 BGH, NJW 1973, 1328; NJW-RR 1987, 59; OLG Zweibrücken, InVo 1998, 76.
311 BGH, NJW 1991, 2280.
312 BGHZ 45, 231 = NJW 1966, 1362; Zöller/*Herget*, § 767 Rdn. 22; *Schuschke*, § 767 Rdn. 12; offen gelassen in BGH, NJW-RR 1987, 59; **a.A.** Baumbach/*Hartmann*, § 767 Rdn. 57.
313 Vgl. MünchKomm/*Schmidt* ZPO, § 767 Rdn. 42; *Schuschke*, § 767 Rdn. 42; s. auch BGH, NJW 1994, 2769; **a.A.** Baumbach/*Hartmann*, § 767 Rdn. 58.
314 BGH, NJW 1986, 2426, 2427; OLG Hamm, JurBüro 1994, 308, 309; KG, OLGR 1997, 92.
315 OLG Schleswig, WM 1997, 413.

sichtlich nicht anerkannter Tagessalden aus einem Kontokorrentverhältnis.[316] Unter Aufgabe seiner früheren Rechtsprechung[317] obliegt nach der neueren Rechtsprechung des BGH[318] dem Darlehensgläubiger die Beweislast für die Hingabe eines Darlehens auch dann, wenn der die Hingabe bestreitende Schuldner in notarieller Urkunde den Empfang als Darlehen bestätigt, sich der Zwangsvollstreckung unterworfen und dem Notar gestattet hat, eine vollstreckbare Ausfertigung der Urkunde ohne den Nachweis der Fälligkeit des Darlehens zu erteilen. Macht der Schuldner geltend, die in der notariellen Urkunde angeführte Vereinbarung stelle ein Scheingeschäft dar, so trifft ihn die Beweislast dafür,[319] ebenso wie für seine Behauptung, der Gläubiger habe die Erfüllung verhindert.[320]

IV. Urteil und Urteilswirkungen

Bei richtiger Antragstellung entspricht der **Tenor** dem der Einwendung entsprechenden Antrag (s. dazu Rdn. 8.138). Wird im Tenor die „*weitere*" Vollstreckung aus einem bestimmten Titel für unzulässig erklärt, ist regelmäßig auf die Aufhebung der Vollstreckbarkeit des Titels erkannt, sodass damit also nicht nur neuerliche Zwangsvollstreckungsmaßnahmen untersagt sind.[321]

Mit der Rechtskraft des stattgebenden Gestaltungsurteils wird die **Vollstreckbarkeit des Titels beseitigt.** Dies gilt auch für einen Rechtsnachfolger des Gläubigers.[322] Aber schon aufgrund des für vorläufig vollstreckbar erklärten Urteils ist die Zwangsvollstreckung von Amts wegen einzustellen oder zu beschränken und sind bereits erfolgte Vollstreckungsmaßnahmen aufzuheben, §§ 775 Nr. 1, 776 ZPO (vgl. Rdn. 3.373). Die erhobenen Einwendungen erwachsen bei stattgebender Entscheidung nicht in materielle Rechtskraft.[323] Etwas anderes gilt jedoch dann, wenn der Vollstreckungsschuldner eine Vollstreckungsgegenklage mit einer Aufrechnung gegen den titulierten Anspruch begründet; dann erstreckt sich im Hinblick auf § 322 Abs. 2 ZPO die materielle Rechtskraft auch auf die Zu- und Aberkennung der geltend gemachten Aufrechnungsforderung.[324] Das stattgebende Urteil lässt daher die materielle Rechtskraft der Verurteilung und die Kostenentscheidung des früheren Urteils unberührt[325]. Deshalb bleibt Letztere als Grundlage für eine – bisher nicht erfolgte – Kostenfestsetzung bestehen.

---

316 BGH, NJW 1996, 719.
317 NJW 1981, 2756.
318 InVo 2001, 300 = NJW 2001, 2096 = MDR 2001, 894, der damit der bisher schon in der Literatur **h.M.**, z.B. Zöller/*Herget*, § 767 Rdn. 11 und *Wolfsteiner*, NJW 1982, 2851 f. folgt.
319 BGH, NJW 1991, 1618.
320 OLG Schleswig, InVo 1998, 165.
321 BGH, Rpfleger 2005, 675 = InVo 2006, 31.
322 OLG Frankfurt, FamRZ 1998, 967.
323 Vgl. BGH, NJW-RR 1990, 48, 49.
324 OLG Köln, InVo 2004, 510.
325 RGZ 75, 199, 201; BGH, NJW 1975, 539, 540.

Der die Hauptsache betreffende Ausspruch der Unzulässigkeit der Zwangsvollstreckung hat demgemäß nicht zur Folge, dass der Titel seine Geeignetheit zur Zwangsvollstreckung i.S.d. § 103 Abs. 1 ZPO verliert.[326]

8.187 Die **Kostenentscheidung** folgt aus den §§ 91 ff. ZPO. Die Höhe der **Sicherheitsleistung** bei vorläufig vollstreckbaren Urteilen ist nicht nur nach den Kosten, sondern insgesamt nach den für den Gläubiger (Beklagten) nachteiligen Vollstreckungswirkungen zu bemessen. Daher ist auch der titulierte Anspruch des Beklagten, der aufgrund des erstinstanzlichen Urteils nicht mehr vollstreckt werden kann, mit zu berücksichtigen.[327]

8.188 Der **Streitwert einer Vollstreckungsabwehrklage** bemisst sich grundsätzlich nach dem Nennbetrag des vollstreckbaren (Haupt-)Anspruchs, sofern sich nicht aus den Anträgen oder der Klagebegründung ergibt, dass die Zwangsvollstreckung nur wegen eines Teilbetrags für unzulässig erklärt werden soll.[328] Der **Wert einer Klage auf Herausgabe eines Vollstreckungstitels** ist gemäß § 3 ZPO nach freiem Ermessen zu bestimmen. Maßgeblich ist das Interesse des Klägers an dem Besitz des Titels, das im Rahmen des § 767 ZPO darauf gerichtet ist, einen Missbrauch des Titels durch den Gläubiger zu verhindern; unter Umständen fällt dies nicht zusätzlich wertmäßig ins Gewicht.[329]

V. Einstweiliger Rechtsschutz

8.189 Die bloße Erhebung einer Vollstreckungsabwehrklage führt noch nicht zu einer Einstellung der Zwangsvollstreckung. Insoweit kann einstweiliger Rechtsschutz gemäß § 769 ZPO erlangt werden (vgl. nachfolgend Rdn. 8.190 ff.).

Kapitel E
Einstweilige Anordnungen, § 769 ZPO

8.190 Da die Erhebung der Vollstreckungsabwehrklage keine die Zwangsvollstreckung hemmende Wirkung zur Folge hat, kann einstweiliger Rechtsschutz über § 769 ZPO erreicht werden. Dieser setzt voraus:

I. Antrag

8.191 Der notwendige Antrag kann bei Gerichten mit Anwaltszwang (§ 78 ZPO) durch Schriftsatz, ansonsten schriftlich, elektronisch oder zu

---

326 BGH, NJW 1995, 3318; **a.A.** *Münzberg*, NJW 1996, 2126.
327 OLG Schleswig, InVo 2001, 329; *Schuschke*, § 767 Rdn. 40.
328 BGH, NJOZ 2002, 1900; BGH, Beschl. v. 9.2.2006 – IX ZB 310/04, FamRZ 2006, 620; OLG Bamberg, AGS 2005, 508.
329 BGH, InVo 2004, 514 = FamRZ 2004, 1477 = AGS 2004, 298.

Protokoll der Geschäftsstelle (§§ 130a, 496 ZPO, § 24 Abs. 2 Nr. 3 RPflG) oder in mündlicher Verhandlung gestellt werden. Da das Gericht nicht über den gestellten Antrag hinausgehen darf (§ 308 ZPO),[330] empfiehlt es sich, zur Vermeidung einer Zurückweisung des Antrags gegebenenfalls einen **Hilfsantrag** zu stellen, z.B. Einstellung der Zwangsvollstreckung ohne Sicherheitsleistung, hilfsweise mit Sicherheitsleistung (vgl. Muster Rdn. 15.29).

II. Zuständigkeit

Sachlich und örtlich zuständiges Gericht ist grundsätzlich das Prozessgericht (§ 769 Abs. 1 ZPO), bei dem die Klage mindestens anhängig sein muss. Insoweit ist ohne Bedeutung, ob die Klage schon zugestellt ist oder das Prozessgericht für die Klage überhaupt zuständig ist. In letzterem Fall wird der Antrag allerdings nur in Fällen der Notzuständigkeit[331] erfolgreich sein. Die Stellung eines **Prozesskostenhilfeantrags** genügt im Hinblick auf die Möglichkeit des § 769 Abs. 2 ZPO sowie des § 14 Nr. 3 GKG nicht;[332] anderes soll gelten, wenn ein dringender Fall vorliegt.[333]

8.192

Im Hauptsacheverfahren ist die Einstellung der Zwangsvollstreckung der in einem anderweitigen einstweiligen Anordnungsverfahren erlassenen Entscheidung nicht möglich.[334]

8.193

In **dringenden Fällen** kann ein Antrag – auch ohne Anhängigkeit einer Vollstreckungsabwehrklage – auch bei dem Vollstreckungsgericht (§ 764 ZPO) gestellt und von diesem eine einstweilige Anordnung erlassen werden (§ 769 Abs. 2 ZPO). Ein dringender Fall liegt vor, wenn das Prozessgericht nach § 769 Abs. 1 ZPO nicht mehr rechtzeitig entscheiden könnte, bevor eine Vollstreckungsmaßnahme durchgeführt wird, die nicht mehr rückgängig zu machen ist (z.B. Versteigerung, Zahlung durch den Drittschuldner). Funktionell zuständig ist insoweit gemäß § 20 Nr. 17 RPflG der Rechtspfleger.

8.194

---

330 Vgl. hierzu OLG Braunschweig, NJW 1974, 2138; Zöller/*Herget*, § 707 Rdn. 10; MünchKomm/*Schmidt* ZPO, § 769 Rdn. 19.
331 Vgl. hierzu MünchKomm/*Schmidt* ZPO, § 769 Rdn. 9; Zöller/*Herget*, § 769 Rdn. 3.
332 Wohl überw. Meinung, vgl. OLG Saarbrücken, InVo 2000, 246; OLG Dresden, DAVorm 1998, 246; OLG Hamburg, NJW-RR 1990, 394; MünchKomm/*Schmidt* ZPO, § 769 Rdn. 11; Thomas/*Putzo*, § 769 Rdn. 7; Zöller/*Herget*, § 769 Rdn. 4; Musielak/*Lackmann*, § 769 Rdn. 2; **a.A.** Schuschke, § 769 Rdn. 2; StJ/*Münzberg*, § 769 Rdn. 8 mit Befristung.
333 So OLG Stuttgart, NJW 1963, 258; Baumbach/*Hartmann*, § 769 Rdn. 4; MünchKomm/*Schmidt* ZPO, § 769 Rdn. 11.
334 OLG Hamm, NJW-RR 1998, 1381; **a.A.** OLG Hamburg, FamRZ 1996, 745.

III. Rechtsschutzinteresse

8.195 Ein Rechtsschutzinteresse für einen Einstellungsantrag besteht wie im Falle des § 767 ZPO von dem Zeitpunkt an, in dem eine Zwangsvollstreckung droht, bis zur Beendigung der Zwangsvollstreckung[335].

IV. Darlegung und Glaubhaftmachung

8.196 Da eine Einstellung nur erfolgen soll, wenn die Vollstreckungsabwehrklage Aussicht auf Erfolg bietet, ist das (beabsichtigte) Klagevorbringen **schlüssig darzulegen**[336].

8.197 Die das schlüssige Vorbringen stützenden Tatsachen sind gemäß § 769 Abs. 1 S. 2 ZPO **glaubhaft** zu machen (§ 294 ZPO), und zwar durch präsente Beweismittel (§ 294 Abs. 2 ZPO). Dies bedeutet, dass bei einer (zulässigen) Entscheidung ohne mündliche Verhandlung Beweisantritte durch Vernehmung von Zeugen unstatthaft sind; findet eine mündliche Verhandlung statt, sind die Zeugen zum Termin zu stellen. Urkunden sind vorzulegen, eine Ankündigung der Vorlage einer Urkunde genügt nicht (vgl. § 420 ZPO)! Soweit eine eidesstattliche Versicherung – auch die der Partei selbst – vorgelegt wird, ist zu beachten, dass die in der Praxis immer noch anzutreffende pauschale Bezugnahme auf den Inhalt des Schriftsatzes nicht ausreicht. Vielmehr sind die Tatsachen, die die Partei oder ein Dritter glaubhaft machen wollen, im Text der eidesstattlichen Versicherung selbst anzugeben[337].

8.198 Im Fall des **§ 769 Abs. 2 ZPO** sind zusätzlich die die Dringlichkeit begründenden Tatsachen glaubhaft zu machen.

V. Entscheidung

8.199 Vor der Entscheidung über den Antrag hat das Gericht dem Gegner **rechtliches Gehör** zu gewähren; eine Ausnahme ist nur zulässig bei der Zurückweisung des Antrags oder besonderer Eilbedürftigkeit.

8.200 Welche der gemäß § 769 Abs. 1 ZPO möglichen Entscheidungen das Gericht durch zu begründenden Beschluss trifft, steht in seinem pflichtgemäßen Ermessen.[338] Die Entscheidung, die eine mündliche Verhandlung nicht erfordert, kann folgenden Inhalt haben:

---

335 So zutreffend MünchKomm/*Schmidt* ZPO, § 769 Rdn. 20; *Schuschke*, § 769 Rdn. 4; Musielak/*Lackmann*, § 769 Rdn. 2 mit § 707 Rdn. 5; hingegen bejaht Thomas/*Putzo*, § 769 Rdn. 6 ohne nähere Begründung ein Rechtsschutzbedürfnis erst ab Erteilung der Vollstreckungsklausel.
336 OLG Zweibrücken, FamRZ 2002, 556 = InVo 2002, 426; KG NJW 1995, 1035; Zöller/*Herget*, § 769 Rdn. 6; HK-ZPO/*Kindl*, § 769 Rdn. 4.
337 Vgl. BGH, NJW 1988, 2045, 2046; OLG Celle, JurBüro 2004, 492; OLG Karlsruhe, OLGR 1998, 95.
338 Zur Frage der Auswirkungen einer prozessrechtlichen Einstellung der Zwangsvollstreckung auf den Drittschuldner vgl. *Fink/Ellefret*, MDR 1998, 1272.

- Die Zwangsvollstreckung aus dem ... (genaue Angabe des Titels) gegen ... (Antragsteller/Kläger) wird gegen Sicherheitsleistung in Höhe von ... € – alternativ: ohne Sicherheitsleistung – **einstweilen eingestellt.**
Die Sicherheit ist in einer solchen Höhe zu bemessen, dass der Gläubiger daraus vollen Ersatz für den durch die einstweilige Anordnung entstehenden Schaden erlangen kann. Der Beschluss stellt ein Vollstreckungshindernis gemäß § 775 Nr. 2 ZPO dar. Eine bereits erfolgte Vollstreckungsmaßnahme bleibt grundsätzlich bestehen, § 776 S. 2 Hs. 2 ZPO.[339]

- Die Zwangsvollstreckung aus dem ... (genaue Angabe des Titels) gegen ... (Antragsteller/Kläger) darf nur gegen Leistung einer Sicherheit in Höhe von ... € **fortgesetzt** werden.
Auch diese Entscheidung stellt ein Vollstreckungshindernis gemäß § 775 Nr. 2 ZPO dar. Ein Weiterbetreiben der Zwangsvollstreckung darf erst nach Sicherheitsleistung und deren Nachweis (§ 751 Abs. 2 ZPO) erfolgen. Bisherige Vollstreckungsmaßnahmen bleiben grundsätzlich bestehen, § 776 S. 2 Hs. 2 ZPO.

- Die ... (Angabe der konkreten Vollstreckungsmaßnahme) wird gegen eine vom Antragsteller/Kläger zu leistende Sicherheit von ... € **aufgehoben.**
Folge: Nach Leistung der Sicherheit erfolgt Aufhebung der Vollstreckungsmaßnahme durch das Vollstreckungsorgan, § 776 S. 2 letzter Hs. ZPO.

Die Entscheidung 1. Instanz enthält keine **Kostenentscheidung,** wohl aber die eine sofortige Beschwerde zurückweisende Entscheidung.[340]

In den Fällen des **§ 769 Abs. 2 ZPO** wird zusätzlich eine **Frist** gesetzt, innerhalb derer der Antragsteller die Entscheidung des Prozessgerichts über die Einstellung der Zwangsvollstreckung gemäß § 769 Abs. 1 ZPO beizubringen hat. Bei fruchtlosem Ablauf dieser Frist tritt die einstweilige Anordnung ohne weiteres außer Kraft. Die Frist kann gemäß § 224 Abs. 2 ZPO abgekürzt oder verlängert werden. Die Wirksamkeit der Entscheidung findet im Übrigen infolge einer nachfolgenden Entscheidung des Prozessgerichts gemäß § 769 Abs. 1 ZPO ihr Ende.

Einstweilige Anordnungen gemäß **§ 769 Abs. 1 ZPO** wirken bis zur Verkündung des Urteils über die Vollstreckungsabwehrklage; soweit die Anordnung befristet war, tritt sie mit Ablauf der Frist außer Kraft. Danach beginnt der Anwendungsbereich des § 770 ZPO.

---

339 Eine zusätzliche Aufhebung kommt nur bei ausdrücklicher Anordnung durch das Prozessgericht in Betracht, LAG Düsseldorf, Rpfleger 2005, 613; Münch-Komm/*Schmidt* ZPO, § 776 Rdn. 12.
340 OLG Karlsruhe, FamRZ 1999, 1000; Zöller/*Herget*, § 769 Rdn. 11; Thomas/*Putzo*, § 769 Rdn. 21.

VI. Weiterer Anwendungsbereich

8.204 **Entsprechende Anwendung** findet § 769 ZPO ferner bei Klagen gemäß §§ 768, 771–774 ZPO (hierbei kann eine Vollstreckungsmaßregel auch ohne Sicherheitsleistung aufgehoben werden, § 771 Abs. 3 S. 2 ZPO), § 785 ZPO,[341] § 786 ZPO sowie § 805 ZPO; entsprechend anwendbar ist § 769 ZPO auch im Versteigerungsverfahren nach §§ 53 ff. WEG,[342] bei Abänderungsklagen gemäß § 323 ZPO[343] sowie im Rahmen einer negativen Feststellungsklage gegen eine einstweilige Anordnung gemäß § 620 S. 1 Nr. 6 ZPO,[344] ferner im Verfahren der einstweiligen Anordnung selbst.[345] **Streitig** ist, ob im Rahmen einer Klage wegen Urteilsmissbrauchs gemäß § 826 BGB die Vorschrift des § 769 ZPO entsprechende Anwendung findet.[346]

VII. Abänderung/Rechtsbehelfe

8.205 Entscheidungen nach § 769 Abs. 1 ZPO können jederzeit auf Antrag aufgehoben oder abgeändert werden.[347]

8.206 Sehr **streitig** war, welcher Rechtsbehelf gegen Entscheidungen gemäß § 769 ZPO statthaft ist. Insoweit ist zu differenzieren zwischen den Entscheidungen des Prozessgerichts und solchen des Vollstreckungsgerichts.

1. Entscheidungen des Prozessgerichts

8.207 Hier hatten sich verschiedene Meinungen herausgebildet, die von einer Unanfechtbarkeit entsprechend § 707 Abs. 2 S. 2 ZPO, einer einfachen bzw. sofortigen Beschwerde mit uneingeschränkter bzw. beschränkter Nachprüfbarkeit bis zur nur in Ausnahmefällen wegen greifbarer Gesetzwidrigkeit statthaften sofortigen außerordentlichen Beschwerde gingen.[348] Der

---

341 Vgl. OLG Frankfurt, NJW-RR 1998, 160.
342 KG, DNotZ 2004, 631 = NJOZ 2004, 3926.
343 H.M., vgl. OLG Karlsruhe, FamRZ 1999, 1000; Zöller/*Herget*, § 769 Rdn. 1.
344 OLG Köln, FamRZ 1996, 1227 = InVo 1996, 186; OLG Düsseldorf, NJW-RR 1994, 519 m.w.N.
345 OLG Zweibrücken, NJW-RR 1997, 1166 = FamRZ 1997, 1227.
346 **Bejahend:** OLG Karlsruhe, FamRZ 1982, 400 und FamRZ 1986, 1141; OLG Zweibrücken, NJW 1991, 3041; LG Berlin, MDR 2005, 1254; Zöller/*Herget*, § 769 Rdn. 1; *Schuschke*, § 769 Rdn. 1; MünchKomm/*Schmidt* ZPO, § 769 Rdn. 4. **Verneinend,** daher Hilfe nur über eine einstweilige Verfügung: LAG, Schl-Holstein, SchlHA 2004, 346; OLG Stuttgart, NJW-RR 1998, 70 = InVo 1997, 335; OLG Frankfurt, NJW-RR 1992, 511; OLG Hamm, MDR 1987, 505; LG Bochum, MDR 1999, 359; Thomas/*Putzo*, § 769 Rdn. 2a; Baumbach/*Hartmann*, § 769 Rdn. 3; Musielak/*Lackmann*, § 769 Rdn. 1; HK-ZPO/*Kindl*, § 769 Rdn. 2.
347 Zöller/*Herget*, § 769 Rdn. 10; MünchKomm/*Schmidt* ZPO, § 769 Rdn. 27, jeweils m.w.N.; nach Thomas/*Putzo*, § 769 Rdn. 16 soll dies nur bei veränderten Umständen möglich sein.
348 Vgl. *Lemke,* MDR 2000, 13 ff.

BGH[349] vertritt nunmehr in ständiger Rechtsprechung die Auffassung, dass gegen Entscheidungen gem. § 769 ZPO, gleich ob dem Antrag stattgegeben oder er abgelehnt wurde, **weder eine sofortige Beschwerde noch eine außerordentliche Beschwerde** statthaft ist.

Nach wie vor nicht ganz geklärt ist aber, ob mit dem BGH[350] seit dem Inkrafttreten des Anhörungsrügengesetzes am 1.1.2005 eine **außerordentliche Beschwerde** überhaupt nicht mehr statthaft ist. Dies wird weitgehend bejaht.[351] Die Gegenmeinung[352] verweist darauf, dass mit der Anhörungsrüge gem. § 321a ZPO der Entscheidung des BVerfG[353] nicht ausreichend Rechnung getragen worden sei, weil damit nur eine Verletzung des rechtlichen Gehörs gem. Art. 103 GG gerügt werden kann, nicht aber auch eine Verletzung sonstiger erheblicher Verfahrensgrundrechte wie z.B. das Willkürverbot, das Gebot des gesetzlichen Richters, der Grundsatz des fairen Verfahrens.

8.208

2. Entscheidungen des Vollstreckungsgerichts

a) Entscheidungen des Rechtspflegers

Da die Entscheidung, hätte sie der Richter vorgenommen, unanfechtbar ist, kommt gegen die Entscheidung des Rechtspflegers die befristete Erinnerung gemäß § 11 Abs. 2 RPflG zur Anwendung, über die der Richter des Vollstreckungsgerichts endgültig entscheidet, § 11 Abs. 2 S. 3 RPflG.[354] Der Rechtspfleger kann der Erinnerung stets abhelfen, § 11 Abs. 2 S. 2 RPflG.

8.209

b) Entscheidungen des Richters

Insoweit gelten die obigen Ausführungen zur Anfechtbarkeit der Entscheidung des Prozessgerichts (Rdn. 8.207 f.) entsprechend[355].

8.210

---

349 BGH, [XII. ZS] FamRZ 2004, 1191 = InVo 2004, 368 = NJW 2004, 2224; BGH, Beschl. v. 20.12.2005 – VII ZB 52/05, InVo 2006, 146 unter Ablehnung von OLG Hamm, [27. ZS] InVo 2005, 460; BGH, Beschl. v. 17.10.2005 – II ZB 4/05 unter Ablehnung von OLG Hamm, [27. ZS] NJW 2005, 1561; so auch OLG Hamm, [30. ZS] NJOZ 2005, 2957 und Zöller/*Herget*, § 769 Rdn. 13 m.w.N.
350 Nachweise s. Fn. 349.
351 KG, FamRZ 2005, 918 – FGG; BayObLG, FamRZ 2005, 390 – Betreuungsrecht; OLG Stuttgart, NJOZ 2004, 307; OLG Köln, NJW-RR 2003, 374 – WEG; BFH [1. S.], NJW 2004, 2853; BFH [5. S.], BFH/NV 2005, 1830; BFH [7. S.], BFH/NV 2005, 905; BFH [8. S.], BFH/NV 2005, 1861; BFH [9. S.], BFH/NV 2005, 1865; BAG, NJW 2005, 3231; BVerwG [2. S.], NVwZ 2005, 232; offen gelassen BVerwG [3. S.], NVwZ 2005, 1201; VGH Mannheim, NJW 2005, 920.
352 BFH [4. S.], NJW 2005, 3374; *Bloching/Kettinger*, NJW 2005, 860.
353 FamRZ 2003, 995 = NJW 2003, 1924.
354 *Schuschke*, § 769 Rdn. 15; Zöller/*Herget*, § 769 Rdn. 12; Thomas/*Putzo*, § 769 Rdn. 19.
355 Vgl. *Schuschke*, § 769 Rdn. 15.

3. Kostenentscheidung

8.211 Die Beschwerdeentscheidung ist mit einer Kostenentscheidung zu versehen.[356]

Kapitel F
Drittwiderspruchsklage, § 771 ZPO

I. Ziel und Wesen

8.212 Die Klage gemäß § 771 ZPO dient dazu, Eingriffe in Rechte Dritter abzuwehren bzw. zu beseitigen. Das ist notwendig, weil der Titel als Grundlage der Zwangsvollstreckung nur das dafür **haftende Vermögen** betrifft und das Vollstreckungsorgan im Rahmen der Vollstreckung nur bei Offensichtlichkeit auf die Rechte Dritter Rücksicht nimmt, ansonsten zunächst vollstreckt wird. Diese Verfahrensweise ist richtig und notwendig, weil der Schuldner ansonsten leicht durch Verweisung auf angebliche Rechte Dritter („die Sache gehört nicht mir, sondern Herrn XY") die Zwangsvollstreckung vereiteln oder erschweren könnte. § 771 ZPO dient daher als gemäß Art. 19 Abs. 4 GG erforderliches Korrektiv, wobei allerdings die Position des Gläubigers im Hinblick auf die Beweislast günstiger ist als die des Dritten; denn der Dritte muss entsprechend dem allgemeinen Grundsatz, dass jeder die für ihn günstigen Tatsachen beweisen muss, seine behaupteten Rechte am Pfandgegenstand beweisen[357] (vgl. im Einzelnen Rdn. 8.267 f.).

8.213 Bei § 771 ZPO handelt es sich um eine **prozessuale Gestaltungsklage** mit dem Ziel, die Zwangsvollstreckung in einen bestimmten Vollstreckungsgegenstand, der nicht zum haftenden Schuldnervermögen gehört, für unzulässig zu erklären.[358] Das sachliche Recht des Dritten ist nicht Streitgegenstand der Klage nach § 771 ZPO; es erwächst somit nicht in materielle Rechtskraft. Macht der Dritte Eigentum an einer gepfändeten Sache geltend und obsiegt er, so steht dementsprechend nicht sein Eigentum rechtskräftig fest, sondern nur sein Recht auf Abwehr der Zwangsvollstreckung in den konkreten Gegenstand[359].

8.214 Nach **h.M.** findet § 771 ZPO ferner Anwendung, wenn die **Teilungsversteigerung** aus materiellen Gründen, die aus dem Grundbuch nicht ersicht-

---

356 OLG Karlsruhe, FamRZ 1999, 1000; OLG Celle, JurBüro 1997, 101; Zöller/*Herget*, § 769 Rdn. 11; Thomas/*Putzo*, § 769 Rdn. 21; *Schuschke*, § 769 Rdn. 16; **a.A.** Brandenb. OLG, FamRZ 1996, 356; LG Frankfurt/Main, Rpfleger 1985, 208; Baumbach/*Hartmann*, § 769 Rdn. 15.
357 BGH, NJW 1986, 2426, 2427.
358 **H.M.:** Baumbach/*Hartmann*, Einführung vor §§ 771–774 Rdn. 1.
359 BGH, NJW 1985, 3066; NJW 1979, 929.

lich sind, verhindert werden soll.[360] Der Widersprechende kann sich dabei aber in der Regel nicht auf die Interessen eines an der Gemeinschaft nicht Beteiligten Dritten berufen.[361]

Ebenfalls dem Schutz Dritter dient § 766 ZPO. Mit der Vollstreckungserinnerung kann der Dritte die Verletzung von **ihn schützenden Verfahrensvorschriften** (formelles Recht) rügen (z.B. der nicht zur Herausgabe bereite Dritte wendet sich gegen die Pfändung der in seinem Gewahrsam befindlichen Sache des Schuldners, § 809 ZPO; der Drittschuldner wehrt sich gegen den Pfändungs- und Überweisungsbeschluss mit der Begründung, es liege kein wirksamer Titel/keine wirksame Klausel vor). 8.215

Im Rahmen des § 771 ZPO beruft sich der Dritte hingegen auf die **Verletzung des materiellen Rechts:** Die Zwangsvollstreckung sei in einen Gegenstand erfolgt, der nicht zum haftenden Vermögen des Schuldners, sondern zu seinem Vermögen gehöre. 8.216

Beide Rechtsbehelfe können gegebenenfalls **nebeneinander** gegeben sein, wenn nämlich ein nicht zum Vermögen des Schuldners gehörender Gegenstand unter Verletzung von drittschützenden Verfahrensvorschriften gepfändet wurde (z.B. Pfändung einer im Eigentum und Gewahrsam des Dritten befindlichen Sache, der nicht zur Herausgabe bereit ist). In Fällen dieser Art hat der Dritte grundsätzlich die Wahl, welchen Rechtsbehelf er geltend machen will. 8.217

Von der **Klage auf vorzugsweise Befriedigung gemäß § 805 ZPO** unterscheidet sich die Drittwiderspruchsklage insoweit, als mit Letzterer die Zwangsvollstreckung für unzulässig erklärt und in deren Folge Zwangsvollstreckungsmaßnahmen aufgehoben werden sollen. Hingegen wendet sich der Dritte bei der Vorzugsklage gemäß § 805 ZPO nicht gegen die Zwangsvollstreckung als solche, diese soll vielmehr auch nach dem Willen des Dritten fortgesetzt werden. Der Dritte will jedoch mit der Klage gemäß § 805 ZPO erreichen, dass der Erlös der Pfandverwertung primär an ihn ausgezahlt und nur der danach verbleibende Rest (Übererlös) an den Gläubiger der Zwangsvollstreckung bzw. den Schuldner ausgekehrt wird. 8.218

II. Zulässigkeit

1. Statthaftigkeit

§ 771 ZPO ist **anwendbar** bei allen Vollstreckungsarten, die zu Eingriffen in die materielle Berechtigung eines Dritten am Vollstreckungsgegenstand führen, sowie bei jeder Art von Titeln, daher auch bei der Zwangs- 8.219

---

360 BGH, NJW 1985, 3067; OLG Frankfurt, FamRZ 1998, 641 – Rechtsmissbrauch; OLG Braunschweig, OLGR 1995, 58; OLG Celle, OLGR 1995, 134 – Eigentum an Zubehör; Zöller/*Herget*, § 771 Rdn. 1.
361 OLG Köln, Rpfleger 1998, 168 = InVo 1998, 80.

8.220 vollstreckung aus Arrestbefehlen und einstweiligen Verfügungen; gegenstandslos ist sie bei der Zwangsvollstreckung gemäß §§ 887 ff. ZPO.

8.220 Eine gesonderte Drittwiderspruchsklage allein gegen die Hilfspfändung von **Kraftfahrzeugpapieren** ist unzulässig, weil das Eigentum am Kraftfahrzeug sich analog § 952 BGB auf die Kraftfahrzeugpapiere erstreckt und es dementsprechend allein auf die Pfändung des Kraftfahrzeugs ankommt.[362]

2. Klageantrag

8.221 Er lautet dahin, die Zwangsvollstreckung aus einem bestimmten Titel in einen genau zu bezeichnenden Gegenstand für unzulässig zu erklären (vgl. Muster Rdn. 15.30).

8.222 Wurde in eine **Sache** vollstreckt:

... die vom Beklagten betriebene Zwangsvollstreckung aus dem Urteil des Landgerichts Bonn vom 27.2.2005 – 3 O 17/04 – in den vom Gerichtsvollzieher Beinhart am 14.4.2005 (DR 174/05) gepfändeten Farbfernseher der Marke Grundig Modell T4201 für unzulässig zu erklären.

8.223 Wurde in eine **Forderung** vollstreckt:

... die auf Antrag des Beklagten durch Pfändungs- und Überweisungsbeschluss des Amtsgerichts Bonn vom 18.3.2005 – 7 M 199/05 – durchgeführte Zwangsvollstreckung in die angeblichen, auf Grund eines Kaufvertrages vom 12.10.2002 bestehenden Ansprüche der Firma Helmut Vogel, Sternenstraße 12, 53112 Bonn gegen Herrn Waldemar Licht, Bahnhofstr. 12, 53224 Bonn für unzulässig zu erklären.

8.224 Anders lautende Anträge wie z.B. auf „Freigabe", „Herausgabe von Pfandstücken" oder „Einwilligung in die Aufhebung der Zwangsvollstreckung" sind unrichtig, können aber entsprechend **ausgelegt** werden. Insoweit besteht aber mindestens die Gefahr von Verzögerungen durch vermeidbare Rückfragen.

3. Zuständigkeit

8.225 Die **sachliche** Zuständigkeit des Gerichts richtet sich nach dem Streitwert, §§ 23 Nr. 1, 71 GVG. Diese Zuständigkeit ist nicht ausschließlich. Der Streitwert bemisst sich gemäß § 6 ZPO nach dem Betrag der Forderung, wegen der vollstreckt wird (ohne Zinsen und Kosten), bzw. nach dem Wert des Pfandgegenstandes, wenn er geringer ist; maßgebend ist also stets der geringere von beiden Werten[363]. Das Familiengericht ist zuständig, wenn das vom Kläger geltend gemachte Recht eine Familiensache betrifft (z.B.

---
362 KG, OLGZ 1994, 113 = JurBüro 1994, 297.
363 BGH, WM 1983, 246.

Übernahmerecht gemäß § 1477 Abs. 2 BGB), weil Streitgegenstand das Recht des Dritten auf Abwehr gegen die Zwangsvollstreckung, nicht aber das dem Vollstreckungstitel zugrunde liegende Rechtsverhältnis ist.[364] Somit stellt die Drittwiderspruchsklage gegen eine Teilungsversteigerung eine Familiensache dar, wenn das der Durchführung entgegengehaltene Recht im ehelichen Güterrecht (z.B. § 1365 BGB) wurzelt;[365] dies gilt selbst dann, wenn aufgrund einer notariellen Vereinbarung Zugewinnausgleichsansprüche ausgeschlossen sind[366]. Entsprechend sind die Zivilgerichte für die Entscheidung über eine Drittwiderspruchsklage zuständig, mit der sich ein Dritter gegen eine Maßnahme zur Vollziehung eines im Strafverfahren angeordneten dinglichen Arrests wendet.[367]

Örtlich ist ausschließlich (§ 802 ZPO) das Gericht zuständig, in dessen Bezirk die Zwangsvollstreckung erfolgt ist (§§ 764 Abs. 2, 828 Abs. 2, 930 Abs. 1 S. 3 ZPO). Bei der Pfändung einer Sache daher das Gericht, in dessen Bezirk sich die gepfändete Sache befindet; bei der Pfändung von Rechten das Gericht, in dessen Bezirk sich das Gericht befindet, das den Pfändungs- und Überweisungsbeschluss erlassen hat bzw. – bei der Vorpfändung (§ 845 ZPO) – erlassen soll.

8.226

4. Rechtsschutzinteresse

Die Drittwiderspruchsklage ist zulässig ab dem **Beginn der Zwangsvollstreckung bis zu deren vollständiger Beendigung**. Nur bei der Vollstreckung wegen Herausgabe beweglicher und unbeweglicher Sachen ausnahmsweise schon ab dem Zeitpunkt, zu dem die Zwangsvollstreckung droht; denn anders als bei der Zwangsvollstreckung wegen Geldforderungen steht hier von vorneherein fest, in welchen Gegenstand vollstreckt werden wird[368]. Dementsprechend kann ein Dritter, der das Eigentum an einer Sache in Anspruch nimmt, bereits bei der Pfändung des angeblichen Anspruchs des Schuldners gegen den Besitzer auf Herausgabe dieser Sache Klage gemäß § 771 ZPO erheben.[369]

8.227

Die Zwangsvollstreckung **beginnt** mit der ersten Vollstreckungshandlung. Wird der Gerichtsvollzieher tätig, liegt der Beginn der Vollstreckung nicht schon in dem an ihn gerichteten Vollstreckungsantrag, sondern erst in

8.228

---

364 BGH, NJW 1979, 929; NJW 1985, 3066; OLG Köln, InVo 2000, 145 = ZMR 2000, 613; MünchKomm/*Schmidt* ZPO, § 771 Rdn. 54 m.w.N.; Zöller/*Herget*, § 771 Rdn. 8 unter Bezug auf Zöller/*Philippi*, § 621 Rdn. 19 m.w.N.; **a.A.** OLG Stuttgart, FamRZ 1982, 401.
365 KG, KGR 1997, 161; OLG Hamm, FamRZ 1995, 1072.
366 OLG Schleswig, InVo 1999, 60.
367 BGH, InVo 2006, 58 = NJW 2006, 65 = MDR 2006, 347; OLG Frankfurt, NStZ-RR 2006, 15.
368 KG, JW 1930, 169; Zöller/*Herget*, § 771 Rdn. 5; MünchKomm/*Schmidt* ZPO, § 771 Rdn. 58; Baumbach/*Hartmann*, § 771 Rdn. 3; *Schuschke*, § 771 Rdn. 11.
369 BGH, NJW 1979, 373; NJW 1993, 935.

dessen Tätigwerden (Pfändung; Vorpfändung, § 845 ZPO; Ankündigung der Räumung, § 180 GVGA),[370] nicht jedoch in einer Ankündigung der Mobiliarvollstreckung[371]. Ist Vollstreckungsorgan das Vollstreckungsgericht, beginnt die Vollstreckung schon mit der Herausgabe des Pfändungs- und Überweisungsbeschlusses aus dem internen Bereich des Gerichts, nicht erst mit dessen Zustellung[372].

8.229 Die Zwangsvollstreckung **endet** mit der endgültigen Aufhebung bzw. Beendigung der konkreten Zwangsvollstreckungsmaßnahme, also bei der Zwangsvollstreckung wegen Geldforderungen in bewegliche Sachen erst mit der Auskehr des Versteigerungserlöses an den Gläubiger, bei zur Einziehung überwiesenen Forderungen erst mit der Befriedigung des Gläubigers durch den Drittschuldner;[373] zur Problematik bei der Überweisung an Zahlungs statt vgl. Rdn. 8.51. Wurde ein Herausgabeanspruch gepfändet, führt die Übergabe der herauszugebenden Sache an den Gerichtsvollzieher auch dann nicht zur Beendigung der Zwangsvollstreckung, wenn die Sache nunmehr gemäß §§ 846, 847, 808 ZPO als gepfändet gilt.[374]

8.230 Bei der **Herausgabe** von Sachen **endet** sie erst mit der Übergabe an den Gläubiger[375]. Denn die Situation ist insoweit nicht anders als bei der Pfändung beweglicher Sachen und der Auskehr des Erlöses an den Gläubiger (§§ 815 Abs. 3, 819 ZPO). Die Leistung an den Gerichtsvollzieher bzw. der Zeitpunkt der Wegnahme ist allein relevant für die Gefahrtragung bzw. die Befreiung des Schuldners, dient aber nicht dem Schutz des Gläubigers gegenüber einem Dritten.

8.231 Im Falle der Verurteilung zur **Übertragung** des Eigentums an Sachen bzw. der Bestellung von Grundpfandrechten **endet** die Zwangsvollstreckung in dem Zeitpunkt, in dem der Gläubiger das Eigentum erwirbt. Bei schuldnerfremden beweglichen Sachen kommen gemäß § 898 ZPO, § 932 BGB folgende Zeitpunkte in Betracht, wobei stets der spätere maßgeblich ist: Zeitpunkt des Wirksamwerdens der fiktiven Willenserklärung (Zugang des rechtskräftigen Urteils, vgl. Rdn. 7.222), der entsprechenden Willenserklärung des Gläubigers bzw. der Wegnahme durch den Gerichtsvollzieher. Bei Rechten an Grundstücken gilt § 892 Abs. 2 BGB, der aber nach **h.M.**[376] so zu lesen ist, dass nur noch die Eintragung fehlen darf (s. auch Rdn. 7.256).

---

370 BGH, InVo 2004, 331 = NJW-RR 2004, 122.
371 KG, KGR 1994, 94.
372 Vgl. BGHZ 25, 60, 63 ff. = NJW 1957, 1480; Zöller/*Herget*, § 771 Rdn. 6.
373 BGH, InVo 2004, 331 = NJW-RR 2004, 122; BGH, NJW 1979, 373; Zöller/*Herget*, § 771 Rdn. 7; *Brox/Walker*, Rdn. 1405.
374 BGH, NJW 1979, 373; NJW 1993, 935.
375 BGH, Rpfleger 2005, 207 = InVo 2005, 283 = MDR 2005, 648; MünchKomm/*Schilken* ZPO, § 883 Rdn. 22; Schuschke/*Walker*, § 883 Rdn. 14; nach **a.A.** bereits mit der Wegnahme: Baumbach/*Hartmann*, § 883 Rdn. 8.
376 Vgl. Palandt/*Bassenge*, § 892 BGB Rdn. 25.

Während dieses Zeitraumes sind Klagen auf Herausgabe, Freigabe sowie Unterlassung der Zwangsvollstreckung aufgrund von Rechten i.S.d. § 771 ZPO ausgeschlossen, weil § 771 ZPO insoweit lex specialis ist[377]. 8.232

Vor Beginn dieses Zeitraumes sind Klagen des Dritten auf Herausgabe, Freigabe bzw. Unterlassung der Zwangsvollstreckung aus materiellem Recht denkbar (z.B. §§ 985, 1004 BGB), auch eine negative Feststellungsklage des Gläubigers, gerichtet darauf, dass einem Dritten kein die Veräußerung hinderndes Recht zustehe.[378] 8.233

Ist der Gegenstand während des Rechtsstreits **verwertet** und der Erlös hinterlegt worden, kann im Wege der Klageänderung gemäß § 264 Nr. 3 ZPO nunmehr die Herausgabe des Hinterlegten verlangt werden.[379] 8.234

Zu Ansprüchen **nach Beendigung** der Zwangsvollstreckung siehe Rdn. 8.275. 8.235

Das Rechtsschutzinteresse wird nicht dadurch ausgeschlossen, dass der **Vollstreckungsakt nichtig** ist (z.B. Pfändung von Forderungen, die der Schuldner vorher abgetreten hatte;[380] Pfändung nach Ablauf der Vollziehungsfrist des § 929 Abs. 2 ZPO[381]), soweit nur der Rechtsschein einer wirksamen staatlichen Vollstreckungsmaßnahme besteht. 8.236

Das Rechtsschutzinteresse fehlt daher, wenn die Nichtigkeit eindeutig sowie offensichtlich gegeben ist und wenn dasselbe Ziel – Unzulässigerklärung der Zwangsvollstreckung in einen bestimmten Gegenstand – mit Sicherheit und ohne Risiko auf einem anderen, und zwar einfacheren und kostengünstigeren Weg möglich ist. Das wäre etwa der Fall, wenn die Unwirksamkeit der Pfändung völlig außer Zweifel steht und der Dritte die Versteigerung nicht zu befürchten bräuchte[382]. Das dürfte in der Praxis aber die Ausnahme sein. 8.237

III. Begründetheit

1. Sachbefugnis

Dritter und damit **Kläger** kann grundsätzlich nur sein, wer weder Titelgläubiger noch Titelschuldner der Zwangsvollstreckung ist, also der Inhaber der Verwaltungs- und Verfügungsbefugnis über einen Vermögensgegenstand, der für den titulierten Anspruch nicht haftet (z.B. der Eigentü- 8.238

---

377 BGHZ 58, 207, 213 = NJW 1972, 1048, 1049; NJW 1989, 2542; MünchKomm/*Schmidt* ZPO, § 771 Rdn. 12.
378 Vgl. Zöller/*Herget*, § 771 Rdn. 5.
379 Nach OLG Hamm, OLGR 1995, 97 auch bei einem untergegangenen Rückgewährsanspruch einer Sicherungsgrundschuld; Zöller/*Herget*, § 771 Rdn. 4; MünchKomm/*Schmidt* ZPO, § 771 Rdn. 58.
380 BGH, NJW 1988, 1095.
381 BGH, NJW 1991, 496.
382 OLG Bamberg, JR 1955, 25; LG Kleve, MDR 1955, 621; MünchKomm/*Schmidt* ZPO, § 771 Rdn. 9.

mer der Sache, wenn er nicht der Schuldner ist; der Miteigentümer bei Pfändung einer Sache, sofern der Titel nicht auch gegen ihn lautet; der Gesellschafter einer OHG bei einem Titel nur gegen die Gesellschaft; der Nacherbe im Falle des § 773 ZPO; der Ehegatte in den Fällen der §§ 1365, 1369 BGB). Ausnahmsweise kann auch der Schuldner selbst aktivlegitimiert sein, soweit er Vertreter oder Inhaber einer Vermögensmasse ist, die dem Gläubiger für die titulierte Forderung nicht haftet. Klägerin kann auch – trotz der Missbrauchsgefahr – die **Einmann-GmbH** sein bei einer Vollstreckung gegen den Alleingesellschafter in das Gesellschaftsvermögen, weil es sich bei dem Vermögen des Alleingesellschafters und dem der GmbH um getrennte Vermögensmassen handelt.[383]

8.239 Beispiele:

Aus einem Titel gegen den Insolvenzverwalter als Partei kraft Amtes wird in dessen Privatvermögen vollstreckt. Entsprechendes gilt bei Testamentsvollstreckung bzw. Nachlassverwaltung. Nachlassgläubiger vollstrecken in Eigenvermögen des Erben, der die Erbschaft noch nicht angenommen hat (vgl. § 778 ZPO).

8.240 **Beklagter** – passivlegitimiert – ist der die Zwangsvollstreckung betreibende Gläubiger. Falls der Schuldner das Recht des Dritten bestreitet, kann der Dritte den Gläubiger zusammen mit dem Schuldner verklagen, Letzteren auf Feststellung des Rechts des Dritten bzw. auf Herausgabe des Vollstreckungsgegenstandes. Gläubiger und Schuldner sind dann einfache Streitgenossen (§ 771 Abs. 2 ZPO).

2. Die Veräußerung hindernde Rechte

8.241 Neben der Sachbefugnis setzt die Begründetheit der Klage voraus, dass dem Kläger ein die Vollstreckung hinderndes Recht zusteht, das nicht durch Einwendungen des Beklagten ausgeschlossen ist. Dieses Recht muss im Zeitpunkt der Zwangsvollstreckung vorgelegen haben und noch im Zeitpunkt der letzten mündlichen Tatsachenverhandlung bestehen.

8.242 Ein solches „die Veräußerung hinderndes Recht" gibt es z.B. im Hinblick auf die Möglichkeit des gutgläubigen Erwerbs streng genommen nicht. Gemeint ist mit der Formulierung in § 771 ZPO ein **Recht, das der Zwangsvollstreckung des Gläubigers in den Gegenstand entgegensteht, weil dieser Gegenstand für die titulierte Forderung nicht haftet.** Ein solcher Fall liegt jedenfalls immer dann vor,

„wenn der Schuldner selbst, veräußerte er den Vollstreckungsgegenstand, widerrechtlich in den Rechtskreis des Dritten eingreifen würde und … deshalb der Dritte den Schuldner an der Veräußerung hindern könnte".[384]

---

383 BGH, InVo 2004, 189 = NJW 2004, 217; HK-ZPO/*Kindl*, § 771 Rdn. 14.
384 BGHZ 55, 20, 26 = NJW 1971, 799.

Beispiele: 8.243

a) **Anfechtungsrecht**

Für Anfechtungsrechte gemäß § 3 AnfG, §§ 29 ff. KO, §§ 129 ff. InsO wurde dies vom BGH[385] bislang verneint, weil die Anfechtung keine dingliche Wirkung habe und die sich aus einer wirksamen Anfechtung ergebenden Ansprüche auf Rückgewähr gemäß § 11 AnfG, § 37 KO, § 143 InsO nur schuldrechtliche Verschaffungsansprüche seien. Hiervon ist der BGH nunmehr[386] für den Rückgewährsanspruch nach § 143 InsO mit der Begründung abgewichen, bei einer den Normzweck beachtenden Betrachtungsweise müsse dieser schuldrechtliche Anspruch zu einer vom dinglichen Recht abweichenden Vermögenszuordnung führen, sodass der Anfechtungsanspruch in der Insolvenz des Anfechtungsgegners im Allgemeinen ein Aussonderungsrecht gewähre. Dies muss dann aber auch entsprechend für Ansprüche nach § 11 AnfG bzw. § 37 KO gelten, sodass alle diese Ansprüche unter § 771 ZPO fallen.

b) **Anwartschaftsrecht** 8.244

Das Anwartschaftsrecht berechtigt dessen Inhaber zur Klage gemäß § 771 ZPO, wenn in Gegenstände vollstreckt wird, auf die sich das Anwartschaftsrecht bezieht[387]. Dies gilt uneingeschränkt, soweit aus einem nicht auf den Vorbehaltsverkäufer lautenden Titel vollstreckt wird:

Titel gegen S; Pfändung in eine bei diesem befindliche Sache. Diese Sache war vom Eigentümer E an K unter Eigentumsvorbehalt verkauft worden. Gegen die Pfändung können sowohl E wegen seines Eigentums als auch K als Vorbehaltskäufer und Anwartschaftsrechtsinhaber Drittwiderspruchsklage erheben.

Bei einer Vollstreckung aus dem Titel gegen den Vorbehaltsverkäufer beschränkt sich das Recht des Anwartschaftsberechtigten hingegen auf den Widerspruch gegen die Verwertung (vgl. daher § 772 ZPO). Gegen die Pfändung kann er erst nach vollständiger Zahlung des Kaufpreises und damit verbundenem Eigentumserwerb vorgehen[388]. Nach **a.A.** besteht ein Wider-

---

385 BGH, NJW 1990, 990, 992.
386 InVo 2004, 172 = BGHZ 156, 350 = NJW 2004, 214; so auch bisher schon: KG, NJW 1958, 914; AG Ibbenbüren, KKZ 2003, 170; Zöller/*Herget*, § 771 Rdn. 14; MünchKomm/*Schmidt* ZPO, § 771 Rdn. 44; Thomas/*Putzo*, § 771 Rdn. 22; *Schuschke*, § 771 Rdn. 28, 29; Musielak/*Lackmann*, § 771 Rdn. 29; StJ/*Münzberg*, § 771 Rdn. 34 zieht § 805 ZPO vor.
387 **H.M.:** BGHZ 55, 20 = NJW 1971, 799.
388 MünchKomm/*Schmidt* ZPO, § 771 Rdn. 21; StJ/*Münzberg*, § 771 Rdn. 21; HK-ZPO/*Kindl*, § 771 Rdn. 6; Musielak/*Lackmann*, § 771 Rdn. 17; BGHZ 55, 20, 27 = NJW 1971, 800 betrifft einen Fall, in dem die Sache bereits verwertet worden war, sodass es der hier vorgenommenen Differenzierung nicht bedurfte. Die dortige Bezugnahme auf StJ/*Münzberg* spricht aber dafür, dass auch der BGH die hier vertretene Auffassung teilt.

spruchsrecht schon gegen die Pfändung[389]. Überträgt der Erst-Anwartschaftsberechtigte die Anwartschaft auf einen Dritten, so stehen dem Dritten, wenn ein Gläubiger des ersten Anwartschaftsberechtigten die Sache nach der an ihn (Dritten) erfolgten Veräußerung pfändet, die gleichen Rechte zu, also: vor der vollständigen Zahlung nur ein Widerspruchsrecht gegen die Verwertung, danach auch gegen die Pfändung. Die ausgebrachte Pfändung ist in einem solchen Fall unwirksam, weil das Eigentum direkt vom Vorbehaltsverkäufer auf den Dritten übergeht, ohne einen Zwischenerwerb des ersten Anwartschaftsberechtigten.[390]

8.245 c) **Besitz**

Der Besitz als solcher ist bei **unbeweglichen Sachen** kein Recht i.S.d. § 771 ZPO;[391] die in Rechtsprechung und Literatur wohl noch **h.M.** bejaht den Besitz als Recht allerdings bei **beweglichen** Sachen[392]. Dies dürfte zu verneinen sein, weil der Besitz als solcher kein Recht, sondern nur tatsächliche Sachherrschaft ist und sich allein aus dem Besitz nicht ergibt, dass die Sache – wie erforderlich – zum Vermögen des Dritten gehört. Ausschlaggebend ist daher das Recht, aufgrund dessen der Besitz ausgeübt wird (Recht zum Besitz), z.B. das Recht des Vermieters als Nicht-Eigentümer, des Mieters, des Verleihers, des Vorbehaltskäufers[393]. Aus diesem Grund und im Hinblick auf die §§ 809, 766 ZPO ist die Differenzierung aber von wenig praktischer Bedeutung.

8.246 d) **Eigentum**

Es gehört zu den Rechten i.S.v. § 771 ZPO, auch das Miteigentum,[394] Gesamthandseigentum, Wohnungseigentum; ebenso auflösend bedingtes Eigentum.

Der Eigentümer, der ein Grundstück von dem Titelschuldner belastet mit einer Zwangshypothek erworben hat, kann das Erlöschen der Titelforderung gemäß § 771 ZPO geltend machen.[395]

Zur Beweislast bei Ehegatteneigentum vgl. Rdn. 8.269.

---

389 *Schuschke*, § 771 Rdn. 18; *Zöller/Herget*, § 771 Rdn. 14 „Eigentumsvorbehalt"; *Thomas/Putzo*, § 771 Rdn. 15.
390 **H.M.:** BGH NJW 1956, 665.
391 **H.M.,** vgl. *Musielak/Lackmann*, § 771 Rdn. 24.
392 BGHZ 2, 164; LG Aachen, VersR 1992, 253; *Zöller/Herget*, § 771 Rdn. 14; *Baumbach/Hartmann*, § 771 Rdn. 15; *Schuschke*, § 771 Rdn. 24; StJ/*Münzberg*, § 771 Rdn. 35 – nicht bei jedem Besitz, wohl aber bei Recht zum Besitz; zweifelnd: *Zimmermann*, § 771 Rdn. 7.
393 OLG Rostock, NZM 2005, 966 = OLGR Rostock 2004, 341; MünchKomm/*Schmidt* ZPO, § 771 Rdn. 38; Rosenberg/Gaul/*Schilken*, § 41 VI 6b; *Thomas/Putzo*, § 771 Rdn. 21; *Musielak/Lackmann*, § 771 Rdn. 24.
394 BGH, NJW 1993, 935, 937; OLG Celle, OLGR 1995, 134 – Teilungsversteigerung in Zubehör; OLG Hamm, OLGR 1994, 94 – Einrichtungsgegenstände.
395 OLG Düsseldorf, NJW-RR 1993, 1430.

e) Eigentumsvorbehalt

8.247

Der Eigentumsvorbehalt des Verkäufers bewirkt, dass er bis zur vollständigen Zahlung des Kaufpreises Eigentümer der Sache bleibt und damit als Eigentümer der Zwangsvollstreckung des Gläubigers des Vorbehaltskäufers in die Sache (nicht: in das Anwartschaftsrecht) widersprechen kann.[396] Der Gläubiger kann dessen Widerspruchsrecht durch Zahlung des restlichen Kaufpreises als Dritter gemäß § 267 BGB beseitigen, weil damit die Bedingung für den Eigentumswechsel auf den Vorbehaltskäufer eintritt. Lehnt der Vorbehaltsverkäufer die Annahme wegen Widerspruchs des Schuldners ab (§ 267 Abs. 2 BGB), begründet dies den Einwand der Arglist[397] (vgl. auch unten Rdn. 8.264).

f) Herausgabeanspruch

8.248

Ein solcher i.S.v. §§ 883 f. ZPO berechtigt zur Drittwiderspruchsklage, weil der Vollstreckungsgegenstand nicht zum Schuldnervermögen gehört (z.B. bei Miete, Leihe, Pacht, Verwahrung, Hinterlegung, Auftrag, Aussonderungsrecht gemäß § 47 InsO/§ 43 KO,[398] Werkvertrag, soweit der Besteller das Material zur Verfügung stellt).

Anders bei bloßen **Verschaffungsansprüchen** wie bei Kauf (§ 433 Abs. 1 S. 1 BGB), Werklieferungsvertrag (§ 651 BGB), Bereicherung (§ 812 BGB; Ausnahme: nur Besitz wurde erlangt), Vermächtnis (§ 2174 BGB), Rücktritt (§ 346 BGB, § 437 Nr. 2 BGB), Rückgewähr gemäß § 11 AnfG, § 143 InsO/ § 37 KO[399] (vgl. Rdn. 8.243), weil in all diesen Fällen der Gegenstand noch zum Schuldnervermögen gehört. Dies gilt selbst dann, wenn der entsprechende Verschaffungsanspruch durch Vormerkung gesichert ist.[400]

g) Hypothek/Grundschuld

8.249

Sie stellen wie die übrigen beschränkt dinglichen Rechte nur insoweit ein Recht i.S.d. § 771 ZPO dar, als diese Rechte durch die Zwangsvollstreckung beeinträchtigt werden. Eine solche Beeinträchtigung liegt bei Hypotheken/ Grundschulden vor,

- wenn bei der Pfändung von **Grundstückszubehör** (vgl. § 865 Abs. 1, Abs. 2 S. 1 ZPO, §§ 1120 ff. BGB) keine Enthaftung eingetreten war;[401]
- bei einer Pfändung in den **sonstigen Pfändungsverband** (§ 865 Abs. 1, Abs. 2 S. 2 ZPO, §§ 1120 ff. BGB) nach erfolgter Beschlagnahme;
- bei der Pfändung von **Grundstücksfrüchten** gemäß § 810 Abs. 2 ZPO;

---

396 H.M.: BGHZ 54, 214, 218 = NJW 1970, 1733, 1735.
397 OLG Celle, NJW 1960, 2196.
398 BGH, NJW 1993, 522, 524.
399 BGH, NJW 1990, 990.
400 BGH, NJW 1994, 128, 129.
401 H.M.: RGZ 55, 207, 208/209; Zöller/*Herget*, § 771 Rdn. 14 „Hypothek"; Münch-Komm/*Schmidt* ZPO, § 771 Rdn. 35.

- bei einer gemäß § 865 Abs. 2 S. 2 ZPO zulässigen Pfändung und späterer Beschlagnahme ohne vorherige Enthaftung; dann hat der rangbessere Grundpfandgläubiger ein Widerspruchsrecht gemäß § 771 ZPO mit der Maßgabe des § 772 ZPO.[402]

Keine Beeinträchtigung liegt vor durch eine spätere Eintragung einer Zwangshypothek oder durch Zwangsversteigerung/Zwangsverwaltung, weil durch diese vorrangige Grundpfandrechte nicht beeinträchtigt werden können, vgl. § 10, 155 ZVG, §§ 879, 881 BGB.

8.250 h) **Inhaberschaft**

Für die Inhaberschaft einer Forderung oder anderer Vermögensrechte gilt das zum Eigentum Ausgeführte (obwohl nur die „angebliche" Forderung des Schuldners gepfändet wird), wenn und soweit ein Rechtsschein wirksamer Pfändung besteht[403]. Der Rechtsschein besteht nicht bei besonders schweren und offenkundigen Fehlern.[404] Keine solche Rechtsposition vermittelt die Mit-Inhaberschaft eines Bankkontos als Oder-Konto, verbunden mit der Behauptung, im Innenverhältnis stehe die Forderung ihm alleine zu. Denn die Pfändung der Forderung des Schuldners aus dem Oder-Konto berührt die übrigen Gesamtgläubiger nicht.[405]

8.251 i) **Leasing**

Der Leasinggeber kann aufgrund seines Eigentums und des Herausgabeanspruchs intervenieren, wenn in das Leasinggut aufgrund einer Forderung gegen den Leasingnehmer vollstreckt wird. Dem Leasingnehmer stehen bei einer Vollstreckung aufgrund eines Titels gegen den Leasinggeber in den Leasinggegenstand nur die Erinnerung gemäß §§ 766, 809 ZPO bzw. die Rechte aus §§ 57 ff. ZVG zu. Dies gilt für alle Arten von Leasing.[406]

8.252 j) **Nießbrauch**

Er stellt wie auch die sonstigen dinglichen Rechte nur dann ein Recht i.S.v. § 771 ZPO dar, wenn diese Rechte durch die Zwangsvollstreckung beeinträchtigt werden. Dies ist zu bejahen, wenn eine bewegliche Sache ge-

---

402 RGZ 143, 241, 244 ff.; Zöller/*Stöber*, § 865 Rdn. 10; Thomas/*Putzo*, § 865 Rdn. 4; MünchKomm/*Schmidt* ZPO, § 771 Rdn. 35; **streitig**, ob schon vor Beschlagnahme § 805 ZPO oder § 771 ZPO Anwendung findet, vgl. MünchKomm/*Eickmann* BGB, § 1120 Rdn. 43 f.
403 BGH, WM 1981, 649; NJW 1994, 1057; Musielak/*Lackmann*, § 771 Rdn. 20.
404 Vgl. BGH, NJW 1993, 735, 736: Überweisungsbeschluss aufgrund eines Arrestes.
405 BGH, BGHReport 2003, 50 = BGHR ZPO § 771 Abs. 1 Gesamtgläubiger 1 in Bestätigung von OLG Stuttgart, InVo 2002, 339 = OLGR Stuttgart 2002, 77 und entgegen OLG Koblenz, NJW-RR 1990, 1385; LG Karlsruhe, ZVI 2003, 135.
406 MünchKomm/*Schmidt* ZPO, § 771 Rdn. 30, 31; Brox/*Walker*, Rdn. 1423, 1424; StJ/*Münzberg*, § 771 Rdn. 34a; Rosenberg/Gaul/*Schilken*, § 41 VI 9; im Einzelnen **streitig**.

pfändet oder die Zwangsverwaltung des Grundstücks durch einen nachrangigen Gläubiger angeordnet wird[407]. Anders ist es bei der Eintragung einer Zwangshypothek oder bei der Zwangsversteigerung, weil diese den Nießbrauch wegen dessen besseren Ranges nicht beeinträchtigen.

k) **Pfandrechte**   8.253

Dies sind nur dann solche i.S.v. § 771 ZPO, wenn der Inhaber den Pfandrechtsbesitz an der Sache hat (arg. aus § 1232 S. 1 BGB). Die Vorzugsklage aus § 805 ZPO betrifft besitzlose Pfandrechte an beweglichen Sachen[408]. Der besitzende Pfandrechtsgläubiger kann sich jedoch auch auf die Klage gemäß § 805 ZPO beschränken (vgl. Rdn. 8.333). Ist der Pfandrechtsgläubiger als Dritter herausgabebereit (§ 809 ZPO), so verliert er das Widerspruchsrecht,[409] falls die Herausgabe nicht irrtümlich geschehen ist. Auch bei Herausgabebereitschaft bleibt ihm aber die Klage gemäß § 805 ZPO.

Hinsichtlich der Konkurrenz mehrerer Pfändungspfandrechtsgläubiger (§§ 827, 853 ZPO) gilt nicht § 771 ZPO, sondern es finden die Sonderregelungen des Verteilungsverfahrens gemäß §§ 872 ff. ZPO Anwendung[410].

l) **Sicherungsabtretung/Sicherungsübereignung**   8.254
   (eigennützige Treuhand)

Beispiel:

Der Darlehensnehmer (Sicherungsgeber, Treugeber) übereignet an die Kredit gebende Bank (Sicherungsnehmer, Sicherungseigentümer, Treunehmer, Treuhänder) zur Absicherung des Darlehensrückzahlungsanspruchs eine Sache (Sicherungsgut, Treugut) – üblicherweise gemäß §§ 930, 868 BGB – oder tritt ihr eine Forderung zur Sicherung ab.

Vollstreckt der Gläubiger des Sicherungsgebers in das Sicherungsgut, steht dem Sicherungsnehmer (Bank) ein Interventionsrecht zu, solange die zu sichernde Forderung besteht und der Sicherungszweck sich auch sonst nicht erledigt hat, da der Sicherungsnehmer rechtlich Eigentümer der Sache/Inhaber der Forderung ist und ihm nicht das Recht genommen werden darf, den Zeitpunkt der Verwertung selbst zu bestimmen. Das spricht trotz der Nähe zum besitzlosen Pfandrecht gegen die ausschließliche Anwendbarkeit des § 805 ZPO[411].

---

407 Zöller/*Herget*, § 771 Rdn. 14 „Nießbrauch".
408 **H.M.**, vgl. Zöller/*Stöber*, § 805 Rdn. 5; MünchKomm/*Schmidt* ZPO, § 771 Rdn. 34, jeweils m.w.N.
409 BGH, MDR 1978, 401.
410 RGZ 97, 34, 41; MünchKomm/*Schilken* ZPO, § 805 Rdn. 10; Baumbach/*Hartmann*, § 805 Rdn. 4.
411 **H.M.:** BGHZ 72, 141, 146 = NJW 1978, 1859; Zöller/*Herget*, § 771 Rdn. 14 „Sicherungsübereignung"; *Brox/Walker*, Rdn. 1417; *Schuschke* § 771 Rdn. 16; Musielak/*Lackmann*, § 771 Rdn. 19; **a.A.** Baumbach/*Hartmann*, § 771 Rdn. 26; differenzierend MünchKomm/*Schmidt* ZPO, § 771 Rdn. 29.

Vollstreckt der Gläubiger des Sicherungsnehmers (Bank) in das Sicherungsgut, steht dem Sicherungsgeber die Klage gemäß § 771 ZPO offen, weil der Sicherungsnehmer zwar formal Eigentümer des Sicherungsgutes ist, im Verhältnis des Sicherungsgebers zum Sicherungsnehmer aber dieses Eigentum dem Sicherungsnehmer nicht als Vollrecht, sondern nur zur Sicherung seiner Forderung gegenüber dem Sicherungsgeber zusteht. Dementsprechend steht dem Sicherungsgeber das Widerspruchsrecht gemäß § 771 ZPO aber nur so lange zu, bis der Sicherungsnehmer das Sicherungsgut verwerten darf[412].

Zur uneigennützigen Treuhand s. Rdn. 8.256.

8.255 m) **Sondervermögen**

Soweit bei Testamentsvollstreckung, Nacherbschaft, Gesamtgut (s. dazu §§ 737, 774 ZPO), Insolvenzmasse, Zwangsvollstreckungsmasse in das Vermögen vollstreckt wird, das für die titulierte Forderung nicht haftet, steht dem Vermögensinhaber/Vermögensverwalter die Drittwiderspruchsklage zu.

8.256 n) **Treuhand** (uneigennützige/fremdnützige Treuhand; zur eigennützigen Treuhand s. vorstehend Rdn. 8.254)

Beispiele:

Inkassozession; Übertragung des Vermögens von einem Treugeber auf einen Treuhänder zwecks Verwendung i.S.d. Treugebers, z.B. zur Erfüllung von Forderungen (Verwaltungstreuhand).

Dem **Treugeber** steht gegen den Gläubiger des Treuhänders die Drittwiderspruchsklage zu, wenn in das Treugut vollstreckt wird. Treugut liegt zum einen vor, wenn es sich durch Absonderung vom übrigen Vermögen des Treuhänders offenkundig um solches handelt (Offenkundigkeitsprinzip), z.B. Anderkonto (Sonderkonto) für die Verwaltung von Fremdgeldern[413]. Dann schadet es auch nicht, dass der Treugeber dem Anwalt im Einzelfall gestattet hat, auf dem Konto eingegangene Gelder in Höhe ihm zustehender Honorarforderungen zur Tilgung eigener Schulden zu verwenden.[414] Treugut ist ein Gegenstand ferner auch dann, wenn er dem Treuhänder vom

---

412 **H.M.**, vgl. BGH, NJW 1978, 1859; *Brox/Walker*, Rdn. 1416; Zöller/*Herget*, § 771 Rdn. 14 „Sicherungsübereignung"; *Schuschke*, § 771 Rdn. 19; Musielak/*Lackmann*, § 771 Rdn. 18; Thomas/*Putzo*, § 771 Rdn. 19; zweifelnd zu der Einschränkung MünchKomm/*Schmidt* ZPO, § 771 Rdn. 28; ohne Einschränkung: Baumbach/*Hartmann*, § 771 Rdn. 25.
413 BGH, InVo 2005, 484; NJW 1996, 1543 = InVo 1996, 181; NJW 1971, 559, 560; NJW 1973, 1754; NJW-RR 1993, 301; OLG Zweibrücken, InVo 1998, 261; OLG Celle, OLGR 1995, 106.
414 BGH, NJW 1996, 1543 = InVo 1996, 181.

Treugeber aus seinem Vermögen übertragen worden ist (Unmittelbarkeitsprinzip). Liegt diese Voraussetzung vor, ist beim Treuhandkonto die Offenkundigkeit nicht zwingend erforderlich. Daher reicht es aus, wenn Einzahlungen/Überweisungen auf ein auf den Namen des Treuhänders lautendes Konto erfolgen, wenn dieses Konto nachweisbar ausschließlich zur Aufnahme von treuhänderisch gebundenen Fremdgeldern durch den Treugeber bestimmt ist, aber auch zur Aufnahme von treuhänderisch gebundenen Zahlungen Dritter, wenn ihnen also Geldforderungen zugrunde liegen, die in der Person des Treugebers – nicht des Treuhänders – entstanden sind.[415] Daher hat ein Wohnungseigentümer, der den Verwalter mit der Einziehung seiner Mieten auf ein vom Verwalter eingerichtetes Konto beauftragt, kein Widerspruchsrecht nach § 771 ZPO, wenn auf das Konto auch Mieten für Wohnungen eingehen, die der Verwalter selbst vermietet hat, weil das Konto dann auch als Eigenkonto genutzt wird.[416]

Dem **Treuhänder** steht hingegen bei der Vollstreckung gegen den Treugeber in Treugut, das sich im Besitz des Treugebers befindet, grundsätzlich kein Interventionsrecht zu, soweit es nicht zu einer Vollrechtsübertragung auf ihn gekommen ist.[417] Gegenüber einem Gläubiger, der nicht aufgrund eines Titels gegen den Treugeber, sondern aufgrund eines gegen einen Dritten erlassenen Titels in das Treugut vollstreckt, steht dem Treuhänder hingegen das Widerspruchsrecht des § 771 ZPO zu.[418]

o) Veräußerungsverbot 8.257

Bei den **absoluten** Veräußerungsverboten der §§ 1365, 1369 BGB steht dem geschützten Ehegatten die Klage gemäß § 771 ZPO zu, wenn der andere Ehegatte z.B. die Teilungsversteigerung betreibt[419]. Keine Anwendung findet § 1365 BGB und damit auch § 771 ZPO auf Zwangsvollstreckungsmaßnahmen gegen einen Ehegatten, weil darin keine Verfügung des Ehegatten liegt[420]. Bei den **relativen** Veräußerungsverboten gemäß §§ 135, 136 BGB, § 938 Abs. 2 ZPO, § 106 KO (absolut hingegen § 21 Abs. 2 Nr. 2 InsO), § 58 VerglO steht dem dadurch Geschützten gemäß § 772 ZPO nur das Recht zu, die Veräußerung (Versteigerung, § 814 ZPO; andere Verwertung, § 825 ZPO; Überweisung, § 835 ZPO) zu verhindern, nicht aber auch schon die Pfändung.

---

415 BGH, InVo 2005, 484 = MDR 2006, 51 = ZIP 2005, 1465; BGH, BB 1993, 1549 = NJW 1993, 2622; OLG Celle, InVo 2004, 27.
416 BGH, InVo 2003, 462 = MDR 2003, 1316 = NJW-RR 2003, 1375.
417 **H.M.:** BGHZ 11, 37, 42 = NJW 1954, 190; OLG Düsseldorf, InVo 1998, 328; MünchKomm/*Schmidt* ZPO, § 771 Rdn. 26.
418 BGH, InVo 2004, 331 = NJW-RR 2004, 1220.
419 OLG Köln, InVo 2000, 145 = ZMR 2000, 613; OLG Celle, OLGR 1995, 90; Palandt/*Diederichsen*, § 1368 BGB Rdn. 3; *Brox*, FamRZ 1961, 285.
420 **Allg.M.,** vgl. BGH, FamRZ 2006, 410; OLG Karlsruhe, FamRZ 2004, 629 = InVo 2004, 197; KG, MDR 1992, 679; Palandt/*Diederichsen*, § 1365 Rdn. 8; *Schuschke*, § 771 Rdn. 26, jew. m.w.N.

8.258 p) **Verschaffungsanspruch**
Er begründet kein Widerspruchsrecht; siehe: Herausgabeanspruch.

8.259 q) **Vorbehaltskäufer**
Siehe: Anwartschaftsrecht.

8.260 r) **Vorbehaltsverkäufer**
Siehe: Eigentumsvorbehalt.

8.261 s) **Zurückbehaltungsrecht**
Weder das des § 273 BGB[421] noch das des § 1000 BGB[422] berechtigen zur Drittwiderspruchsklage.

3. Gegenrechte des Beklagten

8.262 Gegenüber dem Vorbringen des Klägers kann sich der Beklagte in verschiedener Weise verteidigen. Dies kann u.a. geschehen durch:

8.263 **Bestreiten** des geltend gemachten Rechts, mit der Folge, dass der Kläger die klagebegründenden Tatsachen beweisen muss (zur Beweislast vgl. Rdn. 8.267 f.).

8.264 Darüber hinaus kann er geltend machen, dass das Recht zwar formal dem Kläger zustehe, der dingliche Übertragungsakt aber **nichtig**, durch ihn – Beklagten – **anfechtbar** bzw. **einredebehaftet** sei.

Beispiele von Einwendungen des Beklagten:

Scheingeschäft, § 117 Abs. 1 BGB; Verstoß gegen § 138 Abs. 1 BGB (Knebelungsvertrag; Übersicherung des Klägers als Sicherungsnehmer und dadurch bewirkte Reduzierung der Haftungsmasse des Sicherungsgebers gegen Null; nicht ein Mietvertrag, dessen einziger Zweck die Ausschaltung des § 93 ZVG ist[423]); Anfechtung gemäß §§ 2 ff. AnfG[424] bzw. §§ 29 ff. KO/§§ 129 ff. InsO; Einrede, der Kläger habe den Vollstreckungsgegenstand durch unerlaubte Handlung gegenüber dem Beklagten erworben; Einrede der Arglist: Weigerung des Sicherungsnehmers (hier: Klägers), die Erfüllung durch den Sicherungsgeber (hier: Beklagten) anzunehmen, nachdem der Gläubiger das Sicherungsgut und den Anspruch des Sicherungsgebers auf Rückübertragung gepfändet hat.[425]

8.265 Der Beklagte kann ferner einwenden, er habe ein **besseres Recht** am Vollstreckungsgegenstand, der Vollstreckungsgegenstand hafte also mit, z.B.:

---

421 OLG Hamm, NJW 1968, 1241, 1242; MünchKomm/*Schmidt* ZPO, § 771 Rdn. 37.
422 OLG Saarbrücken, OLGZ 84, 126, 127 m.w.N.; Baumbach/*Hartmann*, § 771 Rdn. 28; **a.A.** MünchKomm/*Schmidt* ZPO, § 771 Rdn. 37.
423 OLG Düsseldorf, InVo 1997, 134.
424 BGHZ 98, 10 = NJW 1986, 2252, 2253; OLG Hamm, NJW-RR 1998, 1567 = InVo 1998, 324 – GmbH-Anteil mit aufschiebend bedingtem Rückübertragungsanspruch; OLG Koblenz, InVo 1997, 299 – Forderungsabtretung.
425 OLG Celle, NJW 1960, 2196.

- aufgrund eines gesetzlichen Pfandrechts des Vermieters vor Sicherungsübereignung der Sache;[426]
- als rangbesserer Hypothekengläubiger gegenüber dem Nießbraucher bezüglich der aufgrund des dinglichen Titels gegen den Grundstückseigentümer gepfändeten Mietzinsen.[427]

Schließlich kann der Beklagte geltend machen, den Kläger treffe eine **persönliche Haftung** (neben dem Schuldner) für die titulierte Forderung. Denn dann müsste der Kläger aus einem gegen ihn erwirkten Titel die Zwangsvollstreckung auch in den Vollstreckungsgegenstand dulden. Den Beklagten insoweit auf den Klageweg zu verweisen, wäre jedoch zu formalistisch und nicht prozessökonomisch, zumal Rechte des Klägers nicht beschränkt werden, wenn der Beklagte dies bereits im Rahmen der Klage gemäß § 771 ZPO geltend machen kann. Denn in jedem Fall wird geprüft, ob die vom Beklagten behauptete Haftung besteht.   8.266

Zu dieser Gruppe gehören die Fälle, in denen es sich beim Kläger um einen Gesamtschuldner, Bürgen,[428] Gesellschafter einer OHG oder Komplementär einer KG handelt.[429]

4. Beweis

Der Kläger muss das geltend gemachte Recht, der Beklagte dessen Erlöschen bzw. evtl. Gegenrechte beweisen.[430]   8.267

Auch bei **Sicherungsrechten** muss daher der Dritte dieses Recht (z.B. Sicherungsübereignung), der Beklagte dessen Erlöschen bzw. das der gesicherten Forderung oder deren Nichtentstehung beweisen.[431]   8.268

Macht bei einer Zwangsvollstreckung gegen den **Ehepartner** der andere Ehegatte sein Eigentum an dem Vollstreckungsgegenstand geltend, muss der nicht schuldende Ehegatte die Vermutung des § 1362 Abs. 1 BGB durch den Nachweis des Erwerbs des Eigentums widerlegen. Dabei kann ihm die Vermutung des § 1006 BGB zugute kommen. Gemäß § 1006 BGB wird vermutet, dass der Besitzer mit der Erlangung des Besitzes Eigenbesitzer geworden ist; zugunsten des Eigenbesitzers wird weiter vermutet, dass er   8.269

---

426 RGZ 143, 275, 277; BGH, LM Nr. 2 zu § 771 ZPO.
427 RGZ 81, 146, 150.
428 BGH, LM Nr. 2 zu § 771 ZPO.
429 BGH, a.a.O.
430 **H.M.**, vgl. BGH, NJW 1986, 2426, 2427; HK-ZPO/*Kindl*, § 771 Rdn. 23; *Brox/Walker*, Rdn. 1443.
431 BGH, NJW 1991, 353; Musielak/*Lackmann*, § 771 Rdn. 14; **a.A.** Zöller/*Herget*, § 771 Rdn. 17, Rosenberg/Gaul/*Schilken*, § 41 VIII 3: Der Dritte solle auch bei nichtakzessorischen Rechten wie z.B. der Sicherungsübereignung neben dieser zudem das Entstehen der zu sichernden Forderung bzw. die Vereinbarung der Sicherungsübereignung auch für noch zu begründende Forderungen beweisen müssen.

Eigentümer geworden und während der Dauer seines Besitzes geblieben ist.[432] Besaß der nicht schuldende Ehegatte die Sache bereits vor der Ehe, braucht er daher auch nach der Eheschließung den Fortbestand des Eigentums nicht zu beweisen; § 1006 Abs. 2 BGB findet Anwendung.[433] Eine für den Erblasser sprechende Vermutung des § 1006 BGB gilt zugunsten des Erben auch dann fort, wenn der Erbe im Zeitpunkt des Erbfalls verheiratet ist.[434]

IV. Urteil und Urteilswirkungen

8.270 Die Entscheidung über die Drittwiderspruchsklage ergeht durch Urteil. Bei der Abweisung der Klage kann der Gläubiger vorbehaltlich der Regelung des § 770 ZPO – die zwar von Amts wegen ergehen kann (vgl. auch § 771 Abs. 3 S. 1 ZPO), aber angeregt werden sollte, um ein Übersehen zu verhindern – weiter vollstrecken.

8.271 Die **Kostenentscheidung** ergeht gemäß §§ 91 ff. ZPO, wobei insbesondere der Vorschrift des § 93 ZPO besondere Bedeutung zukommt. Der vollstreckende Gläubiger gibt solange keinen Anlass zur Klage, bis der Dritte nicht in substanziierter Weise sein die Veräußerung hinderndes Recht darlegt und die maßgeblichen Tatsachen wahrscheinlich macht. Eine eidesstattliche Versicherung des Dritten oder ihm nahe stehender Personen genügt regelmäßig nicht, ebenso wenig anwaltliche Erklärungen des Klägers selbst. Der Gläubiger ist jedoch insoweit zur Mitwirkung verpflichtet, als er dem Dritten mitteilen muss, welche Bedenken er noch hat bzw. welche Belege er noch zu seiner Überzeugungsbildung vom Recht des Dritten benötigt.[435] Ein sofortiges Anerkenntnis ist daher auch noch nach einer Beweisaufnahme möglich.[436]

8.272 Das Urteil ist – nicht nur wegen der Kosten – für **vorläufig vollstreckbar** zu erklären. Bei der Bemessung der Sicherheit ist zu berücksichtigen, dass bereits das vorläufig vollstreckbare Urteil zu einer Einstellung der Zwangsvollstreckung führt.[437]

8.273 Das stattgebende Urteil ist ein **Gestaltungsurteil,** durch das die Zwangsvollstreckung in den konkreten Vollstreckungsgegenstand aufgrund einer konkreten Vollstreckungsmaßnahme für unzulässig erklärt wird. Dies führt nicht dazu, dass die Vollstreckungsmaßnahmen ohne weiteres ihre Wirkungen verlieren. Vielmehr bedarf es für eine **Aufhebung** der Zwangsvollstre-

---

432 BGH, NJW 1976, 238; BGH, NJW 1992, 1162, 1163.
433 BGH, NJW 1992, 1162, 1163.
434 BGH, NJW 1993, 935, 936.
435 OLG Düsseldorf, NJW-RR 1998, 790 = InVo 1998, 195; *Schuschke,* § 771 Rdn. 43; Zöller/*Herget,* § 771 Rdn. 17.
436 OLG Düsseldorf, InVo 1998, 194; Zöller/*Herget,* § 93 ZPO Rdn. 6 „Widerspruchsklage".
437 Vgl. *Schuschke,* § 771 Rdn. 44; Musielak/*Lackmann,* § 771 Rdn. 37.

ckungsmaßnahme durch das zuständige Vollstreckungsorgan der Vorlage einer – nicht notwendig vollstreckbaren – Ausfertigung oder Urschrift eines rechtskräftigen oder vorläufig vollstreckbaren Urteils (§§ 775 Nr. 1, 776 S. 2 ZPO). Nach **h.M.** besteht weder für den Gläubiger noch für das Vollstreckungsorgan eine Pflicht, den Zustand vor der Zwangsvollstreckung wiederherzustellen, also z.b. den gepfändeten Gegenstand zum Schuldner zurückzuschaffen.[438]

Die rechtskräftige **Abweisung** der Drittwiderspruchsklage hindert den Dritten, wegen desselben Rechts eine Klage wegen Schadensersatz oder ungerechtfertigter Bereicherung gegen den Vollstreckungsgläubiger zu erheben („res judicata"[439]). 8.274

Hatte hingegen der Dritte die Erhebung der Drittwiderspruchsklage versäumt, kann er **nach Beendigung der Zwangsvollstreckung** Ansprüche gegen den Gläubiger gemäß § 812 Abs. 1 S. 1 2. Alt. BGB (Eingriffskondiktion[440]) auf Herausgabe des Verwertungserlöses[441] bzw. gemäß §§ 823, 826 BGB wegen schuldhafter Verletzung z.B. des Eigentums geltend machen[442]. Bei einer Herausgabevollstreckung kann gegebenenfalls Klage gemäß § 985 BGB erhoben werden. Denkbar ist ferner ein Anspruch des Dritten auf Schadensersatz aus § 280 BGB (früher: positive Forderungsverletzung) aufgrund des infolge der Pfändung entstandenen gesetzlichen Schuldverhältnisses zwischen dem Vollstreckungsgläubiger und dem Dritten als Inhaber des Rechts[443]. Der Vorteil bei dieser Anspruchsgrundlage liegt darin, dass ein Wegfall der Bereicherung nicht in Betracht kommt und für ein Verschulden des Rechtsanwalts der Vollstreckungsgläubiger gemäß § 278 BGB haftet. Diese Ansprüche können sich durch Mitverschulden des Dritten gemäß § 254 BGB, gegebenenfalls bis auf Null reduzieren.[444] 8.275

All diesen Ansprüchen des Dritten liegt die Erwägung zugrunde, dass die Einhaltung der formellen Vollstreckungsvoraussetzungen dem Gläubiger noch kein materielles Recht zum Zugriff auf schuldnerfremdes Vermögen verleiht.[445] Ferner findet der Grundsatz, dass ein subjektiv redliches Verhalten in einem gesetzlichen Rechtspflegeverfahren nicht schon durch die Beeinträchtigung von in § 823 BGB geschützten Rechtsgütern seine Rechts- 8.276

---

438 Vgl. MünchKomm/*Schmidt* ZPO, § 771 Rdn. 78; Zöller/*Herget*, § 771 Rdn. 18, jew. m.w.N.
439 RGZ 70, 25, 27; MünchKomm/*Schmidt* ZPO, § 771 Rdn. 79, 80; Rosenberg/Gaul/*Schilken*, § 41 X 3, jeweils m.w.N.
440 RGZ 156, 399; BGH, Rpfleger 1976, 292 = NJW 1976, 1090.
441 Nach **h.M.** der Bruttoerlös abzüglich Versteigerungskosten, vgl. BGH, Rpfleger 1976, 292, 293 = NJW 1976, 1090, 1092; MünchKomm/*Schilken* ZPO, § 804 Rdn. 33 m.w.N. auch zur **a.A.**
442 Zu den Anforderungen an das notwendige Verschulden vgl. OLG Düsseldorf, InVo 1998, 328.
443 BGH, NJW 1972, 1048, 1049 = BGHZ 58, 207, 214; *Brox/Walker*, Rdn. 466.
444 BGH, NJW 1993, 522, 525.
445 BGH, NJW 1992, 2570, 2573; OLG Düsseldorf, InVo 1998, 328.

widrigkeit indiziert, keine Anwendung, wenn im Wege der Zwangsvollstreckung in Rechtsgüter am Vollstreckungsverfahren nicht beteiligter Dritter eingegriffen wird[446]. Der Umstand, dass der Kläger keine Klage gemäß § 771 ZPO erhoben hatte, stellt keine Fiktion der Genehmigung zur Pfändung seines Eigentums dar.[447]

8.277 Der Streitwert der Drittwiderspruchsklage bestimmt sich grundsätzlich nach § 6 ZPO, richtet sich also nach dem Betrag der im Zeitpunkt der Klageerhebung noch offenen Forderung, wegen der vollstreckt wird, und zwar ohne Zinsen und Kosten.[448] Ist der Wert des Pfandgegenstandes jedoch geringer, so ist dieser maßgebend. Bei einer „unechten" Drittwiderspruchsklage auf Unzulässigerklärung der Teilungsversteigerung ist der Wert jedoch nach § 3 ZPO zu bemessen.[449]

V. Einstweiliger Rechtsschutz

8.278 Da die Erhebung der Drittwiderspruchsklage als solche keine Hemmung der Zwangsvollstreckung zur Folge hat, kann auf Antrag des Vollstreckungsschuldners eine einstweilige Einstellung der Zwangsvollstreckung angeordnet werden (§§ 771 Abs. 3, 769 ZPO); weiter gehend als bei § 769 ZPO ist hier auch die Aufhebung von Vollstreckungsmaßnahmen ohne Sicherheitsleistung möglich (§ 771 Abs. 3 S. 2 ZPO). Im Übrigen wird auf die Ausführung zu § 769 ZPO verwiesen (oben Rdn. 8.190 ff.).

Kapitel G
Drittwiderspruchsklage, § 772 ZPO

I. Ziel und Wesen

8.279 Zweck des § 772 ZPO ist, die Veräußerung oder Überweisung, also die Verwertung eines Pfandgegenstandes zu verhindern, weil ansonsten der für den Dritten bestehende Schutz des Verfügungsverbotes endgültig beseitigt würde, z.B. infolge lastenfreien Eigentumserwerbs in der Versteigerung aufgrund staatlichen Hoheitsaktes. Die Vorschrift setzt damit den materiellrechtlichen Schutz, den die §§ 135, 136 BGB gewähren, im Vollstreckungsrecht in einer Weise fort, wie es dem angemessenen Ausgleich des durch das Verfügungsverbot Begünstigten einerseits und des Gläubigers des vom Verfügungsverbot Betroffenen andererseits entspricht.

---

446 BGH, NJW 1992, 2014, 2015.
447 BGH, NJW 1992, 2570, 2574.
448 H.M., vgl. *Schuschke*, § 771 Rdn. 46; StJ/*Roth*, § 3 Rdn. 51 „Drittwiderspruchsklage".
449 OLG Karlsruhe, FamRZ 2004, 1221 = InVo 2004, 333; *Schuschke*, § 771 Rdn. 46.

Beispiel: 8.280

A tauscht seinen Computer gegen eine alte Uhr des B. Der Computer ist mangelhaft, B erklärt den Rücktritt. Er erwirkt im Wege der einstweiligen Verfügung gemäß § 938 Abs. 2 ZPO ein die Uhr betreffendes Veräußerungsverbot gegen A. Ein Gläubiger des A pfändet die bei A befindliche Uhr.

B kann keine Drittwiderspruchsklage gemäß § 771 ZPO erheben, weil sein insoweit allein in Betracht kommendes Recht hinsichtlich der Uhr der aufgrund des Rücktritts gegebene Rückgewähranspruch und damit ein bloßer Verschaffungsanspruch ist (vgl. Rdn. 8.258). Andererseits hat er insoweit mehr als diesen bloßen Verschaffungsanspruch, weil dessen Realisierung durch ein Verfügungsverbot gesichert ist. A kann rechtlich zwar weiter über die Uhr verfügen (sie z.B. durch ein Pfandrecht belasten), er darf es aber nicht. Geschieht dies trotzdem, ist die Verfügung relativ, d.h. nur dem B gegenüber unwirksam, jedem anderen gegenüber jedoch wirksam. Indem nun der Gläubiger des A die Uhr pfänden lässt, wird diese belastet, und zwar mit einem Pfändungspfandrecht. Allerdings geschieht dies nicht durch eine Verfügung des A, weil nicht dieser, sondern der Gerichtsvollzieher die Pfändung vorgenommen hat. Zugunsten des durch das Verfügungsverbot Geschützten greift hier § 135 Abs. 1 S. 2 BGB ein, wonach den rechtsgeschäftlichen Verfügungen solche gleichstehen, die im Wege der Zwangsvollstreckung oder Arrestvollziehung erfolgen. Das führt dazu, dass auch das Pfändungspfandrecht des Gläubigers dem Geschützten gegenüber relativ unwirksam ist[450]. 8.281

So wie der A nicht verfügen durfte, dürfte gemäß § 135 Abs. 1 S. 2 BGB eigentlich auch nicht eine Verfügung im Wege der Zwangsvollstreckung erfolgen. Hier trifft nun § 772 ZPO eine andere Regelung, die auch materiellrechtliche Auswirkungen hat. Dies ist nicht verwunderlich, weil § 772 ZPO ursprünglich als Absatz 4 des heutigen § 135 BGB vorgesehen war:[451] Es soll im Wege der Zwangsvollstreckung lediglich eine Verwertung nicht stattfinden, alle weniger beeinträchtigenden Maßnahmen darf der Gläubiger aber durchführen lassen. 8.282

Wird gegen die Ordnungsvorschrift des § 772 S. 1 ZPO verstoßen, steht dem Geschützten[452] die Vollstreckungserinnerung gemäß § 766 ZPO zu. 8.283

---

450 So wohl auch StJ/*Münzberg*, § 772 Rdn. 8; *Schuschke*, § 772 Rdn. 3; **a.A.** MünchKomm/*Schmidt* ZPO, § 772 Rdn. 16: Relativ unwirksam sei nur die Verwertung, nicht aber auch die Pfändung. Wenn aber in obigem Beispielsfall der B im Hinblick auf den erklärten Rücktritt von A die zwischenzeitlich mit dem Pfändungspfandrecht des B belastete Uhr rückübereignet erhielte, würde er nur das mit dem Pfändungspfandrecht belastete Eigentum erwerben. – Wie hier auch BGH, ZIP 1980, 23, 24 zu § 106 Abs. 1 S. 3 KO: Die relativ unwirksame Pfändung (!) wird mit Eröffnung des Konkursverfahrens endgültig unwirksam.
451 Vgl. MünchKomm/*Schmidt* ZPO, § 772 Rdn. 1.
452 **Streitig**, ob auch dem Schuldner, bejahend MünchKomm/*Schmidt* ZPO, § 772 Rdn. 19, verneinend *Schuschke*, § 772 Rdn. 5, jew. m.w.N.

Wahlweise kann der Geschützte aber auch die Verwertung des Pfandgegenstandes durch Klage gemäß §§ 772 S. 2, 771 ZPO verhindern. Diese Regelung ist interessengerecht.

8.284 Erst und nur durch die Verwertung würde der durch das Verfügungsverbot Begünstigte seine geschützte Rechtsposition für immer verlieren, z.B. durch Versteigerung des Pfandgegenstandes. Denn der Ersteher in der Zwangsversteigerung erwirbt **kraft staatlichen Hoheitsaktes originäres Eigentum,** mit der Folge, dass das Verfügungsverbot untergeht; dies selbst dann, wenn der Ersteher das Verfügungsverbot kennt. Voraussetzung hierfür ist nach **h.M.** lediglich eine wirksame Verstrickung des Pfandgegenstandes, nicht jedoch auch ein wirksames Pfändungspfandrecht[453].

8.285 Unterbleibt die Verwertung und dringt der Geschützte mit seinem durch das Verfügungsverbot gesicherten Anspruch durch (im Beispielsfall: Rückübereignung der Uhr von A an B), hat er nunmehr ein lastenfreies Recht an dem betreffenden Gegenstand (hier: Eigentum an der Uhr) erworben, weil das Pfändungspfandrecht ihm gegenüber nicht wirksam war. Insoweit ist seine Position sogar sicherer als in dem Fall, dass der vom Verfügungsverbot Betroffene verfügt hätte. Denn – nur – bei rechtsgeschäftlichen Verfügungen finden über § 135 Abs. 2 BGB die Vorschriften zugunsten derjenigen, welche Rechte von einem Nichtberechtigten herleiten, entsprechende Anwendung, nicht hingegen bei Pfändungen im Wege der Zwangsvollstreckung. Ein etwaiger guter Glaube des Pfändungspfandgläubigers an die Nichtexistenz des Verfügungsverbots hilft diesem daher nicht.[454] Gibt der Pfändungspfandgläubiger den Pfandgegenstand nicht frei, kann der Geschützte nunmehr Drittwiderspruchsklage gemäß § 771 ZPO erheben; bei obsiegendem Urteil wird die Pfändung gemäß § 776 S. 1 ZPO aufgehoben.

8.286 Bestand das Verfügungsverbot in einem allgemeinen Veräußerungsverbot gemäß **§ 106 Abs. 1 S. 3 KO** und wurde anschließend Konkurs eröffnet, wird die relativ unwirksame Pfändung mit Konkurseröffnung endgültig unwirksam[455]. Gegen die nunmehr gemäß § 14 KO unwirksame Pfändung kann der Konkursverwalter Vollstreckungserinnerung gemäß § 766 ZPO einlegen. Zu § 21 Abs. 2 Nr. 2 InsO vgl. Rdn. 8.294.

8.287 Aber auch die Interessen des Pfändungspfandgläubigers sind ausreichend geschützt. Da die durch das Veräußerungsverbot erlangte Rechtsposition unsicher ist, weil sie nur bis zur Klärung des vom Geschützten geltend gemachten Rechts besteht und diese Klärung auch zu dessen Ungunsten ausgehen kann, darf der Gläubiger des vom Verfügungsverbot Betroffenen daher bereits jetzt pfänden und sich damit einen entsprechenden Rang

---

453 BGH, NJW 1992, 2570, 2571 m.w.N.; *Brox/Walker*, Rdn. 1426; *Schuschke*, § 772 Rdn. 3; MünchKomm/*Schmidt* ZPO, § 772 Rdn. 16.
454 **H.M.:** RGZ 90, 335, 338; *Brox/Walker*, Rdn. 1426; *Schuschke*, § 772 Rdn. 3, jeweils m.w.N.; **a.A.** MünchKomm/*Mayer-Maly/Armbrüster* BGB, § 135 Rdn. 49.
455 BGH, ZIP 1980, 23, 24.

(§ 804 Abs. 3 ZPO) sichern. Dieser wirkt sich aus, wenn das Verfügungsverbot später entfällt und nunmehr auch die Verwertung durchgeführt werden kann (gegebenenfalls nach einer Vollstreckungsabwehrklage gemäß § 767 ZPO des Pfändungspfandgläubigers gegen das gemäß § 772 S. 2 ZPO erwirkte Urteil, vgl. Rdn. 8.299).

II. Zulässigkeit

Die Klage ist **statthaft,** wenn geltend gemacht wird, ein von einem relativen Verfügungsverbot betroffener Gegenstand solle im Wege der Zwangsvollstreckung veräußert oder überwiesen werden. Sie kann sich daher nicht gegen eine bloße Pfändung, somit auch nicht gegen die Eintragung einer Sicherungshypothek oder die Anordnung der Zwangsversteigerung bzw. Zwangsverwaltung richten[456]. 8.288

Dementsprechend lautet der **Antrag** (vgl. Muster Rdn. 15.31) auch nur dahin, 8.289

... die Veräußerung bzw. die Überweisung ... (des genau zu bezeichnenden Gegenstandes) im Wege der Zwangsvollstreckung für unzulässig zu erklären.

Zur Zuständigkeit und zum Rechtsschutzinteresse gelten die Ausführungen zu § 771 ZPO entsprechend (vgl. Rdn. 8.225 ff.). 8.290

III. Begründetheit

Die **Sachbefugnis** auf Klägerseite liegt bei dem durch das Verfügungsverbot Geschützten; richtiger Beklagter ist der vollstreckende Gläubiger (vgl. die entsprechenden Ausführungen zu § 771 ZPO in Rdn. 8.238). 8.291

Zur Begründetheit der Klage ist ferner erforderlich, dass im Zeitpunkt der letzten mündlichen Verhandlung zugunsten des Klägers ein Veräußerungsverbot der in §§ 135, 136 BGB bezeichneten Art, also ein **relatives Veräußerungsverbot** besteht. 8.292

Veräußerungsverbot bedeutet Verfügungsverbot, also ein Verbot der unmittelbaren Einwirkung auf ein Recht durch Übertragung, Aufhebung, Belastung oder inhaltliche Änderung.[457] Zu den Verfügungsverboten der in §§ 135, 136 BGB genannten Art gehören z.B. diejenigen gemäß §§ 15, 98, 156 Abs. 1 VVG (gesetzliche); §§ 935, 940, 938 Abs. 2 ZPO, § 106 Abs. 1 S. 3 KO, §§ 58 f. VerglO[458]. 8.293

Nicht dazu gehören: 8.294

---

456 H.M.: Zöller/*Herget,* § 772 Rdn. 2.
457 **Allg.M.,** vgl. Palandt/*Heinrichs,* §§ 135, 136 Rdn. 1.
458 H.M., vgl. *Schuschke,* § 772 Rdn. 1; MünchKomm/*Schmidt* ZPO, § 772 Rdn. 5 m.w.N.

- die **absoluten Verfügungsverbote,** wie z.B. §§ 290 f., 443 StPO, weil sie unter § 134 BGB und nicht unter §§ 135, 136 BGB fallen[459]. Dazu gehört auch das Verfügungsverbot gemäß § 21 Abs. 2 Nr. 2 InsO aufgrund der Verweisung gemäß §§ 24, 81, 82 InsO.[460]
- **Verfügungsbeschränkungen** (wie z.B. §§ 1365, 1369, 1643, 1804, 1903, 2211 BGB), weil diese das rechtliche Können betreffen und damit absolut wirken, nicht aber wie §§ 135, 136 BGB das rechtliche Dürfen mit der Folge nur relativer Unwirksamkeit;[461]
- Verfügungsbeschränkungen gemäß **§§ 6, 7 KO** bzw. **§ 81 InsO,** weil der Schutz gegen Zwangsvollstreckungsmaßnahmen von Insolvenzgläubigern durch die eigenständige Regelung des § 14 KO bzw. § 89 InsO gewährleistet ist; Verstöße gegen diese Vollstreckungshindernisse können mit der Vollstreckungserinnerung gemäß § 766 ZPO geltend gemacht werden;[462]
- **relative Verfügungsverbote,** die bei einer **Zwangsvollstreckung durch Pfändung** von Gegenständen oder Beschlagnahme von Grundstücken entstehen (§§ 829 Abs. 1, 857 Abs. 1 ZPO; §§ 23, 148 ZVG), weil die Zulässigkeit und Folge mehrfacher Zwangsvollstreckung bzw. des Beitritts zur Zwangsversteigerung desselben Gegenstandes speziell geregelt sind (vgl. §§ 804 Abs. 3, 826, 853, 872 f. ZPO; §§ 10, 27 ZVG);[463]
- **Vormerkung,** § 883 BGB, und **Widerspruch,** § 899 BGB;[464]
- ein **vereinbartes Abtretungsverbot** (§§ 399, 413 BGB), weil es absolut wirkt und zudem in § 851 Abs. 2 ZPO sowohl die Zulässigkeit der Pfändung wie die der Verwertung eigenständig geregelt ist.

8.295 Selbst wenn ein derartiges relatives Verfügungsverbot besteht, ist eine Veräußerung oder Überweisung im Wege der Zwangsvollstreckung nur dann unzulässig, wenn diese wegen eines persönlichen Anspruchs (Forderung) oder aufgrund eines infolge des Verbots unwirksamen Rechts erfolgt. § 772 ZPO trifft somit nicht zu, wenn die Zwangsvollstreckung aufgrund eines Rechts erfolgt, das vom Verfügungsverbot nicht erfasst wird, z.B. ein vor Wirksamwerden des Verfügungsverbots erworbenes Pfandrecht;[465] eine zwar danach, aber in Unkenntnis von dem nicht im Grundbuch eingetrage-

---

459 H.M.: MünchKomm/*Schmidt* ZPO, § 772 Rdn. 6.
460 *Helwich,* MDR 1998, 516, 520; MünchKomm/*Haarmeyer* InsO, § 21 Rdn. 55; Zöller/*Herget,* § 772 Rdn. 1; Baumbach/*Hartmann,* § 772 Rdn. 4.
461 *Schuschke,* § 772 Rdn. 1.
462 H.M., vgl. MünchKomm/*Schmidt* ZPO, § 772 Rdn. 7 m.w.N.
463 Zöller/*Herget,* § 772 Rdn. 1; MünchKomm/*Schilken* ZPO, § 772 Rdn. 13; *Schuschke,* § 772 Rdn. 2.
464 H.M.: OLG Hamburg, MDR 1963, 509; MünchKomm/*Schmidt* ZPO, § 772 Rdn. 10, 11 m.w.N.
465 Vgl. BGH, NJW 1997, 1857 = InVo 1997, 182, 183; AG Villingen-Schwenningen, DGVZ 1997, 189.

nen Verfügungsverbot und damit gutgläubig erworbene Grundschuld, § 135 Abs. 2, § 892 Abs. 1 S. 2 BGB,[466] oder wenn der dazu berechtigte Dritte der Verfügung zustimmt.[467]

Schließlich dürfen keine **Gegenrechte des Beklagten** bestehen. Insoweit kann auf die Ausführung zu § 771 ZPO auf Rdn. 8.262 ff. verwiesen werden.

8.296

Beispiel:

8.297

A tauscht sein Bild gegen eine Uhr des M. Sodann erklärt er den Rücktritt wegen der Mangelhaftigkeit der Uhr und erwirkt eine einstweilige Verfügung, durch die dem M verboten wird, über die Uhr zu verfügen. Der Gläubiger V des M lässt bei diesem wegen eines titulierten Mietzinsanspruchs u.a. die Uhr pfänden. Die Klage des A gegen V ist gemäß § 772 S. 2 ZPO eigentlich begründet. Aber: Wenn der A für den Mietzinsanspruch des V gegen M eine Bürgschaft übernommen hätte (Mithaft), stünde V ein Gegenrecht zu. Denn wenn infolge des Rücktritts M die Uhr wieder an den A zurückübereignet, könnte V bei A mit einem gegen den A als Bürgen erwirkten Titel auch in die Uhr vollstrecken.

IV. Urteil und Urteilswirkungen

Es gelten die Ausführungen zu § 771 ZPO in Rdn. 8.270 ff. entsprechend.

8.298

Ergibt sich nach Rechtskraft des Urteils, dass das Verfügungsverbot entfällt, kann der Pfändungspfandgläubiger – falls der Dritte nicht freiwillig damit einverstanden ist – über die Vollstreckungsabwehrklage gemäß § 767 ZPO gegen das gemäß § 772 ZPO erwirkte Urteil erreichen, dass er nunmehr den Pfandgegenstand auch verwerten darf.[468] Wird ein Antrag des Gläubigers des Schuldners auf Pfändung/Eintragung einer Sicherungshypothek/Anordnung der Zwangsversteigerung oder Zwangsverwaltung unter Hinweis auf das Verfügungsverbot abgelehnt, steht ihm die Vollstreckungserinnerung gemäß § 766 ZPO bzw. die sofortige Beschwerde gemäß § 11 Abs. 1 RPflG/§ 793 ZPO zu.

8.299

V. Einstweiliger Rechtsschutz

Vorläufiger Rechtsschutz kann über eine einstweilige Anordnung gemäß §§ 772 S. 2, 771 Abs. 3, 769 ZPO erreicht werden; zu den Einzelheiten vgl. Rdn. 8.190 ff., jedoch kommt eine Aufhebung zulässiger Pfändungen nicht in Betracht.

8.300

---

466 Vgl. StJ/*Münzberg*, § 772 Rdn. 9; *Schuschke*, § 772 Rdn. 3; Thomas/*Putzo*, § 772 Rdn. 2.
467 H.M.: StJ/*Münzberg*, § 772 Rdn. 9.
468 H.M.: StJ/*Münzberg*, § 772 Rdn. 14, Zöller/*Herget*, § 772 Rdn. 3; *Schuschke*, § 772 Rdn. 7; Rosenberg/Gaul/*Schilken*, § 41 VI 10c; **a.A.** MünchKomm/*Schmidt* ZPO, § 772 Rdn. 21: inzident im Rahmen des § 766 ZPO, aber auch durch Feststellungsklage.

Kapitel H
Drittwiderspruchsklage des Nacherben, § 773 ZPO

I. Zulässigkeit

8.301 Die Vorschrift gilt nur für die Vollstreckung wegen Geldforderungen (§§ 803–871 ZPO), also nicht für die Teilungsversteigerung unter Mitvorerben[469]. In der Insolvenz entspricht ihr das Veräußerungsverbot des § 128 KO/§ 83 Abs. 2 InsO. Sie ergänzt und beschränkt vollstreckungsrechtlich den dem Nacherben durch § 2115 BGB gewährten Schutz gegen Verfügungen im Wege der Zwangsvollstreckung, indem sie – entsprechend der Regelung des § 772 ZPO im Hinblick auf § 135 Abs. 1 S. 2 BGB – nur eine Verfügung in Form der Veräußerung oder Überweisung im Wege der Zwangsvollstreckung als eine solche behandelt, die nicht erfolgen soll. Nur gegen derartige Verfügungen kann der Nacherbe nach Maßgabe des § 771 ZPO Widerspruch erheben. Dies bedeutet, dass wie bei § 772 ZPO die bloße Pfändung, Eintragung einer Sicherungshypothek, Anordnung der Zwangsversteigerung oder Zwangsverwaltung, die Verurteilung zur Duldung der Zwangsvollstreckung mit Ausnahme der Verwertung[470] zulässig ist.

8.302 Der **Antrag** lautet auch hier,
... die Veräußerung bzw. Überweisung des ... (genau zu bezeichnenden Gegenstandes) ist im Wege der Zwangsvollstreckung für unzulässig zu erklären.

8.303 Zur **Zuständigkeit des Gerichts** und zum **Rechtsschutzinteresse** vgl. die entsprechenden Ausführungen zu § 771 ZPO, Rdn. 8.225 ff. Mehrere Nacherben sind keine notwendigen Streitgenossen[471].

II. Begründetheit

8.304 **Sachbefugt** auf Klägerseite ist der Nacherbe, richtiger Beklagter der die Zwangsvollstreckung betreibende Gläubiger (vgl. die entsprechenden Ausführungen zu § 771 ZPO, Rdn. 8.238 f.).

8.305 Die Klage ist begründet, wenn der **Pfandgegenstand zur Vorerbschaft** gehört, und die im Wege der Zwangsvollstreckung getroffene Verfügung das Recht des Nacherben vereiteln oder beschränken würde.

8.306 Eine derartige **Beeinträchtigung oder Vereitelung** liegt **nicht** vor, wenn

- der Anspruch eines Nachlassgläubigers geltend gemacht wird (§ 2115 S. 2, 1. Alt. BGB), weil dafür der Nacherbe haftet. Dazu gehören auch

---

469 **H.M.:** BayObLG, NJW 1965, 1966; OLG Hamm, NJW 1969, 516; *Schuschke*, § 773 Rdn. 3; MünchKomm/*Schmidt* ZPO, § 773 Rdn. 2.
470 BGH, NJW 1990, 1237, 1239.
471 BGH, NJW 1993, 1582.

Verbindlichkeiten, die aus einer ordnungsgemäßen Verwaltung des Nachlasses (§ 2120 BGB) durch den Vorerben entstanden sind;[472]
- ein an einem Erbgegenstand bestehendes Recht geltend gemacht wird, das im Nacherbfall dem Nacherben gegenüber wirksam ist, § 2115 S. 2, 2. Alt. BGB, z.B. ein vom Erblasser oder vom befreiten Vorerben gemäß §§ 2113, 2136 BGB wirksam bestelltes Grundpfandrecht;[473]
- die Verbindlichkeiten des Vorerben mit Zustimmung des Nacherben eingegangen wurden.[474]

III. Urteil und Urteilswirkungen

Es gelten die entsprechenden Ausführungen zu § 771 ZPO, Rdn. 8.270 ff. 8.307

Tritt während des Rechtsstreits der Nacherbfall ein, kann der Nacherbe im Wege der Klageänderung nunmehr Drittwiderspruchsklage gemäß § 771 ZPO mit dem Ziel der generellen Unzulässigkeitserklärung der Zwangsvollstreckung in diesen Gegenstand erheben (Ausnahme: § 800 ZPO[475]). 8.308

IV. Einstweiliger Rechtsschutz

Vorläufiger Rechtsschutz kann über eine einstweilige Anordnung gemäß §§ 773 S. 2, 771 Abs. 3, 769 ZPO erreicht werden (vgl. dazu im Einzelnen Rdn. 8.190 ff.). 8.309

Kapitel I
Drittwiderspruchsklage des in Gütergemeinschaft lebenden Ehegatten, § 774 ZPO

I. Zulässigkeit

Ist ein Titel gegen einen Ehegatten ergangen, der ein selbstständiges Erwerbsgeschäft betreibt, in Gütergemeinschaft lebt und das Gesamtgut nicht oder nicht allein verwaltet, so kann der Gläubiger gemäß § 741 ZPO grundsätzlich in das Gesamtgut[476] vollstrecken. Liegen die dort genannten Voraussetzungen nicht vor, kann der andere Ehegatte mit der Widerspruchsklage gemäß § 774 ZPO **beantragen,** 8.310

... die Zwangsvollstreckung in den ... (genau zu bezeichnenden Gegenstand) für unzulässig zu erklären.

---

472 BGH, NJW 1990, 1237, 1238.
473 RGZ 133, 263, 264.
474 **H.M.:** Zöller/*Herget*, § 773 Rdn. 1.
475 Vgl. *Brox/Walker*, Rdn. 1428.
476 Zu den Voraussetzungen einer Zwangsvollstreckung in das Gesamtgut niederländischen Rechts vgl. BGH, NJW-RR 1998, 1377 = InVo 1998, 254.

II. Begründetheit

8.311 **Sachbefugt** ist auf Klägerseite der allein oder mitverwaltende Ehegatte, richtiger Beklagter ist der Vollstreckungsgläubiger.

8.312 Die Klage ist **begründet**, wenn das gegen den nicht klagenden Ehegatten ergangene Urteil in Ansehung des Gesamtgutes dem allein oder mitverwaltenden Ehegatten gegenüber unwirksam ist. Ein solcher Fall ist gegeben, wenn

- es sich bei der titulierten Forderung nicht um eine Geschäftsschuld handelt;[477]
- infolge Unkenntnis von dem Betrieb des Erwerbsgeschäfts dazu eine Einwilligung des klagenden Ehegatten nicht erteilt war (§§ 1431, 1456 BGB);
- bei Eintritt der Rechtshängigkeit der Einspruch gegen den Betrieb des Erwerbsgeschäfts oder der Widerruf seiner Einwilligung zu dem Betrieb im Güterrechtsregister eingetragen oder dem Gläubiger bekannt war (§ 741 ZPO; §§ 1412 Abs. 1 Hs. 1 2. Alt., 1431 Abs. 3, 1456 Abs. 3 BGB).

8.313 Demgegenüber kann der Gläubiger einwenden, trotz des Einspruchs bzw. des Widerrufs habe der klagende Ehegatte dem konkreten Geschäft, aus dem die titulierte Forderung resultiert, zugestimmt. Dies führt – ggf. nach entsprechendem Beweis des Gläubigers – zur Klageabweisung[478].

8.314 Im Übrigen gelten die Ausführungen zu § 771 ZPO in Rdn. 8.270 ff. entsprechend.

III. Einstweiliger Rechtsschutz

8.315 Vorläufiger Rechtsschutz kann über eine einstweilige Anordnung gemäß §§ 774, 771 Abs. 3, 769 ZPO erlangt werden (vgl. dazu im Einzelnen Rdn. 8.190 ff.).

Kapitel J
Vorzugsklage, § 805 ZPO

I. Ziel und Wesen

8.316 Anders als der Inhaber eines Besitzpfandrechtes kann der Inhaber eines besitzlosen Pfand- oder Vorzugsrechtes (z.B. der Vermieter – § 562 BGB) die Pfändung einer beweglichen Sache des Schuldners weder durch die Verweigerung einer Herausgabe an den Gerichtsvollzieher (vgl. § 809 ZPO) noch

---

477 BGHZ 83, 76 f. = NJW 1982, 1810 f.
478 H.M., vgl. *Schuschke*, § 774 Rdn. 2; *Brox/Walker*, Rdn. 1429 m.w.N.

durch eine Drittwiderspruchsklage gemäß § 771 ZPO verhindern. Der Schutz seiner Sicherungsrechte erfolgt nicht durch Verhinderung der Zwangsvollstreckung, sondern in der Weise, dass ihm ein Anspruch darauf zusteht, in Höhe der seinem Pfand- bzw. Vorzugsrecht zugrunde liegenden Forderung aus dem Erlös der Pfandverwertung **vorab befriedigt** zu werden.

Diesen Anspruch kann er gemäß § 805 ZPO durch Klage geltend machen. Der Anwendungsbereich dieser **prozessualen Gestaltungsklage** bezieht sich nur auf bewegliche Sachen, in die wegen Geldforderungen vollstreckt wurde. Bei einer Zwangsvollstreckung wegen Geldforderungen in Forderungen und andere Rechte sowie zur Herausgabe von Sachen gemäß §§ 883 ff. ZPO kommt für den Inhaber eines Pfand- bzw. Vorzugsrechts allein eine Drittwiderspruchsklage gemäß § 771 ZPO in Betracht.[479]

8.317

Klageziel ist somit nicht die Verhinderung der Zwangsvollstreckung überhaupt (wie bei der Vollstreckungsabwehrklage gemäß § 767 ZPO) oder in bestimmte Gegenstände (so bei der Drittwiderspruchsklage gemäß § 771 ZPO), sondern die **vorzugsweise Befriedigung** des Klägers aus der auch in seinem Sinne liegenden Verwertung des Vollstreckungsgegenstandes. Die Klage hat damit eine gewisse Ähnlichkeit mit der Widerspruchsklage gemäß § 878 ZPO, unterscheidet sich von ihr jedoch insbesondere dadurch, dass die Widerspruchsklage nur im Rahmen des Verteilungsverfahrens gemäß §§ 872–882 ZPO möglich ist, und dieses Verteilungsverfahren ausschließlich zwischen mehreren Pfändungspfandgläubigern durchgeführt wird.

8.318

II. Zulässigkeit

1. Statthaftigkeit

Die Klage ist statthaft, wenn der Kläger vorträgt, dass ihm ein vorrangiges bzw. gleichrangiges Pfand- oder Vorzugsrecht an einem beweglichen Vollstreckungsgegenstand zusteht, und er die vorzugsweise Befriedigung seiner dem Pfand- bzw. Vorzugsrecht zugrunde liegenden Forderung aus dem Reinerlös der Verwertung des Gegenstandes begehrt, der aufgrund einer Zwangsvollstreckung wegen Geldforderung gepfändet wurde.

8.319

2. Klageantrag

Der **Klageantrag** ist darauf zu richten (vgl. Muster Rdn. 15.32),

8.320

---

479 **Str.,** so Zöller/*Stöber,* § 805 Rdn. 2; Baumbach/*Hartmann,* § 805 Rdn. 8; Thomas/*Putzo,* § 805 Rdn. 4; *Schuschke,* § 805 Rdn. 1; Musielak/*Becker,* § 805 Rdn. 2 – Ausnahme nur bei hoheitlicher Verwertung von Rechten gemäß § 825 ZPO; **a.A.** OLG Hamm, NJW-RR 1990, 233 – Vertragspfandrecht an GmbH-Anteil; Rosenberg/Gaul/*Schilken,* § 42 III 2 insoweit, als der Pfandgläubiger sich mit § 805 ZPO begnügen könne.

... den Kläger aus dem Reinerlös des am ... (Datum) durch ... im Auftrag des ... gepfändeten ... (genau bezeichneten Gegenstandes) bis zum Betrag von ... € (Hauptsache, ggf. nebst Zinsen bis zum Tag der Auszahlung, Kosten) vor dem Beklagten zu befriedigen.

8.321 Falls die Forderung des Klägers **noch nicht fällig** ist, sind von dem errechneten Betrag Zwischenzinsen entsprechend §§ 1133 S. 3, 1217 Abs. 2 S. 2 BGB für die Zeit von der Auskehr des Erlöses bis zum Fälligkeitstermin in Abzug zu bringen.[480]

8.322 Falls der Anspruch **bedingt** und die Bedingung noch nicht eingetreten ist, muss der Klageantrag lauten:

... den Kläger aus dem Reinerlös des am ... (Datum) durch ... im Auftrag des ... gepfändeten ... (genau bezeichneten Gegenstandes) bis zum Betrag von ... € (Hauptsache, ggf. nebst Zinsen bis zum Tag der Auszahlung, Kosten) vor dem Beklagten zu befriedigen und den Gesamtbetrag bis zum ... (genaue Angabe der Bedingung) zugunsten des Klägers zu hinterlegen.

3. Zuständigkeit

8.323 **Sachlich** ausschließlich zuständig ist je nach Streitwert das Amts- bzw. Landgericht, in dessen Bezirk das Vollstreckungsgericht seinen Sitz hat (§§ 805 Abs. 2, 802 ZPO; §§ 23, 71 GVG). Der Streitwert bemisst sich entweder nach der Forderung, die dem geltend gemachten Pfand- oder Vorzugsrecht zugrunde liegt, der titulierten Forderung des beklagten Vollstreckungsgläubigers oder der Höhe des Erlöses aus der Verwertung; maßgeblich ist der niedrigere der genannten Werte.[481]

8.324 **Örtlich** ausschließlich zuständig ist das Gericht, in dessen Bezirk die Pfändung stattgefunden hat (§§ 805 Abs. 2, 764 Abs. 2, 802 ZPO).

4. Rechtsschutzinteresse

8.325 Das Rechtsschutzinteresse für die Vorzugsklage ist gegeben **ab dem Beginn** der Zwangsvollstreckung (Pfändung), weil erst durch die Pfändung feststeht, dass in einen Gegenstand vollstreckt wird, an dem der Kläger ein Pfand- bzw. Vorzugsrecht geltend macht. Es endet **mit der Beendigung** der Zwangsvollstreckung (Auskehr des Erlöses an den Vollstreckungsgläubiger). Endet die Zwangsvollstreckung während der Anhängigkeit einer Vorzugsklage, kann der Kläger gemäß § 264 Nr. 3 ZPO die Klage auf Herausgabe der Bereicherung bzw. Schadensersatz umstellen.

---

[480] MünchKomm/*Schilken* ZPO, § 805 Rdn. 19; Musielak/*Becker*, § 805 Rdn. 3; Rosenberg/Gaul/*Schilken*, § 42 IV; **a.A.** Thomas/*Putzo*, § 805 Rdn. 9; Zöller/*Stöber*, § 805 Rdn. 10: Hinterlegung bis zum Fälligkeitstermin; für Abzug und Hinterlegung: Baumbach/*Hartmann*, § 805 Rdn. 11.

[481] H.M., vgl. Zöller/*Herget*, § 3 Rdn. 16 „Vorzugsweise Befriedigung" m.w.N.

8.326 Ein Rechtsschutzinteresse fehlt, soweit eine **Einwilligung des Vollstreckungsgläubigers** bzw. des Schuldners in die Auszahlung des Erlöses an den Kläger in Höhe der geltend gemachten Forderung vorliegt; ferner bei einer eindeutigen und offensichtlichen Nichtigkeit der Vollstreckungsmaßnahme, weil in diesem Fall keine wirksame Pfändung und damit auch kein Rangverhältnis zwischen mehreren Pfandrechten besteht. § 805 ZPO findet keine Anwendung bei einem bestrittenen Rangverhältnis zwischen **Pfändungspfandgläubigern**. Insoweit enthalten die §§ 872–882 ZPO spezielle Regelungen.[482]

8.327 Vom Beginn der Zwangsvollstreckung bis zu deren Beendigung kann wegen desselben Pfand- bzw. Vorzugsrechts keine Klage aus materiellem Recht erhoben werden, weil insoweit die Vorzugsklage gemäß § 805 ZPO eine **spezielle Regelung** darstellt. Danach kann der Pfand- bzw. Vorzugsrechtsinhaber Ansprüche aus ungerechtfertigter Bereicherung gemäß § 812 Abs. 1 S. 1 2. Alt. BGB[483] bzw. unerlaubter Handlung gemäß §§ 823, 826 BGB klageweise geltend machen.

III. Begründetheit

1. Sachbefugnis

8.328 **Kläger** und damit aktivlegitimiert ist derjenige, der das bessere Pfand- bzw. Vorzugsrecht geltend macht. **Beklagter** und damit passivlegitimiert ist der Pfändungspfandgläubiger; ferner der Schuldner, soweit er das Pfand- bzw. Vorzugsrecht des Klägers bestreitet oder der Auszahlung des Erlöses an den Kläger widerspricht (§ 805 Abs. 3, § 59 ZPO – einfache Streitgenossen). Die Klage gegen den Schuldner ist insoweit auf Duldung der Zwangsvollstreckung, d.h. Befriedigung des Klägers aus dem Erlös zu richten.

2. Pfand- oder Vorzugsrecht

8.329 Die Klage ist begründet, wenn dem Kläger ein vor- oder gleichrangiges Pfand- bzw. Vorzugsrecht zusteht und der Beklagte hiergegen keine berechtigten Einwendungen geltend machen kann. Aufgrund der ausdrücklichen Regelung in § 805 Abs. 2 Hs. 2 a.E. ZPO steht die fehlende Fälligkeit der durch das Pfand- bzw. Vorzugsrecht abgesicherten Forderung der Klage nach § 805 ZPO nicht entgegen. Gleiches gilt für bedingte Ansprüche.

Zu den Rechten i.S.v. § 805 ZPO gehören insbesondere:

---

482 RGZ 91, 41; *Schuschke*, § 805 Rdn. 3.
483 RGZ 119, 265, 269; StJ/*Münzberg*, § 805 Rdn. 27.

8.330 ▪ die **gesetzlichen besitzlosen Pfandrechte** des Vermieters (§ 562 BGB), Verpächters (§ 581 Abs. 2 BGB) und des Gastwirts (§ 704 BGB). Diese Pfandrechte gehen nicht dadurch unter, dass der Gerichtsvollzieher die Sache von dem Grundstück entfernt; § 562a BGB gilt insoweit nicht[484]. Ferner gilt die Frist des § 562b Abs. 2 BGB nicht, weil Ziel der Vorzugsklage nicht die Zurückschaffung der Sache, sondern die vorzugsweise Befriedigung ist. Hinsichtlich der Höhe sind § 562d BGB bzw. §§ 704, 562d BGB zu beachten.

8.331 ▪ die **gesetzlichen Besitzpfandrechte** (z.B. des Werkunternehmers gemäß § 647 BGB), die Vertragspfandrechte sowie die Pfändungspfandrechte,[485] wenn der Gläubiger bzw. Gerichtsvollzieher den Besitz am Pfandgegenstand unfreiwillig verloren hat, ihm also die Sache abhandengekommen ist; der Besitzverlust darf nicht durch freiwillige Rückgabe an den Eigentümer bzw. Verpfänder erfolgt sein, weil in diesem Falle gemäß § 1253 BGB das Pfandrecht erlischt. Anwendbar ist ferner § 562 S. 2 2. Alt. BGB, wonach ein Pfandrecht nicht besteht, wenn die zurückgebliebenen Sachen zur Sicherung des Pfandrechtsgläubigers offenbar ausreichen.[486]

8.332 ▪ **Vorzugsrechte gemäß § 49 Abs. 1 KO/§ 51 InsO,** die in der Insolvenz des Schuldners zur Absonderung berechtigen.
Das Vorzugsrecht gemäß § 49 Abs. 1 Nr. 1 KO/§ 51 Nr. 4 InsO steht der öffentlichen Hand wegen der auf der Sache ruhenden Zölle und Verbrauchssteuern zu. Zu den Vorzugsrechten gehören ferner Zurückbehaltungsrechte wegen Verwendungen zum Nutzen einer Sache gemäß § 49 Abs. 1 Nr. 3 KO/§ 51 Nr. 2 InsO, also z.B. die Zurückbehaltungsrechte gemäß §§ 273, 1000 BGB i.V.m. §§ 536a Abs. 2, 539, 601, 994 BGB. Ferner können geltend gemacht werden die kaufmännischen Zurückbehaltungsrechte gemäß §§ 369 ff. HGB (vgl. § 49 Abs. 1 Nr. 4 KO/§ 51 Nr. 3 InsO).
Bei den in § 49 Abs. 1 Nr. 3 und 4 KO/§ 51 Nr. 2 und 3 InsO genannten Zurückbehaltungsrechten ist zu beachten, dass durch freiwilligen wie unfreiwilligen Besitzverlust das Zurückbehaltungsrecht erlischt[487]. Soweit die Inhaber derartiger Zurückbehaltungsrechte aber den Besitz am Pfandgegenstand haben, können sie sich gegen eine Pfändung gemäß §§ 766, 809 ZPO wehren. Daher findet die Klage gemäß § 805 ZPO nur in den Fällen Anwendung, in denen der Berechtigte von seinem Widerspruchsrecht keinen Gebrauch machen will.

---

484 BGH, NJW 1986, 2426; Zöller/*Stöber*, § 805 Rdn. 5.
485 Wegen weiterer Pfandrechte vgl. auch MünchKomm/*Schilken* ZPO, § 805 Rdn. 10.
486 Vgl. BGHZ 27, 227 = NJW 1958, 1282; *Schuschke*, § 805 Rdn. 8.
487 **H.M.**, vgl. RGZ 109, 105; MünchKomm/*Ganter* InsO, § 51 Rdn. 217; *Schuschke*, § 805 Rdn. 9.

- Die Vorzugsklage ist darüber hinaus in all den Fällen gegeben, in denen der Kläger als Inhaber eines **Rechtes i.S.d.** § 771 **ZPO** eine Drittwiderspruchsklage erheben könnte. Denn bei der Vorzugsklage handelt es sich im Verhältnis zur Drittwiderspruchsklage um ein „Weniger", sodass sich der Inhaber eines Pfand- bzw. Vorzugsrechts mit der Klage gemäß § 805 ZPO begnügen kann.[488]   8.333

Ob das Pfand- bzw. Vorzugsrecht vorrangig oder gleichrangig ist, richtet sich im Wesentlichen nach § 804 Abs. 3 ZPO. Vgl. hierzu im Einzelnen Rdn. 4.236 ff.   8.334

3. Gegenrechte des Beklagten

Der Beklagte kann gegenüber dem geltend gemachten Pfand- bzw. Vorzugsrecht des Klägers grundsätzlich dieselben **Einwendungen** erheben, die auch ein Beklagter im Rahmen der Drittwiderspruchsklage erheben könnte. Wegen der Einzelheiten vgl. daher unter Rdn. 8.262 ff.   8.335

4. Beweis

Der Kläger muss das Entstehen des Anspruchs sowie dessen Höhe, das geltend gemachte Pfand- bzw. Vorzugsrecht und dessen Vorrang bzw. Gleichrang beweisen,[489] der Beklagte dessen Erlöschen sowie eventuelle Gegenrechte[490].   8.336

IV. Urteil und Urteilswirkungen

Bei der Vorzugsklage handelt es sich um eine **prozessuale Gestaltungsklage**. Mit der formellen Rechtskraft des Urteils steht daher fest, dass dem Dritten ein Recht auf vorzugsweise Befriedigung aus dem Erlös des Vollstreckungsgegenstandes (nicht) zusteht[491]. Im Falle des Obsiegens des Klägers hat dies zur Folge, dass der Gerichtsvollzieher bzw. die Hinterlegungsstelle (§ 13 Abs. 2 S. 1 Nr. 2 HinterlO) nach Vorlage einer vollstreckbaren Ausfertigung des Urteils an den Kläger den Reinerlös (Erlös abzüglich der Vollstreckungskosten) bis zur Höhe des im Urteil angegebenen Betrages auszahlt.   8.337

Soweit die Vorzugsklage abgewiesen worden war, kann wegen desselben Pfand- bzw. Vorzugsrechts auch nach Beendigung der Zwangsvollstreckung keine Klage aus materiellem Recht mehr erhoben werden. Einer   8.338

---

488 **Allg.M.**, vgl. Musielak/*Becker*, § 805 Rdn. 6 m.w.N.
489 Vgl. BGH, NJW 1986, 2426.
490 BGH, NJW 1997, 128 = InVo 1997, 73, auch zur Substanziierung.
491 Vgl. im Einzelnen Rosenberg/Gaul/*Schilken*, § 42 V 3.

solchen Klage steht die Rechtskraft der Vorzugsklage entgegen, weil hierdurch bindend festgestellt wurde, dass dem Kläger im Verhältnis zum Beklagten wegen des bestimmten geltend gemachten Rechts kein Anspruch auf vorzugsweise Befriedigung zusteht.[492]

V. Einstweiliger Rechtsschutz

8.339   Da die Klage gemäß § 805 ZPO nicht der Verhinderung der Zwangsvollstreckung, sondern deren Durchführung bei vorzugsweiser Befriedigung des Klägers dient, kommt eine Einstellung der Zwangsvollstreckung nicht in Betracht. Stattdessen muss das Gericht, wenn die Voraussetzungen des § 805 ZPO (Bestehen des Pfand- bzw. Vorzugsrechts, dessen Vor- bzw. Gleichranges = „Anspruch" i.S.d. § 805 Abs. 4 ZPO) glaubhaft gemacht werden (§ 294 ZPO), die Hinterlegung des Verwertungserlöses anordnen. Nach Vorlage eines entsprechenden Beschlusses an den Gerichtsvollzieher hat dieser zugunsten aller in dem Beschluss aufgeführten Personen den Versteigerungserlös zu hinterlegen. Das übrige Verfahren richtet sich nach den §§ 769, 770 ZPO (vgl. hierzu oben Rdn. 8.190 ff.).

Kapitel K
Allgemeine Härteklausel, § 765a ZPO

I. Ziel und Wesen

8.340   Auf Antrag des Schuldners kann das Vollstreckungsgericht eine Maßnahme der Zwangsvollstreckung ganz oder teilweise **aufheben, untersagen** oder einstweilen **einstellen,** wenn die Maßnahme unter voller Würdigung des Schutzbedürfnisses des Gläubigers wegen ganz besonderer Umstände für den Schuldner eine Härte bedeutet, die mit den guten Sitten nicht vereinbar ist.

8.341   Zweck der Vorschrift des § 765a ZPO ist es, dem Schuldner in ganz besonders gelagerten Fällen zur Vermeidung oder Milderung besonderer, dem allgemeinen Rechtsempfinden nach unzumutbarer Härte Schutz vor der Vollstreckung zu gewähren. Diese Vorschrift ist trotz zahlreicher Schuldnerschutzvorschriften auch in der Mobiliarzwangsvollstreckung unentbehrlich. Denn es gibt Fälle, die von den gesetzlich geregelten Schuldnerschutzvorschriften nicht erfasst werden, aber in denen dennoch, auch im Hinblick auf das Grundrecht des Art. 2 GG unter voller Würdigung der Gläubigerinteressen (Art. 14 GG) der Schuldner schutzwürdiger ist als der Gläubiger. Andererseits stellt § 765a ZPO als „Ultima Ratio" eine **Ausnahmevorschrift** dar und ist daher eng auszulegen[493].

---
492   Vgl. MünchKomm/*Schilken* ZPO, § 805 Rdn. 25 m.w.N.
493   BGHZ 44, 138, 143 = NJW 1965, 2107, 2108; BGH, Rpfleger 2005, 206 = InVo 2005, 237 = MDR 2005, 650.

II. Statthaftigkeit

Vollstreckungsschutz nach § 765a ZPO kann gegen eine **Maßnahme der Zwangsvollstreckung** beantragt werden. Dies bedeutet einerseits, dass die Zwangsvollstreckung aus einem Titel über § 765a ZPO nicht generell für unzulässig erklärt werden darf, sondern nur grundsätzlich eine konkrete einzelne Maßnahme,[494] es sei denn, die unzumutbare Härte (z.B. Suizidgefahr) liege ausnahmsweise bereits in der Anordnung der Zwangsversteigerung.[495] Andererseits findet § 765a ZPO Anwendung unabhängig davon, in welcher Form die Zwangsvollstreckung erfolgt ist, ob als Vollstreckungsentscheidung (z.B. als Pfändungs- und Überweisungsbeschluss nach Anhörung des Schuldners), als Vollstreckungsmaßnahme (z.B. bei Pfändung durch den Gerichtsvollzieher) oder nach Anordnung der Zwangsversteigerung[496]. Unerheblich ist dabei auch, welches Vollstreckungsorgan (Gerichtsvollzieher, Vollstreckungsgericht, Prozessgericht oder Grundbuchamt) tätig geworden ist.

8.342

§ 765a ZPO als „vollstreckungsrechtliche Generalklausel des Schuldnerschutzes" findet grundsätzlich **auf alle Arten der Zwangsvollstreckung** Anwendung, gleich aus welchem Titel vollstreckt wird, also auch bei der Zwangsvollstreckung wegen Geldforderungen in bewegliches Vermögen (§§ 803–863 ZPO). Ferner bei der Zwangsvollstreckung wegen sonstiger Forderungen auf Herausgabe (§§ 883–886 ZPO), Erwirkung von Handlungen oder Unterlassungen (§§ 887–893 ZPO) und unabhängig davon, dass in diesem Bereich schon eine Reihe von Schuldnerschutzvorschriften bestehen (wie z.B. §§ 721, 758, 794a, 803 Abs. 1 S. 2, 803 Abs. 2, 811, 812, 813a, 813b, 817a, 825, 850 ff., 851, 852 ZPO; §§ 54, 55 SGB I). Bei der Gewährung von Räumungsschutz im Verfahren über die Zuteilung von Ehewohnungen sind die §§ 2, 15, 17 HausratsVO lex specialis, für die die Familiengerichte zuständig sind[497]. § 765a ZPO findet hier nur Anwendung, wenn nach Rechtskraft der Ausgangsentscheidung sich Änderungen ergeben, die zu einer unzumutbaren Härte führen.[498] Nach zutreffender Auffassung ist § 765a ZPO auch entsprechend anwendbar bei einer Teilungsversteigerung gemäß § 180 ZVG[499] sowie im Insolvenzverfahren, soweit dies mit den Beson-

8.343

---

494   OLG Köln, Rpfleger 1994, 267.
495   BVerfG, InVo 2004, 236 = NJW 2004, 49; OLG Saarbrücken, Rpfleger 2003, 37 = InVo 2003, 254.
496   BVerfG, Rpfleger 1994, 427 = NJW 1994, 1272; BVerfG, InVo 2004, 236 = NJW 2004, 49.
497   **H.M.**, vgl. OLG München, NJW 1978, 548; OLG Dresden, FamRZ 2005, 1581 = NJW-RR 2005, 952; Zöller/*Stöber*, § 765a Rdn. 2; AnwK-BGB/*Boden*, HausratsVO § 15 Rdn. 2.
498   OLG Dresden, FamRZ 2005, 1581 = NJW-RR 2005, 952.
499   KG, Rpfleger 1998, 298 = InVo 1998, 264; OLG Karlsruhe, Rpfleger 1994, 223; OLG Köln, Rpfleger 1991, 197; *Stöber*, ZVG Einl. 52. 6 m.w.N., auch zur **a.A.**; Musielak/*Lackmann*, § 765a Rdn. 2; offen gelassen von BGH, Rpfleger 2004, 722 = InVo 2005, 36; Thomas/*Putzo*, § 765a Rdn. 4; **a.A.** Schuschke/*Walker*, § 765a Rdn. 4 m.w.N.

derheiten dieses Verfahrens vereinbar ist.[500] Keine Anwendung findet § 765a ZPO in der Zwangsvollstreckung nach der Abgabenordnung, weil § 258 AO 1977 eine eigene Regelung enthält.[501]

III. Antrag/Form/Frist

8.344   Eine Entscheidung gemäß § 765a ZPO kann nicht von Amts wegen ergehen, sondern **nur auf Antrag des Schuldners;** soweit in einen zur Insolvenzmasse gehörenden Gegenstand vollstreckt wird, ist der Verwalter antragsberechtigt,[502] der Schuldner nur, soweit nicht die Insolvenzmasse betroffen wird.[503] Dritte sind nicht antragsberechtigt, jedoch kann die Beeinträchtigung eines Dritten auch für den Schuldner eine unzumutbare Härte darstellen.[504]

8.345   Der Antrag geht dahin, dem Schuldner gegen eine einzelne, konkret bezeichnete Maßnahme der Zwangsvollstreckung Schutz zu gewähren, verbunden mit dem Sachvortrag, aus dem sich ergibt, warum diese Vollstreckungsmaßnahme eine mit den guten Sitten nicht zu vereinbarende Härte darstellt (vgl. Muster Rdn. 15.26). Der Antrag muss nicht ausdrücklich den § 765a ZPO anführen, weil den Gerichten von Amts wegen die Pflicht obliegt, Eingaben des Schuldners auszudeuten und dies regelmäßig dahin zu geschehen hat, dass der Schuldner den für den konkreten Fall zulässigen und optimalen Rechtsbehelf ergreifen will. So haben die Gerichte auch zu prüfen, ob z.B. in einer Erinnerung (§ 766 ZPO), einem Antrag auf Rechtsschutz oder auf Verwertungsaufschub (§ 813b ZPO) ein Antrag nach § 765a ZPO mit enthalten ist. Da dies aber übersehen werden kann, ist dringend anzuraten, ausdrücklich auf § 765a ZPO Bezug zu nehmen. Nicht jeder Antrag auf Einstellung gemäß § 30a ZVG enthält zugleich einen Antrag gemäß § 765a ZPO[505]. Im Verfahren der eidesstattlichen Versicherung kann der Antrag – entsprechend dem jetzt ausdrücklich so geregelten Widerspruch – grundsätzlich erst im Termin zur Abgabe der eidesstattlichen Versicherung gestellt werden,[506] aber auch noch danach;[507] vor dem Termin nur, wenn die Härte schon in dem Erscheinen im Termin überhaupt liegt.[508]

---

500   BGH, LM § 765a Nr. 5 = MDR 1978, 37 zum Eröffnungsverfahren; Zöller/*Stöber*, § 765a Rdn. 2; Baumbach/*Hartmann*, § 765a Rdn. 4; Musielak/*Lackmann*, § 765a Rdn. 2; a.A. zum Eröffnungsverfahren: Schuschke/*Walker*, § 765a Rdn. 3 m.w.N.
501   BFH, BFH/NV 2005, 1761.
502   **H.M.:** Zöller/*Stöber*, § 765a Rdn. 19; MünchKomm/*Heßler* ZPO, § 765a Rdn. 77 m.w.N.
503   So wohl auch Schuschke/*Walker*, § 765a Rdn. 5.
504   LG Rostock, InVo 2003, 290 = MDR 2003, 596; Zöller/*Stöber*, § 765a Rdn. 8.
505   OLG Karlsruhe, JurBüro 1995, 607.
506   OLG Köln, Rpfleger 1969, 173; LG Koblenz, Rpfleger 1997, 489; Schuschke/*Walker*, § 765a Rdn. 13.
507   Zöller/*Stöber*, § 765a Rdn. 19.
508   LG Rostock, InVo 2004, 74 = JurBüro 2003, 549.

Allgemeine Härteklausel, § 765a ZPO   8.346, 8.347

Der Gerichtsvollzieher darf in diesem Fall das Verfahren nicht weiter durchführen, sondern muss die Sache dem Vollstreckungsgericht vorlegen. Ist ausdrücklich Erinnerung eingelegt worden, so kann in der Beschwerdeinstanz diese Erinnerung nicht mehr in einen Antrag nach § 765a ZPO umgedeutet oder ein solcher nachgeschoben werden;[509] das Verfahren über den Schutzantrag ist auf Antrag abzutrennen und an das erstinstanzliche Gericht zu verweisen.

Der Antrag kann **schriftlich oder zu Protokoll der Geschäftsstelle** eines jeden Amtsgerichts gestellt werden (§§ 129a Abs. 1, 496 ZPO analog). Wird der Antrag allerdings nicht beim zuständigen Gericht gestellt, können sich insoweit Verzögerungen durch die notwendige Aktenversendung ergeben (vgl. § 129a Abs. 2 ZPO). Anwaltszwang besteht für die Antragstellung nicht (§§ 78 Abs. 5 79 ZPO). Der Antrag ist – mit Ausnahme von Räumungssachen, Abs. 3 – nicht fristgebunden.   8.346

In **Räumungssachen** ist der Antrag gemäß § 765a Abs. 3 ZPO **nur zulässig, wenn er spätestens zwei Wochen vor dem Räumungstermin** bei Gericht eingeht (die §§ 721 Abs. 2 S. 1, Abs. 3 S. 2, 222 ZPO gelten entsprechend[510]). Soll die Räumung beispielsweise am 28.4. erfolgen, muss der Antrag spätestens am 14.4. bei Gericht eingegangen sein. Räumungssache sind alle Titel, die entsprechend § 885 ZPO auf Herausgabe, Überlassung oder Räumung einer unbeweglichen Sache, eines eingetragenen Schiffes oder Schiffsbauwerks lauten. Die Vorschrift ist daher nicht auf Wohnraum beschränkt. Diese für Räumungen seit dem 1.2.1999 geltende Vorschrift wurde zum Schutz des Gläubigers eingeführt, weil er im Hinblick auf die Räumung oftmals schon Maßnahmen wie einen Auftrag zur Renovierung oder Weitervermietung vornehmen will. Sie dient aber auch dem Schuldner, weil damit nutzlose Räumungsvorbereitungskosten wie Speditionsaufwendungen verhindert werden können.[511] Ein **späterer Antrag ist ausnahmsweise** zulässig, wenn der Schuldner an der rechtzeitigen Antragstellung ohne sein Verschulden gehindert war (z.B. wurde ihm der Räumungstermin vom Gerichtsvollzieher nicht oder nicht rechtzeitig mitgeteilt) oder die Gründe für den Antrag erst nach Fristablauf eingetreten sind (die angemietete Ersatzwohnung brannte aus oder wurde doppelt vermietet).[512] Eine Verhinderung an der rechtzeitigen Antragstellung infolge Erkrankung liegt nur dann vor, wenn der Schuldner auch mithilfe Angehöriger nicht in der Lage war, einen Rechtsanwalt zu beauftragen.[513] Nach dem Gesetzeswortlaut kommt es   8.347

---

509 Vgl. OLG Köln, OLGZ 1993, 113, 120; OLG Köln, NJW-RR 1989, 189; Zöller/*Stöber,* § 765a Rdn. 24; Schuschke/*Walker,* § 765a Rdn. 13; **a.A.** KG, InVo 2000, 22 = KGR Berlin 1999, 357 – §§ 264 Nr. 2, 263 ZPO analog; Baumbach/*Hartmann,* § 765a Rdn. 9; MünchKomm/*Heßler* ZPO, § 765a Rdn. 72.
510 Zöller/*Stöber,* § 765a Rdn. 19b; Baumbach/*Hartmann,* § 765a Rdn. 8.
511 Vgl. BT-Drucks. 13/341 S. 19; Schuschke/*Walker,* § 765a Rdn. 15; *Schultes,* DGVZ 1999, 1, 2.
512 LG Mönchengladbach, DGVZ 2000, 118.
513 OLG Köln, InVo 2000, 23 = NJW-RR 2001, 226.

nicht darauf an, ob den Schuldner ein Verschulden an der späten Entstehung der Gründe trifft (z.B. Abschluss eines auch schon vorher möglichen neuen Mietvertrages[514]). Dieser Umstand muss dann allerdings im Rahmen der erforderlichen Abwägung berücksichtigt werden, und wird eher dazu führen, eine sittenwidrige Härte zu verneinen. Die Darlegungs- und Beweislast für das Vorliegen eines dieser Ausnahmetatbestände liegt beim Schuldner[515]. Nach § 180 Nr. 2 GVGA müssen zwischen dem Tag der Zustellung der Räumungsbenachrichtigung und dem Räumungstermin grundsätzlich wenigstens drei Wochen liegen, sodass dem Schuldner noch eine Woche für die Antragstellung bliebe. Eine kürze Frist ist sicherlich unzumutbar.[516]

8.348 Nicht notwendig ist die Angabe einer bestimmten **Art des Schutzes** (Aufhebung, Unterlassung, einstweilige Einstellung), da das Vollstreckungsgericht („kann") unter den aufgeführten Möglichkeiten diejenige nach pflichtgemäßem Ermessen auszuwählen hat, die den wohlverstandenen Interessen von Schuldner und Gläubiger entspricht.

IV. Zuständigkeit

8.349 Ausschließlich zuständig (§ 802 ZPO) für die Entscheidung über einen Antrag gemäß § 765a ZPO ist sachlich grundsätzlich das Amtsgericht als Vollstreckungsgericht (§ 764 Abs. 1 ZPO), und zwar unabhängig davon, welches Vollstreckungsorgan gehandelt hat; bei der Vollziehung eines Arrestes durch Forderungspfändung ist jedoch Vollstreckungsgericht das Arrestgericht, § 930 Abs. 1 S. 3 ZPO. Die örtliche Zuständigkeit ergibt sich grundsätzlich aus § 764 Abs. 2 ZPO bzw. den gesetzlichen Sonderbestimmungen (§§ 828 Abs. 2, 848 Abs. 1, 853–855, 858 Abs. 2, 873, 899, 902 ZPO). Funktionell zuständig ist der Rechtspfleger gemäß § 20 Nr. 16 bzw. Nr. 17 RPflG.

V. Rechtsschutzinteresse

8.350 Ein Rechtsschutzinteresse für den Antrag besteht nicht erst ab dem Beginn der Zwangsvollstreckung, sondern schon dann, wenn die Zwangsvollstreckung droht, also grundsätzlich **ab Existenz des Titels**. Denn mit § 765a ZPO kann auch die Unterlassung der Zwangsvollstreckung begehrt und erreicht werden.[517] Ein Antrag, mit dem die Zuschlagserteilung in der Zwangsversteigerung verhindert werden soll, muss vor der Entscheidung über den Zuschlag gestellt werden, weil im Rahmen der Zuschlagsbe-

---

514 So zutreffend Musielak/*Lackmann*, § 765a Rdn. 20.
515 Zöller/*Stöber*, § 765a Rdn. 19b; Schuschke/*Walker*, § 765a Rdn. 15.
516 Vgl. auch *Schultes*, DGVZ 1999, 1, 2.
517 Vgl. BVerfG, InVo 2004, 236 = NJW 2004, 49; OLG Saarbrücken, Rpfleger 2003, 37 = InVo 2003, 254; LG Heilbronn, WuM 1993, 364; eingehend Schuschke/*Walker*, § 765a Rdn. 14.

schwerde gem. § 100 ZVG grundsätzlich keine neuen Tatsachen berücksichtigt werden können.[518] Davon ist jedoch angesichts des Bedeutungsgehalts des Art. 2 Abs. 2 GG insoweit eine Ausnahme zu machen, als im Zuschlagsbeschwerdeverfahren eine Suizidgefahr substanziiert vorgetragen wird.[519] Das Rechtsschutzinteresse **entfällt** mit vollständiger Beendigung der Vollstreckungsmaßnahme. Das ist nicht der Fall, wenn Sachen des Mieters sich noch in der Wohnung befinden, selbst wenn der Gerichtsvollzieher bereits die Schlösser ausgewechselt hatte, sodass dem Schuldner der Zutritt verwehrt war.[520] Ausnahmsweise ist es auch noch nach Beendigung der Zwangsvollstreckung zu bejahen, nämlich dann, wenn Maßnahmen noch fortwirken, z.B. nach Räumung der Wohnung des Schuldners hinsichtlich der vom Gerichtsvollzieher geräumten beweglichen Sachen, die nicht Gegenstand der Räumungsvollstreckung waren, § 885 Abs. 2–4 ZPO[521].

Zum Verhältnis zu anderen Rechtsbehelfen vgl. nachfolgend Rdn. 8.358. 8.351

VI. Begründetheit

Der Schuldnerschutzantrag wird nur erfolgreich sein, wenn 8.352

- die Vollstreckungsmaßnahme für den Schuldner wegen ganz besonderer Umstände eine sittenwidrige Härte darstellt und
- das Gericht zu demselben Ergebnis auch bei voller (!) Berücksichtigung des Schutzbedürfnisses des Gläubigers gelangt.

1. Sittenwidrige Härte

Notwendig sind **ganz besondere Umstände.** Die mit der Zwangsvollstreckung regelmäßig verbundene Härte oder allgemeine wirtschaftliche oder soziale Erwägungen reichen keinesfalls aus. Es genügt daher nach **h.M.** nicht, dass der Schuldner aufgrund der Vollstreckung Sozialhilfe in Anspruch nehmen müsste[522] oder obdachlos wird.[523] Anderenfalls würden die Kosten der Sozialhilfe vom Staat auf den Vollstreckungsgläubiger verlagert. 8.353

Andererseits muss der Gläubiger nicht moralisch vorwerfbar gehandelt haben. Hat er es getan, ist auch dies in die Gesamtabwägung mit einzubeziehen.[524] 8.354

---

518 BGHZ 44, 138; Schuschke/*Walker*, § 765a Rdn. 14 m.w.N.
519 BGH, Rpfleger 2006, 147 = InVo 2006, 165 = FamRZ 2006, 265; Schuschke/*Walker*, § 765a Rdn. 14.
520 LG Hamburg, WuM 1993, 417.
521 KG, Rpfleger 1986, 439 = NJW-RR 1986, 1510; StJ/*Münzberg*, § 765a Rdn. 20.
522 BGH, Rpfleger 2005, 206 = InVo 2005, 237 = MDR 2005, 650; OLG Düsseldorf, NJW-RR 1986, 1512; Zöller/*Stöber*, § 765a Rdn. 9; Thomas/*Putzo*, § 765a Rdn. 8; **a.A.** Baumbach/*Hartmann*, § 765a Rdn. 23 „Sozialleistung", aber anders unter Rdn. 10; MünchKomm/*Heßler* ZPO, § 765a Rdn. 36.
523 LG München I, WuM 1993, 473; AG Düsseldorf, NJWE-MietR 1997, 223.
524 StJ/*Münzberg*, § 765a Rdn. 6.

8.355 Die Härte muss vielmehr objektiv eine Stärke erreichen, die es als **untragbar** erscheinen lässt, die Vollstreckung durchzuführen. Die Härte muss allein oder zumindest auch den Schuldner oder seine nahen Angehörigen, für die er zu sorgen hat, treffen. Belange sonstiger Dritter oder der Allgemeinheit bleiben sowohl im Hinblick auf den Schuldner wie den Gläubiger außer Ansatz.[525] Die Härte kann sich – auch alternativ – ergeben aus der Art und Weise, dem Ort oder/und dem Zeitpunkt bzw. Zeitraum der Zwangsvollstreckung.[526]

8.356 Betrifft die Zwangsvollstreckungsmaßnahme ein **Tier**, so sind gemäß § 765a Abs. 1 S. 3 ZPO die Belange des Tierschutzes bei der Abwägung zu berücksichtigen.[527]

2. Schutzbedürfnis des Gläubigers

8.357 Allein die Bejahung einer durch ganz besondere Umstände für den Schuldner vorliegenden Härte führt nicht zur Anwendung des § 765a ZPO, vielmehr sind die Schutzbedürfnisse des Gläubigers voll zu würdigen und gegen die des Schuldners abzuwägen. Nur wenn Letztere die des Gläubigers eindeutig überwiegen, darf Vollstreckungsschutz gewährt werden. Dies ergibt sich neben dem Wortlaut des § 765a ZPO auch aus dem Gesichtspunkt, dass der Gläubiger infolge eines Titels ein durch Art. 14 GG geschütztes Recht auf Vollstreckung hat, das ihm nur unter engen Voraussetzungen wieder genommen werden darf.[528] Besonders schutzwürdige Belange des Gläubigers sind z.B., dass der Gläubiger selbst dringend auf die zu räumende Wohnung angewiesen ist, er die zu räumende Wohnung bereits weitervermietet hat oder die Zwangsvollstreckung wegen einer Forderung aus einer vorsätzlich begangenen unerlaubten Handlung betrieben wird.

3. Grundsätzliche Erwägungen

8.358 Einigkeit besteht darüber, dass § 765a ZPO als Ausnahmenorm eng auszulegen ist.[529] Andererseits wird betont, dass diese Norm keinen Auffangtatbestand darstelle und nicht nur subsidiär gelte. Bei aller Unterschiedlichkeit der Begründungen zum Anwendungsbereich des § 765a ZPO im Einzelnen lassen sich für die praktische Rechtsanwendung des § 765a ZPO folgende **Grundsätze** zusammenfassen:

---

525 Vgl. Baumbach/*Hartmann*, § 765a Rdn. 11; MünchKomm/*Heßler* ZPO, § 765a Rdn. 40; Zöller/*Stöber*, § 765a Rdn. 8; daher unzutreffend LG Kleve, InVo 1996, 244.
526 OLG Frankfurt, Rpfleger 1981, 118.
527 Vgl. dazu *Dietz*, DGVZ 2003, 81; Zöller/*Stöber*, § 765a Rdn. 10a.
528 BVerfG, Rpfleger 2005, 614 = InVo 2005, 494 = FamRZ 2005, 1972; OLG Nürnberg, KTS 1985, 759.
529 H.M.: BGHZ 44, 138, 143 = NJW 1965, 2107, 2108; BGH, Rpfleger 2005, 206 = InVo 2005, 237 = MDR 2005, 650.

Allgemeine Härteklausel, § 765a ZPO 8.359

- § 765a ZPO findet nicht nur Anwendung, wenn die konkrete Härtesituation des Schuldners von abstrakten Regelungen des Gesetzes nicht erfasst wird (Kassenpfändung des Kleingewerbetreibenden;[530] Räumung aus einem Zuschlagsbeschluss gemäß § 93 Abs. 1 ZVG, weil § 721 ZPO hier nicht hilft), sondern auch wenn der spezielle Rechtsbehelf ausgeschlossen ist (längere Räumungsfrist als 1 Jahr, §§ 721 Abs. 5, 794a Abs. 3 ZPO).
- § 765a ZPO findet keine Anwendung, soweit der Schuldner derzeit noch die Möglichkeit hat, durch Einlegung eines speziellen Rechtsbehelfs dasselbe Rechtsschutzziel zu erreichen, z.B. §§ 721, 794a ZPO, ggf. mit §§ 233–238 ZPO.[531]
- Allein die Versäumung eines möglich gewesenen Rechtsbehelfs steht der Anwendung des § 765a ZPO nicht entgegen.[532] Dies gilt selbst dann, wenn die Einlegung eines Rechtsbehelfs schuldhaft versäumt wurde; ebenso für den Fall, dass die Härtegründe in einem ersten Vollstreckungsschutzverfahren vorsätzlich oder fahrlässig zurückgehalten wurden. Diese Umstände sind allerdings bei der Gesamtabwägung von Schuldner- und Gläubigerinteressen mit zu berücksichtigen.[533]
- Materielle Einwendungen gegen den titulierten Anspruch selbst können nicht über § 765a ZPO, sondern nur gemäß § 767 ZPO, § 826 BGB geltend gemacht werden.[534]
- Vollstreckungsschutz kann grundsätzlich nur gegen eine konkrete Vollstreckungsmaßnahme gewährt werden, nicht gegen die Zwangsvollstreckung/Zwangsversteigerung als solche,[535] es sei denn, bereits in der drohenden Zwangsvollstreckung liege ausnahmsweise schon die unzumutbare Härte.[536]

4. Beispiele aus der Rechtsprechung

a) Räumungsschutz 8.359

Das Schwergewicht des § 765a ZPO liegt in der Praxis im Bereich des Räumungsschutzes. Er findet Anwendung, soweit der Schutz nach den §§ 721, 794a ZPO versagt, weil z.B. Gewerberaum geräumt werden soll, die maximale Räumungsfrist von einem Jahr überschritten ist bzw. überschrit-

---

530 LG Berlin, DGVZ 1979, 43.
531 Vgl. LG Mannheim, DWW 1973, 97; MünchKomm/*Heßler* ZPO, § 765a Rdn. 13 f.; Zöller/*Stöber*, § 765a Rdn. 13; Musielak/*Lackmann*, § 765a Rdn. 2.
532 Vgl. Zöller/*Stöber*, a.a.O.
533 OLG Köln, NJW 1993, 2248 = ZMR 1993, 336.
534 **H.M.**, vgl. OLG Hamm, Rpfleger 2002, 39 = InVo 2001, 451 = NJW-RR 2002, 790; Zöller/*Stöber*, § 765a Rdn. 14.
535 OLG Köln, NJW 1994, 1743; OLG Köln, Rpfleger 1996, 33 = NJW-RR 1995, 1163; Zöller/*Stöber*, § 765a Rdn. 5.
536 BVerfG, InVo 2004, 236 = NJW 2004, 49; OLG Saarbrücken, Rpfleger 2003, 37 = InVo 2003, 254; Schuschke/*Walker*, § 765a Rdn. 14.

ten werden soll oder die Antragsfrist der §§ 721, 794a ZPO nicht eingehalten wurde.

8.360 Eine unzumutbare Härte wurde u.a in folgenden Fällen **bejaht**:

- Der Schuldner wird die Wohnung wenige Tage nach dem Räumungstermin freigeben;[537]
- der Gläubiger hat durch Kontaktaufnahme mit dem Vermieter der neuen Wohnung des Schuldners und negative Informationen über ihn eine Ursache gesetzt, dass der neue Vermieter die Überlassung der Wohnung an den Schuldner ablehnt;[538]
- bei bevorstehender Geburt des Kindes der Schuldnerin,[539] jedenfalls wenn die Mietzinszahlung für die Zeit der Räumungsfrist sichergestellt ist;[540]
- 6 Wochen vor und 8 Wochen nach dem Entbindungstermin, soweit die laufende Nutzungsentschädigung gezahlt wird[541] bzw. nur 5 Tage nach der Entbindung, wenn sich die Schuldnerin nicht intensiv um eine Ersatzwohnung bemüht hatte;[542]
- bei einer Familie mit vier Kindern, die alle noch in die Schule bzw. den Kindergarten gehen, wenige Wochen vor Ende des Schuljahres;[543]
- im Hinblick auf die konkrete örtliche Situation auf dem Wohnungsmarkt bei einer 7-köpfigen Familie, von denen mehrere Kinder schwerbehindert bzw. schulpflichtig sind;[544]
- zu Eigentum erworbener Ersatzwohnraum kann wegen eines bestehenden, aber gekündigten Mietverhältnisses erst in drei Monaten bezogen werden, sodass die 4-köpfige Familie ansonsten innerhalb von drei Monaten zweimal umziehen müsste, wobei der Mietzins stets gezahlt worden war und die Gründe, die zur Kündigung geführt haben, schon länger zurückliegen;[545]
- eine Ersatzwohnung wird alsbald zur Verfügung stehen, sodass der Schuldner ansonsten mehrfach umziehen müsste; auch wenn der Gläubiger Eigenbedarf hat, muss er eine gewisse Zeit die beengten Verhältnisse noch hinnehmen;[546]

---

537 LG Köln, WuM 1969, 103; **a.A.** LG Hamburg, ZMR 2001, 802 bei Umzug eines Alleinstehenden einen Monat nach Räumungstermin.
538 OLG Köln, NJW-RR 1995, 1039 = MDR 1995, 1064.
539 OLG Frankfurt, Rpfleger 1981, 24.
540 LG Münster, DGVZ 2000, 24.
541 LG Bonn, DGVZ 1994, 75.
542 LG Wuppertal, DGVZ 1995, 41.
543 OLG Köln, Rpfleger 1996, 33 = NJW-RR 1995, 1163.
544 LG Magdeburg, Rpfleger 1995, 470.
545 LG Koblenz, JurBüro 1997, 553.
546 LG Stuttgart, Rpfleger 1985, 71: drei Monate; LG Braunschweig, WuM 1973, 82: drei Monate; AG Bergheim, BlGBW 1973, 60: acht Monate; LG Aachen, WuM 1973, 174; vgl. auch MünchKomm/*Arnold* ZPO, § 765a Rdn. 57 Fn. 77; **a.A.** OLG Zweibrücken, InVo 2001, 451 = JurBüro 2002, 49 bei Zahlungsrückstand von zwei Jahren.

- es liegt nur ein Titel gegen den Ehemann vor; da die Ehefrau bis zum Vorliegen eines Titels auch gegen sie in der Wohnung verbleiben kann, sodass eine komplette Räumung nicht möglich ist, liegt für den Ehemann eine unzumutbare Härte vor;[547]
- wenn ein schwer wiegender Eingriff in das Recht auf Leben und körperliche Unversehrtheit des Schuldners (Art. 2 Abs. 2 S. 1 GG) zu besorgen ist[548], insbesondere bei konkret bestehender **Selbstmordgefahr des Schuldners**.[549] Diese kann sich nicht nur aus einer psychischen Erkrankung ergeben, sondern auch aus anderen persönlichkeitsbedingten Ursachen, wie der individuellen Charakterstruktur und der emotionalen Befindlichkeit;[550] altersbedingte Gebrechlichkeit, die bei Räumung nicht ausschließbar den Schuldner zum Pflegefall werden lassen kann;[551] hohes Alter, verbunden mit dem Verlust der gewohnten Umgebung, der gerade für ältere und an cerebralen Durchblutungsstörungen leidenden Menschen besonders nachteilig ist.[552]

Selbst dann kann die Zwangsvollstreckung aber nicht ohne weiteres einstweilen eingestellt werden. Erforderlich ist vielmehr stets die **Abwägung** der – in solchen Fällen ganz besonders gewichtigen – Interessen der Betroffenen mit den Vollstreckungsinteressen des Gläubigers.[553] Das Vollstreckungsgericht muss prüfen, ob der Gefahr nicht auch auf andere Weise als durch Einstellung der Zwangsvollstreckung wirksam begegnet werden kann, so z.B. durch von ihm auferlegte konkrete Auflagen (Räumung in Anwesenheit eines Beamten des Gesundheitsamtes oder eines Facharztes für Neurologie und Psychiatrie) oder durch die Anordnung geeigneter konkreter Betreuungsmaßnahmen bis zur Unterbringung nach den einschlägigen Landesgesetzen (z.B. PsychKG NW).[554] Allein die Tatsache, dass der Schuldner bei einer früheren einstweiligen Einstellung gegen

---

547 LG Heilbronn, Rpfleger 2004, 431 – bedenklich, denn wenn der Ehemann nunmehr so erkranken sollte, dass für ihn eine Räumung unzumutbar ist, nützt dem Vermieter der alsbald erwirkte Titel gegen die Ehefrau nichts mehr.
548 BVerfG, NJW 1979, 2607; BVerfG, Rpfleger 2005, 614 = FamRZ 2005, 1972 = InVo 2005, 494.
549 BVerfG, NJW 1991, 3207; NJW 1994, 1272 = Rpfleger 1994, 427; NJW 1998, 295 = InVo 1998, 103; BGH, Rpfleger 2006, 147 und 149 = InVo 2006, 165 und 163; InVo 2006, 147; Rpfleger 2005, 454 = InVo 2005, 497 = FamRZ 2005, 1170; Rpfleger 2004, 722 = InVo 2005, 36 = MDR 2005, 55; OLG Düsseldorf, InVo 1998, 322; OLG Köln, InVo 1997, 25; KG Rpfleger, 1995, 469.
550 BVerfG, InVo 2001, 449 = NJW-RR 2001, 1523; BVerfG, NJW 1994, 1719.
551 BVerfG, NJW 1992, 1155; NJW 1998, 295 = InVo 1998, 103; NZM 1998, 431; OLG Köln, NJW 1994, 1743 = MDR 1994, 728; OLG Rostock, InVo 1996, 276 = OLGR 1996, 211.
552 LG Berlin, Das Grundeigentum 1992, 153; kritisch hierzu: *Schneider*, JurBüro 1994, 321 f.
553 BGH, Rpfleger 2005, 454 = FamRZ 2005, 1170 = InVo 2005, 497.
554 BVerfG, InVo 2004, 236 = NJW 2004, 49; BGH, Rpfleger 2005, 454 = FamRZ 2005, 1170 = InVo 2005, 497.

Auflagen diesen nicht nachgekommen ist, steht dem nicht zwingend entgegen.[555] Andererseits ist auch der Gefährdete selbst gehalten, das ihm Zumutbare zu tun, um die Risiken, die für ihn im Fall der Vollstreckung bestehen, zu verringern, z.B. Auflage zur Wohnungssuche, Inanspruchnahme fachärztlicher Hilfe, stationärer Aufenthalt in einer Klinik.[556]

In Fällen dieser Art wird regelmäßig die Einstellung der Zwangsvollstreckung für längere Zeit ausreichen. Soweit die fraglichen Umstände ihrer Natur nach aber keiner Änderung zum Besseren zugänglich sind, kann in einem noch engeren Kreis von Ausnahmefällen auch die Gewährung von Räumungsschutz **auf Dauer** geboten sein.[557] An den **Nachweis** durch ein fachärztliches Attest sind einerseits strenge Anforderungen zu stellen;[558] andererseits ist diesbezüglichem Vortrag des Schuldners von den Gerichten besonders sorgfältig nachzugehen.[559]

Entsprechendes gilt für mit dem Schuldner zusammenlebende **Angehörige**:[560] Die Zwangsräumung ist für die 97-jährige, in der Wohnung des Schuldners mitlebende Mutter lebensbedrohlich; dabei stand eine eventuell nicht ausreichend nachdrückliche Wohnungssuche des Schuldners trotz des 4½ Jahre alten rechtskräftigen Räumungstitels nicht entgegen.[561] Die vorgenannten Grundsätze gelten auch im Rahmen eines Verfahrens auf Erlass einer Durchsuchungsanordnung.[562] In derartigen Fällen empfiehlt es sich, zum Schutz des Schuldners die Räumung in Anwesenheit eines Arztes oder Psychiaters durchzuführen, damit erforderlichenfalls Hilfe schnell zur Stelle ist.[563]

8.361 **Verneint** wurde die Anwendung z.B. in folgenden Fällen:

- Räumung einer Klinik, wenn die Belange der zu verlegenden Patienten durch entsprechende fachliche Betreuung bei der Räumung ausreichend gewahrt sind;[564]

---

555 BVerfG, InVo 2004, 236 = NJW 2004, 49.
556 BVerfG, Rpfleger 2005, 614 = FamRZ 2005, 1972 = InVo 2005, 494; BGH, Rpfleger 2005, 454 = FamRZ 2005, 1170 = InVo 2005, 497.
557 BVerfG, Rpfleger 2005, 614 = FamRZ 2005, 1972 = InVo 2005, 494; BVerfG, NJW 1998, 295 = InVo 1998, 103; OLG Rostock, InVo 1996, 276 = OLGR 1996, 211.
558 Vgl. OLG Köln, Rpfleger 1990, 30 = NJW-RR 1990, 590 = MDR 1990, 257; OLG Köln, NJW 1993, 2248 = ZMR 1993, 336; LG Darmstadt, Rpfleger 1991, 117; LG Bonn, WuM 1991, 284; LG Mainz, NZM 1998, 403.
559 BVerfG, Rpfleger 2005, 614 = FamRZ 2005, 1972 = InVo 2005, 494; BVerfG, NJW 1994, 1272 = DGVZ 1994, 71; OLG Köln, NJW-MietR 1996, 245 = InVo 1997, 25; KG, Rpfleger 1995, 469 = NJW-RR 1995, 848.
560 BGH, Rpfleger 2005, 454 = FamRZ 2005, 1170 = InVo 2005, 497.
561 OLG Frankfurt, Rpfleger 1994, 174 = NJW-RR 1994, 81 = WuM 1993, 746; OLG Köln, NJW 1994, 1743.
562 LG Hannover, NJWE-MietR 1996, 104.
563 OLG Düsseldorf, Rpfleger 1998, 208 = InVo 1998, 322.
564 BVerfG, NJW 2003, 882; LG Gießen, DGVZ 2002, 121.

- die Räumung des Schuldners führt zu dessen Obdachlosigkeit; denn es ist Sache der Ordnungsbehörde, den Schuldner unterzubringen;[565]
- Erkrankung des Sohns des Schuldners an Neurodermitis und einem ADHS-Syndrom nach Ablauf einer gerichtlich gewährten einjährigen Frist zur Räumung, wenn nicht nachgewiesen ist, dass ein Wohnungswechsel für das Kind unweigerlich zu schwer wiegenden und im Ergebnis nicht tragbaren gesundheitlichen Beeinträchtigungen führen würde;[566]
- eine Ersatzwohnung steht erst in 2 Monaten zur Verfügung, weil der Mietvertrag erst kurz vor dem seit Wochen angesetzten Räumungstermin abgeschlossen wurde und sich der Einzug wegen Renovierung des Badezimmers verzögern soll;[567]
- zweifacher Umzug innerhalb kürzester Zeit bei Zahlungsrückstand von zwei Jahren;[568]
- der Schuldner bewohnte die Wohnung mit Ehefrau und vier Kindern, das Sozialamt glich die rückständigen Mieten aus. Der Antrag auf Aussetzung der Räumung auf Dauer wurde abgelehnt;[569]
- der Schuldner bemühte sich nicht genügend um eine Ersatzwohnung;[570]
- der Schuldner war seit Monaten mit der Miete in Rückstand, die Räumung beruhte im Ergebnis darauf und es war keinerlei Ausgleich durch den Schuldner erkennbar;[571]
- der Schuldner drohte erstmals nach einem ersten vergeblichen Vollstreckungsschutzverfahren mit Freitod, wobei die Gründe schon seinerzeit bestanden; kein Vortrag des Schuldners zu ärztlicher Behandlung der psychischen Fehlreaktionen; Gläubiger muss Vertragsstrafe an Erwerber des Hauses wegen Nichträumung zahlen; voraussichtlicher Umzug des Schuldners in eine neue Wohnung in max. einem Monat.[572]

---

565 OLG Oldenburg, NJW 1961, 2119; LG Münster, WuM 2000, 314; LG München I, WuM 1993, 473 – wobei im entschiedenen Fall aber aufgrund besonderer Umstände dennoch Räumungsschutz gewährt wurde; AG Düsseldorf, NJWE-MietR 1997, 223; Zöller/*Stöber*, § 765a Rdn. 12.
566 LG Rostock, InVo 2003, 291 = JurBüro 2003, 329 = DGVZ 2003, 155.
567 LG Hannover, Rpfleger 1986, 439.
568 OLG Zweibrücken, InVo 2001, 451 = JurBüro 2002, 49.
569 LG Frankenthal, Rpfleger 1984, 68.
570 OLG Celle, WuM 1987, 63; LG Heilbronn, Rpfleger 1993, 501 = DGVZ 1993, 140 mit Katalog weiterer Ablehnungsgründe.
571 LG Hildesheim, NJW-RR 1995, 1164.
572 OLG Köln, NJW 1993, 2248 = ZMR 1993, 336.

b) Zwangsversteigerung

8.362
- Bei einer Verschleuderung des Grundbesitzes kann sich die Pflicht ergeben, einen gesonderten Verkündungstermin für den Zuschlag anzuberaumen, um dem Schuldner Gelegenheit zu geben, durch einen Vollstreckungsschutzantrag den Zuschlag zu verhindern, was insbesondere dann in Betracht kommt, wenn konkret dargelegt wird, dass mit einer günstigeren Verwertung zu rechnen ist.[573]
- Eine sittenwidrige Härte folgt nicht aus der Erwartung des Schuldners, aufgrund der Besonderheiten des Objekts werde der bei der Versteigerung zu erwartende Erlös weit unter dem Marktwert des Objekts liegen.[574]
- Der Einwand, der die Vollstreckung betreibende Gläubiger könne wegen seiner aussichtslosen Rangstelle mit keiner Erlösauskehr rechnen, rechtfertigt die Anwendung des § 765a ZPO nicht, weil sich dies nicht verlässlich feststellen lässt, was sich schon aus § 59 ZVG ergibt, aber u.a. auch, weil vorrangige Grundstücksbelastungen sich im Laufe des Verfahrens ändern oder wegfallen können.[575]

c) Kontenpfändung

8.363
- Das auf das Konto des Schuldners bei einem Geldinstitut überwiesene Arbeitseinkommen wird am 15. eines Monats gepfändet, als infolge Erkrankung noch das gesamte Guthaben besteht. Über § 850k ZPO kann nur die Aufhebung der Pfändung für die Hälfte des Guthabens erreicht werden. Dies genügt jedoch nicht, wenn allein schon die Miete die Hälfte des Guthabens ausmacht.
- In der Kontenpfändung an sich liegt keine unzumutbare Härte, auch wenn es sich um das einzige Konto des Schuldners handelt.[576]
- Etwas anderes gilt jedoch nach einem Teil[577] der Rechtsprechung dann, wenn darauf nur unpfändbare Leistungen eingehen; dies verneinen andere[578] jedoch mit dem Hinweis, dass dies jedenfalls dann nicht gelten könne, wenn der Schutz über § 850k ZPO bzw. § 55 SGB I ausreiche, selbst wenn der Schuldner mangels Kenntnis der Siebentagefrist des § 55 SGB I davon keinen Gebrauch gemacht habe.[579]

---

573 BVerfGE 46, 325 = Rpfleger 1978, 206; BGH, Rpfleger 2005, 151 = InVo 2005, 252 = MDR 2005, 353; LG Mönchengladbach, Rpfleger 2004, 436 = JurBüro 2004, 394.
574 OLG Hamm, Rpfleger 2002, 39 = InVo 2001, 451 = NJW-RR 2002, 790.
575 BGH, Rpfleger 2004, 302 = InVo 2004, 290.
576 LG Rottweil, JurBüro 2005, 327.
577 OLG Nürnberg, Rpfleger 2001, 361 = InVo 2001, 329 = MDR 2001, 835; LG Mönchengladbach, Rpfleger 2005, 614 = InVo 2005, 421 = JurBüro 2005, 499; LG Rostock, VuR 2002, 330 und Rpfleger 2003, 37 = InVo 2003, 200.
578 KG, JurBüro 1993, 26; LG Koblenz, Rpfleger 2005, 150 = InVo 2005, 241.
579 LG Landshut, ZVI 2004, 678.

Allgemeine Härteklausel, § 765a ZPO 8.364

- **Streitig,** ob die wegen einer Kontopfändung drohende Kündigung des Kontos durch die Bank eine unzumutbare Härte darstellt; während dies ein Teil[580] der Rechtsprechung bejaht, verneinen andere dies mit dem Hinweis, nach BGH[581] sei eine ohne sachgerechten Grund erklärte Kündigung eines Girovertrages durch eine Sparkasse als Anstalt des öffentlichen Rechts wegen Verstoßes gegen Art. 3 GG gem. § 134 BGB nichtig, der Schuldner müsse sich daher dagegen wehren.[582]
- Auch wenn dem Schuldner wegen einer Kontopfändung die Kündigung durch die Bank droht *und* auf dem Konto seit Jahren lediglich unpfändbare Beträge eingehen, befürworten einige[583] eine sittenwidrige Härte, andere[584] lehnen sie ab.
- Da § 850k ZPO Pfändungsschutz auch für die durch zukünftige Geldeingänge entstehenden Guthaben gewährt, bedarf es eines Rückgriffs auf § 765a ZPO insoweit nicht.
- Bejaht wurde eine analoge Anwendung des § 765a ZPO in einem Fall, in dem das Arbeitseinkommen des Ehemannes auf das Konto der Schuldnerin überwiesen wurde.[585]
- Keine Härte soll hingegen bei einer 65-jährigen Rentnerin bestehen, im Hinblick auf die Gefahr, ins Krankenhaus zu kommen oder wegen eines Kuraufenthalts ortsabwesend zu sein und so von der Möglichkeit des § 55 SGB I keinen Gebrauch machen zu können.[586]

d) **Sonstige Fälle:**

- Ja bei Kassenpfändung bei Gewerbetreibenden, wenn dadurch der notwendige Lebensunterhalt entzogen wird; §§ 811 Nr. 5, 813a ZPO greifen insoweit nicht.[587]
- Ja bei Pfändung des Nießbrauchs, der aufgrund des entsprechenden Inhalts der Bestellung bei der Zwangsvollstreckung erlischt.[588]

8.364

---

580 OLG Frankfurt, InVo 2000, 136 = OLGR Frankfurt 2000, 39; LG Essen, Rpfleger 2002, 162 = InVo 2002, 292 = NJW-RR 2002, 483.
581 MDR 2003, 760 = NJW 2003, 1658 – die Entscheidung betraf allerdings eine politische Partei und keinen Schuldner, sodass die Frage bleibt, ob eine Kontopfändung ein „sachgerechter Grund" für eine Kündigung ist; eher verneinend LG Köln, ZVI 2004, 292.
582 LG Saarbrücken, ZVI 2005, 369; LG Köln, ZVI 2004, 292.
583 LG Berlin, ZVI 2003, 364; LG Osnabrück, NJW-RR 1996, 1456 = DGVZ 1997, 171; AG Stuttgart, DGVZ 1997, 188; VG Düsseldorf, InVo 2005, 472; tendenziell ja LG Köln, ZVI 2004, 292.
584 LG München II, ZVI 2004, 340; AG Neukölln, ZVI 2004, 467; LG Traunstein, Rpfleger 2003, 309.
585 LG Konstanz, Rpfleger 2003, 517.
586 LG Essen, InVo 2004, 384 mit Anm. *Fischer.*
587 LG Berlin, DGVZ 1979, 43.
588 OLG Frankfurt, OLGZ 1980, 482.

8.364 Rechtsbehelfe

- Bejaht bei Pfändung von Werklohnforderungen des Schuldners, wenn sich diese aus der Tätigkeit des selbstständigen Schuldners ergeben, der ausschließlich für diesen Drittschuldner arbeitet, weil diese Forderungen letztlich einem Arbeitseinkommen gleichstehen.[589]
- Absehen von der Verhaftung „analog § 765a ZPO" durch den Gerichtsvollzieher bei Vorlage einer hausärztlichen Bescheinigung, wonach Haftunfähigkeit vorliegt.[590]
- Keine Anwendung hinsichtlich des Pfändungsschutzes von Renten aus Versicherungsverträgen bei freiberuflich tätigen oder nicht berufstätigen Personen, weil für diese § 850 Abs. 3b ZPO keine Anwendung findet.[591]
- Nein bei Rentenpfändung, auch wenn die betagte Schuldnerin nach der Pfändung infolge der Höhe der Kosten ihrer krankheitsbedingt notwendigen Unterbringung in einem Seniorenpflegeheim Sozialhilfe beantragen muss.[592]
- Die unbeschränkte Pfändbarkeit des Einkommens aus Vermietung und Verpachtung außerhalb des Bereichs von § 851b ZPO stellt keine sittenwidrige Härte dar, auch wenn der Schuldner dadurch Sozialhilfe in Anspruch nehmen muss.[593]
- Keine unzumutbare Härte liegt auch darin, dass der Schuldner angesichts der Höhe der Schuld und der Geringfügigkeit seines Renteneinkommens möglicherweise lebenslang mit dem Pfändungsfreibetrag auskommen muss, weil der Rechtsgedanke der Restschuldbefreiungsvorschriften nicht entsprechend anwendbar ist.[594]
- Bei der Pfändung eines Grabsteins können Erwägungen der Pietät ggf. über § 765a ZPO berücksichtigt werden,[595] jedoch nicht gegenüber dem herstellenden Steinmetz.[596]
- Der mit der Abgabe der eidesstattlichen Versicherung drohende Widerruf der Zulassung als Rechtsanwalt[597] begründet ebenso wenig eine unvereinbare Härte wie der Umstand, dass durch die Abgabe der eidesstattlichen Versicherung Sanierungsbemühungen des Schuldners hinsichtlich seines Gewerbebetriebes vereitelt würden.[598]
- Die bloße Pfändung des Anwartschaftsrechts des Schuldners an einem unter Eigentumsvorbehalt gekauften Pkw führt noch nicht zum Voll-

---

589 LG Kaiserslautern, Beschl. v. 24.6.2005 – 1 T 332/04, *juris*-Nr. KORE427932005.
590 AG Bensheim, DGVZ 2004, 76.
591 LG Braunschweig, Rpfleger 1998, 78 = NJW-RR 1998, 1690.
592 OLG Zweibrücken, Rpfleger 2002, 465 = InVo 2002, 294 = MDR 2002, 720.
593 BGH, Rpfleger 2005, 206 = InVo 2005, 237 = MDR 2005, 650.
594 LG Münster, Rpfleger 2002, 272 = InVo 2002, 293.
595 OLG Köln, JurBüro 1991, 1703 = DGVZ 1992, 116 = OLGZ 1993, 113, 120.
596 BGH, Rpfleger 2006, 208 = InVo 2006, 291.
597 LG Freiburg, AnwBl. 1997, 349.
598 LG Dresden, DGVZ 2003, 57.

streckungsschutz gemäß § 765a ZPO, weil dadurch noch keine Belange des Schuldners berührt werden.[599]

VII. Weiteres Verfahren

Will das Gericht den Antrag des Schuldners nicht zurückweisen, ist dem Gläubiger vor Erlass der Entscheidung zwingend **rechtliches Gehör** zu gewähren. Die Entscheidung ergeht – bei freigestellter mündlicher Verhandlung – durch zu begründenden Beschluss.

8.365

Möglicher Inhalt der Entscheidung:

8.366

- Die **Aufhebung bereits erfolgter Zwangsvollstreckungsmaßnahmen;** jedoch erfolgt dies gemäß § 765a Abs. 4 ZPO wegen des mit der Aufhebung der Vollstreckungsmaßnahmen eintretenden unwiederbringlichen Rangverlustes erst nach Rechtskraft des Beschlusses. Eine Aufhebung kommt nur in Betracht, wenn die sittenwidrige Härte gerade in dem Bestehenbleiben der konkreten Zwangsvollstreckungsmaßnahme liegt.

- **Untersagung zukünftiger konkreter Zwangsvollstreckungsmaßnahmen auf Dauer:** Insoweit steht schon der Wortlaut des § 765a ZPO dem immer wieder zu lesenden „Grundsatz", § 765a ZPO ermögliche nur eine zeitlich begrenzte Regelung, entgegen[600].

- **Einstweilige Einstellung der Zwangsvollstreckung:** Dies ist der Regelfall. Sie kann mit bzw. ohne Sicherheitsleistung erfolgen, auch unter Auflagen wie z.B. Zahlung rückständiger Mieten. Folge: Bisherige Zwangsvollstreckungsmaßnahmen bleiben bestehen, es besteht aber ein Vollstreckungshindernis gemäß § 775 Nr. 2 ZPO.

Eine **Kostenentscheidung** ist nur notwendig, wenn die Kosten dem Gläubiger auferlegt werden (§ 788 Abs. 4 ZPO), sowie im Falle eines erfolglosen Rechtsmittels des Gläubigers;[601] ansonsten hat sie der Schuldner gem. § 788 Abs. 1 ZPO zu tragen.[602]

8.367

Gemäß **§ 765a Abs. 4 ZPO** kann das Vollstreckungsgericht den erlassenen Beschluss auf Antrag des Gläubigers/Schuldners bei Änderung der Sachlage oder arglistiger Einwirkung im Hinblick auf die Entscheidung **abändern,** und zwar auch dann, wenn das LG/OLG den Beschluss erlassen

8.368

---

599 LG Lübeck, Rpfleger 1994, 174.
600 Vgl. auch BVerfG, Rpfleger 2005, 614 = InVo 2005, 1972; BVerfG, NJW 1998, 295; OLG Rostock, InVo 1996, 276 = OLGR 1996, 21.
601 OLG Köln, Rpfleger 1996, 33 = NJW-RR 1995, 1163; verfassungsrechtlich ist es unbedenklich, die Kosten eines erfolglosen Beschwerdeverfahrens dem Gläubiger als Beschwerdeführer aufzuerlegen, BVerfG, NJW-RR 2005, 936.
602 OLG Köln, Rpfleger 1996, 33 = NJW-RR 1995, 1163; KG, KGR 1994, 179 und OLG Düsseldorf, NJW-RR 1996, 637 – auch bei Erfolg des Schuldners erst in der Beschwerdeinstanz.

hat, der Beschluss rechtskräftig ist oder ein Rechtsbehelf gegen die Entscheidung eingelegt wurde. Eine Änderung der Sachlage liegt bei einer Änderung der der Entscheidung zugrunde liegenden Tatsachen vor, also bei nach Erlass des Beschlusses entstandenen oder zwar zuvor entstandenen Tatsachen, die aber vom Antragsteller seinerzeit noch nicht geltend gemacht werden konnten.[603]

VIII. Rechtsbehelf

8.369 Gegen die Entscheidung des Vollstreckungsgerichts gemäß § 765a ZPO ist die sofortige Beschwerde gemäß § 11 Abs. 1 RPflG/§ 793 ZPO gegeben.[604]

IX. Einstweiliger Rechtsschutz

8.370 Einstweiliger Rechtsschutz kann gemäß §§ 765a Abs. 1 S. 2, 732 Abs. 2 ZPO durch eine einstweilige Anordnung gewährt werden, wenn entsprechende Tatsachen glaubhaft gemacht sind.

8.371 Rechtsbehelf hiergegen: Bei Entscheidung des Rechtspflegers ist befristete Erinnerung gemäß § 11 Abs. 2 RPflG möglich, weil gegen eine entsprechende Entscheidung des Richters ein Rechtsmittel nach **h.M.**[605] nicht zulässig ist (vgl. im Einzelnen oben Rdn. 8.207, 8.208).

8.372 Ferner kann der **Gerichtsvollzieher gemäß § 765a Abs. 2 ZPO** eine Maßnahme zur Erwirkung der Herausgabe von Sachen (§§ 883–886 ZPO) bis zur Entscheidung des Vollstreckungsgerichts, jedoch nicht länger als eine Woche, aufschieben, wenn ihm die Voraussetzungen des § 765a Abs. 1 ZPO glaubhaft gemacht werden und dem Schuldner die rechtzeitige Anrufung des Vollstreckungsgerichts nicht möglich war. Diese Möglichkeit besteht nicht bei der Zwangsvollstreckung wegen Geldforderungen. Rechtsbehelf gegen die Entscheidung des Gerichtsvollziehers: Vollstreckungserinnerung gemäß § 766 ZPO.

---

603 OLG Saarbrücken, Rpfleger 2003, 37 = InVo 2003, 254; MünchKomm/*Heßler* ZPO, § 765a Rdn. 99, 100; Zöller/*Stöber*, § 765a Rdn. 29; nach Baumbach/*Hartmann*, § 765a Rdn. 36 ist es unerheblich, dass der Schuldner den Grund hätte angeben können.
604 Zöller/*Stöber*, § 765a Rdn. 23; Musielak/*Lackmann*, § 765a Rdn. 27; Schuschke/*Walker*, § 765a Rdn. 22; unklar Baumbach/*Hartmann*, § 765a Rdn. 31.
605 BGH [XII. ZS], FamRZ 2004, 1191 = InVo 2004, 368 = NJW 2004, 2224; BGH, Beschl. v. 20.12.2005 – VII ZB 52/05, InVo 2006, 146 unter Ablehnung von OLG Hamm [27. ZS], InVo 2005, 460; BGH, Beschl. v. 17.10.2005 – II ZB 4/05 unter Ablehnung von OLG Hamm [27. ZS], NJOZ 2005, 1561; so auch OLG Hamm [30. ZS], NJOZ 2005, 2957 und Zöller/*Herget*, § 769 Rdn. 13 m.w.N.

Kapitel L
Klage auf Unterlassung der Zwangsvollstreckung gemäß § 826 BGB

I. Ziel und Wesen

Der Schuldner kann unter besonderen Voraussetzungen auch mit einer Klage gemäß § 826 BGB die Unterlassung der Zwangsvollstreckung aus einem Titel, die Herausgabe des Titels sowie Schadensersatz wegen Urteilsmissbrauchs erreichen. Diese Klage stellt zwar keinen Rechtsbehelf der Zwangsvollstreckung im eigentlichen Sinne dar, soll aber wegen des vergleichbaren Klagezieles und -erfolges hier mit dargestellt werden.

8.373

II. Statthaftigkeit

Auch unrichtige Gerichtsentscheidungen müssen um der Rechtssicherheit willen grundsätzlich als endgültig verbindlich hingenommen werden. Derartige Entscheidungen stehen dann zwar im Widerspruch zur materiellen Gerechtigkeit, doch hat der Gesetzgeber durch das Institut der Rechtskraft in zulässiger Weise von diesen konkurrierenden Verfassungsprinzipien dem Prinzip der Rechtssicherheit Vorzug vor dem der Gerechtigkeit im Einzelfall eingeräumt.[606] In **schwer wiegenden, eng begrenzten Ausnahmefällen** lässt die Rechtsprechung es jedoch zu, dass die Rechtskraft eines materiell unrichtigen Titels durchbrochen wird. Das ist dann der Fall, wenn es mit dem Gerechtigkeitsgedanken schlechthin unvereinbar wäre, dass der Titelgläubiger seine formelle Rechtsstellung unter Missachtung der wahren Rechtslage zulasten des Schuldners ausnutzt.[607] Notwendig ist jedoch ein Titel, der in materielle Rechtskraft erwachsen ist (z.B. Urteil, Vollstreckungsbescheid, Schiedsspruch, einstweilige Verfügung, Zuschlagsbeschluss in der Zwangsversteigerung, Kostenfestsetzungsbeschluss, Pfändungsbeschluss);[608] ein Prozessvergleich fällt daher wohl nicht darunter, ebenso wenig wie eine notarielle Urkunde, weil für diese der Einwendungsausschluss gem. § 767 Abs. 2 ZPO nicht gilt und sich die Vergleichsparteien unter den Voraussetzungen z.B. der §§ 779 Abs.1, 123 BGB von dem Vergleich lösen können.[609]

8.374

---

606 BVerfG, NJW-RR 1993, 232.
607 BGH, NJW 2005, 2991, 2994; BGH, NJW 1991, 1884, 1885; BGH, NJW 1998, 2818 = InVo 1999, 52.
608 Vgl. MünchKomm/*Wagner* BGB, § 826 Rdn. 137.
609 KG, KGR Berlin 2005, 85 betr. Vergleich, wenn die Partei das bewusst wahrheitswidrige Bestreiten des Gegners kennt, aber gleichwohl den Vergleich schließt; offen gelassen von OLG Bremen, NJW-RR 2001, 1036; MünchKomm/*Wagner* BGB, § 826 Rdn. 137; Palandt/*Sprau*, § 826 Rdn. 54.

III. Klageantrag

8.375 Der Klageantrag kann auf drei Ziele gerichtet sein:

- **Unterlassung der Zwangsvollstreckung** (nicht: Unzulässigerklärung) aus dem genau bezeichneten Titel, und zwar generell oder in bestimmter Höhe.
  Dabei ist zu beachten, dass die Zwangsvollstreckung wegen der Beträge zulässig bleibt, die dem Titelgläubiger auch bei Nichtigkeit des Darlehensvertrages gegen den Ratenkreditnehmer zustehen, also z.B. das Darlehensnettokapital[610]. Ist nur der titulierte Verzugszins sittenwidrig, kann der Gläubiger daher z.B. Verzugszinsen in Höhe von 5 bzw. 8 Prozentpunkten über dem Basiszinssatz gemäß § 288 Abs. 1 und 2 BGB verlangen.[611]
- **Herausgabe dieses Titels** an den Kläger;
- ggf. auch auf **Schadensersatz/Rückzahlung** zu viel gezahlten Geldes (Angabe des Betrages bzw. Feststellung des Anspruchs).

8.376 **Beispiel** eines Antrags (vgl. Muster Rdn. 15.25):

... den Beklagten zu verurteilen,

1. die Zwangsvollstreckung aus dem Vollstreckungsbescheid des Amtsgerichts Bonn vom 23.8.2005 – 12 B 1246/05 – zu unterlassen

oder:

hinsichtlich eines über 4500,– € hinausgehenden Betrages zu unterlassen

oder:

hinsichtlich der Verzugszinsen zu unterlassen, soweit diese höher als 5 Prozentpunkte über dem Basiszinssatz liegen.

2. den vorgenannten Titel an den Kläger herauszugeben
3. an den Kläger 4830,– € nebst Zinsen in Höhe von 5 Prozentpunkten über dem Basiszinssatz zu zahlen

oder:

festzustellen, dass die Beklagte verpflichtet ist, den Betrag an den Kläger zurückzuzahlen, der sich aus den Zahlungen des Klägers abzüglich des Darlehensnettokapitals und der halben Restschuldversicherungsprämie sowie des Anspruchs der Bank auf Ersatz ihres insoweit entstandenen Verzögerungsschadens, der nicht mehr als 5 Prozentpunkte über Basiszinssatz betragen darf, ergibt.

---

610 BGH, WM 1989, 170.
611 Jedoch keinen Verzugszinssatz von 27,2 %, der noch über dem als sittenwidrig eingestuften Vertragszinssatz liegt, OLG Hamm, VuR 2000, 215.

IV. Zuständigkeit

Zuständig für die Klage ist jedes Gericht, in dessen Bezirk Zwangsvollstreckungsmaßnahmen vorgenommen wurden oder zu erwarten sind; ferner der Sitz des Klägers als Vollstreckungsschuldner sowie der Ort der Erwirkung des Titels.[612] Betrifft der Unterlassungsanspruch einen Titel über Wohnraummiete, ist jedoch analog § 29a ZPO ausschließlich das örtliche Mietgericht zuständig.[613]

8.377

V. Begründetheit

Die Klage gemäß § 826 BGB ist begründet, wenn (kumulativ):

- das Urteil aus der Sicht des jetzt über den Anspruch entscheidenden Gerichts **unrichtig** ist und nicht auf nachlässiger Prozessführung beruht,[614]
- der Titelgläubiger **Kenntnis** von dieser Unrichtigkeit hat; hierbei kann es genügen, wenn er im Rahmen einer Klage gemäß § 826 BGB die entsprechende Kenntnis erlangt,[615]
- **besondere Umstände** hinzutreten, die das Verhalten des Titelgläubigers als sittenwidrig erscheinen lassen.

8.378

Besondere Umstände können sich daraus ergeben, dass der Gläubiger durch bewusste rechts- oder sittenwidrige Handlungen zur Unrichtigkeit des Urteils beigetragen hat;[616] sie liegen aber auch dann vor, wenn er einen nicht erschlichenen, aber materiell unrichtigen Vollstreckungstitel ausnutzt, falls dessen materielle Unrichtigkeit sich aus seiner Sittenwidrigkeit ergibt und Letztere so eindeutig und schwer wiegend ist, dass jede Vollstreckung allein deswegen schon das Rechtsgefühl in unerträglicher Weise verletzen würde. Ein solcher Fall liegt aber nicht schon dann vor, wenn der Gläubiger mehr erhalten hat, als ihm bei zutreffender Beurteilung der Rechtslage zustünde.[617] So hat der BGH betont, dass die Durchbrechung der Rechtskraft eines rechtskräftigen Vollstreckungsbescheides über einen nicht schlüssigen Anspruch grundsätzlich auf Fälle beschränkt bleiben muss, die – wie bei der

8.379

---

612 Vgl. OLG Köln, OLGR 2001, 226; OLG Schleswig, NJW-RR 1992, 239; Palandt/*Sprau*, § 826 BGB Rdn. 58; Thomas/Putzo/*Hüßtege*, § 32 Rdn. 1; Zöller/*Vollkommer*, § 32 Rdn. 17 „Sittenwidrige Ausnutzung"; Musielak/*Smid*, § 32 Rdn. 15.
613 OLG Frankfurt, WuM 1989, 584; LG Hamburg, WuM 2003, 38.
614 BGH, NJW 1996, 57, 59.
615 BGH, NJW 1987, 3256, 3257; BGH, NJW 1998, 2818 = InVo 1999, 52; BGH, NJW 1997, 743 = InVo 1997, 96 – im konkreten Fall verneint wegen vertretbarer Rechtsauffassung.
616 BGHZ 26, 391 – Zeugenmanipulation; BGH, MDR 1970, 134 – Räumung; BGHZ 57, 108 und 153, 189 – Erschleichen öffentlicher Zustellung.
617 BGH, NJW 1991, 30, 31.

Fallgruppe der Ratenkreditverträge – nach der Art der zugrunde liegenden Rechtsbeziehungen eine klar umrissene sittenwidrige Typik aufweisen und in denen ein besonderes Schutzbedürfnis des mit dem Mahnverfahren überzogenen Schuldners hervortritt[618]. Solche Fälle sind außerhalb des Bereichs der Kreditverträge (s. dazu nachfolgend) eher selten bejaht worden, so aber bei

- Erwirkung eines Vollstreckungsbescheides wegen eines Vergütungsanspruchs aus **Partnerschaftsvermittlung** (§ 656 BGB) bei Verschleierung der Forderung durch unzutreffende Bezeichnung, z.B. als „Zahlungsanspruch aus Ratenzahlungsvertrag";[619]
- Inanspruchnahme eines von der Geschäftsführung ausgeschlossenen Komplementärs für Gesellschaftsschulden der vermögenslosen KG, wobei der Titel in **kollusivem Zusammenwirken** zwischen Gläubiger und den die KG vertretenden Personen unter Ausnutzung der Besonderheiten des Mahnverfahrens zustande gekommen war;[620]
- Geltendmachung **ärztlicher Honorarforderungen** durch eine ärztliche Verrechnungsstelle im Wege des Mahnverfahrens ohne vorherige Vorlegung der erforderlichen Zustimmungserklärung der Patienten, wodurch sie in Kauf nahm, dass ihr die geltend gemachte Forderung wegen Nichtigkeit der Abtretung nicht zustand;[621]
- Vollstreckung eines **Unterhaltstitels** in Kenntnis der Tatsache, dass wegen Aufnahme einer angemessenen Erwerbstätigkeit mit nennenswertem Einkommen ein Unterhaltsanspruch nicht mehr besteht, und gleichzeitigem Nichtoffenbaren der Einkünfte gegenüber dem Unterhaltspflichtigen, sodass dieser keine Abänderungsklage gem. § 323 ZPO erhebt und im Rahmen der Sperrwirkung des § 323 Abs. 3 ZPO daran auch für die Vergangenheit gehindert ist, wenn der Unterhaltsschuldner aufgrund vorangegangenen Tuns des Unterhaltsgläubigers sowie nach der Lebenserfahrung keine Veranlassung hatte, sich über den Fortbestand der anspruchsbegründenden Umstände durch ein Auskunftsverlangen zu vergewissern,[622] oder den Unterhaltsgläubiger diesbezüglich eine „ungefragte" Offenbarungspflicht traf.[623]

Keine solchen Umstände liegen vor, wenn ein Inkassounternehmen, das reines **Forderungsfactoring** betreibt, einen Vollstreckungsbescheid über

---

618 BGH, NJW 1999, 1257; BGH, NJW 1998, 2818 = InVo 1999, 52 mit zust. Anm. *Brehm* in WuB IV A. § 826 BGB 1.98.
619 KG, KGR 1995, 70; OLG Stuttgart, NJW 1994, 330; s. auch AG Bremen, VuR 1995, 131.
620 BGH, NJW 1996, 658.
621 LG Heilbronn, NJW 2003, 2389.
622 BGH, FamRZ 1986, 450 = NJW 1986, 1751.
623 BGH, FamRZ 1997, 483 = NJW 1997, 1439; OLG Düsseldorf, MDR 2002, 279.

angebliche Forderungen erwirkt, die wegen Sittenwidrigkeit nichtig sind, das Inkassounternehmen davon jedoch keine Kenntnis hatte.[624]

VI. Insbesondere: gewerbliche Konsumentenkredite

Hauptanwendungsgebiet für die Klage gemäß § 826 BGB ist die Vollstreckung sittenwidriger **Bank-Konsumentenkredite**. Unter Zugrundelegung der vorgenannten Grundsätze, die mit der Verfassung in Einklang stehen,[625] müssen daher **kumulativ** folgende Voraussetzungen für die Begründetheit der Klage erfüllt sein: 8.380

1. Unrichtigkeit des Vollstreckungstitels

Der Vollstreckungstitel muss materiell-rechtlich unrichtig sein, d.h. der für vollstreckbar erklärte Anspruch darf nicht oder nicht im titulierten Umfang bestehen. Bei Urteilen (Titel mit gerichtlicher Schlüssigkeitsprüfung) muss diese Unrichtigkeit auf tatsächlichem Gebiet bestehen, bei Vollstreckungsbescheiden (Titel ohne eine solche Schlüssigkeitsprüfung) genügt eine rechtliche Fehlerhaftigkeit.[626] Maßgebend ist dabei, ob nach der Auffassung des nunmehr zur Entscheidung berufenen Gerichts der geltend gemachte Anspruch berechtigt war. Dabei ist eine Gesamtwürdigung aller objektiven und subjektiven Geschäftsumstände vorzunehmen. Entscheidendes Kriterium ist die Feststellung eines auffälligen Missverhältnisses zwischen Leistung und Gegenleistung. 8.381

Dieses **Missverhältnis** wiederum ergibt sich im Wesentlichen aus dem Vergleich zwischen dem Vertragszins zu dem damals üblichen Marktzins (relative und absolute Zinsdifferenz). Als Marktzins wird der von der Deutschen Bundesbank ermittelte Schwerpunktzins – zuzüglich 2,5 % Bearbeitungsgebühr[627] – herangezogen. Ein auffälliges Missverhältnis wird von der Rechtsprechung in der Regel bejaht, wenn der Vertragszins den marktüblichen Effektivzins relativ um 100 % oder absolut um 12 % übersteigt;[628] wurde der Kredit in einer Niedrigzinsphase (bis 8 %) langfristig ohne Zinsanpassungsklausel gewährt, bildet der Richtwert von 110 % die Grenze[629]. Aber auch bei relativen Abweichungen zwischen 90 und 100 % bzw. einer absoluten Zinsdifferenz unter 12 % kann die Gesamtwürdigung aller Umstände zur Bejahung der Sittenwidrigkeit führen.[630] Bei einer Abweichung unter 90 % verneint die Rechtsprechung hingegen ein auffälliges Missverhältnis. 8.382

---

624 BGH, NJW 2005, 2991.
625 Vgl. BVerfG, NJW-RR 1993, 232.
626 BGH, NJW 1987, 3256, 3257.
627 BGH, NJW 1995, 1019, 1021.
628 BGHZ 110, 336 = NJW 1990, 1595.
629 BGH, NJW 1991, 834.
630 BGHZ 104, 102 = NJW 1988, 1659.

8.383 Die materielle Unrichtigkeit des Titels kann sich auch allein auf zu hoch in Ansatz gebrachte **Verzugszinsen** beziehen.[631]

8.384 Ist der Ratenkreditvertrag objektiv sittenwidrig, so ergibt sich in der Regel bereits daraus das notwendige Vorliegen des subjektiven Tatbestandes, nämlich der vorsätzlichen oder grob fahrlässigen **Ausnutzung** der schwächeren Lage des Kunden durch die Teilzahlungsbank.[632]

2. Kenntnis des Gläubigers von der Unrichtigkeit

8.385 Dem Titelgläubiger muss diese materielle Unrichtigkeit bekannt sein; insoweit reicht es aus, dass er bei einem Streit über die zukünftige Vollstreckung diese Kenntnis im Rahmen der Klage gemäß § 826 BGB erhält.[633]

3. Besondere Umstände

8.386 Ferner müssen besondere Umstände hinzutreten, aufgrund derer es dem Titelgläubiger zugemutet werden muss, seine ihm unverdient zugefallene Rechtsposition aufzugeben.[634]

8.387 Diese Voraussetzung ist nicht schon allein dadurch erfüllt, dass der Gläubiger statt Klage zu erheben, das **Mahnverfahren** gewählt hat und der Titel somit ohne Schlüssigkeitsprüfung ergangen ist. Vielmehr ist notwendig, dass der Gläubiger erkennen konnte, dass eine gerichtliche Schlüssigkeitsprüfung wegen Sittenwidrigkeit des Kreditgeschäfts zu einer Ablehnung des Klagebegehrens führen würde und er sich des Mahnverfahrens bedient und einen Vollstreckungsbescheid erwirkt, nachdem der Schuldner aufgrund seiner Unerfahrenheit schon gegen den Mahnbescheid keinen Widerspruch erhoben hatte.[635] Maßgebender Zeitpunkt für dieses Erkennenkönnen durch den Gläubiger ist der Antrag auf Erlass des Vollstreckungsbescheids.[636]

8.388 In **Extremfällen** kann allerdings von dem Erfordernis besonderer Umstände abgesehen werden. Ein solcher Extremfall liegt vor, wenn die materielle Unrichtigkeit des Titels aufgrund der Sittenwidrigkeit bereits so eindeutig und so schwer wiegend ist, dass jede Vollstreckung allein schon deswegen das Rechtsgefühl in schlechthin unerträglicher Weise verletzen würde[637]. Kein solcher Extremfall: relative Überschreitung des Marktzinses um 160,45 % (Titel war allerdings ein Urteil und kein Vollstreckungsbe-

---

631 BGH, NJW 1987, 3256, 3259.
632 Wegen der weiteren Einzelheiten vgl. Palandt/*Heinrichs*, § 138 Rdn. 25 ff.
633 BGH, NJW 1987, 3256, 3257.
634 BGH, NJW 1987, 3256; NJW 1995, 1019.
635 BGH, NJW 2005, 2991, 2994; BGH, NJW 1991, 1884, 1885; OLG Stuttgart, OLGR Stuttgart 2005, 864.
636 BGH, NJW-RR 1990, 179, 180.
637 BGH, NJW 1987, 3256, 3258.

scheid)[638] oder 120,7 %[639]. Extremfall bejaht vom OLG Zweibrücken[640] bei einer absoluten Zinsdifferenz von 15 % und einer relativen von 170 % (das Urteil wurde nach Rücknahme der Revision rechtskräftig). Ebenfalls bejaht bei einem wucherischen Darlehen, bei dem der Schuldner die Nettokreditsumme, die halbe Restschuldversicherungsprämie, das Doppelte der marktüblichen Kreditkosten und angemessene Verzugszinsen – insgesamt 30.000,– DM auf titulierte 8.909,87 DM – bezahlt hatte,[641] sowie bei Überschreitung des Marktzinssatzes um 128,7 % und einem unter Bezugnahme auf ihre allgemeinen Geschäftsbedingungen zusätzlich titulierten Verzugszinssatz von 27,2 %.[642]

Die Tatsache, dass der Gläubiger aus einem nicht erschlichenen, materiell aber falschen Vollstreckungstitel mehr erhalten hat, als ihm bei zutreffender Beurteilung der Rechtslage zustünde, stellt für sich allein gesehen keinen solchen besonderen Umstand dar.[643]

8.389

Zunehmend an Bedeutung gewonnen hat hingegen die Frage, ob der **Inanspruchnahme** vermögensloser Angehöriger des Schuldners oder dessen Lebensgefährten[644] **als Bürgen oder Mitschuldner** im Hinblick auf die Rechtsprechung des BVerfG[645] und der sich daran orientierenden neueren Rechtsprechung des BGH[646] zur Überforderung des Schuldners bzw. Bürgen Erfolg versprechend begegnet werden kann. Dies wird in der obergerichtlichen Rechtsprechung sowie der Literatur grundsätzlich bejaht, wobei dies auf solche Titel beschränkt wurde, die nach Bekanntwerden der geänderten Rechtsprechung[647] erwirkt wurden[648]. Hingegen haben der BGH[649] und ihm folgend die überwiegende übrige Rechtsprechung[650] und Literatur[651] sowohl die Anwendung des § 767 ZPO als auch die des § 826 auf derartige sittenwidrige Bürgschaftsverträge abgelehnt. Das BVerfG[652] hat nun-

8.390

---

638 BGH, ZIP 1989, 89.
639 BGH, NJW 1991, 30.
640 NJW-RR 1989, 874, 875.
641 OLG Nürnberg, InVo 2002, 423 = JurBüro 2002, 443 = OLGR Nürnberg 2002, 323.
642 OLG Hamm, VuR 2000, 215.
643 BGH, NJW 1991, 30, 31.
644 BGH, MDR 1997, 358.
645 NJW, 1994, 36 ff. und 2749.
646 Vgl. u.a. NJW 1995, 592; NJW 1996, 2088; Palandt/*Heinrichs*, § 138 Rdn. 37 ff.
647 Frühestens im Hinblick auf die Rechtsprechung des Darlehenssenates – BGH, NJW 1991, 923 – ab Anfang der 1990er-Jahre.
648 OLG Nürnberg, InVo 2000, 54 = MDR 1999, 1213; OLG Köln, WM 1997, 1095; InVo 1998, 356, 358; OLG Hamm, InVo 1998, 159; OLG Düsseldorf, InVo 1997, 188 = OLGR 1997, 32; Brandenb. OLG, OLGR 1997, 260 – verneint bei Versäumnisurteil nach anwaltlicher Beratung; wohl auch OLG Frankfurt, OLGR 1995, 200; *Fischer*, WM 1998, 1749, 1760; *Eckardt*, MDR 1998, 621, 624.
649 FamRZ 2002, 1547 = InVo 2002, 504 = MDR 2002, 1334 = NJW 2002, 2940.
650 OLG Celle, OLGR Celle 2004, 311; OLG Köln, InVo 2002, 63.
651 *Schuschke*, Anh. § 767 Rdn. 4; Palandt/*Sprau*, § 826 Rdn. 52.
652 Beschl. v. 6.12.2005 – 1 BvR 1905/02 = InVo 2006, 241 = FamRZ 2006, 253.

mehr unter Aufhebung der vorgenannten Entscheidung des BGH entschieden, dass die Vollstreckung gegen einen rechtskräftig zur Zahlung verurteilten Schuldner verfassungswidrig ist, wenn das zugrunde liegende Urteil auf der Auslegung und Anwendung unbestimmter Rechtsbegriffe beruht, die vom BVerfG – wie im Fall der Bürgschaftsentscheidung – für unvereinbar mit dem Grundgesetz erklärt worden sind. Dies ist jedoch nicht im Wege einer Klage nach § 826 BGB geltend zu machen, sondern im Wege der Vollstreckungsgegenklage, wobei § 79 Abs. 2 BVerfGG entsprechend anwendbar ist.

VII. Beweis

8.391   Der Kläger hat neben den die Klage begründenden Tatsachen der Unrichtigkeit, Kenntnis des Vollstreckungsgläubigers und der besonderen Umstände auch die Ursächlichkeit des arglistigen Verhaltens des Vollstreckungsgläubigers für die Unrichtigkeit des Titels zu beweisen.[653] Maßgebend ist allerdings nicht, wie das Gericht seinerzeit ohne das arglistige Verhalten des Klägers entschieden hätte, sondern wie es nach Auffassung des jetzt entscheidenden Gerichts bei richtiger Beurteilung der Sach- und Rechtslage hätte entscheiden müssen.

VIII. Entscheidung

8.392   Die Entscheidung des Gerichts ergeht durch Urteil. Hierbei handelt es sich um ein Leistungs- und/oder Feststellungsurteil, nicht um ein Gestaltungsurteil.

IX. Einstweiliger Rechtsschutz

8.393   **Streitig** ist, ob im Rahmen einer Klage wegen Urteilsmissbrauchs gemäß § 826 BGB die Vorschrift des § 769 ZPO entsprechende Anwendung findet. Während die einen[654] dies bejahen, weil beide Prozesssituationen dieselben seien, wird diese Ansicht von anderen[655] verneint und der Schuldner stattdessen darauf verwiesen, eine einstweilige Verfügung auf Unterlassung der Zwangsvollstreckung zu erwirken.

---

653   BGH, NJW 2005, 2291, 2294.
654   OLG Karlsruhe, FamRZ 1982, 400 und FamRZ 1986, 1141; OLG Zweibrücken, NJW 1991, 3041; LG Berlin, MDR 2005, 1254; Zöller/*Herget*, § 769 Rdn. 1; *Schuschke*, § 769 Rdn. 1; MünchKomm/*Schmidt* ZPO, § 769 Rdn. 4.
655   LAG Schl-Holstein, SchlHA 2004, 346; OLG Stuttgart, NJW-RR 1998, 70 = InVo 1997, 335; OLG Frankfurt, NJW-RR 1992, 511; OLG Hamm, MDR 1987, 505; OLG München, NJW 1976, 1748; LG Bochum, MDR 1999, 359; Thomas/*Putzo*, § 769 Rdn. 2a; Baumbach/*Hartmann*, § 769 Rdn. 3; Musielak/*Lackmann*, § 769 Rdn. 1; HK-ZPO/*Kindl*, § 769 Rdn. 2.

9. Abschnitt
Grundstück und Grundbuch

I. Bestandsverzeichnis

1. Grundstücke

Das Grundstück im tatsächlichen Sinne ist ein räumlich abgegrenzter Teil der Erdoberfläche, der durch eine in sich wiederkehrende Linie begrenzt wird.[1] Ein solcher amtlich vermessener Teil der Erdoberfläche wird im Liegenschaftskataster nach Gestalt, Größe und örtlicher Lage bezeichnet. Dieses unter der Bezeichnung Flurstück gebuchte Grundstück ist die kleinste vermessene Einheit eines Grundstückes. Die nächstgrößere Unterteilung ist die Flur, in der die Flurstücke eines Gemeindegebietes oder eines gemeindefreien Gebietes liegen. Die Flurstücke und Flure werden weiterhin nach Gemarkungen zusammengefasst. Die Gemarkungen entsprechen zumeist den Gemeindegebieten, wobei größere Gebiete in mehrere Gemarkungen unterteilt sein können. Auch die Grundbücher werden nach Gemarkungen geführt. So können in einem Grundbuchblatt verschiedene Flurstücke in mehreren Fluren, aber immer nur in einer Gemarkung gebucht sein.

9.1

Das Grundstück im tatsächlichen Sinne ist jedoch zu unterscheiden von dem Grundstück im Rechtssinne. Aus den Buchungsvorschriften, §§ 3, 4 GBO, ergibt sich, dass jedes Grundstück im Grundbuch eine besondere Stelle erhält (Grundbuchblatt). Hieraus ist zu definieren, dass das Grundstück im Rechtssinn dasjenige ist, welches im Grundbuch im Bestandsverzeichnis unter einer laufenden Nummer gebucht ist.[2]

9.2

Der Eigentümer kann mehrere Grundstücke im tatsächlichen Sinne vereinigen, § 5 GBO, oder ein Grundstück einem anderen Grundstücke zuschreiben, § 6 GBO. In beiden Fällen werden die Grundstücke dann im Grundbuch im Bestandsverzeichnis unter einer laufenden Nummer gebucht und sind somit ein Grundstück im Rechtssinn. Ein Flurstück kann damit niemals mehrere Grundstücke umfassen, ein Grundstück im Rechtssinn dagegen aus mehreren Flurstücken bestehen.[3]

9.3

---

1 *Schöner/Stöber,* Rdn. 561; K/E/H/E/*Eickmann,* § 2 Rdn. 4; Meikel/*Nowak,* § 3 Rdn. 6.
2 Meikel/*Nowak,* § 3 Rdn. 7.
3 *Schöner/Stöber,* Rdn. 563; BayObLGZ 1954, 258.

9.4   Grundsätzlich ist für jedes Grundstück ein Grundbuchblatt anzulegen (Realfolium-System), § 3 Abs. 1 GBO. Über mehrere Grundstücke desselben Eigentümers, deren Grundbücher von demselben Grundbuchgericht geführt werden, kann daneben aber auch ein gemeinschaftliches Grundbuchblatt angelegt werden (Personalfolium-System), § 4 Abs. 1 GBO. In der Praxis wird regelmäßig das Personalfolium-System angewandt, in ein und derselben Gemarkung werden für denselben Eigentümer sämtliche Grundstücke geführt.

9.5   Durch die Einfügung des 7. Abschnitts – §§ 126 bis 134 GBO – durch das RegVBG vom 20.12.1993[4] ist klargestellt, dass die Landesregierungen durch Rechtsverordnung bestimmen können, das Grundbuch in maschineller Form als automatisierte Datei zu führen.[5] Das maschinell geführte Grundbuch tritt für ein Grundbuchblatt an die Stelle des bisherigen Grundbuches, sobald es freigegeben worden ist, § 128 Abs. 1 GBO. Da die Eintragungen nicht mehr unterschrieben werden können, werden sie wirksam, sobald sie in dem für die Grundbucheintragung bestimmten Datenspeicher aufgenommen und auf Dauer nicht mehr verändert werden können, § 129 Abs. 1 GBO. Auch das Einsichtsrecht durch einfache Datenübermittlung ist neu geregelt, § 133 GBO.[6]

9.6   Nur das Grundstück im Rechtssinn kann mit dinglichen Rechten in der Abteilung II und III des Grundbuches belastet werden. Auch die Zwangsversteigerung oder Zwangsverwaltung kann nur bezüglich eines Grundstückes angeordnet werden, welches im Bestandsverzeichnis des Grundbuches unter einer laufenden Nummer gebucht ist. Soll ein buchungsfreies Grundstück (z.B. öffentliche Wege, Wasserläufe oder Grundstücke des Bundes, Landes, der Gemeinde) belastet oder versteigert werden, muss dies erst im Grundbuch eingetragen werden, § 3 Abs. 2 GBO.[7]

2. Miteigentumsanteile

9.7   Ein Grundstück, das mehreren Eigentümern gemeinschaftlich gehört, wird grundsätzlich auch im Bestandsverzeichnis unter einer laufenden Nummer geführt. Das Grundbuchgericht kann jedoch, sofern dies zur Erleichterung des Rechtsverkehrs angezeigt ist und dadurch keine Verwirrung eintritt, von der Führung eines Grundbuchblattes für ein solches Grund-

---

4   BGBl I 2182.
5   Vgl. hierzu auch die Leitlinien zu den organisatorischen und technischen Grundsätzen für die Grundbuch- und Registerautomation, verabschiedet von der Bund-Länder-Kommission für Datenverarbeitung und Rationalisierung in der Justiz auf ihrer 60. Sitzung vom 6. bis 8.11.1996 – abgedruckt bei Meikel/*Göttlinger*, Anhang vor §§ 126–134.
6   Vgl. im Einzelnen *Keller*, BWNotZ 1994, 73; *Schmidt-Räntsch*, VIZ 1993, 432; *Böhringer*, DtZ 1993, 336; Meikel/*Göttlinger*, §§ 126 ff.
7   *Stöber*, Einl. Rdn. 11.1.

stück absehen, wenn das Grundstück für sich allein nur von geringer wirtschaftlicher Bedeutung, aber den wirtschaftlichen Zwecken mehrerer anderer Grundstücke zu dienen bestimmt ist. Weiterhin muss das Grundstück in einem dieser zuvor genannten Bestimmung entsprechenden räumlichen Verhältnis stehen, § 3 Abs. 4 GBO. Typische Beispiele hierfür sind im Rahmen der Reihenhaus- bzw. Siedlungsbebauung die Garagenvorplätze, Mülltonnenstellplätze sowie gemeinschaftliche Zufahrtswege. Diese Grundstücksflächen werden von den Miteigentümern gemeinschaftlich genutzt. Da bei der Finanzierung die Kreditinstitute verlangen, dass auch diese Miteigentumsanteile der dinglichen Mithaft unterworfen werden, ist es praktisch und rechtlich sinnvoll, diese Anteile in dem Grundbuch des Eigentümers zu buchen, in dem das Hauptgrundstück (Haus) gebucht ist. Das Grundstück wird entsprechend den Miteigentumsanteilen der verschiedenen Eigentümer aufgeteilt und im Grundbuch dem Hauptgrundstück zugebucht (z.B.: 2/zu 1).[8] Dieser Miteigentumsanteil wird wie ein Grundstück im Rechtssinn behandelt, kann mit dinglichen Rechten belastet und ebenso versteigert bzw. unter Zwangsverwaltung gestellt werden.

3. Vermerk beim herrschenden Grundstück

Im Bestandsverzeichnis des Grundbuches wird auch der so genannte „Herrschvermerk" eingetragen. Rechte, die dem jeweiligen Eigentümer eines Grundstückes zustehen, sind auf Antrag auch auf dem Blatt dieses Grundstückes zu vermerken, § 9 Abs. 1 GBO. Kraft Gesetzes subjektiv-dingliche Rechte (z.B. Grunddienstbarkeit), aber auch vereinbarte subjektiv-dingliche Rechte (z.B. Reallast, Vorkaufsrecht) sind wesentlicher Bestandteil des herrschenden Grundstückes, § 96 BGB. Als wesentlicher Bestandteil des herrschenden Grundstückes sind diese Rechte nicht nur für den Eigentümer interessant, sondern auch aus wirtschaftlichen Gesichtspunkten für die dinglich Berechtigten an dem herrschenden Grundstück.

Die subjektiv-dinglichen Rechte stellen oftmals eine erhebliche Werterhöhung des herrschenden Grundstückes dar (z.B. Wegerecht, Kiesausbeutungsrecht, Bebauungsrecht). Die Aufhebung eines solchen Rechtes sowie eine Änderung des Inhaltes oder des Ranges erfordern sachenrechtlich grundsätzlich die Zustimmung dieser dinglich Berechtigten am herrschenden Grundstück, §§ 876 S. 2, 877, 880 Abs. 3 BGB. Formell-rechtlich ist jedoch zur Löschung oder zur Eintragung einer Inhalts- oder Rangänderung dieses Rechtes die Bewilligung der betroffenen Berechtigten nur erforderlich, wenn das Recht auf dem Blatt des herrschenden Grundstückes vermerkt ist, § 21 GBO. Der Vermerk gibt den wesentlichen Inhalt des sub-

---

8   *Schöner/Stöber*, Rdn. 587.

jektiv-dinglichen Rechtes wieder. Er erhält im Bestandsverzeichnis des Grundbuches eine laufende Nummer, unter gleichzeitiger Zubuchung zum herrschenden Grundstück (z.B.: 2/zu 1).[9]

9.10 Der „Herrschvermerk" wird nicht nur auf Antrag des Eigentümers vermerkt. Auch die dinglich Berechtigten am herrschenden Grundstück sind insoweit antragsberechtigt, also auch der Gläubiger einer Zwangssicherungshypothek.[10]

4. Grundstücksgleiche Rechte

a) Erbbaurecht

9.11 Bei der Doppelnatur des Rechtes ist zu unterscheiden:
- Bzgl. des Grundstückes ist das Erbbaurecht eine Belastung, die in Abteilung II des (Grundstücks) Grundbuches eingetragen wird, § 1 Abs. 1 ErbbauVO.
- Das Erbbaurecht selbst ist ein grundstücksgleiches Recht und wird wie ein selbstständiges Grundstück behandelt, § 11 ErbbauVO.

9.12 Das Erbbaurecht steht rechtlich und wirtschaftlich dem Eigentum sehr nahe. Dem Erbbauberechtigten steht das veräußerliche und vererbliche Recht zu, auf oder unter der Oberfläche des Grundstückes ein Bauwerk zu errichten oder zu haben, § 1 Abs. 1 ErbbauVO. Unter einem Bauwerk ist eine unter Verwendung von Arbeit und Material i.V.m. dem Erdboden hergestellte Sache zu verstehen, wobei der allgemeine Sprachgebrauch, die Verkehrsanschauung und entsprechende Wandlungen aufgrund sich verändernder technischer Gegebenheiten zu berücksichtigen sind. Als Bauwerk ist auch ein Rückhaltebecken zu betrachten.[11] Auch die Herstellung einer Golfanlage kann als Inhalt des Erbbaurechts vereinbart werden.[12]

9.13 Auf das Erbbaurecht finden die sich auf Grundstücke beziehenden Vorschriften entsprechende Anwendung, § 11 Abs. 1 S. 1 ErbbauVO. Für das Erbbaurecht ist von Amts wegen ein besonderes Grundbuchblatt (Erbbaugrundbuch) anzulegen. Das Erbbaurecht kann wie das Grundstück selbstständig beliehen werden, auch Zwangsvollstreckungsmaßnahmen in das Erbbaurecht sind zulässig.

9.14 Regelmäßig wird als Inhalt des Erbbaurechtes vereinbart, dass der Erbbauberechtigte zur Veräußerung des Erbbaurechtes und zur Belastung mit einer Hypothek, Grundschuld, Reallast oder Dauerwohnrecht der Zustimmung des Grundstückseigentümers bedarf, § 5 ErbbauVO. Diese Verfü-

---

9 *Schöner/Stöber*, Rdn. 1150, 1151.
10 *Demharter*, § 9 Rdn. 8.
11 OLG Schleswig, NJOZ 2002, 1566.
12 BGH, Rpfleger 1992, 286 = NJW 1992, 1681; zum „Haben" eines landwirtschaftlichen Betriebs vgl. ThürOLG Jena, Rpfleger 1996, 242.

gungsbeschränkung bezieht sich auch auf Verfügungen im Wege der Zwangsvollstreckung, § 8 ErbbauVO. Vor Eintragung einer Zwangssicherungshypothek muss der Gläubiger daher die Zustimmung des Grundstückseigentümers erwirken[13] (vgl. Rdn. 10.118 ff.). Dies gilt auch bei einem Eigentümererbbaurecht, der Titel gegen den Eigentümer (= Erbbauberechtigten) ersetzt nicht die Zustimmungserklärung des Erbbauberechtigten.[14] Hat allerdings der Grundstückseigentümer der ursprünglichen Bestellung eines Grundpfandrechts auf dem Erbbaurecht zugestimmt und wird dann das Erbbaurecht versteigert und zwischen Ersteher und Grundpfandrechtsgläubiger eine Vereinbarung zur Liegenbelassung des Grundpfandrechts geschlossen, § 91 Abs. 2 ZVG, bedarf es hierzu keiner weiteren Zustimmung des Grundstückseigentümers.[15]

Zur Vorlage der Zustimmung bei der Zuschlagserteilung s. Rdn. 11.724. **9.15**

Verweigert der Eigentümer die Zustimmung, kann sie durch das Amtsgericht ersetzt werden, § 7 ErbbauVO.[16] Den Anspruch des Erbbauberechtigten gegen den Grundstückseigentümer auf Erteilung der Zustimmung hat der Gläubiger zu pfänden und sich zur Einziehung überweisen zu lassen, erst danach kann er den Anspruch auf Zustimmung selbstständig geltend machen.[17] **9.16**

Die Verfügungsbeschränkung ist im Eintragungstext im Bestandsverzeichnis des Erbbaugrundbuches ausdrücklich einzutragen, sodass sie für den Gläubiger vor der Vollstreckung jederzeit erkennbar ist. **9.17**

b) Eigentümererbbaurecht – Gesamterbbaurecht – Untererbbaurecht

Das Erbbaurecht erlischt nicht, wenn durch Heimfall oder bei Ausübung des Vorkaufsrechtes der Grundstückseigentümer selbst Erbbauberechtigter wird, § 889 BGB.[18] Selbst die erstmalige Begründung eines Eigentümererbbaurechtes ist zulässig.[19] Für die Vollstreckung ergeben sich hier keine Unterschiede zu dem „Fremd"-Erbbaurecht. **9.18**

Die Bestellung eines **Gesamterbbaurechts** wird für zulässig angesehen, § 6a Abs. 1 GBO, sofern die zu belastenden Grundstücke unmittelbar aneinander grenzen oder zumindest nahe beieinander liegen, § 6a Abs. 1, § 5 **9.19**

---

13 LG Köln, Rpfleger 2000, 11.
14 OLG Hamm, Rpfleger 1985, 233 = MDR 1985, 585; BayObLG Rpfleger 1996, 447.
15 LG Detmold, Rpfleger 2001, 312.
16 OLG Celle, Rpfleger 1983, 270; OLG Hamm, Rpfleger 1985, 291; BayObLG, Rpfleger 1989, 97; OLG Hamm, Rpfleger 1994, 19.
17 OLG Hamm, Rpfleger 1993, 334 m. Anm. *Streuer*, Rpfleger 1994, 59; LG Köln, Rpfleger 2000, 11; **a.A.** *Schöner/Stöber*, Rdn. 1794; *Demharter*, Anhang zu § 8 Rdn. 11 und *Stöber*, Einl. 64.5: Der Gläubiger hat ein direktes Antragsrecht auf Zustimmungsersetzung.
18 *Schöner/Stöber*, Rdn. 1686.
19 BGH, Rpfleger 1982, 143 = NJW 1982, 2381.

Abs. 2 GBO.[20] Ob die zu belastenden Grundstücke nahe beieinander liegen, hängt von den konkreten Umständen des Einzelfalls ab. Maßgeblich ist neben der tatsächlichen Entfernung auch der Zweck, dem das einheitliche Bauwerk oder das Bauwerk mit den dazugehörigen Nebenanlagen dient.[21]

9.20 Hiernach hat der Erbbauberechtigte das Recht, alle Grundstücke einheitlich zu bebauen. Vollstreckungsrechtlich ergeben sich auch hier keine Probleme, da für ein Gesamterbbaurecht nur ein Erbbaugrundbuch angelegt werden kann. Belastungen bzw. Vollstreckungen können daher auch nur einheitlich in dieses Gesamterbbaurecht erfolgen.

9.21 Auch die Begründung eines Untererbbaurechtes alleine wird nach **h.M.** für zulässig erachtet.[22] Für dieses Untererbbaurecht ist ein besonderes Untererbbaurechtsgrundbuch anzulegen. Auch auf dieses Untererbbaurecht finden die Vorschriften über Grundstücke entsprechende Anwendung. Beleihungen bzw. Vollstreckungen erfolgen wie beim Erbbaurecht. Allerdings soll hier eine Verfügungsbeschränkung nicht vereinbart werden können.[23] Die Begründung eines Untererbbaurechts an einem anderen Erbbaurecht ist jedoch nicht im Grundbuch einzutragen, § 6a Abs. 2 GBO.

5. Wohnungs- und Teileigentum

9.22 Wohnungseigentum ist das Sondereigentum an einer Wohnung i.V.m. dem Miteigentumsanteil an dem gemeinschaftlichen Eigentum, § 1 Abs. 2 WEG. Teileigentum ist das Sondereigentum an nicht zu Wohnzwecken dienenden Räumen eines Gebäudes i.V.m. dem Miteigentumsanteil an dem gemeinschaftlichen Eigentum, § 1 Abs. 3 WEG. Teileigentum wird z.B. begründet an Geschäftsräumen, Läden, Praxen, Garagen, Werkstätten, Kellerräumen pp. Wohnungs- und Teileigentum ist eine Ausnahme des sachenrechtlichen Grundsatzes, dass das Gebäude mit den zu seiner Herstellung eingefügten Sachen wesentlicher Bestandteil des Grundstückes ist, §§ 93, 94 BGB. Das Wohnungseigentumsgesetz bildet die Grundlage dafür, dass mit dem Miteigentumsanteil an dem Grundstück das Sondereigentum an ganz bestimmten Räumen des Gebäudes gebildet werden kann. Wirtschaftlich und persönlich steht sicherlich das Sondereigentum für den Eigentümer im Vordergrund. Rechtlich jedoch ist der Miteigentumsanteil an dem Grundstück wichtiger. Wohnungs- und Teileigentum ist kein grundstücksgleiches Recht, sondern echtes Eigentum.[24] Auf das Wohnungs- und

---

20 BGH, Rpfleger 1976, 126; *Schöner/Stöber*, Rdn. 1695; Palandt/*Bassenge*, ErbbauVO § 1 Rdn. 8.
21 BayObLG, Rpfleger 2004, 157 = NJW-RR 2004, 737 = FGPrax 2003, 250 = MittBayNot 2004, 260 = ZfIR 2004, 196 = ZNotP 2004, 200.
22 BGH, Rpfleger 1974, 219; Palandt/*Bassenge*, ErbbauVO § 1 Rdn. 10; *Schöner/Stöber*, Rdn. 1701.
23 LG Augsburg, MittBayNot 1995, 211.
24 *Schöner/Stöber*, Rdn. 6.

Teileigentum sind alle Vorschriften über das Eigentum anwendbar. Für jeden Miteigentumsanteil, verbunden mit dem Sondereigentum an einer Wohnung oder einem sonstigen Raum, ist von Amts wegen ein gesondertes Grundbuchblatt anzulegen, § 7 Abs. 1 WEG. Das Wohnungs- bzw. Teileigentum ist veräußerlich und vererblich, kann mit dinglichen Rechten belastet werden, und auch Zwangsvollstreckungsmaßnahmen sind wie bei einem Grundstück jederzeit zulässig.

Als Inhalt des Sondereigentums kann vereinbart werden, dass ein Wohnungseigentümer zur Veräußerung seines Wohnungseigentums bzw. Teileigentums der Zustimmung der anderen Wohnungseigentümer oder des Verwalters bedarf, § 12 WEG. Von dieser Veräußerungsbeschränkung werden zum Teil auch Ausnahmen gemacht, z.B. bei Veräußerungen durch den Insolvenzverwalter, im Wege der Zwangsversteigerung, bei Veräußerung an den Ehegatten[25] oder an Abkömmlinge bis zu einem gewissen Grad in der Seitenlinie.[26] Von der Zustimmung der Grundpfandrechtsgläubiger kann die Veräußerung jedoch nicht abhängig gemacht werden.[27] Auch die Eintragung einer Zwangssicherungshypothek kann nicht von der Zustimmung eines Dritten abhängig gemacht werden. 9.23

Eine Belastungsbeschränkung mit dinglicher Wirkung, wie beim Erbbaurecht, ist im Wohnungseigentumsgesetz nicht vorgesehen. 9.24

a) Hausgeld

Das Hausgeld genießt in der Zwangsversteigerung oder Zwangsverwaltung keine Vorrechte.[28] Das Hausgeld ist ein schuldrechtlicher Anspruch, der, wie eine persönliche Forderung, entweder in Rangklasse 5 oder 4 des § 10 Abs. 1 ZVG zu berücksichtigen ist. Die Eigentümergemeinschaft muss für rückständiges Hausgeld gegen einen säumigen Miteigentümer einen Titel erwirken (Mahnverfahren § 46a WEG). Für diese titulierte Forderung kann auch auf den Namen der Eigentümer oder der WE-Gemeinschaft[29] eine Zwangssicherungshypothek an dem Wohnungs- bzw. Teileigentum des Schuldners eingetragen werden. 9.25

Mit dieser Forderung rangiert die Eigentümergemeinschaft in der Rangklasse 5 des § 10 Abs. 1 ZVG, erwirkt sie einen Duldungstitel, wird der Anspruch in Rangklasse 4 berücksichtigt (vgl. Rdn. 11.105 ff.). 9.26

In der Teilungserklärung oder durch einen nachträglichen Beschluss aller Wohnungs- bzw. Teileigentümer kann vereinbart werden, dass ein rechtsgeschäftlicher Erwerber für rückständiges Hausgeld bei Erwerb des Eigen- 9.27

---

25 Vgl. SchlHOLG, Rpfleger 1994, 19.
26 Zur Zustimmungsersetzung vgl. PfälzOLG Zweibrücken, Rpfleger 1994, 459.
27 MünchKomm/*Röll*, § 12 WEG Rdn. 4; Erman/*Grziwotz*, § 12 WEG Rdn. 5.
28 *Ebeling*, Rpfleger 1986, 125.
29 Zur Rechtsfähigkeit der Gemeinschaft jetzt BGH, Rpfleger 2005, 521 mit Anm. *Dümig* = NJW 2005, 2061 = NZM 2005, 543 = WM 2005, 1423 = ZIP 2005, 1233.

tums haftet.³⁰ Diese Vereinbarung wirkt jedoch nicht gegenüber dem Ersteher des Wohnungs- bzw. Teileigentums in der Zwangsversteigerung. Eine solche Haftungsregelung verstößt gegen § 56 ZVG, der Ersteher trägt erst ab dem Zuschlag sämtliche Lasten, und ihm gebühren erst ab diesem Zeitpunkt die Nutzungen des Eigentums.³¹ Anders argumentiert das BayObLG,³² welches zunächst bezüglich der Haftung für rückständige Beträge keinen Unterschied zwischen dem Ersteher und dem Rechtsvorgänger sieht, es haftet derjenige, der im Zeitpunkt der Beschlussfassung Wohnungseigentümer ist. Selbst wenn die Wohnungseigentümer die Beschlussfassung bis über den Zuschlagszeitpunkt hinaus absichtlich verzögern, ist hierin noch kein genereller Rechtsmissbrauch zu sehen, der Ersteher muss dann den Beschluss der Wohnungseigentümer anfechten.

9.28 Liegt bereits ein rechtskräftiger Titel gegen den Verursacher der Hausgeldrückstände vor, können die übrigen Miteigentümer nicht gegen den neu eingetretenen Wohnungserwerber vorgehen.³³

b) Wohnungs- bzw. Teileigentumserbbaurecht

9.29 Steht ein Erbbaurecht mehreren Berechtigten gemeinschaftlich nach Bruchteilen zu, so können die Anteile in der Weise beschränkt werden, dass jedem der Mitberechtigten das Sondereigentum an einer bestimmten Wohnung oder an nicht zu Wohnzwecken dienenden bestimmten Räumen in einem aufgrund des Erbbaurechts errichteten oder zu errichtenden Gebäude eingeräumt wird, § 30 Abs. 1 WEG. Bei Begründung des Wohnungs- bzw. Teileigentumserbbaurechtes wird das gesondert angelegte Erbbaurechtsgrundbuch geschlossen, und für jedes Wohnungs- bzw. Teileigentum ein besonderes Grundbuchblatt angelegt. Im Bestandsverzeichnis dieses Grundbuchblattes sind sowohl das Erbbaurecht, der Miteigentumsanteil, die Räume des Sondereigentums und die vereinbarten Veräußerungs- und Belastungsbeschränkungen einzutragen. Insbesondere ist hierauf zu achten, dass auch die Eintragung einer Zwangssicherungshypothek unter Umständen der Zustimmung des Grundstückseigentümers bedarf, da das vorliegende Wohnungs- bzw. Teileigentum in Verbindung mit dem Erbbaurecht begründet worden ist (vgl. Rdn. 9.14).

c) Sondernutzungsrechte

9.30 Sowohl bei Wohnungs- und Teileigentum als auch beim Wohnungs- und Teileigentumserbbaurecht können die Eigentümer den Gebrauch des Son-

---

30 BGH, Rpfleger 1994, 498; OLG Düsseldorf, NJW-RR 1997, 906.
31 BGH, Rpfleger 1984, 70 = NJW 1984, 308; BGH, Rpfleger 1987, 208 = NJW 1987, 1638; „Fassen die WE den Nachforderungsbeschluss für Rückstände nach dem Eigentumserwerb durch Zuschlag, dann haftet hierfür auch der Ersteher", BGH, Rpfleger 1988, 357, so auch OLG Düsseldorf, WM 1995, 215 = NJW 1988, 1910.
32 Rpfleger 1995, 123.
33 LG Berlin, Rpfleger 1993, 415.

dereigentums und des gemeinschaftlichen Eigentums durch Vereinbarung regeln, § 15 WEG. Sie können insbesondere so genannte Sondernutzungsrechte einräumen. Ein **Sondernutzungsrecht** kann aber nur durch Vereinbarung, nicht auch durch bestandskräftig gewordenen Mehrheitsbeschluss begründet werden.[34] Ein Sondernutzungsrecht beinhaltet das alleinige Nutzungsrecht an einer auf dem Grundstück ausgewiesenen Fläche oder an bestimmten Gebäudeteilen, die zum gemeinschaftlichen Eigentum gehören und von denen die anderen Eigentümer nunmehr ausgeschlossen sind.[35] Sie werden z.B. begründet an Pkw-Stellplätzen, Terrassen, Hof- und Gartenflächen. Sondernutzungsrechte gehören immer zum Inhalt des Wohnungs- bzw. Teileigentums; sie sind rechtlich nicht selbstständig und können demzufolge auch nicht alleine belastet werden. Ob Sondernutzungsrechte bestehen, ergibt sich regelmäßig aus dem Inhalt des Eintragungstextes im Bestandsverzeichnis, eine ausdrückliche Erwähnung ist jedoch nicht zwingend.[36]

II. Abteilung I des Grundbuches

In der Abteilung I des Grundbuchblattes wird der Eigentümer eingetragen. Steht das Grundstück mehreren Eigentümern gemeinschaftlich zu, muss außerdem der Miteigentumsanteil eines jeden Eigentümers oder das für die Gemeinschaft maßgebliche Rechtsverhältnis angegeben werden, § 47 GBO. Beim Wohnungs- bzw. Teileigentum wird entsprechend verfahren, beim Erbbaugrundbuch wird in der Abteilung I der Erbbauberechtigte eingetragen. 9.31

1. Eigentümer nach Bruchteilen

Vollstreckungsrechtlich steht der Bruchteil eines Miteigentümers dem Grundstück gleich, die Zwangsvollstreckung erfolgt grundsätzlich gemäß § 864 Abs. 2 ZPO im Wege der Immobiliarvollstreckung. Der Gläubiger kann wahlweise die Eintragung einer Zwangssicherungshypothek, die Zwangsversteigerung oder die Zwangsverwaltung verlangen bzw. betreiben, § 866 Abs. 1 ZPO. Die Zwangsvollstreckung in einen ideellen Anteil des Schuldners an einem Grundstück bietet jedoch in der Praxis regelmäßig wenig Aussicht auf Erfolg. Bietinteressenten in der Zwangsversteigerung sind nur äußerst selten an der Ersteigerung eines ideellen Miteigentumsanteiles interessiert. Vollstreckungsrechtlich interessanter ist die Auseinan- 9.32

---

[34] BGH, Rpfleger 2001, 19 = NJW 2000, 3500 = DNotZ 2000, 854 = NZM 2000, 1184 = MDR 2000, 1367 = WM 2000, 2350 = ZMR 2000, 771 = MittBayNot 2000, 546 = MittRhNotK 2000, 390 = NotBZ 2000, 375 = ZfIR 2000, 877.
[35] *Schöner/Stöber,* Rdn. 2910.
[36] OLG Hamm und OLG Köln, Rpfleger 1985, 110; LG Köln, Rpfleger 1992, 479; BayObLG, Rpfleger 1994, 294 und Rpfleger 1998, 107.

dersetzungsversteigerung, da in diesem Verfahren das gesamte Grundstück versteigert wird.

9.33 Zur Pfändung und Überweisung des Auseinandersetzungsanspruches vgl. Rdn. 6.381 ff.

2. Erbengemeinschaft

9.34 Hat der Erblasser mehrere Erben hinterlassen, gebührt ihnen der Nachlass gemeinschaftlich, § 2032 Abs. 1 BGB. Keiner der Erben kann alleine über seinen Anteil an einzelnen Nachlassgegenständen, insbesondere das Grundstück, verfügen, § 2033 Abs. 2 BGB. Zur Zwangsvollstreckung in den Nachlass ist, wenn mehrere Erben vorhanden sind, bis zur Teilung ein gegen alle Erben ergangenes Urteil erforderlich, § 747 ZPO. Der einzelne Miterbe kann die Erbengemeinschaft jederzeit verlassen, indem er über seinen Anteil am Nachlass als Inbegriff aller Rechte und Pflichten verfügt, § 2033 Abs. 1 S. 1 BGB.

9.35 Dieser Gesamtanteil am Nachlass unterliegt auch der Vollstreckung, er kann insbesondere gepfändet werden, § 859 Abs. 2 ZPO. Die Pfändung umfasst den Auseinandersetzungsanspruch nach § 2042 Abs. 1 BGB, wonach jeder Miterbe grundsätzlich jederzeit die Auseinandersetzung der Erbengemeinschaft verlangen kann.[37] Zur Pfändung und Überweisung des Erbanteils vgl. Rdn. 6.325 ff.

3. Gesellschaft bürgerlichen Rechts

9.36 Ist im Grundbuch als Eigentümer des Grundstücks eine Gesellschaft bürgerlichen Rechts eingetragen, ist zur Zwangsvollstreckung in das Gesellschaftsvermögen ein gegen alle Gesellschafter ergangenes Urteil erforderlich, § 736 ZPO. Das Vermögen einer Gesellschaft bürgerlichen Rechts ist gemeinschaftliches Vermögen aller Gesellschafter, § 718 Abs. 1 BGB.

9.37 Aufgrund der gesamthänderischen Bindung kann keiner der Gesellschafter über seinen Anteil am Gesellschaftsvermögen verfügen und insbesondere nicht über den Anteil an einzelnen Gegenständen, z.B. das Grundstück, § 719 Abs. 1 BGB. Demzufolge ist auch kraft Gesetzes die Pfändung des Anteils des einzelnen Gesellschafters an einem einzelnen zum Gesellschaftsvermögen gehörenden Gegenstand unzulässig, § 859 Abs. 1 S. 2 ZPO. Einzige Zugriffsmöglichkeit des Vollstreckungsgläubigers ist die Pfändung des Anteils des schuldnerischen Gesellschafters am gesamten Gesellschaftsvermögen, § 859 Abs. 1 S. 1 ZPO.[38]

9.38 Neben dieser Globalpfändung sind an einzelnen Ansprüchen daneben noch pfändbar, § 717 BGB:

---

37 Zöller/*Stöber*, § 859 Rdn. 15.
38 BGH, Rpfleger 1986, 308 und Rpfleger 1992, 260.

- der Anspruch aus der Geschäftsführung;
- der Anspruch auf das Auseinandersetzungsguthaben;
- der Anspruch auf den jährlichen Gewinnanteil.

Zur Pfändung und Überweisung des Gesellschaftsanteils vgl. Rdn. 6.339 ff. **9.39**

4. Gütergemeinschaft

Sind im Grundbuch als Eigentümer Ehegatten in Gütergemeinschaft eingetragen, ist eine Vollstreckung grundsätzlich nur dann zulässig, wenn ein Urteil gegen beide Ehegatten zur Leistung vorliegt, § 740 Abs. 2 ZPO. Verwaltet einer der Ehegatten das Gesamtgut alleine, so ist zur Zwangsvollstreckung in das Gesamtgut ein Urteil gegen diesen Ehegatten erforderlich, aber auch genügend, § 740 Abs. 1 ZPO. Solange die Gütergemeinschaft besteht, kann kein Ehegatte über seinen Anteil am Gesamtgut und an den einzelnen Gegenständen verfügen, die zum Gesamtgut gehören. Er ist ebenso nicht berechtigt, Teilung zu verlangen, § 1419 Abs. 1 BGB. **9.40**

Zur Pfändung und Überweisung des Anteils am Gesamtgut vgl. Rdn. 6.351 ff. **9.41**

5. Eigentums- und Vermögensgemeinschaft

Leben die Ehegatten gem. Art. 234 § 4 Abs. 2 EGBGB im Güterstand der Eigentums- und Vermögensgemeinschaft des FGB-DDR, sind für die Zwangsvollstreckung in Gegenstände des gemeinschaftlichen Eigentums und Vermögens die Vorschriften über die Gütergemeinschaft mit gemeinschaftlicher Verwaltung des Gesamtguts anzuwenden, § 744a ZPO. Bis zum Ablauf von zwei Jahren nach Wirksamwerden des Beitritts konnten die Eheleute gegenüber dem Gericht erklären, dass für sie der bisherige Güterstand fortgelten soll (Optionserklärung), Art. 234 § 4 Abs. 2 EGBGB.[39] **9.42**

Haben die Ehegatten keine Optionserklärung abgegeben, so wird das gemeinschaftliche Eigentum kraft Gesetzes zu Bruchteilseigentum mit gleichen Anteilen, Art. 234 § 4a Abs. 1 EGBGB, sofern die Ehegatten nicht andere Bruchteile bestimmen.[40] Diese Bestimmung konnte aber nur bis zum 24.6.1994 (Ablauf von sechs Monaten nach Inkrafttreten dieser Vorschrift, eingefügt durch das RegVBG vom 20.12.1993 BGBl I 2182) getroffen werden, danach wurde das hälftige Bruchteilseigentum fingiert.[41] Das Wahlrecht ist im Übrigen dann erloschen, wenn die Zwangsversteigerung oder Zwangsverwaltung des Grundbesitzes angeordnet wurde, Art. 234 § 4a Abs. 1 S. 5 EGBGB.[42] **9.43**

---

39 Vgl. *Böhringer*, DNotZ 1991, 223.
40 LG Neubrandenburg, Rpfleger 1995, 250.
41 Kritisch *Keller*, Rdn. 338.
42 Vgl. *Böhringer*, Besonderheiten des Liegenschaftsrechts in den neuen Bundesländern, Rdn. 1193 ff.

9.44 Zu den Besonderheiten in der Zwangsvollstreckung s. Rdn. 10.29 ff.

9.45 Zum Antragsrecht in der Teilungsversteigerung s. Rdn. 12.39.

III. Abteilung II des Grundbuches

1. Inhalt und Bedeutung

9.46 In der Abteilung II des Grundbuches werden alle

- Belastungen des Grundstückes oder eines Anteils am Grundstück, mit Ausnahme der Kapitalrechte (Hypotheken oder Grundschulden), eingetragen. Rentenschulden kommen in der Praxis nicht mehr vor, und können daher außer Acht gelassen werden.

9.47 Neben den sachenrechtlich normierten dinglichen Rechten werden in der Abteilung II weiterhin eingetragen:

- Vormerkungen und Widersprüche, die sich auf die dort eingetragenen Belastungen beziehen,
- Verfügungsbeschränkungen von der Testamentsvollstreckung über Pfändungsvermerke bis zum Zwangsversteigerungsvermerk und die Verfügungsbeschränkungen auf Ersuchen der Städte bzw. Gemeinden wie z.B. der Umlegungsvermerk, Enteignungsvermerk, Sanierungsvermerk.

9.48 Bei der Vollstreckung in den Grundbesitz dürfen diese Rechte und Vermerke nicht außer Acht gelassen werden. Nicht nur ihre Bedeutung und ihre Auswirkung auf die Zwangsversteigerung werfen zum Teil schwierige Fragen auf, sondern auch die Frage der Bewertung der dinglichen Rechte, die unter Umständen das Zwangsversteigerungsverfahren als aussichtslos erscheinen lassen können.

9.49 Im Zwangsversteigerungsverfahren ist zu unterscheiden, ob ein solches dingliches Recht bestehen bleibt oder erlischt:

- Geht das Recht dem bestrangig betreibenden Gläubiger im Range vor, fällt es in das geringste Gebot, bleibt am Grundstück bestehen und ist vom Ersteher zu übernehmen, § 52 ZVG.
- Geht das Recht dem betreibenden Gläubiger rangmäßig nach oder steht es ihm gleich, erlischt es mit dem Zuschlag und ist aus dem Versteigerungserlös, soweit dieser hierzu ausreicht, zu befriedigen, §§ 91 Abs. 1, 92 ZVG.

9.50 Die Vorschriften § 52 ZVG und §§ 91, 92 ZVG haben jedoch völlig verschiedene Funktionen. Bleibt das Recht der Abteilung II nach den Versteigerungsbedingungen bestehen, hat das Versteigerungsgericht einen Wert festzusetzen, den der Ersteher nachzahlen muss, falls das Recht im Zeitpunkt des Zuschlages nicht bestanden hat, §§ 51, 50 ZVG. Dieser Wert wird im Versteigerungstermin vor Beginn der Bietzeit nach Anhörung der Beteiligten festgesetzt. Die Festsetzung dient dem Interessenausgleich der am Verfahren Beteiligten gegenüber dem Ersteher des Grundstückes, die davor geschützt werden sollen, dass der Ersteher zu ihren Lasten bereichert ist, da er ein als bestehen bleibendes Recht übernommen hat, welches in Wirklichkeit im Zeitpunkt des Zuschlages bereits erloschen war. Der gesetzlichen Regelung liegt der Gedanke zugrunde, dass der Ersteher wirtschaftlich mit den nach den Versteigerungsbedingungen zu übernehmenden, bestehen bleibenden Rechten belastet sein soll. Denn die Übernahme dieser Rechte bildet einen Teil der Gegenleistung des Erstehers für das Grundstück; er würde grundlos bereichert sein, wenn sie ohne diese Gegenleistung wegfielen. Deshalb ist als gesetzliche Zwangsversteigerungsbedingung ein Ausgleich dafür vorgesehen, dass der Ersteher außer dem Bargebot auch den Betrag als Ersatz für das weggefallene Recht zu zahlen hat.[43] Die Höhe des festzusetzenden Wertes bzw. des Zuzahlungsbetrages bemisst sich daher nach dem Betrag, um welchen sich der Wert des Grundstückes erhöht.[44] Zu schätzen ist der Mehrbetrag, der bei einer Veräußerung des Grundstückes ohne das zu bewertende Recht erzielt worden wäre.

Sofern das Recht der Abteilung II nach den Versteigerungsbedingungen erlischt, ist es aus dem Versteigerungserlös abzufinden, § 92 ZVG. Hierbei kommt es auf den individuellen Wert des Rechtes für den Berechtigten an. Aus der Sicht des Berechtigten ist der Wert festzusetzen, den das Recht für den Berechtigten hat, oder umgekehrt, welche wirtschaftlichen Nachteile der Berechtigte durch den Wegfall des Rechtes hat.[45]

2. Grunddienstbarkeit

a) **Inhalt**

Die Grunddienstbarkeit ist ein subjektiv-dingliches Recht, es steht dem jeweiligen Eigentümer eines anderen Grundstückes zu (herrschendes Grundstück). Die Grunddienstbarkeit beinhaltet das Recht, dass der Berechtigte das dienende Grundstück in einzelnen Beziehungen benutzen darf oder dass auf dem Grundstück gewisse Handlungen nicht vorgenommen werden dürfen oder dass die Ausübung eines Rechtes ausgeschlossen ist, das sich aus dem Eigentum an dem belasteten Grundstücke dem anderen Grundstücke gegenüber ergibt, § 1018 BGB. Hiernach ergeben sich drei Möglichkeiten der Grunddienstbarkeit:

- Benutzungsdienstbarkeit;
- Verbots- oder Unterlassungsdienstbarkeit;
- Ausschluss- oder Ausschließungsdienstbarkeit.

---

43 OLG Hamm, Rpfleger 1984, 30; Dassler/*Muth*, § 50 Rdn. 1.
44 *Stöber*, § 51 Rdn. 3.1.
45 *Stöber*, § 51 Rdn. 3.1.

9.53 Die Benutzungsdienstbarkeit beinhaltet z.b.: Wegerecht, Recht zur Entnahme von Bodenbestandteilen, Fensterrecht, Garagenbenutzungsrecht, Wohnungsbesetzungsrecht pp. Die Verbotsdienstbarkeit beinhaltet z.B.: Baubeschränkung, Bebauungsverbot, das Verbot, auf dem dienenden Grundstück ein Gebäude zu errichten, oder das Verbot, das dienende Grundstück in einer anderen Weise als die jetzige zu nutzen. Die Ausschließungsdienstbarkeit beinhaltet z.B.: Verzicht auf Abwehrrechte gegenüber Immissionen, Verzicht auf Ausgleichsansprüche (z.B. Ausgleich von Bergschäden), den Verzicht auf nachbarrechtliche Befugnisse.

9.54 Aufgrund der Tatsache, dass die Dienstbarkeit nur subjektiv-dinglich bestellt werden kann, ist sie wesentlicher Bestandteil des herrschenden Grundstückes, § 96 BGB, und kann von diesem nicht getrennt werden.

b) Bestehen bleibendes Recht

9.55 Geht die Grunddienstbarkeit dem bestbetreibenden Gläubiger im Range vor, fällt sie in das geringste Gebot und bleibt bestehen, § 52 ZVG[46]. Es ist nicht möglich, generell festzulegen, mit welchem Zuzahlungsbetrag die Grunddienstbarkeit zu bewerten ist.[47] Handelt es sich um alltägliche Leitungsrechte für Versorgungsunternehmen, Wegerechte für den Nachbarn oder ähnliche Rechte, wird nur ein geringer Betrag festgesetzt.[48] Bietinteressenten werden durch solche Rechte regelmäßig nicht abgeschreckt, das zu übernehmende Recht wird das Versteigerungsergebnis regelmäßig nicht beeinflussen.

9.56 Anders wird es sich sicherlich verhalten, wenn die Dienstbarkeit zum Inhalt das Recht zur Entnahme von Bodenbestandteilen oder Bau- bzw. Nutzungsbeschränkungen hat. Bietinteressenten werden je nach dem Inhalt des Rechtes entsprechend weniger für das Grundstück bieten.

c) Erlöschendes Recht

9.57 Der in den Teilungsplan aufzunehmende Ersatzbetrag des nach den Versteigerungsbedingungen erlöschenden Rechtes ist von dem Berechtigten (dem Eigentümer des herrschenden Grundstückes) spätestens im Verteilungstermin anzumelden.[49] Der Wert richtet sich nach dem Vorteil, den das Recht für den Berechtigten gewährt hat, oder umgekehrt, mit dem wirtschaftlichen Nachteil, den der Berechtigte durch das Erlöschen des Rechtes erleidet. Der angemeldete Betrag ist für das Gericht nicht bindend, er unterliegt der Prüfung des Vollstreckungsgerichtes im Hinblick auf die objektive Höhe.[50] Nachrangige Berechtigte, die durch die Höhe des angemeldeten

---

[46] Zur Dienstbarkeit gem. § 9 Abs. 1, 9 GBBerG; vgl. BGH, Rpfleger 2006, 272.
[47] Vgl. BGH, NJW 1993, 457.
[48] Vgl. zum Wegerecht, BGH, NJW 1982, 2179 u. OLG Hamm, Rpfleger 1984, 30.
[49] *Stöber*, § 92 Rdn. 3.4.
[50] *Stöber*, § 92 Rdn. 3.5; Dassler/*Muth*, § 92 Rdn. 32.

Betrages benachteiligt werden, können gegebenenfalls hiergegen Widerspruch einlegen.[51]

3. Beschränkte persönliche Dienstbarkeit

a) Inhalt

Inhaltsmäßig unterscheidet sich die beschränkte persönliche Dienstbarkeit nicht von der Grunddienstbarkeit, §§ 1090 ff. BGB. Im Gegensatz zur Grunddienstbarkeit ist sie jedoch nicht zugunsten des jeweiligen Eigentümers eines anderen Grundstückes bestellt, sondern für eine bestimmte natürliche oder juristische Person, d.h. subjektiv persönlich. Die beschränkte persönliche Dienstbarkeit ist nicht vererblich und nicht übertragbar, sie erlischt mit dem Tode des Berechtigten bzw. mit dem Erlöschen der juristischen Person, §§ 1090 Abs. 2, 1061 BGB.

9.58

Ein in der Praxis häufig vorkommendes Recht in diesem Zusammenhang ist das **Wohnungsrecht,** § 1093 BGB. Hiernach kann der Berechtigte das Gebäude oder einen Teil des Gebäudes unter Ausschluss des Eigentümers als Wohnung nutzen. Das Wohnungsrecht kann unter Umständen auch ein Altenteil beinhalten, auch wenn dies wortwörtlich im Grundbuch nicht eingetragen ist.[52] Handelt es sich um ein Altenteil, ist die Vorschrift des § 9 EGZVG zu beachten (vgl. Rdn. 9.85 ff.).

9.59

b) Bestehen bleibendes Recht

Geht die beschränkte persönliche Dienstbarkeit dem Recht des bestbetreibenden Gläubigers im Range vor, bleibt sie nach den Versteigerungsbedingungen bestehen und ist von dem Ersteher zu übernehmen, § 52 ZVG. Handelt es sich um alltägliche Dienstbarkeiten wie z.B. Leitungsrechte für die Versorgungsunternehmen, Wegerechte für den Nachbarn oder Wohnungsbelegungsrechte bei Miethäusern, werden Bietinteressenten regelmäßig nicht abgeschreckt. Der Zuzahlungsbetrag für diese Rechte wird sehr niedrig ausfallen.

9.60

Umgekehrt wird ein vom Ersteher zu übernehmendes Wohnungsrecht den Versteigerungserlös erfahrungsgemäß erheblich mindern. In keinem Falle ist bei Erstellung des geringsten Gebotes das bestehen bleibende Recht im Rahmen einer teleologischen Reduktion zur Vermeidung einer doppelten Berücksichtigung beim Verkehrswert und im geringsten Gebot mit Null zu bewerten.[53] Dies überzeugt nicht. Die Übernahme eines bestehen bleibenden Rechts ist Teil der Gegenleistung des Erstehers für das Grundstück. Als

9.61

---
51 *Stöber,* § 92 Rdn. 3.7.
52 OLG Schleswig, Rpfleger 1980, 348; OLG Hamm, Rpfleger 1986, 270; LG Frankenthal, Rpfleger 1989, 324.
53 So aber LG Heilbronn, Rpfleger 2004, 56 mit abl. Anm. *Hintzen,* und erneut Rpfleger 2004, 56 ff. m. abl. Anm. *Hintzen.*

gesetzliche Versteigerungsbedingung hat das Versteigerungsgericht den Zuzahlungsbetrag in den Fällen des § 51 Abs. 1 ZVG nach Abs. 2 zwingend festzusetzen. Dies ist unabhängig davon, ob der Fall der Zuzahlung tatsächlich in Betracht kommt. In keinem Falle darf der ermittelte Wert vom Verkehrswert in Abzug gebracht werden. Eine unzulässige Doppelberücksichtigung des Rechts lässt sich nur dadurch vermeiden, indem das Recht bei der Verkehrswertfestsetzung nicht berücksichtigt wird und mit der ganz unbestrittenen Meinung „den Kapitalwert der bestehen bleibenden Rechte" i.S.v. §§ 74a, 85a, 114a ZVG gleichsetzt mit dem Zuzahlungsbetrag nach § 51 Abs. 2 ZVG.

9.62 Der Ersteher kann das Grundstück nur eingeschränkt nutzen. Dies gilt auch z.B. bei einem Tankstellenrecht, hier ist die Nutzung des Grundstückes bis zum Ablauf der Dienstbarkeit festgeschrieben, sodass sich der Interessentenkreis für das Grundstück auf diejenigen beschränkt, die an einer entsprechenden Nutzung des Grundstückes Interesse haben bzw. die der teilweise Nutzungsausfall nicht stört.

c) Erlöschendes Recht

9.63 Geht die beschränkte persönliche Dienstbarkeit dem bestbetreibenden Gläubiger im Range nach (oder steht im Gleichrang), erlischt sie nach den Versteigerungsbedingungen und ist aus dem Versteigerungserlös abzufinden, § 92 Abs. 2 ZVG. Der Ersatz für die beschränkte persönliche Dienstbarkeit ist in Form einer Geldrente zu leisten, die dem Jahreswert des Rechtes gleichkommt, § 92 Abs. 2 S. 1 ZVG. Die Geldrente wird aus dem Deckungskapital gezahlt, welches in den Teilungsplan durch das Versteigerungsgericht aufzunehmen ist. Ist der Berechtigte der beschränkten persönlichen Dienstbarkeit eine natürliche Person, errechnet sich das Deckungskapital aus dem Jahreswert der Nutzungen, multipliziert mit der statistischen Lebenserwartung des Berechtigten (vgl. Tabelle, hinter Rdn. 11.1054), höchstens jedoch dem 25-fachen Jahresbetrag, § 121 ZVG.[54]

9.64 Beispiel:

Wohnungsrecht für Eheleute A u. B. Geschätzter Mietwert der Wohnung: 600,– € pro Monat. Bei einem Alter von jeweils 68 Jahren beträgt die derzeitige statistische Lebenserwartung max. noch 17,27 Jahre (abgestellt auf die höchste Lebenserwartung). Hieraus errechnet sich ein Deckungskapital von 600,– € x 12 Monate x 17,27 Jahre = 124.344,– €.

4. Mitbenutzungsrechte im Beitrittsgebiet

9.65 Nach §§ 321, 322 ZGB-DDR konnten im Grundbuch Mitbenutzungsrechte (z.B. Lagerung von Baumaterial, Aufstellen von Gerüsten) einge-

---

54 *Stöber*, § 92 Rdn. 4.4; Steiner/*Eickmann*, § 92 Rdn. 13, 37, 38.

tragen werden, Dienstbarkeiten entsprechend dem BGB waren fremd. Ein Wege- oder Überfahrrecht konnte im Grundbuch eingetragen werden, § 322 ZGB-DDR. Diese dauerhaften Mitbenutzungsrechte gelten als dingliche Rechte am Grundstück, Art. 233 § 5 EGBGB.[55] Mitbenutzungsrechte i.S.d. § 321 Abs. 1–3, § 322 ZGB gelten als Rechte an dem belasteten Grundstück. Sie sind als beschränkte dingliche Rechte i.S.d. BGB anzusehen, sie bleiben daher mit ihrem bisherigen Inhalt bestehen (z.B. Übergang auf den Rechtsnachfolger des Nutzungsberechtigten gem. § 322 Abs. 2 ZGB, Erlöschen nach § 322 Abs. 3 ZGB, Unkündbarkeit nach § 81 ZGB, sofern nichts anderes vereinbart wurde). Zur Wertfeststellung solcher Rechte kann auf die Ausführungen der Dienstbarkeit verwiesen werden (Rdn. 9.52 ff.).

Nicht eingetragene Mitbenutzungsrechte sind am 31.12.2000 erloschen, Art. 233 § 5 Abs. 2 EGBGB i.V.m. § 13 Abs. 1 SachenR-DV und Art. 1 Abs. 1 Nr. 1 EFG[56] sowie dem 2. EFG; ihr Rang richtet sich nach Art. 233 § 5 Abs. 3 und § 9 Abs. 2 EGBGB i.V.m. § 8 Abs. 2 GBBerG.[57]

9.66

5. Nießbrauch

a) Inhalt

Der Nießbrauch gibt dem Berechtigten das Recht, sämtliche Nutzungen der Sache zu ziehen, §§ 1030 ff. BGB. Der Nießbrauch ist ein höchstpersönliches Recht, kraft Gesetzes nicht übertragbar und erlischt mit dem Tode des Berechtigten, § 1061 BGB. Nach dem Inhalt des Rechtes ist der Berechtigte zum Besitz des Grundstückes berechtigt, er kann das Grundstück vermieten oder verpachten und sämtliche Nutzungen der Sache ziehen, § 1036 BGB. Auch ein Quotennießbrauch ist zulässig.[58]

9.67

b) Bestehen bleibendes Recht

Geht der Nießbrauch dem Recht des bestbetreibenden Gläubigers im Range vor, bleibt er nach den Versteigerungsbedingungen bestehen und ist von dem Ersteher zu übernehmen, § 52 ZVG. Der objektive Wert, die Wertdifferenz des Verkaufspreises des Grundstückes mit und ohne Bestehenbleiben des Nießbrauches, wird regelmäßig sehr hoch veranschlagt (jährlicher Nutzungswert multipliziert mit der Restdauer, im Zweifel die Lebenserwartung des Berechtigten).

9.68

---

55 Zum Eintragungsverfahren im Grundbuch vgl. *Böhringer,* Besonderheiten des Liegenschaftsrechts, Rdn. 657 ff. und insbesondere zur Regelung und Eintragung des Ranges im Grundbuch Rdn. 667 ff.
56 BGBl 1996, I 2028.
57 Im Zweifel der 25.12.1993; vgl. Eickmann/*Böhringer,* § 8 GBBerG Rdn. 55.
58 LG Wuppertal, Rpfleger 1995, 209.

9.69 Da der Ersteher des Grundstückes von sämtlichen Nutzungen ausgeschlossen ist, werden sich regelmäßig nur wenig Bietinteressenten finden, die das Grundstück ersteigern wollen. Das Bestehenbleiben eines Nießbrauchsrechtes ist regelmäßig ein Versteigerungshindernis. Etwas anderes kann allenfalls dann gelten, wenn der Nießbrauchsberechtigte bereits sehr alt ist, da der Nießbrauch kraft Gesetzes mit dem Tode des Berechtigten erlischt, § 1061 BGB.

c) Erlöschendes Recht

9.70 Geht der Nießbrauch dem bestbetreibenden Gläubiger im Range nach (oder steht im Gleichrang), erlischt er nach den Versteigerungsbedingungen und ist aus dem Versteigerungserlös abzufinden, § 92 Abs. 2 ZVG. Der Ersatz für einen Nießbrauch ist durch Zahlung einer Geldrente zu leisten, die dem Jahreswert des Rechtes gleichkommt, multipliziert mit der statistischen Lebenserwartung (vgl. Tabelle hinter Rdn. 11.1054) des Berechtigten, max. dem 25-fachen Jahreswert, §§ 92, 121 ZVG. Das Deckungskapital ist vom Versteigerungsgericht in den Teilungsplan aufzunehmen. Die Geldrente wird regelmäßig für drei Monate im Voraus aus dem Deckungskapital an den Berechtigten ausgezahlt.

9.71 Beispiel:

Nutzungswert des Nießbrauchs geschätzt 1.000,– € monatlich. Der Berechtigte ist 63 Jahre alt. Die statistische Lebenserwartung beträgt ca. 17,75 Jahre. Das Deckungskapital beträgt somit: 1.000,– € x 12 Monate x 17,75 Jahre = 213.000,– €.

6. Reallast

a) Inhalt

9.72 Die Reallast gibt dem Berechtigten das Recht, wiederkehrende Leistungen aus dem Grundstück zu verlangen, §§ 1105 ff. BGB. Die Leistungen müssen aber nicht in Natur aus dem Grundstück erbracht werden, das Grundstück haftet nur für ihre Entrichtung. Inhalt der Reallast können Leistungen in Geld, Naturalien oder Handlungen sein. Die Verpflichtung des Grundstückseigentümers auf Unterlassung kann nicht durch eine Reallast gesichert werden.[59] Bei Leistungen in Geld handelt es sich überwiegend um Rentenzahlungen. Diese Rentenzahlungen sind weiterhin oftmals wertgesichert, sie erhöhen oder ermäßigen sich, § 1105 Abs. 1 S. 2 BGB, z.B. entsprechend der Änderung des vom Statistischen Bundesamt jeweils festgestellten Lebenshaltungskosten-Index für einen Vier-Personen-Arbeitnehmer-Haushalt.[60] Naturalleistungen, die durch die Reallast gesichert werden, kommen in der Pra-

---

59 BayObLG, Rpfleger 1960, 402.
60 *Schöner/Stöber*, Rdn. 3273 ff.; BGH, Rpfleger 1990, 452; OLG Oldenburg, Rpfleger 1991, 450; BayObLG, Rpfleger 1993, 485.

xis nur selten noch vor. Handlungen zum Inhalt der Reallast werden meist in Form einer Pflegeverpflichtung oder einer Unterhaltungsverpflichtung einer Mauer, Brücke, Gebäude, Zaunes oder Weges bestellt. Bis zum 31.12.1998 war eine Genehmigung zur Werterhöhung nach § 3 WährG erforderlich, ab dem 1.1.999 ist das Bundesamt für Wirtschaft und Ausfuhrkontrolle zuständig; die Genehmigung ergibt sich nach Art. 9 § 4 EuroEG i.V.m. § 2 PaPkG (Preisangaben- und Preisklauselgesetz).[61]

Alle Verpflichtungen müssen zum Inhalt haben, dass sie in einen entsprechenden Geldwert umgewandelt werden können. Sofern dies nicht geschehen kann, können die Leistungen aus dem Grundstück auch nicht entrichtet werden, eine Eintragung als Reallast ist dann nicht zulässig.[62]   9.73

Die Reallast kann sowohl subjektiv-dinglich als auch subjektiv-persönlich bestellt werden. Ist der Berechtigte der Reallast der jeweilige Eigentümer eines anderen Grundstückes (subjektiv-dinglich), gehört sie zum wesentlichen Bestandteil des herrschenden Grundstückes, § 96 BGB, ist somit nicht übertragbar und unterliegt auch nicht der Vollstreckung durch Pfändung, § 851 Abs. 1 ZPO.   9.74

Ist der Reallastberechtigte eine natürliche oder juristische Person (subjektiv-persönlich), ist sie übertragbar, sie erlischt nicht mit dem Tode bzw. Erlöschen des Berechtigten. Etwas anderes gilt nur dann, wenn die Einzelleistungen aus der Reallast höchstpersönlicher Natur sind (z.B. Pflegeverpflichtung, Beköstigung).   9.75

Wie bei dem Nießbrauchsrecht, kann auch die Reallast tatsächlich ein Altenteil darstellen, auch wenn der Sammelbegriff „Altenteil" im Grundbuch nicht wörtlich eingetragen ist. Zu den Besonderheiten des Altenteils vgl. Rdn. 9.85 ff.   9.76

b) Bestehen bleibendes Recht

Geht die Reallast dem Recht des bestbetreibenden Gläubigers in der Zwangsversteigerung im Range vor (oder steht im Gleichrang), fällt sie in das geringste Gebot und ist als bestehen bleibendes Recht vom Ersteher zu übernehmen, § 52 ZVG. Eine Vereinbarung in Abweichung der Rangfolge nach § 12 ZVG, dass im Falle der Zwangsversteigerung aus der **Reallast** das Stammrecht in das geringste Gebot aufzunehmen sei, ist nicht möglich. Die Beteiligten können nicht ein materielles Rangverhältnis zwischen mehreren Teilen der Reallastberechtigung in der Weise begründen, dass bei Vollstreckung fälliger Einzelleistungen in das haftende Grundstück das Stammrecht als dem Anspruch des Gläubigers vorgehend nach § 44 ZVG in das geringste Gebot aufgenommen werden kann.[63]   9.77

---

61 Im Einzelnen *Schöner/Stöber*, Rdn. 3256 ff.
62 *Schöner/Stöber*, Rdn. 1296 m.w.N.
63 OLG Hamm, Rpfleger 2003, 24 = FGPrax 2002, 201 = ZfIR 2002, 994 = ZNotP 2003, 31 = RNotZ 2002, 576; LG Münster, Rpfleger 2002, 435 = InVo 2002, 254.

9.78 Der vom Versteigerungsgericht festzusetzende Zuzahlungsbetrag setzt sich aus der Wertdifferenz zwischen einem Verkaufserlös mit Bestehenbleiben der Reallast und ohne zusammen. Die Wertminderung des Grundstückes wird sich in erster Linie an der Bewertung und Kapitalisierung der wiederkehrenden Leistungen ausrichten. Die Leistungen in Naturalien oder Handlungen sind hierbei in Geldleistung umzuwandeln. Weiter zu berücksichtigen sind vereinbarte Befristungen oder Bedingungen bei der Reallast. Ist das Recht auf die Lebensdauer einer bestimmten Person beschränkt, ist deren statistische Lebenserwartung nach der durchschnittlichen Lebenserwartungstabelle (vgl. Anhang hinter Rdn. 11.1054) zu ermitteln. Die Höhe der Wertminderung des Grundstückes kann generell nicht festgelegt werden. Sie wird sich immer nach dem jeweiligen Grundstücksmarkt bei Veräußerung ohne die wertmindernde Belastung ergeben.

c) Erlöschendes Recht

9.79 Geht die Reallast dem bestbetreibenden Gläubiger im Range nach, erlischt sie nach den Versteigerungsbedingungen und ist durch einen Wertersatz im Teilungsplan aus dem Versteigerungserlös abzufinden, § 92 Abs. 2 ZVG. Hierbei ist zu unterscheiden, ob es sich um einen Anspruch von bestimmter oder unbestimmter Dauer handelt. Ist die Reallast von bestimmter Dauer, stehen die zu bewertenden Leistungen fest. Der Ersatzbetrag wird durch Kapitalisierung der noch geschuldeten Einzelleistungen errechnet. Da der gesamte Ersatzbetrag im Zeitpunkt des Zuschlages bereits für die Restdauer fällig geworden ist, muss der Betrag abgezinst werden, § 111 ZVG.[64]

9.80 Beispiel:

Monatlicher Geldwert der Reallast = 100,– € bei einer Restlaufzeit von 10 Jahren. Der Gesamtwert der Reallast beträgt somit für 10 Jahre 12.000,– €.
Die Abzinsung erfolgt nach der Hoffmanschen Formel:[65]

$$K = \frac{100 \times N}{100 + (Z \times J)}$$

Hierbei bedeuten:
K = gesuchtes Kapital
N = Nennbetrag
Z = Zins
J = Jahre

Abgezinster Betrag somit:

$$\frac{100 \times 12.000,-\,€}{100 + (4\,\% \times 10\,\text{Jahre})} = 8.571,-\,€$$

---

[64] *Stöber*, § 92 Rdn. 6.9; vgl. auch *Streuer*, der den Wert nach finanzmathematischen Grundsätzen ermittelt; der Diskontierung wird ein marktgerechter Zinssatz zugrunde gelegt, Zinseszinsen sind zu berücksichtigen, Rpfleger 1997, 141 ff.
[65] *Stöber*, Tab. 3 m. Bsp.; Steiner/*Teufel*, § 111 Rdn. 25.

Ist die Reallast von unbestimmter Dauer oder auf die Lebenszeit des Be- 9.81
rechtigten beschränkt, errechnet sich das Deckungskapital nach dem persönlichen Wert, den das Recht für den Berechtigten hat, aus dem Jahresbetrag multipliziert mit der statistischen Lebenserwartung (vgl. Tabelle, hinter Rdn. 11.1054), max. dem 25-fachen Jahresbetrag, § 121 ZVG. Eine Abzinsung dieses Betrages findet nicht statt. Ist die Reallast wertgesichert, so muss dies mitberücksichtigt werden. In den Teilungsplan ist der aktuelle Wert des Rechtes im Zeitpunkt der Zuschlagserteilung aufzunehmen, aus dem der Berechtigte die fortlaufend zu zahlende Geldrente erhält, § 92 Abs. 2 ZVG.

d) Vollstreckung aus der Reallast

Ist der Schuldner Berechtigter einer Reallast, ergeben sich für den Voll- 9.82
streckungsgläubiger Möglichkeiten, aus bzw. in die Reallast zu vollstrecken. Ist das Recht zugunsten des jeweiligen Eigentümers eines anderen Grundstückes (subjektiv-dinglich) bestellt, gehört es zum wesentlichen Bestandteil des herrschenden Grundstückes, ist somit nicht übertragbar und auch nicht pfändbar, § 851 Abs. 1 ZPO. Diese Unpfändbarkeit des Stammrechtes erstreckt sich jedoch nicht auf die Einzelleistungen, § 1107 BGB. Sofern die Einzelleistungen nicht höchstpersönlicher Natur und damit übertragbar sind, finden auf die Vollstreckung in die Reallastleistungen die Vorschriften über Hypothekenzinsen Anwendung, §§ 1107, 1159 BGB.

Ist die Reallast subjektiv-persönlich zugunsten einer bestimmten Person 9.83
bestellt, wird das Stammrecht direkt gepfändet.

Zur Pfändung und Überweisung im Einzelnen vgl. Rdn. 6.394 ff. 9.84

7. Altenteil

a) Inhalt

Das Altenteil (Leibgeding, Leibzucht) ist kein eigenständiges dingliches 9.85
Recht. Der Begriff Altenteil wird in verschiedenen gesetzlichen Vorschriften verwendet, Art. 96 EGBGB, § 49 GBO, § 9 EGZVG. Es ist ein Sammelbegriff von Nutzungen und Leistungen, die aus und auf dem Grundstück zu gewähren sind. Das Altenteil ist allgemein langfristig, meistens lebenslänglich bestellt und dient der persönlichen Versorgung des Berechtigten.[66] Die einzelnen Nutzungen und Leistungen, die den Inhalt des Altenteils darstellen, können nur aus dem Kreis des Numerus Clausus der Sachenrechte kommen, d.h.: beschränkte persönliche Dienstbarkeit, Reallast oder Nieß-

---

[66] RGZ 162, 57; BGH, NJW-RR 1989, 451; *Schöner/Stöber*, Rdn. 1320 ff.; zum Inhalt des Altenteils vgl. auch BGH, NJW 2003, 1325 = ZEV 2003, 210 = MDR 2003, 348 = WM 2003, 1483 = NotBZ 2003, 117 = ZNotP 2003, 223; BGH, Rpfleger 1994, 347 = NJW 1994, 1158 = ZEV 1994, 166 = FamRZ 1994, 626 = MDR 1994, 478 = WM 1994, 1134; BayObLG, Rpfleger 1993, 443.

brauchsrecht. § 49 GBO gestattet die Eintragung unter der Sammelbezeichnung Altenteil, um eine Einzelabsicherung dieser Rechte im Grundbuch zu vermeiden.

b) Bestehen bleibendes oder erlöschendes Recht

9.86 Bei einem Altenteil kann nicht ohne weiteres von dem Bestehenbleiben oder Erlöschen des Rechtes ausgegangen werden. Nach § 9 EGZVG kann durch Landesrecht bestimmt werden, dass das Altenteil abweichend von den gesetzlichen Versteigerungsbedingungen auch dann bestehen bleibt, wenn es grundsätzlich nicht in das geringste Gebot fällt und somit erlöschen würde. Wird allerdings die Zwangsversteigerung des Grundstücks angeordnet und danach vom Eigentümer ein Altenteil bewilligt und zeitlich hinter dem Zwangsversteigerungsvermerk im Grundbuch eingetragen, ist es dem betreibenden Gläubiger gegenüber unwirksam und erlischt mit dem Zuschlag, § 9 Abs. 1 EGZVG i.V.m. dem Landesrecht findet in diesem Fall keine Anwendung.[67] Unter Heranziehung des Gedankens des § 10 Abs. 1 Nr. 6 ZVG ist der Altenteiler nicht schutzbedürftig, wenn das Altenteil dem betreibenden Gläubiger gegenüber nicht wirksam bestellt worden ist. Ansonsten könnte der Schuldner die Verwertungsmöglichkeit durch die Einräumung eines Altenteilsrechts wesentlich erschweren. Denn soweit der Gläubiger keinen Antrag nach § 9 Abs. 2 EGZVG stellt, bliebe das Altenteil bestehen und sicherlich fallen Gebote eindeutig niedriger aus.

9.87 Von der landesrechtlichen Ermächtigung haben mit Ausnahme von Berlin, Bremen und Hamburg alle übrigen (alten) Bundesländer Gebrauch gemacht.[68] Es ist daher zu unterscheiden, ob das Altenteil wie jedes andere Recht behandelt wird oder ob landesrechtliche Besonderheiten zu berücksichtigen sind.

c) Keine landesrechtlichen Regelungen

9.88 Geht das Altenteil dem bestbetreibenden Gläubiger im Range vor, bleibt es nach den Versteigerungsbedingungen bestehen, ist in das geringste Gebot aufzunehmen und von dem Ersteher zu übernehmen, § 52 ZVG. Der Inhalt des Altenteils bestimmt den Zuzahlungsbetrag, den das Versteigerungsgericht festzusetzen hat. Bei der Wertdifferenz zwischen dem Verkauf des Grundstückes mit oder ohne Altenteil sind sämtliche Einzelfaktoren zu berücksichtigen. Hierbei kann auf die Ausführungen zur beschränkten persönlichen Dienstbarkeit (vgl. Rdn. 9.58), zum Wohnungsrecht (vgl. Rdn. 9.59), zur Reallast (vgl. Rdn. 9.72) und zum Nießbrauch (vgl. Rdn. 9.67) verwiesen werden. Sofern das Altenteil mehrere dieser Rechte umfasst, sind die Einzelleistungen zu summieren.

---

67 OLG Hamm, Rpfleger 2001, 254.
68 Vgl. *Stöber*, Textanh. 48–67.

Weiterhin zu berücksichtigen ist die Tatsache, dass das Altenteil oftmals **9.89**
Eheleuten gemeinsam zusteht. Verstirbt einer der Ehegatten, wird das Recht
grundsätzlich dem anderen überlebenden Ehegatten zur Versorgung weiterhin zur Verfügung stehen. Der Multiplikator für den Zeitwert des Rechtes richtet sich immer nach der statistischen Lebenserwartung (vgl. Tabelle hinter Rdn. 11.1054) des jüngeren der Berechtigen. Der zu ermittelnde Zuzahlungsbetrag wird in der Praxis oftmals so hoch sein, dass nur wenige Bietinteressenten bereit sind, das Grundstück zu ersteigern. Das Altenteil kann daher ein echtes Versteigerungshindernis sein.

Geht das Altenteil dem bestbetreibenden Gläubiger im Range nach, erlischt es nach den Versteigerungsbedingungen und ist durch einen festzusetzenden Ersatzbetrag abzufinden, § 92 Abs. 2 ZVG. Der Wertsatz für das Altenteil (beschränkte persönliche Dienstbarkeit, Reallast, Nießbrauch) ist durch Zahlung einer Geldrente aus dem zu bildenden Deckungskapital zu leisten. Naturalien oder Handlungen sind hierbei in Geldleistungen umzuwandeln. Das gesamte Deckungskapital ergibt sich aus der Summe der einzelnen Leistungen, der Jahresbetrag ist mit der statistischen Lebenserwartung zu multiplizieren, max. ist der 25-fache Jahresbetrag anzusetzen, § 121 ZVG. Eine Abzinsung des Betrages findet nicht statt. **9.90**

d) Landesrechtliche Besonderheiten

Durch Landesgesetze, nur in den alten Bundesländern außer Berlin, Bremen und Hamburg (vgl. Rdn. 9.87), ist bestimmt, dass das Altenteil von der Zwangsversteigerung unberührt bleibt. Auch wenn das Recht dem bestbetreibenden Gläubiger im Range nachgeht oder gleichsteht, somit grundsätzlich erlöschen würde, bleibt es außerhalb des geringsten Gebotes bestehen und ist vom Ersteher zu übernehmen. In diesem Fall ist ein Zuzahlungsbetrag, § 51 ZVG, durch das Versteigerungsgericht festzusetzen, da das Recht in jedem Falle vom Ersteher zu übernehmen ist. **9.91**

Geht das Altenteil dem bestbetreibenden Gläubiger rangmäßig vor, fällt es bereits nach den Versteigerungsbedingungen als bestehen bleibendes Recht in das geringste Gebot und ist vom Ersteher zu übernehmen. In diesem Falle ist der Zuzahlungsbetrag aus der Wertdifferenz zwischen dem Verkaufserlös mit und ohne Altenteil festzusetzen. Ob das Altenteil nach den gesetzlichen Versteigerungsbedingungen oder aufgrund landesrechtlicher Vorschriften außerhalb des geringsten Gebotes bestehen bleibt, wirkt sich beidermaßen negativ auf das Bietverhalten von Interessenten aus. Wenn überhaupt Gebote für das Grundstück abgegeben werden, fallen sie in jedem Fall wesentlich geringer aus, als sie abgegeben würden, wenn das Altenteil nicht bestehen bleiben würde. **9.92**

Das Versteigerungsgericht muss bei Beginn der Versteigerung auf die Besonderheiten landesrechtlicher Vorschriften im Falle eines Altenteils hinweisen. Durch die Tatsache des Bestehenbleibens eines Altenteils auch außerhalb der gesetzlichen Versteigerungsbedingungen können Grundpfandrechtsgläubiger regelmäßig einen wirtschaftlichen Schaden erleiden. **9.93**

Diejenigen Beteiligten, die durch das Bestehenbleiben des Altenteils beeinträchtigt sind, können daher einen Antrag stellen, dass das Grundstück auch unter der Bedingung ausgeboten wird, dass das Altenteil erlischt, § 9 Abs. 2 EGZVG. In diesem Fall wird das Grundstück regelmäßig doppelt ausgeboten. Das Grundstück wird unter der Bedingung ausgeboten, dass das Altenteil bestehen bleibt, und unter der Bedingung, dass das Altenteil erlischt.[69]

9.94 Der Zuschlag kann nur auf das Gebot ohne Altenteil, als Abweichung der gesetzlichen landesrechtlichen Vorschriften, erteilt werden, wenn der Antragsteller durch Gebote auf das gesetzliche Ausgebot benachteiligt ist.[70]

9.95 Beispiel (ohne Kosten und Nebenleistungen pp):

Abteilung III:
Nr. 1: 200.000,– € Grundschuld (bestrangig betreibender Gläubiger)

Abteilung II:
Nr. 1 Altenteil (Rang nach III/1)

Nach den gesetzlichen Versteigerungsbedingungen würde das Altenteil erlöschen. Aufgrund landesrechtlicher Vorschriften bleibt das Altenteil auch außerhalb des geringsten Gebotes bestehen. Wert des Altenteils 100.000,– €.

9.96 **1. Möglichkeit:**
Wird auf das gesetzliche Ausgebot (mit Altenteil) ein Betrag von 200.000,– € geboten und auf das abweichende Ausgebot (Altenteil erlischt) ein Betrag von 300.000,– €, ist der Zuschlag auf das gesetzliche Ausgebot (mit Altenteil) zu erteilen, da der Gläubiger III/1 durch das Gebot von 200.000,– € voll gedeckt ist. Eine Beeinträchtigung des Gläubigers durch Bestehenbleiben des Altenteils liegt nicht vor.

9.97 **2. Möglichkeit:**
Wird auf das gesetzliche Ausgebot (mit Altenteil) ein Betrag von 150.000,– € geboten, auf das abweichende Gebot (Altenteil erlischt) ein Betrag von 200.000,– €, ist der Zuschlag auf das abweichende Ausgebot mit 200.000,– € (Altenteil erlischt) zu erteilen. Ein Zuschlag auf das Gebot mit 150.000,– € würde den bestbetreibenden Gläubiger III/1 benachteiligen. Erst bei dem Gebot über 200.000,– € ist der Gläubiger des Rechtes Abteilung III/1 voll gedeckt. Der Altenteilsberechtigte geht in diesem Falle leer aus.

8. Vorkaufsrecht

a) Inhalt

9.98 Das dingliche Vorkaufsrecht (§§ 1094 ff. BGB) gibt dem Vorkaufsberechtigten das Recht, bei einem Verkauf des Grundstückes durch den Eigentümer an einen Dritten die Übereignung des Grundstückes zu den

---
69 *Stöber*, § 52 Rdn. 5.7; Steiner/*Storz*, § 59 Rdn. 68.
70 Steiner/*Storz*, § 59 Rdn. 69; *Stöber*, § 9 EGZVG Rdn. 4.7.

Bedingungen des abgeschlossenen Kaufvertrages zu verlangen. Das Vorkaufsrecht kann sowohl subjektiv-dinglich zugunsten des jeweiligen Eigentümers des herrschenden Grundstückes als auch subjektiv-persönlich zugunsten einer bestimmten natürlichen oder juristischen Person bestellt werden. Grundsätzlich beschränkt sich das Vorkaufsrecht auf einen Verkaufsfall. Es kann jedoch auch für mehrere oder für alle Verkaufsfälle bestellt werden, § 1097 BGB.

Ist das Vorkaufsrecht nur für einen Verkaufsfall bestellt, kann es in der Zwangsversteigerung nicht ausgeübt werden und erlischt ersatzlos. Es stellt somit kein Versteigerungshindernis dar und ist auch nicht zu bewerten, §§ 1098, 471 BGB.[71]   9.99

Ist das Vorkaufsrecht für mehrere oder für alle Verkaufsfälle bestellt, kann es in der Zwangsversteigerung zwar nicht ausgeübt werden[72], da es sich hierbei nicht um einen Verkaufsfall handelt, aber es bleibt je nach den Versteigerungsbedingungen bestehen oder erlischt.   9.100

b) **Bestehen bleibendes Recht**

Geht das Vorkaufsrecht dem bestbetreibenden Gläubiger im Range vor, bleibt es nach den Versteigerungsbedingungen bestehen, ist in das geringste Gebot aufzunehmen und von dem Ersteher zu übernehmen, § 52 ZVG. Der Zuzahlungsbetrag, um den sich der Wert des Grundstückes bei einem Verkauf mit dem Vorkaufsrecht mindert, ist nicht mit dem Verkehrswert des Grundstückes anzunehmen. Der Ersteher, der das Grundstück – belastet mit dem Vorkaufsrecht – ersteigert, ist nicht gehindert, über das Grundstück zu verfügen. Das Vorkaufsrecht kann erst dann ausgeübt werden, wenn der Ersteher selbst das Grundstück weiterveräußern will. Es ist daher regelmäßig kein Versteigerungshindernis und nur mit einem geringen Wertbetrag (2–3 % des Verkehrswertes) anzunehmen.[73]   9.101

c) **Erlöschendes Recht**

Geht das Vorkaufsrecht dem bestbetreibenden Gläubiger im Range nach (oder steht im Gleichrang), erlischt es nach den Versteigerungsbedingungen und ist durch einen Wertersatz abzufinden, § 92 Abs.1 ZVG. Der in den Teilungsplan aufzunehmende Wertersatz bestimmt sich nach dem persönlichen Interesse des Berechtigten, dass er das Vorkaufsrecht nunmehr nicht mehr ausüben kann. Hierbei wird der Wert allenfalls mit 2 bis 3 % des Verkehrswertes des Grundstückes anzusetzen sein.[74]   9.102

---

71 Stöber, § 81 Rdn. 10.2; Steiner/Eickmann, § 92 Rdn. 48; Böttcher, §§ 44, 45 Rdn. 72; LG Frankenthal, Rpfleger 1984, 183.
72 Soergel/Stürner, § 1097 Rdn. 3; MünchKomm/Westermann BGB, § 1097 Rdn. 5.
73 Steiner/Eickmann, § 51 Rdn. 32.
74 LG Hildesheim, Rpfleger 1990, 87.

d) Besonderheit im Beitrittsgebiet

9.103 Nach den §§ 306–309 ZGB-DDR konnte auch im Beitrittsgebiet der Grundstückseigentümer ein dingliches Vorkaufsrecht einräumen. Die nähere Ausgestaltung des Rechts entspricht im Wesentlichen den Vorschriften des BGB. Nach Art. 233 § 3 Abs. 1 S. 1 EGBGB blieb das im Grundbuch eingetragene Vorkaufsrecht mit seinem Inhalt und Rang nach wie vor bestehen. Ab 1.10.1994 sind die Vorschriften §§ 1094 bis 1104 BGB anzuwenden, Art. 233 § 3 Abs. 4 EGBGB. Die Vorkaufsrechte können inhaltlich geändert werden, ohne dass eine Neubegründung erfolgen müsste, §§ 877, 873, 874 BGB. Das Recht kann subjektiv-dinglich, für mehrere oder für alle Verkaufsfälle, übertragbar und vererblich gestaltet werden. Es ist somit in der Zwangsversteigerung wie unter Rdn. 9.100 beschrieben zu behandeln.

9.104 Neue bundesgesetzliche Vorkaufsrechte bestehen in den neuen Ländern nach §§ 20, 20a VermG. Dieses Vorkaufsrecht entsteht mit bestandskräftigem Bescheid des Amtes zur Regelung offener Vermögensfragen und konstitutiver Eintragung im Grundbuch. Das Vorkaufsrecht hat den gesetzlichen Inhalt der §§ 463 bis 472, 875, 1098 Abs. 1 S. 2 und Abs. 2 sowie der §§ 1099 bis 1102, 1103 Abs. 2 und § 1104 BGB. Das Vorkaufsrecht beschränkt sich auf einen Verkaufsfall, also auf den Fall des Verkaufs durch den vorkaufsverpflichteten Eigentümer. Das Vorkaufsrecht erlischt, wenn der Berechtigte nicht mehr Mieter/Nutzer ist, wobei § 563a BGB unberührt bleibt. Das Vorkaufsrecht ist auf den Verkaufsfall beschränkt, der während des Miet-/Nutzungsverhältnisses des Vorkaufsberechtigten eintritt. Es erlischt auch durch den Zuschlag in der Zwangsversteigerung.

9.105 Nach § 57 SchuldRAnpG hat der Nutzer eines Grundstücks ein gesetzlich begründetes, lediglich schuldrechtlich wirkendes Vorkaufsrecht, das als solches nicht im Grundbuch eintragbar ist. Dieses Vorkaufsrecht hat keine Vormerkungswirkung nach § 1098 Abs. 2 BGB.

9.106 Auch in den neuen Bundesländern bestehen zahlreiche schuldrechtliche Vorkaufsrechte für Zwecke des Naturschutzes, Denkmalschutzes und des Forstrechts. Diese Vorkaufsrechte gehen anderen Vorkaufsrechten im Range vor. Sie bedürfen nicht der Eintragung im Grundbuch. Neben diesen landesrechtlich begründeten Vorkaufsrechten kann der Landesgesetzgeber auch noch den Belegungsbindungsgesetzen ein Vorkaufsrecht einräumen, § 12 Abs. 2 AHG.

9. Erbbaurecht

a) Inhalt

9.107 Das Erbbaurecht gibt dem Berechtigten das veräußerliche und vererbliche dingliche Recht, auf oder unter der Oberfläche des Grundstückes ein Bauwerk zu errichten oder zu haben. Auf das Erbbaurecht finden die sich auf Grundstücke beziehenden Vorschriften Anwendung, § 11 Abs. 1 ErbbauVO. Nach Entstehen des Rechtes durch Eintragung im Grundbuch ist für das Erbbaurecht selbst ein gesondertes Erbbaugrundbuch anzulegen. Die Zwangsvollstreckung in das Erbbaurecht erfolgt im Wege der Immobiliarzwangsvollstreckung durch Eintragung einer Zwangssicherungshypothek, Zwangsversteigerung oder Zwangsverwaltung, § 866 Abs. 1 ZPO.

b) **Erbbaurecht am Grundstück**

Es bildet keinen Unterschied, ob das Erbbaurecht nach den Versteigerungsbedingungen dem bestbetreibenden Gläubiger vor- oder nachgeht, es bleibt in jedem Fall bestehen und ist vom Ersteher zu übernehmen, § 25 ErbbauVO. Da das Erbbaurecht nach § 10 Abs. 1 ErbbauVO immer nur ausschließlich zur ersten Rangstelle bestellt werden kann, könnte es nach den Versteigerungsbedingungen nur dann erlöschen, wenn ein Berechtigter der Rangklasse 1 bis 3 des § 10 Abs. 1 ZVG das Verfahren betreiben würde. Da das Erbbaurecht jedoch kraft Gesetzes in keinem Falle erlöschen kann, ist bei Versteigerung des Grundstückes immer ein Zuzahlungsbetrag festzustellen. Dieser errechnet sich aus dem jährlichen Monatswert multipliziert mit der Restdauer des Erbbaurechtes.[75] Dieser Betrag wird regelmäßig so hoch sein, dass das Erbbaurecht ein Versteigerungshindernis darstellt, Bietinteressenten werden schwerlich zu finden sein.

9.108

Regelmäßig wird direkt rangmäßig hinter dem Erbbaurecht zugunsten des Erbbauberechtigten ein dingliches Vorkaufsrecht im Grundbuch des Grundstücks eingetragen. Dieses Vorkaufsrecht kann je nach den Versteigerungsbedingungen bestehen bleiben oder erlöschen. Zur Ermittlung des Zuzahlungsbetrages bzw. des Ersatzwertes wird verwiesen auf Rdn. 9.101 ff.

9.109

c) **Erbbaugrundbuch**

Da auf das Erbbaurecht die sich auf Grundstücke beziehenden Vorschriften Anwendung finden, unterliegt das Erbbaurecht selbst auch der Zwangsversteigerung. Hat das Erbbaurecht zum Inhalt, dass die Zustimmung des Grundstückseigentümers zur Veräußerung des Rechtes erforderlich ist, hindert dies noch nicht die Anordnung der Zwangsversteigerung. Dies ist noch keine Maßnahme, durch die das Recht des Grundstückseigentümers beeinträchtigt oder vereitelt wird. Die Zustimmung des Grundstückseigentümers muss dem Versteigerungsgericht erst im Zeitpunkt des Zuschlages vorgelegt werden.[76] Weigert sich der Grundstückseigentümer die Zustimmung zu erteilen, so kann diese durch das Amtsgericht ersetzt werden. Den Antrag auf

9.110

---

75 *Stöber*, § 51 Rdn. 4.6; a.A. Wert in Richtung 0,– € *Helwich*, Rpfleger 1989, 389; *Böttcher*, §§ 50, 51 Rdn. 30; *Storz*, ZVG, B 6.2.4; anders *Streuer*, Rpfleger 1997, 141, 146: Dem Wert des Bauwerks ist der Wert des „reinen" Erbbaurechts als Wert des Besitzrechts am Boden hinzuzurechnen, der geschuldete Erbbauzins ist nicht zu beachten.

76 BGH, Rpfleger 1961, 192 = NJW 1960, 2093; *Stöber*, § 15 Rdn. 13.8; Steiner/*Hagemann*, §§ 15, 16 Rdn. 185.

Ersetzung der Zustimmung kann der das Verfahren betreibende Gläubiger selbst stellen.[77]

9.111 Regelmäßig werden in dem Erbbaugrundbuch zugunsten des Grundstückseigentümers eine Erbbauzinsreallast (früher noch: eine Vormerkung auf Erhöhung des Erbbauzinses, s. nachfolgend Rdn. 9.112) und ein dingliches Vorkaufsrecht eingetragen. Sofern diese Rechte nach den Versteigerungsbedingungen in das geringste Gebot fallen und bestehen bleiben oder nach den Versteigerungsbedingungen erlöschen, kann auf die Ermittlung des Wertes des Zuzahlungsbetrages oder des Wertersatzes auf die Ausführungen zur Reallast (Rdn. 9.72 ff.) und das Vorkaufsrecht (Rdn. 9.98 ff.) verwiesen werden. Bei dem Wert für eine Vormerkung auf Erhöhung des Erbbauzinses ist von einem prozentualen Abschlag des ermittelten Wertes für die Erbbauzinsreallast auszugehen (etwa 10 %).

d) Rechtsänderung zum Inhalt des Erbbaurechtes

9.112 Mit Inkrafttreten des SachRÄndG zum 1.10.1994 (BGBl I 2457) wurde § 9 Abs. 2 ErbbauVO dahingehend geändert, dass von der starren zahlen- und ziffernmäßigen Festlegung des Erbbauzinses für die gesamte Erbbaurechtsdauer abgewichen werden konnte. Zum Inhalt der Erbbauzinsreallast konnte eine echte, automatisch wirkende Wertsicherung gemacht werden.[78] Die spätere Erhöhung des Erbbauzinses aufgrund der Wertsicherung teilt den Rang der eingetragenen Erbbauzinsreallast[79], damit erübrigte sich die Eintragung einer Vormerkung auf Erhöhung des Erbbauzinses.[80] Wird diese Vereinbarung nachträglich getroffen, müssen alle Inhaber dinglicher Rechte am Erbbaurecht zustimmen.[81]

9.113 Durch das EuroEG vom 9.6.1998 (BGBl I 1242) wurde § 9 Abs. 2 ErbbauVO erneut geändert; dort wird jetzt nur noch festgestellt, dass Berechtigter der jeweilige Eigentümer des Grundstücks sein kann (bisher bereits § 9 Abs. 2 S. 2 ErbbauVO). Ein dinglich wirkender Anpassungsanspruch ist damit entfallen. Die vor dem 9.6.1998 bestellten Rechte mit Werterhöhungsvereinbarung bleiben wirksam.[82] Eine Werterhöhung kann nunmehr über § 9 Abs. 1 ErbbauVO wie bei der Reallast zum Inhalt der Erbbauzinsreallast gemacht werden.

9.114 Weiterhin kann nach § 9 Abs. 3 ErbbauVO das Bestehenbleiben einer nachrangigen Erbbauzinsreallast mit ihrem Hauptanspruch in der Zwangs-

---

77 BGH, Rpfleger 1987, 320 mit Anm. *Drischler* = NJW 1987, 1942; OLG Hamm, Rpfleger 1993, 334 mit Anm. *Streuer*, Rpfleger 1994, 59.
78 BayObLG, Rpfleger 1997, 18 m. Anm. *Streuer*; BayObLG, Rpfleger 1996, 506.
79 Nach *Mohrbutter/Mohrbutter*, ZIP 1995, 806 muss die Erhöhung durch Einigung und Eintragung im Grundbuch als Änderung bei der Erbbauzinsreallast gesichert werden, da sie ansonsten nicht wirksam wird.
80 Vgl. *Eickmann*, Sachenrechtsbereinigung, § 9 ErbbauVO Rdn. 7.
81 Vgl. im Einzelnen *Klawikowski*, Rpfleger 1995, 145.
82 Palandt/*Bassenge*, ErbbauVO § 9 Rdn. 9/11.

versteigerung vereinbart werden. Hierdurch wird die Folge des Erlöschens der Erbbauzinsreallast durch Rangrücktritt hinter ein anderes dingliches Grundpfandrecht, aus welchem dann vorrangig die Zwangsversteigerung betrieben wird, vermieden (vgl. nachfolgend Rdn. 9.117).

Das Erlöschen der Erbbauzinsreallast tritt jedoch dann ein, wenn aus der Rangklasse 1 bis 3 nach § 10 Abs. 1 ZVG das Verfahren betrieben wird. Hier bleibt dem Berechtigten der Erbbauzinsreallast nur die Möglichkeit der Ablösung des betreibenden Gläubigers, § 268 BGB.[83]   9.115

e) Bestehen bleibende Erbbauzinsreallast

In vielen Fällen in der Vergangenheit konnte das Erbbaurecht ohne die verpflichtende Erbbauzinsreallast erworben werden. Vielfach verlangten Grundpfandrechtsgläubiger bei der Beleihung des Erbbaurechts den Rangrücktritt der Erbbauzinsreallast. Wird das Zwangsversteigerungsverfahren aus einer der Erbbauzinsreallast vorgehenden Grundpfandrecht betrieben, erlischt es nach den Versteigerungsbedingungen, §§ 44, 45, 52, 91 ZVG. Wird nunmehr eine sog. Bestehenbleiben-Vereinbarung getroffen, § 9 Abs. 3 ErbbauVO, bleibt das Recht auch außerhalb des geringsten Gebotes bestehen (vgl. hierzu auch die landesrechtlichen Besonderheiten beim Altenteil, Rdn. 9.85 ff.). Wird die Vereinbarung nachträglich getroffen, müssen wiederum sämtliche Rechtsinhaber am Erbbaurecht zustimmen.[84]   9.116

Gleichzeitig wurde in Ergänzung zur ErbbauVO auch das Zwangsversteigerungsgesetz in § 52 Abs. 2 ZVG geändert und angepasst. Ab dem Zuschlag muss der Ersteher den Erbbauzins zahlen, § 56 S. 2 ZVG.   9.117

Die Vereinbarung bezieht sich aber nur auf das Stammrecht als solches (vgl. § 9 Abs. 3 Nr. 1 ErbbauVO „… mit ihrem Hauptanspruch …"). Die aus der Erbbauzinsreallast geschuldeten laufenden und rückständigen Leistungen sind vom schuldnerischen Erbbauberechtigten zu zahlen und somit nach wie vor in den bar zu zahlenden Teil des geringsten Gebotes aufzunehmen; hierbei bleibt die alte Rangstelle erhalten.[85]   9.118

f) Besonderheiten im Beitrittsgebiet

Zwar wurden die Vorschriften über die Errichtung eines Erbbaurechts am 1.1.1976 aufgehoben, jedoch bleiben die getroffenen Vereinbarungen bestehender Erbbaurechte erhalten, auch nach dem Beitritt hat sich hieran nichts geändert.[86] Somit kann für die Behandlung in der Zwangsversteigerung auf das vorstehend Gesagte verwiesen werden.   9.119

---

83 Vgl. auch *Mohrbutter/Mohrbutter*, ZIP 1995, 806.
84 Hierzu insgesamt *Bräuer*, Rpfleger 2004, 401.
85 Vgl. *Mohrbutter/Mohrbutter*, ZIP 1995, 806.
86 Vgl. *Böhringer*, Besonderheiten des Liegenschaftsrechts, Rdn. 698.

9.120 Die Laufzeit des Erbbaurechts richtet sich nach § 112 SachenRBerG. Die Rechte aus § 5 Abs. 2 EG-ZGB (z.B. Vorkaufsrecht des Erbbauberechtigten) bestehen nicht mehr, § 112 Abs. 4 SachenRBerG. Es gilt im vollen Umfang die ErbbauVO.

10. Dauerwohn-/Dauernutzungsrecht

a) Inhalt

9.121 Das Dauerwohnrecht, §§ 31 ff. WEG, gibt dem Berechtigten das Recht, unter Ausschluss des Eigentümers eine bestimmte Wohnung in einem Gebäude auf dem Grundstück zu bewohnen. Das Dauernutzungsrecht bezieht sich auf andere als zu Wohnzwecken dienende Räume. Inhaltlich steht das Dauerwohnrecht somit dem Wohnungsrecht nach § 1093 BGB gleich. Darüber hinaus ist das Dauerwohnrecht jedoch kraft Gesetzes veräußerlich und vererblich, § 33 Abs. 1 WEG. Es erlischt somit nicht beim Tode des Berechtigten.

b) Bestehen bleibendes Recht

9.122 Geht das Recht dem bestbetreibenden Gläubiger im Range vor, bleibt es nach den Versteigerungsbedingungen bestehen und ist vom Ersteher zu übernehmen, § 52 ZVG. Bei dem festzustellenden Zuzahlungsbetrag ist insbesondere die Veräußerlichkeit und Vererblichkeit in Betracht zu ziehen. Da die Lebenszeit des Berechtigten für das Recht keine Bedeutung hat, ist diese unbeachtlich.[87] Die Wertdifferenz des Grundstückes bei einem Verkauf mit oder ohne Dauerwohnrecht richtet sich im Einzelfall nach dem Umfang, in dem der Eigentümer mit seinen Rechten ausgeschlossen wird. In jedem Falle wird das Dauerwohnrecht bzw. Dauernutzungsrecht, wenn es bestehen bleibt, Bietinteressenten zu einem wesentlich geringeren Bargebot veranlassen.

c) Erlöschendes Recht

9.123 Geht das Dauerwohnrecht oder Dauernutzungsrecht dem bestbetreibenden Gläubiger im Range nach (oder steht im Gleichrang), erlischt es nach den Versteigerungsbedingungen und ist durch den festzustellenden Wertersatz abzufinden, § 92 Abs. 1 ZVG – wertmäßig wie die Berechnung eines Wohnungsrechts.[88]

9.124 Als Inhalt des Dauerwohn- bzw. Nutzungsrechts kann jedoch vereinbart werden, dass das Recht im Falle der Zwangsversteigerung des Grundstückes abweichend von den gesetzlichen Versteigerungsbedingungen auch dann

---

[87] *Stöber*, § 51 Rdn. 4.3; *Böttcher*, §§ 50, 51 Rdn. 29; **a.A.** Steiner/*Eickmann*, § 51 Rdn. 26.

[88] *Stöber*, § 91 Rdn. 3.1; **a.A.** *Böttcher*, § 92 Rdn. 23; Steiner/*Eickmann*, § 92 Rdn. 39: Es findet § 92 Abs. 2 Anwendung.

bestehen bleiben soll, wenn der Gläubiger wegen eines dem Recht im Range vorgehenden Grundpfandrechtes oder Reallast die Zwangsversteigerung betreibt. Diese Vereinbarung bedarf jedoch zu ihrer Wirksamkeit der Zustimmung der dem Dauerwohnrecht bzw. Dauernutzungsrecht im Range vorgehenden oder gleichstehenden Grundpfandrechtsgläubiger oder Reallastberechtigten, § 39 WEG. Sofern ein Gläubiger der Rangklasse 1 bis 3 des § 10 Abs. 1 ZVG die Zwangsversteigerung betreibt, ist diese Vereinbarung jedoch wirkungslos, das Recht erlischt dann in jedem Falle.[89]

Für das erlöschende Dauerwohn- bzw. Dauernutzungsrecht ist ein einmaliger Wertersatz in den Teilungsplan aufzunehmen. Der Ersatzwert errechnet sich aus dem jährlichen Mietzins multipliziert mit dem 25-fachen Jahresbetrag. Ist das Recht ausnahmsweise befristet, so bildet die Restlaufzeit den Multiplikator. **9.125**

11. Vormerkung

a) Inhalt

Die Vormerkung nach § 883 BGB sichert den Anspruch des Berechtigten auf Einräumung oder Aufhebung eines Rechtes an einem Grundstück oder an einem das Grundstück belastenden Rechte oder auf Änderung des Inhalts oder des Ranges eines solchen Rechtes. Für den Gläubiger, der die Erfolgsaussichten einer Zwangsversteigerung beurteilen will, ist es daher wichtig zu wissen, welchen schuldrechtlichen Anspruch die im Grundbuch eingetragene Vormerkung sichert. **9.126**

b) Vormerkung für dingliche Rechte

Dingliche Rechte, sowohl in Abteilung II als auch Abteilung III des Grundbuches, die durch eine Vormerkung gesichert werden, sind wie eingetragene Rechte zu berücksichtigen, § 48 ZVG. Bleibt die Vormerkung nach den Versteigerungsbedingungen bestehen oder erlischt sie, wird sie in jedem Fall wie das endgültige Recht bewertet. Sowohl der einmalige Wertersatz als auch der Ersatzwert für eine zu zahlende Geldrente ist aufschiebend bedingt in den Teilungsplan aufzunehmen, § 119 ZVG. Es kann hierbei auf die jeweiligen Ausführungen des vorgemerkten Rechtes verwiesen werden. **9.127**

c) Wiederkaufsrecht/Ankaufsrecht

Das Recht zum Wiederkauf oder Rückkauf des Grundstückes ist kein dingliches Recht, sondern lediglich ein schuldrechtlicher Anspruch, § 456 BGB. Hiernach ist der Käufer verpflichtet, das Grundstück an den Verkäufer zurückzuübertragen, wenn die nach dem Vertrag obliegenden **9.128**

---

[89] MünchKomm/*Röll*, § 39 WEG Rdn. 2.

Verpflichtungen nicht erfüllt werden. Die zum Rückkauf berechtigenden Bedingungen werden regelmäßig zusammen mit dem Kaufvertrag vereinbart. Die Bedingungen eines Ankaufsrechts ergeben sich aus bedingten Kaufverträgen, aus Vorverträgen oder aus bindenden Verkaufsangeboten.[90] Diese schuldrechtlichen Ansprüche können durch eine Vormerkung im Grundbuch gesichert werden.[91] Verfügungen, die nach der Vormerkung im Grundbuch eingetragen werden, sind dem Wiederkäufer gegenüber unwirksam. Wird das Wiederkaufs-, Rückkaufs- oder Ankaufsrecht ausgeübt, kann der Käufer die Beseitigung der zwischenzeitlich eingetragenen Belastungen verlangen, § 888 BGB. Die durch die Vormerkung gesicherten Ansprüche stellen damit regelmäßig ein Versteigerungshindernis dar. Der Ersteher eines Grundstückes läuft immer Gefahr, das Grundstück jederzeit zu verlieren, indem er es an den Vormerkungsberechtigten zurückübertragen muss.

d) Bestehen bleibende Vormerkung

9.129 Geht die Vormerkung dem bestbetreibenden Gläubiger im Range vor und bleibt somit nach den Versteigerungsbedingungen bestehen, ist sie von dem Ersteher zu übernehmen, § 52 ZVG. Nicht nur diese Tatsache wird den Bieterkreis für ein Grundstück mit Übernahme dieser Vormerkung wesentlich einschränken, auch der Zuzahlungsbetrag ist sehr hoch zu veranschlagen. Er ergibt sich aus dem Verkaufswert des Grundstückes abzüglich der der Vormerkung vorgehenden Rechte.[92]

e) Erlöschende Vormerkung

9.130 Geht die Vormerkung dem bestbetreibenden Gläubiger im Range nach (oder steht im Gleichrang), erlischt sie nach den Versteigerungsbedingungen und ist durch einen einmaligen Wertersatz abzufinden, § 92 Abs. 1 ZVG. Der einmalige Wertersatz errechnet sich aus dem Verkehrswert des Grundstückes unter Abzug der der Vormerkung vorgehenden Rechte und unter Berücksichtigung der vereinbarten Bedingungen des vorgemerkten Anspruches.[93]

12. Auflassungsvormerkung

a) Inhalt

9.131 Die Auflassungsvormerkung wird in der Praxis am häufigsten im Grundbuch eingetragen. Die Eintragung erfolgt in Abteilung II. Sie sichert den

---

[90] *Schöner/Stöber*, Rdn. 1444 ff.
[91] MünchKomm/*Wacke*, BGB § 883 Rdn. 27, 33.
[92] BGH, Rpfleger 1967, 9 = NJW 1967, 566; BGH, Rpfleger 1987, 426 = NJW-RR 1987, 891; OLG Düsseldorf, Rpfleger 1991, 471.
[93] Vgl. BGH, Rpfleger 1972, 398 zum Wiederkaufsrecht = NJW 1972, 1758; BGH, Rpfleger 1987, 426 = NJW-RR 1987, 891; OLG Düsseldorf, Rpfleger 1991, 471.

Anspruch des Käufers auf Auflassung (sofern diese nicht bereits vorliegt) und Eigentumsumschreibung des Grundstückes. Verfügungen, die zeitlich und rangmäßig nach der Auflassungsvormerkung im Grundbuch eingetragen werden, sind dem Berechtigten der Vormerkung gegenüber unwirksam. Er kann die Beseitigung dieser Verfügung verlangen, § 888 BGB. Steht die Vormerkung vor einem Grundpfandrecht oder hat sie den Vorrang erhalten, bleibt sie nach den Versteigerungsbedingungen bestehen, wenn der nachrangige Grundpfandrechtsgläubiger vollstreckt. Der Vorrang gilt auch bei einem eingetragenen **Wirksamkeitsvermerk**. Der BGH[94] hat hierzu grundsätzlich entschieden, dass die Eintragung eines Vermerks in das Grundbuch statthaft ist, aus dem sich ergibt, dass das Grundpfandrecht gegenüber der rangbesseren Auflassungsvormerkung des Käufers wirksam ist; der Vermerk ist sowohl bei der Auflassungsvormerkung als auch bei dem Grundpfandrecht einzutragen,

b) **Bestehen bleibende Vormerkung**

Geht die Auflassungsvormerkung dem bestbetreibenden Gläubiger im Range vor, bleibt sie nach den Versteigerungsbedingungen bestehen und ist von dem Ersteher zu übernehmen, § 52 ZVG. Da die Auflassungsvormerkung wie das Vollrecht behandelt wird, § 48 ZVG, ist sie so zu berücksichtigen, als wenn der Berechtigte der Vormerkung bereits im Grundbuch als Eigentümer eingetragen wäre. Sie stellt damit ein echtes Versteigerungshindernis dar, da kein Bieter dieses Grundstück ersteigern wird. Der Ersteher läuft jederzeit Gefahr, das Grundstück an den Vormerkungsberechtigten wieder herausgeben zu müssen. Auch der Zuzahlungsbetrag ist sehr hoch anzusetzen. Er errechnet sich aus dem Verkehrswert des Grundstücks unter Abzug der der Vormerkung vorgehenden Rechte.[95]

9.132

c) **Erlöschende Vormerkung**

Geht die Auflassungsvormerkung dem bestbetreibenden Gläubiger im Range nach (oder steht im Gleichrang), erlischt sie nach den Versteigerungsbedingungen und ist durch einen einmaligen Wertersatz abzufinden, § 92 Abs. 1 ZVG. Der Wertersatz errechnet sich aus dem Verkehrswert des Grundstückes unter Abzug der der Vormerkung vorgehenden Rechte.[96]

9.133

Streitig ist in diesem Zusammenhang die Frage, ob der bereits gezahlte Kaufpreis berücksichtigt werden muss. Die Feststellung des Ersatzwertes

9.134

---

94 Rpfleger 1999, 383 = NJW 1999, 2275 = BGHZ 141, 169; ebenso: OLG Düsseldorf, Rpfleger 2000, 568 = NJW-RR 2001, 70; OLG Köln, RNotZ 2001, 243; BayObLG, Rpfleger 2001, 459 = MittBayNot 2001, 414; OLG Schleswig, Rpfleger 2002, 226.
95 BGH, Rpfleger 1967, 9 = NJW 1967, 566; BGH, Rpfleger 1987, 426 = NJW-RR 1987, 891; *Stöber*, § 51 Rdn. 4.2; Steiner/*Eickmann*, § 51 Rdn. 24.
96 BGH, Rpfleger 1987, 426 = NJW-RR 1987, 891.

erfolgt ohne Abzug des vom Berechtigten noch geschuldeten Kaufpreises.[97] Nach anderer Auffassung steht dem Vormerkungsberechtigten nur der nach Abzug des geschuldeten Kaufpreises verbleibende Resterlös zu.[98] Diese Auffassung ist jedoch abzulehnen, da das Versteigerungsgericht die schuldrechtlichen Ansprüche nicht gegeneinander abwiegen kann. Der auf die Vormerkung entfallende Erlösanteil wird vom Versteigerungsgericht hinterlegt und erst nach endgültiger Feststellung des Anspruches dem Berechtigten ausgezahlt. Diese Feststellung zu treffen ist jedoch Aufgabe des Prozessgerichtes.[99]

d) Auflassungsvormerkung und Vollstreckung

9.135 Ist der Schuldner Berechtigter der Auflassungsvormerkung, bietet sich dem Gläubiger die Vollstreckungsmöglichkeit, direkt eine Zwangssicherungshypothek für die titulierte Forderung am Grundstück zu erlangen, aus dem dann die Zwangsversteigerung oder Zwangsverwaltung heraus in das Grundstück betrieben werden kann.[100] Sowohl der schuldrechtliche Anspruch des Berechtigten aus der Vormerkung auf Auflassung und Eintragung als Eigentümer im Grundbuch (Eigentumsverschaffungsanspruch) als auch ein eventuelles Anwartschaftsrecht sind selbstständige Vermögensrechte, abtretbar und damit auch pfändbar, § 851 Abs. 1 ZPO. Da der Pfändungsvorgang bzgl. beider Ansprüche jedoch unterschiedlich verläuft, sollte sich der Gläubiger vor der Pfändung immer möglichst genau über den Inhalt des der Vormerkung zugrunde liegenden Anspruches informieren. Der Gläubiger hat sowohl das Recht, die Grundakte beim Grundbuchgericht einzusehen,[101] als auch einen Urkundenherausgabeanspruch gegenüber dem Notar oder Behörden, § 792 ZPO.

9.136 Zur Pfändung und Überweisung des Eigentumsverschaffungsanspruchs vgl. Rdn. 6.302 ff., zum Anwartschaftsrecht vgl. Rdn. 6.290 ff., zum Rang der Sicherungshypothek vgl. Rdn. 6.292.

13. Vereinbarung nach § 1010 BGB

a) Inhalt

9.137 Die Miteigentümer eines Grundstückes nach Bruchteilen können die Verwaltung und Benutzung des Grundstückes vertraglich regeln. Sie können insbesondere den Ausschluss oder die Beschränkung des Rechtes, Aufhebung der Gemeinschaft zu verlangen, vereinbaren. Diese Vereinbarung

---

97 Steiner/*Eickmann*, § 92 Rdn. 36; Dassler/*Schiffhauer*, § 92 Rdn. 27.
98 *Stöber*, § 92 Rdn. 7.3; MünchKomm/*Wacke*, BGB § 883 Rdn. 52.
99 Steiner/*Eickmann*, § 92 Rdn. 36.
100 Vgl. *Hintzen*, Rpfleger 1989, 439 ff.
101 *Schöner/Stöber*, Rdn. 525.

wirkt gegenüber einem Sonderrechtsnachfolger im Miteigentum nur durch Eintragung dieser Vereinbarung auf den jeweiligen Anteilen der Miteigentümer, § 1010 Abs. 1 BGB. Die Eintragung ist keine Verfügungsbeschränkung, sondern eine echte Belastung der Grundstücksanteile, ähnlich einer Grunddienstbarkeit.[102]

b) Bestehen bleibende Vereinbarung

Geht die Eintragung nach § 1010 BGB dem bestbetreibenden Gläubiger im Range vor, bleibt sie nach den Versteigerungsbedingungen bestehen und ist vom Ersteher zu übernehmen, § 52 ZVG. Ersteigert ein Bietinteressent das gesamte Grundstück, so endet mit dem Zuschlag die Miteigentümergemeinschaft. Die Anteilsbelastung ist damit gegenstandslos geworden. Wirtschaftlich gesehen stellt sie somit kein Versteigerungshindernis dar, ihr Wert ist mit 0,- € anzunehmen.[103]   9.138

Wird nur ein Miteigentumsanteil versteigert, tritt der Ersteher in die Miteigentümerschaft ein, er unterliegt nunmehr den Vereinbarungen der Miteigentümer. Die Wertdifferenz zwischen einem Verkauf des Grundstückes mit und ohne diese Anteilsbelastung ergibt sich aus dem Wert der vereinbarten Beschränkungen.   9.139

c) Erlöschende Vereinbarung

Geht die Eintragung nach § 1010 BGB dem bestbetreibenden Gläubiger im Range nach (oder steht im Gleichrang), erlischt sie nach den Versteigerungsbedingungen und ist aus dem Erlös durch Wertersatz abzufinden, § 92 Abs. 1 ZVG. Die Höhe des einmaligen Wertersatzes bestimmt sich nach den Nutzungen, den die Belastung für die übrigen Miteigentümer hatte. Aber auch hier gilt, wird das Grundstück insgesamt zugeschlagen, erlischt die Miteigentümergemeinschaft. Ein Anspruch auf Wertersatz für die damit gegenstandslos gewordene Anteilsbelastung besteht nicht.[104]   9.140

14. Bodenschutzlastvermerk

Am 17.3.1998 wurde das Gesetz zum Schutz des Bodens (Bundesbodenschutzgesetz – BBodSchG; BGBl I 502) verkündet. Das Gesetz trat am 1.3.1999 in Kraft. Zweck dieses Gesetzes ist, nachhaltig die Funktionen des Bodens zu sichern oder wiederherzustellen. Hierzu sind schädliche Bodenveränderungen abzuwehren, der Boden und Altlasten sowie hierdurch ver-   9.141

---

102 *Schöner/Stöber*, Rdn. 1470; LG Zweibrücken, Rpfleger 1965, 56; *Döbler*, MittRhNotK 1983, 181, 189.
103 *Döbler*, MittRhNotK 1983, 181.
104 *Stöber*, § 92 Rdn. 6.6.

ursache Gewässerverunreinigungen zu sanieren und Vorsorge gegen nachteilige Einwirkungen auf den Boden zu treffen, § 1 BBodSchG.[105]

9.142 Schädliche Bodenveränderungen sind Beeinträchtigungen der Bodenfunktionen, die geeignet sind, Gefahren, erhebliche Nachteile oder erhebliche Belästigungen für den Einzelnen oder die Allgemeinheit herbeizuführen, § 2 Abs. 3 BBoSchG. Das Gesetz findet auch Anwendung auf Verdachtsflächen, bei denen der Verdacht schädlicher Bodenveränderungen besteht, § 1 Abs. 4 BBodSchG. Es gilt weiter für Altlasten, insbesondere stillgelegte Abfallbeseitigungsanlagen oder sonstige Grundstücke, auf denen Abfälle behandelt, gelagert oder abgelagert worden sind, und Grundstücke stillgelegter Anlagen und sonstige Grundstücke, auf denen mit umweltgefährdenden Stoffen umgegangen worden ist, § 2 Abs. 5 BBodSchG.

9.143 Sanierungsmaßnahmen i.S.d. Gesetzes sind solche, die zur Beseitigung oder Verminderung der Schadstoffe führen, die eine Ausbreitung der Schadstoffe langfristig verhindern oder die zur Beseitigung oder Verminderung schädlicher Veränderungen der Beschaffenheit des Bodens beitragen. Verpflichtet zur Beseitigung bzw. zur Gefahrenabwendung sind nach dem 1.3.1999 der jeweilige Eigentümer und wenn das Eigentum nach dem 1.3.1999 übertragen worden ist, auch der frühere Eigentümer, § 4 Abs. 5, 6 BBodSchG.

9.144 Die entstehenden Kosten für anzuordnende Maßnahmen tragen die zur Durchführung Verpflichteten. Soweit durch den Einsatz öffentlicher Mittel bei Maßnahmen zur Erfüllung der entsprechenden Pflichten nach § 4 BBodSchG der Verkehrswert eines Grundstückes nicht nur unwesentlich erhöht wird und der Eigentümer die Kosten hierfür nicht oder nicht vollständig getragen hat, hat er einen von der zuständigen Behörde festzusetzenden Wertausgleich in Höhe der maßnahmenbedingten Wertsteigerung an den öffentlichen Kostenträger zu leisten, § 25 Abs. 1 S. 1 BBodSchG. Die Höhe des Ausgleichsbetrages bestimmt sich nach der Höhe der eingesetzten öffentlichen Mittel.

9.145 Die durch Sanierungsmaßnahmen bedingte Erhöhung des Grundstücksverkehrswertes besteht aus dem Unterschied zwischen dem Wert, der sich für das Grundstück ergeben würde, wenn die Maßnahmen nicht durchgeführt worden wären (Anfangswert) und dem Wert, der sich für das Grundstück nach Durchführung der Erkundungs- und Sanierungsmaßnahmen ergibt (Endwert), § 25 Abs. 2 BBodSchG.

9.146 Für die Zwangsversteigerung von besonderer Bedeutung ist die Anordnung in § 25 Abs. 6 BbodSchG: Der Ausgleichsbetrag ruht als öffentliche Last auf dem Grundstück. Aufgrund der Verordnung über die Eintragung eines Bodenschutzlastvermerks kann ab dem 1.3.1999 die zuvor genannte öffentliche Last im Grundbuch in Abteilung II vermerkt werden, §§ 93a, b GBV. Der Wertausgleich wird als öffentliche Last in Rangklasse 3

---

105 Hierzu allgemein *Böhringer,* BWNotZ 2003, 129.

des § 10 Abs. 1 ZVG berücksichtigt. Der Betrag kann zum Verfahren angemeldet werden oder aus diesem Anspruch wird das Verfahren betrieben (im Einzelnen wird auf Rdn. 11.101 ff. verwiesen).

15. Verfügungsbeschränkungen

In Abteilung II des Grundbuches werden auch sämtliche Verfügungsbeschränkungen für und gegen Dritte eingetragen, die sich auf das Grundstück beziehen. Im Einzelnen können diese Verfügungsbeschränkungen beruhen: 9.147
- auf gesetzlichen Bestimmungen;
- auf Anordnung eines Gerichtes oder einer anderen Behörde.

Da die einzelnen Verfügungsbeschränkungen unterschiedliche Rechtswirkungen zeigen, spielen sie zwangsläufig eine wichtige Rolle für den Gläubiger bei der Frage, ob die Vollstreckung in das Grundstück betrieben werden kann oder nicht.

a) Baugesetzbuch

Nach dem Baugesetzbuch können im Grundbuch vermerkt werden: 9.148
- der Umlegungsvermerk, § 51 BauGB;
- der Enteignungsvermerk, § 109 BauGB;
- der Sanierungsvermerk, § 144 BauGB;
- der Entwicklungsvermerk, §§ 169, 144 BauGB.

Die in den zuvor genannten Vorschriften normierten Verfügungsbeschränkungen beziehen sich nicht auf Maßnahmen der Zwangsvollstreckung.[106] Die Zwangsversteigerung kann angeordnet werden. Bei einem Wechsel der Person im laufenden Versteigerungsverfahren treten diese als Rechtsnachfolger in das jeweils laufende behördliche Verfahren ein. 9.149

Die Flurbereinigung ist ebenfalls ein Verfügungsverbot, §§ 52, 53 FlurbG, aber kein Zwangsversteigerungshindernis.[107] Der Ersteher eines Grundstückes in der Flurbereinigung tritt in das laufende Flurbereinigungsverfahren ein, § 15 FlurbG. 9.150

Für landwirtschaftliche Grundstücke gibt es heute keine Beschränkungen mehr, alle früheren sind weggefallen. 9.151

b) Bundesversorgungsgesetz

Der Berechtigte nach dem Bundesversorgungsgesetz erhält bei Vorliegen der Voraussetzungen eine Kapitalabfindung. Hat er mit dieser Kapitalabfin- 9.152

---
106 *Stöber*, § 15 Rdn. 6; Steiner/*Eickmann*, § 28 Rdn. 55.
107 *Stöber*, § 15 Rdn. 17.4; OLG Hamm, Rpfleger 1987, 258.

dung ein Grundstück erworben, ist auf diesem Grundstück ein Sperrvermerk einzutragen. Die Weiterveräußerung oder Belastung des Grundstückes ist bis zu einer Dauer von 5 Jahren dann nur noch mit Genehmigung der zuständigen Versorgungsbehörde zulässig, §§ 72, 75 BVG.

9.153 Da weder das Gesetz noch die Verwaltungsvorschriften über das Wesen und die Wirkung dieses Sperrvermerkes eine Aussage treffen, werden die Auswirkungen auf die Zwangsvollstreckung sehr **streitig** beantwortet. Überwiegend wird die Auffassung vertreten, dass bei Rechten am Grundstück, die vor dem Sperrvermerk eingetragen wurden, keine Genehmigung des Versorgungsamtes vorliegen muss.[108] Gläubiger dieser Rechte können die Zwangsversteigerung des Grundstückes jederzeit beantragen. Für die Zwangsvollstreckung aus Rechten, die nach dem Sperrvermerk im Grundbuch eingetragen wurden, ist jedoch die Genehmigung erforderlich.[109] Eine Ausnahme hiervon gilt nur dann, wenn die Genehmigung bereits bei der Eintragung des Rechtes im Grundbuch vorgelegt worden ist. Da jedes Kapitalrecht am Grundstück die Zwangsvollstreckung zum Inhalt hat, ist eine weitere Genehmigung zum Zwangsversteigerungsantrag nicht mehr erforderlich.[110]

c) Unfallversicherung

9.154 Unfallrenten können, sofern die Voraussetzungen vorliegen, kapitalisiert werden und dem Berechtigten in Form einer Abfindungssumme ausgezahlt werden, § 78 SGB VII. Wird diese Abfindungssumme in das Grundstück investiert, konnte – bisher – im Grundbuch ein Sperrvermerk eingetragen werden, § 610 RVO. Hiernach war bzw. ist die Veräußerung und Belastung des Grundstückes innerhalb einer Frist bis zu 5 Jahren nur mit Genehmigung des Unfallversicherers zulässig. Die in § 610 RVO geregelte Verfügungsbeschränkung ist weggefallen durch das Gesetz zur Einordnung des Rechts der gesetzlichen Unfallversicherung in das SGB VII (Gesetz vom 7.8.1996, BGBl I 1254).

9.155 Da auch hier die Auswirkungen dieses befristeten Sperrvermerkes weder gesetzlich noch behördlich geregelt sind, kann zur Handhabung in der Zwangsversteigerung auf die vorherigen Ausführungen zum Bundesversorgungsgesetz verwiesen werden (Rdn. 9.153).

d) Erbbaurecht

9.156 Bei der Bestellung eines Erbbaurechtes wird zwischen dem Eigentümer und dem Erbbauberechtigten nahezu immer vereinbart, dass die Veräußerung und Belastung des Erbbaurechtes mit einem Grundpfandrecht, Real-

---

108 *Stöber,* § 15 Rdn. 7.3 m.w.N.; Steiner/*Eickmann,* § 28 Rdn. 60, 61, 62; Dassler/*Muth,* § 28 Rdn. 18; *Sichtermann,* Rdn. 16.81.
109 Vgl. auch Meikel/*Böttcher,* Anhang zu §§ 19, 20 Rdn. 33, 34.
110 *Stöber,* § 15 Rdn. 7.4.

last oder Dauerwohnrecht der Zustimmung des Grundstückseigentümers bedarf. Diese Vereinbarung gilt auch für Verfügungen im Wege der Zwangsvollstreckung, § 8 ErbbauVO. Für die Durchführung des Zwangsversteigerungsverfahrens ist daher die Zustimmung des Grundstückseigentümers vorzulegen. Hat dieser bereits bei der Eintragung des Rechts die Zustimmung erteilt, gilt diese noch nicht zugleich für eine nachfolgende Veräußerung.[111] Die Zustimmung muss jedoch nicht bei der Anordnung oder einem Beitritt des Verfahrens vorgelegt werden, sondern erst im Zeitpunkt des Zuschlages.[112] Für die Zwangsverwaltung gilt dies nicht, da durch dieses Verfahren das Grundstück nicht veräußert wird[113]

e) **Wohnungseigentum**

Als Inhalt des Sondereigentums kann vereinbart werden, dass ein Wohnungseigentümer zur Veräußerung seines Wohnungseigentums der Zustimmung der anderen Wohnungseigentümer oder eines Dritten, meistens des Verwalters, bedarf, § 12 Abs. 1 WEG. Diese Veräußerungsbeschränkung gilt auch für Verfügungen im Wege der Zwangsvollstreckung, § 12 Abs. 3 S. 2 WEG. Die Zwangsversteigerung kann jedoch zunächst beantragt werden. Die Zustimmung der übrigen Wohnungseigentümer oder des Dritten (Verwalters) muss erst im Zeitpunkt des Zuschlages vorgelegt werden.[114]

9.157

f) **Reichsheimstätte**

Am 1.10.1993 ist das Gesetz zur Aufhebung des Reichsheimstättengesetzes (BGBl I 912) in Kraft getreten. Im Beitrittsgebiet waren die Reichsheimstätten bereits am 1.1.1976 in persönliches Eigentum überführt worden (§ 5 Abs. 3 EGZGB). Zwar lebte das RHG nach dem Beitritt am 3.10.1990 wieder auf, unterliegt jetzt aber ebenfalls der Aufhebung. Nach dem 1.1.1999 ist die gesamte Löschung im Grundbuch von Amts wegen vorzunehmen.[115]

9.158

g) **Insolvenz**

aa) **Nach der Insolvenzeröffnung**

Ist im Grundbuch seit dem 1.1.1999 aufgrund der nunmehr geltenden Insolvenzordnung der Insolvenzvermerk eingetragen, ist eine Einzelzwangsvollstreckung zugunsten einzelner Insolvenzgläubiger in die Insolvenzmasse unzulässig, § 89 Abs. 1 InsO. Die Insolvenzmasse umfasst so-

9.159

---

111 BGH, Rpfleger 1987, 257 = NJW 1987, 1942; *Stöber*, § 15 Rdn. 13.6 m.w.N.
112 BGH, Rpfleger 1961, 192 = NJW 1960, 2033; LG Aachen, Rpfleger 1983, 119.
113 *Stöber*, § 15 Rdn. 13.7.
114 Steiner/*Eickmann*, § 28 Rdn. 69; *Stöber*, § 15 Rdn. 45.7.
115 Vgl. im Einzelnen *Hornung*, Rpfleger 1994, 277.

wohl das Vermögen, was dem Schuldner zum Zeitpunkt der Eröffnung gehört (Altvermögen), als auch das Vermögen, was er später während des Verfahrens hinzuerwirbt (Neuvermögen), § 35 InsO. Eine Zwangssicherungshypothek zugunsten eines persönlichen Gläubigers kann daher im Grundbuch nicht mehr eingetragen werden, § 89 Abs. 1 InsO. Aufgrund der Verwaltungs- und Verfügungsbefugnis des Insolvenzverwalters, § 80 Abs. 1 InsO, oder des Treuhänders im eröffneten vereinfachten Insolvenzverfahren (Verbraucherinsolvenz), §§ 312, 313 InsO, kann eine dingliche Belastung nur aufgrund seiner Erklärung im Grundbuch eingetragen werden. Gläubiger dieser dinglichen Rechte sind im Insolvenzverfahren absonderungsberechtigt, können die Zwangsversteigerung auch nach Insolvenzeröffnung betreiben, benötigen dann jedoch einen Titel gegen den Insolvenzverwalter bzw. Treuhänder, § 49 InsO. Bereits vorher eingeleitete Verfahren laufen gegen den Schuldner weiter. Es tritt keine Unterbrechung des Verfahrens ein[116]. Nach Eröffnung des Insolvenzverfahrens ist der Schuldner im Verfahren nicht mehr Beteiligter im Sinne von § 9 ZVG[117], dies ist ab Verfahrenseröffnung nur noch der Insolvenzverwalter.

9.160 Auch ein persönlicher Gläubiger, dessen Beschlagnahme in der Zwangsversteigerung vor der Insolvenzeröffnung wirksam geworden ist, kann das Verfahren weiter betreiben, § 80 Abs. 2 S. 2 InsO.

9.161 Hier ist jedoch zu beachten: Hat ein Insolvenzgläubiger im letzten Monat (bei der Verbraucherinsolvenz bis zu 3 Monaten, § 312 Abs. 1 S. 3 InsO) vor dem Antrag auf Eröffnung des Insolvenzverfahrens oder danach durch Zwangsvollstreckung eine Sicherung an einem zum Verfahren gehörenden Gegenstand erwirkt, ist diese Sicherung mit Verfahrenseröffnung kraft Gesetzes unwirksam, § 88 InsO (Rückschlagsperre). Das Versteigerungsgericht hat diese Tatsache nach Kenntnis von Amts wegen zu beachten, § 28 Abs. 2 ZVG.

bb) Insolvenzeröffnungsverfahren

9.162 Zur Sicherung vor nachteiligen Veränderungen in der Vermögenslage des Schuldners hat das Insolvenzgericht nach der Stellung des Insolvenzeröffnungsantrages alle Maßnahmen zu treffen, die im konkreten Fall nowendig und erforderlich erscheinen, § 21 Abs. 1 InsO. Der Maßnahmenkatalog in § 21 Abs. 2 InsO ist nicht abschließend zu verstehen, sondern nur beispielhaft (vgl. das Wort „insbesondere" in § 21 Abs. 2 InsO zu Beginn).

9.163 Das Insolvenzgericht kann im Eröffnungsverfahren beispielhaft folgende Maßnahmen zur Sicherung der Insolvenzmasse erlassen:

- einen vorläufigen Insolvenzverwalter bestellen, § 21 Abs. 2 Nr. 1 InsO,
- ein allgemeines Verfügungsverbot erlassen oder einen Zustimmungsvorbehalt anordnen, § 21 Abs. 2 Nr. 2 InsO,

---

116 AG Göttingen, Rpfleger 2000, 121.
117 LG Lübeck, Rpfleger 2004, 235.

- ein Vollstreckungsverbot erlassen, indem Maßnahmen der Mobiliarzwangsvollstreckung untersagt oder einstweilen eingestellt werden, § 21 Abs. 2 Nr. 3 InsO.

Wird zugleich mit der Bestellung eines vorläufigen Insolvenzverwalters ein allgemeines Verfügungsverbot erlassen (sog. starker vorläufiger Verwalter), geht die Verwaltungs- und Verfügungsbefugnis auf den vorläufigen Insolvenzverwalter über, § 22 Abs. 1 InsO. **9.164**

Die gerichtlich verfügte Untersagung der Zwangsvollstreckung ist grundsätzlich ein Vollstreckungshindernis, § 21 Abs. 2 Nr. 3 InsO. Es umfasst sowohl das bei seinem Erlass bereits vorhandene Vermögen als auch diejenigen Vermögenswerte, die der Schuldner nachträglich, aber vor der Eröffnung des Insolvenzverfahrens erworben hat. Es kann sich auch gegen absonderungsberechtigte oder auch aussonderungsberechtigte Gläubiger richten. Die Untersagung der Zwangsvollstreckung bedeutet, dass eine Vollstreckungsmaßnahme danach nicht hätte erfolgen dürfen, sie ist auf Erinnerung/Beschwerde hin aufzuheben (Zuständigkeit des Insolvenzgerichts, § 89 Abs. 3 InsO).[118] **9.165**

Allerdings bezieht sich das Vollstreckungsverbot ausdrücklich nicht auf **unbewegliche** Gegenstände, § 21 Abs. 2 Nr. 3 Hs. 2 InsO. Die Möglichkeiten zur einstweiligen Einstellung von Vollstreckungsmaßnahmen in unbewegliche Gegenstände wird durch das Einstellungsrecht des vorläufigen Insolvenzverwalters wahrgenommen, § 30d Abs. 4 ZVG, zuständig ist das Vollstreckungsgericht (Versteigerung oder Zwangsverwaltung). Hat das Insolvenzgericht im Eröffnungsverfahren jedoch einen vorläufigen Insolvenzverwalter bestellt unter gleichzeitiger Anordnung eines allgemeinen Verfügungsverbots, ist zur Zwangsvollstreckung in das Vermögen des Schuldners die Umschreibung der Vollstreckungsklausel erforderlich[119]. **9.166**

Unbeantwortet bleibt jedoch die Frage der Eintragung und Wirksamkeit einer Zwangssicherungshypothek im Grundbuch. Die Eintragung der Zwangssicherungshypothek ist eine Maßnahme der Immobiliarvollstreckung, § 866 ZPO, und wird daher nicht vom Wortlaut des § 21 Abs. 2 Nr. 3 InsO erfasst. Das neue Einstellungsrecht in §§ 30d, e ZVG betrifft nur angeordnete Zwangsversteigerungsverfahren. Die Eintragung der Zwangssicherungshypothek im Grundbuch ist daher zunächst zulässig und wirksam, sie unterliegt nach Insolvenzeröffnung jedoch der Möglichkeit der Unwirksamkeit nach §§ 88, 312 Abs. 1 InsO. Eine im Grundbuch eingetragene Zwangshypothek wird – nach bisher **h.M.** – zur Eigentümergrundschuld.[120] Gegen diese bislang **9.167**

---

[118] BGH, Rpfleger 2004, 436 = NZI 2004, 278 = DZWir 2004, 208 = MDR 2004, 766 = WM 2004, 834 = ZIP 2004, 732 = InVo 2004, 511 = ZVI 2004, 197.

[119] LG Cottbus, Rpfleger 2000, 465; **a.A.** LG Halle, Rpfleger 2002, 89, der vorläufige Insolvenzverwalter ist hinsichtlich des unbeweglichen Vermögens nicht als Rechtsnachfolger des Schuldners anzusehen.

[120] BayObLG, Rpfleger 2000, 448 = NJW-RR 2001, 47 = NZI 2000, 427 = FGPrax 2000, 135 = KTS 2000, 633 = ZIP 2000, 1263 = ZfIR 2000, 633.

nahezu einhellig vertretene Ansicht ist der BGH mit seiner Entscheidung vom 19.1.2006[121] der Meinung, dass eine von der Rückschlagsperre erfasste Zwangssicherungshypothek erlischt und nicht in entsprechender Anwendung des § 868 ZPO – wie bisher angenommen – zur Eigentümergrundschuld wird. Der BGH verneint eine die analoge Anwendung von § 868 ZPO rechtfertigende planwidrige Regelungslücke. Weiterhin ist der BGH der Ansicht, dass die zunächst erloschene Zwangssicherungshypothek, sofern sie zwischenzeitlich noch nicht im Grundbuch gelöscht wurde, in entsprechender Anwendung des § 185 Abs. 2 Satz 1 Fall 2 BGB ohne erneute Eintragung wieder auflebt, wenn der Insolvenzverwalter das Grundstück aus der Masse freigibt bzw. das Insolvenzverfahren aufgehoben wird und die Gläubigerforderung noch vollstreckbar ist. Der Rang der materiell neu entstehenden Zwangssicherungshypothek soll sich dabei nicht nach der ursprünglichen Eintragung, sondern nach dem Zeitpunkt der Freigabe richten. Diese Entscheidung wird zu Recht kritisiert.[122] Der Konvaleszensgedanke zu § 185 Abs. 2 BGB ist verfehlt, der Rechtsgedanke hinsichtlich der des Wiederauflebens in der vorhandenen Buchposition ist grundbuchrechtlich nicht konsequent, sie führt zu unlösbaren Rangproblemen. In der Zwangsversteigerung sind die Probleme vom BGH ausgespart worden.

9.168 Diese Ausführungen gelten auch im Eröffnungsverfahren im Verbraucherinsolvenzverfahren. Auch hier kann das Insolvenzgericht vorläufige Sicherungsmaßnahmen, § 306 Abs. 2 InsO, und einen vorläufigen Treuhänder bestellen.[123]

h) Pfändungsvermerk/Nachlassanteil

9.169 Hat ein Gläubiger den Anteil eines Miterben am Nachlass des Erblassers gegenüber den anderen Miterben gepfändet, wird die aufgrund der Pfändung eingetretene Verfügungsbeschränkung im Grundbuch auf Antrag des Gläubigers eingetragen (vgl. Rdn. 6.328).[124] Dies gilt gleichermaßen für eine rechtsgeschäftliche Verpfändung des Miterbenanteils. In beiden Fällen stellt dieser Vermerk für einen nachrangigen Gläubiger ein Vollstreckungshindernis dar, § 28 ZVG. Sowohl die Auseinandersetzungsversteigerung als auch die Versteigerung des Grundstückes mit einem Vollstreckungstitel gegen sämtliche Miterben schmälert die Rechtsstellung des Erbteilspfandgläubigers. Zur Zwangsversteigerung ist daher die Zustimmung des Pfandgläubigers vorzulegen oder aber ein gegen ihn gerichteter Duldungstitel.[125] Dies gilt nicht, wenn die Versteigerung aufgrund eines Rechtes erfolgt, das **vor**

---

121 Rpfleger 2006, 253 mit abl. Anm. *Demharter* = ZInsO 2006, 261.
122 *Alff/Hintzen*, ZInsO 2006, 481; *Demharter* in Anm. zu BGH, Rpfleger 2006, 253 ff.; *Bestelmeyer*, Rpfleger 2006, 387.
123 Vgl. *Hintzen*, Rpfleger 1999, 256 und *A. Schmidt*, ZIP 1999, 915.
124 Für viele: *Schöner/Stöber*, Rdn. 1662.
125 *Stöber*, § 15 Rdn. 27.1.

der Verpfändung oder Pfändung des Erbteilspfandgläubigers im Grundbuch eingetragen wurde.[126]

i) Testamentsvollstreckung

Die angeordnete und im Grundbuch eingetragene Testamentsvollstreckung ist kein Zwangsversteigerungshindernis. Unterliegt das Grundstück jedoch der Testamentsvollstreckung, so ist zur Zwangsvollstreckung in den Nachlass ein gegen den Testamentsvollstrecker ergangenes Urteil erforderlich, gegebenenfalls ist die Klausel gegen diesen umzuschreiben, §§ 748, 749 ZPO.[127]

9.170

j) Nachlassverwaltung

Mit der Anordnung einer Nachlassverwaltung verliert der Erbe die Befugnis, den Nachlass zu verwalten und über ihn zu verfügen. Die Nachlassverwaltung ist im Grundbuch zu vermerken. Sie stellt kein Zwangsversteigerungshindernis dar. Zwangsvollstreckungen in den Nachlass sind jedoch nur zugunsten eines Nachlassgläubigers zulässig, § 1984 Abs. 2 BGB. Zur Vollstreckung muss der Nachlassgläubiger einen Titel gegen den Nachlassverwalter vorlegen.[128]

9.171

k) Vor- und Nacherbfolge

Hat der Erblasser Vor- und Nacherbschaft angeordnet, ist im Grundbuch ein entsprechender Nacherbenvermerk einzutragen. Verfügungen über das Grundstück, welches der Nacherbschaft unterliegt, sind auch im Wege der Zwangsvollstreckung insoweit unwirksam, als sie im Falle des Eintritts der Nacherbfolge das Recht des Nacherben vereiteln oder beeinträchtigen, § 2115 BGB. Dies gilt auch bei befreiter Vorerbschaft, § 2136 BGB.

9.172

Das Zwangsversteigerungsverfahren ist anzuordnen und fortzuführen, wenn es aus einem Recht betrieben wird, welches dem Nacherben gegenüber wirksam ist, § 2113 Abs. 1, 2 BGB.[129] Hat der Nacherbe der Eintragung eines dinglichen Rechtes im Grundbuch zugestimmt, gilt diese Zustimmung auch für die Durchführung des Zwangsversteigerungsverfahrens. Wird das Zwangsversteigerungsverfahren für einen persönlichen Gläubiger angeordnet, der eine Nachlassverbindlichkeit geltend macht, ist auch dies zulässig, § 1967 BGB. Für den Nacherbenvermerk ist aber im Hinblick auf die Festsetzung eines Zuzahlungsbetrags nach den §§ 50, 51 ZVG kein Raum, auch dann nicht, wenn das Anwartschaftsrecht des Nacherben verpfändet wurde.[130]

9.173

---

126 Steiner/*Eickmann*, § 28 Rdn. 50.
127 Zöller/*Stöber*, § 749 Rdn. 10.
128 *Stöber*, § 15 Rdn. 30.7.
129 *Stöber*, § 15 Rdn. 30.8; Steiner/*Eickmann*, § 28 Rdn. 37–40.
130 BGH, Rpfleger 2000, 403 = NJW 2000, 3358 = DNotZ 2000, 705 = ZEV 2000, 322 = FamRZ 2000, 1149 = KTS 2000, 665 = MDR 2000, 883 = WM 2000, 1023 = InVo 2000, 434 = ZfIR 2000, 828.

9.174 Im Übrigen ist jede Zwangsversteigerung im Hinblick auf das Recht des Nacherben gem. § 773 ZPO unzulässig. Sofern die Zwangsversteigerung den Nacherben beeinträchtigt, ist eine Veräußerung bzw. Verwertung des Grundstückes nicht zulässig. Daraus wird gefolgert, dass die Zustimmung des Nacherben zum Zwangsversteigerungsverfahren nicht erst im Zeitpunkt des Zuschlages, sondern bereits bei der Verfahrenseröffnung vorzulegen ist, oder der Gläubiger legt einen Duldungstitel gegen den Nacherben vor.[131]

l) Einstweilige Verfügung

9.175 Das Prozessgericht kann im Wege der einstweiligen Verfügung anordnen, dass die Veräußerung, Belastung, Verpfändung eines Grundstückes zugunsten einer oder mehrerer bestimmter Personen unzulässig ist, § 938 Abs. 2 ZPO. Aufgrund der einstweiligen Verfügung kann im Grundbuch eine Vormerkung, ein Widerspruch oder ein Veräußerungsverbot eingetragen werden. Der Berechtigte aus der einstweiligen Verfügung kann jederzeit der Veräußerung des Grundstückes widersprechen, § 772 ZPO. Aufgrund dieser Tatsache ist die Zustimmung des Berechtigten nicht erst im Zeitpunkt des Zuschlages, sondern bereits bei Verfahrensanordnung vorzulegen, oder der Gläubiger legt einen entsprechenden Duldungstitel gegen den Berechtigten vor.[132]

9.176 Dieses Versteigerungshindernis wirkt jedoch nicht gegenüber dinglichen und persönlichen Gläubigern, deren Recht bzw. Beschlagnahme vor Wirksamwerden der einstweiligen Verfügung erwirkt wurde.

m) Zwangsversteigerungsvermerk, Zwangsverwaltungsvermerk

9.177 Nach Anordnung des Zwangsversteigerungs- oder Zwangsverwaltungsverfahrens ist im Grundbuch ein entsprechender Vermerk einzutragen, § 19 ZVG. Das mit der Beschlagnahme eingetretene Veräußerungsverbot stellt kein Vollstreckungshindernis dar.

9.178 Für einen Gläubiger, dessen Recht nach dem Vermerk im Grundbuch eingetragen wird, besteht jedoch die Besonderheit, dass er seinen Anspruch zum Versteigerungsverfahren rechtzeitig (§ 66 Abs. 2 ZVG, spätestens im Termin vor Beginn der Bietzeit) anmelden muss, § 45 Abs. 1 ZVG.

n) Rechtshängigkeitsvermerk

9.179 Schwebt ein Rechtsstreit über ein Grundstück, ist der Eigentümer grundsätzlich nicht gehindert, das Grundstück weiterzuveräußern. Die Veräußerung hat auf den Prozess keinen Einfluss. Das rechtskräftige Urteil wirkt jedoch für und gegen die Parteien und die Personen, die nach dem Eintritt der

---

131 *Stöber*, § 15 Rdn. 30.11 (f); Steiner/*Eickmann*, § 28 Rdn. 40; Steiner/*Hagemann*, §§ 15, 16 Rdn. 160; vgl. insgesamt *Klawikowski*, Rpfleger 1998, 100.
132 *Stöber*, § 15 Rdn. 36.1.

Rechtshängigkeit Rechtsnachfolger der Parteien geworden sind oder den Besitz der im Streit befangenen Sache in solcher Weise erlangt haben, dass eine der Parteien oder ihr Rechtsnachfolger mittelbarer Besitzer geworden ist, § 325 Abs. 1 ZPO. Wegen der Möglichkeit, die Rechtskrafterstreckung durch gutgläubigen Erwerb zu verhindern, kann die Rechtshängigkeit im Grundbuch als Verfügungsbeschränkung eingetragen werden. Es ist jedoch **streitig**, ob dieser Vermerk aufgrund formlosen Antrages des Berechtigten, auf Ersuchen des Prozessgerichts oder unter Vorlage der einstweiligen Verfügung im Grundbuch einzutragen ist.[133] Bezüglich der Auswirkung dieses Rechtshängigkeitsvermerkes kann auf die Ausführungen zur einstweiligen Verfügung verwiesen werden (zuvor Rdn. 9.175).

o) Vermögensbeschlagnahme

Das Vermögen eines Beschuldigten, gegen den ein Strafverfahren läuft, kann mit Beschlagnahme belegt werden, §§ 290, 443 StPO. Die Beschlagnahme ist als Veräußerungsbeschränkung im Grundbuch einzutragen. Sie stellt jedoch in keinem Fall ein Vollstreckungshindernis dar. Für den Schuldner ist ein Abwesenheitspfleger zu bestellen.[134]

9.180

p) Rückübertragungsanspruch nach dem Vermögensgesetz

Vermögenswerte, die den Maßnahmen i.S.d. § 1 VermG unterlagen und in Volkseigentum überführt oder an Dritte veräußert wurden, sind auf Antrag an die Berechtigten zurückzuübertragen, soweit dies nicht nach besonderen Vorschriften ausgeschlossen ist, § 3 Abs. 1 VermG. Beschlüsse, durch die die Zwangsversteigerung eines Grundstücks oder Gebäudes angeordnet wird, sowie Ladungen zu Terminen in einem Zwangsversteigerungsverfahren sind dem Berechtigten zuzustellen, § 3b Abs. 2 VermG. Hieraus ist deutlich abzulesen, dass der Rückübertragungsanspruch eines mit Restitutionsansprüchen belasteten Grundstücks kein der Zwangsversteigerung entgegenstehendes Rechts ist, welches von Amts wegen zu berücksichtigen ist, § 28 ZVG. Auch eine einstweilige Einstellung des Verfahrens analog § 30a ZVG nach der Anmeldung der Ansprüche kommt nicht in Betracht[135]. Der Berechtigte wird nach Anmeldung seines Anspruchs Verfahrensbeteiligter, § 9 ZVG.

9.181

---

133 Für Vorlage der einstweiligen Verfügung: MünchKomm/*Wacke*, BGB § 899 Rdn. 33; OLG München, Rpfleger 1966, 306 = NJW 1966, 1030; **a.A.** OLG Stuttgart, MDR 1979, 853; Palandt/*Bassenge*, § 899 Rdn. 10; nur Nachweis der Rechtshängigkeit OLG München, Rpfleger 2000, 106 = NJW-RR 2000, 384 = MDR 2000, 782 = MittBayNot 2000, 40 = ZfIR 2000, 582; SchlHOLG Rpfleger 1994, 455 = NJW-RR 1994, 1498 = DNotZ 1995, 83 = MDR 1994, 832; OLG Zweibrücken, Rpfleger 1989, 276, das BayObLG, Rpfleger 2003, 122 = NJW-RR 2003, 234 = ZfIR 2003, 563 lässt alle Möglichkeiten des Nachweises zur Eintragung zu; so auch LG Potsdam, NJOZ 2004, 2906.
134 Steiner/*Eickmann*, § 28 Rdn. 73.
135 LG Halle, WM 2000, 1606.

9.182 Bei einer nach dem 31.12.1999 angeordneten Zwangsversteigerung erlischt der Rückübertragungsanspruch nach dem Vermögensgesetz, § 9a Abs. 1 S. 3 EGZVG. Das Erlöschen tritt dann nicht ein, wenn ein entsprechender Vermerk – aufgrund einstweiliger Verfügung – im Grundbuch eingetragen ist, § 9a Abs. 1 S. 3, 2 Hs. 2 EGZVG, oder der Anspruch rechtzeitig zum Verfahren angemeldet wurde, § 37 Nr. 4 ZVG. Das Versteigerungsgericht wird die Anmeldung im Termin verlesen und als Versteigerungsbedingung mit aufnehmen. Der Rückübertragungsanspruch richtet sich dann gegen den Ersteher. Offen bleibt, ob das Grundstück unter diesen Voraussetzungen versteigert wird.[136]

16. Eigentum und Eigentumsnutzung im Beitrittsgebiet

9.183 Um eine endgültige Bereinigung der nach wie vor unterschiedlichen Rechtslage im Grundstücksrecht in den neuen Bundesländern herbeizuführen, wurden umfassende Regelungen durch Ergänzungen des EGBGB, durch das Grundbuchbereinigungsgesetz (GBBerG), das Registerverfahrensbeschleunigungsgesetz (RegVBG) und das Sachenrechtsbereinigungsgesetz (SachenRBerG) geschaffen.

a) 1. Möglichkeit

9.184 Durch § 295 Abs. 2 ZGB konnte Eigentum an Gebäuden unabhängig vom Eigentum am Boden begründet werden. Dieses Gebäudeeigentum wurde behandelt wie ein selbstständiges Grundstück, § 295 Abs. 2 ZGB, es war nicht wesentlicher Bestandteil des Grund und Bodens. Zur Entstehung wurde dem Berechtigten ein Nutzungsrecht verliehen.

9.185 Dieses Nutzungsrecht wurde dem Berechtigten an einem volkseigenen Grundstück verliehen, § 286 Abs. 1 Nr. 1 ZGB, als Belastung in Abt. II des Grundstücksgrundbuches eingetragen und ein selbstständiges Gebäudegrundbuchblatt angelegt, § 4 Abs. 4 S. 3 des Gesetzes über die Verleihung von Nutzungsrechten an volkseigenen Grundstücken (vom 14.12.1970 GBl. I 372). Für dieses Nutzungsrecht und das Gebäudeeigentum gelten Art. 231 § 5 und Art. 233 § 4 EGBGB sowie § 9a EGZVG. Dieses Nutzungsrecht ist in etwa vergleichbar dem Erbbaurecht.[137]

b) 2. Möglichkeit

9.186 Das Nutzungsrecht konnte weiterhin aufgrund der Zuweisung genossenschaftlich genutzten Bodens durch eine sozialistische Genossenschaft für den Bau und die persönliche Nutzung eines Eigenheimes entstehen,

---
[136] Hierzu *Keller*, Grundstücke in Insolvenz und Vollstreckung, Rdn. 425 ff.; *Eickmann*, Sachenrechtsbereinigung, § 9a EGZVG.
[137] So *Böhringer*, Besonderheiten des Liegenschaftsrechts, Rdn. 486; Sachenrechtsbereinigung, Eickmann/*Böhringer*, Art. 233 § 4 EGBGB Rdn. 7.

§ 286 Abs. 1 Nr. 2 ZGB. Auch hier wurde ein Gebäudegrundbuchblatt angelegt, § 4 Abs. 2 S. 2 der BereitstellungsVO vom 9.9.1976 (GBl. I 157). Das Nutzungsrecht wurde aber nicht als Belastung im Grundstücksgrundbuch eingetragen, sondern es wurde nur ein Vermerk im Bestandsverzeichnis über das Gebäudeblatt angelegt. Für dieses Nutzungsrecht und das Gebäudeeigentum gelten Art. 231 § 5 und Art. 233 § 4 EGBGB sowie § 9a Abs. 1 EGZVG.[138]

c) 3. Möglichkeit

Ebenfalls entstand ein Nutzungsrecht aufgrund eines Vertrages zwischen Eigentümer und Nutzungsberechtigtem bei Bodenflächen zur Erholung (kleingärtnerische Nutzung), § 286 Abs. 1 Nr. 4 ZGB.[139] Da das Gebäude hier wie eine bewegliche Sache behandelt wurde, erfolgt auch keinerlei Eintragung im Grundbuch. Für dieses Nutzungsverhältnis gilt Art. 232 § 4 EGBGB i.V.m. §§ 1, 29 SchuldRAnpG und dem ErholNutzG (BGBl 1994 I 2538, 2548).

9.187

d) 4. Möglichkeit

Ein weiteres Nutzungsrecht besteht vielfach für die LPG u.ä. Einrichtungen sowie Wohnungsbaugenossenschaften, Art. 233 § 2b EGBGB. Errichtete die LPG an den von den Genossen eingebrachten Grundstücken Gebäude und Anlagen, wurden diese selbstständiges Eigentum der LPG, § 27 LPG-G (vom 2.7.1982 GBl. I 443). Nach Art. 233 § 2b Abs. 2 S. 3 EGBGB muss zur Verkehrsfähigkeit des Gebäudeeigentums von Amts wegen ein Gebäudegrundbuchblatt angelegt werden. Dieses Gebäudeeigentum ist damit verkehrsfähig.[140]

9.188

Durch Art. 233 § 4 Abs. 4 EGBGB (eingefügt durch das 2. VermRÄndG) ist klargestellt, dass das verliehene Nutzungsrecht bei bis zum Ablauf des 31.12.2000 (Art. 1 Abs. 1 Nr. 2a EFG; 2. EFG) angeordneten Zwangsversteigerungen auch dann bestehen bleibt, wenn es bei der Feststellung des geringsten Gebotes grundsätzlich nicht zu berücksichtigen wäre, also wenn insbesondere das Verfahren aus der Rangklasse 3 des § 10 Abs. 1 ZVG betrieben wird.

9.189

Dieselbe Rechtswirkung des Bestehenbleibens ergibt sich für das zugewiesene Nutzungsrecht. Zwar ist das Nutzungsrecht nicht als Belastung aus dem Grundbuch ersichtlich, einer besonderen Anmeldung zur Berücksichtigung in der bis zum Ablauf des 31.12.2000 angeordneten Versteigerung bedarf es jedoch nicht, da das Nutzungsrecht kraft Gesetzes nicht erlischt, Art. 233 § 4 Abs. 4 EGBGB.[141]

9.190

---

138 Sachenrechtsbereinigung, Eickmann/*Böhringer,* Art. 233 § 4 EGBGB Rdn. 10.
139 Sachenrechtsbereinigung, Eickmann/*Böhringer,* Art. 233 § 4 EGBGB Rdn. 14.
140 Vgl. auch *Böhringer,* Besonderheiten des Liegenschaftsrechts, Rdn. 513 m.w.N.; Sachenrechtsbereinigung, Eickmann/*Böhringer,* Art. 233 § 4 EGBGB Rdn. 8, 9, 11.
141 Vgl. hierzu *Keller,* Rpfleger 1994, 194, 197.

9.191 Da die Aufbauten aufgrund des vertraglich vereinbarten Nutzungsrechts behandelt werden wie bewegliche Sachen, also nicht wesentliche Bestandteile des Grundstückes sind (Art. 231 § 5 Abs. 1 S. 1 und Art. 232 § 4 EGBGB), und auch nicht als Zubehör angesehen werden können, werden sie von der Beschlagnahme nach § 20 ZVG nicht erfasst.[142] Für die Zwangsversteigerung sind auf diese Nutzungsrechte die Miet-/Pachtrechtsvorschriften des BGB anzuwenden, der Ersteher tritt in das Nutzungsverhältnis ein und hat ein außerordentliches Kündigungsrecht.[143] Vgl. Einzelheiten bei Art. 232 § 4 EGBGB i.V.m. § 6 Abs. 1 SchuldRAnpG.

9.192 Das selbstständige Gebäudeeigentum der LPG wurde erst ab 1.1.2001 von der Beschlagnahme des Grundstücks erfasst, Art. 231 § 5 Abs. 1 EGBGB i.V.m. § 9a Abs.1 EGZVG und Art. 1 Abs. 2 Nr. 1 EFG.[144]

9.193 Damit für die Zukunft eine Bereinigung der Rechtsverhältnisse eintritt, kann für den Gebäudenutzer entweder ein Erbbaurecht, §§ 28–55 SachenRBerG, bestellt werden oder der Nutzer kann das Grundstück käuflich erwerben, §§ 56–73 SachenRBerG. Haben sich die Beteiligten auf die Begründung eines Erbbaurechts geeinigt, ergeben sich für die Zwangsversteigerung keine weiteren Besonderheiten. Hat der Nutzer das Grundstück erworben und das Nutzungsrecht ist aufgegeben worden, ist das Gebäude wesentlicher Bestandteil des Grundstückes und es ergibt sich kein Unterschied mehr zu den üblichen Regelungen des BGB und ZVG, Art. 233 § 4 Abs. 6 EGBGB. Besteht das Gebäudeeigentum aber nach wie vor, greift die durch das RegVBG (vom 20.12.1993 BGBl I 2182) eingefügte Vorschrift § 9a EGZVG ein. Bei der Beschlagnahme nach dem 31.12.2000 (Art. 1 Abs. 2 Nr. 1 EFG, 2. EFG) wird das Gebäudeeigentum erfasst und mitversteigert. Dies gilt aber nur dann, wenn das Gebäudeeigentum nicht aus dem Grundbuch ersichtlich ist und der Nutzungsberechtigte sein Recht auch nicht rechtzeitig i.S.v. § 37 Nr. 4 ZVG angemeldet hat. Gem. § 9a Abs. 2 EGZVG hat der Inhaber des Gebäudeeigentums die Rechte aus § 28 ZVG, d.h., er hat ein der Versteigerung entgegenstehendes Drittrecht. Dies kann aber nur dann von Amts wegen beachtet werden, wenn es grundbuchersichtlich oder zumindest angemeldet wird. In diesem Fall müsste das Verfahren bzgl. des Gebäudes aufgehoben werden (amtswegige Freigabe), ansonsten bezieht sich die Zwangsversteigerung des Grundstücks auch auf das Gebäudeeigentum. Nach § 90 Abs. 2 ZVG erwirbt der Ersteher dann mit dem Grundstück auch das Gebäudeeigentum, beide Rechtsobjekte bleiben allerdings selbstständig (erst mit der Aufhebung des Gebäudeeigentums gemäß Art. 233 § 4 Abs. 6, § 2b Abs. 4 und § 8 EGBGB wird es Bestandteil des Grundstücks).[145]

---

142 *Stöber*, § 20 Rdn. 5.
143 Vgl. *Stöber*, § 57 Rdn. 8.
144 Vgl. *Keller*, Rpfleger 1994, 198.
145 Vgl. hierzu auch *Eickmann*, Sachenrechtsbereinigung, § 9a EGZVG Rdn. 2 bis 19.

IV. Abteilung III des Grundbuches

1. Inhalt und Bedeutung

In der dritten Abteilung des Grundbuches werden Hypotheken, Grundschulden und Rentenschulden (Grundpfandrechte) eingetragen. Da die Rentenschulden heute in der Praxis nicht mehr vorkommen, können sie außer Acht gelassen werden. Weiterhin werden hier eingetragen die Vormerkung zur Sicherung des Anspruchs auf Eintragung eines Grundpfandrechtes, insbesondere die Vormerkung für eine Bauhandwerkersicherungshypothek. Weitere praxisbezogene Eintragungen sind die Zwangssicherungshypothek, die Arresthypothek und in seltenen Fällen die Höchstbetragshypothek.

9.194

Aus dem Grundbuch selbst muss sich der wesentliche Inhalt der Rechte ergeben: der Gläubiger, der Geldbetrag, der Zinssatz[146] und die Nebenleistungen. Weiter einzutragen sind Bedingungen und Befristungen, Verfügungsbeschränkungen und die dingliche Unterwerfungserklärung, § 800 ZPO. Im Übrigen kann wegen der Bezeichnung der Forderung bei der Hypothek und den weiteren Bedingungen als Inhalt des Grundpfandrechts auf die Eintragungsbewilligung Bezug genommen werden, § 874 BGB.[147] Will der Gläubiger den genauen Inhalt des Grundpfandrechts erfahren, muss er die Bewilligungsurkunde einsehen, die in der Grundakte verwahrt wird. Aus dem Grundpfandrecht kann der Gläubiger dinglich die Zwangsversteigerung bzw. Zwangsverwaltung in das Grundstück verlangen, § 1147 BGB. Mit diesem Anspruch wird er in Rangklasse 4 von § 10 Abs. 1 ZVG berücksichtigt (vgl. hierzu Rdn. 11.31 ff.).

9.195

Bei der Vollstreckung in den Grundbesitz dürfen diese Rechte ebenso wenig wie die in Abteilung II eingetragenen Rechte außer Acht gelassen werden (hierzu Rdn. 9.48 ff.). Auch für ein Grundpfandrecht gilt im Zwangsversteigerungsverfahren:

9.196

- Geht das Recht dem bestrangig betreibenden Gläubiger im Range vor, fällt es in das geringste Gebot, bleibt am Grundstück bestehen und ist vom Ersteher zu übernehmen, § 52 ZVG.
- Geht das Recht dem betreibenden Gläubiger rangmäßig nach oder steht es ihm gleich, erlischt es mit dem Zuschlag und ist aus dem Versteigerungserlös, soweit dieser hierzu ausreicht, zu befriedigen, §§ 91 Abs. 1, 92 ZVG.

Bleibt das Recht der Abteilung III nach den Versteigerungsbedingungen bestehen, hat das Versteigerungsgericht jedoch keinen Wert festzusetzen, den der Ersteher nachzahlen muss, falls das Recht im Zeitpunkt des Zu-

9.197

---

146 Zur Angabe des Zinssatzes bei variablen Zinsen vgl. BGH, Rpfleger 2006, 313 mit Anm. *Wagner*.
147 Für viele *Schöner/Stöber*, Rdn. 262 ff.

schlages nicht bestanden hat, § 50 ZVG. Der eventuelle Zuzahlungsbetrag ergibt sich aus dem Kapitalwert nebst Nebenleistungen bereits aus dem Grundbuch selbst. Die Zuzahlungspflicht ergibt sich aus dem Interessenausgleich der am Verfahren Beteiligten gegenüber dem Ersteher des Grundstückes, die davor geschützt werden sollen, dass der Ersteher zu ihren Lasten bereichert ist, da er ein als bestehen bleibendes Recht übernommen hat, welches in Wirklichkeit im Zeitpunkt des Zuschlages bereits erloschen war. Der gesetzlichen Regelung liegt der Gedanke zugrunde, dass der Ersteher wirtschaftlich mit den nach den Versteigerungsbedingungen zu übernehmenden, bestehen bleibenden Rechten belastet sein soll. Denn die Übernahme dieser Rechte bildet einen Teil der Gegenleistung des Erstehers für das Grundstück; er würde grundlos bereichert sein, wenn sie ohne diese Gegenleistung wegfielen. Liegen dem Ersteher beispielhaft im Zwangsversteigerungsverfahren bereits im Zeitpunkt des Zuschlags Löschungsbewilligungen der Grundpfandgläubiger für eingetragene, aber nicht mehr valutierende **Grundschulden** vor, die als bestehen bleibende Rechte in das geringste Gebot aufgenommen worden sind, und bewirkt der Ersteher nach seiner Eintragung als neuer Eigentümer im Grundbuch unter Vorlage dieser Bewilligungen die Löschung der Grundschulden, so können die früheren Eigentümer einen Zuzahlungsanspruch gegen den Ersteher aufgrund einer entsprechenden Anwendung des § 50 Abs. 2 Nr. 1 ZVG haben[148].

9.198 Ist der Schuldner Gläubiger eines Grundpfandrechtes, verschaffen Pfändung und Überweisung dem Vollstreckungsgläubiger das Recht, von dem Grundstückseigentümer als Drittschuldner die gepfändete Leistung zu verlangen. Will der Vollstreckungsgläubiger aus dem Rang des Grundpfandrechtes die Vollstreckung betreiben, benötigt er einen dinglichen Titel. Die Erlangung dieses Titels ist regelmäßig unproblematisch, da sich der Eigentümer in nahezu allen Fällen bereits bei Bestellung des Grundpfandrechtes der sofortigen Zwangsvollstreckung in das Grundstück unterworfen hat, §§ 794 Abs. 1 Nr. 5, 800 ZPO.[149] Der Vollstreckungsgläubiger muss sich lediglich die Klausel umschreiben lassen, § 727 ZPO.[150]

9.199 Zur Pfändung und Überweisung und zur Vollstreckung in diese Fremdrechte vgl. Rdn. 6.345 ff., 6.353 ff.

2. Eigentümergrundschuld

9.200 Die Eigentümergrundschuld gibt dem Eigentümer selbst das Recht, aus dem Grundstück eine bestimmte Geldsumme verlangen zu können, §§ 1196, 1191 BGB. Der Eigentümer ist nur insoweit in seinen Rechten beschränkt, als er nicht selbst die Zwangsvollstreckung gegen sich betreiben

---
148 OLG Hamm, MDR 2002, 1273.
149 BGH, Rpfleger 1979, 132 = NJW 1979, 928.
150 OLG Frankfurt, NJW 1983, 2266.

und dass er Zinsen aus dem Recht nicht in der Zwangsversteigerung, sondern nur in der Zwangsverwaltung verlangen kann, § 1197 BGB. Die Entstehungstatbestände der Eigentümergrundschuld entsprechen denen der anderen Grundpfandrechte, sie kann ebenfalls sowohl als Brief- oder Buchrecht begründet werden. Entsprechend den Entstehungstatbeständen spricht man von:

- offener Eigentümergrundschuld, 9.201
- vorläufiger Eigentümergrundschuld,
- künftiger Eigentümergrundschuld.

Sowohl das Recht, das bei Belastung des Grundstückes direkt auf den Namen des Eigentümers eingetragen wird, als auch das zunächst als Fremdrecht eingetragene, dann jedoch auf den Namen des Eigentümers als Gläubiger der Grundschuld berichtigte Recht, bezeichnet man als „offene" Eigentümergrundschuld. 9.202

Unter dem Begriff der „**vorläufigen**" Eigentümergrundschuld versteht man das Zwischenstadium zwischen dem „Noch-Eigentümerrecht" und dem späteren Fremdrecht: 9.203

- Der Eigentümer hat zugunsten des Gläubigers eine Hypothek zur Eintragung bewilligt, die Forderung ist aber noch nicht ausbezahlt, § 1163 Abs. 1 S. 1, § 1177 Abs. 1 BGB.
- Bei der Bestellung einer Briefhypothek oder Briefgrundschuld ist der Brief dem Gläubiger noch nicht übergeben worden, §§ 1191, 1163 Abs. 2 BGB.

Unter den Begriff „**künftige**" **Eigentümergrundschuld** fasst man alle im Grundbuch eingetragenen Fremdrechte, welche dem Eigentümer als zukünftige Eigentümergrundschuld zustehen. 9.204

Zur Pfändung und Überweisung vgl. Rdn. 6.309 ff. 9.205

Der Vollstreckungsgläubiger ist berechtigt, die Zwangsversteigerung oder Zwangsverwaltung in das Grundstück zu betreiben. Die Zwangsvollstreckungsbeschränkung nach § 1197 Abs. 1 BGB gilt dem Pfändungsgläubiger gegenüber nicht.[151] Auch die **Zinsbeschränkung** des Eigentümers als Gläubiger der Grundschuld **gilt nicht** gegenüber dem Pfändungsgläubiger.[152] Für die Vollstreckung aus dem Rang der Grundschuld benötigt der Gläubiger einen **Duldungstitel**, den er entweder klageweise erstreitet, oder, falls bereits eine Unterwerfungserklärung gem. § 794 Abs. 1 Nr. 5 ZPO vorliegt, ist die Klausel umzuschreiben.[153] 9.206

---

151 BGH, Rpfleger 1988, 181 = NJW 1988, 1026; Brox/*Walker*, Rdn. 744; MünchKomm/*Eickmann* BGB, § 1197 Rdn. 6; Musielak/*Becker*, § 857 Rdn. 17 a.E.
152 MünchKomm/*Eickmann* BGB, § 1197 Rdn. 7; Palandt/*Bassenge*, § 1197 Rdn. 5; **a.A.** Musielak/*Becker*, § 857 Rdn. 17.
153 OLG Frankfurt, NJW 1983, 2266.

3. Rückgewährsansprüche

9.207 In der grundbuchrechtlichen Praxis werden Realkredite heute nahezu immer durch eine Grundschuld abgesichert. Grundschulden sind für Kreditgeber flexibler, da Einwendungen aus der Forderung, im Gegensatz zur Hypothek, gegenüber der Grundschuld nicht geltend gemacht werden können. Die Grundschuld ist unabhängig vom Bestehen einer Forderung. Dennoch ist die Bestellung einer abstrakten Grundschuld unüblich. Regelmäßig sichert die Grundschuld eine bestimmte festgelegte Forderung oder auch die Forderung aus einem Kontokorrentverhältnis. Die gegenseitigen Ansprüche des Sicherungsgebers gegen den Gläubiger der Grundschuld werden in der „Sicherungsabrede" festgehalten.

9.208 Nach Wegfall des Sicherungszweckes hat der Grundstückseigentümer gegenüber dem Grundschuldgläubiger einen Anspruch auf Ausgleichung der Bereicherung aus der Sicherungsabrede oder aus § 812 BGB.[154] Dieser Anspruch ist aufschiebend bedingt durch Tilgung der Forderung und entsteht bereits mit Abschluss der Sicherungsabrede.[155]

9.209 Der Rückgewähranspruch kann erfüllt werden durch:

- Übertragung bzw. Abtretung des Rechtes, §§ 1192, 1154 BGB,
- Verzichtserklärung, § 1168 BGB,
- Aufhebungserklärung, §§ 875, 1183 BGB.

9.210 Das grundsätzliche Wahlrecht, § 262 BGB, wird in der Sicherungsabrede regelmäßig abbedungen. Dem Eigentümer steht nahezu immer nur der Aufhebungsanspruch zu,[156] der Gläubiger behält sich daneben vor, auf die Grundschuld zu verzichten.

9.211 Der Rückgewähranspruch des Eigentümers ist oftmals an im Range gleichstehende oder nachrangige Rechte abgetreten. Diese Gläubiger verlangen die Abtretung zu weiteren Sicherungszwecken. Da die Abtretung nur zu weiteren Sicherungszwecken erfolgt, hat der Eigentümer gegenüber den gleichstehenden oder nachrangigen Gläubigern einen Anspruch auf Rückabtretung, wenn der abgetretene Rückgewähranspruch nicht mehr benötigt wird.[157]

9.212 Zur Pfändung und Überweisung vgl. Rdn. 6.398 ff.

---

154 BGH, NJW-RR 1996, 234 = KTS 1996, 318 = WM 1996, 133; BGH, NJW 1992, 1620 = MDR 1992, 470; BGH, Rpfleger 1985, 103 = NJW 1985, 800; BGH, Rpfleger 1991, 105 = NJW 1991, 305; MünchKomm/*Eickmann* BGB, § 1191 Rdn. 13 ff.
155 BGH, NJW 1977, 247; BGH, NJW 1989, 1732; MünchKomm/*Eickmann* BGB, § 1191 Rdn. 16 ff.
156 Bedenklich: MünchKomm/*Eickmann* BGB, § 1191 Rdn. 87a.
157 MünchKomm/*Eickmann* BGB, § 1191 Rdn. 95.

4. Besonderheiten im Beitrittsgebiet

a) Hypothek

Nach § 452 ZGB-DDR konnte das Grundstück zur Sicherung einer Geldforderung mit einer Hypothek belastet werden. Die Hypothek entstand mit der Eintragung im Grundbuch, § 453 Abs. 1 ZGB-DDR; der Rang des Rechtes bestimmt sich nach dem Zeitpunkt des Entstehens, § 453 Abs. 2 ZGB-DDR. Hierbei genügte es, wenn der staatliche Eintragungsantrag vor dem Beitritt der DDR zur BRD gestellt war und nur leicht behebbare Antragsmängel nach diesem Zeitpunkt beseitigt wurden.[158] Die Hypothek entstand aber nur, sofern auch die gesicherte Forderung tatsächlich entstanden ist.[159] Eine Umwandlung der Hypothek in eine Eigentümergrundschuld ist ausgeschlossen, wenn die Forderung erlischt, geht auch die Hypothek unter, § 454 Abs. 2 ZGB-DDR. Die Hypothek erlosch auch, wenn in das Grundstück vollstreckt wurde, und die Hypothek im Zuschlagsbeschluss nicht als bestehen bleibend ausgewiesen war.[160] Die ZGB-Hypotheken blieben nach Maßgabe von Art. 233 § 6 i.V.m. § 3 EGBGB bestehen, Gleiches gilt für die Aufbaugrundschulden aus der Zeit vor dem 1.1.1976.

9.213

b) Aufbauhypothek

Zur Sicherung von Krediten, die von Kreditinstituten für Baumaßnahmen gegeben wurden, konnte das Grundstück mit einer Aufbauhypothek belastet werden, § 456 ZGB-DDR. Diese Aufbauhypothek hat kraft Gesetzes Vorrang vor anderen Hypotheken (also nicht vor Rechten aus Abt. II des Grundbuches), mehrere Aufbauhypotheken haben Gleichrang, § 456 Abs. 3 ZGB-DDR. Dieses Vorrangprivileg gilt allerdings nur für vor dem 1.7.1990 beim Liegenschaftsdienst (Grundbuchamt) beantragten Aufbauhypotheken, vgl. § 3 des 1. ZivilRÄndG.

9.214

Nach Art. 233 § 3 Abs. 1 EGBGB bleiben Aufbauhypotheken, die am 2.10.1990 bestanden haben, nach Maßgabe des Art. 233 § 6 EGBGB mit ihrem Inhalt und Rang bestehen. Das Rangverhältnis regelt sich nach dem Zeitpunkt der Eintragung im Grundbuch, Art. 233 § 9 Abs. 1 EGBGB.

9.215

Durch Art. 233 § 9 EGBGB wurde jetzt im Grundbuch das Rangsystem nach dem BGB übernommen. Aufbauhypotheken, die vor dem 1.7.1990 entstanden sind, haben nach wie vor Vorrang vor anderen Hypotheken am Grundstück. Seit dem 22.7.1992 (Inkrafttreten des 2. VermRÄndG) sind Rangänderungen möglich. Mangels Eigentümerfähigkeit der ZGB-Hypotheken ist die Eigentümerzustimmung nach § 880 Abs. 2 S. 2 BGB nicht erforderlich. Gleichzeitig mit einer Rangänderung kann ohne Zustim-

9.216

---

158 BGH, Rpfleger 1995, 290.
159 BGH, Rpfleger 1995, 291 = ZIP 1995, 167.
160 Vgl. *Böhringer*, Besonderheiten des Liegenschaftsrechts, Rdn. 738.

mung anderer Gläubiger eine Zinserhöhung von bis zu 13 % in Anspruch genommen werden, Art. 233 § 9 Abs. 3 S. 2 EGBGB; im Übrigen gilt § 1119 BGB.

9.217 Die Eintragung von Abgeltungshypotheken konnte bis zum 31.12.1995 beantragt werden (§ 36a GBMaßnG). Die für die Abgeltungslast eingetragene Hypothek ist nicht eigentümerfähig und stets Buchrecht. Die Löschung der Hypothek kann nach § 105 Abs. 1 Nr. 6 GBV mit einer Löschungsbewilligung der Kreditanstalt für Wiederaufbau oder der Sparkasse erfolgen. Für das Löschungsverfahren gelten Besonderheiten nach §§ 36a, 22–25 GBMaßnG.

c) Umstellung wertbeständiger Rechte

9.218 Aus einer Hypothek, Grundschuld oder Rentenschuld, die vor dem 1.1.1976 in der Weise bestellt wurde, dass die Höhe der aus dem Grundstück zu zahlenden Geldsumme durch den amtlich festgestellten oder festgesetzten Preis einer bestimmten Menge von Roggen, Weizen oder einer bestimmten Menge sonstiger Waren oder Leistungen oder durch den Gegenwert einer bestimmten Geldsumme in ausländischer Währung bestimmt wird (wertbeständiges Recht), kann nunmehr nur noch die Zahlung eines festzulegenden Geldbetrages verlangt werden, § 1 GBBerG (v. 20.12.1994, BGBl I 2182). Die Umstellungspreise für Feingold und die Roggen- und Weizenpreise sind in § 2 GBBerG festgelegt. Durch § 3 GBBerG war der Gesetzgeber ermächtigt worden, für sonstige Waren oder Leistungen durch Rechtsverordnung Mittelwerte festzulegen. Hiervon wurde mit der SachenR-DV (v. 20.12.1994, BGBl I 3900) Gebrauch gemacht, die Mittelwerte und Marktpreise bei sonstigen wertbeständigen Grundpfandrechten sind in § 12 SachenR-DV festgehalten.

5. Rangverhältnisse der Grundstücksrechte

9.219 Da das Grundstück nicht nur für einen Gläubiger verpfändet wird, sondern regelmäßig für mehrere, muss sichergestellt sein, in welchem Rangverhältnis die dinglichen Rechte zueinander stehen. Für die Eintragung dinglicher Rechte sieht das Grundbuch technisch zwei Abteilungen vor, Abt. II und Abt. III. Der durch die Ersteintragung des Rechts entstandene Rang kann jedoch jederzeit rechtsgeschäftlich geändert werden. Es können auch Veränderungen aufgrund gesetzlicher Tatbestände eintreten.

9.220 Für das Zwangsversteigerungsverfahren sind die Rangverhältnisse im Grundbuch von ganz besonderer Wichtigkeit, da hiervon entscheidend die Versteigerungsbedingungen und die Befriedigungsreihenfolge abhängen. So wird das geringste Gebot bestimmt durch den bestrangig betreibenden Gläubiger, § 44 ZVG. Rechte, die diesem Gläubiger im Rang vorgehen, bleiben nach den Versteigerungsbedingungen bestehen, sind in das geringste Gebot einzustellen und vom Ersteher zu übernehmen, § 52 ZVG. Das Recht des bestrangig betreibenden Gläubigers selbst, Rechte, die im Range gleich sind oder nachgehen, erlöschen grundsätzlich nach den Versteigerungsbedingungen und sind durch den Versteigerungserlös abzufinden. Hierzu ist die genaue Kenntnis der Rangverhältnisse wichtig, um die Erfolgsaussichten in der Zwangsversteigerung überhaupt prüfen zu können. Gehen Rechte der Abt. II im Range vor, ist auch deren wertmäßige Bedeutung nicht zu unterschätzen (vgl. Rdn. 9.46 ff.).

a) **Gesetzliche Rangfolge**

Das Rangverhältnis unter mehreren Rechten, mit denen ein Grundstück belastet wird, bestimmt sich, wenn die Rechte in derselben Abteilung des Grundbuches eingetragen sind, nach der Reihenfolge der Eintragungen (Locusprinzip), § 879 Abs. 1 S. 1 BGB.[161] Rechte in ein und derselben Abteilung haben daher den Rang ihrer fortlaufenden Eintragung, auch wenn mehrere Rechte am selben Tag eingetragen werden.   9.221

Beispiel: 9.222

   III/1 10.000,- €   (eingetragen am 2.7.2006)
   III/2 20.000,- €   (eingetragen am 2.7.2006)
   III/3 30.000,- €   (eingetragen am 2.7.2006)

Die Rechte haben Rang hintereinander, auch wenn die Eintragungsdaten gleich sind. In der Zwangsversteigerung werden sie auch in dieser Reihenfolge berücksichtigt.

Beispiel: 9.223

   II/1 Reallast   (eingetragen am 5.12.2005)
   II/2 Grunddienstbarkeit (eingetragen am 5.12.2005)

Auch diese beiden Rechte haben Rang hintereinander, da sie in derselben Abteilung eingetragen sind.

Sind Rechte in verschiedenen Abteilungen, Abt. II und III, eingetragen, so haben diejenigen Rechte, die unter Angabe desselben Tages eingetreten sind, den gleichen Rang (Tempusprinzip), § 879 Abs. 1 S. 2 BGB.[162]

Beispiel: 9.224

   II/1 Reallast   (eingetragen am 5.12.2005)
   III/1 10.000,- €   (eingetragen am 5.12.2005)

Weiterhin ist zu beachten, dass das unter Angabe eines früheren Tages eingetragene Recht Vorrang hat, § 879 Abs. 1 S. 2 BGB. Das Rangverhältnis

---

161 Vgl. Meikel/*Böttcher*, § 45 Rdn. 38.
162 Vgl. Meikel/*Böttcher*, § 45 Rdn. 40.

beider Abteilungen des Grundbuches zueinander kann sich natürlicherweise nicht nach dem Locusprinzip richten. Vorrang hat in diesem Fall das Recht, das an einem früheren Tage eingetragen wurde.

9.225 Beispiel:

Ausgehend von den Eintragungen in den beiden Beispielen in Rdn. 9.222 und 9.223 lautet die Rangfolge insgesamt:

II/1	Reallast	(eingetragen am 5.12.2005)
II/2	Grunddienstbarkeit	(eingetragen am 5.12.2005)
III/1	10.000,– €	(eingetragen am 2.7.2006)
III/2	20.000,– €	(eingetragen am 2.7.2006)
III/3	30.000,– €	(eingetragen am 2.7.2006)

b) Rangrücktritt

9.226 Das Rangverhältnis im Grundbuch kann nachträglich jederzeit geändert werden, § 880 Abs. 1 BGB. Sofern die beiden Rechte, die den Rang tauschen, unmittelbar aufeinander folgen, ist die Rangänderung unproblematisch, die Rechte tauschen einfach „ihre Reihenfolge bzw. Plätze".[163] Ist jedoch ein Zwischenrecht, das an der Rangänderung nicht beteiligt ist, vorhanden, darf dieses von der Rangänderung nicht berührt werden, § 880 Abs. 5 BGB. Hierzu und zu den Auswirkungen auf die Zwangsversteigerung nachfolgende Beispiele.

c) Zwischenrecht § 880 Abs. 5 BGB

aa) Rangdarstellung

9.227 Beispiel:

III/1	50.000,– € für A
III/2	40.000,– € für B
III/3	30.000,– € für C

Das Recht III/3 hat Vorrang vor dem Recht III/1.

Rangfolge:

	III/3	30.000,– € für C
1. Teil	III/1	20.000,– € für A
	III/2	40.000,– € für B
2. Teil	III/1	30.000,– € für A

III/2 muss sich insgesamt einen Betrag von 50.000,– € vorgehen lassen. Eine Bevorzugung darf ebenso wenig erfolgen wie eine Benachteiligung.

---

163 Vgl. Meikel/*Böttcher*, § 45 Rdn. 132.

bb) Zwangsversteigerung 9.228

Vor der Rangänderung:

A betreibt das Verfahren:
geringstes Gebot:
- es bleiben keine Rechte bestehen,
- der bar zu zahlende Teil besteht aus:
  – Verfahrenskosten,
  – Rangklasse 1–3 § 10 Abs. 1 ZVG.

B betreibt das Verfahren:
geringstes Gebot:
- das Recht III/1 bleibt bestehen,
- der bar zu zahlende Teil besteht aus:
  – Verfahrenskosten,
  – Rangklasse 1–3 § 10 Abs. 1 ZVG,
  – Rangklasse 4 § 10 Abs. 1 ZVG (Kosten und Zinsen des Rechtes III/1)

C betreibt das Verfahren:
geringstes Gebot:
- die Rechte III/1 und III/2 bleiben bestehen,
- der bar zu zahlende Teil besteht aus:
  – Verfahrenskosten,
  – Rangklasse 1–3 § 10 Abs.1 ZVG,
  – Rangklasse 4 § 10 Abs. 1 ZVG (Kosten und Zinsen der Rechte III/1 und III/2)

Nach der Rangänderung:

A betreibt das Verfahren:
geringstes Gebot:
- das Recht III/3 bleibt bestehen,
- der bar zu zahlende Teil besteht aus:
  – Verfahrenskosten,
  – Rangklasse 1–3 § 10 Abs. 1 ZVG,
  – Rangklasse 4 § 10 Abs. 1 ZVG (Kosten und Zinsen des Rechtes III/3)

B betreibt das Verfahren:
geringstes Gebot:
- das Recht III/3 und der 1. Teil von III/1 bleiben bestehen,
- der bar zu zahlende Teil besteht aus:
  – Verfahrenskosten,
  – Rangklasse 1–3 § 10 Abs. 1 ZVG,
  – Rangklasse 4 § 10 Abs. 1 ZVG (Kosten und Zinsen des Rechtes III/3 und des 1. Teils von III/1)

C betreibt das Verfahren:
geringstes Gebot:
- es bleiben keine Rechte bestehen,
- der bar zu zahlende Teil besteht aus:
  – Verfahrenskosten,
  – Rangklasse 1–3 § 10 Abs. 1 ZVG.

Die Tatsache, dass das Recht III/2 für B vor der Rangänderung bei Betreiben des Verfahrens durch C (III/3) bestehen bleibt und nach der Rangänderung erlischt, ist keine materielle Benachteiligung nach § 880 Abs. 5 BGB. Dies ist Folge der künstlichen Regeln des Zwangsversteigerungsgesetzes für die Berechnung des geringsten Gebotes.[164]

cc) Rangdarstellung

9.229 Beispiel:

   III/1 30.000,– € für A
   III/2 40.000,– € für B
   III/3 50.000,– € für C

Das Recht III/3 hat Vorrang vor dem Recht III/1.

Rangfolge:
1. Teil III/3 30.000,– € für C
    III/2 40.000,– € für B
2. Teil III/3 20.000,– € für C
    III/1 30.000,– € für A

III/2 lässt sich insgesamt nur 30.000,– € vorgehen, es darf von der Rangänderung nicht beeinträchtigt werden.

dd) Zwangsversteigerung

9.230 Die zuvor genannten Regeln unter Rdn. 9.228 zur Erstellung des geringsten Gebotes, je nachdem welcher Gläubiger das Verfahren bestrangig betreibt – vor und nach der Rangänderung –, gelten auch hier.

d) Berücksichtigung von Kosten und Zinsen

aa) Kosten

9.231 In der Zwangsversteigerung kann der Gläubiger im Range seines Rechtes nicht nur das Kapital geltend machen, sondern auf Anmeldung auch Kosten der dinglichen Rechtsverfolgung, § 10 Abs. 2 ZVG (vgl. Rdn. 11.117). Weiterhin werden von Amts wegen laufende Zinsen und auf Anmeldung auch rückständige Zinsen berücksichtigt. Rückständige Zinsen bis zu zwei Jah-

---

164 Steiner/*Eickmann*, § 44 Rdn. 69, 70, 71.

ren fallen in Rangklasse 4, ältere Zinsen auf Anmeldung in Rangklasse 8, sofern der Gläubiger das Verfahren auch deswegen betreibt, in Rangklasse 5 des § 10 Abs. 1 ZVG (vgl. hierzu insgesamt Rdn. 11.118 ff.).

Es stellt sich die Frage, wie diese Ansprüche bei einem Rangtausch mit einem Zwischenrecht berücksichtigt werden können. 9.232

Beispiel: 9.233

   III/1 30.000,- € für A
   III/2 40.000,- € für B
   III/3 50.000,- € für C

Das Recht III/3 hat Vorrang vor dem Recht III/1.
A meldet zum Verfahren 300,- € Kosten der dinglichen Rechtsverfolgung an und C 500,- €.

Lösung:
A tritt mit seinem gesamten Anspruch hinter III/3 zurück. Die Kosten teilen den Rang des Hauptanspruchs und treten ebenfalls zurück. C tritt mit seinem Anspruch im Range vor und zwar mit einem 1. Teil über 30.000,- € vor das Recht III/2 und einem 2. Teil von 20.000,- € hinter III/2. Da es sich bei den 500,- € um Kosten der dinglichen Rechtsverfolgung handelt, teilen diese das Schicksal des Hauptanspruches und sind somit in einen erstrangigen Teil von 300,- € und einen nachrangigen Teil von 200,- € zu splitten.

Dies ist aber nur möglich, soweit eine Kostenaufteilung machbar ist (bei Gebühren), nicht aber bei Auslagen oder anderen Kosten, die nur für einen bestimmten Teilbetrag entstanden sind (z.B. Zustellungsauslagen), diese treten insgesamt mit der Rangänderung nach vorne.

Abwandlung: 9.234
Nur C meldet Kosten der dinglichen Rechtsverfolgung von 500,- € an.

Lösung:
Auch wenn das zurücktretende Recht III/1 keine Kosten anmeldet, muss sich das Zwischenrecht nach der Rangänderung – wie zuvor – einen erstrangigen Teil von 300,- € vorgehen lassen. Die Kosten gehören im Zwangsversteigerungsverfahren nach § 10 Abs. 2 ZVG zum Hauptanspruch dazu, hierauf hat § 880 Abs. 5 BGB keinen Einfluss.[165]

bb) Zinsen

Zunächst bleibt festzuhalten, dass unterschiedliche Zinsfälligkeiten vor- 9.235
bzw. zurücktretender Rechte sich nicht auswirken, hierauf kann sich der Zwischenberechtigte nicht berufen, soweit geht die Nichtbeeinträchtigungsregelung des § 880 Abs. 5 BGB m.E. nicht (vgl. hierzu § 1119 Abs. 2 BGB).[166]

---

165 Vgl. auch *Stöber*, § 44 Rdn. 6.2.
166 MünchKomm/*Eickmann* BGB, § 1119 Rdn. 12; Staudinger/*Scherübl*, § 1119 Rdn. 20.

9.236 Im Übrigen ist zu unterscheiden, ob ältere Zinsen angemeldet wurden oder evtl. sogar eine Minderanmeldung vorliegt, also weniger Zinsen angemeldet wurden, als von Amts wegen zu berücksichtigen sind.

9.237 Beispiel:

> III/1 30.000,– € für A
> III/2 40.000,– € für B
> III/3 50.000,– € für C

Das Recht III/3 hat Vorrang vor dem Recht III/1.
Jedes der Rechte ist mit 10 % jährlich zu verzinsen. Von Amts wegen sollen zwei Jahre Zinsen zu berücksichtigen sein, auf Anmeldung in der Rangklasse 4 des § 10 Abs. 1 ZVG weitere zwei Jahre ältere Zinsen.

9.238 1. Möglichkeit:
Entweder melden III/1 und III/3 ihre sämtlichen Zinsen an oder beide nur die laufenden Zinsen, dann kann der Rang mit Zinsen getauscht werden, Zinszeitraum und Zinshöhe sind bei beiden Rechten identisch, das Zwischenrecht III/2 ist nicht beeinträchtigt.

9.239 2. Möglichkeit:
Meldet III/1 nur die laufenden, III/3 hingegen seine laufenden und auch rückständigen Zinsen an, können auch nur die laufenden Zinsen getauscht werden, mit den rückständigen Zinsen bleibt III/3 hinter dem Zwischenrecht III/2, da dieses ansonsten i.S.v. § 880 Abs. 5 BGB beeinträchtigt ist.[167]

9.240 3. Möglichkeit:
Meldet III/1 weniger als die von Amts wegen zu berücksichtigenden laufenden Zinsen an (Minderanmeldung), kann III/3 dennoch seine laufenden Zinsen in vollem Umfang vor dem Zwischenrecht III/2 in Anspruch nehmen, da dies vorliegend den von Amts wegen zu berücksichtigenden Zeitraum umfasst, hierin ist m.E. keine Beeinträchtigung von III/2 zu sehen.

9.241 Allerdings ist zuzugeben, dass dieses Ergebnis sehr von Zufälligkeiten abhängt (Anmeldung des zurücktretenden Gläubigers), die nicht vorhersehbar sind. Alle Beteiligten müssen grundsätzlich von festen Vorgaben ausgehen können. Diese müssen sich aus dem Grundbuch ergeben. Jeder Beteiligte kann dann klar und eindeutig feststellen, mit welchem Umfang ihm Rechte im Rahmen des § 10 Abs. 1 Nr. 4 ZVG vorgehen. Es kann daher auch vertreten werden, dass sich eine Rangänderung hinsichtlich des Zwischenrechts nur auswirkt, als sich die unmittelbar beteiligten Rechte nach Hauptsache und Nebenleistungen vom eingetragenen Umfang her decken. Anmeldungen zum Versteigerungsverfahren sind für das Zwischenrecht unbeachtlich.

9.242 Abwandlung:
Im vorgenannten Beispiel sollen die Zinsen von III/1 nach wie vor 10 %, bei dem Recht III/3 nunmehr 15 % betragen.

---

167 Vgl. Beispiel bei Meikel/*Böttcher*, § 45 Rdn. 138.

Lösung:
Hier ergibt sich ein weiteres Problem darin, dass der vortretende Zinsanspruch höher ist als der bei dem zurücktretenden Recht. Dem Zwischenrecht dürfen wegen des Beeinträchtigungsverbotes aber maximal immer nur 10 % des ursprünglich erstrangigen Rechtes III/1 vorgehen. Das vortretende Recht III/3 kann somit vor dem Zwischenrecht III/2 nur 10 % Zinsen in Anspruch nehmen, der restliche Zinssatz geht dem Recht III/2 nach.

Angenommen, III/1 und III/3 melden sämtliche laufenden und bis zu zwei Jahre älteren Zinsen an, dann ergibt sich folgende Rangfolge:

1. Teil   III/3   30.000,– € nebst 10 %
             III/2   40.000,– € nebst 10 %

dann restliche 5 % Zinsen aus 30.000,– € von III/3, zzgl.

2. Teil   III/3   20.000,– € nebst 15 %
             III/1   30.000,– € nebst 10 %

e) Mehrere Rechte im Rangtausch

Treten mehrere Rechte im Rang zurück, behalten sie untereinander ihren Rang.[168]

Beispiel 1 (gleichzeitiger Rangrücktritt):

         III/1   50.000,– € für A
         III/2   70.000,– € für B
         III/3   90.000,– € für C

Die Rechte III/1 und III/2 haben Rang nach dem Recht III/3.

Rangfolge: III/3   90.000,– € für C
                 III/1   50.000,– € für A
                 III/2   70.000,– € für B

Treten mehrere Rechte im Rang vor, behalten sie ihren Rang nur bei gleichzeitigem Vortritt; ansonsten verliert das später aufgerückte Recht seinen Rang gegenüber dem zuerst aufgerückten Recht.[169]

Beispiel 2 (gleichzeitiger Vorrang):

         III/1   50.000,– € für A
         III/2   70.000,– € für B
         III/3   90.000,– € für C

Die Rechte III/2 und III/3 haben Rang vor dem Recht III/1.

Rangfolge: III/2   70.000,– € für B
                 III/3   90.000,– € für C
                 III/1   50.000,– € für A

---

[168] MünchKomm/*Wacke* BGB, § 880 Rdn. 15; Steiner/*Eickmann,* § 44 Rdn. 75; Meikel/*Böttcher,* § 45 Rdn. 139.

[169] MünchKomm/*Wacke* BGB, § 880 Rdn. 15; Steiner/*Eickmann,* § 44 Rdn. 77; Meikel/*Böttcher,* § 45 Rdn. 141.

9.246 Beispiel 3 (zeitlich späterer Vorrang):

    III/1   90.000,- € für A
    III/2   70.000,- € für B
    III/3   50.000,- € für C

Das Recht III/3 hat Vorrang vor III/1, eingetragen am 12.7.2006
Das Recht III/2 hat Vorrang vor III/1, eingetragen am 20.7.2006

Rangfolgen:		am 12.7.2006		am 20.7.2006
	III/3	50.000,- € für C	III/3	50.000,- € für C
1. Teil	III/1	40.000,- € für A	III/2	70.000,- € für B
	III/2	70.000,- € für B	III/1	90.000,- € für A
2. Teil	III/1	50.000,- € für A		

Das Recht III/1 hat zwar am 12.7.2006 nur dem Recht III/3 den Vorrang eingeräumt, aber seinen Rang auch teilweise an III/2 verloren. Das Recht III/2 hat seinen Vorrang an III/3 endgültig am 20.7.2006 verloren.[170]

9.247 Fraglich ist, ob dieses Ergebnis auch dann gilt, wenn das zurücktretende Recht III/1 kleiner ist als das vortretende Recht III/3.

Beispiel:

    III/1   50.000,- € für A
    III/2   70.000,- € für B
    III/3   90.000,- € für C

Das Recht III/3 hat Vorrang vor III/1, eingetragen am 12.7.2006
Das Recht III/2 hat Vorrang vor III/1, eingetragen am 20.7.2006

Rangfolgen:		am 12.7.2006	am 20.7.2006
1. Teil	III/3	50.000,- € für C	es verbleibt bei der Rangfolge
	III/2	70.000,- € für B	wie nebenstehend dargestellt
2. Teil	III/3	40.000,- € für C	
	III/1	50.000,- € für A	

Eine gegenüber dem 12.7.2006 geänderte Rangfolge ist durch die weitere Rangänderung nicht eingetreten, da das Recht III/2 seine Rangposition vor dem Recht III/1 bereits rechnerisch erlangt hat. Die aufgrund der zweiten Rangänderung beantragte Grundbucheintragung muss m.E. aber dennoch eingetragen werden, da bei Wegfall des Rechtes III/3 das Recht III/1 seine alte Rangposition wieder erlangen würde. In diesem Falle wird die spätere Rangänderung relevant.

f) Rangfolge zwischen Abt. II und Abt. III mit Zwischenrecht
aa) Rangdarstellung

9.248 Beispiel:

    II/1   Wohnungsrecht für A
    III/1   70.000,- € für B
    III/2   50.000,- € für C

Das Recht III/2 hat Vorrang vor dem Recht Abt. II/1.

---

170 Vgl. Meikel/*Böttcher*, § 45 Rdn. 142.

Rangfolge:
Diese ist nicht darstellbar, da das Recht Abt. II/1 keinen Kapitalwert hat. Die Folgen zeigen sich erst in der Zwangsversteigerung.

bb) Zwangsversteigerung

Vor der Rangänderung: 9.249

A kann aus dem Recht II/1 die Zwangsversteigerung nicht betreiben, da er keinen Anspruch auf Zahlung hat.

B betreibt das Verfahren:
geringstes Gebot:
- das Recht II/1 bleibt bestehen,
- der bar zu zahlende Teil besteht aus:
  – Verfahrenskosten,
  – Rangklasse 1–3 § 10 Abs. 1 ZVG,
  – Rangklasse 4 § 10 Abs. 1 ZVG (evtl. Kosten des Rechtes II/1)

C betreibt das Verfahren:
geringstes Gebot:
- die Rechte II/1 und III/1 bleiben bestehen,
- der bar zu zahlende Teil besteht aus:
  – Verfahrenskosten,
  – Rangklasse 1–3 § 10 Abs. 1 ZVG,
  – Rangklasse 4 § 10 Abs. 1 ZVG (evtl. Kosten des Rechts II/1 und Kosten und Zinsen des Rechtes III/1)

Nach der Rangänderung:

A kann aus dem Recht II/1 keine Zwangsversteigerung betreiben s. zuvor   9.250
Rdn. 9.249.

B betreibt das Verfahren:
geringstes Gebot:
- Aufgrund des Rangtausches zwischen II/1 und III/2 geht III/2 dem B vor, aber wertmäßig nur in Höhe des Wohnungsrechtes.

Folge:
Doppelausgebot: mit Bestehenbleiben des Rechtes II/1 und ohne (**streitig**).[171] *Stöber* (a.a.O.) geht bei den Auswirkungen nach § 880 Abs. 5 BGB von dem Wert nach § 51 ZVG aus. Dieser Betrag hat aber eine andere Bedeutung, nämlich für den Fall des Nichtbestehens des Rechts. Im Übrigen bestimmt sich der Wert nach der Beeinträchtigung für den Grundstückseigentümer, gesucht wird der Wert für den Rechtsinhaber.

---

171   Für Doppelausgebot: OLG Hamm, Rpfleger 1985, 246 – von Amts wegen –; Steiner/*Eickmann*, § 44 Rdn. 74 – auf Antrag –; **a.A.** *Stöber*, § 44 Rdn. 6.4 mit Beispielen.

C betreibt das Verfahren:
geringstes Gebot:
- C ist aufgrund des Rangtausches erstrangig. Ursprünglich war B mit dem Recht III/1 versteigerungsfest, er blieb immer bestehen, da A aus dem Recht II/1 nicht das Verfahren betreiben konnte.

Folge:
B darf auch jetzt nicht erlöschen, § 880 Abs. 5 BGB, und ist in das geringste Gebot aufzunehmen.[172]

g) Gleichrang und Rangtausch
aa) Rangdarstellung

9.251 **Beispiel:**

	III/1	90.000,– € für A
	III/2	70.000,– € für B im Gleichrang mit III/3
	III/3	50.000,– € für C im Gleichrang mit III/2

Das Recht III/3 hat Rang vor dem Recht III/1.

Rangfolge:

	III/3	50.000,– € für C
1. Teil	III/1	40.000,– € für A
	III/2	70.000,– € für B gleichrangig mit dem 2. Teil von III/1
2. Teil	III/1	50.000,– € für A gleichrangig mit III/2

bb) Zwangsversteigerung

9.252 **Vor der Rangänderung:**

A betreibt das Verfahren:
geringstes Gebot:
- es bleibt kein Recht bestehen,
- der bar zu zahlende Teil besteht aus:
  – Verfahrenskosten,
  – Rangklasse 1–3 § 10 Abs. 1 ZVG.

B betreibt das Verfahren:
geringstes Gebot:
- das Recht III/1 bleibt bestehen,
- der bar zu zahlende Teil besteht aus:
  – Verfahrenskosten,
  – Rangklasse 1–3 § 10 Abs. 1 ZVG,
  – Rangklasse 4 § 10 Abs. 1 ZVG (Kosten und Zinsen des Rechtes III/1)

---

172 *Stöber*, § 44 Rdn. 6.3; Steiner/*Eickmann*, § 44 Rdn. 74.

C betreibt das Verfahren:
geringstes Gebot:
- das Recht III/1 bleibt bestehen,
- der bar zu zahlende Teil besteht aus:
  – Verfahrenskosten,
  – Rangklasse 1–3 § 10 Abs. 1 ZVG,
  – Rangklasse 4 § 10 Abs. 1 ZVG (Kosten und Zinsen des Rechtes III/1)

Nach der Rangänderung: 9.253

A betreibt das Verfahren:
geringstes Gebot:
- das Recht III/3 bleibt bestehen,
- der bar zu zahlende Teil besteht aus:
  – Verfahrenskosten,
  – Rangklasse 1–3 § 10 Abs. 1 ZVG,
  – Rangklasse 4 § 10 Abs. 1 ZVG (Kosten und Zinsen des Rechtes III/3).

B betreibt das Verfahren:
geringstes Gebot:
- das Recht III/3 und der 1. Teil aus III/1 bleiben bestehen,
- der bar zu zahlende Teil besteht aus:
  – Verfahrenskosten,
  – Rangklasse 1–3 § 10 Abs. 1 ZVG,
  – Rangklasse 4 § 10 Abs. 1 ZVG: Kosten und Zinsen des Rechtes III/3 und des 1. Teils aus III/1.

C betreibt das Verfahren:
geringstes Gebot:
- es bleibt kein Recht bestehen,
- der bar zu zahlende Teil besteht aus:
  – Verfahrenskosten,
  – Rangklasse 1–3 § 10 Abs. 1 ZVG.

cc) Rangdarstellung

Beispiel: 9.254

III/1	30.000,– €	für A
III/2	40.000,– €	für B im Gleichrang mit III/3
III/3	50.000,– €	für C im Gleichrang mit III/2

Das Recht III/3 hat Vorrang vor dem Recht III/1.

Rangfolge:

1. Teil	III/3	30.000,– € für C		
	III/2	40.000,– € für B		B einerseits und der
2. Teil	III/3	20.000,– € für C (Rang vor III/1)		2. Teil von C und A
	III/1	30.000,– € für A		andererseits sind
				untereinander
				gleichrangig

dd) Zwangsversteigerung

C betreibt das Verfahren:
geringstes Gebot:
- es bleibt kein Recht bestehen,
- der bar zu zahlende Teil besteht aus:
  – Verfahrenskosten,
  – Rangklasse 1–3 § 10 Abs. 1 ZVG.

B betreibt das Verfahren:
geringstes Gebot:
- der 1. Teil des Rechts III/3 bleibt bestehen,
- der bar zu zahlende Teil besteht aus:
  – Verfahrenskosten,
  – Rangklasse 1–3 § 10 Abs. 1 ZVG
  – Rangklasse 4 § 10 Abs. 1 ZVG (Kosten und Zinsen des 1. Teils des Rechts III/3).

A betreibt das Verfahren:
geringstes Gebot:
- es bleiben der 1. Teil und der 2. Teil aus III/3 bestehen.

Hierdurch ist B benachteiligt, da ein Teil des Gleichranges jetzt bestehen bleibt, welcher ansonsten nicht in das geringste Gebot aufzunehmen ist. Das Recht III/2 ist wie ein Zwischenrecht zu behandeln, sodass die Grundsätze von § 880 Abs. 5 BGB anzuwenden sind.

Folge:
Ein entsprechender Teil des B ist ebenfalls in das geringste Gebot aufzunehmen.[173]

$$\frac{20.000,– €}{50.000,– €} = \frac{x}{40.000,– €}$$

x = 16.000,– €

geringstes Gebot somit:
- das Recht III/3 bleibt bestehen und ein Teilbetrag von 16.000,– € aus III/2,

---

[173] Steiner/*Eickmann*, § 44 Rdn. 79.

- der bar zu zahlende Teil besteht aus:
  - Verfahrenskosten,
  - Rangklasse 1–3 § 10 Abs. 1 ZVG
  - Rangklasse 4 § 10 Abs. 1 ZVG (Kosten und Zinsen aus III/3 und dem Teilbetrag aus III/2).

h) Zurücktreten aus Gleichrang
aa) Rangdarstellung

Beispiel:

    III/1   50.000,– € für A im Gleichrang mit III/2
    III/2   70.000,– € für B im Gleichrang mit III/1
    III/3   90.000,– € für C

Das Recht III/1 hat Rang nach dem Recht III/3.

Rangfolge:
1. Teil   III/3   50.000,– € für C im Gleichrang mit III/2
             III/2   70.000,– € für B im Gleichrang mit dem 1. Teil aus III/3
2. Teil   III/3   40.000,– € für C
             III/1   50.000,– € für A

bb) Zwangsversteigerung

Vor der Rangänderung:

A betreibt das Verfahren:
geringstes Gebot:
- es bleibt kein Recht bestehen,
- der bar zu zahlende Teil besteht aus:
  - Verfahrenskosten,
  - Rangklasse 1–3 § 10 Abs. 1 ZVG.

B betreibt das Verfahren:
geringstes Gebot:
- es bleibt kein Recht bestehen,
- der bar zu zahlende Teil besteht aus:
  - Verfahrenskosten,
  - Rangklasse 1–3 § 10 Abs. 1 ZVG.

C betreibt das Verfahren:
geringstes Gebot:
- es bleiben die Rechte III/1 und III/2 bestehen,
- der bar zu zahlende Teil besteht aus:
  - Verfahrenskosten,
  - Rangklasse 1–3 § 10 Abs. 1 ZVG
  - Rangklasse 4 § 10 Abs. 1 ZVG (Kosten und Zinsen der Rechte III/1 und III/2).

9.258 Nach der Rangänderung:

A betreibt das Verfahren:
geringstes Gebot:
- es bleiben die Rechte III/2 und III/3 bestehen,
- der bar zu zahlende Teil besteht aus:
  – Verfahrenskosten,
  – Rangklasse 1–3 § 10 Abs. 1 ZVG.
  – Rangkasse 4 § 10 Abs. 1 ZVG (Kosten und Zinsen der Rechte III/2 und III/3).

B betreibt das Verfahren:
geringstes Gebot:
- es bleibt kein Recht bestehen,
- der bar zu zahlende Teil besteht aus:
  – Verfahrenskosten,
  – Rangklasse 1–3 § 10 Abs. 1 ZVG.

C betreibt das Verfahren:
geringstes Gebot:
- es bleibt kein Recht bestehen,
- der bar zu zahlende Teil besteht aus:
  – Verfahrenskosten,
  – Rangklasse 1–3 § 10 Abs. 1 ZVG.

cc) Rangdarstellung

9.259 Beispiel:

III/1	50.000,– €	für A im Gleichrang mit III/2
III/2	40.000,– €	für B im Gleichrang mit III/1
III/3	30.000,– €	für C

Das Recht III/3 hat Vorrang vor dem Recht III/1.

Rangfolge:

	III/3	30.000,– € für C	
1. Teil	III/1	20.000,– € für A (im Rang hinter III/3)	III/3 und 1. Teil von
	III/2	40.000,– € für B	III/1 einerseits und
2. Teil	III/1	30.000,– € für A	III/2 andererseits haben Gleichrang

dd) Zwangsversteigerung

9.260 Vor der Rangänderung:

Hier ergibt sich kein Unterschied zu den Ergebnissen in Beispiel Rdn. 9.257 zuvor.

Nach der Rangänderung:

C betreibt das Verfahren:
geringstes Gebot:
- es bleibt kein Recht bestehen,
- der bar zu zahlende Teil besteht aus:
  – Verfahrenskosten,
  – Rangklasse 1–3 § 10 Abs. 1 ZVG.

B betreibt das Verfahren:
geringstes Gebot:
- es bleibt kein Recht bestehen,
- der bar zu zahlende Teil besteht aus:
  – Verfahrenskosten,
  – Rangklasse 1–3 § 10 Abs. 1 ZVG.

A betreibt das Verfahren:
geringstes Gebot:
- das Recht III/3 bleibt in jedem Falle bestehen. Hierdurch ist B benachteiligt, da ein Teil des Gleichranges jetzt bestehen bleibt, welcher ansonsten nicht in das geringste Gebot aufzunehmen ist.

Folge:
Ein entsprechender Teil des B ist ebenfalls in das geringste Gebot aufzunehmen.[174]

$$\frac{30.000,-\,€}{50.000,-\,€} = \frac{x}{40.000,-\,€}$$

$x = 24.000,-\,€$

das geringste Gebot lautet somit:
- es bleiben das Recht III/3 und ein Teilbetrag von 24.000,– € aus III/2 bestehen,
- der bar zu zahlende Teil besteht aus:
  – Verfahrenskosten,
  – Rangklasse 1–3 § 10 Abs. 1 ZVG
  – Rangklasse 4 § 10 Abs. 1 ZVG (Kosten und Zinsen aus III/3 und dem Teilbetrag aus III/2).

i) Gesetzliche Rangverschiebung

Eine gesetzliche Rangänderung tritt ohne Mitwirkung der Beteiligten ein, z.B. durch den Tod des Berechtigten eines vorrangigen Rechtes (Nießbrauch, Wohnungsrecht, § 1061 BGB). Nach § 880 Abs. 4 BGB geht der dem vortretenden Recht eingeräumte Rang nicht dadurch verloren, dass das zurücktretende Recht durch Rechtsgeschäft aufgehoben wird. Es ist also ein

---

[174] Steiner/*Eickmann*, § 44 Rdn. 30.

gravierender Unterschied, ob das Recht kraft Gesetzes oder durch Rechtsgeschäft erlischt bzw. aufgehoben wird.

9.262 **Beispiel 1:**

      II/1   Wohnungsrecht für A
      III/1   90.000,- € für B
      III/2   70.000,- € für C

Das Recht III/2 hat Vorrang vor dem Recht II/1.
Das Recht II/1 wird auf Bewilligung des Berechtigten A im Grundbuch gelöscht.

Rangfolge: III/2   70.000,- € für C
                III/1   90.000,- € für B
                II/1   gelöscht

Unter Beachtung von § 880 Abs. 5 BGB wird in der Zwangsversteigerung der Gläubiger C vor dem Gläubiger B berücksichtigt. Offen bleibt, wie *Stöber*[175] dieses Problem lösen will, wenn Beträge nach §§ 50, 51 ZVG nicht festgesetzt werden, da alle Rechte erlöschen.

9.263 **Beispiel 2:**

      II/1   Wohnungsrecht für A
      III/1   90.000,- € für B
      III/2   70.000,- € für C

Das Recht III/2 hat Vorrang vor dem Recht II/1.
Der Berechtigte des Rechtes II/1 verstirbt, das Recht ist erloschen, §§ 1093, 1061 BGB.

Rangfolge: III/1   90.000,- € für B
                III/2   70.000,- € für C
                II/1   erloschen

Aus dem Umkehrschluss von § 880 Abs. 4 BGB und unter Beachtung des Beeinträchtigungsverbotes nach § 880 Abs. 5 BGB verliert das Recht III/2 seinen Vorrang und tritt in die alte Rangposition zurück.[176]

6. Rangvorbehalt

9.264 Der Eigentümer kann sich bei der Belastung des Grundstückes mit einem Recht die Befugnis vorbehalten, ein anderes, dem Umfange nach bestimmtes Recht mit dem Rang vor jenem Recht eintragen zu lassen, § 881 BGB. Die Eintragung erfolgt direkt bei dem Recht oder nachträglich in der Veränderungsspalte bei dem jeweiligen Recht. Der Rangvorbehalt ist ein dem Eigentümer vorbehaltenes höchstpersönliches Recht und ist nicht übertragbar und auch nicht pfändbar.[177] Der Gläubiger einer Zwangssi-

---

175 *Stöber,* § 44 Rdn. 6.4.
176 MünchKomm/*Wacke* BGB, § 880 Rdn. 14, 17; Meikel/*Böttcher,* § 45 Rdn. 155.
177 MünchKomm/*Wacke* BGB, § 881 Rdn. 14; *Stöber,* Forderungspfändung, Rdn. 1733; Meikel/*Böttcher,* § 45 Rdn. 197.

cherungshypothek kann auch nicht den noch nicht ausgenutzten Vorbehalt ausnutzen.[178] Der Rangvorbehalt geht als ein Stück vorbehaltenes Eigentum mit Übergang des Grundstückes auf den neuen Eigentümer über.
In der Zwangsversteigerung teilt der Vorbehalt das Schicksal des Rechtes, bei dem er eingetragen ist. Eine Erlöszuteilung auf einen nicht ausgenutzten Rangvorbehalt erfolgt nicht.

9.265

a) Zweck

Der Sinn und Zweck des Rangvorbehaltes liegt in der Freihaltung einer besseren Rangstelle, wenn das rangbessere Recht noch nicht eingetragen werden kann.

9.266

b) Rangfolge

Unproblematisch ist das Rangverhältnis nach Ausübung des Rangvorbehaltes, wenn beide Rechte unmittelbar aufeinander folgen. Das den Vorbehalt ausnutzende Recht hat nunmehr Rang vor dem mit dem Vorbehalt belastenden Recht. Es liegt ein Rangtausch vor.

9.267

Wird der Rangvorbehalt mehrfach ausgenutzt, regelt sich der Rang dieser Rechte nach den allgemeinen Regeln, § 879 BGB.

9.268

Beispiel:

9.269

	III/1	100.000,- € für A
		– mit Rangvorbehalt (RV) für 50.000,- €
		– mehrfach ausnutzbar
	III/2	20.000,- € für B
		– unter Ausnutzung des RV vor III/1
	III/3	30.000,- € für C
		– unter Ausnutzung des RV vor III/1
Rangfolge:	III/2	20.000,- € für B
	III/3	30.000,- € für C
	III/1	100.000,- € für A

c) Zwischenrechte

Problematisch ist die Auswirkung des Rangvorbehaltes nach Ausnutzung, wenn zwischenzeitlich ein weiteres Recht im Grundbuch eingetragen worden ist. Die Bestimmung des § 881 Abs. 4 BGB hat eigenartige Aus-

9.270

---

178 BGH, NJW 1954, 954; Meikel/*Böttcher*, § 45 Rdn. 174; Zöller/*Stöber*, § 867 Rdn. 12; Steiner/*Hagemann*, § 11 Rdn. 24; *Stöber*, Forderungspfändung, Rdn. 1733; **a.A.** MünchKomm/*Wacke* BGB, § 881 Rdn. 14, falls der Rangvorbehalt keine besondere Zweckbestimmung enthält.

wirkungen, die sich erst bei der Erlösverteilung in der Zwangsversteigerung zeigen. Die Verteilung erfolgt nach der interessenausgleichenden Herfurth'schen Formel:[179]

Recht III/1 (belastetes Recht) erhält: Erlös minus Recht III 3
Recht III/2 (Zwischenrecht) erhält: Erlös minus Recht III/1
Recht III/3 (begünstigtes Recht) erhält: Erlös minus Restbetrag

9.271 Beispiel:

Alle Rechte erlöschen in der Zwangsversteigerung.

    III/1   30.000,- € für A (mit RV für 40.000,- €)
    III/2   60.000,- € für B
    III/3   40.000,- € für C unter Ausnutzung der RV im Rang vor III/1

Erlös bis	Recht III/1	Recht III/2	Recht III/3
30.000,- €	–	–	30.000,- €
40.000,- €	–	10.000,- €	30.000,- €
50.000,- €	10.000,- €	20.000,- €	20.000,- €
60.000,- €	20.000,- €	30.000,- €	10.000,- €
70.000,- €	30.000,- €	40.000,- €	–
80.000,- €	30.000,- €	50.000,- €	–
90.000,- €	30.000,- €	60.000,- €	–
100.000,- €	30.000,- €	60.000,- €	10.000,- €
130.000,- €	30.000,- €	60.000,- €	40.000,- €

Diese Auswirkungen und Regeln gelten auch, wenn das mit dem Vorbehalt belastete Recht ein Recht in Abt. II des Grundbuches ist; dann ist nur der Wertersatz nach § 92 ZVG für das Recht einzusetzen.

Bis zum Erlös in Höhe des Rechtes III/1 wirkt sich der ausgenutzte Vorbehalt zugunsten von III/3 wie eine echte Rangänderung aus. Danach nimmt die Befriedigungswirkung ab, fällt schließlich ganz aus, bis die Rechte III/1 und III/2 voll gedeckt sind. Der Gläubiger B erhält als Zwischenberechtigter bereits ab 30.000,01 € eine Zuteilung.

d) Zwangsversteigerung

9.272 Beispiel (wie oben unter Rdn. 9.269):

C betreibt das Verfahren:
geringstes Gebot:
- es bleibt kein Recht bestehen (III/1 nicht, da C vorgeht; III/2 nicht, es gilt § 880 Abs. 5 BGB; III/3 nicht, da betreibender Gläubiger),
- der bar zu zahlende Teil besteht aus:
  – Verfahrenskosten,
  – Rangklasse 1–3 § 10 Abs. 1 ZVG.

---

[179] MünchKomm/*Wacke* BGB, § 881 Rdn. 18; Palandt/*Bassenge*, § 881 Rdn. 10, 11; Meikel/*Böttcher*, § 45 Rdn. 201, 202.

A betreibt das Verfahren:
geringstes Gebot:
- es bleibt kein Recht bestehen (III/1 nicht, da betreibender Gläubiger; III/2 nicht, da gegenüber A nachrangig; III/3 nicht, da es keine Wertdifferenz zwischen III/3 – III/2 gibt[180]). Da der Anteil des Rechts III/3 vom Erlös abhängig ist, dessen Höhe aber bei Aufstellung des geringsten Gebots noch nicht feststeht, soll das Recht als erlöschendes Recht behandelt werden.[181]
- der bar zu zahlende Teil besteht aus:
  – Verfahrenskosten,
  – Rangklasse 1–3 § 10 Abs. 1 ZVG
  – Rangklasse 4 § 10 Abs. 1 ZVG (evtl. Kosten und Zinsen aus dem jeweiligen Teilbetrag aus III/3).

B betreibt das Verfahren:
geringstes Gebot:
- bestehen bleibende Rechte:
  III/2 nicht, da betreibender Gläubiger; wertmäßig gehen dem B vor: 30.000,– €, aber der Berechtigte A oder C steht nicht fest. Nach den Formeln C-III/3 minus B-III/2, A-III/1 minus C-III/3 ist der Teilbetrag zu errechnen, der bestehen bleibt; im Übrigen erfolgt Barzahlung.

Folge:
Vorliegend bleibt kein Recht bestehen. Der Betrag von 30.000,– € für C ist in den bar zu zahlenden Teil des geringsten Gebotes aufzunehmen;[182]
- der bar zu zahlende Teil besteht aus:
  – Verfahrenskosten,
  – Rangklasse 1–3 § 10 Abs. 1 ZVG und den zu vorgenannten 30.000,– € nebst Kosten und Zinsen.

e) Weitere relative Rangverhältnisse

Die gleichen Probleme wie beim Rangvorbehalt ergeben sich bei anderen relativen Rangverhältnissen, z.B. wenn ein Recht versehentlich gelöscht wurde und dann ein Dritter gutgläubig den Vorrang erworben hat. Die Herfurth'sche Formel ist dann wie folgt anzuwenden:

- belastetes Recht (III/1) ist das zu Unrecht gelöschte, aber tatsächlich nicht erloschene Recht,
- Zwischenrecht (III/2) ist das ohne Gutglaubensschutz bestehende Recht, das vor dem mit dem gutgläubig erworbenen Vorrang eingetragenen Recht entstanden ist, ausübendes Recht (III/3) ist das Recht, das gutgläubig den Vorrang vor dem gelöschten Recht erworben hat.

---

180 Steiner/*Eickmann,* § 44 Rdn. 90; anders wenn das Recht III/3 größer ist als das Zwischenrecht.
181 So *Muth,* 2 R Rdn. 68 ff.; Steiner/*Eickmann,* § 44 Rdn. 90, 91.
182 Steiner/*Eickmann,* § 44 Rdn. 90–92.

10. Abschnitt
Zwangssicherungshypothek

I. Allgemeines

1. Einführung

Die Eintragung einer Sicherungshypothek im Wege der Zwangsvollstreckung (nachfolgend kurz mit **Zwangshypothek** bezeichnet) auf dem Grundstück des Schuldners ist eine weitere Maßnahme der Immobiliarzwangsvollstreckung neben der Zwangsversteigerung und der Zwangsverwaltung. Die Eintragung kann alleine und/oder neben den anderen zuvor genannten Zwangsvollstreckungsmaßnahmen erfolgen, § 866 Abs. 2 ZPO. Die Zwangsversteigerung dient der Befriedigung der Gläubigerforderung durch zwangsweise Veräußerung und Verwertung des Grundstückes. Die Zwangsverwaltung dient der Befriedigung der Gläubigerforderung aus den Erträgnissen des Grundstückes. Demgegenüber bewirkt die Eintragung der Zwangshypothek für den Gläubiger in erster Linie eine Sicherung des titulierten Anspruches. 10.1

Die Zwangshypothek ist eine Sicherungshypothek i.S.d. § 1184 BGB, sie unterscheidet sich von dieser lediglich durch ihre Entstehungstatbestände.[1] Mit Eintragung der Zwangshypothek erlangt der Gläubiger ein Recht mit Rang vor späteren Rechten am Grundstück und vor Gläubigern noch nicht gesicherter Vollstreckungsforderungen, deren Beschlagnahme in der Zwangsversteigerung oder Zwangsverwaltung später bewirkt wird. Der Vollstreckungsgläubiger soll mit Eintragung der Zwangshypothek weder Vor- noch Nachteile gegenüber einer rechtsgeschäftlich bestellten Sicherungshypothek nach bürgerlichem Recht erlangen. 10.2

Auch wenn die Eintragung der Zwangshypothek für den Gläubiger in erster Linie „nur" eine Sicherung des titulierten Anspruches bedeutet, ergeben sich aus der Eintragung jedoch eine Reihe von Vorteilen, deren Wert sich erst in einer Zwangsversteigerung zeigt: 10.3

- Die Beteiligtenstellung und die Rechte eines Beteiligten in der Zwangsversteigerung, § 9 ZVG.

---

1 Zöller/*Stöber,* § 866 Rdn. 3.

- Die Möglichkeit der Befriedigung im Rahmen einer Zwangsversteigerung, sofern genügend Erlös vorhanden ist.
- Ein Ablösungsrecht gegenüber den vorrangig eingetragenen Rechten, §§ 268, 1150 BGB.
- Verhinderung bzw. Zustimmung zu einem freihändigen Verkauf des Grundstückes, gegen Zahlung der gesicherten Forderung.
- Geltendmachung des gesetzlichen Löschungsanspruches, der kraft Gesetzes zum Inhalt der Zwangshypothek gehört, § 1179a BGB.
- Das Recht, aus der eingetragenen Zwangshypothek heraus die Zwangsversteigerung im Rang der Hypothek zu betreiben, § 10 Abs. 1 Nr. 4 ZVG. Hierzu ist kein weiterer Duldungstitel erforderlich. Es genügt der vollstreckbare Titel, auf dem die Eintragung vermerkt ist, § 867 Abs. 3 ZPO. Einer Klage und einer vorherigen Aufforderung an den Schuldner, sich in einer notariellen Urkunde der sofortigen Zwangsvollstreckung zu unterwerfen,[2] bedarf es seit dem 1.1.1999 nicht mehr (vgl. auch Rdn. 10.174 zur Anordnung der Zwangsversteigerung).
- Sofern der Gläubiger bei einer Bruchteilsgemeinschaft am Grundstück den Aufhebungsanspruch des Schuldners gepfändet und sich zur Einziehung hat überweisen lassen, um die Auseinandersetzungsversteigerung zu betreiben, ist die Eintragung der Zwangshypothek auf dem Miteigentumsanteil des Schuldners die einzige Schutzmöglichkeit vor weiteren Belastungen. Der Schuldner kann dann auch nicht mehr über wertvolles Zubehör verfügen, welches nunmehr in den Hypothekenhaftungsverband fällt. Zur Eintragung der Pfändung des Auseinandersetzungsanspruches im Grundbuch vgl. Rdn. 6.302.

2. Belastungsgegenstand

a) Grundstücke, grundstücksgleiche Rechte

Belastet werden kann mit der Sicherungshypothek:

- jedes Grundstück im Rechtssinne, d.h. das Grundstück, welches im Bestandsverzeichnis des Grundbuches unter einer laufenden Nummer gebucht ist;
- das Erbbaurecht als grundstücksgleiches Recht;
- das Wohnungs- bzw. Teileigentum;
- das Wohnungserbbaurecht bzw. Teileigentumserbbaurecht;
- der ideelle Bruchteil eines Miteigentümers;

---

[2] So bis zum 31.12.1998, vgl. OLG München, Rpfleger 1984, 325.

- die im Schiffsregister eingetragenen Schiffe oder ein Schiffsbauwerk, vgl. § 870a ZPO;
- besondere Rechte nach Landesrecht, soweit sie dem Immobiliarrecht unterliegen (z.B. Fischereirechte, Art. 69 EGBGB).[3]
- Zu den Besonderheiten im Beitrittsgebiet, insbesondere das Gebäudeeigentum, vgl. Rdn. 11.46.

Nicht der Zwangsvollstreckung in das unbewegliche Vermögen unterliegt daher der Anteil des Schuldners an einer Gemeinschaft zur gesamten Hand, z.B. Erbengemeinschaft, Gesellschaft bürgerlichen Rechts oder Gütergemeinschaft.

b) Neue Bundesländer

In den neuen Bundesländern kann auch das Gebäudeeigentum mit einer Zwangshypothek belastet werden. Allerdings sind die Vorschriften des Sachenrechtsbereinigungsgesetzes auf sog. Komplettierungsfälle (Zukauf des Grundstücks zum bestehenden Gebäudeeigentum) anwendbar.[4] Bei Vorliegen der Voraussetzungen des § 78 Abs. 1 SachRBerG soll die Eintragung einer Zwangshypothek weder allein am Grundstück oder allein am Gebäudeeigentum noch an beiden zulässig sein.[5] Nach anderer Auffassung können getrennt gebuchtes Grundstücks- und Gebäudeeigentum mit einer einheitlichen, ungeteilten Zwangshypothek belastet werden, § 867 Abs. 2 ZPO ist insoweit nicht anzuwenden.[6] Das in einer Hand befindliche Grundstücks- und Gebäudeeigentum kann mit einer Zwangshypothek belastet werden. § 867 Abs. 2 ZPO steht nicht entgegen, wenn die Bestimmung ihrem Sinn und Zweck gemäß verstanden und bedacht wird, dass die Anwendung im Geltungsbereich des § 78 SachRBerG zu einem vom Gesetzgeber des SachRBerG nicht beabsichtigten Ergebnis führte. Aus der systematischen Stellung von § 78 SachRBerG folgt nicht, dass diese Vorschrift nur anzuwenden sei, wenn der Nutzer und Gebäudeeigentümer aufgrund des Vorkaufsrechts nach § 61 SachRBerG erworben hat. Das gesetzgeberische Ziel der Sachenrechtsbereinigung, das aus dem Recht der DDR übernommene Institut des Gebäudeeigentums in BGB-konforme Rechtsverhältnisse zu überführen, gebietet, § 78 SachRBerG so auszulegen, dass ein neuerliches Auseinanderfallen von Grundstücks- und Gebäudeeigentum möglichst verhindert wird.[7]

---

3 Vgl. Meikel/*Böhringer,* §136 Rdn. 34.
4 OLG Brandenburg, Rpfleger 1997, 60; anders OLG Dresden, Rpfleger 1996, 122 = DtZ 1996, 222.
5 LG Chemnitz, Rpfleger 1995, 456; LG Leipzig, Rpfleger 1996, 285; LG Frankfurt/Oder, Rpfleger 1997, 212.
6 OLG Brandenburg, Rpfleger 1997, 60.
7 ThürOLG Jena, Rpfleger 1997, 431; so auch Meikel/*Streck,* § 53 Rdn. 109.

3. Funktion des Grundbuchgerichtes

10.7 Bei der Eintragung der Zwangshypothek wird das Grundbuchgericht in doppelter Funktion tätig. Es hat bei der Eintragung nicht nur die grundbuchrechtlichen Voraussetzungen, sondern auch die Voraussetzungen der Zwangsvollstreckung selbstständig zu prüfen.[8] Auch wenn sich die Eintragung primär nach den Vorschriften der ZPO richtet, sind die Vorschriften der Grundbuchordnung zu beachten, soweit diese als Voraussetzung der Eintragung erforderlich sind.[9]

Vollstreckungsvoraussetzungen sind daher insbesondere:

- der Eintragungsantrag, § 867 Abs. 1 S. 1 ZPO,
- die allgemeinen und besonderen Zwangsvollstreckungsvoraussetzungen,
- die besonderen Voraussetzungen der §§ 866, 867 ZPO (Mindestbetrag, Verteilungserklärung),
- es dürfen keine Vollstreckungshindernisse der Eintragung entgegenstehen.

Grundbuchrechtliche Eintragungsvoraussetzungen sind insbesondere:

- die Voreintragung des betroffenen Schuldners, § 39 GBO,
- die Angabe des Gemeinschaftsverhältnisses bei mehreren Gläubigern, § 47 GBO,
- zu beachtende Besonderheiten, z.B. die Zustimmung bei einem Belastungsverbot beim Erbbaurecht, §§ 5, 8 ErbbauVO.

4. Vollstreckungsantrag

10.8 Die Eintragung der Zwangshypothek erfolgt nur auf Antrag des Gläubigers, § 867 Abs. 1 S. 1 ZPO. Antragsberechtigt ist auch nur der Gläubiger, der Schuldner selbst hat kein Antragsrecht.[10] Der Antrag bedarf keiner besonderen Form, er kann schriftlich oder zu Protokoll der Geschäftsstelle erklärt werden. Auf dem Antrag ist der Eingangsvermerk anzubringen, §§ 13, 17 GBO. Der Eingangsvermerk ist die Bezeugung des Eingangs beim zuständigen Grundbuchgericht, nebst genauer Angabe von Tag, Stunde und Minute, denn hiervon ist die Erledigungsreihenfolge abhängig. Entscheidend ist der Zeitpunkt der Vorlage bei dem zuständigen Grundbuchbeamten, § 13 Abs. 3 GBO, d.h., der Antrag kann auch dem Rechtspfleger direkt

---

8   BayObLG, Rpfleger 1982, 466; Zöller/*Stöber,* § 867 Rdn. 1; Schuschke/*Walker,* § 867 Rdn. 1; MünchKomm/*Eickmann* ZPO, § 867 Rdn. 5; Musielak/*Becker,* § 867 Rdn. 1; *Böttcher,* JurBüro 1997, 399 ff.
9   Soweit hierzu eine gegenteilige Auffassung vertreten wird, vgl. Nachweise bei *Hintzen,* ZIP 1991, 474, 475.
10 Musielak/*Becker,* § 867 Rdn. 2, **str.**

gegenüber abgegeben werden, allerdings muss der **jeweilige Rechtspfleger** auch für die Eintragung selbst nach dem Geschäftsverteilungsplan zuständig sein.[11]

Die Vollmacht zur Stellung des Antrags bedarf keiner besonderen Form. Die Beteiligten können sich nach Maßgabe des § 13 FGG von Bevollmächtigten vertreten lassen. Das Grundbuchgericht hat die Wirksamkeit der Vollmacht von Amts wegen zu prüfen, dagegen nicht die des vorgelegten Vollmachtsnachweises.[12] Für den Rechtsanwalt des Gläubigers gilt im Übrigen § 88 Abs. 2 ZPO.[13]

10.9

Der Antrag sollte enthalten:

10.10

- die Person oder Personen als Antragsteller und deren Beteiligungsverhältnis,
- genaue Angaben zur Person des Schuldners, damit die Identität geprüft werden kann,
- den Belastungsgegenstand, d.h. die Angabe des Grundstücks in Übereinstimmung mit dem Grundbuch, § 28 S. 1 GBO,
- die Höhe der einzutragenden Forderung nebst Nebenleistungen,
- die Währungsangabe,
- die eventuell erforderliche Verteilungserklärung bei mehreren Grundstücken, § 867 Abs. 2 ZPO.

Das Grundbuchgericht hat den Berechtigten der Zwangshypothek antragsgemäß gleich lautend mit dem in der Eintragungsgrundlage genannten **Namen** einzutragen. Auch der **Einzelkaufmann** als Gläubiger kann nicht mit seiner Firma, sondern nur mit seinem bürgerlichen Namen im Grundbuch eingetragen werden, § 17 Abs. 2 HGB. Dies gilt auch dann, wenn er im Vollstreckungstitel zulässigerweise nur mit seiner Firma bezeichnet ist. Die Firma eines Einzelkaufmannes kann jedoch nicht als Gläubiger der Zwangshypothek eingetragen werden. Nach § 15 Abs. 1 GBV ist bei natürlichen Personen zur Bezeichnung des Berechtigten im Grundbuch der Vor- und Familienname einzutragen. Bei einem Einzelkaufmann ist dies der bürgerliche Name und nicht die Firma als Handelsname.[14]

10.11

Die **Kosten** für die Eintragung der Zwangshypothek selbst und die dem Rechtsanwalt entstandenen Vollstreckungskosten für diesen Antrag können im Grundbuch nicht gesichert werden, da das Grundstück hierfür kraft Gesetzes haftet, § 867 Abs. 1 S. 3 ZPO. Diese Kosten sollten im Antrag nicht aufgeführt werden.

10.12

Zum **Schriftsatzmuster** vgl. Rdn. 15.37.

10.13

---

11 *Demharter*, § 13 Rdn. 24.
12 OLG Zweibrücken, Rpfleger 2001, 174.
13 Zöller/*Stöber*, § 867 Rdn. 2; Musielak/*Becker*, § 867 Rdn. 2.
14 BayObLG, Rpfleger 1988, 309 = NJW-RR 1988, 980.

5. Antragsrücknahme

10.14 Der Gläubiger kann den Antrag auf Eintragung der Zwangshypothek jederzeit zurücknehmen, soweit die Eintragung im Grundbuch noch nicht vollzogen ist. Vollzogen ist die Eintragung mit der Unterzeichnung im Grundbuch, § 44 Abs. 1 GBO. Sowohl die Antragsrücknahme als auch die Vollmacht zur Antragsrücknahme bedürfen der öffentlichen Beglaubigung, §§ 31, 29 GBO. Die besondere Form der Antragsrücknahme dient der Rechtssicherheit insoweit, als dem Grundbuchgericht die einwandfreie Feststellung ermöglicht wird, ob ein einmal gestellter Antrag noch gilt bzw. von dem Antragsberechtigten zurückgenommen wird.[15]

10.15 Dieser Auffassung vermag ich nicht zu folgen. Der Antrag und die Antragsrücknahme sind aus der Sicht des Gläubigers reine Vollstreckungstätigkeiten. Wie bei jeder anderen Vollstreckungsmaßnahme auch (Anträge beim Vollstreckungsgericht, beim Gerichtsvollzieher, beim Zwangsversteigerungsgericht oder Insolvenzgericht) bedarf auch der Antrag auf Eintragung der Zwangshypothek im Grundbuch keiner besonderen Form. Wenn jede andere Vollstreckungsmaßnahme jederzeit formlos zurückgenommen werden kann, kann für den Antrag auf Eintragung der Zwangshypothek nichts anderes gelten. Die Feststellung, ob ein einmal gestellter Antrag noch gilt, muss jedes Vollstreckungsorgan prüfen und feststellen. Warum hierbei für das Grundbuchgericht besondere Sicherheiten gelten sollen, ist nicht einzusehen. Auch die Bedeutung der Rücknahme eines Antrages im Grundbucheintragungsverfahren (Verlust des Ranges) kann als Argument nicht überzeugen. Die Antragsrücknahme eines Vollstreckungsauftrages an den Gerichtsvollzieher führt zum Verlust des Pfändungspfandrechtes und des Ranges, die Rücknahme eines Zwangsversteigerungsantrages kann nach bereits erfolgter Beschlagnahme ebenfalls zum Verlust des Ranges führen, sofern es sich um einen persönlichen Gläubiger handelt. Da somit die Auswirkungen unterschiedslos sind, der Antrag weiterhin ein Verfahrensantrag nach der ZPO ist, finden die grundbuchrechtlichen Formvorschriften auf den Antrag und die Antragsrücknahme keine Anwendung. Jeder gestellte Antrag kann jederzeit formlos zurückgenommen werden.[16] Völlig verfehlt ist die Auffassung, die Eintragung nach nicht formgerechter Rücknahme im Grundbuch vorzunehmen, obwohl sie der Gläubiger überhaupt nicht mehr vollzogen haben möchte.[17]

10.16 Sofern in der Praxis die formbedürftige Antragsrücknahme gefordert wird, der Gläubiger dem jedoch nicht nachkommt, ist der Antrag zurückzuweisen. Die Höchstgebühr für diese Zurückweisung beträgt 35,– € (§ 130

---

15 *Demharter,* § 31 Rdn. 2; *Schöner/Stöber,* Rdn. 2203.
16 *Hintzen,* ZIP 1991, 474, 475.
17 So aber Musielak/*Becker,* § 867 Rdn. 2.

Abs. 1 KostO). Oftmals werden diese Kosten in keinem Verhältnis zum Aufwand und zur Erbringung der formgerechten Rücknahme stehen.

6. Allgemeine Zwangsvollstreckungsvoraussetzungen

a) Vollstreckungstitel

Der Vollstreckungstitel bildet Inhalt und Grundlage des Vollstreckungsantrags. Grundlage der Eintragung können daher alle Vollstreckungstitel sein, die auf eine Geldforderung lauten. Der Titel kann entweder rechtskräftig oder mindestens für vorläufig vollstreckbar erklärt sein. Neben den Endurteilen, § 704 ZPO, sind weitere Vollstreckungstitel die in § 794 ZPO genannten (vgl. Rdn. 3.4). Auch ein „Bruttolohn-Titel" des Arbeitsgerichts ist zur Eintragung geeignet.[18] 10.17

Ein **Duldungstitel**, insbesondere gemäß § 794 Abs. 1 Nr. 5 ZPO, kann niemals alleinige Grundlage der Eintragung sein. Eintragungsgrundlage kann immer nur ein Zahlungsanspruch sein. Zulässig ist dagegen die Eintragung aufgrund eines Duldungstitels gegen einen Dritten wegen einer vollstreckbaren Forderung des Gläubigers gegen den Schuldner.[19] Der Bestimmtheitsgrundsatz spielt im Grundstücksrecht eine wichtige Rolle. Die Eintragung einer Zwangshypothek ist mangels bestimmten Betrages nicht möglich, wenn sich der Schuldner in einer notariellen Urkunde der sofortigen Zwangsvollstreckung bezüglich eines maximalen Betrages unterworfen hat.[20] 10.18

Ein Duldungstitel genügt zur Eintragung nur dann, wenn er die Verpflichtung zur Duldung der Zwangsvollstreckung in das Grundstück für eine titulierte Fremdschuld ausspricht, sofern der jetzige Eigentümer das Grundstück in anfechtbarer Weise, § 11 AnfG, oder im Wege der Vermögensübernahme (§ 419 BGB – mit Wirkung vom 1.1.1999 aufgehoben) erworben hat.[21] Neben der Vorlage des Duldungstitels gegen den derzeitigen Eigentümer ist dann der auf die Geldforderung lautende Titel gegen den Schuldner ebenfalls beizufügen, denn nur so kann der Zusammenhang beider Urteile hergestellt werden.[22] 10.19

Grundlage der Eintragung kann auch ein **Beschluss nach § 888 ZPO** sein.[23] Bei Vorlegen eines Titels auf eine unvertretbare Handlung, die ausschließlich vom Willen des Schuldners abhängt, ist auf Antrag von dem Prozessgericht der Schuldner zur Vornahme der Handlung durch Zwangsgeld anzuhalten. Die Beitreibung des Zwangsgeldes obliegt zwar dem Gläubiger, 10.20

---

18 LG Bonn, JurBüro 1995, 159.
19 BayObLG, Rpfleger 1995, 305.
20 So LG Saarbrücken, Rpfleger 2003, 416.
21 KG, HRR 1930, 67; OLG Frankfurt, NJW-RR 1988, 463, 464.
22 LG Hamburg, Rpfleger 2003, 309; hierzu kritisch *Alff*, Rpfleger 2003, 284.
23 Zöller/*Stöber*, § 888 Rdn. 12, 13.

er ist jedoch nicht Empfangsberechtigter. Das Zwangsgeld steht der Staatskasse zu. Im Grundbuch ist daher als Gläubiger der Zwangshypothek der Kläger, als Zahlungsempfänger jedoch die Gerichtskasse einzutragen.[24]

10.21 Eine Zwangshypothek kann auch für einen Anspruch auf Hinterlegung von Geld eingetragen werden. Sie ist auch dann möglich, wenn der Anspruch inhaltlich auf **Leistung** an einen **Dritten** gerichtet ist.[25] Hat sich in einem gerichtlichen Vergleich der Schuldner verpflichtet, zur Befreiung des Gläubigers aus dessen Debetsaldo bei der Gläubigerbank an diese einen bestimmten Betrag zu zahlen, kann der Gläubiger die Eintragung einer Zwangshypothek verlangen, jedoch nur mit der Maßgabe, dass er als Gläubiger und neben ihm seine Bank als Zahlungsempfänger im Grundbuch eingetragen werden.[26]

10.22 Wird ein Titel gegen einen **minderjährigen Schuldner** vorgelegt, ist die Eintragung der Zwangshypothek ohne weiteres zulässig. Einer vormundschaftsgerichtlichen oder familiengerichtlichen Genehmigung bedarf es nicht, da diese nur bei rechtsgeschäftlichen Verfügungen beigebracht werden muss.[27] Ein Elternteil kann im Wege der gesetzlichen Vollstreckungsstandschaft gem. § 1629 Abs. 3 BGB im eigenen Namen die Eintragung einer Zwangshypothek verlangen. Eine vorherige Umschreibung des Titels auf das materiell berechtigte Kind entsprechend § 727 ZPO ist nicht erforderlich.[28]

10.23 Sofern der Schuldner **verheiratet** ist, kann auch dann, wenn das Grundstück das gesamte Vermögen darstellt, die Eintragung ohne Zustimmung des Ehegatten erfolgen, § 1365 BGB. Die Eintragung der Zwangshypothek stellt noch keine Verwertung dar, sondern ist lediglich ein dingliches Sicherungsmittel.

10.24 Legt der Gläubiger einen Titel gegen den das Gesamtgut der in **Gütergemeinschaft** lebenden Ehegatten verwaltenden Ehepartner vor, § 740 ZPO, kann die Eintragung nicht ohne weiteres erfolgen. Das Grundbuchgericht geht zunächst davon aus, dass beide Ehepartner das Gesamtgut gemeinsam verwalten. Der Gläubiger muss daher nachweisen, dass der Titelschuldner alleiniger Verwalter des Vermögens ist,[29] z.B. durch Vorlage des Güterrechtsvertrages oder der Eintragung im Güterrechtsregister.[30]

---

24 AG Hamburg, Rpfleger 1982, 31; Musielak/*Lackmann*, § 888 Rdn. 15.
25 LG Essen, Rpfleger 2001, 543.
26 OLG Karlsruhe, Rpfleger 1998, 158.
27 Wieczorek/*Storz*, § 867 Rdn. 22.
28 LG Konstanz, Rpfleger 2001, 345.
29 Musielak/*Lackmann*, § 740 Rdn. 3, 4.
30 LG Frankenthal, Rpfleger 1975, 371; BayObLG, Rpfleger 1983, 407 und 1984, 232; vgl. auch LG Heilbronn, Rpfleger 1991, 108.

aa) Geldbetrag in ausländischer Währung

Für die Eintragung einer Zwangshypothek aufgrund eines Titels in **ausländischer Währung** ist die Form einer Höchstbetragshypothek geeignet, wenn eine Eintragung in Fremdwährung in Betracht kommt, gegen die nach wie vor währungspolitische Bedenken bestehen.[31] Die Forderung ist nach dem Kurswert zum Zeitpunkt der Zahlung umzurechnen, § 244 Abs. 2 BGB. Diese Ungewissheit kann durch einen vom Gläubiger zu bestimmenden angemessenen „Höchstbetrag" ausgeglichen werden.[32] Da bei der Höchstbetragshypothek die Zinsen im Höchstbetrag eingerechnet sind, § 1190 BGB, hat der Gläubiger bei einer verzinslichen Schuld diese bei seiner Angabe des einzutragenden Betrages mit einzurechnen.[33] Die Angabe erfolgt formlos.[34]

10.25

Nach der Neufassung von § 28 GBO kann die Eintragung auch in einer einheitlichen **europäischen oder anderen Währung** erfolgen, gegen die keine währungspolitischen Bedenken bestehen, hierzu ist eine Verordnung des BMJ und des BMF erforderlich.[35] Hiervon hat der Gesetzgeber mittlerweile Gebrauch gemacht. Neben dem Euro sind zugelassene Währungen US-Dollar, Schweizer Franken und alle Währungen der EU-Länder.[36]

10.26

bb) Zinsen im Vollstreckungstitel

Sind die Zinsen im Vollstreckungstitel der Höhe nach nicht genau bestimmt, sondern gleitend festgelegt, hat der Gläubiger im Antrag einen angemessenen Höchstzinssatz anzugeben.[37] Mit Wirkung vom 1.5.2000 an hat der Gesetzgeber durch Neufassung des § 288 Abs. 1 BGB die gesetzlichen Verzugszinsen von 4 % auf „für das Jahr fünf Prozentpunkte über dem Basiszinssatz" erhöht, bei Rechtsgeschäften, an denen ein Verbraucher nicht beteiligt ist, beträgt der Zinssatz nach Abs. 2 „8 Prozentpunkte über dem Basiszinssatz", bei einem Darlehensvertrag beträgt der gesetzliche Verzugszinssatz nach der Schuldrechtsreform „2,5 Prozentpunkte über dem Basiszinssatz" (§ 497 Abs. 1 S. 2 BGB). Damit wurden erstmals variable gesetzliche Zinsen eingeführt.[38] Nach § 1115 Abs. 1 BGB muss bei der Eintragung einer Hypothek u.a. der Zinssatz im Grundbuch angegeben werden. Ist ein variabler Zinssatz vereinbart, so muss zusätzlich ein Höchstzinssatz angegeben und eingetragen werden. Bestritten ist jedoch seit dem Gesetz zur

10.27

---

31 Mit beachtlichen Argumenten: *Reuter,* Fremdwährung und Rechnungseinheiten im Grundbuch, Diss., 1991.
32 LG Osnabrück, Rpfleger 1968, 122; vgl. auch LG Traunstein, Rpfleger 1988, 499 m. Anm. *Sievers;* Musielak/*Becker,* § 867 Rdn. 4.
33 BGH, ZIP 1991, 468.
34 *Schöner/Stöber,* Rdn. 2163 m.w.N. und Rdn. 135.
35 Vgl. *Demharter,* § 28 Rdn. 26.
36 Vgl. *Rellermeyer,* Rpfleger 1999, 49; Musielak/*Becker,* § 867 Rdn. 4.
37 MünchKomm/*Eickmann* ZPO, § 867 Rdn. 44.
38 Hierzu umfassend *Wagner,* Rpfleger 2004, 668.

Beschleunigung fälliger Zahlungen vom 20.3.2000 (BGBl I 330), ob auch bei Bezugnahme auf den Basiszinssatz (§ 247 BGB) noch die Angabe eines Höchstzinssatzes erforderlich ist. In der Literatur[39] herrscht die Meinung vor, dass ein Höchstzinssatz dann nicht anzugeben ist, wenn ein gleitender Zinssatz durch Bezugnahme auf den gesetzlichen Basiszinssatz (§ 247 BGB) vereinbart wird. In der Rechtsprechung wird die Frage unterschiedlich beantwortet.[40] Der BGH[41] bestätigt die Auffassung, dass in diesem Fall es nicht der Angabe eines Höchstzinssatzes bedarf, der Zinssatz ist wie tituliert bei der Zwangshypothek einzutragen.

10.28 Nicht eintragungsfähig sind die gesetzlichen Verzugszinsen, hierfür haftet das Grundstück auch ohne Eintragung.[42]

cc) Neue Bundesländer

10.29 Leben die Ehegatten gem. Art. 234 § 4 Abs. 2 EGBGB im Güterstand der Eigentums- und Vermögensgemeinschaft des FGB-DDR, sind für die Zwangsvollstreckung in Gegenstände des gemeinschaftlichen Eigentums und Vermögens die Vorschriften über die Gütergemeinschaft mit gemeinschaftlicher Verwaltung des Gesamtguts anzuwenden, § 744a ZPO. Bis zum Ablauf von zwei Jahren nach Wirksamwerden des Beitritts konnten die Eheleute gegenüber dem Gericht erklären, dass für sie der bisherige Güterstand fortgelten soll (Optionserklärung), Art. 234 § 4 Abs. 2 EGBGB. Haben die Ehegatten keine Optionserklärung abgegeben, so wird das gemeinschaftliche Eigentum kraft Gesetzes zu Bruchteilseigentum mit gleichen Anteilen, Art. 234 § 4a Abs. 1 EGBGB, sofern die Ehegatten nicht andere Bruchteile bestimmen.[43] Diese Bestimmung konnte aber nur bis zum 24.6.1994[44] getroffen werden, danach wurde das hälftige Bruchteilseigen-

---

39 *Volmer*, ZfIR 2001, 246; *Wolfsteiner*, MittBayNot 2003, 295; *Böhringer*, Rpfleger 2003, 157, 163; *ders.*, Rpfleger 2004, 623; *Böttcher*, RpflStud. 2004, 1, 11; *Stavorinus*, Rpfleger 2004, 739; *Wagner*, Rpfleger 2004, 668; Staudinger/*Wolfsteiner*, BGB Einl. zu § 1113 Rdn. 41; Meikel/*Ebeling*, Vorbem. 137 zu GBV. Für die Angabe eines Höchstzinssatzes: *Schöner/Stöber*, Rdn. 1962; *Demharter*, EWiR 2003, 365; *ders.*, FGPrax 2004, 144, 146; *Wilsch*, FGPrax 2003, 193, der aber überwiegend noch die Rechtsprechung vor der Novellierung von § 288 BGB zitiert.

40 Während das OLG Schleswig, DNotZ 2003, 354 = FGPrax 2003, 58 = MDR 2003, 739 = MittBayNot 2003, 295 m. abl. Anm. *Wolfsteiner* = NotBZ 2003, 76 = RNotZ 2003, 186 = ZIP 2003, 250 und das OLG Celle, DNotI-Report 2004, 202 sowie das LG Gera, NotBZ 2004, 401 die Angabe eines Höchstzinssatzes auch weiterhin verlangen, halten dies das KG, Rpfleger 2003, 204 = FGPrax 2003, 56 = ZfIR 2003, 106; LG Kassel, Rpfleger 2001, 176 = NJW-RR 2001, 1239; LG Konstanz, BWNotZ 2002, 11; LG Schweinfurt, Rpfleger 2004, 622 m. zust. Anm. *Böhringer* = MittBayNot 2005, 46 und LG Traunstein, MittBayNot 2004, 440 nicht für erforderlich.

41 BGH, Rpfleger 2006, 313 mit Anm. *Wagner*.
42 MünchKomm/*Eickmann* ZPO, § 867 Rdn. 45.
43 LG Neubrandenburg, Rpfleger 1995, 250.
44 Ablauf von sechs Monaten nach Inkrafttreten dieser Vorschrift, eingefügt durch das RegVBG vom 20.12.1993 BGBl I 2182.

tum fingiert. Ob allerdings eine Zwangshypothek auf dem noch nicht gebuchten Hälfteanteil eingetragen werden kann, ist streitig.[45]

Die Vermutung des Art. 234 § 4a EGBGB gilt auch für den Gläubiger in der Zwangsvollstreckung,[46] der nach § 14 GBO die Berichtigung des Grundbuchs durch Voreintragung der Ehegatten zu je einhalb Anteil beantragen kann, ohne dass hierzu Unterlagen dem Grundbuchgericht vorzulegen sind. Die Voreintragung der Ehegatten als hälftige Miteigentümer ist nur dann erforderlich, wenn lediglich in den Miteigentumsanteil eines der Ehegatten vollstreckt werden soll; bei Vollstreckung in das gesamte Grundstück ist die Voreintragung der Eheleute nicht erforderlich, § 11 GBBerG i.V.m. § 40 GBO (gilt bis 31.12.1999). Der Antrag auf Eintragung der Zwangshypothek umfasst im Wege der Auslegung auch den Antrag auf Voreintragung der Eheleute zu je einhalb Miteigentumsanteil.[47] Die Vermutung des Art. 234 § 4a Abs. 1 EGBGB ist widerlegbar, Art. 234 § 4a Abs. 3 EGBGB. Wurde aufgrund eines Berichtigungsantrages des Gläubigers der Miteigentumsanteil des schuldnerischen Ehegatten mit einer Zwangshypothek belastet, so hat der Gläubiger dann keine Sicherungshypothek erworben, wenn tatsächlich noch der Güterstand der Eigentums- und Vermögensgemeinschaft des FGB-DDR bestand. Dem Grundbuchgericht wird dies nachgewiesen durch Optionserklärung mit Nachweis des Zugangs bei Gericht oder durch Auszug aus dem Güterrechtsregister.[48] Die Ehegatten können dann vom Gläubiger die Berichtigung des Grundbuchs durch Löschung der Zwangshypothek verlangen.[49]

10.30

Auch für das Vollstreckungsgericht gilt die Vermutung des Art. 234 § 4a Abs. 1 EGBGB. Die bisherige Eintragung der Ehegatten „zu ehelichem Vermögen" schließt grundsätzlich die Anordnung einer Teilungsversteigerung nicht mehr aus. Die Ehegatten werden auch bei der Anordnung der Versteigerung ebenso behandelt wie sonstige Bruchteilseigentümer. Wird dagegen die Vermutung des Art. 234 § 4a EGBGB mit den dort genannten Urkunden widerlegt, so folgt daraus die Unzulässigkeit der Teilungsversteigerung; dies hat das Versteigerungsgericht von Amts wegen zu beachten.[50]

10.31

Für Ehegatten, die aufgrund einer Optionserklärung nach Art. 234 § 4 Abs. 2 EGBGB weiterhin im Güterstand der Eigentums- und Vermögensgemeinschaft leben, sind weitgehend die Vorschriften über die Gütergemeinschaft anzuwenden.

10.32

---

45 Verneinend: LG Berlin, Rpfleger 1994, 247; bejahend: LG Brandenburg, Rpfleger 1995, 250 und LG Neubrandenburg, Rpfleger 1995, 250 der Gläubiger kann die Voreintragung selbst beantragen.
46 LG Neubrandenburg, Rpfleger 1995, 20; LG Dresden, Rpfleger 1996, 405 m. Anm. *Böhringer*.
47 BayObLG, Rpfleger 1979, 106; Meikel/*Böhringer*, Einl. G 73; *Keller*, Rdn. 342; **a.A.:** LG Berlin, Rpfleger 1994, 247.
48 Palandt/*Diederichsen*, EGBGB Art. 234 § 4a Rdn. 6.
49 Eickmann/*Böhringer*, § 14 GBBerG Rdn. 39 ff.; *Keller*, Rdn. 343.
50 *Rellermeyer*, Rpfleger 1995, 321; Eickmann/*Böhringer*, § 14 GBBerG Rdn. 43.

b) Klausel

10.33 Der der Eintragung zugrunde liegende Titel muss in vollstreckbarer Ausfertigung vorgelegt werden, § 724 ZPO. Die Vollstreckungsklausel ist die amtliche Feststellung über das Bestehen und die Vollstreckbarkeit des Titels. Das Grundbuchgericht hat die Zulässigkeit der Vollstreckungsklausel jedoch nicht zu prüfen. Einzige Ausnahme hiervor ist, wenn die Klausel nichtig wäre (vgl. hierzu Rdn. 3.51 ff.; 3.67).[51]

10.34 Weiterhin zu beachten ist in diesem Zusammenhang, dass manche Titel keiner Vollstreckungsklausel bedürfen, wie z.B.

- der Vollstreckungsbescheid, § 796 ZPO, es sei denn für oder gegen einen Rechtsnachfolger; auch dann nicht, wenn Einspruch eingelegt wurde und das anschließende Urteil den Vollstreckungsbescheid aufrechterhält, da die Vollstreckung nach wie vor aus dem Vollstreckungsbescheid erfolgt;[52]
- Arrestbefehl oder einstweilige Verfügung, §§ 929, 936 ZPO, es sei denn für oder gegen einen Rechtsnachfolger;
- die vereinfachte Kostenfestsetzung auf dem Titel, §§ 105, 795a ZPO.

c) Zustellung

10.35 Vor Beginn der Zwangsvollstreckung muss der Titel dem Schuldner zugestellt sein, § 750 Abs. 1 ZPO. Die Zustellung erfolgt grundsätzlich von Amts wegen, für die Zwangsvollstreckung genügend ist jedoch auch die Zustellung im Parteibetrieb.

10.36 Handelt es sich um die Vollstreckung eines Urteils, dessen vollstreckbare Ausfertigung nach § 726 Abs. 1 ZPO erteilt worden ist, oder ist ein Rechtsnachfolgezeugnis, §§ 727 ff. ZPO, erforderlich, muss neben dem Titel auch die beigefügte Klausel und, sofern die Klausel aufgrund öffentlicher oder öffentlich beglaubigter Urkunden erteilt ist, eine Abschrift dieser Urkunden vor der Vollstreckung zugestellt werden, § 750 Abs. 2 ZPO (vgl. Rdn. 3.281 ff.).

10.37 Bei der Eintragung der Zwangshypothek im Wege der so genannten „Sicherungsvollstreckung", § 720a Abs. 1 S. 1 Buchst. b ZPO, ist darauf zu achten, dass neben dem Titel auch die Vollstreckungsklausel zwei Wochen vor Beginn der Zwangsvollstreckung dem Schuldner zugestellt sein muss,

---

51 OLG Hamm, Rpfleger 1989, 466; OLG Hamm, Rpfleger 1987, 509 = NJW-RR 1987, 957; kritisch Musielak/*Lackmann*, § 726 Rdn. 4; zum Gesamtkomplex vgl. Rdn. 3.65 ff.
52 LG Koblenz, Rpfleger 1998, 357.

§ 750 Abs. 3 ZPO. Es muss aber nur die „qualifizierte", nicht die einfache Klausel zugestellt werden.[53]

Die Zustellung ist weiterhin in unmittelbarem Zusammenhang mit § 720a Abs. 3 ZPO zu sehen. Danach kann der Schuldner die vom Gläubiger betriebene Sicherungsvollstreckung dadurch abwenden, dass er seinerseits Sicherheit leistet. In diesem Fall liegt ein Vollstreckungshindernis i.S.d. § 775 Nr. 3 ZPO vor.[54] Jetzt kann die Zwangshypothek im Grundbuch nicht mehr eingetragen werden, bzw. die bereits erfolgte Eintragung ist unzulässig. Dem kann der Gläubiger dadurch entgegentreten, dass er seinerseits Sicherheit leistet, § 720a Abs. 3 ZPO. Die Sicherheitsleistung zur Abwendung der Zwangsvollstreckung durch den Schuldner ist nunmehr obsolet. Dem Vollstreckungsgläubiger ist jedoch zu empfehlen, seine Sicherheitsleistung sofort vorweg zu erbringen, da jetzt keine Sicherungsvollstreckung mehr vorliegt, die Zwei-Wochen-Frist des § 750 Abs. 3 ZPO ist unbeachtlich. Nach Erbringen der Sicherheitsleistung kann der Gläubiger sofort vollstrecken.[55]

10.38

Will der Vollstreckungsgläubiger im Wege der Sicherungsvollstreckung vorgehen, muss er die Zwei-Wochen-Frist nach § 750 Abs. 3 ZPO einhalten. Die Frist beginnt mit der Zustellung des Titels und der Klausel an den Schuldner und endet mit Eingang des Antrages auf Eintragung der Zwangshypothek beim Grundbuchgericht. Der Antragseingang ist Beginn der Zwangsvollstreckung, da in diesem Zeitpunkt der Gläubiger von seiner vollstreckungsrechtlichen Dispositionsmaxime nach außen hin Gebrauch gemacht hat.[56]

10.39

7. Besondere Zwangsvollstreckungsvoraussetzungen

a) Kalendertag

Die Zwangshypothek kann nur wegen bereits fälliger Leistungen im Grundbuch eingetragen werden, § 751 Abs. 1 ZPO. Bei künftig fällig werdenden Ansprüchen (Unterhaltsleistungen, Mietzinsansprüchen) kann somit nur für die jeweils fällige Leistung die Zwangshypothek eingetragen werden. Bei jeder weiteren fällig gewordenen Leistung müssen bei der Eintragung immer wieder neu alle Voraussetzungen der Zwangsvollstreckung erfüllt sein, insbesondere muss der jeweils zu sichernde Betrag über 750,- € liegen.

10.40

---

53 BGH, Rpfleger 2005, 547; die bisherige Meinung ist damit überholt: KG, Rpfleger 1988, 359; OLG Stuttgart, JurBüro 1990, 112; OLG Karlsruhe, Rpfleger 1991, 51; OLG Düsseldorf, InVo 1997, 166 = DGVZ 1997, 42; OLG Bremen, InVo 1997, 19; LG Düsseldorf, JurBüro 1998, 436; Musielak/*Lackmann*, § 750 Rdn. 23 m.w.N.
54 Zöller/*Stöber*, § 775 Rdn. 6.
55 Zöller/*Stöber*, § 720a Rdn. 10; Musielak/*Lackmann*, § 720a Rdn. 3.
56 *Hintzen*, ZIP 1991, 474, 477.

10.41 Bei einem mit einer **Verfallklausel** versehenen Vollstreckungstitel genügt es, wenn der Schuldner mit einer Rate in Verzug ist, da dann der gesamte Restbetrag fällig ist. Bei Verzug nach dem ersten Fälligkeitstermin kann die Zwangshypothek auf Antrag des Gläubigers wegen des gesamten geschuldeten Betrages im Grundbuch eingetragen werden.

10.42 Hat sich der Schuldner wegen einer Darlehensschuld dem Darlehensgeber gegenüber in einer notariellen Urkunde der sofortigen Zwangsvollstreckung in sein gesamtes Vermögen unterworfen und ist ihm gestattet, die Darlehensschuld ratenweise zurückzuzahlen, sind auch hier die rechtlichen Folgen der Verfallklausel anzuwenden. In der Praxis ist es üblich, dass in der Urkunde vereinbart wird, dass die Vollstreckungsklausel durch den Notar ohne Nachweis der Fälligkeit jederzeit erteilt werden kann. Es ist nicht zutreffend,[57] dass für die Durchführung von Zwangsvollstreckungsmaßnahmen der Nachweis der Fälligkeit deswegen nicht erforderlich ist, weil der Notar ermächtigt war, ohne Nachweis der Fälligkeit die Vollstreckungsklausel zu erteilen. Entscheidend ist vielmehr, dass die einzelne Fälligkeit von dem jeweils bestimmten Kalendertag abhängig ist. Die Prüfung der kalendermäßig bestimmten Fälligkeit fällt ausschließlich in die Prüfungskompetenz des jeweiligen Vollstreckungsorgans, wie sich bereits aus der Gegenüberstellung von § 726 Abs. 1 ZPO zu § 751 Abs. 1 ZPO eindeutig ergibt. Auch wenn der Notar von der Prüfung der Fälligkeit bei der Klauselerteilung entbunden ist, ist die Vorschrift des § 751 Abs. 1 ZPO nicht abdingbar.[58]

10.43 Die Fälligkeitsprüfung gilt selbstverständlich nicht für künftige Zinsen, die als Nebenforderung der Hauptforderung mit eingetragen werden (zu weiteren Ausnahmen vgl. Rdn. 3.287 ff.).

b) Sicherheitsleistung

10.44 Hängt die Vollstreckung von einer dem Gläubiger obliegenden Sicherheitsleistung ab, so darf mit der Zwangsvollstreckung nur begonnen oder sie nur fortgesetzt werden, wenn die Sicherheitsleistung durch eine öffentliche oder öffentlich beglaubigte Urkunde nachgewiesen und eine Abschrift dieser Urkunde bereits zugestellt ist, § 751 Abs. 2 ZPO. Im Hinblick auf die Sicherungsvollstreckung, § 720a Abs. 1 S. 1 Buchst. b ZPO, dürfte der Nachweis der Sicherheitsleistung in der Praxis nur noch selten vorkommen. Sofern der Gläubiger jedoch vor Ablauf der Zwei-Wochen-Frist gem. § 750 Abs. 3 ZPO vollstrecken will oder einer Sicherheitsleistung zur Abwendung der Zwangsvollstreckung durch den Schuldner zuvorkommen will, § 720a Abs. 3 ZPO, ist die Sicherheitsleistung zu erbringen und nachzuweisen.

---

57 So aber LG Wiesbaden, Rpfleger 1987, 207.
58 *Münzberg,* Rpfleger 1987, 207; *Hintzen,* ZIP 1991, 474, 478.

Die Sicherheitsleistung kann entweder durch Hinterlegung von Geld **10.45**
oder mündelsicheren Wertpapieren erfolgen, § 108 Abs. 1 ZPO, oder sie erfolgt in Form einer selbstschuldnerischen Bürgschaft (vgl. hierzu insgesamt Rdn. 3.299 ff.). Der Bürge muss tauglich sein, was bei ausländischen Banken fraglich sein kann.[59]

c) Zug-um-Zug-Leistung

Hängt die Vollstreckung aus dem Titel von einer Zug-um-Zug-Leistung **10.46**
ab, § 765 ZPO, kann die Zwangshypothek im Grundbuch nur eingetragen werden, wenn der Beweis, dass der Schuldner befriedigt oder im Verzug der Annahme ist, durch eine öffentliche oder öffentlich beglaubigte Urkunde nachgewiesen ist (hierzu insgesamt Rdn. 3.324).[60]

Lautet ein **Wechselurteil** auf Zahlung Zug um Zug gegen Herausgabe des **10.47**
Klagewechsels, so hängt die Eintragung der Zwangshypothek nicht von dem Nachweis der Befriedigung oder des Annahmeverzuges des Schuldners ab. Es handelt sich hierbei nicht um die Befriedigung eines selbstständigen Gegenanspruches, sondern um eine besondere Ausgestaltung des Rechts auf Quittungserteilung. Dieses Recht fällt nicht in den Anwendungsbereich des § 765 ZPO. Dennoch hat der Gläubiger bei dem Eintragungsantrag dem Grundbuchgericht gegenüber den Klagewechsel vorzulegen. Der Gläubiger muss den Nachweis seiner Berechtigung erbringen, der an den Besitz des Wechsels geknüpft ist.[61]

Wird umgekehrt der Kläger jedoch verurteilt, an den Beklagten einen **10.48**
Scheck herauszugeben, Zug um Zug gegen Zahlung des verbrieften Betrages, dann handelt es sich um eine Leistungsverpflichtung des Klägers an den Schuldner, und damit um eine echte Gegenleistung i.S.d. § 765 ZPO.[62]

In der Praxis ist es oftmals nicht einfach, den Nachweis zu erbringen, dass **10.49**
der Schuldner befriedigt oder im Verzug der Annahme ist. Hat der Gläubiger z.B. ein Urteil erstritten, in dem der Schuldner zur Zahlung eines bestimmten Geldbetrages verurteilt wird, Zug um Zug gegen Rückübertragung veräußerter Grundstücke, kann der Nachweis des Annahmeverzuges in der erforderlichen Form regelmäßig überhaupt nicht erbracht werden.[63] Daraus, dass dem Schuldner das notarielle Auflassungsangebot oder das Aufforderungsschreiben, den Annahmeverzug anzuerkennen, durch den

---

59 Zur Frage der Bürgschaft durch eine ausländische – schwedische – Bank, die in einem Staat der Europäischen Union als Zollbürgin zugelassen ist vgl. OLG Hamburg, NJW 1995, 2859; OLG Düsseldorf, ZIP 1995, 1167 mit Anm. *Pape*; OLG Koblenz, RiW 1995, 775: nur Banken in EU-Staaten ist nicht zu beanstanden.
60 OLG Hamm, Rpfleger 1983, 393; OLG Köln, Rpfleger 1997, 315.
61 OLG Frankfurt, Rpfleger 1981, 312; AG Hannover, DGVZ 1991, 142.
62 OLG Frankfurt, Rpfleger 1979, 144.
63 LG Wuppertal, Rpfleger 1988, 153.

10.50–10.56   Zwangssicherungshypothek

Gläubiger zugestellt wurde, kann noch nicht auf die Nichtannahme bzw. das Nicht-Mitwirken des Schuldners bei der erforderlichen Auflassung geschlossen werden.

10.50　Der Gläubiger muss darüber hinaus mit einem Notar einen Termin zur Beurkundung der Rückauflassung fest vereinbaren, diese Terminfestlegung durch den Notar schriftlich bestätigen lassen und dem Schuldner ein entsprechendes Aufforderungsschreiben, den Termin wahrzunehmen, zustellen lassen. M.E. ist der Annahmeverzug dann hinreichend nachgewiesen, wenn der Notar bestätigt, dass der Schuldner den festgelegten Termin nicht wahrgenommen hat.[64]

10.51　Zu den vielen Möglichkeiten einer Zug-um-Zug-Leistung vgl. Rdn. 3.324.

d) Wartefristen

10.52　Aus einem selbstständigen Kostenfestsetzungsbeschluss, einem vollstreckbaren Anwaltsvergleich, aus einem Beschluss zur Festsetzung des Unterhalts Minderjähriger im vereinfachten Verfahren und aus vollstreckbaren Urkunden darf die Zwangsvollstreckung erst nach Ablauf von zwei Wochen nach der Zustellung des Titels an den Schuldner beginnen, § 798 ZPO.

10.53　Eine Wartefrist von zwei Wochen ist weiter einzuhalten, wenn der Gläubiger im Wege der Sicherungsvollstreckung vorgeht, § 750 Abs. 3, § 720a ZPO.

10.54　Eine Vollstreckung vor Ablauf der Wartefristen führt zur Anfechtbarkeit der Vollstreckungshandlung. Mit Fristablauf entsteht dann aber ein wirksames Pfändungspfandrecht, im Grundbuch gebührt der Zwangshypothek der Rang nach Fristablauf.[65]

8. Mindestgrenze (über 750,– €)

10.55　Die Zwangshypothek darf nur für einen Betrag über 750,– € im Grundbuch eingetragen werden, § 866 Abs. 3 S. 1 ZPO. Bagatellbeträge sollen im Grundbuch nicht gesichert werden. Kraft Gesetzes können der einheitlichen Zwangshypothek mehrere dem Gläubiger zustehende Titel gegen den Schuldner zugrunde gelegt werden, § 866 Abs. 3 S. 2 ZPO. Die Forderungen mehrerer Vollstreckungstitel können daher ebenso zusammengerechnet werden wie die Vollstreckungsforderung mit notwendigen Kosten der Zwangsvollstreckung.[66]

10.56　**Zinsen** der titulierten Forderung bleiben bei der Eintragung grundsätzlich unberücksichtigt, soweit sie als Nebenforderung geltend gemacht wer-

---

64　LG Hamburg, Rpfleger 2004, 159; *Hintzen*, ZIP 1991, 474, 478; vgl. in diesem Sinne auch BGH, Rpfleger 1992, 207 m. Anm. *Hintzen* = NJW 1992, 556.
65　OLG Hamm, NJW 1974, 1516 und Rpfleger 1997, 393 = NJW-RR 1998, 87.
66　Musielak/*Becker*, § 866 Rdn. 4.

den, § 866 Abs. 3 S. 1 ZPO. Die Frage der Eintragungsfähigkeit der Zinsen als Nebenleistung ist jedoch streitig. Nach einer Auffassung werden rückständige Zinsen wie ein Anspruch behandelt, der bereits fällig geworden, aber noch nicht erfüllt worden ist. Das Recht auf jede einzelne Nebenleistungsart löst sich jedoch bei Fälligkeit von der Hypothekenforderung und bildet für den Berechtigten einen selbstständigen Verfügungsgegenstand. Die Eintragung einer Zwangshypothek soll daher auch alleine für Zinsen einer vollstreckbaren Forderung zulässig sein, wenn diese Zinsen zu einem bestimmten Zeitraum kapitalisiert und geltend gemacht werden.[67] Die Frage, in welcher Weise eine Zinsforderung hypothekarisch gesichert werden kann, ist bei der Zwangshypothek in gleicher Weise wie für die Verkehrshypothek zu beantworten. Die Zwangshypothek unterscheidet sich von einer normalen Verkehrshypothek nur dadurch, dass anstelle der nach § 873 BGB erforderlichen Einigung bzw. Vorlage der Bewilligung nach § 19 GBO zur Eintragung im Grundbuch der Vollstreckungstitel vorzulegen ist. Zinsen für einen abgeschlossenen Zeitraum lassen sich daher ohne weiteres in eine bestimmte Geldsumme umrechnen.[68]

Nach anderer Auffassung ist die Eintragung einer Zwangshypothek alleine für die kapitalisierten Zinsen einer vollstreckbaren Forderung nicht zulässig, sofern die Hauptforderung daneben noch besteht.[69] Neben dem eindeutigen Gesetzeswortlaut darf im Interesse einer Verhinderung verwirrender kleiner Eintragungen (Bagatellforderungen) für Beträge bis 750,– € eine Zwangshypothek nicht eingetragen werden, wobei für die Berechnung dieses Wertes die als Nebenforderung geltend gemachten Zinsen unberücksichtigt zu haben bleiben. Der Gläubiger hat nicht das Recht, das Wesen und die Eigenschaften der aufgrund von Urteilen einzutragenden Forderungen einseitig zu ändern. Um eine solche einseitige Änderung handelt es sich, wenn der Gläubiger alleine rückständige Zinsen kapitalisiert, der Schuldner hier jedoch nicht mitwirkt. Auch bei einer gewöhnlichen Verkehrshypothek können Zinsrückstände nur dann als Hauptforderung hypothekarisch gesichert werden, wenn eine entsprechende übereinstimmende Willenserklärung zwischen Eigentümer und dem Berechtigten vorliegt. Die einseitige Erklärung des Gläubigers zur Eintragung der Zwangshypothek ist jedenfalls alleine nicht ausreichend.

10.57

Im Übrigen erhält der Gläubiger infolge der Kapitalisierung rückständiger Zinsen in der Zwangsversteigerung einen Rangvorteil, der ihm gegenüber der gewöhnlichen Verkehrshypothek nicht zusteht. In Rangklasse 4 des § 10 Abs. 1 ZVG erhält der Gläubiger sein Kapital, laufende Zinsen und auf Anmeldung bis zu zwei Jahren rückständige Zinsen zugeteilt. Noch

10.58

---

67 LG Bonn, Rpfleger 1982, 75; *Böttcher*, Rpfleger 1984, 85; *Schöner/Stöber*, Rdn. 2188, 2189; MünchKomm/*Eickmann* ZPO, § 866 Rdn. 10; Schuschke/*Walker*, § 866 Rdn. 6.
68 LG Bonn, Rpfleger 1982, 7.
69 OLG Schleswig, Rpfleger 1982, 301; KGJ 50, 149, 155; StJ/*Münzberg*, § 866 Rdn. 6; *Hintzen*, ZIP 1991, 474, 479; Musielak/*Becker*, § 866 Rdn. 4.

ältere Zinsen fallen auf Anmeldung in Rangklasse 8 des § 10 Abs. 1 ZVG. Sofern der Gläubiger wegen dieser Beträge das Verfahren betreibt, sind die Ansprüche in Rangklasse 5 des § 10 Abs. 1 ZVG zu berücksichtigen. Durch die Kapitalisierung der Zinsrückstände werden diese jedoch zur Hauptforderung, sodass der Gläubiger der Zwangshypothek diese Beträge immer in Rangklasse 4 des § 10 Abs. 1 ZVG geltend machen kann.[70]

10.59 „**Vergessene**" Zinsen können auch nachträglich noch dinglich gesichert werden. Soweit die Zwangshypothek zunächst nur wegen des Hauptsachebetrages im Grundbuch eingetragen wird, die Zinsen als Nebenleistungen erst danach beantragt werden, erfolgt die Eintragung in der Veränderungsspalte bei dem Recht. Sofern zwischenzeitlich weitere Rechte im Grundbuch eingetragen worden sind, erleiden die nachträglich eingetragenen Zinsen jedoch einen entsprechenden Rangverlust. Dies soll bis zu einem Zinssatz von 5 % allerdings nicht gelten, § 1119 BGB.[71]

10.60 Es kommt in der Praxis vor, dass dem Antrag des Gläubigers auf Eintragung der Zwangshypothek zunächst nur teilweise stattgegeben werden kann, da z.B. die Zwangsvollstreckungsvoraussetzungen für mehrere vorgelegte Titel nicht alle gegeben sind. Werden die Eintragungsvoraussetzungen durch den Gläubiger nachgewiesen, kann auch für einen noch offen stehenden Restbetrag bis 750,– € eine weitere Zwangshypothek eingetragen werden. Bei dem Teilvollzug handelt es sich um die Fortsetzung der einmal begonnenen Zwangsvollstreckung. Der Erstantrag war noch nicht erledigt. Eine Antragszurückweisung nunmehr wegen Nichterreichens der Mindestgrenze ist nicht gerechtfertigt.[72]

10.61 Wird die Hauptforderung nicht mehr geschuldet, so sind die Zinsen selbstverständlich selbstständig eintragungsfähig, da sie in diesem Fall ihre Eigenschaft als Nebenforderung verloren haben. Die Addition der Zinsen muss jedoch ebenfalls über 750,– € liegen.

9. Verteilungserklärung

10.62 Unzulässig ist die Eintragung einer **ursprünglichen Gesamtzwangshypothek** auf mehreren Grundstücken desselben Schuldners, § 867 Abs. 2 ZPO. Sollen mehrere Grundstücke des Schuldners mit einer Zwangshypothek belastet werden, muss der Gläubiger den Betrag seiner Forderung auf die einzelnen Grundstücke verteilen und nicht zugleich eine Rangfolge dieser Teile für die Befriedigung angeben.[73] Der Gläubiger hat die Wahl, ob er nur ein Grundstück mit der gesamten Forderung belasten will oder ob er die Forderung auf

---

70 *Hintzen*, ZIP 1991, 474, 479.
71 Vgl. Musielak/*Becker*, § 866 Rdn. 4; StJ/*Münzberg*, § 866 Rdn. 6.
72 *Hintzen*, ZIP 1991, 474, 479.
73 BGH, NJW 1991, 2022.

die einzelnen Grundstücke verteilt.[74] Sofern der Gläubiger die Forderung auf die einzelnen Grundstücke verteilt, müssen die einzelnen Forderungsteile jeweils über 750,- € liegen, § 867 Abs. 2 S. 2 Hs. 2 ZPO.

Eine Gesamtzwangshypothek ist aber nicht nur bei der ursprünglichen Eintragung unzulässig, sondern auch dann, wenn mehrere Grundstücke des Schuldners wegen derselben Forderung nacheinander im Wege der Zwangsvollstreckung belastet werden sollen.[75] Eine andere Handhabung ist eine unzulässige Umgehung des Verbotes des § 867 Abs. 2 S. 1 ZPO. Sinn und Zweck dieser Vorschrift ist, den Schuldner vor einer übermäßigen Sicherung des Gläubigers zu schützen, eine Benachteiligung nachrangiger dinglicher Gläubiger zu vermeiden und die mit einer Gesamthypothek verbundenen Schwierigkeiten in der Zwangsvollstreckung auszuschalten. Ist eine Zwangshypothek auf einem Miteigentumsanteil eingetragen und vereinigen sich durch Erbfall beide Miteigentumsanteile, so ist eine Erstreckung der Zwangshypothek auf beide Miteigentumsanteile oder das Gesamtgrundstück nicht ohne weiteres möglich. § 864 Abs. 2 ZPO schafft oder fingiert keinen zweiten Eigentumsanteil, auf dem die Zwangshypothek eingetragen werden könnte. Auch der frühere erste Miteigentumsanteil kann nicht mit der neuen Zwangshypothek belastet werden. Auch kann sich die Zwangshypothek nicht nachträglich auf das Gesamtgrundstück erstrecken.[76]

10.63

Auf dem zuvor genannten Hintergrund ist auch die Eintragung einer weiteren Zwangshypothek als „**Ausfallhypothek**" unzulässig.[77]

10.64

Eine Gesamtzwangshypothek kann nachträglich entstehen, wenn das Grundstück, auf dem das Recht bereits eingetragen ist, geteilt wird. Die Teilung des Grundstückes hat keine Auswirkung auf den Bestand bereits eingetragener Grundpfandrechte.[78]

10.65

Von Anfang an entsteht eine echte Gesamtzwangshypothek, wenn der Gläubiger den Eigentumsverschaffungsanspruch, gerichtet auf Übertragung mehrerer Grundstücke, gepfändet hat und das Recht nach der Auflassung kraft Gesetzes an allen Grundstücken einheitlich entsteht, § 848 Abs. 2 S. 2 ZPO. In diesem Fall entsteht die Zwangshypothek auch für einen Betrag bis 750,- €.[79]

10.66

Zulässig sind jedoch die Eintragungen so genannter „**unechter**" Gesamtsicherungshypotheken. Der Gläubiger kann die Eintragung einer Zwangshypothek neben einer bereits rechtsgeschäftlich bestellten Hypothek des

10.67

---

74 OLG Zweibrücken, Rpfleger 2001, 586.
75 OLG Düsseldorf, Rpfleger 1990, 60 = ZIP 1989, 1363; *Hintzen,* EWiR 1990, 201.
76 OLG Oldenburg, Rpfleger 1996, 242.
77 OLG Stuttgart, Rpfleger 1971, 191 = NJW 1971, 898; LG Hechingen, Rpfleger 1993, 169; Musielak/*Becker,* § 867 Rdn. 10.
78 Z.B. Bildung von Wohnungseigentum; vgl. MünchKomm/*Eickmann* ZPO, § 867 Rdn. 66; *Hintzen,* ZIP 1991, 474, 480.
79 *Hintzen,* Rpfleger 1989, 439 m.w.N.; Musielak/*Becker,* § 848 Rdn. 5.

Schuldners verlangen.⁸⁰ Die Eintragung ist jedoch nur zulässig, wenn sie an einem anderen Grundstück des Schuldners erfolgt.⁸¹

10.68 Für die einheitliche Forderung von **Gesamtgläubigern** kann für jeden Gläubiger eine Zwangshypothek auf dem Grundstück des Schuldners eingetragen werden, da jeder Gläubiger von dem Schuldner die volle Leistung verlangen kann.⁸²

10.69 Haften im umgekehrten Fall einem Gläubiger **mehrere Schuldner** gesamtschuldnerisch, kann für dieselbe Forderung auf jedem schuldnerischen Grundstück eine Zwangshypothek über die volle Forderungshöhe eingetragen werden, da der Gläubiger von jedem Schuldner die volle Leistung verlangen kann.⁸³

a) Fehlende Verteilungserklärung

10.70 Die fehlende Verteilungserklärung im Antrag auf Eintragung der Zwangshypothek ist eine Zwangsvollstreckungsvoraussetzung, das Grundbuchgericht kann keine rangwahrende Zwischenverfügung zur Behebung des Mangels erlassen, § 18 Abs. 1 GBO ist nicht anzuwenden.⁸⁴ Nur wenn dem Antrag ein grundbuchrechtliches Hindernis entgegensteht, wird der spätere Rang mit Antragseingang gesichert. Unter Hinweis auf § 139 ZPO ist das Grundbuchgericht jedoch gehalten, dem Gläubiger Gelegenheit zu geben, das Vollstreckungshindernis nachträglich zu beseitigen. In der Praxis erlässt das Grundbuchgericht eine so genannte „unechte" Zwischenverfügung, in der das Hindernis bezeichnet und ausdrücklich auf die Folge hingewiesen wird, dass diese Zwischenverfügung keine rangwahrende Wirkung hat. Weitere Anträge, die erledigungsreif sind, muss das Grundbuchgericht vollziehen, bzw. der vorliegende Antrag auf Eintragung der Zwangshypothek ist dann zurückzuweisen.

10.71 Ebenso wie die bereits im Antrag zu enthaltene Verteilungserklärung bedarf auch die **nachträgliche Erklärung** keiner Form. Es wird jedoch die Auffassung vertreten, dass in der nachträglichen Verteilungserklärung auch eine teilweise Antragsrücknahme enthalten ist, die stets den Formvorschriften der §§ 31, 29 GBO entsprechen muss.⁸⁵ Da der Antrag jedoch eine Zwangsvollstreckungserklärung ist, finden die grundbuchrechtlichen Formvorschriften hierauf keine Anwendung.⁸⁶ Die nachträgliche Verteilungser-

---

80 RG 98, 107; auch neben einer Grundschuld, vgl. BayObLG, Rpfleger 1991, 53 und NJW-RR 1996, 80.
81 OLG Köln, Rpfleger 1996, 153.
82 BGH, NJW 1959, 984.
83 BGH, NJW 1961, 1352; Musielak/*Becker*, § 867 Rdn. 10.
84 BGH, NJW 1958, 1090; MünchKomm/*Eickmann* ZPO, § 867 Rdn. 30, 62; *Schöner/Stöber*, Rdn. 2194; Musielak/*Becker*, § 867 Rdn. 5.
85 KEHE/*Herrmann*, § 31 Rdn. 2.
86 *Schöner/Stöber*, Rdn. 2195, auch zur Gegenmeinung.

klärung wirkt, wie oben gesagt, nicht auf den Eingang des ersten Antrages zurück, § 878 BGB findet auf den Rechtserwerb in der Zwangsvollstreckung keine Anwendung.

b) **Unzulässige Doppelsicherung**

Auch wenn die Eintragung der ersten Zwangshypothek auf dem Vollstreckungstitel vermerkt wird, § 867 Abs. 1 S. 2 ZPO, und damit für jedermann ersichtlich ist, kommt es in der Praxis immer wieder vor, dass es dem Gläubiger gelingt, eine Doppelsicherung seiner Forderung auf mehreren Grundstücken des Schuldners zu erreichen. Die verbotswidrig eingetragene Gesamtzwangshypothek ist inhaltlich unzulässig, § 53 Abs. 1 GBO. Die mit der Löschung im Zusammenhang stehenden Fragen sind jedoch strittig.[87] Welche der beiden Zwangshypotheken ist als unzulässig zu löschen?

10.72

Will der Gläubiger z.B. die Eintragung retten, indem er jeweils auf einen letztrangigen Teilbetrag der Zwangshypotheken verzichtet, um somit selbstständige Einzel-Zwangshypotheken zu erreichen, kann dieser Verzicht nicht in das Grundbuch eingetragen werden. Eine inhaltlich unzulässige Eintragung kann nicht Grundlage weiterer Eintragungen sein. Auch die an eine solche Eintragung sich anschließende weitere Eintragung wäre wiederum inhaltlich unzulässig und von Amts wegen zu löschen.[88]

10.73

Die Löschung der später eingetragenen Zwangshypothek von Amts wegen kommt jedoch regelmäßig auch nicht in Betracht. Sie ist nur dann möglich und zulässig, wenn das Grundbuchgericht gegen das Verbot der Doppelsicherung verstoßen hat und sich dies aus dem Eintragungsvermerk oder aus den zulässigerweise in Bezug genommenen Eintragungsunterlagen selbst ergibt. Der auf dem Vollstreckungstitel gefertigte Eintragungsvermerk der Zwangshypothek wird jedoch grundsätzlich nicht Inhalt des Eintragungstextes und kann daher für die Frage, ob die Eintragung inhaltlich unzulässig ist, auch nicht herangezogen werden. Im Grundbuchtext wird regelmäßig nur auf den Vollstreckungstitel, aber nicht auf die vollstreckbare Ausfertigung und die angehefteten Vermerke Bezug genommen.[89]

10.74

Anders wäre der Fall nur dann zu beurteilen, wenn das Grundbuchgericht des weiteren Grundstückes einen Mithaftvermerk eingetragen hätte.[90] Dies dürfte jedoch in der Praxis nicht vorkommen. Sofern die mehreren mit der Zwangshypothek zu belastenden Grundstücke in ein und demselben Grundbuchblatt des Schuldners gebucht sind, ist die Sachlage für das Grundbuchgericht jedoch offensichtlich.

10.75

---

87 Vgl. *Schöner/Stöber*, Rdn. 2200.
88 BayObLG, Rpfleger 1986, 372.
89 BayObLG, Rpfleger 1986, 372.
90 Musielak/*Becker*, § 867 Rdn. 10.

10.76 Abgesehen von dieser Ausnahme wird im Zweifel bei Kenntnis der inhaltlichen Unzulässigkeit nur ein Amtswiderspruch bei der weiteren, später eingetragenen Zwangshypothek eingetragen werden.

10.77 In diesem Zusammenhang ist entschieden worden, dass die Eintragung auf dem weiteren Grundstück des Schuldners die Ersteintragung der Zwangshypothek nicht unzulässig werden lässt.[91] Nur die künftige Eintragung aufgrund derselben Vollstreckungsforderung ist als Verstoß gegen das Verbot der Doppelsicherung unzulässig, ohne dass jedoch die Zulässigkeit der zuerst eingetragenen Zwangshypothek berührt wird. Anders wäre es nur, wenn sich der Gläubiger für eine nachträgliche Verteilung der Forderung auf den mehreren Grundstücken entschließen sollte. Hierbei wird dem Gläubiger die Möglichkeit eingeräumt, sowohl auf die Zwangshypothek am ersten Grundstück als auch an dem weiteren Grundstück wahlweise zu verzichten. Die Auswirkungen dieser Möglichkeit sind jedoch sehr problematisch.[92]

10.78 Beispiel:

Grundstück 1	Grundstück 2
Zwangshypothek (1.3.2006)	Zwangshypothek (1.4.2006)
Grundschuld (10.3.2006)	Grundschuld (12.5.2006)

10.79 Mit Eintragung der Zwangshypothek am 1.4.2006 auf dem weiteren Grundstück 2 des Schuldners hat der Gläubiger eine unzulässige Doppelsicherung erlangt. Verzichtet der Gläubiger am 1.6.2006 auf die Zwangshypothek an dem Grundstück 1, entsteht kraft Gesetzes eine Eigentümergrundschuld, § 1168 BGB. Da die Zwangshypothek an dem weiteren Grundstück aber erst durch die Eintragung des Verzichts auf dem ersten Grundstück wirksam wird, erleidet sie an dem weiteren Grundstück einen Rangverlust. Die am 12.5.2006 eingetragene nachrangige Grundschuld hat nunmehr Rang vor der Zwangshypothek. Diese Konstellation gilt umgekehrt natürlich auch auf dem ersten Grundstück, sofern der Gläubiger auf die Zwangshypothek an dem weiteren Grundstück nachträglich verzichtet. Der Rangverlust ist aus dem Grundbuch jedoch nicht ersichtlich, das Grundbuch ist unrichtig. Im Übrigen hat der Gläubiger durch diese Vorgehensweise auch keinen rechtlichen oder wirtschaftlichen Vorteil erlangt.

10.80 Diese Auffassung ist grundsätzlich abzulehnen. Die nachträgliche Eintragung einer Zwangshypothek ist unzulässig. Durch den Verzicht auf die Zwangshypothek an dem ersten oder zweiten Grundstück kann eine inhaltlich unzulässige Eintragung nicht nachträglich wirksam werden.[93]

---

91 LG Mannheim, Rpfleger 1981, 406.
92 *Hintzen*, ZIP 1991, 474, 480.
93 Musielak/*Becker*, § 867 Rdn. 10; anders wohl MünchKomm/*Eickmann* ZPO, § 867 Rdn. 64, 65, der die Zulässigkeit des Zweitrechts durch Verzicht auf das Erstrecht herbeiführen will, dann aber konsequent im eingetragenen Rang nach § 879 BGB.

c) Nachträgliche Verteilung

Hat der Vollstreckungsgläubiger auf einem Grundstück des Schuldners für die gesamte titulierte Forderung eine Zwangshypothek erwirkt, kann er den Gesamtbetrag auch nachträglich noch verteilen. Dies kann notwendig werden, wenn der Gläubiger von der Tatsache eines weiteren schuldnerischen Grundstückes erst später erfährt oder weil die Werte der einzelnen Grundstücke sich nachträglich geändert haben. Auch für diese nachträgliche Verteilungserklärung gilt das Verbot der Doppelsicherung, § 867 Abs. 2 S. 1 ZPO. Der Gläubiger muss daher in Höhe des Betrages, der auf das weitere Grundstück eingetragen werden soll, auf die Zwangshypothek an dem ersten Grundstück verzichten. Die Verzichtserklärung wird wirksam mit Abgabe gegenüber dem Schuldner = Eigentümer oder dem Grundbuchgericht. Mit Eintragung des Verzichtes im Grundbuch entsteht kraft Gesetzes eine Eigentümergrundschuld, § 1168 BGB. Diese Eigentümergrundschuld könnte der Gläubiger nunmehr pfänden. Bei dem Pfändungspfandrecht an dieser Grundschuld auf dem ersten Grundstück und der dann wirksam gewordenen Zwangshypothek an dem weiteren Grundstück kann kein Verstoß gegen das Verbot der Doppelsicherung zu sehen sein. Die Verzichtserklärung muss dem Grundbuch gegenüber in öffentlich beglaubigter Form eingereicht werden, § 29 GBO. Da der Gläubiger von dieser Eintragung unmittelbar betroffen ist, ist er antragsberechtigt. Mit Eintragung des Verzichts im Grundbuch wird die Erklärung wirksam, der entsprechende Teilbetrag kann nunmehr auf einem weiteren Grundstück des Schuldners eingetragen werden. In Höhe dieser Teilbeträge entstehen dann einzelne Zwangshypotheken. Die Höhe dieser Hypotheken müssen jedoch jeweils die Mindestgrenze von 750,- € überschreiten. Diese nachträgliche Verteilungserklärung kann ebenso wie die Verteilungserklärung im ursprünglichen Antrag formlos erklärt werden.

10. Grundbuchrechtliche Eintragungsvoraussetzungen

a) Voreintragung, § 39 GBO

Eine der unabdingbaren grundbuchrechtlichen Eintragungsvoraussetzungen ist die Voreintragung des Schuldners. Im Grundbuch darf eine Eintragung nur dann vorgenommen werden, wenn die Person, deren Recht durch die Eintragung betroffen wird, als der Berechtigte eingetragen ist, § 39 Abs. 1 GBO.

Sofern der Titelschuldner, als von der Eintragung betroffener Eigentümer, nicht voreingetragen ist, muss das Grundbuch zunächst auf seinen Namen berichtigt werden. Der Vollstreckungsgläubiger hat hierzu ein Antragsrecht, § 14 GBO. Er muss jedoch die zur grundbuchrechtlichen Berichtigung erforderlichen Urkunden vorlegen. Gegenüber Behörden und Notaren hat der Gläubiger einen **Urkundenherausgabeanspruch**, § 792 ZPO.[94]

---

94 Vgl. *Demharter*, § 14 Rdn. 15.

10.84 Ist im Grundbuch noch der Erblasser als Eigentümer eingetragen, wird der Nachweis durch Vorlage eines öffentlichen Testamentes bzw. Erbvertrages nebst öffentlich beglaubigtem Eröffnungsprotokoll oder durch einen Erbschein nachgewiesen, § 35 Abs. 1 GBO. Sind keine dieser Urkunden vorhanden, kann der Gläubiger selbst das Erbscheinsverfahren beantragen. Hierbei stößt er in der Praxis jedoch regelmäßig auf Schwierigkeiten, da er die zur Erteilung des Erbscheins erforderlichen Angaben nicht vortragen kann. Der Gläubiger kann dann den Grundbuchberichtigungsanspruch, § 894 BGB, pfänden, sich zur Einziehung überweisen lassen und gegen die Erben auf Mitwirkung bei der Erteilung des Erbscheins Klage einreichen.[95]

10.85 Das Fehlen der Voreintragung ist ein grundbuchrechtliches Eintragungshindernis, das Grundbuchgericht wird dem Gläubiger daher eine rangwahrende Zwischenverfügung zustellen, § 18 Abs. 1 GBO.[96] Dabei sollte darauf geachtet werden, dass die zur Behebung der Beanstandung gesetzte Frist nicht zu kurz bemessen ist.

10.86 Liegt ein Vollstreckungstitel gegen den Schuldner vor und hat der Gläubiger mit der Zwangsvollstreckung bereits begonnen, kann diese auch in den Nachlass des Schuldners fortgesetzt werden, § 779 Abs. 1 ZPO. Verstirbt nunmehr auch der Erbe des Schuldners, muss der Gläubiger vor der Eintragung der Zwangshypothek sowohl die Erbfolge nach dem Schuldner als auch nach dessen verstorbenen Erben nachweisen. Damit zunächst nicht das unter Umständen langwierige Erbscheinsverfahren nach dem verstorbenen Erben des Schuldners abgewartet werden muss, kann der Gläubiger beantragen, dass der verstorbene Schuldner zunächst als „Toter" im Grundbuch eingetragen wird, auch wenn dadurch das Grundbuch wieder unrichtig wird.[97]

10.87 Hat der Schuldner ein Grundstück in der Zwangsversteigerung erworben, kann der Gläubiger einen Antrag auf Eintragung der Zwangshypothek bereits ab Zuschlag beim Grundbuchgericht einreichen. Der Schuldner ist mit Zuschlag Eigentümer des Grundstückes geworden. Regelmäßig dauert es einige Wochen, bis der Ersteher aufgrund des Umschreibungsersuchens des Zwangsversteigerungsgerichts im Grundbuch als Eigentümer eingetragen wird. Der bereits vorliegende Antrag auf Eintragung der Zwangshypothek bleibt jedoch rangwahrend beim Grundbuchgericht liegen, bis die Voreintragung des Schuldners als Eigentümer herbeigeführt wird, § 130 Abs. 3 ZVG.[98]

10.88 Die Voreintragung des Schuldners ist dann nicht erforderlich, wenn die Eintragung der Zwangshypothek unter Vorlage des Forderungstitels gegen den Schuldner und des Duldungstitels nach dem Anfechtungsgesetz gegen den derzeitigen Eigentümer begehrt wird (vgl. Rdn. 11.171 ff.).

---

95 MünchKomm/*Wacke* BGB, § 894 Rdn. 24.
96 *Schöner/Stöber*, Rdn. 2183, 2185.
97 *Hagena*, Rpfleger 1975, 390; **a.A.**: KG, Rpfleger 1975, 133.
98 LG Lahn-Gießen, Rpfleger 1979, 352 m. Anm. *Schiffhauer*; *Böttcher*, § 130 Rdn. 28; *Schöner/Stöber*, Rdn. 1002, 2183.

b) Gläubiger-Gemeinschaftsverhältnis, § 47 GBO

10.89 Zur Bezeichnung des Berechtigten sind nach § 15 GBV im Grundbuch anzugeben:

- bei natürlichen Personen der Name (Vorname und Familienname), der Beruf, der Wohnort sowie nötigenfalls andere die Berechtigten deutlich kennzeichnende Merkmale (z.B. das Geburtsdatum); das Geburtsdatum ist stets anzugeben, wenn es sich aus den Eintragungsunterlagen ergibt; wird das Geburtsdatum angegeben, so bedarf es nicht der Angabe des Berufs und des Wohnorts;
- bei juristischen Personen und Handels- und Partnerschaftsgesellschaften der Name oder die Firma und der Sitz.

10.90 Einer **Kapitalgesellschaft,** die in einem Mitgliedsstaat des EG-Vertrags wirksam gegründet wurde und dort als rechtsfähig anerkannt ist, kann die Rechtsfähigkeit und damit die Grundbuchfähigkeit in Deutschland auch dann nicht versagt werden, wenn der tatsächliche Verwaltungssitz in Deutschland liegt. Das BayObLG[99] hat mit dieser Entscheidung die Präjudizien der „Überseering-Entscheidung" des EuGH[100] und die zu erwartende Fortentwicklung der Rechtsprechung zur Niederlassungsfreiheit juristischer Personen nach Art. 43 und 48 EGV gewürdigt und für deren Umsetzung im Grundbuchrecht gesorgt. Das BayObLG sieht die in Deutschland im internationalen Gesellschaftsrecht herrschende Sitztheorie im Bezug auf Gesellschaften aus anderen EG-Staaten als eingeschränkt an. Auch ausländische Kapitalgesellschaften können daher Gläubiger einer Zwangshypothek sein.[101] Zu den Fragen nach der Geschäftsfähigkeit, dem Ehegüterrecht und dem Gemeinschaftsverhältnis nach § 47 GBO, wenn Ausländer als Beteiligte bei einer Eintragung auftreten.[102]

10.91 Nach der Entscheidung des BGH vom 29.1.2001[103] zur Rechtsfähigkeit der **Gesellschaft bürgerlichen Rechts** ist es sehr streitig, ob die Gesellschaft

---

99 Rpfleger 2003, 241 = DNotI-Report 2003, 29 = DNotZ 2003, 139 = FGPrax 2003, 59 = MittBayNot 2003, 232 = NotBZ 2003, 70 = ZfIR 2003, 200 = ZNotP 2003, 103.
100 Rpfleger 2003, 131 = DNotI-Report 2002, 182 = EWiR 2002, 1003 *(Neye)* = MittBayNot 2003, 63 = NJW 2002, 3614 = NotBZ 2002, 463 m. Anm. *Hübner* = ZIP 2002, 2037 m. Besprechung *Eidenmüller*, ZIP 2002, 2233.
101 Zur Parteifähigkeit ausländischer Gesellschaften nach Sitzverlegung nach Deutschland BGHZ 151, 204 = BB 2002, 2031 = DNotZ 2003, 145 = NJW 2002, 3539 = NotBZ 2002, 373; zur Behandlung einer „niederländischen Kapitalgesellschaft" BGHZ 154, 185 = Rpfleger 2003, 444 = DNotI-Report 2003, 78 = NJW 2003, 1461 = RNotZ 2003, 327 = ZIP 2003, 718 = ZNotP 2003, 225; zur Rechts- und Parteifähigkeit einer in den USA gegründeten Gesellschaft auf Grund Staatsvertrages unabhängig vom Verwaltungssitz BGHZ 153, 353 = BB 2003, 810 = DNotI-Report 2003, 86 = NJW 2003, 1607 = ZIP 2003, 720.
102 Hierzu *Süß*, Rpfleger 2003, 53.
103 BGHZ 146, 341 = Rpfleger 2001, 246 = BWNotZ 2002, 37 m. Anm. *Böhringer* = DNotZ 2001, 234 = NJW 2001, 1056.

auch grundbuchfähig ist. Der BGH hat die Frage bisher offen gelassen.[104] Spezielle rechtliche Gesichtspunkte im Liegenschaftsrecht sprechen gegen eine formelle Grundbuchfähigkeit der Gesellschaft.[105] Überwiegend geht in der Grundbuchliteratur der Trend in Richtung Versagung der Grundbuchfähigkeit.[106] Eine Gesellschaft bürgerlichen Rechts ist nicht grundbuchfähig und kann daher als solche nicht als Gläubigerin einer Hypothek eingetragen werden.[107] Sind umgekehrt im Rubrum eines Urteils die Gesellschafter einer BGB-Gesellschaft als Beklagte aufgeführt und wird im Entscheidungssatz nur die Gesellschaft ausdrücklich genannt und zur Zahlung verurteilt, kann aufgrund dieses Urteils auf einem zum Privatvermögen eines Gesellschafters gehörenden Grundstück keine Zwangshypothek eingetragen werden.[108]

10.92 Soll für mehrere Gläubiger eine Zwangshypothek im Grundbuch eingetragen werden, ist deren Beteiligungsverhältnis anzugeben, § 47 GBO. Diese Angabe hat grundsätzlich in notariell beglaubigter Form zu erfolgen, da auf diese Erklärung die Formvorschrift des § 29 Abs. 1 GBO Anwendung findet.

---

104 Rpfleger 2004, 718 = BB 2004, 2092 = NotBZ 2004, 389 = WM 2004, 1827 = ZIP 2004, 1775 = ZNotP 2004, 487.
105 Meikel/*Böhringer*, § 47 Rdn. 182d.
106 *Kremer*, RNotZ 2004, 245; *Vogt*, Rpfleger 2003, 491; *Nagel*, NJW 2003, 1646; *Pohlmann*, EWiR 2003, 107. In der Rechtsprechung ist ebenfalls eine solche Entwicklung erkennbar: BayObLG, DNotI-Report 2004, 181 = NotBZ 2004, 433 = ZNotP 2004, 482; BayObLG, EWiR 2003, 107 *(Pohlmann);* BayObLG, Rpfleger 2003, 78 m. abl. Anm. *Dümig* = DNotZ 2003, 52 = FGPrax 2003, 7 = NJW 2003, 70 = ZfIR 2002, 992 = ZIP 2002, 175; BayObLG, Rpfleger 2004, 93 = DNotI-Report 2003, 183 = DNotZ 2003, 378 m. Anm. *Heil* = MittBayNot 2004, 201 m. Anm. *Weigl* = NJW-RR 2004, 810 = ZNotP 2004, 25; LG Aachen, Rpfleger 2003, 496 = RNotZ 2003, 462; LG Berlin, Rpfleger 2004, 283; LG Dresden, NotBZ 2002, 384; *Weidenmann*, BWNotZ 2004, 130. Wegen des fehlenden Gesellschaftsregisters für Gesellschaften bürgerlichen Rechts kann die GbR nicht allein unter einem eigenen Namen eingetragen werden: so schon BayObLGZ 2002, 330 = Rpfleger 2003, 78 = DNotI-Report 2002, 180 = DNotZ 2003, 52 = NJW 2003, 70 = RNotZ 2002, 507. Zur Problematik: *Heil*, DNotZ 2004, 379; *Weigl*, MittBayNot 2004, 202; *Böhringer*, Rpfleger 2003, 157, 169; *Dümig*, Rpfleger 2003, 80; *Elsing*, BB 2003, 909; *Kremer*, RNotZ 2004, 245; *Schöpflin*, NZG 2003, 117; *Vogt*, Rpfleger 2003, 491; *Wertenbruch*, WM 2003, 1785. Zu bejahen ist die im Vordringen befindliche vermittelnde Meinung, die GbR als solche sei zwar in verfahrensrechtlicher Hinsicht nicht grundbuchfähig, gleichwohl aber in materiell-rechtlicher Hinsicht Eigentümerin bzw. Gläubigerin: Staudinger/*Habermann*, § 705 Rdn. 10, 26; *Lautner*, MittBayNot 2001, 425; *Münch*, DNotZ 2001, 535, 557; *Elsing*, BB 2003, 909. Den Bedürfnissen der Grundbuchpraxis am meisten gerecht werden dürfte die Schaffung eines öffentlichen Registers ähnlich dem Register für Partnerschaftsgesellschaften, in das fakultativ eine GbR als solche eingetragen werden kann; das Eintragungsverfahren könnte dem HGB entsprechend gestaltet werden: so *Demharter*, FGPrax 2004, 144; Meikel/*Böhringer*, § 47 Rdn. 182d. Bis dahin ist die Eintragung einer GbR als solcher wegen der unzureichenden Publizität zu verneinen.
107 LG Berlin, Rpfleger 2004, 283.
108 BayObLG, Rpfleger 2002, 261 = NJW-RR 2002, 991 = NZI 2002, 280 = KTS 2002, 357 = ZfIR 2002, 419.

10.93 Von diesem Grundsatz hat die Rechtsprechung jedoch zahlreiche Ausnahmen zugelassen: Bei einer Anwaltssozietät, die einen Vergütungsfestsetzungsbeschluss auf den eigenen Namen gemäß § 11 RVG (früher § 19 BRAGO) erwirkt hat, ist im Zweifel davon auszugehen, dass die namentlich im Titel erwähnten Rechtsanwälte als Gesamtgläubiger gem. § 428 BGB berechtigt sind. Da der Vollstreckungstitel insoweit der Auslegung fähig ist, bedarf es eines besonderen Nachweises hierüber nicht.[109]

10.94 Erwirken **Streitgenossen,** die in einem Rechtsstreit obsiegen, und dabei denselben Rechtsanwalt hatten, gemeinsam ohne Angabe eines Beteiligungsverhältnisses einen Kostenfestsetzungsbeschluss über einen einheitlichen Betrag, so sind sie hinsichtlich des Kostenerstattungsanspruches Gesamtgläubiger. Auch hierzu bedarf es keines Nachweises oder einer entsprechenden Angabe.[110]

10.95 Es wird auch generell die Auffassung vertreten, dass, wenn im Vollstreckungstitel für mehrere Kläger das Beteiligungsverhältnis nicht angegeben und auch durch Auslegung nicht zu ermitteln ist, die Kläger die fehlende Angabe im Antrag auf Eintragung der Zwangshypothek oder auch nachträglich **formlos** gegenüber dem Grundbuchgericht abgeben können.[111] Es ist in der zivilrechtlichen Praxis schlechthin unüblich, in der Klageschrift oder im Urteil solche Konkretisierungen vorzunehmen, die nachträglich aus grundbuchrechtlicher Sicht erforderlich sind. Da es bei der Eintragung der Zwangshypothek nicht mehr auf den Willen des Schuldners ankommt – dessen Erklärung wird durch den Titel ersetzt –, ist auch eine ergänzende Erklärung des Gläubigers formlos zulässig.[112]

10.96 Die bisher sehr streitige Frage, wie die **Wohnungseigentümergemeinschaft** als Gläubiger einer Zwangshypothek einzutragen ist, die einen Titel aufgrund rückständigen Hausgeldes gegen einen Miteigentümer erstritten haben, dürfte sich nach der Entscheidung des BGH[113] vom 2.6.2005 zur (Teil-)Rechtsfähigkeit der WE-Gemeinschaft (… Die Gemeinschaft der Wohnungseigentümer ist rechtsfähig, soweit sie bei der Verwaltung des gemeinschaftlichen Eigentums am Rechtsverkehr teilnimmt …) erledigt haben.[114] Die Berechtigten der Wohnungseigentümergemeinschaft sind somit

---

109 OLG Saarbrücken, Rpfleger 1978, 227; LG Saarbrücken, JurBüro 1989, 711.
110 BGH, Rpfleger 1985, 321; LG Saarbrücken, Rpfleger 2003, 498.
111 OLG Köln, Rpfleger 1986, 91.
112 *Schneider,* MDR 1986, 817; einschränkend *Hintzen,* ZIP 1991, 474, 481.
113 Rpfleger 2005, 521 mit Anm. *Dümig* = NJW 2005, 2061 = NZM 2005, 543 = WM 2005, 1423 = ZIP 2005, 1233.
114 Ebenso bereits LG Hamburg, Rpfleger 2006, 10 mit Anm. *Demharter* S. 120; früher für Mitgläubiger gem. § 432 BGB: LG Bochum, Rpfleger 1981, 148; das für die Gemeinschaft maßgebende Rechtsverhältnis ist ganz konkret zu bezeichnen; falls das Gemeinschaftsverhältnis nicht ausdrücklich angegeben ist, ist der Vollstreckungstitel im Zweifel immer dahingehend auszulegen, dass es sich bei den Wohnungseigentümern um Gesamtgläubiger gemäß § 428 BGB handeln wird, so LG Saarbrücken, Rpfleger 2003, 498; KG, Rpfleger 1985, 435; **a.A.:** BayObLG, Rpfleger 1996, 21.

nicht mehr mit Vorname, Nachname, Geburtsdatum oder Beruf und Wohnort jeweils einzeln im Grundbuch als Gläubiger einzutragen, wie dies bisher vertreten wurde, § 15 GBV.[115] Es ist jetzt zulässig, die Gläubigerin mit der Bezeichnung „Wohnungseigentumsanlage Merler Allee 17" ohne Aufführung der einzelnen Wohnungseigentümer einzutragen. Vorher hatte der BGH[116] noch entschieden, dass eine Zwangshypothek für den Verwalter einer Wohnungseigentumsanlage einzutragen ist, wenn er in dem zugrunde liegenden Vollstreckungstitel als Gläubiger ausgewiesen ist; hierbei ist es unerheblich, ob der Verwalter materiell-rechtlicher Forderungsinhaber ist oder ob der Titel von ihm als gewillkürter Verfahrensstandschafter erstritten wurde.

10.97   Die praktischen Schwierigkeiten bestehen aber nicht nur bei der Ersteintragung der Zwangshypothek, sondern auch wenn das Recht später abgetreten oder im Grundbuch gelöscht werden soll. Die entsprechende **Abtretungserklärung** oder **Löschungsbewilligung** müsste von sämtlichen Miteigentümern als Gläubiger in notariell beglaubigter Form abgegeben werden. Bei Wohnungseigentümergemeinschaften mit sehr vielen Teilhabern werden jedoch im weiteren Verlauf der Eintragung mehrere Wohnungseigentümer bereits gewechselt haben. Die Zwangshypothek ist jedoch nicht auf die neuen Wohnungseigentümer kraft Gesetzes übergegangen, da insoweit keine Rechtsnachfolge vorliegt. In der Praxis können sich die Gläubiger damit behelfen, dass sie in einer Wohnungseigentümerversammlung mehrheitlich feststellen, dass der der Zwangshypothek zugrunde liegende Forderungsbetrag beglichen ist und dementsprechend eine löschungsfähige Quittung erteilt wird. Diese Erklärung reicht zum Nachweis

---

115   BayObLG, Rpfleger 2004, 692 und Rpfleger 2001, 403 und vorher Rpfleger 1985, 102 = DNotZ 1985, 424; OLG Frankfurt, MittBayNot 2004, 464. Die praktischen Schwierigkeiten in diesem Zusammenhang sind nicht zu übersehen und treten besonders massiv auf, wenn die Gemeinschaft aus 50, 100 oder noch mehr Miteigentümern besteht. Für zulässig wurde daher akzeptiert, die Gläubiger mit „Eigentümer der Wohnungsanlage X" ohne Aufführung der einzelnen Wohnungseigentümer einzutragen, so LG Kempten, Rpfleger 1986, 93. Differenzierend wird hierzu ausgeführt, dass es ausreicht, wenn die Wohnungseigentümer im Titel namentlich genannt sind, die Gemeinschaft als solche jedoch durch den Verwalter vertreten wird, so LG Hannover, JurBüro 1985, 1732; **a.A.:** LG Frankfurt/Main, Rpfleger 1993, 238 „inkassobefugte Verwalterin der Eigentümergemeinschaft X". Weiterhin für zulässig erachtet wird, wenn der Tenor des Urteils dahingeht, dass der Schuldner verpflichtet wird, an die Wohnungseigentümergemeinschaft, aber zu Händen des klagenden Verwalters, das rückständige Hausgeld zu zahlen, so LG Bochum, Rpfleger 1985, 438; LG Aachen, OLG Köln, jeweils Rpfleger 1988, 256 mit Anm. *Sauren*. Nach einer weiteren Auffassung soll es auch genügen, die Wohnungseigentümer zwar namentlich als Titelgläubiger zu bezeichnen, zur weiteren Identifizierung genüge der Hinweis auf die maßgeblichen Wohnungsgrundbuchblätter, in denen die Gläubiger als Eigentümer eingetragen sind, so OLG Köln, Rpfleger 1994, 496 m. Anm. *Sauren.*

116   NJW 2001, 3627 = NZM 2001, 1078 = FGPrax 2002, 7 = KTS 2002, 190 = MDR 2002, 24 = WM 2002, 190 = ZMR 2002, 134 = InVo 2002, 73 = ZfIR 2001, 1029.

des Entstehens einer Eigentümergrundschuld aus, da die Wohnungseigentümer im Zweifel Gesamtgläubiger sind und jeder von ihnen die volle Leistung vom Schuldner verlangen kann. Unter Vorlage dieses Protokolls der Wohnungseigentümerversammlung in der grundbuchrechtlich erforderlichen Form und unter Zustimmung des Eigentümers kann die Zwangshypothek dann im Grundbuch gelöscht werden.[117] Es genügt aber auch die löschungsfähige Quittung erstellt durch den Verwalter.[118]

11. Vollstreckungsbeschränkung

a) Verbot der Eintragung

Hat das Grundbuchgericht vor der Eintragung der Zwangshypothek Kenntnis vom Bestehen eines Vollstreckungshindernisses i.S.d. § 775 ZPO, ist die Fortsetzung der Zwangsvollstreckung unzulässig, die Eintragung darf nicht mehr erfolgen.[119] 10.98

b) Erwerb durch den Eigentümer

Wird die zu vollstreckende Entscheidung oder ihre vorläufige Vollstreckbarkeit aufgehoben (sei es durch Urteil oder Vergleich), nachdem die Zwangshypothek bereits im Grundbuch eingetragen ist, wird diese kraft Gesetzes zur Eigentümergrundschuld. Schließen Eigentümer und Gläubiger in einem Rechtsstreit über die Vollstreckungsabwehrklage des Eigentümers einen Vergleich, in dem sich der Gläubiger verpflichtet, keine Zwangsvollstreckung aus der Urkunde herzuleiten und die bereits eingeleiteten Zwangsvollstreckungsmaßnahmen nicht weiter zu betreiben, so führt dies nicht dazu, dass der Eigentümer die Sicherungshypothek als Eigentümergrundschuld erwirbt. Die vollstreckungshindernde Vereinbarung begründet jedoch für den Eigentümer eine dauernde Einrede gegen die Zwangsvollstreckung aus der Hypothek, kraft derer er vom Gläubiger den Verzicht auf die Hypothek verlangen kann (sofern der Verzicht nicht bereits in den Vergleichserklärungen enthalten ist[120]). Die Wirkung einer Eigentümergrundschuld tritt auch ein, wenn die Zwangsvollstreckung für unzulässig erklärt oder ihre Einstellung angeordnet wird, § 868 Abs. 1 ZPO. Maßgebend ist hierfür das Wirksamwerden der gerichtlichen Entscheidung, nicht die Eintragung im Grundbuch.[121] 10.99

Ebenfalls zur Eigentümergrundschuld wird die Zwangshypothek, wenn die einstweilige Einstellung der Vollstreckung und zugleich die Aufhebung 10.100

---
117 Meikel/*Böhringer*, § 47 Rdn. 126; *Hintzen*, ZIP 1991, 474, 482.
118 BayObLG, Rpfleger 1995, 410 und 1996, 21.
119 OLG Frankfurt, Rpfleger 1974, 443.
120 BayObLG, Rpfleger 1998, 437.
121 Musielak/*Becker*, § 868 Rdn. 2.

der erfolgten Maßregeln angeordnet wird oder wenn die zur Abwendung der Vollstreckung gestattete Sicherheitsleistung oder Hinterlegung erfolgt ist, § 868 Abs. 2 ZPO.[122]

10.101 Wird im **Insolvenzeröffnungsverfahren** im Rahmen von Sicherungsmaßnahmen eine Anordnung erlassen, die Zwangsvollstreckungen untersagt oder einstweilen einstellt, § 21 Abs. 2 Nr. 3 InsO, betrifft dies nicht die Eintragung der Zwangshypothek, da Maßnahmen in das unbewegliche Vermögen ausdrücklich ausgeschlossen sind, § 21 Abs. 2 Nr. 3 InsO. Ist die Zwangshypothek innerhalb einer Frist von einem Monat (bzw. bei der Verbraucherinsolvenz bis zu 3 Monaten, § 312 Abs. 1 S. 3 InsO) vor der Antragstellung auf **Eröffnung des Insolvenzverfahrens** oder danach ins Grundbuch eingetragen worden und wird dann das Insolvenzverfahren eröffnet, ist diese Zwangsvollstreckungsmaßnahme unwirksam, § 88 InsO, die Sicherung fällt weg. Bei der Berechnung der Frist gem. § 88 InsO ist nicht auf den Eingang des Eintragungsantrages der Zwangshypothek beim Grundbuchgericht abzustellen, maßgeblich ist die Eintragung im Grundbuch, da erst dann die Sicherung „erlangt" wird.[123]

10.102 Ob in entsprechender Anwendung von § 868 ZPO eine Eigentümergrundschuld entsteht, ist nach einer neuen Entscheidung des BGH streitig.[124] Der BGH ist mit seiner Entscheidung vom 19.1.2006[125] der Meinung, dass eine von der Rückschlagsperre erfasste Zwangssicherungshypothek erlischt und nicht in entsprechender Anwendung des § 868 ZPO – wie bisher angenommen – zur Eigentümergrundschuld wird. Der BGH verneint eine die analoge Anwendung von § 868 ZPO rechtfertigende planwidrige Regelungslücke. Weiterhin ist der BGH der Ansicht, dass die zunächst erloschene Zwangssicherungshypothek, sofern sie zwischenzeitlich noch nicht im Grundbuch gelöscht wurde, in entsprechender Anwendung des § 185 Abs. 2 Satz 1 Fall 2 BGB ohne erneute Eintragung wieder auflebt, wenn der Insolvenzverwalter das Grundstück aus der Masse freigibt bzw. das Insolvenzverfahren aufgehoben wird und die Gläubigerforderung noch vollstreckbar ist. Der Rang der materiell neu entstehenden Zwangssicherungshypothek soll sich dabei nicht nach der ursprünglichen Eintragung, sondern nach dem Zeitpunkt der Freigabe richten. Diese Entscheidung wird zu Recht kritisiert.[126] Der Konvaleszenzgedanke zu § 185 Abs. 2 BGB ist verfehlt, der Rechtsgedanke hinsichtlich der des Wiederauflebens in der vorhandenen Buchposition ist grundbuchrechtlich nicht konsequent, sie führen zu unlösbaren Rangproblemen. In der Zwangsversteigerung sind die Probleme vom BGH ausgespart worden. Liegen bei einer Gesamthypothek im Fall von Bruchteilseigentum die

---

122 Vgl. Musielak/*Becker*, § 868 Rdn. 3 m.w.N.
123 LG Nürnberg-Fürth, Rpfleger 2001, 410; so HK-InsO/*Eickmann*, § 88 Rdn. 4.
124 OLG Düsseldorf, Rpfleger 2004, 39; BayObLG, Rpfleger 2000, 448.
125 Rpfleger 2006, 253 mit abl. Anm. *Demharter* = ZInsO 2006, 261.
126 *Alff/Hintzen*, ZInsO 2006, 481; *Demharter* in Anm. zu BGH, Rpfleger 2006, 253 ff.; *Bestelmeyer*, Rpfleger 2006, 387; *Keller* ZIP 2006, 1174.

Voraussetzungen des § 88 InsO nur hinsichtlich eines Grundstückseigentümers vor, so tritt insoweit die Rechtsfolge des § 868 ZPO jedoch nicht ein.[127] Mit der Eröffnung des Insolvenzverfahrens ist das Grundbuch unrichtig geworden. Der Nachweis der Grundbuchunrichtigkeit ist vom Insolvenzverwalter/Treuhänder durch Vorlage einer beglaubigten Abschrift des Insolvenzantrages und des Nachweises der Insolvenzeröffnung zu führen.[128]

Eine Zwangshypothek wird zur Eigentümergrundschuld, wenn das Urteil, auf dem die Eintragung der Hypothek beruht, selbst aufgehoben wird, § 868 Abs. 1 ZPO. Wird die Entscheidung, die die Eigentümergrundschuld bewirkt hat, später wieder aufgehoben, so lebt die Zwangshypothek zugunsten des Gläubigers nicht wieder auf.[129] Handelt es sich dabei um ein Versäumnisurteil, so tritt die Wirkung nur ein, wenn das streitige Urteil die – mindestens teilweise – Aufhebung ausspricht. Die Wirkung tritt auch dann nicht ein, wenn das streitige Urteil, das das Versäumnisurteil aufrechterhält, seinerseits durch ein Berufungsurteil aufgehoben und die Sache an das erstinstanzliche Gericht zurückverwiesen wird, sofern nicht das Berufungsgericht – auch – die Aufhebung des Versäumnisurteils ausspricht.[130]

10.103

Der Gläubiger muss erneut vollstrecken. Er kann jedoch auch die bereits zur Eigentümergrundschuld gewordene erste Zwangshypothek pfänden und sich zur Einziehung oder an Zahlungs statt überweisen lassen.

10.104

c) **Deutsche Gerichtsbarkeit**

Die Zwangsvollstreckung in ein für diplomatische Zwecke genutztes Grundstück eines fremden Staates ist ohne Zustimmung des fremden Staates unzulässig, sofern es im Zeitpunkt des Beginns der Vollstreckungsmaßnahme hoheitlichen Zwecken des fremden Staates diene.[131] Da die Eintragung einer Zwangs- oder Arresthypothek aber nicht – wie bei der Anordnung der Zwangsversteigerung – die Beschlagnahme des Grundstücks zur Folge hat, soll eine Eintragung aber doch zulässig sein.[132]

10.105

12. Verfügungsbeschränkungen

Ist im Grundbuch der Sperrvermerk nach dem **Bundesversorgungsgesetz**, § 72 BVG eingetragen, bedürfen sämtliche nachträglichen Verfügungen über das Grundstück der Zustimmung des Versorgungsamtes. Die Zwangshypothek kann ohne diese Zustimmung nicht eingetragen werden.[133]

10.106

---

127 OLG Düsseldorf, Rpfleger 2004, 39 mit. Anm. *Deimann*.
128 LG Nürnberg-Fürth, Rpfleger 2001, 410.
129 BGH, MDR 1976, 830; KG, Rpfleger 1981, 119; Zöller/*Stöber*, § 868 Rdn. 3.
130 Brandenbg. OLG, Rpfleger 2001, 497.
131 BGH, Rpfleger 2003, 518 = MDR 2003, 1135 = NJW-RR 2003, 1218 = WM 2003, 1388.
132 OLG Köln, Rpfleger 2004, 478 = FGPrax 2004, 100.
133 *Wolber*, Rpfleger 1978, 433 u. 1982, 210.

10.107 Ist im Grundbuch der **Insolvenzvermerk** eingetragen, sind Einzelzwangsvollstreckungen in das schuldnerische Vermögen unzulässig, § 89 Abs. 1 InsO. Die Zwangshypothek kann nicht mehr eingetragen werden, der Gläubiger muss seine titulierte Forderung zur Insolvenztabelle anmelden.

10.108 Hat ein Insolvenzgläubiger **im letzten Monat vor dem Antrag** (bei der Verbraucherinsolvenz bis zu 3 Monaten, § 312 Abs. 1 S. 3 InsO) auf Eröffnung des **Insolvenzverfahrens** oder danach durch Zwangsvollstreckung eine Sicherung an einem zum Verfahren gehörenden Gegenstand erwirkt, ist diese Sicherung mit Verfahrenseröffnung kraft Gesetzes unwirksam, §§ 89, 88 InsO (vgl. Rdn. 3.399 ff.).

10.109 Die gerichtlich verfügte **Untersagung der Zwangsvollstreckung**, § 21 Abs. 2 Nr. 3 InsO, im Insolvenzeröffnungsverfahren ist zwar ein Vollstreckungshindernis, allerdings bezieht sich das Vollstreckungsverbot ausdrücklich nicht auf unbewegliche Gegenstände, § 21 Abs. 2 Nr. 3 Hs. 2 InsO (vgl. Rdn. 3.403). Die Eintragung der Zwangshypothek ist eine Maßnahme der Immobiliarvollstreckung, § 866 ZPO, und wird daher vom Wortlaut des § 21 Abs. 2 Nr. 3 InsO **nicht** erfasst. Die Eintragung der Zwangshypothek im Grundbuch ist daher zunächst zulässig und wirksam, sie unterliegt nach Insolvenzeröffnung jedoch der Möglichkeit der Unwirksamkeit nach § 88 InsO. Ist allerdings die Verwaltungs- und Verfügungsbefugnis nach § 22 InsO auf den vorläufigen Insolvenzverwalter übergegangen, ist vor der Antragstellung auf Eintragung der Zwangshypothek der Titel auf den vorläufigen Insolvenzverwalter umzuschreiben, §§ 727, 748, 749 ZPO analog, und der Titel nebst Klausel zuzustellen.[134] Diese Ausführungen gelten gleichermaßen für das Verbraucherinsolvenzverfahren; die Klausel ist dann auf den vorläufigen Treuhänder umzuschreiben, § 306 Abs. 2, § 21 InsO, §§ 727, 748, 749 ZPO.

10.110 Ist im Grundbuch ein **Pfändungsvermerk** für einen anderen Gläubiger eingetragen, z.B. nach der Pfändung eines Miterbenanteils, kann die Eintragung der Zwangshypothek aufgrund eines Vollstreckungstitels gegen sämtliche Erben eingetragen werden. Mit Eintragung des Pfändungsvermerks ist der Berechtigte geschützt, nachrangige Eintragungen sind ihm gegenüber unwirksam.

10.111 Nach Anordnung und Eintragung einer **Nachlassverwaltung** ist die Eintragung der Zwangshypothek unzulässig für alle Nicht-Nachlassgläubiger (Eigengläubiger), § 1984 Abs. 2 BGB, §§ 784, 785 ZPO.[135] Die Anordnung der Nachlassverwaltung steht der Eintragung einer Zwangshypothek wegen einer titulierten Erblasserschuld erst dann entgegen, wenn dem Grundbuchgericht vom Grundstückseigentümer eine Entscheidung des

---

134 Hierzu LG Cottbus, Rpfleger 2000, 465; **a.A.** LG Halle, Rpfleger 2002, 89 mit Anm. *Alff;* hierzu auch *Klawikowski,* InVo 1999, 37.
135 MünchKomm/*Siegmann* BGB, § 1984 Rdn. 9, 10; vgl. auch OLG Frankfurt, NJW-RR 1998, 160.

Prozessgerichts vorgelegt wird, durch die die Zwangsvollstreckung aus dem Titel für unzulässig erklärt oder eine Anordnung nach § 769 erlassen worden ist.[136]

Ist **Testamentsvollstreckung** angeordnet und im Grundbuch eingetragen, ist dies grundsätzlich kein Vollstreckungshindernis. Es ist jedoch ein Titel gegen den Testamentsvollstrecker zur Zwangsvollstreckung vorzulegen, § 748 ZPO. 10.112

Bei **Vor- und Nacherbschaft** wird im Grundbuch der Nacherbenvermerk kraft Gesetzes eingetragen, § 51 GBO. Zwangsvollstreckungsmaßnahmen gegen den Vorerben sind im Eintritt des Nacherbfalles den Nacherben gegenüber unwirksam, § 2115 BGB. Dies gilt auch bei befreiter Vorerbschaft, § 2136 BGB. Da der Nacherbenvermerk jedoch im Grundbuch eingetragen ist, der Berechtigte somit hinreichend geschützt ist, können nachrangige Eintragungen auch im Wege der Zwangsvollstreckung erfolgen. Der Gläubiger muss sich jedoch bewusst sein, dass im Zeitpunkt des Eintritts der Nacherbfolge der Nacherbe von ihm Beseitigung der Eintragung verlangen kann, vgl. § 772 ZPO. 10.113

Die Eintragung eines Veräußerungs- oder Belastungsverbotes aufgrund **einstweiliger Verfügung** hindert die Eintragung der Zwangshypothek nicht. Die Eintragung der Zwangshypothek ist den Berechtigten aus dem Belastungsverbot gegenüber unwirksam, vgl. § 772 ZPO. 10.114

Beim **Wohnungs- oder Teileigentum** ist ein Belastungsverbot gesetzlich ausgeschlossen. 10.115

Der im Grundbuch eingetragene **Zwangsversteigerungsvermerk** oder der **Zwangsverwaltungsvermerk** ist ebenfalls kein Eintragungshindernis. Da das Versteigerungsgericht vom Amts wegen jedoch nur solche Ansprüche berücksichtigt, die formell vor dem Zwangsversteigerungsvermerk im Grundbuch eingetragen sind, muss der Gläubiger sein Recht unmittelbar beim Zwangsversteigerungsgericht anmelden. Die Anmeldung hat spätestens im Versteigerungstermin vor der Aufforderung zur Abgabe von Geboten zu erfolgen. Erfolgt die Anmeldung zu spät, erleidet der Gläubiger einen Rangverlust, § 110 ZVG. 10.116

Der im Grundbuch eingetragene **Rechtshängigkeitsvermerk**, § 325 Abs. 1 ZPO (vgl. Rdn. 9.179), oder eine **Vermögensbeschlagnahme**, §§ 290, 443 StPO, stellen ebenfalls kein Eintragungshindernis dar. 10.117

Beantragt der Gläubiger die Eintragung der Zwangshypothek im **Erbbaurechtsgrundbuch** des Schuldners, ist darauf zu achten, ob im Bestandsverzeichnis eine Verfügungsbeschränkung eingetragen ist. Regelmäßig behält sich der Grundstückseigentümer das Recht vor, einer Veräußerung oder Belastung des Erbbaurechtes mit Grundpfandrechten, Reallasten oder 10.118

---

136 OLG Frankfurt, NJW-RR 1998, 160 = ZEV 1998, 192 = JurBüro 1997, 664 = ZfIR 1997, 697.

einem Dauerwohnrecht zuzustimmen, § 5 ErbbauVO. Diese Verfügungsbeschränkung gilt auch für Eintragungen im Wege der Zwangsvollstreckung, § 8 ErbbauVO.

10.119 Vor der Eintragung der Zwangshypothek muss der Vollstreckungsgläubiger daher die Zustimmungserklärung des Grundstückseigentümers in grundbuchrechtlicher Form vorlegen. Sofern der Grundstückseigentümer diese Zustimmung nicht freiwillig abgibt, kann sie auch durch ein rechtskräftiges Urteil ersetzt werden. Hierzu muss sich der Gläubiger den Zustimmungsanspruch des Erbbauberechtigten gegenüber dem Grundstückseigentümer, § 7 Abs. 3 ErbbauVO, pfänden und überweisen lassen. Aufgrund der Überweisung kann er dann im Wege der Prozessstandschaft auf Ersetzung der Zustimmung klagen.[137]

10.120 Die Verfügungsbeschränkung nach § 5 Abs. 2 ErbbauVO bezweckt, den Grundstückseigentümer vor einer übermäßigen Belastung des **Erbbaurechts** zu schützen, da bei einem Heimfall des Erbbaurechts Hypotheken grundsätzlich bestehen bleiben und das Grundstück belasten. Der Grundstückseigentümer kann daher die Zustimmung verweigern, wenn die Belastung mit den Regeln einer ordnungsmäßigen Wirtschaft nicht vereinbar ist und durch die Belastung der mit der Bestellung des Erbbaurechts verfolgte Zweck wesentlich beeinträchtigt oder gefährdet würde. Der Zweck eines Erbbaurechts wird beeinträchtigt oder gefährdet, wenn die Belastung den nach dem Vertrag oder der Handhabung des Erbbaurechts vereinbarten Zielen zuwiderläuft. Die Auslegung des Begriffs „ordnungsmäßiges Wirtschaften" i.S.d. § 7 Abs. 2 ErbbauVO ist strittig. Ein ordnungsmäßiges Wirtschaften setzt voraus, dass es zu keiner Überbelastung des Erbbaurechts kommen darf. Eine Belastung von 60 % bis zu 70 % des Verkehrswerts ist in der Regel zulässig.[138] Überwiegend wird vertreten, ordnungsgemäßes Wirtschaften erfordere, dass dem Erbbauberechtigten ein wirtschaftlicher Gegenwert für die Belastung zufließt, der sich zu seinem Nutzen in Ansehung des Bauwerks oder der wirtschaftlichen Lage des Erbbauberechtigten auswirkt.[139] Demgegenüber wird aber auch vertreten, dass das Erfordernis des Zuflusses eines wirtschaftlichen Gegenwerts bei einer Belastung im Wege der Zwangsvollstreckung nicht verlangt werden könne, da dies im Interesse der Gläubiger zu weitgehend sei, weil bei Zwangsvollstreckungsmaßnahmen in der Regel ein vernünftiges wirtschaftliches Verhalten nicht vorauszusetzen ist.[140] Unzulässig sind Eintragungen auch

---

137 Vgl. LG Köln, Rpfleger 2000, 11; OLG Hamm, Rpfleger 1993, 334 = MDR 1993, 686; MünchKomm/*Eickmann* ZPO, § 867 Rdn. 15; *Stöber*, Forderungspfändung, Rdn. 1535; anders BayObLG, Rpfleger 1997, 256 für die Bauhandwerkersicherungshypothek.
138 BayObLG, Rpfleger 1989, 97.
139 BayObLGZ 1986, 501, 507; OLG Hamm, Rpfleger 1985, 291; Palandt/*Bassenge*, § 7 ErbbRVO Rdn. 5.
140 MünchKomm/*Oefele* BGB, § 8 ErbbauVO, Rdn. 16.

dann, wenn hierdurch das Erbbaurecht selbst notleidend wird oder der Erbbauberechtigte das Erbbaurecht unter Entfremdung seines ursprünglichen Zwecks spekulativ ausnutzt.[141]

Die Zustimmung des Eigentümers kann ausnahmsweise ohne einen die Belastung kompensierenden Zufluss beim Erbbauberechtigten ersetzt werden, wenn von der Erfüllung der aus dem Erbbauvertrag resultierenden Ansprüche gegen den Schuldner ohnehin nicht mehr ausgegangen werden kann und eine Überbelastung des Erbbaurechts ausgeschlossen ist.[142] Zulässig ist eine Belastung auch dann, wenn es sich um Aufwendungen zum Aufbau und zur Erhaltung der Existenz des Erbbauberechtigten handelt (hier: titulierte ärztliche Leistungen).[143]

10.121

Auch wenn der Erbbauberechtigte und der Grundstückseigentümer identisch sind, besteht das Zustimmungserfordernis fort. Das Zustimmungsrecht des Eigentümers zu einer Belastung des Erbbaurechtes im Wege der Zwangsvollstreckung ist dem Eigentumsrecht zugeordnet, und somit kann aus der Personenidentität nicht der Wegfall dieses Zustimmungserfordernisses hergeleitet werden. Auch wenn bei einer Personenidentität der eigentliche Schutzzweck des § 8 ErbbauVO nicht zum Tragen kommen kann, ist das Zustimmungserfordernis als Ausfluss der zusätzlichen Rechtsmacht des Eigentümers nach wie vor zu beachten.[144]

10.122

Die in der Praxis vorkommenden behördlichen Verfügungsbeschränkungen, insbesondere nach dem **Baugesetzbuch** (Umlegungsvermerk, § 51 BauGB, Enteignungsvermerk, § 109 BauGB, Sanierungsvermerk, § 144 BauGB, Entwicklungsvermerk, §§ 169, 144 BauGB), und auch die Flurbereinigung stellen allesamt kein Vollstreckungshindernis dar. Die Zwangshypothek kann auch ohne Zustimmung der Stadt oder Gemeinde eingetragen werden.[145] Für landwirtschaftliche Grundstücke gibt es heute keine Beschränkung mehr.

10.123

13. Rangvorbehalt

Ist im Grundbuch bei einem der Zwangshypothek vorgehenden Recht ein Rangvorbehalt vermerkt, der noch nicht oder nicht vollständig ausgenutzt wurde, kann der Gläubiger diesen jedoch nicht ausüben.

10.124

Die zur Ausübung des Rangvorbehaltes erforderliche Eigentümererklärung wird durch den Vollstreckungstitel nicht ersetzt.[146] Der Rangvor-

10.125

---

141 LG Köln, Rpfleger 2000, 11.
142 LG München I, Rpfleger 2003, 242; zu den Voraussetzungen allgemein vgl. BGH, Rpfleger 1987, 320 m. Anm. *Drischler*.
143 LG Köln, Rpfleger 2000, 11.
144 OLG Hamm, Rpfleger 1985, 287; BayObLG, Rpfleger 1996, 447.
145 *Schöner/Stöber*, Rdn. 2206 m.w.N.
146 Musielak/*Becker*, § 867 Rdn. 8.

behalt ist ebenfalls nicht pfändbar, da er ein höchstpersönliches Recht des Eigentümers darstellt.[147] Will der Vollstreckungsgläubiger den Rangvorbehalt ausnutzen, kann die Zwangshypothek den Vorrang nur erhalten, wenn der Grundstückseigentümer entsprechend rechtskräftig zur Rangänderung verurteilt wird oder die Eintragung an vorbehaltener Rangstelle zu dulden hat (streitig, Rdn. 6.393).

14. Kosten

10.126 Die Zwangshypothek kann neben der Forderung und den Zinsen als Nebenleistung auch für die bisher entstandenen notwendigen Kosten der Zwangsvollstreckung eingetragen werden, § 788 ZPO. Wie bei allen Vollstreckungsanträgen auch, sind die Kosten zu belegen.

10.127 Nicht zu den eintragungsfähigen Kosten gehören jedoch die Kosten des Rechtsanwaltes für den Eintragungsantrag, § 18 Nr. 13 RVG, RVG VV 3309 (früher § 57 BRAGO), und die Gerichtskosten, § 62 KostO. Für diese Kosten haftet das Grundstück kraft Gesetzes, § 867 Abs. 1 S. 3 ZPO. Der Vollstreckungsgläubiger, vertreten durch seinen Rechtsanwalt, sollte die Kosten daher im Antrag nicht aufführen.

10.128 Für die gerichtlichen Eintragungskosten haften der Schuldner und der Gläubiger als Gesamtschuldner. Sofern gerichtsbekannt ist, dass der Schuldner die Kosten nicht zahlen wird, werden die Kosten direkt dem Gläubiger in Rechnung gestellt. Als notwendige Kosten der Zwangsvollstreckung können diese dann bei weiteren Vollstreckungsmaßnahmen mit beigetrieben werden.

15. Unzulässigkeit, Anfechtbarkeit, Heilung

10.129 Die Fragen, ob eine eingetragene Zwangshypothek trotz Fehlen einer Vollstreckungsvoraussetzung nichtig oder nur anfechtbar ist, werden uneinheitlich beantwortet. Ebenfalls streitig ist die Auffassung, ob die Heilung des Mangels rückwirkend geschehen kann.[148]

10.130 Wird die Zwangshypothek ohne Antrag des Gläubigers in das Grundbuch eingetragen, kann der Antrag nachgeholt werden. Erklärt sich der Gläubiger nachträglich mit der Eintragung nicht einverstanden, ist von Amts wegen ein Widerspruch im Grundbuch einzutragen, § 53 Abs. 1 S. 1 GBO.

10.131 Unrichtig ist das Grundbuch und ein **Amtswiderspruch** einzutragen, wenn die Vollstreckungsklausel fehlerhaft, die Zustellung des Titels nicht nachgewiesen, der Nachweis der erforderlichen Sicherheitsleistung nicht erbracht ist, falls einzelne Leistungen der der Zwangshypothek zugrunde lie-

---

147 BGH, NJW 1954, 954.
148 *Stöber*, Einl. Rdn. 71.

genden Forderung noch nicht fällig waren oder wenn die gesetzlichen Wartefristen nicht eingehalten wurden.[149]

Ein fehlendes Zustimmungserfordernis, z.B. beim Erbbaurecht durch den Grundstückseigentümer, kann nachgeholt werden, die Zwangshypothek ist zunächst schwebend unwirksam, und es ist ein Amtswiderspruch einzutragen.[150] **10.132**

Unheilbar **nichtig** ist die Eintragung der Zwangshypothek dann, wenn die Eintragung unter Verletzung grundlegender vollstreckungsrechtlicher Vorschriften erfolgt oder sie mit einem gesetzlich nicht erlaubten Inhalt im Grundbuch eingetragen ist.[151] Ergeben sich diese Tatsachen aus dem Eintragungstext selbst oder aus den in Bezug genommenen Eintragungsunterlagen, ist die Zwangshypothek von Amts wegen zu löschen.[152] Diese Voraussetzungen werden bejaht, wenn der Vollstreckungstitel überhaupt fehlt, die Zwangsvollstreckung aus dem Titel vor Eintragung der Zwangshypothek bereits eingestellt war, auch wenn das Grundbuchgericht bei der Eintragung hiervon keine Kenntnis hatte, die Eintragung trotz Eröffnung des Insolvenzverfahrens erfolgt ist oder die Eintragung unter Unterschreitung der Mindestgrenze (750,01 €) eingetragen wurde. Bei der Eintragung der Zwangshypothek unter Verstoß gegen das Verbot der Doppelsicherung kommt die Löschung der später eingetragenen Zwangshypothek von Amts wegen regelmäßig nicht in Betracht, auch wenn die Eintragung nichtig ist. Die inhaltliche Unzulässigkeit muss sich aus dem Eintragungstext der Eintragung auf dem zweiten Grundbuchblatt ergeben.[153] Der Verstoß ergibt sich in der Praxis regelmäßig nur aus dem dem Titel angehefteten Vermerk über die Eintragung der Zwangshypothek. Dieser Vermerk ist jedoch keine der in Bezug genommenen Eintragungsunterlagen. Bei Kenntnis der inhaltlichen Unzulässigkeit kann daher nur ein Amtswiderspruch eingetragen werden.[154] **10.133**

Soweit Mängel durch Nachholung der unterlassenen Erklärung oder durch Beibringung der fehlenden Urkunden heilbar sind, erfolgt diese mit rückwirkender Wirkung (ex tunc).[155] **10.134**

Auch wenn die Eintragungsvoraussetzungen erst nachträglich vollständig vorliegen, richtet sich der Rang des Rechtes gem. § 879 BGB, es gilt der Zeitpunkt der Eintragung im Grundbuch. Dieser Auffassung wird entgegengehalten, dass hierbei der Rang eventuell nachträglich eingetragener Zwischenrechte nicht berücksichtigt wird. Auch die Heilung mit Rück- **10.135**

---

149 *Stöber*, Einl. Rdn. 71.3; anders OLG Hamm, Rpfleger 1997, 393 kein Amtswiderspruch.
150 *Stöber*, ZVG-Handbuch, Rdn. 32.
151 Zöller/*Stöber*, § 867 Rdn. 25.
152 BayObLG, Rpfleger 1976, 66; *Stöber*, Einl. Rdn. 71.5.
153 BayObLG, Rpfleger 1986, 372.
154 BayObLG, Rpfleger 1988, 102.
155 BGH, Rpfleger 1976, 177 = NJW 1976, 851; OLG Hamm, Rpfleger 1997, 393; *Stöber*, Einl. Rdn. 71.4; Musielak/*Becker*, § 867 Rdn. 8.

wirkung darf Zwischenrechte nicht beeinträchtigen. Der Rang des Rechtes richtet sich daher nach dem Zeitpunkt der Heilung des Mangels (ex nunc).[156] Sofern zwischenzeitlich weitere Rechte im Grundbuch eingetragen wurden, haben diese nunmehr Rang vor der Zwangshypothek. Jedenfalls dann, wenn die Beseitigung eines Eintragungshindernisses (hier: vorherige Eintragung des Verzichtes auf einen Teil einer auf einem Grundstück eingetragenen Sicherungshypothek als Voraussetzung der Eintragung desselben Teiles auf einem anderen Grundstück) allein in der Macht des für die Eintragung zuständigen Grundbuchgerichts liegt, ist auch ein seiner Rechtsnatur dem Vollstreckungsrecht zuzurechnender Mangel nicht geeignet, dem Eintragungsantrag seinen frist- und rangwahrenden Charakter zu nehmen.[157]

16. Rechtsbehelf

10.136   Auch wenn die Eintragung der Zwangshypothek sowohl ein Akt der Zwangsvollstreckung als auch eine Angelegenheit der freiwilligen Gerichtsbarkeit (Grundbuchgeschäft) ist, richten sich die Rechtsbehelfe nicht nach den Vorschriften der ZPO. Gegen Entscheidungen des Grundbuchgerichtes findet in erster Linie das Rechtsmittel der unbefristeten beschränkten **Beschwerde** statt, § 71 GBO.[158]

10.137   Bei Fehlen von Zwangsvollstreckungsvoraussetzungen hat das Grundbuchgericht grundsätzlich eine Hinweispflicht, deren Umfang sich aus § 139 ZPO ergibt.[159] Erst danach darf eine Zurückweisung erfolgen. Wird der Antrag auf Eintragung der Zwangshypothek zurückgewiesen, ist hiergegen die einfache Grundbuchbeschwerde zulässig. Diese ist an keine Frist gebunden, § 11 Abs. 1 RPflG, § 71 Abs. 1 GBO.

10.138   Gerichtliche Verfügungen, die nach den Vorschriften der Grundbuchordnung nicht mehr geändert werden können, sind mit der Beschwerde nicht anfechtbar, § 11 Abs. 3 S. 1 RPflG. Die Beschwerde gegen eine Eintragung im Grundbuch ist daher unzulässig, § 71 Abs. 2 S. 1 GBO. Die Unzulässigkeit der Beschwerde beruht darauf, dass bereits Dritte wegen des öffentlichen Glaubens des Grundbuches Rechte am Grundstück erworben haben können.[160] Die Unanfechtbarkeit gilt auch für die Zwangshypothek, da sie ebenfalls unter dem öffentlichen Glauben des Grundbuches steht. Nach einer Entscheidung des BGH[161] ist die Eintragung der Zwangshypo-

---
156 OLG Bremen, InVo 1997, 19; *Schöner/Stöber*, Rdn. 2200, 2201; *Stöber*, Einl. Rdn. 71.5.
157 OLG Karlsruhe, Rpfleger 1998, 255.
158 Z.B. OLG Zweibrücken, Rpfleger 2001, 174; BayObLG, Rpfleger 1976, 66; BayObLG, Rpfleger 1982, 98; KG, Rpfleger 1987, 301; BayObLG, Rpfleger 1995, 106; OLG Köln, Rpfleger 1996, 189).
159 ThürOLG Jena, Rpfleger 2002, 355.
160 Vgl. BayObLG, Rpfleger 1987, 57.
161 BGHZ 64, 194 = Rpfleger 1975, 246 = NJW 1975, 1282.

thek dann unbeschränkt anfechtbar mit dem Ziel der Löschung, wenn nach dem konkreten Inhalt des Grundbuches die Möglichkeit eines gutgläubigen Erwerbs sowohl für die Vergangenheit (infolge Fehlens einer entsprechenden Eintragung) als auch für die Zukunft (infolge Eintragung eines Amtswiderspruches) rechtlich ausgeschlossen ist.

Im Wege der Beschwerde kann jedoch verlangt werden, dass das Grundbuchgericht angewiesen wird, nach § 53 Abs. 1 GBO einen Widerspruch einzutragen oder eine Löschung vorzunehmen, § 71 Abs. 2 S. 2 GBO. Das Grundbuchgericht muss daher nach Einlegung einer Beschwerde zunächst immer prüfen, ob die Eintragung eines Amtswiderspruches in Betracht kommt. 10.139

Auch die Zwischenverfügung gem. § 18 Abs. 1 GBO unterliegt der Beschwerde i.S.d. § 71 GBO. Die Zwischenverfügung kann aber nur dann angefochten werden, wenn in ihr ein grundbuchrechtliches Eintragungshindernis moniert wird, der Antrag somit rangwahrende Wirkung hat. Sofern bei der Eintragung der Zwangshypothek eine Voraussetzung der Zwangsvollstreckung nicht gegeben ist, hat die Zwischenverfügung keine rangwahrende Wirkung (unechte Zwischenverfügung), spätere erledigungsreife Anträge können vorher vollzogen werden.[162] Eine Beschwerde hiergegen ist unzulässig.[163] 10.140

17. Sicherungshypothek für den Bauhandwerker

Der Unternehmer eines Bauwerkes oder eines einzelnen Teiles eines Bauwerkes kann für seine Forderung aus dem Vertrag die Einräumung einer Sicherungshypothek an dem Baugrundstück des Bestellers verlangen, § 648 Abs. 1 BGB. Diese Hypothek ist keine Sicherungshypothek nach § 867 ZPO. Die Eintragung dieser Sicherungshypothek erfolgt nicht aufgrund eines Zahlungstitels, die Forderung muss auch nicht über 750,– € liegen und auch nicht auf mehrere Grundstücke verteilt werden, §§ 866, 867 ZPO.[164] Es handelt sich hierbei um eine rechtsgeschäftlich bestellte Hypothek, die durch Einigung und Eintragung im Grundbuch entsteht. Sofern der Eigentümer die zur Eintragung erforderliche Erklärung nicht abgibt, kann diese durch einen rechtskräftigen Titel ersetzt werden, § 894 ZPO. 10.141

Zur Sicherung des Anspruches auf Einräumung einer Bauhandwerkersicherungshypothek kann im Grundbuch eine **Vormerkung** eingetragen werden. Diese Eintragung erfolgt aufgrund einstweiliger Verfügung oder Bewilligung des Eigentümers (selten), § 885 BGB. Zu beachten sind hierbei die Vollziehungsfristen, § 929 Abs. 2 ZPO (Monatsfrist) und möglicherwei- 10.142

---

162 LG Mainz, Rpfleger 1991, 302 m. Anm. *Hintzen*.
163 *Schöner/Stöber*, Rdn. 473.
164 Vgl. OLG Frankfurt, NJW-RR 1995, 1359 = FGPrax 1995, 138; Musielak/*Becker*, § 866 Rdn. 4.

se die Wochenfrist § 929 Abs. 2 ZPO, wenn die Vollziehung vor der Zustellung erfolgt. Als Vollziehung der einstweiligen Verfügung, durch welche die Eintragung einer Sicherungshypothek oder einer Vormerkung zur Sicherung des Anspruchs auf Eintragung einer Sicherungshypothek angeordnet wird, gilt der Antrag auf Eintragung im Grundbuch.[165] Ein Urteil, das eine einstweilige Verfügung auf Eintragung einer Vormerkung zur Sicherung des Anspruchs auf Eintragung einer Sicherungshypothek bestätigt, setzt eine neue Vollziehungsfrist nur bei einer wesentlichen Änderung in Gang, wobei die Herabsetzung der zu sichernden Forderung keine wesentliche Änderung darstellt.[166]

10.143 Die Vormerkung wird im Grundbuch in der Abt. III in Spalte 4 halbspaltig eingetragen. Die Sicherungshypothek selbst, als endgültige Eintragung, wird daneben rechtspaltig eingetragen. Damit wird der Rang des endgültigen Rechtes im Grundbuch deutlich gemacht, den die Sicherungshypothek vor zeitlich später eingetragenen Rechten hat. Die Eintragung der endgültigen Sicherungshypothek erfolgt wiederum aufgrund Einigung und Eintragung oder aufgrund eines die Einigungserklärung ersetzenden Titels, § 894 ZPO.[167]

10.144 In der Praxis gehen Gläubiger vielfach dahin, dass sie nach Erwirkung einer einstweiligen Verfügung und Eintragung einer entsprechenden Vormerkung Zahlungsklage wegen des offen stehenden Werklohnes beim Prozessgericht einreichen. Der dann erwirkte Vollstreckungstitel ist nicht geeignet, die Vormerkung in den gesicherten Rang für die endgültige Sicherungshypothek umzuschreiben. Aufgrund des erwirkten Zahlungstitels kann „nur" eine Zwangssicherungshypothek im Grundbuch eingetragen werden. Diese erhält die im Grundbuch nächstoffene Rangstelle.

18. Arresthypothek

a) Grundlagen

10.145 Der Arrest findet zur Sicherung der Zwangsvollstreckung in das unbewegliche Vermögen wegen einer Geldforderung oder wegen eines Anspruches statt, der in eine Geldforderung übergehen kann, § 916 Abs. 1 ZPO. Die Vollziehung des Arrestes in ein Grundstück erfolgt durch Eintragung einer Sicherungshypothek für die Forderung, § 932 ZPO. Auf die Vollziehung des Arrestes sind grundsätzlich die allgemeinen Vorschriften über die Zwangsvollstreckung entsprechend anzuwenden, § 928 ZPO. Es kann daher zunächst auf die gesamten Ausführungen zur Eintragung der Zwangshypothek verwiesen werden. Im Nachfolgenden soll nur auf Abweichungen eingegangen werden.

---

165 OLG Düsseldorf, Rpfleger 1997, 259.
166 OLG Hamm, NJW-RR 2000, 971.
167 *Schöner/Stöber*, Rdn. 2097; MünchKomm/*Soergel* BGB, § 648 Rdn. 29.

10.146 Das Grundbuchgericht wird wiederum in einer Doppelfunktion tätig, es hat sowohl die Zwangsvollstreckungsvoraussetzungen als auch die grundbuchrechtlichen Eintragungsvoraussetzungen zu prüfen.

10.147 Mit dem Antrag auf Eintragung der Arresthypothek hat der Vollstreckungsgläubiger als Eintragungsgrundlage den **Arrestbefehl oder das Arresturteil** vorzulegen. In diesem ist ein Geldbetrag festzustellen, durch dessen Hinterlegung die Vollziehung des Arrestes gehemmt und der Schuldner zu dem Antrag auf Aufhebung des vollzogenen Arrestes berechtigt wird, § 923 ZPO. Diese **Lösungssumme** ist der **Höchstbetrag**, mit dem die Arresthypothek im Grundbuch eingetragen wird (Sicherungshöchstbetragshypothek).

10.148 Wurden mehrere Grundstücke mit Arresthypotheken belastet, so gelten als Lösungssummen die jeweils im Grundbuch eingetragenen Höchstbeträge.[168]

10.149 Die Zwangsvollstreckung in ein für diplomatische Zwecke genutztes Grundstück eines fremden Staates ist ohne Zustimmung des fremden Staates unzulässig, sofern es im Zeitpunkt des Beginns der Vollstreckungsmaßnahme hoheitlichen Zwecken des fremden Staates diene.[169] Da die Eintragung einer Arresthypothek aber nicht – wie bei der Anordnung der Zwangsversteigerung – die Beschlagnahme des Grundstücks zur Folge hat, soll eine Eintragung aber doch zulässig sein.[170]

10.150 Der Arrestbefehl bedarf grundsätzlich keiner **Vollstreckungsklausel**, es sei denn, die Vollziehung soll für einen anderen oder gegen einen anderen als den in dem Befehl bezeichneten Gläubiger bzw. Schuldner erfolgen, § 929 Abs. 1 ZPO.

10.151 Eine **Zustellung** des Arrestbefehls vor der Vollziehung ist ebenfalls nicht erforderlich, § 929 Abs. 3 S. 1 ZPO.

b) Vollziehung im Grundbuch

10.152 Bei der Vollziehung des Arrestes sind bestimmte Fristen einzuhalten. Die Vollziehung des Arrestbefehls muss binnen eines Monats erfolgen. Die Frist beginnt beim Arresturteil mit Verkündung, beim Arrestbeschluss mit der Zustellung an die Partei, auf deren Gesuch er erging, § 929 Abs. 2 ZPO. Eine Vollstreckungsmaßnahme, die erst nach Ablauf der Monatsfrist beantragt wurde, ist unwirksam.[171]

10.153 Die Vollziehung kann vor der Zustellung des Urteils bzw. des Beschlusses an den Schuldner erfolgen. Die bereits eingeleitete Vollziehung vor der Zustellung verliert ihre Wirkung, wenn die Zustellung an den Schuldner

---

168 LG Bremen, Rpfleger 1994, 163.
169 BGH, Rpfleger 2003, 518 = MDR 2003, 1135 = NJW-RR 2003, 1218 = WM 2003, 1388.
170 OLG Köln, Rpfleger 2004, 478 = FGPrax 2004, 100.
171 BGH, NJW 1991, 496.

nicht innerhalb einer Woche nach der Vollziehung und vor Ablauf der Monatsfrist erfolgt, § 929 Abs. 3 S. 2 ZPO.[172]

10.154　**Vollziehung** i.S.d. zuvor genannten Vorschrift ist der Zeitpunkt des Antragseingangs auf Eintragung der Arresthypothek beim zuständigen Amtsgericht und nicht beim Grundbuchgericht.[173] Nach Auffassung des BGH regeln die Vorschriften in § 13 Abs. 2 und 3 GBO nur die funktionelle Empfangszuständigkeit des Grundbuchgerichts im Verfahren der freiwilligen Gerichtsbarkeit; die sachliche Zuständigkeit des Amtsgerichts – Grundbuchgericht – im Vollstreckungsverfahren leitet sich allein aus § 1 Abs. 1 S. 1 GBO her. Hier sollte aber nach wie vor erkannt werden, dass der Rang aber nur dann gewahrt wird, wenn der Antrag dem Grundbuchgericht zugeht. Da sowohl die Zustellung des Arrestbefehls oder umgekehrt erst die Vollziehung des Arrestbefehls unter Umständen eine nicht geraume Zeit in Anspruch nimmt, sollte der Gläubiger beim Arrestgericht mehrere Ausfertigungen des Arrestbefehls beantragen. Er kann dann Vollziehung und Zustellung gleichzeitig betreiben.

10.155　Sofern der Eintragung der Arresthypothek ein Hindernis entgegensteht, muss dieses innerhalb der Vollziehungsfrist (1 Monat) behoben werden. Geschieht dies nicht, ist der Antrag zurückzuweisen.[174] Wird eine Arresthypothek zunächst ohne Nachweis der Zustellung einer zum Vollzug des Arrests angeordneten Sicherheitsleistung im Grundbuch eingetragen und die Zustellung nachträglich nachgewiesen, wird dadurch der Mangel geheilt.[175]

10.156　Auch für die Arresthypothek gilt die **Mindestgrenze,** §§ 932 Abs. 2, 866 Abs. 3 S. 1 ZPO. Die in dem Arrestbefehl festgesetzte Lösungssumme muss demnach 750,- € übersteigen.

10.157　Sollen mehrere Grundstücke des Schuldners mit einer einheitlichen Arresthypothek belastet werden, ist dies unzulässig. Der Gläubiger muss die Lösungssumme auf die einzelnen Grundstücke **verteilen,** der einzelne Betrag muss ebenfalls über 750,- € liegen, § 932 Abs. 2, § 867 Abs. 2 ZPO.

10.158　Wird der **Arrest** durch Urteil oder Vergleich **aufgehoben,** entsteht eine Eigentümergrundschuld, §§ 932 Abs. 2, 868 ZPO. Wird der Arrest durch eine weitere Entscheidung bestätigt, wandelt sich die Eigentümergrund-

---

172　BayObLG, Rpfleger 1993, 397.
173　BGH, Rpfleger 2001, 294 mit Anm. *Alff* = NJW 2001, 1134 = FGPrax 2001, 93 = KTS 2001, 313 = MDR 2001, 714 = WM 2001, 534 = ZIP 2001, 763 = InVo 2001, 186 = NotBZ 2001, 144 = ZfIR 2001, 241; überholt damit die Auffassung beim Grundbuchamt, OLG Düsseldorf, Rpfleger 1997, 259 = NJW-RR 1997, 781; LG Lübeck, Rpfleger 1995, 66 m. abl. Anm. *Gleußner,* die den Eingang beim Amtsgericht genügen lässt; zu weitgehend insoweit OLG Düsseldorf, Rpfleger 1993, 488, welches Zugang beim zuständigen Grundbuchbeamten verlangt.
174　Zöller/*Vollkommer,* § 929 Rdn. 10.
175　BayObLG, Rpfleger 2003, 647 = NJW-RR 2003, 1668 = InVo 2004, 204.

schuld nicht wieder in eine Arresthypothek um, der Gläubiger muss erneut vollstrecken.

10.159 Wird ein durch Eintragung der Sicherungshypothek zunächst vollzogener Arrest auf Widerspruch des Schuldners aufgehoben, im Berufungsverfahren jedoch ganz oder teilweise bestätigt, bedarf es jedenfalls dann, wenn die Hypothek vor Erlass des Berufungsurteils auf Antrag des Schuldners gelöscht worden war, einer erneuten Vollziehung innerhalb der mit Verkündung des Berufungsurteils in Lauf gesetzten Vollziehungsfrist. Die ursprüngliche Vollziehung wirkt nicht fort.[176] Dies gilt auch, sofern das Arrestgericht den dinglichen Arrest angeordnet und das Grundbuchgericht dementsprechend eine Arresthypothek eingetragen hat und das Arrestgericht im Widerspruchsverfahren zwar den dinglichen Arrest wieder aufgehoben, jedoch gleichzeitig „die Aufhebung der Zwangsvollstreckungsmaßnahmen bis zur Rechtskraft des Arresturteils aufgeschoben" hat.[177]

10.160 Wird die Arresthypothek vor der Zustellung des Arrestbefehls an den Schuldner im Grundbuch eingetragen, ist die **Zustellung** innerhalb einer Woche nach der Vollziehung **nachzuholen** (vgl. zuvor Rdn. 10.153). Ein Antrag auf Zustellung genügt nur im Falle einer Auslandszustellung, sofern die Zustellung alsbald folgt.[178] Diese Wochenfrist überwacht das Grundbuchgericht jedoch nicht. Weist der Schuldner jedoch nach, dass die Zustellung nicht innerhalb der Wochenfrist erfolgt ist (Zustellungsurkunde), wird die Arresthypothek im Grundbuch gelöscht.[179] Die Arresthypothek ist nichtig.[180] Ohne den Unrichtigkeitsnachweis kann auch kein Amtswiderspruch eingetragen werden.[181]

10.161 Sofern bei der Eintragung der Arresthypothek zwangsvollstreckungsrechtliche Voraussetzungen fehlen, ist die Eintragung nichtig.[182] Liegt ein Verstoß gegen grundbuchrechtliche Voraussetzungen vor, ist die Hypothek grundsätzlich wirksam.

10.162 Die Arresthypothek kann in eine Zwangssicherungshypothek umgewandelt werden.[183] Den entsprechenden Antrag kann der Vollstreckungsgläubiger formlos stellen. Vorzulegen ist der vollstreckbare Zahlungstitel.[184] Die Umschreibung der Arresthypothek in eine Zwangshypothek bedeutet keine inhaltliche Veränderung. Der Erwerber des belasteten Grundstücks erhält

---

176 KG, Rpfleger 1981, 119.
177 OLG Karlsruhe, Rpfleger 1997, 16.
178 Musielak/*Huber*, § 929 Rdn. 9.
179 *Schöner/Stöber*, Rdn. 2232; Musielak/*Huber*, § 932 Rdn. 5.
180 Meikel/*Böttcher*, § 27 Rdn. 92.
181 BayObLG, Rpfleger 1993, 397.
182 Mangelnde Zustellung vgl. Meikel/*Böttcher*, § 27 Rdn. 92 oder Verletzung des Mindestbetrags, BayObLG, Rpfleger 1976, 66 oder Verstoß gegen das Verbot der Gesamtarresthypothek BGH, NJW 1991, 2022.
183 LG Aachen, JurBüro 1987, 945.
184 BGH, NJW 1997, 3230 = MDR 1997, 1011; *Stöber*, Einl. Rdn. 74.5 m.w.N.

das Eigentum bereits mit einer vollwertigen Hypothek belastet, sodass zur Realisierung kein Titel gegen ihn vorliegen muss.[185]

10.163 Sofern der Gläubiger aus der Arresthypothek die Zwangsversteigerung in das Grundstück betreiben will, benötigt er einen Duldungstitel, § 1147 BGB. Hierzu muss er gegen den Eigentümer klagen.[186] Ausdrücklich erfolgt in § 932 Abs. 2 ZPO kein Verweis auf § 867 Abs. 3 ZPO.

10.164 Kraft Gesetzes, § 932 Abs. 1 S. 2 ZPO, steht dem Gläubiger der Arresthypothek kein gesetzlicher Löschungsanspruch nach § 1179a oder § 1179b BGB zu.

II. Die Zwangssicherungshypothek in der Zwangsversteigerung

1. Dingliche Sicherung

10.165 Die Eintragung der Zwangssicherungshypothek (nachfolgend mit Zwangshypothek bezeichnet) am Grundstück des Schuldners dient nicht der Befriedigung des titulierten Anspruchs. Der Vollstreckungsgläubiger erhält mit der Zwangshypothek lediglich eine dingliche Sicherung seiner Forderung. Die Zwangshypothek gibt dem Gläubiger die gleichen Rechte wie eine rechtsgeschäftlich bestellte Sicherungshypothek, § 1184 BGB; sie unterscheidet sich von dieser nur in den Entstehungsvoraussetzungen. Auf diesem Hintergrund muss der Gläubiger in der Zwangsversteigerung auf einige Besonderheiten achten.

2. Konsequenzen aus der Eintragung im Grundbuch

10.166 Ist das Zwangsversteigerungsverfahren aufgrund des Antrags eines anderen Gläubigers bereits angeordnet worden und im Grundbuch ein entsprechender Zwangsversteigerungsvermerk eingetragen, kann die Zwangshypothek dennoch im Grundbuch eingetragen werden. Der Zwangsversteigerungsvermerk stellt kein Eintragungshindernis dar (vgl. Rdn. 11.234).

10.167 Nach den Versteigerungsbedingungen ist die Zwangshypothek in diesem Fall jedoch nur dann zu berücksichtigen, wenn sie **rechtzeitig angemeldet** und, falls der Gläubiger widerspricht, glaubhaft gemacht wird, § 45 Abs. 1 ZVG. Von Amts wegen werden nur Ansprüche berücksichtigt, die zur Zeit der Eintragung des Zwangsversteigerungsvermerkes aus dem Grundbuch ersichtlich sind. Erfolgt die Eintragung später, muss das Recht angemeldet werden.

10.168 Spätester **Zeitpunkt der Anmeldung** nachrangiger Rechte ist im Versteigerungstermin vor der Aufforderung zur Abgabe von Geboten, § 37

---

185 LG Zweibrücken, NJW-RR 1995, 512.
186 BGH, NJW 1997, 3230 = MDR 1997, 1011.

Nr. 4 ZVG. Wird die Zwangshypothek ungeachtet der gerichtlichen Aufforderung nicht rechtzeitig angemeldet oder glaubhaft gemacht, steht sie bei der Erlösverteilung allen übrigen Rechten nach, § 110 ZVG.

Mit der Eintragung der Zwangshypothek im Grundbuch sollte sich der Gläubiger daher immer einen unbeglaubigten Grundbuchauszug aushändigen lassen. Erkennt er hieraus die nachrangige Eintragung, muss er sofort sein Recht nebst Nebenleistungen formlos zum Zwangsversteigerungsverfahren anmelden. 10.169

3. Vollstreckungsrang des betreibenden Gläubigers

Die Zwangshypothek sichert dem Vollstreckungsgläubiger einen Erlösanspruch, auch wenn er das Zwangsversteigerungsverfahren selbst nicht betreiben will. Als Recht am Grundstück wird die Zwangshypothek in Rangklasse 4 des § 10 Abs. 1 ZVG berücksichtigt. Der Rang unter mehreren Rechten am Grundstück regelt sich nach den allgemeinen Rangbestimmungen, § 879 BGB. 10.170

Stellt der Vollstreckungsgläubiger selbst den Antrag auf Anordnung des Zwangsversteigerungsverfahrens oder tritt er einem laufenden Verfahren als betreibender Gläubiger bei, ist zu unterscheiden, ob er als dinglicher oder persönlicher Gläubiger das Verfahren beantragt bzw. beitritt. 10.171

Unter Vorlage des Zahlungstitels kann der Vollstreckungsgläubiger das Verfahren nur wegen des **persönlichen Anspruches** betreiben (Rangklasse 5 des § 10 Abs. 1 ZVG). In diesem Fall geht ihm die eigene Zwangshypothek im Range vor: 10.172

Beispiel: 10.173

Abt. III/1   50.000,- € Grundschuld für A
Abt. III/2   80.000,- € Grundschuld für B
Abt. III/3   20.000,- € Zwangshypothek für C
persönliche – titulierte – Forderung 20.000,- € für den Gläubiger C

Die dinglichen Rechte III/1–3 werden in der vorgegebenen Reihenfolge hintereinander in Rangklasse 4 berücksichtigt. Der das Verfahren betreibende Gläubiger C fällt mit seiner persönlichen Forderung in Rangklasse 5. Nach den Versteigerungsbedingungen erlischt das Recht bzw. der Anspruch des bestbetreibenden Gläubigers und alle ihm gleichstehenden und nachrangigen Ansprüche. Die vorgehenden Ansprüche kommen in das geringste Gebot, dingliche Rechte am Grundstück bleiben bestehen und sind vom Ersteher zu übernehmen, §§ 44, 52 ZVG.

Vorstehend würde dies bedeuten, dass die Rechte III/1–3 bestehen bleiben, sofern der Gläubiger C das Verfahren aus dem persönlichen Anspruch betreibt; seine eigene Zwangshypothek III/3 bleibt somit ebenfalls bestehen.

Will der Vollstreckungsgläubiger wegen des **dinglichen Anspruches** aus der Rangstelle seiner Zwangshypothek die Zwangsversteigerung betreiben, muss er einen Duldungstitel vorlegen **(h.M.).** Es besteht hierbei kein Un- 10.174

terschied zu einer rechtsgeschäftlich bestellten Hypothek. Den dinglichen Titel muss der Gläubiger nach der Regelung in § 867 Abs. 3 ZPO (ab dem 1.1.1999) nicht mehr im Prozesswege erstreiten, oder auf Aufforderung unterwirft sich der Schuldner der sofortigen Zwangsvollstreckung in einer notariellen Urkunde, § 794 Abs. 1 Nr. 5 ZPO, sondern es genügt die Vorlage des **vollstreckbaren Titels, auf dem die Eintragung der Zwangshypothek im Grundbuch vermerkt** ist (bedenklich aber, wenn der Schuldner Einreden aus §§ 1156, 1157 BGB gegen den Duldungsanspruch erhebt; dann muss die Duldungsklage mit dem Ziel eines Duldungstitels nach wie vor zulässig sein). Einer erneuten Zustellung des Titels bedarf es nicht.

10.175 Dies soll jedoch dann nicht gelten, wenn der Eigentumserwerb erst nach Eintragung der Zwangshypothek erfolgt ist, denn dann verlange § 17 ZVG einen besonderen Titel gegen den derzeitigen Eigentümer.[187] Der Titel wird auch nicht umgeschrieben werden können, da der neue Eigentümer nicht Rechtsnachfolger des Schuldners sein kann.[188] Betreibt der Gläubiger das Verfahren aus der Rangstelle III/3, bleiben nur die vorgehenden Rechte III/1 und III/2 bestehen.

4. Ansprüche ohne Anmeldung

10.176 Betreibt der Vollstreckungsgläubiger das Zwangsversteigerungsverfahren aus seinem persönlichen Anspruch, ist die bereits eingetragene Zwangshypothek in das geringste Gebot aufzunehmen, §§ 44, 45 ZVG.[189] Sollte es zu dem seltenen Fall kommen, dass die Zwangshypothek auch dann noch hinter dem Zwangsversteigerungsvermerk im Grundbuch eingetragen ist, muss sie zum Zwangsversteigerungsverfahren angemeldet werden, um berücksichtigt zu werden. Diese Fallkonstellation kann eintreten, wenn ein zunächst betreibender dinglicher Gläubiger das Verfahren einstweilen einstellt und somit aus dem Kreis der betreibenden Gläubiger herausfällt. Sofern dann der Vollstreckungsgläubiger in Rangklasse 5 bestbetreibender Gläubiger ist, muss er die eigene Zwangshypothek anmelden.

10.177 **Beispiel:**

Abt. III/1   50.000,– € Grundschuld für A
Abt. III/2   80.000,– € Grundschuld für B
Abt. II/1   Zwangsversteigerungsvermerk
Abt. III/3   20.000,– € Zwangshypothek für C
persönliche – titulierte – Forderung 20.000,– € für den Gläubiger C
Betreibende Gläubiger sind III/1 und der C aus dem persönlichen Anspruch; der Gläubiger III/1 stellt sein Verfahren einstweilen ein.

---

187 So Musielak/*Becker*, § 867 Rdn. 11; *Hornung*, Rpfleger 381, 402.
188 Zöller/*Stöber*, § 867 Rdn. 20; *Keller*, Grundstücke in Vollstreckung und Insolvenz, S. 116.
189 *Stöber*, § 44 Rdn. 4.5.

Lösung:
Da nunmehr nur noch der Gläubiger C das Verfahren aus dem persönlichen Anspruch betreibt, kommen zwar grundsätzlich alle vorgehenden Ansprüche ins geringste Gebot, jedoch steht das Recht III/3 hinter dem Zwangsversteigerungsvermerk und muss angemeldet werden.

Sowohl der **Kapitalanspruch** des Rechtes als auch **wiederkehrende Leistungen,** die sich aus dem Inhalt des Grundbuches ergeben, werden von Amts wegen berücksichtigt. Rückständige wiederkehrende Leistungen, § 13 Abs. 1 S. 2 ZVG, sind jedoch immer anzumelden, § 45 Abs. 2 ZVG. Da die Zinsen bei dem titulierten Anspruch täglich fällig werden, werden diese vom Tage der ersten Beschlagnahme, § 13 Abs. 1 ZVG, bis zwei Wochen nach dem Zwangsversteigerungstermin, § 47 ZVG, in den bar zu zahlenden Teil des geringsten Gebotes eingestellt. 10.178

5. Anzumeldende Ansprüche

Rückständige Zinsen für den Zeitraum vor dem ersten Tag der Beschlagnahme muss der Vollstreckungsgläubiger zum Verfahren anmelden. Ebenso anzumelden sind die **Kosten der Kündigung** und die **Kosten der dinglichen Rechtsverfolgung** aus der Zwangshypothek, § 10 Abs. 2 ZVG. Zu diesen Kosten zählen insbesondere die Gerichtskosten für die Eintragung der Zwangshypothek im Grundbuch und die dem Rechtsanwalt des Gläubigers entstandenen Vollstreckungskosten, die mit der Zwangshypothek selbst nicht eingetragen werden können, § 867 Abs. 1 S. 3 ZPO. Spätester Zeitpunkt der Anmeldung ist auch hier im Zwangsversteigerungstermin vor der Aufforderung zur Abgabe von Geboten, § 37 Nr. 4 ZVG. 10.179

Steht die Zwangshypothek selbst hinter dem Zwangsversteigerungsvermerk, ist sie, wie bereits mehrfach ausgeführt, ebenfalls zum Verfahren anzumelden. 10.180

Betreibt der Vollstreckungsgläubiger selbst das Verfahren, unabhängig ob aus Rangklasse 4 oder 5, ist die Anordnungs- bzw. Beitrittsgebühr ebenfalls anzumelden. Diese wird im Rang des Anspruches des Gläubigers berücksichtigt. 10.181

6. Sicherungsvollstreckung

Hängt das Urteil von einer dem Gläubiger zu erbringenden Sicherheitsleistung ab, kann die Zwangshypothek im Grundbuch im Wege der so genannten Sicherungsvollstreckung eingetragen werden, § 720a Abs. 1 Buchst. b ZPO. Da die Eintragung der Zwangshypothek keine Verwertung darstellt, ist der Nachweis der Sicherheitsleistung hierfür nicht erforderlich. 10.182

Erlischt die Zwangshypothek nach den Versteigerungsbedingungen und ist genügend Erlös vorhanden, dass hierauf eine Zuteilung erfolgt, kann diese an den Zwangshypothekengläubiger nur erfolgen, wenn entweder die 10.183

Sicherheitsleistung oder die Rechtskraft des Titels nachgewiesen wird.[190] Anderenfalls erfolgt eine bedingte Zuteilung und Hinterlegung des auf die Zwangshypothek entfallenden Betrages unter der entsprechenden Bedingung, § 119 ZVG.[191]

10.184 Betreibt der Vollstreckungsgläubiger das Zwangsversteigerungsverfahren aus dem Range der Zwangshypothek, ist die Zielrichtung jetzt Verwertung der Hypothek. Das Verfahren kann daher nur angeordnet werden oder der Beitritt nur zugelassen werden, wenn die Sicherheit geleistet wird oder die Rechtskraft des Titels nachgewiesen wird.[192]

7. Erlösverteilung

a) Die Zwangshypothek bleibt bestehen

10.185 Die Erlöszuteilung auf eine nach den Versteigerungsbedingungen bestehen bleibende Zwangshypothek kann nur in Zusammenhang mit § 53 ZVG gesehen werden. Hiernach übernimmt der Ersteher des Grundstückes die der Hypothek zugrunde liegende persönliche Schuld. Dies ist eine Folge der Akzessorietät, § 1153 BGB. Der Schuldner hat gegenüber dem Ersteher einen Schuldbefreiungsanspruch. Der Vollstreckungsgläubiger als Inhaber der Hypothek muss die Schuldübernahme genehmigen, § 416 Abs. 1 BGB. Der Schuldner muss die Schuldübernahme dem Vollstreckungsgläubiger mitteilen. An die Stelle des Zeitpunktes der Mitteilung i.S.v. § 416 Abs. 2 BGB tritt der Zuschlag in der Zwangsversteigerung.[193] Die Mitteilung selbst ist formfrei und an keine Frist gebunden. Die Genehmigung des Gläubigers wird wirksam mit Erklärung gegenüber dem Schuldner oder Ersteher des Grundstückes. Damit ist die Schuldübernahme wirksam geworden. Sind seit dem Empfang der Mitteilung sechs Monate verstrichen, so gilt die Genehmigung kraft Gesetzes als erteilt, § 416 Abs. 1 S. 2 BGB.

10.186 Bleibt die Zwangshypothek nach den Versteigerungsbedingungen bestehen, ist sie als bestehen bleibendes Recht in das geringste Gebot aufzunehmen. In den bar zu zahlenden Teil des geringsten Gebotes werden laufende Zinsen von Amts wegen eingestellt und rückständige Zinsen und Kosten der dinglichen Rechtsverfolgung auf Anmeldung.

10.187 Betreibt der Vollstreckungsgläubiger das Verfahren aus der Rangklasse 5, ist er dort durch Barzahlung zu befriedigen. Eine Zuteilung bei genügendem Erlös erfolgt in der Rangfolge: Kosten, Zinsen, Hauptanspruch, § 12 ZVG (oder Kosten, Hauptanspruch, Zinsen bei einem Anspruch nach § 497 Abs. 3 BGB, früher § 11 Abs. 3 VerbrKrG).

---

190 *Böttcher*, § 117 Rdn. 20.
191 *Böttcher*, § 117 Rdn. 20; *Stöber*, § 117 Rdn. 6.2; differenzierend nach Kapital u. Nebenleistungen: Steiner/*Teufel*, § 119 Rdn. 5.
192 *Stöber*, ZVG-Handbuch, Rdn. 436a.
193 *Stöber*, § 53 Rdn. 2.4; *Böttcher*, § 53 Rdn. 8.

Bei einer Zuteilung in der Rangklasse 5 ist zu unterscheiden: 10.188

- Hat der Vollstreckungsgläubiger die Schuldübernahme nicht genehmigt nach Zuschlag, ist der frühere Eigentümer persönlicher Schuldner der hypothekarisch gesicherten Forderung geblieben. Durch die Erlöszuteilung als Surrogat für das Grundstück wird die Forderung getilgt, sie ist damit erloschen, § 362 BGB. Das Erlöschen der Forderung hat jedoch nicht das Entstehen einer Eigentümergrundschuld zur Folge (dann wäre der Ersteher zuzahlungspflichtig gemäß § 50 ZVG). Infolge der Nichtgenehmigung der Schuldübernahme hat der frühere Eigentümer (= Schuldner) einen Schuldbefreiungsanspruch gegenüber dem Ersteher. Es findet eine gesetzliche Forderungsauswechslung statt, § 1164 Abs. 1 BGB, die Zwangshypothek geht auf den früheren Eigentümer (= Schuldner) über und sichert den Ersatzanspruch aus § 416 BGB gegenüber dem Ersteher, der ab Zuschlag Eigentümer des Grundstückes geworden ist.[194]

- Sofern der Gläubiger die Schuldübernahme genehmigt hat, hat er keinen Anspruch mehr gegen den alten Eigentümer (= Schuldner). Mit Wirksamkeit der Genehmigung tritt ein Wechsel in der Person des Forderungsschuldners ein. Der Ersteher als neuer Eigentümer des Grundstückes hat nicht nur die Zwangshypothek dinglich, sondern auch die zugrunde liegende Forderung übernommen. Eine Zuteilung aus dem Versteigerungserlös als Surrogat für das Grundstück darf in Rangklasse 5 nun nicht mehr erfolgen.[195]

Ersteigert der Vollstreckungsgläubiger das Grundstück selbst, geht die hypothekarisch gesicherte Forderung ebenfalls auf den Ersteher (= Gläubiger) über, § 53 ZVG. Eine Genehmigung dieser Schuldübernahme nach § 416 Abs. 1 BGB ist nicht erforderlich, da der Gläubiger selber die Schuld übernimmt. Die Forderung ist nunmehr durch Konfusion erloschen. Die Zwangshypothek wandelt sich kraft Gesetzes in eine Eigentümergrundschuld um.[196]   10.189

b) Die Zwangshypothek erlischt

Wird das Zwangsversteigerungsverfahren aus einem der Zwangshypothek vorgehenden Recht betrieben, erlischt diese nach den Versteigerungsbedingungen, §§ 44, 52 ZVG. Soweit die Zwangshypothek vor dem Zwangsversteigerungsvermerk im Grundbuch eingetragen wurde oder aber, bei Eintragung dahinter, sie rechtzeitig angemeldet wurde, ist sie bei genü-   10.190

---

194 Steiner/*Teufel*, § 114 Rdn. 68; *Keller,* Grundstücke in Vollstreckung und Insolvenz, S. 117.
195 Steiner/*Teufel*, § 114 Rdn. 68; *Keller,* Grundstücke in Vollstreckung und Insolvenz, S. 117.
196 Vgl. MünchKomm/*Heinrichs* BGB, vor § 362 Rdn. 4.

gendem Erlös in der Verteilung zu berücksichtigen. Die Zuteilung erfolgt in der Reihenfolge: Kosten, Zinsen, Hauptforderung, § 12 ZVG (oder Kosten, Hauptanspruch, Zinsen bei einem Anspruch nach § 497 Abs. 3 BGB bzw. früher dem VerbrKrG § 11 Abs. 3). Ältere Zinsen und die Kosten der dinglichen Rechtsverfolgung sind anzumelden, § 10 Abs. 2 ZVG.

c) Zuteilung auf nichtige oder fehlerhafte Zwangshypothek

10.191 Steht bei der Erlöserteilung fest, dass die zu berücksichtigende Zwangshypothek unheilbar nichtig ist, kann eine Erlöszuteilung auf das Recht nicht erfolgen. Die nichtige Zwangshypothek wird im Teilungsplan nicht berücksichtigt.[197]

10.192 Bei Fehlen einer Vollstreckungsvoraussetzung kann die Zwangshypothek nachträglich geheilt werden. Für die Erlöszuteilung im Range des Rechtes ist entscheidend, ob die Heilung mit rückwirkender Wirkung erfolgt oder nicht. Sofern zwischenzeitlich mit Rang nach der Zwangshypothek weitere Rechte im Grundbuch eingetragen wurden, stellt sich die Frage, ob die Zwangshypothek den Rang kraft Eintragung behalten hat, § 879 BGB, oder aber nunmehr im Range auf den Zeitpunkt der Heilung des Vollstreckungsmangels zurückfällt (vgl. zuvor Rdn. 10.134 ff.).

10.193 Sofern das Versteigerungsgericht der Auffassung ist, dass die Zwangshypothek einen entsprechenden Rangverlust erlitten hat, stimmt die Anmeldung des Vollstreckungsgläubigers mit dem zugebilligten Rang nicht überein. Die Anmeldung gilt dann kraft Gesetzes als Widerspruch gegen den Teilungsplan, § 115 Abs. 2 ZVG.

10.194 Wird die Auffassung vertreten, dass die Zwangshypothek ihren Rang behalten hat, wird der rangmäßig nachfolgende Berechtigte möglicherweise Widerspruch erheben. Wird eine Einigung zwischen den Beteiligten nicht erzielt, ist der strittige Betrag zu hinterlegen. Der Widersprechende muss seinen Anspruch im Wege der Widerspruchsklage weiterverfolgen, § 115 Abs. 1 ZVG i.V.m. §§ 876 ff. ZPO.

8. Arresthypothek in der Zwangsversteigerung

10.195 Auch aus der Arresthypothek kann im Range des Rechts die Zwangsversteigerung nur betrieben werden, wenn der Vollstreckungsgläubiger einen Duldungstitel vorlegt.[198] Die Eintragung der Arresthypothek im Grundbuch wird zwar wie die Zwangshypothek auf dem Titel vermerkt, § 932 Abs. 2, § 867 Abs. 1 ZPO, jedoch kann aufgrund dieser Voraussetzungen nicht die Zwangsversteigerung in das Grundstück betrieben werden, § 932 Abs. 2 ZPO verweist ausdrücklich nicht auf § 867 Abs. 3 ZPO.

---

197 *Hagemann*, Rpfleger 1982, 165, 168.
198 *Stöber*, Einl. Rdn. 74.4.

Will der Vollstreckungsgläubiger selbst das Zwangsversteigerungsverfahren nicht betreiben, gelten auch hier die Grundsätze der Berücksichtigung des Rechtes vor bzw. nach Eintragung des Zwangsversteigerungsvermerkes wie bei der Zwangshypothek: Das Recht ist nur dann von Amts wegen zu berücksichtigen, wenn es vor dem Vermerk eingetragen ist, anderenfalls muss es angemeldet werden.

10.196

Der Gläubiger kann aber auch die Arresthypothek in eine Zwangshypothek umwandeln lassen. Diesen Antrag kann er formlos beim Grundbuchgericht stellen unter Vorlage des rechtskräftigen Urteils in der Hauptsache. Die Umwandlung erfolgt nach den Grundsätzen des § 1186 BGB, der Rang richtet sich nach der Arresthypothek.[199] Für die Eintragung der Zwangshypothek gelten dann wiederum die besonderen Zwangsvollstreckungsvoraussetzungen, insbesondere sind die Mindestgrenze (über 750,– €) und das Verbot der Doppelbelastung zu beachten.

10.197

Nach Umwandlung der Arresthypothek in die Zwangshypothek steht dem Vollstreckungsgläubiger der gesetzliche Löschungsanspruch zu, § 1179a BGB, der bei der Arresthypothek ausdrücklich ausgeschlossen ist, § 932 Abs. 1 S. 2 ZPO.

10.198

---

199 Musielak/*Huber*, § 932 Rdn. 6; *Schöner/Stöber*, Rdn. 2234.

11. Abschnitt
Zwangsversteigerung

I. Allgemeines

1. Zielsetzung

Ziel der Zwangsvollstreckung in das unbewegliche Vermögen ist die Verwirklichung oder Durchsetzung privatrechtlicher, teilweise auch öffentlich-rechtlicher Ansprüche mit staatlichen Zwangsmitteln.[1] Der Eingriff eines Gläubigers in das nach Art. 14 Abs. 1 GG geschützte Eigentum findet in dem Verfahrensziel seine Rechtfertigung, eine nach materiellem Recht begründete Geldforderung des Gläubigers zu befriedigen oder einen anderen materiellen Anspruch des Antragstellers zu verwirklichen.[2] Das Vollstreckungsgericht handelt gegenüber den Beteiligten hoheitlich. Die Durchführung des Verfahrens und die sich daraus ergebende Duldung des Eingriffes des Eigentümers regelt das Zwangsversteigerungsgesetz, § 869 ZPO i.V.m. §§ 1 ff. ZVG.

11.1

Im Zwangsversteigerungsgesetz sind aber nicht nur die Zwangsversteigerung und Zwangsverwaltung zur Durchsetzung eines Zahlungsanspruches bzw. Duldungsanspruches geregelt, sondern auch die Verfahren in besonderen Fällen, §§ 172 ff. ZVG. Mit der Zwangsversteigerung oder Zwangsverwaltung auf Antrag des Insolvenzverwalters, §§ 172–174a ZVG, wird das Verfügungs- und Verwaltungsrecht des Insolvenzverwalters verwirklicht.[3] Mit der Zwangsversteigerung auf Antrag des Erben in ein Nachlassgrundstück, §§ 175–179 ZVG, will sich dieser Kenntnis vom Schuldenstand verschaffen, um damit die Entscheidung treffen zu können, ob er seine beschränkte Haftung geltend macht. Die Zwangsversteigerung zum Zwecke der Aufhebung der Gemeinschaft (Auseinandersetzungsversteigerung oder Teilungsversteigerung) dient der Verwirklichung des materiellen Auseinandersetzungsanspruches eines Grundstücksmiteigentümers, §§ 180–185 ZVG.

11.2

---

1   Steiner/*Hagemann,* Einl. Rdn. 13.
2   *Stöber,* Einl. Rdn. 1; BVerfG, Rpfleger 1978, 206 = NJW 1978, 368; BVerfG, Rpfleger 1976, 389 = NJW 1976, 1391.
3   Zum Antragsrecht des Insolvenzverwalters, insbesondere zur Anordnung der Zwangsversteigerung bei Auslandsberührung, vgl. *Rellermeyer,* Rpfleger 1997, 509.

2. Auswirkungen des Verfassungsrechts

a) Grundsatz der Verhältnismäßigkeit – Übermaßverbot

11.3 Der Eingriff in das grundgesetzlich geschützte Eigentum darf nicht über das notwendige Maß hinausgehen, das Versteigerungsgericht muss jederzeit den Grundsatz der Verhältnismäßigkeit und das Übermaßverbot beachten.[4] Zwar hat der Vollstreckungsgläubiger grundsätzlich ein Wahlrecht, welche Vollstreckungsmaßnahme er einleitet, er kann auch wahlweise verschiedene Vollstreckungen gleichzeitig durchführen, § 866 Abs. 3 ZPO, er muss jedoch immer darauf achten, die Maßnahme zu ergreifen, die für den Schuldner weniger belastend und einschneidend ist, um sein Vollstreckungsziel zu erreichen.[5]

b) Gleichheitsgrundsatz

11.4 Alle Menschen sind vor dem Gesetz gleich und müssen auch tatsächlich und rechtlich gleich behandelt werden, Art. 3 GG. Auch dieser Grundsatz war bereits verschiedentlich Gegenstand höchstrichterlicher Entscheidungen.

11.5 Beispiel:

Im Rahmen einer Teilungsversteigerung war im Zwangsversteigerungstermin nur der Ehemann anwesend. Nach den Versteigerungsbedingungen blieb eine Grundschuld von ca. 34.000,– € (valutiert mit ca. 20.000,– €) bestehen. Der Ehemann bot für das Grundstück einen Betrag von 2.000,– €. Nach Abschluss der Bietstunde verlangte er die sofortige Zuschlagserteilung auf seinen Namen, die auch erfolgte. Das BVerfG[6] hob den Zuschlag wegen Verletzung des Grundrechtes der antragstellenden Ehefrau aus Art. 3 GG wieder auf. Der Zuschlag für ein Objekt im Werte von 144.000,– € durfte nicht für ein Bargebot von 2.000,– € unter Übernahme einer Belastung von nur 34.000,– € erteilt werden. Hier sei die Unerfahrenheit der Ehefrau ausgenutzt worden. Das Versteigerungsgericht hätte den Zuschlag nicht sofort erteilen dürfen, vielmehr wäre ein Hinweis gemäß § 139 ZPO erforderlich gewesen (die $^5/_{10}$-Grenze nach § 85a ZVG ist erst mit Wirkung vom 1.7.1979 eingeführt worden).

11.6 Beispiel:

Die Berechtigte des Rechtes Abt. III/2 ist bestrangig betreibende Gläubigerin. Die Grundschuld III/1 bleibt nach den Versteigerungsbedingungen bestehen. Im Versteigerungstermin lässt sich die Gläubigerin durch ihren Sohn vertreten, der 10.250,– € bietet. Der nachrangige Gläubiger des Rechtes III/3 überbietet dies und bleibt mit 13.000,– € Meistbietender. Der Sohn und der Gläubiger des Rechtes III/3 beantragen sofortige Zuschlagserteilung an den Gläubiger des Rechtes III/3, der dann auch erteilt wird.

---

4 BVerfG, Rpfleger 1979, 12 = NJW 1979, 538.
5 Vgl. *Böttcher*, Einl. Rdn. 44.
6 Rpfleger 1976, 389 mit Anm. *Stöber* und *Vollkommer* = NJW 1976, 1391.

Das BVerfG[7] hob den Zuschlagsbeschluss wieder auf, da sich in der Verhandlung über den Zuschlag die Vermutung aufdrängen musste, dass einer der Beteiligten die für ihn nachteiligen Folgen der Zuschlagserteilung, und zwar das Erlöschen des dinglichen Rechtes des bestbetreibenden Gläubigers bei einem Meistgebot des nachrangigen Gläubigers, nicht erkannte. Das Versteigerungsgericht hätte hier auf diese Rechtsfolgen hinweisen müssen (ob allerdings das Verfahren tatsächlich unfair zuungunsten des betreibenden Gläubigers durchgeführt wurde, dürfte zweifelhaft sein, denn die Belehrung über die Versteigerungsbedingungen erfolgten bereits vor der Gebotsaufforderung[8]).

c) Eigentumsgarantie

11.7 Nach Einfügung des § 85a ZVG mit Wirkung vom 1.7.1979 konnten die bis dahin ergangenen Entscheidungen des BVerfG zur Eigentumsgarantie nach Art. 14 GG weitgehend kompensiert werden. Der Zuschlag muss von Amts wegen versagt werden, wenn das abgegebene bare Meistgebot unter Hinzurechnung der nach den Versteigerungsbedingungen bestehen bleibenden Rechte 50 % des Verkehrswertes nicht erreicht. Dennoch sind die vom BVerfG aufgestellten Grundsätze zu Art. 14 GG nach wie vor beachtlich, da die Wertgrenze von 50 % nur für den ersten Versteigerungstermin Gültigkeit hat.

11.8 Beispiel:

Bei einer Zwangsversteigerung wurde der Verkehrswert des Grundstückes auf 95.000,- € festgesetzt. Insgesamt belief sich das Meistgebot auf 10.500,- €. Der bettlägerig erkrankte Schuldner war im Versteigerungstermin nicht erschienen.

Das BVerfG[9] hat den Zuschlag mit der Begründung aufgehoben, das Versteigerungsgericht hätte den Zuschlag nicht sofort erteilen dürfen, sondern erst in einem besonderen Verkündungstermin, § 87 ZVG. Dem Eigentümer hätte Gelegenheit gegeben werden müssen, mit einem Vollstreckungsschutzantrag, § 765a ZPO, den Zuschlag evtl. noch zu verhindern.

11.9 Beispiel:

Zu Beginn des Versteigerungsverfahrens hatte der Eigentümer einen Antrag auf einstweilige Einstellung der Zwangsversteigerung gestellt, § 30a ZVG. Diesen Antrag hatte das Versteigerungsgericht bis zur Zuschlagsverhandlung nicht beschieden. Im Versteigerungstermin war der Eigentümer nicht anwesend. Mit der sofortigen Zuschlagsentscheidung wies das Versteigerungsgericht den Einstellungsantrag des Schuldners zurück.

Das BVerfG[10] hob den Zuschlag mit der Begründung auf, der Einstellungsantrag des Schuldners hätte viel früher beschieden werden müssen, nicht erst mit der Zuschlagsentscheidung. Wäre der Antrag früher zurückgewiesen worden, wäre dem Schuldner möglicherweise der Ernst der Lage erst klar geworden und er hätte Rechtsmittel bzw. Vollstreckungsschutz nach § 765a ZPO noch rechtzeitig beantragen können.

---

7 Rpfleger 1993, 32.
8 Vgl. hierzu die kritische Anm. *Hintzen*, Rpfleger 1993, 33, 34.
9 Rpfleger 1978, 206 = NJW 1978, 368.
10 Rpfleger 1979, 296 = NJW 1979, 534.

d) Rechtsstaatsprinzip

11.10 Das Rechtsstaatsprinzip nach Art. 20 GG sichert den Beteiligten ein faires Verfahren. Gesichert werden soll hierdurch, dass Beteiligte weder mit Verfahrentricks arbeiten, noch die Unwissenheit einzelner Beteiligter durch formale Positionen geschickt ausgenutzt wird. Auch darf das Versteigerungsgericht das Verfahrensrecht nicht willkürlich anwenden. Dies bedingt, dass das Versteigerungsgericht eine Hinweis- und Belehrungspflicht trifft, wobei die Grenzen immer durch die verfassungsrechtliche Neutralitätspflicht des Rechtspflegers gezogen werden muss.[11]

3. Informationsbeschaffung

11.11 Während die Mobiliarzwangsvollstreckung für den Gläubiger oftmals eine Vollstreckung „ins Blaue" darstellt, hat die Immobiliarzwangsvollstreckung eine konkrete Grundlage, das Grundstück. Ein wesentlicher Unterschied zur Mobiliarzwangsvollstreckung als Einzelzwangsvollstreckung liegt bei der Zwangsversteigerung in der Tatsache begründet, dass es sich hierbei um eine Art „Gesamtvollstreckung" handelt. Mehrere Gläubiger vollstrecken in ein und dasselbe Vollstreckungsobjekt. Aber auch wenn mehrere Gläubiger die Zwangsversteigerung betreiben, laufen die jeweiligen Verfahren innerhalb der Gesamtversteigerung getrennt nebeneinander her. Infolge der Konkurrenz der unterschiedlichen Interessen der Gläubiger ist eine genaue Kenntnis der Sach- und Rechtslage unbedingt erforderlich. Für den Vollstreckungsgläubiger steht daher auch in der Zwangsversteigerung die Informationsbeschaffung an erster Stelle.

11.12 Erster Anhaltspunkt für das Vorhandensein von Grundbesitz sind für den Rechtsanwalt die **Auskünfte des eigenen Mandanten**. Oftmals wird auch der **Gerichtsvollzieher** bei der Sachpfändung in das Pfändungsprotokoll entsprechende Angaben aufnehmen. Gibt der Schuldner die **eidesstattliche Versicherung** ab, muss er in das Vermögensverzeichnis Angaben zum Grundbesitz aufnehmen. Unter Vorlage des Vollstreckungstitels kann der Gläubiger auch bei dem für den Wohnsitz des Schuldners zuständigen Amtsgericht – Grundbuchgericht – nachfragen, ob der Schuldner über Grundbesitz verfügt. Jedes Grundbuchgericht verfügt über ein **Eigentümerverzeichnis** (Eigentümerkartei), in dem die Eigentümer (Wohnungseigentümer, Erbbauberechtigte) vermerkt sind. Bei einem Einzelkaufmann ist darauf zu achten, dass dieser nicht unter seiner Firma, sondern mit seinem bürgerlichen Namen im Grundbuch eingetragen ist.

---

[11] BVerfG, Rpfleger 1976, 389 = NJW 1976, 1391; BVerfG, Rpfleger 1979, 12 = NJW 1979, 538; *Vollkommer*, Rpfleger 1982, 1 ff.; *Muth*, Rpfleger 1986, 417; *Stöber*, Einl. Rdn. 7; *Böttcher*, Einl. Rdn. 32 mit zahlreichen Beispielen aus der Rechtsprechung.

Verfügt der Schuldner über Grundbesitz, muss der Gläubiger das Grundbuch unbedingt einsehen oder sich einen Grundbuchauszug übersenden lassen. Die Einsicht des Grundbuches ist jedem gestattet, der ein **berechtigtes Interesse** hat, § 12 GBO. Es genügt jedes rechtliche, aber auch tatsächliche, wirtschaftliche oder öffentliche Interesse, es darf sich hierbei nur nicht um reine Neugier handeln.[12] Es müssen nicht unbedingt entsprechende Urkunden vorgelegt werden, der sachlich begründete Vortrag des Antragstellers genügt.[13] Der **Bietinteressent** hat jedoch kein Einsichtsrecht, er ist auf § 42 ZVG zu verweisen, er kann die Versteigerungsakte einsehen.

11.13

Da der Gläubiger aufgrund des Vollstreckungstitels ein berechtigtes Interesse hat, ist ihm die Einsicht in das Grundbuch zu gewähren, § 12 GBO.[14]

11.14

Will der Gläubiger weitere Angaben haben, die sich aus dem Inhalt des Grundbuches selbst nicht ergeben, z.B. Namen und Anschriften eines Käufers, Wertangaben zu Rechten der Abt. II, Inhalt der Sicherungsabrede von Grundschulden der Abt. III, Daten über einzelne Zinsfälligkeiten pp., muss er die entsprechenden Bewilligungsurkunden, die der jeweiligen Eintragung zugrunde liegen, in der Grundakte einsehen. Auch hierzu hat der Gläubiger ein berechtigtes Interesse, § 46 GBV.

11.15

4. Auswertung des Grundbuchs

a) Bestandsverzeichnis

Ist im Bestandsverzeichnis des Grundbuches nur ein Grundstück gebucht, ist die Sache unproblematisch. Zu beachten ist nur, dass es sich auch dann rechtlich um ein Grundstück handelt, wenn unter einer laufenden Nummer mehrere Flurstücke gebucht sind. Nur das Grundstück im Rechtssinne unterliegt der Vollstreckung (vgl. Rdn. 9.1 ff.).

11.16

---

12 Vgl. *Böhringer,* Rpfleger 1987, 181 und 1989, 309; *Melchers,* Rpfleger 1993, 309; *Grziwotz,* MittBayNot 1995, 97; Meikel/*Böttcher,* § 12 Rdn. 5 ff.
13 LG Stuttgart, BWNotZ 2002, 68; LG Heilbronn, Rpfleger 1982, 414; OLG Hamm, Rpfleger 1986, 128; zum Einsichtsrecht von Presseorganen: BVerfG, Rpfleger 2001, 15 = FGPrax 2001, 503 = FGPrax 2001, 52 = MDR 2001, 146 = WuM 2000, 666 = ZfIR 2000, 901; KG, Rpfleger 2001, 539 = NJW 2002, 223 = ZfIR 2001, 935; LG Hof, WuM 2001, 133; zu Wohnungseigentümern zur Einsicht in die Grundbücher der Miteigentümer OLG Düsseldorf, Rpfleger 1987,199 = JurBüro 1987, 422; zum Immobilienmakler BayObLG, Rpfleger 1983, 272; OLG Stuttgart, Rpfleger 1993, 272 und LG Köln, Rpfleger 1998, 70; Redakteur in Ausübung seines Berufes OLG Hamm, Rpfleger 1988, 473 = JurBüro 1988, 1505, LG Moosbach, Rpfleger 1992, 246 und OLG Düsseldorf, Rpfleger 1992, 18; zum Mieter in das Grundbuch seines Vermieters LG Mannheim, Rpfleger 1992, 246; zum Pflichtteilsberechtigten: KG, Rpfleger 2004, 346 = NJW-RR 2004, 1316 = FGPrax 2004, 58 = MDR 2004, 943; keine Bevorrechtigung von Sparkassen gegenüber anderen Banken BVerfG, Rpfleger 1983, 346.
14 Meikel/*Böttcher,* § 12 Rdn. 56 m.w.N.

11.17 Sind im Bestandsverzeichnis mehrere selbstständige Grundstücke verzeichnet, ist zu ermitteln, ob es sich auch wirtschaftlich um verschiedene Objekte handelt. Trifft dies zu, sind diese Grundstücke einzeln bzw. getrennt zu versteigern. Handelt es sich jedoch wirtschaftlich um ein Objekt, das Haus erstreckt sich z.B. über mehrere Flurstücke, sind die Grundstücke unbedingt zusammen zu versteigern, § 18 ZVG. Dem trägt auch § 63 Abs. 1 ZVG Rechnung, der vorsieht, dass mehrere in demselben Verfahren zu versteigernde Grundstücke dann nicht mehr einzeln auszubieten sind, sofern sie mit einem einheitlichen Bauwerk überbaut sind. Der BGH[15] hat mit Beschluss vom 24.11.2005 entschieden, dass, verliert ein belastetes Grundstück durch Vereinigung mit einem anderen Grundstück die Selbstständigkeit, die Belastungen auf dem Teil des neuen Grundstücks ruhen, der vor der Vereinigung Belastungsgegenstand war. In einem solchen Fall ist der Gläubiger des Rechts, das auf dem früheren selbstständigen Grundstück gelastet hat, nicht gehindert, einem Zwangsversteigerungsverfahren beizutreten, das das vereinigte neue Grundstück betrifft. Dabei ist es unerheblich, ob das frühere Grundstück, weil katastermäßig nicht verschmolzen, als Flurstück fortbesteht oder ob es auch als Flurstück nicht mehr existiert, da auch im letzteren Fall anhand der Genese der Flächenabschnitt ermittelt werden kann, auf den sich die Belastung mit welcher Rangfolge erstreckt.

Dieser Entscheidung ist zu widersprechen. Der Hinweis des BGH, die Vorschriften über mehrere zu versteigernde Grundstücke sinngemäß anzuwenden, zeugt von geringer Praxiskenntnis. Der BGH unterscheidet schon nicht in „Vereinigung" oder „Verschmelzung" der verschiedenen Grundstücke. Bei einer Vereinigung bleiben die Belastungen auf den bisherigen Grundstücken bestehen, eine Erweiterung des Haftungsumfanges erfolgt nicht, vgl. § 1131 BGB. Bei einer Verschmelzung jedoch ist das belastete Flurstück in seinem Bestand nicht mehr vorhanden, es muss daher vor der Eintragung im Grundbuch geklärt werden, was mit den Belastungen einzelner Flurstücke geschehen soll; bevor die Belastungen nicht gelöscht werden oder eine Haftungserweiterung auf das gesamte Grundstück erfolgt, hätte das Grundbuchamt die Eintragung nicht vollziehen dürfen. Die Anordnung der Versteigerung bezieht sich auf das verschmolzene einheitliche Grundstück. Der Beitritt kann jedoch nur in das ehemals belastete Flurstück erfolgen (was es aber nach der Verschmelzung nicht mehr gibt). Nach welchem bestrangig betreibenden Anspruch soll das geringste Gebot für das einheitliche Grundstück aufgestellt werden? Der BGH führt am Ende der Entscheidungsgründe aus, dass, sollten die Grundstücksteile verschiedenen Erstehern zugeschlagen werden, das Grundstück durch Hoheitsakt wieder geteilt wird. Auch dieser Hinweis nötigt zuerst zu der Frage, wie es überhaupt zu einer Zuschlagsentscheidung der Grundstücksteile kommen soll? Dies setzt Einzelausgebote der ehemaligen Grundstücke voraus. Ein Ein-

---

15 Rpfleger 2006, 150.

zelausgebot kommt – wenn überhaupt – nur bezüglich des ehemals belasteten Grundstücksteils in Betracht. Ein Versteigerungsverfahren hinsichtlich der Möglichkeit der Einzelausgebote der weiteren ehemaligen Grundstücksteile kann schon deswegen nicht erfolgen, weil insoweit kein Verfahren angeordnet wurde. Insgesamt hätte die Verschmelzung nicht vollzogen werden dürfen.

Das Gleiche gilt, wenn im Bestandsverzeichnis ein Miteigentumsanteil einem Hauptgrundstück zugebucht ist, § 3 Abs. 4, 5 GBO (z.B. ein zugebuchter Miteigentumsanteil an einer gemeinsamen Garagenzufahrt oder Abstellplätzen für PKW oder Müllcontainer; die Eintragung lautet z.B. „2/zu 1" und ist damit dem Hauptgrundstück lfd. Nr. 1 zugebucht). Der zugebuchte Miteigentumsanteil ist dem Hauptgrundstück untergeordnet, da er nur dessen wirtschaftlichen Zweck zu dienen bestimmt ist (vgl. Rdn. 9.7). **11.18**

b) Abteilung I

Ist der Vollstreckungsschuldner im Grundbuch als Alleineigentümer des Grundbesitzes eingetragen, sind weitere Überlegungen zu den Voraussetzungen bzw. Möglichkeiten der Vollstreckung unnötig. **11.19**

Ist der Schuldner Miteigentümer einer **Gemeinschaft zur gesamten Hand** (Erbengemeinschaft, Gesellschaft bürgerlichen Rechts, Partnerschaftsgesellschaft, Gütergemeinschaft), ist die Vollstreckung aufgrund des vorliegenden Titels unzulässig. Die Zwangsvollstreckung ist nur dann möglich, wenn ein Titel gegen alle Miteigentümer vorgelegt wird. In diesem Fall sind Überlegungen zur Auseinandersetzungsversteigerung anzustellen. **11.20**

Ist der Schuldner **Miteigentümer** eines ideellen Miteigentumsanteiles (Bruchteilseigentum), ist die Zwangsvollstreckung in diesen Anteil grundsätzlich zulässig, § 864 Abs. 2 ZPO. Regelmäßig wird die Zwangsversteigerung eines Miteigentumsanteiles aussichtslos sein, da nur wenige Bietinteressenten bereit sind, einen solchen Anteil zu ersteigern. Auch hier wird der Gläubiger regelmäßig die Auseinandersetzungsversteigerung in Betracht ziehen. Nach Pfändung des Auseinandersetzungsanspruches hat er hierzu ein Antragsrecht. Es muss jedoch weiter überlegt werden, ob nicht gleichzeitig die Eintragung einer Zwangssicherungshypothek auf dem Miteigentumsanteil des Schuldners angebracht ist. Da die Pfändung des Auseinandersetzungsanspruches auf dem Anteil des Miteigentümers (= Schuldners) im Grundbuch nicht eingetragen werden kann, bietet nur die Zwangssicherungshypothek Schutz vor weiteren Verfügungen zum Nachteil des Gläubigers (vgl. Rdn. 9.32; 6.381 ff.). **11.21**

Ist der Schuldner Gesellschafter einer **OHG, KG** oder **Partnerschaftsgesellschaft**, ist zur Zwangsvollstreckung in das Grundstück ein Titel gegen die Gesellschaft erforderlich, § 124 Abs. 2 HGB bzw. § 7 Abs. 2 PartGG i.V.m. § 124 Abs. 2 HGB. Umgekehrt kann auch aus einem Titel gegen die **11.22**

Gesellschaft nicht in das Vermögen des persönlich haftenden Gesellschafters oder Partners vollstreckt werden, § 129 Abs. 4 HGB bzw. § 8 Abs. 1 PartGG i.V.m. § 129 HGB. Liegt nur ein Titel gegen den Gesellschafter oder Partner vor, so kann der Gläubiger nur den Anspruch des Schuldners am Gesellschafts- bzw. Partnerschaftsgesellschaftsvermögen pfänden und sich zur Einziehung überweisen lassen.[16] Nach der Entscheidung des BGH[17] zur Rechtsfähigkeit der Außengesellschaft der **Gesellschaft bürgerlichen Rechts** gelten die zuvor genannten Regeln auch für die GbR. Nach § 736 ZPO ist zur Zwangsvollstreckung in das Gesellschaftsvermögen einer nach § 705 BGB eingegangenen Gesellschaft ein gegen alle Gesellschafter ergangenes Urteil erforderlich. Diese gemäß § 795 ZPO auch für vollstreckbare Urkunden geltende Vorschrift hat durch die neuere Rechtsprechung zur Rechtsfähigkeit der Gesellschaft bürgerlichen Rechts nicht ihre Bedeutung verloren. Sie ist nach Auffassung des **BGH**[18] nunmehr so zu verstehen, dass der Gläubiger nicht nur mit einem gegen die Gesellschaft als Partei gerichteten Titel in das Gesellschaftsvermögen vollstrecken kann, sondern – anders als bei der OHG (vgl. § 124 Abs. 2 HGB) – auch mit einem Titel gegen alle einzelnen Gesellschafter aus ihrer persönlichen Mithaftung. Folglich entschied der BGH, dass aus der wirksam in eine Grundschuldurkunde aufgenommenen und im Grundbuch eingetragenen Unterwerfungserklärung der Gesellschafter einer Gesellschaft bürgerlichen Rechts gemäß § 800 Abs. 1 ZPO die Zwangsvollstreckung in ein Grundstück des Gesellschaftsvermögens betrieben werden kann.

c) Abteilung II

11.23 Bei den Eintragungen in der Abteilung II des Grundbuches ist zunächst nur darauf zu achten, ob es sich bei der Eintragung um ein Vollstreckungshindernis handelt. Darüber hinaus hat das Versteigerungsgericht nach der geänderten Vorschrift § 28 Abs. 2 ZVG aber auch jede ihm bekannt gewordene Verfügungsbeschränkung außerhalb des Grundbuches oder einen Vollstreckungsmangel zu beachten.

11.24 Verfügungsbeschränkungen oder der Entzug der Verfügungsbefugnis werden nicht mit der Eintragung im Grundbuch wirksam, die Eintragung ist nur deklaratorisch. Es ist unbestritten, dass das Versteigerungsgericht schon bei Kenntnis z.B. der Insolvenzeröffnung den Entzug der Verfügungsbefugnis des Schuldners zu beachten hat, ohne Rücksicht auf die Ein-

---

16 *Stöber,* Forderungspfändung, Rdn. 1552 ff.
17 BGH, Rpfleger 2001, 246; BGH, NJW 1986, 1991 und 1998, 2904; OLG Celle, Rpfleger 2004, 507; OLG Köln, NJW-RR 1994, 1517; MünchKomm/*Smid* ZPO, § 859 Rdn. 6; MünchKomm/*Ulmer* BGB, § 725 Rdn. 10; Musielak/*Becker,* § 859 Rdn. 2; Baumbach/*Hartmann,* § 859 Rdn. 2; Brox/*Walker,* Rdn. 775.
18 Rpfleger 2004, 718 = NJW 2004, 3632 = DNotZ 2005, 121 = NZM 2005, 36 = BB 2004, 2092 = DB 2004, 2148 = MDR 2005, 113 = WM 2004, 1827 = ZIP 2004, 1775 = InVo 2005, 115 = NotBZ 2004, 389 = ZfIR 2004, 828 = ZNotP 2004, 487.

tragung des Insolvenzvermerkes im Grundbuch.[19] Das Problem der Kenntnis einer Verfügungsbeschränkung verstärkt sich im Hinblick auf die Änderungen nach der Insolvenzordnung, da die Bestellung eines vorläufigen Insolvenzverwalters und gleichzeitig der Erlass eines allgemeinen Verfügungsverbotes ein absolutes Verfügungsverbot bewirkt, § 21 Abs. 2 Nr. 2, § 22 Abs. 1 S. 1, § 24 Abs. 1, §§ 81, 82 InsO.

Im Einzelnen: **11.25**

- zu Eintragungen nach dem **Baugesetzbuch** (Umlegungsvermerk, Enteignungsvermerk, Sanierungsvermerk, Entwicklungsvermerk) vgl. Rdn. 9.148 ff.;
- zum Sperrvermerk nach dem **Bundesversorgungsgesetz** (BVG) vgl. Rdn. 9.152;
- zum Veräußerungsverbot aufgrund **einstweiliger Verfügung** vgl. Rdn. 9.175;
- zum Veräußerungsverbot beim **Erbbaurecht** vgl. Rdn. 9.156 ff.;
- zur **Flurbereinigung** vgl. Rdn. 9.150;
- zum Verfügungs- und Vollstreckungsverbot nach Eröffnung des **Insolvenzverfahrens** vgl. Rdn. 9.159 ff.;
- zur Anordnung eines Verfügungs- und Vollstreckungsverbots im **Insolvenzeröffnungsverfahren** vgl. Rdn. 9.162 ff.;
- bei angeordneter **Nachlassverwaltung** vgl. Rdn. 9.171;
- zum **Pfändungsvermerk** vgl. Rdn. 9.169;
- zum **Rechtshängigkeitsvermerk** vgl. Rdn. 9.179;
- bei angeordneter **Testamentsvollstreckung** vgl. Rdn. 9.170;
- zur **Vermögensbeschlagnahme** nach der StPO vgl. Rdn. 9.180;
- bei **Vor- und Nacherbfolge** vgl. Rdn. 9.172;
- zum Veräußerungsverbot bei **Wohnungs-** oder **Teileigentum** vgl. Rdn. 9.157;
- zum **Zwangsversteigerungs-** bzw. **Zwangsverwaltungsvermerk** vgl. Rdn. 9.177.

Ist der Grundbesitz verkauft und zugunsten eines Käufers eine **Auflassungsvormerkung** im Grundbuch eingetragen, stellt diese grundsätzlich kein Zwangsversteigerungshindernis dar.[20] Vor Beantragung des Zwangsversteigerungsverfahrens muss jedoch unbedingt der Inhalt der Auflassungsvormerkung ermittelt werden. Sichert die Vormerkung den Anspruch auf Eigentumsumschreibung, sollte von einer weiteren Vollstreckung abgesehen werden. Ein Zwangsversteigerungsverfahren ist regelmäßig aussichtslos, da kein Bietinteressent das Grundstück ersteigern wird. Er läuft Gefahr, **11.26**

---

19 *Stöber*, § 15 Rdn. 23.2.
20 H.M.: BGH, Rpfleger 1967, 9 = NJW 1967, 566.

das Grundstück jederzeit wieder zu verlieren, § 888 BGB. Etwas anderes kann sich nur dann ergeben, wenn der gesicherte Anspruch nicht erfüllt wird oder bereits erloschen ist.

11.27 Sichert die eingetragene Vormerkung jedoch einen **Wiederkaufs- oder Rückkaufsanspruch,** ist durch Einsicht in die in den Grundakten liegende Bewilligungsurkunde zu überprüfen, wie wahrscheinlich der Fall der Rückauflassung bzw. Wiederkauf des Grundstückes ist. Diese Ansprüche stellen regelmäßig kein Versteigerungshindernis dar (vgl. Rdn. 9.128).

d) Abteilung III

11.28 Ist für den Schuldner eine Eigentümergrundschuld eingetragen, sollte der Gläubiger diese immer pfänden und sich zur Einziehung bzw. an Zahlungs statt überweisen lassen. Aufgrund der Überweisung an Zahlungs statt kann der Vollstreckungsgläubiger durch Zwangsversteigerung oder Zwangsverwaltung in das Grundstück die Verwertung betreiben. Für die Vollstreckung aus dem Range der Grundschuld benötigt er einen Duldungstitel, den er entweder klageweise erstreitet oder, falls bereits eine Unterwerfungserklärung vorliegt, § 794 Abs. 1 Nr. 5 ZPO, ist die Klausel durch den Notar auf den Gläubiger umzuschreiben, §§ 727, 794 Abs. 1 Nr. 5, 800 ZPO.[21]

11.29 Ist die Grundschuld dem Gläubiger **zur Einziehung überwiesen** worden, kann er auch hier die Zwangsvollstreckung aus dem Range der Grundschuld betreiben. Die Vollstreckungsbeschränkung nach § 1197 Abs. 1 BGB gilt dem Gläubiger gegenüber nicht.[22] Auch die Zinsen kann der Vollstreckungsgläubiger in der Zwangsversteigerung geltend machen, da auch diese Beschränkung nach § 1197 Abs. 2 BGB dem Vollstreckungsgläubiger gegenüber nicht anzuwenden ist (vgl. Rdn. 6.312).

11.30 Aus den Eintragungsdaten der Grundpfandrechte kann oftmals geschlossen werden, dass bereits **Tilgungsleistungen** durch den Schuldner erfolgt sein müssen. Handelt es sich bei dem Grundpfandrecht um eine Hypothek, entsteht in Höhe jeder Teilzahlung eine Eigentümergrundschuld, §§ 1163 Abs. 1 S. 2, 1177 BGB. Handelt es sich um eine Grundschuld, sind Teilzahlungen regelmäßig ausschließlich auf die Forderung zu verrechnen, Zahlungen auf die Grundschuld sind ausgeschlossen. Die einzelnen Bedingungen kann der Gläubiger aus der **Sicherungsabrede** erfahren, die in vielen Fällen der Grundschuldbestellungsurkunde in den Grundakten beiliegt. Der Vollstreckungsgläubiger sollte sowohl die Pfändung des zukünftigen Eigentümerrechtes in seine Überlegungen mit einbeziehen als auch die Pfändung der Rückgewährsansprüche durch Rückübertragung, Verzicht oder Aufhebung einer Grundschuld. Bei den Rückgewährsansprüchen ist darauf zu

---

21 BGH, Rpfleger 1979, 132 = NJW 1979, 928; OLG Frankfurt, NJW 1983, 2266.
22 BGH, Rpfleger 1988, 181; Brox/*Walker*, Rdn. 744; MünchKomm/*Eickmann* BGB, § 1197 Rdn. 6; Musielak/*Becker*, § 857 Rdn. 17 a.E.

achten, dass diese bereits an nachrangige Grundpfandrechtsgläubiger abgetreten wurden. Es müssen daher auch die Ansprüche auf Rückabtretung der abgetretenen Rückgewährsansprüche gepfändet werden. Die Realisierungschancen dieser Pfändungsmöglichkeiten können von vorneherein nicht beurteilt werden. Dies ergibt sich regelmäßig erst bei der Erlösverteilung in der Zwangsversteigerung (vgl. hierzu auch Rdn. 11.956 ff.).

e) Erfolgsaussichten

11.31 Grundsätzlich sind vor jeder Zwangsvollstreckungsmaßnahme die Erfolgsaussichten zu prüfen. Wird die Zwangsversteigerung erwogen, sind insbesondere die Inhalte der Abt. II und Abt. III des Grundbuches festzustellen. Geht dem eigenen Anspruch ein Recht aus der Abt. II vor, sind unbedingt Überlegungen zu dessen Wert anzustellen. Der Wert ergibt sich aus der Differenz eines fiktiven Verkaufserlöses bei Übertragung des Grundstückes mit diesem Recht oder ohne dieses Recht (vgl. Rdn. 9.46 ff.).

11.32 Gehen dem eigenen Anspruch ein oder mehrere Rechte in der Abt. III vor, ist nicht nur auf die Addition der Kapitalbeträge zu achten. Bei einer Grundschuld kann immer der gesamte **Kapitalbetrag** addiert werden. Dies trifft auch für eine eingetragene Hypothek zu, unabhängig von der Tatsache, ob die Hypothek noch valutiert oder bereits ganz oder teilweise Eigentümergrundschuld geworden ist. Bei beiden Grundpfandrechten ist insbesondere auch auf die **Zinsen und Nebenleistungen** zu achten. Während bei der Hypothek die Zinsen nur in tatsächlicher Höhe geltend gemacht werden dürfen, sind bei der Grundschuld immer die Zinsen in Höhe des im Grundbuch eingetragenen Nominalzinssatzes anzusetzen.[23] Auch wenn die tatsächliche Zinsleistung entsprechend der Vereinbarung in der Sicherungsabrede wesentlich niedriger ist, kann der Grundschuldgläubiger die vollen dinglich abgesicherten Zinsen zum Zwangsversteigerungsverfahren anmelden. Da in der Rangklasse 4 des § 10 Abs. 1 ZVG nicht nur die laufenden Zinsen, sondern auch noch bis zu zwei Jahren rückständige Zinsen berücksichtigt werden, können die tatsächlichen Zinsen oftmals 20 % oder bis zu 50 % und mehr des Kapitalbetrages ausmachen.

11.33 Der Gläubiger muss weiterhin prüfen, welchen **Rang** der eigene Anspruch nach § 10 ZVG hat. Betreibt er das Verfahren aufgrund eines dinglichen Anspruches, fällt er in Rangklasse 4, betreibt er das Verfahren wegen eines persönlichen Anspruches, wird er in Rangklasse 5 berücksichtigt.

11.34 Hat der Gläubiger für die titulierte Forderung an dem Grundstück des Schuldners eine **Zwangssicherungshypothek** eintragen lassen und steht diese in aussichtsreicher Position, kann der Vollstreckungsgläubiger seit dem 1.1.1999 unter Vorlage des Titels, auf dem die Eintragung der Zwangssicherungshypothek im Grundbuch vermerkt ist, die Zwangsversteigerung

---

23 BGH, Rpfleger 1981, 292 = NJW 1981, 1505.

im Range der Zwangssicherungshypothek in Rangklasse 4 betreiben, § 867 Abs. 3 ZPO, ein gesonderter Duldungstitel ist nicht mehr erforderlich (vgl. Rdn. 10.3).

11.35 Die Ergebnisse der zuvor genannten Überlegungen sollte der Gläubiger dann in Beziehung zum **Verkehrswert** des Grundstückes stellen. Anhaltspunkte zum Verkehrswert stellen die im Grundbuch eingetragenen Belastungen dar (hier ist jedoch Vorsicht geboten, es ist nicht sicher, ob Beleihungen regelmäßig bis zu 70 % des Verkehrswertes erfolgen). Ein weiterer Anhaltspunkt kann der Kaufpreis des Grundstückes sein, welcher sich aus einem früheren Kaufvertrag in den Grundstücksakten ergibt. Die Lage des Grundstückes unter Einbeziehung der Infrastruktur lässt weitere Wertfaktoren zur Ermittlung des Grundstückswertes zu.

11.36 Die ortsüblichen Werte für den Grund und Boden können bei der Stadt bzw. Gemeinde (**Gutachterausschuss**) erfragt werden. Ergibt sich aus dem Grundbuch ein bereits gelöschter Zwangsversteigerungsvermerk, muss bereits ein Zwangsversteigerungsverfahren früher anhängig gewesen sein. Bezüglich dieser Zwangsversteigerungsakte sollte unbedingt nachgefragt werden, vielleicht ist in diesem Verfahren bereits ein **Verkehrsgutachten** eingeholt worden, das der Gläubiger einsehen kann. Nur wenn Befriedigungsaussichten bestehen, sollte der Gläubiger den Zwangsversteigerungsantrag stellen bzw. einem laufenden Verfahren beitreten. Wer schematisch eine Zwangsvollstreckungsmaßnahme nach der anderen ausprobiert, wird letztendlich auf einer erheblichen Kostenlast sitzen bleiben.

II. Gegenstand der Zwangsversteigerung

1. Grundstücke

11.37 Der Zwangsvollstreckung in das unbewegliche Vermögen unterliegen in erster Linie Grundstücke. Sind im Grundbuch des Schuldners mehrere Grundstücke im Bestandsverzeichnis eingetragen, können diese einzeln oder gemeinsam versteigert werden. **Grundstück im Rechtssinn** ist hierbei das Grundstück, welches unter einer laufenden Nummer im Bestandsverzeichnis gebucht ist (vgl. Rdn. 9.1 ff.).

11.38 Sind mehrere Grundstücke vereinigt worden, § 890 Abs. 1 BGB, und waren die einzelnen Grundstücke selbstständig belastet, haftet auch weiterhin nur jeder Grundstücksteil für „seine" Grundpfandrechte. Nach der **Vereinigung** kann das Grundstück nur noch insgesamt belastet werden. Wird die Zwangsversteigerung aus einem Grundpfandrecht betrieben, welches vor der Vereinigung im Grundbuch eingetragen worden ist, unterliegt auch nur der belastete Grundstücksteil der Versteigerung.[24]

---

24 BayObLG, Rpfleger 1971, 316; Steiner/*Hagemann*, Einl. Rdn. 26; *Böttcher*, Einl. Rdn. 16.

11.39 Ein Grundstück kann auch dadurch zum Bestandteil eines anderen Grundstückes gemacht werden, indem der Eigentümer es diesem im Grundbuche zuschreiben lässt, § 890 Abs. 2 BGB. Nach der **Zuschreibung** erstrecken sich die Grundpfandrechte des Hauptgrundstückes auf das zugeschriebene Grundstück. Rechte, mit denen das zugeschriebene Grundstück belastet war, gehen diesen Grundpfandrechten im Range vor, § 1131 BGB. Wird die Zwangsversteigerung aus einem Grundpfandrecht betrieben, welches vor der Zuschreibung am Hauptgrundstück lastete, wird das ganze Grundstück erfasst, während die Zwangsversteigerung aus einem Recht an dem zugeschriebenen Grundstücksteil auch nur diesen Teil ergreift.[25]

11.40 Erfolgen die **Vereinigung** oder **Bestandteilszuschreibung** nach der bereits erfolgten Beschlagnahme, § 20 ZVG, wird das Verfahren fortgeführt. Sowohl die Vereinigung als auch die Bestandteilszuschreibung sind dem betreibenden Gläubiger gegenüber unwirksam.[26]

2. Bruchteil eines Grundstückes

11.41 Die Zwangsvollstreckung in den Bruchteil eines Grundstückes, eines grundstücksgleichen Rechtes, eines Schiffes oder Schiffbauwerkes ist nur zulässig, wenn der Bruchteil in dem Anteil eines Miteigentümers besteht, § 864 Abs. 2 ZPO. Die Höhe des einzelnen Miteigentumsanteils ergibt sich aus der Eintragung in Abt. I des Grundbuches. Wird das Verfahren aus einem Anspruch betrieben, der nur den Bruchteil des Grundstückes belastet, kann auch die Zwangsversteigerung nur in diesen Bruchteil erfolgen. In reale Teile eines Grundstückes kann die Immobiliarzwangsvollstreckung nicht erfolgen.

11.42 Möglich ist aber auch die Zwangsversteigerung in einen **früheren ideellen Miteigentumsanteil**, z.B. wenn ein Miteigentümer den anderen Miteigentumsanteil als Vorerbe erwirbt[27] oder wenn der andere Miteigentumsanteil in anfechtbarer Weise erworben wurde, § 7 AnfG.[28]

11.43 Ist der Schuldner Miteigentümer einer Gesamthandsgemeinschaft, muss der Gläubiger gegebenenfalls die Auseinandersetzungsversteigerung betreiben, §§ 180 ff. ZVG.

3. Grundstücksgleiche Rechte

11.44 Zu den grundstücksgleichen Rechten gehört in erster Linie das **Erbbaurecht**, das **Wohnungserbbaurecht** und das **Teileigentumserbbaurecht** als Unterarten des Erbbaurechtes, § 11 ErbbauVO, § 30 WEG. Da beim

---

25 Steiner/*Hagemann*, Einl. Rdn. 21; *Böttcher*, Einl. Rdn. 17.
26 *Stöber*, Einl. Rdn. 11.4; *Böttcher*, Einl. Rdn. 17 a.E.
27 BayObLG, Rpfleger 1968, 221 = NJW 1968, 1431.
28 Vgl. OLG Frankfurt, NJW-RR 1988, 463.

Erbbaurecht regelmäßig sowohl ein Veräußerungsverbot als auch ein Verfügungsverbot vereinbart wird, welches auch in der Zwangsvollstreckung zu beachten ist, § 8 ErbbauVO, muss die Zustimmung des Grundstückseigentümers spätestens bei der Erteilung des Zuschlages vorgelegt werden (vgl. Rdn. 9.110).

11.45 Weitere grundstücksgleiche Rechte sind nach landesrechtlichen Vorschriften z.B. die **Berg-, Abbau- und Fischereirechte**, Art. 67–69 EGBGB (das Kabelpfandgesetz für Kabelpfandrechte wurde mit Wirkung ab dem 1.1.1995 aufgrund Art. 13 § 1 Nr. 1 PostNeuordnungsG v. 14.9.1995[29] aufgehoben).

11.46 Auf **Gebäudeeigentum im Beitrittsgebiet** finden ebenfalls die Vorschriften der Immobiliarzwangsvollstreckung Anwendung, Art. 233 § 4 Abs. 1 EGBGB. Durch § 295 Abs. 2 ZGB konnte Eigentum an Gebäuden unabhängig vom Eigentum am Boden begründet werden. Dieses **Gebäudeeigentum** wurde behandelt wie ein selbstständiges Grundstück, § 295 Abs. 2 ZGB, es war nicht wesentlicher Bestandteil des Grund und Bodens. Zur Entstehung wurde dem Berechtigten ein **Nutzungsrecht** verliehen (zu den Besonderheiten vgl. Rdn. 9.183 ff. und Sachenrechtsbereinigung[30]).

4. Wohnungs- und Teileigentum

11.47 Eine besondere Art der Zwangsvollstreckung in den Bruchteil eines Grundstückes bildet das Wohnungs- und Teileigentum. Auch wenn wirtschaftlich das Sondereigentum an einer bestimmten Wohnung bzw. bestimmten Räumen im Vordergrund steht, ist rechtlich in erster Linie der ideelle Miteigentumsanteil am Grundstück maßgebend.

11.48 Haben die Wohnungseigentümer vereinbart, dass die Veräußerung auch im Wege der Zwangsvollstreckung der Zustimmung des Verwalters oder der übrigen Miteigentümer bedarf, muss diese Zustimmung spätestens bei Erteilung des Zuschlages vorgelegt werden (vgl. Rdn. 9.157 auch zu den Ausnahmen).

11.49 Strittig ist die Frage der Erwerberhaftung für **Hausgeldrückstände**. Jeder Wohnungseigentümer ist dem anderen Wohnungseigentümer gegenüber verpflichtet, die Lasten des gemeinschaftlichen Eigentums, z.B. die Kosten der Instandhaltung, Instandsetzung, sonstigen Verwaltung und eines gemeinschaftlichen Gebrauchs des gemeinschaftlichen Eigentums, nach dem Verhältnis seines Anteiles zu tragen, §16 Abs. 2 WEG. In der Teilungserklärung wird regelmäßig vereinbart, dass zur Aufbringung dieser Mittel monatlich ein Pauschbetrag zu zahlen ist, meistens bezeichnet mit **Hausgeld** oder **Wohngeld**. Die Höhe der zu leistenden Vorauszahlungen legt der Verwalter bei seinem jährlichen Wirtschaftsplan fest. Für das abgelaufene Jahr hat der Verwalter eine Abrechnung aufzustellen. Über die Abrechnung beschließt die Wohnungseigentümerversammlung gemäß § 28

---
29 BGBl I 2325, 2396.
30 Eickmann/*Böhringer*, Art. 233 § 4 EGBGB.

Abs. 5 WEG. Soweit die Summe der einzelnen Hausgelder nicht ausreichend war, sind die Wohnungseigentümer zur Nachzahlung verpflichtet.

Der jeweilige Anspruch des einzelnen Hausgeldes gegenüber jedem Wohnungseigentümer steht der Wohnungseigentümergemeinschaft gemeinschaftlich zu. Da jedoch nicht jeder einzelne Wohnungseigentümer befugt sein soll, rückständige Ansprüche gerichtlich geltend zu machen, wird in der Teilungserklärung oder durch Beschluss der Wohnungseigentümer regelmäßig vereinbart, dass der Verwalter ermächtigt ist, die Lasten und Kostenbeiträge in Empfang zu nehmen und gegebenenfalls gerichtlich durchzusetzen. **11.50**

Zur **gerichtlichen Geltendmachung** rückständigen Hausgeldes ist auch das Mahnverfahren geeignet, § 46a WEG, §§ 688 ff. ZPO (vgl. Rdn. 9.25 ff.). Als Antragsteller bzw. Kläger tritt nach der Entscheidung des BGH[31] vom 2.6.2005 zur (Teil-)Rechtsfähigkeit der WE-Gemeinschaft (… Die Gemeinschaft der Wohnungseigentümer ist rechtsfähig, soweit sie bei der Verwaltung des gemeinschaftlichen Eigentums am Rechtsverkehr teilnimmt …) die Gemeinschaft als solche auf. Die Berechtigten der Wohnungseigentümergemeinschaft sind somit nicht mehr mit Vorname, Nachname und Wohnort jeweils einzeln anzugeben. Es ist jetzt zulässig, die Gläubigerin mit z.B. „Wohnungseigentumsanlage Merler Allee 17" ohne Aufführung der einzelnen Wohnungseigentümer zu bezeichnen. Vorher hatte der BGH[32] noch entschieden, dass auch der Verwalter einer Wohnungseigentumsanlage als Kläger auftreten darf. Hierbei ist es unerheblich, ob der Verwalter materiellrechtlicher Forderungsinhaber ist oder ob der Titel von ihm als gewillkürter Verfahrensstandschafter erstritten wurde. **11.51**

Die Frage der **Haftung** für rückständiges Hausgeld ist in der Zwangsversteigerung für Bietinteressenten von großer Bedeutung. Der Ersteher eines Wohnungs- bzw. Teileigentums hat **ab Zuschlag** auch das monatliche Hausgeld zu zahlen, § 56 ZVG. Für **Hausgeldrückstände** des früheren Wohnungseigentümers haftet der Ersteher kraft Gesetzes nicht.[33] Auch für die vor dem Zuschlag angefallenen Kosten und Lasten des gemeinschaftlichen Eigentümers muss der Ersteher nicht aufkommen. **11.52**

In Abänderung seiner bisherigen Rechtsprechung hat der BGH entschieden, dass sowohl der rechtsgeschäftliche Erwerber einer Eigentumswohnung[34] als auch der Ersteher in der Zwangsversteigerung für Nachforderungen aus Abrechnungen für frühere Wirtschaftsjahre haftet, sofern der Beschluss, durch den die Nachforderung begründet wird, nach dem Eigen- **11.53**

---

31 Rpfleger 2005, 521 mit Anm. *Dümig* = NJW 2005, 2061 = NZM 2005, 543 = WM 2005, 1423 = ZIP 2005, 1233.
32 NJW 2001, 3627 = NZM 2001, 1078 = FGPrax 2002, 7 = KTS 2002, 190 = MDR 2002, 24 = WM 2002, 190 = ZMR 2002, 134 = InVo 2002, 73 = ZfIR 2001, 1029.
33 BGH, Rpfleger 1984, 76 = NJW 1984, 308; BGH, Rpfleger 1987, 208 = NJW 1987, 1638.
34 Zuletzt BGH, Rpfleger 1994, 498.

tumswechsel bzw. nach dem Zuschlag gefasst wurde.[35] Der Ersteher einer Eigentumswohnung haftet auch für eine vor dem Versteigerungstermin von der Wohnungseigentümergemeinschaft beschlossene, aber gem. Beschluss erst nach dem Zuschlag fällige Sonderumlage.[36] Hierdurch kann den Ersteher einer Eigentumswohnung eine erhebliche, nicht kalkulierbare Haftung für Verbindlichkeiten treffen, die über mehrere Jahre zurückliegt. Nach Auffassung des BayObLG[37] ist selbst der Nachforderungsbeschluss der Wohnungseigentümer dann nicht sittenwidrig, wenn die Beschlussfassung so lange hinausgezögert wird, bis der Eigentumserwerb des Erstehers in der Zwangsversteigerung erfolgt ist; ein eventueller Rechtsmissbrauch muss der Ersteher durch Anfechtung des Eigentümerbeschlusses rügen. Da die Wohnungseigentümer bei der Beschlussfassung über Wirtschaftspläne, Jahresabrechnungen und Sonderumlagen in der Einzelabrechnung den zahlungsunfähigen Wohnungseigentümer, bevor dessen endgültiger finanzieller Ausfall feststeht, einbeziehen müssen, können sie nach Feststehen des Ausfalls die insgesamt entstandenen **Wohngeldrückstände** (im Wege eines Nachtragshaushalts) durch Eigentümerbeschluss unter sich aufteilen, und zwar nach dem allgemeinen Kostenverteilungsschlüssel auf die bei Beschlussfassung vorhandenen Wohnungseigentümer und unter Einschluss eines Wohnungseigentümers, der seine Wohnung zwischenzeitlich ersteigert hat und der damit erstmals durch eine solche Sonderumlage belastet wird. Für die Nachtragsumlage muss die Zusammensetzung der aufgelaufenen Wohngeldrückstände genau nach den zwischenzeitlichen Wirtschaftsplänen und Jahresabrechnungen und auch nach den Wohnungen des zahlungsunfähigen Wohnungseigentümers festgestellt werden. Eventuelle zwischenzeitliche Liquiditätsumlagen mit oder ohne den zahlungsunfähigen Wohnungseigentümer sind als vorläufige Verwaltungsmaßnahmen nicht notwendig, aber auch nicht hinderlich für die endgültige Abrechnung der Wohngeldausfälle. Der Ersteher ist nur mit seiner Kostenquote an den umgelegten Wohngeldrückständen zu beteiligen.[38] Bereits fällig gewordene Ansprüche der Wohnungseigentümerschaft gegen den nach der Teilungserklärung instandhaltungspflichtigen Dachausbauberechtigten, der bereits während des Ausbaus Schäden am Gemeinschaftseigentum verursacht hat, können nicht gegen den Ersteher, der sein Wohnungseigentum durch Zuschlag nach § 90 ZVG erworben hat, als Nachfolger im Eigentum geltend gemacht werden.[39]

11.54 Der Bietinteressent muss sich daher bei der Abgabe seines Gebotes auf die Möglichkeit eventueller Nachforderungen einstellen. Vor der Abgabe

---

35 Rpfleger 1988, 357 = NJW 1988, 1910.
36 OLG Köln, NZM 2002, 351.
37 Rpfleger 1995, 123.
38 KG, NJW-RR 2003, 443 = NZM 2003, 116 = WuM 2002, 105 = ZMR 2003, 292 = GE 2003, 193.
39 KG, NJW-RR 2002, 1524 = NZM 2003, 113 = FGPrax 2002, 204 = WuM 2002, 441 = ZMR 2002, 860 = ZfIR 2002, 998.

von Geboten sollte daher mit dem Verwalter der Wohnungseigentümergemeinschaft abgeklärt werden:

- ob die Jahresabrechnungen für die vergangenen Jahre durch die Wohnungseigentümergemeinschaft bereits beschlossen wurden;
- bestehen noch Verpflichtungen der Gemeinschaft, über die noch kein Beschluss gefasst wurde;
- wann steht die nächste Eigentümerversammlung an, die über die Umlegung eventueller noch offen stehender Beträge beschließt.

5. Weitere Gegenstände

Der Immobiliarvollstreckung unterliegen außerdem **11.55**

- Luftfahrzeuge und ihre Bruchteile, §§ 171a ff. ZVG;
- Schiffe und Schiffsbauwerke und ihre Bruchteile, §§ 162 ff. ZVG;
- bestimmte Bahneinheiten nach Landesrecht, § 871 ZPO.

III. Verfahrensgliederung/-grundsätze

1. Verfahrensgliederung

Das Zwangsversteigerungsverfahren kann in nachfolgende Abschnitte **11.56** gegliedert werden:

- Anordnungs- bzw. Beitrittsverfahren, §§ 15–27 ZVG;
- Vollstreckungsschutzverfahren, §§ 30, 31 ZVG, § 765a ZPO;
- Wertfestsetzungsverfahren, § 74a Abs. 5 ZVG;
- Versteigerungstermin
  - Terminsbestimmung, §§ 35–43 ZVG;
  - Terminsdurchführung/Zuschlag, §§ 66 ff. ZVG;
- Erlösverteilung, §§ 105 ff. ZVG;
- Grundbuchersuchen, § 130 ZVG.

2. Verfahrensgrundsätze

a) Beteiligtenverfahren/Amtsverfahren

Wie jede andere Zwangsvollstreckungsmaßnahme wird auch die **11.57** Zwangsversteigerung nur auf Antrag durchgeführt, §§ 15, 16 ZVG. Nach Anordnung des Verfahrens wird dieses jedoch von Amts wegen weiter durchgeführt. Der betreibende Gläubiger kann das Verfahren durch Antragsrücknahme beenden, auf seinen Antrag hin kann das Verfahren einstweilen eingestellt und wieder fortgesetzt werden. Zustellungen, Belehrungen, Wertfestsetzung, Terminsbestimmung und -durchführung und letztendlich die Erlösverteilung und das Grundbuchersuchen werden jedoch von Amts wegen angeordnet und durchgeführt.

11.58 Während bei der Mobiliarzwangsvollstreckung als Einzelzwangsvollstreckung Gläubiger und Schuldner Partei des Verfahrens sind, wird die Zwangsversteigerung des Grundstückes als **Beteiligtenverfahren** geführt. Aus der Besonderheit der Gesamtvollstreckung ergibt sich, dass einerseits mehrere betreibende Gläubiger und andererseits sonstige Berechtigte Rechte an dem Versteigerungsobjekt geltend machen. Im Verfahren gelten daher als Beteiligte, neben dem betreibenden Gläubiger und dem Schuldner, § 9 ZVG:

- diejenigen, für welche zur Zeit der Eintragung des Versteigerungsvermerkes ein Recht im Grundbuch eingetragen oder durch Eintragung gesichert ist, § 9 Nr. 1 ZVG;
- diejenigen, welche ein der Zwangsvollstreckung entgegenstehendes Recht, ein Recht an dem Grundstück oder an einem das Grundstück belastenden Rechte, einen Anspruch mit dem Rechte auf Befriedigung aus dem Grundstück oder ein Miet- oder Pachtrecht, aufgrund dessen ihm das Grundstück überlassen ist, bei dem Zwangsversteigerungsgericht anmelden und auf Verlangen des Gerichtes oder eines Beteiligten glaubhaft machen, § 9 Nr. 2 ZVG.

11.59 Hieraus ergibt sich die Unterscheidung der **Beteiligtenstellung von Amts wegen** und **aufgrund Anmeldung**.

aa) **Beteiligte von Amts wegen**

11.60 Beteiligte von Amts wegen sind in erster Linie der Gläubiger und der Schuldner. Gläubiger in diesem Sinne ist derjenige, aufgrund dessen das Verfahren angeordnet wurde, oder derjenige, der als betreibender Gläubiger dem Verfahren beigetreten ist. Die Beteiligtenstellung bleibt auch dann erhalten, wenn der betreibende Gläubiger sein Verfahren einstweilen einstellen lässt.[40]

11.61 Tritt ein **Gläubiger** während des Verfahrens seinen Anspruch an einen Dritten ab, muss sich dieser aus vollstreckungsrechtlichen Gründen die Vollstreckungsklausel auf seinen Namen umschreiben lassen und diese Klausel zusammen mit den Urkunden, aufgrund deren die Klausel erteilt wurde, dem Schuldner zustellen, § 750 Abs. 2 ZPO. Die neue Gläubigerstellung ist dem Zwangsversteigerungsgericht gegenüber anzumelden und gegebenenfalls glaubhaft zu machen.[41] Ein Rechtsverlust tritt durch den **Gläubigerwechsel** nicht ein, der neue Gläubiger tritt in die verfahrensrechtliche Position des früheren Gläubigers ein. Dies gilt auch für einen Ablösungsgläubiger nach §§ 268, 1150 BGB.[42]

---

[40] Steiner/*Hagemann*, § 9 Rdn. 19.
[41] *Stöber*, § 15 Rdn. 29.5; Steiner/*Hagemann*, § 9 Rdn. 22.
[42] OLG Bremen, Rpfleger 1987, 381 m. Anm. *Bischoff/Bobenhausen*; OLG Düsseldorf, Rpfleger 1987, 75.

Schuldner des Verfahrens ist derjenige, der bei Anordnung als Eigentümer im Grundbuch eingetragen ist. Wird über das Vermögen des Schuldners nach Anordnung der Zwangsversteigerung das Insolvenzverfahren eröffnet, wird der **Insolvenzverwalter** als Partei kraft Amtes Beteiligter des Verfahrens, § 80 InsO.[43] Stirbt der Schuldner nach der Anordnung des Verfahrens, so wird die Zwangsversteigerung in den Nachlass fortgesetzt, § 779 Abs. 1 ZPO. Die **Erben** sind Rechtsnachfolger des Schuldners. Eine Klauselumschreibung ist nicht erforderlich.[44] Hat der Erblasser **Testamentsvollstreckung** angeordnet oder ist **Nachlassverwaltung** angeordnet worden, sind sowohl der Testamentsvollstrecker als auch der Nachlassverwalter Beteiligte von Amts wegen.

Die Anordnung des Zwangsversteigerungsverfahrens bewirkt keine Veräußerungssperre des Grundstückes. Veräußert der Eigentümer während des Verfahrens das Grundstück, hat dies keine Auswirkung auf den Fortgang des einmal angeordneten Verfahrens. Die Veräußerung des Grundstückes ist dem Beschlagnahmegläubiger gegenüber unwirksam.[45] Der alte Eigentümer bleibt Beteiligter des Verfahrens, wobei es natürlich empfehlenswert ist, den neuen Eigentümer ebenfalls als Beteiligten aufzunehmen.[46]

11.62

Weitere Beteiligte von Amts wegen sind diejenigen, deren Berechtigung sich zur Zeit der Eintragung des Zwangsversteigerungsvermerkes aus dem Grundbuch ergibt. Beteiligte sind sowohl die Gläubiger von Grundpfandrechten in der Abt. III wie die **Berechtigten dinglicher Rechte** in Abt. II und auch die Berechtigten aus eingetragenen Widersprüchen, Verfügungsbeschränkungen oder Pfändungsvermerken.

11.63

Erfolgt die Zwangsversteigerung eines **Wohnungseigentums,** sind Beteiligte die übrigen Wohnungseigentümer,[47] bei einem **Erbbaurecht** wird von Amts wegen der Grundstückseigentümer am Verfahren beteiligt.[48] Ebenfalls Beteiligter ist bei der Versteigerung eines **Miteigentumsanteils** der andere Miteigentümer.[49]

11.64

bb) Beteiligte aufgrund Anmeldung

Die Beteiligtenstellung aufgrund Anmeldung wird geregelt in § 9 Nr. 2 ZVG. Der Berechtigte eines der Versteigerung entgegenstehenden Rechtes ist in der Praxis überwiegend der **Dritteigentümer** an Zubehörgegenständen (vgl. hierzu Rdn. 11.309 ff.).

11.65

---

43 *Stöber,* § 9 Rdn. 3.15; Steiner/*Hagemann,* § 9 Rdn. 39.
44 Zöller/*Stöber,* § 779 Rdn. 5.
45 *Stöber,* § 23 Rdn. 2.1.
46 Aber nur auf Antrag, § 9 Nr. 2 ZVG, vgl. *Böttcher,* § 9 Rdn. 6.
47 OLG Stuttgart, Rpfleger 1966, 113 = NJW 1966, 1036; *Stöber,* § 9 Rdn. 3.35.
48 *Stöber,* § 9 Rdn. 3.7.
49 *Stöber,* § 9 Rdn. 3.19; *Böttcher,* § 9 Rdn. 6; **a.A.** *Sievers,* Rpfleger 1990, 335.

11.66 Gläubiger oder Berechtigte **dinglicher Rechte** am Grundstück, aber auch die Berechtigten von Verfügungsbeschränkungen und Widersprüchen, die zur Zeit der Eintragung des Zwangsversteigerungsvermerkes im Grundbuch noch nicht gesichert waren, **also hinter dem Zwangsversteigerungsvermerk** stehen, müssen ihr Recht anmelden, um Verfahrensbeteiligte zu werden.

11.67 Der Zessionar des (schuldrechtlichen) **Anspruchs auf Rückgewähr** einer Sicherungsgrundschuld ist nicht anmeldeberechtigt.[50] Gleiches gilt dann auch für den **Pfändungsgläubiger** eines Rückgewährsanspruches, auch er kann trotz Anmeldung nicht als Beteiligter des Verfahrens anerkannt werden.[51] Er hat kein unmittelbares Recht auf Befriedigung aus dem Grundstück, sondern nur einen schuldrechtlichen Anspruch auf Rückgewähr der Grundschuld.

11.68 Mieter oder Pächter werden auf Anmeldung Beteiligte, sofern ihnen das Grundstück zum Besitz überlassen wurde. Dies sollte dann auch für einen Untermieter gelten.[52]

11.69 Die **Anmeldung** kann grundsätzlich bis zum Schluss des Verfahrens erfolgen. Einer besonderen Form der Anmeldung bedarf es nicht. Einer Glaubhaftmachung des Anspruches bedarf es nur dann, wenn ein Verfahrensbeteiligter dies verlangt. Es ist jedoch jedem Gläubiger bzw. Berechtigten zu raten, sein Recht unverzüglich anzumelden. Nur der Beteiligte wird über den Verfahrensstand und den jeweiligen Fortgang des Verfahrens informiert. Eine verspätete Anmeldung kann darüber hinaus bezüglich des geltend gemachten Anspruches einen Rangverlust bedeuten, § 110 ZVG.

11.70 Der späteste **Zeitpunkt** zur Anmeldung zwecks Vermeidung eines entsprechenden Rangverlustes ist im Zwangsversteigerungstermin vor der Aufforderung zur Abgabe von Geboten, § 37 Nr. 4 ZVG.

11.71 Die Beteiligtenstellung führt nicht nur zu Informationsrechten, die Beteiligten werden auch zur Verkehrswertfestsetzung angehört, können im Zwangsversteigerungstermin abweichende Versteigerungsbedingungen beantragen, haben das Recht, Gruppen- und Gesamtausgebote zu verlangen, und sind berechtigt, Zuschlagsversagung zu beantragen.

b) Gesamtverfahren/Einzelverfahren

11.72 Es muss immer wieder darauf hingewiesen werden, dass jeder betreibende Gläubiger im Gesamtverfahren der Zwangsversteigerung des Grundstückes ein Einzelverfahren betreibt. Die jeweiligen Verfahren der einzelnen betreibenden Gläubiger laufen getrennt nebeneinander her. Fristen, einstweilige

---

50 OLG Hamm, Rpfleger 1992, 308; BGH, Rpfleger 1990, 32; OLG Köln, Rpfleger 1988, 324.
51 **Streitig,** vgl. auch *Stöber,* § 9 Rdn. 2.8.
52 **Streitig:** bejahend: *Stöber,* § 9 Rdn. 2.10; *Böttcher,* § 9 Rdn. 15; *Storz,* ZVG, B 1.3.1; verneinend: Dassler/*Muth,* § 9 Rdn. 22; Steiner/*Hagemann,* § 9 Rdn. 87.

Einstellung, Fortsetzung und Antragsrücknahme betreffen jeweils nur das selbstständige Einzelverfahren des einzelnen Vollstreckungsgläubigers.[53]

Umgekehrt wird das Zwangsversteigerungsverfahren nur einmal angeordnet, die Ermittlung des Verkehrswertes erfolgt für und gegen alle Beteiligten des Verfahrens, für alle Einzelverfahren wird nur ein Versteigerungstermin durchgeführt, es erfolgt nur ein Zuschlag, und der Versteigerungserlös steht allen Gläubigern bzw. Berechtigten zur Verfügung. Das Gesamtverfahren wird so lange weiter betrieben, wie noch ein Einzelverfahren weiterläuft.[54]

11.73

Gläubiger, die während des Verfahrens ihr „Einzelverfahren" haben einstweilen einstellen lassen, können dieses fortsetzen und gehören dann wieder zum Kreis der betreibenden Gläubiger. Betreibt ein solcher Gläubiger das Verfahren aus der Rangklasse 1 bis 4 des § 10 Abs. 1 ZVG, erleidet er auch durch einen späteren Beitritt keinen Rang- oder Rechtsverlust. Dies gilt selbst dann, wenn er seinen Versteigerungsantrag bzw. Beitrittsantrag zurücknimmt und dem Verfahren später erneut beitritt.

11.74

Betreibt ein solcher Gläubiger das Verfahren dagegen aus der Rangklasse 5 des § 10 Abs. 1 ZVG, verliert er seinen bisherigen Rang vor anderen persönlichen Gläubigern, da sich in dieser Rangklasse der Rang nach dem Zeitpunkt der Beschlagnahme richtet.

11.75

Der einzelne Gläubiger selbst kann wiederum mehrere Einzelverfahren führen, indem er aus verschiedenen Rangklassen das Verfahren betreibt, z.B. der Grundpfandrechtsgläubiger wegen des Kapitals und seiner laufenden und bis zu zwei Jahren rückständigen Zinsen in der Rangklasse 4, die älteren Zinsen in Rangklasse 5. Löst der betreibende Gläubiger z.B. die öffentlichen Grundstückslasten in der Rangklasse 3 ab, steht er mit diesem abgelösten Anspruch in der bevorrechtigten Rangklasse und nach wie vor mit seinem titulierten Anspruch als betreibender Gläubiger in der Rangklasse 4 oder 5 des § 10 Abs. 1 ZVG.

11.76

Das Gesamtverfahren wird eingestellt, wenn sämtliche betreibende Gläubiger eine entsprechende Einstellungsbewilligung abgegeben haben. Wenn jedes Einzelverfahren aufgehoben wurde, wird auch das Gesamtverfahren beendet. Die Beschlagnahme zugunsten des Gläubigers, der die Zwangsversteigerung zuerst beantragt hatte und die für alle Einzelverfahren gilt, geht nach Aufhebung des Gesamtverfahrens verloren.

11.77

c) **Rangklassen**

Ein Recht auf Befriedigung aus dem Grundstück gewähren die Ansprüche nach § 10 ZVG. Andere Ansprüche, insbesondere der Anspruch eines persönlichen Gläubigers, der das Verfahren nicht betreibt, werden nicht be-

11.78

---

53 Steiner/*Hagemann*, Einl. Rdn. 51; *Storz*, ZVG, B 1.2.1.
54 Steiner/*Hagemann*, Einl. Rdn. 51; *Storz*, ZVG, B 1.2.1.

rücksichtigt. Im Zwangsversteigerungsverfahren werden die Ansprüche in 9 Rangklassen (nach Inkrafttreten der InsO am 1.1.1999) unterteilt. Der Grundsatz der Rangklassen besagt, dass die am Grundstück berechtigten Gläubiger keine prozentual gleiche Quote zugeteilt erhalten, sondern dass der Anspruch einer späteren Rangklasse erst dann berücksichtigt wird, wenn der oder die Ansprüche einer vorhergehenden Klasse zunächst voll befriedigt worden sind.

11.79 Die Rangordnung verschiedener Rechte in derselben Klasse und die Rangordnung gleicher Rechte untereinander wird in §§ 11, 12 ZVG geregelt.

11.80 Die Rangfolge ist die alleinige Grundlage für die Feststellung des geringsten Gebotes sowie für die Verteilung des Versteigerungserlöses.

aa) Verfahrenskosten (Rangklasse 0)

11.81 In das geringste Gebot, § 44 Abs. 1 ZVG, welches sich nach dem Rang des bestbetreibenden Gläubigers ausrichtet, sind immer die Verfahrenskosten aufzunehmen. Aus dem Versteigerungserlös sind diese Kosten vorweg zu entnehmen, § 109 Abs. 1 ZVG. Erst danach wird ein weiterer Erlösüberschuss auf die Rechte verteilt, welche durch Zahlung zu decken sind.

11.82 Aufgrund landesrechtlicher Bestimmungen, die auch heute noch Gültigkeit haben, sind vorweg auch solche Aufwendungen zu berücksichtigen, die der Staat zur Abwendung dringender Gefahr aufgewandt hat, weil der Eigentümer eines Gebäudes seine Pflichten zur Unterhaltung und Wiederherstellung versäumt hat und ein Einsturz oder eine Gefahr für das Publikum bestanden hat, Art. 111 EGBGB, § 2 EGZVG, Art. 30 PrAGZVG i.V.m. §§ 38, 40, 43 PreußALR. Nicht zu diesen bevorrechtigten Ansprüchen gehören die Aufwendungen des Staates für Sanierungskosten beim Bodenaustausch eines ölverseuchten Geländes.[55]

11.83 **Nicht** zu den Verfahrenskosten zählen die Gerichtsgebühren und Auslagen für die Anordnung des Zwangsversteigerungsverfahrens oder den Beitritt eines Gläubigers, die Rechtsanwaltskosten und sonstigen Kosten eines Beteiligten für die Teilnahme am Verfahren, die Kosten für die Erteilung des Zuschlages oder die Kosten, die durch eine nachträgliche Verteilungsverhandlung entstehen. Zu den Kosten im Einzelnen vgl. Rdn. 14.69 ff.

bb) Rangklasse 1

11.84 Hier wird der Anspruch des die Zwangsverwaltung betreibenden Gläubigers auf Ersatz seiner Ausgaben zur Erhaltung oder nötigen Verbesserung des Grundstückes berücksichtigt, sofern die **Zwangsverwaltung bis zum**

---

[55] LG Berlin, Rpfleger 1991, 518.

Zuschlag in der Zwangsversteigerung fortdauert und die Ausgaben nicht aus den Nutzungen des Grundstückes in der Zwangsverwaltung erstattet werden können. Ausgaben zur Grundstückserhaltung oder -verbesserung sind insbesondere notwendige Reparaturkosten, Kosten zur Vollendung eines Neubaues,[56] bei einem landwirtschaftlichen Grundstück die Kosten für die Viehhaltung, Anschaffung landwirtschaftlicher Geräte, aber auch die erforderlichen Personalkosten.

Ist der Vollstreckungsgläubiger im Zwangsverwaltungsverfahren aufgefordert worden, zur Verfahrensfortsetzung einen entsprechenden Vorschuss zu leisten, § 161 Abs. 3 ZVG, wird auch dieser Betrag in der Rangklasse 1 berücksichtigt. Der Vorschuss muss aber nach objektiven Kriterien dazu bestimmt gewesen sein, der Erhaltung oder nötigen Verbesserung des Grundstückes zu dienen.[57] Er muss weiterhin zum Verfahren angemeldet werden, eine Berücksichtigung von Amts wegen findet nicht statt.[58] Dieses Vorrecht eines vorschussleistenden Gläubigers muss auch der Bürge hinnehmen, der für den Ausfall an Kapital und Zinsen der dinglich gesicherten Darlehensforderung dieses Gläubigers haftet.[59]

11.85

Das Vorrecht setzt die zweckentsprechende Verwendung der Vorschüsse für Sanierungsmaßnahmen am Grundeigentum im Zwangsverwaltungsverfahren voraus, die von dem die Zwangsverwaltung betreibenden Gläubiger gezahlt worden sind. Dies gilt auch für Massekostenvorschüsse auf Sonderumlagen, die von einer Wohnungseigentümergemeinschaft beschlossen worden sind, sofern die Beträge in das Objekt auch tatsächlich investiert worden sind.[60] Bei den Ausgaben zur Erhaltung des Grundstücks i.S.v. § 10 Abs. 1 Nr. 1 ZVG kommt es mit Blick auf den Erhalt und die Verbesserung des Grundstücks nicht auf deren unmittelbare oder nur mittelbare Wirkung an. Vielmehr kommt jede Ausgabe für Maßnahmen, die sich erfahrungsgemäß positiv auf den Wert des Grundstücks niederschlagen, den die Zwangsversteigerung betreibenden Gläubigern zugute[61]; bei einem Ausgleich rückständiger Wohngelder – bezogen auf die Zeit vor Anordnung der Zwangsverwaltung – ist das jedoch nicht der Fall[62]. Die klagenden Wohnungseigentümer haben nach Verauslagung der Wohngeldvorschüsse für die Schuldnerin und Versteigerung des Wohnungseigentums keine bevor-

11.86

---

56 *Stöber*, § 10 Rdn. 3.1; Steiner/*Hagemann*, § 10 Rdn. 26.
57 Steiner/*Hagemann*, § 10 Rdn. 25; *Stöber*, § 10 Rdn. 3.2.
58 LG Bochum, Rpfleger 1994, 517.
59 BGH, Rpfleger 1992, 533.
60 OLG Köln, Rpfleger 1998, 482: Auf Anforderung des Zwangsverwalters zahlte der Kläger einen Vorschuss von 15.000,- € auf die nach dem Beschluss der WE-Gemeinschaft für die Sanierung der Außenfassade zu leistende Sonderumlage auf das Wohngeldkonto ein. Die Ausschreibung war erfolgt, ein Auftrag zur Durchführung der Arbeiten jedoch noch nicht erteilt. Der von dem Kläger auf die Sonderumlage geleistete Vorschuss wurde im Teilungsplan nicht berücksichtigt, weil die fraglichen Arbeiten nicht durchgeführt seien.
61 OLG Düsseldorf, NZM 2002, 1045.
62 So auch LG Frankfurt/Main, ZMR 2002, 977.

rechtigte Forderung, wenn mit dem Wohngeld im Wesentlichen die laufenden Bewirtschaftungskosten getragen wurden.[63] Diese Auffassung ist aber nicht unumstritten. Massekostenvorschüsse, bei denen es sich um Wohngeld, namentlich Grundbesitzabgaben und die gem. Wirtschaftsplan festgesetzten laufenden Wohnlastvorauszahlungen handelt, sind im Teilungsplan des Zwangsversteigerungsverfahrens in Rangklasse 1 zu berücksichtigen.[64] Zwangsverwaltervorschüsse für Betriebskosten einer Wohnanlage fallen nicht insgesamt in Rangklasse 1 des § 10 Abs. 1 ZVG[65]. Dieses Problem hat das OLG Braunschweig[66] eingehend und differenziert entschieden. Das Gericht betont zu Recht, dass den dinglichen Gläubigern eine gewisse, aber keine generelle Privilegierung zugute kommt. Anders als § 155 ZVG sieht § 10 Abs. 1 Nr. 1 ZVG nicht die Erstattung der Ausgaben der Verwaltung und der Kosten des Verfahrens vor, sondern nur den Ersatz der Ausgaben zur Erhaltung und nötigen Verbesserung des Grundstücks. Konkret sind als Erhaltungsaufwendungen i.S.d. § 10 Abs. 1 Nr. 1 ZVG anzusehen Instandhaltungskosten, z.B. für Gebäudereparatur, sowie die Kosten für die Gebäudeversicherung. Ein Vorschuss für die Vergütung des Zwangsverwalters rechnet nur dann zu den Erhaltungsaufwendungen, wenn die Tätigkeit des Zwangsverwalters selbst zur Erhaltung der Substanz oder des Wertes des Grundstücks erforderlich ist. Aufwendungen für die Schmutzwasser- und Regenwasserentsorgung, Straßenreinigung, Müllabfuhr, Wasser- und Stromversorgung wirken sich allenfalls mittelbar objekterhaltend aus, sodass eine Einordnung der dafür aufgebrachten Mittel in die Rangklasse 1 mit Blick auf die berechtigten Interessen der übrigen Gläubiger nicht gerechtfertigt ist[67]. Auch der **BGH**[68] folgt in einem Grundsatzurteil vom 10.4.2003 dieser Auffassung. Der BGH betont, dass Ausgaben der Zwangsverwaltung nur dann den Vorrang vor Grundpfandrechten genießen, wenn von ihnen im Einzelfall eine objekterhaltende oder -verbessernde Wirkung ausgeht; hierfür reicht es weder aus, dass die Zwangsverwaltung mit Recht angeordnet ist, noch, dass die Ausgaben bei vorhandenen Nutzungen aus diesen zu bestreiten gewesen wären. Die Vergütung des Zwangsverwalters kann nur berücksichtigt werden, wenn die Zwangsverwaltung notwendig war, um das Grundstück für die Zwangsversteigerung zu erhalten oder wiederherzustellen. Im Falle der Versteigerung eines Wohnungseigentums muss regelmäßig hinzukommen, dass sich die Tätigkeit des Zwangsverwalters gerade auf das Sondereigentum und nicht auf das Gemeinschaftseigentum bezog. Wird ein Wohnungs- oder Teileigentum versteigert, sind erbrachte Wohngeldzahlun-

---

63 LG Hamburg, ZMR 2001, 395 = InVo 2001, 185.
64 LG Aachen, NZM 2002, 141 = ZMR 2002, 156.
65 LG Augsburg, Rpfleger 2001, 92.
66 Rpfleger 2002, 580 = NJW-RR 2002, 1305 = NZM 2002, 626 = InVo 2003, 129.
67 S.a. LG Mönchengladbach, Rpfleger 2000, 80; LG Augsburg, Rpfleger 2001, 92.
68 BGH, Rpfleger 2003, 454 = NJW 2003, 2162 = NZM 2003, 602 = KTS 2003, 691 = MDR 2003, 1074 = WM 2003, 1098 = ZIP 2003, 1172 = ZMR 2005, 637 = InVo 2003, 456 = ZfIR 2003, 788 = ZVI 2003, 302.

gen des Zwangsverwalters nur insoweit zu berücksichtigen, als sie objekterhaltend oder -verbessernd verwandt worden sind; dies muss der die Zwangsverwaltung betreibende Gläubiger darlegen und beweisen.

Mehrere Ansprüche der Rangklasse 1 haben untereinander gleichen Rang, § 10 Abs. 1 S. 1 ZVG. Der Gläubiger muss den geltend gemachten Anspruch rechtzeitig zum Verfahren anmelden, somit spätestens im Zwangsversteigerungstermin vor der Aufforderung zur Abgabe von Geboten, § 37 Nr. 4 ZVG. Erfolgt die Anmeldung zu spät, wird sie nach allen anderen Rechten berücksichtigt, § 110 ZVG. **11.87**

cc) Rangklasse 1a (Feststellungskosten)

Mit Inkrafttreten der Insolvenzordnung am 1.1.1999 wurde § 10 Abs. 1 ZVG um die Nr. 1a erweitert. **11.88**

Mit der Regelung der Berücksichtigung der Feststellungskosten werden der Insolvenzmasse die Kosten erstattet, die durch die Feststellung des mithaftenden Grundstückszubehörs entstehen, §§ 20, 21 ZVG i.V.m. §§ 1120 bis 1122 BGB. Hierdurch werden auch die ungesicherten Gläubiger geschützt, die nicht die Vorteile der absonderungsberechtigten Gläubiger genießen. Der Pauschalbetrag beträgt 4 % des gerichtlich festgesetzten Verkehrswertes und nicht des anteiligen Verwertungserlöses (so aber § 171 Abs. 1 S. 2 InsO). **11.89**

Durch Einfügung von § 174a ZVG wird dem Insolvenzverwalter das Recht eingeräumt, bis zum Schluss der Verhandlung im Versteigerungstermin zu verlangen, dass bei der Feststellung des geringsten Gebots nur die Ansprüche berücksichtigt werden, die dem Anspruch aus § 10 Abs. 1 Nr. 1a ZVG vorgehen. In diesem Falle kommt es zu einem Doppelausgebot, da das Grundstück dann auch mit dieser Abweichung auszubieten ist (vgl. Rdn. 11.743 ff.). **11.90**

dd) Rangklasse 2[69]

Bei der Zwangsversteigerung eines land- oder forstwirtschaftlichen Grundstückes werden in der Rangklasse 2 die **Litlohnansprüche** berücksichtigt. Diese Ansprüche können nur bei den zuvor genannten Grundstücksarten entstehen oder bei einem entsprechenden Nebenbetrieb (z.B. Molkerei, Sägewerk, Brauerei). **11.91**

Die Ansprüche der in einem Dienst- oder Arbeitsverhältnis stehenden Personen, insbesondere des Gesindes, der Wirtschafts- und Forstbeamten, **11.92**

---

69 Zur Reform des Wohnungseigentumsgesetzes, insbesondere zur beabsichtigten Regelung eines Vorrangs für laufende und bis zu zwei Jahren rückständige Hausgeldforderungen der WE-Gemeinschaft in Rangklasse 2 (unter Wegfall der bisher hier berücksichtigten Ansprüche) den öffentlichen Lasten in Rangklasse 3 und vor Grundpfandrechten der Rangklasse vgl. *Hintzen/Böttcher*, ZfIR 2003, 445.

auf Lohn, Kostgeld und andere Bezüge werden nur wegen der laufenden und der aus dem letzten Jahre rückständigen Beträge in dieser Rangklasse berücksichtigt.

11.93 **Mehrere Ansprüche** haben untereinander gleichen Rang und werden nach dem Verhältnis ihrer Beträge berücksichtigt.

11.94 Arbeitsleistungen von Angehörigen, die freiwillig geleistet werden, fallen nicht hierunter. Dies gilt auch für Leistungen der Kinder des Schuldners, die zur Mithilfe im Haushalt oder Geschäft verpflichtet sind, § 1629 BGB.[70]

11.95 Die Ansprüche müssen im Zwangsversteigerungsverfahren rechtzeitig angemeldet werden, spätestens im Zwangsversteigerungstermin vor der Aufforderung zur Abgabe von Geboten, § 37 Nr. 4 ZVG. Bei nicht rechtzeitiger Anmeldung werden die Ansprüche nach allen anderen Rechten berücksichtigt, § 110 ZVG.

11.96 Falls der land- oder forstwirtschaftliche Betrieb auf mehreren rechtlich selbstständigen Grundstücken betrieben wird, aber nur eines dieser Grundstücke zwangsversteigert wird, sind die bevorrechtigten Ansprüche nach dem Verhältnis der Verkehrswerte der einzelnen Grundstücke aufzuteilen.[71]

ee) **Rangklasse 3**

11.97 Diese Rangklasse hat in der Praxis eine große Bedeutung, Anmeldungen hierzu erfolgen praktisch immer. Hier werden die Ansprüche auf Entrichtung der **öffentlichen Lasten** des Grundstückes berücksichtigt. Das Grundstück selbst muss für diese Ansprüche haften (dingliche Haftung).[72] Welche einzelnen Ansprüche öffentliche Grundstückslasten sind, ergibt sich aus Bundes- oder Landesrecht oder aus Bestimmungen in Gemeindesatzungen i.V.m. den Kommunalabgabengesetzen. Die in der Praxis am häufigsten vorkommenden Ansprüche sind:

- Brandversicherungs- oder Hagelversicherungsbeiträge,
- Deichlasten,
- Erschließungskosten nach dem Bundesbaugesetz (Straßenkosten, Anliegerbeiträge),
- Flurbereinigungsbeiträge,
- Geldleistungen im Umlegungsverfahren nach §§ 57–61 BauGB,
- Grundsteuer nach dem Grundsteuergesetz,
- Kehrgebühren des Schornsteinfegers.

---

70 BGH, FamRZ 1973, 298.
71 Steiner/*Hagemann*, § 10 Rdn. 52.
72 BGH, Rpfleger 1981, 349 = NJW 1981, 2127; BGH, Rpfleger 1988, 541; zur Wirksamkeit eines öffentlichen Bescheids jetzt BGH, Rpfleger 2006, 424.

Kommunalabgaben, die die Gemeinden für die Inanspruchnahme öffent- **11.98**
licher Einrichtungen oder Anlagen als Benutzungsgebühren erheben, z.B.
Müllabfuhrgebühren, Kanalbenutzungsgebühr, gehören nur in Rheinland-
Pfalz zu den öffentlichen Lasten.[73]

Soweit es sich um wiederkehrende Leistungen handelt (z.B. Grundsteuer, **11.99**
Brandversicherungsbeiträge), genießen diese das Vorrecht dieser Rangklasse
nur für die laufenden Beträge und für die Rückstände aus den letzten zwei
Jahren vor dem letzten Fälligkeitszeitpunkt vor der Beschlagnahme. Handelt es sich um einen einmaligen Anspruch (z.B. Erschließungsbeitrag),
wird dieser berücksichtigt, auch wenn es sich um einen bis zu vier Jahren
rückständigen Betrag handelt. Neben dem Hauptsachebetrag können auch
die steuer- bzw. abgaberechtlichen Nebenleistungen in dieser Rangklasse
geltend gemacht werden, insbesondere Zinsen, Stundungszinsen oder
Säumniszuschläge.[74]

Die öffentliche **Baulast** ist ein eigenständiges Rechtsinstitut des Landes- **11.100**
rechts. Die öffentliche Baulast erlischt nicht durch Zuschlag in der Zwangsversteigerung.[75] Sie kann daher auch nicht in der Rangklasse 3 als bevorrechtigte Forderung angemeldet werden.[76]

Neu ab dem 1.3.1999 ist der Ausgleichsbetrag nach dem Bundes-Boden- **11.101**
schutzgesetz. Der Betrag ruht als **öffentliche Last** auf dem Grundstück. Es
kann aber auch die Eintragung eines **Bodenschutzlastvermerks** im Grundbuch in Abteilung II vermerkt werden, §§ 93a, b GBV. Der Wertausgleich
ist als öffentliche Last in Rangklasse 3 des § 10 Abs. 1 ZVG zu berücksichtigen.

Werden mehrere Ansprüche in dieser Rangklasse geltend gemacht, haben **11.102**
diese untereinander gleichen Rang. Die Ansprüche müssen zum Zwangsversteigerungsverfahren rechtzeitig angemeldet werden, spätestens im Zwangsversteigerungstermin vor der Aufforderung zur Abgabe von Geboten, § 37
Nr. 4 ZVG. Bei verspäteter Anmeldung werden die Ansprüche mit Rang
nach allen anderen Rechten berücksichtigt, § 110 ZVG.

Neben der formlosen Anmeldung dieser Ansprüche wird in der Praxis **11.103**
oftmals aus der Rangklasse 3 das Verfahren betrieben. Die Vollstreckung erfolgt im **Verwaltungszwangsverfahren** durch die Vollstreckungsbehörden
des Bundes, des Landes oder der Stadt bzw. Gemeinde. Eines vollstreckbaren Titels hierfür bedarf es nicht. Die Verwaltungsvollstreckung wird von
der Verwaltungsbehörde selbst eingeleitet und betrieben. In dem entsprechenden Ersuchen oder Antrag wird lediglich bestätigt, dass die gesetzli-

---

73 Vgl. im Einzelnen *Glotzbach/Mayer,* Immobiliarvollstreckung, Rdn. 9 ff. unter Hinweis auf BGH, KKZ 1988, 218.
74 LG Ansbach, Rpfleger 1999, 141; nicht aber Mahngebühren, da diese nicht zu den dinglichen Kosten zählen, vgl. *Böttcher,* § 10 Rdn. 37 m.w.N.
75 BVerwG, Rpfleger 1993, 208; OVG Hamburg, Rpfleger 1993, 209; OVG Müns- ter, NJW 1994, 3370 LS. und NJW 1996, 1362.
76 *Böttcher,* § 10 Rdn. 43 m.w.N.

chen Voraussetzungen für die Vollstreckung vorliegen, insbesondere wird die Vollstreckbarkeit des geltend gemachten Anspruches bescheinigt.[77] Wird aus dieser Rangklasse das Zwangsversteigerungsverfahren betrieben, fallen alle anderen nachrangigen Gläubiger, insbesondere der Rangklasse 4 (dingliche Gläubiger) und Rangklasse 5 (persönliche Gläubiger) nicht in das geringste Gebot. An dieser Stelle soll bereits darauf hingewiesen werden, dass diese Vollstreckungsgläubiger unter Umständen von ihrem Ablösungsrecht Gebrauch machen sollten (vgl. Rdn. 11.571 ff.).

ff) Rangklasse 3/4

11.104   Diese Zwischenklasse ist im Zwangsversteigerungsgesetz nicht vorgesehen. Bei der Versteigerung eines landwirtschaftlichen Grundstückes wird in dieser Zwischenklasse das zwischen den öffentlichen Lasten und den dinglichen Rechten entstehende Früchtepfandrecht nach dem Düngemittelgesetz berücksichtigt.[78]

gg) Rangklasse 4

11.105   In diese – neben der Rangklasse 5 – wichtigste Rangklasse fallen alle Ansprüche aus Rechten am Grundstück, soweit sie nicht infolge der Beschlagnahme dem betreibenden Gläubiger gegenüber unwirksam sind und somit in Rangklasse 6 berücksichtigt werden. Zu den Rechten am Grundstück zählen insbesondere die **Grundpfandrechte** (Hypotheken, Grundschulden, Zwangssicherungshypotheken) und sämtliche **Rechte der Abteilung II** des Grundbuches. Hierunter fällt auch die **Vormerkung** zur Sicherung des Anspruches auf Einräumung eines dinglichen Rechtes oder die Auflassungsvormerkung, die wie ein eingetragenes Recht zu berücksichtigen ist, § 48 ZVG (zu den einzelnen Rechten vgl. Rdn. 9.46 ff.).

11.106   Für das **Rangverhältnis** der dinglichen Rechte am Grundstück gelten die allgemeinen Rangregelungen nach §§ 879, 880, 881 BGB (vgl. Rdn. 9.219 ff.).

11.107   Neben dem Kapitalbetrag der Grundpfandrechte werden auch die Ansprüche auf **wiederkehrende Leistungen,** insbesondere Zinsen, berücksichtigt, soweit es sich um laufende und bis zu zwei Jahren rückständige Beträge handelt.

11.108   Andere Leistungen, die nicht wiederkehrend fällig werden, also z.B. eine **Vorfälligkeitsentschädigung,** eine vereinbarte **Vertragsstrafe** oder **Geldbeschaffungskosten** (Disagio) unterliegen keiner zeitlichen Beschränkung und können jederzeit berücksichtigt werden. Da der Kapitalbetrag als einmalige Leistung nicht angemeldet werden muss, sondern von Amts wegen berücksichtigt wird, trifft dies auch für solche einmaligen Nebenleistungen zu. Angemeldet werden müssen nur wiederkehrende Leistungen, § 45 Abs. 2 ZVG.

---

[77] *Stöber,* § 15 Rdn. 38.4; *Glotzbach/Mayer,* Immobiliarvollstreckung, Rdn. 278.
[78] **Streitig:** *Stöber,* § 10 Rdn. 7; **a.A.** Steiner/*Hagemann,* § 10 Rdn. 14 „hat Rang vor allen dinglichen Rechten".

11.109 Ebenfalls in die Rangklasse 4 fallen die Ansprüche auf Beträge, die zur allmählichen Tilgung einer Schuld als Zuschlag zu den Zinsen zu entrichten sind. Dabei ist zu unterscheiden zwischen **Tilgungshypotheken** und Abzahlungshypotheken. Bei einer Tilgungshypothek zahlt der Schuldner gleich bleibende Beträge, die aus Zinsen und Tilgung bestehen. Die bei fortschreitender Tilgung ersparten Zinsen wachsen der Tilgung ständig zu. In diesem Fall sind die einzelnen Raten in den Zinsanteil und den Kapitalanteil zu zerlegen, wobei der Zinsanteil als wiederkehrende Leistung bis zu zwei Jahren rückständig in dieser Rangklasse berücksichtigt werden kann.[79]

11.110 Beispiel:

Im Grundbuch ist folgende Tilgungshypothek eingetragen, die nach den Versteigerungsbedingungen **nicht** erlischt:
Nr. 1 100.000,– € Hypothek mit 12 v.H. Jahresleistungen (kalenderjährlich nachträglich fällig), hierin enthalten sind 6 v.H. Jahreszinsen, das Recht ist mit 6 v.H. jährlich zu tilgen zzgl. der durch die Zinsen ersparten weiteren Beträge für …

Beschlagnahme des Grundstücks:	1.2.2005
Versteigerungstermin:	17.12.2006
Voraussichtlicher Verteilungstermin:	1.2.2007

Zum Versteigerungstermin meldet der Gläubiger an:
- 12 v.H. Leistungen ab 1.1.2001
- das Restkapital per 1.1.2001 beträgt noch 94.000,– €

Berechnung:

12 v.H. Leistungen von 100.000,– € ab 1.1.2001 bis 31.12.2006 (§ 47 ZVG)	72.000,– €	davon sind Zinsen 6% aus 94.000,– €
ab 1.1.2001 bis 31.12.2006 (§ 47 ZVG)	33.840,– €	
der Restbetrag ist Tilgungsanteil	38.160,– €	

Aufnahme im geringsten Gebot: Bestehen bleibendes Recht mit bar zu zahlender Teil mit	61.840,– €
a. laufenden Zinsen v. 1.1.2004 bis 31.12.2006	
b. rückst. Zinsen v. 1.1.2002 bis 31.12.2003	28.200,– €
c. Tilgungsanteil	38.160,– €
6% vom Tilgungsbetrag vom Zuschlag (§ 47 ZVG) bis 1 Tag vor Verteilungstermin	190,80 €
	66.550,80 €

Die älteren Zinsen für 2001 erhält der Gläubiger aufgrund der Anmeldung in Rangklasse 8.

---

[79] Stöber, § 10 Rdn. 8.7; Dassler/*Muth*, § 10 Rdn. 54; Steiner/*Hagemann*, § 10 Rdn. 132; *Böttcher*, § 10 Rdn. 51.

11.111 Bei einer **Abzahlungshypothek** zahlt der Schuldner jährlich geringer werdende Leistungen. Während der Tilgungssatz immer gleich bleibt, wird der Zinsanteil in der einzelnen Rate immer geringer. Die einzelnen Tilgungsraten gehören nicht zu den wiederkehrenden Leistungen, sie werden in der Zwangsversteigerung als Hauptsachebeträge berücksichtigt.[80]

11.112 Soweit die einzelnen dinglichen Rechte nebst Nebenansprüchen **vor dem Zwangsversteigerungsvermerk** im Grundbuch eingetragen wurden, werden sie von Amts wegen berücksichtigt. Weder das Recht als solches, noch der Kapitalbetrag, noch die laufenden wiederkehrenden Leistungen müssen angemeldet werden, § 45 ZVG.

11.113 Steht das dingliche Recht formal **hinter dem Zwangsversteigerungsvermerk,** wird es auch bei Kenntnis des Zwangsversteigerungsgerichtes nur auf Anmeldung berücksichtigt.

11.114 Ob das Recht vor oder nach dem Zwangsversteigerungsvermerk im Grundbuch eingetragen ist, ist in Bezug auf **rückständige Zinsen** gleich, diese müssen in jedem Falle angemeldet werden, um berücksichtigt werden zu können, § 45 Abs. 2 ZVG.

11.115 Der Eigentümer selbst kann aus einer **Eigentümergrundschuld** keine Zinsen in der Zwangsversteigerung verlangen, § 1197 Abs. 2 BGB. Der Eigentümer kann jedoch sein Recht nebst Zinsen mit rückwirkendem Beginn abtreten.[81] Der Zessionar einer solchen Grundschuld kann daher zum Zwangsversteigerungsverfahren auch Zinsen seit Eintragung des Rechtes anmelden, sofern ihm diese mitabgetreten wurden.

11.116 Gleichermaßen dürfte dies auch für den **Pfändungsgläubiger** einer Eigentümergrundschuld zutreffen. Auch hier ist die Pfändung der Zinsen aus dem Zeitraum vor Wirksamwerden der Pfändung zulässig.[82]

11.117 In dieser Rangklasse kann jeder Gläubiger bei dem dinglichen Recht auch die **Kosten** der Kündigung und der dinglichen Rechtsverfolgung beanspruchen, § 10 Abs. 2 ZVG.

hh) Rangklasse 5

11.118 Hier werden alle Ansprüche berücksichtigt, soweit sie nicht in einer der vorhergehenden Klassen zu befriedigen sind. Bei den Gläubigern der Rangklasse 5 muss es sich jedoch um das Verfahren **betreibende Gläubiger** handeln. Eine formlose Anmeldung eines Anspruches zwecks Berücksichtigung ist in dieser Rangklasse nicht möglich. Den Rang können daher insbesondere beanspruchen:

---

80 *Stöber*, § 10 Rdn. 8.8; Steiner/*Hagemann*, § 10 Rdn. 133.
81 BGH, Rpfleger 1986, 9 = NJW 1986, 314; BayObLG, Rpfleger 1987, 364; OLG Celle, Rpfleger 1989, 323 = NJW-RR 1989, 1244; OLG Düsseldorf, Rpfleger 1989, 498 = NJW-RR 1990, 22.
82 MünchKomm/*Eickmann* BGB, § 1197 Rdn. 7; Erman/*Räfle*, § 1197 Rdn. 5; Palandt/*Bassenge*, § 1197 Rdn. 3; **a.A.** Musielak/*Becker*, § 857 Rdn. 17; Dassler/ *Schiffhauer*, § 117 Rdn. 27 m.w.N.

- Berechtigte bzw. Gläubiger der Rangklasse 3 und 4 wegen noch älterer als dort angegebener rückständiger wiederkehrender Leistungen oder wegen persönlicher Kosten,
- alle persönlichen Gläubiger.

Da eine Anmeldung zur Berücksichtigung nicht ausreicht, das Verfahren somit betrieben werden muss, richtet sich der Rang unter mehreren Ansprüchen danach, für welchen die Beschlagnahme des Grundstückes früher erfolgt ist, § 11 Abs. 2 ZVG. **11.119**

Betreibt der **Zwangssicherungshypothekengläubiger** das Verfahren zunächst nur persönlich, fällt sein Anspruch in die Rangklasse 5, das eigene dingliche Recht dagegen in Rangklasse 4. Betreibt er das Verfahren dagegen dinglich (ein besonderer Duldungstitel ist seit dem 1.1.1999 nicht mehr notwendig, § 867 Abs. 3 ZPO), und tritt dem Verfahren bei, kann er nachträglich seinen Rang verbessern. Er betreibt nunmehr das Verfahren sowohl aus Rangklasse 4 als auch aus Rangklasse 5. Sein Anspruch wird jedoch zunächst in der rangbesseren Klasse 4 berücksichtigt. **11.120**

Betreibt ein Gläubiger sowohl aus Rangklasse 4 als auch aus Rangklasse 5 das Verfahren, werden die Zinsen in Rangklasse 4 nach der grundbuchmäßigen Rangfolge berücksichtigt. **Streitig** ist, ob die grundbuchmäßige Rangfolge für noch ältere Zinsen, die nicht in Rangklasse 4 berücksichtigt werden können, die aber aufgrund des Betreibens des Gläubigers in Rangklasse 5 geltend gemacht werden, auch hier gilt.[83] Da in Rangklasse 5 jedoch das Prioritätsprinzip gilt, d.h., es gilt ausschließlich der Rang der einzelnen Beschlagnahme, können die Grundsätze der Rangklasse 4 hier keine Berücksichtigung finden. Bei Konkurrenz mehrerer dinglicher oder auch mit persönlichen Gläubigern gilt ausschließlich der Rang des Zeitpunktes der Beschlagnahme.[84] **11.121**

Anmeldepflichtig sind auch in dieser Rangklasse die Anordnungs- bzw. Beitrittskosten des Gläubigers sowie die Rechtsanwaltskosten für die Vertretung eines Gläubigers im Verfahren, § 10 Abs. 2 ZVG. **11.122**

ii) Rangklasse 6

In diese Rangklasse fallen alle Ansprüche der Klasse 4, Hauptanspruch nebst Nebenansprüchen, soweit sie infolge der Beschlagnahme dem betreibenden Gläubiger gegenüber unwirksam sind (hierzu nachfolgende Beispiele Rdn. 11.127 ff.). **11.123**

jj) Rangklasse 7

Hier werden die Ansprüche der Rangklasse 3 berücksichtigt, soweit es sich um ältere Rückstände handelt (älter als vier Jahre bzw. älter als zwei **11.124**

---
83 Vgl. *Stöber*, § 11 Rdn. 4.2.
84 Steiner/*Hagemann*, § 11 Rdn. 2.7.

Jahre rückständig). Hierbei ist zunächst unerheblich, dass diese Ansprüche bereits verjährt sein können, §§ 195, 216 Abs. 3 BGB, da der Schuldner die Verjährungseinrede ausdrücklich erheben muss, z.B. durch Widerspruch gegen den Teilungsplan.[85]

kk) Rangklasse 8

11.125 In diese Rangklasse fallen die Ansprüche der Klasse 4 wegen älterer Rückstände (noch ältere als zwei Jahre rückständige wiederkehrende Leistungen). Soweit der Gläubiger wegen dieser älteren Rückstände das Verfahren betreibt, fällt er selbstverständlich in Rangklasse 5.

ll) Nachgesetzte Ansprüche (Rangklasse 9)

11.126 Soweit ein Recht vor der Eintragung des Zwangsversteigerungsvermerkes im Grundbuch bereits eingetragen war, wird es von Amts wegen berücksichtigt, § 45 Abs. 1 ZVG. Nachrangige Ansprüche müssen zum Zwangsversteigerungsverfahren rechtzeitig angemeldet werden, spätestens im Zwangsversteigerungstermin vor der Aufforderung zur Abgabe von Geboten, § 37 Nr. 4 ZVG. Erfolgt die Anmeldung später, kann der Anspruch nur noch mit Rang nach allen anderen Rechten berücksichtigt werden, § 110 ZVG. Diese Ansprüche stehen somit hinter den Ansprüchen der Rangklasse 8.

mm) Relatives Rangverhältnis der Klassen 4, 5 und 6

11.127 Die Rangfolge dinglicher Rechte am Grundstück ergibt sich ausschließlich unter Berücksichtigung des Tempusprinzips und Locusprinzips zwischen Abteilung II und III aus den §§ 879, 880, 881 BGB (vgl. hierzu Rangbeispiele Rdn. 9.219 ff.).

11.128 Zur Ermittlung der richtigen Reihenfolge der Rechte im Zwangsversteigerungsverfahren, insbesondere der Rangklassen 4, 5 und 6 des § 10 Abs. 1 ZVG, sind die Eintragungsdaten und Rangfolge der dinglichen Rechte am Grundstück mit den Beschlagnahmedaten der persönlichen Gläubiger zu vergleichen.

11.129 Beispiel 1:

Rangklasse 4 und 5
Grundbuch:

Abt. III/1	10.000,– €	eingetragen am	2.1.1994
Abt. III/2	10.000,– €	eingetragen am	3.4.1994
Abt. III/3	10.000,– €	eingetragen am	8.10.1999
Persönlicher Gläubiger G1 Beschlagnahme		erwirkt am	3.10.2006
Persönlicher Gläubiger G2 Beschlagnahme		erwirkt am	20.11.2006

---

85 Vgl. *Storz*, ZVG, B 4.4.2; *Böttcher*, § 10 Rdn. 68.

Rangfolge:
Abt. III/1	10.000,– €	(2.1.1994)
Abt. III/2	10.000,– €	(3.4.1994)
Abt. III/3	10.000,– €	(8.10.1999)
G1		(3.10.2006)
G2		(20.11.2006)

Beispiel 2: 11.130

Grundbuch:
Abt. III/1	10.000,– €	eingetragen am	2.1.1994
Abt. III/2	10.000,– €	eingetragen am	3.4.1994
Abt. II/1	Zwangsversteigerungsvermerk	eingetragen am	4.9.2005
Abt. III/3	10.000,– €	eingetragen am	8.10.2005
Persönlicher Gläubiger G1 Beschlagnahme		erwirkt am	3.9.2005

Dem Antrag des Gläubigers G1 auf Anordnung des Zwangsversteigerungsverfahrens wurde am 3.9.2005 stattgegeben. Aufgrund des Anordnungsbeschlusses wurde die Zwangsversteigerung am 4.9.2005 im Grundbuch in der Abteilung II unter laufender Nr. 1 vermerkt.

Rangfolge:
Abt. III/1	10.000,– €	(2.1.1994)	Rang 4
Abt. III/2	10.000,– €	(3.4.1994)	Rang 4
Persönlicher Gläubiger G1		(3.9.2005)	Rang 5
Abt. III/3	10.000,– €	(8.10.2005)	Rang 6

(da dem Gläubiger G1 gegenüber unwirksam)

Beispiel 3: 11.131

Grundbuch:
Abt. III/1	10.000,– €	eingetragen am	2.1.1994
Abt. III/2	10.000,– €	eingetragen am	3.4.1994
Abt. II/1	Zwangsversteigerungsvermerk	eingetragen am	4.9.2005
Abt. III/3	10.000,– €	eingetragen am	8.10.2005
Persönlicher Gläubiger G1 Beschlagnahme		erwirkt am	3.9.2005
Persönlicher Gläubiger G2 Beschlagnahme		erwirkt am	10.10.2005

Auf Antrag des persönlichen Gläubigers G1 ist am 3.9.2005 das Zwangsversteigerungsverfahren angeordnet worden. Nach der Anordnung wurde am 4.9.2005 der Zwangsversteigerungsvermerk im Grundbuch in Abt. II/1 eingetragen. Die Beschlagnahme des weiteren betreibenden Gläubigers G2 wurde am 10.10.2005 durch Zustellung an den Schuldner wirksam. Ein weiterer Zwangsversteigerungsvermerk wird im Grundbuch jedoch nicht eingetragen, die einmal erwirkte Beschlagnahme bleibt für das gesamte Zwangsversteigerungsverfahren erhalten.

Rangfolge:

Abt. III/1	10.000,– €	(2.1.1994)	Rang 4
Abt. III/2	10.000,– €	(3.4.1994)	Rang 4
Persönlicher Gläubiger G1		(3.9.2005)	Rang 5
Abt. III/3	10.000,– €	(8.10.2005)	Rang 6 und 4
Persönlicher Gläubiger G2		(10.10.2005)	Rang 5

Der Gläubiger des Rechtes Abt. III/3 ist dem persönlichen Gläubiger G1 gegenüber in Rangklasse 6, da die Eintragung im Grundbuch erst nach dem Zeitpunkt der Beschlagnahme erfolgt ist. Die Eintragung ist dem Gläubiger G1 gegenüber relativ unwirksam. Der persönliche Gläubiger G2 ist in Rangklasse 5 zu berücksichtigen. Da dessen Beschlagnahme erst nach der Eintragung des Rechtes Abt. III/3 erfolgte, ist ihm gegenüber dieses Recht in Rangklasse 4. Zwischen den Gläubigern G1, Abt. III/3 und G2 besteht insoweit ein relatives Rangverhältnis.

nn) **Laufende und rückständige Leistungen**

11.132 In den Rangklassen 3 und 4 des § 10 Abs. 1 ZVG wird der Begriff „laufende und rückständige wiederkehrende Leistungen" benutzt.

- Laufende Beträge wiederkehrender Leistungen sind der letzte vor der ersten Beschlagnahme fällig gewordene Betrag sowie die später fällig werdenden Beträge. Die Berechnung ist für die Erstellung des geringsten Gebots bis zwei Wochen nach dem anberaumten Versteigerungstermin vorzunehmen, § 47 ZVG.
- Die älteren Beträge vor diesem Zeitraum sind Rückstände, § 13 Abs. 1 ZVG.

11.133 Der Beschlagnahmezeitpunkt ist derjenige, in welchem der Beschluss, durch den die Zwangsversteigerung angeordnet wird, dem Schuldner zugestellt wird, oder der Zeitpunkt, in welchem das Ersuchen um Eintragung des Versteigerungsvermerkes dem Grundbuchgericht zugegangen ist. Der **frühere Zeitpunkt** ist maßgebend, § 22 Abs. 1 ZVG. Regelmäßig wird dies der Eingang des Ersuchens um Eintragung des Zwangsversteigerungsvermerkes beim Grundbuchgericht sein. Dieses Datum kann unmittelbar aus der Zwangsversteigerungsakte entnommen werden. Die Beteiligten des Verfahrens werden spätestens in der 4. Woche vor dem Zwangsversteigerungstermin von Amts wegen über diesen Zeitpunkt informiert, § 41 Abs. 2 ZVG. Fehlt es innerhalb der letzten zwei Jahre an einem Fälligkeitstermin, so entscheidet der Zeitpunkt der Beschlagnahme, § 13 Abs. 3 ZVG. Liegen mehrere Beschlagnahmedaten vor, so ist immer die erste maßgebend, § 13 Abs. 4 S. 1 ZVG. Ist neben der Zwangsversteigerung auch das Zwangsverwaltungsverfahren angeordnet, gilt, wenn bis zur Beschlagnahme in der Zwangsversteigerung die Zwangsverwaltung fortgedauert hat, die für diese bewirkte Beschlagnahme als die erste, § 13 Abs. 4 S. 2 ZVG.

11.134 Die Berechnung der Zinsen ist in erster Linie für die Erstellung des geringsten Gebotes durch das Zwangsversteigerungsgericht von Bedeutung. Nicht minder ist jedoch die Bedeutung für die Gläubiger einzuschätzen. Aufgrund des relativ langen Zeitraumes, in dem auch rückständige wiederkehrende Leistungen in den Rangklassen 3 und 4 des § 10 Abs. 1 ZVG Berücksichtigung finden, können diese Beträge – insbesondere bei den Zinsen – bis zu 50 % oder mehr des Kapitalbetrages der Grundpfandrechte ausmachen.

Um die wiederkehrenden Leistungen in laufende und rückständige zu unterteilen, kann wie folgt verfahren werden: **11.135**

- das erste Beschlagnahmedatum ist festzustellen;
- der letzte Fälligkeitstermin davor ist zu bestimmen;
- ferner ist festzustellen, für welchen Zeitraum an diesem letzten Termin die wiederkehrenden Leistungen fällig werden.

An dem so ermittelten Anfangsdatum beginnen die laufenden wiederkehrenden Leistungen. Bei der Erstellung des geringsten Gebotes werden diese zunächst bis zu zwei Wochen nach dem Zwangsversteigerungstermin berücksichtigt, § 47 ZVG. **11.136**

Beispiel 1: **11.137**

Abt. III/1 100.000,– € Grundschuld nebst 15 % Zinsen
(kalenderjährlich nachträglich am 31.12. jeden Jahres fällig)
Die erste Beschlagnahme in der Zwangsversteigerung wurde wirksam am 12.4.2005.

Laufende Leistungen:
Letzte Fälligkeit vor dem 12.4.2005 war der 31.12.2004. Am 31.12.2004 wurden die Zinsen fällig für den Zeitraum vom 1.1.2004 bis 31.12.2004.
Beginn der laufenden Leistung somit: ab dem 1.1.2004
In der Rangklasse 4 werden auf Antrag bis zu zwei Jahren rückständige wiederkehrende Leistungen berücksichtigt, somit ab dem 1.1.2002 bis zum 31.12.2003.
Angenommen, der **Zwangsversteigerungstermin** ist bestimmt auf den **16.6.2006**, dann können bei dem Hauptanspruch in der Rangklasse 4 Zinsen berücksichtigt werden für den Zeitraum vom 1.1.2002 bis zum 30.6.2006. Bei den angenommenen 15 % von 100.000,– € ist dies ein Betrag von 67.500,– €.

Beispiel 2: **11.138**

Abt. III/1 100.000,– € Grundschuld nebst 15 % Zinsen
(fällig kalendervierteljährlich im Voraus am jeweiligen Monatsersten)
Die erste Beschlagnahme wurde wirksam am 12.4.2006.

Laufende Leistungen:
Letzte Fälligkeit vor dem 12.4.2006 war der 1.4.2006. Am 1.4.2006 wurden die Zinsen fällig für den Zeitraum vom 1.4.2006 bis 30.6.2006.
Somit Beginn der laufenden Leistungen: 1.4.2006
Sollten Beschlagnahmedatum und Fälligkeit auf ein und denselben Tag fallen (z.B. auf den 1.4.), so gilt der letzte davor fällige Zeitpunkt (bei vierteljährlicher Fälligkeit somit der 1.1.).

11.139 Ist für den Vollstreckungsgläubiger im Grundbuch eine **Zwangssicherungshypothek** eingetragen, hat diese regelmäßig keinen Fälligkeitszeitpunkt für eingetragene Zinsen. Da in diesem Fall kein Fälligkeitstermin vorliegt, werden laufende wiederkehrende Leistungen ab dem Zeitpunkt der Beschlagnahme berücksichtigt.[86]

oo) Zeitpunkt des Versteigerungsantrages

11.140 Sofern der Vollstreckungsgläubiger das Zwangsversteigerungsverfahren beantragen will, sollte auch der Zeitpunkt der Antragstellung in seine weiteren Überlegungen mit einfließen. Mit der Zustellung des Anordnungsbeschlusses an den Schuldner oder mit Eingang des Ersuchens um Eintragung des Zwangsversteigerungsvermerkes beim Grundbuchgericht wird die Beschlagnahme wirksam, § 22 Abs. 1 ZVG. Neben der materiellen Bedeutung der Beschlagnahme ist diese formell wichtig für die Berechnung und rangmäßige Einordnung der dinglichen Zinsen. Da überwiegend Zinsen kalenderjährlich nachträglich fällig werden, entscheidet die Antragstellung im Dezember eines Jahres oder evtl. erst im Januar des darauf folgenden Jahres unter Umständen über mehrere tausend € an Zinsbeträgen, um die das geringste Gebot höher bzw. niedriger wird.

11.141 Die Höhe des geringsten Gebotes wiederum hat unmittelbaren Einfluss auf die Abgabe von Geboten durch Bietinteressenten.

11.142 Beispiel:

Abt. III/1   100.000,– €   Grundschuld nebst 15% Jahreszinsen
(Fälligkeit der Zinsen: kalenderjährlich nachträglich)
Abt. III/2   20.000,– €   Zwangssicherungshypothek mit 5 Prozentpunkten über Basiszins

Die erste Beschlagnahme des Grundstückes wird wirksam am 28.12.2006.

Laufende Zinsen:
Grundschuld III/1:   laufende Zinsen ab dem 1.1.2005
Zwangshypothek III/2:   laufende Zinsen ab dem 28.12.2006

Rückständige Zinsen in Rangklasse 4:
Grundschuld III/1:   rückständige Zinsen ab dem 1.1.2003 bis 31.12.2004
Zwangshypothek III/2:   rückständige Zinsen ab dem 28.12.2004 bis 27.12.2006

11.143 Beispiel:

Wartet der betreibende Gläubiger den Ablauf des Jahres 2006 ab und beantragt erst zu Beginn des neuen Jahres 2007 die Zwangsversteigerung, ergibt sich bei einem angenommenen Beschlagnahmedatum vom 4.1.2007 nachfolgende Zinsberechnung:

---

86   *Stöber*, § 13 Rdn. 2.4.

Laufende Zinsen:
Grundschuld III/1:   laufende Zinsen ab dem 1.1.2006
Zwangshypothek III/2:   laufende Zinsen ab dem 4.1.2007

Rückständige Zinsen in Rangklasse 4:
Grundschuld III/1:   rückständige Zinsen ab dem 1.1.2004 bis 31.12.2005
Zwangshypothek III/2:   rückständige Zinsen ab dem 4.1.2005 bis 3.1.2007

Aus diesem Beispiel ist zu erkennen, dass bei der Beschlagnahme am 28.12.2006 bei dem Recht III/1 für ein ganzes Jahr weitere Zinsen zu berücksichtigen sind. Es handelt sich hierbei immerhin um einen Betrag von 15.000,– €. Für einen nachrangigen Gläubiger kann es daher zum Jahresende günstiger sein, abzuwarten und den Versteigerungsantrag erst zu Beginn des neuen Jahres zu stellen, sofern nicht die Verjährung der Zinsen droht. Aufgrund der täglich fällig werdenden Zinsen des Gläubigers der Zwangssicherungshypothek verliert dieser im vorgenannten Beispiel Zinsen nur für eine Woche.

pp) Rangordnung gleicher Rechte untereinander

Die Ansprüche aus einem und demselben Recht haben untereinander nachfolgende Rangordnung, § 12 ZVG: **11.144**

- die Ansprüche auf Ersatz der Kosten für die Kündigung und der die Befriedigung aus dem Grundstücke bezweckenden Rechtsverfolgung;
- die Ansprüche auf wiederkehrende Leistungen und andere Nebenleistungen;
- der Hauptanspruch.

In der zuvor genannten Rangfolge wird auch in der Erlösverteilung auf die Ansprüche aus einem und demselben Recht zugeteilt (Ausn.: § 497 Abs. 3 BGB, früher § 11 Abs. 3 VerbrKrG). Dies ist besonders wichtig für den Anspruch, der bei nicht ausreichender Erlösmasse im Teilungsplan zuletzt berücksichtigt wird. **11.145**

Zuerst werden somit die **Kosten** der Kündigung und die Kosten der dinglichen Rechtsverfolgung berücksichtigt. Hierzu gehören die Anordnungs- und Beitrittsgebühren und die Auslagen. Bei der Zwangssicherungshypothek gehören insbesondere die Kosten für die Eintragung der Hypothek im Grundbuch und die Rechtsanwaltskosten des Gläubigers für den Vollstreckungsantrag dazu. **Nicht** hierunter fallen dagegen die Kosten persönlicher Rechtsverfolgung, z.B. die Vollstreckungskosten für einen Pfändungs- und Überweisungsbeschluss. Wegen dieser Kosten muss der Gläubiger das Verfahren betreiben, um in Rangklasse 5 des § 10 Abs. 1 ZVG berücksichtigt zu werden.[87] **11.146**

Wiederkehrende Leistungen und andere **Nebenleistungen** sind nach den Kosten, jedoch vor dem Hauptanspruch zu berücksichtigen. Bei den **11.147**

---
[87] *Böttcher,* § 12 Rdn. 5; *Stöber,* § 12 Rdn. 2; **a.A.** Steiner/*Hagemann,* § 12 Rdn. 5.

wiederkehrenden Leistungen werden sowohl laufende als auch rückständige Leistungen berücksichtigt. Bei den Nebenleistungen kann es sich um einmalige, befristete, bedingte, aber auch um wiederkehrende Beträge handeln. Bei den Grundpfandrechten sind die Nebenleistungen in Höhe des Geldbetrages aus dem Grundbuch unmittelbar erkennbar. Bei den Nebenleistungen der Grundpfandrechte handelt es sich überwiegend neben den Zinsen um **Säumniszuschläge** oder **Strafzinsen** bei unpünktlicher Kapital- oder Zinszahlung. Weiterhin kommen in Betracht Beträge für **Verwaltungskosten, Verzugs- und Überziehungsgebühren** oder **Vorfälligkeitsentschädigung**,[88] **Disagio** oder **Damnum, Bürgschaftsgebühren** usw.[89]

11.148   Rangfolgend zuletzt erfolgt dann die Zuteilung auf den **Hauptanspruch** (Ausnahme § 497 Abs. 3 BGB, früher § 11 VerbrKrG, hier erfolgt die Zuteilung nach Kosten-Hauptanspruch-Zinsen). Während dies bei einer im Grundbuch eingetragenen Grundschuld immer der volle Kapitalbetrag ist, kann der Gläubiger einer Hypothek nur Zuteilung in tatsächlicher Forderungshöhe beanspruchen. Soweit die Hypothek im Übrigen nicht mehr valutiert, das Recht Eigentümergrundschuld geworden ist, erfolgt die Zuteilung in Höhe des restlichen Kapitalbetrages an den Eigentümer.[90]

11.149   Wird ein Teilbetrag eines Grundpfandrechtes abgetreten und haben die Beteiligten keine besondere Vereinbarung über den Rang getroffen, haben die Teilbeträge gleichen Rang. Wird hingegen ein Teilbetrag kraft Gesetzes Eigentümergrundschuld (§§ 1163, 1164, 1168, 1172 bis 1175 BGB) oder wird ein Teilbetrag abgelöst, hat der übergegangene bzw. abgelöste Teilbetrag Rang nach dem Restbetrag, §§ 1176, 268 Abs. 3 BGB. Dies gilt auch bei einer Teilpfändung.[91] Wird das Zwangsversteigerungsverfahren aus einem erstrangigen Teilbetrag einer Grundschuld betrieben und löst ein nachrangiger Gläubiger diesen Teilbetrag ab, so erwirbt er nur einen entsprechenden letztrangigen Teilbetrag.[92]

d) Deckungs- und Übernahmegrundsatz

11.150   Der **Deckungsgrundsatz** im Zwangsversteigerungsverfahren bedeutet im Wesentlichen:

- Durch den Bieter wird nur ein solches Gebot zugelassen, durch welches die dem Anspruch des bestbetreibenden Gläubigers vorgehenden Rechte sowie die aus dem Versteigerungserlös zu entnehmenden Kosten des Verfahrens gedeckt werden (geringstes Gebot, § 44 Abs. 1 ZVG).

---

88 BGH, Rpfleger 1981, 226.
89 Vgl. *Böttcher*, § 12 Rdn. 8; *Stöber*, § 12 Rdn. 3.3.
90 *Stöber*, § 114 Rdn. 6.16.
91 OLG Celle, NJW 1968, 1139.
92 BGH, Rpfleger 1990, 378 und OLG Celle, Rpfleger 1990, 378; so auch *Böttcher*, § 12 Rdn. 9; **a.A.** *Storz*, ZVG, B 4.4.2 bei Rangklasse 4; *Muth*, Rpfleger 1990, 381.

Das **geringste Gebot** richtet sich damit ausschließlich nach dem Anspruch des **bestbetreibenden Gläubigers**. Unter Berücksichtigung der (ab 1.1.1999) neun Rangklassen des § 10 Abs. 1 ZVG, wobei insbesondere die Gläubiger der Rangklasse 4 (dingliche Gläubiger) und Rangklasse 5 (persönliche Gläubiger) in richtiger Reihenfolge aufzugliedern sind, kann dann bei Kenntnis der das Zwangsversteigerungsverfahren betreibenden Gläubiger leicht festgestellt werden, welcher von diesen der rangmäßig bestbetreibende Gläubiger ist. **11.151**

Alle dem bestrangig betreibenden Gläubiger im Range vorgehenden Rechte bleiben in der Zwangsversteigerung bestehen, §§ 44, 52 ZVG. Soweit es sich um dingliche Rechte am Grundstück handelt, muss der Ersteher diese übernehmen. Ein Bietinteressent muss daher genau die Höhe der zu übernehmenden Rechte bei der Abgabe von Geboten einkalkulieren. Zu den Werten der Rechte in Abteilung II des Grundbuches vgl. Rdn. 9.46 ff. Bei den Grundpfandrechten in der Abteilung III des Grundbuches sind insbesondere die Zinsen mit einzurechnen, vgl. Rdn. 11.132 ff. **11.152**

Ansprüche der Rangklasse 1 bis 3 des § 10 Abs. 1 ZVG, die Kosten der dinglichen Rechtsverfolgung und wiederkehrenden Leistungen der Rangklasse 4 werden in dem bar zu zahlenden Teil des geringsten Gebotes berücksichtigt. Das geringste Gebot setzt sich somit aus dem **bestehen bleibenden Teil**, § 52 ZVG, und dem **bar zu zahlenden Teil**, § 49 Abs. 1 ZVG, zusammen. **11.153**

Sowohl der bestrangig betreibende Gläubiger als auch ein ihm gleichrangiger Gläubiger und alle rangmäßig nachfolgenden Ansprüche erlöschen und sind durch den Versteigerungserlös abzufinden, soweit dieser hierzu ausreicht, § 92 ZVG. **11.154**

Bestrangig kann ein Gläubiger das Verfahren aber nur dann betreiben, wenn dessen Anordnungs- oder Beitrittsbeschluss mindestens 4 Wochen vor dem Zwangsversteigerungstermin dem Schuldner zugestellt worden ist, § 44 Abs. 2 ZVG. Auch wenn der Gläubiger das Verfahren bereits eingestellt hat oder das Versteigerungsgericht einem entsprechenden Schuldnerantrag stattgegeben hat, muss der Fortsetzungsbeschluss mindestens 4 Wochen vor dem Termin dem Schuldner zugestellt sein.[93] **11.155**

Will der Vollstreckungsgläubiger einem laufenden Verfahren beitreten und ist dieses bereits verfahrensmäßig so weit fortgeschritten, dass der Versteigerungstermin spätestens in 4 Wochen anberaumt wurde, kann der Beitritt dem Gläubiger keine rechtlichen Vorteile mehr bringen. Der Versteigerungstermin kann für ihn nicht mehr in der Rechtsposition eines betreibenden Gläubigers durchgeführt werden. **11.156**

Aus der Position des bestrangig betreibenden Gläubigers ergibt sich auch der **Übernahmegrundsatz**.[94] Der Ersteher eines Grundstückes in der **11.157**

---

[93] *Stöber*, § 43 Rdn. 4.2; Steiner/*Eickmann*, § 44 Rdn. 17; Dassler/*Schiffhauer*, § 44 Rdn. 49.
[94] *Stöber*, § 52 Rdn. 2.1; Steiner/*Eickmann*, § 52 Rdn. 4 ff.

Zwangsversteigerung erwirbt nicht in jedem Fall unbelastetes Eigentum. Es gilt:

- Alle dem bestrangig betreibenden Gläubiger im Range vorgehenden Rechte der Abteilung II und III des Grundbuches einschließlich vorrangig eingetragener Verfügungsbeschränkungen bleiben bestehen und sind vom Ersteher zu übernehmen, §§ 44, 52 ZVG.

11.158 Mit Zuschlagserteilung gehen die Nutzungen und Lasten auf den Ersteher über, § 56 ZVG, ab diesem Zeitpunkt muss der Ersteher auch die wiederkehrenden Leistungen der übernommenen dinglichen Rechte bezahlen. Persönlicher Schuldner der zu übernehmenden Grundpfandrechte wird der Ersteher aber nur, sofern die Voraussetzungen nach § 53 ZVG gegeben sind (vgl. Rdn. 11.539).

11.159 Zu beachten ist hierbei weiterhin, dass neben den aus dem geringsten Gebot und aus dem Grundbuch ersichtlichen Rechte auch Rechte außerhalb des geringsten Gebotes bestehen bleiben können. Hierzu zählen insbesondere die **Überbaurente** nach § 52 Abs. 2 ZVG, das **Altenteil**, soweit nach Landesrecht eine entsprechende Verordnung erlassen wurde, das **Dauerwohn-** und **Dauernutzungsrecht** nach § 39 WEG, sofern eine entsprechende Vereinbarung vorliegt, das **Erbbaurecht,** welches nach § 25 ErbbauVO immer bestehen bleibt, die **Erbbauzinsreallast** nach § 9 Abs. 3 Nr. 1 ErbbauVO, ebenso das **Vorkaufsrecht,** welches für mehrere Verkaufsfälle bestellt ist (vgl. Rdn. 9.100). Zur **Baulast** und zur **Wertausgleichsregelung** nach dem Bundes-Bodenschutzgesetz vgl. Rdn. 11.101.

11.160 Die dem bestrangig betreibenden Gläubiger nachfolgenden Rechte und der Anspruch des Gläubigers selber erlöschen nach den Versteigerungsbedingungen. Sie behalten jedoch ihren bisherigen Rang am Grundstück bzw. in der Rangfolge des § 10 ZVG bei. Nach dem Surrogationsprinzip[95] setzt sich der erlöschende Anspruch am Versteigerungserlös fort. Bei den Rechten der Abteilung II des Grundbuches kann hierzu auf die Ausführungen in Rdn. 9.46 ff. verwiesen werden. Bei den Grundpfandrechten der Abteilung III des Grundbuches erfolgt die Zuteilung in der Rangfolge des § 12 ZVG (abweichend § 497 Abs. 3 BGB, früher § 11 VerbrKrG). Schuldrechtliche Ansprüche an den Grundpfandrechten setzen sich ebenfalls an dem auf das Grundpfandrecht entfallenden Erlös fort. Dies betrifft insbesondere den Gläubiger, der eine erlöschende Hypothek, Grundschuld oder Eigentümergrundschuld gepfändet hat. Auch der Rückgewähranspruch bleibt erhalten, und der Pfändungsgläubiger hat Anspruch auf den Teil des auf die Grundschuld entfallenden Erlöses, der zur Befriedigung der der Grundschuld zugrunde liegenden Forderung nicht mehr benötigt wird.[96]

---

[95] *Stöber,* § 114 Rdn. 1.4; BGH, Rpfleger 1977, 246 = NJW 1977, 1287.
[96] BGH, Rpfleger 1975, 219 = NJW 1975, 980.

IV. Anordnungsverfahren

1. Antragsinhalt

Wie jede andere Zwangsvollstreckungsmaßnahme auch wird das Zwangsversteigerungsverfahren nur auf Antrag des Gläubigers angeordnet, §§ 15, 16 ZVG. Der Antrag wird üblicherweise schriftlich gestellt, kann aber auch zu Protokoll der Geschäftsstelle erklärt werden. Der Antrag ist grundsätzlich handschriftlich zu unterzeichnen,[97] ein Faksimile genügt nicht.[98] Der Versteigerungsantrag soll das **Grundstück**, den **Eigentümer**, den **Anspruch** und den vollstreckbaren **Titel** bezeichnen, § 16 Abs. 1 ZVG.

11.161

Für den Antrag kann **Prozesskostenhilfe** bewilligt werden.[99] Die vom Schuldner beantragte **Beiordnung** eines **Rechtsanwalts** setzt voraus, dass die beabsichtigte Rechtsverfolgung hinreichende Aussicht auf Erfolg hat. Die Erfolgsaussicht lässt sich nur beurteilen, wenn der Schuldner darlegt, gegen welche vollstreckungsgerichtliche Maßnahme er sich im Einzelnen wenden oder wie er sich sonst konkret am Verfahren beteiligen möchte; die pauschale Bewilligung von Prozesskostenhilfe für das Verfahren insgesamt kommt nach Auffassung des **BGH**[100] bei der Immobiliarvollstreckung nicht in Betracht. Anders bei der Zwangsvollstreckung in bewegliches Vermögen (arg. e. § 119 Abs. 2 ZPO). Bei der Immobiliarvollstreckung kann PKH nicht insgesamt, sondern nur für einzelne Verfahrensabschnitte und Verfahrensziele gewährt werden. Das ZVG sieht eine Vielzahl von Möglichkeiten für eine Beteiligung des Schuldners am Verfahren vor, deren Erfolgsaussichten für den Einzelfall geprüft werden müssen. Von welchen der ihm eröffneten Möglichkeiten er Gebrauch machen möchte, muss der Schuldner stets gesondert deutlich machen. Nur so kann geprüft werden, inwieweit der Schuldner mit Erfolg in den Ablauf des Zwangsversteigerungsverfahrens eingreifen könnte.

11.162

Die genaue Bezeichnung des **Grundstückes** ist unbedingt erforderlich, insbesondere im Hinblick darauf, dass im Bestandsverzeichnis des Grundbuches des Schuldners mehrere Grundstücke und/oder Miteigentumsanteile eingetragen sein können. Das Grundstück sollte daher am besten in Übereinstimmung mit den grundbuchtechnischen Angaben (Gemarkung, Flur, Flurstück und Größe) bezeichnet werden. Handelt es sich um ein Wohnungs- oder Teileigentum, sollte der Miteigentumsanteil i.V.m. der Bezeichnung des Sondereigentums angegeben werden. Ist in einer vollstreckbaren Urkunde als Haftungsgegenstand ein Grundstück genannt, so kann in das daraus gemäß §§ 3, 8 WEG entstandene Wohnungseigentum ohne Um-

11.163

---

97 LG Berlin, Rpfleger 1975, 440; *Stöber*, § 16 Rdn. 2.
98 So aber *Dempewolf*, MDR 1977, 801.
99 LG Frankenthal, Rpfleger 2002, 219.
100 Rpfleger 2004, 174 = NJW-RR 2004, 787 = KTS 2004, 460 = WM 2003, 2432 = InVo 2004, 207.

schreibung der Vollstreckungsklausel vollstreckt werden.[101] Bei einem Erbbaurecht oder Wohnungserbbaurecht bzw. Teileigentumserbbaurecht muss entsprechend verfahren werden.

11.164 Im Antrag ist weiterhin der **Eigentümer** des Grundstückes genau zu bezeichnen. Die Zwangsversteigerung darf nur angeordnet werden, wenn der Schuldner als Eigentümer im Grundbuch eingetragen oder wenn er Erbe des eingetragenen Eigentümers ist, § 17 Abs. 1 ZVG.

11.165 Die Eintragung des Schuldners als Eigentümer ist durch ein **Zeugnis** des Grundbuchgerichtes nachzuweisen, § 17 Abs. 2 S. 1 ZVG. Dieses Zeugnis kann formlos erteilt werden; ein Dienstsiegel ist nicht erforderlich.[102] Soweit Vollstreckungsgericht und Grundbuchgericht demselben Amtsgericht angehören, genügt selbstverständlich die Bezugnahme auf die Grundakten.

11.166 Ist der Schuldner **Erbe** des eingetragenen Eigentümers, ist die Erbfolge durch Urkunden glaubhaft zu machen, § 17 Abs. 3 ZVG. Der Nachweis der Erbfolge wird geführt durch ein notarielles Testament nebst öffentlich beglaubigtem Eröffnungsprotokoll, durch einen Erbschein, aber auch durch ein privatschriftliches Testament, sofern die Erbfolge eindeutig zu ermitteln ist. Befinden sich die Nachlassvorgänge bei demselben Amtsgericht, welches auch Vollstreckungsgericht ist, kann auf die entsprechenden Nachlassakten Bezug genommen werden. Im Übrigen hat der Vollstreckungsgläubiger gegenüber Behörden und Notaren einen Urkundenherausgabeanspruch, § 792 ZPO.

11.167 Dem Antrag ist weiter der vollstreckbare **Schuldtitel** beizufügen. Neben den rechtskräftigen oder vorläufig vollstreckbaren Endurteilen, § 704 ZPO, kommen in erster Linie die Vollstreckungstitel nach § 794 ZPO in Betracht (vgl. hierzu Rdn. 3.4 ff.).

2. Zeitpunkt des Antrages

11.168 Die Frage nach dem **Zeitpunkt,** wann der Gläubiger am besten den Versteigerungsantrag stellt, ist schwierig zu beantworten. Hat der Vollstreckungsgläubiger gegen den Schuldner eine **persönliche Forderung** tituliert, kann er am Verfahren nur teilnehmen, wenn er dieses selbst betreibt. Als Gläubiger eines **dinglichen Rechtes** am Grundstück, auch mit einer Zwangssicherungshypothek, nimmt er dann am Verfahren teil, wenn er seine Ansprüche aus diesem Recht zum Verfahren anmeldet. Unter dem Gesichtspunkt der Verjährung ist dies jedoch unbeachtlich, sowohl dingliche als auch persönliche Zinsen verjähren nach 3 Jahren ab Fälligkeit, §§ 195, 216 Abs. 3 BGB, die Verjährung beginnt aber nur dann neu, wenn die Zwangsversteigerung betrieben wird, § 212 Abs. 1 Nr. 2 BGB. Während die

---

101 LG Berlin, Rpfleger 1985, 159; LG Essen, Rpfleger 1986, 101; **a.A.** LG Weiden, Rpfleger 1984, 280.
102 LG Stuttgart, Rpfleger 1992, 34.

aktive Teilnahme durch Betreiben des Verfahrens mit nicht unerheblichen Kosten verbunden ist, ist die Anmeldung eines Rechtes zum Verfahren zunächst kostenfrei. Auf die Eintragung einer Zwangssicherungshypothek am Grundstück und die Anmeldung der Rechte zum Zwangsversteigerungsverfahren reagieren Schuldner in der Praxis nur selten. Betreibt der Gläubiger hingegen das Zwangsversteigerungsverfahren, muss der Schuldner aktiv werden, um den drohenden Verlust seines Grundstückes abzuwenden.

Der **richtige bzw. rechtzeitige Zeitpunkt** der Antragstellung kann durchaus von großer Bedeutung sein.[103] Nach Anordnung des Verfahrens wird die Beschlagnahme des Grundstückes mit Zustellung des Anordnungsbeschlusses an den Schuldner bzw. mit Zugang des Ersuchens um Eintragung des Zwangsversteigerungsvermerkes beim Grundbuchgericht wirksam, § 22 Abs. 1 ZVG. Die Beschlagnahme umfasst nicht nur das Grundstück und die wesentlichen Bestandteile, sondern auch diejenigen Gegenstände, die dem Hypothekenhaftungsverband unterliegen (vgl. Rdn. 11.294 ff.). Verfügungen über unter Umständen wertvolles **Zubehör** sind dem betreibenden Gläubiger gegenüber nunmehr unwirksam.

11.169

Formell ausschlaggebend ist die erste Beschlagnahme für die Berechnung der laufenden und rückständigen Zinsen, § 13 ZVG. Betreibt der Vollstreckungsgläubiger das Verfahren aus einem persönlichen Anspruch, entscheidet der Zeitpunkt der Beschlagnahme über seinen Rang in Klasse 5 des § 10 Abs. 1 ZVG. Die zuvor genannten Kriterien sollten bei der Antragsstellung berücksichtigt werden, allgemein gültige Regeln hierzu kann man nicht aufstellen.

11.170

3. Dinglicher oder persönlicher Titel

Im Antrag auf Anordnung der Zwangsversteigerung muss der Gläubiger genau angeben, ob er aufgrund eines dinglichen Anspruches oder persönlichen Anspruches oder unter Umständen aufgrund beider Ansprüche das Verfahren betreibt.

11.171

Neben den Vollstreckungstiteln auf **Zahlung** eines bestimmten Geldbetrags besteht die Möglichkeit aus einem so genannten „dinglichen Titel" die Zwangsversteigerung zu betreiben. Dieser Titel gibt dem Gläubiger einen Anspruch auf **Duldung** der Zwangsvollstreckung in das Grundstück aus einem zugunsten des Gläubigers im Grundbuch eingetragenen Recht, § 1147 BGB. Dieser Titel verpflichtet den Grundstückseigentümer nicht zur Zahlung des geschuldeten Betrages, sondern nur dazu, die Vollstreckung in das belastete Grundstück und dessen Verwertung zu dulden. Aus den dinglichen Titeln muss jedoch erkennbar sein, aus welchem konkreten Recht die Zwangsvollstreckung in das Grundstück durch den Schuldner zu dulden ist.[104] Nach

11.172

---
[103] Vgl. hierzu *Storz*, ZVG, B TH 5.4.2.1.
[104] *Stöber*, § 15 Rdn. 9.2; Steiner/*Hagemann*, §§ 15, 16 Rdn. 70; *Böttcher*, §§ 15, 16 Rdn. 28.

Umwandlung einer Hypothek in eine Grundschuld bedarf es keiner neuen Unterwerfungserklärung i.S.v. § 800 ZPO. Es bedarf auch keiner erneuten Zustellung der Klausel und der Urkunden i.S.v. § 750 Abs. 2 ZPO, wenn der wesentliche Inhalt der Urkunden in der Klausel enthalten ist.[105]

11.173 In der Praxis handelt es sich hierbei regelmäßig um **notarielle Urkunden,** in denen sich der Schuldner hinsichtlich der Zahlung einer bestimmten Geldsumme der sofortigen Zwangsvollstreckung dergestalt unterworfen hat, dass die Zwangsvollstreckung auch gegen den jeweiligen Eigentümer des Grundstückes zulässig ist, §§ 794 Abs. 1 Nr. 5, 800 ZPO.[106]

11.174 In einem seltenen Fall kann ein dinglicher Titel auch auf einer im Grundbuch eingetragenen **Reallast** beruhen, sofern sich der Schuldner wegen bereits rückständiger Reallastleistungen der sofortigen Zwangsvollstreckung unterworfen hat.[107] Ein dinglich gesicherter Anspruch auf **Naturalleistungen** muss vorher in einen Zahlungstitel umgewandelt werden.[108]

11.175 Hat der Sozialhilfeempfänger dem Träger der Sozialhilfe zur Sicherung des Anspruchs auf Rückzahlung darlehensweise gewährter Sozialhilfeleistungen eine Sicherungshypothek bestellt, so bedarf die Behörde zur Zwangsvollstreckung wegen des **dinglichen Anspruchs** aus der Hypothek eines zivilprozessualen Vollstreckungstitels. Eine Selbsttitulierung durch die Behörde ist nur für die persönliche Forderung möglich. Soweit die Behörde wegen ihrer persönlichen Forderung die Vollstreckung betreibt, kann in der Bestellung der Sicherungshypothek nicht die vorweggenommene Zustimmung des Schuldners in die Zwangsversteigerung seines Grundstücks i.S.d. § 51 Abs. 3 VwVG NW gesehen werden[109]. Auch die Behörde muss einen Duldungstitel erwirken.

11.176 Während der Gläubiger bei der Vollstreckung aus einem dinglichen Anspruch in Rangklasse 4 des § 10 Abs. 1 ZVG berücksichtigt wird, fällt der persönliche Gläubiger mit seinem Anspruch, sofern er das Verfahren betreibt, in Rangklasse 5. Hat der Vollstreckungsgläubiger für seine persönliche Forderung am Grundstück des Schuldners eine **Zwangssicherungshypothek** erwirkt, kann er nunmehr (seit dem 1.1.1999) aus dem Rang dieses Rechts die Zwangsversteigerung in Rangklasse 4 betreiben, zum Nachweis genügt die Vorlage des Titels, auf dem die Eintragung des Rechts im Grundbuch vermerkt ist, § 867 Abs. 3 ZPO.

11.177 Einen Duldungstitel kann der Gläubiger erwirken:

- durch notarielle Unterwerfungserklärung, § 794 Abs. 1 Nr. 5 ZPO;
- durch Klage auf Duldung der Zwangsvollstreckung.

---

105 LG Bonn, Rpfleger 1998, 34.
106 BGH, Rpfleger 1979, 132 = NJW 1979, 928.
107 *Stöber,* § 15 Rdn. 9.1; Steiner/*Hagemann,* §§ 15, 16 Rdn. 35.
108 LG Deggendorf, Rpfleger 1990, 308.
109 OLG Hamm, Rpfleger 2001, 562.

11.178 Vor dem 1.7.1977 konnte ein Duldungstitel auch im vereinfachten Mahnverfahren erwirkt werden. Seit Inkrafttreten der Vereinfachungsnovelle zur ZPO am 1.7.1977 besteht diese Möglichkeit nicht mehr. Der Gläubiger sollte daher bereits vor der Beantragung der Zwangsversteigerung rechtzeitig überlegen, ob er eine entsprechende Klage einreicht. Vor Einreichung der Klage empfiehlt es sich, den Schuldner aufzufordern, freiwillig eine notarielle Vollstreckungsunterwerfung zu erklären, da ansonsten der Klage das Rechtsschutzinteresse verwehrt werden könnte.[110] Im Übrigen erspart die freiwillige Unterwerfungserklärung Zeit und erhebliche Kosten.

11.179 Nach der Neuregelung ab dem 1.1.1999 kann es aber auch sinnvoll sein, zuerst eine Zwangssicherungshypothek im Grundbuch eintragen zu lassen, da dann direkt die Möglichkeit besteht, das Verfahren dinglich aus der Rangklasse 4 heraus zu betreiben.

11.180 Ist im Grundbuch eine **Eigentümergrundschuld** eingetragen, kann der Eigentümer selbst die Zwangsvollstreckung aus diesem Recht in sein eigenes Grundstück nicht beantragen, § 1197 Abs. 1 BGB.

11.181 Diese Beschränkung gilt jedoch nicht gegenüber dem **Pfändungsgläubiger**.[111] Hat der Vollstreckungsgläubiger die Eigentümergrundschuld gepfändet und sich zur Einziehung überweisen lassen, kann er auch aufgrund des dinglichen Anspruches die Zwangsversteigerung betreiben. Regelmäßig hat sich der Eigentümer bei Bestellung der Grundschuld bereits der sofortigen Zwangsvollstreckung in sein Grundstück unterworfen, sodass der Vollstreckungsgläubiger nur noch die Klausel umschreiben lassen muss, § 727 ZPO. Nur in den seltensten Fällen ist eine entsprechende Klage auf Duldung der Zwangsvollstreckung noch erforderlich. Umzuschreiben ist die Klausel von dem beurkundenden Notar (vgl. Rdn. 3.64). Die entsprechenden Angaben kann der Vollstreckungsgläubiger aus der Grundakte entnehmen.

4. Urkundennachweis

11.182 Die für den Beginn der Vollstreckung erforderlichen Urkunden sind dem Antrag beizufügen, § 16 Abs. 2 ZVG. Hierbei handelt es sich in erster Linie um den dinglichen und/oder persönlichen Vollstreckungstitel, die Vollstreckungsklausel, den Zustellungsnachweis und die Vollmacht. Im Rahmen einer Kaufvertragsabwicklung zur Umschreibung eines Grundstückes werden seitens des Käufers sehr häufig die Finanzierungsgrundschulden auf Grund einer vom Eigentümer erteilten Vollmacht bestellt und im Grundbuch eingetragen. Kommt es nach der Eigentumsumschreibung zur Zwangsversteigerung, so ist bei Einleitung des Verfahrens die vom Schuldner erteilte Vollmacht weder vorzulegen noch zuzustellen; es handelt sich

---

110 OLG München, Rpfleger 1984, 325; *Stöber*, § 15 Rdn. 9.4 m.w.N.
111 BGH, Rpfleger 1988, 181 = NJW 1988, 1026; Brox/*Walker*, Rdn. 744; MünchKomm/*Eickmann* BGB, § 1197 Rdn. 6; Musielak/*Becker*, § 857 Rdn. 17 a.E.

11.183 hierbei nicht um eine andere Tatsache i.S.d. § 726 Abs. 1 ZPO, von der die Vollstreckung nach dem Inhalt des Titels abhängig ist.[112]

11.183 Falls die Vollstreckung aus einem dinglichen Anspruch betrieben wird, ist der Hypotheken- oder Grundschuldbrief für die Anordnung des Verfahrens nicht vorzulegen.[113]

11.184 Weitere Urkunden können sein das Grundbuchzeugnis, § 17 Abs. 2 ZVG, der erforderliche Erbnachweis, § 17 Abs. 3 ZVG, Urkunden zur Bezeugung der Rechtsnachfolge oder Nachweise zur Erbringung einer eventuellen Sicherheitsleistung, § 751 Abs. 2 ZPO.

5. Prüfung des Versteigerungsgerichts

11.185 Das Versteigerungsgericht prüft den Antrag des Gläubigers, wie zuvor besprochen, die allgemeinen Verfahrensvoraussetzungen und die allgemeinen und besonderen Zwangsvollstreckungsvoraussetzungen. Es prüft nur die formelle Zulässigkeit der beantragten Zwangsversteigerung, nicht hingegen die materielle Anspruchsberechtigung aus dem Titel. Einwendungen hiergegen muss der Schuldner im Wege der Drittwiderspruchsklage geltend machen.

a) Allgemeine Verfahrensvoraussetzungen

11.186 Wie bei jeder Vollstreckungsmaßnahme sind auch die allgemeinen Verfahrensvoraussetzungen vor Anordnung der Zwangsversteigerung zu beachten (Zuständigkeit, deutsche Gerichtsbarkeit, Rechtsweg, Parteifähigkeit, Prozessfähigkeit, Prozessführungsbefugnis, Rechtsschutzinteresse). Grundsätzliche Ausführungen hierzu unter Rdn. 2.1 ff.

aa) Zuständigkeit

11.187 Zuständig für die Zwangsversteigerung und Zwangsverwaltung eines Grundstücks ist dasjenige Vollstreckungsgericht, in dessen Bezirk das Grundstück gelegen ist. Ausschließlich zuständig ist immer das Amtsgericht, § 1 Abs. 1 ZVG.

11.188 Funktionell zuständiges Vollstreckungsorgan ist der Rechtspfleger, § 3 Nr. 1 Buchst. i RPflG.

bb) Partei- und Prozessfähigkeit

11.189 Das Gericht hat die Partei- und Prozessfähigkeit von Gläubiger und Vollstreckungsschuldner in jeder Lage des Vollstreckungsverfahrens zu prü-

---

112 LG Freiburg, Rpfleger 2005, 100.
113 Stöber, § 16 Rdn. 4.4; Steiner/*Hagemann*, §§ 15, 16 Rdn. 48.

fen.¹¹⁴ Ergibt sich, dass der Vollstreckungsschuldner bereits bei Beginn der Zwangsvollstreckung nicht parteifähig war, ist das Verfahren auch nachträglich aufzuheben.¹¹⁵ Wird das Verfahren gegen eine juristische Person angeordnet, die tatsächlich aber bereits nicht mehr besteht, kann auch die Fortsetzung gegen den Rechtsnachfolger nicht stattfinden.¹¹⁶ Das Vollstreckungsgericht ist nicht daran gebunden, dass bereits das Prozessgericht die Prozessfähigkeit geprüft und festgestellt hat. Das Vollstreckungsverfahren ist losgelöst vom Erkenntnisverfahren ein eigenständiges Verfahren. Die Rechtsfähigkeit einer ausländischen Gesellschaft bestimmt sich nach dem Recht des Ortes, an dem die Gesellschaft ihren Hauptverwaltungssitz hat (Sitztheorie). Die für die Beurteilung der Verwaltungssitzfrage maßgeblichen Voraussetzungen hat der Gläubiger zu beweisen.¹¹⁷

Der Antrag unterliegt nicht dem Anwaltszwang, § 78 Abs. 3 ZPO. Tritt jedoch ein Rechtsanwalt für einen Gläubiger auf, gilt insoweit § 88 Abs. 2 ZPO.   11.190

cc) Rechtsschutzbedürfnis

Die Frage, ob und in welchem Umfang das Vollstreckungsgericht das Rechtsschutzbedürfnis für die Zwangsversteigerung prüfen darf, ist umstritten. Da das Rechtsschutzbedürfnis eine allgemeine Verfahrensvoraussetzung ist, muss dies auch für die Anordnung der Zwangsversteigerung gelten.¹¹⁸ Wenn der Gläubiger kein schutzwürdiges Interesse an der Zwangsversteigerung hat, darf dem Antrag nicht stattgegeben werden.   11.191

Ein ausschließlich zur Umgehung der Genehmigungspflicht nach § 2 GrdstVG gestellter Antrag ist als rechtswidrig zurückzuweisen.¹¹⁹ Das Rechtsschutzinteresse an einer Zwangsversteigerung fehlt, wenn dieses Verfahren zweckentfremdet und missbraucht wird, um einen sonst wegen eines Vorkaufsrechtes gescheiterten Erwerb des Grundstückes zu ermöglichen.¹²⁰ Die Zwangsversteigerung ist jedoch dann nicht aufzuheben, wenn zum Zeitpunkt der Anordnung der Zwangsversteigerung oder der Entscheidung über ein Rechtsmittel bzw. einen Einstellungsantrag nicht davon ausgegangen werden kann, dass die Zwangsversteigerung zur Befriedigung des betreibenden Gläubigers führt.¹²¹   11.192

---

114 OLG Stuttgart, Rpfleger 1996, 36; LG Mainz, Rpfleger 1997, 178.
115 BGH, NJW-RR 1986, 157.
116 OLG Hamm, Rpfleger 1990, 131 = OLGZ 1990, 209 bei einer vollbeendeten KG, ein Rechtsnachfolger ist nicht vorhanden.
117 LG Mainz, Rpfleger 1997, 178.
118 BVerfG, Rpfleger 1983, 80 = NJW 1983, 559.
119 LG Heilbronn, Rpfleger 1994, 223.
120 LG Koblenz, Rpfleger 1997, 269.
121 LG Koblenz, Rpfleger 1998, 300.

11.193 Offen bleibt die grundsätzliche Frage, wann dem Vollstreckungsgläubiger das Rechtsschutzinteresse abzusprechen ist. Hierbei sind insbesondere zwei Fälle denkbar:

a) bei der Vollstreckung einer Bagatellforderung;
b) Aussichtslosigkeit, z.B. bei hohen vorrangigen Belastungen.

11.194 Zu a):

Grundsätzlich hat auch der Gläubiger einer nur geringfügigen Forderung das Recht, jede Zwangsvollstreckungsmaßnahme, insbesondere auch die Zwangsversteigerung des Grundstückes, zu beantragen.[122] Dies gilt auch bei so genannten **Bagatellforderungen,** weil man schon darüber streiten kann, bis zu welcher Höhe man diese in Betracht zieht (z.B. 1,– € bis 10,– € oder sogar bis 50,– €). Der Gläubiger hat das Recht, auch einer geringfügigen Forderung mit allen rechtlichen Mitteln zur Durchsetzung zu verhelfen. Auch einem Schuldner, der in äußerst schlechten wirtschaftlichen Verhältnissen lebt, kann und muss zugemutet werden, eine geringfügige Forderung zu begleichen, um den drohenden Verlust seines Grundstückes zu verhindern.[123] Eine Generallinie, bis zu welcher Höhe die Durchsetzung geringfügiger Ansprüche für unzulässig gehalten wird, kann nicht festgestellt werden.

11.195 Uneinheitlich wird die Frage beantwortet, ob der Gläubiger vorher nachweisen muss, dass eine Zwangsvollstreckung in das bewegliche Vermögen des Schuldners zwecklos gewesen ist.[124] Bereits kraft Gesetzes kann der Vollstreckungsgläubiger mehrere Vollstreckungsmaßregeln auch nebeneinander ausführen, § 866 Abs. 2 ZPO. Sofern die zu vollstreckende Forderung bis 750,– € geht, kann der Gläubiger noch nicht einmal eine Zwangssicherungshypothek am Grundstück des Schuldners eintragen lassen. Insbesondere von der Rechtsprechung wird jedoch bei der Zwangsversteigerung wegen geringer Forderung verlangt, dass der Gläubiger zuvor erfolglos in das bewegliche Vermögen des Schuldners vollstreckt hat.[125]

11.196 Dieser Auffassung muss im Hinblick auf den grundgesetzlich geschützten Anspruch der Verhältnismäßigkeit und des Übermaßverbotes zugestimmt werden. Der Eingriff in das grundgesetzlich geschützte Eigentum darf nicht über das notwendige Maß hinausgehen, das Versteigerungsgericht muss jederzeit den **Grundsatz der Verhältnismäßigkeit** und das **Übermaßverbot** beachten.[126] Zwar hat der Vollstreckungsgläubiger grundsätz-

---

[122] BGH, NJW 1973, 894; Zöller/*Stöber,* vor § 704 Rdn. 2, 17; *Böttcher,* §§ 15, 16 Rdn. 58.
[123] OLG Schleswig, Rpfleger 1979, 470; OLG Düsseldorf, NJW 1980, 1171; Steiner/ *Hagemann,* §§ 15, 16 Rdn. 134; *Muth,* Kap. 9 A Rdn. 34; *Schiffhauer,* ZIP 1981, 832.
[124] *Stöber,* Einl. Rdn. 48.6.
[125] LG Frankenthal, Rpfleger 1979, 433; AG Mainz, Rpfleger 1981, 26; LG Oldenburg, Rpfleger 1981, 492 = ZIP 1981, 1139; vgl. hierzu *Schiffhauer,* ZIP 1981, 832.
[126] BVerfG, Rpfleger 1979, 12 = NJW 1979, 538.

lich ein Wahlrecht, welche Vollstreckungsmaßnahme er einleitet, er kann auch wahlweise verschiedene Vollstreckungen gleichzeitig durchführen, § 866 Abs. 3 ZPO, er muss jedoch immer darauf achten, die Maßnahme zu ergreifen, die für den Schuldner weniger belastend und einschneidend ist, um sein Vollstreckungsziel zu erreichen.

Zu b): **11.197**
Die Frage der **Aussichtslosigkeit** der Zwangsversteigerung stellt sich insbesondere dann, wenn dem das Verfahren betreibenden Gläubiger so hohe Ansprüche im Range vorgehen, dass sogar der Verkehrswert des Grundstückes überstiegen wird. Eine voraussichtlich aussichtslose Zwangsversteigerung berechtigt das Versteigerungsgericht jedoch nicht, einen Vollstreckungsantrag zurückzuweisen oder das Verfahren von Amts wegen aufzuheben, insbesondere dann nicht, wenn der Verkehrswert des Grundstückes überhaupt noch nicht festgesetzt ist.[127]

Es wird weiter auch zu Unrecht die Auffassung vertreten, dass in besonders gelagerten Fällen die Zwangsversteigerung zu unterbleiben hat, wenn das Grundstück wegen des den Verkehrswert erheblich übersteigenden geringsten Gebotes nicht versteigert werden kann und mit einer auch nur teilweisen Befriedigung des Gläubigers nicht gerechnet werden kann.[128] **11.198**

Die andere Auffassung, die Aussichtslosigkeit der Zwangsversteigerung von Amts wegen zu prüfen, läuft auf einen Vollstreckungsschutz nach § 765a ZPO hinaus, der jedoch ausschließlich nur auf Antrag des Schuldners zu berücksichtigen ist.[129] Die Aussichtslosigkeit einer Zwangsversteigerung lässt sich daher im Zeitpunkt des Antrages bzw. der Entscheidung über den Antrag nur äußerst selten prognostizieren. Die Zwecklosigkeit der Versteigerung kann sich jedoch während des laufenden Verfahrens herausstellen, insbesondere wenn der Verkehrswert festgesetzt ist oder/und im Versteigerungstermin keine Gebote abgegeben werden. In diesen Fällen kann das Verfahren auch nachträglich noch einstweilen eingestellt oder sogar aufgehoben werden, § 30a ZVG, § 765a ZPO oder §§ 29, 30, 77 ZVG.[130] **11.199**

Auch eine analoge Anwendung des § 803 Abs. 2 ZPO kommt nicht in Betracht, eine Regelungslücke besteht insoweit nicht.[131] In diesem Sinne hat **11.200**

---

127 LG Stade, LG Aachen, LG Göttingen, alle Rpfleger 1988, 420; LG Dortmund, JurBüro 1988, 1417; OLG Hamm, LG Münster, beide Rpfleger 1989, 34.
128 *Wieser,* Rpfleger 1985, 96 ff.
129 LG Limburg, Rpfleger 1977, 219; *Stöber,* Einl. 55.2.
130 LG Augsburg, Rpfleger 1986, 146; LG Berlin, Rpfleger 1987, 209; LG Bielefeld, Rpfleger 1987, 424; LG Düsseldorf, Rpfleger 1987, 210.
131 In diesem Sinne: LG Berlin, Rpfleger 1987, 209; OLG Hamm, LG Münster, beide Rpfleger 1989, 34; LG Krefeld, Rpfleger 1994, 35; *Muth,* Kap. 9 A Rdn. 35; **a.A.** LG Augsburg, Rpfleger 1986, 146; LG Bielefeld, Rpfleger 1987, 424; LG Regensburg, NJW-RR 1988, 447; LG Düsseldorf, JurBüro 1987, 786; OLG Düsseldorf, Rpfleger 1989, 470.

auch der **BGH**[132] in seinem Grundsatzbeschluss vom 18.7.2002 entschieden: Das Verbot der zwecklosen Pfändung nach § 803 Abs. 2 ZPO findet auf Zwangsverwaltungen keine Anwendung. Kurze Zeit später entschied der **BGH**[133] dieselbe Frage für die Zwangsversteigerung. Das Rechtsschutzinteresse kann sich im Falle hoher Vorbelastungen, die eine Befriedigung derzeit aussichtslos erscheinen lassen, daraus ergeben, dass das Grundstück einer einträglicheren Nutzung zugeführt wird. Dass die Zwangsversteigerung auch bei hohen Vorbelastungen Platz greifen soll, verdeutlicht § 77 Abs. 2 ZVG, der die Fortsetzung eines Zwangsversteigerungsverfahrens als Zwangsverwaltung bestimmt, wenn die Zwangsversteigerung auch in dem zweiten Termin ergebnislos bleibt. Hierunter fallen insbesondere auch die Fälle, in denen überhaupt kein Gebot abgegeben oder das Gebot nach § 72 Abs. 2 ZVG zurückgewiesen worden ist, weil es das geringste Gebot nicht erreicht hat. Die maßgebenden Grundstücksbelastungen können sich weiterhin nach der Verfahrensanordnung im laufenden Verfahren vielfach ändern, indem z.B. Löschungsverpflichtungen erfüllt werden. Im formalisierten Anordnungsverfahren – wie auch im Verfahren über einen Beitrittsantrag – besteht für das Vollstreckungsgericht nicht die Möglichkeit, sich hierüber Gewissheit zu verschaffen. Auch deshalb kann § 803 Abs. 2 ZPO auf die Immobiliarvollstreckung nicht entsprechend angewendet werden. Das Vollstreckungsgericht darf daher das Verfahren nicht mit der Begründung aufheben, ein Versteigerungserlös sei zugunsten des Gläubigers nicht zu erwarten.

b) Zwangsvollstreckungsvoraussetzungen

11.201 Neben der Vorlage eines dinglichen oder persönlichen Vollstreckungstitels müssen auch vor dem Antrag auf Zwangsversteigerung die allgemeinen und besonderen Zwangsvollstreckungsvoraussetzungen vorliegen bzw. erfüllt sein (vgl. Rdn. 3.1 ff.).

aa) Vollstreckungstitel

11.202 Der **Zahlungstitel** in **inländischer Währung** muss rechtskräftig oder für vorläufig vollstreckbar erklärt sein. Aus einem Urteil, das für den Gläubiger gegen Nachweis einer Sicherheitsleistung für vorläufig vollstreckbar erklärt worden ist, kann im Wege der so genannten „Sicherungsvollstreckung", § 720a ZPO, im Grundbuch eine Zwangssicherungshypothek eingetragen werden (vgl. Rdn. 10.1 ff.). Die Zwangsversteigerung kann aufgrund eines solchen Titels ohne Nachweis der Sicherheitsleistung jedoch nicht angeord-

---

132 Rpfleger 2002, 578 = BGHZ 151, 384 = KTS 2003, 166 = MDR 2002, 1213 = WM 2002, 1809 = ZIP 2002, 1595 = InVo 2003, 41 = ZfIR 2002, 753.
133 Rpfleger 2004, 302 = NZM 2004, 347 = WM 2004, 646 = InVo 2004, 290 = ZfIR 2004, 440.

net werden, § 751 Abs. 2 ZPO.¹³⁴ Zielrichtung der Zwangsversteigerung ist nicht Sicherung der Forderung, sondern deren Verwertung. Die Sicherheitsleistung ist daher durch Hinterlegung von Geld bzw. durch Bankbürgschaft zu erbringen, § 108 ZPO (vgl. Rdn. 3.297 ff.).

Zahlungstitel in **ausländischer Währung** können dann vollstreckt werden, wenn die Zulässigkeit durch ein deutsches Vollstreckungsurteil ausgesprochen wurde, § 722 ZPO¹³⁵ (vgl. Rdn. 3.4). Neben dem Euro sind zugelassene Währungen US-Dollar, Schweizer Franken und alle Währungen der EU-Länder.¹³⁶ Für die Zwangsversteigerung bestimmt § 145a ZVG, dass vor der Aufforderung zur Abgabe von Geboten im Versteigerungstermin die Feststellung der Umrechnung in Euro zu erfolgen hat; der Teilungsplan ist in Euro (dies gilt gleichermaßen für die Zwangsverwaltung, § 158a ZVG). 11.203

bb) Klausel

Der Vollstreckungstitel ist mit der **Klausel** zu versehen, sofern ausnahmsweise eine solche nicht erforderlich ist (z.B. beim Vollstreckungsbescheid). Bei der Zwangsvollstreckung aus einer notariellen Urkunde mit Unterwerfungserklärung, § 794 Abs. 1 Nr. 5 ZPO (z.B. nach Pfändung einer Eigentümergrundschuld), wird die Klausel durch den beurkundenden Notar erteilt. Die Klausel wird nicht nur wegen des Hauptsacheanspruches, sondern auch wegen aller Zinsen und Kosten erteilt. Für den Pfändungsgläubiger einer Eigentümergrundschuld gilt auch die Zinsbeschränkung des § 1197 Abs. 2 BGB nicht (vgl. Rdn. 9.206). 11.204

Ist in einer vollstreckbaren Urkunde als Haftungsgegenstand ein Grundstück genannt, so kann in das daraus gemäß §§ 3, 8 WEG entstandene Wohnungseigentum ohne Umschreibung der Vollstreckungsklausel vollstreckt werden.¹³⁷ Nach Umwandlung einer Hypothek in eine Grundschuld bedarf es keiner neuen Unterwerfungserklärung i.S.v. § 800 ZPO. Es bedarf keiner erneuten Zustellung der Klausel und der Urkunden i.S.v. § 750 Abs. 2 ZPO, wenn der wesentliche Inhalt der Urkunden in der Klausel enthalten ist.¹³⁸ 11.205

cc) Zustellung

Der Vollstreckungstitel muss dem Schuldner vor Beginn der Zwangsvollstreckung **zugestellt** sein, § 750 Abs. 1 ZPO. Ist die Klausel nach § 726 11.206

---

134 Zöller/*Stöber*, § 720a Rdn. 6; Steiner/*Hagemann*, §§ 15, 16 Rdn. 114; *Böttcher*, §§ 15, 16 Rdn. 65.
135 Vgl. im Einzelnen *Stöber*, § 15 Rdn. 41.
136 Vgl. *Rellermeyer*, Rpfleger 1999, 49; Musielak/*Becker*, § 867 Rdn. 4.
137 LG Berlin, Rpfleger 1985, 159; LG Essen, Rpfleger 1986, 101; **a.A.** LG Weiden, Rpfleger 1984, 280.
138 LG Bonn, Rpfleger 1998, 34.

Abs. 1 ZPO (Bedingung) erteilt worden oder soll die Vollstreckung für oder gegen den Rechtsnachfolger des Gläubigers bzw. Schuldners eingeleitet werden, § 727 ZPO, muss außer dem Urteil auch die „qualifizierte Vollstreckungsklausel" und, sofern die Klausel aufgrund öffentlicher oder öffentlich beglaubigter Urkunden erteilt ist, auch eine Abschrift dieser Urkunden vor Beginn der Vollstreckung dem Schuldner zugestellt werden.

11.207 Vollstreckt der Gläubiger aus einer notariellen Urkunde, und hatte bei Bestellung des Grundpfandrechtes ein Bevollmächtigter die Unterwerfung unter die sofortige Zwangsvollstreckung erklärt, so ist die Vollstreckungsklausel gegen den Vertretenen nur bei Vorlage der Vollmacht zu erteilen, die Vollmacht selbst ist dem Schuldner jedoch nicht mehr zuzustellen.[139]

11.208 Hat der Schuldner bei der Unterwerfungserklärung einer Personenmehrheit **Zustellungsvollmacht** erteilt, z.B. dem Vorstand einer Bank, ist diese wirksam. Die Zustellung des Titels vor der Zwangsvollstreckung muss dann jedoch an den Vorstand der Bank erfolgen. Hier empfiehlt es sich in der Zustellungsvollmacht aufzunehmen, dass der Vorstand der Bank wiederum berechtigt ist, einen Angestellten als Zustellungsempfänger zu benennen.[140]

dd) Besondere Vollstreckungsvoraussetzungen

11.209 Zu den besonderen Zwangsvollstreckungsvoraussetzungen (Fälligkeit nach dem Kalendertag, Nachweis der Sicherheitsleistung, Zug-um-Zug-Leistung, Wartefristen, keine Vollstreckungshindernisse etc.) vgl. Rdn. 3.286 ff.

6. Forderungsanspruch

11.210 Der Gläubiger muss im Antrag den geltend gemachten Anspruch nach Höhe und Umfang genau bezeichnen. Bei einem dinglichen Anspruch in **Euro** oder **ausländischer Währung** vgl. Rdn. 11.203. Der **Hauptsachebetrag** muss fällig sein, da wegen zukünftiger Ansprüche die Zwangsvollstreckung nicht betrieben werden kann, § 751 Abs. 1 ZPO. Dies gilt nicht für Zinsen, die als Nebenleistungen des Hauptanspruches geltend gemacht werden.[141]

11.211 Dingliche Gläubiger können die **Kosten der dinglichen Rechtsverfolgung** nach § 10 Abs. 2 ZVG bei ihrem Hauptanspruch in der Rangklasse 4 des § 10 Abs. 1 ZVG mit anmelden (z.B. Anordnungs- und Beitrittskosten, Kosten für die Eintragung der Zwangssicherungshypothek, Kosten für die Erwirkung des Duldungstitels etc., vgl. Rdn. 11.105 ff.).

---

139 LG Freiburg, Rpfleger 2005, 100; **a.A.** LG Bonn, Rpfleger 1990, 374.
140 LG Kaiserslautern, Rpfleger 1993, 256.
141 Steiner/*Hagemann*, §§ 15, 16 Rdn. 41.

Der Grundsatz, dass mehrere als Gesamtschuldner verurteilte Beklagte auch hinsichtlich der Kosten gesamtschuldnerisch haften, § 100 Abs. 4 ZPO, gilt seit dem 1.1.1999 auch im Vollstreckungsverfahren, § 788 Abs. 1 S. 3 ZPO. **11.212**

Werden **persönliche Vollstreckungskosten,** also nicht Kosten der dinglichen Rechtsverfolgung nach § 10 Abs. 2 ZVG verlangt, können diese auch ohne besondere Festsetzung mit dem Titel vollstreckt werden, § 788 ZPO. Dem Gläubiger steht aber ebenfalls das Recht zu, die bisher entstandenen **Vollstreckungskosten gem. §§ 103 ff. ZPO gesondert festsetzen** zu lassen. Streitig war bisher nur, wer für die Festsetzung der Kosten zuständig war. Überwiegend wurde die Auffassung vertreten, dass das Prozessgericht des ersten Rechtszuges für die Festsetzung berufen war.[142] Seit der Novellierung ab dem 1.1.1999 ist nunmehr die **Zuständigkeit** des **Vollstreckungsgerichts** gegeben, § 788 Abs. 2 ZPO: entweder das Vollstreckungsgericht zum Zeitpunkt der Antragstellung einer Vollstreckungshandlung oder das Vollstreckungsgericht der letzten Vollstreckungshandlung. **11.213**

Sofern auch wegen persönlicher Zwangsvollstreckungskosten das Verfahren durchgeführt werden soll, muss wegen dieser Beträge das Verfahren betrieben werden, § 10 Abs. 1 Nr. 5 ZVG (z.B. Kosten des Gläubigers für den Gerichtsvollzieherauftrag, die Gerichtsvollzieherkosten, Verfahren zur Abgabe der eidesstattlichen Versicherung, Forderungspfändung etc., vgl. Rdn. 11.118 ff.). **11.214**

Macht der Gläubiger nur einen bezifferten **Restanspruch** geltend, muss eine spezifizierte Forderungsaufstellung nicht vorgelegt werden (vgl. hierzu Rdn. 2.6 ff.). **11.215**

Wird die Zwangsversteigerung aus einem dinglich gesicherten Anspruch auf Naturalleistungen (z.B. Reallast oder im Rahmen eines Altenteils) beantragt, muss erst das Prozessgericht einen auf die Naturalleistung gerichteten Duldungstitel in einen Zahlungstitel umwandeln.[143] **11.216**

7. Antragsmangel

Liegen einzelne Vollstreckungsmängel vor, die jedoch grundsätzlich heilbar sind, wird der Vollstreckungsgläubiger hierauf hingewiesen, § 139 ZPO. Werden die Mängel innerhalb der vom Gericht gesetzten Frist nicht behoben, wird der Antrag zurückgewiesen. Der Antrag kann jedoch jederzeit neu gestellt werden. **11.217**

Unheilbare Vollstreckungsmängel werden in der Praxis selten vorkommen, dann jedoch ist der Antrag zurückzuweisen. Unheilbar ist der Mangel dann, wenn dem Antrag des Gläubigers ein Vollstreckungshindernis entge- **11.218**

---

142 BGH, NJW 1986, 2438; OLG Koblenz, Rpfleger 1990, 38; OLG München, Rpfleger 1990, 37; BayObLG, MDR 1989, 918; OLG Hamm, Rpfleger 1987, 431.
143 LG Deggendorf, Rpfleger 1990, 308.

gensteht, z.B. § 775 ZPO. Ein anderes Hindernis kann ein aus dem Grundbuch ersichtliches Recht oder eine Verfügungsbeschränkung sein, welche der Zwangsversteigerung entgegensteht, z.B. Insolvenzeröffnung pp. (vgl. Rdn. 9.147 ff.).

11.219 Zum **Muster eines Versteigerungsantrages** vgl. Rdn. 15.38.

8. Der Versteigerung entgegenstehende Rechte bzw. Hindernisse

11.220 Nach der Regelung in § 28 Abs. 2 ZVG hat das Versteigerungsgericht das Verfahren entweder sofort aufzuheben oder unter Bestimmung einer Frist zur Behebung des Hindernisses einstweilen einzustellen, wenn eine Verfügungsbeschränkung oder ein Vollstreckungsmangel bekannt wird.

11.221 Verfügungsbeschränkungen oder der Entzug der Verfügungsbefugnis werden nicht mit der Eintragung im Grundbuch wirksam, die Eintragung ist nur deklaratorisch. Das Versteigerungsgericht hat schon bei Kenntnis z.B. der **Insolvenzeröffnung** den Entzug der Verfügungsbefugnis des Schuldners zu beachten, ohne Rücksicht darauf, ob und wann der Insolvenzvermerk im Grundbuch eingetragen wird.[144] Wird über das Vermögen des die Zwangsversteigerung betreibenden **Gläubigers** das **Insolvenzverfahren** eröffnet, tritt keine Unterbrechung des Verfahrens ein[145]. Hinsichtlich der Einzelheiten der Versteigerung entgegenstehender Rechte und Verfügungsbeschränkungen wird auf Rdn. 9.147 ff. verwiesen.

11.222 Zu beachten ist seit dem 1.1.1999 nach Insolvenzeröffnung insbesondere die **Rückschlagsperre** nach § 88 InsO. Hiernach werden die Sicherungsmaßnahmen eines jeden Gläubigers unwirksam, die dieser innerhalb der Sperrfrist von **einem Monat** (bei der Verbraucherinsolvenz bis 3 Monate, § 312 Abs. 1 S. 3 InsO) **vor Antragstellung** auf Eröffnung des Insolvenzverfahrens oder danach erwirkt hat; die Frist wird nach § 139 InsO berechnet.

11.223 Hat ein persönlicher Gläubiger die Eintragung einer Zwangssicherungshypothek im Grundbuch oder die Beschlagnahme des Grundstückes **außerhalb der Sperrfrist** erlangt, bleibt die Eintragung bzw. die Beschlagnahme in der Zwangsversteigerung bestehen, das Verfahren wird für den nunmehr **absonderungsberechtigten Gläubiger** fortgesetzt, § 80 Abs. 2 S. 2, § 49 InsO. Hat der Gläubiger die Zwangshypothek oder die Beschlagnahme der Zwangsversteigerung innerhalb der Sperrfrist bzw. nach dem Antrag auf Insolvenzeröffnung erwirkt, wird die Beschlagnahme mit der Insolvenzeröffnung unwirksam. Erlangt das Versteigerungsgericht hiervon Kenntnis, ist das Versteigerungsverfahren für diesen betreibenden Gläubiger von Amts wegen aufzuheben (hierzu aber auch Rdn. 9.167 und 10.102). Eine Entscheidung des Insolvenzgerichtes nach § 89 Abs. 3 InsO kommt hierbei nicht in Betracht, da die Entscheidung von Amts wegen und nicht auf Erinnerung nach § 766 ZPO hin ergehen muss.

---

[144] *Stöber,* § 15 Rdn. 23.2.
[145] AG Göttingen, Rpfleger 2000, 121.

Anordnungsverfahren **11.224–11.229**

Betreibt ein Gläubiger das Versteigerungsverfahren sowohl aus seinem **11.224**
dinglichen Recht als auch aus seinem persönlichen Anspruch, kann es vorkommen, dass entweder das eine oder das andere Verfahren aufzuheben ist, sofern die Sicherungsmaßnahme innerhalb der Sperrfrist erwirkt wurde oder aber beide Anordnungen bleiben wirksam oder sind insgesamt aufzuheben.

Keine unzulässige **Vollstreckungsbeschränkung** liegt vor, wenn als In- **11.225**
halt der Grundschuld vereinbart wird, dass die Zwangsversteigerung aus einer Grundschuld nur dann zulässig ist, wenn eine bereits eingetragene Auflassungsvormerkung durch den Zuschlag nicht erlischt, sondern fortbesteht[146]. Das Recht des Gläubigers nach § 1147 BGB auf jede Zwangsvollstreckung kann weder schuldrechtlich noch dinglich ausgeschlossen werden.

Rückübertragungsansprüche nach dem Vermögensgesetz sind keine die **11.226**
Zwangsversteigerung hindernden Rechte, sodass eine einstweilige Einstellung des Verfahrens nach der Anmeldung der Ansprüche nicht in Betracht kommt[147].

Die Versteigerung kann aber auch aus anderen als rechtlichen Gründen **11.227**
aufgehoben werden, z.B. wenn sich bei einem Wohnungs- und Teileigentum bei Erstellung des Wertgutachtens nach § 74a Abs. 5 ZVG ergibt, dass eine Bewertung des Versteigerungsobjekts im Hinblick auf eine gravierende **Unrichtigkeit** der **Teilungserklärung** unmöglich ist.[148]

9. Anordnungsbeschluss

Liegen alle Voraussetzungen der Zwangsvollstreckung vor, ergeht die **11.228**
Entscheidung über den Antrag durch Beschluss, ohne mündliche Verhandlung und ohne den Schuldner vorher anzuhören, § 764 Abs. 3 ZPO. Der Beschluss ist dem Schuldner zuzustellen, § 22 Abs. 1 ZVG. Sind im Vollstreckungstitel Rechtsanwälte genannt, ist an diese zuzustellen, § 172 ZPO. Hat das Insolvenzgericht im Insolvenzeröffnungsverfahren eine Postsperre angeordnet hat, muss die Zustellung des Anordnungsbeschlusses zur Wirksamkeit ebenfalls an den Schuldner persönlich erfolgen, die Zustellung an den vorläufigen Insolvenzverwalter ist ohne Wirkung.[149]

Sofern dem Antrag voll entsprochen wurde, wird der Anordnungsbe- **11.229**
schluss dem Gläubiger bzw. seinem Prozessbevollmächtigten nur formlos übersandt, § 329 Abs. 2 S. 1 ZPO.

---

146 LG Saarbrücken, Rpfleger 2000, 213; es dürfte sich hier um die Vereinbarung einer Bedingung im Sinne einer Vollstreckungsbeschränkung handeln und nicht um einen generellen Vollstreckungsausschuss.
147 LG Halle, WM 2000, 1606.
148 LG Kassel, Rpfleger 2002, 41.
149 OLG Braunschweig, Rpfleger 2001, 254 = InVo 2001, 193.

11.230 Der Anordnungsbeschluss muss enthalten:

- die gerichtsspezifischen Angaben wie Gerichts-, Orts- und Datumsangabe, Aktenzeichen;
- die genaue Bezeichnung des Eigentümers und Gläubigers nebst Prozessbevollmächtigten;
- das oder die Grundstücke, im Bestandsverzeichnis des Grundbuches eingetragene Grundstücksbruchteile, den zu versteigernden Miteigentumsanteil, das Erbbaurecht pp.;
- die Höhe des fälligen Anspruches nebst Nebenleistungen;
- den vollstreckbaren Titel;
- die Rechtsnatur des Anspruches (dinglicher oder persönlicher Anspruch).

11.231 Weiterhin enthält der Beschluss regelmäßig die Angabe, dass dieser zugunsten des Gläubigers als Beschlagnahme des Grundstückes gilt, auch wenn dies bereits die gesetzliche Folge der Anordnung ist, § 20 Abs. 1 ZVG.

11.232 Liegen dem Versteigerungsgericht **mehrere** entscheidungsreife **Anträge** vor, wird über alle Anträge gemeinsam entschieden. Eine Rangfolge der Erledigung der Antragseingänge wie im grundbuchrechtlichen Verfahren gibt es im Zwangsversteigerungsverfahren nicht.[150] Handelt es sich um die Anträge mehrerer persönlicher Gläubiger, sind diese jetzt gleichrangig, da für sie in der Rangklasse 5 die Beschlagnahme gleichzeitig wirksam wird.[151]

11.233 Zum **Muster eines Anordnungsbeschlusses** vgl. Anhang Rdn. 15.39.

10. Zwangsversteigerungsvermerk im Grundbuch

11.234 Neben der von Amts wegen vorzunehmenden Zustellung des Anordnungsbeschlusses hat das Versteigerungsgericht das Grundbuchgericht „unverzüglich" um Eintragung des Zwangsversteigerungsvermerkes auf dem zu versteigernden Grundstück zu ersuchen, § 19 ZVG. Hierbei ist das Ersuchen sofort nach Erlass des Anordnungsbeschlusses zu fertigen, die Zustellung an den Schuldner ist nicht abzuwarten.[152]

11.235 Auch wenn weitere Vollstreckungsgläubiger dem Zwangsversteigerungsverfahren später beitreten, wird nur ein Zwangsversteigerungsvermerk im Grundbuch eingetragen. Der Vermerk bewirkt keine Grundbuchsperre (vgl. Rdn. 9.177). Weitere Verfügungen über das Grundstück sind durch das

---

[150] Kritisch hierzu *Knoche/Biersack*, NJW 2003, 476.
[151] *Stöber*, § 15 Rdn. 4.12; Steiner/*Hagemann*, § 11 Rdn. 31; *Böttcher*, §§ 15, 16 Rdn. 124.
[152] *Böttcher*, § 19 Rdn. 2.

Grundbuchgericht zu vollziehen. Nachträgliche Verfügungen über das Grundstück, die die Rechte der betreibenden Gläubiger vereiteln oder beeinträchtigen, sind diesen gegenüber jedoch unwirksam, §§ 135, 136 BGB.[153]

Regelmäßig wird der Schuldner mit Zustellung des Anordnungsbeschlusses über die Möglichkeit der einstweiligen Einstellung gemäß § 30a ZVG belehrt. **11.236**

Zum **Inhalt einer solchen Belehrung** vgl. Muster im Anhang Rdn. 15.40. **11.237**

11. Rechtsmittel

Wird der Versteigerungsantrag des Gläubigers ganz oder teilweise zurückgewiesen, ist hiergegen die **sofortige Beschwerde** binnen einer Frist von 2 Wochen gegeben, § 11 Abs. 1 RPflG, § 793 ZPO. Der Rechtspfleger ist abhilfebefugt, § 572 Abs. 1 S. 1 ZPO. Bei Nichtabhilfe ist das Rechtsmittel dem Landgericht vorzulegen; zum weiteren Verfahren vgl. Rdn. 8.88 ff. **11.238**

Der Schuldner, der vor der Entscheidung nicht gehört wurde, kann den Beschluss mit der **unbefristeten Erinnerung** nach § 766 Abs. 1 ZPO anfechten. Ist die Erinnerung begründet, muss der Rechtspfleger ihr abhelfen. Andernfalls legt er die Erinnerung dem Richter vor, der hierüber entscheiden muss, § 20 Nr. 17 RPflG. **11.239**

Gegen die Entscheidung des Richters findet die sofortige Beschwerde statt, § 793 ZPO (zu weiteren Verfahren vgl. Rdn. 8.88 ff.). **11.240**

12. Beitritt zum Verfahren

a) Zulassung des Beitritts

Stellt ein weiterer Gläubiger ebenfalls den Antrag auf Zwangsversteigerung des Grundstückes, erfolgt statt der bereits erfolgten Anordnung der Beitritt zum Verfahren, § 27 Abs. 1 S. 1 ZVG. Eine Eintragung dieser Anordnung in Form des Zwangsversteigerungsvermerkes in das Grundbuch findet nicht mehr statt, § 27 Abs. 1 S. 2 ZVG. **11.241**

Der Antrag auf Zulassung des Beitritts erfolgt unter den gleichen Voraussetzungen wie der Antrag auf Anordnung der Zwangsversteigerung. Hat der Vollstreckungsgläubiger keine Kenntnis von der bereits angeordneten Zwangsversteigerung, wird sein Antrag als Beitrittsantrag umgedeutet. Der Inhalt eines Beitrittsantrages muss ebenfalls den Erfordernissen der §§ 16, 17 ZVG entsprechen. Die Verfahrensvoraussetzungen und die allgemeinen und besonderen Zwangsvollstreckungsvoraussetzungen müssen auch hier **11.242**

---

153 Vgl. Rdn. 11.262 ff. und *Stöber*, § 19 Rdn. 3.5.

insgesamt gegeben sein. Ebenfalls vorgelegt werden müssen die für den Beginn der Zwangsvollstreckung erforderlichen Urkunden.

11.243 Der Beitritt muss immer zu ein und demselben Verfahren erfolgen. Der Antrag auf Anordnung der **Teilungsversteigerung** kann nicht als Beitritt zu einer bereits angeordneten **Forderungsversteigerung** gewertet und behandelt werden, beide Verfahren laufen getrennt nebeneinander.[154]

b) Wirkung des Beitritts

11.244 Die Wirkungen des Beitritts entsprechen denen der Anordnung des Verfahrens. Wirksam wird der Beitritt mit Zustellung des Beschlusses an den Schuldner, § 22 Abs. 1 ZVG, der Zeitpunkt des Eingangs des Ersuchens auf Eintragung des Zwangsversteigerungsvermerkes beim Grundbuchgericht entfällt.[155] Der Gläubiger, dessen Beitritt zugelassen ist, hat dieselben Rechte, als wäre auf seinen Antrag die Versteigerung angeordnet worden, § 27 Abs. 2 ZVG.

11.245 Auch der Gläubiger, der das Verfahren bereits betreibt, kann durch weitere Versteigerungsanträge dem Verfahren beitreten. Hierbei kann es sich um weitere Vollstreckungsforderungen handeln, es kann sich jedoch auch um eine andere Rechtsnatur des gleichen Anspruches handeln, z.B. um den dinglichen Anspruch aus der Zwangssicherungshypothek, wenn bereits für die persönliche Forderung die Zwangsversteigerung angeordnet wurde.

11.246 Anordnungs- und Beitrittsbeschluss desselben Gläubigers sind jedoch voneinander unabhängig. Der Gläubiger muss beachten, dass nunmehr mehrere Verfahren zu seinen Gunsten laufen. Der Vollstreckungsgläubiger, der das Zwangsversteigerungsverfahren in Gang gesetzt hat, und die dem Verfahren beitretenden Gläubiger betreiben jeder sein „Einzelverfahren", gemeinsam ist nur das Vollstreckungsobjekt (vgl. Rdn. 11.72).

---

154 Steiner/*Teufel*, § 27 Rdn. 13, 14; *Stöber*, § 180 Rdn. 14; nach *Hamme* in Rpfleger 2002, 248 gilt Folgendes: Treffen Teilungs- und Forderungsversteigerung zusammen, können beide Verfahren unabhängig nebeneinander fortgeführt werden. Die Teilungsversteigerung ist weder aufzuheben noch einstweilen einzustellen, auszusetzen oder zum Ruhen zu bringen. Der Beitritt eines Vollstreckungsgläubigers zur Teilungsversteigerung und umgekehrt eines Antragstellers zur Forderungsversteigerung gemäß §§ 27, 180 Abs. 1 ZVG ist unzulässig. Das Gericht darf von Amts wegen keine bestimmte Reihenfolge der Versteigerungstermine bestimmen. Es ist aber gemäß § 139 ZPO verpflichtet, die Beteiligten über die rechtlichen Zusammenhänge und tatsächlichen Möglichkeiten beim Zusammentreffen der Verfahrensarten aufzuklären. Insbesondere sollte der Rechtspfleger darauf hinweisen, dass Antragsteller und Vollstreckungsgläubiger die Möglichkeit haben, dem Versteigerungstermin in der jeweils anderen Verfahrensart aus prozessökonomischen Erwägungen durch formlose Anregung an das Gericht oder Bewilligung der einstweiligen Einstellung des Verfahrens den Vorrang einzuräumen; a.A. mit beachtlichen Argumenten: Dassler/*Schiffhauer*, § 180 Rdn. 113, 114.
155 BGH, Rpfleger 1988, 543.

Auch das Versteigerungsgericht muss jeden weiteren Beitrittsbeschluss von Amts wegen dem Schuldner zustellen. Zusammen mit jedem Beitrittsbeschluss ist der Schuldner über die Möglichkeiten der einstweiligen Einstellung gemäß § 30a ZVG zu belehren.

11.247

c) Zeitpunkt des Beitritts

Die Zulassung des Beitrittes kann im laufenden Zwangsversteigerungsverfahren jederzeit erfolgen, bis zur Rechtskraft des Zuschlagsbeschlusses.[156] Allerdings kann nach Erteilung des Zuschlages der Beitritt nur noch bedingt zugelassen werden, wenn und soweit der Zuschlag in einem möglichen Beschwerdeverfahren aufgehoben wird. Bei Rechtskraft des Zuschlages wird der Beitrittsbeschluss dann rückwirkend unwirksam.[157] In der Praxis ist ein solch später Beitritt für den Vollstreckungsgläubiger regelmäßig unzweckmäßig.

11.248

d) Überlegungen des persönlichen Gläubigers

Erfährt der Gläubiger einer persönlichen Forderung von einem laufenden Zwangsversteigerungsverfahren (z.B. aufgrund der Tatsache des eingetragenen Zwangsversteigerungsvermerks im Grundbuch), stellt sich für ihn die Frage, ob er dem Zwangsversteigerungsverfahren direkt beitreten soll oder ob er die Forderung durch Eintragung einer Zwangssicherungshypothek sichern lassen soll. Auf die Eintragung einer Zwangssicherungshypothek reagieren die Schuldner in der Praxis nur äußerst selten. Falls der Schuldner darüber hinaus Eigentümer mehrerer Grundstücke ist, muss der Gläubiger die titulierte Forderung auf die einzelnen Grundstücke verteilen, ohne deren genauen Wert zu kennen, § 867 Abs. 2 ZPO.

11.249

Durch den Beitritt zum laufenden Zwangsversteigerungsverfahren muss der Schuldner selbst aktiv werden, um den drohenden Verlust seines Grundstückes zu vermeiden. Die Chance für den Gläubiger ist daher groß, dass der Schuldner eine Vereinbarung anstrebt, um die Forderung zumindest ratenweise zu begleichen. Bei mehreren Grundstücken erwirkt der Gläubiger durch den Beitritt zum Verfahren eine gesamtschuldnerische Haftung aller Grundstücke, sodass im Gegensatz zur Zwangssicherungshypothek, die auf die einzelnen Grundstücke verteilt ist, ein Forderungsausfall bei einem der Grundstücke eventuell durch das andere Grundstück kompensiert werden kann. Bei diesen Überlegungen ist dem Gläubiger daher immer zu raten, dem Verfahren beizutreten.

11.250

Hat der Gläubiger für die titulierte Forderung am Grundstück des Schuldners bereits eine Zwangssicherungshypothek eintragen lassen und wird daraufhin von einem anderen Gläubiger das Zwangsversteigerungsver-

11.251

---

156 OLG Stuttgart, Rpfleger 1970, 102.
157 *Stöber*, § 27 Rdn. 2.4; *Steiner/Teufel*, § 27 Rdn. 19.

fahren beantragt, hat der Gläubiger die Möglichkeit, am Verfahren aktiv oder passiv teilzunehmen. Aufgrund der Zwangssicherungshypothek hat er ein dingliches Recht am Grundstück, das, sofern genügend Erlös vorhanden ist, bei der Verteilung berücksichtigt wird. Er kann im Range seines Rechtes Zinsen und die Kosten der dinglichen Rechtsverfolgung anmelden (rechtzeitig, § 37 Nr. 4 ZVG).

11.252 Dem laufenden Zwangsversteigerungsverfahren aus dem persönlichen Anspruch beizutreten (Rangklasse 5), ist nicht zu empfehlen; nach den Versteigerungsbedingungen fällt damit das eigene dingliche Recht (Zwangssicherungshypothek) ins geringste Gebot bzw. ist rangmäßig vor dem eigenen Anspruch zu berücksichtigen (Rangklasse 4). Die Versteigerung kann unter Umständen wegen eines zu hohen geringsten Gebotes aussichtslos werden. Sinnvoll ist der Beitritt zum laufenden Verfahren nur dinglich im Range des Rechtes, § 867 Abs. 3 ZPO, hierzu genügt seit dem 1.1.1999 der Titel, auf dem die Eintragung des Rechts im Grundbuch vermerkt ist.

V. Beschlagnahme des Grundstückes

1. Beginn und Ende der Beschlagnahme

11.253 Durch die Anordnung des Zwangsversteigerungsverfahrens wird das Grundstück zugunsten des Gläubigers in Beschlag genommen. Die Beschlagnahme tritt auch ein, wenn weitere Gläubiger dem Verfahren beitreten. Jeder Gläubiger erwirkt jedoch seine „eigene" Beschlagnahme (Grundsatz des Einzelverfahren-Gesamtverfahren vgl. Rdn. 11.72).

11.254 Die Beschlagnahme des Grundstückes wird mit dem Zeitpunkt wirksam, in welchem der Anordnungs- bzw. Beitrittsbeschluss dem Schuldner zugestellt wird, § 22 Abs. 1 ZVG. Bei der Anordnung des Verfahrens kann die Beschlagnahme früher eintreten, und zwar in dem Zeitpunkt, in welchem das Ersuchen um Eintragung des Versteigerungsvermerkes dem Grundbuchgericht zugeht, sofern auf das Ersuchen die Eintragung demnächst erfolgt, § 22 Abs. 1 ZVG. Da der Zwangsversteigerungsvermerk nur einmal im Grundbuch eingetragen wird, kann dieser Zeitpunkt für einen beitretenden Gläubiger nicht gelten. Hier wird der Beitritt ausschließlich mit der Zustellung an den Schuldner wirksam.[158]

11.255 Die Beschlagnahme wird auch wirksam, wenn die Eröffnung des Insolvenzverfahrens über das Vermögen des Eigentümers nach dem Eingang des Eintragungsersuchens des Zwangsversteigerungsvermerkes beim Grundbuchgericht, aber vor deren Eintragung erfolgt.[159] Ist über das Vermögen des Schuldners das Insolvenzverfahren eröffnet, setzt die Fortgeltung der Beschlagnahme trotz Eröffnung des Insolvenzverfahrens eine wirksame Zu-

---

158 BGH, Rpfleger 1988, 543.
159 *Stöber*, § 22 Rdn. 2.5; *Böttcher*, § 22 Rdn. 5.

stellung des Anordnungsbeschlusses an den Schuldner voraus. Hieran ändert auch die Tatsache nichts, dass der Insolvenzrichter im Insolvenzeröffnungsverfahren eine **Postsperre** angeordnet hat, die Zustellung des Anordnungsbeschlusses muss zur Wirksamkeit an den Schuldner persönlich erfolgen, die Zustellung an den vorläufigen Insolvenzverwalter ist ohne Wirkung.[160]

Die **Beschlagnahme endet** erst dann, wenn das gesamte Verfahren aufgehoben wird, also sowohl der Anordnungsbeschluss als auch weitere Beitrittsbeschlüsse. Sie endet weiterhin, wenn alle betreibenden Gläubiger ihre Verfahrensanträge zurücknehmen. Die Beschlagnahme endet nicht mit Erteilung des Zuschlages, sondern erst nach der Erlösverteilung im Verteilungsverfahren.[161]

11.256

2. Verwaltung und Benutzung durch den Schuldner

Die wirksame Beschlagnahme entzieht dem Schuldner nicht sein Verwaltungs- und Benutzungsrecht am Grundstück, § 24 ZVG. Ist jedoch die ordnungsgemäße Bewirtschaftung und Verwaltung des Grundstückes gefährdet, kann das Vollstreckungsgericht auf Antrag des Gläubigers einschreiten, § 25 ZVG.[162] Die Betriebsstilllegung und die damit verbundene Aufhebung der Zubehöreigenschaft der Betriebseinrichtung gehen über die Grenzen einer ordnungsgemäßen Wirtschaft hinaus. Die Zubehörstücke werden in einem solchen Fall auch dann nicht von der Haftung frei, wenn der einzige Grundpfandgläubiger ihrem Verkauf – ohne Entfernung vom Grundstück – zustimmt und der Erlös zu seiner Befriedigung verwendet wird.[163] Verstößt der Schuldner gegen die ordnungsgemäße Bewirtschaftung und Verwaltung, könnte ein Grundpfandrechtsgläubiger auf Unterlassung klagen oder eine einstweilige Verfügung erwirken, ihm verblieben dann jedoch nur Schadensersatzansprüche.[164]

11.257

Um die ordnungsgemäße Verwaltung sicherzustellen, bleibt dem Gläubiger auch die Möglichkeit der Anordnung des Zwangsverwaltungsverfahrens. Dies ist jedoch mit weiteren Kosten für den Gläubiger verbunden, die möglicherweise nachträglich uneinbringlich sind, auch wenn sie in der Versteigerung das Vorrecht der Rangklasse 1 des § 10 Abs. 1 ZVG genießen.

11.258

Auf Antrag des Gläubigers kann daher das Versteigerungsgericht geeignete **Sicherungsmaßregeln** treffen (z.B. Androhung von Zwangsgeld, Entziehung der Verwaltung und Einsetzung eines Sequesters oder einer anderen Aufsichtsperson).[165] Vor der Entscheidung ist der Schuldner nicht zu hören.[166]

11.259

---

160 Rpfleger 2001, 254 = InVo 2001, 193.
161 **Streitig:** in diesem Sinne: Steiner/*Teufel*, § 22 Rdn. 38; *Böttcher*, § 22 Rdn. 10; a.A. *Stöber*, § 22 Rdn. 2.7.
162 OLG Koblenz, MDR 1957, 172.
163 BGH, Rpfleger 1996, 256.
164 Vgl. hierzu BGH, NJW 1985, 376.
165 Vgl. *Stöber*, § 25 Rdn. 3; *Storz*, ZVG, B 5.3.1.
166 BGH, Rpfleger 1984, 363 = NJW 1984, 2166.

11.260 Schließt der Schuldner z.B. nach der Beschlagnahme des Grundstückes entgegen den Regeln ordnungsgemäßer Wirtschaft einen Mietvertrag ab, ist dieser dem Ersteher gegenüber unwirksam.[167] Nach anderer Auffassung sind Miet- und Pachtverträge jederzeit für den Schuldner frei abschließbar.[168]

11.261 Bei der Versteigerung landwirtschaftlicher Grundstücke ist bestritten, ob der Antrag auf **Milchrente** im Einzelfall einer ordnungsgemäßen Wirtschaft widerspricht. Diese Frage wird für den Schuldner dann relevant, wenn er sein Weideland nicht mehr in anderer Weise nutzen kann und diese Weideländereien ohne die so genannte Milchquote praktisch nicht mehr veräußerbar sind. Dies hat automatisch Auswirkungen auf den Verkehrswert des Grundstückes und auch auf die dinglichen Sicherheiten für die Gläubiger. Der Gläubiger kann daher einem entsprechenden Antrag des Schuldners nicht widersprechen, das Versteigerungsgericht müsste einen Antrag des Gläubigers ablehnen.[169]

3. Materielle Wirkung der Beschlagnahme

11.262 Die Beschlagnahme hat die Wirkung eines **Veräußerungsverbotes**, § 23 Abs. 1 S. 1 ZVG. Da aber nicht nur Veräußerungen, sondern auch Belastungen Inhalt des Verbotes sind, handelt es sich korrekt um ein **Verfügungsverbot**.[170] Das Verfügungsverbot hat keine absolute Wirkung, sondern wirkt nur **relativ** i.S.d. §§ 135, 136 BGB, § 23 Abs. 2 ZVG. Auch die Eintragung des Zwangsversteigerungsvermerkes auf dem Grundstück des Schuldners sperrt das Grundbuch nicht. Der Schuldner kann nach wie vor über das Grundstück verfügen, nur sind Verfügungen, die den Anspruch des betreibenden Gläubigers vereiteln oder beeinträchtigen können, diesem gegenüber unwirksam.[171]

11.263 Eine gegen das Verbot verstoßende Verfügung des Schuldners ist wirksam, wenn sie mit Einwilligung des betreibenden Gläubigers erfolgt, § 185 Abs. 1 BGB, oder wenn der betreibende Gläubiger die Verfügung genehmigt, §§ 182, 184 BGB. Gleiches gilt auch dann, wenn die Voraussetzungen des § 878 BGB vorliegen (bindende Einigungserklärung, § 873 Abs. 2 BGB und Antragstellung beim Grundbuchgericht vor Wirksamwerden der Beschlagnahme).[172]

---

167 LG Kassel, NJW-RR 1990, 976.
168 Dassler/*Muth*, § 24 Rdn. 2; *Stöber*, § 24 Rdn. 2.4.
169 LG Lüneburg, Rpfleger 1986, 188; AG Meppen, Rpfleger 1986, 269; Dassler/*Muth*, § 24 Rdn. 4; *Stöber*, § 25 Rdn. 2.2; nicht richtig: LG Oldenburg, Rpfleger 1986, 188.
170 Hierzu ausführlich: *Böttcher*, Rpfleger 1983, 49, 53.
171 BGH, Rpfleger 1986, 297 = NJW 1986, 2108 = ZIP 1986, 900; BGH, Rpfleger 1988, 543 = ZIP 1988, 1612.
172 Vgl. BGH, Rpfleger 1988, 543 = ZIP 1988, 1612; *Eickmann*, § 9 IV 2.

Der Schuldner ist auch nicht gehindert, eine im Grundbuch eingetragene **11.264**
Eigentümergrundschuld abzutreten bzw. diese kann auch nach Beschlagnahme wirksam gepfändet werden. Da die Eigentümerrechte nicht von der Beschlagnahme erfasst werden, sind Verfügungen hierüber wirksam.[173]

Unwirksam sind daher insbesondere: **11.265**

- die Veräußerung des Grundstückes;
- eine Belastung des Grundstückes mit weiteren dinglichen Rechten;
- eine Veränderung bei bestehenden Rechten am Grundstück, die eine Belastung darstellen, z.B. eine Zinserhöhung.[174]

Nicht hierunter fallen:

- die Übertragung oder Pfändung einer Eigentümergrundschuld (s. vorstehend Rdn. 11.264); nicht jedoch die Geltendmachung der Zinsen, die jetzt nach § 1197 Abs. 2 BGB anfallen können, dies wäre beschlagnahmewidrig;[175]
- das Auffüllen einer Höchstbetragshypothek;
- die Umwandlung von Grundpfandrechten;[176]
- die nachträgliche Valutierung von Grundpfandrechten;
- die Umschreibung einer Vormerkung in das endgültige Recht.

Geht der Schuldner nach Wirksamwerden der Beschlagnahme hin und teilt **11.266**
das Grundstück in **Wohnungs**- und/oder **Teileigentum** auf, ist diese Teilung für das laufende Versteigerungsverfahren unerheblich.[177] Es wird das ursprüngliche Grundstück versteigert und gegebenenfalls auch zugeschlagen, es liegt kein Fall von Einzel- oder Gesamtausgeboten vor, § 63 ZVG.[178]

Stimmt der betreibende Gläubiger der Aufteilung zu, werden die rechtlich selbstständigen Wohnungs- bzw. Teileigentumsrechte versteigert. Dann **11.267**
sind neue Verkehrswerte festzusetzen, der Termin ist neu zu bestimmen und es sind bei entsprechender Antragstellung die geringsten Gebote nach §§ 63, 64 ZVG aufzustellen.[179]

---

173 Dassler/*Muth*, § 23 Rdn. 4; *Stöber*, § 23 Rdn. 2.2; *Böttcher*, § 23 Rdn. 10; a.A. *Eickmann*, § 9 IV 6.
174 Ausnahme: Zinsen im Rahmen von § 1119 BGB; a.A. *Böttcher*, § 23 Rdn. 10; *Stöber*, § 23 Rdn. 2.2.
175 *Böttcher*, § 23 Rdn. 10.
176 *Stöber*, § 23 Rdn. 2.2; a.A. *Böttcher*, § 23 Rdn. 10 m.w.N.
177 Differenziert hierzu *Storz*, ZVG, B 5.3.1.
178 LG Würzburg, Rpfleger 1989, 117; OLG Frankfurt, EWiR 1987, 627 – *Eickmann*; *Meyer-Stolte*, Rpfleger 1989, 117; *Stöber*, § 23 Rdn. 2.2; a.A. LG Essen, Rpfleger 1989, 116, die jedoch abzulehnen ist, da hier die Aufteilung nur zu dem Zweck vorgenommen wurde, das Zwangsversteigerungsverfahren zu verzögern. Das auf dem Grundstück aufstehende Gebäude war bereits abbruchreif und die Bildung von Teileigentumsrechten daher wirtschaftlich gesehen sinnlos.
179 Vgl. hierzu: Dassler/*Schiffhauer*, § 63 Rdn. 5.

11.268–11.273 Zwangsversteigerung

11.268 **Beispiel 1:**

Am 5.7.2006 wird für den Gläubiger G-1 die Beschlagnahme des Grundstückes wirksam durch Eingang des Ersuchens um Eintragung des Zwangsversteigerungsvermerkes beim Grundbuchgericht.
Am 7.7.2006 wird beim Grundbuchgericht die Eigentumsumschreibung des Grundstückes beantragt und eingetragen. Am 9.7.2006 wird der Beitritt des Gläubigers G-2 gegen den alten Eigentümer aus einem persönlichen Titel beantragt.

11.269 **Lösung:**

Für den Gläubiger G-1 geht das Verfahren weiter gegen den alten Eigentümer. Die Eigentumsumschreibung am 7.7.2006 nach Wirksamwerden der Beschlagnahme ist ihm gegenüber unwirksam. Der Antrag des Gläubigers G-2 dagegen ist zurückzuweisen, da der Titelschuldner nicht mehr Eigentümer des Grundstückes ist, § 28 Abs. 1 ZVG. Der neue Eigentümer ist auch nicht Rechtsnachfolger des persönlichen Anspruches des alten Eigentümers.

11.270 **Abwandlung:**

Ausgangsfall wie Beispiel 1.
Der Gläubiger G-2 beantragt die Zwangsversteigerung nunmehr aus einem Duldungstitel im Range eines bereits im Grundbuch eingetragenen Grundpfandrechtes.

11.271 **Lösung:**

Sofern die dinglichen Rechte am Grundstück nach den Kaufvertragsbedingungen nicht zu löschen sind, werden sie von jedem Falle zur dinglichen Haftung übernommen. Aufgrund des Duldungstitels kann der Gläubiger G2 daher auch die Zwangsversteigerung gegen den neuen Eigentümer beantragen. Aus vollstreckungsrechtlichen Gründen ist allerdings die Klausel auf den neuen Eigentümer umzuschreiben und an diesen zuzustellen. Danach kann die Zwangsversteigerung angeordnet werden.

11.272 **Beispiel 2:**

Am 5.7.2006 wird für den Gläubiger G-1 als persönlicher Gläubiger die Beschlagnahme des Grundstückes wirksam durch Eingang des Ersuchens um Eintragung des Zwangsversteigerungsvermerkes beim Grundbuchgericht.
Am 7.7.2006 wird für den Gläubiger G-2 eine Zwangssicherungshypothek im Grundbuch eingetragen. Am 9.7.2006 wird der Beitritt des Gläubigers G-3 zum Zwangsversteigerungsverfahren wirksam durch Zustellung des Beitrittsbeschlusses an den Schuldner.

11.273 **Lösung:**

Nach Eintragung des Zwangsversteigerungsvermerkes im Grundbuch können nicht nur rechtsgeschäftliche Verfügungen, sondern auch Verfügungen im Wege der Zwangsvollstreckung weiterhin vollzogen werden. Die Eintragung der Zwangssicherungshypothek des Gläubigers G-2 ist dem das Verfahren betreibenden Gläubiger G-1 gegenüber jedoch unwirksam.
Der Gläubiger G-3 allerdings muss sich die Zwangssicherungshypothek im Range vorgehen lassen, da diese bei Wirksamwerden seiner Beschlagnahme bereits im Grundbuch als dingliches Recht eingetragen war.

Beispiel 3: 11.274

Am 5.7.2006 wird für den Käufer K im Grundbuch eine Auflassungsvormerkung eingetragen.
Am 7.7.2006 wird für den Gläubiger G-1 die Beschlagnahme des Grundstückes wirksam durch Eingang des Ersuchens auf Eintragung des Zwangsversteigerungsvermerkes beim Grundbuchgericht.
Am 1.8.2006 geht beim Grundbuchgericht der Antrag des Käufers K auf Eigentumsumschreibung auf seinen Namen ein.

Lösung: 11.275
Verfahren des Grundbuchgerichts:
Das Grundbuchgericht wird am 5.7.2006 antragsgemäß für den Käufer K die Auflassungsvormerkung im Grundbuch eintragen und rangmäßig dahinter am 7.7.2006 den Zwangsversteigerungsvermerk. Es wird weiterhin antragsgemäß am 1.8.2006 die Eigentumsumschreibung auf den Käufer K vornehmen. Die Frage der Wirksamkeit kann und darf das Grundbuchgericht nicht prüfen.
Verfahren des Versteigerungsgerichts:
Für das Zwangsversteigerungsgericht ergeben sich unterschiedliche Folgen, ob der Gläubiger G-1 aufgrund eines persönlichen Titels oder aufgrund eines dinglichen Titels die Zwangsversteigerung betreibt. Erfolgt die Eigentumsumschreibung im Range der Vormerkung, ist das Verfahren für einen **persönlichen Gläubiger** aufzuheben, § 28 Abs. 1 ZVG. Für einen **dinglichen Gläubiger** kann nach Klauselumschreibung und Zustellung des Titels und der Klausel das Verfahren fortgesetzt werden.[180]
Dies gilt auch, wenn zum Zeitpunkt der Anordnung der Zwangsversteigerung aufgrund einer Zwangssicherungshypothek vorrangig eine Auflassungsvormerkung für einen bedingten Übereignungsanspruch eingetragen ist und wenn dann die Eigentumsumschreibung im Laufe des Zwangsversteigerungsverfahrens aufgrund dieser Vormerkung erfolgt, ist die Zwangsversteigerung aufzuheben. Hierbei ist es unerheblich, wenn **streitig** ist, ob der gesicherte Umschreibungsanspruch auch im Falle einer Zwangsvollstreckung zu erfüllen ist[181].

4. Formelle Wirkung der Beschlagnahme

Neben der materiellen Wirkung des relativen Veräußerungsverbotes hat die Beschlagnahme auch formelle Wirkung. Nach dem Zeitpunkt der Beschlagnahme werden **wiederkehrende Leistungen** in laufende und rückständige Beträge unterschieden. Laufende Beträge wiederkehrender Leistungen sind der letzte vor der Beschlagnahme fällig gewordene Betrag sowie die später fällig werdenden Beträge, § 13 Abs. 1 S. 1 ZVG. Laufende Leistungen werden von Amts wegen berücksichtigt, während rückständige Beträge immer angemeldet werden müssen. Zur Zinsberechnung im Einzelnen vgl. Rdn. 11.132 ff. 11.276

---
180 OLG Hamm, Rpfleger 1984, 426; LG Frankenthal, Rpfleger 1985, 371; a.A. Stöber, § 28 Rdn. 3.8d, Verfahren läuft weiter.
181 LG Trier, Rpfleger 2000, 286.

11.277 Liegen mehrere Beschlagnahmen vor, ist immer das **erste Beschlagnahmedatum** maßgebend, § 13 Abs. 4 S. 1 ZVG. Jeder Gläubiger, der das Verfahren betreibt, erwirkt materiell seine eigene Beschlagnahme. Um jedoch im Zwangsversteigerungsverfahren eine einheitliche Zinsberechnung zu gewährleisten, bleibt die erste Beschlagnahme des Anordnungsgläubige für das gesamte Verfahren maßgebend. Dies gilt auch dann, wenn der Anordnungsgläubiger selbst im Laufe des Verfahrens aus dem Kreise der betreibenden Gläubiger gänzlich ausgeschieden ist, weil z.B. sein Verfahren durch Beschluss oder Antragsrücknahme aufgehoben wurde.[182] Zum Beschlagnahmedatum aus einer parallel laufenden Zwangsverwaltung vgl. Rdn. 11.133.

5. Umfang der Beschlagnahme

11.278 Die Beschlagnahme erfasst nicht nur das Grundstück und die wesentlichen Bestandteile, § 96 BGB, sondern auch diejenigen Gegenstände, auf welche sich bei einem Grundstück die Hypothek erstreckt (Hypothekenhaftungsverband), § 20 Abs. 2 ZVG, §§ 1120 ff. BGB.

11.279 Von der Beschlagnahme werden daher insbesondere erfasst:

- die von dem Grundstück getrennten Erzeugnisse und sonstigen Bestandteile, soweit sie nicht mit der Trennung nach den §§ 954–957 BGB in das Eigentum eines anderen als des Eigentümers oder des Eigenbesitzers des Grundstückes gelangt sind;
- das dem Eigentümer gehörende Zubehör des Grundstückes sowie das vor der Beschlagnahme veräußerte, aber nicht aus dem Hypothekenhaftungsverband ausgeschiedene Zubehör;
- bestimmte Versicherungsansprüche[183] nach den §§ 1127 bis 1129 BGB.

11.280 Auch ein **Entschädigungsanspruch** für **Bergschäden** nach dem Bundesberggesetz gehört zum Haftungsverband der Hypothek, wird von der Beschlagnahme in der Zwangsversteigerung erfasst und geht mit dem Zuschlag auf den Ersteher über. Eine nach der Beschlagnahme des Grundstücks erfolgte Pfändung des Entschädigungsanspruchs geht daher ins Leere.[184]

11.281 Von der Beschlagnahme werden ausdrücklich nicht umfasst:

- die Miet- und Pachtzinsforderungen sowie die Ansprüche aus einem mit dem Eigentum an dem Grundstück verbundenen Recht auf wiederkehrende Leistungen (subjektiv-dingliches Recht), § 21 Abs. 2 ZVG.

---

[182] *Stöber*, § 13 Rdn. 3.1; Steiner/*Hagemann*, § 13 Rdn. 6.
[183] Versicherungsforderung aufgrund einer vom Zwangsverwalter gemäß § 152 ZVG abgeschlossenen Feuerversicherung, OLG Schleswig, SchlHA 2001, 19 = InVo 2001, 76.
[184] LG Saarbrücken, Rpfleger 1998, 532.

Diese Ansprüche werden nur von der Beschlagnahme in einer Zwangsverwaltung erfasst, § 148 Abs. 1 S. 1 ZVG.[185] Die Befriedigung der Gläubiger in der Zwangsverwaltung erfolgt gerade aus den Nutzungen und Erträgnissen des Grundstückes.[186] **11.282**

6. Zubehör in der Zwangsversteigerung

a) Zubehöreigenschaft

Die Abgrenzung zwischen Zubehöreigenschaft, § 97 BGB, und wesentlichem Bestandteil, §§ 93, 94, 96 BGB, ist nicht immer eindeutig zu ziehen (die Maschinenanlage eines mit Wasserkraft betriebenen Elektrizitätswerks ist z.B. ein wesentlicher Bestandteil[187]). Weder Bestandteil noch Zubehör des Grundstückes sind jedoch Scheinbestandteile, § 95 BGB, d.h. bewegliche Sachen, die nur zu einem vorübergehenden Zweck mit dem Grund und Boden verbunden sind, z.B. Gegenstände eines Mieters oder Pächters, die nur zeitlich begrenzt auf dem Grundstück gelagert werden[188] oder ein Behelfsheim, vom Mieter errichtete Garage, Grabstein. **11.283**

Zubehör sind bewegliche Sachen, die dem wirtschaftlichen Zweck der Hauptsache dienen und auch in einem entsprechenden räumlichen Verhältnis hierzu stehen. Dies ist z.B.: der **Ackerschlepper** auf einem landwirtschaftlichen Grundstück;[189] **Vieh** in der Landwirtschaft, nicht jedoch in Teilen Oldenburgs und Ostfrieslands;[190] das **Gaststätteninventar**;[191] die **Sauna** im Wohnhaus,[192] die **Telekommunikationsanlage** eines Hotels.[193] **11.284**

Der Zuschlagsbeschluss bezüglich einer Eigentumswohnung erstreckt sich von Rechts wegen auf den dieser Wohnung zugewiesenen **Stellplatz**.[194] **11.285**

Kein Zubehör ist z.B.: der **Fuhrpark** bei einem modernen Speditions- bzw. Transportunternehmen;[195] eine aus serienmäßigen Teilen hergestellte Schrankwand als **Raumteiler** zwischen Küche und Wohnküche;[196] Maschinen und Geräte eines **Bauunternehmens**, die ausschließlich auf den Baustellen eingesetzt werden.[197] **11.286**

---

185 OLG Saarbrücken, Rpfleger 1993, 80.
186 Vgl. hierzu *Dorn*, Rpfleger 1987, 143; *Mümmler*, JurBüro 1971, 805.
187 BayObLG, Rpfleger 1999, 86.
188 BGH, NJW 1988, 2789 = ZIP 1988, 1283.
189 AG Varel, DGVZ 1962, 48.
190 OLG Oldenburg, Rpfleger 1976, 243, dürfte jedoch mittlerweile verkehrsanschaulich abzulehnen sein.
191 OLG Schleswig, Rpfleger 1988, 76, a.A. LG Kiel, Rpfleger 1983, 167.
192 AG Aschaffenburg, DGVZ 1998, 158.
193 LG Flensburg, Rpfleger 2000, 345.
194 OLG Stuttgart, Die Justiz 2002, 407 = InVo 2002, 474.
195 BGH, Rpfleger 1983, 167.
196 OLG Düsseldorf, DNotZ 1987, 108.
197 BGH, Rpfleger 1994, 266 = NJW 1994, 864.

11.287 Uneinheitlich wird die Frage beantwortet, ob es sich bei einem Einbauteil, insbesondere einer **Einbauküche,** um einen wesentlichen Bestandteil des Gebäudes oder um einen Zubehörgegenstand handelt:

- u.U. sogar wesentlicher Bestandteil,[198]
- für Zubehöreigenschaft,[199]
- weder Zubehöreigenschaft noch wesentlicher Bestandteil.[200]

11.288 Insgesamt lässt sich diese Frage nicht allgemein gültig beantworten, es muss immer auf den Einzelfall abgestellt werden. Wesentlich kommt es darauf an, ob nach der Verkehrsanschauung erst die Einfügung der Einbauküche dem Gebäude eine besondere Eigenart, ein bestimmtes Gepräge gibt, ohne dass das Gebäude nicht als fertig gestellt gilt, oder ob sie dem Baukörper besonders angepasst ist, deswegen mit ihm eine Einheit bildet.[201]

b) **Besonderheit neue Bundesländer**

11.289 Zu den Aufbauten aufgrund des vertraglich vereinbarten Nutzungsrechts, die behandelt werden wie bewegliche Sachen, also nicht wesentliche Bestandteile des Grundstückes sind (Art. 231 § 5 Abs. 1 S. 1 und Art. 232 § 4 EGBGB), und auch nicht als Zubehör angesehen werden können, und somit auch nicht von der Beschlagnahme nach § 20 ZVG erfasst werden vgl. Rdn. 9.183 ff.

11.290 Für die Zwangsversteigerung sind auf diese Nutzungsrechte die Miet-/Pachtrechtsvorschriften des BGB anzuwenden, der Ersteher tritt in das Nutzungsverhältnis ein und hat ein außerordentliches Kündigungsrecht.[202] Vgl. Einzelheiten bei Art. 232 § 4 EGBGB i.V.m. § 6 Abs. 1 SchuldRAnpG. Das selbstständige **Gebäudeeigentum** der LPG wird erst ab 1.1.2000 von der Beschlagnahme des Grundstücks erfasst, Art. 231 § 5 Abs. 1 EGBGB i.V.m. § 9a Abs. 1 EGZVG und Art. 1 Abs. 2 Nr. 1 EFG, BGBl I 1996 2028.[203]

---

[198] OLG Hamburg, MDR 1978, 138; OLG Frankfurt, FamRZ 1982, 938; OLG Zweibrücken, NJW-RR 1989, 84.

[199] Eine aus serienmäßig hergestellten Einzelteilen zusammengesetzte Kücheneinrichtung kann in Norddeutschland Zubehör eines Wohnhauses sein, so BGH, NJW-RR 1990, 586; OLG Köln, VersR 1980, 51; OLG Düsseldorf, MDR 1984, 51; OLG Hamm, NJW-RR 1989, 333; LG Köln, WM 1988, 425; LG Berlin, NJW-RR 1997, 1097 (zumindest in Norddeutschland); OLG Saarbrücken, VersR 1996, 97.

[200] LG Kiel, Rpfleger 1983, 167; OLG Koblenz, Rpfleger 1988, 493; OLG Karlsruhe, Rpfleger 1988, 542; LG Hannover, Rpfleger 1988, 542; OLG Zweibrücken, Rpfleger 1993, 169; OLG Koblenz, ZMR 1993, 66; OLG Düsseldorf, Rpfleger 1994, 374 = NJW-RR 1994, 1039; AG Düren, VersR 2004, 468; LG Krefeld, DGVZ 2004, 141.

[201] So BGH, Rpfleger 1990, 218; BGH, NJW 1984, 2277; abgelehnt für das Saarland OLG Saarbrücken, VersR 1996, 97; vgl. auch *Dorn*, Rpfleger 1987, 143.

[202] Vgl. *Stöber*, § 57 Rdn. 3.

[203] Vgl. *Keller*, Rpfleger 1994, 198.

Damit für die Zukunft eine Bereinigung der Rechtsverhältnisse eintritt, **11.291**
kann für den Gebäudenutzer entweder ein **Erbbaurecht**, §§ 28–55 Sachen-
RBerG, bestellt werden oder der Nutzer kann das Grundstück käuflich erwerben, §§ 56–73 SachenRBerG. Haben sich die Beteiligten auf die Begründung eines Erbbaurechts geeinigt, ergeben sich für die Zwangsversteigerung
keine weiteren Besonderheiten.

Hat der Nutzer das Grundstück erworben und das Nutzungsrecht ist **11.292**
aufgegeben worden, ist das Gebäude wesentlicher Bestandteil des Grundstückes und es ergibt sich kein Unterschied mehr zu den üblichen Regelungen des BGB und ZVG, Art. 233 § 4 Abs. 6 EGBGB.[204]

Besteht das **Gebäudeeigentum** aber nach wie vor, greift die durch das **11.293**
RegVBG[205] eingefügte Vorschrift **§ 9a EGZVG** ein. Bei der Beschlagnahme
nach dem 31.12.1999 (vgl. Art. 1 Abs. 2 Nr. 1 EFG) wurde das Gebäudeeigentum erfasst und mitversteigert. Dies gilt aber nur dann, wenn das Gebäudeeigentum nicht aus dem Grundbuch ersichtlich ist und der Nutzungsberechtigte sein Recht auch nicht rechtzeitig i.S.v. § 37 Nr. 4 ZVG
angemeldet hat. Gem. § 9a Abs. 2 EGZVG hat der Inhaber des Gebäudeeigentums die Rechte aus § 28 Abs. 1 ZVG, d.h., er hat ein der Versteigerung
entgegenstehendes Drittrecht. Dies kann aber nur dann von Amts wegen
beachtet werden, wenn es grundbuchersichtlich oder zumindest angemeldet wird. In diesem Fall müsste das Verfahren bzgl. des Gebäudes aufgehoben werden (amtswegige Freigabe), ansonsten bezieht sich die Zwangsversteigerung des Grundstücks auch auf das Gebäudeeigentum. Nach § 90
Abs. 2 ZVG erwirbt der Ersteher dann mit dem Grundstück auch das Gebäudeeigentum, beide Rechtsobjekte bleiben allerdings selbstständig (erst
mit der Aufhebung des Gebäudeeigentums gemäß Art. 233 § 4 Abs. 6, § 2b
Abs. 4 und § 8 EGBGB wird es Bestandteil des Grundstücks).[206]

7. Exkurs

a) Haftungsverband

Grundlegende Vorschrift für das Verhältnis der Mobiliar- zur Immobili- **11.294**
arzwangsvollstreckung ist § 865 ZPO. Hierin wird festgelegt, dass die Immobiliarzwangsvollstreckung auch die Gegenstände umfasst, auf die sich
bei Grundstücken und Berechtigungen die Hypothek erstreckt (Hypothekenhaftungsverband, §§ 1120 ff. BGB). Zubehörstücke unterliegen nicht
der Mobiliarpfändung, § 865 Abs. 2 S. 1 ZPO. Zubehör sind bewegliche
Sachen, die, ohne Bestandteil der Hauptsache zu sein, dem wirtschaftlichen Zweck der Hauptsache zu dienen bestimmt sind und zu ihr in einem
dieser Bestimmung entsprechenden räumlichen Verhältnis stehen, § 97

---
204 Dazu *Böhringer*, DtZ 1994, 266.
205 Vom 20.12.1993 BGBl I 2182.
206 Vgl. hierzu auch *Eickmann*, Sachenrechtsbereinigung, § 9a EGZVG Rdn. 2 bis 19.

Abs. 1 S. 1 BGB. Die gesetzliche Bestimmung der Unpfändbarkeit dieser Zubehörstücke liegt darin, die wirtschaftliche Einheit der Hauptsache nicht zu zerschlagen.[207] Für die Frage, ob die Zubehörgegenstände dem Haftungsverband einer Hypothek unterliegen, kommt es nicht darauf an, dass an dem Grundstück eine Hypothek bzw. eine Grundschuld eingetragen ist.[208] Diese Frage ist unabhängig von dem konkreten Belastungsstand des Grundstückes völlig abstrakt zu sehen.

11.295 Außer Zubehörstücke, also Erzeugnisse, Früchte und sonstige Bestandteile eines Grundstückes, unterliegen diese der Zwangsvollstreckung in das bewegliche Vermögen, solange nicht ihre Beschlagnahme im Wege der Zwangsvollstreckung in das unbewegliche Vermögen erfolgt ist, § 865 Abs. 2 S. 2 ZPO. Über diese Gegenstände kann der Eigentümer somit auch unbeschadet des Hypothekenhaftungsverbandes jederzeit verfügen, sie unterliegen auch immer der Sachpfändung durch den Gerichtsvollzieher. Erst nach Anordnung der Zwangsversteigerung werden sie von der Beschlagnahme erfasst. Weitere Verfügungen, auch im Wege der Zwangsvollstreckung, sind dem Beschlagnahmegläubiger gegenüber danach unwirksam.[209]

11.296 Zubehörstücke unterliegen jedoch nur dann dem Hypothekenhaftungsverband und damit der Beschlagnahme in der Zwangsversteigerung, wenn sie zuvor im Eigentum des Grundstückseigentümers gestanden haben, § 1120 BGB. Nach § 1121 Abs. 1 BGB werden Zubehörstücke von der Haftung frei, wenn sie veräußert und vom Grundstück entfernt werden, bevor sie zugunsten des Gläubigers in Beschlag genommen worden sind. Hierbei muss die Entfernung von dem Grundstück grundsätzlich vor der Beschlagnahme erfolgen.[210]

11.297 Hiervon gibt es Ausnahmen:

- Entfernt der Erwerber die Zubehörgegenstände von dem Grundstück, so ist eine vor der Entfernung erfolgte Beschlagnahme ihm gegenüber nur wirksam, wenn er bei der Entfernung in Ansehung der Beschlagnahme nicht im guten Glauben ist, § 1121 Abs. 2 S. 2 BGB.

- Zubehörstücke werden auch ohne Veräußerung von der Haftung frei, wenn die Zubehöreigenschaft innerhalb der Grenzen einer ordnungsgemäßen Wirtschaft vor der Beschlagnahme aufgehoben wurde, § 1122 Abs. 2 BGB.

11.298 Eine entsprechende Vorschrift findet sich in § 23 Abs. 1 S. 2 ZVG, wonach der Schuldner über beschlagnahmte bewegliche Sachen in den Grenzen einer ordnungsgemäßen Wirtschaft auch dem Gläubiger gegenüber verfügen kann. Kommt es bei der Entfernung eines Zubehörgegenstandes auf

---

207 Zöller/*Stöber*, § 865 Rdn. 9.
208 Musielak/*Becker*, § 865 Rdn. 8.
209 Zöller/*Stöber*, § 865 Rdn. 10.
210 Brox/*Walker*, Rdn. 217–221; MünchKomm/*Eickmann* BGB, § 1121 Rdn. 24 ff.

den guten Glauben des Erwerbers an, wird dieser durch § 23 Abs. 2 ZVG erschwert. Hiernach reicht die Kenntnis vom Versteigerungsantrag bereits für die Bösgläubigkeit aus. Dabei gilt die Beschlagnahme in Ansehung der mithaftenden beweglichen Sachen als bekannt, sobald der Zwangsversteigerungsvermerk im Grundbuch eingetragen ist, § 23 Abs. 2 S. 2 ZVG.

b) Behandlung des Zubehörs im Verfahren

Mit Erteilung des Zuschlags in der Zwangsversteigerung wird der Ersteher Eigentümer des Grundstückes. Mit dem Grundstück erwirbt er zugleich die Gegenstände, auf welche sich die Versteigerung erstreckt, § 90 Abs. 2 ZVG. Unter Verweisung auf § 55 ZVG erstreckt sich die Versteigerung auf alle diejenigen Gegenstände, deren Beschlagnahme noch wirksam ist.[211] Hierzu gehören die wesentlichen Bestandteile des Grundstückes, Zubehör, subjektiv-dingliche Rechte und die von der Beschlagnahme umfassten Versicherungsforderungen.

11.299

Auf **Zubehörstücke** erstreckt sich die Versteigerung auch dann, wenn sie sich im Besitze des Schuldners oder eines neu eingetretenen Eigentümers befinden, selbst wenn sie im Eigentum eines Dritten stehen. Der Dritte muss seine Eigentumsrechte **rechtzeitig geltend machen,** § 55 Abs. 2, § 37 Nr. 5 ZVG.

11.300

Unter weiterer Verweisung auf § 20 Abs. 2 ZVG umfasst die Beschlagnahme auch diejenigen Gegenstände, auf welche sich bei einem Grundstück die Hypothek erstreckt. Ausnahme hiervon sind die Miet- und Pachtzinsforderungen, die ausdrücklich ausgenommen sind, § 21 Abs. 2 ZVG (s. im Zwangsverwaltungsverfahren).

11.301

Der Grund dieser formell ausgerichteten Regelung ist, dass jeder Bietinteressent, der das Grundstück ersteigern will, sicher sein muss, dass er mit dem Zuschlag auch all diejenigen Sachen erwirkt, die sich auf dem Grundstück befinden.[212]

11.302

Beispiel:

11.303

Der Grundstückseigentümer E betreibt auf seinem Grundstück ein Sägewerk.
Am 1.8.2006 übereignet der E die Kreissäge an den Kreditgeber K. Die Übergabe wird durch ein Besitzkonstitut vereinbart, § 930 BGB.
Am 8.8.2006 erfolgt die Beschlagnahme des Grundstückes in der Zwangsversteigerung auf Antrag des persönlichen Gläubigers G-1.
Am 9.8.2006 erfolgt die Eintragung des Zwangsversteigerungsvermerkes im Grundbuch.
Am 10.8.2006 lässt der Kreditgeber K die Kreissäge von dem Grundstück des Eigentümers E entfernen.

---

211 BGH, Rpfleger 1972, 248 = NJW 1972, 1187.
212 BGH, Rpfleger 1969, 289 = NJW 1969, 2135.

Frage:
Unterliegt die Kreissäge nach wie vor dem Hypothekenhaftungsverband und wird sie zugunsten des Gläubigers G1 von der Beschlagnahme erfasst?

11.304 **Lösung:**
Die Kreissäge ist eine bewegliche Sache, die dem wirtschaftlichen Zweck der Hauptsache zu dienen bestimmt ist. Sie ist damit Zubehör, § 97 BGB, und unterliegt dem Hypothekenhaftungsverband. Auch wenn der Eigentümer E im Zeitpunkt der Beschlagnahme nicht mehr Eigentümer des Gegenstandes war, so hat sie doch zumindest einmal in seinem Eigentum gestanden.
Die Übereignung am 1.8.2006 ist wirksam. Der Eigentümer E konnte über den Gegenstand verfügen, er ist Besitzer geblieben. Am 8.8.2006 erfolgte die Beschlagnahme des Grundstückes in der Zwangsversteigerung. Da es sich um einen persönlichen Gläubiger handelt, umfasst die Beschlagnahme alle die Gegenstände, die zum Zeitpunkt des Wirksamwerdens der Beschlagnahme der Hypothekenhaftung unterliegen würden. Eine Enthaftung durch Veräußerung und Entfernung ist nicht eingetreten, da zwar die Veräußerung vor der Beschlagnahme erfolgte, aber nicht die Entfernung des Gegenstandes vom Grundstück, § 1121 Abs. 1 BGB. Enthaftung kann jedoch auch dadurch eingetreten sein, dass der Kreditgeber K bei der Entfernung des Gegenstandes in Ansehung der Beschlagnahme im guten Glauben gewesen ist, § 1121 Abs. 2 S. 2 BGB. Dieser Grundsatz wird nach der Beschlagnahme in der Zwangsversteigerung dahingehend eingeschränkt, dass der gute Glaube bereits dann zerstört wird, wenn der Erwerber des Gegenstandes von dem Zwangsversteigerungsantrag Kenntnis hat. Weiterhin wird die Beschlagnahme als bekannt fingiert, sobald im Grundbuch der Zwangsversteigerungsvermerk eingetragen ist, § 23 Abs. 2 ZVG. Da vorliegend dieser Vermerk am 9.8.2006 im Grundbuch eingetragen wurde, kann sich der Kreditgeber K auf seinen guten Glauben nicht berufen. Der Zubehörgegenstand unterliegt der Beschlagnahme in der Zwangsversteigerung und wird zunächst mitversteigert. Der Dritte muss sein Eigentum rechtzeitig geltend machen, § 37 Nr. 5 ZVG.

c) Zubehör unter Eigentumsvorbehalt

11.305 **Beispiel:**

E ist Eigentümer eines Fabrikgrundstückes. Er hat eine Verpackungsmaschine unter Eigentumsvorbehalt gekauft. Nach Zahlung der vereinbarten letzten Rate übereignet der Eigentümer E die Maschine sicherungshalber an die Bank B. Die Maschine selbst bleibt auf dem Grundstück im Besitz des Eigentümers E. Danach erfolgt die Beschlagnahme des Grundstückes in der Zwangsversteigerung.

Frage:
Welche Rechte hat die Bank B?

11.306 **Lösung:**
Die Verpackungsmaschine ist ein Zubehörgegenstand, der dem wirtschaftlichen Zweck der Hauptsache zu dienen bestimmt ist. Als Zubehörgegenstand unterliegt sie dem Hypothekenhaftungsverband, § 1120 BGB. Der Gegenstand hat nach Zahlung der letzten Rate im Eigentum des Eigentümers E gestanden. Enthaftung des Gegenstandes ist nicht eingetreten, da weder eine Entfernung noch Veräußerung von dem Grundstück erfolgt ist.
Die Maschine wird von der Beschlagnahme in der Zwangsversteigerung erfasst, § 55 Abs. 2 ZVG.[213] Die Bank muss gemäß § 37 Nr. 5 ZVG vorgehen.

---

213 BGH, NJW 1961, 1349; Steiner/*Teufel*, §§ 20, 21 Rdn. 111.

Abwandlung: 11.307
Ausgangsbeispiel wie zuvor.
Wie ist der Fall zu beurteilen, wenn der Eigentümer E die unter Eigentumsvorbehalt verkaufte Maschine noch in Raten abzahlen muss?

Lösung: 11.308
Die Verpackungsmaschine haftet nicht im Rahmen des Hypothekenhaftungsverbandes, da der E im Zeitpunkt der Beschlagnahme noch kein Eigentümer geworden ist. Das Eigentum geht erst mit Zahlung der letzten Rate auf den Käufer über.
Befindet sich die Maschine jedoch auf dem Grundstück des Eigentümers, erwirbt der Ersteher des Grundstückes mit Zuschlag das Eigentum an dieser Sache, § 55 Abs. 2 ZVG.[214] Hiernach reicht bereits der Besitz aus, der tatsächliche Eigentümer muss seine Rechte nach Maßgabe des § 37 Nr. 5 ZVG rechtzeitig geltend machen.

d) Rechtzeitige Anmeldung

Rechte, die sich zur Zeit der Eintragung des Zwangsversteigerungsvermerkes aus dem Grundbuch nicht ergeben, sind spätestens im Versteigerungstermin vor der Aufforderung zur Abgabe vor Geboten anzumelden und gegebenenfalls glaubhaft zu machen, § 37 Nr. 4 ZVG. Erfolgt die Anmeldung zu spät, werden die Rechte bei der Feststellung des geringsten Gebotes nicht berücksichtigt und bei der Verteilung des Versteigerungserlöses dem Anspruch der betreibenden Gläubiger und allen übrigen Rechten nachgesetzt, § 110 ZVG. Die formlose Anmeldung des Eigentums eines Dritten alleine reicht jedoch nicht aus. Da das Dritteigentum ein der Versteigerung entgegenstehendes Recht ist, muss vor der Erteilung des Zuschlages die Aufhebung oder einstweilige Einstellung des Verfahrens herbeigeführt werden, § 37 Nr. 5 ZVG. 11.309

Für die **Aufhebung oder Einstellung** in den Zubehörgegenstand hat der Dritteigentümer **folgende Möglichkeiten:** 11.310

- Alle betreibenden Gläubiger nehmen ihren Versteigerungsantrag bzgl. des einzelnen Gegenstandes zurück, mit der Folge, dass das Zwangsversteigerungsverfahren diesbezüglich aufgehoben wird.
- Alle betreibenden Gläubiger bewilligen die Einstellung bzgl. des Gegenstandes, mit der Folge, dass auch das Versteigerungsgericht diesbezüglich das Verfahren einstellt.
- Der Eigentümer legt eine Entscheidung des Prozessgerichtes im Wege der Drittwiderspruchsklage vor, §§ 771 Abs. 3, 769, 775, 776 ZPO.
- In dringenden Fällen kann auch das Vollstreckungsgericht das Verfahren in den Gegenstand einstweilen einstellen, unter der Bestimmung einer Frist, innerhalb der die Entscheidung des Prozessgerichtes beizubringen ist, § 769 Abs. 2 ZPO.

---

214 BGH, Rpfleger 1969, 289 = NJW 1969, 2135.

11.311 Um keinen Rechtsverlust zu erleiden, muss sich der Dritteigentümer rechtzeitig um die Freigabe des Gegenstandes durch die betreibenden Gläubiger des Versteigerungsverfahrens oder um eine gerichtliche Entscheidung kümmern. Weiterhin sollte der Dritteigentümer den Schuldner auffordern, den Gegenstand von dem Grundstück zu entfernen. Solange keine Entfernung vorliegt, unterliegt der Gegenstand weiteren Beschlagnahmen durch dem Verfahren beitretenden Gläubigern. Der Dritteigentümer muss daher immer wieder neue Freigaben verlangen.

11.312 Hat das Gericht die Versteigerung in einen Zubehörgegenstand **einstweilen eingestellt,** bleibt die Beschlagnahme auch über den Zuschlag hinaus wirksam, der Gegenstand ist dann separat zu versteigern. Voraussetzung ist hierfür natürlich, dass der oder die Gläubiger noch nicht vollständig befriedigt sind. Der Gläubiger muss allerdings die Fortsetzung des Verfahrens beantragen.[215]

11.313 Hat das Versteigerungsgericht nach Zustimmung aller betreibenden Gläubiger das Verfahren in einen Zubehörgegenstand aufgehoben und ist zwischenzeitlich der Zuschlag erteilt worden, ist die Beschlagnahme in diesen Gegenstand erloschen, für eine abgesonderte Versteigerung ist jetzt kein Raum mehr. Der Gläubiger kann nunmehr nur noch im Wege der Mobiliarvollstreckung in den Zubehörgegenstand versuchen, seinen Titel zu vollstrecken.[216]

11.314 Nach § 65 ZVG kann das Versteigerungsgericht auf **Antrag** eine Forderung oder eine bewegliche Sache von der Versteigerung ausschließen und diese separat versteigern, um so ein höheres Ergebnis zu erzielen. Diese Aufgabe kann aber auch der Gerichtsvollzieher übernehmen.[217] Die Entscheidung des Gerichts ist mit der Vollstreckungserinnerung nach § 766 ZPO anfechtbar.[218]

e) Keine rechtzeitige Freigabe von Zubehör

11.315 Hat der Dritteigentümer eine Freigabeerklärung oder Einstellungsbewilligung des betreibenden Gläubigers oder eine entsprechende Entscheidung des Prozessgerichtes nicht rechtzeitig erwirken können, ist der Ersteher des Grundstückes mit Erteilung des Zuschlages Eigentümer dieses Gegenstandes geworden, § 90 ZVG.[219] Eine Freigabe oder Einstellung ist jetzt nicht mehr möglich.

11.316 Im Wege der **dinglichen Surrogation** setzt sich nunmehr das Dritteigentum am Versteigerungserlös fort. Der Dritteigentümer muss seinen Anspruch im Verteilungsverfahren weiterverfolgen. Einen Rangverlust nach

---
215 Vgl. Dassler/*Muth*, § 37 Rdn. 26.
216 OLG Hamm, Rpfleger 1994, 176.
217 Vgl. Dassler/*Schiffhauer*, § 65 Rdn. 9; *Storz*, ZVG, B 2.5.2.1.
218 LG Frankenthal, Rpfleger 1986, 146.
219 *Stöber*, § 90 Rdn. 5; Steiner/*Eickmann*, § 90 Rdn. 10.

§ 110 ZVG erleidet der Dritteigentümer nicht.[220] Meldet daher der Dritteigentümer seinen finanziellen Anspruch zum Verteilungsverfahren an und keiner der am Versteigerungserlös Berechtigten widerspricht, wird der Anspruch des Dritteigentümers zuerst zugeteilt, der Resterlös wird dann nach dem Teilungsplan verteilt.

Wird keine einvernehmliche Einigung erzielt, muss der Dritteigentümer seine Rechte durch **Widerspruch** gegen den Teilungsplan verfolgen (vgl. nachfolgend Rdn. 11.318).[221] Entscheidend für das Rechtsschutzinteresse im Hinblick auf die Widerspruchsklage ist zu prüfen, in welcher Höhe der Dritteigentümer Widerspruch einlegen und gegen wen er gegebenenfalls die Widerspruchsklage einreichen muss, §§ 115 ZVG, 876 ff. ZPO.   11.317

Der Versteigerungserlös ist nicht nur Surrogat für das Grundstück, sondern auch für die mitversteigerten Zubehörstücke. Der Erlös gehört damit dem (Noch-)Eigentümer, aber auch teilweise dem Dritteigentümer, dessen Eigentumsrechte sich an dem Erlös fortsetzen. Der Dritteigentümer hat somit keinen Anspruch auf den gesamten Erlöswert für den mitversteigerten Zubehörgegenstand, sondern nur einen Anspruch auf den Anteil, der auch anteilsmäßig als Erlös für das gesamte Grundstück erzielt worden ist.[222] Hieraus lässt sich folgende **Berechnungsformel**[223] herleiten: 11.318

$$\frac{M \times Z}{G + Z}$$

M = (Meistgebot = Bargebot + bestehen bleibender Teil)
Z = (Zubehör, Wert)
G = (Grundstückswert)

Beispiel: 11.319

Verkehrswert des Grundstückes	100.000,– €
Abgegebenes Meistgebot (Bargebot + bestehen bleibende Rechte)	80.000,– €
Wert des Zubehörgegenstandes	2.000,– €
Nach Einsetzung der zuvor genannten Werte in die obige Rechnungsformel ergibt sich ein Erlöswert im Verhältnis des Grundstückwertes für den mitversteigerten Zubehörgegenstand von	1.568,63 €

Nur für den anteiligen Erlöswert besteht ein Rechtsschutzinteresse für den Widerspruch im Verteilungsverfahren und den nachfolgenden Widerspruchsprozess. Erhoben wird der Widerspruch gegen den zuletzt zugeteil-   11.320

---
220 Stöber, § 92 Rdn. 8.1.
221 Steiner/Teufel, § 55 Rdn. 29; Muth, Kap. 2 B Rdn. 73.
222 Storz, ZVG, B 2.5.2.2.
223 Steiner/Teufel, § 55 Rdn. 27.

ten Gläubiger, da sich dessen Erlösanteil um den dem Dritteigentümer zuzuteilenden Betrag schmälert.[224]

11.321 Das Versteigerungsgericht wird den vom Widerspruch betroffenen Betrag für den Dritteigentümer und den zuletzt zugeteilten Gläubiger hinterlegen. Der Dritteigentümer muss dann binnen eines Monats die **Klageerhebung** im Widerspruchsprozess nachweisen, anderenfalls die Ausführung des Planes ohne Rücksicht auf den Widerspruch angeordnet wird, § 878 Abs. 1 ZPO (vgl. Rdn. 11.1018 ff.).

11.322 Hat der Dritteigentümer weder eine rechtzeitige Freigabe in den Zubehörgegenstand erwirkt, noch im Verteilungsverfahren rechtzeitig Widerspruch erhoben, bleiben ihm nach der Erlösverteilung nur noch Bereicherungsansprüche, § 812 Abs. 1 BGB.[225]

VI. Einstweilige Einstellung des Verfahrens

1. Einstellungsgründe nach der ZPO

11.323 Neben den speziellen Vorschriften im ZVG hat das Zwangsversteigerungsgericht durch Beschluss das Verfahren einzustellen, wenn das **Prozessgericht** die Einstellung der Zwangsvollstreckung angeordnet hat.[226] Die Einstellung kann im Rahmen einer Vollstreckungsabwehrklage, § 767 ZPO, oder im Verfahren der Klauselklage, § 768 ZPO, erfolgen. Ebenso möglich ist eine Einstellung im Rahmen der Drittwiderspruchsklage, § 771 ZPO.

11.324 Darüber hinaus ist auch ohne Anordnung des Prozessgerichtes das Verfahren durch das Versteigerungsgericht einzustellen, wenn die Voraussetzungen der §§ 775, 776 ZPO (**Vollstreckungshindernis**) vorliegen.

11.325 Der **Vollstreckungsschutz** nach § 765a ZPO ist in jedem Vollstreckungsverfahren zu prüfen, hierauf wird nachfolgend näher eingegangen (s. Rdn. 11.370 ff.).

11.326 Ist das Versteigerungsverfahren aufgrund der zuvor genannten Voraussetzungen einstweilen eingestellt, wird das Verfahren nur auf besonderen Antrag des Gläubigers fortgesetzt, § 31 Abs. 2 Nr. d ZVG (vgl. hierzu die nachfolgenden Ausführungen).

2. Belehrung des Schuldners

11.327 Mit Zustellung des Anordnungs- und jedes Beitrittsbeschlusses wird der Schuldner auf das Recht, die einstweilige Einstellung nach den Vorschriften des ZVG zu beantragen, den Fristbeginn und die Rechtsfolgen der Versäu-

---
224 OLG Celle, Rpfleger 1993, 363; Steiner/*Teufel*, § 55 Rdn. 29.
225 Steiner/*Teufel*, § 55 Rdn. 31; *Muth*, Kap. 2 B Rdn. 74; BGH, NJW 1962, 1498.
226 Vgl. *Stöber*, Einl. Rdn. 31.6–12.

mung der Frist hingewiesen, § 30b Abs. 1 S. 2, 3 ZVG. Bei Gütergemeinschaft mit Alleinverwaltung eines Ehegatten, ist auch der andere Ehegatte Vollstreckungsschuldner.[227] Ist der Schuldner durch einen Rechtsanwalt vertreten, muss die entsprechende Belehrung an diesen erfolgen, § 172 ZPO.

Zum **Inhalt einer solchen Belehrung** vgl. Muster Rdn. 15.40.

Wichtig ist wiederum, dass die Belehrung nicht nur nach Anordnung des Verfahrens, sondern auch nach jedem Beitritt eines weiteren Gläubigers erfolgen muss. Auch die einstweilige Einstellung muss für jedes Einzelverfahren eines jeden Gläubigers durchgeführt werden. Nach § 30b Abs. 1 S. 3 ZVG soll die Belehrung daher zugleich mit dem Anordnungs- bzw. Beitrittsbeschluss zugestellt werden. Wird die Belehrung nicht zugestellt, beginnt die 2-wöchige Notfrist zur Stellung des Einstellungsantrages nicht zu laufen.

3. Einstellungsantrag des Schuldners

a) Fristgerechte Antragstellung

Die einstweilige Einstellung ist binnen einer Notfrist von 2 Wochen zu beantragen, § 30b Abs. 1 S. 1 ZVG. Wird der Antrag bei einem unzuständigen Gericht eingereicht, wird die Frist nicht gewahrt.[228] Da es sich um eine Notfrist handelt, kann diese weder verlängert noch verkürzt werden, nach Fristablauf ist ein zu spät eingegangener Antrag als unzulässig zurückzuweisen.[229]

b) Einstellungsgründe

Das Verfahren, und damit ist wiederum das jeweilige Einzelverfahren gemeint, ist auf Antrag des Schuldners einstweilen auf die Dauer von höchstens 6 Monaten einzustellen, § 30a Abs. 1 ZVG,

- wenn Aussicht besteht, dass durch die Einstellung die Versteigerung vermieden wird;
- und wenn die Einstellung nach den persönlichen und wirtschaftlichen Verhältnissen des Schuldners sowie nach der Art der Schuld der Billigkeit entspricht.

Vor der Entscheidung über den Antrag auf einstweilige Einstellung sind der Schuldner und der jeweils betreibende Gläubiger zu hören, § 30b Abs. 2 S. 2 ZVG.

Trägt der Gläubiger vor, dass ihm die einstweilige Einstellung unter Berücksichtigung seiner wirtschaftlichen Verhältnisse nicht zuzumuten ist, ihm insbesondere ein unverhältnismäßiger Nachteil entstehen würde, oder wenn mit Rücksicht auf die Beschaffenheit oder die sonstigen Verhältnisse

---

227 LG Zweibrücken, Rpfleger 1995, 222.
228 *Stöber*, § 30b Rdn. 3.3; *Böttcher*, § 30b Rdn. 3.
229 *Stöber*, § 30b Rdn. 3.4.

des Grundstückes anzunehmen ist, dass die Versteigerung zu einem späteren Zeitpunkt einen wesentlich geringeren Erlös bringen würde, ist der Einstellungsantrag abzulehnen, § 30a Abs. 2 ZVG.[230]

11.334 In dem Beschluss über die einstweilige Einstellung können dem Schuldner auch **Auflagen** auferlegt werden, z.B. Ratenzahlung. Die Vorschrift des § 850c ZPO ist dabei allenfalls entsprechend anwendbar. Die Einstellungsbewilligung tritt außer Kraft, wenn der Schuldner während der Einstellung die wiederkehrenden Leistungen nicht erbringt, § 30a Abs. 4, 5 ZVG.

11.335 Nur unter Zahlungsauflagen darf das Versteigerungsgericht die einstweilige Einstellung bewilligen, wenn die Versteigerung aus einem Grundpfandrecht betrieben wird, das innerhalb von $7/10$ des Grundstückwertes steht, § 30a Abs. 3 S. 2 ZVG. Allerdings besteht hierbei die praktische Schwierigkeit, dass zu diesem frühen Entscheidungszeitpunkt der Verkehrswert noch nicht feststeht.

11.336 Bei der Entscheidung über den Antrag des Schuldners sind völlig gegenteilige Gesichtspunkte gegeneinander abzuwägen. Nur in seltenen Fällen werden die Gründe des Schuldners zu einer einstweiligen Einstellung führen können. Gründe hierzu können sein z.B. Sanierungsfähigkeit, längere Krankheit, unverschuldete Arbeitslosigkeit, persönliche Schicksalsschläge, Unwetterkatastrophen.[231]

11.337 In den überwiegenden Fällen kommt es dem Schuldner jedoch darauf an, durch den Einstellungsantrag das Zwangsversteigerungsverfahren zu verzögern. Die erste Verzögerung tritt dadurch ein, dass der Antrag dem Gläubiger zur Stellungnahme übersandt werden muss. Die Entscheidung des Versteigerungsgerichtes über den Einstellungsantrag ergeht somit regelmäßig etwa binnen 2 Monaten nach der Antragstellung. Falls gegen einen abweisenden Beschluss noch Beschwerde eingelegt wird, sind nochmals ca. 2 bis 3 Monate hinzuzurechnen, je nachdem, wie schnell das zuständige Landgericht eine Entscheidung verkündet. Einstellungsanträge und Rechtsmittel gegen die Zurückweisung sind jedoch dann unzulässig, wenn sich aus den Umständen häufiger Wiederholung, Fristverlängerungsgesuchen, Nichtvorlage der zugesandten Begründung usw. ergibt, dass nicht Rechtsschutz gesucht wird, sondern das Verfahren verschleppt werden soll.[232] Der Schuldner schadet sich zwar durch einen aussichtslosen Einstellungsantrag dadurch, indem durch die Verzögerung die Forderung des Gläubigers durch die weiter anfallenden Zinsen anwächst. Je nach Höhe der Verbindlichkeiten des Schuldners spielt dies jedoch für ihn keine weitere Rolle.

11.338 Umgekehrt werden die Belange des Gläubigers, die eine Antragsablehnung i.S.d. § 30a Abs. 2 ZVG rechtfertigen, regelmäßig auch nicht gegeben

---

230 *Stöber,* § 30a Rdn. 5.
231 *Stöber,* § 30a Rdn. 3.3; Steiner/*Storz,* § 30a Rdn. 41; Dassler/*Muth,* § 30a Rdn. 5–14; LG Köln, KTS 1980, 418.
232 LG Trier, Rpfleger 1991, 70.

sein. Das Interesse des Gläubigers sollte daher in erster Linie darauf gerichtet sein, die zeitliche Verfahrensverzögerung so gering wie möglich zu halten. Oftmals wird es sinnvoller sein, dem Einstellungsantrag des Schuldners nicht entgegenzutreten, sondern diesem zuzustimmen, jedoch verbunden mit entsprechenden **Zahlungsauflagen** gemäß § 30a Abs. 3 ZVG.[233]

Für einen persönlich betreibenden Gläubiger oder den Gläubiger einer Zwangssicherungshypothek, der in vielen Fällen das Verfahren nur aus einer ungesicherten Rangposition heraus betreibt, bietet sich mit der Zahlungsauflage die Möglichkeit, über diese Ratenzahlungen seine Forderungen ganz oder zumindest teilweise noch realisieren zu können.

11.339

c) **Dauer der einstweiligen Einstellung**

Die Dauer der einstweiligen Einstellung darf höchstens 6 Monate betragen, § 30a Abs. 1 S. 1 ZVG. Die Frist beginnt im Zeitpunkt des Einstellungsbeschlusses, nicht mit der Zustellung.[234] Der Beschluss ist sowohl dem Gläubiger als auch dem Schuldner bzw. den entsprechenden Vertretern zuzustellen.

11.340

Muster eines Beschlusses Rdn. 15.41.

11.341

4. **Einstellungsantrag des Gläubigers**

Das Zwangsversteigerungsverfahren ist einzustellen, wenn der Gläubiger die Einstellung bewilligt, § 30 Abs. 1 S. 1 ZVG. Der Vollstreckungsgläubiger muss hierzu keine Begründung abgeben. Die Einstellungsbewilligung ist bis zur Zuschlagsverkündung jederzeit möglich.[235]

11.342

Mit der Einstellungsbewilligung scheidet der Gläubiger aus dem Kreis der betreibenden Gläubiger des Verfahrens aus. Sein Einzelverfahren wird vorübergehend unterbrochen. Ein Rangverlust tritt hierdurch jedoch nicht ein. Der Gläubiger kann dem Verfahren jederzeit wieder beitreten. Sein Anspruch kann dem geringsten Gebot als bestbetreibender Gläubiger jedoch nur dann zugrunde gelegt werden, wenn der Fortsetzungsbeschluss spätestens 4 Wochen vor dem Zwangsversteigerungstermin dem Schuldner zugestellt wurde, § 43 Abs. 2 ZVG. Bei mehreren betreibenden Gläubigern ist nur das Einzelverfahren des einstellenden Gläubigers vorübergehend unterbrochen, im Übrigen läuft das Gesamtverfahren weiter.[236]

11.343

Die Bewilligung der einstweiligen Einstellung wird von den betreibenden Gläubigern in der Praxis oftmals auch als taktisches Mittel eingesetzt. Die einstweilige Einstellung kann bis zum Zuschlag gestellt werden. Dabei

11.344

---

233 *Storz*, ZVG, B TH 3.1.3.3.
234 *Böttcher*, § 30a Rdn. 19; Steiner/*Storz*, § 30a Rdn. 61.
235 *Stöber*, § 30 Rdn. 2.8; Steiner/*Storz*, § 30 Rdn. 40.
236 Vgl. Rdn. 11.72; *Muth*, Kap. 2 E Rdn. 3; Steiner/*Storz*, § 30 Rdn. 41.

kann über die einstweilige Einstellung nach dem Schluss des Zwangsversteigerungstermins nur noch durch Versagung des Zuschlages entschieden werden, § 33 ZVG.[237]

11.345 Beispiel 1:

Abt. III/1   100.000,– €   Grundschuld für A
Abt. III/2   50.000,– €   Grundschuld für B
Abt. III/3   80.000,– €   Grundschuld für C

Die Rechte Abt. III/2 und Abt. III/3 sind gleichrangig. Die Gläubiger der Rechte Abt. III/1 und III/3 betreiben das Verfahren.

Der Gläubiger A bewilligt **vor** Schluss der Zwangsversteigerung die einstweilige Einstellung.

Folge:
Es ergeht ein entsprechender Einstellungsbeschluss bzgl. des Gläubigers A. Da der Gläubiger A bestrangig betreibender Gläubiger des Verfahrens ist, richtet sich das geringste Gebot nach seinem Anspruch. Nachdem A nunmehr aus dem Kreis der betreibenden Gläubiger ausgeschieden ist, kann sein Anspruch auch nicht mehr Grundlage der Erstellung des geringsten Gebotes sein. Bestrangig betreibender Gläubiger ist nunmehr der Gläubiger C. Nach den Versteigerungsbedingungen fällt das Recht Abt. III/1 in das geringste Gebot, da es rangmäßig dem Gläubiger C vorgeht. Es ist daher ein neues geringstes Gebot aufzustellen. Die laufende Bietzeit ist abzubrechen, eine neue Bietzeit muss beginnen, unter entsprechender Abänderung des geringsten Gebotes.[238]

11.346 Beispiel 2:

Sachverhalt wie Beispiel 1.
Der Gläubiger C bewilligt **vor** Schluss der Versteigerung die einstweilige Einstellung.

Folge:
Es ergeht ein Einstellungsbeschluss bzgl. des Gläubigers C. Es ist kein neues geringstes Gebot zu erstellen, da der Gläubiger A nach wie vor bestrangig betreibender Gläubiger ist.

11.347 Beispiel 3:

Sachverhalt wie Beispiel 1.
Der Gläubiger C bewilligt **nach** Schluss der Versteigerung die einstweilige Einstellung.

Folge:
Es ergeht ein Einstellungsbeschluss bzgl. des Gläubigers C. Der Zuschlag wird erteilt, da das geringste Gebot nachträglich nicht unrichtig geworden ist. Die Berechnung des geringsten Gebotes richtet sich ausschließlich nach dem bestrangig betreibenden Gläubiger A.

---

237 LG Hanau, MDR 1977, 1028.
238 *Stöber*, § 66 Rdn. 7.4; *Storz*, ZVG, B 3.2.1.

5. Einstellungsantrag durch den Schuldner und Gläubiger

Ist der betreibende Gläubiger grundsätzlich mit einer einstweiligen Einstellung des Verfahrens einverstanden, sollte er dennoch nicht sofort selbst die einstweilige Einstellung bewilligen. Während der Schuldner seinen Antrag im Hinblick auf die Billigkeit begründen muss, kann der Gläubiger jederzeit und ohne weitere Angaben die Einstellung bewilligen. Einem entsprechenden Antrag des Gläubigers muss das Gericht stattgeben.   11.348

Trifft nunmehr ein Antrag des Schuldners nach § 30a ZVG mit einer Einstellungsbewilligung des Gläubigers zusammen, muss das Gericht auch hier dem Einstellungsantrag des Gläubigers ohne weitere Prüfung stattgeben.[239] Die Billigkeitsvoraussetzungen nach § 30a ZVG werden nicht weiter geprüft.   11.349

Damit hat der Gläubiger eine Einstellungsbewilligung verbraucht und sollte sich dies im Hinblick auf nur zwei mögliche Einstellungen genau überlegen. Oftmals ist es daher ratsamer, den eigenen Antrag nicht zu stellen und dem Schuldnerantrag auch nicht entgegenzutreten. Gibt das Versteigerungsgericht dem Schuldnerantrag statt, hat dies für diesen zur Folge, dass er nunmehr nur noch eine weitere Einstellungsmöglichkeit hat, § 30c Abs. 1 ZVG. Eine zeitliche Verzögerung tritt meistenfalls auch nicht ein, da bei Ablehnung des Schuldnerantrages und Einlegung der Beschwerde eine landgerichtliche Entscheidung auch nur nach mehreren Monaten erst ergeht.[240]   11.350

6. Verfahrensfortsetzung

a) Belehrung

Jeder Gläubiger, für den das Verfahren einstweilen eingestellt wurde, ist über die Stellung des Fortsetzungsantrages, den Fristbeginn und die Rechtsfolgen eines fruchtlosen Fristablaufes zu belehren, § 31 Abs. 3 ZVG. Die Belehrung sollte sofort mit dem Einstellungsbeschluss zugestellt werden.[241] Hat das Beschwerdegericht die einstweilige Verfahrenseinstellung angeordnet, muss dieses selbst die Belehrung erteilen.[242] Erteilt das Beschwerdegericht die Belehrung nicht, hat sie das Versteigerungsgericht in jedem Falle nachzuholen.   11.351

b) Fortsetzungsantrag

Das Versteigerungsverfahren (das jeweilige Einzelverfahren) wird nur auf Antrag des jeweiligen Gläubigers fortgesetzt, § 31 Abs. 1 S. 1 ZVG.[243] Der Antrag muss spätestens binnen 6 Monaten gestellt werden, wobei auf   11.352

---

239 Steiner/*Storz*, § 30a Rdn. 14; *Stöber*, § 30 Rdn. 6.2.
240 *Storz*, ZVG, B TH 3.1.3.3.
241 *Böttcher*, § 31 Rdn. 18.
242 *Stöber*, § 31 Rdn. 2.2.
243 *Stöber*, § 31 Rdn. 6; Steiner/*Storz*, § 31 Rdn. 5.

den Fristbeginn in der Belehrung hingewiesen wird (vgl. hierzu im Einzelnen § 31 Abs. 2 ZVG). Wird der Antrag nicht innerhalb von 6 Monaten gestellt, wird das Verfahren für den betreffenden Gläubiger aufgehoben.

11.353 Damit die 6-Monats-Frist auf keinen Fall versäumt wird, kann der Gläubiger auch bereits nach Zustellung der entsprechenden Belehrung beantragen, dass das Verfahren sofort fortzusetzen ist, wenn die Frist abgelaufen ist.[244]

11.354 Der die Einstellung bewilligende Gläubiger kann seinen Fortsetzungsantrag nicht zugleich mit der Einstellungsbewilligung verbinden.[245]

7. Erneuter Einstellungsantrag des Schuldners

a) Ausschluss der dritten Einstellung

11.355 War das Verfahren auf Antrag des Schuldners bereits einmal einstweilen eingestellt worden, kann es aufgrund des § 30a ZVG einmal erneut eingestellt werden, § 30c Abs. 1 ZVG. Der Antrag ist abzulehnen, wenn die Einstellung dem Gläubiger unter Berücksichtigung seiner gesamten wirtschaftlichen Verhältnisse nicht zuzumuten ist, § 30c Abs. 1 ZVG.

11.356 Der Schuldner kann den Antrag nur binnen einer Notfrist von 2 Wochen stellen. Über den Fristbeginn, den fruchtlosen Ablauf der Frist und die Rechtsfolgen ist der Schuldner zu belehren, § 30c Abs. 1 S. 2, § 30b Abs. 1 ZVG. Eine Verkürzung oder Verlängerung der Frist ist nicht möglich. Ist die Frist versäumt, ist der Antrag als unzulässig zurückzuweisen. Der Eingang des Antrages bei einem unzuständigen Gericht wahrt die Frist nicht (s. zuvor Rdn. 11.352).

11.357 Die erneute einstweilige Einstellung richtet sich ebenfalls nur gegen das jeweilige Einzelverfahren. Für jeden betreibenden Gläubiger ist gegebenenfalls ein entsprechender Antrag zu stellen.

11.358 Die **Gründe** für die Entscheidung über den Antrag sind in § 30a ZVG aufgeführt. Die Gläubigerbelange sind hierbei jedoch besonders zu würdigen. In der Praxis hat eine erneute Einstellung auf Antrag des Schuldners regelmäßig nur wenig Aussicht auf Erfolg. Insbesondere ist der Antrag dann abzulehnen, wenn der Schuldner bereits nach der ersten einstweiligen Einstellung im Beschluss ausgesprochenen Zahlungsauflagen nicht rechtzeitig nachgekommen ist.[246]

11.359 Bei der Entscheidung über den Antrag auf erneute einstweilige Einstellung sind Einstellungen auf Antrag des Gläubigers gem. § 30 ZVG nicht mitzurechnen.[247] Eine **dritte Einstellung** auf Antrag des Schuldners ist jedoch unzulässig.

---

244 LG Frankfurt/Main, Rpfleger 1986, 231; *Storz*, ZVG, B 3.2.3.
245 LG Traunstein, Rpfleger 1989, 35; *Stöber*, § 31 Rdn. 4.4.
246 Steiner/*Storz*, § 30d (a.F.) Rdn. 21.
247 *Stöber*, § 30c Rdn. 2.1; Steiner/*Storz*, § 30d (a.F.) Rdn. 11.

b) Ausschluss der sittenwidrigen Härte nach § 765a ZPO

Hat eine zweite Einstellung stattgefunden, ist nach dem Gesetzeswortlaut auch die Schuldnerschutzvorschrift des § 765a ZPO nicht mehr anzuwenden, § 30c Abs. 2 ZVG.[248]   11.360

Stöber[249] hält diese Vorschrift für nicht durchdacht, da sie wie andere Unstimmigkeiten durch Einbau früherer Notvorschriften entstanden ist. Es handelt sich um eine missglückte Formulierung mit scheinbarem Widersinn. *Henckel*[250] meint hierzu, dass die Einstellungen nach dem ZVG und § 765a ZPO gar nicht gleichzeitig auf denselben Sachverhalt anwendbar sind. Nach § 30a ZVG soll nur die Sanierungsfähigkeit gemeint sein, § 765a ZPO nur, wenn keine Aussicht auf Abwendung der Vollstreckung bestehe und dabei das Existenzminimum bedroht ist. *Storz*[251] hält diese Vorschrift für verfassungswidrig und empfiehlt eine Vorlage an das Bundesverfassungsgericht gemäß Art. 100 GG. Nach anderer Auffassung muss die Sittenwidrigkeit in Kauf genommen oder aber angenommen werden, dass nach einer erneuten Einstellung die Vollstreckung einfach nicht sittenwidrig sein kann. Wenn das Verfahren bereits zweimal einstweilen eingestellt wurde, kann eine Einstellung aufgrund sittenwidriger Härte nicht mehr erfolgen.[252] Zu helfen wäre dem Schuldner dann nur mit einer Vertagung oder mit einem Hinausschieben des Zuschlags- bzw. Versteigerungstermins.   11.361

Nach der grundsätzlichen Entscheidung des BVerfG zum Gebot der Verhältnismäßigkeit und des Übermaßverbotes[253] (hierzu Rdn. 11.3) und den weiteren Entscheidungen verschiedener Gerichte[254] kann an der Anwendung der Vollstreckungsschutzvorschrift nicht mehr gezweifelt werden. Zwar spricht nach der juristischen Methodenlehre der Wortlaut der Norm § 30c Abs. 2 ZVG dafür, dass eine Auslegung grundsätzlich ausgeschlossen ist. Eine Regelungslücke besteht nicht. Bedarf eine Regel jedoch einer Einschränkung, die der Gesetzgeber unterlassen hat, so kann diese im Wege der teleologischen Reduktion gewonnen werden, d.h. einer Zurückführung des Anwendungsbereiches der Regel auf den durch ihren Zweck geforderten und gerechtfertigten Umfang.[255] Es ist daher nach dem **Sinn**   11.362

---

248 **Streitig:** OLG Bamberg, NJW 1956, 429; OLG Koblenz, NJW 1956, 1683; Dassler/*Muth*, § 30d Rdn. 7–9; **a.A.** *Stöber*, § 30c Rdn. 7.4 und 5; *Böttcher*, § 30c Rdn. 5; für Verfassungswidrigkeit Steiner/*Storz*, § 30d (a.F.) Rdn. 43.
249 In *Stöber*, § 30c Rdn. 7.4.
250 Prozessrecht, 1970, Kap. 6 III 5.c.
251 In Steiner/*Storz*, § 30d (a.F.) Rdn. 43 und in ZVG, B 3.1.2.
252 OLG Bamberg, NJW 1956, 429; OLG Koblenz, NJW 1956, 1683; LG Osnabrück, Rpfleger 1956, 247.
253 Rpfleger 1979, 12 = NJW 1979, 538.
254 Z.B. OLG Köln, Rpfleger 1990, 30 und 1997, 33 zur Selbstmordgefahr; OLG Düsseldorf, Rpfleger 1998, 208; KG, Rpfleger 1995, 469; BVerfG, NJW 1991, 3307 bei altersbedingter geistiger Gebrechlichkeit; BVerfG, Rpfleger 1992, 259 bei drohenden gesundheitlichen Schäden.
255 *Larenz*, Methodenlehre, 5. Auflage, S. 375.

und Zweck dieses Ausschlusses des § 765a ZPO zu fragen. Sicherlich sollte hiermit im Gläubigerinteresse einer Verzögerung des Verfahrens vorgebeugt werden. Auf der anderen Seite sollten aber die schutzwürdigen Interessen des Schuldners nicht ignoriert werden. Ist das Verfahren bereits ein zweites Mal auf Antrag des Schuldners eingestellt worden, und benötigt dieser nunmehr eine weitere überschaubare Zeitspanne, um eine Sanierung herbeizuführen, muss das Verfahren auch ein drittes Mal eingestellt werden können. Kollidiert das Gläubigerrecht mit dem Recht des Schuldners auf körperliche Unversehrtheit, gar auf sein Leben, ist bei drohenden Gesundheitsschädigungen oder glaubhaft vorgetragener Suizidgefahr das Verfahren in jedem Falle einstweilen einzustellen. Da häufig für diese Fälle die Notfristen nicht mehr eingehalten werden können, muss die Einstellung über § 765a ZPO erfolgen. Dies jedoch bedarf keiner besonderen, Erwähnung im Rahmen des ZVG. Der Gesetzgeber ist aufzufordern, entweder Abs. 2 von § 30c ZVG ersatzlos zu streichen oder es ist der Satz einzufügen: Die Anwendung des § 765a ZPO bleibt hiervon unberührt.

8. Erneuter Einstellungsantrag des Gläubigers

11.363 Das Zwangsversteigerungsverfahren kann auf **Antrag** des Gläubigers ein zweites Mal eingestellt werden, § 30 Abs. 1 S. 2 ZVG. Für die Einstellungsbewilligung braucht der Gläubiger keine Begründung abzugeben. Das Gericht muss einem entsprechenden Antrag des Gläubigers stattgeben.

11.364 Eine **dritte Einstellung** ist jedoch nicht gegeben, da eine solche Einstellungsbewilligung als Rücknahme des Zwangsversteigerungsantrages zu werten ist, § 30 Abs. 1 S. 2 ZVG. Da der betreibende Gläubiger hierüber nicht belehrt wird, muss er selbst die Anzahl der bewilligten einstweiligen Einstellungen überwachen. Im Hinblick auf das Prinzip des Einzelverfahrens (vgl. C Rdn. 35) setzt die gesetzliche Rücknahmefiktion voraus, dass der Gläubiger die dritte Einstellungsbewilligung

- in dem von ihm durchgängig betriebenen Verfahren abgibt,
- in dem Verfahren aufgrund desselben Beschlagnahmebeschlusses abgibt,
- wegen des einheitlichen Anspruches aus derselben Rangposition abgibt.[256]

11.365 Nur bei Vorliegen dieser drei Voraussetzungen ist eine Verfahrensaufhebung gerechtfertigt.[257]
Betreibt der Gläubiger das Verfahren wegen einer **Teilforderung,** bewilligt zweimal die einstweilige Einstellung und tritt dann dem Verfahren wegen einer weiteren Teilforderung oder abgespaltenen Nebenleistung bei und

---

256 Vgl. *Storz,* ZVG, B 3.2.2.
257 *Hintzen,* Rpfleger 1991, 69, 70.

bewilligt dann erneut die einstweilige Einstellung, so kann dies als dritte Einstellungsbewilligung mit Antragsrücknahmefiktion gewertet werden.[258] Das Verfahren ist auch dann aufzuheben, wenn der betreibende Gläubiger seinen Versteigerungsantrag zurücknimmt, später dem von einem anderen Gläubiger weiter betriebenen Verfahren erneut beitritt, da die vor der Antragsrücknahme erklärten Einstellungsbewilligungen mit denen nach dem erneuten Beitritt zusammengerechnet werden müssen.[259]

Diese Auffassungen sind als zu weitgehend abzulehnen. Richtig ist daher die Auffassung des OLG Düsseldorf,[260] welches auf die Einstellungsbewilligungen in den jeweiligen Einzelverfahren abstellt. Konkret war der Gläubiger hier aus jeweils fälligen Zinsforderungen dem Verfahren mehrfach beigetreten, und hatte jeweils Einstellungsbewilligungen abgegeben. Hier stellt sich jedoch die Frage, ob die Zinsen ohne die Hauptforderung fällig waren, da ansonsten eine Aufsplittung der Forderung in Hauptanspruch und Zinsen als missbräuchliche Rechtsausübung anzusehen ist.[261] Einem Gläubiger ist es aber grundsätzlich unbenommen, die Zwangsversteigerung wegen der dinglichen Zinsen in der Weise zu betreiben, dass wegen später fällig werdender Zinsen jeweils der Beitritt zum Verfahren erklärt wird. Erst nach Eintritt der besonderen Zwangsvollstreckungsvoraussetzungen gem. § 751 Abs. 1 ZPO ist die Zwangsvollstreckung möglich, sodass es insoweit zu mehreren selbstständigen Einzelverfahren, die hinsichtlich der Einstellung und der Aufhebung gesondert zu betrachten sind, kommt. Der Gläubiger handelt nicht rechtsmissbräuchlich, wenn seine ernsthafte Versteigerungsabsicht erkennbar ist und er das Verfahren nicht nur zu dem Zweck betreibt, Druck auf den Schuldner auszuüben.[262]

11.366

Anders ist die Situation jedoch zu sehen, wenn der Gläubiger ein stufenweises Betreiben wegen Zinsen aus mehreren Jahren und auch gesondert wegen des Kapitalbetrages vornimmt, das Verfahren hierdurch bereits mehr als fünf Jahre andauert und insgesamt fünf Versteigerungstermine anberaumt wurden. Dies kann rechtsmissbräuchlich sein mit der Folge, dass eine erneute Einstellungsbewilligung zur Rücknahmefiktion und damit zur Verfahrensaufhebung führt[263]. Nur wenn der Gläubiger rechtsmissbräuchlich handelt, ist das Verfahren aufzuheben.[264] Denn wenn der Gläubiger das Verfahrensinstrument der einstweiligen Einstellung als permanentes

11.367

---

258 LG Lüneburg, Rpfleger 1987, 469.
259 LG Bonn, Rpfleger 1990, 433.
260 Rpfleger 1991, 28 m. Anm. *Hintzen*.
261 *Stöber*, § 15 Rdn. 15.2; Steiner/*Hagemann*, §§ 15, 16 Rdn. 41.
262 LG Erfurt, Rpfleger 2005, 375, das dem Gläubiger rechtsmissbräuchliches Handeln vorwirft, wenn dieser ohne ernsthafte Versteigerungsabsicht über einen längeren Zeitraum (hier: zwei Jahre) aus mehreren Beitrittsbeschlüssen die Versteigerung betreibt. In einem solchen Fall führt die dritte Einstellungsbewilligung zur Aufhebung aller Einzelverfahren.
263 LG Bonn, Rpfleger 2001, 365.
264 LG Dessau, Rpfleger 2004, 724.

Druckmittel gegen den Schuldner benutzt, muss ihm die ernsthafte Versteigerungsabsicht abgesprochen werden. Wenn das Gesamtverhalten des Gläubigers als verwerflich zu betrachten ist, ist das Verfahren aufzuheben.[265]

11.368 Treffen bei der erneuten Bewilligung der einstweiligen Einstellung ein Antrag des Gläubigers und ein Antrag des Schuldners zeitlich aufeinander, gelten die Ausführungen zuvor in Rdn. 11.348: Das Versteigerungsgericht wird dem ohne Begründung zulässigen Antrag des Gläubigers sofort stattgeben. Ein Eingehen auf die Gründe des Schuldners nach § 30b ZVG ist nicht mehr erforderlich. Der Gläubiger hat damit seine letzte Einstellungsmöglichkeit verloren. Die Wirkungen der einstweiligen Einstellungen sind die gleichen wie nach der erstmals bewilligten einstweiligen Einstellung (vgl. oben unter Rdn. 11.343).

9. Erneuter Fortsetzungsantrag

11.369 Das Verfahren wird nur fortgesetzt, wenn der betreibende Gläubiger einen erneuten **Antrag** stellt, § 31 Abs. 1 ZVG. Da die einstweilige Einstellung nur in den jeweiligen Einzelverfahren erfolgt, muss jeder betreibende Gläubiger, den die Einstellung betrifft, einen eigenen Fortsetzungsantrag stellen.[266] Der Fortsetzungsantrag ist spätestens binnen einer Frist von 6 Monaten zu stellen, wobei der jeweils betreibende Gläubiger auf den Fristbeginn und die Rechtsfolgen eines fruchtlosen Fristablaufes hingewiesen wird.

10. Sittenwidrige Härte, § 765a ZPO

11.370 Auf Antrag des Schuldners kann das Vollstreckungsgericht jede Maßnahme der Zwangsvollstreckung ganz oder teilweise einstellen, untersagen oder einstweilen einstellen, wenn die Maßnahme unter voller Würdigung des Schutzbedürfnisses des Gläubigers wegen ganz besonderer Umstände eine Härte bedeutet, die für den Schuldner mit den guten Sitten nicht zu vereinbaren ist, § 765a ZPO. Die grundgesetzlich geschützten Rechte des Schuldners sind immer zu berücksichtigen.[267] Einen entsprechenden **Vollstreckungsschutzantrag** kann der Schuldner in jedem Vollstreckungsverfahren stellen, insbesondere auch im Zwangsversteigerungsverfahren.[268]

---

265 BGH, NJW 1979, 162.
266 *Stöber*, § 31 Rdn. 6; Steiner/*Storz*, § 31 Rdn. 32.
267 BVerfG, Rpfleger 1979, 450 = NJW 1979, 2607; OLG Köln, Rpfleger 1990, 30 und 1997, 33 bei Selbstmordgefahr; KG, Rpfleger 1995, 469; OLG Düsseldorf, Rpfleger 1998, 208; LG Krefeld, Rpfleger 1996, 363; BVerfG, NJW 1991, 3307 bei altersbedingter geistiger Gebrechlichkeit; BVerfG, Rpfleger 1992, 259 drohende gesundheitliche Schäden.
268 Steiner/*Storz*, § 30a Rdn. 69.

Einstweilige Einstellung des Verfahrens 11.371–11.374

Der Antrag ist an keinerlei Fristen gebunden. Lediglich wenn das Zwangsversteigerungsverfahren bereits zweimal einstweilen eingestellt war, soll auch Vollstreckungsschutz nach § 765a ZPO nicht mehr möglich sein, § 30c Abs. 2 ZVG (**streitig**, vgl. zuvor Rdn. 11.360).

Der Vollstreckungsschutzantrag kann ab dem Zeitpunkt der Zustellung des Anordnungsbeschlusses bzw. eines jeden Beitrittsbeschlusses vom Schuldner gestellt werden. Er kann auch noch unmittelbar vor Zuschlagserteilung mit dem Antrag auf Zuschlagsversagung geltend gemacht werden. Die erstmalige Stellung eines solchen Antrages im Rahmen einer Zuschlagsbeschwerde wird jedoch für unzulässig erachtet.[269]

11.371

Vollstreckungsschutz muss sich jedoch immer gegen eine konkrete Maßnahme der Zwangsvollstreckung richten, z.B. Zuschlagsbeschluss, drohende Zwangsräumung. Gegen die Durchführung des Versteigerungsverfahrens allgemein kann grundsätzlich kein Vollstreckungsschutz gewährt werden.[270] Ob das Versteigerungsverfahren überhaupt bis zur Zuschlagserteilung durchgeführt wird, kann zu Beginn des Verfahrens nicht festgestellt werden, da es letztendlich immer auf das Ergebnis im Versteigerungstermin ankommt.

11.372

Im Hinblick auf den Ausnahmecharakter dieser Vorschrift wird in der Praxis eine einstweilige Einstellung nur ausnahmsweise zum Zuge kommen.[271] Die Frage der Sittenwidrigkeit des Vollstreckungsantrages ist nach objektiven Gesichtspunkten zu beurteilen, nicht nach dem subjektiven Empfinden des Schuldners.[272]

11.373

Nach einer Entscheidung des BVerfG[273] kann jedoch bereits die Anordnung des Versteigerungsverfahrens eine ernsthafte Gefährdung des Lebens und die körperliche Unversehrtheit des Schuldners besorgen, sodass zumindest eine zeitweilige Einstellung des Verfahrens in Betracht kommt. Es muss aber auch nicht immer um die Person des Schuldners selbst gehen. Ein wichtiger Grund i.S.d. § 765a ZPO kann auch gegeben sein, wenn die Möglichkeit besteht, dass ein naher **Angehöriger** des Schuldners wegen der Anordnung der Zwangsversteigerung stirbt oder ernsthaft erkrankt.[274] Gerade unter Zugrundelegung der Rechtsprechung des BVerfG zum Grundrechtsschutz aus Art. 2 Abs. 2 S. 1 GG ist eine ganz besonders gewissenhafte Prü-

11.374

---

269 OLG Hamm, KTS 1970, 228; OLG Düsseldorf, Rpfleger 1987, 514; OLG Köln, MDR 1988, 152; *Stöber,* Einl. Rdn. 59.10; Steiner/*Storz,* § 30a Rdn. 79.
270 OLG Köln, Rpfleger 1994, 267 und NJW-RR 1995, 1472, selbst bei schwerer Gesundheitsgefährdung.
271 Vgl. *Stöber,* Einl. Rdn. 55 Fn. 1–50 und zuvor Rdn. 11.370.
272 Nach Auffassung des AG Hannover (Rpfleger 1990, 174) kann einem querulatorischen Verhalten mit der Folge körperlicher und psychischer Belastungen sowie einem lebensbedrohenden psychischen Druck infolge jahrelanger Angst besser mit einer zügigen Durchführung und Beendigung der Vollstreckung entgegengewirkt werden als mit Verlängerung und Hinauszögerung durch Einstellung des Verfahrens (verallgemeinerungsfähig dürfte diese Aussage jedoch nicht sein).
273 Rpfleger 1994, 427.
274 OLG Hamm, Rpfleger 2001, 508.

fung der Voraussetzungen des § 765a ZPO vorzunehmen, wenn nach dem Vortrag des Schuldners eine schwer wiegende Gefährdung seines Lebens oder seiner Gesundheit zu besorgen ist, dem gleichgestellt ist eine schwer wiegende Gefährdung des Lebens oder der Gesundheit naher Angehöriger des Schuldners.[275]

11.375 Beispiele zur Verdeutlichung in Leitsätzen:

- Die Unfähigkeit, aus eigener Kraft oder mit zumutbarer fremder Hilfe eine Konfliktsituation (hier: bevorstehende Zwangsräumung des Gewerberaummieters infolge Überschuldung) situationsangemessen zu bewältigen, verdient auch dann Beachtung, wenn ihr kein Krankheitswert (hier: Risiko des Bilanzselbstmords) zukommt.[276]
- Besteht die Möglichkeit, dass ein naher Angehöriger des Schuldners wegen der Anordnung der Zwangsversteigerung stirbt oder ernsthaft erkrankt, kann dies ein wichtiger Grund i.S.d. § 765a ZPO sein.[277]
- Unter Berücksichtigung der Rechtsprechung des Bundesverfassungsgerichts zur Prüfung der Voraussetzungen bei Gefahr für Leib und Leben, ist dem Vorbringen des Schuldners, ihm drohten durch das Zwangsversteigerungsverfahren seines Hausgrundstücks schwer wiegende Gesundheitsschäden, besonders sorgfältig nachzugehen, gegebenenfalls durch Einholung ärztlicher Gutachten.[278]
- Eine Einstellung der Zwangsversteigerung scheidet selbst bei einer Gefahr der Verschlimmerung einer lebensbedrohenden Erkrankung des zahlungssäumigen Wohnungseigentümers (Schuldners) aus, wenn dieser nicht mit allen ihm zur Verfügung stehenden Mitteln an der Befriedigung der Wohngeldforderungen mitwirkt.[279]
- Die Entscheidung nach § 765a ZPO, dass wegen der Gefahr der Selbsttötung des Schuldners ein Zwangsversteigerungsverfahren über sein Wohngrundstück einstweilig oder sogar unbefristet einzustellen ist, erfordert eine umfassende Abwägung der wechselseitigen Interessen und eine besonders sorgfältige Nachprüfung des entsprechenden Vortrags.[280]

11.376 In jedem Falle kann die Vollstreckungseinstellung wegen Selbstmordgefahr mit der **Auflage** angeordnet werden, dass der Vollstreckungsschuldner eine Erfolg versprechende Behandlungsmöglichkeit wahrnimmt und dass er die Notwendigkeit weiterer Behandlung in halbjährlichem Abstand durch eine Bescheinigung des Sozialpsychiatrischen Dienstes nachweist.[281]

11.377 Eine sittenwidrige Härte kann sich aber nicht aus materiell-rechtlichen Einwendungen des Schuldners gegen das Recht des Gläubigers auf Befriedigung aus dem Grundstück ergeben (z.B. Beschränkung der Verwertung durch eine schuldrechtliche Sicherungsvereinbarung). Einwendungen die-

---

275 So jetzt erneut BGH, Rpfleger 2006, 147 und 2006, 149; dem folgend bereits LG Mönchengladbach, Rpfleger 2006, 332.
276 BVerfG, InVo 2001, 449 = NJW-RR 2001, 1523.
277 OLG Hamm, Rpfleger 2001, 508 = NJW-RR 2001, 1303.
278 OLG Brandenburg, Rpfleger 2001, 91.
279 LG Hamburg, ZMR 2002, 472.
280 OLG Oldenburg, MDR 2002, 664.
281 Thür. OLG, Rpfleger 2000, 463.

ser Art können nur mit der Vollstreckungsgegenklage geltend gemacht werden.[282] Eine sittenwidrige Härte folgt nicht aus der Erwartung des Schuldners, aufgrund der Besonderheiten des Objekts werde der bei der Versteigerung zu erwartende Erlös weit unter dem Marktwert des Objekts liegen. Eine ergänzende Anwendung des § 765a ZPO neben § 85a ZVG wegen Verschleuderung des Grundbesitzes kommt erst in Betracht, wenn feststeht, in welchem Maß ein abgegebenes Meistgebot hinter dem festgesetzten Verkehrswert zurückbleibt.

Der betreibende Gläubiger sollte darauf achten, dass bei einer Zurückweisung eines Antrages auf einstweilige Einstellung durch den Schuldner nach § 30a ZVG auch gleichzeitig eine Zurückweisung nach § 765a ZPO erfolgt. **11.378**

Wird einem Vollstreckungsschutzantrag des Schuldners entsprochen, wird das Verfahren wiederum nur auf besonderen **Antrag** des jeweils betreibenden Gläubigers **fortgesetzt.** Der Fortsetzungsantrag muss spätestens binnen 6 Monaten gestellt werden, wobei der Gläubiger über den Fristbeginn und Bekanntgabe der Rechtsfolgen eines fruchtlosen Fristablaufes wiederum belehrt wird, § 31 ZVG (s. zuvor Rdn. 11.351). **11.379**

11. Einstellungsantrag des Insolvenzverwalters

a) Neuregelung

Mit Inkrafttreten der Insolvenzordnung am 1.1.1999 wurden aufgrund Art. 20 EGInsO die Einstellungsvorschriften des Zwangsversteigerungsgesetzes geändert. Die bis dahin geltende Einstellung auf Antrag des Konkursverwalters nach § 30c ZVG wurde ersatzlos aufgehoben. Die bisherige zweite Einstellungsmöglichkeit des Schuldners nach § 30d ZVG wird in der Vorschrift § 30c ZVG geregelt. Neu eingefügt wurden die Vorschriften §§ 30d–f ZVG. **11.380**

Das Verwertungsrecht absonderungsberechtigter Gläubiger wird durch das Einstellungsrecht des vorläufigen bzw. endgültigen Insolvenzverwalters dahingehend eingeschränkt, dass die Insolvenzabwicklung ungestört ablaufen kann, die ungestörte Fortführung eines Unternehmens gewährleistet wird und nicht zuletzt die erstrebte bestmögliche Verwertung des Schuldnervermögens zugunsten aller Insolvenzgläubiger sichergestellt wird.[283] **11.381**

Die nachfolgenden Ausführungen gelten auch im Verfahren der **Verbraucherinsolvenz,** §§ 304 ff. InsO.[284] Anstelle des (vorläufigen) Insolvenz- **11.382**

---

282 OLG Hamm, Rpfleger 2002, 39.
283 *Hintzen,* Rpfleger 1999, 256; *Lwowski/Heyn,* WM 1998, 473; *Lwowski/Tetzlaff,* WM 1999, 2336; *Wenzel,* NZI 1999, 101; *Muth,* ZIP 1999, 945; *Tetzlaff,* ZfIR 2005, 179.
284 In diesem Sinne Uhlenbruck/*Vallender,* § 313 Rdn. 107 m.w.N.; **a.A.** Münch-Komm/*Lwowski* InsO, § 165 Rdn. 271; Nerlich/*Römermann,* § 165 Rdn. 56; *Wenzel,* NZI 1999, 101, die aber alle nicht die Änderungen nach dem InsOÄndG 2001 berücksichtigen.

verwalters tritt der (vorläufige) Treuhänder. Eine Gefährdung des Insolvenzplans (s. Rdn. 11.389) ist allerdings ausgeschlossen, da es einen solchen in der Verbraucherinsolvenz nicht gibt.[285] Im Verbraucherinsolvenzverfahren wird zugleich mit Eröffnung des vereinfachten Verfahrens, §§ 311 ff. InsO, ein Treuhänder bestellt. Er hat weitgehend die Aufgaben eines Insolvenzverwalters zu übernehmen, § 313 InsO. Bei der Verwertung der zur Insolvenzmasse gehörenden Vermögensgegenstände hat er zu prüfen, ob der Gegenstand überhaupt verwertbar ist und für die Masse gewinnbringend verwertet werden kann. Einschränkungen hinsichtlich der Rechte und Pflichten des Treuhänders, insbesondere für sein Verwertungsrecht, ergeben sich aus § 313 Abs. 2 und 3 InsO. Hier interessant ist Abs. 3: Der Treuhänder ist nicht zu Verwertung von Gegenständen berechtigt, an denen Pfandrechte oder andere Absonderungsrechte bestehen, § 313 Abs. 3 S. 1 InsO.

11.383 Dies schließt aber nicht ein, dass diese Gegenstände nicht dem Insolvenzbeschlag unterliegen. Die Verwaltungs- und Verfügungsbefugnis ist mit Eröffnung des vereinfachten Insolvenzverfahrens auf den Treuhänder übergegangen, §§ 311, 80 InsO. Dies umfasst auch die Gegenstände, an denen er kein Verwertungsrecht hat. Der Gesetzgeber hat lediglich das Verwertungsrecht der mit Absonderungsrechten belasteten Gegenstände grundsätzlich den Gläubigern zugeordnet, da die in der Unternehmensinsolvenz tragenden Sanierungsargumente im Verbraucherinsolvenzverfahren regelmäßig nicht eingreifen. Auch die Verwertung durch den Treuhänder dient stets dem Ziel, einen etwaigen Übererlös zur Masse zu ziehen. Dies kann nicht davon abhängen, ob der Grundbesitz nun mit dinglichen Rechten belastet ist oder nicht oder möglicherweise mit nicht valutierten Grundpfandrechten oder einfach nur mit einer Eigentümergrundschuld.

11.384 Aufgrund des InsOÄndG 2001 vom 26.10.2001 wurde dann in § 313 Abs. 3 InsO ein Satz 3 eingefügt, der eine entsprechende Anwendung von § 173 Abs. 2 InsO vorsieht. Durch die Verweisung auf 173 Abs. 2 InsO ist dem Treuhänder das Recht eröffnet, dem absonderungsberechtigten Gläubiger durch das Insolvenzgericht eine Frist zu setzen, nach deren erfolglosem Ablauf dem Treuhänder das Recht eingeräumt wird, die Gegenstände selbst zu verwerten. Der Gesetzgeber hat damit, wenn auch auf dem Umweg über § 173 Abs. 2 InsO, ein Verwertungsrecht des Treuhänders auch für Immobilien geschaffen und damit insoweit eine Gleichstellung beider Insolvenzarten. Damit sind auch bei einer Verwertung der Gläubiger die Einstellungsmöglichkeiten nach §§ 30d ff. ZVG zu beachten.

b) Einstellungsrecht des Insolvenzverwalters

11.385 Voraussetzung der Einstellung des Zwangsversteigerungsverfahrens ist der Antrag des Insolvenzverwalters. Der Antrag kann bis zum Schluss der Ver-

---

285 Hierzu *Hintzen*, Rpfleger 1999, 256.

steigerung, also bis zur Verkündung des Zuschlages gestellt werden. Der Insolvenzverwalter muss eine der nachfolgenden Gründe, oder auch mehrere kumulativ, glaubhaft machen, § 294 ZPO, § 30d Abs. 1 S. 1 Nr. 1–4 ZVG:[286]

- der Berichtstermin im Insolvenzverfahren nach § 29 Abs. 1 Nr. 1 InsO steht noch bevor,
- das Grundstück wird nach dem Ergebnis des Berichtstermins nach § 29 Abs. 1 Nr. 1 InsO im Insolvenzverfahren für eine Fortführung des Unternehmens oder für die Vorbereitung der Veräußerung eines Betriebs oder einer anderen Gesamtheit von Gegenständen benötigt,
- durch die Versteigerung wird die Durchführung eines vorgelegten Insolvenzplans gefährdet,
- die Versteigerung erschwert die angemessene Verwertung der Insolvenzmasse in sonstiger Weise.

Ausnahmsweise hat der **Schuldner ein eigenes Antragsrecht** der einstweiligen Einstellung, sofern er im Insolvenzverfahren einen Insolvenzplan vorgelegt hat und dieser nach § 231 InsO nicht zurückgewiesen wurde, § 30d Abs. 2 ZVG.

aa) Vor dem Berichtstermin

Steht der Berichtstermin im Insolvenzverfahren noch bevor, ist die laufende Zwangsversteigerung ohne jede weitere Bedingung einstweilen einzustellen. Nach Eröffnung des Insolvenzverfahrens soll der Berichtstermin nicht über sechs Wochen und darf nicht über drei Monate hinaus angesetzt werden, § 29 Abs. 1 Nr. 1 InsO. Es genügt daher, wenn der Insolvenzverwalter mit seinem Antrag auf einstweilige Einstellung die Terminierung im Eröffnungsbeschluss des Insolvenzverfahrens vorlegt.[287]

bb) Betriebsfortführung oder Betriebsveräußerung

Beruft sich der Insolvenzverwalter auf die Gründe nach § 30d Abs. 1 Nr. 2 ZVG muss glaubhaft gemacht werden, dass das Insolvenzverfahren über ein Unternehmen eröffnet wurde. Das Grundstück muss dann zur Fortführung des Unternehmens oder zur Teil- bzw. Gesamtveräußerung des Unternehmens benötigt werden. Hierzu ist jedoch ein Beschluss der Gläubigerversammlung im Berichtstermin notwendig. Gleichermaßen können sich die Gründe aus einem Insolvenzplan ergeben.[288]

---

[286] LG Göttingen, Rpfleger 2001, 193.
[287] *Stöber*, NZI 1999, 108; *Hintzen*, Rpfleger 1999, 256; MünchKomm/*Lwowski* InsO, § 165 Rdn. 92.
[288] MünchKomm/*Lwowski* InsO, § 165 Rdn. 95.

cc) Gefährdung des Insolvenzplans

11.389 Die dritte Möglichkeit der einstweiligen Einstellung nach § 30d Abs. 1 Nr. 3 ZVG setzt die Vorlage eines Insolvenzplans voraus. Zur Vorlage eines Insolvenzplans an das Insolvenzgericht sind sowohl der Insolvenzverwalter als auch der Schuldner berechtigt (die Rechte des Schuldners regelt § 30d Abs. 2 ZVG). Erfasst der Insolvenzplan auch das zu versteigernde Grundstück, muss durch die Vorlage des Insolvenzplans glaubhaft gemacht werden, dass das Grundstück in die Planregelung einbezogen wurde und die Prognoseentscheidung ergibt, dass ohne das Grundstück der Plan nicht durchführbar bzw. die Durchführung gefährdet ist.[289]

dd) Erschwerung der Verwertung

11.390 Die letzte Möglichkeit nach § 30d Abs. 1 Nr. 4 ZVG ist ein Auffangtatbestand, der insbesondere dann greift, wenn bei einer sofortigen Versteigerung ein erheblich geringerer Erlös zu erwarten ist als bei einer späteren Veräußerung.[290]

c) Berücksichtigung der Gläubigerinteressen

11.391 Vor der Entscheidung über die einstweilige Einstellung sind die betreibenden Gläubiger zu hören, § 30d Abs. 1 S. 2 ZVG. Der Antrag des Insolvenzverwalters ist abzulehnen, wenn unter Berücksichtigung der wirtschaftlichen Verhältnisse des Gläubigers ihm die einstweilige Einstellung nicht zuzumuten ist. Die Unzumutbarkeit wird jedoch nur selten Anwendung finden, allenfalls dann, wenn sich der Gläubiger selbst in einer ernsten finanziellen Krise befindet oder wenn der Einstellungsantrag erst im oder kurz nach dem Versteigerungstermin nach Vorliegen eines guten Meistgebotes gestellt wird; regelmäßig dürften die Interessen der gesamten Insolvenzgläubiger das größere Gewicht haben.[291]

d) Zinsausgleichszahlung

11.392 Liegen die Voraussetzungen für eine einstweilige Einstellung nach § 30d ZVG vor, ist von Amts wegen die Auflage anzuordnen, dass den betreibenden Gläubiger für die Zeit nach dem Berichtstermin nach § 29 Abs. 1 Nr. 1 InsO laufend die geschuldeten Zinsen binnen zwei Wochen nach Eintritt der Fälligkeit aus der Insolvenzmasse zu zahlen sind, § 30e Abs. 1 S. 1 ZVG. Die Zinszahlung verfolgt den Zweck, dass dem betreibenden Gläubiger des Zwangsversteigerungsverfahrens kein wirtschaftlicher Nachteil dadurch entsteht, dass das Versteigerungsverfahren einstweilen ein-

---

[289] MünchKomm/*Lwowski* InsO, § 165 Rdn. 96.
[290] *Hintzen*, Rpfleger 1999, 256; *Stöber*, NZI 1999, 108.
[291] MünchKomm/*Lwowski* InsO, § 165 Rdn. 100.

gestellt wird. Die Anordnung der Zinszahlung ist zwingend, ein Ermessen besteht nicht.[292] Betreiben mehrere Gläubiger das Zwangsversteigerungsverfahren erfolgen die Zinsausgleichszahlungen entsprechend der Rangfolge dieser Gläubiger nach § 10 Abs. 1 ZVG.

Fraglich ist, in welcher Höhe der **Zinsausgleich** zu zahlen ist. Hierbei können jedoch die vertraglichen Zinsvereinbarungen (so aber die insolvenzrechtliche Interpretation[293]) zwischen dem Schuldner und dem Gläubiger keine Berücksichtigung finden. Das Hauptargument der Vertreter der sog. insolvenzrechtlichen Auffassung[294] beruht auf der Tatsache, dass die Insolvenzmasse nicht mit den im Grundbuch eingetragenen dinglichen Zinsen belastet werden kann. Die Insolvenzmasse ist vor den dinglichen Zinsen, die häufig bis zu 18 % betragen, zu schützen. Nur so kann ein angemessener Ausgleich zwischen den Interessen der betreibenden Gläubiger und der Insolvenzmasse geschaffen werden.

Auch wenn diese Argumentation durchaus überzeugend ist, kann eine gesetzliche Regelung nur dann Bestand haben, wenn sie auch in tatsächlicher Hinsicht anwendbar ist. Die gerichtlich zwingende Anordnung der Zahlungsauflage bei Einstellung des Verfahrens wirft unüberwindbare Hindernisse auf, die die Anordnung der Zahlung von schuldrechtlichen Zinsen unmöglich macht. Im Zwangsversteigerungsverfahren werden sowohl bei der Aufstellung des geringsten Gebotes als auch bei der Erlösverteilung dingliche Rechte einschließlich der Ansprüche auf wiederkehrende Leistungen nur entsprechend der Grundbucheintragung berücksichtigt. Insbesondere bei der Grundschuld kommt es nicht auf die Höhe der persönlichen Forderung und ebenfalls nicht auf die Höhe der tatsächlich gezahlten Zinsen an.[295] So eindeutig auch der BGH in seinem aktuellen Beschluss vom 27.2.2004[296] nochmals ausdrücklich bestätigt. Auf diesen Grundsätzen basierend bietet das Gesetz für das Zwangsversteigerungsgericht keine gesetzliche Handhabe, von den Grundpfandrechtsgläubigern die tatsächlich geschuldeten Zinsen der persönlichen Forderung abzufragen. Das ZVG sieht keine Möglichkeit vor, diese Angaben zu erzwingen. Da insbesondere die Grundschuld eine persönliche Forderung nicht voraussetzt, muss zunächst die Frage geklärt werden, ob überhaupt eine Schuld durch die Grundschuld gesichert wird. Weiterhin kann aber die Grundschuld auch zur Sicherung verschiedener oder sämtlicher Ansprüche zwischen Schuldner und Gläubiger bestellt worden sein. Verschiedene Ansprüche wiederum können auch unterschiedlich verzinst wer-

---

292 MünchKomm/*Lwowski* InsO, § 165 Rdn. 102; *Stöber,* NZI 1999, 109.
293 Vgl. MünchKomm/*Lwowski* InsO, § 165 Rdn. 104 m.w.N., der die dinglichen Zinsen für eine Form der Übersicherung hält; *Uhlenbruck,* § 165 Rdn. 19; *Storz,* ZVG, B 3.1.1.
294 LG Göttingen, Rpfleger 2000, 228 = NZI 2000, 186; LG Stade, Rpfleger 2002, 472.
295 *Hintzen,* ZInsO 2000, 205.
296 Rpfleger 2004, 432 = NJW 2004, 1803 = MDR 2004, 771 = WM 2004, 902 = ZIP 2004, 874 = InVo 2004, 428 = ZfIR 2004, 558.

den. All diese Fragen betreffen ausschließlich das schuldrechtliche Verhältnis zwischen Schuldner und Gläubiger. Die Klärung dieser materiell-rechtlichen Fragen ist nicht Aufgabe des Vollstreckungsgerichts. Das ZVG sieht demzufolge auch keine Regelung vor, die dem Gericht eine Möglichkeit einräumt, hierzu Informationen einzuholen. Die Anordnung der Zinszahlung nach § 30e Abs. 1 ZVG ist zwingend von Amts wegen zu treffen. Ohne gesetzliche Handhabe die Höhe der Zinsen zu erfragen, kann dem Gesetz nicht Folge geleistet werden. Die Vorschrift kann daher i.S.d. insolvenzrechtlichen Auffassung nicht umgesetzt und damit angewandt werden.

11.395 Weiterhin wird, wie bei der bisherigen Diskussion auch, § 30e Abs. 3 ZVG übersehen. Die Anordnung der Auflage der Zinszahlung für alle betreibenden Gläubiger gilt nur für die, die mit einer Befriedigung aus dem Versteigerungserlös zu rechnen haben. Bei dieser Prüfung hat das Versteigerungsgericht einen fiktiven Teilungsplan aufzustellen, um zu prüfen, welche Gläubiger mit ihren Ansprüchen aus dem zu erwartenden Versteigerungserlös gezahlt werden können. Berechnet man hierbei die Ansprüche der Gläubiger nach den Nominalbeträgen der im Grundbuch eingetragenen Rechte einschließlich der dinglichen Zinsen wird eine bestimmte Anzahl von Gläubigern mit einer Zuteilung rechnen können. Geht das Gericht bei der Berechnung der einzelnen Gläubigeransprüche nur von den schuldrechtlichen Zinsen aus, verringert sich der jeweilige Gesamtbetrag eines Gläubigers. Bei dem im Ausgangspunkt gleichen Versteigerungserlös werden dann zusätzliche Gläubigeransprüche in die fiktive Erlöszuteilung aufgenommen.

11.396 Im Ergebnis führt die **strittige** Diskussion über die sog. insolvenzrechtliche oder vollstreckungsrechtliche Auffassung zu dem Ergebnis, dass von der anzuordnenden Auflage der Zinszahlung mehr oder weniger Gläubiger bzw. Gläubigeransprüche begünstigt sind. Der Versuch der Vertreter der insolvenzrechtlichen Auffassung, die Insolvenzmasse vor überhöhten dinglichen Zinsen zu schützen, läuft jedoch leer.

11.397 Rechnerisch erhöht sich bei der insolvenzrechtlichen Auffassung entweder die Zahl der Gläubiger oder die Höhe des Gläubigeranspruches. Wirtschaftliche Vorteile hat die Insolvenzmasse keine. In diesem Sinne handelt es sich bei der **streitigen** Frage über die Höhe der zu berücksichtigenden Zinsen zumindest aus der Sicht der Insolvenzmasse um eine Scheindiskussion.

11.398 Der insolvenzrechtlichen Lösung kann daher nur zugestimmt werden, soweit der Anspruch des betreibenden Gläubigers in der Rangklasse 5 berücksichtigt wird, § 10 Abs. 1 Nr. 5 ZVG, also bei einem „persönlich" betreibenden Gläubiger. Handelt es sich bei dem betreibenden Gläubiger um einen dinglichen Gläubiger nach § 10 Abs. 1 Nr. 4 ZVG, kann das Zwangsversteigerungsgericht nur den dinglichen Anspruch des Gläubigers berücksichtigen.[297]

---

297 *Hintzen*, Rpfleger 1999, 256 und ZInsO 2004, 713; *Eickmann*, ZfIR 1999, 81; *Böttcher*, § 14 Rdn. 57.

Die Zinszahlung aus der Insolvenzmasse ist jedoch **nur bei den betreibenden Gläubigern** des Zwangsversteigerungsverfahrens anzuordnen, die nach der Höhe ihrer Forderung sowie des Werts und der sonstigen Belastungen des Grundstückes auch mit einer Befriedigung aus dem Versteigerungserlös rechnen können, § 30e Abs. 3 ZVG. Bei den Gläubigern, die nicht mit einer Erlöszuteilung rechnen können, darf von Amts wegen keine Zinsausgleichsleistung zugesprochen werden.

11.399

In der Praxis dürfte diese Regelung erhebliche Schwierigkeiten mit sich bringen. Ausgehend von dem in der Zwangsversteigerung festgesetzten Verkehrswert, § 74a Abs. 5 ZVG, ist die **Prognose** zu treffen, in welcher Höhe der oder die betreibenden Gläubiger in der Zwangsversteigerung einen Ausfall erleiden. Sofern der Verkehrswert noch nicht festgesetzt wurde, kann die Prognose praktisch überhaupt nicht getroffen werden. Ungewiss ist weiterhin der Ausgang des Zwangsversteigerungstermins. Die Versteigerung kann ergebnislos verlaufen, der Zuschlag ist möglicherweise zu versagen, es ist ein weiterer Versteigerungstermin anzuberaumen oder der Zuschlag wird erteilt und der Ersteher zahlt dann das Meistgebot nicht. Das Versteigerungsgericht wird, sofern der Verkehrswert festgesetzt wurde, bei seiner Prognose allenfalls von einem zu erwartenden Erlös von bis zu 70 % des Verkehrswertes ausgehen können. Bei einem Erlösbetrag in dieser Höhe kann der Zuschlag zunächst weder von Amts wegen noch auf Antrag versagt werden, § 74a Abs. 1, § 85a Abs. 1 ZVG. Bei dem dann aufzustellenden vorläufigen Teilungsplan sind sämtliche, bis dahin angemeldeten und zu berücksichtigenden Ansprüche der dem Betreiber vorgehenden Rechte in der Rangfolge nach § 10 Abs. 1 ZVG zu berücksichtigen. Dingliche Rechte sind mit den laufenden Leistungen von Amts wegen aufzunehmen, § 45 Abs. 2, § 114 Abs. 2 ZVG. Fällt bei dieser Berechnung einer oder mehrere betreibende Gläubiger aus, das heißt, sie erhalten keinerlei oder nur teilweise Zahlungen aus dem fiktiven Versteigerungserlös, können Zinsausgleichszahlungen ganz oder teilweise in dem Einstellungsbeschluss als Auflage nicht aufgenommen werden.[298] Unabhängig davon, ob das Versteigerungsgericht eine Zinszahlung anordnet oder nicht, bleibt der Anspruch auf die geschuldeten Zinsen im Falle der Zwangsversteigerung bestehen.[299]

11.400

e) Wertverlustausgleich

Nicht von Amts wegen, sondern nur auf Antrag des betreibenden Gläubigers des Versteigerungsverfahrens ist weiter die Auflage anzuordnen, dass der entstehende Wertverlust von der Einstellung des Zwangsversteigerungsverfahrens an durch laufende Zahlungen aus der Insolvenzmasse an den oder die Gläubiger auszugleichen ist, § 30e Abs. 2 ZVG. Der Antrag ist an keine Frist gebunden, sollte jedoch tunlichst bereits vor Anordnung der

11.401

---
298 Vgl. hierzu *Hintzen*, ZInsO 1998, 318, 320.
299 Kübler/Prütting/*Kemper*, § 165 Rdn. 39.

11.402   Die Ausgleichszahlung für einen Wertverlust des Grundbesitzes setzt zunächst voraus, dass das Grundstück einem direkten Wertverlust ausgesetzt ist. Dies kommt beispielhaft dann in Betracht, wenn die Substanz des Grundbesitzes selbst genutzt wird, z.B. Abbau von Sand, Kies, Steinen, oder durch nachbarrechtliche Baumaßnahmen, z.B. Straßenbau, Gewerbebetrieb, Autobahnanschluss. Ein Wertverlust kann sich weiterhin auf die Gegenstände beziehen, die kraft Gesetzes mitversteigert werden, insbesondere Zubehörgegenstände, § 55 ZVG.[300]

11.403   Der antragstellende Gläubiger hat die Tatsachen für einen Wertverlust vorzutragen und ggf. glaubhaft zu machen, eine Ermittlung von Amts wegen findet nicht statt, § 30d Abs. 3, § 30b Abs. 2 ZVG. Betreiben mehrere Gläubiger das Zwangsversteigerungsverfahren, ist auch hier wie bei der Zinsausgleichszahlung die Rang- bzw. Reihenfolge nach § 10 Abs. 1 ZVG einzuhalten.

11.404   Der Ausgleich für den Wertverlust wird durch laufende Zahlungen aus der Insolvenzmasse an den bzw. die betreibenden Gläubiger durch den Insolvenzverwalter geleistet. Die laufenden Zahlungen sind von der Einstellung des Zwangsversteigerungsverfahrens an zu leisten.[301]

11.405   Sowohl die Auflage der Zinszahlung nach § 30e Abs. 1 ZVG als auch die Auflage der laufenden Zahlungen für einen Wertverlust können nebeneinander angeordnet werden. Während die Zinsausgleichsleistung für alle betreibenden Gläubiger von Amts wegen anzuordnen ist, muss jeder betreibende Gläubiger für die Ausgleichszahlungen eines Wertverlustes einen eigenen Antrag stellen.

f) Fortsetzung des Verfahrens

11.406   Die einstweilige Einstellung des Zwangsversteigerungsverfahrens dauert so lange an, bis sie auf Antrag eines jeden betreibenden Gläubigers wieder aufgehoben wird, § 30f Abs. 1 ZVG. Jeder betreibende Gläubiger muss darauf achten, dass er selbst die Fortsetzung des Verfahrens beantragt. Die einstweilige Einstellung dauert so lange an, bis die Voraussetzungen für die Einstellung fortgefallen sind, § 30f Abs. 1 S. 1 ZVG.[302]. Beantragt ein Gläubiger somit die Fortsetzung des Verfahrens, muss er glaubhaft machen, dass keine der Einstellungsvoraussetzungen nach § 30d Abs. 1 ZVG mehr vorliegen.[303]

---

300   *Hintzen*, Rpfleger 1999, 256.
301   *Vallender*, Rpfleger 1997, 353, 355.
302   LG Göttingen, Rpfleger 2001, 193.
303   *Stöber*, NZI 1998, 110.

Es kommt hierbei nicht darauf an, dass nur ein einzelner Einstellungsgrund weggefallen ist, sondern es darf keiner der in § 30d Abs. 1 Nr. 1–4 ZVG genannten Gründe mehr gegeben sein. Die Darlegungs- und Beweislast trifft den Gläubiger, § 30d Abs. 3, § 30b Abs. 2 ZVG.   11.407

Die einstweilige Einstellung ist in jedem Falle auch dann aufzuheben, wenn die Auflage nach § 30e ZVG durch den Insolvenzverwalter nicht beachtet wird oder wenn der Insolvenzverwalter bzw. der Schuldner der Aufhebung zustimmt, § 30f Abs. 1 S. 1, § 30d Abs. 2 ZVG. Wird das Insolvenzverfahren insgesamt aufgehoben, kann dem Zwangsversteigerungsverfahren Fortgang gegeben werden, § 30f Abs. 1 S. 2 ZVG.   11.408

Gibt der Insolvenzverwalter das Grundstück aus der Masse frei, unterliegt es nicht mehr der Insolvenzbeschlagnahme und das Zwangsversteigerungsverfahren kann ebenfalls auf Antrag fortgesetzt werden.[304]   11.409

g) Eigenverwaltung

Ordnet das Insolvenzgericht die Eigenverwaltung nach § 270 InsO an, bleibt der Schuldner berechtigt, unter Aufsicht eines Sachwalters die Insolvenzmasse zu verwalten und über sie zu verfügen. In der Verbraucherinsolvenz ist die Eigenverwaltung ausgeschlossen, § 312 Abs. 3 InsO. Die Anordnung der Eigenverwaltung wird nicht im Grundbuch eingetragen, § 270 Abs. 3 S. 3, § 32 InsO. Hiervon unabhängig gelten jedoch die Vollstreckungsverbote nach Eröffnung des Verfahrens, §§ 88, 89 InsO. Die Anordnung und Durchführung des Zwangsversteigerungsverfahrens aufgrund eines absonderungsberechtigten Gläubigers erfolgt aufgrund des Vollstreckungstitels, der sich gegen den Schuldner selbst richtet (keine Klauselumschreibung, es liegt Personenidentität vor).   11.410

Die Durchführung des Insolvenzverfahrens bei Eigenverwaltung oder nach Bestellung eines Insolvenzverwalters ist weitgehend gleichläufig. Die Durchführung eines Zwangsversteigerungsverfahrens kann daher auch bei angeordneter Eigenverwaltung den Ablauf des Insolvenzverfahrens beeinträchtigen. Die Einstellungsmöglichkeiten nach § 30d ZVG sind daher auch bei der Eigenverwaltung entsprechend anzuwenden, anstelle des Insolvenzverwalters ist dann der Schuldner antragsberechtigt. Sowohl für die Gründe der einstweiligen Einstellung, die Anordnung der Auflagen und die Fortsetzung des Verfahrens kann auf die vorstehenden Ausführungen zurückgegriffen werden.   11.411

h) Einstellung im Eröffnungsverfahren

aa) Antrag des vorläufigen Insolvenzverwalters

Ist vor Eröffnung des Insolvenzverfahrens ein vorläufiger Insolvenzverwalter bestellt, kann auf dessen Antrag hin eine angeordnete Zwangsverstei-   11.412

---

[304] *Stöber*, NZI 1998, 110.

gerung einstweilen eingestellt werden, § 30d Abs. 4 ZVG. Der Antrag selbst ist an keine Frist gebunden. Der vorläufige Insolvenzverwalter muss die Einstellungsgründe glaubhaft machen.

bb) **Einstellungsgrund**

11.413 Der Antrag des vorläufigen Insolvenzverwalters muss dahin gehen, dass die einstweilige Einstellung zur Verhütung nachteiliger Veränderungen in der Vermögenslage des Schuldners erforderlich ist, § 30d Abs. 4 ZVG. Der Einstellungsgrund ist relativ weit gefasst. Es erfolgt zunächst keine Unterscheidung in Betriebsgrundstück oder privates Vermögen des Schuldners (im Gegensatz zu § 30d Abs. 1 S. 1 Nr. 2 ZVG). Es wird weiterhin nicht gefordert, dass das Grundstück zur Fortführung des Unternehmens oder zur Vorbereitung der Veräußerung des Betriebes benötigt wird (im Gegensatz zu § 30d Abs. 1 S. 1 Nr. 2 ZVG).

11.414 Nach dem Sinn und Zweck des Insolvenzverfahrens steht die Fortführung des Unternehmens im Vordergrund. Im Eröffnungsverfahren sollen daher alle Handlungen und Verfügungen Dritter zunächst unterbunden werden, die die Haftungsmasse in irgendeiner Weise schmälern könnten, § 22 Abs. 1 S. 2 Nr. 1 InsO. Wenn in einer laufenden Zwangsversteigerung der Versteigerungstermin unmittelbar bevorsteht, besteht die Gefahr, dass durch eine Zuschlagserteilung die Insolvenzmasse unmittelbar und endgültig verringert wird. Allerdings kann gerade diese Situation dazu führen, dass die das Zwangsversteigerungsverfahren betreibenden Gläubiger wirtschaftliche Nachteile erleiden, die auch aus der Insolvenzmasse nicht ausgeglichen werden können. Erst recht trifft dies dann zu, wenn der Zwangsversteigerungstermin bereits durchgeführt wurde und ein günstiges Meistgebot vorliegt.[305] Zwar ergibt sich nach § 30d Abs. 4 ZVG nicht, dass der Einstellungsantrag unter Berücksichtigung der wirtschaftlichen Interessen der betreibenden Gläubiger abzulehnen ist, wie dies im eröffneten Verfahren zwingend vorgeschrieben ist, § 30d Abs. 1 S. 2 ZVG. Auch wenn die Interessen der betreibenden Gläubiger im Insolvenzeröffnungsverfahren regelmäßig zunächst zurückzustellen sind, können diese Belange jedoch nicht völlig außer Acht gelassen werden.[306]

cc) **Zinsausgleichszahlung**

11.415 Wird das Zwangsversteigerungsverfahren auf Antrag des vorläufigen Insolvenzverwalters einstweilen eingestellt, hat das Versteigerungsgericht von Amts wegen anzuordnen, dass die Zinsen der betreibenden Gläubiger durch Zahlung aus der Insolvenzmasse auszugleichen sind, § 30e Abs. 1 S. 2 ZVG. Die Zahlung der Zinsen erfolgt spätestens von dem Zeitpunkt an, der drei

---

305 Vgl. *Stöber*, NZI 1998, 108.
306 *Hintzen*, Rpfleger 1999, 256; so auch *Stöber*, NZI 1998, 108.

Monate nach der einstweiligen Einstellung liegt. Es handelt sich hierbei um eine Masseverbindlichkeit, § 55 Abs. 1 Nr. 1 InsO.[307]

Bleibt die einstweilige Einstellung auch über den Zeitraum nach Eröffnung des Insolvenzverfahrens bestehen, sind die Zinsen jedoch spätestens ab dem Berichtstermin zu zahlen, sofern dieser vor Ablauf des 3-Monats-Zeitraumes anberaumt ist, § 30e Abs. 1 S. 1 ZVG.

11.416

dd) Wertverlustausgleich

Nicht von Amts wegen, sondern nur auf Antrag des betreibenden Gläubigers ist weiter die Auflage anzuordnen, dass ein entstehender Wertverlust des Grundstückes oder der Zubehörgegenstände von der Einstellung des Zwangsversteigerungsverfahrens an durch laufende Zahlungen aus der Insolvenzmasse an den Gläubiger auszugleichen ist, § 30e Abs. 3 ZVG. Hierzu und zu den Ausnahmen für den Fall, dass der oder die betreibenden Gläubiger keine Aussicht auf Befriedigung aus dem Zwangsversteigerungserlös haben, kann verwiesen werden auf Rdn. 11.401.

11.417

ee) Fortsetzung des Verfahrens

Wird das Zwangsversteigerungsverfahren auf Antrag des vorläufigen Insolvenzverwalters einstweilen eingestellt, muss auch hier jeder betreibende Gläubiger darauf achten, dass er selbst die Fortsetzung seines Verfahrens beantragt. Nach § 30f Abs. 3 ZVG ist die einstweilige Einstellung nach § 30d Abs. 4 ZVG wieder aufzuheben, wenn der Antrag auf Eröffnung des Insolvenzverfahrens zurückgenommen oder abgewiesen wurde. Sie ist weiter wieder aufzuheben, wenn die Voraussetzungen für die einstweilige Einstellung fortgefallen sind oder wenn die angeordneten Auflagen von dem vorläufigen bzw. endgültigen Insolvenzverwalter nicht beachtet wurden, § 30f Abs. 2 S. 1, Abs. 1 ZVG.

11.418

ff) Fristen

Unabhängig davon, ob das Zwangsversteigerungsverfahren im Insolvenzeröffnungsverfahren oder nach der Insolvenzeröffnung einstweilen eingestellt wurde, muss jeder betreibende Gläubiger einen Fortsetzungsantrag stellen, § 31 Abs. 1 S. 1 ZVG. Der Antrag muss immer binnen sechs Monaten gestellt werden, da ansonsten das Zwangsversteigerungsverfahren für den jeweiligen Gläubiger aufzuheben ist, § 31 Abs. 1 S. 2 ZVG. Für den Fristbeginn gilt Folgendes:

11.419

- Erfolgte die einstweilige Einstellung nach Eröffnung des Insolvenzverfahrens, beginnt die Frist mit dem Ende des Insolvenzverfahrens, § 31 Abs. 2c ZVG.

---

307 *Uhlenbruck,* § 165 Rdn. 19.

- Erfolgte die einstweilige Einstellung im Insolvenzeröffnungsverfahren, beginnt die Frist mit der Rücknahme oder der Abweisung des Antrages auf Insolvenzeröffnung, § 31 Abs. 2c ZVG.

11.420 Das Versteigerungsgericht hat den betreibenden Gläubiger auf den Fristbeginn unter Bekanntgabe der Rechtsfolgen eines fruchtlosen Fristablaufes hinzuweisen, § 31 Abs. 3 ZVG. Ohne diese Belehrung beginnt die Frist nicht zu laufen.

12. Rechtsbehelfe

11.421 Wird das Verfahren auf Bewilligung des Gläubigers einstweilen eingestellt, § 30 ZVG, kann der Gläubiger (theoretisch) hiergegen unbefristete Erinnerung einlegen, § 766 Abs. 1 ZPO. Gegen die Entscheidung des Richters ist dann sofortige Beschwerde gegeben, § 793 ZPO. Vorher muss der Rechtspfleger die Abhilfe prüfen, § 572 Abs. 1 S. 1 ZPO analog. Das Gleiche gilt, wenn das Verfahren nach einer dritten Einstellungsbewilligung von Amts wegen aufgehoben wird, § 30 Abs. 1 S. 3 ZVG. Nach Anhörung des Gläubigers ist die sofortige Beschwerde gegeben, § 11 Abs. 1 RPflG, § 793 ZPO.

11.422 Wird das Verfahren auf Antrag des Schuldners einstweilen eingestellt, ist der betreibende Gläubiger vorher anzuhören. Je nach der Beschwer ist bei Einstellung des Verfahrens oder Antragsrückweisung die sofortige Beschwerde gegeben. Auch hier muss der Rechtspfleger die Abhilfe prüfen, § 572 Abs. 1 S. 1 ZPO. Nach Nichtabhilfe ist der Vorgang dem Beschwerdegericht vorzulegen. Eine weitere Beschwerde ist unzulässig, § 30b Abs. 3 S. 2 ZVG.[308]

11.423 Gegen einen Fortsetzungsbeschluss kann der Schuldner unbefristete Erinnerung einlegen, § 766 Abs. 1 ZPO. Sofern er vor der Fortsetzung angehört würde, ist die sofortige Beschwerde zulässig, § 11 Abs. 1 RPflG, § 793 ZPO. Wird dem Fortsetzungsantrag nicht stattgegeben, kann der Gläubiger hiergegen sofortige Beschwerde erheben.

11.424 Stellt der Schuldner einen Vollstreckungsschutzantrag nach § 765a ZPO, wird der Gläubiger vor der Entscheidung in jedem Falle angehört. Gegen diese Entscheidung ist ebenfalls mit der sofortigen Beschwerde vorzugehen.

11.425 An die Stelle der bisherigen weiteren Beschwerde ist die Rechtsbeschwerde getreten, §§ 574 bis 577 ZPO. Über die Rechtsbeschwerde entscheidet der **BGH**, § 133 GVG. Die Rechtsbeschwerde ist nur statthaft, wenn dies im Gesetz ausdrücklich bestimmt ist oder das Beschwerdegericht, das Berufungsgericht oder das Oberlandesgericht im ersten Rechtszug sie in dem Beschluss zugelassen hat. Sofern das Gesetz die Rechtsbeschwerde ausdrücklich vorsieht oder die Rechtsbeschwerde zugelassen wird, ist sie aller-

---

308 *Böttcher*, § 30b Rdn. 18 m.w.N.

dings nur zulässig, wenn die Rechtssache grundsätzliche Bedeutung hat[309] oder der Fortbildung des Rechts oder der Sicherung einer einheitlichen Rechtsprechung dient[310] und somit eine Entscheidung des Rechtsbeschwerdegerichts erfordert, § 574 Abs. 1, 2, 3 ZPO (bei Abweichen des Beschwerdegerichts von der ständigen höchstrichterlichen Rechtsprechung und sofern die Gefahr einer Wiederholung besteht, ist der Zulassungsgrund „Sicherung einer einheitlichen Rechtsprechung" gegeben).[311]

Die Rechtsbeschwerde ist begründet, wenn entweder eine Verletzung des Bundesrechts vorliegt, auf der die Entscheidung des Beschwerdegerichts beruht, § 576 Abs. 1 ZPO, oder eine Gesetzesverletzung oder ein absoluter Revisionsgrund gem. §§ 576 Abs. 3, 546, 547 ZPO vorliegt. Die außerordentliche Beschwerde bei greifbarer Gesetzwidrigkeit ist nicht mehr statthaft. Bei greifbarer Gesetzwidrigkeit hat das Gericht, das die angefochtene Entscheidung erlassen hat, diese auf fristgebundene Gegenvorstellung zu korrigieren. Wird ein Verfassungsverstoß nicht beseitigt, kommt allein die Verfassungsbeschwerde in Betracht.[312] Da das ZVG keine ausdrückliche Zulassung der Rechtsbeschwerde vorsieht, muss diese durch das Beschwerdegericht oder ggf. durch das Rechtsbeschwerdegericht zugelassen werden. Eine **Nichtzulassungsbeschwerde** ist nicht möglich, da das Gesetz diese nicht vorsieht. Gemäß § 575 Abs. 1 S. 1 ZPO ist die Rechtsbeschwerde binnen einer Notfrist von einem Monat nach Zustellung des Beschlusses durch Einreichen einer Beschwerdeschrift eines beim BGH zugelassenen Rechtsanwalts[313] beim Rechtsbeschwerdegericht einzulegen. Der Inhalt der Beschwerdeschrift ergibt sich aus § 575 ZPO. Eine Abhilfe des Beschwerdegerichts kommt nicht in Betracht. Der Rechtsbeschwerdeschrift soll gemäß § 575 Abs. 1 S. 3 ZPO eine Ausfertigung oder beglaubigte Abschrift der angefochtenen Entscheidung beigefügt werden.

VII. Vor dem Termin

1. Festsetzung des Verkehrswertes

In jedem Zwangsversteigerungsverfahren ist der Grundstückswert (Verkehrswert) vom Vollstreckungsgericht festzusetzen, § 74a Abs. 5 ZVG. Der Wert der beweglichen Gegenstände, auf die sich die Versteigerung erstreckt, ist unter Würdigung aller Umstände frei zu schätzen.[314] Die Bewertung der Zubehörgegenstände gewinnt durch das eigenständige Verwertungsrecht auch an absonderungsberechtigten Gegenständen durch den Insolvenzver-

---

309 Hierzu BGH, NJW 2002, 3029.
310 Hierzu BGH, NJW 2002, 2945; NJW 2002, 2473.
311 BGH, NJW 2002, 3783.
312 BGH, ZInsO 2002, 380.
313 BGH, NJW-RR 2002, 1721; Rpfleger 2002, 368 = NJW 2181.
314 Steiner/*Storz*, § 74a Rdn. 71.

walter, §§ 166 ff. InsO, eine besondere Bedeutung. Der Insolvenzverwalter kann 4 % Feststellungskosten der Zubehörgegenstände in Rangklasse 1a nach § 10 Abs. 1 ZVG geltend machen (vgl. Rdn. 11.88).

11.428 Der Verkehrswert wird durch den Preis bestimmt, der in dem Zeitpunkt, auf den sich die Ermittlung bezieht, im gewöhnlichen Geschäftsverkehr nach den rechtlichen Gegebenheiten und tatsächlichen Eigenschaften, der sonstigen Beschaffenheit und der Lage des Grundstücks oder des sonstigen Gegenstandes der Wertermittlung ohne Rücksicht auf ungewöhnliche oder persönliche Verhältnisse zu erzielen wäre, § 194 BauGB.

a) Sachverständiger

11.429 Für das Vollstreckungsgericht ist ein aussagekräftiges, objektives Gutachten mit einem exakt ermittelten Verkehrswert von elementarer Grundlage. Die Gerichte sind auf qualitativ hochwertige Gutachten angewiesen.[315] Regelmäßig bedienen sich die Gerichte vereidigter Sachverständiger. Die Auswahl trifft das Gericht. Weder die Auswahl noch die Beauftragung eines Sachverständigen für die Grundstücksbewertung ist vom Schuldner mit der Vollstreckungserinnerung nach § 766 ZPO gesondert anfechtbar.[316]

11.430 Zur Ermittlung von Grundstückswerten und für sonstige Wertermittlungen werden bei den Städten bzw. Gemeinden auch selbstständige, unabhängige Gutachterausschüsse gebildet. Im Übrigen ist jeder Vertrag, durch den sich jemand verpflichtet, Eigentum an einem Grundstück gegen Entgelt zu übertragen, dem Gutachterausschuss zu übersenden. Auskünfte aus der Kaufpreissammlung sind bei berechtigtem Interesse nach Maßgabe landesrechtlicher Vorschriften zu erteilen, § 195 Abs. 3 BauGB. Aufgrund der Kaufpreissammlung sind für jedes Gemeindegebiet durchschnittliche Lagewerte für den Boden zu ermitteln (und Bodenrichtwerte). Die Bodenrichtwerte sind zu veröffentlichen, jedermann kann von der Geschäftsstelle Auskunft über die Bodenrichtwerte verlangen, § 196 Abs. 3 BauGB.

11.431 Der für das Versteigerungsverfahren zu ermittelnde Verkehrswert wird nicht nur für bebaute und unbebaute Grundstücke ermittelt, sondern auch für grundstücksgleiche Rechte, die der Versteigerung unterliegen, z.B. Erbbaurecht, Wohnungseigentum etc.[317] Der Verkehrswert wird regelmäßig durch einen öffentlich bestellten und vereidigten Sachverständigen geschätzt. Daneben sind auch die Gutachterausschüsse für Wertermittlungen befugt, §§ 136 ff. BauGB.[318] Diese sind jedoch keine Berufssachverständige.[319] Für die Richtigkeit des Wertgutachtens, das der Verkehrswertfestsetzung zugrunde gelegt wird, kann der Ersteher jedoch nicht gegen den Gut-

---

315 Hierzu *Fischer/Lorenz/Biederbeck*, Rpfleger 2002, 337.
316 OLG Stuttgart, Rpfleger 2000, 227.
317 *Stöber*, § 74a Rdn. 7.7 für Erbbaurecht.
318 BGH, Rpfleger 1974, 185 = NJW 1974, 701.
319 LG Freiburg, Rpfleger 1994, 377.

achterausschuss aus Amtspflichtverletzung vorgehen.[320] Zur Haftung insgesamt Rdn 11.448.

b) Teilnahme an der Besichtigung

An der Besichtigung des Grundstückes und des Bauobjektes dürfen der Schuldner und der Gläubiger teilnehmen, sie sind daher rechtzeitig durch den Sachverständigen von dem Termin zu unterrichten. Den Zutritt zu dem Grundstück können jedoch der Sachverständige und auch das Gericht nicht erzwingen.[321] Soweit die Wertfestsetzung ohne Besichtigung des Versteigerungsobjektes erfolgte, nur nach Außenansicht und schriftlichen Unterlagen, wird hierauf vom Gericht ausdrücklich hingewiesen.

11.432

Bei Teilnahme an der Ortsbesichtigung kann der Gläubiger den Schuldner jedoch darauf hinweisen, dass, wenn er den Zutritt nicht gestattet, auch eine Zwangsverwaltung angeordnet werden könnte. Festzuhalten bleibt aber auch hierbei, dass über die Anordnung der Zwangsverwaltung nicht – immer – erreicht wird, dass in der parallel laufenden Zwangsversteigerung der Zutritt zu dem Grundstück des Schuldners gegen dessen Willen erreicht wird. Ein entsprechender Durchsuchungsbeschluss kann nicht erlassen werden.[322] Auch ist es nicht Aufgabe des Zwangsverwalters, dem Gutachter den Zutritt zu verschaffen, unabhängig davon, dass dies dann in der Praxis häufig gestattet wird. Wird die Zwangsverwaltung angeordnet, muss der Schuldner unter Umständen auf Antrag das Grundstück räumen, § 149 Abs. 2 ZVG. Insbesondere hat auch der Zwangsverwalter die Pflicht, sich selbst den Besitz des Grundstückes zu verschaffen, § 150 Abs. 2 ZVG. Der Zwangsverwalter wird dem Gutachter den Zutritt zu dem Grundstück regelmäßig gestatten.

11.433

Verweigert der Schuldner dem gerichtlich bestellten Gutachter den Zutritt zu den Räumlichkeiten des Versteigerungsobjekts, hat das Gericht die Festsetzung des Verkehrswertes nach dem äußeren Anschein und den amtlichen Unterlagen vorzunehmen. Die Festsetzung des Verkehrswertes kann dann jedoch nicht mit der Begründung der Unrichtigkeit des Wertes angefochten werden.[323]

11.434

c) Wertermittlung

Die Wertermittlung muss **zeitnah** erstellt worden sein. Bei einem zeitlichen Abstand von 20 Monaten ist diese zeitliche Nähe nicht mehr gege-

11.435

---

320 Vgl. hierzu für die Mitglieder des hessischen Ortsgerichts: LG Kassel, Rpfleger 1988, 323; OLG Frankfurt, Rpfleger 1990, 31 = NJW 1990, 1486; BGH, Rpfleger 1991, 119.
321 Steiner/*Storz*, § 74a Rdn. 86; OLG Koblenz, NJW 1968, 897.
322 LG Ellwangen, Rpfleger 1995, 427.
323 LG Dortmund, Rpfleger 2000, 466; LG Göttingen, Rpfleger 1998, 213.

ben[324]. Die Ermittlung des Verkehrswertes kann nach der Wertermittlungsverordnung[325] und den Wertermittlungs-Richtlinien[326] aufgrund dreier Verfahrensmethoden erfolgen:

- dem Ertragswertverfahren (z.B. bei vermieteten Objekten, Hotel),[327]
- dem Sachwertverfahren (z.B. bei Einfamilienhäusern, Industriegrundstück),[328]
- dem Vergleichswertverfahren aus den beiden zuvor genannten Verfahren.

11.436 Die Verfahren können einzeln angewendet und zusätzlich zu Vergleichszwecken herangezogen werden.[329] Auszuwählen ist das Wertermittlungsverfahren nach der Lage des Einzelfalls unter Berücksichtigung der im gewöhnlichen Geschäftsverkehr bestehenden Gepflogenheiten, WertV, § 4 Abs. 2 S. 2.[330] Es gilt nicht nur bei Wertermittlungen in Durchführung des Baugesetzbuches, sondern enthalten für nahezu alle Bereiche anerkannte Grundsätze für die Ermittlung des Verkehrswerts von Grundstücken.

11.437 Hervorzuheben ist in jedem Fall, in der Praxis wird dies schon mal übersehen, dass der Verkehrswert des zu versteigernden Grundstücks nicht mit dem tatsächlichen Kaufpreis gleichzusetzen ist. Die persönlichen Verhältnisse des Grundstückseigentümers bei einem rechtsgeschäftlichen Kaufvertrag über das Grundstück können bei der Verkehrswertfestsetzung nach objektiven Gesichtspunkten keinen Einfluss haben.

d) Wertfestsetzung

11.438 Das Gericht hat die Wertfestsetzung selbstständig vorzunehmen. Die Einholung eines Sachverständigengutachtens zur Verkehrswertfestsetzung ist nicht zwingend.[331] Auch ein privat vorgelegtes Gutachten, das mit schlüssiger, nachvollziehbarer und abgewogener Argumentation den Verkehrswert des Grundstücks bemisst, kann als taugliche Grundlage für die gerichtliche Wertfestsetzung nach § 74a Abs. 5 ZVG herangezogen werden. Ist das Gutachten von einem Gutachterausschuss erstellt worden, muss ein Mitglied kein Bediensteter der Finanzbehörde sein.

---

324 LG Rostock, Rpfleger 2001, 40.
325 Vom 15.8.1972, BGBl I 1416 in der Fassung vom 6.12.1988 BGBl I 2209, geändert durch Art. 3 des G. v. 18.8.1997 (BGBl I 2081).
326 Richtlinien für die Ermittlung der Verkehrswerte (Marktwerte) von Grundstücken (Wertermittlungsrichtlinien 2006 – WertR 2006) vom 1.3.2006, BAnz Nr. 108a vom 10.6.2006 (Berichtigung vom 1.7.2006 BAnz. Nr. 121 S. 4798). Sie sind in Ergänzung der Verordnung über Grundsätze für die Ermittlung der Verkehrswerte von Grundstücken (Wertermittlungsverordnung – WertV) vom 6.12.1988 (BGBl I 2209), zuletzt geändert durch Art. 3 des G. v. 18.8.1997 (BGBl I 2081), erlassen worden.
327 Vgl. LG Kempten, Rpfleger 1998, 359.
328 Vgl. OLG Köln, MDR 1963, 411.
329 *Schulz*, Rpfleger 1987, 441.
330 BGH, Rpfleger 2005, 40; BGH, Rpfleger 2001, 311.
331 LG Hildesheim, Rpfleger 2004, 236.

Regelmäßig wird das Gericht jedoch mit der Erstellung des Gutachtens einen Sachverständigen beauftragen. Bei der Bestimmung des Verkehrswertes hat das Versteigerungsgericht nur zu prüfen, ob der Sachverständige sachkundig und frei von Widersprüchen nach allgemein gültigen Regeln den Wert ermittelt hat.[332]	**11.439**
Allerdings darf das Gericht einem Sachverständigengutachten dann nicht folgen, wenn hierin im Rahmen der Ertragswertmethode auf Vergleichsmieten (Rohertrag) abgestellt wird, ohne die Vergleichsobjekte und Vergleichspreise zu nennen.[333]	**11.440**
Die Festsetzung erfolgt für und gegen alle das Zwangsversteigerungsverfahren betreibenden Gläubiger und steht für das gesamte Verfahren fest.[334] Er wird regelmäßig von dem Versteigerungsgericht so rechtzeitig festgesetzt, dass zwischen der Festsetzung und dem Versteigerungstermin von den Beteiligten noch Rechtsmittel eingelegt werden kann und auch die landgerichtliche Beschwerdeentscheidung ergehen kann.[335]	**11.441**
Wann genau das Versteigerungsgericht den Verkehrswert festsetzen soll, wird sehr **streitig** beantwortet. Die eine Auffassung verlangt Rechtskraft des Festsetzungsbeschlusses bereits bei der Terminsbestimmung,[336] eine andere Auffassung verlangt Rechtskraft des Beschlusses für die Zuschlagsentscheidung.[337] Nach § 38 S. 1 ZVG soll die Terminsbestimmung u.a. auch den Verkehrswert des Grundstücks enthalten. Das Gesetz orientiert sich damit an der bereits vielfach geübten Rechtspraxis.[338] Aufgrund der nunmehr geschaffenen Ermächtigungsnorm dürften auch datenschutzrechtliche Bedenken ausgeräumt sein. Da es sich bei § 38 ZVG um eine reine Soll-Vorschrift[339] handelt, sind die dort genannten Angaben nicht zwingend zu veröffentlichen. Sollten sich Tatsachen ergeben, die den Grundstückswert positiv oder negativ beeinträchtigen, erfordert dies grundsätzlich von Amts wegen eine Überprüfung und evtl. Abänderung des festgesetzten Wertes (vgl. hierzu aber nachfolgend Rdn. 11.444).	**11.442**
Gegenstände, Zubehör und Bestandteile sind mit zu bewerten, soweit sie versteigert werden.[340] Über die Frage, ob es sich bei einem Gegenstand in der Zwangsversteigerung um Zubehör oder um wesentlichen Bestandteil des Grundstücks handelt, entscheidet jedoch das Prozessgericht und nicht	**11.443**

---

332 LG Braunschweig, Rpfleger 1997, 448.
333 BGH, Rpfleger 1995, 80.
334 Steiner/*Storz,* § 74a Rdn. 80.
335 Steiner/*Storz,* § 74a Rdn. 98, 99.
336 OLG Frankfurt, BB 1954, 1043; LG Aachen, Rpfleger 1959, 321.
337 OLG Düsseldorf, Rpfleger 1981, 69; OLG Köln, Rpfleger 1983, 362; OLG Braunschweig, NdsRpfl 1984, 259; LG Osnabrück, Rpfleger 1992, 209 m. Anm. *Hornung.*
338 *Hintzen,* Rpfleger 1998, 148.
339 *Stöber,* § 38 Rdn. 1.3.
340 Steiner/*Storz,* § 74a Rdn. 71; s. auch Rdn. 11.402 zur Bedeutung im Hinblick auf die Verwertungsbefugnis des Insolvenzverwalters.

das Vollstreckungsgericht.[341] Die positive Beantwortung einer Bauvoranfrage für das Grundstück kann sich werterhöhend auswirken,[342] wertmindernd wirken sich insbesondere auch Altlasten, z.B. Ablagerungen, Versickerungen im Erdreich, aus.[343] In einem landwirtschaftlichen Betrieb ist die mit der Milchwirtschaft zugeteilte Milchreferenzmenge nicht als wertbildender Faktor zu berücksichtigen.[344]

e) Wertanpassung

11.444 Auch wenn der Wert grundsätzlich für das gesamte Verfahren festgesetzt wird, erfordern veränderte Verhältnisse eine Wertüberprüfung.[345] Werden dem Gericht neue Tatsachen bekannt, die sowohl eine Erhöhung als auch eine Ermäßigung des rechtskräftig festgesetzten Verkehrswertes rechtfertigen, besteht eine Anpassungspflicht.[346] Auch die formelle Rechtskraft des Beschlusses über die Festsetzung des Grundstückswerts steht einer Änderung des Beschlusses nicht entgegen, wenn neue Tatsachen, die durch sofortige Beschwerde nach § 74 a Abs. 5 S. 3 ZVG nicht mehr geltend gemacht werden können, die Festsetzung eines anderen Wertes erfordern. Hält der Sachverständige selbst die vorgetragenen Mängel an dem begutachteten Objekt für beachtlich und eine zusätzliche Begutachtung für erforderlich, ist das Gericht verpflichtet, den Einwendungen nachzugehen[347]. Wird z.B. nach rechtskräftiger Festsetzung des Verkehrswertes für eine zur Zwangsversteigerung stehende Eigentumswohnung ein Sondernutzungsrecht an einem ihr zugeordneten Pkw-Stellplatz eingetragen, so erfordert dieses nach der Verkehrsanschauung mit Blick auf das gesamte Versteigerungsobjekt wesentliche Bewertungsmerkmale eine Wertanpassung von Amts wegen auch in dem nach Zuschlagsverweigerung wegen Nichterreichens der $^{7}/_{10}$-Grenze anberaumten weiteren Versteigerungstermin.[348] Ist gerichtsbekannt, dass seit der letzten Wertfestsetzung bis zum Versteigerungstermin auf dem Grundstücksmarkt der betreffenden Region eine Wertsteigerung von mindestens 10 % eingetreten ist, kann sich eine Anpassungspflicht ergeben.[349]

---

341 LG Leipzig, Rpfleger 2001, 610.
342 OLG Köln, Rpfleger 1983, 362.
343 Vgl. *Dorn*, Rpfleger 1988, 298.
344 LG Lüneburg, Rpfleger 1991, 428.
345 *Böttcher*, § 74a Rdn. 38; z.B. Verfahrensdauer über 5 Jahre, Vorlage einer Bescheinigung des Bauordnungsamtes, wonach auf Grund einer Bauvoranfrage das Bauvorhaben nunmehr bedenkenfrei ist; OLG Hamm, Rpfleger 1977, 452; OLG Koblenz, Rpfleger 1985, 410; OLG Köln, Rpfleger 1983, 362 = ZIP 1983, 999.
346 OLG Köln, Rpfleger 1983, 362; OLG Koblenz, Rpfleger 1985, 410; *Storz* zu LG Kassel, Rpfleger 1984, 470.
347 LG Augsburg, Rpfleger 2000, 559.
348 OLG Düsseldorf, Rpfleger 2000, 559 = InVo 2000, 437.
349 OLG Köln, Rpfleger 1993, 258; OLG Hamm, Rpfleger 1977, 452 viereinhalb Jahre zwischen Festsetzung und Versteigerungstermin.

Grundlegend hierzu hat jedoch der **BGH**[350] entschieden, dass, wenn im ersten Versteigerungstermin das Meistgebot nicht $7/10$ des rechtskräftig festgesetzten Grundstückswertes erreicht und deshalb der Zuschlag gemäß § 74a Abs. 1 S. 1 ZVG versagt wird, im weiteren Zwangsversteigerungsverfahren das Rechtsschutzinteresse für eine Anpassung des festgesetzten Grundstückswertes an veränderte Umstände fehlt. Nach Auffassung des BGH folgt aus dem „Grundsatz der Einmaligkeit" sowohl in § 85a als auch in § 74a ZVG, dass in diesem Verfahrensstadium der Verkehrswert für das weitere Zwangsvollstreckungsverfahren keine rechtliche Bedeutung mehr hat und deshalb für eine Anpassung des Verkehrswertes an veränderte Umstände das Rechtsschutzinteresse fehlt. Eine Neufestsetzung des Verkehrswertes bei nachträglich eingetretenen Wertveränderungen führt zu einer dem Gesetz widersprechenden zeitlichen Verzögerung der Versteigerung, die nicht hinnehmbar ist. Der Gefahr der sittenwidrigen Verschleuderung in einem späteren Versteigerungstermin infolge nachträglicher erheblicher Wertveränderungen kann der Schuldner mit einem Antrag gemäß § 765a ZPO begegnen. Auch die Bieter sind nicht schützenswert.

Ob man allerdings der These des BGH folgen kann, dass einem durchschnittlichen Bieter (wer ist das?) bewusst ist, dass der Wertfestsetzungsbeschluss im Versteigerungsverfahren keine verlässliche Entscheidungsgrundlage bieten kann, weil er sich – wie insbesondere der Gewährleistungsausschluss gemäß § 56 S. 3 ZVG zeigt – bei nicht berücksichtigten Mängeln auf dessen Richtigkeit nicht verlassen kann, dürfte fraglich sein. Nach Meinung des BGH wird der Bieter die für seine Entschließungen entscheidenden Gesichtspunkte selbst ermitteln und dabei auch eventuell seit Erlass des Wertfestsetzungsbeschlusses eingetretene Änderungen bedenken. Dies dürfte weitgehend an der gerichtlichen Praxis und Realität vorbeigehen.

In einer weiteren Entscheidung beschäftigt sich der BGH[351] mit der Frage, wie sich die Verkehrswertfestsetzung zur Befriedigungsfiktion nach § 114a ZVG verhält. Wird der Zuschlag versagt, weil das Meistgebot nicht $7/10$ oder $5/10$ des Grundstückswertes erreicht, so ist die (überholte) Festsetzung in dieser Hinsicht für das Prozessgericht bei Anwendung des § 114a ZVG nicht bindend. Diese Entscheidung ist in Fortführung der Auffassung, dass im weiteren Verlauf eines Versteigerungsverfahrens das Rechtsschutzinteresse für eine Anpassung des festgesetzten Grundstückswertes an veränderte Umstände entfällt, folgerichtig.

f) Haftung

Da das Gericht sich regelmäßig an die Angaben im Sachverständigengutachten hält, wird der Verkehrswert in der vorgeschlagenen Höhe festgesetzt, sofern keine Einwendungen der Beteiligten vorliegen. Stellt sich aber nach

---

350 Rpfleger 2004, 172 = NJW-RR 2004, 302 = KTS 2004, 457 = MDR 2004, 294 = WM 2004, 98 = InVo 2004, 201 = ZfIR 2004, 167.
351 Rpfleger 2004, 433 = NJW-RR 2004, 666 = WM 2004, 755 = InVo 2004, 292.

Abschluss des Verfahrens die **Fehlerhaftigkeit** der Verkehrswertfestsetzung heraus, stellt sich die Frage, ob der gerichtlich beauftragte Sachverständige gegenüber dem Ersteher haftet. Die Amtspflichten, die der im Rahmen eines Zwangsversteigerungsverfahrens vom Gericht mit der Wertermittlung beauftragte Gutachterausschuss wahrzunehmen hat, können zugunsten des Erstehers drittgerichtet sein[352]. Der BGH[353] hat die **Haftung** in seinem Urteil vom 20.5.2003 differenziert entschieden. Gerichtliche Sachverständige werden, auch wenn sie öffentlich bestellt sind, durch die gerichtliche Beauftragung nicht Beamte im haftungsrechtlichen Sinn. Sie haften deshalb, wenn sie schuldhaft ein objektiv unrichtiges Gutachten erstatten, nicht nach § 839 BGB. Etwas anderes gilt, wenn die Erstattung von gerichtlichen Sachverständigengutachten – wie etwa beim Gutachterausschuss – im Rahmen einer normalen Amtstätigkeit erfolgt. Im vorliegenden Fall war der Beklagte zwar aufgrund der öffentlichen Bestellung zur Übernahme des Auftrags aufgrund seiner Ernennung zum gerichtlichen Sachverständigen verpflichtet (§ 407 Abs. 1 ZPO), doch blieb er weiterhin Privatperson und haftet deshalb für Vermögensschäden aufgrund eines fehlerhaften Gutachtens lediglich unter den Voraussetzungen des § 826 BGB[354]. Die durch Art. 2 Nr. 5 des Zweiten Gesetzes zur Änderung schadensersatzrechtlicher Vorschriften vom 19.7.2002 (BGBl I 2674) mit § 839a BGB geschaffene, eigenständige Anspruchsgrundlage für die Haftung des gerichtlichen Sachverständigen findet im Streitfall noch keine Anwendung, weil die Gesetzesänderung nur greift, wenn das schädigende Ereignis nach dem 31.7.2002 eingetreten ist (vgl. Art. 229 § 8 Abs. 1 EGBGB in der Fassung des Art. 12 des Zweiten Gesetzes zur Änderung schadensersatzrechtlicher Vorschriften). Der Kläger hatte das Grundstück aber bereits am 16.5.2000 ersteigert. Anders sieht der BGH das in seinem Urteil vom 9.3.2006 zur Haftung gegenüber dem Ersteher.[355]

11.449 Auch nach der Einführung von § 839a BGB verbleibt es dabei, dass gegen den mit einem Wertgutachten im Zwangsversteigerungsverfahren beauftragten Sachverständigen vertragliche oder vertragsähnliche Ansprüche der Verfahrensbeteiligten nicht bestehen. Sieht der Sachverständige von einer Besichtigung des Versteigerungsobjekts ab, weil ihm z.B. der Zutritt nicht gestattet wird, und weist er im Gutachten ausdrücklich darauf hin, können Ansprüche nach § 839a BGB nicht auf die unterbliebene Besichtigung gestützt werden.[356]

2. Bedeutung des Wertes für Gericht und Beteiligte

11.450 Nach den Zwangsversteigerungsbedingungen ist der festgesetzte Wert insbesondere maßgebend:

---

[352] BGH, NZM 2003, 411.
[353] Rpfleger 2003, 520.
[354] Ebenso KG, GE 2002, 1193; in diesem Sinne auch OLG Brandenburg, MDR 2000, 1076 = WM 2001, 1920.
[355] BGH, Rpfleger 2006, 551 mit kritischer Anm. *Alff*.
[356] OLG Celle, BauR 2004, 1481.

- zur Errechnung der $^7/_{10}$-Grenze des § 74a Abs. 1 ZVG, für das Recht, Antrag auf Versagung des Zuschlages zu stellen;
- für die Versagung des Zuschlages von Amts wegen bei einem Meistgebot unter $^5/_{10}$ des Verkehrswertes, § 85a Abs. 1 ZVG;
- für die Verteilung eines im geringsten Gebot stehenden Gesamtrechtes, § 64 ZVG;
- für die Verteilung des Erlöses beim Gesamtausgebot, § 112 Abs. 2 ZVG;
- für die Feststellung des Rechtes, Antrag auf Zuschlagsversagung nach § 85 Abs. 1 ZVG zu stellen;
- für die Berechnung der Gerichts- und Rechtsanwaltskosten;

und von besonderer Bedeutung für Grundpfandrechtsgläubiger:
- für die Zuschlagserteilung unter $^5/_{10}$ des Verkehrswertes, § 85a Abs. 3 ZVG;
- für die fiktive Befriedigung als Ersteher des Grundstückes, § 114a ZVG;

und für den Schuldner:
- für die Stellung eines Vollstreckungsschutzantrages nach § 765a ZPO mit dem Ziel der Zuschlagsversagung bei Verschleuderung des Grundstückes.

Die Bedeutung der Wertfestsetzung wird von den Beteiligten sehr oft sowohl unterschätzt als auch überschätzt. Für den **Schuldner** bietet das Wertfestsetzungsverfahren zum einen die Möglichkeit, durch Einlegung von Rechtsmitteln das Verfahren weiter zu verzögern. Der Schuldner ist regelmäßig an einer möglichst hohen Verkehrswertfestsetzung interessiert, da hierdurch die Chancen einer Zuschlagsversagung nach den §§ 85a oder 74a ZVG vergrößert werden und darüber hinaus die Befriedigungsfiktion nach § 114a ZVG höher ist.

11.451

Die Überlegungen des Gläubigers zur Verkehrswertfestsetzung sind je nach seiner Rangposition am Grundstück unterschiedlich. Steht der **Gläubiger** an gesicherter Rangposition, kann z.B. bei einem niedrigeren Verkehrswert ein nachrangiger Berechtigter von § 74a Abs. 1 ZVG ausgeschlossen sein. Je niedriger der Verkehrswert ist, je geringer ist auch die Befriedigungsfiktion nach § 114a ZVG.

11.452

Der festgesetzte Wert ist aber auch für die **Bietinteressenten**, und darauf sollte jeder Gläubiger achten, ein fester Orientierungsmaßstab bei der Überlegung, das Grundstück zu ersteigern oder nicht. Der festgesetzte Verkehrswert sollte daher von den Beteiligten nicht wegen jeder „Kleinigkeit" nachträglich angefochten werden.

11.453

3. Rechtsmittel

Vor der Wertfestsetzung ist allen Verfahrensbeteiligten rechtliches Gehör zu gewähren. Der Festsetzungsbeschluss ist allen Beteiligten von Amts we-

11.454

11.455 gen zuzustellen.³⁵⁷ Gegen die Festsetzung findet das Rechtsmittel der sofortigen Beschwerde binnen zwei Wochen statt, § 74a Abs. 5 S. 3 ZVG.

11.455 Beschwerdeberechtigt sind alle Verfahrensbeteiligten, auch der Gläubiger und der Schuldner, nicht aber Mieter und Pächter.³⁵⁸ Dem Eigentümer einer zur Wohnungseigentümergemeinschaft gehörenden Wohnung fehlt für eine sofortige Beschwerde gegen die Verkehrswertfestsetzung einer anderen, nicht in seinem Eigentum stehenden Wohnung der Wohnungseigentümergemeinschaft allerdings das Rechtsschutzbedürfnis, wenn er die Festsetzung eines niedrigeren Verkehrswerts fordert.³⁵⁹ Eine weitere Beschwerde ist ausdrücklich ausgeschlossen, § 74a Abs. 5 S. 3 ZVG.

11.456 Das Beschwerderecht des Gläubigers ist hierbei unabhängig davon, ob er mit seinem eigenen Anspruch innerhalb oder außerhalb der ⁷/₁₀-Grenze des § 74a Abs. 1 ZVG.³⁶⁰

11.457 Mit der Beschwerde kann sowohl eine Herauf- als auch eine Herabsetzung begehrt werden.³⁶¹ Verweigert der Schuldner dem gerichtlich bestellten Gutachter den Zutritt zu den Räumlichkeiten des Versteigerungsobjekts, kann die Festsetzung des Verkehrswertes nicht mit der Begründung der Unrichtigkeit des Wertes angefochten werden.³⁶² Mit dem Einwand, der vom Versteigerungsgericht festgestellte Verkehrswert sei wesentlich zu niedrig festgesetzt worden, kann der Schuldner später im Zuschlagsverfahren nicht mehr gehört werden.³⁶³

11.458 Ändert das Gericht den Wert ab, ist allen Beteiligten erneut rechtliches Gehör zu gewähren, der Änderungsbeschluss ist dann wiederum allen Beteiligten zuzustellen. Gegen den Änderungsbeschluss kann ebenfalls wiederum sofortige Beschwerde eingelegt werden. Unterlässt das Gericht eine Anpassung, so liegt hierin ein Zuschlagsversagungsgrund, wenn der Zuschlag hierauf beruht.³⁶⁴

11.459 Lehnt das Versteigerungsgericht eine Abänderung ab, und verwirft das Landgericht die hiergegen gerichtete sofortige Beschwerde, ist dieser Beschluss mit einer weiteren Beschwerde nicht anfechtbar, § 74a Abs. 5 S. 3 ZVG.³⁶⁵

---

357 OLG Hamm, Rpfleger 1991, 73.
358 *Stöber*, § 74a Rdn. 9.2.
359 LG Göttingen, NZM 2001, 1141 = InVo 2002, 112.
360 Unrichtig insoweit: LG Lüneburg, Rpfleger 1985, 371.
361 BGH, NZM 2004, 479 = MDR 2004, 1023 = WM 2004, 1040 = InVo 2004, 427; OLG Hamm, Rpfleger 2000, 120; LG Augsburg, Rpfleger 2000, 559; Steiner/Storz, § 74a Rdn. 116; *Schiffhauer*, Rpfleger 1973, 81; *ders.*, Rpfleger 1974, 324; unrichtig insoweit: LG Frankfurt/Main, Rpfleger 1974, 324; LG Köln, Rpfleger 1989, 75; LG Osnabrück, Rpfleger 1992, 209 m. Anm. *Hornung*.
362 LG Dortmund, Rpfleger 2000, 466; LG Göttingen, Rpfleger 1998, 213.
363 LG Kempten, Rpfleger 1998, 358; LG Lüneburg, Rpfleger 1998, 169.
364 OLG Koblenz, Rpfleger 1985, 410; LG Osnabrück, Rpfleger 1992, 209; OLG Oldenburg, Rpfleger 1992, 209.
365 OLG Hamm, Rpfleger 1993, 210.

4. Mieter und Pächter

a) Kündigungsrecht des Erstehers

Ist das zu versteigernde Grundstück vermietet oder verpachtet, hat der Ersteher ein außerordentliches Kündigungsrecht gegenüber Mieter oder Pächter, § 57a ZVG. Die Kündigung muss zum ersten gesetzlich zulässigen Termin nach dem Zuschlag ausgesprochen werden.[366] Die außerordentliche Kündigung ist ausgeschlossen, wenn sie nicht für den ersten zulässigen Termin erfolgt, § 57a S. 2 ZVG.

Allerdings setzt die Einhaltung des ersten möglichen Kündigungstermins nach dem Eigentumserwerb durch Zuschlag voraus, dass der Ersteher von dem Bestehen des Miet- oder Pachtvertrages Kenntnis hat. Weiter muss dem Ersteher die Möglichkeit eingeräumt werden, die Sach- und Rechtslage zu prüfen und sich dabei über die Umstände zu informieren, die für oder gegen einen Verbleib des Mieters sprechen könnten. Ist dies zeitlich nicht möglich, wird dem Ersteher ab Erlangung der Kenntnis ein Kündigungsrecht zu dem dann nächstmöglichen Termin zugebilligt.[367] Ein Kündigungsausspruch einen Tag nach Verkündung des Zuschlages ist dabei rechtlich und tatsächlich unmöglich.[368] Zur Ausübung des Sonderkündigungsrechts ist regelmäßig eine Überlegungsfrist von bis zu einer Woche ausreichend. Der Ersteher, der persönlich am Versteigerungstermin nicht teilnimmt, hat durch organisatorische Maßnahmen sicherzustellen, dass er von der Erteilung des Zuschlages unverzüglich Kenntnis erlangt.[369] In keinem Falle muss in der Kündigung der Räumungstermin bereits genannt sein.[370]

Die Kündigung muss schriftlich erfolgen, § 568 Abs. 1 BGB,[371] und die Gründe müssen in dem Kündigungsschreiben angegeben werden, § 573 Abs. 3 BGB.[372]

Ist ein zwangsversteigertes Grundstück vor dem Zeitpunkt, in dem das Vollstreckungsgericht nach § 66 Abs. 2 ZVG zur Abgabe von Geboten auffordert, vom Zwangsverwalter an eine andere Person als den Schuldner vermietet und diesem auch überlassen worden, so ist auf das Mietverhältnis gem. § 57 ZVG die Norm des § 566 BGB entsprechend anzuwenden. Gegen den besitzenden Mieter darf nach § 93 Abs. 1 S. 2 ZVG in diesem Fall nicht vollstreckt werden. Ist der Mietvertrag später abgeschlossen oder das Grundstück später überlassen worden, ist der Ersteher weder nach

---

366 BGH, WM 1996, 133 = NJW-RR 1996, 144.
367 BGH, Rpfleger 2002, 133 = NJW 2002, 1194 = DNotZ 2002, 533 = NZM 2002, 163 = MDR 2002, 269 = WM 2001, 2442 = ZIP 2002, 174 = ZMR 2002, 893.
368 OLG Düsseldorf, Rpfleger 1987, 513.
369 OLG Oldenburg, Rpfleger 2002, 325 = InVo 2002, 303 = ZfIR 2002, 1027.
370 BGH, WM 1996, 133 = NJW-RR 1996, 144.
371 Sie muss den formalen Anforderungen entsprechen BVerfG, ZMR 1989, 410.
372 OLG Hamm, NJW-RR 1994, 1496.

§ 57 ZVG, § 566 BGB noch nach anderen Regeln an den Mietvertrag gebunden. Daher kommt in diesem Fall § 93 Abs. 1 S. 1 ZVG zum Zug.[373]

11.464 Der Zuschlag von **Wohnungseigentum** ist als Veräußerung i.S.v. § 577a BGB anzusehen. Die in dieser Vorschrift enthaltene Einschränkung des Rechtes zur Kündigung wegen Eigenbedarfs ist auch dann zu beachten, wenn das Mietverhältnis nach dem Sonderkündigungsrecht gekündigt wird. Der Ersteher kann sich daher bei einer Kündigung des Mietverhältnisses nicht vor Ablauf von drei Jahren (10 Jahre, § 577a Abs. 2 BGB) auf Eigenbedarf berufen. Die Kündigung für den ersten zulässigen Termin nach der Zuschlagserteilung ist mithin der Termin, zu dem das Mietverhältnis erstmals nach dem Ende der Sperrfrist unter Beachtung der gesetzlichen Frist gekündigt werden kann.[374]

b) Ausschluss des Kündigungsrechts

11.465 Von diesem Kündigungsrecht kann der Ersteher jedoch dann keinen Gebrauch machen, wenn die Voraussetzungen des § 57c ZVG vorliegen (Mietvorauszahlung zur Instandsetzung oder verlorener Baukostenzuschuss).[375] Dieser Schutz des Mieters oder Pächters beruht letztlich auf dem Grundsatz von Treu und Glauben. Die Sonderstellung des Mieters oder Pächters gegenüber dem Grundpfandgläubiger ist dadurch zu rechtfertigen, dass durch die tatsächlichen Leistungen des Mieters oder Pächters ein Sachwert geschaffen worden ist, der dem Ersteher später in der Form höherer Mieteinnahmen zugute kommt. Eine Beschränkung des Kündigungsrechts kommt daher nicht in Betracht, wenn die Beiträge bei wirtschaftlicher Betrachtung ihren Ursprung nicht im Vermögen des Mieters oder Pächters haben. Gleiches gilt, wenn sie nicht dazu gedient haben, den Wert des Grundstücks zu erhöhen. Für die Herkunft und die Verwendung der Mittel trägt der Mieter oder Pächter die Beweislast.[376]

11.466 Sind allerdings die Voraussetzungen für eine Verrechnung der Miete zur Schaffung der Mieträume nach dem zwischen den Parteien geschlossenen Vertrag überhaupt noch nicht eingetreten, eine Mietzahlung wird somit noch nicht geschuldet, kann sich der Mieter nicht auf die Ausnahme des § 57c ZVG berufen.[377]

11.467 Eine seitens des Mieters geleistete Mietvorauszahlung muss zur Schaffung oder Instandsetzung des Mietsraumes geleistet worden sein, die Umgestaltung der Wohnung für gewerbliche Zwecke oder für die Durchführung von

---

373 Hierzu *Rimmelspacher*, WM 2004, 1945.
374 BayObLG, Rpfleger 1992, 531.
375 BGH, Rpfleger 1989, 338; LG Lüneburg, Rpfleger 1987, 513; insgesamt auch *Storz*, ZVG, B 1.3.2.
376 BGH, Rpfleger 2002, 579 = NJW-RR 2002, 1304 = NZM 2002, 758 = KTS 2002, 754 = MDR 2002, 1214 = WM 2002, 1689 = GE 2002, 1190 = InVo 2002, 473 = ZfIR 2002, 849.
377 BGH, Rpfleger 1984, 108.

Schönheitsreparaturen genügt nicht.[378] Ebenfalls nicht genügend sind Aufwendungen des Mieters, die dem Vermieter die Anschaffung bereits bestehenden Wohnraumes ermöglichen.[379] Auch müssen die Leistungen des Mieters oder Pächters aus eigenen Mitteln aufgebracht worden sein. Aufwendungen, die der Verpächter auf das Grundstück macht und deren Wert er dann dem Pächter als zinslosen Baukostenzuschuss darlehensweise zur Verfügung stellt, sind keine Leistungen, die das Sonderkündigungsrecht ausschließen.[380]

Macht der Schuldner von der Beschränkung des Kündigungsrechts Gebrauch und legt zum Nachweis des Vorhandenseins von Abwohnrechten nicht bestehende oder rückdatierte Mietverträge vor, so kann er wegen Vollstreckungsvereitelung mit Freiheitsstrafe bestraft werden.[381]

c) Mieterbelehrung

Sofern anzunehmen ist, dass eine Beschränkung des Kündigungsrechtes des Erstehers aus den zuvor genannten Gründen in Betracht kommt, muss das Versteigerungsgericht die Mieter und Pächter unverzüglich auffordern, bis zum Beginn des Versteigerungstermins eine Erklärung darüber abzugeben, ob und welche Beträge i.S.d. § 57c ZVG von ihnen geleistet und welche Bedingungen hierüber vereinbart wurden, § 57b ZVG.

Erfolgt die Erklärung des Mieters oder Pächters nicht rechtzeitig, gehen seine Rechte verloren. Auch über die Folgen einer nicht rechtzeitigen Anmeldung sind Mieter und Pächter vom Gericht zu belehren. Im Versteigerungstermin gibt das Gericht dann bekannt, ob und welche Erklärungen abgegeben wurden.

Für den Ersteher steht dann fest, dass er von seinem außerordentlichen Kündigungsrecht nach § 57a ZVG keinen Gebrauch machen kann.

Es soll nochmals ausdrücklich erwähnt werden, dass die Ermittlung von Mietern und Pächtern nicht von Amts wegen erfolgt, sondern nur auf Antrag des betreibenden Gläubigers.[382] Zur Ermittlung der Mieter kann der Sachverständige bei der Grundstücksverkehrswertfestsetzung mit beauftragt werden.

Zum Muster einer Mieterbelehrung vgl. Muster Rdn. 15.42.

5. Terminsbestimmung

Der Versteigerungstermin soll erst nach Beschlagnahme des Grundstückes und nach dem Eingang der Mitteilung des Grundbuchgerichtes be-

---

378 OLG Düsseldorf, Rpfleger 1987, 513.
379 OLG Düsseldorf, ZfIR 1997, 571.
380 BGH, Rpfleger 1989, 338.
381 AG Dillenburg, Rpfleger 1995, 79 m. Anm. *Eickhoff*.
382 *Klawikowski*, Rpfleger 1997, 418, 420; *Stöber*, § 57d Rdn. 2.1; *Storz*, ZVG, B 1.3.2; *Muth*, Kap. 2 M Rdn. 26.

stimmt werden, § 36 Abs. 1 ZVG. Weiterhin muss der die einstweilige Einstellung ablehnende Beschluss Rechtskraft erlangt haben, § 30b Abs. 4 ZVG, oder die Antragsfrist für die einstweilige Einstellung ist abgelaufen. Weiterhin dürfen aus dem Grundbuch keine entgegenstehenden Rechte, Verfügungsbeschränkungen oder sonstigen Vollstreckungsmängel ersichtlich sein, § 28 ZVG, und der Grundstücksverkehrswert sollte bereits festgesetzt sein.

11.475 Muster einer Terminsbestimmung Rdn. 15.43.

a) Inhalt der Terminsbestimmung

11.476 **Der Muss-Inhalt** der Terminsbestimmung ergibt sich aus § 37 ZVG:

- die Bezeichnung des Grundstückes;
- Zeit und Ort des Versteigerungstermins;[383]
- die Angabe, dass die Versteigerung im Wege der Zwangsvollstreckung erfolgt;
- die Aufforderung, Rechte, soweit sie zur Zeit der Eintragung des Versteigerungsvermerkes aus dem Grundbuch nicht ersichtlich waren, spätestens im Versteigerungstermin vor der Aufforderung zur Abgabe von Geboten anzumelden und gegebenenfalls glaubhaft zu machen, andernfalls diese Rechte bei der Feststellung des geringsten Gebotes nicht berücksichtigt werden und bei der Verteilung des Versteigerungserlöses allen anderen Rechten nachgesetzt werden;
- die Aufforderung an diejenigen, welche ein der Versteigerung entgegenstehendes Recht haben, vor der Erteilung des Zuschlages die Aufhebung oder einstweilige Einstellung des Verfahrens herbeizuführen, andernfalls sie nur einen Anspruch auf einen anteiligen Versteigerungserlös haben.

11.477 Die öffentliche Bekanntmachung des Versteigerungstermins ist vollständig und rechtzeitig vorzunehmen, andernfalls der Zuschlag zu versagen ist.[384] Dabei ist eine genaue **Bezeichnung des** zu versteigernden **Grundstücks** unabdingbar. Eine unzureichende Bezeichnung führt zur Zuschlagsversagung, § 43 Abs. 1, § 83 Nr. 7 ZVG. Das Versteigerungsgericht kann sich bei der Mitteilung der Nutzungsart in der öffentlichen Bekanntmachung grundsätzlich an die Angaben des Sachverständigen in dem Verkehrswertgutachten halten und sich auf eine auszugsweise Wiedergabe beschränken. Wird in der Veröffentlichung darauf hingewiesen, dass es sich bei den weiteren Angaben um eine Objektbeschreibung „laut Gutachten" handele, ist hinreichend deutlich gemacht, dass diese Angaben durch das Gericht nicht abschließend geprüft sind.[385]

---

383 LG Oldenburg, Rpfleger 1990, 470 – zum Wechsel des Sitzungssaales.
384 OLG Hamm, Rpfleger 2000, 172.
385 OLG Hamm, (15 W 453/99) Rpfleger 2000, 172.

Beispiele: 11.478

- Bei gewerblich nutzbaren Objekten oder bei Gebäuden mit einem außergewöhnlichen Charakter, die mit Wohngebäuden herkömmlicher Art kaum etwas gemein haben (hier: schlossähnliches Gebäude aus der Barockzeit), muss zumindest ein schlagwortartiger Hinweis auf die tatsächliche Nutzungsart vorhanden sein.[386]
- Befindet sich auf dem Grundstück mit zwei Wohnungen noch eine Reithalle mit eingebauten Pferdeställen und zwei Remisen, ist die Bezeichnung mit: „Mehrere Flurstücke verschiedener Wirtschaftsart und Lage" zu unbestimmt.[387]
- Der Zuschlag ist zu versagen, wenn das Grundstück, auf dem ein Hotel betrieben wird, tatsächlich in der Bekanntmachung angegeben wurde mit: „Gebäude- und Freifläche".[388]
- Wird das Grundstück gemischt genutzt – gewerblich und privat –, muss auch die gewerbliche Nutzung zumindest schlagwortartig in der Bekanntmachung bezeichnet werden.[389]
- Unzureichend ist auch die Bezeichnung als „Ackerland", wenn es sich tatsächlich um ein bebautes Grundstück handelt.[390]
- Bei einer privaten Nutzung genügt jedoch die Bezeichnung in Anlehnung an die Katasterbeschreibung „Gebäude- und Freifläche",[391] die Angabe „Mehrfamilienhaus" ist nicht erforderlich.[392]
- Abzulehnen ist die Auffassung des OLG Oldenburg,[393] nach der die Bezeichnung des Grundstückes mit „Hof- und Gebäudefläche" auch dann genügend ist, wenn es sich tatsächlich um Fabrikgrundstücke handelt, aus der Größe der Grundstücke i.V.m. dem Grundstückswert aber auf eine industrielle Nutzung geschlossen werden kann.[394]
- Gleiches gilt für die Entscheidung des LG Ellwangen,[395] die Bezeichnung des zu versteigernden Grundstücks in der Terminsbestimmung, welches mit einer gewerblich genutzten Halle bebaut ist, sei mit „Gebäude- und Freifläche" ausreichend und nicht irreführend, da sowohl eine private als auch gewerbliche Nutzung möglich ist; Leser der Veröffentlichung bzw. Interessenten an dem Objekt müssten sich bei Bedarf weitere Informationen einholen.

In einem Amtshaftungsfall entschied das OLG Koblenz,[396] dass bei der Terminsbestimmung und Bekanntmachung in Zwangsversteigerungsverfahren die Wirtschaftsart des Grundstücks ausreichend zu bezeichnen ist. Diese Amtspflicht obliegt dem Rechtspfleger auch gegenüber den Meistbietenden. Allerdings trifft den Rechtspfleger dann kein Verschuldensvorwurf, 11.479

---

386 OLG Hamm, (15 W 421/99) Rpfleger 2000, 172.
387 LG Oldenburg, Rpfleger 1979, 115.
388 OLG Hamm, Rpfleger 1991, 71 mit Anm. *Meyer-Stolte* = MDR 1991, 261.
389 OLG Hamm, Rpfleger 1992, 122 und 1997, 226 mit. Anm. *Demharter*.
390 LG Frankenthal, Rpfleger 1984, 326.
391 OLG Hamm, Rpfleger 1992, 122.
392 OLG Düsseldorf, Rpfleger 1997, 225.
393 Rpfleger 1980, 75.
394 Vgl. hierzu auch die abl. Anm. *Schiffhauer*, Rpfleger 1980, 75, 76.
395 Rpfleger 1996, 361.
396 Rpfleger 2000, 342; in diese Richtung jetzt auch OLG Nürnberg, Rpfleger 2006, 215.

wenn er nach entsprechender Information und Auseinandersetzung mit den zu einem Problem vertretenen Rechtsmeinungen sich für eine – zwar unrichtige, aber – im Handlungszeitpunkt noch vertretbare Auffassung entschieden und diese seiner amtlichen Tätigkeit zugrunde gelegt hat.

11.480 Der **Soll-Inhalt** ergibt sich aus § 38 ZVG. Auch wenn es sich um eine Soll-Bestimmung handelt, wie z.B. die Angabe der **Größe** des Grundstückes, muss diese richtig sein. Eine Terminsbestimmung mit unrichtigen Angaben, z.B. zur Wohnfläche einer Eigentumswohnung, führt dann ebenfalls zur Zuschlagsversagung.[397] Sollte versehentlich der Name des Schuldners mitveröffentlicht werden, ist dies unschädlich, in jedem Falle eröffnet dies keine besondere Beschwerdemöglichkeit für den Schuldner.[398]

b) Bekanntmachung des Termins

11.481 Der Zeitraum zwischen der Anberaumung des Termins und der tatsächlichen Durchführung soll nicht mehr als sechs Monate betragen. War das Verfahren einstweilen eingestellt, so soll diese Frist nicht mehr als zwei Monate, muss aber mindestens einen Monat betragen, § 36 Abs. 2 ZVG.

11.482 Der Versteigerungstermin ist aufzuheben und von neuem zu bestimmen, wenn die Terminsbestimmung nicht sechs Wochen vor dem Termin bekannt gemacht ist, § 43 Abs. 1 S. 1 ZVG. War das Verfahren einstweilen eingestellt, so reicht es aus, dass die Bekanntmachung der Terminsbestimmung zwei Wochen vor dem Termin bewirkt ist, § 43 Abs. 1 S. 2 ZVG.

11.483 Das Gleiche gilt, wenn nicht vier Wochen vor dem Termin dem Schuldner ein Beschluss, aufgrund dessen die Versteigerung erfolgen kann, und allen Beteiligten, die schon zur Zeit der Anberaumung des Termins dem Gericht bekannt waren, die Terminsbestimmung zugestellt ist, § 43 Abs. 2 ZVG. Hat sich ein Anwalt für einen Beteiligten bestellt, muss an diesen zugestellt werden; die Zustellung an einen Rechtsbeistand ist nicht wirksam.[399] Kann eine förmliche Zustellung nicht nachgewiesen werden, gilt diese mit dem Zeitpunkt als bewirkt, in dem die Terminsbestimmung dem Beteiligten tatsächlich zugegangen ist.[400] Nur weil der Schuldner die Ladung zum Versteigerungstermin nicht erhalten hat, ist der erlassene Zuschlagsbeschluss nicht aufzuheben.[401] Beteiligte sind auch die Berechtigten nach § 3b Abs. 2 VermG.[402]

11.484 Werden die Fristen nicht eingehalten oder von den Beteiligten genehmigt (im Falle des § 43 Abs. 2 ZVG), muss der Zuschlag versagt werden, § 83 Nr. 7 ZVG.

---

397 OLG Karlsruhe, Rpfleger 1993, 256 mit Anm. *Meyer-Stolte*.
398 OLG Zweibrücken, Rpfleger 1987, 513.
399 LG Krefeld, Rpfleger 1987, 167.
400 OLG Celle, Rpfleger 1991, 166.
401 LG Berlin, Rpfleger 1997, 123.
402 LG Berlin, Rpfleger 1994, 175.

Vor dem Termin **11.485–11.491**

Die Terminsbestimmung muss spätestens sechs Wochen vor dem **11.485**
Zwangsversteigerungstermin veröffentlicht werden, § 43 Abs. 1 ZVG, und
zwar durch einmalige Einrückung in das für Bekanntmachungen des Gerichts bestimmte Blatt (regelmäßig im zuständigen Amtsblatt, z.B. **Regierungsamtsblatt**) oder in einem für das Gericht bestimmten elektronischen Informations- und Kommunikationssystem, § 39 Abs. 1 ZVG. Daneben erfolgen die Anheftung an die Gerichtstafel, sofern nicht im Internet veröffentlicht wurde, § 40 Abs. 1 S. 3 ZVG, und Veröffentlichungen in Lokalzeitungen.

Beispiele zu den Fristen:

Beispiel 1: **11.486**

Das Verfahren wird von G-1 betrieben, erstrangig, seit dem 1.7.2006.
Der Gläubiger G-2 tritt dem Verfahren am 1.12.2006, nachrangig, bei.
Der Gläubiger G-1 hatte zwischenzeitlich das Verfahren einstweilen eingestellt und im November 2006 die Fortsetzung beantragt.
Der Versteigerungstermin wird bestimmt auf den 22.1.2007. Die Veröffentlichung im Regierungsamtsblatt erfolgt am 28.12.2006.
Im Versteigerungstermin stellt der Gläubiger G-1 das Verfahren erneut ein.

Lösung: **11.487**
Der Versteigerungstermin ist aufzuheben. Die Veröffentlichung im Regierungsamtsblatt ist rechtzeitig erfolgt, § 43 Abs. 1 S. 2 ZVG. Für den Gläubiger G-2, der momentan der einzige betreibende Gläubiger ist, ist die 6-Wochen-Frist zwischen Veröffentlichung und Versteigerungstermin nicht eingehalten, § 43 Abs. 1 S. 1 ZVG.

Beispiel 2: **11.488**

Das Versteigerungsverfahren wird von dem Gläubiger G-1, erstrangig, betrieben.
Die Beschlagnahme wird wirksam am 1.7. 2006.
Der Gläubiger G-2 tritt dem Verfahren am 4.1.2007 bei. Der Versteigerungstermin wird auf den 22.1.2007 bestimmt.
Die Veröffentlichungen sind rechtzeitig erfolgt. Im Versteigerungstermin stellt der Gläubiger G-1 das Verfahren einstweilen ein.

Lösung: **11.489**
Der Versteigerungstermin ist aufzuheben. Der Anspruch des Gläubigers G-2, der momentan der einzige betreibende Gläubiger ist, kann der Versteigerung nicht zugrunde gelegt werden, da dessen Beitritt nicht vier Wochen vor dem Termin dem Schuldner und allen anderen Beteiligten zugestellt wurde, § 43 Abs. 2 ZVG.

6. Terminsbenachrichtigung

Ob ein Verfahrensbeteiligter am Termin teilnehmen soll oder nicht, **11.490**
kann er am besten anhand der Mitteilung gemäß § 41 Abs. 2 ZVG entscheiden.

Muster einer 4-Wochen-Nachricht Rdn. 15.44. **11.491**

11.492 Gemäß dieser Vorschrift soll den Beteiligten, § 9 ZVG (auch denjenigen, die ihr Verfahren einstweilen eingestellt haben[403]), im Laufe der vierten Woche vor dem Zwangsversteigerungstermin mitgeteilt werden, auf wessen Antrag und Beitritt und wegen welcher Ansprüche die Versteigerung erfolgt. Aus dieser Mitteilung muss sich auch ergeben, ob es sich um einen persönlichen oder dinglichen Anspruch handelt. Bei dinglichen Ansprüchen erfolgt die grundbuchmäßige Bezeichnung. Handelt es sich um öffentliche Grundstückslasten, so genügt die Angabe der Rangklasse 3 des § 10 Abs. 1 ZVG.[404]

11.493 Anhand dieser Mitteilung, einer Grundbuchblattabschrift und des Grundstückswertes kann unter anderem festgestellt werden,

- welche Ansprüche dem eigenen Anspruch vorgehen (s. Rdn. 11.78 ff.);
- ob das eigene Recht ins geringste Gebot fällt (s. Rdn. 11.593 ff.);
- ob die Versteigerung im Hinblick auf den Verkehrswert zu den bestehen bleibenden Rechten überhaupt erfolgreich sein wird;
- ob sich nicht die Möglichkeit der Ablösung des bestbetreibenden Gläubigers anbietet, um dessen Rechtsposition zu erlangen (s. Rdn. 11.571 ff.).

7. Teilnahme am Versteigerungstermin

11.494 Während die Gläubiger dinglicher Rechte regelmäßig am Versteigerungstermin teilnehmen, bleiben die Gläubiger persönlicher Ansprüche oftmals den Terminen fern. Von der Teilnahme am Versteigerungstermin sollte jedoch grundsätzlich nur abgesehen werden,

- wenn entweder sicher zu erwarten ist, dass der eigene Anspruch niemals gedeckt werden kann;
- wenn das eigene Recht bestehen bleibt, somit von Amts wegen bereits berücksichtigt wird.

11.495 Aber auch wenn man feststellen sollte, dass das eigene Recht bestehen bleibt, verliert man u.U. eine Reihe von Einflussmöglichkeiten, wenn man auf die Terminswahrnehmung verzichtet. Fällt das eigene Recht nicht in das geringste Gebot, sollte der Termin unbedingt wahrgenommen werden, z.B. wegen:

- Stellungnahme zu den Bedingungen des geringsten Gebots, insbesondere Feststellung der Ersatzwerte bzw. Zuzahlungsbeträge bei Rechten aus der Abt. II des Grundbuches (vgl. Rdn. 9.46 ff.);
- Stellung von Anträgen auf abweichende Versteigerungsbedingungen, § 59 ZVG;

---
403 *Stöber*, § 41 Rdn. 3.2.
404 *Steiner/Teufel*, § 41 Rdn. 13, 14.

- Möglichkeit des Mitbietens oder Ausbietens des eigenen Anspruches;
- Verlangen nach Sicherheitsleistung;
- Antrag auf Zuschlagsversagung nach § 74a Abs. 1 ZVG;
- Ablösen des bestbetreibenden Gläubigers, um in dessen Rechtsposition zu gelangen;
- als bestbetreibender Gläubiger kann die Zuschlagsversagung durch einstweilige Einstellung des Verfahrens herbeigeführt werden, § 33 ZVG;
- Stellung von Anträgen bei Einzel-, Gruppen- und Gesamtausgeboten bei der Versteigerung mehrerer Grundstücke, §§ 63, 64 ZVG;
- Gesprächsführung mit anderen Beteiligten und Bietinteressenten.

8. Überlegungen des Gläubigers

a) Anmeldung

Spätester Zeitpunkt der Anmeldung ist vor der Aufforderung zur Abgabe von Geboten im Zwangsversteigerungstermin, § 37 Nr. 4 ZVG. Anmeldungen danach sind zwar noch entgegenzunehmen, sind aber im Rang nach allen anderen Ansprüchen zu befriedigen, § 110 ZVG. Daher ist der zweckmäßigste Zeitpunkt einer Anmeldung nach Erhalt der „4-Wochen-Nachricht" gemäß § 41 Abs. 2 ZVG.

Von Amts wegen werden berücksichtigt:

- die Verfahrenskosten, § 44 Abs. 1, § 109 ZVG;
- die zur Zeit der Eintragung des Zwangsversteigerungsvermerkes aus dem Grundbuch ersichtlichen Rechte, § 45 Abs. 1 ZVG;
- die laufenden wiederkehrenden Leistungen dieser zuvor genannten dinglichen Rechte, § 45 Abs. 2, § 13 Abs. 1 ZVG.

Meldet der Gläubiger rechtzeitig jedoch weniger wiederkehrende Leistungen an, als nach dem Inhalt des Grundbuches von Amts wegen zu berücksichtigen sind, so können nur die angemeldeten Beträge im geringsten Gebot berücksichtigt werden. Diese so genannte „*Minderanmeldung*" ist in jedem Falle zu beachten, da niemandem mehr zugesprochen werden darf, als er selbst verlangt, § 308 ZPO.[405] Meldet der Gläubiger zum Verteilungstermin dann jedoch den vollen Anspruch an, nachdem er zum Versteigerungstermin eine Minderanmeldung vorgelegt hat, so ist diese Anmeldung verspätet und erleidet einen Rangverlust, § 110 ZVG. Dieser Rangverlust ist endgültig und löst auch keinen Bereicherungsanspruch des Gläubigers gegenüber dem Begünstigten aus.[406]

---

405 LG Frankenthal, Rpfleger 1986, 232; OLG Oldenburg, NdsRpfl 1988, 8; Dassler/*Schiffhauer*, § 45 Rdn. 7; *Böttcher*, §§ 44, 45 Rdn. 44.
406 BGH, BGHZ 21, 30 = KTS 1956, 120; OLG Oldenburg, Rpfleger 1980, 485.

11.499 **Anzumelden sind immer:**

- alle Rechte aus dem Grundbuch, die nach dem Zwangsversteigerungsvermerk eingetragen wurden;
- dingliche Rechte, die ohne Eintragung im Grundbuch entstehen, z.B. eine Sicherungshypothek nach § 1287 BGB, § 848 ZPO;
- Rangänderungen dinglicher Rechte, die nicht vor dem Zwangsversteigerungsvermerk eingetragen sind;
- die Ansprüche auf rückständige wiederkehrende Leistungen, unabhängig davon, ob das Recht vor oder nach dem Zwangsversteigerungsvermerk im Grundbuch eingetragen ist;
- Kosten der Kündigung und/oder Kosten der dinglichen Rechtsverfolgung, § 10 Abs. 2 ZVG;
- hierunter fallen z.B. die Eintragungskosten der Zwangssicherungshypothek im Grundbuch und die dazu angefallenen notwendigen Rechtsanwaltskosten;
- die Gerichtskosten für die Anordnung bzw. Beitritt zum Verfahren;
- die Rechtsanwaltskosten für die Vertretung eines Beteiligten im Zwangsversteigerungsverfahren;
- Terminwahrnehmungskosten, wobei hierzu regelmäßig die Anmeldung einer Pauschale genügt; die Spezifizierung der einzelnen Kosten erfolgt dann zum Verteilungsverfahren;
- Nebenleistungen, deren Fälligkeit sich nicht aus dem Grundbuch ergibt, z.B. Vorfälligkeitsentschädigung;
- Vorschüsse, die in der gleichzeitig laufenden Zwangsverwaltung geleistet wurden, § 10 Abs. 1 Nr.1 ZVG;
- Feststellungskosten durch den Insolvenzverwalter/Treuhänder, § 10 Abs. 1a ZVG;
- Litlohnansprüche nach § 10 Abs. 1 Nr. 2 ZVG;
- zur Schuldübernahme bei einer Grundschuld der Betrag und der Grund der Forderung, § 53 Abs. 2 ZVG;
- die Kündigung eines bestehen bleibenden Grundpfandrechts, § 54 Abs. 1 ZVG;
- der Zwangsversteigerung entgegenstehende Rechte, die aus dem Grundbuch nicht ersichtlich sind, z.B. das Eigentum an einem Zubehörgegenstand; hierbei ist jedoch zu beachten, dass neben der Anmeldung die rechtzeitige Freigabe bzw. Einstellung in den Zubehörgegenstand vorliegen muss (vgl. Rdn. 11.65 ff.).

11.500 Nur zum Erwerb der **Stellung eines Beteiligten,** § 9 ZVG, und somit nicht zur Aufnahme des Anspruches in das geringste Gebot bzw. in den Teilungsplan, sind bereits jetzt anzumelden:

- ein Wechsel in der Person des Gläubigers bei einem vor dem Zwangsversteigerungsvermerk im Grundbuch eingetragenen dinglichen Recht, z.B. durch Abtretung oder Pfändung;
- der Rückgewährsanspruch auf eine oder alle vor dem Zwangsversteigerungsvermerk eingetragenen Grundschulden;
- das Entstehen und der Nachweis einer Eigentümergrundschuld aus einem vor dem Zwangsversteigerungsvermerk eingetragenen Grundpfandrecht.

Der **gesetzliche Löschungsanspruch**, z.B. auch aus der eingetragenen Zwangssicherungshypothek, kann auch ohne Rangverlust noch im Verteilungstermin angemeldet werden, da dieser Anspruch zum Inhalt des Rechtes gehört (vgl. Rdn. 11.981 ff.). **11.501**

Die **Folge einer unterlassenen Anmeldung** ist die völlige Nichtberücksichtigung des Anspruches sowohl im geringsten Gebot als auch bei der Verteilung des Erlöses. Erfolgt die **Anmeldung zu spät,** also nach der Aufforderung zur Abgabe von Geboten im Zwangsversteigerungstermin, wird der Anspruch hinter allen übrigen Rechten berücksichtigt, § 110 ZVG. Dieser Rangverlust ist endgültig und gewährt dem dadurch benachteiligten Gläubiger auch keinen Bereicherungsanspruch gegenüber dem Begünstigten.[407] **11.502**

Vergessene oder **verspätete Anmeldungen** können jedoch ohne Rangverlust nachgeholt werden, wenn es zu einem erneuten Zwangsversteigerungstermin kommt. Ein weiterer Versteigerungstermin ist z.B. dann zu bestimmen, wenn der erste Termin ergebnislos verlaufen ist, § 77 Abs. 1 ZVG, oder wenn eine Zuschlagsversagung nach § 74a Abs. 1, 3 oder § 85a Abs. 1 ZVG erfolgt ist. **11.503**

Auch wenn die stärkste Form der Anmeldung die Anordnung bzw. der Beitritt des Gläubigers zum Versteigerungsverfahren ist, sollte der Gläubiger spätestens 4 Wochen vor dem Zwangsversteigerungstermin überprüfen, ob nicht doch noch einzelne Ansprüche vergessen und daher anzumelden sind. **11.504**

b) Gebote in der Versteigerung

aa) Gebote

Gebote werden im Versteigerungstermin **mündlich** abgegeben. Sie werden als privatrechtliche Willenserklärung (zur Erwerbsabsicht und der Entscheidung des BGH vom 24.11.2005 vgl. Rdn. 11.660) angesehen, auch wenn sie dem Versteigerungsgericht gegenüber abzugeben sind, sie unterliegen somit auch der Anfechtungsmöglichkeit wegen Irrtums, Täuschung oder Drohung, §§ 119, 123 BGB.[408] Eine Anfechtung ist dann ausgeschlos- **11.505**

---

407 BGH, KTS 1956, 120 = BB 1956, 611.
408 BGH, NJW 1984, 1950; OLG Frankfurt, Rpfleger 1980, 441; OLG Hamm, Rpfleger 1972, 378 und 1998, 438; Dassler/*Gerhardt,* § 71 Rdn. 1; *Böttcher,* § 71 Rdn. 43; eingehend hierzu: *Schiffhauer,* Rpfleger 1972, 341.

11.506 Die **Anfechtung** muss gegenüber dem Vollstreckungsgericht unverzüglich nach Erkennen des Anfechtungsgrundes erfolgen. Wird der Anfechtungsgrund erst neun Tage nach Bekanntwerden geltend gemacht, so ist die Anfechtung verspätet.[410] Wird der Anfechtungsgrund erst nach der Zuschlagserteilung erkannt, muss die Anfechtungserklärung mit der Zuschlagsbeschwerde geltend gemacht werden.[411] Erklärt der Meistbietende die Anfechtung seines Gebotes, nachdem ihm der Zuschlag erteilt wurde, und wird aufgrund der Beschwerde der Zuschlag aufgehoben, so hat er einem anderen Beteiligten, der auf die Wirksamkeit des Meistgebotes vertraut und diesem deshalb nicht widersprochen hat, den **Vertrauensschaden** zu ersetzen.[412]

11.507 Nach Abgabe eines Gebotes hat sich der Bieter mit Name, Adresse und Geburtsdatum durch Vorlage seines **Personalausweises** oder Reisepasses auszuweisen. Bei einem Einzelkaufmann ist nicht die Firma, sondern sein bürgerlicher Name aufzunehmen.[413] Geben **mehrere Personen** ein Gebot ab, müssen sie ihr Beteiligungsverhältnis angeben, eines besonderen Nachweises hierüber bedarf es jedoch nicht, z.B. Ehegatten zu je $1/2$ Anteil oder mehrere Personen in Gesellschaft bürgerlichen Rechts.[414]

11.508 **Eltern**, die für ihre minderjährigen Kinder bieten, müssen ein Gebot gemeinsam abgeben, § 1626 Abs. 1 BGB, sie bedürfen gleichzeitig zur Abgabe des Gebotes der familiengerichtlichen Genehmigung, §§ 1821 Abs. 1 Nr. 5, 1643 Abs. 1 BGB.[415]

11.509 Vertreter einer **Kirchenbehörde** benötigen die Genehmigung der aufsichtsführenden Behörde.[416]

11.510 Ein unwirksames Gebot ist zurückzuweisen, § 71 Abs. 1 ZVG. Ein Gebot erlischt, wenn ein Übergebot zugelassen wird und ein Beteiligter der Zulassung nicht sofort widerspricht. Das Übergebot gilt als zugelassen, wenn es nicht sofort zurückgewiesen wird, § 72 Abs. 1 ZVG. Ein Gebot erlischt auch dann, wenn es zurückgewiesen wird und der Bieter oder ein Beteiligter der Zurückweisung nicht sofort widerspricht, § 72 Abs. 2 ZVG. Der die Zwangsversteigerung leitende Rechtspfleger, der über den **Widerspruch** gegen ein Gebot nicht sofort entscheidet, sondern eine Entschei-

---

[409] OLG Frankfurt, Rpfleger 1980, 441.
[410] LG Krefeld, Rpfleger 1989, 166: Irrtum über Bestehenbleiben von Grundpfandrechten.
[411] OLG Frankfurt, Rpfleger 1980, 441; *Schiffhauer*, Rpfleger 1972, 341.
[412] BGH, Rpfleger 1984, 243 = NJW 1984, 1950.
[413] *Stöber*, § 71 Rdn. 2.3.
[414] *Stöber*, § 71 Rdn. 4.4; *Böttcher*, § 71 Rdn. 48.
[415] *Stöber*, § 71 Rdn. 7.4; *Eickmann*, Rpfleger 1983, 199.
[416] *Steiner/Storz*, § 71 Rdn. 59.

dung im Zuschlagsverkündungstermin ankündigt, muss die anwesenden Bieter nach § 139 ZPO darauf hinweisen, dass folgende Übergebote nach § 72 Abs. 1 ZVG das Gebot, gegen dass sich der Widerspruch richtet, unabhängig von seiner Wirksamkeit und Zulässigkeit zum Erlöschen bringen.[417]

bb) Vollmachtsnachweis

11.511 Stellt sich bei Gläubigern dinglicher Grundpfandrechte hin und wieder die Frage, ob sie zur Rettung ihres eigenen Anspruches selbst mitbieten, wird dies bei persönlichen Gläubigern nur ganz selten infrage kommen. Falls ein Mitbieten jedoch in Betracht kommt, oder der Rechtsanwalt einen Bietinteressenten im Versteigerungstermin vertreten soll, ist auf Folgendes zu achten:

- die **Bietvollmacht** ist in öffentlich beglaubigter Form vorzulegen, § 71 Abs. 2 ZVG;
- gesetzliche Vertreter müssen ihre Vertretungsberechtigung nachweisen, z.B. durch einen neuen beglaubigten Handelsregisterauszug oder durch eine neuere Notarbescheinigung gemäß § 21 BnotO.[418]

11.512 Diese Unterlagen müssen sofort nach Abgabe des Gebotes vorgelegt werden, andernfalls wird das Gebot zurückgewiesen, § 71 Abs. 2 ZVG.[419]

11.513 In der Praxis zeigt sich oft, dass diese Dinge zu wenig beachtet werden. Bestehen Unklarheiten oder Unsicherheit, sollte der Rechtspfleger des Versteigerungsgerichtes rechtzeitig vorher diesbezüglich angesprochen werden.

11.514 Das Vorschieben eines **Strohmannes** zur Gebotsabgabe ist im Übrigen nicht sittenwidrig und macht die Gebote auch nicht unwirksam. Wenn jedoch nicht rechtzeitig vor Zuschlagserteilung die Vollmacht vorgelegt wird, § 81 Abs. 3 ZVG, oder die Rechte aus dem Meistgebot abgetreten werden, § 81 Abs. 2 ZVG, so erhält der Strohmann den Zuschlag.[420]

11.515 Die Vertretungsbefugnis für eine **Gemeinde** richtet sich nach den landesrechtlichen Gemeindeordnungen. Ein solches Gebot bedarf keiner besonderen Form, es ist wirksam, wenn es im Versteigerungstermin mündlich abgegeben wird. Ein schriftliches Gebot unter Beifügung des Dienstsiegels oder mit der Unterschrift des Bürgermeisters versehen, ist nicht erforderlich und kann nicht das mündlich abgegebene Gebot ersetzen.[421]

---

417 OLG Frankfurt, InVo 2004, 203, der Verstoß gegen diese Hinweispflicht kann einen Amtshaftungsanspruch des Bieters begründen, der sich in Verkennung des § 72 Abs. 1 ZVG nur noch selbst überboten und daher den Zuschlag zu einem unnötig hohen Gebot erhalten hat.
418 Vgl. OLG Hamm, Rpfleger 1990, 218 m. Anm. *Hintzen*.
419 OLG Koblenz, Rpfleger 1988, 75.
420 BGH, Betrieb 1954, 974; *Stöber*, § 71 Rdn. 2.9 und § 81 Rdn. 5.1.
421 *Stöber*, § 71 Rdn. 7.7; *Dassler/Gerhardt*, § 71 Rdn. 20.

11.516 Gebote von Vertretern **juristischer Personen** sind dann wirksam, wenn sofort die Vertretungsberechtigung nachgewiesen wird, z.B. Geschäftsführer, Vereinsvorstand, Prokurist, § 49 HGB. Wird der Vertretungsnachweis durch einen beglaubigten Registerauszug geführt, muss dieser neueren Datums sein. Hierbei ist ein 12 Tage alter Registerauszug sicherlich ausreichend.[422] Im Hinblick auf die Vorschrift des § 15 Abs. 2 HGB reicht auch eine Frist von 15 Tagen aus.[423] Sofern sich aus dem Registerauszug keine ständig wechselnden Eintragungen ergeben, dürfte auch ein Zeugnis ausreichen, das bereits fünf bis sechs Wochen alt ist.[424] Ein vier Wochen alter Handelsregisterauszug ist als Vertretungsnachweis dann nicht ausreichend, wenn weitere Umstände hinzukommen, die gegen die Eindeutigkeit des Nachweises sprechen.[425]

11.517 In keinem Falle kann sich der Bieter darauf verlassen, dass das Versteigerungsgericht verpflichtet ist, ggf. beim Registergericht Rückfrage wegen der Vertretungsmacht zu halten.[426]

11.518 In Hinblick auf die Tatsache, dass auch eine **Vor-GmbH** bereits Grundstückseigentum erwerben kann[427], kann auch für diese bereits wirksam ein Gebot abgegeben werden. Dem Gericht müssen dann aber formgerecht vorgelegt werden: der Gründungsvertrag der GmbH, die Geschäftsführerbestellung, die Ermächtigung zum Bieten in der Zwangsversteigerung und die Tatsache, dass die Eintragung der GmbH im Handelsregister bereits beantragt und durchgeführt werden soll.[428]

11.519 Für die Form der Vollmacht einer **Behörde,** z.B. der **Sparkassen,** genügt Schriftform mit Unterschrift und Siegel. Offenkundig ist eine Vertretungsmacht dem Gericht gegenüber nur dann, wenn dem amtierenden Rechtspfleger die Vollmacht dienstlich bekannt ist. Liegt die Vollmacht in den Generalakten des Gerichtes, muss dafür Sorge getragen werden, dass diese Akten im Versteigerungstermin dem Gericht vorgelegt werden.[429]

---

[422] AG Langen, Rpfleger 1982, 63.
[423] *Mayers,* Rpfleger 1989, 143.
[424] *Hintzen,* Rpfleger 1990, 218, 219.
[425] LG Mainz, Rpfleger 2000, 287 = JurBüro 2000, 493, konkret war die von dem Bieter im Termin vorgelegte Bietvollmacht auf neutralem Papier, d.h. nicht auf Geschäftspapier verfasst. Zudem fehlte die Angabe einer Handelsregisternummer, die eine Zuordnung der bevollmächtigenden GmbH zu der im Handelsregister eingetragenen Firma ermöglicht hätte. Der vorgelegte Handelsregisterauszug wies als Gericht Nürnberg aus und bestimmte den Sitz der in diesem Auszug genannten Firma in Schwabach. Die in der Bevollmächtigung angegebene Adresse des Geschäftssitzes war München, sodass nicht offensichtlich war, dass es sich bei der im Handelsregister genannten Firma und der in der Bietvollmacht aufgeführten Firma um die identische handelte.
[426] So aber: OLG Hamm, Rpfleger 1990, 218 mit abl. Anm. *Hintzen*.
[427] BGH, NJW 1966, 1311; BGH, NJW 1978, 1978,
[428] *Stöber,* § 71 Rdn. 7.14; *Böttcher,* § 71 Rdn. 21.
[429] *Stöber,* § 71 Rdn. 6.3; *Böttcher,* § 71 Rdn. 15; **a.A.** Steiner/*Storz,* § 71 Rdn. 30.

cc) Bietabsprache – Ausbietungsgarantie

Eine **Bietabsprache** (negatives Bietabkommen[430]) hat den Zweck, Bietinteressenten vom Bieten abzuhalten, um damit einem anderen einen möglichst günstigen Erwerb zu ermöglichen, indem die Gebote relativ klein gehalten oder sogar ganz ausgeschaltet werden. Sittenwidrig ist ein solches Bietabkommen u.a. dann, wenn die Konkurrenz der Bieter geschmälert wird, indem mindestens ein Bieter, der mehr als andere bieten wollte, von der Teilnahme am Termin abgehalten wird.[431] Ob eine solche Absprache sittenwidrig ist, ergibt sich jedoch regelmäßig nur aus den Umständen des Einzelfalles, insbesondere aus Inhalt, Beweggrund und Zweck der Absprache.[432] Lässt sich z.B. der einzige in Betracht kommende Interessent durch ein Bietabkommen sein Bietrecht abkaufen und entzieht dadurch erhebliche Zahlungen dem Zwangsversteigerungsverfahren, ist dieses Abkommen unwirksam.[433] Die Vertragsparteien eines solchen Bietabkommens machen sich den Verfahrensbeteiligten und dem Grundstückseigentümer gegenüber schadensersatzpflichtig. Allerdings ist dies immer außerhalb des Zwangsversteigerungsverfahrens durchzusetzen.[434]

11.520

Weiter geht das OLG Koblenz[435], welches ein negatives Bietabkommen wegen Sittenwidrigkeit für nichtig ansieht, wenn dadurch Rechte nicht eingeweihter vorrangiger Grundpfandrechtsgläubiger verkürzt oder geschmälert werden. Dabei soll sogar unerheblich sein, ob der benachteiligte Dritte die Möglichkeit wahrgenommen hat, selbst zu bieten. Maßgeblich ist vielmehr, ob das Bietabkommen dem Gesetzeszweck bestmöglicher Verwertung zuwiderläuft. Mag sein, dass man der Entscheidung des OLG im Einzelfall zustimmen kann, verallgemeinern lassen sich die Aussagen nicht. Niemand ist im Zwangsversteigerungsverfahren gezwungen, Gebote abzugeben. Ebenso gibt es grundsätzlich keine gesetzliche Regelung, dass bestimmte Personen von der Gebotsabgabe ausgeschlossen werden können. Derartige Verpflichtungen können sich allenfalls aufgrund vertraglicher Regelungen ergeben. In dem Fall des OLG Koblenz wurde durch das Bietabkommen niemand der Anwesenden von der Abgabe von Geboten abgehalten. Auch dürfte es ausgeschlossen gewesen sein, dass die angeblich benachteiligte Bank bei Kenntnis der Vereinbarung selbst mehr als 70 % des Verkehrswertes geboten hätte, tatsächlich war genau diese Wertgrenze geboten worden. Aufgrund der negativen Entscheidung des OLG wurde allenfalls der Schuldner geschädigt. Es bleibt die Frage offen, warum die

11.521

---

430 Vgl. *Droste*, MittRhNotK 1995, 37 ff.; *Storz*, ZVG, B 5.3.1.1.
431 LG Saarbrücken, Rpfleger 2000, 80.
432 Steiner/*Storz*, § 66 Rdn. 46; *Stöber*, § 71 Rdn. 8.7; OLG Celle, NJW 1969, 1764; OLG Köln, NJW 1978, 47; OLG Karlsruhe, Rpfleger 1993, 413.
433 OLG Frankfurt, ZIP 1989, 399.
434 Dassler/*Gerhardt*, § 71 Rdn. 16; *Stöber*, § 71 Rdn. 8.7.
435 Rpfleger 2002, 637.

angeblich benachteiligte Bank nicht ebenfalls ein Bietabkommen mit potenziellen Interessenten geschlossen hat?

11.522 Bei der **Ausbietungsgarantie**[436] wird unterschieden in „mit schwächerer Wirkung" und „mit stärkerer Wirkung". Eine Ausbietungsgarantie mit schwächerer Wirkung bedeutet, der Garant übernimmt die Pflicht, dass dem Gläubiger kein Ausfall in der Zwangsversteigerung entsteht, ggf. ein solcher Ausfall zu ersetzen ist.[437] Die Garantie kann auch darin bestehen, dass der Garant dafür einsteht, dass ein Dritter ein bestimmtes Gebot abgeben wird und dieses auch erfüllt wird. Eine solche Ausfallgarantie bedarf keiner Form.[438]

11.523 Im Gegensatz hierzu ist die Ausbietungsgarantie mit stärkerer Wirkung formbedürftig, § 311b BGB.[439] Die Formbedürftigkeit ist dadurch bedingt, dass der Garant selbst verpflichtet wird, Gebote in Zwangsversteigerungsverfahren abzugeben, die wiederum – wenn auch nur bedingt – auf einen Eigentumserwerb hinauslaufen. Die Nichterfüllung eines solchen stärkeren Garantievertrages verpflichtet die Garanten ggf. zu Schadensersatz, wenn der Gläubiger einen Verlust erleidet.[440]

c) Kündigung von Grundpfandrechten

11.524 Die von dem Gläubiger dem Eigentümer oder von diesem dem Gläubiger erklärte Kündigung eines nach den Versteigerungsbedingungen bestehen bleibenden Grundpfandrechtes, welches von dem Ersteher zu übernehmen ist, ist diesem gegenüber nur wirksam, wenn sie spätestens im Versteigerungstermin vor der Aufforderung zur Abgabe von Geboten erfolgt und bei dem Gericht angemeldet worden ist, § 54 Abs. 1 ZVG. Es handelt sich hierbei nicht um ein neues Kündigungsrecht für nach den Versteigerungsbedingungen bestehen bleibende Grundpfandrechte, sondern nur um die Rechtswahrung der Kündigung dem Ersteher gegenüber.[441] Falls sich die Fälligkeit oder die fälligkeitsauslösenden Vereinbarungen bereits aus dem Grundbuch ergeben, ist keine Anmeldung notwendig.

11.525 Anmeldeberechtigt sind sowohl der Gläubiger als auch der Schuldner und auch ein Dritter, der ein Recht an dem Grundpfandrecht geltend machen kann, z.B. der Pfändungsgläubiger.[442] Die Anmeldung wird im Versteigerungstermin verlesen und bekannt gemacht.

---

436 Vgl. *Droste*, MittRhNotK 1995, 37 ff.; *Storz*, ZVG, B 5.3.1.2.
437 Dassler/*Gerhardt*, § 66 Rdn. 18; *Stöber*, § 71 Rdn. 8.5; Steiner/*Storz*, § 66 Rdn. 23.
438 *Böttcher*, § 71 Rdn. 51; **a.A.** LG Göttingen, NJW 1976, 571; einschränkend *Storz*, ZVG, B 5.3.1.3 für den Fall der Ausfallgarantie, da hier ansonsten die Formvorschrift § 313 BGB umgangen wird.
439 BGH, Rpfleger 1983, 81; BGH, NJW-RR 1993, 14; BGH, Rpfleger 1996, 471; OLG Celle, NJW 1977, 52; Dassler/*Gerhardt*, § 66 Rdn. 19; Steiner/*Storz*, § 66 Rdn. 32; *Böttcher*, § 71 Rdn. 50.
440 Steiner/*Storz*, § 66 Rdn. 35; Dassler/*Gerhardt*, § 66 Rdn. 21.
441 Steiner/*Eickmann*, § 54 Rdn. 5.
442 Steiner/*Eickmann*, § 54 Rdn. 12; *Böttcher*, § 54 Rdn. 3.

d) Antrag auf Verfahrensverbindung

aa) Voraussetzung

Grundsätzlich wird für jedes Grundstück oder jeden ideellen Grundstücksanteil ein gesondertes Zwangsversteigerungsverfahren durchgeführt. Mehrere Verfahren können jedoch nach § 18 ZVG verbunden werden, wenn: 11.526

- wegen einer Forderung in mehrere dem Schuldner gehörende Grundstücke vollstreckt werden soll;
- für eine Forderung eine gesamtschuldnerische Haftung mehrerer Grundstückseigentümer besteht und in die jeweiligen Grundstücke der einzelnen Grundstückseigentümer vollstreckt werden soll;
- wenn die Zwangsversteigerung aus einer Gesamthypothek oder Gesamtgrundschuld in mehrere Grundstücke desselben Eigentümers oder auch verschiedener Eigentümer vollstreckt werden soll.

Die Verbindung kann auch erfolgen, wenn es sich um ideelle Grundstücksbruchteile handelt, da diese insoweit dem Grundstück gleichgestellt sind. Voraussetzung ist natürlich das Vorliegen eines Titels gegen jeden der Miteigentümer. Sofern nur ein Titel gegen einen der Bruchteilseigentümer vorliegt, kann die Zwangsversteigerung nur in den ideellen Miteigentumsanteil erfolgen. Regelmäßig bietet diese Art der Zwangsversteigerung keine Aussicht auf Erfolg, da nur wenige Bietinteressenten bereit sind, einen solchen Anteil anzusteigern. Erfolgreicher ist in diesem Fall, den Auseinandersetzungsanspruch zu pfänden und anschließend die Auseinandersetzungsversteigerung zu betreiben. 11.527

Die Verbindung mehrerer Verfahren erfolgt auf **Antrag** eines Beteiligten oder auch von Amts wegen nach pflichtgemäßem Ermessen des Zwangsversteigerungsgerichtes.[443] Der Verbindungsantrag kann bereits im Antrag auf Anordnung des Verfahrens oder im Antrag auf Beitritt erfolgen, er kann jedoch auch während des laufenden Verfahrens jederzeit gestellt werden. Die Ablehnung der Verbindung wirkt gegenüber allen Beteiligten, nicht nur gegenüber den betreibenden Gläubigern.[444] 11.528

Verbindung und Ablehnung der Verbindung können selbstständig angefochten werden und zwar mit der unbefristeten Erinnerung, wenn sie ohne Gewährung rechtlichen Gehörs erfolgen[445], andernfalls nach Anhörung mit der sofortigen **Beschwerde.** 11.529

Betreibt der Gläubiger einer **Zwangssicherungshypothek** aus dem Range dieses Rechtes die Zwangsversteigerung, kann er einen Verbindungsantrag nicht stellen, da die Zwangssicherungshypothek nicht als Gesamtrecht auf 11.530

---

[443] BGH, WM 1986, 897; BGH, Rpfleger 1987, 29.
[444] LG Hannover, Rpfleger 1988, 322.
[445] OLG Hamm, Rpfleger 1987, 467 m. Anm. *Muth* = JurBüro 1987, 1880; OLG Hamm, Rpfleger 1989, 249.

allen Grundstücken bzw. Grundstücksbruchteilen lastet.[446] Die Zwangssicherungshypothek lastet als Einzelrecht auf jedem Grundstück. Den Verbindungsantrag kann der Gläubiger nur stellen, wenn er das Verfahren aus dem persönlichen Anspruch betreibt, da er wegen dieser Forderung in jedes Grundstück des Schuldners über den vollen Anspruch vollstrecken kann.

bb) Gesamtausgebot – Einzelausgebot

11.531 Die Verbindung bewirkt nicht, dass mehrere Grundstücke nunmehr nur noch zusammen versteigert werden. Die Grundstücke sind nach wie vor einzeln zu versteigern und auch grundsätzlich einzeln auszubieten, § 63 Abs. 1 S. 1 ZVG. Nach der Neufassung zum 1.8.1998 regelt § 63 Abs. 1 S. 2 ZVG, dass nunmehr die Möglichkeit besteht, Grundstücke bei einer **einheitlichen Überbauung** gemeinsam auszubieten; dies soll der Vereinfachung und Beschleunigung des Verfahrens dienen. Nicht richtig ist daher die Auffassung, dass ein Gesamtausgebot von Amts wegen erstellt werden muss.[447] In keinem Falle würde das von Amts wegen vorgenommene Gesamtausgebot das Einzelausgebot verdrängen. Ein Verzicht auf das Einzelausgebot (§ 63 Abs. 4 ZVG) muss ausdrücklich zu Protokoll im Versteigerungstermin erklärt werden.[448] Die **Einzelausgebote** unterbleiben nur, wenn alle im Versteigerungstermin anwesenden Beteiligten, deren Rechte bei der Feststellung des geringsten Gebotes nicht zu berücksichtigen sind, diesem zustimmen, § 63 Abs. 4 S. 1 ZVG.[449] Nach der früheren herrschenden Meinung konnten die Anträge auf Erstellung eines Gesamt- oder Gruppenausgebots bis zum Schluss der Bietstunde gestellt werden. **Streitig** war die Frage, bis wann die Beteiligten auf die Einzelausgebote nach § 63 Abs. 5 ZVG a.F. verzichten konnten. Um das Verfahren praktikabel und übersichtlich zu halten, war bereits in der Vergangenheit[450] die Auffassung vertreten worden, dass der Verzicht auf die Einzelausgebote nur bis zu Beginn der Bietstunde möglich sein soll. Nach der Regelung ab dem 1.8.1998 muss der Verzicht spätestens vor der Aufforderung zur Abgabe von Geboten erklärt werden, § 63 Abs. 4 S. 2 ZVG. Die neu aufgenommene Zeitgrenze zur Stellung des Antrages auf Einzelausgebote führte dazu, dass der bisherige Absatz 3 als überflüssig gestrichen werden konnte.

---

446 Steiner/*Hagemann*, § 18 Rdn. 10; *Stöber*, § 18 Rdn. 2.1.
447 So aber ThürOLG, Rpfleger 2000, 509.
448 Kritisch hierzu *Fisch*, Rpfleger 2002, 637. Nach seiner Auffassung hat das Gericht nach § 63 ZVG a.F. immer schon die Möglichkeit, vor und in dem Versteigerungstermin bei den Beteiligten auf ein Gesamtausgebot hinzuwirken, sodass die Meinung, wonach von Amts wegen ein Gesamtausgebot mehrerer Grundstücke vorgenommen werden könne, Einzelausgebote aber nur bei Verzicht durch die Beteiligten wegfallen sollten, für die Praxis so gut wie keine Erleichterung darstellt. § 63 Abs. 1 S. 2 ZVG ist daher nur dahingehend auszulegen, dass in diesem Fall Einzelausgebote unterbleiben können.
449 *Stöber*, § 63 Rdn. 2.1.
450 Früher *Stöber*, § 63 Rdn. 2.2.

11.532 Dies gilt gleichermaßen bei der Versteigerung von mehreren Miteigentumsanteilen, da diese insoweit behandelt werden wie selbstständige Grundstücke.[451] Auf die Zustimmung der Anwesenden kann nur dann verzichtet werden, wenn diese ihre Zustimmung mit Absicht verweigern, um eine ordnungsgemäße Abwicklung des Verfahrens zu verhindern.[452]

11.533 Ein Gesamtausgebot aller Grundstücke ist aufzustellen, wenn ein Beteiligter dies verlangt (vgl. Beispiel Rdn. 11.615 ff.). Die Verfahrenskosten werden dann im Verhältnis der Grundstückswerte in das jeweilige geringste Gebot aufgenommen. Ebenso wird verfahren bei den Ansprüchen aus der Rangklasse 1 bis 3 des § 10 Abs. 1 ZVG.

11.534 Der Gläubiger muss daher darauf achten, dass eine **Einstellung des Verfahrens** grundsätzlich auf das einzelne Grundstück bezogen wird. Stellt er jedoch ohne Einschränkung das Verfahren einstweilen ein, bezieht sich dies auf das Gesamtverfahren.

11.535 Bei der Abgrenzung in **laufende** und **rückständige** wiederkehrende **Leistungen** ist als Beschlagnahmezeitpunkt die erste wirksam gewordene Beschlagnahme in einem der getrennt laufenden Verfahren nach der Verbindung für das Gesamtverfahren maßgebend.[453]

11.536 Die Verbindung mehrerer Verfahren ist aber nicht nur sinnvoll, wenn es sich bei den rechtlich selbstständigen Grundstücken um eine wirtschaftliche Einheit handelt. Da sich der Gläubiger eines Gesamtgrundpfandrechtes aus jedem Grundstück in voller Höhe befriedigen kann, bedeutet dies für einen nachrangigen Gläubiger, dass sein Anspruch unter Umständen keine Aussicht auf eine Realisierungschance hat. Nach erfolgter Verbindung des Verfahrens kann das **Gesamtrecht** jedoch auf Antrag auf die einzelnen Grundstücke nach dem Verhältnis der Grundstückswerte **verteilt** werden, § 64 Abs. 1 ZVG.

11.537 Der Wert wird unter Abzug der Belastung berechnet, die dem Gesamtgrundpfandrecht im Range vorgehen und bestehen bleiben. Im bestehen bleibenden Teil des geringsten Gebotes wird der Kapitalbetrag verteilt, Zinsen und Nebenleistungen werden im bar zu zahlenden Teil des geringsten Gebotes verteilt.

11.538 Da der Gläubiger des Gesamtrechtes durch die Verteilung die für ihn vorteilhafte Gesamtbelastung verliert, hat er die Möglichkeit, durch einen **Gegenantrag** die Gesamtbelastung wiederherzustellen, § 64 Abs. 2 ZVG. Das Grundstück ist nunmehr doppelt auszubieten, da nunmehr auch ein geringstes Gebot erstellt werden muss, als wenn dieser Gläubiger bestrangig betreibender Gläubiger wäre. Zur Berechnung eines solchen geringsten Gebotes und insbesondere zur Zuschlagserteilung vgl. Rdn. 11.615 ff.

---

451 OLG Saarbrücken, Rpfleger 1992, 123 m. Anm. *Hintzen*.
452 OLG Karlsruhe, Rpfleger 1994, 376.
453 Vielfache Praxis; **a.A.** *Stöber*, § 13 Rdn. 3.4; Steiner/*Hagemann*, § 13 Rdn. 8.

9. Überlegungen des Schuldners

a) Schuldübernahme

11.539 Von der Schuldübernahme nach § 53 ZVG wird in der Praxis nur selten Gebrauch gemacht. Grund hierfür dürfte in erster Linie die Tatsache sein, dass diese Anmeldung nur der Schuldner vornehmen kann und dieser nur über ungenügende Kenntnisse des Zwangsversteigerungsverfahrens verfügen wird. Voraussetzung der Schuldübernahme ist das Bestehenbleiben eines Grundpfandrechtes nach den gesetzlichen Versteigerungsbedingungen, nicht bei einer Liegenbelassungsvereinbarung nach § 91 Abs. 2 ZVG.[454]

11.540 Haftet bei einer **Hypothek,** die nach den Versteigerungsbedingungen bestehen bleibt und von dem Ersteher zu übernehmen ist, der Schuldner als Grundstückseigentümer zugleich persönlich für die Forderung, so übernimmt der Ersteher die Schuld in Höhe der Hypothek. Aufgrund der Akzessorietät, § 1153 BGB, tritt die Schuldübernahme durch den Ersteher kraft Gesetzes ein. Die Schuldübernahme muss jedoch noch durch den Gläubiger genehmigt werden, da gegen seinen Willen ihm ein anderer Schuldner nicht aufgedrängt werden kann, § 415 Abs. 1 S. 1 BGB. Verweigert der Gläubiger die Genehmigung, hat die Übernahme der persönlichen Schuld durch den Ersteher des Grundstückes zunächst nur die Bedeutung einer Erfüllungsübernahme, der Schuldner hat gegenüber dem Ersteher einen **Schuldbefreiungsanspruch.**[455]

11.541 Zu den Auswirkungen in der Erlöszuteilung, insbesondere bei der Zwangssicherungshypothek, vgl. Rdn. 10.185 ff.

11.542 Handelt es sich bei dem bestehen bleibenden Recht um eine **Grundschuld,** ist die der Grundschuld zugrunde liegende persönliche Forderung aus dem Grundbuch nicht ersichtlich. Welche konkrete Forderung durch die Grundschuld gesichert wird, ergibt sich nur aus der Sicherungsabrede.

11.543 Das Unterbleiben oder eine verspätete Anmeldung bewirkt, dass die persönliche Forderung nach wie vor dem Gläubiger gegen den Schuldner zusteht, während der Ersteher die dingliche Haftung übernommen hat. Wird jedoch der persönliche Schuldner durch den Grundpfandrechtsgläubiger in Anspruch genommen, hat er gegen den Ersteher einen Anspruch aus ungerechtfertigter Bereicherung.[456]

11.544 Meldet der Schuldner als Grundstückseigentümer die der Grundschuld zugrunde liegende persönliche Forderung rechtzeitig an, übernimmt der Ersteher auch diese Schuld. Die Anmeldung muss spätestens im Zwangsversteigerungstermin vor der Aufforderung zur Abgabe von Geboten angemeldet werden. Die Anmeldung hat die Forderung nach Grund und Höhe genau zu bezeichnen. Auch hier muss, wie bei der Hypothek, die Schuld-

---

454 BGH, NJW 1981, 1601.
455 *Stöber,* § 53 Rdn. 2.2; Steiner/*Eickmann,* § 53 Rdn. 11; *Böttcher,* § 53 Rdn. 5.
456 BGH, Rpfleger 1971, 211 = NJW 1971, 1750; BGH, NJW 1975, 1126.

übernahme noch durch den Gläubiger der Grundschuld genehmigt werden. Trotz grundsätzlicher Rückwirkung der Genehmigung wird der Schuldner aber nur von der Haftung für solche Verbindlichkeiten frei, die zum Zeitpunkt der Genehmigung noch bestanden.[457]

Die genehmigte Schuldübernahme hat unter anderem die Wirkung, dass auch der **Rückgewähranspruch** auf den Ersteher übergeht.[458] Da dies für den Ersteher als neuen Grundstückseigentümer durchaus von Wichtigkeit sein kann, sollten Gläubiger den Schuldner veranlassen, die erforderliche Anmeldung rechtzeitig vorzunehmen.

11.545

b) Kündigung von Grundpfandrechten

Grundpfandrechte, die nach den Versteigerungsbedingungen bestehen bleiben und von dem Ersteher zu übernehmen sind, brauchen grundsätzlich zunächst nicht getilgt zu werden. Voraussetzung ist die Fälligkeit des Anspruches durch Kündigung oder sonstige Tatbestände (z.B. Insolvenzeröffnung, Anordnung des Zwangsversteigerungsverfahrens, Zahlungsverzug).

11.546

Kündigung oder Fälligkeit des Grundpfandrechts sind dem Ersteher gegenüber nur dann wirksam, wenn sie entweder aus dem Grundbuch selbst bereits ersichtlich sind (dürfte regelmäßig bei der Vereinbarung des Grundpfandrechts zum Inhalt der Bewilligungsurkunde gehören[459]) oder wenn sie spätestens im Versteigerungstermin vor der Aufforderung zur Abgabe von Geboten durch den Gläubiger angemeldet werden, § 54 Abs. 1 ZVG.[460]

11.547

Hat der Grundpfandrechtsgläubiger gegen den Schuldner eine **Duldungsklage** geltend gemacht, § 1147 BGB, wirkt das Urteil gegen den Ersteher nur dann, wenn die Rechtshängigkeit des Anspruches oder die bereits eingetretene Rechtskraft des Urteils rechtzeitig im Termin angemeldet wurde, § 325 Abs. 3 ZPO.[461] Wird die Anmeldung des Gläubigers versäumt, müsste er gegen den Ersteher erneut klagen.[462]

11.548

10. Abweichende Versteigerungsbedingungen

a) Abweichungsverlangen

Jeder Verfahrensbeteiligte kann eine von den gesetzlichen Vorschriften abweichende Feststellung des geringsten Gebotes und der Versteigerungsbedingungen verlangen, § 59 Abs. 1 S. 1 ZVG. Werden durch ein solches Abweichungsverlangen Rechte anderer Beteiligter nicht beeinträchtigt,

11.549

---

457 OLG Schleswig, SchlHA 2004, 103 = InVo 2004, 297.
458 *Stöber*, § 53 Rdn. 3.2; Steiner/*Eickmann*, § 53 Rdn. 46; *Böttcher*, § 53 Rdn. 13.
459 Vgl. Dassler/*Gerhardt*, § 54 Rdn. 1.
460 Steiner/*Eickmann*, § 54 Rdn. 11.
461 *Böttcher*, § 54 Rdn. 7.
462 Dassler/*Gerhardt*, § 54 Rdn. 5; Steiner/*Eickmann*, § 54 Rdn. 17.

muss das Versteigerungsgericht dem Antrag stattgeben. Liegt eine Beeinträchtigung eindeutig vor, kann dem Antrag nur stattgegeben werden, wenn die betroffenen Gläubiger dem zustimmen.

11.550 Bei Ablehnung auch nur eines der Beteiligten ist der Antrag auf abweichende Versteigerungsbedingung zurückzuweisen.[463] Steht jedoch nicht fest, ob ein Recht durch die Abweichung beeinträchtigt wird oder nicht, ist das Grundstück mit der verlangten Abweichung und ohne sie auszubieten, § 59 Abs. 2 ZVG.[464]

11.551 Ein geschickt taktierender Gläubiger oder der Schuldner kann durch zahlreiche Änderungsverlangen mehrere **Doppelausgebote** erreichen, die das Verfahren unübersichtlich machen können. Dadurch werden Bietinteressenten verunsichert, und das Versteigerungsverfahren verläuft unter Umständen ergebnislos. Ist erkennbar, dass die Anträge nur zur Verfahrensverzögerung oder Verwirrung der Beteiligten gestellt werden, können diese nur wegen **Missbrauchs** zurückgewiesen werden.[465]

11.552 Andererseits haben abweichende Versteigerungsverlangen durchaus ihren Sinn, z.B. in einer Hochzinsphase oder bei dem Verlangen des Bestehenbleibens eines an sich erlöschenden Rechtes. Die wichtigste Abweichung der gesetzlichen Versteigerungsbedingungen hat das Gesetz selbst vorgesehen bei der Versteigerung von mehreren Grundstücken, §§ 63, 64 ZVG.

b) Abweichungsmöglichkeiten

11.553 Die in der Praxis häufigsten abweichenden Versteigerungsbedingungen sind:

- Das Bestehenbleiben eines nach den Versteigerungsbedingungen erlöschenden Rechtes.[466] Oftmals trifft dies auf das Erlöschen des **Erbbauzinses** bei der Versteigerung eines Erbbaurechtes zu. Der Grundstückseigentümer als Berechtigter der Erbbauzinsreallast hat häufig den finanzierenden Grundpfandrechtsgläubigern den Vorrang eingeräumt, mit der Folge, dass der Erbbauzins bei einer Versteigerung aus dem vorrangigen Grundpfandrecht erlischt. Nach § 9 Abs. 3 ErbbauVO n.F. kann das Bestehenbleiben einer nachrangigen Erbbauzinsreallast **mit ihrem Hauptanspruch** in der Zwangsversteigerung vereinbart werden. Hierdurch wird die Folge des Erlöschens der Erbbauzinsreallast durch Rangrücktritt hinter ein anderes dingliches Grundpfandrecht, aus welchem dann vorrangig die Zwangsversteigerung betrieben wird, vermieden (vgl. Rdn. 9.112 ff.).

---

463 *Stöber*, § 59 Rdn. 4.3; Steiner/*Storz*, § 59 Rdn. 43, 47.
464 *Stöber*, § 59 Rdn. 4.4; Steiner/*Storz*, § 59 Rdn. 46 ff.
465 BGH, NJW 1979, 162; OLG München, Rpfleger 1984, 363; OLG Koblenz, Rpfleger 1985, 499; *Schiffhauer*, Rpfleger 1986, 326.
466 *Stöber*, § 59 Rdn. 7.

Folge: Der bar zu zahlende Teil des geringsten Gebotes erhöht sich, somit Doppelausgebot.
- Höhere Verzinsung des Bargebotes.[467] Das Bargebot ist vom Zuschlag bis zum Verteilungstermin grundsätzlich mit dem gesetzlichen Zinssatz von 4 % zu verzinsen. Gerade in einer wirtschaftlichen Phase, in der auch die Kreditzinsen sehr hoch sind, kann es sich anbieten, diesen Zinssatz zu erhöhen.
Folge: Doppelausgebot.[468]
- Höhere Verzinsung der Sicherungshypothek nach § 128 ZVG.[469] Zahlt der Ersteher des Grundstückes das bare Meistgebot nicht, wird die Forderung des Eigentümers (Schuldners) gegen den Ersteher auf Zahlung auf die an dem Erlös berechtigten Gläubiger übertragen, für die Forderungen sind an dem Grundstück Sicherungshypotheken einzutragen. Diese Sicherungshypotheken werden zumindest mit dem gesetzlichen Zinssatz von 4 % verzinst, wenn nicht 5 Prozentpunkte über Basiszins (**streitig**, vgl. Rdn. 11.1031). Auch wenn im Versteigerungstermin noch nicht feststeht, ob der Ersteher das bare Meistgebot nicht bezahlt, kann bereits über eine Höherverzinsung verhandelt werden.
Folge: Doppelausgebot.[470]
- Das Verlangen nach Gruppen- und/oder Gesamtausgeboten, §§ 63, 64 ZVG.
Folge: s. Rdn. 11.615 ff.
- Abweichungen von dem Ausnahmekündigungsrecht oder der Beschränkung des Kündigungsrechtes des Erstehers, §§ 57a, c ZVG.
Folge: Doppelausgebot.[471]
- Regelungen über das Altenteil, welches nach landesrechtlichen Vorschriften auch dann bestehen bleibt, wenn es nicht in das geringste Gebot fällt, § 9 Abs. 2 EGZVG.
Folge: Doppelausgebot.[472]
- Abweichungen über das Bestehenbleiben bzw. Erlöschen eines Dauerwohnrechtes nach § 39 WEG.[473]

---

[467] Steiner/*Storz*, § 59 Rdn. 25.
[468] LG Freiburg, Rpfleger 1975, 105; LG Münster, Rpfleger 1982, 77.
[469] Steiner/*Storz*, § 59 Rdn. 26.
[470] LG Aurich, Rpfleger 1981, 153; *Schiffhauer*, Rpfleger 1986, 326, 339.
[471] Steiner/*Storz*, § 59 Rdn. 17; Dassler/*Schiffhauer*, § 59 Rdn. 33; *Böttcher*, § 59 Rdn. 22.
[472] Steiner/*Storz*, § 59 Rdn. 36; LG Arnsberg, Rpfleger 1984, 427; **a.A.** *Böttcher*, § 59 Rdn. 26, zuerst erfolgt das Ausgebot mit dem Altenteil, erst wenn sich dann eine Minderdeckung herausstellt, schließt sich das abweichende Ausgebot an; vgl. auch Rdn. 9.86 ff.
[473] Steiner/*Storz*, § 59 Rdn. 11; LG Arnsberg, Rpfleger 1984, 427.

Folge: Doppelausgebot.[474]

- Die Vereinbarung über das Fortbestehen eines Rechtes, das nach den Versteigerungsbedingungen erlöschen würde, § 59 Abs. 3 ZVG. Hierin ist ausdrücklich bestimmt, dass die Zustimmung eines nachstehend Beteiligten zu dieser Abweichung nicht erforderlich ist, da dieser hiervon auch nicht betroffen ist.

  Folge: Doppelausgebot regelmäßig nicht notwendig. Dies kann nur dann erforderlich sein, wenn ein Zwischenberechtigter der Abweichung nicht zugestimmt hat.[475] Es bedarf insbesondere nicht der Zustimmung eines den Rechten nachstehenden Beteiligten, § 59 Abs. 3 ZVG. Ebenfalls nicht erforderlich ist die Zustimmung des Eigentümers.[476]

11.554 Ein schwebendes **Flurbereinigungsverfahren** ist auf die Durchführung der Zwangsversteigerung eines Einlagegrundstückes ohne Einfluss. Eine auf vorläufiger Besitzeinweisung vom Schuldner vorgenommene Bebauung des Abfindungsgrundstückes kann nur durch eine abweichende Versteigerungsbedingung berücksichtigt werden.[477]

11.555 Von Amts wegen muss ein Doppelausgebot erlassen werden, wenn an einem **Rangtausch**, durch den ein relatives Rangverhältnis gegenüber einem Zwischenrecht entsteht, ein nicht auf Zahlung eines Geldbetrages gerichtetes Recht beteiligt ist, z.B. Wohnrecht, Nießbrauch, Reallast.[478]

11.556 Handelt es sich um grundlegende Versteigerungsbedingungen, unterliegen diese nicht dem Abweichungsverlangen der Beteiligten. **Zwingend** und somit **nicht abänderbar** sind:

- Abweichungen über die Höhe des Übergebotes, z.B. dass das vorhergehende Gebot um mindestens x € höher liegen soll; die Vorschrift des § 72 ZVG ist zwingend.[479]
- Die Mindestdauer der Versteigerung von 30 Minuten, § 73 Abs. 1 S. 1 ZVG;
- die Vollstreckbarkeit des Zuschlagsbeschlusses, § 93 ZVG.[480]

---

474 Steiner/*Storz*, § 59 Rdn. 36; LG Arnsberg, Rpfleger 1984, 427; vgl. auch Rdn. 9.122 ff.
475 *Stöber*, § 59 Rdn. 7.2.
476 *Stöber*, § 59 Rdn. 7.1; Steiner/*Storz*, § 59 Rdn. 33; **a.A.** *Böttcher*, § 59 Rdn. 20; Dassler/*Schiffhauer*, § 59 Rdn. 48; *Schiffhauer*, Rpfleger 1986, 326, 336; vgl. hierzu auch *Muth*, JurBüro 1985, 13, der § 59 Abs. 3 ZVG für verfassungswidrig hält.
477 OLG Hamm, Rpfleger 1987, 258; vgl. hierzu aber auch kritisch Dassler/*Schiffhauer*, § 59 Rdn. 37.
478 OLG Hamm, Rpfleger 1985, 246.
479 Dassler/*Schiffhauer*, § 59 Rdn. 26; *Stöber*, § 59 Rdn. 5.14; *Böttcher*, § 59 Rdn. 8; unzutreffend somit: OLG Oldenburg, Rpfleger 1981, 315; Steiner/*Storz*, § 59 Rdn. 23; *Storz*, ZVG, D 2.3.2; vgl. auch LG Aurich, Rpfleger 1981, 153 Erhöhung zu je 1.000,– €.
480 *Böttcher*, § 59 Rdn. 8.

- Ebenfalls unzulässig sind Abänderungen über die gesetzlich geregelte Art und Höhe der Sicherheitsleistung.[481]
- Eine beantragte Änderung der Befriedigungsreihenfolge, §§ 10, 109 ZVG, wird für unzulässig gehalten.[482]
- Eine Vereinbarung in Abweichung der Rangfolge bezüglich § 12 ZVG, z.B. dass im Falle der Zwangsversteigerung aus der **Reallast** das Stammrecht in das geringste Gebot aufzunehmen sei.[483]

c) **Zeitpunkt des Abweichungsverlangens**

Kontrovers wurde früher die Frage beantwortet, bis wann der Antrag auf abweichende Versteigerungsbedingungen noch gestellt werden kann (jederzeit bis vor dem Zwangsversteigerungstermin oder noch während des Termins bis zum Schluss der Versteigerung).[484] Der günstigste und zweckmäßigste Zeitpunkt war sicherlich im Termin bis zur Aufforderung zur Abgabe von Geboten. 11.557

Mit **Wirkung ab dem 1.8.1998** müssen Abweichungsverlangen der Beteiligten spätestens im Versteigerungstermin vor der Aufforderung zur Abgabe von Geboten verlangt werden, § 59 Abs. 1 S. 1 ZVG. Der Antrag kann spätestens bis zu diesem Zeitpunkt auch wieder zurückgenommen werden, § 59 Abs. 1 S. 2 ZVG. 11.558

Die zeitliche Begrenzung des Antrags auf Feststellung des von den gesetzlichen Vorschriften abweichenden geringsten Gebots und der Versteigerungsbedingungen auf den Beginn der Bietzeit dient dazu, eine Reihe von Problemen aus dem Weg zu räumen und Missbrauchsmöglichkeiten zu verhindern. Entsprechendes soll bei der Rücknahme des Antrags gelten.[485] 11.559

d) **Auswirkungen im Verfahren**

Ist das Abweichungsverlangen zulässig, und ist keiner der Beteiligten hiervon beeinträchtigt, ist das Grundstück nur mit der Abweichung auszubieten. Zu den Beteiligten, die von der Abweichung betroffen sein können, zählt auch der Schuldner.[486] 11.560

Steht fest, dass ein Beteiligter beeinträchtigt ist, muss seine Zustimmung vorliegen. Nach Zustimmung wird das Grundstück wiederum nur mit der 11.561

---

481 *Stöber*, § 59 Rdn. 5.13; Dassler/*Schiffhauer*, § 59 Rdn. 34; *Böttcher*, § 59 Rdn. 8; **a.A.** Steiner/*Storz*, § 69 Rdn. 22.
482 *Böttcher*, § 59 Rdn. 8; Dassler/*Schiffhauer*, § 59 Rdn. 32, nach **a.A.** ist die Änderung zulässig, führt dann jedoch zu einem Doppelausgebot, *Stöber*, § 59 Rdn. 5.12; Steiner/*Storz*, § 59 Rdn. 19.
483 OLG Hamm, Rpfleger 2003, 24 = FGPrax 2002, 201 = ZfIR 2002, 994 = ZNotP 2003, 31 = RNotZ 2002, 576; LG Münster, Rpfleger 2002, 435 = InVo 2002, 254.
484 Vgl. Dassler/*Schiffhauer*, § 59 Rdn. 7; *Stöber*, § 59 Rdn. 3.3; Steiner/*Storz*, § 59 Rdn. 60.
485 Vgl. hierzu *Hintzen*, Rpfleger 1998, 148 ff.; *Storz*, ZVG, D 2.1.1.
486 *Schiffhauer*, Rpfleger 1986, 326, 335.

Abweichung ausgeboten. Die Zustimmung kann im Termin zu Protokoll erklärt werden oder aber auch schriftlich erfolgen. Eine öffentliche Beglaubigung der Zustimmungserklärung ist nicht erforderlich.[487]

11.562 Regelmäßig wird es jedoch so sein, dass die Beeinträchtigung eines Beteiligten nicht eindeutig festgestellt werden kann. Zumindest hängt die Beeinträchtigung wesentlich von der Höhe der abgegebenen Gebote ab, letztendlich kann die Beeinträchtigung also erst definitiv am Schluss der Versteigerung festgestellt werden. In diesem Falle ist das Grundstück mit und ohne Abweichung auszubieten **(Doppelausgebot)**.

11.563 Für das Abweichungsverlangen ist ein eigenes geringstes Gebot zu verkünden. Die Versteigerung zu den bereits festgestellten Bedingungen läuft parallel.[488]

11.564 Die Auffassung, dass die Versteigerung abzubrechen ist und die Gebote sämtlich neu aufzustellen sind und auch die Bietzeit neu zu beginnen hat, war bereits nach früherem Recht abzulehnen. Die Versteigerung darf insgesamt nur *gemeinsam für alle Gebotsformen* erfolgen.[489]

11.565 In keinem Falle kann das Abweichungsverlangen dazu benutzt werden, um vergessene Anmeldungen noch rechtzeitig nachzuholen. Anmeldungen, die jetzt noch erfolgen, sind verspätet und erleiden einen Rangverlust, § 110 ZVG. Die vor Beginn der ersten Bietzeit erfolgte Aufforderung, Anmeldungen vorzunehmen, da sie ansonsten als verspätet gelten, ist für den gesamten aktuellen Zwangsversteigerungstermin einheitlich zu sehen.[490]

11.566 Gleichermaßen gilt auch eine einmal **geleistete Sicherheit** für ein abgegebenes Gebot für alle Gebote des Bieters hinsichtlich jeder Ausgebotsform, der Bieter muss nicht jeweils für jedes Gebot auf die verschiedenen Ausgebotsarten erneut Sicherheit leisten.[491]

e) Zuschlagserteilung

11.567 Liegen nach Schluss der Versteigerung Meistgebote auf alle Ausgebotsformen vor, kann der Zuschlag auf die Abweichung nur dann erteilt werden, wenn keine Beeinträchtigung eines Beteiligten gegeben ist.[492] Hat das Gericht ein Doppelausgebot zugelassen, so ändert dies nichts daran, dass

---

[487] Dassler/*Schiffhauer*, § 59 Rdn. 42; a.A. *Stöber*, § 59 Rdn. 4.3; Steiner/*Storz*, § 59 Rdn. 42.
[488] Zur früheren Rechtslage: Dassler/*Schiffhauer*, § 59 Rdn. 11; *Stöber*, § 59 Rdn. 3.3; *Muth*, Rpfleger 1987, 397; *Muth*, Kap. 1 V Rdn. 22; differenzierd: *Storz*, ZIP 1982, 416; Steiner/*Storz*, § 59 Rdn. 60; anders jedoch für den Fall, dass in der 1. Bietzeit noch kein Gebot abgegeben wurde, dann abbrechen und neu beginnen.
[489] *Stöber*, § 59 Rdn. 3.3; *Muth*, Rpfleger 1987, 397; Dassler/*Schiffhauer*, § 59 Rdn. 19.
[490] Dassler/*Schiffhauer*, § 59 Rdn. 13; *Stöber*, § 59 Rdn. 3.3; a.A. *Storz*, ZIP 1982, 416 und ZIP 1980, 1049; Steiner/*Storz*, § 66 Rdn. 136; *Muth*, 1 V 3 b.
[491] Dassler/*Schiffhauer*, § 59 Rdn. 16, 17.
[492] Dassler/*Schiffhauer*, § 59 Rdn. 55; Steiner/*Storz*, § 59 Rdn. 50.

gemäß § 59 Abs. 1 S. 2 ZVG stets die Zustimmung desjenigen Beteiligten erforderlich ist, dessen Recht durch die Abweichung beeinträchtigt ist. Beeinträchtigt i.S.v. § 59 Abs. 1 ZVG ist jedenfalls auch dann der Schuldner, wenn mittels der abweichenden Bedingung weniger Schulden als gesetzlich – durch höheres Gebot – getilgt werden oder gar kein wirksames Gebot abgegeben worden wäre.[493] Soll ein nach den Versteigerungsbedingungen bestehen bleibendes Recht auf Antrag eines Beteiligten erlöschen, kann der Zuschlag hierauf nur dann erteilt werden, wenn auch die Zustimmung des Schuldners vorliegt.[494] Kommt es für die Klärung der Zuschlagsfrage darauf an, welches Gebot das höhere ist, ist auf den Zeitpunkt der Zuschlagsentscheidung abzustellen.[495]

11.568 Umstritten ist nach wie vor die Frage, auf welches Gebot der Zuschlag zu erteilen ist, wenn nur ein **Meistgebot auf die Abweichung** abgegeben wurde. Sofern Beteiligte vorhanden sind, die durch das Meistgebot auf das Abweichungsverlangen nicht gedeckt sind, oder überhaupt möglicherweise beeinträchtigt sind, kann der Zuschlag dann erteilt werden, wenn diese Beteiligten der Abweichung nachträglich zustimmen.[496]

11.569 Ist eine Beeinträchtigung nicht festzustellen, kann der Zuschlag auf die Abweichung ohne weiteres dann erteilt werden, wenn auf das geringste Gebot nach den gesetzlichen Versteigerungsbedingungen kein Meistgebot erteilt wurde.[497]

11.570 Der Zuschlag ist auf das **Meistgebot mit den gesetzlichen Versteigerungsbedingungen** zu erteilen, wenn nur hierauf Gebote abgegeben wurden.

11. Ablösung des Gläubigers

a) Ablösungsrecht

11.571 Verlangt ein Gläubiger Befriedigung aus dem Grundstück, kann jeder, der Gefahr läuft, durch die Zwangsvollstreckung ein Recht an dem Grundstück zu verlieren, den Gläubiger befriedigen, §§ 1150, 268 BGB. Abgelöst werden kann daher jeder Gläubiger, der das Zwangsversteigerungsverfahren betreibt. Dies kann sowohl ein dinglicher Gläubiger als auch ein persönlicher Gläubiger in Rangklasse 5 sein.[498] Ein Grundpfandrecht kann darüber hinaus bereits dann abgelöst werden, wenn der **Grundpfandrechtsgläubiger** Befriedigung aus dem Grundstück verlangt, also insbesondere die Ver-

---

493 LG Rostock – 2 T 144 u. 126/00 – Rpfleger 2001, 509.
494 LG Arnsberg, Rpfleger 2005, 42.
495 LG Münster, Rpfleger 1982, 77.
496 Dassler/*Schiffhauer*, § 59 Rdn. 57; *Schiffhauer*, Rpfleger 1986, 326, 337; *Stöber*, § 59 Rdn. 6.3; **a.A. *Muth*,** 1 VI 2 b; Steiner/*Storz*, § 59 Rdn. 54, sofort erteilen.
497 LG Berlin, Rpfleger 2006, 93; LG Arnsberg, Rpfleger 1984, 427; Steiner/*Storz*, § 59 Rdn. 54; *Muth*, Rpfleger 1987, 397, 401; *Böttcher*, § 59 Rdn. 14; **a.A.** Dassler/*Schiffhauer*, § 59 Rdn. 8; *Schiffhauer*, Rpfleger 1986, 326, 338; *Stöber*, § 59 Rdn. 6.3.
498 *Stöber*, § 15 Rdn. 20.13.

steigerung angedroht hat, aber auch eine Kündigung des Rechtes ist bereits genügend.[499] Eine Ablösung ist somit nicht mehr möglich, wenn ein betreibender Gläubiger sein Verfahren hat einstweilen einstellen lassen.[500]

11.572 Abgelöst werden kann auch eine **öffentliche Grundstückslast,** insbesondere wenn hieraus aus der Rangklasse 3 des § 10 Abs. 1 ZVG das Verfahren betrieben wird.[501] Nach überwiegender Auffassung kann die Ablösung einer öffentlichen Last aber erst dann erfolgen, wenn die Vollstreckung betrieben und nicht lediglich angedroht wird.[502]

11.573 Ob jedoch die gleichen Grundsätze auch für die durch den **Insolvenzverwalter** in Rangklasse 1a des § 10 Abs. 1 ZVG geltend gemachten **Feststellungskosten** für Zubehörgegenstände gelten, ist zweifelhaft. Wohl überwiegend wird vertreten, dass eine Ablösung dann möglich ist, sobald der Insolvenzverwalter von seinem Antragsrecht nach § 174a ZVG Gebrauch macht, und verlangt, dass nur ein solches geringstes Gebot aufzustellen ist, bei dem lediglich die seinem Anspruch vorgehenden Beträge ins geringste Gebot fallen. Das Ablösungsrecht nach § 268 BGB setzt aber das **Betreiben** der Zwangsvollstreckung wegen einer Geldforderung in einen dem Schuldner gehörenden Gegenstand voraus. Ein Gläubiger betreibt die Zwangsvollstreckung, indem er diese auf Antrag[503] einleitet, also den Antrag auf Anordnung der Zwangsversteigerung stellt oder den Beitritt zu einem bereits laufenden Verfahren erklärt, §§ 15, 27 ZVG. Weiterhin muss wegen einer Geldforderung das Verfahren aktiv betrieben werden, nur so kann sich die besondere Konstellation des § 268 BGB ergeben.[504] Nicht abgelöst werden kann daher das „Betreiben" des Insolvenzverwalters i.S.d. § 172 ZVG (ebenso wie dies eines Antragstellers in der Teilungsversteigerung nach §§ 180 ff. ZVG). Der Gesetzgeber hat für die besonderen Verfahren nach §§ 172 ff. ZVG die allgemeinen Vorschriften des ZVG für entsprechend anwendbar erklärt und so dieselben Verfahrensregeln und damit den Ablauf der Zwangsversteigerung in gleicher Weise regeln wollen wie eine Forderungsversteigerung. Die zwangsvollstreckungsrechtlichen Grundsätze ergeben sich jedoch aus der ZPO §§ 704 ff. Mit dem Betreiben der Zwangsvollstreckung wegen einer Geldforderung durch den Gläubiger kann das Antragsrecht nach § 174a ZVG in keinem Falle verglichen werden. Eine Antragstellung nach dieser Vorschrift führt nur zur Erstellung eines abweichenden geringsten Gebotes (Doppelausgebot). Der Insolvenzverwalter übernimmt mit seinem Antragsrecht gewissermaßen die Stellung des bestrangig betreibenden Gläubigers für die Berechnung des geringsten Gebotes, indem nunmehr bei Feststellung des geringsten Gebotes nur diejenigen An-

---

499 *Stöber,* § 15 Rdn. 20.1; *Storz,* ZVG, B 7.3.1.
500 Steiner/*Storz,* § 75 Rdn. 30.
501 BGH, NJW 1956, 1197; BGH, MDR 1971, 205 = KTS 1971, 192.
502 Steiner/*Storz,* § 75 Rdn. 29; BGH, MDR 1971, 205 = KTS 1971, 192.
503 Palandt/*Heinrichs,* § 268 Rdn. 2.
504 MünchKomm/*Krüger* BGB, § 268 Rdn. 4.

sprüche aufzunehmen sind, die dem Anspruch des Insolvenzverwalters aus der Rangklasse 1a des § 10 Abs. 1 ZVG vorgehen.[505] Der Verwalter übernimmt mit seinem Antragsrecht nach § 174a ZVG nicht die Stellung eines bestrangig betreibenden Gläubigers wie der Vollstreckungsgläubiger in der Forderungsversteigerung. Zwar wird ein geringstes Gebot basierend auf der Rangklasse 1a des § 10 Abs. 1 ZVG aufgestellt, dennoch ist der Verwalter kein betreibender Gläubiger. Dies zeigen auch die Rechtsfolgen der Ablösung. Gehen die angemeldeten Feststellungskosten nach der Ablösung auf einen nachrangigen Grundpfandgläubiger über, kann dieser aus der Rangklasse 1a das Verfahren nicht betreiben, er hat auch kein Antragsrecht i.S.d. § 174a ZVG. Das geringste Gebot ist daher wieder nach den Grundsätzen der §§ 172, 174 ZVG aufzustellen.

Eine Ablösung der Ansprüche der Rangklasse 1a führt im Ergebnis nur dazu, dass die Insolvenzmasse um die Feststellungskosten angereichert wird. Dies kann aber nicht ausschließlich der Sinngehalt der Regelung des § 174a ZVG sein. Auch in der Regierungsbegründung wird ausgeführt, dass der Verwalter von seinem Antragsrecht insbesondere dann Gebrauch machen wird, wenn sich andernfalls wegen der hohen Belastungen des Grundstücks kein Bieter in der Zwangsversteigerung finden wird. Sinn der Vorschrift ist eine aussichtslose freihändige Veräußerung durch Zwangsversteigerung zu ermöglichen und den Ausfallbetrag der absonderungsberechtigten Gläubiger festzustellen, § 52 InsO. Gibt man den nachrangigen Gläubigern ein Ablösungsrecht, aber kein Betreibungsrecht aus der Rangklasse 1a, besteht die Gefahr, dass das Grundstück wieder unversteigerbar wird. Das eigentliche Ziel der Norm wird damit konterkariert. Eine analoge Anwendung von § 268 BGB scheitert somit an dem Normzweck der verschiedenen Regelungstatbestände. Eine planwidrige Regelungslücke besteht nicht. De lege ferenda ist der Gesetzgeber aufzufordern, § 174a ZVG bei nächster Gelegenheit aufzuheben.

Die Überlegungen, den **bestrangig betreibenden Gläubiger** abzulösen, sind sicherlich recht vielfältig. Zweck der Ablösung nach §§ 1150, 1192 Abs. 1, § 268 BGB und § 75 ZVG ist, den Verlust des Grundstücks durch Zwangsversteigerung zu verhindern, indem nicht aus dem Grundstück selbst, sondern aus sonstigem Vermögen – nämlich dem des nachrangigen Gläubigers – gezahlt wird. Im Vordergrund steht der Erhalt des Haftungsgegenstandes zugunsten des rangschlechteren Gläubigers, der zugleich die Gefahr abwenden möchte, mit seinem nachrangigen Grundpfandrecht auszufallen. Macht der nachrangige Grundschuldgläubiger von seinem gesetzlichen Ablösungsrecht Gebrauch, muss er den vorrangigen Grundschuldgläubiger daher aber selbst dann in voller Höhe des dinglichen Rechts befriedigen, auch wenn eine entsprechende persönliche Forderung, deren Sicherung das vorrangige Grundpfandrecht dient, nicht besteht.[506] Sofern der vorrangige

---
505 Eine vergleichbare Regelung enthält § 64 Abs. 2 ZVG oder § 174 ZVG.
506 BGH, Rpfleger 2005, 555 = NJW 2005, 2398.

Grundschuldgläubiger aufgrund der Ablösung des dinglichen Rechts einen Übererlös erzielen sollte, findet zwischen den beiden Grundschuldgläubigern kein bereicherungsrechtlicher Ausgleich statt. Der Anspruch auf Auskehrung des Übererlöses gebührt stattdessen allein dem Schuldner und Eigentümer des Grundstücks. Dieser hat in seiner Eigenschaft als Sicherungsgeber auf Grundlage des geschlossenen Sicherungsvertrages einen Anspruch auf Rückgewähr des nicht valutierten Teils der Grundschuld. Kann der Gläubiger den Anspruch nicht mehr erfüllen, weil die Grundschuld kraft Gesetzes auf den Ablösenden übergegangen ist, tritt an dessen Stelle der Anspruch auf den entsprechenden Teil des Erlöses als Ausgleich für die über den Sicherungszweck hinausgehende dingliche Belastung des Grundstücks.

11.576 Dennoch setzt das Ablösungsrecht nicht unbedingt voraus, dass der Ablösende die Zwangsvollstreckung wenigstens vorübergehend verhindern will. Ein dinglich Berechtigter ist im Zwangsversteigerungsverfahren zur Ablösung eines vorrangigen Rechtes auch dann befugt, wenn er die Zwangsversteigerung aus einem nachrangigen Recht betreibt und fortführen will.[507] In erster Linie jedoch spielt die Bedeutung des bestrangigen Gläubigers eine Rolle. Nach dem Anspruch dieses Gläubigers richtet sich das geringste Gebot, § 44 Abs. 1 ZVG, alle dem bestrangig betreibenden Gläubiger vorgehenden Rechte bleiben bestehen, er selbst, gleichrangige und nachrangige Ansprüche erlöschen.

11.577 Der Versteigerungstermin wird ebenfalls nach dem Anspruch des bestrangig betreibenden Gläubigers durchgeführt. Stellt dieser nach Schluss der Versteigerung, aber vor dem Zuschlag, das Verfahren einstweilen ein, ist der Zuschlag zu versagen, § 33 ZVG. Diese Zuschlagsversagung kann erforderlich sein, wenn vergessene Ansprüche noch nachgeholt werden sollen. Der Ablösende geht grundsätzlich auf kein weiteres finanzielles Risiko ein, da er in die Position des bestrangig betreibenden Gläubigers eintritt und somit regelmäßig eine gesicherte Rangposition erlangt.[508]

11.578 Die Möglichkeit der einstweiligen Einstellung im Versteigerungstermin mit der Folge der Zuschlagsversagung kann dazu benutzt werden, unter Umständen höhere Gebote durchzusetzen. Bei der Versteigerung mehrerer Grundstücke kann sich für einen nachrangigen Gläubiger, der nur einen Anspruch in eines der Grundstücke hat, nach der Ablösung die Wahlmöglichkeit nach § 1132 BGB ergeben.

b) Ablösungsberechtigter

11.579 Das Ablösungsrecht steht jedem zu, der durch die Zwangsversteigerung Gefahr läuft, ein Recht an dem Grundstück zu verlieren.[509] Berechtigt ist

---

507 OLG Köln, Rpfleger 1989, 298; *Böttcher*, § 75 Rdn. 16 m.w.N.
508 *Storz*, ZVG, B 7.1.1.
509 OLG Köln, Rpfleger 1989, 298; Steiner/*Storz*, § 75 Rdn. 33; *Muth*, Kap. 4 A Rdn. 3.

somit in erster Linie jeder dingliche Gläubiger am Grundstück, dessen Anspruch gleich oder nachrangig zum bestrangig betreibenden Gläubiger steht. Weiterhin der Eigentümer als Gläubiger einer Eigentümergrundschuld oder der Gläubiger einer Zwangssicherungshypothek, aber sicherlich auch der Eigentümer, denn er läuft Gefahr, sein Grundstück zu verlieren,[510] aber auch ein persönlicher Gläubiger, der das Versteigerungsverfahren betreibt.[511] Inhaber von der Zwangsversteigerung entgegenstehender Rechte sind ablöseberechtigt, wenn sie ihre Ansprüche rechtzeitig angemeldet haben.[512] Das Ablösungsrecht steht auch dem Inhaber einer Auflassungsvormerkung zu.[513] Nicht ablösungsberechtigt ist der Zessionar des Rückgewährsanspruches bei einer Grundschuld.[514]

c) Ablösungsbetrag

11.580 Vor der Ablösung muss der Ablösende zunächst ermitteln, welchen Betrag er aufwenden muss. Um den richtigen Ablösungsbetrag zu ermitteln, kann zunächst auf die Mitteilung nach § 41 Abs. 2 ZVG (vier Wochen vor dem Termin) zurückgegriffen werden (vgl. Rdn. 11.490). Weitere Anhaltspunkte ergeben sich aus der Versteigerungsakte, in der die geltend gemachten Forderungsansprüche angemeldet wurden. Grundsätzlich hat jedoch auch der Ablösungsberechtigte gegenüber dem Gläubiger des abzulösenden Rechtes einen Auskunftsanspruch.[515] Der Grundschuldgläubiger ist dem Eigentümer gegenüber verpflichtet, Auskünfte über die Höhe der persönlichen Forderung zu geben, damit dieser in die Lage versetzt wird, von seinem Ablösungsrecht Gebrauch zu machen, § 1142 BGB.[516] Dieser dem Schuldner zustehende Auskunftsanspruch ist auch auf einen ablösungsberechtigten Gläubiger zu übertragen.

11.581 Verweigert jedoch der Grundpfandrechtsgläubiger die Auskunft, und kann eine Ablösung gemäß §§ 268, 1150 BGB nicht vorgenommen werden, bleibt dem ablösungsberechtigten Gläubiger nur die Zahlung an das Versteigerungsgericht im Termin, § 75 ZVG.

d) Zahlung an den Gläubiger

11.582 Die Ablösung selbst erfolgt durch Zahlung an den betreibenden Gläubiger, §§ 268, 1150 BGB. Die Ablösung muss spätestens bis vor Erteilung des Zuschlages erfolgen.[517]

---

510 LG Verden, Rpfleger 1973, 296 mit Anm. *Schiffhauer*.
511 Steiner/*Storz*, § 75 Rdn. 40; *Muth*, Kap. 4 A Rdn. 11.
512 *Stöber*, § 15 Rdn. 20.10; *Böttcher*, § 75 Rdn. 27.
513 BGH, Rpfleger 1994, 374 = NJW 1994, 1475.
514 OLG Köln, Rpfleger 1988, 324.
515 Vgl. Dassler/*Gerhardt*, § 75 Rdn. 4.
516 OLG Karlsruhe, Rpfleger 1981, 407.
517 *Stöber*, § 15 Rdn. 20.17; Steiner/*Storz*, § 75 Rdn. 55.

11.583 Hat der Ablösende den Gläubiger befriedigt, geht die Forderung mit allen Nebenrechten auf ihn über, § 268 Abs. 3 S. 1 BGB. Erfolgt nur eine Teilablösung des Gläubigers, kann der Übergang nicht zum Nachteil des Gläubigers geltend gemacht werden. Die dem Gläubiger verbleibende Restforderung hat somit Vorrang vor dem abgelösten Teilbetrag.[518] Mit der Ablösung geht auch die Rechtsstellung des Abgelösten auf den Ablösenden über.[519]

11.584 Aus dem abgelösten Anspruch muss nicht erneut der Beitritt zum Verfahren erklärt werden, die Ablösung muss nur rechtzeitig angemeldet und gegebenenfalls glaubhaft gemacht werden. Für die Beteiligtenstellung des Ablösenden sind eine Umschreibung des Vollstreckungstitels und Zustellung nicht erforderlich.[520]

11.585 Nach Anmeldung der Ablösung kann bereits ein **Antrag auf einstweilige Einstellung** des Verfahrens gestellt werden. Der umgeschriebene Vollstreckungstitel, § 727 ZPO, nebst Zustellung, § 750 Abs. 2 ZPO, ist erst dann vorzulegen, wenn der Ablösende weitere Anträge zum Verfahrensfortgang stellt.[521] Ohne Nachweis der Klauselumschreibung und Zustellung bleibt jedoch auch der alte Gläubiger Beteiligter des Verfahrens. Auch er soll nach wie vor befugt sein, die Einstellung des Verfahrens zu bewilligen.[522] Diese Auffassung ist jedoch abzulehnen, das Einstellungsrecht steht nur dem neuen Gläubiger zu.

11.586 Auch die **Rangposition** des Abgelösten ist auf den Gläubiger übergegangen, insbesondere bei der Ablösung einer öffentlichen Last in Rangklasse 3 des § 10 Abs. 1 ZVG.[523] Der von der Stadt oder Gemeinde im Verwaltungszwangsverfahren erstellte Titel kann jedoch nicht auf den Ablösenden umgeschrieben werden. In diesem Fall ist im Prozesswege ein neuer Titel zu erstreiten.[524] Die bevorrechtigte Rangklasse geht jedoch nicht verloren.

11.587 Erfolgt der Gläubigerwechsel durch Ablösung während des laufenden Versteigerungsverfahrens, aber außerhalb des Versteigerungstermins, ist dem Schuldner hiervon bei nächster Gelegenheit Mitteilung zu machen. Der Gläubigerwechsel eröffnet für den Schuldner jedoch nicht die Möglichkeit, einen neuen Einstellungsantrag nach §§ 30a ff. ZVG zu stellen.[525]

---

518 *Stöber,* § 15 Rdn. 20.20.
519 OLG Düsseldorf, Rpfleger 1987, 75 = NJW-RR 1987, 247; OLG Düsseldorf u. OLG Bremen, Rpfleger 1987, 381 m. Anm. *Bischoff* u. *Bobenhausen.*
520 Steiner/*Storz,* § 75 Rdn. 64; *Muth,* Kap. 4 A Rdn. 32.
521 *Stöber,* § 15 Rdn. 20.24; *Storz,* ZVG, B 7.3.4; OLG Düsseldorf, Rpfleger 1987, 75; **a.A.** *Böttcher,* § 75 Rdn. 37.
522 OLG Bremen, Rpfleger 1987, 381; OLG Düsseldorf, Rpfleger 1987, 75; *Böttcher,* § 75 Rdn. 37.
523 Steiner/*Storz,* § 75 Rdn. 62; *Muth,* Kap. 4 A Rdn. 33.
524 **H.M.:** *Stöber,* § 15 Rdn. 20.26 m.w.N.
525 Steiner/*Storz,* § 75 Rdn. 72.

e) Auswirkungen im Verfahren

Die Ablösung und die anschließende einstweilige Einstellung des Verfahrens, insbesondere nach Schluss der Bietzeit, führt zur Zuschlagsversagung, § 33 ZVG.[526] Voraussetzung für eine Zuschlagsversagung ist zunächst, dass der abgelöste Berechtigte bestrangig betreibender Gläubiger gewesen ist und sich das geringste Gebot nach ihm ausgerichtet hat.[527] Die Ablösung des bestrangigen Gläubigers nach Schluss der Bietstunde führt jedoch nicht zur Zuschlagsversagung, wenn die Schuldnerin bei einem berichtigten geringsten Gebot zwar eine Eigentümergrundschuld erworben hätte, aber den nachrangigen Gläubigern zur Löschung dieses Rechts verpflichtet gewesen wäre, sodass der Ersteher einen entsprechenden Betrag hätte nachzahlen müssen.[528]

11.588

Bei der Einstellung **während des Termins** muss dieser grundsätzlich abgebrochen werden, da das geringste Gebot nicht mehr stimmt.[529] Es ist dann ein neues geringstes Gebot aufzustellen, sofern noch ein weiterer betreibender Gläubiger vorhanden ist, für den die Voraussetzungen nach § 43 ZVG gegeben sind und es beginnt eine neue Bietzeit.

11.589

Die Ablösung und Einstellung führt jedoch **nicht** zur **Zuschlagsversagung,** wenn keiner der Beteiligten in seinen Rechten beeinträchtigt ist. Dies ist beispielhaft dann der Fall, wenn eine öffentliche Last aus Rangklasse 3 von einem Gläubiger der Rangklasse 4 abgelöst wird, da sich das geringste Gebot hierdurch nicht wesentlich ändert[530] bzw. die Ablösung führt nur zur Erhöhung des Bargebotes.[531] Diese Argumentation greift dann nicht, wenn nach Ablösung und einstweiliger Einstellung nunmehr ein dingliches Recht bestehen bleibt, da dadurch das geringste Gebot wesentlich verändert würde.

11.590

f) Zahlung an das Gericht

Nach Beginn der Versteigerung kann die Ablösung auch durch Zahlung an das Gericht erfolgen, § 75 ZVG. Die Zahlung selbst kann auch hier bis unmittelbar vor Zuschlagsverkündung geleistet werden (vgl. hierzu Rdn. 11.582).

11.591

Zahlungsberechtigt ist neben dem Schuldner wiederum jeder Gläubiger, der ein Ablösungsrecht nach §§ 268, 1150 BGB hat. In diesem Fall muss der Ablösungsberechtigte neben der Forderung des Gläubigers auch die Verfahrenskosten zahlen. Das Verfahren wird dann einstweilen eingestellt und nur auf Antrag fortgesetzt, § 31 ZVG. Wenn jedoch mehrere Gläubiger das Ver-

11.592

---

526 Dassler/*Muth,* § 33 Rdn. 8; Steiner/*Storz,* § 33 Rdn. 14.
527 OLG Hamm, Rpfleger 1987, 75.
528 OLG Stuttgart, Rpfleger 1997, 397.
529 OLG Köln, Rpfleger 1990, 176 m. Anm. Storz = ZIP 1989, 1430.
530 LG Waldshut-Tiengen, Rpfleger 1986, 102.
531 OLG Köln, Rpfleger 1990, 176; LG Kassel, Rpfleger 2000, 408; LG Moosbach, Rpfleger 1992, 60; ablehnend *Storz,* ZVG, B 7.5.1.

fahren betreiben und Zahlung nur zur Befriedigung der Verfahrenskosten und eines oder mehrerer Gläubiger erfolgt, kann das Verfahren auch nur bezüglich dieser Gläubiger eingestellt werden.[532] Dies hat jedoch regelmäßig zur Folge, dass der Zuschlag insgesamt nicht erteilt werden kann, da sich die Voraussetzungen für die Errechnung des geringsten Gebotes geändert haben und somit ein neuer Versteigerungstermin durchgeführt werden muss. Erfolgt die Zahlung während des Termins, kann gfls. ein neues geringstes Gebot berechnet werden und es beginnt eine neue Bietzeit.

12. Geringstes Gebot

a) Einzelgrundstück

11.593   Das geringste Gebot ist eine der wichtigsten Grundlagen des Zwangsversteigerungsverfahrens. Es beinhaltet den Deckungs- und Übernahmegrundsatz, §§ 52, 44 ZVG. Ausgehend von dem bestrangig betreibenden Gläubiger fallen alle Rechte in das geringste Gebot, die diesem im Range vorgehen, gleichstehende und nachrangige Ansprüche erlöschen. Das geringste Gebot setzt sich zusammen aus

- dem bestehen bleibenden Teil, § 52 ZVG, und
- dem bar zu zahlenden Teil, § 49 Abs. 1 ZVG.

Eventuell bestehen bleibende Rechte, § 52 ZVG	Bar-Gebot, § 49 Abs. 1 ZVG

11.594   Hierbei sind die Grundpfandrechte mit ihrem Kapitalbetrag zu berücksichtigen, Rechte der Abteilung II des Grundbuches sind mit dem Zuzahlungsbetrag festzustellen, §§ 50, 51 ZVG. Vormerkungen und Widersprüche sind wie eingetragene Rechte zu berücksichtigen, § 48 ZVG. Die Verfahrenskosten, angemeldete Ansprüche der bevorrechtigten Rangklassen 1 bis 3 und die wiederkehrenden Leistungen der bestehen bleibenden dinglichen Rechte sind in den bar zu zahlenden Teil aufzunehmen. Hierbei werden die laufenden Leistungen (nicht einmalige Leistungen vgl. Rdn. 11.499) von Amts wegen berücksichtigt, rückständige Leistungen sind anzumelden, § 45 Abs. 2 ZVG.

11.595   Zur **rechtzeitigen Anmeldung** und zur Berücksichtigung der Rechte und der Unterscheidung in laufende und rückständige Leistungen vgl. Rdn. 11.132 ff. Zur Erstellung des geringsten Gebotes bei der Versteigerung eines Grundstückes oder der Gesamtversteigerung mehrerer Grundstücke bzw. Grundstücksanteile unter Verzicht auf die Einzelausgebote vgl. nachfolgendes Beispiel:

---

532   OLG Köln, Rpfleger 1990, 176.

Beispiel: 11.596

Grundbuchinhalt:
Abteilung II

Sp. 1	Sp. 2	Sp. 3
1	1	Beschränkte persönliche Dienstbarkeit (Gasfernleitungsrecht) für die Energie Gas AG in Essen. Mit Bezug auf die Bewilligung vom 13.5.1979 eingetragen am 17.7.1979.
2	1	Die Zwangsversteigerung ist angeordnet (AG Berlin-Mitte – 17 K 120/03 –). Eingetragen am 1.2.2004.

Abteilung III:

1	1	100.000,–	Einhunderttausend Euro Grundschuld mit 10 v.H. Jahreszinsen für die A-Bank. Vollstreckbar nach § 800 ZPO. Eingetragen mit Bezug auf die Bewilligung vom 17.1.1991 am 2.2.1991.
2	1	50.000,–	Fünfzigtausend Euro Hypothek mit 10 v.H. Jahreszinsen für die B-Bank. Vollstreckbar nach § 800 ZPO. Eingetragen mit Bezug auf die Bewilligung vom 18.7.1995 am 30.9.1995.
3	1	5.000,–	Fünftausend Euro Sicherungshypothek mit 8 v.H. Jahreszinsen für Christian C, Kaufmann in Köln. Eingetragen aufgrund des Urteils des LG Köln – 20 O 17/01 – vom 18.8.2001 im Wege der Zwangsvollstreckung am 2.2.2004.
4	1	20.000,–	Zwanzigtausend Euro Grundschuld mit 10 v.H. Jahreszinsen für die D-Bank. Vollstreckbar nach § 800 ZPO. Eingetragen mit Bezug auf die Bewilligung vom 6.1.2004 (Notar Dr. Klug, Köln, Urk.-Nr. 14/04) am 5.2.2004.

Eigentümer:	Egon Emmerich
Verkehrswert	400.000,– €
Versteigerungstermin	16.3.2006
Betreibende Gläubiger	a) G wegen persönlicher Forderung von 2.000,– € Beschlagnahme ist wirksam geworden am 1.2.2004 b) D-Bank aus dem Recht III/4 wegen Kapital und Zinsen seit dem 6.1.2005. Die Zinsen sind jährlich nachträglich fällig. Beitritt am 6.1.2006

Anmeldungen zum Termin:
A-Bank:
Kapital und Zinsen seit dem 1.10.2002
Terminswahrnehmungskosten pauschal 500,– €
(Zinsen sind fällig am 15.2., 15.5., 15.8., 15.11. für das jeweilige Quartal)

11.597, 11.598 Zwangsversteigerung

B-Bank:
40.000,– € Restkapital und Zinsen seit dem 1.4.2003
Terminswahrnehmungskosten pauschal 400,– €

RA C für C:
Kapital und Zinsen seit dem 1.2.2005
Kostenpauschale 500,– €

Stadt:
Grundsteuern 500,– €

Geringstes Gebot:
Bestehen bleibende Rechte (zugleich Rangstatus)
II/1 Beschränkte persönliche Dienstbarkeit für die Energie Gas AG
III/1 100.000,– € nebst Zinsen für die A-Bank
III/2 40.000,– € nebst Zinsen für die B-Bank
 10.000,– € evtl. für den Eigentümer oder einen Dritten

Beschluss:
Der Wert für das Recht II/1 wird nach Anhörung der Beteiligten auf 100,– € festgesetzt, § 51 Abs. 2 ZVG.

Summe der bestehen bleibenden Rechte insgesamt **150.100,– €**

Bar zu zahlender Teil:
1.	Verfahrenskosten – fiktiv –	3.000,– €
2.	Grundsteuern (Rangkl. 3) – angenommen –	500,– €
3.	Recht III/1:	
	a) Kosten 500,– €	
	b) Zinsen	
	laufende: 1.10.2003 – 30.3.2006	
	rückst.: 1.10.2002 – 30.9.2003 gesamt 35.000,– €	
	gesamter Anspruch	35.000,– €
4.	Recht III/2:	
	a) Kosten 400,– €	
	b) Zinsen	
	laufende: 1.4.2003 – 30.3.2006 gesamt 12.000,– €	
	gesamter Anspruch	12.400,– €
	Gesamtsumme	**51.400,– €**

Erläuterungen zu

11.597 a) Rangstatus:
Der ZV-Vermerk ist aufgrund des Gläubigers G nach der Anordnung des Verfahrens eingetragen worden. Die 10.000,– € aus dem Recht III/2 haben Nachrang zum Restbetrag, § 1164 BGB.

11.598 b) Anmeldungen:
Die B-Bank aus dem Recht III/2 kann nur noch den offen stehenden Forderungsbetrag anmelden, da es sich um eine Hypothek handelt.

Ob der Restbetrag über 10.000,– € dem Eigentümer zusteht oder nach Abtretung einem Dritten, ist unerheblich, da er auf jeden Fall bestehen bleibt. Ist der Teilbetrag Eigentümergrundschuld geworden, können Zinsen nicht verlangt werden, § 1197 BGB.

c) Bestehen bleibender Teil: 11.599
Für das Recht II/1 ist nur ein geringer Betrag festzusetzen, da es den Wert des Grundstücks eigentlich nicht beeinträchtigt.

d) Bar zu zahlender Teil: 11.600
III/1: Letzte Fälligkeit vor der ersten Beschlagnahme am 1.2.2004 war der 1.10.2003.
Zinsen werden berücksichtigt bis 2 Wochen nach dem Termin, § 47 ZVG.
III/2: Zinsen sind mangels Angabe bei der Hypothek fällig nach § 488 Abs. 2 BGB.
Verlangt werden jedoch nur Zinsen seit dem 1.4.2003 (Minderanmeldung).

e) Rechte nach dem Zwangsversteigerungsvermerk: 11.601
Die Rechte III/3 und III/4 sind zeitlich nach dem ZV-Vermerk (Abt. II/2) im Grundbuch eingetragen worden. Beide Rechte sind dem Beschlagnahmegläubiger G (1.2.1997) gegenüber unwirksam (insoweit Rangklasse 6).
Der Gläubiger C hat das Recht zum Termin rechtzeitig angemeldet.
Der Gläubiger D betreibt das Verfahren, dies reicht als Anmeldung aus.

b) Exkurs – Insolvenzversteigerung

aa) Verwertungsrecht des Insolvenzverwalters

Zum Zwecke der Verwertung eines Massegrundstückes ist der Insolvenzverwalter berechtigt, die Zwangsversteigerung zu betreiben, § 165 InsO. Die Rechtsposition des Insolvenzverwalters hat sich durch das Antragsrecht nach § 174a ZVG entscheidend verändert. Diese Vorschrift ist i.V.m. § 10 Abs. 1 Nr. 1a ZVG zu sehen. Leitet der Insolvenzverwalter auf Antrag die Versteigerung ein, § 172 ZVG, und hat er Feststellungskosten in der Rangklasse 1a des § 10 Abs. 1 ZVG angemeldet, kann er über § 174a ZVG ein abweichendes geringstes Gebot erreichen, dass nur noch diejenigen Ansprüche aufzunehmen sind, die seinem Anspruch im Range vorgehen. Da in der vorgehenden Rangklasse 1 in der Praxis nur selten Ansprüche angemeldet werden, würde das geringste Gebot regelmäßig nur aus den Verfahrenskosten bestehen, § 49 ZVG. Von diesem Recht wird der Verwalter insbesondere dann Gebrauch machen, wenn sich andernfalls wegen der hohen Belastungen des Grundstückes kein Bieter in der Zwangsversteigerung finden wird.[533] Gläubiger, die Gefahr laufen, dadurch aufgrund ihrer nachrangigen Position ihren eigenen Anspruch zu verlieren, können diesen Verlust 11.602

---

[533] Regierungsbegründung zu § 174a ZVG, abgedruckt in RWS-Dokumentation 18, Das neue Insolvenzrecht, 2. Aufl., S. 814.

dadurch abwenden, dass sie die Ansprüche aus § 10 Abs. 1 Nr. 1a ZVG berichtigen. Ob allerdings ein solches Ablösungsrecht nach § 268 BGB tatsächlich besteht, ist fraglich (vgl. Rdn. 11.573).

11.603 Der Zweck einer Zwangsversteigerung liegt aber nicht nur darin, ein völlig überlastetes Grundstück zu verwerten, sondern es geht auch darum, den **Ausfallbetrag** festzustellen. Nach § 52 InsO sind absonderungsberechtigte Gläubiger insoweit Insolvenzgläubiger, als ihnen der Schuldner persönlich haftet und sie auf die abgesonderte Befriedigung verzichten oder bei ihr ausfallen[534]. Die persönliche Haftung muss aber nicht zur Insolvenztabelle festgestellt sein, es genügt auch ein Anerkenntnis durch den Insolvenzverwalter[535]. Eine ähnliche Formulierung findet sich in § 174 ZVG. Soweit der Insolvenzschuldner dem Gläubiger persönlich und dinglich haftet, kann auf Antrag ein abweichendes geringstes Gebot erstellt werden mit der Folge, dass das Recht des antragstellenden und die Rechte der ihm nachrangigen Gläubiger nach den Versteigerungsbedingungen erlöschen. Auf diese Weise errechnet sich ein geringstes Gebot, welches eine Versteigerung jederzeit ermöglicht. Im Ergebnis kann dann auch der Ausfallbetrag der dinglichen Gläubiger festgestellt werden.

bb) Bevorrechtigte Rangklasse

11.604 Die Aufstellung eines geringsten Gebotes nur unter Berücksichtigung derjenigen Ansprüche, die der Rangklasse 1a des § 10 Abs. 1 ZVG im Range vorgehen, kann zum unwiderruflichen Rechtsverlust eines Berechtigten führen, der nicht korrigierbar ist. Gehört z.B. ein Erbbaurecht zur Insolvenzmasse, hätte dies zur Folge, dass eine erstrangig eingetragene Erbbauzinsreallast nicht in das geringste Gebot aufzunehmen ist und ein Ersteher somit zunächst zur Zahlung eines Erbbauzinses verpflichtet werden könnte. Dieses Ergebnis tritt auch dann ein, wenn als Inhalt des Erbbauzinses vereinbart ist, dass die Reallast abweichend von § 52 Abs. 1 ZVG mit ihrem Hauptanspruch bestehen bleibt, wenn der Grundstückseigentümer aus der Reallast oder der Inhaber eines im Range vorgehenden oder gleichstehenden dinglichen Rechts die Zwangsversteigerung des Erbbaurechts betreibt, § 9 Abs. 3 Nr. 1 ErbbauVO. Der Insolvenzverwalter betreibt das Verfahren nicht als Grundstückseigentümer aus der Reallast und auch nicht aufgrund eines gleichstehenden oder vorgehenden dinglichen Rechts. Die Verwalterversteigerung ist eine „unechte" Zwangsversteigerung aus dem Eigentum heraus, der Antrag nach § 174a ZVG kann nicht als „Betreiben" gewertet werden.[536]

11.605 Noch deutlicher zeigt sich die Situation, wenn einem Berechtigten am Grundstück eine erstrangige Auflassungsvormerkung zusteht. Der Insol-

---

534 Vgl. OLG Köln, NZI 2001, 33.
535 *Stöber*, § 174 Rdn. 3.2; Dassler/*Schiffhauer*, § 174 Rdn. 4.
536 *Stöber*, NJW 2000, 1600.

venzverwalter hat nach § 103 InsO bei gegenseitigen Verträgen, die zur Zeit der Eröffnung des Verfahrens noch nicht oder nicht vollständig erfüllt sind, ein Wahlrecht. Ist allerdings zur Sicherung eines Anspruchs auf Einräumung oder Aufhebung eines Rechts an einem Grundstück eine Vormerkung im Grundbuch eingetragen, kann der Gläubiger für seinen Anspruch Befriedigung aus der Insolvenzmasse verlangen, § 106 Abs. 1 InsO. Mit einem Antrag nach § 174a ZVG könnte der Insolvenzverwalter insoweit die Sicherung des Anspruches durch die Vormerkung unterlaufen.[537]

cc) Geringstes Gebot

Stellt der Insolvenzverwalter den Antrag auf Anordnung der Zwangsversteigerung nach § 172 ZVG, wird er praktisch behandelt wie ein persönlich betreibender Gläubiger[538]. Das geringste Gebot ist daher so aufzustellen, als wenn ein Gläubiger der Rangklasse 5 des § 10 Abs. 1 ZVG das Verfahren betreibt. Das geringste Gebot würde sich dann aus sämtlichen Ansprüchen der Rangklassen 1 bis 4 (und auch der Ansprüche aus Rangklasse 7 und 8) des § 10 Abs. 1 ZVG zusammensetzen[539].

Hierbei wird aber noch übersehen, dass auch die Ansprüche aus der Rangklasse 6 des § 10 Abs. 1 ZVG in das geringste Gebot aufzunehmen sind.[540] Da der Verwalter die Versteigerung aus dem Eigentum heraus betreibt, ist das geringste Gebot vergleichbar der Teilungsversteigerung, § 182 Abs. 1 ZVG, aufzustellen. Bei der Feststellung des geringsten Gebotes sind alle das Grundstück belastenden oder mitbelastenden Rechte zu berücksichtigen, die der Insolvenzverwaltung gegenüber wirksam sind. Es bleiben somit alle auf dem Grundstück lastenden Rechte bestehen, die in Abteilung II und III eingetragen sind, soweit sie zur Zeit der Eröffnung des Insolvenzverfahrens bereits im Grundbuch eingetragen waren.

Die Folge ist regelmäßig ein sehr hohes geringstes Gebot, die Verwertungsaussicht tendiert gegen null.

dd) Abweichendes geringstes Gebot nach Antrag eines Grundpfandrechtsgläubigers

Ein Grundpfandrechtsgläubiger, dem der Schuldner persönlich und dinglich haftet, kann bis zum Schluss der Verhandlung im Versteigerungstermin nach § 174 ZVG verlangen, dass ein abweichendes geringstes Gebot

---

537 *Stöber,* in § 174a Rdn. 2.6 hält diese Regelung daher im Ansatz grundlegend verfehlt, dem ist zuzustimmen.
538 Nicht richtig: MünchKomm/*Lwowski* InsO, § 165 Rdn. 21, der davon spricht, dass der Insolvenzverwalter aus der Rangklasse 5 die Versteigerung betreibt. Betreiben würde voraussetzen, dass ein zur Zwangsvollstreckung geeigneter Titel vorhanden ist.
539 *Stöber,* § 172 Rdn. 2.2.
540 Dassler/*Schiffhauer,* § 174 Rdn. 2.

zu erstellen ist, um so den eigenen Ausfallbetrag festzustellen, § 52 InsO[541]. Das abweichende geringste Gebot setzt sich dann nur aus den Ansprüchen zusammen, die dem antragstellenden Gläubiger im Range vorgehen. Stellt beispielhaft der erstrangige Grundpfandrechtsgläubiger diesen Antrag, bleibt kein dingliches Recht am Grundstück bestehen. Das geringste Gebot besteht nur aus dem bar zu zahlenden Teil und setzt sich aus den angemeldeten Ansprüchen der Rangklasse 1 bis 3 des § 10 Abs. 1 ZVG zusammen. In diesem Fall besteht auch eine realistische Verwertungsaussicht, da das geringste Gebot relativ niedrig ausfallen wird.

ee) Weiteres geringstes Gebot aus der Rangklasse 1a

11.609 Mit der Regelung in § 10 Abs. 1 Nr. 1a ZVG werden der Insolvenzmasse die Kosten erstattet, die durch die Feststellung des mithaftenden Grundstückszubehörs entstehen, §§ 20, 21 ZVG i.V.m. §§ 1120 bis 1122 BGB. Grundstückszubehör wird nach § 55 Abs. 1 ZVG mitversteigert. Zubehör, das einem Dritten gehört, wird in der Zwangsversteigerung grundsätzlich mitversteigert, § 55 Abs. 2 ZVG, gehört aber nicht zur Insolvenzmasse, unterliegt somit auch nicht dem Verwertungsrecht des Verwalters. Sofern der Verwalter hierzu tätig wird, löst diese Tätigkeit keine Feststellungskosten und keinen bevorrechtigten Erstattungsanspruch aus.[542]

11.610 Der Pauschalbetrag über 4 % des gerichtlich festgesetzten Verkehrswertes – und nicht des anteiligen Verwertungserlöses, so aber § 171 Abs. 1 S. 2 InsO – muss vom Verwalter rechtzeitig zum Zwangsversteigerungsverfahren angemeldet werden. Einer Glaubhaftmachung oder sonstigen Nachweises bedarf es nicht. Auch nicht notwendig ist, dass eine irgendwie geartete Tätigkeit zur Feststellung der Zubehörgegenstände durch den Insolvenzverwalter nachgewiesen werden muss. Die Feststellungspauschale entsteht unabhängig davon, ob die Feststellung selbst mit besonderem Aufwand verbunden war oder nicht. Es kommt nicht darauf an, dass die Insolvenzmasse mit kostenträchtigen Tätigkeiten des Verwalters belastet worden ist. Die Kosten der tatsächlichen Feststellung werden ausdrücklich pauschal mit 4 % des Erlöses angesetzt. Wie ein Blick auf § 171 Abs. 2 InsO erschließt, soll diese Pauschale im Gegensatz zur Verwertungspauschale auch aufgrund konkreter Kostenberechnungen nicht infrage gestellt werden können.[543] Aus dem Anspruch vollstrecken kann der Verwalter nicht.

11.611 Der Verwalter kann nach Anmeldung der Feststellungskosten ein weiteres geringstes Gebot über § 174a ZVG erreichen. Nach Antragstellung bis zum Schluss der Verhandlung im Versteigerungstermin ist ein weiteres abweichendes geringstes Gebot zu erstellen, bei dem nur die Ansprüche aufzunehmen

---

541 Dassler/*Schiffhauer,* § 174 Rdn. 1.
542 Stöber, § 10 Rdn. 3.2.
543 BGH, Rpfleger 2002, 646, 648; unklar MünchKomm/*Lwowski* InsO, § 171 Rdn. 18, der von tatsächlicher Ermittlung und rechtlicher Feststellung ausgeht.

sind, die der Rangklasse 1a vorgehen. Dies hat zur Folge, dass erstens keine dinglichen Rechte bestehen bleiben und zweitens der bar zu zahlende Teil des geringsten Gebots nur aus den gerichtlichen Verfahrenskosten, § 49 ZVG, besteht und eventuell einem angemeldeten Anspruch der Rangklasse 1.

ff) Kritik

11.612 Das Antragsrecht nach § 174a ZVG verfolgt systemwidrige Ziele und schädigt die Gläubiger am Grundstück. Zwar können die Gläubiger im ersten Versteigerungstermin noch Anträge auf Versagung des Zuschlages nach § 74a ZVG stellen, dies gilt jedoch ab dem zweiten Termin nicht mehr, wenn die Wertgrenzen weggefallen sind. Das alleine zwingt die ausfallenden Gläubiger zur Prüfung einer Ablösung nach § 268 BGB. Zwar wäre die Rechtsfolge einer Ablösung der Übergang des Anspruchs auf den ablösenden Gläubiger, eine Zwangsversteigerung aus der Rangklasse 1a des § 10 Abs. 1 ZVG ist jedoch nicht möglich. Damit besteht die Gefahr, dass der Einsatz verloren geht[544].

11.613 Eine Ablösung (sofern überhaupt zulässig, vgl. Rdn. 11.573) der Ansprüche der Rangklasse 1a führt im Ergebnis nur dazu, dass die Insolvenzmasse um die Feststellungskosten angereichert wird. Dies kann aber nicht ausschließlich der Sinngehalt der Regelung des § 174a ZVG sein. Auch in der Regierungsbegründung wird ausgeführt, dass der Verwalter von seinem Antragsrecht insbesondere dann Gebrauch machen wird, wenn sich andernfalls wegen der hohen Belastungen des Grundstücks kein Bieter in der Zwangsversteigerung finden wird. Sinn der Vorschrift ist eine aussichtslose freihändige Veräußerung durch Zwangsversteigerung zu ermöglichen und den Ausfallbetrag der absonderungsberechtigten Gläubiger festzustellen, § 52 InsO. Gibt man den nachrangigen Gläubigern ein Ablösungsrecht, aber kein Betreibungsrecht aus der Rangklasse 1a, besteht die Gefahr, dass das Grundstück wieder unversteigerbar wird. Das eigentliche Ziel der Norm wird damit konterkariert.

11.614 De lege lata schafft § 174a ZVG eine Regelung, die der Bedeutung der Feststellungskosten in der Rangklasse 1a des § 10 Abs. 1 ZVG nicht gerecht wird. Der Deckungsgrundsatz nach § 44 ZVG wird einseitig zulasten des Realkredits ausgehebelt. De lege ferenda ist der Gesetzgeber aufzufordern, § 174a ZVG bei nächster Gelegenheit aufzuheben.

13. Geringstes Gebot bei mehreren Grundstücken – Anträge nach §§ 63, 64 ZVG

a) Verfahrensverbindung

11.615 Die Verfahrensverbindung bezüglich der Versteigerung mehrerer Grundstücke oder Grundstücksbruchteile bewirkt nicht automatisch nur

---

544 MünchKomm/*Lwowski*, § 165 Rdn. 174.

ein Gesamtausgebot. Die Grundstücke sind nach wie **vor** einzeln zu versteigern und auch grundsätzlich einzeln auszubieten, § 63 Abs. 1 S. 1 ZVG. Nach § 63 Abs. 1 S. 2 ZVG besteht die Möglichkeit, Grundstücke bei einer einheitlichen Überbauung gemeinsam auszubieten; dies soll der Vereinfachung und Beschleunigung des Verfahrens dienen. Vereinzelt wird die Aufstellung des Gesamtausgebots von Amts wegen verlangt, auch bei der Versteigerung von Bruchteilseigentum.545 Dieser Auffassung ist zu widersprechen. Selbst ein von Amts wegen vorgenommenes **Gesamtausgebot** verdrängt das Einzelausgebot nicht. Der Verzicht auf das Einzelausgebot (§ 63 Abs. 4 ZVG) muss ausdrücklich zu Protokoll im Versteigerungstermin erklärt werden.546 Das Gericht hat nach § 63 ZVG a.F. schon immer die Möglichkeit gehabt, vor und in dem Versteigerungstermin bei den Beteiligten auf ein Gesamtausgebot hinzuwirken, sodass die Meinung, wonach von Amts wegen ein Gesamtausgebot mehrerer Grundstücke vorgenommen werden könne, Einzelausgebote aber nur bei Verzicht durch die Beteiligten wegfallen sollten, für die Praxis auch so gut wie keine Erleichterung darstellt. § 63 Abs. 1 S. 2 ZVG ist daher nur dahingehend auszulegen, dass in diesem Fall Einzelausgebote unterbleiben können. Die Einzelausgebote unterbleiben nur, wenn alle im Versteigerungstermin anwesenden Beteiligten, deren Rechte bei der Feststellung des geringsten Gebotes nicht zu berücksichtigen sind, diesem zustimmen, § 63 Abs. 4 S. 1 ZVG.

11.616 Zur Neuregelung des Zeitpunkts der Antragstellung für Gesamt- oder Gruppenausgebote nach § 63 Abs. 2 ZVG vgl. Rdn. 11.531.547

11.617 Bei den Einzelausgeboten werden die Verfahrenskosten auf die einzelnen Grundstücke nach dem Verhältnis der Verkehrswerte verteilt. Dies erfolgt ebenso bei den angemeldeten öffentlichen Lasten (Rangklasse 3), sofern diese nicht dem jeweiligen Grundstück zugeordnet werden.548

11.618 Gesamtrechte, die jedes Grundstück belasten, werden auch bei jedem Grundstück mit dem vollen Betrag berücksichtigt, da der Gläubiger berechtigt ist, sich aus jedem Grundstück in voller Höhe zu befriedigen.

11.619 Beispiel 1:

	Grundstück 1		Grundstück 2
Wert:	(50.000,– €)		(50.000,– €)
Belastungen:			
Abt. III/1	80.000,– €	– Gesamtrecht –	80.000,– €
Abt. III/2	5.000,– €		

---

545 ThürOLG, Rpfleger 2000, 509.
546 *Fisch,* Rpfleger 2002, 637.
547 *Hintzen,* Rpfleger 1998, 148 ff.
548 *Böttcher,* § 63 Rdn. 2.

Vor dem Termin   **11.620–11.622**

Die Zwangsversteigerung in jedes Grundstück alleine ist aussichtslos.

Nach Verfahrensverbindung § 18 ZVG und Aufteilung des Rechtes Abt. III/1, auf Antrag gemäß § 64 Abs. 1 ZVG, ergeben sich folgende geringste Gebote:

Beispiel 2:   11.620

	Grundstück 1	Grundstück 2
Wert:	(50.000,– €)	(50.000,– €)
Belastungen:		
Abt. III/1	40.000,– €	40.000,– €
Abt. III/2	5.000,– €	

Bei der Berechnung des Verteilungsschlüssels, § 64 Abs. 1 S. 1 ZVG, ist von den festgesetzten Verkehrswerten der einzelnen Grundstücke auszugehen. Sind mehrere Gesamtrechte vorhanden, ist zunächst das rangbeste zu verteilen. Die nachfolgenden Rechte werden immer nach dem Verhältnis der Verkehrswerte unter Abzug des Betrages des bereits vorgehenden verteilten Rechtes verteilt.[549]

Beispiel 3:   11.621

	Grundstück 1	Grundstück 2
Wert:	(50.000,– €)	(50.000,– €)
Belastungen:		
Abt. III/1	10.000,– €	
Abt. III/2	18.000,– € – Gesamtrecht –	18.000,– €
Abt. III/3	27.000,– € – Gesamtrecht –	27.000,– €
Nach der Verteilung:		
Abt. III/1	10.000,– €	
Abt. III/2 (40:50)	8.000,– €	10.000,– €
Abt. III/3 (32:40)	12.000,– €	15.000,– €

Neben den Einzelausgeboten und dem Gesamtausgebot können **auf**   11.622
rechtzeitigen Antrag (vor Beginn der Bietzeit) auch **Gruppenausgebote,** § 63 Abs. 2 S. 2 ZVG, bzgl. mehrerer von vielen Grundstücken zugelassen werden z.B. Grundstück 1, 2, 3;

Grundstück 1, 2 oder

Grundstück 1, 3 oder

Grundstück 2, 3.

---

549   *Böttcher,* § 64 Rdn. 3.

b) **Verteilung der Gesamtrechte und Anträge gem. §§ 63, 64 ZVG**

aa) **Gesamt- und Einzelausgebote**

11.623 Die Berechnung der Gruppenausgebote erfolgt wie beim Gesamtausgebot bezogen auf die Grundstücke, die in dem Gruppenausgebot versteigert werden sollen.

11.624 Bei Gesamtrechten erfolgt die Verteilung der Gesamtrechte und Anträge gem. §§ 63, 64 ZVG.

11.625 Beispiel:

A hat drei Grundstücke, die wie folgt belastet sind:

Abt. II/1	ZV-Vermerk vom 15.10.2004	auf allen Grundstücken
Abt. III/1	40.000,– € Grundschuld für die A-Bank mit 10 % Zinsen	auf Grundstück 1
Abt. III/2	50.000,– € Hypothek für die B-Bank mit 8 % Zinsen	auf Grundstücke 1, 2, 3
Abt. III/3	20.000,– € Grundschuld für die C-Bank mit 8 % Zinsen	auf Grundstücke 1, 2, 3
Abt. III/4	20.000,– € Grundschuld für die D-Bank	auf Grundstücke 1, 2, 3
Abt. III/5	20.000,– € Hypothek für M	auf Grundstücke 1, 2, 3
Abt. III/6	60.000,– € Zwangshypothek für N	auf Grundstück 1
Abt. III/7	40.000,– € Zwangshypothek für N	auf Grundstück 2
Abt. III/8	20.000,– € Zwangshypothek für N	auf Grundstück 3

Die D-Bank aus dem Recht III/4 betreibt das Verfahren.
G tritt dem Verfahren wegen eines persönlichen Anspruches über 4.000,– € bei.
Die Verkehrswerte der Grundstücke betragen: für 1: 140.000,– €
für 2: 80.000,– €
für 3: 20.000,– €

Der Vertreter der D-Bank stellt vor Beginn der Bietzeit im Termin den Antrag, die Grundstücke zusammen auszubieten, § 63 Abs. 2 S. 2 ZVG. Er ist als Beteiligter gem. § 9 ZVG auch antragsberechtigt.
Neben den Einzelausgeboten ist nunmehr auch ein Gesamtausgebot aufzustellen.

Gesamtausgebot:
Bar zu zahlender Teil:
Kosten des Verfahrens – angenommen –: 3.000,– €
Stadt mit Grundsteuern – angenommen –: 8.600,– € ↗ 4.000,– € Grundstück 1
→ 3.000,– € Grundstück 2
↘ 1.600,– € Grundstück 3
Zinsen aus dem Recht III/1 – angenommen –: 10.000,– €
Zinsen aus dem Recht III/2 – angenommen –: 6.000,– €
Zinsen aus dem Recht III/3 – angenommen –: 2.400,– €
30.000,– €

Bestehen bleibende Rechte:	III/1	40.000,- €
	III/2	50.000,- €
	III/3	20.000,- €
	insgesamt	140.000,- €

Einzelausgebote:

	Grundstück 1 (140.000,- €)	Grundstück 2 (80.000,- €)	Grundstück 3 (20.000,- €)
Kosten im Verhältnis der Grundstücke verteilen	1.750,- €	1.000,- €	250,- €
Stadt – ist genau angegeben –	4.000,- €	3.000,- €	1.600,- €
A-Bank Zinsen	10.000,- €	–	–
B-Bank Zinsen	6.000,- €	6.000,- €	6.000,- €
C-Bank Zinsen	2.400,- €	2.400,- €	2.400,- €
Barteil:	24.150,- €	12.400,- €	10.250,- €
Bestehen bleibende Rechte:			
III/1	40.000,- €	–	–
III/2	50.000,- €	50.000,- €	50.000,- €
III/3	20.000,- €	20.000,- €	20.000,- €
Barteil + bestehen bleibende Rechte insgesamt	134.150,- €	82.400,- €	80.250,- €

Jetzt ist zu erkennen, dass im Grunde alle Gläubiger nach dem Recht III/3, insbesondere die nachrangigen Gläubiger, auf Grundstück 2 und 3 völlig aussichtslos liegen, da die Verkehrswerte weit überschritten sind.

bb) Verteilung der Gesamtrechte

Den Interessen nachrangiger Gläubiger dient die in § 64 Abs. 1 ZVG gegebene Möglichkeit, einen Antrag auf Verteilung der Gesamtrechte zu stellen. **Antragsberechtigt** ist der betreibende Gläubiger, der Eigentümer und jeder nachrangige Gläubiger, der hinter dem Gesamtrechtsgläubiger steht, § 64 Abs. 1 S. 2 ZVG. Die Zurückweisung eines solchen Antrages im Versteigerungstermin ist unanfechtbar.[550]

Die aufgenommene Zeitgrenze zur Stellung des Antrages auf Einzelausgebote in § 63 Abs. 2 S. 1 ZVG wurde in § 64 ZVG nicht übernommen.[551] Wesentliches Ziel der Einfügung der Zeitgrenze ist, dass vor Beginn der Bietzeit für alle Beteiligten feststeht, unter welchen Bedingungen die Grundstücke zur Versteigerung kommen bzw. welche geringsten Gebote in der Bietzeit vorliegen. Damit die Versteigerungsbedingungen bis spätestens vor Beginn der Bietzeit endgültig feststehen, wäre auch hier der Einbau einer Zeitgrenze dringend notwendig gewesen. Die Anträge auf Verteilung gem. § 64 Abs. 1 ZVG

---

550 LG Krefeld, Rpfleger 1987, 323.
551 Hierzu *Hintzen*, Rpfleger 1998, 148 ff.

und ein eventueller Gegenantrag gem. § 64 Abs. 2 ZVG sollten spätestens vor Beginn der Bietzeit gestellt sein. Der nunmehr vorliegende Widerspruch zu § 63 Abs. 2 ZVG ist kaum verständlich und hätte vermieden werden sollen.

11.628 **Beispiel:**

Im vorliegenden Fall soll der Zwangssicherungshypothekengläubiger den Antrag gem. § 64 Abs. 1 ZVG stellen.
Ausgehend von den Verkehrswerten, unter Abzug der vorgehenden Belastungen, sind diese ins Verhältnis zu setzen und so die Rechte zu verteilen:

	Grundstück 1	Grundstück 2	Grundstück 3
	(140.000,– €)	(80.000,– €)	(20.000,– €)
III/1 geht dem Gesamtrecht III/2 vor	- 40.000,– € 100.000,– €	–	–
jetzt III/2 verteilen im Verhältnis 10:8:2	- 25.000,– € 75.000,– €	- 20.000,– € 60.000,– €	- 5.000,– € 15.000,– €
somit Verhältnis für Verteilung III/3 75:60:15	10.000,– €	8.000,– €	2.000,– €

Ebenso ist für den Barteil zu verfahren. Somit ergibt sich jetzt für die Einzelausgebote:

Bar zu zahlender Teil:

Verfahrenskosten	1.750,– €	1.000,– €	250,– €
Stadt	4.000,– €	3.000,– €	1.600,– €
III/1 Zinsen	10.000,– €	–	–
III/2 Zinsen (10:8:2)	3.000,– €	2.400,– €	600,– €
III/3 Zinsen (75:60:15)	1.200,– €	960,– €	240,– €
	19.500,– €	7.360,– €	2.690,– €

Bestehen bleibende Rechte:

III/1	40.000,– €	–	–
III/2 (10:8:2)	25.000,– €	20.000,– €	5.000,– €
III/3 (75:60:15)	10.000,– €	8.000,– €	2.000,– €
	75.000,– €	28.000,– €	7.000,– €
Gesamtsumme (bar zu zahlender Teil + bestehen bleibende Rechte)	94.950,– €	35.360,– €	9.690,– €

Damit bietet sich wieder eine echte Chance, dass die Grundstücke auch versteigert werden bzw. ersteigert werden.

Achtung:
Dem Antrag gem. § 64 Abs. 1 ZVG folgt meist der Gegenantrag gem. § 64 Abs. 2 ZVG.
Der Gläubiger, dessen Recht mehr oder weniger zwangsweise verteilt wurde, kann verlangen, dass jetzt Gebote zugelassen werden, bei denen nur noch die Ansprüche vor ihm berücksichtigt werden. Er wird damit praktisch so behandelt, als wäre er der bestbetreibende Gläubiger.

Sein Recht lastet nach Verteilung und insbesondere nach Erteilung des Zuschlages als bestehen bleibendes Recht nur noch als Einzelrecht in der soeben genannten und verteilten Höhe an jedem Grundstück. Dies kann er durch den Gegenantrag verhindern.

Das Recht, sich voll aus jedem Grundstück befriedigen zu können, ist damit verloren. Diesem Ergebnis kontert er mit dem Antrag gem. § 64 Abs. 2 ZVG. Sollte jetzt auf diese Gebote der Zuschlag erteilt werden, so geht sein Recht zwar unter, aber es setzt sich **unverteilt** am Versteigerungserlös fort.

Der bestbetreibende Gläubiger, und damit der Deckungsgrundsatz, wird gewahrt, falls auf § 64 Abs. 2 ZVG Gebote abgegeben werden, durch § 83 Nr. 3 ZVG.

Den Antrag gem. § 64 Abs. 2 ZVG soll der Gläubiger des Rechtes III/2 stellen. Es ergeben sich dann folgende Gebote:

Bar zu zahlender Teil:

	Grundstück 1	Grundstück 2	Grundstück 3
Verfahrenskosten	1.750,– €	1.000,– €	250,– €
Stadt	4.000,– €	3.000,– €	1.600,– €
III/1 Zinsen	10.000,– €	–	–
	15.750,– €	4.000,– €	1.850,– €
Bestehen bleibende Rechte			
III/1	40.000,– €	–	–
Gesamtsumme (bar zu zahlender Teil + bestehen bleibende Rechte)	55.750,– €	4.000,– €	1.850,– €

Der Gläubiger muss aber auch erklären, ob er auf § 64 Abs. 2 ZVG den **Zuschlag** erteilt haben will, denn nur dann gehen die geringsten Gebote gem. § 64 Abs. 1 ZVG unter. Verlangt er nicht den Zuschlag auf § 64 Abs. 2 ZVG, bleibt es bei den geringsten Geboten nach § 64 Abs. 1 ZVG und die Gesamtrechte werden quotenmäßig verteilt. Wie bereits erwähnt, verhindert § 83 Nr. 3 ZVG, dass der Deckungsgrundsatz jetzt ausgehöhlt wird. Gemäß dieser Vorschrift muss soviel auf die Ausgebote gem. § 64 Abs. 2 ZVG geboten werden, dass auch die Ansprüche vor dem eigentlich bestbetreibenden Gläubiger gedeckt sind. Diese Deckung erfolgt allerdings im Barteil, da die Rechte nicht bestehen bleiben, sondern erlöschen.

cc) **Abgabe von Geboten**

Angenommen X bietet auf Grundstück 3 bei dem Gebot § 63 Abs. 1 ZVG (s. zuvor Rdn. 11.625) 10.500,– €. Dies sind 250,– € mehr als der Barteil von 10.250,– €; und damit ist das Gebot zugelassen.

Folge: § 63 Abs. 3 ZVG, das geringste Gebot des Gesamtausgebotes erhöht sich um 250,– € auf 30.250,– €.

11.631 **Angenommen** Y bietet auf die Einzelausgebote gem. § 63 Abs. 1 ZVG auf
Grundstück 1: 25.000,– €
Grundstück 2: 15.000,– €
Grundstück 3: 11.000,– €

Folge: Das Gesamtausgebot erhöht sich auf 34.200,– €.

11.632 Der rechnerische Erhöhungsbetrag gem. § 63 Abs. 3 S. 1 ZVG ist nicht Teil des geringsten Gebotes. Es handelt sich vielmehr um eine gesetzliche Versteigerungsbedingung dahingehend, dass zu dem geringsten Gebot ein weiterer Betrag zu zahlen ist. Es wird hierdurch für spätere Gebote ein neuer Mindestbetrag festgelegt.[552] Nicht richtig ist daher die Auffassung des LG Bielefeld[553]: „*Wird zunächst auf das Gesamtausgebot und danach auf die Einzelausgebote geboten, so wird das zuerst abgegebene Gebot auf das Gesamtausgebot nachträglich unwirksam, wenn es das um den Mehrbetrag nach § 63 Abs. 4 S. 1 ZVG a.F. erhöhte geringste Gebot im Gesamtausgebot nicht erreicht. Der Zuschlag kann dann nur auf die Meistgebote im Einzelausgebot erteilt werden.*" Richtig ist nur die Zuschlagsversagung, allerdings aus den Gründen nach § 83 Nr. 1 ZVG.[554]

11.633 **Angenommen** X bietet auf das Gesamtausgebot 100.000,– €.
Worauf ist jetzt der Zuschlag zu erteilen?

Die Zuschlagserteilung erfolgt gem. § 63 Abs. 3 S. 2 ZVG auf die Einzelausgebote, da deren Summe 25.000,– € + 110.000,– €
15.000,– € + 70.000,– €
11.000,– € + 70.000,– €
insgesamt 301.000,– €

höher ist, als das Gebot auf das Gesamtausgebot mit
100.000,– € + 110.000,– €
insgesamt 210.000,– €.

Achtung:

11.634 Wird der Antrag gem. § 64 Abs. 1 ZVG gestellt, gehen diese Ausgebote als abweichende Versteigerungsbedingung dem Einzelausgebot gem. § 63 Abs. 1 S. 1 ZVG vor. Es ist daher nach Schluss der Versteigerung nur zu klären, ob der Antrag auf Zuschlagserteilung nach § 64 Abs. 1 ZVG oder § 64 Abs. 2 ZVG gestellt wird.

- Bei Einzelausgeboten gem. § 64 Abs. 1 ZVG ist der Vergleich mit dem Gesamtausgebot anzustellen, wie bereits oben dargestellt.

---

552 So auch *Hagemann*, Rpfleger 1988, 33, 34.
553 Rpfleger 1988, 32.
554 Vgl. hierzu auch die Abhandlungen von *Bachmann*, Rpfleger 1992, 3; *Heidrich/Bachmann*, Rpfleger 1993, 11.

- Bei Einzelausgeboten gem. § 64 Abs. 2 ZVG ist ebenfalls der Vergleich mit dem Gesamtausgebot anzustellen.

Sollte das Ergebnis des Gesamtausgebots höher sein als die Summe der Einzelausgebote, so ist der Zuschlag auf das Gesamtausgebot zu erteilen. Sollten die Einzelausgebote höher sein, ist unter Beachtung von § 83 Nr. 3 ZVG der Zuschlag zu erteilen oder zu versagen; im letzteren Fall wäre die Zwangsversteigerung ergebnislos verlaufen.[555]   **11.635**

c) Zuschlagsentscheidung

aa) Ende des Termins

Bei mehreren Ausgebotsarten ist stets ein **gemeinsamer Versteigerungsschluss** zu bestimmen. Versteigert der Rechtspfleger in demselben Verfahren mehrere Grundstücksbruchteile nach Gesamt-, Gruppen- und Einzelausgeboten, so verstößt er nach Auffassung des **BGH**[556] gegen § 73 Abs. 1 S. 2 ZVG, wenn er das jeweils abgegebene höchste Gesamt- oder Gruppenausgebot durch dreimaligen Aufruf verkündet und nach Eintrag der genauen Uhrzeit im Protokoll insoweit die Versteigerung schließt. Wegen eines solchen Verfahrensfehlers ist der Zuschlag zu versagen.   **11.636**

bb) Vergleich der Meistgebote

Davon ausgehend, dass neben den Einzelausgeboten auch ein Gesamtausgebot nach § 63 Abs. 1 S. 2, Abs. 2 ZVG vorliegt (zur Besonderheit bei Geboten nach § 63 und § 64 ZVG nebeneinander, s. vorstehend Rdn. 11.634), ist der Zuschlag immer auf das höhere Gebot zu erteilen. Sollte das Ergebnis des Gesamtausgebots höher sein als die Summe der Einzelausgebote, so ist der Zuschlag auf das Gesamtausgebot zu erteilen, § 63 Abs. 3 S. 2 ZVG. Hierbei ist ein Gruppenausgebot zum Gesamtausgebot zu behandeln wie ein Einzelausgebot und ein Gruppenausgebot zu den Einzelausgeboten wie ein Gesamtausgebot.[557] Zu vergleichen sind daher zunächst die Ergebnisse der Meistgebote der Einzelausgebote mit dem jeweiligen Gruppenausgebot; ergibt sich die Tatsache, dass das Gruppenausgebot höher ist als die Summe der Einzelausgebote, sind diese Letzteren für den weiteren Vergleich unbeachtlich geworden. Nunmehr sind die Gruppenausgebote mit dem Gesamtausgebot zu vergleichen.   **11.637**

Offen bleibt, wenn auf ein oder mehrere Einzelausgebote kein Gebot abgegeben wurde. Werden mehrere Grundstücke sowohl einzeln als auch gemeinsam ausgeboten und liegen Meistgebote bezüglich des Gesamtausgebots und einiger Einzelausgebote vor, dann sind die übrigen Grundstücke   **11.638**

---

555 *Stöber*, § 64 Rdn. 6.3; Steiner/*Storz*, § 64 Rdn. 45.
556 Rpfleger 2003, 452 = NJW-RR 2003, 1077 = KTS 2003, 701 = MDR 2003, 1074 = WM 2003, 1181 = InVo 2003, 451 = ZfIR 2003, 743.
557 Für viele: Dassler/*Schiffhauer*, § 63 Rdn. 35.

bei der Vergleichsrechnung nach § 63 Abs. 3 S. 2 ZVG mit „Null" anzusetzen.[558] Ist die Summe der Einzelausgebote niedriger als das Meistgebot auf das Gesamtausgebot, ist dennoch auf die Einzelausgebote der Zuschlag zu erteilen, wenn das Meistgebot beim Gesamtausgebot unter 50 % des Verkehrswertes liegt und somit hierauf der Zuschlagsversagungsgrund nach § 85a Abs. 1 ZVG vorliegt.[559]

cc) Teileinstellung

11.639 Eine Zuschlagserteilung auf ein Einzelausgebot kann nicht erfolgen, wenn der die Zwangsversteigerung in mehrere Grundstücke betreibende Gläubiger nach Schluss der Bietzeit hinsichtlich der anderen Grundstücke die einstweilige Einstellung bewilligt.[560] Hierdurch kann es wirtschaftlich betrachtet zu einer Benachteiligung des Schuldners kommen.

11.640 Vor der Zuschlagsprüfung ist weiter immer § 76 ZVG zu beachten. Ist der Anspruch des betreibenden Gläubigers bereits durch das Gebot auf eines der Grundstücke gedeckt, ist hierauf der Zuschlag zu erteilen, die Versteigerung in die anderen Grundstücke ist einzustellen. Hierdurch soll sichergestellt werden, dass der Eingriff in das Eigentum des Schuldners so gering wie möglich ausfällt.[561]

11.641 Durch das Gebot müssen gedeckt werden können:

- die Verfahrenskosten,
- die Ansprüche aus dem bar zu zahlenden Teil des geringsten Gebotes,
- die Gesamtansprüche aller betreibenden Gläubiger (Kosten, Zinsen bis einen Tag vor Verteilungstermin, Hauptanspruch).

11.642 Mit dem betreibenden Gläubiger sind alle Gläubiger gemeint, für die der Versteigerungstermin durchgeführt werden kann, die ihr Verfahren nicht einstweilen eingestellt oder rechtzeitig vier Wochen vor dem Termin wieder fortgesetzt haben.[562] Betreiben mehrere Gläubiger aus verschiedenem Rang und ist z.B. ein Zwischenberechtigter vorhanden, der das Verfahren nicht betreibt, muss auch dieser durch das Gebot gedeckt werden, da ein nachrangiger betreibender Gläubiger erst dann zugeteilt werden kann, wenn alle vorrangigen Berechtigten gedeckt sind.[563]

11.643 Der Gläubiger muss die Fortsetzung des eingestellten Verfahrens binnen drei Monaten beantragen, § 76 Abs. 2 ZVG. Er kann dies nur, wenn er ein berechtigtes Interesse nachweist (z.B. wenn das Meistgebot im Verteilungstermin nicht gezahlt wird).

---

558 So auch *Böttcher*, § 63 Rdn. 14.
559 OLG Frankfurt, Rpfleger 1995, 512.
560 OLG Stuttgart, Rpfleger 2002, 165.
561 *Böttcher*, § 76 Rdn. 1.
562 Dassler/*Schiffhauer*, § 76 Rdn. 6; *Stöber*, § 76 Rdn. 2.5; *Böttcher*, § 76 Rdn. 3.
563 So auch *Stöber*, § 76 Rdn. 2.5; *Böttcher*, § 76 Rdn. 4.

dd) Zuschlagsversagungsgründe

Vor der Zuschlagsprüfung sind auch eventuelle Versagungsgründe von Amts wegen, § 85a Abs. 1 ZVG, oder auf Antrag, § 74a Abs. 1 ZVG, zu berücksichtigen. Liegt das Meistgebot auf einem der Grundstücke unter 50 % des Verkehrswertes oder stellt ein antragsberechtigter Beteiligter einen Zuschlagsversagungsantrag wegen Nichterreichens der $^7/_{10}$-Grenze und handelt es sich um den ersten Versteigerungstermin, ist dieses Gebot zwar wirksam, aber nicht zuschlagsfähig. Bei einem eventuellen Vergleich mit dem Gesamtausgebot soll dieses Grundstücks dann nur mit dem Wert 0,– € angesetzt werden.[564] Dies halte ich jedoch für bedenklich, da die Zielrichtung hierbei in erster Linie der Grundstücksverschleuderung vorbeugen soll.[565] Im Übrigen würde dies auch dazu führen, das nunmehr bei dem Vergleich der Summe der Einzelausgebote mit dem Gesamtausgebot die Gefahr besteht, dass wegen des Wertes 0,– € der Zuschlag auf das Gesamtausgebot erteilt werden muss, obwohl die einzelnen Gebote zusammengerechnet ursprünglich höher waren.

11.644

Beispiel:

11.645

Grundstück:	Einzelausgebot 1	Einzelausgebot 2	Gesamtausgebot 1 und 2 zusammen
Verkehrswert:	100.000,– €	500.000,– €	600.000,– €
best. bleibende Rechte:	keine	keine	keine
Gebote:	30.000,– €	400.000,– €	420.000,– €

Die Summe der Einzelausgebote ist mit 430.000,– € höher als das Gesamtausgebot über 420.000,– €. Da auf Grundstück 1 jedoch weniger als die Hälfte des Verkehrswertes geboten wurde, ist der Zuschlag zu versagen. Stellt man dieses Grundstück nunmehr mit dem Wert 0,– € in den Vergleich zum Gesamtausgebot ein, ist dieses mit 420.000,– € höher. Dieses Ergebnis kann nicht gewollt sein. Der Zuschlag ist auf die Einzelausgebote zu erteilen, §85a ZVG kann hier keine Anwendung finden (vertretbar dürfte allerdings auch sein, den Zuschlag insgesamt zu versagen und einen neuen Termin zu bestimmen, in dem dann die Wertgrenzen nicht mehr gelten; das Ergebnis könnte dann natürlich für den Schuldner noch ungünstiger ausfallen). Dies gilt gleichermaßen für § 74a Abs. 1 ZVG.

VIII. Versteigerungstermin

Zum Muster eines Protokolls über den Versteigerungstermin vgl. Rdn. 15.45.

11.646

---

564 So Dassler/*Schiffhauer*, § 63 Rdn. 33.
565 So auch *Stöber*, § 63 Rdn. 7.

1. Verfahren

a) Ort und Zeit der Versteigerung

11.647 Aus der Terminsbestimmung muss sich Ort und Zeitpunkt des Versteigerungstermins ergeben, § 37 Nr. 2 ZVG. Muss der Versteigerungstermin in ein anderes Sitzungszimmer verlegt werden, weil z.B. der Publikumsandrang zu groß ist, so genügt ein Aushang mit einem entsprechenden Hinweis an beiden Räumen. Die getroffenen Vorkehrungen sind tunlichst im Sitzungsprotokoll genau festzuhalten.[566] Die Auffassung, einen Gerichtswachtmeister oder eine andere geeignete Person während der gesamten Dauer des Versteigerungsverfahrens vor dem ursprünglich vorgesehenen Sitzungssaal zu postieren, um damit absolut sicherzustellen, dass alle Interessenten den neuen Saal finden, ist als zu weitgehend und praxisfremd abzulehnen.[567]

b) Verlegung des Termins

11.648 In besonders gelagerten Fällen kann auch eine Verlegung des Termins in Betracht kommen. Ein ungenügendes Meistgebot allerdings ist kein Verlegungsgrund.[568] Auch eine plötzliche Erkrankung des Schuldners begründet für sich alleine keinen Verlegungsgrund, insbesondere dann nicht, wenn der Schuldner erst einen Tag vor dem Termin durch Krankheitsatteste belegt, dass er an dem Termin selbst nicht teilnehmen kann. Der Schuldner kann sich auch durch einen Rechtsanwalt vertreten lassen.[569] Wird der Termin verlegt, sind hierfür wiederum die allgemeinen Fristen und Formalien zu beachten (vgl. Rdn. 11.481 ff.).

c) Unterbrechung des Termins

11.649 Eine kurze oder auch längere Terminsunterbrechung ist jederzeit von Amts wegen oder auf Anregung eines Beteiligten zulässig. Dies kann erforderlich sein, wenn z.B. der Rechtspfleger wegen Befangenheit abgelehnt wird oder zahlreiche Anträge gestellt werden, die die Berechnung eines neuen geringsten Gebotes erforderlich machen oder damit der amtierende Rechtspfleger genügend Zeit gewinnt, um eine zu treffende Entscheidung hinreichend vorzubereiten und zu überdenken. Kein Beteiligter kann das Versteigerungsgericht zu übereilten Entscheidungen drängen.[570] Eine Unterbrechung setzt voraus, dass

---

566 LG Oldenburg, Rpfleger 1990, 470; OLG Hamm, Rpfleger 1979, 29 = NJW 1979, 1720.
567 So aber OLG Hamm, Rpfleger 1979, 29 = NJW 1979, 1720; LG Oldenburg, Rpfleger 1985, 311; Steiner/*Teufel*, §§ 37, 38 Rdn. 31; *Böttcher*, § 66 Rdn. 5; **a.A.** und zutreffend LG Oldenburg, Rpfleger 1990, 470 unter Aufgabe seiner früheren Ansicht; *Stöber*, § 66 Rdn. 3.2; *Schiffhauer*, Rpfleger 1985, 312; Dassler/*Muth*, § 37 Rdn. 10.
568 Dassler/*Schiffhauer*, § 85 Rdn. 15.
569 BVerfG, Rpfleger 1988, 156.
570 Dassler/*Schiffhauer*, § 85 Rdn. 16.

zwischen den einzelnen Terminsabschnitten ein verhandlungsfreier Zeitraum angeordnet wird, der wenige Minuten, Stunden, aber auch mehrere Tage betragen kann. Erst wenn die Unterbrechung so lange währt, dass der Verhandlungszusammenhang und die erinnerungsmäßige Überschaubarkeit verloren geht, liegt eine unzulässige Terminsverlegung vor. Hierbei wird eine Unterbrechung bis zu 10 Tagen noch als zulässig anzusehen sein.[571]

d) Mehrere Termine gleichzeitig

Die steigende Zahl der Versteigerungsverfahren hat in der Praxis vielerorts dazu geführt, dass mehrere Termine gleichzeitig oder in kurzem zeitlichem Abstand (überlappende Versteigerungstermine) abgehalten werden. Die zeitgleiche Abhaltung mehrerer Termine wird sowohl für zulässig gehalten[572] als auch abgelehnt.[573]

11.650

„Überlappende" Versteigerungstermine bedeuten, dass nach Abschluss des Bekanntmachungsteils im ersten Verfahren das weitere Zwangsversteigerungsverfahren aufgerufen wird und etwa im Abstand von 15 Minuten beginnt. Diese Vorgehensweise wird ebenfalls für zulässig angesehen[574] und auch abgelehnt.[575] Diejenigen, die die gleichzeitige oder „überlappende" Terminierung ablehnen, berufen sich im Wesentlichen darauf, dass der einmal begonnene Versteigerungstermin ohne Unterbrechung zu Ende zu führen ist. Das Aufrufen eines weiteren Versteigerungsverfahrens wird als Unterbrechung des zuerst begonnenen Termins gesehen, da das Versteigerungsgericht in dem neuen Verfahren zunächst die notwendigen Bekanntmachungen verlesen muss. Hierin wird eine Verletzung der Bietzeit gesehen, § 73 Abs. 1 ZVG. Eine gewisse Entspannung des Problems ist durch die ab 1.8.1998 geschaffene verkürzte Bietzeit auf 30 Minuten eingetreten.

11.651

Eine generelle Ablehnung kann eigentlich nur für die zeitgleiche Abhaltung mehrerer Termine befürworten worden. Allerdings ist hier, wie bei der Handhabung der zeitverschobenen Termine, immer auf den Einzelfall abzustellen. Wenn das Versteigerungsgericht im Vorfeld erkennt, dass nur wenige Interessenten für das zu versteigernde Objekt zu erwarten sind, oder wenn es sich um die Versteigerung gleichartiger Objekte, wie z.B. mehrere Wohnungseigentumseinheiten handelt, kann eine überlappende Terminierung nicht von vornherein abgelehnt werden. Selbstverständlich gehört dann da-

11.652

---

571 OLG Köln, Rpfleger 1984, 280; Dassler/*Schiffhauer*, § 85 Rdn. 16.
572 OLG Düsseldorf, Rpfleger 1989, 419; LG Hildesheim, Rpfleger 1986, 311 m. Anm. *Schiffhauer;* Steiner/Storz, § 73 Rdn. 14.
573 OLG Köln, Rpfleger 1987, 167 m. Anm. *Meyer-Stolte;* hierzu *Muth*, Kap. 9A Rdn. 55 Fn. 143: typisches Beispiel für die Unkenntnis eines Obergerichts vom Zwangsversteigerungsgeschäft; OLG Oldenburg, NJW-RR 1988, 1468; *Hagemann*, Rpfleger 1984, 257; *Schiffhauer*, Rpfleger 1986, 311; *Stöber*, § 66 Rdn. 10.1; *Eickmann*, § 15 I 2; *Böttcher*, § 66 Rdn. 10.
574 LG Bremen, Rpfleger 1988, 373 m. Anm. *Bischoff;* AG Düsseldorf, Rpfleger 1989, 420; *Büschmann* ZIP 1988, 825; differenziert: Dassler/*Gerhardt*, § 73 Rdn. 3.
575 LG Osnabrück, Rpfleger 1987, 471; *Stöber*, § 66 Rdn. 10.1; *Böttcher*, § 66 Rdn. 10.

zu, dass der amtierende Rechtspfleger seiner Belehrungs- und allgemeinen Fürsorgepflicht in besonderem Maße nachkommt, insbesondere sind auch die Protokolle mit äußerster Genauigkeit zu führen. Jeder Beteiligte hat jedoch das Recht, eine Unterbrechung der Bietzeit zu beantragen und im Protokoll vermerken zu lassen, wenn während dieser Zeit in einem anderen Verfahren die nach § 66 ZVG vorgeschriebenen Bekanntmachungen verlesen, Erörterungen und Belehrungen vorgenommen, Gebote abgegeben sowie Entscheidungen getroffen werden. Die Bietzeit ist dann um die Zeit der Unterbrechung zu verlängern. Die Anwesenden müssen hierbei genau aufpassen, damit die Bekanntgaben und Gebote zu den einzelnen Verfahren nicht verwechselt werden. Wenn mehrere Verfahren zeitweise nebeneinanderher laufen, hat das Versteigerungsgericht die Pflicht – und wird dies regelmäßig auch tun –, darauf hinzuweisen, dass jederzeit zu jedem Verfahren Anträge gestellt werden und Gebote abgegeben werden können und auch Fragen hierzu zulässig sind. Die Bietzeit muss dann über die eigentlichen 30 Minuten hinaus ebenfalls ausreichend verlängert werden, sodass jeder Interessent über 30 Minuten Zeit hatte, Gebote abzugeben.[576]

2. Bekanntmachungen im Termin

11.653   Der Ablauf des Versteigerungstermins ist in den §§ 66 ff. ZVG geregelt. Der Bekanntmachungsteil beginnt mit dem Aufruf der Sache und endet mit der Aufforderung zur Abgabe von Geboten. Nach dem Aufruf der Sache erfolgt:

- Verlesung des Grundbuchinhaltes;
- Verlesung der Ansprüche der betreibenden Gläubiger;
- Bekanntmachung der ersten Beschlagnahme;
- Bekanntmachung des festgesetzten Verkehrswertes des Grundstückes;
- Verlesung der bisher erfolgten Anmeldung der betreibenden Gläubiger bzw. Beteiligten;
- Feststellung des geringsten Gebotes;
- Feststellung der Versteigerungsbedingungen;
- Verlesung der Erklärungen evtl. Mieter und Pächter, § 57d Abs. 2 ZVG;
- Hinweis auf die Ausschließung weiterer Anmeldungen und Hinweis auf die Rechtsfolgen, § 37 Nr. 4 ZVG.

11.654   Weiterhin weist das Gericht darauf hin, dass nach dem **Grunderwerbsteuergesetz** im Falle der Erteilung des Zuschlages sowohl die Abgabe des Meistgebotes als auch eine Abtretung der Rechte aus dem Meistgebot grunderwerbsteuerpflichtig ist. Dabei gilt auch die nachträgliche Erklärung

---

576   Vgl. *Hagemann*, Rpfleger 1984, 256; *Schiffhauer*, Rpfleger 1986, 311; Dassler/ *Gerhard*, § 73 Rdn. 3.

des Meistbietenden, für einen Dritten geboten zu haben, als Abtretung des Meistgebotes, § 81 Abs. 3 ZVG.[577]

Zu Fragen der Umsatzsteuer und deren Berücksichtigung vgl. Rdn. 11.746 ff. **11.655**

Der Hinweis auf den **Ausschluss weiterer Anmeldungen** ist der späteste Zeitpunkt, in dem ein Beteiligter noch rechtzeitig und rangwahrend Anmeldungen vornehmen kann. Eine Anmeldung kann erforderlich werden für: **11.656**

- Kosten der dinglichen Rechtsverfolgung,
- Zinsen,
- ein Recht, welches nach dem Zwangsversteigerungsvermerk im Grundbuch eingetragen wurde,
- Pfändungen, zur Erlangung der Rechtsstellung eines Beteiligten,
- Kündigung eines Rechtes,
- die persönliche Forderung zur Schuldübernahme (vgl. Rdn. 11.539 ff).

Es können jetzt weitere Anträge gestellt werden **11.657**

- zum geringsten Gebot,
- zu den Versteigerungsbedingungen,
- bei der Versteigerung mehrerer Grundstücke, Einzel-, Gruppen- oder Gesamtausgebot,
- abweichende Versteigerungsbedingungen,
- Stellung eines Vollstreckungsschutzantrages nach § 765a ZPO.

3. Bietzeit

a) Aufforderung zur Gebotsabgabe

Hat das Versteigerungsgericht auf den Ausschluss weiterer Anmeldungen und deren Rechtsverlust hingewiesen, fordert es zur Abgabe von Geboten auf, § 66 Abs. 2 ZVG. Zwischen der Aufforderung zur Abgabe von Geboten und dem Zeitpunkt, in welchem bzgl. sämtlicher zu versteigernder Grundstücke die Versteigerung abgeschlossen wird, müssen mindestens 30 Minuten liegen, § 73 Abs. 1 S. 1 ZVG. Da die „halbe Bietstunde" keine Ausschlussfrist ist, muss das Versteigerungsgericht die Versteigerung so lange fortführen, bis keine weiteren Gebote abgegeben werden. Die Versteigerung muss und wird so lange fortgesetzt, bis trotz Aufforderung durch das Gericht weitere Gebote nicht abgegeben werden, § 73 Abs. 1 S. 2 ZVG. **11.658**

Das **letzte Gebot wird dreimal verkündet.** Wird dann, trotz nochmaliger Aufforderung, ein weiteres Gebot nicht abgegeben, wird der Schluss der Versteigerung (Bietzeit) verkündet, § 73 Abs. 2 ZVG. Weitere Gebote können danach nicht mehr abgegeben werden. **11.659**

---

577 BFH, ZIP 1980, 691 = DB 1980, 1970; vgl. Rdn. 11.822 ff.

b) Gebote

11.660 Das geringste Gebot als Grundlage der Versteigerung setzt sich zusammen aus eventuell bestehen bleibenden Rechten, § 52 ZVG, und dem zu zahlenden Teil, § 49 Abs. 1 S. 1 ZVG. Gebote, die im Termin abgegeben werden, beziehen sich nur auf den bar zu zahlenden Teil des geringsten Gebotes. Das erste Gebot ist daher nur zulässig und wirksam, wenn es mindestens das geringste Bargebot umfasst, § 49 Abs. 1 ZVG. Die nach den Versteigerungsbedingungen bestehen bleibenden dinglichen Rechte müssen bei der Abgabe eines Gebotes der Höhe nach mit berücksichtigt werden. Diese Rechte bleiben bestehen und sind von dem Ersteher zu übernehmen.

11.661 **Beispiel:**

Nach den Versteigerungsbedingungen bleibt die im Grundbuch Abt. III/1 eingetragene Grundschuld über 100.000,– € nebst 15 % Zinsen bestehen. Der bar zu zahlende Teil des geringsten Gebotes, bestehend aus den Verfahrenskosten und eventuell angemeldeten Ansprüchen der Rangklasse 1 bis 3 des § 10 Abs. 1 ZVG und den Zinsen des bestehen bleibenden Rechts III/1 soll 22.000,– € betragen.

11.662 **Lösung:**

Das erste wirksam abgegebene Gebot muss mindestens 22.000,– € betragen. Geboten sind dann tatsächlich neben dem Bargebot auch das bestehen bleibende Recht, somit insgesamt 122.000,– €. Gleichzeitig darf der Bietinteressent nicht vergessen, dass auch noch 15 % Zinsen aus dem Recht III/1 zumindest mit dinglicher Haftung übernommen werden.

11.663 Gebote, die erkennbar in der Absicht abgegeben werden, im Falle des Meistgebots hierauf keine Zahlung leisten zu wollen oder zu können, sind als **rechtsmissbräuchlich** zurückzuweisen.[578] Mit Beschluss vom 24.11.2005 hat der BGH[579] entschieden, dass Gebote in der Zwangsversteigerung, die unter der Hälfte des Grundstückswerts liegen, nicht allein aus diesem Grund unwirksam und zurückzuweisen sind. Gibt ein an dem Erwerb des Grundstücks interessierter Bieter ein solches Gebot nur ab, um die Rechtsfolgen des § 85a Abs. 1 und 2 ZVG herbeizuführen, ist das weder rechtsmissbräuchlich noch ist das Gebot unwirksam oder ein Scheingebot. Das Eigengebot eines Gläubigervertreters ist aber unwirksam und zurückzuweisen, wenn er von vornherein nicht an dem Erwerb des Grundstücks interessiert ist, sondern das Gebot nur abgibt, damit in einem weiteren Versteigerungstermin einem anderen der Zuschlag auf ein Gebot unter $^{7}/_{10}$ oder unter der Hälfte des Grundstückswertes erteilt werden kann. Diese Entscheidung ist **rechtlich verfehlt, praxisfremd** und in ihrer allgemeinen Aussage **abzulehnen.** Die Aussage des BGH entspricht nicht der Realität. Die Praxis zeigt, dass eine Vielzahl von Interessenten erst im zweiten Versteigerungstermin er-

---

578 OLG Nürnberg, Rpfleger 1999, 87.
579 Rpfleger 2006, 144 mit Anm. *Hintzen* = NJW 2006, 1355; jetzt auch AG Stade, Rpfleger 2006, 275; **a.A.** jetzt aber schon LG Detmold, Rpfleger 2006, 491 und AG Tostedt, Rpfleger 2006, 492.

scheinen, wenn keine Wertgrenzen nach § 85a Abs. 1 und § 74a Abs. 1 ZVG mehr gelten. Dass ein Gebot in der Zwangsversteigerung eine dem Vollstreckungsgericht gegenüber abzugebende Willenserklärung ist, ist unbestritten. Dass die Erwerbsabsicht aber erkennbar sein muss, und wenn nicht eindeutig, vom Vollstreckungsgericht aufzuklären ist, ist abzulehnen. Das Verhalten eines Bieters zielt immer auf eine Zuschlagserteilung. Ob in diesem oder in einem anderen Termin. Ob an sich selbst, oder an einen Dritten. Beteiligte haben keinen Anspruch darauf, dass die wirkliche Interessenlage offenbar wird. Auch der Schuldner selbst kann in der Versteigerung mitbieten. Auch hier kann nicht unterstellt werden, er handele nicht in Erwerbsabsicht. Aber selbst wenn der Schuldner nicht in Erwerbsabsicht handelt, dann gibt er die Gebote möglicherweise deswegen ab, um die Konkurrenten zu höheren Geboten zu bewegen. Auch die Gläubiger am Grundstück sind an hohen Geboten interessiert. Wenn beispielhaft der Vertreter des betreibenden Gläubigers im eigenen Namen Gebote abgibt, liegt hierin möglicherweise keine Erwerbsabsicht. Vielleicht ist nur beabsichtigt, die Bieter zu weiteren höheren Geboten anzuhalten. Sollte der Vertreter des Gläubigers dann das Meistgebot abgegeben haben, bleibt ihm immer noch die Möglichkeit, im Namen des betreibenden Gläubigers das Verfahren einstweilen einzustellen. Der Zuschlag ist dann regelmäßig zu versagen. Hieraus aber den Schluss zu ziehen, es handele sich um ein unwirksames Gebot, da dies nicht in Erwerbsabsicht abgegeben wurde, ist realitätsfern. Im Übrigen hätte die Entscheidung auch rechtlich nicht mehr ergehen dürfen. Die Zuschlagsversagung nach dem 1. Termin gem. § 85a Abs. 1 ZVG muss durch Beschluss erfolgen, § 764 Abs. 3 ZPO. Der Beschluss ist beschwerdefähig. Die **rechtskräftige** Versagung wirkt wie eine einstweilige Einstellung des Verfahrens, § 86 ZVG. Das Gebot des Bieters ist damit erloschen, § 72 Abs. 3 ZVG. Wenn (nach dem BGH) kein wirksames Gebot vorlag, hätte das Verfahren nach § 77 ZVG eingestellt werden müssen. Unterlässt der Schuldner eine Beschwerde, dann wird der Beschluss nach § 85a Abs. 1 ZVG rechtskräftig und bleibt rechtskräftig, selbst wenn die Entscheidung materiell unrichtig sein sollte. Damit ist zwangsläufig der Wegfall der Grenzen verbunden. In jedem Falle erwächst der Versagungsbeschluss, der zeitgleich über die Wirksamkeit des Gebots entscheidet, in Rechtskraft. § 79 ZVG (keine Bindung an eine vorher getroffene Entscheidung) findet hier keine Anwendung. Um den Schwierigkeiten allerdings aus dem Wege zu gehen, ist den am Verfahren beteiligten Gläubigern zu raten, in Zukunft keine Gebote mehr von ihren Terminsvertretern abgeben zu lassen, sondern sie sollten irgendeine dritte Person mit in den ersten Termin bringen, die dann ein Gebot unter der Hälfte des Verkehrswertes abgibt, um so die legitime Zuschlagsversagung nach § 85a Abs. 1 ZVG zu erreichen. Allerdings darf diese Person dann in den weiteren Versteigerungsterminen nicht mehr anwesend sein. Eine Erwerbsabsicht kann auf diese Weise niemals mehr hinterfragt werden.

Der Bieter ist so lange an sein Gebot gebunden, bis dieses erlischt. Das **erste** und **weitere Gebote** erlöschen, wenn ein **Übergebot** zugelassen wird und ein Beteiligter der Zulassung nicht sofort widerspricht, § 72 Abs. 1 S. 1 ZVG.

11.664

Wird das Übergebot nicht sofort durch den amtierenden Rechtspfleger zurückgewiesen, gilt das Übergebot als zugelassen, § 72 Abs. 1 S. 2 ZVG.

11.665 Das abgegebene Gebot erlischt weiterhin auch dann, wenn das Verfahren **einstweilen eingestellt** wird oder der Versteigerungstermin **aufgehoben** wird, § 72 Abs. 3 ZVG. Erfolgt die einstweilige Einstellung durch den bestbetreibenden Gläubiger erst nach dem Schluss der Versteigerung, kann eine einstweilige Einstellung des Verfahrens nicht mehr erfolgen, der Zuschlag ist dann zu versagen, § 33 ZVG. Das abgegebene Gebot erlischt jedoch dann nicht, wenn aufgrund eines Antrages weitere geringste Gebote erstellt werden müssen (z.B. bei einem nachträglichen Antrag auf Abweichung der Versteigerungsbedingungen). In diesem Fall ist ein weiteres Ausgebot zu erstellen, aufzurufen, und die Bietzeit beginnt für dieses Gebot neu zu laufen. Der Schluss der Versteigerung darf dann jedoch für alle Gebote nur gemeinsam verkündet werden.[580]

11.666 Erfolgt ein Widerspruch gegen ein Gebot, ist bei der Zuschlagserteilung zu überprüfen, auf welches Gebot der Zuschlag zu erteilen ist.[581] Ist das Meistgebot wirksam, erhält es den Zuschlag, ansonsten ist der Zuschlag auf das zweithöchste Meistgebot zu erteilen.[582] Grundsätzlich sollte über den Widerspruch gegen ein Gebot sofort entschieden werden. Entscheidet das Gericht über den Widerspruch nicht sofort, sondern kündigt eine Entscheidung im Zuschlagsverkündungstermin an, sollten die anwesenden Bieter nach § 139 ZPO darauf hingewiesen werden, dass weitere Übergebote nach § 72 Abs. 1 ZVG das Gebot, gegen das sich der Widerspruch richtet, unabhängig von seiner Wirksamkeit und Zulässigkeit zum Erlöschen bringen.[583]

c) Gebote für Dritte

11.667 Grundsätzlich kann geboten werden:

- einzeln oder gemeinsam für sich selbst,
- in Vertretung für einen Dritten mit Vollmacht (offene Vertretungsmacht),
- zunächst für sich selbst, nachträglich wird der Vollmachtgeber genannt (verdeckte Vertretungsmacht),
- zunächst für sich selbst, mit der Absicht der Abtretung der Rechte aus dem Meistgebot an einen Dritten.

---

580 BGH, Rpfleger 2003, 452 = NJW-RR 2003, 1077 = KTS 2003, 701 = MDR 2003, 1074 = WM 2003, 1181 = InVo 2003, 451 = ZfIR 2003, 743.
581 OLG Koblenz, ZIP 1987, 1531.
582 BGH, Rpfleger 1984, 243 = NJW 1984, 1950.
583 OLG Frankfurt, InVo 2004, 203; konkret hatte der fehlende Hinweis dazu geführt, dass der Bieter in Verkennung des § 72 Abs. 1 ZVG sich selbst überboten und daher den Zuschlag zu einem unnötig hohen Gebot erhalten hat. Hierin sah das Gericht einen Amtshaftungsfall. Diese Hinweispflicht kann nach Auffassung des OLG Frankfurt einen Amtshaftungsanspruch des Bieters begründen, der sich in Verkennung des § 72 Abs. 1 ZVG nur noch selbst überboten und daher den Zuschlag zu einem unnötig hohen Gebot erhalten hat.

aa) Gebote für den Bieter selbst

Nach Abgabe des Gebotes muss sich der Bieter ausweisen. Er ist mit Namen, Anschrift und Geburtsdatum bzw. Beruf in das Protokoll aufzunehmen, § 78 ZVG.

11.668

Wird ein Gebot von **mehreren Personen** gemeinschaftlich abgegeben, müssen sie das für die Gemeinschaft maßgebende Rechtsverhältnis bezeichnen (z.B. in Gesellschaft bürgerlichen Rechts, zu je $^1/_2$ Anteil pp.[584]).

11.669

Der gesetzliche Vertreter einer juristischen Person hat seine Vertretungsberechtigung durch Vorlage eines Handelsregisterauszuges neueren Datums oder einer entsprechenden Notarbescheinigung nachzuweisen.[585] Ein vier Wochen alter Handelsregisterauszug ist als Vertretungsnachweis dann nicht ausreichend, wenn weitere Umstände hinzukommen, die gegen die Eindeutigkeit des Nachweises sprechen.[586]

11.670

Die **Eltern** eines minderjährigen Kindes können für dieses nur gemeinsam bieten, § 1626 Abs. 1 BGB. Die Eltern bedürfen zur Abgabe von Geboten für ihr Kind der familiengerichtlichen Genehmigung, § 1821 Nr. 5, § 1643 Abs. 1 BGB. Das Gleiche gilt für die Abgabe eines Gebotes durch den Vormund oder einen Pfleger für den Pflegling bzw. Betreuer; zuständig ist dann jedoch das Vormundschaftsgericht.[587]

11.671

bb) Offene Vertretungsmacht

Wird das Gebot durch einen Vertreter abgegeben, muss dieser die **Bietvollmacht** in öffentlich beglaubigter Form vorlegen, § 71 Abs. 2 ZVG. Die Vollmacht ist sofort bei Gebotsabgabe vorzulegen, eine Nachreichung bis zur Zuschlagsverkündung ist nicht ausreichend.[588] Eine Änderung der Bietvollmacht während der Bietzeit durch den Bevollmächtigten führt zur Zurückweisung seiner Gebote.[589]

11.672

Für die Form der Vollmacht einer Behörde, z.B. der Sparkassen, genügt die Schriftform mit Unterschrift und Siegel. **Offenkundig** ist eine Vertretungsmacht dem Gericht gegenüber nur dann, wenn dem amtierenden Rechtspfle-

11.673

---

584 Vgl. *Stöber*, § 71 Rdn. 4; Steiner/*Storz*, § 71 Rdn. 78.
585 *Stöber*, § 71 Rdn. 6.4; OLG Hamm, Rpfleger 1990, 85 u. 218 m. kritischer Anm. *Hintzen*.
586 LG Mainz, Rpfleger 2000, 287 = JurBüro 2000, 493; konkret war die von dem Bieter im Termin vorgelegte Bietvollmacht auf neutralem Papier, d.h. nicht auf Geschäftspapier verfasst. Zudem fehlte die Angabe einer Handelsregisternummer, die eine Zuordnung der bevollmächtigenden GmbH zu der im Handelsregister eingetragenen Firma ermöglicht hätte. Der vorgelegte Handelsregisterauszug wies als Gericht Nürnberg aus und bestimmte den Sitz der in diesem Auszug genannten Firma in Schwabach. Die in der Bevollmächtigung angegebene Adresse des Geschäftssitzes war München, sodass nicht offensichtlich war, dass es sich bei der im Handelsregister genannten Firma und der in der Bietvollmacht aufgeführten Firma um die identische handelte.
587 *Stöber*, § 71 Rdn. 7.4; Steiner/*Storz*, § 71 Rdn. 19.
588 OLG Koblenz, Rpfleger 1988, 75 = ZIP 1987, 1531.
589 LG Lüneburg, Rpfleger 1988, 112.

ger die Vollmacht dienstlich bekannt ist. Liegt die Vollmacht in den Generalakten des Gerichtes, muss dafür Sorge getragen werden, dass diese Akten im Versteigerungstermin dem Gericht vorgelegt werden (vgl. Rdn. 1.511 ff.).

cc) Verdeckte Vertretungsmacht

11.674 Da die Erklärung des Bieters, nicht für sich selbst geboten zu haben, sondern für einen Dritten, regelmäßig erst nach Schluss der Versteigerung in der Verhandlung über den Zuschlag erfolgt, stellt sich die Frage des erforderlichen Nachweises erst bei der Zuschlagserteilung (vgl. daher bei Rdn. 11.739 ff.). Gleiches gilt für die Erklärung des Meistbietenden, seine Rechte aus dem Meistgebot an einen Dritten abzutreten, vgl. daher Rdn. 11.735 ff.

4. Sicherheitsleistung

a) Verlangen nach Sicherheit

11.675 Die in der Bietzeit abgegebenen Gebote werden sofort zugelassen oder sofort zurückgewiesen. Sicherheitsleistung muss sofort nach Abgabe des Gebotes verlangt werden, über die Sicherheitsleistung ist sofort zu entscheiden, und diese ist dann sofort zu leisten, § 67 Abs. 1 S. 2, § 70 ZVG.[590] Kann die Sicherheit nicht erbracht werden und weist das Gericht das Gebot zurück, kann der Bieter dieser Zurückweisung sofort widersprechen, um so das Erlöschen des Gebotes zu verhindern, § 72 Abs. 2 ZVG. Sofern das Gericht das abgegebene Gebot zulässt, obwohl Sicherheitsleistung verlangt wurde, muss der die Sicherheitsleistung verlangende Beteiligte der Zulassung sofort widersprechen, da ansonsten sein Verlangen als zurückgenommen gilt, § 70 Abs. 3 ZVG.

11.676 Die **Berechtigung** zur **Verlangung** einer Sicherheitsleistung ergibt sich aus § 67 ZVG. Sicherheitsleistung verlangen kann jeder Beteiligte, dessen Recht durch die Nichterfüllung des Gebotes beeinträchtigt werden würde. Hierzu gehören auch die Gläubiger, deren Rechte nach den Versteigerungsbedingungen bestehen bleiben, selbst wenn diese im bar zu zahlenden Teil keine Ansprüche haben.[591] Auch der Schuldner kann Sicherheit verlangen, wenn er aus einem Eigentümerrecht Zahlungen aus dem abgegebenen Gebot verlangen kann oder wenn aus dem Bargebot Ansprüche zu zahlen sind, für die er persönlich haftet.[592] Ein generelles Antragsrecht steht dem Schuldner allerdings nicht zu.[593] Mieter und Pächter haben kein Recht, Sicherheit zu verlangen.

---

[590] OLG Hamm, Rpfleger 1987, 469 = NJW-RR 1987, 1016; OLG Düsseldorf, Rpfleger 1989, 167.
[591] Dassler/*Gerhardt*, § 67 Rdn. 3; *Böttcher*, §§ 67–70 Rdn. 11.
[592] LG Essen, Rpfleger 2006, 31; Dassler/*Gerhardt*, § 67 Rdn. 3; *Stöber*, § 67 Rdn. 2.2; Steiner/*Storz*, § 67 Rdn. 13.
[593] So OLG Düsseldorf, Rpfleger 1989, 36 m. abl. Anm. *Meyer-Stolte*; a.A. *Hornung*, Rpfleger 2000, 529.

b) Sicherheit leisten

Von der Sicherheitsleistung sind nur befreit der Bund, die Deutsche Bundesbank, die Deutsche Genossenschaftsbank, die Deutsche Girozentrale, kommunale Körperschaften, Kreditanstalten und insbesondere auch die öffentlichen Sparkassen, § 67 Abs. 3 ZVG. Sicherheit leisten müssen daher auch die Kreditinstitute, die Verfahrensbeteiligte sind, ein Grundpfandrecht am Grundstück haben und im Verfahren selbst mitbieten wollen, sofern die Voraussetzungen nach § 67 Abs. 2 ZVG gegeben sind.

11.677

Leisten muss die Sicherheit auf Verlangen der Schuldner, wenn er bietet, und jeder Bieter, der kein durch das Gebot gedecktes Grundpfandrecht am Grundstück besitzt. Der Bieter, der ein Grundpfandrecht am Grundstück besitzt und dieses durch das Gebot auch nur teilweise gedeckt wird, braucht nur auf Verlangen des betreibenden Gläubigers Sicherheit zu leisten. Bei Einzelausgeboten, § 63 I, § 64 ZVG ist die Sicherheitsleistung für jedes Gebot zu erbringen, auch für das Gesamtausgebot.

11.678

Die Sicherheitsleistung ist sofort zu erbringen. Sofort liegt auch dann vor, wenn sie innerhalb einer kurzen, das Verfahren nicht wesentlich verzögernden Frist beigebracht wird.[594] Ist der Bieter auf eine Sicherheitsleistung nicht vorbereitet gewesen, und kann sie erst längstens binnen einer halben Stunde beschaffen, ist dies nicht mehr rechtzeitig, hierauf hat er keinen Anspruch.[595] Es ist Sache des Bieters, das Gericht bei Erkennen der fehlenden Sicherheit um eine kurze Unterbrechung des Termins zu bitten, um den notwendigen Sicherheitsbetrag zu beschaffen.[596]

11.679

c) Höhe der Sicherheitsleistung

Die Sicherheit ist für $1/10$ des in der Terminsbestimmung genannten, anderenfalls des festgesetzten Verkehrswerts zu leisten, § 68 Abs. 1 S. 1 ZVG.[597] Mindestens sind jedoch immer die Kosten des Verfahrens zu decken, § 68 Abs. 1 S. 2 ZVG. Übersteigt die Sicherheit nach § 68 Abs. 1 S. 1 ZVG das Bargebot, ist der überschießende Betrag freizugeben oder zurückzuzahlen, § 68 Abs. 1 S. 3 ZVG.

11.680

Erhöhte Sicherheit, die aber nur auf ausdrückliches Verlangen erforderlich ist, kann ein Grundpfandrechtsgläubiger gem. § 68 Abs. 2 ZVG beanspruchen.

11.681

---

594 OLG Hamm, Rpfleger 1987, 469 = NJW-RR 1987, 1016; OLG Stuttgart, Rpfleger 1983, 493 = ZIP 1983, 1390; LG Neuruppin, NJOZ 2001, 1158; *Stöber,* § 70 Rdn. 3.2; Dassler/*Gerhardt,* § 70 Rdn. 3.
595 So jetzt eindeutig BGH, Rpfleger 2006, 211; OLG Düsseldorf, Rpfleger 1989, 167.
596 OLG Brandenburg, Rpfleger 2001, 610.
597 Die Frage, ob die Höhe der Sicherheit mit $1/10$ des Bargebotes noch zeitgemäß war, wurde sehr unterschiedlich beurteilt; vgl. Dassler/*Gerhardt,* § 68 Rdn. 1, zumindest bei einem hohen Betrag von bestehen bleibenden Rechten werden zahlungsunfähige Bieter nicht davon abgehalten, durch das Sicherheitsverlangen im Versteigerungstermin mitzubieten. Wenn Rechte am Grundstück bestehen bleiben, wird das Bargebot relativ niedrig ausfallen und hiervon müssten dann lediglich $1/10$ an Sicherheit geleistet werden. Eine maßvolle Erhöhung auf 20 bzw. 25 % des Bargebotes sollte daher in Betracht kommen.

In diesem Falle beträgt die Sicherheitsleistung die Summe aller im Barteil des geringsten Gebots dem Grundpfandrechtsgläubiger vorgehenden Ansprüche. Dieses Recht auf erhöhte Sicherheit hat auch der betreibende Gläubiger bei **Geboten des Schuldners** gem. § 68 Abs. 3 ZVG. Der Schuldner muss an Sicherheitsleistung die Summe aller im Barteil des geringsten Gebots und gfls. auch im erlöschenden Teil dem betreibenden Gläubiger vorgehenden Ansprüche, einschließlich des Gesamtanspruchs des Gläubigers selbst, leisten.

d) Art der Sicherheitsleistung

11.682 Die Sicherheitsleistung soll grundsätzlich nicht mehr durch Hinterlegung von Geld, sondern unbar durch Schecks bewirkt werden, § 69 Abs. 1 und Abs. 3 ZVG. Die Sicherheitsleistung durch Wertpapiere hat in der Praxis keine oder nur eine untergeordnete Rolle gespielt[598] und wurde durch die Neuregelung ab dem 1.8.1998 gestrichen. Die Sicherheitsrisiken für die Interessenten bei der Mitnahme von Bargeld in dem Versteigerungstermin lagen auf der Hand. Gleichermaßen galten die Risiken aber auch für das Gericht selbst, wenn von mehreren Bietern nicht unerhebliche Barbeträge im Versteigerungstermin offen zugänglich waren.

11.683 Nunmehr werden auch **Verrechnungsschecks** als unbares Zahlungsmittel zugelassen. Die von einem Geldinstitut ausgestellten Verrechnungsschecks unterscheiden sich nicht von den Schecks, die von natürlichen Personen ausgestellt werden. Die Schecks werden jeweils anstelle von Bargeld verwendet und sie führen zu einer Vermehrung der Menge der Zahlungsmittel, ohne dass die Deutsche Bundesbank die Möglichkeit der Kontrolle hierüber hat. Es ist jedoch unbestritten, dass in zahlreichen Bereichen des Wirtschaftslebens der bargeldlose Zahlungsverkehr die Verwendung von Barmitteln in den Hintergrund gedrängt hat. Aufgrund der kurzen Vorlegungsfrist besteht auch nicht die Gefahr, dass die Verwendung der Schecks für den Geldumlauf negative Auswirkungen haben könnte. Die Möglichkeit der Sicherheitsleistung wird allerdings auf Schecks beschränkt, die von Kreditinstituten ausgestellt sind, die im Geltungsbereich dieses Gesetzes zum Betreiben von Bankgeschäften berechtigt sind. Ferner müssen die Schecks im Inland zahlbar sein, um den Aussteller ggf. im Inland gerichtlich in Anspruch nehmen zu können. Die in der Gesetzesneuregelung bezeichneten Kreditinstitute werden in einer von der Europäischen Kommission herausgegebenen Liste aufgeführt, die jährlich aktualisiert wird.[599] Auch wenn diese Liste nicht unbedingt vollständig ist, ist jedenfalls die weitaus überwiegende Zahl der in den Mitgliedsstaaten der Europäischen Gemeinschaft zugelassenen Kreditinstitute hierin enthalten. Die Liste der zugelassenen Kreditinstitute soll auch nicht als abschließend verstanden sein, auch Verrechnungsschecks anderer Kreditinstitute können gleichwohl zugelassen werden.

---

598 Vgl. *Klawikowski*, Rpfleger 1997, 202.
599 Liste der zugelassenen Kreditinstitute gem. Art. 3 VII und Art. 10 II Richtlinie 77/780/EWG des Rates vom 12.12.1977 zur Koordinierung der Rechts- und Verwaltungsvorschriften über die Aufnahme und Ausübung der Tätigkeit der Kreditinstitute, AblEG Nr. L 322, S. 30; aktuelle Liste AblEG Nr. C 237 v. 28.7.1998.

Versteigerungstermin	**11.684–11.687**

Bei höheren Beträgen wurde und wird die Sicherheit in der Praxis überwiegend durch bestätigte **Landeszentralbankschecks** geleistet, sofern die Vorlegungsfrist nicht vor dem 4. Tage nach dem Zwangsversteigerungstermin abläuft, § 69 Abs. 2 ZVG. Die Vorlegungsfrist beträgt nach dem Scheckgesetz 8 Tage. Dies gilt auch für die Neuregelung bzgl. der Verrechnungsschecks. **11.684**

Euroschecks werden – immer noch – nicht anerkannt.[600] Im Zweifel ist jedoch der amtierende Rechtspfleger zu bitten, die Bietzeit zu verlängern bzw. eine kurze Frist einzuräumen, um die Euroschecks bei der nächsten Bank einzulösen.[601] **11.685**

Mit der Regelung in § 69 Abs. 2 ZVG wird klargestellt, dass eine Sicherheitsleistung durch eine Bürgschaft nur durch **Bankbürgschaft** möglich ist. Hierdurch wird das Versteigerungsgericht von der Prüfung der Frage der Tauglichkeit des privaten Bürgen entlastet. Der Hinweis, die Verpflichtung aus der Bürgschaft im Inland zu erfüllen, dient dazu, dass der Bürge notfalls auch im Inland gerichtlich in Anspruch genommen werden kann. Da bei Banken und Sparkassen regelmäßig ein Handelsgeschäft vorliegen wird, reicht eine mündliche Bürgschaftserklärung aus.[602] Nicht zulässig ist die Vorgehensweise, dass ein Vertreter einer Bank oder Versicherung für das von ihm vertretene Unternehmen die Bürgschaft selbst übernimmt und führt den Vermögensnachweis mit einer vorgelegten Rückbürgschaft des Unternehmens.[603] Hier tritt derjenige, der Sicherheit leisten muss, für sich selbst als Bürge auf, das ist unzulässig.[604] **11.686**

Beispiele zur Sicherheitsleistung (ausgehend von dem Beispiel unter Rdn. 11.596):

Im **Versteigerungstermin** sind anwesend:
Der Vertreter der A-Bank (Abt. III/1)
Der Vertreter der B-Bank (Abt. III/2)
Rechtsanwalt C für den Gläubiger C (Abt. III/3)
Der Vertreter der D-Bank (Abt. III/4)
Der Eigentümer mit Rechtsanwalt E
Gläubiger G
Mehrere Interessenten X, Y, Z

Beispiel 1: **11.687**

Nach der Aufforderung zur Abgabe von Geboten bietet der Interessent X einen Betrag von 51.400,– € (geringstes Gebot).
Der anwesende Gläubiger G verlangt Sicherheit.

---

600 Verneinend: *Stöber*, § 69 Rdn. 5.4; OLG Zweibrücken, Rpfleger 1978, 108 m. Anm. *Vollkommer; Böttcher*, §§ 67–70 Rdn. 49; bejahend: OLG Celle, Rpfleger 1982, 388; Steiner/Storz, § 69 Rdn. 23; Dassler/*Gerhardt*, § 69 Rdn. 6.
601 OLG Zweibrücken, Rpfleger 1978, 107; OLG Stuttgart, Rpfleger 1983, 493.
602 *Stöber*, § 69 Rdn. 3; Steiner/*Storz*, § 69 Rdn. 18.
603 So *Storz*, D TH 3.2.2.4 in der 6. Auflage, jetzt in der 9. Auflage sieht er das Problem durch die Verrechnungsschecks als gelöst.
604 So auch kritisch *Eickmann*, § 15 III 4.

11.688	**Lösung:**
	Das Gebot ist wirksam. Das Sicherheitsverlangen des Gläubigers G wird zurückgewiesen, da dieser durch das abgegebene Gebot nicht, auch nicht teilweise, gedeckt ist, § 67 Abs. 1 S. 1 ZVG.
11.689	**Beispiel 2:**
	Der Interessent Y bietet nunmehr einen Betrag von 55.000,– €.
	Sowohl der Gläubiger G als auch Rechtsanwalt C für den Gläubiger des Rechtes Abt. III/3 verlangen Sicherheit.
11.690	**Lösung:**
	Sowohl der Gläubiger G als auch der Gläubiger C sind berechtigt, Sicherheitsleistung zu verlangen. Beide Gläubiger sind bei Nichterfüllung des abgegebenen Gebotes beeinträchtigt, der Gläubiger G in voller Höhe (2.000,– €), der Gläubiger C zumindest teilweise mit seinem Anspruch aus dem Recht Abt. III/3.
	Der Interessent Y muss somit Sicherheitsleistung in Höhe von $^{1}/_{10}$ des Verkehrswertes über 40.000,– € leisten, § 68 Abs. 1 S. 1 ZVG. Unterbleibt die Leistung, ist das Gebot zurückzuweisen, § 70 Abs. 2 S. 2 ZVG.
	Gibt der Interessent Y weitere Gebote im Laufe des Zwangsversteigerungstermins ab, gilt das Verlangen nach Sicherheitsleistung für jedes weitere Gebot, § 67 Abs. 1 S. 2 ZVG.
11.691	**Beispiel 3:**
	Der Interessent Z bietet 60.000,– €.
	Der Vertreter der B-Bank verlangt nunmehr Sicherheitsleistung. Er verlangt ausdrücklich Sicherheitsleistung in höchstmöglicher Höhe.
11.692	**Lösung:**
	Die B-Bank steht mit ihrem Anspruch im geringsten Gebot und kann jederzeit Sicherheit verlangen. Über die normale Sicherheitsleistung von $^{1}/_{10}$ kann ein Beteiligter, dessen Recht nach den Versteigerungsbedingungen bestehen bleibt, darüber hinausgehende Sicherheitsleistung bis zur Höhe des Betrages verlangen, welcher zur Deckung der seinem Rechte vorgehenden Ansprüche durch Zahlung zu berichtigen ist, § 68 Abs. 2 ZVG.
	Diese **erhöhte Sicherheit** muss ausdrücklich verlangt werden. Die Höhe der Sicherheit ist die Addition der Ansprüche, die der B-Bank im bar zu zahlenden Teil des geringsten Gebotes rangmäßig vorgehen, mindestens jedoch die reguläre Sicherheit. Der Interessent Z muss somit ebenfalls Sicherheitsleistung über insgesamt 40.000,– € leisten.
11.693	**Beispiel 4:**
	Der Vertreter der B-Bank bietet nunmehr 61.000,– €. Rechtsanwalt C verlangt Sicherheitsleistung.
11.694	**Lösung:**
	Rechtsanwalt C, in Vertretung für den Gläubiger des Rechtes Abt. III/3, kann Sicherheitsleistung verlangen, da er bei Nichterfüllung des Gebotes über 61.000,– € beeinträchtigt ist. Da ihm im Range nur der Gläubiger G mit einem Anspruch über 2.000,– € vorgeht, wird er in Höhe des abgegebenen Gebotes in voller Höhe befriedigt.
	Da die B-Bank jedoch ein bestehen bleibendes Recht am Grundstück hat, muss sie **nur auf Verlangen des betreibenden Gläubigers** Sicherheit leisten, § 67 Abs. 2 S. 1 ZVG. Das Gebot wird also ohne Sicherheitsleistung zugelassen.

Beispiel 5: 11.695

Der Eigentümer E bietet nunmehr selbst in Höhe von 65.000,– €.
Der Gläubiger G verlangt Sicherheit in höchstmöglicher Höhe.

Lösung: 11.696

Der Gläubiger G kann Sicherheit verlangen, da er bei der Nichterfüllung des Gebotes beeinträchtigt ist, § 67 Abs. 1 S. 1 ZVG. Der Schuldner muss auch Sicherheit leisten, § 67 Abs. 2 ZVG. Der Gläubiger kann verlangen, dass Sicherheit bis zur Höhe des Betrages zu leisten ist, welcher zur Deckung seines eigenen Anspruches durch Zahlung zu berichtigen ist, § 68 Abs. 3 ZVG.

Die Höhe der Sicherheit umfasst somit den bar zu zahlenden Teil des geringsten Gebotes einschließlich des eigenen Anspruches des Gläubigers G. Der Schuldner muss somit Sicherheit in Höhe von 53.400,– € leisten. Erfolgt die Leistung nicht sofort, wird das Gebot zurückgewiesen.

5. Ablehnung wegen Befangenheit

Die Ablehnung wegen Besorgnis der Befangenheit[605] findet gemäß § 42 Abs. 2 ZPO nur statt, wenn ein Grund vorliegt, der geeignet ist, Misstrauen gegen die Unparteilichkeit zu rechtfertigen. Dabei muss es sich um einen objektiven Grund handeln, der vom Standpunkt des Ablehnenden aus die Befürchtung erwecken kann, der Rechtspfleger stehe der Sache nicht unvoreingenommen und damit nicht unparteiisch gegenüber. Rein subjektive, unvernünftige Vorstellungen und Gedankengänge des Antragstellers scheiden als Ablehnungsgrund aus.[606] Entscheidend ist, ob ein Prozessbeteiligter bei vernünftiger Würdigung aller Umstände Anlass hat, an der Unvoreingenommenheit des Rechtspflegers zu zweifeln.[607] Die Durchführung des Zwangsversteigerungsverfahrens verlangt vom Rechtspfleger Unabhängigkeit, Neutralität und Distanz gegenüber den Verfahrensbeteiligten, insbesondere auch wegen der weitreichenden wirtschaftlichen Auswirkungen und der nicht leicht zugänglichen rechtlichen Schwierigkeiten und strengen Formerfordernissen. Dem amtierenden Rechtspfleger kommt hierbei die Aufgabe zu, durch die Beachtung der Verfahrensvorschriften im Spannungsfeld zwischen den Interessen des Gläubigers und des Schuldners als Träger des Eigentumsrechtes Rechtssicherheit bei gleichmäßiger Wahrung der unterschiedlichen Belange der Verfahrensbeteiligten zu schaffen. 11.697

Wird der Rechtspfleger im Laufe des Verfahrens wegen Besorgnis der Befangenheit abgelehnt, § 10 RPflG, §§ 41 ff. ZPO, hindert dies aber grundsätzlich nicht die weitere Durchführung des Verfahrens, solange keine konkrete Entscheidung zu treffen ist.[608] Hin und wieder wird allerdings von 11.698

---

605 Hierzu allgemein *Marx*, Rpfleger 1999, 518.
606 BGH, Rpfleger 2003, 453 = NJW-RR 2003, 1220 = KTS 2003, 517 = MDR 2003, 892 = WM 2003, 946 = InVo 2003, 335 = ZfIR 2003, 1055.
607 Vgl. BVerfG, NJW 1993, 2230 m.w.N.; BGH, NJW-RR 1986, 738.
608 Arnold/Meyer-Stolte/*Hansens*, § 10 Rdn. 21.

Beteiligten versucht, den Versteigerungstermin dadurch zu Fall zu bringen, dass der amtierende Rechtspfleger wegen Befangenheit im Termin abgelehnt wird. Insbesondere erfolgen diese Ablehnungsgesuche dann, wenn er während des Termins im Hinblick auf sich ändernde Verfahrensbedingungen Hinweise an einzelne Beteiligte gibt. Hierin wird dann ein Misstrauen gegen die Unparteilichkeit gesehen. Die Hinweis- oder Aufklärungspflicht führt jedoch nicht zur einseitigen Parteinahme.[609] Selbst Verfahrensverstöße oder fehlerhafte Entscheidungen lassen nicht immer den Schluss der Befangenheit zu.[610] Dies gilt auch, wenn der Rechtspfleger das Terminsprotokoll bereits vorbereitet hat.[611] Eine unverbindliche Äußerung seiner Rechtsmeinung begründet weder die Besorgnis der Befangenheit noch handelt es sich um eine beschwerdefähige Entscheidung.[612]

11.699 Trotz Vorliegen eines Ablehnungsgesuches ist der Versteigerungstermin vom abgelehnten Rechtspfleger zu Ende zu führen.[613] Abzulehnen ist die Auffassung, dass ein kurz vor dem Termin wegen Besorgnis der Befangenheit abgelehnter Rechtspfleger diesen nicht mehr durchführen könne.[614] Die Zuschlagsentscheidung sollte jedoch aufgeschoben werden, bis über das Ablehnungsgesuch rechtskräftig entschieden wurde.[615] In keinem Fall darf anstelle des abgelehnten Rechtspflegers nunmehr ein anderer Rechtspfleger im Termin die Zuschlagsentscheidung treffen.[616] Gegen eine Beschwerdeentscheidung in einem Rechtspflegerablehnungsverfahren gibt es auch im Zwangsversteigerungsverfahren keine weitere Beschwerde.[617]

11.700 Bei rechtsmissbräuchlichen Ablehnungsgesuchen kann der Rechtspfleger den Antrag auch selbst ablehnen und das Verfahren fortführen, jedoch nicht über den Zuschlag entscheiden.[618]

6. Hinweis- und Belehrungspflicht

11.701 Die Verletzung der Frage-, Hinweis- und Belehrungspflicht kann zur Zuschlagsversagung nach § 83 Nr. 6 ZVG führen. Es ist daher völlig unbestritten, dass die Aufklärungs- und Hinweispflicht zu einer der wichtigsten

---

609 BVerfG, Rpfleger 1976, 389 m. Anm. *Stöber* und *Vollkommer* = NJW 1976, 1391 = FamRZ 1976, 439.
610 BayObLG, Rpfleger 1980, 193.
611 LG Göttingen, Rpfleger 1976, 55.
612 KG, FamRZ 1979, 322; BayObLG, Rpfleger 1998, 67.
613 OLG Celle, NJW-RR 1989, 569; LG Aachen, Rpfleger 1986, 59; Dassler/*Gerhardt*, § 66 Rdn. 5; Arnold/Meyer-Stolte/*Hansens*, § 10 Rdn. 21.
614 LG Kiel, Rpfleger 1988, 544 mit zust. Anm. *Wabnitz*; a.A. LG Konstanz, Rpfleger 1983, 409.
615 LG Aachen, Rpfleger 1986, 59; LG Detmold, Rpfleger 1998, 152; *Stöber*, Einl. 26.3; Dassler/*Gerhardt*, § 66 Rdn. 5.
616 So auch *Weber*, in Anm. zu LG Konstanz, Rpfleger 1983, 492.
617 OLG Karlsruhe, Rpfleger 1995, 402.
618 BGH, Rpfleger 2005, 415 = NJW-RR 2005, 1226 = MDR 2005, 943; OLG Koblenz, Rpfleger 1985, 368; OLG Hamm, Rpfleger 1989, 379; LG Bielefeld, Rpfleger 1989, 379.

Amtspflichten auch im Zwangsversteigerungsverfahren zählt. Hier sollte der Grundsatz vorherrschen „Lieber einmal zu viel, als einmal zu wenig belehrt".[619]

Allerdings ist die Abgrenzung zur verfassungsrechtlichen **Neutralitätspflicht** des Rechtspflegers ebenfalls zu beachten, wobei die Grenzen hierbei nur schwer zu ziehen sind.[620] Wo, wann, wer zu belehren ist und welche konkreten Hinweise in welcher Verfahrenssituation durch das Versteigerungsgericht zu geben sind, wird immer eine Gratwanderung zwischen den unterschiedlichen Interessen der Beteiligten bleiben.[621]

11.702

Beispiele aus der Rechtsprechung waren häufig die Fälle, in denen das Grundstück weit unter Wert zugeschlagen wurde, wobei mit Einfügung der 50 %-Grenze nach § 85a ZVG[622] die Argumentation der **Verschleuderung** zumindest im ersten Termin entschärft wurde.[623]

11.703

Der ebenfalls zeitgleich in Kraft getretene Abs. 3 von § 85a ZVG (der **Ausfall des Meistbietenden** als Grundpfandrechtsgläubiger am Grundstück wird dem Gebot hinzugerechnet und so die 50 %-Grenze des Grundstückswertes erreicht bzw. überschritten, vgl. hierzu Rdn. 11.802 ff.) hat vielfach die Gerichte beschäftigt. Das Versteigerungsgericht hat z.B. gegen seine Hinweis- und Belehrungspflicht verstoßen, wenn es einen vorrangigen Gläubiger auf diese für ihn nachteilige Situation nicht hinweist.[624] Ist offensichtlich, dass ein Beteiligter die ihm nachteilige Rechtslage aus § 85a Abs. 3 ZVG nicht erkennt oder ihre Folgen nicht richtig einschätzt, muss das Gericht ihn belehren.[625] Es besteht jedoch keine gerichtliche Fürsorgepflicht dahingehend, vor Erteilung des Zuschlages der vorrangig betreibenden Gemeinde, deren Vertreter im Termin nicht erschienen war, auf die Folgen aus § 85a Abs. 3 ZVG hinzuweisen.[626]

11.704

Kann der Schuldner aufgrund seines **Alters** und einer schweren **Gehbehinderung** den Zwangsversteigerungstermin nicht wahrnehmen, darf der Zuschlag nicht sofort erteilt werden, bevor nicht dem Schuldner ausreichend Gelegenheit gegeben wird, einen Vollstreckungsschutzantrag zu stellen, § 765a ZPO.[627]

11.705

Entscheidet das Versteigerungsgericht erst mit der Zuschlagserteilung über einen seit Monaten vorliegenden **Einstellungsantrag** des Schuldners

11.706

---

619   Vgl. auch BVerfG, Rpfleger 1976, 389 = NJW 1976, 1391; BVerfG, Rpfleger 1978, 206 = NJW 1978, 368 = *Vollkommer*; *Schiffhauer*, Rpfleger 1978, 397; *Stöber*, Einl. 23.3.
620   BVerfG, Rpfleger 1976, 389 = NJW 1976, 1391.
621   So *Hintzen*, Rpfleger 1993, 33, 34 in Anm. zu BVerfG.
622   1.2.1979, BGBl I 127.
623   Vgl. Rdn. 11.7 ff.; BVerfG, Rpfleger 1976, 389 = NJW 1976, 1391; BVerfG, Rpfleger 1979, 296, 297.
624   OLG Hamm, Rpfleger 1986, 441 m. abl. Anm. *Muth*, Rpfleger 1986, 417.
625   LG Krefeld, Rpfleger 1988, 34.
626   OLG Oldenburg, Rpfleger 1988, 277.
627   BVerfG, Rpfleger 1978, 206 = NJW 1978, 368.

gemäß § 30a ZVG, liegt hierin ein Verstoß gegen den grundrechtlichen Anspruch auf effektiven Rechtsschutz.[628]

11.707 Ist dem Rechtspfleger eine Unrichtigkeit des **Verkehrswertgutachtens** (hier: Ausweisung der Bruttomieten irrig als Nettomieten) bekannt, so hat er die Bietinteressenten, die regelmäßig ihre Investitionsüberlegungen vorwiegend auf dem Gutachten aufbauen, auf diesen Fehler hinzuweisen.[629]

11.708 Fehlende Belehrungen und Hinweise zur **Sicherheitsleistung** haben bereits mehrfach zur Zuschlagsversagung geführt. Werden Euroschecks nicht als taugliches Mittel zur Leistung einer Bietsicherheit zugelassen, muss dem Bieter Gelegenheit gegeben werden, binnen einer kurzen Frist diese Euroschecks bei einer nahe gelegenen Bank einzulösen. Das Gebot darf nicht sofort zurückgewiesen werden.[630] Andererseits ist zu berücksichtigen, dass nach dem Gesetz die Sicherheit sofort zu erbringen ist, § 70 Abs. 2 S. 1 ZVG, andernfalls das Gebot zurückzuweisen ist, § 70 Abs. 2 S. 2 ZVG.

11.709 Gesetzeskonform müsste das Gebot daher zurückgewiesen werden und dann dem Bieter ausreichend Zeit gegeben werden, sich die erforderliche Sicherheit zu beschaffen, er kann jederzeit später noch weiter mitbieten. Verlängert das Versteigerungsgericht die Bietzeit jedoch nicht, um dem Bieter Gelegenheit zu geben, die erforderliche Sicherheitsleistung zu besorgen, liegt hierin eine Verletzung des Anspruches auf Gewährung rechtlichen Gehörs und der Aufklärungspflicht.[631]

11.710 Erkennt das Gericht zum Nachweis der **Vertretungsmacht** einen zwei Monate alten beglaubigten Handelsregisterauszug nicht mehr als ausreichend an und hängt hiervon die Zulassung eines erheblich höheren als des vorherigen Gebotes ab, so soll das Gericht verpflichtet sein, beim Registergericht Rückfrage wegen der Vertretungsmacht zu halten.[632]

11.711 Löst der bestrangig betreibende Gläubiger aus der Rangklasse 4 des § 10 Abs. 1 ZVG nach Schluss der Versteigerung den bestrangig betreibenden Gläubiger der Rangklasse 3 ab, so führt die dann erfolgte **Einstellungsbewilligung** aus dieser Rangposition nicht stets zur Zuschlagsversagung, da sich am Ergebnis letztlich nichts geändert hat, nur der Barteil des geringsten Gebots hat sich nachträglich erhöht. Die Höhe des Meistgebots ist hiervon regelmäßig nicht abhängig. Vor Erteilung des Zuschlages ist jedoch der Meistbietende darauf hinzuweisen, wenn er ersichtlich davon ausging, dass er durch die Ablösung den Zuschlag vereiteln würde.[633]

---

628 BVerfG, Rpfleger 1979, 296 = NJW 1979, 534.
629 OLG Oldenburg, Rpfleger 1989, 381.
630 OLG Zweibrücken, Rpfleger 1978, 107, 108; OLG Celle, Rpfleger 1982, 388 = ZIP 1982, 954.
631 OLG Köln, Rpfleger 1983, 411.
632 OLG Hamm, Rpfleger 1990, 85 m. abl. Anm. *Hintzen*, Rpfleger 1990, 218; vgl. auch C Rdn. 272.
633 LG Waldshut-Tiengen, Rpfleger 1986, 102; vgl. auch Rdn.11.588 ff.

Drängt sich in der Verhandlung über den Zuschlag die Vermutung auf, dass einer der Beteiligten die für ihn nachteiligen Folgen der Zuschlagserteilung (hier: **Erlöschen des dinglichen Rechtes** des bestbetreibenden Gläubigers bei Meistgebot eines nachrangigen Gläubigers) nicht erkennt, so hat der Rechtspfleger auf die Rechtsfolgen hinzuweisen und Anträge nach §§ 74a, 30 ZVG anzuregen.[634] Das BVerfG führt hierzu aus, dass nicht jeder Verstoß gegen die Hinweispflicht nach § 139 ZPO zugleich schon eine Verletzung des Art. 3 Abs. 1 oder des Art. 103 Abs. 1 GG darstellt. Eine allgemeine Frage- und Aufklärungspflicht des Richters oder Rechtspflegers lässt sich aus der Verfassung nicht ableiten.[635]

11.712

§ 139 ZPO geht in seiner Regelungsfolge über das durch Art. 103 Abs. 1 GG gewährleistete verfassungsrechtliche Minimum hinaus.[636] Das BVerfG hat für das Zwangsversteigerungsverfahren einen Verfassungsverstoß des amtierenden Rechtspflegers gegen Art. 3 Abs. 1 GG aber dann angenommen, wenn im konkreten Fall die Ausübung der Hinweispflicht aus Erwägungen verneint worden ist, die bei verständiger Würdigung der das Grundgesetz beherrschenden Gedanken nicht mehr verständlich sind und von daher den Schluss nahe legen, dass dies auf sachfremden Erwägungen beruht.[637] Auch für die Handhabung des Verfahrensrechts zieht danach das Willkürverbot der Ausfüllung der den Gerichten eingeräumten Ermessens- und Beurteilungsspielräume äußerste Grenzen. Das Verfahrensrecht dient der Herbeiführung gesetzmäßiger und unter diesem Blickpunkt richtiger, aber auch materiell gerechter Entscheidungen. Bei Beachtung dieses Maßstabes sah das BVerfG im konkreten Fall Art. 3 Abs. 1 GG als verletzt an. Die Zuschlagserteilung beruhte auf einer unzulässigen Fortsetzung des Versteigerungsverfahrens nach der Unterlassung des gebotenen Hinweises in der vorgeschriebenen Anhörung über den Zuschlag. Das Unterbleiben des Hinweises war sachlich nicht mehr verständlich.

11.713

Das Versteigerungsgericht darf keine offensichtlich unvollständigen und insgesamt irreführenden Auskünfte erteilen, andernfalls § 139 ZPO falsch angewandt wird. Nach ständiger Rechtsprechung des BGH kann sich aber der Bürger im Allgemeinen auf die Richtigkeit einer amtlichen Belehrung verlassen und braucht nicht klüger zu sein als der fachkundige Beamte

11.714

---

634 BVerfG, Rpfleger 1993, 32 m. kritischer Anm. *Hintzen:* Nach dem Sachverhalt wurde das Verfahren von der Gl. III/2 (Mutter) betrieben, und zwar bestrangig. Die Grundschuld III/1 blieb bestehen. Im Termin tritt für die Gl. deren Sohn auf und bietet 10.250,– €. Die nachrangige Gl. des Rechtes III/3 überbietet und bleibt mit 13.000,– € Meistbietende. Die Gl. III/2 rügt die Verfahrensweise des Rechtspflegers mit der Begründung, ihr Sohn sei im Termin falsch belehrt worden, er sei der Auffassung gewesen, dass bei einem Gebot der nachrangigen Gl. III/3 das eigene Recht III/2 bestehen bleiben würde; bei Kenntnis der wirklichen Sachlage hätte er bis zur Höhe des Rechtes III/2 mitgeboten, da sich in dieser Höhe eine nachträgliche Verrechnungsmöglichkeit geboten hätte.
635 Vgl. BVerfGE 66, 116, 147; 74, 1, 6.
636 Vgl. BVerfGE 60, 305, 310.
637 Vgl. BVerfGE 42, 64, 74 = Rpfleger 1976, 389.

selbst.⁶³⁸ Der BGH stellte fest, dass ein Nacherben- und Verpfändungsvermerk bei der Feststellung des geringsten Gebotes nicht hätte berücksichtigt werden dürfen. Infolgedessen war auch kein Zuzahlungsbetrag gem. §§ 50, 51 ZVG festzusetzen gewesen. In das geringste Gebot können nur Rechte am Grundstück aufgenommen werden, nicht aber ein Nacherbenvermerk, der lediglich eine Verfügungsbeschränkung zulasten des Vorerben beinhaltet. Der Ersteher ist daher zu einer Zuzahlung nicht verpflichtet. Bei richtiger Handhabung hätte der Ersteher somit ein wesentlich höheres Bargebot abgegeben. Aus den Gründen der Entscheidung ist erkennbar, dass der Kläger auf eine dem Vollstreckungsgericht überreichte Korrespondenz hinsichtlich der Problematik des Zuzahlungsbetrages verwiesen hat. Das Versteigerungsgericht hat aber offensichtlich hierzu unvollständige und insgesamt irreführende Auskünfte erteilt und somit § 139 ZPO falsch angewandt. Für den BGH steht das Verschulden der Rechtspflegerin fest. Es wird betont, dass jeder Amtsträger die zur Führung seines Amtes notwendigen Rechtskenntnisse haben oder sich verschaffen muss.

11.715 Bei der Zwangsversteigerung eines mit einem **Altenteil** belasteten Grundstücks trifft das Versteigerungsgericht die Amtspflicht gegenüber den beteiligten Gläubigern und den Bietern, darauf hinzuweisen, dass das Altenteil nur dann erlischt, wenn dies ausdrücklich in den Versteigerungsbedingungen und im Zuschlagsbeschluss festgehalten ist.⁶³⁹ Bei den bestehenden landesrechtlichen Besonderheiten zum Altenteil besteht für den Rechtspfleger im Versteigerungstermin eine Hinweispflicht auf die Besonderheiten des Altenteils gemäß § 9 EGZVG.⁶⁴⁰

11.716 Werden zwei Parzellen, die im Wege des **Eigengrenzüberbaus** mit Aufbauten versehen worden sind, im Zwangsversteigerungsverfahren einzeln ausgeboten, obliegt dem Rechtspfleger gegenüber den Bietern die Amtspflicht, darauf hinzuweisen, dass nach gefestigter höchstrichterlicher Rechtsprechung das Eigentum an den Aufbauten ausschließlich demjenigen Bieter zufällt, der das Stammgrundstück erwirbt.⁶⁴¹ Die Überbausituation ist vergleichbar mit der Situation, wenn der Bieter das Grundstück mit einer Belastung zu erwerben droht, die nach seiner Vorstellung mit dem Zuschlag erlöschen sollte.⁶⁴² Nach Auffassung des OLG Köln handelt es sich zwar nicht um eine „spezielle Konsequenz" aus bestimmten Vorschriften des Zwangsversteigerungsrechts, sondern um Wirkungen des materiellen

---

638 BGH, Rpfleger 2000, 403 = NJW 2000, 3358.
639 BGH, Rpfleger 1991, 329.
640 So auch Steiner/*Storz*, § 82 Rdn. 13; Dassler/*Schiffhauer*, EGZVG § 9 Rdn. 5, 23; Böttcher, § 52 Rdn. 12, § 66 Rdn. 22; *Eickmann*, § 16 IV 2d; vielfach wird auch empfohlen, das Bestehenbleiben eines nachrangigen Altenteils ausdrücklich in den Zuschlagsbeschluss aufzunehmen, obwohl die Aufnahme der gesetzlichen Versteigerungsbedingungen an sich nicht zwingend erforderlich ist.
641 OLG Köln, Rpfleger 1996, 77.
642 BGH, NJW 1991, 2759.

Rechts. Auf diesen Unterschied kommt es aber für die Beurteilung der Hinweispflicht nicht an. Maßgebend sind die Bedeutung der Sache, die Interessenlage und der jeweilige Kenntnisstand der Beteiligten. Das Interesse des Bieters ist erkennbar darauf gerichtet, möglichst genau und zuverlässig abschätzen zu können, welchen Gegenwert er für sein Gebot im Falle des Zuschlags erhält. Dabei fällt die Bewertung des Grundstücks einschließlich der Beschaffung der dazu erforderlichen Kenntnisse, wozu auch die Einholung von Rechtsrat gehören kann, wenn die Bewertung von der Klärung bestimmter Rechtsfragen abhängig ist, zwar regelmäßig in den Aufgaben- und Risikobereich des Bieters. Bei rechtsunkundigen Personen besteht aber die Gefahr, dass sie einen bewertungsrelevanten rechtlichen Aspekt erst gar nicht erkennen und deshalb keinen Anlass sehen, sich rechtlich beraten zu lassen. Solche Personen, aber auch Rechtskundige, die sich erkennbar in einem Irrtum befinden, sind auf Hinweise des Gerichts angewiesen. Das OLG betont in seiner Entscheidung ausdrücklich, dass der Rechtspfleger mit den Überbauregeln vertraut sein muss, da jeder Amtsinhaber über diejenigen Rechts- und Verwaltungskenntnisse verfügen muss, die zur Führung seines Amtes erforderlich sind.[643]

11.717 Allein der zutreffende Hinweis des Rechtspflegers vor Beginn der Bietzeit, möglicherweise komme es zu einer **Verfahrenseinstellung,** ist jedoch auch dann nicht von Bedeutung, wenn infolge dieses Hinweises etwaige Bieter den Saal verlassen.[644] Kann aus den gesamten Vorgängen vor dem Versteigerungstermin geschlossen werden, dass bei dem betreibenden Gläubiger eine grundsätzliche Bereitschaft zur Einstellung des Verfahrens besteht, ist hierauf hinzuweisen, und zwar schon aus der anerkannten Fürsorgepflicht gegenüber den Bietenden und im Termin anwesenden Interessenten. Falls es tatsächlich zu einer Einstellung des Verfahrens, möglicherweise durch Bewilligungserklärungen im Termin, gekommen wäre, hätte ohne die vorherige Aufklärung des Rechtspflegers über den Verfahrensstand auch bei den anwesenden Bietern eine gewisse Irritation eintreten können.

11.718 Die Amtspflicht des Versteigerungsgerichts zur Einhaltung der gesetzlichen Vorschriften im Zwangsversteigerungsverfahren schützt auch den **Meistbietenden**; er ist mithin „Dritter" i.S.d. § 839 BGB. Der Schutzzweck dieser Amtspflicht umfasst jedoch nicht den entgangenen Gewinn, wenn der Zuschlagsbeschluss wegen eines Zustellungsfehlers wieder aufgehoben wird. Mit dieser Entscheidung gibt der BGH seine bisherige Rechtsprechung ausdrücklich auf. Verletzt der Rechtspfleger (als Beamter) vorsätzlich oder fahrlässig die ihm einem Dritten gegenüber obliegende Amtspflicht, so hat er dem Dritten den daraus entstehenden Schaden zu ersetzen, § 839 Abs. 1 S. 1 BGB. Nach ständiger Rechtsprechung des BGH ist zunächst entscheidend, ob im Einzelfall der Geschädigte zu dem Kreis der „Dritten"

---
643 BGH, VersR 1984, 849, 850; NJW 1981, 2759, 2760.
644 LG Heilbronn, Rpfleger 1996, 78.

i.S.d. § 839 BGB gehört. Somit ist stets die Frage zu beantworten, ob die Amtspflicht auch den Zweck hat, das Interesse gerade dieses Geschädigten wahrzunehmen. Nur wenn sich aus den die Amtspflicht begründenden und sie umreißenden Bestimmungen sowie aus der Natur des Amtsgeschäfts ergibt, dass der Geschädigte zu dem Personenkreis gehört, dessen Belange nach dem Zweck und der rechtlichen Bestimmung des Amtsgeschäfts geschützt und gefördert werden sollen, besteht ihm gegenüber bei schuldhafter Pflichtverletzung eine Schadensersatzpflicht.[645] Bereits nach der Rechtsprechung des Reichsgerichts und in ständiger weiterer Rechtsprechung betont der BGH[646] erneut, dass die Amtspflichten des das Zwangsversteigerungsverfahren leitenden Rechtspflegers zur Einhaltung der gesetzlichen Vorschriften auch gegenüber dem **Meistbietenden** gelten, er ist Dritter i.S.d. § 839 BGB.

11.719 Vor diesem Hintergrund obliegen bei der Zwangsversteigerung eines Grundstücks dem Versteigerungsgericht aber grundsätzlich keine Amtspflichten gegenüber dem **Zedenten** eines zur Sicherheit an den Vollstreckungsgläubiger abgetretenen **Grundpfandrechts**. Ungeachtet der fiduziarischen Natur des Rechtsverhältnisses zwischen Sicherungsgeber und Sicherungsnehmer bestehen zwischen beiden grundsätzlich nur schuldrechtliche Beziehungen, während nach außen der Sicherungsnehmer alleiniger Rechtsinhaber ist. Am Verfahren zur Zwangsversteigerung nimmt als Hypotheken- oder Grundschuldgläubiger allein der Sicherungsnehmer teil.[647]

11.720 Bei der Festsetzung des geringsten Gebots obliegen die Amtspflichten des Vollstreckungsgerichts allerdings auch gegenüber dem Vollstreckungsschuldner.[648]

7. Zuschlagsverhandlung

a) Schluss der Versteigerung

11.721 Hat das Versteigerungsgericht das letzte Gebot dreimal aufgerufen und wird trotz Aufforderung kein weiteres Gebot abgegeben, ist der Schluss der Versteigerung (Bietzeit) zu verkünden, § 73 Abs. 2 ZVG. Damit ist die Bietzeit beendet. Vergisst der Rechtspfleger nochmals zur Abgabe von Geboten aufzufordern, ist der Zuschlag zu versagen.[649] Wird kein Gebot im Termin abgegeben, erübrigt sich die Verkündung.

---

645 BGH, WM 2001, 872, 873.
646 Rpfleger 2002, 38 = NJW-RR 2002, 307 = KTS 2002, 189 = MDR 2001, 1350 = WM 2002, 92 = InVo 2001, 416 = ZfIR 2001, 1028.
647 BGH, Rpfleger 2001, 609 = NJW-RR 2002, 124 = KTS 2002, 187 = MDR 2001, 1351 = WM 2001, 1711 = InVo 2001, 417 = ZfIR 2001, 777.
648 BGH, Rpfleger 2000, 403 = NJW 2000, 3358 = DNotZ 2000, 705 = FamRZ 2000, 1149 = KTS 2000, 665 = MDR 2000, 883 = WM 2000, 1023 = InVo 2000, 434 = ZfIR 2000, 828.
649 OLG Karlsruhe, Rpfleger 1998, 79.

Bei der Versteigerung mehrerer Grundstücke mit Gesamt- und Einzelausgeboten (vgl. Rdn. 11.636) muss der Schluss der Versteigerung für alle Gebote gemeinsam erfolgen; nur so ist gewährleistet, dass die Beteiligten bis zum Schluss die Möglichkeit haben, auf sämtliche Gebote zu bieten.[650]

11.722

b) Verkündungstermin

Nach dem Schluss der Versteigerung sind die anwesenden Beteiligten über den Zuschlag zu hören, § 74 ZVG. Da der Zuschlag von Amts wegen zu erteilen oder zu versagen ist, müssen die Beteiligten keine Anträge hierzu stellen. Der Zuschlag muss jedoch nicht sofort erteilt werden. Der Zuschlag kann auch in einem gesonderten Termin verkündet werden, wobei dieser Termin dann sofort zu bestimmen ist, § 87 Abs. 1 ZVG.

11.723

Der **Verkündungstermin** soll nicht über eine Woche hinaus bestimmt werden, § 87 Abs. 2 ZVG. Hierbei handelt es sich jedoch nur um eine Ordnungsvorschrift, auf besondere Wünsche der Verfahrensbeteiligten wird in der Praxis regelmäßig Rücksicht genommen.[651] Grundsätzlich entscheidet das Vollstreckungsgericht nach seinem pflichtgemäßen Ermessen, ob es einen besonderen Verkündungstermin ansetzen will. Aus der Gewährleistung des Eigentums und deren Einwirkung auf das Zwangsversteigerungsverfahren lassen sich jedoch keine allgemein gültigen Verfahrensregeln herleiten. Ob aus dem Gesichtspunkt des fairen Verfahrens ein besonderer Termin zur Verkündung der Zuschlagsentscheidung anzusetzen ist, richtet sich nach den Umständen des Einzelfalls, so der BGH.[652] Das Nichterscheinen des Schuldners im Versteigerungstermin hindert den sofortigen Zuschlag regelmäßig nicht. Ist z.B. bei der Versteigerung eines Erbbaurechtes die Zustimmung des Grundstückseigentümers zur Zuschlagserteilung notwendig, kann diese regelmäßig nicht innerhalb einer Woche beigebracht werden. Der Verkündungstermin kann daher auch über einen größeren Zeitraum hinausgeschoben werden.

11.724

8. Zuschlagserteilung

a) Gerichtliche Prüfung

Bei der Beschlussfassung über den Zuschlag ist das Versteigerungsgericht an eine Entscheidung, die es vorher getroffen hat, nicht gebunden, § 79 ZVG. Der gesamte Verfahrensablauf ist daher bei der Entscheidung über den Zu-

11.725

---

650 BGH, Rpfleger 2003, 452 = NJW-RR 2003, 1077 = KTS 2003, 701 = MDR 2003, 1074 = WM 2003, 1181 = InVo 2003, 451 = ZfIR 2003, 743; LG Berlin, Rpfleger 1995, 80.
651 BGH, Rpfleger 1961, 192 = NJW 1960, 2093.
652 Rpfleger 2004, 434 = NJW-RR 2004, 1074 = MDR 2004, 774 = WM 2004, 901 = InVo 2004, 426 = ZfIR 2004, 1033.

schlag nochmals zu überprüfen.⁶⁵³ Hierbei sind insbesondere Zuschlagsversagungsgründe genau zu prüfen (vgl. hierzu Rdn. 11.774 ff.).

11.726 Zur Zuschlagserteilung an einen ausfallenden Gläubiger unter 50 % des Verkehrswertes vgl. Rdn. 11.802 ff.

11.727 Der Beschluss über die Zuschlagserteilung wird entweder direkt im Versteigerungstermin oder in einem besonderen Termin verkündet, § 87 Abs. 1 ZVG. Den Beteiligten, die nicht in diesem Termin anwesend waren, wird der Zuschlagsbeschluss zugestellt, § 88 ZVG (vgl. Rdn.11.748 ff.).

b) Meistgebot

11.728 Liegen keine Zuschlagsversagungsgründe vor, ist der Zuschlag an den **Meistbietenden** zu erteilen, § 81 Abs. 1 ZVG. Meistbietender ist derjenige, der das höchste wirksame Gebot abgegeben hat.

11.729 Die Abgabe eines Gebots im Versteigerungstermin stellt eine Willenserklärung dar, auf die die Vorschriften über die Anfechtung wegen Irrtums anwendbar sind.⁶⁵⁴ Das im Zwangsversteigerungstermin abgegebene Gebot stellt eine privatrechtliche Willenserklärung dar, die nach **h.M.** wegen Irrtums nach § 119 BGB angefochten werden kann.⁶⁵⁵ Die Anfechtung muss unverzüglich erklärt werden, nachdem der Berechtigte von dem Anfechtungsgrund Kenntnis erlangt hat. Eine Anfechtung erst 9 Tage nach Kenntnis vom Anfechtungsgrund ist in jedem Falle zu spät.⁶⁵⁶

11.730 Ein Inhaltsirrtum kann z.B. dann vorliegen, wenn der Bieter schlüssig und glaubhaft darlegt, über den Umfang und die Bedeutung des Deckungsgrundsatzes des geringsten Gebots im Irrtum gewesen zu sein. Dies greift aber dann nicht, wenn der Bieter im Termin verspätet erscheint und sich auch nicht um Aufklärung bemüht, welchen Inhalt die Versteigerungsbedingungen haben und welche Rechte das geringste Gebot umfasst.

11.731 Lage und Beschaffenheit eines Grundstücks gehören nicht zu den Versteigerungsbedingungen. Bei Fehlvorstellungen über das Grundstück ist die Anfechtung des Gebotes ausgeschlossen, wenn der Bieter sich über verkehrswesentliche Eigenschaften des Grundstücks, z.B. die Eigenschaft eines Seegrundstücks (§ 119 Abs. 2 BGB) irrt.⁶⁵⁷ Denn bei der Zulassung der Anfechtung über eine verkehrswesentliche Eigenschaft würde der Ausschluss der Mängelgewährleistung nach § 56 S. 3 ZVG umgangen. Daher berechtigen Irrtümer über den Wert des Versteigerungsobjektes oder Grundstücksmängel nicht zu einer Irrtumsanfechtung. Bewirtschaftungskosten spielen

---

653 *Böttcher*, § 79 Rdn. 1 mit Hinweis auf OLG Koblenz, NJW 1955, 148, 427; Dassler/*Schiffhauer*, § 79 Rdn. 2; OLG Hamm, Rpfleger 1940, 410.
654 BGH, Rpfleger 1984, 243; *Böttcher*, § 71 Rdn. 44.
655 BGH, Rpfleger 1984, 243; OLG Hamm, Rpfleger 1972, 378; *Stöber*, § 71 Rdn. 2.6; Steiner/*Storz*, § 71 Rdn. 97.
656 LG Krefeld, Rpfleger 1989, 166.
657 LG Neuruppin, Rpfleger 2002, 40.

bei der Festsetzung des Verkehrswertes regelmäßig eine untergeordnete Rolle, sodass sie nicht als verkehrswesentliche Eigenschaften angesehen werden können.[658]

Ficht bei der Zwangsversteigerung eines Grundstücks der Meistbietende, dem der Zuschlag erteilt worden ist, sein Gebot wegen Irrtums an, und wird auf seine sofortige Beschwerde der Zuschlag versagt, so hat er einem anderen Beteiligten, der auf die Wirksamkeit des Meistgebots vertraut und diesem deshalb nicht widersprochen hat, gemäß § 122 Abs. 1 BGB den Vertrauensschaden zu ersetzen.[659] **11.732**

Eine Irrtumsanfechtung ist nach Rechtskraft des Zuschlags ausgeschlossen ist.[660] Nach Rechtskraft des Zuschlagsbeschlusses ist im Hinblick auf die Bestandskraft des Hoheitsaktes eine Anfechtung nicht mehr möglich ist. **11.733**

c) Pfändung des Meistgebots

Der Anspruch auf Erteilung des Meistgebots kann gepfändet oder verpfändet werden, § 857 Abs. 2 ZPO.[661] Die Pfändung, die spätestens vor der Zuschlagserteilung wirksam sein muss, bewirkt nach der Zuschlagserteilung die Entstehung einer Sicherungshypothek kraft Gesetzes für den Gläubiger in Höhe seiner titulierten Forderung, § 848 Abs. 2 ZPO bzw. § 1287 S. 2 BGB (vgl. Rdn. 6.376). Die Eintragung kann der Gläubiger selbst beim Grundbuchgericht beantragen.[662] **11.734**

d) Abtretung des Meistgebots

Der Meistbietende hat einen öffentlich-rechtlichen Anspruch auf Zuschlagserteilung.[663] Diesen Anspruch kann der Meistbietende vor der Zuschlagserteilung an einen Dritten abtreten. Ist die Abtretung gezielt und methodisch vorgenommen worden, um gesetzliche Vorschriften zu umgehen, und ist erkennbar, dass das Meistgebot nicht gezahlt wird, ist die Abtretung als rechtsmissbräuchlich zu bewerten und zurückzuweisen.[664] Der Zessionar muss ausdrücklich die Verpflichtungen aus dem Meistgebot übernehmen. Die Abtretungserklärung und die Übernahmeerklärung der Verpflichtung aus dem Meistgebot können bereits im Versteigerungstermin abgegeben und protokolliert werden. Erfolgen die Erklärungen erst nach- **11.735**

---

658 Vgl. OLG Hamm, Rpfleger 1998, 438; LG Bielefeld, MDR 1978, 678.
659 BGH, Rpfleger 1984, 243.
660 Vgl. OLG Hamm, JurBüro 1966, 889, m.w.N.; *Stöber*, § 71 Rdn. 3.2.
661 Steiner/*Storz*, § 81 Rdn. 8; *Stöber*, § 81 Rdn. 3.7; Dassler/*Schiffhauer*, § 81 Rdn. 4; *Böttcher*, § 81 Rdn. 4.
662 Dassler/*Schiffhauer*, § 81 Rdn. 4; *Böttcher*, § 130 Rdn. 12; **a.A.** *Stöber*, § 81 Rdn. 3.7, das Versteigerungsgericht muss hierzu ersuchen.
663 BGH, Rpfleger 1990, 471 = NJW 1990, 3141.
664 OLG Bremen, Rpfleger 1999, 88.

träglich, müssen sie durch eine öffentlich beglaubigte Urkunde nachgewiesen werden.[665] In diesem Fall wird der Meistbietende das Versteigerungsgericht bitten, einen gesonderten Verkündungstermin zu bestimmen, um die formgerechten Erklärungen noch vorlegen zu können. Der Zuschlag ist dann nicht mehr dem Meistbietenden, sondern dem Dritten zu erteilen.

11.736 Wird der Zuschlag somit nicht dem Meistbietenden, sondern dem Dritten erteilt, haftet der Ersteher neben dem Meistbietenden als Gesamtschuldner, § 81 Abs. 4 ZVG. Die Haftung beschränkt sich jedoch auf die Verpflichtungen aus dem baren Meistgebot und für die Kosten des Zuschlages[666] und nicht auch für eventuelle Zuzahlungspflichten nach §§ 50, 51 ZVG oder für die nach § 53 ZVG übernommene persönliche Schuld, hierfür haftet der Zessionar alleine.[667]

11.737 Das Meistgebot unterliegt der **Grunderwerbsteuer.** Werden die Rechte aus dem Meistgebot an einen Dritten abgetreten, fällt die Grunderwerbsteuer zweimal an (§ 1 Abs. 1 Nr. 4, 5 GrEStG).

11.738 Zu Fragen der Befriedigungsfiktion vgl. Rdn. 11.869.

e) **Verdeckte Bietvollmacht**

11.739 In der Zuschlagsverhandlung kann der Meistbietende auch erklären, dass er nicht für sich selbst, sondern für einen Dritten geboten hat (verdeckte Vollmacht). Diese Erklärung des Meistbietenden kann im Termin zu Protokoll gegeben werden oder ist in einer öffentlich beglaubigten Urkunde nachzuweisen. Die Vertretungsmacht des Meistbietenden für den Dritten ist ebenfalls in öffentlich beglaubigter Urkunde nachzuweisen, sofern der Dritte nicht ebenfalls formgerecht den Erklärungen des Meistbietenden zustimmt, § 81 Abs. 3 ZVG.

11.740 Wird der Zuschlag somit nicht dem Meistbietenden, sondern dem Dritten erteilt, haftet der Ersteher neben dem Meistbietenden als Gesamtschuldner, § 81 Abs. 4 ZVG. Die Haftung beschränkt sich jedoch auf die Verpflichtungen aus dem baren Meistgebot und für die Kosten des Zuschlages[668] und nicht auch für eventuelle Zuzahlungspflichten nach §§ 50, 51 ZVG oder für die nach § 53 ZVG übernommene persönliche Schuld, hierfür haftet der Zessionar alleine.[669]

11.741 Das Meistgebot unterliegt der **Grunderwerbsteuer.** Erklärt der Meistbietende, nicht für sich, sondern für einen Dritten geboten zu haben, fällt die Grunderwerbsteuer zweimal an (§ 1 Abs. 1 Nr. 4, 5 GrEStG).[670]

---

665 *Stöber,* § 81 Rdn. 4.2; Steiner/*Storz,* § 81 Rdn. 48.
666 *Stöber,* § 81 Rdn. 6; Steiner/*Storz,* § 81 Rdn. 50; *Helwich,* Rpfleger 1988, 467.
667 *Böttcher,* § 81 Rdn. 22.
668 *Stöber,* § 81 Rdn. 6; Steiner/*Storz,* § 81 Rdn. 50; *Helwich,* Rpfleger 1988, 467.
669 *Böttcher,* § 81 Rdn. 22.
670 BFH, ZIP 1980, 691.

Der Zuschlag ist den Beteiligten, soweit sie weder im Versteigerungstermin noch in einem besonderen Verkündungstermin erschienen sind, und dem Ersteher sowie einem Dritten nach § 81 Abs. 2, Abs. 3 ZVG zuzustellen. Ebenfalls wird der Zuschlagsbeschluss dem zuständigen Finanzamt übersandt.

11.742

f) Insolvenzverfahren
aa) Abweichendes geringstes Gebot

Wird das Insolvenzverfahren eröffnet und läuft parallel ein Zwangsversteigerungsverfahren, kann der Insolvenzverwalter die Kosten erstattet verlangen, die durch die Feststellung des mithaftenden Grundstückszubehörs entstehen, § 10 Abs. 1 Nr. 1a ZVG (vgl. Rdn. 11.88 ff.). Dauert das Insolvenzverfahren im Zeitpunkt des Versteigerungstermins noch an, kann der Insolvenzverwalter verlangen, dass ein geringstes Gebot aufgestellt wird, bei dem nur die den Ansprüchen aus § 10 Abs. 1 Nr. 1a ZVG vorgehenden Ansprüche berücksichtigt werden, § 174a ZVG.

11.743

Der Antrag des Insolvenzverwalters kann bis zum Schluss der Verhandlung im Versteigerungstermin gestellt werden. Dies hat zur Folge, dass das Versteigerungsgericht von Amts wegen ein so genanntes **Doppelausgebot** erstellen muss: Das Grundstück wird nach den regulären Versteigerungsbedingungen ausgeboten, §§ 44, 45, 52 ZVG, und nach Antrag des Insolvenzverwalters nur mit den vorgehenden Ansprüchen nach § 10 Abs. 1 Nr. 1 ZVG einschließlich der von Amts wegen zu berücksichtigenden Verfahrenskosten.

11.744

bb) Zuschlagserteilung bei Doppelausgebot

Auf welches Gebot der Zuschlag zu erteilen ist, sagt das Gesetz nicht. Es kann jedoch auf die Grundsätze zu § 174 ZVG für das Konkursverfahren zurückgegriffen werden. Wie die dinglichen Gläubiger im Konkursverfahren hat der Insolvenzverwalter im Insolvenzverfahren ein erhebliches Interesse zu wissen, in welcher Höhe die absonderungsberechtigten Gläubiger in der Zwangsversteigerung einen Ausfall erleiden, um diesen bei der Verteilung der Insolvenzmasse zu berücksichtigen. Diesem Bedürfnis will § 174a ZVG ebenso abhelfen wie im Konkursverfahren § 174 ZVG.[671]

11.745

- Werden im Zwangsversteigerungstermin keine Gebote abgegeben, erfolgt die Einstellung des Verfahrens gem. § 77 ZVG; die Höhe des Ausfalls der betreibenden Gläubiger bleibt damit offen.
- Werden nur Gebote auf das reguläre geringste Gebot abgegeben, muss hierauf der Zuschlag erteilt werden. Gleichermaßen gilt dies, wenn

---

671 Vgl. Dassler/*Schiffhauer*, § 174 Rdn. 1.

11.746, 11.747 Zwangsversteigerung

Gebote nur auf das Abweichungsverlangen nach § 174a ZVG abgegeben werden.
- Wenn auf beide Ausgebote zulässige Meistgebote erzielt werden, ist der Zuschlag auf das abweichende Ausgebot nach § 174a ZVG zu erteilen.[672]

g) Umsatzsteuer

11.746 Erwerbsvorgänge, die unter die Grunderwerbssteuer fallen, sind von der Zahlung der Umsatzsteuer befreit, § 4 Nr. 9a UStG. Die Zwangsversteigerung eines Grundstückes ist umsatzsteuerlich eine direkte Lieferung vom Eigentümer an den Ersteher.[673] Hiernach ist die Lieferung des Grundstückes von der Umsatzsteuerpflicht befreit. Allerdings kann der Eigentümer auf diese Befreiung verzichten, der Verzicht kann auch noch nach Abschluss des Versteigerungsverfahrens erklärt werden.[674] Der Ersteher eines Grundstückes kann daher umsatzsteuerlich als Unternehmer die Umsatzsteuer als Vorsteuer abziehen.[675] Die Umsatzsteuer ist vom Ersteher als Leistungsempfänger einzubehalten und an das für ihn zuständige Finanzamt abzuführen, § 13b UStG [676]

11.747 Die Frage, ob es sich beim Meistgebot in der Zwangsversteigerung um einen Netto- oder um einen Bruttobetrag handelt, wurde bisher unterschiedlich beurteilt. Nach einer Meinung[677] handelt es sich bei dem Barmeistgebot um einen Nettobetrag, Umsatzsteuer ist darin nicht enthalten. Nach anderer Meinung[678] erstreckt sich bei der Zwangsversteigerung eines Betriebsgrundstücks mit Zubehör die Steuerfreiheit nach § 4 Nr. 9a UStG nur auf das Grundstück, nicht auf das Zubehör. Das Meistgebot im Zwangsversteigerungsverfahren umfasst auch die auf das Zubehör entfallende Umsatzsteuer (Bruttobetrag). Der **BGH**[679] hat sich in seinem Grundsatzurteil vom 3.4.2003 darauf festgelegt, dass das Meistgebot in der Zwangsversteigerung von Grundstücken (nebst Zubehör) ein **Nettobetrag** ist. Das ZVG gebietet diese Rechtsauffassung. Der Ersteher hat im Verteilungstermin das Bargebot nebst Zinsen seit dem Zuschlag an das Vollstreckungsgericht zu entrichten. In keinem Falle hat die Option des Schuldners zur Umsatzsteuer einen Einfluss darauf, in welcher Höhe das Meistgebot vor dem

---

672 Vgl. zu § 174 ZVG Dassler/*Schiffhauer*, § 174 Rdn. 8; *Stöber*, § 174 Rdn. 3.11.
673 BFH, BStBl II 1973, 503.
674 BFH, NJW 1994, 1176.
675 BFH, NJW 1994, 1176.
676 Zu den Voraussetzungen im Einzelnen vgl. *Storz*, ZVG, D 5.3.4; *Gaßner*, Rpfleger 1998, 455, 457.
677 LG Waldshut-Tiengen, Rpfleger 2001, 510.
678 OLG Karlsruhe, Rpfleger 2002, 531.
679 Rpfleger 2003, 450 = NJW 2003, 2238 = KTS 2003, 687 = MDR 2003, 953 = WM 2003, 943 = ZIP 2003, 1109 = InVo 2003, 333 = WuB H. 8/2003 VI F. § 49 ZVG 1.03 *Hintzen* = ZfIR 2003, 653.

Verteilungstermin an das Gericht zu zahlen ist. Für die Erlösverteilung muss das gesamte Meistgebot einschließlich der eventuell anfallenden Zinsen vom Zuschlag bis zum Verteilungstermin an das Gericht gezahlt werden.[680] Die Bezeichnung des baren Meistgebots ist wesentlicher Inhalt des Zuschlagsbeschlusses, § 82 ZVG. Er begründet und bestimmt die Zahlungspflicht des Erstehers, § 49 ZVG. Der Zuschlagsbeschluss legt unmittelbar auch die Teilungsmasse fest, auf die die nach § 10 ZVG am Grundstück Berechtigten Anspruch haben. Das Zwangsversteigerungsrecht sieht nicht vor, diesen zur Verteilung an die berechtigten Gläubiger bestimmten Betrag aus steuerrechtlichen Gründen zu schmälern, indem an die Berechtigten nur ein um die Umsatzsteuer geminderter Betrag des Meistgebots zur Verteilung kommt. Eine Abhängigkeit des Meistgebots von den vielfältigen Gestaltungsmöglichkeiten des Steuerrechts würde das Zwangsversteigerungsverfahren mit erheblichen Unsicherheiten belasten. Diesem Beschluss des BGH ist uneingeschränkt zuzustimmen.

h) Bekanntmachung des Zuschlags

Der Beschluss über die Zuschlagserteilung wird entweder direkt im Versteigerungstermin oder in einem besonderen Termin verkündet, § 87 Abs. 1 ZVG. Den Beteiligten, die nicht in diesem Termin anwesend waren, wird der Zuschlagsbeschluss zugestellt, § 88 ZVG.

Unabhängig von der Anwesenheit ist der Zuschlagsbeschluss immer dem Ersteher, dem Meistbietenden, § 81 Abs. 4 ZVG, und dem für mithaftend erklärten Bürgen zuzustellen, § 88 ZVG. Die Abwesenheit des Schuldners im Versteigerungstermin ist jedenfalls kein zwingender Anlass, einen besonderen Verkündigungstermin anzusetzen.[681]

Wird der Zuschlagsbeschluss tatsächlich nicht verkündet, sondern nur schriftlich zu den Akten genommen und anschließend allen Beteiligten zugestellt, dann ist der Beschluss dennoch wirksam. Der Verfahrensmangel gilt als geheilt, die Wirksamkeit dieses Zuschlagsbeschlusses wird hiervon nicht berührt.[682] Eine andere Auffassung hält den Zuschlagsbeschluss für anfechtbar.[683]

---

680 *Stöber*, § 81 Rdn. 7.11; *Storz*, ZVG, D 5.3.4; **a.A.** *Onusseit*, Rpfleger 1995, 1; differenziert *Gaßner*, Rpfleger 1998, 455, 459, der die steuerliche Option des Schuldners gemäß § 9 UStG im Zwangsversteigerungsverfahren durch eine abweichende Versteigerungsbedingung ermöglichen will.
681 OLG Frankfurt, Rpfleger 1991, 470.
682 OLG Köln, Rpfleger 1982, 113; Dassler/*Schiffhauer*, § 89 Rdn. 2.
683 OLG Schleswig, SchlHA 1957, 158; Steiner/*Storz*, § 87 Rdn. 7; *Böttcher*, § 89 Rdn. 1; unklar insoweit: *Stöber*, § 87 Rdn. 2.5 und § 89 Rdn. 2.

9. Zuschlagsversagung auf Antrag

a) Ergebnislose Versteigerung

11.751 Ist bis zum Schluss der Versteigerung kein Gebot abgegeben worden oder sind sämtliche Gebote erloschen, wird das Verfahren einstweilen eingestellt, § 77 Abs. 1 ZVG. Auch wenn der Antrag des Gläubigers aufgrund hoher Vorbelastungen des Grundstücks aussichtslos erscheint, kann das Verfahren nicht aufgehoben werden, § 803 Abs. 2 ZPO findet im Zwangsversteigerungsverfahren keine Anwendung.[684]

11.752 Erst wenn sich im Zwangsversteigerungstermin die Aussichtslosigkeit herausstellt, ist eine Verfahrensaufhebung möglich.[685] Wie bereits mehrfach erörtert, werden eingestellte Verfahren nicht von Amts wegen fortgesetzt, sondern nur auf besonderen Antrag der betreibenden Gläubiger, § 31 Abs. 1 S. 1 ZVG. Über den zu stellenden Fortsetzungsantrag, die einzuhaltende 6-Monats-Frist und die Rechtsfolgen bei Versäumung dieser Frist ist der Gläubiger jedoch zu belehren. Die Frist beginnt erst ab Zustellung des entsprechenden Belehrungsschreibens.

11.753 Jeder betreibende Gläubiger muss jedoch darauf achten, dass mit der einstweiligen Einstellung von Amts wegen nach § 77 ZVG sämtliche Einzelverfahren aller betreibenden Gläubiger eingestellt wurden.[686] Jeder Gläubiger muss also einen eigenen Fortsetzungsantrag stellen. Erfolgt dieser nicht fristgerecht, ist das entsprechende Einzelverfahren aufzuheben.

11.754 Bleibt die Versteigerung in einem zweiten Termin ebenfalls ergebnislos, wird das Verfahren insgesamt aufgehoben, § 77 Abs. 2 S. 1 ZVG.[687]

11.755 Liegen die Voraussetzungen für die Anordnung einer Zwangsverwaltung vor, kann auf Antrag des Gläubigers das Gericht anordnen, dass das **Verfahren als Zwangsverwaltung fortgesetzt** wird, § 77 Abs. 2 S. 2 ZVG.

b) Antrag des Schuldners

aa) Einstweilige Einstellung

11.756 Eine **einstweilige Einstellung** des Verfahrens auf Antrag des Schuldners nach § 30a ZVG wird regelmäßig in der Verhandlung über den Zuschlag nicht mehr möglich sein. Die einzuhaltende Frist nach § 30b Abs. 1 ZVG dürfte abgelaufen sein.

---

684 BGH, Rpfleger 2004, 302 = NZM 2004, 347 = WM 2004, 646 = InVo 2004, 290 = ZfIR 2004, 440.
685 LG Krefeld, Rpfleger 1996, 120; LG Detmold, Rpfleger 1998, 35.
686 *Stöber*, § 77 Rdn. 2.2; Steiner/*Storz*, § 77 Rdn. 4.
687 Vgl. LG Mainz, Rpfleger 1988, 376.

bb) Vollstreckungsschutz

Vielfach versuchen Schuldner in der Praxis jedoch, den Zuschlag über einen **Vollstreckungsschutzantrag** nach § 765a ZPO zu verhindern. Die Verhandlung über den Zuschlag ist der letzte Zeitpunkt, um einen solchen Antrag überhaupt noch stellen zu können. Nach Verkündung des Zuschlags kann der Antrag nicht mehr gestellt werden.[688] Er kann auch nicht im Rahmen einer Zuschlagsbeschwerde erstmals erhoben werden.[689] Die Beschwerde kann sich allenfalls darauf stützen, dass über einen bereits gestellten Vollstreckungsschutzantrag tatsächlich noch nicht entschieden worden ist.

11.757

Hat der Schuldner im Laufe des Verfahrens bereits zwei Anträge auf einstweilige Einstellung gestellt, nach § 30a ZVG und § 30c ZVG, soll er einen Vollstreckungsschutzantrag nicht mehr stellen können, § 30c Abs. 2 ZVG **(streitig**, vgl. Rdn. 11.360 ff.).

11.758

cc) Verschleuderung des Grundstücks

Der im Übrigen zulässige Vollstreckungsschutzantrag wird regelmäßig mit der Begründung gestellt, dass eine Verschleuderung des Grundstückes vorliegt. Aus der Vorschrift des § 85a ZVG ist jedoch zu schließen, dass der Zuschlag auch bei einem Meistgebot unter 5/10 des Verkehrswertes zu erteilen ist. Wann genau eine Verschleuderung des Grundstückes gegeben sein kann, kann nicht generell gesagt werden. Hierbei sind immer die Umstände des Einzelfalles zu berücksichtigen.[690]

11.759

Da im ersten Termin zur Versteigerung des Grundstückes von Amts wegen eine 5/10-Grenze zu beachten ist, § 85a Abs. 1 ZVG, kann oberhalb dieser Grenze keine Verschleuderung des Grundstückes vorliegen.[691] Hieraus kann weiterhin geschlossen werden, dass der Gesetzgeber im zweiten Versteigerungstermin einen Zuschlag auch grundsätzlich für zulässig erklärt, wenn das Meistgebot weniger als 50 % des Verkehrswertes beträgt. Beträgt das Meistgebot zwar unter 50 %, aber über 40 % des Grundstückswertes, liegt noch keine Verschleuderung vor.[692] Der Zuschlag zu einem Meistgebot von etwa 39 % des Verkehrswertes stellt dann jedoch eine Verschleuderung dar, wenn aus der Abgabe eines bei 60 % des Wertes liegenden Meistgebotes in einem früheren Termin zu ersehen ist, dass auch ein höheres Gebot

11.760

---

688 OLG Düsseldorf, Rpfleger 1987, 514; OLG Köln, MDR 1988, 152; OLG Köln, Rpfleger 1997, 34; LG Frankenthal, Rpfleger 1984, 194; LG Kempten, Rpfleger 1998, 358; *Stöber*, Einl. Rdn. 59.10; Steiner/*Storz*, § 30a Rdn. 79.
689 *Stöber*, Einl. Rdn. 59.10; Steiner/*Storz*, § 30a Rdn. 79, 80.
690 Z.B.: LG Krefeld, Rpfleger 1988, 375; OLG Koblenz, JurBüro 1986, 1587; OLG Schleswig, Rpfleger 1975, 372.
691 OLG Hamm, Rpfleger 1992, 211 mit 56 % des Verkehrswertes; OLG Karlsruhe, Rpfleger 1993, 413 mit 62 % des Grundstückswertes.
692 OLG Hamm, Rpfleger 1976, 146; OLG Frankfurt, Rpfleger 1976, 25.

möglich erscheint.⁶⁹³ Ein Gläubiger, der im ersten Versteigerungstermin die gesetzlichen Mindestgrenzen durch ein Eigengebot des Terminsvertreters zu Fall bringen lässt, kann gegen den Grundsatz des fairen Verfahrens verstoßen, wenn dann in einem späteren Termin das abgegebene Meistgebot nur 37 % des Grundstückswertes beträgt.⁶⁹⁴ Liegt das Meistgebot jedoch unter einem Drittel des Grundstückswertes, kann regelmäßig von einer Verschleuderung ausgegangen werden.

11.761 Führt die Erteilung des Zuschlags nach Maßgabe der im Versteigerungstermin vorliegenden Voraussetzungen zu einer Verschleuderung des Grundbesitzes, so ist das Vollstreckungsgericht nach BGH⁶⁹⁵ in der Regel verpflichtet, einen Termin zur Verkündung der Entscheidung über den Zuschlag anzuberaumen. Der BGH betont in seiner Entscheidung unter Hinweis auf die Eigentumsgarantie des Grundgesetzes, dass die Gerichte verpflichtet sind, die Verhandlung fair zu führen und dem Eigentümer einen effektiven Rechtsschutz zu gewähren. Das Versteigerungsgericht sollte daher in jedem Falle vor Zuschlagserteilung den Schuldner unbedingt anhören, ansonsten liegt ein Zuschlagsversagungsgrund vor, § 83 Nr. 6 ZVG.⁶⁹⁶ Beträgt z.B. das Meistgebot im 3. Zwangsversteigerungstermin lediglich 7 % des Verkehrswertes, so ist das Vollstreckungsgericht bei Abwesenheit des Schuldners im Versteigerungstermin grundsätzlich verpflichtet, einen gesonderten Zuschlagstermin anzuberaumen. Hierdurch soll dem Schuldner Gelegenheit gegeben werden, durch einen Vollstreckungsschutzantrag den Zuschlag zu verhindern. Etwas anderes kann nur dann gelten, wenn der Vollstreckungsschutzantrag von vornherein aussichtslos ist.⁶⁹⁷

dd) Verfahrensfortsetzung

11.762 Liegen die Vollstreckungs-Voraussetzungen tatsächlich vor, wird der Zuschlag versagt. Das Verfahren wird nur auf Antrag fortgesetzt, § 31 Abs. 1 S. 1 ZVG. Bei der Versagung des Zuschlages ist im Zweifel das Gesamtverfahren gegenüber allen betreibenden Gläubigern eingestellt. Jeder betreibende Gläubiger muss dann für sein Verfahren einen eigenen Fortsetzungsantrag stellen.⁶⁹⁸ Über die Stellung des Antrages, die einzuhaltende 6-Monats-Frist und die Rechtsfolgen bei Versäumung der Frist werden die betreibenden Gläubiger von Amts wegen belehrt.

---

693 LG Krefeld, Rpfleger 1988, 375; OLG Düsseldorf, Rpfleger 1989, 36; OLG Frankfurt, Rpfleger 1986, 25; OLG Celle, ZIP 1981, 1005.
694 LG Neubrandenburg, Rpfleger 2005, 42 mit kritischer Anm. *Alff*.
695 Rpfleger 2005, 151 = NZM 2005, 190 = NZI 2005, 181 = JurBüro 2005, 213 = MDR 2005, 353 = WM 2005, 136 = ZfIR 2005, 295 mit Anm. *Dümig*.
696 OLG Schleswig, Rpfleger 1975, 372; LG Bielefeld, Rpfleger 1983, 168; kritisch hierzu *Storz*, ZVG, B 3.1.2.
697 LG Mönchengladbach, Rpfleger 2004, 436 = JurBüro 2004, 394.
698 Zumindest empfehlenswert, *Stöber*, Einl. Rdn. 58.5.

c) Antrag nach § 74a ZVG ($^7/_{10}$-Grenze)

aa) Antragsvoraussetzungen

Bleibt das abgegebene Meistgebot einschließlich des Kapitalwertes der nach den Versteigerungsbedingungen bestehen bleibenden Rechte unter $^7/_{10}$ des Grundstückswertes, so kann ein Berechtigter, dessen Anspruch ganz oder teilweise durch das Meistgebot nicht gedeckt ist, aber bei einem Gebot in der genannten Höhe von $^7/_{10}$ voraussichtlich ganz oder teilweise gedeckt sein würde, die Versagung des Zuschlages beantragen, § 74a Abs. 1 ZVG. Der **Antrag** auf Versagung des Zuschlags kann nur bis zum Schluss der Verhandlung über den Zuschlag gestellt werden.[699]

11.763

Erstmals musste sich der BGH[700] mit der Rechtsfrage beschäftigen, ob bei der nach § 74a Abs. 1 S. 1 ZVG erforderlichen Berechnung bei einer Grundschuld auf deren Nominalbetrag oder die Höhe der dem Grundschuldgläubiger noch zustehenden Forderung (schuldrechtliche Lösung) abzustellen ist. In gleicher Weise stellt sich diese Frage auch bei der nach § 85a Abs. 3 ZVG erforderlichen Berechnung des Ausfalls eines Meistbietenden, der zur Befriedigung aus dem Grundstück berechtigt ist. Der BGH stellt klar, dass diese Frage für beide Vorschriften nur einheitlich beantwortet werden kann. Zu § 85a Abs. 3 ZVG wird nach überwiegend vertretener Auffassung (vgl. Rdn. 11.807) auf den Nominalbetrag der Grundschuld abgestellt. Dieser Meinung schließt sich der BGH an, eine Grundschuld ist in den nach § 74a Abs. 1 S. 1 ZVG aufzustellenden fiktiven Verteilungsplan nur mit ihrem Nominalbetrag (Kapital nebst Zinsen und anderen Nebenleistungen) einzustellen.

11.764

Der Antrag ist abzulehnen, wenn der betreibende Gläubiger widerspricht und glaubhaft macht, dass ihm durch die Versagung des Zuschlages ein unverhältnismäßiger Nachteil erwachsen würde (z.B. hoher Zinsverlust). Der Schuldner kann den Antrag ebenso wenig stellen (es sei denn, er ist Gläubiger einer Eigentümergrundschuld[701]) wie ein nachrangiger Gläubiger außerhalb der $^7/_{10}$-Grenze.

11.765

Voraussetzung für die Anwendung der vorgenannten Vorschrift ist, dass der antragstellende Gläubiger mit seinem Anspruch zwischen $^5/_{10}$ und $^7/_{10}$ des Verkehrswertes liegt und bei einem fiktiven Gebot in Höhe der $^7/_{10}$-Grenze eine höhere Zuteilung erhalten würde.

11.766

Beispiel:

11.767

Ausgehend vom Beispiel Rdn. 11.596
Bestehen bleibende Rechte: 150.100,– €
Bar zu zahlender Teil des geringsten Gebotes: 51.400,– €

---

699 Stöber, § 74a Rdn. 4.1; Böttcher, § 74a Rdn. 16; Steiner/Storz, § 74a Rdn. 40 – auch nicht in einem besonderen Verkündungstermin nach § 87 ZVG.
700 Rpfleger 2004, 433 = NJW 2004, 1803 = MDR 2004, 771 = WM 2004, 902 = ZIP 2004, 874 = InVo 2004, 428 = ZNotP 2004, 332.
701 Vgl. BGH, NJW-RR 1988, 1206.

11.768–11.771 Zwangsversteigerung

Verkehrswert des Grundstückes: 400.000,– €
$^{7}/_{10}$-Grenze: 280.000,– €

Im Versteigerungstermin am 16.3.2006 wird ein bares Meistgebot abgegeben über: 55.000,– €
Der Gläubiger G, Rechtsanwalt C für den Berechtigten des Rechtes Abt. III/3 und der Vertreter der D-Bank stellen den Antrag auf Versagung des Zuschlages nach § 74a Abs. 1 ZVG.

11.768 **Lösung:**
Der Gläubiger G ist nicht antragsberechtigt, da sein Anspruch über 2.000,– € durch das abgegebene bare Meistgebot über 55.000,– € bereits in voller Höhe gedeckt ist.
Der Gläubiger des Rechtes Abt. III/3 ist antragsberechtigt. Nach Abzug des vorrangigen Anspruches des Gläubigers G (2.000,– €) entfallen von dem baren Meistgebot über 55.000,– € auf seinen Anspruch noch 1.600,– €. Im Übrigen fällt er mit seinem Anspruch aus. Bei einem – angenommenen – Gebot von $^{7}/_{10}$ über 280.000,– € wäre er in voller Höhe befriedigt worden.
Ebenfalls antragsberechtigt ist der Vertreter der D-Bank. Bei dem abgegebenen baren Meistgebot über 55.000,– € fällt er zunächst in voller Höhe aus. Bei einem fiktiven Gebot von $^{7}/_{10}$ über 280.000,– € wäre sein Anspruch zumindest teilweise, wenn nicht sogar in voller Höhe befriedigt worden.

bb) Neuer Termin von Amts wegen

11.769 Wird der Zuschlag aus den vorgenannten Gründen wegen Nichterreichens der $^{7}/_{10}$-Grenze versagt, ist von Amts wegen ein **neuer Versteigerungstermin** zu bestimmen, § 74a Abs. 3 S. 1 ZVG. Der Zeitraum zwischen den beiden Terminen soll regelmäßig zwischen 3 und 6 Monaten betragen, § 74a Abs. 3 S. 2 ZVG. Er muss aber vor Ablauf von sechs Monaten nach dem ersten Termin abgehalten werden.[702] Es ist somit **kein Fortsetzungsantrag** der betreibenden Gläubiger zu stellen.

cc) Einmaligkeit des Antrages

11.770 In dem weiteren Versteigerungstermin darf der Zuschlag aus den Gründen des § 74a Abs. 1 ZVG aber **nicht mehr versagt** werden, § 74a Abs. 4 ZVG. Dies gilt auch dann, wenn in dem ersten Termin der Zuschlag von Amts wegen infolge Nichterreichens der $^{5}/_{10}$-Grenze nach § 85a Abs. 1 ZVG versagt worden ist, § 85a Abs. 2 S. 2 ZVG.

11.771 Die beiden Termine müssen aber nicht unmittelbar aufeinander folgen. Wird z.B. in einem zweiten Termin der Zuschlag versagt, weil der bestbetreibende Gläubiger die einstweilige Einstellung bewilligt, § 33 ZVG, kann in dem daraufhin folgenden dritten Versteigerungstermin nach wie vor kein Zuschlagsversagungsantrag nach § 74a Abs. 1 ZVG gestellt werden. Die Einmaligkeit der Stellung eines solchen Antrages gilt für das gesamte Zwangsversteigerungsverfahren.[703]

---

702 AG Neuruppin, Rpfleger 2005, 273.
703 Steiner/*Storz*, § 74a Rdn. 42, 44.

dd) Mehrere Antragsberechtigte

Da der Antrag nach § 74a Abs. 1 ZVG nur im Versteigerungstermin selbst gestellt werden kann, muss der Gläubiger unbedingt anwesend sein. Der Antrag kann auch nicht in einem besonderen Verkündungstermin gestellt werden. Bis zur Entscheidung über den Zuschlag kann der Gläubiger seinen Antrag wieder zurücknehmen (vgl. zuvor Rdn. 11.763).

11.772

Sind, wie im obigen Berechnungsbeispiel (Rdn. 11.768), mehrere berechtigt, den Antrag auf Versagung des Zuschlags zu stellen, ist es sinnvoll, den Antrag zuerst zu stellen. In der Praxis stellen die übrigen Berechtigten dann regelmäßig selbst keinen entsprechenden Antrag. Wird dann ein besonderer Verkündungstermin, § 87 ZVG, bestimmt, können die weiteren Antragsberechtigten in diesem Termin keinen eigenen Antrag mehr stellen. Derjenige Gläubiger, der aber den Antrag gestellt hat, kann ihn auch in dem besonderen Verkündungstermin noch zurücknehmen. Er hat damit ein taktisches Mittel in der Hand, um unter Umständen außerhalb des Verfahrens eine Zuzahlung zu dem abgegebenen baren Meistgebot zu erreichen. Die „Drohung" mit dem Zuschlagsversagungsantrag ist durchaus ein legitimes Mittel, auch in der Verhandlung über den Zuschlag ein höheres bares Meistgebot zu erreichen.[704]

11.773

10. Zuschlagsversagung von Amts wegen

a) Versagung nach § 83 ZVG

aa) Gründe im Einzelnen

Bei der Beschlussanpassung über die Erteilung des Zuschlages ist das Versteigerungsgericht an eine frühere Entscheidung nicht gebunden, § 79 ZVG. Das gesamte Verfahren wird nochmals auf seine Zulässigkeit und Wirksamkeit hin überprüft. Der **Zuschlag** ist daher insbesondere zu **versagen,**

11.774

- wenn gegen die Vorschriften über die Bekanntmachung des Versteigerungstermins, die Benachrichtigungs- und Zustellungsfristen sowie gegen die Vorschriften über die Feststellung des geringsten Gebotes oder der Versteigerungsbedingungen verstoßen wurde, § 83 Nr. 1 ZVG (z.B. fehlender Eintritt der formellen Rechtskraft des Wertfestsetzungsbeschlusses[705]; zur Ablösung des bestrangig betreibenden Gläubigers vgl. Rdn. 11.571 ff.);

---

704 Storz, ZVG, D TH 4.4.4.2.
705 OLG Hamm, Rpfleger 2000, 120: Der fehlende Eintritt der formellen Rechtskraft des Wertfestsetzungsbeschlusses begründet einen Zuschlagsversagungsgrund i.S.d. § 83 Nr. 1 bzw. Nr. 5 ZVG. Eine sachliche Überprüfung der Wertfestsetzung kann im Zuschlagsbeschwerdeverfahren nicht nachgeholt werden. Eine Rechtsbeeinträchtigung des Schuldners im Sinne des § 84 Abs. 1 ZVG liegt bereits dann vor, wenn nicht ausgeschlossen werden kann, dass bei einer erneuten Versteigerung auf Grund eines anderweitig festgesetzten Verkehrswertes ein höheres Meistgebot erzielt werden kann.

- wenn bei der Versteigerung mehrerer Grundstücke das Einzelausgebot oder das Gesamtausgebot nach den Vorschriften des § 63 Abs. 1, Abs. 2 S. 1, Abs. 4 ZVG unterblieben ist, § 83 Nr. 2 ZVG (vgl. Rdn. 11.615 ff.);
- wenn in den Fällen des § 64 Abs. 2 S. 1, Abs. 3 ZVG das Grundpfandrecht oder das Recht eines gleich- oder nachstehenden Beteiligten, der dem betreibenden Gläubiger vorgeht, durch das Gesamtergebnis der Einzelausgebote nicht gedeckt ist, § 83 Nr. 3 ZVG (vgl. hierzu Rdn. 11.629);
- wenn im Versteigerungstermin vor der Aufforderung zur Abgabe von Geboten auf die bevorstehende Ausschließung weiterer Anmeldungen nicht hingewiesen wurde, eine nachträglich erfolgte Anmeldung oder Glaubhaftmachung eines Rechtes jedoch zurückgewiesen wurde, § 83 Nr. 4 ZVG (vgl. § 66 Abs. 2 ZVG);
- wenn der Zwangsversteigerung oder der Fortsetzung des Verfahrens das Recht eines Beteiligten entgegensteht, § 83 Nr. 5 ZVG (vgl. § 28 ZVG).

11.775 Die zuvor genannten Versagungsgründe stehen der Erteilung des Zuschlages jedoch dann nicht entgegen, wenn das Recht des Beteiligten durch den Zuschlag nicht beeinträchtigt wird oder wenn der betroffene Beteiligte das Verfahren genehmigt, § 84 Abs. 1 ZVG **(Heilung möglich)**.

11.776 Weiterhin ist der Zuschlag zu versagen, wobei eine **Heilung** allerdings **ausgeschlossen** ist,

- wenn die Zwangsversteigerung oder die Fortsetzung des Verfahrens aus einem sonstigen Grunde unzulässig ist, § 83 Nr. 6 ZVG (z.B. Fehlen der Ausfertigung des Titels im Versteigerungstermin[706], fehlende Prozessfähigkeit des Gläubigers[707], Verstoß gegen die Hinweis- und Belehrungspflicht oder Verletzung des rechtlichen Gehörs, Verschleuderung des Grundstücks[708], Bietabsprachen[709], kurze

---

[706] Da dieser grundsätzlich im gesamten Verfahren vorliegen muss. Legt der Gläubiger die Ausfertigung aber spätestens im Verfahren über die Zuschlagsbeschwerde vor, so ist der Zuschlag nicht zu versagen, wenn festgestellt wird, dass der Titel während des gesamten Zwangsversteigerungsverfahrens unverändert Bestand hatte, BGH, Rpfleger 2004, 368 = NJW-RR 2004, 1366 = MDR 2004, 774 = WM 2004, 838 = InVo 2004, 293 = ZfIR 2004, 489.
[707] Die Prozessfähigkeit des betreibenden Gläubigers ist eine Vollstreckungsvoraussetzung, OLG Stuttgart, Rpfleger 1996, 36.
[708] Hierzu BGH, Rpfleger 2005, 151 = NZM 2005, 190 = NZI 2005, 181 = JurBüro 2005, 213 = MDR 2005, 353 = WM 2005, 136 = ZfIR 2005, 295 mit Anm. *Dümig*.
[709] OLG Karlsruhe, Rpfleger 1993, 413; nach LG Neubrandenburg, Rpfleger 2005, 42 mit kritischer Anm. *Alff*, verstößt ein Gläubiger gegen den Grundsatz des fairen Verfahrens, wenn er im ersten Versteigerungstermin die gesetzlichen Mindestgrenzen durch ein Eigengebot des Terminsvertreters zu Fall bringen lässt und der Zuschlag dann auf ein in einem späteren Termin abgegebenes Meistgebot von 37 % des Grundstückswertes zu erteilen wäre; dieser ist dann jedoch gem. § 83 Nr. 6 ZVG zu versagen.

Terminsverschiebung[710], drohende Selbstmordgefahr des Schuldners[711]);
- wenn der Versteigerungstermin nicht rechtzeitig bekannt gemacht wurde (§ 43 Abs. 1 ZVG) und wenn die Bietzeit nicht eingehalten wurde (§ 73 Abs. 1 ZVG), § 83 Nr. 7 ZVG.

bb) Wirkung der Zuschlagsversagung

Die **rechtskräftige Versagung des Zuschlages** wirkt, wenn die Fortsetzung des Verfahrens zulässig ist, wie eine einstweilige Einstellung, andernfalls wie die Aufhebung des Verfahrens, § 86 ZVG. Nach der rechtskräftigen Versagung des Zuschlages wird das Verfahren somit grundsätzlich nur fortgesetzt, wenn der Gläubiger einen entsprechenden Antrag stellt, § 31 Abs. 1 S. 1 ZVG (von Amts wegen evtl. bei § 28 ZVG oder § 765a ZPO). 11.777

Hierbei ist wiederum zu beachten, welchem betreibenden Gläubiger gegenüber die Versagung des Zuschlages wirkt.[712] 11.778

Bei mehreren Gläubigern muss jeder einen eigenen **Fortsetzungsantrag** für sein Einzelverfahren stellen. Hat der einzelne Gläubiger das Verfahren bereits zweimal eingestellt nach § 30 ZVG, handelt es sich nunmehr bei der Wirkung der Versagung des Zuschlages um die dritte Einstellung des Verfahrens, die jedoch unzulässig ist, mit der Folge, dass das Verfahren für diesen Gläubiger aufgehoben wird. Ist ein Fortsetzungsantrag möglich, wird der Gläubiger hierüber belehrt, ebenso über die einzuhaltende 6-Monats-Frist und die Rechtsfolgen der Versäumung dieser Frist, § 31 Abs. 3 ZVG. 11.779

b) Zahlung im Termin, § 75 ZVG
aa) Verfahren

Zahlt nach dem Beginn der Versteigerung der Schuldner oder ein Dritter, der berechtigt ist, den betreibenden Gläubiger zu befriedigen, den zur Befriedigung und zur Deckung der Kosten des Verfahrens erforderlichen Betrag an das Versteigerungsgericht,[713] ist das Verfahren einstweilen einzustellen, § 75 ZVG. Die Zahlung kann aber noch in der Verhandlung über den Zuschlag und auch in einem besonderen Verkündungstermin vor Erteilung des Zuschlages geleistet werden.[714] Bei Zahlung nach Schluss der Versteigerung ist der Zuschlag zu versagen, § 33 ZVG. 11.780

Mit **Zahlung an das Versteigerungsgericht** muss dieses das Verfahren einstweilen einstellen. Wenn jedoch mehrere Gläubiger das Verfahren be- 11.781

---
710 OLG Düsseldorf, Rpfleger 1994, 429.
711 LG Krefeld, Rpfleger 1996, 363.
712 Stöber, § 86 Rdn. 2.4; Steiner/Storz, § 86 Rdn. 9.
713 Vgl. Dassler/Gerhardt, § 75 Rdn. 1.
714 Steiner/Storz, § 75 Rdn. 79; Stöber, § 75 Rdn. 2.2; Böttcher, § 75 Rdn. 3.

treiben und Zahlung nur zur Befriedigung der Verfahrenskosten und eines oder mehrerer Gläubiger erfolgt, kann das Verfahren auch nur bezüglich dieser Gläubiger eingestellt werden.[715] Dies hat jedoch regelmäßig zur Folge, dass der Zuschlag insgesamt nicht erteilt werden kann, da sich die Voraussetzung für die Berechnung des geringsten Gebotes geändert haben und somit ein neuer Versteigerungstermin durchgeführt werden muss.[716]

11.782 Ein nachrangiger Gläubiger hat damit ebenso wie der Schuldner die Möglichkeit, einen neuen Zwangsversteigerungstermin zu erreichen. Dies bietet sich insbesondere dann an, wenn noch Ansprüche angemeldet werden müssen. Ein wirtschaftlicher Verlust tritt regelmäßig nicht ein, da der finanzielle Aufwand zur Begleichung des Anspruches des bestrangig betreibenden Gläubigers und der Verfahrenskosten an gesicherter Rangposition steht. Der Rang dieser Ansprüche geht nicht verloren.

bb) Fortsetzung des Verfahrens

11.783 Erfolgt die Zahlung im Versteigerungstermin und reicht der Betrag um neben den Kosten den einzig betreibenden Gläubiger zu zahlen, ist das Gesamtverfahren einstweilen einzustellen. Erfolgt die Zahlung nach dem Termin, ist der Zuschlag zu versagen. In beiden Fällen hat sich das Verfahren damit erledigt.

11.784 Allerdings kann nicht sofort die Aufhebung des Verfahrens erfolgen, da der Gläubiger einen Fortsetzungsantrag stellen kann, § 31 Abs. 1 ZVG. Hier gegen muss sich der Schuldner mit der Vollstreckungsabwehrklage wehren.[717]

11.785 Betreiben **mehrere Gläubiger** das Verfahren und wird nur der bestrangig betreibende Gläubiger gezahlt, ist dieses Einzelverfahren einstweilen einzustellen; für die übrigen Gläubiger läuft das Verfahren von Amts wegen weiter durch Aufstellen eines neuen geringsten Gebotes und Beginn einer neuen Bietzeit oder Bestimmung eines neuen Versteigerungstermins.

11.786 Wird nur ein **nachrangiger Gläubiger** gezahlt, hat dies auf den Ablauf des Verfahrens keinen Einfluss.[718]

c) Ablösung des bestrangig betreibenden Gläubigers

aa) Verfahren

11.787 Die Wirkungen – wie bei der Zahlung im Termin – treten auch ein, wenn der bestrangig betreibende Gläubiger abgelöst wird (zum Ablösungsrecht, Ablösungsberechtigten, Ablösungsbetrag vgl. Rdn. 11.571 ff.).

---

715 OLG Köln, Rpfleger 1990, 176.
716 Vgl. hierzu: *Storz*, Rpfleger 1990, 177, 178, 179.
717 *Böttcher*, § 75 Rdn. 13.
718 *Böttcher*, § 75 Rdn. 11; *Stöber*, § 75 Rdn. 2.8.

Löst ein nachrangiger Gläubiger den bestbetreibenden Gläubiger ab, geht der Anspruch auf ihn über, § 268 Abs. 3 BGB. Mit der Ablösung geht auch die Rechtsposition des bestrangig betreibenden Gläubigers auf den Ablösenden über.[719] Er hat das Recht, das Verfahren einstweilen einzustellen.[720]

11.788

Erfolgt diese einstweilige Einstellung nach dem Schluss der Versteigerung in der Verhandlung über den Zuschlag, ist der Zuschlag zu versagen, § 33 ZVG.[721] Die Ablösung des bestrangigen Gläubigers nach Schluss der Bietzeit führt jedoch dann nicht zur Zuschlagsversagung, wenn der Schuldner bei einem berichtigten geringsten Gebot zwar eine Eigentümergrundschuld erworben hätte, aber den nachrangigen Gläubigern zur Löschung dieses Rechts verpflichtet gewesen wäre, sodass der Ersteher einen entsprechenden Betrag hätten nachzahlen müssen.[722]

11.789

Die Ablösung ist ebenfalls ein taktisches Mittel, um die Zuschlagsversagung zu erreichen. Vergessene Anmeldungen können nunmehr in dem neuen Termin noch nachgeholt werden. Die Ablösung bietet sich insbesondere dann an, wenn das Verfahren aus der Rangklasse 3 des § 10 Abs. 1 ZVG wegen zum Teil geringer Beträge öffentlicher Lasten betrieben wird. Da der Rang des Anspruches nicht verloren geht, tritt auch regelmäßig für den finanziellen Aufwand ein wirtschaftlicher Verlust nicht ein. Für den Fortsetzungsantrag aus dem Anspruch der Rangklasse 3 benötigt der ablösende Gläubiger jedoch einen entsprechenden Titel, den er noch im Prozessweg erstreiten muss (vgl. Rdn. 11.586).

11.790

bb) Fortsetzung des Verfahrens

Das Verfahren wird nur fortgesetzt, wenn der ablösende Gläubiger einen entsprechenden Fortsetzungsantrag stellt, § 31 Abs. 1 S. 1 ZVG. Der Gläubiger wird über den Fortsetzungsantrag, die einzuhaltende 6-Monats-Frist und die Rechtsfolgen bei Versäumung der Frist belehrt, § 31 Abs. 3 ZVG.

11.791

Für die Stellung des Fortsetzungsantrages als verfahrensfördernde Maßnahme ist jedoch zuvor der Vollstreckungstitel auf den Ablösenden umzuschreiben und die Klausel erneut zuzustellen.[723]

11.792

---

719 OLG Düsseldorf, Rpfleger 1987, 75 = NJW-RR 1987, 247; OLG Düsseldorf u. OLG Bremen, Rpfleger 1987, 381 m. Anm. *Bischoff* u. *Bobenhausen*.
720 Steiner/*Storz*, § 75 Rdn. 64, 71; zur Problematik der Titelumschreibung und Zustellung vgl. Rdn. 11.583 ff.
721 Dassler/*Muth*, § 33 Rdn. 8; Steiner/*Storz*, § 33 Rdn. 14.
722 OLG Stuttgart, Rpfleger 1997, 397.
723 *Stöber*, § 15 Rdn. 20.24; Steiner/*Storz*, § 75 Rdn. 70; *Böttcher*, § 75 Rdn. 36; OLG Düsseldorf, Rpfleger 1987, 75.

d) Einstellungsbewilligung nach § 30 ZVG

aa) Verfahren

11.793   Der betreibende Gläubiger kann jederzeit ohne Begründung das Verfahren einstweilen einstellen, wenn er dies bewilligt, § 30 Abs. 1 S. 1 ZVG (vgl. Rdn. 11.342 ff.). Erfolgt die Bewilligung nach dem Schluss der Versteigerung, aber vor Erteilung des Zuschlages, ist der Zuschlag zu versagen, § 33 ZVG.

11.794   Der bestrangig betreibende Gläubiger, oder wenn nur ein Gläubiger das Verfahren betreibt, hat damit die Möglichkeit, jede Zuschlagserteilung zu verhindern. Hieran zeigt sich deutlich die hervorgehobene Position des bestrangig betreibenden Gläubigers im Zwangsversteigerungsverfahren. Der Gläubiger kann seine Bewilligung bis zum Erlass des Einstellungsbeschlusses jederzeit wieder zurücknehmen. In der Verhandlung über den Zuschlag bedeutet dies, dass die Einstellungsbewilligung bis zur Verkündung der Entscheidung über den Zuschlag zurückgenommen werden kann.

11.795   Diese rechtliche Konstellation wird von dem bestbetreibenden Gläubiger in der Praxis oftmals als taktisches Mittel genutzt. Mit der Möglichkeit der Verhinderung des Zuschlages kann durchaus eine Zuzahlung des Meistbietenden zu dem abgegebenen baren Meistgebot erreicht werden.

bb) Fortsetzung des Verfahrens

11.796   Das Verfahren wird nur bzgl. des bestbetreibenden Gläubigers eingestellt. Nur dieses Einzelverfahren ist eingestellt. Das Verfahren wird nur auf Antrag fortgesetzt, § 31 Abs. 1 S. 1 ZVG. Über die Notwendigkeit der Stellung des Antrages, die einzuhaltende 6-Monats-Frist und die Rechtsfolgen bei Nichteinhaltung der Frist wird der Gläubiger entsprechend belehrt, § 31 Abs. 3 ZVG.

11. Meistgebot unter 50 % des Verkehrswertes

a) Versagung des Zuschlags

11.797   Der Zuschlag ist zu versagen, wenn das abgegebene Meistgebot einschließlich des Kapitalwertes der nach den Versteigerungsbedingungen bestehen bleibenden Rechte die Hälfte des Grundstückswertes nicht erreicht, § 85a Abs. 1 ZVG. Sinn der Vorschrift ist, die Verschleuderung des Grundstückes zu verhindern. Die Berechnung orientiert sich hierbei an dem festgesetzten Grundstückswert nach § 74a Abs. 5 ZVG.[724] Bei den Grundpfandrechten ist hierbei der Kapitalbetrag einzusetzen, bei den Rechten der Abt. II des Grundbuches der nach § 51 Abs. 2 ZVG festgesetzte Zuzahlungsbetrag.[725]

---

724   Dassler/*Schiffhauer*, § 85a Rdn. 11; Steiner/*Storz*, § 85a Rdn. 14.
725   *Böttcher*, § 85a Rdn. 3; Dassler/*Schiffhauer*, § 85a Rdn. 12 unter Hinweis auf OLG Hamm, Rpfleger 1984, 30.

Gebote, die im Laufe des Versteigerungstermins abgegeben werden und unterhalb der $^5/_{10}$-Grenze liegen, sind nicht unwirksam. Lediglich der **Zuschlag** kann auf ein abgegebenes Meistgebot unterhalb von 50 % des Verkehrswertes nicht erteilt werden. In der Praxis werden Gebote oftmals bewusst unterhalb der $^5/_{10}$-Grenze abgegeben, damit zunächst der Zuschlag von Amts wegen versagt wird. Zur Gebotsabgabe, Erwerbsabsicht und der Entscheidung des BGH vom 24.11.2005 s. Rdn. 11.660 ff.   **11.798**

Werden **mehrere Grundstücke** in einem Verfahren versteigert und liegen sowohl Einzel-, Gruppen- und/oder ein Gesamtausgebot vor, ist bei jedem einzelnen Ausgebot § 85a Abs. 1 ZVG zu prüfen.[726] Liegt das Gebot bei einem der Grundstücke unter 50 % des Verkehrswertes, kann hierauf kein Zuschlag erteilt werden. Ist die Summe der Einzelausgebote niedriger als das Meistgebot auf das Gesamtausgebot, ist dennoch auf die Einzelausgebote der Zuschlag zu erteilen, wenn das Meistgebot beim Gesamtausgebot unter 50 % des Verkehrswertes liegt.[727]   **11.799**

In einem **weiteren Termin** kann der Zuschlag aus den vorgenannten Gründen nicht mehr versagt werden, mit der Folge, dass das Grundstück auch unterhalb dieses Wertes zugeschlagen werden kann, § 85a Abs. 2 ZVG (Grundsatz der Einmaligkeit, vgl. zu § 74a ZVG Rdn. 11.770 ff.).   **11.800**

b) Fortsetzung des Verfahrens

Ist der Zuschlag aus den Gründen des § 85a Abs. 1 ZVG versagt worden, ist von Amts wegen ein neuer Versteigerungstermin zu bestimmen. Der Zeitraum zwischen den beiden Terminen soll grundsätzlich zwischen 3 und 6 Monaten liegen. Er muss aber vor Ablauf von sechs Monaten nach dem ersten Termin abgehalten werden.[728] In dem neuen Versteigerungstermin darf der Zuschlag weder aus den Gründen des § 85a Abs. 1 ZVG noch wegen Nichterreichens der $^7/_{10}$-Grenze nach § 74a ZVG versagt werden, § 85a Abs. 2 ZVG.   **11.801**

c) Erteilung des Zuschlags bei Meistgebot unter 50 %

aa) Meistbietender

Der Zuschlag darf von Amts wegen aufgrund Nichterreichens der $^5/_{10}$-Grenze nicht versagt werden, wenn das Meistgebot von einem zur Befriedigung aus dem Grundstücke Berechtigten abgegeben wurde und dieses Gebot einschließlich des Kapitalwertes der nach den Versteigerungsbedingungen bestehen bleibenden Rechte zusammen mit dem Betrage, mit dem der Meistbietende bei der Verteilung des Erlöses ausfallen würde, die Hälfte des Grundstückswertes erreicht, § 85a Abs. 3 ZVG.[729]   **11.802**

---

726 Dassler/*Schiffhauer*, § 85a Rdn. 13; *Böttcher*, § 85a Rdn. 7.
727 OLG Frankfurt, Rpfleger 1995, 512.
728 AG Neuruppin, Rpfleger 2005, 273.
729 Vgl. hierzu *Drischler*, JurBüro 1982, 1121; *Muth*, Rpfleger 1985, 45; *Muth*, ZIP 1986, 350.

11.803 Diese **Ausnahmevorschrift** ist nur im Zusammenhang mit der **Befriedigungsfiktion** nach § 114a ZVG zu sehen. Ist der Zuschlag einem zur Befriedigung aus dem Grundstück Berechtigten zu einem Gebot erteilt, das einschließlich des Kapitalwertes der nach den Versteigerungsbedingungen bestehen bleibenden Rechte hinter $^{7}/_{10}$ des Grundstückswertes zurückbleibt, so gilt der Ersteher auch insoweit aus dem Grundstück befriedigt, als sein Anspruch durch das abgegebene Meistgebot nicht gedeckt ist, aber bei einem Gebote zum Betrage von 70 % des Verkehrswertes gedeckt sein würde (hierzu mehr Rdn. 11.815 ff.).

11.804 Meistbietender muss somit ein zur Befriedigung aus dem Grundstück Berechtigter sein. Dies sind in erster Linie die Grundpfandrechtsgläubiger, aber auch jeder Berechtigte eines Anspruches nach § 10 Abs. 1 ZVG.

bb) Ausfallbetrag

11.805 Zunächst ist festzuhalten, dass sämtliche geltend gemachten **Zinsen** neben dem Kapitalbetrag eines dinglichen Rechtes zu berücksichtigen sind, unabhängig davon, ob diese in der Rangklasse 4 bei dem Recht oder ältere Zinsen in Rang 5 oder sogar 6 – möglicherweise sogar 9 – fallen.[730]

11.806 **Strittig** war bisher, insbesondere bei einer **Sicherungsgrundschuld**, welcher ausfallende Betrag des Meistbietenden zu berücksichtigen ist. Ist der Ausfallbetrag aus dem Nominalbetrag einschließlich der dinglichen Zinsen oder lediglich aus der der Grundschuld zugrunde liegenden gesicherten persönlichen Forderung zu berechnen?[731]

11.807 Bei dem formal ausgerichteten Zwangsversteigerungsverfahren kann jedoch ausschließlich der **Nominalbetrag der Grundschuld** berücksichtigt werden. Es ist nicht Aufgabe des Versteigerungsgerichtes, zu erfragen bzw. zu erforschen, in welcher Höhe die der Grundschuld zugrunde liegende Forderung noch besteht.[732] Die schuldrechtlichen Vereinbarungen zwischen Sicherungsgeber und Sicherungsnehmer und eventuelle Befriedigungsfragen sind materiell-rechtlicher Natur und ausschließlich durch das Prozessgericht zu klären.[733] Nach der Entscheidung des

---

[730] So deutlich *Hintzen* in ablehnender Anmerkung zu LG Verden, Rpfleger 1994, 34; wohl auch *Storz*, ZVG, D 4.3.1.

[731] Die Höhe der Valutierung der Grundschuld ist maßgebend, wird vertreten von OLG Schleswig, Rpfleger 1985, 372; LG Flensburg, Rpfleger 1985, 372; LG Trier, Rpfleger 1985, 451 m. Anm. *Scherer*; OLG Koblenz, Rpfleger 1991, 468 m. abl. Anm. *Hintzen; Ebeling*, Rpfleger 1985, 279.

[732] *Hintzen* in Anm. zu OLG Koblenz, Rpfleger 1991, 468; so überzeugend auch *Muth*, Rpfleger 1985, 45.

[733] LG Lüneburg, Rpfleger 1986, 188; LG Hanau, Rpfleger 1988, 77; LG Frankfurt/Main, Rpfleger 1988, 35; LG München, KTS 1986, 83; *Muth*, Rpfleger 1985, 45; *Bauch*, Rpfleger 1986, 59; *Brendle*, Rpfleger 1986, 61; *Hennings*, Rpfleger 1986, 234; *Eickmann*, KTS 1987, 617; *Dassler/Schiffhauer*, § 85a Rdn. 25; *Storz*, D 4.3.1; *Stöber*, § 85a Rdn. 4.3; *Dassler/Schiffhauer*, § 85a Rdn. 26; *Böttcher*, § 85a Rdn. 9; *Storz*, ZVG, D 4.3.1.

BGH[734] dürfte die Rechtsfrage geklärt sein. Sie stellt sich sowohl bei § 74a Abs. 1 S. 1 ZVG als auch bei § 85a Abs. 3 ZVG. Der BGH stellt klar, dass diese Frage für beide Vorschriften nur einheitlich beantwortet werden kann. Es ist auf den Nominalbetrag der Grundschuld abzustellen (Kapital nebst Zinsen und anderen Nebenleistungen).

11.808 Wird der Zuschlag in einem solchen Falle erteilt, obwohl die persönliche Forderung tatsächlich bereits beglichen ist, muss der Schuldner gegen den Ersteher Vollstreckungsgegenklage nach § 767 ZPO erheben.

11.809 **Beispiel:**

Im Grundbuch sind nachfolgende Rechte eingetragen:
III/1:   400.000,- € Grundschuld nebst 15 % Zinsen
III/2:   200.000,- € Grundschuld nebst 15 % Zinsen
III/3:   150.000,- € Grundschuld nebst 10 % Zinsen

Das Versteigerungsverfahren wird von dem Gläubiger des Rechtes III/1 betrieben. In das geringste Gebot sind somit **keine bestehen bleibenden Rechte** aufzunehmen. In den bar zu zahlenden Teil des geringsten Gebotes fallen nur die **Verfahrenskosten** und angemeldeten **Ansprüche der Rangklasse 1–3** des § 10 ZVG.

Geringstes Gebot – angenommen – **bar zu zahlender Teil**   20.000,- €

Verkehrswert des Grundstückes: 1.000.000,- €
$7/10$-Grenze: 700.000,- €
$5/10$-Grenze: 500.000,- €

Zum Versteigerungstermin haben angemeldet:
Der Gläubiger des Rechtes III/1 den Kapitalbetrag 400.000,- € nebst Zinsen über 100.000,- €, der Gläubiger des Rechtes III/2 den Kapitalbetrag 200.000,- € nebst 50.000,- € Zinsen.

Gebot:
Im Versteigerungstermin bietet der Gläubiger des Rechtes III/1:   20.000,- €

Folge:
Das abgegebene Meistgebot über 20.000,- € einschließlich des Ausfalles des Meistbietenden (Gläubiger des Rechts III/1) über 500.000,- € beträgt insgesamt 520.000,- €. Damit ist die $5/10$-Grenze (500.000,- €) überschritten, der Zuschlag ist zu erteilen, § 85a Abs. 3 ZVG.

cc) **Zwischenberechtigter**

11.810 Beteiligte, die nach Abgabe des Gebotes über 20.000,- € den Versteigerungssaal verlassen in dem Bewusstsein, dass der Zuschlag von Amts wegen infolge Nichterreichens der $5/10$-Grenze zu versagen ist, handeln sehr leicht-

---

734   Rpfleger 2004, 433 = NJW 2004, 1803 = MDR 2004, 771 = WM 2004, 902 = ZIP 2004, 874 = InVo 2004, 428 = ZNotP 2004, 332.

fertig. Auch ein Zwischenberechtigter bleibt bei der Zuschlagserteilung nach § 85a Abs. 3 ZVG unberücksichtigt (vgl. § 114a S. 2 ZVG).[735] Gläubiger, die bei der Abgabe eines solchen Gebotes unweigerlich ausfallen, müssen selbst dafür Sorge tragen, dass der Zuschlag versagt wird.[736]

11.811 Im vorgenannten Beispiel (Rdn. 11.809) kann der Gläubiger des Rechtes III/2 den Zuschlag verhindern, indem er einen **Zuschlagsversagungsantrag** nach § 74a Abs. 1 ZVG wegen Nichterreichens der $^7/_{10}$-Grenze stellt. Da dieser Antrag aber nur im Termin in der Verhandlung über den Zuschlag gestellt werden kann, muss der Gläubiger unbedingt anwesend bleiben.

11.812 Diese Grundsätze gelten aber nur für den ersten Termin, da in einem weiteren Termin der Zuschlag weder aus den Gründen des § 85a Abs. 3 ZVG noch nach § 74a ZVG versagt werden kann, § 85a Abs. 2 ZVG.

11.813 **Beispiel (mit Zwischenrecht):**

(Grundbuchinhalt und Versteigerungsbedingungen wie obiges Beispiel Rdn. 11.809).
Der Gläubiger des Rechtes III/3 meldet zum Zwangsversteigerungstermin den Kapitalbetrag und insgesamt 30.000,– € Zinsen an.
Im Versteigerungstermin bietet der Gläubiger des Rechtes III/3 ein bares Meistgebot von 320.000,– €. Mit diesem Betrag bleibt er Meistbietender.

Folge:
Der Gesamterlös über 320.000,– € ist zunächst auf die Verfahrenskosten mit 20.000,– €, danach auf den Anspruch des Gläubigers III/1 mit 300.000,– € zu verteilen. Der Gläubiger des Rechtes III/1 fällt somit teilweise über 200.000,– € aus, die Gläubiger der Rechte III/2 und III/3 jeweils in voller Höhe.
Bei einem fiktiven Gebot von $^7/_{10}$ des Verkehrswertes über 700.000,– €, wären nach Abzug des Meistgebotes über 320.000,– € noch weitere 480.000,– € zu verteilen. Bei der Frage der Befriedigungsfiktion werden dem Ersteher vorgehende oder gleichstehende Rechte, die erlöschen, nicht berücksichtigt, § 114a S. 2 ZVG.[737] Der Differenzbetrag entfällt somit sogleich auf den Anspruch des Erstehers (Abt. III/3).
Der Gläubiger des Rechtes III/3 hat als Ersteher insgesamt einen Anspruch über 180.000,– €. Bei einem fiktiven Gebot von 700.000,– € würde er somit in voller Höhe befriedigt. Der Ausfall über 180.000,– € ist somit dem abgegebenen baren Meistgebot über 320.000,– € hinzuzurechnen, mit der Folge, dass das Meistgebot einschließlich des Ausfalles des Meistbietenden insgesamt $^5/_{10}$ des Verkehrswertes umfasst. Der Zuschlag kann daher nicht aus den Gründen des § 85a Abs. 1 ZVG versagt werden.
Die Benachteiligten sind in diesem Fall – zumindest teilweise – der Gläubiger des Rechtes III/1 und insbesondere der Gläubiger des Zwischenrechtes III/2. Sind beide Gläubiger im Termin anwesend, können sie noch rechtzeitig einen **Zuschlagsversagungsantrag** nach § 74a ZVG wegen Nichterreichens der $^7/_{10}$-Grenze stellen.
Wie bereits mehrfach erörtert, kann dieser Antrag in einem weiteren Termin jedoch nicht mehr gestellt werden, da der Zuschlag dann weder aus den Gründen des § 85a ZVG noch nach § 74a ZVG versagt werden darf, § 85a Abs. 2 ZVG (vgl. Rdn. 11.800).

---

735 Dassler/*Schiffhauer*, § 85a Rdn. 28; *Stöber*, § 85a Rdn. 4.5.
736 Steiner/*Storz*, § 85a Rdn. 24.
737 *Schiffhauer*, Rpfleger 1970, 316; *Stöber*, § 114a Rdn. 5.

Reaktionsmöglichkeit: 11.814
Wollen die Gläubiger der Rechte III/1 und III/2 den Ausfall ihrer Ansprüche verhindern, können sie im Versteigerungstermin auch ihr eigenes Recht „ausbieten".
Im vorgenannten Beispiel bedeutet dies, dass der Gläubiger des Rechtes III/1 selbst bis zu einem Betrag von 520.000,– € mitbietet. Bleibt er mit diesem Gebot Meistbietender, muss er selbstverständlich nicht das gesamte bare Meistgebot an das Versteigerungsgericht zahlen, er kann sich in Höhe von 500.000,– € für befriedigt erklären, er muss an das Versteigerungsgericht nur einen baren Betrag von 20.000,– € zahlen. Der Gläubiger des Rechtes III/2 müsste darüber hinaus bis zu einem Betrag von 770.000,– € mitbieten.

d) Befriedigungsfiktion

Die Zuschlagserteilung zu einem Gebot unter 50 % des Verkehrswertes 11.815
unter Hinzurechnung des Ausfalles des Meistbietenden, § 85a Abs. 3 ZVG, kann nur in Verbindung mit der Befriedigungswirkung nach § 114a ZVG gesehen werden. Bei der Berechnung der $^7/_{10}$-Grenze ist von dem festgesetzten Verkehrswert nach § 74a Abs. 1 ZVG auszugehen.[738] Der Wert des mitzuversteigernden Zubehörs ist ebenfalls in die Berechnung der $^7/_{10}$-Grenze einzubeziehen.[739] In einer neueren Entscheidung stellt der BGH jedoch fest, dass, wenn der Zuschlag versagt wird, weil das Meistgebot nicht $^5/_{10}$ oder $^5/_{10}$ des Grundstückswertes erreicht, die Festsetzung des Verkehrswertes in dieser Hinsicht für das Prozessgericht bei Anwendung des § 114a ZVG nicht bindend ist.[740] Diese Entscheidung war in Fortführung der Auffassung, dass im weiteren Verlauf eines Versteigerungsverfahrens das Rechtsschutzinteresse für eine Anpassung des festgesetzten Grundstückswertes an veränderte Umstände entfällt[741], folgerichtig.

Die Befriedigungswirkung tritt kraft Gesetzes ein. **Zeitpunkt** ist nicht 11.816
die Zuschlagserteilung,[742] sondern der Verteilungstermin.[743]

Ziel der Fiktion des § 114a ZVG ist es, zu verhindern, dass ein zur Befriedigung aus dem Grundstück Berechtigter, der nur an die untere Grenze seines weit höheren dinglichen Rechtes bietet, wegen dieses Rechtes nicht überboten wird und bei der Erlösverteilung ausfällt, seine persönliche Forderung dennoch behält, obwohl ihm das Grundstück weit unter Wert zugeschlagen wurde. Aus diesem Grunde ist – im Gegensatz zu § 85a 11.817

---

738 BGH, Rpfleger 1987, 31 = NJW 1987, 503; Steiner/*Storz*, § 74a Rdn. 77, 78, 79; *Böttcher*, § 114a Rdn. 9.
739 BGH, Rpfleger 1992, 264 = NJW 1992, 1702; Dassler/*Schiffhauer*, § 114a Rdn. 3; *Böttcher*, § 114a Rdn. 9.
740 Rpfleger 2004, 433 = NJW-RR 2004, 666 = WM 2004, 755 = InVo 2004, 292.
741 Rpfleger 2004, 172 = NJW-RR 2004, 302 = KTS 2004, 457 = MDR 2004, 294 = WM 2004, 98 = InVo 2004, 201 = ZfIR 2004, 167.
742 So aber Steiner/*Eickmann*, § 114a Rdn. 24; *Stöber*, § 114a Rdn. 3.4; *Böttcher*, § 114a Rdn. 12.
743 Dassler/*Schiffhauer*, § 114a Rdn. 5; *Muth*, Rpfleger 1987, 89; *Bauch*, Rpfleger 1986, 59 und 1986, 457.

Abs. 3 ZVG – bei der Befriedigungswirkung auf die **persönliche Forderung** und nicht auf das dingliche Recht abzustellen.[744]

11.818 Wird auf den Nominalbetrag der Grundschuld abgestellt, stellt sich das Problem, was ist, wenn die Forderung zurückgezahlt ist. Hiernach hat der Sicherungsgeber einen Anspruch auf Rückgewähr der Grundschuld gegen den Gläubiger, wenn die durch die Sicherungsabrede gesicherte Forderung erloschen ist. Da die Grundschuld nach den Versteigerungsbedingungen erloschen ist, setzt sich der Rückgewährsanspruch an dem Versteigerungserlös fort. Der Grundschuldgläubiger soll daher zur Rückgewähr des Differenzbetrages verpflichtet sein, soweit der dingliche Anspruch seine persönliche Forderung übersteigt.[745] Diese Auffassung wird zu Recht abgelehnt.[746] Im Übrigen kann der Gläubiger dieses für ihn ungünstige Ergebnis dadurch abwenden, dass er rechtzeitig vor dem Verteilungstermin seine Rückgewährsansprüche erfüllt, sodass persönlicher Anspruch und dingliches Grundpfandrecht wiederum übereinstimmen.[747]

11.819 Nach Auffassung von *Muth*[748] kann der Streit darüber, ob auf den Nominalbetrag oder die persönliche Forderung abzustellen ist, dahinstehen, da nur dem wirtschaftlichen Anliegen des Gesetzes Rechnung zu tragen ist. Geschützt werden soll der persönliche Schuldner nur davor, dass der Grundschuldgläubiger ihn in Höhe seines Ausfalles in Anspruch nimmt, obwohl er als Ersteher diesen Ausfall bei der Ersteigerung des Grundstückes wirtschaftlich gesehen kompensiert hat.

11.820 Die Befriedigungsfiktion soll im Übrigen auch dann eintreten, wenn der Ersteher die Zwangsversteigerung wegen seiner Grundschuld betrieben, aber eine mitgesicherte Darlehensforderung noch nicht fällig gestellt hat.[749] Da die Sicherungsgrundschuld aber nur dann verwertet werden darf, wenn die gesicherte Forderung selbst fällig ist, kann der Ansicht des BGH so nicht gefolgt werden.[750]

11.821 Gibt die betreibende Grundschuldgläubigerin im Versteigerungstermin in Vollmacht für eine Immobilienverwaltungsgesellschaft, an der sie selbst zu 99 % beteiligt ist, das Meistgebot ab, welches unter 50 % des Verkehrswertes liegt, kann der Zuschlag nicht im Hinblick auf § 114a ZVG i.V.m. § 85a Abs. 3 ZVG erteilt werden. Die Prüfung der Befriedigungsfiktion bzw. die materiell-rechtlichen Folgen der Zuschlagserteilung obliegen nicht

---

744 BGH, Rpfleger 1987, 120 m. Anm. *Ebeling* = NJW 1987, 503; *Eickmann*, KTS 1987, 617; *Muth*, Rpfleger 1987, 89; Steiner/*Eickmann*, § 114a Rdn. 21; Dassler/*Schiffhauer*, § 114a Rdn. 7; *Böttcher*, § 114a Rdn. 14; **a.A.** wegen der Abstraktheit der Grundschuld auf den Nominalbetrag des Grundpfandrechtes abzustellen *Stöber*, § 114a Rdn. 3.6; *Bauch*, Rpfleger 1986, 457.
745 *Stöber*, § 114a Rdn. 3.7.
746 *Böttcher*, § 114a Rdn. 14 m.w.N.
747 Vgl. hierzu Dassler/*Schiffhauer*, § 114a Rdn. 7.
748 Rpfleger 1987, 89, 93.
749 BGH, Rpfleger 1987, 120 = NJW 1987, 503.
750 *Muth*, Rpfleger 1987, 89; Dassler/*Schiffhauer*, § 114a Rdn. 8.

dem Vollstreckungsgericht, sondern dem Prozessgericht.[751] Der Grundschuldgläubiger, der durch einen **Strohmann**, einen uneignützigen Treuhänder oder eine von vielen abhängige Gesellschaft das Grundstück zu einem Betrag unter der $^{7}/_{10}$-Grenze ersteigern lässt, um sich dessen Wert zuzuführen, muss sich so behandeln lassen, als hätte er das Gebot selbst abgegeben. Die Befriedigungsfiktion findet auch dann Anwendung, wenn das dem betreibenden Gläubiger beherrschende Unternehmen – selbst oder über einen von ihm abhängigen Dritten – das Grundstück ersteigert hat und der Gläubiger im Versteigerungstermin nicht als Bietkonkurrent des herrschenden Unternehmens auftreten konnte.[752] Bei dieser Meinung bleibt der BGH auch weiter.[753] Auf einen dinglichen Gläubiger, der den materiellrechtlichen Folgen eines eigenen Meistgebots zu entgehen sucht, indem er einen Dritten den Grundbesitz ersteigern lässt, ist § 114a ZVG entsprechend anzuwenden. Allerdings bleibt die Wirksamkeit des Gebots des Dritten hiervon unberührt. Das Gericht darf eine Zurückweisung des Gebots nach § 71 Abs. 1 ZVG nicht beschließen. § 114a ZVG soll nicht bestimmte Gebote oder das Bieten durch bestimmte Personen, sondern nur verhindern, dass ein innerhalb der $^{7}/_{10}$-Grenze liegender Berechtigter das Grundstück in der Zwangsversteigerung günstig erwirbt und sodann den durch sein Meistgebot nicht gedeckten Restbetrag seiner persönlichen Forderung gegen den Schuldner in voller Höhe geltend macht.[754]

e) Abtretung der Rechte aus dem Meistgebot

Tritt der Meistbietende nach dem Schluss der Versteigerung sein Recht aus dem Meistgebot an einen Dritten ab und übernimmt dieser die Verpflichtung aus dem Meistgebot, wird der Zuschlag nicht dem Meistbietenden, sondern dem Dritten erteilt, § 81 Abs. 2 ZVG (vgl. Rdn. 11.735). **11.822**

Da nicht nur die Abgabe des Meistgebots, sondern auch die Abtretung der Rechte grunderwerbssteuerpflichtig sind, fällt diese zweimal an, § 1 Abs. 1 Nr. 5 GrEStG. Gleiches gilt im Übrigen, wenn der Meistbietende im Termin in verdeckter Vollmacht für einen Dritten geboten hat, § 81 Abs. 3 ZVG.[755] **11.823**

Streitig ist, welcher Betrag nach § 85a Abs. 3 ZVG bei der Errechnung der $^{5}/_{10}$-Grenze zu dem abgegebenen Meistgebot hinzuzurechnen ist. Hierbei sind folgende Möglichkeiten zu unterscheiden: **11.824**

- Ein aus dem Grundstück zur Befriedigung berechtigter Gläubiger gibt ein Meistgebot unter $^{5}/_{10}$ des Verkehrswertes ab. Grundsätzlich könnte nach Addition des Betrages, mit dem der Meistbietende bei der Vertei-

---
751 LG Landau, Rpfleger 2001, 366.
752 BGH, Rpfleger 1992, 264 = NJW 1992, 1702.
753 Rpfleger 2005, 554.
754 BGH, Rpfleger 2004, 433 = NJW-RR 2004, 666, 667.
755 BFH, ZIP 1980, 691; BVerfG, NJW 1990, 2375.

lung des Erlöses ausfallen würde, der Zuschlag erteilt werden, § 85a Abs. 3 ZVG. Vor Zuschlagserteilung tritt er seine Rechte aus dem Meistgebot an einen Dritten ab.
- Ein aus dem Grundstück zur Befriedigung berechtigter Gläubiger gibt ein Meistgebot unter 5/10 des Verkehrswertes ab. Ihm könnte unter Berücksichtigung von § 85a Abs. 3 ZVG der Zuschlag grundsätzlich erteilt werden. Vor Zuschlagserteilung tritt er seine Rechte aus dem Meistgebot an einen Dritten ab, der ebenfalls ein aus dem Grundstück zur Befriedigung berechtigter Gläubiger ist.
- Ein Dritter bleibt mit einem Gebot unter 5/10 des Verkehrswertes Meistbietender. Vor Erteilung des Zuschlages tritt er seine Rechte aus dem Meistgebot an einen aus dem Grundstück zur Befriedigung berechtigten Gläubiger ab.

11.825 Im **ersten Fall** ist der Zuschlag nach § 85a Abs. 1 ZVG zu erteilen, auch wenn der Zessionar kein aus dem Grundstück zur Befriedigung berechtigter Gläubiger ist, der einen Ausfall erleidet. Die Befriedigungsfiktion tritt in der Person des Zedenten ein, er muss sich bei der Abtretung seinen Ausfall finanziell ausgleichen lassen.[756] Hierzu hat der **BGH**[757] entschieden, dass die Gläubigerin einer erstrangigen Grundschuld, die Meistbietende geblieben ist und vor Zuschlagserteilung ihr Meistgebot an einen Dritten abgetreten hat, der kein aus dem Grundstück Berechtigter gewesen ist, die Befriedigungsfiktion in der Person des Meistbietenden eintritt.[758]

11.826 Im **zweiten Fall** könnte der Zuschlag dann erteilt werden, wenn der Ausfall des Zessionars als ein aus dem Grundstück zur Befriedigung berechtigter Gläubiger zusammen mit dem Meistgebot die 5/10-Grenze des Verkehrswertes übersteigt. **Streitig** ist hierbei nur die Frage, welchen Gläubiger die Befriedigungsfiktion nach § 114a ZVG trifft. Hier wird die Auffassung vertreten, dass die Befriedigungsfiktion gegenüber beiden gilt.[759] Eine andere Auffassung geht dahin, die Befriedigungsfiktion nur in der Person des Erstehers zu sehen.[760] Überzeugend dürfte die Argumentation von *Schiffhauer*[761] sein, wonach innerhalb der 7/10-Grenze eine Befriedigung sowohl der Ansprüche des Zedenten und des Zessionars angenommen werden müssen, allerdings in der Rangfolge des § 10 ZVG.

11.827 Im **dritten Fall** kann der Zuschlag ebenfalls erteilt werden. Wäre der Dritte selbst Meistbietender geblieben, hätte der Zuschlag nach § 85a Abs. 1 ZVG versagt werden müssen. Nach Abtretung der Rechte aus dem Meistgebot an einen aus dem Grundstück zur Befriedigung berechtigten

---

756 *Stöber,* § 85a Rdn. 4.8; Dassler/*Schiffhauer,* § 85a Rdn. 29b und § 114a Rdn. 16; Böttcher, § 85a Rdn. 12.
757 Rpfleger 1989, 421 = NJW 1989, 2396.
758 Vgl. auch OLG Celle, NJW-RR 1989, 639; OLG Düsseldorf, JurBüro 1988, 673.
759 Steiner/*Eickmann,* § 114a Rdn. 11; *Ebeling,* Rpfleger 1988, 400.
760 *Muth,* ZIP 1986, 350, 356.
761 In Dassler/*Schiffhauer,* § 114a Rdn. 17.

Gläubiger, der bei der Höhe des Meistgebotes ganz oder teilweise ausfällt, ist dieser Ausfallbetrag dem Meistgebot hinzuzurechnen. Übersteigt die Addition dieser Beträge die $^5/_{10}$-Grenze des Verkehrswertes, ist der Zuschlag zu erteilen, § 85a Abs. 3 ZVG.[762] Nicht zu folgen ist der Gegenmeinung[763] mit ihrer zu formell ausgerichteten Argumentation, dass der Meistbietende, wenn er keinen Anspruch auf Zuschlagserteilung hat, weil er die Voraussetzung des § 85a Abs. 3 ZVG nicht erfüllt, auch keine abtretbaren Ansprüche hat. In der Person des Zessionars können daher keine Zuschlagserteilungsgründe entstehen.

12. Rechtsbehelf

a) Entscheidungen vor dem Zuschlag

Gegen eine Entscheidung, die vor der Beschlussfassung über den Zuschlag erfolgt, kann die Beschwerde nur eingelegt werden, soweit die Entscheidung die Anordnung, Aufhebung, einstweilige Einstellung oder Fortsetzung des Verfahrens betrifft, § 95 ZVG. Die Nichtberücksichtigung eines angemeldeten Rechts ist daher vor dem Zuschlag nicht anfechtbar. Dies gilt auch dann, wenn das Gericht eine Anmeldung zurückgewiesen hat. Eine Beschwerde ist hinsichtlich der den Zuschlag nur vorbereitenden Entscheidung gemäß § 95 ZVG nicht statthaft. Auch eine Vollstreckungserinnerung nach § 766 ZPO ist nicht zulässig, da es sich nicht um eine selbstständige Vollstreckungshandlung handelt. Wie bei der Feststellung des geringsten Gebots handelt es sich vielmehr nur um eine unselbstständige Zwischenentscheidung.[764] Auch eine sofortige Beschwerde gegen die Ablehnung des Antrags, den rechtskräftig festgesetzten Grundstückswert (Verkehrswert) abzuändern, ist mit der Zuschlagserteilung infolge prozessualer Überholung unzulässig.[765] Es gibt neben dem Rechtsmittelverfahren gegen den Zuschlagsbeschluss kein besonderes Beschwerdeverfahren gegen die Wertfestsetzung, da nach der Zuschlagsentscheidung der Wertfestsetzung keine selbstständige Bedeutung mehr zukommt.

11.828

b) Erteilung oder Versagung des Zuschlages

Gegen die Entscheidung über die Versagung des Zuschlages oder die Entscheidung über die Erteilung des Zuschlages findet die Beschwerde unter Hinweis auf die Vorschriften der ZPO statt, § 96 ZVG. Abweichungen werden in den §§ 97–104 ZVG geregelt.

11.829

---

762 *Stöber*, § 85a Rdn. 4.8; *Muth*, Kap. 3 M Rdn. 42; *Rosenberger* zu OLG Koblenz, Rpfleger 1986, 398; *Eickmann*, KTS 1987, 617.
763 OLG Koblenz, Rpfleger 1986, 233; OLG Düsseldorf, JurBüro 1988, 673.
764 LG Augsburg, Rpfleger 2001, 92.
765 Rpfleger 2004, 172 = NJW-RR 2004, 302 = KTS 2004, 457 = MDR 2004, 294 = WM 2004, 98 = InVo 2004, 201 = ZfIR 2004, 167.

11.830–11.832   Zwangsversteigerung

11.830   Im Falle der **Erteilung des Zuschlages** sind daher beschwerdeberechtigt jeder Verfahrensbeteiligte, der Ersteher, der für zahlungspflichtig erklärte Dritte, ein Bieter, dessen Gebot nicht erloschen ist, und derjenige, der die Rechte aus dem Meistgebot nach § 81 ZVG erlangt hat, § 97 ZVG. Die Beteiligtenstellung muss spätestens zum Zeitpunkt der Verkündung der Zuschlagserteilung erlangt worden sein.766 Diejenigen, die ihre Beteiligtenstellung nur auf Anmeldung hin erwirken können, § 9 Nr. 2 ZVG, müssen ihr Recht spätestens gegenüber dem Beschwerdegericht anmelden und glaubhaft machen, § 97 Abs. 2 ZVG.767

11.831   Im Falle der **Versagung des Zuschlages** ist nur ein Bieter, dessen Gebot nicht erloschen ist, beschwerdeberechtigt. Kein Beschwerderecht steht dem Gläubiger zu, dessen Verfahren einstweilen eingestellt ist.768 Wird der Zuschlag im Termin versagt, dann bleibt der Meistbietende in einem neuen Termin erneut Meistbietender, muss jetzt jedoch ein höheres Gebot abgeben, so kann das Land zu Schadensersatz verpflichtet sein.769

11.832   Da der **Schuldner** in § 97 Abs. 1 ZVG nicht erwähnt ist, steht ihm gegen die Versagung des Zuschlages auch kein Beschwerderecht zu.770 Nach dem Sachverhalt war der Verkehrswert des Grundstücks auf ca. 51.000,– € festgesetzt; es blieb kein dingliches Recht bestehen; das Meistgebot nach Abschluss des Versteigerungstermins betrug ca. 65.000,– €, also ca. 14.000,– € über dem Verkehrswert. Der Zuschlag wurde aus formellen Gründen aufgehoben. Die Entscheidung ist nicht haltbar. Richtig ist, dass der Schuldner gegen sich selbst keine Zwangsversteigerung (Forderungsversteigerung) einleiten kann. Ist das Verfahren jedoch auf Antrag eines Gläubigers angeordnet worden, ist es weitgehend der Disposition des Schuldners entzogen; befindet sich das Verfahren bereits im Stadium des Versteigerungstermins nach Abgabe des Meistgebotes, hat der Schuldner nahezu keine Möglichkeit mehr, den Zuschlag zu verhindern. Selbst wenn im Regelfall der Schuldner sicherlich daran interessiert ist, sein Eigentum zu retten, und er alles tun wird, damit der Zuschlag nicht erteilt wird, kann sich für ihn im Einzelfall jedoch ernsthaft die Frage stellen, ob er nicht ein berechtigtes Interesse an dem Bestand des Zuschlages hat. Wenn das OLG darauf abstellt, dass das Versteigerungsverfahren den Interessen der Gläubiger an der Durchsetzung ihrer titulierten Ansprüche dient, wird verkannt, dass der Schuldner mit seinem Grundstück auf die titulierten Ansprüche zahlt. Das vorliegende Ergebnis kann für die Gläubiger nicht besser ausfallen, ein freihändiger Verkauf hätte diesen Erlös niemals erbracht. Wenn aber dem Gläubiger ein Interesse an der Zuschlagserteilung zugesprochen wird mit der Begründung, es gehe um die optimale

---

766 OLG Hamm, Rpfleger 1989, 421.
767 Zur Zuschlagsbeschwerdeberechtigung eines Pächters: OLG Koblenz, Rpfleger 1989, 517.
768 Dassler/*Muth*, § 97 Rdn. 8; *Stöber*, § 97 Rdn. 2.11.
769 BGH, Rpfleger 1987, 118.
770 So OLG Köln, Rpfleger 1997, 176.

Schuldentilgung seiner titulierten Ansprüche, so gilt dies korrespondierend auch für den Schuldner, denn schließlich zahlt er die Schulden bzw. Forderungsansprüche der Gläubiger mit seinem Eigentum und Grundstück.[771]

Ein **Bieter** kann sowohl gegen die Zuschlagserteilung als auch gegen die Zuschlagsversagung sofortige Beschwerde einlegen, sofern sein Gebot noch nicht erloschen ist. An seine Stelle tritt der Zessionar des Meistgebotes oder derjenige, für den der Meistbietende in verdeckter Vollmacht geboten hat, § 97 Abs. 1 ZVG.

11.833

Wird der Zuschlag auf ein Übergebot erteilt, das während der Bietzeit zurückgewiesen, aber wegen eines sofort dagegen erhobenen Widerspruchs nach der Bietzeit im Zusammenhang mit der Zuschlagsentscheidung zugelassen wurde, so soll der Bieter des durch die spätere Zulassung des Übergebots erloschenen Gebotes nicht beschwerdeberechtigt sein.[772] Diese Entscheidung ist unrichtig und zu Recht durch das OLG Koblenz aufgehoben worden.[773]

11.834

c) Frist

Der Zuschlagsbeschluss ist mit der sofortigen Beschwerde anfechtbar, § 11 Abs. 1 RPflG, § 96 ZVG. Die Zwei-Wochen-Notfrist beginnt für die Beteiligten, welche im Versteigerungstermin oder in einem besonderen Verkündigungstermin anwesend waren, mit der Verkündung. Eine falsche Rechtsbehelfsbelehrung ist unschädlich, da das ZVG für die Zuschlagsbeschwerde eine gerichtliche Belehrung nicht vorsieht.[774] Der Beteiligte oder sein Bevollmächtigter muss nicht unbedingt während des gesamten Termins anwesend sein. Es genügt auch, wenn einer von mehreren Bevollmächtigten anwesend ist, und der Verkündigungstermin ordnungsgemäß bekannt gemacht worden ist.[775] Ist Beteiligter des Zwangsversteigerungsverfahrens eine Person, für die eine Betreuung angeordnet ist, bedarf es zur **Wirksamkeit** von Entscheidungen einer Zustellung an den Betreuer nur, wenn die Zwangsversteigerung den Aufgabenkreis des Betreuers betrifft und dieser sich im Verfahren für den Betreuten legitimiert hat oder der Betreute augenscheinlich geschäftsunfähig ist[776].

11.835

Für die im Termin erschienenen Beteiligten ist immer als Beginn der Frist die Verkündung maßgebend, auch wenn der Beschluss ihnen irrtümlich nochmals zugestellt worden ist.[777] § 98 S. 2 ZVG gilt auch bei einem vertag-

11.836

---

771 Vgl. insgesamt *Hintzen*, Rpfleger 1997, 150.
772 LG Koblenz, Rpfleger 1987, 425.
773 Vgl. hierzu: Anm. d. Schriftl. zu LG Koblenz, Rpfleger 1987, 426; *Storz*, Rpfleger 1987, 425.
774 LG Göttingen, Rpfleger 2000, 510.
775 OLG Frankfurt, Rpfleger 1977, 417; OLG Köln, ZIP 1980, 476; Dassler/*Muth*, § 98 Rdn. 5; Steiner/*Storz*, § 98 Rdn. 6.
776 LG Rostock, Rpfleger 2003, 142 = NJW-RR 2003, 441.
777 OLG Celle, Rpfleger 1986, 489.

ten Verkündungstermin.[778] Die Frist für die sofortige Beschwerde gegen die Erteilung des Zuschlages beginnt jedoch dann nicht mit Verkündung des Beschlusses, wenn der im Termin erschienene Beteiligte prozessunfähig ist.[779]

11.837 Da der den Zuschlag erteilende Beschluss verkündet wird, wird dieser spätestens 5 Monate nach der Verkündung rechtskräftig, § 569 Abs. 1 S. 2 ZPO. War bisher der Beschluss über die Zuschlagserteilung einem Beteiligten, der weder im Versteigerungs- noch im Verkündungstermin erschienen war, nicht formgerecht zugestellt worden,[780] lief für diesen die Beschwerdefrist nicht und so konnte auch noch nach Jahren die sofortige Beschwerde eingelegt werden. Mit der getroffenen Regelung (Zivilprozessreformgesetz, BGBl I [2001] 1887) wird die Rechtssicherheit erhöht.[781]

d) Gründe

11.838 Die Beschwerdegründe ergeben sich ausschließlich aus § 100 ZVG. Es dürfen nur solche Gründe berücksichtigt werden, die schon vor der Erteilung des Zuschlages eingetreten oder dem Versteigerungsgericht bekannt gewesen sind.[782] Eine Anfechtung des Zuschlagsbeschlusses nach § 7 Abs. 1 AnfG ist regelmäßig ausgeschlossen. Der Verlust des Eigentums des Schuldners und der Erwerb durch den Ersteher beruhen nicht auf einer anfechtbaren Rechtshandlung.[783]

11.839 Unanfechtbar ist der Zuschlagsbeschluss dann geworden, wenn der Ersteher das ihm zugeschlagene Grundstück veräußert hat und der Erwerber die Anfechtbarkeit des Zuschlagsbeschlusses nicht kannte.[784]

e) Abhilfemöglichkeit, Vorlage

11.840 Der Gang des Beschwerdeverfahrens regelt § 572 ZPO. Das Vollstreckungsgericht, dessen Entscheidung angefochten wird, kann der sofortigen Beschwerde abhelfen, wenn sie für begründet erachtet wird, § 572 Abs. 1 S. 1 ZPO. Andernfalls ist die Beschwerde unverzüglich dem Beschwerdegericht vorzulegen, § 572 Abs. 1 S. 1 ZPO.

11.841 Die Entscheidung über die sofortige Beschwerde erfolgt durch die Mitglieder des Beschwerdegerichts als Einzelrichter, wenn die angefochtene Entscheidung von einem Einzelrichter oder von einem Rechtspfleger er-

---

778 OLG Hamm, JurBüro 1989, 708.
779 OLG Hamm, Rpfleger 1991, 262.
780 Hierzu LG Göttingen, Rpfleger 2000, 510.
781 Hierzu *Hannemann,* Rpfleger 2002, 12.
782 OLG Köln, Rpfleger 1992, 491; OLG Köln, WM 1987, 1347; OLG Düsseldorf, Rpfleger 1987, 514; Dassler/*Muth,* § 100 Rdn. 12; *Stöber,* § 96 Rdn. 2.2; Steiner/ *Storz,* § 100 Rdn. 14.
783 BGH, Rpfleger 1986, 396 = ZIP 1986, 926.
784 OLG Frankfurt, MDR 1991, 900.

lassen wurde, § 568 S. 1 ZPO. Eine Rückübertragungsmöglichkeit auf das Beschwerdegericht in Besetzung nach dem GVG sieht das Gesetz dann vor, wenn die Sache besondere Schwierigkeiten tatsächlicher oder rechtlicher Art aufweist oder die Rechtssache grundsätzliche Bedeutung hat, § 568 S. 2 ZPO. Eine Zulassung der Rechtsbeschwerde kann nur durch die Kammer in voller Besetzung erfolgen.[785]

f) Rechtsbeschwerde

An die Stelle der bisherigen weiteren Beschwerde ist nunmehr die Rechtsbeschwerde getreten, §§ 574 bis 577 ZPO (Zivilprozessreformgesetz, BGBl I [2001] 1887). Über die Rechtsbeschwerde entscheidet der BGH, § 133 GVG. Diese ist bei Beschwerdeentscheidung gegen Entscheidungen, die im Zwangsvollstreckungsverfahren ohne mündliche Verhandlungen ergehen können, nur nach § 574 Abs. 1 Ziff. 2 ZPO zulässig (Zulassungsbeschwerde). Durch die Anpassung in §§ 101, 102 ZVG wird klargestellt, dass die Rechtsbeschwerde nur dann zulässig ist, wenn das Beschwerdegericht sie in seinem Beschluss zugelassen hat. Sie ist allerdings nur zulässig, wenn die Rechtssache grundsätzliche Bedeutung hat[786] oder der Fortbildung des Rechts oder der Sicherung einer einheitlichen Rechtsprechung dient[787] und somit eine Entscheidung des Rechtsbeschwerdegerichts erfordert, § 574 Abs. 1, 2, 3 ZPO (bei Abweichen des Beschwerdegerichts von der ständigen höchstrichterlichen Rechtsprechung und sofern die Gefahr einer Wiederholung besteht, ist der Zulassungsgrund „Sicherung einer einheitlichen Rechtsprechung" gegeben[788]). Bei der Prüfung der Erfolgsaussicht der Rechtsbeschwerde ist – ebenso wie in der Revisionsinstanz – entscheidend auf den voraussichtlichen Erfolg in der Sache selbst und nicht auf einen davon losgelösten Erfolg des Rechtsmittels wegen eines Verfahrensfehlers abzustellen. Für eine aussichtslose Rechtsbeschwerde kann daher keine PKH bewilligt werden.[789]

11.842

Gemäß § 575 Abs. 1 S. 1 ZPO ist die Rechtsbeschwerde binnen einer Notfrist von einem Monat nach Zustellung des Beschlusses durch Einreichen einer Beschwerdeschrift eines beim BGH zugelassenen Rechtsanwalts

11.843

---

785 BGH, NJW 2004, 448 = MDR 2004, 407 = WM 2004, 1053; BGH, FamRZ 2004, 363; BGH, Rpfleger 2004, 172 LS. = NJW 2003, 3712 = FamRZ 2003, 1922 = MDR 2004, 109 = WM 2004, 854; BGH, Rpfleger 2003, 374 = NJW 2003, 1254 = FamRZ 2003, 559 = MDR 2003, 588 = WM 2003, 701 = ZIP 2003, 1561 = InVo 2003, 281.
786 Hierzu BGH, NJW 2002, 3029.
787 Hierzu BGH, NJW 2002, 2945; BGH, Rpfleger 2002, 527 = NJW 2002, 2473 = MDR 2002, 1266 = WM 2002, 1567 = ZIP 2002, 1506; BGH, NJW 2002, 3783 = FamRZ 2003, 371 = WM 2003, 554.
788 BGH, NJW 2002, 3783.
789 BGH, Rpfleger 2003, 604 = NJW-RR 2003, 1648 = MDR 2003, 1245 = WM 2003, 1879 = InVo 2004, 23; BGH, NJW 2003, 1126 = FamRZ 2003, 671 = MDR 2003, 477 = WM 2003, 1827.

beim Rechtsbeschwerdegericht einzulegen.[790] Der Inhalt der Beschwerdeschrift ergibt sich aus § 575 ZPO. Eine Abhilfe des Beschwerdegerichts kommt nicht in Betracht. Der Rechtsbeschwerdeschrift soll gemäß § 575 Abs. 1 S. 3 ZPO eine Ausfertigung oder beglaubigte Abschrift der angefochtenen Entscheidung beigefügt werden.

IX. Zuschlagsbeschluss

1. Wirkung des Zuschlages

a) Eigentumsübergang

11.844 Liegen die Voraussetzungen für die Zuschlagserteilung vor, kann das Versteigerungsgericht hierüber sofort entscheiden oder aber von Amts wegen oder auf Antrag einen besonderen Verkündungstermin bestimmen (vgl. Rdn. 11.748). Der Zuschlag wird mit der Verkündung wirksam, § 89 ZVG (zur Wirksamkeit mit Zustellung und Heilung bei Mängeln vgl. Rdn. 11.750). Der Inhalt des Zuschlagsbeschlusses ergibt sich aus § 82 ZVG (Grundstück, Ersteher, Mithaftende, Gebot und Versteigerungsbedingungen sind zu nennen).

11.845 Durch den verkündeten Zuschlag wird der Ersteher Eigentümer des Grundstückes, sofern nicht im Beschwerdewege der Beschluss rechtskräftig aufgehoben wird, § 90 Abs. 1 ZVG. Der Eigentumsübergang ist weder von der Zustellung noch von der Rechtskraft des Zuschlagsbeschlusses abhängig.[791] Die Zuschlagserteilung ist ein konstitutiv wirkender Staatshoheitsakt, der Eigentum nicht überträgt, sondern frei von nicht ausdrücklich bestehen bleibenden Rechten begründet. Der Ersteher erwirbt Eigentum originär, nicht als Rechtsnachfolger des Schuldners.[792] Die Entscheidung gehört zur Rechtsprechung im engeren Sinne mit echtem Rechtsprechungscharakter, die das typische Merkmal der materiellen Rechtskraftfähigkeit aufweist.[793]

11.846 Der Zuschlagsbeschluss bezüglich einer Eigentumswohnung erstreckt sich von Rechts wegen auf den dieser Wohnung zugewiesenen **Stellplatz**.[794] Allerdings kann ein nicht mit dem gesetzlich gebotenen oder mit unzulässigem Inhalt begründetes Teileigentum weder gutgläubig noch durch Zuschlag in der Zwangsversteigerung erworben werden.[795]

---

[790] BGH, Rpfleger 2002, 368 = NJW 2002, 2181 = NZI 2002, 399 = MDR 2002, 962 = WM 2002, 1512 = ZIP 2002, 1003.
[791] Stöber, § 89 Rdn. 2.3; Böttcher, § 89 Rdn. 1; so auch Steiner/Storz, § 89 Rdn. 1, 4 und Dassler/Schiffhauer, § 89 Rdn. 2, es sei denn, die Verkündung ist unterblieben und stattdessen der Beschluss nur zugestellt worden.
[792] BGH, Rpfleger 1986, 396 = ZIP 1986, 926.
[793] So Rosenberg/Gaul/Schilken, § 2 II.3; Baur/Stürner, § 8.31; Böttcher, § 90 Rdn. 2; BGH, Rpfleger 1970, 60 = NJW 1970, 565 = MDR 1970, 222.
[794] OLG Stuttgart, Die Justiz 2002, 407 = InVo 2002, 474.
[795] OLG Düsseldorf, Rpfleger 1986, 131 zum Erwerb einer Sammelgarage, die abweichend von dem Aufteilungsplan abgemauert worden war und in der sich der Öltank der gemeinschaftlichen Zentralheizungsanlage befand.

Begründet die Übertragung eines dem Schuldner gehörenden Grundstücks an einen Dritten einen Anspruch des Gläubigers auf Duldung der Zwangsvollstreckung nach dem Anfechtungsgesetz, so bleibt nach BGH[796] dieser Anspruch auch dann bestehen, wenn dem Dritten später das Grundstück in der Zwangsversteigerung zugeschlagen worden ist. **11.847**

Muster eines Zuschlagsbeschlusses Rdn. 15.46. **11.848**

b) Zubehör

Mit Erteilung des Zuschlages geht das Eigentum am Grundstück, dessen wesentliche Bestandteile und alle diejenigen Gegenstände, auf die sich die Beschlagnahme erstreckt, auf den Ersteher über, § 90 Abs. 2, § 55 ZVG. Insbesondere erstreckt sich das Eigentum auch auf mitversteigerte Zubehörstücke, deren Eigentümer ihre Rechte nicht rechtzeitig geltend gemacht haben, § 37 Nr. 5, § 55 Abs. 2 ZVG (vgl. Rdn. 11.65 ff.). **11.849**

c) Dingliche Rechte

Alle dinglichen Rechte am Grundstück, die nach den Versteigerungsbedingungen nicht bestehen geblieben sind, sind mit der Zuschlagserteilung erloschen, §§ 52, 91 Abs. 1 ZVG. Im Wege der dinglichen Surrogation tritt der Versteigerungserlös an die Stelle der erloschenen dinglichen Rechte, der bisherige Rang am Grundstück geht nicht verloren.[797] **11.850**

Die **persönliche Forderung** des dinglichen Berechtigten gegen den alten Eigentümer ist hiervon nicht berührt. Eine Ausnahme hiervon besteht nur insoweit, als die persönliche Forderung auf den Ersteher übergegangen ist, § 53 ZVG (vgl. Rdn. 11.539 ff.), oder die Befriedigungsfiktion nach § 114a ZVG zum Tragen kommt. **11.851**

Bleibt nach den Versteigerungsbedingungen eine Grundschuld bestehen und wird der Ersteher später **dinglich** in Anspruch genommen, kann er dem Grundschuldgläubiger grundsätzlich keine Einreden entgegensetzen, die sich aus dem zwischen dem früheren Eigentümer (Sicherungsgeber) und dem Gläubiger (Sicherungsnehmer) abgeschlossenen Sicherungsvertrag ergeben. Mit dieser Entscheidung des BGH[798] wird nochmals klargestellt, dass es in der Zwangsversteigerung nach dem Zuschlag zu einer Trennung zwischen persönlicher und dinglicher Schuld kommt. Bei der Versteigerung sind die Rechte der Grundschuldgläubigerin dadurch gewahrt worden, dass die Grundschuld bei der Feststellung des geringsten Gebots berücksichtigt und von der neuen Eigentümerin übernommen worden ist. Der Ersteher hat somit ein belastetes **11.852**

---

796 BGHZ 159, 397 = Rpfleger 2004, 644 = NJW 2004, 2900 = MDR 2004, 1379 = WM 2004, 1689 = ZIP 2004, 1619 = InVo 2005, 74.
797 Steiner/*Eickmann*, § 91 Rdn. 10; *Stöber*, § 91 Rdn. 2.5.
798 Rpfleger 2003, 522 = NJW 2003, 2673 = DNotZ 2003, 707 = KTS 2003, 706 = MDR 2003, 943 = WM 2003, 1365 = InVo 2003, 454 = ZfIR 2003, 606.

Grundstück erworben, dafür aber ein entsprechend geringeres Bargebot nach § 49 Abs. 1 ZVG entrichtet; ein Teil des nach den Versteigerungsbedingungen zu erbringenden Kaufpreises ist durch den nominalen Grundschuldbetrag ersetzt worden. Da die Grundschuld bestehen geblieben ist, hat der Ersteher aus dem ihm zugeschlagenen Grundstück bei Fälligkeit die Grundschuld zu befriedigen. Allein maßgebend ist die dingliche Schuld. Etwas anderes kann sich nur bei den Voraussetzungen nach § 53 Abs. 2 ZVG ergeben. Wird die dort geforderte Anmeldung unterlassen, kommt es zu einer Trennung zwischen dinglicher und persönlicher Schuld. Dann aber stehen auch die Rechte aus dem Sicherungsvertrag weiterhin dem Sicherungsgeber zu.

11.853 Auch der **gesetzliche Löschungsanspruch** nach § 1179a BGB gegenüber einem nach den Versteigerungsbedingungen erlöschenden Recht geht nicht verloren, sondern setzt sich an dem Erlösanspruch, der auf dieses Recht entfällt, fort (zur Durchsetzung des gesetzlichen Löschungsanspruches vgl. Rdn. 11.981 ff.). Rechte, die nach besonderen Bestimmungen des ZVG auch außerhalb des geringsten Gebotes bestehen bleiben (z.B. Altenteil, Erbbauzinsreallast), erlöschen durch den Zuschlag nicht.

11.854 Ebenfalls bleibt ein Recht an dem Grundstück bestehen, wenn dies zwischen dem Berechtigten und dem Ersteher **vereinbart** ist (Liegenbelassen) und die Erklärung entweder im Verteilungstermin abgegeben oder durch eine öffentlich beglaubigte Urkunde nachgewiesen wurde, § 91 Abs. 2 ZVG (vgl. hierzu Rdn. 11.903 ff.).

11.855 Von dem Zuschlag an gebühren dem Ersteher nicht nur die Nutzungen des Grundstückes, er trägt auch die Lasten. Der Ersteher muss somit insbesondere ab dem Zuschlag die **Zinsen** und sonstigen Nebenleistungen der bestehen bleibenden Rechte am Grundstück zahlen, § 56 S. 2 ZVG.

11.856 Bleibt eine zur Sicherung eines Leibrentenversprechens eingetragene Reallast bestehen, haftet im Innenverhältnis zu dem ursprünglichen Rentenschuldner alleine der Ersteher für die nach dem Zuschlag fällig werdenden Leistungen.[799]

d) Miet- und Pachtverträge

11.857 Der Ersteher tritt mit dem Zuschlag in bestehende Miet- und Pachtverhältnisse ein. Allerdings hat er ein außerordentliches Kündigungsrecht, § 57a ZVG. Zur ordnungsgemäßen Kündigung, den Voraussetzungen und zum Ausschluss des Kündigungsrechts vgl. Rdn. 11.460 ff.

e) Gefahrübergang

11.858 Ein Anspruch auf Gewährleistung findet mit dem Eigentumsübergang durch den Zuschlag nicht statt, § 56 S. 3 ZVG. Der Gefahrübergang nach § 56 S. 1 ZVG bedeutet für den Ersteher, dass er sowohl

---

[799] BGH, Rpfleger 1993, 503.

- den tatsächlichen Untergang (z.B. Sturmflut),
- den rechtlichen Untergang (z.B. Enteignung),
- den wirtschaftlichen Untergang (z.B. Feuerschaden)

zu vertreten hat.

Geht das Grundstück **vor Erteilung des Zuschlages** unter, so ist dieser zu versagen.[800] Ohne Kenntnis wird das Versteigerungsgericht den Zuschlag zunächst erteilen. Der Ersteher ist dann gehalten, den Zuschlag rechtzeitig anzufechten. Wird der Zuschlag rechtskräftig, ist der Ersteher an sein Meistgebot gebunden.

11.859

Liegt nur ein teilweiser Untergang vor, handelt es sich im Zweifel also lediglich um eine Verschlechterung des Objektzustandes, ist mangels Gewährleistung der Ersteher an sein Meistgebot gebunden, er muss dies hinnehmen, § 56 S. 3 ZVG.[801]

11.860

f) Öffentliche Lasten

Öffentliche Lasten bzw. Abgaben sind ebenfalls ab dem Zuschlag durch den Ersteher zu leisten, z.B. Anschlusskosten[802] oder Grundsteuern.[803] Der Ersteher haftet insbesondere für die Grundsteuern, die auf die Zeit ab Zuschlag bis zum Ende des laufenden Kalenderjahres entfallen. Die Gemeinde kann die Haftung durch Duldungsbescheid geltend machen.[804]

11.861

In der Praxis ist es nicht ausgeschlossen, dass der Ersteher nach dem Zuschlag noch mit **Erschließungskosten** der Gemeinde bzw. Stadt belastet wird, die bereits lange Zeit vor dem Zuschlag abgeschlossen wurden. In diesem Fall sollte der Ersteher der Gemeinde bzw. Stadt gegenüber einwenden, dass diese öffentlichen Lasten rechtzeitig zum Zwangsversteigerungsverfahren hätten angemeldet werden können, da sie in der bevorrechtigten Rangklasse 3 des § 10 Abs. 1 ZVG zu berücksichtigen sind.[805] Wird der Erschließungsbeitrag nicht rechtzeitig angemeldet und damit nicht in das geringste Gebot aufgenommen, erlischt er mit dem Zuschlag. Die persönliche Erschließungsbeitragsforderung bleibt davon unberührt.[806] Der Ersteher haftet nicht dinglich für einen vor dem Zuschlag entstandenen Anspruch der Gemeinde auf **höhere Grundsteuern,** den die Gemeinde zum Versteigerungstermin nicht angemeldet hat und möglicherweise auch nicht anmelden konnte, weil das Finanzamt bis zu diesem Zeitpunkt den höheren Grundsteuermessbetrag noch nicht festgesetzt hatte.[807] Diese Entscheidung

11.862

---

800 Dassler/*Gerhardt*, § 56 Rdn. 1; *Böttcher,* § 56 Rdn. 4.
801 LG Frankfurt/Main, Rpfleger 1989, 296.
802 BGH, Rpfleger 1990, 309.
803 OVG Lüneburg, Rpfleger 1990, 377 m. Anm. *Hornung*.
804 BVerwG, Rpfleger 1992, 443 = NJW 1993, 871; OVG Lüneburg, Rpfleger 1990, 377 m. Anm. *Hornung*.
805 Vgl. hierzu auch BVerwG, Rpfleger 1985, 35; *Storz*, ZVG, D 5.3.6.
806 VG Freiburg, NJW-RR 1997, 1507.
807 BVerwG, Rpfleger 1985, 35.

muss auch für rückständige Erschließungskosten gelten. Auch diese hätten rechtzeitig angemeldet werden können, um in der bevorrechtigten Rangklasse 3 des § 10 Abs. 1 ZVG Berücksichtigung zu finden.

Dasselbe muss auch für den **Ausgleichsbetrag** nach dem **Bundesbodenschutzgesetz** gelten, da dieser Betrag als öffentliche Last auf dem Grundstück ruht. Der Wertausgleich wird als öffentliche Last in Rangklasse 3 des § 10 Abs. 1 ZVG berücksichtigt. Der Betrag kann zum Verfahren angemeldet werden oder aus diesem Anspruch wird das Verfahren betrieben, vgl. Rdn. 11.100 ff.

11.863 Hat der Grundstückseigentümer mit dem **Versorgungsunternehmen** für **Gas und Wasser** einen Anschlussvertrag geschlossen, und ist der Anschluss hergestellt, so richtet sich die Forderung des Versorgungsunternehmens wegen der Anschlusskosten ohne besondere Vereinbarung allerdings nicht gegen den Ersteher des Grundstückes, wenn dieser Versorgungsleistungen über den Anschluss erstmals nach der Zuschlagserteilung in Anspruch nimmt.[808]

11.864 Ein **Elektrizitätsversorgungsunternehmen** kann von dem Ersteher weder einen Baukostenzuschuss noch die vom Voreigentümer veranlassten Kosten für die Erstellung des Hausanschlusses verlangen. Anschlussnehmer sind nur diejenigen, auf deren Veranlassung ein mit der Verteilungsanlage des Versorgungsunternehmens verbundener Hausanschluss erstellt oder verändert worden ist.[809] Hat das Elektrizitätsversorgungsunternehmen aufgrund eines Vertrages mit dem Eigentümer den Hausanschluss hergestellt, so richtet sich sein Anspruch auf Zahlung des Baukostenzuschusses und der Hausanschlusskosten ohne besondere Vereinbarung nicht gegen den Ersteher, der den Stromanschluss erstmals in Anspruch nimmt, wenn der frühere Eigentümer keinerlei Zahlung geleistet und das Unternehmen daraufhin den Vertrag gekündigt hat.[810]

g) Öffentliche Baulast

11.865 Öffentlichen Baulasten nach Landes- oder Bundesrecht erlöschen nicht durch den Zuschlag.[811] Sie können daher auch nicht in der Rangklasse 3 als bevorrechtigte Forderung angemeldet werden,[812] sie stehen unabhängig von allen Ansprüchen und Rechten nicht innerhalb der Rangklassen des § 10 Abs. 1 ZVG und damit auch nicht in einem Rangverhältnis zu den betreibenden Gläubigern.[813]

---

808 BGH, Rpfleger 1990, 309.
809 BGH, Rpfleger 1988, 274 m. Anm. *Hagemann*.
810 BGH, Rpfleger 1991, 213.
811 BVerwG, Rpfleger 1993, 208 = NJW 1993, 480; OVG Hamburg, Rpfleger 1993, 209; OVG Münster, NJW 1994, 3370 LS.
812 *Böttcher*, § 10 Rdn. 43 m.w.N.
813 A.A. *Stöber*, § 66 Rdn. 6.5.

h) Hausgeldrückstände

Zur Haftung des Erstehers eines Wohnungseigentums für die vor dem Zuschlag angefallenen Lasten und Kosten des gemeinschaftlichen Eigentums oder für die Haftung, sofern der Beschluss über die Feststellung des Rückstandes erst nach der Zuschlagserteilung getroffen wird, vgl. Rdn. 11.49.   **11.866**

i) Steuern

aa) Grunderwerbsteuer

Da der Erwerb des Grundstückes in der Zwangsversteigerung steuerlich einem rechtsgeschäftlichen Erwerb gleichgestellt ist, fällt auch die Grunderwerbsteuer auf das Meistgebot (Bargebot und die nach den Versteigerungsbedingungen bestehen bleibenden Rechte) an.   **11.867**

Bei der Abtretung der Rechte aus dem Meistgebot, § 81 Abs. 2 ZVG (vgl. Rdn. 11.735 ff.), oder der nachträglichen Erklärung, für einen Dritten geboten zu haben, § 81 Abs. 3 ZVG (vgl. Rdn. 11.739 ff.), fällt die Grunderwerbsteuer insgesamt zweimal an.   **11.868**

Ist der Zuschlag an einen Meistbietenden, der ein zur Befriedigung aus dem Grundstück Berechtigter ist, unterhalb der $7/10$-Grenze erteilt worden, ist auch der Betrag im Rahmen der Befriedigungsfiktion nach § 114a ZVG grunderwerbsteuerpflichtig.[814] Zahlt der Meistbietende außerhalb des Verfahrens einen Zusatzbetrag (vgl. Rdn. 11.773) ist auch dieser Betrag Teil des Meistgebotes und unterliegt der Steuerpflicht.   **11.869**

bb) Umsatzsteuer

Zur Frage der Umsatzsteuer auf das Meistgebot und die Berücksichtigung im Verfahren vgl. Rdn. 11.746 ff.   **11.870**

j) Verfahrenskosten

Die Kosten des Zuschlagsbeschlusses (vgl. Rdn. 14.73) fallen dem Ersteher zur Last, § 58 ZVG. Hierzu gehören auch die Auslagen für die Zustellung des Beschlusses an die im Termin nicht erschienenen Beteiligten.[815] Der Ersteher hat auch die Gerichtskosten für die Eigentumsumschreibung im Grundbuch zu begleichen, § 60 Abs. 1 KostO.   **11.871**

---

[814] BFH, Rpfleger 1986, 189 = ZIP 1986, 495; BVerfG, NJW 1990, 2375 nicht verfassungswidrig; dagegen *Muth*, Betrieb 1986, 310.
[815] LG Freiburg, Rpfleger 1991, 382.

11.872–11.877   Zwangsversteigerung

k) Meistgebot

11.872 Das Meistgebot ist vom Zuschlag an mit 4 % zu verzinsen, § 49 Abs. 2 ZVG. Die Zinsen und das bare Meistgebot hat der Ersteher spätestens im Verteilungstermin an das Versteigerungsgericht zu zahlen, § 107 Abs. 2 ZVG.

11.873 Ist im Versteigerungstermin Sicherheit geleistet worden, sollte der Ersteher sofort auf das Recht zur Rücknahme dieses Betrages verzichten und diesen hinterlegen, da er insoweit von der Verzinsungspflicht befreit wird, § 49 Abs. 3, § 107 Abs. 3 ZVG.

2. Räumungstitel

11.874 Der Zuschlagsbeschluss ist für den Ersteher ein Vollstreckungstitel gegen den Besitzer des Grundstückes oder einer mitversteigerten Sache auf Räumung und Herausgabe, § 93 Abs. 1 S. 1 ZVG. Der Zuschlagsbeschluss kommt als Vollstreckungstitel aber nicht ausschließlich dem Ersteher zugute. Auch der Rechtsnachfolger des Erstehers kann die Umschreibung der Vollstreckungsklausel des Zuschlagsbeschlusses auf sich verlangen, § 727 ZPO.[816]

11.875 Wie bei jeder anderen Zwangsvollstreckung auch müssen die allgemeinen **Zwangsvollstreckungsvoraussetzungen** erfüllt sein. Der Zuschlagsbeschluss ist daher mit der Klausel zu versehen und dem Schuldner zuzustellen, § 750 Abs. 1 ZPO. Im Titel oder in der Klausel ist der zu räumende Besitzer namentlich aufzuführen.[817] Für die Zwangsräumung des Grundstückes muss der Ersteher den Gerichtsvollzieher beauftragen.

11.876 Für die Räumungsvollstreckung ist (aufgrund der Änderung ab 1.1.1999) keine besondere **Durchsuchungsanordnung** des Richters mehr erforderlich, § 758a Abs. 2 ZPO. Dies gilt auch dann, wenn der Zuschlagsbeschluss vom Rechtspfleger erlassen wurde.[818]

11.877 Die Vollstreckung richtet sich in erster Linie gegen den Schuldner als bisherigen Grundstückseigentümer. Waren mehrere Personen, z.B. Eheleute, gemeinsam Eigentümer des Grundstücks, richtet sich der Zuschlagsbeschluss als Räumungstitel ebenfalls gegen alle Miteigentümer. Er richtet sich aber auch gegen den Schuldner und dessen **Familienangehörige** und das Personal.[819] In jedem Falle müssen die (Dritt-)Personen, insbesondere Fami-

---

[816] LG Göttingen, Rpfleger 1996, 300.
[817] OLG Köln, WM 1994, 285 und DGVZ 1997, 119.
[818] Thomas/*Putzo*, § 758a Rdn. 6; Zöller/*Stöber*, § 758a Rdn. 33; Musielak/*Lackmann*, § 758a Rdn. 2; vgl. im Einzelnen Rdn. 4.43.
[819] *Stöber*, § 93 Rdn. 2.6; LG Krefeld, Rpfleger 1987, 259; LG Detmold, Rpfleger 1987, 323; OLG Frankfurt, Rpfleger 1989, 209; LG Lübeck, DGVZ 1990, 91; LG Baden-Baden, FamRZ 1993, 227; LG Oldenburg, Rpfleger 1991, 29 m. Anm. *Meyer-Stolte*; LG Berlin, DGVZ 1996, 171; LG Detmold, DGVZ 1999, 27, sofern sie kein eigenes Besitzrecht haben.

lienangehörige, namentlich in der Vollstreckungsklausel aufgeführt sein.[820] Der **BGH**[821] hat zu dieser nach wie vor **strittigen** Frage entschieden, wer Vollstreckungsschuldner ist, beurteilt sich nach § 750 Abs. 1 ZPO. Danach kann die Zwangsvollstreckung nur gegen eine Person begonnen werden, die im Titel und in der Vollstreckungsklausel als Vollstreckungsschuldner bezeichnet ist. Damit wird gewährleistet, dass staatlicher Zwang nur zur Durchsetzung eines urkundlich bereits ausgewiesenen Anspruchs erfolgt, und zwar für und gegen die im Titel genannten Personen. Diese allgemeine Voraussetzung jeder Zwangsvollstreckung, kann nicht durch materiellrechtliche Erwägungen außer Kraft gesetzt werden. Es ist daher ohne Bedeutung und bedarf keiner näheren Prüfung, ob der Dritte nach materiellem Recht zur Herausgabe der Mietsache an die Gläubigerin verpflichtet wäre; denn diese Fragen gehören in das Erkenntnisverfahren und nicht in das formalisierte Zwangsvollstreckungsverfahren.[822] Der Gerichtsvollzieher hat nicht das Recht, zum Besitz zu beurteilen, sondern allein die tatsächlichen Besitzverhältnisse, gleich wie der Besitz erlangt ist. Sodann ist nur noch zu prüfen, ob sich die Räumungsverpflichtung nach dem vom Gläubiger beigebrachten Titel gegen den von ihm festgestellten (Mit-)Besitzer der Wohnung richtet.

Die Zwangsvollstreckung soll nicht erfolgen, wenn der Besitzer aufgrund eines Rechtes besitzt, das durch den Zuschlag nicht erloschen ist, § 93 Abs. 1 S. 2 ZVG. Die Zwangsvollstreckung richtet sich somit insbesondere nicht gegen **Mieter oder Pächter** des Grundstückes[823] oder den Berechtigten eines Altenteils, welches außerhalb des geringsten Gebotes bestehen geblieben ist, oder gegen Mitbesitzer der Wohnung oder Teile davon, die ihr Besitzrecht vom Schuldner ableiten, ohne selbst einen Mietvertrag zu haben.[824]

11.878

Beispiel:

Abt. II/1   Wohnungsrecht für A (bestehen bleibendes Recht)
Abt. II/2   Wohnungsrecht (erlöschendes Recht)
            Mieter
            Eigentümer

Der Zuschlagsbeschluss ist Räumungstitel gegen den Berechtigten des Rechtes Abt. II/2 und den Eigentümer, nicht gegen den Berechtigten des Rechtes Abt. II/1 und den Mieter.

11.879

---

820 Dassler/*Schiffhauer*, § 93 Rdn. 7; *Stöber*, § 93 Rdn. 2.2; LG Lübeck, DGVZ 1990, 91; OLG Köln, WM 1994, 285 und DGVZ 1997, 119.
821 Rpfleger 2004, 640 = NJW 2004, 3041 = DNotZ 2005, 37 = DGVZ 2004, 138 = FamRZ 2004, 1555 = MDR 2004, 1257 = WM 2004, 1696 = InVo 2004, 504.
822 BGH, Rpfleger 2003, 596 = WM 2003, 1825.
823 LG Detmold, Rpfleger 1987, 323.
824 KG, MDR 1994, 162.

11.880 Nach § 93 Abs. 1 S. 2 ZVG darf der Ersteher aus dem Zuschlagsbeschluss die Zwangsvollstreckung gegen den Besitzer auf Räumung und Herausgabe des Grundstücks nicht betreiben, wenn dieser darauf ein Recht besitzt, das durch den Zuschlag nicht erloschen ist, insbesondere bei Miet- oder Pachtrechten, § 57 ZVG. Ist dem Mieter das Grundstück überlassen, findet die Vorschrift des § 566 BGB i.V.m. § 578 Abs. 1 BGB Anwendung. Dies setzt allerdings voraus, dass es noch vor der Versteigerung zur Überlassung des Grundstücks durch den Vermieter in Erfüllung seiner Pflichten aus § 535 Abs. 1 BGB gekommen ist; die Besitzeinräumung muss gerade im Hinblick auf das Mietverhältnis erfolgt sein. Denn § 57 ZVG will allein den zum Zeitpunkt des Zuschlags bereits besitzenden Mieter vor einer nachfolgenden Räumung schützen. Wird der Mietvertrag vor Erteilung des Zuschlags abgeschlossen, der Besitz an der Mietsache aber erst danach erlangt oder findet ein bei Zuschlagserteilung bereits ausgeübter Besitz seine Grundlage nicht in einem Mietverhältnis, kann der Besitzer sich auf die Bestimmung nicht berufen. Vor diesem Hintergrund stellt der BGH[825] klar, dass der Besitzer eines Grundstücks, gegen den aus dem Zuschlagsbeschluss die Zwangsvollstreckung auf Räumung und Herausgabe betrieben wird und der dann ein durch den Zuschlag nicht erloschenes Recht (§ 93 Abs. 1 S. 2 ZVG) geltend macht, dem Vollstreckungsgericht zumindest Anhaltspunkte darzutun hat, die ein Besitzrecht zum Zeitpunkt der Zuschlagserteilung nahe legen, andernfalls der Räumungsanspruch Erfolg hat.

11.881 Ist ein zwangsversteigertes Grundstück vor dem Zeitpunkt, in dem das Vollstreckungsgericht nach § 66 Abs. 2 ZVG zur Abgabe von Geboten auffordert, vom **Zwangsverwalter** an eine andere Person als den Schuldner vermietet und diesem auch überlassen worden, so ist auf das Mietverhältnis gem. § 57 ZVG die Norm des § 566 BGB entsprechend anzuwenden. Gegen den besitzenden Mieter darf nach § 93 Abs. 1 S. 2 ZVG in diesem Fall nicht vollstreckt werden. Ist der Mietvertrag später abgeschlossen oder das Grundstück später überlassen worden, ist der Ersteher weder nach § 57 ZVG, § 566 BGB noch nach anderen Regeln an den Mietvertrag gebunden. Daher kommt in diesem Fall § 93 Abs. 1 S. 1 ZVG zum Zug.[826]

11.882 Eine **Räumung** ist allerdings dann zunächst **ausgeschlossen,** wenn **Mieter oder Pächter** sich der Räumung widersetzen, da sie angeblich Aufwendungen erbracht haben, die eine Räumungsvollstreckung verhindern, § 57c ZVG.[827] Auch werden von Familienangehörigen oder Dritten fingierte Miet- oder Pachtverträge der Räumungsvollstreckung entgegengehalten, die ein Recht zum Besitz beinhalten.[828] Einwendungen des besitzenden Dritten sind bereits im Klauselerteilungsverfahren zum Zuschlagsbeschluss

---

[825] Rpfleger 2004, 368 = NZM 2004, 478 = WM 2004, 754 = InVo 2004, 294 = ZfIR 2004, 561.
[826] Hierzu *Rimmelspacher*, WM 2004, 1945.
[827] Vgl. hierzu: *Witthinrich*, Rpfleger 1986, 46.
[828] LG Köln, Rpfleger 1996, 121 „Scheinvereinbarung".

zu prüfen.⁸²⁹ Haben Dritte oder der Schuldner im Versteigerungstermin Aufwendungen i.S.v. § 57c ZVG angemeldet, kann ein Recht zum Besitz vorliegen. Bei dem Antrag auf Erteilung der Klausel sollten jedoch strengere Anforderungen als nur die Anmeldung gestellt werden.⁸³⁰

Ist ein behauptetes Mietverhältnis zwischen dem Schuldner und einem Angehörigen mit großer Wahrscheinlichkeit wegen mangelnder Ernsthaftigkeit des Vertragsabschlusses nicht wirksam, dann ist die Klausel auch gegen den Angehörigen zu erteilen.⁸³¹ Von einer **Scheinvereinbarung** kann dann ausgegangen werden, wenn die Parteien des Mietvertrages bis zum Zuschlag Miteigentümer des Grundstückes waren und danach einem von ihnen den Alleinbesitz eingeräumt haben.⁸³² Nur wenn Umstände erkennbar sind, die mit großer Wahrscheinlichkeit für den weiterwirkenden Besitz eines Mieters sprechen, kann die Klausel abgelehnt werden; dies gilt insbesondere dann, wenn ein Rechtsstreit über das Bestehen des Mietverhältnisses anhängig ist.⁸³³ Im Übrigen aber ist im Zweifel immer zugunsten des Erstehers zu entscheiden, der Dritte ist auf den Klageweg nach § 771 ZPO zu verweisen.⁸³⁴

11.883

Gegen die Räumungsvollstreckung kann der Schuldner oder ein sonstiger Besitzer nur **Vollstreckungsschutz** über § 765a ZPO erwirken, da ein Aufschub nach § 721 ZPO nicht mehr anwendbar ist.⁸³⁵

11.884

X. Erlösverteilung

1. Bestimmung des Verteilungstermins

Nach Erteilung des Zuschlages bestimmt das Versteigerungsgericht von Amts wegen einen Termin zur Verteilung des Versteigerungserlöses. Die Terminsbestimmung ist den Verfahrensbeteiligten, dem Ersteher sowie dem Meistbietenden nach Abtretung der Rechte aus dem Meistgebot (vgl. Rdn. 11.735) bzw. nach Erklärung des Bietens in verdeckter Vollmacht dem Vertretenen (vgl. Rdn. 11.739) zuzustellen. Zwischen der Zustellung und dem Verteilungstermin müssen mindestens zwei Wochen liegen, § 105 Abs. 4 ZVG.

11.885

---

829 OLG Hamm, Rpfleger 1989, 165.
830 Vgl. *Meyer-Stolte* in Anm. zu LG Krefeld, Rpfleger 1987, 259.
831 OLG Frankfurt, Rpfleger 1989, 209; vgl. hierzu auch LG Wuppertal, Rpfleger 1993, 81 Wohnung im Souterrain des Hauses, die es nach dem Verkehrswertgutachten aber überhaupt nicht gab, mit 74 qm und einem Mietzins von 380,– €, einschließlich Benutzung des Gartens, der Terrasse und der gesamten Grünanlagen auf Lebenszeit.
832 LG Freiburg, Rpfleger 1990, 266; zur Strafbarkeit wegen Vollstreckungsvereitelung vgl. AG Dillenburg, Rpfleger 1995, 79 m. Anm. *Eickhoff*.
833 OLG Hamm, Rpfleger 1989, 165.
834 OLG Frankfurt, Rpfleger 1989, 209; LG Freiburg, Rpfleger 1990, 266; Dassler/*Schiffhauer*, § 93 Rdn. 22; Steiner/*Eickmann*, § 93 Rdn. 10.
835 Zöller/*Stöber*, § 721 Rdn. 1; Steiner/*Eickmann*, § 93 Rdn. 47; Dassler/*Schiffhauer*, § 93 Rdn. 17; s. auch Rdn. 8.344 ff.

11.886 Regelmäßig werden die Verfahrensbeteiligten aufgefordert, binnen zwei Wochen eine Berechnung ihrer Ansprüche dem Gericht einzureichen, § 106 S. 1 ZVG. In diesem Fall muss der **vorläufige Teilungsplan** spätestens drei Tage vor dem Termin auf der Geschäftsstelle des Vollstreckungsgerichts zur Einsicht der Beteiligten niedergelegt werden.

11.887 Der Verteilungstermin ist nicht öffentlich. Teilnehmen können nur die Verfahrensbeteiligten, der Ersteher bzw. der Meistbietende. Im Verteilungstermin wird der Teilungsplan nach Anhörung der anwesenden Beteiligten aufgestellt, § 113 Abs. 1 ZVG. Der Teilungsplan (vgl. Beispiel Rdn. 11.1001) gliedert sich regelmäßig in:

- Vorbemerkungen,
- Feststellung der Teilungsmasse,
- Feststellung der bestehen bleibenden Rechte,
- Feststellung der Schuldenmasse,
- Zuteilung der einzelnen Ansprüche,
- eventuelle Hilfsverteilung.

2. Teilnahme am Verteilungstermin

11.888 Auch wenn das Ergebnis des Versteigerungsverfahrens nunmehr feststeht, sollte auf eine Teilnahme am Verteilungstermin grundsätzlich nicht verzichtet werden. Oft ergeben sich noch aus dem Teilungsplan nach Kenntnis der Anmeldungen der einzelnen Gläubiger Vollstreckungsmöglichkeiten, die vorher nicht absehbar waren.

11.889 Eine Terminsteilnahme ist z.B. unbedingt erforderlich, wenn im Termin noch der gesetzliche Löschungsanspruch nach § 1179a BGB geltend gemacht oder aber Widerspruch gegen die Zuteilung eines vorgehenden Anspruches eingelegt werden soll. Auch wenn die Pfändung eines Rückgewähranspruches gegenüber einer Grundschuld grundsätzlich außerhalb des Zwangsversteigerungsverfahrens durchgesetzt werden muss, kann sich im Verteilungstermin durch eine entsprechende Erklärung (Verzichtserklärung) des Grundschuldgläubigers eine Befriedigungsmöglichkeit ergeben. Falls somit die Befriedigung des eigenen Anspruches noch nicht feststeht, sollte der Termin unbedingt wahrgenommen werden.

3. Berücksichtigung der Ansprüche

11.890 Regelmäßig fordert das Versteigerungsgericht die Beteiligten auf, binnen zwei Wochen vor dem Verteilungstermin eine Berechnung ihrer Ansprüche einzureichen, § 106 S. 1 ZVG. Die Anmeldung der Gläubiger kann jedoch nicht mit dem Ziel erfolgen, vergessene Ansprüche nachzuholen bzw. einen Rangverlust zu verhindern. Zur Vermeidung eines Rechtsverlustes hätte die Anmeldung spätestens im **Versteigerungstermin** vor der Aufforderung zur

Abgabe von Geboten erfolgen müssen, § 37 Nr. 4 ZVG. Die Anmeldung zum Verteilungstermin ist somit nur eine erneute Berechnung der eigenen Ansprüche, die bereits zum Zwangsversteigerungstermin angemeldet wurden bzw. nunmehr spezifiziert werden (vgl. Rdn. 11.496 ff.).

Von Amts wegen werden in den Teilungsplan aufgenommen: 11.891

- die Verfahrenskosten, § 109 Abs. 1 ZVG;
- die Ansprüche, soweit ihr Betrag oder Höchstbetrag (§ 882 BGB) zur Zeit der Eintragung des Zwangsversteigerungsvermerkes aus dem Grundbuch ersichtlich waren. Rechte, die nach dem Zwangsversteigerungsvermerk im Grundbuch eingetragen wurden, müssen spätestens im Versteigerungstermin vor der Aufforderung zur Abgabe von Geboten angemeldet werden, § 37 Nr. 4 ZVG. Eine Anmeldung zum Verteilungstermin ist zu spät, das Recht erleidet einen **Rangverlust** nach § 110 ZVG;
- laufende Beträge wiederkehrender Leistungen, die nach dem Inhalt des Grundbuches zu entrichten sind, § 114 Abs. 2 ZVG.

Anzumelden sind: 11.892

- die Kosten der dinglichen Rechtsverfolgung, § 10 Abs. 2 ZVG; soweit zum Zwangsversteigerungstermin eine Kostenpauschale angemeldet wurde, muss diese nunmehr zum Verteilungstermin spezifiziert werden;
- rückständige wiederkehrende Leistungen der im Grundbuch eingetragenen dinglichen Rechte;
- der Wertersatz für Rechte, die nicht auf einen Kapitalbetrag lauten (insbesondere Rechte der Abt. II des Grundbuches);
- die Pfändung und Überweisung eines Rechtes am Grundstück, welches bisher noch nicht angemeldet war;
- die Pfändung des Erlösanspruches des früheren Eigentümers;
- die Pfändung der Rückgewähransprüche gegenüber einer Sicherungsgrundschuld (vgl. hierzu auch unter Widerspruch Rdn. 11.1018 ff.).

Anmeldungen in einer parallel laufenden Zwangsverwaltung gelten nicht gleichzeitig in der Zwangsversteigerung als angemeldet (und umgekehrt), die Anmeldungen müssen jeweils gesondert erfolgen.[836] 11.893

4. Minderanmeldung

Meldet der Berechtigte eines Rechts weniger an, als das Versteigerungsgericht von Amts wegen berücksichtigen muss (Minderanmeldung), so ist nur diese Anmeldung maßgebend.[837] Dem Berechtigten darf nicht mehr 11.894

---

[836] Steiner/*Teufel*, § 114 Rdn. 29; *Böttcher*, § 114 Rdn. 8.
[837] OLG Oldenburg, Rpfleger 1980, 485; LG Frankenthal, Rpfleger 1986, 232; Steiner/*Teufel*, § 114 Rdn. 33.

zugesprochen werden, als er selbst begehrt, § 308 ZPO. Liegt die Minderanmeldung bereits zum Zwangsversteigerungstermin vor, wirkt sie auch für die Berücksichtigung des Anspruches im Verteilungstermin.[838]

11.895 Zur Minderanmeldung bei der Grundschuld, insbesondere zur Berücksichtigung des Kapitals und der Zinsen, vgl. Rdn. 11.944 ff.

5. Teilungsmasse

a) Meistgebot

11.896 Zur Teilungsmasse gehört in erster Linie das im Versteigerungstermin abgegebene bare Meistgebot (geringstes Bargebot zuzüglich des weiter gebotenen Barbetrages), §§ 107, 49 Abs. 1 ZVG. Der Betrag kann vom Ersteher entrichtet werden durch Überweisung oder Einzahlung auf ein Konto der Gerichtskasse, sofern der Betrag der Gerichtskasse vor dem Verteilungstermin gutgeschrieben ist und ein Nachweis hierüber im Termin vorliegt, oder durch Barzahlung, § 107 Abs. 2 S. 2, § 49 Abs. 3 ZVG.

b) Zinsen

11.897 Dem baren Meistgebot sind die Zinsen des Bargebotes nach § 49 Abs. 2 ZVG vom Zuschlag bis zu dem Tag vor dem Verteilungstermin hinzuzurechnen. Grundsätzlich beträgt der Zinssatz 4 % (§ 246 BGB), sofern nicht als abweichende Versteigerungsbedingung ein höherer Zinssatz zugelassen wurde (vgl. Rdn. 11.549 ff.).

11.898 Hat der Ersteher für ein Gebot im Zwangsversteigerungstermin Sicherheit leisten müssen und ist dieser Betrag unter Verzicht auf die Rücknahme hinterlegt worden, gilt dieser Betrag bereits als gezahlt und ist nicht mehr zu verzinsen, § 107 Abs. 3 ZVG.

11.899 Hinterlegungszinsen aus dem zuvor genannten unter Verzicht auf die Rücknahme hinterlegten Betrag, § 8 HinterlO, gehören ebenfalls zur Teilungsmasse.[839]

c) Erlös aus abgesonderter Verwertung

11.900 Zur Teilungsmasse gehört auch der Erlös aus denjenigen Gegenständen, welche im Falle des § 65 ZVG besonders versteigert und anderweitig verwertet wurden (z.B. Zubehör). Eine solche besondere Versteigerung bzw. Verwertung muss nicht unbedingt bis zum Verteilungstermin durchgeführt sein. Auch muss der Verteilungstermin nicht so lange hinausgeschoben wer-

---

838 *Meyer-Stolte*, Rpfleger 1986, 232 gegen LG Frankenthal, Rpfleger 1986, 232; Dassler/*Schiffhauer*, § 114 Rdn. 33; Steiner/*Teufel*, § 114 Rdn. 33; *Böttcher*, §§ 44, 45 Rdn. 44.
839 *Böttcher*, § 107 Rdn. 4.

den, die Verteilung eines später hinzugekommenen Erlösbetrages kann auch noch nach Abschluss des offiziellen Verteilungstermins erfolgen.[840] Hat das Versteigerungsgericht nach Zustimmung aller betreibenden Gläubiger das Verfahren in einzelne Zubehörgegenstände aufgehoben, und ist zwischenzeitlich der Zuschlag erteilt worden, ist für eine abgesonderte Versteigerung der Zubehörgegenstände kein Raum mehr. Der Gläubiger kann aus den Zubehörgegenständen wegen seines dinglichen Rechts nur noch im Wege der Mobiliarzwangsvollstreckung seine Befriedigung suchen.[841]

d) Zuzahlungsbetrag

Zur Teilungsmasse im weiteren Sinne gehören auch die festgesetzten Zuzahlungsbeträge nach §§ 50, 51 ZVG, die der Ersteher nachträglich leisten muss, wenn ein im geringsten Gebot berücksichtigtes dingliches Recht, welches nach den Versteigerungsbedingungen bestehen geblieben und vom Ersteher zu übernehmen ist, tatsächlich jedoch nicht bestanden hat. 11.901

Die Zuteilung dieser Beträge ist dadurch auszuführen, dass die entsprechende Forderung gegen den Ersteher übertragen wird, § 125 Abs. 1 S. 2 ZVG. Für die übertragene Forderung ist an dem Grundstück eine Sicherungshypothek im Range des Anspruches einzutragen, § 128 Abs. 1 S. 1 ZVG. 11.902

6. Verringerung der Teilungsmasse

a) Liegenbelassen eines Rechtes

Grundsätzlich erlöschen durch den Zuschlag alle diejenigen Rechte, die nach den Versteigerungsbedingungen nicht bestehen bleiben, § 91 Abs. 1 ZVG. Ein Recht an dem Grundstück bleibt jedoch dann bestehen, wenn dies zwischen dem Berechtigten und dem Ersteher vereinbart ist, § 91 Abs. 2 ZVG. Die übereinstimmenden Erklärungen der Beteiligten erfolgen entweder im Verteilungstermin oder, bevor das Grundbuchgericht um Berichtigung des Grundbuches ersucht wird, durch eine öffentlich beglaubigte Urkunde, § 91 Abs. 2 S. 2 ZVG. Die Vereinbarung kann nach dem Zuschlag bis zum Verteilungstermin oder auch noch bis zum Eingang des Grundbuchberichtigungsersuchens, § 130 ZVG, nachgewiesen werden[842]; in diesem Fall ist das Ersuchen zwecks Ergänzung zurückzufordern. 11.903

---

840 Steiner/*Teufel*, § 107 Rdn. 17; *Böttcher*, § 107 Rdn. 5; Dassler/*Schiffhauer*, § 107 Rdn. 7 allerdings nur als Ausnahme; noch strenger für Hinausschieben des Verteilungstermins *Stöber*, § 107 Rdn. 2.2c.
841 OLG Hamm, Rpfleger 1994, 176.
842 LG Frankfurt/Main, Rpfleger 1980, 30; Dassler/*Schiffhauer*, § 91 Rdn. 19; Steiner/*Eickmann*, § 91 Rdn. 38.

Die Vereinbarung kann sich auf jedes Grundpfandrecht und auch auf Rechte der Abt. II des Grundbuches beziehen. Die Vereinbarung kann das gesamte Recht oder auch nur Teilansprüche umfassen.[843] Eine Änderung der Bedingungen des Rechtes ist jedoch nicht möglich, insbesondere kann der Zinssatz nicht erhöht werden.[844]

11.904 Eine Besonderheit ergibt sich hierbei beim Erbbaurecht, § 5 ErbbauVO. Hat der Grundstückseigentümer bei der ursprünglichen Bestellung eines Grundpfandrechts auf einem Erbbaurecht zugestimmt, § 5 ErbbauVO, und wird dann das Erbbaurecht versteigert und zwischen Ersteher und Grundpfandrechtsgläubiger die Liegenbelassung des Grundpfandrechts vereinbart, bedarf es hierzu keiner weiteren Zustimmung des Grundstückseigentümers.[845]

11.905 Die **Liegenbelassungsvereinbarung** hat für den Ersteher den Vorteil, kostengünstig ein Grundpfandrecht zu erhalten, das er zur späteren Beleihung des Grundstückes als Sicherheit verwenden kann. Es entstehen keine Grundbucheintragungskosten, keine Kosten für die Erklärungen im Verteilungstermin, und die normalerweise üblichen Notarkosten entfallen ebenfalls.

11.906 Ist der Gläubiger des Rechtes ein Mündel oder Pflegling und handelt hierfür der Vormund bzw. Pfleger oder Betreuer, bedarf die Vereinbarung der **Genehmigung** nach § 1812 Abs. 1 Nr. 1 BGB (i.V.m. § 1908i BGB). Es handelt sich hierbei nicht um die Verfügung über ein Recht oder das Grundstück, sondern um den Erlösanspruch als Forderung.[846] Ist der Gläubiger minderjährig und handeln die Eltern als gesetzliche Vertreter, ist demzufolge zur Wirksamkeit einer Liegenbelassungsvereinbarung keine familiengerichtliche Genehmigung erforderlich, da § 1812 BGB für die Eltern keine Anwendung findet, § 1643 Abs. 1 BGB.[847] Ist das Kind, der Mündel oder Pflegling Ersteher des Grundstücks, handelt es sich bei der Liegenbelassungsvereinbarung um eine Verfügung über das Grundstück, § 1821 Abs. 1 Nr. 1 BGB. In diesem Falle benötigen sowohl die Eltern als auch Vormund, Pfleger und Betreuer der **familien- bzw. vormundschaftsgerichtlichen Genehmigung**. Ist das liegenbelassene Recht aus dem Erlös in voller Höhe gedeckt, mindert sich der zu zahlende Erlös um die auf das Recht entfallenden Beträge ab Zuschlag (s. Rdn. 11.908). In diesem Fall ist eine familien- bzw. vormundschaftsgerichtliche Genehmigung nicht erforderlich, da bereits das Familien- bzw. Vormundschaftsgericht für die Gebotsabgabe die Genehmigung erteilt hat und das liegenbelassene Recht aus dem Meistgebot durch Übernahme gezahlt wird.[848]

---

843 OLG Köln, Rpfleger 1983, 168.
844 *Stöber*, § 91 Rdn. 3.2; Steiner/*Eickmann*, § 91 Rdn. 45.
845 LG Detmold, Rpfleger 2001, 312.
846 So richtig *Stöber*, § 91 Rdn. 3.7; **a.A.** Steiner/*Eickmann*, § 91 Rdn. 33; *Böttcher*, § 91 Rdn. 8.
847 *Stöber*, § 91 Rdn. 3.7; Dassler/*Schiffhauer*, § 91 Rdn. 14.
848 So *Eickmann*, Rpfleger 1983, 199, 203; Steiner/*Eickmann*, § 91 Rdn. 34; *Böttcher*, § 91 Rdn. 9; im Ergebnis wohl auch Dassler/*Schiffhauer*, § 91 Rdn. 14; **a.A.** *Stöber*, § 91 Rdn. 3.7.

b) Wirkung auf die Teilungsmasse

11.907 Das grundsätzlich nach den Versteigerungsbedingungen durch den Zuschlag erlöschende Recht bleibt aufgrund der Vereinbarung bestehen. Die Vereinbarung wirkt auf den Zeitpunkt des Zuschlages zurück. In Höhe des Anteils am Versteigerungserlös, der nach dem Teilungsplan auf die Grundschuld entfallen wäre, erbringt der Grundschuldgläubiger eine Leistung für den Ersteher.[849]

11.908 Eine Vereinbarung über einen darüber hinausgehenden Zeitpunkt ist unzulässig. Da der Ersteher das Grundstück im Zeitpunkt des Zuschlags mit allen Rechten und auch Pflichten übernommen hat, muss er ab diesem Zeitpunkt die wiederkehrenden Leistungen des liegenbelassenen Rechts übernehmen. Im Übrigen haftet hierfür das Grundstück des Schuldners, an dessen Stelle nunmehr der Versteigerungserlös im Wege der Surrogation getreten ist. Der bar zu zahlende Teil des Meistgebotes, den der Ersteher im Verteilungstermin an das Gericht zahlen muss, mindert sich um den Betrag, welcher sonst dem Berechtigten des Rechtes gebühren würde, § 91 Abs. 3 S. 1 ZVG. Das bare Meistgebot mindert sich somit nur um die Zinsen ab dem Tage des Zuschlags bis einen Tag vor dem Verteilungstermin und um den Kapitalbetrag des Rechtes (immer vorausgesetzt, das liegenbelassene Recht erhält auch eine Zuteilung nach dem Teilungsplan).

11.909 Die angemeldeten laufenden und rückständigen Zinsen des Rechtes einschließlich der Kosten der dinglichen Rechtsverfolgung müssen nach wie vor aus dem Versteigerungserlös gedeckt werden. Vorrangige und nachrangige Berechtigte werden daher durch die Liegenbelassungsvereinbarung nicht in ihren Rechten tangiert.[850]

Beispiel: **11.910**

Im Grundbuch sind eingetragen:
Abt. III/1   100.000,– € Grundschuld nebst 15 % Zinsen für die A-Bank
Abt. III/2   20.000,– € Grundschuld nebst 12 % Zinsen für die B-Bank
Abt. III/3   30.000,– € Grundschuld nebst 15 % Zinsen für die C-Bank
Das Zwangsversteigerungsverfahren wird bestrangig betrieben von dem Gläubiger des Rechtes Abt. III/2 (B-Bank).

Das geringste Gebot setzt sich somit zusammen aus dem
a) bestehen bleibenden Teil (Recht III/1)   100.000,– €
b) bar zu zahlenden Teil – fiktiv –   50.000,– €

Der Versteigerungstermin war am 1.4.2006.
Der Verteilungstermin ist am 1.7.2006.

Das bare Meistgebot beläuft sich auf: 100.000,– €

---
849 BGH, Rpfleger 1985, 74 = ZIP 1984, 1536 = NJW 1985, 388.
850 **H.M.**, für viele: Steiner/*Eickmann*, § 91 Rdn. 50, 53; BGH, Rpfleger 1970, 166 = NJW 1970, 1188.

11.910 *Zwangsversteigerung*

Teilungsmasse:
Bares Meistgebot	100.000,– €
Zuzüglich 4 % Zinsen vom 1.4.2006 bis 30.6.2006	1.000,– €
Insgesamt	101.000,– €
Nach Abzug der Ansprüche des geringsten Gebotes über	50.000,– €
verbleiben zur weiteren Verteilung	51.000,– €

Der Gläubiger des Rechts III/2 meldet an:
a) Kosten über	500,– €	
b) 12 % Zinsen aus 20.000,– € vom 1.4.2005 bis 30.6.2006	3.000,– €	
c) Kapitalbetrag	20.000,– €	
	= 23.500,– €	

Der Gläubiger des Rechtes III/3 meldet an:
a) Kosten über	500,– €	
b) 15 % Zinsen aus 30.000,– € vom 1.4.2005 bis 30.6.2006	5.625,– €	
c) Kapitalbetrag über	30.000,– €	
	= 36.125,– €	

Weitere Zuteilung:
	51.000,– €
a) auf den Anspruch des Rechtes III/2 insgesamt	23.500,– €
b) auf den Anspruch des Rechtes III/3 – restliche –	27.500,– €
	0,– €

Durch den Teilbetrag von 27.500,– € sind von dem Recht III/3 in der Rangfolge des § 12 ZVG zunächst die Kosten mit 500,– €, dann die Zinsen mit 5.625,– € und der Kapitalbetrag teilweise mit 21.375,– € getilgt. Im Übrigen fällt der Berechtigte mit seinem restlichen Kapitalanspruch aus.

Vereinbaren die Beteiligten das Bestehenbleiben des Rechtes Abt. III/2, übernimmt der Ersteher nachfolgende Beträge:
a) 12 % von 20.000,– € vom 1.4.2006 (Zuschlag) bis zum 30.6.2006 (Verteilungstermin) insgesamt	600,– €
b) den Kapitalbetrag über	20.000,– €
insgesamt somit	20.600,– €

Um diesen Betrag mindert sich das bare Meistgebot, welches der Ersteher zum Verteilungstermin zahlen muss. Zu zahlen ist daher nur noch ein Betrag von 80.400,– €.

Die Zuteilung auf den Anspruch des Rechtes Abt. III/2 ändert sich daher wie folgt:
a) Kosten über	500,– €
b) 12 % Zinsen von 20.000,– € vom 1.4.2005 bis 31.3.2006	2.400,– €
insgesamt somit	2.900,– €

Nach Wegfertigung der Ansprüche des geringsten Gebotes und nach Abzug dieses Betrags von dem noch zu zahlenden baren Meistgebot über 80.400,– € ergibt sich wiederum ein noch zu verteilender Betrag auf das Recht Abt. III/3 über 27.500,– €. Eine Benachteiligung dieses Berechtigten tritt somit nicht ein.

c) **Materiell-rechtliche Wirkung**

Die Liegenbelassungsvereinbarung bezieht sich zunächst nur auf den dinglichen Anspruch. Gegenüber dem Vollstreckungsschuldner wirkt die Liegenbelassungsvereinbarung wie die Befriedigung des Gläubigers aus dem Grundstück, § 91 Abs. 3 S. 2 ZVG, ohne dass dadurch das dingliche Recht selbst erlischt. **11.911**

Die **persönliche Schuld** geht nur dann auf den Ersteher über, wenn dies ausdrücklich vereinbart wird.[851] Da die Vereinbarung wie die Befriedigung aus dem Grundstück wirkt, § 91 Abs. 3 S. 2 ZVG, ist die durch die Grundschuld gesicherte persönliche Forderung dann erloschen, wenn persönlicher und dinglicher Schuldner identisch sind.[852] Ist der Eigentümer nicht persönlicher Schuldner, bleibt die persönliche Forderung zunächst bestehen, der Grundschuldgläubiger muss sie jedoch an den Vollstreckungsschuldner abtreten.[853] **11.912**

Eine evtl. geschuldete **Vorfälligkeitsentschädigung,** deren Liegenbelassung nicht vereinbart wurde, muss der Vollstreckungsschuldner weiterhin begleichen, bzw. der Betrag ist aus dem Versteigerungserlös zu decken.[854] Eine **einmalig** fällige **Nebenleistung** ist jedoch vom Bargebot abzuziehen.[855] **11.913**

In Höhe des Anteils am Versteigerungserlös, der nach dem Teilungsplan auf die Grundschuld entfallen wäre, erbringt der Grundschuldgläubiger eine Leistung für den Ersteher.[856] Vereinbaren die Parteien das Liegenbelassen einer **Sicherungsgrundschuld,** die nur noch teilweise valutiert ist, mindert sich der vom Ersteher zu zahlende Gebotspreis um den vollen Betrag der Grundschuld einschließlich Zinsen ab dem Zuschlag.[857] Auch hier wird der Gläubiger so behandelt, als wäre er im vollen Umfange seines Rechtes aus dem Grundstück befriedigt worden. Da der Grundschuldgläubiger somit mehr erhalten hat, als ihm nach der Sicherungsabrede zustand, muss er den Übererlös an den Grundstückseigentümer auszahlen; der Anspruch auf den Übererlös verwandelt sich in einen Rückzahlungsanspruch in Höhe des Überschusses zwischen Valutierung und Grundschuld.[858] **11.914**

---

851 *Stöber,* § 91 Rdn. 3.12; Steiner/*Eickmann,* § 91 Rdn. 57–59; für Hypothek: BGH, Rpfleger 1981, 140 = NJW 1981, 1601; für Erbbauzinsverpflichtung: LG Münster, Rpfleger 1991, 330 m. Anm. *Meyer-Stolte.*
852 MünchKomm/*Eickmann* BGB, § 1181 Rdn. 15.
853 BGH, ZIP 1981, 588; BGH, NJW 1987, 838.
854 BGH, Rpfleger 1974, 148; **a.A.** OLG Düsseldorf, KTS 1968, 251.
855 OLG Hamm, Rpfleger 1985, 247.
856 BGH, Rpfleger 1985, 74 = ZIP 1984, 1536 = NJW 1985, 388.
857 BGH, Rpfleger 1985, 74 = ZIP 1984, 1536 = NJW 1985, 388.
858 BGH, Rpfleger 1985, 74 = NJW 1985, 388; BGH, Rpfleger 1989, 120.

11.915 Vereinbaren die Parteien das Liegenbelassen eines Rechtes, das durch das Meistgebot nur **teilweise gedeckt** ist, mindert sich das durch den Ersteher zu zahlende bare Meistgebot nur um den Betrag, der tatsächlich auf das Recht entfallen wäre. Die Befriedigungswirkung tritt jedoch in voller Höhe ein.[859] Der Gläubiger des Rechtes, der mit der Vereinbarung einverstanden ist, verliert somit unter Umständen ganz oder teilweise seine persönliche Forderung gegen den Schuldner, ohne hierfür grundsätzlich aus dem Versteigerungserlös befriedigt worden zu sein.

11.916 Beispiel:

Ausgehend von dem Beispiel zuvor unter Rdn. 11.910 vereinbaren nunmehr der Ersteher und der Berechtigte des Rechtes Abt. III/3 das Liegenbelassen dieses Anspruches. Nach Wegfertigung des vorrangigen Anspruches Abt. III/2 über insgesamt 23.500,– € verbleibt noch ein zu verteilender Betrag über 27.500,– €. Dieser Betrag ist zunächst auf die Kosten, dann auf die Zinsen und danach auf den Hauptanspruch zuzuteilen. Auf den Kapitalanspruch entfällt ein Betrag von 21.375,– €, Ausfall somit 8.625,– €.
Aufgrund der Liegenbelassungsvereinbarung soll der Gläubiger jedoch auch wegen dieses Betrages als befriedigt gelten; bei einer Sicherungsgrundschuld wandelt sich der Rückgewährsanspruch in einen Rückzahlungsanspruch in Höhe des Überschusses um.[860]
Dies ist abzulehnen.[861] Wenig hilfreich ist auch die Auffassung, der Schuldner sei in dem Umfang, in dem der Gläubiger bei der Erlösverteilung ausgefallen sei, in sonstiger Weise auf dessen Kosten bereichert und zum Wertersatz verpflichtet, §§ 812 Abs. 1, 818 Abs. 2 BGB. Um dem Problem aus dem Wege zu gehen, ist den Beteiligten zu raten, das Liegenbelassen eines Rechtes nur insoweit zu vereinbaren, als das Recht durch das Meistgebot tatsächlich gedeckt ist.[862]

7. Bestehen bleibende Rechte

11.917 Rechte, die nach den Versteigerungsbedingungen bestehen bleiben, somit dem bestrangig betreibenden Gläubiger im Range vorgehen, sind vom Ersteher zu übernehmen, § 52 Abs. 1 ZVG. Da dieser ab dem Zeitpunkt des Zuschlages nicht nur die Nutzungen des Grundstückes, sondern auch die Lasten trägt, muss er ab diesem Zeitpunkt auch für die wiederkehrenden Leistungen der übernommenen dinglichen Rechte aufkommen, § 56 ZVG.

11.918 Der Schuldner (alter Grundstückseigentümer) haftet für die Zinsen mit seinem Grundstück nur bis zum Zuschlag, anstelle des Grundstückes ist im Wege der dinglichen Surrogation der Versteigerungserlös getreten. Wiederkehrende Leistungen der übernommenen dinglichen Rechte können daher

---

859 BGH, Rpfleger 1981, 140 = NJW 1981, 1006 = ZIP 1981, 151; BGH, Rpfleger 1985, 74 = ZIP 1984, 1536 = NJW 1985, 388.
860 BGH, Rpfleger 1985, 74 = ZIP 1984, 1536 = NJW 1985, 388.
861 So auch Dassler/*Schiffhauer*, § 91 Rdn. 28; *Muth*, Rpfleger 1990, 2, 4.
862 So *Muth*, Rpfleger 1990, 2, 5; Dassler/*Schiffhauer*, § 91 Rdn. 28.

nur bis zu dem Tag vor dem Zuschlagstermin berücksichtigt werden. Diese Ansprüche ergeben sich im Übrigen bereits aus der Aufstellung des geringsten Gebotes (vgl. Rdn. 11.496 ff.). Soweit Beträge pauschal angemeldet wurden (z.B. Kosten der dinglichen Rechtsverfolgung), sind diese zum Verteilungstermin zu spezifizieren.

Bezüglich der bestehen bleibenden Rechte der Abt. II des Grundbuches und des festgestellten Zuzahlungsbetrages nach § 51 ZVG vgl. Rdn. 9.46 ff. **11.919**

8. Schuldenmasse

Aus dem Versteigerungserlös sind zunächst die **Kosten des Verfahrens** vorweg zu entnehmen, § 109 Abs. 1 S. 1 ZVG. **11.920**

Die weiteren Ansprüche werden in der Rangfolge des § 10 Abs. 1 ZVG berücksichtigt. Die Ansprüche aus einem und demselben Recht haben untereinander die Rangordnung nach § 12 ZVG (Kosten, Zinsen, Hauptanspruch oder Kosten, Hauptanspruch, Zinsen nach § 497 Abs. 3 BGB, früher § 11 Abs. 3 VerbrKrG). Die Ansprüche der Rangklasse 1–3 des § 10 Abs. 1 ZVG ergeben sich bereits ebenso aus der Aufstellung des geringsten Gebotes wie die angemeldeten Beträge der Rechte, die nach den Versteigerungsbedingungen bestehen bleiben. **11.921**

Nach Wegfertigung dieser Ansprüche wird der Überschuss auf die Rechte verteilt, welche durch Zahlung zu decken sind, § 109 Abs. 2 ZVG. Kosten der dinglichen Rechtsverfolgung sind spezifiziert anzumelden. Ebenfalls angemeldet werden müssen die rückständigen Beträge wiederkehrender Leistungen der im Grundbuch eingetragenen Rechte, § 114 Abs. 2 ZVG (vgl. Rdn. 11.499). Laufende Beträge, soweit sie aus dem Grundbuch ersichtlich sind, werden von Amts wegen berücksichtigt. Sie werden bis zum Tage vor dem Verteilungstermin berechnet, da der Ersteher diese Rechte nicht übernommen hat und Zahlung hierauf erst im Verteilungstermin erfolgt. **11.922**

9. Rechte der Abt. II im Grundbuch

a) Einmaliger Ersatzbetrag

Erlischt durch den Zuschlag ein Recht, das nicht auf Zahlung eines Kapitals gerichtet ist, so tritt an die Stelle des Rechtes der Anspruch auf Ersatz des Wertes, § 92 Abs. 1 ZVG. Hierunter fallen insbesondere: **11.923**

- Reallast von bestimmter Dauer,
- Erbbauzinsreallast,
- Grunddienstbarkeit,
- Vorkaufsrecht,
- Vormerkungen und Widersprüche für nicht auf Kapitalzahlung gerichtete Rechte,

- Auflassungsvormerkung,
- Dauerwohnrecht.[863]

11.924 Zur Höhe des Betrages des einmaligen Wertersatzes vgl. Rdn. 9.46 ff.

11.925 Zur Frage und Berechnung einer eventuellen Abzinsung nach § 111 ZVG vgl. Rdn. 9.80.

11.926 Zur rechtzeitigen Anmeldung des Ersatzbetrages vgl. Rdn. 11.892.

11.927 Zu den Besonderheiten im Beitrittsgebiet vgl. Rdn. 9.46 ff.; 9.183 ff.

b) Geldrente

11.928 Handelt es sich bei dem erlöschenden Recht um ein Recht mit Versorgungscharakter, ist dieses durch Zahlung einer Geldrente abzufinden. Hierunter fallen insbesondere:

- Nießbrauch,
- beschränkte persönliche Dienstbarkeit,
- Reallast von unbestimmter Dauer,
- Altenteil.

11.929 Für die zu zahlende Geldrente ist ein **Deckungskapital** zu bilden, das sich zusammensetzt aus der Summe aller künftigen Jahresleistungen, wobei der 25-fache Jahresbetrag nicht überschritten werden darf, § 121 Abs. 1 ZVG.

11.930 Die **Zuteilung** aus dem Deckungskapital an den Berechtigten erfolgt jeweils für drei Monate im Voraus, § 92 Abs. 2 ZVG. Ein bereits fälliger Betrag verbleibt dem Berechtigten bzw. seinem Erben auch dann, wenn das Recht auf die Rente vor Ablauf der drei Monate erlischt, § 92 Abs. 2 S. 3 ZVG. Im Übrigen wird das Deckungskapital zunächst hinterlegt. Für den Fall des vorzeitigen Wegfalls des Berechtigten muss eine Hilfszuteilung erfolgen, § 121 Abs. 2 ZVG.

11.931 Sowohl die Anmeldung eines Wertersatzes als auch der Anspruch auf die monatliche Geldrente muss spätestens im Verteilungstermin erfolgen, vgl. Rdn. 11.892.

11.932 Zur Bewertung und Berechnung der einzelnen Ansprüche vgl. Rdn. 9.46 ff.

10. Grundpfandrechte

a) Hypothek

11.933 In der Rangfolge des § 12 ZVG werden bei der Hypothek nach Anmeldung berücksichtigt

- die Kosten der dinglichen Rechtsverfolgung und
- die rückständigen wiederkehrenden Leistungen.

---

863 **Streitig:** so *Stöber*, § 92 Rdn. 3.1; *Dassler/Schiffhauer*, § 91 Rdn. 10; **a.A.** *Steiner/Eickmann*, § 92 Rdn. 39 und *Böttcher*, § 92 Rdn. 23, es gilt § 92 Abs. 2 ZVG.

Von Amts wegen werden in den Teilungsplan aufgenommen, sofern das **11.934**
Recht vor dem Zwangsversteigerungsvermerk im Grundbuch eingetragen
wurde, § 114 Abs. 1 ZVG,

- die laufenden wiederkehrenden Leistungen bis einen Tag vor dem Verteilungstermin und
- der Kapitalanspruch.

Bei einer **Tilgungshypothek** sind in den zu berücksichtigenden wiederkehrenden Leistungen Zinsen und Tilgungsbeträge enthalten. Durch Zahlung aus dem Erlös erlischt die Hypothek daher in Höhe der Tilgungsanteile, die sich aus den wiederkehrenden Leistungen ergeben. Bei dem zu berücksichtigenden Kapitalbetrag sind daher diese Tilgungsanteile nicht mehr aufzunehmen.[864] **11.935**

Zur Aufbauhypothek im Beitrittsgebiet vgl. Rdn. 9.213 ff. **11.936**

b) Höchstbetragshypothek

Bei Bestellung einer Höchstbetragshypothek steht der Haftungsrahmen **11.937**
des Grundstückes fest, im Übrigen bleibt die Feststellung der Forderung jedoch vorbehalten, § 1190 Abs. 1 BGB. Bis zur Feststellung der Forderung handelt es sich um eine auflösend bedingte Eigentümergrundschuld.

Vor Zuteilung eines Betrages an den Gläubiger muss dieser die festgestellte Forderung nachweisen, entweder einigt er sich mit dem Besteller der Hypothek oder durch Vorlage eines rechtskräftigen Urteils.[865] Soweit dies nicht erfolgt, ist der Nennbetrag für den eingetragenen Gläubiger und den bisherigen Grundstückseigentümer zu hinterlegen, § 117 Abs. 2 S. 3 ZVG.[866] Nachrangige, insbesondere ausfallende, Gläubiger rücken nicht auf, da ihnen der Nennbetrag der eingetragenen Hypothek in vollem Umfange vorgeht. Kosten der dinglichen Rechtsverfolgung fallen nicht in den Höchstbetrag und können direkt ausgezahlt werden.[867] **11.938**

c) Zwangssicherungshypothek

Die Zwangssicherungshypothek unterscheidet sich von einer rechtsgeschäftlich gestellten Sicherungshypothek nur durch ihre Entstehungstatbestände. Es kann daher zunächst auf die Ausführungen zur Hypothek verwiesen werden (Rdn. 11.933). **11.939**

---

864 *Stöber*, § 114 Rdn. 5.14e; Steiner/*Teufel*, § 114 Rdn. 58.
865 *Stöber*, § 114 Rdn. 5.13; Steiner/*Teufel*, § 119, 120 Rdn. 4; Dassler/*Schiffhauer*, § 114 Rdn. 10; LG Traunstein, Rpfleger 1988, 499.
866 *Stöber*, § 114 Rdn. 5.13; *Böttcher*, § 117 Rdn. 12; **a.A.** Hinterlegung nach §§ 119, 120 ZVG Dassler/*Schiffhauer*, § 114 Rdn. 10 und § 119 Rdn. 5.
867 Dassler/*Schiffhauer*, § 114 Rdn. 10.

11.940 Ist der Gläubiger der Zwangssicherungshypothek durch einen Rechtsanwalt vertreten, gehören zu den anzumeldenden **Kosten** der dinglichen Rechtsverfolgung auch die Vollstreckungskosten des Anwaltes und die Gerichtskosten für die Eintragung der Hypothek im Grundbuch (weitere Einzelheiten Rdn. 10.179).

11.941 Da es bei der Zwangssicherungshypothek eine vereinbarte Zinsfälligkeit nicht gibt, werden die laufenden **Zinsen von Amts wegen** ab dem Zeitpunkt der ersten Beschlagnahme berücksichtigt, § 13 Abs. 3 ZVG. Rückständige wiederkehrende Leistungen müssen angemeldet werden.

11.942 Das aus dem Grundbuch ersichtliche **Kapital** wird ebenfalls von Amts wegen berücksichtigt, sofern die Zwangssicherungshypothek vor dem Zwangsversteigerungsvermerk eingetragen wurde. Steht sie nach dem Versteigerungsvermerk, muss sie rechtzeitig vor der Aufforderung zur Abgabe von Geboten im Zwangsversteigerungstermin angemeldet werden, § 37 Nr. 4 ZVG. Erfolgt die Anmeldung nicht rechtzeitig, wird der gesamte auf den Anspruch entfallende Erlös rangmäßig hinter allen anderen Rechten berücksichtigt, § 110 ZVG (weitere Einzelheiten vgl. Rdn. 10.166 ff.).

d) Arresthypothek

11.943 Die Arresthypothek ist eine Sicherungshöchstbetragshypothek, § 932 Abs. 1 ZPO, § 1190 BGB. Zinsen können aus der Arresthypothek nicht beansprucht werden, da diese bereits in den Höchstbetrag eingerechnet sind. Kosten der dinglichen Rechtsverfolgung können daneben angemeldet werden. Einen Anspruch aus der Hypothek kann der Gläubiger jedoch nur dann herleiten, wenn die Forderung festgestellt wird. Bis zur Feststellung der Forderung handelt es sich um eine auflösend bedingte Eigentümergrundschuld. Berechtigter des Anspruches ist daher der Gläubiger für den Fall, dass die gesicherte Forderung festgestellt wird, andernfalls bei Feststellung der endgültigen Eigentümergrundschuld der alte Eigentümer.[868] Der auf die Arresthypothek entfallende Erlösbetrag wird unter der entsprechenden Bedingung hinterlegt (vgl. die Ausführungen zur Höchstbetragshypothek zuvor Rdn. 11.937).

e) Grundschuld

11.944 Die nach den Versteigerungsbedingungen erlöschende Grundschuld wird ebenso behandelt wie die erlöschende Hypothek. Der aus dem Grundbuch ersichtliche Kapitalbetrag und die laufenden wiederkehrenden Leistungen werden von Amts wegen berücksichtigt, Kosten der dinglichen Rechtsverfolgung und rückständige wiederkehrende Leistungen sind grundsätzlich anzumelden, § 114 ZVG.

---

868 *Stöber*, § 114 Rdn. 6.3.

aa) Sicherungsgrundschuld

In der Praxis handelt es sich regelmäßig bei der Grundschuld um eine so genannte **Sicherungsgrundschuld.** Die Grundschuld sichert eine bestimmte festgelegte Forderung, auch die Forderung aus einem Kontokorrentverhältnis in ihrem jeweiligen Forderungsstand oder künftige Forderungen[869] oder Ansprüche verschiedener Schuldner.[870] Die gegenseitigen Rechte und Pflichten zwischen dem Sicherungsgeber und Sicherungsnehmer werden in der Zweckerklärung oder **Sicherungsabrede** geregelt. Diese Vereinbarung hat jedoch ausschließlich schuldrechtliche Wirkung.[871]

11.945

bb) Zinsen der Grundschuld

Da die Verpflichtungen aus der Sicherungsabrede nur schuldrechtlicher Natur sind, werden sie vom Versteigerungsgericht nicht geprüft und berücksichtigt. Auch auf die Sicherungsgrundschuld werden daher auf Anmeldung bzw. von Amts wegen Kosten der dinglichen Rechtsverfolgung, rückständige und laufende wiederkehrende Leistungen und der Hauptanspruch zugeteilt.

11.946

Zinsen aus Sicherungsgrundschulden verjähren regulär nach § 195 BGB. Die Verjährung ist nicht bis zum Eintritt des Sicherungsfalles gehemmt.[872] Die Verjährung eines Grundschuldzinsanspruchs wird durch die Stellung eines Zwangsversteigerungsantrags unterbrochen. Handelt es sich bei der Grundschuld um eine Sicherungsgrundschuld, führt das nicht zur Hemmung der Verjährung bis zum Eintritt des Sicherungsfalls.[873] Das Versteigerungsgericht prüft die Verjährung aber nicht (Einrede).

11.947

Strittig sind nach wie vor die Fragen, ob der Gläubiger der Grundschuld diese auch dann in vollem Umfange anmelden kann bzw. muss, wenn die Grundschuld nicht mehr voll valutiert ist.[874]

11.948

Rückständige Zinsen müssen grundsätzlich angemeldet werde, § 114 Abs. 2 ZVG. Meldet der Gläubiger keine rückständigen Zinsen an, werden diese auch nicht im Teilungsplan aufgenommen.

11.949

Laufende Zinsen werden zwar von Amts wegen berücksichtigt, meldet der Gläubiger jedoch ausdrücklich weniger Zinsen an, wird auch nur dieser Minderbetrag berücksichtigt (**Minderanmeldung** oder **Hebungsver-**

11.950

---

869 BGH, NJW 1989, 831; einschränkend aber BGH, NJW 1992, 1822.
870 BGH, Rpfleger 1998, 105.
871 Für viele: BGH, Rpfleger 1981, 292 = NJW 1981, 1505.
872 BGH, Rpfleger 2000, 60 = NJW 1999, 3705 = DNotZ 2000, 59 = BB 1999, 2322 = KTS 2000, 281 = MDR 1999, 1517 = WM 1999, 2253 = ZIP 1999, 1883 = InVo 2000, 313 = MittBayNot 1999, 558 = NotBZ 1999, 251 = ZfIR 1999, 836 = ZNotP 1999, 475, unter Aufgabe der bisherigen Rechtsprechung.
873 BGH, ZfIR 2001, 856.
874 BGH, Rpfleger 1981, 292 = NJW 1981, 1505.

zicht).[875] Allerdings kann der Gläubiger die Grundschuldzinsen in vollem Umfange geltend machen, selbst wenn er sie zur Abdeckung seiner persönlichen Forderung nicht mehr benötigt.[876] Eine Verpflichtung zur Anmeldung nicht mehr benötigter Zinsen hat der Gläubiger nicht, dies bestimmt sich ausschließlich nach der schuldrechtlichen Vereinbarung in der Sicherungsabrede.[877]

11.951 **Nachrangige Gläubiger** haben allein aufgrund ihrer Rangposition aus dem eigenen Recht keinen Anspruch auf die nicht mehr benötigten, aber dennoch angemeldeten Zinsen einer vorrangigen Grundschuld.[878]

11.952 Seiner Verpflichtung zur Rückgewähr der nicht mehr benötigten Zinsen erfüllt der Grundschuldgläubiger dadurch, dass er sie zum laufenden Zwangsversteigerungsverfahren nicht mehr anmeldet.[879] Hat er sie dennoch angemeldet und erhalten und ergibt sich nach Verrechnung der zugeteilten Ansprüche mit der tatsächlichen Forderung ein Erlösüberschuss, muss dieser an den Sicherungsgeber in Erfüllung der Rückgewähransprüche zurückgezahlt werden.[880]

cc) **Kapital der Grundschuld**

11.953 Die Sicherungsgrundschuld ist immer unabhängig von der gesicherten Forderung, auch wenn die Sicherungsabrede die Grundlage für die Bestellung der Grundschuld ist. Selbst wenn die Darlehensforderung erloschen ist oder überhaupt niemals entstanden ist, entsteht keine Eigentümergrundschuld, die Grundschuld steht nach wie vor dem Gläubiger zu.[881]

11.954 Der **Kapitalanspruch** der Grundschuld wird daher in jedem Falle in voller Höhe berücksichtigt. Sofern der Grundschuldgläubiger den Grundschuldbetrag ganz oder teilweise nicht mehr beansprucht, muss er über den Erlösanspruch eine entsprechende Verfügungserklärung (dingliche Rechtsänderungserklärung) abgeben (Abtretung, Verzicht, Aufhebung vgl. Rdn. 11.960).

11.955 Ein Hebungsverzicht auf die Grundschuld wird nicht berücksichtigt, nimmt der Gläubiger den zugeteilten Betrag nicht an, wird dieser hinterlegt, § 117 Abs. 2 S. 3 ZVG.[882]

---

875 Vgl. MünchKomm/*Eickmann*, BGB § 1191 Rdn. 103; *Stöber*, § 45 Rdn. 7; Steiner/*Eickmann*, § 45 Rdn. 34; Steiner/*Teufel*, § 114 Rdn. 37; LG Frankenthal, Rpfleger 1986, 232.
876 BGH, Rpfleger 1981, 292 = NJW 1981, 1505.
877 *Stöber*, § 114 Rdn. 7.6e; Steiner/*Eickmann*, § 114 Rdn. 37.
878 BGH, Rpfleger 1981, 292 = NJW 1981, 1505.
879 OLG München, NJW 1980, 1051; Steiner/*Teufel*, § 114 Rdn. 37; Dassler/*Schiffhauer*, § 114 Rdn. 16; *Stöber*, § 114 Rdn. 7.6f.
880 BGH, Rpfleger 1981, 292 = NJW 1981, 505.
881 BGH, NJW 1982, 928; für viele: Dassler/*Schiffhauer*, § 114 Rdn. 11.
882 *Stöber*, § 114 Rdn. 7.5b und § 117 Rdn. 6.1; Steiner/*Teufel*, § 114 Rdn. 40, 41; Dassler/*Schiffhauer*, § 114 Rdn. 18; *Storz*, ZVG, E 5.2.

dd) Rückgewährsanspruch

Grundschuld bleibt bestehen:

Bleibt eine Sicherungsgrundschuld nach den Versteigerungsbedingungen bestehen, führt die Zuschlagserteilung nicht zur Fälligkeit des Rückgewährsanspruches hinsichtlich des nicht mehr valutierten Teils der Grundschuld.[883] **11.956**

Haben die Beteiligten in der Sicherungsabrede vereinbart, dass der Rückgewährsanspruch nur durch Verzicht oder Löschungsbewilligung erfüllt werden kann, führt dies dann zur Unwirksamkeit, wenn im Zeitpunkt der Rückgewähr das Eigentum durch Zuschlag gewechselt hat.[884] Hat z.B. der Gläubiger eine Löschungsbewilligung erteilt, kommt diese nicht mehr dem früheren Eigentümer und Sicherungsgeber zugute, sondern infolge des Eigentumswechsels dem Ersteher, der aber nicht rückgewährsberechtigt ist. In diesem Fall kann der Rückgewährsanspruch nur durch Erteilung einer Abtretungserklärung an den früheren Eigentümer erfüllt werden.[885] **11.957**

Übernimmt der Ersteher eine Grundschuld und löst diese ab, so steht der auf einen nicht valutierten Teil der Grundschuld entfallende Übererlös dem bisherigen Grundstückseigentümer zu. Dieser Übererlös resultiert aus der über den Sicherungszweck hinausgehenden dinglichen Belastung des Grundstückes. Die Auszahlung an den früheren Eigentümer gleicht aus, dass dieser bei der Versteigerung nur einen Erlös erzielt hat, der um den vollen Betrag der Grundschuld einschließlich ihres nicht mehr valutierten Teiles gemindert war.[886] **11.958**

Grundschuld erlischt:

Nach Wegfall des Sicherungszweckes hat der Eigentümer gegenüber dem Sicherungsnehmer (Bank, Gläubiger) einen Anspruch auf **Ausgleichung der Bereicherung** oder aus § 812 BGB.[887] Dieser Anspruch ist aufschiebend bedingt durch Tilgung der Forderung und entsteht bereits mit Abschluss der Sicherungsabrede.[888] **11.959**

Erfüllt werden kann der Anspruch durch die sog. **Rückgewährsansprüche**[889]: **11.960**

---

883 BGH, Rpfleger 1987, 30 = ZIP 1986, 1452.
884 BGH, Rpfleger 1988, 495 = NJW-RR 1988, 1146 und erneut Rpfleger 1989, 295.
885 So auch *Schiffhauer*, Rpfleger 1988, 498, 499; BGH, Rpfleger 1989, 295.
886 Rpfleger 1997, 121 = NJW 1997, 190 = DNotZ 1997, 383 = DB 1997, 91 = KTS 1997, 163 = WM 1996, 2197 = ZIP 1996, 1981; BGH, Rpfleger 1989, 120 = NJW-RR 1989, 173.
887 BGH, Rpfleger 1991, 105 = NJW 1991, 305; BGH, Rpfleger 1985, 103 = NJW 1985, 800; *Storz*, ZVG, E 5.2 m.w.N.
888 Für viele: BGH, Rpfleger 1959, 273 = MDR 1959, 571; BGH, NJW 1977, 247; MünchKomm/*Eickmann*, BGB § 1191 Rdn. 87 ff.
889 Der Anspruch auf Rückgewähr einer Sicherungsgrundschuld ist nach Wahl des Sicherungsgebers auf Abtretung der Grundschuld, deren Aufhebung oder den Verzicht auf diese gerichtet, BGH, NJW-RR 1994, 847.

- **Abtretung** des Rechtes, §§ 1154, 1192 BGB; bei einem Buchrecht wird diese wirksam durch Abtretungserklärung (ohne Grundbucheintragung), bei einem Briefrecht ist eine Briefübergabe nicht mehr erforderlich,
- **Verzichtserklärung**, §§ 1168, 1192 BGB; auch hier ist eine Grundbucheintragung nicht mehr erforderlich; mit der Verzichtserklärung entsteht eine Eigentümergrundschuld. Da das Recht erloschen ist, steht der Erlös nunmehr dem Schuldner/Eigentümer zu[890],
- **Aufhebungserklärung** (Löschungsbewilligung); der Aufhebungserklärung muss der Eigentümer noch zustimmen, §§ 875, 1183, 1192 BGB; eine Eintragung im Grundbuch ist jedoch nicht erforderlich; der Erlösanspruch ist damit untergegangen, nachrangige Gläubiger rücken in der Rangfolge auf.

11.961 Zur Pfändung und Geltendmachung im Verteilungstermin vgl. Rdn. 11.968 ff.

11.962 Zahlungen des persönlichen Schuldners sind regelmäßig nach der Sicherungsabrede nur auf die Forderung und nicht auf die Grundschuld zu verrechnen. Eine Eigentümergrundschuld entsteht daher nicht. Nur wenn der Eigentümer zur Abwendung der Zwangsversteigerung oder Zwangsverwaltung auf die Grundschuld zahlt, entsteht ein Eigentümerrecht[891], die Forderung geht nicht auf ihn über.[892] In der Insolvenz des Eigentümers werden Zahlungen des Insolvenzverwalters immer nur auf die Grundschuld geleistet.[893]

11.963 Sofern der nicht persönlich schuldende Eigentümer auf die Grundschuld zahlt, geht die gesicherte Forderung nicht kraft Gesetzes auf ihn über.[894] Wird der persönliche Schuldner daraufhin aus der Forderung in Anspruch genommen, ist zu unterscheiden, ob er Sicherungsgeber war oder nicht. Im ersten Falle kann er dem Gläubiger bei einer Zahlungsverpflichtung gegenüber einwenden, dass er nur Zug um Zug gegen Rückgewähr der Grundschuld zur Leistung verpflichtet ist.[895] Im zweiten Fall ist er nicht zur Zahlung verpflichtet, da der Gläubiger keine doppelte Befriedigung erhalten darf.[896]

11.964 Ist die Sicherungsgrundschuld nur teilweise valutiert, hat der Sicherungsgeber auch einen Anspruch auf teilweise Rückgewähr.[897]

---

890 BGH, Rpfleger 1963, 234 = NJW 1963, 1497; BGH, Rpfleger 1978, 363.
891 BGH, Rpfleger 1986, 297 = NJW 1986, 2108.
892 BGH, Rpfleger 1988, 524.
893 BGH, Rpfleger 1995, 14 zum Konkursrecht.
894 BGH, Rpfleger 1988, 524.
895 BGH, NJW 1987, 838.
896 BGH, Rpfleger 1988, 524.
897 BGH, NJW-RR 1990, 445.

Den bei der Erlösverteilung auf den nicht valutierten Teil der Grundschuld entfallenden Übererlös hat der Gläubiger aufgrund der Sicherungsabrede herauszugeben.[898]

11.965

ee) Abtretung des Rückgewährsanspruchs

Der Rückgewährsanspruch kann auch abgetreten werden.[899] Die Ansprüche auf Rückgewähr vorrangiger Grundschulden sind keine Nebenrechte und müssen bei der Abtretung oder Ablösung eines Grundpfandrechtes ausdrücklich mit übertragen werden.[900]

11.966

Tritt bei einer Schuldübernahme ein Dritter mit Zustimmung des Gläubigers in das Schuldverhältnis ein, sind auch die Rückgewährsansprüche auf ihn übergegangen.[901] Wird die Grundschuld bestellt und gleichzeitig die Rückgewährsansprüche vorrangiger Grundschulden an den neuen Grundschuldgläubiger abgetreten, ist die formularmäßige Zweckerklärung, die vorrangigen Grundpfandrechte sollen zur weiteren Sicherheit dienen, dahin auszulegen, dass der Gläubiger zwar den Vorrang ausnutzen darf, nicht aber einen Befriedigungsanspruch über die Höhe seiner nachrangigen Grundschuld hinaus hat.[902]

11.967

ff) Pfändung des Rückgewährsanspruchs

Der Rückgewährsanspruch kann auch gepfändet werden, §§ 857 Abs. 1, 829 ZPO (hierzu Rdn. 6.398 ff.). Mit der Pfändung besteht jedoch kein Anspruch auf die Grundschuld selbst, deren Brief oder sonstige Urkunden, da nur der schuldrechtliche Rückgewährsanspruch gepfändet ist. Es ist daher immer empfehlenswert, gleichzeitig die zukünftige Eigentümergrundschuld mitzupfänden und sich zur Einziehung überweisen zu lassen (weitere Einzelheiten vgl. Rdn. 6.316 ff., 6.345 ff.).

11.968

Der Rückgewährsanspruch wird in der Praxis regelmäßig an nachrangige Grundpfandrechtsgläubiger abgetreten. Da diese Abtretung nur zur weiteren Sicherung dient, hat der Eigentümer gegenüber diesem Gläubiger einen **Anspruch auf Rückabtretung**. Dieser obligatorische Rückabtretungsanspruch wird dann wiederum an nachrangige Gläubiger abgetreten. Die Pfändung muss daher nicht nur den Rückgewährsanspruch umfassen, sondern auch den **Anspruch auf Rückabtretung des Rückgewährsanspruches** und den **Anspruch auf Rückgewähr des abgetretenen Rückgewährsanspruches**. Die Zustellung muss an alle aus dem Grundbuch er-

11.969

---

898 BGH, NJW 1992, 1620.
899 BGH, Rpfleger 1977, 56 = NJW 1977, 247; *Stöber*, § 114 Rdn. 7.8; Dassler/*Schiffhauer*, § 114 Rdn. 19.
900 BGH, Rpfleger 1988, 306.
901 BGH, Rpfleger 1986, 297 = NJW 1986, 2108.
902 BGH, NJW 1990, 1177.

sichtlichen Grundpfandrechtsgläubiger erfolgen. Hat der Eigentümer den Rückgewährsanspruch abgetreten, geht eine nachträgliche Pfändung ins Leere, das Pfandrecht lebt auch dann nicht wieder auf, wenn der Rückgewährsanspruch zurückabgetreten wird.[903]

11.970 Erfüllt der Grundschuldgläubiger den Rückgewährsanspruch durch **Rückübertragung** der Grundschuld an den Eigentümer, entsteht für diesen eine Eigentümergrundschuld. Im Wege der dinglichen Surrogation wandelt sich das Pfandrecht am Rückgewährsanspruch in ein Pfandrecht an der Eigentümergrundschuld um.[904]

11.971 Erteilt der Gläubiger eine **Verzichtserklärung,** findet keine dingliche Surrogation statt.[905]

11.972 Die Pfändung des Rückgewährsanspruches geht ins Leere, wenn der Gläubiger den Rückgewährsanspruch durch **Aufhebungserklärung** erfüllt, in diesem Falle erlischt die Grundschuld.

11.973 Die Durchsetzung des Rückgewährsanspruches wird jedoch nicht durch das Versteigerungsgericht geprüft, da es sich ausschließlich um einen schuldrechtlichen Anspruch handelt. Erfüllt der Grundschuldgläubiger den Rückgewährsanspruch nicht freiwillig, muss gegebenenfalls im Prozessweg vorgegangen werden. Bei der Erlösverteilung in der Zwangsversteigerung wird der volle Kapitalbetrag auf die Grundschuld zugeteilt.

11.974 Nachfolgende **Übersicht** verdeutlicht die Zuteilung in der Zwangsversteigerung bei einer nicht mehr voll valutierten Grundschuld und die sich daraus begebenden Ansprüche auf Rückgewähr:

11.975 Beispiel:

Rechte laut Grundbuch:
III/1   50.000,– € (zurückgezahlt 10.000,– €)
III/2   75.000,– € (zurückgezahlt 15.000,– €)
III/3   50.000,– €
Rückgewährsanspruch Eigentümer gegen III/1, abgetreten an III/2;
Rückgewährsanspruch Eigentümer gegen III/1, 2 und Anspruch auf Rückabtretung der abgetretenen Ansprüche Eigentümer an III/2, abgetreten an III/3.

---

903 BGH, NJW 1971, 1939.
904 OLG Hamm, ZIP 1983, 806; OLG Frankfurt, JurBüro 1985, 790; MünchKomm/*Eickmann* BGB, § 1191 Rdn. 119.
905 BGH, Rpfleger 1990, 32 = ZIP 1989, 1174; *Stöber*, Forderungspfändung, Rdn. 1893.

Erlösverteilung   **11.976, 11.977**

Erlös	in der ZV erhalten	Rückgewährsanspruch außergerichtlich durchsetzen
100.000,– €	III/1 50.000,– €	
	III/2 50.000,– €	an III/2 10.000,– € aus III/1
110.000,– €	III/1 50.000,– €	an III/2 10.000,– € aus III/1
	III/2 60.000,– €	aber: da nie mehr als 60.000,– € an III/3 10.000,– € aus abgetretenem Rückgewährsanspruch
125.000,– €	III/1 50.000,– €	an III/2 10.000,– € aus III/1
	III/2 75.000,– €	aber: da nie mehr als 60.000,– € an III/3 10.000,– € aus abgetretenem Rückgewährsanspruch, an III/3 15.000,– € aus Rückgewährsanspruch gegen III/2
150.000,– €	III/1 50.000,– €	an III/3 10.000,– € (s.o.)
	III/2 75.000,– €	an III/3 15.000,– € (s.o.)
	III/3 25.000,– €	somit insgesamt 50.000,– €
160.000,– €	III/1 50.000,– €	an III/3 10.000,– € (s.o.)
	III/2 75.000,– €	an III/3 5.000,– € (s.o.)
	III/3 35.000,– €	damit bereits 50.000,– € erhalten Rest: 10.000,– € aus Rückgewährsanspruch gegen III/3 an Eigentümer

Erfüllt der Grundschuldgläubiger den Rückgewährsanspruch im laufenden Zwangsversteigerungsverfahren, insbesondere spätestens im Verteilungstermin, ist zu unterscheiden: **11.976**

- Bewilligt der Gläubiger die **Löschung** (§§ 875, 1192 BGB) der Grundschuld und stimmt der Eigentümer dieser Löschung zu (die Eintragung der Löschung im Grundbuch selbst ist nicht mehr erforderlich, da das Recht bereits erloschen ist), hat dies die Wirkung, dass der Anspruch auch als erloschen gilt, mit der Folge, dass die nachrangigen Gläubiger im Range aufrücken.
- Die **Abtretung** (§§ 1154, 1192 BGB) der Grundschuld hat zur Folge, dass aufgrund gleich lautender Erklärung zwischen Zedent und Zessionar (aber nicht mehr Grundbucheintragung und Briefübergabe) der Anspruch auf den neuen Gläubiger übergeht.
- Die **Verzichtserklärung** (§§ 1168, 1192 BGB) auf die Grundschuld (nicht mehr Grundbucheintragung) bewirkt, dass bei Zuschlag der Anspruch dem Eigentümer als Eigentümergrundschuld zusteht.

Außer der Pfändung des Rückgewährsanspruches bzw. der Ansprüche aus Rückabtretung dieser Ansprüche, muss der Gläubiger unbedingt auch die **zukünftige Eigentümergrundschuld pfänden** und sich zur Einziehung überweisen lassen. Im Hinblick auf die Geltendmachung des **gesetzlichen**   **11.977**

Löschungsanspruches nach § 1179a BGB ist ebenfalls regelmäßig die Eintragung einer Zwangssicherungshypothek sinnvoll.

f) Eigentümergrundschuld

11.978 Die erloschene Eigentümergrundschuld wird in der Erlösverteilung ebenso berücksichtigt wie eine Hypothek oder Grundschuld. Es fallen jedoch regelmäßig keine Kosten der dinglichen Rechtsverfolgung an.

11.979 **Zinsen** aus der Eigentümergrundschuld kann der Eigentümer nicht beanspruchen, § 1197 Abs. 2 BGB. Zinsen werden auch nicht vom Zeitpunkt des Zuschlags bis zu dem Tage vor der Verteilung berücksichtigt.[906] Die Zinsbeschränkung gilt jedoch nicht für den **Pfändungsgläubiger** der Eigentümergrundschuld.[907] Ebenso kann der Pfändungsgläubiger seine Kosten der dinglichen Rechtsverfolgung anmelden, sofern diese entstanden sind.

11.980 Der Abtretungsgläubiger einer Eigentümergrundschuld kann auch ältere Zinsen aus dem Zeitraum vor der Abtretung verlangen, sofern diese älteren Zinsen mitabgetreten wurden.[908]

11. Löschungsanspruch/Löschungsvormerkung

a) Anmeldung des Anspruchs

11.981 Der gesetzliche Löschungsanspruch muss nicht bereits zum Versteigerungstermin angemeldet werden, er kann auch noch rechtzeitig zum Verteilungstermin geltend gemacht werden.[909] Die Durchsetzung des gesetzlichen Löschungsanspruchs ist auch bereits vor Durchführung des gerichtlichen Verteilungsverfahrens im Anschluss an die Zuschlagserteilung in der Zwangsversteigerung gerechtfertigt.[910]

b) Gesetzlicher Inhalt des Grundpfandrechtes

11.982 Der gesetzliche Löschungsanspruch nach § 1179a BGB gegenüber einer gleich- oder vorrangigen Hypothek oder Grundschuld ist seit dem 1.1.1978 kraft Gesetzes Inhalt eines jeden Grundpfandrechts. Dieser gesetzliche Löschungsanspruch steht auch dem Gläubiger einer Zwangssicherungshypothek zu, nicht jedoch dem Berechtigten einer Arresthypothek, § 932 Abs. 1 S. 2 ZPO.

---

906 *Stöber*, § 114 Rdn. 6.14 m.w.N.
907 MünchKomm/*Eickmann* BGB, § 1197 Rdn. 7; Erman/*Räfle*, § 1197 Rdn. 5; *Böttcher*, § 114 Rdn. 23; Palandt/*Bassenge*, § 1197 Rdn. 5; **a.A.** Musielak/*Becker*, § 857 Rdn. 17; *Stöber*, § 114 Rdn. 6.10.
908 OLG Celle, Rpfleger 1989, 323; OLG Düsseldorf, Rpfleger 1989, 498.
909 **H.M.**, vgl. Dassler/*Schiffhauer*, § 114 Rdn. 57; *Stöber*, § 114 Rdn. 9.15; *Böttcher*, § 114 Rdn. 35.
910 LG Ansbach, Rpfleger 1998, 212.

Der Löschungsanspruch besteht nicht gegenüber einer erstmals eingetragenen Eigentümergrundschuld, § 1196 Abs. 3 BGB. Hat ein Gläubiger die Eigentümergrundschuld durch Abtretung erworben und diese zurückübertragen, so muss bei erneuter Abtretung der Dritterwerber den gesetzlichen Löschungsanspruch nachrangiger Gläubiger gegen sich gelten lassen. Die Entstehung dieses Anspruches ist dabei nicht davon abhängig, dass die Grundschuld valutiert war, sie muss dem ersten Zessionar nur zugestanden haben.[911] Im Falle der nachträglichen, im Grundbuch ausgewiesenen Vereinigung aller bestehenden Grundpfandrechte mit dem Eigentum in einer Person findet § 1196 Abs. 3 BGB entsprechende Anwendung.[912]

11.983

c) Grundpfandrecht bleibt bestehen

Das Erlöschen eines Rechtes, dessen Berechtigter nach § 1179a BGB die Löschung eines bestehen bleibenden Grundpfandrechtes verlangen kann, hat nicht das Erlöschen dieses Anspruches zur Folge. Der Anspruch erlischt erst, wenn der Berechtigte aus dem Grundstück befriedigt wurde, § 91 Abs. 4 ZVG. Erlischt somit das Recht eines Berechtigten, der einen Löschungsanspruch gegenüber einem bestehen bleibenden Recht hat, geht der Löschungsanspruch nicht mit dem eigenen Recht unter. Der Berechtigte kann beantragen, dass für ihn bei dem bestehen bleibenden Grundpfandrecht eine Vormerkung zur Sicherung des sich aus dem erloschenen Grundpfandrecht ergebenden Anspruches auf Löschung einzutragen ist, § 130a Abs. 2 ZVG.

11.984

d) Grundpfandrecht erlischt

Richtet sich der Löschungsanspruch des Berechtigten gegen eine ebenfalls erlöschende Eigentümergrundschuld, wird der durch die Vormerkung gesicherte Löschungsanspruch nur berücksichtigt, wenn er geltend gemacht wird.[913] Der Löschungsanspruch kann noch im Verteilungstermin geltend gemacht werden, ein Rangverlust tritt hierdurch nicht ein.[914]

11.985

Bei der Durchsetzung und der eventuellen Auszahlung auf einen geltend gemachten Löschungsanspruch werden in der Praxis unterschiedliche Auffassungen vertreten. Da es sich bei dem gesetzlichen Löschungsanspruch um einen schuldrechtlichen Anspruch handelt, kann aufgrund der einseitigen Erklärung des Berechtigten noch keine Auszahlung an diesen erfolgen.[915] Das Versteigerungsgericht kann nur dann an einen anderen Berechtigten eine Auszahlung vornehmen, wenn sich die dingliche Rechtslage

11.986

---

911 OLG Celle, Rpfleger 1986, 398.
912 BGH, Rpfleger 1997, 470 = NJW 1997, 2597 = DNotZ 1998, 289 = KTS 1998, 304 = MDR 1997, 916 = WM 1997, 1616 = ZIP 1997, 1587 = MittBayNot 1998, 178 = ZfIR 1997, 529.
913 Dassler/*Schiffhauer*, § 114 Rdn. 57; *Stöber*, § 114 Rdn. 9.15; Steiner/*Eickmann*, § 114 Rdn. 90.
914 Dassler/*Schiffhauer*, § 114 Rdn. 57; *Stöber*, § 114 Rdn. 9.15; *Böttcher*, § 114 Rdn. 35.
915 A.A.: früher, Korintenberg/*Wenz*, ZVG 6. Aufl. 1935 Einl. Kap. 23,4.

geändert hat. Entweder wird bereits ein Urteil vorgelegt, oder der Berechtigte der Eigentümergrundschuld erkennt den Löschungsanspruch an.[916] Falls keine eindeutigen und übereinstimmenden Erklärungen spätestens im Verteilungstermin vorgelegt werden, muss der Löschungsvormerkungsberechtigte seinen Anspruch durch Widerspruch gegen den Teilungsplan verfolgen.[917] Regelmäßig wird das Versteigerungsgericht den geltend gemachten Löschungsanspruch von Amts wegen als Widerspruch werten, da der angemeldete Anspruch nicht nach dem Antrag in den Teilungsplan aufgenommen werden kann, § 115 Abs. 2 ZVG.[918]

11.987 Liegen die Voraussetzungen des Entstehens einer Eigentümergrundschuld vor, ist der Anspruch auf Löschung zwar mit dem Zuschlag selbst ebenfalls erloschen, er ist aber nicht untergegangen, sondern geht nunmehr dahin, dass der bisherige Eigentümer den auf die Eigentümergrundschuld entfallenden Betrag dem Löschungsberechtigten überlässt. Rechnerisch ist der Betrag zu ermitteln, den der Löschungsberechtigte erhalten hätte, wenn die Eigentümergrundschuld vor Zuschlagserteilung gelöscht worden wäre.[919] Sofern das betroffene und das begünstigte Recht unmittelbar rangmäßig aufeinander folgen, ergeben sich keine Schwierigkeiten. Besteht zwischen der Eigentümergrundschuld und dem Anspruch des Löschungsberechtigten ein Zwischenrecht, darf dieses bei der Ermittlung des Betrages weder begünstigt noch benachteiligt werden, § 880 Abs. 5 BGB.[920]

11.988 **Hinweis:** Eine grundlegende Entscheidung des BGH[921] zum gesetzlichen Löschungsanspruch in der Erlösverteilung bringt eine völlig neue Lage, auf die sich die Gerichte und insbesondere die Banken noch einzustellen haben. Nach dem Sachverhalt fällt der Gläubiger einer Zwangssicherungshypothek bei der Erlösverteilung in voller Höhe aus. Unter Berufung auf den gesetzlichen Löschungsanspruch verlangt der Gläubiger der Zwangssicherungshypothek die Zuteilung des auf eine vorrangige Eigentümergrundschuld entfallenden Betrages. Der Senat verneint den Anspruch des Gläubigers, da diesem ein Löschungsanspruch nicht zusteht: *„Verzichtet der Gläubiger einer durch den Zuschlag erloschenen Grundschuld erst im Verteilungsverfahren für den nicht valutierten Teil seines Rechts auf den Erlös, so kann ein gleich-*

---

[916] Dassler/*Schiffhauer,* § 114 Rdn. 58; Steiner/*Teufel,* § 114 Rdn. 90; *Stöber,* § 114 Rdn. 9.16.
[917] Dassler/*Schiffhauer,* § 114 Rdn. 59; Steiner/*Eickmann,* § 114 Rdn. 90; nach *Stöber,* § 114 Rdn. 9.16 erfolgt bedingte Zuteilung nach § 119 ZVG.
[918] So auch *Böttcher,* § 114 Rdn. 35; zu den Ausführungen des Teilungsplanes bei Einlegung eines Widerspruches, vgl. Rdn. 11.1018 ff.
[919] BGH, NJW 1987, 2078.
[920] OLG Düsseldorf, Rpfleger 1989, 422.
[921] Rpfleger 2004, 717 = NJW-RR 2004, 1458 = DNotZ 2005, 125 = MDR 2005, 176 = WM 2004, 1786 = ZIP 2004, 1724 = InVo 2005, 118 = ZfIR 2004, 1028 = ZNotP 2004, 485.

oder nachrangiger Hypothekar aus seinem Recht der Zuteilung dieses Erlöses an den Eigentümer nicht widersprechen."

Bis zu diesem Urteil des BGH bestand für die obergerichtliche Rechtsprechung[922], die Literatur[923] und die versteigerungsrechtliche Praxis kein Zweifel, dass der gesetzliche Löschungsanspruch nach § 1179a BGB auch dann zur Entstehung gelangt, wenn der Versteigerungsschuldner den Erlösanspruch aus einer nach § 52 Abs. 1 S. 2 ZVG erloschenen Grundschuld erst infolge eines Verzichtes nach Zuschlag erlangt.

11.989

Da nach den Versteigerungsbedingungen alle Grundpfandrechte mit Erteilung des Zuschlags erloschen sind, führt eine Verzichtserklärung eines hebungsberechtigten Gläubigers nach Auffassung des BGH nicht zu einer Eigentümergrundschuld, sondern zu einem „Eigentümererlöspfandrecht". Der gesetzliche Löschungsanspruch nach § 1179a BGB erstreckt sich nach Auffassung des BGH nicht auf ein solches Erlöspfandrecht. Das infolge der Verzichtserklärung erworbene Eigentümererlöspfandrecht ist kein Surrogat für eine nach § 1168 Abs. 1 BGB entstandene Eigentümergrundschuld. Die Vormerkungswirkungen des gesetzlichen Löschungsanspruchs, die auf Aufhebung einer aus einem Fremdrecht entstandenen Eigentümergrundschuld gerichtet sind, erstrecken sich nicht im Wege der Surrogation auf den Erlösanspruch zugunsten des Eigentümers. Für Gläubiger von Zwangssicherungshypotheken wird sich nun aufgrund der Entscheidung die Notwendigkeit ergeben, die Rückgewährsansprüche ihres Schuldners zu pfänden.[924]

11.990

Aber auch nach dem Urteil des BGH hat das Vollstreckungsgericht einen auf einen erkennbar nicht bestehenden gesetzlichen Löschungsanspruch gestützten Widerspruch zuzulassen und die Ausführung des Teilungsplanes insoweit auszusetzen. Im Rahmen der Verhandlung über den Widerspruch nach § 876 ZPO hat das Gericht nach § 139 ZPO jedoch auf seine Zweifel an der materiellen Existenz des Löschungsanspruches angesichts der aktuellen BGH-Entscheidung hinzuweisen, um den Gläubiger nicht in einen von vornherein aussichtslosen Widerspruchsprozess zu treiben.[925] Der Gläubiger einer nicht voll valutierten Grundschuld wird vor einem Verzicht mehr denn je zu prüfen haben, ob der Rückgewährsanspruch wirksam abgetreten oder gepfändet worden ist. Zur Vermeidung etwaiger Schadenser-

11.991

---

922 OLG Köln, OLGR 1998, 433 = InVo 1999, 95/96; OLG Frankfurt, als Vorinstanz des BGH-Urteils.
923 Vgl. z.B. *Stöber* § 114 Rdn. 9.8c; Palandt/*Bassenge*, § 1179 Rdn. 19; Erman/*F. Wenzel*, § 1179a Rdn. 14; *Mayer*, RpflStud 2005, 42, der zutreffend darauf hinweist, dass nach dem BGH-Urteil wohl die „Kommentare, Lehrbücher sowie die Konzepte der Hochschuldozenten überarbeitet werden müssen".
924 Hierzu eingehend *Hintzen/Böhringer*, Rpfleger 2004, 661; Anmerkung *Clemente*, EWiR 2004, 1021; *Dümig*, ZfIR 2004, 1031-1033; *Bartels*, WuB VI E § 91 ZVG 1.05; *Mayer*, RpflStud 2005, 4; *Stöber*, WM 2006, 607 lehnt die Entscheidung als praxisfremd ab.
925 So bereits *Alff*, Rpfleger 2006, 241.

11.992 Zwangsversteigerung

satzansprüche sollte er vor Verzicht die Einwilligung des Abtretungsempfängers bzw. des Pfändungsgläubigers einholen.

Zu den Auswirkungen des gesetzlichen Löschungsanspruches in der Zuteilung vgl. nachfolgende **Übersicht**:

11.992 Beispiel:

Grundbuchinhalt:
III/1   30.000,– €   (15.000,– € getilgt)
III/2   20.000,– €
III/3   50.000,– €   Erlös: 40.000,– €
                             alle Rechte erlöschen nach den
                             Versteigerungsbedingungen

a) normale Zuteilung
Erlös: 40.000,– €   **Ausfall:**
       – 30.000,– €   an III/1 Gläubiger
                      und Eigentümer   III/2 10.000,– €
       – 10.000,– €   an III/2   III/3 50.000,– €

b) III/2 macht den Löschungsanspruch geltend
Erlös   40.000,– €
       – 15.000,– €   III/1 Gläubiger
        25.000,– €   **Ausfall:**
       – 20.000,– €   III/2   III/1 10.000,– € Eigentümer
       – 5.000,– €   III/1 Eigentümer   III/3 50.000,– €

c) III/2 und III/3 machen den Löschungsanspruch geltend
Erlös: 40.000,– €
       – 15.000,– €   III/1 Gläubiger
        25.000,– €   **Ausfall:**
       – 20.000,– €   III/2   III/1 15.000,– € Eigentümer
       – 5.000,– €   III/3   III/3 45.000,– €

d) nur III/3 macht den Löschungsanspruch geltend
Zuteilungsprüfung für:

III/3	III/2	III/1	III/1 Eigentümer
40.000,– €	40.000,– €		40.000,– €
			– 5.000,– € (III/3)
–15.000,– € (III/1 Gl.)	–30.000,– € (III/1 Gl.)		– 10.000,– € (III/2)
–20.000,– € (III/2 § 880 BGB)			– 15.000,– € (III/1)
		erhält seine	10.000,– €
5.000,– € an III/3	10.000,– € an III/2	15.000,– €	**Ausfall:**
			III/1 5.000,– € Eigt.
			III/2 10.000,– €
			II/3 45.000,– €

12. Bedingter Anspruch

a) Auflösende Bedingung

Wird auf einen bedingten Anspruch ein Betrag zugeteilt, so ist durch den Teilungsplan festzustellen, wie der Betrag anderweitig verteilt werden soll, wenn der Anspruch wegfällt (Hilfszuteilung), § 119 ZVG. Die auflösende Bedingung ergibt sich regelmäßig aus der Grundbucheintragung bzw. aus der dem Recht zugrunde liegenden Eintragungsbewilligung.

11.993

Zu den auflösend bedingten Ansprüchen gehört auch die **Vormerkung** zur Sicherung des Anspruches auf Eintragung eines dinglichen Rechtes. Bei der auflösenden Bedingung erfolgt eine Hinterlegung nur auf Widerspruch, im Übrigen wird das Recht als unbedingtes Recht behandelt und ohne Rücksicht auf einen Hilfsberechtigten die Auszahlung vorgenommen.[926]

11.994

b) Aufschiebende Bedingung

Ist der Anspruch dagegen aufschiebend bedingt, ist der Betrag für den Berechtigten zu hinterlegen, § 120 Abs. 1 ZVG. Vor dem Eintritt der Bedingung steht der Anspruch dem Berechtigten nicht zu. Bei Hinterlegung des Betrages ist auch der Hilfsberechtigte zu benennen, regelmäßig der erst- bzw. nächstausfallende Gläubiger oder letztlich als Erlösüberschuss der Schuldner (= ehemalige Eigentümer). Eventuelle Hinterlegungszinsen sind dem Betrag zuzurechnen.[927]

11.995

13. Unbekannter Berechtigter

Ist für einen zugeteilten Betrag die Person des Berechtigten unbekannt, insbesondere wenn bei einem Grundpfandrecht der Brief nicht vorgelegt wird, oder die Erben eines noch im Grundbuch eingetragenen Rechtes sind unbekannt, ist durch den Teilungsplan festzustellen, wie der Betrag verteilt werden soll, wenn der Berechtigte nicht ermittelt wird, § 126 Abs. 1 ZVG. Der Betrag ist für den unbekannten Berechtigten zu hinterlegen.

11.996

Nicht unbekannt ist der Berechtigte, wenn für die unbekannten Erben ein Nachlasspfleger bestellt ist oder bei angeordneter Testamentsvollstreckung, Nachlassverwaltung. Gleiches gilt, wenn der Minderjährige bekannt, seine gesetzlichen Vertreter aber unbekannt sind oder wenn jemand seine Vollmacht nicht vorgelegt hat.[928]

11.997

---

[926] Stöber, § 119 Rdn. 2.5; Steiner/Eickmann, §§ 119, 120 Rdn. 27.
[927] Böttcher, § 120 Rdn. 11.
[928] Vgl. Stöber, § 126 Rdn. 2.1.

14. Zuzahlungsbetrag

11.998 Hat der Ersteher außer dem baren Meistgebot einen weiteren Zuzahlungsbetrag nach den §§ 50, 51 ZVG zu zahlen, ist durch den Teilungsplan festzustellen, wem dieser Betrag zugeteilt werden soll, § 125 Abs. 1 ZVG. Steht die Zuzahlungspflicht eindeutig fest (alle Parteien sind sich einig oder es wird ein rechtskräftiges Urteil vorgelegt) und hat der Ersteher den Betrag gezahlt, kann dieser ausgezahlt werden.[929]

11.999 Im Übrigen erfolgt die Ausführung regelmäßig durch Forderungsübertragung auf den Berechtigten gegen den Ersteher und es ist gleichzeitig eine entsprechende Sicherungshypothek im Grundbuch einzutragen, § 128 ZVG.

11.1000 Ist ungewiss oder **streitig**, ob der Betrag zu zahlen ist, § 50 Abs. 2 ZVG, erfolgt die Zuteilung und die Forderungsübertragung mit der sich anschließend einzutragenden Sicherungshypothek unter der entsprechenden Bedingung, §§ 125 Abs. 2, 128 ZVG

15. Teilungsplan

11.1001 Beispiel:

Grundbuchinhalt:

Abt. III/1	5.000,– €	Grundschuld für die A-Bank mit 10 % Zinsen … eingetragen am 2.1.1990.
Abt. III/2	30.000,– €	Vormerkung für Bauhandwerkersicherungshypothek für den Gläubiger B mit 8 % Zinsen … eingetragen am 31.1.2000.
Abt. III/3	40.000,– €	Hypothek für die C-Bank mit 12 % Zinsen … eingetragen am 11.2.2000.
Abt. III/4	20.000,– €	Grundschuld für die D-Bank mit 15 % Zinsen … eingetragen am 11.2.2000.
Abt. III/5	10.000,– €	Zwangssicherungshypothek für den Gläubiger G mit 8 % seit dem 1.1.1997 … eingetragen am 3.3.2001.

Der Gläubiger des Rechtes III/3 betreibt die Zwangsversteigerung wegen 20.000,– € nebst 12 % Zinsen seit dem 1.7.2004.

I. Vorbemerkungen

1. bestbetreibender Gläubiger: Abt. III/3
2. erste Beschlagnahme: 1.7.2005
3. Verkehrswert: 100.000,– €
4. Zuschlag: 1.4.2006
5. bares Meistgebot: 60.000,– €
6. Verteilungstermin: 1.7.2006

---

929 Dassler/*Gerhardt*, § 125 Rdn. 5; *Böttcher*, § 125 Rdn. 11.

II. Bestehen bleibende Rechte

Abt. III/1:   5.000,– € Grundschuld
Abt. III/2: 30.000,– € Vormerkung (§ 48 ZVG)
             35.000,– €

III. Teilungsmasse

1. bares Meistgebot   60.000,– €
2. 4 % Zinsen vom 1.4.2006 bis 30.6.2006   600,– €
                                                   60.600,– €

IV. Schuldenmasse

1. Verfahrenskosten, § 109 ZVG – angenommen –   2.000,– €
2. Stadt X – Grundsteueransprüche für die Zeit vom 1.1.2005
   bis 31.3.2006 – angenommen –   500,– €
3. A-Bank aus dem Recht Abt. III/1 (Zinsen jährlich nachträglich fällig)
   Angemeldet seit dem 1.1.2005:
   10 % vom 1.1.2005 – bis 1 Tag vor Zuschlag –
   31.3.2006 aus 5.000,– €   625,– €
4. Gläubiger B aus der Vormerkung Abt. III/2
   – ohne Anmeldung, laufende Zinsen von Amts wegen – 8 %
   vom 1.7.2005 – bis 1 Tag vor Zuschlag – 31.3.2006 aus 30.000,– €   1.800,– €
5. C-Bank aus dem erloschenen Recht Abt. III/3
   a) Anordnungsgebühr, Kosten der Terminswahrnehmung – fiktiv –   300,– €
   b) laufende Zinsen bis 1 Tag vor dem Verteilungstermin
      entsprechend der Anmeldung im Antrag 12 % vom 1.7.2004
      bis 30.6.2006 aus 20.000,– €   4.800,– €
   c) Kapitalanspruch   20.000,– €
6. a) Restanspruch aus dem Recht Abt. III/3 meldet der Eigentümer
      E an und legt löschungsfähige Quittung der C-Bank vor.
      Keine Zinsen, § 1197 BGB
   b) Kapitalanspruch   20.000,– €
7. D-Bank aus dem erloschenen Recht Abt. III/4 meldet Zinsen
   seit dem 1.7.2004 an.
   a) Kosten der dinglichen Rechtsverfolgung – fiktiv –   150,– €
   b) 15 % Zinsen seit dem 1.7.2004 bis 1 Tag vor dem
      Verteilungstermin am 30.6.2006 aus 20.000,– €   6.000,– €
   c) Kapitalanspruch   20.000,– €
8. Gläubiger G aus dem erloschenen Recht Abt. III/5 meldet alle
   Zinsen an.
   a) Kosten der dinglichen Rechtsverfolgung – Eintragungskosten
      im Grundbuch pp. – fiktiv –   150,– €
   b) laufende Zinsen seit dem 1.7.2005 und rückständige Zinsen
      seit dem 1.1.2005 insgesamt bis 1 Tag vor Verteilungstermin,
      dem 30.6.2006, mit 8 % aus 10.000,– €   1.200,– €
   c) Kapitalanspruch   10.000,– €

V. Zuteilung

1. Aus der Teilungsmasse von   60.600,– €
   sind vorweg zu entnehmen die Verfahrenskosten und an die
   Gerichtskasse zu zahlen

11.1002 Zwangsversteigerung

	Der Überschuss in Höhe von	2.000,– €
	ist weiter zu zahlen an	58.600,– €
	– in der Reihenfolge nach § 12 ZVG –	
	2. die Stadt X auf Anspruch IV.2	500,– €
	3. die A-Bank auf den Anspruch IV.3	625,– €
	4. den Gläubiger B auf den Anspruch IV.4 (zu hinterlegen)	1.800,– €
	5. die C-Bank auf den Anspruch IV.5	25.100,– €
	6. den Eigentümer E auf den Anspruch IV.6	20.000,– €
	7. die D-Bank auf den Anspruch IV.7	10.575,– €
		0,– €
Ausfall:	D-Bank auf Anspruch IV.7 (Kapital)	15.575,– €
	Gläubiger G auf Anspruch IV.8	11.350,– €

VI. Bedingte Zuteilung und Hinterlegung
Sofern und soweit der durch die Vormerkung Abt. III/2 gesicherte Anspruch nicht besteht, muss der Ersteher 30.000,– € zuzahlen, §§ 50, 51 ZVG. Der auf den Anspruch IV.4 entfallende Erlösanteil über 1.800,– € ist zu hinterlegen für den Berechtigten Abt. III/2. Bei Nachzahlung bzw. Bedingungseintritt stehen die Beträge zunächst dem Berechtigten IV.7, danach dem Berechtigten IV.8 und danach dem Schuldner/Eigentümer als Erlös zu.

11.1002 Abwandlung (gesetzlicher Löschungsanspruch):
Der gesetzliche Löschungsanspruch steht sowohl dem Gläubiger des Rechtes Abt. III/4 als auch dem Gläubiger G aus der Zwangssicherungshypothek Abt. III/5 zu.

Variante 1:
Nur der Gläubiger Abt. III/4 meldet den Löschungsanspruch an:

Zuteilung:	Bis zum Anspruch IV.5 bleibt alles gleich	
	Resterlös	30.575,– €
dann weitere Berechnung:		
6.	Den Eigentümer auf den Anspruch IV.6	4.425,– €
7.	Die D-Bank auf den Anspruch IV.7	26.150,– €
Ausfall:	Eigentümer E auf Anspruch IV.6 mit	15.575,– €
	Gläubiger G auf den Anspruch IV.8 mit	11.350,– €

Variante 2:
Sowohl der Gläubiger Abt. III/4 als auch der Gläubiger G melden den Löschungsanspruch an.

Zuteilung:	Bis zum Anspruch IV.5 bleibt alles gleich	
	Resterlös	30.575,– €
dann weitere Berechnung:		
7.	Die D-Bank auf den Anspruch IV.7	26.150,– €
8.	Der Gläubiger G auf den Anspruch IV.8	4.425,– €
		0,– €
Ausfall:	Eigentümer E auf Anspruch IV.6 mit	20.000,– €
	Gläubiger G auf den Anspruch IV.8 mit	6.925,– €

Variante 3:
Nur der Gläubiger G meldet den Löschungsanspruch an.
Zuteilung: Bis zum Anspruch IV. 5 bleibt alles gleich
Resterlös 30.575,– €
dann weitere Berechnung:

Anspruch IV.8	**Anspruch IV.7**	**Anspruch IV.6**
30.575,– €	30.575,– €	30.575,– €
		- 10.575,– €
III/4 - 26.150,– €	- 20.000,– €	- 4.425,– €
4.425,– €	10.575,– €	15.575,– €

somit zusammengefasst:
6.	Eigentümer auf den Anspruch IV.6	15.575,– €
7.	Die D-Bank auf den Anspruch IV.7	10.575,– €
8.	Den Gläubiger G auf den Anspruch IV.8	4.425,– €

Ausfall:	Eigentümer E auf Anspruch IV.6 mit	4.425,– €
	D-Bank auf den Anspruch IV.7 mit	15.575,– €
	Gläubiger G auf den Anspruch IV.8 mit	6.925,– €

Die bedingte Zuteilung bei Variante 1, 2 oder 3 bleibt gleich, nur ändern sich entsprechend die ausfallenden Ansprüche.

16. Verteilung des Erlöses beim Gesamtausgebot, § 112 ZVG

a) Voraussetzungen

Ist bei der Versteigerung mehrerer Grundstücke oder auch Bruchteile der Zuschlag auf das Gesamtausgebot erteilt worden, dann wird eine Verteilung des Erlöses auf die einzelnen Grundstücke bzw. Anteile notwendig, wenn:

- es um die Zuteilung auf erlöschende Rechte geht;
- die Grundstücke oder Anteile unterschiedlich belastet sind;
- der Erlös nicht für alle Berechtigten ausreicht;
- die Grundstücke oder Anteile verschiedenen Eigentümern gehören;
- nachträglich Ansprüche angemeldet werden, die nur ein Grundstück betreffen, § 37 Nr. 5 ZVG.

Eine Verteilung ist somit nicht erforderlich, wenn:

- nur das geringste Gebot geboten wurde;
- nur Gesamtrechte auf allen Grundstücken vorhanden sind;
- eine abweichende Verteilung vereinbart wurde.

Mit der rechnerischen Verteilung werden zunächst nur die zu verteilenden Einzelmassen für die jeweiligen Grundstücke gebildet, die Zuteilung auf die einzelnen Ansprüche selbst, regelt § 122 ZVG (vgl. Rdn. 11.1010 ff.).

11.1006, 11.1007 Zwangsversteigerung

b) Berechnung

11.1006 Die Berechnung der Verteilung regelt § 112 ZVG:

- Aus dem Erlös sind vorweg abzuziehen die Verfahrenskosten und die Ansprüche aus dem geringsten Gebot (Zinsen), für die die Grundstücke ungeteilt haften, § 112 Abs. 1 ZVG.
- Die Verteilung des Überschusses auf die einzelnen Grundstücke erfolgt nach dem Verhältnis der Verkehrswerte, § 112 Abs. 2 S. 1 ZVG.
- Dem Überschuss wird der Betrag der nach den Versteigerungsbedingungen nicht erlöschenden Rechte hinzugerechnet (bei Rechten der Abt. II der Ersatzwert nach § 51 ZVG), Rechte, deren Liegenbelassen vereinbart wurde, zählen nicht hierzu[930], §112 Abs. 2 S. 2 ZVG.
- Danach erfolgt Anrechnung der jeweiligen an dem Grundstück bestehen bleibenden Rechte, bei Gesamtrechten nur der Teilbetrag nach dem Verhältnis der Verkehrswerte, § 112 Abs. 2 S. 3, 4 ZVG.

11.1007 Beispiel 1:

Der Zuschlag wurde auf das Gesamtausgebot erteilt.
Das Meistgebot beträgt: 109.000,– €
Unter Hinzurechnung von 4 % ab Zuschlag bis einen Tag vor dem Verteilungstermin **soll** sich ein zu verteilender Erlös ergeben – fiktiv – über: 110.000,– €.

Teilungsmasse:			110.000,– €
Vorweg abzuziehen sind			
■ Verfahrenskosten	3.000,– €		
■ Gesamtrecht III/2	6.000,– €		
■ Gesamtrecht III/3	2.400,– €		
	11.400,– €		– 11.400,– €
			99.600,– €
Hinzurechnung der nicht erlöschenden Rechte			
III/1	40.000,– €		
III/2	50.000,– €		
III/3	20.000,– €		
	110.000,– €		+ 110.000,– €
			209.600,– €

Nach Verteilung gemäß dem Verhältnis der Verkehrswerte
(140.000,– € : 80.000,– € : 20.000,– €) ergeben sich
für Grundstück 1:   122.266,67 €
für Grundstück 2:   69.866,67 €
für Grundstück 3:   17.466,66 €

---

930 Vgl. *Stöber,* § 112 Rdn. 4.3.

Anzurechnen hierauf sind die bestehen bleibenden Rechte aus dem geringsten Gebot, bei Gesamtrechten nach entsprechender Verteilung, § 112 Abs. 2 S. 3, 4 ZVG:

	Grundstück 1	Grundstück 2	Grundstück 3
	(140.000,– €)	(80.000,– €)	(20.000,– €)
Erlösanteil	122.266,67 €	69.866,67 €	17.466,66 €
III/1	40 000,– €	–	–
III/2 (14:8:2)	29.166,67 €	16.666,67 €	4.166,66 €
III/3 (14:8:2)	11.666,67 €	6.666,67 €	1.666,66 €
	41.433,33 €	46.533,33 €	11.633,34 €

Diese bereinigten Erlösüberschüsse (von insgesamt wieder 99.600,– €) werden nunmehr zugeteilt:

▪ öffentliche Lasten	4.000,– €	3.000,– €	1.600,– €
▪ III/1 Zinsen	10.000,– €		
	27.433,33 €	43.533,33 €	10.033,34 €

Dann auf die erlöschenden Ansprüche III/4–8 und den persönlichen Gläubiger, soweit der Erlös ausreicht.

c) Fehlbetrag

Reicht der auf die einzelnen Grundstücke entfallende errechnete Erlösanteil nach § 112 Abs. 2 ZVG nicht aus, um die Ansprüche der nach den Versteigerungsbedingungen bestehen bleibenden Rechte im geringsten Bargebot zu decken, ist aus den anderen Grundstücken ein Ausgleichsbetrag zu bilden, § 112 Abs. 3 ZVG.

Beispiel 2:

Wie Ausgangsbeispiel zuvor, nur beträgt das Recht III/1 80.000,– € nebst 20.000,– € Zinsen, und das Meistgebot beträgt 61.400,– € nebst Zinsen.

Teilungsmasse:		61.400,– €
Vorweg abzuziehen sind		
– Verfahrenskosten	3.000,– €	
– Gesamtrecht III/2	6.000,– €	
– Gesamtrecht III/3	2.400,– €	
	11.400,– €	– 11.400,– €
		50.000,– €
Hinzurechnung der nicht erlöschenden Rechte		
III/1	80.000,– €	
III/2	50.000,– €	
III/3	20.000,– €	
	150.000,– €	+ 150.000,– €
		200.000,– €

Nach Verteilung gemäß dem Verhältnis der Verkehrswerte (140.000,– € : 80.000,– € : 20.000,– €) ergeben sich

für Grundstück 1:   116.666,67 €
für Grundstück 2:   66.666,67 €
für Grundstück 3:   16.666,66 €

Anzurechnen hierauf wieder die bestehen bleibenden Rechte, gegebenenfalls nach deren Verteilung, § 112 Abs. 2 S. 3, 4 ZVG.

	Grundstück 1	Grundstück 2	Grundstück 3
	(140.000,– €)	(80.000,– €)	(20.000,– €)
Erlösanteil	116.666,67 €	66.666,67 €	16.666,66 €
III/1	80.000,– €	–	–
III/2 (14:8:2)	29.166,67 €	16.666,67 €	4.166,66 €
III/3 (14:8:2)	11.666,67 €	6.666,67 €	1.666,66 €
	- 4.166,67 €	43.333,33 €	10.833,34 €

Aus dem Anteil auf dem Grundstück 1 müssen jedoch gedeckt werden
- die öffentlichen Lasten mit   4.000,– €
- die Zinsen III/1 mit   20.000,– €

die nur das Grundstück 1 betreffen und im geringsten Gebot stehen.

Der Fehlbetrag wird aus den Grundstücken 2 und 3 nach dem Verhältnis deren Verkehrswerte entnommen[931], somit ist der Fehlbetrag über 4.166,67 € + 24.000,– € aus dem Grundstück 2 und 3 nach dem Verhältnis 80.000,– €: 20.000,– € zu entnehmen. Dabei dürfen diese Grundstücke selbstverständlich selbst nicht notleidend werden.

Ergebnis:
aus Grundstück 2:   22.533,33 €
aus Grundstück 3:   5.633,34 €.

Es ergeben sich nach § 112 Abs. 3 ZVG folgende Zuteilungsmassen:

	Grundstück 1	Grundstück 2	Grundstück 3
	- 4.166,67 €	43.333,33 €	10.833,34 €
	+ 28.166,67 €	- 22.533,33 €	- 5.633,34 €
	24.000,– €	20.800,– €	5.200,– €

Diese bereinigten Erlösüberschüsse (von insgesamt 50.000,– €) werden nunmehr zugeteilt:

	Grundstück 1	Grundstück 2	Grundstück 3
öffentliche Lasten	4.000,– €	3.000,– €	1.600,– €
III/1 Zinsen	20.000,– €	–	–
	0,– €	17.800,– €	3.600,– €

danach auf die erlöschenden Rechte III/4 und 5, soweit der Erlös ausreicht; die übrigen Rechte fallen in jedem Falle aus.

---

[931] H.M.; a.A. nach dem Verhältnis deren Resterlöse, *Drischler* RpflJB 1962, 322 ff.

17. Verteilung des Erlöses nach § 122 ZVG

a) Verfahren

Während nach § 112 ZVG die rechnerische Ermittlung der Erlöse auf die einzelnen Grundstücke erfolgt, regelt § 122 ZVG die Verteilung des Erlöses – nach Abzug der im geringsten Gebot berücksichtigten Ansprüche – auf die nach den Versteigerungsbedingungen erlöschenden Gesamtrechte bzw. Gesamtansprüche. Ob die Verteilung allerdings nur für erlöschende Gesamtansprüche gilt oder bereits auf die im bar zu zahlenden Teil des geringsten Gebotes stehenden Ansprüche der Gesamtrechte (z.B. Zinsen) anzuwenden ist, ist nicht eindeutig (der Gesetzestext spricht nur von Gesamtansprüchen, die im Teilungsplan aufzunehmen sind.[932] M.E. bezieht sich die Verteilung nach § 122 ZVG ebenfalls nur auf erlöschende Ansprüche, während die Zuteilung der bar zu zahlenden Beträge der Gesamtrechte im geringsten Gebot den aufgeteilten Hauptansprüchen nach dem Verhältnis § 112 ZVG folgen, es handelt sich um Nebenansprüche, die nicht anders verteilt werden können als der Hauptsachebetrag (Kapital).

11.1010

b) Wahlrecht des Gläubigers

Vorrangig ist jedoch das **Wahlrecht** des Gesamtrechtsgläubigers nach § 1132 Abs. 1 S. 2 BGB, welches schriftlich oder mündlich bis zum Verteilungstermin zu Protokoll erfolgen kann.[933] Nachrangige Gläubiger haben hierauf keinen Einfluss. Übt der Gesamtrechtsgläubiger sein Wahlrecht nicht aus, erfolgt die Verteilung des Übererlöses nach dem Verhältnis der Resterlöse bzgl. der einzelnen Grundstücke, § 122 Abs. 1 ZVG:

11.1011

Beispiel:

11.1012

Fortsetzung von Beispiel zuvor (Rdn. 11.1007) nach Zuteilung der öffentlichen Lasten und der Zinsen des Rechtes III/1:

	1	2	3
Übererlöse	27.433,33 €	43.533,33 €	10.033,34 €
Abt. III/4 (20.000,– €)			
– ohne Zinsen –	6.773,67 €	10.748,97 €	2.477,36 €
	20.659,66 €	32.784,36 €	7.555,98 €

---

[932] Stöber, § 122 Rdn. 2 und 3.2 spricht von der Verteilung auf ein erlöschendes Gesamtrecht; Dassler/Gerhardt, § 122 Rdn. 1 spricht von nicht bestehen bleibenden Ansprüchen.

[933] Dassler/Gerhardt, § 122 Rdn. 3; Stöber, § 122 Rdn. 2.7; Steiner/Teufel, § 122 Rdn. 14, 15.

Abt. III/5 (20.000,– €) – ohne Zinsen –		6.773,67 €	10.748,97 €	2.477,36 €
Abt.III/6		13.885,99 € 0,– €		
Abt.III/7			22.035,39 € 0,– €	
Abt.III/8				5.078,62 € 0,– €
Ausfall	III/6:			46.114,01 €
	III/7:			17.964,61 €
	III/8:			14.921,38 €

c) Nichtzahlung des Meistgebotes

11.1013 Zahlt der Ersteher das bare Meistgebot ganz oder teilweise nicht, so ist der Gesamtrechtsanspruch bei jedem Grundstück in voller Höhe in den Plan aufzunehmen, § 122 Abs. 2 ZVG, die vorherige Aufteilung im Teilungsplan hat jetzt keine Wirkung mehr.[934] Es ist weiterhin eine Hilfszuteilung und Eintragung von Sicherungshypotheken nach Maßgabe des § 123 ZVG vorzunehmen.

18. Verhandlung im Verteilungstermin

a) Verhandlung

11.1014 Über den Teilungsplan wird sofort verhandelt, § 115 Abs. 1 S. 1 ZVG. Auf die Verhandlung sind die Vorschriften §§ 876 bis 882 ZPO anzuwenden. Der Teilungsplan ist mit den anwesenden Beteiligten zu erörtern. Gegen nicht anwesende Beteiligte wird angenommen, dass sie mit dem Plan einverstanden sind. Wird kein Widerspruch erhoben, ist der Plan auszuführen.

b) Beschwerde

11.1015 Gegen eine formelle Unrichtigkeit des Teilungsplans[935] kann von den Verfahrensbeteiligten mit der sofortigen Beschwerde (binnen 2 Wochen) vorgegangen werden, § 11 Abs. 1 RPflG, § 793 ZPO, § 95 ZVG.[936] Hierbei kann es sich z.B. darum handeln, dass

- die Teilungsmasse unrichtig festgestellt ist;
- Zinsen falsch berechnet sind;
- Kosten falsch berechnet sind.

---

934 Vgl. *Stöber*, § 122 Rdn. 4; *Dassler/Gerhardt*, § 122 Rdn. 6; *Böttcher*, § 122 Rdn. 9.
935 OLG Oldenburg, Rpfleger 1980, 485.
936 **H.M.** OLG Düsseldorf, Rpfleger 1995, 265; vgl. *Stöber*, § 113 Rdn. 6.3 m.w.N.; *Sievers*, Rpfleger 1989, 53, 54 m.w.N.

Die **Frist** für die sofortige Beschwerde beginnt mit der Verkündung des **11.1016**
Teilungsplans[937] und nicht mit der Zustellung des Teilungsplans[938], da der
Plan regelmäßig überhaupt nicht zugestellt wird.

Die Beschwerde hat im Übrigen auch **keine aufschiebende Wirkung,** der **11.1017**
Plan ist sofort auszuführen[939], eine einstweilige Einstellung kann das Versteigerungsgericht jedoch anordnen. Wer zu Recht durch den Teilungsplan
etwas zugeteilt erhält, erwirkt ein Recht auf Auszahlung, das durch spätere
Ereignisse grundsätzlich nicht mehr beeinträchtigt werden kann.[940] Ist der
Plan ausgeführt, ist ein danach eingelegtes Rechtsmittel gegenstandslos.[941]

c) **Widerspruch**

Gegen den Plan kann Widerspruch erhoben werden. Widerspruchsberech- **11.1018**
tigt ist regelmäßig ein **Beteiligter** i.S.v. § 9 ZVG. Macht der Insolvenzverwalter mit einer Anfechtung geltend, anstelle des Anfechtungsgegners sei die Insolvenzmasse aus einem dinglichen Recht am Grundstück zu befriedigen, so
ist er nach BGH Beteiligter i.S.d. § 9 ZVG und damit zum Widerspruch und
zur Widerspruchsklage nach § 115 ZVG i.V.m. § 878 ZPO berechtigt.[942]

Der Widerspruch richtet sich gegen die sachliche Unrichtigkeit des Tei- **11.1019**
lungsplans hinsichtlich der Schuldenmasse. Aus Gründen des materiellen
Rechtes wird bestritten, dass dem im Plan Berücksichtigten der Anspruch in
dem angegebenen Rang zusteht. Dies bedeutet z.B.:

- trotz Entstehens der Eigentümergrundschuld ist eine Zuteilung an den Hypothekengläubiger erfolgt;
- die Pfändung und Überweisung eines Grundpfandrechtes ist im Plan nicht berücksichtigt;
- eine Rangänderung ist im Plan nicht berücksichtigt;
- durch Zahlung erloschene Ansprüche sind im Teilungsplan noch aufgenommen.

Widerspruchsberechtigt ist weiter jeder, der ein Recht auf Befriedigung **11.1020**
aus dem Erlös hat und von einem anderen verdrängt wird.[943] Weitere Vor-

---

937 OLG Stuttgart, Rpfleger 2000, 226; OLG Karlsruhe, Rpfleger 1995, 427; SchlHOLG, SchlHA 1983, 194; Stöber, § 113 Rdn. 6.3; Dassler/*Schiffhauer*, § 113 Rdn. 14; Steiner/*Teufel*, § 113 Rdn. 28.
938 So aber *Böttcher*, § 113 Rdn. 10; OLG Hamm, Rpfleger 1985, 45.
939 Anders, aber abzulehnen: *Sievers*, Rpfleger 1989, 53, 55, der die Rechtskraft des Teilungsplans abwarten will.
940 BGH, Rpfleger 1992, 32.
941 OLG Düsseldorf, Rpfleger 1995, 265; OLG Köln, Rpfleger 1991, 519 m. Anm. *Meyer-Stolte*; *Stöber*, § 113 Rdn. 6.3; Dassler/*Schiffhauer*, § 113 Rdn. 14; Steiner/*Teufel*, § 113 Rdn. 28; *Böttcher*, § 113 Rdn. 10.
942 BGH, Rpfleger 2001, 443 = NJW 2001, 2477 = NZI 2001, 418 = KTS 2001, 514 = MDR 2001, 1190 = WM 2001, 1078 = ZIP 2001, 933 = ZfIR 2001, 499.
943 BGH, NJW 1969, 1428; BGH, Rpfleger 1975, 84.

aussetzung ist, dass sich der Widerspruch grundsätzlich auf ein dingliches Recht gründet.[944] Widerspruchsberechtigt ist auch der Pfändungsgläubiger eines dinglichen Rechtes oder bei Pfändung des Erlösüberschusses.

11.1021 Da das Versteigerungsgericht nur auf dingliche Ansprüche zahlt, §§ 114, 10 ZVG, ist der **Rückgewähranspruch** als schuldrechtlicher Anspruch nicht zu berücksichtigen.[945] Zugelassen wurde jedoch der Widerspruch eines Beteiligten, dem der Rückgewähranspruch abgetreten worden ist.[946] In einer weiteren Entscheidung vertritt der BGH[947] die Auffassung, dass Einwendungen gegen den Teilungsplan nicht nur aus dinglichen Rechten, sondern auch aus **schuldrechtlichen Ansprüchen** hergeleitet werden können.[948] Letztere müssen jedoch geeignet sein, die Geltendmachung des dinglichen Rechts eines anderen zu beschränken oder auszuschließen, d.h. diesen anderen zu verpflichten, den auf sein dingliches Recht entfallenden Erlösanteil dem Widersprechenden zu überlassen. Der Anspruch auf Rückgewähr nicht valutierter Teile einer Sicherungsgrundschuld begründet somit ein Widerspruchsrecht in diesem Sinne. Gleiches muss auch für eine Vereinbarung gelten, wonach ein Beteiligter bei der Inanspruchnahme des Erlöses hinter den Widersprechenden zurückzutreten ist. Dem Pfändungsgläubiger des Rückgewähranspruches ist ebenfalls ein Widerspruchsrecht einzuräumen.[949]

11.1022 Beispiel:

Nach dem Teilungsplan sind zuzuteilen:

22.000,– €   Kapitalbetrag über 20.000,– € + 2.000,– € Zinsen an den Gläubiger A
20.000,– €   Kapital an den Gläubiger B
30.000,– €   Kapital an den Gläubiger C
4.000,– €   an den Gläubiger D

Bei einem zu verteilenden Erlös von 30.000,– € sind widerspruchsberechtigt:

- der Gläubiger B bezüglich eines Betrages von 12.000,– €, da er insoweit durch den vorrangigen Berechtigten A von der Zuteilung ausgeschlossen wird;
- der Gläubiger C bezüglich eines Betrages von 30.000,– €, da er insoweit durch die vorrangigen Berechtigten A und B verdrängt wird;
- der Gläubiger D bezüglich eines Betrages von 4.000,– €, da er insoweit durch die vorrangigen Berechtigten A, B und C verdrängt wird.

---

944 Steiner/*Teufel*, § 115 Rdn. 24.
945 Dassler/*Schiffhauer*, § 115 Rdn. 5.
946 BGH, WM 1981, 693; Steiner/*Teufel*, § 114 Rdn. 82; *Böttcher*, § 114 Rdn. 5.
947 Rpfleger 2002, 273 = NJW 2002, 1578 = NZI 2002, 276 = KTS 2002, 333 = MDR 2002, 603 = WM 2002, 337 = ZIP 2002, 407 = InVo 2002, 164 = NotBZ 2002, 146 = ZfIR 2002, 411.
948 Hierzu auch *Zwingel*, Rpfleger 2000, 437.
949 Steiner/*Teufel*, § 114 Rdn. 82.

Über den Widerspruch wird sofort verhandelt. Wird eine **Einigung** erzielt, wird der Teilungsplan entsprechend geändert und ausgeführt. Einigen sich die Beteiligten nicht, wird der von dem Widerspruch betroffene Betrag für den Widersprechenden unter der Bedingung hinterlegt, dass der Widerspruch für begründet erklärt wird, § 124 ZVG. Ein Widerspruch, der für begründet erklärt wird, kommt aber nur dem Widersprechenden zugute. Zwischenberechtigte werden hierbei nicht berücksichtigt.[950] Wenn im Verteilungstermin Barauszahlung erfolgt, ist ein danach eingelegter Widerspruch unzulässig. Dies gilt nicht bei Anordnung der Auszahlung.[951]

11.1023

Der vom Widerspruch betroffene Betrag wird hinterlegt. Der Widersprechende hat rechtzeitig die **Widerspruchsklage** zu erheben, §§ 876 ff. ZPO.[952] Der Nachweis der rechtzeitig erhobenen Widerspruchsklage muss binnen eines Monats erfolgen.[953] Die Klage muss hierbei zugestellt sein bzw. die Zustellung muss demnächst erfolgen.[954] Wird die Frist nicht gewahrt, ist die Hinterlegungsstelle anzuweisen, den hinterlegten Betrag dem Erstberechtigten auszuzahlen.

11.1024

Der Widerspruchsprozess, § 115 ZVG, §§ 876 ff. ZPO, schafft Rechtsbeziehung nur zwischen dem Widersprechenden und demjenigen, dem zuerst zugeteilt worden war.[955]

11.1025

19. Planausführung

Das bare Meistgebot nebst Zinsen, § 49 Abs. 1 ZVG, hat der Ersteher spätestens im Verteilungstermin an das Gericht zu zahlen. Die Zahlung soll unbar geleistet werden, § 117 Abs. 1 S. 2 ZVG. Soweit der Versteigerungserlös in Geld vorhanden ist, wird der Teilungsplan durch Zahlung an die Berechtigten ausgeführt, § 117 Abs. 1 S. 1 ZVG (zur sofortigen Auszahlung trotz Rechtsmittel vgl. Rdn. 11.1017). Falls der Ersteher den Erlös hinterlegt hat, erteilt das Versteigerungsgericht eine entsprechende Anweisung auf den hinterlegten Betrag, § 117 Abs. 3 ZVG. Mit Ausführung des Planes durch Barzahlung im Verteilungstermin oder durch Anweisung an die Gerichtskasse gilt der Berechtigte als befriedigt.

11.1026

Sofern die Empfangsberechtigung des Gläubigers nachgewiesen ist, ist der auszuzahlende Betrag sofort auszuzahlen.[956] Erscheint der Empfangsberechtigte im Termin nicht, erfolgt die Auszahlung von Amts wegen, der auszuzahlende Betrag wird an den nicht erschienenen Berechtigten über-

11.1027

---

950 *Stöber*, § 115 Rdn. 3.8; Steiner/*Eickmann*, § 115 Rdn. 31, 32.
951 OLG Köln, Rpfleger 1991, 519 m. Anm. *Meyer-Stolte*.
952 OLG Celle, Rpfleger 1993, 363.
953 Vgl. AG Hannover, Rpfleger 1993, 296.
954 BGH, NJW 1961, 1627; Steiner/*Eickmann*, § 115 Rdn. 75.
955 Zöller/*Stöber*, § 878 Rdn. 7; § 880 Rdn. 1.
956 *Sievers*, Rpfleger 1989, 53; *Drischler*, Rpfleger 1989, 359; Dassler/*Schiffhauer*, § 117 Rdn. 32.

wiesen. Kann die Auszahlung oder Überweisung nicht erfolgen, wird der Betrag hinterlegt, § 117 Abs. 2 S. 2 ZVG.

11.1028 Keine Auszahlung erfolgt, wenn der Berechtigte zu Protokoll im Verteilungstermin oder in öffentlich beglaubigter Form nachgewiesen hat, dass er bereits außerhalb des Verfahrens befriedigt wurde.[957] Diese Erklärung ist jedoch nicht zu verwechseln mit der außergerichtlichen Erlösverteilung nach §§ 143, 144 ZVG.

20. Nichtzahlung des Versteigerungserlöses

a) Forderungsübertragung

11.1029 Soweit der Ersteher das bare Meistgebot nicht rechtzeitig zum Verteilungstermin zahlt, ist der Teilungsplan dadurch auszuführen, dass die Forderung des früheren Eigentümers auf Zahlung des Meistgebots gegen den Ersteher auf die Berechtigten übertragen wird, § 118 Abs. 1 ZVG. Nach Erteilung des Zuschlages ist der Versteigerungserlös an die Stelle des Grundstückes getreten. Die Ansprüche der Berechtigten setzen sich im Wege der Surrogation an dem Versteigerungserlös fort. Da dieser nicht gezahlt wurde, tritt an die Stelle des Erlöses nunmehr wiederum als Surrogat das Grundstück.

11.1030 Die Forderungsübertragung hat die Wirkung, dass der Gläubiger aus dem Grundstück als befriedigt gilt, § 118 Abs. 2 S. 1 ZVG. Der Gläubiger kann jetzt nur noch die übertragene Forderung gegen den Ersteher geltend machen. Diese übertragene Forderung kann der Ersteher auch durch Aufrechnung erfüllen, die Eigenart des Zwangsversteigerungsverfahrens steht einer solchen Aufrechnung nicht entgegen.[958]

b) Sicherungshypothek

aa) Entstehung

11.1031 Für die übertragenen Forderungen gegen den Ersteher sind daher an dem Grundstück **Sicherungshypotheken** einzutragen, § 128 ZVG. **Streitig** ist die Höhe der Verzinsung. Der Verzugszinssatz beträgt für das Jahr 5 Prozentpunkte über dem Basiszinssatz, § 288 Abs. 1 S. 2 BGB. Die Verzinsung des Bargebots in der Versteigerung erfolgt mit 4 %, § 49 Abs. 2 ZVG. Verschiedene Landgerichte[959] vertreten die Meinung, dass durch die Nichtzahlung des Erstehers zum Verteilungstermin dieser in Verzug gerät mit der Folge des Anfalls der gesetzlichen erhöhten Verzugszinsen. *Streuer*[960] kommt in seiner ausführlichen Abhandlung zu einem differenzierten Ergebnis. Der Ausspruch der Verzinsung der gemäß § 118 ZVG übertragenen

---

957 BGH, Rpfleger 1988, 495; Steiner/*Teufel*, § 117 Rdn. 37.
958 BGH, Rpfleger 1987, 381.
959 LG Hannover, Rpfleger 2005, 324; LG Augsburg, Rpfleger 2002, 374; LG Kempten und LG Berlin, beide Rpfleger 2001, 192.
960 Rpfleger 2001, 401.

Forderung hat seinen Grund in § 49 Abs. 2 ZVG. Der Zinssatz beträgt daher nur 4 %. Den Verzug des Erstehers herbeizuführen ist vom Gesetz nicht dem Vollstreckungsgericht aufgetragen. Das Gericht prüft auch nicht die Voraussetzungen des Verzugs. In seinem Ersuchen nach § 130 ZVG hat es den gesetzlichen Zinssatz von 4 % anzugeben. Im Fall des Verzugs des Erstehers haftet das Grundstück kraft der Hypothek auch für die Verzugszinsen als gesetzliche Zinsen (§ 1118 BGB); einer Eintragung des Verzugszinssatzes bedarf es nicht. Die gesetzliche Haftung des Grundstücks auch für die erhöhten Verzugszinsen stellt eine erhebliche, über die in § 1119 Abs. 1 BGB festgelegte Grenze hinausgehende Beeinträchtigung nachrangiger dinglicher Rechte dar. Eine Rechtfertigung dieser Beeinträchtigung ist der Neuregelung nicht zu entnehmen.

Hat das Versteigerungsgericht bei Nichtzahlung des Meistgebots die Verzinsung der übertragenen Forderung auf die Berechtigten mit dem gesetzlichen Zinssatz von 5 Prozentpunkten über dem jeweiligen Basiszinssatz angeordnet, hat auch das nach § 130 ZVG ersuchte Grundbuchamt die Sicherungshypotheken mit diesem variablen Zinssatz ins Grundbuch einzutragen. Die Angabe eines Höchstzinssatzes ist entbehrlich[961]. Weiterhin darf wegen der grundsätzlichen Bindung an das Eintragungsersuchen das Grundbuchamt dieses betreffend die Eintragung einer Sicherungshypothek gem. §§ 128, 130 ZVG nebst Zinsen in bestimmter Höhe nicht mit der Begründung beanstanden, die Eintragung der Zinsen sei überflüssig, weil es sich um gesetzliche Zinsen i.S.v. § 1118 BGB handele, für die das Grundstück auch ohne Eintragung hafte.[962]

Für jeden Anspruch eines jeden Gläubigers und auch für die einzelnen Ansprüche innerhalb des Gesamtanspruches des Gläubigers ist **jeweils** eine **gesonderte Sicherungshypothek** einzutragen (also je eine Sicherungshypothek für die Kosten, die Zinsen und den Kapitalanspruch).[963] Der Rang der Sicherungshypothek richtet sich nach dem Range des Anspruches, den dieser aufgrund des § 10 ZVG im Teilungsplan hatte (z.B. ist die Sicherungshypothek für die Verfahrenskosten vor allen anderen Ansprüchen einzutragen und die Sicherungshypothek für übertragene öffentliche Lasten in Rangklasse 3 des § 10 Abs. 1 ZVG vor allen dinglichen Rechten am Grundstück, da diese nur in Rangklasse 4 sind).

Gläubiger der Sicherungshypothek ist der im Teilungsplan ausgewiesene Anspruchsberechtigte, auch der unbekannte Berechtigte.[964] Stand ein zu berücksichtigendes Recht mehreren Beteiligten zu, erwerben sie die Sicherungshypothek entsprechend ihrer früheren Anteilsberechtigung. Miteigentümern nach Bruchteilen steht der Erlösüberschuss allerdings zur Mit-

---

961 Hierzu jetzt auch BGH, Rpfleger 2006, 313 mit Anm. *Wagner;* LG Kassel, Rpfleger 2001, 176 = NJW-RR 2001, 1239.
962 KG, Rpfleger 2003, 204 = FGPrax 2003, 56.
963 Vgl. Dassler/*Schiffhauer*, § 128 Rdn. 20; *Böttcher*, § 128 Rdn. 16.
964 *Stöber*, § 128 Rdn. 2.9.

berechtigung nach § 432 BGB zu, da jeder Miteigentümer vom Ersteher nur Zahlung an alle Berechtigten gemeinsam verlangen kann.[965]

11.1035 Die Sicherungshypothek entsteht mit der Eintragung im Grundbuch, § 128 Abs. 3 S. 1 ZVG. Das Versteigerungsgericht ersucht um Eintragung dieser Sicherungshypotheken beim Grundbuchgericht.

bb) Rangverlust

11.1036 Die eingetragenen Sicherungshypotheken können einen **Rangverlust** erleiden, wenn nicht innerhalb von sechs Monaten nach der Eintragung die Zwangsversteigerung beantragt wird, vgl. § 129 ZVG. Hierbei handelt es sich um die Sicherungshypotheken für folgende Ansprüche:

- Rangklasse 1 bis 3 des § 10 Abs. 1 ZVG (auch Rangklasse 7[966]),
- Zinsen dinglicher Rechte in Rangklasse 4 des § 10 Abs. 1 ZVG (auch Rangklasse 6 und 8[967]),
- Kosten der dinglichen Rechtsverfolgung nach § 10 Abs. 2 ZVG.

11.1037 Der Rangverlust tritt hinter die Kapitalbeträge der bestehen gebliebenen Rechte und der Sicherungshypotheken für die Kapitalbeträge der erlöschenden Rechte ein. Dies gilt auch für den Rangverlust hinter ein Recht, welches liegenbelassen wurde nach § 91 Abs. 2 ZVG.[968]

11.1038 Der Rangverlust kann nur durch den **rechtzeitigen** – binnen sechs Monaten – nach der Eintragung der Sicherungshypotheken erfolgten **Wiederversteigerungsantrag** vermieden werden. Diesen Antrag muss aber jeder Gläubiger für seinen eigenen Anspruch gesondert stellen (Prinzip der Einzelverfahren vgl. Rdn. 11.72).

21. Außergerichtliche Befriedigung

11.1039 Einen schnelleren Weg als das gerichtliche Verfahren zur Erlösverteilung regelt § 144 ZVG über die außergerichtliche Befriedigung. Der Ersteher muss hiernach dem Versteigerungsgericht durch formgerechte notariell beurkundete Erklärungen die Befriedigung derjenigen Berechtigten nachweisen, die aus dem Versteigerungserlös gezahlt werden können. Da der Ersteher selbst die Teilungsmasse einschließlich Zinsen bis zum Zahltag berechnen muss, findet sich die außergerichtliche Befriedigung in der Praxis nur dort, wo außer den Verfahrenskosten und den öffentlichen Lasten regelmäßig kein oder nur noch ein weiterer Gläubiger zu befriedigen ist, da das Verfahren für den Ersteher ansonsten zu kompliziert wird.

---

965 Dassler/*Schiffhauer*, § 128 Rdn. 8; Steiner/*Eickmann*, § 128 Rdn. 17; *Böttcher*, § 128 Rdn. 10.
966 Vgl. Dassler/*Schiffhauer*, § 129 Rdn. 1.
967 Steiner/*Eickmann*, § 129 Rdn. 3; Dassler/*Schiffhauer*, § 129 Rdn. 1.
968 Dassler/*Schiffhauer*, § 129 Rdn. 2 m.w.N.

Das Versteigerungsgericht hat die außergerichtliche Befriedigung zu prüfen und muss demzufolge intern einen Kontrollteilungsplan aufstellen. Die gesamten Unterlagen und Erklärungen sind den Beteiligten zur Einsicht auf der Geschäftsstelle auszulegen, § 144 Abs. 1 S. 1 ZVG. Einwendungen können binnen 2 Wochen mit einer Erinnerung erhoben werden, § 144 Abs. 1 S. 2 ZVG. Wird kein Rechtsmittel erhoben, ist das Verfahren abgeschlossen, das Versteigerungsgericht muss dann nur noch das Grundbuchersuchen fertigen (vgl. nachfolgend Rdn. 11.1041 ff.). **11.1040**

22. Grundbuchersuchen

Nach Rechtskraft des Zuschlagsbeschlusses, nach Erlösverteilung und nach Vorliegen der Unbedenklichkeitsbescheinigung des Finanzamtes (diese muss der Ersteher beibringen) ersucht das Zwangsversteigerungsgericht das Grundbuchgericht um Eigentumsumschreibung auf den Ersteher (auch wenn dies wieder der Schuldner ist), § 130 Abs. 1 ZVG. **11.1041**

Das Ersuchen hat sich weiter zu erstrecken auf die Löschung der durch den Zuschlag erloschenen Rechte und auf evtl. einzutragende Sicherungshypotheken, § 130 Abs. 1 ZVG. Das Ersuchen darf sich nur auf Tatbestände richten, die das versteigerte Grundstück betreffen (nicht z.B. um Erlöschen ersuchen, wenn eine Dienstbarkeit nur noch auf nicht versteigerten Grundstücksbruchteilen eingetragen und damit kraft Gesetzes erloschen ist).[969] Gelöscht werden auch Rechte, die erst nach dem Zuschlag (in Unkenntnis) noch ins Grundbuch eingetragen wurden.[970] Ergibt sich, dass ein Recht bei der Feststellung des geringsten Gebots zwar berücksichtigt wurde, tatsächlich jedoch nicht zur Entstehung gelangt oder erloschen ist, kann es ebenfalls mitgelöscht werden, § 130 Abs. 2 ZVG. **11.1042**

Das Grundbuchgericht hat die Richtigkeit des Ersuchens nicht weiter zu prüfen.[971] **11.1043**

Zur Liegenbelassung eines Rechtes vgl. Rdn. 11.903 ff. **11.1044**

Außer der **Gebühr** für die Eigentumsumschreibung sind die von Amts wegen vorzunehmenden Löschungen allesamt gebührenfrei. Die **Briefe** der erloschenen Rechte werden durch das Zwangsversteigerungsgericht unbrauchbar gemacht, § 127 ZVG. Ist auf einen vollstreckbaren Titel nur teilweise eine **Zahlung** erfolgt, ist diese auf dem Titel zu vermerken. Das Grundbuchgericht gibt nach Erledigung des Ersuchens Nachricht an das Zwangsversteigerungsgericht, und damit ist das Zwangsversteigerungsverfahren zunächst beendet. **11.1045**

---

969 OLG Frankfurt, Rpfleger 1979, 149; *Böttcher*, § 130 Rdn. 7.
970 *Böttcher*, § 130 Rdn. 14; *Meyer-Stolte*, Rpfleger 1983, 240; **a.A.** Dassler/*Schiffhauer*, § 130 Rdn. 26; *Stöber*, § 130 Rdn. 2.13.
971 LG Frankenthal, Rpfleger 1984, 183.

23. Wiederversteigerung

a) Wahlrecht des Gläubigers

11.1046 Wird das Meistgebot durch den Ersteher nicht gezahlt, wird der Teilungsplan dadurch ausgeführt, dass die Forderung des Schuldners gegen den Ersteher auf die Berechtigten übertragen wird, § 118 ZVG (vgl. zuvor Rdn. 11.1029 ff.). Die Übertragung wirkt wie die Befriedigung aus dem Grundstück, § 118 Abs. 2 S. 1 ZVG. Innerhalb einer Frist von drei Monaten kann sich der Gläubiger entscheiden, ob er auf die Übertragungsrechte verzichtet. In diesem Falle kann er seinen alten Anspruch gegen den Vollstreckungsschuldner weiterhin geltend machen. Die Einrede der Arglist des Schuldners, dass infolge der Verzichtserklärung die Befriedigungsfiktion vereitelt wurde, dürfte regelmäßig unbeachtlich sein.[972] Die gleiche Wirkung tritt ein, wenn der Gläubiger innerhalb der 3-Monats-Frist die erneute Zwangsversteigerung beantragt, § 118 Abs. 2 S. 2 ZVG.

b) Antragsvoraussetzungen

11.1047 Grundlage der Wiederversteigerung ist der mit der Klausel versehene Zuschlagsbeschluss, § 133 ZVG. Eine Zustellung des Zuschlagsbeschlusses und der Klausel an den Ersteher ist nicht erforderlich. Auch muss der Ersteher noch nicht als Eigentümer im Grundbuch eingetragen sein, § 133 ZVG.

11.1048 Nach Abtretung der Rechte aus dem Meistgebot kann der mithaftende Meistbietende wegen eigener, gegen den Ersteher übertragener Forderungen weder die Wiederversteigerung beantragen noch die Eintragung einer Sicherungshypothek erwirken.[973]

11.1049 Schwierigkeiten bereitet hierbei in der Praxis die Erteilung der **Unbedenklichkeitsbescheinigung** des Finanzamtes, ohne die der Ersteher grundsätzlich nicht als Eigentümer im Grundbuch eingetragen wird. Da der Ersteher keinerlei Interesse daran hat, seine Voreintragung selbst herbeizuführen, wird die Auffassung vertreten, dass die Zwangsversteigerung auch ohne Voreintragung durchgeführt werden kann, damit der Ersteher das Verfahren nicht verzögert.[974]

11.1050 Andererseits kann der Gläubiger die Grunderwerbsteuer auch aus eigener Tasche begleichen, um sie dann als Vollstreckungskosten im Verfahren mit geltend zu machen. Überwiegend jedoch wird das Versteigerungsgericht selbst um Erteilung der Unbedenklichkeitsbescheinigung beim Finanzamt ersuchen können. Die Rechtfertigung der Erteilung der Bescheinigung ergibt sich daraus, dass die Wiederversteigerung den Erwerb aus der

---

972 BGH, Rpfleger 1983, 289.
973 AG Dortmund und LG Dortmund, Rpfleger 1991, 168.
974 LG Frankenthal, Rpfleger 1975, 35.

vorausgegangenen Versteigerung rückgängig macht.[975] In jedem Falle ist die Voreintragung des Erstehers notwendig.[976]

c) Neues Verfahren

Die Wiederversteigerung ist ein neues, selbstständiges Verfahren.[977] Es ist hierzu ein entsprechender Antrag erforderlich, es erfolgt auch eine neue Beschlagnahme und die Eintragung eines neuen Zwangsversteigerungsvermerkes im Grundbuch. — 11.1051

Die Anordnung der Wiederversteigerung aus der Eintragung der Sicherungshypothek nach § 128 ZVG ist dinglich erst dann möglich, wenn die Sicherungshypothek eingetragen ist.[978] Die Sicherungshypothek entsteht erst mit der Eintragung, § 128 Abs. 3 S. 1 ZVG.[979] — 11.1052

Bei der Erstellung des geringsten Gebotes ist jedoch der auf die Sicherungshypothek für die übertragene Forderung entfallende Betrag in jedem Falle in den bar zu zahlenden Teil aufzunehmen, § 128 Abs. 4 ZVG. — 11.1053

Ergibt sich in der durchgeführten Wiederversteigerung des Grundstückes ein Übererlös, so steht dieser Betrag dem Ersteher des Grundstückes aus der Erstversteigerung zu und nicht dem ursprünglichen Eigentümer.[980] — 11.1054

24. Anhang: Sterbetafel 2002/2004

(Der Abdruck beginnt aus technischen Gründen erst auf der nächsten Seite.)

---

975 BFH, DB 1989, 206; vgl. auch *Böttcher*, § 133 Rdn. 4 unter Hinweis auf einen entsprechenden Erlass der Finanzbehörden.
976 *Schiffhauer*, Rpfleger 1975, 12; Steiner/*Eickmann*, § 133 Rdn. 11, Dassler/*Gerhardt*, § 133 Rdn. 7.
977 *Stöber*, § 133 Rdn. 2.1.
978 *Schiffhauer*, Rpfleger 1994, 402, 403.
979 A.A. *Hornung*, Rpfleger 1994, 9 ff. und 405 ff., der die Wiederversteigerung auch ohne Grundbucheintragung für zulässig erachtet.
980 LG Karlsruhe, Rpfleger 1994, 312; OLG Karlsruhe, Rpfleger 1995, 513.

11.1055 Zwangsversteigerung

11.1055

Sterbetafel 2002/2004		Sterbetafel 2002/2004	
Männlich		**Weiblich**	
Vollendetes Alter	Durchschnittliche Lebenserwartung im Alter x in Jahren	Vollendetes Alter	Durchschnittliche Lebenserwartung im Alter x in Jahren
0	75,89	0	81,55
1	75,24	1	80,86
2	74,27	2	79,89
3	73,29	3	78,90
4	72,30	4	77,92
5	71,31	5	76,93
6	70,32	6	75,94
7	69,33	7	74,94
8	68,34	8	73,95
9	67,34	9	72,96
10	66,35	10	71,96
11	65,36	11	70,97
12	64,37	12	69,97
13	63,37	13	68,98
14	62,38	14	67,99
15	61,39	15	66,99
16	60,41	16	66,01
17	59,43	17	65,02
18	58,46	18	64,03
19	57,50	19	63,05
20	56,55	20	62,07

Anhang: Sterbetafel 2002/2004

Sterbetafel 2002/2004 Männlich		Sterbetafel 2002/2004 Weiblich	
Vollendetes Alter	Durchschnittliche Lebenserwartung im Alter x in Jahren	Vollendetes Alter	Durchschnittliche Lebenserwartung im Alter x in Jahren
21	55,59	21	61,09
22	54,64	22	60,10
23	53,68	23	59,12
24	52,72	24	58,13
25	51,75	25	57,15
26	50,79	26	56,16
27	49,83	27	55,18
28	48,86	28	54,20
29	47,90	29	53,21
30	46,93	30	52,23
31	45,97	31	51,24
32	45,00	32	50,26
33	44,04	33	49,28
34	43,08	34	48,30
35	42,12	35	47,32
36	41,16	36	46,35
37	40,21	37	45,37
38	39,26	38	44,40
39	38,31	39	43,43
40	37,37	40	42,46
41	36,43	41	41,50

11.1055 Zwangsversteigerung

Sterbetafel 2002/2004 Männlich		Sterbetafel 2002/2004 Weiblich	
Vollendetes Alter	Durchschnittliche Lebenserwartung im Alter x in Jahren	Vollendetes Alter	Durchschnittliche Lebenserwartung im Alter x in Jahren
42	35,50	42	40,54
43	34,58	43	39,59
44	33,66	44	38,64
45	32,75	45	37,69
46	31,85	46	36,75
47	30,96	47	35,81
48	30,07	48	34,88
49	29,19	49	33,96
50	28,32	50	33,04
51	27,46	51	32,12
52	26,60	52	31,21
53	25,75	53	30,30
54	24,91	54	29,40
55	24,08	55	28,50
56	23,26	56	27,60
57	22,44	57	26,71
58	21,63	58	25,83
59	20,83	59	24,95
60	20,05	60	24,08
61	19,27	61	23,21
62	18,50	62	22,34

Anhang: Sterbetafel 2002/2004

Sterbetafel 2002/2004 Männlich		Sterbetafel 2002/2004 Weiblich	
Vollendetes Alter	Durchschnittliche Lebenserwartung im Alter x in Jahren	Vollendetes Alter	Durchschnittliche Lebenserwartung im Alter x in Jahren
63	17,75	63	21,47
64	17,00	64	20,62
65	16,26	65	19,77
66	15,54	66	18,92
67	14,84	67	18,09
68	14,15	68	17,27
69	13,48	69	16,47
70	12,83	70	15,67
71	12,19	71	14,89
72	11,57	72	14,13
73	10,97	73	13,38
74	10,39	74	12,65
75	9,83	75	11,93
76	9,29	76	11,24
77	8,75	77	10,56
78	8,22	78	9,89
79	7,72	79	9,26
80	7,24	80	8,64
81	6,78	81	8,06
82	6,34	82	7,50
83	5,95	83	6,99

11.1055   Zwangsversteigerung

Sterbetafel 2002/2004 Männlich		Sterbetafel 2002/2004 Weiblich	
Vollendetes Alter	Durchschnittliche Lebenserwartung im Alter x in Jahren	Vollendetes Alter	Durchschnittliche Lebenserwartung im Alter x in Jahren
84	5,56	84	6,49
85	5,19	85	6,01
86	4,81	86	5,53
87	4,47	87	5,10
88	4,17	88	4,71
89	3,89	89	4,35
90	3,64	90	4,02
91	3,39	91	3,71
92	3,18	92	3,45
93	2,97	93	3,21
94	2,79	94	2,99
95	2,62	95	2,80
96	2,46	96	2,61
97	2,32	97	2,45
98	2,18	98	2,30
99	2,06	99	2,16
100	1,95	100	2,03

© Statistisches Bundesamt, Wiesbaden, 2005
Vervielfältigung und Verbreitung, auch auszugsweise, mit Quellenangabe gestattet.

12. Abschnitt
Auseinandersetzungsversteigerung

I. Grundlagen

1. Zielsetzung

Neben der Forderungsversteigerung werden im Zwangsversteigerungsgesetz auch die Zwangsversteigerung und Zwangsverwaltung in besonderen Fällen geregelt, §§ 172–185 ZVG. In diesen Bestimmungen sind drei Verfahrensarten geregelt:

- die Zwangsversteigerung oder Zwangsverwaltung auf Antrag des Insolvenzverwalters, §§ 172–174a ZVG;
- die Zwangsversteigerung auf Antrag eines Erben, §§ 175–179 ZVG;
- die Zwangsversteigerung zum Zwecke der Aufhebung einer Gemeinschaft, §§ 180–185 ZVG.

12.1

Während die Zwangsversteigerungen auf Antrag des Insolvenzverwalters nur selten oder auf Antrag eines Erben in der Praxis nahezu bedeutungslos sind, spielt die Zwangsversteigerung zum Zwecke der Aufhebung einer Gemeinschaft (Auseinandersetzungsversteigerung oder Teilungsversteigerung) eine große Rolle. Die Zwangsversteigerung zum Zwecke der Aufhebung einer Gemeinschaft dient der Verwirklichung des materiellen Auseinandersetzungsanspruches eines Grundstücksmiteigentümers. Wie bei der Forderungsversteigerung der materielle Anspruch des Gläubigers soll in diesem Verfahren der materielle Anspruch des Antragstellers auf Auseinandersetzung durchgesetzt werden.[1] Auch hierbei darf der Eingriff nicht das notwendige Maß überschreiten. Die Anwendung des Verfahrensrechtes und somit die Verfahrensgestaltung steht auch hier grundsätzlich unter der Garantiefunktion des Grundgesetzes.[2]

12.2

Die Versteigerung zum Zwecke der Aufhebung der Gemeinschaft erfolgt im Wege des rechtlichen Zwangs. Auch wenn in der Auseinandersetzungsversteigerung ein Vorkaufsfall nach § 471 BGB zu sehen ist oder das gesetzliche Vorkaufsrecht nach dem Baugesetzbuch zu beachten ist oder auch ein

12.3

---
1 *Stöber*, § 172 Rdn. 1.3; Steiner/*Teufel*, § 180 Rdn. 2.
2 Steiner/*Teufel*, § 180 Rdn. 88.

vollstreckbarer Schuldtitel nicht erforderlich ist, kann daraus nicht der Schluss gezogen werden, dass es sich bei dieser Art der Zwangsversteigerung um eine unechte oder keine eigentliche Vollstreckung handelt.[3] Der Erwerb eines Grundstücks in der Auseinandersetzungsversteigerung steht nicht in erster Linie einem freihändigen Verkauf gleich. Die Versteigerung des Grundstückes erfolgt im Wege der Zwangsvollstreckung und wird auch gegen den Willen der anderen Miteigentümer durchgesetzt. Der Gesetzgeber hat dieses Verfahren auch ausdrücklich im ZVG geregelt und auf die Vorschriften über die Forderungsversteigerung Bezug genommen, sofern sich nicht aus den §§ 180–185 ZVG notwendigerweise eine andere Regelung ergeben muss.

12.4   Diese Frage ist nicht nur von der dogmatischen Seite her zu sehen, sondern sie hat auch unmittelbaren Einfluss auf den Verfahrensablauf. Schließt man sich der Auffassung an, dass es sich bei der Auseinandersetzungsversteigerung um eine echte Zwangsversteigerung handelt, ist auch die Vollstreckungsschutzvorschrift des § 765a ZPO anzuwenden.[4]

12.5   Auch wenn die Auseinandersetzungsversteigerung in vielen Punkten von den Einzelheiten der Forderungsversteigerung abweicht, kann im Wesentlichen auf die grundsätzlichen Ausführungen in Abschnitt 11 verwiesen werden.

2. Auswertung des Grundbuches

a) Bewertung der dinglichen Rechte

12.6   Ebenso wie bei der Forderungsversteigerung sollte auch in der Auseinandersetzungsversteigerung die Informationsbeschaffung wiederum an erster Stelle stehen. Zur Frage der Bewertung der Rechte in Abt. II bzw. III des Grundbuches kann auf die Ausführung in Rdn. 9.46 ff. verwiesen werden.

12.7   Speziell zur **Auflassungsvormerkung** gilt – wie in der Forderungsversteigerung –, dass diese in das geringste Gebot aufzunehmen ist, wenn sie dem Recht des Antragstellers im Verfahren „vorgeht", d.h. wenn sie nach den besonderen Bedingungen über das geringste Gebot (Rdn. 11.593 ff.) bestehen bleibt. Nach der Erteilung des Zuschlags kann sie dann von dem Vormerkungsberechtigten dem Ersteher gegenüber geltend gemacht werden.[5]

---

3   So aber Dassler/*Schiffhauer,* § 180 Rdn. 7, 32, 72; Steiner/*Teufel,* § 180 Rdn. 6; Brox/*Walker,* Rdn. 971, 994; Baur/*Stürner,* Rdn. 34.5; Rosenberg/Gaul/*Schilken,* § 61 II S. 915; **a.A.** für echte Zwangsvollstreckung *Stöber,* § 172 Rdn. 1.3; *Böttcher,* § 180 Rdn. 3; *Eickmann,* § 1 II; *Maurer,* FamRZ 1991, 1141, 1143; *Keller,* Rpfleger 1993, 131.
4   *Stöber,* Einl. Rdn. 52.6; Steiner/*Teufel,* § 180 Rdn. 146; *Böttcher,* § 180 Rdn. 84; s. auch Rdn. 12.205 ff.
5   OLG Köln, InVo 2001, 112.

b) Verfügungsbeschränkungen

Bei den in der Abteilung II des Grundbuches eingetragenen Verfügungsbeschränkungen ist darauf zu achten, ob diese ein Vollstreckungshindernis für die Auseinandersetzungsversteigerung darstellen oder nicht. Zu den einzelnen Arten der Verfügungsbeschränkungen s. Rdn. 9.147 ff.

12.8

Eintragungen nach dem Baugesetzbuch (Umlegungsvermerk, Enteignungsvermerk, Sanierungsvermerk, Entwicklungsvermerk) und auch die Flurbereinigung stellen kein Vollstreckungshindernis dar. Die Auseinandersetzungsversteigerung kann jederzeit angeordnet werden, einer behördlichen Genehmigung bedarf es nicht.[6] Für landwirtschaftliche Grundstücke gibt es heute keine Beschränkungen mehr.

12.9

Ist im Grundbuch ein Sperrvermerk nach dem Bundesversorgungsgesetz (BVG) oder – noch – der Reichsversicherungsordnung[7] eingetragen, ist vor der Anordnung der Auseinandersetzungsversteigerung die Zustimmung des Versorgungsamtes bzw. des Unfallversicherers erforderlich. Dies gilt jedoch nur, wenn der Sperrvermerk auf dem Anteil des Antragstellers lastet, immer also bei einer Gesamthandsgemeinschaft.

12.10

Der im Grundbuch eingetragene **Nacherbenvermerk** ist kein Versteigerungshindernis. Die den Nacherben schützenden Vorschriften der §§ 2113, 2115 BGB sind insoweit nicht einschlägig, als es sich bei der Auseinandersetzungsversteigerung nicht um eine Forderungsversteigerung wegen einer Geldforderung handelt.[8] Der Nacherbenvermerk fällt nicht in das geringste Gebot und ist mit Erteilung des Zuschlages zu löschen.[9]

12.11

Bei angeordneter **Testamentsvollstreckung** ist nur der Testamentsvollstrecker antragsberechtigt.[10]

12.12

Wird über das Vermögen eines Miteigentümers in einer Gemeinschaft das **Insolvenzverfahren** eröffnet, ist der Insolvenzverwalter antragsberechtigt, ihm steht die Verwaltungs- und Verfügungsbefugnis zu, § 80 Abs. 1 InsO. Die Teilung bzw. Auseinandersetzung erfolgt jedoch außerhalb des Insolvenzverfahrens, § 84 Abs. 1 InsO. Der Insolvenzverwalter nimmt die Rechte des Schuldners als Miteigentümer wahr, er ist an keinerlei Vereinbarungen gebunden, die die Auseinandersetzung einschränken oder ausschließen, § 84 Abs. 2 InsO, insbesondere Vereinbarungen nach § 749 Abs. 2 BGB (vgl. Rdn. 6.381 ff.) oder § 2044 BGB (vgl. Rdn. 6.325 ff.). Auch die dinglich wirkende Vereinbarung nach § 1010 BGB (vgl. Rdn. 9.137 ff.) wirkt nicht gegenüber dem Insolvenzverwalter.

12.13

---

6   LG Berlin, NJW-RR 1989, 1151 für Sanierungsverfahren.
7   Die in § 610 RVO geregelte Verfügungsbeschränkung ist weggefallen durch das Gesetz zur Einordnung des Rechts der gesetzlichen Unfallversicherung in das SGB VII vom 7.8.1996, BGBl I 1254, vgl. Rdn. 9.154.
8   BayObLG, NJW 1965, 1966; OLG Hamm, Rpfleger 1968, 403 = NJW 1969, 516.
9   *Böttcher*, § 180 Rdn. 43 m.w.N.
10 *Böttcher*, § 180 Rdn. 40; *Stöber*, § 180 Rdn. 3.16.

12.14–12.17   Auseinandersetzungsversteigerung

12.14   Zur Anteilsbelastung mit einem Nießbrauchsrecht vgl. Rdn. 12.92 ff.

12.15   Handelt es sich bei dem Grundstück um eine **Reichsheimstätte**, ist zunächst festzuhalten, dass am 1.10.1993 das Gesetz zur Aufhebung des Reichsheimstättengesetzes (BGBl I 912) in Kraft getreten ist. Im Beitrittsgebiet waren die Reichsheimstätten bereits am 1.1.1976 in persönliches Eigentum überführt worden (§ 5 Abs. 3 EGZGB). Zwar lebte das RHG nach dem Beitritt am 3.10.1990 wieder auf, unterliegt aber ebenfalls der Aufhebung. Zunächst blieben die Eintragungen zur Reichsheimstätte im Grundbuch noch bestehen, es galten Übergangsregelungen nach Art. 6 §§ 1–5 des Aufhebungsgesetzes bis zum 31.12.1998. Der Eigentümer konnte jedoch auf den gesetzlichen Vollstreckungsschutz verzichten, dann wurde die Heimstätte gelöscht. Ebenfalls wird die Heimstätte gelöscht, wenn der Zuschlag in der Zwangsversteigerung erteilt wird. Nach dem 1.1.1999 ist die gesamte Löschung im Grundbuch von Amts wegen vorzunehmen.[11]

3. Gegenstand der Auseinandersetzungsversteigerung

a) Grundstücke

12.16   Wie bei der Forderungsversteigerung unterliegen der Auseinandersetzungsversteigerung in erster Linie Grundstücke. Sind in demselben Grundbuch mehrere Grundstücke im Bestandsverzeichnis eingetragen, können diese einzeln oder gemeinsam versteigert werden, da das Gemeinschaftsverhältnis an diesen Grundstücken gleich ist. Sind mehrere Grundstücke in verschiedenen Grundbüchern eingetragen, ist vor einer gemeinsamen Versteigerung zu prüfen, ob die Gemeinschaftsverhältnisse an allen Grundstücken gleich sind.

b) Grundstücksbruchteile

12.17   Der Auseinandersetzungsversteigerung unterliegt auch der ideelle Bruchteil eines Grundstücks, eines grundstückgleichen Rechts, eines Schiffes oder Schiffsbauwerkes, sofern an dem Bruchteil wiederum eine Gemeinschaft besteht, §§ 869, 864 Abs. 2 ZVG.

---

[11] Vgl. im Einzelnen *Hornung*, Rpfleger 1994, 277. Die Anordnung der Auseinandersetzungsversteigerung war jedoch auch ohne Genehmigung zulässig. Die die Vollstreckung einschränkende Vorschrift des § 20 RHeimstG trifft nicht zu, weil hier keine Vollstreckung erfolgt, so *Stöber*, § 180 Rdn. 7.21 m.w.N. Dies gilt jedoch nicht für den Pfändungsgläubiger eines Miteigentümers, für ihn ist die Auseinandersetzungsversteigerung einer Reichsheimstätte ausgeschlossen, vgl. OLG Köln, Rpfleger 1957, 253 = NJW 1957, 834; LG Aachen, Rpfleger 1967, 219.

c) Wohnungs- und Teileigentum

Eine besondere Art der Auseinandersetzungsversteigerung in den Bruchteil eines Grundstückes bildet das Wohnungs- und Teileigentum. Das Wohnungseigentum bzw. Teileigentum ist kraft Gesetzes eine Gemeinschaft nach Bruchteilen an dem gemeinsamen Grundstück (vgl. Rdn. 9.22 ff.). Keiner der Wohnungseigentümer ist jedoch berechtigt, die Aufhebung der Gemeinschaft zu verlangen, § 11 Abs. 1 WEG. Die Auseinandersetzungsversteigerung der gesamten Wohnungseigentumsanlage ist daher unzulässig. Zulässig ist nur die Auseinandersetzungsversteigerung eines einzelnen Wohnungseigentums bzw. Teileigentums. Dieses Bruchteileigentum muss nur im Eigentum einer Gesamthandsgemeinschaft oder einer anderen Bruchteilsgemeinschaft stehen. **12.18**

Haben die Wohnungseigentümer untereinander vereinbart, dass die Veräußerung eines einzelnen Wohnungseigentums auch im Wege der Zwangsvollstreckung der Zustimmung des Verwalters oder der übrigen Miteigentümer bedarf, muss diese Zustimmung spätestens bei Erteilung des Zuschlages vorgelegt werden. Diese Veräußerungsbeschränkung ergibt sich wörtlich aus dem Eintragungstext des Bestandsverzeichnisses des jeweiligen Wohnungseigentums bzw. Teileigentums und ist auch im Verfahren der Auseinandersetzungsversteigerung zu beachten.[12] **12.19**

Hinsichtlich der Frage der Haftung für rückständiges Hausgeld vgl. Rdn. 9.25 ff. **12.20**

d) Erbbaurecht

Zu den der Auseinandersetzungsversteigerung unterliegenden grundstücksgleichen Rechten gehört in erster Linie das Erbbaurecht und das Wohnungserbbaurecht bzw. das Teileigentumserbbaurecht als Unterarten des Erbbaurechtes, § 11 ErbbauVO, § 30 WEG (vgl. Rdn. 9.11 ff.). **12.21**

Das bei dem Erbbaurecht regelmäßig vereinbarte Veräußerungsverbot, welches sich wörtlich aus der Eintragung im Bestandsverzeichnis des Erbbaugrundbuches ergibt, ist auch in der Auseinandersetzungsversteigerung zu beachten, § 8 ErbbauVO. Spätestens bei Erteilung des Zuschlages muss daher die Zustimmung des Grundstückseigentümers vorgelegt werden.[13] **12.22**

---

[12] Steiner/*Teufel*, § 180 Rdn. 172.
[13] BGH, Rpfleger 1961, 192 = NJW 1960, 2093; *Stöber*, § 180 Rdn. 7.9; Steiner/*Teufel*, § 180 Rdn. 171.

4. Rechtsgemeinschaften am Grundstück

a) Bruchteilsgemeinschaft

12.23 Die Teilungsversteigerung ist nur zulässig, wenn eine Gemeinschaft gegeben ist. Die Gemeinschaft nach Bruchteilen ist geregelt in den §§ 741–758 BGB. Jedes Mitglied der Bruchteilsgemeinschaft kann grundsätzlich jederzeit die Aufhebung der Gemeinschaft verlangen, § 749 Abs. 1 BGB. Zum Ausschluss des Aufhebungsanspruches vgl. Rdn. 12.77 ff. Vereinigen sich die Bruchteile in der Hand eines Inhabers, ist die Teilungsversteigerung nach **BGH**[14] zulässig, wenn ein Bruchteil dem Inhaber als Vorerben zusteht. Zwar fehlt es an einer Mehrheit von Personen, doch steht die alleinige Rechtsinhaberschaft der Zulässigkeit der Teilungsversteigerung nicht entgegen, da die Vereinigung in einer Hand nicht in jedem Fall zur Beendigung der vorherigen Bruchteilsgemeinschaft führt. Setzt sich die bisher geteilte Rechtszuordnung fort, weil die Verfügungsmacht hinsichtlich einzelner Bruchteile verschieden ausgestaltet ist, kann die Rechtszuständigkeit nach Bruchteilen erhalten bleiben und deshalb auch eine ideelle Grundstückshälfte gesondert mit einem Grundpfandrecht belastet werden. Der nicht befreite Vorerbe ist in seiner Möglichkeit, über den ererbten Bruchteil zu verfügen, durch die gegenüber jedermann wirkenden §§ 2113 ff. BGB so stark eingeschränkt, dass es gerechtfertigt ist, diesen Bruchteil als Sondervermögen anzusehen.

12.24 Grundsätzlich erfolgt die Aufhebung der Gemeinschaft durch Teilung in Natur, § 752 BGB. Dies bedeutet, dass das Grundstück sich ohne Verminderung des Wertes in gleichartige Anteile entsprechend den Anteilen der einzelnen Bruchteilseigentümer zerlegen lässt, § 752 S. 1 BGB. Haben die Miteigentümer an dem Grundstück gleiche Anteile, muss sich das Grundstück somit in gleich große und wertmäßig gleiche Flächen aufteilen lassen.[15] Teilung in Natur ist daher nur möglich, wenn die Realteilung des Grundstückes durchführbar ist. Ist dies bei Bauland durch Teilung in einzelne Parzellen noch möglich, so trifft dies für bebaute Grundstücke regelmäßig nicht mehr zu.[16] Der Auseinandersetzungsversteigerung dürfte damit einer Teilung in Natur immer der Vorzug zu geben sein.

12.25 Im Übrigen prüft das Versteigerungsgericht diese Frage nicht, ein entsprechender Einwand muss gegebenenfalls im Prozesswege geltend gemacht werden, § 771 ZPO.[17]

---

[14] Rpfleger 2004, 721 = NJW-RR 2004, 1513 = DNotZ 2005, 123 = FamRZ 2004, 1719 = MDR 2005, 112 = WM 2004, 1843 = InVo 2005, 35 = MittBayNot 2005, 157 = ZfIR 2005, 70.
[15] OLG Stuttgart, BWNotZ 1984, 172; OLG Hamm, Rpfleger 1964, 341.
[16] MünchKomm/*K. Schmidt* BGB, § 752 Rdn. 21.
[17] *Stöber*, § 180 Rdn. 9.15; Steiner/*Teufel*, § 180 Rdn. 127.

b) Erbengemeinschaft

Die Erbengemeinschaft ist geregelt in den §§ 2032–2063 BGB. Hat der Erblasser mehrere Erben hinterlassen, so gebührt ihnen der Nachlass gemeinschaftlich, § 2032 Abs. 1 BGB. Jeder Miterbe hat grundsätzlich das Recht, jederzeit die Auseinandersetzung zu verlangen, § 2042 Abs. 1 BGB.[18] Hierbei wird auf die Vorschriften der Bruchteilsgemeinschaft verwiesen, insbesondere auf die §§ 752, 753 BGB. Zum Ausschluss des Aufhebungsanspruches vgl. Rdn. 12.82 ff. **12.26**

Ist ein Testamentsvollstrecker bestellt (Eintragung im Grundbuch müsste vorliegen, § 52 GBO), kann die Auseinandersetzung nur von ihm für und gegen die Erben bewirkt werden.[19] **12.27**

Sind die Erben oder nur einer oder mehrere der Miterben Vorerben, hindert die bestehende Nacherbfolge nicht die Auseinandersetzungsversteigerung. Die Verfügungsbeschränkungen nach den §§ 2113–2115 BGB sind nicht einschlägig, da es sich hierbei nicht um eine Geldvollstreckung gegen den bzw. die Vorerben handelt. Der Eigentumsübergang durch Zuschlagserteilung in der Auseinandersetzungsversteigerung ist mithin auch den Nacherben gegenüber wirksam. Der Übergang des Eigentums am Grundstück beruht nicht auf einer Verfügung des Vorerben.[20] Zur Ausnahme für den Pfändungsgläubiger vgl. Rdn. 12.90 ff. **12.28**

c) Gesellschaft bürgerlichen Rechts

Die Gesellschaft bürgerlichen Rechts ist geregelt in den §§ 705–740 BGB. Das Gesellschaftsvermögen einer Gesellschaft bürgerlichen Rechts ist gemeinschaftliches Vermögen aller Gesellschafter, § 718 Abs. 1 BGB. Die Auseinandersetzung findet erst statt, wenn die Gesellschaft aufgelöst ist, §§ 723–728 BGB. Der Nachweis der Zustellung der Kündigung über die Aufhebung der BGB-Gesellschaft vor Durchführung der Teilungsversteigerung ist in der Form einer öffentlichen Urkunde zu führen. Ein Rückschein – nach Übersendung eines Schriftstückes als Einschreiben gegen Rückschein – ist keine öffentliche Urkunde.[21] **12.29**

Haben die Gesellschafter keine Vereinbarung für das Verfahren bei der Auseinandersetzung getroffen und ist auch nicht nach den Vorschriften der §§ 732–735 BGB zu verfahren, finden die Vorschriften über die Gemeinschaft Anwendung, § 731 S. 2 BGB. Insbesondere sind daher auch hier die §§ 752, 753 BGB anzuwenden. **12.30**

---

18 Vgl. BGH, Rpfleger 1999, 140.
19 *Stöber,* § 180 Rdn. 3.16; Steiner/*Teufel,* § 180 Rdn. 111; *Böttcher,* § 180 Rdn. 41.
20 OLG Hamm, Rpfleger 1968, 403 = NJW 1969, 516; BayObLG, NJW 1965, 1966.
21 LG Flensburg, JurBüro 2004, 47.

d) Personengesellschaft nach Handelsrecht

12.31 Bei einer offenen Handelsgesellschaft oder einer Kommanditgesellschaft sind die Besonderheiten nach §§ 145, 146, 161 Abs. 2 HGB zu beachten. Nur die Liquidatoren können die Auseinandersetzungsversteigerung beantragen, sofern nicht eine andere Art der Verwertung vereinbart wurde.[22]

e) Partnerschaftsgesellschaft

12.32 Das Gesetz zur Schaffung von Partnerschaftsgesellschaften ist am 1.7.1995 (BGBl I 1744) in Kraft getreten. Die Partnerschaftsgesellschaft wird wirksam mit der Eintragung im Partnerschaftsregister, § 7 Abs. 1 PartGG. Zur Zwangsvollstreckung in das Partnerschaftsvermögen ist ein gegen die Partnerschaft gerichteter Titel erforderlich, § 7 Abs. 2 PartGG, § 124 Abs. 2 HGB; zur Zwangsvollstreckung gegen einen Partner ist ein gegen diesen gerichteter persönlicher Titel erforderlich, § 8 Abs. 1 PartGG, §§ 129, 130 HGB.

12.33 Für die Auseinandersetzung gelten auch hier die Vorschriften über die OHG, § 10 Abs. 1 PartGG i.V.m. §§ 145 ff. HGB, nur die Liquidatoren können die Auseinandersetzungsversteigerung beantragen, sofern nicht eine andere Art der Verwertung vereinbart wurde.

f) Gütergemeinschaft

12.34 Die Gütergemeinschaft ist geregelt in den §§ 1415–1482 BGB. Das Vermögen des Mannes und das Vermögen der Frau werden durch die Gütergemeinschaft gemeinschaftliches Vermögen beider Ehegatten, § 1416 Abs. 1 BGB. Keiner der Ehegatten kann daher über seinen Anteil am Gesamtgut und an den einzelnen Gegenständen verfügen, § 1419 Abs. 1 BGB. Eine Auseinandersetzung der Gütergemeinschaft kann erst erfolgen, wenn diese beendet ist, § 1471 Abs. 1 BGB.

12.35 Die Durchführung der Auseinandersetzung regelt sich nach §§ 1474–1481 BGB. Hierbei ist das Gesamtgut in Geld umzusetzen, soweit dies erforderlich ist, um Gesamtgutverbindlichkeiten zu berichtigen, § 1475 Abs. 3 BGB. Ist eine Einigung unter den Ehegatten nicht zu erzielen, kann jeder von ihnen die Auseinandersetzungsversteigerung nach § 753 BGB verlangen.[23] Die Auseinandersetzung im Wege der Versteigerung geht einem Übernahmeverlangen nach § 1477 Abs. 2 BGB vor. Die bei der Auseinandersetzung gebotene Berichtigung der Gesamtgutsverbindlichkeiten kann auch in der Weise erfolgen, dass der sein Übernahmerecht ausübende Ehe-

---

[22] LG Kaiserslautern, Rpfleger 1985, 121; *Stöber*, § 180 Rdn. 2.4 f.; Steiner/*Teufel*, § 180 Rdn. 109.
[23] MünchKomm/*Kanzleiter* BGB, § 1475 Rdn. 7.

gatte sie als Alleinschuldner übernimmt und der Gläubiger den anderen Ehegatten aus der Haftung entlässt.[24]

Verwaltet ein Ehegatte das Gesamtgut alleine, so kann er ohne Zustimmung des anderen Ehegatten die Auseinandersetzungsversteigerung beantragen.[25] **12.36**

g) Fortgesetzte Gütergemeinschaft

Die fortgesetzte Gütergemeinschaft ist geregelt in den §§ 1483–1518 BGB. Die Ehegatten können durch Ehevertrag vereinbaren, dass die Gütergemeinschaft nach dem Tode eines Ehegatten zwischen dem überlebenden Ehegatten und den gemeinschaftlichen Abkömmlingen fortgesetzt wird, § 1483 Abs. 1 S. 1 BGB. Die Auseinandersetzung zwischen dem überlebenden Ehegatten und den Abkömmlingen kann erst erfolgen, wenn die fortgesetzte Gütergemeinschaft beendet ist, § 1497 Abs. 1 BGB. **12.37**

Auf die Auseinandersetzung sind die Vorschriften über die Gütergemeinschaft anzuwenden, § 1498 BGB, insbesondere ist auch hier das Gesamtgut in Geld umzusetzen, soweit dies erforderlich ist. Wird eine Einigung nicht erzielt, kann jeder Teilhaber die Auseinandersetzungsversteigerung verlangen.[26] **12.38**

h) Eheliche Vermögensgemeinschaft

Grundsätzlich erwarben Ehegatten in der ehemaligen DDR das Eigentum an Grundstücken nur gemeinsam (im Güterstand der Eigentums- und Vermögensgemeinschaft des FGB-DDR), § 13 Abs. 1 FGB-DDR, § 299 ZGB. Leben die Ehegatten weiterhin gem. Art. 234 § 4 Abs. 2 EGBGB im Güterstand der Eigentums- und Vermögensgemeinschaft des FGB-DDR, sind für die Zwangsvollstreckung in Gegenstände des gemeinschaftlichen Eigentums und Vermögens die Vorschriften über die Gütergemeinschaft anzuwenden, § 744a ZPO (vgl. Rdn. 9.42). **12.39**

In diesem Falle findet die Auseinandersetzung ausschließlich nach § 39 FGB-DDR statt.[27] Eine Auseinandersetzungsversteigerung nach §§ 180 ff. ZVG ist ausgeschlossen.[28] **12.40**

Zur Möglichkeit der Inanspruchnahme der Optionserklärung vgl. Rdn. 9.43. **12.41**

---

24 BGH, Rpfleger 1985, 360 = NJW 1985, 3066.
25 *Stöber*, § 180 Rdn. 3.11; *Böttcher*, § 180 Rdn. 48; **a.A.** Steiner/*Teufel*, § 180 Rdn. 102.
26 MünchKomm/*Kanzleiter* BGB, § 1497 Rdn. 2, 3; *Stöber*, § 180 Rdn. 3.10.
27 LG Halle, DtZ 1994, 414.
28 Brandenbg. OLG, Rpfleger 1995, 373; vgl. auch *Rellermeyer*, Rpfleger 1995, 321 ff.

i) Pfändungsmöglichkeiten

12.42 Nicht nur die jeweiligen Teilhaber einer Gemeinschaft können den Antrag auf Auseinandersetzungsversteigerung stellen. Auch der Pfändungsgläubiger eines Anteils dieser Gemeinschaft bzw. des Auseinandersetzungsanspruches hat ein entsprechendes Antragsrecht.

12.43 Zu den Pfändungsmöglichkeiten bei der Bruchteilsgemeinschaft, Erbengemeinschaft, Gesellschaft bürgerlichen Rechts, der Gütergemeinschaft und der Eigentums- und Vermögensgemeinschaft nach FGB-DDR und den dabei zu beachtenden Zwangsvollstreckungsvoraussetzungen wird auf die Ausführung in Rdn. 6.286 ff. verwiesen.

5. Verfahrensgliederung

12.44 Die Auseinandersetzungsversteigerung kann in nachfolgende Abschnitte gegliedert werden:

- Anordnungs- bzw. Beitrittsverfahren, §§ 180, 15–27 ZVG;
- Vollstreckungsschutzverfahren, § 180 Abs. 2, 3, 4 ZVG, § 765a ZPO;
- Wertfestsetzungsverfahren, § 74a Abs. 5 ZVG;
- Versteigerungstermin:
  Terminsbestimmung, §§ 35–43 ZVG,
  Terminsdurchführung/Zuschlag, §§ 66 ff. ZVG;
- Erlösverteilung (nur bei Einigung unter den Miteigentümern);
- Grundbuchersuchen, § 130 ZVG.

6. Verfahrensgrundsätze

a) Beteiligtenverfahren/Amtsverfahren

12.45 Wie bei der Forderungsversteigerung, wird auch die Auseinandersetzungsversteigerung nur auf Antrag durchgeführt, §§ 180, 15, 16 ZVG. Der Antragsteller kann das Verfahren durch Antragsrücknahme beenden, auf seinen Antrag hin kann das Verfahren auch einstweilen eingestellt und wieder fortgesetzt werden.

12.46 Nach Anordnung des Verfahrens wird dieses von Amts wegen weiter durchgeführt. Zustellung, Belehrung, Wertfestsetzung, Terminsbestimmung und -durchführung und das Grundbuchersuchen werden jeweils von Amts wegen angeordnet und durchgeführt.

12.47 Auch die Auseinandersetzungsversteigerung wird als Beteiligtenverfahren geführt. Aus der Besonderheit der Auseinandersetzungsversteigerung ergibt sich jedoch, dass es einen betreibenden Gläubiger auf der einen und einen Schuldner auf der anderen Seite nicht gibt. Im Verfahren gelten daher als Beteiligte, § 9 ZVG,

- der Antragsteller;
- Antragsgegner (die weiteren Mitglieder der Gemeinschaft);
- diejenigen, für welche zur Zeit der Eintragung des Versteigerungsvermerkes ein Recht im Grundbuch eingetragen oder durch Eintragung gesichert war;
- diejenigen, welche ein der Zwangsvollstreckung entgegenstehendes Recht, ein Recht an dem Grundstück oder an einem das Grundstück belastenden Recht, einen Anspruch mit dem Recht auf Befriedigung aus dem Grundstück oder ein Miet- oder Pachtrecht, aufgrund dessen ihm das Grundstück überlassen ist, bei dem Zwangsversteigerungsgericht anmelden und auf Verlangen des Gerichtes oder eines Beteiligten glaubhaft machen.

Hieraus ergibt sich die Unterscheidung der Beteiligtenstellung von Amts wegen und aufgrund Anmeldung.

aa) Beteiligte von Amts wegen

Beteiligte von Amts wegen sind in erster Linie der Antragsteller und die übrigen Mitglieder der Gemeinschaft als Antragsgegner. Beteiligter ist auch der Pfändungsgläubiger, der das Recht des Antragstellers geltend macht.

Veräußert der Antragsteller während des Verfahrens seinen Anteil an dem Grundstück an einen Dritten oder wird der gesamte Gemeinschaftsanteil bei einer Gesamthandsgemeinschaft veräußert oder tritt der Pfändungsgläubiger seine Rechte aus dem Vollstreckungstitel an einen Dritten ab, so tritt der neue Miteigentümer bzw. neue Berechtigte an die Stelle des bisherigen Antragstellers bzw. Pfändungsgläubigers. Das Auseinandersetzungsverfahren wird unverändert fortgeführt.[29]

bb) Beteiligte aufgrund Anmeldung

Die Beteiligtenstellung aufgrund Anmeldung wird geregelt in § 9 Nr. 2 ZVG. Zur Erlangung der Beteiligtenstellung aufgrund Anmeldung s. Rdn. 11.57 ff.

b) Gesamtverfahren/Einzelverfahren

Es muss – ebenso wie in der Forderungsversteigerung – auch hier darauf hingewiesen werden, dass jeder Antragsteller des Verfahrens ein Einzelverfahren betreibt. Grundsätzlich besteht hierin kein Unterschied zur Forderungsversteigerung. Die jeweiligen Verfahren der einzelnen Antragsteller laufen getrennt nebeneinander her. Neben dem Antragsteller können die

---

[29] *Stöber*, § 180 Rdn. 6.9b; Steiner/*Teufel*, § 180 Rdn. 132, 133.

12.53–12.57 Auseinandersetzungsversteigerung

übrigen Miteigentümer jederzeit dem Verfahren beitreten. Fristen, einstweilige Einstellung, Fortsetzung und Antragsrücknahme betreffen jeweils nur das selbstständige Einzelverfahren des einzelnen Antragstellers (vgl. Rdn. 11.72).[30]

12.53 Umgekehrt wird das Auseinandersetzungsversteigerungsverfahren nur einmal angeordnet, die Ermittlung des Verkehrswertes erfolgt für alle Beteiligten des Verfahrens, für alle Einzelverfahren wird nur ein Versteigerungstermin durchgeführt, es erfolgt nur ein Zuschlag, und der Versteigerungserlös steht allen an der Gemeinschaft Beteiligten gemeinsam zur Verfügung. Das Gesamtverfahren wird so lange betrieben, wie noch ein Einzelverfahren weiterläuft. Ein Antragsteller, der sein Verfahren zwischenzeitlich hat einstweilen einstellen lassen, kann es jederzeit fortsetzen, max. zweimal (vgl. Rdn. 12.194).

12.54 Das Gesamtverfahren wird eingestellt, wenn sämtliche Antragsteller eine entsprechende Einstellungsbewilligung abgegeben haben. Wenn jedes Einzelverfahren aufgehoben wurde, ist auch das Gesamtverfahren beendet.

c) Rangklassen

aa) Rangklasse 1 bis 9

12.55 Auch in der Auseinandersetzungsversteigerung ist ein geringstes Gebot aufzustellen, § 182 ZVG. Ein Recht auf Befriedigung aus dem Grundstück gewähren auch hier, wie bei der Forderungsversteigerung, die Ansprüche nach § 10 ZVG (vgl. Rdn. 11.78 ff.).

12.56 Der Grundsatz, dass der Anspruch einer späteren Rangklasse erst dann berücksichtigt wird, wenn der oder die Ansprüche einer vorhergehenden Klasse zunächst voll befriedigt worden sind, erfolgt in der Auseinandersetzungsversteigerung insoweit eine Abweichung, als die Rangklassen 5 und 6 nicht existieren.[31] Diese Rangklassen sind ausschließlich auf die Ansprüche betreibender Gläubiger ausgerichtet, die es in der Auseinandersetzungsversteigerung nicht gibt. Die Ansprüche wegen älterer Rückstände der Rangklasse 3 und 4, die bei der Forderungsversteigerung in Rangklasse 7 und 8 berücksichtigt werden, können daher in der Auseinandersetzungsversteigerung bei dem jeweiligen Anspruch mitberücksichtigt werden.[32]

bb) Rechtzeitige Anmeldung

12.57 Soweit ein Recht vor der Eintragung des Zwangsversteigerungsvermerkes im Grundbuch bereits eingetragen war, wird es auch hier von Amts we-

---

[30] *Stöber*, § 180 Rdn. 12.10.
[31] *Stöber*, § 182 Rdn. 2.4; Steiner/*Teufel*, § 180 Rdn. 82; Dassler/*Schiffhauer*, § 180 Rdn. 37; *Böttcher*, § 180 Rdn. 22.
[32] *Stöber*, § 182 Rdn. 2.4, 5; Steiner/*Teufel*, § 182 Rdn. 83.

gen berücksichtigt. Nachrangige Ansprüche müssen zum Verfahren rechtzeitig angemeldet werden, spätestens im Zwangsversteigerungstermin vor der Aufforderung zur Abgabe von Geboten, § 37 Nr. 4 ZVG. Erfolgt die Anmeldung später, kann der Anspruch nur noch mit Rang nach allen anderen Rechten berücksichtigt werden (sog. Rangklasse 9), § 110 ZVG.

cc) Laufende und rückständige Zinsen

Zur Berücksichtigung einmaliger Nebenleistungen und zur Unterscheidung und Berechnung in laufende und rückständige wiederkehrende Leistungen, die in Rangklasse 3 (einschl. 7) und 4 (einschl. 8) des § 10 Abs. 1 ZVG berücksichtigt werden können, vgl. Rdn. 11.132 ff. 12.58

Auch hier werden die laufenden Leistungen von Amts wegen berücksichtigt, rückständige Leistungen müssen angemeldet werden, vgl. Rdn. 11.497 ff. 12.59

dd) Rangordnung gleicher Rechte untereinander

Die Ansprüche aus einem und demselben Recht haben untereinander nachfolgende Rangordnung, § 12 ZVG: 12.60

- Ansprüche auf Ersatz der Kosten für die Kündigung und der die Befriedigung aus dem Grundstücke bezweckenden Rechtsverfolgung;
- Ansprüche auf wiederkehrende Leistungen und andere Nebenleistungen;
- Hauptanspruch.

Zuerst werden somit die Kosten der dinglichen Rechtsverfolgung berücksichtigt. Da es sich hier jedoch um die Auseinandersetzungsversteigerung handelt, kann der Gläubiger eines Rechts keine Kosten der Kündigung oder Anordnungs- und Beitrittsgebühren aus einer Forderungsversteigerung verlangen, diese muss er in dem dortigen Versteigerungsverfahren anmelden. Denkbar sind jedoch Auslagen für die Terminswahrnehmung oder die Verfahrenskosten für die Vertretung durch einen Anwalt. 12.61

Wiederkehrende Leistungen und andere Nebenleistungen sind nach den Kosten, jedoch vor dem Hauptanspruch zu berücksichtigen. Bei den wiederkehrenden Leistungen werden sowohl laufende als auch rückständige Leistungen berücksichtigt. Bei den Nebenleistungen kann es sich um einmalige, aber auch um wiederkehrende Beträge handeln [z.B. Säumniszuschläge oder Strafzinsen bei unpünktlicher Kapital- oder Zinszahlung, Verwaltungskosten, Verzugs- und Überziehungsgebühren oder Vorfälligkeitsentschädigung vorkommen (vgl. Rdn. 11.108)]. 12.62

Rangfolgend zuletzt erfolgt dann die Zuteilung auf den Hauptanspruch (Ausnahme nach § 497 Abs. 3 BGB, früher § 11 VerbrKrG, hier erfolgt die Zuteilung nach Kosten-Hauptanspruch-Zinsen). Zur Grundschuld und zur Hypothek (vgl. Rdn. 11.105). 12.63

d) Deckungs- und Übernahmegrundsatz

aa) Deckungsgrundsatz

12.64 Der Deckungsgrundsatz gilt in der Auseinandersetzungsversteigerung ebenso wie in der Forderungsversteigerung. Das geringste Gebot kann sich jedoch in der Auseinandersetzungsversteigerung nicht ausschließlich nach dem Anspruch des bestrangig betreibenden Gläubigers ausrichten, da es einen solchen nicht gibt. Der Deckungsgrundsatz wird daher abweichend in § 182 Abs. 1 ZVG geregelt.

12.65 Unter Berücksichtigung der Verfahrenskosten, der Ansprüche der Rangklassen 1–3 des § 10 Abs. 1 ZVG, sind bei der Feststellung des geringsten Gebotes alle die Rechte zu berücksichtigen, die den Anteil des Antragstellers belasten oder mitbelasten, sowie einem dieser Rechte vorgehen oder gleichstehen. Das geringste Gebot setzt sich somit auch in der Auseinandersetzungsversteigerung grundsätzlich aus dem bestehen bleibenden Teil, § 52 ZVG, und dem bar zu zahlenden Teil, § 49 Abs. 1 ZVG, zusammen (vgl. Rdn. 11.593 ff.).

12.66 Die Verfahrenskosten, die Ansprüche der Rangklasse 1–3 des § 10 ZVG und die wiederkehrenden Leistungen in der Rangklasse 4 (auch Rang 7 und 8) des § 10 Abs. 1 ZVG werden in den bar zu zahlenden Teil des geringsten Gebotes aufgenommen. Die nach § 182 Abs. 1 ZVG zu berücksichtigenden Rechte bilden den bestehen bleibenden Teil des geringsten Gebotes.

bb) Übernahmegrundsatz

12.67 Aus der Position des Antragstellers ergibt sich auch der Übernahmegrundsatz. Der Ersteher eines Grundstückes in der Auseinandersetzungsversteigerung erwirbt nicht in jedem Fall unbelastetes Eigentum. Die nach § 182 Abs. 1 ZVG bestehen bleibenden Rechte sind vom Ersteher dinglich zu übernehmen. Mit Zuschlagserteilung gehen die Nutzungen und Lasten auf den Ersteher über, § 56 ZVG, ab diesem Zeitpunkt muss der Ersteher auch die wiederkehrenden Leistungen der übernommenen dinglichen Rechte bezahlen.

12.68 Persönlicher Schuldner der zu übernehmenden Grundpfandrechte wird der Ersteher aber nur, sofern die Voraussetzungen nach § 53 ZVG gegeben sind. Diese Vorschrift über die Schuldübernahme findet auch in der Auseinandersetzungsversteigerung Anwendung (vgl. hierzu Rdn. 11.539 ff.).

12.69 Bei der Auseinandersetzungsversteigerung einer Gesamthandsgemeinschaft (Erbengemeinschaft, Gesellschaft bürgerlichen Rechts, Gütergemeinschaft) können unterschiedlich belastete Miteigentumsanteile grundsätzlich nicht vorliegen. Verfügungen über das Grundstück können die Gesamthänder nur gemeinschaftlich vornehmen. Aus dem Grundbuch kann sich jedoch die Belastung eines „ehemaligen" Miteigentumsanteils ergeben, sofern die Belastung dieses Bruchteils vor Eigentumsübergang auf die Gesamthandsgemeinschaft erfolgte. Die Änderung der Eigentumsverhältnisse hat auf den Bestand bereits eingetragener Rechte keinen Einfluss. In jedem Falle sind alle das Grundstück belastenden Ansprüche in das geringste Gebot aufzunehmen.

Steht das Recht vor dem Zwangsversteigerungsvermerk, wird es von Amts wegen berücksichtigt, § 45 Abs. 1 ZVG, anderenfalls ist es spätestens im Versteigerungstermin vor der Aufforderung zur Abgabe von Geboten anzumelden, § 37 Nr. 4 ZVG. 12.70

Ausnahmsweise ist ein Recht dann nicht in das geringste Gebot aufzunehmen, wenn der Pfändungsgläubiger eines Miterben die Auseinandersetzungsversteigerung betreibt. Hat der Pfändungsgläubiger das Pfandrecht als Verfügungsbeschränkung im Grundbuch eintragen lassen und ist nachträglich ein Recht am Grundstück eingetragen worden, ist diese Eintragung dem Pfändungsgläubiger gegenüber unwirksam. Dieses nachrangige Recht kann dem Pfändungsgläubiger gegenüber nicht berücksichtigt werden.[33] 12.71

Handelt es sich bei der Auseinandersetzungsversteigerung um eine Bruchteilsgemeinschaft, können die Anteile der einzelnen Miteigentümer unterschiedlich belastet sein, § 864 Abs. 2 ZPO. Der Deckungs- und Übernahmegrundsatz wird hier aus der Position des Antragstellers berücksichtigt. Bei der Aufstellung des geringsten Gebotes ist nach § 182 Abs. 1 ZVG zu verfahren (vgl. im Einzelnen Rdn. 12.231 ff.). 12.72

7. Besonderheiten

a) Altenteil

Das Altenteil wird bei der Auseinandersetzungsversteigerung ebenso berücksichtigt wie bei der Forderungsversteigerung. Es wird daher wie die anderen dinglichen Rechte in das geringste Gebot aufgenommen. 12.73

Bei der Auseinandersetzung einer Bruchteilsgemeinschaft kann es vorkommen, dass aufgrund der besonderen Bedingungen des § 182 Abs. 1 ZVG das Altenteil nach den Versteigerungsbedingungen nicht in das geringste Gebot aufzunehmen ist und somit grundsätzlich erlöschen würde. In diesem Fall sind jedoch die landesrechtlichen Ausnahmeregelungen zu beachten, wonach das Altenteil auch dann bestehen bleibt, wenn es nach den Versteigerungsbedingungen erlischt, § 9 EGZVG. 12.74

Von dieser landesrechtlichen Ermächtigung haben mit Ausnahme von Berlin, Bremen und Hamburg alle übrigen (alten) Bundesländer Gebrauch gemacht.[34] Es ist daher zu unterscheiden, ob das Altenteil wie jedes andere Recht behandelt wird oder ob landesrechtliche Besonderheiten zu berücksichtigen sind. 12.75

---

33 BayObLG, Rpfleger 1960, 157 = NJW 1959, 1780.
34 Vgl. *Stöber,* Textanh. 48–67.

12.76 Der Antragsteller des Verfahrens kann dann jedoch den Antrag stellen, dass ein Doppelausgebot zu erfolgen hat, mit und ohne Bestehen des Altenteils, wenn der Anspruch des Antragstellers vereitelt werden würde, § 9 Abs. 2 EGZVG (vgl. im Einzelnen Rdn. 9.85 ff.).

b) Ausschluss der Aufhebung der Gemeinschaft
aa) Bruchteilsgemeinschaft

12.77 Die Teilhaber einer Bruchteilsgemeinschaft können vereinbaren, dass die Aufhebung der Gemeinschaft für immer oder auf Zeit ausgeschlossen oder von einer Kündigungsfrist abhängig ist, § 749 Abs. 2 BGB. Diese Vereinbarung wirkt grundsätzlich nur unter den Teilhabern. Ist diese Vereinbarung als Anteilsbelastung eines jeden Miteigentümers im Grundbuch eingetragen, § 1010 Abs. 1 BGB, wirkt sie auch gegenüber jedem Rechtsnachfolger eines Miteigentümers.

12.78 Der Ausschluss, die Aufhebung der Gemeinschaft zu verlangen, wirkt daher unabhängig von der Eintragung ins Grundbuch immer gegenüber dem Antragsteller des Verfahrens, der die Vereinbarung mit abgeschlossen hat. Zur Berücksichtigung im Verfahren vgl. Rdn. 12.87.

12.79 Die Aufhebung der Gemeinschaft und die Auseinandersetzungsversteigerung können ausnahmsweise dann verlangt bzw. beantragt werden, wenn ein wichtiger Grund vorliegt, § 749 Abs. 2 S. 1 BGB.[35] Ein solch wichtiger Grund liegt vor, wenn die bisherige Verwaltungs- und Nutzungsgemeinschaft in nicht mehr zumutbarer Weise fortgesetzt werden kann.[36]

12.80 Die zuvor genannten Einschränkungen hinsichtlich des Rechts auf Aufhebung der Gemeinschaft wirken nicht gegenüber einem Pfändungsgläubiger, er kann ohne Rücksicht auf die Vereinbarung die Aufhebung der Gemeinschaft verlangen, sofern der der Pfändung zugrunde liegende Schuldtitel rechtskräftig ist, § 751 S. 2 BGB.[37] Gleichermaßen wirkt der Aufhebungsausschluss nicht gegenüber dem Insolvenzverwalter.

12.81 Stellt der Pfändungsgläubiger den Antrag auf Verfahrensanordnung, könnte wegen der Vereinbarung nach § 1010 BGB der andere Miteigentümer dem Verfahren nicht beitreten. Hierdurch tritt eine Ungleichbehandlung ein, die auch bewusst ausgenutzt werden kann. Dem anderen Miteigentümer muss nunmehr ebenfalls das Recht zum Beitritt eingeräumt werden, damit er seine Verfahrensrechte wahrnehmen kann. In jedem Falle ist hierin ein wichtiger Grund i.S.v. § 749 Abs. 2 S. 1 BGB zu sehen, der die Berechtigung zur Auseinandersetzung beinhaltet.

---

[35] *Stöber,* § 180 Rdn. 9.10; *Böttcher,* § 180 Rdn. 14.
[36] BGH, DNotZ 1986, 143 = WM 1984, 873.
[37] *Stöber,* § 180 Rdn. 11.4; Steiner/*Teufel,* § 180 Rdn. 14.

bb) Erbengemeinschaft

Dem Auseinandersetzungsanspruch eines Miterben können entgegenstehen, § 2044 BGB: **12.82**

- die Anordnung des Erblassers in der letztwilligen Verfügung, dass die Auseinandersetzung in Ansehung des Nachlasses ausgeschlossen ist;
- dass die Auseinandersetzung einzelner Nachlassgegenstände ausgeschlossen ist;
- dass die Auseinandersetzung von der Einhaltung einer Kündigungsfrist abhängig ist;
- alle Erben haben nach dem Erbfall zusammen vereinbart, dass die Auseinandersetzung auf Zeit oder für immer ausgeschlossen ist oder dass diese von einer Kündigungsfrist abhängig ist.

Kraft Gesetzes ist die Auseinandersetzung ausgeschlossen, soweit die Erbteile wegen familienrechtlicher Gründe noch unbestimmt sind, § 2043 BGB.[38] Die Auseinandersetzung ist weiterhin aufzuschieben, bis ein Aufgebotsverfahren, § 1970 BGB, zur Ermittlung der Nachlassgläubiger durchgeführt ist, § 2045 BGB.[39] **12.83**

Ist Testamentsvollstreckung über den gesamten Nachlass angeordnet, kann nur der Testamentsvollstrecker die Auseinandersetzungsversteigerung beantragen, die einzelnen Miterben, auch der Pfändungsgläubiger, haben kein Antragsrecht.[40] **12.84**

Der zeitliche oder unbegrenzte Ausschluss der Auseinandersetzung gilt jedoch nicht gegenüber dem Pfändungsgläubiger, sofern der der Pfändung zugrunde liegende Vollstreckungstitel rechtskräftig ist, §§ 2042 Abs. 2, 751 BGB. **12.85**

Ist der der Pfändung zugrunde liegende Titel nur vorläufig vollstreckbar, bleibt dem Gläubiger immer noch die Möglichkeit der Auseinandersetzungsvermittlung durch das Nachlassgericht, § 86 Abs. 2 FGG.[41] **12.86**

cc) Berücksichtigung im Verfahren

Die Vereinbarung oder Bestimmung des Ausschlusses, die Aufhebung der Gemeinschaft zu verlangen, wird zunächst nicht von Amts wegen durch das Versteigerungsgericht berücksichtigt. Der sich auf diese Vereinbarung berufende andere Miteigentümer muss im Prozesswege vorgehen, § 771 ZPO.[42] Ist eine solche Vereinbarung nach § 1010 BGB im Grundbuch **12.87**

---

38 Hierzu MünchKomm/*Dütz* BGB, § 2043 Rdn. 3 ff.
39 Hierzu MünchKomm/*Dütz* BGB, § 2045 Rdn. 2 ff.
40 *Böttcher*, § 180 Rdn. 41.
41 Baumbach/*Hartmann*, § 859 Rdn. 6.
42 BGH, Rpfleger 1985, 360 = NJW 1985, 3066.

eingetragen, steht sie der Auseinandersetzungsversteigerung jedoch entgegen, da das Versteigerungsgericht diese Eintragung nunmehr von Amts wegen berücksichtigt.[43] Der Antragsteller des Verfahrens muss den oder die anderen Miteigentümer auf Duldung der Auseinandersetzungsversteigerung verklagen und den entsprechenden Duldungstitel dem Versteigerungsgericht vorlegen.[44]

12.88 Die Eintragung einer Vereinbarung nach § 1010 BGB im Grundbuch ist für einen Bietinteressenten bzw. Ersteher des Grundstückes von unterschiedlicher Bedeutung. Diese Vereinbarung ist zwar kein dingliches Recht, steht jedoch zu den anderen Eintragungen in der Abt. II–III des Grundbuches in einem Rangverhältnis[45] und bleibt je nach den Versteigerungsbedingungen bestehen oder erlischt (vgl. hierzu Rdn. 9.137 ff.). Der Umfang der Vereinbarung ergibt sich aus der der Eintragung zugrunde liegenden Bewilligungsurkunde, die entweder beim Grundbuchgericht eingesehen werden kann oder deren Inhalt im Zwangsversteigerungstermin bekannt gegeben wird.

c) Einschränkung des Bieterkreises

12.89 Außer dem Ausschluss der Aufhebung der Gemeinschaft können die Teilhaber auch vereinbaren, dass die Übertragung eines Miteigentumsanteiles an dritte Personen, die nicht bereits Miteigentümer sind, ausgeschlossen ist, § 753 Abs. 1 S. 2 BGB. In diesem Fall muss das Versteigerungsgericht im Versteigerungstermin auf die Einschränkung des Bieterkreises ausdrücklich hinweisen.[46]

d) Nacherbenrecht

12.90 Der im Grundbuch eingetragene Nacherbenvermerk ist kein Hindernis für die Auseinandersetzungsversteigerung. Der Nacherbe muss die für oder gegen den Vorerben betriebene Auseinandersetzungsversteigerung gegen sich gelten lassen. Die den Nacherben schützenden Vorschriften, §§ 2113, 2115 BGB, finden keine Anwendung, da es sich bei der Auseinandersetzungsversteigerung nicht um eine Zwangsvollstreckung wegen einer Geldforderung gegen den Vorerben handelt. Bei der Auseinandersetzungsversteigerung wird vielmehr der Anspruch auf Aufhebung der Gemeinschaft des Vorerben durchgesetzt, die auch dem Nacherben gegenüber wirksam ist. Der Nacherbenvermerk ist daher bei Zuschlagserteilung zu löschen.[47]

---

43 *Stöber*, § 180 Rdn. 9.7; *Steiner/Teufel*, § 180 Rdn. 14.
44 *Stöber*, § 180 Rdn. 9.10.
45 LG Zweibrücken, Rpfleger 1965, 56; Schöner/*Stöber*, Rdn. 1470.
46 *Steiner/Teufel*, § 180 Rdn. 51, 159; *Stöber*, § 180 Rdn. 7.11d.
47 BayObLG, NJW 1965, 1966; OLG Hamm, Rpfleger 1968, 403 = NJW 1969, 516; *Stöber*, § 180 Rdn. 7.16; *Steiner/Teufel*, § 180 Rdn. 47; *Böttcher*, § 180 Rdn. 43.

Dies gilt selbst dann, wenn das Anwartschaftsrecht des Nacherben verpfändet und die Verpfändung im Grundbuch eingetragen ist.[48]

Dies gilt jedoch nicht für den Pfändungsgläubiger eines Mitvorerben. Er benutzt das Aufhebungsrecht seines schuldnerischen Mitvorerben, um seine der Pfändung zugrunde liegende Forderung zu realisieren. Dies kann er jedoch auf dem Wege der Auseinandersetzungsversteigerung nicht erreichen, da er zunächst keine Befriedigung aus dem Auseinandersetzungserlös erhält. Die Erbengemeinschaft setzt sich an dem Zwangsversteigerungserlös fort. Eine direkte Befriedigung aus dem Erlös wäre dem Nacherben gegenüber wiederum unwirksam. Der Pfändungsgläubiger kann daher nur die Nutzung (Miete, Pacht) der Sache ziehen.[49]

12.91

e) Nießbrauch

Lastet ein Nießbrauchsrecht auf dem gesamten Grundstück oder nur auf dem Anteil eines Miteigentümers, ist zu unterscheiden:

12.92

- Lastet das Nießbrauchsrecht auf dem Anteil des anderen Miteigentümers, der nicht Antragsteller ist, ist der Nießbrauchsberechtigte auch nicht Antragsgegner.

Der Nießbrauchsberechtigte ist ein ganz „normaler" dinglicher Berechtigter am Grundstück. Das Nießbrauchsrecht kann nach den Versteigerungsbedingungen erlöschen oder bestehen bleiben, § 182 Abs. 1 ZVG. Je nach dem Schicksal des Nießbrauchsrechtes muss gegebenenfalls ein Antrag auf Abweichung der Versteigerungsbedingungen nach § 59 ZVG gestellt werden.[50]

12.93

- Lastet das Nießbrauchsrecht auf dem Anteil des Antragstellers, wird die Auffassung vertreten, dass bei der Auseinandersetzungsversteigerung der Antragsteller nur noch gemeinsam mit dem Nießbrauchsberechtigten den Verfahrensantrag stellen kann. Mit dem Zuschlag in der Auseinandersetzungsversteigerung soll der belastete Bruchteil und damit auch das Nießbrauchsrecht untergehen, es erlischt im Grundbuch.[51]

Diese Auffassung ist jedoch nicht zutreffend. Das Nießbrauchsrecht lastet auf dem Miteigentumsanteil des Antragstellers und ist als bestehen bleibendes Recht in das geringste Gebot aufzunehmen. Das Recht ist auch von dem Ersteher dinglich zu übernehmen. Selbst wenn der Zuschlag bzgl. des

12.94

---

48 BGH, Rpfleger 2000, 403 = NJW 2000, 3358 = DNotZ 2000, 705 = ZEV 2000, 322 = FamRZ 2000, 1149 = KTS 2000, 665 = MDR 2000, 883 = WM 2000, 1023 = InVo 2000, 434 = ZfIR 2000, 828.
49 *Schiffhauer,* ZIP 1982, 528; OLG Celle, NJW 1968, 801.
50 Steiner/*Teufel,* § 180 Rdn. 112.
51 *Stöber,* § 180 Rdn. 7.17b.

ganzen Grundstückes erteilt wird, bleibt das Nießbrauchsrecht an dem ehemaligen Miteigentumsanteil bestehen. Die nach Zuschlag veränderten Eigentumsverhältnisse haben auf den Bestand eingetragener dinglicher Rechte am Grundstück grundsätzlich keinen Einfluss.[52]

- Lastet das Nießbrauchsrecht auf dem ganzen Grundstück, kommt es als bestehen bleibendes Recht immer in das geringste Gebot.

12.95 Ein Versteigerungshindernis liegt nicht vor.[53]

f) Erbbauzinsreallast

12.96 Nach § 9 Abs. 3 ErbbauVO (vgl. hierzu Rdn. 9.110 ff.) kann das Bestehenbleiben einer nachrangigen Erbbauzinsreallast mit ihrem Hauptanspruch in der Zwangsversteigerung vereinbart werden. Hierdurch wird die Folge des Erlöschens der Erbbauzinsreallast durch Rangrücktritt hinter ein anderes dingliches Grundpfandrecht, aus welchem dann vorrangig die Zwangsversteigerung betrieben wird, vermieden. In der Auseinandersetzungsversteigerung kann dies jedoch nicht gelten, da es hier keinen Gläubiger gibt, der aus einem Rang am Grundstück bzw. im Rang des § 10 Abs. 1 ZVG die Versteigerung betreibt. Lastet die Erbbauzinsreallast auf einem Miteigentumsanteil am Grundstück, kann sie nach den Versteigerungsbedingungen erlöschen oder bestehen bleiben, § 182 Abs. 1 ZVG. Je nach dem Schicksal der Erbbauzinsreallast muss gegebenenfalls ein Antrag auf Abweichung der Versteigerungsbedingungen nach § 59 ZVG gestellt werden.

g) Schuldübernahme

12.97 Die Schuldübernahme nach § 53 ZVG findet auch in der Auseinandersetzungsversteigerung Anwendung. Aufgrund des Deckungs- und Übernahmegrundsatzes übernimmt der Ersteher des Grundstückes auch die dinglichen Rechte, die nach den Versteigerungsbedingungen bestehen geblieben sind. Zum Forderungsübergang bei einer Hypothek bzw. zur Anmeldung der Schuldübernahme bei einer Grundschuld kann daher auf die Ausführungen verwiesen werden in Rdn. 11.539 ff.

h) Vorkaufsrecht

12.98 Das gesetzliche Vorkaufsrecht der Gemeinde, § 24 BauGB, steht dieser nur beim Kauf von Grundstücken, aber nicht beim Kauf von Erbbaurechten oder Wohnungseigentum zu. Daneben ist die Ausübung des Vorkaufsrechtes ausgeschlossen, wenn der Verkauf an den Ehegatten oder an eine Person

---

52 Steiner/*Teufel*, § 180 Rdn. 112; *Böttcher*, § 180 Rdn. 44.
53 *Stöber*, § 180 Rdn. 7.17a; Steiner/*Teufel*, § 180 Rdn. 112; *Böttcher*, § 180 Rdn. 44.

erfolgt, die mit dem Verkäufer in gerader Linie verwandt oder verschwägert oder in der zweiten Linie bis zum dritten Grad verwandt ist, § 26 BauGB.

Das vertragliche Vorkaufsrecht nach §§ 463 ff. BGB bleibt in der Auseinandersetzungsversteigerung zunächst unberücksichtigt. Es muss außerhalb des Verfahrens durchgesetzt werden.[54] Gegen den Ersteher in der Versteigerung wirkt das Vorkaufsrecht nicht, er ist in jedem Falle Eigentümer geworden.[55] Keine Wirkung hat das Vorkaufsrecht, wenn ein Mitberechtigter am Grundstück dieses ersteigert, da dann kein Dritter (§ 463 BGB) erwirbt.[56]

12.99

Das dingliche Vorkaufsrecht nach §§ 1094 ff. BGB, welches bei der Forderungsversteigerung ausgeschlossen ist, ist bei der Auseinandersetzungsversteigerung anzuwenden. Dem Ersteher gegenüber wirkt das Vorkaufsrecht wie eine Vormerkung, § 1098 Abs. 2 i.V.m. §§ 883, 888 BGB, er muss das Grundstück dem Berechtigten auf Verlangen herausgeben. Das Recht zum Vorkauf ist jedoch nicht von Amts wegen zu prüfen bzw. zu berücksichtigen, der Berechtigte muss seine Ansprüche außerhalb des Versteigerungsverfahrens durchsetzen, § 464 BGB.[57]

12.100

Ein dingliches Vorkaufsrecht, das nur den Miteigentumsanteil eines Miteigentümers belastet, kann bei Zuschlagserteilung des gesamten Grundstückes an einen anderen Miteigentümer, dessen Anteil nicht dem Vorkaufsrecht unterliegt, nicht ausgeübt werden.[58]

12.101

Bei der Versteigerung eines Nachlassgrundstückes steht dem Miterben ein gesetzliches Vorkaufsrecht nach § 2034 Abs. 1 BGB gegenüber dem Meistbietenden nicht zu.[59]

12.102

i) Zubehör

Wie bei der Forderungsversteigerung erstreckt sich auch der Zuschlag in der Auseinandersetzungsversteigerung auf alle diejenigen Gegenstände, deren Beschlagnahme noch wirksam ist. Auf Zubehörstücke erstreckt sich der Zuschlag auch dann, wenn diese einem Dritten gehören, § 55 ZVG. Voraussetzung für die Versteigerung fremden Zubehörs ist jedoch, dass dieses sich im Besitz der Miteigentümer befindet. Nach § 90 Abs. 2 ZVG erwirkt der Ersteher auch in der Auseinandersetzungsversteigerung mit dem Grundstück solche Zubehörstücke, die zwar im Eigentum eines Dritten stehen, jedoch mitversteigert worden sind. Hierbei ist Zubehör, das nicht allen Miteigentümern gemeinsam gehört, wie fremdes Zubehör zu behandeln.[60]

12.103

---

54 *Stöber*, § 81 Rdn. 10.1; *Böttcher*, § 180 Rdn. 96.
55 Dem Vorkaufsberechtigten bleiben nur Schadensersatzansprüche, vgl. *Böttcher*, § 180 Rdn. 96.
56 BGH, NJW 1954, 1035.
57 *Böttcher*, § 180 Rdn. 97 m.w.N.
58 BGH, NJW 1967, 1607.
59 BGH, Rpfleger 1972, 250 = NJW 1972, 1199.
60 *Stöber*, § 180 Rdn. 7.31; Steiner/*Teufel*, § 180 Rdn. 81.

12.104 Will der Eigentümer des Zubehörs die Mitversteigerung und damit den Verlust des Eigentums an dem Zubehör verhindern, muss er auch in der Auseinandersetzungsversteigerung gemäß § 37 Nr. 5 ZVG vorgehen. Er muss spätestens im Versteigerungstermin vor der Aufforderung zur Abgabe von Geboten die Aufhebung oder einstweilige Einstellung des Verfahrens in den Zubehörgegenstand herbeiführen. Geschieht dies nicht, geht das Eigentum verloren; er ist dann auf den Versteigerungserlös angewiesen (vgl. hierzu im Einzelnen Rdn. 11.283 ff.).

j) Güterrechtliche Zustimmung (Ehegatte)
aa) Ehegattenzustimmung

12.105 Leben Ehegatten in Gütertrennung, ist jeder Ehegatte alleine antragsberechtigt.[61] Leben Ehegatten in Gütergemeinschaft, können nur beide gemeinsam den Antrag auf Auseinandersetzungsversteigerung stellen,[62] es sei denn, einer der Ehegatten ist alleinverwaltungsberechtigt.[63]

12.106 Leben Ehegatten im gesetzlichen Güterstand, kann sich der eine Ehegatte nur mit Einwilligung des anderen Ehegatten verpflichten, über sein Vermögen im Ganzen zu verfügen, § 1365 Abs. 1 S. 1 BGB. Entspricht die Verfügung einer ordnungsgemäßen Verwaltung, kann das Vormundschaftsgericht auf Antrag des Ehegatten die Zustimmung des anderen Ehegatten ersetzen, § 1365 Abs. 2 BGB.

12.107 Handelt es sich bei dem zu versteigernden Grundstück um das wesentliche Vermögen der Ehegatten, die im gesetzlichen Güterstand leben, ist nach ganz h.M. die Zustimmung des anderen Ehegatten zur Auseinandersetzungsversteigerung erforderlich. Die Zustimmung muss weiterhin nicht erst bei der Erteilung des Zuschlages[64] vorgelegt werden, sondern bereits bei dem Antrag auf Anordnung der Auseinandersetzungsversteigerung.[65]

bb) Zeitliche Beschränkung

12.108 **Streitig** ist nach wie vor, ob die Zustimmung des anderen Ehegatten auch dann noch erforderlich ist, wenn der Antrag ohne Zustimmung gestellt

---

61 *Stöber*, § 180 Rdn. 3.12; *Böttcher*, § 180 Rdn. 47.
62 *Stöber*, § 180 Rdn. 3.11.
63 *Böttcher*, Rpfleger 1985, 1, 4.
64 So aber OLG Frankfurt, Rpfleger 1997, 490 = NJW-RR 1997, 1274.
65 BGH, Rpfleger 1961, 233 = NJW 1961, 1301; OLG Hamm, Rpfleger 1979, 20; BayObLG, Rpfleger 1979, 135; OLG Bremen, Rpfleger 1984, 156; BayObLG, Rpfleger 1985, 453 = FamRZ 1985, 1040 und Rpfleger 1996, 361 = FamRZ 1996, 1013; LG Bielefeld, Rpfleger 1986, 271 m. Anm. *Böttcher*; OLG Düsseldorf, Rpfleger 1987, 472; *Stöber*, § 180 Rdn. 3.13; Steiner/*Teufel*, § 180 Rdn. 20; Dassler/*Schiffhauer*, § 181 Rdn. 41; *Böttcher*, § 180 Rdn. 49 jew. m.w.N.; **a.A.** *Sudhoff*, FamRZ 1994, 1152.

wurde, im Laufe des Versteigerungsverfahrens jedoch die Ehe rechtskräftig geschieden wird.[66] M.E. kann die Beendigung der Ehe jedoch nicht rückwirkend das Zustimmungsbedürfnis wegfallen lassen, da dies der Sicherung der Ausgleichsansprüche entgegensteht.

cc) **Gerichtliche Prüfung**

Das Erfordernis der Zustimmung des anderen Ehegatten und deren Vorlage wird jedoch durch das Versteigerungsgericht nicht von Amts wegen geprüft. Den Einwand des Fehlens der erforderlichen Zustimmung nach § 1365 Abs. 1 BGB ist eine materiell-rechtliche Einwendung, die der andere Ehegatte mit der Drittwiderspruchsklage geltend machen muss, § 771 ZPO.[67] Etwas anderes gilt nur dann, wenn dem Versteigerungsgericht konkrete Anhaltspunkte für das Vorliegen der Voraussetzungen des § 1365 BGB bereits bei der Antragstellung vorliegen,[68] dann kann der Einwand auch im Rahmen der Erinnerung gem. § 766 Abs. 1 ZPO erhoben werden.[69]

12.109

dd) **Erbengemeinschaft/Gesellschaft bürgerlichen Rechts**

Während das Zustimmungserfordernis des anderen Ehegatten bei einer Erbengemeinschaft regelmäßig nicht relevant wird, wird die Frage bei einer Gesellschaft bürgerlichen Rechts unterschiedlich beantwortet. Nach einer Auffassung[70] ist die Zustimmung nicht erforderlich, da es sich bei der aufzuhebenden Gesellschaft bürgerlichen Rechts eben nicht um eine Zugewinngemeinschaft handelt. Nach anderer Auffassung ist jedoch auch für die Auseinandersetzungsversteigerung einer Gesellschaft bürgerlichen Rechts, deren Mitgesellschafter Ehegatten sind, die Zustimmung erforderlich, da die Kündigung der Gesellschaft und die Verfügung über den Ausgleichsanspruch ebenfalls den Voraussetzungen nach § 1365 Abs. 1 BGB unterliegen.[71]

12.110

---

66 Nicht erforderlich: OLG Köln, NJOZ 2001, 838 = FamRZ 2001, 176; OLG Celle, FamRZ 1983, 591; LG Braunschweig, Rpfleger 1985, 76; *Stöber*, § 180 Rdn. 3.13l; *Böttcher*, § 180 Rdn. 50; *ders.*, Rpfleger 1986, 271; *Dassler/Schiffhauer*, § 181 Rdn. 43; erforderlich: BayObLG, Rpfleger 1980, 470; *Steiner/Teufel*, § 180 Rdn. 21.
67 **H.M.:** OLG Stuttgart, FamRZ 1982, 401; OLG Köln, Rpfleger 1998, 168; OLG Köln, ZMR 2000, 613 = InVo 2000, 145 = ZfIR 2000, 319 = FamRZ 2000, 1167; LG Hannover, Rpfleger 1995, 308; LG Kassel, Rpfleger 1995, 473 = JurBüro 1995, 498; *Steiner/Teufel*, § 180 Rdn. 25; *Stöber*, § 180 Rdn. 3.13; *Dassler/Schiffhauer*, § 181 Rdn. 41; *Böttcher*, § 180 Rdn. 53 jew. m.w.N.
68 OLG Hamm, Rpfleger 1979, 20 = FamRZ 1979, 128; OLG Koblenz, Rpfleger 1979, 203; OLG Bremen, Rpfleger 1984, 156; LG Krefeld, Rpfleger 1990, 523; OLG Düsseldorf, FamRZ 1995, 309.
69 OLG Frankfurt, Rpfleger 1997, 490 = NJW-RR 1997, 1274.
70 OLG Hamburg, MDR 1965, 748.
71 *Stöber*, § 180 Rdn. 3.13p; *Steiner/Teufel*, § 180 Rdn. 22; *Böttcher*, § 180 Rdn. 51.

12.111–12.114   Auseinandersetzungsversteigerung

12.111   Aber auch hier gilt, dass das Erfordernis der Zustimmung nicht von Amts wegen durch das Versteigerungsgericht geprüft wird, sondern der andere Ehegatte auf die Drittwiderspruchsklage zu verweisen ist (vgl. zuvor Rdn. 12.109).

ee) **Zustimmungserfordernis nach Pfändung**

12.112   Das Zustimmungserfordernis nach § 1365 Abs. 1 BGB bei der Auseinandersetzung einer ehelichen Bruchteilsgemeinschaft soll auch auf den Pfändungsgläubiger des Auseinandersetzungsanspruches eines Miteigentümers zutreffen, da dieser den Aufhebungsanspruch anstelle des Schuldners mit allen Rechten und Einschränkungen geltend macht.[72] Zutreffend ist jedoch die Auffassung, dass das Zustimmungserfordernis für den Pfändungsgläubiger nicht gilt. Der Pfändungsgläubiger erhält ein eigenes Verwertungsrecht am Vermögen des Ehegatten. Dieses Verwertungsrecht unterliegt nicht dem Zustimmungsvorbehalt, da dadurch die Wirkung der Vorschrift des § 1365 Abs. 1 BGB über ihren Schutzzweck hinaus ausgedehnt würde.[73]

12.113   Im Hinblick auf die Tatsache, dass das Antragsrecht des Pfändungsgläubigers bei einer Gesellschaft bürgerlichen Rechts bereits **streitig** ist, wird die Frage, ob daneben noch die Zustimmung des schuldnerischen Ehegatten erforderlich ist oder nicht, nur wenig diskutiert. Nach einer Auffassung ist die Zustimmung des Ehegatten bei der Auseinandersetzungsversteigerung immer erforderlich, da der güterrechtliche Schutz des anderen Ehegatten nicht dadurch verloren geht, dass anstelle des Ehegatten nunmehr der dazu befugte Pfändungsgläubiger den Antrag stellt.[74] Nach zutreffender Auffassung ist die Vorlage der Zustimmung des Ehegatten jedoch nicht erforderlich, es gelten dieselben Ausführungen wie zur Bruchteilsgemeinschaft (zuvor Rdn. 12.112).[75]

12.114   Aber auch bei Stellung des Versteigerungsantrages durch einen Pfändungsgläubiger gilt, dass das Versteigerungsgericht das Zustimmungserfordernis des anderen Ehegatten nicht von Amts wegen prüft, dieser muss gegebenenfalls im Wege der Drittwiderspruchsklage vorgehen (vgl. zuvor Rdn. 12.109).

---

72 *Stöber,* § 180 Rdn. 3.13p; Steiner/*Teufel,* § 180 Rdn. 26, 22; *Böttcher,* § 180 Rdn. 52.
73 OLG Karlsruhe, Rpfleger 2004, 235; OLG Köln, NJW-RR 1989, 325; OLG Hamburg, FamRZ 1970, 407 = NJW 1970, 952; OLG Düsseldorf, Rpfleger 1991, 215; KG, Rpfleger 1992, 211 = MDR 1992, 679; LG Bielefeld, Rpfleger 1989, 518; LG Braunschweig, NJW 1969, 1675; AG Schwäbisch Hall, Rpfleger 1991, 520; Dassler/*Schiffhauer,* § 181 Rdn. 44a.
74 Steiner/*Teufel,* § 180 Rdn. 22; *Böttcher,* § 180 Rdn. 52.
75 Vgl. auch OLG Hamburg, MDR 1965, 748; OLG Hamburg, MDR 1970, 419 = NJW 1970, 952.

k) Rückübertragungsanspruch nach dem Vermögensgesetz

Vermögenswerte, die den Maßnahmen i.S.d. § 1 VermG unterlagen und in Volkseigentum überführt oder an Dritte veräußert wurden, sind auf Antrag an die Berechtigten zurückzuübertragen, soweit dies nicht nach besonderen Vorschriften ausgeschlossen ist, § 3 Abs. 1 VermG. Beschlüsse, durch die die Zwangsversteigerung eines Grundstücks oder Gebäudes angeordnet wird, sowie Ladungen zu Terminen in einem Zwangsversteigerungsverfahren sind dem Berechtigten zuzustellen, § 3b Abs. 2 VermG. Hieraus ist deutlich abzulesen, dass der Rückübertragungsanspruch eines mit Restitutionsansprüchen belasteten Grundstücks auch kein der Auseinandersetzungsversteigerung entgegenstehendes Recht ist, welches von Amts wegen zu berücksichtigen ist, § 28 ZVG.[76]

12.115

Soll ein Grundstück oder ein Gebäude, für das ein Antrag nach § 30 VermG auf Rückübertragung vorliegt, im Wege der von einem Verfügungsberechtigten (§ 2 Abs. 3 VermG) beantragten Auseinandersetzungsversteigerung versteigert werden, ist das Zwangsversteigerungsverfahren auf Antrag des Berechtigten bis zum Eintritt der Bestandskraft der Entscheidung über den Rückübertragungsantrag einstweilen einzustellen. Die einstweilige Einstellung ist zu versagen, wenn im Falle einer rechtsgeschäftlichen Veräußerung eine Grundstücksverkehrsgenehmigung nach § 2 Abs. 1 S. 2 Nr. 2 oder 3 GVO nicht erforderlich wäre. Sie kann versagt werden, wenn eine Grundstücksverkehrsgenehmigung nach § 1 Abs. 2 S. 2 GVO erteilt werden könnte.

12.116

Bei einer nach dem 31.12.2000 angeordneten Zwangsversteigerung erlischt der Rückübertragungsanspruch nach dem Vermögensgesetz, § 9a Abs. 1 S. 3 EGZVG. Das Erlöschen tritt dann nicht ein, wenn ein entsprechender Vermerk – aufgrund einstweiliger Verfügung – im Grundbuch eingetragen ist, § 9a Abs. 1 S. 3, 2 Hs. 2 EGZVG, oder der Anspruch rechtzeitig zum Verfahren angemeldet bzw. die einstweilige Einstellung des Verfahrens beantragt wurde, § 37 Nr. 4 ZVG.

12.117

II. Anordnungsverfahren

1. Antrag

Die Auseinandersetzungsversteigerung wird nur auf Antrag angeordnet, § 180 Abs. 1, § 15 ZVG. Den Antrag kann jeder Miteigentümer der Bruchteilsgemeinschaft bzw. der Gesamthandsgemeinschaft (Ausnahme bei gemeinschaftlicher Verwaltung einer Gütergemeinschaft) stellen. Der Antragsteller steht somit in der Position des betreibenden Gläubigers, die übrigen Miteigentümer übernehmen die Rolle des bzw. der Schuldner. Der Antrag

12.118

---

76 *Stöber*, § 180 Rdn. 9.16.

kann schriftlich oder zu Protokoll der Geschäftsstelle erklärt werden. Der Versteigerungsantrag soll das Grundstück, die Miteigentümer und deren Gemeinschaftsverhältnis bezeichnen.

12.119 Ein vollstreckbarer Titel ist zur Antragstellung nicht erforderlich, § 181 Abs. 1 ZVG, da hier keine Geldforderung vollstreckt wird, sondern der gesetzliche Aufhebungsanspruch durchgesetzt werden soll. Die Vorlage eines Duldungstitels gegen den Antragsgegner ist nur dann erforderlich, wenn die Aufhebung der Gemeinschaft auf Zeit oder auf Dauer ausgeschlossen ist oder von einer Kündigungsfrist abhängig ist und dies als grundbuchrechtliche Belastung nach § 1010 BGB eingetragen ist.

12.120 Die Auseinandersetzungsversteigerung darf nur angeordnet werden, wenn der Antragsteller als Miteigentümer im Grundbuch bereits eingetragen oder Erbe des eingetragenen Eigentümers ist, § 181 Abs. 2 S. 1 ZVG. Die Eintragung des Antragstellers als Miteigentümer ist durch ein Zeugnis des Grundbuchgerichts nachzuweisen, § 17 Abs. 2 S. 1 ZVG. Soweit Zwangsversteigerungsgericht und Grundbuchgericht demselben Amtsgericht angehören, genügt selbstverständlich die Bezugnahme auf die Grundakten.

12.121 Ist der Antragsteller Erbe des eingetragenen Eigentümers, ist die Erbfolge durch Urkunden glaubhaft zu machen, § 181 Abs. 4, § 17 Abs. 3 ZVG. Der Nachweis der Erbfolge wird geführt durch ein notarielles Testament nebst öffentlich beglaubigtem Eröffnungsprotokoll, durch einen Erbschein, aber auch durch ein privatschriftliches Testament, sofern die Erbfolge eindeutig zu ermitteln ist. Befinden sich die Nachlassvorgänge bei demselben Amtsgericht, welches auch Versteigerungsgericht ist, kann auf die entsprechenden Nachlassakten Bezug genommen werden.

12.122 Zur Antragsberechtigung des Vorerben vgl. Rdn. 12.90.

12.123 Ist bei einer Erbengemeinschaft Testamentsvollstreckung angeordnet, kann nur der Testamentsvollstrecker den Antrag stellen, weder der Miterbe noch dessen Pfändungsgläubiger ist antragsberechtigt (vgl. Rdn. 12.27).

12.124 Wird über das Vermögen eines Miteigentümers in einer Gemeinschaft das Insolvenzverfahren eröffnet, ist der Insolvenzverwalter antragsberechtigt, ihm steht die Verwaltungs- und Verfügungsbefugnis zu, § 80 Abs. 1 InsO.

12.125 Stellt der Vormund (Pfleger) eines Miteigentümers den Antrag auf Auseinandersetzungsversteigerung, kann er dies nur mit Genehmigung des Vormundschaftsgerichtes vornehmen, § 181 Abs. 2 S. 2 ZVG. Diese Genehmigungserfordernis gilt gleichermaßen auch für einen Nachlasspfleger bzw. Nachlassverwalter durch das Nachlassgericht.[77] Die Eltern bedürfen keiner Genehmigung bei Antragstellung für ihr Kind.

12.126 Den Verfahrensantrag kann auch der **Pfändungsgläubiger** des Auseinandersetzungsanspruches der Bruchteilsgemeinschaft (vgl. Rdn. 6.381),

---

[77] *Stöber,* § 180 Rdn. 3.15; *Böttcher,* § 181 Rdn. 8.

der Erbengemeinschaft (vgl. Rdn. 6.325), der Gesellschaft bürgerlichen Rechts (vgl. Rdn. 6.339)[78] oder der Gütergemeinschaft (vgl. Rdn. 6.351) stellen. Dem Antrag ist der zugestellte Pfändungs- und Überweisungsbeschluss beizufügen. Die Vorlage des der Pfändung zugrunde liegenden Vollstreckungstitels ist grundsätzlich nicht erforderlich. Es empfiehlt sich jedoch immer, den rechtskräftigen Vollstreckungstitel beizufügen, da insoweit die Einschränkung ausgeschlossen wird, die sich bei einem Ausschluss der Aufhebung der Gemeinschaft nach § 1010 BGB ergibt, § 751 S. 2 BGB.

Neben dem Pfändungsgläubiger kann der schuldnerische Miteigentümer den Antrag nicht mehr stellen (**streitig**).[79]   12.127

Für den Antrag kann **Prozesskostenhilfe** bewilligt werden.[80] § 115 Abs. 2 ZPO bestimmt im Zusammenhang mit dem Prüfungsantrag auf Bewilligung von PKH, dass die um PKH nachsuchende Partei ihr Vermögen in zumutbarer Weise einzusetzen hat. Verbessern sich nach der Bewilligung von PKH die Eigentums- und Vermögensverhältnisse der Partei wesentlich gegenüber dem Zeitpunkt der Bewilligung, so kann das Gericht nach seinem Ermessen die Entscheidung über die zu leistenden Zahlungen der Partei ändern, § 120 Abs. 4 S. 1 ZPO. Dies gilt selbst dann, wenn der Partei für die ursprüngliche PKH-Bewilligung keine Ratenzahlungen auferlegt worden sind. Wird einem Miteigentümer für das Verfahren zum Zwecke der Auseinandersetzung nach §§ 180 ff. ZVG PKH ohne Ratenzahlung bewilligt und endet das Verfahren durch Antragsrücknahme, nachdem der Miteigentümer seinen Anteil am Grundstück dem anderen Miteigentümer gegen Zahlung übereignet hat, ist die bewilligte PKH im Rahmen des § 120 Abs. 4 ZPO abzuändern und dem Miteigentümer aufzugeben, die Verfahrenskosten aus dem Verkaufserlös zu zahlen.[81]   12.128

Die beantragte **Beiordnung** eines **Rechtsanwalts** setzt voraus, dass die beabsichtigte Rechtsverfolgung hinreichende Aussicht auf Erfolg hat. Die Erfolgsaussicht lässt sich nur beurteilen, wenn der Antragsteller darlegt, gegen welche vollstreckungsgerichtliche Maßnahme er sich im Einzelnen wenden oder wie er sich sonst konkret am Verfahren beteiligen möchte; die pauschale Bewilligung von Prozesskostenhilfe für das Verfahren insgesamt kommt nach Auffassung des **BGH**[82] bei der Immobiliarvollstreckung nicht   12.129

---

78 LG Hamburg, Rpfleger 2002, 532 unter ausdrücklicher Aufgabe seiner bisherigen Rechtsprechung, vgl. Rpfleger 1983, 35 und 1989, 519.
79 *Stöber*, § 180 Rdn. 11.10i; LG Frankenthal, Rpfleger 1985, 500; **a.A.** Thür. OLG, Rpfleger 2001, 445 = InVo 2001, 222 = ZfIR 2001, 860; OLG Hamm, NJOZ 2002, 928; *Schiffhauer*, ZIP 1982, 526 ff.; Dassler/*Schiffhauer*, § 181 Rdn. 56; Steiner/*Teufel*, § 180 Rdn. 28; *Böttcher*, § 180 Rdn. 55.
80 LG Frankenthal, Rpfleger 2002, 219.
81 LG Frankenthal, Rpfleger 2001, 193.
82 Rpfleger 2004, 174 = NJW-RR 2004, 787 = KTS 2004, 460 = WM 2003, 2432 = InVo 2004, 207, diese im Rahmen der Forderungsversteigerung ergangene Entscheidung ist auch in diesem Verfahren anzuwenden.

in Betracht. Anders bei der Zwangsvollstreckung in bewegliches Vermögen (arg. e. § 119 Abs. 2 ZPO). Bei der Immobiliarvollstreckung kann PKH nicht insgesamt, sondern nur für einzelne Verfahrensabschnitte und Verfahrensziele gewährt werden. Das ZVG sieht eine Vielzahl von Möglichkeiten für eine Beteiligung der Parteien am Verfahren vor, deren Erfolgsaussichten für den Einzelfall geprüft werden müssen. Von welchen der ihm eröffneten Möglichkeiten er Gebrauch machen möchte, muss der Antragsteller stets gesondert deutlich machen. Nur so kann geprüft werden, inwieweit der Schuldner mit Erfolg in den Ablauf des Versteigerungsverfahrens eingreifen könnte.

12.130 Hat der Schuldner seinen Miteigentumsanteil am Grundstück auf den anderen Miteigentümer in anfechtbarer Weise übertragen, § 3 AnfG, kann der Gläubiger vom jetzigen Alleineigentümer als Anfechtungsgegner auch ohne vorherige Pfändung und Überweisung des schuldrechtlichen Anspruchs auf Aufhebung der Gemeinschaft und Auskehr des Erlöses in der Zwangsversteigerung die Duldung der Zwangsversteigerung des ganzen Grundstückes verlangen.[83] Der Anspruch auf Auskehrung des Erlöses ist jedoch insoweit eingeschränkt, als der Gläubiger Befriedigung nur aus dem Teil des Grundstückes erlangen kann, der in anfechtbarer Weise hinzu erworben wurde.[84]

12.131 Muster eines Verfahrensantrags vgl. Rdn. 15.47.

2. Großes und kleines Antragsrecht

12.132 Der einzelne Miterbe und auch der Pfändungsgläubiger eines Miterben kann das „große" Antragsrecht wahrnehmen.

12.133 **Beispiel:**

Im Grundbuch sind als Eigentümer eingetragen:
A   zu 1/2 Anteil,
B, C und D   zu 1/2 Anteil in Erbengemeinschaft.
Jeder der Miterben B, C und D und auch der Pfändungsgläubiger kann beantragen, dass nicht nur die Erbengemeinschaft in dem 1/2 Anteil auseinander gesetzt wird, sondern darüber hinaus auch die Bruchteilsgemeinschaft an dem gesamten Grundstück (großes Antragsrecht; h.M.[85]). Im Falle der Bruchteilsabtretung des gesamten Erbanteils an mehrere Personen steht der Erbanteil den Erwerbern in Bruchteilsgemeinschaft zu. Bei dieser Sachlage kann jeder Erwerber des Erbanteils ohne die Mitwirkung der anderen Erwerber alleine die Auseinandersetzung der Erbengemeinschaft (hier: mittels Teilungsversteigerung) verlangen.[86]

---

83 BGH, Rpfleger 1984, 283; Dassler/*Schiffhauer,* § 181 Rdn. 57, 58.
84 Erneut bestätigt durch BGH, Rpfleger 1992, 361 = NJW 1992, 1959 = ZIP 1992, 558.
85 OLG Hamm, Rpfleger 1958, 269; OLG Hamm, Rpfleger 1964, 341; Stöber, § 180 Rdn. 3.7 m.w.N.; Dassler/*Schiffhauer,* § 181 Rdn. 8; Steiner/*Teufel,* § 180 Rdn. 63; *Böttcher,* § 180 Rdn. 42; **a.A.** OLG Hamburg, MDR 1958, 45; LG Darmstadt, NJW 1955, 1558.
86 LG Berlin, Rpfleger 1996, 472 m. Anm. *Bestelmeyer.*

3. Anordnungsverfahren

a) Rechtliches Gehör

Die Anhörung des Antragsgegners vor der Anordnung im Hinblick auf den Grundsatz des rechtlichen Gehörs nach Art. 103 Abs. 1 GG ist **streitig**.[87] M.E. ist kein rechtliches Gehör zu gewähren, da es sich wie in der Forderungsversteigerung um eine Zwangsvollstreckungsmaßnahme handelt.[88]

b) Anordnungsbeschluss

Liegen alle Voraussetzungen vor, ergeht die Entscheidung über den Antrag durch Beschluss, ohne mündliche Verhandlung und ohne den Antragsgegner vorher anzuhören, § 764 Abs. 3 ZPO (**streitig**, vgl. zuvor Rdn. 12.134). Der Anordnungsbeschluss ist dem Antragsgegner zuzustellen, § 22 ZVG. Dem Antragsteller wird der Beschluss formlos übersandt, sofern dem Antrag in vollem Umfange stattgegeben wurde.

Der Anordnungsbeschluss muss enthalten:

- die gerichtsspezifischen Angaben, die Gerichts-, Orts- und Datumsangabe, Aktenzeichen;
- die genaue Bezeichnung des Antragstellers und des Antragsgegners;
- das Grundstück oder die Grundstücksbruchteile;
- das Gemeinschaftsverhältnis der im Grundbuch eingetragenen Eigentümer;
- die Rechtsgrundlage des Pfändungsgläubigers als Antragsteller.

Weiterhin enthält der Beschluss regelmäßig die Angabe, dass dieser zugunsten des Antragstellers als Beschlagnahme des Grundstückes gilt, auch wenn dies bereits die gesetzliche Folge der Anordnung ist, § 20 Abs. 1 ZVG.

Liegen dem Versteigerungsgericht mehrere entscheidungsreife Anträge vor, wird über alle Anträge gemeinsam entschieden. Eine Rangfolge der Erledigung der Antragseingänge gibt es nicht.

Zum Muster eines Anordnungsbeschlusses vgl. 15.48.

Regelmäßig wird der Antragsgegner mit Zustellung des Anordnungsbeschlusses über die Möglichkeit der einstweiligen Einstellung gemäß § 180 Abs. 2, 3 ZVG belehrt. Zum Inhalt einer solchen formularmäßig verfügten Belehrung vgl. Rdn. 15.49 und 15.50.

---

[87] Bejahend: *Eickmann*, Rpfleger 1982, 449; Steiner/*Teufel*, § 180 Rdn. 87; *Schiffhauer*, ZIP 1982, 526 ff.; Dassler/*Schiffhauer*, § 181 Rdn. 27; *Böttcher*, § 180 Rdn. 23; verneinend: *Stöber*, § 180 Rdn. 5.8; LG Frankenthal, Rpfleger 1985, 250.
[88] *Stöber*, § 180 Rdn. 5.8 mit überzeugenden Gründen.

4. Zwangsversteigerungsvermerk im Grundbuch

12.141 Neben der von Amts wegen vorzunehmenden Zustellung des Anordnungsbeschlusses an den Antragsgegner hat das Versteigerungsgericht das Grundbuchgericht um Eintragung des Zwangsversteigerungsvermerkes auf dem zu versteigernden Grundstück zu ersuchen, § 19 Abs. 1 ZVG. Ebenso wie bei der Forderungsversteigerung bewirkt der Vermerk keine Grundbuchsperre, weitere Verfügungen über das Grundstück sind durch das Grundbuchgericht zu vollziehen (vgl. Rdn. 11.234 ff.).

12.142 Die Wirkungen des Vermerkes sind jedoch gegenüber der Forderungsversteigerung wesentlich eingeschränkter. Die Teilhaber einer Gesamthandsgemeinschaft können ohnehin nur gemeinsam über das Grundstück verfügen. Verfügt der Antragsgegner einer Bruchteilsgemeinschaft über seinen Miteigentumsanteil, tritt eine Benachteiligung des Antragstellers nicht ein, da bei ungleicher Belastung der Anteile ein Ausgleichsbetrag in das geringste Gebot einzustellen ist, § 182 Abs. 2 ZVG (vgl. Rdn. 12.234 ff.).

12.143 Zur Eintragung einer Zwangssicherungshypothek auf dem schuldnerischen Miteigentumsanteil vgl. Rdn. 10.3.

12.144 Wird der Vermerk aufgrund des Antrages eines Pfändungsgläubigers im Grundbuch (bei der Erbengemeinschaft oder Gesellschaft bürgerlichen Rechts) eingetragen, sind spätere Verfügungen über das Grundstück diesem gegenüber unwirksam.[89] Nachträglich eingetragene dingliche Rechte werden nicht in das geringste Gebot aufgenommen.[90]

5. Rechtsmittel

12.145 Hierzu kann insgesamt auf die Ausführungen zur Forderungsversteigerung verwiesen werden, vgl. Rdn. 11.238 ff. Erteilt das Vormundschaftsgericht dem Betreuer einer unter Vermögensbetreuung stehenden Person die Genehmigung, eine Teilungsversteigerung nach § 180 ZVG zu beantragen, so steht dem Ehegatten des Betreuten dagegen ein Beschwerderecht nicht zu.[91]

6. Beitritt

12.146 Der Antragsgegner kann jederzeit der Auseinandersetzungsversteigerung beitreten, § 180 Abs. 1, § 27 ZVG. Er ist damit in einer doppelten Funktion am Verfahren beteiligt, sowohl als Antragsgegner des bereits angeordneten Verfahrens als auch in der Position eines betreibenden Gläubi-

---

89 OLG Hamm, Rpfleger 1961, 201.
90 *Stöber*, § 180 Rdn. 6.6.
91 LG Münster, Rpfleger 2003, 256 = FamRZ 2003, 937.

gers seines eigenen Verfahrens. Nach Zulassung des Beitrittes erfolgt keine erneute Eintragung eines weiteren Zwangsversteigerungsvermerkes im Grundbuch.

Der Antrag auf Zulassung des Beitrittes erfolgt unter den gleichen Voraussetzungen wie der Antrag auf Anordnung der Auseinandersetzungsversteigerung. Der Beitritt wird wirksam mit Zustellung des Beschlusses an den Antragsgegner, der auch gleichzeitig unter Umständen Antragsteller ist, § 22 Abs. 1 ZVG. Der Antragsgegner, dessen Beitritt zugelassen ist, hat dieselben Rechte, wie wenn auf seinen Antrag hin die Versteigerung angeordnet worden wäre, § 27 Abs. 2 ZVG. 12.147

Der Antragsteller der Auseinandersetzungsversteigerung und der Antragsgegner, der dem Verfahren beigetreten ist, betreiben jeder sein „Einzelverfahren", gemeinsam ist nur das Vollstreckungsobjekt. Jeder Beitrittsbeschluss ist von Amts wegen den Miteigentümern als Antragsgegner zuzustellen. Zusammen mit jedem Beitrittsbeschluss sind die Antragsgegner über die Möglichkeiten der einstweiligen Einstellung zu belehren.[92] 12.148

Jedem Antragsgegner ist zu raten, der Auseinandersetzungsversteigerung beizutreten, um eine Verstärkung seiner Rechtsposition im Verfahren zu erlangen. Der Antragsteller, der das Verfahren alleine betreibt, kann auch noch nach Schluss der Versteigerung die einstweilige Einstellung bewilligen mit der Folge, dass gemäß § 33 ZVG der Zuschlag zu versagen ist. Wird das Verfahren von mehreren Teilhabern der Gemeinschaft betrieben, ist der Zuschlag gegebenenfalls zu erteilen. 12.149

Voraussetzung ist jedoch, dass der Beitrittsbeschluss eines weiteren Miteigentümers spätestens vier Wochen vor dem Versteigerungstermin den Antragsgegnern zugestellt worden ist, § 180 Abs. 1, § 44 Abs. 2 ZVG. 12.150

Der Beitritt eines Vollstreckungsgläubigers im Wege der Forderungsversteigerung zur Auseinandersetzungsversteigerung ist nicht möglich. Die Zielrichtung beider Verfahren und auch die rechtliche Ausgestaltung ist völlig verschieden.[93] Zum Nebeneinander von Forderungsversteigerung und Auseinandersetzungsversteigerung vgl. die nachfolgenden Ausführungen. 12.151

7. Auseinandersetzungsversteigerung – Forderungsversteigerung nebeneinander

In der Praxis kommt es durchaus häufiger vor, dass sowohl die Auseinandersetzungsversteigerung durch einen Miteigentümer als auch die Forderungsversteigerung durch einen Gläubiger gleichzeitig bzw. nacheinander beantragt werden. Eine Verfahrensverbindung nach § 18 ZVG ist nicht 12.152

---

92 BGH, Rpfleger 1981, 187 = NJW 1981, 2065; *Stöber*, § 180 Rdn. 12.10.
93 *Stöber*, § 180 Rdn. 14.2; Steiner/*Teufel*, § 180 Rdn. 95, 96; *Böttcher*, § 180 Rdn. 27; *Ebeling*, Rpfleger 1991, 349; **a.A.** Dassler/*Schiffhauer*, § 180 Rdn. 113.

möglich.⁹⁴ Auch im Grundbuch werden nach der jeweiligen Anordnung des Verfahrens verschiedene Zwangsversteigerungsvermerke eingetragen.

12.153 Treffen Teilungs- und Forderungsversteigerung zusammen, können beide Verfahren unabhängig nebeneinander fortgeführt werden. Die Teilungsversteigerung ist weder aufzuheben noch einstweilen einzustellen, auszusetzen oder zum Ruhen zu bringen.⁹⁵ Wie bei einem Nebeneinander beider Verfahrensarten in der Praxis zu verfahren ist, können grundlegende Regeln nicht aufgestellt werden, es muss auf die Einzelumstände abgestellt werden.

12.154 Handelt es sich bei der Auseinandersetzungsversteigerung um eine Gesamthandsgemeinschaft, wird der Zuschlag bezüglich des ganzen Grundstückes erteilt. Das Gleiche gilt bei der Versteigerung einer Bruchteilsgemeinschaft, wenn alle Miteigentümer das Verfahren betreiben. Der Zuschlag in der Forderungsversteigerung hat automatisch die Aufhebung der Auseinandersetzungsversteigerung zur Folge, da es eine Gemeinschaft am Grundstück nicht mehr gibt. In diesem Fall sollte die Forderungsversteigerung im Zweifel vorgezogen werden.⁹⁶

12.155 Es wird in der Praxis aber auch darauf ankommen, welches der beiden Verfahren nachträglich beantragt wurde und wie weit das zuerst angeordnete Verfahren bereits fortgeschritten ist. Es wird auch praktiziert, erst dann einen Versteigerungstermin anzusetzen, wenn beide Verfahren terminsreif sind. Kann nun die Forderungsversteigerung oder die Auseinandersetzungsversteigerung in dem einheitlich bestimmten Versteigerungstermin nicht durchgeführt werden, weil z.B. wegen des einen oder anderen Verfahrens die einstweilige Einstellung bewilligt oder der Versteigerungsantrag kurzfristig zurückgenommen wurde, so kann die Versteigerung wegen des anderen Verfahrens durchgeführt werden. Einer Verfahrensverschleppung ist dadurch wirksam begegnet. Für die Beteiligten muss sich jedoch aus der Terminsbestimmung und der öffentlichen Bekanntmachung eindeutig ergeben, dass der Termin sowohl im Wege der Forderungsversteigerung als auch im Wege der Auseinandersetzungsversteigerung erfolgt.

12.156 Die Aufstellung der geringsten Gebote für beide Verfahrensarten und die gleichzeitige Aufforderung zur Abgabe von Geboten auf beide Ausgebote kann zu Komplikationen und Verwirrungen bei den Beteiligten führen und sollte zweckmäßigerweise nicht erfolgen.⁹⁷ Zunächst sollte die Bietzeit in der Forderungsversteigerung durchgeführt werden. Kommt es hier zu einem zuschlagsfähigen Gebot, ist das Auseinandersetzungsversteigerungsverfahren aufzuheben. Endet die Forderungsversteigerung aus anderen Gründen (z.B. mit einstweiliger Einstellung), dann ist das geringste Gebot

---

94 *Stöber*, § 180 Rdn. 14.2; Steiner/*Teufel*, § 180 Rdn. 95, 96; *Böttcher*, § 180 Rdn. 27; *Ebeling*, Rpfleger 1991, 349; **a.A.** Dassler/*Schiffhauer*, § 180 Rdn. 113.
95 *Hamme*, Rpfleger 2002, 248.
96 *Schiffhauer*, ZIP 1982, 526 ff.; *Böttcher*, § 180 Rdn. 28.
97 *Schiffhauer*, ZIP 1982, 526 ff.

für die Auseinandersetzungsversteigerung festzustellen und hierauf zur Abgabe von Geboten aufzufordern.

Handelt es sich bei der Auseinandersetzungsversteigerung um eine Bruchteilsgemeinschaft, ergeben sich bei unterschiedlicher Belastung der Anteile und der Forderungsversteigerung nur in einem der Miteigentumsanteile weitere Schwierigkeiten: 12.157

Beispiel: 12.158
A und B sind Miteigentümer eines Grundstückes zu je ½ Anteil. Das Grundstück ist insgesamt belastet mit einer Grundschuld über 100.000,– € für die C-Bank. Nachrangig ist auf dem ½ Anteil des B eine Zwangssicherungshypothek für den Gläubiger D über 20.000,– € eingetragen. Der Gläubiger G hat gegen den Miteigentümer B eine titulierte Forderung über 5.000,– €.

Erste Möglichkeit: 12.159
Die Auseinandersetzungsversteigerung wird betrieben von dem Miteigentümer B. Die Forderungsversteigerung in den Miteigentumsanteil des B wird daneben von dem Gläubiger D betrieben.
Mit Erteilung des Zuschlages in der Auseinandersetzungsversteigerung läuft die Forderungsversteigerung weiter. Die Grundpfandrechte bleiben nach den Bedingungen zur Aufstellung des geringsten Gebotes in der Auseinandersetzungsversteigerung bestehen, § 182 Abs. 1 ZVG. Für die Gläubiger des Miteigentümers B läuft daher die Vollstreckung in den Miteigentumsanteil des B weiter.
Erfolgt dagegen der Zuschlag in der Forderungsversteigerung bezüglich des ½ Anteils des B, tritt der Ersteher an die Stelle des bisherigen Miteigentümers und hat es nunmehr in der Hand, den Verfahrensantrag in der Auseinandersetzungsversteigerung zurückzunehmen.[98]

Zweite Möglichkeit: 12.160
Die Miteigentümer gemeinsam oder jeder alleine betreiben die Auseinandersetzungsversteigerung. Die C-Bank aus dem Gesamtrecht betreibt daneben die Forderungsversteigerung in das ganze Grundstück.
Wird der Zuschlag in der Forderungsversteigerung erteilt, besteht die Gemeinschaft an dem Grundstück nicht mehr. Das Verfahren der Auseinandersetzungsversteigerung ist daher von Amts wegen aufzuheben. Ein Zuschlag in der Auseinandersetzungsversteigerung lässt die Forderungsversteigerung unberührt, da das Recht der C-Bank bestehen bleibt.

Dritte Möglichkeit: 12.161
Die Auseinandersetzungsversteigerung wird nur von dem Miteigentümer A betrieben. Daneben erfolgt die Forderungsversteigerung auf Antrag des Gläubigers D im Range der Zwangssicherungshypothek und auf Antrag des Gläubigers G aufgrund des persönlichen Anspruches.
Nach den Bedingungen zur Aufstellung des geringsten Gebotes in der Auseinandersetzungsversteigerung, § 182 Abs. 1 ZVG, bleibt das Recht des Gläubigers D

---

98 *Stöber*, § 180 Rdn. 14.5.

nicht bestehen. Wird der Zuschlag in der Auseinandersetzungsversteigerung erteilt, erlischt die Zwangssicherungshypothek des Gläubigers D. Die Forderungsversteigerung ist daher für den Gläubiger D aufzuheben.[99] Das Gleiche gilt auch gegenüber dem persönlichen Gläubiger G. Dieser hat sein Recht auf Befriedigung aus dem Grundstück erst durch die Beschlagnahme erworben. Er kann aber nicht gegenüber dem dinglichen Gläubiger D bevorzugt werden, sein nachrangiges Recht ist ebenfalls erloschen.[100]

Falls der Zuschlag in der Forderungsversteigerung bezüglich des Miteigentumsanteiles des B erteilt wird, tritt der Ersteher an die Stelle des Miteigentümers. Er muss das auf Antrag des A angeordnete Auseinandersetzungsversteigerungsverfahren gegen sich gelten lassen.

8. Beschlagnahme

a) Zeitpunkt

12.162 Mit Anordnung bzw. Beitritt zum Verfahren tritt für den jeweiligen Antragsteller die Beschlagnahme des Grundstückes ein, § 180 Abs. 1, § 20 Abs. 1, § 27 ZVG. Die erste Beschlagnahme des Grundstückes wird wirksam mit Zustellung des Anordnungsbeschlusses an den Antragsgegner oder mit Eingang des Ersuchens um Eintragung des Zwangsversteigerungsvermerkes beim Grundbuchgericht, § 22 Abs. 1 ZVG. Der frühere Termin der Beschlagnahme ist für das gesamte Verfahren maßgebend (vgl. Rdn. 11.277).

b) Formelle Wirkung

12.163 Die formelle Wirkung der Beschlagnahme ist dieselbe wie bei der Forderungsversteigerung. Der Beschlagnahmezeitpunkt trennt die wiederkehrenden Leistungen in laufende und rückständige Beträge, § 13 Abs. 1 ZVG (vgl. Rdn. 11.135).

c) Materielle Wirkung

12.164 Die materielle Wirkung der Beschlagnahme beinhaltet auch hier wie in der Forderungsversteigerung zunächst das Entstehen eines relativen Veräußerungsverbotes, § 23 Abs. 1 ZVG (vgl. Rdn. 11.262 ff.).[101] Die Wirkung der Beschlagnahme ist jedoch im Gegensatz zur Forderungsversteigerung stark eingeschränkt.

12.165 Handelt es sich um eine Gesamthandsgemeinschaft, ist diese nahezu ohne Wirkung, da die Teilhaber der Gemeinschaft nur gemeinsam über das Grundstück verfügen können. Der einzelne Teilhaber ist bereits dadurch geschützt, dass er an einer solchen Verfügung nicht mitwirkt.[102]

---

99 *Stöber*, § 180 Rdn. 14.5.
100 *Stöber*, § 180 Rdn. 14.5.
101 Anders *Böttcher*, § 180 Rdn. 63, es entsteht kein Verfügungsverbot.
102 Vgl. *Stöber*, § 180 Rdn. 6.6.

Bedeutung erlangt die Beschlagnahme nur ausnahmsweise für einen Pfändungsgläubiger eines Miterben (Gesellschafter bürgerlichen Rechts). Spätere Verfügungen über das Grundstück sind dem Pfändungsgläubiger gegenüber unwirksam, nachträglich an dem Grundstück eingetragene dingliche Rechte sind nicht in das geringste Gebot aufzunehmen, sofern die Pfändung im Grundbuch eingetragen ist.[103] **12.166**

Bei einer Bruchteilsgemeinschaft kann der einzelne Miteigentümer auch nach der Beschlagnahme über seinen Anteil verfügen. Im Falle einer ungleichen Belastung der Miteigentumsanteile erfolgt der Schutz durch den Ausgleichsbetrag nach § 182 Abs. 2 ZVG (vgl. Rdn. 12.240 ff.). **12.167**

Die Veräußerung eines Miteigentumsanteiles oder des Anteiles an der Gesamthandsgemeinschaft wird ebenfalls durch die Beschlagnahme nicht gehindert. Der Erwerber tritt an die Stelle des veräußernden Miteigentümers und kann das Versteigerungsverfahren aufnehmen oder nicht.[104] Im letzteren Falle erfolgt die Einstellung des Verfahrens. **12.168**

Die Beschlagnahme umfasst auch nicht diejenigen Gegenstände, auf welche sich bei einem Grundstück die Hypothek erstreckt (Hypothekenhaftungsverband, insbesondere Zubehör). Eine Beschlagnahme nach den §§ 1121, 1122 BGB findet nicht statt. Auch hier können die Miteigentümer nur gemeinsam über mithaftende Gegenstände verfügen. Der Antragsteller ist dadurch geschützt, dass er an einer solchen Veräußerung nicht mitwirkt. **12.169**

Dies gilt auch gegenüber dem Pfändungsgläubiger. Bei einer Bruchteilsgemeinschaft kann sich der Gläubiger nur dadurch schützen, dass er neben dem Antrag auf Auseinandersetzungsversteigerung zugleich eine Zwangssicherungshypothek auf den Miteigentumsanteil des Schuldners eintragen lässt.[105] **12.170**

III. Einstweilige Einstellung des Verfahrens

1. Einstellungsgründe nach der ZPO

Neben den speziellen Vorschriften im ZVG hat das Versteigerungsgericht durch Beschluss das Verfahren einzustellen, wenn das Prozessgericht die Einstellung der Zwangsvollstreckung angeordnet hat, z.B. § 775 Nr. 1, § 776 S. 1 ZPO.[106] Die Teilungsversteigerung kann im Einzelfall eine unzulässige Rechtsausübung darstellen, etwa wenn die Aufhebung der Bruchteilsgemeinschaft für den widersprechenden Teilhaber schlechthin unzumutbar ist. Auf die Interessen eines an der Gemeinschaft nicht beteiligten Dritten – hier des Vaters – kann sich der Widersprechende nicht berufen.[107] Im **12.171**

---

103 *Stöber,* § 180 Rdn. 6.6 u. § 182 Rdn. 2.12.
104 *Stöber,* § 180 Rdn. 6.9; Steiner/*Teufel,* § 180 Rdn. 122.
105 Steiner/*Teufel,* § 180 Rdn. 123.
106 LG Hannover, Rpfleger 1993, 505.
107 OLG Köln, Rpfleger 1998, 168.

12.172–12.175   Auseinandersetzungsversteigerung

Gegensatz zur Forderungsversteigerung kann § 775 Nr. 2 ZPO grundsätzlich nur dann Anwendung finden, wenn es sich um eine Einstellung im Rahmen der Drittwiderspruchsklage nach § 771 ZPO handelt, § 771 Abs. 3, § 769 Abs. 1, 2 ZPO.[108] Da für die Auseinandersetzungsversteigerung die Vorlage eines Vollstreckungstitels nicht erforderlich ist, werden § 775 Nr. 4 und Nr. 5 ZPO nicht relevant.

2. Einstellungsgründe aus der Forderungsversteigerung

12.172 Ebenso wie in der Forderungsversteigerung ist das Verfahren einstweilen einzustellen oder aufzuheben, wenn sich ein aus dem Grundbuch entgegenstehendes Recht ergibt, § 28 Abs. 1 ZVG, z.B. der Ausschluss der Aufhebung der Gemeinschaft nach § 1010 BGB. Gleiches gilt, wenn dem Vollstreckungsgericht eine Verfügungsbeschränkung oder ein Vollstreckungsmangel bekannt wird, § 28 Abs. 2 ZVG.[109]

12.173 Mit Inkrafttreten der InsO am 1.1.1999 ist die bisherige Einstellung auf Antrag des Konkursverwalters nach § 30c ZVG ersatzlos aufgehoben. Neu angefügt wurden die Vorschriften §§ 30d–f ZVG. In der Teilungsversteigerung ist jedoch eine einstweilige Einstellung durch den Insolvenzverwalter nach § 30d ZVG nicht möglich, da nur der Anteil des im Insolvenzverfahren sich befindlichen Miteigentümers zur Insolvenzmasse gehört.[110] Die Auseinandersetzung findet außerhalb des Insolvenzverfahrens statt bzw. anstelle des Miteigentümers in einer laufenden Auseinandersetzungsversteigerung tritt nunmehr der Insolvenzverwalter, § 84 Abs. 1 InsO (vgl. auch Rdn. 12.13).

12.174 Eine Verfahrenseinstellung nach §§ 75, 76 ZVG kommt grundsätzlich nicht in Betracht, es sei denn, ein Pfändungsgläubiger ist alleiniger antragstellender Gläubiger und seine Forderung wird gezahlt (einschließlich Verfahrenskosten), um so die Versteigerung abzuwenden.

12.175 Verläuft der Versteigerungstermin ergebnislos, wird auch die Auseinandersetzungsversteigerung nach § 77 ZVG einstweilen eingestellt. Eine Überleitung in eine Zwangsverwaltung ist allerdings nicht möglich.[111]

---

108 Zur Anwendbarkeit nach § 775 Nr. 3 ZPO vgl. *Böttcher*, § 180 Rdn. 85.
109 Eingefügt durch den am 1.8.1998 in Kraft getretenen Art. 1 des Gesetzes zur Änderung des Gesetzes über die Zwangsversteigerung und die Zwangsverwaltung und anderer Gesetze vom 18.2.1998, BGBl I 866.
110 *Böttcher*, § 180 Rdn. 81.
111 Vgl. *Böttcher*, § 180 Rdn. 83.

3. Einstellungsgründe aus der Auseinandersetzungsversteigerung

a) Einstellungsantrag des Antragsgegners

Die ganz auf die Forderungsversteigerung zugeschnittene Bestimmung des § 30a ZVG passt nicht auf die Auseinandersetzungsversteigerung. Deshalb gibt § 180 Abs. 2, 3 ZVG einen besonderen Einstellungstatbestand. Das Verfahren, und damit ist wiederum das jeweilige Einzelverfahren gemeint, ist auf Antrag des Antragsgegners einstweilen auf die Dauer von längstens sechs Monaten einzustellen, wenn dies bei Abwägung der widerstreitenden Interessen der mehreren Miteigentümer angemessen erscheint, § 180 Abs. 2 S. 1 ZVG. **12.176**

Die einstweilige Einstellung ist binnen einer Notfrist von zwei Wochen zu beantragen, § 180 Abs. 2 S. 2, § 30b Abs. 1 S. 1 ZVG. Wird der Antrag bei einem unzuständigen Gericht eingereicht, wird die Frist nicht gewahrt. Da es sich um eine Notfrist handelt, kann diese weder verlängert noch verkürzt werden, nach Fristablauf ist ein zu spät eingegangener Antrag als unzulässig zurückzuweisen. **12.177**

Vor der Entscheidung über den Antrag auf einstweilige Einstellung sind der Antragsgegner und der jeweilige Antragsteller zu hören, § 30b Abs. 2 S. 2 ZVG. **12.178**

Den Einstellungsantrag kann sowohl der Antragsteller als auch jeder Miteigentümer stellen, der dem Verfahren beigetreten ist. Der dem Verfahren beitretende Miteigentümer hat mit seinem eigenen Einstellungsantrag jedoch nur dann Erfolg, wenn er in dem von ihm betriebenen Verfahren die einstweilige Einstellung bewilligt, da er nicht verlangen kann, dass sein eigenes Verfahren fortgeführt wird, während umgekehrt das Verfahren seines Miteigentümers aufgeschoben wird.[112] **12.179**

Hat ein Pfändungsgläubiger den Antrag auf Auseinandersetzungsversteigerung gestellt, ist **streitig**, ob daneben der Pfändungsschuldner ebenfalls noch einen eigenen Einstellungsantrag stellen kann.[113] Es ist der Auffassung zu folgen, dass der Schuldner trotz der Pfändung berechtigt ist, die Schutzvorschrift des § 180 Abs. 2 ZVG in Anspruch zu nehmen. Die eine Verfahrenseinstellung rechtfertigenden Gründe sind höchstpersönlicher Natur, sie werden von der Pfändung nicht erfasst.[114] Der Pfändungsschuldner ist daher bei der Verfahrensanordnung durch einen Pfändungsgläubiger über sein Einstellungsrecht zu belehren. **12.180**

---

[112] BGH, Rpfleger 1981, 187.
[113] Ja: *Schiffhauer*, ZIP 1982, 526 ff.; Steiner/*Teufel*, § 180 Rdn. 135; OLG Hamm Rpfleger 1958, 269; LG Kempten, NJW 1976, 299; **a.A.** OLG Hamburg, MDR 1958, 45; LG Osnabrück, Rpfleger 1960, 409 m. Anm. *Mohrbutter*; LG Berlin, Rpfleger 1991, 107.
[114] *Stöber*, § 180 Rdn. 11.12; Dassler/*Schiffhauer*, § 180 Rdn. 53; *Böttcher*, Rpfleger 1993, 389, 393; LG Stendal, Rpfleger 1998, 122.

b) Belehrung des Antragsgegners

12.181 Mit Zustellung des Anordnungsbeschlusses wird der Antragsgegner auf das Recht, die einstweilige Einstellung zu beantragen, den Fristbeginn und die Rechtsfolgen bei Versäumung der Frist hingewiesen, § 180 Abs. 3 S. 2, § 30b ZVG.

12.182 Zum Inhalt einer solchen Belehrung vgl. Rdn. 15.49 und 15.50.

12.183 Zu beachten ist hierbei, dass die Belehrung nicht nur nach Anordnung des Verfahrens, sondern auch nach jedem Beitritt eines weiteren Antragstellers erfolgen muss. Auch die einstweilige Einstellung muss für jedes Einzelverfahren eines jeden Antragstellers durchgeführt werden.[115] Wie in der Forderungsversteigerung gilt auch hier das Prinzip der Einzelzwangsversteigerung. Wird die Belehrung nicht zugestellt, beginnt die 2-Wochen-Notfrist zur Stellung des Einstellungsantrages nicht zu laufen.

c) Einstellungsgründe

12.184 Die einstweilige Einstellung des Teilungsversteigerungsverfahrens ist nach § 180 Abs. 2 ZVG anzuordnen, wenn dies bei Abwägung der widerstreitenden Interessen der mehreren Miteigentümer angemessen erscheint. Sie soll nach ihrem Grundgedanken durch Abwägung der widerstreitenden Interessen verhindern, dass ein wirtschaftlich Stärkerer unter Ausnutzung vorübergehender Umstände die Versteigerung „zur Unzeit" durchsetzt, um den wirtschaftlich Schwächeren zu ungünstigen Bedingungen aus dem Grundstück zu drängen.[116] Ziel der einstweiligen Einstellung ist daher, einen zeitlich befristeten Aufschub zu erreichen. Besondere Umstände müssen einen befristeten Aufschub angemessen erscheinen lassen, weil in der Einstellungszeit mit einer Veränderung dieser Umstände gerechnet werden kann. Es muss sich um Umstände handeln, die in sechs oder zwölf Monaten voraussichtlich behebbar sind, nicht um solche, die gegen die Teilungsversteigerung als solche sprechen. Nach diesen Grundsätzen rechtfertigt auch eine dauerhafte gesundheitliche Beeinträchtigung eines Beteiligten nicht die einstweilige Einstellung der Teilungsversteigerung nach § 180 Abs. 2 ZVG.[117] Erforderlich ist stets eine Interessenabwägung bei einem auf gesundheitliche Gefahren für Angehörige gestützten Antrag auf Einstellung, insbesondere wenn das Verfahren nach Pfändung und Überweisung des Teilungsanspruchs von dem Gläubiger eines Miteigentümers betrieben wird.

12.185 Zur Begründung sollte daher vorgetragen werden, z.B. eine bevorstehende Werterhöhung des Grundstückes, Gefährdung der wirtschaftlichen Exis-

---

115 BGH, Rpfleger 1981, 187 = NJW 1981, 2065; Steiner/*Teufel*, § 180 Rdn. 133.
116 BGH, Rpfleger 1981, 187 = NJW 1981, 2065.
117 BGH, Rpfleger 2004, 722 = NJW 2004, 3635 = MDR 2005, 55 = WM 2004, 2021 = InVo 2005, 36; *Haentjens*, NJW 2004, 3609.

tenz, da sich auf dem Grundstück der hauseigene Betrieb befindet, das im Rohbau befindliche Haus wird demnächst fertig gestellt, das Ergebnis eines Enteignungsverfahrens ist abzuwarten.[118]

Stellt der Antragsgegner den Einstellungsantrag gegenüber einem das Verfahren betreibenden Pfändungsgläubiger, kann zur Begründung vorgetragen werden, dass die der Pfändung zugrunde liegende Forderung innerhalb der Einstellungsfrist beglichen wird. 12.186

d) Dauer der einstweiligen Einstellung

Die Dauer der einstweiligen Einstellung darf höchstens sechs Monate betragen, § 180 Abs. 2 S. 1 ZVG. Die Frist beginnt mit dem im Einstellungsbeschluss genannten Zeitpunkt. Der Beschluss ist sowohl dem Antragsteller als auch dem Antragsgegner zuzustellen, § 32 ZVG. 12.187

e) Einstellungsantrag des Antragstellers

Das Verfahren der Auseinandersetzungsversteigerung ist einzustellen, wenn der Antragsteller selbst die Einstellung bewilligt, § 180 Abs. 1, § 30 Abs. 1 ZVG. Der Antragsteller muss hierzu keine Begründung abgeben. Die Einstellungsbewilligung ist bis zur Zuschlagsverkündung jederzeit möglich. 12.188

Mit der Einstellungsbewilligung scheidet der Antragsteller als *„betreibender Gläubiger"* aus dem Verfahren aus. Sein Einzelverfahren wird vorübergehend unterbrochen. Er kann jederzeit dem Verfahren wieder beitreten. Sein Antrag bzw. Anspruch kann dem geringsten Gebot jedoch nur dann zugrunde gelegt werden, wenn der Fortsetzungsbeschluss spätestens vier Wochen vor dem Zwangsversteigerungstermin dem Antragsgegner zugestellt wurde, § 44 Abs. 2 ZVG. 12.189

Wird das Verfahren von mehreren Miteigentümern betrieben, ist nur das Einzelverfahren des einstellenden Antragstellers vorübergehend unterbrochen. Im Übrigen läuft das Gesamtverfahren weiter. 12.190

Für das Verhältnis einer Einstellungsbewilligung des Antragstellers zu einem Einstellungsantrag des Antragsgegners kann auf die Ausführung in der Forderungsversteigerung verwiesen werden (vgl. Rdn. 11.348). 12.191

f) Fortsetzungsantrag und Belehrung

Das Verfahren wird immer nur dann fortgesetzt, wenn der jeweilige Miteigentümer als Antragsteller einen entsprechenden Antrag stellt, § 180 Abs. 1, § 31 Abs. 1 ZVG. Der Fortsetzungsantrag muss spätestens binnen sechs Monaten gestellt werden. Der Fristbeginn ergibt sich aus dem im Einstellungsbeschluss genannten Zeitpunkt. 12.192

---

118 *Stöber*, § 180 Rdn. 12.3 m. Bsp.; *Brudermüller*, FamRZ 1996, 1516, 1517.

12.193–12.197 Auseinandersetzungsversteigerung

12.193 Ebenso wie in der Forderungsversteigerung ist jeder Antragsteller, für den das Verfahren einstweilen eingestellt wurde, auf die Stellung des Fortsetzungsantrages, auf den Fristbeginn und Rechtsfolgen eines fruchtlosen Fristablaufes zu belehren, § 180 Abs. 1, § 31 ZVG (vgl. Rdn. 11.351).

g) Erneute Einstellung

12.194 Das Verfahren kann sowohl auf Antrag des Antragstellers als auch auf Antrag des Antragsgegners höchstens zweimal eingestellt werden, § 180 Abs. 3 S. 2 bzw. § 30 Abs. 1 S. 2 ZVG. Das Verfahren kann sowohl zweimal nach § 30 ZVG als auch zweimal nach § 180 Abs. 2 ZVG eingestellt werden. Eine Anrechnung der jeweiligen Einstellungsanträge erfolgt nicht.[119] Auch die wiederholte einstweilige Einstellung muss sachlich begründet sein. Hat der Antragsteller im ersten Termin durch seine Einstellungsbewilligung erreicht, dass der Zuschlag versagt wird, und bewilligt er nach Fortsetzung des Verfahrens im zweiten Termin erneut die einstweilige Einstellung erst nach Schluss der Bietzeit, ist der Zuschlag dennoch zu erteilen, wenn sich das Gesamtverhalten des Antragstellers als rechtsmissbräuchlich erweist.[120]

12.195 Eine vom Antragsteller bewilligte dritte Einstellung gilt als Rücknahme des Antrages.[121]

4. Schutz eines Kindes

a) Zeitlicher Umfang

12.196 Betreibt ein Miteigentümer die Auseinandersetzungsversteigerung, der außer ihm nur sein Ehegatte oder sein früherer Ehegatte angehört, ist auf Antrag eines Ehegatten oder früheren Ehegatten die einstweilige Einstellung des Verfahrens anzuordnen, wenn dies zur Abwendung einer ernsthaften Gefährdung des Wohls eines gemeinschaftlichen Kindes erforderlich ist, § 180 Abs. 3 S. 1 ZPO. Die mehrfache Wiederholung der Einstellung ist zulässig, § 180 Abs. 3 S. 2 ZVG. Das Versteigerungsgericht kann seinen Beschluss auf Antrag jederzeit aufheben oder ändern, wenn dies mit Rücksicht auf eine Änderung der Sachlage geboten ist, § 180 Abs. 3 S. 4 ZVG.

12.197 Einstweilige Einstellungen zum Schutze eines Kindes dürfen mit den einstweiligen Einstellungen nach § 180 Abs. 2 ZVG insgesamt einen Zeitraum von fünf Jahren nicht überschreiten, § 180 Abs. 4 ZVG.

---

[119] *Stöber*, § 180 Rdn. 12.11; *Böttcher*, § 180 Rdn. 69.
[120] LG Braunschweig, Rpfleger 1998, 482.
[121] LG Kassel, Rpfleger 1950, 564; *Stöber*, § 180 Rdn. 12.12.

b) Antragstellung

Die Einstellung erfolgt nur auf Antrag. Antragsberechtigt ist ausschließlich der Ehegatte (oder frühere Ehegatte), da die Vorschrift nur dann Anwendung findet, wenn das Verfahren nur Ehegatten oder frühere Ehegatten betrifft. Das Kind selbst ist antragsberechtigt, wenn es als Miteigentümer im Grundbuch eingetragen ist.[122]

12.198

Auch hier muss die Einstellung binnen der Notfrist von zwei Wochen gestellt werden. Ist die Frist für einen Antrag auf einstweilige Einstellung wegen Gefährdung des Kindeswohles versäumt worden, so kann die einstweilige Einstellung auch nicht aus den Gründen des effektiven Rechtsschutzes erfolgen.[123]

12.199

Über den Fristbeginn und die Rechtsfolgen eines fruchtlosen Fristablaufes wird in einem entsprechenden Belehrungsschreiben hingewiesen, § 180 Abs. 3 S. 3, § 30b ZVG. Zur Fortsetzung des Verfahrens ist ebenfalls wieder ein Antrag zu stellen.

12.200

Problematisiert wird die funktionelle Zuständigkeit des Vollstreckungsgerichts und damit des Rechtspflegers für die Entscheidung.[124] „Die Zuständigkeit des Rechtspflegers zur Entscheidung über die Gefährdung des Wohls eines Kindes nach § 180 Abs. 3 ZVG soll nicht gegeben sein. Will der Antragsteller einem Einstellungsantrag entgegentreten, muss er sich an das Familiengericht wenden, das die Einstellung mit einstweiliger Anordnung nach § 13 Abs. 4 HausratsVO anordnen kann. De lege ferenda erscheint eine Streichung des § 180 Abs. 3 ZVG zweckmäßig."[125] Diese Auffassung ist abzulehnen. Richtig ist zwar, dass beim Familien- bzw. Vormundschaftsgericht der Richter für die Entscheidung zuständig wäre, jedoch ist der Rechtspfleger sehr wohl in der Lage, diese Fragen zu beurteilen und zu entscheiden. Hieran ändert auch die Tatsache nichts, dass im Vollstreckungsverfahren der Amtsermittlungsgrundsatz nicht gilt und nur Glaubhaftmachung anstatt echter Beweiserhebung in Betracht kommt. Es ist zunächst nicht einzusehen, warum mit diesen Mitteln keine sachgerechte Entscheidungsgrundlage geschaffen werden kann. Aber auch bereits aus prozessökonomischen Gründen sollte das Verfahren nicht an eine andere Abteilung des Gerichts abgegeben werden.

12.201

c) Einstellungsgründe

Die Einstellung des Verfahrens muss zur Abwendung einer ernsthaften Gefährdung des Wohles eines gemeinschaftlichen Kindes erforderlich sein.

12.202

---

122 *Stöber*, § 180 Rdn. 13.2; *Böttcher*, § 180 Rdn. 71.
123 LG Essen, FamRZ 1988, 1191.
124 *Maurer*, FamRZ 1991, 1141; *Meyer-Stolte*, Rpfleger 1991, 216 in Anm. zu LG Heidelberg; *Brudermüller*, FamRZ 1996, 1518 und *Böttcher*, § 180 Rdn. 77.
125 *Maurer*, FamRZ 1991, 1141.

Voraussetzung ist, dass nur die Ehegatten (oder frühere) Eigentümer des Grundbesitzes sind und das Kindeswohl durch die Auseinandersetzungsversteigerung ernsthaft gefährdet wird. Zu den gemeinschaftlichen Kindern gehört auch ein angenommenes Kind.[126] Dies muss gleichermaßen auch für ein nichteheliches Kind gelten, welches mit den Ehegatten gemeinsam im Hause lebt.[127] Weiterhin gehören hierzu auch volljährige Kinder.[128]

12.203   Eine Gefährdung des Kindeswohls wird nur dann anzunehmen sein, wenn aufgrund besonderer Umstände das körperliche, geistige oder seelische Kindeswohl gefährdet ist. **Beispiele** aus der Rechtsprechung:

- Zur Annahme einer ernsthaften Gefährdung des Kindeswohls i.S.d. § 180 Abs. 3 ZVG ist regelmäßig ein ursächlicher Zusammenhang der geltend gemachten gesundheitlichen Probleme mit der möglichen Zwangsräumung notwendig.[129]
- Eine ernsthafte Gefährdung des Kindeswohls setzt voraus, dass zu den allgemeinen mit einem Umzug aus dem Familienheim verbundenen Unzuträglichkeiten Umstände hinzutreten, die den Verlust des Familienheimes im jetzigen Zeitpunkt als erhebliche Beeinträchtigung des körperlichen, seelischen oder geistigen Wohls des Kindes erscheinen lassen.[130]
- Das Kindeswohl ist im Allgemeinen dann ernsthaft gefährdet, wenn die Ehegatten im Versteigerungsobjekt wohnen, ihr persönliches Verhältnis ungewöhnlich zerrüttet ist und dadurch sowie durch die drohende Versteigerung des Familienheims die Schulleistungen gemeinsamer Kinder deutlich zurückgegangen sind.[131]
- Die Gefährdung des Kindeswohls sowie die Schutzfunktion bei einem volljährigen, behinderten Kind rechtfertigt eine Verfahrenseinstellung.[132]
- Bei einer Teilungsversteigerung kann die familiäre Situation des betroffenen Kindes zwar nicht allein, wohl aber im Zusammenwirken mit weiteren belastenden Elementen den Ausschlag für eine Einstellung des Versteigerungsverfahrens geben.[133]
- Eine einstweilige Einstellung der Teilungsversteigerung kommt in Betracht, solange über das Sorgerecht der Kinder noch nicht entschieden ist.[134]

---

126 LG Hamburg, FamRZ 1988, 424; AG Hamburg, Rpfleger 1990, 523 m. Anm. *Meyer-Stolte;* Dassler/*Schiffhauer,* § 180 Rdn. 60.
127 So auch Dassler/*Schiffhauer,* § 180 Rdn. 61.
128 LG Berlin, Rpfleger 1987, 515.
129 LG Konstanz, Rpfleger 2002, 219.
130 LG Berlin, Rpfleger 1987, 514.
131 LG Limburg, FamRZ 1987, 1065.
132 LG Berlin, FamRZ 1987, 1066.
133 LG Heidelberg, Rpfleger 1991, 215 = FamRZ 1991, 588.
134 LG Berlin, Rpfleger 1992, 170.

- Bei der Frage, ob eine ernsthafte Gefahr für das Kindeswohl besteht, kommt es nicht darauf an, ob der die einstweilige Einstellung des Verfahrens beantragende Ehegatte die Gefährdung mitzuverantworten hat. Eine ernsthafte Gefährdung liegt bereits dann vor, wenn dem Kind durch den drohenden Verlust des Eigenheims schwere gesundheitliche und seelische Schäden drohen.[135]

Nicht ausreichend zur Begründung sind z.B. ein Schulwechsel, der Verlust eines Spielgefährten oder einer vertraut gewordenen Umgebung oder Betreuungsperson.[136]

12.204

5. Vollstreckungsschutz, § 765a ZPO

Als Zwangsverfahren findet die Auseinandersetzungsversteigerung gegen den Willen der Miteigentümer statt. Die Abwicklung des Verfahrens ist eingebettet in die Vorschriften des ZVG, allerdings geht es nicht um die Durchsetzung eines titulierten Gläubigeranspruches, sondern um die Durchsetzung des materiell-rechtlichen Auseinandersetzungsanspruches. Aber auch vor diesem Hintergrund muss die **strittige** Frage, ob die Schutzvorschrift § 765a ZPO in der Auseinandersetzungsversteigerung überhaupt Anwendung findet, vom Grundsatz her bejaht werden.[137] Die grundgesetzlich geschützten Rechte des Schuldners sind immer zu berücksichtigen.[138] Der Antrag ist an keinerlei Fristen gebunden.

12.205

Unabhängig davon, ob die Auseinandersetzungsversteigerung nun echte Zwangsvollstreckung ist oder nicht, kann es immer wieder zu Situationen kommen, in denen das Versteigerungsgericht dem Antragsteller oder Antragsgegner die Möglichkeit geben muss, das Verfahren befristet einzustel-

12.206

---

135 LG Offenburg, Rpfleger 1994, 177.
136 AG Braunschweig, JurBüro 2001, 661; LG Berlin, Rpfleger 1987, 515; LG Frankenthal, Rpfleger 1987, 124; LG Essen, FamRZ 1988, 1191; AG Hamburg, Rpfleger 1990, 523.
137 Offen gelassen von BGH, Rpfleger 2004, 722 = NJW 2004, 3635 = MDR 2005, 55 = WM 2004, 2021 = InVo 2005, 36; *Haentjens*, NJW 2004, 3609; bejahend: OLG Braunschweig, NJW 1961, 129; OLG Bremen, Rpfleger 1979, 72; OLG Köln, Rpfleger 1991, 197 = MDR 1991, 452; OLG Karlsruhe, Rpfleger 1994, 223; KG, Rpfleger 1998, 298; LG Stuttgart, Rpfleger 1992, 491; *Stöber*, Einl. 52.6; Steiner/*Teufel*, § 180 Rdn. 146; *Eickmann*, § 32 V; *Böttcher*, § 180 Rdn. 84; *Brudermüller*, FamRZ 1996, 1519; nicht eindeutig LG Bielefeld, Rpfleger 1983, 168; verneinend: OLG Oldenburg, NJW 1955, 150; LG Berlin, MDR 1959, 47; OLG Hamm, Rpfleger 1960, 253; OLG Hamm, Rpfleger 1964, 341; OLG Karlsruhe, ZMR 1973, 89; LG Hildesheim, MDR 1971, 589; LG Frankenthal, Rpfleger 1985, 315; LG Berlin, Rpfleger 1993, 297; Dassler/*Schiffhauer*, § 180 Rdn. 72.
138 BVerfG, Rpfleger 1979, 450 = NJW 1979, 2607; OLG Köln, Rpfleger 1990, 30 und 1997, 33 bei Selbstmordgefahr; KG, Rpfleger 1995, 469; OLG Düsseldorf, Rpfleger 1998, 208; LG Krefeld, Rpfleger 1996, 363; BVerfG, NJW 1991, 3307 bei altersbedingter geistiger Gebrechlichkeit; BVerfG, Rpfleger 1992, 259 drohende gesundheitliche Schäden; umfassend auch *Fischer*, Rpfleger 2004, 599.

len. Da in diesen Situationen regelmäßig die Antrags-Notfrist verstrichen ist, muss als allgemeine Schutzvorschrift des Vollstreckungsrechts auch § 765a ZPO in der Auseinandersetzungsversteigerung Anwendung finden.

12.207 Im Hinblick auf den Ausnahmecharakter dieser Vorschrift wird in der Praxis eine einstweilige Einstellung jedoch nur ausnahmsweise zum Zuge kommen. Die Frage der Sittenwidrigkeit des Vollstreckungsantrages ist hierbei nach objektiven Gesichtspunkten zu beurteilen, nicht nach dem subjektiven Empfinden des Schuldners. Einem entsprechenden Antrag kann daher nur stattgegeben werden, wenn dies wegen ganz besonderer Umstände erforderlich ist, die für den Antragsgegner eine Härte bedeuten würden, die mit den guten Sitten nicht zu vereinbaren ist. Die Vorschrift ist eng auszulegen.[139] Sie ist nur in besonders gelagerten Fällen, nämlich allein dann heranzuziehen, wenn die Anwendung der zwangsvollstreckungsrechtlichen Vorschriften anderenfalls zu einem ganz untragbaren Ergebnis führen würde.[140]

12.208 Beispielhaft kann es sich um ein krasses Missverhältnis von Meistgebot und Grundstückswert handeln, das zu Sittenwidrigkeit führt, also z.B. zum Schutz vor einer **Grundstücksverschleuderung.** Dieser Tatbestand ergibt sich erst im Laufe des Versteigerungstermins, wenn die Fristen für eine einstweilige Einstellung nach § 180 Abs. 2, 3 ZVG bereits verstrichen sind. Zwar kann auch im ersten Versteigerungstermin der Zuschlag nicht unter $^5/_{10}$ des Verkehrswertes erteilt werden, § 85a ZVG, in einem weiteren Termin gilt diese Wertgrenze jedoch nicht mehr. In der Praxis kommt es immer wieder vor, dass ein finanzkräftiger Ehepartner versucht, den anderen Ehegatten aus dem Eigentum am Grundstück herauszudrängen, um das Grundstück möglichst billig zu erwerben. Jeder Miteigentümer muss daher die Möglichkeit haben, sich einem solchen Vorgehen zu erwehren.

12.209 Nach einer Entscheidung des **BVerfG**[141] kann bereits die Anordnung des Versteigerungsverfahrens eine ernsthafte **Gefährdung** des **Lebens** und die körperliche Unversehrtheit des Schuldners besorgen, sodass zumindest eine zeitweilige Einstellung des Verfahrens in Betracht kommt. Es muss aber auch nicht immer um die Person des Schuldners selbst gehen. Ein wichtiger Grund i.S.d. § 765a ZPO kann auch gegeben sein, wenn die Möglichkeit besteht, dass ein naher **Angehöriger** wegen der Anordnung der Zwangsversteigerung stirbt oder ernsthaft erkrankt (hierzu Rdn. 11.370 ff.). Gerade unter Zugrundelegung der Rechtsprechung des BVerfG zum Grundrechtsschutz aus Art. 2 Abs. 2 S. 1 GG ist eine ganz besonders gewissenhafte Prüfung der Voraussetzungen des § 765a ZPO vorzunehmen, wenn nach dem Vortrag des

---

139 BGH, Rpfleger 1965, 302 = NJW 1965, 2107.
140 BGH, Rpfleger 2004, 302 = NZM 2004, 347 = WM 2004, 646 = InVo 2004, 290 = ZfIR 2004, 440; BGH, Rpfleger 2002, 578 = BGHZ 151, 384 = KTS 2003, 166 = MDR 2002, 1213 = WM 2002, 1809 = ZIP 2002, 1595 = InVo 2003, 41 = ZfIR 2002, 753.
141 Rpfleger 1994, 427.

Schuldners eine schwer wiegende Gefährdung seines Lebens oder seiner Gesundheit zu besorgen ist, dem gleichgestellt ist eine schwer wiegende Gefährdung des Lebens oder der Gesundheit naher Angehöriger des Schuldners.[142]

Beispiele aus der Rechtsprechung: 12.210

- Die Entscheidung nach § 765a ZPO, dass wegen der Gefahr der Selbsttötung des Schuldners ein Zwangsversteigerungsverfahren über sein Wohngrundstück einstweilig oder sogar unbefristet einzustellen ist, erfordert eine umfassende Abwägung der wechselseitigen Interessen und eine besonders sorgfältige Nachprüfung des entsprechenden Vortrags.[143]
- Die Unfähigkeit, aus eigener Kraft oder mit zumutbarer fremder Hilfe eine Konfliktsituation (hier: bevorstehende Zwangsräumung des Gewerberaummieters infolge Überschuldung) situationsangemessen zu bewältigen, verdient auch dann Beachtung, wenn ihr kein Krankheitswert (hier: Risiko des Bilanzselbstmords) zukommt.[144]
- Unter Berücksichtigung der Rechtsprechung des Bundesverfassungsgerichts zur Prüfung der Voraussetzungen bei Gefahr für Leib und Leben, ist dem Vorbringen des Schuldners, ihm drohten durch das Zwangsversteigerungsverfahren seines Hausgrundstücks schwer wiegende Gesundheitsschäden, besonders sorgfältig nachzugehen, gegebenenfalls durch Einholung ärztlicher Gutachten. Einen Antrag nach § 765a ZPO kann der Schuldner bereits unmittelbar nach der Anordnung der Zwangsversteigerung stellen.[145]
- Besteht die Möglichkeit, dass ein naher Angehöriger des Schuldners wegen der Anordnung der Zwangsversteigerung stirbt oder ernsthaft erkrankt, kann dies ein wichtiger Grund i.S.d. § 765a ZPO sein.[146]
- Trägt einer der Antragsteller der Teilungsversteigerung, der dem Gutachter eine Innenbesichtigung des Objektes nicht ermöglicht hat, im Termin den Bietinteressenten im Gebäude liegende Mängel ein, führt einen Mietvertrag ein und kündigt an, er räume das Objekt nicht freiwillig, so handelt er weder rechtsmissbräuchlich noch sittenwidrig, auch wenn er Meistbietender wird. Gebote eines Immobilienmaklers beruhen auf ökonomischen Erwägungen. Sie entsprechen bereits den Erwartungen an einen vernünftigen Erlös.[147]

6. Rechtsbehelfe

Zu den Rechtsbehelfen (sofortige Beschwerde, Rechtsbeschwerde) gegen eine Entscheidung, mit der das Verfahren einstweilen eingestellt wird, kann auf die Ausführung in der Forderungsversteigerung verwiesen werden (vgl. Rdn. 11.421 ff.). 12.211

---

142 Die auf Dauer wirkende Einstellung der Zwangsvollstreckung aus einem Räumungsvergleich kann dann erforderlich sein, wenn ein schwer wiegender Eingriff in das Grundrecht des Art. 2 Abs. 2 S. 1 GG durch drohende gesundheitliche Schäden zu besorgen ist, so BVerfG, Rpfleger 1992, 259 und 1994, 427 und 1994, 470.
143 OLG Oldenburg, MDR 2002, 664.
144 BVerfG, InVo 2001, 449 = NJW-RR 2001, 1523.
145 Brandenbg. OLG, Rpfleger 2001, 91.
146 OLG Hamm, Rpfleger 2001, 508.
147 LG Münster, Rpfleger 2002, 639.

IV. Vor dem Termin

1. Festsetzung des Verkehrswertes

12.212 Vor der Einführung des § 85a ZVG (1.7.1979) war bei der Auseinandersetzungsversteigerung die Festsetzung des Verkehrswertes regelmäßig nur bei einer Bruchteilsgemeinschaft mit unterschiedlicher Anteilsbelastung erforderlich. Jetzt gilt diese Vorschrift in der Auseinandersetzungsversteigerung generell. Wird unter Einschluss der bestehen bleibenden Rechte weniger als die Hälfte des Verkehrswertes geboten, ist der Zuschlag von Amts wegen zu versagen, § 85a ZVG. Deshalb ist die Festsetzung des Verkehrswertes des Grundstückes in jedem Falle notwendig.

12.213 Gerade in der Teilungsversteigerung stellt sich häufig die Frage, ob stets ein (teures) Gutachten eines Sachverständigen zur Verkehrswertfeststellung eingeholt werden muss. Auch wenn das Gericht regelmäßig einen Sachverständigen beauftragen wird, können auch andere Wertunterlagen infrage kommen, z.B. private Gutachten, bekannte Vergleichswerte, frühere Wertfestsetzungen.[148] Voraussetzung für die Anerkennung anderer Unterlagen dürfte jedoch stets davon abhängen, dass die beteiligten Miteigentümer sich hierüber einig sind. Sobald der festzustellende Wert auch nur von einem der Miteigentümer bestritten wird, wird das Gericht einen unabhängigen Gutachter mit der Ermittlung beauftragen.

12.214 Zu den Rechtsmitteln gegen die Verkehrswertfestsetzung vgl. Rdn. 11.454 ff.

2. Mieter/Pächter

12.215 Nach Zuschlagserteilung in der Auseinandersetzungsversteigerung hat der Ersteher bei Vermietung oder Verpachtung des Grundstückes kein Ausnahmekündigungsrecht nach den §§ 57a und 57b ZVG. Dieses ist ausdrücklich ausgeschlossen, § 183 ZVG. Dadurch wird verhindert, dass sich die Miteigentümer durch eine Auseinandersetzungsversteigerung von einem ihnen lästigen Miet- oder Pachtverhältnis befreien können. Der Ersteher muss das vertragliche oder sonstige gesetzliche Kündigungsrecht gegen sich gelten lassen. Eine Mieterbelehrung muss somit nicht erfolgen (vgl. hierzu Rdn. 11.469 ff.).

3. Terminsbestimmung

12.216 Der Versteigerungstermin wird erst nach der Beschlagnahme des Grundstückes und nach dem Eingang der Mitteilung des Grundbuchgerichtes bestimmt, § 36 Abs. 1 ZVG.

---

148 Hierzu *Stöber*, § 74a Rdn. 7.8.

Vor dem Termin **12.217–12.222**

Weiterhin muss ein die einstweilige Einstellung ablehnender Beschluss Rechtskraft erlangt haben, oder die Antragsfrist für die einstweilige Einstellung ist abgelaufen (vgl. Rdn. 11.474). **12.217**

Weiterhin dürfen weder aus dem Grundbuch noch sonst bekannte entgegenstehende Rechte, Verfügungsbeschränkungen oder Vollstreckungsmängel vorliegen, § 28 ZVG, und der Grundstücksverkehrswert sollte bereits festgesetzt sein. **12.218**

Der Inhalt der Terminsbestimmung der öffentlichen Bekanntmachung muss den Hinweis auf die Versteigerungsart, hier eine Auseinandersetzungsversteigerung, beinhalten, ansonsten liegt ein unheilbarer Zuschlagsversagungsgrund vor, § 43 Abs. 1, § 83 Nr. 7, § 84 ZVG.[149] **12.219**

Wie in der Forderungsversteigerung ergeht auch in der Auseinandersetzungsversteigerung im Laufe der vierten Woche vor dem Zwangsversteigerungstermin an die Beteiligten die Mitteilung, auf wessen Antrag und Beitritt die Versteigerung erfolgt, § 41 Abs. 2 ZVG. Anhand dieser Mitteilung, einer Grundbuchblattabschrift und des Grundstückswertes kann nunmehr festgestellt werden, welche Rechte nach den Versteigerungsbedingungen als bestehen bleibend in das geringste Gebot aufzunehmen sind und ob die Versteigerung im Hinblick auf den Verkehrswert zu den bestehen bleibenden Rechten überhaupt erfolgreich sein wird. **12.220**

Zu den näheren Ausführungen, insbesondere zu den einzuhaltenden Fristen hinsichtlich der Terminsbestimmung, vgl. insgesamt Rdn. 11.481 ff. **12.221**

4. Geringstes Gebot

a) Grundlagen

Das geringste Gebot ist in der Auseinandersetzungsversteigerung eine der wichtigsten Grundlagen des Verfahrens. Auch hier gilt wie in der Forderungsversteigerung der Ranggrundsatz nach § 10 ZVG und der Deckungs- und Übernahmegrundsatz, §§ 45, 52 ZVG (vgl. Rdn. 11.150 und 11.593 ff.). Das geringste Gebot setzt sich zusammen aus dem bestehen bleibenden Teil (bestehen bleibende Rechte am Grundstück), § 52 ZVG, und dem bar zu zahlenden Teil, § 49 Abs. 1 ZVG. **12.222**

evtl. bestehen bleibende Rechte, § 52 ZVG	bar zu zahlender Teil § 49 Abs. 1 ZVG

---

149 *Böttcher*, § 180 Rdn. 87.

12.223 Sofern dingliche Rechte nach den besonderen Bedingungen in der Auseinandersetzungsversteigerung bestehen bleiben, sind die Grundpfandrechte mit ihrem Kapitalbetrag zu berücksichtigen, Rechte der Abt. II des Grundbuches sind mit dem Zuzahlungsbetrag festzustellen, §§ 50, 51 ZVG. Vormerkung und Widerspruch sind wie eingetragene Rechte zu berücksichtigen, § 48 ZVG. Eine Auflassungsvormerkung ist in das geringste Gebot aufzunehmen, wenn sie dem Recht des Antragstellers im Teilungsversteigerungsverfahren vorgeht; sie bleibt beim Zuschlag bestehen und kann von dem Vormerkungsberechtigten dem Ersteher gegenüber geltend gemacht werden.[150]

12.224 In den bar zu zahlenden Teil des geringsten Gebotes sind vorweg die Verfahrenskosten aufzunehmen, § 109 ZVG. Auf Anmeldung werden weiterhin berücksichtigt die bevorrechtigten Ansprüche der Rangklassen 1–3 des § 10 Abs. 1 ZVG und die wiederkehrenden Leistungen der bestehen bleibenden Grundpfandrechte bzw. Reallast. Laufende Leistungen werden von Amts wegen berücksichtigt, rückständige Leistungen sind anzumelden, wobei hier auch die Ansprüche der Rangklassen 7 und 8 des § 10 Abs. 1 ZVG aufzunehmen sind (vgl. Rdn. 11.496 ff.).

12.225 Rechte, die zur Zeit der Eintragung des Versteigerungsvermerkes aus dem Grundbuch nicht ersichtlich waren, müssen, um überhaupt berücksichtigt zu werden, spätestens im Versteigerungstermin vor der Aufforderung zur Abgabe von Geboten angemeldet werden, § 180 Abs. 1, § 45 Abs. 1, § 37 Nr. 4 ZVG.

12.226 Eine Ausnahme besteht nur dann, wenn ein Pfändungsgläubiger eines Miterben die Auseinandersetzungsversteigerung betreibt, und nach der Eintragung des entsprechenden Pfändungsvermerkes im Grundbuch weitere Rechte eingetragen wurden. Die Eintragung dieser Rechte ist dem Pfändungsgläubiger gegenüber unwirksam und kann bei der Aufstellung des geringsten Gebotes nicht berücksichtigt werden.[151] Dies gilt gleichermaßen, wenn man die Pfändung des Anteils an einer Gesellschaft bürgerlichen Rechts im Grundbuch für eintragbar hält (vgl. Rdn. 6.339).

12.227 Im Gegensatz zur Forderungsversteigerung kann bei der Aufstellung des geringsten Gebotes in der Auseinandersetzungsversteigerung der Anspruch des bestrangig betreibenden Gläubigers nicht zugrunde gelegt werden, da es einen solchen nicht gibt. Das Verfahren wird aus dem Eigentum heraus betrieben. Nach § 182 Abs. 1 ZVG sind daher bei der Feststellung des geringsten Gebotes zu berücksichtigen:

- die den Anteil des Antragstellers belastenden Rechte;
- die den Anteil des Antragstellers mitbelastenden Rechte;
- alle Rechte, die einem der zuvor genannten Rechte vorgehen oder gleichstehen.

---

150 OLG Köln, InVo 2001, 112.
151 *Stöber*, § 182 Rdn. 2.12 u. § 180 Rdn. 6.6; Dassler/*Schiffhauer*, § 182 Rdn. 3.

b) Gesamthandsgemeinschaft

Im Falle einer Gesamthandsgemeinschaft als Eigentümer des Grundstückes sind Sonderbelastungen der einzelnen Miteigentümer nicht möglich. Die Gesamthandsgemeinschaft kann nur gemeinsam über das Grundstück verfügen. Etwas anderes kann sich aus dem Grundbuch nur dann ergeben, wenn eine Anteilsbelastung vor Übergang des Eigentums auf die Gesamthandsgemeinschaft bereits eingetragen war. Die Veränderung im Eigentum hat keinen Einfluss auf den Bestand bereits eingetragener Rechte. Aber auch diese Rechte sind nunmehr als bestehen bleibende Rechte in das geringste Gebot aufzunehmen.

12.228

Beispiel:

12.229

Geringstes Gebot – mit Besonderheit Pfändungsgläubiger als Antragsteller
Grundbuchinhalt:

Abt. I		A, B und C als Eigentümer in Erbengemeinschaft
Abt. II	Nr. 1	Grunddienstbarkeit für die Rhein-Ruhr AG (eingetragen am 1.10.1990)
	Nr. 2	Der Erbanteil des A am Nachlass des verstorbenen N ist gepfändet für den Gläubiger G (eingetragen am 2.8.2005)
	Nr. 3	Die Teilungsversteigerung ist angeordnet (AG ...... Az: .....). Eingetragen am 10.11.2005.
Abt. III	Nr. 1	50.000,– € Grundschuld mit 10 % Zinsen (jährlich nachträglich fällig) für die A-Bank (eingetragen am 1.4.2000)
	Nr. 2	40.000,– € Grundschuld mit 10 % Zinsen (jährlich nachträglich fällig) für die B-Bank (eingetragen am 1.4.2000)
	Nr. 3	20.000,– € Zwangssicherungshypothek für den Gläubiger Z (eingetragen am 1.9.2005)

Das Verfahren wird auf Antrag des Pfändungsgläubigers G (nimmt die Rechte des Miterben A wahr) (s. Abt. II Nr. 2) betrieben.

Beschlagnahme wirksam am	10.11.2005
Versteigerungstermin am	16.6.2006

Anmeldungen zum Termin:
III/1 meldet Kosten pauschal mit 500,– € an und Zinsen seit dem 1.1.2002
III/2 meldet Kosten pauschal mit 1.000,– € an und Zinsen seit dem 1.1.2002

Rangfolge:

II/1	Grunddienstbarkeit
III/1	50.000,– € Grundschuld
III/2	40.000,– € Grundschuld
II/2	Pfändungsvermerk für A
III/3	20.000,– € Hypothek
II/3	ZV-Vermerk

12.230, 12.231 Auseinandersetzungsversteigerung

Geringstes Gebot:
A. Bestehen bleibende Rechte, § 52 ZVG:
Abt. II/1   Grunddienstbarkeit (Wert: 1.000,–)
Abt. III/1 50.000,– €
Abt. III/2 40.000,– €.

B. Bar zu zahlender Teil des geringsten Gebotes, § 49 Abs. 1 ZVG:
1. Verfahrenskosten, § 109 ZVG (fiktiv)		10.000,– €
2. Stadtkasse – angemeldet – (fiktiv)		2.000,– €
3. Ansprüche aus III/1		
a) Kosten – angemeldet –	500,– €	
b) Zinsen		
lfd. 1.1.04–30.6.06	12.500,– €	
rst. 1.1.02–31.12.03	10.000,– €	23.000,– €
4. Ansprüche aus III/2		
a) Kosten – angemeldet –	1.000,– €	
b) Zinsen		
lfd. 1.1.04–30.6.06	10.000,– €	
rst. 1.1.02–31.12.03	8.000,– €	19.000,– €
zusammen		54.000,– €

12.230 Hinweis:
Das Recht III/3 ist nicht in das geringste Gebot aufzunehmen, da es nach dem Pfändungsvermerk für den Gläubiger G eingetragen wurde und diesem als Antragsteller des Auseinandersetzungsverfahrens gegenüber unwirksam ist.

c) Bruchteilsgemeinschaft

12.231 Steht das Grundstück den Miteigentümern in Bruchteilsgemeinschaft zu, ist eine unterschiedliche Belastung der einzelnen Miteigentumsanteile möglich, da diese wie rechtlich selbstständige Grundstücke behandelt werden, § 864 Abs. 2 ZPO. Sind sämtliche Miteigentumsanteile mit Gesamtrechten gleichmäßig belastet, fallen sämtliche Rechte, die bei Anordnung des Verfahrens bereits bestehen und auch bis zum Versteigerungstermin eingetragen werden, in das geringste Gebot. Sind die Miteigentumsanteile jedoch unterschiedlich belastet, sind nur die den Anteil des antragstellenden Miteigentümers belastenden oder mitbelastenden Rechte an dem Grundstück sowie alle Rechte zu berücksichtigen, die einem dieser Rechte vorgehen oder gleichstehen, § 182 Abs. 1 ZVG.

Beispiel: 12.232

Bruchteilsgemeinschaft:

	A ⅓ Anteil	B ⅓ Anteil	C ⅓ Anteil
Belastungen:			
– Gesamtrecht – III/1	20.000,– €	20.000,– €	20.000,– €
– Einzelrecht – III/2	30.000,– €	–	–
– Gesamtrecht – III/3	40.000,– €	40.000,– €	–
– Einzelrecht – III/4	–	–	50.000,– €
– Einzelrecht – III/5	–	60.000,– €	–

A betreibt das Verfahren:
Bestehen bleibender Teil des geringsten Gebotes, § 52 ZVG:
III/1	20.000,– €
III/2	30.000,– €
III/3	40.000,– €
	90.000,– €

B betreibt das Verfahren:
Bestehen bleibender Teil des geringsten Gebotes; § 52 ZVG:
III/1	20.000,– €
III/2	30.000,– €
III/3	40.000,– €
III/5	60.000,– €
	150.000,– €

C betreibt das Verfahren:
Bestehen bleibender Teil des geringsten Gebotes, § 52 ZVG:
III/1	20.000,– €
III/4	50.000,– €
	70.000,– €

Falls A und B das Verfahren betreiben, bleiben die Rechte III/1, 2, 3 und 5 bestehen.
Falls A und C das Verfahren betreiben, bleiben die Rechte III/1, 2, 3 und 4 bestehen.
Falls B und C das Verfahren betreiben, bleiben sämtliche Rechte bestehen.

Erläuterungen: 12.233
Wird das Verfahren von dem Miteigentümer A betrieben, fallen die Rechte Abt. III/4 und 5 nicht in das geringste Gebot, da sie den Anteil des A nicht belasten und auch keinem mitbelastenden Recht im Range vorgehen.
Wird das Verfahren durch den Miteigentümer B betrieben, fällt das Recht Abt. III/4 nicht in das geringste Gebot, da es den Anteil des B nicht belastet und auch keinem mitbelastenden Recht im Range vorgeht, insbesondere nicht dem Recht Abt. III/5.

12.234–12.236 Auseinandersetzungsversteigerung

Wird das Verfahren durch den Miteigentümer C betrieben, fallen die Rechte Abt. III/2, 3 und 5 nicht in das geringste Gebot. Das Recht III/5 lastet nicht auf dem Anteil des C. Die Rechte III/2, 3 gehen nicht einem mitbelastenden Recht im Range vor, insbesondere nicht dem Recht III/4.

Die gleichen Überlegungen sind anzustellen, wenn das Verfahren durch mehrere der Miteigentümer gemeinsam betrieben wird.

d) Ausgleichsbetrag

12.234 Die in § 182 Abs. 1 ZVG aufgestellte Regel zur Berechnung des geringsten Gebotes führt dann zu erheblichen Unbilligkeiten, wenn ein Anteil eines Miteigentümers sehr hoch, der andere aber nicht oder nur geringfügig belastet ist und der Miteigentümer des hoch belasteten Anteils die Auseinandersetzungsversteigerung betreibt.

12.235 Beispiel:

Das Grundstück gehört den Eheleuten A und B zu je ½ Anteil. Der Anteil des A ist mit einer Grundschuld von 150.000,– € belastet. Der Verkehrswert des Grundstückes beträgt 300.000,– €. Die Auseinandersetzungsversteigerung wird von dem Miteigentümer A betrieben.

Geringstes Gebot:
Bestehen bleibende Rechte, § 52 ZVG:
Abt. III/1   150.000,– €

Bar zu zahlender Teil, § 49 Abs. 1 ZVG:
- Verfahrenskosten – fiktiv –   5.000,– €
- Zinsen aus III/1 – fiktiv –   15.000,– €

Angenommen, im Zwangsversteigerungstermin wird der Zuschlag auf ein bares Meistgebot in Höhe von 50.000,– € erteilt. Das bestehen bleibende Recht Abt. III/1 ist von dem Ersteher zu übernehmen.

Aus dem baren Meistgebot sind zunächst die Verfahrenskosten und die Zinsen des Rechtes III/1 zu begleichen. Es verbleibt somit ein Erlösüberschuss in Höhe von 30.000,– €.

Selbst wenn dieser Erlösüberschuss im Innenverhältnis allein dem Miteigentümer B zugewiesen würde, steht er sich immer noch wesentlich schlechter als der Miteigentümer A. Dieser ist von einer seinen Anteil belastenden Grundschuld von 150.000,– € nebst 15.000,– € Zinsen, insgesamt über 165.000,– €, frei geworden. Demgegenüber erhält der Miteigentümer B aus dem Erlös für seinen ½ Anteil nur einen Betrag von 30.000,– €.

12.236 Diesem Ergebnis beugt der **Ausgleichsbetrag** nach § 182 Abs. 2 ZVG vor. Ist hiernach bei einem Anteil ein größerer Betrag zu berücksichtigen als bei einem anderen Anteil, so erhöht sich das geringste Gebot um den zur Ausgleichung unter den Miteigentümern erforderlichen Betrag. Dieser Ausgleichsbetrag ist in den bar zu zahlenden Teil des geringsten Gebotes als

Rechnungsposten aufzunehmen.[152] Wird der Ausgleichsbetrag nicht aufgenommen, kann die unterschiedliche Belastung noch im Rechtsstreit um die Erlösverteilung ausgeglichen werden. Es kann in der Praxis durchaus vorkommen, dass das Versteigerungsgericht einen Ausgleichsbetrag nicht in das geringste Gebot aufnimmt, dieser jedoch tatsächlich besteht. In der durch den **BGH**[153] zu entscheidenden Auseinandersetzungsklage war ein Ausgleichsbetrag zu berücksichtigen, da die Miteigentumsanteile ungleich belastet waren. Entgegen § 182 Abs. 2 ZVG war jedoch kein Ausgleichsbetrag in das geringste Gebot aufgenommen worden. Die ungleiche Belastung ergab sich hierbei **nicht** direkt aus dem Grundbuch, da es sich um ein Gesamtrecht handelte, welches sämtliche Miteigentumsanteile belastete. Nach dem Zuschlag stellte sich dann heraus, dass das Gesamtrecht nur noch an dem Anteil eines Miteigentümers lastete, an dem anderen Anteil jedoch bereits vor dem Zuschlag nach den Vorschriften über die Gesamthypothek tatsächlich erloschen war. Dies setzt aber voraus, dass der Erlösüberschuss so hoch ist, dass der Ausgleichsbetrag mit umfasst wird, andernfalls bleibt nur ein Schadensersatzanspruch.[154]

Der **Ausgleichsbetrag** fällt auch dann an, wenn über einen **Abweichungsantrag** nach § 59 ZVG ein nach den Versteigerungsbedingungen erlöschendes Recht auf Antrag auf einem Miteigentumsanteil bestehen bleibt. In diesem Fall kommt es zu einem Doppelausgebot, da trotz des (schützenden) Ausgleichsbetrages eine Beeinträchtigung des anderen Miteigentümers nicht ausgeschlossen werden kann (z.B. bei Nichtzahlung des Meistgebotes und den damit einhergehenden Folgen der Forderungsübertragung und Eintragung von Sicherungshypotheken im Grundbuch, §§ 118, 128 ZVG, die den Rang erst nach den bestehen gebliebenen Rechten erhält.).[155]

12.237

Im vorgenannten Beispiel ergibt sich somit ein geringstes Gebot:	
Bestehen bleibende Rechte, § 52 ZVG:	
Abt. III/1	150.000,- €
Bar zu zahlender Teil:	
▪ Verfahrenskosten – fiktiv –	5.000,- €
▪ Zinsen aus dem Recht III/1 – fiktiv –	15.000,- €
▪ Ausgleichsbetrag, § 182 Abs. 2 ZVG	165.000,- €

12.238

---

152 *Stöber,* § 182 Rdn. 4.2; Dassler/*Schiffhauer,* § 182 Rdn. 10; *Böttcher,* § 182 Rdn. 9; LG Lüneburg ZIP 1981, 914.
153 Rpfleger 1984, 109 = NJW 1983, 2449.
154 Ggf. auch Schadensersatz aus Gründen der Amtshaftung, § 839 BGB.
155 LG Hamburg, Rpfleger 2004, 723: Der Miteigentümer des höher belasteten Anteils beantragte die Aufnahme einer nur an seinem Anteil bestehenden Belastung ins geringste Gebot. Das Gericht wertete dies als Antrag nach § 59 ZVG auf Abänderung der Versteigerungsbedingungen. Allerdings sagt das Gericht nichts zum Ausgleichsbetrag.

12.239–12.241   Auseinandersetzungsversteigerung

Der bar zu zahlende Teil des geringsten Gebotes beträgt somit insgesamt 185.000,- €. Wird der Zuschlag auf ein solches Gebot erteilt, sind zunächst die Verfahrenskosten und dann die wiederkehrenden Leistungen des Rechtes III/1 aus dem Erlös zu begleichen. Der hiernach verbleibende Betrag von 165.000,- € steht im Innenverhältnis allein dem Miteigentümer B zu.

12.239 **Hinweis:**
Da das geringste Gebot nunmehr insgesamt den Verkehrswert erheblich übersteigt, wird für das Grundstück im Versteigerungstermin ein Gebot nicht zu erzielen sein. Zur Verfahrensblockade vgl. nachfolgend Rdn. 12.243.

e) Ausgleichsbetrag bei unterschiedlichen Miteigentumsanteilen

12.240 Sind die verschiedenen Anteile der Miteigentümer unterschiedlich belastet und die Anteile selbst noch von unterschiedlicher Größe, sind als Ausgleich diejenigen Beträge in den bar zu zahlenden Teil des geringsten Gebots aufzunehmen, um welche der Anteil des am höchsten belasteten Anteils die jeweils anderen Anteile übersteigt.[156] Gesamtrechte sind hierbei nach dem Anteil der Miteigentümer zu verteilen.

12.241 **Beispiel:**

Abt. I:		
Eigentümer	A zu ⅔ Anteil	B zu ⅓ Anteil
Abt. III:		
Nr. 1 Grundschuld	60.000,- €	–
Nr. 2 Grundschuld	–	120.000,- €
Nr. 3 Grundschuld (Gesamtrecht)	180.000,- €	180.000,- €

Die Berechnung erfolgt in drei Schritten:
Feststellung des geringsten Gebotes
Feststellung der absoluten Belastung nach Verteilung evtl. Gesamtrechte
Feststellung der relativen Anteilsbelastung
→ Ausgleichsbetrag

Erster Schritt: geringstes Gebot

Bestehen bleibende Rechte:		Bar zu zahlender Teil – angenommen:	
III/1	60.000,- €	Verfahrenskosten	3.600,- €
III/2	120.000,- €	Öffentliche Lasten	1.800,- €
III/3	180.000,- €	Zinsen aus III/1	6.000,- €
		Zinsen aus III/2	12.000,- €
		Zinsen aus III/3	18.000,- €

---

156 Freund'sche Formel, von *Freund*, Zwangsvollstreckung in Grundstücke, 1901; vgl. *Stöber*, § 182 Rdn. 4.8; Dassler/*Schiffhauer*, § 182 Rdn. 9; *Böttcher*, § 182 Rdn. 10.

Vor dem Termin

Zweiter Schritt: relative Anteilsbelastung nach Verteilung

Bar zu zahlender Teil:
Verfahrenskosten	2.400,– €	1.200,– €
Öffentliche Lasten	1.200,– €	600,– €
Zinsen aus III/1	6.000,– €	–
Zinsen aus III/2	–	12.000,– €
Zinsen aus III/3	12.000,– €	6.000,– €

Bestehen bleibende Rechte:
III/1	60.000,– €	–
III/2	–	120.000,– €
III/3	120.000,– €	60.000,– €
Gesamtbelastung	201.600,– €	199.800,– €

Dritter Schritt: Feststellung der relativen Belastung

Gesamtbelastung – absolut	201.600,– €	199.800,– €
Divisor ($^2/_3$ zu $^1/_3$)	2	1
Gesamtbelastung – relativ	100.800,– €	199.800,– €

Am höchsten belastet ist somit der Anteil des B, da der Anteil A – relativ – bei $^1/_3$ nur mit 100.800,– € belastet ist.

Es fehlen somit bei A als Ausgleichsbetrag:

2 x 199.800,– € - 201.600,– € = 198.000,– €, die noch in den bar zu zahlenden Teil aufzunehmen sind.

(Andere Berechnung: $^1/_3$ Anteil mit 199.800,– € ➔ ganzer Anteil somit x 3 = 599.400,– € ➔ abzüglich vorhandener Beträge 201.600,– € und 199.800,– € = 198.000,– €.)

Ergebnis: endgültiges geringstes Gebot

Bestehen bleibende Rechte:
III/1	60.000,– €
III/2	120.000,– €
III/3	180.000,– €

Bar zuzahlender Teil:
Verfahrenskosten	3.600,– €
Öffentliche Lasten	1.800,– €
Zinsen aus III/1	6.000,– €
Zinsen aus III/2	12.000,– €
Zinsen aus III/3	18.000,– €
Ausgleichsbetrag	198.000,– €
Gesamtbetrag:	599.400,– €

f) Verfahrensblockade

aa) Unterschiedliche Belastung

12.243 Jeder Miteigentümer kann als Antragsgegner dem Verfahren beitreten. Sind die einzelnen Miteigentumsanteile bei einer Bruchteilsgemeinschaft unterschiedlich belastet, richtet sich das geringste Gebot grundsätzlich nach dem Anteil des Antragstellers, § 182 Abs. 1 ZVG.

12.244 Wird das Verfahren jedoch von mehreren oder allen Antragstellern betrieben, ist nach wie vor **streitig**, wie das geringste Gebot zu errechnen ist. Dieser Streit darf jedoch in der Praxis nicht dazu führen, dass die gesetzlichen Versteigerungsbedingungen zur Erstellung des geringsten Gebotes in der Auseinandersetzungsversteigerung zu einer Blockade des Verfahrens führen können.

12.245 **Beispiel:**

Abt. I:	A	B
Eigentümer	zu ½ Anteil	zu ½ Anteil
Abt. III:		
Nr. 1 – Gesamtrecht –	——— 250.000,- €	———

Ausgangssituation:
Die Eheleute A und B sind zu je ½ Anteil als Eigentümer des Grundstückes im Grundbuch eingetragen. Das Grundstück hat einen Verkehrswert von 300.000,- €. Das Grundstück ist mit einer Gesamtgrundschuld von 250.000,- € belastet.
Wird das Verfahren zum Zwecke der Auseinandersetzung entweder von A oder B betrieben, bleibt das Gesamtrecht über 250.000,- € in jedem Falle bestehen.

Weiterer Sachverhalt:
Der Antragsgegner (soll jetzt der B sein) des Verfahrens belastet nunmehr seinen ½ Anteil ebenfalls mit einer Grundschuld von 150.000,- € und tritt dem Verfahren bei.

Der veränderte **Grundbuchinhalt** sieht nunmehr wie folgt aus:

Abt. I:	A	B
Eigentümer	zu ½ Anteil	zu ½ Anteil
Abt. III:		
Nr. 1 – Gesamtrecht –	——— 250.000,- €	———
Nr. 2		150.000,- €

12.246 **Folge:**
Aus der Sicht des beitretenden Antragstellers ist auch die nachrangige Grundschuld in das geringste Gebot aufzunehmen, da dieses Recht seinen Miteigentumsanteil belastet. Dies würde bedeuten, dass bei der Höhe des Verkehrswertes bereits die im Grundbuch eingetragenen Belastungen diesen in voller Höhe ausschöpfen. Unter Hinzurechnung der in den bar zu zahlenden Teil aufzunehmenden Ansprüche ist die Versteigerung damit wirtschaftlich blockiert.

bb) Lösungsmöglichkeiten

Zur Berechnung des geringsten Gebotes werden verschiedene Lösungsansätze diskutiert:[157] 12.247

- die **Totalbelastungslehre** (alle Rechte auf allen Miteigentumsanteilen kommen ins geringste Gebot);
- die **Zustimmungswegfall-Theorie** (alle Rechte auf allen Miteigentumsanteilen kommen ins geringste Gebot, jeder Antragsteller hat dann das Recht über § 59 ZVG ohne Zustimmung der Betroffenen zu erreichen, dass die Rechte auf dem Anteil des anderen Miteigentümers wegfallen);
- die **Korrealbelastungslehre** (nur die Gesamtrechte und Rechte, die diesen vorgehen, kommen ins geringste Gebot);
- das **Räumungsprinzip** (der jeweilige Deckungsgrundsatz wird durch die Antragstellung des jeweiligen Miteigentümers beseitigt);[158]
- die **Niedrigstgebot-Lösung** (das geringste Gebot richtet sich nach dem Miteigentumsanteil, der am niedrigsten belastet ist).

Zuzustimmen ist der Niedrigstgebot-Lösung.[159] 12.248

Die Niedrigstgebot-Lösung darf aber nicht von einem der Miteigentümer missbräuchlich genutzt werden. 12.249

Bewilligt z.B. der geringst belastete Miteigentümer (im obigen Beispiel A) nach Schluss der Bietzeit die einstweilige Einstellung seines Verfahrens, entzieht er auf diese Weise dem an seiner Person ausgerichteten geringsten Gebot die Grundlage. Es wird nachträglich unrichtig. Das geringste Gebot 12.250

---

157 Vgl. insgesamt: *Jaeckel/Güthe*, ZVG, 7. Aufl. 1937, § 182 Rdn. 6; *Lupprian*, ZVG, 1952, § 182 Anm. 4; *Reinhard/Müller*, ZVG, 3./4. Aufl. 1931, § 182 Anm. III 3–4; *Drischler*, JurBüro 1981, 1761 ff.; *ders.*, RpflJB 1960, 347 ff.; *Otto/Seyffert*, Rpfleger 1979, 1 ff.; *Schiffhauer*, ZIP 1982, 660; *ders.*, Rpfleger 1984, 81; *Niederèe*, DRpflZ 1984, 94; LG Heidelberg, Rpfleger 1979, 472; LG Düsseldorf, Rpfleger 1987, 29.

158 Hierzu *Streuer*, Rpfleger 2001, 119, der aber zu Recht auch auf Ungereimtheiten der Niedrigstgebot-Lösung hinweist: Aus der gesetzlichen Regelung lässt sich nicht rechtfertigen, wieso z.B. bei der Versteigerung eines Grundstücks im Wert von 400.000,– €, das den Antragstellern A und B zu je $1/2$ gehört und mit 80.000,– € (Anteil A) bzw. 70.000,– € (Anteil B) belastet ist, das Recht von 70.000,– € bestehen bleibt, das Recht von 80.000,– € aber erlischt (Steiner/*Teufel*, § 182 Rdn. 16). Ebenso versagt die Niedrigstgebot-Lösung, wenn beide Anteile gleich hoch, also z.B. je mit 80.000,– €, belastet sind. Bleiben jetzt beide Rechte bestehen, nur weil die von den einzelnen Miteigentümern ausgehende Beeinträchtigung des Aufhebungsanspruchs des anderen Miteigentümers jeweils gleich hoch ist? (so *Stöber*, § 182 Rdn. 3.7).

159 *Stöber*, § 180 Rdn. 3.6b; Steiner/*Teufel*, § 180 Rdn. 12, 13; Dassler/*Schiffhauer*, § 182 Rdn. 14; *Böttcher*, § 182 Rdn. 17; LG Hamburg, Rpfleger 2004, 723; LG Frankfurt/Main, Rpfleger 2000, 173; LG Düsseldorf, Rpfleger 1987, 29; LG Braunschweig, Rpfleger 1998, 256.

muss nunmehr nach dem daneben betreibenden Miteigentümer (im obigen Beispiel dem B) neu aufgestellt werden. Allerdings sind jetzt weitere bestehen bleibende Rechte, die ausschließlich den Anteil des Antragstellers alleine belasten, nebst dem Ausgleichsbetrag nach § 182 Abs. 2 ZVG aufzunehmen. Da dies bis jetzt nicht geschehen ist, muss zunächst der Zuschlag nach §§ 180, 83 Nr. 1, § 33 ZVG versagt werden.[160] Das nunmehr neu aufzustellende geringste Gebot kann so hoch sein, dass das Grundstück faktisch unversteigerbar ist.

12.251 Eine Missbrauchsabsicht des einstellenden Miteigentümers grundsätzlich zu unterstellen, dürfte nicht richtig sein.[161] Die Situation ist bedingt durch die höhere Belastung des Anteils eines Miteigentümers und durch die einstweilige Einstellung desjenigen, dessen Antrag bis dato dem geringsten Gebot zugrunde gelegt wurde und er somit den anderen Miteigentümer in die Position des „bestbetreibenden Antragstellers" gebracht hat. Der in der Forderungsversteigerung geltende Deckungsgrundsatz ist gemäß § 180 Abs. 1 ZVG auch in der Teilungsversteigerung anzuwenden. Da es hier aber an einem betreibenden Gläubiger i.S.v. § 44 Abs. 1 ZVG fehlt, an dem das geringste Gebot auszurichten ist, hat der Gesetzgeber in § 182 Abs. 1 ZVG diese Rolle „dem Antragsteller" der Teilungsversteigerung übertragen. Allerdings hat der Gesetzgeber offenbar nur einen Antragsteller für dieses Verfahren vor Augen gehabt und nicht mehrere oder alle Miteigentümer.[162] Das Gericht sollte im Zweifelsfall mit den Verfahrensbeteiligten in einem Vortermin nach § 62 ZVG ausführlich die Probleme erörtern.

12.252 Im obigen Beispiel bleibt daher nur das alle Anteile belastende Gesamtrecht über 250.000,– € bestehen. Das geringste Gebot ist daher, wenn das Verfahren von mehreren Miteigentümern betrieben wird, immer nach dem Anteil des Miteigentümers festzustellen, dessen Anteil am niedrigsten belastet ist.

g) Ausgleichsbetrag in der Erlösverteilung

12.253 Der den bar zu zahlenden Teil des geringsten Gebotes erhöhende Ausgleichsbetrag ist nur ein Rechnungsposten für das geringste Gebot (vgl. vorstehend Rdn. 12.236). Er kann nur gemeinsam mit dem Erlösüberschuss für alle Teilhaber ausgezahlt bzw. hinterlegt werden.[163] Auch wenn für das Versteigerungsgericht klar erkennbar ist, wem der Ausgleichsbetrag unter den Miteigentümern im Innenverhältnis zusteht, kann eine direkte Auszahlung

---

160 Eine Situation, wie sie in der Forderungsversteigerung bei Einstellung durch den bestrangig betreibenden Gläubiger nach Schluss der Bietzeit nicht unüblich ist.
161 In diese Richtung LG Braunschweig, Rpfleger 1998, 482 = Fortsetzung des Sachverhaltes von LG Braunschweig, Rpfleger 1998, 256.
162 Hierzu *Alff,* Rpfleger 2004, 673.
163 LG Lüneburg, ZIP 1981, 914; *Stöber,* § 182 Rdn. 4.10; Steiner/*Teufel,* § 182 Rdn. 19; Dassler/*Schiffhauer,* § 182 Rdn. 10; *Böttcher,* § 182 Rdn. 9.

an den Ausgleichsberechtigten nicht erfolgen. Der gesamte in der Auseinandersetzungsversteigerung erzielte Erlösüberschuss steht als Surrogat für das Grundstück der Gemeinschaft der Grundstückseigentümer zu. Der unteilbare Gegenstand (Grundstück) ist in der Auseinandersetzungsversteigerung in den teilbaren Gegenstand (Geld) umgewandelt worden. Die Auseinandersetzung an dem Erlös muss die Gemeinschaft jedoch untereinander vornehmen, der einzelne Miteigentümer muss gegebenenfalls im Prozesswege vorgehen.

Zur Übertragung der Forderung im Falle der Nichtzahlung des Erlösüberschusses einschließlich des Ausgleichsbetrages vgl. Rdn. 12.302 und 11.1029 ff.

12.254

V. Versteigerungstermin

1. Terminsablauf

Der Ablauf des Versteigerungstermins entspricht den Ausführungen in der Forderungsversteigerung (vgl. hierzu Rdn. 11.646 ff.). Zu Anträgen auf Abweichung des geringsten Gebots und zur Aufstellung eines Doppelausgebots vgl. Rdn. 11.549 ff.

12.255

2. Einschränkung des Bieterkreises

Ist bei der Bruchteilsgemeinschaft oder der Erbengemeinschaft der Bieterkreis eingeschränkt, indem entweder der Erblasser eine entsprechende Anordnung testamentarisch verfügt hat oder die Miteigentümer dies auf Antrag nach § 59 ZVG verlangt haben, dass nur die Miteigentümer untereinander zur Abgabe von Geboten berechtigt sind, ist hierauf im Bekanntmachungsteil im Versteigerungstermin ausdrücklich hinzuweisen.[164] Gebote von Außenstehenden sind zurückzuweisen.

12.256

3. Sicherheitsleistung

Die für die Forderungsversteigerung geltenden Vorschriften über die Sicherheitsleistung, §§ 67 bis 70 ZVG, gelten ebenfalls grundsätzlich in der Auseinandersetzungsversteigerung, § 180 Abs. 1 ZVG.

12.257

Beispiel:

12.258

Ausgehend von dem Beispiel Rdn. 12.229 – s. geringstes Gebot –

---

164 *Stöber*, § 180 Rdn. 7.11d; Steiner/*Teufel*, § 180 Rdn. 51, 159; Dassler/*Schiffhauer*, § 180 Rdn. 82.

a)
Der Bieter Müller bietet 54.000,- €
Der Gläubiger des Rechtes III/1 verlangt Sicherheit

Bei einem angenommenen Verkehrswert von 300.000,- € muss der Bieter eine Sicherheit über 30.000,- € leisten.

b)
Der Bieter Meyer bietet 60.000,- €
Einer der Miteigentümer verlangt Sicherheit

Auch die Miteigentümer werden als Beteiligte i.S.v. § 67 Abs. 1 ZVG angesehen. Bei einem Verkehrswert von 300.000,- € muss der Bieter eine Sicherheit von 30.000,- € leisten.

12.259 Bietet der Antragsteller des Verfahrens, muss er auf Verlangen eines Beteiligten, dessen Recht durch die Nichterfüllung des Gebotes beeinträchtigt wird, Sicherheit leisten. Dies gilt auch für das Verlangen des Antragsgegners, sofern sich nach der Höhe des Gebotes ein Erlösüberschuss ergibt.

12.260 Nicht anzuwenden ist jedoch die Vorschrift des § 68 Abs. 3 ZVG,[165] wonach der Schuldner in der Forderungsversteigerung (hier der Antragsgegner in der Auseinandersetzungsversteigerung) bei Abgabe eines Gebotes erhöhte Sicherheit leisten muss. Ein zu deckender Anspruch ist für den Antragsteller in der Auseinandersetzungsversteigerung nicht vorhanden, deswegen kann diese Vorschrift keine Anwendung finden.

12.261 Weiterhin zu beachten ist die abweichende Vorschrift des § 184 ZVG. Hiernach braucht ein Miteigentümer für sein Gebot keine Sicherheit zu leisten, wenn ihm ein durch das Gebot ganz oder teilweise gedecktes Grundpfandrecht zusteht. **Streitig** wird die Frage beantwortet, ob die Ausnahme des § 184 ZVG dann gilt, wenn das Grundpfandrecht in das geringste Gebot als bestehen bleibendes Recht aufgenommen ist und nur wiederkehrende Leistungen aus dem Recht gedeckt werden.[166] Relevant wird die Frage bei einer Eigentümergrundschuld, für die keine Zinsen im geringsten Gebot aufgenommen werden können, § 1197 Abs. 1 BGB.

4. Gebote

12.262 Das geringste Gebot als Grundlage der Versteigerung setzt sich zusammen aus eventuell bestehen bleibenden Rechten, § 52 ZVG, und dem bar zu zahlenden Teil, § 49 Abs. 1 S. 1 ZVG. Gebote, die im Termin abgegeben wer-

---

[165] *Stöber*, § 184 Rdn. 3.1; Steiner/*Teufel*, § 184 Rdn. 6; Dassler/*Schiffhauer*, § 184 Rdn. 3; *Böttcher*, § 184 Rdn. 1.
[166] Von der Sicherheit befreit: *Stöber*, § 184 Rdn. 3.4; *Böttcher*, § 184 Rdn. 1; **a.A.** Steiner/*Teufel*, § 184 Rdn. 7; Dassler/*Schiffhauer*, § 184 Rdn. 4.

den, beziehen sich nur auf den bar zu zahlenden Teil des geringsten Gebotes. Das erste Gebot ist daher nur zulässig und wirksam, wenn es mindestens das geringste Bargebot umfasst, § 49 Abs. 1 ZVG. Die nach den Versteigerungsbedingungen bestehen bleibenden dinglichen Rechte müssen bei der Abgabe eines Gebotes der Höhe nach mit berücksichtigt werden. Diese Rechte bleiben bestehen und sind von dem Ersteher zu übernehmen.

Hinweis: Häufig werden Gebote von den (noch) Miteigentümern abgegeben. In keinem Falle darf ein bestehen bleibendes Grundpfandrecht, welches teilweise oder nicht mehr valutiert, hierbei nur noch mit dem entsprechenden Fremdrechtsteilbetrag bei der Gebotsabgabe berücksichtigt werden. Ein nach den Versteigerungsbedingungen bestehen bleibendes Recht ist in voller Höhe Teil des „Gesamtsteigpreises". Es ist vom Ersteher in voller Höhe zu übernehmen. Der auf einen **nicht valutierten Teil** der Grundschuld entfallende Übererlös steht dann den bisherigen Grundstückseigentümern gemeinsam zu, d.h. dem anderen ehemaligen Miteigentümer regelmäßig zur Hälfte. Dieser Übererlös resultiert aus der über den Sicherungszweck hinausgehenden dinglichen Belastung des Grundstückes. Die Auszahlung an den Miteigentümer gleicht aus, dass dieser bei der Versteigerung nur einen Erlös erzielt hat, der um den vollen Betrag der Grundschuld einschließlich ihres nicht mehr valutierten Teiles gemindert war.[167]

12.263

Beispiel:
Grundbuchinhalt:

12.264

Abt. I:	A	B
Eigentümer	zu ½ Anteil	zu ½ Anteil
Abt. III:		
Nr. 1 – Gesamtrecht –	———	250.000,- €	———

Geringstes Gebot:
Bestehen bleibende Rechte, § 52 ZVG:
Abt. III/1   250.000,- € (tatsächliche Valuta noch 200.000,- €)

Bar zu zahlender Teil, § 49 Abs. 1 ZVG:
- Verfahrenskosten – fiktiv –   5.000,- €
- Zinsen aus III/1 – fiktiv –   50.000,- €
  (vom Gläubiger angemeldet aus 200.000,- €)

---
[167] Rpfleger 1997, 121 = NJW 1997, 190 = DNotZ 1997, 383 = DB 1997, 91 = KTS 1997, 163 = WM 1996, 2197 = ZIP 1996, 1981; BGH, Rpfleger 1989, 120 = NJW-RR 1989, 173.

12.265–12.268   Auseinandersetzungsversteigerung

Gebot:
Gibt der Miteigentümer B ein bares Meistgebot über 80.000,- € ab, hat er in der Summe 330.000,- € (250.000,- € Grundpfandrecht + 80.000,- € bar) geboten.

Erlösverteilung:
B erhält den Zuschlag. Die zu zahlenden Beträge sollen gleich bleiben.
Aus dem Erlös über 80.000,- € werden die Verfahrenskosten und die Zinsen des Rechts III/1 gezahlt. Der Erlösüberschuss über 25.000,- € steht den Miteigentümern in Gemeinschaft zu (hierzu vgl. Rdn. 12.292).

Materieller Ausgleich:
In Höhe der Nichtvalutierung des Rechts II/1 über 50.000,- € stehen den ehemaligen Miteigentümern Rückgewähransprüche zu, regelmäßig im Innenverhältnis zu gleichen Teilen. Dies bedeutet, das der Ersteher B dem Miteigentümer A noch ½ von 50.000,- € = 25.000,- € ausgleichen muss.

12.265   Zur Wirksamkeit von Geboten, zur Vollmacht vgl. Rdn. 11.658 ff.

12.266   Hat das Versteigerungsgericht das letzte abgegebene Gebot dreimal aufgerufen und wird trotz Aufforderung kein weiteres Gebot abgegeben, ist der Schluss der Versteigerung zu verkünden, § 73 Abs. 2 ZVG. Damit ist die Bietzeit beendet.

5. Zuschlagsverhandlung

12.267   Nach dem Schluss der Versteigerung sind die anwesenden Beteiligten über den Zuschlag zu hören, § 74 ZVG. Da der Zuschlag von Amts wegen zu erteilen oder zu versagen ist, müssen die Beteiligten keine Anträge hierzu stellen. Der Zuschlag muss jedoch nicht sofort erteilt werden. Der Zuschlag kann auch in einem gesonderten Termin verkündet werden, wobei dieser Termin dann sofort zu bestimmen ist, § 87 Abs. 1 ZVG (vgl. Rdn. 11.748).

12.268   Der **Verkündungstermin** soll nicht über eine Woche hinaus bestimmt werden, § 87 Abs. 2 ZVG. Hierbei handelt es sich jedoch nur um eine Ordnungsvorschrift, auf besondere Wünsche der Verfahrensbeteiligten wird in der Praxis regelmäßig Rücksicht genommen.[168] Grundsätzlich entscheidet das Vollstreckungsgericht nach seinem pflichtgemäßen Ermessen, ob es einen besonderen Verkündungstermin ansetzen will. Aus der Gewährleistung des Eigentums und deren Einwirkung auf das Zwangsversteigerungsverfahren lassen sich jedoch keine allgemein gültigen Verfahrensregeln herleiten. Ob aus dem Gesichtspunkt des fairen Verfahrens ein besonderer Termin zur Verkündung der Zuschlagsentscheidung anzusetzen ist, richtet sich nach den Umständen des Einzelfalls, so der BGH.[169]

---

168   BGH, Rpfleger 1961, 192 = NJW 1960, 2093.
169   Rpfleger 2004, 434 = NJW-RR 2004, 1074 = MDR 2004, 774 = WM 2004, 901 = InVo 2004, 426 = ZfIR 2004, 1033.

6. Ergebnisloses Verfahren

Ist bis zum Schluss der Versteigerung kein Gebot abgegeben worden oder sind sämtliche Gebote erloschen, wird das Verfahren einstweilen eingestellt, § 77 Abs. 1 ZVG.

12.269

Jeder Antragsteller muss darauf achten, dass mit der einstweiligen Einstellung von Amts wegen sämtliche Einzelverfahren aller Antragsteller eingestellt sind, für die der Termin durchgeführt wurde. Jeder Antragsteller muss also einen eigenen Fortsetzungsantrag stellen. Erfolgt dieser nicht fristgerecht, ist das entsprechende Einzelverfahren aufzuheben (vgl. Rdn. 11.72). Bleibt die Versteigerung in einem zweiten Termin ebenfalls ergebnislos, wird das Verfahren insgesamt aufgehoben, § 180 Abs. 1, § 77 Abs. 2 ZVG. Eine Überleitung des Verfahrens in eine Zwangsverwaltung ist bei der Auseinandersetzungsversteigerung nicht möglich.[170]

12.270

7. Zuschlagsversagung

a) Sittenwidrige Härte

Der Zuschlag kann versagt werden, wenn ein zulässiger Vollstreckungsschutzantrag nach § 765a ZPO spätestens in der Verhandlung über den Zuschlag gestellt wird und hierfür die Voraussetzungen vorliegen (vgl. Rdn. 12.205 ff.).

12.271

Wird der Antrag mit einer Verschleuderung des Grundstückes begründet, kann nicht generell gesagt werden, bei welcher Höhe des Meistgebotes (50 % oder weniger) eine Verschleuderung des Grundstückes gegeben ist (vgl. Rdn. 11.759 ff.).

12.272

b) 50 %-Grenze

Der Zuschlag ist ebenfalls zu versagen, wenn im ersten Termin das abgegebene Meistgebot einschließlich des Kapitalwertes der nach den Versteigerungsbedingungen bestehen bleibenden Rechte die Hälfte des Grundstückswertes nicht erreicht, § 85a Abs. 1 ZVG (vgl. Rdn. 11.797 ff.).

12.273

---

170 Vgl. *Böttcher,* § 180 Rdn. 83.

12.274 Beispiel:

Verkehrswert des Objekts: 1.000.000,- €

Abt. I:
Eigentümer   A zu ½ Anteil   B zu ½ Anteil
Abt. III:
Nr. 1 Grundschuld (Gesamtrecht)   200.000,- €   200.000,- €
Nr. 2 Grundschuld   250.000,- €
Nr. 3 Grundschuld   100.000,- €
Miteigentümer A ist Antragsteller des Verfahrens

Geringstes Gebot:

Bestehen bleibende Rechte:		Bar zu zahlender Teil:	
III/1	200.000,- €	Verfahrenskosten	5.000,- €
		Öffentliche Lasten	2.000,- €
		Zinsen aus III/1	43.000,- €
			50.000,- €

a) Der Bieter Müller gibt ein Gebot ab von 50.000,- €

Der Zuschlag kann nicht erteilt werden, da das Gebot über 50.000,- € zuzüglich des Rechtes III/1 über 200.000,- € unter 50 % des Verkehrswertes (= 500.000,- €) liegt.

b) Der Gläubiger des Rechtes III/2 gibt ein Gebot ab von 50.000,- €

Der Zuschlag ist zu erteilen. Das Gebot über 50.000,- € zuzüglich des Rechtes III/1 über 200.000,- € und zuzüglich des Ausfallbetrages des Rechtes III/2, § 85a Abs. 3 ZVG, erreicht die Mindestgrenze von 50 %.

c) 70 %-Grenze

12.275
Ferner kann der Zuschlag wegen Nichterreichens der $^7/_{10}$-Grenze gem. § 74a Abs. 1 ZVG versagt werden. Die Beachtung der $^7/_{10}$-Grenze kann jedoch nur bei der Auseinandersetzungsversteigerung einer Bruchteilsgemeinschaft zum Tragen kommen, wenn bei unterschiedlicher Anteilsbelastung ein dingliches Recht nach den Versteigerungsbedingungen nicht in das geringste Gebot aufzunehmen ist, § 182 Abs. 1 ZVG (vgl. Rdn. 11.763 ff.).

12.276 Beispiel:

Im vorgenannten Beispiel (Rdn. 12.274) könnte der Gläubiger des Rechtes III/3 einen solchen Versagungsantrag stellen.

d) Einstweilige Einstellung

12.277
Der das Verfahren betreibende Antragsteller hat darüber hinaus die Möglichkeit, bis zur Erteilung des Zuschlages die einstweilige Einstellung zu bewilligen, § 30 ZVG. Geschieht dies nach Schluss der Versteigerung, hat das Versteigerungsgericht den Zuschlag zu versagen, § 33 ZVG. Wird die Auseinandersetzungsversteigerung von mehreren Miteigentümern betrieben und ist auch hinsichtlich dieser Antragsteller die 4-Wochen-Frist des § 44 Abs. 2 ZVG gewahrt, kann die Zuschlagsversagung jedoch nur dann erfol-

gen, wenn auch diese Antragsteller ihre Versteigerungsanträge zurücknehmen oder die einstweilige Einstellung bewilligen.

Bewilligt einer der Antragsteller bis zur Verkündung des Zuschlags die Einstellung des Verfahrens und ändert sich hierdurch das geringste Gebot, da die Miteigentumsanteile der Antragsteller unterschiedlich belastet sind, kann der Zuschlag versagt werden.[171] Allerdings kann eine Missbrauchsabsicht des einstellenden Miteigentümers grundsätzlich nicht stets unterstellt werden (vgl. hierzu Rdn. 12.194). **12.278**

Auch eine wiederholte einstweilige Einstellung ist noch möglich, muss jedoch sachlich begründet sein. Hat der Antragsteller im ersten Termin durch seine Einstellungsbewilligung erreicht, dass der Zuschlag versagt wird, und bewilligt er nach Fortsetzung des Verfahrens im zweiten Termin erneut die einstweilige Einstellung erst nach Schluss der Bietzeit, ist der Zuschlag dennoch zu erteilen, wenn sich das Gesamtverhalten des Antragstellers als rechtsmissbräuchlich erweist.[172] **12.279**

Trägt einer der Antragsteller der Teilungsversteigerung, der dem Gutachter eine Innenbesichtigung des Objektes nicht ermöglicht hat, im Termin den Bietinteressenten im Gebäude liegende Mängel vor, führt einen Mietvertrag ein und kündigt an, er räume das Objekt nicht freiwillig, so handelt er weder **rechtsmissbräuchlich** noch sittenwidrig, auch wenn er Meistbietender wird. Der Zuschlag ist zu erteilen, trotz des sicherlich verfahrensfremden Verhalten eines der Miteigentümer.[173] **12.280**

8. Zuschlagserteilung

a) Wirkung des Zuschlages

Liegen die Voraussetzungen für die Zuschlagserteilung vor, kann das Versteigerungsgericht hierüber sofort entscheiden, § 87 Abs. 1 ZVG, oder aber von Amts wegen oder auf Antrag einen besonderen Verkündungstermin bestimmen, § 87 ZVG. **12.281**

In der Praxis wird häufig insbesondere eine nach den Versteigerungsbedingungen bestehen bleibende **Grundschuld** von den beteiligten Miteigentümern falsch bewertet. Regelmäßig handelt es sich bei der Grundschuld um eine so genannte **Sicherungsgrundschuld.** Die Grundschuld sichert eine bestimmte festgelegte Forderung, auch die Forderung aus einem Kontokorrentverhältnis in ihrem jeweiligen Forderungsstand oder künftige Forderungen[174] oder Ansprüche verschiedener Schuldner.[175] Die gegenseitigen **12.282**

---

171 LG Braunschweig, Rpfleger 1998, 256.
172 LG Braunschweig, Rpfleger 1998, 482 = Fortsetzung des Sachverhaltes von LG Braunschweig, Rpfleger 1998, 256.
173 LG Münster, Rpfleger 2002, 639.
174 BGH, NJW 1989, 831; einschränkend aber BGH, NJW 1992, 1822.
175 BGH, Rpfleger 1998, 105.

Rechte und Pflichten zwischen dem Sicherungsgeber und Sicherungsnehmer werden in der Zweckerklärung oder **Sicherungsabrede** geregelt. Diese Vereinbarung hat jedoch ausschließlich schuldrechtliche Wirkung.[176] Zur Behandlung der Grundschuld (laufende, rückständige Zinsen, Kapital) in der Erlösverteilung vgl. Rdn. 11.944 ff.

12.283 Die Sicherungsgrundschuld ist immer unabhängig von der gesicherten Forderung, auch wenn die Sicherungsabrede die Grundlage für die Bestellung der Grundschuld ist. Selbst wenn die Darlehensforderung erloschen ist oder überhaupt niemals entstanden ist, entsteht keine Eigentümergrundschuld, die Grundschuld steht nach wie vor dem Gläubiger zu.[177] Der **Kapitalanspruch** der Grundschuld wird daher in jedem Falle in voller Höhe berücksichtigt. Sofern der Grundschuldgläubiger den Grundschuldbetrag ganz oder teilweise nicht mehr beansprucht, muss er über den Erlösanspruch eine entsprechende Verfügungserklärung (dingliche Rechtsänderungserklärung) abgeben (Abtretung, Verzicht, Aufhebung, vgl. Rdn. 11.953 ff.).

12.284 Haben die Beteiligten in der Sicherungsabrede vereinbart, dass der Rückgewährsanspruch nur durch Verzicht oder Löschungsbewilligung erfüllt werden kann, führt dies dann zur Unwirksamkeit, wenn im Zeitpunkt der Rückgewähr das Eigentum durch Zuschlag gewechselt hat.[178] In der Teilungsversteigerung kommt häufig vor, dass einer der Miteigentümer das Grundstück ersteigert. Hat z.B. der Gläubiger eine Löschungsbewilligung erteilt, kommt diese nicht mehr den früheren Eigentümern und Sicherungsgebern gemeinsam zugute, sondern infolge des Eigentumswechsels dem Ersteher, der aber nicht alleine rückgewährsberechtigt ist. In diesem Fall kann der Rückgewährsanspruch nur durch Erteilung einer Abtretungserklärung an die früheren Eigentümer gemeinsam erfüllt werden.[179]

12.285 Nach den Versteigerungsbedingungen bleiben die gemeinsamen Grundpfandrechte bestehen und sind vom Ersteher zu übernehmen. Übernimmt ein Miteigentümer als Ersteher somit eine Grundschuld und löst diese ab, so steht der auf einen **nicht valutierten Teil** der Grundschuld entfallende Übererlös den bisherigen Grundstückseigentümern gemeinsam zu, d.h. dem anderen ehemaligen Miteigentümer regelmäßig zur Hälfte. Dieser Übererlös resultiert aus der über den Sicherungszweck hinausgehenden dinglichen Belastung des Grundstückes. Die Auszahlung gleicht aus, dass dieser bei der Versteigerung nur einen Erlös erzielt hat, der um den vollen Betrag der Grundschuld einschließlich ihres nicht mehr valutierten Teiles gemindert war.[180]

---

176 Für viele: BGH, Rpfleger 1981, 292 = NJW 1981, 1505.
177 BGH, NJW 1982, 928; für viele: Dassler/*Schiffhauer*, § 114 Rdn. 11.
178 BGH, Rpfleger 1988, 495 = NJW-RR 1988, 1146 und erneut Rpfleger 1989, 295.
179 So auch *Schiffhauer*, Rpfleger 1988, 498, 499; BGH, Rpfleger 1989, 295.
180 Rpfleger 1997, 121 = NJW 1997, 190 = DNotZ 1997, 383 = DB 1997, 91 = KTS 1997, 163 = WM 1996, 2197 = ZIP 1996, 1981; BGH, Rpfleger 1989, 120 = NJW-RR 1989, 173.

12.286 Ein nach den Versteigerungsbedingungen bestehen gebliebenes dingliches **Vorkaufsrecht** hindert die Zuschlagserteilung nicht (vgl. Rdn. 9.101 und 12.98). Die Ausübung des Rechtes muss außerhalb des Versteigerungsverfahrens erfolgen.[181] Der Vorkaufsberechtigte kann gegebenenfalls von dem Ersteher die Eigentumsübertragung verlangen, § 1098 Abs. 2, §§ 883, 888 BGB.

12.287 Ob das gesetzliche Vorkaufsrecht der Gemeinde nach § 24 BauGB in der Auseinandersetzungsversteigerung vor Erteilung des Zuschlages zu beachten ist, wird unterschiedlich beantwortet. Nach einer Auffassung[182] hat die Auseinandersetzungsversteigerung insoweit den Charakter eines Verkaufes, nach anderer Auffassung[183] ist durch das Änderungsgesetz vom 18.8.1976 (BGBl I 2221) das Vorkaufsrecht der Gemeinde entdinglicht worden und kann daher auch in der Auseinandersetzungsversteigerung nicht mehr durchgesetzt werden.[184] Der Zuschlag ist daher immer an den Meistbietenden zu erteilen.

12.288 Zur Zustimmung des Grundstückseigentümers bei der Versteigerung eines **Erbbaurechtes** vgl. Rdn. 9.110; zur Zustimmung des Verwalters bei einem **Wohnungseigentum** vgl. Rdn. 9.23; zum **Zubehör** vgl. Rdn. 12.103; zum Ausschluss des **Sonderkündigungsrechtes** gegenüber dem Mieter oder Pächter vgl. Rdn. 12.215.

b) Räumungstitel

12.289 Der Zuschlagsbeschluss ist für den Ersteher auch in der Auseinandersetzungsversteigerung ein Vollstreckungstitel gegen den Besitzer des Grundstückes oder einer mitversteigerten Sache auf Räumung und Herausgabe, § 93 Abs. 1 S. 1 ZVG (hierzu Rdn. 11.844 ff.).

12.290 Vor der Räumungsvollstreckung ist der Beschluss mit der Klausel zu versehen und dem Schuldner (ehemaligen Miteigentümer) zuzustellen. Die Räumungsvollstreckung ist jedoch dann nicht möglich, wenn der Ersteher nur einen Miteigentumsanteil ersteigert hat.[185]

VI. Verteilungsverfahren

1. Erlösverteilung

12.291 Nach Erteilung des Zuschlages bestimmt das Versteigerungsgericht von Amts wegen einen Termin zur Verteilung des Versteigerungserlöses. Verteilt und damit tatsächlich ausbezahlt werden jedoch nur:

---

181 Stöber, § 81 Rdn. 10.2b; Steiner/*Teufel*, § 180 Rdn. 173; Dassler/*Schiffhauer*, § 180 Rdn. 87; *Böttcher*, § 180 Rdn. 97.
182 Steiner/*Teufel*, § 180 Rdn. 177.
183 Stöber, § 81 Rdn. 10.6d.
184 *Böttcher*, § 180 Rdn. 98; Dassler/*Schiffhauer*, § 81 Rdn. 40.
185 LG München, NJW 1955, 189.

- die Verfahrenskosten, § 109 ZVG;
- angemeldete Ansprüche nach § 10 Abs. 1 Nr. 1–3 ZVG;
- Kosten und wiederkehrende Leistungen der bestehen bleibenden Rechte, § 10 Abs. 1 Nr. 4 ZVG;
- Kosten, wiederkehrende Leistungen und der Kapitalbetrag der nach den Versteigerungsbedingungen erlöschenden Rechte.

12.292   Der weitere Erlösüberschuss steht den früheren Miteigentümern in dem Rechtsverhältnis zu, in dem sie Miteigentümer des Grundstückes waren. Der Erlösüberschuss ist als Surrogat an die Stelle des Grundstückes getreten. Das an dem Grundstück bestehende Gemeinschaftsverhältnis setzt sich an dem Erlösüberschuss fort. Es ist nicht Aufgabe des Versteigerungsgerichtes, den Überschuss unter den Miteigentümern aufzuteilen.[186]

12.293   Zur Behandlung des Ausgleichsbetrages im Erlösüberschuss vgl. Rdn. 12.253.

12.294   Der Zweck der Auseinandersetzungsversteigerung besteht darin, das Grundstück in den teilbaren Gegenstand Geld umzuwandeln. Eine Auszahlung des Erlösüberschusses an die einzelnen Miteigentümer kann nur erfolgen, wenn im Verteilungstermin eine Einigung unter den Miteigentümern erzielt wird.[187] Wenn und soweit eine Einigung nicht erfolgt, ist der Erlösüberschuss für die früheren Miteigentümer in Gemeinschaft zu hinterlegen.

12.295   Ist der Anteil eines Miterben oder eines Gesellschafters gepfändet, erfolgt die Hinterlegung des Erlösüberschusses auch zugunsten des Pfändungsgläubigers.[188] Die Auseinandersetzung an dem hinterlegten Betrag erfolgt dann unter Mitwirkung des Pfändungsgläubigers im Prozesswege.

12.296   Können sich die Miteigentümer über den Erlösüberschuss nicht einigen, können sie ihre gegenteilige Auffassung insbesondere nicht mit einem Widerspruch gegen den Teilungsplan verfolgen. Ebenfalls ist die Erhebung der nachfolgenden Widerspruchsklage nach § 878 ZPO unzulässig. Die Miteigentümer können nur Klage auf Auseinandersetzung erheben.[189]

12.297   Der im Verteilungstermin von dem Ersteher an das Versteigerungsgericht zu zahlende Betrag setzt sich aus dem baren Meistgebot und den Zinsen ab dem Zuschlagstermin bis einen Tag vor dem Verteilungstermin zusammen. Hat ein Miteigentümer das Grundstück selbst ersteigert, muss auch er den gesamten Betrag zum Verteilungstermin bezahlen. Er hat insbesondere nicht das Recht, den zu zahlenden Betrag um den Teil zu kürzen, der ihm nach seiner Meinung anteilig aus dem Erlösüberschuss zusteht. Etwas ande-

---

186   BGH, Rpfleger 1984, 109; BayObLG, NJW 1957, 386; BGH, Rpfleger 1952, 415 = NJW 1952, 263.
187   *Stöber*, § 180 Rdn. 17.8; Steiner/*Teufel*, § 180 Rdn. 191; Dassler/*Schiffhauer*, § 180 Rdn. 99, 100; *Böttcher*, § 180 Rdn. 104; OLG Hamm, Rpfleger 1970, 215; OLG Köln, MDR 1974, 240.
188   *Stöber*, § 180 Rdn. 17.11; Dassler/*Schiffhauer*, § 180 Rdn. 105.
189   BGH, Rpfleger 1987, 426 = NJW-RR 1987, 890.

res kann nur dann gelten, wenn die Gemeinschaft sich über die Erlösverteilung geeinigt hat.

Wird das Meistgebot ganz oder teilweise nicht gezahlt, ist die Forderung auf die Miteigentümer gemeinsam zu übertragen[190] und für diese eine Sicherungshypothek an dem Grundstück einzutragen, §§ 118, 128 ZVG.[191] Das Anteilsverhältnis entspricht dem Eigentumsverhältnis am Grundstück, bei Bruchteilseigentum die Anteilsberechtigung nach § 432 BGB.[192]

12.298

Hinweis: Ist der Miteigentümer als Ersteher des Grundstückes grundsätzlich einigungsbereit, der oder die anderen Miteigentümer aus unsachlichen Gründen jedoch nicht, sollte der Ersteher überlegen, ob er nur den Betrag in Höhe des bar zu zahlenden Teils des geringsten Gebotes zahlt. Der nicht gezahlte Erlösüberschuss, der den Miteigentümern gemeinsam zusteht, ist auf diese zu übertragen, und hierfür wird eine entsprechende Sicherungshypothek im Grundbuch eingetragen. Die übertragene Forderung wird jedoch nur mit 4 % jährlich verzinst, was für den Ersteher durchaus günstig sein kann. Gegenstand der Auseinandersetzung ist nach Forderungsübertragung die hypothekarisch gesicherte Forderung. Liegen die allgemeinen wirtschaftlichen Habenzinsen wesentlich höher, kann es durchaus sein, dass die übrigen Mitberechtigten schneller bereit sind, zu einer gütlichen Auseinandersetzung zu kommen.

12.299

Bei der Versteigerung einer Bruchteilsgemeinschaft und bei **ungleicher Belastung** der einzelnen Miteigentumsanteile ist der Erlösüberschuss vor der Verteilung rechnerisch entsprechend den Miteigentumsanteilen aufzuteilen. Die Aufteilung und Zuteilung erfolgen nach §§ 112, 122 ZVG (hierzu insgesamt Rdn. 11.1006 ff.).[193]

12.300

Beispiel:
Grundbuchinhalt:

Abt. I:	A	B
Eigentümer	zu ½ Anteil	zu ½ Anteil
Abt. III:		
Nr. 1 – Gesamtrecht –	250.000,– €	
Nr. 2		150.000,– €

Die Eheleute A und B sind zu je ½ Anteil als Eigentümer des Grundstückes im Grundbuch eingetragen. Das Grundstück hat einen Verkehrswert von

12.301

---

190 A.A. *Böttcher*, § 180 Rdn. 104, da die Miteigentümer den Anspruch auf den Erlös bereits mit Zuschlag erwerben.
191 *Stöber*, § 180 Rdn. 17.10; Steiner/*Teufel*, § 180 Rdn. 193; *Böttcher*, § 180 Rdn. 104.
192 Dassler/*Schiffhauer*, § 180 Rdn. 110.
193 *Stöber*, § 180 Rdn. 17.4; Steiner/*Teufel*, § 180 Rdn. 187; *Böttcher*, § 180 Rdn. 104.

12.302 Auseinandersetzungsversteigerung

300.000,– €. Das Grundstück ist mit einer Gesamtgrundschuld von 250.000,– € und einem Einzelrecht über 150.000,– € belastet.
Das Verfahren zum Zwecke der Auseinandersetzung wird von beiden Miteigentümern betrieben. Nach den Versteigerungsbedingungen (Niedrigstgebot-Lösung vgl. Rdn. 12.248) bleibt nur das Gesamtrecht über 250.000,– € bestehen.
Der Zuschlag wird auf ein bares Meistgebot von 100.000,– € erteilt.

Muster eines Teilungsplans

A. Das Recht III/1 über 250.000,– € nebst Zinsen bleibt bestehen

B. Teilungsmasse
100.000,– € nebst 4 % vom Termin der Zuschlagserteilung
bis zur Erlösverteilung angenommen 1.000,– € insgesamt **101.000,–** €

C. Schuldenmasse

Verfahrenskosten – angenommen	5.000,– €
III/1 Zinsen – angenommen	55.000,– €
III/2	
Zinsen – angenommen	30.000,– €
Kapital	150.000,– €
Insgesamt	240.000,– €

D. Zuteilung

aus der Teilungsmasse über	101.000,– €
werden vorab entnommen die Verfahrenskosten	- 5.000,– €
Aus dem Restbetrag über	96.000,– €
werden zugeteilt auf das Recht III/1	55.000,– €
Es verbleibt ein Überschuss von	41.000,– €

Nach §§ 112, 122 ZVG ist der Überschuss auf die beiden Miteigentumsanteile hälftig mit jeweils 20.500,– € aufzuteilen.
Der auf den Miteigentümer B entfallene Anteil über 20.500,– € ist an den Gläubiger des Rechtes III/2 auszuzahlen; im Übrigen fällt der Gläubiger mit seinem Anspruch aus.
Der weitere Überschuss über 20.500,– € steht den Miteigentümern in Gemeinschaft zu. Erfolgt keine Einigung über die Auszahlung des Betrages, wird dieser hinterlegt.

2. Wiederversteigerung

12.302 Die erneute Zwangsversteigerung in das Grundstück ist gegen den Ersteher, der den Versteigerungserlös nicht gezahlt hat (hierzu Rdn. 11.1029 ff.), ebenso zulässig wie in der Forderungsversteigerung.[194] Die Wiederversteigerung ist ein neues, selbstständiges Verfahren. Zur Wiederversteigerung

---

[194] *Stöber,* § 180 Rdn. 17.10b; Steiner/*Teufel,* § 180 Rdn. 196; Dassler/*Schiffhauer,* § 180 Rdn. 112.

aus der nach der Forderungsübertragung eingetragenen Sicherungshypothek vor oder nach Eintragung im Grundbuch vgl. Rdn. 11.1031 ff.

Steht die Sicherungshypothek den ehemaligen Miteigentümern in Gemeinschaft zu, kann einer alleine bereits den Wiederversteigerungsantrag stellen.[195] Dies gilt gleichermaßen für ehemalige Bruchteilsmiteigentümer.

3. Grundbuchersuchen

Nach Rechtskraft des Zuschlagsbeschlusses, nach Erlösverteilung und nach Vorliegen der Unbedenklichkeitsbescheinigung des Finanzamtes ersucht das Versteigerungsgericht das Grundbuchgericht um Eigentumsumschreibung auf den Ersteher und um Löschung der durch den Zuschlag erloschenen Rechte einschließlich des Versteigerungsvermerks. Insoweit kann auf die Ausführungen in der Forderungsversteigerung verwiesen werden (vgl. Rdn. 11.1041).

---

195 Dassler/*Schiffhauer*, § 180 Rdn. 112; *Stöber*, § 180 Rdn. 17.10b m.w.N.

13. Abschnitt
Zwangsverwaltung

I. Zielsetzung

Neben der Eintragung der Zwangssicherungshypothek und der Zwangsversteigerung des Grundstückes ist dies die dritte Art der Vollstreckung in das unbewegliche Vermögen. Ziel der Zwangsverwaltung, §§ 146 ff. ZVG, ist, Befriedigung aus den Erträgnissen zu erlangen und nicht aus der Substanz selbst. Zwangsversteigerung und Zwangsverwaltung können mit der Zwangssicherungshypothek nebeneinander beantragt, angeordnet und durchgeführt werden, § 866 Abs. 2 ZPO.

13.1

Für einen Gläubiger kann es durchaus sinnvoll sein, die Immobiliarzwangsvollstreckung zunächst in Form der Zwangsverwaltung einzuleiten. Maßnahmen zur Erhaltung oder Verbesserung des Grundstückes können nur im Rahmen einer Zwangsverwaltung vorgenommen werden. Die entstandenen Auslagen genießen dann in der Zwangsversteigerung das Vorrecht der Rangklasse 1 des § 10 Abs. 1 ZVG. Stehen einzelne Räume auf dem Grundstück leer, ist der Zwangsverwalter verpflichtet, diese, wenn möglich, sofort zu vermieten. Der Zwangsverwalter ist ebenfalls verpflichtet, die öffentlichen Grundbesitzlasten zu zahlen, die in einer Zwangsversteigerung das Vorrecht der Rangklasse 3 des § 10 Abs. 1 ZVG in Anspruch nehmen. Durch die Beschlagnahme in der Zwangsverwaltung kann auf Miet- und Pachtrückstände bis zu einem Jahr Zugriff genommen werden, §§ 1123, 1124 BGB. Durch Zuteilung des Erlöses in der Zwangsverwaltung auf laufende Zinsen des Gläubigeranspruches müssen diese in der Zwangsversteigerung nicht mehr angemeldet werden, sodass sich bei einer dortigen Zuteilung ein höherer Erlös auf den Kapitalanspruch ergibt.

13.2

Andererseits kann im Hinblick auf hohe Instandsetzungskosten die Abwägung ergeben, dass diese Beträge in keinem Verhältnis zur Vollstreckungsforderung stehen. In diesem Fall sollte von einer Zwangsverwaltung Abstand genommen werden.

13.3

Läuft gegen den Schuldner ein Insolvenzverfahren, ist zu überlegen, ob nicht im Rahmen des Insolvenzverfahrens mit dem Insolvenzverwalter eine Vereinbarung über eine so genannte „kalte Zwangsverwaltung" geschlossen werden sollte.[1] Auf Grundlage eines Geschäftsbesorgungsvertrages zwi-

13.4

---

[1] Hierzu *H/WF/H*, Einl. Rdn. 8; *Tetzlaff*, ZfIR 2005, 179.

schen dem grundpfandbesicherten Kreditinstitut und dem Insolvenzverwalter wird vereinbart, dass der Insolvenzverwalter die Immobilienverwaltung für die Bank „wie ein gerichtlich bestellter Zwangsverwalter" wahrnimmt. Für diese Tätigkeit erhält der Insolvenzverwalter entweder unmittelbar ein Sonderhonorar aus der Sondermasse des Mietaufkommens, oder aber es werden entsprechende Anteile in die freie Masse abgezweigt, woraufhin der mit der Immobilienverwaltung verbundene Mehraufwand vom Insolvenzgericht im Rahmen der Vergütungsfestsetzung berücksichtigt wird. Entscheidend bleibt bei der vertraglichen Ausgestaltung die klare Abgrenzung der freien Masse des Insolvenzverfahrens von der Sondermasse auf Grundlage des Geschäftsbesorgungsvertrages. Hierbei empfiehlt es sich, einheitlich auf den Regelungsgehalt der §§ 146 ff. ZVG und der §§ 1 ff. ZwVwV abzustellen: Genauso wie ein Zwangsverwalter hat der Insolvenzverwalter über die Sondermasse des Mietaufkommens zu verfügen, nur nicht auf Grundlage eines förmlichen Amtes, sondern auf vertraglicher Grundlage.

II. Regelungsgrundlage

13.5 Die Zwangsverwaltung ist in den §§ 146–161 ZVG geregelt. Hinsichtlich des Anordnungsverfahrens regelt § 146 Abs. 1 ZVG, dass auf die Anordnung der Zwangsverwaltung die Vorschriften über die Anordnung der Zwangsversteigerung entsprechende Anwendung finde, soweit sich aus den §§ 147 bis 151 nicht etwas anderes ergibt.

13.6 Aufgrund der Ermächtigungsgrundlage des § 152a ZVG wurde mit Wirkung ab dem 1.1.2004 die neue ZwVwV[2] in Kraft gesetzt.[3] Hierbei verfolgte der Verordnungsgeber drei wesentliche Ziele:

- Hauptanliegen ist die Anpassung der seit dem 1.3.1970 unverändert gebliebenen Vergütungssätze an das heutige Preis- und Kostenniveau. Grund für diese Anhebung ist neben der allgemeinen wirtschaftlichen Entwicklung die grundlegende Veränderung von Aufgaben und Verantwortungskreis des Zwangsverwalters: Tätigkeits- und Haftungsbereich haben sich materiell-rechtlich umfassend erweitert, was insbesondere durch die vollzogenen Veränderungen und Neugestaltungen des Miet- und Pachtrechtes zum Ausdruck kommt. Die Anforderungen an die fachliche Qualifikation des Zwangsverwalters sind deutlich höher geworden.
- Weiteres wesentliches Regelungsziel ist die Anpassung der Abrechnungs- und Buchführungsregelungen an die weit reichende Professionalisierung der Verwaltertätigkeit. Die Zwangsverwaltung stellt heute oft einen wesentlichen Teil der Berufstätigkeit des Verwalters dar, der

---

[2] BGBl I 2003, 2804 ff.
[3] Hierzu *Hintzen/Alff*, Rpfleger 2004, 129; *Eickmann*, ZIP 2004, 1736; *Förster/Hintzen*, ZInsO 2004, 14.

zur ordnungsgemäßen, zeitnahen Erledigung seiner Aufgaben einen vollständigen Büroapparat unterhalten und ausgebildete spezialisierte Hilfskräfte zur Erledigung wesentlicher Vorarbeiten heranziehen muss.
- Ein drittes zentrales Anliegen des Verordnungsgebers ist es schließlich, durch sprachliche und systematische Überarbeitung zu einer Straffung und Modernisierung und damit zu einer besseren Verständlichkeit, zu größerer Transparenz und Praktikabilität der Verordnung zu gelangen.

III. Vorüberlegungen

1. Auswertung des Grundbuches

Grundsätzlich kann hier bezüglich der Eintragungen in Abt. II und Abt. III des Grundbuches auf die Ausführungen zur Forderungsversteigerung Bezug genommen werden (vgl. Rdn. 9.46 ff.). Nachfolgend soll nur noch auf Besonderheiten eingegangen werden. 13.7

a) Verfügungsbeschränkungen

In Abt. II des Grundbuches eingetragene Verfügungsbeschränkungen (vgl. Rdn. 9.147 ff.) stellen grundsätzlich kein Hindernis im Rahmen einer Zwangsverwaltung dar, da mit der Zwangsverwaltung nicht über das Grundstück verfügt wird. 13.8

b) Insolvenz

Ist das Insolvenzverfahren eröffnet worden, ist die Anordnung der Zwangsverwaltung für einen persönlichen Gläubiger unzulässig, § 89 InsO. Dies gilt nicht für Massegläubiger, §§ 53–55 InsO, oder einen absonderungsberechtigten dinglichen Gläubiger, der einen Titel gegen den Insolvenzverwalter oder Treuhänder vorlegen muss[4] (Klauselumschreibung, §§ 727, 749 ZPO), § 49 InsO. 13.9

Hat ein persönlicher Gläubiger durch die Anordnung der Zwangsverwaltung die Beschlagnahme erwirkt, hindert auch die nachträgliche Insolvenzeröffnung grundsätzlich den Fortgang des Verfahrens nicht, die Beschlagnahme bleibt wirksam, § 80 Abs. 2 S. 2 InsO. An die Stelle des Schuldners tritt dann der Insolvenzverwalter. 13.10

Zu beachten ist jedoch, dass eine innerhalb eines Monats bzw. bei der Verbraucherinsolvenz bis zu 3 Monaten vor dem Insolvenzantrag erwirkte Beschlagnahme der Rückschlagsperre unterliegt, §§ 88, 312 Abs. 1 S. 3 InsO, die in diesem Zeitraum bereits angeordnete Zwangsverwaltung ist aufzuheben. 13.11

Zur Verfahrenseinstellung durch den Insolvenzverwalter vgl. Rdn. 13.160. 13.12

---

4 *H/W/F/H,* Einl. Rdn. 29, 30.

13.13 Im **Insolvenzeröffnungsverfahren** ist Folgendes zu beachten: Nach § 21 Abs. 2 Nr. 2 InsO kann das Insolvenzgericht ein allgemeines Verfügungsverbot erlassen. Zugleich mit der Bestellung eines vorläufigen Insolvenzverwalters oder Treuhänders, § 306 Abs. 2 InsO, geht die Verwaltungs- und Verfügungsbefugnis auf diesen über, § 22 Abs. 1 InsO. Dieses allgemeine Verfügungsverbot wirkt sich auf die Zwangsvollstreckung jedoch nicht aus. Das Insolvenzgericht kann weiter eine Untersagung oder Einstellung der Zwangsvollstreckung anordnen, § 21 Abs. 2 Nr. 3 InsO. Die gerichtlich verfügte Untersagung der Zwangsvollstreckung ist ein Vollstreckungshindernis. Dieses Vollstreckungsverbot umfasst nicht nur das bei seinem Erlass bereits vorhandene Vermögen, sondern auch diejenigen Vermögenswerte, die der Schuldner nachträglich, aber vor der Eröffnung des Insolvenzverfahrens erworben hat. Mit einer solchen Anordnung werden die Wirkungen des Vollstreckungsverbots, das mit der Verfahrenseröffnung eintritt, § 89 InsO, in das Eröffnungsverfahren vorgezogen.

13.14 Allerdings erfasst das Vollstreckungsverbot ausdrücklich nicht die Zwangsvollstreckung in das unbewegliche Vermögen, § 21 Abs. 2 Nr. 3 Hs. 2 InsO. Die Zwangsverwaltung kann daher grundsätzlich angeordnet werden.[5] Zur Klauselumschreibung auf den vorläufigen Verwalter vgl. Rdn. 9.159. Zu beachten bleibt weiter nach Insolvenzeröffnung die Rückschlagsperre, §§ 88, 312 Abs. 1 S. 3 InsO.

c) Nacherbschaft

13.15 Der im Grundbuch eingetragene Nacherbenvermerk steht der Zwangsverwaltung nicht entgegen, da dem Vorerben nur die Nutzung und Verwaltung des Grundstückes entzogen wird, dieses aber nicht veräußert wird. Dies gilt auch grundsätzlich bei der Vollstreckung durch einen Eigengläubiger des Vorerben bzw. aus einem Recht, welches dem Nacherben gegenüber nicht wirksam ist; tritt dann jedoch die Nacherbfolge ein, der Nacherbe ist kein Rechtsnachfolger des Vorerben, sondern des Erblassers, ist das Verfahren entweder über § 28 ZVG aufzuheben oder der Nacherbe ist auf die Drittwiderspruchsklage zu verweisen, falls sein Drittrecht nicht grundbuchersichtlich ist.[6]

d) Erbbaurecht

13.16 Ist der Schuldner Berechtigter eines Erbbaurechtes, kann die Zwangsverwaltung angeordnet werden.[7] Das sich aus dem Inhalt des Bestandsverzeichnisses regelmäßig ergebende Veräußerungs- und Verfügungsverbot nach §§ 5, 8 ErbbauVO ist in der Zwangsverwaltung unbeachtlich, da das Grundstück nicht zwangsveräußert wird.

---

5 *H/W/F/H*, Einl. Rdn. 31.
6 *Stöber*, § 146 Rdn. 4.4n.
7 *Stöber*, § 146 Rdn. 3.3c; Steiner/*Hagemann*, § 146 Rdn. 66.

e) Wohnungseigentum

aa) Veräußerungszustimmung

Nicht erforderlich ist die Zustimmung des Verwalters der Wohnungseigentümergemeinschaft oder der übrigen Miteigentümer nach § 12 WEG, wenn die Zwangsverwaltung eines Wohnungs- oder Teileigentums angeordnet wird, es liegt keine Veräußerung durch die Zwangsverwaltung vor. **13.17**

bb) Wohnrecht des Schuldners

Die Erfolgsaussichten der Zwangsverwaltung eines vom Schuldner selbst genutzten Wohnungseigentums sind nur gering. Angeordnet werden kann das Verfahren aber auch dann, wenn in absehbarer Zeit keine Einnahmen zu erzielen sind.[8] Dem Schuldner sind nach § 149 ZVG die unbedingt notwendigen Räume für sich und seine Familie zu belassen. Nur entbehrliche Räume hat der Zwangsverwalter in Besitz zu nehmen und zu vermieten. Anders ist die Situation dann, wenn die Räume des Wohnungseigentums ganz oder teilweise durch den Schuldner selbst bereits vermietet sind, hierauf hat der Zwangsverwalter dann zuzugreifen. **13.18**

cc) Hausgeld

Der an die Stelle des Schuldners in der Wohnungseigentümergemeinschaft tretende Zwangsverwalter hat auch das monatliche Hausgeld (Wohngeld) aus den Nutzungen des verwalteten Wohnungseigentums zu bezahlen.[9] Notfalls ist der antragstellende Gläubiger hierfür vorschusspflichtig, § 161 Abs. 3 ZVG. Diese Verpflichtung gilt auch für die Zahlung einer nach Beschlagnahme beschlossenen Sonderumlage (Ausfallumlage).[10] **13.19**

Grundsätzlich hat der Zwangsverwalter Hausgeldrückstände aus der Zeit vor der Zwangsverwaltung nicht zu begleichen. Die Verpflichtung den anderen Wohnungseigentümern gegenüber, das **Hausgeld** zu zahlen, hat der Zwangsverwalter erst von der Beschlagnahme an zu erfüllen. Es besteht keine Zahlungsverpflichtung für die Wohngeldrückstände für ein früheres Wirtschaftsjahr.[11] Haben die Wohnungseigentümer den Nachforderungsbeschluss über fällige, aber nicht gezahlte Vorschüsse erst nach der Beschlagnahme der Zwangsverwaltung gefasst, muss der Zwangsverwalter allerdings den vollen Nachzahlungsbetrag ebenfalls vorweg aus den Nutzungen bestreiten.[12] **13.20**

---

[8] LG Frankfurt/Main, NZM 1998, 635.
[9] LG Köln, Rpfleger 1987, 325; LG Oldenburg, Rpfleger 1987, 326; OLG Karlsruhe, ZMR 1990, 189; OLG Hamburg, ZMR 1993, 342 = WM 1993, 300.
[10] OLG Düsseldorf, Rpfleger 1991, 181 = NJW-RR 1991, 724.
[11] LG Rostock, Rpfleger 2003, 680.
[12] BayObLG, Rpfleger 1991, 332; *Stöber*, § 152 Rdn. 16.3c.

f) Bruchteilseigentum

13.21 Ist der Schuldner nur Miteigentümer einer Bruchteilsgemeinschaft an dem Grundstück, kann die Zwangsverwaltung auch in diesen ideellen Miteigentumsanteil angeordnet werden, § 864 Abs. 2 ZPO.[13] Die Erfolgsaussichten einer solchen Zwangsverwaltung sind jedoch regelmäßig gering. Der Zwangsverwalter kann die Rechte des schuldnerischen Miteigentümers nur zusammen mit den übrigen Miteigentümern ausüben. Haben die Miteigentümer die Verwaltung und Benutzung des Grundstückes geregelt (vgl. hierzu Rdn. 9.137), muss sich auch der Zwangsverwalter an diese Vereinbarung halten. Der Zwangsverwalter ist insbesondere nicht berechtigt, die Zwangsversteigerung zum Zwecke der Aufhebung der Gemeinschaft zu betreiben.[14]

g) Nießbrauch

13.22 Ein Nießbrauchsrecht gibt dem Berechtigten die Befugnis, sämtliche Nutzungen des Grundstückes zu ziehen, insbesondere den Grundbesitz zu vermieten und zu verpachten, § 1036 BGB. Besteht ein Nießbrauch an dem Grundstück, kann die Zwangsverwaltung nur angeordnet werden, wenn

- der Nießbraucher der Zwangsverwaltung zustimmt, § 1065 BGB;
- der Gläubiger aus einem Recht vollstreckt, das dem Nießbrauchsberechtigten im Range vorgeht;[15]
- gegen den Nießbrauchsberechtigten ein Titel vorgelegt wird, der diesen zur Duldung der Zwangsvollstreckung verpflichtet.[16]

13.23 Der BGH hat mit Beschluss v. 14.3.2003[17] entschieden, das zur Anordnung der Zwangsverwaltung die Zustimmung des Berechtigten des Nießbrauchsrechtes auch dann notwendig ist, wenn das Verfahren aus einem dinglichen Recht betrieben wird, das dem Nießbrauchsrecht im Range vorgeht. Das Verfahren kann somit erst angeordnet werden, wenn – ohne Zustimmung des Nießbrauchsberechtigten – der Gläubiger einen Duldungstitel gegen den Nießbrauchsberechtigten vorlegt. Der BGH betont, dass der materiell-rechtliche Anspruch des vorrangigen Grundpfandrechtsgläubigers gegen den Nießbrauchsberechtigten, die Zwangsvollstreckung in das Grundstück zu dulden, Letzteren für sich allein noch nicht zum Vollstreckungsschuldner macht. Ohne einen Duldungstitel ist der Anspruch vollstreckungsrechtlich nicht durchsetzbar, der Nießbraucher muss Besitz und Benutzung des

---

13 *Stöber*, § 146 Rdn. 3.3b; Steiner/*Hagemann*, § 146 Rdn. 50.
14 *Stöber*, § 152 Rdn. 7.
15 Dassler/*Muth*, vor § 146 Rdn. 9; **a.A.** *Stöber*, § 146 Rdn. 10.2, der Gläubiger benötigt noch einen Duldungstitel gegen den Nießbraucher.
16 LG Krefeld, Rpfleger 1988, 325; Steiner/*Hagemann*, § 146 Rdn. 80; LG Bielefeld, Rpfleger 1991, 74.
17 Rpfleger 2003, 378 mit Anm. *Alff*, S. 523 = NJW 2003, 2164 = WM 2003, 845 = ZfIR 2003, 396.

Grundstücks durch den Zwangsverwalter nicht hinnehmen. Ohne einen entsprechenden Duldungstitel könnte das Verfahren nur mit der Maßgabe angeordnet werden, dass dem Verwalter der mittelbare Besitz zugewiesen wird. Dem Verwalter käme somit nur die Befugnis zu, die Rechtsausübung des Nutzungsberechtigten zu überwachen, in keinem Falle dürfte der Nießbrauchsberechtigte aus dem Besitz gesetzt werden und ebenfalls dürfte ein eventueller Miet- oder Pachtzins nicht eingezogen werden. Damit der Grundpfandrechtsgläubiger seinen Anspruch im Wege der Zwangsverwaltung durchsetzen kann, muss bereits zu Beginn der Zwangsvollstreckung ein auf den Nießbrauchsberechtigten lautender Titel vorgelegt werden.[18]

Zur Erlangung eines gegen den Nießbrauchberechtigten gerichteten Titels muss der Grundpfandrechtsgläubiger aber nicht erneut auf Duldung klagen, der gegen den Eigentümer gerichtete Duldungstitel kann gegen den Nießbrauchsberechtigten umgeschrieben werden.[19]

13.24

Wird die Zwangsverwaltung aus einem Recht betrieben, welches dem Nießbrauch im Range nachsteht, ist der Gläubiger an die Beschränkungen gebunden, die sich aus dem Nießbrauch ergeben. Eine angeordnete Zwangsverwaltung bietet für den Gläubiger regelmäßig wenig Aussicht auf Erfolg, da der Nießbrauchsberechtigte sämtliche Nutzungen der Sache ziehen kann. Der nachrangige Grundpfandrechtsgläubiger und jeder persönliche Vollstreckungsgläubiger kann insbesondere nicht auf die Miet- oder Pachtzinsforderungen Zugriff nehmen. Die Zwangsverwaltung kann daher nur eingeschränkt angeordnet werden, der Zwangsverwalter hat lediglich die Funktion, das Grundstück und den Nießbraucher zu überwachen und alle Rechte auszuüben, die der Eigentümer gegen den Nießbraucher geltend machen kann.[20]

13.25

h) Altenteil

Im Gegensatz zur Forderungsversteigerung ergeben sich keine landesrechtlichen Besonderheiten, wenn im Grundbuch ein Altenteil eingetragen ist. Das Altenteil steht daher grundsätzlich der Anordnung der Zwangsverwaltung nicht entgegen. Andererseits muss der Zwangsverwalter die Rechte des Altenteilsberechtigten beachten. Erstreckt sich das Altenteil auf das gesamte Grundstück, hat auch hier die Zwangsverwaltung regelmäßig wenig Aussicht auf Erfolg für den Gläubiger. Etwas anderes gilt nur dann, wenn die Zwangsverwaltung von einem Grundpfandrechtsgläubiger betrieben wird, dessen Grundpfandrecht dem Altenteilsrecht im Range vorgeht. Neben dem Titel gegen den Schuldner ist dann, wie bei dem Nießbrauchsrecht, noch ein Duldungstitel gegen den Altenteilsberechtigten vorzulegen.[21]

13.26

---

18 *H/W/F/H*, § 146 ZVG Rdn. 12.
19 OLG Dresden, Rpfleger 2006, 92.
20 Steiner/*Hagemann*, § 146 Rdn. 83; *Stöber*, § 146 Rdn. 10.3; Dassler/*Muth*, vor § 146 Rdn.10.
21 *Stöber*, § 146 Rdn. 10.10; Steiner/*Hagemann*, § 146 Rdn. 93; Dassler/*Muth*, vor § 146 Rdn. 12.

i) Wohnungsrecht

13.27 Ein eingetragenes **dingliches Wohnungsrecht** steht ebenso wie ein Alteilsrecht der Anordnung der Zwangsverwaltung nicht entgegen. Auch hier muss der Zwangsverwalter die Rechte des Wohnungsberechtigten beachten (vgl. im Übrigen zuvor Rdn. 13.18).

13.28 Bei einem **Dauerwohnrecht** ist entscheidend, ob die Zwangsverwaltung von einem dinglichen Gläubiger betrieben wird, der dem Dauerwohnberechtigten im Range vorgeht. In diesem Falle erstreckt sich die Zwangsverwaltung auch auf das Entgelt für das Dauerwohnrecht. Andernfalls muss der Verwalter das Dauerwohnrecht beachten bzw. dulden. Je nach Umfang des Dauerwohnrechts stellt sich die Frage, ob die Zwangsverwaltung überhaupt wirtschaftlich sinnvoll ist.

j) Eigentümergrundschuld

13.29 Aus der Abt. III des Grundbuches ergeben sich keine Beschränkungen gegen die Anordnung der Zwangsverwaltung. Zu erwähnen ist hierbei nur, dass auch der Eigentümer als Berechtigter einer Eigentümergrundschuld in der Zwangsverwaltung Zinsen beanspruchen kann, § 1197 Abs. 2 BGB.

2. Gegenstand der Zwangsverwaltung

13.30 Der Zwangsverwaltung unterliegen ebenso wie der Forderungsversteigerung

- Grundstücke;
- der Bruchteil eines Grundstückes, § 864 Abs. 2 ZPO;
- grundstücksgleiche Rechte (Erbbaurecht, Wohnungserbbaurecht, Teileigentumserbbaurecht);
- Wohnungs- und Teileigentum;
- Luftfahrzeuge und ihre Bruchteile;
- Schiffe und Schiffsbauwerke sowie ihre Bruchteile;
- Gebäudeeigentum vgl. Rdn. 9.183.

13.31 Nicht durch § 9a EGZVG wird die Rechtslage geregelt, wenn die Zwangsverwaltung hinsichtlich des Grundstückes angeordnet wird, das Gebäude aber nicht von der Beschlagnahme erfasst wird. Der Zwangsverwalter muss die Rechte des Gebäudeeigentümers beachten; Letzterer muss ggf. gegen den Verwalter im Wege der Klage oder mit einstweiliger Verfügung vorgehen.

IV. Verfahrensgrundsätze

1. Beteiligtenverfahren/Amtsverfahren

Auch die Zwangsverwaltung wird – wie jede andere Zwangsvollstreckungsmaßnahme – nur auf Antrag durchgeführt. Nach Anordnung des Verfahrens wird dieses jedoch im Gegensatz zur Forderungsversteigerung nur in eingeschränktem Umfange von Amts wegen weiter durchgeführt.

13.32

Der nach Anordnung des Verfahrens zu bestellende Zwangsverwalter ist bei der Ausführung seines Amtes selbstständig. Dem Vollstreckungsgericht obliegt grundsätzlich nur die Aufsichtsführung über die Geschäftsführung des Zwangsverwalters, § 153 ZVG.

Auch die Zwangsverwaltung wird wie die Forderungsversteigerung des Grundstückes als Beteiligtenverfahren geführt. Beteiligte von Amts wegen sind daher neben dem Gläubiger und dem Schuldner diejenigen, welche zur Zeit der Eintragung des Zwangsverwaltungsvermerkes ein Recht am Grundstück eingetragen oder ein solches durch Eintragung gesichert haben (vgl. hierzu Rdn. 11.60).

13.33

Zu den Beteiligten aufgrund Anmeldung, § 9 Nr. 2 ZVG vgl. die Ausführungen in Rdn. 11.65. Im Gegensatz zur Zwangsversteigerung kann die Anmeldung jederzeit erfolgen. Eine verspätete Anmeldung kann es nicht geben, insbesondere tritt kein Rangverlust nach § 110 ZVG ein. Der späteste Zeitpunkt der Anmeldung in der Zwangsversteigerung im Versteigerungstermin vor der Aufforderung zur Abgabe von Geboten gilt in der Zwangsverwaltung nicht, § 37 Nr. 4 ZVG findet keine Anwendung.[22]

13.34

2. Gesamtverfahren/Einzelverfahren

Ebenso wie bei der Forderungsversteigerung handelt es sich bei der Zwangsverwaltung um eine „Gesamtvollstreckung", auch hier gilt der Grundsatz der Einzel- bzw. Gesamtvollstreckung (vgl. Rdn. 11.72). Mehrere Gläubiger vollstrecken in ein und dasselbe Vollstreckungsobjekt. Jeder Gläubiger betreibt sein Einzelverfahren im Rahmen des Gesamtverfahrens.[23] Die Zwangsverwaltung wird so lange weiter betrieben, wie noch ein Einzelverfahren weiterläuft. Gläubiger, die während des Verfahrens ihr Einzelverfahren haben einstweilen einstellen lassen, können erneut beitreten und gehören dann wieder zum Kreis der betreibenden Gläubiger. Da sich der Rang eines persönlichen Gläubigers ausschließlich nach dem Zeitpunkt der Beschlagnahme richtet, § 11 Abs. 2 ZVG, kann sich für ihn auf diese Weise ein Rangverlust hinter andere persönliche Gläubiger ergeben.

13.35

---

[22] *Stöber*, § 156 Rdn. 4.2; Steiner/*Hagemann*, § 156 Rdn. 22; Dassler/*Muth*, § 156 Rdn. 18.
[23] *Stöber*, § 146 Rdn. 5.2; Steiner/*Hagemann*, § 146 Rdn. 125.

13.36 Auch für einen dinglichen Gläubiger tritt im Gegensatz zur Zwangsversteigerung ein Rangverlust dann ein, wenn er seinen Antrag bzw. Beitritt zurücknimmt und dem Verfahren später erneut beitritt. Mit seinem Anspruch auf laufende wiederkehrende Leistungen behält er seinen Rang in der Rangklasse 4 des § 10 ZVG. Da er mit den rückständigen wiederkehrenden Leistungen und mit dem Kapitalbetrag in der Zwangsverwaltung jedoch in Rangklasse 5 berücksichtigt wird, § 155 Abs. 2 ZVG, erleidet er dort einen Rangverlust, da sich der Rang in dieser Klasse ausschließlich nach dem Zeitpunkt der Beschlagnahme richtet. Insoweit ist der dingliche Gläubiger einem persönlichen Gläubiger, der ausschließlich in der Rangklasse 5 berücksichtigt wird, gleichgestellt.[24]

3. Rangklassen

a) Grundsatz

13.37 Ein Recht auf Befriedigung aus den Nutzungen des Grundstückes gewähren die Ansprüche nach § 10 ZVG. Andere Ansprüche, insbesondere der Anspruch eines persönlichen Gläubigers, der das Verfahren nicht betreibt, werden nicht berücksichtigt. Abweichend von § 10 ZVG werden in der Zwangsverwaltung jedoch nur die Ansprüche aus den Rangklassen 1–5 des § 10 ZVG berücksichtigt. Die Ausnahmen hierzu regelt § 155 ZVG. Die Rangordnung verschiedener Rechte in derselben Klasse und die Rangordnung gleicher Rechte untereinander wird in §§ 11, 12 ZVG geregelt.

b) Ausgaben der Verwaltung

13.38 Aus den Nutzungen des Grundstückes sind die Ausgaben der Verwaltung, insbesondere die Verwaltervergütung, und die Kosten des Verfahrens mit Ausnahme derjenigen, welche durch die Anordnung des Verfahrens oder den Beitritt eines Gläubigers entstehen, vorweg zu bestreiten, § 155 Abs. 1 ZVG. Die Ausgaben der Verwaltung und die Kosten des Verfahrens haben untereinander kein Rangverhältnis.[25] Beide Ansprüche sind gleichrangig und gegebenenfalls anteilmäßig zu begleichen.

13.39 Zu den Ausgaben der Verwaltung[26] gehören weiter:

- die Kosten der Instandhaltung und Instandsetzung des Gebäudes; die Bruttolöhne bzw. Gehälter der Bediensteten;
- Versicherungsprämien für das Grundstück;
- Kosten für Müllabfuhr, Kanalbenutzung, Straßenreinigung oder Wassergeld;

---

24 *Stöber*, § 156 Rdn. 7.2; **a.A.** Steiner/*Hagemann*, § 155 Rdn. 89, 90; Dassler/*Muth*, § 155 Rdn. 24 „erscheint logischer"; vgl. nachfolgend Rdn. 13.69 ff.
25 *Stöber*, § 155 Rdn. 4.5.
26 *H/W/F/H*, § 155 ZVG Rdn. 4 ff.

- bei der Zwangsverwaltung eines Wohnungseigentums das an die Gemeinschaft ab der Beschlagnahme monatlich abzuführende Hausgeld (Wohngeld); ausgenommen hiervon sind eventuell darin enthaltene Beträge für Zinsen und/oder Tilgungsleistungen von eingetragenen Grundpfandrechten, da diese nicht vorweg, sondern nur entsprechend ihrem Rang, §§ 10, 155, 158 ZVG, gezahlt werden dürfen; weiter hierzu gehören Kosten der Instandhaltung, Instandsetzung, sonstigen Verwaltung und eines gemeinschaftlichen Gebrauchs des gemeinschaftlichen Eigentums gem. § 16 Abs. 2 WEG. Zu den Kosten der sonstigen Verwaltung gehört somit zweifelsfrei auch die dem Wohnungseigentumsverwalter geschuldete Vergütung.[27]
- Unterhaltsleistungen an den Schuldner und seine Familie, § 149 Abs. 3 ZVG;
- Umsatzsteuer auf vereinnahmte Miet- und Pachteinkünfte.[28] Diese stehen allerdings nicht den Gläubigern zu, sondern sind an das Finanzamt abzuführen.[29] Unterliegen mehrere Grundstücke der Zwangsverwaltung, sind die Nutzungen des Grundstücks und die Ausgaben der Verwaltung gemäß § 155 ZVG grundsätzlich für jedes Grundstück gesondert zu ermitteln. Die Umsatzsteuer ist deshalb ebenfalls für jedes Grundstück gesondert zu ermitteln und anzumelden[30].
- Sanierung von Altlasten und von schädlichen Bodenveränderungen aufgrund des am 1.3.1999 in Kraft getretenen **Bundes-Bodenschutzgesetzes**[31]. Neu geregelt ist weiterhin eine **Wertausgleichspflicht** des Eigentümers für durchgeführte Sanierungs- oder Sicherungsmaßnahmen gegenüber der öffentlichen Hand. Der Wertausgleichsbetrag wird von der Behörde durch Bescheid gegenüber dem Grundstückseigentümer festgesetzt. Infolge der Sanierungsmaßnahmen hat das betroffene Grundstück möglicherweise einen nicht unerheblichen Wertzuwachs erfahren. Der Wertausgleichsbetrag soll diese Werterhöhung ausgleichen. Der Ausgleichsbetrag entsteht als **öffentliche Last** und wird als „Bodenschutzlastvermerk" im Grundbuch eingetragen. Eine Sanierung durch die öffentliche Hand wird nur dann in Betracht kommen, wenn der Grundstückseigentümer zahlungsunfähig ist oder die öffentliche Hand den Grundstückseigentümer nicht unmittelbar ermit-

---

27 OLG Hamm, Rpfleger 2004, 369.
28 BFH, ZIP 1989, 122 = DB 1988, 2185 m. Anm. *Klever*, in DB 1989, 599; LG Köln, Rpfleger 1988, 326; FG Hamburg, EFG 1986, 44; SchlH FG, EFG 1987, 151; FG München, ZIP 1990, 1606; FG München, Rpfleger 1999, 190; insgesamt *Fischer*, BB 1978, 1164; *Forgàch*, DB 1986, 1037 ff. und 1093 ff.; *Rödder/Rödder*, Rpfleger 1990, 6 ff.; zu den umsatzsteuerrechtlichen Fragen bei unternehmerisch genutztem Grundstück, *Onusseit*, ZfIR 2005, 265.
29 LG Köln, Rpfleger 1988, 326.
30 BFH, Rpfleger 2002, 165 = BB 2002, 288 = DB 2002, 185 = InVo 2002, 167 = ZfIR 2002, 404.
31 BGBl I 1998, 502.

teln kann (z.B. nach einem Erbfall). Neben dem Handlungsstörer kann die öffentliche Hand auch den Zustandsstörer in Anspruch nehmen. Nach Anordnung der Zwangsverwaltung und Bestellung des Zwangsverwalters und dessen Besitzergreifen des Grundstückes ist er an die Stelle des Eigentümers getreten und damit der öffentlichen Hand gegenüber als Zustandsstörer anzusehen.[32] Damit ergibt sich auch für den Zwangsverwalter eine Zahlungspflicht für durchgeführte Sanierungsmaßnahmen, § 24 BBodSchG. Die Kosten sind Auslagen des Verfahrens, da sie durch eine Handlung des Zwangsverwalters verursacht wurden. Reichen die Beträge aus den Einnahmen des Grundstückes nicht aus, um die Sanierungsmaßnahmen zu finanzieren, sind die betreibenden Gläubiger zur Zahlung eines entsprechenden Kostenvorschusses anzuhalten.

13.40 **Nicht** zu den Ausgaben der Verwaltung, aber ebenfalls vorweg zu zahlen, sind die laufenden Beträge der öffentlichen Lasten, § 156 Abs. 1 ZVG.

13.41 **Nicht** zu den Ausgaben der Verwaltung gehören z.B.:

- Aufwendungen für Düngemittel, Saatgut oder Futtermittel, sie gehören in Rangklasse 1 nach § 10 Abs. 1 ZVG (vgl. § 155 Abs. 4 ZVG);
- persönliche Steuern des Schuldners (Lohnsteuer, Einkommensteuer usw.);
- Gebühren für eine Verwalterhaftpflicht oder eine Mietausfallversicherung.[33]

13.42 Ob **Rückerstattungsansprüche** der Gläubiger auf geleistete **Vorschüsse** nach § 161 Abs. 3 ZVG zu den Ausgaben der Verwaltung gehören, ist umstritten; ebenfalls Zinsen hierauf.[34] Es ist zu unterscheiden, worauf die Vorschusszahlung geleistet wurde, entweder für allgemeine Verwaltungskosten oder für Maßnahmen zur Erhaltung und Verbesserung des Verwaltungsobjekts. Vorschüsse für allgemeine Verwaltungskosten kann der Verwalter aus den Überschüssen zurückzahlen.[35] Vorschüsse für Maßnahmen zur Erhaltung und Verbesserung des Verwaltungsobjekts kann der Verwalter mit den Zinsen nach § 155 Abs. 3 ZVG gesetzlich nur nach Maßgabe des § 155 Abs. 2 i.V.m. § 10 Abs. 1 Nr. 1 ZwVwV zurückzahlen. Eine Vorschusszahlung i.S.d. § 10 Abs. 1 Nr. 1 ZVG kann der Verwalter nicht ohne Teilungsplan zurückzahlen.[36] Geleistete Vorschüsse, die nicht benötigt werden, sind ohne gerichtliches Verfahren an den leistenden Gläubiger zurückzuerstatten, § 11 Abs. 1 ZwVwV.

13.43 Zur Rückzahlungspflicht der **Kaution** vgl. Rdn. 13.238.

---

32 Vgl. zum neuen Recht *Pützenbacher*, NJW 1999, 1137; *Meißner*, ZfIR 1999, 407; *Knopp/Albrecht*, BB 1998, 1853; *Riedel*, ZIP 1999, 94; *Schmitz-Rode/Bank*, DB 1999, 417; *Turiaux/Knigge*, BB 1999, 377; *Albrecht/Teifel*, Rpfleger 1999, 366.
33 Dassler/*Muth*, § 155 Rdn. 11.
34 Vgl. § 155 Abs. 2 S. 1 ZVG; *Stöber*, § 155 Rdn. 4.3; **a.A.** Dassler/*Muth*, § 155 Rdn. 10.
35 Depré/*Mayer*, Rdn. 231.
36 H/W/F/H, § 155 ZVG Rdn. 6; *Förster/Hintzen*, ZInsO 2004, 14, 16; *Depré/Mayer*, Rdn. 233; **a.A.** Dassler/*Muth*, § 155 Rdn 10; ohne diese Differenzierung *Stöber*, § 155 Rdn. 4.3.

c) Rangklasse 1

In dieser Rangklasse werden die Ansprüche des die Zwangsverwaltung betreibenden Gläubigers auf Ersatz seiner Ausgaben zur Instandsetzungs-, Ergänzungs- oder Umbauarbeiten des Grundstückes berücksichtigt.[37] Ist der Vollstreckungsgläubiger aufgefordert worden, zur Verfahrensfortsetzung einen entsprechenden Vorschuss zu leisten, wird auch dieser Betrag in der Rangklasse 1 berücksichtigt. Ein solcher Vorschuss ist mit 1,5 vom Hundert über dem Zinssatz der Spitzenrefinanzierungsfazilität der Europäischen Zentralbank (SFR-Zinssatz) zu verzinsen. Die Zinsen genießen in der Zwangsverwaltung und der Zwangsversteigerung dasselbe Vorrecht wie die Vorschüsse selbst und werden somit in Rangklasse 1 berücksichtigt.[38] Mehrere Ansprüche der Rangklasse 1 haben untereinander gleichen Rang.[39] **13.44**

Zur Rückerstattung als Ausgaben der Verwaltung s. zuvor Rdn. 13.42. **13.45**

Zur Anmeldung und Berücksichtigung in der **Zwangsversteigerung** in der Rangklasse 1 vgl. Rdn. 11.84. Versucht der Gläubiger Vorschussleistungen in Höhe der von ihm gezahlten **Wohngeldforderungen** einer Eigentümergemeinschaft für den Zeitraum ab der Anordnung der Zwangsverwaltung bei einer Zwangsversteigerung des Wohnungseigentums als Kosten der Zwangsvollstreckung, § 788 ZPO, durchzusetzen, können diese als nicht notwendig nicht verlangt werden, der Schuldner muss diese nicht erstatten.[40] Die Notwendigkeit einer Vollstreckungsmaßnahme ist nach dem Standpunkt des Gläubigers zum Zeitpunkt ihrer Vornahme zu bestimmen. Entscheidend ist, ob der Gläubiger bei verständiger Würdigung der Sachlage die Maßnahme zur Durchsetzung seines titulierten Anspruchs objektiv für erforderlich halten durfte. Daran fehlt es, wenn die Zwangsvollstreckungsmaßnahme für den Gläubiger erkennbar aussichtslos ist. Dies liegt vor, wenn dem Gläubiger beim Antrag auf Anordnung der Zwangsverwaltung bekannt ist, dass der Schuldner über kein Vermögen mit Ausnahme der von ihm bewohnten Wohnung verfügt und deren Vermietung nicht in Betracht kommt. In diesem Falle ist die Zwangsverwaltung von Anfang an nicht geeignet, zur Befriedigung der titulierten Forderung zu führen. **13.46**

d) Rangklasse 1a

Mit Inkrafttreten der Insolvenzordnung am 1.1.1999 ist § 10 Abs. 1 ZVG um die Rangklasse Nr. 1a erweitert worden (vgl. hierzu Rdn. 11.88). Da das Gesetz hier aber nur von „im Falle einer Zwangsversteigerung, bei der das Insol- **13.47**

---

37 Bei einer Zwangsverwaltung, die keine Befriedigung für den Gläubiger erbringt, sind die dann entstandenen Kosten nicht erstattbar, BGH, Rpfleger 2005, 552 mit Anm. *Bergsdorf*, Rpfleger 2006, 31.
38 *Stöber*, § 155 Rdn. 6.3; **a.A.** Dassler/*Muth*, § 155 Rdn. 10: Der Gläubigervorschuss einschl. der Zinsen ist vorweg aus der Masse zu begleichen.
39 *Stöber*, § 155 Rdn. 6.3.
40 BGH, Rpfleger 2005, 552 = NJW 2005, 2460.

e) Rangklasse 2

13.48 Bei der Zwangsverwaltung eines land- oder forstwirtschaftlichen Grundstückes werden in der Rangklasse 2 die Litlohnansprüche berücksichtigt (zur Reform des WEG und der Neuregelung der Hausgelder der WE-Gemeinschaft s. Rdn. 11.91). Die Ansprüche der in einem Dienst- oder Arbeitsverhältnis stehenden Personen, insbesondere des Gesindes, der Wirtschaft- und Forstbeamten, auf Lohn, Kostgeld und andere Bezüge werden aber nur wegen der laufenden Ansprüche in dieser Rangklasse berücksichtigt, § 155 Abs. 2 S. 2 ZVG (im Gegensatz zur Zwangsversteigerung, dort werden auch die aus dem letzten Jahr rückständigen Beträge aufgenommen).

13.49 Mehrere Ansprüche haben untereinander gleichen Rang und werden nach dem Verhältnis ihrer Beträge berücksichtigt.

13.50 Hat der Zwangsverwalter diese Ansprüche bereits als Ausgaben der Verwaltung beglichen, können sie in der Rangklasse 2 nicht mehr berücksichtigt werden.

f) Rangklasse 3

13.51 In dieser Rangklasse werden die Ansprüche auf Entrichtung der öffentlichen Lasten des Grundstückes berücksichtigt. Das Grundstück selbst muss für diese Ansprüche haften (dingliche Haftung).[41] Welche einzelnen Ansprüche öffentliche Grundstückslasten sind, ergibt sich aus Bundes- oder Landesrecht oder aus Bestimmungen in Gemeindesatzungen in Verbindung mit den Kommunalabgabengesetzen. Die in der Praxis überwiegend vorkommenden Ansprüche sind:

- Brandversicherungs- oder Hagelversicherungsbeiträge;
- Deichlasten;
- Erschließungskosten nach dem Bundesbaugesetz, § 134 Abs. 2 BauGB (Straßenkosten, Anliegerbeiträge);[42]
- Flurbereinigungsbeitrag, § 20 FlurbG;
- Geldleistungen im Umlegungsverfahren, § 66 BauGB;
- Grundsteuer, § 12 GrStG;
- Kehrgebühren des Schornsteinfegers einschließlich Gebühren für Bau- und Gebrauchsabnahme;
- Kommunalabgaben, die die Gemeinden für die Inanspruchnahme öffentlicher Einrichtungen oder Anlagen als Benutzungsgebühren erheben, z.B. Kanalanschluss- und Wasseranschlussbeitrag (in Rheinland-

---

[41] BGH, Rpfleger 1981, 349 = NJW 1981, 2127; BGH, Rpfleger 1988, 541.
[42] BVerwG, NVwZ 1982, 377.

Pfalz z.B. gelten auch Kosten für Bauwasser und die Kanalbenutzungsgebühr als öffentliche Last);
- zum Ausgleichsbetrag nach dem Bundesboden-Schutzgesetz vgl. Rdn. 11.101 ff.

Nebenleistungen, wie z.B. Säumniszuschläge, teilen den Rang des Hauptanspruches und werden in der jeweiligen Rangklasse mit berücksichtigt. 13.52

Im Einzelnen kann hierzu auf die Ausführung in der Zwangsversteigerung verwiesen werden (vgl. hierzu Rdn. 11.97).[43] 13.53

Im Gegensatz zur Zwangsversteigerung werden hier jedoch keine einmaligen Ansprüche (z.B. Erschließungsbeitrag) und keine rückständigen wiederkehrenden Leistungen aus den letzten zwei Jahren vor dem letzten Fälligkeitszeitpunkt vor der Beschlagnahme berücksichtigt. Berücksichtigung finden können nur die laufenden wiederkehrenden Leistungen, § 155 Abs. 2 S. 2 ZVG. 13.54

Werden mehrere Ansprüche in dieser Rangklasse geltend gemacht, haben diese untereinander gleichen Rang.[44] 13.55

Öffentliche Lasten, die nicht in der Klasse 3 berücksichtigt werden, fallen in Rangklasse 5, können dort aber nur geltend gemacht werden, wenn die Stadt bzw. Gemeinde wegen dieser Ansprüche das Verfahren betreibt. 13.56

g) Rangklasse 3/4

Diese Zwischenklasse ist im Zwangsversteigerungsgesetz nicht vorgesehen. Bei der Zwangsverwaltung eines landwirtschaftlichen Grundstückes wird in dieser Zwischenklasse das gesetzliche Früchtepfandrecht nach dem Düngemittelgesetz berücksichtigt. Diese Ansprüche können jedoch auch vorweg aus den Ausgaben der Zwangsverwaltung bestritten werden. Weiterhin bestimmt § 155 Abs. 4 ZVG, dass die Ansprüche aus Lieferungen durch den Zwangsverwalter für Düngemittel, Saatgut oder Futtermittel, die im Rahmen der bisherigen Wirtschaftsweise zur ordnungsmäßigen Aufrechterhaltung des Betriebes benötigt werden, in Rangklasse 1 des § 10 ZVG zu berücksichtigen sind. Die Ansprüche können daher wahlweise in der einen oder anderen Rangklasse geltend gemacht werden.[45] 13.57

h) Rangklasse 4

aa) Grundstücksrechte

In diese Rangklasse fallen alle Ansprüche aus Rechten am Grundstück, soweit sie nicht infolge der Beschlagnahme dem betreibenden Gläubiger gegenüber unwirksam sind. Ein Zurückfallen in Rangklasse 6 kann jedoch nicht vorkommen, da es diese Rangklasse im Rahmen der Zwangsverwaltung nicht gibt. 13.58

---

43 Umfangreiche Ausführungen auch in *Glotzbach/Mayer*, Rdn. 9 ff.
44 *Stöber*, § 155 Rdn. 6.5.
45 *Stöber*, § 155 Rdn. 6.6; teilweise anders: Steiner/*Hagemann*, § 155 Rdn. 23.

13.59 Zu den Rechten am Grundstück zählen insbesondere die Grundpfandrechte (Hypotheken, Grundschulden, Zwangssicherungshypotheken) und sämtliche Rechte der Abt. II des Grundbuches. Hierunter fällt auch die Erbbauzinsreallast und die Vormerkung zur Sicherung des Anspruches auf Einräumung eines dinglichen Rechtes, die wie ein eingetragenes Recht zu berücksichtigen ist, § 48 ZVG. Zu den einzelnen Rechten vgl. Rdn. 11.105.

13.60 Für das Rangverhältnis der dinglichen Rechte am Grundstück untereinander gelten die allgemeinen Rangregelungen nach §§ 879, 880, 881 BGB, § 11 Abs. 1 ZVG (vgl. hierzu Rdn. 9.219 ff.).

bb) Zinsen

13.61 Im Gegensatz zur Zwangsversteigerung werden in der Zwangsverwaltung weder der Kapitalbetrag der Grundpfandrechte noch rückständige Beträge wiederkehrender Leistungen berücksichtigt. Geltend gemacht werden können nur die Ansprüche auf laufende wiederkehrende Leistungen, § 155 Abs. 2 S. 2 ZVG.

13.62 Bei einer Tilgungshypothek werden hier auch diejenigen Beträge berücksichtigt, die zur allmählichen Tilgung einer Schuld als Zuschlag zu den Zinsen zu entrichten sind, § 155 Abs. 2 S. 2 ZVG. Eine Zerlegung der einzelnen Ratenzahlungen in den Zinsanteil und in den Kapitalanteil wie in der Zwangsversteigerung erfolgt nicht (vgl. Rdn. 11.109).

13.63 Die einzelnen Tilgungsraten bei einer Abzahlungshypothek gehören ebenso wie in der Zwangsversteigerung nicht zu den wiederkehrenden Leistungen, sie sind kein Zuschlag zu den Zinsen und können daher in der Zwangsverwaltung nicht berücksichtigt werden.[46]

13.64 Zinsen aus einer Eigentümergrundschuld werden ab Beschlagnahme für den Eigentümer in dieser Rangklasse aufgenommen, § 1197 Abs. 2 BGB. Ein Pfändungsgläubiger, der eine Eigentümergrundschuld gepfändet und sich zur Einziehung hat überweisen lassen, kann ebenfalls die laufenden wiederkehrenden Leistungen aus der Eigentümergrundschuld beanspruchen. Wegen rückständiger Zinsen und wegen des Kapitalbetrages muss der Gläubiger jedoch in der Rangklasse 5 das Verfahren betreiben.

cc) Berücksichtigung im Verfahren

13.65 Soweit die einzelnen dinglichen Rechte nebst Nebenansprüchen vor dem Zwangsverwaltungsvermerk im Grundbuch eingetragen wurden, werden sie von Amts wegen berücksichtigt, § 156 Abs. 2 S. 4, § 114 Abs. 1 ZVG.

13.66 Steht das dingliche Recht formal hinter dem Zwangsverwaltungsvermerk, wird es auch bei Kenntnis des Vollstreckungsgerichts nur auf Anmeldung berücksichtigt.

---

46 *Stöber*, § 155 Rdn. 6.7d; Steiner/*Hagemann*, § 155 Rdn. 70.

Ob das Recht vor oder nach dem Zwangsverwaltungsvermerk im Grundbuch eingetragen wurde, ist in Bezug auf rückständige Zinsen und den Kapitalbetrag gleich, wegen dieser Beträge muss das Verfahren in jedem Falle betrieben werden, § 155 Abs. 2 ZVG.

13.67

dd) Kosten

Kosten der dinglichen Rechtsverfolgung können in der Rangfolge ebenfalls beansprucht werden, § 10 Abs. 2 ZVG, sofern sie wegen zu berücksichtigender laufender Leistungen entstanden sind. Die angemeldeten Kosten sind daher anteilig in Rangklasse 4 und, sofern das Verfahren von dem Gläubiger betrieben wird, in Rangklasse 5 zu berücksichtigen.[47]

13.68

i) Rangklasse 5

In dieser Rangklasse werden alle Ansprüche berücksichtigt, soweit sie nicht in einer der vorhergehenden Klassen zu befriedigen sind. Insbesondere sind in dieser Rangklasse die rückständigen wiederkehrenden Leistungen der Rangklassen 2 bis 4 des § 10 Abs. 1 ZVG und die Kapitalbeträge der dinglichen Rechte zu berücksichtigen.

13.69

Bei den Gläubigern der Rangklasse 5 des § 10 Abs. 1 ZVG muss es sich jedoch um das Verfahren betreibende Gläubiger handeln. Eine formlose Anmeldung eines Anspruches zwecks Berücksichtigung ist nicht möglich.

13.70

Da eine Anmeldung nicht ausreicht, um berücksichtigt zu werden, das Verfahren somit betrieben werden muss, richtet sich der Rang unter mehreren Ansprüchen danach, für welchen Gläubiger die Beschlagnahme des Grundstückes früher erfolgt ist, § 11 Abs. 2 ZVG.

13.71

Der Rang nach dem Zeitpunkt der Beschlagnahme gilt insbesondere auch für die Ansprüche der dinglichen Gläubiger am Grundstück, soweit sie nicht in Rangklasse 4 Berücksichtigung finden, die grundbuchrechtliche Rangfolge ist in der Rangklasse 5 ausgeschlossen.[48]

13.72

j) Relatives Rangverhältnis der Klassen 4, 5 und 6

Zur Ermittlung der Reihenfolge der Rechte in den Rangklassen 4, 5 und 6 des § 10 ZVG kann auf die Ausführungen mit Beispielen in Rdn. 11.127 ff. verwiesen werden.

13.73

Der Gläubiger eines dinglichen Rechtes, welches erst nach der Beschlagnahme durch einen persönlichen Gläubiger im Grundbuch eingetragen

13.74

---

47 H/W/F/H, § 155 ZVG Rdn. 22; *Stöber*, § 155 Rdn. 6.7i; Steiner/*Hagemann*, § 155 Rdn. 40, 91; Dassler/*Muth*, § 155 Rdn. 15.
48 *Stöber*, § 155 Rdn. 7.2; **a.A.** aber abzulehnen, Steiner/*Hagemann*, § 155 Rdn. 90; Dassler/*Muth*, § 155 Rdn. 24.

wurde, fällt diesem gegenüber in Rangklasse 6, ist jedoch einem späteren Gläubiger gegenüber möglicherweise wiederum in Rangklasse 4 zu berücksichtigen. Der persönliche Gläubiger steht hingegen immer in Rangklasse 5. Da es in der Zwangsverwaltung eine Rangklasse 6 nicht gibt, wird die Auffassung vertreten, dass ein Recht dann nicht zu berücksichtigen ist, wenn es auch nur einem betreibenden Gläubiger gegenüber unwirksam und somit in Rangklasse 6 fällt.[49]

13.75   Diese Auffassung kann jedoch in Hinblick auf den auch im Zwangsverwaltungsverfahren vorherrschenden Grundsatz des Einzelverfahrens keinen Bestand haben. Bei mehreren betreibenden Gläubigern ist jedes Verfahren eines jeden Gläubigers selbstständig. Durch das Vollstreckungsgericht wird jedoch nur ein Teilungsplan aufgestellt, der grundsätzlich für das gesamte Verfahren Gültigkeit hat. Weiterhin handelt es sich bei der Berücksichtigung des Gläubigers in Rangklasse 6 nur um ein relatives Rangverhältnis, das dann nicht mehr gilt, wenn der Beschlagnahmegläubiger, dem das Recht gegenüber unwirksam ist, weggefallen ist. Eine Änderung des Teilungsplanes tritt dadurch jedoch nicht ein. Ansprüche der Rangklasse 6 sind in einem solchen Falle ebenfalls in den Teilungsplan aufzunehmen.

k) Laufende Leistungen

13.76   In der zweiten, dritten und vierten Rangklasse können nur laufende wiederkehrende Leistungen berücksichtigt werden, § 155 Abs. 2 S. 2 ZVG. Welche Beträge laufende wiederkehrende Leistungen sind, ergibt sich ebenso wie bei der Zwangsversteigerung aus § 13 Abs. 1 ZVG. Zur Berechnung mit Beispielen vgl. hierzu Rdn. 11.132.

l) Ausländische Währung

13.77   Grundpfandrechte können nach § 28 GBO auch in einer einheitlichen europäischen oder anderen Währung im Grundbuch eingetragen werden, gegen die keine währungspolitische Bedenken bestehen. Fremdwährungsrechte sind in der Zwangsverwaltung zunächst im Teilungsplan in der eingetragenen Währung festzustellen.[50] Die Auszahlung erfolgt in Euro. Wiederkehrende Leistungen sind nach dem Kurswert des Fälligkeitstages auszuzahlen. Sofern Zahlungen auf das Kapital erfolgen können, setzt das Versteigerungsgericht im Termin, § 158 ZVG, den amtlich ermittelten Kurswert fest.

---

49   *H/W/F/H*, § 155 ZVG Rdn. 25; *Stöber*, § 155 Rdn. 6.8; Steiner/*Hagemann*, § 155 Rdn. 41; *Depré/Mayer*, Rdn. 312.
50   *H/W/F/H*, § 158a Rdn. 1.

V. Anordnungsverfahren

1. Antrag

a) Antragsinhalt

Wie jede andere Zwangsvollstreckungsmaßnahme wird auch die Zwangsverwaltung nur auf Antrag des Gläubigers angeordnet, §§ 146 Abs. 1, 15 ZVG. Auf die Anordnung der Zwangsverwaltung finden grundsätzlich die Vorschriften über die Anordnung der Zwangsversteigerung entsprechende Anwendungen, soweit sich nicht aus den §§ 147–151 ZVG etwas anderes ergibt, § 146 Abs. 1 ZVG. Der Antragsinhalt ergibt sich somit aus § 16 Abs. 1 ZVG. Er soll das **Grundstück**, den **Eigentümer**, den **Anspruch** und den vollstreckbaren **Titel** bezeichnen, § 16 Abs. 1 ZVG. (vgl. im Einzelnen Rdn. 11.161).

13.78

Zu den Zwangsvollstreckungsvoraussetzungen, dem Forderungsanspruch, den beizufügenden Urkunden und der Prüfung des Versteigerungsgerichtes vor der Anordnung vgl. im Einzelnen Rdn. 11.185 ff.

13.79

b) Rechtsschutzbedürfnis

Auch das **Rechtsschutzbedürfnis** ist als Zulässigkeitsvoraussetzung vor Anordnung der Zwangsverwaltung zu prüfen.[51] Das für die Vollstreckung notwendige Rechtsschutzinteresse besteht für den Gläubiger regelmäßig bereits in der Existenz des Vollstreckungstitels. Dies wurde in der Vergangenheit wiederholt verneint, wenn das Verfahren für den Gläubiger **aussichtslos** erschien, insbesondere wenn dem betreibenden Gläubiger so hohe Ansprüche im Range vorgehen, dass sogar der Verkehrswert des Grundstückes überstiegen wird. Der Staat stellt seine Institutionen nur im Rahmen schutzwürdiger Interessen zur Verfügung.[52] Allerdings dürfte die Prüfung stark eingeschränkt sein, denn trotz hoher Vorbelastungen, die eine Befriedigung möglicherweise aussichtslos erscheinen lassen, kann das Rechtsschutzinteresse sich daraus ergeben, das Grundstück einer einträglicheren Nutzung zuzuführen. Eine analoge Anwendung des § 803 Abs. 2 ZPO kommt aber nicht in Betracht, eine Regelungslücke besteht insoweit nicht.[53] In diesem Sinne hat auch der **BGH**[54] in seinem Grundsatzbeschluss vom

13.80

---

51 BVerfG, Rpfleger 1983, 80 = NJW 1983, 559.
52 AG Überlingen, Rpfleger 2002, 532.
53 In diesem Sinne: LG Berlin, Rpfleger 1987, 209; OLG Hamm, LG Münster, beide Rpfleger 1989, 34; LG Krefeld, Rpfleger 1994, 35; *Muth,* Kap. 9 A Rdn. 35; **a.A.** LG Augsburg, Rpfleger 1986, 146; LG Bielefeld, Rpfleger 1987, 424; LG Regensburg, NJW-RR 1988, 447; LG Düsseldorf, JurBüro 1987, 786; OLG Düsseldorf, Rpfleger 1989, 470.
54 Rpfleger 2002, 578 = BGHZ 151, 384 = KTS 2003, 166 = MDR 2002, 1213 = WM 2002, 1809 = ZIP 2002, 1595 = InVo 2003, 41 = ZfIR 2002, 753.

18.7.2002 entschieden: Das Verbot der zwecklosen Pfändung nach § 803 Abs. 2 ZPO findet auf Zwangsverwaltungen keine Anwendung.

13.81 Das Rechtsschutzinteresse kann dem Gläubiger auch nicht abgesprochen werden, wenn er die Zwangsverwaltung nur als „unterstützendes" Verfahren zu einer parallel laufenden Zwangsversteigerung betreibt. Gerade die Tatsache, dass in der Zwangsverwaltung die eingezogenen Miet- und Pachtzinsansprüche auf die laufenden Zinsansprüche der Gläubigeransprüche verrechnet werden, führt möglicherweise im Ergebnis zu einer höheren Zuteilung auf den Gläubigeranspruch, da diese bereits gezahlten laufenden Zinsansprüche in der parallel laufenden Zwangsversteigerung keine Berücksichtigung mehr finden dürfen.[55] Beide Verfahrensarten kann der Gläubiger kraft Gesetzes wahlweise hintereinander und gleichzeitig durchführen lassen, § 866 Abs. 2 ZPO.

13.82 Wurde auf Antrag eines Gläubigers zunächst das Zwangsversteigerungsverfahren angeordnet, hat das Gericht vor der Bestimmung des Versteigerungstermins den **Verkehrswert** des Grundbesitzes zu bestimmen. Hierzu wird regelmäßig ein Sachverständiger mit der Erstellung eines Verkehrswertgutachtens beauftragt. Nicht selten verweigert der Schuldner dem gerichtlich bestellten Gutachter den Zutritt zu den Räumlichkeiten des Versteigerungsobjekts. In diesem Fall stellt sich für den betreibenden Gläubiger die Frage, die Zwangsverwaltung zu beantragen. Wird die Zwangsverwaltung angeordnet, muss der Schuldner unter Umständen auf Antrag das Grundstück räumen, § 149 Abs. 2 ZVG. Insbesondere hat auch der Zwangsverwalter die Pflicht, sich selbst den Besitz des Grundstückes zu verschaffen, § 150 Abs. 2 ZVG. Der Zwangsverwalter kann dann dem Gutachter den Zutritt zu dem Grundstück gestatten. Allerdings kann die Zwangsverwaltung nicht ausschließlich zu diesem Zweck angeordnet werden, hierfür fehlt das Rechtsschutzinteresse. Problematisch ist es, wenn über die Anordnung der Zwangsverwaltung vorrangig oder ausschließlich erreicht werden soll, dass in der parallel laufenden Zwangsversteigerung der Zutritt zu dem Grundstück des Schuldners gegen dessen Willen erreicht wird. Ein entsprechender Durchsuchungsbeschluss jedenfalls kann nicht erlassen werden.[56]

c) Prozesskostenhilfe

13.83 Für den Antrag kann **Prozesskostenhilfe** bewilligt werden.[57] Die vom Schuldner beantragte **Beiordnung** eines **Rechtsanwalts** setzt voraus, dass die beabsichtigte Rechtsverfolgung hinreichende Aussicht auf Erfolg hat. Die Erfolgsaussicht lässt sich nur beurteilen, wenn der Schuldner darlegt, gegen welche vollstreckungsgerichtliche Maßnahme er sich im Einzelnen wenden oder wie er sich sonst konkret am Verfahren beteiligen möchte; die pauschale Bewilligung von Prozesskostenhilfe für das Verfahren insgesamt

---

55 **A.A.** *Vossen*, Die aussichtslose Immobiliarvollstreckung, S. 157, 158.
56 LG Ellwangen, Rpfleger 1995, 427.
57 LG Frankenthal, Rpfleger 2002, 219.

kommt nach Auffassung des **BGH**[58] nicht in Betracht. PKH kann nur für einzelne Verfahrensabschnitte und Verfahrensziele gewährt werden.

Zum Muster eines Anordnungsantrags vgl. Rdn. 15.51.   **13.84**

d) Eigenbesitz des Schuldners

Grundsätzlich darf die Zwangsverwaltung nur angeordnet werden, wenn der Schuldner als Eigentümer im Grundbuch eingetragen ist oder wenn er Erbe des eingetragenen Berechtigten ist, § 17 Abs. 1 ZVG. Die Eintragung des Schuldners als Eigentümer ist durch ein Zeugnis des Grundbuchgerichtes nachzuweisen, soweit Vollstreckungsgericht und Grundbuchgericht demselben Amtsgericht angehören, genügt die Bezugnahme auf die Grundakten. Ist der Schuldner Erbe des eingetragenen Eigentümers, ist die Erbfolge durch Urkunden glaubhaft zu machen, § 17 Abs. 3 ZVG (vgl. hierzu Rdn. 11.165).   **13.85**

Es findet zunächst keine Prüfung statt, ob sich der Schuldner auch im Besitz des Grundstücks befindet. Nur wenn zum Zeitpunkt der Entscheidung über den Anordnungsantrag dem Vollstreckungsgericht bekannt ist, dass sich das Grundstück im Eigenbesitz eines Dritten befindet, muss der Antrag mangels Rechtsschutzbedürfnisses abgelehnt werden. Die Zwangsverwaltung ist unzulässig, wenn und soweit dadurch in den Besitz eines nicht herausgabebereiten Dritten eingegriffen wird.   **13.86**

Ausnahmsweise kann die Zwangsverwaltung aber auch aufgrund eines Antrags eines dinglichen Gläubigers angeordnet werden, wenn der Schuldner nicht Eigentümer des Grundstückes ist, aber das Grundstück im Eigenbesitz hat, § 147 Abs. 1 ZVG, § 872 BGB. Da die Zwangsverwaltung nur auf die Nutzungen des Grundstückes Zugriff nimmt, richtet sich das Verfahren primär gegen den Besitzer und nicht gegen den Eigentümer des Grundstückes. Voraussetzung ist unmittelbarer, aber auch nur mittelbarer Besitz.[59] Diese Voraussetzung liegt z.B. dann vor, wenn der Schuldner das Grundstück an einen Dritten aufgelassen hat, die Eigentumsumschreibung im Grundbuch aber noch nicht vollzogen ist, dem Käufer das Grundstück aber wirtschaftlich bereits übergeben wurde. Nicht hierunter fällt der Besitzer, der das Grundstück aufgrund eines dinglichen oder persönlichen Nutzungsrechtes (z.B. Nießbrauch, Pacht) besitzt.[60]   **13.87**

Der Gläubiger muss dann aber einen vollstreckbaren und zugestellten Duldungstitel gegen den Eigenbesitzer vorlegen.[61] Aus einem gegen den Eigentümer gerichteten Vollstreckungstitel kann gegen den Eigenbesitzer die Zwangsverwaltung nicht angeordnet werden.[62] Der Gläubiger muss den   **13.88**

---

58 Rpfleger 2004, 174 = NJW-RR 2004, 787 = KTS 2004, 460 = WM 2003, 2432 = InVo 2004, 207.
59 BGH, Rpfleger 1986, 26 = NJW-RR 1986, 858.
60 Dassler/*Muth*, § 147 Rdn. 8.
61 BGH, Rpfleger 1986, 26 = NJW-RR 1986, 858.
62 *Stöber*, § 147 Rdn. 2.4.

dinglichen Titel gegen den **Eigenbesitzer** umschreiben lassen, § 727 ZPO, oder der Gläubiger muss durch eine Klage auf Duldung der Zwangsvollstreckung vorgehen.

13.89 Im Falle eines **streitigen** Eigenbesitzes steht dies der Anordnung der Zwangsverwaltung nicht entgegen.[63] Das Zwangsverwaltungsverfahren dient nicht dazu, **streitige** Rechtsverhältnisse zwischen den Beteiligten aufzuklären. Beweiserhebungen kommen im Zwangsvollstreckungsverfahren nur in eingeschränktem Umfang in Betracht. Das ZVG sieht als vor der Anordnung zu überprüfende Voraussetzungen der Zwangsverwaltung lediglich die Eintragung des Schuldners als Eigentümer, Titel und Zustellung vor; ferner ist festzustellen, ob im Grundbuch ein dem Verfahren entgegenstehendes Recht eingetragen ist. Den Eigenbesitz des Schuldners hat der Gläubiger im Regelfall durch Urkunden darzutun[64], es sei denn, der Schuldner ist nicht Eigentümer, § 147 ZVG.[65] Verweigert allerdings der Dritte, der den Besitz innehat, die Herausgabe, so ist die Zwangsverwaltung möglicherweise rechtlich undurchführbar.[66]

2. Anordnungsbeschluss

a) Erlass und Wirkung

13.90 Liegen alle sachlichen und formellen Voraussetzungen vor, ergeht die Entscheidung über den Antrag durch Beschluss, ohne mündliche Verhandlung und ohne den Schuldner vorher anzuhören, § 764 Abs. 3 ZPO. Der Anordnungsbeschluss ist dem Schuldner zuzustellen, § 22 ZVG. Da nach § 146 Abs. 1 ZVG insoweit die Vorschriften über die Anordnungen der Zwangsversteigerung Anwendung finden, kann auf die dortigen Ausführungen verwiesen werden (vgl. Rdn. 11.228 ff.).

13.91 Der Anordnungsbeschluss ist nach ganz **h.M.** ein **Vollstreckungstitel**. Aufgrund des Anordnungsbeschlusses muss der Schuldner sämtliche notwendigen **Urkunden** und Unterlagen herausgeben, eines gesonderten, im Wege der Herausgabeklage gegen den Schuldner zu erwirkenden Titels bedarf es nicht.[67] Gleiches gilt, wenn der Zwangsverwalter den Gerichtsvollzieher beauftragt, ihm bei der Inbesitznahme des der Zwangsverwaltung unterliegenden Wohnungseigentums zu unterstützen.[68]

---

[63] BGH, Rpfleger 2004, 510 = MDR 2004, 1022 = WM 2004, 1042 = InVo 2004, 431 = ZfIR 2004, 746.
[64] *H/W/F/H*, § 147 ZVG Rdn. 7; *Stöber*, § 147 Rdn. 3; *Dassler/Muth*, § 147 Rdn. 9, der Gläubiger muss den Eigenbesitz durch Urkunden glaubhaft machen, sofern der Eigenbesitz nicht bei Gericht offenkundig ist, § 147 Abs. 2 ZVG (z.B. der notarielle Kaufvertrag).
[65] Hierzu auch *Hawelka*, ZfIR 2005, 14.
[66] LG Dortmund, Rpfleger 2002, 472.
[67] LG Göttingen, Rpfleger 2006, 33; OLG München, Rpfleger 2002, 373.
[68] LG Hamburg, Rpfleger 2004, 304.

Nach § 9 Abs. 3 ZwVwV ist der Verwalter verpflichtet, das Zwangsverwaltungsobjekt insbesondere gegen Feuer-, Sturm-, Leitungswasserschäden und Haftpflichtgefahren, die vom Grundstück und Gebäude ausgehen, zu versichern, soweit dies durch eine ordnungsgemäße Verwaltung geboten erscheint. Er hat diese Versicherung unverzüglich abzuschließen, sofern Schuldner oder Gläubiger einen bestehenden Versicherungsschutz nicht innerhalb von 14 Tagen nach Zugang des Anordnungsbeschlusses schriftlich nachweisen und der Gläubiger die unbedingte Kostendeckung schriftlich mitteilt. Im Hinblick auf diesen Nachweis des **Versicherungsschutzes** dürfte es jetzt regelmäßig notwendig sein, den Anordnungsbeschluss auch dem Gläubiger zuzustellen, damit die Frist von 14 Tagen geprüft werden kann.[69] 13.92

Im Gegensatz zur Zwangsversteigerung wird der Schuldner mit der Zustellung des Anordnungsbeschlusses oder eines Beitrittsbeschlusses nicht über die Möglichkeit einer einstweiligen Einstellung belehrt, da die Vorschrift des § 30a ZVG in der Zwangsverwaltung keine Anwendung findet.[70] 13.93

Nach Mitteilung der Eintragung des Zwangsverwaltungsvermerkes durch das Grundbuchgericht an das Zwangsversteigerungsgericht werden alle Beteiligten von der Anordnung des Verfahrens benachrichtigt, § 146 Abs. 2 ZVG. 13.94

Zu den Rechtsbehelfen nach der Anordnung vgl. Rdn. 11.238. 13.95

Zum Muster eines Anordnungsbeschlusses vgl. Rdn. 15.52. 13.96

b) Mehrere Anträge

Liegen **mehrere Anträge** auf Anordnung der Zwangsverwaltung vor, hat das Vollstreckungsgericht über alle Anträge gemeinsam zu entscheiden. Eine Rangfolge der Erledigung der Antragseingänge entsprechend dem Grundbuchverfahren, § 17 GBO, ist in der Zwangsvollstreckung nicht vorgesehen. Mehrere Anträge verschiedener persönlicher Gläubiger sind somit gleichrangig, da für sie in der Rangklasse 5 des § 10 Abs. 1 ZVG die Beschlagnahme gleichzeitig wirksam wird.[71] 13.97

c) Verbindung

Ist die Zwangsverwaltung in mehrere Grundstücke beantragt, können die Verfahren miteinander verbunden werden, § 18 ZVG[72]. Voraussetzung ist: 13.98

---

[69] *Hintzen/Alff*, Rpfleger 2004, 129 ff.
[70] *Stöber*, § 146 Rdn. 6.1; Steiner/*Storz*, § 30a Rdn. 24.
[71] *Stöber*, § 15 Rdn. 4.13; Steiner/*Hagemann*, § 11 Rdn. 31; a.A. mit beachtlichen Gründen: *Knoche/Biersack*, NJW 2003, 476, die eine ähnliche Regelung wie in § 17 GBO fordern.
[72] *H/W/F/H*, § 146 ZVG Rdn. 57.

- es soll wegen einer Forderung in mehrere dem Schuldner gehörende Grundstücke vollstreckt werden;
- es besteht für eine Forderung eine gesamtschuldnerische Haftung mehrerer Grundstückseigentümer und es soll in die jeweiligen Grundstücke der einzelnen Grundstückseigentümer vollstreckt werden;
- die Zwangsverwaltung wird aus einer Gesamthypothek oder Gesamtgrundschuld in mehrere Grundstücke desselben Eigentümers oder auch verschiedener Eigentümer betrieben.

13.99 Die Verbindung kann auch erfolgen, wenn es sich um Grundstücksbruchteile handelt, da diese insoweit dem Grundstück gleichgestellt sind, § 864 Abs. 2 ZPO.

13.100 Die Verbindung mehrerer Verfahren erfolgt auf **Antrag** eines Beteiligten oder auch von Amts wegen nach pflichtgemäßem Ermessen des Vollstreckungsgerichts.[73] Der Verbindungsantrag kann bereits im Antrag auf Anordnung des Verfahrens oder im Antrag auf Beitritt erfolgen, er kann jedoch auch jederzeit während des laufenden Verfahrens gestellt werden.

3. Benachrichtigung und Zwangsverwaltungsvermerk im Grundbuch

13.101 In Abweichung von der Anordnung der Zwangsversteigerung hat das Vollstreckungsgericht nach Eingang der Mitteilung des Grundbuchamtes die hieraus ersichtlichen **Beteiligten** von der Verfahrensanordnung formlos zu benachrichtigen, § 146 Abs. 2 ZVG. Die Anordnung der Zwangsverwaltung wird nicht öffentlich bekannt gemacht. Eine Mitteilung an die Beteiligten erfolgt von bzw. nach einem Beitritt des Verfahrens ebenfalls nicht.[74]

13.102 Neben der von Amts wegen vorzunehmenden Zustellung des Anordnungsbeschlusses hat das Vollstreckungsgericht das Grundbuchgericht um Eintragung des Zwangsverwaltungsvermerkes zu ersuchen. Auch wenn weitere Vollstreckungsgläubiger dem Verfahren später beitreten, wird nur ein Zwangsverwaltungsvermerk im Grundbuch eingetragen.

13.103 Der Vermerk bewirkt keine Grundbuchsperre. Weitere Verfügungen über das Grundstück sind durch das Grundbuchgericht zu vollziehen. Nachträgliche Verfügungen über das Grundstück, die die Rechte der betreibenden Gläubiger vereiteln oder beeinträchtigen, sind diesen gegenüber unwirksam (vgl. Rdn. 11.234).

13.104 Ist im Grundbuch bereits der Zwangsversteigerungsvermerk eingetragen, hindert dies nicht die Anordnung der Zwangsverwaltung und ebenso im umgekehrten Falle. Beide Verfahren können nebeneinander betrieben und durchgeführt werden, § 866 Abs. 2 ZPO.

---

73 BGH, WM 1986, 897; BGH, Rpfleger 1987, 29.
74 Dassler/*Muth*, § 146 Rdn. 10.

4. Beitritt zum Verfahren

Wird nach der Anordnung der Zwangsverwaltung ein weiterer Antrag eines Gläubigers auf Zwangsverwaltung gestellt, erfolgt statt eines erneuten Anordnungsbeschlusses die Zulassung des Beitritts zu dem bereits laufenden Verfahren, § 27 Abs. 1 S. 1 ZVG. Ein weiterer Zwangsverwaltungsvermerk wird im Grundbuch nicht eingetragen. 13.105

Der Antrag auf Zulassung des Beitritts erfolgt unter den gleichen Voraussetzungen wie der Antrag auf Anordnung der Zwangsverwaltung. Der Inhalt eines Beitrittsantrages muss ebenfalls den Erfordernissen der §§ 16, 17 ZVG entsprechen. 13.106

Wirksam wird der Beitritt mit Zustellung des Beschlusses an den Schuldner, § 22 Abs. 1 ZVG. Da der Beitrittsbeschluss dem Zwangsverwalter zugestellt werden soll, wird die Beschlagnahme aber auch mit der Zustellung an diesen wirksam, § 151 Abs. 2 ZVG. Voraussetzung ist jedoch, dass der Zwangsverwalter bereits im Besitz des Grundstückes ist.[75] Der Vollstreckungsgläubiger, der die Zwangsverwaltung in Gang gesetzt hat, und die dem Verfahren beitretenden Gläubiger betreiben jeweils ihr „Einzelverfahren". Gemeinsam ist nur das Vollstreckungsobjekt (vgl. hierzu Rdn. 11.72). 13.107

5. Beschlagnahme

a) Wirksamwerden der Beschlagnahme

Durch die Anordnung der Zwangsverwaltung wird das Grundstück zugunsten des Gläubigers in Beschlag genommen. Die Beschlagnahme tritt auch ein, wenn weitere Gläubiger dem Verfahren beitreten. Jeder Gläubiger erwirkt jedoch seine eigene Beschlagnahme (Prinzip der Einzelvollstreckung/Gesamtvollstreckung vgl. Rdn. 11.72). Die Beschlagnahme des Grundstückes kann auf dreierlei Weise eintreten, wobei das frühere Eintrittsdatum maßgebend ist: 13.108

- sie wird mit dem Zeitpunkt wirksam, in welchem der Anordnungs- bzw. Beitrittsbeschluss dem Schuldner zugestellt wird,
- sie wird in dem Zeitpunkt wirksam, in welchem das Ersuchen um Eintragung des Zwangsverwaltungsvermerkes dem Grundbuchgericht zugeht, sofern auf das Ersuchen die Eintragung demnächst erfolgt, § 22 Abs. 1 ZVG,
- sie wird weiterhin auch dadurch wirksam, dass der Zwangsverwalter den Besitz des Grundstückes erlangt, § 151 Abs. 1 ZVG (unmittelbarer Besitz als Realakt, z.B. durch Auswechseln der Türschlösser, mittelbarer Besitz, z.B. durch schriftliche Benachrichtigung aller Mieter).

---

75 *Stöber,* § 146 Rdn. 5.3c.

13.109 Für einen Beitrittsgläubiger wird darüber hinaus die Beschlagnahme auch dann wirksam, wenn der Beitrittsbeschluss dem Zwangsverwalter zugestellt wird, § 151 Abs. 2 ZVG.

13.110 Die Beschlagnahme endet erst dann, wenn das gesamte Verfahren aufgehoben wird, also sowohl der Anordnungsbeschluss als auch weitere Beitrittsbeschlüsse. Sie endet weiterhin, wenn alle betreibenden Gläubiger ihre Verfahrensanträge zurücknehmen. Zur Beendigung mit Erteilung des Zuschlages in einer parallel laufenden Zwangsversteigerung, vgl. hierzu Rdn. 13.312.

b) Wirkung der Beschlagnahme

aa) Materielle Wirkung

13.111 Ebenso wie in der Zwangsversteigerung hat die Beschlagnahme die Wirkung eines relativen Veräußerungsverbotes, § 23 Abs. 1 S. 1 ZVG i.S.d. §§ 135, 136 BGB, § 23 Abs. 2 ZVG (hierzu im Einzelnen vgl. Rdn. 11.262 ff.). Der Schuldner ist z.B. nicht gehindert, eine im Grundbuch eingetragene Eigentümergrundschuld abzutreten bzw. diese kann auch nach Beschlagnahme wirksam gepfändet werden. Da die Eigentümerrechte nicht von der Beschlagnahme erfasst werden, sind Verfügungen hierüber wirksam.[76]

13.112 Über die Wirkung in der Zwangsversteigerung hinaus ist dem Schuldner nach Anordnung der Zwangsverwaltung jedoch auch verboten, innerhalb der Grenzen einer ordnungsgemäßen Wirtschaft über beschlagnahmte bewegliche Sachen zu verfügen, § 148 Abs. 1 S. 2, § 23 Abs. 1 S. 2 ZVG. Durch die Beschlagnahme wird dem Schuldner die gesamte Verwaltung und Benutzung des Grundstückes entzogen, § 148 Abs. 2 ZVG, diese geht auf den Zwangsverwalter über, § 152 ZVG. Der Schuldner kann insbesondere den Grundbesitz nicht mehr vermieten, verpachten oder diesbezüglich Klage erheben.

bb) Formelle Wirkung

13.113 Neben der materiellen Wirkung des relativen Veräußerungsverbotes hat die Beschlagnahme auch formelle Wirkung. Nach dem Zeitpunkt der Beschlagnahme werden die wiederkehrenden Leistungen berechnet, die im Rahmen der Zwangsverwaltung in den Rangklassen 2, 3 und 4 des § 10 ZVG berücksichtigt werden können, § 155 Abs. 2 ZVG. Liegen mehrere Beschlagnahmen vor, ist immer die Erste maßgebend, § 13 Abs. 4 S. 1 ZVG.

13.114 Jeder Gläubiger, der das Verfahren betreibt, erwirkt materiell seine eigene Beschlagnahme. Für die Berechnung der wiederkehrenden laufenden Leistungen bleibt jedoch die erste Beschlagnahme des Anordnungsgläubigers für das gesamte Verfahren maßgebend. Zur Zinsberechnung im Einzelnen vgl. Rdn. 11.132 ff.

---

[76] Dassler/*Muth*, § 23 Rdn. 4; *Stöber*, § 23 Rdn. 2.2; **a.A.** *Eickmann*, § 9 IV 6.

c) Umfang der Beschlagnahme

Die Beschlagnahme in der Zwangsverwaltung ist wesentlich umfassender als die Beschlagnahme in der Zwangsversteigerung, § 148 Abs. 1 S. 1 ZVG. Von der Beschlagnahme in der Zwangsverwaltung werden umfasst: 13.115

- das Grundstück und die wesentlichen Bestandteile, § 96 BGB;
- diejenigen Gegenstände, auf welche sich bei einem Grundstück die Hypothek erstreckt (Hypothekenhaftungsverband), § 20 Abs. 2 ZVG, §§ 1120 ff. BGB;
- land- und forstwirtschaftliche Erzeugnisse des Grundstückes sowie die Forderung aus einer Versicherung solcher Erzeugnisse, auch soweit diese nicht mehr mit dem Boden verbunden oder nicht Zubehör des Grundstückes sind, §§ 148 Abs. 1, 21 Abs. 1 ZVG;[77]
- Ansprüche aus einem mit dem Eigentum an dem Grundstück verbundenen Recht auf wiederkehrende Leistungen, § 148 Abs. 1, § 21 Abs. 2 ZVG, § 1126 BGB (z.B. Reallast, § 1105 Abs. 2 BGB);
- Miet- und Pachtzinsforderungen, § 148 Abs. 1, § 21 Abs. 2 ZVG, nicht aber die Mietansprüche des Mieters gegen seinen Untermieter.[78] Ausnahmsweise erfasst die Beschlagnahme auch Forderungen aus einem Untermiet- oder Unterpachtverhältnis, wenn der Hauptmiet- oder Hauptpachtvertrag wegen Vereitelung der Gläubigerrechte nach § 138 Abs. 1 BGB nichtig ist.[79] Erfasst werden auch Aufwendungszuschüsse zur Mietpreisbegrenzung (Härteausgleich)[80] oder an die Stelle tretende Ersatzansprüche auf Nutzungsentschädigung.[81] Hat der Mieter einen Titel gegen den Eigentümer erlangt, dass dieser die Mietkaution an den Zwangsverwalter herauszugeben hat, ist dennoch eine Aufrechnung mit der Mietzahlung nicht zulässig.[82]
- das dem Eigentümer gehörende Zubehör des Grundstückes sowie das vor der Beschlagnahme veräußerte, aber nicht aus dem Hypothekenhaftungsverband ausgeschiedene Zubehör, sofern nicht Enthaftung durch Entfernung oder Aufhebung erfolgt ist, §§ 1121, 1122 Abs. 2 BGB. Zubehör, das im Eigentum eines Dritten steht, wird von der Zwangsverwaltung nicht erfasst, § 55 Abs. 2 ZVG ist in der Zwangsverwaltung ausgeschlossen.[83]

---

[77] Vgl. BGH, Rpfleger 1996, 256.
[78] *Stöber*, § 148 Rdn. 2.3 f.; Steiner/*Hagemann*, § 148 Rdn. 36; Dassler/*Muth*, § 148 Rdn. 11; LG Bonn, ZIP 1981, 730.
[79] BGH, WM 2005, 610 = ZInsO 2005, 371.
[80] VerwG Düsseldorf, Rpfleger 1990, 309.
[81] OLG München, ZMR 1991, 106.
[82] LG Krefeld, Rpfleger 1994, 224.
[83] *H/W/F/H*, § 148 ZVG Rdn. 10; *Stöber*, § 148 Rdn. 2.2; Steiner/*Hagemann*, § 148 Rdn. 22; BGH, Rpfleger 1985, 161 = NJW 1986, 59.

13.116 Nicht erfasst von der Beschlagnahme wird das sog. **Milchkontingent,** dieses ist personenbezogen, steht somit dem Schuldner zu und wird nunmehr vom Zwangsverwalter im Rahmen seiner Verwaltungstätigkeit wahrgenommen.[84] Wird z.B. der gesamte Betrieb verpachtet, geht das Milchkontingent nach den Grundsätzen der Betriebsakzessorietät auf den Pächter über.[85]

d) Eigenkapitalersetzende Gebrauchsüberlassung

13.117 In der Zwangsverwaltung aus einem Grundpfandrecht an der der Gesellschaft vom Gesellschafter überlassenen Immobilie stellt sich für den betreibenden Grundschuldgläubiger die Frage, ob die Grundsätze zur kapitalersetzenden Gebrauchsüberlassung (§ 32a GmbHG) auch auf das Verhältnis zwischen Zwangsverwalter und Gesellschaft durchschlagen, wodurch der Erfolg der Zwangsvollstreckung erheblich beeinträchtigt werden könnte. Die Gesellschaft wäre dann u.U. berechtigt, für geraume Zeit die Zahlung des Miet- oder Pachtbetrages zu verweigern[86]. Eine Gebrauchsüberlassung hat nach gefestigter Rechtsprechung des BGH eigenkapitalersetzenden Charakter, wenn sie es der insolvenzreifen und ohne Unterstützung des Gesellschafters wirtschaftlich nicht mehr lebensfähigen Gesellschaft ermöglicht, ihren Geschäftsbetrieb fortzusetzen.[87]

13.118 Bei einem Zusammentreffen von Zwangsverwaltung und eigenkapitalersetzender Nutzungsüberlassung eines Grundstücks durch einen Gesellschafter führt dies, insbesondere für den Fall der Insolvenz der Gesellschaft, zum **Vorrang der Zwangsverwaltung.** Der BGH[88] betont, in entsprechender Anwendung der §§ 1123, 1124 Abs. 2 BGB, dass die wie eine Stundungsabrede zu behandelnde Wirkung der Kapitalersatzregeln der Bestimmung des § 1124 Abs. 2 BGB über Vorausverfügungen mit der Wirkung unterfalle, dass sie den Grundpfandgläubigern gegenüber nur bis zur Beschlagnahme in der Zwangsverwaltung wirksam sei. Damit ist rechtlich geklärt, dass der Zwangsverwalter gegen den Insolvenzverwalter wie gegen die Gesellschaft einen Anspruch auf Zahlung von Miet-/Pachtzinsen oder Nutzungsentgelt hat und diese daher nach der Beschlagnahme im Rahmen der Zwangsverwaltung gem. §§ 1124, 1125 BGB verpflichtet ist, vorher unterlassene Miet-/Pachtzahlungen wieder aufzunehmen. Ein Benutzungsentgelt ist in jedem Fall zu zahlen. Dies gilt im Übrigen sowohl für den Fall des Erwerbs einer Grundschuld vor Eintritt der Kapitalersatzeigenschaft wie eines Erwerbes, nachdem die Kapitalersatzregeln bereits zum Tragen gekommen sind,[89] und berechtigt den Zwangsverwalter daher auch für den Fall der Nichtzahlung

---

84 *Stöber,* § 148 Rdn. 2.7.
85 BGH, Rpfleger 1991, 429 = NJW 1991, 3280.
86 Umfassend hierzu *H/W/F/H,* § 6 ZwVwV Rdn. 38.
87 BGH, NJW 1994, 2353 = DNotZ 1995, 464 = BB 1994, 2020 = DB 1994, 1715 = MDR 1994, 1099 = ZIP 1994, 1261.
88 BGH, Rpfleger 1999, 138 = ZInsO 1999, 173 = ZIP 1999, 65.
89 So überzeugend *Obermüller,* WuB 1999, 325.

oder des Verstoßes gegen andere Verpflichtungen seitens des Mieters das Mietverhältnis zu kündigen und die Herausgabe an sich zu verlangen[90], da das Verhältnis zwischen Mieter und Zwangsverwalter sich nicht an den Regelungen des Kapitalersatzes, sondern an den Bestimmungen des Mietvertrages orientiert. Hierdurch wird auch der Insolvenzverwalter nicht rechtlos gestellt, da er von dem Eigentümer/Gesellschafter Ersatz der an den Zwangsverwalter zu zahlenden Aufwendungen verlangen kann.[91]

13.119 Diese Grundsätze erfahren für das zwischen den das Grundstück vermietenden Gesellschaftern und der Gesellschaft bestehende Rechtsverhältnis dann eine Einschränkung, wenn an den vermieteten Grundstücken Grundpfandrechte bestellt worden sind. Auf diesen Fall ist nach Auffassung des **BGH**[92] der Rechtsgedanke der Vorschriften des § 1123 Abs. 2 Satz 2, § 1124 Abs. 2 BGB anzuwenden, in denen das Gesetz die Interessen des Grundstückseigentümers und des Grundpfandrechtsgläubigers angemessen ausgleicht. Für den Fall der Beschlagnahme braucht der Grundpfandrechtsgläubiger **Vorausverfügungen** über den Mietzins nur in den durch § 1124 Abs. 2 BGB gezogenen Grenzen gegen sich gelten zu lassen. Die infolge Anwendung der Eigenkapitalersatzregeln eintretende Undurchsetzbarkeit der Mietzinsforderung kommt – ähnlich wie eine Stundungsabrede – einer Vorausverfügung über die Mietzinsforderung gleich. Die Vorschrift führt daher auch im Rahmen der Grundsätze des Eigenkapitalersatzes zu einem sachgerechten Ausgleich der beteiligten Interessen.

13.120 In einer weiteren Entscheidung vom 31.1.2005[93] stellt der **BGH** fest, dass die mietweise Überlassung eines Grundstücks an eine GmbH eine **eigenkapitalersetzende Leistung** des Gesellschafters sein kann. In der Insolvenz über das Vermögen der GmbH hat der Insolvenzverwalter dann das Recht, das Grundstück für den vertraglich vereinbarten Zeitraum – bei einer missbräuchlichen Zeitbestimmung für den angemessenen Zeitraum – unentgeltlich zu nutzen. Wird dem Insolvenzverwalter dieses Recht dann durch eine Beschlagnahme des Grundstückes im Rahmen der Zwangsverwaltung entzogen, hat der Gesellschafter den Wert des Nutzungsrechts zu ersetzen. Das gilt nach Auffassung des BGH auch dann, wenn der Insolvenzverwalter das Grundstück an den Zwangsverwalter vor Ablauf der Mietzeit herauszugeben hat. Der Ersatzanspruch setzt aber voraus, dass der Insolvenzverwalter das Grundstück, hätte er es nicht herausgegeben, tatsächlich hätte nutzen können, etwa im Wege der Untervermietung.

---

90 OLG Dresden, ZInsO 2003, 227; *Muth*, EWiR 1999, 263, 264.
91 BGH, Rpfleger 1999, 138 = ZInsO 1999, 173 = ZIP 1999, 65; *Jungmann*, ZIP 1999, 606 f.
92 BGH, Rpfleger 2000, 285 = NJW-RR 2000, 925 = NZI 2000, 211 = DB 2000, 564 = GmbHR 2000, 325 = KTS 2000, 296 = WM 2000, 525 = ZIP 2000, 455 = ZMR 2000, 367 = InVo 2000, 218 = ZfIR 2000, 480.
93 Rpfleger 2005, 372 = NZG 2005, 346 = NZI 2005, 347 = DB 2005, 661 = GmbHR 2005, 534 = WM 2005, 561 = ZIP 2005, 484 = InVo 2005, 180.

13.121 In einem weiteren Urteil vom 28.2.2005 führt der **BGH**[94] zur Problematik des Eigenkapitalersatzes aus, dass der Gesellschafter den Rechtsfolgen des Eigenkapitalersatzes unterliegt, wenn ein von ihm beherrschtes Unternehmen der Gesellschaft in der Krise eine Finanzierungshilfe gewährt. Wird der Gesellschaft ein von ihrem Gesellschafter angemietetes Betriebsgrundstück, dass ihr nach Eigenkapitalersatzregeln zu belassen ist, durch einen Grundpfandrechtsgläubiger entzogen, so kann die Gesellschaft von dem Gesellschafter Ersatz in Höhe des Wertes des verlorenen Nutzungsrechtes verlangen. Bei der Bemessung des Anspruchs kann der zwischen der Gesellschaft und dem Gesellschafter vereinbarte Mietzins eine Richtschnur bilden.

e) Wohnrecht des Schuldners

13.122 Mit Wirksamwerden der Beschlagnahme wird dem Schuldner die Verwaltung und Benutzung des Grundstückes entzogen. Wohnt der Schuldner jedoch zur Zeit der Beschlagnahme auf dem Grundstück, so sind ihm die für seinen Hausstand unentbehrlichen Räume zu belassen, § 149 Abs. 1 ZVG. Auch während der Zwangsverwaltung hat somit der Schuldner für sich und seine Familie Anspruch auf kostenlose Nutzung derjenigen Räume auf dem Grundstück, die für seinen Hausstand unentbehrlich sind.[95] Steht das verwaltete Grundstück im Eigentum mehrerer verschiedener Miteigentümer, hat jeder Miteigentümer einen Anspruch auf das Wohnrecht.[96]

Über den Umfang des Wohnrechts und die Lage der Räume entscheidet der Verwalter. Die dem Schuldner zu belassenden Räume müssen nicht diejenigen sein, die er zum Zeitpunkt der Beschlagnahme bewohnt, es können andere Räume auf dem Grundstück sein, wenn die bisher bewohnten Räume von dem Zwangsverwalter besser genutzt werden können. Sofern die Beteiligten mit dem Wohnrecht als solchem oder mit dem Umfang des gewährten Wohnrechts nicht einverstanden sind, können die Beteiligten hiergegen das Gericht anrufen.[97] Auf Antrag hat das Gericht nach Anhörung des Verwalters und des Schuldners zu entscheiden, hiergegen ist dann die sofortige Beschwerde zulässig.

13.123 Dies gilt jedoch nicht, wenn über das Vermögen des Schuldners vor oder nach Anordnung der Zwangsverwaltung das **Insolvenzverfahren** eröffnet wird. Eine getroffene Entscheidung im Insolvenzverfahren ist zu beachten. In diesem Fall sind die §§ 100, 148 InsO vorrangig anzuwenden.[98]

13.124 Der Schuldner hat keinen Anspruch auf entbehrliche Wohnräume und insbesondere nicht auf gewerbliche Räume. Diese Räume können allenfalls

---

94 Rpfleger 2005, 374 = ZInsO 2005, 653 = NZI 2005, 350 = DB 2005, 881 = MDR 2005, 880 = WM 2005, 747 = ZIP 2005, 660.
95 Dassler/*Muth*, § 149 Rdn. 5; *Stöber*, § 149 Rdn. 2.2.
96 *H/W/F/H*, § 149 ZVG Rdn. 4.
97 *H/W/F/H*, § 149 ZVG Rdn. 10, 14 ff.; *Stöber*, § 149 Rdn. 2.4.
98 *H/W/F/H*, § 149 ZVG Rdn. 6; Dassler/*Muth*, § 149 Rdn. 2.

vom Zwangsverwalter dem Schuldner gegen Entgelt überlassen werden. Ein Mietvertrag, den ein Eigentümer mit sich selbst als Mieter abschließt, ist als Scheingeschäft nichtig.[99] Dies gilt auch, wenn es sich bei dem Schuldner um eine juristische Person handelt.[100] Für die Nutzung von Gewerberäumen hat der Eigentümer (Schuldner) Nutzungsentschädigung an den Zwangsverwalter zu zahlen.[101] Auch der Geschäftsführer einer GmbH oder der persönlich haftende Gesellschafter einer KG oder OHG muss daher, wenn er auf dem Grundstück wohnt, für die bewohnten Räume eine entsprechende Nutzungsentschädigung zahlen.

Das unentgeltliche Wohnrecht wird weiterhin eingeschränkt, wenn der Schuldner oder ein Mitglied seines Hausstandes das Grundstück oder die Verwaltung **gefährdet**, z.B. Verwahrlosung der Räume, ständige Streitigkeiten mit dem Verwalter über Auskunft oder Zustand zu den bewohnten Räumen. Der Begriff der „Gefährdung" kann weitgehend mit den Gründen gleichgestellt werden, die den Vermieter einer Wohnung zur fristlosen Kündigung berechtigen, sofern der Mieter seine Verpflichtungen aus dem Mietvertrag schuldhaft in solchem Maße verletzt, dass dem Vermieter die Fortsetzung des Mietverhältnisses nicht länger zugemutet werden kann, vgl. §§ 554a, 554b BGB. Auf Antrag hat das Gericht anzuordnen, dass der Schuldner das Grundstück räumen muss, § 149 Abs. 2 ZVG. **13.125**

Die beharrliche Weigerung des Schuldners, die Verbrauchs- und Betriebskosten (Nebenkosten) zu bezahlen, begründet ebenfalls den Entzug des Wohnrechts.[102] In einer Wohnungseigentümergemeinschaft ist es zur Erhaltung des gesamten Eigentums erforderlich, dass die Hausgeldbeträge, welche für die Instandsetzung sowie für die Bezahlung der laufenden Verbrauchskosten wie Heizung, Wasser oder Versicherungsbeiträge durch die einzelnen Miteigentümer geleistet werden müssen, bezahlt werden. **13.126**

Es ist Aufgabe und Pflicht des Zwangsverwalters, selbstständig über das Wohnrecht zu entscheiden. Bei Missbrauch muss das Gericht dem Antrag des Zwangsverwalters auf Räumung nachkommen. Auf Antrag kann dem Schuldner die Räumung des Grundstücks aufgegeben werden.[103] Zieht der Schuldner aus der ihm zugewiesenen Wohnung aus, verliert er sein Wohnrecht.[104] Wird die Schuldnerin dauerhaft in ein Pflegeheim verbracht, kann ihr nach AG Heilbronn[105] das ursprünglich vom Zwangsverwalter zuerkannte Wohnrecht nach § 149 Abs. 1 ZVG aberkannt werden. Das Wohnrecht selbst kann auf Dritte nicht übertragen werden. **13.127**

---

99 LG Berlin, GE 2002, 468.
100 BGH, WM 1964, 789.
101 LG Berlin, GE 2002, 468.
102 LG Zwickau, Rpfleger 2006, 426; LG Zwickau, Rpfleger 2004, 646; AG Heilbronn, Rpfleger 2004, 236 mit Anm. *Schmidberger*.
103 LG Zwickau, Rpfleger 2004, 646.
104 *H/W/F/H*, § 149 ZVG Rdn. 3.
105 Rpfleger 2004, 514.

13.128 Der Anordnungsbeschluss und die allgemeine Ermächtigung nach § 150 Abs. 2 ZVG ist ein zur Zwangsvollstreckung geeigneter Titel, § 794 Abs. 1 Nr. 3 ZPO. Er bedarf keiner Vollstreckungsklausel und keiner erneuten Zustellung vor der Vollstreckung, er wurde bereits von Amts wegen zugestellt.[106] Empfehlenswert dürfte sein, die Rechtskraft des Beschlusses abzuwarten, bevor die Zwangsräumung vollzogen wird. Die Räumung nimmt auf Antrag des Zwangsverwalters der Gerichtsvollzieher vor, § 885 ZPO. Einer besonderen Durchsuchungsanordnung bedarf es nicht, § 758a Abs. 2 ZPO.[107] Der Anordnungsbeschluss berechtigt den Zwangsverwalter aber nicht, einen **Mitbewohner** des Schuldners zwangsweise aus der von ihm mitbewohnten Wohnung zu räumen. Bewohnt der Sohn der Schuldnerin die Wohnung mit, so hat der Sohn nach der Verkehrsauffassung einen eigenen Besitzwillen, zur zwangsweisen Räumung ist ein Räumungstitel erforderlich (hierzu auch Rdn. 7.27 ff.).[108]

f) Unterhalt

13.129 Grundsätzlich hat der Schuldner keinen Anspruch auf Unterhaltsgewährung aus dem Grundstück. Bei der Zwangsverwaltung eines landwirtschaftlichen, forstwirtschaftlichen oder gärtnerischen Grundstückes hat der Zwangsverwalter jedoch aus den Erträgnissen des Grundstückes oder aus deren Erlös dem Schuldner die Mittel zur Verfügung zu stellen, die zur Befriedigung seiner und seiner Familie notwendigen Bedürfnisse erforderlich sind, § 149 Abs. 3 S. 1 ZVG. Regelmäßig wird sich der Zwangsverwalter bei der Festlegung der Beträge an die üblichen Beträge des örtlichen Vollstreckungsgerichts halten, die bei der Vollstreckung wegen Unterhaltsansprüche nach § 850d ZPO gewährt werden (hierzu Rdn. 6.165)[109].

13.130 Allerdings muss der Zwangsverwalter keinen laufenden Unterhalt gewähren, der Schuldner ist auf die Sozialhilfe zu verweisen.[110]

13.131 Der Unterhalt kann nur dem Schuldner und seiner Familie bzw. den Personen gewährt werden, mit denen er ständig zusammenlebt, somit auch dem Lebensgefährten. Der Unterhalt kann gewährt werden durch Naturalleistungen oder durch Zahlung von Geld. Über die Art und Höhe der Zahlung entscheidet zunächst der Zwangsverwalter. Im Streitfall hat auf Antrag des Schuldners, des Zwangsverwalters oder eines Verfahrensbeteiligten das Vollstreckungsgericht nach Anhörung der jeweils anderen Beteiligten zu entscheiden.

---

106 *Stöber*, § 149 Rdn. 3.8; Dassler/*Muth*, § 149 Rdn. 10.
107 Hierbei ist es unerheblich, ob der Räumungstitel vom Rechtspfleger oder vom Richter erlassen wurde, da insoweit nach der Neuregelung ab dem 1.1.1999 in § 758a keine Unterscheidung mehr erfolgt, vgl. nur Musielak/*Lackmann*, § 758a Rdn. 2; *H/W/F/H*, § 149 ZVG Rdn. 11.
108 LG Heilbronn, Rpfleger 2005, 154.
109 BGH, Rpfleger 2003, 593 = NJW 2003, 2918 = FamRZ 2003, 1466 = MDR 2004, 53 = InVo 2003, 442 = ZVI 2003, 648.
110 LG Saarbrücken, Rpfleger 1995, 265.

13.132 Generell ist jedoch jede Unterstützung zu versagen, wenn über das Vermögen des Schuldners vor oder nach Anordnung der Zwangsverwaltung das **Insolvenzverfahren** eröffnet wird und die Insolvenzorgane bereits eine Unterhaltsgewährung abgelehnt haben, § 100 InsO.[111]

13.133 Im Streitfall hat das Versteigerungsgericht nach Anhörung der Beteiligten durch Beschluss zu entscheiden. Dieser Beschluss unterliegt der sofortigen Beschwerde, eine weitere Beschwerde ist unzulässig, § 149 Abs. 3 S. 2, 3 ZVG.

g) Mietpfändung und Zwangsverwaltung
aa) Rückständige und laufende Miete

13.134 Von der Beschlagnahme in der Zwangsverwaltung werden insbesondere die Miet- und Pachtzinsforderungen erfasst, § 148 Abs. 1, § 21 ZVG. Unmittelbar nach der Beschlagnahme sind diese Ansprüche nur noch an den Zwangsverwalter zu leisten. Von der Beschlagnahme werden aber auch Miet- und Pachtzinsansprüche erfasst, die bis zu einem Jahr rückständig sind, § 1123 Abs. 2 S. 1 BGB. Ist der Miet- oder Pachtzins im Voraus zu entrichten, so erstreckt sich die Befreiung nicht auf den Miet- oder Pachtzins für eine spätere Zeit als den zur Zeit der Beschlagnahme laufenden Kalendermonat. Erfolgt die Beschlagnahme nach dem 15. Tage des Monats, so erstreckt sich die Befreiung auch auf den Miet- oder Pachtzins für den folgenden Kalendermonat, § 1123 Abs. 2 S. 2 BGB.[112]

13.135 **Beispiel 1:**
Die monatliche Miete (sie wird regelmäßig gezahlt) wird jeweils fällig am 3. eines Monats. Am 5.2.2006 wird die Beschlagnahme in der Zwangsverwaltung wirksam.

Lösung:
Die Miete für den Monat Februar 2006 unterliegt nicht der Zwangsverwaltung, ab dem 1.3.2006 werden die Mieten jedoch von der Beschlagnahme in der Zwangsverwaltung erfasst.

13.136 **Beispiel 2:**
S. Beispiel 1, allerdings erfolgt die Beschlagnahme in der Zwangsverwaltung am 16.2.2006.

Lösung:
Jetzt wird neben der Miete für den Monat Februar auch die Miete für den Monat März nicht von der Zwangsverwaltung erfasst. Erst ab dem 1.4.2006 ist der Zwangsverwalter berechtigt, die laufenden Mieten zur Masse zu ziehen.

---

111 *Stöber,* § 149 Rdn. 4.2.
112 Vgl. auch LG Hamburg, Rpfleger 1995, 124.

13.137 Beispiel 3:

Die Miete ist vierteljährlich im Voraus fällig, also am 1.4. für die Monate April/Mai/Juni. Die Beschlagnahme erfolgt am 18.4. Die Miete wurde am 1.4. gezahlt.

Lösung:
Die Miete für die Monate April/Mai ist frei, ab dem 1.6. ist der Zwangsverwalter berechtigt, die laufenden Mieten zur Masse zu ziehen.

13.138 Beispiel 4:

Die Miete ist vierteljährlich im Voraus fällig, also am 1.4. für die Monate April/Mai/Juni. Die Beschlagnahme erfolgt am 18.5. Die Miete wurde am 1.4. *nicht* gezahlt.

Lösung:
Die Miete für die Monate April/Mai/Juni und die weiteren Mieten sind vom Zwangsverwalter zur Masse zu ziehen, § 1123 Abs. 2 Satz 2 BGB gilt nur für künftige Zeiträume, bei rückständigen Beträgen gilt § 1123 Abs. 2 Satz 1 BGB.

13.139 Abwandlung:
Jetzt soll die Miete am 1.4. gezahlt worden sein.

Lösung:
Verwalter kann die Miete erst ab dem 1.7. zur Masse ziehen.

bb) Vorausverfügung

13.140 Ist über den Mietzins bereits im Voraus verfügt worden, z.B. durch Pfändung, so ist diese nur insoweit wirksam, als sie sich auf den zur Zeit der Beschlagnahme laufenden Kalendermonat bezieht. Erfolgt die Beschlagnahme nach dem 15. Tage des Monats, so ist die Verfügung (Pfändung) jedoch insoweit wirksam, als sie sich auch auf den Mietzins für den folgenden Kalendermonat bezieht, § 1124 Abs. 2 BGB.

13.141 Beispiel 1:

Die jeweils am 3. eines Monats fällige Miete ist seit Januar 2006 für den Gläubiger G gepfändet. Am 15.2.2006 wird die Beschlagnahme in der Zwangsverwaltung wirksam. Die Miete für die Monate Februar und den Monat März wurden jeweils am 3. des Monats an den Pfändungsgläubiger G überwiesen. Der Zwangsverwalter verlangt die Mietzahlungen von dem Pfändungsgläubiger heraus.

Lösung:
Die Mietzahlungen werden von der Beschlagnahme in der Zwangsverwaltung erfasst, da sie nicht älter als ein Jahr rückständig sind, § 1123 Abs. 2 BGB. Die Pfändung und Überweisung der Miete für den Monat Februar ist jedoch der Zwangsverwaltung gegenüber wirksam an den Pfändungsgläubiger G erfolgt, § 1124 Abs. 2 Hs. 1 BGB. Mit Wirksamwerden der Beschlagnahme am 15.2.2006 unterlag die Miete für den Monat März jedoch dem Haftungsverband in der Zwangsverwaltung mit der Folge, dass der Pfändungsgläubiger G die Miete zu Händen des Zwangsverwalters zurückzahlen muss.

Beispiel 2: 13.142

Die Miete ist vierteljährlich im Voraus fällig, also am 1.4. für die Monate April/Mai/Juni.
Die Miete wird regelmäßig gezahlt.
Die Beschlagnahme erfolgt am 18.4.2006.
Die Miete ist seit Mai 2005 an das Finanzamt abgetreten.

Lösung:
Die Mietzahlungen werden von der Beschlagnahme in der Zwangsverwaltung erfasst, da sie nicht älter als ein Jahr rückständig sind, § 1123 Abs. 2 BGB. Die Abtretung der Mieten ist jedoch der Zwangsverwaltung gegenüber wirksam bis einschl. Mai 2005, § 1124 Abs. 2 Hs. 1 BGB. Erst ab dem 1.6.2006 kann der Zwangsverwalter die Miete verlangen.

Beispiel 3: 13.143

Die Miete ist vierteljährlich im Voraus fällig, also am 1.4. für die Monate April/Mai/Juni.
Die Miete wird nicht gezahlt.
Die Beschlagnahme erfolgt am 18.5.2006.
Die Miete ist seit Mai 2005 an das Finanzamt abgetreten.

Lösung:
Die Mietzahlungen werden von der Beschlagnahme in der Zwangsverwaltung erfasst, da sie nicht älter als ein Jahr rückständig sind, § 1123 Abs. 2 BGB. Die Abtretung der Mieten ist jedoch der Zwangsverwaltung gegenüber wirksam bis einschl. Juni 2005, § 1124 Abs. 2 Hs. 1 BGB. Erst ab dem 1.6.2005 kann der Zwangsverwalter die Miete verlangen.

cc) **Pfändung eines persönlichen Gläubigers**

Wird die Zwangsverwaltung angeordnet, darf eine isolierte Mietzinspfändung danach nicht mehr erlassen werden, § 148 Abs. 1, § 21 Abs. 2 ZVG i.V.m. § 865 ZPO. Eine Pfändung davor ist selbstverständlich zunächst möglich.[113] Ein persönlicher Gläubiger sollte zunächst immer die Miete pfänden und sich zur Einziehung überweisen lassen. Die Miete oder Pacht mithilfe der Zwangsverwaltung in Beschlag zu nehmen ist regelmäßig wenig sinnvoll, da er nur bei der Pfändung die volle Mietzinsforderung auf seinen eigenen Anspruch verrechnen kann. 13.144

Im Rahmen einer Zwangsverwaltung wird der Anspruch des persönlichen Gläubigers erst in Rangklasse 5 des § 10 Abs. 1 ZVG berücksichtigt, sodass die Nutzungen des Grundstückes regelmäßig auf vorrangige Ansprüche verteilt werden. Umgekehrt kann der Gläubiger mithilfe der Zwangsverwaltung die Mietzinspfändung eines anderen Gläubigers durchbrechen. Mit der Beschlagnahme in der Zwangsverwaltung werden die 13.145

---

113 OLG Saarbrücken, Rpfleger 1993, 80.

Pfändungsgläubiger verdrängt. Dies gilt auch für die Pfändung aufgrund enes dinglichen Titels, § 1147 BGB.

dd) Pfändung eines dinglichen Gläubigers

13.146 Der Hypotheken- oder Grundschuldgläubiger kann sich sowohl aus dem Grundstück selbst als auch aus den Gegenständen, auf die sich die Hypothek erstreckt, befriedigen. Während bei einer Pfändung aufgrund eines persönlichen Titels der Rang mehrerer Pfändungen nach dem Prioritätsprinzip geregelt wird, geht auch eine spätere Mietpfändung aufgrund eines dinglichen Titels[114] einer früheren Mietpfändung aufgrund eines persönlichen Titels im Range vor, § 865 ZPO.[115] Die Pfändung der Miete aufgrund eines dinglichen Titels ist in jedem Falle billiger als die Zwangsverwaltung und sollte zunächst neben der Zwangsversteigerung immer erfolgen. Gelingt dem Gläubiger durch diese Pfändung zumindest die Einziehung einiger Monatsmieten, kann er diese auf diejenigen Teile seiner Forderung verrechnen, deren Sicherung auch in der Zwangsversteigerung nicht einwandfrei feststeht.

ee) Pfändung mehrerer Gläubiger

13.147 Konkurrieren mehrere Pfändungen, gilt:

- ein dinglicher Gläubiger verdrängt den persönlichen Gläubiger;
- dingliche Gläubiger untereinander werden nach dem Range ihres Rechtes am Grundstück berücksichtigt.

13.148 Beispiel:

Im Grundbuch sind eingetragen:
- erstrangig der Gläubiger A mit einer Grundschuld von 20.000,- €
- nachrangig der Gläubiger B mit einer Grundschuld von 50.000,- €

Die Miete wird gepfändet:
- von dem persönlichen Gläubiger C am 17.1.2006
- von dem Grundschuldgläubiger B am 18.2.2006
- von dem Grundschuldgläubiger A am 7.3.2006

Lösung:
Die Miete für den Monat Januar 2006 wird sicherlich bereits an den Eigentümer ausgezahlt sein.
Die Miete für den Monat Februar ist an den Pfändungsgläubiger C auszuzahlen.

---

114 OLG Saarbrücken, Rpfleger 1993, 80.
115 *Stöber*, Forderungspfändung, Rdn. 232.

Die Miete für den Monat März ist ebenfalls noch an den Pfändungsgläubiger C auszuzahlen. Eine rangbessere Pfändung hat erst Wirkung ab dem folgenden Kalendermonat, § 1124 Abs. 2 Hs. 2 BGB.
Die Miete für den Monat April ist an den Grundschuldgläubiger A auszuzahlen. Die Pfändung durch den Grundschuldgläubiger B erfasst gegenüber dem Pfändungsgläubiger C die Miete erst ab dem Monat April, da seine Pfändung erst nach dem 15. Tage des Monats wirksam wurde. Der rangbessere dingliche Gläubiger A verdrängt jedoch den Gläubiger B, da dessen Pfändung vor dem 15. des Monats wirksam wurde und er bereits auf die Miete ab dem nächsten Monat Zugriff nehmen kann.

Abwandlung: 13.149
Der persönliche Gläubiger C beantragt am 15.2.2006 die Anordnung der Zwangsverwaltung, die am 20.2.2006 wirksam wird.

Lösung:
Die Beschlagnahme in der Zwangsverwaltung durchbricht die einzelnen Mietpfändungen.[116] Da die Beschlagnahme jedoch erst nach dem 15. Tage des Monats Februar 2006 erfolgte, ist erst die Miete ab dem Monat April 2006 an den Zwangsverwalter zu zahlen. Der persönliche Gläubiger C kann damit die Miete für den Monat März noch einziehen und auf seine Forderung verrechnen, hat aber im Übrigen erreicht, dass die Pfändungen der dinglichen Gläubiger A und B durch Anordnung der Zwangsverwaltung nicht zum Tragen kommen.

ff) **Zahlungsverbot**

Mieter oder Pächter zahlen so lange mit befreiender Wirkung an den 13.150 Eigentümer oder einen Pfändungsgläubiger, bis sie Kenntnis von der Beschlagnahme erlangt haben. Auf Antrag des Gläubigers kann das Versteigerungsgericht dem Drittschuldner verbieten, an den Schuldner weiterhin Zahlungen zu leisten, § 146 Abs. 1, § 22 Abs. 2 ZVG. Nach dieser Vorschrift hat der Gläubiger auch das Recht, bereits vor der Beschlagnahme den Mieter oder Pächter entsprechend zu informieren. Die Vorschriften des § 845 ZPO (vorläufiges Zahlungsverbot) finden entsprechende Anwendung, § 22 Abs. 2 S. 3 ZVG.[117]

VI. Einstweilige Einstellung

1. Einstellungsgründe nach der ZPO

Das Vollstreckungsgericht hat die Zwangsverwaltung einzustellen, wenn 13.151 diese durch das Prozessgericht angeordnet wurde, §§ 769, 771 ZPO. Eingestellt oder aufgehoben werden kann das Verfahren auch über §§ 775, 776 ZPO.[118]

---

116 Vgl. LG Braunschweig, ZIP 1996, 193.
117 Dassler/*Muth*, § 22 Rdn. 10; *Böttcher*, § 22 Nr. 3c.
118 *Stöber*, § 146 Rdn. 6.2.

13.152 Der Schuldner hat auch das Recht, in besonderen Ausnahmefällen einen Vollstreckungsschutzantrag nach § 765a ZPO zu stellen, z.B. zur Durchsetzung eines notwendigen Unterhaltsanspruchs § 149 Abs. 3 ZVG.[119]

2. Einstellungsgründe nach dem ZVG

a) Einstellung von Amts wegen

13.153 Sofern ein der Zwangsverwaltung entgegenstehendes Recht oder eine Verfügungsbeschränkung oder ein Vollstreckungsmangel aus dem Grundbuch ersichtlich ist, muss das Zwangsverwaltungsverfahren eingestellt oder aufgehoben werden, § 161 Abs. 4, § 28 Abs. 1 u. 2 ZVG (z.B. das Besitzrecht eines Dritten oder der Eigentumswechsel, auch der Eigentumswechsel durch Zuschlag in der parallel laufenden Zwangsversteigerung, vgl. hierzu Rdn. 13.312, nicht aber z.B. Veräußerungsverbote, vgl. hierzu Rdn. 13.7 ff.).

b) Einstellung auf Antrag des Schuldners

13.154 Im Gegensatz zur Zwangsversteigerung finden die dortigen besonderen Einstellungsmöglichkeiten nach §§ 30a, c ZVG in der Zwangsverwaltung keine Anwendung.[120]

c) Einstellung auf Antrag des Gläubigers

13.155 Ob der die Zwangsverwaltung betreibende Gläubiger das Verfahren einstweilen einstellen kann, § 30 ZVG, ist **streitig**.[121] Grundsätzlich ist das Zwangsverwaltungsverfahren einstellungsfeindlich, da es auf Einziehung der laufenden Nutzungen gerichtet ist und somit nur ständig fortgeführt werden kann.

13.156 Die für die Zwangsversteigerung geltende Vorschrift des § 30 ZVG kann in der Zwangsverwaltung allenfalls entsprechend angewandt werden. Wenn das Verfahren eingestellt wird, muss der Gläubiger zur Fortsetzung des Verfahrens keine 6-Monats-Frist einhalten, § 31 ZVG, es erfolgt seitens des Vollstreckungsgerichts auch keine Belehrung über den Fortsetzungsantrag. Der Gläubiger kann die Zwangsverwaltung daher auch mehr als zweimal einstweilen einstellen lassen, § 30 Abs. 1 S. 3 ZVG gilt insoweit nicht.[122]

13.157 Eine einstweilige Einstellung durch den Gläubiger – wenn sie zugelassen wird – bewirkt nur die Einstellung seines Einzelverfahrens. Wird die Zwangsverwaltung von mehreren Gläubigern betrieben, läuft das Verfahren ansons-

---

119 *Stöber*, § 146 Rdn. 6.5; Steiner/*Storz*, § 30a Rdn. 75.
120 Dassler/*Muth*, § 30a Rdn. 3.
121 Ja: *Drischler*, JurBüro 1964, 471 ff.; *ders.*, RpflJB 1971, 316 ff.; *Muth*, 7 Z Rdn. 16; nein: *Stöber*, § 146 Rdn. 6.6; Steiner/*Storz*, § 30 Rdn. 15.
122 *Stöber*, § 146 Rdn. 6.7.

ten weiter. Aber auch wenn die Zwangsverwaltung insgesamt vorübergehend einstweilen eingestellt wurde, wird das Verfahren nicht aufgehoben.

Der Zwangsverwalter bleibt nach wie vor im Amt, er darf jedoch entsprechend dem aufgestellten Teilungsplan an die Berechtigten keine Auszahlung vornehmen. Die Beträge, die dem betreibenden Gläubiger zustehen, der das Verfahren hat einstweilen einstellen lassen, sind zu hinterlegen. **13.158**

Über die Fortsetzung des Verfahrens muss das Gericht unter Berücksichtigung der Umstände des Einzelfalles entscheiden. **13.159**

3. Einstellung durch den Insolvenzverwalter

Mit Inkrafttreten der InsO am 1.1.1999 gelten die neuen Vorschriften §§ 153b, 153c ZVG. Der Insolvenzverwalter kann zum Schutz der von ihm verwalteten Masse ein Zwangsverwaltungsverfahren ganz oder teilweise einstweilen einstellen lassen. Voraussetzung ist die Eröffnung des Insolvenzverfahrens und eine parallel laufende Zwangsverwaltung, unabhängig davon, welches Verfahren zuerst angeordnet wurde. Die Vorschriften gelten auch im Verbraucherinsolvenzverfahren.[123] Hierbei kommt es auch nicht darauf an, ob das Zwangsverwaltungsverfahren von einem persönlichen oder dinglichen Gläubiger beantragt wurde; für den persönlichen Gläubiger gilt jedoch möglicherweise bereits das durch die Insolvenzeröffnung wirkende Vollstreckungsverbot und die Rückschlagsperre nach §§ 88, 312 Abs. 1 S. 3 InsO (vgl. hierzu Rdn. 9.167 und 10.102). **13.160**

Mit der Antragstellung muss der Insolvenzverwalter glaubhaft machen, dass die laufende Zwangsverwaltung eine wirtschaftlich sinnvolle Nutzung der Insolvenzmasse wesentlich erschwert. Eine solche wesentliche Erschwerung der Nutzung, die über die üblicherweise auftretenden Schwierigkeiten im Falle beider parallel laufenden Verfahren auftreten, könnte z.B. dann vorliegen, wenn ein Sanierungskonzept oder die Abwicklung eines Insolvenzplans gefährdet wird. Die wirtschaftliche Minderung der Wertigkeit des Grundbesitzes und der Zubehörgegenstände muss der Insolvenzverwalter hinnehmen, da dies nicht als wesentliche, sondern als übliche Erschwerung angesehen werden muss.[124] **13.161**

Vor der Beschlussfassung hat das Vollstreckungsgericht sowohl den Zwangsverwalter als auch die betreibenden Gläubiger zu hören, § 153b Abs. 3 ZVG.

Die Einstellung ist von Amts wegen immer mit dem Vorbehalt zu versehen, dass die Insolvenzmasse für die Nachteile des Gläubigers aus der Zwangsverwaltung einsteht, § 153b Abs. 2 ZVG. Wird das Zwangsverwaltungsverfahren ganz oder teilweise eingestellt, kann der Verwalter aus den Nutzungen keine Zahlungen mehr an die Gläubiger leisten. Dieser Nachteil **13.162**

---

123 *H/W/F/H*, § 153b Rdn. 2.
124 Vgl. *Hintzen*, Rpfleger 1999, 256; *Stöber*, NZI 1998, 108; *Wenzel*, NZI 1999, 101.

ist durch laufende Zahlungen aus der Insolvenzmasse auszugleichen. Es erfolgen somit die Zahlungen in demselben Umfang wie sie der Gläubiger in der Zwangsverwaltung erhalten hätte, nur jetzt durch den Insolvenzverwalter. Es sind insbesondere diejenigen **Zinsen** zu zahlen, die auch in der Zwangsverwaltung gezahlt worden wären. Hierbei handelt es dann um Masseverbindlichkeiten, § 55 Abs. 1 Nr. 1 InsO. Zur Frage der Zinszahlung und Zinshöhe vgl. Rdn. 11.392.

13.163 In dem ebenfalls neu eingefügten § 153c ZVG wird dem betreibenden Gläubiger aus der Zwangsverwaltung das Antragsrecht eingeräumt, die Aufhebung der Einstellung zu erwirken, wenn

- die Voraussetzungen weggefallen sind oder
- die Auflagen nach § 153b Abs. 2 ZVG nicht beachtet wurden, oder
- der Insolvenzverwalter stimmt der Aufhebung selbst zu.

13.164 Es gibt somit keine ausdrückliche Befristung der Verfahrenseinstellung und auch keine Frist zur Stellung des Fortführungsantrages.

13.165 Die Entscheidungen sind unanfechtbar, die sofortige Beschwerde ist nicht vorgesehen. Gegen die Entscheidung des Rechtspflegers bleibt nur die sofortige Erinnerung, § 11 Abs. 2 RPflG.[125]

13.166 Ohne förmliche Aufhebung enden die Wirkungen der Einstellung mit Beendigung des Insolvenzverfahrens, § 153c Abs. 2 S. 2 ZVG, also mit Aufhebung, §§ 200, 258 InsO, oder mit Verfahrenseinstellung, §§ 207, 211 ff. InsO.

13.167 Mangels ausdrücklicher Regelung hat der **vorläufige Insolvenzverwalter** (vorläufige Treuhänder) kein Antragsrecht (anders der vorläufige Insolvenzverwalter für die einstweilige Einstellung in der Zwangsversteigerung, § 30d Abs. 4 ZVG).[126]

VII. Zwangsverwalter

1. Fremdverwalter

a) **Qualifikation**

13.168 Nach § 1 Abs. 2 ZwVwV ist als Verwalter eine **geschäftskundige natürliche** Person zu bestellen, die nach **Qualifikation** und vorhandener **Büroausstattung** die Gewähr für die ordnungsgemäße Gestaltung und Durch-

---

125 Nach *Stöber,* § 153b Rdn. 8 findet die sofortige Beschwerde statt, da im Gesetz kein Ausschluss erfolgt ist; die grundsätzliche Regelung in § 95 ZVG wurde im Gesetzgebungsverfahren übersehen. Dies kann so nicht angenommen werden und widerspricht auch den ausdrücklichen Erörterungen in der Stellungnahme des Rechtsausschusses. Der Gesetzgeber hat offensichtlich bewusst keine Regelung getroffen und so muss angenommen werden, dass die Entscheidung nicht anfechtbar sein soll.
126 So auch *Stengel,* ZfIR 2001, 347, 352; **a.A.** *Gerhardt,* Grundpfandrechte im Insolvenzverfahren, Rdn. 254; *Jungmann,* NZI 1999, 352.

führung der Zwangsverwaltung bietet.[127] Nach § 1 Abs. 3 Satz 1 ZwVwV darf der Verwalter die Verwaltung nicht einem anderen übertragen, das Amt ist **höchstpersönlich** auszuüben (Ausnahme: im Falle der Verhinderung bei unaufschiebbaren Handlungen). Hilfskräfte können nur zu unselbstständigen Tätigkeiten herangezogen werden. Der Verwalter übt seine Tätigkeit als besonderes Rechtspflegeorgan aufgrund eines eigenständigen Rechts aus, das ihm durch die Ernennung nach Maßgabe der gesetzlichen Bestimmungen übertragen wird.

§ 1 Abs. 2 ZwVwV legt die grundsätzlichen Qualifikationsstandards fest; er orientiert sich mit dem Merkmal der „Geschäftskunde" an vergleichbaren Regelungen wie z.B. – für die Bestellung eines Insolvenzverwalters – § 56 InsO. Bei dem Zwangsverwalter muss es sich eine **geschäftskundige, natürliche,** vom Schuldner und von den Gläubigern **unabhängige** Person handeln. Es kann immer nur eine natürliche Person zum Verwalter bestellt werden. Juristische Personen, z.B. eine Treuhandgesellschaft, kommen nicht in Betracht. Unabhängig bedeutet hierbei, dass der bestellte Verwalter nicht bereits im Vorfeld des konkreten Verfahrens beratend oder gutachterlich für den Schuldner oder für einen sonstigen Beteiligten tätig geworden ist. Regelmäßig werden zum Zwangsverwalter bestellt Rechtsanwälte, Wirtschaftsprüfer, Steuer- oder Unternehmensberater.[128] Als nicht „neutral" und damit ungeeignet dürfte der Steuerberater des Schuldners in Betracht kommen[129] oder der Nachlassverwalter, anders jedoch der Insolvenzverwalter eines parallel laufenden Insolvenzverfahrens[130], da hier Interessenkollisionen schon aufgrund der wechselseitigen Aufsichts- und Kontrollmechanismen und der Pflichtstellung in den Verfahren ausgeschlossen sein dürften. **13.169**

Der (nebenberufliche) „Gelegenheitsverwalter" dürfte damit der Vergangenheit angehören. Auch wenn gegenüber dem 1. Diskussionsentwurf „der räumliche Bezug zum Zwangsverwaltungsobjekt" aufgegeben und damit der Einsatz überregional tätiger (und entsprechend erfahrener) Verwalter ermöglicht wurde, darf dieser Gesichtspunkt im Hinblick auf die Erstattung von Reisekosten nach § 21 Abs. 2 ZwVwV nicht völlig vernachlässigt werden. Allerdings sollten sich die Gerichte bei der Auswahl des Verwalters in erster Linie von Kompetenz- und weniger von Kostengesichtspunkten leiten lassen. **13.170**

Der Verwalter muss **geschäftskundig** sein, d.h., er muss qualifiziert, zuverlässig und vertrauenswürdig sein. Er sollte, insbesondere bei Verfahren von größerem Umfang oder rechtlich besonders schwierigen Fällen, eine hinreichende Erfahrung mitbringen bzw. vorweisen können. Der Verwalter hat u.a. die Verpflichtung zur optimalen Nutzung des Grundbesitzes, zur **13.171**

---

127 Hierzu *Förster*, ZInsO 2003, 16 ff.; *H/W/F/H*, § 1 ZwVwV Rdn. 9 ff.
128 Dassler/*Muth*, § 150 Rdn. 2.
129 LG Bonn, MDR 1964, 768.
130 **A.A.** Dassler/*Muth*, § 150 Rdn. 2.

Fortführung von Bauarbeiten und sollte auch die Notwendigkeit zu betriebswirtschaftlichen Entscheidungen realistisch erkennen und durchsetzen. Vielfach sind hierzu betriebswirtschaftliche und unternehmerische Fähigkeiten notwendig, die dem reinen anwaltlichen Beruf mit überwiegend juristischen Kenntnissen nicht typischerweise entsprechen (der Verordnungsgeber spricht in § 17 Abs. 3 ZwVwV selbst von Steuerberatern oder Berufen ähnlicher besonderer Qualifikation). Bei dem Nachweis der notwendigen **rechtlichen Qualifikation** ist insbesondere darauf zu achten, dass die zu bestellende Person über die erforderlichen Rechtskenntnisse verfügt.[131]

13.172 Neben der persönlichen Qualifikation und der Eignung für den Einzelfall muss der Zwangsverwalter über ein eingerichtetes Büro zur Durchführung einer Verwaltung verfügen, d.h., er muss über den **technischen Apparat** und **personelle Ressourcen** verfügen, die ihn zu einer geordneten und sachgerechten Abwicklung einer Zwangsverwaltung befähigen[132]. Auch muss die Erreichbarkeit des Zwangsverwalters oder zumindest eines qualifizierten Mitarbeiters während allgemein üblicher Bürozeiten für Anliegen der Beteiligten, insbesondere der Mieter gewährleistet sein. Ebenfalls muss das Personal mit den rechtlichen und tatsächlichen Bedingungen einer Zwangsverwaltung vertraut sein.

13.173 Nach § 1 Abs. 2 ZwVwV muss der Verwalter auch über die notwendige **Buchhaltungsqualifikation** verfügen. Diese sollte auch bei seinen Mitarbeitern vorhanden sein.

13.174 Neu ist die Verpflichtung des Verwalters zum Abschluss einer **Haftpflichtversicherung** über mindestens 500.000,– € auf eigene Kosten[133] (vgl. § 21 Abs. 3 S. 1 ZwVwV), deren Abschluss bislang in das Ermessen des Gerichtes gestellt war. Eine Sammelversicherung für sämtliche Zwangsverwaltungsverfahren dieses Verwalters ist ausreichend; nicht erforderlich ist eine Einzelversicherung für jedes einzelne Verfahren. Nur die im Einzelfall auf gesonderte gerichtliche Anordnung erforderliche höhere Sonderversicherung geht zulasten der Masse (vgl. § 21 Abs. 3 S. 2 ZwVwV). Das Gericht sollte sich die Existenz einer solchen Versicherung einmal jährlich von allen bei ihm tätigen Verwaltern nachweisen lassen.

b) **Bestellung des Verwalters**

13.175 Nach Anordnung der Zwangsverwaltung hat das Zwangsversteigerungsgericht einen Zwangsverwalter zu bestellen, § 150 Abs. 1 ZVG. Die **Auswahl** des Zwangsverwalters trifft das Vollstreckungsgericht. An Vorschläge und Anträge zur Person des zu bestellenden Zwangsverwalters ist das Ge-

---

131 *H/W/F/H*, § 1 ZwVwV Rdn. 16; zu steuerrechtlichen Kenntnissen vgl. FG München, Rpfleger 1999, 190.
132 *H/W/F/H*, § 1 ZwVwV Rdn. 17.
133 *H/W/F/H*, § 1 ZwVwV Rdn. 31 ff.

richt nicht gebunden. Zur Übernahme des Amtes kann zwar niemand gezwungen werden, ohne Verwalter kann das Verfahren jedoch nicht durchgeführt werden. Das Gericht muss daher alle erforderlich erscheinenden Maßnahmen zur Bestellung eines Verwalters ergreifen und letztlich den betreibenden Gläubiger zur Benennung einer geeigneten Person unter Hinweis auf die Folgen der Nichtbestellung eines Verwalters auffordern.[134]

Als Legitimationsnachweis wird der bisherige Anordnungsbeschluss ersetzt durch eine gesonderte **Bestallungsurkunde**, § 2 ZwVwV, aus der sich nur noch das Objekt, der Name von Schuldner und Verwalter sowie das Datum der Anordnung ergeben[135]. Damit soll dem Datenschutz Rechnung getragen werden, sodass – wie bislang möglich – nicht auch unbeteiligte Dritte Kenntnis erhalten über die persönlichen Verhältnisse des Schuldners, seine Bankbeziehungen und Objektbelastungen sowie über den betreibenden Gläubiger, ohne dass dafür ein berechtigtes Interesse besteht.

13.176

Der Zwangsverwalter ist für die Erfüllung der ihm obliegenden Verpflichtungen allen Beteiligten gegenüber verantwortlich. Er übt sein Amt selbstständig aus.[136] Da der Verwalter weder einseitig zugunsten des Gläubigers und des Schuldners handelt, noch im Interesse des Staates, entspricht die Neutralitätstheorie[137] am ehesten der Funktion des Verwalters.

13.177

Der Verwalter sollte sein Amt berufsmäßig ausüben. Erstmals hat sich das OLG Koblenz[138] mit der **Bestellungspraxis** von Zwangsverwaltern befasst. Der Senat nimmt in seiner Entscheidung teilweise Bezug auf die Entscheidung des BVerfG[139] zur Vorauswahl von Insolvenzverwaltern. Er kommt aber letztlich zu dem Ergebnis, dass die Entscheidung des BVerfG auf die Bestellungspraxis von Zwangsverwaltern nicht übertragbar sei.[140] Dem ist teilweise zu widersprechen. Das OLG verkennt weithin die Anforderungen an das Zwangsverwaltungsamt. Zwangsverwaltungen sind sowohl in wirtschaftlicher, rechtlicher als auch tatsächlicher Weise in den letzten Jahren derart gestiegen, dass die überwiegende Zahl der Verfahren nur noch von professionellen Zwangsverwaltern durchgeführt werden. Diese veränderte Situation hatte auch der Gesetzgeber erkannt und war einer der

13.178

---

134 LG Tübingen, Rpfleger 1982, 33.
135 *H/W/F/H*, § 2 ZwVwV Rdn. 4.
136 Zur Vertretertheorie, Amtstheorie, Neutralitätstheorie, Organtheorie und zur Theorie „ohne Theorie" vgl. eingehend *Stöber*, § 152 Rdn. 2.
137 *H/W/F/H*, § 150a ZVG Rdn. 18.
138 Rpfleger 2005, 618 mit Anm. *Kirsch* = ZInsO 2005, 1171 mit Anm. *Förster*.
139 BVerfG, NJW 2004, S. 2725 ff.
140 Begründet wird dies u.a. damit, dass damit das Berufsbild eines Insolvenzverwalters nicht mit dem Berufsbild des Zwangsverwalters zu vergleichen ist, wobei das eigenständige Berufsbild des Zwangsverwalters negiert wird. Weiter führt das OLG aus, dass es ein eigenständiges Berufsbild des Zwangsverwalters nicht gibt, im Gegensatz zu den regelmäßig durch Rechtsanwälte wahrgenommenen Tätigkeiten als Insolvenzverwalter. Zur Begründung wird hierbei das unterschiedliche Anforderungsprofil herangezogen, und insbesondere auf die Bestellung von Institutsverwaltern verwiesen, die eben nicht Rechtsanwälte sein müssen.

Auslöser für die Neufassung der ZwVwV. Es ging nicht nur um die Vergütung, sondern auch um die Qualifikation des Zwangsverwalters. Die Eignung eines neuen oder bisher nicht bestellten Zwangsverwalters festzustellen ist für den zuständigen Rechtspfleger oft schwierig, jedoch liefern die in § 1 ZwVwV bestimmten Kriterien Möglichkeiten für eine objektivierte Auswahl. Vielfach ist eine Überprüfung gemachter Angaben nur im Kontakt mit dem Verwalter möglich; auch eine Prüfung der Verhältnisse in dessen Büro kann durchaus sinnvoll sein. So weit möglich, sollten auch Erfahrungen anderer Gerichte, bei denen ein Zwangsverwalter tätig gewesen ist, mit einbezogen werden. Insbesondere dann, wenn ein Verwalter erstmals in einem Gerichtsbezirk tätig werden will, spricht sicherlich nichts dagegen, sich mit anderen Amtsgerichten, an denen der Verwalter bisher tätig gewesen ist, in Verbindung zu setzen und sich über die Zusammenarbeit informieren zu lassen.

13.179 Der Zwangsverwalter wird vom Vollstreckungsgericht bestellt. Er muss bereit sein, dass Amt zu übernehmen, eine Verpflichtung hierzu besteht nicht. Nach Annahme kann der Verwalter das Amt nur aus wichtigem Grund wieder zurückgeben (z.B. Krankheit). Bis zur Bekanntgabe der Entlassung haftet der Verwalter allen Beteiligten für fehlerhafte Amtsführung.

13.180 Formal erfolgt die Bestellung zum Zwangsverwalter mündlich oder durch Aushändigung des Anordnungsbeschlusses, in dem der Verwalter mit vollem Namen und Anschrift aufgeführt ist. Ihm ist als Ausweis eine besondere Bestellungsurkunde zu erteilen, aus der sich das Objekt der Zwangsverwaltung, der Name des Schuldners, das Datum der Anordnung und die Angaben zu seiner eigenen Person ergeben (vgl. § 2 ZwVwV).

c) **Rechtsbehelf**

13.181 Gegen die Bestellung des Zwangsverwalters gibt es keinen Rechtsbehelf, da sie notwendige Folge der Verfahrensanordnung ist. Grundsätzlich kann nur die Verfahrensordnung selbst angefochten werden. Gegen die Auswahl des Verwalters haben jedoch die Gläubiger[141] und Schuldner[142] sowie jeder Beteiligte i.S.d. § 9 ZVG die Möglichkeit der Einlegung eines Rechtsmittels. Einmal die Vollstreckungserinnerung § 766 ZPO, sofern eine vorherige Anhörung nicht erfolgt ist. Darüber hinaus besteht, für den Fall einer erfolgten *vorherigen* Anhörung, die Möglichkeit der sofortigen Beschwerde.

13.182 Die Prüfung der Ermessensentscheidung bei Auswahl durch das Beschwerdegericht beschränkt sich allerdings darauf, ob und inwieweit eine pflichtgemäße Ermessensausübung des Vollstreckungsgerichts vorliegt. Eine weiter gehende Prüfung ist nicht möglich. Der Grund dafür liegt darin, dass die Auswahl des Zwangsverwalters als solche keinen überprüfbaren

---
141 OLG Hamm, Rpfleger 1988, 36.
142 LG Rostock, Rpfleger 2001, 40.

Justizverwaltungsakt i.S.d. § 23 EGGVG darstellt. Es liegt vielmehr ein so genannter *justizfreier Hoheitsakt* vor.[143] Haben Zwangsverwalter und Eigentümer in einem anderen Verfahren wechselseitig Strafanzeige gestellt, genügt dies jedenfalls dann nicht zur Begründung einer ermessensfehlerhaften Bestellung des Verwalters in einem erneuten Verfahren, wenn er die Strafanzeige nicht nur aus Gründen der persönlichen Ehrkränkung gestellt hat. Der Zwangsverwalter ist solange berechtigt, Verwaltungshandlungen vorzunehmen, bis ihm die gerichtliche Mitteilung der Aufhebung der Zwangsverwaltung zugeht.[144]

d) Institutsverwalter

Die in § 150a ZVG aufgeführten Kreditinstitute haben die Möglichkeit, auch die gerichtliche Zwangsverwaltung in eigener Regie zu betreiben.[145] Der Zwangsverwalter ist in diesen Fällen ein **fester Angestellter** des Instituts, gegen dessen Eignung ansonsten keine Bedenken bestehen dürfen, und der abgesehen von den Auslagen keine Vergütung beanspruchen darf. Gleiches gilt für ein 100-prozentiges Tochterunternehmen eines am Grundstück beteiligten Kreditinstituts.[146] Hintergrund ist die Frage der Vergütung. Institutsverwalter haben ihre Tätigkeit vergütungsfrei zu erbringen. Das Gesetz ermöglicht einerseits den in § 150a Abs. 1 ZVG aufgeführten Instituten eine kostengünstige Durchführung der Zwangsverwaltung, wegen der sachlichen Nähe des Verwalters zu dem Gläubigerinstitut ist andererseits dann aber auch die Vergütungsfreiheit als Gegenpol zu den bestehenden Einflussmöglichkeiten vorgesehen. Sinn und Zweck der Regelungen erfassen daher richtigerweise auch Beschäftigte von konzernmäßig mit dem Gläubigerinstitut verbundenen Tochterunternehmen. Auch ist eine besondere Einflussmöglichkeit auf den Verwalter vordergründig.

13.183

Die Bindung des Vollstreckungsgerichts an den Vorschlag der nach § 150a Abs. 1 ZVG Vorschlagsberechtigten setzt unter anderem voraus, dass die als Verwalter vorgeschlagene Person in einem Arbeits- oder Beamtenverhältnis zu dem vorschlagenden Verfahrensbeteiligten steht. Klar und eindeutig hat der **BGH**[147] festgehalten, dass allein ein Vertragsverhältnis zwischen dem Gläubiger und einem Rechtsanwalt, einem Hausverwalter oder einem gewerbsmäßigen Zwangsverwalter hierfür auch dann nicht ausreichend ist, wenn sich der Betroffene gegenüber dem Gläubiger verpflichtet hat, in sämtlichen von dem Gläubiger betriebenen Zwangsverwaltungsverfahren das Amt des Verwalters zu übernehmen.

13.184

---

143 OLG Koblenz, Rpfleger 2005, 618 mit Anm. *Kirsch* = ZInsO 2005, 1171 mit Anm. *Förster;* OLG Düsseldorf, NJW-RR 1996, 1273; Rpfleger 1996, 2522; OLG Koblenz, NJW-RR 2000, 1074 – dort für Konkurs- bzw. Insolvenzverwaltung.
144 LG Rostock, Rpfleger 2001, 40.
145 Hierzu *Weis,* ZInsO 2004, 233.
146 LG Koblenz, Rpfleger 2004, 114 = JurBüro 2004, 151.
147 Rpfleger 2005, 457 mit Anm. *Erler* = NJW-RR 2005, 1299.

13.185 Den Vorschlag kann der Gläubiger bereits mit seinem Anordnungs- oder Beitrittsantrag machen, was auch zu empfehlen ist. Erfolgt der Vorschlag später, muss u.U. der bereits bestellte Zwangsverwalter entlassen werden, was dann aber meistens untunlich ist. Da niemand verpflichtet werden kann, das Amt anzunehmen, muss bei der Anordnung des Verfahrens der Verwalter zunächst vorläufig bestellt werden. Liegen mehrere Vorschläge vor, entscheidet das Vollstreckungsgericht nach freiem Ermessen. Entscheidendes Kriterium kann hierbei nur die **Qualifikation** der Person sein.

13.186 Voraussetzung für die Bestellung eines Institutsverwalters sind[148]:

- Die vorgeschlagene Person muss bei dem Institut, welches den Vorschlag einreicht, fest angestellt sein.
- Der Vorgeschlagene muss die Qualifikation mitbringen, die auch ansonsten für die Bestellung eines Zwangsverwalters gilt. Nach § 24 ZwVwV gelten die Vorschriften der Verordnung nicht, falls der Schuldner zum Verwalter bestellt ist. Die Vorschriften der Verordnung gelten ferner nicht, falls die durch §§ 150, 153, 154 ZVG dem Gericht zugewiesene Tätigkeit nach landesgesetzlichen Vorschriften von einer landschaftlichen oder ritterschaftlichen Kreditanstalt übernommen worden ist. Somit ist im Umkehrschluss eindeutig geregelt, dass die Verordnung auch auf die Institutsverwaltung in vollem Umfange Anwendung findet. Zum Institutsverwalter kann somit nur eine geschäftskundige, natürliche Person bestellt werden, die nach Qualifikation und vorhandener Büroausstattung die Gewähr für die ordnungsgemäße Gestaltung und Durchführung der Zwangsverwaltung bietet. Sofern nicht sichergestellt ist, dass der Mitarbeiter des Instituts über die erforderliche Qualifikation verfügt, und das Institut selbst nicht zugesichert hat, dass dem Mitarbeiter auch die erforderliche Zeit und das notwendige Personal für die Erledigung seiner unabdingbaren notwendigen Aufgaben eingeräumt wird, wird die Institutsverwaltung in Zukunft nur noch ausnahmsweise in Betracht kommen.
- Der Vorgeschlagene muss dem Vollstreckungsgericht gegenüber die nach § 154 Abs. 1 ZVG obliegende Haftung übernehmen. Die Erklärung darf keinerlei Bedingungen enthalten, und muss sich auf sämtliche entstehenden Ansprüche erstrecken.
- Der Vorgeschlagene darf keine Vergütung aus der Masse oder von dem Vollstreckungsschuldner beanspruchen. Die Vergütung übernimmt das Institut, welches den Vorschlag einreicht. Ersetzt werden können dem Institutsverwalter nur Auslagen, die mit der Ausführung seines Amtes verbunden sind, sofern das Institut nicht auch diese Beträge übernimmt.

13.187 Liegen diese Voraussetzungen vor, muss das Gericht den vorgeschlagenen Mitarbeiter grundsätzlich zum Verwalter bestellen.[149]

---

148 Hierzu *H/W/F/H*, § 150a ZVG Rdn. 30.
149 LG Bayreuth, Rpfleger 1999, 459.

Nach Annahme des Amtes hat der Institutsverwalter dieselbe **Stellung** wie der Zwangsverwalter mit allen Rechten und Pflichten. Er steht unter der Aufsicht und unterliegt den Weisungen des Vollstreckungsgerichtes, er kann aus wichtigem Grund entlassen werden. Scheidet das Institut im Laufe der Zwangsverwaltung aus dem Verfahren aus, ist dies jedoch noch kein Grund, den Verwalter abzuberufen. Verliert das Institut während des Verfahrens seine Rechtsstellung durch Ablösung oder Abtretung an einen Dritten, führt dies jedoch regelmäßig zur Entlassung des Verwalters.[150]

13.188

e) Eigenverwalter

Eine weitere Ausnahme ist die Bestellung des Schuldners als Zwangsverwalter bei einem landwirtschaftlichen, forstwirtschaftlichen oder gärtnerischen Grundstück, § 150b ZVG. Bestehen Zweifel an der Eignung und Zuverlässigkeit des Schuldners, ist die Bestellung abzulehnen bzw. der Schuldner wieder abzuberufen.[151]

13.189

Wird der Schuldner zum Zwangsverwalter bestellt, ist weiterhin eine **Aufsichtsperson** zu benennen, § 150c ZVG. Der Schuldner darf als Verwalter über die Nutzungen des Grundstückes und deren Erlös nur mit Zustimmung der Aufsichtsperson verfügen, § 150d ZVG. Darüber hinaus erhält der Schuldner als Verwalter keine besondere Vergütung, § 150e ZVG. Dies kann aber nicht für die Aufsichtsperson gelten. Zwar regelt § 153 ZVG nur die Vergütung für den Zwangsverwalter, jedoch muss dies auch auf die Aufsichtsperson angewandt werden, da diese von der Funktion und der Haftung dem Verwalter weitgehend gleichgestellt ist, vgl. § 153 Abs. 2, § 154 S. 1 ZVG.[152]

13.190

f) Gerichtliche Aufsicht

In der Geschäftsführung wird der Zwangsverwalter durch das Vollstreckungsgericht beaufsichtigt, § 153 Abs. 1 ZVG. Das Gericht kann dem Zwangsverwalter sowohl allgemeine als auch einzelne Anweisungen erteilen, die der Zwangsverwalter zwingend beachten muss. Die Beteiligten des Verfahrens können dem Zwangsverwalter keine Anweisungen erteilen, diese jedoch beim Vollstreckungsgericht anregen.

13.191

Kommt der Zwangsverwalter seinen Pflichten nicht nach, kann gegen ihn ein Zwangsgeld festgesetzt werden, letztendlich kann er auch aus seinem Amt entlassen werden, § 153 Abs. 2 ZVG. Ein neuer Zwangsverwalter ist befugt, den bisherigen auf Ersatz des von diesem zu verantwortenden Gemeinschaftsschaden in Anspruch zu nehmen.[153]

13.192

---

150 Dassler/*Muth,* § 150a Rdn. 14.
151 OLG Hamm, Rpfleger 1988, 36 = NJW-RR 1988, 60.
152 *Stöber,* § 150c Rdn. 3.10; Dassler/*Muth,* § 153c Rdn. 15.
153 BGH, Rpfleger 1990, 381 = MDR 1990, 833.

2. Aufgaben

a) Übersicht

13.193 Die Aufgaben und Pflichten des Zwangsverwalters ergeben sich aus § 152 ZVG i.V.m. der Zwangsverwalterverordnung (ZwVwV).[154] Mit der neuen ZwVwV verfolgte der Verordnungsgeber drei wesentliche Ziele:

- Hauptanliegen ist die Anpassung der seit dem 1.3.1970 unverändert gebliebenen Vergütungssätze an das heutige Preis- und Kostenniveau. Grund für diese Anhebung ist neben der allgemeinen wirtschaftlichen Entwicklung die grundlegende Veränderung von Aufgaben und Verantwortungskreis des Zwangsverwalters: Tätigkeits- und Haftungsbereich haben sich materiell-rechtlich umfassend erweitert, was insbesondere durch die vollzogenen Veränderungen und Neugestaltungen des Miet- und Pachtrechtes zum Ausdruck kommt. Die Anforderungen an die fachliche Qualifikation des Zwangsverwalters sind deutlich höher geworden.

- Ein weiteres wesentliches Regelungsziel ist die Anpassung der Abrechnungs- und Buchführungsregelungen an die weit reichende Professionalisierung der Verwaltertätigkeit. Die Zwangsverwaltung stellt heute oft einen wesentlichen Teil der Berufstätigkeit des Verwalters dar, der zur ordnungsgemäßen, zeitnahen Erledigung seiner Aufgaben einen vollständigen Büroapparat unterhalten und ausgebildete spezialisierte Hilfskräfte zur Erledigung wesentlicher Vorarbeiten heranziehen muss.

- Ein drittes zentrales Anliegen des Verordnungsgebers ist es schließlich, durch sprachliche und systematische Überarbeitung zu einer Straffung und Modernisierung und damit zu einer besseren Verständlichkeit, zu größerer Transparenz und Praktikabilität der Verordnung zu gelangen.

Aufgabenübersicht:

13.194 Zunächst hat der Zwangsverwalter während des Verfahrens zu jeder Zeit **Auskunft** über die von ihm geführten Bücher, Akten oder sonstige Schriftstücke sowie die in seinen Händen befindlichen Einnahmen auf Verlangen vorzulegen und zu erläutern.

13.195 Weitere **Aufgaben** des Zwangsverwalters ergeben sich zu:

---

[154] Neuregelung mit Wirkung ab dem 1.1.2004 aufgrund des § 152a ZVG in der im Bundesgesetzblatt Teil III, Gliederungsnummer 310-14, veröffentlichten bereinigten Fassung, die durch Art. 7 Abs. 23 des Gesetzes vom 17. Dezember 1990 (BGBl I 2847) eingefügt worden ist, in Verbindung mit Art. 35 des Gesetzes vom 13. Dezember 2001 (BGBl I 3574). Gleichzeitig tritt die Verordnung über die Geschäftsführung und die Vergütung des Zwangsverwalters vom 16. Februar 1970 (BGBl I 185), zuletzt geändert durch Art. 9 des Gesetzes vom 13. Dezember 2001 (BGBl I 3574) außer Kraft.

- Auszahlung der Überschüsse aus den Einnahmen der Verwaltung;
- Masseverwaltung, §§ 9, 11, 13 ZwVwV;
- Buchführung, §§ 14, 15 ZwVwV;
- Erstellung der Jahresrechnung, § 14 ZwVwV;
- Erstellung der Schlussrechnung und Endabrechnung, § 14 ZwVwV;
- Inbesitznahme des Grundstückes und Fertigung eines Berichts, § 3 ZwVwV;
- Mitteilung eines Verfügungsverbotes an Dritte bei Beschlagnahme von Forderungen, § 4 ZwVwV;
- Beibehaltung der Nutzungsart des Grundstückes, insbesondere Betriebsfortführung, § 5 ZwVwV;
- neue Miet- oder Pachtverträge abschließen, alte Verträge kündigen oder vorhandene Verträge erfüllen, § 6 ZwVwV;
- Geltendmachung und Durchsetzung der beschlagnahmten Ansprüche, insbesondere die gerichtliche Geltendmachung, § 7 ZwVwV;
- Abschluss einer Versicherung über Gegenstände, die der Zwangsverwaltung unterliegen, § 9 ZwVwV;
- Einholung der Einwilligung des Gerichts, § 10 ZwVwV, zu: wesentlichen Änderungen zu der nach § 5 gebotenen Nutzung; dies gilt auch für die Fertigstellung begonnener Bauvorhaben; vertragliche Abweichungen von dem Klauselkatalog des § 6 Abs. 2; Ausgaben, die entgegen dem Gebot des § 9 Abs. 2 aus bereits vorhandenen Mitteln nicht gedeckt sind; Zahlung von Vorschüssen an Auftragnehmer im Zusammenhang insbesondere mit der Erbringung handwerklicher Leistungen; Ausbesserungen und Erneuerungen am Zwangsverwaltungsobjekt, die nicht zu der gewöhnlichen Instandhaltung gehören, insbesondere wenn der Aufwand der jeweiligen Maßnahme 15 Prozent des vom Verwalter nach pflichtgemäßem Ermessen geschätzten Verkehrswertes des Zwangsverwaltungsobjektes überschreitet, Durchsetzung von Gewährleistungsansprüchen im Zusammenhang mit Baumaßnahmen nach § 5 Abs. 3 ZwVwV.

b) **Inbesitznahme des Grundstücks**

Der Zwangsverwalter hat sich als Erstes den Besitz des Grundstückes zu verschaffen. Den Besitz des Grundstückes erlangt er dadurch, dass er sich den Besitz selbst verschafft, auch gegen den Widerstand des Schuldners.[155]

Weiterhin kann auch das Vollstreckungsgericht dem Zwangsverwalter den Besitz des Grundstückes dadurch verschaffen, dass es dieses dem Verwalter durch einen Gerichtsvollzieher übergibt, § 150 Abs. 2 ZVG. Wider-

---

155 BGH, Rpfleger 1986, 26 = NJW 1986, 858.

stand des Schuldners ist gegebenenfalls gewaltsam zu brechen. Titel hierfür ist der Anordnungsbeschluss mit der Ermächtigung zur Besitzverschaffung.[156]

13.198 Steht das Grundstück allerdings im Besitz eines Dritten, kann der Zwangsverwalter gegen den Willen des Dritten den Besitz nicht erlangen; dies gilt selbst dann, wenn der Verwalter einen richterlichen Durchsuchungsbeschluss erwirkt hat.[157] Ist das Grundstück vermietet oder verpachtet, erlangt der Verwalter nur mittelbaren Besitz, § 152 Abs. 2 ZVG.

13.199 Unterliegt der Zwangsverwaltung nur ein Grundstücksbruchteil, kann der Verwalter nur die Miteigentumsrechte des Schuldners im Rahmen der Gemeinschaft wahrnehmen.

13.200 Einen zivilrechtlich durchsetzbaren Auskunftsanspruch gegen den Schuldner hat der Zwangsverwalter allerdings nicht.[158]

13.201 Nach der Inbesitznahme des Grundstückes obliegt dem Zwangsverwalter insbesondere die Geltendmachung beschlagnahmter Ansprüche und die Umsetzung der für die Verwaltung entbehrlichen Nutzungen in Geld.

13.202 Über die Inbesitznahme hat der Verwalter einen **Bericht** zu fertigen, § 3 ZwVwV. Im Bericht sind festzuhalten:

- Zeitpunkt und Umstände der Besitzerlangung;
- eine Objektbeschreibung einschließlich der Nutzungsart und der bekannten Drittrechte;
- alle der Beschlagnahme unterfallenden Mobilien, insbesondere das Zubehör;
- alle der Beschlagnahme unterfallenden Forderungen und Rechte, insbesondere Miet- und Pachtforderungen, mit dem Eigentum verbundene Rechte auf wiederkehrende Leistungen, sowie Forderungen gegen Versicherungen unter Beachtung von Beitragsrückständen;
- die öffentlichen Lasten des Grundstücks unter Angabe der laufenden Beträge;
- die Räume, die dem Schuldner für seinen Hausstand belassen werden;
- die voraussichtlichen Ausgaben der Verwaltung, insbesondere aus Dienst- oder Arbeitsverhältnissen;
- die voraussichtlichen Einnahmen und die Höhe des für die Verwaltung erforderlichen Kostenvorschusses;
- alle sonstigen für die Verwaltung wesentlichen Verhältnisse.

13.203 Den Bericht über die Besitzerlangung hat der Verwalter bei Gericht einzureichen.

---

156 AG Ottweiler, Rpfleger 1998, 533; Dassler/*Muth,* § 150 Rdn. 10.
157 OLG Koblenz, Rpfleger 1985, 411.
158 LG Berlin, Rpfleger 1993, 123 = MDR 1993, 274.

c) Aufgaben im Einzelnen (alphabetisch)

aa) Abrechnung der Betriebskosten

Zur Abrechnung der Nebenkosten (z.B. für Wärme, Strom, Wasser, Kanalisation, Straßenreinigung, Müllabfuhr, Gartenpflege, Hausreinigung, Schornsteinfeger, Entwässerung, zentrale Heizungsanlage, Sach- und Haftpflichtversicherung, Gemeinschaftsantennen, öffentliche Lasten, vor allem Grundsteuern) ist der Zwangsverwalter wie jeder Vermieter gesetzlich nach §§ 556 ff. BGB verpflichtet. Die Nebenkostenabrechnung erfolgt für Gewerberaum in der Regel nach Vertrag, für Wohnraum nach § 556 Abs. 3 BGB jährlich, spätestens binnen eines Jahres nach der Abrechnungsperiode, § 556 Abs. 3 Satz 2 BGB.

13.204

Der Zwangsverwalter hat die Betriebskosten für ein Mietobjekt auch für solche Abrechnungszeiträume abzurechnen, die vor seiner Bestellung liegen, sofern eine etwaige Nachforderung von der als Beschlagnahme geltenden Anordnung der Zwangsverwaltung erfasst wird (§ 1123 Abs. 2 Satz 1 BGB; §§ 21, 148 Abs. 1 Satz 1 ZVG). Soweit der Zwangsverwalter zur Abrechnung verpflichtet ist, hat er auch ein etwaiges Vorauszahlungsguthaben an den Mieter auszuzahlen; dies gilt auch dann, wenn ihm die betreffenden Vorauszahlungen nicht unmittelbar zugeflossen sind. Mit diesen Grundsätzen hat der **BGH**[159] die bisher unterschiedlich beantwortete Frage, in welchem Umfang ein Zwangsverwalter zur Abrechnung von Nebenkosten für die vor seiner Bestellung liegende Zeit verpflichtet ist, abschließend geregelt. Wenn also die Fälligkeit der Abrechnung in das zurückliegende erste Jahr fällt, dann kann der Zwangsverwalter sogar verpflichtet sein, die Periode des vorletzten Jahres abzurechnen. Da der Mieter bei rückständiger Nebenkostenabrechnung ein **Zurückbehaltungsrecht** an den Vorauszahlungsbeträgen geltend machen kann, § 556b Abs. 2 BGB, muss der Zwangsverwalter unabhängig von der Frage der rechtlichen Verpflichtung die Nebenkosten berechnen. Ist eine ordnungsgemäße Abrechnung rein faktisch unmöglich, bleibt nur eine vergleichsweise Regelung mit dem Mieter.[160] Der Zwangsverwalter ist aber nicht verpflichtet, für länger zurückliegende Zeiträume die Betriebskosten abzurechnen, wenn eine Nachzahlungspflicht des Mieters nicht ersichtlich ist.[161]

13.205

Die Pflicht des Zwangsverwalters zur Erteilung einer Betriebskostenabrechnung endet mit der Aufhebung der Zwangsverwaltung, selbst wenn er während der Zwangsverwaltung Betriebskostenvorschüsse vereinnahmt hat.[162] Fällt das Ende der Zwangsverwaltung in eine noch laufende Abrechnungsperiode, dann obliegt die daraus resultierende Nebenkostenabrech-

13.206

---

159 Rpfleger 2003, 456 mit Anm. *Haut,* S. 602; vgl. auch LG Berlin, GE 2003, 51 und LG Potsdam, WuM 2001, 289.
160 *H/W/F/H,* Handbuch, Kap. 3 Rdn. 39.
161 AG Berlin-Lichtenberg, GE 2005, 493.
162 LG Berlin, GE 2004, 691.

nung dem neuen Vermieter (Ersteher in der Zwangsversteigerung oder wieder der Schuldner). Die Ausschlussfrist des § 556 Abs. 3 BGB gilt dann nicht, wenn die Ursache der verspäteten Erstellung der Betriebskostenabrechnung zwar in der Sphäre des Vermieters (Zwangsverwalters) liegt, dieser aber aufgrund der zeitlichen und rechtlichen Gegebenheiten zur Erstellung der Abrechnung innerhalb der Ausschlussfrist nicht in der Lage war.[163]

bb) Ausgaben der Verwaltung

13.207 Nach § 155 Abs. 1 ZVG hat der Zwangsverwalter aus den Nutzungen des Grundstücks u.a. die Ausgaben der Verwaltung vorweg zu bestreiten (im Einzelnen hierzu Rdn. 13.275). Nach § 9 Abs. 1 ZwVwV hat der Verwalter von den Einnahmen die Liquidität zurückzubehalten, die für Ausgaben der Verwaltung einschließlich der Verwaltervergütung und der Kosten des Verfahrens vorgehalten werden muss. Der Verwalter soll nur Verpflichtungen eingehen, die aus bereits vorhandenen Mitteln erfüllt werden können. Der Wortlaut des § 9 Abs. 2 ZwVwV (... *soll* nur Verbindlichkeiten eingehen, die" ...) lässt es m.E. bei besonders dringenden Maßnahmen zu, dass sich der Verwalter mit einer unbedingten Deckungszusage des Gläubigers begnügt. Die Erfüllung der so eingegangenen Verbindlichkeiten durch Überziehung des Massekontos bedarf nach § 10 Abs. 1 Nr. 3 ZwVwV aber der vorherigen gerichtlichen Zustimmung und sollte deshalb (schon im eigenen Interesse des Verwalters) tunlichst auf absolute Ausnahmefälle beschränkt bleiben.

13.208 Ist Gegenstand der Zwangsverwaltung ein Wohnungseigentum, so gehören zu den Ausgaben der Verwaltung i.S.d. § 155 Abs. 1 ZVG nach einhelliger Meinung die während der Beschlagnahme fällig werdenden Beiträge zu den Lasten des gemeinschaftlichen Eigentums sowie zu den Kosten der Instandhaltung, Instandsetzung, sonstigen Verwaltung und eines gemeinschaftlichen Gebrauchs des gemeinschaftlichen Eigentums gem. § 16 Abs. 2 WEG. Zu den Kosten der sonstigen Verwaltung gehört somit zweifelsfrei auch die dem Wohnungseigentumsverwalter geschuldete Vergütung.[164]

cc) Auskunft

13.209 Der Verwalter ist nach § 16 ZwVwV dem Gericht gegenüber jederzeit auskunftspflichtig. Das Gericht kann mit dem Zwangsverwalter periodische Auskunftserteilung vereinbaren. Die Auskunftspflicht bezieht sich sowohl auf den Sachstand und die Geschäftsführung als auch auf bestimmte konkrete Ereignisse oder Handlungen.

---

163 AG Zwickau, Rpfleger 2005, 101.
164 OLG Hamm, Rpfleger 2004, 369.

Demgegenüber regelt § 13 Abs. 4 ZwVwV den Auskunftsanspruch von Gläubiger oder Schuldner. Dies ist Folge der Umstellung von der in der bisherigen Praxis häufig anzutreffenden quartalsweisen zur jährlichen Rechnungslegung des § 14 Abs. 2 ZwVwV. Hierdurch wird aber nicht die umfassende Auskunftspflicht des Verwalters gemäß § 16 ZwVwV ersetzt. Gläubiger und Schuldner haben keinen Anspruch auf eine umfassende Berichterstattung.

dd) Bauvorhaben

Von Bauvorhaben zu unterscheiden sind zunächst „Ausbesserungen und Erneuerungen" im Rahmen der „gewöhnlichen Unterhaltung". Diese tätigt der Zwangsverwalter im eigenen pflichtgemäßen Ermessen, ohne Zustimmung des Gläubigers oder des Gerichtes, § 1 Abs. 1 ZwVwV. Aber auch bei „gewöhnlichen" Ausbesserungen und Erneuerungen kann es sich um eine „wichtige Maßnahme" i.S.d. § 1 Abs. 1 ZwVwV handeln. Dann sollte der Verwalter zumindest Gläubiger und Schuldner vorher anhören. Wesentliche Ausbau- und Erhaltungsmaßnahmen (z.B. neue Heizungsanlage, kompletter Fensteraustausch, Dachsanierung, Ausbauten oder Anbauten) darf er nur mit Einwilligung des Gerichts ergreifen, § 10 ZwVwV.

Die Regelung in § 5 Abs. 3 ZwVwV sanktioniert die bisherige Praxis und eröffnet dem Zwangsverwalter nunmehr ausdrücklich die wirtschaftlich gebotene Möglichkeit, vom Schuldner begonnene Bauvorhaben fertig zu stellen. Der Regelungsinhalt des bisherigen Abs. 3 (Genehmigung von Nutzungsänderungen und Absehen von Vermietung) findet sich nun in § 10 Abs. 1 Nr. 1 ZwVwV, erweitert um die Genehmigungspflicht für die Vollendung von Bauvorhaben. Bei größeren Instandsetzungsarbeiten oder bei Fertigstellung von Bauvorhaben kann und muss der Zwangsverwalter regelmäßig auf Fachkräfte zurückgreifen (Architekt, Bauingenieur), sofern er nicht selbst insoweit qualifiziert ist. Der Zwangsverwalter nimmt hier im Außenverhältnis die **Rolle eines Bauherrn** ein. Der Verwalter sollte aus Risikosicht für einen ausreichenden **Versicherungsschutz** sorgen (Bauwesenversicherung). Er sollte weiter gegenüber dem betreibenden Gläubiger an eine **Haftungsfreistellung** denken.

ee) Betriebsfortführung

Die auf den ersten Blick eindeutige Bestimmung des § 5 ZwVwV hat schon in der Vergangenheit zu vielfältigen Abgrenzungsproblemen geführt. Ausgangspunkt jeder Betrachtung hat stets die Tatsache zu sein, dass es sich bei der Zwangsverwaltung um eine **Maßnahme der Einzelvollstreckung** handelt. Im Gegensatz zur Vollstreckung im Rahmen der Insolvenz, die das gesamte Vermögen des Schuldners einschließlich seiner vermögenswerten Rechte wie z.B. das Recht am eingerichteten und ausgeübten Gewerbebetrieb umschließt, umfasst die Vollstreckung im Rahmen einer Zwangsverwaltung immer nur einen begrenzten, grundstücksbezogenen Teil des

Vermögens eines Schuldners und entzieht ihn seiner Nutzung. Letztendlich ist der Handlungsspielraum auch dadurch rechtlich und tatsächlich begrenzt, weil die betreibenden Gläubiger jederzeit durch Rücknahme des Antrags die Tätigkeit des Zwangsverwalters beenden können, während diese Disposition den Insolvenzgläubigern im Rahmen der Gesamtvollstreckung entzogen ist.

13.214 Die Auffassungen in Literatur und Rechtsprechung sind unterschiedlich. Die verneinende Auffassung wird damit begründet, dass die Beschlagnahme in der Zwangsverwaltung nur das Grundstück umfasst und nicht den selbstständigen Vermögensbereich eines Gewerbebetriebes. Die Unzulässigkeit gilt auch dann, wenn das Grundstück für den Gewerbebetrieb besonders ausgebaut ist und eine Lösung des Betriebsgrundstückes vom Gewerbebetrieb des Schuldners sich als nicht sachgerecht oder nur schwer durchführbar erweist.[165] Die Fortführung eines Gewerbes soll auch nicht zu den originären Aufgaben eines Zwangsverwalters gehören.[166] *Muth*[167] differenziert in Fortführung eines Gewerbebetriebes (unzulässig) und einer „gewerblichen Tätigkeit" des Verwalters, die er dann für zulässig hält.

13.215 Demgegenüber wird aber auch die Auffassung vertreten, dass die Fortführung eines Gewerbebetriebes zulässig ist, wenn im Einzelfall eine sinnvolle wirtschaftliche Nutzung des Grundstückes nur auf diesem Wege zu erreichen ist.[168] Bejaht worden ist die Fortführung für das Betreiben einer Badeanstalt[169], für den Weiterbetrieb einer Kohlenzeche,[170] Sportanlage mit Bewirtschaftung,[171] Privatkrankenhaus,[172] Betrieb eines Hotels mit Zustimmung des Schuldners,[173] Hotel und Kurklinik,[174] Gästehaus mit Gaststätte,[175] Tankstelle mit Warenshop und Waschanlage.[176]

13.216 Der Zwangsverwalter kann z.B. einen Hotelbetrieb fortführen, wenn sich dies als Fortführung der bisherigen Nutzung darstellt, der Schuldner dem zustimmt und das beschlagnahmte Grundstück die Betriebsgrundlage ist.[177] Grundstücksbezogene Unternehmen, wie etwa Hotel, Gaststätte, Freizeitpark lassen sich einerseits von dem beschlagnahmten Grundstück nicht lösen, andererseits kann auch das Grundstück in der Regel wirtschaftlich sinnvoll nur zu dem Zweck genutzt werden, für das es besonders ein-

---

165 OLG Hamm, Rpfleger 1994, 515.
166 *Stöber*, § 152 Rdn. 6.9; so auch Dassler/*Muth*, § 152 Rdn. 18.
167 In Dassler/*Muth*, § 152 Rdn. 19.
168 LG Trier, Rpfleger 1989, 76; LG Karlsruhe, Rpfleger 1975, 175; OLG Celle, Rpfleger 1989, 519.
169 RGZ 93,1.
170 RGZ 135, 197.
171 OLG Celle, Rpfleger 1989, 515.
172 LG Karlsruhe, Rpfleger 1975, 175.
173 LG Bamberg, Rpfleger 1992, 309.
174 BAG, NJW 1980, 2138.
175 LAG Bremen, DB 1987, 1847.
176 OLG Dresden, Rpfleger 1999, 410 = ZfIR 1999, 226.
177 LG Bamberg, Rpfleger 1992, 309 m. Anm. *Hintzen*.

gerichtet ist. Hierzu stellt der **BGH**[178] klar, dass der Zwangsverwalter befugt ist, einen auf dem beschlagnahmten Grundstück geführten grundstücksbezogenen Gewerbebetrieb des Schuldners fortzuführen, wenn dies zur ordnungsgemäßen Nutzung des Grundstücks erforderlich ist und er dabei nicht in Rechte des Schuldners an Betriebsmitteln eingreift, die unabhängig von ihrer Zugehörigkeit zu dem Gewerbebetrieb absolut geschützt sind.

ff) Buchführung/Rechnungslegung

Die Buchführung der Zwangsverwaltung ist eine um die Solleinnahmen ergänzte Einnahmenüberschussrechnung. Die Aufteilung der Einnahmen und Ausgaben ist in § 15 ZwVwV geregelt. Ausgehend vom Bestand der vorigen Rechnung, der als Einnahme gerechnet wird, werden die Mieten und Pachten und andere Einnahmen aufgeführt, und zwar jeweils nach der Soll-Stellung (vereinbarter Betrag) und dem realisierten Betrag (Ist-Einnahmen). Der Abgleich zwischen Soll- und Ist-Einnahmen ermöglicht die Prüfung, ob die Mieten bzw. Pachten ordnungsgemäß realisiert wurden.

13.217

Die Auflistung der Mieten und Pachten hat für alle Einheiten (Wohnungen, Gewerbeeinheiten) getrennt zu erfolgen, § 15 ZwVwV. Zwischen Miete und Nebenkosten sollte ebenso differenziert werden, wie zwischen Nettoanteil und Umsatzsteueranteil bei gewerblichen Vermietungen.[179]

13.218

Nach § 14 ZwVwV hat der Verwalter jährlich Rechnung zu legen (Jahresrechnung) nach Kalenderjahren. Bei Aufhebung der Zwangsverwaltung legt der Verwalter Schlussrechnung in Form einer abgebrochenen Jahresrechnung. Nach vollständiger Beendigung seiner Amtstätigkeit reicht der Verwalter eine Endabrechnung ein, nachdem alle Zahlungsvorgänge beendet sind und das Konto auf null gebracht worden ist.

13.219

§ 14 Abs. 2 ZwVwV sieht eine *kalenderjährliche* Abrechnung als Regelfall vor. Dies ist sicherlich nicht nur aus gerichtlicher Sicht eine kaum nachvollziehbare Regelung: Bei Gerichten mit einer Vielzahl laufender Zwangsverwaltungsverfahren würde die gleichzeitige Einreichung sämtlicher Jahresabrechnungen im Januar zu einer vorübergehenden Stilllegung der Immobiliarvollstreckungsabteilung führen und die Kapazitäten völlig überfordern. Im eigenen als auch im Interesse der Verwalter sollten deshalb die Gerichte von der Möglichkeit des § 14 Abs. 2 S. 2 ZwVwV Gebrauch und die *verwaltungsjährliche* Rechnungslegung beginnend mit der Grundstücksbeschlagnahme zum Regelfall machen. Die Vorschrift gestattet darüber hinaus, die Rechnungslegungsintervalle (z.B. viertel- oder halbjährlich) flexibel den Erfordernissen jeden Einzelfalles anzupassen. Quartals-

13.220

---

178 Rpfleger 2005, 557 = ZInsO 2005, 771 = ZIP 2005, 1195 = WM 2005, 1418 = NJW-RR 2005, 1175; hierzu auch *Förster*, ZInsO 2005, 746.
179 Hierzu *H/W/F/H*, Handbuch, Kap. 5 Rdn. 67 ff.

abrechnungen empfehlen sich etwa, wenn vom Verwalter eine Umsatzsteuererklärung abgegeben werden muss[180].

13.221 Die **Massekonten** werden regelmäßig als **Rechtsanwaltsanderkonten** geführt, Kontoinhaber ist der Verwalter persönlich (offenes Treuhandkonto). Das Konto ist weder für Gläubiger des Verwalters persönlich noch für Gläubiger der Zwangsverwaltungsmasse pfändbar.[181]

gg) Grundstücksbesichtigung

13.222 Es ist nicht Aufgabe des Verwalters, ein parallel laufendes Zwangsversteigerungsverfahren dadurch zu fördern, dass er Besichtigungstermine mit Bietinteressenten vereinbart und diesen das Objekt zeigt.[182] Hierfür kann er jedenfalls keine erhöhte Vergütung erhalten.

hh) Grundstücksnutzung

13.223 § 5 Abs. 1 ZwVwV („*soll*" statt „*hat*") stellt klar, dass in begründeten Einzelfällen von der bisherigen Nutzungsart abgewichen werden darf. Abs. 2 verlangt nur noch „*grundsätzlich*" eine Vermietung oder Verpachtung. Nach der VO-Begründung ist es damit in Ausnahmefällen denkbar und mit den Verfahrenszielen auch vereinbar, wenn z.B. ein leer stehendes Objekt unentgeltlich überlassen wird (um dadurch Sicherungs- und Bewachungskosten zu sparen) oder wenn (ein sehr praxisrelevanter Fall!) von einer Vermietung wegen eines kurz bevorstehenden Zwangsversteigerungstermins abgesehen wird.

13.224 Nach § 5 Abs. 2 S. 2 ZwVwV ist eine Nutzung durch Vermietung oder Verpachtung ausgenommen, wenn es sich um landwirtschaftlich oder forstwirtschaftlich genutzte Objekte in Eigenverwaltung des Schuldners gemäß § 150b ZVG handelt oder wenn die Wohnräume des Schuldners und seiner Angehörigen betroffen sind, die ihm gemäß § 149 ZVG unentgeltlich zu belassen sind. Da es sich hierbei aber nicht um eine abschließende Aufzählung handelt, muss dem Verwalter ausnahmsweise auch eine kurzfristige Grundstücksnutzung in Eigenregie gestattet sein, um eine Betriebsstilllegung zu vermeiden, die eine spätere Verpachtung wesentlich erschweren oder vereiteln würde.[183]

ii) Haftung

13.225 Der Verwalter ist allen am Verfahren beteiligten Personen i.S.v. § 9 ZVG gleichermaßen gegenüber verantwortlich und verpflichtet. Er hat seine Aufgabe objektiv nach dem Verfahrenszweck der Zwangsverwaltung auszu-

---

180 Vgl. das Protokoll über die Besprechung des Diskussionsentwurfs vom 4.2.2003 zu § 14.
181 Dazu *Hintzen/Förster*, Rpfleger 2001, 399.
182 LG Heilbronn, Rpfleger 2003, 679 mit Anm. *Schmidberger*.
183 So zutreffend: *Deprè/Mayer*, S. 363.

üben und auszufüllen. Er hat das dem Schuldner nach wie vor gehörende Grundstück in seinem wirtschaftlichen Bestand zu erhalten und er hat aus den Erträgnissen des Grundstücks die bestmögliche Befriedigung der Gläubiger zu ermöglichen. Bei der Prüfung einzelner Handlungen des Verwalters durch das Gericht kann dieses jedoch nicht sein Ermessen an die Stelle des Ermessens des Verwalters setzen, für die Ausübung seiner Tätigkeit trägt der Verwalter das volle Haftungsrisiko gegenüber allen Verfahrensbeteiligten. Den Personen gegenüber, die nicht Verfahrensbeteiligte sind, haftet der Verwalter nach allgemeinen Grundsätzen entweder vertraglich oder aus unerlaubter Handlung.[184]

Der Zwangsverwalter muss die **Gefahr** für das seiner Obhut anvertraute Eigentum durch Feststellungen vor Ort aufklären, wenn er nach erhaltenen Hinweisen mit der Möglichkeit zu rechnen hat, dass ein Mieter durch seinen vertragswidrigen Gebrauch der Wohnung den Schuldner nicht unwesentlich schädigt. Versäumt der Zwangsverwalter die für ein wirksames Eingreifen gegen eine Wohnungsverwahrlosung erforderlichen Feststellungen, trifft ihn die Beweislast, dass der bei Aufhebung der Zwangsverwaltung bestehende Verwahrlosungsschaden an der Mietwohnung nicht auf seinem Unterlassen beruht.[185] Der Zwangsverwalter muss insbesondere dafür Sorge tragen, dass die **Steuern** aus den Mitteln entrichtet werden, die seiner Verwaltung unterliegen, andernfalls bei schuldhafter Verletzung dieser Pflichten der Verwalter persönlich für den Schaden haftet.[186]

13.226

Schadensersatzansprüche gegen Zwangsverwalter wegen Pflichtverletzung verjähren in drei Jahren; die Verjährungsfrist beginnt mit der Beendigung der Zwangsverwaltung, spätestens mit Vorlage der Schlussabrechnung, § 62 S. 2 InsO analog.[187]

13.227

jj) Masseverwaltung

Nach § 13 ZwVwV hat der Verwalter den Massebestand von eigenen Beständen getrennt zu halten. Der Verwalter hat für jede Zwangsverwaltung ein gesondertes Treuhandkonto einzurichten, über das er den Zahlungsverkehr führt. Das Treuhandkonto kann insbesondere als Rechtsanwaltsanderkonto geführt werden. Dies gilt auch im Falle einer rechtlich zulässigen Verbindung mehrerer Verfahren gemäß §§ 146, 18 ZVG.[188] Auch in diesen Fällen müssen die Erlöse und Ausgaben getrennt gehalten werden, weil die Verfahren trotz der Verbindung ein unterschiedliches rechtliches Schicksal nehmen können, sodass eine Zuordnung der jeweiligen Positionen zu dem jeweils betroffenen Verfahren möglich sein muss.

13.228

---

184 BGHZ 100, 346 = Rpfleger 1987, 382.
185 BGH, Rpfleger 2005, 616 = NZM 2005, 700.
186 FG München, Rpfleger 1999, 190.
187 LG Würzburg, ZIP 2004, 1380 LS.
188 *Stöber*, § 155 Rdn. 4.4s.

13.229 Der Verwalter hat die allgemeinen Grundsätze einer ordnungsgemäßen Buchführung zu beachten. Die Rechnungslegung muss den Abgleich der Soll-Einnahmen mit den tatsächlichen Einnahmen ermöglichen. Die Einzelbuchungen sind auszuweisen. Mit der Rechnungslegung sind die Kontoauszüge und Belege bei Gericht einzureichen. Hierbei handelt es sich um ein wichtiges Prinzip der Buchführung zwecks Abgleich von Soll- und Ist-Einnahmen, weil nur so die Rückstände schnell ermittelt werden können. Dies ist erforderlich im Hinblick auf § 8 ZwVwV (Einziehung bzw. Verzicht auf die Einziehung von Rückständen) und auf die unterschiedliche Vergütung für tatsächlich gezahlte und nicht gezahlte Mieten nach § 18 Abs. 1 ZwVwV. Bei Großobjekten mit einer Vielzahl von Mietern ist eine gesonderte Mieterübersicht vorzulegen, aus der sich auf einen Blick der jeweilige Saldo des einzelnen Mieterkontos feststellen lässt.

kk) Miete oder Pacht

13.230 Die Zwangsverwaltungsbeschlagnahme umfasst im Gegensatz zum Zwangsversteigerungsverfahren nicht nur die Miet- und Pachtforderungen (§ 21 Abs. 2, § 148 Abs. 1 ZVG) des Schuldners, sondern das ZVG bestimmt auch in § 152 Abs. 2 ZVG die Bindung des Zwangsverwalters an bei Beschlagnahme bestehende Miet- und Pachtverträge über das Grundstück oder Teile davon. In Erfüllung der sich aus § 152 Abs. 1 ZVG und § 5 ZwVwV ergebenden Aufgabenstellung bedeutet dies auch, dass der Zwangsverwalter nicht nur die Miet- und Pachtverträge zu erfüllen hat, sondern auch die daraus fließenden Rechte geltend zu machen hat, insbesondere die Miete einzuziehen und zudem dafür Sorge tragen muss, dass Mieter und Pächter die ihnen aus den Verträgen wie aus dem Gesetz obliegenden Pflichten der Zwangsverwaltungsmasse gegenüber erfüllen.[189] Der Zwangsverwalter tritt in alle bestehenden Verträge ein (Miet-, Pachtverträge, Versicherungsverträge) und er kann neue Verträge bindend abschließen. Er hat das Recht und die Pflicht, alle Handlungen vorzunehmen, die erforderlich sind, um das Grundstück in seinem wirtschaftlichen Bestand zu erhalten und ordnungsgemäß zu benutzen.

13.231 Ist das Grundstück vor der Beschlagnahme einem Mieter oder Pächter überlassen, so ist ein abgeschlossener Miet- oder Pachtvertrag auch dem Zwangsverwalter gegenüber wirksam, § 152 Abs. 2 ZVG. Es genügt aber auch die „Überlassung" des Grundbesitzes, d.h. Gebrauchsüberlassung, z.B. zur vorherigen Renovierung.[190] Der Zwangsverwalter hat somit kein Ausnahmekündigungsrecht gegenüber einem Mieter oder Pächter wie der Ersteher in der Zwangsversteigerung, § 57a ZVG. Soweit solche Verträge rechtsgültig sind, muss der Zwangsverwalter sie erfüllen. Er muss jedoch die Miete bzw. Pacht einziehen. Den Mietern bzw. Pächtern ist daher unverzüg-

---

189 LG Gießen, InVo 1999, 94; *Mohrbutter*, S. 884; *Stöber*, § 152 Rdn. 9.1.
190 LG Osnabrück, KTS 1977, 127.

lich aufzugeben, die Miet- oder Pachtzahlung ab sofort an den Zwangsverwalter zu leisten. Dies alles gilt aber nur, wenn die Verträge mit dem Schuldner geschlossen wurden, nicht wenn der Mieter oder Pächter nicht von dem Schuldner gemietet bzw. gepachtet hat.[191]

Über Räume, die nicht vermietet sind, kann der Zwangsverwalter einen rechtsgültigen Mietvertrag abschließen. Auch nach Beendigung der Zwangsverwaltung gelten diese Mietverträge gegenüber dem Schuldner weiter.[192] Mit dem Schuldner selber soll der Verwalter einen Mietvertrag nur mit Zustimmung des Vollstreckungsgerichts schließen, § 6 Abs. 1 ZwVwV. 13.232

Miet- oder Pachtverträge sowie Änderungen solcher Verträge sind vom Verwalter schriftlich abzuschließen. Nach § 6 Abs. 2 ZwVwV hat der Verwalter in Miet- oder Pachtverträgen zu vereinbaren, 13.233

- dass der Mieter oder Pächter nicht berechtigt sein soll, Ansprüche aus dem Vertrag zu erheben, wenn das Zwangsverwaltungsobjekt vor der Überlassung an den Mieter oder Pächter im Wege der Zwangsversteigerung veräußert wird;
- dass die gesetzliche Haftung des Vermieters oder Verpächters für den vom Ersteher zu ersetzenden Schaden ausgeschlossen sein soll, wenn das Grundstück nach der Überlassung an den Mieter oder Pächter im Wege der Zwangsversteigerung veräußert wird und der an die Stelle des Vermieters oder Verpächters tretende Ersteher die sich aus dem Miet- oder Pachtverhältnis ergebenden Verpflichtungen nicht erfüllt;
- dass der Vermieter oder Verpächter auch von einem sich im Fall einer Kündigung (§ 57a Satz 1 ZVG, § 111 InsO) möglicherweise ergebenden Schadensersatzanspruch freigestellt sein soll.

Hierbei handelt es sich weitgehend um den Regelungsgehalt des § 6 der bisherigen Verordnung. Lediglich die Befristung der vom Verwalter abgeschlossenen Miet- und Pachtverträge auf höchstens ein Jahr wurde ersatzlos gestrichen. Der Wegfall ist Folge der zwischenzeitlich eingetretenen Änderungen des Mietrechtes zum 1.9.2001, wonach Zeitmietverträge über Wohnraum nur noch als so genannte qualifizierte Zeitmietverträge, d.h. bei Vorliegen bestimmter, gesetzlich in § 575 BGB geregelter Gründe seitens des Vermieters, geschlossen werden können.[193] Bei der nach wie vor möglichen Befristung des Miet-/Pachtverhältnisses über Gewerberäume sieht der Verordnungsgeber den nötigen Schuldnerschutz durch das Sonderkündigungsrecht nach § 57a ZVG hinreichend gewahrt. Außerdem kann nach 13.234

---

191 BGH, Rpfleger 1986, 26 = MDR 1986, 140.
192 BGH, Rpfleger 1992, 403 = NJW 1992, 3041; *Stöber*, § 152 Rdn. 9.4; Steiner/*Hagemann*, § 152 Rdn. 149.
193 Nach einem Urteil des AG Neukölln vom 5.5.2003 (10 C 51/03) unterliegt die Verlängerung eines vom Verwalter noch vor 1.9.2001 befristet abgeschlossenen Mietvertrages den zum 1.9.2001 in Kraft getretenen besonderen Beschränkungen des § 575 BGB.

Wegfall des bisherigen § 6 Abs. 1 S. 2 der Verwalter Mietverträge mit dem Schuldner ohne Zustimmung durch das Gericht abschließen.[194] Die Einwilligungsbedürftigkeit seitens des Gerichts für Abweichungen vom Klauselkatalog des § 6 Abs. 2 ZwVwV findet sich in § 10 Abs. 1 Nr. 2 ZwVwV.

13.235 Wird der Mietzins bzw. Pachtzins nicht rechtzeitig bezahlt, ist der Zwangsverwalter berechtigt, die rückständigen Beträge klageweise durchzusetzen; hierzu kann er sich auch eines Rechtsanwalts bedienen.[195]

13.236 Zum Umfang der Prozessführungsbefugnis und der Aktivlegitimation eines Zwangsverwalters von im Eigentum des Vollstreckungsschuldners stehenden Grundstücken, die dieser zusammen mit anderen, von einem Dritten hinzugepachteten Grundstücken zu einem einheitlichen Pachtzins (unter-)verpachtet hat, entschied der **BGH**, das die Befugnisse eines Zwangsverwalters nicht über den Zweck seiner Bestellung hinausgehen dürfen. Die Zwangsverwaltung ist dinglich orientiert und gewährt grundbuchmäßig gesicherten Gläubigern den Zugriff auf eine gesonderte Vollstreckungsmasse. Nur von der Insolvenz wird das gesamte sonstige Vermögen des Schuldners erfasst. Danach ist der Zwangsverwalter hinsichtlich Fremdflächen ungeachtet der Einheitlichkeit des (Unter-)Pachtvertrags nicht aktivlegitimiert.[196]

13.237 In der Zwangsverwaltung aus einem Grundpfandrecht an dem der Gesellschaft vom Gesellschafter überlassenen Grundbesitzes stellt sich für den betreibenden Gläubiger die Frage, ob die Grundsätze zur kapitalersetzenden Gebrauchsüberlassung auch auf das Verhältnis zwischen Zwangsverwalter und Gesellschafter durchschlagen. Der Erfolg der Zwangsverwaltung wäre insoweit erheblich beeinträchtigt, da die Gesellschaft trotz Weiternutzung des Grundstücks für geraume Zeit die Zahlung des Miet- oder Pachtzinses verweigern könnte.[197] Diese Auffassung ist jedoch abzulehnen. Dem Zwangsverwalter stehen die Miet- oder Pachtzinseinnahmen für ein vom Konkurs- oder Insolvenzverwalter unterverpachtetes Betriebsgrundstück auch bei eigenkapitalersetzender Gebrauchsüberlassung zu, sofern die Grundschuld vor Eintritt der Überschuldung der Gesellschaft bestellt wurde[198] (hierzu Rdn. 13.117 ff.).

ll) Mietkaution

13.238 Der Mieter kann eine vor der Beschlagnahme an den Grundstückseigentümer geleistete Kaution auch dann vom Zwangsverwalter zurückverlangen,

---

194 Dass Mietverträge mit dem Schuldner überhaupt rechtlich möglich sind, hat *Eickmann* in ZfIR 2003, 1021 ff., 1024 überzeugend nachgewiesen.
195 OLG Köln, NJW-RR 1987, 593.
196 Rpfleger 2005, 271 = NZM 2005, 352 = MDR 2005, 474 = WM 2005, 474 = ZMR 2005, 285.
197 So LG München, ZIP 1996, 762; OLG Düsseldorf, ZIP 1998, 1910; OLG Köln, ZIP 1998, 1914.
198 BGH, Rpfleger 1999, 138 = ZIP 1999, 65; OLG München, Rpfleger 1997, 177 m. Anm. *Wenzel* = ZIP 1998, 1917.

wenn der Vermieter die Sicherheit nicht an den Zwangsverwalter ausgehändigt hatte.[199] Ebenso hat der **BGH**[200] entschieden, der weiter noch festlegt, dass dies auch dann gilt, wenn für die Verpflichtungen des Zwangsverwalters die Vorschriften des Mietrechtsreformgesetzes vom 19.6.2001 noch nicht heranzuziehen sind. Die Entscheidungen führen zu einem Wertungswiderspruch zu den §§ 392, 1124 Abs. 2, § 1125 BGB und damit zu einer nicht gerechtfertigten Bevorzugung des Mieters gegenüber den die Zwangsverwaltung betreibenden Grundpfandrechtsgläubigern. Ein weiterer Widerspruch ergibt sich in der Behandlung zur Insolvenz (dort nur einfache Insolvenzforderung); weiter wird das Rangprinzip nach §§ 155, 10 ZVG verletzt. Die Ausführungen der Entscheidungen tragen weder dem Sinn und Zweck des Zwangsverwaltungsverfahrens noch der besonderen Stellung des Zwangsverwalters hinreichend Rechnung. Der Zwangsverwalter muss eine Kaution nur dann an den Mieter zurückzahlen, wenn ihm die Kautionssumme vom Vermieter ausgehändigt worden ist. Dies muss der Mieter beweisen.[201]

In Ergänzung seiner Rechtsprechung stellt der BGH[202] fest, dass der Zwangsverwalter einer Mietwohnung dem Mieter eine von diesem an den Vermieter geleistete Kaution nur dann herauszugeben hat, wenn eine derartige Verpflichtung auch den Zwangsvollstreckungsschuldner selbst, der das vermietete Grundstück erworben hat, getroffen hätte. Hat ein Käufer ein vermietetes Grundstück vor dem 1.9.2001 erworben, so ist er dem Mieter gegenüber zur Herausgabe einer von diesem an den Vermieter geleisteten Kaution nur verpflichtet, wenn dem Erwerber die Kaution ausgehändigt wird oder wenn er dem Vermieter gegenüber die Verpflichtung zur Rückgewähr übernimmt (§ 572 S. 2 BGB a.F.). Die Vorschrift des § 566a S. 1 BGB findet auf Veräußerungsgeschäfte, die vor dem 1.9.2001 abgeschlossen worden sind, keine Anwendung. **13.239**

Einer weiteren Entscheidung des BGH[203] (V. Senat) ist als eine Art Korrektiv bzw. Konsequenz der Entscheidungen des Senats für Mietrecht zuzustimmen: Der Anordnungsbeschluss des Vollstreckungsgerichtes stellt einen zur Zwangsvollstreckung geeigneten Titel dar. Als eine der ersten Aufgaben des Zwangsverwalters nach Inbesitznahme des Grundbesitzes ist zu prüfen, ob die Kaution noch vorhanden ist, und diese in jedem Falle sicherzustellen. Der Mieter hat daher dem Zwangsverwalter anzugeben, wann die Kaution, in welcher Höhe an wen gezahlt wurde. Weigert sich der Schuldner, die Kaution **13.240**

---

199 Hans. OLG Hamburg, Rpfleger 2002, 216 mit Anm. *Alff* = NJW-RR 2002, 878 = GE 2002, 127; **a.A.** LG Berlin, GE 2002, 264: Der Zwangsverwalter haftet nur dann auf Rückgewähr der Kaution, wenn sie an ihn weitergeleitet worden ist.
200 Rpfleger 2003, 678; erneut bestätigt Rpfleger 2005, 460 = NJW-RR 2005, 1029 = NZM 2005, 596 = MDR 2005, 980 = ZMR 2005, 603 = GE 2005, 858 und Rpfleger 2006, 30; 2006, 214; ihm folgend OLG Brandenburg, NJOZ 2004, 51.
201 Hierzu ausführlich *Alff/Hintzen*, Rpfleger 2003, 635 ff.
202 Rpfleger 2005, 459 = NJW-RR 2005, 962 = NZM 2005, 639 = MDR 2005, 1044 = GE 2005, 733.
203 Rpfleger 2005, 463 mit Anm. *Schmidberger*.

herauszugeben oder die entsprechenden Auskünfte zu erteilen, muss der Zwangsverwalter mithilfe des Gerichtsvollziehers Zwang anwenden. Zur Zwangsvollstreckung muss dem Gerichtsvollzieher ein vollstreckbarer Titel vorgelegt werden. Hier trifft die Entscheidung des BGH die klare Aussage, dass der Anordnungsbeschluss des Vollstreckungsgerichtes einen zur Zwangsvollstreckung geeigneten Titel darstellt, soweit damit die Aufgaben der Zwangsverwaltung erfüllt werden. Z.B. ist eine vorgefundene Barkaution vom Gerichtsvollzieher wegzunehmen, ebenfalls ein vorgefundenes Sparbuch oder eine entsprechende Bürgschaft. Bei Nichtvorhandensein der Kaution muss der Schuldner entsprechende Auskünfte eidesstattlich versichern.

13.241   Der Zwangsverwalter ist befugt, von dem Schuldner (Grundstückseigentümer) die Überlassung einer vor der Beschlagnahme von einem Mieter des Objekts geleisteten Mietkaution zu verlangen. Der Beschluss über die Anordnung der Zwangsverwaltung, so der BGH, stellt zusammen mit der Ermächtigung des Zwangsverwalters zur Besitzergreifung einen Vollstreckungstitel dar, aufgrund dessen wegen dieses Anspruchs nach § 883 ZPO vollstreckt werden kann.[204]

13.242   Nach Beendigung des Mietverhältnisses darf der Mieter gegen einen Zahlungsanspruch des Zwangsverwalters auf Miete oder Nutzungsentschädigung nicht mit einem Kautionsrückzahlungsanspruch aufrechnen.[205]

mm) Prozessführung

13.243   Dem Zwangsverwalter steht auch die Prozessführungsbefugnis in gesetzlicher Prozessstandschaft für die Durchsetzung der beschlagnahmten Ansprüche zu.[206] Der Verwalter hat die Rechtsverfolgung seiner Ansprüche im Rahmen des pflichtgemäßen Ermessens **zeitnah** einzuleiten, § 7 ZwVwV. Die Rechtsverfolgung durch den Verwalter erstreckt sich auch auf Rückstände nach § 1123 Abs. 1 und 2 BGB und unterbrochene Vorausverfügungen nach § 1123 Abs. 1, §§ 1124 und 1126 BGB, sofern nicht der Gläubiger auf die Rechtsverfolgung verzichtet, § 8 ZwVwV.

13.244   Sind nach Anordnung der Zwangsverwaltung bereits Prozesse, die der Schuldner noch eingeleitet hatte, anhängig, tritt der Zwangsverwalter an die Stelle des Schuldners, wenn der Prozessgegner den Mangel der Prozessführungsbefugnis rügt oder das Prozessgericht eine entsprechende Parteienänderung für zweckdienlich erachtet.[207]

---

204 Die anders lautende Entscheidung des LG Tübingen, Rpfleger 2004, 370 = DGVZ 2004, 142 ist damit überholt.
205 OLG Rostock, MDR 2005, 139; AG Berlin-Charlottenburg, GE 2004, 353.
206 BGH, Rpfleger 1992, 402 = MDR 1992, 1082; OLG Stuttgart, Rpfleger 1992, 124; Dassler/*Muth*, § 152 Rdn. 37.
207 BGH, Rpfleger 1986, 274 = NJW 1986, 3206; *Stöber*, § 152 Rdn. 11.4; Dassler/*Muth*, § 152 Rdn. 39; anders: Steiner/*Hagemann*, § 152 Rdn. 178 „Verfahrensunterbrechung" analog § 239 ZPO.

Die Prozessführungsbefugnis des Zwangsverwalters bleibt auch nach Aufhebung des Verfahrens grundsätzlich erhalten. Die Prozessführungsbefugnis besteht jedoch zunächst nur für Abwicklungshandlungen.[208] Allerdings sind die bisher **strittigen** Ausführungen[209] teilweise überholt durch das Urteil des **BGH**[210] vom 8.5.2003. Wird ein Zwangsverwaltungsverfahren wegen Antragsrücknahme aufgehoben, kann der Zwangsverwalter ohne Ermächtigung im Aufhebungsbeschluss von ihm eingeleitete Zahlungsprozesse wegen beschlagnahmter Ansprüche nicht mehr fortführen. Diese Entscheidung beendet einen jahrzehntelangen Streit in Literatur und Rechtsprechung. Endet die Zwangsverwaltung durch Antragsrücknahme, so erlischt mit dem Aufhebungsbeschluss die aus § 152 Abs. 1, 2. Hs. ZVG abgeleitete Prozessführungsbefugnis des Zwangsverwalters auch für anhängige Prozesse, sofern das Versteigerungsgericht nicht eine Fortdauer im Zusammenhang mit der Aufhebung erkennbar bestimmt. Eine solche Anordnung, dass die Beschlagnahmewirkung in derartig begrenzter Weise aufrechterhalten bleiben soll, ist jedenfalls nach einer Antragsrücknahme unschwer möglich und aus Gründen der Rechtsklarheit unverzichtbar geboten, wenn aus dem Recht des Gläubigers weiter prozessiert werden soll. Dem ist zuzustimmen. Eine solche Anordnung dient der Rechtsklarheit. Zwar mag ein Aufhebungsbeschluss auch ohne sie in Einzelfällen dahin ergänzend ausgelegt werden können, dass der Zwangsverwalter noch zu offensichtlich zweckmäßigen Maßnahmen ermächtigt bleiben soll. Dazu bedarf es jedoch einer hinreichenden Grundlage im Aufhebungsbeschluss selbst.

13.245

Ein Zwangsverwalter, der auf Rückgabe einer Mietsicherheit klageweise in Anspruch genommen wird, ist nach **BGH**[211] zur Führung des Prozesses jedenfalls dann nicht mehr befugt, wenn die Zwangsverwaltung *vor Rechts-*

13.246

---

208 BGH, Rpfleger 1978, 305 = NJW 1978, 1529; BGH, Rpfleger 1993, 211 = NJW-RR 1993, 442; *Hagemann* zu LG Krefeld, Rpfleger 1988, 279; OLG Düsseldorf, Rpfleger 1990, 381 = MDR 1990, 833; AG Bergisch-Gladbach, Rpfleger 1990, 220.

209 Mit der Zustellung des Aufhebungsbeschlusses endet nach einer Entscheidung des LG Frankfurt/Main, Rpfleger 2000, 30 die Befugnis des Zwangsverwalters, neue Prozesse zur Geltendmachung von Ansprüchen aus der Zeit der Beschlagnahme einzuleiten. Konkret endete die Zwangsverwaltung mit dem Zuschlag im Zwangsversteigerungsverfahren; ebenso LG Berlin, GE 2003, 52; das Gleiche gilt aber auch bei Beendigung durch Antragsrücknahme, OLG Frankfurt, InVo 2002, 37, der Zwangsverwalter kann allerdings im Rahmen einer Abwicklungstätigkeit begonnene Prozesse fortführen und neue Prozesse beginnen, soweit es sich um rückständige, auf die Zeit vor dem Wirksamwerden der Aufhebung entfallende Mieten handelt und soweit die notwendigen Ausgaben der Verwaltung und die Kosten des Verfahrens nicht aus einem vorhandenen Barbestand gedeckt werden können; ebenso endet mit Aufhebung der Zwangsverwaltung auch das Recht gegen ihn eine Klage zu erheben, so AG Berlin-Charlottenburg, GE 2000, 1333; hierzu auch *Vonnemann*, Rpfleger 2002, 418.

210 Rpfleger 2003, 457 = WM 2003, 1176 = InVo 2003, 377.

211 Rpfleger 2005, 559 = MDR 2005, 1306.

hängigkeit der Streitsache aufgehoben worden ist. In diesem Fall ist die Klage mangels Prozessführungsbefugnis des als Zwangsverwalter in Anspruch genommenen Beklagten als unzulässig abzuweisen.

13.247 Wird die Zwangsverwaltung über Wohnungseigentum wegen Antragsrücknahme oder Nichtzahlung des Vorschusses durch den betreibenden Gläubiger aufgehoben, verliert der Zwangsverwalter ohne Ermächtigung im Aufhebungsbeschluss nicht nur in Aktivprozessen,[212] sondern auch in Passivprozessen zumindest seit dem Erlass des Aufhebungsbeschlusses die Verfahrensbefugnis für Wohngeldverfahren hinsichtlich der unter Zwangsverwaltung gestellten Wohnungen.[213]

13.248 Ein Zwangsverwalter ist für Anspruch auf Zahlung von Wohngeld und einer Sonderumlage, die während der Zwangsverwaltung entstanden sind und vor deren Beendigung anhängig gemacht wurden, nicht mehr passivlegitimiert, wenn die Zwangsverwaltung aufgehoben ist.[214]

13.249 Steht das Grundstück des Schuldners unter Zwangsverwaltung und hat dieser, zusammen mit anderen, von einem Dritten ein hinzugepachtetes Grundstück zu einem einheitlichen Pachtzins (unter-)verpachtet, dann hat der Zwangsverwalter hinsichtlich der Fremdflächen ungeachtet der Einheitlichkeit des (Unter-)Pachtvertrags keine Prozessführungsbefugnis und keine Aktivlegitimation.[215]

nn) Umgestaltung des Gebäudes

13.250 Das Vorhaben des Zwangsverwalters, ein beschlagnahmtes Gebäude durch Umbau nachhaltig zu verändern oder in die vom Schuldner dem Objekt zugedachte Nutzung in einer Weise einzugreifen, die die wirtschaftliche Beschaffenheit des Grundstücks in ihrem Gesamtcharakter berührt, ist nach **BGH**[216] durch das Vollstreckungsgericht nicht genehmigungsfähig. Der BGH betont in seiner Entscheidung, dass der Zwangsverwalter regelmäßig die Art der Benutzung des Grundstückes, die bis zur Anordnung der Verwaltung bestand, beizubehalten hat. Der Zwangsverwalter ist durchaus berechtigt, vorhandene Baumängel zu beseitigen und das Objekt insgesamt fertig zu stellen, um so die Voraussetzungen für eine spätere Vermietung oder Verpachtung zu schaffen. Ein kompletter Umbau der vorhandenen Anlage führt allerdings zu weit.

---

212 So bereits BGHZ 155, 38.
213 KG, NJW-RR 2004, 1457 = NZM 2004, 639 = ZMR 2004, 776 = GE 2004, 1293.
214 AG Hanau, NZM 2004, 640.
215 BGH, Rpfleger 2005, 271 = NZM 2005, 352 = MDR 2005, 474 = WM 2005, 474 = ZMR 2005, 285 = InVo 2005, 293.
216 BGH, Rpfleger 2005, 210 = NZM 2005, 156 = WM 2005, 244 = InVo 2005, 205 = ZInsO 2005, 86; es ging vorliegend um eine größere Anlage konzipiert für betreutes Wohnen, das Objekt war allerdings noch nicht in Betrieb genommen. Der Verwalter beabsichtigte im Einvernehmen mit dem Gläubiger die Fertigstellung des Gebäudes und den Umbau zu einem Pflegeheim.

Der Zwangsverwalter eines Grundstücks ist zwar verpflichtet, Maßnahmen zur Instandsetzung oder Fertigstellung eines beschädigten oder nicht fertigen Hauses auf dem Grundstück zu ergreifen, um alle nur möglichen Nutzungen aus dem Grundstück herauszuholen. Die Umgestaltung und Veränderung der Substanz des Gebäudes, bei der auch der Nutzungszweck geändert wird, gehört aber nicht zu den Aufgaben des Zwangsverwalters. Daher ist die Einwilligung des Gerichts in die Umgestaltung des Gebäudes nach § 5 Abs. 3, § 6 Abs. 4, § 10 ZwVerwVO (a.F.) zu versagen, wenn die beabsichtigten Maßnahmen zu einer unverhältnismäßigen Belastung des Schuldners führen würden.[217]

13.251

oo) **Umsatzsteuer**

Die Anordnung der Zwangsverwaltung bedeutet für den Schuldner zunächst keine Änderung hinsichtlich seiner Steuerpflicht, z.B. für seine Einkommen- oder Vermögenssteuer. Neben ihn tritt aber nach § 34 Abs. 3 AO der Zwangsverwalter als steuerpflichtiger Treuhänder, soweit die Verwaltung reicht. Der Verwalter ist aber niemals selbst Steuerschuldner. Dies alles ist unstreitig.[218] Neben der Zahlung der Umsatzsteuer für die Fälle gewerblicher Vermietung gehört zu den Aufgaben des Zwangsverwalters auch die Berichtigung des Vorsteuerabzuges, § 15a UStG.[219] Der Verwalter hat daher insbesondere die Umsatzsteuer auf vereinnahmte Mieten oder Pachtansprüche nach der Beschlagnahme einzufordern und als Ausgaben der Verwaltung an das Finanzamt abzuführen, er hat die Umsatzsteuervoranmeldungen und -jahresanmeldungen abzugeben, er muss die Umsatzsteuerbescheide des Finanzamtes prüfen, er muss Steuererstattungsansprüche gegenüber dem Finanzamt geltend machen, er kann auch hinsichtlich der umsatzsteuerfreien Umsätze zur Umsatzsteuer optieren (Vorsteuererstattungsanspruch). Bei der Fortführung eines **Gewerbebetriebs** (hierzu Rdn. 13.213 ff.) ist der Verwalter auch für die Betriebssteuern verantwortlich (z.B. Lohn-, Gewerbe-, Umsatzsteuer, Sozialabgaben).

13.252

Unterliegen mehrere Grundstücke der Zwangsverwaltung, sind die Nutzungen des Grundstücks und die Ausgaben der Verwaltung gemäß § 155 ZVG grundsätzlich für jedes Grundstück gesondert zu ermitteln. Die Umsatzsteuer ist nach BFH deshalb ebenfalls für jedes Grundstück gesondert zu ermitteln und anzumelden.[220]

13.253

pp) **Versicherungen**

Den Zwangsverwalter eines Hausgrundstücks treffen gem. §§ 152, 148 Abs. 2 ZVG die Verkehrssicherungspflichten des Hauseigentümers. Er

13.254

---

217 LG Göttingen, Rpfleger 2004, 113 = InVo 2004, 209.
218 *Onusseit*, ZfIR 2005, 265.
219 Vgl. dazu *H/W/F/H*, § 5 ZwVwV Rdn. 24; § 9 Rdn. 9 ff.
220 Rpfleger 2002, 165 = BB 2002, 288 = DB 2002, 185 = InVo 2002, 167 = ZfIR 2002, 404.

muss das Grundstück in seinem wirtschaftlichen Bestand erhalten und für eine ordnungsgemäße Nutzung Sorge tragen. Der Zwangsverwalter muss daher nach Inbesitznahme des Grundstückes prüfen, ob dieses ausreichend versichert ist.[221] Der Verwalter ist verpflichtet, das Zwangsverwaltungsobjekt nach § 9 Abs. 3 ZwVwV insbesondere gegen Feuer-, Sturm-, Leitungswasserschäden und Haftpflichtgefahren, die vom Grundstück und Gebäude ausgehen, zu versichern, soweit dies durch eine ordnungsgemäße Verwaltung geboten erscheint. Er hat diese Versicherung unverzüglich abzuschließen, sofern Schuldner oder Gläubiger einen bestehenden Versicherungsschutz nicht innerhalb von 14 Tagen nach Zugang des Anordnungsbeschlusses schriftlich nachweisen und der Gläubiger die unbedingte Kostendeckung schriftlich mitteilt. Neu durch den Zwangsverwalter abgeschlossene Verträge binden den Schuldner auch nach der Aufhebung der Zwangsverwaltung.

13.255 Aus Gründen der Rechtssicherheit und -klarheit hält es der Verordnungsgeber für geboten, eine Belehrung über diese Frist in den Anordnungsbeschluss mit aufzunehmen. Aus den gleichen Gründen erscheint es angezeigt, den Anordnungsbeschluss – entgegen der bisherigen Rechtslage[222] – auch dem Gläubiger förmlich zuzustellen. Um dem Verwalter die Fristenkontrolle zu ermöglichen, sollten die Gerichte dem Verwalter den Zustellungszeitpunkt mitteilen. Allein mit der Vorlage des Versicherungsscheins ist im Hinblick auf § 39 Abs. 2 VVG der Versicherungsschutz noch nicht ausreichend belegt; es bedarf auch des Nachweises, dass keine Prämienrückstände bestehen. Obwohl der Verwalter nicht für rückständige Prämien haftet, muss es ihm nach seinem pflichtgemäßen Ermessen gestattet sein, statt einer Neuversicherung durch den Ausgleich der Rückstände zulasten der Masse den Versicherungsschutz wiederherzustellen. Zur Verkürzung der Versicherungslücke sollten die Gläubiger eventuelle Kenntnisse über die Versicherungsverhältnisse und ggf. die unbedingte Kostendeckungszusage bereits mit dem Vollstreckungsantrag bei Gericht einreichen und von diesem mit dem Anordnungsbeschluss an den Verwalter weitergeleitet werden.

13.256 Aus dem Zweck des § 9 Abs. 3 ZwVwV (den Verwalter von einer etwaigen persönlichen Haftung für Versicherungsverbindlichkeiten freizustellen), ergibt sich, dass sich die Kostendeckungszusage nach § 9 Abs. 3 Ziffer 2 ZwVwV nur auf den vom Verwalter **neu** abzuschließenden Vertrag bezieht und nicht auf die aufgrund des alten Vertrages erst künftig fällig werdenden Versicherungsprämien. Für eine bereits bestehende Versicherung haftet der Verwalter niemals persönlich, sondern nur mit der Masse über § 155 Abs. 1 ZVG.[223]

---

221 *Stöber*, § 152 Rdn. 13; Steiner/*Hagemann*, § 152 Rdn. 137, 44.
222 H/W/F/H, § 146 Rdn. 55; Stöber, § 15 Rdn. 47.2.
223 H/W/F/H, § 155 Rdn. 4; *Stöber*, § 155 Rdn. 4.2.

Besonderheiten hinsichtlich der Versicherungspflicht ergeben sich bei der Verwaltung einer WE-Einheit in einer Mehrfamilienhausanlage, die nicht Gegenstand gesonderten Versicherungsschutzes sein kann. Hier entfällt die Versicherungspflicht wegen Unzumutbarkeit bzw. rechtlicher Unzulässigkeit. Bei freistehenden Einfamilien-, Reihen- oder Doppelhäusern in Form von Wohnungseigentum, wo die einzelnen Gebäude gesondert versichert werden können, bleibt die Versicherungspflicht des Verwalters jedoch bestehen.[224]

13.257

Gegenüber einem Mieter, der – ohne dass ihm dies untersagt worden ist – auf dem Garagenhof des Mietshauses sein Auto abgestellt hat, besteht diese Verkehrssicherungspflicht unabhängig davon, ob ihm ein Abstellplatz ausdrücklich mitvermietet worden ist.[225]

13.258

qq) **Versicherungsforderung**

Die Beschlagnahme eines Grundstücks zum Zweck der Zwangsversteigerung umfasst auch eine aufgrund einer vom Zwangsverwalter gemäß § 152 ZVG abgeschlossene Feuerversicherung. Erfolgt die Auszahlung des Versicherungsbetrages an den Zwangsverwalter, erfasst die Beschlagnahme im Wege dinglicher Surrogation den Anspruch des Eigentümers auf Auszahlung nach Beendigung der Zwangsverwaltung.[226] Dieser Anspruch wird vom Ersteher miterworben, wenn er von den Versteigerungsbedingungen mitumfasst ist und im Zuschlagsbeschluss benannt wird. Ist er von den Versteigerungsbedingungen nicht mitumfasst, erwirbt ihn der Ersteher nicht aufgrund eines fehlerhaften rechtskräftigen Zuschlagsbeschlusses, der den frühen, inzwischen durch Zahlung erloschenen Anspruch gegen den Feuerversicherer dem Erwerber zuschlägt.

13.259

rr) **Versorgungsverträge**

Der Zwangsverwalter einer vermieteten Immobilie muss die Miete einziehen und die Mietverträge insgesamt fortführen. Versorgungsverträge (Strom, Gas, Wasser, Fernwärme) wird der Verwalter zunächst übernehmen. Allerdings ist er an die Versorgungsverträge, die der Vermieter geschlossen hat, nicht gebunden, obwohl ihm auch die Versorgung der Mieter obliegt.[227]

13.260

ss) **Vorausverfügung**

Der Zwangsverwalter hat dafür Sorge zu tragen, dass alle der Beschlagnahme unterliegenden Miet- und Pachtansprüche geltend gemacht werden

13.261

---

224 Auch darauf sollte in der gerichtlichen Belehrung hingewiesen werden.
225 OLG Hamm, ZMR 2004, 511.
226 OLG Schleswig, SchlHA 2001, 19 = InVo 2001, 76.
227 *Derleder/Knok*, ZfIR 2005, 235.

(s. hierzu auch Umfang der Beschlagnahme Rdn. 13.115 ff.). Miet- und Pachtzinsen können aber nicht mehr eingezogen werden, wenn sie nicht mehr der Beschlagnahme unterfallen, weil sie aus dem Haftungsverband ausgeschieden sind. Dies gilt insbesondere für mehr als ein Jahr zurückliegenden Fälligkeiten oder wenn der Eigentümer sie bereits eingezogen oder in anderer zulässiger Weise darüber verfügt hat (**Vorausverfügung**). Vorausverfügungen über Miete/Pacht (z.B. Aufrechnung, Abtretung, Verpfändung, Pfändung, Erlass, Stundung, Vorauszahlung des Mietzinses) für die Zeit nach Beschlagnahmeeintritt sind dem Gläubiger gegenüber unwirksam, soweit sie sich auf eine spätere Zeit als den laufenden Kalendermonat beziehen. Erfolgt die Beschlagnahme nach dem 15. eines Kalendermonats, so tritt die Unwirksamkeit für die spätere Zeit ab dem nachfolgenden Kalendermonat ein (§ 1124 Abs. 2 BGB). Der Zeitpunkt der Fälligkeit der Miete oder Pacht hat für die Wirksamkeit einer Verfügung keine Bedeutung, maßgeblich ist allein der Monat, für den die Miete oder Pacht geschuldet wird.

13.262 Zur Geltendmachung der der Zwangsverwaltung unterliegenden Ansprüche nimmt der BGH[228] in seinem Urteil vom 23.7.2003 Stellung. Der Zwangsverwalter ist aktivlegitimiert zur Durchsetzung des Anspruchs auf Nutzungsentschädigung nach § 557 Abs. 1 a.F., § 581 Abs. 2 BGB. In der Sache betont der BGH, dass eine im Zusammenhang mit einem Pachtvertrag getroffene Vereinbarung zwischen dem Verpächter und einer Gesellschaft bürgerlichen Rechts als Pächterin dahingehend, dass die Haftung der Gesellschafter auf das Gesellschaftsvermögen beschränkt sei, keine Vorausverfügung über den Pachtzins i.S.v. §§ 574 a.F., 1124 Abs. 2 BGB darstellt. Die Wirksamkeit von Vorausverfügungen des Vollstreckungsschuldners im Rahmen einer Zwangsverwaltung richtet sich allein nach den Vorschriften der §§ 1124, 1125 BGB, wenn ein Grundpfandgläubiger die Zwangsvollstreckung betreibt. Dies ergibt sich aus der Vorschrift des § 146 ZVG, der auf die §§ 15–27 ZVG verweist. Durch diese Verweisung findet auch § 20 Abs. 2 ZVG Anwendung, der zur Bestimmung des Umfangs der Beschlagnahme über das ZVG hinausgreift und seinerseits auf die Vorschriften des materiellen Rechts über den Haftungsumfang bei Grundpfandrechten verweist. Die Beschlagnahme erfasst danach neben dem Grundstück auch alle gemäß §§ 1120 ff. BGB dem Haftungsverband zugeordneten Gegenstände. Da die Zwangsverwaltung nach § 148 Abs. 1 ZVG auch die Miet- und Pachtzinsforderungen i.S.v. § 1123 BGB erfasst, richtet sich die Wirksamkeit von Vorausverfügungen des Vollstreckungsschuldners nicht nach den §§ 57, 57b ZVG, sondern nach den §§ 1124, 1125 BGB.

---

228 Rpfleger 2003, 600 = NJW-RR 2003, 1308 = NZM 2003, 871 = NZI 2003, 562 = MDR 2003, 1408 = WM 2003, 2194 = ZMR 2003, 827 = GE 2003, 1424 = InVo 2004, 165.

tt) Vorschuss

Reichen die Einnahmen aus den Nutzungen des Grundstückes nicht aus, um die Ausgaben der Verwaltung und die Verfahrenskosten zu zahlen, hat der Zwangsverwalter direkt von dem Gläubiger einen Vorschuss anzufordern oder dem Versteigerungsgericht hierüber rechtzeitig Mitteilung zu machen. Dem betreibenden Gläubiger wird daraufhin aufgegeben, einen entsprechenden Vorschuss zu zahlen, § 161 ZVG. Wird der nötige Geldbetrag nicht gezahlt, kann das Gericht die Zwangsverwaltung aufheben, § 161 Abs. 3 ZVG. Das gilt auch für einen Vorschuss zur Zahlung des Hausgeldes bei der Zwangsverwaltung eines Wohnungseigentums.[229]

13.263

Nach § 10 Abs. 1 Nr. 5 ZwVwV kann der Verwalter mit Zustimmung des Gerichts auch Vorschüsse an Auftragnehmer im Rahmen von z.B. Ausbesserungsmaßnahmen zahlen und ist zudem durch § 11 Abs. 1 ZwVwV ermächtigt, aus vorhandenen Überschüssen auch Vorschüsse zur Erhaltung und Verbesserung des Grundstücks zurückzuzahlen.

13.264

uu) WE-Verwaltung

Der Zwangsverwalter ist der WE-Gemeinschaft gegenüber zahlungspflichtig.[230] Der Verwalter übernimmt alle Rechte und Pflichten des Wohnungseigentümers der Gemeinschaft gegenüber. Er muss insbesondere das monatliche Hausgeld an die Gemeinschaft bzw. den Wohnungseigentümerverwalter zahlen (vgl. hierzu Rdn. 13.20).

13.265

Die Aufgaben des Zwangsverwalters bestehen auch darin, Nutzungen zur Befriedigung des Gläubigers zu erwirtschaften. Dazu muss er das Sondereigentum bewirtschaften, welches allein Nutzungen hervorbringt. Die Verwaltung und Erhaltung des Gemeinschaftseigentums gehören nicht zu seinen Aufgaben. Daher kann der Verwalter, wenn sämtliche Sondereigentumseinheiten einer Wohnungseigentumsanlage unter Zwangsverwaltung stehen, einen externen WE-Verwalter mit der Verwaltung des Gemeinschaftseigentums beauftragen.[231]

13.266

vv) Zubehör

Zubehör sind bewegliche Sachen, die, ohne Bestandteil der Hauptsache zu sein, dem wirtschaftlichen Zweck der Hauptsache zu dienen bestimmt sind und zu ihr in einem dieser Bestimmung entsprechenden räumlichen Verhältnis stehen und im Verkehr außerdem als Zubehör angesehen werden (§§ 97, 98 BGB). Auf Zubehör des Grundstücks erstreckt sich die Beschlagnahme, wenn es in das Eigentum des Eigentümers des Grundstücks gelangt

13.267

---

229 LG Oldenburg, Rpfleger 1987, 326.
230 Hierzu *Wenzel*, ZInsO 2005, 113.
231 AG Strausberg, Rpfleger 2004, 115.

ist, und zwar auch dann, wenn es bei der Beschlagnahme im Eigentum eines Dritten steht, aber nur die Veräußerung erfolgt ist, nicht jedoch auch die Enthaftung aus dem Hypothekenhaftungsverband mit Entfernung oder Aufhebung der Zubehöreigenschaft erfolgt ist (§§ 1121, 1122 Abs. 2 BGB). Keine Zubehöreigenschaft haben Gegenstände, die sich nur vorübergehend auf dem Grundstück befinden, § 97 Abs. 2 Satz 1 BGB, wie z.B. Baumaschinen auf Baustellen oder zum Verkauf bestimmte Ware in einem Lager. Die Zubehörstücke werden nicht von der Haftung frei, wenn der einzige Grundpfandgläubiger ihrem Verkauf – ohne Entfernung vom Grundstück – zugestimmt und den Erlös zu seiner Befriedigung verwendet hat.[232]

13.268 Zubehör sind z.B. Traktor auf einem Bauernhof, Pferde auf einem Gestüt, Bierschankanlage in einer Gaststätte, Baumaterialien zur Errichtung eines Neubaus, Hotelinventar, Kraftfahrzeuge eines Betriebes (nicht aber der Kraftfahrzeugpark eines Speditions- bzw. Transportunternehmens), die Kühlanlage eines Gaststättengroßbetriebes, Maschinen auf einem Betriebsgrundstück (hierzu Rdn. 11.283 ff.).

13.269 Unter **Eigentumsvorbehalt** geliefertes Zubehör ist als Fremdzubehör nicht beschlagnahmt, jedoch erstreckt sich die Beschlagnahme auch auf die Eigentumsanwartschaft des Eigentümers des Grundstücks an diesem Zubehörstück. Tritt der Verkäufer jedoch nach § 449 BGB vom Kaufvertrag zurück, so wird das Anwartschaftsrecht hinfällig, damit wird zugleich die hypothekarische Haftung an der Anwartschaft gegenstandslos und deren Beschlagnahme wirkungslos.[233]

13.270 Die Nutzungen des Grundstückes hat der Zwangsverwalter in Geld umzusetzen (z.B. Früchte, Erzeugnisse). Der Zwangsverwalter darf zwar nicht über das Grundstück verfügen, unbrauchbare oder nicht benötigte Zubehörstücke können jedoch veräußert werden.[234]

ww) **Zustimmungsvorbehalte**

13.271 Diese sind übersichtlich in § 10 ZwVwV zusammengefasst und terminologisch auf die vorherige Zustimmung des Gerichts vereinheitlicht worden. Die Zustimmungsvorbehalte betreffen Erklärungen und Handlungen des Verwalters, die rechtlich als besonders bedeutsam und folgeintensiv zu bewerten sind. Da die Interessen von Gläubiger und Schuldner in solchen Fällen nicht immer einfach und zeitnah festzustellen sind, besteht ein Bedürfnis nach gerichtlicher Legitimierung der Zwangsverwaltertätigkeit durch Zustimmung des Gerichtes nach zwingend vorgeschriebener Anhörung der unmittelbaren Verfahrensbeteiligten (§ 10 Abs. 2 ZwVwV). Die Entscheidungskriterien für die Erteilung der Zustimmung werden bestimmt

---

232 BGH, Rpfleger 1996, 256.
233 BGHZ 35, 85; 75, 221.
234 *Stöber*, § 152 Rdn. 10.3; Steiner/*Hagemann*, § 152 Rdn. 51.

durch den Verfahrenszweck und die berechtigten Interessen/Belange von betreibendem Gläubiger und Schuldner. Das Gericht sollte sich von der Maxime leiten lassen: was wirtschaftlich vernünftig ist, muss rechtlich zulässig sein. Es ist Aufgabe des Verwalters, die wirtschaftliche Sinnhaftigkeit der beantragten Maßnahmen dem Gericht plausibel darzulegen. Kommt es bei besonders bedeutsamen Einzelvorhaben zu gravierenden Meinungsverschiedenheiten, sollte das Gericht die Zustimmung von der Rechtskraft seiner Entscheidung abhängig machen.[235]

Die Zustimmungsfälle des § 10 Abs. 1 Nr. 1 1. Hs. und Nr. 2 bis 4 ZwVwV entsprechen weitgehend der bisherigen Rechtslage. In Nr. 4 wird durch den Bezug auf Nr. 1 und 5 (... *„insbesondere mit der Erbringung handwerklicher Leistungen"*) klargestellt, dass Abschlagszahlungen an Versorgungsträger nicht zu den zustimmungspflichtigen Vorschüssen gehören. Neu sind dagegen die Zustimmungsvorbehalte für

- die Fertigstellung begonnener Bauvorhaben gemäß § 5 Abs. 3 ZwVwV (§ 10 Abs. 1 Nr. 1 2. Hs. ZwVwV);
- Ausbesserungen und Erneuerungen (die nicht zu den gewöhnlichen Instandhaltungen gehören) mit einem Kostenaufwand von mehr als 15 % des nach pflichtgemäßem Ermessen vom Verwalter geschätzten Verkehrswertes des Zwangsverwaltungsobjektes (§ 10 Abs. 1 Nr. 5 ZwVwV);
- die Durchsetzung von Gewährleistungsansprüchen in den Fällen des § 5 Abs. 3 ZwVwV.

Bei der 15 %-Regel im Zusammenhang mit dem geschätzten Kostenaufwand unterstellt der Verordnungsgeber, dass ein professioneller Verwalter den Verkehrswert des von ihm verwalteten Objektes hinreichend sicher einschätzen kann. Teilweise liegen die Bewertungsgutachten aus der Zwangsversteigerung vor. Im Zweifel bleibt dem Verwalter die Möglichkeit, die gerichtliche Genehmigung einzuholen.

3. Verteilung der Nutzungen

Am Ende eines jeden Jahres hat der Zwangsverwalter Rechnung zu legen, § 154 ZVG. Vorgelegt werden muss eine geordnete Zusammenstellung der Einnahmen und Ausgaben nebst den dazu erforderlichen Belegen. Die Rechnung ist dem Gericht und nicht den Beteiligten gegenüber abzugeben. Das Gericht überreicht die Rechnung den Beteiligten zur Stellungnahme.

---

235 Gegen die Entscheidung nach § 10 ZwVwV ist die sofortige Beschwerde nach § 793 ZPO für Gläubiger und Schuldner (nicht für den Zwangsverwalter) gegeben; vgl. OLG Köln, Rpfleger 1999, 502: Dort wurde gegen die Entscheidung nach § 6 Abs. 4 a.F. die sofortige bzw. sofortige weitere Beschwerde für zulässig erachtet; *H/W/F/H,* Einl. Rdn. 39 und § 10 ZwVwV Rdn. 20.

13.275 Aus den Nutzungen des Grundstückes hat der Verwalter vorweg zu bestreiten:

- die Kosten des Verfahrens, § 155 Abs. 1 ZVG;
- die Ausgaben der Verwaltung (Verwaltungs- und Bewirtschaftungskosten und die Verwaltervergütung), § 155 Abs. 1 ZVG;
- die laufenden Beträge öffentlicher Lasten, § 156 Abs. 1 ZVG.

13.276 Erst wenn die Nutzungen höher sind als die zuvor genannten Ausgaben und somit die Mehreinnahmen für andere Ansprüche zu verwenden sind, ist ein Teilungsplan aufzustellen, § 156 Abs. 2 S. 1 ZVG.

13.277 Die Überschüsse werden grundsätzlich auf die Ansprüche verteilt, die nach § 10 ZVG ein Recht auf Befriedigung aus dem Grundstück haben. Entgegen der Handhabung in der Zwangsversteigerung werden die Ansprüche nur in den Rangklassen 1–5 des § 10 Abs. 1 ZVG und darüber hinaus in der zweiten, dritten und vierten Rangklasse nur mit laufenden wiederkehrenden Leistungen berücksichtigt, § 155 Abs. 2 ZVG (vgl. Rdn. 13.61 ff.).

4. Anmeldungen zum Verteilungstermin

13.278 In der Zwangsverwaltung werden die einzelnen Ansprüche der Gläubiger einerseits nur einschränkend berücksichtigt, auf der anderen Seite jedoch überwiegend von Amts wegen in den Teilungsplan aufgenommen, § 155 Abs. 2 ZVG.

13.279 Die Ansprüche der Rangklassen 1 (nicht 1a), 2 und 3 sind grundsätzlich anzumelden, soweit sie nicht bereits als Ausgaben der Verwaltung durch den Zwangsverwalter vorweg berichtigt werden. Ein das Verfahren betreibender Gläubiger in Rangklasse 4 oder 5 muss keine weitere Anmeldung vornehmen, soweit die Ansprüche bereits aus dem Antrag auf Anordnung bzw. Beitritt des Verfahrens ersichtlich sind. Zwecks Berücksichtigung können bzw. müssen darüber hinaus angemeldet werden, § 156 Abs. 2, § 114 ZVG:

- Nebenleistungen der im Grundbuch eingetragenen Rechte, die sich aus dem Grundbuch selbst nicht ergeben;
- alle zur Zeit der Eintragung des Zwangsverwaltungsvermerks im Grundbuch nicht eingetragenen Rechte und Ansprüche;
- Kosten der dinglichen Rechtsverfolgung, § 10 Abs. 2 ZVG, soweit sie zur Geltendmachung bzw. Durchsetzung der in Rangklasse 4 zu berücksichtigenden wiederkehrenden Leistungen erforderlich sind.

13.280 Weitere Beträge, wie

- Kosten der dinglichen Rechtsverfolgung,
- rückständige wiederkehrende Leistungen,
- der Kapitalbetrag der Grundpfandrechte

werden aufgrund formloser Anmeldungen nicht berücksichtigt; wegen dieser Beträge muss das Verfahren betrieben werden. Diese Ansprüche werden nur in Rangklasse 5 berücksichtigt.

Die Anmeldung selbst kann noch im Verteilungstermin erfolgen, eine verspätete Anmeldung wie in der Zwangsversteigerung gibt es in der Zwangsverwaltung nicht. 13.281

Der Vollstreckungsgläubiger sollte darüber hinaus eine Abtretungserklärung oder einen Pfändungs- und Überweisungsbeschluss dem Versteigerungsgericht rechtzeitig vorlegen, damit er als tatsächlicher Berechtigter in den Teilungsplan aufgenommen wird. 13.282

5. Verteilungstermin

Hat der Zwangsverwalter mitgeteilt, dass nach Abzug der vorweg zu berichtigenden Ausgaben Überschüsse zu verteilen sind, bestimmt das Versteigerungsgericht einen Verteilungstermin, § 156 Abs. 2 S. 1 ZVG. Die Terminsbestimmung wird den Beteiligten und dem Zwangsverwalter zugestellt. Der Verteilungstermin selbst ist nicht öffentlich, es nehmen daher hieran nur die Beteiligten des Verfahrens teil. Der Termin wird auch nicht öffentlich bekannt gemacht. 13.283

Wird das Zwangsverwaltungsverfahren nach Erteilung des Zuschlags in einer parallel laufenden Zwangsversteigerung aufgehoben und sind keine Nutzungen aus der Zeit vor Zuschlagswirksamkeit vorhanden, kommt die Aufstellung eines Teilungsplans nach § 156 Abs. 2 ZVG nicht mehr in Betracht[236]. 13.284

6. Teilungsplan

a) Zahlungsanweisung

Im Verteilungstermin wird der Teilungsplan nach Anhörung der anwesenden Beteiligten aufgestellt, § 156 Abs. 2, § 113 Abs. 1 ZVG. Der Teilungsplan gilt grundsätzlich für die gesamte Dauer der Zwangsverwaltung. Der Teilungsplan selbst enthält daher keine Zuteilung bzw. Auszahlungsanordnung an die Berechtigten, er stellt lediglich die gesamte Schuldenmasse fest. 13.285

Es ist Aufgabe des Zwangsverwalters, nach Maßgabe der Rangfolge in dem Teilungsplan die Ansprüche der Berechtigten aus den Überschüssen der Zwangsverwaltung zu befriedigen. 13.286

Die einzelnen Ansprüche werden in den Teilungsplan entsprechend ihrer Rangfolge nach Maßgabe des § 155 ZVG aufgenommen. Die Ausgaben der Verwaltung, die Kosten des Verfahrens (Rangklasse 0) und die laufenden 13.287

---

[236] LG Chemnitz, Rpfleger 2002, 91.

Beträge der öffentlichen Lasten sind nur vorsorglich in den Teilungsplan aufzunehmen, da sie im Übrigen durch den Zwangsverwalter von Amts wegen vorweg zu berichtigen sind, § 155 Abs. 1, § 156 Abs. 1 ZVG.

b) Kapitalzahlung

13.288 Wegen der Ansprüche in Rangklasse 5 muss der Gläubiger das Verfahren betreiben. In dieser Rangklasse wird unter anderem auch der Kapitalbetrag eines Grundpfandrechtes aufgenommen. Sofern genügend Erlösüberschuss vorhanden ist, um auch Zahlungen auf das Kapital einer Hypothek oder Grundschuld leisten zu können, kann der Zwangsverwalter die Zahlung von sich aus nicht vornehmen. Zur Leistung von Zahlungen auf das Kapital eines Grundpfandrechtes hat das Versteigerungsgericht einen Termin zu bestimmen, § 158 Abs. 1 ZVG. Die Terminsbestimmung ist von dem Verwalter zu beantragen.

13.289 Mit Zahlung des Betrages auf den Kapitalbetrag ist das Recht in dieser Höhe erloschen, § 1181 Abs. 1 BGB. Das Versteigerungsgericht hat das Grundbuchgericht um Löschung des entsprechenden Betrages bei dem Grundpfandrecht zu ersuchen, § 158 Abs. 2 ZVG.

c) Beispiel eines Teilungsplans

13.290 Der Teilungsplan ist für das gesamte Verfahren bindend. Er wird nur abgeändert, wenn sich zwingende Änderungen ergeben.

13.291 Beispiel:

Aus dem Grundbuch ergeben sich in der angegebenen Rangfolge:

Abt. II Nr. 1   Wohnungsrecht für B ....eingetragen am 1.2.1995
Abt. II Nr. 2   Zwangsverwaltungsvermerk ....eingetragen am 17.6.2004

Abt. III Nr. 1   100.000,– €   Grundschuld für die A-Bank mit 10 % Zinsen, fällig jeweils am 30.6. und 30.12. eines jeden Jahres für das laufende Kalenderhalbjahr … eingetragen am 18.4.1998

Abt. III Nr. 2   30.000,– €   Grundschuld ohne Brief für die B-Bank mit 10 % Zinsen, kalenderjährlich nachträglich fällig … eingetragen am 18.4.1998

Abt. III Nr. 3   50.000,– €   Hypothek für die C-Bank mit 6 % Zinsen und 4 % Tilgung, zahlbar in gleich bleibenden Raten … eingetragen am 18.4.1998

Das Zwangsverwaltungsverfahren wird **betrieben**

- von dem Gläubiger P wegen eines persönlichen Anspruches über 4.000,– € nebst 5 % Zinsen seit dem 1.2.2004. Die Beschlagnahme ist wirksam geworden am 16.6.2004.
- der B-Bank aus dem Recht Abt. III Nr. 2 wegen des dinglichen Anspruches über 30.000,– € und 10 % Zinsen seit dem 1.7.2002. Die Beschlagnahme ist wirksam geworden am 18.6.2004.

- dem Gläubiger G wegen eines persönlichen Anspruches über 10.000,– € nebst 4 % Zinsen seit dem Tage der Beschlagnahme. Die Beschlagnahme ist wirksam geworden am 20.8.2004.

Das Ersuchen um Eintragung des Zwangsverwaltungsvermerkes ist am 17.6.2004 beim Grundbuchgericht eingegangen, am 16.6.2004 hat der Zwangsverwalter das Grundstück in Besitz genommen.
Das Vollstreckungsgericht hat den **Verteilungstermin** auf den **15.9.2005** anberaumt.
Zum Verteilungstermin liegen folgende **Anmeldungen** vor:
Die C-Bank meldet aus dem Recht Abt. III Nr. 3 Zinsen mit 6 % aus einem Restkapital von 40.000,– € nebst 4 % Tilgung aus einem Betrag von 50.000,– €, jeweils seit dem 1.1.2004, an. Ein Kapitalbetrag von 10.000,– € ist bereits durch den Eigentümer getilgt worden.
Der Eigentümer meldet 6 % Zinsen aus der Eigentümergrundschuld aus dem Recht Abt. III Nr. 3 in Höhe von 10.000,– € an.

Erläuterungen zu den Anmeldungen:

Rangklasse 4:
- Aus dem Wohnungsrecht Abt. II Nr. 1 können keine laufenden Leistungen berücksichtigt werden.
- Die A-Bank hat aus dem Recht Abt. III Nr. 1 keine Anmeldung vorgelegt, es werden daher laufende wiederkehrende Leistungen entsprechend der Fälligkeit seit dem 1.7.2003 berücksichtigt.
- Die B-Bank hat aus dem Recht Abt. III Nr. 2 in dem Beitrittsantrag Zinsen seit dem 1.7.2002 geltend gemacht. Laufende Zinsen können jedoch in der Rangklasse 4 erst ab dem 1.1.2003 berücksichtigt werden. Wegen der älteren Zinsen fällt der Anspruch in Rangklasse 5.
- Die C-Bank hat aus dem Recht Abt. III Nr. 3 Zinsen in Höhe von 6 % aus einem Restkapital von 40.000,– € seit dem 1.1.2004 angemeldet. Im Hinblick auf die Fälligkeit der Zinsen nach § 488 BGB können diese in vollem Umfang berücksichtigt werden. Die Tilgungsleistungen hingegen bleiben unberücksichtigt, deswegen muss der Gläubiger das Verfahren in der Rangklasse 5 betreiben. Die Anmeldung alleine reicht nicht aus.
- In Höhe der Tilgungsleistungen über 10.000,– € aus dem Recht Abt. III Nr. 3 ist eine Eigentümergrundschuld entstanden, der Eigentümer/Schuldner kann hieraus Zinsen verlangen, § 1197 Abs. 2 BGB. Die Zinsen können jedoch nur nachrangig zu dem Recht Abt. III Nr. 3 berücksichtigt werden, § 1176 BGB.

Rangklasse 5:
In der Rangklasse 5 geht unter mehreren Ansprüchen derjenige vor, für welchen die Beschlagnahme früher erfolgt ist. Der Anspruch des persönlichen Gläubigers P ist daher vor dem dinglichen Anspruch der B-Bank aus dem Recht Abt. III Nr. 2 zu berücksichtigen.

Inhalt des Teilungsplans:
1. Aus den Nutzungen des Grundstückes sind **vorweg** zu bestreiten:
2. Die von dem Zwangsverwalter für erforderlich gehaltenen Aufwendungen zur Erhaltung und notwendigen Verbesserung des Grundstückes sowie die Kosten des Verfahrens mit Ausnahme derjenigen, welche durch die Anordnung des Verfahrens oder den Beitritt eines Gläubigers entstanden sind, § 155 Abs. 1 ZVG.

Darüber hinaus sind aus den **Überschüssen** in **nachfolgender Reihenfolge** zu befriedigen:

a) Ansprüche der Rangklassen 1 u. 2 des § 10 ZVG sind bisher nicht angemeldet worden.
b) Laufende Beträge öffentlicher Lasten der Stadt bzw. Gemeinde hat der Zwangsverwalter ohne weiteres Verfahren vorweg aus den Überschüssen zu berichtigen, § 156 Abs. 1 ZVG.

3. Ansprüche der **Rangklasse 4** sind in **nachfolgender Reihenfolge** zu berücksichtigen:

a) A-Bank aus dem Recht Abt. III/1:
10 % Zinsen aus 100.000,– € seit dem 1.7.2003, die Beträge sind jeweils am 30.6. und 30.12. eines jeden Jahres für das laufende Kalenderhalbjahr fällig.
b) B-Bank aus dem Recht Abt. III/2:
10 % Zinsen aus 30.000,– € seit dem 1.1.2003, der Betrag ist jeweils kalenderjährlich nachträglich fällig.
c) C-Bank aus dem Recht Abt. III/3:
6 % Zinsen aus einem Restkapital von 40.000,– € seit dem 1.1.2004, der Betrag ist jeweils jährlich nachträglich fällig (§ 488 BGB).
d) Eigentümer aus dem Recht III/3:
6 % Zinsen aus 10.000,– € seit dem 16.6.2004, ein Fälligkeitszeitpunkt besteht nicht.

4. In **Rangklasse 5** werden die Ansprüche der betreibenden Gläubiger in **nachfolgender Reihenfolge** berücksichtigt:

a) Gläubiger P mit 5 % Zinsen aus 4.000,– € seit dem 1.2.2004, rangfolgend der Hauptanspruch über 4.000,– €.
b) Die B-Bank mit einem Zinsbetrag über 1.500,– € für den Zeitraum vom 1.7.2002 bis 31.12.2002, rangfolgend der Kapitalbetrag über 30.000,– €. Sollte auf den Kapitalbetrag eine Zahlung erfolgen, ist das Vollstreckungsgericht zu benachrichtigen, da gem. § 158 Abs. 1 ZVG hierzu ein besonderer Termin zu bestimmen ist.

7. Rechtsbehelf

a) Beschwerde

13.293 Gegen eine formelle Unrichtigkeit des Teilungsplans kann von den Verfahrensbeteiligten mit der sofortigen Beschwerde (binnen 2 Wochen) vorgegangen werden, § 11 Abs. 1 RPflG, § 793 ZPO.[237] Hierbei kann es sich z.B. darum handeln, dass Zinsen oder Kosten falsch berechnet sind.

13.294 Die Frist für die sofortige Beschwerde beginnt mit der Verkündung des Teilungsplans[238] und nicht mit der Zustellung des Teilungsplans.[239] Der Plan wird nicht zugestellt.

---

237 *H/W/F/H,* § 155 ZVG Rdn. 18; *Stöber,* § 156 Rdn. 5.6 m.w.N.
238 Zum Teilungsplan in der Zwangsversteigerung: SchlHOLG Schleswig, SchlHA 1983, 194; *H/W/F/H,* § 155 ZVG Rdn. 19; *Stöber,* § 113 Rdn. 6.3; Dassler/*Schiffhauer,* § 113 Rdn. 14; Steiner/*Teufel,* § 113 Rdn. 28.
239 OLG Hamm, Rpfleger 1985, 453; *Böttcher,* § 113 Rdn. 10.

Die Beschwerde hat auch keine aufschiebende Wirkung, der Plan ist sofort auszuführen. Eine einstweilige Einstellung kann das Vollstreckungsgericht jedoch anordnen. Wer zu Recht durch den Teilungsplan etwas zugeteilt erhält, erwirkt ein Recht auf Auszahlung, das durch spätere Ereignisse grundsätzlich nicht mehr beeinträchtigt werden kann.[240] Ist der Plan ausgeführt, ist ein danach eingelegtes Rechtsmittel gegenstandslos.[241]

13.295

b) **Widerspruch**

Über den Teilungsplan wird sofort verhandelt, § 156 Abs. 2, § 115 ZVG. Gegen den Plan kann Widerspruch erhoben werden, § 156 Abs. 2, § 115 ZVG. Der Widerspruch richtet sich gegen die sachliche Unrichtigkeit des Teilungsplans. Der Widerspruch muss sich auf ein dingliches Recht gründen.[242] Aus Gründen des materiellen Rechtes wird bestritten, dass dem im Plan Berücksichtigten der Anspruch in dem angegebenen Rang zusteht. Der Widerspruch richtet sich wie in der Zwangsversteigerung gegen die Zuteilung, den Betrag, den Rang oder die Person eines vorrangig Berechtigten. Ein Widerspruch gegen den vollstreckbaren Anspruch eines Gläubigers selbst ist unbeachtlich, da es sich um eine materiell-rechtliche Einwendung handelt, die nur im Wege der Vollstreckungsklage durchgesetzt werden kann, §§ 767, 769 ZPO.

13.296

Ein vor dem Verteilungstermin angemeldeter Anspruch, der nicht entsprechend dem Antrag in den Teilungsplan aufgenommen wurde, gilt automatisch als Widerspruch gegen den Teilungsplan, § 115 Abs. 2 ZVG.

13.297

Ist der Widerspruch zulässig, ist im Teilungsplan festzustellen, wie der **streitige** Betrag verteilt werden soll, wenn der Widerspruch für begründet erklärt wird. Der Widersprechende muss binnen einer Frist von einem Monat Widerspruchsklage erheben, § 156 Abs. 2, § 115 Abs. 1 ZVG, §§ 876 ff. ZPO. In der Zwischenzeit ist der **streitige** Betrag durch den Zwangsverwalter einzubehalten und zu hinterlegen. Weist der Widersprechende die Klageerhebung nicht rechtzeitig nach, ordnet das Vollstreckungsgericht die Ausführung des Planes nach der alten Rangfolge an.

13.298

Der Anspruch eines Vollstreckungsgläubigers aufgrund der Pfändung eines Rückgewährsanspruches muss ebenso wie der gesetzliche Löschungsanspruch gegenüber den vorrangigen Ansprüchen einer Eigentümergrundschuld mit Widerspruch gegen den Teilungsplan verfolgt werden. Die Geltendmachung des gesetzlichen Löschungsanspruches gegen die dem

13.299

---

240 BGH, Rpfleger 1992, 32.
241 Zum Teilungsplan in der Zwangsversteigerung: OLG Düsseldorf, Rpfleger 1995, 265; OLG Köln, Rpfleger 1991, 519 m. Anm. *Meyer-Stolte; Stöber*, § 113 Rdn. 6.3; Dassler/*Schiffhauer*, § 113 Rdn. 14; Steiner/*Teufel*, § 113 Rdn. 28; *Böttcher*, § 113 Rdn. 10.
242 LG Rostock, Rpfleger 1999, 35.

Eigentümer in der Zwangsverwaltung zustehenden Zinsen aus der Eigentümergrundschuld, § 1197 Abs. 2 BGB, alleine genügt nicht. Es handelt sich hierbei um einen schuldrechtlichen Anspruch, dessen Bestehen oder Nichtbestehen das Vollstreckungsgericht nicht prüfen kann. Die Ausführung des Teilungsplanes muss der Berechtigte des gesetzlichen Löschungsanspruches daher mit Widerspruch verhindern. Der **streitige** Betrag ist danach zu hinterlegen. Im Übrigen muss auch hier der Berechtigte binnen eines Monats Widerspruchsklage erheben, §§ 876 ff. ZPO (vgl. zuvor Rdn. 11.1024).

8. Ausführung des Teilungsplans

13.300 Nach der Feststellung des Teilungsplanes hat das Vollstreckungsgericht die planmäßige Zahlung der Beträge an die Berechtigten anzuordnen, § 157 Abs. 1 ZVG. Die einzelnen Auszahlungen selbst erfolgen bei Fälligkeit durch den Zwangsverwalter, soweit genügend Erlösüberschuss vorhanden ist. Hierbei muss der Verwalter die unterschiedlichen Fälligkeiten der einzelnen Ansprüche genau beachten, ein nachrangiger Anspruch darf erst dann eine Zahlung erhalten, wenn der vorrangige Gläubigeranspruch gezahlt oder zumindest durch Rückstellung gedeckt ist. Empfangsberechtigte Gläubiger haben sich stets zu legitimieren, z.B. durch Vorlage des Vollstreckungstitels oder des Hypotheken- bzw. Grundschuldbriefes.

13.301 Auf das Kapital eines Grundpfandrechtes darf der Zwangsverwalter nur dann eine Zahlung vornehmen, wenn dies in einem besonderen Verteilungstermin durch das Vollstreckungsgericht angeordnet wurde, § 158 ZVG (vgl. Rdn. 13.288).

13.302 Die Anordnung der Ausführung des Teilungsplanes ist durch das Vollstreckungsgericht zu ergänzen, wenn nachträglich der Beitritt eines Gläubigers zum Verfahren zugelassen wird, § 157 Abs. 1 ZVG.[243] Weitere Änderungen des Teilungsplanes können eintreten, wenn z.B. eine Rangänderung erfolgt und mitgeteilt wird, die Abtretung oder Pfändung eines Anspruches nachgewiesen wird, ein Anspruch durch Zahlung weggefallen ist oder ein Berechtigter auf seinen Anspruch verzichtet hat. Der Zwangsverwalter darf eine solche Änderung von sich aus nicht vornehmen.

9. Aufhebung der Zwangsverwaltung

a) Aufhebungsgründe

13.303 Die Zwangsverwaltung ist aufzuheben, wenn

---

243 *H/W/F/H*, § 157 ZVG Rdn. 6; Dassler/*Muth*, § 157 Rdn. 10.

- der einzige das Verfahren betreibende oder sämtliche Gläubiger den Antrag zurückgenommen haben, § 161 Abs. 4, § 29 ZVG; die Beschlagnahmewirkung ist automatisch entfallen;[244]
- der einzige oder alle betreibende Gläubiger in der Zwangsverwaltung befriedigt wurden, § 161 Abs. 2 ZVG;
- der betreibende Gläubiger einen notwendigen Geldbetrag zur Instandhaltung bzw. Instandsetzung des Grundstückes nicht vorschießt, § 161 Abs. 3 ZVG[245];
- die Voraussetzungen des § 775 Nr. 1–3 ZPO mit der Folge des § 776 ZPO vorliegen;
- im Versteigerungsverfahren der Zuschlag erteilt wird (vgl. nachfolgend).

Allerdings regelt § 161 ZVG nur sehr unbestimmt die Beendigung des Zwangsverwaltungsverfahrens. Nicht erwähnt ist der praktisch häufigste Fall, wann und wie das Verfahren zu beenden ist, wenn in einem parallel laufenden Zwangsversteigerungsverfahren der Zuschlag erteilt wird. In begrenztem Maße Abhilfe schafft die **Neuregelung** in § 12 ZwVwV. Zunächst wiederholt Abs. 1 Satz 1, dass die Beendigung der Zwangsverwaltung – stets – mit dem gerichtlichen Aufhebungsbeschluss endet. Abs. 1 Satz 2 erklärt dies nunmehr auch ausdrücklich für den Fall der Erteilung des Zuschlags in der Zwangsversteigerung. Nach Abs. 2 kann das Gericht den Verwalter im Aufhebungsbeschluss oder auf Antrag durch gesonderten Beschluss ermächtigen, seine Tätigkeit in Teilbereichen fortzusetzen, soweit dies für den ordnungsgemäßen Abschluss der Zwangsverwaltung erforderlich ist. Hat der Verwalter weiterführende Arbeiten nicht zu erledigen, sind der Anordnungsbeschluss und die Bestallungsurkunde mit der Schlussrechnung zurückzugeben, ansonsten mit der Beendigung seiner Tätigkeit. Nach Abs. 3 bleibt unabhängig von der Aufhebung der Zwangsverwaltung der Verwalter berechtigt, von ihm begründete Verbindlichkeiten aus der vorhandenen Liquidität zu begleichen und bis zum Eintritt der Fälligkeit Rücklagen zu bilden. Dies gilt auch für den Fall der Antragsrücknahme. Und nach Abs. 4 gilt die Regelung, dass wenn der Verwalter die Forderung des Gläubigers einschließlich der Kosten der Zwangsvollstreckung bezahlt hat, er dies dem Gericht unverzüglich anzuzeigen hat. Dasselbe gilt, wenn der Gläubiger ihm mitteilt, dass er befriedigt ist.

13.304

Mit der Regelung in den neuen Absätzen 2 und 3 wird die bisherige uneinheitliche Praxis zur nachwirkenden Amtsbefugnis des Zwangsverwalters aufgegriffen. Im Interesse der Rechtsklarheit sollen nachwirkende Amtshand-

13.305

---

244 LG Heilbronn, JurBüro 1995, 616.
245 Die sofortige Beschwerde des Schuldners gegen die gerichtliche Anordnung zur Zahlung eines Verfahrenskostenvorschusses gem. § 161 Abs. 3 ZVG ist unzulässig; der Schuldner ist weder durch die Kostenanforderung beschwert noch durch die Androhung der Aufhebung des Verfahrens, da sich diese nur gegen den Gläubiger richtet, LG Heilbronn, Rpfleger 2002, 326.

lungen nur aufgrund gesonderter gerichtlicher **Ermächtigung** vorgenommen werden (insbesondere zur Prozessführung s. Rdn. 13.243). In der Regel kann diese Ermächtigung problemlos erteilt werden, wenn der Verwalter vor der Aufhebung Gelegenheit erhält, das Gericht über noch laufende Aufgaben, Prozesse usw. zu unterrichten. Nach der Begründung zu § 12 ZwVwV soll der Verwalter daher vom Gericht angehört werden, *wenn Anlass zu der Annahme besteht,* dass die teilweise Fortsetzung seiner Tätigkeit erforderlich ist. Zur Vermeidung eines rechtsfreien Raumes zwischen der Aufhebung des Verfahrens und der Wahrnehmung weiter gehender Aufgaben, sollten die Anordnungen regelmäßig bereits in den Aufhebungsbeschluss oder in einem zeitgleich ergehenden gesonderten Beschluss aufgenommen werden. Dies bedeutet jedoch in der Konsequenz, dass die Anhörung des Verwalters zum Regelfall werden muss, unabhängig von dem Beendigungsgrund der Zwangsverwaltung, also auch wenn die Zwangsverwaltung durch Antragsrücknahme endet.

13.306   Unklarheit bestand weiter in der Frage, ob bzw. welche Ausgaben der Verwalter noch nach Aufhebung des Verfahrens tätigen kann, insbesondere im Falle der Antragsrücknahme. Hier wird dem Zwangsverwalter nunmehr das Recht zugestanden, die von ihm begründeten Verbindlichkeiten noch aus der vorhandenen Liquidität abzudecken. Die in Abs. 3 Satz 4 getroffene Regelung (Rückgabe der Bestallungsurkunde) ist im Zusammenhang mit § 2 zu sehen. Sie wurde aus Gründen der Rechtsklarheit in den Verordnungstext aufgenommen. Die Anzeigepflicht bei Mitteilung der Einwilligung durch den Gläubiger, wie sie § 12 Abs. 2 letzter Hs. der bisherigen Verordnung forderte, wurde in Abs. 4 nicht übernommen, da sie überflüssig ist; maßgeblich für die Beendigung des Verfahrens bleibt die Aufhebung durch das Gericht.

b) **Rechtliche Wirkung**

13.307   Die Aufhebung des Verfahrens erfolgt immer durch Beschluss des Gerichtes, § 161 Abs. 1 ZVG, der dem betreibenden Gläubiger, dem Schuldner und dem Zwangsverwalter zuzustellen ist. Nach Aufhebung des Verfahrens ersucht das Vollstreckungsgericht um Löschung des Zwangsverwaltungsvermerkes im Grundbuch.

13.308   Je nach Aufhebungsgrund hat der Aufhebungsbeschluss unterschiedliche rechtliche und tatsächliche Bedeutungen. Hierzu kann und will § 12 ZwVwV keine Aussage treffen, er kann § 161 ZVG nur formal derart ergänzen und klarstellen, dass formell stets ein Beschluss erlassen werden muss, der auch nach außen hin das Verfahrensende dokumentiert.

13.309   Der Aufhebungsbeschluss hat nach noch **h.M.** nur deklaratorische Bedeutung, wenn z.B. das Verfahren durch Rücknahme des Antrages des (einzigen oder aller) betreibenden Gläubigers aufzuheben ist[246]. Konsti-

---

246 OLG Köln, VersR 1994, 113; LG Heilbronn, Rpfleger 1996, 37; **a.A.** mit beachtlichen Gründen *Eickmann,* ZfIR 2003, 1021 ff., 1025.

tutive Wirkung hat der Aufhebungsbeschluss z.B. nach der Zuschlagserteilung in einer parallel laufenden Zwangsversteigerung[247].

Die Neuregelung in § 12 Abs. 2 ZwVwV hat deutliche Parallelen zum Insolvenzverfahren, hier wie dort soll das Gericht im Aufhebungsbeschluss die Tätigkeiten angeben, die der Verwalter noch abschließend erledigen muss. Die Vergleichbarkeit mit insolvenzrechtlichen Regeln, insbesondere nach Aufhebung des Insolvenzverfahrens mit einer vorbehaltenen Nachtragsverteilung liegen auf der Hand. Sinn und Zweck der Nachtragsverteilung im Insolvenzrecht ist, dass Insolvenzgläubiger, deren Forderungen in das Schlussverzeichnis aufgenommen worden sind, auch nach Aufhebung des Insolvenzverfahrens noch befriedigt werden können, sofern später zur Masse gehörende Beträge oder Gegenstände frei bzw. ermittelt werden. Hierbei steht die Aufhebung des Verfahrens der Anordnung einer Nachtragsverteilung nicht entgegen. Grundsätzlich darf der Verwalter mit Wirksamwerden der Aufhebung keine Nutzungen mehr aus dem Grundbesitz ziehen und er darf keine Ausschüttungen mehr an die Beteiligten vornehmen. Damit jedoch die auftretenden Schwierigkeiten weitestgehend beseitigt werden, hat der Gesetzgeber in der Insolvenzordnung die förmliche Verfahrensaufhebung von der Mitwirkung des Insolvenzverwalters abhängig gemacht, der den Vollzug der Schlussverteilung anzuzeigen und nachzuweisen hat. Solange der Verwalter keine entsprechende Anzeige eingereicht hat, bleibt die Beschlagnahmewirkung erhalten.

13.310

Der Verordnungsgeber hat diese sinnvolle Regelung nunmehr auch im Zwangsverwaltungsverfahren anerkannt. Ist das Zwangsverwaltungsverfahren aus den Gründen in § 161 Abs. 2 ZVG (Gläubigerbefriedigung) oder Abs. 3 ZVG (Nichtzahlung des Vorschusses) oder aus sonstigen Gründen aufzuheben, hat das Vollstreckungsgericht den Verwalter vor Erlass des Aufhebungsbeschlusses zu hören, § 12 Abs. 1 Satz 2 ZwVwV. Zugleich ist der Verwalter aufzufordern, die Schlussrechnung in Form einer abgebrochenen Jahresrechnung einzureichen, § 14 Abs. 3 ZwVwV. Hat der Verwalter weiterführende Arbeiten nicht zu erledigen, sind der Anordnungsbeschluss und die Bestallungsurkunde mit der Schlussrechnung zurückzugeben, ansonsten mit der Beendigung seiner Tätigkeit. Nach Prüfung sind die Verfahrenskosten und die Verwaltervergütung festzulegen, die noch aus der Masse zu entnehmen sind. Unabhängig von der Aufhebung der Zwangsverwaltung bleibt der Verwalter berechtigt, von ihm begründete Verbindlichkeiten aus der vorhandenen Liquidität zu begleichen und bis zum Eintritt der Fälligkeit Rücklagen zu bilden. Ein weiter gehender Rückgriff gegen den Gläubiger bleibt unberührt. Dies gilt auch für den Fall der Antragsrücknahme.

13.311

---

247 *H/W/F/H*, § 161 ZVG Rdn. 7; auch insoweit a.A. *Eickmann*, ZfIR 2003, 1026: Die Aufhebung lasse alle Ansprüche und Erlöse vor Zuschlag unberührt; die Aufhebung nach Zuschlag sei lediglich den Ersteherrechten geschuldet und werde mit Zustellung des Aufhebungsbeschlusses wirksam.

c) Zuschlagserteilung in der Zwangsversteigerung

13.312 Wird die Zwangsverwaltung wegen Erteilung des Zuschlages in der Zwangsversteigerung aufgehoben, endet die Beschlagnahme bereits mit dem Zuschlagsbeschluss, da der Zuschlagsbeschluss unabhängig vom Eintritt der Rechtskraft einen Eigentumswechsel bedingt, § 90 ZVG.[248] Das Befriedigungsrecht des betreibenden Gläubigers und die mit der Beschlagnahme verbundene Wirkung (relatives Veräußerungsverbot nach §§ 135, 136 BGB) sind mit der Zuschlagserteilung erloschen. Der Ersteher ist Eigentümer des Grundbesitzes geworden, zunächst auch unabhängig von der Rechtskraft des Beschlusses. Alle Lasten, Pflichten und Nutzungen sind mit dem Zuschlag auf den Ersteher übergegangen, § 56 Satz 2 ZVG.

13.313 Für noch nicht eingezogene Forderungen aus der Zeit vor der Zuschlagserteilung bleibt die Beschlagnahmewirkung gegenüber dem Schuldner jedoch weiterhin erhalten. Die Abwicklung erstreckt sich zunächst ausschließlich auf die Nutzungen und Ausgaben aus der Zeit vor der Zuschlagserteilung.[249] Ab dem Zuschlag trägt der Ersteher sämtliche Lasten, und er kann sämtliche Nutzungen des Grundstückes ziehen. Rechtshandlungen, die der Zwangsverwalter nach Erteilung des Zuschlages noch vornimmt, sollten daher regelmäßig im Einvernehmen mit dem Ersteher vorgenommen werden.

13.314 Der förmliche Aufhebungsbeschluss des Zwangsverwaltungsverfahrens beendet letztlich nur noch die Befugnisse des Zwangsverwalters, sein Verwaltungsrecht und seine gesetzlichen Pflichten. Diese sind nicht durch die Beschlagnahme begründet worden, sondern durch die gerichtliche Bestellung zum Verwalter.[250] Der Verwalter ist auch nach wie vor bis zur formellen Aufhebung des Verfahrens dem Ersteher gegenüber zum Besitz des Grundbesitzes berechtigt. Insbesondere gilt dies für den Zeitraum von der Zuschlagserteilung bis zur Rechtskraft des Beschlusses. Dies ist auch nicht unbillig dem Ersteher gegenüber, da er in Kenntnis der Zwangsverwaltung das Objekt ersteigert hat. Der Aufhebungsbeschluss sollte daher nicht vor Rechtskraft der Zuschlagserteilung erfolgen. Bis dahin hat der Zwangsverwalter für eine ordnungsgemäße Abwicklung der bisherigen Maßnahmen Sorge zu tragen. Nachdem er die Beendigung der zwingend notwendigen Abwicklungsmaßnahmen angezeigt hat, ist das Verfahren auch formal aufzuheben.

d) Antragsrücknahme

13.315 Endet das Zwangsverwaltungsverfahren durch Rücknahme des Verfahrensantrages, endet die Beschlagnahme bereits mit Eingang der Rücknahme-

---

[248] Konstitutiv: *Stöber*, § 161 Rdn. 2.3 und 3.11, Steiner/*Hagemann*, § 161 Rdn. 29; Aufhebung mit Eintritt der Rechtskraft rückwirkend ab dem Wirksamwerden des Zuschlages: Dassler/*Muth*, § 161 Rdn. 20.
[249] BGH, Rpfleger 1978, 305 = NJW 1978, 1529.
[250] So zutreffend *Deprè*/*Mayer*, Rdn. 353 ff.

erklärung bei Gericht.251 Die materiell-rechtlichen Wirkungen der Beschlagnahme fallen kraft Gesetzes weg. Für den Gläubiger bedeutet dies, dass er keinerlei Rechte aus seiner Beschlagnahme mehr herleiten kann. Dies hat er selbst zu verantworten bzw. herbeigeführt und ist daher nicht als unbillig anzusehen.

Der Wegfall der materiellen Beschlagnahmewirkung hat aber nicht automatisch den Wegfall der Verwalterbefugnisse zur Folge. Die Zwangsverwaltung wird wirksam angeordnet durch Beschluss und Zustellung an den Schuldner, §§ 146, 22 Abs. 1 S. 1 ZVG (alternativ Eingang des Eintragungsersuchens beim Grundbuchamt oder Inbesitznahme des Grundstücks durch den Verwalter, §§ 146, 22 Abs. 1 S. 2, § 151 Abs. 1 ZVG). Zugleich ist der Verwalter einzusetzen. Der wirksame Anordnungsbeschluss hat somit eine materiell-rechtliche als auch eine verfahrensrechtliche Komponente, die bei der Anordnung weitgehend zeitgleich eintreten. Soweit ein gerichtliches Vollstreckungsverfahren zur Wirksamkeit angeordnet werden muss, können umgekehrt die Wirkungen auch nur dann wieder entfallen, wenn das eingeleitete Verfahren förmlich durch das Vollstreckungsgericht aufgehoben wird. Die vollstreckungsrechtlich gebotene Aufhebung hat jedoch in erster Linie eine verfahrensrechtliche Funktion. Hiervon unabhängig ist die materiellrechtliche Wirkung der Beschlagnahme zu sehen. Letztere ist bereits durch die Antragsrücknahme des Gläubigers entfallen. Hierauf hat das Gericht keinerlei Einfluss, da es in der Privatautonomie des Gläubigers liegt, ob und bis wann er aus seinem Titel gegen den Schuldner zwangsweise vorgeht oder nicht. Verfahrensrechtlich allerdings ist es Aufgabe des Vollstreckungsgerichts, die Zwangsverwaltung allen Beteiligten gegenüber wieder aufzuheben.

13.316

Die Aufhebung erfolgt durch Beschluss. Auch hier ist der Verwalter vorher anzuhören. Zugleich ist der Verwalter aufzufordern, die Schlussrechnung in Form einer abgebrochenen Jahresrechnung einzureichen, § 14 Abs. 3 ZwVwV. Hat der Verwalter weiterführende Arbeiten nicht zu erledigen, sind der Anordnungsbeschluss und die Bestallungsurkunde mit der Schlussrechnung zurückzugeben, ansonsten mit der Beendigung seiner Tätigkeit. Nach Prüfung sind die Verfahrenskosten und die Verwaltervergütung festzulegen, die noch aus der Masse zu entnehmen sind. Hierbei hat das Gericht dann den Verwalter im Aufhebungsbeschluss oder auf Antrag durch gesonderten Beschluss zu ermächtigen, seine Tätigkeit in Teilbereichen fortzusetzen, soweit dies für den ordnungsgemäßen Abschluss der Zwangsverwaltung erforderlich ist, § 12 Abs. 2 ZwVwV.

13.317

e) Rückgriff gegen den Gläubiger

Nach der Neuregelung in § 12 Abs. 3 Satz 2 ZwVwV ist der Verwalter berechtigt, von ihm begründete Verbindlichkeiten aus der vorhandenen Liqui-

13.318

---

251 *H/W/F/H,* § 161 ZVG Rdn. 13 ff.; *Stöber,* § 161 Rdn. 2.3.

dität zu begleichen unabhängig von der Aufhebung der Zwangsverwaltung. Ein weiter gehender Rückgriff gegen den Gläubiger bleibt hiervon unberührt. In der Begründung zu § 12 ergeben sich hierzu keine weiteren Ausführungen. Die Rückgriffsmöglichkeit gegen den Gläubiger kann aber wohl nur im Kontext mit § 9 ZwVwV verstanden werden. Nach § 9 Abs. 2 ZwVwV soll der Verwalter nur Verpflichtungen eingehen, die aus bereits vorhandenen Mitteln erfüllt werden können. Falls somit der Verwalter entgegen dieser Vorschrift ohne Einverständnis des Gläubigers Verpflichtungen eingegangen ist, die nicht durch eine entsprechende Liquidität gezahlt werden können, dürfte ein unbeschränkter Rückgriff gegen den Gläubiger unzulässig sein. Verstößt der Verwalter gegen seine Verpflichtungen, kann dies nicht zum Nachteil des Gläubigers geltend gemacht werden. Insbesondere wäre der Verwalter auch verpflichtet, rechtzeitig einen entsprechenden Vorschuss anzufordern.

10. Zwangsversteigerung/Zwangsverwaltung

a) Nebeneinander beider Verfahren

13.319 Zwangsverwaltung und Zwangsversteigerung sind nebeneinander jederzeit möglich, § 866 Abs. 2 ZPO. Sie können gleichzeitig oder zeitlich unabhängig voneinander von ein und demselben oder verschiedenen Gläubigern beantragt werden. Es ist unerheblich, welches Verfahren zuerst beantragt und angeordnet wurde. Beide Verfahren werden unabhängig voneinander durchgeführt, die jeweiligen Teilungsmassen sowohl in der Zwangsversteigerung (bares Meistgebot evtl. nebst Zinsen) als auch in der Zwangsverwaltung (Einnahmenüberschüsse) sind streng voneinander zu trennen.

b) Überleitung in die Zwangsverwaltung

13.320 Wird auf Antrag eines Gläubigers zuerst die Zwangsversteigerung des Grundbesitzes angeordnet und bleibt die Versteigerung auch im zweiten angesetzten Versteigerungstermin ergebnislos, wird das Versteigerungsverfahren aufgehoben, § 77 Abs. 2 S. 1 ZVG. „**Ergebnislosigkeit**" liegt vor, wenn im Versteigerungstermin keine Gebote abgegeben werden oder sämtliche Gebote erloschen sind, vgl. § 72 ZVG.[252] Die Aufhebung der Versteigerung erfolgt von Amts wegen. Auf **Antrag** der betreibenden Gläubiger, deren Versteigerungsverfahren aufgehoben wird, kann die Überleitung der Versteigerung in die Zwangsverwaltung angeordnet werden, § 77 Abs. 2 S. 2 ZVG.

13.321 Die **Beschlagnahmewirkung** aus der Zwangsversteigerung bleibt zumindest für die Zinsberechnung nach § 13 ZVG in der Zwangsverwaltung erhalten, § 77 Abs. 2 S. 3 ZVG. Die materielle Wirkung der Beschlagnahme nach § 148 ZVG, insbesondere zum Umfang, tritt jedoch erst mit Wirksamwerden der Beschlagnahme in der Zwangsverwaltung ein.

---

252 Zu den Voraussetzungen im Einzelnen vgl. *Böttcher*, § 77 Rdn. 2, 3 m.w.N.

c) Beschlagnahmedatum

Der Beschluss, durch welchen die Zwangsverwaltung angeordnet wird, gilt zugunsten des antragstellenden Gläubigers als Beschlagnahme des Grundstücks, § 146 Abs. 1, § 20 Abs. 1 ZVG. Die Beschlagnahme des Grundstückes wird in der Zwangsverwaltung mit dem Zeitpunkt wirksam, in welchem der Anordnungsbeschluss dem Schuldner zugestellt wird, § 146 Abs. 1, § 22 Abs. 1 Satz 1 ZVG. Die Beschlagnahme wird auch wirksam mit dem Zeitpunkt, in welchem das Ersuchen um Eintragung des Zwangsverwaltungsvermerkes dem Grundbuchamt zugeht, § 146 Abs. 1, § 22 Abs. 1 Satz 2 ZVG. Letztlich kann die Beschlagnahme auch dadurch wirksam werden, dass der Zwangsverwalter den Besitz des Grundstückes erlangt, § 151 Abs. 1, § 150 ZVG.

13.322

Hat der Gläubiger **zuerst die Zwangsverwaltung** beantragt und will dann später das Zwangsversteigerungsverfahren beantragen, ist darauf zu achten, dass das Beschlagnahmedatum der Zwangsverwaltung auch für die Zinsberechnung in der Zwangsversteigerung gilt, wenn die Zwangsverwaltung über das Beschlagnahmedatum in der Zwangsversteigerung hinaus fortdauert, § 13 Abs. 4 ZVG. Der Gläubiger sollte daher die Rücknahme des Antrages auf Durchführung des Zwangsverwaltungsverfahrens erst dann gegenüber dem Vollstreckungsgericht einreichen, wenn die Anordnung der beantragten Zwangsversteigerung durch Zustellung des Anordnungsbeschlusses an den Schuldner wirksam geworden, § 20 Abs. 1 ZVG, oder das Ersuchen um Eintragung des Zwangsversteigerungsvermerkes dem Grundbuchamt zugegangen ist, § 22 Abs. 1 Satz 2 ZVG. Die Rücknahmeerklärung wirkt unmittelbar mit Eingang bei Gericht, § 29 ZVG.[253]

13.323

d) Zinszahlungen

Werden in der Zwangsverwaltung die laufenden Zinsen des Anspruchs des Gläubigers aus den Nutzungen des Grundstückes gedeckt, darf der Gläubiger in der parallel laufenden Zwangsversteigerung diesen erloschenen Zinsanspruch nicht mehr geltend machen, er muss in Form einer **Minderanmeldung** auf diese Zinsansprüche verzichten. Da das Versteigerungsgericht Zahlungen aus der Zwangsverwaltung beachten muss, ist es empfehlenswert, den Zwangsverwalter über geleistete Zahlungen anzufragen. Da sich insoweit die in der Zwangsversteigerung zu berücksichtigenden Zinsansprüche mindern, erhöht sich u. U. die Erlöszuteilung auf die weiter geltend gemachten Zinsen, z.B. ältere Zinsen bzw. auf den Kapitalbetrag des Gläubigeranspruches.

13.324

In der Zwangsverwaltung werden unter anderem in der Rangklasse 4 des § 10 Abs. 1 ZVG nur **laufende Beträge wiederkehrender** Leistungen berücksichtigt, § 155 Abs. 2 ZVG. Rückständige wiederkehrende Leistungen

13.325

---

253 *Stöber,* § 29 Rdn. 2.3.

und der Kapitalanspruch werden ausschließlich in Rangklasse 5 berücksichtigt. In der Zwangsversteigerung hingegen werden in der Rangklasse 4 nicht nur die laufenden, sondern auch bis zu zwei Jahren rückständige wiederkehrende Leistungen, der Kapitalbetrag und Kosten der dinglichen Rechtsverfolgung berücksichtigt. Erst die weiteren wiederkehrenden Leistungen, die länger zurückliegen als zwei Jahre, werden auf Betreiben in der Rangklasse 5 des § 10 Abs. 1 ZVG angesetzt. Hierdurch wird deutlich, dass der Gläubiger in der Zwangsversteigerung mit seinen Ansprüchen überwiegend eine bessere Rangklasse in Anspruch nehmen kann als in der Zwangsverwaltung. Dort sollen vom Zweck des Verfahrens aus den laufenden Einnahmen des Grundbesitzes zunächst die laufenden Ausgaben und die laufenden Zinsen gezahlt werden; Zahlungen auf Rückstände und Kapital haben Nachrang. In jedem Falle aber sind Zahlungen auf die geltend gemachten Ansprüche sowohl in dem einen als in dem anderen Verfahren jeweils aufeinander anzurechnen.[254] Der Gläubiger kann keine Doppelzahlung in Anspruch nehmen.

13.326 Nach Zuschlagserteilung in der Zwangsversteigerung ist das Zwangsverwaltungsverfahren aufzuheben. Die eingezogenen Nutzungen aus der Zeit bis zum Zuschlag werden durch den Zwangsverwalter jedoch noch nach Maßgabe des Teilungsplanes verteilt. Ein Gläubiger, der hierbei sorgfältig aufpasst, kann durch gezielte Anmeldung eine höhere Befriedigung erzielen:

13.327 Beispiel:

Der Gläubiger G einer Zwangssicherungshypothek hat in der Zwangsversteigerung angemeldet:

- Kosten der dinglichen Rechtsverfolgung   200,– €
- Lfd. wiederkehrende Leistungen   2.000,– €
- Rückständige wiederkehrende Leistungen   1.000,– €
- Hauptsachebetrag   20.000,– €

In der parallel laufenden Zwangsverwaltung werden für den Gläubiger G berücksichtigt:
- Lfd. wiederkehrende Leistungen   2.000,– €

Angenommen, in der Zwangsversteigerung werden in der Erlösverteilung auf den Anspruch insgesamt   8.200,– €
zugeteilt. Diese verteilen sich wie folgt:
auf die Kosten (200,– €)
die laufenden und rückständigen Zinsen (3.000,– €) und
anteilmäßig 5.000,– € auf das Kapital.
Im Übrigen fällt der Gläubiger in der Zwangsversteigerung in Höhe von 15.000,– € aus.

---

254 Steiner/*Hagemann*, § 146 Rdn. 33.

Angenommen, in der Zwangsverwaltung stehen dem Zwangsverwalter noch zu verteilende 5.000,- € zur Verfügung:

Der Gläubiger G erhält jedoch keine Zuteilung, da die laufenden wiederkehrenden Leistungen bereits durch Zahlung in der Zwangsversteigerung gedeckt wurden. Eine Zuteilung auf die Kosten der dinglichen Rechtsverfolgung und den Kapitalanspruch kann nicht erfolgen, da diese Beträge nur in der Rangklasse 5 berücksichtigt werden und der Gläubiger hierfür das Verfahren betreiben müsste.

Hätte der Gläubiger G in der Zwangsversteigerung seinen Anspruch auf die laufenden Zinsen durch Minderanmeldung aufgegeben, wäre der dann zu verteilende Betrag auf den Kapitalanspruch zugeteilt worden. Der Ausfall in der Zwangsversteigerung hätte somit nur 13.000,- € betragen. Die laufenden Zinsen hätten durch Zuteilung in der Zwangsverwaltung gedeckt werden können.

11. Vergütung

a) Überblick

13.328 Ein wichtiges Hauptanliegen der aufgrund der Ermächtigungsgrundlage des § 152a ZVG erlassenen ZwVwV, die am 1.1.2004 in Kraft getreten ist, ist die Anpassung der seit dem 1.3.1970 unverändert gebliebenen Vergütungssätze an das heutige Preis- und Kostenniveau.[255] Die Vergütung[256] des Zwangsverwalters wird in §§ 17 bis 21 ZwVwV geregelt.

13.329 Auf den Treuhänder von Schiffen sind die Vergütungsvorschriften für den Zwangsverwalter, insbesondere § 153 ZVG anzuwenden.[257]

13.330 Die Ausgangsvorschrift für die Vergütung und den Auslagenersatz, § 17 ZwVwV wiederholt in Abs. 1 den Text aus der Ermächtigungsgrundlage, § 152a ZVG: *Die Höhe der Vergütung ist an der Art und dem Umfang der Aufgaben sowie an der Leistung des Zwangsverwalters auszurichten.* Aus der Begründung zu § 17 ZwVwV ist zu entnehmen, dass der Verordnungsgeber mit dem Hinweis „für seine Geschäftsführung" verdeutlichen will, dass der Zwangsverwalter Anspruch auf eine angemessene Vergütung für seine *gesamte* Geschäftsführung hat, also nicht nur für die Vermietung und Verpachtung. Zusätzlich zur Vergütung und zur Erstattung der Auslagen erhält der Verwalter die zu zahlende Umsatzsteuer, § 17 Abs. 2 ZwVwV,

---

255 *Hintzen/Alff*, Rpfleger 2004, 129; *Förster/Hintzen*, ZInsO 2004, 14; *Eickmann*, ZIP 2004, 1736.
256 Zum bisherigen Recht lesenswert: BVerfG, NJW-RR 2001, 1203 = NZI 2001, 413 = KTS 2001, 197 = WM 2000, 2354 = ZfIR 2001, 240 zur Frage der Verfassungsmäßigkeit der alten ZwVerwVO mit der darin geregelten Zwangsverwaltervergütung; BGHZ 152, 18 = Rpfleger 2002, 632 = NJW 2003, 212 = NZM 2002, 1042 = NZI 2002, 683 = MDR 2003, 112 = WM 2002, 2156 = ZIP 2002, 1959 = ZMR 2003, 17 = InVo 2003, 43 = ZVI 2003, 231 zur Anwendung der Vergütungshöhen nach § 24 ZwVerwVO: Regelvergütung auf Grund des als Jahresmiete oder -pacht eingezogenen Betrages bis zu 1.500,- € 9 v.H. und von den Beträgen über 1.500,- € bis 3.000,- € 8 v.H. und über 3.000,- € bis 4.500,- € 7 v.H. und über 4.500,- € 6 v.H; Mindestvergütung nach § 24 Abs. 2 ZwVerwVO 90,- €, diejenige nach § 24 Abs. 4 ZwVerwVO 45,- €.
257 LG Rostock, Rpfleger 2001, 193.

§ 17 Abs. 3 ZwVwV lehnt sich an § 5 InsVV an. In den Fällen, in denen der Zwangsverwalter, ohne dazu verpflichtet zu sein, eine besondere Sachkunde zugunsten der Zwangsverwaltung einbringt, bei der er ansonsten einen sachkundigen Dritten, zum Beispiel einen Rechtsanwalt oder einen Steuerberater, zulasten der Zwangsverwaltungsmasse hätte beauftragen müssen, kann er entsprechend der Vergütungsregelung eines Rechtsanwaltes abrechnen.[258]

13.331 Die zentrale Vergütungsvorschrift ist § 18 ZwVwV (Regelvergütung). Nach Abs. 1 erhält der Verwalter bei Grundstücken, die durch Vermieten oder Verpachten genutzt werden können, als Vergütung in der Regel 10 % des für den Zeitraum der Verwaltung an Mieten oder Pachten eingezogenen Bruttobetrags. Für vertraglich geschuldete, nicht eingezogene Mieten oder Pachten erhält er 20 % der Vergütung, die er erhalten hätte, wenn diese Mieten eingezogen worden wären. Soweit Mietrückstände eingezogen werden, für die der Verwalter bereits eine Vergütung erhalten hat, ist diese anzurechnen. Das Vergütungsrecht wird nach Auffassung des Verordnungsgebers systematisch neu gegliedert und zum Teil neu gestaltet. In der Begründung zu § 18 ZwVwV heißt es: *Mit der klar linear gestalteten Regelung des § 18 Abs. 1 wird die Berechnung der Verwaltervergütung vereinfacht und damit der Aufwand der Amtsgerichte bei der Vergütungsfestsetzung reduziert.* Entgegen der bisherigen Regelung einer wertabhängigen degressiv gestalteten Staffelvergütung erhält der Verwalter nunmehr einen festen Prozentsatz der eingezogenen Mieten oder Pachten; der Betrag errechnet sich anhand der eingezogenen Bruttobeträge. Nach Abs. 2 von § 18 ZwVwV wird ein Ermessensspielraum für eine höhere bzw. niedrigere Vergütung mit festen Prozentsätzen von 5 bzw. bis auf 15 festgelegt.

13.332 Neu ist die Regelung in § 18 Abs. 3 ZwVwV hinsichtlich der Vergütung von 6 % der verwalteten Bausumme für die Fertigstellung von Bauvorhaben. Diese Vergütung wird nicht auf die sonst zu gewährende Vergütung angerechnet. Der Verordnungsgeber wollte hiermit die besondere Mühewaltung und Verantwortung des Verwalters honorieren.

13.333 Kann das der Zwangsverwaltung unterliegende Objekt nicht durch Vermietung oder Verpachtung genutzt werden, ist die Grundregel des § 18 ZwVwV nicht einschlägig. Der Verordnungsgeber sieht für diese Fälle eine Vergütung nach Zeitaufwand vor, § 19 ZwVwV. In diesem Fall erhält er für jede Stunde der für die Verwaltung erforderlichen Zeit, die er oder einer seiner Mitarbeiter aufgewendet hat, eine Vergütung von mindestens 35,- € und höchstens 95,- €. Neu ist die Aussage, dass die Stundenvergütung für Tätigkeiten gewährt wird, die sowohl der Zwangsverwalter als *auch seine Mitarbeiter* aufwenden. Der bisherige Grundsatz, dass die Mitarbeiter des

---

258 BGH, Rpfleger 2005, 152 = NZM 2005, 194 = JurBüro 2005, 208 = MDR 2005, 536 = WM 2005, 86 = InVo 2005, 208 und BGH NJW 2004, 3429 = NZM 2004, 879 = JurBüro 2005, 207.

Verwalters aus der dem Verwalter gewährten Vergütung zu entlohnen sind, ist hier ausdrücklich aufgegeben.

Allerdings darf dies nicht so verstanden werden, dass der Zeitaufwand getrennt nach Tätigkeiten der Mitarbeiter und des Verwalters und möglicherweise dann weiter gesplittet in einfache, schwierige und sehr komplizierte Tätigkeiten, die dann wieder wahlweise von Mitarbeitern oder vom Verwalter geleistet werden, sondern der Zeitaufwand ist einheitlich zu bemessen, im Normalfall nach der Mittelgebühr. 13.334

Abs. 2 von § 19 ZwVwV eröffnet dem Zwangsverwalter in *Ausnahmefällen* die Möglichkeit, insgesamt auf der Basis einer Stundenvergütung abzurechnen, wenn die Regelvergütung nach § 18 Abs. 1 ZwVwV offensichtlich unangemessen ist.[259] 13.335

Die Regelung der Mindestvergütung bei Inbesitznahme (mindestens 600,– €) bzw. vor Inbesitznahme (200,– €) ist in § 20 ZwVwV geregelt. 13.336

Die allgemeinen Geschäftskosten sind wie bisher durch die Vergütung abgegolten, § 21 ZwVwV. Besondere Kosten, die im Einzelfall für bestimmte Aufgaben der Zwangsverwaltung entstehen, können – soweit sie angemessen sind – nach Abs. 2 als außergewöhnliche Auslagen (z.B. Reisen, Hausmeistergehalt) erstattet werden. Dem Verwalter wird allerdings nunmehr eine Wahlmöglichkeit eingeräumt, ob er die besonderen Kosten im Einzelfall pauschaliert geltend machen möchte oder ob er jeweils Einzelnachweise führt. 13.337

Die Vergütung und die dem Verwalter zu erstattenden Beträge werden im Anschluss an die Rechnungslegung nach § 14 Abs. 2 ZwVwV oder die Schlussrechnung nach § 14 Abs. 3 ZwVwV für den entsprechenden Zeitraum auf seinen Antrag vom Gericht festgesetzt, § 22 ZwVwV. Vor der Festsetzung kann der Verwalter mit Einwilligung des Gerichts aus den Einnahmen einen Vorschuss auf die Vergütung und die Auslagen entnehmen. 13.338

b) Regelvergütung, § 18 ZwVwV

Wird das verwaltete Objekt durch Vermieten oder Verpachten genutzt, erhält der Verwalter regelmäßig 10 % der *für den Zeitraum der Verwaltung* an Mieten oder Pachten eingezogenen Bruttobeträge. Diese Regelung kann nicht so verstanden werden, dass der Verwalter seine Vergütung erst nach Beendigung der Zwangsverwaltung geltend machen kann. Der Abrechnungszeitraum ergibt sich zwar nicht aus § 18 ZwVwV, erschließt sich jedoch aus § 22 ZwVwV i.V.m. § 14 Abs. 2 ZwVwV. Die Vergütung ist sowohl mit der jährlichen (nicht zwingend kalenderjährlichen) Rechnungslegung oder mit der Schlussrechnung zu beantragen und festzusetzen.[260] 13.339

---

259 Vgl. insgesamt die Tabellen über die Standardtätigkeiten in einem Zwangsverwaltungsverfahren eingeteilt in Zeitblöcke und einer weiteren Tabelle über Tätigkeiten und Stunden und einer Zusammenstellung über Faustregelsätze, Rdn. 13.378 und Rpfleger 2004, 653.
260 *H/W/F/H*, § 18 ZwVwV Rdn. 10 ff.

13.340 Die Aussage „Zwangsverwaltung *von Grundstücken*" ist keine Abkehr von der objektbezogenen Vergütungsabrechnung. Nach wie vor erhält der Verwalter seine Vergütung einzeln bezogen auf das jeweilige vermietete oder verpachtete Objekt. Allerdings ist bei einer linearen Vergütung im Ergebnis gleich, ob jedes Objekt einzeln oder alle Objekte gemeinsam abgerechnet werden.

13.341 Die Regelvergütung erhält der Verwalter wie bisher in den Fällen der vollständigen oder teilweisen Vermietung und Verpachtung des Objekts. Ist das Objekt *insgesamt nicht* vermietet oder verpachtet (also bei vollständigem Leerstand) erfolgt die Abrechnung nach dem Zeitaufwand, § 19 ZwVwV.

13.342 **Bemessungsgrundlage** für die Vergütung sind die tatsächlich eingezogenen Miet- oder Pachtzinsen **(Istmiete)**. Der Verordnungsgeber stellt somit wesentlich auf der verwalteten Masse ab und will einen Anreiz im Interesse von Schuldner und Gläubiger schaffen, dass der Verwalter sich um die Vermietung bzw. Verpachtung bemüht.[261]

13.343 Liegt eine Vermietung oder Verpachtung des Objekts vor, kann der Verwalter jedoch die Mieten oder Pachten nicht oder nicht vollständig einziehen, erhält er 20 Prozent der Vergütung, die er erhalten hätte, wenn diese Mieten oder Pachten eingezogen worden wären, § 18 Abs. 2 Satz 2 ZwVwV[262]. Nach der Begründung zu § 18 ZwVwV trägt die Neuregelung dem Fall Rechnung, wonach der Zwangsverwalter für vertraglich geschuldete, nicht eingezogene Mieten eine **zusätzliche** Vergütung dessen erhält, was er nach Satz 1 von § 18 Abs. 1 ZwVwV im Falle des Einzugs erhalten hätte.[263] Dies entspricht rechnerisch 2 % der vertraglich geschuldeten Miete.

13.344 Die Aussage aus der Begründung ist missverständlich. Es handelt sich hierbei nicht um eine „zusätzliche" Vergütung, sondern um die Regelvergütung bei vertraglich geschuldeter, nicht eingezogener Miete.[264] Nach der Begründung soll er diese Vergütung **zusätzlich** erhalten. Dies bedeutet, dass er statt 10 % regelmäßig 12 % erhält. Im Ergebnis erscheint dies auch gewollt und gerechtfertigt zu sein. Denn gerade die erfolglosen Bemühungen um den Einzug der geschuldeten Mieten sind regelmäßig wesentlich aufwendiger als die Verwaltung der Objekte, bei denen die Mieten ohne Aufforderung gezahlt werden. Der Verordnungsgeber wollte auch hier die besondere Müheverwaltung zusätzlich honorieren.[265] Auch wenn der Gesetzestext insoweit nicht eindeutig ist, ergibt sich die Erhöhung aus dem

---

261 *H/W/F/H*, § 18 ZwVwV Rdn. 8.
262 Diese Regelung wurde nicht mit der Praxis abgesprochen, sie ist durch den Verordnungsgeber ohne jede Anhörung in den Gesetzestext integriert worden.
263 Hierzu für den Übergangszeitraum zwischen alter und neuer ZwVwV bereits BGH, Rpfleger 2004, 645 = NJW-RR 2004, 1525 = NZM 2004, 798 = MDR 2004, 1442 = WM 2004, 1882 = ZIP 2004, 2022 = InVo 2004, 516 = ZfIR 2004, 922.
264 Insbesondere darf dies nicht so verstanden werden, dass der Verwalter statt 10 % nunmehr regelmäßig 12 % von der Summe der geschuldeten Miete erhält.
265 *H/W/F/H*, § 18 ZwVwV Rdn. 36.

Sinn und Zweck der Regelung. Soweit Mietrückstände eingezogen werden, sind diese selbstverständlich auf die erhöhte Vergütung nach Satz 2 anzurechnen, § 18 Abs. 1 Satz 3 ZwVwV. Dies mag zunächst überraschen, soll doch die zusätzliche Vergütung nach § 18 Abs. 1 S. 2 ZwVwV den erhöhten Arbeitsaufwand beim Einzug rückständiger Mieten honorieren. Dieser entfällt schließlich nicht rückwirkend dadurch, dass die Einzugsbemühungen Erfolg haben. Gleichwohl ist die Anrechnungspflicht gerechtfertigt, denn der Mehraufwand wird überwiegend in Tätigkeiten des Verwalters bestehen, die nach dem RVG abgerechnet und über § 17 Abs. 3 ZwVwV der Masse in Rechnung gestellt werden können (z.B. Klageerhebung, Einleitung von Vollstreckungsmaßnahmen).

Nach Auffassung des Verordnungsgebers trägt der neue Vergütungsmittelwert von 10 % dem seit Inkrafttreten der vorherigen Verordnung gestiegenen allgemeinen Preis- und Kostenniveau Rechnung. Ebenfalls wird damit auch das erhöhte Anforderungsprofil an die Tätigkeit und den Verantwortungsbereich des Zwangsverwalters ausreichend abgegolten. Dem Verordnungsgeber erschien eine lineare Anhebung, die zwischen dem 1,5- und dem 2-fachen der bisherigen Vergütung angesiedelt ist, als angemessen und ausreichend. Mit der Neuregelung wird den Zwängen der allgemeinen schwierigen Wirtschaftslage entsprochen und auch der Tatsache Rechnung getragen, dass mit der Anhebung der Vergütung kein Zurückfallen hinter den faktisch bereits erreichten Stand erreicht wird. Der Verordnungsgeber erhofft sich auch eine Reduzierung des Aufwands bei den Amtsgerichten.

13.345

Ob allerdings mit der Regelvergütung von 10 % ein Zurückfallen hinter den faktisch bereits erreichten Stand verhindert wird, muss bezweifelt werden. Die Berechnungen, die zu der 12-prozentigen Regelvergütung nach dem ersten Entwurf vorgelegt wurden, ergaben eine ungefähre Angleichung an die bereits bundesweit im Durchschnitt gewährte Verdoppelung des alten Regelsatzes.[266] Der jetzt gewählte 10-prozentige Regelsatz fällt damit deutlich hinter das bereits durchschnittliche Vergütungsniveau zurück. Nach Auffassung des Verordnungsgebers trägt Abs. 2 der Tatsache Rechnung, dass es zur Herstellung eines einzelfall- und leistungsadäquaten Vergütungsniveaus zulässig sein muss, von der Regelvergütung nach Abs. 1 abzuweichen.

13.346

---

[266] Regelmäßig 1,5-fache Vergütung: BGH, Rpfleger 2004, 577 = NJW-RR 2004, 1528 = NZM 2004, 716 = MDR 2004, 1440 = WM 2004, 1645 = ZIP 2004, 1570 = InVo 2004, 518 = ZfIR 2004, 920; LG Stuttgart, Rpfleger 1997, 399; LG Frankenthal, Rpfleger 1997, 399; so auch LG Lüneburg, Rpfleger 1999, 34; **doppelte** Vergütung: LG Potsdam, LG Stralsund, Rpfleger 2002, 473; LG Flensburg, Rpfleger 2002, 475; LG Göttingen, Rpfleger 2001, 312 = InVo 2001, 418; LG Leipzig, Rpfleger 2001, 560; LG Mainz, Rpfleger 2000, 288; LG Gera, ZIP 2002, 1496; AG Syke, Rpfleger 2003, 39; AG Demmin, Rpfleger 2003, 39; LG Frankfurt/Main, Rpfleger 1991, 333; LG Krefeld, Rpfleger 1992, 361; LG Frankenthal, Rpfleger 1993, 416; LG Hechingen, Rpfleger 1996, 363; LG Mainz, Rpfleger 1996, 37; Dassler/*Muth*, § 153 Rdn. 20; *Stöber*, § 152a Rdn. 4.7 empfiehlt den Gerichten nicht zu kleinlich zu sein, da es ansonsten keinen geeigneten Verwalter mehr findet.

Ein solches Abweichen muss sich jedoch immer auf einen konkreten Einzelfall beziehen. Hierzu muss der Verwalter umfassend vortragen, das Gericht muss in seinem Vergütungsbeschluss hierzu ausführlich Stellung beziehen. Es kann sich somit relativ schnell derselbe Zustand ergeben, der sich bereits bei der bisherigen Verordnung ergeben hatte, dass nahezu jeder Vergütungsantrag mit einem Erhöhungsbegehren verbunden wurde. Der damit verbundene erhöhte Aufwand der Amtsgerichte wurde allseits beklagt. Die nach der Neuregelung gewünschte Reduzierung des Aufwandes der Amtsgerichte könnte sich daher in kurzer Zeit erneut ins Gegenteil verwandeln.

c) Zuschlag

13.347 Der Regelfall einer Zwangsverwaltung i.S.v. § 18 Abs. 1 ZwVwV ist gegeben, wenn es sich um ein nicht gewerblich genutztes Objekt in einem durchschnittlichen Erhaltungszustand mit bis zu 10 Einheiten handelt, bei dem die bisherige Nutzung ohne rechtliche und tatsächliche Hindernisse fortgesetzt werden kann.[267] Die Zwangsverwaltung eines gewerblichen Objektes unter Wahrung der sich daraus ergebenden umsatzsteuerlichen Pflichten unter Herstellung des Versicherungsschutzes durch den Zwangsverwalter rechtfertigt einen Zuschlag von 2 % auf insgesamt 12 %.[268] War es dem Zwangsverwalter trotz intensiver Bemühungen nicht möglich, geschuldete Mieten einzuziehen, weil das Verfahren durch Antragsrücknahme kurzfristig beendet worden ist, so sind die geschuldeten Mieten in die Berechnungsgrundlage so einzubeziehen, als seien sie tatsächlich eingezogen worden.[269]

d) Stundensatzvergütung, § 19 ZwVwV

13.348 Die Vorschrift regelt diejenigen Fälle, in denen die verwalteten Grundstücke nicht durch Vermietung oder Verpachtung genutzt werden, § 18 ZwVwV insoweit nicht einschlägig ist. Aus der Begründung zu § 18 ZwVwV ergibt sich, dass, sofern das Objekt *insgesamt* nicht vermietet oder verpachtet ist, der Verwalter nach Zeitaufwand abzurechnen hat, somit § 19 Abs. 1 ZwVwV zur Anwendung kommt.

13.349 Ist das Objekt teilweise vermietet und ergibt sich im Übrigen ein Leerstand (**Mischfall**), bleibt offen, wie die Abrechnung zu erfolgen hat. Da § 19 nur zur Anwendung kommt, wenn das gesamte verwaltete Grundstück nicht durch Vermietung oder Verpachtung genutzt werden kann, bleibt es bei der Anwendung von § 18 Abs. 1, 2 ZwVwV, hat der Verwalter sowohl nach § 18 Abs. 1, 2 ZwVwV als auch nach § 19 Abs. 1 ZwVwV abzurechnen. Da hiernach aber nur die vermieteten Wohnungen vergütungsrechtlich erfasst werden, kann es

---

[267] *H/W/F/H*, § 18 ZwVwV Rdn. 20 ff.; AG Nordhausen, Rpfleger 2004, 646.
[268] AG Nordhausen, Rpfleger 2004, 646.
[269] Zu Erhöhungskriterien im Einzelnen vgl. *H/W/F/H*, § 18 ZwVwV Rdn. 30 ff. und Faustregeltabelle Rpfleger 2004, 653.

wiederum sehr schnell zu einer unangemessenen Vergütung kommen, die dann wieder über § 19 Abs. 2 ZwVwV als Korrektiv zu erfassen ist.

Nach der Neuregelung in § 19 Abs. 2 ZwVwV kann der Verwalter jedoch auch einheitlich nach dem Zeitaufwand abrechnen, wenn die Vergütung nach § 18 Abs. 1 und 2 ZwVwV offensichtlich unangemessen ist.[270] **13.350**

Dass auch der Mischfall[271] hiervon erfasst werden soll, ergibt sich indirekt aus der Begründung zu § 19 ZwVwV: *§ 19 Abs. 2 soll besondere Ausnahmefälle auffangen. Denkbar ist etwa, dass vor allem in den Fällen ganz überwiegenden Leerstands eines Objekts einem erheblichen Verwaltungsaufwand nur geringe Mieteinnahmen gegenüberstehen oder dass unter erheblichem Verwaltungsaufwand nur ein ganz geringer Teil der Mieten/Pachten eingezogen werden kann. Die Abrechnung nach Stundensätzen soll aber nur im Falle offensichtlicher Diskrepanz zwischen der prozentualen Vergütung nach § 18 Abs. 1 und 2 und der am Zeitaufwand ausgerichteten Vergütung nach § 19 Abs. 1 greifen.* **13.351**

Da nach der Ermächtigungsgrundlage in § 152a ZVG bei der Vergütung sowohl Mindest- als auch Höchstsätze anzugeben sind, hat der Verordnungsgeber die Stundensätze zwischen mindestens 35,– € und höchstens 95,– € festgelegt. In der Begründung hierzu heißt es: *Unter Berücksichtigung der Vorgabe der Rechtsprechung, die vereinzelt schon jetzt für die Tätigkeit des Verwalters von Stundensätzen von 100,– € und mehr ausgeht, ist dieser Höchstsatz wirtschaftlich moderat. Er orientiert sich zudem an den Stundensätzen, die gerichtlich bestellte Sachverständige für besonders qualifizierte Leistungen beanspruchen können.* **13.352**

Diese Aussage ist bereits in sich widersprüchlich. Die festgelegten 95,– € sind ein Höchstsatz, der einen ganz erheblichen Verwaltungsaufwand voraussetzt bzw. der dann zu gewähren ist, wenn die Tätigkeit des hoch qualifizierten Verwalters gefordert ist. Soweit die Rechtsprechung bereits einen Stundensatz von 100,– € für angemessen hielt, wurde dieser nicht immer für eine besonders aufwendige oder hoch qualifizierte Tätigkeit gewährt. Dieser Stundensatz entspricht dem, was ein als Rechtsanwalt tätiger Zwangsverwalter regelmäßig beanspruchen kann, um den gesamten Sachaufwand seines Büros, die Vergütung seiner Mitarbeiter und ein eigenes angemessenes Einkommen sicherzustellen. Sofern eine Abrechnung nach Stundensätzen zu erfolgen hat, wurde überwiegend von den Amts- und Landgerichten für einen berufsmäßigen Zwangsverwalter, der in der Regel Volljurist ist, pro Stunde eine Vergütung von bis zu 120,– € gewährt.[272] **13.353**

---

[270] Auch diese Regelung wurde nicht mit der Praxis abgesprochen, sie ist ohne jede weitere Diskussion in den Gesetzestext integriert worden.
[271] *H/W/F/H*, § 19 ZwVwV Rdn. 3.
[272] AG/LG Lüneburg, Rpfleger 2002, 92 = 75,– €; LG Würzburg, Rpfleger 2002, 167 = 100,– €; AG Waren (Müritz), Rpfleger 2002, 533 = 75,– €; LG Hanau, ZIP 2002, 679 = 127,82 € (250,– DM); LG Leipzig, Rpfleger 2001, 560 = 100,– €; LG Dessau, InVo 1999, 367 = 65,– €; dies ergibt im Durchschnitt pro Stunde 91,83 €.

13.354 Die Neuregelung führt schnell zu **unbilligen Ergebnissen.** Auch „einfache" Zwangsverwaltungen müssen angemessen vergütet werden, wenn vorsorglich ein Rechtsanwalt (wie inzwischen üblich) bestellt wird. Die Gerichte bestellen seit vielen Jahren überwiegend Rechtsanwälte, die sich ganz oder teilweise auf Zwangsverwaltungen spezialisiert haben, weil die auftretenden Rechtsfragen von juristischen Laien nicht mehr lösbar sind. Aus diesem Grunde – und nicht zuletzt zur Vermeidung unnötiger Belastungen des Gerichts – ist der professionelle Zwangsverwalter = Rechtsanwalt zu fordern. Dann muss aber auch die Vergütung entsprechend sein. Stundensätze, die unter denen von Handwerker-Stundenlöhnen liegen, können nicht akzeptiert werden.[273]

13.355 Eine Regelvergütung von 65,– € ist auch ein **Widerspruch** zu § 18 Abs. 1 ZwVwV. Der prozentuale Regelsatz von 10 % entspricht einer Vergütung von 1,5 bis 2,0 des in der bisherigen Verordnung ausgewiesenen Satzes. Soweit in der bisherigen Rechtsprechung bei der Stundenvergütung ein Durchschnittssatz von bereits ca. 90,– € gewährt wurde, ist eine Minderung auf regelmäßig 65,– € kaum nachvollziehbar. Betrachtet man diese Pauschalbeträge zur Mindestvergütung, § 20 ZwVwV, ergibt sich unter Berücksichtigung des angegebenen Zeitaufwands in Abs. 1 eine Stundenvergütung von 75,– € bis 100,– € (der Verordnungsgeber geht selbst von einem Zeitaufwand von durchschnittlich 6 bis 8 Stunden aus) und nach Abs. 2 (ca. 3 Stunden) immerhin noch eine Stundenvergütung von gerundet 67,– €. Im Vergleich zu § 19 Abs. 1 ZwVwV ergibt sich eindeutig ein weiterer Widerspruch. Die Mittelgebühr nach § 19 Abs. 1 ZwVwV beträgt 65,– €. Wenn der Verordnungsgeber aber selbst von einer Stundenvergütung des Zwangsverwalters von 67,– € bzw. sogar bis 100,– € ausgeht, ist der Höchstsatz von 95,– € in § 19 Abs. 1 ZwVwV nur schwerlich nachvollziehbar.

13.356 Es ist daher folgerichtig logisch, wenn Zwangsverwalter auch nach § 19 Abs. 1 ZwVwV von einem Stundensatz von **regelmäßig zwischen 75,– € bis 80,– €**[274] ausgehen und dies auch fordern werden. Zur konkreten Stundensatzhöhe für einen Rechtsanwalt entschied bereits das LG Cottbus,[275] dass bei einer nur geringen Mieteinnahme der Zwangsverwalter berechtigt ist, seine Vergütung nach Zeitaufwand abzurechnen. Ein Stundensatz von 76,69 € (= 150,– DM) für einen Rechtsanwalt ist nicht zu beanstanden. Das LG Lübeck[276] stellt zur neuen VO fest, dass der einheitlich für den jeweiligen Abrechnungszeitraum zu bemessende Stundensatz nach pauschalen Kriterien zu ermitteln ist und nicht als ein rechnerischer Mittelwert aus mit unterschiedlichen Stundensätzen bewerteten Einzeltätigkeiten. In einem durchschnittlichen Zwangsverwaltungsverfahren beträgt der Stundensatz gem. § 19 Abs. 1 S. 2 ZwVwV 70,– €. Allerdings kann nach einem Beschluss des

---

273 *H/W/F/H*, § 19 ZwVwV Rdn. 6.
274 *H/W/F/H*, § 19 ZwVwV Rdn. 13, 14.
275 LG Cottbus, Rpfleger 2004, 174.
276 LG Lübeck, ZfIR 2005, 367.

AG Essen[277] die Mindestvergütung dann unterschritten werden, wenn in dem abzurechnenden Zeitraum die anfallenden Arbeiten überwiegend von Mitarbeitern des Zwangsverwalters erledigt worden sind (Verwaltung einer Garage).

In einer Grundsatzentscheidung nach Inkrafttreten der neuen ZwVwV, aber noch zur Stundenvergütung nach altem Recht, stellt der **BGH**[278] zunächst erfreulicherweise fest, dass die nach dem Zeitaufwand bestimmte Vergütung des Zwangsverwalters von Grundstücken, die nicht durch Vermieten oder Verpachten genutzt werden, bei der Bemessung des Stundensatzes nicht an die Vergütung von Berufsbetreuern angelehnt werden kann. Er führt weiter aus, dass für in die Jahre 2000 bis 2003 fallende Abrechnungszeiträume die zeitbezogene Vergütung des Zwangsverwalters gemäß § 26 ZwVerwVO bereits nach dem Stundensatzrahmen bemessen werden kann, der nach § 19 Abs. 1, § 25 ZwVwV erst für Abrechnungszeiträume nach dem 31.12.2003 anzuwenden ist. Die dieser Bestimmung zugrunde liegenden generell-abstrakten Bemessungsgrößen können angesichts der weitestgehend unveränderten Verhältnisse auch schon für die Jahre 2000 bis 2003 Geltung beanspruchen.

13.357

Bei der Bemessung der Vergütung wird sich in vielen Fällen ein Nebeneinander von Regelvergütung und Vergütung nach Stundensätzen ergeben. Häufig ergibt sich bei Zwangsverwaltungen die Situation, dass sich teilweise Leerstand ergibt oder Teile vom Schuldner selbst genutzt werden. Im Falle solcher Leerstände werden oft zusätzliche und durchaus zeitaufwendige Tätigkeiten für den Zwangsverwalter erforderlich (Besichtigungstermine, Renovierungen usw.). Auch die vom Schuldner genutzten Teile verursachen vielfältige Probleme. Nach der Neuregelung ergibt sich für den Zwangsverwalter für die nicht vermieteten Teile eines Grundstückes eine gesonderte **Zeit- und Tätigkeitsdokumentation.**

13.358

Im Hinblick auf das „offensichtliche Missverhältnis" heißt es in der Begründung zu § 19: *Die Abrechnung nach Stundensätzen soll aber nur im Fall offensichtlicher Diskrepanz zwischen der prozentualen Vergütung nach § 18 Abs. 1 und 2 und der am Zeitaufwand ausgerichteten Vergütung nach § 19 Abs. 1 greifen.* Im Bereich der Kosten- oder Vergütungsfestsetzung wird ein Abweichen von mehr als 20 % bis 25 % der Regelvergütung als unbillig angesehen.[279] Mag auch in diesem Fall wohl auch noch die Alternative offen stehen, den Satz nach § 18 Abs. 1 ZwVwV auf 15 % zu erhöhen (Abs. 2). Dies geht aber nur, soweit die Objekte vermietet sind, und würde im Ergebnis auch keine Änderung bringen.

13.359

---

277 Rpfleger 2005, 560.
278 Rpfleger 2004, 367 = NZM 2004, 472 = NZI 2004, 399 = MDR 2004, 773 = WM 2004, 840 = ZIP 2004, 971 = InVo 2004, 252 = ZfIR 2004, 487.
279 Z.B. bei § 14 RVG früher § 12 BRAGO, vgl. OLG Düsseldorf, Rpfleger 2002, 271; OLG München, FamRZ 2003, 466; LG Dortmund, Rpfleger 1991, 33 oder bei der Rahmengebühr nach RVG VV Teil 4 4100 ff. früher § 83 BRAGO, OLG Hamm, Rpfleger 1999, 565; LG Göttingen, Rpfleger 2002, 481; vgl. auch die einschlägige Kostenkommentierung.

13.360 Im Ergebnis wird in vielen Fällen der Verwalter sich mit der Abrechnung nach Zeitaufwand wesentlich günstiger stellen und in der Praxis bei jeder Zwangsverwaltung alternativ eine Berechnung nach Zeitaufwand führen. Damit wird die gewünschte Arbeitserleichterung bei den Gerichten ins Gegenteil verkehrt.

13.361 Hierbei genügt es aber vollkommen, wenn der Zeitaufwand nicht nach Minuten genau, sondern pauschal und plausibel dargelegt wird, Einzelnachweise sind nicht erforderlich.[280]

e) **Mindestvergütung**

13.362 Mit § 20 Abs. 1 ZwVwV greift der Verordnungsgeber den Fall der bloßen Inbesitznahme des Objekts durch den Zwangsverwalter auf. Einer Abrechnung nach Stundensätzen erweist sich in diesem Fall häufig als schwierig. Die Regelung einer Pauschale, die zugleich als Mindestvergütung ausgewiesen ist, ist sachgerecht. Bei der Höhe der Pauschale von 600,– € ergibt sich aus der Begründung, dass hierbei von einem Zeitaufwand von durchschnittlich 6 bis 8 Stunden ausgegangen wird.

13.363 § 20 Abs. 2 ZwVwV erfasst den Fall, dass die Zwangsverwaltung bereits dann wieder beendet wird, bevor der Verwalter das Objekt in Besitz genommen hat. Für die Mühewaltung erhält der Verwalter nunmehr eine Pauschale von 200,– €. Hier ergibt sich aus der Begründung, dass der Verordnungsgeber von einem Zeitaufwand von ca. 3 Stunden ausgeht.

13.364 Hierbei wurde auch die Situation gesehen, dass das Verwaltungsobjekt keine hohe Mieteinnahme bringt, die Pauschale von 600,– € ist daher auch als **Mindestvergütung** bestimmt worden. Wenn also beispielhaft die Zwangsverwaltung hinsichtlich einer Garage mit 40,– € Einnahme pro Monat angeordnet wird, beträgt die Regelvergütung:
jährliche Einnahmen von 480,– €, davon 10 % = 48,– €, mindestens aber 600,– €. Bei der Zwangsverwaltung mehrerer Grundstücke vervielfacht sich der Betrag.[281]

13.365 Die Mindestvergütung kann nicht pro Jahr (als Abrechnungszeitraum) gewährt werden. Die Mindestvergütung von 600,– € fällt für die gesamte Tätigkeit des Verwalters während des Zwangsverwaltungsverfahren **nur einmal** an.[282] Das Wort „mindestens" in § 20 Abs. 1 Hs. 2 ZwVwV ist verknüpft mit dem Hs. 1 und setzt die Inbesitznahme des Objekts voraus. Diese Pauschale soll nach der Begründung zu § 20 ZwVwV gewährt werden für den Fall der *bloßen* Inbesitznahme. Vom Verständnis her ist damit der

---

280 LG Heilbronn, Rpfleger 2005, 465; LG Cottbus, Rpfleger 2004, 174.
281 BGH, Rpfleger 2006, 151.
282 Jetzt BGH, Rpfleger 2006, 490 = ZInsO 2006, 760; LG Dortmund, ZInsO 2004, 1249, 1250; LG Essen, Rpfleger 2005, 211, 212; LG Potsdam, Rpfleger 2005, 620; *H/W/F/H*, § 20 ZwVwV Rdn. 1; *dies.*, Handbuch zur Zwangsverwaltung, Kap. 3 Rdn. 96; *Böttcher*, § 152a Rdn. 10; *Depré/Mayer*, Rdn. 672; somit eindeutig gegen **a.A.** *Waldherr/Weber*, ZfIR 2005, 184; *Mork/Neumann*, ZInsO 2005, 920, 921.

Fall gemeint, dass die Zwangsverwaltung in kurzem Abstand nach der Inbesitznahme wieder aufgehoben wird. Die Pauschale kann aber auch nicht als Mindestvergütung nur *für den ersten Abrechnungszeitraum* gewährt werden, sondern sie gilt das gesamte Verfahren ab.[283]

f) Auslagen

Die Auslagenregelung mit dem Höchstsatz von 40,– € monatlich kann ebenfalls wie bei der Vergütung nach Zeitaufwand dazu führen, dass der Zwangsverwalter seinen tatsächlichen Aufwand nachweist und damit einen ganz erheblichen Prüfungsaufwand (mehr Zeit- und Personalaufwand) verursachen wird. Der Zwangsverwalter kann die Auslagenpauschale verlangen, ohne den tatsächlichen Anfall irgendwelcher Auslagen konkret belegen zu müssen.[284]

13.366

Der Höchstsatz der Auslagenpauschale beträgt jetzt 480,– € pro Verwaltungsjahr, bezogen auf die jeweilige Vergütung. Wird die Zwangsverwaltung über mehrere Objekte einzeln angeordnet, erhält der Verwalter den Auslagenersatz auch jeweils gesondert. Wird allerdings die Zwangsverwaltung über ein Objekt angeordnet, welches mehrere Mieteinheiten umfasst, erhält er den Auslagenersatz nur einmal. Dies ist dann sicherlich nicht ausreichend. Der Anreiz zu einer vereinfachten Bemessung ist mit diesem Satz einfach zu gering.

13.367

g) Gläubigerhaftung

Der Zwangsverwalter kann, falls die verwaltete Masse zur Deckung seines Anspruchs auf Vergütung und Auslagenersatz nicht ausreicht, den betreibenden Gläubiger unabhängig davon in Anspruch nehmen, ob der Zwangsverwalter zuvor entsprechende Vorschüsse verlangt hatte. Mit dieser Entscheidung bestätigt der BGH[285] die bereits bisher überwiegend vertretene Rechtsansicht. Soweit ein Zwangsverwalter aber keinen Vorschuss anfordert und gleichwohl Tätigkeiten entfaltet, handelt er, was seine Vergütung anbetrifft, auf eigene Gefahr. Ein Vergütungsanspruch gegen den die Zwangsverwaltung betreibenden Gläubiger besteht dann nicht.[286]

13.368

h) Festsetzung und Rechtsbehelf

Der Anspruch des Zwangsverwalters auf Vergütung **entsteht** mit der Erbringung der von ihm geforderten Arbeitsleistung und wird **fällig** mit der Erledigung der Tätigkeit. Die Fälligkeit tritt somit fortlaufend mit Ablauf

13.369

---

283 BGH, Fn. 282; damit überholt die frühere Rechtsprechung z.B. LG Stralsund, Rpfleger 2004, 580; ebenso AG Frankfurt/Oder, ZInsO 2004, 966 mit Anm. *Förster.*
284 LG Kassel, JurBüro 2004, 608.
285 Rpfleger 2004, 579 = NJW-RR 2004, 1527 = NZM 2004, 718 = MDR 2004, 1443 = WM 2004, 1590 = ZIP 2004, 1521 = InVo 2004, 515 = ZfIR 2004, 924 = *Hintzen,* WuB 10/2004 VI F. § 152a ZVG.
286 OLG Schleswig, SchlHA 2004, 32.

des jeweiligen Kalenderjahres ein, in dem der Verwalter zur Rechnungslegung verpflichtet ist, § 154 Abs. 3 ZVG, spätestens jedoch mit dem Abschluss des Verfahrens für dessen gesamte Dauer. Der Verwalter kann nach Ablauf eines jeden Kalenderjahres einen Antrag auf Festsetzung stellen, § 22 Abs. 1, § 14 Abs. 2 und 3 ZwVwV, und muss nicht bis zum Ende des Verfahrens warten oder sich auf einen Vorschuss verweisen lassen.[287]

13.370 Der Zwangsverwalter hat seinen **Vergütungsantrag schriftlich** einzureichen, regelmäßig verbunden mit der Jahresrechnungslegung. Der Antrag ist zu begründen. Vergütung und Auslagen sollten getrennt voneinander gehalten werden.

13.371 Die gerichtliche Festsetzung erfolgt nach Anhörung der Beteiligten. Der Festsetzungsbeschluss ist zu begründen.

13.372 Nach der Festsetzung kann der Verwalter selbstständig die Vergütung und den Auslagenersatz als Ausgaben der Verwaltung entnehmen, soweit die Vergütung nicht als Vorschuss erhoben worden ist. Für die Vergütung des Zwangsverwalters haftet in erster Linie die Zwangsverwaltungsmasse. Reichen jedoch weder die Masse noch die Vorschüsse aus, so greift die subsidiäre Haftung der betreibenden Gläubiger ein (hierzu zuvor Rdn. 13.368).

13.373 Mit Einwilligung des Gerichts kann der Verwalter insbesondere in Hinblick auf lang andauernde Zwangsverwaltungsverfahren einen **Vorschuss** auf die später festzusetzende Vergütung entnehmen, § 22 Satz 2 ZwVwV.

13.374 Die Festsetzung der Vergütung ist eine Entscheidung und mit der sofortigen Beschwerde anfechtbar, § 793 ZPO, sofern der Beschwerdewert den Wert von 50,– € überschreitet.

13.375 Beschwerdeberechtigt sind der Verwalter, sofern seinen Anträgen nicht oder nicht vollständig entsprochen worden ist, der Schuldner und jeder Beteiligte bzw. die Zwangsverwaltung betreibenden Gläubiger.

13.376 Die **Rechtsmittelfrist** beginnt mit der Zustellung der Entscheidung, eine Veröffentlichung des Beschlusses findet nicht statt.

13.377 Gegen die Beschwerdeentscheidung ist die **Rechtsbeschwerde zulässig,** die der Zulassung durch das Beschwerdegericht nach § 574 Abs. 2 ZPO bedarf. Über die Rechtsbeschwerde entscheidet der BGH (§ 133 GVG). Die Beschwerdefrist beträgt 1 Monat und die Rechtsbeschwerde ist beim BGH durch einen dort zugelassenen Rechtsanwalt einzulegen, § 575 Abs. 1 Satz 1 ZPO (vgl. Rdn. 11.842).

---

[287] OLG Hamm, MDR 1991, 358.

i) **Anhang: Einteilung der Standardtätigkeiten eines**   13.378
   Zwangsverwaltungsverfahrens in Zeitblöcke
(ausgehend von der REFA-Studie, vgl. *Haarmeyer/Wutzke/Förster/Hintzen*, Zwangsverwaltung, 3. Auflage, Anhang 6 und Rpfleger 2004, 653)

Tätigkeitsabschnitte	Zeitaufwand in Stunden
Anordnungsbeschluss, Einrichtung der Zwangsverwaltung (entspricht dem Fall der Aufhebung *vor* Inbesitznahme, § 20 II ZwVwV)	3
Inbesitznahme bis einschl. Inbesitznahmebericht (im Fall des § 20 Abs. 1 ZwVwV somit bisher 8 Stunden)	5
Tätigkeiten unmittelbar nach Inbesitznahme (Kontaktaufnahme mit Gläubiger, Schuldner, Versicherungen, Versorger, Stadt, Mieter, Datenaufnahme, Kontoanlage, Herausgabe und Prüfung von Unterlagen etc.)	10
Laufende Tätigkeiten pro Jahr: insbesondere Bearbeitung von Miet-/Nutzungsverhältnissen*⁾, Zahlungsverkehr/Buchführung einschl. Aufwand für Umsatzsteueranmeldungen (monatlich/jährlich und Umsatzsteuersonderprüfung) Kündigungen, Reparaturen, Gespräche/Schreiben mit den Beteiligten, Schriftwechsel mit dem Vollstreckungsgericht, bei parallel laufenden WE-Verwaltungen Überprüfung WE-Abrechnung, Schriftwechsel WE-Verwalter, Teilnahme WE-Versammlung *⁾ *oder Leerständen, sofern nicht höherer Aufwand glaubhaft gemacht*	24
Teilungsplan (Vorarbeit bis Ausschüttung 1-mal jährlich; sonst je Ausschüttung)	3
Jahresbericht an Gericht	3
Finanzamt (Umsatzsteuererklärung)	4
Nebenkostenabrechnung: je Wirtschaftsjahr, soweit erstellbar; ersatzweise Einigungsbemühung mit Mieter, *jeweils sofern nicht höherer Aufwand glaubhaft gemacht*	3
Aufhebung des Verfahrens (Schreiben an Beteiligte, Restzahlungen, Ein-/Ausgänge einschl. Entnahme der festgesetzten Vergütung, vorl. Schlussrechnung)	12
Auflösung der Konten, Schlussbericht	2
bei Aufhebung wg. Zuschlags zusätzlich: Abrechnung mit Ersteher (einschl. Vorbereitung) – *sofern nicht höherer Aufwand glaubhaft*	1
	70

**Laufend je Jahr: 37 Stunden
18 Stunden einmalig im Jahr der Anordnung/Inbesitznahme
sowie 14 bzw. 15 Stunden einmalig im Jahr der Aufhebung**
Hinweis:

Besichtigung des Objekts mit Interessenten im Rahmen einer Zwangsversteigerung (**umstritten**, vgl. LG Heilbronn, Rpfleger 2003, 679).	4

13.378 Zwangsverwaltung

Tätigkeiten:

	Zwangsverwalter oder gleich hoch qualifizierter Mitarbeiter	(normaler) Sachbearbeiter	Hilfstätigkeiten
Tätigkeiten, die erfordern …	Fähigkeit, rechtliche oder wirtschaftliche Sachverhalte zu beurteilen, Entscheidungen zu treffen und umzusetzen – kurz: unternehmerisches Handeln –	Fähigkeit, rechtliche oder wirtschaftliche Abwicklungen im Rahmen der vom Zwangsverwalter gesetzten Rahmenanweisungen oder konkreter Einzelweisungen eigenständig durchzuführen	Büro-Hilfstätigkeiten oder sonstige Hilfstätigkeiten
Beispiele			
Mietverträge	rechtliche Regelungen prüfen, Kündigungsrecht prüfen und ausüben	Mieteingänge buchen, Mietrückstände feststellen, Mietrückstände anmahnen	Mietverträge kopieren, Originale zurücksenden
Betriebskosten	Prüfung der Umlagefähigkeit und der Umlageschlüssel, Vorgabe der Rahmendaten für Erstellung von Abrechnungen, Endkontrolle der Abrechnungen	Auswerten der Konten, Verteilung nach Weisung des Verwalters, Erstellung der Einzelabrechnungen	Sortieren der Buchungsbelege, Ausdrucken der Abrechnungen, Eintüten, Versenden
Reparaturen	Prüfung, wer Reparatur zu veranlassen hat, wer Kosten zu tragen hat	Einholung von Angeboten, unterschriftsreife Vorbereitung der Aufträge	Faxen der Anfragen, Sortieren der Antworten, Terminabsprache mit Mietern
Steuern			
* Umsatzsteuer	Prüfung, ob USt.-Option; Prüfung, ob Vorsteuerberichtigungen/USt.-Splitting, Vorgabe der Aufteilung	Buchen nach Maßgabe des Verwalters, Erstellung der Voranmeldungen mit den vorzunehmenden Berichtigungen	Im Computer erstellte Voranmeldungen ausdrucken, eintüten, versenden
* Grundsteuer	Prüfung des Bescheids (Höhe, ab wann zulasten der Verwaltung)	Zahlung zu Fälligkeitsterminen, verbuchen	Eingehenden Bescheid mit Eingangsstempel versehen
Streit über Zubehör	Prüfung der Rechtslage, Führen der Korrespondenz	Inventurschreiben (aufschreiben); Zusammenstellen von Inventarlisten	Inventurhelfer (zählen und messen)
Berührung mit Insolvenzverfahren	Prüfung der Rechtslage, Führen der Korrespondenz	Ermittlung der Daten (Anfordern Eröffnungsbeschluss etc.)	Erstellung von Fotokopien nach Einzelweisung

Versicherung	Prüfen, ob sachlich und wertmäßig hinreichender Versicherungsschutz besteht – am Anfang des Verfahrens und fortlaufend	Ermitteln der Daten und deren Zusammenstellung	Ausfüllen von Formularen nach Vorgabe

Vergütungsstufen:

Stufe	Stundensatz von	... bis	bzw. Regelsatz	bei Verfahren,	Kurzbezeichnung
4	85,- €	95,- €	90,- €	die ausschließlich oder ganz überwiegend Tätigkeiten umfassen, die die Fähigkeit erfordern, rechtliche oder wirtschaftliche Sachverhalte zu beurteilen, Entscheidungen zu treffen und umzusetzen – kurz: gestaltend (rechtlich/wirtschaftlich) zu handeln –	Verfahren schwieriger Art
3	65,- €	84,- €	75,- €	bei denen rechtliche oder wirtschaftliche Sachverhalte zu beurteilen, Entscheidungen zu treffen und umzusetzen sind, wobei der Zwangsverwalter oder ein gleich hoch qualifizierter Mitarbeiter einen Teil der *Umsetzung* auf einen Sachbearbeiter übertragen kann, der die Fähigkeit hat, bestimmte rechtliche oder kaufmännische Abwicklungen im Rahmen der vom Zwangsverwalter (oder seines gleich hoch qualifizierten Mitarbeiters) gesetzten Rahmenanweisungen oder konkreter Einzelweisungen eigenständig durchzuführen und Hilfskräfte anzuleiten und zu überwachen	Verfahren durchschnittlicher Art
2	45,- €	64,99 €	55,- €	bei denen ein erheblicher Teil der *Vorbereitung der Beurteilung* rechtlicher oder wirtschaftlicher Sachverhalte durch einen Sachbearbeiter	Verfahren einfacher Art

13.378 Zwangsverwaltung

Stufe	Stunden-satz von	... bis	bzw. Regelsatz	bei Verfahren,	Kurzbe-zeichnung
				erfolgen kann, der die Fähigkeit hat, bestimmte rechtliche oder wirtschaftliche Abwicklungen im Rahmen der vom Zwangsverwalter (oder seines gleich qualifizierten Mitarbeiters) gesetzten Rahmenanweisungen oder konkreter Einzelweisungen eigenständig durchzuführen und Hilfskräfte dementsprechend anzuweisen, sodass sich der Zwangsverwalter (oder sein gleich hoch qualifizierter Mitarbeiter) im Wesentlichen darauf beschränken kann, Rahmenanweisungen zu geben und deren Umsetzung zu überwachen.	
1	35,– €	44,99 €	40,– €	bei denen die wesentliche praktische Verfahrensführung durch einen Sachbearbeiter erfolgen kann, der die Fähigkeit hat, bestimmte rechtliche oder wirtschaftliche Abwicklungen durchzuführen im Rahmen der vom Zwangsverwalter (oder seines gleich qualifizierten Mitarbeiters) vorgegebenen allgemeinen Organisationsrichtlinien/Arbeitsanweisungen – dieses insbesondere dann, wenn keine oder so gut wie keine rechtlichen oder wirtschaftlichen Sachverhalte zu beurteilen sind und ein nennenswerter Spielraum für Ermessensentscheidungen im Rahmen unternehmerischen Planens und Handelns objektiv nicht vorhanden sind.	mechanisch abwickelbare Verfahren (einfachster Art)

Beispiele für Fallgruppen:

Fallgruppe 1: Zwangsverwaltung einfachster Art
Zwangsverwaltung eines Stücks einer nicht gesondert nutzbaren und nicht genutzten befestigten Außenfläche, die keiner Pflege bedarf und die zufälligerweise rechtlich eigenständig ist (eigenes Flurstück auf eigenem Grundbuchblatt, daher eigenes Zwangsverwaltungsverfahren), z.B. ein wenige Quadratmeter großes Stück einer größeren Fläche, das wirtschaftlich zu einem Grundbesitz gehört, über den derselbe Zwangsverwalter bestellt ist und im Rahmen dieser Zwangsverwaltung ohne nennenswerten zusätzlichen Aufwand (insbesondere keine Einnahmen außer Gläubigervorschüsse oder Ausgaben) quasi de facto mitverwaltet wird. Ebenfalls zur Gruppe 1 gehört die Verwaltung eine einzelnen Garage oder eines Schuppens.

Fallgruppe 2: Zwangsverwaltung einfacher Art
Zwangsverwaltung eines Stücks einer nicht gesondert nutzbaren und nicht genutzten unbefestigten Außenfläche, die geringer Pflege bedarf (z.B. regelmäßiger Rasenschnitt) und die zufälligerweise rechtlich eigenständig ist (eigenes Flurstück auf eigenem Grundbuchblatt, daher eigenes Zwangsverwaltungsverfahren), z.B. ein wenige Quadratmeter großes Stück einer größeren Fläche, das wirtschaftlich zu einem Grundbesitz gehört, über den derselbe Zwangsverwalter bestellt ist und von daher die wesentlichen Erkenntnisse im Rahmen jener anderen Zwangsverwaltung ohne nennenswerten zusätzlichen Aufwand gewonnen werden können. Dies gilt jedoch nur, wenn von dem anderen Grundbesitz keine Ausgaben oder Einnahmen anteilig auf diesen Grundbesitz zuzurechnen sind, sondern sich die Zahlungseingänge auf Gläubigervorschüsse und die Zahlungsausgänge auf separat in Rechnung gestellte Beträge für die z.B. Rasenpflege beschränkt – sowie ggf. die Verfahrenskosten –; sonst ist Stufe 3 anwendbar. Ebenfalls zur Gruppe 2 gehört die Verwaltung von Ackerflächen, für die ein wirksamer Pachtvertrag vorliegt.

Fallgruppe 3: Zwangsverwaltung durchschnittlicher Art
Auseinandersetzung bzw. Führung von Vergleichsgesprächen mit Mietern wegen Mietminderungen bzw. rückständiger Betriebskostenabrechnungen. Beantwortung von Eingaben und Anfragen querulatorischer Mieter; Durchführung von Mieterversammlungen; Verhinderung von Einstellung der Versorgungsleistungen; Organisation und Durchführung von Winterdiensten. Mitwirkung in einer Eigentümergemeinschaft an Sanierungsmaßnahmen (die über Kleinstreparaturen hinaus gehen): Mitwirkung an Diskussion und Beschlussfassung in WE-Versammlung über Maßnahmen und deren Finanzierung sowie Vor- und Nachbereitung der WE-Versammlungen.

Fallgruppe 4: Zwangsverwaltung schwieriger Art
Prüfung und Regulierung von Altlasten. Prüfung und Auseinandersetzung mit einem Insolvenzverwalter bezüglich bestehender Mietverträge. Durchführung von Sanierungsmaßnahmen (die über Kleinstreparaturen hinausgehen): Erkennen der Notwendigkeit, Vorgabe der wesentlichen Rahmendaten für Angebotseinholung/Ausschreibung (durch Architekt/Bauleiter oder ggf. auch selbst) und Entscheidung über Auftragsvergabe sowie Überwachung des Fortschritts der Arbeiten (ggf. mit zwischengeschaltetem Architekten/Bauleiter). Realisierung von Vermieterpfandrechten: Auseinandersetzungen wegen Grenzüberbau/Nachbarschaftsstreitigkeiten. Prüfung langfristiger Wartungsverträge.

13.378   Zwangsverwaltung

Faustregeltabelle:

	Tatbestand:	Zu-/Abschlag auf Vergütung gem. § 18 Abs. 2 ZwVwV in Prozent:	Fundstelle:
1.	Erhöhungstatbestand Inbesitznahme:	Zuschlag (Basis: 10 % gem. § 18 Abs. 1 ZwVwV):	
	Ermittlung der Objektlage und des Grundstücksumfanges notwendig (Überprüfung von Liegenschaftskarten, Teilungserklärungen etc.)	5–20 %	
	Ermittlung der Bewirtschaftungsverhältnisse notwendig (ungeklärte Versicherungsverhältnisse, unbekannte Versorgungsträger, Anfordern von Grundsteuerbescheiden etc.)	10–30 %	LG Flensburg, Rpfleger 2002, 475 LG Potsdam, ZInsO 2002, 220 LG Kiel, ZInsO 2003, 894
	Erhöhter Arbeitsaufwand bei Inbesitznahme (mehrmalige Besuche notwendig, Gebäudeöffnung durch Schließdienst notwendig, Inbesitzsetzung durch Gerichtsvollzieher)	20–50 %	LG Detmold, Rpfleger 1998, 122 LG Flensburg, Rpfleger 2002, 475 LG Meiningen, ZInsO 2003, 559
	Notwendige Klärung zwischen Eigentum und Eigenbesitz (§ 872 BGB)	10–20 %	
	Ermittlung der Miet-, Pacht- und sonstigen Nutzungsverhältnisse	10–20 %	LG Meiningen, ZInsO 2003, 559
	Objekte der Zwangsverwaltung an mehreren Orten	20 %	LG Flensburg, ZInsO 2001, 749
	Aufwendige Inbesitznahme mit umfangreichem Zubehör	10–20 %	
	Inventarisierung anlässlich der Inbesitznahme	20–50 %	
2.	Erhöhungstatbestände bezogen auf Art und Umfang der Zwangsverwaltung	Zuschlag:	
	Verwaltung eines gewerblichen Objekts	20 %	AG Wolgast, Rpfleger 2003, 257 LG Leipzig, Rpfleger 2001, 560 LG Flensburg, ZInsO 2001, 952

		LG Potsdam, Rpfleger 2002, 473 LG Stralsund, Rpfleger 2002, 473
Verwaltung eines nicht gewerblichen Objekts mit mehr als 10 Wohneinheiten	10 % je 10 Wohneinheiten	LG Frankenthal, Rpfleger 1993, 416 LG Krefeld, Rpfleger 1992, 361
Gewerbliche Betätigung des Zwangsverwalters	10–50 %	LG Leipzig, Rpfleger 2002, 166
Notwendiger Abschluss von Gewerbe- und Arbeitsverträgen zur Objektbewirtschaftung (Hausmeister, Wachdienst usw.)	5–30 %	LG Leipzig, Rpfleger 2002, 166
Fehlende Unterlagen zur Betriebs- und Nebenkostenabrechnung	5–30 %	LG Bochum, Rpfleger 1995, 374 LG Potsdam, Rpfleger 2002, 473 LG Flensburg, ZInsO 2002, 68 LG Mainz, Rpfleger 1996, 37
Ermittlung und Aufstellung von Verteilerschlüsseln in NKA	5–10 %	LG Bochum, Rpfleger 1995, 374 LG Potsdam, Rpfleger 2002, 473 LG Mainz, Rpfleger 1996, 37
Anfertigung von NKA für die der Zwangsverwaltung vorhergehenden Wirtschaftsjahre	20 % je Abrechnungszeitraum	LG Bochum, Rpfleger 1995, 374 LG Potsdam, Rpfleger 2002, 473 LG Mainz, Rpfleger 1996, 37
Überprüfung und Beiziehung von Mietrückständen	5–30 %	LG Bochum, Rpfleger 1995, 374 LG Flensburg, Rpfleger 2002, 475 LG Mainz, Rpfleger 1996, 37 LG Göttingen, Rpfleger 1996, 257 LG Memmingen, Rpfleger 2003, 605
Durchsetzung von Mieterhöhungen	5–20 %	LG Bochum, Rpfleger 1995, 374

Tatbestand:	Zu-/Abschlag auf Vergütung gem. § 18 Abs. 2 ZwVwV in Prozent:	Fundstelle:
Überprüfung und Ermittlung von Mietminderungen	5–20 %	LG Flensburg, ZInsO 2002, 68 LG Flensburg, ZInsO 2002, 423 LG Bochum, Rpfleger 1995, 374 LG Göttingen, Rpfleger 1996, 257
Ständige Anmahnung an Mieter wg. Miete	5–20 %	LG Meiningen, ZInsO 2003, 559 AG Leipzig, ZInsO 2001, 1047
Abmahnungen wg. vertragswidrigen Verhaltens	5–10 %	
Außerordentliche Kündigung des Mietverhältnisses und Überwachung Auszug	5–30 %	
Zwangsräumungen	5–20 %	AG Leipzig, ZInsO 2003, 1047
Schwierigkeiten in Mietverhältnissen anderer Art (Mieter, die der deutschen Sprache nicht mächtig sind, Mietverträge in Fremdsprache, querulatorische Mieter)	5–20 %	
Häufiger Mieterwechsel	5–10 %	
Rep. und Sanierungsaufwand zur Herstellung/Erhaltung des vermietbaren Zustandes	30 %	LG Flensburg, ZInsO 2001, 749 LG Flensburg, ZInsO 2002, 423 AG Altenkirchen, ZInsO 2000, 466 LG Lüneburg, Rpfleger 1999, 34 LG Leipzig, Rpfleger 1999, 504
Wintersicherung	5–10 %	LG Meiningen, ZInsO 2003, 559
Bearbeitung öffentlich-rechtlicher Kontrollen/umfangreiche Wartungsverträge	5–30 %	

Bauliche Tätigkeiten	5–50 %	LG Göttingen, Rpfleger 1996, 257 LG Memmingen, Rpfleger 2003, 605 LG Flensburg, Rpfleger 2002, 475
Aufwendige Verkehrssicherungspflichten	5–30 %	
Kontrollbesuche (häufig)	5–10 %	LG Flensburg, ZInsO 2001, 749
Überprüfung behördlicher Bescheide/Grundsteuerbescheide/Abwasseranbindung	5–10 %	
Überprüfung der Wirtschaftspläne und Hausgeldabrechnungen/Neubestellung einer WEG-Verwaltung oder Installation	5–30 %	
Gerichtliche Auseinandersetzung mit Gläubigern/„querulatorischer Gläubiger und Schuldner"	5–30 %	
Erstellung von USt.-Voranmeldungen und Jahreserklärungen	10–30 %	LG Potsdam, Rpfleger 2002, 473 LG Lüneburg, Rpfleger 1999, 34 LG Leipzig, Rpfleger 1999, 504
Aufwendige Buchführung	20 %	
Aufwendige Abrechnung mit Ersteher (Ersteher zahlt nicht oder wendet sich gegen Abrechnung)	5–20 %	
Auseinandersetzung wegen Masseauskehrungen	5–20 %	
Außergewöhnlich kurzes Verfahren mit Ausnahme § 20 ZwVwV	20 %	
Verwaltung landwirtschaftlicher oder forstwirtschaftlicher Grundstücke und damit zusammenhängende Besonderheiten/Spezialkenntnisse	30 %	

	Tatbestand:	Zu-/Abschlag auf Vergütung gem. § 18 Abs. 2 ZwVwV in Prozent:	Fundstelle:
3.	Erhöhungstatbestand Schwierigkeiten und Besonderheiten bei der Zwangsverwaltung	Zuschlag:	
	Querulatorische und störende Eigentümer bzw. sonstige Personen	5–30 %	LG Flensburg, ZInsO 2002, 68 LG Flensburg, ZInsO 2002, 423
	Mehrmalige Auskünfte gegenüber dem Eigentümer, den Gläubigern sowie sonstigen Dritten (Sachverständigen, Maklern, Objektinteressenten)	0 %	LG Göttingen, ZInsO 2001, 460
	Ermöglichung von Besichtigungen durch Sachverständige, Gläubigervertreter, Makler pp.	0 %	LG Heilbronn, Rpfleger 2003, 679
	Bearbeitung von Ansprüchen in der Zwangsverwaltung gegenüber insolventen Mietern und Gläubigern (Korrespondenz mit Insolvenzverwaltern, Forderungsanmeldungen, Überwachung der Quote und Auszahlung gemäß Quote pp.)	10–20 %	
	Übernahme einer WE-Verwaltung (Verwalter verhindert oder verstorben)	10–50%	LG Krefeld, Rpfleger 1991, 121
	Geltendmachung des Vermieterpfandrechts bzw. sonstiger Sicherungsmaßnahmen, Verwertung des Pfandes, Erteilung entsprechender Abrechnungen	10–20 %	
4.	Minderungstatbestände:	Abschlag:	
	Bestehen einer Eigentumsverwaltung (z.B. bei Großwohnanlagen, sodass der Zwangsverwalter lediglich noch die Buchhaltung zu übertragen und das Berichtswesen zu führen hat)	10–30 %	LG Leipzig, Rpfleger 2002, 166
	Krasser Gegensatz von hohen Miet-/Pachteinnahmen zum Arbeitsaufwand in der Zwangsverwaltung (Verwaltung eines Werftgeländes, wenn die Werft einziger Mieter ist und sämtliche Betriebskosten von dort bezahlt werden)	10–30 %	LG Leipzig, Rpfleger 2002, 166

14. Abschnitt
Kosten der Zwangsvollstreckung

Kapitel A
Mobiliarvollstreckung

I. Gerichtskosten GKG

Welche gerichtlichen Gebühren und Auslagen im Verfahren der Zwangsvollstreckung anfallen, ergibt sich aus dem Kostenverzeichnis (KV) zum GKG. Es gilt der Grundsatz des **Numerus clausus** der Gebührentatbestände. Das bedeutet, dass nur für die im KV angesetzten Kostentatbestände Gebühren und Auslagen erhoben werden dürfen. Eine ausdehnende Auslegung oder analoge Anwendung scheidet aus.[1]   **14.1**

Die Verfahrensgebühren werden gem. § 6 GKG grundsätzlich **fällig** mit der Antragstellung. Soweit die Gebühr eine Entscheidung oder sonstige gerichtliche Handlung voraussetzt, wird sie mit dieser fällig. Im Übrigen werden die Gebühren und die Auslagen fällig, wenn   **14.2**

1. eine unbedingte Entscheidung über die Kosten ergangen ist,
2. das Verfahren oder der Rechtszug durch Vergleich oder Zurücknahme beendet ist,
3. das Verfahren sechs Monate ruht oder sechs Monate nicht betrieben worden ist,
4. das Verfahren sechs Monate unterbrochen oder sechs Monate ausgesetzt war oder
5. das Verfahren durch anderweitige Erledigung beendet ist.

Die Dokumentenpauschale sowie die Auslagen für die Versendung und die elektronische Übermittlung von Akten werden sofort nach ihrer Entstehung fällig.

Kostenschuldner ist gem. § 22 GKG, wer das Verfahren beantragt hat. Gem. § 29 GKG schuldet die Kosten ferner,   **14.3**

1. wem durch gerichtliche oder staatsanwaltschaftliche Entscheidung die Kosten des Verfahrens auferlegt sind;

---

[1] *Meyer*, Vorb. zum KV Rdn. 4.

14.4, 14.5   Kosten der Zwangsvollstreckung

2. wer sie durch eine vor Gericht abgegebene oder dem Gericht mitgeteilte Erklärung oder in einem vor Gericht abgeschlossenen oder dem Gericht mitgeteilten Vergleich übernommen hat; dies gilt auch, wenn bei einem Vergleich ohne Bestimmung über die Kosten diese als von beiden Teilen je zur Hälfte übernommen anzusehen sind;
3. wer für die Kostenschuld eines anderen kraft Gesetzes haftet und
4. der Vollstreckungsschuldner für die notwendigen Kosten der Zwangsvollstreckung.

14.4 **Mehrere Kostenschuldner** haften gem. § 31 GKG als Gesamtschuldner. Soweit ein Kostenschuldner aufgrund von § 29 Nr. 1 oder 2 (Erstschuldner) GKG haftet, soll die Haftung eines anderen Kostenschuldners nur geltend gemacht werden, wenn eine Zwangsvollstreckung in das bewegliche Vermögen des Ersteren erfolglos geblieben ist oder aussichtslos erscheint.

1. Vollstreckungsverfahren

14.5 Die einzelnen Gebührentatbestände im Rahmen der Zwangsvollstreckung ergeben sich aus KV 2110–2124, die Auslagen aus KV 9000 ff. Danach werden folgende Gebühren erhoben:

2110	Verfahren über Anträge auf Erteilung einer weiteren vollstreckbaren Ausfertigung (§ 733 ZPO) und auf gerichtliche Handlungen der Zwangsvollstreckung gemäß § 829 Abs. 1, §§ 835, 839, 846 bis 848, 857, 858, 886 bis 888 oder § 890 ZPO. Mehrere Verfahren innerhalb eines Rechtszugs gelten als ein Verfahren, sofern sie denselben Anspruch und denselben Gegenstand betreffen.	15,– €
2111	Verfahren über den Antrag auf Vollstreckungsschutz nach § 765a ZPO	15,– €
2112	Verfahren über den Antrag auf Aussetzung der Verwertung nach § 813b ZPO	15,– €
2113	Verfahren über den Antrag auf Abnahme der eidesstattlichen Versicherung nach § 889 ZPO	30,– €
2114	Verfahren über den Antrag eines Drittgläubigers auf Erteilung einer Ablichtung oder eines Ausdrucks des mit eidesstattlicher Versicherung abgegebenen Vermögensverzeichnisses Die Gebühr entfällt, wenn für ein Verfahren über den Antrag auf Gewährung der Einsicht in dasselbe Vermögensverzeichnis die Gebühr 2115 bereits entstanden ist.	15,– €

2115	Verfahren über den Antrag eines Drittgläubigers auf Gewährung der Einsicht in das mit eidesstattlicher Versicherung abgegebene Vermögensverzeichnis	15,– €
	Die Gebühr entfällt, wenn für ein Verfahren über einen früheren Antrag auf Gewährung der Einsicht in dasselbe Vermögensverzeichnis die Gebühr bereits entstanden ist.	
2116	Verteilungsverfahren	0,5
2117	Verfahren über die Vollstreckbarerklärung eines Anwaltsvergleichs nach § 796a ZPO	50,– €
2118	Verfahren über Anträge auf Verweigerung, Aussetzung oder Beschränkung der Zwangsvollstreckung nach § 1084 ZPO	25,– €

Bis auf KV 2116 handelt es sich demnach um wertunabhängige Festgebühren. Maßgeblich für den Wert des **Verteilungsverfahrens** nach § 874 ff. ZPO ist gem. § 48 Abs. 1 GKG i.V.m. § 6 ZPO die Verteilungsmasse, ohne Abzug von Kosten, wobei **streitig** ist, ob die Zinsen hinzurechnen sind.[2] Die Gebühren für eine Widerspruchsklage gem. § 878 ZPO ergeben sich hingegen aus KV 1210 ff.   **14.6**

Für einen **Pfändungs- und Überweisungsbeschluss** werden daher für jeden Antrag 15,– € erhoben, und zwar auch dann nur einmalig, wenn der Antrag auf Pfändung mehrerer Forderungen des Schuldners lautet, selbst wenn sie sich gegen mehrere Drittschuldner richten, oder wenn ein Pfändungsbeschluss sich gegen mehrere Gesamtschuldner richtet.   **14.7**

Für die Kosten einer Zwangs- oder Ordnungshaft gem. §§ 888, 890 ZPO oder aufgrund eines Haftbefehls nach § 901 ZPO werden Auslagen in Höhe des **Haftkostenbeitrags** nach § 50 Abs. 2 und 3 StVollzG erhoben. Dessen Höhe richtet sich nach dem Betrag, der gem. § 17 Abs. 1 Nr. 3 SGB IV durchschnittlich zur Bewertung der Sachbezüge festgesetzt wird. Der Durchschnittsbetrag wird jährlich vom Bundesjustizministerium nach den am 1. Oktober des vorhergehenden Jahres geltenden Bewertungen der Sachbezüge, jeweils getrennt für das in Artikel 3 des Einigungsvertrages genannte Gebiet und für das Gebiet, in dem das Strafvollzugsgesetz schon vor dem Wirksamwerden des Beitritts gegolten hat, festgestellt und im Bundesanzeiger bekannt gemacht.   **14.8**

Daher sind u.a. folgende Verfahren **gebührenfrei**, weil sie nicht ausdrücklich aufgeführt werden, wobei allerdings Auslagen nach KV 9000 ff. anfallen: **14.9**

---

2   Vgl. *Hartmann*, GKG KV 2116 Rdn. 3; *Meyer*, Anhang zu § 48, § 3 ZPO Rdn. 30 „Verteilungsverfahren"; *Schneider/Herget*, Rdn. 4864.

- Erteilung der einfachen wie der qualifizierten Klausel, §§ 724, 726, 727 ZPO,
- Durchsuchungsbeschluss, § 758a ZPO,
- Beschluss zur Vollstreckung zu ungewöhnlichen Zeiten, § 758a Abs. 4 ZPO,
- Vollstreckungserinnerung, § 766 ZPO,
- Anordnung der Versteigerung durch eine andere Person als den Gerichtsvollzieher, § 825 ZPO,
- Antrag auf Nichtberücksichtigung eines Unterhaltsberechtigten, § 850c Abs. 4 ZPO,
- Zusammenrechnung von Arbeitseinkommen, § 850e Nr. 2, 2a. 3 ZPO,
- Verweisung des Unterhaltsgläubigers in den Vorrechtsbereich, § 850e Nr. 4 ZPO,
- Änderung des unpfändbaren Betrages, § 850f ZPO,
- Anträge gem. § 850g–k ZPO

2. Beschwerden

14.10 Für das Beschwerdeverfahren nach § 793 ZPO werden folgende Gebühren erhoben:

2120	Verfahren über die Beschwerde im Verteilungsverfahren: Soweit die Beschwerde verworfen oder zurückgewiesen wird	1,0
2121	Verfahren über nicht besonders aufgeführte Beschwerden, die nicht nach anderen Vorschriften gebührenfrei sind: Die Beschwerde wird verworfen oder zurückgewiesen Wird die Beschwerde nur teilweise verworfen oder zurückgewiesen, kann das Gericht die Gebühr nach billigem Ermessen auf die Hälfte ermäßigen oder bestimmen, dass eine Gebühr nicht zu erheben ist.	25,– €

14.11 Beschwerdegebühren werden somit nur erhoben, wenn die Beschwerde verworfen oder zurückgewiesen wird, nicht jedoch bei begründeter Beschwerde und auch nicht, wenn sie sich anders erledigt, wie z.B. durch Erledigungserklärung, Zurückverweisung oder Rücknahme.

14.12 Maßgeblich für die Wertberechnung der KV 2120 ist § 47 GKG.

14.13 Aus der Regelung ergibt sich ferner, dass für die Erinnerungen gem. §§ 573, 732, 766 ZPO keine Gebühren erhoben werden.

3. Rechtsbeschwerden

Für das Rechtsbeschwerdeverfahren nach § 574 ZPO werden folgende Gebühren erhoben: 14.14

2122	Verfahren über die Rechtsbeschwerde im Verteilungsverfahren: Soweit die Beschwerde verworfen oder zurückgewiesen wird	2,0
2123	Verfahren über die Rechtsbeschwerde im Verteilungsverfahren: Soweit die Beschwerde zurückgenommen oder das Verfahren durch anderweitige Erledigung beendet wird Die Gebühr entsteht nicht, soweit der Beschwerde stattgegeben wird.	1,0
2124	Verfahren über nicht besonders aufgeführte Rechtsbeschwerden, die nicht nach anderen Vorschriften gebührenfrei sind: Die Rechtsbeschwerde wird verworfen oder zurückgewiesen Wird die Rechtsbeschwerde nur teilweise verworfen oder zurückgewiesen, kann das Gericht die Gebühr nach billigem Ermessen auf die Hälfte ermäßigen oder bestimmen, dass eine Gebühr nicht zu erheben ist.	50,- €

Maßgeblich für die Wertberechnung der KV 2122 und 2123 ist § 47 GKG.   14.15

4. Klagen der Zwangsvollstreckung

Nicht unter die KV 2110–2124 fallen die Klagen in der Zwangsvollstreckung, also die gem. §§ 731, 768, 767, 771, 805, 878 ZPO. Für diese bestimmen sich die Gebühren nach KV 1210 ff.   14.16

II. Gerichtsvollzieherkosten (GvKostG)

Für die Tätigkeit des Gerichtsvollziehers werden Kosten nach dem Gesetz über Kosten der Gerichtsvollzieher (Gerichtsvollzieherkostengesetz – GvKostG) erhoben. Deren Höhe bemisst sich gem. § 9 GvKostG nach dem Kostenverzeichnis (KV) zum GvKostG. Es handelt sich dabei seit der Änderung im Jahre 2001 nicht mehr um Wertgebühren, sondern nur noch um Festgebühren sowie um Auslagen. Wird der Gerichtsvollzieher auf Verlangen zur Nachtzeit (§ 758a Abs. 4 S. 2 ZPO) oder an einem Sonnabend, Sonntag oder Feiertag tätig, so werden die doppelten Gebühren erhoben, § 11 GvKostG.   14.17

Die **Fälligkeit** der Gebühren tritt gem. § 14 GvKostG ein mit der Durchführung des Auftrags oder wenn der Auftrag länger als zwölf Kalendermonate ruht; Auslagen werden sofort nach ihrer Entstehung fällig. Der Ge-   14.18

richtsvollzieher kann grundsätzlich vom Auftraggeber einen **Vorschuss** zur Deckung der voraussichtlichen Kosten verlangen und hiervon die Durchführung des Auftrags abhängig machen, § 4 GvKostG. Dies wird vor allem bei Räumungen in Betracht kommen. Hinsichtlich der Kosten steht dem Gerichtsvollzieher auch ein **Entnahmerecht** aus dem Erlös versteigerter Sachen oder an den Gläubiger abzuliefernder Gelder zu, § 15 GvKostG.

14.19 Ein **Auftrag** (§ 3 GvKostG) umfasst dabei alle Amtshandlungen, die zu seiner Durchführung erforderlich sind, wobei einem Vollstreckungsauftrag auch mehrere Vollstreckungstitel zugrunde liegen können.

14.20 Jeweils **verschiedene Aufträge** sind

- die Zustellung auf Betreiben der Parteien;
- die Vollstreckung einschließlich der Verwertung;
- besondere Geschäfte nach dem 4. Abschnitt des Kostenverzeichnisses, soweit sie nicht Nebengeschäft sind;
- die Vollziehung eines Haftbefehls.

14.21 Gem. § 3 Abs. 2 GvKostG handelt es sich jedoch um **denselben Auftrag**, wenn der Gerichtsvollzieher gleichzeitig beauftragt wird,

- einen oder mehrere Vollstreckungstitel zuzustellen und hieraus gegen den Zustellungsempfänger zu vollstrecken;
- mehrere Zustellungen an denselben Zustellungsempfänger oder an Gesamtschuldner zu bewirken oder
- mehrere Vollstreckungshandlungen gegen denselben Vollstreckungsschuldner oder Vollstreckungshandlungen gegen Gesamtschuldner auszuführen; der Gerichtsvollzieher gilt als gleichzeitig beauftragt, wenn der Auftrag zur Abnahme der eidesstattlichen Versicherung mit einem Vollstreckungsauftrag verbunden ist (§ 900 Abs. 2 S. 1 ZPO), es sei denn, der Gerichtsvollzieher nimmt die eidesstattliche Versicherung nur deshalb nicht ab, weil der Schuldner nicht anwesend ist.

14.22 § 3 GvKostG enthält noch weitere Einzelheiten. Der Auftrag ist **erteilt**, wenn er dem Gerichtsvollzieher oder der Geschäftsstelle des Gerichts, deren Vermittlung oder Mitwirkung in Anspruch genommen wird, zugegangen ist. Eine Besonderheit gilt bei einem Vollstreckungsauftrag, verbunden mit einem Auftrag zur Abnahme der eidesstattlichen Versicherung (Kombi-Auftrag, § 900 Abs. 2 S. 1 ZPO); dann gilt der Auftrag zur Abnahme der eidesstattlichen Versicherung erst als erteilt, sobald die Voraussetzungen nach § 807 Abs. 1 ZPO vorliegen.

14.23 **Als durchgeführt gilt** ein Auftrag, wenn er zurückgenommen worden ist oder seiner Durchführung oder weiteren Durchführung Hinderungsgründe entgegenstehen, es sei denn, der Auftraggeber muss eine richterliche Anordnung nach § 758a ZPO beibringen und diese Anordnung dem Gerichtsvollzieher binnen drei Monaten zugeht. Entsprechendes gilt, wenn der

Schuldner zu dem Termin zur Abnahme der eidesstattlichen Versicherung nicht erscheint oder die Abgabe der eidesstattlichen Versicherung ohne Grund verweigert und der Gläubiger innerhalb des Drei-Monats-Zeitraums einen Auftrag zur Vollziehung eines Haftbefehls erteilt.

Zu beachten ist, dass es der **Zurücknahme gleichsteht**, wenn der Gerichtsvollzieher dem Auftraggeber mitteilt, dass er den Auftrag als zurückgenommen betrachtet, weil damit zu rechnen ist, die Zwangsvollstreckung werde fruchtlos verlaufen, und wenn der Auftraggeber nicht bis zum Ablauf des auf die Absendung der Mitteilung folgenden Kalendermonats widerspricht. Der Zurücknahme steht es ebenfalls gleich, wenn ein geforderter Vorschuss nicht bis zum Ablauf des auf die Absendung der Vorschussanforderung folgenden Kalendermonats beim Gerichtsvollzieher eingegangen ist (§ 3 Abs. 4 GvKostG). Versäumt der Gläubiger diese Fristen, fallen für einen erneuten Auftrag die Gebühren erneut an! 14.24

Hinsichtlich des **Abgeltungsbereichs** der Gebühren bestimmt § 10 GvKostG, dass bei Durchführung desselben Auftrags eine Gebühr nach derselben Nummer des KV nur einmal erhoben wird. Dies gilt jedoch nicht für die nach dem 6. Abschnitt des Kostenverzeichnisses zu erhebenden Gebühren, wenn für die Erledigung mehrerer Amtshandlungen Gebühren nach verschiedenen Nummern des Kostenverzeichnisses zu erheben wären. Eine Gebühr nach dem genannten Abschnitt wird nicht neben der entsprechenden Gebühr für die Erledigung der Amtshandlung erhoben. Wegen der weiteren Einzelheiten wird auf § 10 GvKostG verwiesen. 14.25

Nachfolgend ein **Auszug** aus den wichtigsten Gebühren und Auslagen des GvKostG: 14.26

Zustellung auf Betreiben der Parteien 14.27

(1) Die Zustellung an den Zustellungsbevollmächtigten mehrerer Beteiligter gilt als eine Zustellung. (2) Die Gebühr nach Nummer 100 oder 101 wird auch erhoben, wenn der Gerichtsvollzieher die Ladung zum Termin zur Abnahme der eidesstattlichen Versicherung (§ 900 ZPO) oder den Pfändungs- und Überweisungsbeschluss an den Schuldner (§ 829 Abs. 2 S. 2, auch i.V.m. § 835 Abs. 3 S. 1 ZPO) zustellt.		
100	Persönliche Zustellung durch den Gerichtsvollzieher	7,50 €
101	Sonstige Zustellung	2,50 €
102	Beglaubigung eines Schriftstückes, das dem Gerichtsvollzieher zum Zwecke der Zustellung übergeben wurde (§ 192 Abs. 2 ZPO) je Seite Eine angefangene Seite wird voll berechnet.	Gebühr in Höhe der Dokumentenpauschale

14.28 Vollstreckung

Nr.	Beschreibung	Gebühr
200	Amtshandlung nach § 845 Abs. 1 S. 2 ZPO (Vorpfändung).	12,50 €
205	Bewirkung einer Pfändung (§ 808 Abs. 1, 2 S. 2, §§ 809, 826 oder § 831 ZPO) Neben dieser Gebühr wird gegebenenfalls ein Zeitzuschlag nach Nummer 500 erhoben.	20,- €
210	Übernahme des Vollstreckungsauftrags von einem anderen Gerichtsvollzieher, wenn der Schuldner unter Mitnahme der Pfandstücke in einen anderen Amtsgerichtsbezirk verzogen ist	12,50 €
220	Entfernung von Pfandstücken, die im Gewahrsam des Schuldners, des Gläubigers oder eines Dritten belassen waren Die Gebühr wird auch dann nur einmal erhoben, wenn die Pfandstücke aufgrund mehrerer Aufträge entfernt werden. Neben dieser Gebühr wird gegebenenfalls ein Zeitzuschlag nach Nummer 500 erhoben.	12,50 €
221	Wegnahme oder Entgegennahme beweglicher Sachen durch den zur Vollstreckung erschienenen Gerichtsvollzieher Neben dieser Gebühr wird gegebenenfalls ein Zeitzuschlag nach Nummer 500 erhoben.	20,- €
240	Entsetzung aus dem Besitz unbeweglicher Sachen oder eingetragener Schiffe oder Schiffsbauwerke und die Einweisung in den Besitz (§ 885 ZPO) Neben dieser Gebühr wird gegebenenfalls ein Zeitzuschlag nach Nummer 500 erhoben.	75,- €
242	Übergabe unbeweglicher Sachen an den Verwalter im Falle der Zwangsversteigerung oder Zwangsverwaltung Neben dieser Gebühr wird gegebenenfalls ein Zeitzuschlag nach Nummer 500 erhoben.	75,- €
260	Abnahme der eidesstattlichen Versicherung	30,- €
270	Verhaftung, Nachverhaftung, zwangsweise Vorführung	30,- €

14.29 Verwertung

Die Gebühren werden bei jeder Verwertung nur einmal erhoben. Dieselbe Verwertung liegt auch vor, wenn der Gesamterlös aus der Versteigerung oder dem Verkauf mehrerer Gegenstände einheitlich zu verteilen ist oder zu verteilen wäre und wenn im Falle der Versteigerung oder des Verkaufs die Verwertung in einem Termin erfolgt.

300	Versteigerung oder Verkauf von ■ beweglichen Sachen, ■ Früchten, die noch nicht vom Boden getrennt sind, ■ Forderungen oder anderen Vermögensrechten Neben dieser Gebühr wird gegebenenfalls ein Zeitzuschlag nach Nummer 500 erhoben.	40,– €
301	Öffentliche Verpachtung an den Meistbietenden Neben dieser Gebühr wird gegebenenfalls ein Zeitzuschlag nach Nummer 500 erhoben.	40,– €
302	Anberaumung eines neuen Versteigerungs- oder Verpachtungstermins Die Gebühr wird nur erhoben, wenn der vorherige Termin auf Antrag des Gläubigers oder des Antragstellers oder nach den Vorschriften der §§ 765a, 775, 813a, 813b ZPO nicht stattgefunden hat oder wenn der Termin infolge des Ausbleibens von Bietern oder wegen ungenügender Gebote erfolglos geblieben ist.	7,50 €

Zeitzuschlag 14.30

500	Zeitzuschlag, sofern dieser bei der Gebühr vorgesehen ist, wenn die Erledigung der Amtshandlung nach dem Inhalt des Protokolls mehr als 3 Stunden in Anspruch nimmt, für jede weitere angefangene Stunde Maßgebend ist die Dauer der Amtshandlung vor Ort.	15,– €

Nicht erledigte Amtshandlung 14.31

Gebühren nach diesem Abschnitt werden erhoben, wenn eine Amtshandlung, mit deren Erledigung der Gerichtsvollzieher beauftragt worden ist, aus Rechtsgründen oder infolge von Umständen, die weder in der Person des Gerichtsvollziehers liegen noch von seiner Entschließung abhängig sind, nicht erledigt wird. Dies gilt insbesondere auch, wenn nach dem Inhalt des Protokolls pfändbare Gegenstände nicht vorhanden sind oder die Pfändung nach § 803 Abs. 2, §§ 812, 851b Abs. 2 S. 2 ZPO zu unterbleiben hat. Eine Gebühr wird nicht erhoben, wenn der Auftrag an einen anderen Gerichtsvollzieher abgegeben wird oder hätte abgegeben werden können.

	Nicht erledigte	
600	■ Zustellung (Nummer 100 und 101)	2,50 €
601	■ Wegnahme einer Person (Nummer 230)	20,– €

14.32 Kosten der Zwangsvollstreckung

602	■ Entsetzung aus dem Besitz (Nummer 240), Wegnahme ausländischer Schiffe (Nummer 241) oder Übergabe an den Verwalter (Nummer 242)	25,– €
604	■ Amtshandlung der in den Nummern 205 bis 221, 250 bis 301, 310, 400, 410 und 420 genannten Art. Die Gebühr für die nicht abgenommene eidesstattliche Versicherung wird nicht erhoben, wenn diese deshalb nicht abgenommen wird, weil der Schuldner sie innerhalb der letzten drei Jahre bereits abgegeben hat (§ 903 ZPO).	12,50 €

14.32 Auslagen

700	Pauschale für die Herstellung und Überlassung von Dokumenten: 1. Ablichtungen und Ausdrucke, a) die auf Antrag angefertigt oder per Telefax übermittelt werden, b) die angefertigt werden, weil der Auftraggeber es unterlassen hat, die erforderliche Zahl von Mehrfertigungen beizufügen: für die ersten 50 Seiten je Seite für jede weitere Seite 2. Überlassung von elektronisch gespeicherten Dateien anstelle der in Nummer 1 genannten Ablichtungen und Ausdrucke: je Datei (1) Die Höhe der Dokumentenpauschale nach Nummer 1 ist bei Durchführung eines jeden Auftrags und für jeden Kostenschuldner nach § 13 Abs. 1 Nr. 1 GvKostG gesondert zu berechnen; Gesamtschuldner gelten als ein Schuldner. (2) § 191a Abs. 1 S. 2 GVG bleibt unberührt. (3) Eine Dokumentenpauschale für die erste Ablichtung oder den ersten Ausdruck eines mit eidesstattlicher Versicherung abgegebenen Vermögensverzeichnisses und der Niederschrift über die Abgabe der eidesstattlichen Versicherung werden von demjenigen Kostenschuldner nicht erhoben, von dem die Gebühr 260 zu erheben ist.	0,50 € 0,15 € 2,50 €
701	Entgelte für Zustellungen mit Zustellungsurkunde	in voller Höhe
703	Nach dem JVEG an Zeugen, Sachverständige, Dolmetscher und Übersetzer zu zahlende Beträge	in voller Höhe
704	An die zum Öffnen von Türen und Behältnissen sowie an die zur Durchsuchung von Schuldnern zugezogenen Personen zu zahlende Beträge	in voller Höhe

707	An Dritte zu zahlende Beträge für die Beförderung von Personen, Tieren und Sachen, das Verwahren von Tieren und Sachen, das Füttern von Tieren, die Beaufsichtigung von Sachen sowie das Abernten von Früchten	in voller Höhe
708	An Einwohnermeldestellen für Auskünfte über die Wohnung des Beteiligten zu zahlende Beträge	in voller Höhe
709	Kosten für Arbeitshilfen	in voller Höhe
710	Pauschale für die Benutzung von eigenen Beförderungsmitteln des Gerichtsvollziehers zur Beförderung von Personen und Sachen je Fahrt	5,– €

711	Wegegeld je Auftrag für zurückgelegte Wegstrecken
	■ bis zu 10 Kilometern
	■ von mehr als 10 Kilometern bis 20 Kilometer
	■ von mehr als 20 Kilometern bis 30 Kilometer
	■ von mehr als 30 Kilometern
	(1) Das Wegegeld wird erhoben, wenn der Gerichtsvollzieher zur Durchführung des Auftrags Wegstrecken innerhalb des Bezirks des Amtsgerichts, dem der Gerichtsvollzieher zugewiesen ist, oder innerhalb des dem Gerichtsvollzieher zugewiesenen Bezirks eines anderen Amtsgerichts zurückgelegt hat.
	(2) Maßgebend ist die Entfernung vom Amtsgericht zum Ort der Amtshandlung, wenn nicht die Entfernung vom Geschäftszimmer des Gerichtsvollziehers geringer ist. Werden mehrere Wege zurückgelegt, ist der Weg mit der weitesten Entfernung maßgebend. Die Entfernung ist nach der Luftlinie zu messen.
	(3) Wegegeld wird nicht erhoben für
	  1. die sonstige Zustellung (Nummer 101),
	  2. die Versteigerung von Pfandstücken, die sich in der Pfandkammer befinden, und
	  3. im Rahmen des allgemeinen Geschäftsbetriebes zurückzulegende Wege, insbesondere zur Post und zum Amtsgericht.
	(4) In den Fällen des § 10 Abs. 2 S. 1 und 2 GvKostG wird das Wegegeld für jede Vollstreckungshandlung, im Falle der Vorpfändung für jede Zustellung an einen Drittschuldner gesondert erhoben. Zieht der Gerichtsvollzieher Teilbeträge ein (§§ 806b, 813a, 900 Abs. 3 ZPO), wird das Wegegeld für den Einzug des zweiten und jedes weiteren Teilbetrages gesondert erhoben.
		
		2,50 €
		5,– €
		7,50 €
		10,– €

713	Pauschale für sonstige bare Auslagen	je Auftrag 20 % der zu erhebenden Gebühren – mindestens 3,– €, höchstens 10,– €

14.33, 14.34 Kosten der Zwangsvollstreckung

III. Rechtsanwaltsgebühren RVG

1. Anwendungsbereich

14.33 Die Gebühren für die Einzelzwangsvollstreckung – einschließlich der Vollziehung von Entscheidungen des einstweiligen Rechtsschutzes – ergeben sich aus Abschnitt 3 Unterabschnitt 3 des Vergütungsverzeichnisses (VV) zum RVG, also den Nr. 3309 und 3310. Hiervon werden umfasst:

- Vollziehung von Arrest und einstweiliger Verfügung;
- das Verteilungsverfahren gem. §§ 858 Abs. 5, 872 bis 877, 882 ZPO;
- Eintragung einer Zwangshypothek (§§ 867, 870a ZPO);
- Vollstreckungsschutzverfahren nach § 765a ZPO;
- die übrige im Achten Buch der ZPO geregelte Einzelzwangsvollstreckung, soweit sie nicht in Unterabschnitt 4 und 5 gesondert geregelt ist;
- Verfahren nach § 33 FGG;
- die gerichtlichen Verfahren über einen Akt der Zwangsvollstreckung (des Verwaltungszwangs);
- das Verwaltungsvollstreckungsverfahren;
- das schifffahrtsrechtliche Verteilungsverfahren, soweit nicht Unterabschnitt 5 Anwendung findet, vgl. VV Vorb. 3.3.5 Abs. 1;
- Entscheidungen, die über einen aus der Straftat erwachsenen vermögensrechtlichen Anspruch oder die Erstattung von Kosten ergangen sind (§§ 406b, 464b StPO), und im Beschwerdeverfahren gegen eine dieser Entscheidungen (vgl. VV Vorb. 4. Abs. 5 Nr. 2);
- Entscheidungen, die über die Erstattung von Kosten in Bußgeldsachen ergangen sind (vgl. VV Vorb. 5 Abs. 4 Nr. 2).

14.34 Hingegen finden VV 3309, 3310 **keine Anwendung** für die

- in Unterabschnitt 4 (VV 3311 bis 3312) geregelten Verfahren der Zwangsversteigerung und Zwangsverwaltung;
- in Unterabschnitt 5 (VV 3313 bis 3323) geregelten Verfahren der Insolvenzordnung, vor dem 1.1.1999 beantragte Verfahren nach der Konkurs-, Vergleichs- und Gesamtvollstreckungsordnung[3] sowie in schifffahrtsrechtlichen Verteilungsverfahren, soweit dies dort ausdrücklich angeordnet ist, vgl. VV Vorb. 3.3.5 Abs. 1;
- Vollstreckungserinnerung gem. § 766 ZPO; hierfür gilt VV 3500;
- auf die im Achten Buch der ZPO geregelten Klageverfahren gem. §§ 722, 731, 767, 768, 771, 774, 785, 786, 805, 878 ZPO; insoweit finden VV 3100 ff. direkte Anwendung.

---

[3] Für diese gilt die BRAGO in der vor dem 1.1.1999 gültigen Fassung weiterhin, vgl. Art. 103, 104 EGInsO.

2. Grundsätzliches

Die Tätigkeit des Rechtsanwalts im Rahmen der Durchführung von Vollstreckungsmaßnahmen sowie von Vollziehungsmaßnahmen stellt gem. § 18 Nr. 3 und 4 RVG eine besondere Angelegenheit dar und wird dementsprechend auch grundsätzlich gesondert gem. VV 3309, 3310 vergütet. Ausnahmen ergeben sich aus § 19 Abs. 1 S. 1, S. 2 Nr. 9, 12, 15, 16 RVG sowie aus § 19 Abs. 2 RVG.

14.35

Bei der Gebühr VV 3309 handelt es sich um eine **Pauschgebühr.** Dies bedeutet, dass der Rechtsanwalt einerseits die Gebühr von 0,3 auch dann erhält, wenn er nur mit einer einzigen Tätigkeit in der Zwangsvollstreckung beauftragt und entsprechend tätig wird, sodass es auf den Umfang seiner Tätigkeit nicht ankommt (vgl. auch § 18 Nr. 3 und 4 RVG). Andererseits werden damit seine sämtlichen Tätigkeiten im Rahmen der Zwangsvollstreckung abgegolten, soweit es sich um *dieselbe Angelegenheit* handelt. Wann dieselbe Angelegenheit vorliegt, ist nicht immer leicht zu beantworten, zumal die Abgrenzung etwas anders ist als im Rahmen des § 15 RVG (Einzelheiten s. Rdn. 14.40). Jedenfalls liegt nicht dieselbe Angelegenheit vor, wenn der Rechtsanwalt in einem der in § 18 Nr. 6 bis 20 geregelten Fälle tätig wird. Dies gilt unabhängig davon, ob er für den Mandanten bereits im Erkenntnisverfahren tätig war oder nicht. Andererseits rechnen bestimmte Tätigkeiten, die gebührenrechtlich bereits Zwangsvollstreckung sind, für den Rechtsanwalt, der für den Mandanten bereits im Erkenntnisverfahren tätig war, zum Rechtszug (§ 19 Abs. 1 S. 1, S. 2 Nr. 9, 12, 15, 16, Abs. 2), sodass für diesen diese Tätigkeiten nicht gesondert vergütet werden (s. dazu Rdn. 14.45). Dabei ist zu beachten, dass der Begriff der Zwangsvollstreckung gebührenrechtlich Besonderheiten aufweist (s. Rdn. 14.37).

14.36

3. Der gebührenrechtliche Begriff der Zwangsvollstreckung

Als Zwangsvollstreckung bezeichnet man das formalisierte staatliche Verfahren zur zwangsweisen Durchsetzung oder Sicherung von Leistungsansprüchen mithilfe staatlicher Gewalt. Dieser **prozessrechtliche** Begriff der Zwangsvollstreckung stimmt nicht genau mit dem **gebührenrechtlichen** Begriff überein. So gehören beispielsweise die Klauselerteilung sowie das Verfahren auf gerichtliche Anordnung einer Durchsuchung nicht zur Zwangsvollstreckung im prozessrechtlichen Sinn, weil sie die Zwangsvollstreckung lediglich vorbereiten.[4] Gebührenrechtlich fallen hingegen bereits solche Vorbereitungshandlungen in den Unterabschnitt 3, daher auch schon die Zahlungsaufforderung mit Androhung der Zwangsvollstreckung, was sich aus den §§ 18, 19 RVG ergibt.[5] Der gebührenrechtliche Beginn der

14.37

---

4 Vgl. Rdn. 3.59.
5 Vgl. AnwK-RVG/*Wolf*, VV 3309–3310 Rdn. 10 ff.

Zwangsvollstreckung liegt daher regelmäßig in der nach Erteilung des Vollstreckungsmandats erfolgten Entgegennahme der Information durch den Rechtsanwalt.[6]

14.38 Beispiel:
Vier Wochen nach Zustellung des Urteils an den Beklagten sucht der Gläubiger einen Rechtsanwalt auf, um mit ihm die Zwangsvollstreckung zu besprechen, erteilt ihm ein entsprechendes Mandat und bespricht das weitere Vorgehen. Zwei Tage später, bevor noch der Brief des Rechtsanwalts mit der Androhung der Zwangsvollstreckung den Schuldner erreicht hat, geht das vier Tage zuvor an den Gläubiger überwiesene Geld bei diesem ein.
In einem solchen Fall ist einerseits die Gebühr nach VV 3309 entstanden, andererseits ist sie dem Gläubiger auch vom Schuldner zu erstatten (s. dazu Rdn. 14.136).

4. Tätigkeiten in der Zwangsvollstreckung

14.39 Unter der Tätigkeit in der Zwangsvollstreckung versteht man daher die gesamte Tätigkeit des Anwalts von der Vorbereitung der Vollstreckung/Vollziehung bis zur dauernden Beendigung der konkreten Zwangsvollstreckungsmaßnahme. Unter **Vollstreckungsmaßnahme** versteht man dabei die jeweils gewählte Art der Vollstreckung (Sachpfändung, eidesstattliche Versicherung, Forderungspfändung, Zwangssicherungshypothek). **Vollstreckungshandlungen** sind hingegen die im Rahmen einer konkreten Vollstreckungsmaßnahme vorgenommenen, damit in innerem Zusammenhang stehenden einzelnen Handlungen.

14.40 Da jede Vollstreckungsmaßnahme zusammen mit den durch diese vorbereiteten weiteren Vollstreckungshandlungen bis zu deren dauernden Beendigung (volle Befriedigung des Gläubigers, aber auch Rücknahme des Vollstreckungsauftrags oder Unpfändbarkeit des Schuldners) nur eine – **dieselbe – Angelegenheit** ist, erhält der Rechtsanwalt für sämtliche im Rahmen der konkreten Vollstreckungsmaßnahme vorgenommenen und damit im inneren Zusammenhang stehenden Tätigkeiten die Gebühren nach VV 3309, 3310 grundsätzlich nur einmal (§ 18 Nr. 3 RVG), es sei denn, einer der in § 18 Nr. 6–20 RVG geregelten Ausnahmen läge vor; denn Letztere stellen stets eine besondere und damit zusätzlich zu vergütende Angelegenheit dar.

14.41 Beispiel:
Der Gerichtsvollzieher wird beauftragt, die Sachpfändung durchzuführen (§ 808 ZPO) sowie die selbstständige Vorpfändung (§ 845 ZPO). Der Schuldner weigert sich, die Wohnung durchsuchen zu lassen, sodass auf Antrag eine richterliche Durchsuchungsanordnung ergeht. Im Rahmen der Sachpfändung wird ein Antrag auf Zulassung der Austauschpfändung hinsichtlich des einzigen Farbfernsehgeräts gestellt.

---

6 Allg.M., vgl. OLG Hamburg, JurBüro 1975, 1346; AnwK-RVG/*Wolf*, VV 3309–3310 Rdn. 13.

Der Auftrag an den Gerichtsvollzieher zur Sachpfändung, verbunden mit dem Antrag auf selbstständige Vorpfändung, betrifft zwei verschiedene Vollstreckungsmaßnahmen: Sachpfändung und Forderungspfändung. Der Antrag auf richterliche Durchsuchungsanordnung stellt eine Vollstreckungshandlung im Rahmen der Vollstreckungsmaßnahme „Sachpfändung" dar; die nach erfolgter Vorpfändung durchgeführte reguläre Pfändung derselben Forderung stellt eine Vollstreckungshandlung im Rahmen der Vollstreckungsmaßnahme „Forderungspfändung" dar.

Der Antrag auf Austauschpfändung ist eine Vollstreckungshandlung im Rahmen der Vollstreckungsmaßnahme „Sachpfändung", ist jedoch gem. § 18 Nr. 9 RVG eine besondere Angelegenheit.

Folge: 14.42
Der Rechtsanwalt erhält für die Vollstreckungsmaßnahme „Sachpfändung" einschließlich des Verfahrens auf Durchsuchungsanordnung eine Gebühr nach VV 3309 und eine weitere Gebühr nach VV 3309 für die Vollstreckungsmaßnahme „Forderungspfändung", also Vorpfändung und anschließende normale Pfändung. Weil die Austauschpfändung ausdrücklich eine besondere Angelegenheit darstellt, erhält der Rechtsanwalt dafür zusätzlich eine Gebühr nach VV 3309.

Um zu prüfen, ob eine gesondert vergütete Angelegenheit vorliegt, empfiehlt sich daher folgende Prüfungsreihenfolge: Fällt die Handlung unter VV 3309 – § 18 Nr. 6 bis 20 – § 19 Abs. 1 S. 2 Nr. 9, 12, 15, 16 – § 19 Abs. 2 – § 18 Nr. 3 und 4 RVG. 14.43

Gleichwohl kann es im Einzelfall schwierig sein, festzustellen, ob dieselbe oder eine gesonderte Angelegenheit vorliegt, so z.B. bei der Notwendigkeit eines erneuten Sachpfändungsauftrags, weil der erste wegen Umzugs des Schuldners erfolglos blieb (es ist dieselbe Angelegenheit). Insoweit muss jedoch auf die weiterführende Kommentierung in den Kommentaren zum RVG verwiesen werden.[7] 14.44

5. Besonderheiten für den bereits im Erkenntnisverfahren tätigen Rechtsanwalt

Liegt an sich eine gebührenrechtliche Tätigkeit in der Zwangsvollstreckung vor, bedeutet dies jedoch nicht zwingend, dass der Rechtsanwalt dafür auch stets eine Gebühr nach VV Nr. 3309, 3310 erhält. Zu prüfen ist vielmehr noch, ob nicht aufgrund anderer Vorschriften ein Anfall der Gebühren für diesen Rechtsanwalt ausgeschlossen ist. Denn bestimmte Vorbereitungs-, Neben- und Abwicklungstätigkeiten sowie solche Verfahren, die mit dem Rechtszug oder Verfahren zusammenhängen, gehören für den Rechtsanwalt, der den Gläubiger bereits im Erkenntnisverfahren vertreten hat, zu dem Rechtszug oder Verfahren und sind daher mit den im Erkenntnisverfahren verdienten Gebühren bereits abgegolten, § 19 Abs. 1 14.45

---

[7] Vgl. z.B. AnwK-RVG/*Wolf*, § 18 Rdn. 47 ff. und VV 3309–3310 Rdn. 12 ff.

S. 1 RVG. Hierzu gehören die in § 19 Abs. 1 S. 2 Nr. 9, 12, 15, 16 sowie in § 19 Abs. 2 RVG genannten Tätigkeiten.

14.46 **Beispiel:**
Der bereits im Erkenntnisverfahren tätige Rechtsanwalt des Klägers lässt das Versäumnisurteil dem anwaltlich bislang nicht vertretenen Beklagten durch den Gerichtsvollzieher zum Zwecke der Zwangsvollstreckung gem. § 750 Abs. 1 ZPO zustellen. Der Beklagte will sich nicht gegen das Urteil verteidigen, möchte jedoch einen Vollstreckungsaufschub nach § 765a ZPO erreichen.

Der Rechtsanwalt des Klägers erhält für die Zustellung des Titels gem. § 750 Abs. 1 ZPO, obwohl diese die Zwangsvollstreckung vorbereitet, keine Gebühr nach VV 3309, weil diese Tätigkeit für ihn durch die Verfahrensgebühr nach VV 3100 mit abgegolten ist, § 19 Abs. 1 S. 2 Nr. 15 RVG.

Für den Anwalt des Beklagten erwächst hingegen mit der Erteilung des Mandats für einen Aufschub der Zwangsvollstreckung im Verfahren nach § 765a ZPO und der sich daran anschließenden Entgegennahme der Informationen die Gebühr nach VV 3309.

Wird anschließend der Rechtsanwalt des Klägers für diesen auftragsgemäß auch im Rahmen des Verfahrens nach § 765a ZPO tätig, entsteht dafür nunmehr auch bei ihm die Gebühr nach VV 3309.

6. Gebühren

a) Verfahrensgebühr, VV 3309

14.47 Für die Tätigkeit im Rahmen einer konkreten Vollstreckungsmaßnahme – von der Informationserteilung bis zur dauernden Erledigung – erhält der Rechtsanwalt eine **pauschale Verfahrensgebühr** von 0,3; diese gilt auch sämtliche damit im inneren Zusammenhang stehenden Handlungen[8] ab und ist unabhängig davon, ob er nur eine einzelne Tätigkeit oder eine Vielzahl davon vorgenommen hat.

b) Terminsgebühr, VV 3310

14.48 VV 3310 enthält gegenüber der allgemeinen Definition der Terminsgebühr in VV Vorb. 3 Abs. 3 eine **eigenständige Regelung.** Diese Terminsgebühr wird zusätzlich zur Verfahrensgebühr nach VV 3309 nur verdient bei *gerichtlichen* Terminen sowie einem *Termin zur Abnahme der eidesstattlichen Versicherung*, und auch nur dann, wenn der Rechtsanwalt an einem solchen Termin auch tatsächlich selbst *teilnimmt*. Anders als bei der allgemeinen Terminsgebühr nach VV Vorb. 3 Abs. 3 fällt daher für die Teilnahme an auf die Erledigung des Verfahrens gerichteten Besprechungen ohne Beteiligung des Gerichts im Rahmen der Zwangsvollstreckung keine Terminsgebühr an. Dies beruht darauf, dass der Gesetzgeber dies im Hinblick auf die neu eingeführte Einigungsgebühr (VV 1000) als verzichtbar angesehen hat[9].

---

8   S. dazu Rdn. 14.40.
9   BT-Drucks. 15/1971, S. 215 zu VV 3310.

c) Einigungsgebühr, VV 1000, 1003

Dass überhaupt im Zwangsvollstreckungsverfahren grundsätzlich eine Einigungsgebühr für den Anwalt erwachsen kann, entsprach schon bisher h.M.[10] und ergibt sich nunmehr eindeutig daraus, dass die Einigungsgebühr in Teil 1 der VV unter „Allgemeine Gebühren" geregelt ist. **14.49**

Eine Einigungsgebühr entsteht: **14.50**

- für die Mitwirkung beim Abschluss eines Vertrags, durch den der Streit oder die Ungewissheit der Parteien über ein Rechtsverhältnis beseitigt wird, es sei denn, der Vertrag beschränkt sich ausschließlich auf ein Anerkenntnis oder einen Verzicht;
- auch für die Mitwirkung bei Vertragsverhandlungen, es sei denn, dass diese für den Abschluss des Vertrags i.S.d. Abs. 1 nicht ursächlich war.

Wurde der Vertrag unter einer aufschiebenden Bedingung oder unter dem Vorbehalt des Widerrufs geschlossen, entsteht die Gebühr nur, wenn die Bedingung eingetreten ist oder der Vertrag nicht mehr widerrufen werden kann. **14.51**

Daraus ergibt sich, dass eine Einigungsgebühr – im Gegensatz zur Vergleichsgebühr nach § 23 BRAGO – auch dann anfallen kann, wenn die materiell-rechtlichen Voraussetzungen eines Vergleichs gem. § 779 BGB – insbesondere also das gegenseitige Nachgeben – nicht vorliegen. **14.52**

Wegen der in Rechtsprechung und Literatur zum Teil recht widersprüchlich beantworteten Fragen, wann denn nun ein Streit oder eine Ungewissheit vorliegen und wodurch diese beseitigt werden können, damit die Voraussetzungen der VV 1000 erfüllt sind, muss aus Platzgründen auf die Kommentierungen zu VV 1000 in den Kommentaren zum RVG verwiesen werden.[11] **14.53**

In Rechtsprechung und Schrifttum ist in diesem Zusammenhang insbesondere stark umstritten, ob die Anwaltsgebühren für einen Ratenzahlungsvergleich, in dem der Schuldner die Vergleichskosten übernommen hat, zu den notwendigen Kosten der Zwangsvollstreckung zählen und ob diese gem. § 788 Abs. 1 ZPO beigetrieben werden können. Der BGH hat beides in einer neuerlichen Entscheidung[12] nunmehr zutreffend und ausdrücklich bejaht. **14.54**

Tipp: Die Frage, wer die Vergleichskosten zu tragen hat, muss im Vergleich ausdrücklich geregelt sein. Ist sie es nicht, greift § 98 S. 1 ZPO ein, mit der Folge, dass die Kosten des Vergleichs als gegeneinander aufgehoben gelten. Das bedeutet, dass in diesem Fall eine Kostenerstattung durch den Schuldner ausscheidet![13] **14.55**

---

10 H.M., vgl. OLG Zweibrücken, InVo 1999, 326 = JurBüro 1999, 80; Gerold/Schmidt/*von Eicken*, BRAGO, § 57 Rdn. 27 f.; **a.A.** LG Münster, DGVZ 1995, 168; AG Berlin-Charlottenburg, DGVZ 1998, 175.
11 Vgl. dazu ausführlich AnwK-RVG/*Wolf*, VV 3309–3310 Rdn. 83 ff.
12 Beschl. v. 24.1.2006 – VII ZB 74/05 FamRZ 2006, 780 = InVo 2006, 251.
13 So auch ausdrücklich BGH, a.a.O.

14.56 Die Höhe der Einigungsgebühr hat gem. **VV 1000** einen Gebührensatz von **1,5**, wenn weder ein gerichtliches Verfahren noch ein Prozesskostenhilfeverfahren anhängig ist. Das Tatbestandsmerkmal „gerichtliches Verfahren" bezieht sich dabei nicht auf ein Erkenntnisverfahren, sondern auf Verfahren im Rahmen der Zwangsvollstreckung, z.B. Verfahren auf Forderungspfändung. Nach Sinn und Zweck der Regelung – Entlastung der mit dem Verfahren befassten Organe – darf nach richtiger Auffassung wegen derselben Forderung aber auch kein anderes Vollstreckungsorgan mit einem Zwangsvollstreckungsverfahren befasst sein, also z.B. nicht der Gerichtsvollzieher mit der Sachpfändung.

14.57 Ist wegen der Forderung, über die man sich geeinigt hat, ein Vollstreckungsorgan mit einem Zwangsvollstreckungsverfahren befasst oder ein Prozesskostenhilfeverfahren anhängig, fällt gem. **VV 1003** eine Einigungsgebühr nur noch mit einem Gebührensatz von **1,0** an.

d) Mehrere Auftraggeber/mehrere Schuldner

14.58 Vertritt der Rechtsanwalt im Rahmen derselben Angelegenheit mehrere Auftraggeber, erhöht sich der Gebührensatz für die Verfahrensgebühr nach VV 3309 – nicht auch für die Terminsgebühr – unter den Voraussetzungen der VV 1008 für jeden weiteren Auftraggeber um 0,3; dabei dürfen mehrere Erhöhungen jedoch insgesamt den Betrag von 2,0 nicht überschreiten. Der Erhöhungsfaktor beträgt also stets 0,3 und ist unabhängig von dem Gebührensatz der Ausgangsgebühr.[14] Im Rahmen der Zwangsvollstreckung beträgt der maximale Gebührensatz (acht Auftraggeber) daher 2,3:

0,3 nach VV 3309 + 7 x 0,3 nach VV 1008 = 2,1 – jedoch maximal 2,0 = 2,3.

14.59 Richtet sich die Zwangsvollstreckung wegen derselben titulierten Forderung gegen mehrere (Gesamt-)Schuldner, stellt nach der zutreffenden h.M.[15] die Vollstreckung gegen jeden einzelnen Schuldner eine eigene Angelegenheit dar, sodass die Gebühr nach VV 3309 bei drei Schuldnern drei Mal mit jeweils 0,3 anfällt.

---

14 Vgl. BT-Drucks. 15/1971, S. 205 zu VV 1008; LG Hamburg, AGS 2005, 497 = DGVZ 2005, 142; AnwK-RVG/*Wolf*, VV 3309–3310 Rdn. 73; offensichtlich gesetzeswidrig: LG Frankfurt/Main, AGS 2005, 18; AG Recklinghausen, AGS 2005, 154 = JurBüro 2005, 30; AG Offenbach, AGS 2005, 198 = JurBüro 2005, 43; diese Entscheidungen zutreffend ablehnend *Schneider*, DGVZ 2005, 91.

15 BGH, Rpfleger 2003, 596 = InVo 2004, 35, 36 = MDR 2003, 1381; OLG Frankfurt, AGS 2004, 69 = JurBüro 2004, 133; KG, AGS 2003, 543 = JurBüro 2004, 46 betr. § 890 ZPO; OLG Düsseldorf, InVo 1997, 196; AnwK-RVG/*Wolf*, § 18 Rdn. 53, 54 m.w.N.

Mobiliarvollstreckung   14.60–14.64

e) Rechtsbehelfe

Das Rechtsmittelverfahren in Zwangsvollstreckungsverfahren ist nunmehr mit den generellen Regelungen zum Beschwerdeverfahren in VV Teil 3 Abschnitt 5 (VV 3500 ff.) zusammengefasst. Danach erhält der Rechtsanwalt u.a. folgende Gebühren:

14.60

3500	Verfahrensgebühr für Verfahren über die Beschwerde und die Erinnerung, soweit in diesem Abschnitt keine besonderen Gebühren bestimmt sind	0,5
3502	Verfahrensgebühr für das Verfahren über die Rechtsbeschwerde (§ 574 ZPO)	1,0
3503	Vorzeitige Beendigung des Auftrags: Die Gebühr 3502 beträgt Die Anmerkung zu Nummer 3201 ist entsprechend anzuwenden.	0,5
3513	Terminsgebühr in den in Nummer 3500 genannten Verfahren	0,5

Unter die Erinnerung in VV 3500 fallen die in § 18 Nr. 5 RVG genannten Erinnerungen gegen *Entscheidungen* des Rechtspflegers, z.B. nach § 11 Abs. 2 RPflG, aber auch die Vollstreckungserinnerung nach § 766 ZPO gegen Vollstreckungs*maßnahmen* des Gerichtsvollziehers und des Rechtspflegers; andererseits wird Letztere nicht gesondert vergütet, weil es sich insoweit um dieselbe Angelegenheit handelt, § 18 Nr. 3 RVG. Der Rechtsanwalt erhält daher für das Zwangsvollstreckungsverfahren und die Vollstreckungserinnerung gegen Vollstreckungsmaßnahmen insgesamt eine Gebühr in Höhe von 0,5.[16]

14.61

Für die Klauselerinnerung gem. § 732 ZPO fällt stets eine gesonderte 0,3-Gebühr nach VV 3309 an, vgl. § 18 Nr. 6 RVG.

14.62

7. Gegenstandswert

Das RVG enthält in § 25[17] eine eigene Regelung zum Wert, weil das GKG, auf das grundsätzlich in § 23 Abs. 1 S. 1 RVG verwiesen wird, insoweit keine Wertvorschriften enthält, sondern nur Festbeträge kennt.

14.63

Gem. § 25 RVG bestimmt sich der Gegenstandswert in der Zwangsvollstreckung

14.64

1. nach dem Betrag der zu vollstreckenden Geldforderung einschließlich der Nebenforderungen; soll ein bestimmter Gegenstand gepfändet

---

16 LG Mönchengladbach, AGS 2006, 119; AnwK-RVG/*Wolf*, § 18 Rdn. 48.
17 Dieser ist identisch mit dem bisherigen § 57 Abs. 2 und 3 BRAGO.

werden und hat dieser einen geringeren Wert, ist der geringere Wert maßgebend; wird künftig fällig werdendes Arbeitseinkommen nach § 850d Abs. 3 ZPO gepfändet, sind die noch nicht fälligen Ansprüche nach § 42 Abs. 1 und 2 GKG zu bewerten; im Verteilungsverfahren (§ 858 Abs. 5, §§ 872 bis 877 und 882 ZPO) ist höchstens der zu verteilende Geldbetrag maßgebend;

2. nach dem Wert der herauszugebenden oder zu leistenden Sachen; der Gegenstandswert darf jedoch den Wert nicht übersteigen, mit dem der Herausgabe- oder Räumungsanspruch nach den für die Berechnung von Gerichtskosten maßgeblichen Vorschriften zu bewerten ist;

3. nach dem Wert, den die zu erwirkende Handlung, Duldung oder Unterlassung für den Gläubiger hat, und

4. in Verfahren über den Antrag auf Abnahme der eidesstattlichen Versicherung nach § 807 ZPO nach dem Betrag, der einschließlich der Nebenforderungen aus dem Vollstreckungstitel noch geschuldet wird; der Wert beträgt jedoch höchstens 1.500,– €.

14.65 In Verfahren über Anträge des Schuldners ist der Wert nach dem Interesse des Antragstellers nach billigem Ermessen zu bestimmen, § 25 Abs. 2 RVG.

Kapitel B
Immobiliarvollstreckung

I. Gerichtsgebühren

1. Zwangssicherungshypothek

14.66 Für die Eintragung einer Zwangssicherungshypothek fällt gem. § 62 Abs. 1 KostO eine volle **Gebühr** an. Sollen mehrere Grundstücke belastet werden und verteilt der Gläubiger die Forderung auf die einzelnen Grundstücke, wird die Gebühr für die Eintragung eines jeden Rechts besonders erhoben.

14.67 Der **Wert** ergibt sich aus § 23 Abs. 2 KostO und bestimmt sich nach dem im Grundbuch eingetragenen Nennbetrag der Hypothek.

14.68 Wird der Antrag auf Eintragung der Zwangssicherungshypothek **zurückgewiesen**, ist nur die Hälfte der vollen Gebühr zu zahlen, höchstens jedoch ein Betrag von 35,– €, § 130 Abs. 1 KostO. Wird der Antrag **zurückgenommen**, bevor über ihn eine Entscheidung ergangen ist oder die beantragte Handlung stattgefunden hat, so wird ein Viertel der vollen Gebühr, höchstens jedoch ein Betrag von 20,– € erhoben, § 130 Abs. 2 KostO.

2. Zwangsversteigerung

Die **Fälligkeit** der Gebühren tritt gem. § 7 Abs. 1 GKG wie folgt ein: **14.69**

- Die Gebühren für die Entscheidung über den Antrag auf Anordnung der Zwangsversteigerung und über den Beitritt (KV 2210) werden mit der Entscheidung fällig.
- Die Gebühr für die Erteilung des Zuschlags (KV 2214) wird mit dessen Verkündung und, wenn der Zuschlag von dem Beschwerdegericht erteilt wird, mit der Zustellung des Beschlusses an den Ersteher fällig.
- Im Übrigen werden die Gebühren im ersten Rechtszug im Verteilungstermin und, wenn das Verfahren vorher aufgehoben wird, mit der Aufhebung fällig.

Die Dokumentenpauschale sowie die Auslagen für die Versendung und die elektronische Übermittlung von Akten werden gem. § 6 GKG sofort nach ihrer Entstehung fällig. **14.70**

Wird die Vornahme einer Handlung, mit der Auslagen verbunden sind, beantragt, hat derjenige, der die Handlung beantragt hat, gem. § 17 GKG grundsätzlich einen zur Deckung der Auslagen hinreichenden **Vorschuss** zu zahlen. Im Zwangsversteigerungsverfahren ist darüber hinaus gem. § 15 S. 1 GKG spätestens bei der Bestimmung des Zwangsversteigerungstermins ein Vorschuss in Höhe des Doppelten einer Gebühr für die Abhaltung des Versteigerungstermins zu erheben. **14.71**

Die **Kosten des Verfahrens** sind gem. § 109 ZVG aus dem Versteigerungserlös vorweg zu entnehmen, jedoch mit Ausnahme der Kosten für **14.72**

- die Anordnung des Verfahrens,
- den Beitritt eines Gläubigers,
- den Zuschlag,
- nachträgliche Verteilungsverhandlungen.

Kostenschuldner ist gem. § 26 Abs. 1 GKG vorbehaltlich des Absatzes 2, wer das Verfahren beantragt hat, soweit die Kosten nicht gem. § 109 ZVG dem Erlös entnommen werden können. Die Kosten für die Erteilung des Zuschlags schuldet nur der Ersteher; die Regelung des § 29 Nr. 3 – Haftung für die Kostenschuld eines anderen kraft Gesetzes – bleibt unberührt. Im Fall der Abtretung der Rechte aus dem Meistgebot oder der Erklärung, für einen Dritten geboten zu haben (§ 81 ZVG), haften der Ersteher und der Meistbietende als Gesamtschuldner. Die Kosten des Beschwerdeverfahrens schuldet der Beschwerdeführer. **14.73**

Mehrere Kostenschuldner haften gem. § 31 GKG als Gesamtschuldner. Soweit ein Kostenschuldner aufgrund von § 29 Nr. 1 oder 2 (Erstschuldner) GKG haftet, soll die Haftung eines anderen Kostenschuldners nur geltend gemacht werden, wenn eine Zwangsvollstreckung in das bewegliche Vermögen des Ersteren erfolglos geblieben ist oder aussichtslos erscheint. **14.74**

14.75 Die **einzelnen Gebührentatbestände** im Rahmen der Zwangsversteigerung ergeben sich aus KV 2210–2214, die **Auslagen** aus KV 9000 ff. Hier ist insbesondere KV 9005 (nach dem JVEG zu zahlende Beträge) zu beachten, worunter auch die Kosten des Wertgutachtens fallen, die in der Regel nicht unter 1.500,- € liegen. Soweit der Gläubiger dafür einen Vorschuss gezahlt hat, erhält er diesen aus dem Erlös zurück (§ 109 ZVG).

14.76 Danach werden folgende Gebühren erhoben:

Vorbemerkung 2.2:
Die Gebühren 2210, 2220 und 2230 werden für jeden Antragsteller gesondert erhoben. Wird der Antrag von mehreren Gesamtgläubigern, Gesamthandsgläubigern oder im Fall der Zwangsversteigerung zum Zweck der Aufhebung der Gemeinschaft von mehreren Miteigentümern gemeinsam gestellt, gelten diese als ein Antragsteller. Betrifft ein Antrag mehrere Gegenstände, wird die Gebühr nur einmal erhoben, soweit durch einen einheitlichen Beschluss entschieden wird. Für ein Verfahren nach § 765a ZPO wird keine, für das Beschwerdeverfahren die Gebühr 2240 erhoben; richtet sich die Beschwerde auch gegen eine Entscheidung nach § 30a ZVG, gilt S. 2 entsprechend.

2210	Entscheidung über den Antrag auf Anordnung der Zwangsversteigerung oder über den Beitritt zum Verfahren	50,- €
2211	Verfahren im Allgemeinen	0,5
2212	Beendigung des Verfahrens vor Ablauf des Tages, an dem die Verfügung mit der Bestimmung des ersten Versteigerungstermins unterschrieben ist: Die Gebühr 2211 ermäßigt sich auf	0,25
2213	Abhaltung mindestens eines Versteigerungstermins mit Aufforderung zur Abgabe von Geboten Die Gebühr entfällt, wenn der Zuschlag auf Grund der §§ 74a, 85a ZVG, § 13 oder § 13a des Gesetzes über Vollstreckungsschutz für die Binnenschifffahrt versagt bleibt.	0,5
2214	Erteilung des Zuschlags Die Gebühr entfällt, wenn der Zuschlagsbeschluss aufgehoben wird.	0,5
2215	Verteilungsverfahren	0,5
2216	Es findet keine oder nur eine beschränkte Verteilung des Versteigerungserlöses durch das Gericht statt (§§ 143, 144 ZVG): Die Gebühr 2215 ermäßigt sich auf	0,25

14.77 Der für die Gebühren **maßgebliche Wert** ergibt sich aus § 54 GKG. Danach bestimmt sich der Wert:

- für *das Verfahren im Allgemeinen* und für die *Abhaltung des Versteigerungstermins* nach dem gem. § 74a Abs. 5 ZVG festgesetzten Wert, falls ein solcher nicht festgesetzt ist, nach dem Einheitswert;
- für die *Erteilung des Zuschlags* nach dem Gebot ohne Zinsen, für das der Zuschlag erteilt ist, einschließlich des Werts der nach den Versteigerungsbedingungen bestehen bleibenden Rechte zuzüglich des Betrags, in dessen Höhe der Ersteher nach § 114a ZVG als aus dem Grundstück befriedigt gilt.
  Im Fall der Zwangsversteigerung zur Aufhebung einer Gemeinschaft vermindert sich dieser Wert um den Anteil des Erstehers an dem Gegenstand des Verfahrens; bei Gesamthandseigentum ist jeder Mitberechtigte wie ein Eigentümer nach dem Verhältnis seines Anteils anzusehen.
- für das *Verteilungsverfahren* nach dem Gebot ohne Zinsen, für das der Zuschlag erteilt ist, einschließlich des Werts der nach den Versteigerungsbedingungen bestehen bleibenden Rechte. Der Erlös aus einer gesonderten Versteigerung oder sonstigen Verwertung (§ 65 ZVG) wird hinzugerechnet.

Soweit mehrere Gegenstände betroffen sind, ist der Gesamtwert maßgebend.

Für die Eintragung des Erstehers des Grundstücks fällt eine volle Gebühr nach dem festgesetzten Verkehrswert des Grundstücks an, § 60 Abs. 1 KostO. Schuldner dieser Gebühr ist der Ersteher. **14.78**

3. Zwangsverwaltung

Die **Fälligkeit** der Gebühren tritt gem. § 7 Abs. 2 GKG wie folgt ein: **14.79**

- Die Festgebühren für die Entscheidung über den Antrag auf Anordnung der Zwangsverwaltung und über den Beitritt (KV 2220) werden mit der Entscheidung fällig;
- die Gebühr für die Durchführung des Verfahrens (KV 2221) wird mit der Aufhebung des Verfahrens und, wenn es länger als ein Jahr dauert, am Ende eines jeden Jahres, gerechnet ab dem Tag der Beschlagnahme, fällig.

Wird die Vornahme einer Handlung, mit der Auslagen verbunden sind, beantragt, hat derjenige, der die Handlung beantragt hat, gem. § 17 GKG grundsätzlich einen zur Deckung der Auslagen hinreichenden **Vorschuss** zu zahlen. Im Zwangsverwaltungsverfahren hat darüber hinaus der Antragsteller gem. § 15 S. 2 GKG jährlich einen angemessenen Gebührenvorschuss zu zahlen. **14.80**

Gem. § 155 ZVG sind aus den Nutzungen des Grundstücks die **Ausgaben der Verwaltung sowie die Kosten** des Verfahrens mit Ausnahme derjenigen, welche durch die Anordnung des Verfahrens oder den Beitritt **14.81** eines Gläubigers entstehen, vorweg zu bestreiten. Die Überschüsse werden nach Maßgabe des § 155 Abs. 2 ZVG auf die in § 10 Abs. 1 Nr. 1 bis 5 bezeichneten Ansprüche verteilt.

14.82 **Kostenschuldner** des Zwangsverwaltungsverfahrens ist der Antragsteller, soweit die Kosten nicht dem Erlös entnommen werden können. Die Kosten des Beschwerdeverfahrens schuldet der Beschwerdeführer.

14.83 **Mehrere Kostenschuldner** haften gem. § 31 GKG als Gesamtschuldner. Soweit ein Kostenschuldner aufgrund von § 29 Nr. 1 oder 2 (Erstschuldner) GKG haftet, soll die Haftung eines anderen Kostenschuldners nur geltend gemacht werden, wenn eine Zwangsvollstreckung in das bewegliche Vermögen des Ersteren erfolglos geblieben ist oder aussichtslos erscheint.

14.84 Die einzelnen Gebührentatbestände im Rahmen der Zwangsverwaltung ergeben sich aus KV 2220–2221, die Auslagen aus KV 9000 ff. Danach werden folgende Gebühren erhoben:

Vorbemerkung 2.2:
Die Gebühren 2210, 2220 und 2230 werden für jeden Antragsteller gesondert erhoben. Wird der Antrag von mehreren Gesamtgläubigern, Gesamthandsgläubigern oder im Fall der Zwangsversteigerung zum Zweck der Aufhebung der Gemeinschaft von mehreren Miteigentümern gemeinsam gestellt, gelten diese als ein Antragsteller. Betrifft ein Antrag mehrere Gegenstände, wird die Gebühr nur einmal erhoben, soweit durch einen einheitlichen Beschluss entschieden wird. Für ein Verfahren nach § 765a ZPO wird keine, für das Beschwerdeverfahren die Gebühr 2240 erhoben; richtet sich die Beschwerde auch gegen eine Entscheidung nach § 30a ZVG, gilt S. 2 entsprechend.

2220	Entscheidung über den Antrag auf Anordnung der Zwangsverwaltung oder über den Beitritt zum Verfahren	50,– €
2221	Durchführung des Verfahrens: Für jedes angefangene Jahr, beginnend mit dem Tag der Beschlagnahme	0,5

14.85 **Der Wert** für die Durchführung des Zwangsverwaltungsverfahrens bestimmt sich gem. § 55 GKG nach dem Gesamtwert der Einkünfte (Bruttoerträge) eines jeden Jahres aus dem zwangsverwalteten Gegenstand, wobei das Jahr mit dem Tag der Beschlagnahme beginnt (§ 7 Abs. 2 GKG i.V.m. KV 2221).

4. Beschwerden im Rahmen der Zwangsversteigerung und Zwangsverwaltung

2240	Verfahren über Beschwerden, wenn für die angefochtene Entscheidung eine Festgebühr bestimmt ist: Die Beschwerde wird verworfen oder zurückgewiesen	100,– €	14.86
	Wird die Beschwerde nur teilweise verworfen oder zurückgewiesen, kann das Gericht die Gebühr nach billigem Ermessen auf die Hälfte ermäßigen oder bestimmen, dass eine Gebühr nicht zu erheben ist.		
2241	Verfahren über nicht besonders aufgeführte Beschwerden, die nicht nach anderen Vorschriften gebührenfrei sind: Soweit die Beschwerde verworfen oder zurückgewiesen wird	1,0	

Im Beschwerdeverfahren bestimmt sich der **Wert** gem. § 47 GKG nach den Anträgen des Rechtsmittelführers. Endet das Verfahren, ohne dass solche Anträge eingereicht werden, oder werden, wenn eine Frist für die Rechtsmittelbegründung vorgeschrieben ist, innerhalb dieser Frist Rechtsmittelanträge nicht eingereicht, ist die Beschwer maßgebend. Dabei ist der Streitwert durch den Wert des Streitgegenstands des ersten Rechtszugs begrenzt, es sei denn, er wäre erweitert worden. 14.87

5. Rechtsbeschwerden im Rahmen der Zwangsversteigerung und Zwangsverwaltung

2242	Verfahren über Rechtsbeschwerden, wenn für die angefochtene Entscheidung eine Festgebühr bestimmt ist: Die Rechtsbeschwerde wird verworfen oder zurückgewiesen	200,– €	14.88
	Wird die Rechtsbeschwerde nur teilweise verworfen oder zurückgewiesen, kann das Gericht die Gebühr nach billigem Ermessen auf die Hälfte ermäßigen oder bestimmen, dass eine Gebühr nicht zu erheben ist.		
2243	Verfahren über nicht besonders aufgeführte Rechtsbeschwerden, die nicht nach anderen Vorschriften gebührenfrei sind: Soweit die Rechtsbeschwerde verworfen oder zurückgewiesen wird	2,0	

Zum **Wert** s. Rdn. 14.87. 14.89

II. Rechtsanwaltsgebühren RVG

1. Zwangsversteigerung

a) Anwendungsbereich

14.90 Die Gebühren bestimmen sich nach VV Teil 3 Abschnitt 3 Unterabschnitt 4, der nur **Zwangsversteigerungen,** die im **Gesetz über die Zwangsversteigerung und die Zwangsverwaltung (ZVG)** geregelt sind, betrifft, also:

- Zwangsversteigerung und Zwangsverwaltung gem. §§ 864, 866 Abs. 1, 869 ZPO i.V.m. dem ZVG;
- die Zwangsversteigerung auf Antrag eines Insolvenzverwalters (§§ 172 ff. ZVG);
- die Zwangsversteigerung auf Antrag eines Erben (§§ 175 ff. ZVG);
- die Zwangsversteigerung zum Zwecke der Aufhebung einer Gemeinschaft (§ 180 ff. ZVG);
- das Verfahren auf Vollstreckungsschutz hinsichtlich Zwangsversteigerung und Zwangsverwaltung einschl. § 765a ZPO (vgl. Anm. Nr. 6 zu VV 3311).

14.91 Er findet auch Anwendung auf Zwangsversteigerungen nach anderen Gesetzen, soweit diese auf das ZVG verweisen.

14.92 **Gegenstand** der Zwangsversteigerung ist u.a.:

- Grundstücke und Bruchteile davon;
- grundstücksgleiche Rechte: Erbbaurecht (mit Wohnungs- und Teilerbbaurecht), Berg-, Abbau- und Fischereirechte nach Landesrecht (Art. 67 bis 69 EGBGB); Gebäudeeigentum im Beitrittsgebiet; Wohnungs-, Teil- und Stockwerkseigentum; landesrechtliche Realgemeinderechte (Art. 164 EGBGB);
- Luftfahrzeuge und ihre Bruchteile, soweit sie in die Luftfahrzeugrolle eingetragen sind (§ 171a ZVG);
- Schiffe sowie Schiffsbauwerke und ihre Bruchteile, soweit sie im Schiffsregister eingetragen sind oder eingetragen werden können (§ 864 ZPO).

14.93 **Keine Anwendung** findet VV Teil 3 Abschnitt 3 Unterabschnitt 4:

- für die Eintragung einer Zwangshypothek; VV Teil 3 Abschnitt 3 Unterabschnitt 3 mit VV 3309 und 3310 finden Anwendung;
- auf Verteilungsverfahren außerhalb der Zwangsversteigerung und Zwangsverwaltung; es findet Abschnitt 3 Unterabschnitt 6 (VV 3333) Anwendung;
- bei Aufgebotsverfahren gem. §§ 148, 140 ZVG; anzuwenden sind VV 3324, 3332;
- auf Personen, die weder Beteiligte noch Bieter sind (z.B. Ersteher, Bürge des Erstehers, Mobiliarpfandschuldner); es gilt VV 2300;

- bei freiwilligen Versteigerungen durch Notare (vgl. § 20 Abs. 3 BNotO); es gilt VV 2300;
- auf Zwangsversteigerungen nach Landesgesetzen, soweit diese im Wesentlichen vom ZVG abweichende Regelungen enthalten (vgl. § 871 ZPO, Art. 112 EGBGB);
- auf den Ermittlungsvertreter für unbekannte Zuteilungsberechtigte, § 135 ZVG; das RVG ist unanwendbar;
- auf den Zustellungsvertreter, § 7 Abs. 2 ZVG; das RVG ist unanwendbar;
- bei einer Vollstreckung aus einem Zuschlagsbeschluss gem. § 93 ZVG gegen den Besitzer, soweit sie nicht in das Grundstück, sondern in mitversteigerte Sachen erfolgt; anwendbar ist VV Teil 3 Abschnitt 3 Unterabschnitt 3;
- bei einer Vollstreckung aus einem Zuschlagsbeschluss gem. § 132 ZVG gegen den Ersteher, soweit sie nicht in das ersteigerte Grundstück, sondern in das sonstige Vermögen des Erstehers erfolgt; anwendbar ist VV Teil 3 Abschnitt 3 Unterabschnitt 3;
- bei einer Widerspruchsklage gem. § 115 ZVG; es gelten VV 3100 ff.

b) Gebühren

Die Regelung der VV 3311, 3312 weicht insoweit von dem bisherigen § 68 BRAGO ab, als jetzt nicht mehr danach unterschieden wird, ob der Rechtsanwalt für einen Beteiligten oder einen Bieter, der nicht Beteiligter ist, tätig wird. Insoweit erfolgt eine Differenzierung nur noch über den Wert, vgl. § 26 RVG. **14.94**

aa) Verfahrensgebühr im Zwangsversteigerungsverfahren, VV 3311 Anm. Nr. 1

Der Gebührensatz beträgt 0,4 und ist gegenüber der BRAGO (0,3) damit etwas höher. Es handelt sich um eine **Verfahrenspauschgebühr,** sodass die Gebühr unabhängig davon verdient wird, ob nur eine einzelne Tätigkeit von der Informationsbeschaffung bis zur Einleitung des Verteilungsverfahrens (§ 105 ZVG) oder eine Vielzahl von Tätigkeiten in diesem Verfahrensabschnitt ausgeübt werden. Daneben kann jedoch noch eine Gebühr nach VV 3311 Anm. Nr. 2, VV 3312 sowie VV 3311 Anm. Nr. 6 anfallen. **14.95**

VV 3311 betrifft nicht Fälle, in denen der Rechtsanwalt Bieter außerhalb des eigentlichen Versteigerungsverfahrens vertritt (z.B. Verhandlung und Abschluss eines Bietabkommens). Für solche Tätigkeiten erhält der Rechtsanwalt eine Geschäftsgebühr nach VV 2300.[18] **14.96**

---

18 AnwK-RVG/*Wolf*, VV 3311–3312 Rdn. 11.

bb) Verfahrensgebühr im Verteilungsverfahren, VV 3311 Anm. Nr. 2

14.97 Auch dies ist eine **Verfahrenspauschgebühr.** Sie fällt an mit auch nur einer einzigen Tätigkeit im Verteilungsverfahren (§§ 105–145 ZVG), deckt andererseits aber auch sämtliche Tätigkeiten in diesem Verfahren ab, also von der Terminsbestimmung bis zur Verteilung des Erlöses, und zwar einschließlich einer Mitwirkung an einer außergerichtlichen Verteilung gem. § 142 ZVG. Erfüllt diese Mitwirkung auch die Voraussetzungen für eine Einigungsgebühr nach VV 1000, kann der Rechtsanwalt die Einigungsgebühr zusätzlich verlangen.[19]

cc) Terminsgebühr, VV 3312

14.98 Nimmt der Rechtsanwalt für einen **Beteiligten** i.S.v. § 9 ZVG einen oder mehrere Versteigerungstermine wahr, erhält er dafür insgesamt eine **Pauschgebühr** mit einem Gebührensatz von 0,4. Eine Wahrnehmung des Termins liegt bereits dann vor, wenn der Rechtsanwalt im Versteigerungstermin anwesend ist; ein darüber hinausgehendes Tätigwerden wird nicht verlangt.

14.99 Nach dem ausdrücklichen Wortlaut der Anmerkung zu VV 3312 entsteht bei einer Terminswahrnehmung für Personen, die keine Beteiligte sind, keine Terminsgebühr; diese Tätigkeit ist mit der Gebühr nach VV 3311 Anm. Nr. 1 abgegolten.[20]

14.100 Neben der Terminsgebühr erhält der Rechtsanwalt immer **auch eine Verfahrensgebühr** nach VV 3311 Anm. Nr. 1, weil diese schon mit der Informationsbeschaffung anfällt und ohne eine solche eine Terminswahrnehmung nicht denkbar ist.[21]

dd) Versteigerung mehrerer Grundstücke

14.101 Gab es zunächst mehrere Zwangsversteigerungsverfahren und werden diese gem. § 18 ZVG miteinander **verbunden,** bleiben die in den getrennten Verfahren bereits angefallenen Gebühren bestehen. Vom Zeitpunkt der Verbindung an neu entstehende Gebühren werden aus dem zusammengerechneten Wert der verbundenen Verfahren berechnet.

14.102 Beispiel:
A – B – C sind Miteigentümer zu je $^1/_3$ Miteigentum; Wert des Grundstücks: 66.000,– €.

---

19 AnwK-RVG/*Wolf*, VV 3311–3312 Rdn. 14; Gerold/Schmidt/*Madert*, VV 3311, 3312 Rdn. 31.
20 AnwK-RVG/*Wolf*, VV 3311–3312 Rdn. 19; Gerold/Schmidt/*Madert*, VV 3311, 3312 Rdn. 33.
21 **Allg.M.**, vgl. AnwK-RVG/*Wolf*, VV 3311–3312 Rdn. 21.

Vollstreckt der Rechtsanwalt des persönlichen Gläubigers wegen einer Teil-Forderung in Höhe von jeweils 10.000,- € zunächst in den Anteil von A, dann B und schließlich C, ist dreimal die Gebühr nach VV 3311 Anm. Nr. 1 in Höhe von 0,4 aus einem Wert von 10.000,- € entstanden. Diese bleiben ihm auch, wenn anschließend diese Verfahren gem. § 18 ZVG verbunden werden; insoweit entsteht für den Rechtsanwalt im weiteren Verfahren eine 0,4-Verfahrensgebühr nach VV 3311 Anm. Nr. 1 aus einem Wert von 30.000,- €.

Da es sich aber bei VV 3311 Anm. Nr. 1 um eine Verfahrenspauschgebühr handelt und damit sämtliche Tätigkeiten in diesem Verfahrensabschnitt abgegolten sind, und hinsichtlich der in den 30.000 Euro enthaltenen Einzelbeträge von 3 x 10.000,- € dieselbe Angelegenheit vorliegt, hat das gem. § 15 Abs. 2 RVG zur Folge, dass der Rechtsanwalt die Gebühr nur einmal fordern kann. Da andererseits aber die Summe der Verfahrensgebühr nach VV 3311 Anm. Nr. 1 aus den Einzelverfahren (194,40 € x 3 = 583,20 €) höher ist als die Einzelgebühr VV 3311 Anm. Nr. 1 aus dem Gesamtwert von 30.000,- € (303,20 €), ergibt sich für den Rechtsanwalt insoweit kein zusätzlicher Betrag. Für die Vertretung in dem anschließenden Verteilungsverfahren erhält er eine 0,4-Verfahrensgebühr nach VV 3311 Anm. Nr. 2 aus dem Wert von 30.000,- €; zusätzlich kann er noch eine 0,4-Terminsgebühr nach VV 3312 erhalten, wenn er für einen Beteiligten den Versteigerungstermin wahrnimmt.

Im Übrigen wird wegen des Begriffs derselben Angelegenheit auf die obigen Ausführungen (s. Rdn. 14.40) verwiesen. **14.103**

ee) Mehrere Auftraggeber, VV 1008

Wird der Anwalt in demselben Verfahren für mehrere Auftraggeber tätig, erhält er die jeweiligen Gebühren nur einmal, weil es sich um dieselbe Angelegenheit handelt.[22] Sind die mehreren Auftraggeber in demselben Verfahren an dem geltend gemachten Recht ganz oder teilweise gemeinschaftlich beteiligt (z.B. Eheleute als Gesamtgläubiger einer Grundschuld; mehrere Schuldner als Miteigentümer), handelt es sich um **denselben Gegenstand,** sodass sich die jeweilige Verfahrensgebühr um 0,3 erhöht, wobei der Erhöhungsbetrag 2,0 nicht übersteigen darf. Die Erhöhung wird nach dem Betrag berechnet, an dem die Personen gemeinschaftlich beteiligt sind.[23] **14.104**

Handelt es sich um dasselbe Verfahren und machen die mehreren Auftraggeber eigene Rechte geltend (der Anwalt vertritt den Gläubiger X wegen dessen Forderung von 10.000,- € und sodann auch den beigetretenen Gläubiger Z wegen dessen Forderung in Höhe von 50.000,- €) oder sind die mehreren Auftraggeber verschiedenartig beteiligt (A ist Schuldner, B ist Reallastberechtigter), liegt **nicht derselbe Gegenstand** vor; in diesen Fällen **14.105**

---

[22] AnwK-RVG/*Wolf,* vor VV 3311–3312 Rdn. 8; Gerold/Schmidt/*Madert,* RVG, VV 3311, 3312 Rdn. 44, 45.

[23] AnwK-RVG/*Wolf,* vor VV 3311–3312 Rdn. 9; Gerold/Schmidt/*Madert,* RVG, VV 3311, 3312 Rdn. 46.

14.106 erhält der Rechtsanwalt nur eine Verfahrensgebühr aus dem zusammengerechneten Wert (im Beispiel 60.000,– €) gem. § 22 Abs. 1.[24]

14.106 Vertritt der Anwalt mehrere Auftraggeber in **verschiedenen Verfahren**, erhält er die Gebühren für jedes dieser Verfahren

ff) Derselbe Auftraggeber in unterschiedlicher Eigenschaft

14.107 Nicht ausdrücklich gesetzlich geregelt ist der Fall, dass der Rechtsanwalt seinen Auftraggeber in verschiedener Eigenschaft vertreten soll.

14.108 **Beispiel:**
Der Rechtsanwalt vertritt P als Gläubiger wegen einer Forderung von 10.000,– €. Im Versteigerungstermin vertritt er P zusätzlich als Bieter, der für das Grundstück 50.000,– € bietet.
Wert des Gegenstandes: 90.000,– €.

14.109 Sowohl die Tätigkeit für P als Gläubiger als auch für P als Bieter im Versteigerungstermin fällt für sich gesehen unter VV 3311 Anm. Nr. 1, weil – anders als in § 68 BRAGO – der Gebührensatz für die Vertretung eines Gläubigers genauso hoch ist wie für die eines Bieters.

14.110 Insoweit wurde vertreten,[25] dass der Rechtsanwalt in einem solchen Fall die Gebühr nach – jetzt – VV 3311 Anm. Nr. 1 zweimal erhält, unabhängig davon, dass er für die Vertretung des P im Versteigerungstermin auch noch die Terminsgebühr nach VV 3312 erhält.

Das aber ist zum einen nur möglich, wenn es sich nicht um dieselbe Angelegenheit handelt, denn ansonsten kann der Rechtsanwalt die Gebühr nach VV 3311 Anm. Nr. 1 nur einmal erhalten (§ 13 Abs. 2 RVG). Wenn es sich um dieselbe Angelegenheit handelt, ist der Gegenstand der anwaltlichen Tätigkeit allerdings wohl nicht derselbe, sodass zwar nur eine 0,4-Verfahrensgebühr erwächst, aber aus dem Gesamtbetrag der Wertteile (§ 13 Abs. 3 RVG).[26] Da P als Gläubiger aber auch Beteiligter ist, andererseits § 26 Nr. 3 RVG nur den Wert für einen Bieter regelt, der nicht Beteiligter ist, muss man diese Vorschrift dann entsprechend anwenden.

14.111 Für das oben genannte Beispiel bedeutet dies, dass der Rechtsanwalt erhält:

- 1 x die 0,4-Verfahrensgebühr nach VV 3311 Anm. Nr. 1 für P als Gläubiger aus dem Wert seines Rechts (10.000,– €), maximal nach dem Wert des Gegenstandes (90.000,– €); hier also: 0,4 aus einem Wert von 10.000,– € 194,40 €

---

24 AnwK-RVG/*Wolf,* vor VV 3311–3312 Rdn. 10; Gerold/Schmidt/*Madert,* RVG, VV 3311, 3312 Rdn. 44.
25 Gerold/Schmidt/*Madert,* § 68 BRAGO Rdn. 11.
26 Riedel/*Sußbauer,* BRAGO, § 68 Rdn. 36.

- 1 x 0,4-Verfahrensgebühr für P als Bieter aus dem Wert des höchsten für P abgegebenen Gebots (50.000,– €), ansonsten nach dem Wert des Gegenstands der Zwangsversteigerung (90.000,– €),

  hier: 0,4 aus einem Wert von 50.000,– €   418,40 €

  Das ergäbe zusammen einen Betrag von 612, 80 €. Gem. § 13 Abs. 3 RVG darf er jedoch nicht mehr erhalten als die aus dem Gesamtbetrag der Wertteile (10.000,– € + 50.000,– € = 60.000,– €) nach dem höchsten Gebührensatz (0,4) berechnete Gebühr, also nicht mehr als eine 0,4-Verfahrensgebühr nach VV 3311 Anm. Nr. 1 aus einem Wert von 60.000,– € =   449,20 €

gg) Beitreibung der Kosten, § 10 Abs. 2 ZVG

14.112 Da gem. § 10 Abs. 2 ZVG das Recht auf Befriedigung aus dem Grundstück auch für die die Befriedigung aus dem Grundstück bezweckende Rechtsverfolgung besteht und hierzu die Gebühren und Auslagen des Anwalts im Rahmen der Zwangsversteigerung bzw. -verwaltung für die Vertretung eines Beteiligten gehören, der nicht Bieter oder Schuldner[27] ist, können diese aus der Verteilungsmasse befriedigt werden. Sie werden nach § 12 Nr. 1 und 3 ZVG im Rang vor dem Recht berücksichtigt, das zu ihrer Entstehung geführt hat. Sie sind im Verteilungsverfahren rechtzeitig, also vor der Aufforderung zur Abgabe von Geboten, anzumelden, ggfs. zunächst mit einem Pauschalbetrag, § 110 ZVG.

hh) Rechtsbehelfe

14.113 Siehe dazu die Ausführungen Rdn. 14.60 ff.

c) Gegenstandswert

14.114 Der Gegenstandswert in der Zwangsversteigerung bestimmt sich gem. § 26 RVG zunächst nach der Person, die der Rechtsanwalt vertritt, sowie des Weiteren nach dem Gegenstand des Verfahrens.

aa) Vertretung des Gläubigers oder eines anderen nach § 9 Nr. 1 und 2 ZVG Beteiligten

14.115 Maßgeblich ist gem. § 26 Nr. 1 RVG grundsätzlich

---

27 Es sei denn, er wäre auch Berechtigter eines Rechts an dem Grundstück, z.B. Eigentümergrundschuld.

- der Wert des dem Gläubiger oder dem Beteiligten zustehenden Rechts; Nebenforderungen sind mitzurechnen;
- wird das Verfahren wegen einer Teilforderung betrieben, ist der Teilbetrag nur maßgebend, wenn es sich um einen nach § 10 Abs. 1 Nr. 5 ZVG zu befriedigenden Anspruch handelt; Nebenforderungen sind mitzurechnen.

14.116 Diese Werte sind jedoch **beschränkt,** und zwar im Falle der VV 3311 Anm. Nr. 1 und Nr. 6 sowie VV 3312 auf den Wert des Gegenstands der Zwangsversteigerung (§ 66 Abs. 1, § 74a Abs. 5 ZVG), und im Falle des VV 3311 Anm. Nr. 2 auf den zur Verteilung kommenden Erlös.

bb) **Vertretung eines anderen Beteiligten, insbesondere des Schuldners**

14.117 Maßgebend ist der Wert des Gegenstands der Zwangsversteigerung, im Verteilungsverfahren der zur Verteilung kommende Erlös; bei Miteigentümern oder sonstigen Mitberechtigten ist der Anteil maßgebend.

cc) **Vertretung eines Bieters, der nicht Beteiligter ist**

14.118 Der Wert richtet sich nach dem Betrag des höchsten für den Auftraggeber abgegebenen Gebots (Bargebot zzgl. Wert der bestehen bleibenden Rechte); wurde ein solches Gebot nicht abgegeben, ist der Wert des Gegenstands der Zwangsversteigerung maßgebend.

2. Zwangsverwaltung

a) **Anwendungsbereich**

14.119 VV Teil 3 Abschnitt 3 Unterabschnitt 4 betrifft nur **Zwangsverwaltungen nach dem ZVG** (§§ 146 bis 161, 172), also:
- solche gem. §§ 864, 866 Abs. 1, 869 ZPO;
- die Zwangsverwaltung auf Antrag eines Insolvenzverwalters (§§ 172 ff. ZVG);
- die Anordnung der Zwangsverwaltung von Grundstücken durch das Prozessgericht im Wege einer einstweiligen Verfügung (§ 938 Abs. 2 ZPO) zur Sicherung eines eingetragenen Rechts, insbesondere gegen den Eigenbesitzer (§ 147 ZVG)[28].

14.120 **Keine Anwendung** findet VV Teil 3 Abschnitt 3 Unterabschnitt 4:
- auf Luftfahrzeuge, § 171c ZVG;
- auf Schiffe und Schiffsbauwerke, § 870a ZPO;

---

28 Stein/Jonas/*Grunsky,* § 938 Rdn. 24; Schuschke/*Walker,* § 938 Rdn. 20.

- bei einer Sequestration als Maßregel zur Sicherung der ordnungsgemäßen Bewirtschaftung gem. § 25 ZVG; anwendbar ist Anm. Nr. 1 zu VV 3311;
- bei der gerichtlichen Verwaltung zur Sicherung des Anspruchs aus dem Bargebot, § 94 ZVG; abgegolten mit Anm. Nr. 1 zu VV 3311;
- auf die Sequestration gem. §§ 848, 855, 857 Abs. 4, 938 Abs. 2 ZPO; es gilt VV Teil 3 Abschnitt 3 Unterabschnitt 3;
- für die Tätigkeit eines Anwalts als Verwalter; die Vergütung richtet sich nach § 153 ZVG i.V.m. der Zwangsverwalterverordnung (ZwVwV);[29]
- auf Zwangsverwaltungen nach Landesgesetzen, soweit diese im Wesentlichen vom ZVG abweichende Regelungen enthalten (vgl. § 871 ZPO, Art. 112 EGBGB).

b) **Gebühren**

aa) **Vertretung des Antragstellers im Verfahren über den Antrag auf Anordnung der Zwangsverwaltung oder auf Zulassung des Beitritts, VV 3311 Anm. Nr. 3**

Auch hierbei handelt es sich wieder um eine **Verfahrenspauschgebühr**, sodass einerseits damit die gesamte Tätigkeit des Anwalts im Zwangsverwaltungsverfahren bis zur Anordnung bzw. Ablehnung der Zwangsverwaltung bzw. der Zulassung oder der Ablehnung des Beitritts des Gläubigers durch das Vollstreckungsgericht vergütet wird,[30] andererseits es nicht darauf ankommt, ob er nur eine einzelne oder mehrere Tätigkeiten innerhalb dieses Verfahrensabschnitts vornimmt.

Im Falle der **Fortsetzung** des Zwangsversteigerungsverfahrens als Zwangsverwaltungsverfahren gem. § 77 Abs. 2 ZVG findet eine Anrechnung der bereits im Zwangsversteigerungsverfahren entstandenen Gebühren nach VV 3311 Anm. Nr. 1 und VV 3312 nicht statt.[31] Beantragt der Anwalt auftragsgemäß **gleichzeitig** Zwangsversteigerung und Zwangsverwaltung, entstehen Gebühren sowohl nach Anm. Nr. 1 zu VV 3311 als auch nach Anm. Nr. 3 zu VV 3311.[32]

---

29 Vom 19.12.2003 (BGBl I 2804).
30 OLG Köln, JurBüro 1981, 54; Gerold/Schmidt/*Madert*, RVG, VV 3311, 3312 Rdn. 72.
31 AnwK-RVG/*Wolf*, VV 3311–3312 Rdn. 33; Gerold/Schmidt/*Madert*, RVG, VV 3311, 3312 Rdn. 71.
32 LG Berlin, JurBüro 1967, 240; *Hartmann*, RVG, VV 3311 Rdn. 12; Mayer/Kroiß/*Gierl*, RVG, VV 3311 Rdn. 17.

14.123–14.128   Kosten der Zwangsvollstreckung

bb) Vertretung des Antragsteller bzw. beigetretenen Gläubigers im weiteren Verfahren einschließlich des Verteilungsverfahrens, VV 3311 Anm. Nr. 4

14.123   Wird der Rechtsanwalt des Antragstellers oder des beigetretenen Gläubigers zusätzlich oder ausschließlich in dem sich nach der Anordnung oder der Zulassung anschließenden weiteren Verfahren einschließlich des Verteilungsverfahrens tätig, erhält er dafür – unabhängig von der Gebühr nach VV 3311 Anm. Nr. 3 – eine **Verfahrenspauschgebühr** mit einem Gebührensatz von 0,4.

cc) Vertretung sonstiger Beteiligter, VV 3311 Anm. Nr. 5

14.124   Für die Vertretung eines sonstigen Beteiligten (z.B. des Schuldners), erhält der Rechtsanwalt für seine Tätigkeit im gesamten Zwangsverwaltungsverfahren eine **Verfahrenspauschgebühr** mit einem Gebührensatz von 0,4.

dd) Tätigkeit im Verfahren über Anträge auf einstweilige Einstellung oder Beschränkung der Zwangsvollstreckung und einstweilige Einstellung des Verfahrens, VV 3311 Anm. Nr. 6 1. Hs.

14.125   Eine gesonderte Verfahrensgebühr erhält der Rechtsanwalt für seine Tätigkeit über Anträge auf einstweilige Einstellung oder Beschränkung der Zwangsvollstreckung (z.B. gem. § 765a ZPO) und einstweilige Einstellung des Verfahrens (z.B. gem. §§ 30a ff., 180 Abs. 2 ZVG). Auch hierbei handelt es sich wieder um eine Verfahrenspauschgebühr, sodass für die Tätigkeit im Rahmen mehrerer Anträge nur einmal die Gebühr nach VV 3311 Anm. Nr. 6 1. Hs. anfällt.[33]

ee) Verhandlungen zwischen Gläubiger und Schuldner mit dem Ziel der Aufhebung des Verfahrens, VV 3311 Anm. Nr. 6 2. Hs.

14.126   Eine gesonderte Verfahrensgebühr fällt für den Rechtsanwalt zusätzlich an, der Verhandlungen zwischen Gläubiger und Schuldner mit dem Ziel der Aufhebung des Verfahrens führt.

ff) Rechtsbehelfe

14.127   Siehe dazu die Ausführungen Rdn. 14.60 ff.

gg) Mehrere Auftraggeber/derselbe Auftraggeber in unterschiedlicher Eigenschaft

14.128   Siehe dazu die entsprechenden Ausführungen Rdn. 14.104 ff. und Rdn. 14.107 ff.

---

33   AnwK-RVG/*Wolf*, § 3311–3312 Rdn. 17; **a.A.** *Hartmann*, RVG, VV 3311, 3312 Rdn. 14.

c) Gegenstandswert

Der Gegenstandswert in der Zwangsverwaltung bestimmt sich gem. § 27 RVG einerseits nach der Person des Vertretenen und andererseits nach dem Gegenstand der Tätigkeit. 14.129

Bei der **Vertretung des Antragstellers** richtet sich der Wert 14.130

- nach dem Anspruch, wegen dessen das Verfahren beantragt ist; Nebenforderungen sind mitzurechnen;
- bei Ansprüchen auf wiederkehrende Leistungen nach dem Wert der Leistungen eines Jahres.

Bei der **Vertretung des Schuldners** ist maßgebend der Gegenstandswert nach dem zusammengerechneten Wert aller Ansprüche, wegen derer das Verfahren beantragt ist. Insoweit ist nicht von Bedeutung, ob wegen aller dieser Ansprüche das Verfahren auch tatsächlich eröffnet worden ist.[34] 14.131

Bei der **Vertretung eines sonstigen Beteiligten** bestimmt sich der Wert nach § 23 Abs. 3 S. 2 RVG und damit nach billigem Ermessen. Für die Bestimmung kommt es auf die Interessen des vom Rechtsanwalt Vertretenen an. 14.132

Kapitel C
Kosten der Zwangsvollstreckung, § 788 ZPO

I. Kostentragungspflicht

Die Pflicht des Schuldners, die notwendigen Kosten der Zwangsvollstreckung zu tragen, ergibt sich aus § 788 ZPO. 14.133

II. Notwendigkeit der Kosten

Wegen des Begriffs der Notwendigkeit verweist § 788 Abs. 2 ZPO auf § 91 ZPO. Da die Verweisung uneingeschränkt erfolgt, erfasst sie auch dessen Abs. 2 S. 1.[35] Danach werden die gesetzlichen Gebühren und Auslagen eines Rechtsanwalts in allen Prozessen ohne Prüfung der Notwendigkeit erstattet, also auch, wenn er Großunternehmen vertritt. 14.134

Im Übrigen ist **streitig**, ob Kosten der Zwangsvollstreckung nur solche Aufwendungen sind, die unmittelbar und konkret zum Zwecke der Vorbereitung oder Durchführung der Zwangsvollstreckung gemacht werden, 14.135

---

[34] AnwK-RVG/*Wolf*, VV 3311–3312 Rdn. 6; Gerold/Schmidt/*Madert*, RVG, § 27 Rdn. 6.
[35] BGH, Beschl. v. 24.1.2006 – VII ZB 74/05, FamRZ 2006, 780 = InVo 2006, 251; Zöller/*Stöber*, § 788 Rdn. 7, 9.

oder ob weiter gehend davon auch alle Aufwendungen des Gläubigers erfasst werden, die anlässlich der Zwangsvollstreckung entstanden sind oder kausal auf diese zurückzuführen sind.[36]

14.136 Bei der Prüfung der Notwendigkeit der Kosten ist auch darauf abzustellen, ob ein vernünftig denkender Dritter anstelle des Gläubigers **im Zeitpunkt der Verursachung der Kosten** diese als zur Erfüllung des titulierten Anspruchs erforderlich halten durfte. Wird dies bejaht, so ist es ohne Bedeutung, wenn sich die Zwangsvollstreckung letztlich als überflüssig oder erfolglos herausstellt.

14.137 Beispiele zur Frage der Erstattungsfähigkeit:

Drittschuldnerprozess
Die Kosten des Drittschuldnerprozesses sind Kosten der Zwangsvollstreckung, weil der Drittschuldnerprozess eine Vollstreckungsmaßnahme des Gläubigers ist. War dieser Prozess nicht von vornherein aussichtslos, auch sonst notwendig und können die Kosten beim Drittschuldner nicht beigetrieben werden, handelt es sich bei ihnen um gem. § 788 ZPO beitreibbare notwendige Kosten der Zwangsvollstreckung.[37]

Gerichtsvollzieher – Gebühren und Auslagen
sind stets erstattungsfähig, es sei denn, der Gläubiger wusste definitiv, dass die Gerichtsvollziehervollstreckung keinen Erfolg haben würde, weil der Schuldner nur unpfändbare Habe besitzt, was aber in der Praxis kaum jemals relevant sein dürfte.

Ratenzahlungsvergleich
Die anwaltliche Einigungsgebühr gem. VV 1000, die ein Rechtsanwalt bei Abschluss eines Ratenzahlungsvergleichs erhält, in dem der Schuldner diese Vergleichskosten ausdrücklich übernommen hat, gehört zu den notwendigen Kosten der Zwangsvollstreckung und kann gem. § 788 Abs. 1 ZPO beigetrieben werden.[38] Problematisch kann dabei aber sein, wann denn die für das Erwachsen einer Einigungsgebühr notwendige Beseitigung eines Streits oder einer Ungewissheit der Parteien über ein Rechtsverhältnis gegeben ist. Dies wird man jedenfalls bejahen können, wenn der Gläubiger auf einen Teil der ihm zustehenden Leistung verzichtet oder sich mit Ratenzahlungen zufrieden gibt, während der Schuldner z.B. Forderungen abtritt, eine Sicherheit leistet oder einen Pflichtteilsanspruch geltend macht, weil er dazu nicht verpflichtet ist.[39]

Simultanvollstreckung
Der Gläubiger ist grundsätzlich im Hinblick auf den Pfändungsrang des § 804 ZPO sowie die Unzulässigkeit der Einzelzwangsvollstreckung nach Insolvenz des Schuldners nicht verpflichtet, eine bestimmte Reihenfolge der Vollstreckung (Sachpfändung, Forderungspfändung, Zwangssicherungshypothek) einzuhalten

---

36 Vgl. zum Streitstand BGH, InVo 2005, 361 = AGS 2005, 416 = JurBüro 2005, 496 sowie einerseits Zöller/*Stöber*, § 788 Rdn. 4 und andererseits MünchKomm/*Schmidt* ZPO, § 788 Rdn. 10 f., 19.
37 BGH, Rpfleger 2006, 204 = InVo 2006, 198.
38 Beschl. v. 24.1.2006 – VII ZB 74/05, FamRZ 2006, 780 = InVo 2006, 251.
39 Weitere Einzelheiten AnwK-RVG/*Wolf*, VV 3309–3310 Rdn. 83 ff.

oder die verschiedenen Möglichkeiten erst nach und nach zu betreiben. Die aufgrund mehrerer gleichzeitiger Vollstreckungsmaßnahmen entstandenen Kosten sind daher grundsätzlich erstattungsfähig.

Umzugskosten
Sie gehören im Rahmen der Räumung des Schuldners gem. § 885 ZPO zu den notwendigen Kosten, wenn der Schuldner nicht freiwillig auszieht.

Vollstreckbare Ausfertigung
Die Erstattungsfähigkeit dieser Kosten ergibt sich ausdrücklich aus § 788 Abs. 1 S. 2 ZPO.

Vorpfändung
Eine Vorpfändung ist ohne Einschränkungen zulässig, sodass die dadurch entstandenen Kosten grundsätzlich zu den notwendigen Kosten gem. § 788 ZPO gehören, wenn der Schuldner ausreichende Zeit zur Leistung hatte und die Vorpfändung nicht erkennbar überflüssig ist.[40]

Weitere vollstreckbare Ausfertigung
Wenn die besonderen Voraussetzungen des § 733 ZPO erfüllt sind, weil beispielsweise der Gläubiger neben der Gerichtsvollzieherpfändung zugleich auch eine Forderungspfändung durchführen oder an zwei Orten gleichzeitig vollstrecken will, sind diese Kosten auch erstattungsfähig.

Wiederholte Vollstreckung
War eine Vollstreckung erfolglos oder nur teilweise erfolgreich, sind die Kosten einer erneuten Vollstreckung nur dann notwendig, wenn der Gläubiger entweder aufgrund konkreter Anhaltspunkte von einer positiven Veränderung der Vermögensverhältnisse ausgehen durfte oder ein gewisser Zeitraum seit dem letzten Vollstreckungsversuch verstrichen ist, der frühestens mit drei Monaten angesetzt werden kann.

Zahlungsaufforderung mit Vollstreckungsandrohung
Hatte der Schuldner ausreichend Zeit zur Leistung, was sich zwar nur im Einzelfall sagen lässt, aber bei einem Zeitraum von zwei Wochen nach Zustellung eines Prozessvergleichs angenommen werden kann,[41] sind die Kosten einer Zahlungsaufforderung mit Vollstreckungsandrohung jedenfalls dann erstattungsfähig, wenn im Zeitpunkt der Aufforderung die Voraussetzungen für eine Zwangsvollstreckung erfüllt waren, wobei die fehlende Zustellung des Titels jedenfalls nicht schadet;[42] ob das auch schon vorher gilt, ist **streitig**.[43]

Zustellungskosten
Die Erstattungsfähigkeit dieser Kosten ergibt sich ausdrücklich aus § 788 Abs. 1 S. 2 ZPO.

---

40 OLG Köln, InVo 2001, 148, 150; KG, Rpfleger 1987, 216 = MDR 1987, 595; AnwK-RVG/*Wolf*, VV 3309–3310 Rdn. 115; Musielak/*Becker*, § 845 Rdn. 10, **streitig**.
41 BGH, Rpfleger 2003, 596 = InVo 2004, 35 = AGS 2003, 561.
42 BGH, Rpfleger 2003, 596 = InVo 2004, 35 = AGS 2003, 561.
43 Vgl. im Einzelnen AnwK-RVG/*Wolf*, VV 3309–3310 Rdn. 14 ff.

III. Beitreibung der Kosten

1. Ohne Festsetzung

14.138 Die **Kosten** der laufenden Vollstreckung, aber auch die bisher entstandenen notwendigen Kosten der Zwangsvollstreckung können mit dem zu vollstreckenden Anspruch **zugleich beigetrieben** werden, ohne dass es dafür eines gesonderten Vollstreckungstitels bedarf. Notwendig ist lediglich, dass der Gläubiger diese Kosten im Einzelnen aufführt, sodass zum einen klar ist, wegen welcher weiteren Forderungen vollstreckt wird und sich der Umfang eines späteren Pfändungspfandrechts daraus herleiten lässt; zum anderen wird dadurch dem Gerichtsvollzieher ermöglicht, diese Kosten auf ihre Notwendigkeit hin zu überprüfen.[44]

2. Festsetzung der Kosten

14.139 Der Gläubiger kann aber auch gem. § 788 Abs. 2 ZPO die bisher angefallenen Kosten gem. § 103 Abs. 2, 104, 107 ZPO festsetzen lassen. Dies ist insbesondere **vorteilhaft**, wenn bereits eine Reihe von Kosten entstanden ist und man sich die immer wieder neue Prüfung ersparen will, zumal nicht sicher ist, dass diese immer mit demselben Ergebnis endet. Bei vor dem 31.12.2001 entstandenen Kosten wird zudem die erneute Umrechnung erspart. Vor allem aber werden die festgesetzten Vollstreckungskosten mit 5 Prozentpunkten über dem Basiszinssatz **verzinst** und es **verlängert** sich die **Verjährungsfrist** von drei auf dreißig Jahre.

14.140 **Ausschließlich zuständig** für die Festsetzung ist das Vollstreckungsgericht, bei dem im Zeitpunkt der Antragstellung eine Vollstreckungshandlung anhängig ist; nach Beendigung der Zwangsvollstreckung ist das Gericht zuständig, in dessen Bezirk die letzte Vollstreckungshandlung erfolgt ist, also z.B. die Erteilung einer Abschrift aus dem Vermögensverzeichnis des Schuldners.[45] Im Falle einer Vollstreckung nach den Vorschriften der §§ 887, 888, 890 ZPO ist hingegen das Prozessgericht des ersten Rechtszuges zuständig, das insoweit als Vollstreckungsgericht tätig wird. Für die Festsetzung einer Vollziehungsgebühr für den Antrag auf Eintragung einer Vormerkung aufgrund einer einstweiligen Verfügung ist funktionell nicht das Prozessgericht zuständig, sondern das Vollstreckungsgericht, also das Grundbuchamt des Amtsgerichts, das mit der Vollziehung der einstweiligen Verfügung in Form der Eintragung der Vormerkung befasst war.[46]

14.141 Diese Zuständigkeit für die Festsetzung von Vollstreckungskosten gem. § 788 Abs. 1 ZPO gilt auch für die vereinfachte Festsetzung von im Voll-

---

44 Zur Frage der Notwendigkeit einer Forderungsaufstellung s. auch Rdn. 2.6 ff.
45 Brandenb. OLG, MDR 2005, 177 = OLGReport Brandenburg 2004, 432.
46 OLG Hamm, Rpfleger 2002, 541 = JurBüro 2002, 588 = AGS 2002, 284.

streckungsverfahren angefallenen Kosten anwaltlicher Tätigkeit **gegen den eigenen Mandanten** gem. § 19 BRAGO = § 11 RVG.[47]

IV. Rechtsbehelfe

Die Frage des richtigen Rechtsbehelfs hängt zum einen davon ab, im Rahmen welcher Vollstreckung die Kosten beigetrieben werden, und zum anderen davon, wer diesen Rechtsbehelf geltend machen will.

1. Beitreibung der Kosten gem. § 788 Abs. 1 ZPO

a) Gerichtsvollzieher

Richtiger Rechtsbehelf ist stets die Vollstreckungserinnerung gem. § 766 Abs. 2 ZPO,

- für den Gläubiger, wenn der Gerichtsvollzieher die Beitreibung der geltend gemachten Kosten als nicht notwendige Kosten zurückweist oder er die Höhe der Gerichtsvollzieherkosten beanstandet,
- für den Schuldner, wenn er die Erstattungsfähigkeit oder die Höhe der Kosten beanstandet.

b) Vollstreckungsgericht

- Die Vollstreckungserinnerung gem. § 766 Abs. 2 ZPO ist der richtige Rechtsbehelf, wenn der Schuldner die Erstattungsfähigkeit oder die Höhe der Kosten beanstandet und er zuvor nicht angehört worden ist;
- die sofortige Beschwerde gem. § 11 Abs. 1 RPflG, § 793 ZPO ist für den Gläubiger bei auch nur teilweiser Zurückweisung der geltend gemachten Kosten sowie für den zuvor angehörten Schuldner statthaft.

Im Einzelfall ist auch eine Überprüfung der Kosten im Rahmen einer Vollstreckungsgegenklage nach § 767 ZPO möglich.[48]

2. Festgesetzte Kosten gem. § 788 Abs. 2 ZPO

Statthafter Rechtsbehelf ist

- die sofortige Beschwerde, §§ 788 Abs. 2, 104 Abs. 3, 567 Abs. 2 ZPO, § 11 Abs. 1 RPflG, wenn der Beschwerdewert über 200,– € liegt,
- die befristete Erinnerung gem. § 788 Abs. 2, § 567 Abs. 2 ZPO, § 11 Abs. 2 RPflG bei einem Beschwerdewert bis 200,– €.

---

47 BGH, Rpfleger 2005, 322 = InVo 2005, 292 = AGS 2005, 208 = JurBüro 2005, 421.
48 OLG Düsseldorf, Rpfleger 1975, 355.

15. Abschnitt
Muster

Auftrag (§§ 753, 754 ZPO) 15.1

Vollstreckungsauftrag an den Gerichtsvollzieher, §§ 753, 754 ZPO 15.1
– nur Sachpfändungsauftrag –

Herrn/Frau Obergerichtsvollzieher(in)

oder

An die Gerichtsvollzieherverteilerstelle
des Amtsgerichts …

In der Zwangsvollstreckungssache

– Gläubiger –

Prozessbevollmächtigte(r):

gegen

– Schuldner –

Prozessbevollmächtigte(r):

wird namens und im Auftrag des Gläubigers der anliegende Titel des AG/LG …
AZ: … vom … überreicht, mit der Bitte, nachfolgende Beträge im Wege der
Zwangsvollstreckung beizutreiben:

_____ € Hauptforderung/Teilbetrag

_____ € Gebühr für diesen Auftrag, RVG-VV 3309

_____ € Auslagenpauschale, RVG-VV 7002

_____ € 16 % USt RVG-VV 7008

_____ € Summe

Die eingezogenen Beträge sind auf mein Konto … einzuzahlen, Geldempfangsvollmacht liegt vor.
Weiterhin bitte ich um Übersendung einer vollständigen Abschrift des Pfändungsprotokolls.
Es wird weiterhin **beantragt,**

- dem Schuldner eine Abschrift des Vollstreckungstitels zuzustellen,
- die Sicherungsvollstreckung gem. § 720a ZPO durchzuführen.
  Die Voraussetzungen gem. § 750 Abs. 3 ZPO liegen vor.

Der Schuldner ist, vgl. § 806a ZPO, insbesondere zu folgenden Punkten zu
befragen:

- Name und Anschrift des Arbeitgebers,
- bei Erhalt von Arbeitslosengeld die zuständige Agentur für Arbeit,

- bei Zahlung von Rente oder Pension zur Angabe der auszuzahlenden Stelle und der Versicherungs- bzw. Rentennummer ....

Falls der Schuldner persönlich oder bei Nichtanwesenheit auf Befragen eines zum Hausstand gehörenden erwachsenen Hausgenossen hierzu Angaben macht, werden Sie ausdrücklich **beauftragt,** eine Vorpfändungsbenachrichtigung gem. § 845 Abs. 1 ZPO zu fertigen und zu veranlassen.

Mit einer Ratenzahlungsvereinbarung i.S.v. § 806b ZPO sind wir – nicht – einverstanden.

Mit einem Verwertungsaufschub i.S.v. § 813a ZPO sind wir – nicht – einverstanden.

Falls der Schuldner die Durchsuchung der Wohnung verweigert, bitte ich Sie, den beigefügten, vorgefertigten und unterschriebenen **Antrag** nach §§ 758, 758a ZPO mit dem Datum zu versehen und zusammen mit dem Pfändungsprotokoll und den gesamten Vollstreckungsunterlagen dem zuständigen Vollstreckungsgericht zum Erlass der Durchsuchungsanordnung zu überreichen.

Falls ein Beschluss nach § 758a Abs. 4 ZPO erforderlich wird, werden Sie ausdrücklich ermächtigt, diesen Beschluss im Auftrag des Gläubigers bei dem zuständigen Vollstreckungsgericht zu **beantragen.**

Ich bitte weiterhin

- falls bereits eine vorrangige wirksame Pfändung in einen Vermögensgegenstand vorliegt, die Anschlusspfändung durchzuführen, § 826 ZPO,
- um Vollzug der Hilfspfändung aller vorgefundenen Urkunden (Versicherungspolice, Sparbuch, Grundpfandrechtsbrief pp.), die für eine nachfolgende Forderungspfändung benötigt werden.

Es wird darauf hingewiesen,

- dass der Gläubiger mit einer Ratenzahlungsvereinbarung ausdrücklich einverstanden sein muss, in keinem Falle können monatliche Ratenzahlungen unter ... € akzeptiert werden,
- dass auch bei amtsbekannter Vermögenslosigkeit des Schuldners in jedem Falle ein vollständiges Pfändungsprotokoll zu übersenden ist.

Liegen die Voraussetzungen nach § 807 Abs. 1 ZPO vor, werden Sie gleichzeitig mit der Abnahme der eidesstattlichen Versicherung nach §§ 899 ff. ZPO beauftragt.

Es wird gebeten, ... ((Hier jetzt den Text zur Abgabe der eidesstattlichen Versicherung einfügen, s. Muster ....))

Anlagen: Vollstreckbare Ausfertigung des Titels
          Vorgefertigte Anträge

(Unterschrift)

Antrag auf Erlass der Durchsuchungsanordnung, §§ 758, 758a ZPO

An das
Amtsgericht
in ...

In der Zwangsvollstreckungssache

— Gläubiger —

Prozessbevollmächtigte(r):
gegen

— Schuldner —

Prozessbevollmächtigte(r):

wird namens des Gläubigers **beantragt,**

die Durchsuchung der Wohnung/Geschäftsräume des Schuldners durch den Gerichtsvollzieher und die Öffnung verschlossener Haustüren, Wohnungstüren und Zimmertüren richterlich zu genehmigen.

Die Genehmigung ist zur Durchführung der Zwangsvollstreckung erforderlich, weil sich der Schuldner weigert, die titulierte Schuld zu begleichen, und er dem Gerichtsvollzieher das Betreten seiner Wohnung/Geschäftsräume nicht gestattet oder der Schuldner mehrfach nicht angetroffen wurde.

Der Titel und das Protokoll des Gerichtsvollziehers ... vom ... sind beigefügt.

(Unterschrift)

15.3 Antrag auf Genehmigung der Zwangsvollstreckung zur Nachtzeit sowie an Sonn- und Feiertagen, § 758a Abs. 4 ZPO

An das
Amtsgericht
in …

In der Zwangsvollstreckungssache

– Gläubiger –

Prozessbevollmächtigte(r):

gegen

– Schuldner –

Prozessbevollmächtigte(r):

wird namens des Gläubigers **beantragt,**

die Durchführung der Pfändung, auch der Taschenpfändung, in der Wohnung des Schuldners während der Nachtzeit und an Sonn- und Feiertagen zu gestatten (§ 758a Abs. 4 ZPO).

Die Gestattung ist zur Durchführung der Zwangsvollstreckung erforderlich, weil der Gerichtsvollzieher den Schuldner zu den üblichen Tageszeiten wiederholt nicht angetroffen hat.

Titel und das Protokoll des Gerichtsvollziehers … über die vergeblichen Vollstreckungsversuche sind beigefügt.

(Unterschrift)

Anträge (§ 758a IV/§ 811a ZPO) 15.4

Austauschpfändung, § 811a ZPO 15.4

An das
Amtsgericht
– Vollstreckungsgericht –
in ...

In der Zwangsvollstreckungssache

– Gläubiger –

Prozessbevollmächtigte(r):
gegen

– Schuldner –

Prozessbevollmächtigte(r):

wird namens des Gläubigers **beantragt,**

die am ... (Datum) durchgeführte Pfändung des ... (genaue Bezeichnung) durch den Gerichtsvollzieher ... (Name) DR.-Nr. ... gegen Überlassung eines ... (genaue Bezeichnung) zuzulassen

oder

die am ... (Datum) durchgeführte Pfändung des ... (genaue Bezeichnung) durch den Gerichtsvollzieher ... (Name) DR.-Nr. ... gegen Überlassung eines Betrages von ... zuzulassen

oder

die am ... (Datum) durchgeführte Pfändung des ... (genaue Bezeichnung) durch den Gerichtsvollzieher ... (Name) DR.-Nr. ... zuzulassen. Dem Schuldner ist aus dem Versteigerungserlös ein Betrag von ... zur Beschaffung eines Ersatzgegenstandes zu überlassen.
Die Kosten des Verfahrens sind dem Schuldner aufzuerlegen.

Gründe:

(Unterschrift)

15.5 Antrag auf Verwertungsaufschub, § 813b ZPO

An das
Amtsgericht
– Vollstreckungsgericht –
in …

In der Zwangsvollstreckungssache

— Gläubiger —

Prozessbevollmächtigte(r):
gegen

— Schuldner —

Prozessbevollmächtigte(r):

wird namens des Schuldners **beantragt** zu beschließen:

- die Verwertung der am … durch den Gerichtsvollzieher … DR.-Nr. … gepfändeten Gegenstände… wird ausgesetzt,
- dem Schuldner wird gestattet, die Forderung des Gläubigers über … insgesamt in … monatlichen Raten über jeweils … € beginnend ab dem … zu zahlen,
- der bereits bestimmte Versteigerungstermin am … wird aufgehoben,
- die Zwangsvollstreckung wird bis zur endgültigen Entscheidung einstweilen eingestellt.

Gründe:

(Unterschrift)

Antrag auf anderweitige Verwertung, § 825 Abs. 1 ZPO 15.6

An
Herrn/Frau Obergerichtsvollzieher(in)
oder
An die Gerichtsvollzieherverteilerstelle
des Amtsgerichts ...

In der Zwangsvollstreckungssache

– Gläubiger –

Prozessbevollmächtigte(r):
gegen

– Schuldner –

Prozessbevollmächtigte(r):

wird namens des Gläubigers – Schuldners **beantragt**:

- der am ... durch Sie als Gerichtsvollzieher(in) ... DR.-Nr. ... gepfändete Gegenstand ... ist nicht in ... sondern in ... zu versteigern.
  oder
- ist nicht am ... sondern günstiger am ... zu versteigern.
  oder
- ist durch freihändigen Verkauf zu einem Mindestpreis von ... zu verwerten.
  oder
- ist dem Gläubiger zum Preis von ... zu verkaufen.
  oder
- ist dem Gläubiger zu übereignen gegen Anrechnung der titulierten Forderung als Übernahmepreis.

Gründe:

(Unterschrift)

15.7 Antrag auf anderweitige Verwertung, § 825 Abs. 2 ZPO

An das
Amtsgericht
– Vollstreckungsgericht –
in …

In der Zwangsvollstreckungssache

– Gläubiger –

Prozessbevollmächtigte(r):
gegen

– Schuldner –

Prozessbevollmächtigte(r):

wird namens des Gläubigers **beantragt** zu beschließen:

- der am … durch den Gerichtsvollzieher … DR.-Nr. … gepfändete Gegenstand … ist nicht durch den Gerichtsvollzieher, sondern durch Herrn/Frau … zu versteigern.

Die Kosten des Verfahrens sind dem Schuldner aufzuerlegen.

Gründe:

(Unterschrift)

Eidesstattliche Versicherung, §§ 807, 900 ZPO 15.8

An
Herrn/Frau Obergerichtsvollzieher(in)
oder
An die Gerichtsvollzieherverteilerstelle
des Amtsgerichts ...

In der Zwangsvollstreckungssache

– Gläubiger –

Prozessbevollmächtigte(r):
gegen

– Schuldner –

Prozessbevollmächtigte(r):

wird gem. §§ 807, 900 Abs. 1 ZPO namens des Gläubigers **beantragt**, Termin zur Abgabe der eidesstattlichen Versicherung und zur Vorlage des Vermögensverzeichnisses durch den Schuldner zu bestimmen.

oder: Termin zur Ergänzung des Vermögensverzeichnisses vom ... zu bestimmen.

Sollte der Schuldner im Termin nicht erscheinen oder die Abgabe (Ergänzung) der eidesstattlichen Versicherung ohne Grund verweigern, wird bereits jetzt beantragt, Haftbefehl durch das Amtsgericht zu erlassen und eine Ausfertigung des Haftbefehls zu übersenden.
Sofern der Schuldner im Termin erscheint und die eidesstattliche Versicherung (Ergänzung) abgibt, wird eine Abschrift des Terminprotokolls und des Vermögensverzeichnisses erbeten.
Sofern der Schuldner innerhalb der letzten drei Jahre die eidesstattliche Versicherung bereits abgegeben hat, wird der obige Antrag zurückgenommen und die Erteilung einer Abschrift des vorliegenden Vermögensverzeichnisses erbeten.
Der Gläubiger ist mit der gesetzlichen Vertagung nach § 900 Abs. 3 ZPO – nicht – einverstanden.
Der Gläubiger ist generell mit einer Vertagung des Termins um 1 Monat einverstanden, falls der Schuldner Ratenzahlung von monatlich mindestens ... € zugesteht, erstmals zahlbar am ...
Ist der Schuldner im dortigen Bezirk tatsächlich nicht wohnhaft, wird um Weiterleitung/Verweisung an den zuständigen Gerichtsvollzieher gebeten.
Die aufgrund der beigefügten Ausfertigung des ... (genaue Titelbezeichnung) gegen den Schuldner versuchte Pfändung war gemäß der beigefügten

Unpfändbarkeitsbescheinigung des Gerichtsvollziehers ganz oder teilweise erfolglos, § 807 Abs. 1 Nr. 1 ZPO.

oder

Die Unpfändbarkeit i.S.v. § 807 Abs. 1 Nr. 2 ZPO wird glaubhaft gemacht durch Hinweis auf die bereits vorliegenden Haftbefehle anderer Gläubiger AZ: ...

oder

Die Voraussetzungen nach § 807 Abs. 1 Nr. 3 ZPO liegen vor, der Schuldner hat die Durchsuchung der Wohnung verweigert, s. beigefügtes Gerichtsvollzieherprotokoll.

oder

Die Voraussetzungen nach § 807 Abs. 1 Nr. 4 ZPO liegen vor, der Schuldner wurde wiederholt in seiner Wohnung nicht angetroffen, s. beigefügtes Gerichtsvollzieherprotokoll.

Der Gläubiger kann von dem Schuldner aufgrund der zuvor genannten Titel folgende Beträge verlangen:

_____ € Hauptforderung nebst ... Zinsen ab dem ... aus

_____ € festgesetzte Kosten nebst ... Zinsen ab dem ...

_____ € bisherige Vollstreckungskosten s. anl. Aufstellung

_____ € Gebühr für diesen Antrag, RVG-VV 3309

_____ € Auslagenpauschale, RVG-VV 7002

_____ € 16 % USt RVG-VV 7008

_____ € Summe

(Unterschrift)

Auftrag zur Verhaftung des Schuldners, §§ 753, 909 ZPO 15.9

An
Herrn/Frau Obergerichtsvollzieher(in)
in ...

An die
Gerichtsvollzieherverteilerstelle
beim AG in ...

In der Zwangsvollstreckungssache

– Gläubiger –

Prozessbevollmächtigte(r):
gegen

– Schuldner –

Prozessbevollmächtigte(r):

übersende ich namens des Gläubigers den Haftbefehl des AG ... vom ... AZ: ... den Vollstreckungstitel ... und die bisherigen Vollstreckungsunterlagen mit der Bitte, den Haftbefehl gegen den Schuldner zu vollstrecken. Die Forderung setzt sich wie folgt zusammen:

_____ € Hauptforderung nebst ... Zinsen ab dem ... aus

_____ € festgesetzte Kosten nebst ... Zinsen ab dem ...

_____ € bisherige Vollstreckungskosten s. anl. Aufstellung

_____ € Summe

(Unterschrift)

15.10 Antrag auf Löschung der Eintragung im Schuldnerverzeichnis, §§ 915, 915a ZPO

An das
Amtsgericht
– Vollstreckungsgericht –
in …

In der Zwangsvollstreckungssache

– Gläubiger –

Prozessbevollmächtigte(r):
gegen

– Schuldner –

Prozessbevollmächtigte(r):

wird namens des Schuldners die Löschung im Schuldnerverzeichnis **beantragt.**

Der Schuldner hat

- die Forderung getilgt (Quittung anbei),
- die Forderung ausweislich anliegender Bescheinigung des Gläubigers gezahlt am …

oder

- seit dem Schluss des Jahres, in dem die Eintragung erfolgte, sind drei Jahre vergangen.

(Unterschrift)

Anträge (§§ 915, 915a/§§ 850b bzw. c ZPO) 15.11

Pfändungs- und Überweisungsbeschluss 15.11
in Arbeitseinkommen, § 850c ZPO
in Taschengeldanspruch, § 850b ZPO

An das Amtsgericht
in …

Ich beantrage den nachstehenden Beschluss zu erlassen.
Ich – besorge die Zustellung selbst – bitte die Zustellung durch Vermittlung der Geschäftsstelle zu veranlassen, und zwar an den Drittschuldner mit der Aufforderung zur Erklärung gemäß § 840 ZPO.
Schuldtitel und … Unterlagen über die bisherigen Vollstreckungskosten sind beigefügt.
Der Gläubiger hat – keine – Prozesskostenhilfe.

…………………………, den …
(Rechtsanwalt)

Pfändungs- und Überweisungsbeschluss

In der Zwangsvollstreckungssache

– Gläubiger –

Prozessbevollmächtigte(r):
gegen

– Schuldner –

Prozessbevollmächtigte(r):

Nach der vollstreckbaren Ausfertigung des … (Titel) des AG/LG/OLG … vom … AZ: … und dem Kostenfestsetzungsbeschluss vom … AZ: … stehen dem/den Gläubiger(n) gegen den Schuldner nachfolgende Ansprüche zu:

_____ € Hauptforderung nebst … Zinsen ab dem … aus …

_____ € festgesetzte Kosten nebst … Zinsen ab dem …

_____ € bisherige Vollstreckungskosten

_____ € Summe

bei Arbeitseinkommen
Wegen und bis zur Höhe dieser Ansprüche und wegen der Kosten für diesen Beschluss werden die angeblichen Ansprüche des Schuldners gegen

– Drittschuldner –
(Arbeitgeber)

auf Zahlung des gesamten, jetzigen und künftigen Arbeitseinkommens ohne Rücksicht auf die Benennung – einschließlich des Geldwertes von Sachbezügen – aus dem Arbeits- oder Dienstvertrag gepfändet.

Ergänzende Bestimmungen:
Von der Pfändung sind ausgenommen, Steuern und Beiträge zur Sozialversicherung. Diesen Zahlungen stehen Beiträge gleich, die in üblicher Höhe an eine Ersatzkasse, eine private Krankenversicherung oder zur Weiterversicherung gezahlt werden. Ebenfalls unpfändbar sind die in § 850a ZPO genannten Bezüge.
Von dem errechneten Nettoeinkommen ergibt sich der pfändbare Betrag unter Berücksichtigung der Unterhaltspflichten des Schuldners aus der jeweils gültigen Tabelle zu § 850c ZPO.
Der Drittschuldner darf, soweit das Arbeitseinkommen gepfändet ist, nicht mehr an den Schuldner zahlen. Der Schuldner hat sich insoweit jeder Verfügung über das Arbeitseinkommen zu enthalten, insbesondere darf er es nicht mehr einziehen. Das gepfändete Arbeitseinkommen wird dem Gläubiger zur Einziehung überwiesen.

Hinweis:
Endet das Arbeits- oder Dienstverhältnis und begründen Schuldner oder Drittschuldner innerhalb von neun Monaten ein solches neu, so erstreckt sich diese Pfändung auf die Forderung aus dem neuen Arbeits- oder Dienstverhältnis, § 833 Abs. 2 ZPO.

oder bei
Taschengeld/Unterhalt
Wegen und bis zur Höhe dieser Ansprüche und wegen der Kosten für diesen Beschluss (s. unten unter I. bis III.) werden die angeblichen Ansprüche des Schuldners gegen

– Drittschuldner –
(der Ehegatte)

auf Zahlung des monatlichen Taschengeldes als Teil des Unterhaltsanspruchs gepfändet, einschließlich der künftig fällig werdenden Beträge, und zwar unter Bezugnahme auf § 850c ZPO in der jeweils gültigen Fassung in Höhe von $^{7}/_{10}$ des als Taschengeld geschuldeten Betrages gepfändet.
Hilfsweise wird die Pfändung beschränkt auf einen Zeitraum von fünf Jahren, beginnend ab … und endend mit …
Der Drittschuldner darf, soweit die Ansprüche gepfändet sind, nicht mehr an den Schuldner leisten. Der Schuldner hat sich insoweit jeder Verfügung über den vorbezeichneten Anspruch zu enthalten, insbesondere darf er ihn nicht mehr einziehen.

Antrag (§§ 850b bzw. c ZPO) 15.11

Die gepfändeten Ansprüche werden dem Gläubiger zur Einziehung überwiesen.
Die Pfändung des Taschengeldanspruchs entspricht der Billigkeit: ...

Gründe:

Kosten
dieses Beschlusses und seiner Zustellung:
Wert: _____ €
1. Gerichtsgebühr (KV-GKG 2110) _____ €
2. 0,3 Anwaltsgebühr für diesen Antrag (RVG-VV 3309) _____ €
3. Auslagenpauschale (RVG-VV 7002) _____ €
4. ... % USt (RVG-VV 7008) _____ €
5. Zustellungskosten _____ €
Summe: _____ €

..., den ...
Das Amtsgericht

Rechtspfleger(in)

Ausgefertigt ...

als Urkundsbeamter der Geschäftsstelle

15.12 Vorpfändungsbenachrichtigung, § 845 ZPO

In der Zwangsvollstreckungssache

– Gläubiger –

Prozessbevollmächtigte(r):
gegen

– Schuldner –

Prozessbevollmächtigte(r):

kann der Gläubiger von dem Schuldner aufgrund des … (Titel) des AG/LG/OLG … vom … AZ: … nachfolgende Beträge verlangen:

_____ € Hauptforderung nebst … Zinsen ab dem … aus …

_____ € festgesetzte Kosten nebst … Zinsen ab dem …

_____ € bisherige Vollstreckungskosten

_____ € Summe

Ich benachrichtige Sie

– Drittschuldner –

namens des Gläubigers darüber, dass die Pfändung des Anspruches des Schuldners gegen Sie aus … bevorsteht.
Bei Arbeitseinkommen sind die Pfändungsfreigrenzen gemäß §§ 850 ff. ZPO (insbesondere § 850c ZPO in der jeweils gültigen Fassung) zu beachten.
Der Drittschuldner darf nicht mehr an den Schuldner Zahlung leisten. Der Schuldner darf nicht mehr über die Forderung verfügen, sie insbesondere nicht mehr einziehen.
Diese Benachrichtigung hat die Wirkung eines Arrestes (§ 930 ZPO), sofern die Pfändung des Anspruches innerhalb eines Monats bewirkt wird.

(Unterschrift)

Benachrichtigung (§ 845 ZPO)/Antrag (§ 850d ZPO) 15.13

Pfändungs- und Überweisungsbeschluss in Arbeitseinkommen wegen Unterhaltsansprüchen, § 850d ZPO 15.13

An das Amtsgericht
in …

Ich **beantrage** den nachstehenden Beschluss zu erlassen.
Ich – besorge die Zustellung selbst – bitte die Zustellung durch Vermittlung der Geschäftsstelle zu veranlassen, und zwar an den Drittschuldner mit der Aufforderung zur Erklärung gemäß § 840 ZPO.
Schuldtitel und … Unterlagen über bisherige Vollstreckungskosten sind beigefügt.
Der Schuldner ist ledig – verheiratet – verwitwet – geschieden und hat … weitere unterhaltsberechtigte Kinder.
Der Gläubiger hat – keine – Prozesskostenhilfe.

............................., den …
(Rechtsanwalt)

Pfändungs- und Überweisungsbeschluss

In der Zwangsvollstreckungssache

– Gläubiger –

Prozessbevollmächtigte(r):
gegen

– Schuldner –

Prozessbevollmächtigte(r):
Nach der vollstreckbaren Ausfertigung des … (Titel) des AG/LG/OLG … vom … AZ: … und dem Kostenfestsetzungsbeschluss vom … AZ: … stehen dem/den Gläubiger(n) gegen den Schuldner nachstehende Ansprüche zu:

_____ € (i.B. …) Unterhaltsrückstand für die Zeit vom … bis …

_____ € (i.B. …) monatlich, fällig jeweils am … jeden Monats, erstmals ab …

_____ € festgesetzte Kosten nebst … Zinsen ab dem …

_____ € bisherige Vollstreckungskosten

_____ € Summe

Wegen und bis zur Höhe dieser Ansprüche und wegen der Kosten für diesen Beschluss (s. unten unter I.–III.) werden die angeblichen Ansprüche des Schuldners gegen

– Drittschuldner –
(Arbeitgeber)

auf Zahlung des gesamten, jetzigen und künftigen Arbeitseinkommens ohne Rücksicht auf die Benennung – einschließlich des Geldwertes von Sachbezügen – aus dem Arbeits- oder Dienstvertrag gepfändet.
Der Drittschuldner darf, soweit das Arbeitseinkommen gepfändet ist, nicht mehr an den Schuldner zahlen. Der Schuldner hat sich insoweit jeder Verfügung über das Arbeitseinkommen zu enthalten, insbesondere darf er es nicht mehr einziehen. Das gepfändete Arbeitseinkommen wird dem Gläubiger zur Einziehung überwiesen.

Hinweis:
Endet das Arbeits- oder Dienstverhältnis und begründen Schuldner oder Drittschuldner innerhalb von neun Monaten ein solches neu, so erstreckt sich diese Pfändung auf die Forderung aus dem neuen Arbeits- oder Dienstverhältnis, § 833 Abs. 2 ZPO.

Ergänzende Bestimmungen:
Von der Pfändung sind ausgenommen, Steuern und Beiträge zur Sozialversicherung. Diesen Zahlungen stehen Beiträge gleich, die in üblicher Höhe an eine Ersatzkasse, eine private Krankenversicherung oder zur Weiterversicherung gezahlt werden. Ebenso unpfändbar sind die in § 850a ZPO genannten Bezüge, wobei dem Schuldner von den Bezügen nach § 850a Nr. 1, 2 und 4 ZPO mindestens die Hälfte der nach § 850a ZPO unpfändbaren Beträge zu verbleiben haben.

Pfandfreier Betrag nach § 850d ZPO
Der Schuldner ist nach Angabe des Gläubigers ledig – verheiratet – geschieden – verwitwet – und hat noch weitere ... unterhaltsberechtigte Kinder. Als notwendigen Unterhalt und zur Erfüllung seiner laufenden gesetzlichen Unterhaltspflichten sind dem Schuldner zu belassen ... monatlicher Grundfreibetrag zzgl. ... des Mehrbetrages.
Der dem Schuldner hiernach verbleibende Teil seines Arbeitseinkommens darf den Betrag nicht übersteigen, der ihm nach den Vorschriften des § 850c ZPO in der jeweils gültigen Fassung gegenüber nicht bevorrechtigten Gläubigern zu verbleiben hätte.

Kosten
dieses Beschlusses und seiner Zustellung:
Wert: .... €
1. Gerichtsgebühr (KV-GKG 2110) _____ €
2. 0,3 Anwaltsgebühr für diesen Antrag (RVG-VV 3309) _____ €
3. Auslagenpauschale (RVG-VV 7002) _____ €
4. ... % USt (RVG-VV 7008) _____ €
5. Zustellungskosten _____ €
Summe: _____ €

..., den ...
Das Amtsgericht

Rechtspfleger(in)

Ausgefertigt ...

als Urkundsbeamter der Geschäftsstelle

**15.14   Antrag nach § 850c Abs. 4 ZPO
              – Nichtberücksichtigung von Unterhaltsberechtigten –**

An das
Amtsgericht
– Vollstreckungsgericht –
in …

In der Zwangsvollstreckungssache

                                                                    – Gläubiger –

Prozessbevollmächtigte(r):
gegen
                                                                    – Schuldner –

Prozessbevollmächtigte(r):

wird namens des Gläubigers **beantragt:**

Der Pfändungs- und Überweisungsbeschluss des AG … vom … AZ: … ist dahingehend abzuändern, dass bei der Berechnung des pfändbaren Betrages der/die Unterhaltsberechtigte … in vollem Umfang unberücksichtigt zu lassen ist.

oder

dass bei der Berechnung des pfändbaren Betrages der/die Unterhaltsberechtigte … zu ($1/4$, $1/2$, $3/4$) unberücksichtigt zu lassen ist.

oder

dass bei der Berechnung des pfändbaren Betrages der/die Unterhaltsberechtigte … nur mit … (konkreter Betrag) zu berücksichtigen ist.

Gründe:

(Unterschrift)

Antrag nach § 850e Nr. 2 ZPO
– Zusammenrechnung mehrerer Einkünfte –

An das
Amtsgericht
– Vollstreckungsgericht –
in ...

In der Zwangsvollstreckungssache

– Gläubiger –

Prozessbevollmächtigte(r):
gegen

– Schuldner –

Prozessbevollmächtigte(r):

wird namens des Gläubigers **beantragt,**

die gepfändeten Arbeitseinkommen aufgrund der Pfändungs- und Überweisungsbeschlüsse des AG ... vom ... und vom ... AZ: ... und ... gegenüber den Drittschuldnern

- _____
- _____

zusammenzurechnen.
Der unpfändbare Grundbetrag ist in erster Linie dem Arbeitseinkommen bei dem Drittschuldner ... zu entnehmen.

Gründe:

(Unterschrift)

15.16 Antrag nach § 850e Nr. 4 ZPO
– Verrechnungsantrag bei Pfändung oder Abtretung nach §§ 850c und 850d ZPO –

An das
Amtsgericht
– Vollstreckungsgericht –
in ...

In der Zwangsvollstreckungssache

— Gläubiger —

Prozessbevollmächtigte(r):
gegen

— Schuldner —

Prozessbevollmächtigte(r):

wird namens des Gläubigers ein **Verrechnungsantrag** gemäß § 850e Nr. 4 ZPO gestellt. Der Gläubiger erhält durch den

— Drittschuldner —

aus dem gepfändeten Arbeitseinkommen aufgrund des Pfändungs- und Überweisungsbeschlusses des AG ... vom ... AZ: ... keine Zahlungen, da eine bevorrechtigte Unterhaltspfändung vorliegt.

a) Auf diese Unterhaltspfändung sind jedoch zunächst die gemäß § 850d ZPO der Pfändung in erweitertem Umfang unterliegenden Teile des Arbeitseinkommen zu verrechnen.

oder

b) Der nicht nach § 850d ZPO in den erweiterten Umfang pfändende Unterhaltsgläubiger ist jedoch auf diesen Vorrechtsbereich zu verweisen.

Gründe:

(Unterschrift)

Anträge (§ 850e Nr. 4/§ 850f I ZPO)

Lohnpfändungsschutz, § 850f Abs. 1 ZPO

An das
Amtsgericht
– Vollstreckungsgericht –
in …

In der Zwangsvollstreckungssache

– Gläubiger –

Prozessbevollmächtigte(r):
gegen

– Schuldner –

Prozessbevollmächtigte(r):

wird namens des Schuldners **beantragt,**

den Pfändungs- und Überweisungsbeschluss des AG in … vom … AZ: … teilweise abzuändern und über die unpfändbaren Beträge gemäß §§ 850c, d ZPO hinaus weitere … € monatlich für unpfändbar zu erklären.

Gründe:

- der Schuldner weist durch anliegende Bescheinigung der Sozialbehörde nach, dass durch die Pfändung der notwendige Lebensunterhalt für sich und … nicht gewährleistet ist,
- besondere Bedürfnisse aus persönlichen/beruflichen Gründen bestehen …
- der Schuldner hat mehr als 5 Personen Unterhalt zu leisten und zwar …

(Unterschrift)

15.18 Pfändungserweiterung bei Forderung aus unerlaubter Handlung, § 850f Abs. 2 ZPO

An das
Amtsgericht
– Vollstreckungsgericht –
in ...

In der Zwangsvollstreckungssache

– Gläubiger –

Prozessbevollmächtigte(r):
gegen

– Schuldner –

Prozessbevollmächtigte(r):

wird namens des Gläubigers **beantragt,**

den aufgrund des Pfändungs- und Überweisungsbeschlusses des AG ... vom ... AZ: ... pfändbaren Teil des Arbeitseinkommens ohne Rücksicht auf die in § 850c ZPO vorgesehenen Beschränkungen auf monatlich mindestens ... € festzusetzen.

Gründe:
Die Zwangsvollstreckung wird vorliegend betrieben wegen einer Forderung aus vorsätzlich begangener unerlaubter Handlung.
Als Nachweis ist beigefügt ...

(Unterschrift)

Pfändungserweiterung bei hohem Einkommen, § 850f Abs. 3 ZPO

An das
Amtsgericht
– Vollstreckungsgericht –
in …

In der Zwangsvollstreckungssache

– Gläubiger –

Prozessbevollmächtigte(r):
gegen

– Schuldner –

Prozessbevollmächtigte(r):

wird namens des Gläubigers **beantragt,**

den Pfändungs- und Überweisungsbeschluss des AG … vom … AZ: … abzuändern und zu beschließen, dass die monatlichen Einkünfte des Schuldners über 2.985,– € hinaus in vollem Umfang pfändbar sind.

Gründe:

(Unterschrift)

15.20 Kontenschutzantrag, § 850k ZPO

An das
Amtsgericht
– Vollstreckungsgericht –
in ...

In der Zwangsvollstreckungssache

– Gläubiger –

Prozessbevollmächtigte(r):
gegen

– Schuldner –

Prozessbevollmächtigte(r):

wird namens des Schuldners **beantragt**,

den Pfändungs- und Überweisungsbeschluss des AG ... vom ... AZ: ... abzuändern und zu beschließen:

1. Die Pfändung des Guthabens auf dem Konto Nr. ... bei dem Drittschuldner ... ist in Höhe von ... € bis zum nächsten Zahlungstermin am ... aufzuheben.
2. Die Pfändung ist weiterhin aufzuheben wegen der künftigen Geldeingänge aus Arbeitseinkommen in Höhe von monatlich ... €, die auf das zuvor genannte Konto überwiesen werden.
3. Vorab ist dem Schuldner ein Betrag von ... € freizugeben, den er dringend zum Lebensunterhalt benötigt.
4. Die Zwangsvollstreckung aus dem o.g. Pfändungs- und Überweisungsbeschluss ist bis zur endgültigen Entscheidung einstweilen einzustellen.
5. Die Kosten des Verfahrens sind dem Gläubiger aufzuerlegen.

Gründe:

(Unterschrift)

Anträge (§ 850k/§ 830 ZPO) 15.21

Antrag auf Pfändung und Überweisung einer Hypothek oder Grundschuld, § 830 ZPO 15.21

An das
Amtsgericht
– Vollstreckungsgericht –
in …

Ich **beantrage** den nachstehenden Beschluss zu erlassen.
Ich – besorge die Zustellung selbst – bitte die Zustellung durch Vermittlung der Geschäftsstelle zu veranlassen, und zwar an den Drittschuldner mit der Aufforderung zur Erklärung gemäß § 840 ZPO.
Schuldtitel und … Unterlagen über die bisherigen Vollstreckungskosten sind beigefügt.
Der Gläubiger hat – keine – Prozesskostenhilfe.

…………………………, den …
(Rechtsanwalt)

Pfändungs- und Überweisungsbeschluss

In der Zwangsvollstreckungssache

– Gläubiger –

Prozessbevollmächtigte(r):
gegen

– Schuldner –

Prozessbevollmächtigte(r):
Nach der vollstreckbaren Ausfertigung des … (Titel) des AG/LG/OLG … vom … AZ: … und dem Kostenfestsetzungsbeschluss vom … AZ: … stehen dem/den Gläubiger(n) gegen den Schuldner nachfolgende Ansprüche zu:

_____ € Hauptforderung nebst … Zinsen ab dem … aus …

_____ € festgesetzte Kosten nebst … Zinsen ab dem …

_____ € bisherige Vollstreckungskosten

_____ € Summe

Wegen und bis zur Höhe dieser Ansprüche und wegen der Kosten für diesen Beschluss wird die angebliche Darlehensforderung des Schuldners gegen

– persönlicher Drittschuldner –

und die angeblich für diese Forderung im Grundbuch von ... Blatt ... in Abt. III unter lfd. Nr. ... auf dem Grundstück lfd. Nr. ... des Bestandsverzeichnisses des

– dinglicher Drittschuldner –

eingetragene Briefhypothek/Briefgrundschuld oder Buchhypothek/Buchgrundschuld in Höhe von ... nebst ... Zinsen seit dem ... gepfändet.
Die Pfändung erfolgt auch wegen der Kosten der Briefwegnahme und der Eintragungskosten im Grundbuch.

Im Falle einer Briefhypothek/Briefgrundschuld:
Die Pfändung erfasst auch den Anspruch des Schuldners gegen

– Drittschuldner –

auf Herausgabe des für die vorstehend bezeichnete Hypothek/Grundschuld erstellten Briefes.
Der Brief ist vom Schuldner an den Gläubiger herauszugeben.
Der Drittschuldner darf, soweit die Ansprüche gepfändet sind, nicht mehr an den Schuldner zahlen. Der Schuldner hat sich insoweit jeder Verfügung über die gepfändeten Ansprüche zu enthalten, insbesondere darf er sie nicht mehr einziehen. Die gepfändeten Ansprüche werden dem Gläubiger zur Einziehung – an Zahlungs statt – überwiesen.

Kosten
dieses Beschlusses und seiner Zustellung:
Wert: _____ €
1. Gerichtsgebühr (KV-GKG 2110) _____ €
2. 0,3 Anwaltsgebühr für diesen Antrag (RVG-VV 3309) _____ €
3. Auslagenpauschale (RVG-VV 7002) _____ €
4. ... % USt (RVG-VV 7008) _____ €
5. Zustellungskosten _____ €
Summe: _____ €

..., den ...
Das Amtsgericht

Rechtspfleger(in)

Ausgefertigt ...

als Urkundsbeamter der Geschäftsstelle

Antrag (§ 857 ZPO) 15.22

Pfändung der Rückgewährsansprüche bei Grundschulden, § 857 ZPO 15.22

An das
Amtsgericht
– Vollstreckungsgericht –
in ...

Ich **beantrage** den nachstehenden Beschluss zu erlassen.
Ich – besorge die Zustellung selbst – bitte die Zustellung durch Vermittlung der Geschäftsstelle zu veranlassen, und zwar an den Drittschuldner mit der Aufforderung zur Erklärung gemäß § 840 ZPO.
Schuldtitel und ... Unterlagen über die bisherigen Vollstreckungskosten sind beigefügt. Der Gläubiger hat – keine – Prozesskostenhilfe.

........................., den ...
(Rechtsanwalt)

Pfändungs- und Überweisungsbeschluss

In der Zwangsvollstreckungssache
– Gläubiger –
Prozessbevollmächtigte(r):
gegen
– Schuldner –
Prozessbevollmächtigte(r):

Nach der vollstreckbaren Ausfertigung des ... (Titel) des AG/LG/OLG ... vom ... AZ: ... und dem Kostenfestsetzungsbeschluss vom ... AZ: ... stehen dem/den Gläubiger(n) gegen den Schuldner nachfolgende Ansprüche zu:

_____ € Hauptforderung nebst ... Zinsen ab dem ... aus ...

_____ € festgesetzte Kosten nebst ... Zinsen ab dem ...

_____ € bisherige Vollstreckungskosten

_____ € Summe

Wegen und in Höhe dieser Ansprüche und wegen der Kosten für diesen Beschluss werden gepfändet die Ansprüche des Schuldners gegen
– Drittschuldner –

- auf Rückübertragung der im Grundbuch von ... Blatt ... in Abt. III unter lfd. Nr. ... eingetragenen Grundschuld durch Rückabtretung, Verzicht oder Aufhebung sowohl hinsichtlich des gesamten Grundschuldbetrages über ... € als auch bezüglich Teilbeträge

- auf die zukünftige Eigentümergrundschuld
- auf Auszahlung des Mehrerlöses, der in einer eventuellen Zwangsversteigerung auf die Grundschuld entfällt und von dem Gläubiger nicht in Anspruch genommen wird
- auf Berichtigung des Grundbuches durch Umschreibung des Rechtes in eine Eigentümergrundschuld und auf Herausgabe der für die Grundbuchberichtigung benötigten Urkunden
- auf Herausgabe des Grundschuldbriefes
- bei teilweiser Valutierung der Grundschuld: auf den Miteigentumsanteil an dem über die vorbezeichnete Grundschuld erstellten Brief, auf Aufhebung der Gemeinschaft an dem Brief und auf Erstellung und Herausgabe eines Teilgrundschuldbriefes entweder durch das Grundbuchamt oder den Notar
- bei abgetretenen Rückgewährsansprüchen: auf Rückabtretung der abgetretenen Rückgewährsansprüche gegenüber

– Drittschuldner –

Die Pfändung erfolgt auch wegen der Kosten der Briefwegnahme und der Eintragungskosten im Grundbuch:
Der Drittschuldner darf, soweit die Ansprüche gepfändet sind, nicht mehr an den Schuldner zahlen/leisten. Der Schuldner hat sich insoweit jeder Verfügung über die gepfändeten Ansprüche zu enthalten, insbesondere darf er sie nicht mehr einziehen. Die gepfändeten Ansprüche werden dem Gläubiger zur Einziehung – an Zahlungs statt – überwiesen.

Kosten
dieses Beschlusses und seiner Zustellung:
Wert: _____ €
1. Gerichtsgebühr (KV-GKG 2110) _____ €
2. 0,3 Anwaltsgebühr für diesen Antrag (RVG-VV 3309) _____ €
3. Auslagenpauschale (RVG-VV 7002) _____ €
4. … % USt (RVG-VV 7008) _____ €
5. Zustellungskosten _____ €
Summe: _____ €

…, den …
Das Amtsgericht

Rechtspfleger(in)

Ausgefertigt …

als Urkundsbeamter der Geschäftsstelle

Antrag (§ 857 ZPO) 15.23

Anwartschaftsrecht bei Eigentumsvorbehaltskauf, § 857 ZPO 15.23

An das
Amtsgericht
– Vollstreckungsgericht –
in …

Ich **beantrage** den nachstehenden Beschluss zu erlassen.
Ich – besorge die Zustellung selbst – bitte die Zustellung durch Vermittlung der Geschäftsstelle zu veranlassen, und zwar an den Drittschuldner mit der Aufforderung zur Erklärung gemäß § 840 ZPO.
Schuldtitel und … Unterlagen über die bisherigen Vollstreckungskosten sind beigefügt.
Der Gläubiger hat – keine – Prozesskostenhilfe.

……………………………, den …
(Rechtsanwalt)

Pfändungs- und Überweisungsbeschluss

In der Zwangsvollstreckungssache

– Gläubiger –

Prozessbevollmächtigte(r):
gegen

– Schuldner –

Prozessbevollmächtigte(r):
Nach der vollstreckbaren Ausfertigung des … (Titel) des AG/LG/OLG … vom … AZ: … und dem Kostenfestsetzungsbeschluss vom … AZ: … stehen dem/den Gläubiger(n) gegen den Schuldner nachfolgende Ansprüche zu:

_____ € Hauptforderung nebst … Zinsen ab dem … aus …

_____ € festgesetzte Kosten nebst … Zinsen ab dem …

_____ € bisherige Vollstreckungskosten

_____ € Summe

Wegen und bis zur Höhe dieser Ansprüche und wegen der Kosten für diesen Beschluss wird das angebliche Anwartschaftsrecht des Schuldners auf den Erwerb des Eigentums der vom

– Drittschuldner –

unter Eigentumsvorbehalt verkauften … und der Herausgabeanspruch des Schuldners gegen den Drittschuldner gepfändet.
Der Drittschuldner darf, soweit die Ansprüche gepfändet sind, nicht mehr an den Schuldner leisten.
Der Schuldner hat sich insoweit jeder Verfügung über die gepfändeten Ansprüche zu enthalten, insbesondere darf er sie nicht mehr einziehen.
Die gepfändeten Ansprüche werden dem Gläubiger zur Einziehung überwiesen.

Kosten
dieses Beschlusses und seiner Zustellung:
Wert: _____ €
1. Gerichtsgebühr (KV-GKG 2110) _____ €
2. 0,3 Anwaltsgebühr für diesen Antrag (RVG-VV 3309) _____ €
3. Auslagenpauschale (RVG-VV 7002) _____ €
4. … % USt (RVG-VV 7008) _____ €
5. Zustellungskosten _____ €
                                    Summe: _____ €

…, den …
Das Amtsgericht

Rechtspfleger(in)

Ausgefertigt …

als Urkundsbeamter der Geschäftsstelle

Antrag (§§ 846, 848 ZPO) 15.24

Eigentumsverschaffungsanspruch aus Grundstückskaufvertrag, §§ 846, 848 ZPO 15.24

An das
Amtsgericht
– Vollstreckungsgericht –
in ...

Ich **beantrage** den nachstehenden Beschluss zu erlassen.
Ich – besorge die Zustellung selbst – bitte die Zustellung durch Vermittlung der Geschäftsstelle zu veranlassen, und zwar an den Drittschuldner mit der Aufforderung zur Erklärung gemäß § 840 ZPO.
Schuldtitel und ... Unterlagen über die bisherigen Vollstreckungskosten sind beigefügt.
Der Gläubiger hat – keine – Prozesskostenhilfe.

.............................., den ...
(Rechtsanwalt)

Pfändungs- und Überweisungsbeschluss

In der Zwangsvollstreckungssache

– Gläubiger –

Prozessbevollmächtigte(r):
gegen

– Schuldner –

Prozessbevollmächtigte(r):
Nach der vollstreckbaren Ausfertigung des ... (Titel) des AG/LG/OLG ... vom ... AZ: ... und dem Kostenfestsetzungsbeschluss vom ... AZ: ... stehen dem/den Gläubiger(n) gegen den Schuldner nachfolgende Ansprüche zu:

_____ € Hauptforderung nebst ... Zinsen ab dem ... aus ...

_____ € festgesetzte Kosten nebst ... Zinsen ab dem ...

_____ € bisherige Vollstreckungskosten

_____ € Summe

Wegen und bis zur Höhe dieser Ansprüche und wegen der Kosten für diesen Beschluss wird der angebliche Anspruch des Schuldners gegen

– Drittschuldner –

auf Auflassung und Eigentumsumschreibung aus dem Kaufvertrag vom ... abgeschlossen vor Notar ... Urkunden-Nr. ... bezüglich des Grundstückes ... eingetragen im Grundbuch von ... Blatt-Nr. ... gepfändet.

Zum **Sequester** ist Herr/Frau ... zu bestellen. Gleichzeitig wird angeordnet, dass das Grundstück an den Sequester herauszugeben und an ihn aufzulassen ist.

Der Drittschuldner darf, soweit die Ansprüche gepfändet sind, nicht mehr an den Schuldner leisten.

Der Schuldner hat sich insoweit jeder Verfügung über die gepfändeten Ansprüche zu enthalten, insbesondere darf er sie nicht mehr einziehen. Die gepfändeten Ansprüche werden dem Gläubiger zur Einziehung überwiesen.

Kosten
dieses Beschlusses und seiner Zustellung:
Wert: _____ €
1. Gerichtsgebühr (KV-GKG 2110) _____ €
2. 0,3 Anwaltsgebühr für diesen Antrag (RVG-VV 3309) _____ €
3. Auslagenpauschale (RVG-VV 7002) _____ €
4. ... % USt (RVG-VV 7008) _____ €
5. Zustellungskosten _____ €
     Summe: _____ €

..., den ...
Das Amtsgericht

Rechtspfleger(in)

Ausgefertigt ...

als Urkundsbeamter der Geschäftsstelle

Klage, § 826 BGB 15.25

An das
Amtsgericht/Landgericht
in ...

Klage
des ...

— Klägers —

Prozessbevollmächtigter:
gegen

— Beklagten —

Prozessbevollmächtigter:

Ich bestelle mich zum Prozessbevollmächtigten des Klägers und werde **beantragen,** den Beklagten zu verurteilen
- die Zwangsvollstreckung aus dem Urteil/Vollstreckungsbescheid des AG/LG ... vom ... – AZ: ... – zu unterlassen/
hinsichtlich eines über ... € hinausgehenden Betrages zu unterlassen/
hinsichtlich der Verzugszinsen zu unterlassen, soweit diese höher als 5 Prozentpunkte über dem Basiszins liegen,
- den vorgenannten Titel an den Kläger herauszugeben,
- an den Kläger ... € nebst Zinsen in Höhe von 5 Prozentpunkten über dem Basiszinssatz seit dem ... zu zahlen.

oder:

festzustellen, dass die Beklagte verpflichtet ist, den Betrag an den Kläger zurückzuzahlen, der sich aus den Zahlungen des Klägers abzüglich des Darlehensnettokapitals und der halben Restschuldversicherungsprämie sowie des Anspruchs der Bank auf Ersatz ihres insoweit entstandenen Verzögerungsschadens, der nicht mehr als 5 Prozentpunkte über dem Basiszinssatz betragen darf, ergibt.

Begründung:

(Unterschrift)

15.26 Antrag auf Vollstreckungsschutz, § 765a ZPO mit einstweiliger Anordnung, §§ 765a Abs. 1 S. 2, 732 Abs. 2 ZPO

An das
Amtsgericht (Vollstreckungsgericht)
Landgericht (Arrestgericht)

In Sachen
des ... (genaue Anschrift)
– Gläubigers –

– Verfahrensbevollmächtigter: Rechtsanwalt ... in ... –
gegen
– Schuldner –

– Verfahrensbevollmächtigter: Rechtsanwalt ... in ... –

beantrage ich namens und in Vollmacht des Schuldners,

- die Zwangsvollstreckung aus dem ... (Angabe des Titels) bis zum ... / auf Dauer zu untersagen,
- die Zwangsvollstreckung aus dem ... (Angabe des Titels) in ... (Angabe des Gegenstandes) zu untersagen,
- die am ... durch den Gerichtsvollzieher ... (DR.-Nr. ...) im Auftrag des Gläubigers durchgeführte Pfändung des ... (Angabe des Gegenstandes) aufzuheben,
- die Verwertung des am ... durch den Gerichtsvollzieher ... (DR.-Nr. ...) im Auftrag des Gläubigers gepfändeten ... (Angabe des Gegenstandes) bis zum ... zu untersagen.

Ferner **beantrage** ich,

- die Zwangsvollstreckung aus dem ... (Angabe des Vollstreckungstitels) in ... (Angabe des gepfändeten Gegenstandes) einstweilen – ggfs. gegen Sicherheitsleistung – einzustellen.
- anzuordnen, dass die Zwangsvollstreckung aus dem ... (Angabe des Vollstreckungstitels) in ... (Angabe des gepfändeten Gegenstandes) nur gegen Leistung einer Sicherheit des Gläubigers in Höhe von ... € fortgesetzt werden darf.
- die Vollstreckungsmaßregel, nämlich die ... vor ab gegen Sicherheitsleistung des Schuldners aufzuheben.

Begründung:

(Unterschrift)

Sofortige Beschwerde gegen Entscheidungen des Rechtspflegers/Richters, § 11 Abs. 1 RPflG/§ 793 ZPO

An das
Amtsgericht (Vollstreckungsgericht)
Landgericht (Arrestgericht/Beschwerdegericht)

In Sachen
des ...

– Gläubigers –

– Verfahrensbevollmächtigter: Rechtsanwalt ... in ... –
gegen

– Schuldner –

– Verfahrensbevollmächtigter: Rechtsanwalt ... in ... –

lege ich namens und in Vollmacht des Schuldners gegen

- die Entscheidung des Rechtspflegers vom ... durch den der Antrag auf ... (z.B. Erlass eines Pfändungs- und Überweisungsbeschlusses) zurückgewiesen worden ist,
- gegen den nach Gewährung rechtlichen Gehörs ergangenen Pfändungs- und Überweisungsbeschluss vom ... (AZ: ...)

sofortige Beschwerde

ein und **beantrage**

die Zwangsvollstreckung aus dem vorgenannten Beschluss für unzulässig zu erklären und den Beschluss aufzuheben.

Ferner **beantrage** ich,

- die Zwangsvollstreckung aus dem ... (Angabe des Vollstreckungstitels) in ... (Bezeichnung der gepfändeten Forderung) einstweilen – ggfs. gegen Sicherheitsleistung – einzustellen.
- anzuordnen, dass die Zwangsvollstreckung aus dem ... (Angabe des Vollstreckungstitels) nur gegen Leistung einer Sicherheit des Gläubigers in Höhe von ... € fortgesetzt werden darf.
- die Vollstreckungsmaßregel, nämlich die ...vorab gegen Sicherheitsleistung des Klägers aufzuheben.

Begründung:

(Unterschrift)

15.28 Vollstreckungserinnerung gegen Zwangsvollstreckungsmaßnahmen, § 766 Abs. 1 ZPO mit einstweiliger Anordnung, §§ 766 Abs. 1 Satz 2, 732 Abs. 2 ZPO

An das
Amtsgericht (Vollstreckungsgericht)
Landgericht (Arrestgericht)
in ...

In Sachen
des ...

– Gläubigers –

Verfahrensbevollmächtigter:
gegen

– Schuldner –

Verfahrensbevollmächtigter:

lege ich namens und in Vollmacht des Schuldners/des ... (Angabe von Namen und Anschrift des Dritten) als Erinnerungsführer

- gegen die am ... durch den Gerichtsvollzieher ... (DR-Nr. ...) im Auftrag des ... (Angabe des Gläubigers) in ... (Angabe des Vollstreckungsgegenstandes) durchgeführte Zwangsvollstreckung
- gegen den am ... erlassenen Pfändungs- und Überweisungsbeschluss (AZ: ...)

Erinnerung

ein und **beantrage,**

- die Zwangsvollstreckung insoweit für unzulässig zu erklären.
- die Zwangsvollstreckung aus dem Pfändungs- und Überweisungbeschluss für unzulässig zu erklären und den Beschluss aufzuheben.

Ferner **beantrage** ich,

- die Zwangsvollstreckung aus dem ... (Angabe des Vollstreckungstitels) in ... (Angabe des gepfändeten Gegenstandes) einstweilen – ggfs. gegen Sicherheitsleistung – einzustellen.
- anzuordnen, dass die Zwangsvollstreckung aus dem ... (Angabe des Vollstreckungstitels) in ... (Angabe des gepfändeten Gegenstandes) nur gegen Leistung einer Sicherheit des Gläubigers in Höhe von ... fortgesetzt werden darf.

Erinnerung (§ 766 ZPO) 15.28

- die Vollstreckungsmaßregel, nämlich die ... vorab gegen Sicherheitsleistung des Schuldners aufzuheben.

Begründung:

(Unterschrift)

15.29 Vollstreckungsabwehrklage, § 767 ZPO mit einstweiliger Anordnung, § 769 Abs. 1 ZPO

An das
Amtsgericht/Landgericht
in ...

Klage
des ...

– Klägers –

Prozessbevollmächtigter:
gegen

– Beklagten –

Prozessbevollmächtigter:

Ich bestelle mich zum Prozessbevollmächtigten des Klägers und werde **beantragen,** die Zwangsvollstreckung aus dem ... (genaue Angabe des Titels)

- für unzulässig zu erklären
- hinsichtlich eines ... € übersteigenden Betrages für unzulässig zu erklären,
- wegen höherer Zinsen als 5 Prozentpunkte über Basiszins für unzulässig zu erklären,
- bis zum ... (Datum/Ereignis) für unzulässig zu erklären,
- insoweit für unzulässig zu erklären, als der seinerzeitige Kläger ... (Name) die Zwangsvollstreckung aus dem vorgenannten Titel gegen den seinerzeitigen Beklagten und jetzigen Kläger betreibt,
- hinsichtlich des seinerzeitigen Beklagten und jetzigen Klägers für unzulässig zu erklären,
- nur Zug um Zug gegen ... (genaue Angabe der Gegenforderung) für zulässig zu erklären.

Ferner beantrage ich,

- die Zwangsvollstreckung aus dem ... (Angabe des Vollstreckungstitels) einstweilen – ggfs. gegen Sicherheitsleistung – einzustellen.
- anzuordnen, dass die Zwangsvollstreckung aus dem vorgenannten Vollstreckungstitel nur gegen Leistung einer Sicherheit des Gläubigers in Höhe von ... fortgesetzt werden darf.
- die Zwangsvollstreckung gegen Sicherheitsleistung des Schuldners aufzuheben.

Begründung:

(Unterschrift)

Klagen (§ 767/§ 771 ZPO) 15.30

Drittwiderspruchsklage, § 771 ZPO
mit einstweiliger Anordnung, §§ 771 Abs. 3, 769 Abs. 1 ZPO

15.30

An das
Amtsgericht/Landgericht
in …

Klage
des …

– Klägers –

Prozessbevollmächtigter:
gegen

– Beklagten –

Prozessbevollmächtigter:

Ich bestelle mich zum Prozessbevollmächtigten des Klägers und werde **beantragen,**

- die vom Beklagten betriebene Zwangsvollstreckung aus dem … (genaue Angabe des Titels) in den/die/das vom Gerichtsvollzieher … am … (DR.-Nr. …) gepfändete(n) … (genaue Angabe des Gegenstandes) für unzulässig zu erklären.
- die auf Antrag des Beklagten durch Pfändungs- und Überweisungsbeschluss des AG … (genaue Angabe des Gerichts mit AZ) durchgeführte Zwangsvollstreckung in die angebliche … (genaue Angabe der gepfändeten Forderung) für unzulässig zu erklären.

Ferner **beantrage** ich,

- die Zwangsvollstreckung aus dem vorgenannten Vollstreckungstitel in … (genaue Angabe des Gegenstandes) – ggfs. gegen Sicherheitsleistung – einstweilen einzustellen.
- die Vollstreckungsmaßregel, nämlich die … vorab – ggfs. gegen Sicherheitsleistung des Klägers – aufzuheben.

Begründung:

(Unterschrift)

15.31 Drittwiderspruchsklage/Veräußerungsverbot, § 772 ZPO mit einstweiliger Anordnung, § 769 Abs. 1 ZPO

An das
Amtsgericht/Landgericht
in ...

Klage
des ...

– Klägers –

Prozessbevollmächtigter:
gegen

– Beklagten –

Prozessbevollmächtigter:

Ich bestelle mich zum Prozessbevollmächtigten des Klägers und werde **beantragen**,

- die Veräußerung des am ... (DR.-Nr. ...) durch den Gerichtsvollzieher ... gepfändete(n) ... (genaue Angabe des Gegenstandes) im Wege der vom Beklagten aus dem ... (genaue Angabe des Titels) betriebenen Zwangsvollstreckung für unzulässig zu erklären.
- die durch Beschluss des AG ... (genaue Angabe des Gerichts mit AZ) vom ... erfolgte Überweisung der angeblichen ... (genaue Angabe der gepfändeten Forderung) im Wege der Zwangsvollstreckung aus dem ... (genaue Angabe des Titels) für unzulässig zu erklären.

Ferner wird **beantragt**,

- die Zwangsvollstreckung aus dem vorgenannten Vollstreckungstitel in ... (genaue Angabe des Gegenstandes) – ggfs. gegen Sicherheitsleistung – einstweilen einzustellen.
- die Vollstreckungsmaßregel, nämlich die ... vorab – ggfs. gegen Sicherheitsleistung des Klägers – aufzuheben.

Begründung:

(Unterschrift)

Klagen (§ 772/§ 805 ZPO) 15.32

Vorzugsklage, § 805 ZPO 15.32
mit einstweiliger Anordnung, §§ 805 Abs. 4, 769 Abs. 1 ZPO

An das
Amtsgericht/Landgericht
in ...

Klage
des ...

– Klägers –

Prozessbevollmächtigter:
gegen

– Beklagten –

Prozessbevollmächtigter:

Ich bestelle mich zum Prozessbevollmächtigten des Klägers und werde **beantragen,**

- den Kläger aus dem Reinerlös des am ... durch den Gerichtsvollzieher ... (DR.-Nr. ...) im Auftrag des Beklagten gepfändeten ... (genaue Angabe des Gegenstandes) bis zum Betrag von ... € (Hauptsache, ggfs. Zinsen bis zum Tag der Auszahlung, Kosten) vor dem Beklagten zu befriedigen.
- den Kläger aus dem Reinerlös des am ... durch den Gerichtsvollzieher ... (DR.-Nr. ...) im Auftrag des Beklagten gepfändeten ... (genaue Angabe des Gegenstandes) bis zum Betrag von ... € (Hauptsache, ggfs. Zinsen bis zum Tag der Auszahlung, Kosten) vor dem Beklagten zu befriedigen und den Gesamtbetrag bis zum ... (genaue Angabe der Bedingung) zugunsten des Klägers zu hinterlegen.

Ferner wird **beantragt,**

- den Reinerlös aus der Pfandverwertung des am ... im Auftrag des Gläubigers durch den Gerichtsvollzieher ... (DR.-Nr. ...) gepfändeten ... (genaue Angabe des gepfändeten Gegenstandes) bis zu einem Betrag von ... € zugunsten der Parteien einstweilen zu hinterlegen.

Begründung:

(Unterschrift)

15.33 Antrag auf Ersatzvornahme, § 887 ZPO

An das
Amtsgericht/Landgericht
in ...

In Sachen
des ...

– Gläubigers –

Verfahrensbevollmächtigter:
gegen

– Schuldner –

Verfahrensbevollmächtigter:

wird namens und in Vollmacht des Gläubigers der anliegende Vollstreckungstitel ... (Angabe des Titels) überreicht und **beantragt,**

1. den Gläubiger zu ermächtigen, die dem Schuldner aufgrund des vorstehenden Titels obliegende vertretbare Handlung, nämlich ... (Bezeichnung der Handlung) auf Kosten des Schuldners vornehmen zu lassen,
2. dem Schuldner aufzugeben, die Durchführung der vorstehenden Maßnahmen/... (Angabe einzelner Pflichten) zu dulden,
3. den Schuldner zu verurteilen, für die durch die Vornahme der gem. Ziff. 1 des Antrags vorzunehmenden Handlung entstehenden Kosten einen Vorschuss in Höhe von ... € an den Gläubiger zu zahlen.

Begründung:

(Unterschrift)

Anlagen:
Vollstreckbare Ausfertigung des vorgenannten Titels mit Zustellungsurkunde, ggfs. Nachweis der Erfüllung besonderer ZV-Voraussetzungen (z.B. Sicherheitsleistung).

Antrag auf Festsetzung eines Zwangsgeldes, § 888 ZPO

An das
Amtsgericht/Landgericht
in ...

In Sachen
des ...

— Gläubigers —

Verfahrensbevollmächtigter:
gegen

— Schuldner —

Verfahrensbevollmächtigter:

wird namens und in Vollmacht des Gläubigers der anliegende Vollstreckungstitel ... (Bezeichnung des Titels) – überreicht und **beantragt,**

- zur Erzwingung der dem Schuldner aufgrund des vorstehenden Titels obliegenden unvertretbaren Handlung, nämlich ... (Bezeichnung der Handlung) gegen den Schuldner ein Zwangsgeld bis zu 25.000,– €, und für den Fall, dass dieses nicht beigetrieben werden kann, ersatzweise für je ... € einen Tag Zwangshaft, maximal jedoch Zwangshaft bis zu sechs Monaten festzusetzen.
- Zwangshaft bis zu sechs Monaten festzusetzen.

Begründng:

(Unterschrift)

Anlagen:
Vollstreckbare Ausfertigung des vorgenannten Titels mit Zustellungsurkunde; ggfs. Nachweis der Erfüllung besonderer ZV-Voraussetzungen (z.B. Sicherheitsleistung).

15.35 Antrag auf Androhung von Ordnungsmitteln, § 890 ZPO

An das
Amtsgericht/Landgericht
in …

In Sachen
des …

– Gläubigers –

Verfahrensbevollmächtigter:
gegen

– Schuldner –

Verfahrensbevollmächtigter:

wird namens und in Vollmacht des Gläubigers der anliegende Vollstreckungstitel … (Bezeichnung des Titels) – überreicht und **beantragt**,

- dem Schuldner für jeden Fall der Zuwiderhandlung gegen die im vorstehenden Titel angeführte Unterlassungsverpflichtung, nämlich … (Bezeichnung der Verpflichtung) die Verhängung von Ordnungsgeld bis zu 250.000,– € – für den Fall, dass dieses nicht beigetrieben werden kann, Ordnungshaft bis zu 6 Monaten –

oder

- Ordnungshaft bis zu 6 Monaten, insgesamt jedoch nicht mehr als 2 Jahre,

anzudrohen.

Begründung:

(Unterschrift)

Anlagen:
Vollstreckbare Ausfertigung des vorgenannten Titels mit Zustellungsurkunde.

Antrag auf Festsetzung eines Ordnungsmittels, § 890 ZPO 15.36

An das
Amtsgericht/Landgericht
in ...

In Sachen
des ...

– Gläubigers –

Verfahrensbevollmächtigter:
gegen

– Schuldner –

Verfahrensbevollmächtigter:

wird namens und in Vollmacht des Gläubigers der anliegende Vollstreckungstitel ... (Angabe des Titels) überreicht und **beantragt,**

- gegen den Schuldner wegen Zuwiderhandlung gegen die im vorstehenden Titel angeführte Unterlassungsverpflichtung, nämlich ... (Bezeichnung der Verpflichtung) ein Ordnungsgeld bis zu 250.000,– €, und für den Fall, dass dieses nicht beigetrieben werden kann, für je ... € einen Tag Ordnungshaft, insgesamt jedoch nicht mehr als 6 Monate,

oder

- Ordnungshaft bis zu 6 Monaten, insgesamt jedoch nicht mehr als 2 Jahre,

festzusetzen.

Begründung:

(Unterschrift)

Anlagen:
Vollstreckbare Ausfertigung des vorgenannten Titels mit Zustellungsurkunde).

15.37 Muster

15.37 Zwangssicherungshypothek

Eintragungsantrag im Grundbuch

Rechtsanwälte . . .

An das
Amtsgericht
– Grundbuch –
in . . .

In der Zwangsvollstreckungssache des
A . . .
– Gläubiger –

vertreten durch den Prozessbevollmächtigten: . . .

gegen

B . . .
– Schuldner –

vertreten durch den Prozessbevollmächtigten: . . .

wird namens des Gläubigers beantragt, aufgrund der beigefügten Ausfertigung des . . . (Titel) des Amtsgerichts/Landgerichts in . . . (Ort) vom . . . (Datum) wegen nachstehend berechneter Forderungen auf dem angegebenen Grundbesitz des Schuldners zugunsten des Gläubigers eine Sicherungshypothek in nachfolgender Höhe einzutragen:

```
20.000,00 €   Hauptforderung nebst 4 % Zinsen seit dem ...
 2.000,00 €   festgesetzte Kosten nebst 5 %-Punkte über Baiszins seit dem ...
   300,00 €   bisherige Kosten der Zwangsvollstreckung
     8,00 €   Auslagen für den Grundbuchauszug
```

Es wird beantragt die Forderung auf die im Bestandsverzeichnis des Grundbuchs verbuchten Grundstücke wie folgt zu verteilen:

– Bestandsverzeichnis lfd. Nr. 1: Flur 40 Flurstück 500: die Hauptforderung über 20.000,00 € nebst Zinsen

– Bestandsverzeichnis lfd. Nr. 3: Flur 40 Flurstück 510: die festgesetzten Kosten nebst bisherigen Vollstreckungskosten und Auslagen über insgesamt 2.308,00 € nebst Zinsen.

Bei mehreren Gläubigern: . . . ((Angabe des Gemeinschaftsverhältnisses))

Ich bitte die Eintragung der Gläubiger als Gesamtberechtigte gemäß 428 BGB vorzunehmen.

Anlage: Vollstreckungstitel
Nachweis der Vollstreckungskosten
Beleg für die Auslagen

(Unterschrift)

Zwangsversteigerung

Antrag auf Anordnung des Verfahrens

Rechtsanwalt A   Bonn, den ...

An das
Amtsgericht B
– Vollstreckungsgericht –

**Antrag
auf Anordnung der Zwangsversteigerung**

In der Zwangsvollstreckungssache

   ((Parteienbezeichnung))

beantrage ich namens und in Vollmacht des Gläubigers die Zwangsversteigerung des auf den Namen des Schuldners im Grundbuch von . . . Blatt-Nr. . . . eingetragenen Grundstücks:
- Bestandsverzeichnis lfd. Nr. 1: Flur 1, Flurstück 100 groß 300 qm
- Bestandsverzeichnis lfd. Nr. 2: Flur 5, Flurstück 300 groß 420 qm

anzuordnen.

Auf das beim dortigen Amtsgericht geführte Grundbuch nehme ich Bezug. Ein Grundbuchzeugnis ist beigefügt, § 17 Abs. 2 ZVG.

Die Zwangsversteigerung wird wegen nachfolgender persönlicher Forderungen gestellt:

    . . . . €   Hauptforderung nebst . . . . . % Zinsen seit dem . . . aus einem Betrag von . . .
    . . . . €   Kosten des Mahn- und Vollstreckungsbescheides nebst Zinsen seit dem . . .
    . . . . €   festgesetzte Kosten nebst 5 %-Punkte über Basiszins seit dem . . .
    . . . . €   bisherige Vollstreckungskosten

Der Vollstreckungstitel nebst Belegen über die Vollstreckungskosten ist anliegend beigefügt.

((Alternativ:
Für den Gläubiger ist im Grundbuch am Grundstück des Schuldners in Abt. III lfd. Nr. 5 eine Zwangssicherungshypothek über . . . € nebst . . . % Zinsen jährlich seit dem . . . eingetragen. Die Eintragung der Hypothek ist auf dem Titel vermerkt.))

Ich beantrage daher wegen nachstehender Ansprüche die Zwangsversteigerung aus dem dinglichen Anspruch im Range der im Grundbuch eingetragenen Zwangssicherungshypothek Abt. III lfd. Nr. 5:

    . . . . €   Hauptforderung nebst . . . % Zinsen seit dem . . . aus einem Betrag . . .
    . . . . €   dingliche Kosten der Zwangsvollstreckung (Eintragung der
                         Zwangssicherungshypothek, Rechtsanwaltskosten)

Der Titel nebst Zustellungsnachweis und die Belege über die Vollstreckungskosten sind anliegend beigefügt.

Anlage: (Unterschrift)

15.39 Muster

15.39 Zwangsversteigerung

Anordnungsbeschluss

Amtsgericht
Geschäfts-Nr.

23 K 111/06
(bitte bei allen Schreiben angeben)

Ort und Tag

Bonn, den ....
Anschrift und Fernruf

Beschluss

Auf Antrag des/~~der~~

| Anton Amtmann, Uferstraße 17, 53113 Bonn | Gläubiger |
| Prozessbevollmächtigte : Rechtsanwalt | |

Bernd Buchmann in Bonn

gegen

| Dieter Dohle, Kölnerstr. 11, 53113 Bonn | Schuldner |
| Prozessbevollmächtigte : Rechtsanwalt | |

wird wegen eines ☒ persönlichen   ☐ dinglichen   ☐ persönlichen   Anspruchs auf
                                                    und dinglichen

22.000,- €   Hauptforderung nebst 8 % Zinsen seit dem
              01.12.2003

1.000,- €   Kosten nebst 5 %-Punkte über Basiszins seit
              01.02.2004

300,- €   bisherige Vollstreckungskosten

Aufgrund des/~~der~~ vollstreckbaren

Urteils des LG Bonn vom 30.01.2004 und des KFB vom 5.2.2004

AZ: 14 O 500/03

☒ die Zwangsversteigerung   ☐ der Beitritt des/der Gläubiger   zu der _____
                              angeordneten Zwangsversteigerung

des/~~der~~ im   ☐ Wohnungsgrundbuch   ☐ Teileigentumsgrundbuch

           ☒ _____   Grundbuch
                                    Blatt
von

Zwangsversteigerung (Anordnung) 15.39

Bonn, Gemarkung Beuel   0500

auf den Namen des/~~der~~

Dieter Dohle, Kölnerstr. 11, 53113 Bonn

eingetragenen ☒ Grundstücks ☐ Anteils
 ☐ Wohnungseigentums ☐ Teileigentums
 ☐ Erbbaurechts ☐ Wohnungserbbaurechts ☐ Teilerbbaurechts

Bezeichnung gemäß Bestandsverzeichnis:

Flur 4, Flurstück 100, Gebäudefläche, Westufer 10, 300 qm

☒ angeordnet.   ☐ zugelassen.

Dieser Beschluss gilt zugunsten des/der Gläubiger .... als Beschlagnahme des Versteigerungsobjektes.

Meier, Rechtspfleger
_____
Rechtspfleger(in)

Zwangsversteigerung

Belehrung über die Möglichkeit der einstweiligen Einstellung gem. § 30a ZVG

Belehrung über die Möglichkeit der einstweiligen Einstellung gemäß § 30a ZVG

Der anliegende Beschluss betrifft das Verfahren über die Zwangsversteigerung des darin angegebenen Versteigerungsobjektes.

Sie haben die Möglichkeit, innerhalb einer nicht verlängerbaren Frist von zwei Wochen seit Zustellung dieses Schreibens bei dem im anliegenden Beschluss genannten Amtsgericht schriftlich oder zu Protokoll der Geschäftsstelle unter Angabe des Aktenzeichens die einstweilige Einstellung des Verfahrens für längstens 6 Monate zu beantragen. Wird der Einstellungsantrag schriftlich gestellt, so muss er spätestens am letzten Tage der Zweiwochenfrist bei Gericht eingehen; Absendung innerhalb der Frist genügt nicht. Ein Antrag, der nach Ablauf der Frist bei Gericht eingeht, muss grundsätzlich zurückgewiesen werden. Das Verfahren kann dann nicht mehr nach § 30a ZVG eingestellt werden.

Dem fristgerecht eingegangenen Einstellungsantrag kann nur entsprochen werden, wenn Aussicht besteht, dass durch die Einstellung die Versteigerung vermieden wird, und wenn die Einstellung nach Ihren persönlichen und wirtschaftlichen Verhältnissen sowie nach der Art der Schuld der Billigkeit entspricht (§ 30a Abs. 1 ZVG).

Die vorgenannten Voraussetzungen für die Einstellung sind im Einstellungsantrag, der zweifach einzureichen ist, eingehend darzulegen. Eine Aufstellung über Ihr Vermögen, Ihr Einkommen, Ihre Verbindlichkeiten und ein Vorschlag, wie die Schuld getilgt werden soll, sind beizufügen.

Die einstweilige Einstellung muss für jeden betreibenden Gläubiger gesondert beantragt werden. Sie muss deshalb nach Zulassung eines Beitritts für jeden Gläubiger neu beantragt werden.

Liegen die Voraussetzungen für eine einstweilige Einstellung nach § 30a ZVG nicht vor, so kann nur der betreibende Gläubiger eine Einstellung bewilligen.

Zwangsversteigerung 15.41

Beschlussalternativen im Rahmen des Einstellungsverfahrens

AZ: 23 K .... /06

Beschluss

Das Zwangsversteigerungsverfahren gegen

– Schuldner –

Dieter Dohle, Kölnerstr. 11, 53113 Bonn

wird aufgrund der Bewilligung vom ... gemäß § 30 ZVG einstweilen eingestellt.

alternativ
wird wegen Antragsrücknahme vom ... aufgehoben.

alternativ
wird gemäß § 31 Abs. 1 S. 2 ZVG aufgehoben (Zustellung der Hinweisverfügung erfolgte am ... gemäß § 31 Abs. 3 ZVG).

alternativ
wird aufgrund des Antrags des Insolvenzverwalters ... vom ... einstweilen eingestellt, § 30d Abs. 1 ZVG.

Gründe: ...
Die Einstellung erfolgt unter folgenden Auflagen, § 30e Abs. 1, 2 ZVG: ...

Von der Auflage der ... gem. § 30e Abs. 1, 2 ZVG wird gem. § 30e Abs. 3 ZVG abgesehen, weil ...

alternativ
wird aufgrund des Antrags des vorläufigen Insolvenzverwalters ... vom ... einstweilen eingestellt, § 30d Abs. 4 ZVG.

Gründe: ...
Die Einstellung erfolgt unter folgenden Auflagen, § 30e Abs. 1, 2 ZVG: ...

Von der Auflage der ... gem. § 30e Abs. 1, 2 ZVG wird gem. § 30e Abs. 3 ZVG abgesehen, weil ...

alternativ
wird aufgrund des Antrags des Schuldners vom ... einstweilen eingestellt, § 30d Abs. 2 ZVG.

15.41 Muster

Gründe: ...
Die Einstellung erfolgt unter folgenden Auflagen, § 30e Abs. 1, 2 ZVG: ...

Von der Auflage der ... gem. § 30e Abs. 1, 2 ZVG wird gem. § 30e Abs. 3 ZVG abgesehen, weil ...

alternativ
wird aufgrund Gläubigerantrages vom ... fortgesetzt

soweit es von dem Gläubiger ....
vertr. durch RA ....

betrieben wird.

Der Versteigerungstermin am ... ist damit – nicht – aufgehoben.

Das Verfahren ist aufzuheben, wenn die Fortsetzung nicht innerhalb sechs Monaten ab Zustellung dieses Beschlusses von dem Gläubiger ... beantragt wird.

Bonn, den ....

Das Amtsgericht

Rechtspfleger

Zwangsversteigerung (Mieterbelehrung) 15.42

Zwangsversteigerung 15.42

Mieterbelehrung

Amtsgericht
Geschäfts-Nr.   Ort und Tag

23 K 111/05   Bonn, den ....
(bitte bei allen Schreiben angeben)   Anschrift und Fernruf

Herrn
Anton Kaufmann
Westufer 10

53225 Bonn

Sehr geehrte r Herr Kaufmann,

die Zwangsversteigerung des Grundstücks

Beuel, Flur 4, Flurstück 100, Westufer 10, 300 qm

ist angeordnet. Der Versteigerungstermin ist anberaumt auf den

Tag, Monat, Jahr, Uhrzeit

28. Juli 2006 um 10.00 Uhr

vor dem Amtsgericht

Bonn ~~Stockwerk~~   Erdgeschoss –   Zimmer Nr. 47

Als Mieter werden Sie auf Folgendes hingewiesen, wobei die Hinweise für Pächter entsprechend gelten:

Der Ersteher des Grundstücks ist nach § 57a ZVG berechtigt, das Mietverhältnis unter Einhaltung der gesetzlichen Frist zu kündigen, wenn es nicht dem Mietschutz unterliegt. Der Ersteher kann nach § 57c ZVG von diesem Kündigungsrecht jedoch keinen Gebrauch machen,

1) wenn und solange die Miete zur Schaltung oder Instandsetzung des Mietraums ganz oder teilweise voraus entrichtet oder mit einem sonstigen zur Schaffung oder Instandsetzung des Mietraums geleisteten Beitrag zu verrechnen ist, und zwar ohne Rücksicht darauf, ob die Verfügung gegenüber dem Ersteher wirksam oder unwirksam ist,

2) wenn der Mieter oder ein anderer zugunsten des Mieters zur Schaffung oder Instandsetzung des Mietraums einen Beitrag im Betrag von mehr als einer Jahresmiete geleistet oder erstattet hat und eine Vorausentrichtung der Miete oder eine Verrechnung mit der Miete nicht vereinbart ist (verlorener Baukostenzuschuss – hiermit ist keine Kaution gemeint –), solange der Zuschuss nicht als durch die Dauer des Vertrages getilgt anzusehen ist. Hierbei ist ein Zuschussbetrag in Höhe einer Jahresmiete als durch die Mietdauer von 4 Jahren getilgt anzusehen; ist die Miete im Hinblick auf den Beitrag erheblich niedriger bemessen worden, als dies ohne den Betrag geschehen wäre, so tritt für die Berechnung an die Stelle der vereinbarten Jahresmiete die Jahresmiete, die ohne Berücksichtigung des Beitrags vereinbart worden wäre. In jedem Falle ist jedoch der Zuschuss nach Ablauf von 12 Jahren seit der Überlassung der Mieträume oder, sofern die vereinbarte Mietzeit kürzer ist, nach deren Ablauf als getilgt anzusehen.

Wenn Mietvorauszahlungen und verlorener Baukostenzuschuss nebeneinander geleistet worden sind, sind die nach Nr. 1) und 2) sich ergebenden Zeiträume zusammenzurechnen.

Sie werden aufgefordert, bis spätestens zum Beginn des Versteigerungstermins eine Erklärung darüber abzugeben, ob und welche Beiträge im Sinne der oben unter Nr. 1) und 2) genannten von Ihnen geleistet und welche Bedingungen hierüber vereinbart worden sind. Verwenden Sie dazu bitte den beigefügten Vordruck.

Falls Sie keine oder eine unvollständige oder eine unrichtige Erklärung abgeben und dies im Versteigerungstermin bekannt gegeben wird, so verlieren Sie den Ihnen nach § 57c ZVG zustehenden Kündigungsschutz. Diese Folge tritt allerdings nicht ein, wenn der Ersteher die Höhe der Beiträge gekannt hat oder er bei deren Kenntnis das gleiche Gebot abgegeben hätte.

Hochachtungsvoll

Rechtspfleger

Beglaubigt

Zwangsversteigerung (Terminsbestimmung) 15.43

Zwangsversteigerung 15.43

Terminsbestimmung

Amtsgericht
Geschäfts-Nr.

23 K 111/05
(bitte bei allen Schreiben angeben)

Ort und Tag

Bonn, den ....
Anschrift und Fernruf

Zwangsversteigerung

Im Wege der Zwangsvollstreckung soll(en) am
(Termin mit Tag, Datum und Uhrzeit)

Freitag, dem 28.07.2006 um 10.00 Uhr

im Gerichtsgebäude
(Ort, Straße, Haus-Nr., Stockwerk, Zimmer-Nr.)

Bonn, Wilhelmstr. 23, Erdgeschoss Saal 47

das (der/die) im

_____ Grundbuch

von   Blatt

Bonn, Gemarkung Beuel,   0500

eingetragene   ☒ Grundstück   ☐ Anteil
                ☐ Wohnungseigentum ☐ Teileigentum
                ☐ Erbbaurecht   ☐ Wohnungserbbaurecht   ☐ Teilerbbaurecht

Bezeichnung gemäß Bestandsverzeichnis:

Flur 4, Flurstück 100, Gebäudefläche, Westufer 10, 300 qm

versteigert werden.

Hintzen

15.43 Muster

Der Versteigerungsvermerk ist in das genannte Grundbuch am
19.02.2005 eingetragen worden.
Zu diesem Zeitpunkt war(~~en~~) als Eigentümer(~~in~~) eingetragen:

Dieter Dohle, Kölnerstr. 11, 53113 Bonn

☐ In dem genannten Grundbuch ist in Abteilung III unter anderem unter lfd. Nr. _____ eine

☐ Hypothek   ☐ Grundschuld   ☐ Rentenschuld über

_____ eingetragen (§ 28 Abs. 1 GBO).

Der Verkehrswert wurde gemäß § 74a Abs. 5 ZVG festgesetzt auf:

250.000,- €

☐ Im Termin am _____ ist der Zuschlag versagt worden, weil das abgegebene Meistgebot einschließlich des Kapitalwertes der nach den Versteigerungsbedingungen bestehen bleibenden Rechte

☐ die Hälfte
☐ $^{7}/_{10}$
des Grundstückswertes nicht erreicht hat.

Ist ein Recht in dem genannten Grundbuch nicht vermerkt oder wird ein Recht später als der Versteigerungsvermerk eingetragen, so muss die/der Berechtigte dieses Recht spätestens im Termin vor der Aufforderung zur Abgabe von Geboten anmelden. Sie/Er muss das Recht glaubhaft machen, wenn die Gläubigerin/der Gläubiger widerspricht. Das Recht wird sonst bei der Feststellung des geringsten Gebots nicht berücksichtigt und bei der Verteilung des Versteigerungserlöses dem Anspruch der Gläubigerin/des Gläubigers und den übrigen Rechten nachgesetzt.
Soweit die Anmeldung oder die erforderliche Glaubhaftmachung eines Rechts unterbleibt oder erst nach dem Verteilungstermin erfolgt, bleibt der Anspruch aus diesem Recht gänzlich unberücksichtigt.

Es ist zweckmäßig, schon zwei Wochen vor dem Termin eine genaue Berechnung des Anspruchs, getrennt nach Hauptbetrag, Zinsen und Kosten der Kündigung und der die Befriedigung aus dem Versteigerungsgegenstand bezweckenden Rechtsverfolgung, einzureichen und den beanspruchten Rang mitzuteilen. Die/Der Berechtigte kann die Erklärung auch zur Niederschrift der Geschäftsstelle abgeben.

Wer ein Recht hat, das der Versteigerung des Versteigerungsgegenstandes oder des nach § 55 ZVG mithaftenden Zubehörs entgegensteht, wird aufgefordert, die Aufhebung oder einstweilige Einstellung des Verfahrens zu bewirken, bevor das Gericht den Zuschlag erteilt. Geschieht dies nicht, tritt für das Recht der Versteigerungserlös an die Stelle des versteigerten Gegenstandes.

Zwangsversteigerung (Mitteilung an Verfahrensbeteiligte) **15.44**

Zwangsversteigerung 15.44

Mitteilung an Verfahrensbeteiligte

Amtsgericht
Geschäfts-Nr.

Ort und Tag

23 K 111/05
(bitte bei allen Schreiben angeben)

Bonn, den ....
Anschrift und Fernruf

Herrn

Anton Amtmann

Uferstr. 17

53111 Bonn

Betreff:

Mitteilung gemäß § 41 Absatz 2 ZVG (Zwangsversteigerungsgesetz)

Sehr geehrte(r) Herr Amtmann

In dem Verfahren zur ☒ Zwangsversteigerung ☐ Teilungsversteigerung des/~~der~~ im

von	Grundbuch	Blatt
Bonn, Gemarkung Beuel		0500

auf den Namen des/~~der~~

Dieter Dohle in Bonn

eingetragene   ☒ Grundstück   ☐ Anteil
               ☐ Wohnungseigentum   ☐ Teileigentum
               ☐ Erbbaurecht   ☐ Wohnungserbbaurecht   ☐ Teilerbbaurecht

Bezeichnung gemäß Bestandsverzeichnis:

Flur 4, Flurstück 100, Gebäudefläche, Westufer 10, 300 qm

ist

a) die für die Berechnung des geringsten Gebots maßgebende Frist des § 44 Abs. 2 ZVG abgelaufen am
   Tag, Monat, Jahr: 27.06.2005

b) die erste Beschlagnahme (§ 13 ZVG) erfolgte am
   Tag, Monat, Jahr: 18.02.2005

In dem Versteigerungstermin am
   Tag, Monat, Jahr: 28.07.2006

15.44 Muster

wird das Verfahren nach dem heutigen Stand betrieben von

1.
Anton Amtmann in Bonn, Uferstr. 17

Verfahrensbevollmächtigter
RA Bernd Buchmann in Bonn

wegen eines ☒ persönlichen ☐ dinglichen ☐ persönlichen und dinglichen Anspruchs auf

22.000,- € Hauptforderung nebst 8 % Zinsen seit 1.12.03
1.000,- € festgesetzte Kosten nebst 5 %-Punkte über Basiszins seit 01.02.2004

☐ eingetragen im Grundbuch

Abteilung	Nummer
Tag, Monat, Jahr	
18.02.2005	

Beschlagnahmedatum

2.
Eisen und Stahl GmbH in Köln, Am Ring 20

Verfahrensbevollmächtigter

Wegen eines ☐ persönlichen ☒ dinglichen ☐ persönlichen und dinglichen Anspruchs auf

50.000,- € nebst 15 % Zinsen seit 2.1.2003

☒ eingetragen im Grundbuch

Abteilung	Nummer
III	2
Tag, Monat, Jahr	
25.2.2005	

Beschlagnahmedatum

☐ Fortsetzung siehe Anlage Nr. _____

Hochachtungsvoll   Beglaubigt

_____   _____
Rechtspfleger   (Name, Amtsbezeichnung)

Zwangsversteigerung (Protokoll über Versteigerungstermin) 15.45

Zwangsversteigerung 15.45

Protokoll über Versteigerungstermin

Öffentliche des Amtsgerichts Sitzung
Geschäfts-Nr.

23 K 111/05

Gegenwärtig:

Ort und Tag
Bonn, den 28.07.06
Rechtspfleger
Meier
Urkundenbeamter der Geschäftsstelle
Schmitz

In dem Verfahren zur des/der im ☒ die Zwangsversteigerung ☐ Teilungsversteigerung

_____ Grundbuch

von   Blatt
Bonn, Gemarkung Beuel   0500

auf den Namen des/~~der~~

Dieter Dohle in Bonn

eingetragene ☒ Grundstück   ☐ Anteil
             ☐ Wohnungseigentum   ☐ Teileigentum
             ☐ Erbbaurecht   ☐ Wohnungserbbaurecht   ☐ Teilerbbaurecht

Bezeichnung gemäß Bestandsverzeichnis:

Flur 4, Flurstück 100, Hof- und Gebäudefläche, Westufer 10, 300 qm

erschien(en) zum heutigen Versteigerungstermin nach Aufruf der Sache folgende Beteiligte:

RA Bernd Buchmann in Bonn für den Gläubiger Anton Amtmann

Ernst Eisenach, Geschäftsführer der Gläubigerin Abt. III/2
                               (begl. HR-Auszug liegt vor)
Dieter Dohle

15.45 Muster

Den Erschienenen wurden die das Versteigerungsobjekt betreffenden Nachweisungen bekannt gemacht. Dabei wurde der wesentliche Inhalt des Handblatts aus den Grundakten mit dem Hinweis verlesen, dass Gelegenheit bestehe, die vorliegenden Urkunden einzusehen, auf denen die Grundbucheintragungen beruhen.

Weiter wurde mitgeteilt,

a) dass die Zwangsversteigerung betrieben wird

- ☒ Auf Antrag und wegen der Ansprüche der Gläubiger, die sich aus lfd. Nr. 1 und 2 der Nachricht gemäß § 41 Abs. 2 ZVG ergeben, von der eine Kopie als Anlage zum Protokoll genommen wird.
- ☐ Der/Die Gläubiger lfd. Nr. . . . hat/haben inzwischen die Einstellung bewilligt bzw. den Versteigerungsantrag zurückgenommen.
- ☐ Auf die später als vier Wochen vor dem Termin zugestellten Beitritts- bzw. Fortsetzungsbeschlüsse Bl. . . . der Akten und die Bedeutung der Verspätung wurde hingewiesen.

☐ Auf Antrag des/der ....

wegen eines gesetzlichen Auseinandersetzungsanspruchs.

b) dass die erste Beschlagnahme des Versteigerungsobjekts am __18.02.2005__ wirksam geworden ist durch
- ☐ Zustellung des Anordnungsbeschlusses an
  - ☐ Schuldner   ☐ Antragsgegner   ☐ Insolvenzverwalter
- ☒ Eingang des Eintragungsersuchens beim Grundbuchamt.
- ☐ Eintritt der Beschlagnahme im vorher angeordneten Zwangsverwaltungsverfahren.

☒ Gemäß § 57d Abs. 2 ZVG wurde bekanntgemacht, dass Anmeldungen von Mietern oder Pächtern im Sinne des § 57c ZVG nicht erfolgt sind.

Zum heutigen Termin liegen folgende Anmeldungen vor:

Beteiligter	Blatt	Beteiligter	Blatt
Stadt Bonn	86		
Anton Amtmann	88		
Eisen und Stahl GmbH	93		

Diese Anmeldungen wurden bekannt gemacht.

Im Termin wurden weiter angemeldet und bekannt gemacht (Beteiligter und Anspruch):

Eisen und Stahl GmbH: 100,- € pauschal für Terminswahrnehmungskosten

Zwangsversteigerung (Protokoll über Versteigerungstermin) 15.45

Für den Fall der Versteigerung mehrerer Grundstücke, mehrerer Miteigentumsanteile an einem Grundstück oder mehrerer Erbbaurechtsanteile (§ 63 ZVG):

Der/Die _____

beantragte,

☐ alle Grundstücke ☐ alle Miteigentumsanteile ☐ alle Erbbaurechtsanteile
☐ folgende Grundstücke ☐ folgende Miteigentumsanteile ☐ folgende Erbbaurechtsanteile
☐ neben den Einzelausgeboten auch gemeinsam auszubieten.
☐ unter Verzicht auf Einzelausgebote nur gemeinsam auszubieten.

☐ Die anwesenden Beteiligten, deren Rechte bei der Feststellung des geringsten Gebots nicht zu berücksichtigen sind, stimmten dem Verzicht auf Einzelausgebote zu.
☐ Es wurde folgender Beschluss verkündet:
In der folgenden Versteigerung werden nur Gebote gemäß dem vorgenannten Ausbietungsantrag zugelassen.

☐ Anträge auf Zulassung von Versteigerungsbedingungen, die von den gesetzlichen Vorschriften abweichen, wurden nicht gestellt. ~~von~~

Der Einheitswert des Versteigerungsobjekts wurde wie folgt bekannt gegeben:

Versteigerungsobjekt	Einheitswert
wie angegeben	€ 37.000,-

15.45   Muster

Der Verkehrswert, festgesetzt durch – rechtskräftigen – Beschluss
vom 15.5.2005
wurde wie folgt bekannt gegeben:

Versteigerungsobjekt	Verkehrswert €	7/10-Grenze €	5/10-Grenze €
	250.000,-	175.000,-	125.000,-

☐ In einem früheren Termin ist der Zuschlag aus den Gründen des § 74a Abs. 1/ § 85a Abs. 1 ZVG versagt worden.

Nach Anhörung der anwesenden Beteiligten wurden das geringste Gebot und die Versteigerungsbedingungen wie folgt festgestellt:

Geringstes Gebot

Das geringste Gebot umfasst die bestehen bleibenden Rechte (Abschnitt A) und den bar zu zahlenden Teil (Abschnitt B). Es ergibt sich aus der ☒ nachstehenden ☐ anliegenden Aufstellung:

A. Abt. II/1 beschränkte pers. Dienstbarkeit für die Energie Gas AG

      Abt. III/1 100.000,- € Grundschuld mit 18 % Zinsen für A-Bank

B. Verfahrenskosten - aufgerundet   5.000,- €

     Stadt Bonn - Grundsteuern   450,- €

     Recht III/1
     Zinsen von Amts wegen
     1.10.05 bis 11.8.06 (§ 47 ZVG)   15.550,- €

A. Gesamtbetrag der als Teil des geringsten
Gebots bestehen bleibenden Rechte   100.100,- €

      ☒ Nach Anhörung der Beteiligten wurde beschlossen und verkündet:
Der Betrag, um den sich der Wert des Versteigerungsobjektes erhöht, falls das/~~die~~ Recht(e) Abteilung II Nr. 1 zum Zeitpunkt des Zuschlags nicht besteht/~~bestehen~~, wird gemäß § 51 Abs. 2 ZVG festgesetzt auf:

       Abteilung II Nr. 1   €   100,-

      Dieser Betrag/~~Diese Beträge~~ ist/~~sind~~ auch bei der Ermittlung der 5/10-Grenze gem. § 85a ZVG, der 7/10-Grenze gem. § 74a ZVG und bei der Wertermittlung zum Zwecke der Kostenberechnung zugrunde zu legen.

B. Gesamtbetrag des bar zu zahlenden Teils   21.000,- €

Zwangsversteigerung (Protokoll über Versteigerungstermin) 15.45

Versteigerungsbedingungen

1. Es ~~bleibt~~/bleiben ☐ keine Rechte

   ☒ ~~das~~/die bei der Feststellung des geringsten Gebots berücksichtigte(n) Recht(e) bestehen.

   ~~Sein~~/Ihr Wert beträgt insgesamt _____100.100,- €_____

   ☐ In dem genannten Grundbuch ist in Abteilung III unter anderem unter lfd. Nr. _____ eine

   ☐ Hypothek ☐ Grundschuld ☐ Rentenschuld über

   _____ eingetragen (§ 28 Abs. 1 GBO).

   Nach dem amtlich ermittelten letzten Kurs (Kurswert: _____) beträgt der Wert dieses Rechtes _____ €. Dieser Kurswert bleibt für das weitere Verfahren maßgebend.

2. Der bar zu zahlende Teil des geringsten Gebots beträgt

   _____21.000,- €_____

   Er ist mit dem darüber hinausgehenden Betrag des Meistgebots von dem Ersteher spätestens im Verteilungstermin an das Gericht zu zahlen.

3. Das Gebot gibt nur den bar zu zahlenden Betrag an. ~~Das~~/Die als Teil des geringsten Gebots bestehen bleibende(n) Recht(e) ~~ist~~/sind in dem gebotenen Betrag nicht enthalten; ~~es~~/sie ~~bleibt~~/bleiben neben dem Bargebot bestehen.

4. Das Meistgebot ist vom Tage des Zuschlags an mit vier vom Hundert zu verzinsen. Die Verzinsung endet mit der Hinterlegung des Betrages, soweit auf die Rücknahme verzichtet wird (§ 49 Abs. 4 ZVG).

5. Der Ersteher hat außerdem die Gerichtskosten für die Erteilung des Zuschlags zu zahlen.

Die Bietinteressenten wurden noch auf Folgendes hingewiesen:

1. Nach dem Grunderwerbsteuergesetz sind im Fall der Erteilung des Zuschlags sowohl die Abgabe des Meistgebots als auch eine Abtretung der Rechte aus dem Meistgebot grunderwerbsteuerpflichtig. Dabei gilt auch die nachträgliche Erklärung des Meistbietenden, für einen Dritten geboten zu haben, als Abtretung des Meistgebots.

   ☐ Bei Zwangsversteigerungen zur Aufhebung der Gemeinschaft und auf Antrag des Erben haftet der Ersteher unter Umständen neben dem früheren Eigentümer für Rückstände an Betriebsabgaben.

   ☐ Die Steuerbehörden hatten keine Auskünfte erteilt.

   ☐ Die von den Steuerbehörden erteilten Auskünfte wurden mit dem Bemerken bekannt gemacht, dass eine Gewähr für Richtigkeit und Vollständigkeit nicht übernommen werde.

2. Der Erwerber des Versteigerungsobjekts darf erst dann als Eigentümer in das Grundbuch eingetragen werden, wenn dem Vollstreckungsgericht eine Bescheinigung des zuständigen Finanzamts vorgelegt wird, dass der Eintragung keine steuerlichen Bedenken entgegenstehen.

3. Ein Zuschlag kann vor Ablauf von 30 Minuten nach der Aufforderung zur Abgabe von Geboten nicht erfolgen.

15.45 Muster

Die Beteiligten und Interessenten wurden sodann im Sinne von § 139 ZPO über die Bedeutung des geringsten Gebotes (einschließlich bestehen bleibender Rechte), über die 7/10-Grenze des § 74a ZVG, über Art und Höhe evtl. Sicherheitsleistung (auch über die Dauer ihrer Herbeischaffung) sowie über die Bestimmung des § 85a ZVG belehrt.

Die Feststellungen Bl. _____ der Akten wurden verlesen.

Das Gericht wies darauf hin, dass mit der Aufforderung zum Bieten weitere Anmeldungen einen Rangverlust nach § 110 ZVG erleiden.

Weitere Anmeldungen erfolgten nicht.

Um __10__ Uhr __15__ Minuten forderte das Gericht zur Abgabe von Geboten auf. Es boten:

```
Hans Haumann, Siegburg, Bonnerstr. 5          21.000,- €
Klaus Kranisch, Bonn, Bonner Talweg 7         25.000,- €
Ernst Eisenach für die Eisen und Stahl GmbH   50.000,- €
Klaus Kranisch - wie zuvor -                  75.000,- €
```

Zwangsversteigerung (Protokoll über Versteigerungstermin) 15.45

Nach Ablauf der Bietzeit stellte das Gericht fest, dass Meistbietender blieb

`Klaus Kranisch, Bonn, Bonner Talweg 7`

mit einem Betrag von ___`75.000,- €`___

Dieses letzte Gebot wurde durch dreimaligen Aufruf verkündet.
Ungeachtet der Aufforderung des Gerichts wurde kein Gebot mehr abgegeben.

Um __`11`__ Uhr __`7`__ Minuten wurde der Schluss der Versteigerung verkündet.

Hierauf wurden die anwesenden Beteiligten über den Zuschlag gehört. Erklärungen wurden

- ☐ nicht abgegeben ☒ wie folgt abgegeben:
- ☐ `Herr Kranisch` _____
  beantragte(n), den Zuschlag – sofort – zu erteilen.
- ☐ _____
  beantragte, den Zuschlag aus folgenden Gründen zu versagen:
- ☐ _____
  beantragte, über den Zuschlag erst in _____ Wochen zu entscheiden,
  und zwar aus folgenden Gründen:

Hintzen

15.45 Muster

- ☐ Der/Die Meistbietende erklärt: Der als Sicherheitsleistung erbrachte Betrag von _____ € soll hinterlegt werden. Er soll für den Fall des Zuschlags als Teilzahlung auf das Meistgebot gelten; für diesen Fall wird auf das Recht der Rücknahme verzichtet.
- ☐ Die Sicherheitsleistung der übrigen Bieter wurde gegen Empfangsbestätigung zurückgegeben.

Das Gericht verkündete um __11__ Uhr __15__ Minuten

☒ den anliegenden Beschluss

☐ den folgenden Beschluss:

Die Entscheidung über den Zuschlag soll am
Tag, Datum, Uhrzeit

_____

vor dem Amtsgericht

    Stockwerk – Erdgeschoss – Zimmer-Nr.   verkündet werden.

____Meier_____   ____Schmitz_____
Rechtspfleger   Urkundsbeamter der Geschäftsstelle

Zwangsversteigerung (Zuschlagsbeschluss) 15.46

Zwangsversteigerung 15.46

Zuschlagsbeschluss

Amtsgericht Ort und Tag

Geschäfts-Nr.   Bonn, den 28.07.06

Beschluss

23 K 111/05

In dem Verfahren zur   ☒ die Zwangsversteigerung   ☐ Teilungsversteigerung
des/der im

_____ Grundbuch

von   Blatt
Bonn, Gemarkung Beuel   0500

auf den Namen des/der

Dieter Dohle in Bonn

eingetragene ☒ Grundstück   ☐ Anteil
              ☐ Wohnungseigentum   ☐ Teileigentum
              ☐ Erbbaurecht   ☐ Wohnungserbbaurecht   ☐ Teilerbbaurecht

Bezeichnung gemäß Bestandsverzeichnis:

Flur 4, Flurstück 100, Hof- und Gebäudefläche, Westufer 10, 300 qm

blieb(en) im Versteigerungstermin am 28.07.2006 _____ Meistbietende(r)
(Name, Vorname, Beruf oder Geburtsdatum, Straße, Hausnummer, PLZ, Wohnort)

Klaus Kranisch, geb. am 17.11.1950, Bonn, Bonner Talweg 7

Das vorbezeichnete Versteigerungsobjekt wird daher dem/der/den Meistbietenden
für den durch Zahlung zu berichtigenden Betrag von

                                   In Buchstaben: Euro
€ 75.000,-   Fünfundsiebzigtausend

unter den folgenden Bedingungen zugeschlagen:

Hintzen   1311

15.46 Muster

Es bleiben ☐ keine ☒ folgende Rechte bestehen

```
Abt. II/1     beschränkte persönliche Dienstbarkeit
Abt. III/1    100.000,- € Grundschuld mit 18 % Zinsen
```

☐ Für die Erfüllung des Meistgebots haften der Ersteher und der Meistbietende
_____ als Gesamtschuldner.

Der durch Zahlung zu berichtigende Betrag des Meistgebots ist von heute an mit 4 % zu verzinsen und mit diesen Zinsen bis zum Verteilungstermin an das Gericht zu zahlen.

Die Kosten dieses Beschlusses fallen dem Ersteher ☐ und dem Meistbietenden als Gesamtschuldner zur Last.

Im Übrigen gelten die gesetzlichen Versteigerungsbedingungen.

Meier
_____
Rechtspfleger

Auseinandersetzungs-(Teilungs-)Versteigerung

Antrag auf Anordnung des Verfahrens

Rechtsanwalt A   Bonn, den . . .

An das
Amtsgericht B
– Versteigerungsgericht –

Antrag
auf Anordnung der Auseinandersetzungsversteigerung

In der Zwangsvollstreckungssache

   ((Parteienbezeichnung))

beantrage ich namens und in Vollmacht des Gläubigers die Auseinandersetzungsversteigerung der im Grundbuch von . . . Blatt-Nr. . . . eingetragenen Grundstücke:

- Bestandsverzeichnis lfd. Nr. 1: Flur 1, Flurstück 100 groß 300 qm
- Bestandsverzeichnis lfd. Nr. 2: Flur 5, Flurstück 300 groß 420 qm

anzuordnen.

Im Grundbuch sind als Eigentümer in Erbengemeinschaft eingetragen:

a) Alwin Anton, wohnhaft in: . . . . .
b) Barbara Anton, wohnhaft in: . . . . .
c) Christian Anton, wohnhaft in: . . . . .

Der Nachlassanteil des Schuldners Alwin Anton nach dem verstorbenen Vater Hubert Anton ist zugunsten des Gläubigers gepfändet und ihm zur Einziehung überwiesen worden. Ich beantrage daher die Auseinandersetzungsversteigerung der oben genannten Grundstücke anzuordnen.
Auf das beim dortigen Amtsgericht geführte Grundbuch nehme ich Bezug – ein Grundbuchzeugnis ist beigefügt –, § 17 Abs. 2 ZVG.

Der zugestellte Pfändungs- und Überweisungsbeschluss ist anliegend beigefügt. Weiterhin beigefügt ist der der Pfändung zugrunde liegende rechtskräftige Titel.

Anlage: (Unterschrift)

15.48　　　　　　　　　　Muster

15.48　Auseinandersetzungs-(Teilungs-)Versteigerung

Anordnungsbeschluss

Amtsgericht
Geschäfts-Nr.　　　　　　　　　　　Ort und Tag

23 K 111/05　　　　　　　　　　　　Bonn, den ....
(bitte bei allen Schreiben angeben)　Anschrift und Fernruf

Beschluss

Auf Antrag des/~~der~~

| Anton Amtmann, Uferstraße 17, 53113 Bonn | Gläubiger |
| Prozessbevollmächtigte : Rechtsanwalt | |

wird zum Zwecke der Aufhebung der Gemeinschaft die Zwangsversteigerung des/~~der~~ im

　　Wohnungs　　　　Grundbuch

von　　　　　　　　　　　　　　　Blatt

　　Kessenich　　　　　　　　　　0700

auf den Namen des/~~der~~

　　Anton Amtmann in Bonn
　　Bernd Amtmann in Bornheim
　　Doris Dohle geb. Amtmann in Bonn　　in Erbengemeinschaft

eingetragene　　☐ Grundstück　　　☐ Anteil
　　　　　　　　☒ Wohnungseigentum　☐ Teileigentum
　　　　　　　　☐ Erbbaurecht　　　☐ Wohnungserbbaurecht　☐ Teilerbbaurecht

Bezeichnung gemäß Bestandsverzeichnis:

11/100 Miteigentumsanteil an dem Grundstück Kessenich Flur 4, Flurstück 100, Gebäudefläche, Rheinufer 5, 500 qm, verbunden mit Sondereigentum an der Wohnung und einem Kellerraum im Aufteilungsplan mit Nr. 2 bezeichnet

angeordnet.

Dieser Beschluss gilt zugunsten ~~der~~/des Antragstellers als Beschlagnahme des Versteigerungsobjektes.

　　Meier, Rechtspfleger

Auseinandersetzungs-(Teilungs-)Versteigerung 15.49

Belehrung über die Möglichkeit der einstweiligen Einstellung gemäß § 180 Abs. 3 ZVG

Der anliegende Beschluss betrifft das Verfahren über die Zwangsversteigerung zum Zwecke der Auseinandersetzung des darin angegebenen Grundstücks.

Sie haben die Möglichkeit, innerhalb einer nicht verlängerbaren Frist von zwei Wochen seit der Zustellung dieses Schreibens bei dem im anliegenden Beschluss angegebenen Amtsgericht schriftlich oder zu Protokoll der Geschäftsstelle unter Angabe des Aktenzeichens die einstweilige Einstellung des Verfahrens zu beantragen. Wird der Einstellungsantrag schriftlich gestellt, so muss er spätestens am letzten Tage der Zweiwochenfrist bei Gericht eingehen; Absendung innerhalb der Frist genügt nicht. Der Antrag, der nach Ablauf der Frist bei Gericht eingeht, muss grundsätzlich zurückgewiesen werden. Das Verfahren kann dann nicht mehr nach § 180 ZVG eingestellt werden.

Dem fristgerecht eingegangenen Einstellungsantrag kann nur entsprochen werden, wenn ein Miteigentümer die Zwangsversteigerung zur Aufhebung der Gemeinschaft betreibt, der außer ihm nur sein Ehegatte oder sein früherer Ehegatte angehört und die einstweilige Einstellung des Verfahrens zur Abwendung einer ernsthaften Gefährdung des Wohls eines gemeinschaftlichen Kindes erforderlich ist, § 180 Abs. 3 ZVG.

Die Voraussetzungen für die Einstellung sind im Antrag, der zweifach einzureichen ist, eingehend darzulegen. Die normale Gefährdung des Kindeswohls anhand der üblichen Umstände reicht nicht aus. Vielmehr muss eine konkrete zusätzliche und damit ernsthafte Gefährdung dargelegt und glaubhaft gemacht werden.

Die einstweilige Einstellung muss für jeden die Auseinandersetzungsversteigerung betreibenden Miteigentümer gesondert beantragt werden. Sie muss deshalb nach Zulassung eines Beitritts für jeden Miteigentümer neu beantragt werden.

Unabhängig von der vorstehend beschriebenen Möglichkeit der einstweiligen Einstellung nach § 180 Abs. 3 ZVG kann die Einstellung jederzeit mit Zustimmung des Antragstellers erfolgen.

15.50   Muster

15.50   Auseinandersetzungs-(Teilungs-)Versteigerung

Belehrung über die Möglichkeit der einstweiligen Einstellung gem. § 180 Abs. 2 ZVG

Belehrung über die Möglichkeit der einstweiligen Einstellung gemäß § 180 Abs. 2 ZVG

Der anliegende Beschluss betrifft das Verfahren über die Zwangsversteigerung zum Zwecke der Auseinandersetzung des darin angegebenen Grundstücks.

Sie haben die Möglichkeit, innerhalb einer nicht verlängerbaren Frist von zwei Wochen seit Zustellung dieses Schreibens bei dem im anliegenden Beschluss genannten Amtsgericht schriftlich oder zu Protokoll der Geschäftsstelle unter Angabe des Aktenzeichens die einstweilige Einstellung des Verfahrens für längstens 6 Monate zu beantragen. Wird der Einstellungsantrag schriftlich gestellt, so muss er spätestens am letzten Tage der Zweiwochenfrist bei Gericht eingehen; Absendung innerhalb der Frist genügt nicht. Ein Antrag, der nach Ablauf der Frist bei Gericht eingeht, muss grundsätzlich zurückgewiesen werden. Das Verfahren kann dann nicht mehr nach § 180 ZVG eingestellt werden.

Dem fristgerecht eingegangenen Einstellungsantrag kann nur entsprochen werden, wenn die Einstellung bei Abwägung der widerstreitenden Interessen der mehreren Miteigentümer angemessen erscheint (§ 180 Abs. 2 ZVG), d. h., wenn besondere Umstände vorliegen, die einen befristeten Aufschub der Zwangsversteigerung rechtfertigen. Materielle Einwendungen gegen den Anspruch des Antragstellers auf Auseinandersetzung der Gemeinschaft sind, falls nicht aus dem Grundbuch ersichtlich, vor dem Prozessgericht zu verfolgen (§ 771 ZPO).

Die Voraussetzungen für die Einstellung sind im Einstellungsantrag, der zweifach einzureichen ist, eingehend darzulegen.

Die einstweilige Einstellung muss für jeden die Teilungsversteigerung betreibenden Miteigentümer gesondert beantragt werden. Sie muss deshalb nach Zulassung eines Beitritts für jeden Miteigentümer neu beantragt werden.

Unabhängig von der vorstehend beschriebenen Möglichkeit der einstweiligen Einstellung nach § 180 Abs. 2 ZVG kann die Einstellung jederzeit mit Zustimmung des Antragstellers erfolgen.

Zwangsverwaltung

Antrag auf Anordnung des Verfahrens

Rechtsanwalt A   Bonn, den . . .

An das
Amtsgericht B
– Vollstreckungsgericht –

**Antrag
auf Anordnung der Zwangsverwaltung**

In der Zwangsvollstreckungssache

   ((Parteienbezeichnung))

beantrage ich namens und in Vollmacht des Gläubigers die Zwangsverwaltung des auf den Namen des Schuldners im Grundbuch von . . . Blatt-Nr. . . . eingetragenen Grundstücks:

- ` Bestandsverzeichnis lfd. Nr. 1 : Flur 1 Flurstück 100 groß 300 qm `

anzuordnen. Auf das beim dortigen Amtsgericht geführte Grundbuch nehme ich Bezug – ein Grundbuchzeugnis ist beigefügt –, § 17 Abs. 2 ZVG.

Die Zwangsverwaltung wird wegen nachfolgender persönlicher Forderungen gestellt:

. . . . €   Hauptforderung nebst . . .   % Zinsen seit dem . . . aus einem Betrag von . . .

. . . . €   Kosten des Mahn- und Vollstreckungsbescheides nebst Zinsen seit dem . . .

. . . . €   festgesetzte Kosten nebst 5 %-Punkte über Basiszins seit dem . . .

. . . . €   bisherige Vollstreckungskosten

Der Vollstreckungstitel nebst Belegen über die Vollstreckungskosten ist anliegend beigefügt.

Hinweis:
Für den Gläubiger ist im Grundbuch am Grundstück des Schuldners in Abt. III lfd. Nr. 5 eine Zwangssicherungshypothek über die vorstehend aufgeführte Forderung eingetragen.

Anlage: (Unterschrift)

15.52 Muster

15.52 Zwangsverwaltung

Anordnungsbeschluss

Amtsgericht
Geschäfts-Nr.   Ort und Tag

23 L 17/05   Bonn, den ....
(bitte bei allen Schreiben angeben)   Anschrift und Fernruf

Beschluss

Auf Antrag des/~~der~~

Anton Amtmann, Uferstraße 17, 53113 Bonn	Gläubiger
Prozessbevollmächtigte : Rechtsanwalt	

Bernd Buchmann in Bonn

gegen

Dieter Dohle, Kölnerstr. 11, 53113 Bonn	Schuldner
Prozessbevollmächtigte : Rechtsanwalt	

wird wegen eines   ☒ persönlichen   ☐ dinglichen   ☐ persönlichen und dinglichen   Anspruchs auf

22.000,- €   Hauptforderung nebst 8 % Zinsen seit dem 01.12.2003
1.000,- €   Kosten nebst 5 %-Punkte über Basiszins seit 01.02.2004
300,- €   bisherige Vollstreckungskosten

aufgrund des/der vollstreckbaren

Urteils des LG Bonn vom 30.01.2004 und des KFB vom 5.2.2004

AZ: 14 O 500/03

☒ die Zwangsverwaltung   ☐ der Beitritt des/der Gläubiger   zu der _____
angeordneten Zwangsverwaltung

des/der im   ☐ Wohnungsgrundbuch   ☐ Teileigentumsgrundbuch
             ☒ _____   Grundbuch
                                   Blatt
von
Bonn, Gemarkung Beuel   0800

Zwangsverwaltung (Anordnung) 15.52

auf den Namen des/~~der~~

Dieter Dohle, Kölnerstr. 11, 53113 Bonn

eingetragene ☒ Grundstück   ☐ Anteil
              ☐ Wohnungseigentum ☐ Teileigentum
              ☐ Erbbaurecht   ☐ Wohnungserbbaurecht   ☐ Teilerbbaurecht

Bezeichnung gemäß Bestandsverzeichnis:

lfd. Nr. 1:

Flur 4, Flurstück 70, Gebäudefläche, Rheinstr. 10, 400 qm

☒ angeordnet.   ☐ zugelassen.

Dieser Beschluss gilt zugunsten des/der Gläubiger _____ als Beschlagnahme des Objektes.

Durch die Beschlagnahme wird dem/der Schuldner _____ die Verwaltung und Benutzung des Objektes entzogen.

Als Verwalter ☐ ist ☒ wird

RA Dr. Walter Rausch in 53117 Bonn, Kennedyallee 10   bestellt.

☐ Das Objekt soll dem Verwalter durch _____

_____ übergeben werden.

☒ Der Verwalter wird ermächtigt, sich selbst den Besitz des Objektes zu verschaffen. Der Verwalter wird verwiesen auf die Bestimmungen der ZwVwV vom 19.12.2003. Abweichend von § 14 Abs. 2 ZwVwV erfolgt die Rechnungslegung nicht kalenderjährlich; das Rechnungsjahr beginnt mit der Inbesitznahme.

Der Verwalter ist verpflichtet [gilt nicht bei Wohnungs- und Teileigentum], das Zwangsverwaltungsobjekt insbesondere gegen Feuer-, Sturm-, Leitungswasserschäden und Haftpflichtgefahren, die vom Grundstück und Gebäude ausgehen, zu versichern, soweit dies durch eine ordnungsgemäße Verwaltung geboten erscheint. Er hat diese Versicherung unverzüglich abzuschließen, sofern

1. Schuldner oder Gläubiger einen bestehenden Versicherungsschutz nicht innerhalb von 14 Tagen nach Zugang des Anordnungsbeschlusses schriftlich nachweisen und
2. der Gläubiger die unbedingte Kostendeckung schriftlich mitteilt.

Meier

Rechtspfleger(in)

Anhang

Verbindungs- und Kontaktstellen (NATO)

Übersicht über die Verbindungsstellen nach den Artikeln 19, 32 und 37 des Zusatzabkommens zum NATO-Truppenstatut sowie über Kontaktstellen:[1]

A. Bei den
- 1. belgischen
- 2. französischen
- 3. niederländischen
- 4. kanadischen Streitkräften

erfolgen Zustellungen und Ladungen in strafrechtlichen und nichtstrafrechtlichen Angelegenheiten jeweils über dieselben Stellen.

1. Belgien:

   a) Verbindungsstelle für die alten Bundesländer

   Der belgische Verbindungsdienst
   in der Bundesrepublik Deutschland
   Germanicusstraße 5
   50968 Köln
   Tel.: 0221 – 9 37 32 36 30
   Fax: 0221 – 9 37 32 36 29

   b) Verbindungsstelle für Berlin und die neuen Bundesländer

   Belgische Botschaft
   Verteidigungsattaché
   IHZ – Friedrichstraße 95
   10117 Berlin
   Tel.: 030 – 20 16 63 01
   Fax: 030 – 20 16 62 95

   c) Handy-Kontakt in dringlichen Fällen

   Tel.: 0170 – 7 61 07 45

   Für eilige Korrespondenz:

zu 1 a.: Nach Abzug der belgischen Streitkräfte aus Deutschland werden die gerichtlichen Aktivitäten des Militärgerichts Köln zum 15. Juni 2003 eingestellt. Nunmehr ist das Militärgericht in Brüssel zuständig. Akten und Schreiben der belgischen Bürger, insbesondere Mitglieder der Truppe, des zivilen Gefolges und deren Angehörige, die nach wie vor der belgischen Militärgerichtsbarkeit unterliegen, sind ab dem 1. Mai 2003 an den Belgischen Verbindungsdienst in der Bundesrepublik Deutschland, Germanicusstraße 5, in 50963 Köln, zu senden. Mitglieder der belgischen Truppe, die internationalen Hauptquartieren in Deutschland zugeteilt worden sind, die auch nach dem Truppenabzug in Deutschland zugeteilt worden sind, verbleiben auch nach dem Truppenabzug in Deutschland. Für diese Mitglieder und ihre Angehörigen – die ebenfalls der belgischen Gerichtsbarkeit unterliegen – werden die belgischen Gerichte weiterhin zuständig blei-

---

[1] Stand: September 2005

Anhang

ben, in Fällen bei denen deutsche Interessen vorliegen, werden die Bestimmungen des Art. 26 des Zusatzabkommens angewandt.

2. Frankreich:

   Verbindungsstelle für alle Bundesländer und Kontaktstelle in dringlichen Fällen:

   > Section des Affaires Juridiques et Judiciaires
   > Antenne de Commandement des FFECSA
   > SP 69092
   > 00598 Armees
   > 78166 Donaueschingen
   > Tel.: 0771 – 8 56 38 30 oder 0771 – 8 56 38 03
   > Fax: 0771 – 8 56 38 10 oder 0771 – 8 56 38 11

3. Niederlande:

   Verbindungsstelle und Kontaktstelle in dringlichen Fällen:

   > Brigade Koninklijke Marechaussee Seedorf
   > – Verbindungsstelle –
   > Twistenberg 120
   > 27404 Seedorf
   > Tel.: 04281 – 50 67 07/7 08
   > Fax: 04281 – 50 67 83

4. Kanada:

   Verbindungsstelle für Zustellungen und Ladungen in strafrechtlichen und in nichtstrafrechtlichen Angelegenheiten (einschließlich Ordnungswidrigkeitsverfahren):

   > Liasion Office
   > Assistant Judge Advocate General (Europe)
   > Selfkant Kaserne
   > Quimperlestraße 100
   > 52511 Geilenkirchen
   > Tel.: 02451 – 71 71 71 (Frau Springer)
   > Fax: 02451 – 71 71 74

   Das Liaison Office (Justizverbindungsstelle) ist gleichzeitig auch Kontaktstelle der kanadischen Streitkräfte in Europa für dringliche Fälle und Anfragen seitens der deutschen Justiz und Behörden in Rechtsfragen, sowie für die Abwicklung von Schäden gemäß Artikel VIII Absatz 5 NATO-Truppenstatut und Art. 41 Zusatzabkommen zum NATO-Truppenstatut.

Verbindungs- und Kontaktstellen (NATO)

B. Regelung bei den **britischen** Streitkräften:

1. Zustellungen in nichtstrafrechtlichen Verfahren:

    a) Für die Länder Bremen, Hamburg, Niedersachsen, Nordrhein-Westfalen und Schleswig-Holstein bestehen Services Liaison Offices. Diese Offices sind in ihren jeweiligen Zuständigkeitsbereichen Verbindungsstellen bei Zustellungen in nichtstrafrechtlichen Verfahren gemäß Artikel 32 des Zusatzabkommens sowie Zustellungen von Ladungen gemäß Artikel 37 des Zusatzabkommens in nichtstrafrechtlichen Verfahren.

    Land Liaison Officer (LLO)
    Niedersachen/Schleswig-Holstein
    Heiligengeiststraße 13
    30173 Hannover
    Tel.: 0511 – 85 10 33
    Fax: 0511 – 85 11 43

    Services Liaison Officer (SLO) Bergen
    MB 50 Lager Hohne
    29303 Lohheide
    Tel.: 05051 – 96 22 09
    Fax: 05051 – 96 22 09

    Services Liaison Officer (SLO) Hameln
    Scharnhorst Kaserne
    Scharnhorststraße 1
    31785 Hameln
    Tel.: 05151 – 2 10 09
    Fax: 05151 – 91 74 19

    Services Liaison Officer (SLO) Osnabrück
    Quebec Kaserne
    Landwehrstraße 1–3
    49090 Osnabrück
    Tel.: 0541 – 13 19 16
    Fax: 0541 – 9 60 23 87

    Land Liaison Officer (LLO) NRW
    Joseph-Wilden-Straße 1
    40474 Düsseldorf
    Tel.: 0211 – 65 58 05 86
    Fax: 0211 – 65 58 05 87

Anhang

Services Liaison Officer (SLO) Gütersloh
Princess Royal Kaserne – Am Flugplatz
Marienfelder Straße 425
33334 Gütersloh
Tel.: 05241 – 84 24 79
Fax: 05241 – 84 29 20

Chief Services Liaison Officer (CSLO) Herford
Kattenschling 8/1
32049 Herford
Tel.: 05221 – 8 23 51
Fax: 05221 – 9 95 37 96

Services Liaison Officer (SLO) Mönchengladbach
Hampshire Kaserne Block 210
Gladbacher Straße 511
41179 Mönchengladbach
Tel.: 02161 – 59 72 89
Fax: 02161 – 59 72 91

Services Liaison Officer (SLO) Paderborn
Parker Kaserne Block 15
Driburger Straße 73
33100 Paderborn
Tel.: 05251 – 28 25 78
Fax: 05251 – 10 17 70

Services Liaison Officer (SLO) West Westphalia
York Kaserne
Albersloher Weg 450
48167 Münster
Tel.: 0251 – 62 49 88
Fax: 0251 – 62 49 88

British Forces Liaison Organisation (Germany) Berlin
Kranzallee 19
14055 Berlin
Tel.: 030 – 30 81 90 96
Fax: 030 – 30 81 90 95

Verbindungs- und Kontaktstellen (NATO)

b) Verbindungsstelle für Zustellungen gemäß Artikel 32 und 37 in <u>nichtstrafrechtlichen</u> Verfahren, die in den unter a) nicht genannten Ländern zu erfolgen haben, ist:

    Headquarters British Forces Liaison Organisation (Germany)
    Kaiser-Friedrich-Straße 19
    53113 Bonn
    Tel.: 0228 – 2 69 08 32
    Fax: 0228 – 2 69 08 55

2. Zustellungen in <u>Straf- und Ordnungswidrigkeitenverfahren</u>:

Für Zustellungen und Ladungen in Straf- und Ordnungswidrigkeitsverfahren ist die Verbindungsstelle:

    Jurisdiction Process Branch
    York Drive 5
    41179 Mönchengladbach
    Tel.: 02161 – 47 24 97
    Fax: 02161 – 47 25 07

3. Kontaktstellen in dringlichen Fällen:

    Duty Officer
    Headquarters United Kingdom Support Command (Germany)
    Tel.: 02161 – 47 21 94

    Duty Officer Royal Air Force
    Strike Command Support Staff (Germany)
    RAF STC SS (G)
    (zu erreichen über 11. Signals Unit)
    Tel.: 02161 – 47 44 11

C. Regelung bei den **US-Streitkräften**:

1. Zustellungen in <u>nichtstrafrechtlichen</u> Verfahren:

Verbindungsstellen für Zustellungen und Ladungen in nichtstrafrechtlichen Verfahren ist

    für das Personal von <u>Heer, Marine und Marineinfanteriekorps</u>:

    Office of the Judge Advocate
    HQ, USAREUR and Seventh Army
    Postfach 10 43 23
    69033 Heidelberg
    Tel.: 06221 – 57 73 88
    Fax: 06221 – 57 67 44

Anhang

für das Personal der Luftwaffe:

HQ USAFE/JAIS
Gebäude 527
66877 Ramstein/Flugplatz
Tel.: 06371 – 47 65 94

2. Zustellungen in Straf- und Ordnungswidrigkeitsverfahren:

Die Zuständigkeit bestimmt sich nach Landgerichtsbezirken.

a) Baden-Württemberg:

Landgerichtsbezirke Baden-Baden, Ellwangen a. d. Jagst, Freiburg, Hechingen, Heilbronn, Konstanz, Offenburg, Ravensburg, Rottweil, Stuttgart, Tübingen, Ulm und Waldshut:

US-Justizverbindungsstelle
Stuttgart Law Center
21st TSC – APO AE 09107
Kelly Barracks, Geb. 332
70567 Stuttgart
Tel.: 0711 – 7 29 28 17
Fax: 0711 – 7 29 25 82

Landgerichtsbezirke Karlsruhe und Mannheim:

US-Justizverbindungsstelle
21st TSC – APO AE 09086
Taylor Barracks, Geb. 332
68309 Mannheim
Tel.: 0621 – 7 30 72 20
Fax: 0621 – 7 30 76 16

oder Postfach 10 01 14
68001 Mannheim

Landgerichtsbezirke Heidelberg und Mosbach:

US Verbindungsstelle für Rechtsangelegenheiten
APO AE 09014
Geb. 3736
Römerstraße 141–143
69126 Heidelberg

oder

Office of the Staff Judge Advocate
HQ, V Corps-US-Verbindungsstelle
Postfach 10 44 44
69034 Heidelberg
Tel.: 06221 – 57 58 39
Fax: 06221 – 57 58 97

Verbindungs- und Kontaktstellen (NATO)

b) Bayern:

Landgerichtsbezirke Amberg, Ansbach, Bamberg, Bayreuth, Coburg, Hof, Nürnberg Fürth, Regensburg, Schweinfurt, Weiden und Würzburg:

    Office of the Staff Judge Advocate
    HQ, 1st Infantry Division
    APO AE 09036
    Leighton Barracks, Geb. 47-A
    Rottendorfer Str.
    97074 Würzburg
    Tel.: 0931 – 8 89 61 80
    Fax: 0931 – 8 89 67 57

Landgerichtsbezirke Augsburg, Deggendorf, Ingolstadt, Kempten, Landshut, Memmingen, München, Passau und Traunstein:

    US-Justizverbindungsstelle
    Stuttgart Law Center
    21st TSC APO 09107
    Kelly Barracks, Geb. 332
    70567 Stuttgart
    Tel.: 0711 – 7 29 28 17
    Fax: 0711 – 7 29 25 82

Landgerichtsbezirk Aschaffenburg:

    US-Rechtsverbindungsstelle
    Darmstadt Legal Center
    V Corps APO AE 09175
    Cambrai-Fritsch-Kaserne, Geb. 4006, Zi. 12
    64285 Darmstadt
    Tel.: 06151 – 69 65 02
    Fax: 06151 – 69 66 18

c) Länder Berlin, Brandenburg, Mecklenburg-Vorpommern, Sachsen, Sachsen-Anhalt und Thüringen:

    US-Verbindungsstelle für Rechtsangelegenheiten
    Römerstraße 141–143 (Geb. 3736)
    69126 Heidelberg
    Tel.: 06221 – 57 58 39
    Fax: 06221 – 57 58 97

    oder

Anhang

Office of the Staff Judge Advocate
HQ, V Corps-US-Verbindungsstelle
APO AE 09014
Postfach 10 44 44
69034 Heidelberg

d) Hessen:

Landgerichtsbezirk Darmstadt

Heer und Marine:

Darmstadt Law Center
HQ, V Corps
APO AE 09175
Cambrai-Fritsch-Kaserne, Geb. 4006, Zi. 12
64285 Darmstadt
Tel.: 06151 – 69 71 41

Luftwaffe:

469 Air Base Squadron/JA
SJA, 469 ABS, Unit 7420, Box 110
APO AE 09050-0110
Rhein Main Air Base
Flughafen, Geb. T-102
60549 Frankfurt/Main
Tel.: 069 – 6 99 62 66

Landgerichtsbezirke Frankfurt/M., Fulda, Kassel, Lahn-Gießen, Limburg und Marburg:

Heer und Marine:

US-Verbindungsstelle für Rechtsangelegenheiten
HQ, V Corps, Office of the Staff Judge Advocate (OSJA)
Unit 29355, APO AE 09014
Römerstraße 141–143 (Geb. 3736)
69126 Heidelberg
Tel.: 06221 – 57 58 39
Fax: 06221 – 57 58 97

Verbindungs- und Kontaktstellen (NATO)

Luftwaffe:

469 Air Base Squadron/JA
SJA, 469 ABS, Unit 7420, Box 110
APO AE 09050-0110
Rhein Main Air Base
Flughafen, Geb. T-102
60549 Frankfurt/Main
Tel.: 069 – 6 99 62 66

Landgerichtsbezirk Hanau:

Heer und Marine:

Hanau Legal Center
HQ, V Corps
APO AE 09165
Pioneer Kaserne, Geb. 4
Aschaffenburger Straße
63457 Hanau
Tel.: 06181 – 88 84 29
Fax: 06181 – 88 83 12

Luftwaffe:

469 Air Base Squadron/JA
SJA, 469 ABS, Unit 7420, Box 110
APO AE 09050-0110
Rhein Main Air Base
Flughafen, Geb. T-102
60549 Frankfurt/Main
Tel.: 069 – 6 99 62 66

Landgerichtsbezirk Wiesbaden:

US-Justizverbindungsstelle
Postfach 42 01 42
65102 Wiesbaden
Tel.: 0611 – 7 05 47 00
Fax: 0611 – 7 05 57 52

Heer und Marine:

Wiesbaden Law Center
HQ, V Corps
SJA, 1st Armd Div, APO AE 09096
Wiesbaden Air Base, Geb. 1023 M
65205 Wiesbaden-Erbenheim
Tel.: 0611 – 7 05 71 45 (Frau Korz)

Anhang

Luftwaffe:

469 Air Base Squadron/JA
SJA, 469 ABS, Unit 7420, Box 110
APO AE 09050-0110
Rhein Main Air Base
Flughafen, Geb. T-102
60569 Frankfurt/Main
Tel.: 069 – 6 99 62 66

e) Länder Bremen, Hamburg, Niedersachsen und Schleswig-Holstein:

US-Verbindungsstelle für Rechtsangelegenheiten
HQ, V Corps, Staff Judge Advocate
APO AE 09014
Römerstraße 141–143 (Geb. 3736)
69126 Heidelberg
Tel.: 06221 – 57 58 39
Fax: 06221 – 57 58 97

f) Nordrhein-Westfalen:

Landgerichtsbezirke Aachen, Bochum, Bonn, Dortmund, Düsseldorf, Duisburg, Essen, Hagen, Kleve, Köln, Krefeld, Mönchengladbach, Oberhausen und Wuppertal:

Heer und Marine:

US-Rechtsverbindungsstelle
HQ, V Corps, SJA 1st Armd Div
APO AE 09096
Wiesbaden Air Base, Geb. 1023 M
65205 Wiesbaden-Erbenheim
Tel.: 0611 – 7 05 47 00
Fax: 0611 – 7 05 57 52

Postfach 42 01 42
65102 Wiesbaden

Luftwaffe:

US Air Force Landesverbindungsstelle
Staff Judge Advocate
470th ABS, Unit 3485
APO AE 09104-3485
NATO Fliegerhorst, Geb. 88 Stop 24
52511 Geilenkirchen
Tel.: 02451 – 63 22 35
Fax: 02451 – 95 94 46

Verbindungs- und Kontaktstellen (NATO)

Landgerichtsbezirke Arnsberg und Siegen:

Heer und Marine:

US-Verbindungsstelle für Rechtsangelegenheiten
Römerstraße 141–143 (Geb. 3736)
69126 Heidelberg
Tel.: 06221 – 57 58 39
Fax: 06221 – 57 58 97

oder

Office of the Staff Judge Advocate
HQ, V Corps-US-Verbindungsstelle
V Corps APO AE 09014
Postfach 10 44 44
69034 Heidelberg
Tel.: 06221 – 57 58 39
Fax: 06221 – 57 58 97

Luftwaffe:

52 Fighter Wing/JA
SJA, 52nd FW, Unit 3680, Box 205
APO AE 09126-0205
Rechtsabteilung, Geb. 129
54529 Spangdahlem/Flugplatz
Tel.: 06565 – 61 67 96
Fax: 06565 – 61 75 00

Landgerichtsbezirke Bielefeld, Detmold, Münster und Paderborn:

US-Verbindungsstelle für Rechtsangelegenheiten
Staff Judge Advocate
APO AE 09014
Römerstraße 141–143 (Geb. 3736)
69126 Heidelberg
Tel.: 06221 – 57 58 39
Fax: 06221 – 57 58 97

Anhang

g) Rheinland-Pfalz

Landgerichtsbezirke Bad Kreuznach und Mainz:

Heer und Marine:

US-Rechtsverbindungsstelle
SJA, 1st Armd Div
APO AE 09096
Postfach 20 22
55510 Bad Kreuznach
Tel.: 0671 – 6 09 66 41 oder 6 09 66 43

Luftwaffe:

86 Airlift Wing/JA
SJA, 435th ABW, Unit 3200, Box 325
APO AE 09094-0325
Rechtsabteilung, Geb. 2137
66877 Ramstein/Flugplatz
Tel.: 06731 – 47 59 08
Fax: 06731 – 47 96 58

Landgerichtsbezirk Frankenthal:

US-Justizverbindungsstelle
Staff Judge Advocat
21st TSC – APO AE 09263
Rechtsabteilung des 21. Heeresgebietskommandos
ATTN: International Law Division
Panzer Kaserne, Geb. 3004
67657 Kaiserslautern
Tel.: 0631 – 4 13 84 91
Fax: 0631 – 4 13 76 25

Landgerichtsbezirke Kaiserslautern, Landau und Zweibrücken:

Heer und Marine:

US-Justizverbindungsstelle
SJA, 21st TSC, APO AE 09263
Rechtsabteilung des 21. Heeresgebietskommandos
ATTN: International Law Division
Panzer Kaserne, Geb. 3004
67657 Kaiserslautern
Tel.: 0631 – 4 13 84 91
Fax: 0631 – 4 13 76 25

Verbindungs- und Kontaktstellen (NATO)

Luftwaffe:

86 Airlift Wing/JA
SJA, 435th ABW, Unit 3200, Box 325
APO AE 09094-0325
Rechtsabteilung, Geb. 2137
66877 Ramstein/Flugplatz
Tel.: 0671 – 47 59 08
Fax: 0671 – 47 96 58

Landgerichtsbezirk Koblenz:

US-Rechtsverbindungsstelle
SJA, 1st Armd Div
APO AE 09096
Postfach 20 22
55510 Bad Kreuznach
Tel.: 0671 – 6 09 66 41 oder 6 09 66 43

Landgerichtsbezirk Trier:

SJA, 52 Fighter Wing/JA
Unit 3690, APO AE 09126-0205
Rechtsabteilung, Geb. 129
54529 Spangdahlem/Flugplatz
Tel.: 06565 – 61 67 96
Fax: 06565 – 61 75 00

h) Saarland:

US-Justizverbindungsstelle
SJA, 21st TSC, APO AE 09263
Rechtsabteilung des 21. Heeresgebietskommandos
ATTN: International Law Division
Panzer Kaserne, Geb. 3004
67657 Kaiserslautern
Tel.: 0631 – 4 13 84 91
Fax: 0631 – 4 13 76 25

3. **Kontaktstellen** in dringlichen Fällen:

Die US-Streitkräfte unterhalten keine Kontaktstelle. Ansprechpartner ist:

US Army Claims Service Europe (USACSE)
Turley Barracks, Geb. 488
Friedrich-Ebert-Str. 89
68167 Mannheim
Tel.: 0621 – 7 30 95 40

GVGA (Inhaltsübersicht)

Geschäftsanweisung für Gerichtsvollzieher
GVGA
In der ab 1. Juli 2003 geltenden Fassung[1]

– Auszug –
(Abgedruckt sind nur die in der nachfolgenden Inhaltsübersicht grau unterlegten Paragrafen.)

Inhaltsübersicht

ERSTER TEIL Allgemeine Vorschriften

Zweck der Geschäftsanweisung	§ 1
Ausschließung von der dienstlichen Tätigkeit	§ 2
Amtshandlungen gegen Exterritoriale und die ihnen gleichgestellten Personen sowie gegen NATO-Angehörige	§ 3
Form des Auftrags	§ 4
Verhalten bei Entgegennahme des Auftrags	§ 5
Zeit der Erledigung des Auftrags	§ 6
Post	§ 7
Amtshandlungen an Sonnabenden sowie an Sonn- und Feiertagen und zur Nachtzeit	§ 8
Berechnung von Fristen	§ 9
Allgemeine Vorschriften über die Beurkundung	§ 10
Amtshandlungen gegenüber Personen, die der deutschen Sprache nicht mächtig sind	§ 10a

ZWEITER TEIL Einzelne Geschäftszweige
Erster Abschnitt Zustellung; Allgemeine Vorschriften
A. Allgemeine Vorschriften

Zuständigkeit im allgemeinen	§ 11
Zustellungsaufträge im Verfahren vor einer ausländischen Behörde	§ 12
(aufgehoben)	§ 13
Durchführung der Zustellung	§ 14
Zustellung eines Schriftstücks an mehrere Beteiligte	§ 15
Zustellung mehrerer Schriftstücke an einen Beteiligten	§ 16
Bezeichnung des Zustellungsadressaten	§ 17
Vorbereitung der Zustellung	§ 18
Arten der Zustellung	§ 19
Örtliche Zuständigkeit	§ 20
Wahl der Zustellungsart	§ 21
Fristen für die Erledigung des Zustellungsauftrags	§ 22

---

[1] Quelle: DigiLex®, Stand: Februar 2006, Gieseking Verlag, Bielefeld.

Anhang

B. Zustellung in bürgerlichen Rechtsstreitigkeiten
I. Zustellungen auf Betreiben der Parteien
1. Allgemeines

Zuständigkeit	§ 23
Anzuwendende Vorschriften	§ 24
Auftrag	§ 25
Empfangnahme und Beglaubigung der Schriftstücke	§ 26

2. Die Zustellungsarten
a) Persönliche Zustellung

Ort der Zustellung	§ 27
Personen, an welche die Zustellung zu erfolgen hat	§ 28
Ersatzzustellung	§ 29
Ersatzzustellung in der Wohnung oder in Geschäftsräumen des Zustellungsadressaten sowie in Gemeinschaftseinrichtungen	§ 30
Ersatzzustellung durch Einlegen in den Briefkasten oder eine ähnliche Vorrichtung	§ 31
Zustellung durch Niederlegung	§ 32
Behandlung der niedergelegten Schriftstücke	§ 33
(aufgehoben)	§ 34
(aufgehoben)	§ 35
Besondere Vorschriften über die Ersatzzustellung	§ 36
Verweigerung der Annahme der Zustellung	§ 37
Zustellungsurkunde	§ 38

b) Zustellung durch die Post

Zustellungsauftrag	§ 39
Aufschrift der Sendung	§ 40
Zustellung mit Angabe der Uhrzeit	§ 41
Ausschluss der Ersatzzustellung	§ 42
Unzulässige Ersatzzustellung	§ 43
Ausschluss der Niederlegung	§ 43a
Nachsendung	§ 44
Beurkundung der Aushändigung an die Post	§ 45
Überwachung der Zustellung und Übermittlung der Zustellungsurkunde	§ 46

c) Zustellung durch Aufgabe zur Post

Zustellung durch Aufgabe zur Post	§ 47

II. Zustellung von Amts wegen

Zustellung von Amts wegen	§ 47a

III. Besondere Vorschriften über gewisse Zustellungen bei der Zwangsvollstreckung

Besondere Vorschriften über gewisse Zustellungen bei der Zwangsvollstreckung	§ 48

IV. Zustellung von Anwalt zu Anwalt

Zustellung von Anwalt zu Anwalt	§ 49

C. Zustellung in Straf- und Bußgeldsachen

Zuständigkeit	§ 50
Verfahren	§ 51

D. Zustellung von Willenserklärungen

Zuständigkeit	§ 52
Verfahren	§ 53

E. Zustellung von Schiedssprüchen

Zuständigkeit	§ 54
Verfahren bei Schiedssprüchen nach dem Arbeitsgerichtsgesetz	§ 55
Verfahren bei Schiedssprüchen nach der Zivilprozessordnung	§ 56

Zweiter Abschnitt Zwangsvollstreckung nach den Vorschriften der ZPO
A. Allgemeine Vorschriften
I. Zuständigkeit

Zuständigkeit des Gerichtsvollziehers	§ 57
Selbständiges Handeln des Gerichtsvollziehers	§ 58
Zuständigkeit des Gerichts	§ 59
Vollstreckungsgericht	§ 60

II. Begriffsbestimmungen

Begriffsbestimmungen	§ 61

III. Der Auftrag und seine Behandlung

Auftrag zur Zwangsvollstreckung	§ 62
Aufträge zur Vollstreckung gegen vermögenslose Schuldner	§ 63
Frist für die Bearbeitung der Aufträge	§ 64
Zeit der Zwangsvollstreckung	§ 65
Unterrichtung des Gläubigers	§ 65a

IV. Voraussetzungen der Zwangsvollstreckung
1. Allgemeines

Allgemeines	§ 66

2. Schuldtitel

Schuldtitel nach der Zivilprozessordnung	§ 67
Schuldtitel nach anderen Gesetzen	§ 68
Landesrechtliche Schuldtitel	§ 69

Anhang

Schuldtitel, die in der ehemaligen Deutschen Demokratischen Republik
oder in Berlin (Ost) errichtet oder erwirkt sind .... § 70
Ausländische Schuldtitel .... § 71

3. Vollstreckungsklausel

Wortlaut und Form der Vollstreckungsklausel .... § 72
Zuständigkeit für die Erteilung der Vollstreckungsklausel .... § 73
Prüfungspflicht des Gerichtsvollziehers .... § 74
Vollstreckbare Ausfertigung für oder gegen andere als die im Schuldtitel
bezeichneten Personen .... § 75

4. Zustellung von Urkunden vor Beginn der Zwangsvollstreckung

Allgemeines .... § 76
Die zuzustellenden Urkunden .... § 77
Zeitpunkt der Zustellung .... § 78
Zustellung an den Prozessbevollmächtigten .... § 79

5. Außenwirtschaftsverkehr und Devisenverkehr

Vollstreckungsbeschränkungen im Außenwirtschaftsverkehr................ § 80

V. Zwangsvollstreckung in besonderen Fällen
1. Fälle, in denen der Gerichtsvollzieher bestimmte besondere Voraussetzungen der Zwangsvollstreckung festzustellen hat

Allgemeines.. § 81
Abhängigkeit des Anspruchs von dem Eintritt eines bestimmten
Kalendertages... § 82
Abhängigkeit der Zwangsvollstreckung von einer Sicherheitsleistung
des Gläubigers .... § 83
Sicherungsvollstreckung... § 83a
Abwendungsbefugnis und Schutzantrag des Schuldners .... § 83b
Abhängigkeit der Vollstreckung von einer Zug um Zug zu
bewirkenden Gegenleistung... § 84
Zwangsvollstreckung bei Wahlschulden... § 85

2. Zwangsvollstreckung aus Schuldtiteln mit Lösungsbefugnis oder Verfallsklausel

Zwangsvollstreckung aus Schuldtiteln mit Lösungsbefugnis oder
Verfallsklausel.. § 86

3. Zwangsvollstreckung gegen juristische Personen des öffentlichen Rechts

Zwangsvollstreckung gegen den Bund und die Länder sowie
gegen Körperschaften, Anstalten und Stiftungen des öffentlichen Rechts..... § 87
Zwangsvollstreckung gegen eine Gemeinde oder einen
Gemeindeverband... § 88

GVGA (Inhaltsübersicht)

4. Zwangsvollstreckung während eines Vergleichsverfahrens
Zwangsvollstreckung während eines Vergleichsverfahrens .... § 89

5. Zwangsvollstreckung während eines Konkurs-, Gesamtvollstreckungs- oder Insolvenzverfahrens
Eröffnungsbeschluss .... § 90
(aufgehoben) .... § 90a
Zulässigkeit der Vollstreckung .... § 91

6. Zwangsvollstreckung in einen Nachlass gegen den Erben
Zwangsvollstreckung auf Grund eines Schuldtitels gegen den Erblasser .... § 92
Zwangsvollstreckung auf Grund eines Schuldtitels gegen den Erben, Nachlasspfleger, Nachlassverwalter oder Testamentsvollstrecker .... § 93
Vorbehalt der Beschränkung der Erbenhaftung .... § 94

7. Zwangsvollstreckung gegen Eheleute
Gewahrsam und Besitz bei Eheleuten .... § 95
Zwangsvollstreckung bei gesetzlichem Güterstand und bei Gütertrennung .... § 96
Zwangsvollstreckung in das Gesamtgut bei der Gütergemeinschaft .... § 97
Ersetzung der Verurteilung zur Duldung der Zwangsvollstreckung .... § 98

8. Zwangsvollstreckung gegen Lebenspartner
Gewahrsam und Besitz bei Eingetragenen Lebenspartnerschaften .... § 99
Zwangsvollstreckung beim Vermögensstand der Ausgleichsgemeinschaft und bei Vermögenstrennung .... § 99a
Ersetzung der Verurteilung zur Duldung der Zwangsvollstreckung .... § 99b

9. Zwangsvollstreckung in sonstige Vermögensmassen
Zwangsvollstreckung in das Vermögen eines nicht rechtsfähigen Vereins .... § 100
Zwangsvollstreckung in das Gesellschaftsvermögen einer bürgerlich-rechtlichen Gesellschaft .... § 101
Zwangsvollstreckung in das Gesellschaftsvermögen einer offenen Handelsgesellschaft oder einer Kommanditgesellschaft .... § 102
Zwangsvollstreckung in ein Vermögen, an dem ein Nießbrauch besteht ...... § 103

VI. Verhalten bei der Zwangsvollstreckung
Allgemeines .... § 104
Leistungsaufforderung an den Schuldner .... § 105
Annahme und Ablieferung der Leistung .... § 106
Durchsuchung .... § 107
Widerstand gegen die Zwangsvollstreckung und Zuziehung von Zeugen ..... § 108
Drittschuldnerermittlung .... § 108a

Anhang

VII. Kosten der Zwangsvollstreckung

Kosten	§ 109

VIII. Protokoll

Protokoll	§ 110

IX. Einstellung, Beschränkung, Aufhebung und Aufschub der Zwangsvollstreckung

Einstellung, Beschränkung und Aufhebung der Zwangsvollstreckung auf Anweisung des Gläubigers	§ 111
Einstellung, Beschränkung und Aufhebung der Zwangsvollstreckung in anderen Fällen	§ 112
Aufschub von Vollstreckungsmaßnahmen zur Erwirkung der Herausgabe von Sachen	§ 113

X. Prüfungs- und Mitteilungspflichten bei der Wegnahme und Weitergabe von Waffen und Munition

Prüfungs- und Mitteilungspflichten bei der Wegnahme und Weitergabe von Waffen und Munition	§ 113a

B. Zwangsvollstreckung wegen Geldforderungen
I. Allgemeine Vorschriften

Begriff der Geldforderung	§ 114
Zügige und gütliche Erledigung des Zwangsvollstreckungsverfahrens; Einziehung von Teilbeträgen	§ 114a
(aufgehoben)	§ 115
Zahlungsverkehr mit Personen in fremden Wirtschaftsgebieten	§ 116

II. Zwangsvollstreckung in bewegliche körperliche Sachen
1. Pfändungspfandrecht

Pfändungspfandrecht	§ 117

2. Pfändung
a) Gegenstand der Pfändung, Gewahrsam

Allgemeines	§ 118
Rechte Dritter an den im Gewahrsam des Schuldners befindlichen Gegenständen	§ 119

b) Pfändungsbeschränkungen

Allgemeines	§ 120
Unpfändbare Sachen	§ 121
Künftiger Wegfall der Unpfändbarkeit	§ 122
Austauschpfändung	§ 123
Vorläufige Austauschpfändung	§ 124
Zwecklose Pfändung	§ 125

GVGA (Inhaltsübersicht)

Pfändung von Gegenständen, deren Veräußerung unzulässig ist oder die dem Washingtoner Artenschutzübereinkommen unterliegen	§ 126
Pfändung von Hausrat	§ 127
Pfändung von Barmitteln aus Miet- und Pachtzahlungen	§ 128
Pfändung von Erzeugnissen, Bestandteilen und Zubehörstücken	§ 129
Pfändung urheberrechtlich geschützter Sachen	§ 129a

c) Verfahren bei der Pfändung

Berechnung der Forderung des Gläubigers	§ 130
Aufsuchen und Auswahl der Pfandstücke	§ 131
Vollziehung der Pfändung	§ 132
Pfändung von Sachen in einem Zolllager	§ 133
Pfändung von Schiffen	§ 134
Pfändung von Luftfahrzeugen	§ 134a
Besondere Vorschriften über das Pfändungsprotokoll	§ 135
Widerspruch eines Dritten	§ 136
Pfändung von Sachen, die sich im Gewahrsam des Gläubigers oder eines Dritten befinden	§ 137

d) Unterbringung der Pfandstücke

Unterbringung von Geld, Kostbarkeiten und Wertpapieren	§ 138
Unterbringung anderer Pfandstücke	§ 139
Kosten der Unterbringung	§ 140

3. Verwertung
a) Allgemeines

Allgemeines	§ 141

b) Öffentliche Versteigerung

Ort und Zeit der Versteigerung	§ 142
Öffentliche Bekanntmachung	§ 143
Bereitstellung der Pfandstücke	§ 144
Versteigerungstermin	§ 145
Versteigerungsprotokoll	§ 146

c) Freihändiger Verkauf

Zulässigkeit des freihändigen Verkaufs	§ 147
Verfahren beim freihändigen Verkauf	§ 148
Protokoll beim freihändigen Verkauf	§ 149

4. Pfändung und Veräußerung in besonderen Fällen
a) Pfändung bei Personen, welche Landwirtschaft betreiben

Pfändung bei Personen, welche Landwirtschaft betreiben	§ 150

Anhang

b) Pfändung und Versteigerung von Früchten, die noch nicht vom Boden getrennt sind

Zulässigkeit der Pfändung	§ 151
Verfahren bei der Pfändung	§ 152
Trennung der Früchte und Versteigerung	§ 153

c) Pfändung und Veräußerung von Wertpapieren

Pfändung von Wertpapieren	§ 154
Veräußerung von Wertpapieren	§ 155
Hilfspfändung	§ 156

d) Pfändung und Veräußerung von Kraftfahrzeugen

Entfernung des Kraftfahrzeugs aus dem Gewahrsam des Schuldners	§ 157
Kraftfahrzeugschein und Kraftfahrzeugbrief	§ 158
Behandlung des Kraftfahrzeugscheins	§ 159
Behandlung des Kraftfahrzeugbriefs	§ 160
Benachrichtigung der Zulassungsstelle, Versteigerung	§ 161
Wegfall oder Aussetzung der Benachrichtigung	§ 162
Behandlung des Kraftfahrzeugbriefs bei der Veräußerung des Kraftfahrzeugs	§ 163
Anzeige des Namens des Erwerbers an die Zulassungsstelle	§ 164
Kosten des Verfahrens	§ 165
Beitreibungen im Verwaltungsvollstreckungsverfahren	§ 166

e) Pfändung und Versteigerung von Ersatzteilen eines Luftfahrzeugs, die sich in einem Ersatzteillager befinden

Registerpfandrecht	§ 166a

f) Pfändung bereits gepfändeter Sachen

Doppelpfändung; Anschlusspfändung	§ 167

g) Gleichzeitige Pfändung für mehrere Gläubiger

Gleichzeitige Pfändung für mehrere Gläubiger	§ 168

5. Auszahlung des Erlöses

Berechnung der auszuzahlenden Beträge	§ 169
Verfahren bei der Auszahlung	§ 170

6. Rückgabe von Pfandstücken

Rückgabe von Pfandstücken	§ 171

III. Zwangsvollstreckung in Forderungen und andere Vermögenswerte

Allgemeine Vorschriften	§ 172
Zustellung des Pfändungs- und Überweisungsbeschlusses	§ 173

GVGA (Inhaltsübersicht)

Wegnahme von Urkunden über die gepfändete Forderung.................	§ 174
Pfändung von Forderungen aus Wechseln, Schecks und anderen Papieren, die durch Indossament übertragen werden können	§ 175
Zwangsvollstreckung in Ansprüche auf Herausgabe oder Leistung von beweglichen körperlichen Sachen.................	§ 176
Zwangsvollstreckung in Ansprüche auf Herausgabe oder Leistung von unbeweglichen Sachen und eingetragene Schiffen, Schiffsbauwerken, Schwimmdocks, inländischen Luftfahrzeugen, die in der Luftfahrzeugrolle eingetragen sind, sowie ausländischen Luftfahrzeugen (§§ 846, 847a, 848 ZPO; §§ 99 Abs.1, 106 Abs.1 Nr.1 des Gesetzes über Rechte an Luftfahrzeugen)	§ 177
Zustellung der Benachrichtigung, dass die Pfändung einer Forderung oder eines Anspruchs bevorsteht (sogenannte Vorpfändung).................	§ 178

C. Zwangsvollstreckung zur Erwirkung der Herausgabe von Sachen

Bewegliche Sachen	§ 179
Unbewegliche Sachen sowie eingetragene Schiffe, Schiffsbauwerke und Schwimmdocks.................	§ 180
Besondere Vorschriften über die Räumung von Wohnungen	§ 181
Räumung eines zwangsweise versteigerten Grundstücks, Schiffes, Schiffsbauwerks oder Schwimmdocks oder eines unter Zwangsverwaltung gestellten Grundstücks.................	§ 182
Bewachung und Verwahrung eines Schiffes, Schiffsbauwerks, Schwimmdocks oder Luftfahrzeugs.................	§ 183

D. Zwangsvollstreckung zur Beseitigung des Widerstandes des Schuldners gegen Handlungen, die er nach den §§ 887, 890 ZPO zu dulden hat oder zur Beseitigung von Zuwiderhandlungen des Schuldners gegen eine Unterlassungsverpflichtung aus einer Anordnung nach § 1 des Gewaltschutzgesetzes (§ 892a ZPO)

Widerstand des Schuldners	§ 184
Zuwiderhandlungen des Schuldners gegen eine Unterlassungsverpflichtung	§ 185

E. Zwangsvollstreckung durch Abnahme der eidesstattlichen Versicherung und durch Haft; Vorführung von Parteien und Zeugen

Allgemeines.................	§ 185a
Behandlung des Auftrags, Terminsort	§ 185b
Aufhebung des Termins	§ 185c
Durchführung des Termins.................	§ 185d
Aufträge mehrerer Gläubiger	§ 185e
Sofortige Abnahme der eidesstattlichen Versicherung	§ 185f
Verfahren nach Abgabe der eidesstattlichen Versicherung	§ 185g
Vertagung des Termins und Einziehung von Teilbeträgen.................	§ 185h
Widerspruch gegen die Pflicht zur Abgabe der eidesstattlichen Versicherung ...	§ 185i
Verweigerung der Abgabe der eidesstattlichen Versicherung	§ 185j
Terminsänderung	§ 185k
Eidesstattliche Versicherung zur Vorbereitung der Geltendmachung gepfändeter Forderungen.................	§ 185l

Anhang

Eidesstattlichen Versicherung bei einer Herausgabevollstreckung	§ 185m
Wiederholung der eidesstattlichen Versicherung	§ 185n
Ergänzung oder Nachbesserung des Vermögensverzeichnisses	§ 185o
Zulässigkeit der Verhaftung	§ 186
Verfahren bei der Verhaftung	§ 187
Nachverhaftung	§ 188
Verhaftung im Konkursverfahren	§ 189
Verhaftung im Insolvenzverfahren	§ 189a
Vollziehung eines Haftbefehls gegen einen Zeugen	§ 190
Vorführung von Zeugen oder Parteien	§ 191

F. Vollziehung von Arresten und einstweiligen Verfügungen
I. Allgemeines

Allgemeines	§ 192

II. Verfahren bei der Vollziehung

Dinglicher Arrest	§ 193
Persönlicher Sicherheitsarrest	§ 194
Einstweilige Verfügung	§ 195

G. Hinterlegung

Hinterlegung	§ 196

Dritter Abschnitt Vollstreckung von Entscheidungen in Strafverfahren über die Entschädigung des Verletzten und den Verfall einer Sicherheit

(aufgehoben)	§ 197–210
Vollstreckung von Urteilen über die Entschädigung des Verletzten in Strafsachen	§ 211
Entscheidung, die den Verfall einer zur Abwendung der Untersuchungshaft geleisteten Sicherheit ausspricht	§ 212

Vierter Abschnitt Vollstreckung gerichtlicher Anordnungen in Angelegenheiten der freiwilligen Gerichtsbarkeit

Unmittelbarer Zwang	§ 213
Kindesherausgabe	§ 213a

Fünfter Abschnitt Wechsel- und Scheckprotest
A. Allgemeine Vorschriften

Zuständigkeit	§ 214
Begriff und Bedeutung des Protestes	§ 215
Auftrag zur Protesterhebung	§ 216
Zeit der Protesterhebung	§ 217
Berechnung von Fristen	§ 218

B. Wechselprotest

Anzuwendende Vorschriften	§ 219
Arten des Wechselprotestes	§ 220

GVGA (Inhaltsübersicht)

Protestfristen	§ 221
Protestgegner (Protestat)	§ 222
Protestort	§ 223
Proteststelle	§ 224
Verfahren bei der Protesterhebung	§ 225
Fremdwährungswechsel	§ 226
Wechsel in fremder Sprache	§ 227
Protesturkunde	§ 228

C. Scheckprotest

Anzuwendende Vorschriften	§ 229
Arten des Scheckprotestes	§ 230
Fälligkeit	§ 231
Protestfristen	§ 232
Protestgegner	§ 233
Protestort	§ 234
Proteststelle, Verfahren bei der Protesterhebung und Protesturkunde	§ 235

D. Protestsammelakten

Protestsammelakten	§ 236

Sechster Abschnitt Öffentliche Versteigerung und freihändiger Verkauf außerhalb der Zwangsvollstreckung
A. Allgemeine Vorschriften

Allgemeine Vorschriften	§ 237

B. Pfandverkauf
I. Allgemeines

Pfandverkauf	§ 238

II. Öffentliche Versteigerung

Ort, Zeit und Bekanntmachung der Versteigerung	§ 239
Versteigerungstermin	§ 240
Versteigerungsprotokoll	§ 241

III. Freihändiger Verkauf

Freihändiger Verkauf	§ 242

IV. Behandlung des Erlöses und der nicht versteigerten Gegenstände

Behandlung des Erlöses und der nicht versteigerten Gegenstände	§ 243

V. Pfandverkauf in besonderen Fällen

Pfandverkauf in besonderen Fällen	§ 244

Anhang

VI. Befriedigung des Pfandgläubigers im Wege der Zwangsvollstreckung

Befriedigung des Pfandgläubigers im Wege der Zwangsvollstreckung............	§ 245

C. Sonstige Versteigerungen, die kraft gesetzlicher Ermächtigung für einen anderen erfolgen

Sonstige Versteigerungen...	§ 246

D. Freiwillige Versteigerungen für Rechnung des Auftraggebers

Zuständigkeit und Verfahrensvorschriften	§ 247
Auftrag	§ 248
Ablehnung des Auftrags	§ 249
Versteigerungsbedingungen	§ 250
Schätzung durch Sachverständige	§ 251
Vorbesichtigung..	§ 252
Zeit der Vorbesichtigung und Versteigerung	§ 253
Bekanntmachung der Versteigerung...	§ 254
Versteigerungstermin	§ 255
Annahme des Erlöses und Aushändigung der versteigerten Sachen	§ 256
Freihändiger Verkauf	§ 257
(aufgehoben)	§ 258
Versteigerungsprotokoll	§ 259

Siebenter Abschnitt Beitreibung nach der Justizbeitreibungsordnung und im Verwaltungsvollstreckungsverfahren
A. Beitreibung nach der Justizbeitreibungsordnung

Zuständigkeit...	§ 260
Beizutreibende Ansprüche	§ 261
Vollstreckungsbehörde	§ 262
Vollstreckungsauftrag	§ 263
Verfahren des Gerichtsvollziehers	§ 264
Dienstreisen	§ 265
Einwendungen im Vollstreckungsverfahren	§ 266
Nachweis der Zahlung oder Stundung..	§ 267
Pfandkammer	§ 268
Verhaftung des Schuldners	§ 269
Abrechnung des Gerichtsvollziehers	§ 270
Vollstreckung für Stellen außerhalb der Justizverwaltung	§ 271
Vollstreckung von Entscheidungen in Straf- und Bußgeldverfahren über den Verfall, die Einziehung und die Unbrauchbarmachung von Sachen........	§ 272
Wegnahme von Sachen	§ 272a
Versteigerung und freihändiger Verkauf	§ 272b
Kosten und Abrechnung	§ 272c

B. Beitreibung im Verwaltungsvollstreckungsverfahren

Beitreibung im Verwaltungsvollstreckungsverfahren...................................	§ 273

GVGA (Auszug)

§ 1 GVGA Zweck der Geschäftsanweisung

¹Das Bundes- und Landesrecht bestimmt, welche Dienstverrichtungen dem Gerichtsvollzieher obliegen und welches Verfahren er dabei zu beachten hat. ²Diese Geschäftsanweisung soll dem Gerichtsvollzieher das Verständnis der gesetzlichen Vorschriften erleichtern. ³Sie erhebt keinen Anspruch auf Vollständigkeit und befreit den Gerichtsvollzieher nicht von der Verpflichtung, sich eine genaue Kenntnis der Bestimmungen aus dem Gesetz und den dazu ergangenen gerichtlichen Entscheidungen selbst anzueignen. ⁴Die Beachtung der Vorschriften dieser Geschäftsanweisung gehört zu den Amtspflichten des Gerichtsvollziehers.

§ 57 GVGA Zuständigkeit des Gerichtsvollziehers

1. ¹Der Gerichtsvollzieher führt die Zwangsvollstreckung durch, soweit sie nicht den Gerichten zugewiesen ist. ²Er ist auch in den Fällen für die Zwangsvollstreckung zuständig, in denen der Gläubiger einen Anspruch ohne vorangegangenen Rechtsstreit nach den Vorschriften der ZPO beitreiben kann.
2. Zum Aufgabenbereich des Gerichtsvollziehers gehören folgende Zwangsvollstreckungen:
   a) die Zwangsvollstreckung wegen Geldforderungen in bewegliche körperliche Sachen einschließlich der Wertpapiere und der noch nicht vom Boden getrennten Früchte (§§ 803–827 ZPO);
   b) die Pfändung von Forderungen aus Wechseln und anderen Papieren, die durch Indossament übertragen werden können, durch Wegnahme dieser Papiere (§ 831 ZPO);
   c) die Zwangsvollstreckung zur Erwirkung der Herausgabe von beweglichen Sachen sowie zur Erwirkung der Herausgabe, Überlassung und Räumung von unbeweglichen Sachen und eingetragenen Schiffen und Schiffsbauwerken (§§ 883–885 ZPO);
   d) die Zwangsvollstreckung zur Beseitigung des Widerstandes des Schuldners gegen Handlungen, die er nach den §§ 887, 890 ZPO zu dulden hat (§ 892 ZPO) oder zur Beseitigung von Zuwiderhandlungen des Schuldners gegen eine Unterlassungsverpflichtung aus einer Anordnung nach § 1 des Gewaltschutzgesetzes (§ 892a ZPO);
   e) die Zwangsvollstreckung durch Abnahme der eidesstattlichen Versicherung und Haft (§§ 899–914 ZPO);
   f) die Vollziehung von Arrestbefehlen und einstweiligen Verfügungen in dem Umfang, in dem die Zwangsvollstreckung dem Gerichtsvollzieher zusteht (§§ 916–945 ZPO).
3. ¹Außerdem steht dem Gerichtsvollzieher bei der Zwangsvollstreckung in Forderungen eine beschränkte Mitwirkung zu. ²Das Nähere bestimmen die §§ 172–178.

§ 58 GVGA Selbständiges Handeln des Gerichtsvollziehers

1. ¹Bei der ihm zugewiesenen Zwangsvollstreckung handelt der Gerichtsvollzieher selbständig. ²Er unterliegt hierbei zwar der Aufsicht, aber nicht der unmittelbaren Leitung des Gerichts. ³Er prüft die Voraussetzungen für die Zulässigkeit der Zwangsvollstreckung und der einzelnen Vollstreckungshandlungen selbständig. ⁴Z.B. prüft er vor einer Pfändung in selbständiger Verantwortung insbesondere, ob eine Sache Zubehör oder wesentlicher Bestandteil einer anderen Sache ist, ob der Schuldner Alleingewahrsam hat, ob ein Dritter nur Besitzdiener für den Schuldner ist, ob eine Sache der Pfändung nicht unterworfen ist, ob bei Leistungen Zug um Zug die anzubietende Gegenleistung zur Erfüllung geeignet ist usw.
2. Weisungen des Gläubigers hat der Gerichtsvollzieher insoweit zu berücksichtigen, als sie mit den Gesetzen oder der Geschäftsanweisung nicht in Widerspruch stehen.

Anhang

§ 62 GVGA   Auftrag zur Zwangsvollstreckung

(§§ 753–758 ZPO)

1. ¹Der Auftrag zur Zwangsvollstreckung wird dem Gerichtsvollzieher unmittelbar vom Gläubiger oder seinem Vertreter oder Bevollmächtigten – nicht durch das Gericht – erteilt. ²Der Auftraggeber darf die Vermittlung der Geschäftsstelle in Anspruch nehmen. ³Der durch Vermittlung der Geschäftsstelle beauftragte Gerichtsvollzieher wird unmittelbar für den Gläubiger tätig; er hat insbesondere auch die beigetriebenen Gelder und sonstigen Gegenstände dem Gläubiger unmittelbar abzuliefern. ⁴Ist eine einstweilige Anordnung nach dem Gewaltschutzgesetz ohne mündliche Verhandlung erlassen, so gelten der Auftrag zur Zustellung durch den Gerichtsvollzieher unter Vermittlung der Geschäftsstelle und der Auftrag zur Vollziehung als im Antrag auf Erlass der einstweiligen Anordnung enthalten.

2. ¹Der Prozessbevollmächtigte des Gläubigers ist auf Grund seiner Prozessvollmacht befugt, den Gerichtsvollzieher mit der Zwangsvollstreckung zu beauftragen und den Gläubiger im Zwangsvollstreckungsverfahren zu vertreten. ²Der Gerichtsvollzieher hat den Mangel der Vollmachten grundsätzlich von Amts wegen zu berücksichtigen. ³Ist Auftraggeber jedoch ein Rechtsanwalt oder Kammerrechtsbeistand (§ 26 Nr. 3 Satz 3), hat er dessen Vollmacht nur auf ausdrückliche Rüge zu überprüfen. ⁴Zum Nachweis der Vollmacht genügt die Bezeichnung als Prozessbevollmächtigter im Schuldtitel.

   ⁵Jedoch ermächtigt die bloße Prozessvollmacht den Bevollmächtigten nicht, die beigetriebenen Gelder oder sonstigen Gegenstände in Empfang zu nehmen; eine Ausnahme besteht nur für die vom Gegner zu erstattenden Prozesskosten (§ 81 ZPO). ⁶Der Gerichtsvollzieher darf daher die beigetriebenen Gelder oder sonstigen Gegenstände nur dann an den Prozessbevollmächtigten abliefern, wenn dieser von dem Gläubiger zum Empfang besonders ermächtigt ist. ⁷Die Ermächtigung kann sich aus dem Inhalt der Vollmachtsurkunde ergeben. ⁸Der Gläubiger kann sie auch dem Gerichtsvollzieher gegenüber mündlich erklären.

3. ¹Die vollstreckbare Ausfertigung des Schuldtitels muss dem Gerichtsvollzieher übergeben werden. ²Der schriftliche oder mündliche Auftrag zur Zwangsvollstreckung in Verbindung mit der Übergabe der vollstreckbaren Ausfertigung ermächtigt und verpflichtet den Gerichtsvollzieher – ohne dass es einer weiteren Erklärung des Auftraggebers bedarf –, die Zahlung oder die sonstigen Leistungen in Empfang zu nehmen, darüber wirksam zu quittieren und dem Schuldner die vollstreckbare Ausfertigung auszuliefern, wenn er seine Verbindlichkeit vollständig erfüllt hat. ³Der Besitz der vollstreckbaren Ausfertigung ist demnach für den Gerichtsvollzieher dem Schuldner und Dritten gegenüber der unerlässliche, aber auch ausreichende Ausweis zur Zwangsvollstreckung und zu allen für ihre Ausführung erforderlichen Handlungen. ⁴Der Gerichtsvollzieher trägt deshalb bei Vollstreckungshandlungen die vollstreckbare Ausfertigung stets bei sich und zeigt sie auf Verlangen vor (§§ 754, 755 ZPO).

   ⁵Hat der Schuldner nur gegen Aushändigung einer Urkunde zu leisten, z.B. eines Wechsels, einer Anweisung oder eines Orderpapiers, so muss sich der Gerichtsvollzieher vor Beginn der Zwangsvollstreckung auch diese Urkunde aushändigen lassen.

4. ¹Bei der Zwangsvollstreckung aus einer Urteilsausfertigung, auf die ein Kostenfestsetzungsbeschluss gesetzt ist (§§ 105, 795a ZPO), hat der Gläubiger zu bestimmen, ob aus beiden oder nur aus einem der beiden Schuldtitel vollstreckt werden soll. ²Hat der Gläubiger keine Bestimmung getroffen, so vollstreckt der Gerichtsvollzieher aus beiden Schuldtiteln. ³Das Urteil eines Arbeitsgerichts, in dem auch der Betrag der Kosten nach § 61 Abs. 1 ArbGG festgestellt ist, bildet einen einheitlichen Titel.

5. ¹Verlangen der Gläubiger oder sein mit Vollmacht versehener Vertreter ihre Zuziehung zur Zwangsvollstreckung, so benachrichtigt der Gerichtsvollzieher sie rechtzeitig von dem Zeitpunkt der Vollstreckung. ²In ihrer Abwesenheit darf der Gerichtsvollzieher erst nach Ablauf der festgesetzten Zeit mit der Zwangsvollstreckung beginnen, es sei denn, dass gleichzeitig für einen anderen Gläubiger gegen den

GVGA (Auszug)

Schuldner vollstreckt werden soll. ³Der Gläubiger oder sein Vertreter sind in der Benachrichtigung hierauf hinzuweisen. ⁴Leistet der Schuldner gegen die Zuziehung des Gläubigers Widerstand, so gilt § 108 entsprechend. ⁵Ein selbständiges Eingreifen des Gläubigers oder seines Bevollmächtigten in den Gang der Vollstreckungshandlung, z.B. das Durchsuchen von Behältnissen, darf der Gerichtsvollzieher nicht dulden.

§ 63 GVGA Aufträge zur Vollstreckung gegen vermögenslose Schuldner

1. ¹Hat der Gerichtsvollzieher begründeten Anhalt dafür, dass die Zwangsvollstreckung fruchtlos verlaufen werde, so sendet er dem Gläubiger unverzüglich den Schuldtitel mit einer entsprechenden Bescheinigung zurück, wenn der Gläubiger nicht zugleich einen Auftrag zur Abnahme der eidesstattlichen Versicherung erteilt hat. ²Dabei teilt er dem Gläubiger mit, dass er den Auftrag zur Vermeidung unnötiger Kosten als zurückgenommen betrachtet. ³Hat der Gläubiger den Gerichtsvollzieher zugleich beauftragt, dem Schuldner die eidesstattliche Versicherung abzunehmen, bescheinigt der Gerichtsvollzieher die Voraussetzungen nach Satz 1 zu den Akten und gibt den Schuldtitel nach Erledigung des Verfahrens auf Abnahme der eidesstattlichen Versicherung zurück.

   ⁴Die Erwartung, dass die Vollstreckung fruchtlos verlaufen werde, kann insbesondere begründet sein, wenn Zwangsvollstreckungen gegen den Schuldner in den letzten drei Monaten fruchtlos verlaufen sind.

   ⁵War der Gerichtsvollzieher auch beauftragt, dem Schuldner den Schuldtitel zuzustellen, so führt er diesen Auftrag aus.

2. Die Bestimmungen zu Nr. 1 gelten nicht, wenn der Wunsch des Gläubigers auf Ausführung des Auftrags aus der Sachlage hervorgeht (z.B. der Pfändungsauftrag zum Zwecke des Neubeginns der Verjährung erteilt ist) oder wenn das Gläubigerinteresse an der Ermittlung von Drittschuldnern ersichtlich oder zu unterstellen ist.

§ 64 GVGA Frist für die Bearbeitung der Aufträge

¹Der Gerichtsvollzieher führt die Zwangsvollstreckung schnell und nachdrücklich durch. ²Die Frist für die Bearbeitung eines Vollstreckungsauftrags ergibt sich aus der Sachlage im Einzelfall; so kann es angebracht sein, einen Pfändungsauftrag umgehend auszuführen, um den Rang des Pfändungsrechts zu sichern. ³Aufträge zur Vollziehung von einstweiligen Verfügungen nach § 940a ZPO oder zur Vollziehung von einstweilen Anordnungen, die das Familiengericht in Verfahren nach den §§ 1 und 2 des Gewaltschutzgesetzes erlassen hat, sind umgehend auszuführen, insbesondere, wenn das Gericht gemäß § 64b Abs. 3 Satz 3 FGG die Vollziehung der einstweiligen Anordnung vor ihrer Zustellung an den Antragsgegner angeordnet hat.

⁴Erfolgt die erste Vollstreckungshandlung nicht innerhalb eines Monats, so ist der Grund der Verzögerung aktenkundig zu machen.

§ 65 GVGA Zeit der Zwangsvollstreckung
(§ 758a Abs. 4 ZPO)

1. ¹An Sonntagen und allgemeinen Feiertagen sowie zur Nachtzeit (§ 8) darf der Gerichtsvollzieher außerhalb von Wohnungen (§ 107 Nr. 1 Abs. 2) Zwangsvollstreckungshandlungen vornehmen, wenn dies weder für den Schuldner noch für die Mitgewahrsamsinhaber eine unbillige Härte darstellt und wenn der zu erwartende Erfolg in keinem Missverhältnis zu dem Eingriff steht. ²Zuvor soll der Gerichtsvollzieher in der Regel wenigstens einmal zur Tageszeit an einem gewöhnlichen Wochentag die Vollstreckung vergeblich versucht haben.

2. ¹In Wohnungen darf der Gerichtsvollzieher an Sonntagen und allgemeinen Feiertagen sowie zur Nachtzeit (§ 8) nur aufgrund einer besonderen richterlichen Anord-

nung vollstrecken. ²Dies gilt auch dann, wenn die Vollstreckungshandlung auf die Räumung oder Herausgabe von Räumen und auf die Vollstreckung eines Haftbefehls nach § 901 ZPO gerichtet ist.

³Die Anordnung erteilt der Richter bei dem Amtsgericht, in dessen Bezirk die Vollstreckungshandlung vorgenommen werden soll. ⁴Es ist Sache des Gläubigers, die Anordnung zu erwirken. Die Anordnung ist bei der Zwangsvollstreckung vorzuzeigen; dies ist im Protokoll über die Zwangsvollstreckungshandlung zu vermerken.

⁵Die erteilte Anordnung gilt, soweit aus ihrem Inhalt nichts anderes hervorgeht, nur für die einmalige Durchführung der Zwangsvollstreckung. ⁶Sie umfasst die Erlaubnis zur Durchsuchung der Wohnung, falls die Vollstreckungshandlung eine solche erfordert. ⁷Es besteht keine gesetzliche Bestimmung, die es dem Gerichtsvollzieher ausdrücklich gestattet, eine zur Tageszeit in einer Wohnung begonnene Vollstreckung nach Beginn der Nachtzeit weiterzuführen. ⁸Daher empfiehlt es sich, die Anordnung des Richters bei dem Amtsgericht vorsorglich einholen zu lassen, wenn zu erwarten ist, dass eine Vollstreckung nicht vor Beginn der Nachtzeit beendet werden kann.

3. Bei Vollziehung von Aufträgen der Steuerbehörde zur Nachtzeit sowie an Sonntagen und allgemeinen Feiertagen ist gemäß § 289 Abs. 1, 2 AO die schriftliche Erlaubnis der Vollstreckungsbehörde erforderlich. Nr. 2 Abs. 2 Satz 3 gilt entsprechend.

§ 65a GVGA   Unterrichtung des Gläubigers

¹Der Gerichtsvollzieher unterrichtet den Gläubiger über die Erledigung des Auftrages zur Zwangsvollstreckung. ²Soweit dafür Vordrucke amtlich festgestellt sind, hat der Gerichtsvollzieher sie zu benutzen.

§ 66 GVGA   Allgemeines

1. Die Zwangsvollstreckung ist nur zulässig, wenn folgende Voraussetzungen erfüllt sind:
   a) ein Schuldtitel zugrunde liegt (§§ 67–71),
   b) die Ausfertigung des Schuldtitels vorschriftsmäßig mit der Vollstreckungsklausel versehen ist (vollstreckbare Ausfertigung, §§ 72–75),
   c) vor Beginn der Zwangsvollstreckung sämtliche Urkunden zugestellt sind, welche die rechtliche Grundlage für die Zwangsvollstreckung bilden (§§ 76–79).
2. Die nach § 801 ZPO zulässigen landesrechtlichen Schuldtitel bedürfen der Vollstreckungsklausel, sofern die Gesetze des Landes, in dem der Titel errichtet ist, nichts anderes bestimmen.
3. ¹Vollstreckungsbescheide, Arrestbefehle und einstweilige Verfügungen (nicht jedoch einstweilige Anordnungen nach §§ 127a, 620, 620b, 621f, 621g ZPO) sind ohne Vollstreckungsklausel zur Zwangsvollstreckung geeignet. ²Eine besondere Klausel ist nur nötig, wenn die Zwangsvollstreckung für einen anderen als den ursprünglichen Gläubiger oder gegen einen anderen als den ursprünglichen Schuldner erfolgen soll (vgl. ³§§ 796, 929, 936 ZPO). ⁴Pfändungsbeschlüsse im Fall des § 830 Abs. 1 ZPO, Überweisungsbeschlüsse nach § 836 Abs. 3 ZPO und Haftbefehle nach § 901 ZPO bedürfen ebenfalls keiner Vollstreckungsklausel.
4. ¹Die Zwangsvollstreckung aus einem Kostenfestsetzungsbeschluss, der gemäß § 105 ZPO auf das Urteil gesetzt ist, erfolgt auf Grund der vollstreckbaren Ausfertigung des Urteils. ²Einer besonderen Vollstreckungsklausel für den Festsetzungsbeschluss bedarf es nicht (§ 795a ZPO).

§ 67 GVGA   Schuldtitel nach der Zivilprozessordnung

1. Die Zwangsvollstreckung findet nach der ZPO insbesondere aus folgenden Schuldtiteln statt:

GVGA (Auszug)

a) aus Endurteilen und Vorbehaltsurteilen deutscher Gerichte, die rechtskräftig oder für vorläufig vollstreckbar erklärt sind (§§ 704, 300, 301, 302 Abs. 3, 599 Abs. 3 ZPO),
b) aus Arresten und einstweiligen Verfügungen (§§ 922, 928, 936 ZPO),
c) aus den in § 794 Abs. 1 ZPO bezeichneten Entscheidungen und vollstreckbaren Urkunden.
2. Zu den im § 794 Abs. 1 Nr. 3 ZPO genannten Titeln gehören auch Entscheidungen, gegen welche die Beschwerde gegeben wäre, wenn sie von einem Gericht erster Instanz erlassen worden wären.
Beispiele für beschwerdefähige Entscheidungen sind:
a) die Kostenentscheidungen nach § 91a ZPO,
b) die Anordnung der Rückgabe einer Sicherheit (§§ 109 Abs. 2, 715 ZPO),
c) die Anordnung von Zwangsmaßnahmen nach den §§ 887 ff. ZPO,
d) das Zwischenurteil nach § 135 ZPO.

§ 68 GVGA Schuldtitel nach anderen Gesetzen

Aus anderen Gesetzen sind folgende Schuldtitel hervorzuheben:
1. gerichtliche Beschlüsse und Vergleiche in Landwirtschaftssachen (§ 31 des Gesetzes über das gerichtliche Verfahren in Landwirtschaftssachen vom 21. 7.1953 – BGBl. I S. 667 ff. –),
2. rechtskräftige Entscheidungen, gerichtliche Vergleiche und einstweilige Anordnungen nach § 45 Abs. 3 des Wohnungseigentumsgesetzes,
3. Entscheidungen, Vergleiche und einstweilige Anordnungen auf Grund der §§ 13 Abs. 3 und 4, 16 und 18a der 6. DVO zum Ehegesetz betr. die Behandlung der Ehewohnung und des Hausrats vom 21. 10.1944 (RGBl. I S. 256) in der jeweils geltenden Fassung,
4. rechtskräftig bestätigte vorgängige Vereinbarungen oder Auseinandersetzungen nach den §§ 98, 99 FGG,
5. rechtskräftig bestätigte Dispachen (§ 158 Abs. 2 FGG),
6. Vergütungsfestsetzungen nach den §§ 35 Abs. 3, 85 Abs. 3, 104 Abs. 6, 142 Abs. 6,147 Abs. 3,163 Abs. 4, 258 Abs. 5, 265 Abs. 4, 336 Abs. 1 Satz 4, 350 Abs. 4 AktG und nach § 33 Abs. 2 des Gesetzes über die Umwandlung von Kapitalgesellschaften und bergrechtlichen Gewerkschaften vom 6. 11. 1969 (BGBl. I S. 2081),
7. rechtskräftige gerichtliche Entscheidung in Vertragshilfesachen, sofern das Gericht ihre Vollstreckbarkeit nicht ausgeschlossen hat (§ 16 des Vertragshilfegesetzes vom 26. 3. 1952 – BGBl. I S. 198 –),
8. Zuschlagsbeschlüsse im Zwangsversteigerungsverfahren (§§ 93, 118, 132 ZVG),
9. bestätigte Vergleiche nach § 85 *VerglO*,
10. Beschlüsse über die Eröffnung des Konkursverfahrens (§ 109 KO) und der Gesamtvollstreckung (§ 5 GesO), Eintragungen in die Konkurstabelle nach § 164 Abs. 2 KO und Ausfertigungen aus dem bestätigten Forderungsverzeichnis nach § 18 Abs. 2 Satz 2 GesO,
11. rechtskräftig bestätigte Zwangsvergleiche in Konkursverfahren (§ 194 KO) oder Gesamtvollstreckungsverfahren (§ 16 GesO),
12. für vollstreckbar erklärte Vorschuss-, Zusatz- und Nachschussberechnungen (§§ 105–115d GenG),
13. Entscheidungen in Strafsachen, durch die der Verfall einer Sicherheit ausgesprochen ist (§ 124 StPO),
14. Entscheidungen über die Entschädigung des Verletzten im Strafverfahren (§§ 406, 406b StPO),
15. Entscheidungen der Gerichte in Arbeitssachen (§§ 62, 64 Abs. 3, 85, 87 Abs. 2, 92 Abs. 2 ArbGG) und der Gerichte der Sozialgerichtsbarkeit (§ 199 SGG),

Anhang

16. gerichtliche Vergleiche, Schiedssprüche und Schiedsvergleiche in Arbeitsstreitigkeiten (§§ 54 Abs. 2, 62, 109 ArbGG) sowie Anerkenntnisse und gerichtliche Vergleiche nach § 199 Abs. 1 Nr. 2 SGG,
17. Widerrufbescheide der Entschädigungsbehörden, soweit die Entscheidungsformel die Verpflichtung zur Rückzahlung bestimmter Beträge enthält (§ 205 des Bundesentschädigungsgesetzes in der Fassung vom 29. 6. 1956 (BGBl. I S. 562),
18. Verwaltungsakte nach dem Sozialgesetzbuch gem. § 66 Abs. 4 SGB – Verwaltungsverfahren – (SGB X),
19. Vergleiche vor den Einigungsstellen in Wettbewerbssachen (§ 27a Abs. 7 UWG),
20. vom Präsidenten der Notarkammer ausgestellte, mit der Bescheinigung der Vollstreckbarkeit und dem Siegel der Notarkammer versehene Zahlungsaufforderungen wegen rückständiger Beiträge (§ 73 Abs. 2 BNotO), wegen der von der Notarkammer festgesetzten Zwangsgelder (§ 74 Abs. 2 BNotO) oder wegen der der Notarkammer zukommenden Beträge aus Notariatsverwaltungen (§ 59 Abs. 1 Satz 3 BNotO); ferner die vom Präsidenten der Notarkammer in München ausgestellten, mit der Bescheinigung der Vollstreckbarkeit versehenen Zahlungsaufforderungen wegen rückständiger Abgaben (§ 113 Abs. 7 Satz 3 BNotO) oder wegen der der Notarkasse zukommenden Beträge aus Notariatsverwaltungen (§ 113 Abs. 3 Nr. 9 in Verbindung mit § 59 Abs. 1 Satz 3 BNotO),
21. vom Schatzmeister der Rechtsanwaltskammer erteilte, mit der Bescheinigung der Vollstreckbarkeit versehene beglaubigte Abschriften der Bescheide des Vorstandes der Rechtsanwaltskammer über die Festsetzung eines Zwangsgeldes (§ 57 Abs. 4 BRAO) und vom Schatzmeister der Patentanwaltskammer erteilte, mit der Bescheinigung der Vollstreckbarkeit versehene beglaubigte Abschriften der Bescheide des Vorstandes der Patentanwaltskammer über die Festsetzung eines Zwangsgeldes (§ 50 Abs. 6 Patentanwaltsordnung vom 7. 9. 1966 – BGBl. I S. 557 ff. –),
22. vom Schatzmeister der Rechtsanwaltskammer ausgestellte, mit der Bescheinigung der Vollstreckbarkeit versehene Zahlungsaufforderungen wegen rückständiger Beiträge (§ 84 Abs. 1 BRAO) und vom Schatzmeister der Patentanwaltskammer ausgestellte, mit der Bescheinigung der Vollstreckbarkeit versehene Zahlungsaufforderungen wegen rückständiger Beiträge (§ 77 Abs. 1 Patentanwaltsordnung),
23. vom Vorsitzenden der Kammer des Anwaltsgerichts erteilte, mit der Bescheinigung der Rechtskraft versehene beglaubigte Abschriften der Entscheidungsformel über die Verhängung einer Geldbuße und der Kostenfestsetzungsbeschlüsse in Verfahren vor dem Anwaltsgericht (§§ 204 Abs. 3, 205 Abs. 1 BRAO),
24. Kostenfestsetzungs- und Kostenerstattungsbeschlüsse im Verfahren betr. Todeserklärungen (§ 38 VerschG),
25. Kostenfestsetzungsbeschlüsse in Strafsachen (§ 464b StPO),
26. gerichtliche Kostenfestsetzungsbeschlüsse in Bußgeldsachen (§ 46 Abs. 1 OWiG in Verbindung mit § 464b StPO),
27. Kostenfestsetzungsbeschlüsse nach § 19 der Bundesgebührenverordnung für Rechtsanwälte.
28. mit der Vollstreckungsklausel versehene Ausfertigungen der Kostenberechnungen der Notare und Notariatsverwalter (§ 155 KostO, § 58 Abs. 2 und 3 BNotO),
29. von einem Beamten oder Angestellten des Jugendamts aufgenommene und mit der Vollstreckungsklausel versehene Urkunden, welche die Verpflichtung zur Erfüllung von Unterhaltsansprüchen eines Kindes, zur Leistung einer an Stelle des Unterhalts zu gewährenden Abfindung o. zur Erfüllung von Ansprüchen einer Frau nach den §§ 1615k u. 1615l BGB (Entbindungskosten u. Unterhalt) zum Gegenstand haben (§ 59 Abs. 1 Nrn. 3 u. 4, § 60 Abs. 1 SGB VIII),
30. mit der Vollstreckungsklausel versehene Ausfertigungen von Niederschriften und Festsetzungsbescheiden einer Wasser- und Schifffahrtsdirektion (§ 38 des Bundeswasserstraßengesetzes vom 2. 4. 1968 – BGBl. II S. 173 –),

GVGA (Auszug)

31. Niederschriften über die Einigung und Festsetzungsbescheide über Entschädigung und Ersatzleistung nach § 52 BLG,
32. Niederschriften über eine Einigung und Beschlüsse über Leistungen, Geldentschädigungen oder Ausgleichszahlungen nach § 122 BauGB,
33. Niederschriften über eine Einigung und Entscheidungen über Entschädigungsleistungen oder sonstige Leistungen nach § 104 BBergG,
34. rechtskräftig bestätigter Insolvenzplan in Verbindung mit der Eintragung in die Tabelle (§ 257 InsO),
35. Eintragungen in die Insolvenztabelle nach § 201 Abs. 2 InsO,
36. Beschlüsse über die Eröffnung des Insolvenzverfahrens (§§ 34, 148 InsO),
37. Auszug aus dem Schuldenbereinigungsplan in Verbindung mit dem Feststellungsbeschluss des Insolvenzgerichts nach § 308 Abs. 1 InsO,
38. Entscheidungen und einstweilige Anordnungen in Verfahren nach §§ 1 und 2 des Gewaltschutzgesetzes.

§ 74 GVGA   Prüfungspflicht des Gerichtsvollziehers

1. ^{1}Der Gerichtsvollzieher prüft in jedem Fall sorgfältig die Notwendigkeit (vgl. § 66), das Vorhandensein, die Form und den Wortlaut der Vollstreckungsklausel. ^{2}Das Zeugnis über die Rechtskraft (§ 706 ZPO) ersetzt die Vollstreckungsklausel nicht.
2. Sind in dem Schuldtitel oder in der Vollstreckungsklausel Beschränkungen ausgesprochen, etwa hinsichtlich des Gegenstandes der Zwangsvollstreckung oder des beizutreibenden Betrags, so darf der Gerichtsvollzieher bei seiner Vollstreckungstätigkeit die Grenzen nicht überschreiten, die ihm hierdurch gezogen sind.

§ 76 GVGA   Allgemeines

1. ^{1}Vor Beginn einer jeden Zwangsvollstreckung prüft der Gerichtsvollzieher, ob dem Schuldner sämtliche Urkunden zugestellt sind, welche die rechtliche Grundlage für die Zwangsvollstreckung bilden. ^{2}Nötigenfalls stellt der Gerichtsvollzieher diese Urkunden selbst zu.
2. Die Zustellung auf Betreiben des Gläubigers ist entbehrlich, soweit die Urkunden zulässigerweise schon von Amts wegen zugestellt sind und die Zustellung dem Gerichtsvollzieher nachgewiesen wird.
3. Die Zustellung von Entscheidungen des Familiengerichts in Verfahren nach den §§ 1 und 2 des Gewaltschutzgesetzes und in solchen Verfahren erlassenen einstweiligen Anordnungen erfolgt erst nach deren Vollziehung, wenn das Gericht gemäß § 64b Abs. 2 Satz 2 FGG oder § 64b Abs. 3 Satz 3 FGG die Zulässigkeit der Vollziehung vor der Zustellung an den Antragsgegner, das heißt den Schuldner, angeordnet hat.

§ 77 GVGA   Die zuzustellenden Urkunden

1. ^{1}Der Schuldtitel muss dem Schuldner und den zur Duldung der Zwangsvollstreckung verurteilten Personen zugestellt sein, sofern nicht in den §§ 178, 185, 192 etwas anderes bestimmt ist. ^{2}Dies gilt nicht, wenn das Familiengericht gemäß § 64b Abs. 2 Satz 2 FGG oder § 64b Abs. 3 Satz 3 FGG für Entscheidungen in Verfahren nach den §§ 1 und 2 des Gewaltschutzgesetzes oder für in solchen Verfahren erlassenen einstweiligen Anordnungen die Zulässigkeit der Vollziehung vor der Zustellung an den Antragsgegner, das heißt den Schuldner, angeordnet hat. ^{3}Die Vollstreckungsklausel braucht nur zugestellt zu werden,
   a) wenn sie für oder gegen einen Rechtsnachfolger oder für oder gegen andere als die ursprüngliche Partei erteilt worden ist (z.B. Erben, Nacherben, Testamentsvollstrecker, Übernehmer eines Vermögens oder eines Handelsgeschäfts, Nießbraucher, Ehegatten, Abkömmlinge),

b) wenn es sich um ein Urteil handelt, dessen Vollstreckung von dem durch den Gläubiger zu beweisenden Eintritt einer anderen Tatsache als einer dem Gläubiger obliegenden Sicherheitsleistung abhängt, so dass die Vollstreckungsklausel erst erteilt werden konnte, nachdem dieser Nachweis geführt war (§ 726 Abs. 1 ZPO),

c) wenn die Sicherungsvollstreckung nach § 720a ZPO beantragt wird (§ 750 Abs. 3 ZPO).

2. ¹Ist die Vollstreckungsklausel in den zu Nr. 1 bezeichneten Fällen auf Grund öffentlicher oder öffentlich beglaubigter Urkunden erteilt worden, so müssen außer der Vollstreckungsklausel auch diese Urkunden zugestellt werden (§ 750 Abs. 2 ZPO). ²Jedoch bedarf es keiner Zustellung der das Rechtsnachfolgeverhältnis beweisenden öffentlichen oder öffentlich beglaubigten Urkunden, wenn der Eigentümer eines Grundstücks sich in einer Urkunde nach § 794 Abs. 1 Nr. 5 ZPO wegen einer auf dem Grundstück lastenden Hypothek, Grundschuld oder Rentenschuld der sofortigen Zwangsvollstreckung unterworfen hat und der Rechtsnachfolger des Gläubigers, dem auf Grund der Rechtsnachfolge eine vollstreckbare Ausfertigung der Urkunde erteilt ist, im Grundbuch als Gläubiger eingetragen steht. ³Dasselbe gilt, wenn sich der Eigentümer wegen der Hypothek, Grundschuld oder Rentenschuld der sofortigen Zwangsvollstreckung in der Weise unterworfen hat, dass die Zwangsvollstreckung gegen den jeweiligen Eigentümer des Grundstücks zulässig sein soll, sofern die Unterwerfung im Grundbuch vermerkt ist und der Rechtsnachfolger, gegen den die Vollstreckungsklausel erteilt ist, im Grundbuch als Eigentümer eingetragen steht (§§ 799, 800 ZPO).

3. ¹Hängt die Vollstreckung von einer Sicherheitsleistung des Gläubigers ab, so muss die öffentliche oder öffentlich beglaubigte Urkunde, aus der sich die Sicherheitsleistung ergibt, ebenfalls zugestellt werden (§ 751 Abs. 2 ZPO).

²Wird die Sicherheitsleistung durch Bankbürgschaft erbracht, ist dem Gegner das Original der Bürgschaftsurkunde zu übergeben.

4. ¹Hat der Schuldner Zug um Zug gegen eine von dem Gläubiger zu bewirkende Gegenleistung zu erfüllen, so müssen auch die öffentlichen oder öffentlich beglaubigten Urkunden zugestellt werden, aus denen sich ergibt, dass der Schuldner wegen der Gegenleistung befriedigt oder dass er im Annahmeverzug ist. ²Dies gilt nicht, wenn der Gerichtsvollzieher die Gegenleistung selbst anbietet (§ 756 ZPO).

§ 78 GVGA   Zeitpunkt der Zustellung

1. Alle Urkunden, welche die rechtliche Grundlage für die Zwangsvollstreckung bilden, müssen spätestens bis zum Beginn der Vollstreckung zugestellt sein.

2. Die Zwangsvollstreckung aus den folgenden Schuldtiteln darf nur beginnen, wenn der Titel mindestens zwei Wochen vorher zugestellt ist:

   a) Aus einem Kostenfestsetzungsbeschluss, der nicht auf das Urteil gesetzt ist, aus Beschlüssen nach § 794 Abs. 1 Nr. 2a ZPO und nach § 794 Abs. 1 Nr. 4b ZPO sowie aus den nach § 794 Abs. 1 Nr. 5 ZPO aufgenommenen Urkunden (§ 798 ZPO);

   b) aus Kostenentscheidungen ausländischer Gerichte, die auf Grund zwischenstaatlicher Vereinbarungen und der Ausführungsgesetze hierzu für vollstreckbar erklärt wurden, für die mit der Vollstreckungsklausel des Notars oder Notariatsverwalters versehenen Ausfertigungen seiner Kostenberechnungen (§ 155 KostO, § 58 Abs. 2 und 3 BNotO);

   c) aus der in § 68 Nr. 22 aufgeführten vom Schatzmeister der Rechtsanwaltskammer bzw. Patentanwaltskammer ausgestellten vollstreckbaren Zahlungsaufforderung (§ 84 Abs. 2 BRAO, § 77 Abs. 2 PatAO).

3. Die Sicherungsvollstreckung nach § 720a ZPO darf nur beginnen, wenn das Urteil und die Vollstreckungsklausel mindestens zwei Wochen vorher zugestellt sind (§ 750 Abs. 3 ZPO).

GVGA (Auszug)

4. Die Zwangsvollstreckung aus der Niederschrift über die Einigung nach § 38 des Bundeswasserstraßengesetzes vom 2. 4. 1968 (BGBl. I S. 173) findet statt, wenn die vollstreckbare Ausfertigung mindestens eine Woche vorher zugestellt ist.

§ 79 GVGA Zustellung an den Prozessbevollmächtigten
(§ 172 ZPO)

[1]Hat der Schuldner einen Prozessbevollmächtigten bestellt, müssen die Zustellungen an den für den Rechtszug bestellten Prozessbevollmächtigten erfolgen. [2]Das Verfahren vor dem Vollstreckungsgericht gehört zum ersten Rechtszug. [3]Entsprechendes gilt auch für die Zwangsvollstreckung aus rechtskräftigen Urteilen.

§ 81 GVGA Allgemeines

[1]Diejenige Amtsstelle, der die Erteilung der Vollstreckungsklausel oder die Anordnung ihrer Erteilung obliegt, hat in der Regel zu prüfen, ob die Zwangsvollstreckung aus dem Schuldtitel betrieben werden darf. [2]Durch die Erteilung der Vollstreckungsklausel wird also dargetan, dass die Zwangsvollstreckung aus dem Schuldtitel zulässig ist. [3]In Ausnahmefällen ist jedoch der Gerichtsvollzieher verpflichtet, über die Zulässigkeit der Zwangsvollstreckung nach Feststellung des Sachverhalts selbständig zu entscheiden. [4]Er hat in diesen Fällen gewisse Voraussetzungen selbständig festzustellen, vor deren Eintritt zwar die Vollstreckungsklausel erteilt, die Zwangsvollstreckung aber nicht begonnen werden darf. [5]Das Nähere hierüber bestimmen die folgenden §§ 82–85.

§ 82 GVGA Abhängigkeit des Anspruchs von dem Eintritt eines bestimmten Kalendertages
(§ 751 Abs. 1 ZPO)

[1]Ist die dem Schuldner obliegende Leistung in dem Schuldtitel von dem Eintritt eines bestimmten Kalendertages oder einer bestimmten Tageszeit abhängig gemacht, so darf der Gerichtsvollzieher mit der Zwangsvollstreckung erst beginnen, wenn der für die Leistung bestimmte Kalendertag oder die bestimmte Stunde abgelaufen ist. [2]Ist z.B. der Schuldner verurteilt, am 15. Mai 300 DM zu zahlen, so ist eine Vollstreckungshandlung frühestens am 16. Mai zulässig. [3]Ebenso muss der Ablauf einer Frist abgewartet werden, die dem Schuldner im Urteil zur Leistung bestimmt ist (z.B. einer Räumungsfrist nach § 721 ZPO).

§ 83 GVGA Abhängigkeit der Zwangsvollstreckung von einer Sicherheitsleistung des Gläubigers
(§ 751 Abs. 2, § 752 ZPO)

1. [1]Ist die Vollstreckung davon abhängig gemacht, dass der Gläubiger eine Sicherheit leistet, so darf der Gerichtsvollzieher mit der Zwangsvollstreckung erst beginnen oder sie fortsetzen, wenn ihm die Sicherheitsleistung durch eine öffentliche oder öffentlich beglaubigte Urkunde nachgewiesen ist. [2]Wegen der Zustellung dieser Urkunde vgl. § 77 Nr. 3.
2. [1]Beabsichtigt der Gläubiger im Fall der Nr. 1 nur wegen eines bezifferten oder ohne weiteres bezifferbaren Teilbetrages einer Geldforderung zu vollstrecken, so hat er die entsprechende Teilsicherheitsleistung nachzuweisen. [2]Der Gerichtsvollzieher prüft, ob die geleistete Teilsicherheit für die beantragte Teilvollstreckung ausreicht, andernfalls führt er die Teilvollstreckung nur in der Höhe aus, die der Teilsicherheit entspricht. [3]Bei der Berechnung ist von der in dem Urteil angegebenen Gesamtsicherheit (auch bei weiteren Teilvollstreckungen) und von dem Gesamtbetrag der Vollstreckungsforderung zur Zeit der Auftragserteilung, der sich aus der von dem Gläubiger vorzulegenden Forderungsaufstellung ergibt, auszugehen. [4]Der Gläubiger kann

mehrfach Teilvollstreckung bei Nachweis weiterer Teilsicherheiten verlangen. ⁵Ist bei einer Verurteilung zu verschiedenartigen Leistungen die Gesamtsicherheit für die Geldleistung nicht gesondert ausgewiesen, kommt eine Teilvollstreckung gegen Teilsicherheitsleistung nicht in Betracht.

⁶Die Höhe des zulässigen Betrages für eine Teilvollstreckung errechnet sich wie folgt:

$$\frac{\text{Teilsicherheitsleistung} \times \text{Gesamtbetrag der zu vollstreckenden Forderung}}{\text{Gesamtsicherheitsleistung}}$$

⁷Die Höhe einer Teilsicherheitsleistung kann wie folgt errechnet werden:

$$\frac{\text{Zu vollstreckender Teilbetrag} \times \text{Gesamtsicherheitsleistung}}{\text{Gesamtbetrag der zu vollstreckenden Forderung}}$$

⁸Soweit der Gerichtsvollzieher die Teilvollstreckung durchführt, vermerkt er dies zusammen mit Art, Höhe und Datum der geleisteten Sicherheit und – bei der ersten Teilvollstreckung – mit dem Gesamtbetrag der zu vollstreckenden Forderung auf dem Titel.

⁹Eine Teilvollstreckung ist auch bei einer entsprechenden Gegensicherheitsleistung des Gläubigers im Falle des § 711 Satz 1 ZPO möglich.

3. ¹Enthält der Schuldtitel keine Bestimmung über die Art der Sicherheit, so ist die Sicherheitsleistung durch die schriftliche, unwiderrufliche, unbedingte und unbefristete Bürgschaft eines im Inland zum Geschäftsbetrieb befugten Kreditinstituts oder durch Hinterlegung von Geld oder geeigneten Wertpapieren zu bewirken (§ 108 ZPO), sofern die Parteien nichts anderes vereinbart haben. ²Geeignete Wertpapiere sind nur Inhaber- oder mit Blankoindossament versehene Orderpapiere, die einen Kurswert haben und einer Gattung angehören, in der Mündelgeld angelegt werden darf (§ 108 ZPO; § 234 Abs. 1 BGB).

³Mit Wertpapieren kann nur in Höhe von 3 Vierteilen ihres Kurswertes Sicherheit geleistet werden (§ 234 Abs. 3 BGB). ⁴Nicht zur Sicherheitsleistung geeignet sind Sparbücher und ähnliche Papiere, die nur eine Forderung beweisen, aber nicht Träger des Rechts sind (z.B. Depotscheine, Versicherungsscheine, Pfandscheine).

4. Ist die Sicherheit im Schuldtitel nach ihrer Art (z.B. durch Bankbürgschaft) oder nach dem Hinterlegungsort näher bestimmt, so prüft der Gerichtsvollzieher auch, ob diesen Erfordernissen genügt ist.

5. Der Postschein, der die Absendung an die Hinterlegungsstelle bescheinigt, genügt nicht zum Nachweis der Hinterlegung; es bedarf einer Bescheinigung der Hinterlegungsstelle.

6. Von dem Nachweis der Sicherheitsleistung hat der Gerichtsvollzieher abzusehen:
   a) wenn die Entscheidung rechtskräftig geworden ist und der Urkundsbeamte der Geschäftsstelle dies auf dem Schuldtitel bescheinigt hat,
   b) wenn ihm ein vorläufig vollstreckbares Urteil eines Oberlandesgerichts über die Verwerfung oder Zurückweisung der Berufung gegen das Urteil 1. Instanz vorgelegt wird,
   c) wenn ihm die Entscheidung eines Gerichts vorgelegt wird, durch die gemäß §§ 537, 558 und 718 ZPO die vorläufige Vollstreckbarkeit ohne Sicherheitsleistung angeordnet worden ist,
   d) wenn die Sicherungsvollstreckung betrieben wird (§§ 720a, 795 S. 2 ZPO).

§ 83a GVGA   Sicherungsvollstreckung

(§§ 720a, 795 S. 2, 930 ZPO)

1. Aus einem nur gegen Sicherheitsleistung vorläufig vollstreckbaren Urteil, durch das der Schuldner zur Leistung von Geld verurteilt ist, aus den auf solchen Urteilen beruhenden Kostenfestsetzungsbeschlüssen und Regelunterhaltsbeschlüssen (§ 794

GVGA (Auszug)

Abs. 1 Nrn. 2, 2a, §§ *642a–642d* ZPO) kann der Gläubiger die Zwangsvollstreckung ohne Sicherheitsleistung insoweit betreiben, als bewegliches Vermögen gepfändet wird.

2. Hinsichtlich der Zustellung der Klausel und der Wartefrist hat der Gerichtsvollzieher die §§ 77 Nr. 1 und 78 Nr. 3 zu beachten.
3. Eine Befriedigung aus den gepfändeten Gegenständen ist vor Rechtskraft der Entscheidung nur nach Leistung der Sicherheit durch den Gläubiger möglich, wobei der Gerichtsvollzieher § 83 zu beachten hat.
4. Gepfändetes Geld und der in einem etwaigen Verteilungsverfahren auf den Gläubiger entfallende Betrag sind zu hinterlegen.
5. ¹Das Vollstreckungsgericht kann die Versteigerung und die Hinterlegung des Erlöses anordnen, wenn die gepfändeten Sachen der Gefahr einer beträchtlichen Wertminderung ausgesetzt sind oder wenn ihre Aufbewahrung unverhältnismäßig hohe Kosten verursachen würde. ²Erscheint ein Antrag auf Versteigerung erforderlich, so soll der Gerichtsvollzieher die Beteiligten darauf hinweisen.
6. ¹Der Schuldner ist jederzeit befugt, diese Sicherungsvollstreckung durch Leistung einer Sicherheit in Höhe des Hauptanspruches abzuwenden. ²Der Gerichtsvollzieher ist in diesem Falle verpflichtet, eine bereits erfolgte Pfändung aufzuheben (§§ 775 Nr. 3, 776 ZPO). ³Diese Abwendungsbefugnis kommt jedoch dann nicht in Betracht, wenn der Gläubiger seinerseits die ihm obliegende Sicherheit erbracht und der Gerichtsvollzieher § 83 beachtet hat.
7. ¹Im Gegensatz, zu den Befugnissen aus § 711 Satz 1 und § 712 Abs. 1 ZPO (vgl. § 83b) stehen Parteien die in den Nrn. 1 bis 6 bezeichneten Rechte kraft Gesetzes zu. ²Eines Ausspruchs im Tenor des Urteils bedarf es daher insoweit nicht.

§ 83b GVGA   Abwendungsbefugnis und Schutzantrag des Schuldners

(§§ 711, 712 Abs. 1, § 752 Satz 2 ZPO)

1. Nach § 711 ZPO ist die Abwendungsbefugnis des Schuldners in den Fällen des § 708 Nrn. 4 bis 11 ZPO und der Gegenvorbehalt des Gläubigers bei Urteilen, die ohne Sicherheitsleistung vorläufig vollstreckbar sind, von Amts wegen in den Tenor aufzunehmen.
2. ¹Hat der Schuldner die Sicherheit geleistet, ohne dass der Gläubiger seinerseits diese erbracht hat, stellt der Gerichtsvollzieher die Zwangsvollstreckung nach § 775 Nr. 3 ZPO ein. ²Dies gilt nur dann nicht, wenn dem Gläubiger nach § 711 Satz 3 in Verbindung mit § 710 ZPO gestattet ist, die Vollstreckung auch ohne Sicherheitsleistung durchzuführen.
3. ¹Haben beide Parteien keine Sicherheit geleistet, so hat der Gerichtsvollzieher die Zwangsvollstreckung mit der Maßgabe durchzuführen, dass gepfändetes Geld und der Erlös gepfändeter Gegenstände zu hinterlegen ist (§§ 720, 815 Abs. 3, 817 Abs. 4, 819 ZPO). ²Eine Befriedigung des Gläubigers erfolgt also nicht.
4. ¹Leistet der Schuldner die Sicherheit nach dem Beginn der Zwangsvollstreckung, gilt Nr. 2 entsprechend. ²Eine evtl. vorgenommene Pfändung hebt der Gerichtsvollzieher auf (§ 776 ZPO).
5. Leistet der Gläubiger zu einem späteren Zeitpunkt seinerseits Sicherheit, so setzt der Gerichtsvollzieher die Zwangsvollstreckung bis zur Befriedigung fort.
6. Handelt es sich um einen Herausgabetitel, so finden die vorstehenden Bestimmungen mit der Maßgabe entsprechende Anwendung, dass der Schuldner die Vollstreckung durch Hinterlegung der herauszugebenden Sache abwenden darf.
7. ¹Darüber hinaus kann dem Schuldner in den Fällen, in denen ein Urteil gegen oder ohne Sicherheitsleistung vorläufig vollstreckbar ist (§§ 708, 709 ZPO) nach § 712 Abs. 1 Satz 1 ZPO gestattet werden, die Zwangsvollstreckung durch Sicherheitsleistung abzuwenden. ²In den Fällen des § 709 ZPO hat der Schuldner, wenn ihm in dem Urteil eine Abwendungsbefugnis gemäß § 712 Abs. 1 Satz 1 ZPO eingeräumt ist und

der Gläubiger eine Teilvollstreckung (§ 83 Nr. 2) beantragt, die Möglichkeit, die Vollstreckung durch Leistung einer der beantragten Teilvollstreckung entsprechenden Teilsicherheit abzuwenden. ³Diese errechnet sich wie zu § 83 Nr. 2, wobei aber anstelle der Gesamtsicherheitsleistung des Gläubigers die des Schuldners in die Formel einzusetzen ist. ⁴Schon gepfändetes Geld oder der Erlös gepfändeter Gegenstände müssen dann in jedem Falle von dem Gerichtsvollzieher hinterlegt werden (§ 720 ZPO). ⁵Im Gegensatz zu § 711 Satz 1 ZPO führt die Sicherheitsleistung des Gläubigers nicht dazu, dass die Abwendungsbefugnis des Schuldners gegenstandslos wird.

8. Wird in einem Falle des § 712 Abs. 1 Satz 2 ZPO die Vollstreckbarkeit auf Maßnahmen nach § 720a Abs. 1, 2 ZPO beschränkt, findet § 83a Nrn. 4 und 5 entsprechende Anwendung.

9. Bei Herausgabetiteln, die dem Schuldner die Abwendung der Zwangsvollstreckung durch Hinterlegung der herauszugebenden Sachen gestatten, gilt Nr. 7 entsprechend.

§ 84 GVGA Abhängigkeit der Vollstreckung von einer Zug um Zug zu bewirkenden Gegenleistung

(§ 756 ZPO)

1. ¹Ist die dem Schuldner obliegende Leistung im Schuldtitel von einer Zug um Zug zu bewirkenden Gegenleistung des Gläubigers abhängig gemacht – z.B. der Beklagte ist verurteilt, an den Kläger 250 Euro gegen Übergabe eines näher bezeichneten Pferdes zu zahlen –, so erteilt der Urkundsbeamte der Geschäftsstelle die vollstreckbare Ausfertigung ohne Rücksicht auf die Gegenleistung. ²Der Gerichtsvollzieher darf aber die Zwangsvollstreckung erst beginnen, nachdem der Schuldner wegen der ihm gebührenden Gegenleistung befriedigt oder nachdem er in Annahmeverzug geraten ist. ³In Annahmeverzug kommt der Schuldner dadurch, dass er die ihm gehörig angebotene Gegenleistung nicht annimmt. ⁴Die Gegenleistung muss ihm tatsächlich angeboten werden. ⁵Jedoch genügt ein wörtliches Angebot,
   a) wenn zur Bewirkung der Gegenleistung eine Handlung des Schuldners erforderlich ist, insbesondere wenn er die geschuldete Sache abzuholen hat,
   b) wenn der Schuldner bereits erklärt hat, dass er die Gegenleistung nicht annehmen wolle,
   c) wenn der Schuldner zwar bereit ist, die Gegenleistung anzunehmen, aber zugleich bestimmt und eindeutig die Erfüllung der ihm obliegenden Verpflichtung verweigert.

   ⁶Dem Angebot der Gegenleistung steht die Aufforderung gleich, die zu Buchst. a bezeichnete Handlung vorzunehmen.

2. ¹Weist der Gläubiger dem Gerichtsvollzieher nicht durch öffentliche oder öffentlich beglaubigte Urkunden nach, dass er den Schuldner wegen der Gegenleistung befriedigt oder in Annahmeverzug gesetzt hat, so muss der Gerichtsvollzieher selbst dem Schuldner die Gegenleistung in einer den Annahmeverzug begründenden Weise anbieten, bevor er mit der Vollstreckung beginnen darf. ²Falls er von dem Gläubiger ausdrücklich beauftragt ist, die Gegenleistung tatsächlich anzubieten, müsste er in dem zu Nr. 1 erwähnten Beispiel das Pferd dem Schuldner bringen. ³Bei einem wörtlichen Angebot im Sinne der Nr. 1 Satz 5 Buchst. a) müsste der Gerichtsvollzieher den Schuldner zur Abholung des Pferdes auffordern, falls der Schuldner nach dem Schuldtitel zur Abholung verpflichtet ist.

   ⁴Der Gerichtsvollzieher überprüft dabei, ob die angebotene Gegenleistung richtig und vollständig ist. In dem angegebenen Beispiel überzeugt er sich also davon, dass das Pferd das im Schuldtitel bezeichnete ist.

   ⁵Unabhängig von den in Nr. 1 Satz 5 genannten Fällen kann der Gerichtsvollzieher mit der Zwangsvollstreckung immer dann beginnen, wenn der Schuldner auf das wörtliche Angebot des Gerichtsvollziehers erklärt, dass er die Leistung nicht annehmen werde, oder bestimmt und eindeutig die Erfüllung der ihm obliegenden Verpflichtung verweigert. ⁶Der Gerichtsvollzieher prüft die Ordnungsmäßigkeit der Gegenleistung des Gläubigers in diesem Fall nicht.

⁷In der Regel wird der Auftrag des Gläubigers an den Gerichtsvollzieher, dem Schuldner die Gegenleistung wörtlich anzubieten, in der schlüssigen Erklärung liegen, aus dem auf Zug-um-Zug-Leistung lautenden Schuldtitel zu vollstrecken. ⁸Im Zweifel fragt der Gerichtsvollzieher bei dem Gläubiger nach, ob der Auftrag auch das wörtliche Angebot der Gegenleistung an den Schuldner umfasst.

⁹Das Angebot und die Erklärung des Schuldners beurkundet der Gerichtsvollzieher in dem Pfändungsprotokoll oder in einem besonderen Protokoll (§§ 756, 762, 763 ZPO).

§ 85 GVGA   Zwangsvollstreckung bei Wahlschulden
(§§ 262–265 BGB)

¹Ist der Schuldtitel auf mehrere Leistungen des Schuldners in der Art gerichtet, dass die eine oder die andere zu bewirken ist (Wahlschuld), so ist zu unterscheiden, ob nach dem Schuldtitel der Gläubiger oder der Schuldner wahlberechtigt ist. ²Im Zweifel steht das Wahlrecht dem Schuldner zu.

³Steht dem Gläubiger das Wahlrecht zu oder hat der wahlberechtigte Schuldner die Wahl nicht vor dem Beginn der Zwangsvollstreckung vorgenommen, so kann der Gläubiger die Zwangsvollstreckung nach seiner Wahl auf die eine oder die andere Leistung richten. ⁴Das Wahlrecht des Gläubigers geht auf den Schuldner über, wenn der Gläubiger von seinem Wahlrecht innerhalb einer ihm von dem Schuldner gesetzten angemessenen Frist keinen Gebrauch macht (§ 264 Abs. 2 BGB).

⁵Der wahlberechtigte Schuldner kann sich durch eine der übrigen Leistungen von seiner Verbindlichkeit befreien, solange nicht der Gläubiger die gewählte Leistung ganz oder zum Teil empfangen hat (§ 264 Abs. 1 BGB).

§ 86 GVGA   Zwangsvollstreckung aus Schuldtiteln mit Lösungsbefugnis oder Verfallsklausel

1. ¹Ist nach dem Inhalt des Schuldtitels nur eine Leistung geschuldet, dem Schuldner aber nachgelassen, sich durch eine andere Leistung von seiner Verbindlichkeit zu befreien (Lösungs- oder Ersetzungsbefugnis), so muss der Gerichtsvollzieher die vom Schuldner angebotene Ersatzleistung annehmen (vgl. auch § 106 Nr. 2). ²Jedoch darf er die Zwangsvollstreckung, wenn sie erforderlich wird, nur auf die geschuldete Leistung richten. ³Hat sich der Schuldner z.B. in einer vollstreckbaren Urkunde zur Herausgabe einer Sache mit der Maßgabe verpflichtet, dass er sich durch Zahlung eines bestimmten Geldbetrages von dieser Verpflichtung befreien dürfe, so darf der Gerichtsvollzieher, wenn der Schuldner keine dieser beiden Leistungen erbringt, die dann notwendige Zwangsvollstreckung nur auf Herausgabe der Sache richten. ⁴Den Geldbetrag darf er auch dann nicht beitreiben, wenn die Zwangsvollstreckung auf Herausgabe fruchtlos verläuft.

2. ¹Enthält der Schuldtitel eine Verfallsklausel (z.B. die Bestimmung, dass die ganze Forderung fällig werde, wenn bestimmte Raten oder Zinsen nicht pünktlich gezahlt würden), so braucht sich der Gerichtsvollzieher vom Gläubiger nicht nachweisen zu lassen, dass die Voraussetzungen für die Fälligkeit eingetreten sind. ²Er richtet die Zwangsvollstreckung, wenn ihn der Gläubiger hierzu beauftragt, auf die gesamte im Titel bezeichnete Schuldsumme, sofern und soweit ihm der Schuldner ihre Zahlung oder Stundung nicht nach § 112 Nr. 1 Buchst. d oder e nachweist. ³Im übrigen verweist er den Schuldner mit seinen Einwendungen an das Prozessgericht (§§ 767, 769 ZPO).

§ 104 GVGA   Allgemeines

¹Bei der Zwangsvollstreckung wahrt der Gerichtsvollzieher neben dem Interesse des Gläubigers auch das des Schuldners, soweit dies ohne Gefährdung des Erfolgs der Zwangsvollstreckung geschehen kann. ²Er vermeidet jede unnötige Schädigung oder Eh-

renkränkung des Schuldners und die Erregung überflüssigen Aufsehens. ³Er ist darauf bedacht, dass nur die unbedingt notwendigen Kosten und Aufwendungen entstehen. ⁴Auf etwaige Wünsche des Gläubigers oder des Schuldners hinsichtlich der Ausführung der Zwangsvollstreckung nimmt der Gerichtsvollzieher Rücksicht, soweit es ohne überflüssige Kosten und Schwierigkeiten und ohne Beeinträchtigung des Zwecks der Vollstreckung geschehen kann.

§ 105 GVGA Leistungsaufforderung an den Schuldner

1. ¹Von der bevorstehenden Zwangsvollstreckung benachrichtigt der Gerichtsvollzieher den Schuldner vorher – unbeschadet des § 187 Nr. 1 Satz 2 – nur in den Fällen des § 180. ²Jedoch kann der Gerichtsvollzieher einen Schuldner vor der Vornahme einer Zwangsvollstreckung unter Hinweis auf die Kosten der Zwangsvollstreckung auffordern, binnen kurzer Frist zu leisten oder den Leistungsnachweis zu erbringen, wenn die Kosten der Zwangsvollstreckung in einem Missverhältnis zu dem Wert des Vollstreckungsgegenstandes stehen würden und der Gerichtsvollzieher mit gutem Grund annehmen kann, dass der Schuldner der Aufforderung entsprechen wird.
2. Trifft er nicht den Schuldner, aber eine erwachsene Person an, so weist er sich zunächst nur mit seinem Dienstausweis aus und befragt die Person, ob sie über das Geld des Schuldners verfügen darf; bejaht die Person die Frage, fordert er sie zur freiwilligen Leistung auf.

§ 106 GVGA Annahme und Ablieferung der Leistung

1. ¹Der Gerichtsvollzieher ist verpflichtet, die ihm angebotene Leistung oder Teilleistung anzunehmen und den Empfang zu bescheinigen. ²Leistungen, die ihm unter einer Bedingung oder unter einem Vorbehalt angeboten werden, weist er zurück.
2. ¹Ist dem Schuldner im Schuldtitel nachgelassen, die Zwangsvollstreckung durch eine Ersatzleistung abzuwenden, so nimmt der Gerichtsvollzieher diese Leistung an. ²Im übrigen darf er aber Ersatzleistungen, die ihm der Schuldner an Erfüllungs Statt oder erfüllungshalber anbietet, nur annehmen, wenn ihn der Gläubiger hierzu ermächtigt hat. ³Bar- und Verrechnungsschecks darf der Gerichtsvollzieher auch ohne Ermächtigung des Gläubigers erfüllungshalber annehmen. ⁴In diesem Fall hat er die Vollstreckungsmaßnahmen gleichwohl in der Regel auftragsgemäß durchzuführen; die auf die Verwertung gepfändeter Gegenstände gerichteten Maßnahmen sind jedoch in der Regel erst vorzunehmen, wenn feststeht, dass der Scheck nicht eingelöst wird.
3. ¹Wird der Anspruch des Gläubigers aus dem Schuldtitel einschließlich aller Nebenforderungen und Kosten durch freiwillige oder zwangsweise Leistung an den Gerichtsvollzieher vollständig gedeckt, so übergibt der Gerichtsvollzieher dem Schuldner gegen Empfang der Leistung den Schuldtitel nebst einer Quittung (§ 757 ZPO). ²Er macht die Übergabe und die Person des Empfängers des Schuldtitels aktenkundig. ³Hat der Schuldner unmittelbar an den Gläubiger oder dessen Vertreter oder Prozessbevollmächtigten vollständig geleistet, so darf der Gerichtsvollzieher dem Schuldner die vollstreckbare Ausfertigung nur mit Zustimmung des Auftraggebers ausliefern. ⁴Bei Entgegennahme von Schecks darf der Gerichtsvollzieher dem Schuldner die vollstreckbare Ausfertigung nur aushändigen, wenn der Scheckbetrag seinem Dienstkonto gutgeschrieben oder an ihn gezahlt worden ist oder wenn der Auftraggeber der Aushändigung zustimmt.
4. Hat jeder von mehreren Gesamtschuldnern einen Teil des Anspruchs des Gläubigers getilgt, so nimmt der Gerichtsvollzieher den Schuldtitel zu seinen Akten, wenn sich die Gesamtschuldner nicht über den Verbleib des Titels einigen.
5. ¹Eine nur teilweise Leistung vermerkt der Gerichtsvollzieher auf dem Schuldtitel. ²Er händigt den Titel dem Schuldner jedoch nicht aus, da dieser in Höhe des Restanspruchs des Gläubigers wirksam bleibt. ³Wegen des Restbetrags führt er die Zwangsvollstreckung durch, sofern sich aus dem Auftrag nichts anderes ergibt.

6. ¹Die empfangene Leistung liefert der Gerichtsvollzieher unverzüglich an den Gläubiger ab, sofern dieser nichts anderes bestimmt hat. ²§§ 6, 7 GVKostG sind zu beachten.
³Schecks hat der Gerichtsvollzieher, sofern der Gläubiger keine andere Weisung erteilt hat, dem Kreditinstitut, das sein Dienstkonto führt, einzureichen mit dem Ersuchen, den Gegenwert dem Gerichtsvollzieher-Dienstkonto gutzuschreiben. ⁴Sofern nicht nach Satz 3 verfahren wird, sind Schecks, die nicht bereits den Vermerk „Nur zur Verrechnung" tragen, mit diesem Vermerk zu versehen. ⁵Barschecks kann er auch, bei der bezogenen Bank bar einlösen, wenn zu erwarten ist, dass dadurch eine schnellere Ablieferung an den Gläubiger ermöglicht wird. ⁶Der Gegenwert ist alsdann unverzüglich an den Gläubiger abzuführen.
⁷Verlangt der Schuldner ausdrücklich, dass der Gerichtsvollzieher den Scheck an den Gläubiger weitergibt, ist dies im Protokoll zu vermerken; der Scheck sowie der Titel sind – falls die Vollstreckung nicht fortgesetzt wird (vgl. Nr. 2 Sätze 4 und 6) – dem Gläubiger zu übermitteln. ⁸Der Gerichtsvollzieher belehrt den Schuldner über dessen Anspruch auf Herausgabe des Titels bei vollständiger Befriedigung des Gläubigers sowie über die Gefahr weiterer Vollstreckungsmaßnahmen, die mit der Aushändigung des Titels an den Gläubiger verbunden ist. ⁹Belehrung und Weitergabe des Schecks an den Gläubiger sind aktenkundig zu machen. ¹⁰Der Gerichtsvollzieher erteilt dem Schuldner eine Quittung über die Entgegennahme des Schecks.

§ 107 GVGA Durchsuchung

(§ 758 Abs. 1 und 2, § 758a ZPO)

1. ¹Der Gerichtsvollzieher ist befugt, die Wohnung und die Behältnisse des Schuldners zu durchsuchen, wenn dieser oder in seiner Abwesenheit ein erwachsener Hausgenosse der Durchsuchung nicht widerspricht; dies ist im Protokoll zu vermerken.
²Zur Wohnung gehören alle Räumlichkeiten, die den häuslichen oder beruflichen Zwecken ihres Inhabers dienen, insbesondere die eigentliche Wohnung, ferner Arbeits-, Betriebs- und andere Geschäftsräume, dazugehörige Nebenräume sowie das angrenzende befriedete Besitztum (Hofraum, Hausgarten).
2. ¹Gestattet der Angetroffene die Durchsuchung nicht, so ist er vom Gerichtsvollzieher nach den Gründen zu befragen, die er gegen eine Durchsuchung geltend machen will. ²Seine Erklärungen sind ihrem wesentlichen Inhalt nach im Protokoll festzuhalten. ³Der Gerichtsvollzieher belehrt den Schuldner zugleich, dass er aufgrund der Durchsuchungsverweigerung zur Abgabe der eidesstattlichen Versicherung nach § 807 Abs. 1 Nr. 3 ZPO verpflichtet ist, sobald ein entsprechender Auftrag des Gläubigers vorliegt. ⁴Die Belehrung vermerkt er im Protokoll.
3. ¹Es ist Sache des Gläubigers, die richterliche Durchsuchungsanordnung zu erwirken. ²Die Durchsuchungsanordnung erteilt der Richter bei dem Amtsgericht, in dessen Bezirk die Durchsuchung erfolgen soll. ³Der Gerichtsvollzieher übersendet dem Gläubiger die Vollstreckungsunterlagen und eine Abschrift des Protokolls; ein Antrag auf Übersendung des Protokolls ist zu unterstellen.
4. Auch ohne eine richterliche Anordnung darf der Gerichtsvollzieher die Wohnung des Schuldners durchsuchen, wenn die Verzögerung, die mit der vorherigen Einholung einer solchen Anordnung verbunden ist, den Erfolg der Durchsuchung gefährden würde.
5. Die Durchsuchungsanordnung ist bei der Zwangsvollstreckung vorzuzeigen und in dem Protokoll zu erwähnen.
6. ¹Trifft der Gerichtsvollzieher bei einem Vollstreckungsversuch keine Person in der Wohnung des Schuldners an, so vermerkt er dies in den Akten und verfährt im übrigen, wenn er den Schuldner wiederholt nicht angetroffen hat, nach den Bestimmungen der Nrn. 3 bis 5, im Fall der Nr. 3 Satz 3 übersendet er dem Gläubiger anstelle des Protokolls eine Mitteilung über den Vollstreckungsversuch. ²Liegt ein kombinierter

Anhang

Auftrag vor (§ 61 Nr. 3) und sind die Voraussetzungen des § 185a Nr. 2 Buchst. d erfüllt, stimmt der Gerichtsvollzieher das weitere Vorgehen mit dem Gläubiger ab, sofern der Auftrag nicht bereits für diesen Fall bestimmte Vorgaben enthält.

7. ¹Er soll die Wohnung in der Regel erst dann gewaltsam öffnen, wenn er dies dem Schuldner schriftlich angekündigt hat. ²Die Ankündigung soll Hinweise auf § 758 ZPO und § 288 StGB, auf die Durchsuchungsanordnung sowie eine Zahlungsaufforderung enthalten.

8. ¹Die Nrn. 1–7 gelten entsprechend, wenn die Wohnung wegen der Herausgabe beweglicher Sachen oder zur Vollstreckung von Anordnungen nach § 1 Abs. 1 Nr. 2a JBeitrO einschließlich der Wegnahme des Führerscheins durchsucht werden soll.

    ²Dagegen ist eine richterliche Durchsuchungsanordnung für die Räumung einer Wohnung und die Verhaftung einer Person auf Grund eines richterlichen Haftbefehls nicht erforderlich; gleiches gilt für die spätere Abholung gepfändeter, im Gewahrsam des Schuldners belassener Sachen, wenn bereits für die Pfändung eine Durchsuchungsanordnung vorgelegen hatte.

    ³Liegt eine richterliche Durchsuchungsanordnung vor, können auch alle weiteren dem Gerichtsvollzieher vorliegenden Aufträge gleichzeitig vollstreckt werden, wenn die Vollstreckung wegen dieser Aufträge keine zusätzlichen, weitergehenden Maßnahmen (Durchsuchung anderer Räume und Behältnisse) erfordert, die zwangsläufig zu einem längeren Verweilen des Gerichtsvollziehers in den Räumen des Schuldners führen. Andernfalls bedarf es gesonderter richterlicher Durchsuchungsanordnungen.

9. ¹Die Kleider und die Taschen des Schuldners darf der Gerichtsvollzieher durchsuchen. ²Einer besonderen Anordnung des Richters bedarf es nur dann, wenn die Durchsuchung in der Wohnung des Schuldners gegen dessen Willen erfolgen soll. ³Die Nrn. 1–5 finden entsprechende Anwendung. ⁴Die Durchsuchung einer weiblichen Person lässt der Gerichtsvollzieher durch eine zuverlässige weibliche Hilfsperson durchführen. ⁵Die Durchsuchung einer männlichen Person ist durch eine zuverlässige männliche Hilfskraft durchzuführen, wenn eine Gerichtsvollzieherin vollstreckt.

10. ¹Personen, die gemeinsam mit dem Schuldner die Wohnung bewohnen, haben die Durchsuchung zu dulden, wenn diese gegen den Schuldner zulässig ist. ²Trotz dieser grundsätzlichen Duldungspflicht hat der Gerichtsvollzieher besondere persönliche Umstände der Mitbewohner wie zum Beispiel eine offensichtliche oder durch ärztliches Zeugnis nachgewiesene schwere akute Erkrankung oder eine ernsthafte Gefährdung ihrer Gesundheit zur Vermeidung unbilliger Härten zu berücksichtigen und danach in Ausnahmefällen auch die Durchsuchung zu unterlassen.

§ 108 GVGA Widerstand gegen die Zwangsvollstreckung und Zuziehung von Zeugen

(§§ 758 Abs. 3, 759 ZPO)

1. Findet der Gerichtsvollzieher Widerstand, so darf er unbeschadet der Regelung des § 107 Gewalt anwenden und zu diesem Zweck auch polizeiliche Unterstützung anfordern (§ 758 Abs. 3 ZPO).

2. ¹Der Gerichtsvollzieher muss zu einer Vollstreckungshandlung zwei erwachsene Personen oder einen Gemeinde- oder Polizeibeamten als Zeugen zuziehen (§ 759 ZPO):

    a) wenn Widerstand geleistet wird;
    b) wenn bei einer Vollstreckungshandlung in der Wohnung des Schuldners weder der Schuldner selbst noch eine zu seiner Familie gehörige oder in seiner Familie dienende erwachsene Person gegenwärtig ist.

    ²Als Zeugen sollen unbeteiligte und einwandfreie Personen ausgewählt werden, die möglichst am Ort der Vollstreckung oder in dessen Nähe wohnen sollen. ³Die Zeugen haben das Protokoll mit zu unterschreiben (vgl. § 110 Nr. 3). ⁴Den Zeugen ist auf Verlangen eine angemessene Entschädigung zu gewähren. ⁵Die Entschädigung soll in

der Regel die Beträge nicht übersteigen, die einem Zeugen nach den Bestimmungen des Justizvergütungs- und -entschädigungsgesetzes zu gewähren sind.
3. Widerstand im Sinne dieser Bestimmungen ist jedes Verhalten, das geeignet ist, die Annahme zu begründen, die Zwangsvollstreckung werde sich nicht ohne Gewaltanwendung durchführen lassen.

§ 108a GVGA Drittschuldnerermittlung
(§ 806a ZPO)

¹Erhält der Gerichtsvollzieher anlässlich der Zwangsvollstreckung durch Befragung des Schuldners oder durch Einsicht in Schriftstücke Kenntnis von Geldforderungen des Schuldners gegen Dritte und konnte eine Pfändung nicht bewirkt werden oder wird eine bewirkte Pfändung voraussichtlich nicht zur vollständigen Befriedigung des Gläubigers führen, so teilt er Namen und Anschriften der Drittschuldner sowie den Grund der Forderungen und für diese bestehende Sicherheiten dem Gläubiger mit.
²Trifft der Gerichtsvollzieher den Schuldner in der Wohnung nicht an und konnte eine Pfändung nicht bewirkt werden oder wird eine bewirkte Pfändung voraussichtlich nicht zur vollständigen Befriedigung des Gläubigers führen, so kann der Gerichtsvollzieher die zum Hausstand des Schuldners gehörenden erwachsenen Personen nach dem Arbeitgeber des Schuldners befragen. ³Diese sind zu einer Auskunft nicht verpflichtet und vom Gerichtsvollzieher auf die Freiwilligkeit ihrer Angaben hinzuweisen. ⁴Seine Erkenntnisse teilt der Gerichtsvollzieher dem Gläubiger mit.

§ 109 GVGA Kosten der Zwangsvollstreckung
(§ 788 ZPO)

¹Bei jeder Zwangsvollstreckung muss der Gerichtsvollzieher auch die Kosten der Vollstreckung einziehen, soweit sie als notwendig dem Schuldner zur Last fallen; nötigenfalls sind die Kosten durch Pfändung und Versteigerung beweglicher Sachen des Schuldners beizutreiben. ²Eines Schuldtitels über diese Kosten bedarf es nicht. ³Ist der Anspruch aus dem Schuldtitel bereits getilgt, so können die noch rückständig gebliebenen Kosten der Zwangsvollstreckung allein auf Grund des Schuldtitels eingezogen werden.
⁴Zu den Kosten der Zwangsvollstreckung gehören insbesondere die GV-Kosten, die Kosten der Ausfertigung und Zustellung des Schuldtitels und die sonstigen notwendigen Kosten, die dem Gläubiger durch die Zwangsvollstreckung erwachsen, einschließlich der Rechtsanwaltskosten, ferner der gemäß § 811a Abs. 2 S. 4 ZPO vom Gericht festgesetzte Betrag (vgl. §§ 123, 124).
⁵Auch die Kosten einer versuchten Zwangsvollstreckung sind beizutreiben. Soweit mehrere Schuldner als Gesamtschuldner verurteilt worden sind, haften sie für die nach dem 31. 12. 1998 entstandenen Kosten der Vollstreckung gesamtschuldnerisch; soweit ein Schuldner durch nach diesem Zeitpunkt von ihm gegen Vollstreckungsmaßnahmen eingelegte Rechtsbehelfe weitere Kosten der Vollstreckung auslöst, haftet er hierfür allein.

§ 110 GVGA Protokoll
(§§ 762, 763 ZPO)

1. ¹Der Gerichtsvollzieher muss über jede Vollstreckungshandlung ein Protokoll nach den Vorschriften der §§ 762, 763 ZPO aufnehmen. ²Vollstreckungshandlungen sind alle Handlungen, die der Gerichtsvollzieher zum Zweck der Zwangsvollstreckung vornimmt, auch das Betreten der Wohnung des Schuldners und ihre Durchsuchung, die Aufforderung zur Zahlung (§ 105 Nr. 2) und die Annahme der Zahlung, die nachträgliche Wegschaffung der gepfändeten Sachen und ihre Verwertung. ³Das Protokoll muss den Gang der Vollstreckungshandlung unter Hervorhebung aller wesentlichen Vorgänge angeben. ⁴Die zur Vollstreckungshandlung gehörenden Auffor-

derungen und Mitteilungen des Gerichtsvollziehers und die Erklärungen des Schuldners oder eines anderen Beteiligten sind vollständig in das Protokoll aufzunehmen.

2. [1]Der Schuldtitel, auf Grund dessen vollstreckt wird, ist genau zu bezeichnen. [2]Bleibt die Vollstreckung ganz oder teilweise ohne Erfolg, so muss das Protokoll erkennen lassen, dass der Gerichtsvollzieher alle zulässigen Mittel versucht hat, dass aber kein anderes Ergebnis zu erreichen war. [3]Bei dem erheblichen Interesse des Gläubigers an einem Erfolg der Zwangsvollstreckung darf der Gerichtsvollzieher die Vollstreckung nur nach sorgfältiger Prüfung ganz oder teilweise als erfolglos bezeichnen.

3. [1]Das Protokoll soll im unmittelbaren Anschluss an die Vollstreckungshandlung und an Ort und Stelle aufgenommen werden. [2]Werden Abweichungen von dieser Regel notwendig, so sind die Gründe hierfür im Protokoll anzugeben. [3]Das Protokoll ist auch von den nach § 759 ZPO zugezogenen Zeugen zu unterschreiben (§ 762 Nrn. 3 und 4 ZPO). [4]Nimmt das Geschäft mehrere Tage in Anspruch, so ist das Protokoll an jedem Tage abzuschließen und zu unterzeichnen.

4. [1]Im übrigen sind die allgemeinen Bestimmungen über die Beurkundungen des Gerichtsvollziehers zu beachten (vgl. § 10). [2]Der Dienststempelabdruck braucht dem Protokoll nicht beigefügt zu werden.

5. [1]Kann der Gerichtsvollzieher die zur Vollstreckungshandlung gehörenden Aufforderungen und sonstigen Mitteilungen nicht mündlich ausführen, so übersendet er demjenigen, an den die Aufforderung oder Mitteilung zu richten ist, eine Abschrift des Protokolls durch gewöhnlichen Brief. [2]Der Gerichtsvollzieher kann die Aufforderung oder Mitteilung auch unter entsprechender Anwendung der §§ 191, 178–181 ZPO zustellen. [3]Er wählt die Zustellung jedoch nur, wenn andernfalls ein sicherer Zugang nicht wahrscheinlich ist. [4]Die Befolgung dieser Vorschriften muss im Protokoll vermerkt werden. [5]Bei der Übersendung durch die Post bedarf es keiner weiteren Beurkundung als dieses Vermerks. [6]Eine öffentliche Zustellung findet nicht statt.

6. Sofern nichts anderes vorgeschrieben ist, darf der Gerichtsvollzieher Abschriften von Protokollen nur auf ausdrücklichen Antrag erteilen.

§ 111 GVGA Einstellung, Beschränkung und Aufhebung der Zwangsvollstreckung auf Anweisung des Gläubigers

1. [1]Der Gerichtsvollzieher muss die getroffenen Zwangsvollstreckungsmaßnahmen aufheben oder die Zwangsvollstreckung einstellen oder beschränken, wenn ihn der Gläubiger hierzu anweist, z.B. wenn der Gläubiger den Vollstreckungsauftrag zurücknimmt oder ihn einschränkt oder wenn er gepfändete Gegenstände freigibt.

   [2]Die Anweisung des Gläubigers ist aktenkundig zu machen; sie ist schriftlich oder zu Protokoll des Gerichtsvollziehers zu erklären oder vom Gerichtsvollzieher in seinen Handakten zu vermerken. [3]Bei telegrafischer oder telefonischer Anweisung ist mit besonderer Vorsicht zu verfahren und nötigenfalls vor Aufhebung von Vollstreckungsmaßnahmen eine schriftliche oder mündliche Bestätigung zu fordern (vgl. auch § 5).

2. [1]Stundet der Gläubiger dem Schuldner die geschuldeten Leistungen, so bleiben bereits durchgeführte Vollstreckungsmaßnahmen bestehen. [2]Für die Akten- und Listenführung gelten die Vorschriften der Gerichtsvollzieherordnung über die Behandlung und Überwachung ruhender Vollstreckungsaufträge, wenn der Gläubiger eine Frist von unbestimmter Dauer oder von mehr als 6 Monaten gewährt.

§ 112 GVGA Einstellung, Beschränkung und Aufhebung der Zwangsvollstreckung in anderen Fällen

(§§ 775–776 ZPO)

1. [1]Der Gerichtsvollzieher darf sich durch den Widerspruch des Schuldners oder dritter Personen von der Durchführung der Zwangsvollstreckung regelmäßig nicht abhalten lassen.

GVGA (Auszug)

²Der Gerichtsvollzieher darf nur dann vollstrecken, wenn er keine Zweifel daran hat, dass die Person, gegen die er vollstrecken will, der im Titel oder in der Klausel genannte Schuldner ist. ³Kann er seine Zweifel nicht ohne umfangreiche Nachforschungen ausräumen, benachrichtigt er den Gläubiger mit der Aufforderung, ihm den Nachweis der Identität zu erbringen. ⁴Er beginnt mit der Zwangsvollstreckung erst nach Behebung der Zweifel.

⁵Nur in folgenden Fällen hat er die Zwangsvollstreckung von Amts wegen einzustellen oder zu beschränken (§§ 775–776 ZPO):

a) wenn ihm die Ausfertigung einer vollstreckbaren Entscheidung vorgelegt wird, aus der sich ergibt, dass das vollstreckbare Urteil oder seine vorläufige Vollstreckbarkeit aufgehoben oder dass die Zwangsvollstreckung für unzulässig erklärt oder ihre Einstellung angeordnet ist,

b) wenn ihm die Ausfertigung einer gerichtlichen Entscheidung vorgelegt wird, aus der sich ergibt, dass die einstweilige Einstellung der Vollstreckung oder einer Vollstreckungsmaßregel angeordnet ist oder dass die Vollstreckung nur gegen Sicherheitsleistung fortgesetzt werden darf; im letzteren Fall hindert das nicht die Durchführung der in § 83a Nrn. 1 und 5 genannten Vollstreckungsmaßnahmen,

c) wenn ihm eine öffentliche Urkunde vorgelegt wird, aus der sich ergibt, dass die zur Abwendung der Vollstreckung erforderliche Sicherheitsleistung oder Hinterlegung erfolgt ist,

d) wenn ihm eine öffentliche Urkunde oder eine von dem Gläubiger ausgestellte Privaturkunde vorgelegt wird, aus der sich ergibt, dass der Gläubiger nach Erlass des zu vollstreckenden Urteils befriedigt ist oder Stundung bewilligt hat,

e) wenn ihm ein Einzahlungs- oder Überweisungsnachweis einer Bank oder Sparkasse oder der Deutschen Post AG vorgelegt wird, aus dem sich ergibt, dass nach dem Wirksamwerden des Vollstreckungstitels, bei aufgrund einer mündlichen Verhandlung ergehenden Urteilen nach dem Schluss der letzten mündlichen Verhandlung die zur Befriedigung des Gläubigers erforderliche Summe zur Auszahlung an den Gläubiger oder auf dessen Konto eingezahlt oder überwiesen worden ist.

⁶In den Fällen zu Buchst. a und c sind zugleich die bereits erfolgten Vollstreckungsmaßregeln aufzuheben. ⁷In den Fällen zu Buchst. d und e bleiben diese Maßregeln einstweilen bestehen; dasselbe gilt in den Fällen zu Buchst. b, sofern nicht durch die betreffende Entscheidung auch die Aufhebung der bisherigen Vollstreckungshandlungen angeordnet ist.

2. Der Gerichtsvollzieher hat hierbei folgendes zu beachten:

a) ¹Er hat die Vollstreckbarkeit der vorgelegten Entscheidung zu prüfen, wenn sie nicht schon in Form einer vollstreckbaren Ausfertigung vorgelegt wird. ²Vollstreckbar ist eine Entscheidung, wenn sie für vorläufig vollstreckbar erklärt oder wenn sie mit dem Zeugnis der Rechtskraft versehen ist (§ 706 ZPO); es ist nicht erforderlich, dass die Entscheidung mit der Vollstreckungsklausel versehen oder nach § 750 ZPO zugestellt ist. ³Urteile, die in der Revisionsinstanz erlassen sind, sind auch ohne Zeugnis als rechtskräftig anzusehen, es sei denn, dass es sich um Versäumnisurteile handelt. ⁴Eine in der Beschwerdeinstanz erlassene Entscheidung sowie eine Entscheidung, durch die ein vorläufig vollstreckbares Urteil oder dessen vorläufige Vollstreckbarkeit aufgehoben wird, ist in jedem Fall geeignet, die Einstellung der Zwangsvollstreckung zu begründen.

b) ¹Im Fall der einstweiligen Einstellung der Vollstreckung ist es nicht erforderlich, dass die gerichtliche Entscheidung rechtskräftig oder vorläufig vollstreckbar ist. ²Bei einer Einstellung auf unbestimmte Zeit ist der Schuldtitel zurückzugeben und der Antrag des Gläubigers auf Fortsetzung der Vollstreckung abzuwarten, es sei denn, dass mit der alsbaldigen Fortsetzung der Zwangsvollstreckung zu rechnen ist.

3. ¹Die für Urteile getroffenen Bestimmungen finden auf die sonstigen Schuldtitel entsprechende Anwendung (§ 795 ZPO). ²Die Einstellung der Vollstreckung aus einem Titel hat von selbst auch dieselbe Wirkung für einen auf dem Titel beruhenden Kostenfestsetzungsbeschluss.
4. ¹Die Einstellung oder Beschränkung sowie gegebenenfalls die Aufhebung der Zwangsvollstreckung ist – sofern sie nicht bei der Vollstreckungshandlung erfolgt und in dem über die Vollstreckungshandlung aufzunehmenden Protokoll zu erwähnen ist – unter genauer Bezeichnung der zugrunde liegenden Schriftstücke zu den Vollstreckungsakten zu vermerken. ²Der Gläubiger ist von der Einstellung, Beschränkung oder Aufhebung von Vollstreckungsmaßregeln unverzüglich zu benachrichtigen. ³Besteht die Gefahr einer beträchtlichen Wertverringerung oder unverhältnismäßiger Kosten der Aufbewahrung der gepfändeten Sachen, so soll der Gerichtsvollzieher die Beteiligten darauf aufmerksam machen und dies auch in den Akten vermerken.
5. ¹Ohne die Voraussetzungen der §§ 775, 776 ZPO darf der Gerichtsvollzieher nur dann die Zwangsvollstreckung einstellen oder durchgeführte Vollstreckungsmaßnahmen aufheben, wenn es besonders bestimmt ist (vgl. §§ 89 Nr. 5, 106 Nr. 2, 122 Nr. 1, 124 Nr. 3, 125 Abs. 2, 145 Nr. 2, 153 Nr. 4). ²Ein Entscheidungsrecht darüber, ob er die Zwangsvollstreckung aufschieben darf, steht ihm nur in den gesetzlich bestimmten Fällen zu (vgl. § 113). ³Der Gerichtsvollzieher weist deshalb einen Beteiligten, der den Aufschub, die Einstellung oder die Aufhebung der Zwangsvollstreckung begehrt, auf die zulässigen Rechtsbehelfe hin. ⁴Er belehrt insbesondere den Schuldner, der die Bewilligung von Zahlungsfristen unter Aussetzung der Verwertung der gepfändeten Sachen beantragen will, wenn ein Aufschub nach § 141 nicht möglich ist, dass das Vollstreckungsgericht einen verspäteten Antrag auf zeitweilige Aussetzung der Verwertung nach § 813b Abs. 2 ZPO ohne sachliche Prüfung zurückweisen kann, wenn er nicht binnen einer Frist von zwei Wochen seit der Pfändung oder dem Ende des Verwertungsaufschubs nach § 813a ZPO gestellt worden ist. ⁵Die Belehrung ist im Protokoll zu vermerken.
6. Für die Akten- und Listenführung gelten die Vorschriften der Gerichtsvollzieherordnung über die Behandlung und Überwachung ruhender Vollstreckungsaufträge.

§ 113 GVGA Aufschub von Vollstreckungsmaßnahmen zur Erwirkung der Herausgabe von Sachen

(§ 765a Abs. 2 ZPO)

1. ¹Der Gerichtsvollzieher kann eine Maßnahme zur Erwirkung der Herausgabe von Sachen (§§ 179–183) bis zur Entscheidung des Vollstreckungsgerichts über einen Vollstreckungsschutzantrag des Schuldners (§ 765a Abs. 1 ZPO) aufschieben, jedoch nicht länger als eine Woche. ²Der Aufschub ist nur zulässig, wenn dem Gerichtsvollzieher glaubhaft gemacht wird, dass

    a) die Maßnahme auch bei voller Würdigung des Schutzbedürfnisses des Gläubigers wegen ganz besonderer Umstände eine Härte bedeutet, die mit den guten Sitten nicht vereinbar ist, und

    b) es dem Schuldner nicht möglich war, das Vollstreckungsgericht rechtzeitig anzurufen.

2. ¹Eine sittenwidrige Härte im Sinne der Nr. 1 liegt nicht schon dann vor, wenn die Unterlassung oder der Aufschub der Vollstreckungsmaßnahme im Interesse des Schuldners geboten und dem Gläubiger zuzumuten ist. ²Es muss vielmehr auch bei voller Würdigung der Belange des Gläubigers mit dem Anstandsgefühl aller billig und gerecht Denkenden nicht zu vereinbaren sein, die Vollstreckung alsbald durchzuführen. ³Diese Voraussetzung wird nur in ganz besonderen Ausnahmefällen erfüllt sein. ⁴Sie wird z.B. regelmäßig gegeben sein, wenn die Vollstreckungsmaßregel das Leben oder die Gesundheit des Schuldners oder seiner Angehörigen unmittelbar gefährden würde. ⁵Unter Umständen kann sie auch bei der Vollstreckung aus Titeln

vorliegen, die außerhalb des Geltungsbereichs des Grundgesetzes errichtet oder erwirkt sind.

3. ¹Schiebt der Gerichtsvollzieher die Zwangsvollstreckung auf, so weist er den Schuldner darauf hin, dass die Vollstreckung nach Ablauf einer Woche durchgeführt wird, falls der Schuldner bis dahin keine Einstellung durch das Vollstreckungsgericht erwirkt hat. ²Er belehrt den Schuldner zugleich über die strafrechtlichen Folgen einer Vollstreckungsvereitelung (§ 288 StGB).

§ 114 GVGA   Begriff der Geldforderung

1. ¹Geldforderung ist jede Forderung, die auf Leistung einer bestimmten Wertgröße in Geld gerichtet ist. ²Geldforderungen im Sinne des Vollstreckungsrechts sind auch die Haftungsansprüche für Geldleistungen, z.B. die Ansprüche im Fall der Verurteilung zur Duldung der Zwangsvollstreckung.

2. Sollen Stücke einer bestimmten Münzsorte oder bestimmte Wertzeichen geleistet werden (Geldsortenschuld), so erfolgt die Zwangsvollstreckung nach den Vorschriften über die Herausgabe beweglicher Sachen (§§ 884, 883 Abs. 1 ZPO).

§ 114a GVGA   Zügige und gütliche Erledigung des Zwangsvollstreckungsverfahrens; Einziehung von Teilbeträgen

(§ 806b ZPO)

1. Der Gerichtsvollzieher ist zu allen Maßnahmen, die ihm zur gütlichen und zügigen Erledigung des Zwangsvollstreckungsverfahrens geeignet erscheinen, in jeder Lage des Verfahrens, auch bei der Verhaftung des Schuldners in dem Verfahren zu Abgabe der eidesstattlichen Versicherung ermächtigt (vgl. § 105).

2. Findet der Gerichtsvollzieher bei dem Vollstreckungsversuch pfändbare körperliche Sachen nicht vor (fruchtloser Pfändungsversuch), so zieht er von dem Schuldner danach angebotene Teilbeträge ein, wenn

   a) der Schuldner nach der Einschätzung des Gerichtsvollziehers glaubhaft darlegt, wie und aus welchen Mitteln er wann und in welcher Höhe Teilzahlungen zur Tilgung der Schuld einschließlich der laufenden Zinsen leisten wird,

   b) dadurch die Schuld voraussichtlich kurzfristig, in der Regel innerhalb von sechs Monaten, nach dem Vollstreckungsversuch getilgt werden könnte und

   c) der Gläubiger einverstanden ist.

3. Die Umstände der von dem Schuldner angebotenen Tilgung durch Ratenzahlung sind in dem Protokoll im einzelnen zu erwähnen, insbesondere Höhe und Zeitpunkt der Teilzahlung, Zahlungsweg und Gründe für die Glaubhaftigkeit bzw. Unglaubhaftigkeit des Schuldnervorbringens. Ferner ist anzugeben, ob Ratenzahlungen eingezogen werden.

4. Kommt die Einziehung von Teilbeträgen nicht in Betracht, unterrichtet der Gerichtsvollzieher sofort den Schuldner und verfährt weiter nach dem Auftrag des Gläubigers.

5. ¹Zieht der Gerichtsvollzieher Teilbeträge ein, so unterrichtet er darüber und über den fruchtlosen Pfändungsversuch den Gläubiger durch eine Abschrift des Protokolls. ²Das Einverständnis des Gläubigers kann der Gerichtsvollzieher, wenn es nicht bereits bei der Auftragserteilung erklärt worden ist, zunächst bis zu einer Antwort des Gläubigers auf die Nachricht über den fruchtlosen Pfändungsversuch und die Umstände der von dem Schuldner angebotenen Teilzahlung unterstellen, es sei denn, dass der Gläubiger den Vollstreckungsauftrag mit dem Auftrag zur Abnahme der eidesstattlichen Versicherung verbunden hatte. ³Hatte der Gläubiger seine Einwilligung von Bedingungen abhängig gemacht, ist der Gerichtsvollzieher bei der Einziehung der Teilzahlungen hieran gebunden. ⁴Verweigert der Gläubiger sein Einverständnis, teilt der Gerichtsvollzieher dies dem Schuldner mit. ⁵Bereits eingezogene Teilbeträge leitet der Gerichtsvollzieher entsprechend § 106 Nr. 6 an den Gläubiger weiter.

Anhang

6. ¹Genehmigt der Gläubiger den Rateneinzug oder willigt er ein, so ruht der Pfändungsauftrag. ²Der Gerichtsvollzieher zieht im Einverständnis mit dem Gläubiger die Raten ein. ³Der Gerichtsvollzieher ist auch berechtigt, die Raten bei dem Schuldner abzuholen.
7. ¹Widerruft der Gläubiger die Ratenbewilligung, so ist das Ruhen des Verfahrens aufzuheben und der Auftrag nach den Bestimmungen des Gläubigers auszuführen. ²Der Gerichtsvollzieher vermerkt auf den Titel die bisher eingezogenen Beträge und händigt diesen nach Abschluss des Verfahrens an den Gläubiger, bei vollständiger Befriedigung an den Schuldner aus.
8. ¹Gehen weitere Aufträge gegen den Schuldner ein, so vollstreckt der Gerichtsvollzieher diese nach den geltenden Bestimmungen. ²Hinsichtlich der im ruhenden Verfahren angebotenen Zahlungen ist davon auszugehen, dass diese aus dem pfandfreien Betrag des Schuldnereinkommens bestritten werden.
9. Hat der Gerichtsvollzieher für mehrere Gläubiger gleichzeitig (§ 168) einen erfolglosen Vollstreckungsversuch unternommen und versichert der Schuldner glaubhaft, die Geldforderung aller Gläubiger innerhalb der Frist durch Teilbeträge zu tilgen, verfährt der Gerichtsvollzieher nach den vorstehenden Nummern.

§ 117 GVGA Pfändungspfandrecht

(§§ 803, 804 ZPO)
1. Der Gerichtsvollzieher führt die Zwangsvollstreckung wegen Geldforderungen in bewegliche körperliche Sachen einschließlich der Wertpapiere und der vom Boden noch nicht getrennten Früchte durch Pfändung und Verwertung aus.
2. ¹Durch Pfändung erwirbt der Gläubiger ein Pfandrecht an den gepfändeten Gegenständen. ²Grundlage für die Verwertung der Pfandstücke ist aber nicht das Pfandrecht, sondern die Verstrickung, die durch die Pfändung bewirkt wird. ³Der Gerichtsvollzieher hat allein die prozessualen Erfordernisse der Pfändung zu beachten (§§ 803, 804 ZPO). ⁴Der Rang des Pfandrechts bestimmt sich nach dem Zeitpunkt der Pfändung. ⁵Das durch eine frühere Pfändung begründete Pfandrecht geht allen später entstandenen Pfandrechten vor und berechtigt den Gläubiger, für den die Pfändung ausgeführt ist, zur vorzugsweisen Befriedigung aus dem Erlös der Pfandstücke vor späteren Gläubigern.

§ 118 GVGA Allgemeines

(§§ 808, 809 ZPO; Art. 13 GG)
1. ¹Der Pfändung unterliegen diejenigen beweglichen Sachen des Schuldners, die sich in seiner tatsächlichen Gewalt (in seinem Gewahrsam) befinden. ²Gewahrsam kann der Schuldner unter Umständen auch an Sachen haben, die sich in den Räumen eines Dritten befinden. ³Dies kann z.B. der Fall sein, wenn der Untermieter einen Teil seiner Sachen, die er in dem ihm vermieteten Zimmer nicht unterbringen kann, in anderen Räumen des Untervermieters verwahrt. ⁴In solchen Fällen ist der Gerichtsvollzieher auch berechtigt, die Räume des Dritten zur Durchführung der Vollstreckung zu betreten. ⁵Sachen, die der gesetzliche Vertreter des Schuldners für diesen im Gewahrsam hat, sind wie solche im Gewahrsam des Schuldners zu behandeln.

⁶Wegen des Gewahrsams von Eheleuten oder Lebenspartnern an beweglichen Sachen wird auf die §§ 95, 99 verwiesen.

2. ¹Sachen, die sich nicht im Gewahrsam des Schuldners befinden, können vom Gerichtsvollzieher gepfändet werden, wenn der Gewahrsamsinhaber zur Herausgabe der Sachen bereit oder wenn der Gläubiger selbst Gewahrsamsinhaber ist.

²Befindet sich eine Sache im gemeinsamen Gewahrsam des Schuldners und eines Dritten, so darf sie nur mit Zustimmung des Dritten gepfändet werden.

GVGA (Auszug)

³Die Erklärungen des Dritten, dass er zur Herausgabe bereit sei oder der Pfändung zustimme, müssen unbedingt sein, sofern nicht die gestellten Bedingungen von allen Beteiligten angenommen werden; sie müssen auch ergeben, dass er mit der Verwertung der Sache einverstanden ist. ⁴Nach Durchführung der Pfändung können die Erklärungen nicht mehr widerrufen werden.

⁵Auf die Bereitschaft des Dritten zur Herausgabe oder seine Zustimmung kommt es nicht an, wenn er zur Duldung der Zwangsvollstreckung verurteilt ist oder wenn die Zwangsvollstreckung auf Grund des Urteils gegen den Schuldner auch gegen ihn zulässig ist (vgl. z.B. § 97 Nr. 2).

3. ¹Personen, die nur Besitzdiener (§ 855 BGB) sind, z.B. Hausangestellte, Gewerbegehilfen, Kellner, Kraftdroschkenfahrer, haben keinen Gewahrsam an Sachen, die ihnen vom Schuldner überlassen sind. ²Alleiniger Gewahrsamsinhaber bleibt der Schuldner. ³Der Gerichtsvollzieher darf solche Sachen auch gegen den Willen des Besitzdieners pfänden; er kann den Widerstand des Besitzdieners mit Gewalt brechen (§ 758 Abs. 3 ZPO).

4. ¹Haftet der Schuldner nicht mit seinem eigenen, sondern nur mit fremdem Vermögen (z.B. Testamentsvollstrecker, Konkursverwalter, Insolvenzverwalter), so ist der Gewahrsam allein nicht genügend. ²Der Gerichtsvollzieher hat in diesem Fall vielmehr auch zu prüfen, ob die Sache zu dem Vermögen gehört, in das zu vollstrecken ist.

5. In den Fällen der Nrn. 1 und 3 ist § 107 entsprechend anzuwenden.

§ 119 GVGA Rechte Dritter an den im Gewahrsam des Schuldners befindlichen Gegenständen

1. ¹Der Gerichtsvollzieher prüft im allgemeinen nicht, ob die im Gewahrsam des Schuldners befindlichen Sachen zu dessen Vermögen gehören. ²Dies gilt sowohl dann, wenn zugunsten einer dritten Person ein die Veräußerung hinderndes Recht in Anspruch genommen wird, als auch dann, wenn der Schuldner behauptet, dass er die tatsächliche Gewalt über die Sachen nur für den Besitzer ausübe oder dass er sein Besitzrecht von einem anderen ableite. ³Für den Gerichtsvollzieher kommt es hiernach nur auf den äußeren Befund an. ⁴Für ihn gilt als Vermögen des Schuldners alles, was sich in dessen Gewahrsam befindet.

2. ¹Gegenstände, die offensichtlich zum Vermögen eines Dritten gehören, pfändet der Gerichtsvollzieher nicht, z.B. dem Handwerker zur Reparatur, dem Frachtführer zum Transport und dem Pfandleiher zum Pfand übergebene Sachen, Klagewechsel in den Akten eines Rechtanwalts. ²Dies gilt nicht, wenn der Dritte erklärt, dass er der Pfändung nicht widerspreche oder wenn der Gläubiger die Pfändung ausdrücklich verlangt.

3. ¹Im Handelsverkehr wird dem Käufer das für die Aufbewahrung oder den Versand der Ware erforderliche wertvollere Leergut häufig nur leihweise überlassen. ²Dies gilt insbesondere für Eisen-, Stahl-, Blei- und Korbflaschen, Kupfer- und Aluminiumkannen sowie Metallfässer bei Lieferung von Erzeugnissen der chemischen Industrie, für Fässer, Glas- und Korbflaschen sowie Flaschenkästen bei Lieferung von Flüssigkeiten und für wertvollere Kisten und Säcke bei Lieferungen sonstiger Art. ³Dass solches Leergut nur leihweise überlassen ist, ergibt sich oft aus den Angeboten und Rechnungen. ⁴Auch ist das Gut meist mit einem Metallschild oder einem Stempel versehen, der den Eigentümer näher bezeichnet oder auch den Vermerk „unverkäuflich" enthält.

⁵Leergut, das mit einem solchen auf das Eigentum eines Dritten hinweisenden Zeichen versehen ist, pfändet der Gerichtsvollzieher nur, wenn keine anderen Pfandstücke in ausreichendem Maße vorhanden sind und wenn es der Gläubiger ausdrücklich verlangt. ⁶Dasselbe gilt, wenn dem Gerichtsvollzieher Verträge oder Rechnungen zum Nachweis dafür vorgelegt werden, dass das Leergut einem Dritten gehört. ⁷Der Gerichtsvollzieher teilt dem vermutlichen Eigentümer die Pfändung mit, sofern es sich nicht um Leergut von geringerem Wert handelt.

Anhang

§ 120 GVGA Allgemeines

1. Soweit nach dem Gesetz Pfändungsbeschränkungen bestehen, entscheidet der Gerichtsvollzieher selbständig, welche Sachen des Schuldners von der Pfändung auszuschließen sind. Sachen, deren Pfändbarkeit zweifelhaft ist, pfändet er, sofern sonstige Pfandstücke nicht in ausreichendem Maße vorhanden sind.

2. ¹Hat der Gerichtsvollzieher eine Pfändung durchgeführt, so darf er sie nicht eigenmächtig wieder aufheben, auch wenn er sich von ihrer Unrechtmäßigkeit überzeugt hat. ²Die Vorschriften der §§ 125, 145 Nr. 2 Buchst. c bleiben unberührt.

    ³Die Pfändung ist auf Anweisung des Gläubigers, bei Verzicht des Gläubigers auf das Pfandrecht oder auf Anordnung des Vollstreckungsgerichts aufzuheben.

§ 121 GVGA Unpfändbare Sachen

1. Nach § 811 ZPO sind folgende Sachen der Pfändung nicht unterworfen:

    a) die dem persönlichen Gebrauch oder dem Haushalt dienenden Sachen, insbesondere Kleidungsstücke, Wäsche, Betten, Haus- und Küchengerät, soweit der Schuldner ihrer zu einer seiner Berufstätigkeit und seiner Verschuldung angemessenen, bescheidenen Lebens- und Haushaltsführung bedarf ferner Gartenhäuser, Wohnlauben und ähnliche Wohnzwecken dienende Einrichtungen, die der Zwangsvollstreckung in das bewegliche Vermögen unterliegen und deren der Schuldner und seine Familie zur ständigen Unterkunft bedarf,

    b) die für den Schuldner, seine Familie und seine Hausangehörigen, die ihm im Haushalt helfen, auf 4 Wochen erforderlichen Nahrungs-, Feuerungs- und Beleuchtungsmittel, soweit für diesen Zeitraum solche Vorräte nicht vorhanden sind und ihre Beschaffung auf anderem Wege nicht gesichert ist, der zur Beschaffung erforderliche Geldbetrag;

    c) Kleintiere in beschränkter Zahl sowie eine Milchkuh oder nach Wahl des Schuldners statt einer solchen insgesamt 2 Schweine, Ziegen oder Schafe, wenn diese Tiere für die Ernährung des Schuldners, seiner Familie oder Hausangehörigen, die ihm im Haushalt, in der Landwirtschaft oder. im Gewerbe helfen, erforderlich sind; ferner die zur Fütterung und zur Streu auf 4 Wochen erforderlichen Vorräte oder, soweit solche Vorräte nicht vorhanden sind und ihre Beschaffung für diesen Zeitraum auf anderem Wege nicht gesichert ist, der zu ihrer Beschaffung erforderliche Geldbetrag;

    d) bei Personen, die Landwirtschaft betreiben, das zum Wirtschaftsbetrieb erforderliche Gerät und Vieh nebst dem nötigen Dünger sowie die landwirtschaftlichen Erzeugnisse, soweit sie zur Sicherung des Unterhalts des Schuldners, seiner Familie und seiner Arbeitnehmer oder zur Fortführung der Wirtschaft bis zur, nächsten Ernte gleicher oder ähnlicher Erzeugnisse erforderlich sind;

    e) bei Arbeitnehmern in landwirtschaftlichen Betrieben die ihnen als Vergütung gelieferten Naturalien, soweit der Schuldner ihrer zu seinem und seiner Familie Unterhalt bedarf;

    f) bei Personen, die aus ihrer körperlichen oder geistigen Arbeit oder sonstigen persönlichen Leistungen ihren Erwerb ziehen, die Fortsetzung dieser Erwerbstätigkeit erforderlichen Gegenstände;

    g) bei den Witwen und minderjährigen Erben der unter f bezeichneten Personen, wenn sie die Erwerbstätigkeit für ihre Rechnung durch einen Stellvertreter fortführen, die zur Fortsetzung dieser Erwerbstätigkeit erforderlichen Gegenstände;

    h) Dienstkleidungsstücke sowie Dienstausrüstungsgegenstände, soweit sie zum Gebrauch des Schuldners bestimmt sind, sowie bei Beamten, Rechtsanwälten, Kammerrechtsbeiständen (§ 26 Nr. 3 Satz 3), Notaren, Ärzten und Hebammen die zur Ausübung des Berufes erforderlichen Gegenstände einschließlich angemessener Kleidung;

GVGA (Auszug)

i) bei Personen, die wiederkehrende Einkünfte der in den §§ 850 bis 850b ZPO beziehenden Art beziehen, ein Geldbetrag, der dem der Pfändung nicht unterworfenen Teil der Einkünfte für die Zeit von der Pfändung bis zum nächsten Zahlungstermin entspricht;

k) die zum Betrieb einer Apotheke unentbehrlichen Geräte, Gefäße und Waren;

l) die Bücher, die zum Gebrauch des Schuldners und seiner Familie in der Kirche oder Schule oder einer sonstigen Unterrichtsanstalt oder zur häuslichen Andacht bestimmt sind;

m) die in Gebrauch genommenen Haushalts- und Geschäftsbücher, die Familienpapiere sowie Trauringe, Orden und Ehrenzeichen;

n) künstliche Gliedmaßen, Brillen und andere wegen körperlicher Gebrechen notwendige Hilfsmittel, soweit diese Gegenstände zum Gebrauch des Schuldners und seiner Familie bestimmt sind;

o) die zur unmittelbaren Verwendung für die Bestattung bestimmten Gegenstände.

2. ¹Die in Nr. 1 Buchst. a, d, f, g und h bezeichneten Sachen kann der Gerichtsvollzieher nur dann pfänden, wenn

a) der Vorbehaltsverkäufer wegen der durch Eigentumsvorbehalt gesicherten Kaufpreisforderung aus dem Verkauf der zu pfändenden Sache vollstreckt und auf die Pfändbarkeit hinweist,

b) ein einfacher Eigentumsvorbehalt, der sich lediglich auf die verkaufte, unter Eigentumsvorbehalt übereignete Sache erstreckt und mit dem Eintritt der Bedingung der sofortigen Kaufpreiszahlung erlischt, oder ein weitergegebener einfacher Eigentumsvorbehalt gegeben ist, bei dem der Vorbehaltsverkäufer mit dem Käufer einen einfachen Eigentumsvorbehalt vereinbart hat, aber seinerseits die Sache von seinem Lieferanten ebenfalls nur unter einfachem Eigentumsvorbehalt erworben hatte, und

c) der Vorbehaltsverkäufer die Vereinbarung des Eigentumsvorbehalts durch Originalurkunden oder beglaubigte Ablichtungen derselben nachweist.

²Wegen der an ihn abgetretenen Kaufpreisforderung kann auch der Lieferant des Verkäufers die Sache pfänden lassen.

³Soweit sich der Nachweis des einfachen oder weitergegebenen einfachen Eigentumsvorbehalts nicht aus dem vollstreckbaren Titel ergibt, kommen als Nachweis auch andere Urkunden (§ 416 ZPO), insbesondere der Kaufvertrag, in Betracht.

3. ¹Nach § 811c ZPO sind Tiere, die im häuslichen Bereich und nicht zu Erwerbszwecken gehalten werden, der Pfändung nicht unterworfen.

²Auf Antrag des Gläubigers lässt das Vollstreckungsgericht eine Pfändung wegen des hohen Wertes des Tieres zu, wenn die Unpfändbarkeit für den Gläubiger eine Härte bedeuten würde, die auch unter Würdigung der Belange des Tierschutzes und der berechtigten Interessen des Schuldners nicht zu rechtfertigen ist.

4. Unpfändbar sind weiter insbesondere:

a) Die Nutzungen der Erbschaft sowie die Nutzungen des Gesamtgutes einer fortgesetzten Gütergemeinschaft in den Fällen des § 863 ZPO;

b) Fahrbetriebsmittel aller Eisenbahnen, welche Güter oder Personen im öffentlichen Verkehr befördern (Gesetz vom 3. 5. 1886 – RGBl. I S. 131–).

§ 122 GVGA   Künftiger Wegfall der Unpfändbarkeit

(§ 811d ZPO)

1. ¹Ist zu erwarten, dass eine unpfändbare Sache demnächst pfändbar wird (z.B. wegen eines bevorstehenden Berufswechsels des Schuldners), so kann der Gerichtsvollzieher sie pfänden. ²Er muss sie aber im Gewahrsam des Schuldners belassen und im Pfändungsprotokoll darauf hinweisen, aus welchem Grunde dies geschehen ist. ³Die Vollstreckung darf der Gerichtsvollzieher erst fortsetzen, wenn die Sache pfändbar

geworden ist. ⁴Ist die Sache nicht binnen eines Jahres pfändbar geworden, so hebt der Gerichtsvollzieher nach Anhörung des Gläubigers die Pfändung auf.
2. Dagegen ist der Gerichtsvollzieher nicht berechtigt, eine Pfändung deshalb zu unterlassen, weil die zu pfändende Sache wahrscheinlich demnächst unpfändbar wird.

§ 123 GVGA   Austauschpfändung

(§ 811a ZPO)
1. ¹Die Pfändung einer nach § 121 Nr. 1 Buchst. a, f und g unpfändbaren Sache kann vom Vollstreckungsgericht zugelassen werden; wenn der Gläubiger dem Schuldner vor der Wegnahme der Sache ein Ersatzstück, das dem geschützten Verwendungszweck genügt, oder den zur Beschaffung eines solchen Ersatzstücks erforderlichen Geldbetrag überlässt; ist dem Gläubiger die rechtzeitige Ersatzbeschaffung nicht möglich oder nicht zuzumuten, so kann die Pfändung mit der Maßgabe zugelassen werden, dass dem Schuldner der zur Ersatzbeschaffung notwendige Geldbetrag aus dem Vollstreckungserlös erstattet wird (Austauschpfändung). ²Das Vollstreckungsgericht setzt den Wert eines vom Gläubiger angebotenen Ersatzstücks oder den zu Ersatzbeschaffung erforderlichen Geldbetrag fest.
2. ¹Wird dem Gerichtsvollzieher ein Beschluss des Vollstreckungsgerichts vorgelegt, durch den die Austauschpfändung zugelassen wird, so führt er die Pfändung durch. ²Spätestens bei der Wegnahme der Sache übergibt er dem Schuldner gegen Quittung das Ersatzstück oder den von dem Vollstreckungsgericht festgesetzten Geldbetrag – sofern die Übergabe nicht schon vom Gläubiger vorgenommen worden ist – und vermerkt dies im Pfändungsprotokoll. ³Hat das Vollstreckungsgericht zugelassen, dass dem Schuldner der zur Ersatzbeschaffung notwendige Geldbetrag aus dem Vollstreckungserlös erstattet wird, so ist die Wegnahme der gepfändeten Sache erst nach Rechtskraft des Zulassungsbeschlusses zulässig.
3. ¹Der vom Vollstreckungsgericht nach Nr. 1 Satz 2 festgesetzte Geldbetrag ist dem Gläubiger aus dem Vollstreckungserlös zu erstatten; er gehört zu den Kosten der Zwangsvollstreckung.

    ²Ist dem Schuldner der zur Ersatzbeschaffung notwendige Betrag aus dem Versteigerungserlös zu erstatten, so ist er vorweg aus dem Erlös zu entnehmen.
4. Der dem Schuldner überlassene Geldbetrag ist unpfändbar.

§ 124 GVGA   Vorläufige Austauschpfändung

(§ 811b ZPO)
1. Nach § 811b ZPO darf der Gerichtsvollzieher eine Austauschpfändung (§ 123 Nr. 1) auch ohne vorherige Entscheidung des Vollstreckungsgerichts durchführen (vorläufige Austauschpfändung).
2. ¹Die vorläufige Austauschpfändung ist nur zulässig, wenn die Austauschpfändung nach Lage der Verhältnisse angemessen ist und wenn deshalb zu erwarten ist, dass das Vollstreckungsgericht sie zulassen wird. ²Der Gerichtsvollzieher soll die vorläufige Austauschpfändung ferner nur vornehmen, wenn zu erwarten ist, dass der Vollstreckungserlös den Wert des Ersatzstücks erheblich übersteigen wird.
3. ¹Sachen, deren vorläufige Pfändung nach Nr. 2 zulässig ist, pfändet der Gerichtsvollzieher, wenn er im Gewahrsam des Schuldners keine pfändbaren Sachen vorfindet oder wenn die vorhandenen pfändbaren Sachen zur Befriedigung des Gläubigers nicht ausreichen. ²Er belässt die vorläufig gepfändeten Sachen jedoch im Gewahrsam des Schuldners. ³Im Pfändungsprotokoll vermerkt er, dass er die Pfändung als vorläufige Austauschpfändung durchgeführt hat. ⁴Sodann verfährt er wie folgt:
    a) ¹Er benachrichtigt den Gläubiger davon, dass er die Pfändung als vorläufige Austauschpfändung durchgeführt hat und weist ihn darauf hin, dass die Pfändung nach § 811b Abs. 2 ZPO aufgehoben werden müsse, wenn der Gläubiger nicht binnen 2

GVGA (Auszug)

Wochen nach Eingang der Nachricht die Zulassung der Austauschpfändung bei dem Vollstreckungsgericht beantragt habe. ²In der Benachrichtigung bezeichnet der Gerichtsvollzieher das Pfandstück, dessen gewöhnlichen Verkaufswert und den voraussichtlichen Erlös. ³Ferner gibt er an, welches Ersatzstück nach Art und besonderen Eigenschaften in Betracht kommt, um dem geschützten Verwendungszweck zu genügen, und weist darauf hin, dass er die Vollstreckung nach gerichtlicher Zulassung der Austauschpfändung nur auf Anweisung des Gläubigers fortsetzt.

b) ¹Stellt der Gläubiger den Antrag auf Zulassung der Austauschpfändung nicht fristgemäß, so hebt der Gerichtsvollzieher die Pfändung auf. ²Wird der Antrag dagegen fristgemäß gestellt, so wartet der Gerichtsvollzieher die gerichtliche Entscheidung über ihn ab.

c) Weist das Gericht den Antrag rechtskräftig zurück, so hebt der Gerichtsvollzieher die Pfändung auf.

d) ¹Lässt das Vollstreckungsgericht eine Austauschpfändung nach § 123 Nr. 1 Halbsatz 1 zu, so übergibt der Gerichtsvollzieher nach Anweisung des Gläubigers dem Schuldner gegen Quittung das Ersatzstück oder den zu seiner Beschaffung erforderlichen Geldbetrag und setzt die Zwangsvollstreckung sodann fort; er darf nunmehr dem Schuldner auch das Pfandstück wegnehmen. ²Die Rechtskraft des Zulassungsbeschlusses braucht der Gerichtsvollzieher nicht abzuwarten.

e) ¹Lässt das Vollstreckungsgericht die Austauschpfändung mit der Maßgabe zu, dass der zur Ersatzbeschaffung notwendige Geldbetrag dem Schuldner aus dem Vollstreckungserlös erstattet wird (§ 123 Nr. 3 Halbsatz 2), so setzt der Gerichtsvollzieher die Zwangsvollstreckung fort, sofern ihn der Gläubiger hierzu anweist. ²Er darf jedoch in diesem Fall dem Schuldner das Pfandstück erst dann wegnehmen, wenn der Zulassungsbeschluss rechtskräftig geworden ist.

f) Gibt der Gläubiger innerhalb von 6 Monaten seit dem Erlass des Zulassungsbeschlusses keine Anweisung zur Fortsetzung der Zwangsvollstreckung, so findet § 111 Nr. 2 entsprechende Anwendung.

§ 125 GVGA   Zwecklose Pfändung

(§ 803 Abs. 2 ZPO)

¹Die Pfändung hat zu unterbleiben, wenn sich von der Verwertung der gepfändeten Gegenstände ein Überschuss über die Kosten der Zwangsvollstreckung nicht erwarten lässt. ²Eine Pfändung, deren Zwecklosigkeit sich nachträglich herausstellt (z.B. infolge einer Veränderung der Marktlage), hebt der Gerichtsvollzieher auf. ³Vor der Aufhebung gibt er dem Gläubiger Gelegenheit zur Äußerung binnen einer angemessenen, von dem Gerichtsvollzieher zu bestimmenden Frist.

§ 127 GVGA   Pfändung von Hausrat

(§ 812 ZPO)

Gegenstände, die zum gewöhnlichen Hausrat gehören und im Haushalt des Schuldners gebraucht werden, sollen nicht gepfändet werden, wenn ohne weiteres ersichtlich ist, dass durch ihre Verwertung nur ein Erlös erzielt werden würde, der außer allem Verhältnis zu ihrem Wert steht.

§ 128 GVGA   Pfändung von Barmitteln aus Miet- und Pachtzahlungen

(§ 851b ZPO)

¹Barmittel, die aus Miet- und Pachtzahlungen herrühren, sollen nicht gepfändet werden, wenn offenkundig ist, dass sie der Schuldner zur laufenden Unterhaltung des Grundstücks, zur Vornahme notwendiger Instandsetzungsarbeiten und zur Befriedigung von Ansprüchen braucht, welche bei der Zwangsvollstreckung in das Grundstück dem

Anhang

Anspruch des Gläubigers nach § 10 ZVG vorgehen würden. ²Sind diese Voraussetzungen nicht offenkundig, so führt der Gerichtsvollzieher die Pfändung durch, verweist den Schuldner an das Vollstreckungsgericht und belehrt ihn darüber, dass das Gericht einen verspäteten Antrag auf Aufhebung der Pfändung ohne sachliche Prüfung zurückweisen kann (§ 851b Abs. 2, 813a Abs. 2 ZPO). ³Die Belehrung vermerkt er im Protokoll.

§ 129 GVGA   Pfändung von Erzeugnissen, Bestandteilen und Zubehörstücken

1. ¹Bewegliche Sachen, auf die sich bei Grundstücken die Hypothek erstreckt und die daher der Zwangsvollstreckung in das unbewegliche Vermögen unterliegen, sind nur nach Maßgabe des § 865 ZPO pfändbar. ²Der Gerichtsvollzieher hat hierbei die Nrn. 2 bis 5 zu beachten.

2. ¹Das Bürgerliche Gesetzbuch bestimmt in den §§ 1120–1122, auf welche Gegenstände außer dem Grundstück nebst hängenden und stehenden Früchten sich die Hypothek erstreckt. ²Insbesondere gehören hierzu die vom Boden getrennten Erzeugnisse, die sonstigen Bestandteile sowie die Zubehörstücke eines Grundstücks, sofern diese Gegenstände in das Eigentum des Grundstückseigentümers gelangt und nicht wieder veräußert, auch nicht von dem Grundstück entfernt sind.

3. Der Gerichtsvollzieher hat hinsichtlich dieser Gegenstände zu unterscheiden:

   a) ¹Zubehörstücke eines Grundstücks, die dem Grundstückseigentümer gehören, sind unpfändbar. ²Was Zubehör ist, bestimmen die §§ 97, 98 BGB. Der Gerichtsvollzieher darf z.b. bei der Zwangsvollstreckung gegen den Eigentümer eines landwirtschaftlichen Betriebes das Milch- und Zuchtvieh, bei der Zwangsvollstreckung gegen den Eigentümer einer Fabrik die zum Betrieb bestimmten Maschinen nicht pfänden.

   b) Im übrigen unterliegen die Gegenstände, auf die sich die Hypothek erstreckt (z.B. Getreidevorräte auf einem landwirtschaftlichen Betrieb, die nicht zur Fortführung der Wirtschaft, sondern zum Verkauf bestimmt sind, § 98 BGB) der Pfändung, solange nicht ihre Beschlagnahme im Wege der Zwangsvollstreckung in das unbewegliche Vermögen erfolgt ist.

4. Wegen der Zwangsvollstreckung in Früchte, die noch nicht vom Boden getrennt sind, wird auf die §§ 151–153 verwiesen.

5. Die genannten Vorschriften finden entsprechende Anwendung auf die Zwangsvollstreckung in Erzeugnisse oder Zubehörteile einer Berechtigung, für welche die Vorschriften gelten, die sich auf Grundstücke beziehen.

6. ¹Die Schiffshypothek bei Schiffen, Schiffsbauwerken, im Bau befindlichen oder fertiggestellten Schwimmdocks sowie das Registerpfandrecht bei Luftfahrzeugen erstrecken sich auf das Zubehör des Schiffes, Schiffsbauwerks, (bei Schiffsbauwerken oder im Bau befindlichen Schwimmdocks auch auf die auf dem Bauwerft zum Einbau bestimmten und als solche gekennzeichneten Bauteile) oder des Luftfahrzeugs mit Ausnahme der Zubehörstücke oder der Bauteile, die nicht in das Eigentum des Eigentümers des Schiffes, Schiffsbauwerks, im Bau befindlichen oder fertiggestellten Schwimmdocks oder Luftfahrzeugs gelangt sind. ²Im übrigen wird auf die §§ 31, 79, 81a des Gesetzes über Rechte an eingetragenen Schiffen und Schiffsbauwerken vom 15. 11. 1940 (RGBl. I S. 1499 i. d. F. des Gesetzes. vom 4. 12. 1968 – BGBl. I S. 1295 –) und den § 31 des Gesetzes über Rechte an Luftfahrzeugen vom 26. 2. 1959 (BGBl. I S. 57) verwiesen. ³Zubehör eines Seeschiffes sind auch die Schiffsboote. ⁴Wegen der Zwangsvollstreckung in Ersatzteile für Luftfahrzeuge, die sich in einem Ersatzteillager befinden, vgl. § 166a.

§ 130 GVGA   Berechnung der Forderung des Gläubigers

1. ¹Vor der Pfändung berechnet der Gerichtsvollzieher den Betrag der beizutreibenden Geldsumme oder prüft die vom Gläubiger aufgestellte Berechnung nach; Herabset-

zungen, die sich aus der Nachprüfung ergeben, teilt er dem Gläubiger mit. ²Bei der Feststellung des Betrages kommen insbesondere in Betracht:

a) die im Schuldtitel bezeichnete Hauptforderung,

b) die Nebenforderungen, die dem Gläubiger im Schuldtitel zuerkannt sind. ³Hierbei sind Zinsen, die dem Gläubiger ohne Bestimmung des Endes des Zinsenlaufes zugesprochen sind, vorläufig bis zu dem Tage anzusetzen, an dem die Zwangsvollstreckung erfolgt. ⁴Die Berechnung erfolgt – für den Fall, dass der Schuldner an diesem Tage nicht zahlt – vorbehaltlich der Erhöhung um den Zinsenbetrag bis zu dem Tage, an dem der Erlös der gepfändeten Sachen voraussichtlich in die Hände des Gerichtsvollziehers gelangt (§ 819 ZPO),

c) die Prozesskosten. ⁵Diese sind jedoch nur insoweit zu berücksichtigen, als sich ihr Betrag aus dem Urteil (§ 61 ArbGG) oder aus einem auf die vollstreckbare Ausfertigung des Titels gesetzten oder aus dem vom Gläubiger in besonderer Ausfertigung zu überreichenden Festsetzungsbeschluss ergibt,

d) die Kosten der Zwangsvollstreckung.

2. ¹Bei der Berechnung zu Nr. 1 Buchst. a bis d sind etwaige Abschlagszahlungen des Schuldners zu berücksichtigen. ²Die Verrechnung geschieht nach den §§ 366, 367 BGB. ³Handelt es sich um eine Forderung aufgrund eines Verbraucherdarlehensvertrages (§ 491 BGB), so richtet sich die Verrechnung nach § 497 Abs. 3 BGB.

3. Unter besonderen Umständen kann der Gerichtsvollzieher vom Gläubiger eine Berechnung des Guthabens erfordern, insbesondere, wenn es wegen zahlreicher Posten mit verschiedenem Zinslauf und mit Abschlagszahlungen einer umfangreichen Berechnung bedarf.

4. ¹Ist die Geldforderung in einer ausländischen Währung ausgedrückt, so erfolgt die Umrechnung nach dem Kurswert, der zur Zeit der Zahlung für den Zahlungsort maßgebend ist (§ 244 Abs. 2 BGB). ²Bei der Berechnung des Betrages ist daher seine Erhöhung oder Herabsetzung entsprechend dem am Zahltage geltenden Kurs vorzubehalten.

5. ¹Sind nach dem Schuldtitel mehrere zur Zahlung verpflichtet, so schuldet im Zweifel jeder nur den gleichen Anteil (§ 420 BGB). ²Haften mehrere als Gesamtschuldner (§ 421 BGB), so kann bei jedem von ihnen bis zur vollen Deckung der Forderung vollstreckt werden. ³Die Haftung als Gesamtschuldner muss sich aus dem vollstreckbaren Titel ergeben.

§ 131 GVGA   Aufsuchen und Auswahl der Pfandstücke

1. ¹Bleibt die Aufforderung zur Leistung (§ 105 Nr. 2) ohne Erfolg, so fordert der Gerichtsvollzieher den Schuldner auf, ihm seine bewegliche Habe vorzuzeigen und – soweit der Zweck der Vollstreckung es erfordert – seine Zimmer, Keller, Böden und anderen Räume sowie die darin befindlichen Schränke, Kästen und anderen Behältnisse zu öffnen. ²Trifft der Gerichtsvollzieher den Schuldner nicht an, so richtet er eine entsprechende Aufforderung an eine zur Familie des Schuldners gehörige oder beim Schuldner beschäftigte erwachsene Person, die er in der Wohnung oder in den Geschäftsräumen antrifft. ³Werden die Behältnisse nicht freiwillig geöffnet oder trifft der Gerichtsvollzieher weder den Schuldner noch eine der vorstehend bezeichneten Personen an, so wendet er Gewalt an und verfährt dabei nach den §§ 107, 108 (§§ 758, 759 ZPO).

2. ¹Bei der Auswahl der zu pfändenden Gegenstände sieht der Gerichtsvollzieher darauf, dass der Gläubiger auf dem kürzesten Wege befriedigt wird, ohne dass der Hausstand des Schuldners unnötig beeinträchtigt wird. ²Der Gerichtsvollzieher richtet daher die Pfändung in erster Linie auf Geld, Kostbarkeiten oder solche Wertpapiere, die den Vorschriften über die Zwangsvollstreckung in bewegliche körperliche Sachen unterliegen (vgl. §§ 154–156), sowie auf die Sachen, die der Schuldner sonst am ehesten entbehren kann. ³Sachen, deren Aufbewahrung, Unterhaltung oder Fortschaffung unverhältnismäßig hohe Kosten verursachen oder deren Versteigerung nur mit gro-

Anhang

ßem Verlust oder mit großen Schwierigkeiten möglich sein würde, pfändet er nur, wenn keine anderen Pfandstücke in ausreichendem Maße vorhanden sind. [4]Ist es zweifelhaft, ob die Pfändung eines im Besitz des Schuldners befindlichen Wertpapiers durch den Gerichtsvollzieher zulässig ist, und sind keine anderen geeigneten Pfandstücke vorhanden, so pfändet der Gerichtsvollzieher das Papier einstweilen und überlässt es dem Gläubiger, den notwendigen Gerichtsbeschluss herbeizuführen.

§ 132 GVGA   Vollziehung der Pfändung

(§§ 808, 813 ZPO)

1. [1]Die Pfändung körperlicher Sachen und der im § 154 bezeichneten Wertpapiere sowie die Pfändung von Forderungen aus Wechseln und anderen Papieren, die durch Indossament übertragen werden können (vgl. § 175), wird dadurch bewirkt, dass der Gerichtsvollzieher die Sachen oder Papiere in Besitz nimmt. [2]Geld, Kostbarkeiten und Wertpapiere nimmt der Gerichtsvollzieher sogleich an sich. [3]Andere Pfandstücke belässt er im Gewahrsam des Schuldners, sofern hierdurch die Befriedigung des Gläubigers nicht gefährdet wird (§ 808 Abs. 2 ZPO). [4]Ob eine solche Gefährdung vorliegt oder nach der Pfändung einzutreten droht, beurteilt der Gerichtsvollzieher nach Prüfung aller Umstände selbständig. [5]Er nimmt die Pfandstücke nachträglich an sich, wenn eine Gefährdung erst nach der Pfändung erkennbar wird. [6]Wegen der Wegnahme der Pfandstücke bei der Austauschpfändung und beim künftigen Wegfall der Unpfändbarkeit vgl. §§ 122 bis 124.

2. [1]Werden die Pfandstücke im Gewahrsam des Schuldners belassen, so ist die Pfändung nur wirksam, wenn sie kenntlich gemacht ist. [2]Dies gilt auch dann, wenn die Fortschaffung nur aufgeschoben wird. [3]Die Pfändung ist so kenntlich zu machen, dass sie jedem Dritten, der die im Verkehr übliche Sorgfalt aufwendet, erkennbar ist. [4]Der Gerichtsvollzieher versieht daher in der Regel jedes einzelne Pfandstück an einer in die Augen fallenden Stelle mit einer Siegelmarke oder einem sonst geeigneten Pfandzeichen. [5]Das Pfandzeichen muss mit dem Pfandstück mechanisch verbunden sein. [6]Es ist so anzubringen, dass die Sache dadurch nicht beschädigt wird. [7]Das Dienstsiegel oder der Dienststempel ist zur Kennzeichnung gepfändeter Gegenstände nur dann zu verwenden, wenn die Anbringung von Siegelmarken oder anderen Pfandzeichen unmöglich oder unzweckmäßig ist. [8]Für eine Mehrzahl von Pfandstücken – insbesondere eine Menge von Waren oder anderen vertretbaren Sachen, die sich in einem Behältnis oder in einer Umhüllung befinden oder mit Zustimmung des Schuldners in einem abgesonderten Raum untergebracht werden – genügt ein gemeinschaftliches Pfandzeichen, wenn es so angelegt wird, dass kein Stück aus dem Behältnis, der Umhüllung oder dem Raum entfernt werden kann, ohne dass das Pfandzeichen zerstört wird. [9]Den Schlüssel zu versiegelten Behältnissen oder Räumen nimmt der Gerichtsvollzieher an sich.

3. [1]Die Pfändung kann auch durch eine Pfandanzeige erkennbar gemacht werden. [2]Der Gerichtsvollzieher bringt in diesem Fall an dem Ort, an dem sich die Pfandstücke befinden (z.B. dem Lagerboden, dem Speicher, dem Viehstall), ein Schriftstück an, das auf die Pfändung hinweist. [3]Das Schriftstück ist so anzubringen, dass jedermann davon Kenntnis nehmen kann. [4]Es ist mit der Unterschrift und dem Abdruck des Dienststempels des Gerichtsvollziehers zu versehen und soll die Pfandstücke genau bezeichnen. [5]Werden Vorräte gepfändet, so ist der dem Schuldner belassene Teil der Vorräte von dem gepfändeten Teil äußerlich zu trennen. [6]Wenn die Umstände es erfordern, ist für die Pfandstücke ein Hüter zu bestellen.

4. [1]Belässt der Gerichtsvollzieher Tiere im Gewahrsam des Schuldners, so kann er mit dem Schuldner vereinbaren, dass dieser befugt sein soll, die gewöhnlichen Nutzungen der Tiere (z.B. die Milch gepfändeter Kühe) als Entgelt für deren Fütterung und Pflege im Haushalt zu verbrauchen. [2]Der Gerichtsvollzieher weist den Schuldner an, ihm eine Erkrankung der Tiere, insbesondere eine etwa erforderliche Notschlachtung, sofort anzuzeigen.

GVGA (Auszug)

5. [1]Der Gerichtsvollzieher eröffnet dem Schuldner oder in dessen Abwesenheit den im § 131 Nr. 1 Satz 2 bezeichneten Personen, dass der Besitz der Pfandstücke auf ihn übergegangen sei. [2]Er weist darauf hin,
    a) dass der Schuldner und jeder andere jede Handlung zu unterlassen hat, die diesen Besitz beeinträchtigt, wie etwa die Veräußerung, die Wegschaffung oder den Verbrauch der gepfändeten Sachen,
    b) dass jede Beschädigung oder Zerstörung der Pfandzeichen untersagt ist,
    c) dass Zuwiderhandlungen gegen diese Bestimmungen strafbar sind.
6. [1]Nach den Vorschriften – zu Nrn. 2–5 verfährt der Gerichtsvollzieher auch, wenn er dem Schuldner Pfandstücke, die nicht in dessen Gewahrsam waren oder belassen sind, nachträglich unter Aufrechterhaltung der Pfändung herausgibt. [2]Eine Herausgabe ohne Anbringung von Pfandzeichen bringt das Pfändungspfandrecht zum Erlöschen.
7. [1]Die Pfändung darf nicht weiter ausgedehnt werden, als es zur Befriedigung des Gläubigers und zur Deckung der Kosten der Zwangsvollstreckung notwendig ist (§ 803 Abs. 1 Satz 2 ZPO). [2]Der Gerichtsvollzieher rechnet deshalb den von ihm geschätzten voraussichtlichen Erlös der Pfandstücke zusammen, um eine Überpfändung zu vermeiden.
8. [1]Der Gerichtsvollzieher schätzt die Sachen bei der Pfändung auf ihren gewöhnlichen Verkaufswert und trägt das Ergebnis der Schätzung in das Pfändungsprotokoll ein. [2]Ist die Schätzung bei der Pfändung nicht möglich, so ist sie unverzüglich nachzuholen und ihr Ergebnis nachträglich im Pfändungsprotokoll zu vermerken. [3]Die Schätzung von Kostbarkeiten überträgt der Gerichtsvollzieher einem Sachverständigen; sofern es sich um Gold- und Silbersachen handelt, lässt er hierbei sowohl den Gold- und Silberwert als auch den gewöhnlichen Verkaufswert schätzen. [4]Der Sachverständige hat die Schätzung schriftlich oder zu Protokoll des Gerichtsvollziehers abzugeben. [5]Das Ergebnis der Schätzung ist den Parteien rechtzeitig mitzuteilen. [6]Wird der gewöhnliche Verkaufswert der Pfandstücke nachträglich von dem Gerichtsvollzieher oder einem Sachverständigen (vgl. auch § 813 Abs. 1 Satz 3 ZPO) geringer geschätzt, so vermerkt der Gerichtsvollzieher dies im Protokoll und teilt es den Parteien mit. [7]Für die Vergütung des Sachverständigen gilt § 150 Nr. 4 entsprechend.
9. Erscheint dem Gerichtsvollzieher nach einer Neuschätzung die volle Befriedigung des Gläubigers nicht mehr gesichert, so führt er eine weitere Pfändung durch.
10. [1]Sind die Vorkehrungen, die dazu dienten, die Pfändung erkennbar zu machen, später beseitigt oder sind die angebrachten Siegelmarken abgefallen, so sorgt der Gerichtsvollzieher, sobald er davon Kenntnis erhält, für die Erneuerung. [2]Er prüft dabei auch, ob die Befriedigung des Gläubigers gefährdet wird, wenn er die Pfandstücke weiter im Gewahrsam des Schuldners belässt; ist eine Gefährdung gegeben, so entfernt er die Pfandstücke nachträglich aus dem Gewahrsam des Schuldners.
11. Bei Verstrickungsbruch und Siegelbruch (§ 136 StGB) und bei Vereiteln der Zwangsvollstreckung (§ 288 StGB) hat der Gerichtsvollzieher keine Anzeigepflicht, sofern nicht allgemein oder für den besonderen Fall etwas Abweichendes angeordnet ist; er hat jedoch in jedem Fall den Gläubiger zu benachrichtigen.

§ 135 GVGA   Besondere Vorschriften über das Pfändungsprotokoll
(§§ 762, 763 ZPO)

1. [1]Das Pfändungsprotokoll muss enthalten:
    a) ein genaues Verzeichnis der Pfandstücke unter fortlaufender Nummer, geeignetenfalls mit Angabe der Zahl, des Maßes, des Gewichts, der besonderen Merkmale und Kennzeichen der gepfändeten Sachen (z.B. Fabrikmarke, Baujahr, Typ, Fabriknummer und dgl.) nebst den vom Gerichtsvollzieher oder einem Sachverständigen geschätzten gewöhnlichen Verkaufswerten;
    b) eine Beschreibung der angelegten Pfandzeichen;

c) den wesentlichen Inhalt der Eröffnungen, die dem Schuldner oder den in § 131 Nr. 1 bezeichneten Personen gemacht sind.
²Es soll ferner den Inhalt der angebrachten Pfandanzeigen sowie den Inhalt der Vereinbarungen wiedergeben, die mit einem Hüter (§ 132 Nr. 3) getroffen sind.
2. ¹Werden Pfandstücke aus dem Gewahrsam des Schuldners entfernt, so ist dies im Protokoll zu begründen. ²Auch ist anzugeben, welche Maßnahmen für die Verwahrung der Pfandstücke getroffen sind (vgl. auch § 139 Nr. 2).
3. Das Protokoll hat auch die Angaben der Zeit und des Ortes des Versteigerungstermins oder die Gründe zu enthalten, aus denen die sofortige Ansetzung des Versteigerungstermins unterblieben ist (vgl. § 142).
4. ¹Sind dieselben Sachen gleichzeitig für denselben Gläubiger gegen denselben Schuldner auf Grund mehrerer Schuldtitel gepfändet, so ist nur ein Protokoll aufzunehmen. ²In diesem sind die einzelnen Schuldtitel genau zu bezeichnen.
5. ¹Eine Abschrift des Pfändungsprotokolls ist zu erteilen
   a) dem Gläubiger, wenn er es verlangt oder wenn ihm Erkenntnisse nach § 108a mitzuteilen sind;
   b) dem Schuldner, wenn er es verlangt oder wenn die Vollstreckung in seiner Abwesenheit stattgefunden hat.
   ²Die Absendung ist auf dem Protokoll zu vermerken.
6. ¹Kann eine Pfändung überhaupt nicht oder nicht in Höhe der beizutreibenden Forderung erfolgen, weil der Schuldner nur Sachen besitzt, die nicht gepfändet werden dürfen oder nicht gepfändet werden sollen oder von deren Verwertung ein Überschuss über die Kosten der Zwangsvollstreckung nicht zu erwarten ist, so genügt im Protokoll der allgemeine Hinweis, dass eine Pfändung aus diesen Gründen unterblieben ist.
   ²Abweichend von Satz 1 sind im Protokoll zu verzeichnen:
   a) Sachen, deren Pfändung vom Gläubiger ausdrücklich beantragt war, unter Angabe der Gründe, aus denen der Gerichtsvollzieher von einer Pfändung abgesehen hat,
   b) die Art der Früchte, die vom Boden noch nicht getrennt sind, und die gewöhnliche Zeit der Reife, wenn eine Pfändung noch nicht erfolgen durfte (§ 810 Abs. 1 Satz 2 ZPO),
   c) Art, Beschaffenheit und Wert der Sachen, wenn eine Austauschpfändung (§ 811a ZPO) in Betracht kommt, unter Angabe der Gründe, aus denen der Gerichtsvollzieher von einer vorläufigen Austauschpfändung (§ 811b ZPO) abgesehen hat,
   d) Art und Wert eines Tieres, das im häuslichen Bereich und nicht zu Erwerbszwecken gehalten wird, wenn dessen Pfändung in Betracht kommt (§ 811c Abs. 2 ZPO).
   ³Sind bereits Entscheidungen des Vollstreckungsgerichts ergangen, durch die die Unpfändbarkeit vergleichbarer Sachen festgestellt wurde, so soll sie der Gerichtsvollzieher im Protokoll erwähnen, soweit sie für den Gläubiger von Belang sind.

§ 136 GVGA Widerspruch eines Dritten

(§§ 771–774, 805, 815 ZPO)

1. ¹Nach den Vorschriften der ZPO kann ein Dritter der Zwangsvollstreckung widersprechen und ihre Einstellung durch Gerichtsbeschluss herbeifuhren,
   a) wenn ihm an dem Gegenstand der Vollstreckung ein die Veräußerung hinderndes Recht (z.B. Eigentum, Nießbrauch) zusteht (§ 771 ZPO),
   b) wenn eine ihm nachteilige Verfügung über den Gegenstand auf Grund eines zu seinem Schutz bestehenden Veräußerungsverbots (§ 772 ZPO) oder vermöge seiner Stellung als Nacherbe des Schuldners (§ 773 ZPO) oder als Ehegatte des Schuldners (§ 774 ZPO) ihm gegenüber unwirksam sein würde.

GVGA (Auszug)

²Auf Grund eines Pfand- oder Vorzugsrechts kann ein Dritter, der sich nicht im Besitz der Sache befindet (z.B. der Vermieter hinsichtlich der vom Mieter eingebrachten Sachen), der Pfändung der im Gewahrsam des Schuldners befindlichen Sachen nicht widersprechen; vielmehr hat er seinen Anspruch auf vorzugsweise Befriedigung aus dem Erlös im Wege der Klage geltend zu machen (§ 805 ZPO).

2. ¹Wird ein Widerspruch dem Gerichtsvollzieher gegenüber von dem Dritten geltend gemacht oder von dem Schuldner angekündigt, so darf der Gerichtsvollzieher die Pfändung der Sachen, auf die sich der Widerspruch erstreckt, nur dann unterlassen, wenn die sonst vorhandene, von einem Widerspruch nicht betroffene bewegliche Habe des Schuldners zur Deckung der beizutreibenden Forderung ausreicht. ²Ist dies nicht der Fall, so führt der Gerichtsvollzieher die Pfändung ohne Rücksicht auf den Widerspruch durch und verweist die Beteiligten darauf, ihre Ansprüche bei dem Gläubiger und gegebenenfalls bei dem Gericht geltend zu machen. ³Da sich hierbei nicht im voraus übersehen lässt, welcher Teil der Pfandstücke nach Durchführung des Widerspruchs zur Befriedigung des Gläubigers verwendbar bleiben wird, wird in diesem Fall die Pfändung auch über die im § 132 Nr. 7 bezeichnete Wertgrenze hinaus zu erstrecken sein. ⁴Dasselbe gilt, wenn ein Dritter ein Recht geltend macht, das ihn zur vorzugsweisen Befriedigung aus dem Erlös berechtigt (§ 805 ZPO), z.B. der Vermieter sein gesetzliches Vermieterpfandrecht in Anspruch nimmt; denn solche Rechte schmälern bei erfolgreicher Geltendmachung den Erlös, der zur Befriedigung des Gläubigers verfügbar ist.

3. ¹Werden Sachen trotz des Widerspruchs des Dritten oder der Ankündigung eines derartigen Widerspruchs gepfändet, so beurkundet der Gerichtsvollzieher diese Erklärungen im Protokoll, möglichst unter näherer Angabe der Person des Berechtigten und des Rechtsgrundes seines Anspruchs, und benachrichtigt den Gläubiger unverzüglich von dem Widerspruch. ²Dem Dritten ist auf Verlangen auf seine Kosten eine Abschrift des Protokolls zu erteilen.

4. ¹Gepfändetes Geld hinterlegt der Gerichtsvollzieher, wenn ihm vor der Ablieferung an den Gläubiger (z.B. durch eine eidesstattliche Versicherung) glaubhaft gemacht wird, dass einem Dritten an dem Geld ein die Veräußerung hinderndes oder zur vorzugsweisen Befriedigung berechtigendes Recht zusteht. ²Wird ihm nicht binnen 2 Wochen seit dem Tage der Pfändung eine gerichtliche Entscheidung über die Einstellung der Zwangsvollstreckung vorgelegt, so veranlasst er die Rückgabe des Geldes zur Aushändigung an den Gläubiger (§§ 805, 815 Abs. 2 ZPO).

§ 137 GVGA   Pfändung von Sachen, die sich im Gewahrsam des Gläubigers oder eines Dritten befinden

(§ 809 ZPO)

¹Die Pfändung von Sachen im Gewahrsam des Gläubigers oder eines Dritten (vgl § 118 Nr. 2) geschieht ebenso wie die Pfändung von Sachen im Gewahrsam des Schuldners. ²Der Sachverhalt, insbesondere die Erklärung des Dritten, ob er zur Herausgabe bereit sei oder nicht, ist im Protokoll zu vermerken. ³Verlangt der Gewahrsamsinhaber die Fortschaffung der Pfandstücke, so ist diesem Verlangen stattzugeben.

⁴Von einer Pfändung bei dem Gläubiger oder einem Dritten ist der Schuldner durch Übersendung einer Protokollabschrift zu benachrichtigen. ⁵Auf Antrag ist auch dem Dritten auf seine Kosten eine Protokollabschrift zu erteilen.

§ 138 GVGA   Unterbringung von Geld, Kostbarkeiten und Wertpapieren

1. ¹Gepfändetes oder ihm gezahltes Geld liefert der Gerichtsvollzieher nach Abzug der Vollstreckungskosten unverzüglich an den Gläubiger ab (§ 815 Abs. 1 ZPO) oder hinterlegt es, sofern die Hinterlegung erfolgen muss (vgl. § 196). ²Ist dem Gläubiger Prozesskostenhilfe bewilligt und reicht der gepfändete oder gezahlte Geldbetrag nicht zur Tilgung der Forderung des Gläubigers und der Vollstreckungskosten aus, so beachtet der Gerichtsvollzieher die Bestimmungen des § 15 Abs. 3 Sätze 2 bis 4 GVKostG.

Anhang

2. ¹Gepfändete Kostbarkeiten und Wertpapiere sowie Geld bis zur Auszahlung oder Hinterlegung verwahrt der Gerichtsvollzieher unter sicherem Verschluss und getrennt von seinen eigenen Geldern und Wertgegenständen; nötigenfalls gibt er Kostbarkeiten und Wertpapiere bei einer sicheren Bank oder öffentlichen Sparkasse in Verwahrung. ²Dasselbe gilt für Wechsel und andere indossable Papiere.

§ 139 GVGA   Unterbringung anderer Pfandstücke

1. ¹Der Gerichtsvollzieher ist verpflichtet, für eine sichere Unterbringung und Verwahrung der Pfandstücke zu sorgen, die er nicht im Gewahrsam des Schuldners belässt. ²Er muss auch die notwendigen Maßnahmen zur Erhaltung der Pfandstücke treffen. ³Er hat hierbei besondere Sorgfalt anzuwenden, um Schadensersatzansprüche wegen Verlustes oder Beschädigung der Sachen zu vermeiden.
2. ¹Im Pfändungsprotokoll oder in einem Nachtrag darunter vermerkt der Gerichtsvollzieher, welche Maßnahmen er zur Unterbringung der Pfandstücke getroffen hat. ²Entfernt er die Pfandstücke erst nachträglich aus dem Gewahrsam des Schuldners, so nimmt er auch darüber ein Protokoll auf, jedoch genügt ein Vermerk im Versteigerungsprotokoll, wenn die Wegschaffung nur zum Zwecke der anschließenden sofortigen Versteigerung erfolgt.
3. ¹Die in der Pfandkammer verwahrten Sachen bezeichnet der Gerichtsvollzieher mit der Geschäftsnummer, die der Vorgang bei ihm hat. ²Er bewahrt sie getrennt von den Sachen auf, die zu anderen Zwangsvollstreckungen gehören.

   ³Der Gerichtsvollzieher darf die Pfandkammer nicht zur Verwahrung benutzen, wenn die Versteigerung der Pfandstücke an einem anderen Ort notwendig oder zweckmäßig ist, wenn die Pfandstücke nach ihrer Beschaffenheit zur Verwahrung in der Pfandkammer nicht geeignet sind oder wenn die Beförderung zur Pfandkammer besondere Schwierigkeiten bereiten oder außergewöhnlich hohe Kosten verursachen würde.
4. ¹Pfandstücke, die der Gerichtsvollzieher nicht nach § 138 oder in einer Pfandkammer verwahren kann, übergibt er einem Verwahrer. ²Zum Verwahrer soll er möglichst nur eine zuverlässige, zahlungsfähige und am Ort der Vollstreckung ansässige Person wählen; bei ihrer Auswahl ist in Landgemeinden tunlichst die Mitwirkung des Hauptverwaltungsbeamten der Gemeinde zu erbitten, falls dieser die Verwahrung nicht selbst übernimmt. ³Die Bestellung des Gläubigers zum Verwahrer wird in der Regel nicht angebracht sein. ⁴Die Vergütung für die Verwahrung, Beaufsichtigung und gegebenenfalls auch für die Erhaltung der Sache vereinbart der Gerichtsvollzieher mit dem Verwahrer möglichst bei Übergabe. ⁵Der Verwahrungsvertrag soll schriftlich abgeschlossen werden. ⁶Der Verwahrer hat unter einem Verzeichnis der übergebenen Sachen ihren Empfang zu bescheinigen; eine Abschrift dieses Verzeichnisses nebst der Bescheinigung ist ihm auf Verlangen auszuhändigen.

   ⁷Der Gerichtsvollzieher vermerkt die Bestellung eines Verwahrers und die mit ihm getroffenen Vereinbarungen im Pfändungsprotokoll oder in einem Nachtrag darunter. ⁸Er verbindet die Bescheinigung des Verwahrers über den Empfang mit dem Protokoll, sofern sie nicht in das Protokoll selbst aufgenommen ist.
5. ¹Belässt der Gerichtsvollzieher gepfändete Tiere nicht im Gewahrsam des Schuldners, so ist er verpflichtet, die notwendigen Maßnahmen für die ordnungsgemäße Fütterung und Pflege der Tiere zu treffen. ²Werden ihm die hierzu nötigen Geldmittel nicht rechtzeitig zur Verfügung gestellt, so versteigert er die Tiere unverzüglich, selbst wenn er dabei die Fristen für die Vornahme und die Bekanntmachung der Versteigerung nicht einhalten kann (§ 816 ZPO).

§ 140 GVGA   Kosten der Unterbringung

1. Der Gerichtsvollzieher achtet darauf, dass durch die Fortschaffung und Verwahrung der Pfandstücke sowie durch die Bestellung eines Verwahrers oder Hüters nicht mehr als die angemessenen und unbedingt notwendigen Kosten entstehen.

GVGA (Auszug)

2. ¹Bewahrt der Gerichtsvollzieher Sachen in einer Pfandkammer auf, die ihm von seiner Dienstbehörde gegen Entgelt zur Verfügung gestellt ist oder die er sich auf eigene Kosten beschafft hat, so kann er hierfür einen angemessenen Betrag als bare Auslage ansetzen. ²Für die Aufbewahrung von Geld, Kostbarkeiten, Wertpapieren und anderen Papieren darf er jedoch keine Auslagen berechnen, es sei denn, dass durch den außergewöhnlich hohen Wert der Gegenstände im Einzelfall besondere Schutzmaßregeln notwendig wurden oder dass es notwendig war, die Gegenstände einer Bank, einer Sparkasse oder einem Verwahrer zu übergeben.

§ 141 GVGA   Allgemeines

(§§ 813a–825 ZPO)

1. ¹Die Verwertung der Pfandstücke erfolgt in der Regel durch öffentliche Versteigerung (§§ 142–146). ²Als Formen der anderweitigen Verwertung kommen insbesondere in Betracht:
   a) freihändiger Verkauf durch den Gerichtsvollzieher (§§ 147–149),
   b) freihändiger Verkauf durch einen Dritten – gegebenenfalls unter Festsetzung eines Mindestpreises,
   c) Übereignung an den Gläubiger zu einem bestimmten Preis,
   d) Versteigerung durch den Gerichtsvollzieher an einem anderen Ort als nach § 816 Abs. 2 ZPO vorgesehen.

   ³Ist nach der Auffassung des Gerichtsvollziehers wegen der Art der gepfändeten Sachen bei einer Verwertung durch öffentliche Versteigerung kein angemessener Erlös zu erwarten, so soll er den Schuldner und den Gläubiger sofort auf die Möglichkeit der anderweitigen Verwertung (§ 825 Abs. 1 ZPO) aufmerksam machen. ⁴Beantragt eine der Parteien nach § 825 Abs. 1 ZPO eine Verwertung der Sache in anderer Weise oder an einem anderen Ort, unterrichtet der Gerichtsvollzieher den Antragsgegner über alle Einzelheiten der beabsichtigten anderweitigen Verwertung, insbesondere den Mindestpreis und belehrt ihn, dass er die Sache ohne seine Zustimmung nicht vor Ablauf von zwei Wochen nach Zustellung der Unterrichtung verwerten wird. ⁵Der Gerichtsvollzieher besorgt selbst die Zustellung der Unterrichtung. ⁶Nach der Zustimmung des Antragsgegners oder spätestens nach dem Ablauf der Frist, wenn eine Einstellungsanordnung des Vollstreckungsgerichts nicht ergangen ist, führt der Gerichtsvollzieher die anderweitige Verwertung durch. ⁷Er kann sie schon vor Fristablauf vorbereiten. ⁸Ist bei der beantragten anderweitigen Verwertung nach der Überzeugung des Gerichtsvollziehers kein höherer Erlös zu erwarten, teilt er dies dem Antragsteller unter Fortsetzung des Verwertungsverfahrens mit.

2. ¹Der Gerichtsvollzieher führt die Verwertung – ohne einen besonderen Auftrag des Gläubigers abzuwarten – nach den §§ 814 bis 825 ZPO durch. ²Die Verwertung ist auch dann vorzunehmen, wenn der Schuldner verstorben ist oder wenn das Konkursverfahren oder das Insolvenzverfahren über sein Vermögen eröffnet worden ist. ³§ 91 Nr. 1 und § 171 Nr. 2 Satz 2 sind zu beachten. ⁴Grundsätzlich darf der Gerichtsvollzieher die Verwertung der Pfandstücke nur mit Zustimmung des Gläubigers zu der Teilzahlungsverpflichtung des Schuldners (§ 813a ZPO) aufschieben oder auf Anweisung des Vollstreckungsgerichts (§ 813b ZPO) aussetzen. ⁵Ein Aufschub der Verwertung durch den Gerichtsvollzieher (§ 813a ZPO) ist nur zulässig, wenn der Gläubiger eine Zahlung der Schuld in Teilbeträgen nicht bereits bei Erteilung des Vollstreckungsauftrags ausdrücklich ausgeschlossen hat. ⁶Wenn der Gläubiger lediglich einen Vollstreckungsauftrag mit einem Auftrag zur Abnahme der eidesstattlichen Versicherung verbunden hat, hindert dies einen Verwertungsaufschub durch den Gerichtsvollzieher zunächst nicht. ⁷Hat der Gläubiger in dem Vollstreckungsauftrag Bedingungen für sein Einverständnis mit einer Ratenzahlung festgelegt, so darf der Gerichtsvollzieher hiervon nicht abweichen.

3. ¹Beim Vorliegen der Zustimmung des Gläubigers zu der Teilzahlung oder beim Fehlen eines ausdrücklichen Ausschlusses ist der Gerichtsvollzieher befugt, die Verwertung der gepfändeten Sachen aufzuschieben, hierfür Raten nach Höhe und Zeitpunkt unter Berücksichtigung der Gegebenheiten des Einzelfalles festzusetzen und einen Termin zur Verwertung auf einen Zeitpunkt zu bestimmen, der nach dem jeweils nächsten Zahlungstermin liegt oder einen bereits bestimmten Termin auf diesen Zeitpunkt zu verlegen, wenn sich der Schuldner verpflichtet, den Betrag, der zu Befriedigung des Gläubigers und zur Deckung der Kosten der Zwangsvollstreckung erforderlich ist, innerhalb eines Jahres zu zahlen. ²Zum Beispiel kann der Gerichtsvollzieher einem plötzlich arbeitslos gewordenen Schuldner gestatten, mit der Tilgung, durch Ratenzahlung erst von dem Zeitpunkt an zu beginnen, von dem an er Arbeitslosengeld erhält. ³Er kann auch die Tilgung der Schuld durch eine einmalige Zahlung, die bis zu einem von ihm festgesetzten Zeitpunkt zu erfolgen hat, bestimmen.

4. ¹Zwischen dem Zahlungstermin und dem Verwertungstermin soll wenigstens eine Woche liegen. ²Wird der Verwertungstermin verlegt, nachdem der Schuldner die Rate gezahlt hat, gehören die Kosten der öffentlichen Bekanntmachung der Terminsverlegung (§ 143) zu den notwendigen Kosten der Zwangsvollstreckung im Sinne des § 788 Abs. 1 ZPO. ³Bei der Bestimmung der Termine für die Verwertung soll der Gerichtsvollzieher im Einzelfall einerseits die Notwendigkeit, den Schuldner durch die Terminsbestimmung zur pünktlichen Zahlung zu veranlassen, und andererseits die Höhe der zusätzlichen Vollstreckungskosten z.B. für die öffentliche Bekanntmachung berücksichtigen.

5. ¹Der Gerichtsvollzieher ist nicht nur dann befugt, einen Verwertungsaufschub vorzunehmen, wenn die Pfändung teilweise erfolgreich war, sondern auch dann, wenn der voraussichtliche Verwertungserlös den zu vollstreckenden Betrag voll deckt. ²Ein förmlicher Antrag des Schuldners ist nicht erforderlich. ³Der Gerichtsvollzieher kann einen solchen regelmäßig in dem Angebot einer Teilzahlung sehen. ⁴Er ist auch noch kurz vor dem bereits bestimmten Versteigerungstermin möglich.

6. Vorschläge des Schuldners zur Zahlungsfrist und zur Ausgestaltung der Ratenzahlung vermerkt der Gerichtsvollzieher ebenso wie die Verpflichtung des Schuldners und die getroffenen Maßnahmen (z.B. Verwertungsaufschub, Bewilligung von Ratenzahlungen, Bestimmung oder Verlegung des Verwertungstermins) im einzelnen im Protokoll und unterrichtet den Gläubiger.

7. ¹Schiebt der Gerichtsvollzieher die Verwertung auf und setzt er Raten fest, so unterrichtet er den Schuldner zugleich darüber, dass der Verwertungsaufschub endet, wenn er am Fälligkeitstag den bestimmten Teilbetrag nicht oder nur teilweise bezahlt oder wenn er von dem Gerichtsvollzieher über den Widerspruch des Gläubigers unterrichtet wird, falls dieser sich in seinem Auftrag nicht zu einem Aufschub erklärt hatte. ²Er belehrt den Schuldner ferner darüber, dass er gemäß § 813b ZPO bei dem Vollstreckungsgericht eine Aussetzung der Verwertung beantragen kann. ³Er weist ihn dabei ausdrücklich darauf hin, dass das Vollstreckungsgericht den Antrag ohne sachliche Prüfung zurückweisen wird, wenn dieser nicht innerhalb einer Frist von zwei Wochen ab dem Ende des Verwertungsaufschubs gestellt worden ist und das Vollstreckungsgericht der Überzeugung ist, dass der Schuldner den Antrag in der Absicht der Verschleppung oder aus grober Nachlässigkeit nicht innerhalb der Frist gestellt hat. ⁴Die Belehrung des Schuldners vermerkt er ebenfalls im Protokoll.

8. ¹Hat der Gläubiger bei der Erstellung des Vollstreckungsauftrags eine Zahlung in Teilbeträgen weder ausgeschlossen noch einer Ratenzahlung zugestimmt, unterrichtet ihn der Gerichtsvollzieher unverzüglich über einen Aufschub der Verwertung und über die festgesetzten Raten durch Übersendung einer Abschrift des Protokolls. ²Widerspricht der Gläubiger gegenüber dem Gerichtsvollzieher, so unterrichtet der Gerichtsvollzieher den Schuldner über den Widerspruch durch Zustellung einer beglaubigten Ablichtung der Widerspruchsschrift oder des über einen fernmündlichen Widerspruch aufgenommenen Vermerks und belehrt ihn über die Rechtsfolgen und die Möglichkeit, einen Antrag nach § 813b ZPO zu stellen; er kann den Schuldner auch mündlich unterrichten und dies im Protokoll vermerken. ³Danach verfährt er

ebenso wie in dem Fall, dass der Schuldner die festgesetzten Raten zu dem bestimmten Termin nicht oder nicht in voller Höhe zahlt, nach Nr. 2 Absatz 1. [4]Der Verwertungsaufschub endet mit Ablauf des Tages der Unterrichtung oder der Fälligkeit. [5]Wendet sich der Gläubiger lediglich gegen die Teilzahlungsbestimmungen des Gerichtsvollziehers, liegt kein Widerspruch vor. [6]In diesem Fall ändert der Gerichtsvollzieher die Teilzahlungsbestimmungen nach den Auflagen des Gläubigers und unterrichtet den Schuldner.

9. [1]Der Gerichtsvollzieher kann die Verwertung auch wiederholt aufschieben, allerdings darf die Verwertung durch einen wiederholten Aufschub nicht länger als um insgesamt ein Jahr aufgeschoben werden. [2]Hatte ein erster Verwertungsaufschub wegen des Widerspruchs des Gläubigers geendet, kommt ein wiederholter Aufschub nicht in Betracht. [3]Hatte er geendet, weil der Schuldner einen Teilbetrag nicht oder nicht vollständig gezahlt hat, und schiebt der Gerichtsvollzieher die Verwertung erneut auf, dann hat er den Gläubiger über den erneuten Verwertungsaufschub wieder unverzüglich zu unterrichten, auch wenn er dem ersten Verwertungsaufschub zugestimmt hatte. [4]Der Gerichtsvollzieher verfährt dann gemäß Zustimmung oder Widerspruch des Gläubigers.

10. [1]Beauftragt der Gläubiger den Gerichtsvollzieher, dem Schuldner eine Stundung über 12 Monaten hinaus zu gewähren, so ist dem Schuldner aufzugeben, den geschuldeten Betrag oder die Raten unmittelbar an den Gläubiger zu zahlen. [2]Der Gläubiger ist sodann unter Rücksendung des Schuldtitels und der sonstigen für die Vollstreckung übergebenen Urkunden entsprechend zu unterrichten mit dem Anheimgeben, die Fortsetzung der Vollstreckung zu beantragen, falls der Schuldner seinen Verpflichtungen nicht nachkommt.

11. Bei der Verwertung muss der Gerichtsvollzieher gesetzliche und behördliche Veräußerungs- oder Erwerbsbeschränkungen beachten (vgl. z.B. § 772 ZPO).

12. [1]Bei der Verwertung dürfen der Gerichtsvollzieher und die von ihm zugezogenen Gehilfen (Ausrufer, Schreiber, Protokollführer, Schätzungssachverständige) weder für sich (persönlich oder durch einen anderen) noch als Vertreter eines anderen kaufen (§§ 450, 451 BGB). [2]Der Gerichtsvollzieher darf auch seinen Angehörigen und den bei ihm beschäftigten Personen das Mitbieten nicht gestatten.

13. Auf Antrag des Gläubigers oder des Schuldners kann das Vollstreckungsgericht anordnen, dass eine gepfändete Sache durch eine andere Person als den Gerichtsvollzieher versteigert wird (§ 825 Abs. 2 ZPO).

§ 142 GVGA Ort und Zeit der Versteigerung

(§ 816 Abs. 1, 2; § 825 Abs. 1 ZPO)

1. [1]Der Gerichtsvollzieher bestimmt den Termin zur öffentlichen Versteigerung in der Regel sogleich bei der Pfändung. [2]Die Anberaumung des Termins ist nur dann einstweilen auszusetzen,
   a) wenn die Parteien einverstanden sind, dass der Termin erst später bestimmt werden soll,
   b) wenn die sofortige Terminbestimmung im Einzelfall nicht tunlich oder nicht zweckmäßig erscheint, z.B. weil Früchte auf dem Halm gepfändet sind und der Eintritt der Reife der Früchte noch nicht mit Sicherheit übersehen werden kann oder weil das Vollstreckungsgericht voraussichtlich eine andere Art der Veräußerung oder die Versteigerung an einem anderen Orte anordnen wird.

2. [1]Die Pfandstücke werden in der Gemeinde versteigert, in der sie gepfändet worden sind, an einem anderen Ort im Bezirk des Vollstreckungsgerichts oder am Amtssitz des Gerichtsvollziehers, sofern nicht der Gläubiger und der Schuldner sich auf einen anderen Ort einigen oder der Gerichtsvollzieher auf Antrag des Gläubigers oder des Schuldners einen anderen Ort bestimmt hat (§§ 816 Abs. 2, 825 Abs. 1 ZPO). [2]Liegt die Versteigerung an einem dritten Ort im Interesse der Parteien, so soll der

Gerichtsvollzieher auf die Möglichkeit eines Antrags nach § 825 Abs. 1 ZPO hinweisen.

3. ¹Der erste Versteigerungstermin darf nicht vor Ablauf einer Woche seit dem Tage der Pfändung stattfinden. ²Ein früherer Termin darf nur bestimmt werden, wenn
   a) der Gläubiger und der Schuldner sich über eine frühere Versteigerung einigen,
   b) die frühere Versteigerung nach der pflichtgemäßen Überzeugung des Gerichtsvollziehers erforderlich ist, um die Gefahr einer beträchtlichen Wertminderung der Pfandstücke oder eines unverhältnismäßigen Kostenaufwands für längere Aufbewahrung abzuwenden.

   ³Die Einigung der Parteien oder die sonstigen Gründe für die vorzeitige Versteigerung sind aktenkundig zu machen.

   ⁴In der Regel soll die Versteigerung nicht später als einen Monat nach der Pfändung stattfinden; wird sie weiter hinausgeschoben, so ist der Grund dafür in den Akten zu vermerken.

4. ¹Sämtliche beteiligten Gläubiger und der Schuldner sind von dem Versteigerungstermin besonders zu benachrichtigen, wenn ihnen der Termin nicht bereits anderweit bekannt gegeben worden ist, etwa durch die übersandte Abschrift des Pfändungsprotokolls. ²Der Gerichtsvollzieher kann den Gläubiger hierbei auf die Bedeutung seiner persönlichen Teilnahme hinweisen.

§ 143 GVGA   Öffentliche Bekanntmachung

(§ 816 Abs. 3 ZPO)

1. ¹Die Versteigerung muss öffentlich bekannt gemacht werden. ²Die Bekanntmachung muss rechtzeitig erfolgen, spätestens am Tage vor dem Versteigerungstermin. ³Eine Bekanntmachung am Tage der Versteigerung genügt nur, wenn die Pfandstücke alsbald versteigert werden müssen, etwa weil sie dem Verderb oder einer beträchtlichen Wertminderung ausgesetzt sind. ⁴Erfolgt die Bekanntmachung nicht spätestens am Tage vor der Versteigerung, so ist der Grund dafür aktenkundig zu machen.

2. ¹Die Bekanntmachung enthält
   a) den Ort, den Tag und die Stunde der Versteigerung,
   b) eine allgemeine Bezeichnung der Gegenstände, die zu versteigern sind (z.B. Möbel, Betten, Kleidungsstücke und dgl.). ²Besonders wertvolle Sachen sind dabei hervorzuheben. ³Zur allgemeinen Bezeichnung gehört auch die Angabe der Fabrikmarke (z.B. bei Motoren, Kraftwagen, Krafträdern, Fahrrädern, Schreib- und Büromaschinen, Nähmaschinen, Registrierkassen und dgl). ⁴Vielfach wird es sich empfehlen, auch die Herstellungsnummer anzugeben, da sie Interessenten die Feststellung des Herstellungsjahres ermöglicht.

   ⁵Die Bekanntmachung soll ferner die Zeit und den Ort enthalten, an dem die Pfandstücke vor der Versteigerung besichtigt werden können. ⁶In der Bekanntmachung ist ersichtlich zu machen, dass es sich um eine Versteigerung im Wege der Zwangsvollstreckung handelt; die Namen des Gläubigers und des Schuldners sind wegzulassen. ⁷Die Bekanntmachung ist aktenkundig zu machen; die Belegblätter und Rechnungen sind zu den Sachakten zu nehmen, soweit nicht in Nr. 5 eine andere Aufbewahrung angeordnet ist.

3. ¹Über die Art der Bekanntmachung (Ausruf, Aushang, Veröffentlichung in Zeitungen) entscheidet der Gerichtsvollzieher nach pflichtgemäßem Ermessen unter besonderer Berücksichtigung des Einzelfalles, sofern nicht die Justizverwaltung bestimmte Weisungen erteilt hat.

   ²Die öffentliche Bekanntmachung hat das Ziel, die Personen, die im Einzelfall als Kauflustige in Betracht kommen, möglichst umfassend auf die bevorstehende Versteigerung hinzuweisen und durch Heranziehung zahlreicher Bieter ein günstiges Versteigerungsergebnis zu erzielen.

GVGA (Auszug)

[3]Die Kosten der Bekanntmachung müssen, soweit sie nicht vom Auftraggeber übernommen werden, in angemessenem Verhältnis zu dem Wert des Versteigerungsgutes und zu dem voraussichtlichen Erlös stehen. [4]Die Beachtung dieser Richtlinien wird vielfach zu folgendem Verfahren führen:

a) [1]Werden Gegenstände von geringerem Wert versteigert (z.B. gebrauchte Haushaltungsgegenstände, Kleidungsstücke und dgl.), so kann eine öffentliche Bekanntmachung durch Ausruf oder Anschlag genügen. [2]Erfahrungsgemäß hat sich in diesem Fall, insbesondere bei Versteigerungen in ständig dafür bestimmten und daher allgemein bekannten Pfandkammern oder Versteigerungsräumen, ein Anschlag an einer Tafel oder in einem Kasten vor den Versteigerungsräumen als ausreichend erwiesen.

b) [1]Haben die zur Versteigerung bestimmten Gegenstände einen höheren Wert (z.B. gut erhaltene Haushaltungsgegenstände oder Kleidungsstücke), so wird die Bekanntmachung durch eine Zeitung in Betracht kommen. [2]Bei der Auswahl der Zeitung wird zu beachten sein, dass in diesen Fällen neben den Händlern meist solche Kauflustige in Frage kommen, die den Ort der Versteigerung ohne Aufwendung von Fahrkosten erreichen und das Versteigerungsgut ohne wesentliche Transportkosten wegschaffen können. [3]Der Gerichtsvollzieher wird daher zu prüfen haben, ob eine mit mäßigen Kosten verbundene Anzeige in einer Ortszeitung oder – in größeren Städten – einer Bezirks- oder Vorortzeitung genügt,

c) [1]Hat das Versteigerungsgut beträchtlichen Wert (z.B. Kunstgegenstände, echte Teppiche, Luxusgegenstände), so muss die Bekanntmachung die Kreise umfassen, die für den Erwerb solcher Sachen Interesse haben und über die notwendigen Mittel dazu verfügen. [2]Daher ist eine Zeitung zu wählen, die einen entsprechenden Leserkreis und ein entsprechendes Verbreitungsgebiet hat.

d) Sollen Gegenstände versteigert werden, deren Erwerb nur für bestimmte Berufsgruppen in Frage kommen (z.B. Rohstoffe, Maschinen, kaufmännische und gewerbliche Einrichtungen, Halbfabrikate), so wird vielfach die Bekanntmachung in einer Fachzeitschrift oder Fachzeitung zu bevorzugen sein.

e) Bei besonders umfangreichen Versteigerungen kann eine Bekanntmachung in mehreren Zeitungen in Betracht kommen, sofern die hierzu erforderlichen Kosten im angemessenen Verhältnis zum Wert des Versteigerungsgutes stehen.

4. Bei Bekanntmachungen, insbesondere bei Veröffentlichungen in Zeitungen, achtet der Gerichtsvollzieher auf einwandfreie Sprache, sachgemäße Kürze und die Verwendung verständlicher Abkürzungen.

5. a) [1]Zur Verminderung der Bekanntmachungskosten vereinigt der Gerichtsvollzieher mehrere Bekanntmachungen von Versteigerungsterminen, die an demselben Tage und an demselben Ort abgehalten werden sollen, zu einer Bekanntmachung. [2]Er soll auch möglichst mehrere Bekanntmachungen von Versteigerungsterminen, die zu verschiedenen Zeiten und an verschiedenen Orten stattfinden, in einer Sammelbekanntmachung vereinigen. [3]In diesen Fällen nimmt er das Belegblatt und die Rechnung zu einem der Handaktenstücke, berechnet dabei die Kosten, die auf die einzelnen Angelegenheiten abfallen, und vermerkt in den Akten über die anderen Angelegenheiten, wie hoch die anteiligen Kosten sind und wo sich Rechnung und Belegblatt befinden. [4]Der Gerichtsvollzieher kann Rechnung und Belegblätter auch zu besonderen Sammelakten über Bekanntmachungen nehmen. [5]Er vermerkt dann in den einzelnen Sonderakten die Höhe der anteiligen Kosten und verweist auf die Blattzahl der Sammelakte, wo sich Belegblatt, Rechnung und Berechnung der anteiligen Kosten befinden.

b) [1]Auch die Bekanntmachungen mehrerer Gerichtsvollzieher können aus Kostenersparnisgründen zu einer Sammelbekanntmachung vereinigt werden. [2]In diesen Fällen muss jeder Gerichtsvollzieher ein Belegblatt zu seinen Akten nehmen und dabei die Kosten angeben, die auf seine Bekanntmachung entfallen. [3]Im übrigen ist entsprechend den Bestimmungen zu Buchst. a) zu verfahren.

Anhang

6. ¹Wird der Versteigerungstermin aufgehoben, so sind Aushänge und Anschläge sofort zu entfernen. ²Die Aufhebung ist öffentlich bekannt zu machen, soweit dies noch tunlich ist. ³Eine Terminverlegung ist den Beteiligten unverzüglich mitzuteilen.

§ 144 GVGA Bereitstellung der Pfandstücke

1. ¹Vor Beginn des Termins sind die zu versteigernden Sachen zum Verkauf und zur Besichtigung durch Kauflustige bereitzustellen; ihre Identität ist aus dem Pfändungsprotokoll festzustellen. ²War ein Verwahrer oder Hüter bestellt, so ist mit ihm über die Rückgabe der Sachen ein Protokoll aufzunehmen; auf Verlangen ist ihm eine Bescheinigung hierüber zu erteilen. ³Ergibt sich, dass Pfandstücke fehlen oder beschädigt sind, so ist dies im Protokoll oder zu den Akten zu vermerken und den Beteiligten bekannt zu geben.

2. ¹Die Pfandstücke sollen zur Erzielung eines ihrem Wert angemessenen Erlöses in sauberem und möglichst ansehnlichem Zustand zur Versteigerung gestellt werden. ²Hiernach kann es z.b. erforderlich sein, wertvollere Kleider oder Anzüge bügeln oder Gegenstände aus Silber putzen zu lassen. ³Die hierdurch entstehenden Kosten sind als Kosten der Zwangsvollstreckung zu behandeln. ⁴Solche Kosten dürfen jedoch nur aufgewendet werden, wenn sie in einem angemessenen Verhältnis zu dem zu erwartenden Mehrerlös stehen. ⁵Dagegen ist der Gerichtsvollzieher nicht berechtigt, gebrauchte oder beschädigte Pfandstücke ohne Einverständnis des Gläubigers und des Schuldners instandsetzen zu lassen, z.B. den Anstrich oder die Politur gebrauchter Möbel erneuern zu lassen.

§ 145 GVGA Versteigerungstermin
(§§ 816 Abs. 4, 817, 817a, 818 ZPO)

1. ¹Bei der Eröffnung des Termins sind zunächst die Versteigerungsbedingungen bekannt zu machen. ²Abweichungen von den im § 817 ZPO bestimmten Versteigerungsbedingungen sind nur zulässig, wenn das Vollstreckungsgericht sie angeordnet hat oder der Gläubiger und der Schuldner sie vereinbart haben. ³Versteigert der Gerichtsvollzieher Gase, Flüssigkeiten oder andere Sachen, die sich in Behältnissen befinden, welche dem Schuldner zweifellos nicht gehören, so nimmt er in die Versteigerungsbedingungen die Bestimmung auf, dass

   a) die Behältnisse alsbald nach der Entleerung, spätestens binnen einer festzusetzenden Frist, dem Eigentümer zu übergeben seien,

   b) der Ersteher eine dem Betrage nach zu bestimmende Sicherheit außer dem Meistgebot an den Gerichtsvollzieher zu leisten habe.

   ⁴Versteigert der Gerichtsvollzieher Schusswaffen, Munition oder diesen gleichstehende Gegenstände, deren Erwerb erlaubnis- oder anmeldepflichtig ist, so nimmt er in die Versteigerungsbedingungen die Bestimmung auf, dass sie nur von einem Berechtigten ersteigert werden können (vgl. § 113a).

2. a) ¹Der Gerichtsvollzieher fordert alsdann zum Bieten auf. ²Er bietet die Pfandstücke regelmäßig einzeln aus; jedoch kann er auch Gegenstände, die sich dazu eignen, zusammen anbieten, insbesondere Gegenstände gleicher Art. ³Die Pfandstücke sind tunlichst nach ihrer Reihenfolge im Pfändungsprotokoll aufzurufen, sofern nicht die Beteiligten andere Wünsche haben. ⁴Beim Ausbieten ist der gewöhnliche Verkaufswert der gepfändeten Sachen und das Mindestgebot bekannt zu geben, bei Gold- und Silbersachen auch der Gold- und Silberwert.

   b) Der Gläubiger und der Schuldner können bei der Versteigerung mitbieten; jedoch ist ein Gebot des Schuldners zurückzuweisen, wenn er nicht den Betrag sofort bar hinterlegt.

   c) ¹Der Zuschlag ist zu versagen, wenn das Meistgebot nicht die Hälfte des gewöhnlichen Verkehrswertes erreicht (Mindestgebot; § 817a Abs. 1 S. 1 ZPO). ²Der Ge-

GVGA (Auszug)

richtsvollzieher hat dann auf Antrag des Gläubigers einen neuen Versteigerungstermin anzuberaumen oder es dem Gläubiger anheim zu geben, einen Antrag nach § 825 ZPO zu stellen. ³Bleibt auch der neue Termin oder der Versuch anderweitiger Verwertung ohne Erfolg und ist auch von weiteren Verwertungsversuchen kein Erfolg zu erwarten, so kann der Gerichtsvollzieher die Pfändung aufheben. ⁴Vor der Aufhebung gibt er dem Gläubiger Gelegenheit zur Äußerung binnen einer angemessenen, von ihm zu bestimmenden Frist.
⁵Eine Versagung des Zuschlags kommt jedoch nicht in Betracht, wenn alle beteiligten Gläubiger und der Schuldner mit der Erteilung des Zuschlags zu einem Gebot einverstanden sind, welches das gesetzliche Mindestgebot nicht erreicht, oder wenn die sofortige Versteigerung erforderlich ist, um die Gefahr einer beträchtlichen Wertverringerung der zu versteigernden Sachen abzuwenden oder um unverhältnismäßige Kosten für eine längere Aufbewahrung zu vermeiden.

d) ¹Bei Gold- und Silbersachen ist der Zuschlag ferner zu versagen, wenn das Meistgebot den Gold- und Silberwert nicht erreicht. ²Der Gerichtsvollzieher kann diese Sachen dann durch freihändigen Verkauf verwerten (vgl. ³§ 147).

e) Ist eine Austauschpfändung mit der Maßgabe zugelassen, dass dem Schuldner der zur Ersatzbeschaffung notwendige Geldbetrag aus dem Vollstreckungserlös zu erstatten ist (§ 123 Nr. 1 Satz 1, zweiter Halbsatz), so ist der Zuschlag zu versagen, wenn das Meistgebot nicht den vom Vollstreckungsgericht zur Ersatzbeschaffung bestimmten Geldbetrag sowie die Kosten der Zwangsvollstreckung deckt.

f) ¹Erweist sich im Versteigerungstermin eine andere Schätzung des gewöhnlichen Verkaufswertes als notwendig, z.B. wegen Veränderung der Marktlage (Mangel an ausreichenden Geboten genügt nicht), so ist das Ergebnis der Schätzung bekannt zu geben. ²Ist eine der Parteien im Termin nicht vertreten und wird der gewöhnliche Verkaufswert niedriger geschätzt als bisher, so wird ein neuer Versteigerungstermin anzuberaumen und den Parteien zunächst das Ergebnis der abweichenden Schätzung mitzuteilen sein. ³Dies gilt jedoch nicht, wenn die sofortige Versteigerung aus den oben zu Buchst. c) genannten Gründen notwendig ist. ⁴Falls es erforderlich ist, muss der Gerichtsvollzieher zur Sicherung des Gläubigers eine weitere Pfändung durchführen.

g) Beim Einzelausgebot von Gegenständen, die sich zum Gesamtausgebot eignen, kann der Gerichtsvollzieher den Zuschlag davon abhängig machen, dass beim darauf folgenden Gesamtausgebot kein höherer Erlös erzielt wird.

3. ¹Der Gerichtsvollzieher hat für den ordnungsgemäßen Ablauf der Versteigerung zu sorgen. ²Er hat insbesondere unzulässige Einwirkungen der Händlerringe (Verkäuferringe, Zusammenschlüsse) entgegenzutreten. ³Weiß er oder muss er nach den Umständen annehmen, dass Verabredungen getroffen sind, auf Grund deren andere vom Bieten abgehalten oder Sachen durch vorgeschobene Personen ersteigert werden sollen, um unter den Teilnehmern sodann zum gemeinsamen Vorteil veräußert zu werden, so hat er Personen, die an solchen Verabredungen beteiligt sind, zu entfernen, nötigenfalls mit polizeilicher Hilfe. ⁴Er kann die Versteigerung auch unterbrechen.

4. ¹Der Zuschlag ist dem Meistbietenden zu erteilen. ²Dem Zuschlag soll ein dreimaliger Aufruf vorausgehen. ³Dabei muss der Gerichtsvollzieher mit strenger Unparteilichkeit verfahren. ⁴Er darf insbesondere den Zuschlag nicht zugunsten eines Bieters übereilen. ⁵Die Verpflichtung eines jeden Bieters erlischt, wenn ein Übergebot abgegeben wird oder wenn die Versteigerung ohne Erteilung des Zuschlags geschlossen wird (§ 156 BGB, § 817 Abs. 1 ZPO).

5. ¹Die zugeschlagene Sache ist dem Ersteher zu übergeben, und zwar nur gegen bare Zahlung des Kaufpreises. ²Einen gesicherten Scheck darf der Gerichtsvollzieher nur mit Zustimmung des Auftraggebers annehmen. ³Hat der Meistbietende nicht bis zu der in den Versteigerungsbedingungen bestimmten Zeit oder mangels einer solchen Bestimmung nicht vor dem Schluss des Versteigerungstermins die Ablieferung gegen Zahlung des Kaufgeldes verlangt, so ist die Sache anderweit zu versteigern. ⁴Bei

der Wiederversteigerung wird der Meistbietende zu keinem weiteren Gebot zugelassen. [5]Er haftet für den Ausfall; auf den Mehrerlös hat er keinen Anspruch (§ 817 Abs. 3 ZPO).

6. [1]Wird der Zuschlag dem Gläubiger erteilt, so ist dieser von der Verpflichtung zur Barzahlung insoweit befreit, als der Erlös zu seiner Befriedigung zu verwenden ist. [2]Der Gläubiger hat mithin nur die Beträge bar zu zahlen, die zur Deckung der Zwangsvollstreckungskosten erforderlich sind oder sich nach seiner Befriedigung als Überschuss ergeben. [3]Sofern jedoch dem Schuldner nachgelassen ist, die Vollstreckung durch Sicherheitsleistung oder Hinterlegung abzuwenden, hat auch der Gläubiger den Preis für die von ihm erstandene Sache bar zu entrichten (§ 817 Abs. 4 ZPO). [4]Dasselbe gilt, wenn der Gläubiger das Recht eines Dritten auf vorzugsweise Befriedigung (§ 805 ZPO) anerkannt hat oder der Erlös auf Grund einer gerichtlichen Anordnung zu hinterlegen ist.

7. [1]Die Versteigerung ist einzustellen, sobald der Erlös zur Befriedigung des Gläubigers und zur Deckung der Kosten der Zwangsvollstreckung hinreicht (§ 818 ZPO). [2]Um die Versteigerung nicht zu weit auszudehnen, hat der Gerichtsvollzieher die bereits erzielten Erlöse von Zeit zu Zeit zusammenzurechnen. [3]Der Erlös darf an den Gläubiger erst abgeführt werden, wenn die Übergabe der verkauften Sachen stattgefunden hat.

8. Hat nach dem Ergebnis der Verwertung der Pfandstücke die Vollstreckung nicht zur vollen Befriedigung des Gläubigers geführt oder sind Pfandstücke abhanden gekommen oder beschädigt worden, so muss der Gerichtsvollzieher auch ohne ausdrückliche Weisung des Gläubigers alsbald die weitere Vollstreckung betreiben, wenn nach seinem pflichtgemäßen Ermessen eine erneute Pfändung zur weiteren Befriedigung des Gläubigers führen kann.

§ 146 GVGA   Versteigerungsprotokoll

1. Das Protokoll über die Versteigerung hat insbesondere zu enthalten:
    a) die betreibenden Gläubiger nach ihrer Rangfolge;
    b) die Beträge der beizutreibenden Forderungen und der Zwangsvollstreckungskosten;
    c) den Hinweis auf die gesetzlichen Versteigerungsbedingungen oder den Wortlaut der Versteigerungsbedingungen, soweit von den gesetzlichen abweichende oder ergänzende Bestimmungen getroffen sind;
    d) die Bezeichnung der ausgebotenen Sachen sowie ihre Nummern nach dem Pfändungsprotokoll und die abgegebenen Meistgebote;
    e) die Namen der Bieter, denen der Zuschlag erteilt ist; bei Geboten über 50 Euro auch deren Anschriften; der Gerichtsvollzieher kann verlangen, dass ihm der Erwerber einen amtlichen Ausweis über seine Person vorlegt; die Angabe, dass der Kaufpreis bezahlt und die Sache abgeliefert ist oder dass Zahlung und Ablieferung unterblieben sind.

2. [1]Die ausgebotenen Sachen sind sogleich beim Ausgebot im Versteigerungsprotokoll zu verzeichnen. [2]Neben jeder Sache sind alsbald nach dem Zuschlag das Meistgebot und der Ersteher zu vermerken. [3]Dasselbe gilt von der Zahlung des Kaufgeldes, sobald sie erfolgt. [4]Die dem Meistgebot vorangegangenen Gebote und deren Bieter, die den Zuschlag nicht erhalten haben, sind nicht zu verzeichnen. [5]Ein zurückgewiesenes Gebot ist im Protokoll zu vermerken, jedoch nicht in der Spalte, die für das Meistgebot bestimmt ist. [6]Bei Gold- und Silbersachen ist zutreffendenfalls zu beurkunden, dass trotz des wiederholten Aufrufs kein Gebot abgegeben worden ist, das den Gold- und Silberwert deckt. [7]Ein entsprechender Vermerk ist zu machen, wenn bei anderen Sachen nach § 145 Nr. 2 ein Zuschlag nicht erteilt ist. [8]Am Schluss des Verzeichnisses ist die Summe des erzielten Erlöses festzustellen.

3. [1]Das Protokoll braucht nicht im ganzen vorgelesen zu werden. [2]Von den Bietern brauchen nur diejenigen in oder unter dem Protokoll zu unterzeichnen, die den Zu-

schlag erhalten haben oder – falls der Zuschlag im Termin nicht erteilt ist – an ihr Gebot gebunden bleiben. ³Unterbleibt die Unterzeichnung, etwa weil ein Beteiligter sich entfernt hat oder die Unterschrift verweigert, so ist der Grund dafür im Protokoll aufzunehmen.

§ 147 GVGA Zulässigkeit des freihändigen Verkaufs

(§§ 817a, 821, 825 ZPO)
Die Veräußerung erfolgt durch freihändigen Verkauf
- a) bei Gold- und Silbersachen, wenn bei der Versteigerung kein Gebot abgegeben worden ist, das den Gold- und Silberwert erreicht (§ 817a ZPO),
- b) bei Wertpapieren, die einen Börsen- oder Marktpreis haben (§ 821 ZPO),
- c) im Einzelfall auf Antrag des Gläubigers oder des Schuldners (§ 825 Abs. 1 ZPO).

§ 148 GVGA Verfahren beim freihändigen Verkauf

1. ¹Für den freihändigen Verkauf gilt die im § 142 Nr. 3 Abs. 1 S. 1 bezeichnete Frist nicht. ²Der Gerichtsvollzieher führt den Verkauf unverzüglich durch, falls das Vollstreckungsgericht nichts anderes angeordnet hat oder die Beteiligten nichts anderes vereinbart haben. ³Er ist darauf bedacht, einen möglichst hohen Preis zu erzielen.
2. ¹Die Bestimmungen des § 145 Nr. 2 Buchst.c über das Mindestgebot finden beim freihändigen Verkauf entsprechende Anwendung (§ 817a ZPO). ²Gold- und Silbersachen darf der Gerichtsvollzieher nicht unter ihrem Gold- und Silberwert und nicht unter der Hälfte des gewöhnlichen Verkaufswerts, Wertpapiere nicht unter dem Tageskurs verkaufen, der für den Ort des Verkaufs maßgebend ist. ³Den Tageskurs stellt der Gerichtsvollzieher durch den Kurszettel oder die Bescheinigung einer Bank fest.
3. Die Sache darf dem Käufer nur gegen bare Zahlung des Kaufpreises oder, falls der Auftraggeber dem zustimmt, gegen Übergabe eines über den Kaufpreis ausgestellten Schecks übergeben werden, soweit das Vollstreckungsgericht nichts anderes angeordnet hat oder alle Beteiligten einer anderen Regelung zustimmen.
4. Der Verkauf kann auch an den Gläubiger erfolgen.
5. Bei dem Verkauf von Wertpapieren bleibt es dem Ermessen des Gerichtsvollziehers überlassen, ob er den Verkauf selbst besorgen oder sich der Vermittlung eines Bankgeschäfts bedienen will.
6. ¹Hat das Vollstreckungsgericht den Verkauf angeordnet, so beachtet der Gerichtsvollzieher die etwaigen besonderen Anordnungen des Gerichts. ²Ist eine Sache durch Beschluss des Vollstreckungsgerichts dem Gläubiger oder einem Dritten übereignet, so hat der Gerichtsvollzieher die Sache zu übergeben.

§ 149 GVGA Protokoll beim freihändigen Verkauf

¹Das Protokoll über den freihändigen Verkauf hat insbesondere zu enthalten:
- a) den Grund des freihändigen Verkaufs,
- b) die genaue Bezeichnung des verkauften Gegenstandes mit Angabe des geschätzten Gold- und Silberwertes, des Tageskurses oder des vom Vollstreckungsgericht bestimmten Preises,
- c) die mit Käufern getroffenen Abreden, den Nachweis der Preiszahlung und die Erfüllung des Geschäfts.

§ 146 Nr. 1 Buchst. e gilt entsprechend.
²Verkauft der Gerichtsvollzieher ein Wertpapier durch Vermittlung eines Bankgeschäfts, so wird das Protokoll durch die Abrechnung ersetzt, die das Bankgeschäft über den Verkauf erteilt. ³Die Abrechnung ist zu den Akten zu nehmen.

Anhang

§ 154 GVGA Pfändung von Wertpapieren

1. ¹Bei der Zwangsvollstreckung wegen Geldforderungen werden Wertpapiere wie bewegliche körperliche Sachen behandelt. ²Sie werden dadurch gepfändet, dass der Gerichtsvollzieher sie in Besitz nimmt.
2. ¹Zu den Wertpapieren der Nr. 1 gehören alle Inhaberpapiere, auch wenn sie auf den Namen eines bestimmten Berechtigten umgeschrieben sind, sowie alle Aktien, auch wenn sie auf den Namen eines bestimmten Berechtigten lauten. ²Dagegen gehören Legitimationspapiere nicht dazu (z.B. Sparbücher, Pfandscheine, Lebensversicherungspolicen).
3. Für die Pfändung von Forderungen aus Wechseln und anderen auf den Namen lautenden, aber durch Indossament übertragbaren Forderungspapieren gelten die Bestimmungen des § 175.
4. Inländische Banknoten sind bei der Zwangsvollstreckung nicht als Wertpapiere, sondern als bares Geld zu behandeln.

§ 155 GVGA Veräußerung von Wertpapieren

(§§ 821–823 ZPO)

1. Die Veräußerung von Wertpapieren erfolgt, wenn sie einen Börsen- oder Marktpreis haben, durch freihändigen Verkauf, sonst durch öffentliche Versteigerung (§ 821 ZPO).
2. ¹Bei der Veräußerung von Inhaberpapieren genügt die Übergabe des veräußerten Papiers an den Erwerber, um das im Papier verbriefte Recht auf ihn zu übertragen. ²Dagegen sind Papiere, die durch Indossament übertragen werden können, jedoch nicht Forderungspapiere sind, zum Zweck der Übertragung mit dem Indossament zu versehen (z.B. Namensaktien). ³Andere Papiere; die auf den Namen lauten, sind mit der Abtretungserklärung zu versehen. ⁴Dies gilt auch für auf den Namen umgeschriebene Inhaberpapiere, sofern nicht ihre Rückverwandlung (Nr. 3) beantragt wird.
3. ¹Die Abtretungserklärung oder das Indossament stellt der Gerichtsvollzieher anstelle des Schuldners aus, nachdem ihn das Vollstreckungsgericht dazu ermächtigt hat (§ 822 ZPO). ²Ebenso bedarf der Gerichtsvollzieher der Ermächtigung des Vollstreckungsgerichts, wenn er anstelle des Schuldners die Erklärungen abgegeben soll, die zur Rückverwandlung einer auf den Namen umgeschriebenen Schuldverschreibung in eine Inhaberschuldverschreibung erforderlich sind (§ 823 ZPO). ³Der Gerichtsvollzieher fügt dem Antrag, durch den er die Ermächtigung erbittet, den Schuldtitel und das Pfändungsprotokoll bei.

§ 156 GVGA Hilfspfändung

¹Papiere, die nur eine Forderung beweisen, aber nicht Träger des Rechts sind (z.B. Sparbücher, Pfandscheine, Versicherungsscheine und Depotscheine, ferner Hypotheken- und solche Grundschuld- und Rentenschuldbriefe, die nicht auf den Inhaber lauten), sind nicht Wertpapiere im Sinne des § 154. ²Sie können deshalb auch nicht nach den Vorschriften über die Zwangsvollstreckung in bewegliche körperliche Sachen gepfändet werden. ³Der Gerichtsvollzieher kann aber diese Papiere vorläufig in Besitz nehmen (Hilfspfändung). ⁴Er teilt dem Gläubiger die vorläufige Wegnahme unverzüglich mit und bezeichnet die Forderungen, auf die sich die Legitimationspapiere beziehen. ⁵Die Papiere sind jedoch dem Schuldner zurückzugeben, wenn der Gläubiger nichts alsbald, spätestens innerhalb eines Monats, den Pfändungsbeschluss über die Forderung vorlegt, die dem Papier zugrunde liegt. ⁶Die in Besitz genommenen Papiere sind im Pfändungsprotokoll genau zu bezeichnen.

⁷Grund- und Rentenschuldbriefe, die auf den Inhaber lauten, werden nach § 154 gepfändet.

GVGA (Auszug)

§ 157 GVGA   Entfernung des Kraftfahrzeugs aus dem Gewahrsam des Schuldners

1. ¹Bei der Pfändung eines Kraftfahrzeugs wird in der Regel davon auszugehen sein, dass die Befriedigung des Gläubigers gefährdet wird, wenn das Fahrzeug im Gewahrsam des Schuldners verbleibt (vgl. § 808 ZPO). ²Der Gerichtsvollzieher nimmt das gepfändete Fahrzeug daher in Besitz, sofern nicht der Gläubiger damit einverstanden ist, dass es im Gewahrsam des Schuldners bleibt, oder eine Wegnahme aus sonstigen Gründen ausnahmsweise nicht erforderlich erscheint.

2. Kann der Gerichtsvollzieher – obwohl die gesetzlichen Voraussetzungen hierfür gegeben sind – das Fahrzeug nicht in Besitz nehmen (z.B. wegen fehlender Unterbringungsmöglichkeiten) und erscheint die Wegnahme der Kraftfahrzeugpapiere (§§ 158–160) nicht ausreichend, um eine missbräuchliche Benutzung des Kraftfahrzeugs zu verhindern, so muss der Gerichtsvollzieher weitere geeignete Sicherungsmaßnahmen treffen (z.B. die Herausnahme einzelner Teile aus dem Motor oder die Abnahme und Verwahrung des amtlichen Kennzeichens).

§ 158 GVGA   Kraftfahrzeugschein und Kraftfahrzeugbrief

1. ¹Der Gerichtsvollzieher muss bei der Zwangsvollstreckung in Kraftfahrzeuge die Bedeutung des Kraftfahrzeugscheins und des Kraftfahrzeugbriefs beachten. ²Der Kraftfahrzeugschein wird aufgrund der Betriebserlaubnis und nach Zuteilung des Kennzeichens ausgestellt und weist die Zulassung des Kraftfahrzeugs zum Verkehr nach. ³Der Kraftfahrzeugbrief liefert Unterlagen für Maßnahmen der Wirtschafts- und Verkehrspolitik und trägt zur Sicherung des Eigentums oder anderer Rechte am Fahrzeug bei. ⁴Beide Urkunden sind daher für den Erwerber eines Kraftfahrzeugs von wesentlichem Wert.

2. Die Bestimmungen für Kraftfahrzeuge, Kraftfahrzeugscheine, amtliche Kennzeichen und Kraftfahrzeugbriefe gelten entsprechend für Anhänger, Anhängerscheine und Anhängerbriefe.

§ 159 GVGA   Behandlung des Kraftfahrzeugscheins

1. ¹Pfändet der Gerichtsvollzieher ein Kraftfahrzeug, so nimmt er den über das Kraftfahrzeug ausgestellten und im Gewahrsam des Schuldners befindlichen Kraftfahrzeugschein in Besitz, sofern das Fahrzeug nicht gemäß § 157 Nr. 1 im Gewahrsam des Schuldners belassen wird. ²Findet der Gerichtsvollzieher den Kraftfahrzeugschein nicht, vermerkt er dies im Protokoll.

2. Der Gerichtsvollzieher händigt den in seinem Besitz befindlichen Kraftfahrzeugschein dem Erwerber bei der Übergabe des Kraftfahrzeugs gegen Empfangsbestätigung aus.

§ 160 GVGA   Behandlung des Kraftfahrzeugbriefs

1. Bei der Pfändung eines Kraftfahrzeuges nimmt der Gerichtsvollzieher auch den über das Fahrzeug ausgestellten Kraftfahrzeugbrief in Besitz, wenn er ihn im Gewahrsam des Schuldners findet.

2. ¹Findet der Gerichtsvollzieher den Kraftfahrzeugbrief nicht, so forscht er durch Befragen des Schuldners oder der bei der Vollstreckung anwesenden Personen (Familienangehörige, beim Schuldner Beschäftigte) nach dem Verbleib des Briefes; das Ergebnis vermerkt er im Protokoll. ²Befindet sich der Kraftfahrzeugbrief hiernach angeblich in der Hand eines Dritten, so teilt der Gerichtsvollzieher dem Gläubiger den Namen und die Wohnung des Dritten mit; er gibt möglichst auch an, weshalb sich der Brief in der Hand des Dritten befindet.

Anhang

3. Hat der Gerichtsvollzieher den Kraftfahrzeugbrief nicht in Besitz nehmen können, so kann er in geeigneten Fällen den Schuldner darauf hinweisen, dass die Pfändung voraussichtlich nach § 161 der Zulassungsstelle mitgeteilt werden wird.

§ 161 GVGA   Benachrichtigung der Zulassungsstelle, Versteigerung

1. ¹Hat der Gerichtsvollzieher den Kraftfahrzeugbrief nicht in Besitz nehmen können, so teilt er dies unverzüglich der für das Fahrzeug zuständigen Zulassungsstelle mit, soweit nicht § 162 etwas anderes bestimmt. ²Welche Zulassungsstelle zuständig ist, ergibt sich aus dem Kraftfahrzeugschein und meist auch aus dem Dienststempelabdruck, der sich auf dem amtlichen Kennzeichen befindet. ³Kennt die Zulassungsstelle den Verbleib des Briefes, so verständigt sie den Gerichtsvollzieher; die Zwangsvollstreckung setzt der Gerichtsvollzieher trotzdem fort.
2. Die Mitteilung soll folgende Angaben enthalten:
   a) Namen und Wohnung des Gläubigers,
   b) Namen, Dienststelle und Geschäftsnummer des Gerichtsvollziehers,
   c) Bezeichnung des Fahrzeugs unter Angabe der Fabrikmarke,
   d) amtliches Kennzeichen,
   e) den aus dem Kraftfahrzeugschein ersichtlichen Namen und Wohnung dessen, für den das Kraftfahrzeug zugelassen ist,
   f) Nummer des Fahrgestells,
   g) Tag der Pfändung und Versteigerung,
   h) Namen und Wohnung des angeblichen Briefbesitzers.
3. Der Gerichtsvollzieher vermerkt die Absendung der Mitteilung unter Angabe des Tages in seinen Akten.
4. ¹Die Versteigerung soll nicht vor Ablauf von 4 Wochen seit der Pfändung stattfinden. ²Der Gerichtsvollzieher braucht jedoch die Mitteilung der Zulassungsstelle nicht abzuwarten. ³Vor der Aufforderung zum Bieten weist der Gerichtsvollzieher darauf hin, dass er den Kraftfahrzeugbrief nicht im Besitz hat und dass es Sache des Erwerbers ist, sich ihn für die Zulassung zu beschaffen oder einen Ersatzbrief ausstellen zu lassen; die Belehrung ist im Versteigerungsprotokoll zu vermerken.

§ 162 GVGA   Wegfall oder Aussetzung der Benachrichtigung

1. Von der Nachricht an die Zulassungsstelle ist abzusehen, wenn
   a) der gewöhnliche Verkaufswert eines Kraftwagens den Betrag von 400 Euro und der eines Kraftrades den Betrag von 200 Euro nicht übersteigt,
   b) besondere Umstände die baldige Verwertung erfordern, z.B. die Kosten der Verwahrung im Verhältnis zum voraussichtlichen Erlös zu hoch sind.
2. ¹Von der Nachricht an die Zulassungsstelle kann einstweilen abgesehen werden, wenn
   a) ein sicherer Anhalt für die gütliche Erledigung der Vollstreckung besteht,
   b) der Versteigerungstermin von vornherein mit einer Frist von mehr als 6 Wochen angesetzt wird.
   ²Sobald jedoch feststeht, dass das Fahrzeug im Wege der Zwangsvollstreckung veräußert werden wird, ist die Zulassungsstelle spätestens 4 Wochen vor dem Termin zu benachrichtigen.

§ 163 GVGA   Behandlung des Kraftfahrzeugbriefs bei der Veräußerung des Kraftfahrzeugs

1. Besitzt der Gerichtsvollzieher den Kraftfahrzeugbrief, so händigt er ihn dem Erwerber bei der Übergabe des Fahrzeugs gegen Empfangsbestätigung aus.

GVGA (Auszug)

2. Besitzt der Gerichtsvollzieher den Kraftfahrzeugbrief nicht, so gibt er dem Erwerber eine mit seiner Unterschrift und dem Dienststempelabdruck versehene Bescheinigung dahin, dass der Erwerber das nach § 161 Nr. 2 Buchst. c, d, f näher bezeichnete Kraftfahrzeug in der Zwangsvollstreckung erworben hat und dass der Kraftfahrzeugbrief bei der Pfändung nicht gefunden worden ist.

§ 164 GVGA Anzeige des Namens des Erwerbers an die Zulassungsstelle

Geht ein zugelassenes und nicht endgültig abgemeldetes Kraftfahrzeug im Wege der Zwangsvollstreckung auf einen neuen Eigentümer über, so zeigt der Gerichtsvollzieher die Anschrift des Erwerbers unter Bezeichnung des Fahrzeugs nach § 161 Nr. 2 Buchst. c, d, f unverzüglich der für das Kraftfahrzeug zuständigen Zulassungsstelle an und fügt die etwaigen Empfangsbestätigungen nach § 159 Nr. 2 und § 163 Nr. 1 bei.

§ 165 GVGA Kosten des Verfahrens

Die Kosten für die Mitteilung und Anzeigen (§§ 161 und 164) sind Kosten der Zwangsvollstreckung (§ 788 ZPO).

§ 166 GVGA Beitreibungen im Verwaltungsvollstreckungsverfahren

Die §§ 157–165 gelten entsprechend für die Vollstreckung im Verwaltungsvollstreckungsverfahren.

§ 168 GVGA Gleichzeitige Pfändung für mehrere Gläubiger

(§ 827 Abs. 3 ZPO)

1. ¹Ein Gerichtsvollzieher, der vor Ausführung einer ihm aufgetragenen Pfändung von den anderen Gläubigern mit der Pfändung gegen denselben Schuldner beauftragt wird, muss alle Aufträge als gleichzeitige behandeln und deshalb die Pfändung für alle beteiligten Gläubiger zugleich bewirken. ²Auf die Reihenfolge, in der die Vollstreckungsaufträge an den Gerichtsvollzieher gelangt sind, kommt es nicht an, sofern nicht die Pfändung aufgrund eines früheren Auftrags schon vollzogen ist; denn der Eingang des Vollstreckungsauftrags für sich allein begründet kein Vorzugsrecht des Gläubigers vor anderen Gläubigern. ³Steht der Vollziehung eines oder einzelner Aufträge ein Hindernis entgegen, so darf die Erledigung der anderen Aufträge deshalb nicht verzögert werden.
2. ¹Will der Schuldner vor der Pfändung einen Geldbetrag freiwillig leisten, der die Forderungen sämtlicher Gläubiger nicht deckt, so darf der Gerichtsvollzieher diesen Betrag nur dann als Zahlung annehmen, wenn der Schuldner damit einverstanden ist, dass der Betrag unter alle Gläubiger nach dem Verhältnis der beizutreibenden Forderungen (Nr. 5 Satz 2) verteilt wird. ²Willigt der Schuldner hierin nicht ein, so ist das Geld für sämtliche Gläubiger zu pfänden.
3. ¹Über die gleichzeitige Pfändung für mehrere Gläubiger ist nur ein Pfändungsprotokoll aufzunehmen; dieses muss die beteiligten Gläubiger und ihre Schuldtitel bezeichnen und die Erklärung enthalten, dass die Pfändung gleichzeitig für alle bewirkt ist. ²Bei erfolgloser Vollstreckung gilt Absatz 1 Halbsatz 1 entsprechend. ³§ 135 Nr. 5 Satz 1 ist mit der Maßgabe anzuwenden, dass ein Gläubiger aufgrund eines allgemein gehaltenen Antrags auf Abschrift eines Pfändungsprotokolls nur eine Teilabschrift mit den ihn betreffenden Daten erhält; eine vollständige Protokollabschrift mit den Namen und Forderungen aller beteiligten Gläubiger ist nur auf ausdrücklichen Antrag zu erteilen.
4. Alle zu pfändenden Sachen sind für alle beteiligten Gläubiger zu pfänden, sofern nicht ein Gläubiger bestimmte Sachen ausgeschlossen hat.
5. ¹Die Versteigerung erfolgt für alle beteiligten Gläubiger. ²Der Erlös ist nach dem Verhältnis der beizutreibenden Forderungen zu verteilen, wenn er zur Deckung der For-

derungen aller Gläubiger nicht ausreicht. ³Verlangt ein Gläubiger ohne Zustimmung der übrigen Gläubiger eine andere Art der Verteilung, so ist nach § 827 Abs. 2 ZPO zu verfahren. ⁴Im übrigen gilt § 167 Nr. 8 entsprechend.

6. ¹Hat der Gerichtsvollzieher für einen Gläubiger ganz oder teilweise erfolglos vollstreckt und findet er bei der Erledigung des Auftrags eines anderen Gläubigers weitere pfändbare Sachen vor, so verfährt er nach den Bestimmungen zu Nrn. 1–5, sofern der Auftrag des ersten Gläubigers noch besteht. ²Dies gilt nicht, wenn der Gerichtsvollzieher den Schuldtitel dieses Gläubigers nicht mehr besitzt.

7. Hat der Gerichtsvollzieher eine Pfändung im Verwaltungsvollstreckungsverfahren und im Auftrag eines anderen Gläubigers durchzuführen, so finden die Nrn. 1–6 entsprechende Anwendung.

§ 169 GVGA   Berechnung der auszuzahlenden Beträge

1. Der Gerichtsvollzieher muss in seinen Akten eine Abrechnung über die Geldbeträge aufstellen, die infolge der Zwangsvollstreckung in seine Hände gelangt sind.

2. ¹Aus dem Erlös sind vorweg ein etwa dem Schuldner zu erstattender Ersatzbetrag (§§ 123, 124) sowie die Kosten gemäß § 15 Abs. 1 GVKostG zu entnehmen. ²Darauf ist der Betrag, der dem Gläubiger zusteht, einschließlich der Zinsen anzusetzen und der Überschuss festzustellen, der dem Schuldner etwa verbleibt. ³Reicht der Erlös zur Deckung der Forderung des Gläubigers nicht aus, so ist er zunächst auf die Kosten der Zwangsvollstreckung, sodann auf die übrigen Kosten des Gläubigers, weiter auf die Zinsen der beizutreibenden Forderung und schließlich auf die Hauptleistung zu verrechnen (§ 367 BGB), es sei denn, dass die Anrechnung der Teilleistung nach § 497 Abs. 3 BGB vorzunehmen ist. ⁴Wird der Gläubiger nicht voll befriedigt, so muss die Berechnung ergeben, welche von diesen Forderungsarten ungetilgt bleiben. ⁵Reicht im Fall der Bewilligung von Prozesskostenhilfe der Erlös nicht zur Befriedigung des Gläubigers aus, so beachtet der Gerichtsvollzieher die Bestimmungen des § 15 Abs. 3 Sätze 2 bis 4 GVKostG.

3. ¹Sind mehrere Gläubiger an dem Erlös beteiligt und reicht dieser nicht zur Deckung aller Forderungen aus, so sind – vorbehaltlich des § 15 Abs. 3 Sätze 2 bis 4 GVKostG – zunächst die Kosten gemäß § 15 Abs. 1 GVKostG aus dem Erlös zu entnehmen. ²Der Resterlös wird sodann nach §§ 167 Nr. 7, 168 Nr. 5 verteilt.

4. Dem Schuldner ist eine Abschrift der Abrechnung zu erteilen, falls deren wesentlicher Inhalt nicht bereits in die ihm ausgestellte Quittung (§ 757 ZPO) aufgenommen ist.

§ 170 GVGA   Verfahren bei der Auszahlung

1. Bei Ablieferung von Geld an den Gläubiger sind – vorbehaltlich des § 15 Abs. 3 Sätze 2 bis 4 GVKostG – die gesamten GV-Kosten, für die der Gläubiger haftet, einzubehalten, soweit sie nicht bereits nach § 169 Nr. 2 Satz 1 dem Erlös vorweg entnommen sind; das gilt auch, wenn Geld an einen Bevollmächtigten des Gläubigers abzuführen ist (vgl. § 62 Nr. 2).

2. ¹Der Gerichtsvollzieher führt die Beträge, die auf die Gläubiger entfallen, sowie den etwa für den Schuldner verbleibenden Überschuss unverzüglich an die Empfangsberechtigten ab, soweit die Gelder nicht zu hinterlegen sind. ²Macht ein Dritter dem Gerichtsvollzieher glaubhaft, dass die alsbaldige Auszahlung seine Rechte auf den Erlös gefährden würde (vgl. §§ 771, 781, 786, 805 ZPO) und dass deshalb in Kürze ein Einstellungsbeschluss des Gerichts zu erwarten sei, so muss der Gerichtsvollzieher mit der Auszahlung eine angemessene Frist warten. ³Diese Frist soll regelmäßig nicht mehr als zwei Wochen betragen.

3. ¹Die Auszahlung ist grundsätzlich über das Gerichtsvollzieher-Dienstkonto abzuwickeln (§ 73 Nr. 7 GVO). ²Ist im Einzelfall nur eine Barauszahlung möglich, ist diese durch Quittung zu belegen.

4. ¹Macht ein Dritter auf Grund eines Pfand- oder Vorzugsrechts seinen Anspruch auf vorzugsweise Befriedigung aus dem Erlös geltend (§ 805 ZPO), so darf ihm der Gerichtsvollzieher den beanspruchten Betrag nur dann auszahlen, wenn sämtliche Beteiligten einwilligen oder wenn ein rechtskräftiges Urteil gegen den nicht zustimmenden Gläubiger oder Schuldner vorgelegt wird. ²Die Einwilligung ist aktenkundig zu machen.
5. ¹Wird durch den Widerspruch eines Gläubigers gegen die in Aussicht genommene Verteilung eine gerichtliche Verteilung notwendig, so hinterlegt der Gerichtsvollzieher den Erlös, der nach Abzug der zu entnehmenden Kosten (§ 169 Nr. 3) verbleibt. ²Er zeigt die Sachlage dem Vollstreckungsgericht an und fügt die Schriftstücke bei, die sich auf das Verfahren beziehen.

§ 171 GVGA   Rückgabe von Pfandstücken

1. ¹Pfandstücke, deren Veräußerung nicht erforderlich gewesen ist oder die entweder auf Anweisung des Gläubigers oder auf Grund einer gerichtlichen Entscheidung freigegeben sind, stellt der Gerichtsvollzieher ohne Verzug dem Empfangsberechtigten zur Verfügung und gibt sie gegen Empfangsbescheinigung heraus, wenn sie aus dem Gewahrsam des Schuldners oder eines Dritten entfernt waren. ²War die Pfändung zu Recht erfolgt, hat der Schuldner die Kosten der Zurückschaffung zu tragen, war sie zu Unrecht erfolgt, hat der Gläubiger die Kosten zu tragen. ³Bei der Bekanntmachung der Freigabe ist der Schuldner ausdrücklich zur Entfernung der Pfandzeichen zu ermächtigen. ⁴Ein etwa bestellter Hüter ist von dem Ende der Vollstreckung zu benachrichtigen.
2. Empfangsberechtigt ist grundsätzlich derjenige, aus dessen Gewahrsam die Sachen genommen worden sind. Ist über das Vermögen des Schuldners das Konkurs-, Gesamtvollstreckungs- oder Insolvenzverfahren eröffnet, so stellt der Gerichtsvollzieher die zurückzugebenden Gegenstände dem Verwalter zur Verfügung, soweit sie zur Masse gehören.
3. ¹Befinden sich die Pfandstücke im Gewahrsam des Gerichtsvollziehers oder eines Verwahrers und verweigert oder unterlässt der Empfangsberechtigte innerhalb einer ihm gestellten angemessenen Frist die Abholung der Pfandstücke oder ist der Aufenthalt des Empfangsberechtigten nicht zu ermitteln, so kann der Gerichtsvollzieher die Pfandstücke hinterlegen (§ 372 BGB) oder nach § 383 BGB verfahren, sofern dessen Voraussetzungen vorliegen. ²Bei der Fristsetzung ist der Empfangsberechtigte hierauf hinzuweisen. ³Gegenstände, die sich in der Pfandkammer befinden, können auch nach § 983 BGB versteigert werden, wenn sich der Empfangsberechtigte oder sein Aufenthalt nicht ermitteln lässt. ⁴Die Gründe, aus denen zu einer dieser Maßregeln geschritten wird, sind aktenkundig zu machen; auch ist zu vermerken, welche Versuche zur Ermittlung des Empfangsberechtigten unternommen worden sind. ⁵Das Verfahren nach §§ 383 oder 983 BGB darf der Gerichtsvollzieher nur auf Anordnung seiner vorgesetzten Dienststelle einleiten. ⁶Der Gerichtsvollzieher legt dieser die Akten vor.

§ 172 GVGA   Allgemeine Vorschriften

1. Die Zwangsvollstreckung in Forderungen, die dem Schuldner gegen einen Dritten (Drittschuldner) zustehen, erfolgt im Wege der Pfändung und Überweisung durch das Vollstreckungsgericht (§§ 829, 835 ZPO); jedoch gelten besondere Bestimmungen für die Pfändung von Wertpapieren (§ 154) und von Forderungen aus Wechseln und anderen durch Indossament übertragbaren Papieren (§ 175).
2. ¹Unter den im § 844 ZPO bestimmten Voraussetzungen kann das Vollstreckungsgericht an Stelle einer Überweisung eine andere Art der Verwertung anordnen, z.B. die Versteigerung oder den Verkauf der Forderung aus freier Hand durch eine Gerichtsvollzieher. ²Bei der Ausführung einer solchen Anordnung beachtet der Gerichtsvollzieher die vom Vollstreckungsgericht etwa getroffenen besonderen Bestimmungen.

Anhang

3. ¹Das Vollstreckungsgericht kann die Pfändung und Überweisung in einem Beschluss, aber auch in getrennten Beschlüssen aussprechen. ²Die Mitwirkung des Gerichtsvollziehers ist im wesentlichen auf die Zustellung dieser Beschlüsse an den Drittschuldner und den Schuldner beschränkt; mit der Zustellung wird er vom Gläubiger beauftragt.

4. ¹Auf die Zwangsvollstreckung in andere Vermögensrechte, die nicht Gegenstand der Zwangsvollstreckung in das unbewegliche Vermögen sind (z.B. Gesellschaftsanteile – § 859 ZPO –), finden die Vorschriften über die Pfändung von Forderungen entsprechende Anwendung. ²Bei der Zwangsvollstreckung in Nutzungsrechte kann das Gericht eine Verwaltung anordnen. ³In diesem Fall kann die Wegnahme und die Übergabe der zu benutzenden Sachen an einen Verwalter durch einen Gerichtsvollzieher auf Grund des Schuldtitels und der Ausfertigung des die Verwaltung anordnenden Beschlusses nach den Bestimmungen erfolgen, die für die Zwangsvollstreckung zur Erwirkung der Herausgabe von Sachen gelten (§ 857 ZPO). ⁴Für die Zwangsvollstreckung in die Schiffspart gelten die besonderen Bestimmungen des § 858 ZPO.

§ 173 GVGA Zustellung des Pfändungs- und Überweisungsbeschlusses

(§§ 829, 835, 840, 857 ZPO)

1. ¹Die Pfändung einer Forderung ist mit der Zustellung des Pfändungsbeschlusses an den Drittschuldner als bewirkt anzusehen (§ 829 Abs. 3 ZPO). ²Die Zustellung an den Drittschuldner ist daher regelmäßig vor der Zustellung an den Schuldner durchzuführen, wenn nicht der Auftraggeber ausdrücklich etwas anderes verlangt (vgl Nr. 3). ³Diese Zustellung ist zu beschleunigen; in der Zustellungsurkunde ist der Zeitpunkt der Zustellung nach Stunde und Minute anzugeben. ⁴Bei Zustellung durch die Post ist nach § 41 zu verfahren. ⁵Ist der Gerichtsvollzieher mit der Zustellung mehrerer Pfändungsbeschlüsse an denselben Drittschuldner beauftragt, so stellt er sie alle in dem gleichen Zeitpunkt zu und vermerkt in den einzelnen Zustellungsurkunden, welche Beschlüsse er gleichzeitig zugestellt hat. ⁶Lässt ein Gläubiger eine Forderung pfänden, die dem Schuldner gegen ihn selbst zusteht, so ist der Pfändungsbeschluss dem Gläubiger wie einem Drittschuldner zuzustellen.

2. ¹Auf Verlangen des Gläubigers fordert der Gerichtsvollzieher den Drittschuldner bei der Zustellung des Pfändungsbeschlusses auf, binnen zwei Wochen, von der Zustellung an gerechnet, dem Gläubiger zu erklären:

   a) ob und inwieweit er die Forderung anerkenne und Zahlung zu leisten bereit sei,
   b) ob und welche Ansprüche andere Personen an die Forderung erheben,
   c) ob und wegen welcher Ansprüche die Forderung bereits für andere Gläubiger gepfändet sei.

   ²Die Aufforderung zur Abgabe dieser Erklärung muss in der Zustellungsurkunde aufgenommen werden (§ 840 ZPO). ³Die Zustellung an den Drittschuldner kann in solchen Fällen nur im Wege der persönlichen Zustellung bewirkt werden. ⁴Eine Erklärung, die der Drittschuldner bei der Zustellung abgibt, ist in die Zustellungsurkunde aufzunehmen und von dem Drittschuldner nach Durchsicht oder nach Vorlesung zu unterschreiben. ⁵Gibt der Drittschuldner keine Erklärung ab oder verweigert er die Unterschrift, so ist dies in der Zustellungsurkunde zu vermerken. ⁶Eine Erklärung, die der Drittschuldner später dem Gerichtsvollzieher gegenüber abgibt, ist ohne Verzug dem Gläubiger zu übermitteln und, soweit sie mündlich erfolgt, zu diesem Zweck in einem Protokoll festzustellen.
   ⁷Sollen mehrere Drittschuldner, die in verschiedenen Amtsgerichtsbezirken wohnen, aber in einem Pfändungsbeschluss genannt sind, zur Abgabe der Erklärungen aufgefordert werden, so führt zunächst der für den zuerst genannten Drittschuldner zuständige Gerichtsvollzieher die Zustellung an die in seinem Amtsgerichtsbezirk wohnenden Drittschuldner aus (vgl § 20 Abs. 1). ⁸Hiernach gibt er den Pfändungsbe-

GVGA (Auszug)

schluss an den Gerichtsvollzieher ab, der für die Zustellung an die im nächsten Amtsgerichtsbezirk wohnenden Drittschuldner zuständig ist. [9]Dieser verfährt ebenso, bis an sämtliche Drittschuldner zugestellt ist. [10]Die Zustellung an den Schuldner (vgl. die folgende Nr. 3) nimmt der zuletzt tätig gewesene Gerichtsvollzieher vor.

3. [1]Nach der Zustellung an den Drittschuldner stellt der Gerichtsvollzieher den Pfändungsbeschluss mit einer beglaubigten Abschrift der Urkunde über die Zustellung an den Drittschuldner – im Fall der Zustellung durch die Post mit einer beglaubigten Abschrift der Postzustellungsurkunde – auch ohne besonderen Auftrag sofort dem Schuldner zu. [2]Muss diese Zustellung im Auslande bewirkt werden, so geschieht sie durch Aufgabe zur Post. [3]Die Zustellung an den Schuldner unterbleibt, wenn eine öffentliche Zustellung erforderlich sein würde. [4]Ist auf Verlangen des Gläubigers die Zustellung an den Schuldner erfolgt, bevor die Zustellung an den Drittschuldner stattgefunden hat oder ehe die Postzustellungsurkunde dem Gerichtsvollzieher zugegangen ist, so stellt der Gerichtsvollzieher dem Schuldner die Abschrift der Zustellungsurkunde nachträglich zu. [5]Ist ein Drittschuldner nicht vorhanden (z.B. bei Pfändung von Urheber- und Patentrechten), so ist die Pfändung mit der Zustellung des Pfändungsbeschlusses an den Schuldner erfolgt (§ 857 ZPO).

4. Wird neben dem Pfändungsbeschluss ein besonderer Überweisungsbeschluss erlassen, so ist dieser ebenfalls dem Drittschuldner und sodann unter entsprechender Anwendung der Vorschriften zu Nr. 3 dem Schuldner zuzustellen (§ 835 Abs. 3 ZPO).

5. [1]Hat der Gerichtsvollzieher die Zustellung im Fall der Nr. 1 durch die Post bewirken lassen, so überprüft er die Zustellungsurkunde an den Drittschuldner nach ihrem Eingang und achtet darauf, ob die Zustellung richtig durchgeführt und mit genauer Zeitangabe beurkundet ist. [2]Ist die Zustellung durch die Post fehlerhaft, so stellt er umgehend erneut zu. [3]Sofern es die Umstände erfordern, wählt er dabei die persönliche Zustellung.

§ 174 GVGA Wegnahme von Urkunden über die gepfändete Forderung

(§§ 830, 836, 837 ZPO)

1. [1]Hat der Gläubiger die Pfändung einer Forderung, für die eine Hypothek besteht, oder die Pfändung einer Grundschuld oder Rentenschuld erwirkt, so ist der Schuldner verpflichtet, den etwa bestehenden Hypotheken-, Grundschuld- oder Rentenschuldbrief an den Gläubiger herauszugeben (§ 830 ZPO). [2]Dasselbe gilt für andere über eine Forderung vorhandene Urkunden (z.B. Schuldschein, das Sparbuch, den Pfandschein, die Versicherungspolice), wenn außer der Pfändung auch schon die Überweisung zugunsten des Gläubigers erfolgt ist (§ 836 ZPO).

2. [1]Verweigert der Schuldner die Herausgabe der Urkunden, so nimmt der Gerichtvollzieher sie ihm weg. [2]Die Wegnahme ist im Wege der Zwangsvollstreckung zu bewirken (§§ 179ff.). [3]Der Gerichtsvollzieher wird dazu durch den Besitz des Schuldtitels und einer Ausfertigung des Pfändungsbeschlusses (bei Wegnahme eines Hypotheken-, Grundschuld- oder Rentenschuldbriefes) oder des Überweisungsbeschlusses (bei Wegnahme anderer Urkunden) ermächtigt. [4]Der Pfändungs- oder Überweisungsbeschluss ist dem Schuldner spätestens bis zum Beginn der Vollstreckungstätigkeit zuzustellen, welche die Wegnahme der Urkunde zum Ziel hat.

3. Sind die wegzunehmenden Urkunden in dem Pfändungs- oder Überweisungsbeschluss nicht so genau bezeichnet, dass sie der Gerichtsvollzieher nach dieser Bezeichnung bei dem Schuldner aufsuchen kann, so überlässt er es dem Gläubiger, eine Vervollständigung des Beschlusses bei dem Gericht zu beantragen.

§ 175 GVGA Pfändung von Forderungen aus Wechseln, Schecks und anderen Papieren, die durch Indossament übertragen werden können

(§ 831 ZPO)

1. [1]Die Zwangsvollstreckung in Forderungen aus Wechseln, Schecks und anderen Wertpapieren, die durch Indossament übertragen werden können, z.B. aus kaufmänni-

schen Anweisungen und Verpflichtungsscheinen, Konnossementen, Ladescheinen, Lagerscheinen, die an Order gestellt sind (vgl. § 363 HGB), erfolgt durch ein Zusammenwirken des Gerichtsvollziehers und des Vollstreckungsgerichts. ²Der Gerichtsvollzieher pfändet die Forderungen dadurch, dass er die bezeichneten Papiere in Besitz nimmt. ³Ein Pfändungsbeschluss ist nicht erforderlich. ⁴Die weitere Durchführung der Vollstreckung erfolgt sodann auf Antrag des Gläubigers durch das Vollstreckungsgericht.

2. ¹Forderungen aus Wechseln und ähnlichen Papieren sind Vermögensstücke von ungewissem Wert, wenn die Zahlungsfähigkeit des Drittschuldners nicht unzweifelhaft feststeht. ²Der Gerichtsvollzieher soll diese Forderungen nur pfänden, wenn ihn der Gläubiger ausdrücklich dazu angewiesen hat oder wenn andere Pfandstücke entweder nicht vorhanden sind oder zur Befriedigung des Gläubigers nicht ausreichen.

3. ¹In dem Pfändungsprotokoll ist die weggenommene Urkunde nach Art, Gegenstand und Betrag der Forderung, nach dem Namen des Gläubigers und des Schuldners, dem Tag der Ausstellung und eventuell mit der Nummer genau zu bezeichnen. ²Auch der Fälligkeitstag der Forderung ist nach Möglichkeit anzugeben. ³Von der Pfändung ist der Gläubiger unter genauer Bezeichnung der gepfändeten Urkunden und eventuell auch des Fälligkeitstages unverzüglich zu benachrichtigen. ⁴Der Schuldtitel ist dem Gläubiger zurückzugeben; dieser benötigt ihn zur Erwirkung des Überweisungsbeschlusses.

4. Der Gerichtsvollzieher verwahrt die weggenommene Urkunde so lange, bis das Gericht sie einfordert oder bis ihm ein Beschluss des Vollstreckungsgerichts vorgelegt wird, durch den die Überweisung der Forderung an den Gläubiger ausgesprochen oder eine andere Art der Verwertung der Forderung angeordnet wird, z.B. die Veräußerung oder die Herausgabe der den Gegenstand der Forderung bildenden körperlichen Sachen an einen Gerichtsvollzieher.

5. ¹Werden gepfändete Schecks oder Wechsel zahlbar, bevor eine gerichtliche Entscheidung über ihre Verwertung ergangen ist, so sorgt der Gerichtsvollzieher in Vertretung des Gläubigers für die rechtzeitige Vorlegung, eventuell auch für die Protesterhebung. ²Wird der Wechsel oder der Scheck bezahlt, so hinterlegt der Gerichtsvollzieher den gezahlten Betrag und benachrichtigt den Gläubiger und den Schuldner hiervon.

6. Der Gerichtsvollzieher darf die Urkunde über die gepfändete Forderung nur gegen Empfangsbescheinigung des Gläubigers oder – wenn die Forderung freigegeben wird – des Schuldners herausgeben.

§ 176 GVGA Zwangsvollstreckung in Ansprüche auf Herausgabe oder Leistung von beweglichen körperlichen Sachen

(§§ 846–849, 854 ZPO)

1. ¹Bei der Zwangsvollstreckung in Ansprüche des Schuldners, auf Grund deren der Drittschuldner bewegliche körperliche Sachen herauszugeben oder zu leisten hat, erfolgt die Pfändung nach den Vorschriften über die Pfändung von Geldforderungen, also regelmäßig durch die Zustellung eines gerichtlichen Pfändungsbeschlusses. ²Eine Ausnahme gilt, wenn die Forderung in einem indossablen Papier verbrieft ist (z.B. bei kaufmännischen Anweisungen über die Leistung von Wertpapieren oder anderen vertretbaren Sachen, bei Lagerscheinen, Ladescheinen und Konnossementen); in diesen Fällen geschieht die Pfändung dadurch, dass der Gerichtsvollzieher das Papier in Besitz nimmt.

³In dem gerichtlichen Pfändungsbeschluss oder im Fall des § 175 durch eine besonderen Beschluss wird angeordnet, dass die geschuldeten Sachen an einen von dem Gläubiger zu beauftragenden Gerichtsvollzieher herausgegeben sind (§ 847 ZPO).

2. ¹Der Pfändungsbeschluss als solcher ermächtigt jedoch den Gerichtsvollzieher nicht, die Herausgabe der Sachen gegen den Willen des Drittschuldners zu erzwingen. ²Verweigert der Drittschuldner die Herausgabe, so muss sich der Gläubiger den An-

GVGA (Auszug)

spruch zur Einziehung überweisen lassen und dann Klage gegen den Drittschuldner erheben. ³Der Gerichtsvollzieher beurkundet deshalb in diesem Fall die Weigerung des Drittschuldners und überlässt das weitere dem Gläubiger.

3. ¹Ist dagegen der Drittschuldner zur Herausgabe oder zur Leistung bereit, so nimmt der Gerichtsvollzieher, dessen Ermächtigung durch den Besitz des Schuldtitels und einer Ausfertigung des Beschlusses dargetan wird, die Sache beim Drittschuldner gegen Quittung oder gegen Herausgabe des indossablen Papiers in Empfang. ²In dem aufzunehmenden Protokoll bezeichnet er die Sache. ³Das weitere Verfahren wegen Unterbringung und Verwertung der übernommenen Sache richtet sich nach den Vorschriften, die für die Verwertung gepfändeter Sachen gelten (§ 847 Abs. 2 ZPO). ⁴Durch die Herausgabe des Gegenstandes seitens des Drittschuldners geht das Pfandrecht, das durch die Pfändung des Anspruchs begründet worden ist, ohne neue Pfändung in ein Pfandrecht an der Sache selbst über.

4. Von der Übernahme und von dem anberaumten Versteigerungstermin sind der Schuldner und der Gläubiger zu benachrichtigen.

5. Hat der Gläubiger gegen den Drittschuldner einen vollstreckbaren Titel erlangt, nach dessen Inhalt der Drittschuldner die Sache zum Zweck der Zwangsvollstreckung an einen Gerichtsvollzieher herauszugeben hat, so nimmt der Gerichtsvollzieher die Sache dem Drittschuldner auf Grund dieses Titels nach den Vorschriften über die Zwangsvollstreckung zur Erwirkung der Herausgabe von Sachen weg und verwertet sie.

6. ¹Das Verfahren bei einer Pfändung desselben Anspruchs für mehrere Gläubiger ist im § 854 ZPO näher geregelt. ²Für die Reihenfolge der Pfändungen ist die Zeit entscheidend, zu der die einzelnen Pfändungsbeschlüsse dem Drittschuldner zugestellt sind.

7. Liegt der Antrag eines anderen Gläubigers zur Pfändung der an den Gerichtsvollzieher herauszugebenden Sachen vor, so sind die Sachen bei der Übernahme gleichzeitig zu pfänden.

§ 178 GVGA Zustellung der Benachrichtigung, dass die Pfändung einer Forderung oder eines Anspruchs bevorsteht (sogenannte Vorpfändung)

1. ¹Der Gläubiger kann dem Drittschuldner und dem Schuldner schon vor der Pfändung einer Forderung oder eines Anspruchs die Benachrichtigung, dass die Pfändung bevorsteht, mit den in § 845 ZPO näher bezeichneten Aufforderungen zustellen lassen. ²Die Benachrichtigung an den Drittschuldner hat zugunsten des Gläubigers die Wirkung eines Arrestes, sofern innerhalb eines Monats seit ihrer Zustellung die angekündigte Pfändung erfolgt.

2. ¹Der Gerichtsvollzieher muss deshalb die Zustellung dieser Benachrichtigung an den Drittschuldner besonders beschleunigen und den Zustellungszeitpunkt (Tag, Stunde, Minute) beurkunden oder veranlassen, dass dies durch den Postbediensteten erfolgt. ²Auf die Zustellung finden die Vorschriften des § 173 mit Ausnahme der Nr. 2 entsprechende Anwendung. ³Der Gerichtsvollzieher hat nicht zu prüfen, ob dem Gläubiger eine vollstreckbare Ausfertigung erteilt und ob der Schuldtitel bereits zugestellt ist.

3. ¹Der Gerichtsvollzieher hat die Benachrichtigung mit den Aufforderungen selbst anzufertigen, wenn er von dem Gläubiger hierzu ausdrücklich beauftragt worden ist. ²Dies gilt nicht für die Vorpfändung von Vermögensrechten im Sinne des § 857 ZPO (vgl. 857 Abs. 7 ZPO und § 172 Nr. 4). ³In diesem Fall hat der Gerichtsvollzieher zu prüfen, ob der Gläubiger einen vollstreckbaren Schuldtitel erwirkt hat und ob die Voraussetzungen der §§ 82–84 vorliegen. ⁴Der Gerichtsvollzieher hat die vorzupfändende Forderung nach Gläubiger, Schuldner und Rechtsgrund in der Benachrichtigung möglichst so genau zu bezeichnen, dass über die Identität der Forderung kein Zweifel bestehen kann.

4. Stellt der Gerichtsvollzieher lediglich eine vom Gläubiger selbst angefertigte Benachrichtigung zu, so obliegt ihm nicht die Prüfungspflicht nach Nr. 3 Abs. 2 Satz 1. In diesem Fall wirkt er bei der Vorpfändung nur als Zustellungsorgan mit.

§ 179 GVGA   Bewegliche Sachen
(§§ 883, 884, 897 ZPO)

1. ¹Hat der Schuldner nach dem Schuldtitel eine bestimmte bewegliche Sache oder eine gewisse Menge von bestimmten beweglichen Sachen herauszugeben (z.B. 5 Ztr. von dem auf dem Speicher lagernden Roggen), so wird die Zwangsvollstreckung dadurch bewirkt, dass der Gerichtsvollzieher die Sache dem Schuldner wegnimmt und sie dem Gläubiger übergibt. ²Hat der Schuldner eine Menge von vertretbaren Sachen (§ 91 BGB) oder von Wertpapieren zu leisten, so ist in derselben Weise zu verfahren, sofern der Gerichtsvollzieher Sachen der geschuldeten Gattung (z B Saatkartoffeln einer bestimmten Sorte) im Gewahrsam des Schuldners vorfindet. ³Befindet sich die herauszugebende Sache im Gewahrsam eines Dritten, so darf sie der Gerichtsvollzieher nur wegnehmen, wenn der Dritte zur Herausgabe bereit ist (§ 118 Nr. 2) oder wenn die Zwangsvollstreckung auch in das in seinem Gewahrsam befindliche Vermögen zulässig ist (vgl. z.B. §§ 97, 98). ⁴In den übrigen Fällen überlässt es der Gerichtsvollzieher dem Gläubiger, bei dem Vollstreckungsgericht die Überweisung des Anspruches des Schuldners auf Herausgabe der Sache zu erwirken (§ 886 ZPO).

2. ¹Der Gerichtsvollzieher händigt die weggenommenen Sachen dem Gläubiger unverzüglich gegen Empfangsbescheinigung aus oder sendet sie an ihn ab. ²Die Sachen sollen dem Gläubiger tunlichst an Ort und Stelle ausgehändigt werden. ³Der Gerichtsvollzieher zeigt dem Gläubiger den Tag und die Stunde der beabsichtigten Vollstreckung rechtzeitig an, damit sich dieser zur Empfangnahme der Sachen an dem Ort der Vollstreckung einfinden oder einen Vertreter entsenden und die notwendigen Maßnahmen zur Fortschaffung der Sachen treffen kann.

3. Macht ein Dritter der Vollstreckung ein Recht an dem wegzunehmenden Gegenstand geltend, das ihn zur Erhebung der Widerspruchsklage (§ 771 ZPO) berechtigt, so verweist ihn der Gerichtsvollzieher an das Gericht.

4. Trifft mit dem Auftrag des Gläubigers auf Wegnahme einer Sache ein Pfändungsbeschluss nach § 176 zusammen, so nimmt der Gerichtsvollzieher die Sache in Besitz und überlässt es den Beteiligten, eine Einigung oder eine gerichtliche Entscheidung über ihre Rechte herbeizuführen.

5. ¹Trifft mit dem Auftrag eines Gläubigers auf die Wegnahme einer Sache der Auftrag eines anderen Gläubigers auf Pfändung zusammen, so verfährt der Gerichtsvollzieher – sofern nicht die Sachlage oder der Inhalt der Aufträge eine andere Erledigung erfordern – wie folgt: Er führt zunächst die Pfändung durch. ²Hierbei pfändet er die herauszugebenden Sachen nur dann ganz oder teilweise, wenn andere Pfandstücke nicht oder nicht in ausreichendem Umfang vorhanden sind. ³Pfändet er zugunsten des einen Gläubigers Sachen, die der Schuldner an den anderen Gläubiger herauszugeben hat, so nimmt er sie dem Schuldner auf Verlangen des Gläubigers, der die Herausgabe verlangen kann, für diesen Gläubiger weg. ⁴Er darf sie jedoch dem Gläubiger nicht herausgeben, sondern muss sie in seinem Besitz behalten. ⁵Die Zwangsvollstreckung in diese Sachen darf er erst fortsetzen, sobald sie der eine Gläubiger von dem Recht des anderen befreit hat. ⁶Soweit die herauszugebenden Sachen nicht gepfändet sind, nimmt der Gerichtsvollzieher sie dem Schuldner weg und übergibt sie dem Gläubiger.

6. ¹In dem Protokoll über die Vollstreckungshandlung sind die weggenommenen Sachen genau zu bezeichnen. ²Bei vertretbaren Sachen sind Maß, Zahl und Gewicht anzugeben, bei Wertpapieren der Nennwert, die Nummer oder die sonstigen Unterscheidungsmerkmale sowie die bei dem Stammpapier vorgefundenen Zins- oder Gewinnanteil- oder Erneuerungsscheine. ³Das Protokoll muss ferner ergeben, ob die

GVGA (Auszug)

Sachen dem Gläubiger ausgehändigt, an ihn abgesandt oder in welcher anderen Weise sie untergebracht sind.
⁴Findet der Gerichtsvollzieher die geschuldeten Sachen nicht oder nur zum Teil vor, so macht er dies im Protokoll ersichtlich; ebenso vermerkt er es im Protokoll, wenn der Schuldner bestreitet, dass die weggenommenen Sachen die geschuldeten sind, oder wenn ein Dritter Rechte auf den Besitz der Sachen geltend macht.

7. ¹Ist der Schuldner zur Übertragung des Eigentums oder zur Bestellung eines Rechts an einer beweglichen Sache, auf Grund dessen der Gläubiger die Besitzeinräumung verlangen kann, verurteilt, so nimmt der Gerichtsvollzieher die Sache dem Schuldner unter Beachtung der vorstehenden Vorschriften weg und händigt sie dem Gläubiger aus. ²Dasselbe gilt für den Hypotheken-, Grundschuld- oder Rentenschuldbrief, wenn der Schuldner zur Bestellung, zur Abtretung oder zur Belastung der durch diese Urkunde verbrieften Hypothek, Grundschuld oder Rentenschuld verurteilt ist (§ 897 ZPO).

§ 181 GVGA Besondere Vorschriften über die Räumung von Wohnungen

1. ¹Ist ein Titel auf Räumung einer Wohnung zu vollstrecken, so darf die Zwangsvollstreckung erst beginnen, wenn die Räumungsfrist abgelaufen ist, die dem Schuldner im Urteil oder in einem Gerichtsbeschluss gewährt ist. ²Die Anberaumung des Räumungstermins ist schon vor Ablauf der Räumungsfrist zulässig.

2. ¹Während der Geltungsdauer einer einstweiligen Anordnung, die Regelungen über die Behandlung der Ehewohnung und des Hausrats getroffen hat (§ 620 Nr. 7, 9 und § 621g Satz 1 ZPO), kann der Gerichtsvollzieher den Schuldner mehrfach aus dem Besitz der Wohnung setzen und den Gläubiger in den Besitz der Wohnung einweisen, ohne dass es weiterer Anordnungen oder einer erneuten Zustellung an den inzwischen wieder in die Wohnung eingezogenen Schuldner bedarf (§ 885 Abs. 1 Satz 3 und 4 ZPO). ²Nach jeder Erledigung eines Auftrags ist der Vollstreckungstitel innerhalb seiner Geltungsdauer jeweils dem Gläubiger zurückzugeben, der dem Gerichtsvollzieher durch die erneute Übergabe des Titels einen neuen Auftrag erteilen kann. ³Im Übrigen ist bei der Vollziehung von Entscheidungen des Familiengerichts in Verfahren nach § 2 des Gewaltschutzgesetzes zur Überlassung einer von Gläubiger (verletzte Person) und Schuldner (Täter) gemeinsam genutzten Wohnung und der in solchen Verfahren erlassenen einstweiligen Anordnungen entsprechend § 185 zu verfahren.

3. ¹Ist zu erwarten, dass der Räumungsschuldner durch Vollstreckung des Räumungstitels obdachlos werden wird, so benachrichtigt der Gerichtsvollzieher unverzüglich die für die Unterbringung von Obdachlosen zuständige Verwaltungsbehörde. ²Die Befugnis des Gerichtsvollziehers, die Zwangsvollstreckung aufzuschieben, richtet sich nach § 113.

4. Nimmt die für die Unterbringung von Obdachlosen zuständige Behörde die bisherigen Räume des Schuldners ganz oder teilweise für dessen vorläufige Unterbringung auf ihre Kosten in Anspruch, so unterlässt der Gerichtsvollzieher die Zwangsvollstreckung hinsichtlich der in Anspruch genommenen Räume.

§ 182 GVGA Räumung eines zwangsweise versteigerten Grundstücks, Schiffes, Schiffsbauwerks oder Schwimmdocks oder eines unter Zwangsverwaltung gestellten Grundstück

1. ¹Im Fall des § 93 ZVG findet aus dem Beschluss, durch den der Zuschlag erteilt wird, die Zwangsvollstreckung auf Räumung gegen den Besitzer des versteigerten Grundstücks statt. ²Sie erfolgt im Auftrag des Erstehers nach den Vorschriften der §§ 180, 181. ³Diese Vorschriften finden im Fall der Räumung eines versteigerten eingetragenen Schiffes, Schiffsbauwerks oder (im Bau befindlichen oder fertiggestellten) Schwimmdocks entsprechende Anwendung.

2. ¹In den Fällen des § 94 Abs. 2 und des § 150 Abs. 2 ZVG kann der Gerichtsvollzieher von dem Vollstreckungsgericht beauftragt werden, ein Grundstück dem Zwangsverwalter zu übergeben. ²Der Gerichtsvollzieher setzt in diesem Fall den Schuldner aus dem Besitz und weist den Zwangsverwalter in den Besitz ein. ³Er wird zur Vornahme dieser Handlung durch den gerichtlichen Auftrag ermächtigt. ⁴Der Auftrag ist dem Schuldner oder der an Stelle des Schuldners angetroffenen Person vorzuzeigen und auf Verlangen in Abschrift mitzuteilen. ⁵Einer Zustellung des Auftrags bedarf es nicht. ⁶Wohnt der Schuldner auf dem Grundstück, so sind ihm die für seinen Hausstand unentbehrlichen Räume zu belassen, sofern das Vollstreckungsgericht nichts anderes bestimmt hat (§ 149 ZVG).

§ 184 GVGA Widerstand des Schuldners

1. ¹Leistet der Schuldner gegen die Vornahme einer Handlung Widerstand, die er nach dem Inhalt des Schuldtitels zu dulden hat (§ 890 ZPO) oder zu deren Vornahme an Stelle des Schuldners der Gläubiger durch einen Beschluss des Prozessgerichts 1. Instanz ermächtigt ist (§ 887 ZPO), so kann der Gläubiger zur Beseitigung des Widerstandes einen Gerichtsvollzieher zuziehen (§ 892 ZPO). ²Der Gläubiger braucht nicht nachzuweisen, dass der Schuldner Widerstand geleistet hat.

   ³Der Beschluss des Prozessgerichts ist ein vollstreckbarer Schuldtitel im Sinne des § 794 Abs. 1 Nr. 3 ZPO; er muss daher insbesondere auch dem Schuldner vor Beginn der Tätigkeit des Gerichtsvollziehers zugestellt werden, die auf Beseitigung des Widerstandes gerichtet ist.

2. ¹Der Gerichtsvollzieher wird zur Beseitigung des Widerstandes durch den Besitz des Schuldtitels und einer Ausfertigung des etwa erlassenen Beschlusses ermächtigt. ²Er prüft nach dem Inhalt dieser Urkunden selbständig, ob und inwieweit das Verlangen des Gläubigers oder der Widerstand des Schuldners gerechtfertigt erscheinen. ³Einen unberechtigten Widerstand des Schuldners muss der Gerichtsvollzieher unter Beachtung der §§ 758, 759 ZPO – nötigenfalls mit Gewalt, jedoch unter Vermeidung jeder unnötigen Härte – überwinden. ⁴Die Zwangsmaßnahmen dürfen nicht über das zur Beseitigung des Widerstandes notwendige Maß hinausgehen.

3. Das Protokoll über die Vollstreckung muss die vorzunehmende Handlung, die bei der Vollstreckung anwesenden Personen und die von dem Gerichtsvollzieher angewandten Zwangsmaßregeln bezeichnen.

§ 185 GVGA Zuwiderhandlungen des Schuldners gegen eine Unterlassungsverpflichtung

(§ 892a ZPO, § 1 Gewaltschutzgesetz, § 64b FGG)

1. Handelt der Schuldner einer Verpflichtung aus einer Anordnung nach § 1 des Gewaltschutzgesetzes zuwider, eine Handlung zu unterlassen, kann der Gläubiger zur Beseitigung, einer jeden andauernden Zuwiderhandlung einen Gerichtsvollzieher zuziehen (§ 892a ZPO).

2. ¹Die gerichtliche Anordnung gemäß § 1 Gewaltschutzgesetz ist ein vollstreckbarer Schuldtitel; er muss daher insbesondere auch dem Schuldner vor Beginn der Tätigkeit des Gerichtsvollziehers zugestellt werden, die auf Beseitigung des Widerstandes gerichtet ist. ²Abweichend von der Regel der §§ 76 und 77 ist die Vollstreckung einer Anordnung des Familiengerichts gemäß § 1 Gewaltschutzgesetz gemäß § 64b Abs. 2 Satz 2 FGG oder die Vollziehung einer einstweiligen Anordnung des Familiengerichts nach § 64b Abs. 3 Satz 1 FGG gemäß § 64b Abs. 3 Satz 3 FGG auch zulässig, bevor die Entscheidung dem Antragsgegner, das heißt dem Schuldner, zugestellt ist, wenn das Gericht dies ausdrücklich angeordnet hat. ³Hat das Gericht die Anordnung nach § 64b Abs. 2 Satz 2 FGG getroffen, wird die Entscheidung auch in dem Zeitpunkt wirksam, in dem sie der Geschäftsstelle des Gerichts zur Bekanntmachung übergeben wird. ⁴Das Gleiche gilt, wenn einstweilige Anordnungen nach § 64b

GVGA (Auszug)

Abs. 3 Satz 3 FGG ohne mündliche Verhandlung erlassen werden. ⁵Der Antrag auf Erlass einer einstweiligen Anordnung gemäß § 64b Abs. 3 Satz 1 FGG gilt zugleich als Auftrag zur Zustellung durch den Gerichtsvollzieher unter Vermittlung der Geschäftsstelle und zur Vollziehung, wenn die einstweilige Anordnung ohne mündliche Verhandlung erlassen wurde. ⁶Verlangt der Antragsteller in diesem Fall von dem Gerichtsvollzieher, die Zustellung nicht vor der Vollziehung durchzuführen, so ist der Gerichtsvollzieher an dieses Verlangen gebunden.

3. ¹Der Gerichtsvollzieher wird zur Beseitigung der Zuwiderhandlung durch den Besitz einer Ausfertigung der gerichtlichen Entscheidung ermächtigt. ²Er prüft nach dessen Inhalt selbständig, ob und wieweit das Verlangen des Gläubigers gerechtfertigt erscheint. ³Zuwiderhandlungen des Schuldners muss der Gerichtsvollzieher unter Beachtung der § 758 Abs. 3, § 759 ZPO, nötigenfalls mit Gewalt, jedoch unter Vermeidung jeder unnötigen Härte, überwinden.

4. Das Protokoll über die Vollstreckung muss die Zuwiderhandlung des Schuldners, die bei der Vollstreckung anwesenden Personen und die von dem Gerichtsvollzieher angewandten Zwangsmaßregeln bezeichnen.

§ 185a GVGA Allgemeines

(§ 807 Abs. 3 Satz 2, § 478 ZPO)

1. ¹Die eidesstattliche Versicherung muss der Schuldner vor dem Gerichtsvollzieher persönlich leisten. ²Für prozessunfähige Schuldner ist deren gesetzlicher Vertreter zur Abgabe der eidesstattlichen Versicherung verpflichtet. ³Der gesetzliche Vertreter, den der Gläubiger dem Gerichtsvollzieher anzugeben hat, offenbart im Namen des Schuldners dessen Vermögen. ⁴Bei einer Mehrheit von gesetzlichen Vertretern ist die eidesstattliche Versicherung von so vielen Vertretern abzugeben, wie zur Vertretung des Schuldners erforderlich sind. ⁵Besteht bei einer Mehrheit von gesetzlichen Vertretern jeweils Einzelvertretungsbefugnis, entscheidet der Gerichtsvollzieher nach pflichtgemäßem Ermessen, welcher der Vertreter die eidesstattliche Versicherung abzugeben hat.

2. ¹Bei Auftragseingang prüft der Gerichtsvollzieher anhand des von dem Gläubiger dem Auftrag beizufügenden Schuldtitels und der sonstigen für die Vollstreckung, insbesondere die Abnahme der eidesstattlichen Versicherung übergebenen Urkunden, ob die Voraussetzungen für die Abnahme der eidesstattlichen Versicherung vorliegen. ²Neben den übrigen Voraussetzungen für die Zwangsvollstreckung prüft er, ob eine der folgenden Verfahrensvoraussetzungen vorliegt:

   a) ¹Die Pfändung hat nicht zu einer vollständigen Befriedigung des Gläubigers geführt. ²Den Nachweis der erfolglosen Pfändung hat der Gläubiger durch Vorlage des Vollstreckungsprotokolls oder der besonderen Fruchtlosigkeitsbescheinigung des Gerichtsvollziehers, der die Vollstreckung versucht hat, zu erbringen. ³Eine Bezugnahme auf die in den Sonderakten des Gerichtsvollziehers befindlichen Urkunden reicht aus, wenn dieser auch mit der Abnahme der eidesstattlichen Versicherung beauftragt wird. ⁴Der Gerichtsvollzieher entscheidet im Einzelfall nach pflichtgemäßem Ermessen, insbesondere unter Berücksichtigung ihres Alters über den Beweiswert der Unterlagen. ⁵Im Regelfall sollen seit dem Tag des bescheinigten erfolglosen Vollstreckungsversuchs nicht mehr als sechs Monate vergangen sein.

   b) ¹Der Gläubiger macht glaubhaft, dass er durch die Pfändung seine Befriedigung nicht vollständig erlangen kann.

   ²Die Glaubhaftmachung kann durch Vorlage einer Bescheinigung nach § 63, durch Vorlage einer Fruchtlosigkeitsbescheinigung oder eines Vollstreckungsprotokolls in einer anderen Sache, durch Hinweis auf die Eintragung des Erlasses eines Haftbefehls gegen den Schuldner im Schuldnerverzeichnis sowie eine Versicherung des Gläubigers an Eides statt (§ 294 ZPO) vor einem Gericht erfolgen. ³Hinsichtlich des Alters der Unterlagen gilt Buchst. a Abs. 2, Sätze 3 und 4 entsprechend.

   c) ¹Der Schuldner hat die Durchsuchung (§ 758 ZPO) verweigert.

1405

²Die Voraussetzung ist nur erfüllt, wenn der anwesende Schuldner oder sein anwesender gesetzlicher Vertreter eine nach Ort, Zeit und Umständen gerechtfertigte Durchsuchung durch den Gerichtsvollzieher ausdrücklich verweigert hat. ³Die Verweigerung der Durchsuchung durch eine andere Person, die statt des Schuldners in die Durchsuchung einwilligen könnte, reicht nicht aus.

d) ¹Der Schuldner ist bei Vollstreckungsversuchen für denselben Gläubiger wiederholt in seiner Wohnung (§ 107 Nr. 1 Abs. 2) nicht angetroffen worden, nachdem ihm von dem Gerichtsvollzieher einmal die Vollstreckung mindestens zwei Wochen vorher angekündigt worden war.

²Dabei hat der Gerichtsvollzieher zu prüfen, ob

aa) bei einem Vollstreckungsversuch der Schuldner in der Wohnung (§ 107 Nr. 1 Abs. 2) nicht angetroffen worden ist,

bb) dem Schuldner der Termin eines weiteren Zwangsvollstreckungsversuchs formlos angekündigt worden ist,

cc) in der Ankündigung auf die gesetzliche Folge des § 807 Abs. 1 Nr. 4 ZPO für den Fall hingewiesen worden ist, dass der Schuldner nicht durch seine eigene Anwesenheit oder die eines von ihm beauftragten Dritten die Durchführung der Zwangsvollstreckung in seiner Wohnung sicherstellt,

dd) dem Schuldner in der Ankündigung aufgegeben worden ist, den Gerichtsvollzieher zu unterrichten, falls er an dem angekündigten Termin verhindert ist und entsprechende Nachweise vorzulegen,

ee) die beiden Termine des Nichtantreffens, insbesondere der Zeitpunkt und die Form der Ankündigung über den vorangekündigten Termin, aktenkundig gemacht sind und ob zwischen dem Tag des Zugangs der Ankündigung und dem Tag des erneuten Vollstreckungsversuchs mindestens zwei Wochen lagen,

ff) von dem Schuldner eine schriftlich oder zu Protokoll erklärte ausreichende und z.B. auf Grund eines Nachweises durch eine Urkunde glaubhaft gemachte Entschuldigung für die Abwesenheit vorliegt,

gg) von dem Gläubiger bei der Auftragserteilung an ihn die Voraussetzungen des § 807 Abs. 1 Nr. 4 ZPO durch Vorlage einer Protokollabschrift oder durch eine Bescheinigung eines anderen Gerichtsvollziehers oder durch Bezugnahme auf seine Sonderakte nachgewiesen worden sind.

3. ¹Wenn eine der in Nr. 2 genannten Voraussetzungen erfüllt ist, stellt der Gerichtsvollzieher vor Abnahme der eidesstattlichen Versicherung oder vor der Bestimmung eines Termins zur Abnahme der eidesstattlichen Versicherung in geeigneter Weise fest, ob der Schuldner innerhalb der letzten drei Jahre eine eidesstattliche Versicherung abgegeben hat. ²Er kann zu diesem Zweck eine Auskunft aus dem bei dem für den Wohnsitz oder den Aufenthaltsort des Schuldners zuständigen Amtsgericht geführten Schuldnerverzeichnis einholen oder den Schuldner persönlich hierzu befragen.

³Ist dem Gerichtsvollzieher bekannt, dass der Schuldner die eidesstattliche Versicherung innerhalb der letzten drei Jahre abgegeben hat, liegt kein Fall des § 903 ZPO vor und hat der Gläubiger die Erteilung einer Abschrift des Vermögensverzeichnisses verlangt, übersendet der Gerichtsvollzieher den Auftrag mit den Unterlagen umgehend an das Vollstreckungsgericht zur zuständigen Bearbeitung. ⁴Andernfalls leitet er die Vollstreckungsunterlagen an den Gläubiger zurück.

§ 185b GVGA Behandlung des Auftrags, Terminsort

1. ¹Weist der Auftrag behebbare Mängel auf, so gibt der Gerichtsvollzieher dem Gläubiger Gelegenheit, diese innerhalb einer angemessenen Frist zu beheben.

²Bei unbehebbaren oder in der Frist nicht behobenen Mängeln lehnt der Gerichtsvollzieher den Auftrag ab und leitet dem Gläubiger die vorgelegten Unterlagen wieder zu.

GVGA (Auszug)

2. ¹Den Ort der Abgabe der eidesstattlichen Versicherung bestimmt der Gerichtsvollzieher nach pflichtgemäßem Ermessen nach vorheriger Absprache mit den das Hausrecht ausübenden Personen. ²In der Regel bestimmt er sein Geschäftszimmer (§ 46 GVO). ³Er kann auch die Wohnung (§ 107 Nr. 1 Abs. 1) des Schuldners bestimmen, wenn er erwarten kann, dass der Schuldner damit und gegebenenfalls mit der Anwesenheit des Gläubigers in dem Termin in seiner Wohnung einverstanden sein wird.
3. ¹Der Gerichtsvollzieher stellt die Ladung zum Termin persönlich oder durch die Post dem Schuldner zu (§ 11 Nr. 1). ²Der Ladung an den Schuldner fügt der Gerichtsvollzieher je ein Überstück des Auftrages und der Forderungsaufstellung sowie den Vordruck des vom Schuldner auszufüllenden Vermögensverzeichnisses und eine dahingehende Belehrung bei, dass der Schuldner den Vordruck vollständig ausgefüllt mit den dazu gehörenden Nachweisen zum Termin mitzubringen hat, die eidesstattliche Versicherung stets persönlich abzugeben ist und daher die bloße Übersendung des ausgefüllten Vordrucks nicht ausreicht, schriftliche Einwendungen gegen die Verpflichtung zur Angabe der eidesstattlichen Versicherung unbeachtlich sind und bei seinem Nichterscheinen oder grundloser Verweigerung der Abgabe der eidesstattlichen Versicherung auf Antrag des Gläubigers Haftbefehl gegen ihn ergehen kann. ³Soweit amtliche Vordrucke für das Vermögensverzeichnis und die Belehrung eingeführt sind, bedient sich der Gerichtsvollzieher ihrer. ⁴Reicht der Gläubiger nach Auftragserteilung schriftlich Fragen an den Schuldner ein, die dieser der Abnahme der eidesstattlichen Versicherung beantworten soll, so übersendet der Gerichtsvollzieher dem Schuldner eine Ablichtung des Fragenkatalogs nachträglich formlos durch die Post unter Hinweis auf den Termin. ⁵Er weist dabei darauf hin, welche Fragen der Schuldner im Termin zu beantworten hat.
4. Zwischen dein Terminstag und dem Tag der Zustellung der Ladung an den Schuldner müssen wenigstens drei Tage liegen.
5. ¹Den Prozessbevollmächtigten des Schuldners muss der Gerichtsvollzieher von dem Termin nicht unterrichten. ²Dem Gläubiger oder dessen Verfahrensbevollmächtigten teilt er die Terminsbestimmung formlos mit.

§ 185c GVGA Aufhebung des Termins

1. Kann dem Schuldner die Ladung zu dem Termin zur Abgabe der eidesstattlichen Versicherung nicht zugestellt werden, weil er unbekannt oder unbekannt verzogen ist, dann hebt der Gerichtsvollzieher den Termin auf und benachrichtigt den Gläubiger unter Übersendung der Zwangsvollstreckungsunterlagen.
2. ¹Ist der Schuldner nach der Rückbriefadresse an einen Ort außerhalb des Bezirkes des Gerichtsvollziehers verzogen, kann der Gerichtsvollzieher mangels anderer Anhaltspunkte regelmäßig davon ausgehen, dass der Schuldner bereits bei Auftragseingang an den anderen Ort verzogen war. ²In diesem Fall hebt er den Termin auf. ³Ist der Schuldner innerhalb des Amtsgerichtsbezirks in den Bezirk eines anderen Gerichtsvollziehers umgezogen, so gibt er den Auftrag an den zuständigen Gerichtsvollzieher ab. ⁴Ist der Schuldner außerhalb des Amtsgerichtsbezirks verzogen, leitet der Gerichtsvollzieher den Auftrag an das zuständige Amtsgericht weiter und benachrichtigt unverzüglich den Gläubiger; ist dies nicht angängig oder zweckmäßig, so ist der Auftrag dein Gläubiger mit entsprechender Mitteilung zurückzusenden (§ 29 Nr. 2 Buchst. b GVO).
3. ¹Ist der Schuldner nach Eingang des Auftrags zur Bestimmung eines Termins zur Abgabe der eidesstattlichen Versicherung nach dem Wissen des Gerichtsvollziehers an einen Ort außerhalb des Amtsgerichtsbezirks verzogen, dann ersucht der Gerichtsvollzieher den für den jetzigen Wohnort oder Aufenthaltsort zuständigen Gerichtsvollzieher, den Schuldner im Wege der Rechtshilfe dort zur Abgabe der eidesstattlichen Versicherung bei ihm zu laden. ²Der Gerichtsvollzieher benachrichtigt von seinem Rechtshilfeersuchen den Gläubiger formlos. ³Der ersuchte Gerichtsvollzieher ist nicht berechtigt, selbst die Voraussetzungen für die Durchführung des Verfahrens

Anhang

zur Abgabe der eidesstattlichen Versicherung zu prüfen. ⁴Er ist auch nicht befugt, bei einem glaubhaften Ratenzahlungsversprechen des Schuldners nach § 900 Abs. 3 ZPO Ratenzahlung zu bewilligen. ⁵In einem solchen Fall legt er unter Aufhebung des Termins zur Abgabe der eidesstattlichen Versicherung die Unterlagen mit dem im Protokoll aufgenommenen Ratenzahlungsversprechen und seinen Hinweisen zu dessen Glaubhaftigkeit dem beauftragten Gerichtsvollzieher zur Entscheidung vor.

4. ¹Nach Abnahme der eidesstattlichen Versicherung hat der ersuchte Gerichtsvollzieher die Urschrift des Protokolls und des Vermögensverzeichnisses an den ersuchenden Gerichtsvollzieher zu senden. ²Dieser ist verpflichtet, dem Gläubiger eine Abschrift von Protokoll und Vermögensverzeichnis nebst Vollstreckungsunterlagen zuzuleiten und unverzüglich, spätestens nach drei Werktagen die Urschrift des Protokolls und des Vermögensverzeichnisses bei dem für ihn zuständigen Vollstreckungsgericht zu hinterlegen.

5. ¹Soweit dem Gerichtsvollzieher nach Ladung und vor dem Termin zur Abnahme der eidesstattlichen Versicherung im Einzelfall Mängel in den von Amts wegen zu beachtenden Voraussetzungen bekannt werden, hebt er stets den Termin unter Benachrichtigung von Gläubiger und Schuldner endgültig oder einstweilen auf. ²Eine einstweilige Verfahrenseinstellung unter Aufhebung des Termins kommt in den Fällen des § 775 Nrn. 2, 4 und 5 ZPO, eine endgültige in den Fällen des § 775 Nrn. 1 und 3 ZPO in Betracht. ³In den Fällen des § 775 Nrn. 4 und 5 ZPO hat der Gerichtsvollzieher einen neuen Termin zu bestimmen, wenn der Gläubiger dies beantragt.

§ 185d GVGA Durchführung des Termins

1. ¹Der Termin ist nicht öffentlich. ²Der Gerichtsvollzieher achtet darauf, dass Dritte vom Inhalt der Sitzung keine Kenntnisse erlangen. ³Nur der Gläubiger, sein Vertreter und die Personen, denen der Schuldner die Anwesenheit gestattet oder die vom Gerichtsvollzieher zu seiner Unterstützung zugezogen werden, dürfen an dem Termin teilnehmen.

    ⁴Nimmt der Gläubiger am Termin teil, kann er den Schuldner innerhalb der diesem nach § 807 ZPO obliegenden Auskunftspflicht befragen und Vorhalte machen. ⁵Er kann den Gerichtsvollzieher zum Termin auch schriftlich auf Vermögenswerte des Schuldners, zu denen er fehlende oder unrichtige Angaben des Schuldners befürchtet, hinweisen, damit dieser dem Schuldner bei Abwesenheit des Gläubigers im Termin den Vorhalt macht.

2. ¹Zu Beginn des Termins belehrt der Gerichtsvollzieher den Schuldner eingehend über die Bedeutung einer eidesstattlichen Versicherung und weist auf die Strafvorschriften der §§ 156 und 163 StGB hin.

    ²Der Gerichtsvollzieher macht ihn auf besondere Fehlerquellen, die sich beim Ausfüllen des Vermögensverzeichnisses ergeben, aufmerksam. ³Er hat das Vermögensverzeichnis mit dem Schuldner erschöpfend durchzusprechen und fehlende oder unzureichende Angaben ergänzen oder verbessern zu lassen. ⁴Der Gerichtsvollzieher trägt dafür Sorge, dass der Schuldner beim Ausfüllen des Vermögensverzeichnisses auch § 807 Abs. 2 ZPO Genüge getan hat. ⁵Es obliegt ihm, dem Schuldner die für diesen nicht verständlichen Begriffe zu erläutern. ⁶Der Gerichtsvollzieher hat auf Vollständigkeit der Angaben unter Beachtung der vom Gläubiger im Termin oder zuvor schriftlich gestellten Fragen zu dringen. ⁷Auf ein erkennbar unvollständiges Vermögensverzeichnis darf die eidesstattliche Versicherung nicht abgenommen werden, es sei denn, dass der Schuldner glaubhaft erklärt, genauere und vollständigere Angaben insoweit nicht machen zu können. ⁸Der Gerichtsvollzieher hat nach § 807 Abs. 3 Satz 2 ZPO in Verbindung mit § 480 ZPO den Schuldner über die Bedeutung und Strafbarkeit einer vorsätzlich (Freiheitsstrafe bis zu drei Jahren) oder fahrlässig (Freiheitsstrafe bis zu einem Jahr) falschen eidesstattlichen Versicherung (§§ 156, 163 StGB) zu belehren. ⁹Der Schuldner hat an Eides statt zu versichern, dass er die verlangten Angaben nach bestem Wissen und Gewissen richtig und vollständig gemacht hat. ¹⁰Bei der Abnahme der eidesstattlichen Versicherung verfährt der

Gerichtsvollzieher in entsprechender Anwendung der Vorschriften der §§ 478 bis 480, 483 ZPO. ¹¹Über den Ablauf des Termins erstellt der Gerichtsvollzieher in entsprechender Anwendung der §§ 159 ff. ZPO ein Protokoll. ¹²Soweit ein amtlicher Protokollvordruck eingeführt ist, hat sich der Gerichtsvollzieher desselben zu bedienen. ¹³Zu den in das Protokoll aufzunehmenden rechtserheblichen Erklärungen des Schuldners zählen auch die von ihm vorgebrachten Gründe, aus denen er die eidesstattliche Versicherung nicht abgeben will.

§ 185e GVGA Aufträge mehrerer Gläubiger

¹Hat der Gerichtsvollzieher Aufträge mehrerer Gläubiger zur Abnahme der eidesstattlichen Versicherung erhalten, so bestimmt er den Termin zur Abgabe in diesen Verfahren auf dieselbe Zeit am selben Ort, soweit er die Ladungsfrist jeweils einhalten kann. ²Für jeden Auftrag stellt der Gerichtsvollzieher dem Schuldner eine gesonderte Ladung zu dem Termin zu. ³Hat der Gerichtsvollzieher dem Schuldner den Vermögensverzeichnisvordruck mit der ersten Ladung zugeleitet, ist die Zuleitung weiterer Vordrucke bei den folgenden Ladungen zum selben Termin entbehrlich, es sei denn, dass zusätzlich Vordrucke für unterschiedliche Anlagen zu übersenden sind. ⁴Gibt der Schuldner die eidesstattliche Versicherung ab, so nimmt der Gerichtsvollzieher für alle Gläubiger in allen Verfahren zusammen nur ein Protokoll auf und ein Vermögensverzeichnis entgegen. ⁵Ablichtungen des Protokolls und des Vermögensverzeichnisses übersendet er den beteiligten Gläubigern. ⁶Die Urschriften des Protokolls und des Vermögensverzeichnisses leitet er dem Vollstreckungsgericht zu.

⁷Ist für den ersten von mehreren Gläubigern, die einen Auftrag zur Abnahme der eidesstattlichen Versicherung erteilt haben, die eidesstattliche Versicherung abgenommen worden, so hebt der Gerichtsvollzieher die späteren Termine auf, benachrichtigt die Gläubiger und den Schuldner und reicht die Aufträge der anderen Gläubiger an das Vollstreckungsgericht zur Erteilung der Abschriften weiter; insoweit kann er einen Antrag der Gläubiger unterstellen.

§ 185f GVGA Sofortige Abnahme der eidesstattlichen Versicherung

1. ¹Hat der Gläubiger zusammen mit dem Pfändungsauftrag für den Fall, dass die Sachpfändung deshalb nicht möglich ist, weil die Voraussetzungen des § 807 Abs. 1 Nr. 1 bis 4 ZPO vorliegen, einen Auftrag zur Abnahme der eidesstattlichen Versicherung erteilt, so führt der Gerichtsvollzieher die Pfändung und, falls danach die Voraussetzungen für die Abnahme der eidesstattlichen Versicherung vorliegen, diese bei Einverständnis des Schuldners sofort durch, ohne dass es der Bestimmung eines Termins bedarf. ²Mangels anderer Umstände oder Erklärungen in dem kombinierten Auftrag kann der Gerichtsvollzieher unterstellen, dass der Gläubiger mit einer sofortigen Abnahme der eidesstattlichen Versicherung ohne vorherige fernmündliche Unterrichtung einverstanden ist.

2. Der Gerichtsvollzieher versucht in diesen Fällen die Vollstreckung zu einer Zeit, zu der er mit höchster Wahrscheinlichkeit den Schuldner persönlich antrifft. Im Einzelfall kann er mit dem Schuldner eine Zeit vereinbaren.

3. ¹Hat der Gerichtsvollzieher forderungsdeckend gepfändet, erreicht aber die Verwertung den benötigten Erlös nicht und bleibt auch eine Nachpfändung fruchtlos, so führt der Gerichtsvollzieher anschließend den Auftrag zur Abnahme der eidesstattlichen Versicherung aus und nimmt dem anwesenden und zur Abgabe bereiten Schuldner die eidesstattliche Versicherung ab. ²Danach verfährt er wie bei einer Abgabe der eidesstattlichen Versicherung im Termin.

4. ¹Lehnt der Schuldner die sofortige Abnahme der eidesstattlichen Versicherung ab, hat der Gerichtsvollzieher einen besonderen Termin zur Abnahme unter Angabe des Terminsorts zu bestimmen. ²Zwischen dem Tag der Pfändung oder des Pfändungsversuchs und dem Tag des Termins sollen wenigstens zwei und höchstens vier Wochen liegen. ³Der Gerichtsvollzieher stellt dem anwesenden Schuldner in geeigneten Fällen

die Ladung unter Übergabe je einer Abschrift des Auftrags, der Forderungsaufstellung sowie des Vermögensverzeichnisvordrucks am Ort der Vollstreckung persönlich zu und vermerkt dies im Protokoll. ⁴Im übrigen verfährt er wegen der Ladung des Schuldners und der Terminsnachricht an den Gläubiger wie bei der Bestimmung eines Termins bei isolierten Aufträgen. ⁵Lehnt der Schuldner die Durchsuchung ab, so verfährt der Gerichtsvollzieher, als wenn der Schuldner auch die sofortige Abnahme der eidesstattlichen Versicherung abgelehnt hätte.

5. Widerspricht der zur Abgabe bereite Schuldner seiner Verpflichtung zur Abgabe der eidesstattlichen Versicherung, so verfährt der Gerichtsvollzieher entsprechend § 185i.

6. Macht der Schuldner glaubhaft, dass er die Forderung des Gläubigers binnen einer Frist von sechs Monaten tilgen werde, so verfährt der Gerichtsvollzieher entsprechend § 185h.

§ 185g GVGA Verfahren nach Abgabe der eidesstattlichen Versicherung

¹Die Urschriften des Protokolls über die Abnahme der eidesstattlichen Versicherung und des Vermögensverzeichnisses hinterlegt der Gerichtsvollzieher zusammen mit einer Ablichtung des Vollstreckungstitels oder einer Bescheinigung, dass der Schuldner wie in dem Schuldtitel, der dem Vollstreckungsverfahren zugrunde liegt, bezeichnet ist (§ 1 Abs. 1 Nr. 1 SchuVVO), unverzüglich, spätestens am dritten Werktag nach der Abnahme, bei dem Vollstreckungsgericht. ²Die Bescheinigung kann auch in das Protokoll aufgenommen werden. ³Weicht die Bezeichnung des Schuldners in dem Vermögensverzeichnis von der Bezeichnung in dem Titel ab, so macht der Gerichtsvollzieher wegen § 1 Abs. 4 Satz 1 SchuVVO bei der Hinterlegung in geeigneter Weise darauf aufmerksam. ⁴Dem Gläubiger oder seinem Verfahrensbevollmächtigten leitet er die Vollstreckungsunterlagen zusammen mit je einer Abschrift des Protokolls und des Vermögensverzeichnisses zu.

§ 185h GVGA Vertagung des Termins und Einziehung von Teilbeträgen

1. ¹Macht der Schuldner im Termin glaubhaft, dass er die Forderung des Gläubigers binnen einer Frist von sechs Monaten tilgen werde (§ 900 Abs. 3 ZPO), so setzt der Gerichtsvollzieher den Termin zur Abgabe der eidesstattlichen Versicherung unverzüglich nach Ablauf dieser Frist an oder vertagt bis zu sechs Monaten. ²Ist das Vorbringen des Schuldners nicht glaubhaft, setzt der Gerichtsvollzieher den begonnenen Termin fort.

2. ¹Die von dem Schuldner angebotene Tilgung kann regelmäßige feste monatliche Teilzahlungen, eine spätere einmalige Zahlung oder unterschiedlich hohe Zahlungen zu unterschiedlichen Zeitpunkten vorsehen.

   ²An die Glaubhaftmachung des Schuldners sind hohe Anforderungen zu richten. ³In der Regel ist eine Teilleistung in Höhe etwa eines Sechstels der Gläubigerforderung zu verlangen.

3. ¹Der Gerichtsvollzieher kann sogleich einen neuen Termin zur Abgabe der eidesstattlichen Versicherung z.B. nach Ablauf des Zeitpunkts für die Leistung der ersten Rate bestimmen. ²Eine neue Ladung des Schuldners ist entsprechend § 218 ZPO entbehrlich.

4. ¹Hat der Gerichtsvollzieher keinen neuen Termin bestimmt, wird die Forderung aber tatsächlich nicht getilgt, beraumt er einen neuen Termin zur Abgabe der eidesstattlichen Versicherung an. ²Diesen Termin soll der Gerichtsvollzieher unmittelbar nach Einstellung der Ratenzahlung – spätestens nach Ablauf der Sechsmonatsfrist – bestimmen und den Schuldner erneut laden.

5. ¹Der Gerichtsvollzieher ist nach seinem pflichtgemäßen Ermessen befugt, den Termin jeweils zur Rateneinziehung Monat für Monat zu vertagen oder auf einen Zeitpunkt unmittelbar nach Ablauf der Gesamttilgungsfrist anzusetzen. ²Macht der

GVGA (Auszug)

Schuldner schon vor dem Termin dem Gerichtsvollzieher gegenüber glaubhaft, dass er binnen sechs Monaten tilgen kann, kann der Gerichtsvollzieher den Termin entsprechend später ansetzen.

³In dem nach Ablauf der Sechsmonatsfrist anberaumten neuen Termin ist eine nochmalige Vertagung bis zu zwei weiteren Monaten möglich, falls in dem Termin nachgewiesen wird, dass die Forderung zu drei Vierteln getilgt ist.

6. ¹Der Gerichtsvollzieher bestimmt, in welcher Weise der Schuldner die Zahlungen zu leisten hat. ²Er zieht die Teilbeträge ein, wenn der Gläubiger hiermit einverstanden ist. ³Wenn das Einverständnis des Gläubigers mit einer Einziehung von Teilbeträgen durch den Gerichtsvollzieher bei einer von dem Schuldner angebotenen Tilgung nicht bereits im Auftrag enthalten war, fragt der Gerichtsvollzieher schriftlich unter Beifügung einer Abschrift des Protokolls, das den Anforderungen der Nr. 9 genügt, wegen einer Genehmigung an. ⁴Dabei bittet er den Gläubiger unter Fristsetzung, sich zu der Einziehung der Teilbeträge durch den Gerichtsvollzieher zu erklären, andernfalls er nach Fristablauf dessen Schweigen als Zustimmung verstehen werde. ⁵An Bestimmungen des Gläubigers im Hinblick auf den Einzug einer vom Schuldner angebotenen Ratenzahlung, ist der Gerichtsvollzieher gebunden.

⁶Hat der Gerichtsvollzieher einen Termin nach Nr. 1 angesetzt oder vertagt, sendet er die Vollstreckungsunterlagen dem Gläubiger zusammen mit dem aufgenommenen Protokoll und der Terminbestimmung mit der Aufforderung zurück, diese rechtzeitig zu dem bestimmten Termin wieder einzureichen. ⁷Er weist den Gläubiger darauf hin, dass der bestimmte Termin nicht durchgeführt werden kann, wenn die Vollstreckungsunterlagen nicht vorliegen. ⁸Zieht der Gerichtsvollzieher mit Einverständnis des Gläubigers Teilbeträge ein, so verbleiben die Vollstreckungsunterlagen bei dem Gerichtsvollzieher.

7. Macht der Schuldner ein Ratenzahlungsangebot, bei dem die Höhe der Teilzahlungen nicht ausreicht, um die Forderung in sechs Monaten zu tilgen, so weist ihn der Gerichtsvollzieher darauf hin, dass er zur Abgabe der eidesstattlichen Versicherung verpflichtet ist, und das unzureichende Ratenzahlungsangebot als grundlose Verweigerung der Abgabe der eidesstattlichen Versicherung mit der Folge gilt, dass gegen ihn Haft angeordnet werden kann.

8. Ein nach dieser Vorschrift angesetzter Termin ist aufzuheben, wenn der Schuldner die eidesstattliche Versicherung außerhalb eines solchen Termins abgibt.

9. ¹Der Gerichtsvollzieher hat alles, was der Schuldner zur Glaubhaftmachung seines Ratenzahlungsangebots vorgetragen hat und die wesentlichen Umstände, die den Gerichtsvollzieher zur Annahme dieses Angebots bestimmt haben, in dem Protokoll oder einer Anlage dazu anzugeben. ²Ferner hat der Gerichtsvollzieher den genauen Inhalt des Ratenzahlungsangebots in dem Protokoll oder in einer Anlage dazu festzuhalten, insbesondere Zahlungstermine, Ratenhöhe und Zahlungsart.

§ 185i GVGA Widerspruch gegen die Pflicht zur Abgabe der eidesstattlichen Versicherung

1. ¹Den Widerspruch gegen die Verpflichtung zur Abgabe der eidesstattlichen Versicherung kann der Schuldner nur im Termin erheben. ²Der Gerichtsvollzieher beachtet den Widerspruch nur, wenn der Schuldner ihn begründet.

2. ¹Macht der Schuldner im Termin zur Überzeugung des Gerichtsvollziehers geltend, dass eine von Amts wegen zu beachtende Vollstreckungsvoraussetzung nicht erfüllt ist oder dass ein gesetzliches Hindernis besteht, so hebt der Gerichtsvollzieher den Termin auf und weist bei unbehebbaren Mängeln den Auftrag zur Abnahme der eidesstattlichen Versicherung zurück. ²Ebenso verfährt er bei behebbaren Mängeln, wenn diese von dem Gläubiger innerhalb einer zur Behebung gesetzten Frist nicht behoben werden. ³Andernfalls bestimmt er einen neuen Termin und lädt den Schuldner erneut.

Anhang

3. ¹Stützt der im Termin persönlich erschienene Schuldner den Widerspruch auf Gründe, die der Gerichtsvollzieher nicht für zutreffend hält oder die andere als die von Amts wegen zu beachtenden Voraussetzungen und Hindernisse betreffen, dann wirkt er darauf hin, dass sich der Schuldner über alle erheblichen Tatsachen vollständig erklärt und nimmt diese Erklärung in das Protokoll auf. ²Er hebt den Termin auf und legt seine Sonderakte mit allen Unterlagen dem Vollstreckungsgericht zur Entscheidung über den Widerspruch vor.
4. Nach dem Eintritt der Rechtskraft der Entscheidung über den Widerspruch, die dem Gerichtsvollzieher durch die Rechtskraftbescheinigung nachzuweisen ist, oder nach der Anordnung zur Abgabe der eidesstattlichen Versicherung vor Eintritt der Rechtskraft durch das Vollstreckungsgericht, die durch Vorlage des entsprechenden Beschlusses nachzuweisen ist, setzt der Gerichtsvollzieher das Verfahren zur Abnahme der eidesstattlichen Versicherung durch Bestimmung eines Termins fort und lädt den Schuldner unter Hinweis auf die Entscheidung des Gerichts erneut.

§ 185j GVGA Verweigerung der Abgabe der eidesstattlichen Versicherung

¹Erscheint der Schuldner im Termin nicht, so prüft der Gerichtsvollzieher, ob der Schuldner zu dem Termin ordnungsgemäß geladen worden ist. ²Ist dem Gerichtsvollzieher ein Entschuldigungsgrund bekannt, so beraumt er einen neuen Termin zur Abgabe der eidesstattlichen Versicherung an und lädt den Schuldner erneut. ³Ist der Schuldner unentschuldigt nicht erschienen oder verweigern er oder sein Vertreter die Abgabe der eidesstattlichen Versicherung im Termin ohne Angabe von Gründen oder aus Gründen, die bereits rechtskräftig verworfen sind, so legt der Gerichtsvollzieher seine Sonderakte und die Unterlagen zusammen mit einer Protokollabschrift dem Vollstreckungsgericht zur Entscheidung über den Erlass des Haftbefehls vor, wenn der Gläubiger bereits in seinem Auftrag zur Abnahme der eidesstattlichen Versicherung einen entsprechenden Antrag gestellt hatte. ⁴Andernfalls sendet er die Vollstreckungsunterlagen zusammen mit einer Protokollabschrift dem Gläubiger zurück und weist darauf hin, dass für den Erlass eines Haftbefehls ein besonderer Antrag bei dem Vollstreckungsgericht unter Vorlage der genannten Unterlagen erforderlich ist und dass bei Erlass des Haftbefehls ein besonderer Verhaftungsauftrag an den dann für den Wohn- oder Aufenthaltsort des Schuldners zuständigen Gerichtsvollzieher erforderlich ist.

⁵Einem unentschuldigten Nichterscheinen steht es gleich, wenn der Schuldner außerhalb des Termins seine Verpflichtung zur Abgabe der eidesstattlichen Versicherung bestreitet oder wenn der Schuldner, nachdem mit seinem Einverständnis ein Termin zur Abgabe der eidesstattlichen Versicherung in seiner Wohnung bestimmt worden war, diese zur Terminzeit verschlossen hält.

§ 185k GVGA Terminsänderung

¹Der Gerichtsvollzieher hat auf Antrag des Gläubigers, der nicht begründet werden muss, den Termin zur Abgabe der eidesstattlichen Versicherung aufzuheben, zu verlegen oder zu vertagen. ²Er kann auch bei Vorliegen erheblicher in der Person des Gerichtsvollziehers oder des Schuldners liegender Gründe von Amts wegen oder auf Antrag des Schuldners so verfahren.

§ 185l GVGA Eidesstattliche Versicherung zur Vorbereitung der Geltendmachung gepfändeter Forderungen

(§ 836 ZPO)

¹Hat der Gläubiger bei einer Geldvollstreckung gegen den Schuldner dessen angebliche Forderung gegen einen Drittschuldner pfänden und überweisen lassen und erteilt der Schuldner nicht die von dem Gläubiger zur Geltendmachung der Forderung benötigte Auskunft, so hat der Gerichtsvollzieher nach dem entsprechenden Auftrag des Gläubigers das Verfahren zur Abnahme der eidesstattlichen Versicherung einzuleiten. ²Dazu

sind von dem Gläubiger der Schuldtitel und die sonstigen für die Vollstreckung erforderlichen Urkunden, eine Forderungsaufstellung, eine Ausfertigung des zugestellten Pfändungs- und Überweisungsbeschlusses, eine Abschrift des Schreibens, mit dem er den Schuldner zur Erteilung der Auskunft unter Fristsetzung aufgefordert hatte, sowie eine Erklärung, dass der Schuldner die Auskunft nicht erteilt hat, vorzulegen. ³Allerdings ist die Auskunftspflicht des Schuldners für den Gerichtsvollzieher durch die Anordnung, die in dem Pfändungs- und Überweisungsbeschluss über die Auskunftserteilung getroffen worden ist, begrenzt. ⁴Statt des Vermögensverzeichnisses übermittelt er dem Schuldner mit der Zustellung der Ladung zum Termin je eine Abschrift des Auftrages und des Auskunftsverlangens des Gläubigers. ⁵Ist der Schuldner zur Abgabe der eidesstattlichen Versicherung bereit, so nimmt der Gerichtsvollzieher zunächst die von dem Gläubiger verlangte Auskunft und dann die von dem Schuldner erteilte Auskunft in das Protokoll auf. ⁶Der Schuldner hat nach Belehrung zu versichern, dass die von ihm verlangte Auskunft nach bestem Wissen und Gewissen richtig und vollständig erteilt hat. ⁷Die Vorschriften über das Verfahren zur Abnahme der eidesstattlichen Versicherung zur Offenbarung des Vermögens sind entsprechend anzuwenden.

§ 185m GVGA Eidesstattliche Versicherung bei einer Herausgabevollstreckung

(§ 836 Abs. 3 Satz 3, § 883 ZPO)

1. ¹Ist der Schuldner verpflichtet, eine bewegliche Sache oder eine Menge bestimmter beweglicher Sachen herauszugeben, so führt der Gerichtsvollzieher auf Antrag des Gläubigers das Verfahren zur Abgabe der eidesstattlichen Versicherung in entsprechender Anwendung der §§ 478 bis 480, 483, 889 ff ZPO durch, wenn ihm

   a) ein Vollstreckungstitel vorgelegt wird, der auf die Herausgabe oder Übereignung oder Rückgabe von beweglichen Sachen lautet,

   b) und durch eine Protokollabschrift des mit der Wegnahme beauftragten Gerichtsvollziehers (§ 179) nachgewiesen wird, dass dieser die geschuldeten Sachen nicht vorgefunden hat.

   ²Zum Nachweis kann der Gläubiger auch auf die Sonderakte des Gerichtsvollziehers hinweisen, wenn dieser selbst die Wegnahme versucht hat.

2. ¹Der Schuldner hat an Eides statt zu versichern, dass er die Sache nicht besitze und auch nicht wisse, wo sie sich befinde. ²Wird aufgrund der Sachlage eine Änderung der eidesstattlichen Versicherung erforderlich, so kann der Gerichtsvollzieher die Formel der eidesstattlichen Erklärung der Sachlage anpassen, insbesondere kann er die Fassung wählen, dass der Schuldner lediglich seine persönliche Überzeugung zu versichern hat. ³Macht der Schuldner im Termin Angaben zum Verbleib der herauszugebenden Sache, so nimmt der Gerichtsvollzieher darauf die eidesstattliche Versicherung ab.

§ 185n GVGA Wiederholung der eidesstattlichen Versicherung

(§ 903 ZPO)

¹Hat der Schuldner die in § 807 ZPO oder in § 284 AO bezeichnete eidesstattliche Versicherung abgegeben, ist die Abgabe der eidesstattlichen Versicherung in dem Schuldnerverzeichnis noch nicht gelöscht und sind seit der Abgabe noch keine drei Jahre vergangen, so bestimmt der Gerichtsvollzieher einen Termin zur erneuten Abgabe der eidesstattlichen Versicherung nur, wenn der Gläubiger bei der Auftragserteilung glaubhaft macht, dass der Schuldner seit der Abgabe der eidesstattlichen Versicherung Vermögen erworben hat oder dass ein bisher bestehendes Arbeitsverhältnis mit dem Schuldner aufgelöst ist oder der damals arbeitslose Schuldner inzwischen ein Arbeitsverhältnis eingegangen ist. ²Der Gläubiger muss in seinem Auftrag nicht dartun, dass die Voraussetzungen des § 807 Abs. 1 ZPO erfüllt sind.

³Einem späteren Vermögenserwerb des Schuldners kann der Gerichtsvollzieher annehmen, wenn der Gläubiger Umstände vorträgt und glaubhaft macht, die nach seiner Er-

fahrung darauf schließen lassen, dass sich die Vermögensverhältnisse des Schuldners verbessert haben. [4]Die Glaubhaftmachung entsprechender Umstände für die Auflösung eines bisher bestehenden Arbeitsverhältnisses oder die inzwischen erfolgte Begründung eines solchen reicht aus.

§ 185o GVGA   Ergänzung oder Nachbesserung des Vermögensverzeichnisses

[1]Ein Verfahren auf Abgabe der eidesstattlichen Versicherung ist auf Gesuch des früheren Gläubigers oder eines anderen Gläubigers zur Ergänzung oder Nachbesserung des Vermögensverzeichnisses fortzusetzen, wenn der Schuldner ein erkennbar unvollständiges Vermögensverzeichnis abgegeben oder darin ungenaue oder widersprüchliche Angaben gemacht hat. [2]Hat der Gläubiger in dem Auftrag die fehlenden Angaben bezeichnet und erforderlichenfalls glaubhaft gemacht sowie den Vollstreckungstitel, eine Ablichtung des Vermögensverzeichnisses, des Protokolls und sonstige urkundliche Nachweise vorgelegt, so führt der Gerichtsvollzieher das alte Verfahren zur Behebung der Mängel weiter. [3]Für die Fortsetzung des Verfahrens ist der im Zeitpunkt der Erteilung des Ergänzungsauftrags für den früheren Wohnort oder Aufenthaltsort des Schuldners zuständige Gerichtsvollzieher berufen. [4]Der Gerichtsvollzieher bestimmt einen Termin zur Abgabe der eidesstattlichen Versicherung auf die von dem Schuldner abzugebenden Nachbesserungs- oder Ergänzungsangaben und verfährt danach wie in dem ordentlichen Verfahren zur Abgabe der eidesstattlichen Versicherung zur Offenbarung des Vermögens. [5]Der Gerichtsvollzieher, der die eidesstattliche Versicherung in dem Ergänzungs- oder Nachbesserungsverfahren abgenommen hat, hinterlegt das Protokoll und das Vermögensverzeichnis bei dem Vollstreckungsgericht, bei dem das erste Protokoll und das erste Vermögensverzeichnis hinterlegt worden sind. [6]Zugleich leitet er dem Gläubiger, der den Auftrag zur Abnahme der Ergänzung oder Nachbesserung erteilt hat, Abschriften des neuen Protokolls und des neuen Vermögensverzeichnisses zu.

§ 186 GVGA   Zulässigkeit der Verhaftung

(§§ 807, 883, 888, 889, 901 ZPO; § 125 KO, § 153 Abs. 2 InsO)

1. [1]Auf Antrag des Gläubigers kann das Gericht gegen den Schuldner einen Haftbefehl erlassen und von ihm
   a) die Abgabe der in den §§ 807, 836, 883 ZPO, § 125 KO, § 153 InsO bezeichneten eidesstattlichen Versicherung (vgl. §§ 899 ff. ZPO) oder
   b) die Abgabe der ihm nach dem bürgerlichen Recht obliegenden eidesstattlichen Versicherung oder die Vornahme einer sonstigen Handlung zu erzwingen, zu welcher der Schuldner verurteilt worden ist und die ein anderer nicht vornehmen kann (z.B. die Erteilung einer Auskunft; vgl. §§ 888, 889, 901 ZPO).

   [2]Eine Zwangsvollstreckung auf Grund des § 888 ZPO ist jedoch ausgeschlossen, wenn im Fall der Verurteilung zur Vornahme einer Handlung der Beklagte für den Fall, dass die Handlung nicht binnen einer zu bestimmenden Frist vorgenommen wird, zur Zahlung einer Entschädigung verurteilt ist (§§ 510b, 888a ZPO).

2. [1]Die Verhaftung führt der Gerichtsvollzieher im Auftrag des Gläubigers durch. [2]Für die Verhaftung ist der Gerichtsvollzieher zuständig, in dessen Amtsbezirk der Schuldner zur Zeit des Verhaftungsauftrages seinen Wohnsitz oder in Ermangelung eines solchen seinen Aufenthaltsort hat. [3]Er wird dazu durch den Besitz des Schuldtitels und einer Ausfertigung des gerichtlichen Haftbefehls ermächtigt, in dem der Gläubiger, der Schuldner und der Grund der Verhaftung bezeichnet sind (§ 901 ZPO). [4]Ob die Voraussetzungen für den Erlass des Haftbefehls vorlagen, hat der Gerichtsvollzieher nicht zu prüfen.

3. [1]Der Gerichtsvollzieher hat vor einer Verhaftung die §§ 904, 906, 910 ZPO zu beachten. [2]Er soll eine Verhaftung auch erst durchführen, wenn die Besorgnis ausgeschlossen erscheint, dass dadurch eine Gefährdung der öffentlichen Sicherheit und Ordnung entstehen kann.

GVGA (Auszug)

4. Die Verhaftung unterbleibt, wenn seit dem Tage, an dem der Haftbefehl erlassen worden ist, drei Jahre vergangen sind.
5. ¹Die Verhaftung unterbleibt, wenn der Schuldner die Leistung bewirkt, die ihm nach dem Schuldtitel obliegt. ²Von der Verhaftung darf der Gerichtsvollzieher jedoch nicht absehen, wenn der Schuldner nur eine Teilleistung erbringt.
6. ¹Der Gerichtsvollzieher kann von einer Verhaftung absehen, wenn sich der Gläubiger damit für den Fall einverstanden erklärt hat, dass der Schuldner glaubhaft macht, dass er die Schuld innerhalb von sechs Monaten wirklich tilgen wird. ²Eine solche Glaubhaftmachung kann der Gerichtsvollzieher in der Regel annehmen, wenn der Schuldner die erste Teilzahlungsrate bereits erbracht hat oder sie unmittelbar an den Gerichtsvollzieher zahlt. ³Die Höhe der Raten wird durch die Höhe der Forderung, die dem Verhaftungsantrag zu entnehmen ist, und die Laufzeit bestimmt. ⁴Der Gerichtsvollzieher kann ein Einverständnis des Gläubigers mit einem Teilzahlungsangebot des Schuldners unterstellen, wenn der Gläubiger in dem Verhaftungsauftrag für einen solchen Fall nichts ausgeführt hat. ⁵Andernfalls ist er an die Vorgaben des Gläubigers in dem Verhaftungsauftrag gebunden. ⁶Wegen der Einziehung der Raten verfährt der Gerichtsvollzieher im übrigen entsprechend § 114a.
7. ¹Ist gegen den Schuldner die Haft als Strafe angeordnet worden (§ 890 ZPO), so finden die vorstehenden Vorschriften keine Anwendung. ²Die Haftstrafe wird durch das Prozessgericht vollstreckt, das mit der Verhaftung auch einen Gerichtsvollzieher beauftragen kann.

§ 187 GVGA   Verfahren bei der Verhaftung

1. ¹Der Gerichtsvollzieher vermeidet bei der Verhaftung unnötiges Aufsehen und jede durch den Zweck der Vollstreckung nicht gebotene Härte. ²In geeigneten Fällen kann er den Schuldner schriftlich zur Zahlung und zum Erscheinen an der Gerichtsstelle auffordern. ³Dies hat jedoch zu unterbleiben, wenn zu befürchten ist, der Schuldner werde sich der Verhaftung entziehen oder Vermögensgegenstände beiseite schaffen. ⁴Bei Widerstand wendet der Gerichtsvollzieher Gewalt an und beachtet dabei die §§ 758, 759 ZPO.

⁵Vor der Verhaftung stellt der Gerichtsvollzieher fest, dass die angetroffene Person die im Haftbefehl bezeichnete ist. ⁶Er übergibt dem Schuldner bei der Verhaftung eine beglaubige Abschrift des Haftbefehls (§ 909 ZPO); eine Zustellung des Befehls ist nicht erforderlich.

⁷Der Gerichtsvollzieher befragt den Verhafteten, ob er jemanden von seiner Verhaftung zu benachrichtigen wünsche, und gibt ihm Gelegenheit zur Benachrichtigung seiner Angehörigen und anderer nach Lage des Falles in Betracht kommender Personen, soweit es erforderlich ist und ohne Gefährdung der Inhaftnahme geschehen kann. ⁸Ist die Benachrichtigung durch den Verhafteten nicht möglich oder angängig, so führt der Gerichtsvollzieher die Benachrichtigung selbst aus.

⁹Der Gerichtsvollzieher, der den Schuldner verhaftet hat, liefert ihn in die nächste zur Aufnahme von Schuldgefangenen bestimmte Justizvollzugsanstalt ein. ¹⁰Der Haftbefehl ist dem zuständigen Vollzugsbediensteten zu übergeben. ¹¹Ist das Amtsgericht des Haftorts nicht die Dienstbehörde des einliefernden Gerichtsvollziehers, so weist er den Justizvollzugsbediensteten außerdem darauf hin, dass der verhaftete Schuldner zu jeder Zeit verlangen kann, bei dem zuständigen Gerichtsvollzieher des Amtsgerichts des Haftorts die eidesstattliche Versicherung abzugeben. ¹²Er weist ihn ferner darauf hin, den Schuldner sogleich zu unterrichten, zu welchen Zeiten Gründe der Sicherheit der Justizvollzugsanstalt einer Abnahme entgegenstehen. ¹³Außerdem übergibt er dem Justizvollzugsbediensteten die Vollstreckungsunterlagen, der sie dem bei Abgabebereitschaft des Schuldner herbeigerufenen Gerichtsvollzieher des Haftorts aushändigt. ¹⁴Eines besonderen Annahmebefehls bedarf es nicht. ¹⁵Einer Einlieferung in die Justizvollzugsanstalt steht nicht entgegen, dass der Schuldner sofortige Beschwerde gegen den Haftbefehl eingelegt hat oder seine Absicht dazu erklärt.

Anhang

2. ¹Das Protokoll muss die genaue Bezeichnung des Haftbefehls und die Bemerkung enthalten, dass dem Schuldner eine beglaubigte Abschrift desselben übergeben worden ist; es muss ferner ergeben, ob und zu welcher Zeit der Schuldner verhaftet worden oder aus welchem Grund die Verhaftung unterblieben ist. ²Die Einlieferung des Schuldners in die Justizvollzugsanstalt ist von dem zuständigen Beamten unter dem Protokoll zu bescheinigen; dabei ist die Stunde der Einlieferung anzugeben.

3. ¹Ist der Schuldner zur Abgabe der eidesstattlichen Versicherung bereit, so nimmt ihm der verhaftende Gerichtsvollzieher die eidesstattliche Versicherung ab. ²Dem Gläubiger ist die Teilnahme zu ermöglichen, wenn er dies beantragt hat und die Versicherung gleichwohl ohne Verzug abgenommen werden kann. ³Dazu setzt sich der Gerichtsvollzieher fernmündlich mit dem Gläubiger in Verbindung. ⁴Ist dieser telefonisch erreichbar und will er nicht teilnehmen oder ist er oder sein Vertreter nicht in Lage, innerhalb eines kurzen Zeitraums anwesend zu sein, so erfolgt die Abnahme der eidesstattlichen Versicherung unverzüglich. ⁵Über die Angemessenheit der Wartezeit entscheidet der Gerichtsvollzieher. ⁶Im Zweifel ist dem Recht des Schuldners auf persönliche Freiheit der Vorrang vor dem Teilnahmeinteresse des Gläubigers einzuräumen. ⁷Von dem abwesenden Gläubiger fernmündlich übermittelte zulässige Fragen stellt der Gerichtsvollzieher dem Schuldner.

4. ¹Für die Abnahme der eidesstattlichen Versicherung in Steuersachen ist die Vollstreckungsbehörde (Finanzamt/Hauptzollamt) zuständig, in deren Bezirk sich der Wohnsitz oder in Ermangelung eines solchen der Aufenthaltsort des Vollstreckungsschuldners befindet. ²Liegen diese örtlichen Voraussetzungen bei der Vollstreckungsbehörde, welche die Vollstreckung betreibt, nicht vor, so kann sie die eidesstattliche Versicherung abnehmen, wenn der Schuldner zur Angabe vor dieser Vollstreckungsbehörde bereit ist (vgl. § 284 Abs. 5 AO).

³Die Vollstreckungsbehörde, die die Vollstreckung betreibt, kann bei dem nach § 899 Abs. 1 ZPO zuständigen Amtsgericht den Erlass eines Haftbefehls beantragen. ⁴Für die Verhaftung des Vollstreckungsschuldners aufgrund des Haftbefehls ist der Gerichtsvollzieher zuständig. ⁵Die Vollstreckungsbehörde teilt dem Gerichtsvollzieher den geschuldeten Betrag sowie den Schuldgrund mit und ermächtigt ihn, den geschuldeten Betrag anzunehmen und über den Empfang Quittung zu erteilen. ⁶Der Vollstreckungsschuldner kann die Verhaftung dadurch abwenden, dass er den geschuldeten Betrag in voller Höhe an den Gerichtsvollzieher zahlt oder nachweist, dass ihm eine Zahlungsfrist bewilligt worden oder die Schuld erloschen ist. ⁷Die Verhaftung kann er auch dadurch abwenden, dass er dem Gerichtsvollzieher eine Entscheidung vorlegt, aus sich die Unzulässigkeit der Maßnahme ergibt, oder eine Post- oder Bankquittung vorlegt, aus der sich ergibt, dass er den geschuldeten Betrag eingezahlt hat. ⁸Ist der verhaftete Vollstreckungsschuldner vor Einlieferung in die Justizvollzugsanstalt zur Abgabe der eidesstattlichen Versicherung bereit, hat ihn der Gerichtsvollzieher grundsätzlich der Vollstreckungsbehörde zur Abnahme der eidesstattlichen Versicherung vorzuführen. ⁹Abweichend hiervon kann der Gerichtsvollzieher des Haftortes die eidesstattliche Versicherung abnehmen, wenn sich der Sitz der in § 284 Abs. 5 AO bezeichneten Vollstreckungsbehörde nicht im Bezirk dieses Amtsgerichts befindet oder wenn die Abnahme der eidesstattlichen Versicherung durch die Vollstreckungsbehörde nicht möglich ist, weil die Verhaftung zu einer Zeit stattfindet, zu der der für die Abnahme der eidesstattlichen Versicherung zuständige Beamte der Vollstreckungsbehörde nicht erreichbar ist. ¹⁰Der Gerichtsvollzieher kann unter den gleichen Voraussetzungen wie die Vollstreckungsbehörde von der Abnahme der eidesstattlichen Versicherung absehen. ¹¹Diese soll nach Abschnitt 52 Abs. 2 der Vollstreckungsanweisung vom 13. März 1980 (BStBl. I S. 112) – geändert durch Allgemeine Verwaltungsvorschriften vom 19. März 1987 (BStBl. I S. 370), vom 21. April 1992 (BStBl. I S. 283) und vom 5. Juli 1996 (BStBl. I S. 1114) – von der Abnahme der eidesstattlichen Versicherung Abstand nehmen, wenn nach ihrer Überzeugung feststeht, dass das vom Vollstreckungsschuldner vorgelegte Vermögensverzeichnis vollständig und wahrheitsgemäß ist.

GVGA (Auszug)

5. ¹Ist die Vollstreckung des Haftbefehls nicht möglich, weil der Schuldner nicht aufzufinden oder nicht anzutreffen ist, so vermerkt der Gerichtsvollzieher dies zu den Akten und benachrichtigt unverzüglich den Gläubiger.
²Nach wiederholtem fruchtlosen Verhaftungsversuch in einer Wohnung (§ 107 Nr. 1 Abs. 2), der mindestens einmal kurz vor Beginn oder nach Beendigung der Nachtzeit (§ 8 Nr. 2) erfolgt sein muss, soll der Gerichtsvollzieher dem Gläubiger anheimgeben, einen Beschluss des zuständigen Richters bei dem Amtsgericht darüber herbeizuführen, dass die Verhaftung auch an Sonntagen und allgemeinen Feiertagen sowie zur Nachtzeit in den bezeichneten Wohnungen erfolgen kann.

6. ¹Kann der Schuldner keine vollständigen Angaben machen, weil er die dazu notwendigen Unterlagen bei der Verhaftung nicht bei sich hat, kann der Gerichtsvollzieher einen neuen Termin zur Abgabe der eidesstattlichen Versicherung bestimmen und die Vollziehung des Haftbefehls bis zu diesem Termin aussetzen. ²Zu diesem Termin lädt der Gerichtsvollzieher den Schuldner persönlich und verständigt den Gläubiger formlos von dem Termin. ³Gibt der Schuldner in dem neuen Termin die eidesstattliche Versicherung nicht ab und bewirkt er auch nicht die Leistung, die ihm nach dem Schuldtitel obliegt, so vollzieht der Gerichtsvollzieher den Haftbefehl wieder.
⁴Im Einzelfall kann der Gerichtsvollzieher den Haftbefehl auch aussetzen, damit der Schuldner sofortige Beschwerde gegen den Erlass des Haftbefehls bei dem Vollstreckungsgericht einlegen und die Aussetzung der Vollziehung gemäß § 570 Abs. 3 ZPO beantragen kann.

7. ¹Der Gerichtsvollzieher des Haftorts entlässt den Schuldner nach Abgabe der eidesstattlichen Versicherung oder Bewirkung der geschuldeten Leistung aus der Haft. ²Der Haftbefehl ist damit verbraucht. ³Der Gerichtsvollzieher übergibt dem Schuldner den Haftbefehl und macht die Übergabe aktenkundig. ⁴Zugleich unterrichtet er den Gläubiger. ⁵Die Urschriften des Protokolls und des Vermögensverzeichnisses übersendet er zusammen mit den Vollstreckungsunterlagen unverzüglich dem beauftragten Gerichtsvollzieher. ⁶Dieser hinterlegt beides unverzüglich bei dem Vollstreckungsgericht und leitet Abschriften dem Gläubiger zu.

§ 188 GVGA Nachverhaftung

1. ¹Ist der Schuldner bereits nach den §§ 186, 187 in Zwangshaft genommen, so ist ein weiterer Haftbefehl gegen ihn dadurch zu vollstrecken, dass der Gerichtsvollzieher sich in die Justizvollzugsanstalt zu dem Schuldner begibt und ihn durch persönliche Eröffnung unter Übergabe einer beglaubigten Abschrift des Haftbefehls für nachverhaftet erklärt. ²Der Haftbefehl ist dem zuständigen Vollzugsbediensteten mit dem Ersuchen auszuhändigen, an dem Schuldner die fernere Haft nach Beendigung der zuerst verhängten Haft zu vollstrecken.

2. ¹Das Protokoll muss die Bezeichnung des Haftbefehls und die vom Gerichtsvollzieher abgegebenen Erklärungen enthalten. ²Die Aushändigung des Haftbefehls ist von dem Vollzugsbediensteten unter dem Protokoll zu bescheinigen. ³Im übrigen finden die Vorschriften des § 187 entsprechende Anwendung.

3. ¹Gegen einen Schuldner, der sich in Untersuchungshaft oder in Strafhaft befindet, kann die Zwangshaft erst nach Beendigung der Untersuchungshaft oder der Strafhaft vollzogen werden. ²Der Gerichtsvollzieher erfragt bei dem Vollzugsbediensteten, bis zu welchem Tag gegen den Schuldner voraussichtlich noch Untersuchungshaft oder Strafhaft vollstreckt wird. ³Liegt dieser Tag vor dem Tag, von dem an die Vollziehung des Haftbefehls unstatthaft ist, weil seit seinem Erlass drei Jahre vergangen sind (§ 909 Abs. 2 ZPO), verfährt der Gerichtsvollzieher entsprechend Nr. 1 und Nr. 2. ⁴Andernfalls gibt der Gerichtsvollzieher den Auftrag unerledigt an den Gläubiger zurück. ⁵Es bleibt dem Gläubiger überlassen, sich nötigenfalls mit dem Gericht, der Staatsanwaltschaft oder dem Anstaltsleiter in Verbindung zu setzen, um die Beendigung der Untersuchungshaft oder Strafhaft zu erfahren. ⁶Sodann kann er den Gerichtsvollzieher erneut mit der Verhaftung beauftragen.

Anhang

§ 189 GVGA   Verhaftung im Konkursverfahren

(§§ 101, 106, 72 KO)

¹Für die Verhaftung des Gemeinschuldners nach § 101 KO und des Schuldners nach § 106 KO gelten die Vorschriften der Zivilprozessordnung über die Zwangsvollstreckung durch Haft entsprechend (§ 72 KO). ²Die Verhaftung erfolgt jedoch auf Anordnung des Gerichts.

§ 189a GVGA   Verhaftung im Insolvenzverfahren

(§§ 21, 98 InsO)

¹Für die Verhaftung des Schuldners nach § 21 InsO und nach § 98 InsO gelten die Vorschriften der Zivilprozessordnung über die Zwangsvollstreckung durch Haft entsprechend (§ 98 Abs. 3 InsO). ²Die Verhaftung erfolgt jedoch auf Anordnung des Gerichts.

§ 190 GVGA   Vollziehung eines Haftbefehls gegen einen Zeugen

(§ 390 ZPO)

1. ¹Ist gegen einen Zeugen zur Erzwingung des Zeugnisses die Haft angeordnet (§ 390 Abs. 2 ZPO), so finden die Vorschriften über die Zwangshaft im Vollstreckungsverfahren (§§ 186, 187) entsprechende Anwendung. ²Den Auftrag zur Verhaftung des Zeugen erteilt die Partei, die den Antrag auf Erlass des Haftbefehls gestellt hat. ³Der Gerichtsvollzieher wird zur Verhaftung durch den Besitz des gerichtlichen Haftbefehls ermächtigt.
2. ¹Ist gegen den Zeugen wegen unentschuldigten Ausbleibens oder unberechtigter Verweigerung des Zeugnisses für den Fall, dass das gegen ihn festgesetzte Ordnungsgeld nicht beigetrieben werden kann, Ordnungshaft festgesetzt (§§ 380 Abs. 1, 390 Abs. 1 ZPO), so wird die Entscheidung von Amts wegen nach den Vorschriften vollstreckt, die für Strafsachen gelten. ²Das vollstreckende Gericht kann mit der Verhaftung auch einen Gerichtsvollzieher beauftragen.

³Dasselbe gilt für die Vollstreckung einer Ordnungshaft, die nach § 178 GVG festgesetzt wird.

Zwangsverwalterverordnung (ZwVwV)
vom 19. Dezember 2003 (BGBl. I S. 2804)[1]

Auf Grund des § 152a des Gesetzes über die Zwangsversteigerung und die Zwangsverwaltung in der im Bundesgesetzblatt Teil III, Gliederungsnummer 310–14, veröffentlichten bereinigten Fassung, der durch Artikel 7 Abs. 23 des Gesetzes vom 17. Dezember 1990 (BGBl. I S. 2847) eingefügt worden ist, in Verbindung mit Artikel 35 des Gesetzes vom 13. Dezember 2001 (BGBl. I S. 3574) verordnet das Bundesministerium der Justiz:

§ 1 Stellung

(1) Zwangsverwalter und Zwangsverwalterinnen führen die Verwaltung selbständig und wirtschaftlich nach pflichtgemäßem Ermessen aus. Sie sind jedoch an die vom Gericht erteilten Weisungen gebunden.

(2) Als Verwalter ist eine geschäftskundige natürliche Person zu bestellen, die nach Qualifikation und vorhandener Büroausstattung die Gewähr für die ordnungsgemäße Gestaltung und Durchführung der Zwangsverwaltung bietet.

(3) Der Verwalter darf die Verwaltung nicht einem anderen übertragen. Ist er verhindert, die Verwaltung zu führen, so hat er dies dem Gericht unverzüglich anzuzeigen. Zur Besorgung einzelner Geschäfte, die keinen Aufschub dulden, kann sich jedoch der Verwalter im Falle seiner Verhinderung anderer Personen bedienen. Ihm ist auch gestattet, Hilfskräfte zu unselbständigen Tätigkeiten unter seiner Verantwortung heranzuziehen.

(4) Der Verwalter ist zum Abschluss einer Vermögensschadenshaftpflichtversicherung für seine Tätigkeit mit einer Deckung von mindestens 500.000 Euro verpflichtet. Durch Anordnung des Gerichts kann, soweit der Einzelfall dies erfordert, eine höhere Versicherungssumme bestimmt werden. Auf Verlangen der Verfahrensbeteiligten oder des Gerichts hat der Verwalter das Bestehen der erforderlichen Haftpflichtversicherung nachzuweisen.

§ 2 Ausweis

Der Verwalter erhält als Ausweis eine Bestallungsurkunde, aus der sich das Objekt der Zwangsverwaltung, der Name des Schuldners, das Datum der Anordnung sowie die Person des Verwalters ergeben.

§ 3 Besitzerlangung über das Zwangsverwaltungsobjekt, Bericht

(1) Der Verwalter hat das Zwangsverwaltungsobjekt in Besitz zu nehmen und darüber einen Bericht zu fertigen. Im Bericht sind festzuhalten:

1. Zeitpunkt und Umstände der Besitzerlangung;
2. eine Objektbeschreibung einschließlich der Nutzungsart und der bekannten Drittrechte;
3. alle der Beschlagnahme unterfallenden Mobilien, insbesondere das Zubehör;
4. alle der Beschlagnahme unterfallenden Forderungen und Rechte, insbesondere Miet- und Pachtforderungen, mit dem Eigentum verbundene Rechte auf wiederkehrende Leistungen, sowie Forderungen gegen Versicherungen unter Beachtung von Beitragsrückständen;
5. die öffentlichen Lasten des Grundstücks unter Angabe der laufenden Beträge;
6. die Räume, die dem Schuldner für seinen Hausstand belassen werden;

---

[1] Quelle: DigiLex®, Stand: Februar 2006, Gieseking Verlag, Bielefeld.

7. die voraussichtlichen Ausgaben der Verwaltung, insbesondere aus Dienst- oder Arbeitsverhältnissen;
8. die voraussichtlichen Einnahmen und die Höhe des für die Verwaltung erforderlichen Kostenvorschusses;
9. alle sonstigen für die Verwaltung wesentlichen Verhältnisse.

(2) Den Bericht über die Besitzerlangung hat der Verwalter bei Gericht einzureichen. Soweit die in Absatz 1 bezeichneten Verhältnisse nicht schon bei Besitzübergang festgestellt werden können, hat der Verwalter dies unverzüglich nachzuholen und dem Gericht anzuzeigen.

§ 4 Mitteilungspflicht

Der Verwalter hat alle betroffenen Mieter und Pächter sowie alle von der Verwaltung betroffenen Dritten unverzüglich über die Zwangsverwaltung zu informieren. Außerdem kann der Verwalter den Erlass von Zahlungsverboten an die Drittschuldner bei dem Gericht beantragen.

§ 5 Nutzungen des Zwangsverwaltungsobjektes

(1) Der Verwalter soll die Art der Nutzung, die bis zur Anordnung der Zwangsverwaltung bestand, beibehalten.
(2) Die Nutzung erfolgt grundsätzlich durch Vermietung oder Verpachtung. Hiervon ausgenommen sind:
1. landwirtschaftlich oder forstwirtschaftlich genutzte Objekte in Eigenverwaltung des Schuldners gemäß § 150b des Gesetzes über die Zwangsversteigerung und die Zwangsverwaltung;
2. die Wohnräume des Schuldners, die ihm gemäß § 149 des Gesetzes über die Zwangsversteigerung und die Zwangsverwaltung unentgeltlich zu belassen sind.

(3) Der Verwalter ist berechtigt, begonnene Bauvorhaben fertig zu stellen.

§ 6 Miet- und Pachtverträge

(1) Miet- oder Pachtverträge sowie Änderungen solcher Verträge sind vom Verwalter schriftlich abzuschließen.
(2) Der Verwalter hat in Miet- oder Pachtverträgen zu vereinbaren,
1. dass der Mieter oder Pächter nicht berechtigt sein soll, Ansprüche aus dem Vertrag zu erheben, wenn das Zwangsverwaltungsobjekt vor der Überlassung an den Mieter oder Pächter im Wege der Zwangsverwaltung veräußert wird;
2. dass die gesetzliche Haftung des Vermieters oder Verpächters für den vom Ersteher zu ersetzenden Schaden ausgeschlossen sein soll, wenn das Grundstück nach der Überlassung an den Mieter oder Pächter im Wege der Zwangsversteigerung veräußert wird und der an die Stelle des Vermieters oder Verpächters tretende Ersteher die sich aus dem Miet- oder Pachtverhältnis ergebenden Verpflichtungen nicht erfüllt;
3. dass der Vermieter oder Verpächter auch von einem sich im Fall einer Kündigung (§ 57a Satz 1 des Gesetzes über die Zwangsversteigerung und die Zwangsverwaltung, § 111 der Insolvenzordnung) möglicherweise ergebenden Schadensersatzanspruch freigestellt sein soll.

§ 7 Rechtsverfolgung

Der Verwalter hat die Rechtsverfolgung seiner Ansprüche im Rahmen des pflichtgemäßen Ermessens zeitnah einzuleiten.

§ 8 Rückstände, Vorausverfügungen

Die Rechtsverfolgung durch den Verwalter erstreckt sich auch auf Rückstände nach § 1123 Abs. 1 und 2 des Bürgerlichen Gesetzbuchs und unterbrochene Vorausverfügungen nach § 1123 Abs. 1, §§ 1124 und 1126 des Bürgerlichen Gesetzbuchs, sofern nicht der Gläubiger auf die Rechtsverfolgung verzichtet.

§ 9 Ausgaben der Zwangsverwaltung

(1) Der Verwalter hat von den Einnahmen die Liquidität zurückzubehalten, die für Ausgaben der Verwaltung einschließlich der Verwaltervergütung und der Kosten des Verfahrens vorgehalten werden muss.

(2) Der Verwalter soll nur Verpflichtungen eingehen, die aus bereits vorhandenen Mitteln erfüllt werden können.

(3) Der Verwalter ist verpflichtet, das Zwangsverwaltungsobjekt insbesondere gegen Feuer-, Sturm-, Leitungswasserschäden und Haftpflichtgefahren, die vom Grundstück und Gebäude ausgehen, zu versichern, soweit dies durch eine ordnungsgemäße Verwaltung geboten erscheint. Er hat diese Versicherung unverzüglich abzuschließen, sofern

1. Schuldner oder Gläubiger einen bestehenden Versicherungsschutz nicht innerhalb von 14 Tagen nach Zugang des Anordnungsbeschlusses schriftlich nachweisen und
2. der Gläubiger die unbedingte Kostendeckung schriftlich mitteilt.

§ 10 Zustimmungsvorbehalte

(1) Der Verwalter hat zu folgenden Maßnahmen die vorherige Zustimmung des Gerichts einzuholen:

1. wesentliche Änderungen zu der nach § 5 gebotenen Nutzung; dies gilt auch für die Fertigstellung begonnener Bauvorhaben;
2. vertragliche Abweichungen von dem Klauselkatalog des § 6 Abs. 2;
3. Ausgaben, die entgegen dem Gebot des § 9 Abs. 2 aus bereits vorhandenen Mitteln nicht gedeckt sind;
4. Zahlung von Vorschüssen an Auftragnehmer im Zusammenhang insbesondere mit der Erbringung handwerklicher Leistungen;
5. Ausbesserungen und Erneuerungen am Zwangsverwaltungsobjekt, die nicht zu der gewöhnlichen Instandhaltung gehören, insbesondere wenn der Aufwand der jeweiligen Maßnahme 15 Prozent des vom Verwalter nach pflichtgemäßem Ermessen geschätzten Verkehrswertes des Zwangsverwaltungsobjektes überschreitet;
6. Durchsetzung von Gewährleistungsansprüchen im Zusammenhang mit Baumaßnahmen nach § 5 Abs. 3.

(2) Das Gericht hat den Gläubiger und den Schuldner vor seiner Entscheidung anzuhören.

§ 11 Auszahlungen

(1) Aus den nach Bestreiten der Ausgaben der Verwaltung sowie der Kosten des Verfahrens (§ 155 Abs. 1 des Gesetzes über die Zwangsversteigerung und die Zwangsverwaltung) verbleibenden Überschüssen der Einnahmen darf der Verwalter ohne weiteres

Verfahren nur Vorschüsse sowie die laufenden Beträge der öffentlichen Lasten nach der gesetzlichen Rangfolge berichtigen.
(2) Sonstige Zahlungen an die Berechtigten darf der Verwalter nur aufgrund der von dem Gericht nach Feststellung des Teilungsplans getroffenen Anordnung leisten. Ist zu erwarten, dass solche Zahlungen geleistet werden können, so hat dies der Verwalter dem Gericht unter Angabe des voraussichtlichen Betrages der Überschüsse und der Zeit ihres Einganges anzuzeigen.
(3) Sollen Auszahlungen auf das Kapital einer Hypothek oder Grundschuld oder auf die Ablösesumme einer Rentenschuld geleistet werden, so hat der Verwalter zu diesem Zweck die Anberaumung eines Termins bei dem Gericht zu beantragen.

§ 12 Beendigung der Zwangsverwaltung

(1) Die Beendigung der Zwangsverwaltung erfolgt mit dem gerichtlichen Aufhebungsbeschluss. Dies gilt auch für den Fall der Erteilung des Zuschlags in der Zwangsversteigerung.
(2) Das Gericht kann den Verwalter nach dessen Anhörung im Aufhebungsbeschluss oder auf Antrag durch gesonderten Beschluss ermächtigen, seine Tätigkeit in Teilbereichen fortzusetzen, soweit dies für den ordnungsgemäßen Abschluss der Zwangsverwaltung erforderlich ist. Hat der Verwalter weiterführende Arbeiten nicht zu erledigen, sind der Anordnungsbeschluss und die Bestallungsurkunde mit der Schlussrechnung zurückzugeben, ansonsten mit der Beendigung seiner Tätigkeit.
(3) Unabhängig von der Aufhebung der Zwangsverwaltung bleibt der Verwalter berechtigt, von ihm begründete Verbindlichkeiten aus der vorhandenen Liquidität zu begleichen und bis zum Eintritt der Fälligkeit Rücklagen zu bilden. Ein weitergehender Rückgriff gegen den Gläubiger bleibt unberührt. Dies gilt auch für den Fall der Antragsrücknahme.
(4) Hat der Verwalter die Forderung des Gläubigers einschließlich der Kosten der Zwangsvollstreckung bezahlt, so hat er dies dem Gericht unverzüglich anzuzeigen. Dasselbe gilt, wenn der Gläubiger ihm mitteilt, dass er befriedigt ist.

§ 13 Masseverwaltung

(1) Der Massebestand ist von eigenen Beständen des Verwalters getrennt zu halten.
(2) Der Verwalter hat für jede Zwangsverwaltung ein gesondertes Treuhandkonto einzurichten, über das er den Zahlungsverkehr führt. Das Treuhandkonto kann auch als Rechtsanwaltsanderkonto geführt werden.
(3) Der Verwalter hat die allgemeinen Grundsätze einer ordnungsgemäßen Buchführung zu beachten. Die Rechnungslegung muss den Abgleich der Solleinnahmen mit den tatsächlichen Einnahmen ermöglichen. Die Einzelbuchungen sind auszuweisen. Mit der Rechnungslegung sind die Kontoauszüge und Belege bei Gericht einzureichen.
(4) Auf Antrag von Gläubiger oder Schuldner hat der Verwalter Auskunft über den Sachstand zu erteilen.

§ 14 Buchführung der Zwangsverwaltung

(1) Die Buchführung der Zwangsverwaltung ist eine um die Solleinnahmen ergänzte Einnahmenüberschussrechnung.
(2) Die Rechnungslegung erfolgt jährlich (Jahresrechnung) nach Kalenderjahren. Mit Zustimmung des Gerichts kann hiervon abgewichen werden.
(3) Bei Aufhebung der Zwangsverwaltung legt der Verwalter Schlussrechnung in Form einer abgebrochenen Jahresrechnung.
(4) Nach vollständiger Beendigung seiner Amtstätigkeit reicht der Verwalter eine Endabrechnung ein, nachdem alle Zahlungsvorgänge beendet sind und das Konto auf Null gebracht worden ist.

§ 15 Gliederung der Einnahmen und Ausgaben

(1) Die Soll- und Isteinnahmen sind nach folgenden Konten zu gliedern:
1. Mieten und Pachten nach Verwaltungseinheiten,
2. andere Einnahmen.

(2) Der Saldo der vorigen Rechnung ist als jeweiliger Anfangsbestand vorzutragen.

(3) Die Gliederung der Ausgaben erfolgt nach folgenden Konten:
1. Aufwendungen zur Unterhaltung des Objektes;
2. öffentliche Lasten;
3. Zahlungen an die Gläubiger;
4. Gerichtskosten der Verwaltung;
5. Vergütung des Verwalters;
6. andere Ausgaben.

(4) Ist zur Umsatzsteuer optiert worden, so sind Umsatzsteueranteile und Vorsteuerbeträge gesondert darzustellen.

§ 16 Auskunftspflicht

Der Verwalter hat jederzeit dem Gericht oder einem mit der Prüfung beauftragten Sachverständigen Buchführungsunterlagen, die Akten und sonstige Schriftstücke vorzulegen und alle weiteren Auskünfte im Zusammenhang mit seiner Verwaltung zu erteilen.

§ 17 Vergütung und Auslagenersatz

(1) Der Verwalter hat Anspruch auf eine angemessene Vergütung für seine Geschäftsführung sowie auf Erstattung seiner Auslagen nach Maßgabe des § 21. Die Höhe der Vergütung ist an der Art und dem Umfang der Aufgabe sowie an der Leistung des Zwangsverwalters auszurichten.

(2) Zusätzlich zur Vergütung und zur Erstattung der Auslagen wird ein Betrag in Höhe der vom Verwalter zu zahlenden Umsatzsteuer festgesetzt.

(3) Ist der Verwalter als Rechtsanwalt zugelassen, so kann er für Tätigkeiten, die ein nicht als Rechtsanwalt zugelassener Verwalter einem Rechtsanwalt übertragen hätte, die gesetzliche Vergütung eines Rechtsanwalts abrechnen. Ist der Verwalter Steuerberater oder besitzt er eine andere besondere Qualifikation, gilt Satz 1 sinngemäß.

§ 18 Regelvergütung

(1) Bei der Zwangsverwaltung von Grundstücken, die durch Vermieten oder Verpachten genutzt werden, erhält der Verwalter als Vergütung in der Regel zehn Prozent des für den Zeitraum der Verwaltung an Mieten oder Pachten eingezogenen Bruttobetrags. Für vertraglich geschuldete, nicht eingezogene Mieten oder Pachten erhält er 20 Prozent der Vergütung, die er erhalten hätte, wenn diese Mieten eingezogen worden wären. Soweit Mietrückstände eingezogen werden, für die der Verwalter bereits eine Vergütung nach Satz 2 erhalten hat, ist diese anzurechnen.

(2) Ergibt sich im Einzelfall ein Missverhältnis zwischen der Tätigkeit des Verwalters und der Vergütung nach Absatz 1, so kann der in Absatz 1 Satz 1 genannte Prozentsatz bis auf fünf vermindert oder bis auf 15 angehoben werden.

(3) Für die Fertigstellung von Bauvorhaben erhält der Verwalter sechs Prozent der von ihm verwalteten Bausumme. Planungs-, Ausführungs- und Abnahmekosten sind Bestandteil der Bausumme und finden keine Anrechnung auf die Vergütung des Verwalters.

§ 19 Abweichende Berechnung der Vergütung

(1) Wenn dem Verwalter eine Vergütung nach § 18 nicht zusteht, bemisst sich die Vergütung nach Zeitaufwand. In diesem Fall erhält er für jede Stunde der für die Verwaltung erforderlichen Zeit, die er oder einer seiner Mitarbeiter aufgewendet hat, eine Vergütung von mindestens 35 Euro und höchstens 95 Euro. Der Stundensatz ist für den jeweiligen Abrechnungszeitraum einheitlich zu bemessen.

(2) Der Verwalter kann für den Abrechnungszeitraum einheitlich nach Absatz 1 abrechnen, wenn die Vergütung nach § 18 Abs. 1 und 2 offensichtlich unangemessen ist.

§ 20 Mindestvergütung

(1) Ist das Zwangsverwaltungsobjekt von dem Verwalter in Besitz genommen, so beträgt die Vergütung des Verwalters mindestens 600 Euro.

(2) Ist das Verfahren der Zwangsverwaltung aufgehoben worden, bevor der Verwalter das Grundstück in Besitz genommen hat, so erhält er eine Vergütung von 200 Euro, sofern er bereits tätig geworden ist.

§ 21 Auslagen

(1) Mit der Vergütung sind die allgemeinen Geschäftskosten abgegolten. Zu den allgemeinen Geschäftskosten gehört der Büroaufwand des Verwalters einschließlich der Gehälter seiner Angestellten.

(2) Besondere Kosten, die dem Verwalter im Einzelfall, zum Beispiel durch Reisen oder die Einstellung von Hilfskräften für bestimmte Aufgaben im Rahmen der Zwangsverwaltung, tatsächlich entstehen, sind als Auslagen zu erstatten, soweit sie angemessen sind. Anstelle der tatsächlich entstandenen Auslagen kann der Verwalter nach seiner Wahl für den jeweiligen Abrechnungszeitraum eine Pauschale von 10 Prozent seiner Vergütung, höchstens jedoch 40 Euro für jeden angefangenen Monat seiner Tätigkeit, fordern.

(3) Mit der Vergütung sind auch die Kosten einer Haftpflichtversicherung abgegolten. Ist die Verwaltung jedoch mit einem besonderen Haftungsrisiko verbunden, so sind die durch eine Höherversicherung nach § 1 Abs. 4 begründeten zusätzlichen Kosten als Auslagen zu erstatten.

§ 22 Festsetzung

Die Vergütung und die dem Verwalter zu erstattenden Auslagen werden im Anschluss an die Rechnungslegung nach § 14 Abs. 2 oder die Schlussrechnung nach § 14 Abs. 3 für den entsprechenden Zeitraum auf seinen Antrag vom Gericht festgesetzt. Vor der Festsetzung kann der Verwalter mit Einwilligung des Gerichts aus den Einnahmen einen Vorschuss auf die Vergütung und die Auslagen entnehmen.

§ 23 Grundstücksgleiche Rechte

Die vorstehenden Bestimmungen sind auf die Zwangsverwaltung von Berechtigungen, für welche die Vorschriften über die Zwangsverwaltung von Grundstücken gelten, entsprechend anzuwenden.

§ 24 Nichtanwendbarkeit der Verordnung

(1) Die Vorschriften dieser Verordnung gelten nicht, falls der Schuldner zum Verwalter bestellt ist (§§ 150b bis 150e des Gesetzes über die Zwangsversteigerung und die Zwangsverwaltung).

(2) Die Vorschriften dieser Verordnung gelten ferner nicht, falls die durch §§ 150, 153, 154 des Gesetzes über die Zwangsversteigerung und die Zwangsverwaltung dem Gericht zugewiesene Tätigkeit nach landesgesetzlichen Vorschriften von einer landschaftlichen oder ritterschaftlichen Kreditanstalt übernommen worden ist.

§ 25 Übergangsvorschrift

In Zwangsverwaltungen, die bis einschließlich zum 31. Dezember 2003 angeordnet worden sind, findet die Verordnung über die Geschäftsführung und die Vergütung des Zwangsverwalters vom 16. Februar 1970 (BGBl. I S. 185), zuletzt geändert durch Artikel 9 des Gesetzes vom 13. Dezember 2001 (BGBl. I S. 3574), weiter Anwendung; jedoch richten sich die Vergütung des Verwalters und der Auslagenersatz für den ersten auf den 31. Dezember 2003 folgenden Abrechnungszeitraum nach den §§ 17 bis 22 dieser Verordnung.

§ 26 Inkrafttreten, Außerkrafttreten

Diese Verordnung tritt am 1. Januar 2004 in Kraft. Gleichzeitig tritt die Verordnung über die Geschäftsführung und die Vergütung des Zwangsverwalters vom 16. Februar 1970 (BGBl. I S. 185), zuletzt geändert durch Artikel 9 des Gesetzes vom 13. Dezember 2001 (BGBl. I S. 3574), außer Kraft.

Anhang

Entwurf eines Gesetzes zur Änderung des Wohnungseigentumsgesetzes und anderer Gesetze
BT-Drucks. 16/887 vom 9.3.2006
– Auszug –

Der Bundestag hat das folgende Gesetz beschlossen:

Artikel 1
Änderung des Wohnungseigentumsgesetzes

[…]

Artikel 2
Änderung des Gesetzes über die Zwangsversteigerung und die Zwangsverwaltung

Das Gesetz über die Zwangsversteigerung und die Zwangsverwaltung in der im Bundesgesetzblatt Teil III, Gliederungsnummer 310-14, veröffentlichten bereinigten Fassung, zuletzt geändert durch …, wird wie folgt geändert:

1. § 10 wird wie folgt geändert:
   a) Absatz 1 Nr. 2 wird wie folgt gefasst:
   „2. bei Vollstreckung in ein Wohnungseigentum die daraus fälligen Ansprüche der anderen Wohnungseigentümer auf Entrichtung der anteiligen Lasten und Kosten des gemeinschaftlichen Eigentums oder des Sondereigentums, die nach § 16 Abs. 2 oder nach § 28 Abs. 2 und 5 des Wohnungseigentumsgesetzes geschuldet werden, einschließlich der Vorschüsse und Rückstellungen, wegen der laufenden Beträge und der rückständigen Beträge aus dem Jahr der Beschlagnahme und den letzten zwei Jahren. Das Vorrecht einschließlich aller Nebenleistungen ist begrenzt auf Beträge in Höhe von nicht mehr als fünf vom Hundert des nach § 74a Abs. 5 festgesetzten Wertes;".
   b) Folgender Absatz 3 wird angefügt:
   „(3) Zur Vollstreckung mit dem Range nach Absatz 1 Nr. 2 müssen die dort genannten Beträge die Höhe des Verzugsbetrages nach § 18 Abs. 2 Nr. 2 des Wohnungseigentumsgesetzes übersteigen. Für die Vollstreckung genügt ein Titel, aus dem die Verpflichtung des Schuldners zur Zahlung, die Art und der Bezugszeitraum des Anspruchs sowie seine Fälligkeit zu erkennen sind. Soweit die Art und der Bezugszeitraum des Anspruchs sowie seine Fälligkeit nicht aus dem Titel zu erkennen sind, sind sie in sonst geeigneter Weise glaubhaft zu machen."

2. Dem § 45 wird folgender Absatz 3 angefügt:
   „(3) Ansprüche der Wohnungseigentümer nach § 10 Abs. 1 Nr. 2 sind bei der Anmeldung durch einen entsprechenden Titel oder durch die Niederschrift der Beschlüsse der Wohnungseigentümer einschließlich ihrer Anlagen oder in sonst geeigneter Weise glaubhaft zu machen. Aus dem Vorbringen müssen sich die Zahlungspflicht, die Art und der Bezugszeitraum des Anspruchs sowie seine Fälligkeit ergeben."

3. § 52 Abs. 2 Satz 2 wird wie folgt gefasst:
   „Satz 1 ist entsprechend anzuwenden auf
   a) den Erbbauzins, wenn nach § 9 Abs. 3 der Verordnung über das Erbbaurecht das Bestehenbleiben des Erbbauzinses als Inhalt der Reallast vereinbart worden ist;
   b) Grunddienstbarkeiten und beschränkte persönliche Dienstbarkeiten, die auf dem Grundstück als Ganzem lasten, wenn in ein Wohnungseigentum mit dem Rang nach § 10 Abs. 1 Nr. 2 vollstreckt wird, und diesen kein anderes Recht der Rangklasse 4 vorgeht, aus dem die Versteigerung betrieben werden kann."

4. Dem § 156 Abs. 1 werden folgende Sätze angefügt:
   „Dies gilt auch bei der Vollstreckung in ein Wohnungseigentum für die laufenden Beträge der daraus fälligen Ansprüche der anderen Wohnungseigentümer auf Entrichtung der anteiligen Lasten und Kosten des gemeinschaftlichen Eigentums oder des Sondereigentums, die nach § 16 Abs. 2 oder nach § 28 Abs. 2 und 5 des Wohnungseigentumsgesetzes geschuldet werden, einschließlich der Vorschüsse und Rückstellungen. Die Vorschrift des § 10 Abs. 1 Nr. 2 Satz 2 findet keine Anwendung."

Artikel 3
Änderung anderer Vorschriften

[…]

BT-Drucks. 16/887 (Auszug)

Artikel 4
Inkrafttreten

Artikel 3 Abs. 3 und 4 dieses Gesetzes tritt am Tag nach der Verkündung in Kraft. Im Übrigen tritt dieses Gesetz am ... (einsetzen: Datum des ersten Tages des vierten auf die Verkündung folgenden Kalendermonats) in Kraft.

Begründung

A.
Allgemeiner Teil

[...]

B.
Besonderer Teil

[...]

II. Zu Artikel 2
(Änderung des Gesetzes über die Zwangsversteigerung und Zwangsverwaltung – ZVG)

Vorbemerkung: Es ist zunehmend zu beobachten, dass Hausgeldansprüche bei vermögenslosen oder zahlungsunwilligen Wohnungseigentümern nicht eintreibbar sind und ihre Kostenanteile von den anderen Wohnungseigentümern mitgetragen werden müssen. Auf der Grundlage des geltenden Zwangsversteigerungsrechts fallen rückständige Hausgeldansprüche bei der Vollstreckung in das Wohnungseigentum in der Praxis meist aus, da sie nur nachrangig geltend gemacht werden können. Um dem Ausfall von Hausgeldansprüchen in der Zwangsversteigerung entgegenzuwirken, soll deshalb den nach dem WEG bestehenden Hausgeldansprüchen der Wohnungseigentümer in der Zwangsversteigerung ein begrenztes Vorrecht durch Änderung der Rangklassen des § 10 ZVG eingeräumt werden. Dies entspricht auch Anregungen aus den Ländern, von Gerichten, aus der Praxis der Verwaltung von Eigentumswohnungen sowie Forderungen im Schrifttum (Schmidt, NZM 2002, 847, 852; Vogel, ZMR 2003, 716, 721; Häublein, ZWE 2004, 48, 62). Ein so vorgesehener Vorrang bedeutet, dass den dinglich Berechtigten über die ihnen schon bisher insbesondere nach § 10 Abs. 1 Nr. 1 bis 3 ZVG vorgehenden Ansprüche hinaus weitere Ansprüche vorgehen, die aus dem Grundbuch nicht ersichtlich sind.

Die durch das WEG erst im Jahr 1951 geschaffene Möglichkeit der Bildung von Wohnungseigentum war bei Erlass des ZVG, insbesondere der Normierung des § 10 ZVG, für den Gesetzgeber der Reichsjustizgesetze nicht vorhersehbar. Ihm ging es, wie auch an § 10 Abs. 1 Nr. 1 ZVG zu erkennen ist, darum, den Realgläubigern nur diejenigen Aufwendungen vorgehen zu lassen, die zur Erhaltung oder zur nötigen Verbesserung des Grundstücks erforderlich sind. Durch ein weites Verständnis der „Ausgaben zur Erhaltung oder nötigen Verbesserung des Grundstücks" befürchtete man eine nachteilige Beeinflussung des Realkredits (vgl. Bericht der 16. Kommission, Materialien zu den Reichsjustizgesetzen, herausgegeben von Hahn und Mugdan, Band 5, 1897, Seite 106 f.). Mit der nunmehr in Absatz 1 Nr. 2 in Aussicht genommenen Ergänzung des § 10 ZVG wird bewusst dieses enge Verständnis durchbrochen. Es wird die Möglichkeit geschaffen, die anteiligen Lasten und Kosten, zu denen auch verbrauchsabhängige Ausgaben der Wohnungseigentümer (etwa Strom, Wasser und Gas) gehören, den nachfolgenden dinglich gesicherten Ansprüchen vorgehen zu lassen.

Wenn Hausgeldansprüche bei vermögenslosen oder zahlungsunwilligen Wohnungseigentümern nicht mehr eintreibbar sind, müssen ihre Kostenanteile von den anderen Wohnungseigentümern mitgetragen werden. Notwendige Maßnahmen der Pflege und Instandhaltung des Wohnungseigentums unterbleiben. Wohnanlagen können verfallen oder zumindest erheblich an Wert einbüßen. In solchen Fällen finden sich kaum noch Erwerber für die betroffenen Wohnungen. Die Interessen der Realkreditgeber können hierdurch stärker geschädigt werden als durch einen begrenzten Vorrang. Im Übrigen sichern die laufenden Instandhaltungsbeiträge den Werterhalt der Anlage und kommen so den Kreditgebern ebenfalls zugute. Auch würde bei einer Häufung des individuellen Eintretenmüssens für fremde Schulden die Attraktivität des Wohnungseigentums insgesamt leiden. Schließlich haben die übrigen Wohnungseigentümer im Allgemeinen keinen Einfluss auf den Erwerb einer Wohnung ihrer Anlage durch einen weniger kapitalkräftigen Käufer. Die Kreditinstitute haben hier bessere Prüfungsmöglichkeiten. Sie stehen dem Risiko der Zahlungsunfähigkeit ihres Kunden näher als die Wohnungseigentümer. Das Risiko eines Ausfalls trifft sie wegen der breiteren Risikostreuung auch weniger als die beteiligten Wohnungseigentümer.

Durch die Schaffung des beabsichtigten Vorrangs für Hausgeldansprüche im Rahmen des § 10 Abs. 1 Nr. 2 ZVG (neu) werden die nachfolgenden dinglich berechtigten Gläubiger nicht unangemessen benachteiligt. Denn der vorgesehene Vorrang begrenzt die berücksichtigungsfähigen Ansprüche auf die laufenden sowie die rückständigen Beträge aus dem Jahr der Beschlagnahme und den letzten zwei Kalenderjahren, die insgesamt aber nicht mehr als fünf Prozent des festgesetzten Verkehrswertes (§ 74a ZVG) ausmachen dürfen. Damit wird für die nachfolgenden Realkreditgläubiger der finanzielle Umfang der aufgrund von § 10 Abs. 1 Nr. 2 ZVG (neu) vorausgehenden Rechte kalkulierbar.

Die Einräumung des Vorrechts in der Zwangsversteigerung auch gegenüber dinglichen Rechten, die bei dem Inkrafttreten des Gesetzes bereits bestehen, greift zwar in die Rechtsposition der Berechtigten solcher Rechte ein. Wegen der besonderen Notwendigkeit einer Bevorrechtigung von Wohngeldansprüchen und des Umstands, dass die bevorrechtigten Beträge im Wesentlichen auch dem einzelnen Wohnungseigentum als Belastungsgegenstand zugute kommen, und weil das Vorrecht ohnehin nur für Hausgeld aus einem eng begrenzten Zeitraum zur Verfügung steht, ist dieser Eingriff aber auch im Hinblick auf Artikel 14 Abs. 1 Satz 1 GG gerechtfertigt. Ansonsten würde die Regelung für eine sehr große Zahl von Wohnanlagen auf Dauer unanwendbar.

Eine vergleichbare Vorrangregelung für WE-Hausgeldansprüche wurde im Jahre 1999 in der Republik Österreich in die dem ZVG insoweit entsprechende Exekutionsordnung (§ 216 Abs. 1 Nr. 3) aufgenommen. Nachteilige Auswirkungen auf die Beleihung des Wohnungseigentums sind nicht bekannt geworden.

Nicht aufgegriffen wird der Vorschlag, eine Versteigerung unabhängig von den bestehenden Wertgrenzen der §§ 74a, 85a ZVG zuzulassen oder diese Wertgrenzen herabzusetzen, weil es Fälle gebe, in denen wegen der schlechten Ausstattung des Objekts oder der schlechten wirtschaftlichen Situation der Gemeinschaft niemand bereit sei, Geld zu investieren. Die vorgenannten Vorschriften dienen nicht nur dem Interesse des Schuldners, sondern auch dem öffentlichen Interesse. Sie sollen eine volkswirtschaftlich unerwünschte Verschleuderung von Grundbesitz vermeiden und den Zweck der Vollstreckung sichern, nämlich die Gläubigerbefriedigung. Der Schutz dieser Interessen muss gewährleistet bleiben.

1. Zu Nummer 1 (§ 10 ZVG – neu –)

a) Zu Buchstabe a (§ 10 Abs. 1 Nr. 2 ZVG – neu –)

Die bisherige Rangstelle des § 10 Abs. 1 Nr. 2 ZVG (Litlohnansprüche) wird neu belegt, weil die bisher an zweiter Rangstelle stehende Regelung entbehrlich ist. Die bisherige Nummer 2 betrifft Ansprüche der in Land- und Forstwirtschaft zur Grundstücksbewirtschaftung beschäftigten Personen, die durch ihre Dienste zur Erhaltung des wirtschaftlichen Standes beitragen und so zum Nutzen derer arbeiten, die Befriedigung aus dem Objekt erwarten dürfen (Hahn/ Mugdan, a.a.O., S. 37). Die hohe Bedeutung, die der historische Gesetzgeber der bisher in Nummer 2 getroffenen Regelung beigemessen hat, ist durch die zwischenzeitliche soziale und rechtliche Entwicklung überholt. Diese Regelung fällt deshalb ersatzlos weg. Es bietet sich an, die auf diese Weise frei gewordene Nummer 2 mit der dem Rang entsprechenden gesetzlichen Neuregelung zu belegen.

Satz 1 der Neuregelung normiert aus den in der Vorbemerkung genannten Gründen ein Vorrecht der Wohnungseigentümer vor den Realkreditgläubigern für den Fall der Zwangsversteigerung für fällige Ansprüche gegen einen Miteigentümer auf Entrichtung der anteiligen Lasten und Kosten. Diese werden üblicherweise als Hausgeld (oder Wohngeld) bezeichnet.

Das Vorrecht kann einerseits geltend gemacht werden, wenn die Zwangsversteigerung von anderen Gläubigern als den Wohnungseigentümern betrieben wird. Dann werden die bevorrechtigten Hausgeldansprüche auf Anmeldung hin berücksichtigt (vgl. dazu auch § 45 Abs. 3 ZVG – neu –). Betreiben die Wohnungseigentümer andererseits die Zwangsversteigerung selbst, so eröffnet die neue Regelung ihnen in der Mehrzahl der Fälle erstmals die Möglichkeit, eine erfolgversprechende Vollstreckung in das Wohnungseigentum des säumigen Miteigentümers durchzuführen, nämlich eine Vollstreckung, bei der ihnen keine bestehen bleibenden Grundpfandrechte vorgehen. So wird auch verhindert, dass ein säumiger Schuldner weiterhin auf Kosten der Eigentümergemeinschaft in seiner Wohnung verbleiben kann. Dies ist nach geltendem Recht möglich, da die von Wohnungseigentümern betriebene Zwangsversteigerung vielfach gemäß § 77 ZVG einstweilen eingestellt oder sogar aufgehoben wird, weil nicht einmal ein Gebot abgegeben wird. Denn häufig sind solche Eigentumswohnungen bis zum Verkehrswert oder sogar darüber hinaus mit Grundpfandrechten der Kreditinstitute belastet, die in der Zwangsversteigerung in Rangklasse 4 dem Anspruch der Wohnungseigentümer aus der Rangklasse 5 vorgehen. Da diese Rechte bei einer Versteigerung aus Rangklasse 5 bestehen bleiben, müssen sie von einem Erwerber übernommen werden. Dazu ist aber verständlicherweise kaum ein Erwerber bereit.

Bei den anteiligen Lasten und Kosten geht es um die Zahlungsverpflichtungen aufgrund der Beschlüsse der Wohnungseigentümer gemäß § 28 Abs. 5 WEG über den Wirtschaftsplan, die Jahresabrechnung oder eine Sonderumlage („Beitragsschulden", vgl. Merle in Bärmann/Pick/Merle, WEG, 9. Auflage, § 28, Rn. 1 bis 3). Erfasst werden die Lasten und Kosten des gemeinschaftlichen Eigentums und des Sondereigentums, letztere allerdings nur, wenn sie über die Gemeinschaft abgerechnet werden, also nicht von einem Wohnungseigentümer unmittelbar gegenüber Dritten. Der Vorrang erstreckt sich damit etwa auch auf die Kaltwasserkosten des Sondereigentums.

Bestimmte Regressansprüche werden ebenfalls erfasst. Sofern etwa in einer Zweiergemeinschaft kein Verwalter bestellt ist und wegen des gesetzlichen Kopfprinzips (§ 25 Abs. 2 Satz 1 WEG) keine Mehrheitsbeschlüsse möglich sind, können die gemeinschaftlichen Lasten und Kosten nur in der Weise beglichen werden, dass ein Wohnungseigentümer in Vorlage tritt. Dieser kann gemäß § 16 Abs. 2 WEG bei dem anderen Wohnungseigentümer anteilig Regress nehmen (vgl. Merle, a.a.O., Rn. 4 m. w. N.; BayObLG, Beschluss vom 20. März 2002, ZWE 2002, 357). Auch die Vorschüsse gemäß § 28 Abs. 2 WEG und die Beiträge zur Instandhaltungsrückstellung gemäß § 21 Abs. 5 Nr. 4 WEG werden vom Vorrecht erfasst. Gerade die laufenden Zahlungen werden, solange über die Jahresabrechnung nicht beschlossen ist, vielfach nur aus Vorschüssen und Beiträgen zur Rückstellung bestehen. Die Vorschüsse – und ebenso die Rückstellungen – sind zur Klarstellung besonders erwähnt, um Zweifel über ihren Vorrang auszuschließen.

Die laufenden sowie die rückständigen Beträge aus dem Jahr der Beschlagnahme und den letzten zwei (Kalender-)Jahren werden vom Entwurf ebenfalls berücksichtigt. Gerade die Miteinbeziehung der Rückstellungen für künftige Maßnahmen ist sachgerecht, da diese den Werterhalt des Wohnungseigentums sichern. Der vorgesehene Zeitraum entspricht somit weithin dem Zeitraum für wiederkehrende Leistungen der Rangklassen 3 und 4 (§ 10 Abs. 1 Nr. 3 und 4 ZVG). Bei einer rechtzeitigen Geltendmachung ermöglicht es dieser Zeitraum, dass der Anspruch dem Umfang nach weitgehend durchgesetzt werden kann. Andererseits wird die Belastung der nachfolgenden Gläubiger in überschaubaren Grenzen gehalten. Dies ist auch Sinn der in Satz 2 (neu) vorgesehenen Begrenzung des Vorrechts auf höchstens fünf Prozent des festgesetzten Verkehrswerts.

Maßgeblich für die Abgrenzung von laufenden und rückständigen Beträgen ist gemäß § 13 ZVG der Zeitpunkt der Beschlagnahme. Laufende Beträge des Hausgeldes sind danach der vor der Beschlagnahme fällig gewordene Betrag sowie die später fällig werdenden. Die zeitlich davor liegenden sind rückständige Beträge. Im Vorrang berücksichtigt werden neben den laufenden nur die aus dem Jahr der Beschlagnahme und den letzten zwei Kalenderjahren rückständigen Beträge. Ansprüche aus einer Jahresabrechnung, die zwar innerhalb dieses Zeitraums aufgrund eines entsprechenden Beschlusses begründet werden, sich aber auf einen davor liegenden Zeitraum beziehen, erhalten nicht den Vorrang der Rangklasse 2. Auch diese Begrenzung soll die Eigentümergemeinschaft dazu anhalten, bei säumigen Zahlern frühzeitig aktiv zu werden.

Bei den Rückständen wird auf das Kalenderjahr abgestellt, da so die Eigentümergemeinschaft die Jahresabrechnung, die ebenfalls nach dem Kalenderjahr aufgestellt wird (vgl. § 28 Abs. 1 Satz 1 WEG) und die regelmäßig einen einheitlichen Betrag für das gesamte Kalenderjahr ausweist, direkt verwenden kann. Bei einem maßgeblichen Zeitpunkt, der in das Jahr fiele, müsste die Abrechnung nach den Entstehungszeitpunkten der Ansprüche neu untergliedert werden, um feststellen zu können, welche Ansprüche nach dem Zeitpunkt entstanden sind und so im Vorrang berücksichtigt werden können.

Die Ansprüche müssen fällig sein. Dies ist im Text der vorgesehenen Vorschrift zur Klarstellung hervorgehoben. Damit wird sichergestellt, dass keine Leistungen erfasst werden, über deren Erbringung die Wohnungseigentümer noch nicht beschlossen haben, etwa bei Restzahlungen aus einer Jahresabrechnung über die noch nicht befunden ist. Die fälligen Beträge der wiederkehrenden Leistungen werden jedoch nur bis zum Zeitpunkt des Zuschlags berücksichtigt. Ab dann trägt der Ersteher gemäß § 56 Satz 2 ZVG die anfallenden Lasten. Einer besonderen Regelung hierfür bedarf es in diesem Zusammenhang nicht.

Die Formulierung „die daraus fälligen Ansprüche" soll ausschließen, dass die Wohnungseigentümer auch fällige Beträge aus anderen Wohnungen desselben Eigentümers geltend machen können.

Satz 2 (neu) legt fest, dass das Vorrecht der Rangklasse 2 auf Beträge in Höhe von nicht mehr als fünf Prozent des gemäß § 74a Abs. 5 ZVG festgesetzten Verkehrswertes begrenzt ist. Auch diese Regelung dient – ebenso wie die zeitliche Begrenzung der berücksichtigungsfähigen Rückstände – dem Zweck, dass der Vorrang in überschaubaren Grenzen gehalten und für alle Beteiligten, insbesondere für die Realkreditgeber, kalkulierbar ist. Außerdem beugt diese Begrenzung der Gefahr von Manipulationen durch die Eigentümergemeinschaft durch nachträglich beschlossene Sonderumlagen vor.

Zur Klarstellung ist in Satz 2 (neu) aufgenommen, dass die Begrenzung alle Nebenleistungen einschließt. Kosten, die gemäß § 10 Abs. 2 ZVG Befriedigung in der Rangstelle des Hauptrechts finden können, fallen so neben dem Hauptanspruch unter die für den Vorrang bestehende Höchstgrenze.

Nach dem Entwurf wird die neue Vorschrift in Absatz 1 als Nummer 2 eingeordnet. Sie erfasst nämlich weitgehend Zahlungen, die der Erhaltung des gemeinschaftlichen Eigentums und einer funktionsfähigen Eigentümergemeinschaft dienen und somit mittelbar auch den nachrangigen Gläubigern, insbesondere den Grundpfandgläubigern aber auch den Gläubigern öffentlicher Grundstückslasten der Rangklasse 3, zugute kommen.

Anhang

Eine dem § 10 Abs. 1 Nr. 7 und 8 ZVG entsprechende Regelung für ältere Rückstände sieht der Entwurf nicht vor. Zuteilungen hierauf wären in der Praxis allenfalls in seltenen Ausnahmefällen zu erwarten. Die Wohnungseigentümer haben es in der Hand, gegebenenfalls ihre Forderung titulieren zu lassen, sodann dem Zwangsversteigerungsverfahren beizutreten und damit in der Rangklasse 5 berücksichtigt zu werden.

§ 10 Abs. 1 Nr. 2 ZVG (neu) erfasst auch das Teileigentum sowie das Wohnungs- und Teilerbbaurecht. Da dies kaum zweifelhaft ist und auch den Regelungen von § 1 Abs. 6 und § 30 Abs. 3 Satz 2 WEG entspricht, ist von einer ausdrücklichen Hervorhebung im Text des Entwurfs abgesehen worden.

b) Zu Buchstabe b (§ 10 Abs. 3 ZVG – neu –)

In Satz 1 (neu) ist die Mindesthöhe des Betrages festgelegt, die beim Betreiben aus der neuen Rangklasse 2 zu berücksichtigen ist. Die Regelung ist im Hinblick auf § 18 Abs. 2 Nr. 2 WEG erforderlich, der für die Entziehung des Wohnungseigentums eine Mindesthöhe des Verzugsbetrages vorschreibt, um eine Verhältnismäßigkeit zwischen dem Fehlverhalten und der Sanktion (Pflicht zur Veräußerung) zu wahren. Ohne eine solche Vorschrift träte ein Wertungswiderspruch auf, weil das Wohnungseigentum im Wege der Vollstreckung aus Rangklasse 2 bei einem niedrigeren Betrag als dem in § 18 Abs. 2 Nr. 2 WEG festgelegten Verzugsbetrag entzogen werden könnte. Dies ist insbesondere vor dem Hintergrund beachtlich, dass es künftig bei Zahlungsrückständen in der Praxis wohl vornehmlich zu Versteigerungen aufgrund eines Zahlungstitels aus der Rangklasse 2 kommen wird, da die Versteigerung aufgrund eines Entziehungsurteils nur ein Betreiben aus Rangklasse 5 ermöglicht und das Entziehungsurteil – im Vergleich zum Vollstreckungsbescheid – schwieriger herbeizuführen ist.

Die Mindesthöhe des Verzugsbetrages gilt nur, wenn die Wohnungseigentümer die Zwangsversteigerung aus der Rangklasse 2 selbst betreiben. In den Fällen, in denen ein anderer Gläubiger das Verfahren betreibt, kann von den Wohnungseigentümern in Rangklasse 2 auch ein geringerer Betrag angemeldet werden. In diesen Fällen betreiben die Wohnungseigentümer keine Entziehung, so dass die Voraussetzungen des § 18 Abs. 2 Nr. 2 WEG nicht zu berücksichtigen sind.

Satz 2 (neu) dient der Klarstellung, dass als Titel auch eine gerichtliche Entscheidung (Urteil oder Vollstreckungsbescheid) ausreicht, welche die Zahlungsverpflichtung des Schuldners zum Gegenstand hat und die sich insbesondere im Mahnverfahren erlangen lässt, um kurzfristig erreichen lässt. Dies ist ausdrücklich festgelegt, da ansonsten Zweifel bestehen könnten, ob zum Betreiben der Zwangsvollstreckung ein Duldungstitel erforderlich ist. Ein solcher Titel wird jedoch nicht gefordert, da die Vollstreckung sich ansonsten unnötig verzögert, weil er im Mahnverfahren nicht erlangt werden kann.

Aus dem Zahlungstitel muss sich erkennen lassen, dass die Voraussetzungen zur Berücksichtigung in der Rangklasse 2 vorliegen. So hat der Titel den Charakter der Forderung als Hausgeldforderung (Art), den Bezugszeitraum sowie die Fälligkeit der einzelnen Beträge anzugeben. Der Bezugszeitraum ist erforderlich um feststellen zu können, ob die geltend gemachte Forderung auch in den berücksichtigungsfähigen Zeitraum fällt. Damit wird vermieden, dass das Vollstreckungsgericht prüfen und feststellen muss, ob es sich um Hausgeldforderungen handelt und wann diese fällig geworden sind. Die materiellrechtliche Prüfung ist Aufgabe des Prozessgerichts im Erkenntnisverfahren. Die dortige Entscheidung ist dem Vollstreckungsverfahren zugrunde zu legen.

Die zur Berücksichtigung des Vorrangs erforderlichen Angaben können auch aus einem Vollstreckungsbescheid hervorgehen, der im Mahnverfahren ergangen ist. Der Vordruck im maschinellen Mahnverfahren sieht in seinem Hauptforderungskatalog bereits eine entsprechende Forderungsart vor. Aber auch im nichtmaschinellen Verfahren können die entsprechende Forderungsart und der Bezugszeitraum angegeben werden. Die Bezeichnung von Fälligkeitsterminen ist in beiden Verfahren möglich.

Satz 3 (neu) bestimmt für die Fälle, in denen die nach dem neuen Absatz 3 Satz 2 erforderlichen Angaben aus dem Titel nicht zu ersehen sind, so bei Urteilen gemäß § 313a Abs. 1 und 2 ZPO (Urteil ohne Tatbestand und Entscheidungsgründe) und gemäß § 313b ZPO (Versäumnis-, Anerkenntnis- und Verzichtsurteil), dass die Voraussetzungen in sonst geeigneter Weise glaubhaft zu machen sind, etwa dadurch, dass ein Doppel der Klageschrift vorgelegt wird. So wird sichergestellt, dass auch in diesen Fällen die Zwangsversteigerung aus dem Vorrang betrieben werden kann.

2. Zu Nummer 2 (§ 45 Abs. 3 ZVG – neu –)

Rechte, die zur Zeit der Eintragung des Zwangsversteigerungsvermerks aus dem Grundbuch nicht ersichtlich sind, können gemäß § 45 Abs. 1 ZVG nur dann im geringsten Gebot berücksichtigt werden, wenn sie rechtzeitig angemeldet werden. Bei diesen Rechten handelt es sich meist um Ansprüche der öffentlichen Hand aus der Rangklasse 3, die im Zusammenhang mit dem Grundstück stehen, etwa öffentlichen Grundstückslasten oder Kommunalabgaben. Auch die Ansprüche der Eigentümergemeinschaft aus der neu gebildeten Rangklasse 2 sind nicht aus dem Grundbuch ersichtlich und müssen deshalb angemeldet werden.

BT-Drucks. 16/887 (Auszug)

Satz 1 des neuen Absatzes 3 verlangt, dass die Hausgeldansprüche – im Unterschied zu anderen Rechten, die meist durch öffentliche Stellen angemeldet werden und die erst auf Widerspruch glaubhaft zu machen sind – gegenüber dem Zwangsversteigerungsgericht schon bei der Anmeldung glaubhaft gemacht werden. Damit soll ein möglicher Missbrauch bei einer für die übrigen Beteiligten nicht nachvollziehbaren Anmeldung ausgeschlossen werden. Ohne Glaubhaftmachung der angemeldeten Ansprüche käme es häufiger – und nicht wie bisher nur im Ausnahmefall – zu einem Widerspruch des die Zwangsvollstreckung betreibenden Gläubigers und damit zu Verzögerungen des Verfahrens. Die Glaubhaftmachung kann durch einen bereits vorliegenden Titel erfolgen, etwa einen Vollstreckungsbescheid oder ein Urteil über die bevorrechtigte Forderung oder die Unterwerfungsurkunde des Schuldners (§ 794 Abs. 1 Nr. 5 ZPO). Ein Titel wird jedoch nicht generell gefordert. Oftmals ist es der Eigentümergemeinschaft nicht möglich, bis zum Zwangsversteigerungstermin, bis zu dem die Ansprüche angemeldet sein müssen, einen Titel gegen den säumigen Schuldner zu erlangen. Insbesondere dann, wenn der Schuldner gleichzeitig seine Zahlungen an die Grundpfandgläubiger und die Eigentümergemeinschaft einstellt, ist dies zu erwarten. Deshalb reicht es zur Glaubhaftmachung auch aus, eine Niederschrift der maßgeblichen Beschlüsse der Wohnungseigentümer einschließlich ihrer Anlagen – etwa den Wirtschaftsplan oder die Jahresabrechnung – vorzulegen, aus der die Zahlungspflicht (§ 28 Abs. 2 und 5 WEG) hervorgeht. Eine spätere Glaubhaftmachung auf Verlangen des betreibenden Gläubigers erübrigt sich so.

Es wurde in Erwägung gezogen, für die Glaubhaftmachung auf eine öffentlich beglaubigte Niederschrift über Beschlüsse (§ 24 Abs. 6 WEG) abzustellen. Dies wäre aber nicht sinnvoll. Folge wäre nämlich, dass dann nahezu jede Niederschrift über eine Eigentümerversammlung vorsorglich mit den erforderlichen Beglaubigungen versehen werden müsste. Denn in Fällen, in denen die Unterzeichner der Niederschrift etwa wegen eines Verwalterwechsels oder wegen Veräußerung der Eigentumswohnung für eine spätere Beglaubigung nicht mehr zur Verfügung stünden, könnte die öffentliche Beglaubigung nachträglich nicht oder nur mit erheblichem Aufwand erreicht werden. Die öffentliche Beglaubigung ist auch entbehrlich, da der Anspruch bei der Anmeldung nur glaubhaft gemacht, nicht aber – wie im Grundbuchverfahren die Verwaltereigenschaft (vgl. § 26 Abs. 4 WEG) – nachgewiesen werden muss.

Der Entwurf sieht im Übrigen vor, dass der Anspruch gegenüber dem Gericht in sonst geeigneter Weise glaubhaft gemacht werden kann. Dies ermöglicht es, auch andere Schriftstücke der Eigentümergemeinschaft zur Glaubhaftmachung einzubeziehen.

Die gemäß Satz 2 (neu) erforderlichen Angaben ermöglichen es dem Rechtspfleger zu prüfen, ob die geltend gemachten Beträge der neuen Rangklasse 2 zuzuordnen sind.

Für den Fall, dass die Ansprüche bei der Anmeldung nicht hinreichend glaubhaft gemacht sind, kann der Rechtspfleger von Amts wegen – also auch ohne Widerspruch des betreibenden Gläubigers – die Eigentümergemeinschaft oder den Verwalter zur Nachbesserung auffordern. Bleibt der Anspruch weiterhin nicht hinreichend glaubhaft, wird er nicht in das geringste Gebot aufgenommen. Eine Zuteilung auf den angemeldeten Anspruch erfolgt dann nicht.

Gegen die Nichtaufnahme in das geringste Gebot besteht für die Eigentümergemeinschaft kein Rechtsbehelf, auch nicht für die nachrangigen Gläubiger gegen eine Aufnahme, da es sich bei der Aufstellung des geringsten Gebots um eine unselbstständige Zwischenentscheidung zur Vorbereitung des Zuschlags handelt. Im späteren Verlauf des Verfahrens kann aber eine Anfechtung des Zuschlags wegen unrichtiger Feststellung des geringsten Gebots (§ 83 Nr. 1 ZVG) erfolgen. Im späteren Verlauf des Versteigerungsverfahrens kann auch noch ein Widerspruch gegen den Teilungsplan eingelegt werden (§ 115 ZVG), mit der Folge, dass der streitige Betrag zu hinterlegen ist.

Soweit sich erst nach dem Versteigerungsverfahren herausstellt, dass ein Anspruch zu Unrecht berücksichtigt wurde, kann der Anspruch aus ungerechtfertigter Bereicherung (§ 812 BGB) gegen den zu Unrecht berücksichtigten Gläubiger geltend gemacht werden.

3. Zu Nummer 3 (§ 52 Abs. 2 Satz 2 ZVG – neu –)

Im Zwangsversteigerungsverfahren erlöschen mit Zuschlag die dem Anspruch des betreibenden Gläubigers nachgehenden Rechte. Betroffen davon sind auch Dienstbarkeiten, die nicht nur auf dem versteigerten Wohnungseigentum selbst, sondern auch auf den übrigen Eigentumswohnungen der Anlage lasten (Belastung des Grundstücks als Ganzem). Dies sind in der Regel Leitungs- und Versorgungsrechte, Wegerechte oder Stellplatzrechte am Grundstück. Wird die Dienstbarkeit als Folge der Zwangsversteigerung bei dem einen Wohnungseigentum gelöscht, ist sie ebenfalls bei den anderen Wohnungen als inhaltlich unzulässig zu löschen. Die zur dauerhaften Geltung erforderliche dingliche Absicherung dieser Rechte im Grundbuch ist nachträglich jedoch nur schwer wieder zu erreichen. Erforderlich ist nämlich die Bewilligung durch alle Wohnungseigentümer und der Rangrücktritt der Gläubiger der auf den einzelnen Eigentumswohnungen lastenden Grundpfandrechte. Deshalb hilft sich die Praxis dadurch weiter, dass auf Antrag eines Beteiligten nach § 59 ZVG abweichende Versteigerungsbedingungen festgelegt werden, die das Bestehen bleiben dieser Rechte

1431

vorsehen. Andere Beteiligte, deren Rechte durch die Abweichung betroffen sind, müssen aber dem abweichenden Ausgebot zustimmen. Wenn nicht feststeht, ob ein Recht betroffen ist, und wenn auch die Zustimmung des Berechtigten nicht vorliegt, muss das Wohnungseigentum sowohl mit als auch ohne die Abweichung im Termin ausgeboten werden (Doppelausgebot, § 59 Abs. 2 ZVG).

Dieses aufwendige Verfahren mag bei den heutigen Gegebenheiten noch hinnehmbar sein, da es nicht so häufig vorkommt. Die entsprechenden Rechte haben zumeist Rang vor den betreibenden Grundpfandgläubigern und werden so im geringsten Gebot bei den bestehen bleibenden Rechten aufgeführt. Durch die Einführung eines Vorrangs für die Hausgeldforderung wird die bisherige Ausnahme jedoch zur Regel, wenn aus diesem Vorrang die Zwangsversteigerung betrieben wird. Hinzu kommt, dass auch im Fall des Doppelausgebots das Bestehenbleiben der Rechte nicht immer gewährleistet ist, nämlich dann nicht, wenn der Zuschlag auf das Meistgebot mit den gesetzlichen Versteigerungsbestimmungen erfolgt, etwa weil der durch die Abweichung Beeinträchtigte dieser nicht zustimmt.

§ 52 Abs. 2 Satz 2 Buchstabe b ZVG (neu) sieht deshalb für Grunddienstbarkeiten und beschränkte persönliche Dienstbarkeiten, die auf dem Grundstück als Ganzem lasten, vor, dass sie entsprechend Satz 1 – dort wird das Bestehenbleiben des Rechts auf die in den §§ 912 bis 917 BGB bezeichneten Überbau- und Notwegrenten geregelt – auch ohne Berücksichtigung im geringsten Gebot bestehen bleiben, wenn aus dem Vorrecht der Rangklasse 2 vollstreckt wird. Das Bestehenbleiben wird jedoch auf die Fälle beschränkt, in denen diesen Rechten kein Recht der Rangklasse 4 vorgeht, aus dem die Versteigerung betrieben werden kann. Ansonsten würde den Dienstbarkeiten durch das Bestehenbleiben faktisch generell ein Vorrang vor anderen in der Abteilung II oder III des Grundbuchs eingetragenen Rechten eingeräumt. Diesen Vorrang hätten sich die Berechtigten der Dienstbarkeiten – wie bisher – durch Rangänderungen verschaffen können mit der Folge, dass sie nach der neuen Regelung nicht erlöschen müssten. Soweit sie nicht auf eine erstrangige Eintragung hingewirkt haben, so haben sie schon bisher in Kauf genommen, im Zwangsversteigerungsverfahren – bei Betreiben aus einem vorrangigen Recht – zu erlöschen.

Die vorrangigen Rechte der Rangklasse 3 spielen hier praktisch keine Rolle. Sie sind ohnehin in nahezu allen Fällen – auch bei bestehen bleibenden Dienstbarkeiten – durch das Meistgebot vollständig gedeckt. Im Übrigen beeinflussen die Dienstbarkeiten am Grundstück als Ganzem in der Regel kaum die Biethöhe, da sie in nahezu allen Fällen keinen wertbeeinflussenden Faktor für die einzelne Eigentumswohnung selbst haben.

Der bisher in § 52 Abs. 2 Satz 2 allein geregelte Fall des Bestehenbleibens des Erbbauzinses, wenn das Bestehenbleiben als Inhalt der Reallast vereinbart wurde, ist in dem neuen Satz 2 inhaltsgleich als Buchstabe a zu übernommen.

4. Zu Nummer 4 (§ 156 Abs. 1 Satz 2 und 3 ZVG – neu –)

Es handelt sich um eine Folgeänderung zur Neufassung des § 10 Abs. 1 Nr. 2 ZVG. Bisher konnten die laufenden Beträge des Hausgeldes im Rahmen der Zwangsverwaltung gemäß § 155 Abs. 1 ZVG vorweg aus den Einnahmen als Ausgaben der Zwangsverwaltung gezahlt werden. Da das Hausgeld mit den laufenden Beträgen nun in § 10 Abs. 1 Nr. 2 ZVG (neu) erfasst ist, dürfte es gemäß § 155 Abs. 2 ZVG (Verteilung der Nutzungen) ohne die Folgeänderung erst nach Aufstellung des Teilungsplanes ausgezahlt werden. Um diese Schlechterstellung der Wohnungseigentümergemeinschaft zu vermeiden, ist eine den laufenden öffentlichen Lasten entsprechende Regelung vorgesehen. Für die öffentlichen Lasten besteht bereits jetzt in § 156 Abs. 1 ZVG eine Möglichkeit zur Vorwegzahlung ohne einen Teilungsplan.

Die Vorwegzahlung erfasst – ebenso wie die der öffentlichen Lasten – nur die laufenden, nicht aber die rückständigen Beträge der neuen Rangklasse 2, da die Zwangsverwaltung in erster Linie dazu dient, das Zwangsverwaltungsobjekt zu erhalten. Erst wenn alle laufenden Beträge durch die vorhandenen Einnahmen gedeckt sind, kann das darüber hinaus noch vorhandene Geld zur Erfüllung anderer Ansprüche – dann aber erst im Rahmen eines Teilungsplanes – genutzt werden.

Satz 2 (neu) normiert die Möglichkeit zur Vorwegzahlung auch für die laufenden Ansprüche der neuen Rangklasse 2. Dabei ist jedoch die nach § 10 Abs. 1 Nr. 2 Satz 2 ZVG (neu) vorgesehene Höchstgrenze von fünf Prozent des festgesetzten Verkehrswertes gemäß Satz 3 (neu) nicht zu beachten. Eine Begrenzung wäre unbillig, da die Zwangsverwaltung – im Unterschied zur Zwangsversteigerung – eine auf Dauer angelegte Vollstreckungsart ist. Für die Wohnungseigentümer wäre es nicht hinnehmbar, wenn die laufenden Beträge nach Erreichen der Höchstgrenze nicht mehr gezahlt würden. Die anderen Gläubiger müssen sich auch jetzt schon das Hausgeld über die gesamte Dauer der Zwangsverwaltung vorgehen lassen. Sie werden durch die Regelung nicht schlechter gestellt.

[...]

Stichwortverzeichnis

Die Zahlen verweisen auf die Randnummern (ggf. auf Seiten).

A

Abänderungsklage
— Abgrenzung zur Vollstreckungsabwehrklage 8.119

Abfindungsbetrag 6.214

Ablösung
— Ablösungsberechtigter 11.579
— Ablösungsbetrag 11.580
— Ablösungsrecht 11.571
— Auswirkungen im Verfahren 11.588
— Beitritt 11.584
— bestbetreibender Gläubiger 11.575
— Einstellung des Verfahrens 11.585
— Insolvenzverwalter 11.573
— öffentliche Grundstückslast 11.572
— Rangposition 11.586
— Zahlung an das Gericht 11.591
— Zahlung an den Gläubiger 11.582
— Zwangsversteigerung 11.571

Abrechnungen
— Erstellung von ~ als vertretbare Handlung 7.49

Abzahlungshypothek
— Zwangsversteigerung 11.111

Allgemeine Härteklausel
— Antrag 8.344, 15.26
— Beispiele 8.359 ff.
— Einstweiliger Rechtsschutz 8.370
— Entscheidung 8.366
— Form 8.346
— Frist 8.347
— grundsätzliche Erwägungen 8.358
— Kontenpfändung 8.363
— Kostenentscheidung 8.367
— Räumung 8.359 ff.
— rechtliches Gehör 8.365
— Rechtsbehelf 8.369
— Rechtsschutzinteresse 8.350
— Schutzbedürfnis des Gläubigers 8.357
— sittenwidrige Härte 8.353
— Statthaftigkeit 8.342
— Ziel und Wesen 8.340
— Zuständigkeit 8.349

Altenteil 6.102, 9.85
— bestehen bleibendes Recht 9.86
— landesrechtliche Regelungen 9.88, 9.91
— Zwangsversteigerung 11.159
— Zwangsverwaltung 13.26

Anderweitige Verwertung 4.299
— andere Person 4.300, 4.304
— anderer Ort 4.299, 4.304
— Antrag 4.303
— Eigentumsvorbehalt 4.305
— Entscheidung des Gerichts 4.308
— in anderer Weise 4.299, 4.304
— Muster 15.6, 15.7
— Rechtsbehelf 4.301, 8.28

Anfechtungsrecht 6.286

Anfragen
— bei Behörden 1.57
— bei Gericht 1.59
— Detektei 1.68
— Gerichtsvollzieher 1.69
— Schufa 1.66
— Schuldnerkartei 1.66

Ankaufsrecht 9.128

Anschlusspfändung 4.213

Anschrift
— Ermittlung 1.46, 1.57, 1.59, 1.66, 1.68

Antrag
— Adressat 2.3
— allgemeine Härteklausel 8.344, 15.26
— Anwaltszwang 2.4
— Auslegung 7.53
— befristete Erinnerung § 11 Abs. 2 RPflG 8.71
— Drittwiderspruchsklage § 771 ZPO 8.222, 8.223
— Drittwiderspruchsklage § 772 ZPO 8.289, 15.31
— Drittwiderspruchsklage § 773 ZPO 8.302
— Drittwiderspruchsklage § 774 ZPO 8.310
— Durchsuchung 4.53, 15.2
— einstweiliger Rechtsschutz § 769 ZPO 8.191, 15.29

1433

Stichwortverzeichnis

(Forts. Antrag)
— Herausgabevollstreckung beweglicher Sachen 7.10
— Herausgabevollstreckung unbeweglicher Sachen 7.29
— Inhalt 2.5
— s. auch beim jew. Vollstreckungsorgan
— sofortige Beschwerde 8.93, 15.27
— Unterlassungsklage § 826 BGB 8.375, 15.25
— Unterlassungsvollstreckung 7.107
— unübliche Zeiten, Vollstreckung zu ~ 4.80, 15.3
— unvertretbare Handlung 7.82
— Vollstreckungsabwehrklage 8.137, 15.29
— Vollstreckungsklausel 3.60
— Vorzugsklage 8.320, 15.32

Anwaltszwang
— sofortige Beschwerde 8.103
— Unterlassungsvollstreckung 7.108

Anwartschaftsrecht
— bewegliche Sachen 6.287
— Drittwiderspruchsklage § 771 ZPO 8.244
— Pfändung, Muster 15.23
— Sicherungshypothek 6.292
— unbewegliche Gegenstände 6.290

Arbeitnehmersparzulage 6.94

Arbeitseinkommen
— abgetretenes Einkommen 6.92
— Änderung der Voraussetzung 6.201
— bedingt pfändbare Bezüge 6.99
— Begriff des Einkommens 6.84
— Beihilfeanspruch 6.109
— Deliktsanspruch 6.195
— einheitliches Arbeitsverhältnis 6.90
— Erhöhung des unpfändbaren Betrages 6.185
— Fixprovision 6.84
— Freiberufler 6.87
— Grundbetrag 6.116
— hohes Einkommen 6.199
— Insolvenz 3.418
— Krankenhaustagegeld 6.109
— Lizenzgebühr 6.84
— Mehrbedarf des Schuldners 6.193
— mehrere Gläubiger 6.213
— Muster 15.11
— Nichtberücksichtigung von Unterhaltsberechtigten 6.125
— Pfändungsfreigrenzen 6.114
— Pfändungsvoraussetzungen 6.112
— Rentenanspruch 6.100
— Sozialhilfebescheinigung 6.187, 6.188
— Strafgefangener 6.86
— Taschengeld 6.102
— Todesfallversicherung 6.110
— Überstunden 6.98
— unpfändbare Bezüge 6.96
— Unterbrechung des Arbeitsverhältnisses 6.90
— unterhaltsberechtigte Personen 6.115
— Unterhaltspfändung 6.157
— Urlaubsentgelt 6.84, 6.98
— verschleiertes Einkommen 6.203 ff.
— Weihnachtsvergütung 6.98
— Zahl der Unterhaltsberechtigten 6.194
— Zusammenrechnung mehrerer Einkommen 6.142

Arbeitspapiere
— Herausgabe 7.6

Arrestbefehl 1.43

Arresthypothek 10.145
— Aufhebung des Arrestes 10.158
— Höchstbetrag 10.147
— Löschungsanspruch 10.164
— Lösungssumme 10.147
— Mindestbetrag 10.156
— Umwandlung in Sicherungshypothek 10.162
— Verteilung der Forderung 10.157
— Vollstreckungsklausel 10.150
— Vollziehung im Grundbuch 10.152
— Zustellung 10.151
— Zwangsversteigerung 10.195

Arzneimittelzulassung 6.294

Aufhebung
— der Zwangsvollstreckung 3.394

Auflassungsvormerkung 6.295, 6.305, 9.131
— bestehen bleibendes Recht 9.132
— erlöschendes Recht 9.133
— Vollstreckung 9.135

Auseinandersetzungsversteigerung
— s. Teilungsversteigerung

Ausfertigung
— abgekürzte 1.38
— Zustellung 1.39

Ausforschungwendung 6.16, 6.256

Ausgleichsrente 6.231

Auslegung
— Antrag nach § 887 ZPO in § 888 ZPO bzw. umgekehrt 7.53, 7.82
— Rechtsbehelfe 8.5

Ausschlagung der Erbschaft 6.296

Aussetzung der Verwertung
— Antrag 4.283, 4.287
— Beschluss 4.297
— durch Vollstreckungsgericht 4.290
— entscheidungserhebliche Tatsachen 4.294

Stichwortverzeichnis

(Forts. Aussetzung der Verwertung)
— Kosten 4.287
— Ratenzahlung 4.283
— Sicherungsvollstreckung 4.290
— Verfahrensablauf 4.296
— Verfallklausel 4.298
— Verzug 4.285
— Widerruf der Aussetzung 4.289
— zeitweilige ~ durch Gerichtsvollzieher 4.282
— zeitweilige ~ durch Vollstreckungsgericht 4.290

Austauschpfändung 4.272
— Antrag 4.274, 4.275, 4.276, 15.4
— Arbeitsmittel 4.273
— Beweisführung 4.277
— Computer 4.273
— Ersatzleistung 4.275
— Fernseher 4.273
— Muster 15.4
— PKW 4.273
— Rechtsbehelf 4.280, 8.28
— Verfahren 4.274
— Voraussetzungen 4.272
— vorläufige 4.281

B

Bagatellforderung 2.27
Baugesetzbuch 9.148
Bauhandwerkersicherungshypothek 10.141
— Umschreibung in Vollrecht 10.144
— Vormerkung 10.142
Baulast
— Zwangsversteigerung 11.100
Bausparvertrag 6.297
Befangenheit
— Zwangsversteigerung 11.697
Befreiungsanspruch
— vertretbare Handlung 7.49
Befristete Erinnerung
— Antrag 8.71
— Begründetheit 8.79
— einstweiliger Rechtsschutz 8.87
— Entscheidung 8.81
— Erinnerungsbefugnis/Beschwer 8.77
— Form 8.71
— Frist 8.73
— Rechtsbehelfe 8.86
— Rechtsschutzinteresse 8.78
— Statthaftigkeit 8.70
— Zuständigkeit 8.74
Beihilfeanspruch 6.109

Benutzungsregelung 9.137
— bestehen bleibendes Recht 9.138
— erlöschendes Recht 9.140
Berufsunfähigkeitsrente 6.100
Beschlagnahme 4.216
— Zwangsverwaltung 13.108
Beschränkte persönliche Dienstbarkeit 9.58
— bestehen bleibendes Recht 9.60
— erlöschendes Recht 9.61
Beschwerde
— Muster 15.27
Beschwerde § 54 BeurkG 3.216
Beschwerden
— Gerichtskosten 14.10, 14.86
Bestandsverzeichnis 9.1
Bestimmtheit des Titels 3.6 ff.
— Arbeitsrecht 3.29
— ausländische Urteile 3.17
— Bruttolohnurteil 3.17
— Geldforderung 3.16 ff.
— Handlung/Duldung/Unterlassung 3.23 f.
— Herausgabeanspruch 3.19 f.
— Unterhalt/Abzugsklausel 3.18
Beteiligte
— in der Zwangsvollstreckung 1.6
Beweis
— Drittwiderspruchsklage § 771 ZPO 8.267
— einstweiliger Rechtsschutz § 769 ZPO 8.196
— Erfüllungseinwand 7.59
— Geständnis 3.89
— Geständnisfiktion § 138 ZPO 3.90
— offenkundige Tatsachen 3.85
— Registereintragung 3.87
— titelergänzende Klausel 3.80
— Unterlassungsvollstreckung 7.162
— unvertretbare Handlung 7.84
— vertretbare Handlung 7.50
— Vollstreckungsabwehrklage 8.184
— Vorzugsklage 8.336
Beziehungsgeld 6.130
BGB-Gesellschaft
— Vollstreckung 3.39 f.
— Zwangsversteigerung 12.29
Blindenzulage 6.96
Bodenschutzlastvermerk 9.141
Bruchteilsgemeinschaft
— Zwangsversteigerung 12.23
Buchauszug
— vertretbare Handlung 7.49

Stichwortverzeichnis

Bundesversorgungsgesetz 9.152
Bürgschaft 6.412
— Sicherheitsleistung 3.299

C

Checklisten Schuldner 1.45, 1.71 f.
Computer
— Pfändung 4.105, 4.164, 4.165

D

Dauernutzungsrecht 9.121
— Dauerwohnrecht 6.298, 9.121
Dauerpfändung 6.88, 6.177, 6.178, 6.377
Dauerwohnrecht
— bestehen bleibendes Recht 9.122
— erlöschendes Recht 9.123
Deliktsanspruch 6.195
— Muster 15.18
Deutsche Gerichtsbarkeit 2.17
Dienstbarkeit
— beschränkte persönliche 6.300
— Wohnungsrecht 6.300
Dispositionskredit 6.249
Drittschuldner 1.6, 6.68
— Abtretung 6.69
— Aufrechnung 6.69
— Auskunft 6.70
— Auskunftsklage 6.74
— Auskunftsverlangen 6.71
— Einwendungen 6.69
— Kosten 6.76
— Vertrauensschutz 6.68
Drittwiderspruchsklage § 771 ZPO
— Abgrenzung 8.215 f.
— Ansprüche nach Beendigung der Zwangsvollstreckung 8.275
— Antrag 8.221, 15.30
— Beweis 8.267
— einstweiliger Rechtsschutz 8.278
— Gegenrechte des Beklagten 8.262
— Kfz-Papiere 8.220
— Kostenentscheidung 8.271
— Muster 15.30
— Rechtsschutzinteresse 8.227
— Sachbefugnis 8.238
— Statthaftigkeit 8.219
— Streitwert 8.277
— Teilungsversteigerung 8.214
— Treuhand 8.254, 8.256
— Urteil und Urteilswirkungen 8.270
— Veräußerung hindernde Rechte 8.241
— Ziel und Wesen 8.212
— Zuständigkeit 8.225

Drittwiderspruchsklage § 772 ZPO
— absolute Verfügungsverbote 8.294
— Antrag 8.289, 15.31
— einstweiliger Rechtsschutz 8.300
— Muster 15.31
— Sachbefugnis 8.291
— Urteil und Urteilswirkungen 8.298
— Veräußerungsverbot 8.292 f.
— Verfügungsbeschränkungen 8.294
— Ziel und Wesen 8.279
— Zulässigkeit 8.288
— Zuständigkeit 8.290
Drittwiderspruchsklage § 773 ZPO
— Antrag 8.302
— einstweiliger Rechtsschutz 8.309
— Rechtsschutzinteresse 8.303
— Sachbefugnis 8.304
— Urteil und Urteilswirkungen 8.307
— Zuständigkeit 8.303
Drittwiderspruchsklage § 774 ZPO
— Antrag 8.310
— Begründetheit 8.312
— einstweiliger Rechtsschutz 8.315
— Sachbefugnis 8.311
Durchsuchung
— Antrag 4.53, 15.2
— Anwesenheit des Gläubigers 4.71
— Durchsuchungsbegriff 4.32
— Einwilligung 4.36
— Entscheidung 4.63
— Gefahr im Verzug 4.40
— Haftbefehl 4.44
— konkludente Anordnungen 4.45
— Kosten 4.72
— mehrere Aufträge 4.34
— Muster 15.2
— öffnen von Türen etc. 4.68
— Räume (Wohn-/Geschäfts-) 4.26
— Räume des Schuldners 4.29
— Räumung 4.43
— rechtliches Gehör 4.62
— Rechtsbehelfe 4.66, 8.9, 8.23
— Rechtsschutzinteresse 4.59
— Verfahren 4.52
— Verhältnismäßigkeit 4.61
— Widerstand des Schuldners 4.70
— Wohnungswechsel 4.28
— Zuständigkeit 4.58
— Zustellung 6.65

E

Eheliche Vermögensgemeinschaft
— Zwangsversteigerung 12.39
Eidesstattliche Versicherung
— Abwesenheit des Schuldners 5.41

Stichwortverzeichnis

(Forts. Eidesstattliche Versicherung)
— Antrag 5.11
— Arbeitsverhältnis, Auflösung 5.96
— Attest 5.46
— Auskunftspflicht 5.2
— aussichtslose Vollstreckung 5.39
— Bankverbindung 5.94
— bei herauszugebenden Sachen 5.1
— Einsicht in Schuldnerverzeichnis 5.17
— Gerichtsvollzieherverteilerstelle 5.15
— Geschäftsführer 5.48, 5.49, 5.75
— gesetzliche Vertreter 5.44
— Haftbefehl 5.64
— Haftbefehl, Aussetzung 5.82
— Haftbefehl, mehrere 5.77
— Haftfähigkeit 5.78
— Herausgabevollstreckung 7.15
— Inkassounternehmen 5.14
— Ladung zum Termin 5.42
— Muster 15.8
— Nachbesserungsverfahren 5.27, 5.60
— Nebentätigkeit 5.96
— Prozesskostenhilfe 5.18
— Ratenzahlung 5.20
— Rechtsbehelf 5.50, 5.57, 5.79
— Rechtschutzinteresse 5.32
— Schuldnerverzeichnis 5.85
— Sicherungsvollstreckung 5.30
— Sparkasse 5.14
— Teilzahlung des Schuldners 5.76
— Termin 5.51
— Übersicht 5.6
— Umzug des Schuldners 5.95
— Unpfändbarkeitsbescheinigung 5.100
— Unpfändbarkeitsbescheinigung 5.35, 5.38
— Verhaftung 5.73
— Vermögenserwerb 5.92
— Vermögensverzeichnis 5.52
— Vertagung 5.58
— Vertagung des Termins 5.102
— Verweisungsantrag 5.25
— Widerspruch 5.54
— wiederholte eidesst. Vers. 5.90
— Zusatzfragen 5.21
— Zuständigkeit 5.24
— Zutrittsverweigerung zu Wohnung 5.40

Eigenkapitalersatz
— Zwangsverwaltung 13.117

Eigentum
— Erbengemeinschaft 9.34
— Gesellschaft bürgerlichen Rechts 9.36
— Gütergemeinschaft 9.40
— nach Bruchteilen 9.32
— neue Bundesländer 9.42
— Pfändung durch Gerichtsvollzieher 4.123
— Pfändungsverbote 4.134

Eigentümergrundschuld 9.200
— künftige 6.316
— offene 6.309
— Teilpfändung 6.319
— vorläufige 6.313

Eigentums- und Vermögensgemeinschaft 9.42

Eigentumsnutzung im Beitrittsgebiet 9.183

Eigentumsverschaffungsanspruch 6.302
— Anwartschaftsrecht 6.304
— Auflassungsvormerkung 6.305
— Pfändung, Muster 15.24
— Sicherungshypothek 6.303

Eigentumsvorbehalt
— Pfändung bei 4.172

Einigungsgebühr
— Rechtsanwalt 14.49

Einkommen
— Zusammenrechnung, Muster 15.15

Einkommensteuererklärung 6.61

Einstellung
— Teilungsversteigerung 12.171 ff.

Einstweilige Verfügung 9.175

Einstweiliger Rechtsschutz
— allgemeine Härteklausel 8.370
— Anfechtbarkeit § 769 ZPO 8.205 ff.
— befristete Erinnerung 8.87
— Drittwiderspruchsklage § 771 ZPO 8.278
— Drittwiderspruchsklage § 772 ZPO 8.300
— Drittwiderspruchsklage § 773 ZPO 8.309
— Klauselerinnerung 3.266
— sofortige Beschwerde 8.107
— Unterlassungsklage § 826 BGB 8.393
— Vollstreckungsabwehrklage 8.189, 8.190 ff.
— Vollstreckungserinnerung 8.64
— Vorzugsklage 8.339

Einzelzwangsvollstreckung 1.12

Erbbaugrundbuch 9.110

Erbbaurecht 6.322, 9.107, 9.11, 9.156
— Beitrittsgebiet 9.119
— dingliches Recht 9.108
— Eigentümererbbaurecht 9.18
— Erbbaugrundbuch 9.110
— Gesamterbbaurecht 9.18
— Inhalt 9.112
— Wohnungserbbaurecht 9.29
— Zustimmung zur Belastung 9.14
— Zustimmung zur Veräußerung 9.14

Erbbauzins 6.323

Erbbauzinsreallast 9.116

1437

Stichwortverzeichnis

Erbengemeinschaft 6.325, 9.34
— Eintragung im Grundbuch 6.328
— Nachlassverwaltung 6.326
— Verwertung 6.330
— Vorerbe 6.332
— Zwangsversteigerung 12.26
Erfinderrecht 6.333
Erfüllungseinwand
— unvertretbare Handlung 7.77
— vertretbare Handlung 7.57
Erinnerung
— § 573 ZPO 3.208
— befristete ~ § 11 Abs. 2 RPflG 8.70
— Klauselerinnerung § 732 ZPO 3.230
— Muster 15.28
Erlassklausel 3.83
Erledigungserklärung
— Unterlassungsvollstreckung 7.151
Erlösverteilung
— Teilungsversteigerung 12.291
Ersatzvornahme
— Antrag, Muster 15.33
Erziehungsgeld 6.96, 6.228

F

Festgeldkonto 6.257
Fixprovision 6.84
Forderungsaufstellung 6.20
— Bagatellbetrag 6.22
— Notwendigkeit 2.6 ff.
— Restforderung 6.21
— Teilzahlungen 6.21
Forderungspfändung 6.1
— Anspruchsbezeichnung 6.17, 6.18
— Antrag 6.13
— Arrestatorium 6.43
— Ausforschungspfändung 6.16
— Auskunftsanspruch 6.63
— beschränkt pfändbare Ansprüche 6.10
— Drittschuldner 6.68
— Drittschuldner, verschiedene 6.19
— Drittschuldner, Zustellung 6.45
— Drittschuldnerauskunft 6.70
— EC-Karte 6.60
— eidesstattliche Versicherung § 836 ZPO 6.64
— Einkommensteuererklärung 6.61
— Forderungsaufstellung 6.20
— Gehaltsabrechnung 6.63
— Gesamtschuldner 6.24, 6.30
— Gläubigerrechte 6.50
— Herausgabeanspruch nach Überweisung 6.58

— Inhibitorium 6.43
— Lohnsteuerkarte 6.61
— Miete 4.182
— Mietvertrag 6.58
— Pfändungsbeschluss 6.41
— Pfändungspfandrecht 6.48
— Rechtsanwalt, Beiordnung 6.14
— Rechtschutzinteresse 6.15
— Rentenantragsrecht 6.6
— Rentenbescheid 6.58
— Schuldner, mehrere 6.11
— Schuldner, Zustellung 6.46
— Schuldnerrechte 6.51
— Schuldnerrechte nach Überweisung 6.66
— Sicherheitsleistung 6.28
— Sicherungsvollstreckung 6.28
— Sparbuch 6.58
— Steuererstattungsanspruch 6.61
— Titel 6.25
— Überpfändung 6.23
— Überweisung an Zahlungs statt 6.53
— Überweisung zur Einziehung 6.54
— Überweisungsbeschluss 6.52
— Umschreibung des Titels 6.56
— unpfändbare Ansprüche 6.3, 6.5
— Veräußerungsverbot 6.49
— Versicherungsschein 6.58
— Verweisung 6.37
— Vollstreckungskosten 6.29
— Vollstreckungskosten, Festsetzung 6.31
— Vorpfändung 6.78
— Wohnsitz im Ausland 6.46
— zukünftige Forderung 6.2
— Zuständigkeit 6.34, 6.40
— Zustellung 6.26
Fortgesetzte Gütergemeinschaft
— Zwangsversteigerung 12.37
Fortsetzungsfeststellungsantrag 8.51
Fortsetzungszusammenhang 7.141, 7.172

G

Gattungsschuld 3.335
Gebote
— s. Versteigerungstermin
Gebrauchsmuster 6.334
Geburtsbeihilfe 6.97
Gefahr im Verzug
— Durchsuchung 4.40
Gefahrenzulage 6.98
Gefahrtragungsregelung 4.250, 4.269, 7.245
Gegenstandswert
— Rechtsanwaltsgebühren 14.63, 14.114, 14.129

Stichwortverzeichnis

Geldforderung
— Begriff 4.93
Genossenschaftsanteil 6.335
Gerichtskosten
— Immobiliarvollstreckung 14.66
— Mobiliarvollstreckung 14.1 ff.
Gerichtsvollzieher
— Antrag 4.5
— Durchsuchung 4.25 ff.
— Fragerecht 1.69
— Gegenstand 4.97
— Geldforderung 4.93
— Geschäftsanweisung (GVGA)
  – Auszug – S. 1337
— Gewahrsam 4.106 ff.
— Kfz 4.104
— Kosten 14.17
— Legitimationspapiere 4.103
— Pfändung beweglicher Sachen 4.93 ff.
— Pfändungsverbote und -beschränkungen 4.137
— Reihenfolge 4.17
— Scheinbestandteile 4.101
— unübliche Zeiten, Vollstreckung zu ~ 4.76 ff.
— Verfolgungsrecht 4.127
— Versteigerung gepfändeter Sachen 4.259 f.
— Verwertungsaufschub 4.23, 4.282
— Vollstreckungsauftrag-Muster 15.1
— Vollstreckungsvereinbarungen 4.15
— Vorpfändung 4.56
— Weisungen 4.14
— Wertpapiere 4.102
— wesentliche Bestandteile 4.98
— Zubehör 4.99
— Zug-um-Zug-Leistung 4.19
— Zuständigkeit 4.1
Gerichtsvollzieherverteilerstelle 5.15
Geringstes Gebot
— Abgabe von Geboten 11.630
— Beispiel 11.596
— Einstellung 11.639
— Einzelausgebot 11.623
— Einzelgrundstück 11.593
— Erhöhung des geringsten Gebotes 11.632
— Gesamtausgebot 11.623
— Insolvenzversteigerung 11.602
— mehrere Grundstücke 11.615
— Teilungsversteigerung 12.222 ff.
— Verfahrensverbindung 11.615
— Vergleich der Meistgebotes 11.637
— Verteilung der Gesamtrechte 11.619, 11.626
— Zuschlagsentscheidung 11.636
— Zuschlagsversagung 11.644

Geschmacksmuster 6.336
Gesellschaft bürgerlichen Rechts 6.339, 9.36
— Vollstreckung 3.39 f.
— Zwangsversteigerung 12.29
Gesellschaftsanteil
— Gesellschaft bürgerlichen Rechts 6.339
— GmbH 6.337
Gestaltungsklage analog § 767 ZPO 8.116
Gewahrsam
— Alleingewahrsam 4.109
— Büroräume etc. 4.111
— Drittgewahrsam 4.125
— Eheleute/Lebenspartner 4.118
— Eigentumslage 4.123
— Herausgabevollstreckung beweglicher Sachen 7.11
— Herausgabevollstreckung unbeweglicher Sachen 7.27
— juristische Personen etc. 4.114
— Mieter 4.110
— prozessunfähige Personen 4.112
— Rechtsbehelfe 4.136
— tatsächliche Sachherrschaft 4.106
— Verwalter fremden Vermögens 4.117
— Vollstreckungsgläubiger 4.135
Gläubiger, Begriff 1.6
Gnadenbezüge 6.96
Grabstein
— Pfändbarkeit 4.171
Grundbuch
— Abteilung II 9.46 ff.
— Abteilung III 9.194 ff.
— Bestandsverzeichnis 9.1
Grundbuchersuchen
— Teilungsversteigerung 12.304
Grunddienstbarkeit 9.52
— bestehen bleibendes Recht 9.55
— erlöschendes Recht 9.57
Grunderwerbsteuer
— Zuschlag 11.867
Grundgesetz
— Zwangsversteigerung 11.3 ff.
Grundrechte 1.7
Grundrente 6.231
Grundschuld 6.345
— Pfändung, Muster 15.21
Grundstück 9.1
Gütergemeinschaft 6.351, 9.40
— Zwangssicherungshypothek 10.24
— Zwangsversteigerung 12.34
GVGA (Auszug) S. 1337

1439

Stichwortverzeichnis

H

Haftbefehl
— Aussetzung 5.82
— Befristung 5.84
— Durchsuchung 4.44
— eidesstattliche Versicherung 5.64
— Erlass 5.65
— Haftfähigkeit 5.78
— Klausel 5.70
— Rechtsbehelf 5.79
— Verhaftung 5.73
— Zustellung 5.71

Härteklausel
— s. allgemeine Härteklausel

Hausgeld 9.25
— Zwangsverwaltung 13.19

Heiratsbeihilfe 6.97

Herausgabeanspruch
— Auflassung 6.280
— bewegliche Sachen 6.270
— Drittschuldner, Verkäufer 6.279
— Durchführung 6.275
— Erfüllung der Verpflichtung 6.276
— Gerichtsvollzieher 6.271
— Grundstück 6.278
— Herausgabe des Besitzes 6.270
— Herausgabetitel 6.274
— mehrere Gläubiger 6.277
— Sequester 6.279
— Sequester, Vergütung 6.281
— Sicherungshypothek, Grundbuch 6.282
— Sicherungshypothek, Verwertung 6.283
— Sicherungsvollstreckung 6.274
— unbewegliche Sachen 6.278
— und pfändbare Sachen 6.272
— Verfahren 6.273
— Zustellung des Beschlusses 6.274

Herausgabevollstreckung beweglicher Sachen
— Antrag 7.10
— Anwendungsbereich 7.4
— Durchführung 7.13
— eidesstattliche Versicherung 7.15
— Gewahrsam des Schuldners 7.11
— Leistung von Sachen 7.16
— Rechtsbehelfe 7.23
— Titel 7.4
— Ziel 7.3

Herausgabevollstreckung unbeweglicher Sachen
— Antrag 7.29
— Aussetzung durch Gerichtsvollzieher 7.29

— bewegliche Sachen 7.35
— Dritte 7.27
— Durchführung 7.32
— Durchsuchungsanordnung 7.30
— Ehegatte 7.27
— eingelagerte Sachen 7.38
— Gewahrsamsinhaber 7.27
— Herausgabebegriff 7.24
— Kinder 7.27
— Kosten 7.41
— Lebenspartner 7.27
— Müll 7.38
— Räumungsfrist 7.29
— Rechtsbehelfe 7.44
— Tiere 7.36
— Verbrauch des Titels 7.40
— Vermieterpfandrecht 7.35
— Verwahrung 7.37

Herrschvermerk 9.8

Hilfspfändung
— Urkunden 4.200

Hinterlegung
— Sicherheitsleistung 3.297
— Vollstreckungserlös 4.247

Honorar 1.19

Hypothek 6.353
— Aufbauhypothek 9.214
— Briefserteilung 6.354, 6.355
— Buchhypothek 6.362
— Grundbucheintragung 6.366
— im Beitrittsgebiet 9.213
— Pfändung, Muster 15.21
— Teilpfändung 6.359
— Verwertung 6.364, 6.367
— wertbeständige Rechte 9.218
— Zinsen 6.363
— Zustellung an Drittschuldner 6.361

Hypothekenhaftungsverband 6.8

I

Insolvenz 9.159, 9.162
— absonderungsberechtigt 3.404
— Akteneinsicht 1.62
— Arbeitseinkommen 3.419
— Deliktsgläubiger 3.420
— Mängel der Pfändung 4.234
— Masseunzulänglichkeit 3.418
— Masseverbindlichkeit 3.416
— Rechtsbehelf 3.406
— Rückschlagsperre 3.414, 11.223
— Sicherungsmaßnahmen 3.399, 3.402
— Sozialplanforderungen 3.417
— Unterhaltsgläubiger 3.420
— Vollstreckungshindernis 3.399, 3.411

Stichwortverzeichnis

(Forts. Insolvenz)
— Vollstreckungsklausel 3.117, 3.156, 3.190
— Vollstreckungsverbot 3.413
— Zwangsversteigerung 11.221

Insolvenzgeld 6.368

Insolvenzversteigerung
— abweichendes geringstes Gebot 11.608, 11.609, 11.743
— Antrag des Insolvenzverwalters 11.602
— bevorrechtigte Rangklasse 11.604
— Feststellungskosten 11.604
— geringstes Gebot 11.606

Institutsverwalter 13.181

Internet-Domain 6.369

Invalidenpension 6.100

K

Kahlpfändung 4.137

Kalendertag § 751 Abs. 1 ZPO 3.287

Kerntheorie 7.114

Kfz
— Pfändbarkeit 4.164
— Pfändung 4.104

Kindergeld 6.126, 6.222, 6.236

Klage
— § 826 BGB, Muster 15.25

Klausel
— s. Vollstreckungsklausel

Klauselerinnerung § 732 ZPO
— Antrag 3.237
— Anwendungsbereich 3.230
— Begründetheit 3.240
— formelle Fehler 3.235
— materiell-rechtliche Einwendungen 3.235
— Rechtsbehelfe 3.244
— Rechtsschutzinteresse 3.239
— Zuständigkeit 3.238

Klauselgegenklage § 768 ZPO
— Antrag 3.252
— Begründetheit 3.258
— Beweis 3.259
— einstweiliger Rechtsschutz 3.266
— Rechtsschutzinteresse 3.256
— Sachbefugnis 3.257
— Urteilswirkungen 3.263
— Ziel und Wesen 3.248
— Zuständigkeit 3.253

Klauselklage § 731 ZPO
— Antrag 3.222
— Beweis 3.227
— Rechtsschutzinteresse 3.225
— Urteilswirkungen 3.228
— Ziel und Wesen 3.221

— Zuständigkeit 3.224

Kontenpfändung
— Anspruch auf Gutschrift 6.248
— Ausforschungpfändung 6.256
— Auszahlungssperre 6.245
— Dispositionskredit 6.249
— EC-Karte 6.252
— Eilverfahren 6.266
— Festgeldkonto 6.257
— Freibetrag 6.266
— Gemeinschaftskonto 6.253
— Kontenschutz/Muster 15.20
— Kontokorrent 6.243
— Kontonummer 6.257
— Kündigung 6.262
— künftige Überweisungen 6.267
— Mieteinnahmen 6.261
— Nebenrechte 6.259
— Pfändung von Sozialgeldleistungen 6.238
— Pfändungsschutz 6.260
— Pfändungsverfahren 6.256
— Rechnungslegung 6.259
— sittenwidrige Härte 8.363
— Tagessaldo 6.247
— Überziehungskredit 6.249
— Zustellung der Pfändung 6.258
— Zustellungssaldo 6.244

Kosten
— der Zwangsvollstreckung 1.20
— s. Vollstreckungskosten

Krankenhaustagegeld 6.109

Kündigungsanspruch 6.412

L

Leasinganspruch 6.372

Lebensversicherung 6.373

Legitimationspapiere
— Pfändung 4.103

Lizenzgebühr 6.215, 6.84

Lohnpfändungsschutz
— Muster 15.17

Lohnschiebungsvertrag 6.203

Lohnsteuerkarte 6.61

Lohnverschleierung 6.207

Löschungsanspruch
— Anmeldungen 11.981
— Beispiel 11.992
— Grundpfandrecht bleibt bestehen 11.984
— Grundpfandrecht erlischt 11.985
— Inhalt 11.982
— Widerspruch gegen Teilungsplan 11.991

Stichwortverzeichnis

(Forts. Löschungsanspruch)
— Wirkung 11.988
— Zwangsversteigerung 11.981

M

Mandat 1.15
Marke 6.375
Mehrarbeit 6.98
Meistgebot
— Gerichtsvollziehervollstreckung 4.262
— Pfändung 6.376
— Zwangsversteigerung 11.728
Miete
— Gewahrsam an Räumen 4.110
— Pfändung 6.377
— Zwangsverwaltung 13.115
— Zwangsverwaltung, Pfändung 13.134 ff.
Mieter
— Teilungsversteigerung 12.215
Milchkontingent 6.378
Mindestgebot 4.261
Mitbenutzungsrecht
— im Beitrittsgebiet 9.65
Miteigentum 9.32
Miteigentumsanteil 9.7
— bewegliche Sache 6.379
— unbewegliche Sache 6.381
Mutterschaftsgeld 6.229

N

Nachlassgläubiger 3.420
Nachlassverwaltung 9.171
NATO
— Verbindungs- und Kontaktstellen S. 1323
Nichtberücksichtigung von Unterhaltsberechtigten 6.125
— Antrag 6.135
— Beispiele 6.131, 6.132, 6.133, 6.134
— Beschluss 6.138
— Beschluss, Wirkung 6.140
— Eigenes Einkommen 6.125
— Erziehungsgeld 6.130
— Gehaltsabrechnung 6.141
— Höhe des eigenen Einkommens 6.127
— Kindergeld 6.126, 6.130
— Lebensbedarf 6.130
— Muster 15.14
— Unterhaltsanspruch 6.126
— verheirateter Schuldner 6.125
— Zuständigkeit 6.137
Nießbrauch 6.385, 9.67
— bestehen bleibendes Recht 9.68
— erlöschendes Recht 9.70

— Zwangsverwaltung 13.22

O

Ordnungsgeld 7.168
Ordnungshaft 7.171
Ordnungsmittel
— Antrag, Muster 15.35, 15.36

P

Pachtanspruch 6.377
Parteifähigkeit
— Zwangsvollstreckung 2.22
Partnerschaftsgesellschaft
— Zwangsversteigerung 12.32
Patent 6.388
Personengesellschaften
— Zwangsversteigerung 12.31
Pfandrechtstheorien 4.226 f.
Pfändung
— anderweitige Verwertung 4.299
— Anschlusspfändung 4.213
— Arbeitsmittel 4.160 f.
— Aufforderung zur Leistung 4.186
— Aussetzung der Verwertung durch Gerichtsvollzieher 4.282
— Aussetzung der Verwertung durch Vollstreckungsgericht 4.290
— Austauschpfändung 4.272
— Beschlagnahme 4.216
— Besitzverhältnisse 4.198
— Computer 4.105, 4.164, 4.165
— Erbschaftsnutzungen 4.183
— freiwillige Zahlung des Schuldners 4.253
— Gerichtsvollzieher 4.93 ff.
— Hausrat 4.151 f., 4.181
— Hilfspfändung 4.200
— Inbesitznahme 4.187
— Informationspflichten des Gerichtsvollziehers 4.202
— mehrere Auftraggeber 4.196
— Miete 4.182
— nutzlose Pfändung 4.150
— Pfandrechtstheorien 4.226 f.
— Pfändungspfandrecht 4.224
— Pfandzeichen 4.192
— Protokoll 4.207
— Rang der Pfändungspfandrechte 4.236
— Software 4.105
— Überpfändung 4.148
— Untergang des Pfändungspfandrechts 4.231
— Verstrickung 4.217
— Verwertung 4.241

Stichwortverzeichnis

(Forts. Pfändung)
— Vorpfändung 1.52, 4.56, 6.78 f., 15.12
— Vorwegpfändung 4.180
— Wirkungen 4.216 f.

Pfändungserweiterung
— Muster 15.19

Pfändungsfreigrenzen 6.114
— Drittschuldner, Berechnung 6.123
— Einkommen der Ehepartner 6.120
— Grundbetrag 6.116
— Höchstbetrag 6.121
— Lohnrückstand 6.124
— Mehrbetrag 6.120
— Nettoeinkommen 6.124
— Sozialabgaben 6.124
— Steuern 6.124
— unterhaltsberechtigte Personen 6.115
— Unterhaltsgewährung 6.119
— Verwandte 6.117

Pfändungspfandrecht 4.224, 6.389

Pfändungsprotokoll 4.207

Pfändungsverbote und -beschränkungen an beweglichen Sachen
— § 811 Abs. 1 Nr. 1 ZPO 4.151 f.
— § 811 Abs. 1 Nr. 2 ZPO 4.155
— § 811 Abs. 1 Nr. 3 ZPO 4.156
— § 811 Abs. 1 Nr. 4 ZPO 4.157
— § 811 Abs. 1 Nr. 4a ZPO 4.159
— § 811 Abs. 1 Nr. 5 ZPO 4.160 f.
— § 811 Abs. 1 Nr. 6 ZPO 4.166
— § 811 Abs. 1 Nr. 7 ZPO 4.167
— § 811 Abs. 1 Nr. 8 ZPO 4.168
— § 811 Abs. 1 Nr. 9 ZPO 4.169
— § 811 Abs. 1 Nr. 10–13 ZPO 4.170
— § 811 Abs. 2 ZPO 4.172
— § 811a Abs. 3 ZPO 4.178
— § 811c ZPO 4.179
— § 811d ZPO 4.180
— § 812 ZPO 4.181
— Apotheken 4.169
— Arbeitsmittel 4.160 f.
— Bargeld 4.168
— Dienstausrüstung 4.167
— Eigentumslage 4.172
— Eigentumsvorbehalt 4.172
— Erbschaftsnutzungen 4.183
— Ersatz bei Austauschpfändung 4.178
— Grabstein 4.171
— Hausrat 4.151 f., 4.181
— Kfz 4.164
— Landwirtschaft 4.157
— nachträgliche Pfändbarkeit 4.139
— nachträgliche Unpfändbarkeit 4.142
— Naturalien 4.159
— nutzlose Pfändung 4.150
— persönliche Sachen 4.151 f.
— Prüfung 4.138
— Sinn und Zweck 4.137
— Tiere 4.156, 4.157, 4.179
— Überpfändung 4.148
— verbotswidrige Pfändung/Folge 4.146
— Verzicht auf Pfändungsschutz 4.145
— Vorräte 4.155
— Vorwegpfändung 4.180
— weitere Vorschriften 4.184

Pfändungsvermerk 9.169

Pflegegeld 6.221, 6.96

Pflichtteilsanspruch 6.10, 6.390

Präklusion
— § 767 Abs. 2 ZPO 8.159
— § 767 Abs. 3 ZPO 8.181

Prozessfähigkeit
— Zwangsvollstreckung 2.23 f.

Prozessführungsbefugnis 2.26

Prozesskostenhilfe 1.20
— eidesstattliche Versicherung 5.18
— Zwangsverwaltung 13.83
— Zwangsvollstreckung 1.22

Prozessstandschafter
— Vollstreckungsklausel 3.124

R

Rang
— Pfändungspfandrechte 4.236 f.

Rangverhältnis 9.219
— gesetzliche Rangfolge 9.221
— gesetzliche Rangverschiebung 9.261
— Gleichrang 9.251
— Kosten und Zinsen 9.231
— mehrere Rechte 9.243
— Rangrücktritt 9.226
— Rangvorbehalt 9.264
— relatives Rangverhältnis 9.273
— Zinsen 9.235
— zurücktreten aus Gleichrang 9.256
— Zwischenrecht 9.227, 9.248

Rangvorbehalt 6.393, 9.264
— Rangfolge 9.267

Räumung
— Durchsuchung 4.43
— s. auch Herausgabevollstreckung unbeweglicher Sachen
— sittenwidrige Härte 8.359 ff.

Räumungstitel
— s. Zuschlagsbeschluss

Reallast 6.394, 9.72
— bestehen bleibendes Recht 9.77
— erlöschendes Recht 9.79
— Vollstreckung 9.82

1443

Stichwortverzeichnis

Rechtliches Gehör
— allgemeine Härteklausel 8.365
— Durchsuchung 4.62
— sofortige Beschwerde 8.103
— Unterlassungsvollstreckung 7.160
— unübliche Zeiten, Vollstreckung zu ~ 4.86
— Vollstreckungsklausel 3.72
— weitere vollstreckbare Ausfertigung 3.199

Rechtsanwalt
— Beiordnung 1.24
— Haftung 1.27
— Vollstreckungsmandat 1.15 ff.

Rechtsanwaltsgebühren
— Gegenstandswert 14.63, 14.114, 14.129
— Immobiliarvollstreckung 14.90
— mehrere Auftraggeber 14.58
— mehrere Schuldner 14.58
— Mobiliarvollstreckung 14.33 ff.
— Rechtsbehelfe 14.60, 14.113
— Terminsgebühr 14.48, 14.98
— Verfahrensgebühr 14.47, 14.95 f.
— Zwangsversteigerung 14.90 ff.
— Zwangsverwaltung 14.119 ff.

Rechtsbehelfe
— Austauschpfändung 4.280
— befristete Erinnerung 8.70 ff.
— Beschwerde § 54 BeurkG 3.216
— Durchsuchungsbeschluss 4.66, 8.9, 8.23
— Erinnerung § 573 ZPO 3.208
— Herausgabevollstreckung beweglicher Sachen 7.23
— Herausgabevollstreckung unbeweglicher Sachen 7.44
— Klauselerinnerung § 732 3.230 ff.
— Klauselerteilung 3.203, 3.208 ff., 3.230 ff.
— Klauselgegenklage § 768 ZPO 3.248
— Klauselklage § 731 ZPO 3.221 ff.
— Pfändung bei Drittgewahrsam 4.136
— Rechtsanwaltskosten 14.60
— sofortige Beschwerde § 11 RPflG 3.212
— Unterlassungsvollstreckung 7.180
— unübliche Zeiten, Vollstreckung zu ~ 4.90, 8.9, 8.23, 8.24
— unvertretbare Handlung 7.96
— vertretbare Handlung 7.72
— Vollstreckungserinnerung 8.1 ff.
— Vollstreckungskosten 14.142
— Wartefristen 3.367
— Willenserklärung 7.253
— Zug-um-Zug-Leistung 3.352, 3.361, 3.362
— Zuschlag 11.828

Rechtsbeschwerde
— Gerichtskosten 14.14, 14.88
— Zwangsversteigerung 11.842

Rechtshängigkeit 9.179

Rechtsmittelbelehrung 8.60

Rechtsschutzinteresse
— allgemeine Härteklausel 8.350
— befristete Erinnerung § 11 Abs. 2 RPflG 8.78
— Drittwiderspruchsklage § 771 ZPO 8.227
— Drittwiderspruchsklage § 773 ZPO 8.303
— Durchsuchung 4.59
— einstweiliger Rechtsschutz § 769 ZPO 8.195
— Ersatzvornahme 7.51
— sofortige Beschwerde 8.99
— Unterlassungsvollstreckung 7.158
— unübliche Zeiten, Vollstreckung zu ~ 4.82
— Vollstreckungsabwehrklage 8.148
— Vollstreckungserinnerung 8.49
— Vorzugsklage 8.325
— Zwangsvollstreckung 2.27

Rechtsschutzversicherung
— Zwangsvollstreckung 1.21

Reichsheimstätte 9.158

Rentenantragsrecht 6.6

Rückauflassungsanspruch 6.397

Rückgewähranspruch 9.207
— Beispiel 6.400
— Erfüllung 6.403
— Erlösverteilung 11.956 ff.
— pfändbare Ansprüche 6.398
— Pfändung, Muster 15.22
— Überweisung 6.402

Rückschlagsperre 3.413

Rückübertragungsanspruch 9.181

S

Schenkungsrückforderung 6.10

Schlusserbe 6.406

Schmerzensgeldanspruch 6.100

Schufa
— Auskunft 1.66

Schuldner 1.6

Schuldnerverzeichnis
— Auskunft 1.67
— Einsicht 5.87
— Eintragung 5.85
— Löschung der Eintragung 5.88
— Löschung, Muster 15.10

Stichwortverzeichnis

Sicherheitsleistung
— Art und Höhe 3.293
— Bankbürgschaft 11.686
— Beispiel 11.686
— Berechtigung 11.676
— bestätigter Scheck 11.684
— Bürgschaft 3.299
— entbehrlicher Nachweis 3.313
— erhöhte 11.681
— Euroscheck 11.685
— Gebote des Schuldners 11.681
— Hinterlegung 3.297
— Höhe 11.680
— Leistung 11.677
— Nachweis 3.307
— Schuldner bei der Sicherungsvollstreckung 3.321
— Verlangen 11.675
— Verrechnungsscheck 11.683

Sicherungsvollstreckung § 720a ZPO 1.41, 3.314 f.
— Sicherheitsleistung des Schuldners 3.321
— Titel 3.314
— Vollstreckungsmaßnahmen 3.319
— Wartefrist 3.318

Simultanvollstreckung 1.40

Sittenwidrige Härte
— s. allgemeine Härteklausel 8.340 ff.

Sofortige Beschwerde
— Antrag 8.93, 15.27
— Anwaltszwang 8.103
— Begründetheit 8.100
— Beschwerdebefugnis 8.96
— einstweiliger Rechtsschutz 8.107
— Entscheidung 8.104
— Form 8.93
— Frist 8.94
— Grundzüge 8.66
— rechtliches Gehör 8.103
— Rechtsschutzinteresse 8.99
— Statthaftigkeit 8.88
— Verfahren 8.92
— Vollstreckungsentscheidung 8.9 ff, 8.67
— Vollstreckungsklausel 3.212
— Zuständigkeit 8.95

Software
— Pfändung 4.105

Sondereigentum 9.23

Sondernutzungsrecht 6.407, 9.30

Sozialleistungsansprüche
— Ausgleichsrente 6.231
— einmalige Leistungen 6.217
— Erziehungsgeld 6.228
— Grundrente 6.231

— Kindergeld 6.222
— Kontenpfändung 6.238
— künftige Ansprüche 6.232
— laufende Leistungen 6.219
— Mutterschaftsgeld 6.229
— Pflegegeld 6.221
— Wohngeld 6.230
— Zusammenrechnung mit Arbeitseinkommen 6.235

Sterbetafel 11.1055

Steuererstattungsanspruch 6.408, 6.61

Steuerfreibetrag 6.209, 6.227

Stiftung 6.106

Strafgefangener
— Arbeitseinkommen 6.86
— Hausgeld 6.86
— Überbrückungsgeld 6.86

Streitwert
— Drittwiderspruchsklage § 771 ZPO 8.277
— Vollstreckungsabwehrklage 8.188

Stückschuld 3.336

Studienbeihilfe 6.96

T

Tag-und-Nacht-Beschluss
— s. unübliche Zeiten, Vollstreckung zu ~ 4.76

Taschengeld 6.102
— Muster 15.11

Teileigentum 9.22

Teilungsplan
— Zwangsverwaltung 13.285

Teilungsversteigerung
— Altenteil 12.73
— Anmeldung, rechtzeitig 12.57
— Anordnungsbeschluss 12.135
— Anordnungsbeschluss, Muster 15.48
— Antrag 12.118, 12.132
— Antrag, Muster 15.47
— Antrag, Pfändungsgläubiger 12.126
— Auflassungsvormerkung 12.7
— Ausgleichsbetrag, Erlösverteilung 12.253
— Ausgleichsbetrag, geringstes Gebot 12.234, 12.240
— Ausschluss der Aufhebung der Gemeinschaft 12.77 ff.
— Baugesetzbuch 12.9
— Beitritt 12.146
— Belehrung, Muster 15.49, 15.50
— Beschlagnahme 12.162
— Beschlagnahme, formelle Wirkung 12.163

1445

Stichwortverzeichnis

(Forts. Teilungsversteigerung)
— Beschlagnahme, materielle Wirkung 12.164
— Beteiligte auf Grund Anmeldung 12.51
— Beteiligte des Verfahrens 12.45
— Beteiligte von Amts wegen 12.49
— Bieterkreis 12.89
— Bruchteilsgemeinschaft 12.23
— Bruchteilsgemeinschaft 12.77
— Bundesversorgungsgesetz 12.10
— Deckungsgrundsatz 12.64
— dingliche Rechte, Bewertung 12.6 f.
— Ehegattenzustimmung nach Pfändung 12.112
— Ehegattenzustimmung 12.105 ff.
— eheliche Vermögensgemeinschaft 12.39
— Einstellung, Pfändungsgläubiger 12.180
— Einstellung, Belehrung 12.181
— Einstellung, Dauer 12.187
— Einstellung, erneute 12.194
— Einstellung, Frist 12.177
— Einstellungsantrag des Antragsgegners 12.176
— Einstellungsantrag des Antragstellers 12.188
— Einstellungsgründe 12.171, 12.172, 12.176, 12.184
— Erbbaurecht 12.21
— Erbbaurecht, Zuschlag 12.288
— Erbbauzinsreallast 12.96
— Erbengemeinschaft 12.26, 12.82
— ergebnisloses Verfahren 12.269
— Erlösverteilung 12.291
— Erlösverteilung, Aufteilung 12.300
— Forderungsversteigerung, parallel 12.152 ff.
— fortgesetzte Gütergemeinschaft 12.37
— Fortsetzung nach Einstellung 12.192
— Gebote 12.262
— geringstes Gebot 12.222 ff.
— geringstes Gebot, Ausgleichsbetrag 12.234, 12.240
— geringstes Gebot, Bruchteilsgemeinschaft 12.231
— geringstes Gebot, Gesamthandsgemeinschaft 12.228
— geringstes Gebot, unterschiedliche Belastung 12.243
— Gesamtverfahren 12.52
— Gesellschaft bürgerlichen Rechts 12.29
— Grundbuch ersuchen 12.304
— Grundschuld 12.282
— Grundschuld, Valuta 12.285
— Grundstück 12.16
— Grundstücksbruchteile 12.17
— Gütergemeinschaft 12.34
— Härte 12.271
— Insolvenz 12.13
— Kindesschutz 12.196
— Kindesschutz, Antrag 12.198
— Kindesschutz, Einstellungsgrund 12.202
— Meistgebot 12.298
— Meistgebot, Nichtzahlung 12.299
— Mieter 12.215
— Nacherbrecht 12.90
— Nacherbfolge 12.11
— Nießbrauch 12.92
— Partnerschaftsgesellschaft 12.32
— Personengesellschaften 12.31
— Prozesskostenhilfe 12.128
— Rangklassen 12.55 ff.
— Rangordnung 12.60
— rechtliches Gehör 12.134
— Rechtsanwalt, Beiordnung 12.129
— Rechtsbehelf 12.145, 12.211
— Rechtsgemeinschaften 12.23 ff.
— Reichsheimstätte 12.15
— Rückübertragungsanspruch 12.115
— Schuldübernahme 12.97
— Sicherheitsleistung 12.257
— Sicherungsgrundschuld 12.282
— Terminsbestimmungen 12.216
— Testamentsvollstreckung 12.12
— Übernahmegrundsatz 12.67
— Verfahrensgrundsätze 12.45 ff.
— Verfügungsbeschränkungen 12.8 ff.
— Verkehrswert 12.212
— Verkündungstermin 12.268
— Versteigerungstermin 12.255
— Versteigerungstermin, Ablauf 12.255
— Versteigerungstermin, Bieterkreis 12.256
— Vollstreckungsschutz, § 765a ZPO 12.205
— Vorkaufsrecht 12.98
— Vorkaufsrecht, Zuschlag 12.286
— Wiederversteigerung 12.302
— Wohnungseigentum 12.18
— Zielsetzungen 12.1
— Zinsen 12.58
— Zubehör 12.103
— Zuschlag, Erbbaurecht 12.288
— Zuschlagserteilung, Wirkung 12.281
— Zuschlagsverhandlung 12.267
— Zuschlagsversagung, 50%-Grenze 12.273
— Zuschlagsversagung, 70%-Grenze 12.275
— Zuschlagsversagung, einstweilige Einstellung 12.277
— Zuschlagsversagung, sittenwidrige Einstellung des Verfahrens 12.171 ff.
— Zwangsversteigerungsvermerk 12.141

Terminsgebühr
— Rechtsanwalt 14.48, 14.98

Stichwortverzeichnis

Testamentsvollstreckung 9.170
Tiere
— Herausgabevollstreckung unbeweglicher Sachen 7.36
— Pfändbarkeit 4.156, 4.157, 4.179, 7.35
Tilgungshypothek
— Zwangsversteigerung 11.109
Titel
— s. Vollstreckungstitel
Todesfallversicherung 6.110
Treuegeld 6.98
Treuhand
— Drittwiderspruchsklage § 771 ZPO 8.254, 8.256

U

Überbaurente
— Zwangsversteigerung 11.159
Übergebot 4.262
Überpfändung 6.23
Überstunden 6.98
Überweisungsbeschluss 6.52
Überziehungskredit 6.249
Umdeutung
— Abgabe einer Willenserklärung in Handlung 7.201
— Antrag bei Unterlassungsvollstreckung 7.107
— Antrag nach § 887 ZPO in § 888 ZPO bzw. umgekehrt 7.53, 7.82
Umlegungsvermerk 9.148
Umsatzsteuer
— Zuschlag 11.870
— Zwangsversteigerung 11.746
Unfallversicherung 9.154
Unpfändbare Ansprüche 6.3, 6.5
Unpfändbare Sachen
— s. Pfändungsverbote und -beschränkungen an beweglichen Sachen
Unterhaltspfändung
— Dauerpfändung 6.177
— gesetzlicher Unterhaltsanspruch 6.157
— Insolvenz 6.175
— Kosten der Zwangsvollstreckung 6.163
— mehrere Pfändungen 6.179
— Mietniveau 6.166
— Muster 15.13
— notwendiger Unterhaltsbedarf 6.165
— Prozesskostenhilfe 6.173
— Prozesskostenvorschuss 6.163
— rückständige Leistungen 6.162

— Unterhaltsberechtigte, Rangordnung 6.167 ff.
— Verfahren 6.173
— Verrechnungsantrag 6.180
— Vorpfändung 6.176
— Vorratspfändung 6.177
Unterlassungsklage § 826 BGB
— Antrag 8.375, 15.25
— Begründetheit 8.378
— besondere Umstände 8.379
— Beweis 8.391
— einstweiliger Rechtsschutz 8.393
— Entscheidung 8.392
— Konsumentenkredite 8.380
— Statthaftigkeit 8.374
— Ziel und Wesen 8.373
— Zuständigkeit 8.377
Unterlassungsvollstreckung
— Adressat Androhung 7.120
— Adressat Festsetzung 7.143
— Androhung 7.110
— Antrag 7.107, 15.35, 15.36
— Anwaltszwang 7.108
— Begriff Duldung 7.106
— Begriff Unterlassung 7.102
— Bestellung einer Sicherheit 7.173
— Beweis 7.162
— Entscheidung 7.166
— Erledigungserklärung 7.151
— Festsetzung Ordnungsmittel 7.142
— Fortsetzungszusammenhang 7.141, 7.172
— Kerntheorie 7.114
— Kostenentscheidung 7.178
— Ordnungsgeld 7.168
— Ordnungshaft 7.171
— rechtliches Gehör 7.160
— Rechtsbehelfe 7.180
— Rechtsschutzinteresse 7.158
— Rückzahlung Ordnungsgeld 7.193
— Strafcharakter Ordnungsmittel 7.148
— Umdeutung 7.107
— Verfolgungsverjährung 7.159
— Verschulden 7.136
— Vollstreckung nach Fortfall des Titels 7.189
— Vollstreckung Ordnungsgeld 7.185
— Vollstreckung Ordnungshaft 7.186
— Vollstreckungsfähiger Titel 7.114
— Vollstreckungsverjährung 7.188
— Zuständigkeit 7.109
— Zustellung 7.118, 7.122, 7.179
— Zuwiderhandlung 7.123
— Zuwiderhandlung nach Änderung des Titels 7.146

1447

Stichwortverzeichnis

Unübliche Zeiten, Vollstreckung zu ~
— Antrag 4.80, 15.3
— Entscheidung 4.78, 4.87
— Feiertag 4.79
— Haftbefehl 4.77
— Kosten 4.92
— Nachtzeit 4.79
— rechtliches Gehör 4.86
— Rechtsbehelfe 4.90, 8.9, 8.23
— Rechtsschutzinteresse 4.82
— Verhältnismäßigkeit 4.84
— Voraussetzungen 4.76
— Wohnungsbegriff 4.76
— Zuständigkeit 4.81

Unvertretbare Handlung
— Antrag 7.82, 15.34
— Art und Weise 7.75
— Auskunft 7.76
— Auslegung 7.82
— Begriff 7.76
— Beispiele 7.76
— Ehe 7.80
— Entscheidung 7.85
— Erfüllung 7.77
— Kostenentscheidung 7.91
— Mitwirkung Dritter 7.79
— Rechnungslegung 7.76
— Rechtsbehelfe 7.96
— Umdeutung 7.82
— Unmöglichkeit 7.77
— Vollstreckung 7.92
— Wille des Schuldners 7.77
— Zeugniserteilung 7.76
— Zuständigkeit 7.83
— Zwangsgeld 7.87
— Zwangshaft 7.88

Urheberrechte 6.411
Urlaubsabgeltungsanspruch 6.98
Urlaubsentgelt 6.84
Urteil
— Bestimmtheit 3.17
— wirkungsgemindertes 3.50

V

Veräußerungsverbot
— Drittwiderspruchsklage § 772 ZPO 8.279 ff.

Verfahrensgebühr
— Einigungsgebühr 14.49
— Rechtsanwalt 14.47, 14.95 f.

Verfolgungsverjährung 7.159
Verfügungsbeschränkungen 9.147
— Baugesetzbuch 9.148
— Bundesversorgungsgesetz 9.152

— einstweilige Verfügung 9.175
— Erbbaurecht 9.156
— Insolvenz 9.159, 9.162
— Nacherbfolge 9.172
— Nachlassverwaltung 9.171
— Pfändungsvermerk 9.169
— Rechtshängigkeit 9.179
— Reichsheimstätte 9.158
— Rückübertragungsanspruch 9.181
— Testamentsvollstreckung 9.170
— Umlegungsvermerk 9.148
— Unfallversicherung 9.154
— Vermögensbeschlagnahme 9.180
— Wohnungseigentum 9.157
— Zwangsversteigerungsvermerk 9.177
— Zwangsverwaltung 13.8 ff.
— Zwangsverwaltungsvermerk 9.177

Vergütung
— Zwangsverwalter 13.328

Verhaftung
— Muster 15.9

Verkehrswert
— Bedeutung 11.450
— Festsetzung 11.427, 11.438
— Haftung 11.448
— Rechtsbehelf 11.454
— Sachverständiger 11.429
— Teilnahme an Besichtigung 11.432
— Teilungsversteigerung 12.212
— Wertanpassung 11.444
— Wertermittlung 11.435
— Zeitpunkt 11.442
— Zubehör 11.443
— Zwangsversteigerung 11.427 ff.

Verlängerte Vollstreckungsabwehrklage 8.120

Vermögensbeschlagnahme 9.180
Vermögensrechte 6.284
Vermögensverzeichnis
— eidesstattliche Versicherung 5.52

Vermögenswirksame Leistung 6.94
Verrechnungsantrag 6.180
— Muster 15.16

Versteigerung (Gerichtsvollzieher)
— Eigentumserwerb 4.265, 4.270
— gepfändeter Sachen 4.253
— öffentliche 4.258
— Zuschlag 4.263

Versteigerungstermin (Zwangsversteigerung)
— Aufforderung zur Gebotsabgabe 11.658
— Ausschluss weiterer Anmeldungen 11.656
— Bekanntmachungen 11.653

Stichwortverzeichnis

(Forts. Versteigerungstermin
[Zwangsversteigerung])
— Bietzeit 11.658
— Erwerbswille 11.662
— Gebote 11.660
— Gebote für Dritte 11.667
— Gebote für mehrere Personen 11.669
— Grunderwerbssteuer 11.654
— mehrere Termine 11.630
— Ort und Zeit 11.646
— Teilungsversteigerung 12.255 ff.
— Übergebot 11.664
— Unterbrechung 11.649
— Verlegung des Termins 11.648
— Vertretungsmacht, offene 11.672
— Vertretungsmacht, verdeckte 11.674

Verstrickung 4.217

Verteilungstermin
— Zwangsverwaltung 13.283

Vertretbare Handlung
— Abgrenzung 7.46, 7.49
— Antrag auf Ersatzvornahme 7.50, 15.33
— Art und Weise 7.45
— Begriff 7.47
— Beispiele 7.49
— Bestimmtheit des Antrags auf Ersatzvornahme 7.52
— Beweis 7.59
— Entscheidung 7.61
— Erfüllungseinwand 7.57
— Kostenentscheidung 7.63
— Kostenvorschuss 7.65
— Mitwirkung Dritter 7.48
— Rechtsbehelf 7.72
— Rechtsschutzinteresse 7.50
— Stellungnahme des Schuldners 7.56
— Zuständigkeit 7.55

Verwaltungsregelung 9.137
— bestehen bleibendes Recht 9.138
— erlöschendes Recht 9.140

Verwaltungsvollstreckung
— Zwangsversteigerung 11.103

Verwertung
— anderweitige 4.299
— zeitweilige Aussetzung durch Gerichtsvollzieher 4.282
— zeitweilige Aussetzung durch Vollstreckungsgericht 4.290

Verwertung gepfändeter Sachen
— Aussetzung 4.242
— Eigentumserwerb 4.265, 4.270
— Früchte 4.257
— Geld 4.245
— Gold- und Silberwaren 4.256
— Hinterlegung 4.247
— öffentliche Versteigerung 4.258
— Versteigerung 4.243

— Wertpapiere 4.255
— Zuschlag 4.263

Verwertungsaufschub
— Muster 15.5

Vollmacht
— s. Versteigerungstermin

Vollstreckungsabwehrklage
— Abänderungsklage 8.119
— Abgrenzung 8.113
— Antrag 8.137, 15.29
— Arrest 8.125
— Begründetheit 8.153
— Beweis 8.184
— einstweilige Anordnung in Familiensachen 8.126
— einstweilige Verfügung 8.127
— einstweiliger Rechtsschutz 8.189, 8.190 ff.
— Einwendungen 8.156
— Entstehung der Einwendungen 8.175
— Gestaltungsklage analog § 767 ZPO 8.116
— Gestaltungsrechte 8.178
— Hausratsverfahren 8.129
— Kostenentscheidung 8.187
— Kostenfestsetzungsbeschluss 8.132
— Muster 15.29
— Präklusion § 767 Abs. 2 ZPO 8.159
— Präklusion § 767 Abs. 3 ZPO 8.181
— Rechtsschutzinteresse 8.148
— Sachbefugnis 8.154
— Statthaftigkeit 8.121
— Streitwert 8.188
— Urteil und Urteilswirkungen 8.185
— vereinfachtes Verfahren 8.134
— verlängerte Vollstreckungsabwehrklage 8.120
— WEG 8.135
— wiederholte ~ 8.181
— Ziel und Wesen 8.111
— Zuständigkeit 8.139

Vollstreckungsanspruch 3.1

Vollstreckungsbescheid
— Deliktsanspruch 6.197

Vollstreckungserinnerung
— Abgrenzung 8.2
— anderweitige Verwertung 8.28
— Antrag 8.29, 15.26
— Antragszurückweisung 8.18
— Auslegung 8.5
— Austauschpfändung 8.28
— Begründetheit 8.55
— Durchsuchungsbeschluss 8.23
— einstweiliger Rechtsschutz 8.64
— Entscheidung 8.57
— Erinnerungsbefugnis/Beschwer 8.39
— Fortsetzungsfeststellungsantrag 8.51

Stichwortverzeichnis

(Forts. Vollstreckungserinnerung)
— Frist 8.31
— Kostenentscheidung 8.61
— Muster 15.26
— Rechtsbehelfe 8.63
— Rechtsmittelbelehrung 8.60
— Rechtsschutzinteresse 8.49
— Statthaftigkeit 8.6
— unübliche Zeiten 8.24
— Vollstreckungsentscheidung 8.9 ff.
— Vollstreckungsmaßnahme 8.9 ff.
— Ziel und Wesen 8.1
— Zuständigkeit 8.32

Vollstreckungsgegenklage
— s. Vollstreckungsabwehrklage

Vollstreckungshindernis 3.368
— § 775 Nr. 1 ZPO 3.371
— § 775 Nr. 2 ZPO 3.377
— § 775 Nr. 3 ZPO 3.380
— § 775 Nr. 4 ZPO 3.384
— § 775 Nr. 5 ZPO 3.389
— § 776 ZPO 3.395
— § 778 ZPO 3.421
— § 929 Abs. 2 und 3 ZPO 3.425
— Abwendung durch Sicherheitsleistung 3.380
— Arten 3.368
— Aufhebung der Vollstreckbarkeit 3.373
— Aufhebung des Titels 3.372
— Befriedigung des Gläubigers 3.384, 3.389
— Einstellung der Zwangsvollstreckung 3.375, 3.378
— Insolvenzeröffnung 3.398
— Sicherheitsleistung des Gläubigers 3.379
— Stundung 3.384
— Unzulässigkeit der Zwangsvollstreckung 3.374
— Vollstreckungsvereinbarungen 3.429

Vollstreckungsklausel
— Abtretung 3.110
— Antrag 3.60
— BAföG § 37 3.187
— Beispiel 3.102, 3.192
— Beschwerde § 54 BeurkG 3.216
— Besitz 3.132 f.
— Beweiserleichterung 3.95
— Beweislast 3.80
— BSHG § 91 3.183
— Eigentümer 3.137 f.
— Eigentums- und Vermögensgemeinschaft 3.111
— einfache Klausel 3.74
— Erbfall 3.112, 3.138
— Erbschaftskauf 3.150
— Erinnerung § 573 ZPO 3.208
— Erlassklausel 3.83
— Firmenfortführung 3.151, 3.189
— gesetzlicher Forderungsübergang 3.116
— Geständnis 3.89
— Geständnisfiktion § 138 ZPO 3.90
— Insolvenz 3.117, 3.156, 3.190
— Kalendertag 3.91
— Kanzleiabwickler 3.163
— keine Rechtsnachfolge 3.174
— Klauselerinnerung § 732 ZPO 3.230
— Klauselgegenklage § 768 ZPO 3.248
— Klauselklage § 731 ZPO 3.221
— Miterbe 3.146
— nach Rechtshängigkeit 3.106
— Nacherbe 3.148
— Nachweis 3.92, 3.176
— offenkundige Tatsachen 3.85
— Partei kraft Amtes 3.121, 3.164
— Pfändungspfandrechtsgläubiger 3.122
— Prozessstandschafter 3.124
— rechtliches Gehör 3.72
— Rechtsbehelf/weitere vollstreckbare Ausfertigung 3.203
— Rechtsbehelfe 3.208 ff.
— Rechtsnachfolge 3.103 ff.
— Rechtsnachfolge auf Gläubigerseite/Beispiele 3.110 f.
— Rechtsnachfolge auf Schuldnerseite/Beispiele 3.132 ff.
— Registereintragung 3.87
— Schuldübernahme 3.165
— SGB III § 187 3.188
— SGB XII §§ 93, 94 3.183
— sofortige Beschwerde 3.212
— Testamentsvollstrecker 3.129, 3.167
— titelergänzende Klausel 3.77 ff.
— titelumschreibende 3.103 ff.
— Umwandlung 3.131, 3.171
— UVG § 7 3.186
— Vermögensübernahme 3.173
— Voraussetzungen 3.77
— Vorerbe 3.147, 3.149
— Wartefristen 3.91
— weitere vollstreckbare Ausfertigung 3.193
— Wiederauflebensklausel 3.84
— Willenserklärung 3.98
— Zug-um-Zug-Leistung 3.96
— Zuständigkeit 3.62
— Zustellung 3.281
— Zweck 3.51

Vollstreckungskosten
— Beitreibung 14.138
— Drittschuldnerprozess 14.137
— Durchsuchung 4.72
— Einigungsgebühr Rechtsanwalt 14.49
— Festsetzung 6.31, 14.139
— Forderungspfändung 6.29

Stichwortverzeichnis

(Forts. Vollstreckungskosten)
— Gegenstandswert Rechtsanwaltsgebühren 14.63, 14.114
— Gerichtskosten Immobiliarvollstreckung 14.66 ff.
— Gerichtskosten Mobiliarvollstreckung 14.1 ff.
— Gerichtsvollzieherkosten 14.17
— Herausgabevollstreckung unbeweglicher Sachen 7.41
— Immobiliarvollstreckung GKG 14.66 ff.
— Kostentragungspflicht 14.133
— mehrere Auftraggeber 14.58, 14.104
— mehrere Grundstücke 14.101
— mehrere Schuldner 14.58
— Mobiliarvollstreckung GKG 14.1 ff.
— Notwendigkeit 14.134
— Ratenzahlungsvergleich 14.137
— Rechtsanwaltsgebühren 14.33 ff.
— Rechtsbehelfe 14.142
— Simultanvollstreckung 14.137
— Termingebühr Rechtsanwalt 14.48, 14.98
— Umzugskosten 14.137
— unübliche Zeiten, Vollstreckung zu ~ 4.92
— Verfahrensgebühr Rechtsanwalt 14.47, 14.95 f.
— Vorpfändung 14.137
— weitere vollstreckbare Ausfertigung 14.137
— Zahlungsaufforderung 14.137
— Zwangsversteigerung GKG 14.69
— Zwangsverwaltung GKG 14.79

Vollstreckungsmandat 1.15
Vollstreckungsobjekt 1.10
Vollstreckungsorgan 1.6
Vollstreckungsschutz
— Antrag, Muster 15.26

Vollstreckungstitel 1.28
— Arten 3.3 ff.
— ausländische Urteile 3.17
— Bestimmtheit 3.6 ff.
— Bruttolohn 3.17
— Parteibezeichnung 3.34 f.
— Vollstreckungsfähigkeit 3.5

Vollstreckungsverbot 3.412
Vollstreckungsvereinbarung 3.428, 4.15
— beschränkende Abreden 3.429
— erweiternde Abreden 3.430

Vollstreckungsverjährung 7.188
Vollziehungsfrist
— Arrest 3.424, 3.427
— einstweilige Verfügung 3.424

Vorkaufsrecht 6.413, 9.98
— Beitrittsgebiet 9.103

— bestehen bleibendes Recht 9.101
— erlöschendes Recht 9.102

Vorläufige Austauschpfändung 4.281
Vormerkung 9.126
— bestehen bleibendes Recht 9.129
— erlöschendes Recht 9.130

Vorauspfändung 6.88, 6.177, 6.178, 6.377
Vorpfändung 1.52, 6.78
— Gerichtsvollzieher 4.56
— Muster 15.12
— Private Maßnahme 6.78
— Voraussetzung 6.80
— wiederholte Vorpfändung 6.82

Vorratspfändung 3.292, 6.177, 6.377
Vorzugsklage
— Antrag 8.320, 15.32
— Beweis 8.336
— einstweiliger Rechtsschutz 8.339
— Gegenrechte des Beklagten 8.335
— Muster 15.32
— Pfand- oder Vorzugsrecht 8.329
— Rechtsschutzinteresse 8.325
— Sachbefugnis 8.328
— Statthaftigkeit 8.319
— Urteil und Urteilswirkungen 8.337
— Ziel und Wesen 8.316
— Zuständigkeit 8.323

W

Warenzeichen 6.415
Wartefristen
— § 750 Abs. 3 ZPO 3.364
— § 798 ZPO 3.365
— Rechtsbehelfe 3.367
— Sicherungsvollstreckung 3.318

Wechsel 6.416
WEG
— Gesetzentw. zur Änderung des ~ S.1426

Weihnachtsvergütung 6.98
Weitere vollstreckbare Ausfertigung 3.193
Wertpapiere
— Herausgabevollstreckung 7.21
— Pfändung Gerichtsvollzieher 4.102
— Verwertung 4.255

Wertsicherungsklauseln
— Bestimmtheit 3.7

Wiederauflebensklausel 3.84
Wiederkaufsrecht 9.128
Wiederversteigerung
— Antrag 11.1047
— Sicherungshypothek 11.1051
— Teilungsversteigerung 12.302

1451

Stichwortverzeichnis

(Forts. Wiederversteigerung)
— Unbedenklichkeitsbescheinigung 11.1049
— Wahlrecht des Gläubigers 11.1046

Willenserklärung
— Abhängigkeit von Gegenleistung 7.226
— Auslegung 7.200
— Begriff 7.195, 7.198
— Beispiele 7.197
— Eheschließung 7.203
— Erwerb vom Nichtberechtigten § 898 ZPO 7.248
— Fiktion 7.194
— Fiktionseintritt 7.216
— Fiktionswirkung 7.218
— Grundbucheintragung 7.244
— Klausel 3.98
— Rechtsbehelfe 7.253
— rechtskräftiger Titel 7.204
— Registereintragung § 896 ZPO 7.244
— Übergaberegelung § 897 ZPO 7.245
— Umdeutung 7.201
— vorläufig vollstreckbares Urteil 7.232
— Vormerkungsbewilligung, § 895 ZPO 7.232
— Widerspruchsbewilligung 7.232

Wohngeld 6.230

Wohnungseigentum 9.157, 9.22
— BT-Drucks. 16/887 S. 1426
— Hausgeld 9.25
— Sondereigentum 9.23
— Sondernutzungsrecht 9.30

Wohnungsrecht 6.417, 6.300
— Zwangsverwaltung 13.27

Z

Zahlungsaufforderung 1.30

Zinsen
— Zwangssicherunghypothek 10.27

Zubehör
— Anmeldungen 11.309
— Beitrittsgebiet 11.289
— Eigenschaft 11.283
— Eigentumsvorbehalt 11.305
— Einbauküche 11.27
— Freigabe 11.315
— Fuhrpark 11.286
— Gebäudeeigentum 11.290
— Geltendmachung im Verfahren 11.299
— Haftungsverband 11.294
— Pfändung 4.99
— Widerspruch gegen Teilungsplan 11.37
— Zwangsversteigerung 11.283

Zugewinnausgleich 6.418

Zugewinnausgleichsanspruch 6.10

Zug-um-Zug-Leistung
— § 765 ZPO 3.357
— Annahmeverzug 3.331, 3.337
— Bestimmtheit 3.8, 3.332
— echte 3.324, 3.325
— Folgen des Annahmeverzugs 3.342
— Gattungsschuld 3.335
— Gerichtsvollzieher 4.19
— Nachweis der Befriedigung/des Annahmeverzugs 3.343
— Rechtsbehelfe 3.352, 3.360, 3.361
— Stückschuld 3.336
— Vollstreckungsabwehrklage 8.138
— Willenserklärung 7.226
— wörtliches Angebot 3.339
— Zweck 3.327

Zukünftige Forderung 6.2

Zusammenrechnung
— Antrag 6.142, 6.148
— bedingt pfändbare Leistung 6.152
— Beschluss 6.151
— Billigkeit 6.152
— Insolvenz 6.145
— laufende Einkünfte 6.146
— mehrere Einkommen 6.142
— Naturalleistung 6.153
— Sozialleistungen 6.147
— unpfändbarer Grundbetrag 6.151
— Verfahren 6.150
— Wirkung des Beschlusses 6.156
— Zuständigkeit 6.144

Zusatzversicherung 6.109

Zuschlag
— Teilungsversteigerung 12.267 ff.

Zuschlagsbeschluss
— Baulast 11.865
— dingliche Rechte 11.850
— Eigentumsübergang 11.844
— Erschließungskosten 11.862
— Gefahrübergang 11.858
— Grunderwerbssteuer 11.867
— Grundsteuer 11.862
— Hausgeld 11.866
— Löschungsanspruch 11.853
— Meistgebot 11.872
— Mietvertrag 11.857
— öffentliche Lasten 11.861
— Pachtvertrag 11.857
— persönliche Forderung 11.851
— Räumungstitel 11.874
— Steuern 11.867
— Umsatzsteuer 11.870
— Verfahrenskosten 11.871
— Versorgungsleistungen 11.863, 11.864
— Zubehör 11.849
— Zwangsversteigerung 11.844

Stichwortverzeichnis

Zuständigkeit
— allgemeine Härteklausel 8.349
— befristete Erinnerung § 11 Abs. 2 RPflG 8.74
— Drittwiderspruchsklage § 771 ZPO 8.225
— Durchsuchung 4.58
— einstweiliger Rechtsschutz § 769 ZPO 8.192
— Gerichtsvollzieher 4.1
— Klauselgegenklage § 768 ZPO 3.253
— Klauselklage § 731 ZPO 3.224
— sofortige Beschwerde 8.95
— Unterlassungsklage § 826 BGB 8.377
— Unterlassungsvollstreckung 7.109
— unübliche Zeiten, Vollstreckung zu ~ 4.81
— unvertretbare Handlung 7.83
— vertretbare Handlung 7.55
— Vollstreckungsabwehrklage 8.139
— Vollstreckungserinnerung 8.32
— Vollstreckungsklausel 3.62
— Vollstreckungsorgane 2.19
— Vorzugsklage 8.323
— weitere vollstreckbare Ausfertigung 3.201

Zustellung
— Adressat 3.275
— Art 3.272
— Durchsuchungsbeschluss 4.65
— Empfänger 3.278
— Gegenstand 3.279
— Klausel 3.281
— Nachweis 3.285
— Sicherungsvollstreckung 3.283
— Unterlassungsvollstreckung 7.118, 7.122, 7.179
— Unterlassungsvollstreckung 7.109
— Zeitpunkt 3.268
— Zweck 3.267

ZVG
— Änderung durch Gesetzentw. zur Änderung des WEG S. 1426

Zwangsgeld 7.87
— Antrag, Muster 15.34

Zwangshaft 7.88

Zwangssicherungshypothek
— Ablösungsrecht 10.3
— Anfechtbarkeit 10.129 ff.
— Antrag 10.8
— Antrag, Muster 15.37
— Antragsrücknahme 10.14
— Ausfallhypothek 10.64
— ausländische Währung 10.25
— Baugesetzbuch 10.123

— Bauhandwerkersicherungshypothek 10.141 ff.
— Beitrittsgebiet 10.6, 10.29
— Belastungsgegenstand 10.4
— Beteiligtenstellung 10.3
— Deutsche Gerichtsbarkeit 10.105
— Doppelsicherung, unzulässig 10.72
— Duldungstitel 10.18
— einstweilige Verfügung 10.114
— Einzelkaufmann 10.11
— Erbbaurecht 10.118
— Erbfolge 10.84
— Erwerb durch den Eigentümer 10.99
— fehlende Verteilungserklärung 10.70
— Gemeinschaftsverhältnis nach § 47 GBO 10.89
— gesamtes Vermögen 10.23
— Gesamtgläubiger 10.68
— Gesamtschuldner 10.69
— Gesellschaft bürgerlichen Rechts 10.91
— Gütergemeinschaft 10.24
— Insolvenz 10.101
— Insolvenzvermerk 10.107
— Kalendertag 10.40
— Kosten 10.12, 10.126
— Leistung an einen Dritten 10.21
— Löschungsanspruch 10.3
— minderjähriger Schuldner 10.22
— Mindestbetrag 10.55
— Nacherbfolge 10.113
— Nachlassverwaltung 10.111
— nichtige Hypothek 10.133
— Pfändungsvermerk 10.110
— Rang 10.3
— Rang der Hypothek 10.135
— Rangvorbehalt 10.124
— Rechtsbehelf 10.136 ff.
— Rechtshängigkeitsvermerk 10.117
— Rückschlagsperre 9.167
— Rückschlagsperre nach § 88 InsO 10.102
— Sicherheitsleistung 10.44
— Sicherungsmaßnahmen 10.109
— Streitgenossen 10.94
— Testamentsvollstreckung 10.112
— unechte Gesamthypothek 10.67
— unvertretbare Handlung 10.20
— Urkundenherausgabeanspruch 10.83
— Verfügungsbeschränkungen 10.106 ff.
— Vermögensbeschlagnahme 10.117
— Verteilung der Forderung 10.62
— Verteilung der Forderung, nachträglich 10.81
— Vollmacht 10.9
— Vollstreckungsbeschränkungen 10.98 ff.
— Vollstreckungsklausel 10.33
— Vollstreckungstitel 10.17
— Vollstreckungsvoraussetzungen 10.33 ff.

Stichwortverzeichnis

(Forts. Zwangssicherungshypothek)
— Vor- und Nachteile 10.2
— Voreintragung im Grundbuch 10.82
— Vorüberlegungen 1.37
— Wartefristen 10.52
— WE-Gemeinschaft 10.96
— Zinsen 10.27
— Zug-um-Zug Leistung 10.46
— Zustellung 10.35
— Zustimmung zur Veräußerung 10.3
— Zwangsversteigerung 10.165 ff.
— Zwangsversteigerung, Anmeldungen 10.176, 10.179
— Zwangsversteigerung, Arresthypothek 10.195
— Zwangsversteigerung, Erlösverteilung 10.185 ff.
— Zwangsversteigerung, Rang 10.170
— Zwangsversteigerung, Sicherungsvollstreckung 10.182

Zwangsversteigerung
— 50%-Grenze 11.797
— 50%-Grenze, Ausfallbetrag 11.805
— 50%-Grenze, Zuschlagserteilung 11.802
— 50%-Grenze, Zwischenberechtigter 11.810
— 70%-Grenze 11.763
— abgesonderter Verwertung 11.900
— Ablösung (s. dort)
— Ablösung doppelt 11.787
— Abweichung, Auswirkungen im Verfahren 11.560
— Abweichung, Doppelausgebot 11.562
— Abweichung, Zuschlag 11.567
— Abweichungsverlangen, Zeitpunkt 11.557
— Abzahlungshypothek 11.111
— Altenteil 11.159
— Altenteil, Belehrung 11.715
— Anmeldung 11.496
— Anmeldungen, vergessener Anspruch 11.503
— Anordnungsbeschluss 11.228
— Anordnungsbeschluss, Muster 15.39
— Antrag, Muster 15.38
— Antrag, Zeitpunkt 11.140, 11.168
— Antragsmangel 11.217
— Arresthypothek 10.195
— Arresthypothek, Erlösverteilung 11.943
— Auflassungsvormerkung 11.26
— Auflassungsvormerkung, Erlösverteilung 11.923
— Ausbietungsgarantie 11.520
— Ausgaben der Zwangsverwaltung 11.84
— ausländischer Währung 11.203
— außergerichtliche Befriedigung 11.1039
— Aussichtslosigkeit 11.197
— Bagatellforderung 11.194
— Baulast 11.100

— bedingter Anspruch 11.993
— Befangenheit 11.697
— Befriedigungsfiktion, § 114a ZVG 11.815
— Beitritt 11.241
— Beitritt, rechtzeitig 11.155
— Beitritt, Wirkung 11.244
— Beitritt, Zeitpunkt 11.248
— Belehrung, Muster 15.40
— Belehrungspflicht 11.701
— Bergschadenanspruch 11.280
— Beschlagnahme 11.253
— Beschlagnahme, Beginn und Ende 11.253
— Beschlagnahme, formelle Wirkung 11.276
— Beschlagnahme, materielle Wirkung 11.262
— Beschlagnahme, Umfang 11.278
— bestbetreibender Gläubiger 11.151
— Beteiligte 11.57
— Beteiligte auf Anmeldung 11.65
— Beteiligte von Amts wegen 11.60
— Bietabsprache 11.520
— BT-Drucks 16/887 S.1426
— Dauerwohnrecht, Erlösverteilung 11.923
— Deckungsgrundsatz 11.150
— dinglicher Titel 11.171
— Disagio 11.108
— Doppelausgebot, Zuschlagserteilung 11.745
— Eigentümer 11.19
— Eigentümergrundschuld, Erlösverteilung 11.978
— Eigentümergrundschuld, Pfändung 11.28, 11.29
— Eigentumsgarantie 11.7
— Einstellung 11.323 ff., 11.793
— Einstellung, Auflagen 11.334
— Einstellung, Belehrung 11.327
— Einstellung, Dauer 11.300
— Einstellung, erneute 11.355, 11.363
— Einstellung, Insolvenz 11.380
— Einstellung, Verzögerung 11.337
— Einstellungsantrag 11.330, 11.342, 11.348
— Einstellungsbeschluss, Muster 15.41
— Einstellungsgründe 11.323, 11.331
— entgegenstehende Rechte 11.220 ff.
— Erbbaurecht 11.44
— Erbbauzinsreallast, Erlösverteilung 11.923
— Erbfolge 11.166
— Erfolgsaussichten 11.31
— Erlösverteilung 11.885
— Erlösverteilung, Fehlbetrag 11.1008
— Erlösverteilung, Gesamtausgebot 11.1003, 11.1006, 11.1010
— Feststellungskosten, Insolvenz 11.88

Stichwortverzeichnis

(Forts. Zwangsversteigerung)
— Forderungsübertragung 11.1029
— Fortsetzung des Verfahrens 11.351
— Fortsetzung, Antrag 11.352, 11.369
— Fortsetzung, Belehrung 11.351
— Gebote 11.505 ff.
— Gebote, Anfechtung 11.506
— Gebote, Behörde 11.519
— Gebote, Gemeinde 11.515
— Gebote, Genehmigung 11.508
— Gebote, Geschäftsführer 11.516
— Gebote, Strohmann 11.514
— Gebote, Vollmacht 11.511
— Geldbeschaffungskosten 11.108
— Geldrente, Erlösverteilung 11.928
— geringstes Gebot (s. dort)
— geringstes Gebot, Doppelausgebot 11.151
— Gesamtausgebot-Einzelausgebot 11.521
— Gesamthandsgemeinschaft 11.20
— Gesamtverfahren 11.72
— Gleichheitsgrundsatz 11.4
— Grundbuchersuchen 11.1041
— Grundbuchzeugnis 11.165
— Grunddienstbarkeit, Erlösverteilung 11.923
— Grundgesetz 11.3 ff.
— Grundpfandrechte, Rangklasse 11.105
— Grundschuld, Erlösverteilung 11.944
— Grundschuld, Sicherungsabrede 11.30
— Grundsteuern 11.97
— Grundstück 11.16, 11.37
— Grundstück, Vereinigung 11.17
— Grundstücksbruchteile 11.41
— grundstücksgleiches Recht 11.44
— Hausgeld 11.51
— Hausgeldrückstände 11.52
— Hinweispflicht 11.701
— Höchstbetragshypothek, Erlösverteilung 11.937
— Hypothek, Erlösverteilung 11.933
— Informationsbeschaffung 11.11
— Insolvenz 11.221
— Insolvenz, Eigenverwaltung 11.410
— Insolvenz, Einstellungsantrag 11.385
— Insolvenz, Einstellungsgründe 11.387 ff., 11.413
— Insolvenz, Rückschlagsperre 11.223
— Insolvenz, Verfahrensfortsetzung 11.406, 11.418
— Insolvenz, vorläufiger Insolvenzverwalter 11.412
— Insolvenz, Wertverlustausgleich 11.401, 11.417
— Insolvenz, Zinsausgleich 11.392, 11.415
— Insolvenzversteigerung (s. dort)
— Insolvenzverwalter 11.61
— Klausel 11.204
— Kosten 11.122, 11.211
— Kosten GKG 14.69
— Kündigung, Grundpfandrecht 11.524, 11.546
— Kündigungsrecht des Erstehers 11.460 ff.
— Kündigungsrecht, Ausschluss 11.465
— laufenden Leistungen 11.132
— Liegenbelassung 11.903
— Liegenbelassung, Beispiel 11.910
— Liegenbelassung, materielle Wirkung 11.911
— Lohnansprüche 11.91
— Löschungsanspruch (s. dort)
— Löschungsanspruch, Anmeldung 11.501
— Meistgebot 11.728
— Meistgebot, Abtretung 11.822, 11.735
— Meistgebot, Pfändung 11.734
— Meistgebot, Teilungsmasse 11.896
— Meistgebot, Zuzahlungsbetrag 11.901
— Mieterbelehrung 11.469
— Mieterbelehrung, Muster 15.42
— Mieterschutz 11.460 ff.
— Milchrente 11.261
— Minderanmeldung 11.894
— Miteigentümer 11.21
— Mitteilung an Beteiligte, Muster 15.44
— Nachlassverwalter 11.61
— Neutralitätspflicht 11.702
— Nichtzahlung des Meistgebots 11.1013, 11.1029
— öffentliche Lasten 11.97
— Parteifähigkeit 11.189
— Personengesellschaft 11.22
— persönlicher Titel 11.171
— Pfändungsgläubiger 11.67
— Prozessfähigkeit 11.189
— Prozesskostenhilfe 11.162
— Rangklassen 11.78 ff.
— Rangverhältnis, gleicher Rechte 11.144
— Rangverhältnis, relatives 11.127
— Reallast, Erlösverteilung 11.923
— Reallast, Titel 11.174
— Rechtsbeschwerde 11.842
— Rechtsanwalt, Beiordnung 11.162
— Rechtsanwaltskosten 14.90 ff.
— Rechtsbehelf 11.238
— Rechtsbehelf 11.421
— Rechtsbehelf, Abhilfe 11.840
— Rechtsbehelf, Frist 11.835
— Rechtsbehelf, Gründe 11.838
— Rechtsbehelf, vor dem Zuschlag 11.828
— Rechtsbehelf, Zuschlag 11.829
— Rechtsschutzinteresse 11.191
— Rechtsstaatsprinzip 11.10
— Rückgewähranspruch, Abtretung 11.966
— Rückgewähranspruch, Beispiel 11.975

1455

Stichwortverzeichnis

(Forts. Zwangsversteigerung)
— Rückgewährsanspruch, Erfüllung 11.960
— Rückgewährsanspruch, Erlösverteilung 11.956 ff.
— Rückgewährsanspruch, Pfändung 11.968
— rückständige Leistungen 11.132
— Schuldenmasse 11.920
— Schuldübernahme, abweichende 11.539
— Sicherheitsleistung (s. dort)
— Sicherungsgrundschuld, Erlösverteilung 11.945, 11.953
— Sicherungshypothek, Forderungsübertragung 11.1031
— Sicherungshypothek, Rangverlust 11.1036
— Sicherungshypothek, Verzinsung 11.1032
— Sicherungsmaßregeln 11.259
— sittenwidrige Härte 11.360, 11.370
— Sterbetafel 11.1055
— Suizidgefahr 11.374
— Teilungsmasse 11.896
— Teilungsmasse, Verringerung 11.903
— Teilungsplan, Ausführung 11.1026
— Teilungsplan, Beispiel 11.1001
— Termin, Bekanntmachung 11.481
— Termin, Benachrichtigung 11.490
— Termin, Fristen 11.485
— Terminsbestimmung 11.464
— Terminsbestimmung, Inhalt 11.467
— Terminsbestimmung, Muster 15.43
— Testamentsvollstrecker 11.61
— Tilgungshypothek 11.109
— Überbau, Belehrung 11.716
— Überbaurente 11.159
— Übermaßverbot 11.196
— Übernahmegrundsatz 11.150
— Umsatzsteuer 11.746
— unbekannter Berechtigter 11.996
— Urkundennachweis 11.182
— Verbindung des Verfahrens 11.526
— Verfahrensfortsetzung 11.762
— Verfahrensgliederung 11.56
— Verfahrenskosten 11.81
— Verfahrensvoraussetzungen 11.186 ff.
— Verkehrswert, (s. dort) 11.427 ff.
— Verkündungstermin 11.723
— Versteigerungsbedingungen 11.549, 11.553
— Versteigerungstermin, (s. dort) 11.646
— Versteigerungstermin, Muster 15.45
— Versteigerungstermin, Teilnahme 11.494
— Verteilungstermin 11.885
— Verteilungstermin, Ansprüche 11.890
— Verteilungstermin, Beschwerde 11.1015

— Verteilungstermin, Teilnahme 11.888
— Verteilungstermin, Verhandlung 11.1014
— Verteilungstermin, Widerspruch 11.1018
— Verwaltung durch den Schuldner 11.257
— Verwaltungsvollstreckung 11.103
— Vollmacht, verdeckte 11.739
— Vollstreckungsvoraussetzungen 11.201 ff.
— Vorfälligkeitsentschädigung 11.108
— Vorkaufsrecht, Erlösverteilung 11.923
— Vormerkung, Erlösverteilung 11.923
— Vorüberlegungen 1.31
— Widerspruch, Beispiel 11.1022
— Widerspruch, Verteilungstermin 11.1018
— Wiederversteigerung (s. dort)
— Wohngeldrückstände 11.52
— Wohnungseigentum 11.47
— Zahlung im Termin 11.780
— Zielsetzung 11.1
— Zinsen 11.107
— Zinsen, Erlösverteilung 11.946
— Zinsen, Teilungsmasse 11.897
— Zubehör (s. dort)
— Zuschlag 11.721 ff.
— Zuschlag, Bekanntmachung 11.748
— Zuschlagsbeschluss (s. dort) 11.844
— Zuschlagserteilung 11.725
— Zuschlagserteilung, Muster 15.46
— Zuschlagsversagung 11.751
— Zuschlagsversagung von Amts wegen 11.774
— Zuschlagsversagung, einstweilige Einstellung 11.756
— Zuschlagsversagung, Heilung 11.775
— Zuschlagsversagung, Verschleuderung 11.759
— Zuschlagsversagung, Vollstreckungsschutz 11.757
— Zuschlagsversagung, Wirkung 11.777
— Zuständigkeit 11.187
— Zustellung 11.206
— Zuzahlungsbetrag, Erlösverteilung 11.998
— Zwangssicherungshypothek 10.165 ff.
— Zwangssicherungshypothek, Erlösverteilung 11.939
— Zwangssicherungshypothek, Titel 11.176
— Zwangsversteigerungsvermerk 11.234
— Zwangsverwaltung, Beschlagnahmedatum 13.322
— Zwangsverwaltung, Überleitung 13.320
— Zwangsverwaltung, Zinszahlung 13.324

Zwangsversteigerungserlös 6.419
Zwangsverwalter
— Ausgaben der Verwaltung 13.207
— Ausgaben, Übersicht 13.193
— Auskunft 13.209

Stichwortverzeichnis

(Forts. Zwangsverwalter)
— Bauvorhaben 13.211
— Bestallungsurkunde 13.176
— Bestellung 13.175
— Betriebsfortführung 13.213
— Betriebskosten, Abrechnung 13.204
— Buchführung 13.217
— Eigenverwalter 13.189
— gerichtliche Aufsicht 13.191
— Grundstücksbesichtigung 13.222
— Haftpflichtversicherung 13.174
— Haftung des Verwalters 13.225
— Inbesitznahme 13.196
— Inbesitznahmebericht 13.202
— Institutsverwalter 13.181
— Masseverwaltung 13.228
— Mietkaution 13.238
— Mietvertrag 13.230
— Pachtvertrag 13.230
— Prozessführung 13.243
— Qualifikation 13.168
— Rechnungslegung 13.217
— Rechtsbehelf 13.181
— Umgestaltung des Gebäudes 13.250
— Umsatzsteuer 13.252
— Versicherung 13.254
— Versicherungsforderung 13.259
— Versorgungsvertrag 13.260
— Vorausverfügung 13.261
— Vorschuss 13.263
— WE-Verwaltung 13.265
— Zubehör 13.267
— Zustimmungsvorbehalt 13.271

Zwangsverwalterverordnung
(ZwVwV) S. 1419

Zwangsverwaltung
— Altenteil 13.26
— Altlasten 13.28
— Anmeldungen zum Verfahren 13.65
— Anordnungsbeschluss 13.90
— Anordnungsbeschluss, Muster 15.52
— Anordnungsbeschluss, Wirkung 13.91
— Antrag 13.78
— Antrag, mehrere 13.97
— Antrag, Muster 15.51
— Antragsrücknahme, Aufhebung 13.315
— Aufhebung 13.303
— Aufhebung, Antragsrücknahme 13.315
— Aufhebung, rechtliche Wirkung 13.307
— Aufhebung, Zuschlagserteilung 13.312
— Aufhebungsgründe 13.303
— Ausgaben der Verwaltung 13.38, 13.207
— Auskunft 13.209
— ausländische Währung 13.77
— Bauvorhaben 13.211
— Beitritt 13.105
— Beschlagnahme 13.108

— Beschlagnahme, formelle Wirkung 13.113
— Beschlagnahme, materielle Wirkung 13.111
— Beschlagnahme, Umfang 13.115
— Beteiligte 13.32
— Betriebsfortführung 13.213
— Betriebskosten, Abrechnung 13.204
— Bruchteilseigentum 13.21
— Buchführung 13.217
— Eigenbesitz 13.85
— Eigenkapitalersatz 13.117
— Eigentümergrundschuld 13.29
— Eigenverwalter 13.189
— Einstellung 13.151
— Einstellung, Antrag des Gläubigers 13.155
— Einstellung, Antrag des Schuldners 13.154
— Einstellung, Insolvenzverwalter 13.160
— Einstellung, von Amts wegen 13.153
— Erbbaurecht 13.16
— Festsetzung, Vergütung 13.369
— Gegenstand 13.30
— gerichtliche Aufsicht 13.191
— Gesamtverfahren 13.35
— Gläubigerhaftung, Vergütung 13.368
— Grundpfandrechte 13.58
— Grundsteuer 13.51
— Grundstücksbesichtigung 13.222
— Haftung des Verwalters 13.225
— Hausgeld 13.19, 13.46
— Inbesitznahme 13.196
— Inbesitznahmebericht 13.202
— Insolvenz 13.9
— Insolvenz, Einstellung 13.160
— Insolvenz, Rückschlagsperre 13.11
— Insolvenz, Sicherungsmaßnahmen 13.13
— Instandsetzungskosten 13.44
— Institutsverwalter 13.181
— Kapitalzahlung, 13.2
— Kosten der Rechtsverfolgung 13.68
— Kosten GKG 14.79
— Masseverwaltung 13.228
— Miete, Beschlagnahme 13.115
— Miete, Pfändung 13.134
— Miete, Vorausverfügung 13.140
— Mietkaution 13.238
— Mietpfändung, dinglicher Gläubiger 13.146
— Mietpfändung, mehrere Gläubiger 13.147
— Mietpfändung, persönlicher Gläubiger 13.144
— Mietvertrag 13.230
— Nacherbfolge 13.15
— Nießbrauch 13.22
— öffentlichen Lasten 13.51
— Pacht, Beschlagnahme 13.115

1457

Stichwortverzeichnis

(Forts. Zwangsverwaltung)
— Pachtvertrag 13.230
— persönlicher Gläubiger 13.69
— Pfändung, Miete 13.134
— Prozessführung 13.243
— Prozesskostenhilfe 13.83
— Rangklassen 13.37, 13.44 ff.
— Rechnungslegung 13.217
— Rechtsanwalt, Beiordnung 13.83
— Rechtsanwaltskosten 14.119
— Rechtsbehelf 13.293
— Rechtsbehelf, Vergütung 13.269
— Rechtschutzinteresse 13.80
— Regelungsgrundlage 13.5
— Rückerstattungsanspruch 13.42
— Rückgriffs, gegen Gläubiger 13.318
— Teilungsplan 13.285
— Teilungsplan, Ausführung 13.300
— Teilungsplan, Beispiel 13.290
— Teilungsplan, Zahlungsanweisung 13.285
— Tilgungsraten 13.62
— Umgestaltung des Gebäudes 13.250
— Umsatzsteuer 13.252
— Umsatzsteuer, Ausgaben 13.38
— Unterhalt 13.129
— Verbindung 13.98
— Verfahrensgrundsätze 13.32 ff.
— Verfügungsbeschränkungen 13.8 ff.
— Vergütung, Antrag 13.370
— Vergütung, Auslagen 13.366
— Vergütung, Festsetzung 13.369
— Vergütung, Gläubigerhaftung 13.368
— Vergütung, Mindestvergütung 13.362
— Vergütung, Rechtsbehelf 13.369
— Vergütung, REFA-Studie 13.378
— Vergütung, Regelvergütung 13.339
— Vergütung, Stundensatz 13.348
— Vergütung, Tätigkeitsnachweis 13.358
— Vergütung, Überblick 13.32
— Vergütung, Zeitachweis 13.358
— Vergütung, Zuschlag 13.347
— Vergütung, Zwangsverwalter 13.328 ff.
— Versicherung 13.254
— Versicherungsforderung 13.259
— Versorgungsvertrag 13.260
— Verteilung der Nutzungen 13.274
— Verteilungstermin 13.283
— Verteilungstermin, Anmeldungen 13.278
— Vorausverfügung 13.261
— Vorausverfügung, Miete 13.140
— Vorschuss 13.42, 13.263
— Vorüberlegungen 13.7
— WE-Verwaltung 13.265
— Widerspruch, Teilungsplan 13.296
— Wohnrecht 13.18, 13.122
— Wohnungseigentum 13.17
— Wohnungsrecht 13.27
— Ziele 13.1

— Zinsen 13.61
— Zubehör 13.267
— Zuschlagserteilung, Aufhebung 13.312
— Zustimmungsvorbehalt 13.271
— Zwangsversteigerung, Beschlagnahmedatum 13.322
— Zwangsversteigerung, Überleitung 13.320
— Zwangsversteigerung, Zinszahlung 13.324
— Zwangsversteigerung, Zwangsverwaltung Nebeneinander 13.319
— Zwangsverwalter (s. a. Zwangsverwalter) 13.168 ff.
— Zwangsverwaltungsvermerk 13.101

Zwangsverwaltungserlös 6.421

Zwangsvollstreckung
— abgekürzte Ausfertigung 1.38
— Abgrenzung zum Erkenntnisverfahren 1.4
— Abwägung Vollstreckungsmöglichkeiten 1.31 f.
— Akteneinsicht in Insolvenzakten 1.62
— allgemeine Verfahrensvoraussetzungen 2.1 ff.
— allgemeine Voraussetzungen der ~ 3.1, 3.3 ff.
— Anfrage bei Gericht 1.59
— Anfragen bei Behörden 1.57
— Anschriftenermittlung 1.46 ff.
— Antrag 2.3 ff.
— anwaltliches Mandat 1.15
— Anwaltszwang 2.4
— Arten 1.10 ff.
— ausländische Urteile 3.17
— Bedeutung 1.1
— Beendigung (§ 766 ZPO) 8.51
— Beendigung (§ 767 ZPO) 8.150
— Beendigung (§ 771 ZPO) 8.229 f.
— Beendigung (§ 793 ZPO) 8.99
— Beendigung (§ 883 ZPO) 7.14
— Beendigung (§ 894 ZPO) 7.246
— Beginn (§ 766 ZPO) 8.49
— Beginn (§ 771 ZPO) 8.228
— Beginn (§ 890 ZPO) 7.116
— Beschleunigung 1.38
— besondere Voraussetzungen 3.286 ff.
— Bestimmtheit des Titels 3.6 ff.
— Beteiligte 1.6
— Bruttolohnurteil 3.17
— Detektei/Auskunft 1.68
— Deutsche Gerichtsbarkeit 2.17
— Forderungsaufstellung 2.6 ff.
— Fragerecht GVZ 1.69
— Funktion 1.4
— Haftung des Anwalts 1.27

Stichwortverzeichnis

(Forts. Zwangsvollstreckung)
— Herausgabevollstreckung 7.3 ff.
— Kalendertag 3.287
— Kosten 1.20
— Parteibezeichnung 3.34 f.
— Parteifähigkeit 2.22
— Prozessfähigkeit 2.23 f.
— Prozessführungsbefugnis 2.26
— Prozesskostenhilfe 1.22
— Prüfung der Voraussetzungen 1.28
— Rechtsschutzinteresse 2.27
— Rechtsschutzversicherung 1.21
— Rechtsweg 2.18
— Schufa 1.66
— Schuldnerkartei 1.67
— Sicherheitsleistung 3.293
— Sicherungsvollstreckung 1.41
— Simultanvollstreckung 1.40
— Titel 3.3
— Unterlassung/Duldung 7.102 ff.
— unvertretbare Handlung 7.75 ff.
— vertretbare Handlung 7.45 ff.
— Vollstreckungsanspruch 3.1
— Vollstreckungshindernisse 3.368 ff.
— Vollstreckungsklausel 3.51 ff.
— Vollstreckungsrechtsverhältnis 1.7
— Vollstreckungstitel 3.6 ff.
— Vorratspfändung 3.292, 6.177
— Wartefristen 3.363 f.
— Willenserklärung 7.194 ff.
— Willenserklärung/Klausel 3.98
— Wirksamkeit des Titels 3.50
— wirkungsgemindertes Urteil 3.50
— Zahlungsaufforderung 1.30
— Zug-um-Zug-Leistung 3.324
— Zuständigkeit Vollstreckungsorgane 2.19

Zwangsvollstreckung zur Nachtzeit
— Muster 15.3

Zwangsvollstreckungsvoraussetzungen
— Zwangssicherungshypothek 10.17, 10.33, 10.35, 10.40, 10.44, 10.46, 10.52, 10.98

ZwVwV S. 1419